1000 PLACES TO SEE BEFORE YOU DIE

KOMPLETTE NEUAUSGABE IN FARBE

PATRICIA SCHULTZ

h.f.ullmann

Wichtiger Hinweis an die Leser

Die Informationen in diesem Buch wurden mit größter Sorgfalt erarbeitet und geprüft. Kurzfristige Änderungen zum Beispiel von Hotel- und Restaurantpreisen, Namen und Telefonnummern, politischen und wirtschaftlichen Gegebenheiten oder Wetterbedingungen lassen sich jedoch nicht ausschließen. Daher sollten Sie sich in jedem Fall, bevor Sie verreisen, gründlich informieren. Autorin, Redaktion und Verlag können nicht für Änderungen der Reiseinformationen in diesem Buch und daraus resultierende Reiseprobleme der Leser haftbar gemacht werden. Der Verlag freut sich über jeden Ihrer Hinweise auf veraltete oder falsche Informationen auf seiner Website www.1000beforeyoudie.de/kontakt.

First published in the United States as:
1,000 PLACES TO SEE BEFORE YOU DIE SECOND EDITION: A Traveler's Life List
ISBN: 978-0-7611-5686-4 (Paperback), 978-0-7611-6337-4 (Hardcover)

Copyright © 2011 by Patricia Schultz

1,000 Places to See Before You Die is a registered trademark of Patricia Schultz and Workman Publishing Company, Inc.

This "1,000 ... Before You Die" book is published under license from Workman Publishing Company, Inc.

All rights reserved. No portion of this book may be reproduced – mechanically, electronically, or by any other means, including photocopying – without written permission of the publisher.

Design by Orlando Adiao & Lidija Tomas

Für diese Ausgabe: © h.f.ullmann publishing GmbH

Projektleitung für h.f.ullmann: Lars Pietzschmann

Produktion: writehouse, Köln
Übersetzung: Marcel Bülles, Claudia Hahn, Katrin Höller, Petra Kurek, Silke Schürrer, Anke Wellner-Kempf (für writehouse)
Lektorat: Christina Kuhn (für writehouse)
Satz: Intermedia, Ratingen (für writehouse)
Redaktionsassistenz: Robert Lenerz

Gesamtherstellung: h.f.ullmann publishing GmbH, Potsdam

Printed in Germany

ISBN 978-3-8480-1000-4

10 9 8 7 6 5 4 3 2 1
X IX VIII VII VI V IV III II I

www.ullmann-publishing.com

newsletter@ullmann-publishing.com

*Es ist besser,
etwas einmal selbst zu sehen
als tausendmal davon zu hören.*

– ASIATISCHES SPRICHWORT –

Widmung

Für Nick, dessen großes Herz und sonniges Naturell
jede Reise zur reinen Freude machen.

Für meine Schwester Roz, ihren Mann Ed und ihre Kinder
Star, Corey und Brittany – sie sind der Grund dafür,
dass „Zuhause" immer ganz oben auf der Liste meiner
Lieblingsorte steht.

Und für unsere wunderbaren Eltern, die mich in meinem
unstillbaren Reisefieber immer unterstützt haben.

DANKSAGUNG

Ich möchte den Schicksalsgöttern danken, die mich vor langer Zeit auf die Umlaufbahn von Peter und Carolan Workman gebracht haben: Die beiden haben dieses Buch immer mit genauso viel Leidenschaft wie ich geliebt, gehegt und gepflegt. Dass das überwältigende Echo auf die erste Ausgabe alle unsere Erwartungen übertroffen hat, liegt nur daran, dass ich als Zwergin auf den Schultern dieser Riesen stehe. Wer denkt, dass in den Jahren, in denen ich das Buch überarbeitet habe, nur mein Kopf voll war, sollte erst einmal mein übervolles Herz sehen! Mein tiefster Dank geht an die Workmans und das ganze Workman-Verlagsteam – sie sind Familie und Freunde geworden.

Diese unsere Überarbeitung von *1000 Places* stand unter dem Kommando meiner überragenden Lektorin Margot Herrera, die inzwischen mehrere Wälzer der *1000*-Reihe betreut hat. Trotzdem stürzt sie sich auf jedes neue Buch mit einem frischen Auge und einem unerschöpflichen Vorrat an Enthusiasmus und Geduld. Ich wünschte, ich hätte ihren unerschütterlichen Optimismus. Ihre neue rechte Hand, Heather Schwedel, brauchte nur 5 Minuten, um sich einzuarbeiten und ihre Ärmel hochzukrempeln – und war von da an ein Muster an Gründlichkeit und Verlässlichkeit, was uns sehr dabei half, diese Ausgabe besser zu machen. Ich danke auch der Redaktionsleiterin Suzie Bolotin, die sich für das Buch einsetzte und Margot und Heather immer unterstützte.

Oleg Lyuber und Selina Meere sorgten mit ihrer Öffentlichkeitsarbeit dafür, dass das Buch in aller Munde war, während Bob Miller, Savannah Ashour, Andrea Fleck-Nisbet, David Schiller (dessen Vielseitigkeit unbezahlbar ist) und Marissa Hussey die aufregende Erweiterung des Buches auf die digitale Welt und das Reich der Apps (nur in den USA erhältlich) verantwortet haben. Jessica Weiner sorgte für nachhaltige Marketing-Beteiligungen.

Mein Dank geht auch an Kristina Peterson, die dafür sorgte, dass die Erstausgabe von *1000 Places* nun in 25 Übersetzungen vorliegt. Egal, ob ich in Istanbul oder Rio einen Buchladen betrete: Es ist toll, zu sehen, dass Reisende auf der ganzen Welt mein Buch mögen. Danke an Pat Upton, die in der Lizenzabteilung viel Gutes vollbrachte, und an die Vertriebsgöttin Jenny Mandel mit ihrer Mitarbeiterin Emily Krasner.

Danke an Janet Vicario für die schöne Gestaltung und an die talentierten und unermüdlichen Grafiker Orlando Adiao (der einfach immer geduldig und gut gelaunt ist) und Lidija Tomas, außerdem an die Bildredakteurin Anne Kerman und ihr kompetentes Team, die die Herkulesaufgabe hatten, all die Bilder auszusuchen, die diese neue, verbesserte Farbversion so unwiderstehlich wie möglich machen sollen.

Koordinatorin Carol White überwachte alles mit Adleraugen und großer Hingabe; Lektorin Judit Bodnar schärfte nicht nur das Manuskript durch Überprüfen der Fakten und klärende Fragen, sondern fand auch die Schreibweisen fremdländischer Namen in allen Sprachen heraus; Programmleiterin Peggy Gannon erstellte und überwachte unseren Zeitplan.

Danke an Barbara Peragine, die Wunder beim Satz vollbrachte, an Doug Wolff, der den Druckprozess begleitete, und an die freie Lektorin Hilary Sterne, deren Arbeit in fast jeder Phase unersetzlich war. Ich danke auch Adam Greene, der sein Restaurant Snack Taverna großzügig für ein Fotoshooting zur Verfügung stellte.

Ein besonders herzliches Dankeschön an die Reiseveteranen und alten Freunde Caren Banks, Anitra Brown, Bill McCrae und Elizabeth Ragagli, die das Projekt wie ihr eigenes behandelten und von Anfang bis Ende immer erreichbar waren. An Alison D'Amato, Giema Tsakuginow und Charlene Lamberis: Danke, dass ihr mir geholfen habt, ein Recherchearchiv anzulegen und mein Leben zu organisieren. Und zuletzt gehört meine ganze Liebe Nick Stringas, dafür, dass er – neben vielen anderen Dingen – immer dafür sorgt, dass ich nicht die Fassung verliere.

Das Team aus Reisenden, auf deren Expertenwissen ich bei Zielen von Alaska bis Zypern zurückgreifen konnte, besteht aus bemerkenswerten Individuen: Aufgeschlossen, schlau, kultiviert und lustig, beweisen sie, dass sich Abenteurer immer gegenseitig finden. Also: Brett Atkinson (Neuseeland, Südostasien und die Tschechische Republik), Greg Bloom (Usbekistan, Turkmenistan, Ukraine), Rodney Bolt (Niederlande), Stephen Brewer (Griechenland, Italien), Mark Chestnut (Brasilien, Chile), Paul Clammer (Haiti), Beth Connelly (Deutschland, Österreich, Schweiz), Laura Del Rosso (Mexiko), Christine Del Sol (Mexiko), David Else (Großbritannien), Andrew Evans (Antarktis, Südgeorgien, die Falklandinseln und Grönland), Stephen Fallon (London, Paris, Osteuropa, Türkei), John Fischer (Hawaii), Andrew Forbes und Colin Hinshelwood (Indonesien), Bob Friel (Karibik), Bill Goodwin (Pazifische Inseln), Michael Grosberg (Philippinen, Myanmar), Patricia Harris und David Lyons (Portugal, Spanien), Lynn Hazelwood (New York City), Jen Johnston (USA), Brian Johnstone (Australien, China), David Kaufman (Israel, Naher Osten), Michael Kohn (Usbekistan, Kirgisistan, Tadschikistan), Michael Luongo (Argentinien und große Teile Südamerikas), Antony Mason (Belgien), Michael McDermott und Jenny Shannon Harkins (Irland), Nancy McKeon (Washington, D. C.), Sally McLaren (Kyoto), Leif Pettersen (Rumänien), Simon Richmond (Japan, Malaysia), Regis St. Louis (Australien, baltische Staaten, Island, Russland, Finnland, Brasilien), AnneLise Sorensen (Skandinavien), David Stanley (Südpazifik), Aaron Starmer (verschiedenste Recherchen auf der ganzen Welt), Mimi Tompkins (Frankreich und weit darüber hinaus) und Neil Wilson (Georgia, Malta).

Und Dank an alle, die ich unterwegs traf und die etwas bewegt haben.

INHALT

EINLEITUNG
Die Welt neu betrachtet *xi*
Wie dieses Buch funktioniert *xiv*

EUROPA ○ 1

Westeuropa *3*
Belgien • Deutschland • England • Frankreich • Irland
• Luxemburg • Monaco • Niederlande • Nordirland
• Österreich • Schottland • Schweiz • Wales

Südeuropa *183*
Griechenland • Italien • Malta • Portugal • Spanien • Zypern

Osteuropa *288*
Estland • Georgien • Kroatien • Lettland • Litauen
• Montenegro • Polen • Rumänien • Russland • Slowakei
• Slowenien • Türkei • Ukraine • Ungarn

Skandinavien *354*
Dänemark • Färöer-Inseln • Grönland • Finnland
• Island • Norwegen • Schweden

AFRIKA • 391

NORDAFRIKA 393
ÄGYPTEN • MAROKKO • TUNESIEN

WESTAFRIKA 412
GHANA • MALI

OST- UND SÜDLICHES AFRIKA 416
ÄTHIOPIEN • BOTSUANA • KENIA • MALAWI • MOSAMBIK
• NAMIBIA • SAMBIA • SIMBABWE • SÜDAFRIKA
• TANSANIA • UGANDA

INSELN IM INDISCHEN OZEAN 456
MADAGASKAR • MALEDIVEN • MAURITIUS • SEYCHELLEN

DER NAHE OSTEN • 461
IRAN • ISRAEL • PALÄSTINENSISCHE AUTONOMIEGEBIETE • JEMEN • JORDANIEN • KATAR
• LIBANON • OMAN • SAUDI-ARABIEN • SYRIEN • VEREINIGTE ARABISCHE EMIRATE

ASIEN • 497

ZENTRALASIEN 499
KIRGISISTAN • MONGOLEI • TADSCHIKISTAN • TURKMENISTAN • USBEKISTAN

OSTASIEN 508
CHINA • TAIWAN • JAPAN • SÜDKOREA

SÜDASIEN 558
BHUTAN • INDIEN • NEPAL • SRI LANKA

SÜDOSTASIEN *594*

INDONESIEN • KAMBODSCHA • LAOS • MALAYSIA • MYANMAR • PHILIPPINEN • SINGAPUR • THAILAND • VIETNAM

AUSTRALIEN, NEUSEELAND UND DIE PAZIFISCHEN INSELN • 647

AUSTRALIEN UND NEUSEELAND *649*
DIE PAZIFISCHEN INSELN *681*

COOKINSELN • FIDSCHI • FRANZÖSISCH-POLYNESIEN • FÖDERIERTE STAATEN VON MIKRONESIEN • PALAU • PAPUA-NEUGUINEA • SAMOA • TONGA • VANUATU

DIE VEREINIGTEN STAATEN VON AMERIKA UND KANADA • 703

DIE VEREINIGTEN STAATEN VON AMERIKA *705*
KANADA *914*

LATEINAMERIKA · 947

Mexiko und Zentralamerika *949*

Mexiko • Belize • Costa Rica • Guatemala • Honduras • Nicaragua • Panama

Südamerika und Antarktis *984*

Argentinien • Falklandinseln • Bolivien • Brasilien • Chile • Ecuador • Kolumbien • Peru • Uruguay • Venezuela • Antarktis • Südgeorgien

DIE KARIBIK, DIE BAHAMAS UND BERMUDA · 1059

Amerikanische Jungferninseln • Anguilla • Antigua • Bahamas • Barbados • Bermuda • Bonaire • Britische Jungferninseln • Curaçao • Dominica • Dominikanische Republik • Grenada • Guadeloupe • Haiti • Jamaika • Kaimaninseln • Kuba • Martinique • Puerto Rico • Saba • St. Barthélemy • St. Kitts & nevis • St. Lucia • St. Martin • St. Vincent & die Grenadinen • Trinidad & Tobago • Turks- & Caicosinseln

REGISTER · 1121

Bonusregister! Besuchen Sie www.1000beforeyoudie.de und entdecken Sie 12 zusätzliche, nach Themen und Art der Erlebnisse sortierte Register: Aktivurlaub, wilde Tiere und Abenteuer • Antike Stätten: Pyramiden, Ruinen, versunkene Städte • Kulinarische Erlebnisse • Veranstaltungen und Feste • Wunderschöne Natur: Gärten, Parks, Naturschutzgebiete und Naturwunder • Traumstrände und Inselparadiese • Hotels, Resorts, Lodges, Pensionen • Lebendige Geschichte: Burgen und Paläste, historische Stätten • Panorama- und Themenstraßen, Bahnreisen, Schiffsrouten • Heilige Stätten • Prost!: Bars und Kneipen, Weingegenden und Weingüter, Brauereien und Destillerien • Berühmte und außergewöhnliche Museen

EINLEITUNG

Die Welt neu betrachtet

Während ich diese Einleitung schreibe, sind meine Nichten gerade in Island. Vielleicht genießen sie soeben ein heißes Bad in der Blauen Lagune, fahren unter der Mitternachtssonne durch eine weite, karge Landschaft von eigenartiger Schönheit, begegnen auf einer Landstraße wilden Pferden oder bestellen Essen von einer Speisekarte, deren Sprache sie kaum aussprechen können. Sie schicken mir von unterwegs E-Mails (die Ansichtskarten von heute) und aktualisieren ihren Facebook-Status (wie sich doch alles geändert hat!), und ich spüre ihre Begeisterung und ihr ehrfürchtiges Staunen. Sie werden aufgekratzt heimkehren und gespürt haben, wie das Reisen ihnen die ganze Welt öffnete und sie zugleich all das wieder neu wertschätzen ließ, was sie daheim zurückgelassen hatten. Reisen hat wirklich keine Nachteile – außer ein bisschen Jetlag und einem leeren Bankkonto. Eigentlich ein kleiner Preis für eine unbezahlbare Erfahrung!

Die Reiselust lag mir schon immer im Blut. Eine Stunde in einem Flugzeug (oder einem Bus, Tuk-Tuk, Auto oder Schnellzug) war für mich – frei nach Winston Churchill – nie eine verschwendete Stunde. Schon als Kleinkind wusste ich, dass immer dann die große Welt auf mich wartete, wenn unsere Familie sich in den Kombi stapelte, um ans Meer zu fahren. Beim „Risiko-"Spielen auf dem Wohnzimmerfußboden sah ich auf dem Spielbrett zum ersten Mal Orte mit Namen wie „Madagaskar" und „Siam". Mich lockte nicht das Ziel des Spiels, nämlich die Beherrschung der Welt, sondern die exotischen Orte auf diesem großen Planeten, die mir romantisch und märchenhaft vorkamen.

Mein erstes richtiges Aha-Erlebnis hatte ich mit 15, als meine Eltern mir erlaubten, eine Highschool-Freundin zu besuchen, die mit ihrer Familie in Santo Domingo, der Hauptstadt der Dominikanischen Republik, lebte. Damals war ich zu naiv, die Wichtigkeit dieser schönen und historisch wertvollen Stadt zu begreifen, in der es – weil sie der erste koloniale Außenposten in Amerika war – alles hier zum ersten Mal gegeben hatte: die erste Straße, den ersten Dom, die erste Festung. Aber immerhin trafen mich meine eigenen „ersten Male" dort mit Macht: mein erstes Eintauchen in eine fremde Sprache und Kultur, meine erste Begegnung mit Salsa und Merengue (deren pulsierenden Sound man überall hörte), meine ersten Avocados direkt vom Baum, meine erste Gitarrenstunde. Meine Liebe für die Latinokultur wurde damals, bei diesem prägenden Aufenthalt, geboren. Erst neulich, mehr als 40 Jahre später, bin ich wieder in Santo Domingo gewesen – es war, als würde ich meiner ersten großen Liebe wiederbegegnen, so sehr strömten vergessene Erinnerungen auf mich ein. Die Stadt war, wie ich, gewachsen und hatte sich bis zur Unkenntlichkeit verändert, aber sie erinnerte mich daran, wie ich damals mit weit aufgerissenen Augen in der Fremde ankam und mit einer Neugier wieder wegfuhr, die seither stets hellwach ist. Wie schon Herman Melville in *Moby Dick* schrieb: „Mich aber zieht und zerrt es unaufhörlich in die Ferne."

Ich kehre selten an Orte zurück, an denen ich schon gewesen bin – es gibt einfach zu viele Orte, die ich noch nicht kenne. Immer, wenn ich gefragt wurde, was meine schönste Reise war, sagte ich „die letzte", weil sie mir noch am präsentesten war. Inzwischen denke ich aber, ich sollte eher „die nächste" sagen. Bei mir ist immer eine nächste Reise – oder vier davon – in Planung. Ich bin mein eigener bester Kunde, denn ich lasse mich von der Da-musst-du-sofort-hin-Stimmung von *1000 Places* gern anstecken und habe seit der Erstauflage des Buches 2003 mehr Orte gesammelt, die nun in dieser Neuausgabe stecken. Vermutlich verzweifeln jetzt einige Leute, denen schon die erste Liste zu umfangreich war ... Tja, aber da bin ich, mit einer überarbeiteten Ausgabe, die ich als ganz neues Buch ansehe. Es gibt etwa 200 brandneue Einträge, darunter 28 neue Länder. Einige hatte ich vorher einfach gar nicht auf dem Schirm (Ghana, Nicaragua, Südkorea), andere erholten sich damals noch vom Zusammenbruch des Ostblocks (Estland, Ukraine, Slowakei). Sie waren auf Tourismus noch nicht eingestellt, sind aber heute als Reiseziele garantiert eine echte Offenbarung. Und dann sind da noch die vielen Ziele in Ländern, die schon gut vertreten waren, die aber einfach nicht mehr ins Buch passten – da hatte ich damals halb im Scherz gesagt, ich würde sie für den zweiten Band aufheben. Unter anderem sind dabei: die Mani-Halbinsel in Griechenland, die Seen in Chile, der Goldene Tempel von Amritsar in Indien, das nostalgische Shaker-Dorf in Kentucky und die Mendoza-Weingegend in Argentinien.

Diese endgültige Liste der überarbeiteten Ausgabe fertigzustellen war sogar noch aufregender und Furcht einflößender als bei der Erstausgabe. Denn wie viele Möglichkeiten würde ich noch bekommen, meine Lebensliste in Ordnung zu bringen? Oder freie Hand zu haben, eine vielfältige, alles umfassende Liste mit fernen Zielen zusammenzustellen – das von Menschen gemachte Wunder von Petra und die überwältigende Naturschönheit von Patagonien zusammen mit hedonistischeren Schönheiten wie Trancoso in Brasilien oder der Seychelleninsel La Digue? Das war eine echte Herausforderung, hat aber auch viel Spaß gemacht. Ich folgte meinem Herzen und meinem Bauchgefühl und trachtete nach einer tollen Zusammenstellung großartiger und bescheidener Orte, bekannter und unbekannter.

Mein Leben als Reisende hat mich mit einer inneren Antenne ausgestattet, die immer Alarm schlägt, wenn ich zu einem besonders schönen, inspirierenden Ort komme – manchmal bleibt einem dort die Spucke weg (an den donnernden Victoriafällen in Sambia und Simbabwe, beim Military Tattoo im Schatten von Edinburgh Castle); manchmal sind Orte einfach zeitlos und ungewöhnlich und warten still auf unsere Aufmerksamkeit (die desolaten, windigen Aran-Inseln vor der irischen Westküste, ein Sonnenuntergang im Mekongdelta).

Aber diese Liste spiegelt viel mehr als bloß mein Bauchgefühl für die Welt und ihre Wunder. Die Menge an Recherchen, die ich vor jeder Tour durchführe, würde alle überraschen, die denken, mit dem Kauf des Tickets sei alles getan. Ich lese alles, was ich kriegen kann, und bin noch nie einem Reiseführer begegnet, den ich nicht mochte: Ich finde immer kleine Informationen, die mich interessieren, und ich freue mich an den begeisterten Worten der Autoren, wenn sie eine Entdeckung oder ein Geheimnis teilen – ich hoffe, das merken Sie auch bei mir!

Bevor Sie anfangen zu rechnen (wie habe ich 200 neue Einträge hinzugefügt, aber meine ursprünglichen 1000 Favoriten beibehalten?), sollte ich zunächst erklären, dass es die Restrukturierung und Neuordnung des Buches war, die mir erlaubte, neue Seiten mit neuen Abenteuern hinzuzufügen. Ich nahm die ersten *1000 Places* komplett auseinander und schrieb einen Großteil der Informationen neu – eine neue Hommage an die Vielfalt der Welt. Anstatt einzelne Orte zu nennen wie in der Erstausgabe, habe ich nun manchmal 2 oder mehr Orte zu einem einzelnen, umfassenderen Eintrag zusammengefasst. In so manchem Fall ergibt dies fast eine fertig ausgearbeitete Minirundreise! So sind die ursprünglich separaten Einträge über den Shoal Bay Beach und die Hotels von Anguilla Teil eines einzigen Eintrags geworden, der die ganze Insel behandelt: Sie ist so klein, dass man an einem Tag einmal drum herum fahren kann, und so wissen Sie nun, wo Sie am Wegesrand anhalten können.

Das Buch ist eine bunte Mischung all dieser Wunder – und es zeigt, dass es selbst in diesem globalisierten, gleichmacherischen Zeitalter noch staunenswerte und wundervolle Dinge zu betrachten gibt. Ich hoffe, ich konnte jedem meiner 1000 Orte dieses ganz simple Gefühl des Staunens mitgeben – so ein Gefühl, wie es meine Nichten gerade in Island haben oder wie ich es auf meiner Reise nach Santo Domingo empfand, als ich zum ersten Mal begriff, wie weit ich in die Ferne schweifen konnte.

Irgendjemand hat mal gesagt: „Man kann nicht engstirnig sein, wenn man einen dicken, fetten Reisepass besitzt." Ich glaube, dass Reisen uns zu besseren Menschen und zu bewussteren Weltbürgern macht. Ich betrachte es als Privileg und Geschenk – es muntert mich auf, macht mich leichter, erweitert meinen Horizont. Das Wichtigste – und Einfachste – ist: Reisen bringt uns Freude. Worauf warten Sie also? Falls Sie für Ihre nächste Reise noch auf eine spezielle Gelegenheit warten, bedenken Sie Folgendes: Diese spezielle Gelegenheit wird der Tag sein, an dem Sie vom Sofa aufstehen und zum Flughafen fahren.

Wie dieses Buch funktioniert

In diesem Buch ist die Welt in 8 Regionen eingeteilt, die wiederum geografisch weiter unterteilt sind:

- EUROPA: Westeuropa, Südeuropa, Osteuropa, Skandinavien
- AFRIKA: Nordafrika, Westafrika, Ost- und südliches Afrika, die Inseln im Indischen Ozean
- DER NAHE OSTEN
- ASIEN: Zentralasien, Ostasien, Südasien, Südostasien
- AUSTRALIEN, NEUSEELAND UND DIE PAZIFISCHEN INSELN
- DIE VEREINIGTEN STAATEN VON AMERIKA UND KANADA: nach Bundesstaaten bzw. Provinzen unterteilt
- LATEINAMERIKA: Mexiko und Zentralamerika, Südamerika und die Antarktis
- DIE KARIBIK, DIE BAHAMAS UND BERMUDA

Innerhalb dieser Einteilungen sind die Einträge wiederum nach Ländern sortiert (s. Inhaltsverzeichnis zum schnellen Nachschlagen), und innerhalb jedes Landes alphabetisch nach Regionen und Städten. Wenn Sie die Orte je nach Art der dortigen Unternehmungen aufgelistet haben möchten, besuchen Sie www.1000beforeyoudie.de, wo Sie 12 thematisch sortierte Register finden, darunter „Traumstrände und Inselparadiese", „Heilige Stätten", „berühmte und außergewöhnliche Museen".

Am Ende jedes Eintrags gibt es praktische Informationen, die Ihnen bei der Reiseplanung helfen: Telefonnummern, Webadressen und Hotelpreise. Aber denken Sie dran: Reiseinformationen können sich schnell ändern, daher immer erst die Info überprüfen, bevor Sie abfahren!

Wie die Infoblöcke strukturiert sind

Diese Informationen sehen Sie am Ende der meisten Einträge:

Wo

Die Entfernung des Ortes zur nächstgrößeren Stadt oder zum nächsten Flughafen.

INFO
Die offizielle Website des Touristenbüros der Region.

DER NAME EINES ORTES
Telefonnummern und Website des jeweiligen Ortes oder der Institution.

Zu den Telefonnummern: Alle Telefonnummern sind mit ihren Ländervorwahlen angegeben, vor die Sie je nach Standort die internationale 00 setzen müssen. In vielen Ländern müssen Sie, wenn Sie innerhalb des Landes anrufen, vor der Ortsvorwahlnummer noch eine 0 einfügen (dafür müssen Sie aber in diesen Fällen natürlich nicht die Ländervorwahl wählen).

WIE
Hier gibt es Infos zu lokalen und internationalen Reiseunternehmen, die Touren, Wanderungen, Safaris und andere Rund- oder Pauschalreisen zum oder am jeweiligen Ort veranstalten.

UNTERKUNFT
Hier stehen Hotels und andere Unterkünfte, die nicht wie sonst im Haupttext erwähnt wurden, aber empfohlene Unterkünfte in der Nähe des besprochenen Ortes sind.

PREISE
Hier habe ich Preise für alle Hotels, Restaurants und organisierten Touren aufgenommen, die im Eintrag vorkommen. Sie basieren auf folgenden Faktoren:

HOTELS: Achtung: Die genannten Preise gelten, wenn nicht anders angegeben, für ein Standard-Doppelzimmer, also nicht pro Person. Ggf. werden auch die Preise für Hoch- und Nebensaison genannt.

Ein eingeschlossenes Frühstück wird nicht extra genannt. Bedenken Sie auch, dass viele Hotels bei den Preisen oft extrem flexibel sind und in bestimmten Jahreszeiten diverse Rabatte anbieten. Schauen Sie dafür am besten immer auf die Hotel-Websites oder auf die Seiten von Hotelsuchmaschinen, oder rufen Sie das Hotel an.

Manche Hotels, darunter viele Safarilodges und Camps, nennen die Preise pro Person (im Doppelzimmer), die Frühstück und Abendessen, manchmal auch ein Mittagessen, beinhalten. Hier steht dann der Hinweis „pro Person" und „inklusive". Kommen noch mehr Komponenten hinzu (geführte Touren, Benutzung von Sportanlagen, Vorträge usw.), ist der Preis als all-inclusive vermerkt.

TOUREN/WANDERUNGEN/EXKURSIONEN/KREUZFAHRTEN: Die Kosten sind als Gesamtpreis angegeben, pro Person im Doppelzimmer. Wenn Unterkunft, Mahlzeiten, Transport und sämtliche Annehmlichkeiten enthalten sind, steht dort „all-inclusive". Kosten für den Flug sind nie enthalten, falls nicht speziell angegeben.

RESTAURANTS: Preise für Mahlzeiten beziehen sich auf eine Person und entsprechen einem 3-gängigen À-la-carte-Menü ohne Wein. Wenn es nur ein Festpreis-Dinner gibt oder dieses besonders empfohlen wird, ist auch dieser Preis genannt. Für Bars, Kneipen und Cafés gibt es nur selten Preisangaben.

Bei der Umrechnung in Euro wurde ein Dollarkurs von 1,35 zugrunde gelegt.

Wann

Hier finden Sie Infos darüber, in welchen Monaten Hotels und andere Institutionen geschlossen sind. Sind sie das ganze Jahr geöffnet oder haben weniger als 6 Wochen geschlossen, wird dies nicht erwähnt. Hier stehen auch die Monate, in denen Reiseunternehmen bestimmte Touren anbieten.

Wer in der jeweiligen Nebensaison reist, sollte auf jeden Fall vorher checken, ob die gewünschten Hotels, Restaurants und Attraktionen auch geöffnet haben. Anders herum sollte man bedenken, dass die Hotels während der Hochsaison oder bei großen regionalen Ferien, Festen und Feiertagen voll sein könnten. Die Website www.feiertageweltweit.com hat eine Datenbank mit den weltweiten Feiertagen und Ferien.

Reisezeit

Hier finden Sie die beste Zeit für den Besuch des jeweiligen Ortes – sei es wegen des guten Wetters, regionaler Feste, Sport- und Freizeitmöglichkeiten, des geringen Touristenaufkommens oder anderer wichtiger Termine. Fehlt die „Reisezeit", heißt das nur, dass dieser Ort zu jeder Zeit wunderbar ist. So gibt es z.B. keine beste Zeit für einen Louvre-Besuch in Paris.

Reisesicherheit

Meine Reisevorschläge gehen von einer idealen, friedlichen Welt aus. Die Welt, in der wir leben, ist aber leider nicht so. Im Normalfall sind die meisten Orte in diesem Buch für Weltenbummler vollkommen sicher, aber an einigen könnten Sie – entweder jetzt gerade oder in Zukunft – Risiken begegnen. Besuchen Sie daher vor jeder Reise – besonders wenn Sie allein reisen – die Website des Auswärtigen Amtes, www.auswaertiges-amt.de/DE/Laenderinformationen/Uebersicht_Navi.html. Dort finden Sie ausführliche, aktuelle Reiseinformationen und -warnungen für alle Länder, inklusive Visabestimmungen, Impfhinweisen und politischer Informationen.

Reisepapiere

Zusätzlich zu einem (oft noch mehrere Monate) gültigen Pass braucht man für viele Länder schon vor der Reise ein Visum. Schauen Sie auch hier unter www.auswaertiges-amt.de/DE/Laenderinformationen/Uebersicht_Navi.html, dort gibt es ausführliche Informationen zu allen Einreise- und Zollbestimmungen.

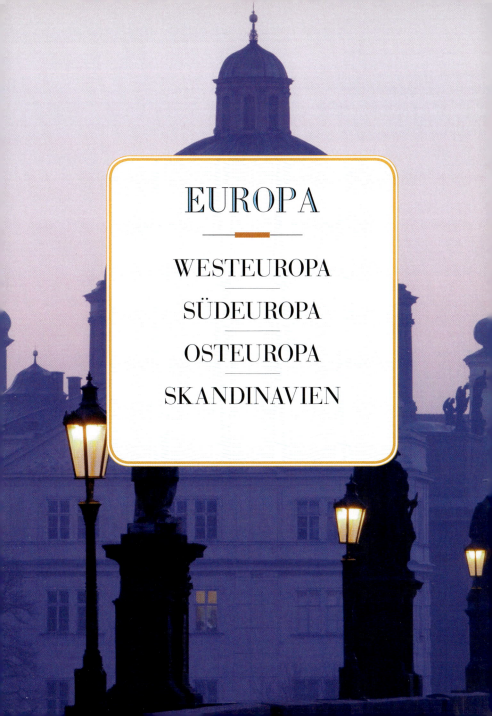

EUROPA

WESTEUROPA
SÜDEUROPA
OSTEUROPA
SKANDINAVIEN

WESTEUROPA

Das Epizentrum der Kunst und der Mode

Auf den Spuren von Rubens

Antwerpen, Belgien

Mit seinem Hafen an der breiten Scheldemündung war Antwerpen im 16. und 17. Jh. ein Handelszentrum. Es war die goldene Zeit des intellektuellen, kommerziellen und künstlerischen Lebens in den damaligen Niederlanden. Es war auch die Ära des Peter Paul Rubens, der 1609 von seiner Ausbildung in Italien zurückkehrte, um fortan sein Heimatland mit unvergleichlicher Technik und dynamischen Kompositionen zu begeistern. Seine großartigen frühen Meisterwerke, die beiden Triptychen Kreuzaufrichtung (1610) und Kreuzabnahme (1611), stehen in der Liebfrauenkathedrale, der größten gotischen Kathedrale der Beneluxländer, mit einem reich verzierten, 123 m hohen weißen Turm, der hoch über dem Grote Markt aufragt. Im Sommer erklingen jeden Montagabend die 49 Glocken des Glockenspiels.

Ein kurzer Spaziergang führt Sie zum Rubenshaus, in dem Rubens wohnte und seine geschäftige Werkstatt unterhielt; einige seiner Leinwände werden hier gezeigt. Wer mehr über die Rubens-Zeit wissen möchte, sollte das Rockoxhuis besuchen, das Haus des reichen Auftraggebers Nicolaas Rockox voller Möbel, Gemälde und Kunstgegenstände. Rubens fertigte die Stiche für die einflussreiche Druckerei des Christophe Plantin, dessen Haus und Werkstatt zum spannenden Museum Plantin-Moretus umgebaut wurden. Das Koninklijk Museum voor Schone Kunsten Antwerpen (KMSKA) hat eine der weltgrößten Rubens-Sammlungen, wird aber gerade (bis 2017) komplett renoviert, sodass die Gemälde zurzeit nur bei Wechselausstellungen in anderen Gebäuden gezeigt werden.

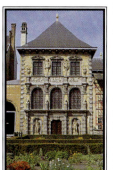

Im Rubenshuis lebte Rubens von 1611 bis zu seinem Tode.

Die Inspiration und der Sinn für Innovationen, die Rubens antrieben, sind in Antwerpen immer noch zu spüren – heute hauptsächlich in den Bereichen Diamanten und Mode, aber auch im modischen kleinen Hotel De Witte Lelie („Die weiße Lilie"), ein fantasievoll umgebautes Haus aus dem 17. Jh. Das elegante Hotel Rubens – Grote Markt erinnert ebenfalls an die Geschichte der Stadt und hat sogar noch einen Aussichtsturm, von dem man aus man im Mittelalter nach Handelsschiffen auf der Schelde Ausschau hielt.

Wo: 55 km nördl. von Brüssel. **Info:** www.visit.antwerpen.be. **Rubenshuis:** Tel. +32/3-201-1555; www.rubenshuis.be. **Rockoxhuis:** Tel. +32/3-201-9250; www.rockoxhuis.be. **Museum Plantin-Moretus:** Tel. +32/3-221-1450; www.plantin-moretus.be. **KMSKA:** Tel. +32/3-238-7809; www.kmska.be. **De Witte Lelie:** Tel. +32/3-226-1966; www.dewittelelie.be. *Preise:* ab € 237. **Hotel Rubens – Grote Markt:** Tel. +32/3-222-4848; www.hotelrubensantwerp.be. *Preise:* ab € 137 (Nebensaison), ab € 180 (Hochsaison). **Reisezeit:** Juli–Aug.: *Zomer van Antwerpen* Festival; Aug.: Middelheim Jazz Festival; Dez.: Weihnachtsmarkt auf dem Grote Markt.

Die himmlische Vielfalt des Brauens

BELGISCHES BIER

Belgien

Für ein so kleines Land ist die Vielfalt der einzigartigen Bierindustrie erstaunlich. Etwa 125 Brauereien produzieren mehr als 800 Sorten, darunter Weizenbiere, das extrem starke Bush-Bier, das dunkle Rodenbach und die berühmten Trappistenbiere, jahrhundertelang unter der Ägide von Mönchen und zweifelsohne unter dem Schutz des hl. Arnold, Schutzpatron des Bieres, gebraut.

Die Abbaye d'Orval ist eine der 5 Trappistenbrauereien in Belgiens waldigen Hügeln der Ardennen, 160 km südlich von Brüssel. Die Ruinen sind aus dem Jahr 1110, neuere Gebäude aus dem 17. Jh. Liebevoll kümmern sich die Mönche um den Heilkräutergarten und die „Apotheke", wo Sie das berühmte Orval-Bier, Käse und das hauseigene Brot kaufen können.

Trappistenmönche betreiben Kirche und Brauerei im historischen Orval.

Normalerweise sind die belgischen Trappistenbrauereien nicht für Publikum geöffnet. Eine nette Ausnahme, genau zwischen der Abbaye d'Orval und Brüssel, ist die kleine Brasserie du Bocq mit ihren 10 Biersorten. Seit 1858 wird sie von Familie Belot betrieben. Eine weitere öffentliche Brauerei gibt es in Brügge (s. nächste Seite): De Halve Maan („Der Halbmond") braut seit 1856 Bier; heute vor allem 2 exzellente Starkbiere: Brugse Zot (6 % Alkohol) und Straffe Hendrik (9 %).

Brüssel liegt im Tal der Senne, wo man eine ungewöhnlich wilde Hefe namens *brettanomyces* findet. Sie ist das Geheimnis der einzigartigen Lambic-Biere Brüssels: Das warme Gebräu wird in offene Kupferbecken gefüllt, und die Hefe tut ihre Arbeit. Das gereifte Lambic wird verschnitten, um Gueuze zu erhalten, anschließend vermischt mit Kirschsaft für Kriek und mit karamellisiertem Zucker für Faro – alles klassische Brüsseler Biere. Die Gärungsprozesse können Sie in der atmosphärischen Cantillon-Brauerei im Brüsseler Vorort Anderlecht verfolgen, die außerdem als Musée Bruxellois de la Gueuze fungiert.

Wollen Sie eine gute Auswahl belgischer Biere probieren, fragen Sie nach dem Weg zum berühmten Bierhaus La Fleur en Papier Doré in der Rue des Alexiens, nur 5 Minuten vom Grand Place entfernt. Hier trafen sich die Surrealisten um René Magritte. Bestellen Sie zum Bier leckeres Brüsseler Kneipenessen wie *pottekeis* (Brot mit Streichkäse) und *bloempanch* (Blutwurst), und Sie haben eine typisch belgische Kneipenmahlzeit.

ABBAYE D'ORVAL: Tel. +32/61-31-1261; www.orval.be. **UNTERKUNFT:** Auberge du Moulin Hideux, ein gediegenes Landhotel in einer Mühle aus dem 17. Jh., 20 Min. von Orval entfernt. Tel. +32/61-46-7015; www.moulinhideux.be. *Preise:* ab € 207; Dinner € 74. **BRASSERIE DU BOCQ:** Tel. +32/82-61-0780; www.bocq.be. **DE HALVE MAAN:** Tel. +32/50-44-4222; www.halvemaan.be. **MUSÉE BRUXELLOIS DE LA GUEUZE:** Tel. +32/2-521-4928; www.cantillon.be. **LA FLEUR EN PAPIER DORÉ:** +32/2-511-1659; www.lafleurenpapierdore.be. *Preise:* Mittagessen € 15. **REISEZEIT:** Anf. Sept.: Belgisches Bierwochenende in Brüssel, wo etwa 50 Brauereien ihre Produkte vorführen.

Ein mittelalterlicher Moment, für immer festgehalten

BRÜGGE

Belgien

Brügge ist eine perfekt geformte Stadt en miniature, voller Erinnerungen an ihre Blütezeit im Mittelalter. Erkunden Sie die Stadt zu Fuß – oder noch besser von einem der offenen Schiffe aus, die auf dem gewundenen Kanal an den Uferweiden entlangschippern. Sie erfahren dabei, wieso Brügge das „Venedig des Nordens" genannt wird.

Brügge war einst eine der blühendsten Städte Europas, im 15. Jh. Hauptstadt der burgundischen Herzöge und geschäftige Handelsstadt, wo italienische Bankleute sich mit Händlern aus Spanien, England und Skandinavien trafen. Im 16. Jh. verschob sich jedoch die politische Macht; die Kanäle versandeten, und in Brügge begann eine lange Zeit des Verfalls. Erst über 300 Jahre später wurde es „wiederentdeckt".

Immer noch fließen Kanäle durch Brügge, das viel von seiner mittelalterlichen Architektur bewahrt hat.

Im kleinen, aber exquisiten Groeninge Museum stehen uns die Reichtümer aus Brügges goldenem Zeitalter lebhaft vor Augen. Als Jan van Eyck 1436 seine *Madonna des Kanonikus Joris van der Paele* malte, hielt er nicht nur eine heilige Szene fest, sondern auch die Luxuswaren, von denen er umgeben war: schwere Stoffe, Edelsteine, eine fein gearbeitete Rüstung. In ähnlicher Manier und mit größter Präzision malte der in Deutschland geborene Brügger Meister Hans Memling 6 Werke für die Kapelle des Sint-Janshospitaals, wo man sie noch heute anschauen kann.

Brügge ist das Ziel vieler Tagesausflügler aus Brüssel, die zu den mittelalterlichen Sehenswürdigkeiten strömen: zum hohen Belfried, dem gotischen Stadhuis (Rathaus) aus dem 14. Jh., der Onthaalkerk Onze-Lieve-Vrouw (Liebfrauenkirche) mit der marmornen Brügger Madonna von Michelangelo und zum Begijnhof aus dem 13. Jh., eine Art Konvent, der 600 Jahre florierte und auch heute noch eine ganz eigene Welt darstellt. Übernachten Sie im Prinsenhof, einem der erstklassigen Hotels, oder im familiengeführten Alegria, einem kleinen, eleganten, zentralen Gasthaus. Wählen Sie zwischen den vielen gemütlichen Bistros, die die lokale Spezialität *moules-frites* (Muscheln mit Pommes frites) anbieten, oder probieren Sie etwas Neues im Restaurant Patrick Devos, das erstklassige französische Küche mit belgischem Einschlag serviert. Ein Bummel über den wunderschön angestrahlten zentralen Platz rundet den Tag ab.

Wo: 100 km nordwestl. von Brüssel. **Info:** www.brugge.be. **Groeninge Museum und Memling:** Tel. +32/50-44-8743. **Prinsenhof:** Tel. +32/50-34-2690; www.prinsenhof.com. *Preise:* ab € 180. **Alegria:** Tel.: +32/50-33-0937; www.alegria-hotel.com. *Preise:* ab € 100. **Restaurant Patrick Devos:** Tel. +32/50-33-5566; www.patrickdevos.be. *Preise:* Dinner € 60. **Reisezeit:** März–Nov.: Bootstouren; Mai: Heilig-Blut-Prozession am Himmelfahrtstag (40 Tage nach Ostern); Aug.: Klinkers Musikfestival.

Knusprig, golden, lecker!

BELGISCHE POMMES FRITES

Brüssel, Belgien

Die Amerikaner haben sich ein wenig vertan mit ihren *french fries:* Pommes frites, weltweit beliebte Beilage aus Kartoffeln, sind eine belgische Erfindung. Hier gibt es die besten *frites* der Welt: Knusprig, pikant, leicht gebräunt – der Maßstab aller Pommes! Doch was macht die belgischen *frites* so besonders? Zunächst die leckeren goldgelben Bintje-Kartoffeln, aus denen sie gemacht werden. Und dann, sehr wichtig: Sie werden zweimal frittiert, einmal zum Durchgaren; ein zweites Mal, damit sie goldbraun und knusprig werden – *bien croustillantes*.

Gut gemachte *frites* (auf Niederländisch *frieten*) können zu jeder Tageszeit verzehrt werden, großzügig mit Mayonnaise garniert. Es gibt sie an Straßenständen, den *friteries* oder *frietkoten*. Eine der beliebtesten *friteries* in Brüssel ist Maison Antoine, ein Stehimbiss in der Mitte des Place Jourdan nahe beim Verwaltungsviertel der Europäischen Union. Dort werden seit 60 Jahren exzellente *frites* mit mehr als 25 Soßen zur Auswahl angeboten. Typisch belgisch gibt es dazu *carbonnade* (belgischen Rindfleischeintopf mit Bier), *boulettes*, Würstchen, Burger oder Spießchen, aber die Pommes spielen immer die Hauptrolle.

Mit dem inoffiziellen Nationalgericht *moules-frites* (Muscheln mit Pommes) haben die Belgier eine perfekte Kombination gefunden. Sie dämpfen ihre Muscheln im einfachen *marinière*-Stil (mit etwas gehackter Zwiebel, Sellerie, Möhren, Petersilie, Lorbeerblatt und Thymian) und servieren ganze Berge davon. Brüssels berühmtestes *moules-frites*-Restaurant ist Chez Léon dicht am Grand Place, das Stammhaus (von 1893) der heute internationalen Marke. Hier ist es immer laut und voll – fast wie in einem Fast-Food-Restaurant. *Moules-frites* gibt es auch in einigen Restaurants am Place Ste-Catherine, z. B. dem hochgeschätzten La Marée, einem schnörkellosen, bei Einheimischen beliebten Laden.

Maison Antoine: Tel.: +32/2-230-5456; www.maisonantoine.be. *Preise:* Mittagessen € 11. **Chez Léon:** Tel. +32/2-511-1415; www.chezleon.be. *Preise:* Dinner € 33. **La Marée:** Tel. +32/2-511-0040; www.lamaree-sa.com. *Preise:* Dinner € 33.

Das Nirwana für Schokoliebhaber

BELGISCHE SCHOKOLADE

Brüssel, Belgien

Stellen Sie sich auf dem Boulevard Anspach vor den Leonidas-Laden – eine von 22 Brüsseler Filialen des führenden belgischen Herstellers –, und Sie könnten denken, es gäbe dort Fast Food statt Luxusschokolade. Aber die

Leute stehen hier für *pralines* an: In einer kleinen, vergoldeten Schatzkiste namens *ballotin* verpackt, sind die Pralinen bei Touristen das beliebteste Souvenir. Belgische Schokolade, einst ein Privileg der Reichen, ist heute bei den Massen beliebt.

Die hohe Qualität der belgischen Schokolade hat sowohl mit den verwendeten Rohstoffen als auch mit der Herstellungsmethode zu tun. Sie hat einen hohen Kakaoanteil, viel Kakaobutter und wird lange und intensiv gerührt. Eine detailliertere Erklärung dafür, warum die Schokolade so wundervoll ist, bekommen Sie im Musée du Cacao et du Chocolat in der Nähe des Grand Place.

Angeblich wurde die Praline 1912 in Brüssel erfunden: von Jean Neuhaus, der seine Pralinen in den Galeries Royales St-Hubert verkaufte, der eleganten Einkaufspassage aus dem 19. Jh. dicht am Grand Place. Neuhaus ist heute eine weitere führende Marke für belgische Schokoladenprodukte der Luxusklasse; die dritte im Bunde ist Godiva von 1926.

Godiva, Leonidas und Neuhaus verkaufen fantastische Schokoladen, aber wenn Sie kleinere Marken ausprobieren möchten, kosten Sie die handgemachten Schokoladen der Manufaktur Mary, 1919 eröffnet und sogar Hoflieferant. Im eleganten Shop – passenderweise in der Rue Royale – sieht es aus wie bei einem Juwelier; die Süßigkeiten (darunter 70 Pralinensorten) werden wie Kostbarkeiten präsentiert. Der ehrwürdige *chocolatier-pâtissier* Wittamer am Place du Grand Sablon ist ebenfalls Hoflieferant und produziert seit 1910 außer exquisiten Pralinen ebensolche Torten. Gegenüber liegt der neuere Laden von Pierre Marcolini, der die Sorten, Formen und Verpackungen seiner Pralinen ganz frisch und unkonventionell gestaltet.

Musée du Cacao et du Chocolat: Tel. +32/2-514-2048; www.mucc.be. **Mary:** Tel. +32/2-217-4500; www.marychoc.com. **Wittamer:** Tel. +32/2-512-3742; www.wittamer.com. **Pierre Marcolini:** Tel. +32/2-214-1206; www.marcolini.be.

Im Herzen von Europas Hauptstadt

Der Grand Place

Brüssel, Belgien

Wenige städtische Plätze hinterlassen einen solchen Eindruck wie der gigantische, einzigartige Grand Place (Grote Markt) in Brüssel. Ludwig XIV. bombardierte 1695 das ganze Stadtzentrum – was Sie heute sehen, ist der Triumph nach der Zerstörung. Die meisten Kunsthistoriker halten es mit Jean Cocteau, der den Platz „die schönste Bühne der Welt" nannte. Tatsächlich sind die reich verzierten Fassaden der mächtigen, miteinander konkurrierenden Zunfthäuser im flämischen Renaissance- und Barockstil die perfekte Kulisse für das gotische Stadhuis (Hôtel de Ville) von 1449, das einzige Gebäude, das die Zerstörung überstanden hat.

Der Platz ist seit dem 13. Jh. das Herz der Stadt. Hier ist immer was los: Beobachten Sie das Treiben bei einem Trappistenbier auf der Terrasse des Roy d'Espagne im früheren Zunfthaus der Bäcker. Oder schlemmen Sie im Backstein-Kellergewölbe bei 't Kelderke belgische Hausmannskost wie *anguilles au vert* (Aal in grüner Kräutersoße). Feineres Essen finden Sie im luxuriösen holzgetäfelten Restaurant La Maison du Cygne im ehemaligen Zunfthaus der Metzger.

Das Musée de la Ville de Bruxelles ist im pompösen neogotischen Maison du Roi untergebracht und erzählt die Geschichte der Stadt.

Die merkwürdigsten Ausstellungsstücke sind einige der 800 Minikostüme des Stadtmaskottchens Manneken Pis. Der Brunnen mit dem kleinen Bronzejungen, der das tut, was der Name suggeriert, ist ein paar Gehminuten westlich des Grand Place zu finden.

Mitten im Zentrum übernachten Sie im neu gestalteten Hotel Amigo, direkt hinter dem Rathaus. Der Name stammt aus der Zeit, als Spanien die Niederlande regierte (1519–1713), aber der Stil ist üppig und modern wie in allen Luxushotels von Rocco Forte. Eine intimere Alternative ist das Le Dixseptième, früher Residenz des spanischen Botschafters und heute eines der nettesten Boutique-Hotels in Brüssel.

Info: www.brucity.be. **t'Kelderke:** Tel. +32/2-513-7344; www.atgp.be. *Preise:* Dinner € 30. **La Maison du Cygne:** Tel. +32/2-511-8244; www.lamaisonducygne.be. *Preise:* Dinner € 74. **Musée de la Ville de Bruxelles:** Tel. +32/2-279-4350; www.brusselsmuseums.be. **Hotel Amigo:** Tel. +32/2-547-4747; www.hotelamigo.com. *Preise:* ab € 215 (Nebensaison), ab € 333 (Hochsaison); Dinner € 52. **Le Dixseptième:** Tel. +32/2-517-1717; www.ledixseptieme.be. *Preise:* ab € 166. **Reisezeit:** Juli–Sept.: nächtliche Illumination mit Musik; 1. Di. und Do. im Juli: Ommegang, ein Umzug in historischen Kostümen; Mitte Aug. in geraden Jahren: Tapis de Fleurs, ein riesiger Teppich aus frischen Blumen.

Im August in geraden Jahren bedeckt ein Blumenteppich aus frischen Begonien den Grand Place.

Der Geburtsort eines spannenden Stils

Die Vorzeigestadt des Jugendstils

Brüssel, Belgien

Brüssel ist eine Pilgerstätte für Jugendstilfans aus aller Welt. Ihr erster Anlaufpunkt ist meist das frühere Haus des wegweisenden Architekten Victor Horta, der es 1901 im Vorort St-Gilles erbaute. Er entwarf jedes kleine Detail und schuf so ein Juwel aus farbigem Glas, Schmiedeeisen und fein ausgeführten Schnitzarbeiten. Heute ist es das Musée Horta.

Der Stil, den Horta populär machte, war der Jugendstil oder Art nouveau – eine „neue Kunst", weil er sich mit seinen stilisierten organischen Schwüngen und dem Einsatz neuer Materialien nicht auf vergangene Stile bezog. Hortas erstes Experiment – eines der ersten Beispiele für Jugendstilarchitektur – war das Hôtel Tassel (6 Rue Paul-Émile Janson), dessen bahnbrechende Neuerungen einen halboffenen Grundriss und eine Eisenkonstruktion mit Blütenrankenschmuck beinhalteten. Weitere Jugendstilhäuser anderer Architekten sehen Sie in der Rue Faider, der Rue Defacqz und an den Straßen westlich des Étangs d'Ixelles. Nahe dem Park Cinquantenaire liegen das üppig verzierte Maison Cauchie (5 Rue des Francs), das anders als die anderen Häuser öffentlich zugänglich ist, und das außergewöhnliche Maison St-Cyr (11 Square Ambiorix).

Ein Jugendstil-Geschäftshaus ist mit dem Old-England-Kaufhaus zu bewundern, eine Eisen-Glas-Konstruktion, die heute das Musée des Instruments de Musique (MIM) mit einer Sammlung von mehr als 600 Musikinstrumenten beherbergt (und einem Dachcafé mit Aussicht). Schauen Sie auch beim Centre Belge de la Bande Dessinée herein, das die Geschichte des Comics zeigt (Tim und Struppi, die sich Georges Remi alias Hergé ausgedacht hat, sind vielleicht die bekanntesten Belgier der Welt). Es liegt in einem 1903–06 von Horta entworfenen ehemaligen Stofflager.

Diese Gebäude sind seltene Überlebende. Der Jugendstil war nach dem Ersten Weltkrieg nicht mehr modern, und viele Bauwerke wurden zerstört. Erst ein neues Interesse in den späten 1960er-Jahren brachte die Wende. Betrauern können Sie das im Le Falstaff, einer tollen Bar/Brasserie nahe dem Grand Place, die 1903 von Hortas Mitarbeiter entworfen wurde und gut erhalten ist. Die einfache Karte ist prima für ein Mittagessen. Oder verwöhnen

Die beeindruckenden Schmiedearbeiten am Maison St-Cyr machen es zu etwas Besonderem.

Sie sich im Comme Chez Soi („Ganz wie zu Hause") mit seinem eleganten, von Horta inspirierten Jugendstildekor – die passende Stimmung für das kulinarische Highlight der Stadt (wie viele sagen).

Musée Horta: +32/2-543-0490; www.hortamuseum.be. **La Maison Cauchie:** Tel. +32/2-733-8684; www.cauchie.be. **MIM:** Tel. +32/2-545-0130; www.mim.fgov.be. **Centre Belge de la Bande Dessinée:** Tel. +32/2-219-1980; www.cbbd.be/de/home. **Le Falstaff:** Tel. +32/2-511-8789; www.lefalstaff.be. *Preise:* Mittagessen € 30. **Comme Chez Soi:** Tel. +32/2-512-2921; www.commechezsoi.be. *Preise:* Dinner € 90.

Das bestgehütete Geheimnis des Landes

GENT

Belgien

Das Wasser des Flusses Leie liegt ruhig und glatt zwischen den alten Hafendämmen im Herzen von Gent. Die Treppengiebel der Zunft- und Lagerhäuser aus Sand- und Backstein, in denen heute Cafés und Restaurants sind, spiegeln sich im Wasser. Einst dominierten sie den großen Genter Flusshafen und wickelten den Handel ab, der Gent mit dem restlichen Europa und der Welt verband. Von der historischen Sint-Michielsbrug (St. Michaelsbrücke) aus reihen sich die zu jener Zeit gebauten Türme und Kirchen hintereinander wie Masten in einem Hafen. Da sind der Belfried mit seinem Glockenspiel aus 54 Glocken und die große St.-Bavo-Kathedrale, in der der 1432 gemalte Genter Altar von Jan van Eyck und dessen Bruder Hubrecht zu sehen ist, einer der großartigsten Kunstschätze Nordeuropas und Zeuge des mittelalterlichen Reichtums und Status' der Stadt.

Gent war die erste Stadt Belgiens, die industrialisiert wurde, angefangen mit Textilfabriken zu Beginn des 19. Jh. Die hochgeschätzte Universität wurde 1817 gegründet, die großzügige Vlaamse Opera 1840. Das Design Museum Gent verfolgt die Designgeschichte in chronologischen eingerichteten Räumen, die die Besucher durchwandern – endend mit Jugendstil, Art déco und der Postmoderne. Das eindrucksvolle Stedelijk Museum voor Actuele Kunst (Städtisches Museum für moderne Kunst, auch SMAK) führt die Geschichte weiter mit den innovativen Werken belgischer Kunst, die heute in der internationalen Kunstszene Furore machen.

Je nach Unterkunft können Sie in verschiedene Epochen der Stadt eintauchen. Das Hotel Erasmus liegt in einem Patrizierhaus aus dem 16. Jh. und ist mit Antiquitäten möbliert, während ein Konvent aus dem 19. Jh. zum modernen Hotel Monasterium PoortAckere umgestaltet wurde. Essen Sie im Het Groot Vleeshuis zu Mittag, einer Metzgerei aus dem 15. Jh., die heute die Spezialitäten Ostflanderns serviert, dessen Hauptstadt Gent ist. Oder speisen Sie zwischen den schmiedeeisernen Pfeilern und Galerien der Brasserie Pakhuis, ein Lagerhaus des 19. Jh., das spektakulär umgebaut wurde, um der Dynamik im Gent des 21. Jh. zu entsprechen. **Wo:** 56 km nordwestl. von Brüssel. **Info:** www.visitgent.be. **Design Museum Gent:** Tel. +32/9-267-9999; www.designmuseumgent.be. **SMAK:** Tel. +32/9-267-1466; www.smak.be. **Hotel Erasmus:** Tel. +32/9-224-2195; www.erasmushotel.be. *Preise:* ab € 104. **Monasterium Poortackere:** Tel. +32/9-269-2210; www.monasterium.be. *Preise:* ab € 122. **Het Groot Vleeshuis:** Tel. +32/9-223-2324; www.grootvleeshuis.be. *Preise:* Mittagessen € 20. **Brasserie Pakhuis:** Tel. +32/9-223-5555; www.pakhuis.be. *Preise:* Dinner € 37. **Reisezeit:** Ende Juli: *Gentse Feesten,* ein Festival mit Musik, Theater und Straßenkunst.

Das kulturelle Zentrum der Wallonie

Liège

Belgien

Eine Welle aus Glas und Stahl grüßt Besucher, die mit dem Zug am Bahnhof Liège-Guillemins ankommen – eine typisch sensationelle Arbeit des spanischen Architekten Santiago Calatrava. Dies ist Prestigearchitektur, damit Liège, oder Lüttich, nicht nur als Zwischenstopp im internationalen Schnellzugnetz, sondern auch selbst als Touristenziel gesehen wird.

Auch das Musée Grand Curtius am Ufer der Maas steht für die neue Dynamik der Stadt. Das auffällige Gebäude aus dem 17. Jh. wurde kürzlich umfassend restrukturiert und gehört heute zu Europas wichtigsten Museen für Kunsthandwerk. Schätze aus dem alten Ägypten, aus Griechenland und Rom; Gemälde, antike Uhren, Möbel, Wandteppiche, Glaswaren, sogar historische Feuerwaffen werden mit wunderbarer Beleuchtung in Szene gesetzt.

Viele Jahrhunderte war Liège Hauptstadt des großen unabhängigen Territoriums, das von Fürstbischöfen regiert wurde. Daher findet man hier besonders viele schöne gotische Kirchen. (Die Fürstbischöfe wurden schließlich im Zuge der Französischen Revolution verdrängt.) Einen Eindruck vom Wesen der *liègeois* – bodenständig, von unabhängigem Geist und mit einem respektlosen Humor – bekommen Sie jeden Sonntag auf dem berühmten Markt La Batte am Nordufer der Maas, dem größten in Belgien,. Oder schauen Sie im beliebten Café-Restaurant Lequet vorbei und kombinieren Sie herzhafte *boulets à la liègeoise* – Fleischbällchen in süßer Soße – mit dem hiesigen Bier Jupiler.

Die folkloristische Seite von Liège wird wunderschön dokumentiert in einem umgebauten Konvent aus dem 17. Jh.: Das Musée

de la Vie Wallonne, auch frisch renoviert, hat eine faszinierende Sammlung von Artefakten, die vom früheren Alltagsleben in der Wallonie, dem französischsprachigen Teil Belgiens, erzählen.
Wo: 96 km südöstl. von Brüssel.
Info: www.liege.be. **Musée Grand Curtius:** Tel. +32/4-221-9404; www.grandcurtiusliege.be. **Restaurant-Café Lequet:** Tel. +32/4-222-2134. *Preise:* Dinner € 22. **Musée De La Vie Wallonne:** Tel. +32/4-237-9040; www.viewallonne.be. **Reisezeit:** So. morgens: La-Batte-Markt; 15. Aug.: *Festival de la République Libre.*

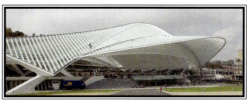

Santiago Calatrava entwarf den Bahnhof Liège-Guillemins.

Belle-Époque-Kurstadt im märchenhaften Wald

Baden-Baden und der Schwarzwald

Baden-Württemberg, Deutschland

„Ich glaube voll und ganz, dass ich mein Rheuma in Baden-Baden gelassen habe", schrieb Mark Twain. „Es sei Baden-Baden gegönnt." Die Stadt am Nordrand des Schwarzwaldes ist seit Mitte des 19. Jh. die Sommer-Kurstadt Europas. Damals schwärmten Königin Viktoria und Napoleon III. von den dortigen Heilquellen. Den würdevollen Glanz alter Zeiten gibt es immer noch: Gold- und Stuckdekor im eleganten Kasino, pastellfarbene Häuser, wo einst die High Society wohnte, und die schattige Lichtentaler Allee, die üppig angelegte Promenade an der Oos. Herausragend und noch recht neu an der Allee ist das von Richard Meier entworfene Museum Frieder Burda, das schneeweiße Haus für die Gegenwartskunst. Doch die meisten kommen immer noch zur Kur hierher. Warum nicht ein Bad nehmen im Friedrichsbad (ein Nacktbad) oder in den palastähnlichen Caracalla-Thermen (*mit* Badeanzug)?

An der Oos liegt auch eines der wenigen verbliebenen großen Kurhotels in Europa: das 1872 erbaute Brenners Park Hotel. Im gläsernen Schwimmbad erinnern Säulen und Wandfresken im Stile Pompejis an den römischen General Caracalla, dessen Legionäre die heißen Quellen im 3. Jh. entdeckten. Eine elegante, aber relaxte Alternative ist das familiengeführte, luxuriöse Der Kleine Prinz im Stadtzentrum.

Wenn Sie Ihre Wehwehchen auskuriert haben, können Sie diese berühmte Ecke Deutschlands auf der Schwarzwaldhochstraße weiter erkunden, einer 60 km langen Straße durch die schöne Natur, von Baden-Baden nach Südosten bis Freudenstadt. Trotz seiner dichten, hohen Fichtenwälder besitzt der fast 7860 km^2 große Schwarzwald sonnigen Charme an jeder Ecke und mehr als 22.000 km markierte Wander- und Radwege.

In schöner Lage in Baiersbronn, in einem üppig grünen Tal 50 km südöstlich von Baden-Baden, wartet eine Grande Dame: das Hotel Traube Tonbach mit erstklassigem Spa und Sportanlagen. Die französisch beeinflusste Karte seiner berühmten Schwarzwaldstube zeigt den gehobenen Stil des langjährigen Chefkochs Harald Wohlfahrt. Südlich von Titisee, in Häusern, offeriert der liebenswerte Schwarzwald Adler – seit 6 Generationen in der gleichen Familie – helle, geschmackvolle Zimmer und ein exzellentes Restaurant mit köstlichen regionalen Spezialitäten wie gegrilltem Schwarzwaldhecht und hausgemachten Spätzle. Wenn es warm ist, sollten Sie im charmanten Garten speisen. **Wo:** 180 km südl. von Frankfurt. **Info:** www.baden-baden.de. **Museum Frieder Burda:** Tel. +49/7221-398-980; www.museum-frieder-burda.de. **Brenners Park-Hotel:** Tel. +49/7221-9000; www.brenners.com. *Preise:* ab € 356. **Der Kleine Prinz:** Tel. +49/7221-346-600; www.derkleineprinz.de. *Preise:* ab € 207. **Hotel Traube Tonbach:** Tel. +49/7442-4920; www.traube-tonbach.com. *Preise:* ab € 185; Festpreis-5-Gang-Menü in der Schwarzwaldstube € 130. **Schwarzwald Adler:** Tel. +49/7672-4170; www.adler-schwarzwald.de. *Preise:* ab € 130; Dinner € 45. **Reisezeit:** Apr.–Okt.: schönes Wetter; Mai–Juni: Pfingstfestspiele in Baden-Baden.

Romantische Zeitreise im Neckartal

Das Heidelberger Schloss

Heidelberg, Baden-Württemberg, Deutschland

In einer großartigen Kulisse aus Wald und terrassierten Gärten steht auf einem Hügel Heidelbergs grandioses, leicht verfallenes Schloss, eines der bekanntesten Deutschlands. 300 Jahre wurde daran gebaut, angefangen im Jahr 1400; 1689 wurde das rote Sandsteinschloss von den Truppen Ludwigs XIV. geplündert. Seitdem zieht die romantische Ruine Maler und Dichter gleichermaßen an.

Für einen schönen Anblick des Schlosses sollten Sie den Philosophenweg entlangspazieren, einen Höhenweg am Nordufer des Neckar, auf dem auch schon Goethe und Hegel wandelten. In einer historischen Nebenstraße am Philosophenweg liegt das Hotel Die Hirschgasse. Es eröffnete 1472 als Lokal für die hiesigen Studenten (ein beschwipster Otto von Bismarck schnitzte seinen Namen in einen der Tische). Die Eliteuniversität zu Heidelberg wurde 1386 gegründet und ist damit Deutschlands älteste Universität. Seit 1703 zieht es Studenten und Reisende ins Lokal Zum roten Ochsen – zu Bier, Bratwurst und Gesang. Etwas Moderneres für designbewusste Reisende ist das zentrale Heidelberg Suites, eine Villa aus dem 19. Jh., ein neoklassizistisch inspirierter Rückzugsort.

Zur Weihnachtszeit ist Heidelberg besonders märchenhaft, wenn einer der besten Weihnachtsmärkte Deutschlands die Altstadt ziert. Dann duftet es an mehr als 100 Ständen nach gebrannten Mandeln und Zimt.

Östlich von Heidelberg fließt der Neckar durch ein markantes, tiefes Tal, vorbei an einigen der berühmtesten Weinlagen Deutschlands. Folgen Sie dem Fluss mit dem Rad oder dem Schiff flussaufwärts oder befahren Sie die kurvige Burgenstraße, die über 1000 km von Mannheim bis nach Prag führt.

Wo: 88 km südl. von Frankfurt. **Info:** www.heidelberg-marketing.de. **Heidelberger Schloss:** Tel. +49/6221-538-431; www.schloss-heidelberg.de. **Die Hirschgasse:** Tel. +49/6221-4540; www.hirschgasse.de. *Preise:* ab € 170 (Nebensaison), ab € 220 (Hochsaison). **Heidelberg Suites:** Tel. +49/6221-655-650; www.heidelbergsuites.de. *Preise:* ab

€ 207. BURGENSTRASSE: www.burgenstrasse. de. REISEZEIT: Ende März–Apr.: Heidelberger Frühling; 1. Sa. im Juni und Sept., 2. Sa. im Juli: Feuerwerk, Schlossbeleuchtungen; Ende Juni–Aug.: Schlossfestspiele; Ende Nov.–Dez.: Weihnachtsmärkte.

Ein Biertrinkerparadies inmitten von Architekturschätzen

BAMBERG

Bayern, Deutschland

Dieses fränkische Juwel, wie Rom auf 7 Hügeln gelegen und zu Recht als eines der schönsten Städtchen Europas bezeichnet, ist untrennbar verbunden mit seiner Geschichte als Hauptstadt des Heiligen Römischen Reiches unter Heinrich II., dem berühmtesten Sohn der Stadt. Mehr als 2000 gut erhaltene Gebäude zeigen Achitektur aus allen Zeitaltern – und die Stadt ist dabei keinesfalls nur ein statisches Museum. Bamberg atmet eine lebhafte studentische Atmosphäre, und es macht Spaß, sich hier mit Geschichte, Antiquitätenläden und Bier zu beschäftigen: 9 Brauereien produzieren fast 50 Sorten Bier, jedes mit einer eigenen Persönlichkeit. Schlenkerla ist ein Muss wegen seines Rauchbiers, das perfekt zum regionalen Küchenklassiker Schäufele passt (knusprige Schweineschulter mit Knödeln und Sauerkraut).

Der viertürmige Kaiserdom, von Heinrich II. erbaut und 1012 Schauplatz seiner Krönung, bezeugt Bambergs Reichtum und geistliche Macht. Er ist berühmt für die komplexe Skulpturenausstattung im Innern. Das wunderschöne Alte Rathaus, ein Fachwerkhaus mit Fresken, vermutlich eines der meistfotografierten Europas, hat seine eigene kleine Insel im Fluss Regnitz. Am anderen Ufer liegt das pittoreske Klein-Venedig, wo üppig rote Geranien in den Blumenkästen der Fachwerkhäuser blühen.

Der große, leicht abschüssige Domplatz steht exemplarisch für die Entwicklung der Stadt von der Romanik zur Gotik, von der Renaissance zum Barock. Das Hotel Nepomuk gewinnt den Preis für schiere Atmo-

Das Alte Rathaus steht mitten in der Regnitz, zwischen den früheren religiösen und weltlichen Teilen der Stadt.

sphäre und die beste Lage direkt am rauschenden Flusswehr. Es wurde 1410 als Mühle errichtet, und die gemütlichen Zimmer blicken auf Fluss und Rathaus. Die romantischste Wahl in der Altstadt ist das Hotel-Weinhaus Messerschmitt von 1422, seit 1832 im Besitz der gleichen Familie. Das Restaurant serviert regionale Spezialitäten; ein neuer Anbau komplettiert das Haupthaus mit seinen Antiquitäten durch 50 moderne Zimmer.

WO: 230 km nordwestl. von München. **INFO:** www.bamberg.info. **BRAUEREIAUSSCHANK SCHLENKERLA:** +49/951-56050; www.schlenkerla.de. **HOTEL ST. NEPOMUK:** Tel. +49/951-98420; www.hotel-nepomuk.de. *Preise:* ab € 148. **HOTEL-WEINHAUS MESSERSCHMITT:** Tel. +49/951-297-800; www.hotel-messerschmitt.de. *Preise:* ab € 166. **REISEZEIT:** Mai–Sept.: Biergartensaison; Ende Nov.–Dez.: Weihnachtsmärkte und Krippenweg.

Wo das ganze Jahr Oktoberfest ist

BAYERISCHE BIERKULTUR

Bayern, Deutschland

F ür die meisten Touristen heißt es: Bayern + Bier = Oktoberfest. Aber das ist nur die halbe Wahrheit, denn die, die nicht zur Oktoberfestzeit kommen, werden sich natürlich nicht langweilen oder gar durstig heimfahren. In Bayern befindet sich mehr als ein Sechstel der Brauereien der Welt, darunter Erdinger (in Erding) und Paulaner (in München), wo Sie das Weizenbier bei einer Brauereibesichtigung direkt an der Quelle probieren können. Feste wie Fasching oder Starkbierzeit, wenn das starke Doppelbock ausgeschenkt wird, erhellen die dunklen Wintermonate. Im April fließt das Bier beim Münchner Volksfest, und die Biergärten erwachen zum Leben. Und schließlich ist das Hofbräuhaus am Platzl seit 1589 Münchens größtes und beliebtestes Brauhaus – ein Touristenziel, in dem immer Oktoberfest ist.

Das offizielle Oktoberfest – das größte Volksfest der Welt – ist quasi Münchens jährlicher Abschied von der Biergartensaison, ein 16-tägiges, zutiefst bayerisches Fest, das die Bayern zusammen mit viel ausgelassenem Partyvolk aus aller Welt begehen. Es findet auf der Theresienwiese statt, nach Prinzessin Theresa benannt, deren Hochzeit mit Kronprinz Ludwig 1810 der Grund für das erste Oktoberfest war. Die 12 riesigen Festzelte – manche mit Platz für bis zu 6000 maßkrugschwenkende Gäste – werden Wochen im Voraus aufgebaut. Heute tragen viele der Gäste – selbst die aus Australien oder Japan – zünftige Tracht. Das Fest wird durch einen bunten Umzug mit 7000 Mitwirkenden eröffnet, darunter Hunderte Kellnerinnen in Dirndln, 13 große Blaskapellen und die Pferdegespanne der Brauereien, bevor der Münchner Oberbürgermeister mit dem Ruf „O'zapft is!" das erste Fass ansticht. Der Jahrmarkt ist praktisch eine eigene große Stadt, voller Fressbuden, Shows, Respekt einflößenden Fahrgeschäften und Karussells. Vor dem Hintergrund nie endender Stimmungsmusik konsumieren etwa 6 Mio. Menschen 5 Mio. Liter Wiesn-Bier, 400.000 Würstchen und 600.000 Hendl.

Eine Harmonika sorgt für gute Stimmung.

Kein Besuch Münchens ist komplett, ohne 2 andere Institutionen aufgesucht zu haben, bei denen man den Proviant zu all dem Bier kaufen kann: Dallmayr, ein prächtiger Delikatessenladen seit 1700, und den 200 Jahre alten Viktualienmarkt, den Bauernmarkt der Altstadt mit 150 Ständen und einem Biergarten. Direkt am belebten Markt liegt das neue Louis Hotel, dessen 72 schicke Zimmer im Alpenstil gemütlich, aber cool sind.

INFO: www.muenchen-tourist.de. **ERDINGER-BRAUEREI:** Tel. +49/81-224-09421; www.erdinger.de. **PAULANER-BRAUEREI:** Tel. +49/89-480-05871; www.paulaner.de. **HOFBRÄUHAUS:** Tel. +49/89-2901-3610; www.hofbraeuhaus.de. **LOUIS HOTEL:** Tel. +49/89-411-19080; www.louis-hotel.com. *Preise:* ab € 207 (Nebensaison), ab € 300 (Hochsaison). **REISEZEIT:** Ende Feb./Anf. März: Fasching; Mitte März: Starkbierzeit; Ende Apr.: Volksfest; Mitte Sept.–Anf. Okt.: Oktoberfest.

Bayerische Schönheiten

Der Bodensee und die Deutsche Alpenstrasse

Bayern, Deutschland

Am nördlichen Ufer des Bodensees liegt eine ganze Kette schöner Orte. Aber um die ganze Schönheit von Deutschlands größtem See wertschätzen zu können, sollten Sie eine der zahlreichen Fähren besteigen, die über den See zu den gegenüberliegenden – österreichischen und schweizerischen – Ufern und den Inseln fahren. Die schönste ist die kleine Insel Mainau, ein Paradies bunter Blumen (darunter mehr als 1000 Rosenarten) und exotischer Vegetation wie am Mittelmeer. Das Barockschloss der Insel wurde nämlich 1853 vom Großherzog von Baden übernommen, der von seinen Reisen seltene Pflanzen mitbrachte.

Das mittelalterliche Herz von Konstanz, der größten und lebhaftesten Stadt am See, ist eine wahre Freude. Das ehemalige Kloster ist heute das Steigenberger Inselhotel auf einer eigenen kleinen Insel, die per Brücke mit der Stadt verbunden ist.

Vom Ostufer aus windet sich die Deutsche Alpenstraße 450 km lang durch das Panorama der bayerischen Alpen, die spektakuläre Grenze zwischen Deutschland und Österreich. Sie führt vorbei an uralten Burgen, hübschen Alpengasthöfen und Bergdörfern, deren Häuser reich bemalt sind (Lüftlmalerei).

Sie führt auch zum friedlichen Oberammergau, das alle 10 Jahre sehr rege wird, wenn es gilt, ein Versprechen von 1633 einzulösen: Nachdem die Stadtbewohner von der Pest verschont blieben, versprachen sie, alle 10 Jahre das Leben Christi nachzuspielen – für immer. (Planen Sie schon mal für die Aufführung im Jahr 2020!) Bayerns anderes großes Kulturvent, die Richard-Wagner-Festspiele in Wagners Heimatstadt Bayreuth, findet zwar jeden Sommer statt, manche Aufführungen haben aber jahrelange Wartelisten.

Die Alpenstraße führt weiter nach Süden durch Garmisch, Ausrichter der Olympischen Winterspiele 1936 und Heimat des höchsten deutschen Berges, der Zugspitze mit 2962 m.

In Bayern herrscht kein Mangel an Schlössern – und die von König Ludwig II. sind die märchenhaftesten. Sein Herrenchiemsee steht auf einer der drei Inseln im schönen Chiemsee. Nach einer Frankreichreise entwarf der junge König 1885 das Schloss, um Versailles nachzueifern. Dessen Spiegelsaal ist hier exakt nachgebaut und schaut hinaus auf den Park. Ein Märchen anderer Art finden Sie im nahen Aschau, 1 Stunde südöstlich von München, wo einer der besten Köche Deutschlands dem nach ihm benannten Restaurant vorsteht, der Residenz

Die Kapelle St. Bartholomä ist nur per Boot über den Königssee oder auf einer langen, steinigen Gebirgswanderung zu erreichen.

Heinz Winkler im 600 Jahre alten ehemaligen Hotel Zur Post. Für die Alpenstraße könnte es kein besseres Finale geben als den wunderschönen Königssee an der Grenze zu Österreich. Am besten befährt man ihn mit einem der leisen Elektroschiffe. Verpassen Sie nicht die winzige Wallfahrtskapelle St. Bartholomä in einer kleinen Bucht. Sie wurde ursprünglich im 11. Jh. erbaut und 600 Jahre später rekonstruiert. Diese grandiose Ecke Deutschlands ist außerdem Herzstück des Nationalparks Berchtesgaden, in dem auch das ehemalige NS-Quartier Kehlsteinhaus liegt.

Wo: Konstanz liegt 227 km südwestl. von München. STEIGENBERGER INSELHOTEL: Tel. +49/7531-1250; www.konstanz.steigenberger.de. *Preise:* ab € 185 (Nebensaison), ab € 260 (Hochsaison). WAGNER-FESTSPIELE: Tel. +49/921-78780; www.bayreuther-festspiele.de. *Wann:* 4 Wochen Ende Juli–Aug. RESIDENZ HEINZ WINKLER: Tel. +49/8052-17990; www.residenz-heinz-winkler.de. *Preise:* ab € 252; Festpreis-Dinner € 96. REISEZEIT: Ende Apr.–Juni; Konstanz in Blumen; Mai–Juni oder Sept. zum Wandern.

Die märchenhafteste Zeit des Jahres

DIE CHRISTKINDLMÄRKTE

Bayern, Deutschland

Im Advent verwandeln sich überall in Deutschland die Städte in dreidimensionale Weihnachtskarten und beschwören den Geist alter Zeiten herauf. Heute gibt es mehr als 2500 Weihnachtsmärkte im Land, die meisten in Bayern; jeder hat eigene Traditionen und verkauft regionale Spezialitäten. Vor mindestens 600 Jahren soll es in Deutschland und Österreich die ersten gegeben haben. Festlich gestimmte Menschen schlendern über die schneebezuckerten Plätze, Weihnachtslieder erklingen; die kalte, klare Luft riecht nach Glühwein und Bratäpfeln – da schmilzt jedes Herz!

Auf den besten Märkten gibt es den mundgeblasenen Glas-Weihnachtsschmuck, die handgeschnitzten Krippenfiguren und die Weihnachtspyramiden aus dem Erzgebirge, die in keinem Zuhause fehlen dürfen. Sie haben die Qual der Wahl!

Der berühmteste Markt von allen ist der Nürnberger Christkindlesmarkt (der sich mit Dresden um den Titel „ältester Markt Deutschlands" streitet). Auf dem Hauptmarkt bemühen sich 180 kerzenbeleuchtete, hölzerne Stände um den Titel „Goldener Zwetschgermoh", den der schönste Marktstand bekommt. Nürnberg ist zu Recht berühmt für Lebkuchenhäuser, Früchtebrot und die Zwetschgenmännle, Figuren aus getrockneten Pflaumen. Nahe beim Markt und schön weihnachtlich geschmückt ist das älteste Hotel der Stadt, das Hotel Elch.

Der Christkindlmarkt auf dem Marienplatz in München ist einer der größten und schönsten in Deutschland – Hunderte von hell erleuchteten, geschmückten Buden stehen auf dem zentralen Platz der Altstadt. Vor dem neogotischen Rathaus mit seinem Glockenspiel (aus 43 Glocken) steht ein riesiger Weihnachtsbaum mit vielen kleinen Lichtern. Besteigen Sie die Christkindl-Tram für eine kleine Stadtrundfahrt. Und übernachten Sie im historischen 4-Sterne-Hotel Torbräu ganz in der Nähe des Platzes, das seit über einem Jahrhundert von der freundlichen Familie Kirchlechner geführt wird.

INFO: Nürnberg: www.christkindlesmarkt.de; München: www.christkindlmarktmuenchen.de. WANN: Ende Nov.–24. Dez.: Weihnachtsmärkte in ganz Deutschland.

HOTEL ELCH: Tel. +49/911-249-2980; www.hotel-elch.com. *Preise:* ab € 100. HOTEL TORBRÄU: Tel. +49/89-24-2340; www.torbraeu.de. *Preise:* ab € 200.

Ein reicher Kunstschatz und erstaunliche Erfindungen

DIE MÜNCHNER PINAKOTHEKEN UND DAS DEUTSCHE MUSEUM

München, Bayern, Deutschland

Münchens Status als Deutschlands „heimliche Hauptstadt" liegt zum großen Teil an seinen Weltklassemuseen, viele davon im sogenannten Kunstareal zusammengefasst. Nur wenige Städte haben in so hoher Dichte so viel Kunst höchster Qualität vorzuweisen. Die Alte Pinakothek steht dem Louvre (s. S. 76) in nichts nach. Sie präsentiert Alte Meister und Meisterwerke der frühen nordeuropäischen Renaissance. Die Sammlung reicht vom 14.–18. Jh. – Leonardo da Vincis *Madonna mit der Nelke*, Tizians *Die Dornenkrönung*, Werke von Memling, Brueghel, Hals und Dürer (sein letztes Werk, *Die Vier Apostel*, ist ein Highlight). Hier hängt auch eine der weltgrößten Sammlungen (62 Werke) der Arbeiten des flämischen Meisters Rubens und seines berühmtesten Schülers, Van Dyck.

Die Neue Pinakothek gegenüber fängt im 18. Jh. dort an, wo ihr Schwestermuseum aufhört. Hier sind rund 400 Gemälde und Skulpturen des Rokoko, des Klassizismus und des 19. und 20. Jh. zu bewundern, mit Hauptwerken von van Gogh, Manet, Caspar David Friedrich, Cézanne und Klimt, um nur einige zu nennen. Die Pinakothek der Moderne, 2002 zur Präsentation der Kunst des 20. und 21. Jh. eröffnet, zeigt Malerei, Plastik, Design und Architektur aus Moderne und Gegenwart, darunter Werke von Meistern wie Klee, Picasso, Warhol und Twombly und umfangreiche Werkgruppen des „Blauen Reiters" und der Neuen Sachlichkeit.

Das Deutsche Museum auf einer Isarinsel ist das älteste und umfassendste Wissenschafts- und Technikmuseum der Welt. In seinen 55 Abteilungen – darunter Musikinstrumente, alte Haushaltsgeräte, Medizintechnik, Luftfahrt, Fotografie, Physik und Textilien – können Sie oft selbst Hand anlegen. Die vielen Chemieexperimente, Knöpfe und Hebel machen das Museum für Kinder und Erwachsene gleichermaßen interessant. Man könnte ganze Tage damit verbringen, sich Deutschlands erstes U-Boot von 1906 anzusehen oder den Labortisch, an dem das erste Atom gespalten wurde, oder Dutzende Autos (darunter der erste Benz von 1886) und eine überzeugende Replik der Höhle von Altamira (s. S. 272). Toll sind auch die riesigen, hangarartigen Hallen mit Flugzeugen, von den ersten Modellen der Gebrüder Wright bis zu Militärflugzeugen der 1940er-Jahre.

DIE PINAKOTHEKEN: www.pinakothek.de. ALTE PINAKOTHEK: Tel. +49/89-23805-216. NEUE PINAKOTHEK: Tel. +49/89-23805-195. PINAKOTHEK DER MODERNE: Tel. +49/89-23805-360. DEUTSCHES MUSEUM: Tel. +49/89-21791; www.deutsches-museum.de.

Mittelalterliches Meisterstück an der Donau

REGENSBURG

Bayern, Deutschland

Regensburg war Bayerns Hauptstadt, bevor München ihr den Rang ablief. Trotzdem ist es eine der schönsten mittelalterlichen Städte und sogar für viele Deutsche noch ein Geheimtipp – ebenso wie das gesamte östliche Bayern. Zu Zeiten des Eisernen Vorhangs galt diese Gegend an der tschechischen Grenze als Sackgasse, und so blieb die Stadt der Vergangenheit verhaftet. Ein Großteil der original erhaltenen Architektur stammt aus der Blütezeit der Stadt vom 13.–16. Jh., die Kaiser Maximilian 1517 zu dem Ausspruch veranlasste: „Regensburg mit seinen hervorragenden großen Gebäuden übertrifft jede deutsche Stadt."

Anders als in vielen anderen deutschen Städten sind die Gebäude nicht im Zweiten Weltkrieg zerstört und später wieder aufgebaut worden. Die Tourismusbehörde übertreibt kaum, wenn sie nicht weniger als 1300 historisch bedeutsame Gebäude auflistet. Regensburg ist nicht umsonst als „Stadt der Kirchen" bekannt, und den Dom St. Peter (der die wahrscheinlich einzige Statue der Großmutter des Teufels beherbergt) halten viele für Deutschlands schönstes gotisches Bauwerk. Er besitzt 2 105 m hohe Türme und ist unter anderem bekannt für die Kirchenfenster aus dem 14. Jh. und den international renommierten Knabenchor, die Domspatzen.

Regensburg liegt am nördlichsten Punkt der Donau. Den besten Sonnenuntergangsblick auf den Fluss haben Sie von einem der ältesten Bauwerke der Stadt, der 16-bogigen Steinernen Brücke aus dem 12. Jh. Der Sage nach wetteiferten Dombau- und Brückenbaumeister darum, wer schneller fertig sei – zeitlich war das aber gar nicht möglich. Im ältesten Restaurant, dem Historischen Wurstkuchl, können Sie draußen an der Donau sitzen und Würstchen mit lokal gebrautem Bier genießen. Eine kulinarische Überraschung gibt es im Rosenpalais: Unten im Bistro is(s)t man ganz ungezwungen, im 1. Stock geht es gehobener zu. Für Charme und Understatement müssen Sie zwischen 3 Orphée-Hotels wählen: dem Grand Hotel Orphée mit Restaurant, dem nahen Petit Hotel Orphée und dem Country Manor Orphée am anderen Ende der Steinbrücke.

Von Regensburg aus lohnt ein Donau-Schiffsausflug zur Walhalla, dem vom Parthenon inspirierten Marmortempel, den der bayerische König Ludwig I. 1842 vom Architekten Leo von Klenze erbauen ließ. Fast 200 Büsten und Tafeln erinnern hier an Deutschlands erlauchteste Männer und Frauen aus 2000 Jahren, von Heinrich I. über Luther über Beethoven, Händel, Kant, Schiller, Goethe bis Heinrich Heine, Einstein und Sophie Scholl.

Wo: 122 km nordöstl. von München. **Info:** www.regensburg.de. **Historisches Wurstkuchl:** Tel. +49/941-466-210; www.wurstkuchl.de. *Preise:* Mittagessen € 7,50. **Rosenpalais:** Tel. +49/941-599-7579; www.rosenpalais.de. *Preise:* Dinner € 40. **Hotel Orphée:** Tel. +49/941-596-020; www.hotelorphee.de. *Preise:* ab € 110. **Reisezeit:** Mai–Sept.: gutes Wetter; Ende Nov.–Dez.: Weihnachtsmarkt; So. singen die Domspatzen in der Messe im Dom (wenn sie nicht auf Tournee sind).

Eine historische Straße und ein Märchenschloss

Die Romantische Strasse und Schloss Neuschwanstein

Bayern, Deutschland

Die Romantische Straße, die sich über 366 km von Würzburg nach Südosten bis nach Füssen erstreckt, führt nicht nur an Dutzenden mittelalterlichen Städten, Dörfern und Burgen vorbei, sondern auch an wunderschönen Landschaften mit Flüssen, Seen und dichten Wäldern. Starten Sie Ihre Fahrt in Würzburg, dem Zentrum der Weinregion Franken. Die zauberhafte Barockstadt am Main wird vor allem wegen der Residenz aus dem 18. Jh. besucht, einem der üppigsten Paläste Europas. Die Decken im Gewölbe über der monumentalen Treppe (der größten des Landes) und im an sich schon aufwendigen Kaisersaal bemalte Giovanni Tiepolo mit Fresken, wodurch die Wirkung noch großzügiger, opulenter und magischer wurde.

Probieren Sie die hiesigen Weißweine im gemütlichen Keller der Residenz, und dann geht's weiter nach Süden in eine der besterhaltenen mittelalterlichen Städte Europas, nach Rothenburg ob der Tauber. Die Touristenströme bezeugen die Popularität dieser umfriedeten Stadt, wo sich kleine Fachwerkhäuser mit bunten Blumenkästen zu den Kopfsteinpflastergassen neigen. Geschichte und Charme Rothenburgs finden sich auch im weltbekannten Hotel Eisenhut, in dessen Lobby Sie Reste einer Kapelle aus dem 12. Jh. bestaunen können.

Am nächsten Tag geht es weiter nach Dinkelsbühl, eine weniger touristische Version Rothenburgs mit einer Stadtmauer aus dem 10. Jh. In Nördlingen können Sie versuchen, den Türmer zu erwischen, der abends vom Kirchturm ruft. Nächste Station ist Deutschlands bestes Beispiel für Rokokoarchitektur, die kleine schmucke Wieskirche auf ihrer eigenen Almwiese.

Beenden (oder beginnen) Sie Ihre Tour an den Schlössern des „verrückten Königs" Ludwig II.: Hohenschwangau und Neuschwanstein bilden das südliche Ende der Romantischen Straße. Neuschwanstein ist bei Weitem das theatralischste Schloss, entworfen nicht von einem Architekten, sondern vom königlichen Kulissen-Designer. Es liegt auf einem allein stehenden Felsplateau inmitten atemberaubender Landschaft und ist mit seinen Türmchen der Prototyp des Märchenschlosses, der auch Disneys Schloss in *Schneewittchen* inspirierte. Im nahen Hohenschwangau verbrachte Ludwig als Junge die Sommer; von dort aus überwachte

Schon bald nach der teuren Fertigstellung Neuschwansteins wurde König Ludwig entmündigt und starb kurz darauf unter mysteriösen Umständen.

er auch die Arbeiten an Neuschwanstein. Am Fuße der Straße zum Schloss bieten das luxuriöse Jägerhaus und das bescheidenere Schlosshotel Lisl Zimmer mit unverstelltem Schlossblick – abends spektakulär angestrahlt und am besten von der Terrassenbar aus zu sehen. **Wo:** Würzburg liegt 119 km südöstl. von Frankfurt; Füssen 132 km südwestl. von München. **Info:** www.romantischestrasse.de. **Residenz:** Tel. +49/9313-551712; www.wuerzburg.de. **Hotel Eisenhut:** Tel. +49/9861-7050; www.eisenhut.com. *Preise:* ab € 110; Dinner € 45. **Neuschwanstein:** Tel. +49/8362-93988; www.neuschwanstein.de. **Schlosshotel Lisl** und **Jägerhaus:** Tel. +49/8362-887147; www.hohenschwangau.de. *Preise:* Schlosshotel Lisl ab € 110; Jägerhaus ab € 140. **Reisezeit:** Apr.–Mai, Sept.–Nov.: am ruhigsten; Ende Nov.–Dez.: Weihnachtsmärkte in den meisten Städten.

Das neue Gesicht einer ganzen Stadt

Die (neue) Architektur Berlins

Berlin, Deutschland

Berlin – die faszinierende, pulsierende, über 800 Jahre alte Stadt – ist seit Anfang des 20. Jahrhunderts berühmt für ihre experimentelle Kunst und Architektur. Der Zweite Weltkrieg und der Kalte Krieg hinterließen ihre Spuren in der deutschen Hauptstadt seit 1991, und Erinnerungen an diese Vergangenheit bestehen fort in manch auffälligem Gebäude. Der 368 m hohe Fernsehturm am Alexanderplatz von 1969 ist immer noch Berlins (und Deutschlands) höchstes Gebäude. Das Kulturforum umfasst die Gemäldegalerie und die 1968 gebaute Neue Nationalgalerie, das einzige von Mies van der Rohe entworfene Museum, sowie – besonders bekannt – die Philharmonie. In Hans Scharouns 1963 errichtetem architektonischem wie akustischem Meisterwerk finden 2440 Zuschauer Platz, die unter zeltähnlichen goldenen Dächern den weltbekannten Berliner Philharmonikern mit ihrem Dirigenten Sir Simon Rattle lauschen.

Wohl am eindrucksvollsten erinnert die Kaiser-Wilhelm-Gedächtniskirche an die Sinnlosigkeit des Krieges. Die Ruine des im Zweiten Weltkrieg zerstörten Turmes von 1895 ist nun eine Gedächtniskapelle und bildet seit 1961 mit neuer Kirche samt Glockenturm ein Ensemble.

Mit dem Fall der Berliner Mauer 1989 wurde die Stadt von einer nie zuvor gesehenen Periode des Wiederaufbaus und der Neuplanungen durchwirbelt. Das stärkste Symbol für die Geschichte Deutschlands ist der Reichstag, der Sitz des deutschen Parlaments. Das Gebäude von 1894 wurde 1997–99 von Sir Norman Foster umgestaltet. Das zuvor düstere Innere wich hellen, luftigen und energieeffizienten Räumen; der von Glaswänden eingefasste Parlamentssaal erlaubt den Bürgern freien Zugang. Kyrillische Wandinschriften, 1945 von Soldaten der Roten Armee hinterlassen, erinnern an die Vergangenheit.

Die neue Glaskuppel mit 38-m-Durchmesser bietet spektakuläre Ausblicke. Vermeiden Sie die Warteschlange und reservieren Sie im Restaurant Käfer auf der Dachterrasse. Das Jüdische Museum, 1998 eröffnet, ist in

DEUTSCHLAND

Hans Scharouns Gebäude ersetzte die frühere Philharmonie, die im Zweiten Weltkrieg zerstört worden war.

einem sensationellen zinkverkleideten Gebäude untergebracht, ein Design von Daniel Libeskind. Der Zickzack-Grundriss repräsentiert einen brutal zerrissenen Davidsstern, und die Fenster sehen aus wie zornige Einschnitte in den Wänden.

Im Einklang mit der Umgestaltung der Stadt verwandelte Architekt und Starhotelier Rocco Forte eine ehemalige Bank von 1889 in das mondäne Hotel de Rome mit 146 Zimmern. Charakteristisch sind hohe Decken, viel Platz und Marmor-Mosaikbäder. Der Berliner Trend zu modernem Design zeigt sich im schicken Lux 11, das sich auf 3 Gebäude aus dem 19. Jh. erstreckt und in seinen Zimmerappartements pastellfarbene Wände mit minimalistischem Design kombiniert. In seinem durchgestylten Restaurant Luchs verschmilzt italienische Küche mit einem Touch Südtirol, z. B. bei den mit Hirschragout, Pflaumen und Ricotta gefüllten Ravioli in Rotweinsoße.

In ganz Berlin finden Sie malerische Innenhöfe; die populärsten sind die Hackeschen Höfe. Die 9 miteinander verbundenen Plätze, einige davon im Jugendstil, bilden einen beliebten Hotspot, mit trendigen Boutiquen, Cafés und dem genialen Chamäleon-Musiktheater/Varieté.

FERNSEHTURM: www.berlinerfernsehturm.de. **PHILHARMONIE:** Tel. +49/30-254-88999; www.berliner-philharmoniker.de. *Wann:* Aug.–Juni. **KAISER-WILHELM-GEDÄCHTNISKIRCHE:** Tel. +49/30-218-5023; www.gedaechtniskirche-berlin.de. **REICHSTAG:** Tel. +49/30-2273-2152; www.bundestag.de. **RESTAURANT KÄFER:** Tel. +49/30-2262-9900; www.feinkostkaefer.de. *Preise:* Mittagessen € 30. **JÜDISCHES MUSEUM:** Tel. +49/30-2599-3300; www.jmberlin.de. **HOTEL DE ROME:** Tel. +49/30-460-6090; www.hotelderome.com. *Preise:* ab € 422. **HOTEL LUX 11:** Tel. +49/30-936-2800; www.lux-eleven.com. *Preise:* ab € 174; Dinner € 48. **REISEZEIT:** Sept.: Musikfest; Ende Okt.: Lichterfest; Anf. Nov.: JazzFest.

Die Wiedervereinigung eines Kiezes – in großem Stil

MITTE

Berlin, Deutschland

Nach 4 Jahrzehnten als teils düsteres Niemandsland in Ostberlin hat der Bezirk Mitte seinen Platz im Herzen der Stadt zurückerobert. Seit die Mauer nur noch ein Relikt ist, hat sich dieses frühere Schaustück der Hohenzollern in ein herrschaftliches, aber auch sehr hippes Viertel verwandelt – in neuem Glanz und rund um die Uhr pulsierend. Die imposantesten historischen Monumente der wiedervereinigten Stadt stehen stolz neben Avantgarde-Galerien und den abgefahrenen Boutiquen aufstrebender Talente (die Auguststraße wird auch „Kunstmeile" genannt), während die Museumsinsel Meisterwerke aller Zeitalter bietet (s. nächste S.).

Das symbolische Portal des Bezirks ist das Brandenburger Tor, 1791 als Triumphbogen zur Feier eines preußischen Sieges errichtet. Ironischerweise lag dieses „Tor des Friedens" nach dem Mauerbau 1961 genau im Todesstreifen. Östlich des Tors liegt der breite Boulevard Unter den Linden, heute Sitz vieler Botschaften und wiederbelebtes Zentrum der Hauptstadt. Die tempelähnliche Staatsoper, 1844 eröffnet, ist das berühmteste der 3 Berliner Opernhäuser und soll nach 3-jähriger Renovierung 2013 seine Weltklasseproduktionen unter der Leitung von Daniel Barenboim wieder aufnehmen. Das Hotel Adlon, subtil luxuriös und in unschlagbarer Lage, wurde 1945 zerstört und 1997 im alten Vorkriegsglanz wieder aufgebaut. Hier fühlt man sich wie im Film Menschen im Hotel von 1932, dessen Kulisse dem Adlon nachempfunden ist.

Jedes Jahr zur Weihnachtszeit ist der Gendarmenmarkt in Mitte voller Verkaufsstände und Lichter.

In einem freien Bereich zwischen Brandenburger Tor und Potsdamer Platz liegt das von Peter Eisenmann entworfene, 2005 enthüllte Denkmal für die ermordeten Juden Europas, das Holocaust-Mahnmal. Das wellige Feld mit 2711 dunklen Betonstelen, eine für jede Seite des Talmuds, erinnert auf eindrucksvolle Weise an diese schreckliche Zeit. Den Liebreiz einer leiseren Epoche atmet Berlins schönster Platz, der Gendarmenmarkt. In der Dämmerung wirft das Licht der Straßenlaternen einen weichen Glanz auf das neoklassizistische Konzerthaus, Heimat des Konzerthausorchesters, und auf den Deutschen und den Französischen Dom aus dem 18. Jh. Die Schlauen reservieren frühzeitig einen Nischentisch im Borchardt, um dort sehr wahrscheinlich Prominenten zu begegnen. Die gediegene Brasserie serviert deutsch-französische Küche unter einer spektakulär gewölbten Decke im Stil der 1920er-Jahre.

Staatsoper: Tel. +49/30-2035-4555; www.staatsoper-berlin.de. *Wann:* Opernsaison Sept.–Juli. **Hotel Adlon:** Tel. +49/30-22610; www.hotel-adlon.de. *Preise:* ab € 233. **Holocaust-Mahnmal:** Tel. +49/30-2639-4336; www.holocaust-mahnmal.de. **Borchardt:** Tel. +49/30-8188-6262. *Preise:* Dinner € 55. **Reisezeit:** Anf. Feb.: Berlinale; Ende Nov.–Dez.: Weihnachtsmärkte; Silvester.

Die Mauer fällt – die Kunst erblüht

Museen und Kunst in Berlin

Berlin, Deutschland

Am Übergang zum 21. Jh. hat Berlin seine unerschöpflichen Kunstsammlungen neu organisiert und zusammengestellt. Heute ist die Stadt einmal mehr eine der kulturellen Hauptstädte der Welt. Unter den mehr als 170 Museen der Stadt ist die einmalige Sammlung der Gemäldegalerie eine Klasse für sich, mit einer umfassenden Reihe europäischer Meisterwerke des 13.–18. Jh. Eine ganze Galerie ist nicht weniger als 20 Rembrandt-Werken gewidmet.

Liebhaber der Antike könnten ganze Tage auf der Museumsinsel in der Spree verbringen, einer Gruppe von 5 Museen, deren Publikumsmagnet das Pergamonmuseum ist. Es wurde extra dafür gebaut, den kolossalen Pergamonaltar aus dem 2. Jh. v. Chr. aufzunehmen, einen 12 m hohen griechischen Säulentempel, der 1864 in der Türkei gefunden und 1902 hierher verfrachtet wurde. Das Neue Museum, das 2009 mit großzügigen neuen Räumen und neu freigelegten Fresken mit Einschusslöchern aus dem Zweiten Weltkrieg wieder eröffnete, beherbergt die ägyptische Sammlung und das Museum für Ur- und Frühgeschichte. Star der Sammlung ist die trotz ihrer 3000 Jahre überirdisch schöne Büste der Nofretete.

Die Berliner beharren darauf, dass es in ihrer dynamischen Stadt überhaupt nicht mehr um die Mauer geht, aber deren Fragmente zeigen umso mehr, wie weit die einst geteilte Metropole schon gekommen ist. Die Mauer, 1961 erbaut und 1989 überwunden, war einst 168 km lang und 4,20 m hoch. Einige Teile stehen noch als historische Ausstellungsstücke. Mit etwa 1,4 km Länge ist die East Side Gallery das längste verbliebene Stück Mauer und zugleich die größte Open-Air-Galerie der Welt. Den grauen Beton bedecken mehr als 100 Wandgemälde und Graffiti, viele davon mit Erinnerungen an das frühere DDR-Regime, z. B. ein Trabant als Symbol des untergegangenen Ostdeutschlands. Das Mauermuseum, ein touristischer Nachbau des Checkpoint Charlie, ist ein wenig vollgestopft, aber trotzdem faszinierend in seinen Schilderungen spektakulärer Fluchten und tragischer Fluchtversuche. Lohnend ist auch die eindringlichere Gedenkstätte Berliner Mauer mit der Kapelle der Versöhnung, in der an die Männer und Frauen erinnert wird, die bei der Flucht nach Westberlin erschossen wurden. Vom Wachturm des Museums blickt man auf ein Stück des früheren Todesstreifens. Abenteuerlustige können den 160 km langen Berliner Mauerweg abwandern oder -radeln, der an der früheren Grenze entlangführt.

Seit dem Fall der Mauer kommen Künstler aus aller Welt nach Berlin und halten die Kunstszene immer in Bewegung. Obwohl Galerien und künstlerische Hotspots sich ständig verändern, kann man mit dem Bezirk Mitte (s. vorige S.) immer rechnen. Nehmen Sie noch den aufregenden Hamburger Bahnhof hinzu, ein Museum für Gegenwartskunst in einem brillant umgebauten Bahnhof des 19. Jh., und Sie haben in dieser Vorzeigestadt des 21. Jh. trotzdem erst an der Oberfläche einer der weltweit einzigartigsten Kunst-Bestandsaufnahmen gekratzt.

GEMÄLDEGALERIE, PERGAMONMUSEUM und NEUES MUSEUM, HAMBURGER BAHNHOF: Tel. +49/30-266-424242; www.smb.spk-berlin. de. EAST SIDE GALLERY: www.eastsidegallery. com. MAUERMUSEUM: Tel. +49/30-253-7250; www.mauermuseum.de. GEDENKSTÄTTE BERLINER MAUER: Tel. +49/30-467-986666; www.berliner-mauer-gedenkstaette.de. REISEZEIT: Juni–Anf. Aug.: Kunstbiennale; Ende Aug.: Museumsnacht.

Ohne Sorgen, aber mit Rokoko

SANSSOUCI

Potsdam, Brandenburg, Deutschland

Ein kleines Stück außerhalb seiner aufblühenden Hauptstadt Berlin ließ der aufgeklärte Preußenkönig Friedrich II. („der Große") 1745 ein königliches Schloss errichten. Es sollte als schönstes Beispiel für die Rokokoarchitektur in Europa in die Geschichte eingehen. Dort, inmitten der exquisiten Seenlandschaft, fühlte Friedrich sich frei, *sans souci* (ohne Sorge – und am liebsten auch ohne Königin Elisabeth Christine), um seinen liebsten kulturellen Hobbys zu frönen, mit illustren Gästen wie dem französischen Philosophen Voltaire.

Sanssouci, auf den eigenen, makellosen Entwürfen des Königs basierend, sollte in Detail und Extravaganz an Versailles (s. S. 81) heranreichen, obwohl es im Vergleich klein ist. Das lange, einstöckige Gebäude wird von einer Kuppel bekrönt und von 2 runden Pavillons flankiert und ist von gestuften Terrassen und Landschaftsgärten umgeben. Andere Gebäude (besonders faszinierend das Neue Palais, mit 638 Zimmern das größte, sowie Schloss Cecilienhof) kamen hinzu. Cecilienhof ist ein pseudoelisabethanisches Landschloss, 1913 für Kronprinz Wilhelm und seine Frau Cecilie erbaut. Es sollte als Schauplatz der Potsdamer Konferenz (17. Juli–2. August 1945) in die Geschichte eingehen, auf der die Staatschefs der 3 Hauptalliierten – Churchill, Truman und Stalin – das Schicksal Nachkriegsdeutschlands verhandelten.

Wenige der Besucher, die durch die Konferenzräume und 175 Zimmer wandern, ahnen, dass ein Teil des Gebäudes seit 1960 still und leise als Hotel und Restaurant fungiert. Für die, die in einem der 41 Zimmer übernachten, wird der Geist Sanssoucis lebendig, wenn die Tagesbesucher weg sind. Sollten Sie den Schlüssel zur luxuriösen Hohenzollernsuite erhalten, werden Sie dort schlafen, wo einmal die Familie des letzten Kaisers nächtigte.

Wo: 24 km südwestl. von Berlin. **Info:** www.potsdam.de. **Schlosshotel Cecilienhof:** Tel. +49/331-37050; www.relexa-hotel.de. *Preise:* ab € 120. **Reisezeit:** Mai–Juni: Jetzt sehen die Gärten am schönsten aus.

Europäische Kunst damals und heute

Der Kölner Dom

Köln, Nordrhein-Westfalen, Deutschland

Der Renaissancedichter Petrarca fand, der Kölner Dom (damals noch ohne seine 2 Türme) sei eine der schönsten Kathedralen der Welt. Bis zur Fertigstellung vergingen 600 Jahre: 1248 begann der Bau auf römischen Ruinen, nachdem die Reliquien der Heiligen Drei Könige nach Köln gelangt waren. Dadurch wurde die Stadt am Rhein zum wichtigen Wallfahrtsort. Die Reliquien liegen immer noch in dem vergoldeten Dreikönigenschrein (1190 bis um 1220) gleich hinterm Hochaltar. 2007 erstrahlte das südliche Querhaus in einer wahren Farbexplosion, als das große, von Wahlkölner Gerhard Richter gestaltete Fenster eingebaut wurde. Die 11.500 Glasquadrate bilden mit ihren 72 Farben einen abstrakten Kontrapunkt zu den umliegenden figuralen Fenstern. Wenn Sie die 509 Stufen zum windigen, 157 m hohen Südturm erklimmen, stehen Sie auf dem dritthöchsten Kirchturm der Welt. Die weltgrößte Glocke, die Petersglocke, hängt auch hier; sie wiegt 24 t. Wenn sie – nur bei besonderen Anlässen – läutet, werden Sie es merken.

2000 Jahre Kunst und Architektur können Sie in Köln bestaunen, ohne auch nur den Schatten des Doms zu verlassen. Als man 1941 einen unterirdischen Bunker baute, fand man antike römische Fundamente, darunter den perfekt erhaltenen Mosaikboden einer römischen Villa, heute eines der Highlights im Römisch-Germanischen Museum direkt südlich des Doms. Das Wallraf-Richartz-Museum ganz in der Nähe zeigt in einem eindrucksvollen

Das Stephanusfenster im Kölner Dom, 1848 gestiftet, zeigt am unteren Rand Bilder von Heiligen, hier der hl. Apollinaris.

Bau Malerei des 14.–20. Jh., während das Museum Ludwig Kunst des 20. Jh. präsentiert und eine der größten modernen Sammlungen außerhalb der USA besitzt.

Legen Sie abends die Füße hoch im Dom Hotel, das einen freundlichen, hochklassigen Service bietet, wie es ihn heute kaum noch gibt. Das Früh am Dom ist eine lebhafte, jahrhundertealte Institution, wo Köbesse (Brauhaus-Kellner) Touristen und Einheimischen das hier gebraute leckere Kölsch hinstellen.

Dom: Tel. +49/221-17940-100; www.koelner-dom.de. Römisch-Germanisches Museum: Tel. +49/221-24438; www.museenkoeln.de. Wallraf-Richartz-Museum, Museum Ludwig: Tel. +49/221-21119; +49/221-26165; www.museenkoeln.de. Dom Hotel: Tel. +49/221-20240; www.starwoodhotels.com. *Preise:* ab € 166. Früh am Dom: Tel. +49/221-2613-211; www.frueh.de. Reisezeit: Feb./Anf. März: Karneval; Mitte Apr.: Messe Art Cologne; Ende Nov.–Dez.: Weihnachtsmärkte.

Rhein, Riesling und Ruinen

Der Mittelrhein

Rheinland-Pfalz, Deutschland

Der Rhein durchschneidet auf 1200 km Länge halb Mitteleuropa, von der Schweiz bis zur Nordsee. Einer der schönsten Rheinabschnitte liegt in Deutschland: das 120 km lange Mittelrheintal zwischen Mainz und Koblenz.

Dieses romantische Stück Rhein inspirierte viele Geschichten, Gedichte und Gemälde. An den Ufern wechseln sich Weinberge mit Wäldern, malerischen Felsen, märchenhaften Burgen und kleinen Weindörfern ab. An der engsten Stelle des Flusses steht der 132 m hohe Loreleyfelsen, benannt nach der sagenhaften Nixe, die hier ihr Haar kämmte, sodass die Schiffe der unaufmerksamen Binnenschiffer am Felsen zerschellten. Erleben Sie den Rhein per Schiff, Zug, Auto – oder in Kombination.

Panoramastraßen und -bahnstrecken führen direkt am Ufer entlang, und die Schifffahrtslinien haben von 1-stündigen Rundfahrten bis zu mehrtägigen Touren alles im Angebot. Im Sommer steht bei Rüdesheim, Koblenz und St. Goar der „Rhein in Flammen" – erleuchtet mit großem Feuerwerk, angestrahlten Burgen und einer Flotte illuminierter Schiffe.

Ein weiteres Märchenland eröffnet Ihnen ein Abstecher entlang der Mosel. Der kurvenreiche Fluss durchfließt eine ruhige Landschaft, besonders schön auf der 140 km langen Strecke zwischen Koblenz und dem charmanten Trier. Diese uralte Stadt (2000 v. Chr.) rühmt sich gut erhaltener römischer und mittelalterlicher Ruinen mitten im geschäftigen Stadtleben. Weiter moselaufwärts liegt in bezaubernder Umgebung Burg Eltz aus dem 12. Jh., die seit 850 Jahren von der gleichen aristokratischen Familie bewohnt wird.

Das Weinromantik-Hotel Richtershof in Mülheim liegt auf einem ehemaligen Weingut in einem glanzvollen Gebäudeensemble aus dem

17. Jh. Von hier ist es nicht weit zu einem der besten Restaurants Deutschlands, dem für seine exzellente Weinkarte und eine kulinarische Magie aus regionalen Zutaten berühmten Waldhotel Sonnora. Sowohl die Rhein- als auch die Moselregion werden für ihre leichten Weißweine geschätzt. Kommen Sie während der Weinlese im Herbst und probieren Sie in den berühmtesten Weingütern im Rheingau und an der Mosel – in Cochem und Bernkastel-Kues – Deutschlands feinste Traube, den Riesling.

Burg Katz steht gegenüber dem Loreleyfelsen.

Wo: Mainz liegt 140 km südl. von Köln. **Info:** www.romantischer-rhein.de. **Wie:** Viking River Cruises bietet Touren von Paris bis Prag an. Tel. +800/188710033; www.vikingflusskreuzfahrten.de. *Preise:* 12 Tage ab € 2037, all-inclusive. *Wann:* Abfahrten Mai–Nov. **Weinromantik-Hotel Richtershof:** Tel. +49/6534-9480; www.weinromantikhotel.com. *Preise:* ab € 166. **Waldhotel Sonnora:** Tel. +49/6578-406; www.hotelsonnora.de. *Preise:* Dinner € 85. **Reisezeit:** Ende Feb./Anf. März: Karneval; Apr.–Mai: weniger los; Juli–Sept.: Rhein in Flammen; Sept.–Okt.: Weinlese und schönes Herbstlaub.

Die wiedergeborene Kulturhauptstadt an der Elbe

Die Dresdner Altstadt

Sachsen, Deutschland

An einer anmutigen Biegung der Elbe liegt eine der kulturell wertvollsten Städte Europas – Dresden. Seine Wiedergeburt dauert immer noch an: 1945 wurden etwa 80 % der mittelalterlichen Innenstadt bei einem der schlimmsten Luftangriffe des Zweiten Weltkriegs zerstört – obwohl es hier gar keine militärischen Ziele gab. Unter den zerstörten Gebäuden der Altstadt war auch die Frauenkirche. Seit ihrer Neuweihe 2005 ist sie das beste Beispiel für Dresdens Wiederaufbau. Stolz steht sie da, mit ihrer bunt gemischten Fassade aus alten (schwarzen) und neuen (hellen) Steinen.

Der nahe Zwinger, eines der berühmtesten Barockgebäude Deutschlands, ist bereits in den 1950er-Jahren sorgfältig wieder aufgebaut worden. Im Zwingerkomplex liegt auch die Rüstkammer, wo Sie einzigartig geschmückte Waffen und Rüstungen sehen können, und die Porzellansammlung mit der weltweit bedeutendsten Meißen-Kollektion. Es war August der Starke (1694–1733), Kurfürst von Sachsen, der diesen riesigen Palast des Vergnügens schuf und auch dessen Schaustück, die Gemäldegalerie Alter Meister, mit Schätzen füllte – als da sind: die *Sixtinische Madonna* von Raffael, Giorgiones *Schlummernde Venus* und der *Zinsgroschen* von Tizian. Erholen Sie sich nebenan im hübschen Alte-Meister-Café und besuchen Sie dann das frisch renovierte Albertinum, in dem die Kunst des 19. und 20. Jh. residiert. Das vielleicht faszinierendste Museum ist das Grüne Gewölbe, in dem der weltgrößte grüne Diamant (41 Karat) nur ein Beispiel für die atemberaubende Sammlung sächsischer Schätze ist.

Bevor August der Starke mit dem Kunstsammeln begann, sammelte er Frauen. Die vielleicht berühmteste war die Gräfin von Cosel, für die er 1706 das Taschenbergpalais erbauen ließ. Das schmucke barocke Liebesnest wurde 1945 zerstört, ist aber wie Phoenix aus der Asche als Kempinski Hotel Taschenbergpalais wiederauferstanden. Mit eigener Eisbahn im Winter, opulenten Zimmern und einer beneidenswerten Lage am Theaterplatz ist es wohl das romantischste und luxuriöseste Hotel der Region. Nicht weit ist es zur weltberühmten Semperoper, wo Wagner und Strauss viele ihrer großen Werke vorstellten. Das neue Hotel Suitess bietet Stil und Ruhe in vom Biedermeier inspirierten Zimmern sowie ein Dach-Spa mit Aussicht auf die Frauenkirche. **Wo:** 198 km südl. von Berlin. **Info:** www.dresden-tourist.de. **Zwinger**, **Albertinum** und **Grünes Gewölbe:** Tel. +49/351-4914-2000; www.skd.museum. **Alte-Meister-Café:** Tel. +49/351-4810-426; www.altemeister.net. *Preise:* Dinner € 37. **Kempinski Hotel Taschenbergpalais:** Tel. +49/351-4912-636; www.kempinski.com/de/dresden/. *Preise:* ab € 152 (Nebensaison), ab € 237 (Hochsaison). **Semperoper:** Tel. +49/351-4911-740; www.semperoper.de. **Hotel Suitess:** Tel. +49/351-417270; www.suitess-hotel.com. *Preise:* ab € 166 (Nebensaison), ab € 203 (Hochsaison). **Reisezeit:** Mai–Juni: Dresdner Musikfestspiele; Ende Aug.: Stadtfest; Ende Nov.–Dez.: Weihnachtsmarkt.

Ein wahrer Fachwerk-Schatz mit viel Geschichte

Quedlinburg

Sachsen-Anhalt, Deutschland

Am Rande des Harz, des nördlichsten Mittelgebirges in Deutschland, liegt die schönste (und in Teilen auch älteste) Fachwerkstadt des Landes, vielleicht ganz Europas. Daneben besitzt Quedlinburg auch noch einen reichen Schatz mittelalterlicher christlicher Kunst in der Domschatzkammer der Stiftskirche St. Servatius, der sächsisch-romanischen Kathedrale auf dem Hügel. Die Schatzkammer mit ihren wertvollen Artefakten wurde im 17. Jh. im ehemaligen Kloster eingerichtet, das zum Mini-Renaissanceschloss umgebaut worden war.

Das über 1000 Jahre alte Quedlinburg war die Wiege der ottonischen Dynastie, der ersten Linie der Sachsenkönige, aus denen später das Heilige Römische Reich hervorging. (Heinrich I., der erste deutsche König des Reichs, starb 936 und ist im Dom begraben). Die Stadt ist wundersamerweise den Zerstörungen des Krieges und auch den Umbauplänen der DDR-Regierung entgangen.

Der historische Reichtum ist immer noch überall sichtbar: in den goldenen und juwelenbesetzten sakralen Objekten und in den 1300 Fachwerkhäusern, darunter das älteste Deutschlands aus dem Jahr 1310. Die Baustile reichen von Gotik über Barock zu Quedlinburgs eigenem Stil: Fassaden mit strahlend blauen, roten, gelben und grünen Farbakzenten.

Am Marktplatz liegt das hübsche Hotel Theophano, ein auffälliges Fachwerkensemble aus 5 Häusern des 17. Jh. Im Restaurant speist man unter gewölbten Decken bei Kerzenlicht. Das Hotel Am Brühl ist ein wunderbar sonniges Hotel in einem umgebauten, 350 Jahre alten Bauernhaus und einem angrenzenden Gründerzeitpalais. Einige Zimmer schauen auf die Burg. Der beste Ort für regionale Küche und ein Braunbier, das jahrhundertealte Traditionsgebräu, ist das restaurierte Brauhaus Lüdde von 1807.

Wo: 172 km südwestl. von Berlin. **Info:** www.quedlinburg.de. **Hotel Theophano:** Tel. +49/3946-96300; www.hoteltheophano.de. *Preise:* ab € 93; Dinner € 30. **Hotel Am**

BRÜHL: Tel. +49/3946-96180; www.hotelambruehl.de. *Preise:* ab € 107. **BRAUHAUS LÜDDE:** Tel. +49/3946-705206; www.hotel-brauhaus-luedde.de. *Preise:* Dinner € 26. **REISEZEIT:** Juni–Sept.: Musiksommer; Dez.: Advent in den Höfen.

Die Schöne an der Ostsee

LÜBECK

Schleswig-Holstein, Deutschland

Dieser Flusshafen an der Ostsee hat eine große Geschichte: Im Mittelalter war Lübeck Hauptstadt der Hanse, der Gemeinschaft unabhängiger Handelsstädte in Nordeuropa. Die aus rotem Backstein erbaute Altstadt atmet noch die Atmosphäre der mittelalterlichen Blütezeit, umgeben von Stadtmauer, Stadttoren und einem Wassergraben. Damals beherrschte Lübeck die lukrativen Handelsrouten an der Ostsee. Man kann kaum glauben, dass ein Viertel der Stadt in den Bombenangriffen des Zweiten Weltkriegs zerstört wurde, denn vieles wurde originalgetreu wieder aufgebaut. Die Glocken der gotischen Marienkirche dienen heute dem Gedenken; zerschmettert liegen sie noch dort, wo sie bei einem Angriff herunterfielen. Eine Schiffstour auf der Trave enthüllt den wahren Charakter der Hafenstadt. Von hier haben Sie auch die beste Aussicht auf das Holstentor aus dem 15. Jh., auf imposante Salzspeicher aus Backstein und die kupfernen Türme vieler Kirchen.

In der Altstadt liegt das als „Buddenbrookhaus" bekannt gewordene Haus, das einst den Großeltern Thomas Manns gehörte und ihm als Vorlage für seinen Roman diente. Seit dem Jahr 2000 kann man hier 2 Dauerausstellungen zu den Manns und zum Roman ansehen. Jedes Jahr im Juli strömen die Fans klassischer Musik hierher: zum Schleswig-Holstein Musik Festival. Seit der Gründung durch Justus Frantz 1986 steht es im Kalender aller Weltklassekünstler. Es gibt etwa 125 Veranstaltungen an 50 Spielorten in ganz Schleswig-Holstein, darunter viele in Lübeck.

Das beeindruckende mittelalterliche Holstentor ist kennzeichnend für die Rolle Lübecks innerhalb der mächtigen Hanse.

Im hübsch restaurierten Hotel Kaiserhof wird man in 2 zusammengeschlossenen stattlichen Häusern des 19. Jh. an Komfort und Zuvorkommenheit des alten Lübeck erinnert. Schauen Sie im Haus der Schiffergesellschaft vorbei, 1535 als Hauptquartier der Schiffergilde erbaut, heute eine Gaststätte. Oder reisen Sie im Brauberger noch weiter zurück, einem romanischen Keller, in dem seit 1225 Bier gebraut und ausgeschenkt wird. Auch wenn es eine uralte Debatte gibt, wo nun das Marzipan erfunden wurde: Lübecks Meisterschaft in der Marzipanherstellung ist unbestritten, und das Café Niederegger macht angeblich das beste der Welt. Auch die berühmte sahnegefüllte Nusstorte möchte gern probiert werden.

Wo: 65 km nördl. von Hamburg. **Info:** www.luebeck.de. **Buddenbrookhaus:** Tel. +49/451-1224190; www.buddenbrookhaus. de. **Schleswig-Holstein Musik Festival:** Tel. +49/451-389570; www.shmf.de. *Wann:* Juli–Ende Aug. **Hotel Kaiserhof:** Tel. +49/451-703301; www.kaiserhof-luebeck.de. *Preise:* ab € 110. **Haus Der Schiffergesellschaft:** Tel. +49/451-76776; www.schiffergesellschaft.com. **Brauberger:** Tel. +49/451-71444; www.brauberger.com. **Café Niederegger:** Tel. +49/451-5301127; www.niederegger.de. **Reisezeit:** Sommer: Musikfestival; Ende Nov.–Dez.: Weihnachtsmarkt.

Eine Inselschönheit – glamourös, aber zerbrechlich

Sylt

Schleswig-Holstein, Deutschland

Die windumtoste Insel vor dem nördlichsten Zipfel Deutschlands ist ein Pflicht-Urlaubsziel der Schicken und Reichen Hamburgs. Stylische Boutiquen, exzellente Restaurants und ein kleines Kasino verleihen der schmalen Insel kosmopolitisches Flair – wobei der Rest der Insel durchaus sorgsam seine Traditionen und fragile Schönheit bewahrt. Die größte der Friesischen Inseln, welche von den Niederlanden bis Dänemark reichen, ist an der schmalsten Stelle nur 500 m breit. Die Landschaft aus Dünen und 40 km sandiger Küste ist in ständiger Gefahr, eines Tages komplett weggespült zu werden. Sylt hat ansehnliche Angebote für Lesben und Schwule und soll Ende des 19. Jh. die Freikörperkultur erfunden haben. Die Atmosphäre ist dementsprechend unkompliziert – in den kleinen Fischerdörfern verspeist man abends den Fang des Tages, und auch im Sommer sieht man aufgrund der belebenden Seeluft und des frischen Windes häufig Regenjacken. Niedliche Backsteinhäuschen und pittoreske Strohdächer unterstreichen den Willen der Insulaner, die moderne Welt auf dem Festland zurückzulassen; herumkommen tut man hauptsächlich auf dem Rad, dem Pferd oder zu Fuß, obwohl Autos erlaubt sind: Auf die Insel gelangen viele mit dem Autoreisezug über den Hindenburgdamm, der die Insel mit dem Festland verbindethn.

Auf dem 99 km^2 großen Sylt gibt es nur 12 Dörfer. Das hübsche Keitum ist das grüne Herz der Insel; in Kampen gibt es Boutiquen, Schickeria und Champagner; in List die nördlichste Fischbude Deutschlands; eine richtige Stadt ist Westerland. Hier finden Sie das elegante Hotel Stadt Hamburg aus dem 19. Jh., an ein gehobenes Gutshaus erinnernd und mit einem exzellenten Restaurant. Ein erfrischender Gegenpol zu den mondänen Hotels der Insel ist das Long Island House in leichtem, modernem Design und mit sehr netten Gastleuten. Auf der ganzen Insel gibt es nette, persönliche Austern- und Krabbenbuden; wenn Sie aber etwas Schickeres suchen: Das Restaurant Jörg Müller ist eines der besten des ganzen Landes!

Wo: 230 km nordwestl. von Hamburg. **Info:** www.sylt.de. **Hotel Stadt Hamburg:** Tel. +49/4651-8580; www.hotelstadthamburg.com. *Preise:* ab € 222; Dinner € 45. **Long Island House:** Tel. +49/4651-9959550; www.sylthotel.de. *Preise:* ab € 144. **Restaurant Jörg Müller:** Tel. +49/4651-27788; www.hotel-joerg-mueller.de. *Preise:* Dinner € 40. **Reisezeit:** Juli–Aug.: Strand und Sonne; Ende Sept.–Anf. Okt.: Windsurf-Worldcup.

Deutsche Klassik trifft revolutionäre Architektur

WEIMAR

Thüringen, Deutschland

Deutschlands berühmtester Dichter Johann Wolfgang von Goethe lebte fast 60 Jahre lang in Weimar und schrieb hier viele seiner Hauptwerke, darunter das epische Drama *Faust*. In Weimar lebten außerdem Johann Sebastian Bach, Franz Liszt, Richard Strauss, Friedrich von Schiller, Lucas Cranach d. Ä. und d. J. sowie, in seinen letzten Jahren, Friedrich Nietzsche. Die revolutionäre Bauhausarchitektur des Walter Gropius kam ebenfalls aus Weimar. Die barocke Stadt wurde sorgsam als Kulturschatz bewahrt und blieb trotz des Zweiten Weltkriegs und jahrzehntelanger kommunistischer Herrschaft intakt. Eine stille Mahnung an die NS-Zeit befindet sich einige Kilometer außerhalb der Stadt: die Gedenkstätte Buchenwald mit Museum. Zu sehen sind bedrückende Anlagen wie das Torgebäude, der Appellplatz, ein Arrestzellengebäude, der Leichenkeller und das Krematorium; die Ausstellung möchte mit Objekten, Bildern, Dokumenten sowie Biografien von Opfern und Tätern einen Einblick in das Leben im Lager geben. Die Stadt Weimar hat wahrlich die besten und die schlimmsten Zeiten der deutschen Geschichte gesehen. 1999 war Weimar Europäische Kulturhauptstadt, wodurch es kulturell und intellektuell aufblühte. Dieser Geist wird seither von Museen, Instituten, Theatern und Festivals aufrechterhalten. Das Goethe-Nationalmuseum liegt in Goethes Wohnhaus, wo er von 1775 bis zu seinem Tod 1832 lebte. Das Gebäude von 1709 ist genauso eingerichtet wie zu Goethes Zeiten. Hier sehen Sie von ihm gesammelte Bilder und wissenschaftliche Artefakte, seine Bibliothek und den bescheidenen Raum, in dem er starb.

Vor dem Deutschen Nationaltheater steht ein Denkmal, das Goethe und Schiller zeigt. Auch Schillers Wohnhaus kann besichtigt werden; dahinter liegt der Neubau des Schillermuseums. Die Herzogin Anna Amalia Bilbiliothek wurde nach einem Brand 2004 wieder aufgebaut. Der berühmte Rokokosaal ist jetzt wieder öffentlich zugänglich.

Kehren Sie am Ende des Tages ein im Hotel Elephant am kulissenartigen Marktplatz, dessen Fassade von 1696 noch intakt ist, an dem aber auch Bauhauselemente zu finden sind. Schauen Sie von der Terrassenbar auf das Treiben am Marktplatz (wo Sie übrigens eine Thüringer Bratwurst essen können) oder schlemmen Sie thüringische Spezialitäten im beliebten Elephantenkeller. Elegantere Menüs gibt es im mediterran beeinflussten, renommierten Hotelrestaurant Anna Amalia. Von Weimar aus, schrieb Goethe (der seinen 80. Geburtstag im Elephant feierte), „gehen [...] die Straßen nach allen Enden der Welt". **Wo:** 300 km südwestl. von Berlin. **Info:** www.weimar.de. **Gedenkstätte Buchenwald:** Tel. +49/3643-4300; www.buchenwald.de. **Goethe-Nationalmuseum, Schillers Wohnhaus, Herzogin Anna Amalia Bibliothek:** Tel. +49/3643-5454-00; www.klassik-stiftung.de. **Hotel Elephant:** Tel. +49/3643-8020; www.hotelelephantweimar.com. *Preise:* ab € 104; Dinner im Anna Amalia € 52. *Wann:* Mitte Jan.–Mitte März: geschlossen. **Reisezeit:** 28. Aug.: Goethes Geburtstag; Mitte Okt.: Zwiebelmarkt.

Ehrwürdige Wiege des Wissens

CAMBRIDGE UNIVERSITY

Cambridgeshire, England

Cambridge ist eines der ältesten und renommiertesten Zentren für Lehre und Forschung in Europa. Das erste der 31 Colleges wurde 1284 gegründet, zu ihren Absolventen zählen so unterschiedliche Größen wie John Milton, Stephen Hawking, Iris Murdoch, Isaac Newton, Charles Darwin und Oliver Cromwell. In internationalen Hochschulrankings belegt die Universität regelmäßig Spitzenplätze.

Unter den vielen historischen Sehenswürdigkeiten sticht die King's College Chapel hervor, laut Henry James „die schönste [Kapelle] Englands". Das 1441 begonnene Bauwerk gilt als landesweit gelungenstes Beispiel für den spätgotischen Perpendicular Style. Außer dem prächtigen Fächergewölbe ist hinter dem Hauptaltar das Rubens-Gemälde *Die Anbetung der Könige* (17. Jh.) zu bewundern, sanft beleuchtet durch die bunten Glasfenster aus dem 16. Jh. Wer sich am Heiligen Abend früh genug anstellt, kommt in den Genuss des beliebten Festival of Nine Carols and Lessons, eines Weihnachtsgottesdienstes unter Begleitung des Studentenchors, der seit 1918 regelmäßig stattfindet.

Ein herrlicher Blick auf die Kapelle bietet sich im Frühling und Sommer von den Backs, den kilometerlangen Wiesen entlang dem Fluss Cam, der eine weitere Attraktion bietet mit Punting-Trips – Fahrten mit einem flachen Holzkahn, der mithilfe eines Pfahls bewegt wird. Nicht fehlen sollte auch ein Besuch im Fitzwilliam Museum, einem der ältesten und besten öffentlichen Museen Großbritanniens. Den Kern der wertvollen Sammlung bildet holländische Malerei aus dem 17. Jh., ergänzt durch Meisterwerke zahlreicher bedeutender Künstler: von Tizian und Michelangelo bis zu den französischen Impressionisten.

Spazieren Sie durch die engen Gässchen mit ihren vollgestopften Buchläden und historischen Gasthäusern und kehren Sie im Eagle ein, wo Studenten sich schon seit Jahrhunderten an der Bar drängen. Für die Übernachtung bietet sich das nahe Hotel du Vin an – eine schicke, moderne Unterkunft mit weithin bekanntem Bistro in einem ehemaligen Universitätsgebäude aus dem Mittelalter. Etwa eine Meile vom Stadtzentrum entfernt erwartet das Hotel Felix seine Gäste in einem großen viktorianischen Herrenhaus mit schlichten, zeitgemäßen Zimmern und einem hervorragenden Restaurant.

Wo: 88 km nördl. von London. **Info:** www.visitcambridge.org. **Fitzwilliam Museum:** Tel. +44/1223-332-900; www.fitzmuseum.cam.ac.uk. **Hotel du Vin:** Tel. +44/1223-227-330; www.hotelduvin.com. *Preise:* ab €166; Dinner €33. **Hotel Felix:** Tel. +44/1223-277-977; www.hotelfelix.co.uk. *Preise:* ab €144; Dinner €37. **Reisezeit:** Mai–Sept.: bestes Wetter.

Der Cam fließt direkt an den alten Universitätsgebäuden vorbei.

Architektonische Leckerbissen im Schutze starker Mauern

CHESTER

Cheshire, England

In Chester bietet sich dem Besucher ein faszinierender Querschnitt durch mehr als 2000 Jahre englischer Geschichte. Nachdem die bereits zu Römerzeiten bedeutende Stadt mit Überresten des landesweit ältesten Amphitheaters zunächst im Mittelalter erneut an Geltung gewonnen hatte, erlebte sie im 18. Jh. ein Revival. Von diesem ließ sich der Schriftsteller James Boswell 1779 zu der Aussage inspirieren: „Sie gefällt mir besser als jede Stadt, die ich jemals sah." Auch heute zeugt noch viel Sehenswertes von vergangenen Glanzzeiten. Ein Großteil der Stadt ist von einer gut erhaltenen Stadtmauer umgeben, die zur Römerzeit erbaut und immer wieder erneuert und ergänzt wurde. Auf den Wallanlagen führt ein gut 3 km langer Fußweg nicht nur zum Eastgate mit seinem berühmten schmiedeeisernen Glockenturm aus dem 19. Jh., sondern bietet auch herrliche Ausblicke auf die roten Sandsteintürme der Kathedrale.

Innerhalb der Stadtmauern befindet sich eines der besterhaltenen Fachwerkensembles Englands, dessen Fassaden sich zu einem fantasievollen Schwarz-Weiß-Muster zusammenfügen. Besonders bekannt sind die Rows – reich verzierte Gebäude, die im 1. Stock durch überdachte Passagen miteinander verbunden sind. Nach so viel Geschichte und Architektur lädt das beste Hotel der Stadt – das Chester Grosvenor – zum Entspannen ein. Das in der Altstadt gelegene Gebäude im Tudorstil stammt aus der Regierungszeit Elisabeth I. Das nach seinem renommierten Chefkoch benannte Gourmetrestaurant Simon Radley zählt zu den besten der Region. Wenn Sie den Innenstadttrubel lieber hinter sich lassen möchten, finden Sie im Stadtteil Hoole mit der Stone Villa ein freundliches Gästehaus mit 10 Zimmern und professionellem, zuvorkommendem Personal. Von hier ist das historische Zentrum in einem 15-minütigen Spaziergang zu erreichen.

Wo: 333 km nordwestl. von London. **CHESTER GROSVENOR:** Tel. +44/1244-324-024; www.chestergrosvenor.com. *Preise:* ab € 289; Dinner € 77. **STONE VILLA:** Tel. +44/1244-345-014; www.stonevillachester.co.uk. *Preise:* ab € 85. **REISEZEIT:** Mai–Sept.: bestes Wetter; Juli (i. d. R.): Summer Music Festival (klass. Musik).

Schatzkammer am Ende der Welt

LAND'S END

Cornwall, England

Land's End heißt die Landzunge im äußersten Südwesten Englands, die mit ihren schroffen Klippen in den Atlantik hineinragt. Der zeitlos schöne Landstrich im ehemaligen Königreich Kernow – heute die Grafschaft Cornwall –

ist reich an Geschichte und Atmosphäre. Wo früher nur ein einsamer Pub namens The First-and-Last Inn stand, gibt es heute einen Freizeitpark. Doch die spektakuläre Naturkulisse zieht nach wie vor jeden Betrachter in ihren Bann.

Einige Kilometer östlich und mit dem Festland durch einen bei Flut unpassierbaren Damm verbunden, liegt St. Michael's Mount. Seine Gebäude wurden 1135 ursprünglich als Schwesterabtei zum bekannteren Mont-Saint-Michel in der Normandie errichtet (s. S. 72). Der Aufstieg wird mit einer spektakulären Aussicht belohnt. Nicht weit entfernt liegt mit Penzance die westlichste Stadt Englands, von Gilbert & Sullivan als Piratenheimat musikalisch verewigt. In einer Gasse versteckt sich das Abbey Hotel, ein historischer Bau, den Jean Shrimpton, Supermodel der 1960er-Jahre, stilsicher in ein charmantes Hotel verwandelt hat. Noch mehr Geschichte – und ein typisches Cornish Ale – finden Sie im Turks Head, einem alten Pub, der – wie weite Teile des alten Penzance – 1595 bei einem spanischen Angriff zu Schaden kam.

Von Penzance aus setzen Fähren zu den Isles of Scilly über, einer Gruppe von mehr als 100 zumeist unbewohnten Felseninseln, die vom warmen Golfstrom profitieren. Hier gibt es naturbelassene Strände, exotische Palmen und Schwärme seltener Seevögel; die autofreie Tresco lockt mit ihren weltberühmten subtropischen Gärten. Das Island Hotel kann neben seiner prachtvollen Gartenanlage und bezaubernden Ausblicken auf Meer und Nachbarinseln je nach Saison auch mit Segelkursen aufwarten.

Nordöstlich von Land's End liegt die kleine Hafenstadt St. Ives. Mit ihren mediterranen Lichtverhältnissen ist sie Anziehungspunkt für Künstler. Eine Ansammlung kubistisch anmutender weißer Häuschen rahmt die Bucht, die

St. Michael's Mount ist nach dem gleichnamigen Erzengel benannt, der hier im Jahr 495 erschienen sein soll.

engen Straßen werden von Galerien und Kunsthandwerksläden gesäumt. Ein Rundbau oberhalb des Strandes beherbergt eine Dependance der Londoner Tate Gallery. In der Nähe widmet sich das Barbara-Hepworth-Museum der führenden Künstlerin von St. Ives. Hierfür wurden die ehemaligen Atelier- und Wohnräume der Bildhauerin umgestaltet, die gemeinsam mit ihrem Mann, dem Maler Ben Nicholson, dazu beigetragen hat, dass sich das Küstenörtchen in den 1930er-Jahren zum Treffpunkt der künstlerischen Avantgarde entwickelte. Das elegante Ambiente und der freundliche Service des am Meer gelegenen Hotels Primrose Valley bietet Entspannung.

Wo: 534 km südwestl. von London. **St. Michael's Mount:** www.stmichaelsmount.co.uk. **Abbey Hotel:** Tel. +44/1736-366-906; www.theabbeyonline.co.uk. *Preise:* ab € 144. *Wann:* Anf. Jan.–Ende März: geschlossen. **Island Hotel:** Tel. +44/1720-422-883; www.tresco.co.uk. *Preise:* ab € 300, inklusive. **Tate St. Ives:** Tel. +44/1736-796-226; www.tate.org.uk/stives. **Primrose Valley Hotel:** Tel. +44/1736-794-939; www.primroseonline.co.uk. *Preise:* ab € 110 (Nebensaison), ab € 144 (Hochsaison). **Reisezeit:** Apr.–Okt.: bestes Wetter; Sept.: St. Ives September Festival (Musik und Kunst).

Tropenluft und mediterrane Genüsse

Padstow und St. Mawes

Cornwall, England

An der wilden Nordküste Cornwalls liegt die kleine Hafenstadt Padstow, im 6. Jh. gegründet und malerisch genug, um auf dem Weg nach Land's End (s. vorige Seite) einen Abstecher einzuplanen. Die meisten Besucher kommen jedoch extra, um im Seafood Restaurant zu essen, einem hellen, freundlichen Lokal in einem alten Lagerhaus am Kai. Die Küche überzeugt mit klassischen Gerichten ebenso wie mit kreativen Adaptionen. Küchenchef und Inhaber ist Fernsehkoch und Autor Rick Stein, sein bekanntestes Gericht wohl die „Fruits de Mer-Platte" mit handverlesenen Köstlichkeiten direkt vom Kutter vor der Tür. Wer sich nicht losreißen kann, kann sich direkt über dem Restaurant oder in einem der anderen komfortablen Quartiere Steins in Padstow ein Zimmer nehmen.

Ein weiteres Beispiel für die Wunder der Natur bietet sich etwa 25 km südlich mit dem Eden Project. Die beiden größten Gewächshäuser der Welt beherbergen hier ein einzigartiges Pflanzenparadies. Das in den 1990er-Jahren von Tim Smit ins Leben gerufene Projekt wurde 2001 vollendet. Im tropisch-feuchten Klima des größeren Gewächshauses gedeihen Palmen und riesige Bambusbäume, aber auch Nutzpflanzen wie Bananen, Kaffee und Kautschuk. Hölzerne Stege führen den Besucher an einem großen Wasserfall vorbei. Im kleineren Gewächshaus herrscht warmes, trockenes Mittelmeerklima, in dem sich Olivenbäume und Weinstöcke zu Hause fühlen.

Eine halbstündige Fahrt entlang der kornischen Riviera führt ins Fischerörtchen St. Mawes mit dem Hotel Tresanton. Hier hat Olga Polizzi aus der berühmten englischen Hoteldynastie Forte über dem Meer ein Boutique-Hotel mit atemberaubendem Ausblick, luftigen Terrassen und einem Restaurant geschaffen, in dem einfache, aber hervorragende Küche mit spanischen und italienischen Einflüssen auf Basis einheimischer Zutaten serviert wird.

Wo: 400 km südwestl. von London. **The Seafood Restaurant:** Tel. +44/1841-532-700; www.rickstein.com. *Preise:* ab € 110; Dinner € 55. **Eden Project:** Tel. +44/1726-811-911; www.edenproject.com. **Hotel Tresanton:** Tel. +44/1326-270-055; www.tresanton.com. *Preise:* ab € 241; Dinner € 45. **Reisezeit:** Apr.–Okt.: bestes Wetter.

Palast im Herzen von England

Chatsworth House

Bakewell, Derbyshire, England

Unter den zahlreichen herrschaftlichen Anwesen, die dem ländlichen England historischen Glanz verleihen, ist Chatsworth House eines der imposantesten. Der Barockpalast der Dukes of Devonshire wurde im späten 17. Jh.

gebaut und hat rund 300 Zimmer, die teilweise besichtigt werden können. Die Prunkgemächer sind verschwenderisch ausgestattet, der Innenraum der Kapelle gilt als eines der besten Beispiele für englischen Barock. Die beeindruckende Kunstsammlung umfasst Gemälde alter Meister wie Tintoretto, Veronese und Rembrandt, aber auch zeitgenössischere Werke wie etwa Porträts von Lucian Freud.

Das Haus liegt in einem großen Garten, der um 1760 vom bedeutenden Landschaftsarchitekten Lancelot „Capability" Brown angelegt und 1 Jh. später vom ebenso angesehenen Joseph Paxton zu einem der meistgerühmten Gärten Europas umgestaltet wurde. Zu seinen Highlights zählen die Wasserkaskaden sowie die mehrmals jährlich wechselnde Ausstellung zeitgenössischer Skulpturen. Abgerundet wird das Idyll durch Parkland – mit Rotwild, das am Flussufer vor der Kulisse der bewaldeten Hügel grast.

Ein Kontrastprogramm zu der gepflegten Landschaftsarchitektur von Chatsworth bieten die Moorgebiete und Kalksteintäler des Peak District, des ältesten Nationalparks Englands. Nur wenige Kilometer entfernt liegt das Marktstädtchen Bakewell, im ganzen Land als Geburtsstätte des Bakewell Pudding bekannt. Natürlich beansprucht jede Bäckerei oder Teestube am Ort das beste Rezept für sich, aber ein guter Ort, diese Leckerei – heiß und mit Vanillesoße oder Sahne serviert – zu entdecken, ist der Old Original Bakewell Pudding Shop. Montags hält der belebte Wochenmarkt die Spezialität ebenfalls in unterschiedlichsten Ausprägungen bereit.

Wo: 241 km nördl. von London. **Info:** Tel. +44/1246-565-300; www.chatsworth.org. **Old Original Bakewell Pudding Shop:** Tel. +44/1629-812-193; www.bakewellpuddingshop.co.uk. **Reisezeit:** Mai/Sept.: Gärten; Mo.: Markt in Bakewell.

18 Gärtner halten die historischen Anlagen von Chatsworth House in Schuss – mithilfe einiger vierbeiniger Freunde.

Luxus vor wildromantischer Kulisse

DARTMOOR

Devon, England

Englands Südwesten – speziell die Grafschaft Devon – ist als üppig grünes Reiseziel bekannt. Der fruchtbare Boden und eine lange landwirtschaftliche Tradition haben unter anderem die berühmte Devon Cream und das noch immer in Ehren gehaltene Ritual des Devonshire Tea hervorgebracht. Inmitten dieses Idylls stößt man jedoch auf eine ganz andere Landschaft: die rauen, felsigen Hügel des Nationalparks Dartmoor. Seine urtümlichen Moore werden von bewaldeten Tälern durchzogen, durch die sich malerische Flüsse schlängeln oder imposante Wasserfälle hinabstürzen. Ein großes Wegenetz ermöglicht Spaziergänge und ausgedehnte Wandertouren. Darüber hinaus gibt es hervorragende Möglichkeiten zum Angeln von Forellen, und auch die berühmten Landsitze und Gärten sind einen Besuch wert.

Ein guter Ausgangspunkt ist Chagford. Etwas außerhalb befindet sich das elegante Hotel Gidleigh Park, das 1928 im Tudorstil erbaut wurde. Von seinem terrassenförmig angelegten Außenbereich ist nur das Plätschern des North Teign River zu hören. Gidleigh Park ist außerdem für eine der besten Küchen des Landes – seit 1994 steht hier Küchenchef Michael Caines am Herd – sowie seinen einzigartigen Weinkeller bekannt.

Angler kommen im Arundell Arms, einer alten Kutscherherberge im Dörfchen Lifton westlich des Dartmoors, auf ihre Kosten. Das Haus, seit mehr als 50 Jahren ein Anglerhotel der Spitzenklasse, verfügt über einen 30 m langen privaten Uferbereich am River Tamar, einem der besten Lachsflüsse Englands, in dem überdies wilde Bach- und Meerforellen heimisch sind. Eine ausgezeichnete Küche und charmante Zimmer runden das Bild ab.

Möchten Sie lieber am Meer sein, wenden Sie sich vom Dartmoor Richtung Süden – zur Küste und zum Burgh Island Hotel, einer romantischen Art-déco-Anlage, die das Jazz-Zeitalter wieder aufleben lässt. Auf einer eigenen, 10 ha großen Privatinsel gelegen (der nächste Ort auf dem Festland ist Bigbury-on-Sea), hat das Haus auch einiges an Geschichte zu bieten: Der Herzog von Windsor und Wallis Simpson flüchteten vor der Aufmerksamkeit der Weltöffentlichkeit hierher, Noël Coward nippte Cocktails an der Bar, und die in Devon geborene Agatha Christie verfasste hier in den frühen 1930er-Jahren den Krimi *Und dann gabs keines mehr.*

Wo: 384 km südwestl. von London. **Info:** www.dartmoor.co.uk. **Gidleigh Park:** Tel. +44/1647-432-367; www.gidleigh.com. *Preise:* ab € 378; Dinner € 110. **Arundell Arms:** Tel. +44/1566-784-666; www.arundellarms.com. *Preise:* ab € 200. **Burgh Island Hotel:** Tel. +44/1548-810-514; www.burghisland.com. *Preise:* ab € 444, inklusive. **Reisezeit:** Apr.–Sept.; Mai: Wildblumenblüte; Aug.: Heidekraut färbt sich violett.

Moor trifft Meer

Exmoor

Devon und Somerset, England

Im Westen Englands, wo Somerset in Devon übergeht, befindet sich der Exmoor National Park. Auf hohen, kahlen Hügeln erheben sich die Überreste von Siedlungen aus der Bronzezeit, während Bäche und Flüsse sich durch tief eingeschnittene Täler ihren Weg zum Meer bahnen – das berühmteste ist das von Felsbrocken übersäte Valley of the Rocks.

Direkt nördlich davon öffnet sich das sanfte Hügelland abrupt zum Bristolkanal, einer Meeresbucht, an deren gegenüberliegendem Ufer Wales liegt. Die Landschaft wirkt, als wäre sie mit einem riesigen Messer zerteilt worden, so steil fallen die Klippen ab. In eine kleine Bucht schmiegen sich die viktorianischen Nachbardörfer Lynmouth und Lynton, die eine wasserbetriebene Standseilbahn aus dem 19. Jh. miteinander verbindet. In Hafennähe befindet sich das Hotel Rising Sun, eine Schmugglerherberge aus dem 14. Jh. mit krummen Holzbalken, schiefen Böden und dicken Mauern. Angeblich verbrachte Percy Shelley 1812 die Flitterwochen mit seiner ersten Frau Harriett in dem dazugehörigen reetgedeckten Cottage – mit Himmelbett, wunderbarem Blick auf die im malerischen Hafen schaukelnden Boote und – wie Shelley schrieb – „einem so milden Klima, dass gewaltige Myrten sich um unser Cottage ranken und selbst im Winter im Freien Rosen blühen".

Von hier aus führen zahllose Fußwege ins Landesinnere, um die faszinierende Moorlandschaft zu erkunden. Über den Küstenpfad erreicht man die mit 365 m höchsten Klippen Englands: die Countisbury Cliffs. Genießen Sie die Meeresbrise, bevor Sie sich auf den „Heimweg" ins Rising Sun machen, wo die Herzlichkeit der Mitarbeiter und der wärmende Kamin den frisch gefangenen Lachs und Hummer gleich noch einmal so gut schmecken lassen.

Wo: 320 km südwestl. von London. **Info:** www.visit-exmoor.co.uk. **The Rising Sun Hotel:** Tel. +44/1598-753-223; www.risingsunlynmouth.co.uk. *Preise:* ab € 155; Dinner € 26. **Reisezeit:** Sept.–Nov.: Heidekraut am schönsten.

Sommerhöhepunkt im Festspielkalender

GLYNDEBOURNE FESTIVAL

Lewes, East Sussex, England

Opernfans bietet sich im sommerlichen Glyndebourne ein besonderer Leckerbissen, denn hier findet jährlich das gleichnamige Festival inmitten der grünen Hügel der Sussex Downs statt. Seit 1934 strömt die feine britische Gesellschaft hierher auf das Gelände eines Landsitzes, dessen reizendes altes Opernhaus 1994 durch eine deutlich größere Spielstätte mit exzellenter Akustik ersetzt wurde. Selbst traditionsbewusste Skeptiker schätzen das neue Gebäude, zumal die höhere Sitzplatzzahl bedeutet, dass Karten leichter erhältlich sind. Liebhaber wissen, dass ihnen hier ein innovatives Repertoire auf Weltniveau geboten wird, besetzt mit etablierten Künstlern ebenso wie mit aufstrebenden Talenten. Darüber hinaus ist das Festival ein gesellschaftliches Ereignis, stets mit abendlichem Picknick auf der Wiese direkt vor dem neoelisabethanischen Herrenhaus, in dem der Sohn des Festivalgründers lebt. Hier grasen Schafe und Kühe, während die Musiker im Hintergrund ihre Instrumente stimmen.

Von London aus erreichen Sie nach 1-stündiger Bahnfahrt das Städtchen Lewes, von wo aus es nur noch knapp 5 km bis Glyndebourne sind. Oder Sie nehmen sich ein Zimmer in einem der zahlreichen historischen Hotels in Lewes – etwa im The Shelleys, einer stilvollen Unterkunft in einem Stadthaus von 1588, ehemals im Besitz der Familie des Dichters Percy Bysshe Shelley. Vom Garten bietet sich ein herrlicher Blick auf die Downs; im preisgekrönten Restaurant speisen Sie in entspannter Atmosphäre und traditionellem Ambiente.

Gut 30 km außerhalb liegt das 400 Jahre alte, grün umrankte Gravetye Manor, in Sachen Luxus eine perfekte Ergänzung zu Glyndebourne. Das Herrenhaus ist von einem prächtigen Garten umgeben. Darüber hinaus hat es einen der besten Köche der Region (der auch einen fantastischen Gourmet-Picknickkorb für das Opernfestival zusammenstellt).

Wo: 88 km südl. von London. **Info:** Tel. +44/1273-813-813; www.glyndebourne.com. *Preise:* Karten € 37–277. *Wann:* Ende Mai–Aug. **The Shelleys:** Tel. +44/1273-472-361; www.the-shelleys.co.uk. *Preise:* ab € 137 (Nebensaison), € 211 (Hochsaison); Dinner € 40. **Gravetye Manor:** Tel. +44/1342-810-567; www.gravetyemanor.co.uk. *Preise:* ab € 281; Dinner € 45.

Englisches Landidyll in Reinkultur

DIE COTSWOLDS

Gloucestershire, Worcestershire und Oxfordshire, England

Die Hügelregion der Cotswolds erstreckt sich über etwa 160 km von Bath bis Stratford-upon-Avon (s. S. 54 und 56) und wird im Westen von einem steilen Anstieg namens Cotswold Edge begrenzt. Sie gilt als Inbegriff des ländlichen England. Der Anblick der grasenden Schafe hat sich seit Jahrhunderten nicht verändert – im Mittelalter war Wolle das Haupterzeugnis der Region; in fast jedem Städtchen gibt es eine „Sheep Street" und eine Kirche oder Kathedrale, die mithilfe der Einnahmen aus der Wollproduktion errichtet wurde. Die meisten Ortschaften wurden aus dem heimischen honigfarbenen Sandstein erbaut und konnten sich ihren typischen Charakter bewahren.

Am nördlichen Rand der Hügel liegt das Marktstädtchen Chipping Campden mit seiner Hauptstraße aus dem Bilderbuch und den berühmten Hidcote Gardens. Unweit befindet sich das zu Recht viel besuchte Dorf Broadway, dessen architektonisch bemerkenswerte Hauptstraße heute Antiquitätenläden säumen. Etwas abseits erwartet das Hotel Buckland Manor, ein ehemaliges elisabethanisches Anwesen, seine Gäste mit überraschend schnörkellosem Innenleben, sieht man einmal vom herrlichen Dinner bei Kerzenschein und silbernem Tafelgeschirr ab. Von dort ist es eine 5-km-Wanderung bis zum Broadway Tower, dem höchsten Punkt im Umkreis, zugleich beliebter Picknickplatz.

Weiter südlich liegen entlang der alten Römerstraße Fosse Way die Städte Stow-on-the-Wold, Moreton-in-Marsh und Bourton-on-the-Water. Wie Broadway ist auch Stow für seine Antiquitätenläden bekannt, während die vielen Brücken Bourton den Spitznamen „Venedig der Cotswolds" eingetragen haben. Das nahe Bibury wurde von William Morris als schönstes Dorf Englands bezeichnet.

Türmchen und Wasserspeier zieren den Broadway Tower.

Die Cotswolds sind ein hervorragendes Reiseziel für Wanderer, denn sie bieten alles vom kurzen Bummel am Fluss bis zur Mehrtagestour. Einer der populärsten Fernwanderwege ist der gut markierte Cotswold Way von Bath nach Chipping Campden. Die gesamte Strecke von 160 km lässt sich in etwa 7–10 Tagen zurücklegen, wobei Wanderer in komfortablen B&Bs übernachten können. Eine kürzere Strecke ist der wunderschöne Abschnitt nördlich von Winchcombe.

Entspanntere Touren bieten die Täler der Flüsse Colne und Windrush. Im alten Marktstädtchen Burford liegt das Lamb Inn aus dem 15. Jh., mit traditionell eingerichteten Zimmern und großartigem Restaurant. Zum Abschluss bietet sich ein Aufenthalt im Kurort Cheltenham (westlich der Cotswolds) mit Promenade und den berühmten Pferderennen an.

Wo: 225 km nordwestl von London. **BUCKLAND MANOR:** Tel. +44/1386-852-626; www.bucklandmanor.co.uk. *Preise:* ab € 252; Dinner € 55. **THE LAMB INN:** Tel. +44/1993-823-155; www.cotswold-inns-hotels.co.uk. *Preise:* ab € 185; Dinner € 37. **REISEZEIT:** Mai–Okt.: bestes Wetter; März: Cheltenham Festival mit Pferderennen Gold Cup.

Königinnen der Ozeane

Die Kreuzfahrtschiffe der Cunard Line

Southampton, Hampshire, England

Im Jahr 1840 schloss Samuel Cunard den ersten Vertrag zur Postbeförderung per Dampfschiff zwischen Großbritannien und den USA ab – und bis heute zählt die Schifffahrtsgesellschaft, die seinen Namen trägt, zu den angesehensten der Welt. Die ersten Schiffe, die auf den Linien von Liverpool nach Halifax und Boston eingesetzt wurden, waren Raddampfer, die schnellsten Wasserfahrzeuge ihrer Zeit. Zu Beginn des 20. Jh. standen die Schwesternschiffe *Mauretania* und *Lusitania* an der Spitze der Cunard-Flotte, bis Letztere im Ersten Weltkrieg tragischerweise versenkt wurde.

In den 1960er-Jahren wurde dann die *Queen Elizabeth 2* (i. d. R. abgekürzt als *QE2*) – ein speziell für die Nordatlantikrouten gebauter, klassischer Ozeandampfer – zum neuen Flaggschiff der Linie, auch wenn die Transatlantikschifffahrt inzwischen mehr und mehr vom Luftverkehr abgelöst wurde. Mehr als 30 Jahre war die *QE2* das einzige Schiff, das diese Verbindung fahrplanmäßig bediente. Mit Platz für rund 1800 Passagiere galt sie als Inbegriff von Luxus, Beständigkeit und Schnelligkeit. Reisenden bot sie eine Atlantiküberquerung alter Schule, mit erstklassigem Service, Vorträgen, einem überbordenden Speisenangebot, Zeit für Spa oder Bibliothek und viel Gelegenheit, auf die See hinauszuschauen.

2003 überquerte die *QE2* zum letzten Mal den Atlantik, bevor sie von ihrer größeren und deutlich luxiöseren Nachfolgerin, der *Queen Mary 2*, abgelöst wurde. 2007 ergänzte die *Queen Victoria* die Flotte, gefolgt von einer brandneuen *Queen Elizabeth* im Jahr 2010. Die 3 Königinnen der Cunard Line sind auf allen Weltmeeren vom Baltikum bis zur Karibik unterwegs, wobei die *Queen Mary 2* noch immer würdig das Cunard-Erbe vertritt und planmäßig auf der historischen Route zwischen Southampton und New York verkehrt.

Wo: Abfahrt Richtung Westen in Southampton, 130 km südwestl. von London. Abfahrt Richtung Osten in Brooklyn, NY. www.cunard.de. *Preise:* Transatlantikfahrt auf der *QM2*, 7 Nächte ab € 626. **Wann:** Kreuzfahrten ganzjährig; Apr.–Nov.: Transatlantikfahrten mit *QM2*.

Mittelalterliches Wunderwerk von ungebrochener Faszination

Die Kathedrale von Winchester

Winchester, Hampshire, England

Der Bau der Kathedrale von Winchester wurde im Jahr 1079 an der Stelle einer noch älteren sächsischen Kirche begonnen. Sie ist mit 160 m eine der längsten Kirchen der Welt und für ihr hoch aufragendes 12-jochiges Langhaus bekannt. Älter noch als die Kathedrale ist die Stadt Winchester selbst, die auch heute noch wie ein Marktflecken anmutet. Als Hauptstadt des angelsächsischen Königreichs Wessex und Sitz des legendären Königs Alfred des Großen war sie im 9. Jh. ein bedeutendes religiöses, politisches und wirtschaftliches Zentrum. Besuchen Sie die Große Halle, in der der legendäre Runde Tisch von König Artus und seiner Tafelrunde zu bewundern ist.

Während das Äußere der Kathedrale etwas nüchtern wirkt, beeindruckt das Innere mit überwältigender Pracht. In einer ruhigen Ecke der Kirche liegt das Grab der Schriftstellerin Jane Austen (1775–1817) und 25 km westlich der Stadt ihr hübsches Landhaus Chawton Cottage, in dem Werke wie *Emma* und *Überredung* entstanden und das heute das hübsche Jane-Austen-Museum beherbergt. Auch der viktorianische Autor Thomas Hardy (1840–1928) aus der benachbarten Grafschaft Dorset war von der ländlichen Gegend literarisch inspiriert. In Werken wie *Clyms Heimkehr* und *Am grünen Rand der Welt* ließ er den historischen Namen Wessex wiederauferstehen. Viele Orte der Region tauchen umbenannt in seinem Werk auf. So wurde aus Dorchester „Casterbridge" und aus Winchester „Wintoncester", der Schauplatz der Hinrichtung von Tess aus *Tess von den Urbervilles*.

Wer sich zu Fuß einen Eindruck von der Landschaft machen möchte, kann von Winchester dem South Downs Way Richtung Osten bis zum Beacon Hill oder nach Exton

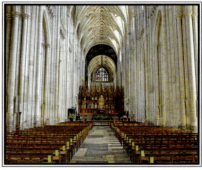

Das Kircheninnere birgt Originalplatten und -fresken aus dem Mittelalter.

folgen. Eine größere Herausforderung stellt die gesamte 170 km lange Strecke bis nach Eastbourne in Sussex mit den berühmten weißen Klippen namens Seven Sisters dar.

Zum Übernachten empfiehlt sich das Lainston House Hotel, ein herrschaftliches Anwesen aus rotem Backstein von 1683 mit herrlichem Garten und einer berühmten 1,5 km langen Lindenallee. Essen und Service lohnen einen Besuch, die Atmosphäre ist entspannt. Im Winter lockt ein wärmendes Holzfeuer, im Sommer wird draußen auf dem Rasen Krocket gespielt.

Wo: 116 km südwestl. von London. **Info:** www.winchester-cathedral.org.uk. **Jane Austen's House:** Tel. +44/1420-83262; www.jane-austens-house-museum.org.uk. **Lainston House Hotel:** Tel. +44/1962-776-088; www.lainstonhouse.com. *Preise:* ab € 189; Dinner € 60. **Reisezeit:** Jeden 2. und letzten So. im Monat Markt.

Königliche Erholung

Osborne House

Isle of Wight, England

Die Isle of Wight liegt vor der Südküste Englands und wird durch eine kurze Fährüberfahrt von den großen Hafenstädten Southampton und Portsmouth oder – noch malerischer – vom kleinen Hafenstädtchen Lymington aus erreicht. Der Name der Insel geht auf das lateinische Vectis zurück, nach dem die römischen Siedler vor rund 2000 Jahren ihre neue Heimat benannten. Im 19. Jh. fühlte sich Charles Dickens von ihren Sandstränden und imposanten Klippen angezogen, während der Dichter Alfred Lord Tennyson gern über die Hügel schlenderte, die das Meer überblicken.

Das rund 35 x 20 km große Eiland ist ein beliebtes Sommerreiseziel der Briten. Größter Touristenmagnet ist Osborne House, das Heim von Königin Viktoria und Prinz Albert, das die Monarchin 1845 auf eigene Kosten erwarb und umgestalten ließ. Hier konnte sie ihre Herrschaftspflichten hinter sich lassen, Spaziergänge unternehmen und informelle Dinner im Kreise ihrer 9 Kinder abhalten. Nach dem Tod des 42-jährigen Albert 1861 ordnete sie in tiefer Trauer an, dass alles exakt so bleiben solle wie in seinen letzten Tagen. Das Schlafgemach, in dem die Königin 1901 starb, ist angefüllt mit Erinnerungsstücken der Familie.

Etwas südlich liegen die Inselhauptstadt Newport und Carisbrooke Castle aus dem 11. Jh. Von der Spitze dieser normannischen Burg bietet sich eine spektakuläre Aussicht. Karl I. dürfte sich jedoch weniger wohlgefühlt haben, als er hier 1647 von Oliver Cromwell gefangen gehalten wurde und seine Hinrichtung erwartete: Sein Fluchtversuch scheiterte, als er zwischen den Gitterstäben des Fensters stecken blieb.

Ein Netz von Wanderwegen überzieht die Insel, darunter der gut 100 km lange Küstenpfad, der sie gänzlich umschließt. Ein besonders beliebter Abschnitt führt über den Tennyson Down, vorbei an einem Denkmal des Poeten, bis zur westlichsten Spitze der Insel, von wo aus man einen atemberaubenden Blick auf die Needles hat: 3 Felsnadeln vor der Küste, die von den Wellen des Ärmelkanals umspült werden. Wenn Sie die Insel vom New Forest aus über die Lymington-Fähre erreichen, sollten Sie einen Zwischenstopp im George Hotel in der historischen Hafenstadt Yarmouth einplanen. Das Gasthaus von 1764 ist für seine Lage am Wasser, das traditionelle Ambiente und seine ausgezeichnete Brasserie bekannt.

Wo: 145 km südwestl. von London. **Info:** www.islandbreaks.co.uk. **Osborne House:** Tel. +44/1983-200-022; www.englishheritage.org.uk. **George Hotel:** Tel. +44/1983-533-814; www.thegeorge.co.uk. **Preise:** ab € 211; Dinner € 45. **Reisezeit:** Anf. Aug.: Segelregatta Cowes Week.

Herz der anglikanischen Kirche

DIE KATHEDRALE VON CANTERBURY

Canterbury, Kent, England

Die Kathedrale von Canterbury ist Sitz der anglikanischen Kirche und eine der schönsten Kirchen Englands. Eine geschichtsträchtige Bluttat im Jahr 1170 machte sie überdies zu einem der bedeutendsten Wallfahrtsorte des Landes: Damals wurde in der Kirche der Erzbischof Thomas Becket von 4 Rittern grausam ermordet, die vermeintlich auf Geheiß von König Heinrich II. handelten. 3 Jahre später wurde Becket heiliggesprochen, und der reuige König machte die Kirche zum Zentrum des englischen Christentums.

Die an der Hauptverbindung von London nach Dover gelegene Stadt Canterbury hatte bereits zur Römerzeit Bedeutung erlangt, die noch weiter wuchs, als Papst Gregor der Große 597 den Benediktiner Augustinus nach England sandte, um die Angelsachsen zum Christentum zu bekehren. Augustinus ließ sich in Canterbury nieder und wurde zum ersten Erzbischof der Stadt ernannt. Im 14. Jh. setzte der große Dichter Geoffrey Chaucer der Stadt mit seinen *Canterbury Tales* – Erzählungen, die er einer Gruppe von Pilgern auf dem Weg zum Schrein von Thomas Becket in den Mund legt – ein unvergängliches Denkmal.

Bei einem Luftangriff im Jahr 1942 wurden weite Teile Canterburys zerstört, die Kathedrale blieb jedoch beinahe unversehrt – selbst die herausragenden Glasfenster aus dem 12. und 13. Jh. sind erhalten, da vorausschauende Bürger sie zur Sicherheit vorübergehend entfernt hatten. Als besonders bedeutend gelten das große Westfenster, die sogenannten „Bibelfenster" und die „Wunderfenster" zum Leben des hl. Becket. Die Stelle, an der Becket ermordet wurde, ist heute durch eine einzelne Kerze gekennzeichnet.

Die „Pilger" der Neuzeit reisen häufig mit der Bahn für einen Tagestrip aus London an oder übernachten im Abode Canterbury, einem Boutique-Hotel nahe der Kathedrale, das zeitgemäßen Luxus in den Mauern eines Gebäudes aus dem 16. Jh. bietet. Wer nicht über Nacht bleibt, sollte vor der Rückfahrt zumindest eine Mahlzeit im exzellenten Hotelrestaurant zu sich nehmen, das unter der Leitung des gefeierten Sternekochs Michael Caines steht.

Wo: 90 km südöstl. von London. **Info:** www.canterbury-cathedral. org. **Abode Canterbury:** Tel. +44/1227-766-266. www.abodehotels.co.uk/canterbury. *Preise:* ab € 133; Dinner € 45. **Wann:** Sa.–So. 14.30; Mo.–Fr. 16.30 Uhr: Evensong (Gottesdienst).

Farbige Glasfenster zeigen biblische Gestalten.

Steinerner Zeuge des Mittelalters

LEEDS CASTLE

Maidstone, Kent, England

Wie eine Fata Morgana erhebt sich Leeds Castle aus dem Wasser des umliegenden Burggrabens, das seine gelblich braunen, zinnenbewehrten Mauern und Türme widerspiegelt. Das laut dem Historiker Lord Conway „schönste Schloss der Welt" hat neben seinem beeindruckenden Anblick auch geschichtlich einiges zu bieten. Als im 12. Jh. mit dem Bau begonnen wurde, der eine Holzkonstruktion aus dem 9. Jh. ersetzte, war der Ort noch als Esledes bekannt. 1278 schenkte ein vermögender Höfling das Wasserschloss König Eduard I., um dessen Gunst zu erlangen. Danach war es lange Zeit als königliche Residenz beliebt, ähnlich wie heute Balmoral (s. S. 154). Auch Heinrich VIII. hielt sich gern hier auf und investierte viel Zeit und Geld in Umbaumaßnahmen. Seine Lage inmitten des teichartigen Wassergrabens ist einzigartig in England.

Umgeben ist das Schloss von einer Garten- und Parklandschaft, die zum Spazierengehen einlädt. Das 1988 eröffnete Vogelhaus gilt als eines der besten des Landes. Und dann gibt es noch das kuriose Hundehalsbandmuseum (die Vierbeiner hatten früher die wichtige Aufgabe, das Anwesen zu bewachen) – so sonderbar es klingen mag, stellt es doch für viele Besucher ein absolutes Highlight dar. Einige Halsbänder der Sammlung, die einen Zeitraum von 400 Jahren umspannt, sind wahre Kunstwerke. **Wo:** 64 km südöstl. von London (nicht zu verwechseln mit der Stadt Leeds in Yorkshire/Nordengland). Tel. +44/1622-765-400; www.leeds-castle.com. **Reisezeit:** Apr.–Juni: Gärten.

Paradies vor den Toren Londons

Der Garten von Sissinghurst Castle

Sissinghurst, Kent, England

Die reiche und fruchtbare Grafschaft Kent südöstlich von London wird zu Recht auch als „Garten Englands" bezeichnet. Der bekannteste Garten innerhalb dieses „Gartens" findet sich in Sissinghurst und zählt zugleich zu den beliebtesten der ganzen gartenverrückten Nation. In den 1930er-Jahren fügte die berühmte Schriftstellerin und Exzentrikerin Vita Sackville-West der Liste ihrer Talente „begnadete Gärtnerin" hinzu. Zusammen mit ihrem Gatten, dem Diplomaten Harold Nicolson, hat sie das Gelände rund um die Gebäude, in denen sie auch wohnten, in eine Reihe von „Gärten im Garten" umgestaltet. Jeder Bereich ist einer bestimmten Pflanzengattung oder einer einzelnen Farbe gewidmet.

Am bekanntesten ist der Weiße Garten, der im Juni seinen Höhepunkt erreicht und weltweit kopiert wird. Der Rosengarten erblüht im Juni und Juli in voller Pracht, während die roten, gelben und orangefarbenen Blumen des Bauerngartens im Herbst den schönsten Anblick bieten. Trotz der Nähe zu London bieten die Gärten noch immer eine Oase der Schönheit. Vom ursprünglichen „Schloss" (in Wirklichkeit ein elisabethanisches Landgut) ist nur wenig erhalten, doch die Überreste – darunter der Turm – verleihen dem Anwesen zusätzliches Flair. Das umliegende Parkgelände ist perfekt für Spaziergänge geeignet.

Wenn es die Zeit erlaubt, sollten Sie einen Abstecher zum 15 km südlich gelegenen Knole House einplanen. Ein kleiner Teil der 365 Zimmer des Herrenhauses von 1456 diente der Familie Sackville im 18. und 19. Jh. als Wohnsitz. Heute sind die Gemächer mit ihrer seit 300 Jahren beinahe unveränderten Ausstattung und zahlreichen Kunstwerken die Hauptattraktion für Besucher.

Wo: bei Cranbrook (85 km südöstl. von London). **Info:** Tel. +44/1580-710-700; www.nationaltrust.org.uk. *Wann:* Anwesen ganzjährig; Gärten Mitte März–Okt. **Knole House:** Tel. +44/1732-450-608; www.nationaltrust.org.uk. *Wann:* Haus März–Okt.; Garten Apr.–Sept. **Reisezeit:** Juni–Juli: beste Gartenzeit; Highlights aber auch ganzjährig.

Der elisabethanische Turm von Sissinghurst erhebt sich über der Blütenpracht.

Herrliche Wege und kulinarische Genüsse

DER LAKE DISTRICT

Lancashire und Cumbria, England

Der Dichter William Wordsworth beschrieb den Lake District mit den Worten „der schönste Fleck, den der Mensch je fand". Über den gleichermaßen ländlich geprägten wie wilden Landstrich verteilen sich 15 Haupt- und Dutzende kleinerer Seen, eingerahmt von hohen Bergen (darunter mit dem 978 m hohen Scafell Pike die höchste Erhebung Englands), Fells genannten Hügeln und weidenden Schafen. Die Region ist als Nationalpark geschützt und ein beliebtes Ziel für Wanderer. Der 112 km lange Cumbria Way führt mitten durch das Herz des Lake District, während zahllose kürzere Strecken alle Wünsche vom Spaziergang bis zur Gipfelerklimmung erfüllen. Sowohl auf der Leinwand als auch in der Literatur wurde der Landstrich als Geburtsstätte der englischen Romantik verewigt.

Wie ein Band zieht sich der lange und schmale Windermere durchs Land.

Der bekannteste See – gleichzeitig der größte des Landes – ist der Windermere, eine glitzernde Sichel, die sich auf einer Länge von etwa 17 km durch die Hügellandschaft zieht. Seine Ufer, besonders rund um das Städtchen Bowness-on-Windermere, sind eine beliebte Ferienregion, seit sie in viktorianischer Zeit ans Eisenbahnnetz angeschlossen wurden.

Im Dorf Grasmere befindet sich Dove Cottage, in dem William Wordsworth mit Frau und Schwester lebte, heute ein Museum. Auch seine letzte Ruhestätte fand der Hofdichter 1850 hier, auf dem Friedhof der Dorfkirche. Um die romantische Nachmittags- und Abendstimmung zu erleben, bietet sich ein Aufenthalt in Heidi's Grasmere Lodge an, einem prachtvollen viktorianischen Haus im Zentrum des Dorfes mit 6 modernen und gut ausgestatteten Zimmern.

Etwas weiter nördlich liegt der See Ullswater, den Wordsworth als die „vielleicht ... glücklichste Verbindung aus Schönheit und Pracht, die irgendeiner der Seen bietet" bezeichnete. Im Sommer pendeln Dampfer aus dem 19. Jh. auf dem See, mit seiner Länge von 14,5 m der zweitgrößte, zugleich aber einer der weniger touristisch erschlossenen Seen der Region.

Am relativ einsamen Ostufer des Ullswater liegt das Sharrow Bay Country House Hotel mit seiner einzigartigen Aussicht. Das prächtige, historische Haus bietet 24 Zimmer, einen klassischen Garten am Seeufer, opulente Tee- und Dinnergelage (mit Schwerpunkt auf den Desserts) und ein einladendes Ambiente.

Wo: Grasmere liegt 451 km nordwestl. von London. **Info:** www.golakes.co.uk. **Dove Cottage & Wordsworth Museum:** Tel. +44/15394-35544; www.wordsworth.org.uk. **Heidi's Grasmere Lodge:** Tel. +44/15394-35248; www.heidisgrasmerelodge.co.uk. *Preise:* ab € 122. **Sharrow Bay Country House Hotel:** Tel. +44/17684-86301; www.sharrowbay.com. *Preise:* ab € 326. **Reisezeit:** März–Apr.: Narzissenblüte; Apr.–Juni: größte Blumenvielfalt; Juni–Aug.: geringster Niederschlag; Aug.: Festival *Lake District Summer Music*; Sept.–Okt.: Herbstfarben.

„London ist der Inbegriff unserer Zeit und das Rom von heute." – RALPH WALDO EMERSON

LONDON

England

London bezeichnet sich selbst als europäische Hauptstadt des 21. Jh. Nur wenige werden dem widersprechen. Bisweilen hat man den Eindruck, dass sich hier alles abspielt, was in Kunst, Musik oder Mode von Bedeutung ist.

Doch London ist mehr als ein Mekka der Moderne: London bleibt immer auch eine Stadt des Pomps, in der Geschichte und Tradition fester Bestandteil des täglichen Lebens sind.

HAUPTATTRAKTIONEN

BRITISH MUSEUM – Wer nicht gerade eine Woche Zeit hat, um die 3 km langen Gänge abzulaufen, die zu den 7 Mio. Exponaten führen, sollte sich die Elgin Marbles (die einst den Parthenon in Athen zierten, s. S. 183), den Stein von Rosette, die ägyptischen Mumien, die Samurai-Rüstung und die Portlandvase anschauen. Alternativ können Sie sich einer der kostenlosen eyeOpener-Führungen anschließen, die sich einzelnen Bereichen widmen. Sie dauern jeweils etwa 30 Min. und werden den ganzen Tag angeboten. **INFO:** Tel. +44/20-7323-8000; www.britishmuseum.org.

BUCKINGHAM PALACE – Von Juli bis September, wenn die Queen nicht in ihrem Wohn- und Amtssitz in London weilt, können einige der 775 Zimmer besichtigt werden – darunter der Thronsaal, die Gemäldegalerie und die grandiose, von John Nash für Georg IV. erbaute Freitreppe. Die Wachablösung findet je nach Monat täglich oder im 2-Tages-Rhythmus um 11 Uhr statt. **INFO:** Tel. +44/20-7766-7300; www.royalcollection.org.uk.

HAMPTON COURT PALACE – Hampton Court diente mehr als 2 Jh. lang als Königspalast und war u.a. Wohnsitz von Heinrich VIII. und 5 seiner 6 Frauen. Im späten 17. Jh. wurde das Anwesen von Christopher Wren erweitert und weist bis heute eine reizvolle Mischung aus Tudor- und Barockelementen auf. Umgeben ist der Palast von einer Gartenanlage mit Heckenirrgarten – in seine Mitte zu gelangen nimmt im Durchschnitt 20 Min. in Anspruch. **Wo:** 22 km südwestl. von London in East Molesey, Surrey. Tel. +44/20-3166-6000; www.hrp.org.uk.

HYDE PARK UND KENSINGTON GARDENS – Mit 140 ha ist Hyde Park der größte königliche Park in London. Das ehemalige bevorzugte Jagdgebiet Heinrichs VIII. dient heute als Schauplatz für Open-Air-Konzerte und ist bei Picknickern und Sonnenanbetern beliebt.

Am Buckingham Palace wacht die Queen's Guard mit ihren roten Röcken und Bärenfellmützen über das Wohl der Regentin.

The Serpentine, ein L-förmiger See, trennt den Park von den gepflegten Kensington Gardens mit dem an eine Halskette erinnernden Prinzessin-Diana-Gedenkbrunnen und dem angrenzenden Kensington Palace. Info: Tel. +44/20-7298-2000; www.royalparks.org.uk.

London Eye – Das größte Riesenrad Europas ist das am weitesten sichtbare Wahrzeichen Londons. An klaren Tagen bietet es einen 40-km-Rundumblick. Eine komplette Umdrehung in einer der 32 Glasgondeln dauert 30 Min. Info: Tel. +44/871-781-3000; www.londoneye.com/de.

National Gallery – Die mehr als 2.000 Werke umfassende Ausstellung repräsentiert jede größere europäische Kunstrichtung von Mitte des 13. bis zum 19. Jh. Aufgrund der zentralen Lage und des freien Eintritts ist sie oft völlig überlaufen, weshalb sich ein Besuch in der Woche vormittags oder am Freitagabend (verlängerte Öffnungszeit) empfiehlt. Info: Tel. +44/20-7747-2885; www.nationalgallery.org.uk.

St. Paul's Cathedral – Im Herzen des als The City bekannten historischen Finanzdistrikts steht dieses Meisterwerk aus dem 17. Jh., erbaut von Sir Christopher Wren (der neben anderen berühmten Persönlichkeiten in der Krypta begraben liegt). Die große Kuppel bietet einen herrlichen 360°-Blick über London, in ihrem Innern befindet sich die berühmte Flüstergalerie – achten Sie gut darauf, was Sie sagen! Info: Tel. +44/20-7236-4128; www.stpauls.co.uk.

Tate Modern und Tate Britain – Die Tate Modern beherbergt in einem umgebauten Kraftwerk die größte Sammlung moderner Kunst in London – Werke aus Großbritannien

In St. Paul's Cathedral heirateten 1981 Prinz Charles und Lady Diana Spencer.

und der ganzen Welt von 1900 bis heute. Besonders bekannt sind die Sonderausstellungen in der riesigen Turbinenhalle. In der Tate Britain, ihrem Schwestermuseum, ist britische Kunst vom 16. Jh. bis zur Moderne zu sehen. Hier wird auch der jährliche, kontrovers diskutierte Turner-Preis für bildende Kunst vergeben. Info: Tel. +44/20-7887-8000; www.tate.org.uk.

Tower of London – Mit der Errichtung des Tower wurde im 11. Jh. unter Wilhelm dem Eroberer begonnen. Das Bauwerk beherbergt neben den Kronjuwelen (darunter der 530-karätige Diamant Great Star of Africa sowie die mit über 3000 Juwelen besetzte Imperial State Crown Königin Victorias) und vielen weiteren Ausstellungsstücken, die von den farbenprächtigen Beefeaters bewacht werden, auch die makabre Hinrichtungsstätte, an der Anne Boleyn geköpft wurde. Info: Tel. +44/20-3166-6000; www.hrp.org.uk.

Victoria and Albert Museum – Das weltweit größte Museum für Kunsthandwerk und Design wurde 1852 eröffnet und zeigt Objekte aus allen Regionen der Erde, darunter die größte Sammlung italienischer Skulpturen außerhalb Italiens, die wunderbar renovierten Mittelalter- und Renaissancesäle sowie 15 Säle, die britischen Exponaten aus dem 16. bis 19. Jh. gewidmet sind. Info: Tel. +44/20-7942-2000; www.vam.ac.uk.

Westminster Abbey – Dieses gotische Gotteshaus war bis auf 2 Ausnahmen Schauplatz aller britischen Königskrönungen seit 1066. Die 1509 vollendete Kapelle Heinrichs VII. zählt zu den schönsten Europas, wovon sich die Welt zuletzt 2011 bei der Hochzeit von Prinz William und Kate Middleton ein Bild machen konnte. Die Poets' Corner birgt Denk- bzw. Grabmäler von

Chaucer, Tennyson, Browning und Dickens. Besonders stimmungsvoll ist der Evensong (wochentags um 17, am Wochenende um 15 Uhr). INFO: Tel. +44/20-7222-5152; www.westminster-abbey.org.

SONSTIGE HIGHLIGHTS

EIN ABEND IM THEATER – Im West End bieten gut 50 Theater alles vom Drama bis zum mitreißenden Musical. Shakespeare's Globe ist eine originalgetreue Rekonstruktion des elisabethanischen Theaters von 1599. Auch die in Stratford-upon-Avon ansässige Royal Shakespeare Company tritt in London auf, während die 3 Bühnen des National Theatre Schauspiel der Spitzenklasse bieten. INFO: www.londontheatre.co.uk. SHAKESPEARE'S GLOBE: Tel. +44/20-7902-1400; www.shakespearesglobe.org. ROYAL SHAKESPEARE COMPANY: Tel. +44/800-1110; www.rsc.org.uk. NATIONAL THEATRE: Tel. +44/20-7452-3000; www.nationaltheatre.org.uk.

MUSIK ZUM TAGESAUSKLANG – In der eleganten Kirche St Martin-in-the-Fields aus dem 18. Jh. finden Klassikkonzerte, Jazzsessions und Messen statt. Von Juli bis September dient die herrliche Albert Hall als Veranstaltungsort für die Proms, die Promenadenkonzerte mit Orchestern aus aller Welt, deren krönenden Abschluss die Last Night of the Proms bildet. Kammermusik wird in der Wigmore Hall geboten, die für ihre nahezu perfekte Akustik, die wunderbare Jugendstilausstattung sowie das breit gefächerte Konzertprogramm berühmt ist. ST MARTIN-IN-THE-FIELDS: Tel. +44/20-7766-1100; www.stmartin-in-the-fields.org. ROYAL ALBERT HALL: Tel. +44/20-7589-8212; www.royalalberthall.com. WIGMORE HALL: Tel. +44/20-7935-2141; www.wigmore-hall.org.uk.

BRITISH LIBRARY – Eine Schatzkammer ist die John Ritblat Gallery, in der sich eine Originalhandschrift der Magna Carta, die erste Folioausgabe von Shakespeare sowie Liedtexte der Beatles bestaunen lassen. Per Kopfhörer kann man etwa James Joyce beim Lesen von *Ulysses* oder Thomas Edisons erster Tonaufnahme lauschen. INFO: Tel. +44/20-7412-7000; www.bl.uk.

KEW GARDENS – Das Freigelände und die Gewächshäuser (sehenswert: Palm House und Temperate House) der Royal Botanic Gardens beherbergen 38.000 Pflanzenarten, darunter die größte Orchideensammlung der Welt. Der Kew Palace aus dem 17. Jh. war die zweite Heimat Georgs III. und ist nach fast 10-jähriger Renovierung wieder geöffnet. WO: 13 km südwestl. von London. Tel. +44/-8332-5000; www.rbgkew.org.uk.

NATIONAL PORTRAIT GALLERY – Das 1856 eröffnete Haus hat sich zur Aufgabe gemacht, „Bildnisse berühmter britischer Männer und Frauen" zusammenzutragen – von Porträts Heinrichs VIII. von Hans Holbein d. J. bis zu Mick Jagger und der Queen. Das Erdgeschoss präsentiert Persönlichkeiten der Gegenwart – von Autoren bis zu Boygroups. INFO: Tel. +44/20-7306-0055; www.npg.org.uk.

REGENT'S PARK – ist der klassischste Park in London. Ursprünglich war er von John Nash als Anwesen mit einer Vielzahl von Adelsvillen geplant. Heute bietet er einige der schönsten Blumengärten der Stadt, Hunderte von Liegestühlen und im Sommer Open-Air-Aufführungen von Shakespeare-Stücken. INFO: Tel. +44/20-7298-2000; www.royalparks.org.uk.

EINKAUFEN – Fortnum & Mason ist das exklusivste Lebensmittelgeschäft der Welt. Floris ist seit der Eröffnung 1730 Londons führende Parfümerie und Kosmetikartikelhandlung. Turnbull & Asser ist die Topadresse für maßgeschneiderte Hemden, während man im einzigartigen Jugendstilambiente von Liberty die bekannten, fein gemusterten Stoffe (v.a. Schals) erhält. Harrods, das Kaufhaus der Kaufhäuser, bietet kulturelles Erlebnis und Einkaufsvergnügen gleichermaßen. Die exklusiven Food Halls verkaufen „alles für jeden", das Georgian Restaurant im 4. Stock lädt zum Tee ein. Auch das Fifth Floor Café in Londons schickstem Kaufhaus Harvey Nichols ist ein guter Ort für eine Verschnaufpause. **Fortnum & Mason:** Tel. 44/20-7734-8040; www.fortnumandmason. com. **Floris:** Tel. +44/20-7930-2885; www. florislondon.com. **Turnbull & Asser:** Tel. +44/20-7808-3000; www.turnbullandasser. com. **Liberty:** Tel. +44/20-7734-1234; www. liberty.co.uk. **Harrods:** Tel. +44/20-7730-1234; www.harrods.com. **Harvey Nichols:** Tel. +44/20-7235-5000; www. harveynichols.com.

Marktbummel – Portobello Market in Notting Hill ist der Urvater aller Straßenmärkte in London. An Tausenden von Ständen werden Antiquitäten, Sammlerstücke und Vintage-Kleidung verkauft. Am Wochenende bietet der Camden Market ein Gemisch aus Schnickschnack und Lebensmitteln. Südlich der Tower Bridge wartet jeden Freitag mit dem Bermondsey Market ein echter Trödelmarkt auf Kundschaft. Der seit dem 13. Jh. als „Speisekammer Londons" bezeichnete Borough Market südlich der London Bridge ist der mit Abstand beste Lebensmittelmarkt der Stadt. **Portobello Market:** www. portobellomarket.org. **Camden Market:** www.camdenlock.net. **Bermondsey Market:** www.bermondseysquare.co.uk/antiques.html. **Borough Market:** www.boroughmarket.org.uk.

Harrods ist das größte Kaufhaus Großbritanniens.

Sir John Soane's Museum – Originale von Hogarth und Zeichnungen von Piranesi zählen zu den Höhepunkten der ausgefallenen Sammlung im Haus des Architekten aus dem 19. Jh., dessen bekanntestes Werk die Bank of England ist. Wer kann, sollte seinen Besuch am 1. Dienstag im Monat legen, dann wird das Innere von Kerzen erhellt. **Info:** Tel. +44/20-7405-2107; www.soane.org.

Wallace Collection – Eine herrliche Villa im italienischen Stil beherbergt die Privatsammlung des Kunstliebhabers Sir Richard Wallace, darunter Werke von Tizian, Rubens, Velázquez und Gainsborough sowie die landesweit größte Sammlung an Rüstungen. **Info:** Tel. +44/20-7563-9500; www.the-wallace-collection.org.uk.

Veranstaltungen

An einem Samstag Anfang bis Mitte Juli wird der Geburtstag der Queen offiziell mit der Parade *Trooping the Colour* gefeiert. Ebenfalls traditionsreich: das Pferderennen Royal Ascot, das alljährlich im Juni in Berkshire abgehalten wird und für seine Hutmode berühmt ist. Ende Juni bis Anfang Juli findet mit den Wimbledon Lawn Tennis Championships eines der prestigeträchtigsten Tennisturniere der Welt statt. Für die Gartenliebhaber ist die 4-tägige Chelsea Flower Show, die jährlich im Mai veranstaltet wird, Höhepunkt der Saison. **Trooping the Colour:** www.trooping-the-colour.co.uk. **Royal Ascot:** www.ascot.co.uk. **Wimbledon:** www.wimbledon.com. **Chelsea Flower Show:** Tel. +44/845-260-5000; www.rhs. org.uk.

Übernachten

Aster House – Dieses hervorragende B&B in South Kensington überzeugt mit komfortablen Zimmern, und einem bezaubernden Garten. Frühstück gibt es vom Büfett im sonnendurchfluteten Wintergarten. **Info:** Tel. +44/20-7581-5888; www.asterhouse.com. *Preise:* ab € 215.

BLAKE'S – Die klassische Herberge in South Kensington, die sich über 4 viktorianische Reihenhäuser erstreckt, setzt Maßstäbe für alle anderen Boutique-Hotels in London. Rechnen Sie mit gewagten Farbkombinationen, opulentem Ambiente und namhaften Hotelgästen. INFO: Tel. +44/20-7370-6701; www.blakeshotels.com. *Preise:* ab € 222 (Nebensaison), ab € 311 (Hochsaison).

CHARLOTTE STREET HOTEL – Londons erstes Boutique-Hotel verbindet zeitgenössischen englischen Stil, beste Ausstattung und viele Extraleistungen. Aufgrund seiner Lage in Fitzrovia, nördlich der Oxford Street, sind in seiner Oscar Bar häufig Vertreter aus Medien- und Modewelt anzutreffen. INFO: Tel. +44/20-7806-2000; www.charlottestreethotel.com. *Preise:* ab € 289.

CLARIDGE'S – Dieses Bollwerk der Tradition beherbergt Staatsoberhäupter, vermeidet es aber dennoch, spießig zu sein. Genießen Sie Ihren Afternoon Tea oder einen Portwein im Art-déco-Ambiente des Reading Room oder ein Dinner von Starkoch Gordon Ramsay im hauseigenen Restaurant. INFO: Tel. +44/20-7629-8860; www.claridges.co.uk. *Preise:* ab € 652 (Nebensaison), ab € 737 (Hochsaison); Dinner € 107.

CONNAUGHT – Mit seinen 90 luxuriösen Zimmern und Suiten ist das Connaught ein „Mini-Grand-hotel". Hier findet sich das Restaurant der französischen Starköchin Hélène Darroze, das ihren Namen trägt. INFO: Tel. +44/20-7499-7070; www.the-connaught.co.uk. *Preise:* ab € 407 (Nebensaison), ab € 630 (Hochsaison); Dinner € 110.

PORTOBELLO HOTEL – Das Portobello in Notting Hill ist bei Prominenten seit Jahren beliebt. Seinen schrägen, exzentrischen Stil können Sie nur lieben oder hassen. Ein echter Pluspunkt ist die Bar, die bis in die frühen Morgenstunden geöffnet ist. INFO: Tel. +44/20-7727-2777; www.portobellohotel.com. *Preise:* ab € 277.

ESSEN & TRINKEN

AFTERNOON TEA – Nirgendwo wird das allerheiligste Ritual der Briten stilechter zelebriert als im opulenten Palm Court des Hotels Ritz. Kleine Sandwiches erfreuen den Gaumen ebenso wie frisch gebackene *scones* mit Erdbeermarmelade und *clotted cream*. Weniger förmlich, der Legende nach aber an der Geburtsstätte dieser Tradition, wird der Tee im Palm Court des Langham Hotels serviert. Eine preisgünstigere, dennoch stilvolle Alternative bietet die Orangerie aus dem 18. Jh. in der Anlage des Kensington Palace. THE RITZ LONDON: Tel. +44/20-7493-8181; www.theritzlondon.com. *Preise:* € 45. LANGHAM HOTEL: Tel. +44/20-7636-1000; http://london.langhamhotels.co.uk. *Preise:* € 45. THE ORANGERY: Tel. +44/20-3166-6112; www.hrp.org.uk. *Preise:* € 20.

BIBENDUM – Diese Topadresse wartet in den Mauern des Michelin House, einem Meisterwerk des Jugendstils, mit vielseitigen, modernen und stets originellen Gerichten auf. Im Erdgeschoss begrüßt die äußerst beliebte Bibendum Oyster Bar (mit Café) ihre Gäste. INFO: Tel. Restaurant: +44/20-7581-5817, Oyster Bar: +44/20-7589-1480; www.bibendum.co.uk. *Preise:* Restaurant € 63, Oyster Bar € 52, Café € 11.

GEALES – Dieses Lokal in Notting Hill ist heute deutlich schicker als zur Zeit seiner Gründung am Vorabend des Zweiten Weltkriegs, aber noch immer Londons beste Adresse für *fish and chips* – auch wenn die Karte inzwischen um andere Gerichte wie Fisch-Pie oder sogar Steak erweitert wurde. INFO: Tel. +44/20-7727-7528; www.geales.com. *Preise:* Dinner € 33.

GORDON RAMSAY – Im Vorzeigerestaurant des Starkochs wird „moderne europäische Küche" serviert. Die Gerichte – z.B. Salzwiesenlamm mit kandierten Walnüssen – sind innovativ und vielschichtig. (Weiteres

Restaurant im Hotel Claridge's; s. oben.) **INFO:** Tel. +44/20-7352-4441; www.gordonramsay.com. *Preise:* Dinner € 104.

THE IVY – Es ist nicht leicht, in dieser Perle aus den 1930er-Jahren einen Tisch zu bekommen. Sie lockt mit glamourösem Ambiente, lebhaftem Stimmengewirr, und exzellenter Küche – vom neu interpretierten *fish and chips* über den Ivy-Burger bis hin zu den typischen Lachsfrikadellen. **INFO:** Tel. +44/20-7836-4751; www.theivy.co.uk. *Preise:* € 55.

OXO TOWER RESTAURANT – Obwohl die europäische Fusion-Küche mit soliden Kritiken bedacht wird, stellt doch die atemberaubende Aussicht auf St. Paul's und die beleuchtete Themse den Hauptanziehungspunkt dieser Location dar. Die benachbarte Brasserie bietet vergleichbare Gerichte zu günstigeren Preisen. **INFO:** Tel. +44/20-7803-3888; www.harveynichols.com. *Preise:* Restaurant € 70, Brasserie € 52.

PUBS – London strotzt nur so vor Pubs, in denen ein warmes Willkommen – ebenso wie ein warmes Ale – zum Standard gehört. Das George Inn, Kutschenstation aus dem 17. Jh., bietet einzigartige Atmosphäre, Speisen und Getränke. Der Grenadier Pub diente einst als Offiziersmesse für die Grenadier Guards des Duke of Wellington – angeblich spukt einer von ihnen noch als Geist in seinen Gemäuern. Hier gibt es stilecht Bloody Mary, beliebt ist auch das Filet Wellington. Der 1821 erbaute Red Lion ist klein, behaglich und ganz der hohen Kunst des Trinkens gewidmet. GEORGE INN: Tel. +44/20-7407-2056. GRENADIER: Tel. +44/20-7235-3074. RED LION: Tel. +44/20-7930-2030.

THE RIVER CAFÉ – Neben der Möglichkeit, am Ufer der Themse zu speisen, macht die einfache, aber edle italienische Saisonküche den Reiz dieses Restaurants aus. Die Kultlocation, die ein legendäres Kochbuch sowie eine Generation einflussreicher Köche hervorgebracht hat, ist vor allem für ihre charakteristischen Gerichte wie Pilzrisotto beliebt. **INFO:** Tel. +44/20-7386-4200; www.rivercafe.co.uk. *Preise:* Dinner € 70.

RULES – Das älteste Restaurant Londons eröffnete 1798 als Austernbar. Und auch heute noch zählen Austern neben Wild von den eigenen Ländereien zu den Spezialitäten des Hauses, die im Originalambiente des späten 18. Jh. serviert werden. **INFO:** Tel. +44/20-7836-5314; www.rules.co.uk. *Preise:* Dinner € 55.

T A G E S A U S F L Ü G E

OXFORD – Obwohl die Geschichte Oxfords bis ins 12. Jh. zurückreicht, ist es doch die Universität mit ihren 38 Colleges, die der Stadt Charakter verleiht. Die Gebäude sind ein Lehrbuch der englischen Architektur und lassen sich bestens zu Fuß erkunden. Besuchen Sie die geschichtsträchtigen Studentenkneipen (allen voran das bekannte Bear Inn aus dem 13. Jh.) oder das Ashmolean Museum, eine Schatzkammer für Kunst- und Archäologieliebhaber von 1683. Als Unterkunft empfiehlt sich das Old Parsonage Hotel, das den Charme eines Landhotels bietet. Das Kontrastprogramm finden Sie auf dem Land im Le Manoir aux Quat'Saisons, wo Sie sich vom Talent des weltberühmten Kochs Raymond LeBlanc überzeugen und die Nacht in einem der exquisiten Zimmer verbringen können. **Wo:** 92 km nordwestl. von London. OLD PARSONAGE HOTEL: Tel. +44/1865-310-210; www.oldparsonage-hotel.co.uk. *Preise:* ab € 260. LE MANOIR AUX QUAT'SAISONS: Tel. +44/1844-278881; www.manoir.com. *Preise:* ab € 570; Dinner € 115.

WINDSOR CASTLE – Windsor Castle ist das älteste – und mit 1000 Zimmern größte – bewohnte Schloss der Welt. Seit dem Bau der ersten Festung unter Wilhelm dem Eroberer diente es 8 Königsdynastien als Heim, darunter der aktuellen Königin Elisabeth II., die einen Großteil ihrer Jugend hier verbrachte. Zu den Highlights zählen die Wachablösung, Queen Mary's Dolls' House, die große Küche und St. George's Chapel, die wie Westminster Abbey (s. S. 46) die Grabstätten zahlreicher englischer Regenten beherbergt. **Wo:** 37 km westl. von London. Tel.: +44/1753-831-118; www.royalcollection.org.uk.

THE ROYAL PAVILION, BRIGHTON – Brighton ist das beliebteste Ziel für einen Ausflug ans Meer. Seine Hauptattraktion, der Royal Pavilion, ist ein orientalischen Palästen nachempfundenes Lustschloss, das König Georg IV. im späten 18. Jh. errichten und später erweitern ließ. Hinter den Mauern der Fantasiekomposition aus Minaretten und maurischen Kuppeln verbirgt sich ein wundersames Inneres im chinesischen Stil. Neben dem für seine frische Brise, unanständige Postkarten und Fish-&-Chips-Buden bekannten, 500 m langen Brighton Pier hat die Stadt in ihren Lanes eine Vielzahl von Cafés, Antiquitätenläden und Galerien zu bieten. Halten Sie die Augen nach dem Restaurant English's of Brighton offen, das für seine schnörkellosen, superfrischen Fischgerichte und Austern beliebt ist. **Wo:** 82 km südl. von London. ROYAL PAVILION: Tel. +44/1273-290-900; www.brighton-hove-rpml.org.uk. ENGLISH'S OF BRIGHTON: Tel. +44/1273-327-980; www.englishs.co.uk. *Preise:* Dinner € 45.

Grenzlinie des alten Rom

DER HADRIANSWALL

Hexham, Northumberland, England

Wo einst Legionen aufmarschierten, grasen jetzt friedlich Schafe. Nur einige Abschnitte des Bollwerks, das vor 1800 Jahren errichtet wurde, um das mächtige Römische Reich im äußersten Nordwesten abzugrenzen, sind erhalten. Die 117 km lange, von Kastellen gesäumte Mauer, die England von Bowness-on-Solway an der Westküste (nahe Carlisle) und Wallsend an der Ostküste (bei Newcastle) durchzog, wurde nach Kaiser Hadrian (76–138 n. Chr.) benannt. Mit ihrem Bau wurde 121 n. Chr. unter Beteiligung von rund 18.000 Legionären und Sklaven begonnen, um 400 wurde sie im Zuge des Zerfalls des Römischen Reiches aufgegeben.

Heute ist der Wall die größte römische Ruine in Großbritannien und eines der wichtigsten und eindrucksvollsten römischen Bauwerke Europas. Der besterhaltene Abschnitt (etwa 15 km lang) befindet sich in Northumberland, östlich von Carlisle und nur einen Steinwurf vom viel besuchten Lake District (s. S. 44) entfernt. In dieser Gegend finden sich auch einige der schönsten Kastelle, darunter Birdoswald, Vindolanda und Housesteads, deren angegliederte Museen faszinierende Einblicke in den Alltag der römischen Truppen am Wall bieten. Sie können ein kurzes Stück an der Grenzbefestigung entlangspazieren oder auch die gesamte Länge auf dem

Der Hadrianswall zählt zu den größten technischen Leistungen des Römischen Reiches.

Hadrian's Wall Path – einem der beliebtesten Wanderwege Englands – abschreiten. Oder Sie leihen sich ein Fahrrad und testen den nicht minder beliebten Hadrian's Cycleway. Zu den südlich des antiken Walls gelegenen moderneren Städten zählt Haltwhistle, das den geografischen Mittelpunkt des Landes für sich beansprucht, was sich auch das Centre of Britain Hotel auf die Fahnen schreibt. Das Haus aus dem 15. Jh. verbindet klassischen und zeitgenössischen Stil mit herzlicher Atmosphäre und gutem Service. Noch mehr Geschichte und allen erdenklichen Komfort bietet das nahe Langley Castle Hotel im Dörfchen Langley-on-Tyne, etwa 11 km östlich von Haltwhistle. Es wurde 1350 unter König Eduard III. erbaut und beschwört mit seinen Türmen, den 2 m dicken Mauern und den mittelalterlichen Buntglasfenstern vergangene Zeiten herauf – ergänzt mit modernem Luxus und einem ausgezeichneten Restaurant. **Wo:** Zwischen Carlisle und Newcastle, ca. 400 km nördl. von London. **Info:** www.hadrians-wall.org; www.nationaltrail.co.uk/hadrianswall. **Centre of Britain Hotel:** Tel. +44/1434-322-422; www.centre-of-britain.org.uk. *Preise:* ab € 90. **Langley Castle Hotel:** Tel. +44/1434-688-888; www.langleycastle.com. *Preise:* ab € 185; Dinner € 45. **Reisezeit:** Apr.–Okt.: bestes Wetter.

Jagdfieber

International Antiques & Collectors Fair

Newark-on-Trent, Nottinghamshire, England

Geht es um das Paradies für Antiquitätenliebhaber, denkt man automatisch an London. Doch woher beziehen die Antiquitätenhändler den Nachschub für ihre Stände und Läden in Portobello Road und Camden Passage?

Auf der International Antiques & Collectors Fair in Newark, der größten Veranstaltung ihrer Art in Europa mit rund 4000 Ständen. Für Antiquitätenjäger und -sammler ist die 2-tägige Messe 6-mal im Jahr Vergnügen und Belastungsprobe zugleich – endlose Reihen von Ständen bieten alles an Raritäten feil, was man sich vorstellen kann. Verkäufer aus ganz Europa locken Käufer und Neugierige aus aller Welt an. Die meisten sind erfahrene Geschäftsleute, absolute Schnäppchen also kaum zu erwarten (aber auch nicht ausgeschlossen), doch wer zeitig kommt, hat zumindest Aussicht, etwas Besonderes zu ergattern. Wenn Sie vermeiden möchten, für einen Tagesausflug von London schon früh aufbrechen zu müssen, übernachten Sie im reizvollen kleinen Grange Hotel. Die Gastgeber bereiten ihren Gästen einen herzlichen Empfang, und der schöne Garten ist der ideale Erholungsort nach einem mit Feilschen verbrachten Vormittag.

Neben der Hoffnung auf den ultimativen Fund zieht vor allem das breite und vielfältige Warenangebot die Massen an. Wer nichts kaufen möchte, genießt das Ganze als Kulturtrip ersten Ranges: Durch die ausgedehnten Reisen der Briten zu Kolonialzeiten öffnet sich bei einem Bummel durch die Vielfalt englischer Antiquitäten ein Fenster zur ganzen Welt.

Wo: 174 km nördl. von London. **Info:** www.iacf.co.uk/newark. **Grange Hotel:** Tel. +44/1636-703-399; www.grangenewark.co.uk. *Preise:* ab € 110. **Wann:** Feb., Apr., Juni, Aug., Okt., Dez.

Englands vollkommenster Barockpalast

BLENHEIM PALACE

Woodstock, Oxfordshire, England

Blenheim Palace ist das berühmteste der zahlreichen herrschaftlichen Anwesen Englands. Seine Pracht und Größe legen Zeugnis über seine bewegte Geschichte ab: 1704 schenkte Königin Anne dem General John Churchill, 1. Duke of Marlborough, den Palast aus Dankbarkeit für seinen Sieg über die Franzosen im bayerischen Blenheim. 1874 wurde hier ein Junge namens Winston geboren, aus dem später Sir Winston Churchill, britischer Premierminister, werden sollte. Das riesige, verschwenderisch gestaltete Schloss, bedeutendster Barockbau Großbritanniens, wurde von Sir John Vanbrugh entworfen und wird oft als „Versailles Englands" bezeichnet.

Während sich das Gebäude seit seiner Fertigstellung 1722 nur wenig verändert hat, wurden große Teile der Park- und Gartenanlagen in den 1760er-Jahren von dem großen Landschaftsgärtner Lancelot „Capability" Brown umgestaltet. Heute kommen viele Besucher, um ihr Glück im Marlborough Maze – dem größten Heckenirrgarten der Welt – zu versuchen. In fußläufiger Entfernung verspricht das Feathers Inn in Woodstock herausragende Speisen und stilvolle Zimmer in ländlichem Ambiente. Nahebei, am Hauptplatz der Stadt, befindet sich das historische Star Inn, ein gemütlicher Pub mit hervorragendem Essen und komfortablen Zimmern.

Wo: 101 km nordwestl. von London. **Info:** www.blenheimpalace.com. **Feathers Inn:** Tel. +44/1993-812-291; www.feathers.co.uk. *Preise:* ab € 170; Dinner € 52. **Star Inn:** Tel. +44/1993-811-373; www.thestarinnwoodstock.co.uk. *Preise:* ab € 100; Dinner € 22. **Reisezeit:** Apr.–Mai: Gärten am schönsten; Sept.–Okt.: Herbstfarben im Park.

Ferienziel für Feinschmecker

LUDLOW

Shropshire, England

Der Marktflecken Ludlow zählt weniger als 10.000 Einwohner und liegt in einer ruhigen, ländlichen Region an der Grenze zu Wales, die The Marches, die Marken, genannt wird (ein altes Wort, das auf Begriffe wie „Rand" oder „Grenze" zurückgeht). Tatsächlich ist diese „Randlage" Ludlows heute noch spürbar, und es erfordert ein wenig Geduld, dort hinzugelangen. Doch das hat auch seinen Vorteil – bis jetzt sind der Stadt Bustourismus und Einkaufszentren erspart geblieben. Auf dem River Teme, der die Stadt einfasst, gleiten Schwäne unter den mittelalterlichen Brücken hindurch, die William Turner in zahlreichen Gemälden festgehalten hat. Das imposante Ludlow Castle wurde 1094 auf Anordnung des Earls of Shrewsbury errichtet; die kopfsteingepflasterten Straßen werden von eleganten georgianischen und jakobinischen Häusern geziert. In den vergangenen Jahren hat sich Ludlow als Mekka für Gourmets etabliert und steht mit einem 4-mal wöchentlich stattfindenden Markt, Spezialitätengeschäften und einer ganzen Reihe hervorragender Essgelegenheiten von Spitzenrestaurants über behagliche Bistros bis hin zu gemütlichen Gaststätten an vorderster Front der britischen Slow-Food-Bewegung. Höhepunkt des gastronomischen Jahres ist das Food and Drink Festival. Zu den besten Restaurants zählen Mr. Underhills – ein am Fluss gelegenes Lokal, das sich auf verfeinerte britische Gerichte spezialisiert hat – und La Becasse, wo in einem schönen eichengetäfelten Raum französische Küche serviert wird. Beide sind stolz auf die Verwendung regionaler Zutaten und ihren außergewöhnlich hohen Standard. Und sie sind beide gut zu Fuß vom Merchant House zu erreichen, das nur über 2 Zimmer verfügt, die aber allen Komfort bieten. Die freundlichen Besitzer stehen den kulinarischen Traditionen der Stadt mit ihrem Frühstück in nichts nach und sind eine Quelle für Informationen zu Geschichte und gastronomischen Gegebenheiten der Stadt. **Wo:** 257 km nordwestl. von London. **Mr. Underhills:** Tel. +44/1584-874-431; www.mr-underhills.co.uk. *Preise:* Dinner € 70. **La Becasse:** Tel. +44/1584-872-325; www.labecasse.co.uk. *Preise:* 3-gängiges Dinner € 70. **The Merchant House:** Tel. +44/1584-875-438; www.merchanthouse.co.uk. *Preise:* ab € 104. **Reisezeit:** Mo., Mi., Fr., Sa.: Markt; 2. und 4. Do. im Monat: Markt für Lebensmittel und lokale Erzeugnisse; Ende Juni–Anf. Juli: 2-wöchiges Ludlow Festival (Shakespeare-Inszenierung); 2. Wochenende im Sept.: Ludlow Food and Drink Festival.

Großbritanniens traditionsreichster Kurort

BATH

Somerset, England

Der Legende nach entdeckte bereits in der Vorzeit ein keltischer König die heilsamen Eigenschaften des hiesigen Thermalwassers. Zwischen 50 und 300 n. Chr. bauten dann die Römer aufwendige Saunen, Tempel und Badehäuser rund um die heißen Quellen. Über ein Jahrtausend später, 1702, läutete der Besuch Königin Annes die Renaissance der Stadt als führender Badeort des Landes ein. Während des gesamten 18. Jh. pilgerte die feine Gesellschaft hierher, um die Thermalquellen zu nutzen, wie es Jane Austen in ihren Romanen beschreibt. Im Zuge dieser Blütezeit boomte die Architektur, und es entstand ein georgianisches Stadtbild, dessen Perfektion und Erhaltungszustand in Großbritannien einzigartig ist. Die entspannte, kultivierte Atmosphäre macht die Stadt zu einem angenehmen Reiseziel mit hervorragenden Einkaufs- und Essgelegenheiten.

Blick von der Terrasse auf das Große Bad, das Herzstück der römischen Bäder.

Das historische Herz der Stadt sind die römischen Bäder. Der Pump Room, die repräsentative Trinkhalle aus dem 18. Jh., ist heute ein Restaurant, in dem die Teatime auf althergebrachte Weise zelebriert wird. Hier befindet sich immer noch der Brunnen, der schon seinerzeit die Kurgäste mit dem natürlichen Mineralwasser versorgte. In der Nähe steht die Bath Abbey aus dem 16. Jh., und ein kurzer Spaziergang führt zu einem der beeindruckendsten Orte der Stadt: dem Circus. 33 perfekt aufeinander abgestimmte und doch im Detail voneinander abweichende Häuser bilden einen Kreis. Entworfen wurden sie von John Wood d. Ä., dem federführenden Architekten in den goldenen Zeiten der Stadt.

1775 entwarf sein Sohn, John Wood d. J., den ebenso spektakulären Royal Crescent: einen majestätischen Halbkreis aus 30 identischen Steinhäusern, der sich zum Royal Victoria Park öffnet. Planen Sie zum Tee eine Pause im grandiosen Royal Crescent Hotel ein.

An der Russel Street – einer weiteren bezaubernden Straße goldgelber Häuser direkt nördlich des Circus – liegt das zwanglos-elegante, leicht ausgefallene Queensberry Hotel. Alternativ bietet sich am Royal Crescent mit dem Brooks Guesthouse eine kleine, ruhige Unterkunft mit historischem Ambiente.

Möchten Sie das Stadtleben hinter sich lassen, ziehen Sie sich ins 20 Min. von Bath entfernte Hotel Ston Easton Park zurück, ein palladianisches Herrenhaus von 1740 inmitten perfekt geplanter Garten- und Parkanlagen, ein unvergesslicher Rückzugsort auf dem Lande mit traditionellen Zimmern und einem der besten Restaurants der Region.

Wo: 185 km westl. von London. **Info:** www.visitbath.co.uk. **Pump Room:** Tel. +44/1225-444-477; www.romanbaths.co.uk *Preise:* Tee € 22. **Royal Crescent Hotel:** Tel. +44/1225-823-333; www.royalcrescent.co.uk. *Preise:* ab € 222. **Queensberry Hotel:** Tel. +44/1225-447-928; www.thequeensberry.co.uk. *Preise:* ab € 148; Dinner € 48. **Brooks Guesthouse:** Tel. +44/1225-425-543; www.brooksguesthouse.com. *Preise:* ab € 100. **Ston Easton Park:** Tel. +44/1761-241-631; www.stoneaston.co.uk. *Preise:* ab € 203; Dinner € 52. **Reisezeit:** Mai–Sept.: bestes Wetter; Ende Mai–Anf. Juni: Bath International Music Festival.

Blickfang in Englands kleinster Stadt

Die Kathedrale von Wells

Wells, Somerset, England

Im Herzen der verträumten ländlichen Grafschaft Somerset liegt das entzückende Wells, die kleinste Stadt Englands. Die einstige sächsische Siedlung erlebte ihre Glanzzeit im 12. Jh., als ihre prunkvolle Cathedral Church of St. Andrew gebaut wurde, um den Wohlstand der Stadt widerzuspiegeln. In der Folge fiel Wells allmählich in einen jahrhundertelangen Dornröschenschlaf, der den Charakter der Stadt für die heutigen Besucher bewahrt hat.

Obgleich St. Andrew eine der kleinsten Kathedralen Großbritanniens ist, überragt sie die umliegenden, perfekt erhaltenen Straßenzüge um ein Vielfaches. Highlight ist die Westfassade, deren rund 300 lebensgroße Figuren das umfassendste noch erhaltene mittelalterliche Skulpturenensemble Großbritanniens darstellen. Teile des Figurenzyklus dienten der Veranschaulichung biblischer Geschichten für die breite Masse der Gläubigen. Die beiden Türme wurden erst im späten 14. Jh. fertiggestellt. Im nördlichen Querhaus befindet sich die älteste Uhr

Englands (zugleich die zweitälteste der Welt) von 1392, die unter Begleitung von kämpfenden Rittern auf gepanzerten Rössern die Zeit verkündet. Checken Sie nach der Besichtigung der Kathedrale im charmanten Swan Hotel ein, einer ehemaligen Kutschenstation, wo Kamine, offene Deckenbalken und eine prächtige Holztäfelung die 500-jährige Geschichte des Hauses heraufbeschwören. Aus dem angesehenen Restaurant bietet sich ein herrlicher Blick auf die Kathedrale. Oder Sie fahren zum etwas außerhalb gelegenen Stoberry House, einem kleinen Hotel mit luxuriösen Zimmern, zeitgenössischen Skulpturen im Garten und einer unübertrefflichen Aussicht über grüne Wiesen auf Wells und die Kathedrale.

Von hier aus ist auch der rund 10 km entfernte Hügel Glastonbury Tor sichtbar, der wechselweise als mystische Insel Avalon, letzte Ruhestätte von König Artus, Versammlungsplatz für Feen oder Signalstätte für UFOs betrachtet wird. An seinem Fuß liegt die Kleinstadt Glastonbury. Das riesige jährliche Glastonbury Festival für Rock- und Folkmusik wurde zwar nach ihr benannt, findet aber seit 1970 im nahen Örtchen Pilton statt.

Wo: 193 km südwestl. von London. **Swan Hotel:** Tel. +44/1749-836-300; www.swanhotelwells.co.uk. *Preise:* ab € 166; Dinner € 30. **Stoberry House:** Tel. +44/1749-672-906; www.stoberry-park.co.uk. *Preise:* ab € 70. **Reisezeit:** Mai–Okt.: bestes Wetter; Ende Juni: Glastonbury Festival.

Dramen und Geister an Shakespeares Geburtsstätte

Stratford-upon-Avon

Warwickshire, England

Der Zauber und die zeitlose Universalgültigkeit der Werke von William Shakespeare haben aus seiner Heimatstadt Stratford-upon-Avon schon lange einen Wallfahrtsort gemacht. Vermutlich würden ihre historischen Fachwerkhäuser und die angenehme Atmosphäre aber auch ohne den Glanz des berühmten Sohnes Besucher anziehen. In und um Stratford gibt es 5 Häuser, die einen Bezug zu dem großen Dichter aufweisen, darunter sein Geburtshaus (das genaue Geburtsdatum ist nicht überliefert, doch aufgrund der Taufe am 26. April 1564 geht man vom 23. April desselben Jahres aus) und das Cottage seiner Gattin Anne Hathaway. Ein weiteres Pflichtziel ist die Trinity Church aus dem 13. Jh., in der Shakespeare und seine Familie begraben sind (er starb mit 52 Jahren, ebenfalls am 23. April).

Den Höhepunkt eines jeden Besuches stellt sicherlich eine Aufführung der Royal Shakespeare Company dar. Es gibt 3 Theater in der Stadt, doch die meisten Klassiker werden im Royal Shakespeare Theatre gezeigt; mehrmals wöchentlich werden Matineen für all jene angeboten, die zum Dinner wieder in London sein möchten. Das Swan Theatre wurde in Anlehnung an das Globe Theatre erbaut, im kleineren The Other Place werden experimentelle Produktionen gezeigt.

Legen Sie eine Pause bei einem Pint in einem der historischen Pubs ein – etwa im Windmill, das alt genug ist, um sogar von Shakespeare selbst besucht worden zu sein, oder im Black Swan, das liebevoll „Dirty Duck" genannt wird und gern von Schauspielern vor oder nach der Vorstellung besucht wird.

Nach einem Abend im Theater können Sie im Swan's Nest Hotel beim Drink auf der Terrasse echte Schwäne auf dem Fluss vorbeigleiten sehen. Oder Sie fahren 8 km Richtung Alderminster bis zum prunkvollen Ettington Park Hotel, einem neogotischen Herrensitz am River Stour mit gepflegten Gartenanlagen und Rotwild auf dem 10-ha-Parkgrundstück. Das Anwesen aus dem 19. Jh. ist seit langer Zeit im Besitz der Familie Shirley (im 1. Teil von Shakespeares *Heinrich IV.* beschwört Prinz Heinrich den „Geist Shirleys"), und deren Geister bevölkern es noch immer – nichtsdestotrotz dürfte sich kaum eine behaglichere Unterkunft finden lassen.

Wo: 145 km nordwestl. von London. **Info:** www.shakespearecountry.co.uk. **Theater:** Tickethotline: Tel. +44-800-1110; www.rsc.org.uk. *Wann:* Theatersaison: März–Nov. **Swan's Nest Hotel:** Tel. +44/1789-266-804; www.macdonaldhotels.co.uk/swansnest. *Preise:* ab € 122. **Ettington Park Hotel:** Tel. +44/1789-450-123; www.ettingtonpark.co.uk. *Preise:* ab € 166 (Nebensaison), ab € 230 (Hochsaison). **Reisezeit:** Anlässlich von Shakespeares Geburts- und Todestagen findet jeweils am Wochenende, das dem 23. April am nächsten liegt, ein Festival statt.

Die schönste Burg Englands

WARWICK CASTLE

Warwick, Warwickshire, England

Warwick Castle stand mehr als 9 Jh. im Zentrum der britischen Geschichte und ist bis heute die schönste Burg des Landes. Die 1068 – nur 2 Jahre nach der schicksalsträchtigen Schlacht von Hastings – von Wilhelm dem Eroberer erbaute Festung, die eindrucksvoll über den River Avon thront, wurde von Sir Walter Scott einst als „erhabenste Stätte Englands" bezeichnet.

Entgegen seiner ursprünglichen Bestimmung, ungebetene „Gäste" fernzuhalten, ist Warwick Castle heute nach Windsor Castle (s. S. 50) die Burg mit den zweithöchsten Besucherzahlen. Diese modernen „Invasoren" wollen natürlich das wunderbar erhaltene historische Bauwerk bewundern, aber auch die zahlreichen Attraktionen vom Mittelalterspielplatz bis zum Burgverlies erleben. Zur Ferienzeit ist der Andrang häufig groß, doch die Wachen am Tor haben die Besucherströme fest im Griff.

Im Inneren gibt es interessante Ausstellungen, darunter eine der größten Sammlungen mittelalterlicher Rüstungen und Waffen in Europa oder auch Gemälde alter Meister wie Rubens und Van Dyck. Der kriegerische Charakter der Burg kommt am besten zur Geltung, wenn man sie vom 18. Jh. von Lancelot „Capability" Brown gestalteten Freigelände aus betrachtet, auf dem Pfauen herumstolzieren.

Eine deutlich ruhigere historische Erfahrung bietet das nur 8 km nördlich gelegene Kenilworth Castle. Obwohl die Burgruine 50 Jahre jünger ist als Warwick, ist sie ebenfalls imposant und nicht weniger geschichtsträchtig. Zu ihren früheren Besitzern zählen König Johann „Ohneland" (im frühen 13. Jh.), gefolgt von John of Gaunt und Robert Dudley, dem man nachsagt, er sei ein heimlicher Geliebter Elisabeths I. gewesen. Im 19. Jh. zeigte sich Sir Walter Scott von Kenilworth ebenso beeindruckt wie von Warwick: Sein Roman *Kenilworth* machte die Burg in viktorianischer Zeit zum beliebten Reiseziel.

Wo: 148 km nordwestl. von London. **Info:** www.warwick-castle.co.uk; www.kenilworthweb.co.uk.

Ein Meisterwerk mittelalterlicher Baukunst

DIE KATHEDRALE VON SALISBURY

Salisbury, Wiltshire, England

Durch Gemälde von Turner und Constable aus dem 19. Jh. ist die Kathedrale von Salisbury mit ihrem 123 m hohen Kirchturm – dem höchsten des Landes – weltweit bekannt. Die englische Ikone war bereits rekordverdächtige 38 Jahre nach ihrem Baubeginn im Jahr 1220 vollendet (wobei der Turm erst gegen Ende des Jahrhunderts errichtet wurde). Daher weist sie die einheitlichste Architektur aller großen europäischen Kathedralen auf und gilt als Musterbeispiel für den Stil der englischen Gotik (Early English).

In ihrem Inneren sehen Sie die älteste funktionstüchtige Uhr der Welt aus dem 14. Jh. Die eigenartige Konstruktion weist kein Zifferblatt auf, sondern ist nur dazu gedacht, zur rechten Zeit eine Glocke in Gang zu setzen. Wenn Sie die Treppe im Turminneren erklimmen, bietet sich Ihnen ein eindrucksvoller Blick über das hübsche und lebendige Städtchen hinweg in Richtung Salisbury Plain und Stonehenge (s. nächste Seite).

Südlich der Kathedrale, etwa 1,5 km vom Stadtzentrum entfernt auf der anderen Seite des River Avon, begrüßt das bezaubernde Rose and Crown Inn schon seit dem 13. Jh. Pilger und Reisende mit warmherziger Gastfreundschaft. Inmitten handgeschnitzter Holzbalken lässt sich ein wunderbarer Nachmittag mit Blick auf die Wiesen verbringen, die sich zum Fluss hin erstrecken und mit dem Turm der Kathedrale im Hintergrund ein Bild zeigen, wie es Turner nicht besser hätte malen können.

Gut 30 km Fahrt durch den New Forest – einstiges Jagdgebiet der mittelalterlichen Könige und jetzt einer der jüngsten Nationalparks des Landes – entfernt liegt New Milton mit dem Chewton Glen Hotel. Das Anwesen im neogeorgianischen Stil zeichnet sich durch seine behagliche Atmosphäre seine aus. Das überaus zuvor-

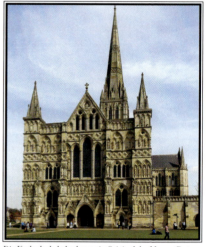

Die Kathedrale beherbergt ein Original der Magna Carta.

kommende Personal lässt sich durch nichts aus der Ruhe bringen, und eine Partie Krocket auf dem Rasen ist nur eine der Annehmlichkeiten, die dieses wunderbare, efeuumrankte Haus mit den grünen Fensterläden bietet.

Wo: 145 km südwestl. von London; www.salisburycathedral.org.uk. ROSE AND CROWN INN: Tel. +44/1722-359-999; www.legacy-hotels.co.uk/legacy-roseandcrown. *Preise:* ab € 104. CHEWTON GLEN HOTEL: Tel. +44/1425-275-341; www.chewtonglen.com. *Preise:* ab € 363; Dinner € 66. REISEZEIT: Di. und Sa.: Markt in Salisbury; Apr.–Okt.: New Forest am schönsten; Ende Mai–Anf. Juni: Salisbury International Arts Festival (Kunst und Kultur).

Eines der weltgrößten Geheimnisse

STONEHENGE

Wiltshire, England

Stonehenge, die berühmteste prähistorische Stätte Großbritanniens, ist bis heute von dem Zauber, der Mystik und dem Rätsel umgeben, die vermutlich von Anfang an beabsichtigt waren – aber nur, wenn Sie einen Moment der Ruhe zwischen den Touristengruppen erwischen. Niemand kann zweifelsfrei sagen, welchem Zweck diese überwältigende Anlage kunstvoll arrangierter Steinbrocken dienen sollte, doch es scheint ziemlich sicher, dass sie über einen langen Zeitraum von Menschen der Jungstein- und Bronzezeit errichtet und als sonnenbezogene Kultstätte, vielleicht auch als Kalender genutzt wurde. Im 17. Jh. kam die Ansicht auf, der Steinkreis stehe in Verbindung zu den keltischen Druiden – ein Glaube, der sich bis heute hält, obwohl inzwischen bewiesen wurde, dass Stonehenge mindestens 1500 Jahre älter ist als der Priesterkult.

Die massiven Trilithen – zwei senkrechte Tragsteine mit einem quer aufliegenden Deckstein – entstanden vor rund 4000 Jahren. Einige der Megalithen wiegen bis zu 50 t, und Experten schätzen, dass jeweils mehr als 1000 Menschen nötig waren, um sie in Position zu bringen. Die Forschung ist sich uneinig, woher die Steine kamen und wie sie auf die windgepeitschte Salisbury Plain gelangten. Heutige Wissenschaftler nehmen an, dass die Anlage in 3 Phasen errichtet wurde (von denen 2 nie abgeschlossen wurden) und dass ihre Erbauer über ein astronomisches, mathematisches und bautechnisches Wissen verfügen mussten, das zu ihrer Zeit in Europa einzigartig war. Heute strömen Tausende von Besuchern hierher, bevorzugt zur Sommer- und Wintersonnenwende, darunter viele Druiden und Anhänger anderer heidnischer Glaubensrichtungen.

Nicht ganz so bekannt, in ihrer Schlichtheit jedoch fast noch eindringlicher sind die Steinkreise von Avebury, etwa 30 km nördlich von Stonehenge. Die aus rund 100 Steinen bestehende Anlage wurde 500 Jahre vor dem Abschluss von Stonehenge errichtet, ist weniger überlaufen und besser zugänglich.

WO: 137 km südwestl. von London. **INFO:** www.english-heritage.org.uk. **REISEZEIT:** früher Morgen oder später Nachmittag (geringerer Andrang); Sommer- und Wintersonnenwende (i. d. R. Sonnenaufgang am 21. Juni und 22. Dez.); Frühjahrs- und Herbst-Tagundnachtgleiche (zwischen den Sonnenwenden).

Spaziergang durch ein klassizistisches Gemälde

STOURHEAD GARDEN

Stourton, Wiltshire, England

Der inmitten der sanften Hügel der idyllischen Grafschaft Wiltshire gelegene Stourhead Garden kann wohl als bestes und bekanntestes Beispiel für den englischen Landschaftsgarten des 18. Jh. gelten. Er bekräftigt, dass kein anderes Land England in Bezug auf Gartenkunst und -leidenschaft das Wasser reichen kann. Die malerische Anlage von Stourhead wurde von Gemälden von Claude Lorrain und Gaspard Poussin inspiriert. Für ihre weltweit kopierte klassische Anmutung sorgen ein antikisierendes Pantheon, eine Grotte sowie ein Flora- und ein Apollon-Tempel.

Das Landgut Stourhead war seit dem frühen 18. Jh. im Besitz der begüterten Familie Hoare; der Landschaftsgarten wurde zwischen 1747 und 1780 von Henry („the Magnificent") Hoare gestaltet. Nachdem er seine Grand Tour durch den Mittelmeerraum absolviert hatte, beschloss er, sein 40 ha großes Anwesen umzugestalten. Auch wenn der Garten ganzjährig schön anzusehen ist, bietet ein Spaziergang auf den schmalen Wegen rund um die künstlich angelegten Seen im Frühherbst, wenn die berühmten Rhododendren und Kamelien blühen, vielleicht das romantischste Erlebnis.

Im Zentrum der Gartenanlage liegt Stourhead House, ein im Neopalladianismus erbautes Landhaus aus dem 18. Jh. Viele seiner herrlichen Zimmer sind ebenfalls für Besucher zugänglich. Vom Haupteingang des Gartens gelangt man bequem zu Fuß zum Spread Eagle Inn, einer für entspannte Dinner mit traditionellen Gerichten bekannten örtlichen Institution mit 5 komfortablen Zimmern voller Antiquitäten.

Wo: 180 km südwestl. von London. Tel. +44/1747-841-152; www.nationaltrust.org.uk. *Wann:* Garten: täglich geöffnet; Haus: Mitte März–Okt. geöffnet. SPREAD EAGLE INN: Tel.: +44/1747-840-587; www.spreadeagleinn.com. *Preise:* ab € 115; Dinner € 30. REISEZEIT: März–Apr.: Narzissenblüte; Mai–Juni: Garten in voller Blüte; Okt.: Herbstfarben.

Prunkvoll, stattlich, elegant

CASTLE HOWARD

York, Yorkshire, England

Heute ist Castle Howard vor allem als Drehort der TV-Verfilmung des Klassikers *Wiedersehen mit Brideshead* von Evelyn Waugh (BBC, 1981) und des gleichnamigen Kinofilms (2008) bekannt. Doch schon seit dem frühen 18. Jh. gilt es als einer der größten und erhabensten Wohnsitze auf den Britischen Inseln, die sich noch in Privatbesitz befinden. Das Gebäude ist im eigentlichen Sinne kein Schloss, erhebt sich aber an der ehemaligen Stelle eines solchen inmitten eines 400 ha großen Park- und Gartengrundstücks. Die Familie Howard, deren Nachkommen heute noch hier leben, erkannte schon früh das Talent des damals noch unerfahrenen Architekten Sir John Vanbrugh, das ihm später den Auftrag für den opulenten Blenheim Palace bei Oxford einbrachte

Castle Howard ist seit mehr als 300 Jahren Heim der gleichnamigen Familie.

(s. S. 53). Die größten Teile des Baus – darunter die einzigartige goldverzierte Große Halle mit ihrer gut 20 m hohen Kuppel – wurden 1715 abgeschlossen. Ein weiteres Highlight ist die knapp 50 m lange, treffend benannte Lange Galerie mit zahlreichen, von Holbein und anderen Künstlern gemalten Ahnenporträts.

Noch mehr Geschichte können Sie im Old Lodge Hotel erleben, einem Tudorgebäude am Rande des nahen Städtchens Malton, am Fuß der heidebewachsenen Hügel des North York Moors National Park. Oder Sie fahren ins etwas südlich, am Rande von York (s. unten) gelegene Hotel Middlethorpe Hall & Spa, eines der prächtigsten Landhotels in Nordengland. Das elegante Haus im Stil der Zeit Wilhelms III. ist von einem makellosen, 10 ha großen Park umgeben, der an die berühmte Rennstrecke von York grenzt. Für eine Tour durch Yorkshire ist er der ideale Ausgangspunkt. **Wo:** 24 km nordöstl. von York. Tel. +44/1653-648-444; www.castlehoward.co.uk. *Wann:* Haus: Mitte März–Okt. geöffnet; Garten: ganzjährig. **Old Lodge Hotel:** Tel. +44/1653-690-570; www.theoldlodgemalton.co.uk. *Preise:* ab € 133. **Middlethorpe Hall & Spa:** Tel. +44/1904-641-241; www.middlethorpe.com. *Preise:* ab € 178 (Nebensaison), ab € 222 (Hochsaison). **Reisezeit:** Mai: Rhododendronblüte im Garten von Castle Howard; Mai–Okt.: Rennsaison; Sept.–Okt.: Herbstfarben in den Moors.

Glanzpunkt einer altehrwürdigen Stadt

York Minster

York, Yorkshire, England

Die historische Stadt York ist von einer rund 5 km langen Stadtmauer umgeben, die trotz ihres Alters hervorragend erhalten ist. Ein Spaziergang auf der Befestigungsanlage zählt zu den größten Vergnügen, die England zu bieten hat. In ihrem Inneren liegt eine architektonisch herausragende Stadt, deren Straßen allesamt auf ihr Prunkstück, das Münster, zulaufen. Dieses Wunderwerk der Gotik ist die größte mittelalterliche Kathedrale Großbritanniens und die zweitgrößte gotische Kathedrale in Nordeuropa (nur der Kölner Dom ist größer; s. S. 24). Das 150 m lange Mittelschiff ist das breiteste in England, der Chor der zweithöchste nach Canterbury (s. S. 41). Die Errichtung des Bauwerks an einer Stelle, an der schon zuvor – möglicherweise bereits seit 627 – Vorgängerkirchen standen, nahm mehr als 250 Jahre in Anspruch (etwa 1220 bis 1472). Wer die 275 Stufen der Wendeltreppe im rund 60 m hohen Vierungsturm erklimmt, kann sowohl die Größe dieses massiven Baus als auch die hoch-entwickelte Technik des ihn stabilisierenden Strebewerks bewundern und wird mit tollen Ausblicken auf die Yorkshire Moors belohnt.

Von den 128 riesigen Buntglasfenstern des Münsters ist das Rosenfenster, das an das Ende des Rosenkriegs erinnert, am bekanntesten. Über dem Haupteingang befindet sich das große, für sein reiches Maßwerk berühmte Westfenster, auch „Herz von Yorkshire" genannt. Am beeindruckendsten ist jedoch das große Ostfenster hinter dem Altar. Mit einer Fläche von 156 m^2 ist es das größte mittelalterliche Buntglasfenster der Welt.

Um die Kathedrale zieht sich ein Netz aus schmalen kopfsteingepflasterten Gässchen mit Fachwerkhäusern, von denen viele mindestens 500 Jahre alt sind. Zahlreiche der alten Straßennamen enden auf „gate" – Stonegate, Colliergate etc. –, was auf gata, das altnordische Wort für „Straße", zurückgeht und an Yorks Wikingervergangenheit erinnert. Dieser widmet sich auch das überaus beliebte Jorvik Centre, das seine Besucher mit allen Sinnen ins Jahr 975 zurückversetzt. **Wo:** 327 km nördl. von London. Tel. +44/1904-557-216; www.yorkminster.org.

JORVIK CENTRE: Tel. +44/1904-643-211; www.vikingjorvik.com. **UNTERKUNFT:** Das schicke Boutique-Hotel Marmadukes liegt in Fußnähe zum York Minster. Tel. +44/1904-640-101; www.marmadukesyork.com. *Preise:* ab € 85. **REISEZEIT:** Apr.–Sept.: bestes Wetter, Aug.: besonders stark besucht; Mitte bis Ende Feb.: *Viking Festival;* Juli: *Early Music Festival;* Juli–Aug.: Höhepunkt der Rennsaison.

Royales und Rustikales im Schatten der Pyrenäen

BIARRITZ UND DAS BASKENLAND

Aquitaine, Frankreich

Der Badeort Biarritz an Frankreichs Südwestküste nahe der spanischen Grenze wurde zum internationalen Urlaubsziel, als Napoleon III. hier 1855 eine Villa für seine spanische Braut, Kaiserin Eugénie, baute. Später war es die Spielwiese russischer und britischer Adliger, in den 1930er- und 1940er-Jahren dann der Künstler, Literaten und Prominenten. Seine herrlichen Strände sind auch heute noch beliebt, und einige der besten Wellen Europas machen Biarritz zur inoffiziellen Surf- und Windsurfhauptstadt des Kontinents.

Napoleons Villa verströmt als elegantes Hôtel du Palais immer noch den Glanz alter Zeiten. Die Zimmer gehen auf die schroffe Atlantikküste hinaus, wo die Pyrenäen auf den Golf von Biskaya treffen. Dies ist das Baskenland (Pays Basque), eine inoffizielle Region beiderseits der französisch-spanischen Grenze. Die Basken sind stolz auf ihre Sprache (Euskara), ihre rustikale Küche und *pelota (jai alai),* einen Sport, bei dem man Bälle mit langen, gebogenen Körben schlägt. Schauen Sie sich im Dorf St-Jeande-Luz an der Küste ein Spiel an. Oder spazieren Sie entlang dem Strand, einer der schönsten Frankreichs.

Für einen echten Einblick in die Landschaft und die neue baskische, von der französischen *nouvelle cuisine* beeinflusste Kochkunst sollten Sie in eines der Hügeldörfer fahren, z. B. Aïnhoa, Ascain oder das hübsche Sare, nur 10 Minuten vom Meer entfernt. Hier befindet sich das Hotel Arraya, in dessen Bäckerei Sie *gâteau basque* bekommen, eine köstliche, mit Kirschkonfitüre gefüllte Tarte.

Eine exzellente moderne Version der baskischen Küche erleben Sie im L'Auberge Basque in St-Péesur-Nouvelle, bekannt für den aufregenden Speisesaal, der die Landschaft überblickt. Das luxuriöse Hegia in Hasparren, etwa 35 km südöstlich von Biarritz, ist ein baskisches Landhaus von 1746 mit 5 Zimmern in minimalistischem Dekor. Das Tolle ist das Essen; die Gäste sitzen in der Küche, während der bekannte Chefkoch Arnaud Daguin edle Gerichte aus lokalen Erzeugnissen kreiert.

Setzen Sie Ihre Küchenerlebnisse fort im mittelalterlichen Grenzdorf St-Jean-Pied-de-Port an der Straße nach Santiago, der alten christlichen Pilgerroute (s. S. 270). Küchenmeister Firmin Arrambide und sein Sohn zaubern im Hôtel Les Pyrénées verfeinerte Interpretationen der Pays-Basque-Küche.

Wo: 190 km südwestl. von Bordeaux, 32 km zur spanischen Grenze. **HÔTEL DU**

PALAIS: Tel. +33/5-59-416400; www.hotel-du-palais.com. *Preise:* ab € 407 (Nebensaison), ab € 540 (Hochsaison). HOTEL ARRAYA: Tel. +33/5-59-542046; www.arraya.com. *Preise:* ab € 77. *Wann:* Nov.–März: geschlossen. L'AUBERGE BASQUE: Tel. +33/5-59-517000; www.aubergebasque.com. *Preise:* ab € 96; Dinner € 63. HEGIA: Tel. +33/5-59-517000; www.hegia.com. *Preise:* € 515 (garni), € 696 (mit Mahlzeiten). LES PYRÉNÉES: Tel. +33/5-59-370101; www.hotel-les-pyrenees.com. *Preise:* ab € 107; Dinner € 70. REISEZEIT: Juni–Sept.: Strandwetter; Juni–Nov.: Surfen; Anf. Juli: Surffestival.

Im historischen Weinland schwelgen

BORDEAUX

Aquitaine, Frankreich

Mit mehr als 7000 Weingütern und einer Weinanbautradition, die bis ins 12. Jh. zurückreicht, ist die fruchtbare Region mit den berühmten Weinbaugebieten Médoc, St-Émilion und Graves eine der besten Weinregionen der Welt. Das gemäßigte Klima gibt es so nur hier – dank Bordeaux' Nähe zum Atlantik. Und zur Freude der reisenden Weinliebhaber sind viele der privaten Weingüter auf Besucher eingestellt.

Mit seinem reichen architektonischen Erbe (Bordeaux hat mehr denkmalgeschützte Gebäude als jede andere französische Stadt außer Paris) ist Bordeaux das größte städtische UNESCO-Weltkulturerbe. Eine Restaurierungskampagne brachte Juwelen wie den Place de la Bourse und das Grand Théâtre, eines der schönsten Opernhäuser Europas, wieder auf Hochglanz. Auch das der Oper gegenüberliegende, majestätische Grand Hotel Bordeaux wurde aufwendig renoviert. Hotels wie La Maison Bord'eaux, ein elegantes Gebäude aus dem 18. Jh., stehen für die neue Energie der Stadt. Sogar die französische Küche wurde generalüberholt, z. B. im repräsentativen Restaurant Le Chapon Fin. Wer bodenständigeres Essen sucht – *cuisine du terroir* –, findet es im ehrwürdigen La Tupina.

Médoc liegt nördlich von Bordeaux auf einer dreieckigen, sumpfigen Halbinsel am linken Ufer der Gironde-Mündung. Von hier kommen einige der berühmtesten Château-Weine, darunter Margaux, Latour, Lafite-Rothschild und Mouton-Rothschild. Übernachten Sie im Château Cordeillan-Bages in Pauillac, einem Besitz aus dem 18. Jh. mit legendärem Restaurant, das innovative Küche serviert.

Eines der hübschesten Dörfer in der Bordeaux-Region ist St-Émilion mit seinen steilen Kopfsteinpflasterstraßen und phänomenalen Ausblicken auf die parzellierten Weinberge. Gönnen Sie sich ein Dinner mit Weinen der hiesigen St-Émilion-Winzer im aristokratischen Château Grand Barrail aus dem 19. Jh., das inmitten seiner Weinberge liegt.

Direkt südlich von Bordeaux liegt die Region Graves und weitere 40 km südlich Sauternes, Heimat des bekannten süßen Weißweins. Probieren Sie ihn im Luxushotel & Spa Les Sources de Caudalie – ja, schäumen Sie Ihr Gesicht damit ein: bei der „vinothérapie", antioxidativen Beauty-Behandlungen mit Trauben und Thermalwasser. Diese Enklave in den Weinbergen des Château Smith Haut-Lafite besitzt außerdem ein Gourmetrestaurant, adligen Charme und einen Weinkeller mit mehr als 15.000 Flaschen. Das ist Weintherapie, wie sie sein soll!

Wo: 496 km südwestl. von Paris. **REGENT GRAND HOTEL BORDEAUX:** Tel. +33/5-57-304444; www.theregentbordeaux.com. *Preise:* ab € 300 (Nebensaison), ab € 356 (Hochsaison). **LA MAISON BORD'EAUX:** Tel. +33/5-56-440045; www.lamaisonbord-eaux.com. *Preise:* ab € 152. **LE CHAPON FIN:** Tel. +33/5-56-791010; www.chapon-fin.com. *Preise:* Dinner € 70. **LA TUPINA:** Tel. +33/5-56-915637; www.latupina.com. *Preise:* Dinner € 45. **CHÂTEAU CORDEILLAN-BAGES:** Tel. +33/5-56-592424; www.cordeillanbages.com. *Preise:* ab € 211; Dinner € 93. *Wann:* Mitte Dez.–Mitte Feb.: geschlossen. **CHÂTEAU GRAND BARRAIL:** Tel. +33/5-57-553700; www.grand-barrail.com. *Preise:* ab € 307; Dinner € 60. **LES SOURCES DE CAUDALIE:** Tel. +33/5-57-838383; www.sources-caudalie.com. *Preise:* ab € 222 (Nebensaison), ab € 255 (Hochsaison); Dinner € 85. **REISEZEIT:** Mai–Juni und Sept.–Okt.: schönes Wetter.

Überbordende Märkte, Mittelalterdörfer und die Höhlen von Lascaux

DIE DORDOGNE

Aquitaine, Frankreich

Der Autor Henry Miller beschrieb das üppig grüne *département* der Dordogne als „Land der Verzauberung". Diese hügelige Region ist reich an mittelalterlichen Dörfchen, Marktflecken, gewaltigen *châteaux*, romanischen Kirchen und ruhigen Flüssen; außerdem können Sie hier hervorragende Gänseleber und robuste Rotweine probieren.

Die bedeutsamsten geschichtlichen Zeugnisse der Dordogne zeigen sich unter der Erde in den bemalten prähistorischen Höhlen, besonders denen von Lascaux. Sie sind der weltweit außergewöhnlichste Schatz vorgeschichtlicher Höhlenmalereien, vor etwa 17.000 Jahren von steinzeitlichen Künstlern angefertigt, 1940 entdeckt und seither auch „die Sixtinische Kapelle des Périgord" genannt. Obwohl die Höhlen 1963 für Publikum geschlossen wurden, können Sie das 180 m entfernte Lascaux II besuchen, einen akkuraten Nachbau. Erstaunliche Zeichnungen von Bisons, Pferden, Ebern und Stieren wurden sorgfältig mit den gleichen Pigmenten kopiert, die auch schon dem Cro-Magnon-Mann zur Verfügung standen. Mehr als 18.000 Urzeitartefakte werden im Nationalen Prähistorischen Museum in Les Eyzies-de-Tayac-Sireuil im Tal der Vézère gezeigt. Besuchen Sie die nicht weit entfernte Font-de-Gaume-Höhle mit paläolithischer Kunst, die der von Lascaux gleicht, oder auch Combarelles und Rouffignac mit ihren Bison- und Mammutfiguren.

Ein Liebling unter den hübschen, hier und da verstreuten Städten und ummauerten Dörfern ist Sarlat-la-Canéda, Hauptstadt des Périgord Noir und eine der besterhaltenen mittelalterlichen Städte Frankreichs. Die Märkte quellen über vor lauter saisonalen Delikatessen wie Trüffeln, Cèpe-Pilzen, Gänseleber und Gläsern mit Enten-Confit. Atmen Sie den Charme des Hotels Moulin de l'Abbaye am Fluss im hübschen Marktstädtchen Brantôme nördlich von Périgueux oder fahren Sie nach Süden und schlemmen Sie köstliches regionales Essen unter Linden im Hotel Le Vieux Logis in Trémolat, ein früheres Tabak-Lagerhaus, dessen Restaurant als das beste der Dordogne gilt.

Hinter der Grenze der Dordogne liegt Rocamadour, ein Pilgerstädtchen auf einer Klippe. Schließen Sie sich den Massen an und erklimmen Sie die 216 Stufen zu den 7 mittelalterlichen Kapellen. Die wichtigste ist Notre Dame, bekannt als Schrein der Schwarzen Madonna.

Wo: Lascaux liegt 432 km südwestl. von Paris. **Info:** www.tourismelascaux.com. **Wie:** Das amerikanische Unternehmen American Museum of Natural History Expeditions bietet Dordogne-Touren an, inklusive Lascaux II und anderer Höhlen. Tel. +1/212-769-5700; www.amnhexpeditions.org. *Preise:* 9-tägige Tour ab € 4663, inklusive. Startet in Bordeaux. *Wann:* Mai und Sept. **Moulin de l'Abbaye:** Tel. +33/5-53 058022; www.moulinabbaye.com. *Preise:* ab € 163 (Nebensaison), ab € 260 (Hochsaison). *Wann:* Mitte Nov.–Anf. Apr.: geschlossen. **Le Vieux Logis:** Tel. +33/5-53-228006; www.vieux-logis.com. *Preise:* ab € 200; Dinner € 55. **Reisezeit:** In Sarlat: Aug.: Musikfestival; Mi. und Sa. morgens: Markt; Fr. Abend im Juli und Aug.: Nachtmarkt; Sa. von Mitte Nov. bis Mitte März: Trüffel- und Gänselebermarkt; Mitte Jan.: Trüffelfest.

Der ländliche Geburtsort der „leichten Küche"

Les Prés d'Eugénie

Aquitaine, Frankreich

Das winzige, abgelegene Dorf Eugénie-les-Bains liegt mitten im Bauernland in der südwestlichen Ecke Frankreichs nahe Biarritz (s. S. 62). Es bekam seinen Namen zu Ehren der modischen Kaiserin Eugénie, Gemahlin Napoleons III. Im späten 18. Jh. verbrachte sie hier jeden Sommer einige Wochen, denn sie liebte das ländliche Gepräge und die uralten Thermalquellen. Die Zeit und der Tourismus gingen an dem Dörfchen lange vorbei, bis es 1973 wieder zum Leben erweckt wurde – durch die Ankunft des Meisterkochs Michel Guérard und seiner Frau Christine. Sie verwandelten einen 6 ha großen Bauernhof mitten im Dorf in Les Prés d'Eugénie, einen luxuriösen Wellness- und Gastrotempel, basierend auf Guérards berühmter *cuisine minceur*, der „leichten Küche", die zur Nouvelle-Cuisine-Revolution beitrug. 1- oder mehrtägige Aufenthalte umfassen Kuren zur Gewichtsabnahme oder zur Behandlung schmerzender Knochen, während man köstliche, aber kalorienbewusste Speisen zu sich nimmt. Gäste der Kategorie „Kalorien sind mir heute egal" können sich auch für Guérards üppigeres Feinschmeckermenü entscheiden.

Eugénie-les-Bains gehört fast ausschließlich zum penibel geführten Guérard-Machtbereich: Es gibt 2 Spas (das ursprüngliche plus das neue, luxuriöse La Ferme Thermale), 3 Restaurants und 5 charmante Hotels von kultiviert (das opulente Les Prés d'Eugénie Hôtel) bis rustikal (das einfachere Maison Rose im Landhausstil). Gäste können von Eugénie-les-Bains aus das unberührte Waldland erkunden, z. B. die nahe Bergstadt Pau, Geburtsstadt Heinrichs IV., oder (im Rahmen einer geführten Tour) im Süden das schöne Pyrenäen- und Baskenland. Aber die meisten möchten gar nicht weg aus diesem beschaulichen Dorf, das schon eine Kaiserin und ihren Zirkel verzauberte.

Wo: 140 km südl. von Bordeaux. Tel. +33/5-58-050607; www.michelguerard.com. *Preise:* Les Prés d'Eugénie Hotel ab € 326 (Nebensaison), ab € 381 (Hochsaison); La Maison Rose ab € 148 (Nebensaison), ab € 211 (Hochsaison); Dinner im La Ferme aux Grives € 66, Feinschmeckermenü € 166. **Reisezeit:** Apr.–Juni und Sept.–Okt.: schönes Wetter.

Seebäder, Austern und mittelalterliche Befestigungen

Die Smaragdküste der Bretagne

Bretagne, Frankreich

Die zerklüftete Smaragdküste der Nordbretagne hat ihren Namen von der grün-blauen Farbe des Meeres und einer spektakulären Szenerie, die so wertvoll ist wie ein Juwel – mit Mooren, steilen Klippen, geschwungenen Sandstränden, Sturmfluten und eleganten Seebädern. Die 5000 Jahre alten Megalithen im Binnenland bezeugen die uralten Wurzeln der Region, in der auch die Kelten siedelten.

Eine der besterhaltenen und schmucksten Städte der Bretagne ist das mittelalterliche Dinan. Spazieren Sie durch die Straßen oder, falls Sie im Juli eines geraden Jahres dort sind, machen Sie mit beim größten Mittelalterfest Europas, der Fête des Ramparts. Eine kurze Autofahrt nach Norden bringt Sie nach Dinard ins elegante Seebad der Belle-Époque. Es liegt an einem Steilhang am Fluss Rance, und in den 1920er-Jahren badeten hier britische Adlige, Künstler wie Picasso und die Elite aus Hollywood. In einer der vielen viktorianischen Villen befindet sich das Grand Hotel Barrière. 1858 im auffälligen Stil des Zweiten Kaiserreichs gebaut, besticht es durch ausgefallenes Interieur und Ausblicke auf die Befestigungen von St-Malo am anderen Rance-Ufer.

Die Hafenstadt St-Malo war vom 16. bis 18. Jh. Hauptort der Matrosen, Piraten und Entdecker. 1944 wurde sie von den zurückweichenden Deutschen in Brand gesteckt, aber später nach Originalplänen fast ganz wieder aufgebaut. In der Stadtfestung gibt es ein Museum zu Ehren des Einheimischen Jacques Cartier, der im 16. Jh. an der französischen Übernahme Quebecs beteiligt war (s. S. 944). Freuen Sie sich auf einen gemütlichen Rückzugsort von den sommerlichen Touristenmassen im Hotel Elizabeth, wo das Frühstück unter alten Holzbalken serviert wird.

Östlich von St-Malo liegt Cancale, ein pittoreskes Fischerdorf, das als „Austernhauptstadt der Bretagne" bekannt ist. Genehmigen Sie sich ein paar, geknackt von Fischhändlern in blauen Schürzen an den Holzbuden des *marché aux huitres*, des Austernmarkts. Ein ganzes Austern-Dinner verspeisen Sie im Le Coquillage, dem Restaurant des eleganten Hotels Château Richeux in einer restaurierten 1920er-Jahre-Villa im nahen Le Buot. Schlürfen Sie ein gekühltes Glas Muscadet und genießen Sie die Aussicht auf die Bucht von Mont St-Michel mit der erhabenen gotischen Benediktinerabtei (s. S. 72).

Wo: Die Smaragdküste erstreckt sich von St-Brieuc nach Cancale, etwa 400 km nördl. von Paris. **Grand Hotel Barrière:** Tel. +33/2-99-882626; www.lucienbarriere.com. *Preise:* ab € 148. *Wann:* Dez.–Feb.: geschlossen. **Hotel Elizabeth:** Tel. +33/2-99-562498; www.st-malo-hotelelizabeth.com. *Preise:* ab € 81. **Château Richeux:** Tel. +33/2-99-896476; www.maisonsde-bricourt.com. *Preise:* ab € 174; Dinner € 55. **Reisezeit:** Apr.–Juni; Sept.–Okt.: schönes Wetter, weniger Touristen; Juli in geraden Jahren: Fête des Ramparts in Dinan; Mitte Aug.: Frankreichs bestes Rockfestival, La Route du Rock, in St-Malo; Okt.: British Film Festival in Dinard.

Austern sind hier alles: Cancale, die Meeresfrüchte-Metropole der Bretagne.

Gleich mehrere Inselschönheiten

BELLE-ÎLE, ÎLE DE RÉ UND ÎLE DE PORQUEROLLES

Bretagne, Poitou-Charentes und Provence-Alpes-Côte d'Azur, Frankreich

Frankreich hat so viele Küsten, aber nur eine Handvoll Inseln. Besonders diese 3 eignen sich wunderbar, um zu relaxen und sich dem dortigen Lebensstil anzupassen, gerade außerhalb der Reisesaison. Die gediegene, aber entspannte Belle-Île-en-Mer vor der bretonischen Küste bei Quiberon hat schroffe Küsten, Sandstrände, Moorlandschaften mit keltischen Menhiren und einsame, ungeteerte Straßen zum Radfahren. Schmucke pastellfarbene Häuser säumen den Hafen von Sauzon an der Nordspitze, und das ruhige Hotel La Désirade liegt an den markanten Klippen, die Claude Monet einst malte.

Weiter südlich vor La Rochelle liegt die vornehme Île de Ré, deren Einwohner ihr Geld mit Austern, Salz und Wein verdienen. Im August suchen hier vor allem gut betuchte Pariser Entspannung, und die Einwohnerzahl verzwölffacht sich. Radeln Sie über die flache, 30 km lange Insel, vorbei an weißgetünchten Häusern mit grünen Fensterläden und an Buden, die über Piniennadelfeuer gegarte Muscheln verkaufen. Oder erklimmen Sie den Phare des Baleines („Wal-Leuchtturm"), um den wilden Conche des Baleines, einen Sandstrand an der Nordküste, von oben zu sehen. Meerwasser und Reizklima machen die Insel zum idealen Zentrum für Thalasso-Therapie; das beste Spa ist im Le Richelieu, einem der gehobenen Hotels, auch für sein exzellentes Restaurant bekannt. Das Hotel de Toiras ist ein klassisches Gebäude aus dem 17. Jh. mit Blick auf den Hafen St-Martin-de-Ré. Für mehr Strandfeeling sollten Sie das einfache, aber moderne Hotel L'Océan ausprobieren.

Wer die 7,5 km lange autofreie Île de Porquerolles im Mittelmeer bei Toulon besucht, reist in die Vergangenheit: Die wilde subtropische Küste, die Wälder und die von Heidekraut, wohlriechenden Myrten und Pinien gesäumten Strände lassen vermuten, wie die französische Riviera (s S. 94) vor 100 Jahren ausgesehen hat. Weil dort nur 400 Menschen leben, ist die Zahl der Hotelbetten begrenzt, aber das im antiken provenzalischen Stil eingerichtete Mas du Langoustier ist eine gute Wahl. Genießen Sie ein gediegenes Dinner auf der Terrasse, begleitet von einem Glas Rosé und einer wunderschönen Aussicht.

Wo: Belle-Île liegt 162 km westl. von Nantes, die Île de Ré 475 km südwestl. von Paris, die Île de Porquerolles 39 km südöstl. von Toulon. **HOTEL LA DÉSIRADE:** Tel. +33/2-97-317070; www.hotella-desirade.com. *Preise:* ab € 144 (Nebensaison), ab € 185 (Hochsaison). **LE RICHELIEU:** Tel. +33/5-46-096070; www.hotel-le-richelieu.com. *Preise:* ab € 126 (Nebensaison), ab € 222 (Hochsaison). **HÔTEL DE TOIRAS:** Tel. +33/5-46-354032; www.hotel-de-toiras.com. *Preise:* ab € 144 (Nebensaison), ab € 300 (Hochsaison). **HÔTEL L'OCÉAN:** Tel. +33/5-46-092307; www.re-hotel-ocean.com. *Preise:* ab € 81. **HÔTEL MAS DU LANGOUSTIER:** Tel. +33/4-94-583009; www.langoustier.com. *Preise:* ab € 203. **REISEZEIT:** Mai–Okt.: bestes Wetter; Ende Juli–Aug.: Opernfestspiele auf der Belle-Île, die größten in Westfrankreich.

Weltberühmte Weingegend mit viel Geschichte

BURGUND

Frankreich

Chassagne-Montrachet, Meursault, Pommard: Aus Burgund kommen einige der besten Weine der Welt. Die idyllische Region steuerte mit Gerichten wie *escargots* (Schnecken) und *boeuf bourguignon* (Burgunder-Rindfleisch) auch viel zur klassischen französischen Küche bei. Nirgendwo sonst in Frankreich gibt es mehr alte romanische Klöster, denn nach der Französischen Revolution wurden kircheneigene Besitztümer aufgeteilt, und Burgund machte daraus mehr als 4500 kleine, meist familiengeführte Weingüter.

Einige der besten liegen entlang der 60 km langen Ausflugsstraße Route des Grands Crus, die von Dijon nach Santenay führt, darunter Côte de Nuits und Côte de Beaune (andere sind Chablis, Côte de Chalonnais, Côte Maçonnais und weiter südlich Beaujolais). Melden Sie sich im Voraus zu Weingut-Besichtigungen an, z. B. in den berühmten Dörfern Puligny-Montrachet, Vosne-Romanée oder Aloxe-Corton, denn nicht alle sind für Publikum geöffnet.

Dijon, Hauptstadt Burgunds und auch die einzige „richtige" Stadt, wurde einst von Herzögen regiert, die mächtiger als Könige waren. Es bewahrte sich Überreste dieser mittelalterlichen Macht in Form von schönen Fachwerkhäusern. Weiter südlich, im hübschen, 2000 Jahre alten Beaune, entstand eine lebhafte Restaurantszene: Wählen Sie aus mehr als 500 Weinen im modern-eleganten Bistro de l'Hôtel im L'Hôtel de Beaune, oder kosten Sie traditionelle burgundische Spezialitäten im Ma Cuisine, seit Langem beliebt bei den Profis der Weinindustrie. Die Zimmer im schicken Hôtel le Cep sind voller antiker Möbel und nach lokalen Grand-Cru-Weinen benannt.

Das Dorf Saulieu außerhalb von Beaune trug dazu bei, die französische Küche bekannt zu machen – dank des verstorbenen großen Kochs Bernard Loiseau. In seinem Geiste wird im Relais Bernard Loiseau weitergekocht – gesunde *cuisine légère* aus regionalen Zutaten, mit wenig Sahne und Butter.

Im nahen Vézelay, auf einem Hügel mit viel Weitblick, steht die Basilique Ste-Madeleine aus dem 11. Jh., ein Meisterwerk aus Licht und Raum. Am Fuße Vézelays, in St-Père-sous-Vézelay, liegt das Restaurant L'Espérance, wo der angesehene Koch Marc Meneau und seine Frau Françoise ländliche Selbstverständlichkeit mit müheloser Eleganz kombinieren. Genießen Sie die friedliche Umgebung im nahen Château de Vault-de-Lugny aus dem 15. Jh.

Unter Hunderten von romanischen Kirchen und Abteien in Burgund ist die 1118 vom hl. Bernhard gegründete Abbaye de Fontenay bei Montbard die besterhaltene. Die Abtei im nahen Cluny, 812 erbaut und einst das größte christliche Gebäude der Welt, wurde im Zuge der

Die restaurierten Fachwerkhäuser im historischen, fußgängerfreundlichen Herzen Dijons stammen aus dem 12.–15. Jh.

Französischen Revolution zerstört, nur Reste sind erhalten. Übernachten Sie im exquisit restaurierten Abbaye de la Bussière aus dem 12. Jh. bei inspirierender Aussicht und besinnlicher Atmosphäre. **Wo:** Dijon liegt 264 km südöstl. von Paris. MA CUISINE: Tel. +33/3-80- 223022. *Preise:* Dinner € 33. HÔTEL LE CEP: Tel. +33/3-80-223548; www.hotel-cep-beaune.com/de. *Preise:* ab € 185. RELAIS UND BISTRO BERNARD LOISEAU: Tel. +33/3-80-905353; www.bernardloiseau.com. *Preise:* ab € 155 (Nebensaison), ab € 270 (Hochsaison); Dinner € 152. L'ESPÉRANCE: Tel. +33/3-86-333910. *Preise:* Dinner € 137. CHÂTEAU DE VAULT-DELUGNY: Tel. +33/3-86-340786; www.lugny.fr. *Preise:* ab € 252. *Wann:* Mitte Nov.–März: geschlossen. ABBAYE DE LA BUSSIÈRE: Tel. +33/3-80-490229; www.abbaye-dela-bussiere.com. *Preise:* ab € 193 (Nebensaison), ab € 241 (Hochsaison). **REISEZEIT:** Mai–Okt.: bestes Wetter; Ende Sept.: Weinlese; Mitte–Ende Nov.: Weinfest in Beaune; Nov.: Gastronomiemesse in Dijon.

Kathedralen und perlender Wein

DIE CHAMPAGNE

Champagne-Ardennes, Frankreich

Schaumwein kann von überallher stammen, aber Champagner mit einem großen C kommt ausschließlich aus der Champagne, einer Region mit 30.000 ha Weinreben, aus denen jedes Jahr mehr als 200 Mio. Flaschen des begehrten Champagners gemacht werden. Zentrum der hügeligen Landschaft und der kalkreichen Ebenen ist Reims mit seiner eindrucksvollen Cathédrale Notre Dame, einem Meisterstück gotischer Baukunst, in dem seit 815 ein Jahrtausend lang alle französischen Könige gekrönt wurden. Besucher bewundern den reichen Skulpturenschmuck der Fassade und die wunderschönen Kirchenfenster von Marc Chagall.

Weinliebhaber zieht es in den Untergrund, in die kilometerlangen Weinstollen, einst von den Römern gegraben, um Kalkstein zum Bauen zu gewinnen. In den 2 Weltkriegen wurden sie als Krankenlager, Schulen und Luftschutzbunker genutzt. In Épernay werden Weltmarken wie Moët et Chandon, Taittinger, Mumm und Veuve Clicquot Ponsardin abgefüllt (in Reims ist es Pommery). 60 Sorten Wein werden dafür verschnitten und dann dem doppelten Gärprozess zugeführt, aus dem Champagner entsteht. Dafür müssen die Flaschen 15 Monate lang täglich geschüttelt und gedreht werden, um die Hefe zu lösen.

Die berühmtesten der mehr als 100 hier ansässigen Champagnerhäuser bieten geführte Touren und Kostproben an. Fahren oder radeln Sie entlang der Route du Champagne durch Weinberge und weinproduzierende Dörfer wie Bouzy, Verzy und Rilly-la-Montagne. Wer weitere gotische Kathedralen sehen möchte, macht einen Abstecher in die Picardie nach Amiens, Loan oder Soissons.

Der ultimative Champagne-Luxus erfordert einen Aufenthalt im Hotel Les Crayères (benannt nach den Kalkstollen), direkt bei Reims auf dem ehemaligen Anwesen der Princesse de Polignac gelegen und eines der besten Château-Hotels in Nordfrankreich. Freuen Sie sich auf hohe Decken, Luxusmöbel und makellose Gärten, und besonders auf das Gourmetrestaurant Le Parc, wo Sie unter der Leitung des talentierten jungen Kochs Philippe Mille exquisit speisen können, natürlich mit einer schwindelerregenden Auswahl an Champagner. Oder essen Sie zu Mittag in der weniger förmlichen Brasserie Le Jardin im reizvollen Garten des Châteaus. **Wo:** Reims liegt 145 km östl. von Paris. **Info:** www.reims-tourisme.com. **Les Crayères:** Tel. +33/3-26-828080; www.lescrayeres.com. *Preise:* ab € 363 (Nebensaison), ab € 400 (Hochsaison); Dinner im Le Parc € 104; Mittagessen im Le Jardin € 30. **Reisezeit:** Mai–Okt.: bestes Wetter; Ende Juni–Anf. Aug.: Festival *Les Flâneries Musicales* in Reims; Ende Juli: Route du Champagne Festival, bei dem viele Stollen für Besucher geöffnet werden.

Weinberge, Landküche und Fachwerkhäuser

Strassburg und die Elsässer Weinstrasse

Elsass, Frankreich

Das prächtige Straßburger Münster ist bekannt für seine Fenster und den asymmetrisch gesetzten hohen Turm und dominiert den zentralen Münsterplatz dieser pittoresken Stadt. Hier liegen Fachwerkhäuser und Kanäle gleich neben den Sitzen des Europäischen Parlaments und des Europarats. Bewundern Sie das Münster vom kunstvoll verzierten Restaurant Maison Kammerzell aus, einem der besterhaltenen mittelalterlichen Häuser Europas, und essen Sie dort köstliches *choucroute alsacienne*: Sauerkraut mit Wurst, Speck und Kartoffeln. Auch die Moderne gibt es in der Stadt: Das schnittige, sehr diskrete Hôtel Régent Petite France steht in der historischen Altstadt und wird gern von Präsidenten und VIP-Besuchern frequentiert.

Das Elsass gehörte jahrhundertelang mal zu Frankreich, mal zu Deutschland; zum letzten Mal wechselte es während des Zweiten Weltkrieges. Ein wenig deutsche Atmosphäre spürt man noch entlang der Route du Vin d'Alsace (Elsässer Weinstraße), die durch eine der besten Weißwein- (und Dessertwein-)Regionen Frankreichs führt, mit 50 Grand-Cru-Weingebieten. Von hier kommen Riesling und Gewürztraminer sowie Sylvaner, Muskateller und der perlende Crémant d'Alsace. Die 170 km lange Route führt von Straßburg nach Thann, südwestlich von Colmar, mit den Vogesen im Westen und der Rheinebene im Osten. Sie windet sich vorbei an malerischen Ruinen und durch bezaubernde mittelalterliche Städte, wo gesellige *winstubs* lokale Weine, *choucroute* und köstliche Gänseleberpastete auftischen und die viele für die beste der Welt halten.

Unter den 119 malerischen Weindörfern ist Riquewihr (Reichenweier) das Juwel, mit Fachwerkhäusern und Weinpressen in den Innenhöfen. Das benachbarte Kaysersberg ist ebenfalls sehr hübsch, und im befestigten Turckheim stehen einige der besterhaltenen mittelalterlichen Häuser Frankreichs. Einen fantastischen Ausblick auf die elsässischen Ebenen haben Sie von der Haut-Kœnigsburg aus dem 12. Jh. Weinstraßen-Feinschmecker lieben das elegante Auberge de l'Ill in Illhaeusern, idyllisch am Fluss gelegen. Ein weiterer Star ist das über uralten Weinkellern gebaute Château d'Isenbourg auf dem Hügel in Rouffach, mit einer eindrucksvollen elsässischen Weinauswahl und regionaler Küche. Ein Gasthof mit dem Charme des 16. Jh. ist die Hostellerie Le Maréchal im Viertel „Klein Venedig" in Colmar, der attraktiven Hauptstadt der Weinstraßenregion. Hier finden Sie in einem Konvent aus dem 13. Jh. das beliebte Musée d'Unterlinden, das Meisterwerke wie den Isenheimer Altar von Matthias Grünewald (16. Jh.) präsentiert. **Wo:** 492 km östl. von Paris. **Maison Kammerzell:** Tel. +33/3-88-324214; www.

Hunawihr, eines von vielen kleinen Dörfern entlang der Weinstraße, liegt mitten in den Weinbergen und hat eine jahrhundertealte Kirche.

maison-kammerzell.com. *Preise:* Dinner € 37. **Régent Petite France:** Tel. +33/3-88-764343; www.regent-petite-france.com. *Preise:* ab € 163. **Weinstrasse:** www.vinsalsace.com. **Auberge de l'Ill:** Tel. +33/3-89-718900; www.auberge-de-l-ill.com. *Preise:* Dinner € 126. **Château d'Isenbourg:** Tel. +33/3-89-785850; www.chateaudisenbourg.com. *Preise:* ab € 148. **Hostellerie le Maréchal:** Tel. +33/3-89-416032; www.hotel-le-marechal.com. *Preise:* ab € 110; Dinner € 52. **Musée d'Unterlinden:** Tel. +33/3-89-201550; www.musee-unterlinden.com. **Reisezeit:** Apr.–Nov. für die Weinstraße; Juni und Juli: Festival International de Musique in Straßburg; Juli: Internationales Musikfest in Colmar; Sept.–Okt.: Weinlese; Ende Nov.–Dez.: Straßburger Weihnachtsmarkt, Frankreichs größter.

Wo die Befreiung Europas begann

Die D-Day-Strände der Normandie

Haute-Normandie, Frankreich

Am 6. Juni 1944 begannen die alliierten Truppen mit der Operation Overlord, der größten vom Meer aus durchgeführten Invasion der Geschichte. Mehr als 6900 Schiffe und Landungsboote und fast 11.600 Flugzeuge starteten an der britischen Küste, um die rauen Wellen des Ärmelkanals zu durchqueren. Ziel: die Küste der Normandie im von den Deutschen besetzten Nordfrankreich. Obwohl die Nationalsozialisten erfolgreich überrascht wurden, war die Schlacht lang und blutig, und an den Stränden mit den Codenamen Omaha, Utah, Gold, Juno und Sword kamen allein am ersten Tag fast 4500 alliierte Soldaten um. Insgesamt starben auf beiden Seiten mehr als 400.000 Soldaten bei der Aktion, die bis Ende August dauerte und den erfolgreichen Marsch der Alliierten durch Europa in Gang setzte, der dazu beitrug, das Dritte Reich schließlich zum Ende zu bringen.

Ein altes deutsches Geschütz in Longues-sur-Mer gemahnt an den D-Day.

Die Zeit hat viele Kriegswunden von dieser stillen Küste fortgewaschen, aber manches ist noch sichtbar, so die langen Reihen schlichter weißer Kreuze und Davidsterne, die letzte Ruhestätte von 9387 Soldaten auf dem amerikanischen Friedhof in Colleville-sur-Mer. Fast 5000 britische, kanadische, australische und südafrikanische Soldaten liegen auf dem britischen Friedhof in Bayeux. Nahe der Stadt Néville-sur-Mer stehen hoch über dem Strand noch deutsche Bunkerruinen, und in Arromanches, direkt am Gold Beach, liegen die Überreste des schwimmenden Mulberry Harbor, eines künstlichen Hafens, der für die Anlieferung von Gütern und Fahrzeugen während der Invasion gebaut wurde.

Mehrere Museen beschäftigen sich mit der D-Day-Invasion; die wichtigsten sind das Musée du Débarquement in Arromanches und das bewegende und informative Mémorial de Caen, Zentrum für Geschichte und Frieden, etwa 48 km südlich. Hier bekommen Sie einen guten Überblick über die Invasion – in einer Stadt, die zu 80 % von deutschen Bomben zerstört wurde. **Wo:** 274–298 km nordwestl. von Paris. **Info:** www.normandie-tourisme.fr oder www.normandiememoire.com. **Musée du Débarquement:** Tel. +33/2-31-223431; www.musee-arromanches.fr. **Mémorial de Caen:** Tel. +33/2-31-060645; www.memorial-caen.fr. **Reisezeit:** Mai–Juni und Sept.–Okt.: schönes Wetter und wenige Touristen; 6. Juni: Gedenkzeremonien.

Ein Wunderwerk der Gotik, den Gezeiten ausgesetzt

Mont St-Michel

Haute-Normandie, Frankreich

Das ummauerte Inseldorf Mont St-Michel zählt zu den Wundern der westlichen Welt. Es zieht jedes Jahr 3 Mio. Besucher an – mehr hat in Frankreich nur der Eiffelturm. Die uralte Abtei und das Städtchen rundherum, auf dem Gipfel eines Granitfelsens, der vom flachen Meeresboden aufragt, sind ein Wunderwerk der Technik und des schieren Wagemutes.

Auf der Insel stand ursprünglich nur eine kleine, 708 erbaute Kapelle, nachdem einem Bischof dort der hl. Michael erschienen war. Über mehrere Jahrhunderte wurde das Ganze zu einem Komplex aus Kirchen, Benediktinerklöstern, Befestigungen und einem Dorf. Es war Pilgerstätte und uneinnehmbare Festung und ist heute ein großartiges Beispiel für französische Mittelalterarchitektur.

Viel wird über die Gezeiten gesprochen, den höchsten Tidenhub in Europa: Die Flut kann schnell 13 m hoch hereinbrechen und genauso schnell wieder abfließen. Viele mittelalterliche Pilger verloren auf dem Fußweg durch die Bucht ihr Leben im gefährlichen Treibsand; 1879 wurde schließlich ein 800 m langer Damm gebaut. Über die Jahre hat der angestaute Schlick Mont St-Michel mit dem Festland verbunden; ein neuer Damm und eine erhöhte Brücke sollen nun den alten Damm ersetzen, die Gezeiten wieder natürlich zirkulieren lassen und so das Monument bis 2015 wieder zu einer echten Insel machen.

Vermeiden Sie die Touristenmassen und genießen Sie die stille Magie des leeren Mont St-Michel am späten Abend bei einem Essen oder einer Übernachtung im La Mère Poulard. Hier übernachten Pilger und Touristen seit 1888 und schlemmen die souffléähnlichen Omeletts. Im rustikalen Ferme Saint-Michel auf dem Festland serviert man normannische Spezialitäten – Meeresfrüchte, Camembert, Calvados – zum Panorama des nächtlich angestrahlten Mont St-Michel.

Wo: 322 km nordwestl. von Paris, 48 km östl. von St-Malo. **La Mère Poulard:** Tel.

+33/2-33-896868; www.merepoulard.com. Preise: ab € 163; Dinner € 55. LA FERME SAINT-MICHEL: Tel. +33/2-33-584679; www.restaurant-ferme-saint-michel.com. Preise: Dinner € 28. REISEZEIT: Mai–Juni und Sept.–Okt.: schönes Wetter, weniger Touristen; Nov.–Feb.: spektakuläre, düstere Wetterstimmungen und Fast-Einsamkeit auf der Insel.

Von Giverny nach Rouen und Honfleur

DIE NORMANDIE DER IMPRESSIONISTEN

Haute-Normandie, Frankreich

In den 1860er-Jahren fuhren junge Künstler wie Claude Monet, Alfred Sisley, Auguste Renoir und Camille Pissarro auf den neuen Bahnlinien von Paris aus nach Norden. Ziel waren die hübschen Städte und unvergleichlichen Küsten der Normandie. Die Impressionisten, benannt nach Monets frühem Bild *Impression, Soleil Levant* („Impression, Sonnenaufgang"), strebten danach, die Schönheit und das changierende Licht dieser Landschaft *en plein air* („unter freiem Himmel") festzuhalten, und ihre radikalen Werke beeinflussten entscheidend die Kunst des 19. und 20. Jh.

Eine Impressionisten-Pilgerfahrt in die Normandie sollte in Giverny losgehen, am Haus von Claude Monet. Hier wohnte er von 1883 bis zu seinem Tod 1926 und hielt die Schönheit seines Gartens in vielen Gemälden fest, z. B. den berühmten Seerosenbildern. Sie können sein Haus durchstreifen, heute ein Museum, und die immer noch bezaubernden Seerosenteiche anschauen. Werke anderer Künstler werden im neuen Musée des Impressionnismes ausgestellt.

Das nahe Rouen ist heute eine geschäftige Hafenstadt. Die Fassade seiner Kathedrale inspirierte Monet zu mehr als 30 Gemälden. Einige davon hängen im Kunstmuseum der Stadt, zusammen mit Werken von Picasso, Renoir und Sisley, die sich auch alle hier aufhielten.

Obwohl die hübsche Hafenstadt Honfleur, wo die Seine auf das Meer trifft, schon lange vor den Impressionisten die Künstler anzog, wurde sie in den 1860er-Jahren zur Basis der aufstrebenden Bewegung. Monet, Boudin, Courbet, Corot, Sisley und Renoir pflegten am Hof St-Siméon die Seine und die Umgebung zu malen; einige diese Bilder, Vorläufer des Impressionismus, werden im Eugène-Boudin-Museum in Honfleur gezeigt. Heute ist La Ferme St-Siméon ein rustikales, aber elegantes Hotel mit Spa. Im Hotelrestaurant gibt es Normandie-Spezialitäten wie Muscheln, Austern und Calvados. Im Zentrum von Honfleur können Sie im romantischen La Petite Folie am pittoresken Hafen absteigen.

Die Impressionisten Degas, Matisse und Courbet fuhren gern von Honfleur aus nach Étretat, um dort die majestätischen weißen Klippen und hohen Felsbögen entlang der sogenannten „Alabasterküste" zu malen oder den Küstensaum La Côte Fleurie zwischen Honfleur und einem Dutzend kleiner Städte und Seebä-

Die Brücke und die Seerosen in Monets Garten in Giverny sind durch seine berühmtesten Gemälde unsterblich geworden.

der. Trouville, das älteste Seebad Frankreichs, hat eine ruhige, familiäre Atmosphäre, während die glamouröse Nachbarin Deauville Kasinos, Rennbahnen, teure Shops und eine schöne Promenade ihr Eigen nennt. Jedes Jahr Anfang September, beim Festival des amerikanischen Films, übernachten Hollywoodstars in den eleganten Hotels Grande Normandy Barrière und Royal Barrière. Mehr lokale Atmosphäre atmen Sie im Hôtel Villa Joséphine, einem Landhaus im Tudorstil am Meer, das im späten 19. Jh. für den Bürgermeister von Deauville gebaut wurde. **Wo:** Giverny liegt 80 km nordwestl. von Paris. CLAUDE MONETS HAUS: Tel. +33/2-32-512821; www.giverny.org. MUSÉE DES IMPRESSIONNISMES: Tel. +33/2-32-519465; www.museedesimpressionnismesgiverny.com. *Wann:* Nov.–März: geschlossen. MUSÉE DES BEAUX-ARTS DE ROUEN: Tel. +33/2-35-712840; www.rouen-musees.com. LA FERME ST-SIMÉON: Tel. +33/2-31-817800; www.fermesaintsimeon.fr. *Preise:* ab € 193; Festpreis-Dinner € 148. LA PETITE FOLIE: Tel. +33/6-74-394646; www.lapetitefolie-honfleur.com. *Preise:* € 148. HÔTEL VILLA JOSÉPHINE: Tel. +33/2-31-141800; www.villajosephine.fr. *Preise:* ab € 126. REISEZEIT: Giverny: Mai–Aug.: Blumen in Monets Garten; Ende Aug.: Kammermusikfestival. In Rouen letzter So. im Mai: Jeanne d'Arc Festival. In Honfleur im Mai: Fest der Seeleute; Mitte Sept.: Garnelenfestival. In Deauville Anf. Sept.: Festival des amerikanischen Films.

Ein Juwel der französischen Alpen

DER LAC D'ANNECY

Haute-Savoie, Frankreich

Am Nordufer des makellosen Lac d'Annecy liegt das pittoreske Alpenstädtchen Annecy, ein unverbauter Mittelalter- und Renaissanceschatz in einer Gegend, die den Maler Paul Cézanne zu dem Ausruf „Was für eine superbe Spur in die Vergangenheit!" veranlasste.

Heute heißt die liebevoll erhaltene Stadt Touristen willkommen, die sich das „Venedig der Alpen" anschauen wollen. In der Ferne sieht man schneebedeckte Berge und Wälder; in der Stadt spiegeln sich schöne Kirchen, blumengeschmückte Stadthäuser und die Bögen der Fußgängerbrücken in den kristallklaren Kanälen, die vom Fluss Thiou gespeist werden. Bummeln Sie durch Vieille Ville, die Altstadt, mit ihren Fachwerkhäusern, Restaurants und Shops, und besuchen Sie den wuchtigen Palais de l'Isle, die Festung aus dem 12. Jh. in der Mitte des Kanals. Dieses Symbol Annecys diente einst als Münzprägeanstalt, Gerichtshof und Gefängnis. Das nahe, moderne Hotel du Palais de l'Isle liegt nur einige Schritte vom Kanal entfernt.

Der 27 km² große See von Annecy ist ideal zum Windsurfen, Kajakfahren und Schwimmen. Ein Muss ist eine Bootstour oder Autofahrt entlang den Ufern mit ihren hübschen Städten und Dörfern. Halten Sie am charmanten Hafen Talloires südlich von Annecy, wo sich ein Stern der französischen Gastronomie befindet, das Auberge du Père Bise, ein Hotel-Restaurant im Art-déco-Stil in einem Chalet von 1901. Es ist seit Generationen im Besitz einer Familie und wird heute von Sophie Bise geführt, einer der renommiertesten Köchinnen Frankreichs. Das nahe Hotel de l'Abbaye de Talloires, einst eine Benediktinerabtei, empfängt Gäste seit der Französischen Revolution und ist im Empirestil mit üppigen Wandteppichen und hohen Balkondecken eingerichtet.

Wo: 34 km westl. von Genf. **Hotel du Palais:** Tel. +33/4-50-458687. www.palaisannecy.com. *Preise:* ab € 110. **Père Bise:** Tel. +33/4-50-607201; www.perebise.com. *Preise:* ab € 277; Dinner € 120. *Wann:* Mitte Feb.–Mitte Dez. **L'abbaye de Talloires:** Tel. +33/4-50-607733; www.abbaye-talloires.com. *Preise:* ab € 203. **Reisezeit:** letzter Sa. im Monat: Antikmarkt; Anf. Aug.: Feuerwerk über dem See; Mitte Aug.: Festival klassischer Musik.

„Wenn du das Glück hattest, als junger Mensch in Paris zu leben, dann trägst du die Stadt den Rest deines Lebens in dir, wohin du auch gehen magst, denn Paris ist ein Fest fürs Leben." – Ernest Hemingway

Paris

Île-de-France, Frankreich

Es ist unmöglich, objektiv zu sein, wenn es um Paris geht – die wahrscheinlich schönste und romantischste Stadt der Welt. Die Architektur, die gepflegten Parks, die Brücken über die Seine, das Caféleben und das *joie de vivre* seiner *soigné* Einwohner machen die Stadt der Lichter zu einem eleganten und immer aufregenden Besuchsziel. Schauen Sie sich zuerst die Topsehenswürdigkeiten an, und wandern Sie dann durch die kleineren Straßen, um Ihr eigenes Paris zu entdecken – den Geburtsort von Stil und *savoir vivre*, wo alles voller Magie ist und alles passieren kann.

Hauptattraktionen

Der Arc de Triomphe steht am westlichen Ende der Champs-Élysées.

Arc de Triomphe – Der größte Triumphbogen der Welt (49 m hoch, 45 m breit) wurde 1806 von Napoleon errichtet, um die Siege seiner kaiserlichen Armee zu feiern. Während des Zweiten Weltkriegs marschierten sowohl die deutschen Besatzer als auch die alliierten Befreier hindurch. Hier ist auch das Grab des unbekannten Soldaten. Oben hat der Bogen eine Aussichtsplattform, und eine Multimediaausstellung erlaubt Ihnen, die großartigen Skulpturen und Friese aus der Nähe zu betrachten. **Info:** Tel. +33/1-55-377377; www.monuments-nationaux.fr.

Basilique du Sacré-Cœur – Sacré-Cœur, geplant als Votivgabe nach Frankreichs demütigender Niederlage im Deutsch-Französischen Krieg und dem darauf folgenden Aufstand der Pariser Kommune, wurde zwischen 1876 und 1914 im opulenten romanisch-byzantinischen Stil erbaut. Ein nie endender Gebetszyklus, der bei der Weihe der Basilika 1919 begann, dauert heute noch an. Das Äußere der Kathedrale wirkt in seinem glänzenden Weiß und mit dem 83 m hohen Mittelturm fast wie Zuckerwerk. Innen liegt eines der weltgrößten Mosaike, das Christus mit ausgebreiteten Armen zeigt. Der Blick von der Kuppel ist atemberaubend; an klaren Tagen können Sie fast 30 km weit sehen. **Info:** Tel. +33/1-53-418900; www.sacre-coeur-montmartre.com.

CENTRE GEORGES POMPIDOU – Das Centre Pompidou war 1977 bei der Eröffnung seines Museums für moderne Kunst das frechste aller Museen mit seinen außen liegenden, bunt gestrichenen Rohren und Leitungen. Sein Futurismus wirkt heute ein bisschen gestrig, aber eine Restaurierung Ende der 1990er-Jahre frischte es wieder auf und schuf 4500 m² zusätzliche Ausstellungsfläche, mehrere neue Säle und bessere Restaurants. Unter anderem lohnt das Museum für moderne Kunst, das etwa 1350 Werke aus seiner riesigen Sammlung zeigt. INFO: Tel. +33/1-44-781233; www.centrepompidou.fr.

CIMETIÈRE DU PÈRE-LACHAISE – Der meistbesuchte Friedhof der Welt öffnete seine Türen 1804. Heute bilden seine 69.000 geschmückten Grabsteine eine Art Open-Air-Skulpturenpark. Unter den 800.000 Seelen, die ihn ihr „Zuhause" nennen, sind Chopin, Molière, Proust, Gertrude Stein, Colette, Sarah Bernhardt, Yves Montand, Édith Piaf und Isadora Duncan. Besonders stark frequentiert sind die Gräber von Oscar Wilde und Jim Morrison. INFO: +Tel. 33/1-55-258210; www.pere-lachaise.com.

TOUR EIFFEL – Der Eiffelturm, vermutlich die bekannteste Stahlkonstruktion der Welt, wurde als temporäres Herzstück der Weltausstellung von 1889 errichtet. Der vielgescholtene „Metallspargel" wurde nur deshalb vor dem Abriss bewahrt, weil er (als mit 300 m damals höchstes Gebäude in Europa) als Sendemast nützlich war. Heute ist er das Symbol der Stadt und bietet von seinen Aussichtsplattformen eine bis zu 65 km weite Sicht. Auf der 2. Ebene verleiht Alain Ducasses Restaurant Jules Verne in 115 m Höhe dem Begriff *haute cuisine* eine ganz neue Bedeutung. Sollte Ihr Budget dieser Höhe nicht standhalten, dinieren Sie einfach auf der 1. Ebene im 58 Tour Eiffel. LE JULES VERNE: Tel. +33/1-45-556144; www.lejulesverne-paris.com. *Preise:* Dinner € 140. 58 TOUR EIFFEL: Tel. +33/1-45-552004; www.restaurants-toureiffel.com. *Preise:* Dinner € 33.

L'HÔTEL NATIONALE DES INVALIDES (NAPOLEONS GRAB) – Dieser spektakuläre Komplex wurde im späten 17. Jh. ursprünglich als Krankenhaus und Altenheim für Kriegsveteranen entworfen. Er besteht aus einem riesigen Militärgebäude rund um einen großen Innenhof, ein Zeughaus, das zu Beginn der Französischen Revolution geplündert wurde, und eine Kirche mit barocker, vergoldeter Kuppel. 1840 wurden die sterblichen Überreste Napoleons von der Insel St. Helena, wo er 1821 in der Verbannung gestorben war, in die Kirche umgebettet. Außer seinem Grab können Sie das Musée de l'Armée besichtigen, voller Waffen, Uniformen und Ausrüstung, und das Musée des Plans-Reliefs mit Modellen verschiedener französischer Städte, Festungen und Schlösser. INFO: Tel. +33/8-10-113399; www.invalides.org.

Jedes Jahr am 14. Juli erstrahlt der Turm im Feuerwerk.

DER LOUVRE – Der Louvre, einst größter Palast der Welt, heute eines ihrer größten Kunstmuseen, ist die Heimat der *Mona Lisa*, der armlosen Venus von Milo, der kontroversen Glaspyramide von I. M. Pei und weiterer 400.000 Kunstwerke, von denen 35.000 ständig gezeigt werden. Der Palast erstreckt sich 800 m entlang dem Seine-Nordufer. Zunächst eine mittelalterliche Festung, wurde er zu einer luxuriösen königlichen Residenz erweitert. Zum Museum erklärte man ihn direkt nach der Revolution, und seine Sammlung wurde durch die von Napoleon geraubten Kriegsbeute bedeutend erweitert. Heute sind die Sammlungen in 8

Abteilungen gegliedert, darunter Skulpturen, Gemälde und Antiquitäten. Wer aus dem Museum hinausgeht, taucht direkt in die Tuilerien ein, die 1664 von André Le Nôtre, Architekt der Gärten in Versailles (s. S. 81), geplanten Gärten. Sie bilden eine der schönsten Promenaden von Paris, gespickt mit Statuen und Brunnen, und verbinden den Louvre mit dem Place de la Concorde. INFO: Tel. +33/1-40-205317; www.louvre.fr.

MUSÉE NATIONAL DU MOYEN AGE – Dieses große Haus, im 15. Jh. als repräsentative gotische Residenz für den Abt von Cluny erbaut, beherbergt heute das Mittelaltermuseum, auch Cluny-Museum genannt. Nach der Revolution sammelte Alexandre du Sommerard hier mittelalterliche Wandteppiche, Statuen, Kreuze und Kelche, Juwelen, Münzen, Manuskripte und vieles mehr. Der wertvollste Besitz ist die *Dame mit dem Einhorn*, eine einzigartige Serie von 6 Wandteppichen aus dem späten 15. Jh. An der Stelle befinden sich auch die Ruinen römischer Bäder aus dem 2. Jh. INFO: Tel. +33/1-53-737800; www.musee-moyenage.fr.

MUSÉE D'ORSAY – Das Museum ist im neoklassizistischen, 1900 erbauten Bahnhof Gare d'Orsay untergebracht und zeigt Kunstwerke der Jahre 1848–1914, einer Zeit, die den Aufstieg von Impressionismus, Symbolismus, Pointillismus, Realismus, Fauvismus und Jugendstil miterlebte. Die hervorragende Sammlung umfasst Arbeiten von Degas, Manet, Monet, Cézanne, Renoir, Matisse und Whistler. Wer danach noch kann, sollte sich die Möbel, Architekturzeichnungen und -modelle, Fotografien und *objets d'art* ansehen. INFO: Tel. +33/1-40-494814; www.musee-orsay.fr.

MUSÉE PICASSO – Mit mehr als 3500 von den Erben des Künstlers gestifteten Zeichnungen, Druckgrafiken, Gemälden, Keramikarbeiten und Skulpturen ist das Musée Picasso die weltgrößte Einzelsammlung von Picassos Werken, untergebracht im Hôtel Salé aus dem 17. Jh. Hier ist auch Picassos persönliche Kunstsammlung zu sehen, u.a. mit Werken von Braque, Cézanne, Matisse und Modigliani. INFO: Tel. +33/1-42-712521; www.musee-picasso.fr.

NOTRE DAME – Die Kathedrale Notre Dame, laut Victor Hugo eine „Sinfonie in Stein", ist das historische, spirituelle und geografische Herz von Paris. Ihr Grundstein wurde 1163 von Papst Alexander III. gelegt, und der Bau war erst fast 2 Jahrhunderte später fertig. Wer die 422 Stufen zum Nordturm erklimmt, kann nicht nur die Wasserspeier und die 13 t schwere Emmanuel-Glocke im Südturm von Nahem bestaunen, sondern hat auch einen fantastischen Rundblick. INFO: Tel. +33/1-42-345610; www.cathedraledeparis.com.

STE-CHAPELLE – Die Wände dieser unscheinbaren Kapelle, 1248 für Ludwigs IX. kostbare Sammlung heiliger Reliquien erbaut, bilden die größte Buntglasfläche der Welt – eine unglaubliche Leistung des Mittelalters. Gehen Sie also an einem sonnigen Tag hin! Oder abends, wenn in diesem gotischen Schmuckkästchen klassische Konzerte bei Kerzenschein stattfinden. INFO: Tel. +33/1-53-406097; www.monuments-nationaux.fr.

SONSTIGE HIGHLIGHTS

CABARET – Das Au Lapin Agile, Paris' älteste Kabarettbar und eine Institution am Montmartre, wurde u.a. von Picasso und Utrillo besucht. Dieser Einblick ins nostalgische Paris ist seit Jahrzehnten das Herz französischen Liedguts – wenn die Touristen gegangen sind, wird laut mitgesungen. Das Moulin Rouge, im selben Viertel und leicht zu erkennen an seiner berühmten Windmühle, präsentiert viel üppigere Shows, die durch die Plakate von Toulouse-Lautrec unsterblich wurden. AU LAPIN AGILE: Tel. +33/1-46-068587; www.

au-lapin-agile.com. **Moulin Rouge:** Tel. +33/1-53-098282; www.moulinrouge.fr.

Bateaux Mouches – Diese mit Glas überdachten Boote sind eine wundervolle, ungeniert touristische Art, die Stadt einmal aus einer anderen Perspektive zu sehen. Gleiten Sie auf der Seine entlang, unter den berühmten Brücken hindurch, und schauen Sie auf das vornehme rechte und das sagenumwobene linke Ufer. **Info:** Tel. +33/1-42- 259610; www.bateauxmouches.com.

Île St-Louis – Diese kleine Insel in der Seine entstand im 17. Jh., indem man 2 Inseln zusammenfügte. Seitdem ist sie hauptsächlich ein Wohnviertel, mit stattlichen Wohnhäusern des 17. und 18. Jh. Eine der romantischsten Stellen liegt am westlichen Ende, an der Pont St-Louis und der Pont Louis-Philippe. Probieren Sie hier das berühmte Eis von Berthillon! **Berthillon:** Tel. +33/1-43-543161; www.berthillon.fr.

Marché aux Puces de St-Ouen – Ein Muss für Flohmarktliebhaber. Dieser größte Flohmarkt Europas besteht aus Tausenden von Verkäufern in 12 verschiedenen Sektionen, die einfach alles verkaufen, auch Unikate und Fundstücke – für Frühaufsteher mit scharfem Blick. Er findet samstags, sonntags und montags statt. **Info:** www.parispuces.com.

Musée de l'Orangerie – Dieses kleine, aber perfekt geformte Museum zeigt impressionistische und postimpressionistische Gemälde von Berühmtheiten wie Cézanne, Matisse, Renoir, Rousseau, Soutine und Utrillo. Der Hauptgrund für einen Besuch sind jedoch Monets prächtige *Seerosen* – 8 gewaltige Tafeln in 2 genau nach den Plänen des Künstlers gebauten ovalen Räumen. **Info:** Tel. +33/1-44-778007; www.musee-orangerie.fr.

Musée Rodin – Dieses Museum ist eines der entspanntesten in Paris. Es liegt im Haus des Bildhauers aus dem 18. Jh., in einem Garten mit seinen Skulpturen. Der *Denker* fällt sofort ins Auge, aber verpassen Sie auch nicht *Die Bürger von Calais*, die *Kathedrale* und besonders den *Kuss*, wohl das Romantischste, was je in Stein gehauen wurde. **Info:** Tel. +33/1-44-186110; www.musee-rodin.fr.

Opéra Garnier – Dieses Opernhaus, ein 1875 fertiggestellter Rokokotraum, hat eine wunderschöne, 1964 hinzugefügte Decke von Marc Chagall. Opulente Vorstellungen der Nationaloper, des Pariser Balletts und verschiedener Orchester versprechen das ultimative Abendvergnügen. **Info:** Tel. +33/1-71-252423; www.opera-de-paris.fr.

Place des Vosges – Der kleine Place des Vosges aus rosafarbenem Backstein ist der älteste und schönste Platz der Stadt, geplant von Heinrich IV. im frühen 17. Jh. und ganz von Arkaden umgeben. In der Nr. 6 wohnte Victor Hugo; seine Wohnung ist heute ein Museum. **Maison de Victor Hugo:** Tel. +33/1-42-721016; www.musee-hugo.paris.fr.

Übernachten

L'Hôtel – Oscar Wilde, starb hier 1900 im Zimmer Nr. 16. Nach einer gediegenen, aber historisch korrekten Renovierung ist es heute eine schicke, mondäne Adresse in St-Germain. **Info:** Tel. +33/1-44-419900; www.l-hotel.com. *Preise:* ab € 281.

Hôtel du Petit Moulin – Die „kleine Mühle", jedermanns liebstes Boutique-Hotel im Marais (in einer Bäckerei aus dem frühen 17. Jh.), wurde von Designer Christian Lacroix gestaltet. Die Zimmereinrichtungen reichen von mittelalterlich und Rokoko (Toile-de-Jouy-Tapeten, Louis-quatorze-Stühle) bis modern, mit großen blumigen Wandbildern und nur leicht kitschigen Spiegeln. **Info:** Tel. +33/1-42-741010; www.hoteldupetitmoulin.com. *Preise:* ab € 340.

HÔTEL SAINTE-BEUVE – Dieses Boutique-Hotel am Blvd. Raspail ist sehr pariserisch, sprengt aber nicht das Budget. Die 22 Zimmer wurden vom britischen Designer David Hicks neu eingerichtet und gehen auf eine ruhige Straße hinaus. INFO: Tel. +33/1-45-482007; www.parishotelcharme.com. *Preise:* ab € 170.

PALASTHOTELS – Treten Sie ein in die ruhige Marmorlobby des berühmten Hôtel de Crillon aus dem 18. Jh., wo Benjamin Franklin und Abgesandte Ludwigs XVI. 1778 das Abkommen zur amerikanischen Unabhängigkeit unterzeichneten. Gekrönte Häupter, große Entertainer und VIPs stehen im *livre d'or* (Gästebuch) oder dinieren im Les Ambassadeurs, einem der besten Restaurants in Paris. Das Hôtel Meurice, das auf die Tuilerien schaut, beherbergt seit fast 2 Jahrhunderten Sultane und Royals. Das Wort „Ritz" steht seit Langem für Eleganz, und das Hotel entspricht dem genau: Nehmen Sie einen Tee im Louis-quinze-Salon aus rosa Marmor, einen Aperitif in der Hemingway Bar oder ein *très-haute*-Dinner im L'Espadon. Im Plaza Athénée bietet eine Armee aus diskretem Personal den professionellen Service, den die distinguierten Gäste hier auch erwarten. Es liegt inmitten der berühmten Couturiers und Juweliere der Avenue Montagne, und Hotelgäste haben Vorrang im hoteleigenen Promi-Lokal von Alain Ducasse. HÔTEL DE CRILLON: Tel. +33/1-44-711500; www.crillon. com. *Preise:* ab € 748; Festpreis-Dinner im Les Ambassadeurs € 140. HÔTEL MEURICE: Tel. +33/1-44-581010; www.meuricehotel.com. *Preise:* ab € 663. RITZ HOTEL PARIS: Tel. +33/1-43-163030; www.ritzparis.com. *Preise:* ab € 767; Festpreis-Dinner im L'Espadon € 222. PLAZA ATHÉNÉE: Tel. +33/1-53-676665; www.plaza-athenee-paris.com. *Preise:* ab € 648; Festpreis-Dinner im Alain Ducasse € 260.

THEMENHOTELS – Die gelungenen Themenhotels in Paris liegen häufig im abgefahrenen Marais-Viertel und beamen Sie direkt in eine andere Geschichte und Kultur. Für Kinofans ist das Hôtel du 7ème Art mit seinen schwarz-weißen Filmbildern das Richtige. Oder entdecken Sie die Gotik für sich: im Hôtel St-Merry in einer alten gotischen Kirche, mit Zimmern, in denen noch Originalbauteile sichtbar sind (in Nr. 9 schwingt sich ein Strebebogen über das Bett; in Nr. 12 besteht ein Teil des Bettes aus dem Chorgestühl). Das Hôtel Caron de Beaumarchais ist wie ein *hôtel particulier* des 18. Jh. dekoriert (die privaten Villen, für die das Marais bekannt ist). Der Dramatiker Beaumarchais, Kind dieser Zeit, schrieb *Der Barbier von Sevilla* gleich nebenan. HÔTEL DU 7ÈME ART: Tel. +33/1-44-548500; www.paris-hotel-7art.com. *Preise:* ab € 110. HÔTEL ST-MERRY: Tel. +33/1- 42-781415; www.hotelmarais. com. *Preise:* ab € 120. HÔTEL CARON DE BEAUMARCHAIS: Tel. +33/1-42-723412; www. carondebeaumarchais.com. *Preise:* ab € 155.

ESSEN & TRINKEN

ANGELINA UND LADURÉE – Angelina, Paris' beliebtester *salon de thé*, mit viel Marmor und Blattgold, liegt gegenüber dem Tuilerien. Das dekadente Mont-Blanc-Gebäck belegt nur den 2. Platz hinter der cremigsten heißen Schokolade, die sich denken lässt. Das reich verzierte Ladurée wurde 1862 gegründet, wirkt aber wie ein Teil von Versailles. Es ist bekannt für seine *macarons*. Toll: *le baiser Ladurée*, eine atemberaubende Schichttorte mit Mandeln, Erdbeeren und Sahne. ANGELINA: Tel. +33/1-42-608200; www. groupe-bertrand.com/angelina. LADURÉE: Tel. +33/1-40-750875; www.laduree.fr.

BRASSERIE LIPP – Wie bei der Eröffnung des Lokals 1880 tragen die Kellner immer noch schwarze Westen, Fliegen und lange, weiße, gestärkte Schürzen. Die Profiteroles mit heißer Schokosoße sind Grund genug für einen Besuch, besonders wenn man vorher schon die beste Sauerkraut-Bier-Kombination diesseits des Elsass probiert hat. INFO: Tel. +33/1-45-485391. *Preise:* Dinner € 40.

DIE CAFÉSZENE – St-Germain-des-Prés am linken Seineufer ist das traditionelle, immer noch angesagte Zentrum der Cafészene. Hier ist Paris noch ein bisschen so wie in Hemingways *Paris – Ein Fest fürs Leben*. Im Café de Flore und im Deux Magots nebenan sitzen auch heute Intellektuelle – Generationen nach der Blütezeit in den 1930er- und 1940er-Jahren. Das Café Marly ist ganz anders: Es liegt versteckt unter den Kolonnaden des Richelieu-Flügels im Louvre und schaut auf I. M. Peis grandiose Glaspyramide. Hierhin geht man für die Aussicht, nicht für den Service. CAFÉ DE FLORE: Tel. +33/1-45-485526; www.cafedeflore.com. LES DEUX MAGOTS: Tel. +33/1-45-485525; www.lesdeuxmagots.fr. CAFÉ MARLY: Tel. +33/1-49-260660.

CHEZ JANOU – Ein französisches Bistro, wie es sich Hollywood vorstellt, östlich des Place des Vosges und stets beliebt sowohl bei Prominenten als auch bei Parisern. Zu Recht: Hier gibt es provenzalische Gerichte und Dutzende Sorten Pastis. INFO: Tel. +33/1-42-722841; www.chezjanou.com. *Preise:* Dinner € 37.

CHEZ TOINETTE – In diesem gemütlich-romantischen Bistro im Herzen von Montmartre werden Sie nicht der einzige Ausländer sein. Aber auch viele Einheimische lieben die altbewährte Spezialität des Hauses: das Entenfilet mit Salbei und Honig.

Im Café Les Deux Magots begegneten sich einst Sartre und Hemingway.

Die freundlichen Kellner sind ein weiteres Plus. INFO: Tel. +33/1-42-544436. *Preise:* Dinner € 30.

LA COUPOLE – In dieser legendären Brasserie (eröffnet 1927) ist jede Mahlzeit eine sentimentale Reise. Die großen Platten mit Austern, Muscheln und anderen salzigen Köstlichkeiten werden im Art-déco-Ambiente serviert, das wie ein großer Bahnhof voller Stammgäste wirkt – unter ihnen einst Man Ray, Jean-Paul Sartre und Josephine Baker. INFO: Tel. +33/1-43-201420; www.lacoupoleparis.com. *Preise:* Dinner € 37.

FAUCHON – Der berühmteste Delikatessenladen in Paris. Die künstlerischen Schaufenster- und Thekendekorationen aus perfekten Köstlichkeiten können Sie hier ebenso bewundern wie die neueste Mode. Ideal für exquisit verpackte Souvenirs für die Freunde zu Hause. In einem Teesalon können Sie einige der Häppchen auch probieren. INFO: Tel. +33/1-70-393800; www.fauchon.fr.

GUY SAVOY – Eines der besten Restaurants in Paris und Domäne eines außerordentlichen Kochs. Die Menüs (darunter 2 10-gängige Probiermenüs) richten sich nach der Saison: Im Herbst werden Sie ein Dutzend Pilzvarianten vorfinden. Die Atmosphäre ist festlich; der Dekor warm, schick und komfortabel; akzentuiert von der Kunstsammlung des Kochs. INFO: Tel. +33/1-43-804061; www.guysavoy.com. *Preise:* Dinner € 203; Probiermenüs ab € 263.

JADIS – Das Neueste in der Pariser Gastronomieszene ist das *néo-bistro*, ein kleines, unkompliziertes Bistro mit hervorragender Küche unter der Ägide eines talentierten, oft jungen Chefkochs. Das Jadis, mit dem aufstrebenden Starkoch Guillaume Delage, ist die perfekte Verkörperung dieses Konzepts. Hier gibt es Bistroküche mit dem gewissen Etwas. INFO: Tel. +33/1-45-577320; www.bistrot-jadis.com. *Preise:* Dinner € 45.

LE GRAND VÉFOUR – Das Ambiente des 18. Jh. in diesem Restaurantjuwel von Chefkoch Guy Martin ist der Inbegriff klassisch-französischer Küche. Hinterher werden Sie wissen, warum die Franzosen bekanntlich besser kochen und dekorieren als alle anderen. INFO: Tel. +33/1-42-965627; www.grand-vefour.com. *Preise:* Dinner € 200.

TAILLEVENT – Das Taillevent wird von Valérie Vrinat geleitet, Tochter des verstorbenen Gastgebers Jean-Claude. Koch Alain Solivérès kreiert eine meisterhafte Mischung aus Alt und Neu. Passend zum exzellenten Menü ist die legendäre Weinkarte mit über 1300 Sorten, geführt von 4 Sommeliers. Der Weinladen ist einer der besten in Paris. INFO: Tel. +33/1-44-951501; www.taillevent.com. *Preise:* Dinner € 185.

TAGESAUSFLÜGE

KATHEDRALE NOTRE DAME DE CHARTRES – Die unvergleichliche gotische Kathedrale von Chartres – die erste mit Strebebögen – ist auch bekannt für ihre bunten Fenster sowie die Skulpturen im Inneren und an der Fassade. Die Fenster bedecken eine Fläche von fast 2600 m²; die 172 Schmuckfenster von Meistern des 12. und 13. Jh. wurden zweimal vor der Zerstörung gerettet: während der Revolution durch die Bürokratie, im Zweiten Weltkrieg durch die Verlagerung in ein sicheres Versteck. Heute strahlen und funkeln die Farben – Rubinrot, Smaragdgrün, Gold und das berühmte „Chartres-Blau" – wieder wie früher. **Wo:** 91 km südwestl. von Paris. Tel. +33/2-37- 212207; www.diocese-chartres.com.

CHÂTEAU DE VERSAILLES – Das meistbesuchte Schloss Frankreichs beherbergte die französische Monarchie in ihrer goldenen Zeit. Die Blütezeit reichte von 1682, als Ludwig XIV. einen Hofstaat von 6000 Menschen von Paris hierher umsiedeln ließ, bis 1789, als Ludwig XVI. und seine Königin Marie Antoinette davon unterrichtet wurden, der revolutionäre Mob sei im Anmarsch. Der berühmteste der 700 Räume ist der Spiegelsaal, dessen 17 große, facettierte Spiegel die gleiche Anzahl an Bogenfenstern reflektieren. Der Saal war Zeuge der Hochzeit Ludwigs XVI. mit Marie Antoinette und der Unterzeichnung des Vertrags von Versailles nach dem Ersten Weltkrieg. Die barocken Prunkgemächer sind ebenso faszinierend. Nach der Besichtigung des Schlossinneren sollten Sie durch den berühmten Park spazieren. Die barocken Gartenanlagen wurden vom bekannten Architekten André Le Nôtre geschaffen. Anstatt gleich nach Paris zurückzueilen, könnten Sie auch im benachbarten Hotel Trianon Palace absteigen – mit royalem Verwöhnprogramm, und einem Restaurant von Starkoch Gordon Ramsay. **Wo:** 28 km südwestl. von Paris. Tel. +33/1-30-837800; www.chateauversailles.fr. TRIANON PALACE: Tel. +33/1-30-845000; www.trianonpalace.de. *Preise:* ab € 293.

Die schroffe Schönheit der korsischen Klippen und Strände

DIE CALANCHES

Bucht von Porto, Korsika, Frankreich

Die alten Griechen nannten die bergige Mittelmeerinsel Korsika (Corse) Kallisté, was „die Schönste" bedeutet. Die Franzosen nennen sie immer noch *l'Île de Beauté* – aus gutem Grund. Die schroffe Küste Korsikas ist gesprenkelt mit sonnenverwöhnten, weiß-goldenen Sandstränden und pittoresken Küstenstädten; im wilden, spärlich besiedelten Inneren verbinden Straßen mit einmaligen Panoramen und Haarnadelkurven die Bergdörfer.

Die Korsen sind sehr unabhängig und stolz darauf, Geburtsort Napoleon Bonapartes zu sein. Die nationalistischen Bestrebungen haben sich etwas beruhigt, seit 2003 ein Referendum einer größeren Autonomie eine Absage erteilte. Heute liegt die größte Dramatik in der erstaunlich schönen Natur der Insel, wie z. B. in den außergewöhnlichen Felsformationen Les Calanches an der Westküste, in der Bucht von Porto. Diese verwitterten Granitzinnen und bizarren Felsen ändern je nach Lichteinfall ihren Farbton, von Orange über Rosa zu Zinnoberrot – ein schöner Kontrast zum tiefblauen Meer 900 m tiefer. 1983 wurden sie zum UNESCO-Weltnaturerbe erklärt. Einzelne Formen wurden nach ihrem Aussehen mit Namen wie „Bischof", „Schildkröte" oder „Hundekopf" benannt. Von den Terrassen des romantischen, 1912 erbauten, leicht altertümlichen Hôtel Roches Rouges haben Sie einen großartigen Blick. Nehmen Sie hier ein schönes Dinner ein, oder übernachten Sie im hübschen Dorf Piana mit Blick auf die Felsen.

Nehmen Sie zum Erkunden der Gegend die schmale Straße um die Calanches herum, oder fahren Sie in das zerklüftete Inselinnere auf der gewundenen Straße zur Universitätsstadt Corte, die auf einem Hochplateau zwischen 2 schneebedeckten Gipfeln liegt. An den steilen Kopfsteinpflasterstraßen der Stadt liegen viele Cafés, wo Sie den korsischen Dialekt hören können; die Zitadelle samt Aussichtspunkt „Adlernest" kann besichtigt werden; die steilen Klippen, zackigen Berge und Gletscherseen rund um die Stadt sind ideal für erquickende Tages-Wandertouren. Das renovierte Hôtel Duc de Padoue, ein Gebäude des 19. Jh. am zentralen Platz von Corte, ist ein einfacher, aber angenehmer Ort zum Übernachten.

Korsika ist ein Wanderparadies. Einer der reizvollsten Wanderwege Europas ist der 2 Wochen oder 180 km lange GR20 (*grande randonnée*, „große Wanderung"), ein Netz von Pfaden, die die Insel diagonal durchqueren, ausgehend vom schicken Seebad Calvi an der Nordwestküste. Eine leichtere Option ist die Route *Tra Mare e Monti* („über Meer und Berge"), von Cargèse, südlich von Les Calanches, bis nach Moriani an der Ostküste. Wer einfach nur entspannen will, kann die Füße im rustikalen, aber modischen Strandhotel Le Maquis hochlegen. Es liegt an der Bucht von Ajaccio südlich der Hauptstadt, die benannt ist nach dem dichten Bewuchs aus Thymian, Lavendel und Salbei, der Korsika einen weiteren Spitznamen gab: duftende Insel.

Wo: 80 km nördl. von Ajaccio. **Info:** www.visit-corsica.com. **Hôtel Roches Rouges:** Tel. +33/4-95-278181; www.lesrochesrouges.com. *Preise:* ab € 122. **Hôtel Duc de Padoue:** Tel. +33/4-95-460137; www.ducdepadoue.com. *Preise:* ab € 90. **Le Maquis:** Tel. +33/4-95-250555; www.lemaquis.com. *Preise:* € 193 (Nebensaison), € 507 (Hochsaison). **Wie:** Das amerikanische Unternehmen Distant Journeys bietet eine 12-tägige „Tra Mare e Monti"-Wanderung an. Tel. +1/207-236-9788; www.distantjourneys.com. *Preise:* € 2367, inklusive. Startet in Ajaccio. *Wann:* Mai. **Reisezeit:** Mai–Juni und Sept.–Okt.: schönes Wetter und nicht viel los; Apr.–Mai: Wildblumenblüte.

Erkunden Sie die ins Mittelmeer ragenden Calanche beim Wandern, mit dem Auto oder bei einer Schiffstour.

Auf den Spuren von Toulouse-Lautrec

ALBI

Languedoc-Roussillon, Frankreich

Historiker kennen die gut erhaltene Marktstadt Albi als Zentrum der Katharer, einer asketischen religiösen Bewegung, die durch schwere Verfolgungen der katholischen Kirche im 12. und 13. Jh. ausgelöscht wurde.

Man kennt Albi als Geburtsort von Henri de Toulouse-Lautrec, weltbekannter Zeichner des Boheme-Lebens am Montmartre an der Schwelle vom 19. zum 20. Jh. Toulouse-Lautrec wurde 1864 in eine aristokratische Familie hineingeboren. Der aufgrund einer Knochenkrankheit kleinwüchsige, stets gepeinigte Künstler floh mit 18 nach Paris und starb schon mit 37, ein riesiges Konvolut an Zeichnungen hinterlassend – und das Erbe, die Plakatkunst erfunden zu haben. Die weltweit bedeutendste Sammlung seiner Zeichnungen von Tänzerinnen, Prostituierten, Café- und Cabaretleben zeigt das beeindruckende Musée Toulouse-Lautrec im Palais de la Berbie, einer früheren, 1265 als Bischofsresidenz erbauten Festung. Der geometrische Garten wurde von André Le Nôtre angelegt, Gartenarchitekt von Versailles (s. S. 81).

Die für diese Stadt riesige Cathédrale Ste-Cécile, als katholisches Machtsymbol nach dem Kreuzzug gegen die Katharer erbaut, beherbergt die größte Sammlung italienischer Renaissancegemälde in einer französischen Kirche. Die Hostellerie St-Antoine wurde 1734 vom Kloster zum Hotel umgewandelt. An den Wänden hängen Werke von Toulouse-Lautrec, ein Geschenk an seinen Freund, den Urgroßvater des jetzigen Besitzers. Die gleiche Familie betreibt das ländliche La Réserve, eine elegante, mediterrane Villa am Fluss Tarn. Eine kurze Fahrt durch die mit Schlössern getüpfelte Landschaft bringt Sie zur im frühen 13. Jh. auf einem Hügel erbauten Festungsstadt Cordes-sur-Ciel. An nebligen Tagen scheint das einsame, pittoreske Dorf tatsächlich in der Luft zu schweben.

Das nahe Toulouse, eine der am schnellsten wachsenden Städte Frankreichs, bietet ein wenig Großstadtflair. Toulouse, wegen der allgegenwärtigen roten Steine auch „la ville rose" genannt, war eines der künstlerischen und literarischen Zentren des mittelalterlichen Europa. Hier gründete sich der Dominikanerorden. Im mittelalterlichen Viertel gibt es noch viele alte Kirchen, darunter Europas größte romanische Kirche, die majestätische Basilika St-Sernin aus dem 11. Jh. mit einem achteckigen Glockenturm im italienischen Stil. Durch die Universitäten und die hier beheimatete Luftfahrtindustrie existiert eine lebendige Café- und Restaurantszene. Eines der schickeren Lokale ist das gefeierte Chez Michel Sarran. Hier bekommen Sie eine verfeinerte Version der hiesigen herzhaft-traditionellen Küche.

ALBI: 76 km nordöstl. von Toulouse. **MUSÉE DE TOULOUSE-LAUTREC:** Tel. +33/5-63-494870; www.albi-tourisme.fr. **HOSTELLERIE ST-ANTOINE:** Tel. +33/5-63- 540404; www.hotel-saint-antoine-albi.com. *Preise:* ab € 107 (Nebensaison), ab € 163 (Hochsaison). **LA RÉSERVE:** Tel. +33/5-63-608080; www.lareservealbi.com. *Preise:* € 180. *Wann:* Nov.–Apr.: geschlossen. **CHEZ MICHEL SARRAN:** Tel. +33/5-61-123232; www.michel-sarran.com. *Preise:* Dinner € 93. **REISEZEIT:** In Albi: Juli–Aug.: Klassikkonzerte in der Kathedrale; Juli: Gitarrenfestival. In Toulouse: Apr.: Flamenco-Festival; Juli: Festival für modernen Tanz; Aug.: Musikfestival.

Eine mittelalterliche Militärmacht – und wirklich gutes Cassoulet

CARCASSONNE

Languedoc-Roussillon, Frankreich

Carcassonne ist eine typisch mittelalterliche Stadt und ein herausragendes Beispiel für frühe militärische Architektur. Die Stadt wurde im 6. Jh. auf römischen Fundamenten errichtet und im 12./13. Jh. befestigt, sodass sie über Jahrhunderte praktisch uneinnehmbar war. Carcassonne, im 19. Jh. restauriert, ist von der längsten Mauer Europas umgeben: fast 3 1/2 km mit Türmchen, Wehrgängen, Zugbrücken und mehr als 50 Wachtürmen.

Heute sind die Straßen im Sommer voller Touristen. Übernachten Sie im eleganten Hôtel de la Cité und erleben Sie die Stadt in den ruhigen Abendstunden mit angestrahlter Mauer. Das efeubewachsene Hotel, ein früherer Bischofspalast, der in die alte Mauer hineingebaut ist und auch einen der Türme aufnimmt, besitzt hohe Decken, Wandteppiche, Holztäfelung und ein elegantes Restaurant, La Barbacane; außerdem das schlichtere Chez Saskia. Um den Massen in der oberen Festungsstadt La Cité zu entkommen, können Sie die Sicht auf die Festung auch von außerhalb der Mauern genießen: von der Terrasse des geschmackvollen, familiengeführten Hôtel du Château in der unteren, neueren Stadt Ville Basse.

Das Languedoc ist berühmt für Cassoulet, einen herzhaften Eintopf aus weißen Bohnen, Möhren, Zwiebeln, Brot und zartem Hammelfleisch (oder auch Schweinefleisch, Würstchen oder Ente), der so lange gebacken wird, bis sich eine perfekte Kruste bildet. Probieren Sie ihn im Château St-Martin Trencavel außerhalb von Carcassonne. Chefkoch Jean-Claude Rodriguez nimmt das Gericht so ernst, dass er ihm zu Ehren die „Académie du Cassoulet" gründete. Deren „Route des Cassoulets" animiert dazu, verschiedene Versionen in Restaurants und Gasthäusern zwischen Carcassonne und Toulouse zu probieren.

Eine idyllische Art, die Region zu erkunden, ist per Binnenschiff entlang dem pittoresken Canal du Midi. Diese ruhige, 240 km lange, künstlich angelegte Wasserstraße aus dem 19. Jh. passiert auf ihrem Weg nach Toulouse oder Sète auch Carcassonne. Man gleitet vorbei an hübschen Dörfern, Weinbergen und Schlössern und durch fast 100 Schleusen.

Wo: 88 km südöstl. von Toulouse. **Hôtel de la Cité:** Tel. +33/4-8-714285; www.hoteldelacite.com. *Preise:* ab € 311; Dinner im La Barbacane € 85. *Wann:* Ende Jan.–Mitte März geschlossen. **Hôtel du Château:** Tel. +33/4-68-113838; www.hotelduchateau-carcassonne.com. *Preise:* ab € 122. **Château St-Martin Trencavel:** Tel. +33/4-68-710953; www.chateausaintmartin.net. *Preise:* Dinner € 45. **Wie:** Das

La Cité wacht von einem 450 m hohen Hügel aus über die Landschaft.

amerikanische Unternehmen Bargelady bietet Schiffstouren mit 4–10 Passagieren. Tel. +1/312-245-0900; www.bargeladycruises.com. *Preise:* 7-tägige Fahrt ab € 2733, inklusive. *Wann:* März–Nov. REISEZEIT: 14. Juli: Nationalfeiertag; Feuerwerk auf der Festung; Mitte Juni–Aug.: Theater- und Musikfest *Festival de Carcassonne.*

Wo Rokoko und Jugendstil florierten

NANCY

Lothringen, Frankreich

Nancy, Hauptstadt Lothringens, ist eine der liebenswertesten Städte in Europa; ein urbanes Zentrum, in dem Kunst und Kultur seit Langem gedeihen. Herzstück ist der Place Stanislas, der als schönster Platz Frankreichs gilt. Er wurde nach Stanislaus Leszczyński benannt, dem zweimaligen König Polens und Schwiegervater König Ludwigs XV. Dieser machte Leszczyński in Nancy zum regierenden Herzog Lothringens, als das Herzogtum nach Jahrhunderten als eigenständige Enklave wieder zu Frankreich gehörte. Leszczyński, begeistert von Architektur und Stadtplanung, überwachte 1751–60 persönlich den Bau des Platzes und machte Nancy zu einer der elegantesten Städte Europas. Der Place Stanislas ist der Inbegriff des Rokoko, mit vergoldeten schmiedeeisernen Toren und Gittern. Er integriert die klassisch-französischen Gebäude rimgsum, darunter das Hôtel de Ville (Rathaus), einen *arc de triomphe* und das heutige Grand Hôtel de la Reine, eine grandiose Villa des 18. Jh., in der viele Zimmer auf den Platz hinausgehen.

Ebenfalls am Place Stanislas liegt das ausgezeichnete Musée des Beaux-Arts mit Arbeiten von Delacroix, Modigliani und Rubens. Das benachbarte Musée Lorrain im Palais Ducal zeigt Kunst und Geschichte Lothringens, während das Musée de l'École de Nancy den Jugendstil (Art Nouveau) präsentiert, ein großes Erbe der Stadt. Die 1901 hier gegründete École de Nancy trug entscheidend dazu bei, den Jugendstil weltweit bekannt zu machen, indem sie Künstler, Kunsthandwerker und Hersteller zusammenbrachte. Sie alle arbeiteten mit dem neuen dekorativen Stil, der für seine Blumen- und Rankenmuster berühmt ist. In Nancy gibt es viele Jugendstilgebäude und -details: Das Toprestaurant der Stadt, Le Capucin Gourmand, ist mit seinem riesigen Kronleuchter und schimmernden, pilzförmigen Lampen auf den Tischen ein schönes Beispiel. In der weniger förmlichen, 1911 erbauten Brasserie Excelsior ergänzen sensationelle bunte Glaseinsätze und hohe Decken elegante französische Küchenklassiker, darunter eine weitere regionale Spezialität – Quiche Lorraine.

WO: 285 km südöstl. von Paris. **INFO:** www.ot-nancy.fr. **GRAND HÔTEL DE LA REINE:** Tel. +33/3-83-350301; www.hoteldelareine.com. *Preise:* ab € 96. **MUSÉE DES BEAUX-ARTS:** Tel. +33/3-83-853072; www.ecole-de-nancy.com. **MUSÉE LORRAIN:** Tel. +33/3-83-321874; www.ot-nancy.fr/musees/lorrain.php. **MUSÉE DE L'ÉCOLE DE NANCY:** Tel. +33/3-83-401486; www.ecole-de-nancy.com. **LE CAPUCIN GOURMAND:** Tel. +33/3-83-352698; www.lecapu.com. *Preise:* Dinner € 70. **BRASSERIE EXCELSIOR:** Tel. +33/3-83-352457; www.brasserie-excelsior.com. *Preise:* Dinner € 37. **REISEZEIT:** 14. Juli: Parade zum Nationalfeiertag; Mitte Juli–Anf. Aug.: Jazzfestival; erste 2 Oktoberwochen: Klassisches Musikfestival.

Pilgerreise zu den mystischen Wassern

LOURDES

Midi-Pyrénées, Frankreich

Jedes Jahr strömen 6 Mio. Pilger und Besucher in diese kleine Stadt an den unteren Hängen der Pyrenäen, um einmal in der Grotte zu stehen, in der 1858 ein 14-jähriges Bauernmädchen namens Bernadette 18 Visionen der Jungfrau Maria hatte. Lourdes ist nach Paris die meistbesuchte Stadt Frankreichs und zweitbeliebtestes christliches Pilgerziel nach dem Petersdom in Rom (s. S. 212). In der Hochsaison kann es bis zu 25.000 Besucher täglich aufnehmen und dabei irgendwie noch eine milde Heiligkeit aufrechterhalten, die selbst größte Skeptiker entwaffnet. Trotz schlafsaalähnlicher Hotels und billiger Souvenirshops, die Marias fürs Armaturenbrett verkaufen, kann Lourdes eine bewegende Erfahrung sein, besonders bei den abendlichen Kerzenprozessionen zur neobyzantinischen Basilique du Rosaire, einer unterhalb der Basilique Supérieure liegenden Kirche.

Die Gläubigen aus aller Welt kommen hierher, um das Wasser, dem sie Wunderheilkräfte zusprechen, zu trinken und darin zu baden. Angeblich sprudelte nach einer der Marienerscheinungen Bernadettes (die sonst niemand gesehen hat) eine Quelle in der Grotte, die seitdem nie versiegt ist. Von etwa 2500 „unerklärlichen Heilungen" hat die Kirche seit Bernadettes Tod 1879 67 offiziell anerkannt. Bernadette wurde 1933 heiliggesprochen.

Wo: 126 km östl. von Biarritz. **Info:** www.lourdes-infotourisme.com. **Wann:** An den 6 offiziellen Pilgertagen zwischen Ostern und Ende Okt. ist es am vollsten; der wichtigste Tag ist der 15. Aug. **Unterkunft:** Das Grand Hôtel Moderne aus dem 19. Jh. hat einen altmodischen Charme und liegt 10 Minuten Fußweg von der Bailika entfernt. Tel. +33/5-62-941232; grandhotelmoderne.com. *Preise:* ab € 133. *Wann:* Nov.–März: geschlossen. **Reisezeit:** Apr.–Okt., jeweils 21 Uhr: Kerzenprozession.

Tummelplatz der Könige

DAS TAL DER LOIRE

Pays de la Loire, Frankreich

Das von den Biegungen der Loire geschaffene, fruchtbare Tal nimmt seit langem Herz und Fantasie der Reisenden für sich ein. Hunderte Schlösser säumen Frankreichs „Fluss der Könige", die höchste Konzentration an Schlössern weltweit, jedes ein Gemisch aus Pracht und Überfluss. Als Erstes kamen die mittelalterlichen Festungen, in einer Zeit, als Briten und Franzosen um dieses strategische Tal kämpften. Der Höhepunkt des Grandeurs war in der Renaissance erreicht: Könige und Adlige aus dem nahen Paris machten das Tal zu ihrer Machtbasis und ihrem Spielplatz.

Schloss Chenonceau wurde 1513 erbaut und hat noch die Originaleinrichtung aus dieser Zeit.

Das mit 440 Zimmern größte Schloss ist Chambord, Lieblingsjagdresidenz von Franz I. Das romantische, den Fluss Cher überspannende Chenonceau ist ein unübertroffenes Renaissance-Meisterwerk mit dazu passendem Ziergarten. Cheverny, ein schönes Beispiel für die Eleganz des 17. Jh., ist eines der größten Loire-Châteaux und seit seinem Bau vor 600 Jahren im Besitz der gleichen Adelsfamilie. Die königliche Schönheit des Château d'Ussé soll Charles Perrault dazu inspiriert haben, *Dornröschen* zu schreiben. Viele weniger bekannte Schlösser sind ebenso einzigartig; alle haben majestätische Burggräben und üppige Parks und sind voller wertvoller Kunst und Möbel.

Die fruchtbaren Ebenen und das gemäßigte Klima des Tals machen es zum „Garten Frankreichs"; die Märkte sind ein Traum für Gourmets und Inspiration für ein Picknick am Fluss. Hier gedeihen auch einige der besten Weine; leichte Rote und fruchtige Weiße wie Chinon, Sancerre, Muscadet, Vouvray und Bourgeuil sowie der Rosé d'Anjou. Besuchen Sie die Weinkeller von Chinon oder die Orangenlikör-Destillerie Cointreau bei Angers. Oder nehmen Sie das Fahrrad – wenige Regionen sind besser fürs Radeln geeignet als das Loiretal, was Schönheit, Geschichte, Grandeur und sanft gewellte Landschaften angeht.

Übernachten Sie im Domaine des Hauts de Loire in Onzain: Es wurde 1860 als Jagdhaus erbaut und hat giebelige Zimmer voller Antiquitäten sowie ein für herausragende Gourmetmenüs bekanntes Restaurant. Eine königliche Kulisse ist das grandiose Château d'Artigny in Montbazon außerhalb von Tours, das im frühen 20. Jh. von Parfümpionier François Coty wieder aufgebaut wurde. Die teureren Räume sind im formellen opulenten Palaststil von Versailles eingerichtet.

Wo: Orléans liegt 129 km südwestl. von Paris. **Info:** www.schlosser-der-loire.com. **Domaine des Hauts de Loire:** Tel. +33/2-54-207257; www.domainehautsloire.com. *Preise:* ab € 137; Dinner € 104. *Wann:* Dez.–Feb.: geschlossen. **Château d'Artigny:** Tel. +33/2-47-343030; www.artigny.com. *Preise:* ab € 148; Dinner € 81. **Wie:** Das kanadische Unternehmen Butterfield & Robinson organisiert Radtouren. Tel. +1/416-864-1354; www.butterfield.com. *Preise:* 1 Woche € 5033, all-inclusive. Startet in Montbazon. *Wann:* Mai–Sept. **Reisezeit:** Mitte Apr.–Okt.: schönes Wetter.

Charmante Stadt voller Thermalquellen, Musik und Kunst

Aix-en-Provence

Provence-Alpes-Côte d'Azur, Frankreich

Schlendern Sie unter dem Laubdach der Platanen entlang, vorbei an gurgelnden Rokokobrunnen und stattlichen Barockgebäuden am eleganten Cours Mirabeau, und bewundern Sie die vielleicht perfekteste Stadt der Provence.

Die lebhaften Cafés und Buchläden an der Avenue reflektieren die künstlerischen Wurzeln der Stadt: Émile Zola wuchs hier auf und aß oft in der berühmtesten Brasserie in Aix, Les Deux Garçons, wie auch sein Freund Paul Cézanne. Bis heute geht man hier eher zum Sehen und Gesehenwerden als zum Essen hin.

Die angesagte und aristokratische kleine Stadt Aix („Äx") wurde von Römern gegründet, die die Thermalquellen liebten. Heute studieren hier über 30.000 junge Menschen aus aller Welt, und das Sommerfestival für klassische Musik und Oper ist eines der berühmtesten Europas.

Besuchen Sie Cézannes Atelier, wo er bis zu seinem Tod 1906 malte – sein Kittel hängt noch an der Wand, und auf der Staffelei steht ein unfertiges Bild. 9 Cézanne-Gemälde hängen im Musée Granet, außerdem seine Aquarelle und Skizzen sowie 600 Werke anderer Künstler wie Giacometti, Picasso, Matisse, Mondrian und Léger. Packen Sie ein Picknick mit frischem Brot, Gemüse, Oliven, Obst und Käse vom lebhaften Markt am Place Richelme ein und machen Sie einen Tagesausflug zum Berg Montagne Ste-Victoire. Der 3-stündige Aufstieg zum Gipfel, vorbei am Croix (Kreuz) de Provence, verspricht ein wunderschönes Provence-Panorama.

Für einen zauberhaften Ausblick auf Aix sollten Sie in der Villa Gallici, einem der besten Hotels der Stadt, übernachten – dekoriert mit provenzalischen Stoffen und antiken Möbeln und inmitten eines florentinischen Gartens voller Zypressen, Zitronenbäume, Rosenbüsche und Lavendel. Die Besitzer haben mit dem 28 à Aix auch die perfekte *petite auberge* in der Stadt geschaffen – nur 4 Zimmer, im modernen Barockstil eingerichtet. Das kleine Hotel Cézanne ist perfekt für alle, die modernes Dekor mögen. Ein unvergessliches provenzalisches Dinner – inspirierte Gerichte aus saisonalen, regionalen Zutaten – bekommen Sie im Le Clos de la Violette.

Wo: 146 km nordwestl. von Nizza. **Les Deux Garçons:** Tel. +33/4-42- 260051. *Preise:* Dinner € 37. **Cézannes Atelier:** Tel. +33/4-42-210653; www.atelier-cezanne.com. **Musée Granet:** Tel. +33/4-42-528832; www.museegranet-aixenprovence.fr. **Hotel La Villa Gallici:** Tel. +33/4-42-232923; www.villagallici.com. *Preise:* ab € 300 (Nebensaison), ab € 444 (Hochsaison). **28 à Aix:** Tel. +33/4-42-548201; www.28aaix.com. *Preise:* ab € 230 (Nebensaison), ab € 281 (Hochsaison). **Hotel Cézanne:** Tel. +33/4-42-911111; http://cezanne.hotelaix.com. *Preise:* ab € 193. **Le Clos de la Violette:** Tel. +33/4-42-233071; www.closdelaviolette.com. *Preise:* Dinner € 93. **Reisezeit:** Apr.–Okt.: schönes Wetter; Ende Apr.: Karneval; Mitte Juli: Aix-en-Provence-Festival.

Forts, Häfen, Bouillabaisse und Klippen

Alt-Marseille und Cassis

Provence-Alpes-Côte d'Azur, Frankreich

Marseille, älteste und zweitgrößte Stadt Frankreichs, wirkt zurzeit sehr bunt, kraftvoll und leicht derangiert: Es macht eine Art urbane Wiederbelebung durch, die helfen soll, das etwas zwielichtige Image abzuschütteln. Die Heimat der „Marseillaise" hat nun neue Pläne für den Hafen und einen wachsenden Bürgerstolz. Ein Viertel der multikulturellen Bevölkerung ist aus Nordafrika, und so erinnern viele Gewürzmärkte, Hammams und Shisha-Cafés an Tunesien, Marokko oder Algerien. Dutzende von Cafés am alten Hafen, der von zwei Forts aus dem 17. Jh. dominiert wird, servieren frische Meeresfrüchte und Pastis, den nach Anis schmeckenden Verwandten des Absinth.

Der Fischmarkt am Quai des Belges verkauft den Tagesfang an Restaurants, die Bouillabaisse machen, die berühmte Marseillaiser Fischsuppe. Puristen sind sich einig, dass *rascasse* (Drachenkopf) hineinmuss, und mindestens 2 weitere Mittelmeer-Fischarten. Das Miramar, ein Restaurant im Stil der 1950er-Jahre mit Blick auf den Hafen, kocht die traditionellste Version; das moderne L'Épuisette in einer Bucht außerhalb der Stadt eine modernere. Das hippe Café des Épices am alten Hafen und das Bistrot d'Édouard mit mediterraner Karte bedienen die wachsende Schar der Gutverdiener und verwandeln Marseille so in einen aufstrebenden gastronomischen Hotspot.

Seit Jahrhunderten lieben die Künstler das Licht im unberührten wunderschönen Cassis ganz in der Nähe. Die umgebenden Weinberge bringen einen guten blanc de blanc hervor; aus dem benachbarten Bandol kommt der seltene orangefarbene Rosé, der seine Farbe von der 8-monatigen Lagerung erhält. (Übrigens kommt der schwarze Johannisbeerlikör namens Cassis aus Burgund …)

Cassis ist bekannt für Les Calanques – markante weiße Sandsteinklippen mit schmalen Fjorden, unberührten Stränden und azurblauem Wasser. Wandern Sie auf den Klippen oder machen Sie eine Bootstour vom Jachthafen aus: Zweimal täglich geht es zu den Calanques, darunter zur schönsten, der Calanque en Vau. Das Hotel Les Roches Blanches, ein früheres Privathaus von 1887, rühmt sich eines Pools bis zum Horizont und eines Panorama-Speisezimmers mit Blick auf den Hafen und Cap Canaille, die höchste Klippe Frankreichs.

Wo: Marseille liegt 189 km westl. von Nizza. **Miramar:** Tel. +33/4-91-911040; www.bouillabaisse.com. *Preise:* Dinner € 102. **L'Épuisette:** Tel. +33/4-91-521782; www.l-epuisette.com. *Preise:* Dinner € 93. **Café des Épices:** Tel. +33/4-91-912269; www.cafedesepices.com. *Preise:* Dinner € 37. **Bistrot d'Édouard:** Tel. +33/4-91-711652. *Preise:* Dinner € 33. **Les Roches Blanches:** Tel. +33/4-42-010930; www.roches-blanches-cassis.com. *Preise:* ab € 178. **Reisezeit:** Mai–Okt.: schönes Wetter; Mitte Juni–Anf. Juli: Festivale de Marseilles.

Die Buchten mit ihren steilen Felsufern und Höhlen der Calanques sind nun Teil des neuesten französischen Nationalparks.

Die schöne Diva am Meer

Alt-Nizza

Provence-Alpes-Côte d'Azur, Frankreich

An lauen Sommerabenden sind die Straßen von Alt-Nizza (Vieux Nice) und seine lange Fußgängerpromenade, die Cours Saleya, voller Menschen – alte und junge, Einheimische und Touristen. Obwohl größte Stadt der Riviera (s. S. 94), mutet Vieux Nice kleinstädtisch an. Die Kräuter und Blumen auf dem Hauptmarkt bringen die Farben und Düfte der nahen provenzalischen Landschaft in die

Stadt. Knabbern Sie im Chez René Socca den nizzatypischen gegrillten Kichererbsensnack *socca* oder wählen Sie unter 50 Eissorten bei Fenocchio. Die beiden liebenswertesten Restaurants in Alt-Nizza sind das winzige Merenda und das Acchiardo, ein gutes Beispiel für Hausmannskost à la Nizza, wo viel mit Fisch, Tomaten, Knoblauch und Oliven gekocht wird. Das einzige Hotel im Herzen der Altstadt, das rustikale Villa La Tour, ist eine bescheidene, aber gute Wahl, mit Dachterrassenaussicht auf die Stadt.

Gourmets sollten das preisgekrönte Le Chantecler im Hotel Negresco aufsuchen, das elegante Gebäude westlich von Alt-Nizza, das die Promenade des Anglais beherrscht. Es wurde 1912 erbaut, als Nizza der schickste Ort zum Überwintern war, und ist heute ein Wahrzeichen der Riviera. Ein weiteres stolzes Gebäude an der Promenade ist das Palais de la Mediterranée. Es wurde 2004 durch die Champagnerfamilie Taittinger innen umfassend renoviert, ohne das Art-déco-Äußere zu berühren.

Ein schöner Ausflug von Nizza aus ist die 11 km lange Fahrt nach Norden zum malerischen Mittelalterdorf Èze, dem höchsten der *villages perchés* (Bergdörfer) der Provence.

Mittag- und Abendessen im förmlichen Château de la Chèvre d'Or gibt es im verglasten Restaurant des Hotels, mit sensationellem Ausblick auf das 450 m tiefer liegende Mittelmeer. Übernachten können Sie auch gut im intimeren Château Eza, der früheren Residenz des schwedischen Prinzen Wilhelm, wo das Essen auf der Terrasse serviert wird.

Wo: 31 km westl. von Cannes. **Merenda:** kein Telefon; Reservierungen vor Ort: 4 rue Terrasse. *Preise:* Dinner € 60. **L'Acchiardo:** Tel. +33/4-93-855116. *Preise:* Dinner € 30. **Villa La Tour:** Tel. +33/4-93-800815; www.villa-la-tour.com. *Preise:* ab € 55. **Hôtel Negresco:** Tel. +33/4-93-166400; www.hotelnegresco-nice.com. *Preise:* ab € 260; Dinner im Le Chantecler € 96. **Palais de la Méditerranée:** Tel. +33/4-92-147700; palais.concorde-hotels.com. *Preise:* ab € 233 (Nebensaison), ab € 366 (Hochsaison). **Château de la Chèvre d'Or:** Tel. +33/4-92-106666; www.chevredor.com. *Preise:* ab € 326; Dinner € 133. **Château Eza:** Tel. +33/4-93-411224; www.chateaueza.com. *Preise:* ab € 241 (Nebensaison), ab € 415 (Hochsaison); Dinner € 110. **Reisezeit:** Feb. oder März: Karneval; Ende Juli: Festival de Jazz.

Wo van Gogh seine besten Bilder malte

Arles und die Alpilles

Provence-Alpes-Côte d'Azur, Frankreich

Arles, die Seele der Provence, ist eine Stadt der antiken Bauten, der grünen Plätze und der Kunstfestivals, mit einem gut erhaltenen römischen Amphitheater, in dem blutige und unblutige Stierkämpfe stattfanden. Aber Arles ist vielleicht am bekanntesten als Ort der Verzweiflung Vincent van Goghs: Hier malte er allein 1888 mehr als 200 Bilder, darunter die *Sonnenblumen* – und hier schnitt er sich bekanntermaßen ein Ohr ab.

Der mit Cafés vollbesetzte Place du Forum (von Julius Caesar geplant) ist perfekt für einen *café au lait* oder *apéritif*; hier entstand auch van Goghs berühmte *Caféterrasse am Abend*. Direkt am Platz ist das auffällige Grand Hôtel Nord Pinus, das an die Zeit erinnert, als Picasso, Hemingway und Édith Piaf hier wohnten. Das schrullige Hotel ist beliebt bei den Toreros, die Stierkämpfe in

Les Arènes bestreiten, wo einst die Gladiatoren kämpften.

Das elegante Hôtel Jules César in einem Konvent aus dem 17. Jh., das wie ein römischer Palast aufgemacht ist, punktet mit einem der besten Restaurants in Arles und mit seiner Nähe zum populären Samstagsmarkt. Das kreative Restaurant L'Atelier wird überwacht von Chefkoch Jean-Luc Rabanel, der mit La Chassagnette, 13 km von Arles entfernt in der Camargue (s. nächste Seite) bekannt wurde.

Van Gogh ging nach seinem turbulenten Jahr in Arles freiwillig in die Nervenheilanstalt in St-Rémy-de-Provence, heute für Besucher geöffnet. St-Rémy ist ein hübsches Marktstädtchen im Hügelvorland der Alpilles (der „kleinen Alpen") – schroffe Felsen, umgeben von Hügeln und Dörfern, voller Pinien, Zypressen und Olivenbäume. Auf einem zerklüfteten Plateau liegt das mittelalterliche Dorf Les Baux (benannt nach dem hier gefundenen Mineral Bauxit) mit spektakulärer Fernsicht. Hier ist auch das legendäre Restaurant/Hotel L'Ousteau de Beaumanière, das in einem umgebauten Bauernhaus des 14. Jh. außerordentliche Küche serviert. In der Nähe liegt das charmante La Riboto de Taven, ein Landschlösschen von 1835, wo einige Zimmer direkt in die Felsen gebaut sind. Chefkoch Jean-Pierre Novi kreiert perfekte provenzalische Hausmannskost, serviert in einem einladenden, mit antiken Möbeln bestückten Raum. **Wo:** 32 km südl. von Avignon. **Grand Hôtel Nord Pinus:** Tel. +33/4-90-934444; www.nord-pinus.com. *Preise:* ab € 159. **Hôtel Jules César:** Tel. +33/4-90- 525252; www.hotel-julescesar.fr. *Preise:* ab € 170, Dinner € 52. **L'Atelier:** Tel. +33/4-90-910769; www.rabanel.com. *Preise:* Dinner € 55. **L'oustau de Baumanière:** +33/4-90-543307; www.oustaudebaumaniere.com. *Preise:* ab € 200 (Nebensaison), ab € 300 (Hochsaison); Dinner € 96. **La Riboto de Taven:** Tel. +33/4-90-543423; www.riboto-de-taven.fr. *Preise:* ab € 185; Festpreis-Dinner € 60. *Wann:* Nov.–März: geschlossen. **Reisezeit:** Apr.–Sept.: Stierkampfsaison; Juni–Aug.: Fotoausstellung; Mitte Juli: Weltmusikfestival; Ende Aug.: Römische Nächte.

Das Juwel der Vaucluse

AVIGNON

Provence-Alpes-Côte d'Azur, Frankreich

Avignon geriet im 14. Jh. als Hauptstadt der christlichen Welt ins internationale Rampenlicht: 7 aufeinanderfolgende Päpste, die sich mit Rom überworfen hatten, richteten hier ihre Residenz ein. Die kleine Stadt wuchs schnell, denn es wurden Festungsmauern, Brücken, der riesige Palais des Papes (Papstpalast) und die Häuser der Kardinäle gebaut. Im Palast gibt es heute keinen Zierrat mehr, aber die lebhafte Stadt floriert auch heute, dank des universitären Lebens und des berühmten internationalen Theater- und Tanzfestivals im Sommer.

Sie werden Ihre Fantasie brauchen, um den früheren Glanz des Papstpalastes zu erfassen, aber seine große Sammlung mittelalterlicher Malerei und Plastik wird im nahen Petit-Palais-Museum gezeigt. Größere Opulenz bekommen Sie im Hotel La Mirande gegenüber dem Palast, im 14. Jh. für einen Kardinal erbaut und mit Kunst aus 2 Jahrhunderten bestückt. Hier ist auch eines der besten Restaurants Avignons. Eine weitere großartige Option ist das Hôtel d'Europe in einer Residenz des 16. Jh., mit herrschaftlich großen Räumen, die auf den Palast schauen. Speisen wie die Könige können Sie in Christian Étiennes Restaurant unter 700 Jahre alten Fresken; die Spezialmenüs konzentrieren sich auf eine einzelne Zutat wie Hummer oder Tomaten.

Nur 4 der 22 Bögen der Pont St-Bénézet, der Brücke aus dem Kinderlied *Sur le pont d'Avignon*, stehen noch. Im Mittelalter führte sie nach Villeneuve les Avignon, wo heute noch mehr als ein Dutzend Kardinalshäuser des 14. Jh. mit Blick über Avignon und das Rhônetal stehen. Das Hotel Prieuré, ursprünglich ein erzbischöfliches Palais, hat 33 reizende Zimmer, teils mit Terrasse.

Gleich weit von Avignon entfernt sind 2 beliebte Tagesziele: Im Westen liegt der römische Aquädukt Pont du Gard, ein dreistöckiges Wunderwerk der Ingenieurskunst, das vor über 2000 Jahren gebaut wurde, um Wasser nach Nîmes zu bringen. Im Osten ist die hübsche Stadt L'Isle sur la Sorgue mit ihren pittoresken Kanälen. Der sonntägliche Antikmarkt ist der größte in Frankreich außerhalb von Paris.

Wer es ruhig mag, aber dennoch nah bei Avignon sein möchte, ist im eleganten Hôtel Crillon-le-Brave richtig, einem typisch provenzalischen Landgasthof, in dem einst Herzöge lebten. Er bietet Aussicht auf Weinberge, Olivenhaine und den Mont Ventoux. Lavendelreihen bedecken die Felder am Fuß des Berges. Einige der schönsten Felder gibt es 1 Stunde Autofahrt entfernt in der Nähe der Lavendelhauptstadt der Provence, in Sault.

Wo: 742 km südl. von Paris; 105 km nordwestl. von Marseille. **LA MIRANDE:** Tel. +33/4-90-142020; www.lamirande.fr. *Preise:* ab € 348 (Nebensaison), ab € 422 (Hochsaison); Dinner € 70. **HÔTEL D'EUROPE:** Tel. +33/4-90-147676; www.heurope.com. *Preise:* ab € 220. **CHRISTIAN ÉTIENNE:** Tel. +33/4-90-861650; www.christian-etienne.fr. *Preise:* Dinner € 74. **LE PRIEURÉ:** Tel. +33/4-90-159015; www.leprieure.com. *Preise:* ab € 203. *Wann:* Nov.–März: geschlossen. **HÔTEL CRILLON-LE-BRAVE:** Tel. +33/4-90-656161; www.crillonlebrave.com. *Preise:* ab € 263. **REISEZEIT:** Juli: Theaterfestival in Avignon; Juni–Mitte Aug.: Lavendelblüte.

Der Pont du Gard, 45 v. Chr. erbaut und bis zum 4. Jh. in Gebrauch, führte Wasser mehr als 48 km weit vom Fluss Eure nach Nîmes.

Wilde Pferde, Stiere und Flamingos

DIE CAMARGUE

Provence-Alpes-Côte d'Azur, Frankreich

Eine der faszinierendsten naturbelassenen Regionen Frankreichs – und Europas – ist die ungezähmte Camargue, ein Biotop an Frankreichs Südküste, wo die Rhône ins Mittelmeer mündet. In diesem rund 20.000 km² großen Delta aus Weiden, Sümpfen und Salzebenen gedeihen mehr als 640 Pflanzen- und mindestens 500 Vogelarten (darunter 40.000 rosa Flamingos). Ein erhebender

Anblick sind die frei laufenden weißen Camargue-Pferde und kleinen schwarzen Stiere, überwacht von den letzten Cowboys Europas, den *gardians*. Reiten Sie eines der Pferde oder schauen Sie bei einem round-up der Stiere zu: im Le Mas de Peint in Le Sambuc, 32 km südöstlich von Arles (s. S. 90), einer großen Ranch mit steinernem Gästehaus aus dem 17. Jh. Als Gast genießt man auf der überdachten Terrasse mit Aussicht ausgesuchte Speisen mit Fleisch und Gemüse von der Ranch. Ganz in der Nähe können Sie im La Chassagnette ein Gourmetmenü probieren oder einen Kochkurs belegen – in einem früheren Schafspferch, wo der junge Topchefkoch Armand Arnal mit Zutaten aus seinem Biogarten und dem nahen Mittelmeer gastronomische Höchstleistungen vollbringt.

Fahren Sie im Mai nach Les Stes-Maries-de-la-Mer, wenn dort gerade „Zigeunerwallfahrt" ist: Dann pulsiert das Fischerdorf in den Rhythmen und Farben von mehr als 20.000 Roma (französisch: gitans), die sogar aus Ungarn und Rumänien anreisen, um zu Ehren ihrer Schutzheiligen, der Schwarzen Sara, zu singen und zu tanzen.

Die Legende besagt, dass Sara Maria Magdalena, Maria Jacobé und Maria Salomé, Anhängerinnen Jesu, im Jahr 40 ins Exil begleitete. Ihr Boot strandete ohne Segel und Ruder an der Küste der Stadt, die heute ihre Namen trägt, und ihre Überreste sollen in der romanischen Kirche der Stadt liegen. In der historischen Arena in Stes-Maries-de-la-Mer finden das ganze Jahr Pferdeschauen und unblutige Stierkämpfe statt, die *courses camarguaises*, bei denen die Toreros versuchen, ein rotes Tuch von den Hörnern des Stieres zu pflücken.

Wo: 24 km südl. von Arles. **Le Mas de Peint:** Tel. +33/4-90-972062; www.masdepeint.com. *Preise:* ab € 248; Dinner € 74. **La Chassagnette:** Tel. +33/4-90-972696; www.lachassagnette.fr. *Preise:* Dinner € 55. **Reisezeit:** Apr.–Mai oder Sept.–Okt., um die Mückensaison zu meiden; Mai: zur Vogelbeobachtung; 24.–26. Mai: Zigeunerwallfahrt.

Die Königin der Côte d'Azur

Cannes

Provence-Alpes-Côte d'Azur, Frankreich

Die Rivierastadt Cannes, Gastgeberin des glamourösesten Filmfestivals der Welt, hat mehr zu bieten als das alljährliche Promi-Schaulaufen für 12 Tage im Mai: Die charmante Altstadt, der lebhafte Markt und die schönen Strände machen es zu einem der schönsten Orte an der französischen Mittelmeerküste.

Das Hotel InterContinental Carlton Cannes, die neoklassizistische Kommandozentrale des Filmfestivals, dominiert die Croisette, Cannes' berühmte Promenade am Meer mit ihren Palästen und Palmen. Sollten Sie während des Festivals nicht mit Brad oder Penelope dort sein, begnügen Sie sich mit einem Cocktail oder einem Tee an der Terrassenbar – näher werden Sie den Schönen der Riviera wohl nicht kommen.

Die ganze Croisette entlang finden in Hotels wie Le Grand, Martinez und Majestic Barrière Filmfestivalevents statt. Doch wagen Sie sich einen Block hinter das Majestic, und Sie stoßen auf das Hôtel America, eine bescheidene, aber verlässliche Alternative.

Das Alltagsleben in Cannes spielt sich am alten Hafen westlich der Croisette und in der dahinterliegenden Altstadt Le Suquet ab. Rasten Sie im La Pizza am Hafen, einer Institution, und schlemmen Sie eine von 20 Pizzavariationen. Erklimmen Sie die pittoreske Rue St-Antoine mit ihren attraktiven Restaurants wie dem Le Maschou, einem kleinen Paradies für frische Meeresfrüchte. Ebenfalls in der Altstadt ist der Marché Forville, der pulsierende Lebensmittel- und Blumenmarkt.

Eine ruhigere Alternative ist das nahe Mougins, 10 Minuten nördlich von Cannes an der Straße zur Parfümhauptstadt Grasse. Mougins, eines der reizenden mittelalterlichen *villages perchés*, Bergdörfer, ist eine friedliche Enklave aus gepflasterten Gassen und Märkten, wo Picasso in seinen letzten 12 Jahren lebte und arbeitete. Gourmets strömen ins Le Moulin de Mougins, das kulinarische Reich des Kochs Alain Llorca in einer Olivenölmühle aus dem 16. Jh.

Wo: 26 km südwestl. von Nizza. **Info:** www.cannes.com. **Hotel InterContinental Carlton Cannes:** Tel. +33/4-93-064006; www.intercontinental.com. *Preise:* ab € 148 (Nebensaison), ab € 666 (Hochsaison). **Hôtel**

Die Croisette wird auf der einen Seite vom Mittelmeer, auf der anderen von Luxushotels flankiert.

América: Tel. +33/4-93-067575; www.hotelamerica.com. *Preise:* ab € 100. **La Pizza:** Tel. +33/4-93-392256; www.crescere.fr. *Preise:* Dinner € 20. **Le Maschou:** Tel. +33/4-93-396221. *Preise:* Dinner € 33. **Le Moulin de Mougins:** Tel. +33/4-93-757824; www.moulindemougins.com. *Preise:* Dinner € 90. **Reisezeit:** Juni–Aug.: Strandwetter; Mitte–Ende Mai: Filmfestival.

Glamour und Schönheit am Mittelmeer

Die französische Riviera

Provence-Alpes-Côte d'Azur, Frankreich

Die französische Riviera erstreckt sich von Marseille bis nach Menton an der italienischen Grenze und ist eine der begehrtesten Immobilienlagen der Welt. Es locken unter anderem ein gemäßigtes Klima, Meerblick, schöne Jachthäfen, bäuerliche Städte auf den Hügeln und opulente Villen. Die größten Städte sind die glamourösesten am Mittelmeer – Cannes, Monte Carlo (s. S. 125) und Nizza (s. S. 89). Trotz der ziemlich zugebauten Küste und der vielen Sommergäste besitzt die Côte d'Azur eine Magie, die Touristen aller sozialen Schichten seit Jahrhunderten anzieht.

Die Essenz dieser Anziehungskraft verkörpert St-Tropez, die Hafenstadt der Schönen und Berühmten, seit Brigitte Bardot hier 1956 *Und immer lockt das Weib* drehte. Sichern Sie sich ein Plätzchen zum People-Watching am Pampelonne-Strand oder im Hafencafé Sénéquier am Quai Jean Jaurès. Das Pastis Hotel, eine schicke Oase der Ruhe rund um einen Pool im Innenhof angelegt und nur 10 Gehminuten vom Hafen entfernt, wird von Briten geführt, die einen Touch des coolen London mitbringen. Das Hôtel La Ponche, seit

Langem beliebt bei Autoren und Schauspielern, atmet einen unkomplizierten Charme und serviert köstliche provenzalische Gerichte in einem Restaurant mit Hafenblick.

Antibes, gegenüber von Nizza an der Baie des Anges („Bucht der Engel"), hat ein ruhigeres Flair. In den 1920er–1950er-Jahren zogen Künstler wie Picasso, Matisse und Chagall hierher, wegen des Lichts und des Lebensstils. Das Musée Picasso besitzt einige der fröhlichsten Werke des produktiven Künstlers. Nicht weit entfernt liegt Cap d'Antibes. Fahren Sie an den pinienbestandenen Anwesen vorbei zum kleinen, freundlichen Hôtel La Jabotte. Für den Glamour alter Tage geht es zum legendären Grand Hôtel du Cap-Ferrat am St-Jean-Cap-Ferrat – seit seiner Eröffnung 1908 die Schönste der französischen Riviera, mit grandiosen Mittelmeerpanoramen.

Noch mehr tolle Aussichten gibt es im legendären Park der Villa Ephrussi de Rothschild, einem 100 Jahre alten Schloss, das Versailles nachempfunden ist. Im nahen Beaulieu ist das Réserve de Beaulieu & Spa das Nonplusultra.

Wo: St-Tropez liegt 112 km westl.; Antibes 30 km westl. von Nizza. **CAFÉ SÉNÉQUIER:** Tel. +33/4-94-970090. *Preise:* Dinner € 37. **PASTIS HOTEL:** Tel. +33/4-98-125650; www.pastis-st-tropez.com. *Preise:* ab € 185 (Nebensaison), ab € 474 (Hochsaison). **HÔTEL LA PONCHE:** Tel. +33/4-94-970253; www.laponche.com. *Preise:* ab € 196 (Nebensaison), ab € 333 (Hochsaison); Dinner € 60. **MUSÉE PICASSO:** Tel. +33/4-92-905420; www.antibes-juanlespins.com. **HÔTEL LA JABOTTE:** Tel. +33/4-93-614589; www.jabotte.com. *Preise:* ab € 100 (Nebensaison), ab € 130 (Hochsaison). **GRAND HÔTEL DU CAP-FERRAT:** Tel. +33/4-93-765050; www.grand-hotel-cap-ferrat.com. *Preise:* ab € 277 (Nebensaison), ab € 611 (Hochsaison). **VILLA EPHRUSSI DE ROTHSCHILD:** Tel. +33/4-93-013309; www.villa-ephrussi.com. **RÉSERVE DE BEAULIEU:** Tel. +33/4-93-010001; www.reservebeaulieu.com. *Preise:* ab € 252 (Nebensaison), ab € 644 (Hochsaison). **REISEZEIT:** Juni oder Sept., um die überfüllten Sommermonate zu meiden.

Malerische Bergdörfer

DER LUBERON

Provence-Alpes-Côte d'Azur, Frankreich

Der Luberon, das Gebirge östlich von Avignon, bietet typisch französische Anblicke: verschlafene Dörfer auf schroffen Bergen, daneben Weinberge und Lavendelfelder. Das Ganze ist – besonders für Engländer – zu einer wahren Industrie geworden, dank der Bücher von Peter Mayle (*Mein Jahr in der Provence*), die im pittoresken, heute recht überlaufenen Dorf Ménerbes spielen. Trotz allem bleibt Letzteres eines der schönsten Dörfer, mit engen Straßen und atemberaubendem Blick – eine gute Basis zum Erkunden der Gegend.

Zwischen den Weinbergen liegt eine geradezu perfekte provenzalische Unterkunft: das gehobene, aber entspannte Bastide de Marie, ein Bauernhaus des 18. Jh. mit Landhausdekor und ländlicher Küche. Das nahe Oppède-le-Vieux ist ein „Geisterdorf" mit mittelalterlichen Ruinen von Festungen, Werkstätten und Häusern (die Bewohner zogen im 19. Jh. wegen Feuchtigkeit und Dunkelheit lieber ins Tal).

Das schöne Städtchen Gordes mit den rund um einen Hügel angeordneten Häusern wird von einem großartigen Renaissanceschloss überragt. Drunten im Tal leben in der

Abbaye de Sénanque aus dem 12. Jh. immer noch Mönche inmitten von Lavendelfeldern.

Das verlassene Village de Bories wurde nach den etwa 20 bienenstockartigen Hütten aus aufgehäuften Steinen benannt, die von der Bronzezeit bis ins 18. Jh. von Schäfern bewohnt wurden. Den Luxus des 21. Jh. gibt es im Hôtel Les Bories & Spa, z.B. bei einer Massage mit regionalen Kräutern. Oder probieren Sie diese Kräuter im Garten des rustikalen Le Clos de Gustave, wo sie in leckeren Speisen verwendet werden.

Bonnieux ist eines der eindrucksvollsten Bergdörfer der Provence mit Aussicht auf 3 Nachbardörfer. Künstler zieht es in das hübsche „rote Dorf" Roussillon, bekannt für seine leuchtend roten Felsen und die aus den roten Steinen gebauten Häuser. Einer der besten Märkte im Luberon findet in Apt statt. Hier können Sie Ihre Vorräte an provenzalischer Keramik, Lavendel, Oliven und Wein aufstocken. **Wo:** Ménerbes liegt 39 km östl. von Avignon. **La Bastide de Marie:** Tel. +33/4-90-723020; www.labastidedemarie.com. *Preise:* ab € 274; Dinner € 60. **Hôtel Les Bories:** Tel. +33/4-90-720051; www.hotellesbories.com. *Preise:* ab € 211. **Le Clos de Gustave:** Tel. +33/4-90-720425; www.leclosdegustave.com. *Preise:* Dinner € 40. **Wann:** Dez.–Feb.: geschlossen. **Reisezeit:** Mai–Juni und Sept.–Okt.: weniger Touristen; Mitte Juli–Anf. Aug.: Festival de Lacoste; Sa. morgens: Markt in Apt.

Ein Dorf am Rande des französischen Grand Canyon

Moustiers und die Verdonschlucht

Provence-Alpes-Côte d'Azur, Frankreich

Eine 90-minütige Fahrt von Nizza nach Nordwesten bringt Sie über kurvige Bergstraßen zum mittelalterlichen Dorf Moustiers-Ste-Marie, hoch auf einem Sandsteinfelsen am westlichen Ende der spektakulären Verdonschlucht. Ein Wildwasserfluss teilt das Dorf in zwei Hälften – das Geräusch des Wassers verleiht Moustiers das Flair eines Alpendorfes.

Moustiers ist seit dem 17. Jh. ein Zentrum für *faience* (Steingut) – die engen Straßen sind gesäumt von Keramikläden. Steigen Sie hoch zur Kirche Notre-Dame-de-Beauvoir aus dem 12. Jh. mit schöner Sicht auf das Dorf, das Maire-Tal und das gletscherblaue Wasser unten in der Schlucht. Über der Stadt hängt an einer Kette zwischen 2 Felsen ein mysteriöser Stern – der Legende nach hingehängt von einem Ritter, der von den Kreuzzügen heimkehrte.

Am Fuß des Dorfes liegt La Bastide de Moustiers, Gasthof und Gourmettempel des legendären Alain Ducasse in einer früheren Töpferei. Oder übernachten Sie im charmanten, zentralen La Bouscatière, einem familiengeführten, in den Felsen gebauten B&B mit gutem Restaurant und Aussicht auf den Wasserfall.

Eines der spektakulärsten Naturdenkmäler Frankreichs ist die Verdonschlucht, auch „Grand Canyon du Verdon" genannt. Sie ist ideal zum Klettern, Wandern, Raften und Kajakfahren. Zum Bootfahren bieten sich Castellane, Bauduen oder Ste-Croix-du-Verdon als Ausgangspunkte an; zum Wandern empfiehlt sich der 14,5 km lange Martell-Weg, eine beliebte 9–12-stündige Route mit sensationellen Ausblicken. Wer im Auto bleiben will, hat eine gute Aussicht bei einer Fahrt entlang der Schluchtoberkante auf der Route des Cretes.

Wo: 150 km nordwestl. von Nizza. **La Bastide de Moustiers:** Tel. +33/4-92-70-47-47; www.bastide-moustiers.com. *Preise:* ab € 203; Dinner € 60. **La Bouscatière:** Tel. +33/4-92-74-67-67; www.labouscatiere.com. *Preise:* € 137; Dinner € 33. **Reisezeit:** Apr.–Juni und Sept.–Okt.: weniger los; ideale Bedingungen für Outdoorsport und Wandern.

Künstlerparadiese in den Hügeln der Provence

St-Paul-de-Vence und Vence

Provence-Alpes-Côte d'Azur, Frankreich

Das ummauerte mittelalterliche St-Paul-de-Vence ist ein hübsches, autofreies Bergdorf, das auf die schroffen Berge und Hochtäler des Hinterlands über Cannes (s. S. 93) hinunterblickt. Seine Festungsmauern, charmanten, engen Straßen und der Duft nach Rosmarin, Lavendel und Pinien sind selbst bei großem Touristenandrang in der Hochsaison schön.

In den 1920er-Jahren zog St-Paul Künstler wie Picasso, Braque, Matisse, Chagall, Dubuffet und Léger an, die sich im Colombe d'Or trafen. Noch heute hängen die Wände dieses Hotels und Restaurants voller Kunstwerke – man sitzt am Pool neben einem Kachelwandbild von Braque oder genießt provenzalische Speisen im Hof unter einem Wandgemälde von Léger. Das Hôtel Le Saint-Paul liegt in der Nähe in einem umgebauten Haus aus dem 16. Jh., mit Terrassen, die das Tal überblicken, und einem guten Restaurant.

Die Kunst der großen Meister, die hier wohnten oder arbeiteten, wird wunderschön präsentiert in den beeindruckenden Galerien und Gärten der Fondation Maeght. Dieses 1964 eröffnete Museum gilt als größte Privatsammlung moderner Kunst in Europa: Die 40.000 Werke umfassen mehr als 50 Skulpturen von Giacometti, 150 Arbeiten von Miró sowie Kunst von Kandinsky, Calder, Matisse und vielen anderen.

Das einfache Dorf Vence hat einen der besten Märkte der Gegend und war ebenfalls ein Künstlerparadies: Marc Chagall, der hier von 1950 bis zu seinem Tod 1985 lebte, schuf in der Kathedrale von Vence (11. Jh.) ein wunderschönes Mosaik. Matisse kreierte hier sein (so meinte er) Meisterstück, indem er Teile der Chapelle du Rosaire ausgestaltete (heute als Matisse-Kapelle bekannt), die als schönstes Gesamtkunstwerk des 20. Jh. gilt.

Ungezwungener Luxus und Topküche regieren im ruhigen, stattlichen Château St-Martin auf dem Grundstück einer Kreuzritterfestung des 12. Jh., mit Panoramaterrasse und Mittelmeerblick. Moderatere Preise hat die Auberge des Seigneurs im Zentrum von Vence. Hier treffen Sie auf 6 helle, großzügige Zimmer und ein beliebtes Restaurant, dessen Spezialität gegrillte Fleischspieße sind.

Wo: 16 km nordwestl. von Cannes. **La Colombe d'Or:** Tel. +33/4-93-328002; www.la-colombe-dor.com. *Preise:* ab € 260 (Nebensaison), ab € 337 (Hochsaison); Dinner € 55. **Hôtel Le Saint-Paul:** Tel. +33/4-93-326525; www.lesaintpaul.com. *Preise:* ab € 260 (Nebensaison), ab € 407 (Hochsaison). **Fondation Maeght:** Tel. +33/4-93-328163; www.fondationmaeght.com. **Château St-Martin:** Tel. +33/4-93-580202; www.chateau-st-martin.com. *Preise:* ab € 255 (Nebensaison), ab € 418 (Hochsaison). **Auberge des Seigneurs:** Tel. +33/4-93-580424; www.auberge-seigneurs.com. *Preise:* ab € 93; Dinner € 37. **Reisezeit:** Mai–Okt.; Juli–Aug.: Open-Air-Festival *Nuits de la Courtine* (Musik und Theater) in St-Paul.

Exzellente Weine und inspirierende Küche

BEAUJOLAIS UND DAS RHÔNETAL

Rhône-Alpes und Provence-Alpes-Côte d'Azur, Frankreich

Beaujolais, wunderschön und unprätentiös, ist die am wenigsten überlaufene Weinregion Frankreichs. Fast 100 bezaubernde Weindörfer liegen hier inmitten der höchsten Konzentration von Weinbergen im Land. Die Hälfte des jährlichen Ertrages von 160 Mio. Flaschen trägt das Etikett „Beaujolais AOC", aber Experten loben alle 12 Appellations-Bezeichnungen, die es hier gibt, darunter Fleurie, Brouilly, Morgan und Chiroubles, für die Qualität der leichten, fruchtigen Rotweine. Viele der Winzereien liegen an der Straße RN6 von Mâcon nach Villefranche-sur-Mer.

Touristen strömen in das mittelalterliche Bergdorf Pérouges, dessen historischer Gasthof Hostellerie de Pérouges auf einen kopfsteingepflasterten Platz hinausgeht. Wer zeitgemäßeren Luxus möchte, sollte die Zugbrücke zum sorgfältig restaurierten Château de Bagnols aus dem 13. Jh. überqueren und in eine Welt aus üppigen Stoffen, renaissanceinspirierten Fresken und Himmelbetten eintauchen. Im Vonnas bei Bourg-en-Bresse regiert der hochgeschätzte Koch Georges Blanc. Sein mit Antiquitäten gespicktes Restaurant (Spezialität: Hühnchen „Bresse") führt einen Weinkeller mit mehr als 130.000 Flaschen.

Das Rhônetal beginnt bei Lyon (s. S. 100), wo Rhône und Saône zusammenfließen. Hier liegt die zweitgrößte und zugleich älteste Weinregion Frankreichs: Die Römer pflanzten schon vor 2000 Jahren Wein an. Entlang den bergigen Flussufern im nördlichen Tal wachsen auf den steilen Hängen hauptsächlich Syrah-Reben, die in Weinen wie Crozes-Hermitage und St-Joseph verarbeitet werden. Hinter Valence, Richtung Avignon (s. S. 91) im südlichen Rhônetal, wachsen auf den sanft ansteigenden Hügeln sowohl Lavendel, Oliven, Mandeln und Birnen als auch eine großartige Vielfalt an roten und weißen Trauben, die für Verschnitte wie den renommierten Châteauneuf-du Pape verwendet werden.

In Valence können Sie die ultimative französische Küche im Restaurant Pic probieren, geleitet in 3. Generation von Anne-Sophie Pic. Man diniert in moderner, aber üppiger Kulisse. Nebenan gibt es das günstigere Bistro Le 7.

Ein weiterer familiengeführter Gourmettempel liegt südlich von Lyon in Roanne. La Maison Troisgros steht seit Jahrzehnten an der Spitze der Liste der weltbesten Restaurants. Michel, Sohn des renommierten Kochs Pierre Troisgros, hält das Familienerbe kulinarischer Exzellenz aufrecht und serviert technisch perfekte Speisen in minimalistischer Umgebung.

Wo: Mâcon liegt 336 km südl. von Paris. **L'HOSTELLERIE DE PÉROUGES:** Tel. +33/4-74-610088; www.hostelleriedeperouges.com. *Preise:* ab € 130. **CHÂTEAU DE BAGNOLS:** Tel. +33/4-74-714000; www.chateaudebagnols.co.uk. *Preise:* ab € 248 (Nebensaison), € 505 (Hochsaison). **GEORGES BLANC:** Tel. +33/4-74-509090; www.georgesblanc.com. *Preise:* ab € 189; Dinner € 174. **PIC:** Tel. +33/4-75-441532; www.pic-valence.fr. *Preise:* Zimmer ab € 307; Festpreis-Dinner € 96, Bistro-Dinner € 30. **MAISON TROISGROS:** Tel. +33/4-77-716697; www.troisgros.fr. *Preise:* Dinner € 189. **REISEZEIT:** Sept.: Weinlese.

Skifahren und die Aussicht genießen – das ganze Jahr

DIE FRANZÖSISCHEN ALPEN

Chamonix, Megève und Courchevel, Rhône-Alpes, Frankreich

Der Mont Blanc, mit 4810 m der höchste Berg Europas, beherrscht die französischen Alpen und ihre legendären Skiorte, die innerhalb Europas unübertroffen sind. Chamonix liegt in der Mitte eines 23 km langen Tals, wo Frankreich, Italien und die Schweiz aufeinanderstoßen. Hier fanden 1924 die ersten Olympischen Winterspiele statt. Skifahren kann hier selbst für die Besten eine Herausforderung sein: Es gibt einige fast vertikale Abfahrten und das Vallée Blanche, mit 23 km Länge die längste und rauste Tourenabfahrt Europas. Im Stadtzentrum übernachten Sie im Auberge du Manoir, einem familiengeführten Hotel mit ländlichem Dekor, oder etwas außerhalb im gehobenen Hotel Hameau Albert I., wo Sie sich zwischen dem Haupthaus und rustikalen Gästehäusern entscheiden müssen.

Wer mit der Gondelbahn nach Aiguilles du Midi mitten ins Mont-Blanc-Massiv fährt, schwebt in über 3600 m Höhe.

Einen einzigartigen Panoramablick haben Sie, wenn Sie mit der Seilbahn nach Aiguille du Midi gondeln oder die 730 km lange Route des Grandes Alpes von Evian nach Nizza (s. S. 89) entlangfahren. Oder wandern Sie auf 2 populären Wandertouren: Haute Route, ein 2-wöchiger, 160 km langer Weg nach Zermatt (s. S. 173), und die Tour de Mont Blanc, ein spektakulärer 8-tägiger Rundweg durch Frankreich, Italien und die Schweiz.

Das schicke Megève ist wohl der liebenswerteste der Skiorte, mit Dorfatmosphäre und Pferdekutschen. Hierher kommen Könige und Prominente. Es hat eine der besten Skischulen Europas, 75 km Wanderwege und fast 480 km von hier erreichbare Skipisten. In dem niedriger gelegenen Ort gibt es keine Schneegarantie, aber viele kommen auch einfach zum Shoppen oder um sich sehen zu lassen. Man wohnt im Hotel Les Fermes de Marie, kleinen, zu gschmackvollen Chalets ausgebauten Häuschen, oder im Schwesterhotel Au Coin du Feu. Zu Mittag essen neben nerzgekleideten Damen direkt an der Piste können Sie im L'Alpette, einer Institution in Megève seit 1935, oder genießen Sie eines der großartigen Menüs im Restaurant Flocons de Sel.

Courchevel ist der exklusivste und teuerste der Skiorte und eines der höchstgelegenen Skigebiete der französischen Alpen. Es besteht aus 4 Dörfern in verschiedenen Höhenlagen am Schnittpunkt dreier Alpentäler, Les Trois Vallées. Das abwechslungsreiche Terrain, Hunderte von Loipen und Wegen und ein riesiges Netz an Liften sind super für Anfänger und Fortgeschrittene. Komfort im großen Stil bekommen Sie im La Sivolière, einem Hotel im Chaletstil aus den 1970er-Jahren, geschmackvoll renoviert und versteckt an einem kleinen Wald nahe der Piste.

Wo: Chamonix liegt 417 km südöstl. von Paris. AUBERGE DU MANOIR: Tel. +33/4-50-53-10-77; www.absolument-montblanc.com. *Preise:* ab € 122. HOTEL HAMEAU ALBERT I: Tel. +33/4-50-53-05-09; www.hameaualbert.fr. *Preise:* ab € 155. **Wie:** Das amerikanische Unternehmen Wilderness Travel bietet eine 13-tägige Haute-Route-Wandertour und die 8-tägige Tour du Mont Blanc an. Tel. +1/510-558-2488; www.wildernesstravel.com. *Preise:* Haute Route ab € 3700; Tour du Mont Blanc ab € 2737. *Wann:* Juni–Sept. FERMES DE MARIE: Tel. +33/4-57-747474; www.fermesdemarie.com. *Preise:* ab € 144 (Nebensaison), € 496 (Hochsaison). HOTEL AU COIN DU FEU: Tel. +33/4-50-210495; www.coindufeu.com. *Preise:* ab € 203. L'ALPETTE: Tel. +33/4-50-210369; www.alpette-megeve.com. *Preise:* Mittagessen € 37. FLOCONS DE SEL: Tel. +33/4-50-214999; www.floconsdesel.com. *Preise:* Dinner € 104. LA SIVOLIÈRE: Tel. +33/4-79-080833; www.hotel-la-sivoliere.com. *Preise:* ab € 415.

Bouchons, Brasserien und Bocuse

ESSEN GEHEN IN LYON

Lyon, Rhône-Alpes, Frankreich

Lyon liegt zwischen Paris und dem Mittelmeer, in der Nähe von Beaujolais und Burgund. Die Alpen und Italien sind auch nicht weit weg – vielleicht erklärt diese Lage, warum es hier mehr Restaurants pro Quadratkilometer gibt (insgesamt 2000) als in jeder anderen europäischen Stadt außer Paris. Im 15. und 16. Jh. florierte hier der Seidenhandel und hinterließ im historischen Viertel Vieux Lyon (Alt-Lyon) Europas größte Ansammlung von Renaissancegebäuden. Diese wurden durch überdachte Passagen (*traboules*) miteinander verbunden. Heute definiert sich Frankreichs drittgrößte Stadt nicht mehr über Seide, sondern über die Leidenschaft für das Essen, und es gibt Dutzende belebter Märkte, den größten in den Halles de Lyon.

Die Märkte in Lyon quellen über vor lauter frischem Gemüse.

Die Presqu'ile, eine Halbinsel zwischen den Flüssen Saône und Rhône, ist das modernere Herz der Stadt mit viel Architektur des 19. Jh., Museen, schicken Läden, dem Opernhaus und einer Handvoll kleiner *bouchons* – traditionellen, heimeligen Brasserien, die einst herzhaftes Essen für Händler und Arbeiter auftischten. Das Café des Fédérations bietet gute Charcuterie-Gerichte und Sägemehl auf dem Boden. Um der *bouchon*-Tradition zu huldigen, gestaltete der renommierte Koch Jean-Paul Lacombe sein preisgekröntes Restaurant Léon de Lyon um zur weniger förmlichen Brasserie Léon de Lyon.

Die schwere französische Küche wurde Mitte der 1970er-Jahre vom Lyoner Paul Bocuse ganz neu definiert – seine *nouvelle cuisine* veränderte die kulinarische Tradition für immer. Eine zeitlose Karte mit diesen leichten, frischen Speisen finden Sie in seinem Restaurant Paul Bocuse am Rand von Lyon, immer noch Wallfahrtsort für diejenigen, die für einen Abend voller Erinnerungen gern etwas mehr bezahlen. Der Koch-Superstar, inzwischen Mitte 80, ist immer noch das Zentrum der hiesigen Szene: In der Stadt eröffnete er einige nette Lokale, darunter die Brasserien le Nord, le Sud, de l'Est und de l'Ouest.

Übernachten Sie schön zentral im Hotel Cours des Loges im Herzen der Altstadt, das ein elegant restauriertes *traboule* säumt. Oder sparen Sie Ihre Euros für die fantastischen Menüs und steigen im clever möblierten College Hotel am Rande des Viertels ab. Die Villa Florentine in den Hügeln vor der Stadt verspricht Romantik und eine schöne Aussicht auf Lyon.

Wo: 463 km südl. von Paris. **Café des Fédérations:** Tel. +33/4-78-282600; www.lesfedeslyon.com. *Preise:* Dinner € 20. **Brasserie Léon de Lyon:** Tel. +33/4-72-10-11-12; www.bistrotdescuisiniers.com. *Preise:* Dinner € 37. **Restaurant Paul Bocuse:** Tel. +33/4-72-42-90-90; www.bocuse.fr. *Preise:* Dinner € 126. **Cours des Loges:** Tel. +33/4-72-774444; www.courdesloges.com *Preise:* ab € 252. **College Hotel:** Tel. +33/4-72-100505; www.college-hotel.com. *Preise:* ab € 130. **Villa Florentine:** Tel. +33/4-72-565656; www.villaflorentine.com. *Preise:* ab € 270. **Reisezeit:** Juni–Aug.: Musikfestival Nuits de Fourvière; Anf. Dez.: Lichterfest.

Düstere Mondlandschaften und steinerne Festungen

Die Küste von Clare

County Clare, Irland

Die Küste des County Clare ist ein Wunderland der Felsen – hier gibt es hoch aufragende Klippen und romantische Burgen. Die als Burren bekannte Region (irisch *Boireann* oder „Steiniger Ort") südlich der Bucht von Galway im Nordwesten Clares ist eine 300 km² große Karstlandschaft aus grauem Kalk, die während der letzten Eiszeit entstand. Obwohl sie auf den ersten Blick karg wirkt, sind bei genauerem Hinsehen wilde Blumen und Pflanzen zu entdecken – beinahe 1000 Arten gedeihen hier, darunter Mittelmeer- und Alpengewächse nebeneinander, was einzigartig in Europa ist. Der gut ausgezeichnete 45 km lange Burren Way führt bis nach Ballyvaughan, wo das Gregans Castle Hotel, ein elegantes Herrenhaus mit hochgelobtem Restaurant, müde Wanderer willkommen heißt. Namensgeber ist die ehemalige Residenz des Prince of Burren (15. Jh.) auf der gegenüberliegenden Straßenseite.

Der Küstenort Doolin ist die Hochburg traditioneller irischer Musik. An seiner einzigen Straße liegen die Musikpubs McDermott's, McGann's und Gus O'Conor's. Stillen Sie hier zIhren Durst, bevor Sie sich wieder auf den Burren Way begeben, der

Die Cliffs of Moher zählen zu den meistfotografierten Naturwundern Irlands.

sich weiter zu den Cliffs of Moher, der bekanntesten Landmarke Irlands, schlängelt. Die Klippen aus Schiefer und Sandstein ziehen sich 8 km an der Küste entlang und fallen bis zu 214 m zum Meer hin ab. Das Gebiet ist auch Heimat großer Kolonien von Seevögeln und fast immer von Bustouristen überlaufen, aber wenn Sie zum Sonnenuntergang eintreffen, haben Sie die Chance auf einen Augenblick der Ruhe.

Einen urigen, amüsanten Abend können Sie im Bunratty Castle erleben. In der Burg aus dem 15. Jh., heute Teil eines Freilichtmuseums, werden mittelalterliche Bankette abgehalten, bei denen Sie an fackelerhellten Tafeln sitzen, mit den Händen essen und mit Gesang unterhalten werden. Übernachten können Sie in der Burg Dromoland, heute ein historisches Hotel mit exzellentem Service. Der repräsentative Stammsitz des Clans O'Brien – Barone von Inchiquin und direkte Nachfahren des letzten Hochkönigs von Irland, Brian Boru – verfügt über einen eigenen 18-Loch-Golfplatz.

Wo: Der Burren liegt 53 km nördl. von Shannon. **Info:** www.discoverireland.ie. **Burren-Nationalpark:** www.burrennationalpark.ie. **Gregans Castle Hotel:** Tel. +353/65-707-7005; www.gregans.ie. *Preise:* ab €203 (Nebensaison), ab €260 (Hochsaison); Dinner €55. *Wann:* Dez.–Mitte Feb.: geschlossen. **Bunratty Castle:** Tel. +353/61-36-0788; www.shannonheritage.com. *Preise:* €63. **Dromoland Castle:** Tel. +353/61-36-8144; www.dromoland.ie. *Preise:* ab €248 (Nebensaison), ab €455 (Hochsaison); Greenfee €96 (Hotelgäste), €120 (Besucher). **Reisezeit:** Mai–Juni: Blumenpracht im Burren; Ende Feb.: Festival traditioneller Musik in Doolin.

Der Himmel auf dem Grün

Irlands Golfparadiese

County Clare und County Kerry, Irland

Irland zählt mit seiner spektakulären grünen Hügellandschaft zu den reizvollsten und angesehensten Golfregionen der Erde. Mehr als 400 Golfplätze umschließen idyllische Schlosshotels (wie Adare und Dromoland; s. S. 117 und oben) und erstrecken sich über smaragdgrüne Wiesen (s. „Land der Pferde", S. 116). Ausgezeichnete Plätze gibt es von Dublin (der anspruchsvolle Turnierplatz Portmarnock Golf Links liegt nur 15 km außerhalb) über Donegal bis nach Nordirland (s. Causeway Coast und Kingdom of Mourne, S. 138 und 139), am beliebtesten sind jedoch nach wie vor die herausragenden Links im Südwesten des Landes.

Ganz oben auf der Wunschliste vieler Spieler steht der Ballybunion Golf Club an der stürmisch grauen Küste von County Kerry. Der letzte Abschnitt des dortigen Old Course ist laut dem 5-maligen British-Open-Sieger Tom Watson „ein echter Test für Golfer". Der Lahinch Golf Club im nahen County Clare steht seinem Nachbarn in nichts nach, sein Old Course säumt die schroffe Küste der Liscannor Bay und bietet mit seinen versteckten Grüns eine echte Herausforderung. Das hat ihm – in Anlehnung an den berühmten schottischen Links (s. S. 162) – den Spitzna-

In Ballybunion müssen Golfer bei ihren Schlägen die Küstenwinde berücksichtigen.

men „St. Andrew's of Ireland" eingebracht hat. Zwischen diesen beiden Marksteinen liegt der deutlich jüngere, aber ebenso eindrucksvolle Doonbeg Golf Club. Der 2002 eröffnete Platz wurde von Greg Norman entworfen, der die hoch aufragenden Dünen von Doughmore Bay bewunderte und ihre natürlichen Gegebenheiten voll ausschöpfte.

Der Platz Waterville Links erstreckt sich entlang der Ballinskelligs Bay und bietet eine fantastische Aussicht auf das Meer und die Bergkette Macgillycuddy Reeks. Vom Killarney Golf & Fishing Club sind die 3 Plätze des Killarney National Parks zugänglich, von denen vor allem Killeen geschätzt wird: Seit seiner Wiedereröffnung 2006 profitiert er noch mehr von seiner Lage am Lough Leane, dem größten Süßwassersee der Region, der reizvolle Kulisse wie Hindernis abgibt. Der herausragende Platz Tralee windet sich am Atlantik entlang durch riesige Dünen und tückische Täler und macht leicht nachvollziehbar, warum sein Schöpfer Arnold Palmer meinte: „Ich mag die ersten 9 Löcher gestaltet haben, aber die letzten 9 hat ganz sicher Gott gestaltet."

BALLYBUNION GOLF CLUB: Tel. +353/68-27146; www.ballybuniongolfclub.ie. *Preise:* Greenfee ab € 41 (Nebensaison), ab € 66 (Hochsaison). LAHINCH GOLF CLUB: Tel. +353/65-708-1003; www.lahinchgolf.com. *Preise:* Greenfee ab € 104. DOONBEG GOLF CLUB: Tel. +353/65-905-5602; www.doonbeggolfclub.com. *Preise:* Greenfee ab € 96 (Nebensaison), ab € 137 (Hochsaison). WATERVILLE GOLF LINKS: Tel. +353/66-947-4102; www.watervillegolfclub.ie. *Preise:* Greenfee ab € 63 (Nebensaison), ab € 155 (Hochsaison). KILLARNEY GOLF & FISHING CLUB: Tel. +353/64-663-1034; www.killarney-golf.com. *Preise:* Greenfee ab € 52. TRALEE GOLF CLUB: Tel. +353/66-713-6379; www.traleegolfclub.com. *Preise:* Greenfee € 189. WIE: Das amerikanische Unternehmen Irish Links ist auf individuelle Golfreisen spezialisiert. Tel. +1/203-363-0970; www.irish-links.com. REISEZEIT: Apr.–Sept.: bestes Wetter; Nichtmitglieder am willkommensten.

Himmlische Musik und göttliche Inspiration

CORK JAZZ FESTIVAL UND BLARNEY CASTLE

County Cork, Irland

O bgleich nur die zweitgrößte Stadt Irlands, ist Cork doch Schauplatz des bedeutendsten Jazzfestivals des Landes, das jährlich kurz vor Wintereinbruch für ein fröhliches langes Wochenende sorgt. Die Stadt ist außerdem Sport- und Wirtschaftsmetropole des Südens und Heimat der beiden heißgeliebten Stouts Murphy's und Beamish. Und doch sponsert ihr Hauptkonkurrent Guinness das Festival. Bier spielt auch hierbei eine wichtige Rolle, die jedoch weit in den Schatten gestellt wird von der Kraft, Qualität und Vielseitigkeit der Musik eines Landes, das seinem musikalischen Erbe tief verbunden ist. An den großen Veranstaltungsstätten treten bekannte Stars auf, doch häufig bieten die Auftritte von Nachwuchskünstlern in Pubs und an Straßenecken die mitreißendsten Erlebnisse. Die Kulturbegeisterung äußert sich auch in Gedichtlesungen, Galerieausstellungen, Filmvorführungen sowie Hip-Hop-, Blues- und Weltmusikkonzerten. Doch im Vordergrund steht ganz klar der Jazz – so sehr, dass in Kinsale (knapp 30 km südwestlich) sogar ein konkurrierendes Jazzfestival ins Leben gerufen wurde. Traditionelle Musik können Sie im klassischen Pub An Spailpín Fánac („Der Wanderarbeiter") erleben. Irische Gastfreundschaft bietet auch das familiengeführte Hotel Hayfield Manor, das nur wenige Gehminuten vom Zentrum entfernt den Charme eines Herrenhauses aus dem 19. Jh. mit modernen Annehmlichkeiten verbindet.

Versäumen Sie nicht, den Blarney Stone zu küssen, um sich die „Gabe der Beredsamkeit" zu sichern. Dazu müssen Sie nur mit den Besucherströmen die steilen Stufen zum 500 Jahre alten Blarney Castle (8 km nordwestlich von Cork) hinaufklettern und sich auf dem Rücken liegend über einen knapp 40 m tiefen Abgrund recken (Helfer mit starken Armen sorgen dafür, dass nichts passiert). Der Stein, der 1314 seinen Weg von Schottland hierhergefunden haben soll, galt schon immer als wundertätig und ist damit eines der beständigsten Symbole des Landes.

Wo: 122 km südöstl. von Shannon. **Cork Jazz Festival:** www.corkjazzfestival.com. *Wann:* Ende Okt. (4 Tage). **An Spailpín Fánac:** Tel. +353/21-427-7949. **Hayfield Manor Hotel:** Tel. +353/21-484-5900; www.hayfieldmanor.ie. *Preise:* ab € 155 (Nebensaison), ab € 244 (Hochsaison). **Blarney Castle:** Tel. +353/21-438-5252; www.blarneycastle.ie.

Von der Hungersnot zur Nahrungsrevolution

Kulinarisches Cork

County Cork, Irland

Während im 19. Jh. Tausende aus dem County Cork flohen, um der großen Hungersnot zu entgehen, ist es heute Mittelpunkt der irischen Slow-Food-Bewegung und der kulinarischen Wiedererweckung des Landes.

Das begann 1964, als Myrtle Allen das Restaurant im Ballymaloe House eröffnete, und erhielt weiteren Auftrieb, als ihre Schwiegertochter Darina die heute berühmte Ballymaloe-Kochschule gründete. Mit eigenem Obst- und Gemüsegarten legt sie besonderen Wert auf die einfache Zubereitung allerfrischster Zutaten.

Darina Allen war auch an der Gründung des Bauernmarkts im nahen Midleton beteiligt, das auch für sein Food & Drink Festival, die ehemalige Jameson-Destillerie und das beliebte Farmgate Restaurant bekannt ist.

In Cork verarbeitet das dazugehörige Farmgate Café im berühmten English Market Zutaten der ebenfalls hier ansässigen Metzger, Bäcker, Fisch- und Käsehändler zu einem reichhaltigen Frühstücks- und Mittagsangebot. Ganz in der Nähe verwandelt der einheimische Koch Denis Cotter im Café Paradiso lokales Gemüse in Mahlzeiten, die selbst hartnäckigste Fleischesser in Versuchung führen. (Auch das aus heimischem Stout gefertigte Beamish-Eis erfreut sich großer Beliebtheit.) Das südlich von Cork an der Küste gelegene Kinsale mit seinem malerischen Hafen gilt als kulinarische Hauptstadt Irlands – hier findet jährlich im Oktober das internationale Gourmet Festival statt. In den zahlreichen guten Restaurants kann man jedoch das ganze Jahr über hervorragend speisen, so im Fishy Fishy, wo u.a. warmer Meeresfrüchtesalat mit süßsaurer Soße serviert wird.

Im Longueville House in Cork, seinem georgianischen Stammsitz aus dem 18. Jh., verarbeitet der gefeierte Koch William O'Callaghan Lachs, Forelle, Lamm, Schwein und Wild (oft selbst geräuchert) vom eigenen Anwesen. Außerdem hat er Irlands einzigen Apfel-Brandy im Angebot. Das elegant-entspannte Ballyvolane House, im italienischen Stil renoviert und nahe dem lachsreichen Blackwater River gelegen, bietet 4-Gang-Dinner mit heimischen Spezialitäten an. Der Vater des Inhabers kümmert sich um den Gemüsegarten und das Vieh. In jedem der 6 Gästezimmer warten selbst gemachtes Gebäck und Getränke auf die Besucher, und die Küche bereitet gern Lunch-Picknicks vor, etwa für einen Besuch der hauseigenen Blackwater Salmon Fishery, die Anglern Zutritt zum Blackwater River gewährt. **Wo:** 122 km südöstl. von Shannon. **Info:** www.goodfoodireland.ie. **Ballymaloe:** Tel. +353/21-465-2531; www.ballymaloe.ie. *Preise:* 5-gängiges Dinner € 77. **Jameson Experience:** Tel. +353/21-461-3594; www.tours.jamesonwhiskey.com. **Farmgate:** Midleton: Tel. +353/21-463-2771, Cork: Tel. +353/21-427-8134; www.farmgate.ie. **Café Paradiso:** Tel. +353/21-427-7939; www.cafeparadiso.ie. *Preise:* Lunch € 22. **Fishy Fishy:** Tel. +353/21-4700415; www.fishyfishy.ie. *Preise:* Lunch € 37. **Longueville House:** Tel. +353/22-47156; www.longuevillehouse.ie. *Preise:* ab € 185; Dinner € 66. **Ballyvolane House:** Tel. +353/25-36349; www.ballyvolanehouse.ie. *Preise:* ab € 155; Dinner € 52. **Reisezeit:** Sept.: Festival *A Taste of West Cork* in Skibbereen, *EAT Cork Festival* in Cork, Midleton Food & Drink Festival; Okt.: Kinsale Gourmet Festival.

Das nördlichste Ende der Insel

Wildes Donegal

County Donegal, Irland

Das ländliche, raue und atemberaubend schöne County Donegal strahlt eine markante „Ende-der-Welt"-Atmosphäre aus. Jenseits des offenen Meers, zu dem seine zerklüftete Küste im Nordwesten Irlands abfällt, liegen Island (s. S. 372) und Grönland (s. S. 364); die tosenden Wellen, Küstenhöhlen, Wasserfälle, Wälder und Berge der Region bieten Gelegenheit zu zahllosen Outdooraktivitäten. Sie können Seekajak fahren, wandern, surfen oder Wale, Riesenhaie und zahlreiche Vögel vom Papageientaucher bis zum Wanderfalken entdecken.

Die 50 km lange Halbinsel Slieve League hat einige der höchsten Meeresklippen Europas. Der schmale Fußweg One Man's Pass, der auf dem Kamm entlangführt, ist nichts für schwache Nerven. Ebenfalls auf dieser Halbinsel finden Sie den Slí Cholmcille's Way, einen beschilderten Fernwanderweg, auf dem Sie den Wasserfall Assarancagh (Eas a' Ranca) und den beeindruckenden Glengesh Pass mit seinen grünen Bergen, Tälern und Serpentinen passieren. Sie können auch über den Pass fahren. Unverzichtbar ist ein Ausflug in den Glenveagh National Park: eine wilde Moor- und Heidelandschaft mit Rotwildherden und Steinadlern, in deren Zentrum eine neogotische Burg thront.

Die Region hat ihr Erbe hartnäckig bewahrt – für viele Bewohner ist Irisch Primärsprache, etwa auf Tory Island, deren etwa 200 Personen zählende Bevölkerung ihren eigenen „König" wählt. Derzeit bekleidet Patsy Dan Rogers (Mitglied der im Bereich der primitiven Malerei profilierten Tory School of Art) das Amt, zu dem gehört, dass er jede eintreffende Passagierfähre persönlich begrüßt.

Im Norden von County Donegal reicht mit dem Lough Swilly (Schattensee) ein Fjord tief ins Landesinnere hinein, dessen Ufer von einsamen Stränden gesäumt werden. Hier findet sich auch das Rathmullan House (19. Jh.), ein einladendes Hotel mit üppigen Gartenanlagen, dessen preisgekröntes Restaurant aus den Schätzen der Region schöpft.

Auf der anderen Seite von Lough Swilly bietet das Fort Grianán Ailigh aus vorkeltischer Zeit eine grandiose Aussicht, u.a. auf die nördlich gelegene Inishowen Peninsula. Um sie herum führt die rund 160 km lange Panoramastraße Inis Eoghain 100. Planen Sie einen Stopp auf der Landzunge Malin Head, dem nördlichsten Punkt Irlands, ein – hier sind die Sommertage aufgrund der nördlichen Lage lang, und im Herbst lässt sich sogar hin und wieder ein Hauch von Polarlicht erspähen.

Wo: 271 km nordwestl. von Dublin.
Info: www.discoverireland.ie/northwest.
National Trails Office: www.irishtrails. ie. **Rathmullan House:** Tel. +353/74-915-8188; www.rathmullanhouse.com. *Preise:* ab € 159; Dinner € 48. *Wann:* März–Okt.; Nov., Dez. und Feb. nur am Wochenende; Jan.: geschlossen. **Reisezeit:** Mai–Aug.: bestes Wetter; Juli: *Earagail Arts Festival;* Aug.: National Heritage Week (Wanderungen etc.)

Auf der Halbinsel Slieve League finden sich die höchsten Klippen Irlands.

Mahnmale des irischen Freiheitskampfes

Historisches Dublin

Dublin, Irland

Dublins General Post Office (GPO), strategisch günstig im Stadtzentrum gelegen, spielte eine bedeutende Rolle im Kampf um eine freie irische Republik. Am Ostermontag 1916 besetzten 1200 bewaffnete Bürger das Gebäude und erklärten es zu ihrem Hauptquartier. Von seinem Portikus riefen die Anführer des Aufstandes mit der Osterproklamation einen unabhängigen irischen Staat aus. Fast 1 Woche lieferten sich die Rebellen Straßenkämpfe mit der zahlenmäßig weit überlegenen britischen Armee. Als die Aufständischen kapitulierten, lag Dublin in Trümmern, und das GPO war niedergebrannt. Heute erhebt es sich wieder in stolzer Pracht; an die Rebellen erinnern eine Statue des keltischen Helden Cú Chulainn, eine Ausstellung zur Bedeutung des Osteraufstandes sowie die Säulen des Portikus, die immer noch Einschusslöcher aufweisen.

Etwas außerhalb liegt das Kilmainham-Gefängnis, wo die Anführer des Aufstandes inhaftiert waren, bevor sie von den Briten exekutiert wurden. Der enorme öffentliche Widerstand, der sich daraufhin regte, führte letztlich zum Irischen Unabhängigkeitskrieg, zum Anglo-Irischen Vertrag und zur Gründung des Irischen Freistaates. Eine Besichtigung des geisterhaften Inneren und der Hinrichtungsstätte im Hof ist ein ergreifendes Erlebnis.

Jenseits des River Liffey befinden sich der Militärfriedhof Arbour Hill, auf dem die meisten Anführer des Aufstandes bestattet wurden, sowie der klassizistische Bau, der die

Kunstgewerbe- und Geschichtssammlungen des National Museum of Ireland beherbergt: Die ehemaligen British Royal Military Barracks wurden nach dem Revolutionsführer Michael Collins in Collins Barracks umbenannt. Zu den Ausstellungsstücken gehört ein Originaldruck der Osterproklamation.

1967 weihte der überlebende Unabhängigkeitskämpfer (und spätere irische Präsident) Éamon de Valera zum 50. Jahrestag des Aufstandes den Garden of Remembrance ein. Der Erinnerungsgarten ist mit einem kreuzförmigen Wasserbecken versehen, dessen Boden ein Mosaik mit der Darstellung zerbrochener Speere und Schilde ziert – ein Symbol für den keltischen Brauch, nach dem Ende einer Auseinandersetzung die Waffen in einen Fluss zu werfen. Ein in Stein gemeißeltes Gedicht sagt die Wiedergeburt Irlands voraus.

GPO: Tel. +353/1-705-8833; www.anpost.ie. **INFO:** www.heritageireland.ie/de/Dublin. **KILMAINHAM-GEFÄNGNIS:** Tel. +353/1-453-5984. **FRIEDHOF ARBOUR HILL:** Tel. +353/1-821-3021. **NATIONAL MUSEUM OF IRELAND:** Tel. +353/1-677-7444; www.museum.ie. **GARDEN OF REMEMBRANCE:** Tel. +353/1-821-3021. **WIE:** Die Rebellion Walking Tour ist ein von Historikern geführter Rundgang zu den Schauplätzen des Aufstands. Tel. +353/868-583-847; www.1916rising.com. *Wann:* März–Okt. **REISEZEIT:** Ostern: Jahrestag des Aufstandes.

Geschmackserlebnisse am Ufer der Liffey

KÖSTLICHES DUBLIN

Dublin, Irland

Das ehemals nur für Kneipenessen bekannte Dublin ist im Laufe der vergangenen Jahrzehnte auf gastronomischem Gebiet konkurrenzfähig geworden. 1981 eröffnete der Franzose Patrick Guilbaud hier sein Restaurant, in dem er feine französische Küche mit besten irischen Zutaten – Filet vom Wicklow-Lamm, Clogherhead-Hummer, Garnelen von der Westküste – kombiniert. Mittlerweile ist das nach wie vor führende Restaurant Patrick Guilbaud im Merrion Hotel angesiedelt, das in 4 miteinander verbundenen Stadthäusern aus dem 18. Jh. eine opulente zeitgenössische Ausstattung, Rokoko-Stuckdecken, torfbefeuerte Kamine und eine Sammlung irischer Kunst zu bieten hat. Zum sonntäglichen Art Tea wird zu Harfenklängen Gebäck serviert, das von den umgebenden Kunstwerken inspiriert wurde – etwa Mini-Kopien von Gemälden.

Wie sein Nachbar weiß auch Kevin Thornton die Köstlichkeiten Irlands zu schätzen. Deutlich wird das im Restaurant seines Namens im Hotel Fitzwilliam: Sein Vorzeigegericht, langsam geschmortes Spanferkel mit Pomme Maxime, serviert er mit einer Soße aus *Poitín*, schwarzgebranntem irischem Schnaps, einem der stärksten alkoholischen Getränke der Welt.

Am anderen Ufer der Liffey huldigt das Chapter One Restaurant Dublins Begeisterung für die Literatur. Die Institution im Keller des Dublin Writers Museum (s. S. 109), einst das Haus des Whiskeyfabrikanten John Jameson, zeichnet sich durch Gewölbeatmosphäre mit Natursteinmauern und einer Bar aus grünem Marmor aus. Die kunstvoll gefertigten Fleisch- und Wurstwaren vom Servierwagen und der Chefs Table mit Blick auf das „kulinarische Theater" in der Küche sind einzigartig. Auch das nach einem Gedicht von W. B. Yeats benannte, gemütliche Winding Stair ist der Literatur verbunden. Dem Restaurant, das in den 1970er-Jahren als Veranstaltungsort diente. ist noch immer eine beliebte Buchhandlung angeschlossen; serviert werden Gerichte wie irische Fischsuppe mit Chorizo. Hungrige Bücherwürmer werden sich in den hohen Räumen mit ihren alten Balken, Sofas, Bücherregalen, Bugholzmöbeln und der namengebenden Wendeltreppe wohlfühlen.

Die kollektive Teeleidenschaft der Iren können Sie im Clarence Hotel im Stadtteil Temple Bar teilen, dessen Inhaber Bono und The Edge von U2 sind. Der dort angebotene „erweiterte" Afternoon Tea umfasst neben Tee, Sandwiches und Gebäck auch noch Champagner oder Cosmopolitans und wird im 6 m hohen Tea Room Restaurant, am antiken Refektoriumstisch im holzgetäfelten Study Café und in der Octagon Bar serviert.

RESTAURANT PATRICK GUILBAUD: Tel. +353/1-676-4192; www.restaurantpatrickguilbaud.ie. *Preise:* Dinner € 126. **MERRION HOTEL:** Tel. +353/1-603-0600; www.merrionhotel.com. *Preise:* ab € 193 (Nebensaison), ab € 222 (Hochsaison); Art Tea € 37. **THORNTON'S:** Tel. +353/1-478-7008; www.thorntonsrestaurant.com. *Preise:* Dinner € 81. **CHAPTER ONE:** Tel. +353/1-873-2266; www.chapteronerestaurant.com. *Preise:* Dinner € 63. **THE WINDING STAIR:** Tel. +353/1-872-7320; www.winding-stair.com. *Preise:* Dinner € 30. **THE CLARENCE:** Tel. +353/1-407-0800; www.theclarence.ie. *Preise:* ab € 120 (Nebensaison), ab € 185 (Hochsaison); Tee € 22.

REISEZEIT: Juni: *A Taste of Dublin*-Festival.

Liebe zur Sprache und zum geschriebenen Wort

LITERARISCHES DUBLIN

Dublin, Irland

Die in Irland verbreitete tiefe Liebe zum Wort lässt sich bis zu den mündlichen Dichtungen der Druiden, den keltischen Mythen und dem in Stein gehauenen Ogham-Alphabet zurückverfolgen. Auch die illustrierten Handschriften der frühen Klosterschreiber und die traditionellen *Seanchaí* genannten Geschichtenerzähler sind Teil des irischen Erbes.

In Dublin werden Brücken und Straßen nach Schriftstellern benannt, Statuen zu ihren Ehren errichtet und Häusern ihre Namen verliehen. Die Stadt vergibt jährlich den höchstdotierten Literaturpreis der Welt und lockt mit ihren zahlreichen literarischen Pubs Leser und Gelehrte an. 2010 erklärte die UNESCO Dublin offiziell zur Literaturhauptstadt.

Die 1592 gegründete Universität Trinity College kann auf eine beeindruckende Liste von Absolventen zurückblicken, darunter die Auto-

Keltische Mönche schufen das Book of Kells, das heute im Trinity College ausgestellt wird.

ren Jonathan Swift, Bram Stoker, Oscar Wilde und Samuel Beckett. Ihre Bibliothek umfasst mehr als 5 Mio. Bände, 200.000 der ältesten sind im Long Room der Alten Bibliothek aus dem 18. Jh. untergebracht. Das Erdgeschoss beherbergt mit dem frühmittelalterlichen Book of Kells das Glanzstück der Sammlung. Die Handschrift aus dem 9. Jh. enthält auf 680 Pergamentseiten die 4 Evangelien in lateinischer Sprache und ist mit aufwendigen Mustern und Tierdarstellungen in prächtigen Farben verziert.

Dubliner war das erste Buch von James Joyce, dem berühmtesten Sohn der Stadt. Sein Meisterwerk *Ulysses* schildert einen einzigen Tag in Dublin – den 16. Juni 1904 – und ist heute Mittelpunkt der schrägen Feierlichkeiten zum Bloomsday, die Joyce-Liebhaber aus der ganzen Welt anziehen. Diese stellen, häufig in edwardianischer Kleidung (Strohhüte, Westen) und mit Sonnenschirmen ausgerüstet, jeden Schritt der Protagonisten wie Leopold Bloom nach und lassen das Dublin der vorletzten Jahrhundertwende wieder auferstehen. Auch zahlreiche andere Schriftsteller haben eine Verbindung zu Dublin; 3 Literatur-Nobelpreisträger – George Bernard Shaw, W. B. Yeats (s. S. 120) und Samuel Beckett – wurden hier geboren, während mit Seamus Heaney noch ein 4. zuzog.

Als Ausgangspunkt für Ihren Besuch bietet sich das Writers Museum in der Nähe des Irish Writers Centre an. Zu bewundern sind hier von Joyce und Yeats signierte Bücher, Stifte, Schreibmaschinen, Porträts, Becketts Telefon, Brendan Behans Gewerkschaftsausweis und die eigenhändig signierte Weigerung Shaws, ein Autogramm zu geben.

Doch in Dublin lebten und tranken Schriftsteller nicht nur, manche starben auch hier: Der Satiriker Jonathan Swift ist in St. Patrick's Cathedral begraben, wo er Dekan war; der Dichter Gerard Manley Hopkins ruht auf dem Glasnevin-Friedhof.

INFO: www.dublincityofliterature.com. BOOK OF KELLS: Tel. +353/1-896-2320; www.bookofkells.ie. BLOOMSDAY: Tel. +353/1-878-8547; www.jamesjoyce.ie. DUBLIN WRITERS MUSEUM: Tel. +353/1-872-2077; www.writersmuseum.com. REISEZEIT: Juni: Dublin Writers Festival; 16. Juni: Bloomsday; Okt.: Dublin Theatre Festival.

Ein Fest der irischen Lebensart

PUBS UND ST. PATRICK'S FESTIVAL

Dublin, Irland

Dublins wichtigstes Kapital waren schon immer seine Menschen und ihre Begabung für Musik und Plauderei. Beides – und jede Menge *craic* (irisch für „angenehme Geselligkeit") – finden Sie zuhauf, wenn Sie sich in einem der mehr als 1000 Pubs der Stadt unter die Einheimischen mischen. Hier gilt das dickflüssige, pechschwarze Guinness als Nationalgetränk, und fast immer stellt Musik eine willkommene Ergänzung dar.

Die seit 1769 in Dublin gebraute „Poesie im Glas" wurde früher mit Werbeslogans wie *Guinness is good for you!* vermarktet, und vielleicht erklärt die ihr entgegengebrachte Verehrung, warum Irland einen jährlichen Bierkonsum von 131 l pro Kopf aufzuweisen hat (übertroffen nur noch von der Tschechischen Republik; s. S. 327). Die ganze Geschichte von Arthur Guinness und seinem weltberühmten Gebräu erfahren Sie im Guinness Storehouse. Die ausgedehnte ehemalige Gäranlage in Form eines riesigen Pint-Glases beherbergt heute ein Museum, eine Schaubrauerei, ein Restaurant und die rundum verglaste Gravity Bar mit Panoramablick auf Dublin.

Auch wenn die Zahl der Pubs sich heute nicht mehr mit der zur Mitte des 18. Jh. messen kann (als Dublin 2000 Bierschenken und 1200 Schnapsgeschäfte hatte), verbleiben doch noch zahlreiche Stätten, an denen man ein cremiges Pint jenes Getränks zu sich nehmen kann, das James Joyce „den Wein Irlands" nannte. Auf der Lower Bridge Street, nur wenige Schritte vom Fluss entfernt, befindet sich mit dem Brazen Head das älteste Pub der Stadt. Das 1198 als Kutscherherberge entstandene Haus, das 1661 seine Lizenz erhielt, hat sich seinen altertümlichen Charme erhalten und bietet jeden Abend musikalische Darbietungen.

Das 1934 eröffnete O'Donoghue's ist dagegen eher ein Newcomer. Seit jeher ist es für seine schwungvollen Jamsessions bekannt, aus denen in den 1960er-Jahren die erfolgreiche Folkgruppe The Dubliners hervorging. Auf der nahen Duke Street finden Sie das 1889 etablierte Davy Byrne's, das als einer der Anlaufpunkte von Leopold Bloom in James Joyces *Ulysses* Bekanntheit erlangte. Genießen Sie hier in Anlehnung an Blooms Mahlzeit ein Gorgonzolasandwich und ein Glas Burgunder oder einfach nur das Art-déco-Ambiente mit seinen Wandmalereien.

Noch mehr Lieblingsplätze von Schriftstellern können Sie bei der geistreichen und informativen Kneipentour Dublin Literary Pub Crawl entdecken, bei der Schauspieler humorvolle Anekdoten und Passagen aus den Werken großer irischer Autoren zum Besten geben.

Ihren Höhepunkt erreicht die Stimmung in den Pubs, wenn es im März darangeht, St. Patrick, den Schutzheiligen des Landes und der irischen Diaspora, zu ehren, der in Schottland geboren und 432 n. Chr. als Sklave nach Irland gebracht wurde. Dublin ist Schauplatz der längsten Feierlichkeiten (das größte Fest findet in New York City statt). Höhepunkt des 5-tägi-

Im O'Donoghue gibt es traditionell Livemusik.

gen Festivals ist die Parade, die mit Festwagen und Delegationen aus aller Welt die O'Connell Street hinabmarschiert. Darüber hinaus gibt es Konzerte, Fahrgeschäfte und – jeweils am St. Patrick's Day – die Finals der irischen Gaelic-Football- und Hurling-Meisterschaften.

GUINNESS STOREHOUSE: Tel. +353/1-408-4800; www.guinness-storehouse.com. BRAZEN HEAD: Tel. +353/1-677-9549; www.brazenhead.com. O'DONOGHUE'S: Tel. +353/1-660-7194; www.odonoghues.ie. DAVY BYRNE'S: Tel. +353/1-677-5217; www.davybyrnes.com. LITERARY PUB CRAWL: Tel. +353/1-670-5602; www.dublinpubcrawl.com. ST. PATRICK'S FESTIVAL: Tel. +353/1-676-3205; www.stpatricksfestival.ie. *Wann:* um den 17. März (5 Tage), Parade am 17. März.

Windgepeitschte Vorposten gälischer Kultur

DIE ARAN-INSELN

County Galway, Irland

Ein Fenster in längst vergangene Jahrhunderte öffnen die 3 Aran-Inseln vor der Westküste Irlands, deren Bevölkerungszahl stetig sinkt. Besucher schätzen die düster-romantische Schönheit der Wind und Wetter ausgesetzten Inseln, auf denen vorwiegend Irisch gesprochen wird und auf deren engen Straßen man immer noch Pferdewagen begegnet. Vor mehr als 100 Jahren verewigte der Dramatiker John

Millington Synge die Arans mit ihren Steinforts aus der Eisenzeit, den frühchristlichen Kirchen und *Clocháns* (klösterlichen Bienenkorbhütten) als „Irland von seiner exotischsten, farbenprächtigsten und traditionellsten Seite". Im 17. Jh., als die britischen Strafgesetze die irische Bevölkerung zur Abwanderung in den Westen zwangen, legten viele den weiten Weg zu den kargen Kalksteininseln zurück, wo sie Sand und Seetang in fruchtbaren Boden verwandelten. Viele der etwa 1.500 derzeitigen Inselbewohner können als ihre Nachfahren gelten.

Heute besuchen die meisten Touristen die größte Insel Inishmore *(Inis Mór)* und die erstaunlichen, auf einer Klippe gelegenen Ruinen des 4000 Jahre alten Steinforts Dún Aengus. Auf der kleinsten Insel Inisheer *(Inis Oirr)* findet jeden Sommer das traditionelle *Bodhrán-* (Trommel-)Festival *Craiceann* (irisch für „Haut") statt. Die am wenigsten besuchte mittlere Insel Inishmaan *(Inis Meáin)* ist geprägt von umgedrehten *Currachs* (traditionellen Ruderbooten) mit Stapeln von Fischernetzen, einer durch endlose Steinmauern in ein geometrisches Labyrinth verwandelten Landschaft und einer gerade einmal 200-köpfigen Bevölkerung. Hier hat sich Synge am häufigsten aufgehalten – eine Plakette mit der Aufschrift *Cathaoir Synge* („Synges Stuhl") markiert heute die Stelle hoch oben auf den Klippen, an der er mit Blick auf die gischtbekrönten Wellen schrieb. Während seiner hier verbrachten Sommer (die ihn zu *Der Held der westlichen Welt*, *Reiter ans Meer* und *Die Aran-Inseln* inspirierten) wohnte Synge in einem reetgedeckten Cottage, das jetzt von einem Nachkommen seines damaligen Gastgebers als saisonales Museum mit Erinnerungsstücken an den Dramatiker geführt wird.

Auf Inishmaan finden Sie zahlreiche B&Bs; für ein einzigartiges Erlebnis sollten Sie sich jedoch für das neu erbaute Inis Meáin Restaurant & Suites entscheiden. Sein stromlinienförmiges Äußeres fügt sich perfekt in seine Umgebung ein, jedes der 5 Zimmer verfügt über Panoramafenster, eine eigene Terrasse, Fahrräder und Angelruten. Marie-Therese und Ruairí de Blacam (ein auf der Insel geborener Koch) servieren schlichte Mahlzeiten aus örtlichen Zutaten: Inselgemüsesuppe, frisch gefangenen Hummer und Krebs, Pudding mit Beerenkompott.

Jede Insel veranstaltet im Sommer ein *Pátrún-*(Schutzheiligen-)Fest mit Bootsrennen, Eselreiten und Tanz auf den Piers. In der Johannisnacht werden große Feuer entzündet – dieser einst in ganz Irland verbreitete Brauch geht auf ein vorchristliches Ritual zur Sommersonnenwende zurück.

Wo: 48 km vor der Küste bei Galway. **Wie:** ganzjährig Fähren von Rossaveal, außerhalb von Galway. Tel. +353/91-568-903; www.aranislandferries.com. In der Hochsaison Fähren von Doolin, County Clare. Tel. +353/65-707-4455; www.doolinferries.com. **Inis Meáin Restaurant & Suites:** Tel. +353/86-826-6026; www.inismeain.com. **Preise:** € 263; Dinner € 48. **Wann:** Apr.–Okt. **Reisezeit:** 23. Juni: Johannisnacht; Juni und Aug.: Pátrún-Feste; Ende Juni: Inisheer *Craiceann.*

Der wilde Westen

CONNEMARA

County Galway, Irland

Connemara ist schwer zu definieren: Es ist weder Stadt noch Tal, sondern eine von rauem Zauber geprägte Ecke des County Galway, die für ihre romantische Torfmoorlandschaft bekannt ist und von Oscar Wilde als „wilde Schönheit" bezeichnet wurde. Das einsame, ungezähmte und größtenteils unbewohnte Connemara nimmt das westliche Drittel des County ein und war einst Teil des größten privaten Grundbesitzes in Irland.

Clifden, die malerisch am Atlantik gelegene inoffizielle Hauptstadt der Region, bietet neben einer herrlichen Aussicht den direkten Zugang zur landschaftlich überaus reizvollen, 11 km langen Sky Road, eine der schönsten (und weniger befahrenen) Strecken im Westen Irlands. Die steile, schmale Straße windet sich an der Küste entlang und bietet hin und wieder einen Blick auf die Twelve Bens, 12 spitze, oft nebelverhangene graue Gipfel mit einer Höhe von bis zu 730 m. Sie sind das Herz des Connemara-Nationalparks, der 1500 ha Heide- und Grasland und einige der besten Wanderwege Irlands umschließt. Herden von Rotwild und Connemara-Ponys – der einzigen in Irland heimischen Pferderasse, kleine kräftige Tiere, die als zuverlässige Reitponys bekannt sind – durchstreifen die Hügel. Der längste Wanderweg beginnt am Besucherzentrum und führt auf den über 400 m hohen Diamond Hill, wo eine spektakuläre Aussicht wartet. In der Nähe des Parkeingangs liegt das familiengeführte Rosleague Manor, ein komfortables Quartier in den Mauern eines 2-stöckigen Regency-Anwesens. Seine Dinner sind bekannt dafür, dass sie mit Fisch und Meersfrüchten, regionalem Lamm und selbst angebautem Gemüse den Geist und Geschmack Connemaras verkörpern.

Die abgeschiedene Delphi Lodge, einsam an einem See inmitten herrlicher Berge gelegen, bietet neben ihrer entspannten Landhausatmosphäre Zugang zu einem der besten Lachs- und Meerforellen-Angelgebiete des Landes. Das Dinner wird an einem großen Gemeinschaftstisch und oftmals unter persönlicher Aufsicht des liebenswürdigen Gastgebers serviert. Obgleich die Lodge ein Paradies für Angelexperten ist, richtet sich das Angebot auch an Anfänger, die mehr-

Die Ruine von Clifden Castle thront über der Küste.

mals im Jahr Wochenendkurse belegen können. Auch Nichtangler können einfach nur Einsamkeit, Ruhe und üppige Umgebung genießen.

Cashel House, ein Gutshaus mit eigenen Stallungen, lässt Sie die Naturwunder der Region erleben, ohne dass Sie das Anwesen verlassen müssen. Idyllische Pfade schlängeln sich durch preisgekrönte Gärten, 20 ha sanfter Hügel und schattiger Wälder und sogar zu einem kleinen Privatstrand. Sie können wählen, ob Sie am Torffeuer dösen, Rad oder Boot fahren oder in einem guten Buch schmökern möchten, bevor am Abend niveauvolle, aber unprätentiöse Mahlzeiten auf Sie warten.

Wo: Clifden liegt 80 km nordwestl. von Galway. **CONNEMARA-NATIONALPARK:** Tel. +353/95-41323; www.connemaranatio nalpark.ie. **ROSLEAGUE MANOR:** Tel. +353/95-41101; www.rosleague.com. *Preise:* ab € 144 (Nebensaison), ab € 215 (Hochsaison); Dinner € 33. *Wann:* März–Okt. **DELPHI LODGE:** Tel. +353/95-42222; www.delphilodge.ie. *Preise:* ab € 207; Dinner € 52. *Wann:* Nov.–Feb.: geschlossen. **CASHEL HOUSE:** Tel. +353/95-31001; www.cashelhouse-hotel.com. *Preise:* € 178 (Nebensaison), € 252 (Hochsaison); Dinner € 52. **REISEZEIT: Mitte Sept.:** Clifden Arts Festival; 3. Do. im Aug.: Connemara Pony Show. Angeln: Feb.–Mai: Frühlingslachs; Juni–Juli: Grilse; Aug.–Sept.: Meerforelle.

Irlands feierfreudigste Stadt

GALWAY

County Galway, Irland

Das am Rande Europas gelegene Galway ist Irlands inoffizielle Kulturhauptstadt. Außerdem wird hier seit 1954 jedes Jahr im September die Auster mit einem großen Fest geehrt. Feinschmecker nehmen sich darüber hinaus die Zeit für einen Abstecher ins benachbarte Fischerdorf Kilcolgan, um in Moran's Oyster Cottage zu essen. Das 1797 eröffnete Restaurant gilt seit 1966 als Muschel-Eldorado.

Einen Genuss ganz anderer Art hat Galway mit dem landesweit größten und vielseitigsten Spektrum an Kulturveranstaltungen zu bieten – vom stadtweiten Straßentanz über ein Mittelalterfest, Renaissance- und Barockmusik bis hin zu hochkarätigen Literaturevents und dem führenden Filmfestival Irlands. Dazu kommen noch die Galway Races, die jährlich rund 150.000 Pferderennsportfans anziehen, und ein Fest zu Ehren des Galway Hooker, eines traditionellen Segelboots, mit Wettfahrten und Demonstrationen zu Seiltechnik und Rettungsmanövern. Dabei können Sie auch an einem ganz anders gearteten „Galway Hooker" nippen: einem Irish Pale Ale aus der örtlichen Brauerei.

Der ursprüngliche Fischerort Galway wurde im 13. Jh. von Anglonormannen besetzt und entwickelte sich zu einer bedeutenden Hafenstadt, die von 14 Kaufmannsfamilien regiert wurde, was ihr den Spitznamen „Stadt der Stämme" einbrachte. Im mittelalterlichen Teil der Stadt, in Lynch's Castle und in den schmalen Altstadtstraßen ist diese Vergangenheit noch spürbar. Von der mittelalterlichen Stadtmauer ist nur ein einziges Tor erhalten: der Spanish Arch am Ufer des lebhaften Corrib River, welcher sich in die Galway Bay ergießt. Heute gelangt man durch den Torbogen zum Galway City Museum. Jenseits des Corrib liegt das alte Fischerviertel Claddagh, in dem der weltberühmte Claddagh Ring (2 Hände, die ein gekröntes Herz umschließen; Symbol für Freundschaft, Treue und Liebe) entstand.

Nicht weit vom Spanish Arch serviert das Ard Bia at Nimmos in einem alten steinernen Bootshaus das beste Essen der Stadt, tagsüber als Café, abends als Restaurant. Was in dem preisgekrönten Lokal auf den Tisch kommt, wird der Geschichte Galways als internationaler Hafen gerecht: zeitgenössische irische Küche mit leichten orientalischen und marokkanischen Anklängen. Auch Sheridan's Cheesemongers am Kirchplatz beschwört den Lebensmittelhandel früherer Zeiten herauf. Hier erhalten Sie eine große Auswahl lokaler und europäischer Käsespezialitäten, Delikatessen und Wein. Samstagmorgens findet auf dem Platz ein geschäftiger Erzeugermarkt statt.

Wo: 84 km nördl. von Shannon. **Info:** www.discoverireland.ie. **Moran's:** Tel. +353/91-796113; www.moransoystercottage.com. *Preise:* Dinner € 37. **Ard Bia at Nimmos:** Tel. +353/91-539897; www.ardbia.com. *Preise:* Lunch € 22. **Reisezeit:** Apr.: *Cúirt International Festival of Literature;* Mai: *Galway Early Music Festival;* Juli: *Galway Arts Festival, Galway Film Fleadh, Galway Races;* Aug.: *Cruinniú na mBád* (traditionelles Bootsfest); Sept.: *International Oyster Festival.*

Letzte Station vor Brooklyn

Dingle Peninsula

County Kerry, Irland

Der westlichste Ausläufer Europas ragt beeindruckend in den Atlantik hinein und wird spaßhaft „Nachbargemeinde Amerikas" genannt. Hier vernimmt man noch häufig die typische irische Sprachmelodie, und die landschaftlich spektakuläre Küste ist mit keltischen und frühchristlichen Ruinen übersät. Von besonders rauer Schönheit ist die Dingle Peninsula – eine der vielen Halbinseln an der Westküste Irlands (s. nächste Seite). Auf 50 km Länge und 8–19 km Breite stellt sie ein Erlebnis aus Wasser und Küste für Wanderer, Rad- und Autofahrer bereit. Während Sie sich an der Küste entlang- oder den Conor Pass hinauf- und hinunterschlängeln, bietet sich Ihnen eine atemberaubende Aussicht auf die spärlich bewachsenen Hänge zum Meer hinab.

Rund um die Spitze der Halbinsel liegen die 7 Blasket-Inseln, die seit 1953 unbewohnt sind. Heute sind die Inseln ein fast mysteriöses Ausflugsziel – wenn das Meer nicht zu stürmisch ist.

Dingle, die hübscheste Stadt im County Kerry, schwelgt noch immer in der Erinnerung an ihren Moment im Rampenlicht, als Robert Mitchum 1969 hier den Film *Ryans Tochter* drehte. Die Stadt verfügt über eine Reihe von Töpfereien, alternativen Buchläden und – bei 2000 Einwohnern – die landesweit höchste Pro-Kopf-Dichte an Pubs, sodass Sie beinahe jeden Abend mitreißende Livemusik erleben können. Das kleine, farbenfrohe Restaurant Out of the Blue, in dem nur Fisch und Meeresfrüchte serviert werden, nutzt die Küstenlage aufs Beste und öffnet nur, wenn es einen lohnenden Fang gibt (was zum Glück meist der Fall ist). Die köstliche Auswahl traditioneller und einfallsreicher Gerichte wird von einem verlockenden Dessertangebot abgerundet.

In freundschaftlicher Konkurrenz steht das Doyle's, seit Langem gleichermaßen für Klassiker (Meeresfrüchtesuppe) und Innovatives (Lachsmousse, Fisch-Tempura) in gemütlicher Atmosphäre beliebt. Im Anschluss können Sie satt und beschwingt zum Castlewood House zurücklaufen, einem großen, eleganten B&B mit luxuriösen Zimmern, Blick auf die Dingle Bay und einem Frühstück, das Sie nicht so schnell vergessen werden.

Wo: 153 km südwestl. von Shannon. **Out of the Blue:** Tel. +353/66-915-0811; www.outoftheblue.ie. *Preise:* Dinner € 45. *Wann:* Mitte März–Okt. **Doyle's:** Tel. +353/66-915-2674; www.doylesofdingle.com. *Preise:* Dinner € 45. **Castlewood House:** Tel. +353/66-915-2788; www.castlewooddingle.com. *Preise:* ab € 90 (Nebensaison), ab € 148 (Hochsaison). *Wann:* Dez.–Feb.: geschlossen. **Reisezeit:** Ende Apr.–Mitte Okt.: bestes Wetter; Ende Apr.–Anf. Mai: keltisches Kulturfestival Féile na Bealtaine; Aug.: Regatta; Ende Okt.: Dingle Food & Wine Festival.

Der Küstenort Dingle ist reich an hübschen Geschäften und Pubs.

Traumroute rund um die Iveragh Peninsula

DER RING OF KERRY

County Kerry, Irland

Selbst für ein Land, in dem jede Fahrt ein landschaftlich reizvolles Erlebnis ist, bietet die berühmte, 180 km lange Küstenstraße Ring of Kerry, die sich um die Halbinsel Iveragh zieht, überwältigende Ausblicke auf Land, Meer und Himmel. In Kombination mit der nördlich angrenzenden Dingle Peninsula (s. vorige S.) besteht die Gefahr visueller Reizüberflutung.

Die meisten Fahrer starten in Killarney, einem reizvollen Dorf in der Nähe des efeuumrankten viktorianischen Herrensitzes Muckross House, heute ein Museum für Heimatkunde und Geschichte des County Kerry und Eingang zum autofreien Killarney-Nationalpark im Herzen des County, dessen Wasserfälle, heidebewachsene Täler und reiche Tierwelt Anziehungspunkt für Radfahrer, Wanderer und jene Besucher sind, die sich für eine Fahrt mit den Jaunting Cars genannten 2-rädrigen Pferdekarren entscheiden.

Eine anspruchsvolle Alternative bietet der Kerry Way, ein kräftezehrender, 190 km langer Wanderweg rund um die Halbinsel, der sensationelle Ausblicke ohne Menschenmassen gewährt. Unterwegs können Sie die mystischen Skellig-Inseln mit der Skellig Michael erspähen, deren kahle Steilhänge ebenfalls Gelegenheit zu Wanderungen bieten und ein gut erhaltenes Kloster beherbergen, dessen Geschichte bis ins 7. Jh. zurückreicht. Wenn es der Seegang zulässt, kann man von Port Magee aus mit dem Boot übersetzen.

Gemütlich machen können Sie es sich im malerischen Kenmare, 30 km von Killarney entfernt. Der ruhige Marktflecken aus dem 19. Jh. wartet mit einer überraschenden Fülle hochkarätiger Speisemöglichkeiten auf. Das Bistro Packie's ist für einfache Gerichte (Irish Stew, Lammkarree) wie ausgefallenere Kreationen (Krebs-Garnelen-Gratin) bekannt und beliebt. Eine auserlesene moderne Alternative finden Sie im Mulcahy's, das internationale Küche mit asiatischen Akzenten serviert.

Das Park Hotel Kenmare ist eines der besten Landhotels in Irland. Das 1897 erbaute graue Steingebäude ist bekannt für seine Sammlung von Antiquitäten, Originalgemälden und Tapisserien. Die warme, einladende Atmosphäre wird verstärkt durch das bekannte Restaurant mit irisch-kontinentaler Küche. Das Sámas- (irisch für „Sinnenfreude") Spa und der 18-Loch-Golfplatz runden das luxuriöse Bild ab.

Am Ende der nahen Kenmare Bay finden Sie die Sheen Falls Lodge, deren Gäste sich schwertun, die geräumigen Zimmer zu verlassen, um die umliegenden Palmen, Kamelien und Fuchsien zu genießen oder am 25 km langen Privatabschnitt am River Sheen Lachse zu angeln. Im dazugehörigen La Cascade Restaurant, das nach der Aussicht auf einen kleinen, beleuchteten Wasserfall benannt ist, erwarten

Der Torc-Wasserfall im Killarney-Nationalpark.

Sie raffinierte, mit regionalen Zutaten verfeinerte Gerichte.

Wenn Sie direkt in Kenmare übernachten wollen, ist das stilvolle Brook Lane Hotel die erste Wahl. Es bietet komfortable, modern bis trendig eingerichtete Zimmer und ein wunderbares Restaurant.

Wo: Killarney liegt 135 km südwestl. von Shannon. **Info:** www.killarney.ie. **Muckross House:** www.muckrosshouse.ie. **Killarney-Nationalpark:** www.killarneynationalpark.ie. **Kerry Way:** www.kerryway.com. **Packie's:** Tel. +353/64-664-1508. *Preise:* Dinner € 30. **Mulcahy's:** Tel. +353/64-664-2383. *Preise:* Dinner € 37. **Park Hotel Kenmare:** Tel. +353/64-664-1200; www.parkkenmare.com. *Preise:* ab € 415 (Nebensaison), ab € 518 (Hochsaison); Dinner € 70. *Wann:* Nov.–Mitte Apr. **Sheen Falls Lodge:** Tel. +353/64-664-1600; www.sheenfallslodge.ie. *Preise:* ab € 322 (Nebensaison), ab € 470 (Hochsaison); Dinner € 66. **Brook Lane Hotel:** Tel. +353/64-664-2077; www.brooklanehotel.com. *Preise:* ab € 110 (Nebensaison), ab € 180 (Hochsaison). **Reisezeit:** März–Apr. und Okt.–Nov.: geringerer Andrang; 15. Aug.: Kenmare Fair.

Reiten und Golf im Land der Vollblüter

Land der Pferde

Straffan (County Kildare) und Thomastown (County Kilkenny), Irland

Im grünen, sanft gewellten Weideland der Countys Kildare und Kilkenny südlich von Dublin sind viele der 300 Gestüte Irlands zu Hause. Hier befindet sich auch die weltberühmte Pferderennbahn Curragh, auf der in der letzten Juniwoche das Irish Derby ausgetragen wird. Das Irish National Stud, das einige der berühmtesten Pferde des Landes hervorgebracht hat, gilt als Maßstab für alle anderen Gestüte des Landes, wenn nicht sogar der Welt. Diese Hingabe spiegelt die irische Leidenschaft für Pferde wider, die sich bis zu keltischen Mythen zurückverfolgen lässt. Der ursprüngliche Besitzer war ein großer Gartenliebhaber, weshalb zu den Highlights des Hofes ein wunderbar überraschender japanischer Garten gehört (womöglich der schönste in Europa). Der Kildare Hotel and Country Club (kurz „K Club"), ein Herrenhaus aus dem 19. Jh., bildet den Mittelpunkt eines Sportresorts de luxe, das dem Irish National Stud in nichts nachsteht und über kilometerlange Reitwege für die Schönheiten aus dem eigenen Stall verfügt. Doch das verlockende Grün ist nicht nur für Pferde da: Einer der beiden von Arnold Palmer gestalteten 18-Loch-Golfplätze des K Clubs zählt zu den besten des Landes.

Mount Juliet ist das 2. Premium-Sporthotel der Region. Das hübsche, efeubewachsene Landgut wurde vor mehr als 200 Jahren durch den Earl of Carrick errichtet. Sein Grundstück umfasst Wald, Wiesen, Gartenanlagen und – als gefeierte Hauptattraktion – einen gepflegten 18-Loch-Turniergolfplatz, gestaltet von Jack Nicklaus. Der Platz war bereits 3-mal Austragungsort der Irish Open. Das Hotel verfügt über gemütliche, hübsch ausgestattete Zimmer mit Kamin und großen Fenstern mit Blick auf das sanfte Gelände, das zur angeschlossenen Ballyinch Stud Farm führt, wo Vollblüter müßig auf üppigen Wiesen grasen. Die Reitställe stellen Pferde für Streifzüge auf den endlosen Wegen bereit; private Angelreviere am River Nore bieten auf 6 km Gelegenheit zum Forellen- und Lachsfischen, und ein Spa verwöhnt seine Gäste mit Massagen.

Wer lieber in Dublin übernachten möchte, kann im historischen Shelbourne Hotel einchecken. Das 1824 erbaute Haus ist das letzte überlebende Grandhotel Dublins; hier wurde 1922 die Verfassung des Irischen Freistaates verfasst. Mit seinen Gemeinschaftsräumen voller Kerzenleuchter, flackernder Kamine und Kunstgegenstände ist es seit Jahren Anziehungspunkt für alles, was Rang und Namen hat. Während der prestigeträchtigen Horse Show Week im August ist seine Horseshoe Bar der absolute Place to be.

Wo: Irish National Stud: in Tully, 48 km westl. von Dublin. Tel. +353/4-552-2963; www.irish-national-stud.ie. *Wann:* Mitte Dez.–Mitte Feb.: geschlossen. Rennsaison: März–Okt. **KILDARE HOTEL:** Tel. +353/1-601-7200; www.kclub.ie. *Preise:* ab € 305 (Nebensaison), ab € 407 (Hochsaison); Greenfee ab € 96 (Nebensaison), ab € 193 (Hochsaison). **MOUNT JULIET:** Tel. +353/56-777-3000; www.mountjuliet.ie. *Preise:* ab € 140 (Nebensaison), ab € 163 (Hochsaison); Dinner € 40; Greenfee ab € 63 (Nebensaison), ab € 74 (Hochsaison). **THE SHELBOURNE HOTEL:** Tel. +353/1-663-4500; www.theshelbourne.ie. *Preise:* ab € 203. **REISEZEIT:** Mai–Okt.: bestes Wetter; Ende Juni: Irish Derby in Curragh; Aug.: Dublin Horse Show Week und Kilkenny Arts Festival.

Irlands bezauberndstes Dorf

ADARE

Adare, County Limerick, Irland

Es wird oft als hübschestes Dorf Irlands bezeichnet – und ist definitiv eines der meistfotografierten: Adare ist ein schmuckes Ensemble aus reetgedeckten Cottages, Tudorhäusern und erfeuumrankten mittelalterlichen Ruinen.

Auf seiner Hauptstraße reihen sich kleine Restaurants, Pubs und farbenfrohe Souvenir- und Kunsthandwerkerläden aneinander. In dieser Idylle überrascht Adare Manor, ein neogotischer Bau mit 52 Schornsteinen, 365 Bleiglasfenstern und unzähligen Türmchen. Der ehemalige Landsitz der Earls of Dunraven ist heute eine Oase für Gäste, die es genießen, sich verwöhnen zu lassen. Das 1988 eröffnete Schlosshotel ist eines der eindrucksvollsten des Landes und wirkt mit seinen gewaltigen Hallen, 75 reich verzierten Kaminen, riesigen Ölporträts, Kristallleuchtern, den akkuraten Buchsbaumhecken und dem französischen Parterregarten wie aus dem Bilderbuch. Obwohl Angler die Lage am Fluss zu schätzen wissen, stellt der 18-Loch-Turniergolfplatz, den Robert Trent Jones jr. 1995 gestaltete, den Hauptanziehungspunkt dar. Doch auch auf kulinarischem Gebiet hat das Haus einiges zu bieten: Die exzellenten Dinner im eichegetäfelten Speisesaal sind ein Ereignis, das nach Anzug und Krawatte verlangt.

Für einen 2600-Einwohner-Ort ist Adare auf gastronomischem Gebiet erstaunlich gut aufgestellt. Im Mustard Seed, seit seiner Eröffnung 1985 äußerst beliebt, wird der europäischen Küche unter Einsatz regionalen Biogemüses ein irischer Akzent verliehen. Untergebracht ist es in der Echo Lodge aus dem 19. Jh., einem umgebauten Kloster, das überdies 11 elegante Zimmer und – im ehemaligen Schulgebäude – einige moderne Suiten beherbergt und von einem Garten umgeben ist.

Das 2. herausragende Restaurant in Adare ist das Wild Geese. Hier nehmen die Gäste einen Drink vor dem Torffeuer, bevor sie im gemütlichen Puppenstubenambiente des

Speisesaals Mahlzeiten genießen, deren besonderes Augenmerk auf regionalen Köstlichkeiten liegt. **Wo:** 40 km nordwestl. von Shannon. **Adare Manor:** Tel. +353/61-605-200; www.adaremanor.com. *Preise:* ab € 252 (Nebensaison), ab € 466 (Hochsaison);

Dinner € 66; Greenfee € 77 (Nebensaison), € 122 (Hochsaison). **Mustard Seed in der Echo Lodge:** Tel. +353/69-68508; www.mustardseed.ie. *Preise:* ab € 170; Dinner € 66. **Wild Geese:** Tel. +353/61-396451; www.thewild-geese.com. *Preise:* Dinner € 37. **Reisezeit:** Mai–Okt.: bestes Wetter.

Das Schönste im ganzen Land

Ashford Castle

Cong, County Mayo, Irland

In Irland herrscht kein Mangel an Schlosshotels, doch Ashford Castle – ein fantastisches Gemäuer, das sich in Irlands zweitgrößtem See, dem Lough Corrib, spiegelt – ist einzigartig. Stellen Sie sich Türme, Zugbrücke und Zinnen vor, ergänzt durch exzellenten Service, Himmelbetten, von Rüstungen flankierte Flure und prächtig vertäfelte Salons, in denen Kaminfeuer prasseln. Die weltberühmte Burg aus dem 13. Jh. diente ab 1852 fast 100 Jahre lang als Wohnsitz der Brauerdynastie Guinness. Gespeist wird im eleganten Ambiente des George V Room oder des etwas heimeligeren Connaught Room, umgeben von riesigen Fenstern, Waterford-Kristall mit eingraviertem Ashford-Wappen und eigens angefertigtem Wedgwood-Porzellan. Wer nicht hier übernachtet, kann im Cullen's at the Cottage auf dem spektakulären 120-ha-Grundstück essen, das Bistroküche serviert. Auch die verschiedenen Aktivitäten wie Angeln, Seerundfahrten, Golf und Falknereikurse stehen Nichtgästen offen. Als John Ford 1952 auf dem Anwesen und im benachbarten Dorf Cong den Filmklassiker *Der Sieger* (mit John Wayne und Maureen O'Hara) drehte, war das Filmteam ebenfalls in der prunkvollen Burg untergebracht.

Auch wenn das County Mayo das luxuriöseste Schloss des Landes beherbergt, hatten seine Bewohner doch besonders heftig unter der großen Hungersnot zu leiden. An deren Opfer erinnert ein Bronzedenkmal zu Füßen des Croagh Patrick. Der heilige Berg wurde schon von den Kelten verehrt, die auf seinem Gipfel alljährlich am 1. August ihr Erntefest Lughnasadh begingen, und hieß ursprünglich Croagh Aigh. Heute ist er nach dem hl. Patrick benannt, der hier 40 Tage lang fastete und angeblich von hier aus die „Schlangen" aus Irland vertrieb – vermutlich ein Euphemismus für die weitgehende Ausrottung der keltischen Religion und die Einführung des Christentums. Am letzten Sonntag im Juli erklimmen alljährlich Tausende von Pilgern (oftmals barfuß) den 750 m hohen Gipfel, um dort zu beten und an Gottesdiensten teilzunehmen.

Doch die Geschichte des County Mayo reicht noch weiter zurück: Die Céide Fields sind mehr als 5000 Jahre alt und gelten als großflächigste steinzeitliche Stätte der Welt. Die ummauerten Felder der landwirtschaftlichen Siedlung hoch über dem Ozean wurden vom Moor konserviert und sind die ältesten ihrer Art.

Heutzutage ist Mayo auch für die Bachforellen in Lough Conn weithin bekannt. Wenn Sie in See angeln möchten, sollten Sie die Cloonamoyne Fishery auf dem Gelände von Enniscoe House besuchen. Susan Kellett und ihr Sohn DJ öffnen ihren Familiensitz aus dem 17. Jh. und die Farmgebäude für Übernachtungsgäste; das Angelzentrum versorgt Sie mit einem Boot, einem Ghillie (Führer) und der nötigen Ausrüstung.

Beschließen Sie den Tag im Matt Molloy's im malerischen Städtchen Westport. Im Hinterraum des Pubs, das dem Flötisten der weltberühmten Band The Chieftains gehört, wird jeden Abend Livemusik geboten. **Wo:** 249 km westl von Dublin. **Info:** Tel. +353/94-954-6003; www.ashford.ie. *Preise:* ab € 185 (Nebensaison), ab € 396 (Hochsaison).

Cloonamoyne Fishery: Tel. +353/96-51156; www.cloonamoynefishery.com. *Preise:* € 122/ Tag für Motorboot und Führer. *Wann:* Apr.–Sept. **Enniscoe House:** Tel. +353/96-31112; www.enniscoe.com. *Preise:* Haupthaus ab € 200/Nacht; Farmgebäude ab € 511/Woche. *Wann:* Haupthaus: Apr.–Okt.; Farmgebäude: ganzjährig. **Matt Molloy's:** Tel. +353/98-26655; www.mattmolloy.com. **Reisezeit:** Apr.–Juni: Forellenfischen; letzter So. im Juli: Wallfahrt zum Croagh Patrick; Anf. Aug.: Westport Music Festival.

Heiliger Boden der Frühzeit

Boyne Valley

County Meath, Irland

Im County Meath, etwas nördlich von Dublin, säumt eine Ansammlung eindrucksvoller Megalithmonumente namens Brú na Bóinne die Ufer des River Boyne. Die bedeutendste Stätte, Newgrange – ein riesiger, grasbedeckter Hügel mit umlaufender Stützmauer – entstand etwa 3200 v. Chr. In ihrem Inneren befindet sich ein enger steinerner Gang, der in einem kreuzförmigen, 6 m hohen Raum mit Kraggewölbe endet, bei dem es sich wahrscheinlich um eine Grabkammer handelt.

Zur Wintersonnenwende fällt das Tageslicht durch eine Öffnung über dem Eingang, kriecht durch den Gang und erhellt die Kammer etwa 20 Minuten lang. An 6 Tagen rund um dieses Datum dürfen 10 glückliche Losgewinner mit 10 Gästen dem Spektakel im Hügelinneren beiwohnen. Für alle anderen simuliert eine ganzjährige Lightshow den Effekt. Die Nachbaranlage Knowth weist die größte Ballung megalithischer Kunst in ganz Westeuropa auf: Hier wurden dekorative Kreise, Spiralen, Wellenlinien und Zickzackmuster in riesige Felsbrocken gemeißelt.

Weiter flussabwärts liegt das spirituelle Zentrum Irlands: Der Hill of Tara,

schon in prähistorischer Zeit ein heiliger Ort, ist eng mit der keltischen Geschichte und Mythologie verbunden, gilt er doch als zeremonieller Sitz der irischen Hochkönige, die der Überlieferung nach das Land mehr als 2 Jahrtausende lang bis ins 11. Jh. regiert haben sollen. Der sogenannte Schicksalsstein diente angeblich als deren Krönungsstätte, und 5 große Straßen liefen hier zusammen. Die Stämme trafen sich hier zu nationalen Feierlichkeiten, bei denen Gesetze verabschiedet, Streitigkeiten beigelegt, Festmähler abgehalten und den Druiden

Das von Hugh de Lacy erbaute Trim Castle hat sich seit seiner Fertigstellung kaum verändert.

gelauscht wurde. Heute begehen moderne Anhänger des heidnischen Glaubens bedeutende Daten des keltischen Kalenders wie die Sommersonnenwende auf dem 155 m hohen, grasbewachsenen Hügel. Da Tara durch den Neubau einer Autobahn in der Nähe gefährdet ist, wurde die Stätte von der Smithsonian Institution in die Liste der sehenswertesten gefährdeten Kulturschätze aufgenommen.

Ebenfalls am River Boyne bietet Irlands größte anglonormannische Burg ein vergleichsweise modernes Geschichtserlebnis. Trim Castle wurde 1206 fertiggestellt, und sein massiver 20-seitiger Turm bietet einen so beeindruckenden Anblick, dass Mel Gibson hier 1994 Teile von *Braveheart* drehte. In Trim werden überdies Fahrten mit dem Heißluftballon angeboten, die Ihnen herrliche Blicke auf den Boyne und die bestmögliche Aussicht auf die Bodendenkmäler von Tara bieten. **Wo:** 43 km nördl. von Dublin. **Info:** www.heritageireland.ie. Brú na Bóinne: Tel. +353/41-988-0300. Newgrange Solstice Lottery: Anmeldung im Besucherzentrum oder per E-Mail an brunaboinne@opw.ie. *Wann:* Newgrange: ganzjährig geöffnet, Wintersonnenwende 18.–23. Dez. (bei Tagesanbruch). Hill of Tara: Tel. +353/46-902-5903. *Wann:* Ende Mai–Mitte Sept. Irish Balloon Flights: Tel. +353/46-948-3436; www.balloons.ie. *Wann:* Apr.–Sept. *Preise:* € 248. **Reisezeit:** Anf. Apr.: *Hot Air Balloon Fiesta* in Trim.

Gerburtsstätte der keltischen Renaissance

Das Land des W. B. Yeats

County Sligo, Irland

Das mystische, naturverbundene Werk des Nobelpreisträgers William Butler Yeats (1865–1939) wurde stark von dem tiefen Eindruck geprägt, den das County Sligo hinterließ, als er hier die Sommer seiner Kindheit verbrachte. Obgleich in Dublin (s. S. 108) geboren, ließ er sich von der Landschaft und den Legenden der Gegend zu vielen seiner Gedichte, Dramen und Prosastücke inspirieren.

Die Mehrzahl der Yeats gewidmeten Museen und Gedenkorte befindet sich in der Hauptstadt Sligo, doch die Stätten, die sein Herz eroberten, liegen außerhalb. Um deren Wirkung auf den Dichter zu verstehen, sollten Sie am Lough Gill (mit der Innisfree Isle, die ihn zu einem seiner berühmtesten Gedichte inspirierte) entlangspazieren und dem Dooney Rock sowie Hazelwood einen Besuch abstatten. Oder Sie erklimmen den massiven Knocknarea Mountain mit dem Grabhügel der keltischen Königin Medb und überqueren die Grenze zum County Leitrim im Osten, um den Glencar-Wasserfall zu bewundern.

Es braucht seine Zeit, alles zu sehen, weswegen Sie im gut 15 km südlich von Sligo gelegenen Coopershill House einchecken sollten. Das georgianische Herrenhaus von 1774 ist seit 8 Generationen im Besitz der Familie O'Hara. Seine 8 wunderschön eingerichteten Zimmer und der hübsche Speisesaal, in dem bei Kerzenschein köstliche Mahlzeiten mit hofeigenen Zutaten serviert werden, verbreiten den Charme vergangener Zeiten.

Seine letzte Ruhestätte fand Yeats auf dem Friedhof der Kirche St. Columba in Drumcliffe (in der sein Urgroßvater einst Pfarrer war) – am Fuß des Berges Ben Bulben, der legendären Heimstatt des keltischen Kriegerstammes der Fianna. Nachdem er 1939 zunächst in Frankreich bestattet wurde, ließ seine Familie seine sterblichen Überreste später in das kleine Dörfchen umbetten. Die Türgriffe der Kirche erinnern mit ihrer Schwanenform an Yeats' Gedicht *Die wilden Schwäne von Coole*, während seinen Grabstein die letzten Zeilen von *Under Ben Bulben* zieren. Außerhalb des Friedhofs kauert eine Skulptur. Zu ihren Füßen ist das Gedicht *He Wishes for the Cloths of Heaven* in den Stein graviert, den der Bildhauer mit seiner (Bronze-)Interpretation der „bestickten Himmelstücher" bedeckt hat.

Wo: 206 km nordöstlich von Dublin. **Info:** www.discoverireland.ie/northwest. **Coopershill House:** Tel. +353/7191-65108; www.coopershill.com. *Preise:* ab € 211; Dinner € 48. **Yeats Memorial Building/Yeats Society:** Tel. +353/7191-42693; www.yeatssligo.com. *Wann:* Apr.–Okt. **Reisezeit:** Juli–Aug.: Yeats Festival in Sligo und Umgebung.

Funkelndes Wasser und mehr

Waterford-Kristall und Waterford Castle

Waterford, County Waterford, Irland

Das County Waterford im Südosten Irlands wird seit langer Zeit mit dem berühmten Kristall in Verbindung gebracht, das hier produziert wird. Nach schwierigen Zeiten, die 2009 zur Betriebsschließung führten, wurde 2010 im Herzen der Stadt eine neue Fabrik mit Besucherzentrum eröffnet: Das House of Waterford Crystal bietet Besichtigungstouren in die bis ins Jahr 1783 zurückreichende Geschichte der hiesigen Glasherstellung. Der Besucher lernt traditionelle und moderne Methoden der Glasherstellung sowie die weltweit größte Sammlung von Waterford-Kristall kennen. Nach wie vor wird das Unternehmen weltweit für seine reinen und detailreichen Produkte geschätzt; hier gefertigte Unikate finden sich in Westminster Abbey, im Weißen Haus und – in Form der riesigen Kugel, die alljährlich an Silvester herabgelassen wird – auf dem New Yorker Times Square.

Flussabwärts am River Suir (einem von 3 Flüssen, die hier aufeinandertreffen) liegt Waterford Castle. Die Burg ist heute ein Luxushotel und liegt auf einer Privatinsel, die nur per Fähre zu erreichen ist; die Überfahrt dauert 5 Min. Der im 18. Jh. auf rund 800 Jahre alten normannischen Fundamenten errichtete Bau bietet echtes Burgambiente mit Türmchen, Zinnen und Wasserspeiern.

Durch massive, eisenbeschlagene Eichentüren betreten Sie die große Eingangshalle, wo Sie neben einem runden Teppich mit riesigem Wappen eine angenehm zwanglose Atmosphäre erwartet. Aufgrund der geringen Zimmerzahl (19 Zimmer und Suiten) müssen Sie Ihre edle Herberge nur mit einer Handvoll anderer glücklich hier Gestrandeter teilen. Genießen Sie im

Waterford-Kristall wird von Kunsthandwerkern geformt, geschliffen und graviert.

grandiosen Munster Room Restaurant saisonale Gerichte, deren natürliche Aromen perfekt zur Geltung kommen, und entspannen Sie sich beim Wein aus dem außerordentlich gut sortierten Keller, während Sie dem Hauspianisten lauschen. Das wahrhaft königliche Frühstück können Sie sich auf den Reit- und Fahrradwegen der bewaldeten Insel abtrainieren, größter Besuchermagnet ist jedoch der 18-Loch-Platz (Par 72), der vom irischen Golfprofi Des Smyth gestaltet wurde und Waterford Castle zum einzigen echten Insel-Golfresort des Landes macht.

Wo: 165 km südwestl. von Dublin. **House of Waterford Crystal:** Tel. +353/51-317-000; www.waterfordvisitorcentre.com. **Waterford Castle:** Tel. +353/51-878-203; www.waterfordcastle.com. *Preise:* ab € 140 (Nebensaison), ab € 233 (Hochsaison); Dinner € 63; Greenfee ab € 37. **Reisezeit:** März–Aug.: bestes Wetter; Nov.: Waterford International Music Festival.

Große Bühne für Unkonventionelles und Unbekanntes

Wexford Festival Opera

Wexford, County Wexford, Irland

Das beschauliche Wexford besucht man am besten im Oktober, wenn die ganze Stadt anlässlich des namhaften Opernfestivals auf den Beinen ist. Das Ansehen der 1951 ins Leben gerufenen Veranstaltung wächst stetig, und um auch das Angebot erweitern zu können, wurde 2008 das große, hochmoderne Wexford Opera House eröffnet. Das Festival präsentiert weniger bekannte Opern sowie Weltklassekünstler und beschreitet neue Wege, etwa mit Kurzfassungen klassischer Werke. Das wichtigste Opernfestival des Landes ist weder versnobt noch elitär und oftmals unkonventionell. Ergänzt wird die 3-wöchige Veranstaltung durch Kunstausstellungen und Darbietungen traditioneller irischer Musik, die in der ganzen Stadt für eine lebhafte Atmosphäre sorgen.

In Gorey, eine halbe Stunde nördlich der Stadt, wartet die eleganteste Herberge des County Wexford ebenfalls mit kultiviertem Ambiente auf: Das Regency-Anwesen Marlfield House (erbaut 1830 als Sitz der Earls of Courtown) ist eine Ruheoase, angefüllt mit Antiquitäten und mit großem Park- und Gartengrundstück mit eigenem See und Wildvogelreservat. Der kerzenbeleuchtete Wintergarten im viktorianischen Stil, in dem Ihnen eine Auswahl edler Köstlichkeiten serviert wird, ist ein Anbau der jetzigen Besitzer. Mit seinen Pflanzen, Spiegeln und dem Duft der fachmännisch zubereiteten Mahlzeiten bietet er die perfekte Kulisse, um auf Ihren Aufenthalt anzustoßen.

Wenn Sie das Landleben etwas familiärer genießen möchten, buchen Sie eines der 5 Zimmer im Ballinkeele House, einem Landhaus im italienischen Stil im nahen Enniscorthy. Es wurde 1840 für die Familie Maher erbaut, die es heute als B&B betreibt. Die eleganten Zimmer sind mit stilechtem Mobiliar inklusive Himmelbetten ausgestattet und bieten einen schönen Blick auf das 140-ha-Gelände mit Gärten, Baumbestand und immer noch bewirtschaftetem Hof. Schlendern Sie über das Anwesen, spielen Sie Krocket oder wärmen Sie sich in den kühleren Monaten am Feuer, bevor Sie zu Ihrer Opernvorführung aufbrechen oder sich zum Dinner an einem der langen Tische im tiefroten viktorianischen Speisesaal niederlassen. County Wexford ist so ländlich und idyllisch, dass man nicht vermuten würde, dass es von Dublin aus so leicht erreichbar ist.

Wo: 142 km südl. von Dublin. **Wexford Festival Opera:** Tel. +353/53-912-2400; www.wexfordopera.com. *Preise:* Tickets € 15–€ 133. *Wann:* Okt. (3 Wochen). **Marlfield House:** Tel. +353/53-942-1124; www.marlfieldhouse.com. *Preise:* ab € 170 (Nebensaison), ab € 252 (Hochsaison); Dinner € 63. *Wann:* Jan.–Feb.: geschlossen. **Ballinkeele House:** Tel. +353/53-913-8105; www.ballinkeele.ie. *Preise:* ab € 159; Dinner € 48. *Wann:* Dez.–Jan.: geschlossen. **Reisezeit:** Mai–Sept.: bestes Wetter.

Stolz der Grünen Insel

Die Gärten von Wicklow

County Wicklow, Irland

In einem Land, das weltweit für seine grüne Schönheit bekannt ist, will es schon etwas heißen, dass die Iren das County Wicklow als „Garten Irlands" bezeichnen. Neben den sanften, grünen Erhebungen der Wicklow Mountains gibt es hier mehr als 30 öffentliche Gärten, von winzigen Cottage-Parzellen bis hin zum 19-ha-Garten von Powerscourt, dem meistbesuchten des Landes. Die vielgestaltige Anlage umfasst strenge Blumenrabatten, Zierteiche, einen japanischen Garten und mehr als 200 verschiedene Bäume und Sträucher. Die ursprüngliche Burg aus dem 13. Jh. wurde im 18. Jh. zum prächtigen Powerscourt House umgebaut. Später ergänzt wurden die italienischen Terrassen sowie die Skulpturen, Kunstschmiedearbeiten und sonstigen dekorativen Elemente, die die Besitzer angesammelt haben. Genießen Sie den Blick auf den Garten vom Terrace Café aus, in dem einfache, frisch zubereitete Gerichte angeboten werden.

Alternativ können Sie einen Picknickkorb packen und sich auf den Weg über das 400 ha große Anwesen zum höchsten Wasserfall der Britischen Inseln machen (121 m). Er liegt in einem herrlichen bewaldeten Park, in dem die Herren von Powerscourt einst die erste Herde japanischer Sikahirsche Europas ansiedelten. 1961 erwarben die derzeitigen Besitzer, die Familie Slazenger, den Park vom 9. Viscount Powerscourt und bauten hier den 36-Loch-Golfanlage Powerscourt Golf Club, die zu den besten Irlands gehört und von Dublin aus leicht per Auto zu erreichen ist.

Vergleichbar luxuriös ist auch das Ritz-Carlton Powerscourt, ein riesiges, auf dem Anwesen im palladinianischen Stil errichtetes Hotel mit georgianisch inspiriertem Innenleben. Seine Zimmer bieten einen herrlichen Blick auf die üppige Natur; das in Schiefer, Holz und Stein gehaltene Spa lockt mit einem Pool, der von Swarovski-Kristallen erleuchtet wird, und das Restaurant steht unter der Leitung von Starkoch Gordon Ramsay.

Etwas entfernt finden Sie das elegante Tinakilly House (19. Jh.). Der viktorianische Landsitz im italienischen Stil wurde für den Kapitän des Schiffes *Great Eastern* gebaut, mit dem 1866 das erste funktionsfähige Transatlantikkabel verlegt wurde. Kapitän Halpins Liebe zum Meer ist überall ersichtlich – das zentrale Treppenhaus ist dem eines seiner Schiffe nachgebildet, und nautische Memorabilien dekorieren die Gemeinschaftsräume ebenso wie die Zimmer, die größtenteils nach Schiffen benannt sind. Das heitere Haus mit dem Garten am Rande des Broadlough-Vogelschutzgebietes ist herrlich romantisch, verfügt über ein hochwertiges Restaurant und bietet zahllose Möglichkeiten, die Natur zu erkunden. Mit dem Auto erreichen Sie in 20 Min. den Wicklow Mountains

National Park mit dem rund 130 km langen Wicklow Way. Während eines Stücks auf dem bedeutendsten Wanderweg des Landes können Sie den Garten Irlands bestens erleben.

Wo: 19 km südl. von Dublin. **Powerscourt House and Gardens:** Tel. +353/1-204-6000; www.powerscourt.ie. **Powerscourt Golf Club:** Tel. +353/1-204-6033; Greenfee ab € 48 (Nebensaison), ab € 120 (Hochsaison).

Ritz-Carlton Powerscourt: Tel. +353/1-274-8888; www.ritzcarlton.com. *Preise:* € 203 (Nebensaison), € 333 (Hochsaison); Dinner € 74. **Tinakilly House:** Tel. +353/404-69274; www.tinakilly.ie. *Preise:* ab € 93 (Nebensaison), ab € 196 (Hochsaison); Dinner € 45. **Wicklow Way:** www.wicklowway.com.
Reisezeit: Apr–Juni: Gärten in voller Blüte; Juni: Wicklow Gardens Festival.

Eine versteckte Festung

Luxemburg-Stadt

Luxemburg

Auf einem Sandsteinplateau, umgeben von den tiefen Flusstälern der Alzette und der Petruss, liegt das Großherzogtum Luxemburg. Für eine Hauptstadt ist Luxemburg wirklich winzig – nur 90.000 Einwohner. Die Stadt wurde an strategischer Stelle zwischen Belgien, Frankreich und Deutschland um eine Burg aus dem 10. Jh. herum gebaut. Jedes Mal, wenn Invasoren kamen, wurde die Festung verstärkt – bis sie 1867 so riesig geworden war, dass die Londoner Konferenz die Schleifung anordnete. Nur 10 % der Anlagen existieren noch in der Altstadt, aber das Mittelalterflair ist noch spürbar, wenn auch mit einem Touch Gegenwart vermischt.

Erlaufen Sie sich die Stadt zu Fuß: Starten Sie unter Bäumen am Place d'Armes, wo die trendigen Lokale und Hotels sind. Die hochgelobte Gourmet-Patisserie Wenge hat ein très chic Restaurant im 1. Stock, und das Hotel Le Place d'Armes hat sich sehr gelungen in einem schmucken Gebäude des 18. Jh. eingerichtet. Etwas weiter, vorbei am Flagshipstore des in Luxemburg allgegenwärtigen Villeroy-&-Boch-Porzellans, ist der Palais Grand Ducal, die offizielle Residenz der großherzoglichen Familie und ehemaliges Rathaus.

Kunstliebhaber kommen im Hotel Parc Beaux Arts auf ihre Kosten, dessen 10 Suiten mit Gegenwartskunst dekoriert sind. Der Chemin de la Corniche, „schönster Balkon Europas", bietet beste Aussichten auf die Alzette und den gehobenen Stadtteil Grund. Hier liegt auch das Mosconi, ein bei den Luxemburgern beliebtes Restaurant

I. M. Peis MUDAM ist direkt hinter Fort Thüngen zu sehen, das einst Teil der alten Stadtbefestigung war.

mit einigen der besten italienischen Köstlichkeiten nördlich der Alpen.
Luxemburg besteht aus mehr als nur der Altstadt: I. M. Pei entwarf das Museum für Moderne Kunst (MUDAM), eine auffällige, 2006 eröffnete Glaskonstruktion. Die Philharmoniker spielen in der neuen Philharmonie Grand-Duchesse Joséphine-Charlotte, einem tränenförmigen Meisterwerk des französischen Architekten Christian de Portzamparc. Die rege Bautätigkeit belegt den Wohlstand der Luxemburger, die eines der höchsten Pro-Kopf-Einkommen der Welt haben. Sie sprechen eine Mischung aus Französisch, Deutsch und Lëtzebuergesch.
Alle Sehenswürdigkeiten außerhalb der Stadt können Sie in 1 Stunde oder weniger erreichen. Probieren Sie Crémant und Riesling des Moseltals im Südwesten oder fahren Sie nach Norden in die Ardennen, zur Brauereistadt Diekirch, Standort des Nationalen Militärgeschichtlichen Museums, und zur restaurierten mittelalterlichen Burg Vianden. **Wo:** 218 km südöstl. von Brüssel; 373 km nordöstl. von Paris. **Info:** www.lcto.lu. **Wenge:** Tel. +352/26-20-10; www.wenge.lu. *Preise:* Mittagessen € 30. **Hotel Le Place d'Armes:** Tel. +352/27-47-37; www.hotel-leplacedarmes.com. *Preise:* ab € 305. **Palais Grand Ducal:** Tel. +352/47-96-27-09. *Wann:* Besichtigung Juli–Anf. Sept., wenn die großherzögliche Familie in den Ferien ist. **Hotel Parc Beaux Arts:** Tel. +352/26-86-761; www.parcbeauxarts.lu. *Preise:* ab € 222. **Mosconi:** Tel. +352/54-69-94; www.mosconi.lu. *Preise:* Dinner € 120. **MUDAM:** Tel. +352/45-37-85-1; www.mudam.lu. **Philharmonie Luxemburg:** Tel. +352/26-02-271; www.philharmonie.lu. **Nationales militärgeschichtliches Museum:** Tel. +352/80-89-08; www.mnhm.lu. **Reisezeit:** März–Juni: schönes Wetter; 23. Juni: Luxemburgischer Nationalfeiertag mit Paraden, Feuerwerk und Lustbarkeiten.

Weltberühmter Treffpunkt für Royals und Jetset

Monaco

Monaco

Das winzige, an 3 Seiten von Frankreich umgebene Fürstentum Monaco ist schon seit über 100 Jahren Spielwiese der europäischen Elite. Man kommt hierher wegen des Hafens für die Luxusjacht und des bergigen Mittelmeerpanoramas – die Steuerfreiheit und das renommierte Kasino in der Hauptstadt Monte Carlo machen es natürlich noch erträglicher. Das elegante Belle-Époque-Kasino wurde 1863 von Charles Garnier, Architekt der Pariser Oper, entworfen – auch für den Kasinokomplex schuf er ein Opernhaus. Die Benutzung der Spielautomaten im Foyer kostet nichts, wenn Sie ordentlich angezogen sind und einen Pass dabeihaben; für die vorderen Spielsäle und die, die zu den Salons Privés führen, müssen Sie Eintritt zahlen. Ein Muss ist das von Garnier entworfene Café de Paris nebenan, wo im frühen 20. Jh. die Crêpe Suzette erfunden wurde.

Seit dem 13. Jh. wird Monaco von der Familie Grimaldi regiert, die im Fürstenpalast auf dem Felsvorsprung in Le Rocher im historischen Herzen der Stadt residiert, auch als Monaco-Ville bekannt. Fürst Albert II., Sohn von Rainier III. und Ex-Filmschönheit Grace Kelly, lebt mit Frau Charlene auf dem Palastgelände. Besucher können sich Teile des Palastes und die tägliche Wachablösung anschauen. Rainier III. und seine Frau ruhen in der großen

Kathedrale, wo sie 1956 auch heirateten. In der Nähe ist das beliebte Ozeanographische Museum mit einem der besten Aquarien Europas.

Am Place du Casino steht auch das palastähnliche Hôtel de Paris, seit 1864 Herberge von Emiren und Erzherzögen. Das Hotelrestaurant ist das Le Louis XV, wo der weltbekannte Küchenchef Alain Ducasse regiert. Die von Koch Franck Cerutti komponierten Speisen werden inmitten opulenten Louis-quinze-Dekors serviert, mit Baccarat-Kristall und goldgerändertem Porzellan. Das Hôtel Métropole gegenüber ist nicht weniger herrschaftlich, allerdings in modernerem Stil. Hier residiert das Yoshi, das erste japanische Gourmetrestaurant des legendären Kochs Joël Robuchon. Die Terrasse ist ideal, um von dort den jährlichen Formel-1-Grand Prix von Monaco zu verfolgen. **Wo:** 24 km östl. von Nizza. **Info:** www.visitmonaco.com. **Casino de Monte Carlo:** Tel. +377/98-062121; www.montecarlocasinos.com. **Café de Paris:** Tel. +377/98-067623. *Preise:* Dinner € 50. **Ozeanographisches Museum:** Tel. +377/93-153600; www.oceano.mc. **Hôtel de Paris:** Tel. +377/98-063000; www.hoteldeparismontecarlo.com. *Preise:* ab € 407 (Nebensaison), ab € 622 (Hochsaison); Dinner im Le Louis XV € 189. **Hôtel Métropole:** Tel. +377/98-151515; www.metropole.com. *Preise:* ab € 389 (Nebensaison), ab € 505 (Hochsaison). *Preise:* Dinner im Yoshi € 110. **Reisezeit:** Ende Mai: Großer Preis von Monaco (Formel 1), Juli–Aug.: *Pyromelodie*-Feuerwerkswettbewerb.

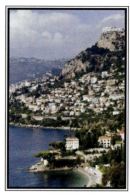

Der nur 2 km² große Stadtstaat hat die höchste Bevölkerungsdichte der Welt.

„Ich mag Amsterdam lieber als Venedig, denn in Amsterdam hat man Wasser, ohne gleich des Landes beraubt zu sein ..." – Charles de Montesquieu

Amsterdam

Niederlande

Amsterdam liegt an einem Netz aus Grachten, an deren Ufern Giebelhäuser aus 5 Jahrhunderten stehen. Die dekorativen Fassaden sind selten höher als 4 oder 5 Stockwerke, was die ganze Stadt liebenswert kleinteilig erscheinen lässt – aber Amsterdams Wirkung ist umso größer. Kunstmuseen von Weltrang, das Erbe eines prächtigen Goldenen Zeitalters und eine pulsierende Gegenwartskultur erwarten Sie an jeder Ecke. Amsterdam hat alle Vorteile einer Metropole, aber fast keinen der Nachteile: Die Stadt ist klein genug, um zu Fuß oder mit dem Rad fast überallhin zu kommen, und die Kulisse aus Ziegelhäusern, hübschen Brücken und stillen Grachten verleiht Amsterdam einen dörflichen Charme.

Hauptattraktionen

Rijksmuseum – Das größte Museum der Niederlande – und eine der Kunst-Hauptlagerstätten der Welt – ist eine Schatztruhe der herausragendsten Werke des Landes aus dem Goldenen Zeitalter im 17. Jh.. Dreh- und Angelpunkt des 1885 von P. J. H. Cuypers entworfenen neogotischen Museums ist Rembrandts grandiose *Nachtwache* (1642). Die ausladende Leinwand ist Herzstück der weltgrößten Sammlung niederländischer Gemälde, darunter auch 20 weitere Rembrandt-Werke, z.B. *Die Judenbraut* (1662) und *Selbstporträt als Apostel Paulus* (1661), sowie Werke von Jan Vermeer, Frans Hals, Jacob van Ruisdael und anderen Alten Meistern. INFO: Tel. +31/20-674-7000; www.rijksmuseum.nl.

Das Highlight der mit 1 Mio. Objekten riesigen Sammlung des Rijksmuseums ist die holländische Kunst des Goldenen Zeitalters, aber auch die asiatische Kunst ist beeindruckend.

VAN-GOGH-MUSEUM – Das Hauptgebäude wurde von Gerrit Rietveld entworfen, der auffällige neue Anbau (1999) vom japanischen Architekten Kisho Kurokawa, ein passender Rahmen für Vincent van Gogh, den bedeutendsten niederländischen Maler des 19. Jh. Das Museum besitzt 200 seiner Bilder, 500 Zeichnungen und 700 Briefe, außerdem japanische Drucke (viele aus seiner eigenen Sammlung) und andere Arbeiten des 19. Jh., die ihn beeinflussten. Die weltgrößte Sammlung seiner Werke beginnt bei seinen frühesten, 1881 in den Niederlanden ausgeführten Gemälden und endet bei den Bildern, die er in Frankreich nur einige Tage vor seinem Selbstmord mit 37 Jahren malte. *Die Kartoffelesser*, *Sonnenblumen* und *Kornfeld mit Krähen* sind nur einige Bilder des verzweifelten, visionären Genies. INFO: Tel. +31/20-570-5200; www.vangoghmuseum.nl.

ANNE-FRANK-HAUS – Anne Frank, jüngere Tochter deutsch-jüdischer Einwanderer, bekam zu ihrem 13. Geburtstag am 12. Juni 1942 ein Tagebuch. Nur wenige Wochen später mussten sie und ihre Familie sich vor den deutschen Besatzern verstecken – in einigen Räumen des Hinterhauses von Otto Franks Firma an der Prinsengracht mitten im Zentrum. In diesem Anbau blieben die Franks und andere Untergetauchte 2 Jahre lang, bis sie im August 1944 von den Deutschen gefunden wurden. Alle Bewohner außer Annes Vater starben in Konzentrationslagern. Annes im Tumult liegen gelassenes Tagebuch wurde eines der meistverkauften Bücher aller Zeiten. Im Hinterhaus stehen keine Möbel mehr, aber an den Wänden von Annes Zimmer hängen noch die Zeitungsausschnitte ihrer Lieblings-Filmstars – ein fast unerträglich schmerzliches Monument. In einem großen neuen Gebäudeflügel befindet sich eine Ausstellung über die Hintergründe, über Toleranz und Unterdrückung. INFO: Tel. +31/20-556-7100; www.annefrank.org.

ROTLICHTVIERTEL – Das Amsterdamer Rotlichtviertel De Wallen („die Mauern") liegt im ältesten Teil der Stadt an der früheren Stadtmauer. In seiner Mitte steht die Oude Kerk („alte Kirche") von 1300. Der freudige Klang ihrer Glocken, der durch die Kopfsteinpflasterstraßen und Grachten schallt, ist ein wahres Vergnügen. Zur katholischen Kirche Ons' Lieve Heer op Solder („unser lieber Herr auf dem Dachboden") müssen Sie eine enge Treppe zum oberen Stockwerk eines Grachtenhauses hochsteigen, denn sie stammt aus dem Jahr 1663, als das protestantische Holland den Katholiken das Beten nur erlaubte, wenn die Kirchen nicht von der Straße aus zu erkennen waren. In diesem alten Viertel wird auch der älteste Beruf der Welt ausgeübt. Im toleranten Amsterdam werden die Frauen, die sich hier hinter rot getönten Scheiben präsentieren, registriert, reguliert, besteuert und seit 1984 von einer Gewerkschaft vertreten. Geduldig warten sie auf ihren nächsten Auftrag und zeigen, was sie haben – Matrosen, Geschäftsreisenden und diversen „Arglosen im Ausland". OUDE KERK: Tel. +31/20-625-8284; www.oudekerk.nl/ infoeng.htm. ONS' LIEVE HEER OP SOLDER: Tel. +31/20-624-6604; www.opsolder.nl.

AUF DEN GRACHTEN – Falls Sie denken, eine Bootstour sei zu touristisch, dann verpassen Sie es, die Stadt der Grachten so zu sehen, wie man sie sehen sollte. Es geht nämlich um die Fassaden der von Händlern des 17. Jh. gebauten Stadt- und Lagerhäuser. Jedes Haus hat einen anderen Ziergiebel. Die schönsten und größten Häuser stehen an der Herengracht, dem innersten der 5 baumbewachsenen Grachten-Halbkreise (die durch 160 kleinere Kanäle verbunden sind). Die Ziegelhäuser an den kleineren Grachten (besonders im Viertel Jordaan) sind vielleicht architektonisch interessanter. Die Fassaden und viele der typischen Bogenbrücken werden abends angestrahlt – zusammen mit den altmodischen Straßenlaternen, deren Licht sich im Wasser spiegelt, und einer Bootstour bei Kerzenlicht wird das ein sehr romantischer Abend. WIE: Mit der Canal Company, Tel. +31/20-623-9886; www.canal.nl.

BEGIJNHOF – An einer Seite des belebten Platzes Spui gibt es eine schlichte Holztür. Wer sie öffnet, kommt durch eine dunkle Passage an einen ruhigen Ort mit grünem Rasen und Gärten, gesäumt von kleinen Häuschen. Das ist der Begijnhof, Heimat der Beginen, eines im frühen Mittelalter gegründeten laizistischen Nonnenordens. Die letzte des Ordens, Schwester Antonia, starb hier 1971, aber immer noch wohnen in diesem Hof alleinstehende oder verwitwete katholische Frauen über 30. Die meisten Häuser wurden im 17. und 18. Jh. neu aufgebaut, aber Nr. 34 ist das eine der beiden verbliebenen mittelalterlichen Holzhäuser in Amsterdam. Die kleine Kirche in der Mitte ist die ursprüngliche, 1419 geweihte Begijnkerk, heute als English Church bekannt, weil sich hier eine Gruppe protestantischer Andersdenkender, die 1607 aus England geflohen war, zum Gottesdienst traf. Sie war der harte Kern der Pilgerväter, die 13 Jahre später nach Amerika segelten. INFO: www.begijnhofamsterdam.nl.

AMSTERDAM MUSEUM – Amsterdam hat eine lange ereignisreiche Geschichte, von den Anfängen als schlammige Siedlung am Damm des Flusses Amstel über Ruhm und Reichtum des Goldenen Zeitalters bis zum Terror des Zweiten Weltkriegs, den Hippiezeiten der 1960er und 1970er und als Hauptstadt der Schwulen und Lesben in den 1980ern. Das Amsterdam Museum bringt all das zusammen – in einer Reihe fantasievoll arrangierter Objekte und Ausstellungen. Sie werden einen mittelalterlichen Kinderschuh sehen, eine bemerkenswerte Vogelschauansicht Amsterdams von 1538, wertvolle Kostbarkeiten und nachdenklich stimmende Fotos. Das Museum ist in einem ehemaligen Waisenhaus von 1520 untergebracht – in einem Hof sind in der Wand immer noch die hölzernen Spinde der Jungen zu sehen. INFO: Tel. +31/20-523-1822; www.ahm.nl.

STADT DER MÄRKTE – Amsterdam ist gespickt mit tollen dicht beieinanderliegenden Märkten. Der berühmte Blumenmarkt mit Reihen bunter Blüten und Eimern voller Tulpen verkauft auch gut verpackte Tulpenzwiebeln, die Sie zu Hause einpflanzen können. Auf dem weitläufigen Flohmarkt finden Sie Vintage-Klamotten, Kunsthandwerk aus aller Welt oder auch mal ein Fahrradersatzteil. Die Händler auf dem Albert-Cuyp-Markt behaupten, ihr Markt sei der längste (er ist etwa 1 km lang). Hier kaufen die Amsterdamer Obst, Gewürze und frischen Fisch, der noch im Eisbett zappelt. Am anderen Ende der Stadt, versteckt zwischen den charmanten Grachten im Jordaan, haben Sie auf dem Indoor-Antikmarkt De Looier die Chance, alte Delfter Kacheln zu finden. An den Wochenenden finden auf Plätzen wie dem Nieuwmarkt, dem Spui und dem Thorbeckeplein immer wieder Buch-, Kunst- und Sammlerflohmärkte statt.

ÜBERNACHTEN

THE DYLAN – 1998 bekam das Grachtenhaus aus dem 19. Jh. eine Generalüberholung von der Queen des Hoteldesigns, Anouska Hempel. Heraus kam ein luxuriöses Boutique-Hotel mit klassischem, aber modernem Dekor. Die Zimmer liegen anmutig um einen Hof herum und sind alle verschieden, mit klaren Linien, warmen Stoffen und einem Hauch Asien hier und da. Das Restaurant Vinkeles ist konstant gut, und im abgeschlossenen Innenhof können Sie wie in einer Brasserie speisen. Das Dylan liegt im Herzen des Grachtengürtels, ganz nah an Museen, Shops, Restaurants und dem pulsierenden Amsterdamer Leben. INFO: Tel. +31/20-530-2010; www.dylanamsterdam.com. *Preise:* ab € 370; Dinner € 71.

HOTEL DE L'EUROPE – Das 1896 gebaute de l'Europe ist eines der ältesten Amsterdamer Hotels. Es wurde 2011 renoviert, aber Liebgewonnenes ist geblieben, so z.B. Freddy's Bar, einst Lieblingsbar von Alfred „Freddy" Heineken (inzwischen gehört das Hotel der Brauerei). Das Restaurant Bord'Eau in einer begehrten Lage an der Amstel wurde unter Küchenchef Richard van Oostenbrugge, der unkomplizierte, französisch inspirierte Gerichte zaubert, neu aufgestellt. Echte, von Freddy Heineken gestiftete Gemälde Alter Meister hängen in den öffentlichen Räumen. Die Zimmer im alten Teil des Gebäudes haben noch ein klassisches Ambiente; die individuellen Suiten im neuen Flügel sind witziger und moderner und haben einzigartige Ausblicke auf den Fluss.

INFO: Tel. +31/20-531-1777; www.leurope.nl. *Preise:* ab € 333; Dinner im Bord'Eau € 77.

THE GRAND – Das Gebäude von 1578 war zuerst Gästehaus für königlichen Besuch, dann Marinequartier und viele Jahre lang Rathaus von Amsterdam. Die satten Farben und witzigen Details der jüngsten Renovierung verleihen den monumentalen öffentlichen Räumen mehr Wärme und den 177 Zimmern eine elegante Gemütlichkeit. Im Bridges Restaurant fasziniert das Wandbild *Vragende Kinderen* („Fragende Kinder") des niederländischen Künstlers Karel Appel, und es gibt exzellente Fisch- und Meeresfrüchtespezialitäten, auch in der erstklassigen Raw Bar. Ein schöner Grachtenblick und ein Spa mit großem Pool tragen noch zum besonderen Charme bei. INFO: Tel. +31/20-555-3111; www.sofitel-legend-the-grand.com. *Preise:* ab € 260 (Nebensaison), € 311 (Hochsaison); Dinner im Bridges € 66.

HOTEL ORLANDO – Die 7 Zimmer des Hotel Orlando belegen ein Grachtenhaus aus dem Goldenen Zeitalter und wurden mit feinem Geschmack und subtilem Charme eingerichtet. Seit 2011 erstreckt es sich auch aufs *achterhuis* (Hinterhaus); ein grüner Innenhof gehört auch dazu. Frühstück gibt es in der Küche aus dem 17. Jh. neben einem alten Herd und mit Originalfliesen. INFO: Tel. +31/20-638-6915; www.hotelorlando.nl. *Preise:* € 126.

Amsterdam, das „Venedig des Nordens", besteht aus 90 Inseln, die von mehr als 1000 Brücken verbunden werden.

SEVEN ONE SEVEN – Genießen Sie es, in einem stattlichen Amsterdamer Grachtenhaus zu wohnen – ohne den Stress, selbst eines zu besitzen. Der hintere Teil des Seven One Seven ist aus dem 17. Jh., die prächtige Grachtenfassade wurde 1810 angebaut. Die 8 großzügigen Zimmer strotzen vor Barockdekor, sind aber trotzdem heimelig. Nachmittags wird in der Bibliothek Tee serviert, und abends gibt es ein Glas Wein. Die beiden Executive-Suiten im Vorderhaus haben riesige Fenster mit Topaussicht auf die Prinsengracht; die anderen schauen auf einen reizenden Hofgarten. INFO: Tel. +31/20-427-0717; www.717hotel.nl. *Preise:* ab € 307 (Nebensaison), ab € 381 (Hochsaison).

SUNHEAD OF 1617 – Der merkwürdige Name dieses gemütlichen B&B kommt vom Bild einer Sonne über der Tür und dem Baujahr des Hauses. Die freundlichen Besitzer sind weit gereist, wissen also, dass kleine Details wichtig sind: poliertes Holz, schwere Stoffe, Antikmöbel und helle, moderne Wandbilder. Nur 2 Zimmer und ein Appartement liegen an einer für Amsterdam typischen steilen Treppe. Im vorderen Zimmer genießt man eine herrliche Sicht auf die Herengracht. INFO: Tel. +31/20-626-1809; www.sunhead.com. *Preise:* ab € 126.

ESSEN & TRINKEN

CIEL BLEU – Der „blaue Himmel" hat seinen Namen von der Lage im 23. Stock eines der höchsten Gebäude der Stadt, und seine Küche ist dementsprechend gehoben. Der Star ist der junge niederländische Küchenchef Onno Kokmeijer, der sich mit seiner selbst ernannten „leicht abweichenden französischen Cuisine" einen Namen machte. Ein Landjunge mit gesunder Leidenschaft für frische Zutaten und gewagte Kreationen: So wird die Taubenbrust begleitet von Pistaziensahne und geräucherter Rote Bete – und das alles mit Panoramablick über Amsterdam. INFO: Tel. +31/20-678-7450; www.cielbleu.nl. *Preise:* Dinner € 110.

DE KAS – De Kas („das Gewächshaus") ist tatsächlich ein Gewächshaus von 1926. Hier werden immer noch Kräuter, Früchte und Salat angebaut, wandern aber heute direkt auf Ihre Teller – im coolen Designerrestaurant, das den Rest des Baus einnimmt. De Kas hat außerdem einen eigenen Gemüsegarten in der Nähe und lässt sich nur von lokalen Bauern und Fischern beliefern. Die Karte ist sehr klein – alles, was reif ist und gerade Saison hat, taucht in exquisiten Speisen auf, zubereitet von den Köchen Ronald Kunis und Martijn Kajuiter. INFO: Tel. +31/20-462-4562; www.restaurant dekas.nl. *Preise:* Dinner € 52.

DIE RIJSTTAFEL – Das koloniale Erbe der Niederlande findet seinen kulinarischen Ausdruck in der *rijsttafel* („Reistafel"), einem scharf gewürzten Festessen aus kleinen indonesischen Speisen mit Reis. Diese Essenstradition geht zurück auf die Zeit, als hungrige holländische Siedler die indonesischen Portionen zu klein fanden und ihre Köche sich Mini-Bankette ausdachten, um die Arbeitgeber zufriedenzustellen. Heute ist die *rijsttafel* eine so zutiefst niederländische Art zu essen, dass sie gar nicht mehr als exotisch angesehen wird. Am besten probieren Sie das Festmahl in einem der vielen kleinen, familiengeführten Lokale überall in der Stadt. Das Tujuh Maret mit seinen schlichten Tischen, ebensolcher Atmosphäre und gutem Service ist dabei kaum zu schlagen. TUJUH MARET: Tel. +31/20-427-9865; www. tujuhmaret.nl. *Preise:* € 30.

D'VIJFF VLIEGHEN – Das leicht unappetitlich benannte D'Vijff Vlieghen („Die Fünf Fliegen") erstreckt sich auf 5 Häuser aus dem 17. Jh. Das Restaurant wurde 1939 eröffnet, als der exzentrische Selbstdarsteller Nicolaas Kroese hier eine Bar mit Essensverkauf etablierte. In den 1950ern wurde er zum Darling der amerikanischen Medien. Weil sie ihn so unterhaltsam fanden, schauten Walt Disney, Gary Cooper, Elvis Presley und viele andere bei Amsterdambesuchen mal vorbei. Nach Kroeses Tod 1970 kamen nicht mehr so viele Reiche und Prominente, aber Sie können hier immer noch gut essen: niederländische Leibgerichte wie Kabeljau und Krabben, aber mit modernem Einschlag. **Info:** Tel. +31/20-530-4060; www.thefiveflies.com. *Preise:* € 60.

DIE CAFÉSZENE – Die Amsterdamer hängen sehr am Konzept der *gezelligheid*, am gemütlichen Zusammensitzen eben – und nirgends ist es geselliger als in einem „braunen Café", in dem Wände und Decken vom Zahn der Zeit (und bis vor Kurzem vom Tabakqualm) dunkel geworden sind. Es soll über 1000 dieser geselligen Cafés geben. Zum Beispiel das Café 't Smalle, wo man seit 1786 zwischen kleinen Fässchen sitzt und die lokale Gewohnheit übernimmt, erst ein Bier, dann einen Genever zu trinken. Wer nostalgischen Glamour mag, sollte das Café Americain aufsuchen, das 1880 als Teil eines Grandhotels gebaut wurde. Mata Hari würde das reiche, gleichwohl verblasste Art-déco-Interieur auch heute noch als Ort ihrer Hochzeitsfeier wiedererkennen. Moderner ist das De Jaren – großzügig und lichtdurchflutet, mit minimalistischem Dekor und 2 der stadtbesten Terrassen am Wasser. Cafés sollte man nicht mit Coffeeshops verwechseln, einem allgegenwärtigen Teil der Amsterdamer Szene seit den 1970er-Jahren. Hier werden bewusstseinserweiternde Substanzen in kleinen Mengen legal verkauft. **CAFÉ 'T SMALLE:** Tel. +31/ 20-623-9617; ww.t-smalle.nl. **CAFÉ AMERICAIN:** Tel. +31/20-556-3000; www.edenamsterdamamericanhotel.com. **DE JAREN:** Tel. +31/20-625-5771; www.cafedejaren.nl.

TAGESAUSFLÜGE

BLUMEN IM FRÜHLING – Wer die Niederlande im Frühling besucht, dem bietet sich die gesamte Gegend westlich von Amsterdam als einziger bunter Teppich aus Tulpenblüten dar. Die Saison reicht von Ende März bis Anfang Mai – die beste Zeit, sich die Parks und Gärten anzuschauen. Der prächtigste ist der grandiose Keukenhof in der Nähe von Lisse. Zahlen und Fakten lassen nur ahnen, was Sie in diesen ehemaligen Jagdgründen aus dem 15. Jh. erwartet: 32 ha Garten mit über 7 Mio. Blumen, davon 4,5 Mio. Tulpen in 100 Sorten. Etwas bescheidener ist der historische Hortus Botanicus (Botanische Garten) der Universität Leiden, wo der Botaniker Carolus Clusius 1593 die ersten Tulpen der Niederlande pflanzte, die aus der Türkei kamen. Oder radeln Sie die 25 km lange Tulpenroute entlang, die zwischen Haarlem und Sassenheim (bei Leiden) durch herrliche Blumenfelder führt. Eine Alternative ist eine Bootsfahrt durch die Kanäle, bei der Sie an den schönsten Stellen anhalten, darunter am Keukenhof und anderen „blumigen" Orten. Wer früh genug aufsteht, kann die Blumenauktion in Aalsmeer besuchen, 25 km südlich von Amsterdam (der Verkauf beginnt um 6.30 Uhr). Jeden Tag werden hier etwa 20 Mio. Blumen aus aller Welt versteigert. **Wo:** Der Keukenhof liegt 35 km südwestl. von Amsterdam. Tel. +31/252-465-555; www.keukenhof.nl. **HORTUS BOTANICUS:** Tel. +31/71-527-7249; www.hortus.leidenuniv.nl. **TULPENFAHRTEN:** über das amerikanische Unternehmen Barge Lady, Tel. +1/312/ 245-0900; www.bargelady.com. *Preise:* 7-tägige Fahrt € 3333. **BLUMENAUKTION IN AALSMEER:** Tel. +31/ 297-39-3939; www.flora.nl.

ZAANSE SCHANS – In diesem Freilichtmuseum bei Zaandam können Sie funktionierende Windmühlen und das alte Holland aus der Nähe betrachten. 12 Windmühlen drehen sich hier neben einer kleinen Ansammlung grüner Holzhäu-

Der Keukenhof ist der größte Tulpengarten der Welt.

ser aus dem 17. und 18. Jh., die in den 1950er-Jahren für die Anlage eines Museumsdorfes hierhergebracht wurden. Die Mühlen gehen immer noch ihrer Ursprungstätigkeit nach, was nur ahnen lässt, wie es wohl einmal zuging, als noch mehr als 1000 Menschen hier arbeiteten. Die eine mahlt Senfsamen, eine andere macht Öl und eine dritte stellt Pigmente zum Malen her. Außerdem gibt es eine Molkerei, eine Zinngießerei und eine Holzschuhmacherei – und den allerersten Albert-Heijn-Laden, aus dem die Supermarktkette erwuchs. **Wo:** 20 km nordöstl. von Amsterdam. **Info:** Tel. +31/75-681-0000; www.zaanseschans.nl.

Die schönste Verschmelzung von Natur und Kunst

Nationalpark De Hoge Veluwe

Apeldoorn, Niederlande

Der Industrielle Anton Kröller liebte die Natur; seine Frau Helene (geborene Müller) liebte die Kunst. Er kaufte hektarweise Land; sie war eine der allerersten Sammlerinnen der Kunst Vincent van Goghs. Zusammen hinterließen sie den Niederlanden einen Schatz: 54 km² Dünen- und Heideland, Sümpfe und Wälder, die zu De Hoge Veluwe wurden, dem größten niederländischen Nationalpark. Das Kröller-Müller Museum mit 278 Werken van Goghs ist der Mittelpunkt. Schwingen Sie sich auf eines der weißen Fahrräder, die überall zum freien Gebrauch herumstehen, und erkunden Sie den Park (wobei Sie Rehen und Wildschweinen begegnen könnten). Schauen Sie im Jachthuis St. Hubertus vorbei, dem vom Vater der modernen niederländischen Architektur, H. P. Berlage, für das Paar entworfenen Jagdhaus. Die Einrichtung aus dem frühen 20. Jh. ist wunderbar intakt geblieben.

Das Kröller-Müller Museum wird der Höhepunkt Ihres Besuches sein. Zusammen mit der Sammlung im Van-Gogh-Museum in Amsterdam (s. S. 127) ist hier fast das gesamte Œuvre des niederländischen Künstlers zu sehen, unter anderem eines der *Sonnenblumen*-Bilder, die *Brücke bei Arles* und *L'Arlesienne*, außerdem Skizzen und Arbeiten auf Papier. Das Museum sammelt auch Werke anderer großer Künstler vor allem des 19. und 20. Jh., darunter Courbet, Seurat, Picasso und Mondrian. Um das Museum herum liegt ein Skulpturenpark voller Werke von Künstlern des 20. Jh. wie Henry Moore, Richard Serra und Claes Oldenburg.

Tauschen Sie Ihr Rad gegen das Auto für eine kurze Fahrt zum Het Loo, einem exquisit restaurierten königlichen Schloss. Es wurde im späten 17. Jh. vom Prinzen und der Prinzessin von Oranien erbaut, die danach als William und Mary den englischen Thron bestiegen. Das Schloss, ein kleines Versailles, hat auch ein Museum, das der Geschichte des Hauses Oranien gewidmet ist, doch der Barockgarten ist das Juwel dieser Königskrone.

Wo: 89 km südöstl. von Amsterdam. **Info:** Tel. +31/55-378-8119; www.hogeveluwe.nl. **Kröller-Müller Museum:** Tel. +31/318-591241; www.kmm.nl. **Het Loo:** Tel. +31/55-577-2400; www.paleishetloo.nl. **Reisezeit:** Helene Kröller-Müller liebte die Herbstfarben und pflanzte Bäume extra so, dass das Laub im Park ein großes Farbspektrum zeigt. Im Frühling: Tulpenblüte.

Blaues Porzellan und das Haus Oranien

DELFT

Niederlande

Die filigranen Giebel, baumbestandenen Kanäle, Brücken und Kirchtürme von Delft lassen Sie zurückreisen in eine Zeit, die Jan Vermeer und Pieter de Hooch in ihren Gemälden so exquisit festgehalten haben. Das 16. und 17. Jh. ist hier – vielleicht mehr als in jeder anderen Stadt des Landes – immer präsent, und natürlich das charakteristische blauweiße Porzellan, für das Delft weltberühmt ist. Die zeitlosen Muster und das Farbschema des Delfter Porzellans haben Jahrhunderte und Sammlertrends überdauert. Wenn die vielen Tagesausflügler aus Amsterdam oder Den Haag abgefahren sind und die Stadt wieder zur Ruhe kommt oder wenn die Morgensonne die Kirchtürme streift, können Sie sich in die Zeit Vermeers zurückversetzen. Da er kein sehr produktiver Künstler war, hängt heute keines seiner Originalwerke in Delft – dafür müssen Sie ins Amsterdamer Rijksmuseum (s. S. 126) oder ins Mauritshuis in Den Haag (s. nächste S.) pilgern. Aber ein brandneues Vermeer Center zeigt nicht nur seine Gemälde, sondern erklärt auch, wie er mit Licht und Farben umging.

Die gotische Nieuwe Kerk („Neue Kirche") aus dem 14. Jh. steht am schönen Marktplatz. Hier liegt Wilhelm I., Begründer des Hauses Oranien, in einem prächtigen Marmor-Alabaster-Mausoleum, umgeben von 22 Säulen; die meisten niederländischen Monarchen und Mitglieder des Königshauses wurden hier seitdem ebenfalls begraben. Vom Kirchturm haben Sie einen wunderbaren Panoramablick und können an klaren Tagen bis Den Haag sehen. In der nahen, um 1200 geweihten Oude Kerk („Alte Kirche") liegt Vermeer begraben.

Ein Spaziergang am Ufer der Oude Delft, wohl die erste städtische (und hübscheste) Gracht der Niederlande, bringt Sie zum berühmtesten Ort der Stadt: dem Prinsenhof, der früheren Königsresidenz aus dem 15. Jh., wo Wilhelm lebte und 1584 ermordet wurde (das Einschussloch ist immer noch zu sehen). Heute ist dort ein Museum zur Geschichte der Republik, das auch einige Delfter Fayencen und andere wertvolle Objekte des Goldenen Delfter Zeitalters zeigt. In den ehemaligen Lagerräumen des Prinsenhofs, hinter einem Eingang in einer kleinen Gasse an der Oude Delft, gibt es ein stimmungsvolles Restaurant, De Prinsenkelder, das zum schönen Ausklang eines perfekten Tages in der Stadt passt, die die größten niederländischen Künstler inspirierte.

Die ersten Delfter Kacheln gab es im 16. Jh.

Wo: 14 km südöstl. von Den Haag. **Vermeer Center:** Tel. +31/15-213-8588; www.vermeerdelft.nl. **Prinsenhof Museum:** Tel. +31/ 15-260-2358; www.prinsenhof-delft.nl. **De Prinsenkelder:** Tel. +31/15-212-1860; www.deprinsenkelder.nl. *Preise:* Dinner € 55. **Reisezeit:** Do.: Markt auf dem zentralen Platz; Blumenmarkt am Kanal bei Brabantse Turfmarkt; Apr.–Sept.: Sa. Flohmarkt an den Kanalufern.

Ein Fest der schönen Künste

HET MAURITSHUIS

Den Haag, Niederlande

Vermeers charakteristisches Gemälde *Das Mädchen mit dem Perlenohrring* und andere Schätze wie Rembrandts anschauliches *Die Anatomie des Dr. Tulp* (das erste Werk, das ihm Aufmerksamkeit einbrachte) sind das Herz einer kleinen Sammlung großer holländischer und flämischer Meister im Mauritshuis-Museum. Es befindet sich im schönen palladianisch beeinflussten Adelspalais des Moritz von Nassau-Siegen, der im 17. Jh. Gouverneur der niederländischen Kolonie in Brasilien war, und gilt seit Langem als eines der schönsten kleinen Museen der Welt. Innen ist es fast, als betrachte man eine Privatsammlung; außen drehen Schwäne auf einem kleinen Teich ihre Runden. Große Gruppen sieht man hier selten. Die meisten Kunstliebhaber bleiben lange im oberen Stockwerk, wo Werke von Rembrandt, Jan Steen und weitere Vermeers hängen – darunter die *Ansicht von Delft*, laut Marcel Proust „das schönste Gemälde der Welt". Der Großteil der Kollektion stammt aus der Privatsammlung von Wilhelm V. von Oranien, der 1773 eine Galerie in seinen Palast bauen ließ (direkt auf der anderen Seite des Teiches) und sie an 3 Tagen der Woche für Publikum öffnete. 2010 wurde die Galerij Prins Willem V nach einer glanzvollen Restaurierung wieder eröffnet. Die wertvollsten Werke wurden schon vor Jahrzehnten ins Mauritshuis gebracht und bleiben auch dort, aber in der Galerij mit ihren hohen Louis-seize-Stuckdecken gibt es mehr Grandeur.

Als Sitz der niederländischen Regierung und der Königin ist Den Haag eine wohlhabende und gediegene Stadt, die außerdem viele Sehenswürdigkeiten und Museen besitzt. Ein bisschen von dieser Würde spüren Sie beim High Tea in der majestätischen Lounge des 1856 für den privaten Berater des Königs Wilhelm III. erbauten Hotel des Indes. In diesem üppigen Stadthaus ging übrigens Mata Hari in den dunklen Tagen des Ersten Weltkriegs, als das Hotel den Alliierten als Hauptquartier diente, ihrer subtilen Spionagearbeit nach.

Wo: 50 km südwestl. von Amsterdam. **HET MAURITSHUIS:** Tel. +31/70-302-3456; www.mauritshuis.nl. **GALERIJ PRINS WILLEM V:** Tel. +31/70-302-3435; www.mauritshuis.nl. **HOTEL DES INDES:** Tel. +31/70-361-2345; www.hoteldesindesthehague.com. *Preise:* ab € 185 (Nebensaison), ab € 252 (Hochsaison); High Tea € 37. **REISEZEIT:** Ende Mai–Anf. Juni: *Tong Tong Fair*, ein beliebtes euroindonesisches Fest mit viel Kultur und Essen.

Vermeers Meisterwerk Das Mädchen mit dem Perlenohrring *war bis 1882 unbekannt. Damals wurde es für einen Mini-Preis verkauft.*

Stil und Charisma des Südens

THE EUROPEAN FINE ARTS FAIR

Maastricht, Niederlande

Die alte römische Stadt Maastricht ist bekannt für ihr lebenslustiges Flair und das leckere Essen, das reichhaltige Kulturangebot und die ehrwürdige Geschichte. Hinzu kommen noch der Charme der Stadt, ihre Kultiviertheit und das Luxusshopping ... Hier am südlichsten Punkt der Niederlande, eingeklemmt zwischen Belgien und Deutschland, fließen Sprachen, Bräuche und Trends frei über die Grenzen. Die lebhaften Lokale – vom tollen Restaurant Beluga, das Essen zu Kunst stilisiert, bis zum weniger förmlichen holzvertäfelten Café De Bóbbel – sind an Karneval während der Umzüge mit großen Festwagen, Partys und Kostümierten am ausgelassensten.

Danach bleibt kaum Zeit zum Luftholen, denn im März wird die Stadt von Kunstkennern überrollt, die noch einen Rembrandt-Stich kaufen oder ihre Gobelin-Kollektion vervollständigen möchten. Dann findet die weltgrößte Kunst- und Antiquitätenmesse statt, abgekürzt TEFAF. Mehr als 250 Händler aus einem Dutzend Länder präsentieren ihre Kunstwerke einem Publikum aus Liebhabern, Sammlern und Kuratoren. Unter den Einkäufern sind regelmäßig Abgesandte der größten Museen, beraten von einem internationalen Expertenteam, das alle Objekte hinsichtlich ihres Zustandes, ihrer Provenienz und ihrer Echtheit überprüft.

Aber in Maastricht ist das ganze Jahr etwas los. Das Bonnefantenmuseum in einem spektakulären neuen Bau des italienischen Architekten Aldo Rossi mit einer wie ein Projektil geformten Kuppel besitzt eine einzigartige Sammlung mittelalterlicher Holzskulpturen und Werke von Künstlern der Maastrichter Gegend, außerdem neue und neueste Kunst, z.B. Gemälde, Skulpturen und Installationen von Künstlern wie Sol LeWitt, Robert Ryman und Richard Serra. Grandios ist auch die Basiliek van Onze Lieve Vrouw („Basilika unserer lieben Frau"), eine romanische Kirche, die schon vor dem Jahr 1000 existierte und auch heute noch Wallfahrtsort ist. Übernachten können Sie in einem ehemaligen Kloster des 15. Jh., dem Kruisherenhotel, dessen gotischer Bau in schnittig-modernem Design umgestaltet wurde. Eine Alternative ist das elegante Boutique-Hotel Les Charmes, oder Sie fahren aus der Stadt hinaus in eines der luxuriösesten Landhotels der Niederlande, das Château St. Gerlach. Das exquisite Anwesen ist mit kostbaren Antiquitäten und handgewebten venezianischen Stoffen ausgestattet und umgeben von einem Barockgarten, der in ein Naturschutzgebiet übergeht.

Wo: 207 km südöstl. von Amsterdam. **BELUGA:** Tel. +31/43-321-3364; www.restbeluga.com. *Preise:* Dinner € 93. **DE BÓBBEL:** Tel. +31/43-321-7413; www.debobbel.com. *Preise:* Mittagessen € 22. **TEFAF:** Tel. +31/411-64-5090; www.tefaf.com. *Wann:* 1 Woche Mitte März. **BONNEFANTENMUSEUM:** Tel. +31/43-329-0190; www.bonnefanten.nl. **KRUISHERENHOTEL:** Tel. +31/43-329-2020; www.chateauhotels.nl. *Preise:* ab € 215. **HOTEL LES CHARMES:** Tel. +31/43-321-7400; www.hotellescharmes.nl. *Preise:* ab € 155. **CHÂTEAU ST. GERLACH:** Tel. +31/43-608-8888; www.chateauhotels.nl. *Preise:* ab € 163. **REISEZEIT:** Feb. oder März: Karneval; Ende Aug.: Kulinarische Messe Preuvenemint.

Die Essenz des „niederen Landes"

ZEELAND

Niederlande

Wer nur nach Amsterdam fährt, ohne einen Abstecher nach Zeeland (auch: Seeland) zu machen, verpasst eine echt niederländische Erfahrung: die idyllischen Felder, das Marschland mit den vielen Seevögeln, die langen Strände und hübschen Städte, und besonders die frisch gefangenen Köstlichkeiten aus der Nordsee. Die passend benannte Provinz Zeeland besteht aus einem Schachbrett aus Land und Wasser. Das komplexe System aus Dämmen, Deichen und Toren, aus denen das Sturmflutwehr der Deltawerke besteht (welches 1953 nach einer katastrophalen Sturmflut initiiert wurde, um Zeeland vor weiteren Fluten zu schützen), ist selbst ein eindrucksvoller Anblick: Das Wehr erstreckt sich über 9 km Länge.

Besuchen Sie hübsche mittelalterliche Städte wie Zierikzee, Veere und Middelburg aus den Zeiten, als die breiten Flüsse, die durch Zeeland fließen, geschäftige Handelskanäle waren. Radeln Sie durch flaches, von Windmühlen gesprenkeltes Ackerland, über Apfel- und Birnenwiesen und halten Sie im Dorf Yerseke am Meer, um die berühmten Muscheln und Austern zu kosten. Häufig hört man, dass ein Großteil der Niederlande unter dem Meeresspiegel liegt – nirgends ist das offensichtlicher als hier. Im gemütlichen Bistro Nolet's können Sie Muscheln aus großen Schüsseln verspeisen und einige Gehminuten später auf dem Deich sehen, wo sie herkommen. Einige Kilometer weiter gibt es sogar ein sehr feines Restaurant, das Inter Scaldes. Von überall her kommt man in dieses reetgedeckte Bauernhaus, heute ein von einem heimischen Ehepaar bewirtschafteter Gasthof mit einem Garten im englischen Stil. Nicht nur hervorragenden Fisch gibt es hier, sondern auch Hummer und Langustinen (Sie können bei der Zubereitung zusehen) sowie Salzwiesenlamm „von nebenan".

Wo: 120 km südl. von Den Haag. **Nolet's Vistro:** Tel. +31/113-572-101; www.vistro.nl. *Preise:* Mittagessen € 40. **Inter Scaldes:** Tel. +31/113-381-753; www.interscaldes.eu. *Preise:* ab € 222; 4-gängiges Menü € 100. **Reisezeit:** Vorfrühling: Obstbaumblüte; Ende Aug.: Muschelfest in Yerseke.

Jenseits der Konflikte

DAS NEUE BELFAST

County Antrim, Nordirland

In den Jahren seit dem Ende des gewalttätigen Nordirlandkonflikts – der jahrzehntelangen politischen Auseinandersetzung mit Großbritannien – hat Belfast einen deutlichen Wiederaufschwung erfahren. Ihr erstes kräftiges Wachstum erlebte die

Stadt während der industriellen Revolution. Es resultierte aus der Produktion von Leinen, Tabakwaren und Seilen sowie dem Schiffsbau (die *Titanic* lief 1912 hier vom Stapel). Als weite Teile Irlands 1922 die Unabhängigkeit von England erlangten, blieben 6 der 32 Countys als Provinz Nordirland mit Belfast als Hauptstadt unter britischer Herrschaft. Von dieser Spaltung zeugen heute noch die Reihen von Arbeiterhäusern, deren Mauern sowohl die nationalistischen Republikaner (zumeist Katholiken, die die Wiedervereinigung mit der irischen Republik forderten) als auch die Loyalisten oder Unionisten (Protestanten, die der britischen Krone loyal verbunden waren) während des Konflikts mit Wandmalereien zierten. Heute können Touristen im Rahmen von „Black Taxi Tours" diese öffentliche Kunst bestaunen und die Geschichten dahinter erfahren.

Waffenruhen, Friedensabkommen und politische Zugeständnisse auf beiden Seiten haben eine neue Ära für Belfast eingeläutet. Gebäude aus seiner viktorianischen Blütezeit erstrahlen in neuem Glanz – so auch der Crown Liquor Saloon gegenüber dem Opernhaus. Hier können Sie sich einen Teller heimischer Ardglass-Austern und ein Glas Guinness schmecken lassen, während Sie extravagante Handwerkskunst bestaunen: Mosaikböden, reich verzierte Spiegel und fein gearbeitete Deckenvertäfelungen. Verbringen Sie einen Nachmittag im viktorianischen Palmenhaus des Botanischen Gartens oder in der großen Markthalle St. George's Market, in der an Hunderten Ständen Antiquitäten, Blumen, Ernteerzeugnisse und Gourmetspezialitäten verkauft werden. Die ehemalige Zentrale der Ulster Bank, ein Gebäude aus den 1860er-Jahren mit italienisch anmutender Fassade und pompöser Innenausstattung, beherbergt heute das Merchant Hotel. Im Great Room können Sie inmitten von Putten und gigantischen schwarzen Säulen mit vergoldeten Kapitellen Ihren Tee trinken.

Draußen pulsiert das Cathedral Quarter mit Galerien, Clubs, Künstlerateliers und Musikpubs.

Auch die Gastronomieszene floriert. Das Deanes verbindet in minimalistischem Ambiente Klassisches mit Unerwartetem, wie etwa gebratene Wachtel mit Armen Rittern aus Lebkuchen. Legerer essen Sie in Nick's Warehouse, einem einladenden Restaurant in einem ehemaligen Lagerhaus für Bushmills Whiskey. Die offene Küche bringt Vorspeisen wie pfannengebratene Krebsscheren mit Fenchelpüree und warmen Pfefferorangen hervor, und die Weinauswahl ist ausgezeichnet. Die Wiederbelebung Belfasts hat auch das Hafengebiet erreicht, wo 2012 das 100. Jubiläum der Titanic gefeiert wird – hier gibt es ein dem Ozeanriesen gewidmetes Museum, Galerien, Theater und einen Park auf dem ehemaligen Werftgelände.

Wo: 156 km nördl. von Dublin. **Black Taxi Tours:** Harper Taxi Tours, Tel. +44/28-90-742-711; www.harpertaxitours.com. **Crown Liquor Saloon:** Tel. +44/28-9024-3187; www.crownbar.com. *Preise:* Lunch € 20. **Merchant Hotel:** Tel. +44/28-9023-4888; www.themerchanthotel.com. *Preise:* ab € 166 (Nebensaison), ab € 260 (Hochsaison). **Deanes:** Tel. +44/28-9033-1134; www.michaeldeane.co.uk. *Preise:* Dinner € 48. **Nick's Warehouse:** Tel. +44/28-9043-9690; www.nickswarehouse.co.uk. *Preise:* Dinner € 37. **Reisezeit:** 17. März: St. Patrick's Day; Apr.–Mai: Cathedral Quarter Arts Festival; Juli–Aug.: West Belfast Festival; Okt.–Nov.: Belfast Festival at Queen's.

Die Solidarity Wall zeigt republikanische Wandmalereien aus der Zeit des Nordirlandkonflikts.

Meisterwerk der Natur

CAUSEWAY COAST

County Antrim, Nordirland

„Als die Welt aus formlosem Chaos geformt wurde, muss dieses Stück übrig geblieben sein", schrieb William Thackeray. Glücklicherweise ist die zerklüftete Landschaft im Norden Irlands heute auf der Panoramastraße Causeway Coastal Route leicht zu passieren. Erster und eindrücklichster Stopp an der Strecke ist der grandiose, wundersame Giant's Causeway, der vor rund 60 Mio. Jahren durch Vulkanausbrüche entstand. Mehr als 40.000 Basaltsäulen mit einem Durchmesser von jeweils 30–60 cm formen diese gewaltige Struktur an der Nordküste, die heute unter dem Schutz des National Trust und (als einziges Welterbe Nordirlands) der UNESCO steht.

Irischen Legenden zufolge schuf der Sagenheld Fionn mac Cumhaill die Felsen als Trittsteine.

Sie können entweder auf den zumeist 6-eckigen, bis zu 12 m hohen Säulen herumhüpfen (manche haben auch 4, 5 oder sogar 10 Seiten) oder das Naturwunder von den Aussichtspunkten auf der Klippe bestaunen.

Gönnen Sie sich in Irlands ältester Whiskeybrennerei Old Bushmills (lizenziert 1608, jedoch bereits 1276 historisch bezeugt) ein Schlückchen des bernsteinfarbenen Elixiers – aber nicht mehr, wenn Sie sich danach noch über die wackelige Hängebrücke Carrick-a-Rede wagen möchten, die das Festland mit der Felseninsel Carrick Island verbindet. Erfreuen Sie sich hier an der reichen Vogelwelt und dem fantastischen Blick auf die nahe Rathlin Island sowie die weiter entfernten schottischen Inseln. Während Sie die anregende Luft genießen, können Sie über die Legende nachsinnen, nach der der mythische Riese Fionn mac Cumhaill den Causeway erbaut haben soll, um zu seiner Geliebten auf der schottischen Insel Staffa zu gelangen.

Anschließend können Sie sich ins Bushmills Inn zurückziehen, das 1820 im gleichnamigen Örtchen als Station für die Besucher der Sehenswürdigkeiten eröffnet wurde. Das renovierte Hotel mit rustikalem Charme bietet geräumige Zimmer, ein beliebtes Restaurant und jede Menge gemütlicher Eckchen, in die man sich mit einem Buch und einem Glas lokalem Caffey's Irish Ale zurückziehen kann.

Eine vergleichbar majestätische Kulisse kann Royal Portrush, einer der beiden herausragenden Golfplätze Nordirlands, aufweisen. Der 1888 eröffnete Platz, der konstant zu den besten Golfzielen der Welt gerechnet wird, gilt, ebenso wie sein freundschaftlicher Rivale Royal County Down in Newcastle (s. unten), als einer der härtesten Tests im Golfsport überhaupt. Großartige Ausblicke auf Meer, Klippen und die eindrucksvolle Fassade von Dunluce Castle (13. Jh.), der ältesten normannischen Festung im Norden, sorgen für Auflockerung.

Das elegante Ardtara Country House in Upperlands bietet trotz kurzer Fahrdistanz vom Causeway und Belfast (s. S. 136) den Luxus eines abgeschiedenen Landgutes. Die 9 geräumigen Zimmer im restaurierten Herrenhaus aus dem 19. Jh. überzeugen mit antiken Möbeln, Kaminen und einem wunderbaren Ausblick auf die ausgedehnten Wiesen und die Landschaft rundum. Im Speisesaal mit Oberlicht werden einfache Gerichte mit lokalem Lamm, Rind und Lachs serviert.

Wo: Der Giant's Causeway liegt 120 km nordwestl. von Belfast. Tel. +44/28-2073-1855; www.giantscausewaycentre.com. **BUSHMILLS INN:** Tel. +44/28-2073-3000; www.bushmillsinn.com. *Preise:* ab € 189. **ROYAL PORTRUSH GOLF CLUB:** Tel. +44/28-7082-2311; www.royalportrushgolfclub.com; Greenfee € 70 (Nebensaison), € 159 (Hochsaison). **ARDTARA COUNTRY HOUSE:** Tel. +44/28-7964-4490; www.ardtara.com. *Preise:* ab € 107; Dinner € 33. **REISEZEIT:** Mai–Okt.: bestes Wetter.

Stürmische Höhen

DAS KÖNIGREICH VON MOURNE

County Down, Nordirland

Die in der berühmten irischen Ballade mit den Zeilen „Where the Mountains o' Mourne sweep down to the sea" verewigte Granitformation ist die höchste Bergkette Nordirlands. 12 der gut 50 dicht gedrängten Gipfel sind höher als 600 m. C. S. Lewis verglich den Gebirgszug, der so abgelegen ist, dass er sowohl vom hl. Patrick als auch von den Normannen vernachlässigt wurde, mit „erdbedeckten Kartoffeln". Nur eine einzige Straße führt um ihn herum, eine weitere mitten hindurch, doch ein Netz uralter Fußwege erschließt die offene Moorlandschaft und die Hochweiden und macht ihn zum lohnendsten Wanderziel in Nordirland.

Ein sicherer und relativ leichter Aufstieg führt von der Bloody Bridge nördlich von Newcastle auf den höchsten Gipfel Slieve Donard (849 m), von dem aus an klaren Tagen alle Länder der Britischen Inseln sichtbar sein sollen. Über 15 Gipfel führt die anspruchsvolle, 35 km lange Route entlang der Mourne Wall. Die Mauer wurde im 19. Jh. errichtet, um Vieh von einem geplanten Wasserreservoir fernzuhalten.

Im Schatten der Berge versetzt das am Rand der Irischen See gelegene Slieve Donard Hotel seine Gäste zurück in die Glanzzeit der Seebäder zu Beginn des 20. Jh. Der turmbekrönte viktorianische Bau ist traditionell möbliert, die Küche serviert klassische irische Kost, und auf dem Grundstück beginnen zahlreiche Wanderwege. Ebenfalls zu Fuß zu erreichen ist der Weltklasse-Links des Royal County Down Golf Club, womöglich der beste Golfplatz in Irland. Rechnen Sie mit einer echten Herausforderung aus wechselnden Winden, langen Bahnen, kleinen Grüns und der Ablenkung durch die Reize des Platzes.

Im nahen Dundrum serviert die zwanglose und stets gut besuchte Mourne Seafood Bar Austern und Miesmuscheln von eigenen Muschelbänken. Eine ruhige Unterkunft im Herzen der Berge – und mit dem Meer direkt vor der Tür – finden Sie in der Glassdrumman Lodge, einem umgebauten Bauernhaus mit aufmerksamen Gastgebern. Zimmer mit

Blick auf Berge oder Meer, Gerichte mit Zutaten aus dem Garten und eine gemütliche Lounge mit Kamin runden das Bild ab.

Wo: Newcastle liegt 48 km südwestl. von Belfast. **SLIEVE DONARD HOTEL:** Tel. +44/28-4372-1066; www.hastingshotel.com. *Preise:* ab € 110 (Nebensaison), ab € 163 (Hochsaison). **ROYAL COUNTY DOWN GOLF CLUB:** Tel. +44/28-4372-3314; www.royalcountydown.org. *Preise:* Greenfee ab € 60 (Nebensaison), ab € 178 (Hochsaison). **MOURNE SEAFOOD BAR:** Tel. +44/28-4375-1377; www.mournesea food.com. *Preise:* Dinner € 26. **GLASSDRUMMAN LODGE:** Tel. +44/28-4376-8451; www.glassdrummanlodge.com. *Preise:* ab € 110; Dinner € 40. **REISEZEIT:** Mai–Sept.: bestes Wetter; 3. Woche im Juli: Musikfestival *Celtic Fusion.*

Nur wenige Straßen führen durch die Mourne Mountains, den höchsten Gebirgszug des Landes.

Historische Architektur und modernes Design

DAS ALTE GRAZ

Österreich

Graz, 1379 als südöstlicher Sitz des Habsburgerreiches gegründet, besitzt eine der besterhaltenen Altstädte Mitteleuropas mit großartigen Gebäuden aus Mittelalter und Renaissance. Gleichzeitig ist es eine junge, lebhafte Stadt – dank des sonnigen Klimas und 3 berühmten Universitäten, deren älteste im 16. Jh. gegründet wurde. Hier steht auch das Landeszeughaus, Europas ältestes Zeughaus aus dem 17. Jh., wo es auf 4 Etagen über 30.000 Waffen zu sehen gibt. Überspringen Sie ein paar Jahrhunderte beim kurvigen Kunsthaus, Graz' neuestem Wahrzeichen, das für seine bahnbrechenden Ausstellungen von Gegenwartskunst berühmt ist. Es bläht sich am Ufer der Mur auf, in starkem Kontrast zur mittelalterlichen Skyline der Altstadt. Im Fluss liegt die Murinsel, eine künstliche, schwimmende Plattform aus Glas und Stahl mit einem Amphitheater, einem Spielplatz und einer trendigen Cafébar.

Im Schlossberghotel, 2 prächtigen Barockgebäuden des 16. Jh., finden Sie einen erfrischenden Mix aus Antiquiertheit und neuer Kunst; die 54 Zimmer liegen um 3 Innenhöfe herum und sind daher klösterlich ruhig. Fahren Sie mit dem Lift zu seinen Terrassengärten am Berg und genießen Sie die Aussicht. Noch mehr Kunst liegt hinter der Glas-Metall-Fassade des modernen Augartenhotels, dessen Interieur mit warmen Holztönen und starkfarbigen Werken von über 250 moder-

Das organisch geformte Grazer Kunsthaus wurde von den Architekten Peter Cook und Colin Fournier entworfen.

nen Künstlern besticht. In den 56 wunderschönen Zimmern werden angenehm neutral gehaltene Wände mit modernen Möbelklassikern kombiniert.

Von Frühjahr bis Herbst beleben einige hochkarätige Märkte und Festivals die Plätze und Straßen, und die Studenten sorgen dafür, dass es in den urigen Bierkellern, Bars und Beiseln (Kneipen) nie leer wird. Auf dem Bauernmarkt hinter der Oper wetteifern frische Kräuter, Gemüse, hausgemachter Käse und das regionale Kürbiskernöl um Ihre Aufmerksamkeit. Ein prima Tagesausflug ist eine Tour entlang einer der 8 Weinstraßen südlich der Stadt (s. auch die Wachau, S. 145). Auf dem Bundesgestüt in Piber können Sie die berühmten Lipizzaner besuchen, die hier für die Spanische Reitschule in Wien gezüchtet werden (s. S. 147).

Wo: 200 km südwestl. von Wien. **LANDESZEUGHAUS:** Tel. +43/316-8017-9810. **KUNSTHAUS GRAZ:** Tel. +43/316-8017-9200; www.museum-joanneum.at. **SCHLOSSBERGHOTEL:** Tel. +43/316-8070; www.schlossberghotel.at. *Preise:* ab € 144. **AUGARTENHOTEL:** Tel. +43/316-208-00; www.augartenhotel.at. *Preise:* ab € 148. **BUNDESGESTÜT:** Tel. +43/1-533-9031; www.piber.com. **REISEZEIT:** Anf. Juni: Frühlingsfestival für elektronische Kunst und Musik; Ende Sept.–Mitte Okt.: Steirischer Herbst; Ende Nov.–Dez.:Weihnachtsmärkte; Weihnachtsspaziergang in Piber.

Der Gipfel aller alpinen Spielwiesen

DIE ARLBERG-REGION UND KITZBÜHEL

Österreich

In den westlichen Ausläufern der österreichischen Alpen findet man einige der besten Abfahrtspisten der Welt. Das hübsche Arlberg hat auch dann noch genug Pulverschnee, wenn es in anderen Skiorten taut. Die Region umfasst Lech (das schönste Skidorf) sowie Zürs, St. Anton, St. Christoph und Stuben. Allein die Schwesterdörfchen Lech und Zürs haben ein Skikarussell mit 35 Liften und Seilbahnen sowie 105 präparierte Pistenkilometer und 120 km „wilde" Pisten, darunter die großartige 18 km lange Madloch-Tour. Die Skischulen und -lehrer der Region zählen zu den allerbesten.

Das kleinste und beste 5-Sterne-Hotel in Lech, der Gasthof Post, wird seit 3 Generationen von der Familie Moosbrugger geführt und ist bekannt für seine heimelige Atmosphäre und das exzellente Restaurant. In die Skihütte Schneggarei gehen die Jungen und Schönen zum Essen und zum Après-Ski. In St. Anton, dem Après-Ski-Mekka, liegt das Lux Alpinae, ein

Die Skifahrer dieser Region erfanden die Arlberg-Technik, aber das Snowboarden ist hier auch sehr beliebt.

schickes Hotel mit moderner Fassade aus Glas, Metall und Holz, die sich zu einer gemütlichen Lobby öffnet. Wer im niedlichen St. Christoph etwas Luxus möchte, sollte im Arlberg Hospiz absteigen, das nur im Winter geöffnet hat und viel Wärme und Gastlichkeit ausstrahlt.

Während die Skiorte in Arlberg wegen ihres natürlichen Charakters besucht werden, ist Kitzbühel – gleich weit von Innsbruck und Salzburg entfernt – eher für seine glamouröse Atmosphäre bekannt. Die Altstadt mit den pastellfarbenen mittelalterlichen Häusern ist voll von trendigen Boutiquen, Kasinos und exklusiven Clubs für den Spaß nach dem Skifahren. Im alteingesessenen Café Praxmair entspannt man bei heißer Schokolade und Gebäck. Hoch oben, an der Sonnenseite des Kitzbüheler Horns, liegt das romantische und freundliche Hotel Tennerhof, ein umgebautes Bauernhaus aus dem 17. Jh. Es hat eines der besten Restaurants der Stadt – essen Sie also auch dann hier, wenn Sie woanders wohnen!

Auf den Pisten hinter der mittelalterlich ummauerten Stadt können Sie sich prima aufs Skifahren einstimmen – vielleicht nicht gerade auf der schwierigen, weltberühmten Hahnenkamm-Rennstrecke. Kitzbühel hat außerdem schwindelerregende Seilbahnfahrten und 190 km fantastische Wanderstrecken zu bieten.

Wo: 201 km östl. von Zürich, Schweiz. **Info:** www.arlberg.com; www.kitzbuehel.com. **Gasthof Post:** Tel. +43/5583-22060; www.postlech.com. *Preise:* ab € 263 (Nebensaison), ab € 485 (Hochsaison). *Wann:* Ende Apr.–Mitte Juni, Mitte Okt.–Nov.: geschlossen. **Lux Alpinae:** Tel. +43/5446-30108; www.luxalpinae.at. *Preise:* ab € 130 (Nebensaison), ab € 300 garni (Hochsaison). *Wann:* Ende Apr.–Juni, Okt.–Nov.: geschlossen. **Arlberg Hospiz:** Tel. +43/5446-2611; www.hospiz.com. *Preise:* ab € 255. *Wann:* Ende Apr.–Nov.: geschlossen. **Tennerhof Hotel:** Tel. +43/5356-63181; www.tennerhof.com. *Preise:* ab € 248; Dinner € 40. *Wann:* Apr.–Mai, Ende Sept.–Mitte Dez.: geschlossen. **Reisezeit:** Dez.–März zum Skifahren; Jan.: Hahnenkamm-Rennen; Juli–Aug. zum Wandern und Mountainbiken.

Von pittoresken Gipfeln zu schönen Seeufern

DIE GROSSGLOCKNER-HOCH-ALPENSTRASSE UND HALLSTATT

Österreich

Die Augen werden Ihnen übergehen vor lauter Alpenpanorama, wenn Sie die Großglockner-Hochalpenstraße entlangfahren, Österreichs atemberaubende, schwindelerregende Passstraße, die im Mittelalter eine wichtige Handelsstraße zwischen Deutschland und Italien war. Sie wurde nach dem höchsten Berg Österreichs benannt und führt durch die schönsten Regionen des Landes. Befestigt wurde die Straße (auch: Bundesstraße 107) zwischen 1930 und 1935. Die meisten abenteuerlustigen Autofahrer steigen heutzutage ab Salzburg (nach Süden) oder ab Lienz (nach Norden) ein, aber sie beginnt eigentlich schon im Nationalpark Hohe Tauern. Dieser Park ist 1800 km² groß, besitzt 300 Dreitausender, 246 Gletscher, grüne Täler und Dutzende hübscher Dörfer, in denen Sie ein Essen und eine einfache Übernachtungsmöglichkeit bekommen. Bei den spektakulären Aussichten auf das imposante Herzstück des Parks, den 3798 m hohen Großglockner, fällt es einem als Fahrer schwer, die Augen auf die Serpentinen zu lassen. Die 74 km lange Strecke von Bruck nach Heiligenblut ist die spannendste; sie führt vorbei an der

Die kurvenreiche Großglockner-Hochalpenstraße, 1935 eröffnet, war als öffentliches Straßenbauprojekt geplant worden.

2571 m hohen Edelweißspitze und der 2369 m hohen Kaiser-Franz-Josefs-Höhe. Fahren Sie dann noch die 10 km lange Gletscherstraße ab, haben Sie eine unvergessliche Tour hinter sich.

Wenn Sie nach Salzburg zurückfahren, lohnt sich ein Abstecher in das uralte, ja vorchristliche Dorf Hallstatt (55 km südöstlich von Salzburg), eng ans schmale Ufer des ruhigen, fjordähnlichen Hallstätter Sees gebaut. Besuchen Sie pittoreske Plätze, Kirchen und Bootshäuser oder fahren Sie mit der Salzbergbahn auf den Berg, wo Sie nach kurzem Spaziergang einen der ersten Salzstollen der Welt besichtigen können.

Wo: Salzburg liegt 253 km westl. von Wien; Lienz 211 km südl. von Salzburg. **Wann:** Die Straße ist von Dez.–Apr. geschlossen. **Reisezeit:** Mai–Sept.: bestes Wetter.

Österreichs beste Saiten

Die österreichischen Musikfestivals

Österreich

Es gibt nur sehr wenige Länder mit so vielen Weltklasse-Musikfestivals wie Österreich. Da sind die spektakulären Bregenzer Festspiele auf einer gewaltigen schwimmenden Bühne am Ufer des Bodensees (s. S. 15). Ob Puccinis *Tosca*, Bernsteins *West Side Story*, die Musik von Beethoven oder Shakespeare-Stücke: Hier werden viele wunderbare Opern, Orchester- oder Theaterstücke aufgeführt. Eine schöne Unterkunft in Bregenz ist das Hotel Deuring Schlössle aus dem 17. Jh. auf einem Hügel mit Blick auf den See. Das mit Efeu bewachsene barocke Château hat ein hochgelobtes Restaurant, das seit Langem auf der österreichischen Bestenliste steht. Fahren Sie mit dem Schiff über den von Bergen umgebenen See oder mit der Gondelbahn auf den 1064 m hohen Pfänder, mit atemberaubender Aussicht auf Österreichs westlichsten Zipfel.

Das fantastische Salzburg, Mozarts Geburtsstadt, ist der passende Ort für Europas größtes jährliches Musikfest, die Salzburger Festspiele. Mehr als 180 klassische und moderne Aufführungen – Opern, Sinfonien, Liederabende und Theaterproduktionen – drehen sich um den berühmten Sohn der Stadt, aber auch um andere Künstler. Obwohl die Hauptevents meist weit im Voraus ausverkauft sind, können Sie häufig noch kurzfristig Karten für Matinees mit ebenso schöner Kammermusik kaufen. Übernachten Sie im Hotel Schloss Mönchstein, einer mit Türmchen bekrönten Burg aus dem 14. Jh. inmitten von 10 ha Parks und Gärten und einstige Sommerresidenz des Erzbischofs von Salzburg. Die 17 luxuriösen Zimmer sind trotz der Möbel des 18. Jh. und orientalischen Teppichen modern ausgestattet.

Das weltweit angesehenste Festival zu Ehren Franz Schuberts ist die Schubertiade, die in den charmanten Nachbardörfern Schwarzenberg und Hohenems stattfindet, rund 655 km westlich von Wien. Etwa 70 Kammerkonzerte, Orchesterkonzerte und Liederabende honorieren die Werke des in Österreich geborenen Komponisten in intimer, idyllischer Atmosphäre. Der familiengeführte Gasthof Krone im nahen Hittisau ist bekannt dafür, die Künste zu unterstützen; er bietet freie Zubringerfahrten zu allen Festivalevents. **Wo:** Bregenz liegt 200 km nordwestl. von Innsbruck, 129 km nordöstl. von Zürich, Schweiz. BREGENZER FESTSPIELE: Tel. +43/5574-4076; www.bregenzerfestspiele.com. *Preise:* Tickets € 26–€ 260. *Wann:* 4 Wochen Ende Juli–Aug. HOTEL DEURING SCHLÖSSLE: Tel. +43/5574-47800; www.schlosshotels.co.at. *Preise:* ab € 378 zur Festivalzeit; Dinner € 60. SALZBURGER FESTSPIELE: Tel. +43/662-8045500; www.salzburgerfestspiele.at. *Preise:* Tickets € 15–€ 311. *Wann:* 5 Wochen Ende Juli–Anf. Sept. „SOUND OF MUSIC"-TOUREN: Tel. +43/662-8832110; www.panoramatours.com. HOTEL SCHLOSS MÖNCHSTEIN: Tel. +43/662-848-5550; www.monchstein.at. *Preise:* ab € 378 zur Festivalzeit. SCHUBERTIADE: Tel. +43/5576-72091; www.schubertiade.at. *Preise:* Tickets € 33–€ 60. *Wann:* 2 Wochen Ende Juni, 2 Wochen Ende Aug.–Mitte Sept. GASTHOF KRONE: Tel. +43/5513-6201; www.krone-hittisau.at. *Preise:* ab € 133 zur Festivalzeit.

Viel mehr als nur Mozart

SALZBURG: BAROCK UND MODERN

Österreich

Die prunkvolle Barockarchitektur dieser goldenen Stadt haben wir besonders Erzbischof Wolf Dietrich zu verdanken, der von 1587 bis 1612 regierte. Er steckte einen Großteil seines Geldes in das Projekt, Salzburg zu einer italienisch aussehenden Stadt zu machen, die um 5 Plätze herum angeordnet und von der Festung Hohensalzburg hoch auf ihrem Felsen beherrscht ist. Das französisch beeinflusste Schloss Mirabell, das er für seine Geliebte (und ihre 15 Kinder) bauen ließ, liegt an der Salzach gegenüber der opulenten Residenz aus dem 12. Jh., einst Sitz der regierenden Erzbischöfe. Hier können Sie glanzvolle Prunkgemächer sowie Kunstwerke von Rembrandt, Rubens und anderen Meistern besichtigen.

Wenn Sie durch Salzburg schlendern, während das berühmte Glockenspiel ganz klassisch Mozart oder Haydn spielt, können Sie den wuchtigen Salzburger Dom kaum verpassen. Er stammt aus dem 17. Jh., besitzt 81 m hohe Türme und ist bekannt für seine Fresken und die Orgel, die aus 4000 Pfeifen besteht. Neben der Stiftskirche St. Peter, in der Mozart 1783 seine C-Moll-Messe uraufführte, liegt sein Stammlokal, der geschäftige Stiftskeller St. Peter. 803 erstmals erwähnt, ist es Österreichs ältestes Restaurant. Sehr beliebt sind hier die Festessen bei Kerzenschein, wenn Sänger in Originalkostümen Arien aus Mozarts Opern zum Besten geben.

Natürlich ist es in Mozarts Heimatstadt unmöglich, seiner Gegenwart zu entkommen Mozarts Geburtshaus in der Getreidegasse, im Kaufmannsviertel in der Altstadt, ist eine Pil-

ÖSTERREICH

gerstätte für Musikliebhaber. Das Museum zeigt viele seiner Besitztümer aus der Kindheit, z.B. Noten und seine erste kleine Geige. Nur ein paar Schritte entfernt ist eines der glamourösesten Hotels des Landes, der 600 Jahre alte Gasthof Goldener Hirsch, der während der verschiedenen Festspiele oft der Mittelpunkt ist und sich eines wundervollen Restaurants rühmen darf. Im ganzen Viertel gibt es hübsche, blumengeschmückte Arkaden und einladende Restaurants wie das geschichtsträchtige Café Tomaselli, wo Sie Kaffee und Gebäck genießen und die Leute anschauen können.

Belebt wird die historische Stadt von experimentellen Restaurants, Designhotels und dem brandneuen Museum der Moderne hoch über der Stadt. Das minimalistische Gebäude aus weißem Marmor und Glas hat 3 Ausstellungsebenen und eine Restaurantterrasse mit spektakulärer Aussicht – besonders nachts sehr magisch. Unten in der Altstadt serviert das schicke Restaurant Esszimmer französische Küche mit österreichischem Einschlag. Ein Glasboden erlaubt den Gästen den Blick auf den darunter fließenden Almkanal. Das Hotel Stein an der Salzach aus dem Jahr 1399 hat heute moderne Zimmer, neobarock oder im Raubtiermuster dekoriert, und ein Dachcafé mit schönen Ausblicken, das abends gern von Einheimischen besucht wird. Das 660 Jahre alte Arthotel Blaue Gans kombiniert mittelalterliche Bögen und alte Holzbalken mit puristischen Zimmern und einem hochklassigen Restaurant, beides veredelt mit Avantgardewerken aus der hoteleigenen Kunstsammlung.

Wo: 299 km südwestl. von Wien. **Stiftskeller St. Peter:** Tel. +43/662-841-2680; www.haslauer.at. *Preise:* Mozart-Dinner € 48. **Hotel Goldener Hirsch:** Tel. +43/662-8084; www.goldenerhirsch.com. *Preise:* ab € 200. **Museum der Moderne:** Tel. +43/662-842-220; www.museumdermoderne.at. **Esszimmer:** Tel. +43/662-870-899; www.esszimmer.com. *Preise:* Dinner € 63. **Hotel Stein:** Tel. +43/662-874-3460; www.hotelstein.at. *Preise:* ab € 203. **Arthotel Blaue Gans:** Tel. +43/662-842-4910; www.blauegans.at. *Preise:* ab € 155. **Reisezeit:** Ende Jan.: Mozartwoche; März–Apr.: Osterfestival; Ende Juli–Aug.: Salzburger Festspiele; Ende Nov.–Dez.: Weihnachtsmarkt auf dem Domplatz.

Die besten Weine entlang der Donau

Die Wachau

Österreich

Die allerbesten Reben gibt es im Tal der Wachau an der Donau. Obwohl dessen Weinhänge nur einen kleinen Prozentsatz der 490 km² umfassenden österreichischen Weinanbaugebiete ausmachen, gibt es hier die meisten Topweine. Abteien und Burgen krönen die sanften Hügel des Tals, auf denen sich steile Hänge voller Rebstöcke mit Wäldern und Aprikosenbäumen abwechseln. Das milde Klima und die schöne Donau machen die Region ideal für den Weinanbau, was die Römer schon vor fast 2500 Jahren wussten. Auf Treidelpfaden entlang dem Fluss zogen Pferde die Schiffe mit Wein flussaufwärts. Heute radeln dort die Radfahrer auf einem der beliebtesten Radwege Europas durch das Weinland.

Die Weingüter sind fast alle familiengeführt und produzieren preisgekrönten Riesling und Grünen Veltliner mit reichen, fruchtigen Aromen, zu probieren überall entlang der Donau, z.B. in Krems, Klosterneuburg und Poysdorf. In der größten Weinanbaugemeinde, in Langenlois, gibt es unzählige Weinkeller. Hier steht auch der moderne Tempel der Weinherstellung, das von Steven Holl entworfene Loisium: eine Stahlkonstruktion mit Hotel, Wein-Spa und eigener Weinherstellung. Die Gäste sind von Wein umgeben: Die Lampen sehen wie Korken aus, und durch den durchsichtigen Boden des Hotels schaut man auf die Rebstöcke.

Vielleicht die liebenswerteste Stadt in der Wachau ist das mittelalterliche Dürnstein, überragt von den Ruinen der Kuenringer-Burg aus dem 17. Jh., denen nachgesagt wird, sie hätten die Gebrüder Grimm zu ihren Märchen inspiriert. Nehmen Sie Ihr Dinner mit einem Glas Grüner Veltliner auf der Terrasse des Hotels Schloss Dürnstein, wo viele der eleganten Zimmer einen schönen Blick über den Fluss haben.

Das Hotel Sänger Blondel im Zentrum der Stadt, ein komfortabler, charmant-altmodischer Gasthof, hat ein gutes Restaurant und reizende Wirtsleute, die Ihnen das Frühstück im Garten unter Kastanien servieren. Etwas außerhalb liegt Stift Melk, das berühmte, 1000 Jahre alte Benediktinerkloster, wo Sie u.a. Manuskripte und kostbare Kunstgegenstände sehen können, darunter das Melkerhof-Kruzifix. Das 33 km lange, besonders hübsche Stück Donau können Sie während einer schönen Tagesbootstour von Wien aus genießen.

Wo: 73 km nordwestl. von Wien. LOISIUM: Tel. +43/2734-771-000; www.loisiumhotel.at. *Preise:* ab € 166. HOTEL SCHLOSS DÜRNSTEIN: Tel. +43/2711-212; www.schloss.at. *Preise:* ab € 226; Dinner € 40. *Wann:* Nov.–Anf. Apr.: geschlossen. HOTEL-RESTAURANT SÄNGER BLONDEL: Tel. +43/2711-253; www.saengerblondel.at. *Preise:* ab € 104; Dinner € 20. STIFT MELK: Tel. +43/2752-555-225; www.stiftmelk.at. WIE: DDSG Blue Danube bietet Bootstouren an. Tel. +43/1-588-800; www.ddsg-blue-danube.at. *Wann:* Mitte Apr.–Okt. REISEZEIT: Anf. Apr.: Aprikosenblüte; Ende Apr./Anf. Mai: Donaumusikfestival in Krems; Ende Mai: Sommerfest in Melk; Mitte Aug.: Rieslingfest in Weißenkirchen; Ende Aug.–Nov.: Weinernte und Weinherbst, das Erntefest der hiesigen Winzer.

„Die wundervolle, unerschöpflich zauberhafte Stadt mit dieser rätselhaften, weichen, lichtdurchsogenen Luft!" — HUGO VON HOFMANNSTHAL

WIEN

Österreich

Durch diese elegante, leicht altmodische Stadt weht eine frische Brise der Kreativität, die den Vermächtnissen Freuds, Klimts, Mahlers und der Strauss-Familie etwas vom Geist des 21. Jh. hinzufügt. Wien explodiert vor lauter Gegenwartskunst im neuen MuseumsQuartier und in den gerade entstehenden Designvierteln, während die neuen Hotels und Restaurants der jungen Gastro-Talente eine mutige Architektur auszeichnet. Trotzdem bleibt die romantische Stadt an der Donau – die für Wiener Schmäh, Kaffeehäuser und Süßspeisen berühmt ist – immer noch ein zeitloses Reiseziel für alle, die Kunst, Musik und Kultur lieben.

HAUPTATTRAKTIONEN

KAISERLICHE HOFBURG – Die Hofburg war 6 Jahrhunderte lang Sitz der habsburgischen Kaiser, vom Heiligen Römischen Reich bis

Die Michaelerkuppel bekrönt die Hofburg.

zum Ende der Monarchie 1918. Jeder Kaiser fügte eigene Anbauten hinzu, was zum heutigen ausladenden Komplex führte, der u.a. Sitz des österreichischen Bundespräsidenten ist. In den 18 Flügeln, 19 Höfen und 2600 Räumen finden Sie folgende Highlights:

Die Kaiserappartments – Hier lebte im späten 19. und frühen 20. Jh. Kaiser Franz Josef I. Besucher können seine opulenten Privatgemächer, den großen Audienzsaal und die Speisezimmer anschauen, reich mit Rokokostuck, Wandteppichen und böhmischen Kristalllüstern dekoriert. INFO: Tel. +43/1-533-7570; www.hofburg-wien.at.

Lipizzaner in der Spanischen Hofreitschule – Die 1572 gegründete Spanische Hofreitschule betreibt die klassische Dressur in ihrer strengsten Form. Die öffentlich zugänglichen Vorführungen werden mit charmant-antiquierter Förmlichkeit ausgeführt (auch das Morgentraining zu Musik). Die Pferde sollen die besten Dressurpferde der Welt sein. INFO: Tel. +43/1-533-9031; www.srs.at.

Schatzkammer – Die herausragende Sammlung enthält die kaiserlichen Kronen des Heiligen Römischen und des österreichischen Reiches sowie zahlreiche Schätze aus dem burgundischen Erbe und dem Orden des Goldenen Vlies. INFO: Tel. +43/1-525-240; www.khm.at.

Wiener Sängerknaben in der Hofburgkapelle – Der Chor gestaltet seit 1498 das musikalische Leben Wiens und wird mit Komponisten wie Mozart, Schubert und Bruckner in Verbindung gebracht. Mitglieder des Chors singen zur Sonntagsmesse in der Hofburgkapelle (Reservierung erbeten). INFO: www.wsk.at. Wann: Jan.–Juni und Sept.–Dez.

ALBERTINA – Die Albertina, ein Museum, das einen Palast des 17. Jh. mit einem neuen, 14-stöckigen Gebäude zusammenbringt, besitzt eine der weltgrößten grafischen Kollektionen von der Gotik bis zur Jetztzeit, dazu rund 25.000 Architekturzeichnungen und eine große fotografische Sammlung. Die eindrucksvolle ständige Sammlung, darin auch Albrecht Dürers berühmter *Hase* (1502), wird durch wichtige Sonderausstellungen ergänzt. INFO: Tel. +43/1-534-830; www.albertina.at.

SCHLOSS BELVEDERE – besteht eigentlich aus 2 durch Landschaftsgärten getrennten Schlössern aus dem 18. Jh. Das Obere Belvedere zeigt Wiener Kunst des 19. und 20. Jh., u.a. die weltgrößte Gustav-Klimt-Sammlung (darin auch *Der Kuss* und *Judith*). Das Untere Belvedere präsentiert Gotik- und Barockkunst. INFO: Tel. +43/1-795-570; www.belvedere.at.

KUNSTHISTORISCHES MUSEUM – Eines der reichsten Kunstmuseen der Welt, u.a. mit Werken der Antike aus ganz Europa. Es befindet sich in einem Palast gegenüber der Hofburg. Besonders erlesen sind die italienischen und flämischen Galerien und die weltgrößte Sammlung der Bilder von Pieter Bruegel d. Ä., darunter *Die Jäger im Schnee*. INFO: Tel. +43/1-525-244-025; www.khm.at.

MUSEUMSQUARTIER (MQ) – Früher waren dies die Hofstallungen, heute ist es Wiens riesiger, moderner Kulturkomplex mit mehr als 60 Kunstinstitutionen – Museen, Ateliers und Theaterräume. Die Kunsthalle veranstaltet Ausstellungen der Gegenwartskunst, das stahlgraue Museum Moderner Kunst (MUMOK) zeigt moderne Kunst und internationales Design, und das Leopold Museum besitzt die weltgrößte Egon-Schiele-Sammlung. Erholen Sie sich im beliebten Café Halle im MQ. INFO: Tel. +43/1-523-5881; www.mqw.at.

KARLSKIRCHE – Der Eingang dieses barocken Meisterwerks aus dem 18. Jh. wird von hohen, frei stehenden Säulen flankiert, Repliken der Trajanssäule in Rom. Genießen Sie von der Kuppel aus die himmlischen Fresken im Innern

Der meistbesuchte Weihnachtsmarkt des Landes findet in den Wochen vor Weihnachten auf dem Wiener Rathausplatz statt.

und die Aussicht über die Stadt. INFO: Tel. +43/1-504-6187; www.karlskirche.at.

STEPHANSDOM – Auch nach Jahrhunderten des Erneuerns und Restaurierens hat der 1147 geweihte Stephansdom eine mittelalterliche Atmosphäre behalten. Der steil aufragende, besteigbare gotische Turm dominiert immer noch die Wiener Skyline. Es gibt regelmäßige Katakombentouren, auf denen Sie Sarkophage von Erzbischöfen und Habsburgerkaisern sehen können. INFO: Tel. +43/1-515-52-3526; www.stephanskirche.at.

SCHLOSS SCHÖNBRUNN – Den Sommerpalast mit 1441 Zimmern ließen die Habsburger 1696–1712 im Stil von Versailles erbauen. Die grazilen Rokokodekors setzen ihn in Kontrast zur etwas schlichteren Hofburg. Hier spielte Mozart mit 6 Jahren Kaiserin Maria Theresia vor; Kaiser Franz Joseph I. wurde hier geboren. Etwa 40 der Räume können besichtigt werden. Der beliebte Schlosspark, um 1779 für die Öffentlichkeit geöffnet, besitzt einen Hecken-Irrgarten, Kopien römischer Ruinen, einen botanischen Garten und einen Zoo. INFO: Tel. +43/1-811-13-239; www.schoenbrunn.at.

SONSTIGE HIGHLIGHTS

WEIHNACHTEN IN WIEN – Wien ist Weihnachten: weiß verschneit, mit traditionellem Schmuck dekoriert und wunderbar unkommerziell. Im Stephansdom singen die Wiener Sängerknaben bei der Mitternachtsmesse Wiener Weihnachtslieder. Auf dem Christkindlmarkt am Rathausplatz verkaufen Hunderte festlicher Stände seit 1298 alles, was nach Weihnachten schmeckt und riecht. Der etwas intimere Markt hinter dem MuseumsQuartier im Spittelbergviertel ist u.a. wegen der Kunsthandwerkstände beliebt, die in engen Gassen angeordnet sind.

DER MUSIKVEREIN – Der Musikverein, 1867 erbaut und mit fast makelloser Akustik, ist Heimat der Wiener Philharmoniker, deren Neujahrskonzert mit der Musik von Johann Strauss weltweit übertragen wird. Die gefeierten Mozart-Konzerte finden von Mai bis Oktober hier und anderswo in der Stadt statt. INFO: Tel. +43/1-505-8190; www.musikverein.at.

DIE STAATSOPER – Das Opernhaus mit der grünen Kuppel, 1887 als kaiserliche Hofoper gebaut, ist eines der besten der Welt mit einer unglaublich langen Saison voller Meisterwerke von Verdi, Mozart und Strauss. INFO: Tel. +43/1-514-44-2250; www.wiener-staatsoper.at.

DIE WIENER BALLSAISON – Wien nimmt seine Ballsaison sehr ernst. Sie beginnt an Silvester mit dem Kaiserball in der Hofburg und geht bis zum Fasching. Tausende Damen in Ballkleidern und Männer mit weißer Fliege tanzen Walzer auf über 300 formellen Bällen. Der schönste ist der legendäre, 1877 von Kaiser Franz Joseph eingeführte Opernball in der verschnörkelten Staatsoper. Tickets sind schwer zu bekommen; einfacher sind Tickets für die Galas der einzelnen Berufe, z.B. der Ball der Wiener Kaffeesieder oder der Blumenball, die ebenfalls in ehrwürdigen Sälen wie dem Kaisersaal oder dem Rathaus stattfinden. INFO: www.vienna.info. OPERNBALL, WIENER STAATSOPER: Tel. +43/1-514-44-2250; www.wienerstaatsoper.at. *Preise:* ab € 178. KAISERBALL, HOFBURG: Tel. +43/1-587-36-6623; www.kaiserball.at. *Preise:* ab € 133.

ÜBERNACHTEN

HOTEL ALTSTADT – Dieses ehemalige Adelspalais wurde zu einem eleganten Gasthof mit 42 Zimmern umgebaut, in dem Kunst aus der Privatkollektion des Besitzers hängt. Im neuesten, 2006 vom italienischen Architekten Matteo Thun entworfenen Flügel gibt es 9 atmosphärische Zimmer mit schwarz-grauen Wänden und roten Samtpolstern. INFO: Tel. +43/1-522-6666; www.altstadt.at. *Preise:* ab € 144.

HOTEL IMPERIAL – Dieses 1867 im Renaissancestil von Kaiser Franz Joseph erbaute Aushängeschild Wiens ist immer noch das offizielle Hotel für Staatsbesuche. Viele Details sind unverändert: die großartige Möblierung, Marmorböden, vergoldete Balustraden, Deckenfresken, glitzernde Kronleuchter. Als Gast fühlt man sich wie Königin Elisabeth, die vor ihrer Abreise äußerte, dies sei „das schönste Hotel, in dem wir je abgestiegen sind". INFO: Tel. +43/1-501-100; www.hotelimperialvienna.com. *Preise:* ab € 344 (Nebensaison), ab € 418 (Hochsaison).

HOTEL KÖNIG VON UNGARN – Wiens ältestes Hotel: 33 Zimmer, schlicht, aber auf Hochglanz poliert; mit Service wie in alten Zeiten, im Schatten des Stephansdoms und seit 1746 in Betrieb. Nach einem Tag in der Kärntnerstraße relaxt man hier im schönen, glasüberdachten Innenhof. INFO: Tel. +43/1- 515-840; www.kvu.at. *Preise:* ab € 185.

HOTEL RATHAUS WEIN UND DESIGN – Dieses Boutique-Hotel, 2004 eröffnet und in einem Gebäude aus den 1890er-Jahren mit grandiosem Originalgitteraufzug untergebracht, trägt Weinbegeisterung in neue Höhen: In jedem der 39 Zimmer stehen Profi-Weingläser und auf Wein basierende Badezusätze, und jedes trägt den Namen eines der österreichischen Topwinzer, die die Weine für die Minibar bereitstellen. INFO: Tel. +43/1-400-1122; www.hotel-rathaus-wien.at. *Preise:* ab € 166 (Nebensaison), ab € 222 (Hochsaison).

RING HOTEL – Dieses 2007 eröffnete Hotel hat eine tolle Lage an der grünen Ringstraße, ein einladendes Spa und 68 Zimmer mit hohen Decken und angenehm puristischer Einrichtung – eine willkommene Abwechslung vom in Wien allgegenwärtigen kaiserzeitlichen Stil. INFO: Tel. +43/1-221-22; www.theringhotel.com. *Preise:* ab € 207.

HOTEL SACHER – Eduard Sacher eröffnete dieses Luxushotel 1876, 44 Jahre nachdem sein Vater die gleichnamige Torte erfunden hatte (die im Hotel natürlich auch serviert wird, s. unten). Hier herrscht pure Eleganz, von der plüschigen Lobby bis zu den Zimmern mit seidenbespannten Wänden und Originalgemälden. Bei der Erweiterung 2005 wurde es um 2 modernere Etagen aufgestockt. INFO: Tel. +43/1-514-560; www.sacher.com. *Preise:* ab € 381 (Nebensaison), ab € 455 (Hochsaison).

SOFITEL VIENNA STEPHANSDOM – Dieser neue, von Jean Nouvel entworfene Turm aus Glas und Stahl in der Nähe des Doms hat 182 Zimmer, geschmackvoll eingerichtet in minimalistischem Creme, Grau und Schwarz, mit toller Aussicht über die Stadt und den Wienerwald. In der Lobby gibt es einen hängenden Garten mit 20.000 Pflanzenarten, der eine mehrere Etagen hohe Wand bedeckt. Den tollsten Panoramablick hat man im gläsernen Restaurant Le Loft im obersten Stock. INFO: Tel. +43/1-906-160; www.sofitel-vienna.com. *Preise:* ab € 215 (Nebensaison), ab € 363 (Hochsaison); Dinner € 74.

Das Café Central hat eine lange Tradition als Lieblingstreff der Wiener Intellektuellen.

Essen & Trinken

Demel und Sacher – Demel ist der Zuckerbäcker Wiens. In seinen verspielten Verkaufsräumen gibt es mehr als 60 verschiedene Leckereien. Die aus 5 Schokoladenschichten bestehende Annatorte und die Sachertorte sind Spezialitäten des Hauses. Probieren Sie sie auch im Café im Hotel Sacher – beide behaupten, das geheime Originalrezept zu besitzen. Meist gewinnt „der Demel", aber dafür ist der Strudel im Sacher unvergleichlich. **Demel:** Tel. +43/1-535-17170; www.demel.at. **Sacher:** Tel. +43/1-514-560; www.sacher.com.

Ein Wiener Salon – Dieses kleine, romantische Restaurant sieht aus wie ein elegantes Wiener Wohnzimmer, mit dunkelblauen Tapeten und riesigen Porträts von Kaiserin Maria Theresia und Kaiser Franz I. Seine fantasievollen 4- bis 6-gängigen Menüs wechseln mit den Jahreszeiten. Vielleicht gibt es Kichererbsensuppe mit geräucherter Entenbrust. **Info:** Tel. +43/1-660-654-2785; www.einwienersalon.com. *Preise:* Dinner € 40.

Auf zum Heurigen – In diesen rustikalen Open-Air-Weinstuben am Rand des nahen Wienerwalds sorgt viel Wein für gute Stimmung, untermalt von Gesang und schmalziger Wiener Akkordeonmusik. Das schlichte Essen besteht aus herzhaften Suppen, Knödeln und Wildgerichten. Ein beliebter Heuriger ist das Mayer am Pfarrplatz, wo Beethoven 1817 wohnte. **Info:** Tel. +43/1-370-3361; www.pfarrplatz.at. *Preise:* Dinner € 30.

Hollmann-Salon – Treten Sie ein in den schönsten Innenhof Wiens, hinter dessen Barockfassaden Kunstgalerien, Wohnungen und dieses stylische Restaurant liegen. Unter den gewölbten Decken mit Geweih-Leuchtern befinden sich lange Holztische und eine offene Küche; es herrscht eine warme, ländliche, aber schicke Atmosphäre. Die 3- und 4-gängigen Menüs sind aus saisonalen, regionalen Zutaten, z.B. gibt es mariniertes Hirschfilet mit Apfelpfannkuchen, Honignüssen und Pflaumenschaum. **Info:** Tel. +43/1-961-196-040; www.hollmann-salon.at. *Preise:* Dinner € 33.

Palmenhaus – Im spektakulären Jugendstilgewächshaus mit Aussicht auf die kaiserlichen Gärten wird feine österreichische Küche mit modernem Einschlag serviert. Genießen Sie Ihr Essen unter den uralten Riesenpalmen. **Info:** Tel. +43/1-533-1033; www.palmenhaus.at. *Preise:* Dinner € 33.

Steirereck im Stadtpark – Der Erfinder der Neuen Wiener Küche: ausgefeilte Gerichte, die ihr eigenes Rezept mitliefern und aus frischen Produkten vom Hof des Chefkochs Heinz Reitbauer zubereitet werden. Schlemmen Sie gegrilltes Perlhuhn mit Steinpilz-Feigen-Farce. In der Meierei, der angeschlossenen Milchbar mit Bistro, stehen Suppen, Wiener Schnitzel, 120 Käsesorten und Strudel auf der Karte – und eine exotische Auswahl an Milch. **Info:** Tel. 43/1-713-3168; www.steirereck.at. *Preise:* Dinner € 85; in der Meierei € 20.

Die Kaffeehäuser – Künstler und Literaten treffen sich seit Jahrhunderten in den Wiener Kaffeehäusern, um stundenlang bei Kaffee und Kuchen zu sitzen, stapelweise Zeitungen zu lesen oder zu diskutieren. Eines der berühmtesten bleibt das klassische, trotzig verrauchte Café Hawelka. Bestellen Sie hier Buchteln (Germknödel). Seit 1880 sind die Künstler und Musiker des nahen Theaters an der Wien Stammgäste im Café Sperl. Faulenzen Sie in einem plüschigen Fenstersitz, während Sie die leckeren Würstchen oder den Pflaumenkuchen probieren. Das Café Central, berühmt für Gäste wie Sigmund Freud und Robert Musil, ist die die majestätische Kulisse für Apfelstrudel und schaumige Wiener Melange. In allen 3 Kaffeehäusern gibt es exzellenten Kaffee – stark, bitter, frisch. **Café Hawelka:** Tel. +43/1-512-8230; www.hawelka.com. **Café Sperl:** Tel. +43/1-586-4158; www.cafesperl.at. **Café Central:** Tel. +43/1-533-376-426; www.palaisevents.at.

Den Geist der großen Zeit des Reisens erleben

DAS BALMORAL HOTEL UND DER ROYAL SCOTSMAN

Edinburgh, Schottland

Am Ende von Edinburghs kilometerlanger Einkaufsstraße Princes Street erhebt sich unbestreitbar majestätisch das historische Balmoral Hotel. Das im Jahr 1902 als Eisenbahnhotel erbaute Haus mit seinen in Kilts gekleideten Portiers ist heute einer der elegantesten Anziehungspunkte der Stadt. Seine Gäste können den Tag beim Afternoon Tea im Drawing Room verträumen, im edlen Ambiente des Restaurants Number One wie Königinnen und Könige tafeln oder die Schätze aus Schottlands Destillerien unter den hohen Decken der Bollinger Bar im Palm Court verkosten.

Der reich verzierte Glockenturm ist ein Wahrzeichen der Stadt – seine Uhr geht immer 2 Minuten vor, damit kein Gast die Abfahrt seines Zuges von der angrenzenden Waverly Station verpasst. Hier nehmen auch die Rundreisen mit dem *Royal Scotsman* ihren Ausgang, die Sie über 2–7 Nächte in die Highlands und weiter entführen und Ihnen das Wesen Schottlands vermitteln.

Mit 35 weiteren Passagieren reisen Sie in der entspannten und romantischen Atmosphäre eines Orient-Express-Zuges wie zu Zeiten Eduards VII. Vom Kilt tragenden Dudelsackpfeifer, der Sie auf dem Bahnsteig begrüßt, über die restaurierte Pracht des mahagonigetäfelten Salonwagens bis hin zu den reich ausgestatteten Privatabteilen – überall ist die Liebe zum Detail spürbar. Auf abgelegenen, wenig befahrenen Gleisen passieren Sie Glens und Bergpässe; häufige Stopps bieten Gelegenheit zum Besuch von Burgen, Destillerien und malerischen Hafenstädtchen. In den eleganten Speisewagen werden hervorragende Mahlzeiten serviert, in denen sich vom Full Scottish Breakfast bis hin zum Dinner mit heimischen Garnelen, geräuchertem Lachs und Lammkarree die lokalen Köstlichkeiten widerspiegeln. Die Weinauswahl wird nur noch von den Whiskyverkostungen übertroffen. Trinken Sie Ihr Glas ruhig aus – Sie müssen ja heute nicht mehr nach Hause fahren.

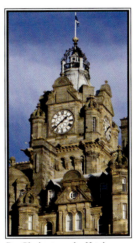

Der Glockenturm des Hotels ist fester Teil der Silhouette Edinburghs.

Wo: 603 km nördl. von London. **BALMORAL HOTEL:** Tel. +44/131-556-2414; www.thebalmoral.de. *Preise:* ab € 444; Dinner im Number One € 66. *ROYAL SCOTSMAN:* +49/221-33-80-300; www.royalscotsman.com. *Preise:* Highland-Tour, 2 Nächte, ab € 2755, all-inclusive. *Wann:* Mai–Okt. **REISEZEIT:** Mai–Sept.: bestes Wetter.

Herzstück schottischer Geschichte und Kultur

EDINBURGH CASTLE UND FESTIVALS

Edinburgh, Schottland

Edinburgh verdankt seinen Charakter und sein ansprechendes Erscheinungsbild zu einem guten Teil seinem herausragendsten Wahrzeichen: Edinburgh Castle, das auf den Überresten eines erloschenen Vulkans über der Stadt thront. Die ausgedehnte Anlage hatte schon zahlreiche Aufgaben: Festung, Militärstützpunkt, staatliches Gefängnis. Seine ruhmreichsten Zeiten erlebte es jedoch als Königspalast, und heute strömen die Besucher hierher, um die schottischen Kronjuwelen Honours of Scotland zu sehen. Die ältesten Herrschaftsinsignien Europas umfassen Krone, Zepter und Staatsschwert. Weitere Highlights sind die königlichen Gemächer, die bis zum Jahr 1903 genutzt wurden, als der König seine Residenz nach London verlegte, und in denen Maria Stuart Jakob VI. von Schottland, den späteren englischen König Jakob I., zur Welt brachte.

Von der Burg führt die berühmte Royal Mile hinunter zum Palast Holyroodhouse, der Residenz der britischen Monarchen in Schottland. Von hier zweigen die schmalen Gassen der Altstadt ab, die den Geist des Mittelalters beschwören. Eines von vielen historischen Gebäuden ist The Scotsman, einst Hauptsitz der gleichnamigen Zeitung, heute geschichtsträchtiges Hotel. Die Fassade ist eine fantastische Mischung aus Barock- und Gotikelementen mit burgähnlichen Türmchen und farbigen Fenstern, im Inneren sind viele Originaldetails erhalten.

Ein anderes Jahrhundert betreten Sie, wenn Sie die Brücke unterhalb der Burg zur „New Town" mit ihren geordneten Straßen und Plätzen überqueren. Hier finden Sie das Caledonian Hotel mit seiner edwardianischen Pracht und auf die Skyline, die Türme der Royal Mile und natürlich die Burg, die nachts beleuchtet wird und einen besonders romantischen Anblick bietet.

Im August richten sich alle Augen auf das Edinburgh International Festival, ein Musik-, Theater- und Tanzspektakel von Weltrang, das die historische Stadt seit 1947 alljährlich in ein Epizentrum der Kultur verwandelt. Ebenso viel Aufmerksamkeit zieht sein Amateurableger Edinburgh Festival Fringe auf sich, dessen mehrere Tausend Teilnehmer an Schauplätzen vom Pub bis zur Kirche stets für eine Überraschung gut sind. Ein Kontrastprogramm bietet ebenfalls im August das Schauspiel des nächtlichen Edinburgh Military Tattoo, womöglich die herausragendste militärische Darbietung der Welt – wozu auch die spektakulär beleuchtete Kulisse des Burgvorplatzes beiträgt.

Ebenso lebhaft wie bei den sommerlichen Feierlichkeiten geht es an Silvester zu, das in Schottland Hogmanay heißt und in Edinburgh besonders inbrünstig gefeiert wird: mit Europas größter Straßenparty und Musik und Tanz bis zum Morgengrauen.

INFO: www.edinburgh.org. EDINBURGH CASTLE: www.edinburghcastle.gov.uk. *THE SCOTSMAN:* Tel. +44/131-556-5565; www.thescotsmanhotel.co.uk. *Preise:* ab € 174 (Nebensaison), ab € 418 (Hochsaison). CALEDONIAN HILTON HOTEL: Tel. +44/131-222-8888; www.hilton.de/caledonian. *Preise:* ab € 178. EDINBURGH FESTIVALS: www.edinburghfestivals.co.uk. REISEZEIT: Mai–Sept.: bestes Wetter; Aug.–Anf. Sept.: Festivals.

Edles Design und große Architektur in Schottlands zweitgrößter Stadt

Mackintoshs Glasgow

Glasgow, Schottland

So wie Barcelona mit der Architektur Gaudís und London mit den Kirchen Christopher Wrens verbunden ist, ist Glasgow stolz auf die zahlreichen Werke, die Charles Rennie Mackintosh (1868–1928), Schottlands berühmtester Architekt und Designer, hier geschaffen hat. Sein von geschwungenen Formen und floralen Motiven geprägter Stil gilt vielen als Inbegriff des Jugendstils, während die klaren Linien und abstrakten Formen Elemente des Art déco vorwegnehmen. Sein Hauptwerk, die 1899 (im Alter von 32) vollendete Glasgow School of Art, wird als eines der besten Beispiele des europäischen Modernismus betrachtet. Die einzige je von ihm entworfene Kirche befindet sich am Queen's Cross und beherbergt heute die Charles Rennie Mackintosh Society, die Touren zu seinen wichtigsten Werken veranstaltet.

Umgeben vom Design Mackintoshs werden in den Willow Tea Rooms vergangene Zeiten lebendig.

Mackintoshs Teestuben waren berühmt, und mit der Zeit wurde er für seine Möbel ebenso geschätzt wie für seine Architektur. Beides können Sie in den Willow Tea Rooms an der Sauchiehall Street überprüfen. Einige der Tische und Stühle sind zwar Kopien, doch die Atmosphäre ist echt. Fragen Sie nach einem Tisch im fantastischen Jugendstilambiente des Room de Luxe.

Über einzelne Bauwerke hinaus ist der einzigartige Stil des Künstlers bis heute in der ganzen Stadt lebendig – vom Design schmiedeeiserner Tore über Motive auf Speisekarten bis hin zu der allgegenwärtigen stilisierten Rose, die eine Art Logo für Glasgow geworden ist.

Ein weiteres Symbol der Stadt ist das Grand Central Hotel, das 1883 neben dem Hauptbahnhof errichtet und kürzlich renoviert wurde. Architekturfans werden auch die Eleganz des Hotel du Vin zu schätzen wissen. Vielleicht müssen Sie bei Ihrer Ankunft an der Tür klingeln, doch danach werden Sie hier keinen Finger mehr rühren. 5 hervorragend restaurierte viktorianische Häuser wurden zu diesem Kleinod verbunden, dessen exzellenter Service und viel gepriesenes Restaurant (neben der Whisky-Bar mit über 300 Sorten) Sie durchaus davon abhalten könnten, auch jenseits seiner prächtigen Mauern etwas von Glasgow zu sehen.

Wo: 64 km westl. von Edinburgh. **Info:** www.visitglasgow.com. **Charles Rennie Mackintosh Society:** Tel. +44/141-946-6600; www.crmsociety.com. **Willow Tea Rooms:** Tel. +44/141-353-5500; www.willowtearooms.co.uk. **Grand Central Hotel:** Tel. +44/141-240-3700; www.principalhayley.com. *Preise:* ab € 120. **Hotel du Vin:** Tel. +44/141-339-2001; www.hotelduvin.com. *Preise:* ab € 133 (Nebensaison), ab € 178 (Hochsaison); Dinner € 37. **Reisezeit:** Mai–Sept.: bestes Wetter; Jan.: *Celtic Connections* (eines der größten Folkmusik-Festivals der Welt); Juni: West End Festival (Musik und Kunst).

Berge und Burgen im Nordosten Schottlands

DER CASTLE TRAIL

Grampian Mountains, Schottland

Die mehr als 1000 Burgen, die Schottland prägen, bezeugen eine lange Geschichte von Kämpfen, Clan-Fehden und englischen Invasionen. Manche sind nur noch beredte Ruinen oder längst unter Heidekraut begrabene Hügel, andere ragen noch ebenso massiv und bedrohlich in die Landschaft wie in den Tagen ihrer Erbauung. Viele wurden in viktorianischer Zeit prunkvoll umgestaltet, als Schottlands Landadel seine Vorliebe für die Türme und Erker der herrschaftlichen Architektur wiederentdeckte, und sind heute noch bewohnt.

Eine besonders hohe Burgendichte findet sich in den östlichen Ausläufern der Grampian Mountains im Nordosten Schottlands, etwas landeinwärts der „Granitstadt" Aberdeen. 14 besonders schöne Exemplare bilden den Castle Trail, eine ausgeschilderte Route für Autofahrer, ähnlich dem weiter westlich gelegenen Whisky Trail der Speyside (s. S. 159). Alle diese Burgen – ob in Privatbesitz oder in öffentlicher Hand – sind für Besucher geöffnet.

Zu diesem beeindruckenden Ensemble gehören Delgatie Castle, eine der ältesten Burgen Schottlands (1030), und die Ruinen von Kildrummy Castle aus dem 13. Jh. Am aufwendigsten restauriert sind Castle Fraser, Crathes Castle und Fyvie Castle, heute allesamt stattliche Herrensitze. Viele sind von eindrucksvollen Gartenanlagen umgeben, die einer Tour durch die Grampians noch mehr Glanz verleihen.

Burgenfans können abseits des offiziellen Castle Trails die imposanten Ruinen von Slains Castle entdecken, die Bram Stoker zu seinem *Dracula* inspiriert haben sollen. Den vielleicht spektakulärsten Anblick bieten die Türme und Befestigungen des auf einem Felsen im Meer thronenden Dunnottar Castle, das Franco Zeffirelli 1990 als Drehort für *Hamlet* wählte.

Ebenfalls von literarischer Bedeutung ist das nordwestlich gelegene Cawdor Castle, das eng mit Shakespeares *Macbeth* verbunden ist (obwohl Macbeth vermutlich 300 Jahre vor Errichtung der Burg regiert hat). Am bekanntesten ist wohl das im Süden der Region gelegene Balmoral Castle, „geliebtes Paradies" der Königin Viktoria und bis heute Sommerresidenz der britischen Monarchen.

Themengerecht übernachten Sie im Castle Hotel in Huntly, dem herrlichen ehemaligen Wohnsitz der Dukes of Gordon nahe der Burg, die ihm den Namen gab und einen Großteil des Baumaterials bereitstellte. (Huntly Castle ist eine weitere sehenswerte Ruine entlang dem Trail.) Eine lebhaftere Szenerie bietet das Douglas Hotel (19. Jh.) in Aberdeen: Am nahen Hafen bringen Fischerboote ihren Fang ein, und Fähren starten Richtung Orkney (s. S. 161) und Shetlandinseln.

Der quadratische Turm von Drum Castle wurde im 13. Jh. errichtet.

Wo: Aberdeen liegt 201 km nördl. von Edinburgh. **Info:** www.aberdeen-grampian.com. **Castle Trail:** 3 Rundstrecken, insges. 241 km. **Castle Hotel:** Tel. +44/1466-792-696; www.castlehotel.uk.com. *Preise:* ab € 133. **Douglas Hotel:** Tel. +44/1224-582-255; www.aberdeendouglas.com. *Preise:* ab € 155. **Reisezeit:** Apr.–Sept.: bestes Wetter.

Inseln am Rande des Ozeans

Die Hebriden

Schottland

Vor der zerklüfteten Nordwestküste Schottlands liegt die Inselgruppe der Hebriden, fein säuberlich in die Inneren und Äußeren Hebriden getrennt. Obwohl ebenso charakteristisch für Schottland wie die Highlands, erwecken sie doch den Eindruck einer ganz anderen Welt. Die Landschaft der Inneren Hebriden imponiert mit ihren hohen Bergen, die jäh zu den felsigen Küsten und tief ins Inland vorstoßenden schmalen Meeresarmen abfallen. Auf der Insel Mull kontrastiert der düstere Gipfel des Ben More mit der malerischen Hafenstadt Tobermory und ihren farbenprächtigen Häusern. Nicht weit entfernt liegen die heilige Insel Iona und die deutlich profaner klingenden Inseln Muck und Rum.

Die bekannteste Insel der Inneren Hebriden ist jedoch Skye, die dem Festland am nächsten gelegene und auch eine der größten Inseln Schottlands. Die Küstennähe führte unweigerlich dazu, dass der seit dem 17. Jh. betriebene Fährservice in den 1990er-Jahren durch eine Brücke ersetzt wurde. Dennoch hat sich Skye seine „Nicht-von-dieser-Welt"-Atmosphäre bewahrt. Diese lässt sich am besten bei einem Aufenthalt in der Kinloch Lodge im Süden der Insel aufsaugen. Das 1680 als Jagdhaus erbaute, unprätentiöse Hotel ist heute die Heimat von Lord Macdonald, High Chief des Donald-Clans, und seiner Frau Claire, einer führenden Autorität in Sachen schottischer Küche. Ihre Leidenschaft tritt beim Dinner im mit Ahnenporträts dekorierten Restaurant zutage, bei dem auch Nichtgäste willkommen sind.

Weiter westlich liegen die Äußeren Hebriden, eine wilde, abgeschiedene Region, die bislang vom Tourismus noch weitestgehend unberührt geblieben ist. Zu den Hauptinseln zählen Barra, Benbecula und die Doppelinsel Lewis and Harris. Das schroffe Gelände und der häufige Regen haben zahlreiche Süßwasser-Lochs entstehen lassen. Beim Blick von einem der zahlreichen Berge bietet sich so das Bild einer komplexen Landschaft, in der Land und Meer ineinandergreifen.

Für abenteuerlustige Reisende ist eine Tour per Auto und Fähre von einem Ende der Inselkette zum anderen ein Muss. Dabei sollten Sie auf jeden Fall eine Nacht im Hotel Hebrides verbringen – hier erwarten Sie schlichte, moderne Zimmer und ein hervorragendes Restaurant (Spezialität: schottischer Fisch und Meeresfrüchte).

Oder Sie bewundern die raue Schönheit der Inseln vom Deck der *Hebridean Princess* aus. Das romantische 5-Sterne-Schiff ist eher luxuriöses Landhotel denn Kreuzfahrtschiff. (Die Queen chartert es für Familienausflüge.) Nur 50 rundum verwöhnte Passagiere finden in den hübschen Kabinen (z.T. mit eigenem Balkon) Platz und dürfen köstlichen Räucherlachs, Lamm von den Inseln und die grandiose Auswahl schottischer Whiskys genießen.

Wo: Oban, 200 km nordwestl. von

Edinburgh, ist das Tor zu den Hebriden. INFO: www.visithebrides.com. KINLOCH LODGE: Tel. +44/1471-833-333; www.kinloch-lodge.co.uk. *Preise:* ab € 237, inklusive; 4-gängiges Dinner € 66. HOTEL HEBRIDES: Tel. +44/1859-502-364; www.hotelhebrides.com. *Preise:* ab € 63; Dinner € 33. HEBRIDEAN PRINCESS: Tel. +44/1756-704-700; www.hebrideancruises.com. *Preise:* 4- bis 10-tägige Kreuzfahrten in Schottland und darüber hinaus, 7 Nächte ab € 2370. Abfahrt von Oban. *Wann:* März–Nov. REISEZEIT: Mai–Sept.: bestes Wetter; Mitte Juli: Lewis Highland Games; Anf. Aug.: Skye Highland Games.

Herzlicher Empfang zwischen Lochs und Glens

ARGYLL HIGHLANDS

Highlands, Schottland

In der Mitte von Schottlands filigraner Westküste liegt der phänomenale Landstrich Argyll. Seine Hügel, Täler, Wälder und Berge erstrecken sich von der Halbinsel Ardnamurchan im Norden bis zum Leuchtturm auf dem Mull of Kintyre im Süden. Inseln wie Colonsay, Mull und Jura sind nur eine kurze Fährüberfahrt durch schmale Meerengen entfernt, schlanke Fjorde zerschneiden die Landschaft, in der Grenzen zwischen Inseln und Festland reizvoll verschwimmen.

Die bedeutendste Stadt der Region ist Oban („das Tor zu den Inseln") – von hier legen die Fähren zu den Inneren und Äußeren Hebriden ab (s. vorige Seite). Checken Sie im Alt na Craig House am Rande der Stadt ein, einer schicken Herberge mit 6 Zimmern, einem großen Garten und herrlicher Aussicht über Bucht und Inseln.

Falls Sie aus Richtung Edinburgh oder Glasgow anreisen, sollten Sie unbedingt die malerische Strecke durch das Herz der Argyll Highlands nehmen, die Sie durch Glen Aray und am herrlichen Loch Awe vorbeiführt. Legen Sie im hübschen Örtchen Inveraray (der ehemaligen Hauptstadt Argylls) eine Pause ein, um Inveraray Castle, die Heimat des Duke of Argyll, zu bewundern, oder machen Sie einen Abstecher zum Crarae Garden – 35 ha üppiges Grüns an der Westküste von Loch Fyne. Versäumen Sie keinesfalls ein Mittagessen in der Loch Fyne Oyster Bar bei Cairndow. Aus der bescheidenen Gaststätte, die in den 1980er-Jahren am Straßenrand eröffnet wurde, entwickelte sich eine Kette von Meeresfrüchterestaurants mit Filialen in ganz Großbritannien.

Nördlich von Oban führt die Straße entlang den wildromantischen Ufern von Loch Linnhe nach Port Appin und dem heimeligen Airds Hotel. Die einstige Gaststätte für Fährpassagiere auf dem Weg zu den Inseln ist heute ein Rückzugsort für Reisende, der reichlich Orte zum Entspannen bietet: den Garten mit Blick zum Loch, den Kamin in der Lounge, das Restaurant und die Bar, in denen Sie lokale Köstlichkeiten und Malt Whiskys genießen können.

Noch einmal rund 50 km weiter nördlich, jenseits der Grenze von Argyll bei Fort William, liegt Inverlochy. Hier verfasste Königin Viktoria die berühmten Zeilen: „Nie zuvor habe ich einen entzückenderen und romantischeren Ort gesehen." Die ehemalige Residenz auf einem 200-ha-Grundstück inmitten großartiger Landschaft ist heute ein erstklassiges Hotel mit 17 Zimmern, das – randvoll mit Antiquitäten, geblümten Vorhängen und prall gepolsterten Stühlen – seinen Gästen ein Gefühl herrschaftlichen Lebens vermittelt. **WO:** 200 km nordwestl. von Edinburgh. INFO: www.visitscottishheartlands.com. ALT NA

CRAIG HOUSE: Tel. +44/1631-564-524; www.guesthouseinoban.com. *Preise:* ab € 144. LOCH FYNE OYSTER BAR: Tel. +44/1499-600-482; www.lochfyne.com. *Preise:* Lunch € 22. AIRDS HOTEL: Tel. +44/1631-730-236; www.airdshotel.com. *Preise:* ab € 333, inklusive; Dinner € 60. INVERLOCHY CASTLE: Tel. +44/1397-702-177; www.inverlochycastlehotel.com. *Preise:* ab € 385 (Nebensaison), ab € 530 (Hochsaison); 4-gängiges Festpreis-Dinner € 81. REISEZEIT: Mai–Sept.: bestes Wetter.

Loch Awe ist mit 40 km Länge der längste Loch Schottlands.

Hämmer, Schwergewichte und uralte Tradition

HIGHLAND GAMES

Braemar, Highlands, Schottland

Die Highland Games sind einzigartige Sport- und Kulturveranstaltungen, die, geprägt von leuchtend bunten Tartans und Dudelsackmusik, schottisches Brauchtum feiern und allsommerlich an verschiedenen Orten in den Highlands stattfinden. Die Spiele, auch Gatherings genannt, gibt es seit mindestens 900 Jahren. Ursprünglich sollten die Wettkämpfe den Clan-Chefs Gelegenheit geben, die körperlichen Fähigkeiten der aussichtsreichen jungen Männer der Region zu begutachten. Und auch heute noch messen sich Heavies genannte kräftige Schotten im Kilt in den traditionellen Disziplinen wie Hammerwerfen, Steinstoßen und dem Höhepunkt der Spiele, Tossing the Caber, bei dem ein 6 m langer und mindestens 60 kg schwerer Baumstamm geschleudert wird. Daneben gibt es Lauf- und Weitsprungwettbewerbe, Highland-Tänze und -Musik und hin und wieder etwas Whisky, um die Feierlaune aufrechtzuerhalten.

Zu den bekanntesten der gut 40 jährlichen Zusammenkünfte zählen die Games in Braemar. Im 19. Jh. kam Königin Viktoria von ihrer nahen Sommerresidenz auf Balmoral Castle hierher, um zuzusehen. Diese Tradition wird auch heute noch von der königlichen Familie gepflegt, deren männliche Mitglieder zu dieser Gelegenheit Kilt tragen. Das jeweilige Staatsoberhaupt wird als Chieftain of the Braemar Gathering geehrt.

Wenn Sie vom Anblick der Tänzer und Athleten müde oder hungrig geworden sind, weckt ein Abend im Auld Kirk im reizenden Städtchen Ballater, etwas östlich von Braemar gelegen, die Lebensgeister. Die ehemalige viktorianische Kirche ist jetzt ein gutes Restaurant, und die vielen erhaltenen Kirchendetails schaffen eine faszinierende Kulisse für die moderne schottische Küche. Und obwohl das Essen hier im Vordergrund steht, verstecken sich im Obergeschoss 6 einladende Gästezimmer – perfekt, um das Erlebnis noch zu vertiefen.

WO: Braemar liegt 129 km nördl. von Edinburgh. INFO: www.braemargathering.org. WANN: Highland Games: Ende Mai–Sept. in ganz Schottland; Braemar Gathering: 1. Sa. im Sept. THE AULD KIRK: Tel. +44/1339-755-762; www.theauldkirk.co.uk. *Preise:* ab € 133; Dinner € 37.

Grandiose Heimat eines legendären Monsters

LOCH NESS

Highlands, Schottland

Das tiefe Gewässer von Loch Ness befindet sich in einem riesigen Riss in der Erdoberfläche – einer 60 Mio. Jahre alten Verwerfung, die Schottland beinahe in 2 Teile spaltet und an deren nördlichem Ende Inverness liegt, die Hauptstadt der Highlands. Mit 38 km Länge und Tiefen bis zu 230 m ist es einer der größten Lochs (Binnenseen) Schottlands; seine Berühmtheit hat es jedoch fast ausschließlich als Heimat des sagenumwobenen Ungeheuers erlangt.

Das dinosaurierartige Geschöpf wurde angeblich erstmals im Jahr 565 von Columban von Iona (der das Christentum nach Schottland brachte) gesichtet und soll auf einen Vorfahren zurückgehen, der vor Urzeiten im See eingeschlossen wurde. Jahrhunderte später erhielt es den lateinischen Namen *Nessiteras rhombopteryx* (bald abgekürzt zu „Nessie") und fasziniert seitdem die ganze Welt. Obgleich eine alte Legende der Region ein gewaltsames Ende prophezeit, sollte das Ungeheuer je gefangen werden, setzen Forscher unermüdlich ihre Suche mit ausgefeilter Unterwassertechnologie und Mini-U-Booten mit Sonartechnik fort (und haben große, bewegliche und unerklärliche Unterwasserobjekte erfasst). Als Ansporn dienen noch immer Berichte aus den Jahren 1961 – als 30 Besucher das Monster gesehen haben wollen, unmittelbar bevor ihr Schiff durch eine Explosion sank – und 1973, als ein einheimischer Mönch eine Sichtung schilderte.

Ob Sie nun an das Wesen glauben oder nicht – den Anblick des herrlichen gletschergeformten Sees mit den zerfallenen Ruinen von Urquhart Castle sollten Sie keinesfalls versäumen. Nehmen Sie die weniger befahrene Straße am Ostufer entlang zum Örtchen Foyers und dem beeindruckenden Wasserfall nahebei. Oder wenden Sie sich von Drumnadrochit (wo Sie im Loch Ness Centre & Exhibition eine unterhaltsame Stunde verbringen können) Richtung Westen und folgen Sie der Straße durch das friedliche Glen Urquhart bis zum abgeschiedenen Glen Affric, einem der malerischsten Täler Schottlands.

Zurück in Inverness, checken Sie im Rocpool Reserve Hotel ein, einer hervorragenden kleinen Luxusunterkunft im Herzen der Stadt. Die Ausstattung ist zeitgenössisch, das Essen im Restaurant Chez Roux erstklassig. Oder Sie entscheiden sich für das größere Loch Ness Country House Hotel at Dunain Park, direkt südlich von Inverness an der Straße zum Loch, mit gemütlichen Salons, Holzfeuern und einem wunderbaren Garten. Auch der Weg am Westufer nach Invermoriston zur Old Manse lohnt sich: Das herzliche, familiengeführte B&B hat nur 2 romantische Gästezimmer, jeweils mit eigenem viktorianisch eingerichteten Wohnbereich, und einen herrlich angelegten, von Wald umgebenen Garten.

Wo: Inverness liegt 275 km nördl. von Edinburgh. **Info:** www.visitlochness.com. **Rocpool Reserve Hotel:** Tel. +44/1463-240-089; www.rocpool.com. *Preise:* ab €237; Dinner €40. **Loch Ness Country House Hotel:** Tel. +44/1463-230-512; www.lochnesscountryhousehotel.co.uk. *Preise:* ab €178; Dinner €37. **Old Manse:** Tel. +44/1320-351-296; www.theoldmanse-lochness.co.uk. *Preise:* ab €133. **Reisezeit:** Mai–Sept. (bestes Wetter); Ende Juli: Inverness Highland Games; Sept.–Okt.: Herbstfarben im Glen Affric.

Das Wasser des Lebens

Der Malt Whisky Trail

Speyside, Highlands, Schottland

So wie echter Champagner aus der französischen Champagne kommen muss (s. S. 69), muss auch ein authentischer schottischer Malt Whisky (ohne „e"; vom gälischen *uisge beatha* = „Wasser des Lebens") auf heimatlichem Boden gefertigt werden. In ganz Schottland gibt es Destillerien – zu jeder Zeit reifen hier 18,5 Barrel Whisky –, doch als eigentliche Heimat des Whiskys gelten die Highlands mit dem Epizentrum Speyside – dem Tal des River Spey nördlich der Grampian Mountains. Hier werden seit Jahrhunderten die besten goldenen Tropfen Schottlands produziert.

Vom Süden aus ist Grantown-on-Spey das Tor zur Region. Hier gelangen Sie auf den Malt Whisky Trail – eine ausgeschilderte Autoroute, die zu den denkwürdigsten Stätten der Geschichte des Malt Whiskys führt. Dazu gehören die Glenfiddich Distillery in Dufftown, der Whiskyhauptstadt der westlichen Welt, die Glenlivet Distillery am gleichnamigen Ort sowie Cardhu und Glen Grant, beide bei Aberlour gelegen. Nicht weit entfernt finden sich zahlreiche weitere, bei Whiskyliebhabern bekannte Brennereien wie Glen Moray in Elgin oder Benromach bei Forres sowie viele kleinere, weniger bekannte Destillerien, die allesamt einen Abstecher wert sind.

Jeder in der Speyside hergestellte Whisky hat seinen ganz eigenen Geschmack, für den das reine Wasser, die verwendete Gerste und die dem Feuer im Produktionsprozess zugesetzte Menge an Torf ausschlaggebend ist. Um diese Nuancen würdigen zu können, bevorzugen Kenner die Verkostung von Single Malts –

Die Destillerie Glenfiddich ist noch immer im Besitz ihrer Gründerfamilie.

im Gegensatz zu verschnittenen Whiskys, die mit „neutralem" Alkohol versetzt werden und als minderwertig gelten. Doch auch wenn Sie sich an das Originalprodukt halten, kann es passieren, dass nach einigen Schlucken die Unterschiede zwischen den einzelnen Tropfen etwas verschwimmen.

Wer das Los des Fahrers gezogen hat, kann seine Mitreisenden zu den Cawdor Cottages kutschieren, die an Geschichte wie an Stil kaum zu übertreffen sind. Die 5 Cottages auf dem 120 km² großen Anwesen von Cawdor Castle (1375) direkt westlich von Forres wurden von Lady Cawdor, einer ehemaligen Moderedakteurin, mit unfehlbarem Geschmack eingerichtet. Oder Sie schlagen Ihr Lager in Grantown-on-Spey am anderen Ende des Whisky Trails auf, wo mit dem kleinen, freundlichen Dunallan House eine liebevoll restaurierte viktorianische Villa in ruhiger Lage am Ortsrand wartet.

Wo: 161 km nördl. von Edinburgh. **Info:** www.maltwhiskytrail.com. **Cawdor Cottages:** Tel. +44/1667-402-402; www.cawdor.com. *Preise:* 3 Nächte ab € 363 (Nebensaison), ab € 540 (Hochsaison). **Dunallan House:** Tel. +44/1479-872-140; www.dunallan.com. *Preise:* ab € 66. **Reisezeit:** Mai–Sept.: bestes Wetter; Mai und Sept.: Spirit of Speyside Whisky Festival.

Auf den Spuren von Rob Roy und Braveheart

Loch Lomond und die Trossachs

Schottland

Direkt jenseits der Stadtgrenzen von Glasgow bieten die Hügel, Lochs und Glens der Trossachs („stoppeliges Land") einen verlockenden Vorgeschmack auf die wilde schottische Landschaft, die man üblicherweise mit den bergigeren Regionen weiter nördlich verbindet. Hier stoßen die Highlands auf die mit Heidekraut bedeckten Lowlands, deren Herzstück Loch Lomond, der größte und berühmteste von Schottlands fjordähnlichen Seen, bildet.

Hier wurde Rob Roy („Red Robert") MacGregor – ein historisch bezeugter Viehhändler, Highlander und Freibeuter aus dem 18. Jh. – zum schottischen Volkshelden, ähnlich wie Robin Hood in England. Sein weit über Schottland hinaus reichender Ruhm verdankt sich vorwiegend Sir Walter Scotts Roman *Rob Roy* (1817), einem Bestseller seiner Zeit.

Auch vom nahen Loch Katrine ließ Scott sich inspirieren: Hier spielt sein Versepos „The Lady of the Lake." Ebenso wie Loch Lomond liegt dieser See (und Dutzende weitere) im 1900 km² großen, 2002 eingerichteten Trossachs-Nationalpark – Schottlands erstem Nationalpark. Besucher kommen hierher zum Wandern oder Radfahren, bevor sie an Bord der *Sir Walter Scott* gehen, eines kleinen, über 100 Jahre alten Dampfers, der durch die ruhigen Wasser von Loch Katrine kreuzt.

Auf weitere Protagonisten der schottischen Geschichte trifft man nur wenige Kilometer östlich in Stirling Castle, der bedeutendsten Festung des Landes: „Wer Stirling hält, hält Schottland", besagt ein alter Spruch. In diesem Schloss aus dem 12. Jh., das an Pracht nur von Edinburgh Castle (s. S. 152) übertroffen wird, lebte Maria Stuart als Kind, hier wurde sie mit 9 Monaten auch zur Königin von Schottland gekrönt. Ganz in der Nähe ist das National Wallace Monument, ein neogotischer Turm, der das Schlachtfeld überragt, auf dem William Wallace, der besser als „Braveheart" bekannte legendäre schottische Freiheitskämpfer, im 13. Jh. gegen die Engländer stritt.

Das Einzige, womit Sie sich auseinandersetzen müssen, ist die Frage, wo Sie übernachten möchten. Monachyle Mhor, ein abgelegenes Bauernhaus aus dem 18. Jh., wurde in ein schickes, familiengeführtes Hotel verwandelt, dessen Restaurant Feinschmecker aus einem weitem Umkreis anlockt. Nehmen Sie sich die Zeit, das Grab von Rob Roy auf dem Friedhof des nahen Balquhidder sowie das reizende Städtchen Callander auf halbem Weg zwischen Stirling und den Trossachs zu besuchen.

Eine Kostprobe fürstlichen Lebens erhalten Sie im Cameron House, einem Schlosshotel am Ufer von Loch Lomond. Neben der verlockenden Auswahl an Bars und Restaurants stellt der angrenzende Carrick Course für Golfer einen zusätzlichen Anreiz dar. Die beste Aussicht hat man vom Pool auf der Dachterrasse.

Wo: Callander liegt 80 km nordwestl. von Edinburgh. **Info:** www.lochlomond-trossachs.org. **SS *Sir Walter Scott* und Loch Katrine:** Tel. +44/1877-332-000; www.lochkatrine.com. *Wann:* Apr.–Okt. **Stirling Castle:** 44/1786-450-000; www.stirlingcastle.gov.uk. **Monachyle Mhor:** Tel. +44/1877-384-622; www.mhor.net. *Preise:* ab €222; 5-gängiges Dinner €52. **Cameron House:** Tel. +44/1389-

755-565; www.cameronhouse.co.uk. *Preise:* ab € 133 (Nebensaison), € 333 (Hochsaison); Dinner € 48. REISEZEIT: Mai–Sept.: bestes Wetter; 2. So. im Juli: Stirling Highland Games; letztes Wochenende im Juli: Callander Highland Games; Sept.: Herbstfarben.

Felsiger Vorposten in Schottlands Norden

ORKNEY

Schottland

Die Geschichte der 67 Inseln des schottischen Archipels Orkney, 10 km vom Festland entfernt im Nordatlantik gelegen, ist losgelöst vom Rest des Landes. Die Inseln gehören erst seit den 1470er-Jahren zu Schottland. Zuvor standen sie unter norwegischer Herrschaft – ein Erbe aus der Wikingerzeit, als sich hier nordische Völker niederließen und die Inseln als Ausgangspunkt für ihre Raubzüge in andere Teile Schottlands nutzten. Noch weiter zurück reichen die neolithischen Stätten Orkneys, darunter die halb unter der Erde liegenden Steinhäuser der Siedlung Skara Brae und der mysteriöse Steinkreis, der als Ring von Brodgar bekannt ist.

Es besteht eine Fährverbindung von Aberdeen nach Kirkwall, der kleinen, aber überraschend quirligen Hauptstadt von Orkney auf Mainland – einer der nur 20 bewohnten Inseln. Beziehen Sie Quartier im kleinen, stilvollen, zeitgenössisch möblierten Albert Hotel mit der einladenden Bar oder entscheiden Sie sich für ein eher traditionelles Ambiente mit Himmelbetten und Antiquitäten im Lynnfield Hotel, nahe der örtlichen Destillerie (der hier hergestellte Highland Park Whisky ist ein beliebtes Exportprodukt).

Wem Mainland noch nicht abgelegen genug ist, der erreicht nach einer weiteren Fährüberfahrt die kleine Insel Shapinsay. Aufgrund ihres flachen Landschaftsbildes und des fruchtbaren Bodens wird hier hauptsächlich Rinder- und Schafzucht betrieben. Ihre geringe Größe erlaubt es, sie an einem Tag zu Fuß zu umrunden. Zu ihren Attraktionen gehören abgeschiedene Strände und die Gelegenheit zur Seehund- und Vogelbeobach-

Von den ursprünglich 60 Steinen des vermutlich mehr als 4000 Jahre alten Rings von Brodgar sind noch gut 20 erhalten.

tung (mehr als 300 Arten), abgerundet durch eine Geräuschkulisse aus blökenden Lämmern, Möwengeschrei und dem Rauschen der Brandung. Auf Ihrem Weg können Sie Balfour Castle mit seinen berühmten 7 Türmen nicht übersehen. Das 1848 vom örtlichen Grundherrn Thomas Balfour erbaute Schloss kann heute exklusiv von Gruppen von 6–18 Personen angemietet werden. Tagsüber kann man sich die Zeit beim Angeln auf See oder Krocketspielen auf dem Rasen vertreiben; eigentlich bekannt ist Balfour Castle jedoch für die Jagd, insbesondere auf wilde Enten und Gänse. Jagdbegeisterte aus aller Welt reisen hierfür extra an.

Wo: Mainland liegt 293 km nördl. von Aberdeen. **INFO:** www.visitorkney.com. ALBERT HOTEL: Tel. +44/1856-876-000; www.alberthotel.co.uk. *Preise:* ab € 140.

Lynnfield Hotel: Tel. +44/1856-872-505; www.lynnfield.co.uk. *Preise:* ab € 130.
Balfour Castle: Tel. +44/1856-711-282; www.balfourcastle.co.uk. *Preise:* ab € 3185 pro Tag für eine Gruppe von 6 Gästen, all-inclusive. **Reisezeit:** Juni–Sept.: bestes Wetter; März–Okt.: Vogelbeobachtung; Mai: Orkney Folk Festival.

Wiege des jahrhundertealten königlichen Sports

Golf in Schottland

Schottland

In Schottland gibt es mehr als 550 Golfplätze (die Pro-Kopf-Zahl übertrifft jedes andere Land der Erde), von denen einige zu den schönsten der Welt gehören. Viele davon sind echte Links – der Begriff geht auf ein altes schottisches Wort für Dünen und Gestrüpp zurück. Hier gibt es kaum Bäume, dafür viele Bunker, und unberechenbare Winde stellen eine zusätzliche Schwierigkeit dar.

Historikern zufolge entstand der 1552 erstmals urkundlich bezeugte Golfsport bereits im 14. Jh. als Zeitvertreib für gelangweilte Adlige. Auch die Gäste der großen Hotels nahe der Plätze können sich wie Aristokraten fühlen: Hier besteht die Raison d'Être darin, diesen so viele Stunden erstklassigen Golfspiels zu ermöglichen, wie es das Tageslicht zulässt.

Der Old Course in St. Andrews ist der legendärste Tempel des Golfsports weltweit – weswegen man Abschlagszeiten manchmal bis zu einem Jahr im Voraus reservieren muss. Für die Entspannung nach absolvierter Runde bietet das St. Andrew's Golf Hotel 22 Zimmer, einen herrlichen Blick auf Bucht und Links sowie kundiges Personal, das Sie bei Ihren Golfarrangements unterstützt.

Nahe Edinburgh befindet sich der angesehene Platz Muirfield, Austragungsort zahlreicher erstklassiger Turniere, darunter bisher 11-mal die britischen Amateurmeisterschaften und 15-mal die British Open. Am Rande des Fairways erhebt sich das elegante Edwardian Greywalls Hotel, das 1901 von Edwin Lutyens (ebenfalls verantwortlich für große Teile Neu-Delhis) entworfen wurde.

Eine weitere heilige Golfstätte Schottlands ist Gleneagles mit den ehrwürdigen Queen's und King's Courses und dem von Jack Nicklaus gestalteten PGA Centenary Course, allesamt eingebettet in eine unvergleichliche Landschaft. In den Highlands jenseits von Inverness liegt der Royal Dornoch Golf Club, nur 6 Grad vom nördlichen Polarkreis entfernt, der nördlichste der großen Golfplätze der Welt. Der historische Golfclub von Turnberry bietet gleich 3 Plätze in großartiger Küstenlage und hat sogar seinen eigenen Leuchtturm, während Carnoustie (10 km östlich von Dundee) als heimtückisch gilt.

Info: http://golf.visitscotland.com. **St. Andrews:** Tel. +44/1334-466-666; www.standrewsgolf.org. *Preise:* Greenfee Old Course € 77 (Nebensaison), € 155 (Hochsaison). **St. Andrews Golf Hotel:** Tel. +44/1334-472-611; www.standrews-golf.co.uk. *Preise:* ab € 222. **Muirfield:** Tel. +44/1620-842-123; www.muirfield.org.uk. *Preise:* Greenfee für Besucher € 211. **Greywalls Hotel:** Tel. +44/1620-842-144; www.greywalls.co.uk. *Preise:* ab € 277. **Andere Plätze:** www.gleneagles.com; www.royaldornoch.com; www.turnberry.co.uk; www.carnoustiegolflinks.co.uk. **Reisezeit:** Mai–Sept.: bestes Wetter, dafür aber höhere Greenfees.

Am Kreuzungspunkt der Kreativität

KUNSTSTADT BASEL

Schweiz

An den Ufern des Rheins, wo die Schweiz, Frankreich und Deutschland sich treffen, funkelt Basel, Weltklassehauptstadt der Kunst. Unter den mehr als 30 Museen sind das eindrucksvolle Kunstmuseum, das Museum Tinguely mit seinen verspielten beweglichen Skulpturen und die exzellente Sammlung moderner Kunst der Fondation Beyeler in einem von Renzo Piano entworfenem Bau.

Jedes Jahr im Juni findet in dieser eigentlich kleinen Stadt die Art Basel statt, die weltweit führende Kunstschau für Kunst der klassischen Moderne und der Gegenwart. Fast 300 Galerien stellen Werke von mehr als 2500 Künstlern aus – Malerei, Zeichnungen und Skulpturen, Installationen, Fotografie, Video- und Multimediakunst; von den Großmeistern der modernen Kunst bis zu aufstrebenden Stars. Abseits der Hauptveranstaltung finden Kulturbegeisterte in der ganzen Stadt kleinere Ausstellungen, Filmvorführungen, Konzerte und Partys. Buchen Sie Ihr Hotel weit im Voraus oder übernachten Sie 1 Zugstunde entfernt in Zürich, dessen eigene Kulturvergnügungen eine überlegenswerte Option sind (s. S. 174).

Kunstliebhaber wohnen gern im Teufelhof Basel, dessen minimalistische Zimmer (9 im Kunsthotel, 24 im Galeriehotel nebenan) regelmäßig von Schweizer Künstlern umgestaltet werden. Im Weinkeller werden Werke neuer Künstler ausgestellt, im archäologischen Keller mittelalterliche Funde. Das reizvolle Hotel Krafft am Fluss hat die mittelalterliche Altstadt in direkter Nachbarschaft und 45 großzügige Zimmer, viele mit Flussblick.

Genießer verehren seit Langem das Restaurant Stucki Bruderholz, dessen früherer Meisterkoch, Hans Stucki, bis zu seinem frühen Tod im Jahr 1998 einer der kulinarischen Giganten der Schweiz war. Heute ist das Restaurant immer noch ein Vorreiter, inzwischen geleitet von der aufstrebenden Starköchin Tanja Grandits. Einrichtung, Atmosphäre und Speisekarte sind ein wenig leichter geworden. Grandits veredelt regionale Zutaten mit einem Hauch Exotik; ihre Kreationen gelten als filigrane Kunstwerke. Eine leckere, einfache Mahlzeit – Fondue oder Kalbfleisch mit Rösti – gibt es im Löwenzorn, dessen nette, holzgetäfelte Räume (und der Hof) sich wie eine Mischung aus Bistro und Brauhaus anfühlen und wunderbar gesellig sind.

Die kinetischen Skulpturen des großen Schweizer Künstlers Jean Tinguely gehören zur ständigen Sammlung des nach ihm benannten Museums.

Wo: 86 km nordwestl. von Zürich. **Art Basel:** Tel. +41/58-200-2020; www.artbasel.com. *Preise:* Tickets € 33–€ 74. *Wann:* Mitte Juni. **Der Teufelhof Basel:** Tel. +41/61-261-1010; www.teufelhof.com. *Preise:* ab € 196 (Nebensaison), ab € 407 (Hochsaison); Dinner € 52. **Hotel Krafft:** Tel. +41/61-690-9130; www.krafftbasel.ch. Preise: ab € 222 (Nebensaison), ab € 319 (Hochsaison). **Restaurant Stucki Bruderholz:** Tel. +41/61-

Herrliche Spielwiese in den Bergen

GSTAAD

Berner Oberland, Schweiz

Dort, wo 4 Alpentäler aufeinandertreffen, regiert Gstaad als unangefochtene Königin der Winter-Spielwiesen. Royals und Prominente aus aller Welt fahren hier Ski auf 250 Pisten- und 96 Loipenkilometern. Trotzdem herrscht ein unverdorbenes, bodenständiges Flair, und Sport treiben kann man das ganze Jahr über.

Gstaad ist so unauffällig, dass Sie es vielleicht sogar langweilig finden, falls Sie nicht im Gstaad Palace Hotel abgestiegen sind, einem der begehrtesten Refugien Europas. Das 1913 erbaute Hotel mit 104 Zimmern thront über dem winzigen Gstaad wie eine mittelalterliche Burg. Es nennt sich selbst „größte Familienpension der Schweiz" (Mahlzeiten sind inbegriffen), aber lassen Sie sich nicht von den klassisch-gemütlichen Zimmern täuschen: Dieses Hotel ist das Epizentrum der örtlichen Szene. Etwas gemächlicher geht es im familiengeführten Hotel Alphorn zu, einem traditionellen Chalet mit 30 Zimmern im Alpenstil, von deren Balkonen Sie auf die Pisten schauen können. Fahren Sie für warme Wintergemütlichkeit und eine unvergessliche Aussicht mit der Seilbahn auf den Berg zum Restaurant Berghaus Eggli oder finden Sie sich am Kaminfeuer des Saagi Stübli ein, dem gemütlichen Restaurant des Hotels Gstaaderhof, wo es das beste Fondue des Ortes gibt.

Im Januar herrscht im benachbarten Dorf Château d'Oex Aufbruchsstimmung, denn dann findet das jährliche Ballonfestival statt,

Gstaad kann man auf Skiern oder Schneeschuhen genießen.

und 80 bunte Heißluftballone aus mehr als 18 Ländern gleiten über verschneite Berge und Täler. Im Sommer geht es auch über die sanften Hügel des Emmentals, über pittoreskes bäuerliches Land und blumengeschmückte Chalets. **Wo:** 67 km südwestl. von Interlaken. **GSTAAD PALACE HOTEL:** Tel. +41/33-748-5000; www.palace.ch. *Preise:* ab € 515 (Nebensaison), ab € 574 (Hochsaison), inklusive. *Wann:* Mitte Sept.–Mitte Dez., Apr.–Mitte Juni geschlossen. **HOTEL ALPHORN:** Tel. +41/33-748-4545; www.gstaad-alphorn.ch. *Preise:* ab € 137 (Nebensaison), ab € 180 (Hochsaison). **BERGHAUS EGGLI:** Tel. +41/33-748-9612. *Preise:* Dinner € 28. **SAAGI STÜBLI:** Tel. +41/33-748-6363; www.gstaaderhof.ch. *Preise:* Dinner € 30. **WIE:** Das amerikanische Unternehmen Bombard Society ist auf Ballonreisen spezialisiert. Tel. +1/561-837-6610; www.bombardsociety.com. *Preise:* 8-tägige Reise zum Festival inkl. mehrerer Ballonfahrten € 13.324, ohne Flug, all-inclusive. Startet in Genf. *Wann:* Mitte Jan. **REISEZEIT:** Jan.–Mitte März zum Skifahren; Mitte Juli–Anf. Sept.: Menuhin Festival in Gstaad, von Yehudi Menuhin gegründet.

Fußwege mit Aussicht

WANDERN IM HOCHGEBIRGE

Berner Oberland, Schweiz

Die Touristen des frühen 19. Jh. brachten die Schweiz als sommerliches Reiseziel ins Gespräch – wegen der kräftigenden und belebenden Bergluft. Das Berner Oberland ist mit 2500 km Wanderwegen die beliebteste Wanderregion der Schweiz. Idyllische Bergdörfer, gewaltige Gipfel und tiefe, grüne Täler bieten alles, um Körper und Seele zu erfrischen.

Die steilen Schluchten im reizvollen Kandersteg sind ein wahres Wanderparadies. Fahren Sie mit der Seilbahn hoch zum historischen Gemmipass oder zum Oeschinensee, einem der grandiosesten Naturwunder der Schweiz. Verschiedenfarbige Wegweiser weisen Wanderern den Weg. Das schöne Royal Park Hotel, das beste in Kandersteg, gehört seit 1893 der gleichen Familie. Das populäre Restaurant und das Spa erwarten die Wanderer nach einem anstrengenden Tag.

Mürren liegt auf einem Felsvorsprung über dem Lauterbrunnental gegenüber dem gewaltigen Jungfraumassiv. Es ist das höchstgelegene ganzjährig bewohnte Dorf des Kantons und nur per Zahnrad- oder Seilbahn zu erreichen. Selbst wenn Sie nicht im heimeligen Hotel Bellevue übernachten, dessen Balkone atemberaubende Aussichten bieten, empfiehlt es sich, im gemütlichen Restaurant Jägerstübli einzukehren und am Kamin die herzhafte Schweizer Küche zu genießen. Draußen können Sie zwischen Hunderten Wanderwegen wählen, oder nehmen Sie die Seilbahn zum 2973 m hohen Schilthorn. Im Panorama-Drehrestaurant Piz Gloria wurde 1969 der James-Bond-Film *Im Geheimdienst Ihrer Majestät* gedreht. Eine Seilbahnhaltestelle tiefer liegt Birg, wo es sich prima wandern lässt, bis hinunter ins pittoreske Dorf Gimmelwald.

Einfach unglaubliche Bergpanoramen – die Gipfel von Eiger, Mönch und Jungfrau und der 23 km breite Aletschgletscher – bieten sich bei einer Fahrt mit der Jungfraubahn zum 3471 m hohen Jungfraujoch, dem höchstgelegenen Bahnhof der Welt. Besuchen Sie die kühlen Tiefen des Eispalasts und fahren Sie auf anderem Wege wieder nach unten, zum pittoresken, unterhalb des gewaltigen Eiger gelegenen Bergstädtchen Grindelwald, von wo aus Sie hochalpine Wandertouren unternehmen können. Ein schöner Abschluss Ihres Abenteuers könnte das gehobene Victo-

Der Mönch, 4107 m hoch, ist Teil der markanten Dreiergruppe aus Eiger, Mönch und Jungfrau im Berner Oberland.

ria-Jungfrau Grand Hotel & Spa in Interlaken sein, ein makelloses, 1865 erbautes, ganz dem Luxus verschriebenes Haus. **Wo:** Kandersteg liegt 45 km südwestl., Mürren 31 km südl. von Interlaken; Interlaken 145 km südwestl. von Zürich. **Info:** www.kandersteg.ch, www.muerren.ch, www.interlakentourism.ch. **Royal Park Hotel:** Tel. +41/33-675-8888; www.royalkandersteg.com. *Preise:* ab € 319 (Nebensaison), ab € 430 (Hochsaison). **Hotel Bellevue:** Tel. +41/33-855-1401; www.muerren.ch/bellevue. *Preise:* ab € 137 (Nebensaison), ab € 166 (Hochsaison); Dinner im Jägerstübli € 37. **Piz Gloria:** Hin und zurück ab Mürren per Seilbahn € 93. **Bahnfahrt zum Jungfraujoch:** Ganztägig ab Interlaken und Grindelwald. *Preise:* € 180 hin und zurück von Interlaken. *Wann:* Juni–Sept. **Victoria-Jungfrau Grand Hotel:** Tel. +41/33-828-2828; www.victoria-jungfrau.ch. *Preise:* ab € 437 (Nebensaison), ab € 489 (Hochsaison). **Reisezeit:** Mitte Juni–Aug.: blühende Bergwiesen; Sept.–Okt.: angenehm kühles Wetter.

Zwei an der Spitze des Skivergnügens

Davos-Klosters

Graubünden, Schweiz

Davos bietet bestes Skivergnügen für Anfänger und Fortgeschrittene. Es ist Europas größter Skiort und mit 1560 m Höhe auch die höchstgelegene Stadt – also selbst in warmen Wintern schneesicher. Beim Langlauf belegt es mit seinen schönen, langen Loipen im Tal den 2. Platz hinter dem benachbarten Engadin (s. nächste Seite).

Davos teilt ein riesiges Netz aus Liften und Pisten mit der unwesentlich niedriger gelegenen Schwesterstadt Klosters. In diesem vielleicht schöneren Alpendorf können Sie prima übernachten – schließlich kommen die schwedischen und britischen Königsfamilien jedes Jahr hierher. Klosters ist im Vergleich zu Davos zwar klein, zieht aber nach wie vor auch Filmstars an. Ob VIP oder nicht – sie alle kommen zum unschlagbaren Parsenn-Weissfluh-Skigebiet. Die berühmte Abfahrt vom Weissfluhgipfel (2843 m) nach Küblis (814 m), eine großartige 7,5 km lange Piste über weite, offene Schneefelder, ist selbst für erfahrene Skifahrer purer Nervenkitzel.

Im stimmungsvollen Chesa Grischuna werden Sie royal behandelt. Klosters' Lieblingsgasthof ist ein schönes Holzchalet; die Zimmer haben reich geschnitzte Decken. Hier ist auch das beste Restaurant der Gegend; unter den Spezialitäten sind Lammkarree und shrimpsgefüllte Crêpes. Das Hotel Rustico am Gotschnabahn-Skilift hat schlichte, aber große Zimmer, die mit ihren dicken Plumeaus alpine Wärme ausstrahlen. Am schönsten sind die Zimmer unterm Dach mit den Balkondecken. In einem 226 Jahre alten Chalet nebenan ist das Hotelrestaurant Prättiger Hüschi, das der hungrigen Après-Ski-Meute heißes Fondue serviert.

Wo: Klosters liegt 161 km südöstl. von Zürich; Davos 11 km südl. von Klosters. **Hotel Chesa Grischuna:** Tel. +41/81-422-2222; www.chesagrischuna.ch. *Preise:* ab € 126 (Nebensaison), ab € 252 (Hochsaison); Dinner € 45. *Wann:* Mitte Apr.–Ende Juni und Mitte Okt.–Mitte Dez.: geschlossen. **Hotel Rustico & Prättiger Hüschi:** Tel. +41/81-410-2288; www.hotel-rustico.ch. *Preise:* ab € 140; Dinner € 33. **Reisezeit:** März: zum Skifahren; Juli: blühende Almwiesen; Aug.–Sept.: zum Wandern.

Erstklassiges Skifahren und ein unberührtes Tal

St. Moritz und das Engadin

Graubünden, Schweiz

Trotz all des Glamours und „Who's who"-Geredes ist St. Moritz gar nicht so megaexklusiv, wie sein Image vermuten lässt. Der Weltklasseskiort (ja, er ist etwas teurer) kann auch ganz einfach ein sportlicher Ort sein, mit erstklassigen Abfahrten aller Klassen und idealen Langlaufstrecken. Fortgeschrittenen Ski-Anfängern macht bestimmt die Gondelfahrt zum Piz Corvatsch Spaß, dessen Höhe von 3451 m Schneefall garantiert.

Diskrete Promis steigen im glitzerfreien Suvretta House ab und genießen den Anblick der Berge. Der gedämpfte Luxus hinter der hinreißenden edwardianischen Fassade beeindruckt mit Rundbögen, Eichenholztäfelung und 210 subtil eleganten Zimmern. Das familiengeführte Hotel Languard entzückt auf kleinerem Fuße; einige der schönen Zimmer haben Balkone und Schnitzwerk an der Wand. Folgen Sie den Einheimischen ins Engiadina zum Champagner-Fondue in rustikaler Kulisse. Eine kreative Karte finden Sie im Jöhri's Talvo, sehr ansprechend in einem Engadiner Bauernhaus aus dem 17. Jh. untergebracht.

Das nahe Engadin, unberührt und schön, bietet hochalpine Klettersteige und unzählige Wanderwege durch Wälder, Almwiesen und alte Dörfchen, in denen Rätoromanisch gesprochen wird. Das liebenswerte Pontresina hat sich zu einem der europäischen Topzentren zum Wandern und Klettern entwickelt. In Scuol können Sie am Dorfbrunnen frisches Wasser trinken und das erste römisch-irische Bad der Schweiz besuchen. Schlendern Sie durch Guarda, eines der fotogensten Dörfer des Landes, und erkunden Sie den einzigen Nationalpark der Schweiz, den Parc Naziunal

Im Engadin findet man üppige Almwiesen, Mineralquellen und den schweizerischen Nationalpark.

Svizzer, ein 170 km² großes Naturschutzgebiet mit 16 Wanderwegen.

10 Minuten Fahrt von Guarda aus bringen Sie zum blumengeschmückten Schlosshotel Chastè. Hier leben noch die Traditionen, und die Gastlichkeit zeigt sich schon bei der netten, hier üblichen Begrüßung: „Allegra!" Dieses hübsche, mit Malereien verzierte Hotel wird seit 1500 von der Familie Pazeller betrieben und beherrscht das winzige Dorf Tarasp, welches nach dem Märchenschloss auf dem nahen Berg benannt ist. Die Talente von Gastwirt und Koch Rudolf Pazeller spürt man sowohl in der Küche als auch überall in den Zimmern.

Wo: St. Moritz liegt 201 km südöstl. von Zürich. **Suvretta House:** Tel. +41/81-836-3636; www.suvrettahouse.ch. *Preise:* ab € 444 (Nebensaison), ab € 652 (Hochsaison), inklusive. *Wann:* Mitte Apr.–Ende Juni und Mitte

Sept.–Nov.: geschlossen. **HOTEL LANGUARD:** Tel. +41/81-833-3137; www.languard-stmoritz.ch. *Preise:* ab € 185. **ENGIADINA:** Tel. +41/81-833-3265; www.restaurant-engiadina.ch. *Preise:* Dinner € 37. **JÖHRI'S TALVO:** Tel. +41/81-833-4455; www.talvo.ch. *Preise:* 4-gängiges Dinner € 180. **SCHWEIZERISCHER NATIONALPARK:** www.nationalpark.ch. **SCHLOSSHOTEL CHASTÈ:** Tel. +41/81-861-3060; www.schlosshotelchaste.com. *Preise:* ab € 300 (Nebensaison), nur Frühstück; ab € 407 (Hochsaison), inklusive. *Wann:* Ende März–Mai und Mitte Okt.–Mitte Dez.: geschlossen. **REISEZEIT:** Jan.–Ende März: zum Skifahren; Ende Jan.: St. Moritz Polo Worldcup auf Schnee; Ende Juni–Anf. Okt.: Wandern; Ende Sept.–Anf. Okt.: schöne Herbstfarben.

Musikmekka am See

DIE LUZERNER RIVIERA

Schweiz

Umgeben von Bergen, gesegnet mit malerischen Türmen und gedeckten Holzbrücken (darunter die viel fotografierte Kapellbrücke): Die mittelalterliche Stadt Luzern am Vierwaldstätter See ist seit Langem bei Touristen beliebt. Jeden Sommer treffen sich hier die Musikliebhaber zum Lucerne Festival, einem der ältesten (1938 von Toscanini begründeten) und vielseitigsten Musikevents Europas (zu Ostern wird es durch sakrale Musik, im Herbst durch Klaviermusik ergänzt). Es ist ein wahres Who's Who der großen Dirigenten, Orchester, Solisten und Kammerensembles, die hier an vielen Spielorten auftreten, darunter dem ultramodernen Kultur- und Kongresszentrum Luzern (KKL). Der von Jean Nouvel designte Bau am Ufer des Sees hebt sich mutig von der Märchenkulisse der Stadt ab.

„Ich kenne keinen schöneren Platz auf dieser Welt", schrieb Richard Wagner, der im Hotel Schweizerhof wohnte. Dieser modernisierte Klassiker, seit 5 Generationen in der gleichen Familie, hat einen weiten Blick auf See und Berge. Erleben Sie das alte Luzern im Wilden Mann: Das Hotel erstreckt sich über 7 schmucke Stadthäuser in der Altstadt und hat 50 mit altem Holz und Kupfer akzentuierte Zimmer sowie die beliebte Burgerstube, wo Sie in gemütlicher Atmosphäre traditionelle Schweizer Küche genießen können (z.B. gebratenen Seekarpfen oder Bauernwurst mit Rösti).

Die im 14. Jh. errichtete und nach einem Feuer 1993 wieder aufgebaute Kapellbrücke führt über die Reuss und nimmt den Wasserturm in ihre Mitte.

Das elegante Park Hotel Vitznau am gegenüberliegenden Seeufer soll nach umfassender Renovierung 2013 wieder eröffnen. Seit seiner Eröffnung 1903 ist das Hotel mit seinem gepflegten, blumenbewachsenen Grundstück, der Stolz des kleinen Ortes Vitznau. Sein imposanter Nachbar, der Berg Rigi, spiegelt sich im Wasser. Höhepunkt einer jeden Reise in die Gegend ist es, den Sonnenaufgang vom 1797 m hohen Rigi-Gipfel aus zu beobachten. Die 1871 eingeweihte Zahnradbahn zum Rigi-Kulm ist Europas älteste Bergbahn unter den vielen Bahnen zu den umliegenden Gipfeln, die spektakuläre Ausblicke versprechen. **Wo:** 57 km südwestl. von Zürich. **Lucerne Festival:** Tel. +41/41-226-4400; www.lucernefestival.ch. Tickets: Tel. +41/41-226-4480. *Preise:* Tickets € 26 bis € 277. *Wann:* 6 Wochen, Aug.–Sept. **Hotel Schweizerhof Luzern:** Tel. +41/41-410-0410; www.schweizerhof-luzern.ch. *Preise:* ab € 252 (Nebensaison), ab € 340 (Hochsaison). **Hotel Wilden Mann:** Tel. +41/41-210-1666; www.wilden-mann.ch. *Preise:* ab € 220 (Nebensaison), ab € 270 (Hochsaison); Dinner € 48. **Park Hotel Vitznau:** Tel. +41/41-399-6060; www.parkhotel-vitznau.ch. **Reisezeit:** Mai–Sept.: bestes Wetter; März oder Apr.: Lucerne Festival an Ostern; Ende Nov.: Lucerne Festival am Piano, Lucerne Blues Festival.

Unterwegs auf der Schiene

Die schönsten Bahnstrecken der Alpen

Schweiz

Die Schweizer haben das Bahnreisen in ganz neue Höhen getragen: Während des letzten Jahrhunderts haben Schweizer Ingenieure ein ausgeklügeltes System aus schmalen Pässen, Viadukten und Tunneln konstruiert, das selbst die höchstgelegenen Alpenlandschaften zugänglich macht. Der weltbekannte Glacier Express zwischen Zermatt und St. Moritz wird auch „langsamster Schnellzug der Welt" genannt (er fährt durchschnittlich 40 km/h). Der rote Zug rollt durch das Herz der Schweizer Alpen und ermöglicht auf abenteuerlicher Fahrt eine hautnahe Begegnung mit der atemberaubenden Landschaft. Er passiert 291 Brücken, viele davon über dramatisch tiefe Schluchten, 91 Tunnel und den 2033 m hohen Oberalppass, den höchsten Punkt der 7 ½ Stunden und 290 km langen Reise.

Die Topexportartikel der Schweiz, Schokolade und Käse, werden an Bord des Schokoladenzuges serviert, der im Sommer und Herbst eine 10-stündige Tour macht. Steigen Sie in

Der 65 m hohe und 136 m lange Landwasser-Viadukt ist ein Highlight jeder Tour mit dem Glacier Express.

Montreux (s. S. 171) an der schweizerischen Riviera ein. Während Sie dann in einem Belle-Époque-Pullman-Wagen nordostwärts rollen, gleiten draußen die Weinberge von Lavaux vorbei, besonders schön kurz vor der Weinlese im Oktober. Im mittelalterlichen, autofreien Gruyère können Sie das märchenhafte Schloss anschauen und in der Käserei ein Fondue schlemmen, bevor es dann nach Broc weitergeht, zur weltbekannten Cailler-Nestlé-Schokoladenfabrik. Hier schließen Sie sich Besichtigung und Schokoladenverkostung an – täglich werden hier 65 t Schokolade produziert.

Die 1910 fertiggestellte Bernina-Linie ist die höchste Bahnlinie der Alpen. Der Bernina Express fährt von St. Moritz zur charmanten norditalienischen Stadt Tirano, vorbei am Morteratschgletscher und am höchsten Gipfel der Ostalpen, dem Piz Bernina (4048 m), mit überwältigender, schwindelerregender Aussicht. In Italien angekommen, passiert er einen berühmten Kreisviadukt. Die 4-stündige, 145 km lange Tour steigt bis auf 2253 m an und fällt dann 1824 m ab bis zur Endstation in Tirano. Im Sommer können Sie mit dem Bus am Comer See entlang bis nach Lugano (s. unten) weiterfahren.

WIE: Buchen Sie online auf www.glacierexpress.ch und www.rhb.ch/Bernina-Express.33.0.html oder an jedem Schweizer Bahnhof. **GLACIER EXPRESS:** zwischen St. Moritz und Zermatt. *Preise:* Einzelfahrt € 144. **SCHOKOLADENZUG:** zwischen Montreux und Broc. *Preise:* Einzelfahrt € 85, nur 1. Klasse. *Wann:* Mai–Okt. **BERNINA-EXPRESS:** zwischen St. Moritz (über Tirano, Italien) und Lugano. *Preise:* Einzelfahrt € 26. **REISEZEIT:** Mai–Juni und Sept.–Okt.: am schönsten für den Schokoladenzug; Juni: ideales Wetter für den Bernina-Express; Sept.–Okt.: weniger los im Glacier Express.

Schweizerisch leben – im italienischen Stil

LUGANO

Tessin, Schweiz

Die südlichste Ecke der Schweiz ist ein Land der Palmen und Magnolienblüten, der sanft geschwungenen Seen und der elegantesten Städte Europas. Sie ist auch eine Mischung aus italienischem Charme und schweizerischer Effizienz. Der italienischsprachige Kanton Tessin ist Rom vom Temperament her ähnlicher als dem 230 km entfernten Zürich. Seine Hauptstadt, das sonnenverwöhnte Lugano, verführt den Reisenden mit alten Kirchen und Plätzen und steilen Straßen hinunter zum Luganersee.

Eines der besonderen Vergnügen ist ein Spaziergang entlang der schattigen Seepromenade, vorbei an grandiosen Privatvillen und ihren gepflegten Gärten. Wer selbst ein wenig Dolce Vita möchte, sollte aus der Stadt heraus zum Collina d'Oro fahren und im italienisch angehauchten Villa Principe Leopoldo absteigen. Das 1868 von der preußischen Hohenzollern-Familie gebaute Anwesen atmet immer noch royale Grandeur. Die einzigartige Berglage ermöglicht spektakuläre Ausblicke auf den Luganersee mit den Bergen im Hintergrund und einen der schönsten Speisesäle (mit Außenterrasse) des Landes. Das anmutige Hotel Federale ist eine ruhige, etwas bescheidenere Option. Viele der Zimmer haben Balkone mit herrlichem Seeblick – besonders schön im obersten Stock.

Für einen Hauch des alten Lugano sollten Sie den Einheimischen in der Altstadt zum La Tinera folgen, beliebt für ihre authentische schweizerisch-italienische Küche. Risotto parmi-

Das milde mediterrane Klima am Luganersee lässt Palmen und Bambus gedeihen und im Frühling die Magnolien blühen.

giana und Luganighe-Würste mit Kreuzkümmel sind Spezialitäten des Hauses, ebenso Tessiner Weine (z.B. robuster Merlot) aus Keramikbechern. Am nächsten Tag könnten Sie einen vergnüglichen, 1-stündigen *passeggiata* am See zur pittoresken Stadt Gandria unternehmen, die an der bewaldeten Flanke des Monte Brè liegt. **Wo:** 230 km südl. von Zürich, 72 km nördl. von Mailand. **Villa Principe Leopoldo:** Tel. +41/91-985-8855; www.leopoldohotel.com. *Preise:* ab € 326 (Nebensaison), ab € 478 (Hochsaison); Dinner € 74. **Hotel Federale:** Tel. +41/91-910-0808; www.hotel-federale.ch. *Preise:* ab € 159. **La Tinera:** Tel. +41/91-923-5219. *Preise:* Dinner € 26. **Reisezeit:** Apr.: Magnolienblüte; Apr.–Mai: Lugano Festival klassischer Musik; Ende Aug.–Anf. Sept.: *Blues-to-Bop*-Musikfestival.

Wo Musik das Allerwichtigste ist

Das Montreux Jazz Festival

Waadt, Schweiz

Das Montreux Jazz Festival, Europas führendes Jazzereignis seit 1967, ist zu einem internationalen Fest geworden, bei dem auch Blues, Reggae, Soul, Rap, Rock und Pop gespielt werden, und natürlich Jazz. Es ist immer am Puls der Zeit und hat die besten Bühnen. Die großen Acts spielen in den 2 größten Hallen; die weniger bekannten Künstler im Montreux Jazz Café und auf kleinen Open-Air-Bühnen. Die starke musikalische Tradition vergrößert noch die Anziehungskraft der beliebten Stadt an den Ufern des wunderschönen Genfer Sees.

Schon seit dem 19. Jh. schätzen Künstler, Dichter und Musiker die französische Art und die weltläufige Atmosphäre der Stadt, die daher miunter auch mit Cannes (s. S. 93) verglichen wird. Faulenzen Sie in einem der Cafés am Wasser, unter den Palmen, Zypressen und Magnolien, die hier gedeihen – dank der Berge, die die Stadt vor kalten Winterwinden schützen – und Sie werden verstehen, warum der Genfer See auch Schweizer Riviera genannt wird. Was Cannes nicht hat, ist das

Das Château de Chillon, das sich aus dem Genfer See zu erheben scheint, ist angeblich das meistbesuchte historische Monument der Schweiz.

Château de Chillon, das in Teilen 1000 Jahre alte, wichtigste und meistfotografierte Schloss der Schweiz. Ein postkartenschöner, 4 km langer Uferspaziergang nach Chillon begeistert mit einem Kaleidoskop aus Blumen und Alpenpanoramen.

Im 1829 als Winzervilla erbauten Hôtel Masson fühlen Sie sich wie ein Ehrengast. Das Haus schaut auf den See und hat 35 Zimmer mit hohen Decken und Balkonen. Das opulente Le Montreux Palace ist beliebt bei Festivalbesuchern und -künstlern – ein Juwel der Belle-Époque-Architektur mit 236 eleganten Zimmern, erstklassigem Spa und Service.

Unter den vielen Seerestaurants ist das La Rouvenaz ein verlässlicher Favorit dank der herzerwärmenden italienischen Küche und des lässigen Ambientes. Gourmets fahren in das 28 km entfernte Dorf Crissier, um die Magie im

Restaurant de l'Hôtel de Ville mitzuerleben, wo man mindestens 2 Monate im Voraus einen Tisch bestellen muss und wo Maestro Philippe Rochat souverän deutsche und französische Küche, Raffiniertes und Einfaches ausbalanciert. **Wo:** 100 km östl. von Genf. **MONTREUX JAZZ FESTIVAL:** Tel. +41/21-963-8282; www.montreuxjazz.com. *Wann:* 16 Tage, immer inkl. der ersten 3 ganzen Wochenenden im Juli. **WIE:** Das amerikanische Unternehmen Ciao! Travel bietet eine 6-tägige Tour mit Tickets für 5 Konzerte an, Tel. +1/619-297-8112; www.ciaotravel.com. *Preise:* ab € 2926 inklusive Flug aus Amerika, Hotel, Tickets. **HÔTEL MASSON:** Tel. +41/21-966-0044; www.hotelmasson.ch. *Preise:* ab € 155. *Wann:* Nov.–Mitte Apr.: geschlossen. **FAIRMONT LE MONTREUX PALACE:** Tel. +41/21-962-1200; www.fairmont.com. *Preise:* ab € 333. **LA ROUVENAZ:** Tel. +41/21-963-2736; www.rouvenaz.ch. *Preise:* Dinner € 45. **RESTAURANT DE L'HÔTEL DE VILLE:** Tel. +41/21-634-05-05; www.philippe-rochat.ch. *Preise:* 10-gängiges Probiermenü € 266. **REISEZEIT:** Mai–Sept.: schönstes Wetter; Juli: Jazz Festival; Dez.: Weihnachtsmarkt.

Nervenkitzel auf und neben den Pisten

VERBIER

Wallis, Schweiz

Verbier, im französischsprachigen Wallis gelegen, besitzt einige der steilsten und besten Freeride-Gebiete Europas und ein pulsierendes Nachtleben und zieht daher junge, abenteuerlustige Skifans an – für die diese stylische, aber relaxte Stadt der wahre Himmel ist. Fortgeschrittene Skifahrer (und die, die es werden möchten) sind hier in ihrem Element: Mehr als 400 Pistenkilometer in 4 miteinander verbundenen Tälern bieten lange Freeride-Abfahrten (in Begleitung eines Guides).

Nicht nur die Berge sind hier hoch – auch die Hotel- und Restaurantpreise. Im Herzen der abgelegenen, aber *très* schicken Stadt liegt das bescheidene Hotel Farinet mit Blick auf den zentralen Platz und die Pisten, nur ein paar Minuten von den Sesselliften entfernt. Auch wenn Sie nicht dort wohnen, können Sie die pulsierende Après-Ski-Stimmung in der Bar oder der Casbah-Lounge genießen, zusammen mit vielen gesund aussehenden Leuten, darunter viele junge Berufstätige aus dem nahen Genf.

Das einladende Hôtel Les 4 Vallées liegt sehr günstig in der Nähe des Hauptlifts. Das moderne Haus im Chaletstil bietet mit Kiefernholz verkleidete, oft lichtdurchflutete Zimmer mit Balkon. Traditionel-

Die Freeride-Routen – darunter „Stairway to Heaven" und „Backside of Mont Fort" – geht man am besten zusammen mit einem Guide an.

les schweizerisches Essen bekommen Sie im nahen Au Vieux Verbier: Gemauerte Wände, poliertes Kupfer und Kerzenlicht sind hier die Kulisse für herzhafte Spezialitäten wie am Tisch flambiertes gegrilltes Steak mit Rotweinsoße. Auf der Terrasse treffen sich die Skifahrer frisch von der Piste. **Wo:** 161 km östl. von Genf. **Hotel Farinet:** Tel. +41/27-771-6626; www.hotelfarinet.com. *Preise:* ab € 185 (Nebensaison), ab € 237 (Hochsaison). *Wann:* Ende Apr.–Juni, Ende Sept.–Nov.: geschlossen. **Hotel Les 4 Vallées:** Tel. +41/27-775-3344; www.les4vallees.com. *Preise:* ab € 222. **Au Vieux Verbier:** Tel. +41/27-771-1668. *Preise:* Dinner € 52. **Reisezeit:** Jan., Juli und Sept.: weniger überlaufen; Mitte Juli: Verbier Festival klassischer Musik.

Im Schatten des Matterhorns

ZERMATT UND SAAS-FEE

Wallis, Schweiz

Das für 1 Mio. Postkartenmotive verantwortliche Granitmassiv des Matterhorns erhebt sich über den Chalets und autofreien Straßen des populären Skiortes Zermatt. Die 3 Skigebiete reichen bis in knapp 3000 m Höhe und ziehen eine internationale Mischung fortgeschrittener Skifahrer an, die die wundervollen Abfahrten lieben. Die berühmte Seilbahn zum Kleinen Matterhorn bringt Sie auf 3820 m – die höchste Skipiste Europas – und zu einem der delikatesten Abenteuer in Zermatt: zum Mittagessen auf Skiern über die Grenze nach Italien fahren. Zermatt ist auch das größte Zentrum für Heli-Skiing in den Alpen. Die heroischste Abfahrt führt hinunter vom Monte Rosa (fast 4200 m) durch eine Wahnsinns-Gletscherlandschaft.

1865 brach der englische Entdecker und Bergsteiger Edward Whymper in Zermatt auf, um der erste Bezwinger des 4478 m hohen Matterhorns zu werden. Auch wenn Sie seinem Beispiel nicht folgen wollen, können Sie im selben Hotel absteigen wie er, dem Monte Rosa (die 46 Zimmer sind heute um einiges luxuriöser als bei der Eröffnung 1839). Die Hotels beherbergen Skifahrer aller Couleur und versprechen alle eine tolle Aussicht, so das Hotel Admiral an der Flusspromenade. Wenn die Aussicht schwindet, beginnt das Nachtleben.

Saas-Fee, 17 km östlich von Zermatt, hat ebenso spektakuläre Ausblicke auf das Matterhorn sowie auf 12 andere Viertausender. Es hat eine der besten Schneelagen und die längste Skisaison Europas. Das Skigebiet Felskinn-Mittelallalin ist eines der besten der Schweiz, und wenn der Schnee geschmolzen ist, ziehen die hochalpinen Wanderwege Trekker aller Altersstufen an.

Ins charmante, autofreie Alpendorf kommt man das ganze Jahr gern, wie auch zu Markus Neff, dem Küchenkönig des Waldhotel Fletschhorn hoch auf einem bewaldeten Berg. Er verbindet französisch basierte saisonale Küche mit exotischen Akzenten. Zurück im Ort, können Sie im Hotel Europa übernachten, mit großzügigen, komfortablen Zimmern und einem exzellenten Spa zum Relaxen nach einem im Freien verbrachten Tag.

Wo: 241 km östl. von Genf. **Hotel Monte Rosa:** Tel. +41/27-966-0333; www.monterosazermatt.ch. *Preise:* ab € 266 (Nebensaison), ab € 381 (Hochsaison). *Wann:* Mitte Sept.–Mitte Dez., Mitte Apr.–Mitte Juli: geschlossen. **Hotel Admiral:** Tel. +41/27-966-9000; www.hotel-admiral.ch.

Preise: ab € 163. **Waldhotel Fletschhorn:** Tel. +41/27-957-2131; www.fletschhorn.ch. *Preise:* ab € 263; Dinner € 100. *Wann:* Mai, Nov.: geschlossen. **Hotel Europa:** Tel. +41/27-958-9600; www.europa-saasfee.ch. *Preise:* ab € 115. **Reisezeit:** Jan.–Apr.: beste Skibedingungen; Ende Feb.–März: kürzere Wartezeiten am Lift; Juli–Sept.: Gletscherskifahren.

Kunst und Kultur im Überfluss

Kunstorte in Zürich

Schweiz

Dank einer schönen Bergkulisse und der Lage beiderseits der Limmat kann die finanzmächtigste Stadt der Schweiz nicht nur aus ihren kulturellen Reichtümern, sondern auch aus ihren Naturschönheiten Kapital schlagen.

Zusammen mit Basel (s. S. 163) ist Zürich das künstlerische Herz des Landes. Der Geburtsort des Dadaismus (1916) fördert seit jeher die Kreativität und hat heute nicht nur ein erstklassiges Orchester und ein herausragendes Theaterensemble, sondern auch ein Opernhaus aus dem 19. Jh., das für seine Akustik bekannt ist. Selbst das Fraumünster mit seinem filigranen Kirchturm und das doppeltürmige Grossmünster stehen mit Kirchenfenstern von Marc Chagall und Augusto Giacometti für Zürichs kreative Neigungen. Die größte Sammlung von Werken Alberto Giacomettis (Augustos Cousin) wird, zusammen mit anderer Kunst des 19. und 20. Jh., im renommierten Kunsthaus präsentiert. In den letzten Jahren hat sich das Viertel Zürich-West neu erfunden: mit abgefahrenen Kunstgalerien, lebhaftem Nachtleben und zu Kulturtempeln umgebauten Fabriken. Dies gilt auch für die Kunsthalle, die Gegenwartskunst zeigt. Die schicken Kunstleute mögen das gemütliche Hotel Helvetia, in dessen Lobby und lebhaftem Restaurant Kunst von neuen Schweizer Künstlern gezeigt wird.

Aus einem extravaganten Park hoch über der Stadt, der per Standaufzug erreicht werden kann, schaut das schlossähnliche Dolder Grand Hotel auf das Treiben hinunter. Das Hauptgebäude von 1899 wurde – unter der Leitung von Norman Foster – 2008 elegant renoviert; 2 neue Flügel wurden angebaut. Vom Dolder aus haben Sie einen schönen Blick auf die Stadt – egal, ob vom mediterranen Restaurant, dem 9-Loch-Golfplatz oder dem Wellenbad aus.

Die Tradition regiert im viel geliebten klassischen Restaurant Kronenhalle, in dem jeder Zentimeter mit Originalwerken von Klee, Picasso Kandinsky und anderen bedeckt ist. Die intellektuell anregende Szene genießen Sie am besten bei köstlichen Standards wie Würstchen mit Rösti. Rico's Kunststuben, nur 10 km außerhalb der Stadt, begeistert seine Klientel mit einer unglaublich erfinderischen Kochkunst.

Info: www.zuerich.com. **Kunsthaus:** Tel. +41/44-253-8484; www.kunsthaus.ch. **Kunsthalle:** Tel. +41/44-272-1515; www.kunsthallezurich.ch. **Hotel Helvetia:** Tel. +41/44-297-9999; www.hotel-helvetia.ch. *Preise:* ab € 185; Dinner € 60. **Dolder Grand Hotel:** Tel. +41/44-456-6000; www.thedoldergrand.com. *Preise:* ab € 466; Dinner € 120. **Kronenhalle:** Tel. +41/44-262-9900; www.kronenhalle.com. *Preise:* Dinner € 74. **Rico's Kunststuben:** Tel. +41/44-910-0715; www.kunststuben.com. *Preise:* Dinner € 107. **Reisezeit:** Apr.–Okt.: bestes Wetter; Apr.: Sechseläuten-Frühlingsfest; Ende Juni–Mitte Juli: Zürcher Festspiele; Mitte Aug.: Street Parade; Anf. Sept.: Lange Nacht der Museen.

Paradies für Bücherwürmer

Hay-on-Wye

Mid Wales, Wales

Hay-on-Wye liegt an der Grenze von England und Wales und wird häufig einfach Hay genannt (der Zusatz bezieht sich auf den River Wye, der durch das kleine Örtchen fließt). Die „Welthauptstadt" der antiquarischen Bücher ist gleichzeitig ein Denkmal britischer Exzentrik.

Ursprünglich war Hay ein verschlafener Marktflecken. Dann fasste Richard Booth in den 1960er-Jahren den Vorsatz, den wirtschaftlichen Abstieg des Dörfchens aufzuhalten, indem er den ersten Buchladen am Ort eröffnete. Dank seiner Beharrlichkeit (und einiger erfolgreicher Werbeschachzüge wie dem, Hay zur unabhängigen Nation zur erklären) kamen die Buchkäufer bald in Scharen – heute gibt es in der 2000-Seelen-Gemeinde mehr als 30 Buchhandlungen mit einem Gesamtbestand von mehreren Millionen Titeln.

Das jährliche Literaturfestival, zu dem Autorinnen und Autoren aus aller Welt zu Lesungen und zwanglosen Gesprächen über ihre Werke anreisen, ist bei Bibliophilen rund um den Globus bekannt. (Auch Bill Clinton war schon hier und prägte die berühmte Bezeichnung „Woodstock des Geistes".) Die Veranstaltung ist so erfolgreich, dass es inzwischen sogar „Hay Festivals" an so verschiedenen Orten wie Belfast, Cartagena und Beirut gibt.

Nachdem Sie die Regale nach einem lang gesuchten Titel durchforstet haben, können Sie sich im Old Black Lion, einem der ehrwürdigsten Pubs in Hay, erholen. Im Obergeschoss gibt es behagliche Zimmer, und das Frühstück ist ausgesprochen gut. Oder Sie lassen den Ort hinter sich und fahren in den 1300 km² großen Brecon Beacons Nationalpark, dessen ausgedehnte Gebirgszüge die beschauliche Acker- und Heidelandschaft von Mid Wales von den industrialisierten Tälern im Südosten trennen. Der Hauptort Brecon ist ein guter Ausgangspunkt für Erkundungen und hat mit dem jährlichen Brecon Jazz Festival eine Schwesterveranstaltung zum Hay Festival zu bieten.

Planen Sie eine Pause im White Swan Inn in Llanfrynach, etwa 25 km südlich von Hay, ein: Das Essen ist hervorragend, und die angenehme Atmosphäre lädt dazu ein, etwas länger auf einem der Sofas am Kamin zu verweilen. Oder Sie fahren Richtung Westen, wo Sie nach 10 Minuten Llangoed Hall erreichen, ein Landhotel mit zahlreichen renommierten Vorbesitzern, darunter der Architekt von Portmeirion (s. S. 178) und Sir Bernard Ashley, der mit seiner Frau Laura das gleichnamige Unternehmen gegründet hat. Wenn Sie sich von den reizvoll möblierten Räumlichkeiten losreißen können, warten draußen der River Wye, der eines der besten Reviere zum Angeln von Lachsen und Forellen und der makellos angelegte Garten mit Blick auf die spektakulären Brecon Beacons am Horizont.

Das kleine walisische Örtchen ist voller Buchläden.

Wo: 245 km nordwestl. von London. **Info:** www.hay-on-wye.co.uk. **Old Black Lion:** Tel. +44/1497-820-841; www.oldblacklion.co.uk. *Preise:* ab € 100; Dinner € 33. **Brecon Beacons National Park:** www.breconbeacons.org. **White Swan:** Tel. +44/1874-665-276; www. the-white-swan.com. *Preise:* Dinner € 37. **Llangoed Hall:** Tel. +44/1874-754-525; www.llangoedhall.com. *Preise:* ab € 233; Dinner € 55. **Reisezeit:** Mai–Sept.: bestes Wetter; Ende Mai–Anf. Juni: Hay Festival; Mitte Aug.: Brecon Jazz Festival.

Unerschütterliche Zeichen der Vergangenheit

DIE NORDWALISISCHEN BURGEN

North Wales, Wales

In keinem Land gibt es mehr Burgen pro Quadratkilometer als in Wales. Von römischen Garnisonen über normannische Festungen bis zu Zierbauten des viktorianischen Zeitalters ist die walisische Geschichte in den Stein von rund 600 Bauwerken gemeißelt. Die schönsten Festungen finden sich im Norden von Wales, die meisten davon erbaut vom englischen König Eduard I., um im Zuge seiner Reichsbildungspolitik die kämpferischen Waliser zu beeindrucken und letztlich zu unterwerfen.

Wenn Sie von England kommen, dürfte das mächtige Conwy Castle Ihre erste Station sein. Hier sollten Sie nicht nur die Burg selbst bewundern, sondern auch auf der Stadtmauer rund um die mittelalterliche Stadt spazieren. Gut 15 km westlich, auf der größten walisischen Insel Anglesey (auf der William und Kate zeitweise leben), erheben sich die Türme von Beaumaris Castle über die Bucht von Conwy. Weiter im Süden liegt die Ruine von Harlech Castle, die für die inoffizielle walisische Nationalhymne *Men of Harlech* Pate stand.

Den großartigsten Anblick bietet jedoch das zinnenbewehrte Caernarfon Castle mit seinen markanten achteckigen Türmen. Hier wurde 1284 Eduard II geboren, dem man den Ehrentitel „Prince of Wales" gab, um den Walisern den Machtanspruch Englands zu verdeutlichen. Bis heute wird der Titel jeweils an den ältesten Sohn des regierenden englischen Monarchen verliehen – 1969 fand hier im Rahmen einer prunkvollen Zeremonie die Einsetzung des derzeitigen Amtsinhabers Prinz Charles statt.

Im krassen Gegensatz zu den Befestigungsanlagen steht das vornehme Ambiente von Bodnant Garden in Tay-y-Cafn. Der Garten ist einer der üppigsten des Landes, was besonders gut vor der Postkartenkulisse des Snowdonia-Gebirges (s. S. 179) zur Geltung kommt. Die Anlage besitzt italienisch anmutende Terrassen, farbenprächtige Blumen, exotische Sträuchern, mächtige Bäume und Felsarrangements.

Auch vom Hotel Bodysgallen Hall bietet sich ein schöner Blick auf Snowdonia. Das antike Mobiliar des Gebäudes aus dem 17. Jh. wurde durch moderne Akzente ergänzt, um einen idyllischen Rückzugsort zu schaffen.

Das etwas zwanglosere historische Groes Inn bei Conwy – ein traditioneller Pub – überrascht mit außerordentlich gutem Essen und 14 komfortabel eingerichteten Zimmern, von denen einige über einen Balkon mit Blick auf die walisische Landschaft verfügen. Mit noch feinerer Küche wartet das Seiont Manor Hotel bei Caernarfon auf. Nach dem Dinner können

Sie sich am Feuer in der gemütlichen Lounge entspannen oder bei Mondlicht durch die herrlichen Gärten wandeln. **Wo:** Conwy liegt 340 km nordwestl. von London. **Info:** www.gonorthwales.co.uk. **Burgen:** www.cadw.wales.gov.uk. **Bodnant Garden:** Tel. +44/1492-650-469; www.bodnantgarden.co.uk. *Wann:* Dez.–Jan.: geschlossen. **Bodysgallen Hall:** Tel. +44/1492-584-466, www.bodysgallen.com. *Preise:* ab € 166; Dinner € 45. **Groes Inn:** Tel. +44/1492-650-545; www.groesinn.com. *Preise:* ab € 137; Dinner € 33. **Seiont Manor Hotel:** Tel. +44/845-072-7550; www.handpickedhotels.co.uk. *Preise:* ab € 90; Dinner € 45. **Reisezeit:** Mai–Sept.: bestes Wetter; Apr. und Okt.: Bodnant Garden am schönsten.

Olympiade walisischer Kultur

International Musical Eisteddfod

Llangollen, North Wales, Wales

Wales ist als „Land der Lieder" bekannt. Die Musik- und Dichtungstradition geht zurück bis in die Keltenzeit und wird durch die Harfe, das bekannteste Instrument des Landes, repräsentiert (dem Dudelsack für Schottland vergleichbar). In jüngerer Zeit spielen die Männerchöre eine bedeutende Rolle in der walisischen Kultur. Diese Tradition entstand Mitte des 19. Jh. in den südwalisischen Kohlebergwerken und ist bis heute stark ausgeprägt. Es heißt, dass ein walisischer Männerchor sein Publikum zu Tränen rühren kann – und die Harmonien der besten Ensembles haben tatsächlich etwas Spirituelles.

Traditionelle Dichtung, Harfenmusik, Männerchöre und vieles mehr machen die Anziehungskraft der Eisteddfods (der walisische Plural lautet *eisteddfodau*) aus: Festivals der walisischen Musik und Sprache, die auf eine Tradition reisender keltischer Barden aus dem 12. Jh. zurückgehen. Heute gibt es im ganzen Land jährliche Eisteddfods, häufig mit Wettbewerben in verschiedenen Disziplinen verbunden. Höhepunkt ist das National Eisteddfod of Wales *(Eisteddfod Genedlaethol Cymru)*, der größte Dichter- und Gesangswettbewerb Europas. Das Künstlertreffen wird ausschließlich in walisischer Sprache abgehalten (mit Übersetzung über Kopfhörer für jene, die der Sprache nicht mächtig sind) und findet jedes Jahr an einem anderen Ort statt – üblicherweise abwechselnd im Norden und im Süden.

Im Gegensatz dazu steigt das International Musical Eisteddfod, das als eines der größten Musikfestivals der Welt gilt, jedes Jahr an derselben Stelle – in der kleinen Stadt Llangollen. Jährlich reisen mehr als 4000 Künstler aus 50 Ländern an, um sich in den Bereichen Instrumentalmusik, Gesang und Tanz zu messen, viele in farbenfroher Nationaltracht. Tagsüber finden die Wettbewerbe statt, die Abende sind Konzerten gewidmet – alles mit dem Ziel, Wales seinen Platz in der Welt zu sichern und weltweiten Frieden und Harmonie zu fördern.

Wo: Llangollen liegt 308 km nordwestl. von London. **Info:** www.llangollen.org.uk. **National Eisteddfod:** www.eisteddfod.org.uk. *Wann:* Anfang Aug. (1 Woche). **Llangollen International Musical Eisteddfod:** Tel. +44/1978-862-001; www.international-eisteddfod.co.uk. *Wann:* Anfang Juli (1 Woche).

Schönheit der Natur und das Vermächtnis eines Mannes

DIE LLEYN-HALBINSEL

North Wales, Wales

Im Nordwesten von Wales befindet sich eine ganz besondere Ecke des Landes: die Lleyn-Halbinsel (walisisch Pen Llŷn). Dank ihrer unberührten, ländlichen Szenerie und der malerischen Küste mit Sandstränden ist sie ein beliebtes Ferienziel. Am Rand der Tremadoc Bay auf der Südseite der Halbinsel liegen vor Wind und Wetter geschützte Badeorte wie Abersoch und Pwllheli. Die Nordküste ist felsiger; eine markante Kette konischer Hügel – darunter die 3 Gipfel des Yr Eifl – beherrscht das Bild und erhebt sich über Strände wie Trefor und Nefyn Bay. Angesichts dieser Landschaft verwundert es kaum, dass Großteile der Lleyn-Halbinsel zum Naturschutzgebiet erklärt wurden.

In der Nähe von Pwllheli befindet sich mit dem Plas Bodegroes, einem hübschen Hotel in einem ehemaligen georgianischen Herrenhaus, eines der Schmuckstücke der Halbinsel. Hier, wo nur Vogelgezwitscher die Stille unterbricht, gilt das Hauptaugenmerk der Küche – es ist eher ein „Restaurant mit Zimmern" als ein Hotel und eine der besten Adressen des Landes. Serviert werden Köstlichkeiten wie gebratene Nefyn-Bay-Jakobsmuscheln mit Carmarthen-Schinken oder Pudding mit walisischem Whisky-Eis.

Im äußersten Südosten der Halbinsel liegt das historische Städtchen Criccieth, dessen Burg aus dem 13. Jh. eine der vielen Festungen ist, die König Eduard I. von England errichten oder ausbauen ließ – weitere Beispiele sind Conwy und Caernarfon (s. S. 176). Hier befindet sich auch das Moelwyn, ein weiteres „Restaurant mit Zimmern", dessen große Fenster mit Meerblick ebenso anziehend sind wie die Speisekarte.

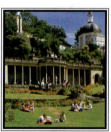

Portmeirion wurde von Süditalien inspiriert.

In der Nähe thront das Örtchen Portmeirion auf einem bewaldeten Hügel mit romantischer Aussicht auf Meer, Sand und Berge – und erinnert mit seinem Campanile und den kleinen Plätzen eher an Süditalien als an Wales. Berichten zufolge ließ sich der walisische Architekt Sir Bertram Clough Williams-Ellis von einer Reise nach Portofino zu der Siedlung inspirieren, die er von 1925 an etappenweise erbaute, bis sie 1975, an seinem 90. Geburtstag, abgeschlossen war.

Direkt am Meer, am Rande des Dorfes, liegt das Hotel Portmeirion, eines der frühen Bauwerke des Architekten. Das 1926 eingeweihte Haus wurde 1990 nach einem Großbrand wiedereröffnet, und inzwischen ist der ursprüngliche Charme seines gleichermaßen opulenten wie zwanglosen Inneren wiederhergestellt. Noël Coward ließ sich bei einem Aufenthalt hier zu seinem „geistreichen" Stück *Fröhliche Geister* inspirieren.

Wo: 324 km nordwestl. von London. **Info:** www.llyn.info. **Plas Bodegroes:** Tel. +44/1758-612-363; www.bodegroes.co.uk. *Preise:* ab € 178; Dinner € 48. **Moelwyn:** Tel. +44/1766-522-500; www.themoelwyn.co.uk. *Preise:* ab € 81; Dinner € 26. **Hotel Portmeirion:** Tel. +44/1766-770-000; www.portmeirion-village.com. *Preise:* ab € 174 (Nebensaison), ab € 289 (Hochsaison), inklusive. **Reisezeit:** Mai–Sept.: bestes Wetter; Mai, Juni, Sept., Okt.: lokale Feste.

Legendäre Berge und viktorianische Eisenbahnen

SNOWDONIA NATIONAL PARK

North Wales, Wales

Die Berge von Snowdonia sind an Erhabenheit und Schönheit nicht zu überbieten. Die Region, gleichzeitig ältester von 3 Nationalparks des Landes, prägt die Kulisse des nördlichen Wales. Ihr Name geht auf den Snowdon zurück, mit 1085 m der höchste Punkt in Wales. Der Legende nach wacht der Geist von König Artus über dem rauen Gipfel, während die Ritter seiner Tafelrunde unter den felsigen Hängen schlafen. Sein walisischer Name Yr Wyddfa bedeutet „Grab", was sich auf den legendären Riesen Rhita Gawr bezieht, den Artus hier erschlagen haben soll.

Im Gegensatz zu vielen anderen Ländern sind die Nationalparks in Großbritannien bewohnt – und auch Snowdonia bildet da keine Ausnahme: Hier leben mehr als 26.000 Menschen. Eines der Dörfer inmitten des zerklüfteten Geländes ist Llanberis, Ausgangsort für den 3-stündigen Marsch zum Gipfel des Snowdon. Bequemer gelangt man mit der Snowdon Mountain Railway hinauf, die vor mehr als 100 Jahren für viktorianische Touristen errichtet wurde, deren Dampflokomotiven aber noch heute im Einsatz sind. Die Züge halten lediglich 20 m unterhalb des Gipfels. An klaren Tagen sind von der Spitze weite Teile des Nationalparks und sogar die gut 140 km entfernten Wicklow Mountains in Irland (s. S. 123) zu sehen.

Der Park bietet endlose Wander- und Radfahrmöglichkeiten auf ausgeschilderten Strecken durch abwechslungs- und tierreiche Landschaften. Eisenbahnfans kommen bei den weiteren Schmalspureisenbahnen auf ihre Kosten. Die meisten dienten ursprünglich dem Transport von Schiefer aus den Steinbrüchen zu den Küstenhäfen, heute verbinden sie winzige Dörfer und abgelegene Bahnhöfe – wie etwa Dduallt, der bis heute nicht per Auto zu erreichen ist.

Im südlichen Teil des Parks, etwa 30 km südlich von Llanberis im Dörfchen Talsarnau, befindet sich Maes-y-Neuadd, ein hübsches Gutshaus aus dem 14. Jh. (mit Anbauten aus dem 16. und 18. Jh.). Das Hotel bietet unterschiedliche Zimmertypen von traditionell bis zeitgenössisch und ist idealer Ausgangspunkt für die Erkundung der Berge und einen Ausflug zum knapp 5 km entfernten Harlech Castle (s. S. 176). Das Restaurant serviert frisch zubereitete Mahlzeiten mit Zutaten aus dem Hotelgarten oder lokaler Herkunft, die sich perfekt mit einer Auswahl walisischer Käsespezialitäten abrunden lassen.

Direkt jenseits der Südgrenze des Parks, in Eglwys Fach nahe dem historischen Städtchen Machynlleth, liegt Ynyshir Hall. Das Anwesen, ehemals im Besitz Königin Viktorias, ist heute ein Refugium für Hotelgäste, die Luxus in ruhiger, ländlicher Umgebung suchen. Das aus dem 15. Jh. stammende Haupthaus mit gerade einmal 9 Zimmern und einem hochgelobten Restaurant macht die königliche Geschichte greifbar, und die Berge von Snowdonia sind von hier aus immer noch leicht zu erreichen.

Wo: Llanberis liegt 324 km nordwestl. von London. **INFO:** www.eryri-npa.gov.uk/visiting; www.greatlittletrainsofwales.co.uk. **HOTEL MAES-Y-NEUADD:** Tel. +44/1766-780-200; www.neuadd.com. *Preise:* ab € 96; Dinner € 40. **YNYSHIR HALL:** Tel. +44/1654-781-209; www.ynyshirhall.co.uk. *Preise:* ab € 333; Dinner € 90. **REISEZEIT:** Mai–Sept.: bestes Wetter; Juli–Aug.: Hochbetrieb.

Poetische Landschaften

DAS LAND DES DYLAN THOMAS

South Wales, Wales

In der Grafschaft Camarthenshire liegt das kleine Küstenstädtchen Laugharne, vor allem als Heimatort des beliebtesten walisischen Dichters Dylan Thomas (1914–1953) bekannt. Ein schlichtes weißes Kreuz auf dem Friedhof von St. Martin's markiert die Stelle, an der Thomas mit seiner Frau Caitlin begraben liegt, und im Ort gibt es immer noch ein paar ältere Herrschaften, die sich erinnern, wie er im Brown's Hotel an der Bar saß.

Das Boathouse in poetisch-ruhiger Lage an der Mündung des River Taf, in dem er während seiner letzten Jahre mit Caitlin lebte, ist heute ein Museum. Seine nahe Dichterklause wirkt mit ihren Möbeln, Papieren und Manuskripten so, als hätte er sie eben erst verlassen. Hier verfasste Thomas einige seiner berühmtesten Werke, darunter Teile des bahnbrechenden „Spiels für Stimmen" *Unter dem Milchwald*, das 1972 ganz in der Nähe mit Elizabeth Taylor, Peter O'Toole und dem aus Wales stammenden Richard Burton verfilmt wurde.

Für einen Aufenthalt in Laugharne bietet sich das luxuriöse Hurst House on the Marsh südlich des Örtchens an. Das Hauptgebäude, einst Teil eines Milchhofs aus dem 16. Jh., verbindet stilvoll moderne und traditionelle Elemente, während das Restaurant das entspannte Flair eines Wintergartens ausstrahlt.

Geboren und aufgewachsen ist Dylan Thomas in Swansea, der östlich von Laugharne gelegenen zweitgrößten Stadt des Landes, wo er auch für die Lokalzeitung tätig war und den örtlichen Pubs – speziell in der Region von Mumbles – regelmäßige Besuche abstattete. Heute widmet sich das Dylan Thomas Centre seinem Leben und Werk. Es befindet sich im ehemaligen Dockbezirk der Stadt, dem inzwischen als Maritime Quarter neues Leben eingehaucht wurde. Es ist Zentrum für For-

Hier lebte und arbeitete Dylan Thomas von 1949 bis 1953.

schungen rund um den Dichter sowie Stätte regelmäßiger Kulturveranstaltungen, etwa des jährlichen Dylan Thomas Festivals.

Von Swansea erstreckt sich die nur dünn besiedelte Gower Peninsula rund 25 km in die Carmarthen Bay mit grünen Hügeln, schroffen Felsen und Sandstränden. Im Dörfchen Reynoldston liegt das Fairyhill Hotel. Mit seinen gerade einmal 8 einladenden Zimmern garantiert das 200 Jahre alte Landhaus einen ruhigen Aufenthalt, und im renommierten Restaurant wird Wales auch geschmacklich zum Erlebnis.

Wo: Laugharne liegt 308 km westl. von London. **Info:** www.dylanthomasboathouse.com. **Hurst House:** Tel. +44/1994-427-417; www.hurst-house.co.uk. *Preise:* ab € 211; Dinner € 40. **Fairyhill Hotel:** Tel. +44/1792-390-139; www.fairyhill.net. *Preise:* ab € 220; Dinner € 52. **Reisezeit:** Mai–Sept.: bestes Wetter; Ende Okt.–Nov.: Dylan Thomas Festival in Swansea (12 Tage).

Auf Wordsworth' Spuren

DAS WYE VALLEY

Southeast Wales, Wales

Im Süden von Wales wird die Grenze zu England zu weiten Teilen durch den River Wye markiert. Er entspringt als kleiner Bach auf dem Berg Plynlimon (Pumlumon steht im Walisischen für „5 Gipfel") und fließt durch die abgelegenen Hügel von Mid Wales, bis er schließlich Hay-on-Wye erreicht (s. S. 175). Etwas weiter südlich liegt die historische Grenzstadt Monmouth, deren Burg 1067 von einem Gefolgsmann Wilhelms des Eroberers errichtet und im 17. Jh. während des englischen Bürgerkriegs schwer beschädigt wurde.

Unweit von Monmouth ergießt sich der Fluss bei Symonds Yat zwischen Felsen und über Stromschnellen in ein schmales Tal. An einer Flussbiegung erheben sich die Ruinen von Tintern Abbey. Hier schrieb vor Jahrhunderten ein Mönch die Zeilen „In den Wäldern wirst du entdecken, was du in Büchern nie finden wirst", und auch heute noch geht von der Stätte eine Aura der Ruhe und des Friedens aus.

Die 1131 gegründete Zisterzienserabtei war einst ein blühendes Zentrum der Religion und das reichste Stift in ganz Wales. Die heute erhaltenen Bauten (teils zerfallen, teils erstaunlich intakt und immer noch spektakulär) stammen aus dem 13. Jh. Das Kloster wurde 1536 von Heinrich VIII. aufgehoben. Heute recken sich die Überreste mit ihren grazilen Bögen und riesigen Fenstern in den Himmel – ein herausragendes Beispiel mittelalterlicher Gotik.

Ohne Dach und völlig in Vergessenheit geraten, wurde Tintern Abbey im 18. Jh. von Künstlern und Poeten auf der Suche nach romantischen Stätten wiederentdeckt. Einer von ihnen war William Wordsworth, der angesichts der bezaubernden Szenerie sein viel geliebtes Sonett zu Papier brachte, das die Natur als Symbol göttlicher Größe feiert: „Und ich verspürte eine Gegenwart, die mich mit der Freude erhabener Gedanken durchfuhr, ein hehres Gefühl …"

Folgen Sie dem Fluss weiter bis zu seiner Mündung in den riesigen River Severn nahe der Stadt Chepstow. Hier finden Sie auch eine weitere Burg, die – obwohl zur selben Zeit errichtet – in weit besserem Zustand ist als Tintern Abbey in Monmouth, was sie zu einer der ältesten erhaltenen Steinfestungen Großbritanniens macht. Auf einer Klippe erhebt sie sich über den Fluss, und die massiven Türme erinnern an die einstige strategische Bedeutung einer Burg, die heute der krönende Abschluss einer Tour entlang dem herrlichen River Wye ist.

Wo: 194 km westl. von London. **INFO:** www.visitwyevalley.com. **UNTERKUNFT:** Das Crown in Whitebrook (zwischen Monmouth und Tintern) ist ein kleines, romantisches Hotel mit einem viel gerühmten Restaurant. Tel.

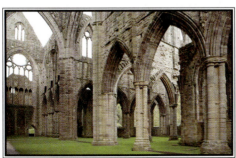

Tintern Abbey diente Wordsworth und Tennyson als Inspiration.

+44/1600-860-254; www.crownatwhitebrook. co.uk. *Preise:* ab € 163; Dinner € 63. **Reisezeit:** Ende Juli: Monmouth Music Festival; Ende Aug.: Monmouth Show, eine der größten Landwirtschaftsschauen in Wales; Sept.–Okt.: Herbstfarben.

Heiliger Ort an malerischer Küste

St. Davids Cathedral

Pembrokeshire, West Wales, Wales

Die dem Schutzheiligen von Wales geweihte Kathedrale ist die größte des Landes – und wirkt damit in dem winzigen Örtchen St. Davids mit weniger als 2000 Einwohnern merkwürdig überdimensioniert. Im Gegensatz zu vielen anderen Kathedralen dominiert St. Davids jedoch ihre Umgebung nicht, sondern liegt versteckt in einem Tal, was auf die Zeiten zurückgeht, in denen sie vor dem Zugriff plündernder Wikinger und Piraten geschützt werden musste. Der Aussichtspunkt, von dem aus die Kathedrale sichtbar ist, liegt nur wenige Gehminuten vom Ortszentrum mit seinen Geschäften entfernt; von dort führt eine lange Treppe hinunter zu ihrer Eingangspforte.

Der hl. David wurde um 500 in dieser Küstenregion geboren und kehrte später zurück, um hier eine Klostergemeinschaft zu gründen, die es zu großer Bedeutung brachte. An derselben Stelle wurde im 12. Jh. mit dem Bau der Kathedrale begonnen. Flankiert wurde sie einst von einem prächtigen Bischofspalast, von dem heute nur Ruinen erhalten sind. Die Grabstätte des hl. David macht die Kirche zum heiligsten Ort von Wales, und auch heute noch strömen die Besucher hierher wie einst im Mittelalter.

Für das leibliche Wohl heutiger Pilger ist im Cwtch, dem besten Restaurant der Stadt, bestens gesorgt. Das Haus hat seinen Namen vom walisischen Wort für „Umarmung" und lockt seine Gäste mit erstklassiger Küche.

Das Städtchen St. Davids ist eine von vielen Siedlungen innerhalb des Pembrokeshire Coast National Parks, der einen mehr als 400 km langen Küstenabschnitt umfasst. Zerklüftete Klippen, Felssäulen, Blowholes, schmale Meeresarme und enge Buchten prägen den Park ebenso wie das Hinterland mit seinen sanften Hügeln, den beschaulichen Wasserläufen des Ästuars Daugleddau und den Felsspitzen der Preseli Mountains. Von Letzteren sollen einige der Menhire stammen, die für den Bau von Stonehenge verwendet wurden (s. S. 59). Mächtige Wellen und Sandstrände locken Surfer und Familien an, Wanderer schätzen das ausgedehnte Wegenetz hoch auf den Klippen und entlang der Küste mit ihren Wildblumen und Seevögeln.

Im kleinen Weiler Molleston nicht weit von Narberth befindet sich mit dem Grove eines der besten Hotels der Region. Der Landsitz aus dem 18. Jh. wurde liebevoll restauriert und bietet neben 12 Zimmern und einer entspannten Atmosphäre ein modernes Restaurant und einen herrlichen, von den Besitzern leidenschaftlich gehegten Garten.

Wo: 356 km westl. von London. **Info:** www.visitpembrokeshire.com. **Cwtch:** Tel. +44/1437-720-491; www.cwtchrestaurant. co.uk. *Preise:* Dinner € 33. **The Grove:** Tel. +44/1834-860-915; www.thegrove-narberth. co.uk. *Preise:* ab € 180 (Nebensaison), ab € 220 (Hochsaison); Dinner € 48. **Reisezeit:** 1. März: St. David's Day; Ende Mai–Juni: St. Davids Cathedral Festival (klass. Musik); Mitte Aug.: Pembrokeshire County Show.

SÜDEUROPA

Das wichtigste antike Monument der westlichen Welt

DIE AKROPOLIS

Athen, Griechenland

Der Parthenontempel, die größte Leistung des Goldenen Zeitalters in Griechenland, bekrönt den höchsten Punkt am Athener Horizont (Akropolis bedeutet „obere Stadt") schon seit dem 5. Jh. v. Chr. Der zeitlose dorische Tempel ist der Patronin der Stadt, Athene, gewidmet und war ursprünglich – wie auch alle anderen Gebäude der Akropolis – so bunt bemalt, dass ein alarmierter Plutarch anmahnte: „Wir vergolden und schmücken unsere Stadt wie eine liederliche Frau." Heute schimmert der Tempel golden im Sonnenlicht, sichtbar durch die Glaswände des neuen, ultramodernen Akropolismuseums im archäologischen Park, einer Fußgängerzone, die vom Hadriansbogen bis zur Agora am Fuß des 3,2 ha großen Akropolisplateaus verläuft.

Das Museum, nach einem Entwurf von Bernard Tschumi erbaut, eröffnete 2009 nach dem „teuersten Umzug in der Geschichte Athens", denn es hatte schon früher ein Akropolismuseum gegeben. Es hat lichte, luftige Galerien, in denen wertvolle Artefakte aufbewahrt werden, wie z.B. 4 der Originalkaryatiden (Jungfrauen), die als Säulen des Parthenons dienten, und diejenigen Fragmente des Parthenonfrieses, die Lord Elgin den Griechen ließ – als britischer Botschafter hatte er 1801 die Erlaubnis, den Rest nach London bringen zu lassen. Jetzt, da sie so eine schöne neue Heimat erwartet, ist die Hoffnung groß, dass Großbritannien die umkämpften „Elgin Marbles" irgendwann wieder Athen überlässt. Beim Athens & Epidauros Festival im Sommer werden im Theater „Odeon des Herodes Atticus" aus dem 2. Jh. antike Dramen, Opern, Musik und Ballette aufgeführt (zu den Dramen beim Epidauros Festival s. S. 197).

Perikles überwachte den Bau des Parthenon, eines der größten Bauprojekte im alten Griechenland.

Von mehreren Hotels aus können Sie einen Blick auf die strahlende Akropolis erhaschen, z.B. vom eleganten Grande Bretagne, einem Palast von 1842 mitten in der Stadt am Syntagma-(„Verfassungs-")Platz. Von den oberen Zimmern sehen Sie die Akropolis aus der Vogelperspektive, ebenso vom Pool auf dem Dach, der Bar und dem exzellent-mediterranen Restaurant aus. Das nahe Electra Palace Hotel hat denselben Postkartenblick und liegt im Gewirr der tavernengesäumten Straßen von Plaka – touristisch, aber reizvoll. Manchmal sieht eine Sehenswürdigkeit aus der Ferne noch besser aus – z.B. vom populären Boutique-Hotel St. George Lycabettus aus, das aus dem wohlhabenden Viertel Kolonaki über die große weiße Stadt hinweg zur Akropolis schaut.

AKROPOLISMUSEUM: Tel. +30/210-900-0900; www.theacropolismuseum.gr. ATHENS & EPIDAUROS FESTIVAL: Tel. +30/210-928-2900; www.greekfestival.gr. *Wann:* Mitte Juni–Sept. GRANDE BRETAGNE: Tel. +30/210-333-0000; www.grandebretagne.gr. *Preise:* ab € 307. ELECTRA PALACE: Tel. +30/210-337-0000; www.electrahotels.gr. *Preise:* ab € 155 (Nebensaison), ab € 215 (Hochsaison).

ST. GEORGE LYCABETTUS: Tel. +30/210-729-0711; www.sglycabettus.gr. *Preise:* ab € 148. REISEZEIT: Einmal im Monat, bei Vollmond, öffnet die Akropolis auch nachts; das Akropolismuseum ist freitags bis 22 Uhr geöffnet, das Museumsrestaurant sogar bis Mitternacht. Mai–Juni und Sept.–Okt.: nicht so heiß wie im Juli und August, weniger Touristen.

Das reiche griechische Erbe erhalten

DIE MUSEEN ATHENS

Athen, Griechenland

Während dieser Tage meist das schöne neue Akropolismuseum (s. oben) im Rampenlicht steht, gibt es in Athen auch einige andere Weltklassesammlungen antiker Artefakte, das unvergleichliche Erbe der fernen griechischen Vergangenheit. Ein Muss ist das Archäologische Nationalmuseum, das mehr Meisterwerke der Kunst und Skulptur des alten Griechenlands beherbergt als jedes andere Museum der Welt und eine grundlegende Einführung in die antike Zivilisation bietet. Die Artemision-Bronzestatue von 460 v. Chr., die mit dem perfekt geformten Körper eines Athleten, der gleich eine Waffe oder einen Blitz werfen wird, Poseidon oder Zeus darstellt – ist der Star der Skulpturensäle im Erdgeschoss. Die Goldmaske eines bärtigen Königs, einer der fantastischen Schätze der Königsgräber von Mykene, wird auf das Jahr 1500 v. Chr. datiert. Objekte aus Thira (Santorin) umfassen die wunderschönen Fresken aus dem minoischen Akrotiri, das wie Pompeji durch einen Vulkanausbruch (1600 v. Chr.) erhalten blieb (s. S. 209).

Das Benaki Museum, 1931 vom reichen Kunstsammler Antoni Benaki gegründet und im neoklassizistischen Palais seiner Familie untergebracht, zeigt 20.000 Objekte der griechischen Geschichte, beginnend mit antiken Bronzen, über byzantinische Ikonen und Trachten bis zu zusammengestellten Einrichtungen des 18. Jh. 2 weitere Museen sind für ihre etwas spezialisierteren Kollektionen bekannt: Elegant gelängte, vor 5000 Jahren geschaffene Steinfiguren füllen die Galerien des Museums für kykladische Kunst. Diese antiken, schlanken Silhouetten aus einer der frühesten griechischen Zivilisationen von der Inselgruppe, die Mykonos, Delos und Santorin umfasst, inspirierten moderne Künstler wie Picasso und Modigliani. Das Ilias Lalaounis Jewelry Museum präsentiert mehr als 3000 Stücke des international renommierten Designers, darunter viele, die auf antiken und byzantinischen Motiven basieren. Exquisite Kopien gibt es im Museumsshop zu kaufen.

ARCHÄOLOGISCHES NATIONALMUSEUM: Tel. +30/210-821-7724; www.culture.gr. BENAKI MUSEUM: Tel. +30/210-367-1000; www.benaki.gr. MUSEUM FÜR KYKLADISCHE KUNST: Tel. +30/210-722-8321; www.cycladic.gr. ILIAS LALAOUNIS JEWELRY MUSEUM: Tel. +30/210-922-1004; www.lalaounis-jewelrymuseum.gr.

Inselleben ohne Autos

Hydra und Spetses

Saronische Inseln, Attika, Griechenland

Die Inseln im Saronischen Golf liegen nahe der peloponnesischen Küste und sind – je nach Sichtweise – durch ihre Nähe zu Athen gesegnet oder verflucht. Ägina liegt so nah an Athen, dass einige Inselbewohner zum Arbeiten nach Athen pendeln. Umgekehrt überrennen die Athener die Insel für einen Tag am Strand – oder für einen Besuch des Tempels der Aphaia auf dem Hügel, umgeben von 25 der original dorischen Säulen aus dem 5. Jh. v. Chr. Poros ist nur durch einen engen Kanal vom Festland getrennt und daher eine gute Basis für die Erkundung von Nafplio mit seinen antiken Stätten (s. S. 197).

Hydra und Spetses im Süden der Inselgruppe sind nicht nur relativ unberührt, sondern auch besonders schön, weil hier keine Autos fahren. Wenn Sie sich Hydra per Schiff nähern, scheint die karge, bergige Insel verlassen zu sein. Doch dann kommt langsam der fast runde Hafen ins Blickfeld, und alte Steinhäuser mit roten Dachziegeln ziehen sich die felsigen Hügel empor. Hydra lebte einst vom Meer, aber seit den 1960er-Jahren ist die 64 km² große Insel bei Künstlern, Literaten und dem Jetset beliebt, die alle den besonderen Charakter schätzen. Sogar Leonard Cohen schrieb 2 seiner Bücher auf der Insel. Das subtil schicke Bratsera Hotel, geschmackvoll in einer alten Schwammfabrik von 1860 eingerichtet, passt sich der kargen Umgebung an. Das Hotel Phaedra in der Altstadt, nach dem Filmklassiker mit Melina Mercouri benannt, der 1962 auf der Insel gedreht wurde, hat 6 heimelige, schlichte, aber großzügige Räume mit Kitchenettes und ist hauptsächlich wegen des energischen, patenten Besitzers beliebt.

Spetses ist die grünste der Saronischen Inseln. Alte Steinhäuser, die Wochenendrefugien der reichen Athener, verstecken sich zwischen duftenden Aleppo-Kiefern und in Olivenhainen. Unter den vielen Seefahrern, die auf der Insel lebten, war auch Laskarina Bouboulina, die Heldin der Griechischen Revolution von 1821. Ihr Haus ist heute ein witziges Museum, wo Sie ihre Briefe und andere persönliche Besitztümer sehen können. Das auffällige, glamouröse, palastähnliche Poseidonion Grand Hotel im Stil der Côte d'Azur liegt am Dapia-Platz am Hafen und wurde 2010 wiedereröffnet. Nur einen Bruchteil so groß, aber genauso komfortabel ist das elegante, familiengeführte Armata in der Nähe, mit einladendem Pool und hübschen Details, auf die die Besitzer zu Recht stolz sind.

Wo: Ägina liegt 30 km, Spetses 98 km von Athen entfernt. **Hotel Bratsera:** Tel. +30/22980-53971; www.bratserahotel.com. *Preise:* ab € 159. *Wann:* Nov.–Mitte März: geschlossen. **Phaedra Hotel:** Tel. +30/22980-53330; www.phaedrahotel.com. *Preise:* ab € 144. **Poseidonion Grand Hotel:** Tel. +30/22980-74553; www.poseidonion.com. *Preise:* ab € 166 (Nebensaison), ab € 305 (Hochsaison). **Armata Hotel:** Tel. +30/22980-72683; www.armatahotel.gr. *Preise:* ab € 126. **Reisezeit:** Hydra: um den 21. Juni herum findet Miaoulia statt, dann wird der heimische Held der Befreiungskriege gegen die Türken, Andreas Miaoulis, geehrt. Spetses: Anf.–Mitte Sept.: ähnliche Festlichkeiten.

Religiöser Eifer – verbunden mit weltlicher Kultiviertheit

Patmos

Dodekanes, Griechenland

Es wird gesagt, dass Johannes, einer der 12 Jünger Jesu, seine Offenbarung (auch Apokalypse genannt) während einer 2-jährigen Verbannung auf Patmos schrieb. Diese hatte ihn ereilt, weil er im Jahr 95 in Ephesos (s. S. 336) das Christentum verkündete. Lassen auch Sie sich inspirieren, während Sie einsame Buchten und unberührte Strände erkunden oder sich in der simplen, ruhigen Kultiviertheit sonnen, die der schöne Haupthafen Skala und die Bergstadt Chora ausstrahlen. Hier sind ruhige Straßen von alten Adelshäusern gesäumt und umgeben einen der wichtigsten Klosterkomplexe Griechenlands.

Die kleine Johannesgrotte, wo der Evangelist sein Buch schrieb, liegt im Herzen des Apokalypse-Klosters zwischen Skala und Chora. Nischen in der Felswand dienten dem Heiligen als Schreibtisch und Kissen, und ein großer Spalt wurde angeblich durch Gottes Stimme geöffnet, dessen Worte Johannes im letzten Buch der Bibel aufschrieb.

Das hohe, düstere Johanneskloster aus dem 11. Jh. beherrscht die ganze Insel. Es ist ein befestigter Komplex aus Kirchen und Innenhöfen mit reichen religiösen Schätzen, darunter Gemälde, Schnitzereien, Skulpturen und eine große Bibliothek mit Archiv, fast so groß wie die am Berg Athos (s. S. 193). Das Kloster ist sowohl für orthodoxe als auch für westliche Christen ein Anziehungspunkt; Pilger aus aller Welt begeben sich zum „Jerusalem der Ägäis".

Andere kommen hierher wegen Psili Ammos, Lambi und anderen schönen Stränden oder wandern auf den Eselspfaden, die das hügelige Inselinnere durchkreuzen. Trotz ihrer tiefen Religionsverbundenheit atmet die Insel auch eine natürliche Eleganz. Die Zimmer und großen Terrassen des Petra, eines kleinen

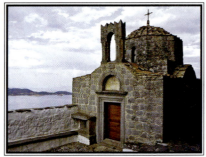

Seit seiner Gründung im 11. Jh. hat das Johanneskloster, das aus mehreren Kapellen besteht, sich der Bildung verschrieben.

Hotels über dem Strand in Grikos, schauen auf die Bucht und sind geschmackvoll möbliert. Das nahe Restaurant Benetos am Meer, von einem griechisch-amerikanischen Paar geführt, hat mit seiner modernen mediterranen Küche Aufsehen erregt. Auf der Veranda genießen die Gäste fangfrische Meeresfrüchte und andere Gerichte, garniert mit frischen Kräutern und Gemüse vom restauranteigenen Hof.

Wo: 256 km von Athen entfernt. **Petra:** Tel. +30/22470-34020; www.petrahotelpatmos.com. *Preise:* ab € 207 (Nebensaison), ab € 340 (Hochsaison). *Wann:* Nov.–März: geschlossen. **Benetos:** Tel. +30/22470-33089; www.benetosrestaurant.com. *Preise:* Dinner € 22. *Wann:* Nov.–Mai: geschlossen. **Reisezeit:** Apr.–Sept.: gutes Wetter; Apr./Anf. Mai: Heilige Woche und orthodoxes Osterfest; Ende Aug.–Sept.: Festival christlicher Musik.

Mittelalterliche Macht und neoklassizistische Pracht

RHODOS UND SYMI

Dodekanes, Griechenland

Von Rhodos' antiker Vergangenheit ist wenig geblieben: Über der Küstenstadt Lindos erhebt sich eine Akropolis, aber das berühmteste Monument, die 30 m hohe Bronzestatue des Koloss von Rhodos, eines der 7 Weltwunder der Antike, stürzte 226 v. Chr. bei einem Erdbeben um und verschwand vor langer Zeit. Dafür gibt es noch viel vom Mittelalter zu sehen: in der Altstadt, der größten bewohnten Mittelaltersiedlung Europas, umgeben von einer gut erhaltenen, 4 km langen und bis zu 12 m dicken Mauer. Reste eines doppelten Wassergrabens sind noch sichtbar.

Rhodos war das Zentrum des mächtigen Johanniterordens, der die Insel nach der Rückkehr von den Kreuzzügen im 14. Jh. erobert hatte. Seinen Geist spürt man in der Ritterstraße, im ehemaligen Krankenhaus, in dem nun das Archäologische Museum ist, und im riesigen Großmeisterpalast. Auch übernachten können Sie in einem mittelalterlichen Komplex, heute das atmosphärische, familiengeführte San Nikolis Hotel, von dessen Dachgarten Sie beim leckeren Frühstück eine fantastische Aussicht haben. Als Griechenlands östlichste Insel liegt Rhodos nur 17 km von der türkischen Küste entfernt. 1552 kamen die Türken hier mit einer 100.000 Mann starken Armee an und blieben 4 Jahrhunderte. Eines ihrer Häuser ist heute das romantische Marco Polo Mansion mit farbenfrohen Zimmern und einem schönen Innenhof, wo wundervolle griechisch-italienische Fusion-Küche serviert wird.

Ein Inselausflug bringt Sie zum weiß getünchten Lindos am Meer, dessen antike Akropolis von einer mittelalterlichen Festung umgeben ist. Das flotte, villenähnliche Melenos Hotel blickt auf die Akropolis und aufs Meer – von den 12 stylischen Zimmern und Suiten und vom Outdoorrestaurant mit Zeltdach, das dem Ganzen ein exotisches, zeitloses Flair verleiht.

Die friedliche Insel Symi ist per Fähre in 45 Minuten erreicht. Ihr kleiner Hafen ist für viele der schönste in Griechenland, umgeben von pastellfarbenen neoklassizistischen Häusern des 19. Jh., als Schiffbau und Handel hier florierten. Wandern Sie an der Küste und ihren vielen kleinen Buchten entlang oder auf einem 9,7 km langen Weg ins Binnenland zum Kloster Panormitis, das dem Erzengel Michael geweiht ist und Übernachtungsgäste willkommen heißt. Oder buchen Sie im Hotel Aliki, einem eleganten Kapitänshaus am unverbauten Hafen, den Sie von den meisten Zimmern und vom Dachgarten aus sehen. Ein entspanntes Dinner im Mylopetra, einer 200 Jahre alten

Eine mittelalterliche Mauer umgibt die Altstadt von Rhodos, die über die Jahrhunderte so manche Belagerungen und Gefechte gesehen hat.

Mühle, rundet den Tag ab – probieren Sie das Lamm oder die hausgemachte Pasta mit symiotischen Kräutern und Gewürzen. **Wo:** 250 km südöstl. von Athen. **San Nikolis Hotel:** Tel. +30/22410-34561; www.s-nikolis.gr. *Preise:* ab € 126. **Marco Polo Mansion:** Tel. +30/22410-25562; www.marcopolomansion.gr. *Preise:* ab € 110 (Nebensaison), ab € 163 (Hochsaison); Dinner € 30. *Wann:* Nov.–Feb.: geschlossen. **Melenos Hotel:** Tel. +30/22440-32222; www.melenoslindos.com. *Preise:* ab € 130 (Nebensaison), ab € 333 (Hochsaison); Dinner € 52. *Wann:* Nov.–März: geschlossen. **Hotel Aliki:** Tel. +30/22460-71665; www.simi-hotelaliki.gr. *Preise:* ab € 74 (Nebensaison), ab € 144 (Hochsaison). *Wann:* Mitte Okt.–März: geschlossen. **Mylopetra:** Tel. +30/22460-72333; www.mylopetra.com. *Preise:* Dinner € 48. *Wann:* Nov.–Apr.: geschlossen. **Reisezeit:** Mai und Sept.–Okt.: gutes Wetter und weniger Touristen; Ende Mai: mittelalterliches Rose-Festival in Rhodos-Stadt; Juli–Aug.: Symi Festival mit Tanz und Musik.

Spuren früher Zivilisation inmitten spektakulärer Landschaft

Kreta

Griechenland

Kreta – von der Größe und der Vielfalt her fast schon ein eigenes Land – ist die größte der griechischen Inseln. (Hobby-)Historiker kennen es als Geburtsstätte der minoischen Kultur, der ersten fortschrittlichen Zivilisation Europas. Der rekonstruierte Palast von Knossos – auf 1700 v. Chr. datiert, aber erst 1900 entdeckt – war ihr kulturelles und administratives Zentrum. Er erinnert an eine bemerkenswert fortschrittliche und friedliche Gesellschaft, ebenso die minoischen Schätze und Fresken, die heute im Archäologischen Museum in Iraklio ausgestellt werden (welches seit einiger Zeit renoviert wird).

Kreta ist auch eine wahre Naturschönheit, mit einsamen Küsten und schneebedeckten, von tiefen Schluchten durchzogenen Bergen – die spektakulärste ist die 17 km lange Samariá-Schlucht in den Weißen Bergen. Die beliebte, aber anstrengende Wanderung beginnt mit dem Abstieg auf steilen Holzstufen, führt dann 5–7 Stunden den gut erschlossenen, 17 km langen Wanderweg entlang und endet mit einem Sprung ins Libysche Meer.

Chania, eine charaktervolle venezianische Stadt an der Nordküste und einstige Hauptstadt Kretas, ist meist Ausgangspunkt für Schluchtentouren und auch selbst eine Reise wert. Enge Straßen führen um einen Hafen herum, an dem Sie auch einen Leuchtturm, eine Moschee und ein gutes archäologisches Museum finden. An die Venezianer, die hier jahrhundertelang regierten, erinnert ein schöner Palazzo, in dem heute das Casa Delfino residiert – 24 Zimmer rund um einen blumenbewachsenen Innenhof. Etwa 72 km weiter östlich liegt die Universitätsstadt

Der Palast von Knossos hatte über 1000 Zimmer und war der Mittelpunkt der minoischen Zivilisation.

Rethymno. Krönen Sie Ihren Besuch dort mit einem Essen im Bougainvilleengarten des Avli, das für seine innovative kretische Landküche und für einen der inselgrößten Weinkeller bekannt ist. Wohnen können Sie in einer der 7 Suiten, jede voller Antiquitäten und schöner Stoffe. Weiter östlich, außerhalb der hübschen Stadt Agios Nikolaos ist die Küste des türkisblauen Mirabello-Golfs Kulisse für 2 der luxuriösesten Refugien Griechenlands: Elounda Mare, wo die Hälfte der Suiten einen eigenen Garten mit kleinem Pool hat, und das größere Elounda Beach, wo Sie in puristischen Villen am Wasser oder in gemütlichen Suiten mit gemauerten Wänden wohnen können, die über dem tiefblauen Meer schweben.

Wo: 175 km südl. von Athen. **Samariá-Schlucht:** Der Xylóskalo-Eingang liegt 70 km südl. von Chania. *Wann:* Mitte Okt.–Apr.: geschlossen. **Casa Delfino:** Tel. +30/28210-96500; www.casadelfino.com. *Preise:* ab € 180. **Avli:** Tel. +30/28310-58250; www.avli.gr. *Preise:* Suiten ab € 185; Dinner € 30. **Elounda Mare:** Tel. +30/28410-41512; www.eloundamare.gr. *Preise:* ab € 260 (Nebensaison), ab € 407 (Hochsaison). *Wann:* Nov.–März: geschlossen. **Elounda Beach:** Tel. +30/28410-63000; www.eloundabeach.gr. *Preise:* ab € 233 (Nebensaison), ab € 518 (Hochsaison). *Wann:* Nov.–März: geschlossen. **Reisezeit:** Apr. oder Anf. Mai: orthodoxes Osterfest; Apr.–Mai: Wildblumenblüte; Mai–Juni und Sept.: weniger Touristen.

Kykladischer Schick und prächtige Ruinen

Mykonos und Delos

Kykladen, Griechenland

Das trockene, mit Büschen bewachsene, 105 km² große Mykonos ist eine der kleinsten griechischen Inseln – und eine der beliebtesten. Seit sie in den 1960er-Jahren von Jackie O. und anderen Promi-Seglern entdeckt wurde, tummeln sich dort Party-People, Passagiere von Jumbo-Kreuzfahrtschiffen, Braungebrannte und immer häufiger versierte Reisende, die wegen der schönen Hotels und der kultivierten Restaurantszene kommen. Allen gefallen die vielen schönen Strände, die jahrhundertealten, typischen Windmühlen auf den Felsen über dem Meer, die über 400 Kirchen und Kapellen und die Chora (Hauptstadt).

Es macht Spaß, sich in den Straßen zwischen den kykladisch-weißen Häusern zu verlieren, mit himmelblauen Türen hier und da, weißen Kuppeln und leuchtend roten und pinkfarbenen Bougainvilleen. Im Viertel „Klein-Venedig" drängen teure Boutiquen, Tavernen und einladende Bars nach draußen in die Gassen. Ein Abendspaziergang an der Promenade kann im

Die strohgedeckten Windmühlen, früher zum Weizenmahlen verwendet, sind das Wahrzeichen von Mykonos.

To Maereio enden, wo die Meze-Vorspeisen aus Fleischbällchen, Tomatenpuffern und heimischem Käse fast eine ganze Mahlzeit sind.

Am Paradise Beach und anderswo gibt es viele Bars. In Agios Sostis baden Sie an feinsandigen Stränden und genießen direkt am Wasser bei Kiki's den gegrillten Tagesfang zum Mittagessen. Es gibt kein Namensschild – folgen Sie also einfach dem Barbecue-Duft. Schwelgen Sie im intimen Ambiente des Kivotos, eines eleganten Hotels an einem abgeschirmten Strand 3 km außerhalb der Stadt. Im Apanema in der Stadt liegen die luftigen weißen Zimmer rund um eine schöne Terrasse mit Pool, während das elegante Semeli inmitten eines Gartens am Hügel liegt – mit tollem Meerblick.

Eine kurze Bootsfahrt bringt Sie zur kleinen, windzerzausten Insel Delos, dem mythischen Geburtsort Apollons, des Gottes der Wahrheit und des Lichts, und seiner Zwillingsschwester, der Mondgöttin Artemis. Delos wurde um 70 v. Chr. aufgegeben und ist immer noch unbewohnt. Ein Großteil der 3 km^2 großen Insel ist ein archäologisches Freilichtmuseum voller Ruinen, darunter Tempel, Theater, Märkte und Villen mit Mosaiken, die 1872 ausgegraben wurden.

Wo: 177 km südl. von Athen. **To Maereio:** Tel. +30/22890-28825. *Preise:* Dinner € 11. **Kivotos:** Tel. +30/22890-24094; www.kivotosclubhotel.com. *Preise:* ab € 311 (Nebensaison), ab € 481 (Hochsaison). *Wann:* Nov.–März: geschlossen. **Apanema:** Tel. +30/22890-28590; www.apanemaresort.com. *Preise:* ab € 170 (Nebensaison), ab € 319 (Hochsaison). **Semeli:** Tel. +30/22890-27466; www.semelihotel.gr. *Preise:* ab € 133 (Nebensaison), ab € 370 (Hochsaison). **Reisezeit:** Mai, Sept.–Okt.: schönes Wetter und weniger Touristen. Apr./Mai: Die kleine Stadt Ano Mera feiert Ostern mit einem Lamm-Festmahl.

Grüne Täler und antike Ruinen

Naxos und Paros

Kykladen, Griechenland

Naxos und Paros gehören zu den 220 Kykladeninseln und sind nur eine kurze Schiffsfahrt voneinander entfernt. Beide besitzen eine reiche Tradition, viel Natur und antike Stätten. Sie ziehen nicht wie die benachbarten Mykonos (s. vorige S.) und Santorin (s. nächste S.) die Touristenmassen an, aber dafür Menschen, die authentisches Inselflair erleben möchten – und, wo sie schon mal da sind, auch an den einzigartigen Stränden baden.

Naxos ist die grünste und größte der Kykladeninseln, hat aber nur 18.000 Bewohner. Auf einer kleinen Insel direkt vor der Küste steht eine kleine venezianische Kapelle aus dem 13. Jh. Das andere Wahrzeichen ist die Portara, das große marmorne Tempeltor auf einem Hügel, Überbleibsel eines unfertigen Apollon-Tempels aus dem 6. Jh. v. Chr. Im Schatten der Zitadelle bauten die Venezianer, die hier von 1207 bis 1566 regierten, eine imposante Kathedrale und Paläste (in einem befindet sich das interessante Archäologische Museum). Im verwinkelten Viertel Kastro finden Sie das Chateau Zevgoli, ein atmosphärisches, familiengeführtes Gasthaus mit vielen Antiquitäten und Hafenblick. Von hier aus können Sie die Insel und die byzantinischen Kapellen aus dem 7. Jh. mit ihren schönen Fresken erkunden. Der Marmortempel für die Fruchtbarkeitsgöttin Demeter steht inmitten bewirtschafteter Felder.

Paros' berühmte Steinbrüche, die den schimmernden weißen Marmor hervorbringen, schenkten der Welt die Venus von Milo und große Monumente wie den Poseidon-Tempel am Kap Sounion auf dem Festland oder Napoleons Grab in Paris. Der Stein taucht auch in den Wänden der venezianischen Meeresfestung in der Hauptstadt Parikia auf und in einem Fragment der Parischen Chronik, einer Marmortafel, die griechische Ereignisse der Jahre 1500–264 v. Chr. aufzeichnet und im nahen Archäologischen Museum gezeigt wird.

Für viele ist die Kirche Ekatontapyliani („die mit den 100 Pforten") das Highlight von Paros. Der heutige, Maria geweihte Bau stammt aus dem 10. Jh. und ist damit die älteste Kirche Griechenlands mit kontinuierlicher Nutzung. Verpassen Sie auch nicht das Fischerdorf Naoussa, an dessen Kai sich neben einer halb untergegangenen venezianischen Burg die Cafés aufreihen, oder Lefkes, Hauptstadt unter osmanischer Herrschaft und Paros' höchstgelegene Binnenstadt. Der Pool des attraktiven Lefkes Village Hotels tröstet über den fehlenden Strand hinweg; außerdem schaut man von hier aus über die Hügel bis hinaus aufs Meer.

Etwa 500 Kirchen findet man auf Naxos, viele davon ländlich und mehrere Hundert Jahre alt.

Wo: 190 km südöstl. von Athen. **Chateau Zevgoli:** Tel. +30/22850-25201; www.naxostownhotels.com. *Preise:* ab € 115. *Wann:* Nov.–Mitte März: geschlossen. **Lefkes Village:** Tel. +30/22840-41827; www.lefkesvillage.gr. *Preise:* ab € 90. *Wann:* Okt.–Apr.: geschlossen. **Reisezeit:** Naxos: 14. Juli: Festtag zu Ehren der Schutzheiligen. Paros: 15. Aug.: Festtag in der Ekatontapyliani-Kirche.

Die spektakulärste aller griechischen Inseln

Santorin

Kykladen, Griechenland

Santorin bietet eine der prächtigsten Naturkulissen der Ägäis. Die schlanke, halbmondförmige, 17 km lange Hauptinsel Thira ist der Rand eines uralten Vulkans. Dörfer mit blendend weißen Häusern und Kirchen mit blauen Kuppeln klammern sich an Klippen hoch über dem indigoblauen Meer, das die Caldera geflutet hat (ein „trinkbarer blauer Vulkan", wie es der Nobelpreisträger Odysseus Elytis nannte). Ab und zu wird die Insel immer noch von der vulkanischen Tätigkeit gerüttelt (2 rauchende Kegel ragen aus der Caldera), und es wird viel darüber spekuliert, ob Santorin das untergegangene Königreich Atlantis ist. In der reichen vulkanischen Erde gedeihen 36 Sorten Trauben; Santorin produziert köstlichen Weißwein. Andere Inselvergnügen sind Strände aus rotem und schwarzem vulkanischem Sand und 2 reizvolle antike Stätten: Akrotiri, ein minoisches Dorf, das durch den großen Vulkanausbruch um 1600 v. Chr., durch den die Caldera entstand, wie Pompeji in der Asche konserviert wurde; und Alt-Thera, eine Ausgrabungsstätte mit ägyptischen, griechischen, römischen und byzantinischen Ruinen auf einem Klippengrat.

In den Sommermonaten gehört die Insel den Touristen und Kreuzfahrtschiffen, aber in einem der außergewöhnlichsten Refugien Griechenlands können Sie dem Trubel entkommen: Das Perivolas liegt hoch über dem Meer, nur 2 Gehminuten von Oia entfernt, einem der schönsten Dörfer des Mittelmeerraums. Die Zimmer haben gewölbte Decken und atemberaubende Aussichten. Die Terrasse eines Zimmers ist jeweils das Dach des darunterliegenden, alles aus 300 Jahre alten, verlassenen, höhlenartigen Häusern auf geniale Weise verschachtelt. Der ägäisblaue Pool scheint mit dem Meer darunter zu verschmelzen. Am Horizont können Sie das Perivolas Hideaway erkennen, die superexklusive Privatvilla des Hotels, aus Ruinen des 19. Jh. auf der winzigen Insel Thirassia erbaut, die man per 5-minütiger Speedbootfahrt über die Caldera erreicht. Astra Apartments & Suites in Imerovigli, ein weiteres Dorf über dem Rand der Caldera, hat luftige, weiß getünchte Räume mit hohen Decken, Originalkunstwerken und moderner Möblierung, aber die Ausblicke sind die wahre Attraktion.

Abends, wenn die Tagesausflügler weg sind, wird es in der Inselhauptstadt Fira etwas ruhiger. Dann können Sie durch die Einkaufsstraßen schlendern oder in der schlichten Taverne Nikolas einkehren und Klassiker wie Lamm in Zitronensoße oder das Aroma der heimischen Auberginen mit Tomaten genießen. Das Selene, seit 1986 in Fira ansässig, ist 10 Minuten weiter außerhalb gezogen, in die ruhige, gut erhaltene Stadt Pyrgos. Seine innovative, gehobene Interpretation der Inselküche hat sich nicht verändert. Lokale Ingredienzien tauchen z.B. in Fava-Bällchen in Kapernsoße oder Tintenfisch mit geräucherter Aubergine auf – jetzt mit inspirierender Aussicht hoch über dem Meer.

Wo: 202 km südöstl. von Athen. **Perivolas:** Tel. +30/22860-71308; www.perivolassuites.gr. *Preise:* ab € 444 (Nebensaison), ab € 548 (Hochsaison). *Wann:* Nov.–März: geschlossen. **Astra Apartments:** Tel. +30/22860-23641; www.astra.gr. *Preise:* ab € 200 (Nebensaison), ab € 300 (Hochsaison). *Wann:* Nov.–März: geschlossen. **Nikolas:** Tel. +30/22860-24550. *Preise:* Dinner € 15. **Selene:** Tel. +30/22860-22249; www.selene.gr. *Preise:* Dinner € 45. *Wann:* Nov.–März: geschlossen. **Reisezeit:** Apr.–Juli und Sept.–Okt.: schönes Wetter, nicht so viele Touristen wie im Aug.; Ende Juli–Anf. Sept.: internationales Musikfest in Fira.

Ruhige Erholung fernab vom Trubel

Sifnos

Kykladen, Griechenland

Diese Dinge hat Sifnos nicht: berühmte antike Stätten, ein lebhaftes Nachtleben, spektakuläre Strände und die Massen, die diese anziehen. Es ist ein Lieblingserholungsort anspruchsvoller Athener, die alle im August kommen, aber diesen Geheimtipp nicht verraten. Das Inselleben spielt sich in mehreren Dörfern ab, die auf einem Grat in der Mitte der Insel aufgereiht sind – eine reizvolle Ansammlung weiß getünchter, mit Bougainvilleen bewachsener Häuser und Kirchen mit blauen Kuppeln, verbunden durch Pfade mit viel Aussicht, was den Wanderern sehr gefällt. Von Apollonia, der kleinen Hauptstadt, führen steinerne Pfade zur Zwillingsstadt Artemonas, wo die Kochi-Kirche mit ihren vielen Kuppeln an der Stelle eines alten Artemis-

Tempels errichtet wurde. Von Apollonia aus ist es nur ein 1,6 km langer Spaziergang zur ehemaligen mittelalterlichen Hauptstadt Kastro. An der Stelle einer antiken Akropolis erbaut, ist sie ein architektonisches Schmuckstück, das mit einem kleinen, aber eindrucksvollen archäologischen Museum überrascht. Ein Großteil der Insel ist von hohen Klippen umgeben, aber hier und da fällt die Küste zu hübschen Buchten ab – allesamt begehrte Grundstücke, die über die Jahrhunderte von Klostergemeinschaften aufgekauft wurden, die abgelegene Orte suchten, um die Kontemplation zu fördern. Der sandige Halbmond des Apokofto-Strandes erstreckt sich unterhalb des pittoresken Klosters Panagia Chrysopigi, seit 1650 der Schutzpatronin der Insel geweiht und beliebter Wallfahrtsort. In Vathi, an einer Bucht am Ende eines grünen Tales, schaut das Taxiarchis-Kloster auf einen weiteren schönen Strand – die weißen Mauern und Zwillingskuppeln scheinen aus dem blauen Meer zu steigen.

Das höchstgelegene Kloster ist das ummauerte Profitis Elias O Pilos aus dem 12. Jh. (O Pilos = „das Hohe") auf einem 660 m hohen Berg in der Inselmitte. Dorthin führt nur ein recht einfacher, 2-stündiger Wanderweg von Apollonia aus, der sich wegen der stimmungsvollen Kapelle und der Aussicht auf die Ägäis lohnt. Eine schöne Aussicht haben Sie auch im Petali Hotel hoch über Apollonia. Die Terrassen der großen, komfortablen Zimmer und der hübsche Pool überblicken die weißen Häuser, die terrassierten Hügel und das glitzernde Meer. Sifnos ist bekannt für Keramik, Olivenöl und seine Inselküche, was Ihnen so ziemlich alle der kleinen, schlichten Inselrestaurants beweisen werden.

Wo: 130 km südl. von Athen. **PETALI HOTEL:** Tel. +30/22840-33024; www.hotelpetali.gr. *Preise:* ab € 100 (Nebensaison), ab € 207 (Hochsaison). **REISEZEIT:** 20. Juli: Fackelprozession zum Kloster Profitis Elias.

Spiritueller Mittelpunkt der östlichen orthodoxen Welt

ATHOS

Makedonien, Griechenland

Das Byzantinische Reich mag mit dem Fall Konstantinopels 1453 geendet haben, aber erzählen Sie das mal den etwa 1400 Mönchen am heiligen Berg Athos, die eine ungebrochene 1000-jährige Tradition des Studierens und der Liturgie weiterführen. Frauen und Kinder dürfen schon seit dem 11. Jh. keinen Fuß in diesen 336 km² großen halbautonomen Staat der griechisch-orthodoxen Kirche setzen, aber männliche Besucher mit dem richtigen Permit können 500 Jahre in der Zeit zurückkreisen, als hier mehr als 40 Klöster mit 40.000 Mönchen florierten. Die meisten der 20 verbliebenen orthodoxen Klöster liegen auf der zerklüfteten, kiefernbewachsenen Halbinsel und sehen wie Festungen aus – eine Erinnerung daran, dass die Mönche Piraten, europäische Kreuzritter und Osmanen abwehren mussten. Über die Jahre haben sie wertvolle Kunstwerke und Manuskripte angehäuft. Die Chance, heilige Reliquien, Mosaiken und Ikonen zu sehen, ist eine Belohnung dafür, dass man sich dem klösterlichen Rhythmus anpassen muss, der mit dem Morgengebet um 4 Uhr beginnt. Besucher dürfen im Refektorium mit den Mönchen zu Abend essen (vegetarisch) und in bescheidenen Zimmern übernachten. Wanderer können auf der Halbinsel durch Bergwälder und Täler voller Wildblumen laufen. Über der unberührten Landschaft erhebt sich der 2033 m hohe Berg Athos, angeblich Heimat von Zeus und Apollon, bevor sie zum nahen Olymp „umzogen".

Nur 100 orthodoxe und 10 nicht orthodoxe Männer dürfen am Tag die Halbinsel betreten. Manche Mönche sind gesellig und gastfreundlich, andere ignorieren den fast konstanten Strom der Gäste in den Sommermonaten, in denen es am schwierigsten ist, ein Permit zu bekommen. Zugang ist eine 2 ½-stündige Bootstour vom nahen Ouranopolis; dann können Besucher von einem Kloster zum nächsten laufen. Frauen (und Männer) können die Halbinsel und die Klöster am Meer von einem der vielen Boote aus sehen, die an der bergigen, waldigen Küste entlangfahren. Wer nicht bei den Mönchen übernachten will, findet im Eagles Palace in Ouranoupolis unklösterlich komfortable Zimmer inmitten eines schattigen Grundstücks mit eigenem Strand.

Wo: 130 km südöstl. von Thessaloniki. **Info:** www.bergathos.de. **Wie:** Pilger müssen schriftlich im Pilgerbüro um Eintrittserlaubnis bitten: The Holy Executive of the Holy Mount Athos Pilgrims' Bureau, 109 Egnatia, 54622 Thessaloniki, Tel. +30/2310-252578, Fax +30/2310-222424. **Eagles Palace:** Tel. +30/23770-31101; www.eaglespalace.gr. *Preise:* ab € 140. **Reisezeit:** Mai: noch keine Sommerpilger, aber Blütenpracht.

Immer noch leben Mönche im Kloster Esphigmenou aus dem 11. Jh., einem von 20 auf der Halbinsel.

Berühmtes Orakel der Antike – und Nabel der Welt

Delphi

Mittelgriechenland

Mehr als 1000 Jahre lang war Delphi die Heimat des mächtigsten und bedeutendsten Orakels im antiken Griechenland, angeblich das Sprachrohr von Apollon selbst. Horden von Pilgern reisten aus dem ganzen Mittelmeerraum an. Ihre Fragen hatten sie in Steintafeln geritzt (viele davon noch erhalten) und brachten sie der Priesterin Pythia dar, die tief in einer Höhle im Tempel des Apollon saß. Sie stieß daraufhin kryptische, unverständliche Prophezeiungen aus – ihre Trance kam wohl vom Inhalieren der Dämpfe, die aus einer Erdspalte aufstiegen –, und Priester interpretierten sie als enigmatische Rätsel.

Das spektakulär vor der schroffen Kulisse des Parnass gelegene Delphi hat immer noch eine geheimnisvolle Aura. Früher glaubte man, hier sei der Nabel der Welt. Dies hatte Zeus festgelegt, als sich 2 Adler hier trafen, die er von den entgegengesetzten Enden der Welt aus hatte fliegen lassen. Die Ruinen des Apollon-Tempels (auf älteren Fundamenten erbaut) stehen in der Mitte, aber die elegantesten Überreste sind die der Tholos, eines Rundtempels mit Säulen, der Athene, Göttin der Weisheit, gewidmet war. Das Theater und das Stadion aus dem 4. Jh. v. Chr., beide gut erhalten und mit 5000

Sitzplätzen, wurden für die Pythischen Spiele, die Vorläufer der Olympischen Spiele, gebaut, die alle 4 Jahre stattfanden. Die Bronzestatue eines Wagenlenkers, eines der großen Werke der Antike, ist nur eine Kostbarkeit im kleinen, aber wichtigen Archäologischen Museum.

Von der Terrasse des Epikouros aus haben Sie bei einer Portion Wildschwein oder anderen Spezialitäten einen weiten Blick auf die grünen Hänge, die die Ruinen umgeben. Die neuere Geschichte erwacht im nahen Ossios Loukas (Lukaskloster) aus dem 10. Jh. zum Leben, das sich inmitten herrlicher Landschaft am Helikongebirge festkrallt. Für griechisch-orthodoxe Besucher ist das üppig ausgestattete Kloster ein heiliger Ort. Die Mosaiken zählen zu den schönsten Griechenlands.

Wo: 178 km nordwestl. von Athen. **Epikouros:** Tel. +30/22650-83251; www.fedriades.com. *Preise:* Mittagessen € 15. **Reisezeit:** Anf. Juli: Delphi-Festival mit antiken griechischen Dramen.

Karge Landschaft und düstere Türme

DIE MANI-HALBINSEL

Peloponnes, Griechenland

Über Jahrhunderte war die Mani unbewohnbar; ein leeres, raues Land, wo Familien sich bekämpften und Blutrache übten, sodass wenige Außenstehende einen Besuch wagten. Die Landschaft der schmalen Halbinsel, des mittleren der drei „Finger", die sich vom südlichen Peloponnes ausstrecken, ist heute nicht weniger gespenstisch. Eine lange, einsame, felsige Küstenlinie – mit dem Ägäischen Meer im Osten und dem Ionischen Meer im Westen – und zerklüftete Berge bilden einen der unberührtesten Landstriche Griechenlands.

Die kargen Wohntürme von Vathia und anderen maniotischen Dörfern wurden zur Abwehr kriegerischer Nachbarn gebaut. Die 800 noch erhaltenen sind heute romantische Wächter, die sich über das steinige Terrain erheben. Manche, wie das Kapetanakou Tower Hotel aus dem 19. Jh. in der Marktstadt Areopolis, sind atmosphärische Hotels. Die benachbarte Stadt Limeni ist Gourmets wegen der Fischtaverne Takis To ein Begriff, die den frischesten Fisch der Halbinsel serviert.

Überall auf der Mani säumen Wanderwege die Schluchten, vorbei an weiten Buchten und byzantinischen Kapellen im Schatten von Zypressen. Die Höhle bei Pyrgos Dirou, die größte Attraktion der Mani, zieht sich kilometerweit hin und wird auf unterirdischen Kanälen per Boot unter fantastischen Stalaktiten erkundet. Das bescheidene Strandstädtchen Kardamyli ist das Tor zur Äußeren Mani, dem grüneren nördlichen Ausläufer. In der nach Zypressen

Die Wohntürme in Vathia an der Südspitze der Halbinsel sollten vor einfallenden Piraten oder Türken schützen.

duftenden Stadt wohnte der renommierte Reiseautor Patrick Leigh Fermor, dessen Klassiker *Mani* von 1958 als *das* Buch über die wenig besuchte Gegend gilt. In Lela's Taverna, nach Fermors früherer Haushälterin benannt und von ihrem Sohn geführt, gibt es traditionelle Gerichte auf einer schattigen Terrasse direkt über der Brandung. Die 5 einfachen Zimmer im Obergeschoss schauen aufs Meer.

Gerolimenas ist die größte Stadt der Inneren Mani, der kargen südlichen Ausläufer der Region. In die steinernen Lagerhäuser am Hafeneingang ist nun das charaktervolle und komfortable Kyrimai Hotel gezogen, dessen Zimmer mit Steinwänden und Poolterrassen ans Meer grenzen. In der Antike glaubte man, das Kap Tenaro, die Südspitze der Halbinsel, sei der Eingang zur Unterwelt. Schaut man auf die einsamen, vom Wind geformten Felsformationen, die aus dem Meer ragen, ist man geneigt, dem zu glauben. **Wo:** 300 km südwestl. von Athen. **KAPETANAKOU TOWER HOTEL:** Tel. +30/27330-51233; www.mani-hotel.com. *Preise:* ab € 74. *Wann:* Nov.–Apr.: geschlossen. **FISCHTAVERNE TAKIS TO:** Tel. +30/27330-51327. *Preise:* € 30. **LELA'S TAVERNA:** Tel. +30/27210-73541. *Preise:* € 52; Dinner € 22. *Wann:* Nov.–März: geschlossen. **KYRIMAI HOTEL:** Tel. +30/27330-54288; www.kyrimai.gr. *Preise:* ab € 110. **REISEZEIT:** Mai–Juni und Sept.–Okt.: angenehm warmes Wetter; Sommer: Theater im Mani Theater in Platsa, südl. von Kardamyli.

Mittelalterliche Pracht auf einem Küstenfelsen

MONEMVASIA

Peloponnes, Griechenland

Monemvasias Spitzname, „der griechische Mont St-Michel", zeigt den Charme dieser umfriedeten Mittelalterstadt, die sich an einen inselähnlichen Felsen klammert, welcher von der südpeloponnesischen Küste aus ins Meer ragt. Nähert man sich auf dem Damm, scheint der Fels unbewohnt zu sein, doch dann taucht an der Seite der Klippe ein einzelnes Tor auf, gerade so breit, dass Fußgänger und Esel durchpassen. Der Name *moni emvassia* heißt, wie die Einheimischen Ihnen sagen werden, „einziger Zugang".

Wie Gibraltar war Monemvasia einst mächtig dank seiner Kontrolle über die Seewege zwischen dem mittelalterlichen Westeuropa und der Levante während der Byzantinischen, Venezianischen und Osmanischen Reiche. Die Anzahl der byzantinischen Kirchen (40!) und marmornen Fassaden zeigt den einstigen Reichtum der Stadt. Die oktagonale Agia Sofia („heilige Weisheit") aus dem 12. Jh. ist wohl die beliebteste Kirche. 1464 übernahm Venedig die Kontrolle über die Stadt und baute die gezackte Linie der (heute zerstörten) Festung auf dem Berg. Genießen Sie während Ihres Aufenthaltes vom Gipfel aus die Aussicht – besonders bei Sonnenuntergang über dem Myrtoischen Meer ist das ein Muss.

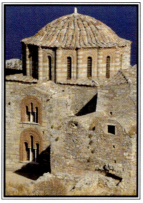
Die Agia Sofia ist eine von Dutzenden Kirchen auf der Halbinsel.

In den letzten Jahren haben Ferienhausbesitzer viele Ruinen restauriert, aber außerhalb der Saison ist Monemvasia fast ausgestorben. 3 alte Bauten bilden heute das komfortable, stimmungsvolle Hotel Malvasia, eines der ersten Boutique-Hotels des Peloponnes. Ein nie dagewesenes kultiviertes Flair residiert seit Kurzem in einem wunderschön umgebauten Anwesen aus dem 13. Jh. in den Hügeln über dem Meer: im sensationell komfortablen Kinsterna Hotel, dessen opulenter Swimmingpool von einem unterirdischen Fluss gespeist wird und in dessen Spa Sie osmanisch inspirierte Lavendel- und Rosenpeelings bekommen.

Wo: 350 km südl. von Athen. **Hotel Malvasia:** Tel. +30/27320-63007; www.malvasia-hotel.gr. *Preise:* ab € 93. **Kinserna Hotel:** Tel. +30/27320-66300; www.kinsternahotel.gr. *Preise:* ab € 193 (Nebensaison), ab € 274 (Hochsaison). **Reisezeit:** Apr.–Juni und Sept.–Okt.: schönes Wetter und weniger Touristen; 5 Tage um den 23. Juli wird die Befreiung von den Türken gefeiert.

Antike Wunder – rund um die hübscheste Stadt der Peloponnes

Nafplio und die umliegenden klassischen Stätten

Peloponnes, Griechenland

Nafplio duckt sich auf eine Halbinsel im Argolischen Golf vor einer imposanten Bergkette auf dem Festland-Peloponnes. Die schöne Stadt bietet solch simple Vergnügungen wie einen langen Spaziergang an der Promenade – mit Aussicht auf die kleine Inselfestung Bourtzi aus dem 15. Jh. – oder Faulenzen in einem der Cafés am Syntagma-("Verfassungs-") Platz. Planen Sie mindestens einen Vormittag für das Peloponnesische Volkskundemuseum und seine große Sammlung griechischer Trachten ein. Aber das Besondere der Stadt ist ihre Nähe zu den besterhaltenen Überresten des antiken Griechenland.

Das Theater in Epidauros, 30 km weiter östlich, hat immer noch die ursprüngliche Bühne aus gestampfter Erde und 54 Sitzränge, die 14.000 Zuschauern Platz bieten, genau wie zur Zeit der Erbauung im 4. Jh. v. Chr. Das Architekturwunder ist bekannt für seine gute Akustik und der perfekte Ort für die Klassiker von Sophokles und Euripides sowie Konzerte, die hier während des Athens & Epidauros Festivals im Sommer stattfinden.

Im Archäologischen Museum von Mykene zeigen Fresken und andere Artefakte das Alltagsleben der Antike.

Mykene, die älteste Stadt auf dem griechischen Festland (Knossos auf Kreta ist älter, s. S. 188), liegt auf einem felsigen Hügel 18 km nördlich von Nafplio. Es war das Zentrum der mykenischen Zivilisation, die den Mittelmeerraum von 1500 bis 1100 v. Chr. beherrschte, und das Reich des mächtigen Königs Agamemnon. Goldene Totenmasken und andere ausgegrabene Schätze sind im Archäologischen Nationalmuseum (s. S. 184) in Athen zu sehen, aber Kopien werden im neuen Archäologischen Museum Mykenes gezeigt. Von hier können Sie noch 56 km weiter nach Norden fahren – ins antike Korinth, das einst Athen in Reichtum und Macht Konkurrenz machte. Der Apollon-Tempel wurde zur Hochzeit der Stadt 550 v. Chr. erbaut; 7 der ursprünglich 38 dorischen Säulen stehen noch.

Checken Sie im Boutique-Hotel Aetoma in Nafplio ein, einem Palais aus dem 18. Jh. voller Familienerbstücke. Die gleiche warme Atmosphäre umfängt das Paleo Archontika, das in einem alten Gemäuer und an Tischen auf einer engen Altstadtgasse traditionelle Küche serviert. Das 1970 auf einer Klippe hoch über der Altstadt gebaute Nafplia Palace hat den größten Luxus der Stadt: Die neueren, schönen Villen haben Terrassen und Pools mit toller Aussicht. Im Amphitryon, dem unterhalb gelegenen Schwesterhotel, blickt man von schicken Zimmern mit Teakholzterrassen aufs Meer. **Wo:** 136 km südwestl. von Athen. **Info zum Festival:** Tel. +30/210-928-2900; www.greekfestival.gr. *Wann:* Wochenenden im Juni–Aug. **Hotel Aetoma:** Tel. +30/27250-27373; www.nafplionhotel.com. *Preise:* ab € 120. **Paleo Archontika:** Tel. +30/27520-22449. *Preise:* Mittagessen € 15. **Nafplia Palace; Amphitryon:** Tel. +30/27520-70700; www.helioshotels.gr. *Preise:* ab € 233; Villen ab € 444. **Reisezeit:** Mai–Juni und Sept.–Okt.: zum Erkunden der Ruinen ohne Sommerhitze; Juni: Musikfestival in Nafplio.

Klöster zwischen Himmel und Erde

Metéora

Thessalien, Griechenland

Die 6 verbliebenen Klöster von Metéora stehen auf scheinbar unzugänglichen Felsnadeln 300 m über dem flachen Pinios-Tal, so weit wie möglich von weltlichen Ablenkungen entfernt. Metérora bedeutet tatsächlich „in die Höhe heben" – es gibt mehr als 60 Felsnadeln, die an Storchennester erinnern. Die Spitzen, Kegel und Klippen dieser Felslandschaft sind durch Seebeben entstanden und wurden von den Elementen über die Jahre zu kuriosen, unwirklichen Formen zerfressen.

Im 9. Jh. lebten hier erste Einsiedlermönche in Höhlen. Als die Türken das Festland eroberten, stellten sich die unzugänglichen Felsnadeln als sichere Zufluchten heraus, und im 16. Jh. hatten die Mönche 24 Klöster und Einsiedeleien errichtet, wobei jeder Stein, jeder Balken mit Flaschenzügen heraufgeschafft werden musste. Bis in die 1920er-Jahre waren die Klöster für Mönche und Besucher nur über einziehbare Leitern bzw. Netze zu erreichen. Seitdem gibt es in die Felsen gehauene Stufen, und einige Klöster sind auch über Pfade oder Straßen erreichbar.

Anders als die Männerdomäne am Berg Athos (s. S. 193) stehen die Metéoraklöster tagsüber – aber nicht über Nacht – allen Besuchern offen. Wer sich fit fühlt, kann an einem Tag alle 6 besichtigen, aber die meisten Pilger schaffen nur 2 oder 3. In den geheiligten Mauern liegen spartanische Wohnräume; in Kontrast dazu stehen die mit Fresken und Ikonen dekorierten Kirchen und Bibliotheken voller alter Bücher und Manuskripte. Metamórphosis (auch Megálo Metéoro) ist das größte, höchste und wohl auch älteste Kloster, im 14. Jh. aus massivem Stein auf dem

Das Kloster Rousánou ist von hohen Felsen umgeben.

höchsten Gipfel (613 m) erbaut. Die Agia Triada („Heilige Dreifaltigkeit") hat die spektakulärste Lage. Alle Klöster lohnen einen Besuch; alle bieten viele religiöse Schätze, tolle Aussichten und die Chance, einige der merkwürdigsten Grundstücke des Planeten zu bestaunen. Wahrscheinlich werden Sie auch nette Begegnungen mit den immer noch hier lebenden Mönchen und Nonnen haben.

Wo: 356 km nordwestl. von Athen.
Unterkunft: Das neue, stylische Dellas Hotel liegt in der Nähe von Kalambaka auf dem Weg nach Metéora. Tel. +30/24320-78260; www.dellasboutiquehotel.com. *Preise:* ab € 66.
Reisezeit: Die Festtage der Schutzheiligen der jeweiligen Klöster: Agia Triada 2. Juni; Agios Stefanos letzter So. im Aug.; Agia Varvara 4. Dez.; Agios Nikolaos 6. Dez.

High Life in den Alpen

Courmayeur und der Mont Blanc

Aostatal, Italien

Das schicke, aber altmodische Courmayeur ist einer der beliebtesten Skiorte Europas am Fuße des Mont Blanc (hier Monte Bianco), Europas höchstem Berg, den Italien mit Frankreich teilt und der von einem Dutzend weiterer Viertausender umgeben ist. Die Pisten sind gleichermaßen für Anfänger und beinharte Enthusiasten geeignet, die die lange Skisaison von November bis April genießen. So mancher schnallt womöglich gar keine Skier an, sondern verbringt die Zeit beim Schlendern durch die Straßen und in den schicken Bars, Boutiquen und zahlreichen Restaurants.

Die gewaltige Bergkulisse und angenehm kühle Temperaturen machen Courmayeur auch zu einem beliebten Sommerort. Wanderer haben Hunderte von Wegkilometern zur Auswahl, darunter die im nahen Parco Nazionale del Gran Paradiso, ehemalige Jagdgründe des 1. Königs von Italien, Vittorio Emanuele. Abenteurer mit Drahtseilnerven fahren mit der Gondelbahn vom nahen La Palud nach oben und über das Mont-Blanc-Massiv, eine der atemberaubendsten Fahrten der Welt (die Winterroute geht bis zur Skistation auf dem Pointe Helbronner). Die Tour erreicht einen spektakulären Höhepunkt, wenn die Gondel mehr als 600 m über Gletschern und Schneefeldern hängt, bevor sie an der Aussichtsstation hoch über Chamonix, Frankreich (s. S. 99), ankommt. Auf der Sonnenterrasse der Bergstation gibt es noch mehr sensationelle Aussichten.

Im winzigen Dorf Entreves direkt außerhalb von Courmayeur liegt eines der berühmtesten Restaurants der italienischen Alpen, La Maison de Filippo. Die endlos scheinende

Mahlzeit besteht aus einer Lawine regionaler Spezialitäten, alles in einer festlichen All-you-can-eat-Atmosphäre. Eines der komfortabelsten Refugien der Region ist das Mont Blanc Hotel Village in La Salle, 8 km südwestlich von Courmayeur, das wie ein kleines Bergdorf aufgemacht ist. Die schönen Zimmer haben große Fenster und Balkone oder Terrassen mit Blick auf den alles dominierenden Mont Blanc. **Wo:** 35 km nordwestl. von Aosta. **La Maison de Filippo:** Tel. +39/0165-869797; www.lamaison.com. *Preise:* Dinner € 48. *Wann:* Mitte Mai–Mitte Juli und Nov.–Dez. **Mont Blanc Hotel Village:** Tel. +39/0165-864111; www.hotelmontblanc.it. *Preise:* ab € 300 (Nebensaison), ab € 400 (Hochsaison). *Wann:*

Radfahrer können die berühmte Tour du Mont Blanc fahren, auf der man den Berg in 4 Tagen umrundet.

Okt.–Nov.: geschlossen. **Reisezeit:** Feb.–März zum Skifahren, Juni–Aug. zum Wandern.

Wunderliche trulli *und goldene Strände*

Alberobello und die Salento-Halbinsel

Apulien, Italien

In Alberobello, einer Stadt mit merkwürdigem Charme, transportiert Sie die *zona monumentale* der weiß getünchten, kegelförmigen Häuser, die als *trulli* bekannt sind, direkt in ein Kinderbuch – ungefähr so: Die Schlümpfe, aber von Tolkien bearbeitet. Es gibt in Alberobello und im umgebenden Valle d'Itria 1500 dieser einzigartigen, bienenstockartigen Bauten, die wie Pilze in Gruppen beieinanderstehen.

Die ziemlich merkwürdigen *trulli* haben eine einfache Form und mysteriöse Dachdekorationen, die sie antik anmuten lassen – die meisten stammen aber aus dem 18. Jh. Heute nutzt man sie als Wohnhäuser, Läden, Lagerhäuser ... selbst die Kirche Sant'Antonio ist in Form eines *trullo* gebaut. In einer Scheune aus dem 18. Jh. isst man im Il Poeta Contadino, wo es die beste Interpretation der einfachen *cucina pugliese* gibt. Unter den anderen schönen Dingen Apuliens, am Absatz des italienischen Stiefels, sind sonnige Landschaften, goldener Sand und üppige Barockmonumente.

Auch die befestigten, *masseri* genannten Bauernhäuser gibt es nur hier. Östlich von Alberobello wurden 2 zu komfortablen Hotels umgebaut: Das weiß getünchte Masseria San Domenico bietet eigenen Golfplatz und Strand, Spa und hochgeschätztes Restaurant, während das Masseria Il Frantoio etwas rustikaler ist, mit Zimmern, die auf Olivenhaine schauen, und Freiluftmahlzeiten, deren Zutaten direkt vom Hof kommen.

Lecce im Herzen der Salento-Halbinsel wirkt wie eine sonnenverwöhnte Theaterkulisse. Im „Florenz des Südens" sind die hellen barocken Palazzi und Kirchen mit Steinornamenten geschmückt. Auf jedem Zentimeter der

Basilica di Santa Croce wirbeln Heilige, Dämonen und Fabelwesen durcheinander. Wenn Sie im Patria Palace Hotel absteigen, liegt die Basilica direkt vor der Tür. Sie sind dann auch in der Nähe der Trattoria Cucina Casereccia (auch Le Zie, „die Tanten", genannt), die in altmodischem, schlichtem Ambiente hausgemachte Pasta und andere Gerichte serviert, die irreführend als *cucina povera*, arme Küche, bekannt sind.

Die kegelförmigen, auch heute noch bewohnten trulli *gibt es in dieser Form nirgends sonst.*

Wo: 60 km südöstl. von Bari. Il Poeta Contadino: Tel. +39/080-432-1917; www.ilpoetacontadino.it. *Preise:* Dinner € 37. Masseria San Domenico: Tel. +39/080-482-7769; www.masseriasandomenico.com. *Preise:* ab € 370 (Nebensaison), ab € 518 (Hochsaison). *Wann:* Mitte Jan.–März: geschlossen. Masseria Il Frantoio: Tel. +39/0831-330276; www.masseriailfrantoio.it. *Preise:* € 148 (Nebensaison), € 233 (Hochsaison). Hotel Patria Palace: Tel. +39/0832-245111; www.patriapalacelecce.com. *Preise:* € 140. Trattoria Cucina Casereccia: Tel. +39/0832-245-178; www.lezie.it. *Preise:* Dinner € 20. Reisezeit: Apr.–Juni und Sept.–Anf. Okt.: das schönste Wetter; Lecce: Mitte Juli: *Jazz in Puglia Festival*; Ende Aug.: *Fiera di Sant'Oronzo* zu Ehren des Stadtpatrons.

Eine aus dem Stein gehöhlte Stadt

Die Sassi von Matera

Matera, Basilicata, Italien

Durch Matera zu wandern, eine der ältesten bewohnten Städte der Erde, ist, als betrete man eine primitive Vergangenheit. Einige der aus dem weichen Tuffstein einer Schlucht herausgehauenen Höhlenhäuser (oder *sassi*, italienisch für „Steine") sind seit 9000 Jahren bewohnt. Das Durcheinander von Häusern und Kirchen erinnert so sehr an biblische Zeiten, dass die Stadt schon oft als Kulisse für Filme diente, darunter Pier Paolo Pasolinis Klassiker *Das 1. Evangelium – Matthäus* von 1964 und Mel Gibsons *Die Passion Christi*.

In den Einzimmerhöhlen lebten einst Familien samt Vieh; andere Höhlen waren Kirchen, deren Felswände mit Fresken bedeckt sind. Einige dieser *chiese rupestri* („Felsenkirchen"), wie die Krypta der Erbsünde, liegen außerhalb des Stadtzentrums. Die Krypta ist mit so vielen bunten Heiligenbildern ausgemalt, dass sie als Sixtinische Kapelle der Höhlenkirchen bekannt ist.

In den 1950er-Jahren siedelte die italienische Regierung etwa 20.000 arme Höhlenbewohner in neue Häuser in der modernen Stadt um. Seit den 1970er-Jahren werden die *sassi* langsam wieder genutzt – als Wohnhäuser, Hotels und Restaurants.

Reisende können heute im Locanda di San Martino in schick umgebauten Höhlen übernachten. Hier gibt es auch einen Pool und ein Thermalbad aus einer unterirdischen Zisterne. Im Sassi di Matera Albergo Diffuso sehen die Höhlen noch fast so aus, wie sie Unternehmer Daniele Kihlgren vorfand – mit rauem Steinboden und narbigen Wänden. Die Möblierung mit alten schmiedeeisernen Betten ist authentisch. Le Botteghe hat sich auf die typischen Aromen der hügeligen Region Basilicata spezialisiert. Tolle Antipasti, Pasta mit gebratenen Paprika und Croûtons, intensiv schmeckende Käse und knuspriges Brot sind Mahlzeiten, die Sie nie vergessen werden.

Wo: 199 km südöstl. von Neapel. **Locanda di San Martino:** Tel. +39/0835-256600; www.locandadisanmartino.it. *Preise:* ab € 100. **Sassi di Matera Albergo Diffuso:** Tel. +39/0835-332744; www.sassidimatera.com. *Preise:* ab € 220. **Le Botteghe:** Tel. +39/0835-344072; www.hotelamatera.it. *Preise:* Dinner € 33. **Reisezeit:** 2. Juli: Fest der braunen Madonna, bei dem eine geschmückte Kutsche durch die Straßen fährt und dann als Symbol für die Zerstörung des Alten zerstört wird, um Neuem Platz zu machen.

Wo Essen eine herrliche Obsession ist

Das Quadrilatero

Bologna, Emilia-Romagna, Italien

Das unübertroffene kulinarische Zentrum eines sehr kulinarischen Landes zu sein, ist eine große Rolle, die die „Bologna la Grassa" („Bologna die Fette") stolz und unbekümmert seit Jahrhunderten ausfüllt. Wer ausschließlich zum Essen in diese schöne mittelalterliche Stadt kommt, ist nie enttäuscht.

Das kulinarische Viertel Quadrilatero liegt direkt östlich der Piazza Maggiore, wo Ziegelpalazzi und die massive Basilica di San Petronio einen riesigen Neptunbrunnen umstehen. Dieses mittelalterliche Labyrinth hat schmale, nach den Zünften benannte Straßen voller familiärer Lädchen und Marktstände. Die Schaufenster sind voll mit Fisch, Käse, Wildpilzen, Wurst und bolognesischen Eigenkreationen: Mortadella, mit Fleisch und Käse handgefüllte Tortellini und *ragú alla bolognese*. Irgendwann landet jeder im legendären Tamburini, dem üppigsten Essenstempel Italiens. Hier lernt man eher etwas, als dass man viel einkauft; trotzdem verlässt niemand den Laden mit leeren Händen. Wer zur Mittagszeit kommt, kann eine köstliche Auswahl an Gerichten im VeloCibó, dem hauseigenen Selbstbedienungsbistro, probieren.

Die Köche Bolognas zaubern aus den marktfrischen Zutaten saisonale Gerichte, z.B. im Drogheria della Rosa nordöstlich des Quadrilatero an der Universität (die aus dem 11. Jh. stammt, die älteste der westlichen Welt). Wer hier und in den anderen Trattorien isst, glaubt dem alten italienischen Sprichwort: Am besten schmeckt es zu Hause bei Mamma und in Bologna! Hier können Sie auch gut schlafen – inmitten des plüschigen Luxus im Grand Hotel Majestic oder unter mittelalterlichen Balken im schicken Gasthof Corona d'Oro 1890, einem aristokratischen Palast aus dem 14. Jh. im Schatten der Due Torri, der berühmten schiefen Zwillingstürme.

Wo: 106 km nördl. von Florenz. **Tamburini:** Tel. +39/051-234726; www.tamburini.com. **Drogheria della Rosa:** Tel. +39/051-222529; www.drogheriadellarosa.it. *Preise:* Dinner € 26. **Grand Hotel Majestic:**

Tel. +39/051-225445; http://grandhotelmajestic. duetorrihotels.com/en. *Preise:* ab € 203. HOTEL CORONA D'ORO 1890: Tel. +39/051-236456; www.bolognarthotels.it. *Preise:* ab € 211.

Eine Stadt voller Kunst und Raffinesse

DIE PIAZZA DEL DUOMO

Parma, Emilia-Romagna, Italien

Parma ist bekannt als Heimatstadt Arturo Toscaninis und Giuseppe Verdis – und für Köstlichkeiten wie Parmesan und Parmaschinken. Doch die elegante kleine Stadt bietet viel mehr, wie Sie sofort feststellen werden, wenn Sie den Fuß auf die Piazza del Duomo setzen, einen der schönsten Plätze Italiens. Das oktogonale Baptisterium, vielleicht das beste Beispiel romanischer Architektur in Norditalien, ist mit rosa Veroneser Marmor verkleidet und mit Reliefs des hiesigen Bildhauers und Architekten Benedetto Antelami verziert. Buchstäblich ein Höhepunkt des Doms nebenan (12. Jh.) ist es, zu seiner restaurierten Kuppel hinaufzuschauen – auf Antonio Correggios berühmte *Aufnahme Mariä in den Himmel* (1522–30). Der „göttliche" Corregio war einer der großen Meister der Hochrenaissance, obwohl der Bischof, der das Werk in Auftrag gab, die konzentrischen Figurenkreise „ein Durcheinander aus Froschbeinen" nannte. Eine tolle Sicht auf die Piazza del Duomo haben Sie von den großen, antik eingerichteten Zimmern des familiengeführten Hotels Palazzo Dalla Rosa Prati.

Parma atmet ein Gefühl des Wohlbefindens, das noch aus den gloriosen Zeiten Mitte des 16. bis Anfang des 18. Jh. stammt, als es Haupstadt der Farnese-Herzöge war; später wurde es das Herzogtum Marie Luises, der Witwe Napoleons. Marie Luise füllte den Herzogspalast, heute Galleria Nazionale,

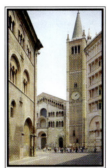

Die Arbeit am Baptisterium begann 1196 und dauerte über 100 Jahre an.

mit Kunst und hinterließ der Stadt das Teatro Reggio, eines der schönsten Opernhäuser der Welt. Ein denkwürdiger Abend ist auch ein Dinner in einer der exzellenten Trattorien – natürlich mit dem legendären Schinken und dem aromatischen Hartkäse. Probieren Sie diese Spezialitäten im renommierten La Greppia bei der künstlerischen Küchenchefin Paola Cavazzini. Parmas kulinarische Traditionen (vor allem Käse, Schinken und Tomaten) können Sie auch in mehreren Museen inner- und außerhalb der Stadt erkunden, die zusammen die Musei del Cibo (Essensmuseen) bilden.

Wo: 97 km nordwestl. von Bologna. PALAZZO DALLA ROSA PRATI: Tel. +39/0521-386429; www.palazzodallarosaprati.it. *Preise:* ab € 144. LA GREPPIA: Tel. +39/0521-233686; www.ristoranteparmalagreppia.com. *Preise:* Dinner € 60. MUSEI DEL CIBO: www.museidelcibo.it. **WIE:** Food Valley Travel bietet kulinarische Kulturtrips, Tel. +39/0521-798515; www.foodvalleytravel.com. REISEZEIT: Mitte Sept.: *Festival del Prosciutto di Parma*; letztes Wochenende im Sept.: Mittelalterrennen *Palio di Parma*; Okt.: Verdi-Festival.

Hinreißende Mosaiken in einer alten byzantinischen Hauptstadt

RAVENNA

Emilia-Romagna, Italien

Die Mosaiken Ravennas – mit die bedeutendsten der westlichen Kunst – bringen die farbige Vergangenheit der Stadt zurück, der letzten Hauptstadt des Weströmischen Reiches nach dem Fall Roms im 5. Jh. Heute ist Ravenna bescheiden und – gut für alle Kunstliebhaber – selten überlaufen. Die roten Backsteinhäuser kontrastieren mit der Raffinesse der Mosaiken, welche das Innere von Kirchen und Mausoleen detailreich und in epischer Proportion bedecken. An 6 Orten können Sie diese Mosaiken bestaunen, die von den byzantinischen Herrschern in Auftrag gegeben wurden, auf dass Ravenna andere Städte aussteche. Meistbesuchte Orte sind das Mausoleum der Galla Placidia (6. Jh.)., die das Reich 20 Jahre für ihren Sohn regierte, und die angrenzende, oktogonale Basilica di San Vitale, ein Tribut an Kaiser Justinian und von vielen als Krönung der byzantinischen Kunst bezeichnet.

Ein weiteres Monument ist das schlichte Grab von Dante Alighieri. Der große Denker der Frührenaissance und Autor der *Göttlichen Komödie* war aus seiner Heimatstadt Florenz vertrieben worden und starb 1321 in Ravenna. **Wo:** 74 km östl. von Bologna. **Info:** www.ravennamosaici.it. **Unterkunft:** Albergo Cappello bietet modernen Stil in einem Palazzo des 14. Jh. mit Fresken. Tel. +39/0544-219813; www.albergocappello.it. Preise: ab € 137 (Nebensaison), ab € 193 (Hochsaison). **Reisezeit:** Juni–Juli: Ravenna-Festival (klassische und Opernmusik).

In der nordöstlichen Grenzregion

DAS FRIAUL

Friaul-Julisch Venetien, Italien

Ins Friaul – versteckt in der nordöstlichen Ecke Italiens, direkt im Süden Österreichs und an der Grenze zu Slowenien – fahren die Italiener in kulinarische Ferien. Von der Adriaküste und der regionalen Hauptstadt Triest nach Norden in die Julischen Alpen: Das Friaul ist eine reiche Landschaft voller Bergwiesen, Hügel und fruchtbarer Ebenen; eine kleine Region mit großem Ruf für Prosciutto aus dem Dorf San Daniele, robuste, handgemachte Käse und einige der besten Weißweine Italiens. Passend zu einer Region an der Kreuzung romanischer, germanischer und slawischer Kulturen besteht die *cucina friulana* aus herzhaften Würsten, Gulasch und Polenta, neben *cjalsons* (süß-herzhaften Ravioli), gebratenen Montasio-Käsefladen namens *frico* und pikanten Kräutersoßen zur Pasta.

Die stattliche Mittelalterstadt Udine mit ihren schönen Renaissancegebäuden von Andrea Palladio und leuchtenden Gemälden von Tiepolo ist das Zentrum der Region. Küchenchef Emanuele Scarello führt die Trattoria Agli Amici, seit 1887 in Familienhand. Sein innovativer Kochstil bedient sich österreichischer, slowenischer und italienischer Traditionen. Auch die Familie Del Fabbro hält die lokale Fahne hoch – in der Trattoria Al Grop, einem ehrwürdigen Gasthof in Tavagnacco, die berühmt ist für ein riesiges Rezeptrepertoire und leckeren heimischen Spargel. Einige Minuten Fahrt östlich von Udine liegt das mittelalterliche Dorf Cividale del Friuli, Zentrum des Weinhandels im Anbaugebiet Colli Orientali. Das Locanda al Castello hat 16 atmosphärische Zimmer in einem mit Wein bewachsenen Backsteinschloss, ursprünglich ein Jesuitenkloster. Das Restaurant ist bekannt für die regionalen Rezepte, die durch Küchenchefin, Autorin und Fernsehköchin Lidia Bastianich berühmt wurden. Zusammen mit Sohn Joseph leitet sie auch das nahe Weingut Azienda Agricola Bastianich in Gagliano. Die Krönung ihres Unternehmens ist die Friulano-Auslese – die hiesige Rebsorte, aus der ein intensiver, komplexer Weißwein entsteht.

Wo: Udine liegt 127 km nordöstl. von Venedig. **TRATTORIA AGLI AMICI:** Tel. +39/0432-565411; www.agliamici.it. *Preise:* Dinner € 55. **AL GROP:** Tel. +39/0432-660240; www.algrop.net. *Preise:* € 120; Dinner € 45. **LOCANDA AL CASTELLO:** Tel. +39/0432-733242; www.alcastello.net. *Preise:* € 159; Dinner € 45. **AZIENDA AGRICOLA BASTIANICH:** Tel. +39/0462-700943; www.bastianich.com. **REISEZEIT:** März–Apr.: Spargelsaison; Ende Juni: Schinkenfest in San Daniele; Sept.–Okt.: Weinlese.

La Dolce Vita und Italiens Traumstrecke

DIE AMALFIKÜSTE

Kampanien, Italien

Die Amalfitana ist eine 50 km lange Strecke aus Haarnadelkurven zwischen Amalfi und Sorrent. Steile Klippen fallen ab zum unglaublich blauen Mittelmeer, während sich eine Küstenlinie mit kleinen Städtchen und exponiert gelegenen, glamourösen Villen entfaltet, inmitten von Schirmkiefern, terrassierten Oliven- und Zitronenhainen.

Das kleine, pittoreske Amalfi war bereits im 9. Jh. das Herz einer mächtigen Seerepublik. Ein Hauch von Orient ist im Duomo di Sant'Andrea zu spüren: Mosaiken schmücken die Fassade der Kathedrale, und der maurische Kreuzgang lässt an einen arabischen Hof denken. Ein bisschen dieser Magie färbt auf das subtil luxuriöse, charaktervolle Hotel Santa Caterina ab, hoch über dem Meer in einem nach Zitronen duftenden Garten gelegen – ein Aufzug fährt zu einem Schwimmsteg und dem strohgedeckten Ristorante al Mare hinab.

Ravello, 300 m über Amalfi, ist gut beschrieben als „der Ort, an den sich Poeten zum Sterben begeben". 2 romantische Gärten – Villa Rufolo und Villa Cimbrone – liegen nur einen kleinen Spaziergang vom maurisch inspirierten Palazzo Sasso Hotel aus dem 12. Jh. entfernt. In der unendlichen Aussicht auf das azurblaue Meer und den Himmel von den Balkonen und bodentiefen Fenstern der schönen Zimmer könnte man sich glatt verlieren. Der grenzenlose Rundumblick vom Pool des nahen Hotels Caruso fühlt sich an, als schwebe man am höchsten Punkt der Stadt über dem Meer – ein Grund, es zu Ihrem Domizil zu machen! Für die beste Trattoria am Ort folgen

Sie dem Duft von köchelnder Tomatensoße und Lammbraten zum Cumpà Cosimo, das köstliche, aromatische neapolitanische Küche und regionale Weißweine auftischt.

Positano, direkt auf den Klippen, ist ein Durcheinander aus weiß getünchten oder bunten Fischerhäusern in einem Irrgarten enger Gassen hinunter zum Kieselstrand mit seinen Sonnenschirmen. Das Hotel le Sirenuse, eine mit Bougainvilleen und Geißblatt bewachsene terrakottafarbene Villa aus dem 18. Jh., wird von der adligen Familie betrieben, die es einst als Sommerhaus nutzte. Auf dem Boden liegen kühle, handbemalte Kacheln; eine Mischung wertvoller Antikmöbel betont die persönliche Eleganz des Hotels. Oder fahren Sie zum etwas außerhalb liegenden Hotel San Pietro, beeindruckend aus den steilen Klippen geformt. Ein aus bloßem Fels herausgehauener Lift fährt zur luftigen Lobby, den terrassierten Zimmern und zum Mini-Strand für Gäste hinunter. Unter den etwas günstigeren Hotels hat kaum eines eine schönere Aussicht und Atmosphäre als das familiengeführte Casa Albertina.

Fahren Sie mit dem Motorboot in 10 Minuten zum Outdoor-Lunch im Da Adolfo, essen Sie frisch gegrillten *mozzarella di bufala* und Spaghetti mit Babymuscheln, schnappen Sie sich dann einen Liegestuhl und verdauen Sie alles im Schlaf.

Die dunstige Silhouette des Vesuvs beherrscht die Aussicht in Sorrent, wegen seiner milden Winter beliebt bei britischen Reisenden des 19. Jh. Diese goldene Zeit voller Luxus kommt wieder: im Grand Hotel Excelsior Vittoria mit seinen Marmortreppen, aufwendigen Jugendstilfresken und dem weiß behandschuhten Personal. Reservieren Sie einen Abend für die 15-minütige Fahrt nach Sant'Agata, wo das auf einem Hügel liegende renommierte Restaurant Don Alfonso 1890 von Alfonso und Livia Iaccarino einen magischen Abend verspricht.

Wo: Amalfi liegt 61 km südöstl. von Neapel. Hotel Santa Caterina: Tel. +39/089-871-012; www.hotelsantacaterina.it. *Preise:* ab € 307 (Nebensaison), ab € 452 (Hochsaison). Palazzo Sasso: Tel. +39/089-818181; www.palazzosasso.com. *Preise:* ab € 244 (Nebensaison), ab € 340 (Hochsaison). *Wann:* Apr.–Mitte Okt. Hotel Caruso: Tel. +39/089-858801; www.hotelcaruso.com. *Preise:* ab € 518 (Nebensaison), ab € 804 (Hochsaison). *Wann:* Nov.–März: geschlossen. Cumpà Cosimo: Tel. +39/089-857156. *Preise:* Dinner € 30. Hotel le Sirenuse: Tel. +39/089-875066; www.sirenuse.it. *Preise:* ab € 370 (Nebensaison), ab € 537 (Hochsaison). *Wann:* Nov.–März. San Pietro: Tel. +39/089-875455; www.ilsanpietro.it. *Preise:* ab € 444 (Nebensaison), ab € 570 (Hochsaison). *Wann:* Nov.–März: geschlossen. Hotel Casa Albertina: Tel. +39/089-875143; www.hotelcasaalbertina.com. *Preise:* ab € 126 (Nebensaison), ab € 193 (Hochsaison). Da Adolfo: Tel. +39/089-875022; www.daadolfo.com. *Preise:* Mittagessen € 26. Grand Hotel Excelsior Vittoria: Tel. +39/081-877-7111; www.exvitt.it. *Preise:* ab € 244 (Nebensaison), ab € 370 (Hochsaison). Don Alfonso 1890: Tel. +39/081-878-0026; www.donalfonso.com. *Preise:* ab € 300 (Nebensaison), ab € 474 (Hochsaison); Dinner € 148. *Wann:* Nov.–März. Reisezeit: Mai und Sept.: mildes Wetter, weniger los; Apr.–Okt.: Wagner-Festival in Ravello; 27. Juni und 30. Nov.: Feiern zu Ehren von Amalfis Stadtpatron Sant'Andrea.

Die Ausblicke an der Amalfiküste, hier von Ravello aus, gehören zu den schönsten in Italien und inspirierten Künstler von Turner bis Miró.

Tummelplatz römischer Kaiser und der Genusssüchtigen von heute

CAPRI UND ISCHIA

Kampanien, Italien

Capri ist ein beliebter Sommer-Tummelplatz, seit der römische Kaiser Tiberius die Villa Jovis – heute eine faszinierende Ruine auf einer Klippe – im Jahr 26 zu seinem Amtssitz erklärte. Heute zeigen sich Künstler, Designer, Filmstars, Diven, Politiker, Literaten, Royals und Bankiers auf der Piazzetta, von Noël Coward als „schönste Operettenbühne der Welt" beschrieben. Die Wahrzeichen dieser 10 km² großen, von smaragdgrünem Meer umgebenen Insel sind die Faraglioni, 3 Felsnadeln direkt vor der schroffen Küste. Eine Bootstour in das azurne Licht der Grotta Azzurra (Blaue Grotte) ist zu Recht eine der Haupt-Touristenunternehmungen. Das 3. Wahrzeichen ist der üppige mediterrane Garten der Villa San Michele oben in der Stadt Anacapri – eine Chance, den Scharen der Tagesausflügler zu entkommen.

Trotz der Glitterati ist Capri kein Schickeria-Ort. Oberflächlichkeit wird vermieden im Hotel La Scalinatella hoch über dem Meer. Die 30 Zimmer in der luftigen Villa haben alle Meerblick. Das größere, extravagantere Hotel Quisisana, das den gleichen Eigentümern gehört, ist eines der wenigen Hotels mitten in der Stadt. Im bescheideneren Hotel Luna schaut man vom Pool, dem Garten und den meisten der 30 Zimmer auf die Faraglioni.

Sonne, Meer, guter Wein und tolles Essen finden sich auf der Strandterrasse des La Fontelina zusammen, mit Blick auf die Faraglioni. Die Gäste können schwimmen und sonnenbaden; es gibt Sangria mit vielen Früchten und den inseltypischen *insalata caprese* mit frischem Mozzarella und frisch gepflückten Tomaten. Im Da Paolino wird das Dinner in einem Zitronenhain mit Blick auf den Hafen serviert, wo Zitronen über Ihrem Tisch hängen, den gegrillten Fisch garnieren und dem Sorbet ihren Geschmack verleihen.

Das größere, ruhigere Ischia liegt nahebei, ebenfalls in der Bucht von Neapel. Es hat viele Sandstrände und so viele duftende Pinien und Kiefern, dass es als „Grüne Insel" bekannt ist. Auch wenn der Monte Epomeo seit mehr als 700 Jahren nicht ausgebrochen ist, bringt der schlafende Vulkan trotzdem die vielen Thermalbäder der Insel zum Blubbern. Die Behandlungen mit vulkanischem Schlamm kennt man seit der Antike. Das Grande Albergo Mezzatorre am Meer wurde um eine Villa samt Piraten-Wachturm aus dem 16. Jh. herumgebaut und hat 59 moderne Zimmer sowie ein schickes Thermal-Spa.

Wo: Capri liegt 36 km südl. von Neapel. **LA SCALINATELLA:** Tel. +39/081-837-0633; www.scalinatella.com. *Preise:* ab € 315 (Nebensaison), ab € 474 (Hochsaison). *Wann:* Nov.–März: geschlossen. **HOTEL QUISISANA:** Tel. +39/081-837-0788; www.quisisana.com. *Preise:* ab € 350. *Wann:* März oder Apr.–Okt. **HOTEL LUNA:** Tel. +39/081-837-0433; www.lunahotel.com. *Preise:* ab € 222 (Nebensaison), ab € 311 (Hochsaison). *Wann:* Mitte Okt.–Mitte Apr.: geschlossen. **LA FONTELINA:** Tel. +39/081-837-0845. *Preise:* Mittagessen € 26. *Wann:* Nov.–Mitte Apr.: geschlossen. **DA PAOLINO:** Tel. +39/081-837-6102; www.paolinocapri.com. *Preise:* Dinner € 48. *Wann:* Nov.–Feb. oder März: geschlossen. **GRANDE ALBERGO MEZZATORRE:** Tel. +39/081-986111; www.mezzatorre.it. *Preise:* ab € 340 (Nebensaison), ab € 489 (Hochsaison). *Wann:* Mitte Okt.–Ende Apr.: geschlossen. **REISEZEIT:** Mai und Sept.: mildes Wetter, weniger los.

25 Jahrhunderte voller Kultur – auf neapolitanische Art

NEAPEL

Kampanien, Italien

Mehr als 2 Jahrtausende voller Geschichte befeuern die Vitalität und Energie dieser modernen Hafenstadt, die für ihr lautes, chaotisches Alltagsleben berühmt ist. Neapel war über 500 Jahre Sitz eines mächtigen, unabhängigen Königreichs und zog die besten Architekten und Künstler Europas an.

Entdecken Sie die lange Geschichte auf dem bunten Straßenzug Spaccanapoli im Herzen der Altstadt. Früher eine Enklave monumentaler Palazzi und grandioser Kirchen, ist es heute eine Kulisse mitgenommener Wohnblocks und Werkstätten; Wäsche hängt über engen Gassen, und die Straßen hallen wider von den Vespas und den Verkäufern, die von gefälschten DVDs bis Speiseeis alles verscherbeln.

Essen ist in Neapel, das die Pizza erfunden haben soll, etwas sehr Wichtiges. Kleine, familiäre Delikatessenläden säumen die Seitenstraßen.

Schlendern Sie zum riesigen, düsteren Duomo, der Kathedrale San Gennaro, deren filigranes Dekor zum Verweilen einlädt, oder besuchen Sie das Nationale Archäologische Museum mit einzigartigen antiken Stücken aus dem nahen Pompeji (s. nächste S.). Eine wahre Oase im Zentrum der Stadt ist das elegante Boutique-Hotel Costantinopoli 104, das frühere Haus einer Marchesa aus dem 19. Jh. Die schattige Palmenterrasse umgibt einen kleinen Pool; die Zimmer sind klassisch, aber modern eingerichtet.

Das Castel Nuovo an der Bucht, eine massive Festung mit Türmen, Wassergräben und Verliesen aus dem 13. Jh., beherbergt heute Neapels Museum zur Stadtgeschichte. Es ist nicht weit zum Palazzo Reale, dem mit Kunst vollgestopften Palast aus dem 17. Jh., einst Heimat der hiesigen Monarchen, und zum berühmten Opernhaus Teatro di San Carlo, eines der größten und prächtigsten Europas. Durch die Adern der *napoletani* fließt Musik: Enrico Caruso wurde hier geboren und hielt sich ein Appartement im historischen Grand Hotel Vesuvio am Wasser, das immer noch eine der stadtbesten Adressen für nostalgischen Luxus und atemberaubende Aussichten vom Dachrestaurant Caruso ist. Das Chiaja Hotel de Charme in der Nähe des Teatro San Carlo hat ein elegantes Flair und eine interessante Vergangenheit als Luxusbordell.

Die Neapolitaner bestehen darauf, die Pizza erfunden zu haben. Auf jeden Fall wurde sie hier perfektioniert: Das schlichte, 1870 eröffnete Da Michele ist für viele der „heilige Pizzatempel". Die 100 Jahre ältere Pizzeria Brandi behauptet, Erfinder der Pizza Margherita zu sein, die zum ersten Mal für Königin Margherita gemacht wurde – mit Tomaten, Mozzarella und frischem Basilikum ein Farbecho der italienischen Flagge.

Wo: 189 km südl. von Rom. COSTANTINOPOLI 104: Tel. +39/081-557-1035; www.costantinopoli104.com. *Preise:* ab € 148 (Nebensaison), ab € 233 (Hochsaison). GRAND HOTEL VESUVIO: Tel. +39/081-764-0044; www.vesuvio.it. *Preise:* ab € 260. CHIAJA HOTEL

DE CHARME: Tel. +39/081-415555; www.hotelchiaia.it. *Preise:* ab € 107. DA MICHELE: Tel. +39/081-553-9204; www.damichele.net. *Preise:* Pizza € 9. PIZZERIA BRANDI: Tel.

+39/081-416-928; www.brandi.it. *Preise:* Pizza € 9. REISEZEIT: Apr.–Juni und Sept.–Nov.: schönstes Wetter; 1. So. im Mai und 19. Sept.: Feiern zu Ehren des Stadtpatrons San Gennaro.

Schätze verschwundener Zivilisationen

NEAPELS ANTIKE STÄTTEN

Kampanien, Italien

Über dem Golf von Neapel dräut der Vesuv, der immer noch aktive, 1281 m hohe Vulkan, der am 24. August 79 mit unglaublicher Wucht ausbrach und dabei Vulkanasche und Schlamm über die benachbarten Städte spuckte, die dadurch fast intakt konserviert wurden. Pompeji war die größte der begrabenen Städte. Es schlummerte mehr als 1500 Jahre lang unter 6 m Asche, bevor es entdeckt und ausgegraben wurde (und noch immer wird).

Die pompejianischen Wohnhäuser, Weinläden, öffentlichen Bäder und Bordelle erlauben den Blick auf das blühende Leben der geschäftigen Hafenstadt in den Tagen der Cäsaren. Die Villen der Casa del Fauno (Haus des Fauns), das elegante Casa dei Vettii und die Villa dei Misteri (Haus der Geheimnisse) lohnen wegen ihrer Mosaiken und Fresken. Die Stabianer Thermen sind erhalten – mit eindeutig zweideutigen Fresken, die vermuten lassen, dass hier etwas mehr als nur gebadet wurde. Auch wenn die sichtbaren Ruinen Pompejis sehr ausgedehnt wirken, sind immer noch etwa 24 ha begraben. Mehr als 2,5 Mio. Touristen kommen jedes Jahr, aber Pompeji ist so groß, dass sich immer noch ruhige Ecken finden, und so unübersichtlich, dass ein Führer praktisch ist.

Herculaneum (Ercolano) wurde ebenfalls vom Vesuv zerstört, dessen Wolke aus Asche und Schlamm Holzkonstruktionen, Stoffe und, in der Villa dei Papiri, etwa 1800 Papyrusrollen konservierte. Herculaneum ist nicht so voll wie Pompeji und bietet faszinierende Einblicke in das Leben der römischen Elite, besonders im Haus der Hirsche und in den Bädern im Haus des Neptun und der Amphitrite.

Die meisten der wertvollen Skulpturen, Wandgemälde und Mosaiken aus Pompeji und Herculaneum befinden sich im Nationalen Archäologischen Museum in Neapel. Das Gabinetto Segreto (Geheime Galerie) enthält seit dem Jahr 2000 mehr als 200 erotische Kunstwerke.

Nicht alle neapolitanischen Ruinen sind römisch: Der griechische Tempelkomplex in Paestum auf der Sorrentinischen Halbinsel ist einer der besterhaltenen und ältesten; die sogenannte Basilica ist der dorische Hera-Tempel aus dem 6. Jh. v. Chr. Die Gäste des nahen Tenuta Seliano genießen warme Gastlichkeit auf dem *agriturismo*-Hof und im Gasthaus der Baronessa Cecilia Bellelli Baratta, deren Wasserbüffelherde Italien mit einem der besten *mozzarella di bufala* versorgt.

WO: Pompeji liegt 24 km südöstl. von Neapel. POMPEJI UND HERCULANEUM: Tel. +39/81-857-5347; www.pompeiisites.org. NATIONALES ARCHÄOLOGISCHES MUSEUM: Tel. +39/081-292823; http://museoarcheologiconazionale.campaniabeniculturali.it. PAESTUM: Tel. +39/082-881-1016; www.infopaestum.it. TENUTA SELIANO: Tel. +39/082-872-3634; www.agriturismoseliano.it. *Preise:* ab € 96. *Wann:* Nov.–Mitte März: geschlossen. REISEZEIT: Mai–Juni und Sept.–Okt.: schönes Wetter.

„Gäbe es kein Rom, dann würde ich davon träumen." – SIR LAURENCE OLIVIER IN SPARTACUS

ROM

Latium, Italien

Schauen Sie auf den Verkehr und den Überschwang der italienischen Hauptstadt, und es fällt Ihnen leicht, zu glauben, dass alle Straßen nach Rom führen. Die Stadt kann ihre Besucher ganz schön überwältigen – mit jahrtausendealter Geschichte, unvergleichlichen Kunstschätzen, Vierteln, die wie kleine Dörfer wirken, und einem beneidenswerten Mix aus *carpe diem* und *la dolce vita*. Schauen Sie sich alles an, spüren Sie die Vitalität, und machen Sie's wie die Römer: mit einem Espresso oder *aperitivo* irgendwo sitzen und das Spektakel vorbeiziehen sehen – Rom, caput mundi.

HAUPTATTRAKTIONEN

BASILIKA SANTA MARIA MAGGIORE – Eine der 4 Papstbasiliken der Stadt, erbaut im 5. Jh. an einer Stelle, die von der Jungfrau Maria erwählt worden sein soll. Zwischen dem 12. und 18. Jh. wurde sie restauriert und erweitert. Die Originalmosaiken sind unter den ältesten und schönsten der Stadt; die Decke aus dem 15. Jh. wurde angeblich mit dem ersten aus der Neuen Welt importierten Gold vergoldet. INFO: Tel. +39/06-488-1094.

DIE GALLERIA BORGHESE – Kardinal Scipione Borghese häufte das meiste dieser großen Sammlung durch die Förderung der besten Künstler seiner Zeit an. Marmorskulpturen wie Berninis *Apoll und Daphne* und Casanovas *Pauline Bonaparte* gesellen sich zu Caravaggios *David mit dem Haupte Goliaths* und anderen Schätzen in dieser wundervollen Villa aus dem 17. Jh. INFO: Tel. +39/06-32810; www.galleriaborghese.it.

DAS KOLOSSEUM – Der Grundstein wurde im Jahr 72 von Vespasian gelegt, direkt östlich des Forum Romanum (s. nächste Seite). Das weltgrößte römische Amphitheater (damals mit 50.000 Sitzplätzen) ist immer noch das Symbol der Ewigen Stadt, auch wenn es lange vernachlässigt wurde und man die Steine für andere Monumente und Kirchen abtrug. Der mächtige „Rohbau" wird immer mit blutigen Kämpfen assoziiert sein – zwischen Männern, Tieren, Männern und Tieren und sogar zwischen Schiffen, denn der ganze Bau konnte für inszenierte Seeschlachten geflutet werden. INFO: Tel. +39/06-700-4261.

DAS PANTHEON – ist das vollständigste Bauwerk, das uns aus dem alten Rom erhalten blieb: 27 v. Chr. von Marcus Agrippa gebaut, im frühen 2. Jh. von Hadrian wieder aufgebaut, ein Tempel für heidnische Götter, bis es im 7. Jh. als katholische Kirche geweiht wurde. Ein außergewöhnliches architektonisches Wunderwerk, genauso breit wie hoch. Die weltgrößte unverstärkte Kuppel wird von

80 Eingangsbögen laufen rund um das Kolosseum, darunter 4 Eingänge für höhere Persönlichkeiten.

Stützen getragen, die in der Wand versteckt sind – über Jahrhunderte eine Lehrstunde der Ingenieurskunst für Michelangelo und andere. In einer Seitenkapelle liegt Raffael begraben, außerdem italienische Könige und andere Lichtgestalten. **INFO:** Tel. +39/06-6830-0230.

Der Oculus in der Kuppel ist die einzige Lichtquelle des Pantheons.

DIE PIAZZA DEL CAMPIDOGLIO UND DIE KAPITOLINISCHEN MUSEEN – Der von Michelangelo im 16. Jh. entworfene Platz ist einer der elegantesten in Rom und schaut über das Forum Romanum. 3 der Palazzi beherbergen die Kapitolinischen Museen mit ihrem großen Schatz römischer Skulpturen, darunter Bronzestatuen von Romulus und Remus mit der Wölfin und von Mark Aurel auf einem Pferd. Unter den Renaissancegemälden sind zahlreiche Werke von Tintoretto und Guido Reni. Einige Stücke der Sammlung werden in einer früheren Fabrik, der Centrale Montemartini, gezeigt, wo sie mit faszinierender Wirkung zwischen den alten Maschinen platziert sind. **KAPITOLINISCHE MUSEEN:** Tel. +39/06-0608; www.museicapitolini.org. **CENTRALE MONTEMARTINI:** Tel. +39/06-574-8030; http://en.centralemontemartini.org.

DAS FORUM ROMANUM UND DIE KAISERFOREN – Das Forum Romanum war in den Tagen der Römischen Republik das geschäftige, überfüllte Zentrum des politischen, juristischen und kommerziellen Lebens; heute ist es ein faszinierender Haufen von Ruinen. Um die vielen Tempel zu identifizieren, empfehlen sich Reiseführer und Karte. Hier liegen auch der Umbilicus Urbus, von wo aus alle Strecken des Reiches gemessen wurden; die Curia, Versammlungsraum des Senats, und das Haus der Vestalinnen, wo die jungen Frauen lebten, die das heilige Feuer im Tempel der Vesta bewachten. Die von Julius Caesar ins Leben gerufenen Kaiserforen umfassen die Foren des Caesar, des Augustus und des Trajan. Trajan, der Rom seinen Stempel aufdrücken wollte, beauftragte auch die Trajanssäule mit Basreliefs, die seinen Sieg in den Dakerkriegen zeigen, und die Trajansmärkte mit Platz für 150 Läden und Büros. **INFO:** Tel. +39/06-3996-7700; www.capitolium.org.

DIE SPANISCHE TREPPE – Diese großzügige, 1725 gebaute Treppe führt in 3 majestätischen Abschnitten von der belebten Piazza di Spagna zur französischen Kirche Trinitá dei Monti. Der Brunnen in Bootsform am Fuß der Treppe wurde im späten 16. Jh. von Bernini oder seinem Vater entworfen (das ist immer noch umstritten); der Poet John Keats starb in einem Haus an der Treppe, das heute ein Museum ist; und ganz oben sollten Sie sich zum Sonnenuntergang einfinden, um den Ausblick auf Roms 7 Hügel zu genießen. Die Treppe hat ihren Namen von der Spanischen Botschaft, die im 19. Jh. in einem nahen Palazzo lag. Die Via Condotti und die kleinen Fußgängerzonen an ihrem Fuß sind eine smarte Shoppinggegend und ideal für einen kleinen Abend-*passeggiata* (Spaziergang). Machen Sie's wie Casanova, Goethe und Lord Byron und setzen Sie sich ins Caffè Greco, Roms ältestes Café.

DER TREVIBRUNNEN – Neptun fährt in einem von geflügelten Pferden gezogenen Streitwagen durch dieses wilde, barocke, 1762 erbaute Kunstwerk aus weißem Marmor und strömendem Wasser. Piazza und Brunnen sehen abends besonders festlich aus, wenn sie illuminiert werden. Wer mit dem Rücken zum Brunnen steht und über die linke Schulter eine Münze ins Becken wirft, kehrt auf jeden Fall nach Rom zurück. Die erstaunlich kleine Piazza wurde 1954 durch den Filmklassiker *Drei Münzen im Brunnen* schlagartig berühmt und einige Jahre später unsterblich, als Anita Ekberg und Marcello Mastroianni in *La Dolce Vita* durch den Brunnen tobten.

DER VATIKAN – Der kleinste unabhängige Staat der Welt ist das Epizentrum des römischen Katholizismus und auch Heimat einer der weltgrößten Ansammlungen von Kunst und Architektur. Der Petersdom, dessen Grundstein 324 an der Stelle der Kreuzigung des Petrus gelegt wurde, erhebt sich über elliptischen Kolonnaden von Bernini. Er wurde im 16. und 17. Jh. üppig neu gebaut und von den größten Talenten der Zeit ausgestattet. Michelangelo entwarf die Kuppel; seine Pietà ist die schönste unter Hunderten von Statuen in den Kapellen, die das 187 m lange Langhaus säumen. Von den Vatikanischen Museen aus kommt man in die Sixtinische Kapelle, wo sich die grandiosen Deckenfresken des Meisters befinden, die die Schöpfung und andere biblische Geschichten erzählen, sowie eine beeindruckend schreckliche Darstellung des Jüngsten Gerichts hinter dem Hauptaltar. Michelangelos überwältigender Einsatz von Licht, leuchtenden Farben und der Beherrschung des menschlichen Körpers ließ seine päpstlichen Auftraggeber auf die Knie sinken. Obwohl unbestrittener Star der Museen, ist die Kapelle doch nur ein Teil des Labyrinths aus Palästen, Fluren und Galerien voll der größten Meisterwerke der Antike und Renaissance: die mit Raffaels Fresken für Papst Julius II. ausgemalten Stanze di Raffaelo; die Laokoon-Gruppe und der Torso vom Belvedere, ; Fresken von Fra Angelico; Gemälde von Caravaggio und Leonardo da Vinci und moderne Keramiken von Picasso. INFO: Tel. +39/06-6988-3731 (Dom), +39/06-6988-3333 (Museen); www.vatican.va.

SONSTIGE HIGHLIGHTS

DAS ETRUSKISCHE MUSEUM IN DER VILLA GIULIA – Italiens größte, aber oft übersehene Sammlung antiker etruskischer Skulpturen, Terrakottavasen, Sarkophage und Juwelen füllt 35 Räume dieser eleganten Landvilla aus dem 16. Jh., die für Papst Julius III. gebaut wurde. Die Sammlung kultivierten Kunsthandwerks wirft ein Licht auf diese wenig bekannte prärömische Zivilisation, die vom 8.–3. Jh. v. Chr. in Italien florierte. INFO: Tel. +39/06-332-6571; www.villagiulia.beniculturali.it.

DAS HAUS DES AUGUSTUS – Der Großneffe und adoptierte Sohn Julius Caesars lebte bescheiden in diesem kleinen Haus (erst 2008 für Publikum geöffnet) mit nur 4 Zimmern auf dem Palatin, mit exquisiten Fresken und Blick auf das Forum. Als Roms erster Kaiser wohnte er später im ausladenden, kaiserlicheren Domus Augustana höher auf dem Hügel – bis zu seinem Tod im Jahr 14.

MARKT AUF DEM CAMPO DE' FIORI – Der älteste und beste Markt Roms, wo die Köche die frischeste Ware bekommen, bietet auch großartiges Theater, wenn nämlich die Kunden mit den Verkäufern palavern. Einblicke in das authentisch römische Alltagsleben gibt es auch in den Bars, Cafés und Restaurants an der Piazza. Die Gäste der beliebten Weinbar La Vineria verteilen sich mit ihren Weingläsern über den Platz und diskutieren die Fußballergebnisse. Oder folgen Sie dem Duft zur *forno* (Bäckerei) für ein Stück *pizza bianca* frisch aus dem Ofen – ohne Tomatensoße, aber mit viel Olivenöl und Salz. FORNO CAMPO DE' FIORI: Tel. 39/06-6880-6662; www.fornocampodefiori.com.

Die Ewige Stadt, deren Architektur bis zu 25 Jahrhunderte alt ist, hieß das spektakuläre MAXXI willkommen, wo die Kunstsammlung nicht immer Zentrum der Aufmerksamkeit ist.

MAXXI – Das Museo Nazionale della Arte XXI Secolo, Roms neuestes Wahrzeichen, ist eine gewagte, faszinierende Assemblage aus Glas und Beton, Schrägen und Winkeln. Das erste Nationalmuseum des Landes für Gegenwartskunst und -architektur eröffnete 2010 im Wohnviertel Flaminio. Die anglo-irakische Architektin Zaha Hadid entwarf den kühnen Bau, der einer jungen, aber beeindruckenden Sammlung (u.a. Werke von Francesco Clemente und Anish Kapoor) fast die Schau stiehlt. INFO: Tel. +39/06-321-0181; www.fondazionemaxxi.it/en.

OSTIA ANTICA – Die archäologische Stätte ist so beeindruckend wie Pompeji, doppelt so gut erhalten und leichter zu besuchen (in 20 Minuten per U-Bahn); ein exzellenter Blick in eine einst blühende Hafenstadt mit 60.000 Einwohnern. 620 v. Chr. gegründet, gedieh sie 8 Jahrhunderte lang. INFO: Tel. +39/06-5635-8099; www.ostia-antica.org. *Wie:* Das amerikanische Unternehmen Context Travel macht geführte Spaziergänge. Tel. +39/06-9762-5204; www.contexttravel.com.

PIAZZA NAVONA – Auf dem antiken ovalen Platz fanden einst Wagenrennen statt. Setzen Sie sich in eines der vielen Straßencafés. Im Café Tre Scalini können Sie direkt zum Dessert übergehen: der üppigen Schoko-*tartufo*-Eiskomposition. Vor der Kulisse von Berninis barocker *Fontana dei Quattro Fiumi* (Brunnen der 4 Flüsse) mischen sich fellinieske Charaktere mit Austauschstudenten, Musikern, amerikanischen Rentnerpaaren und einer Parade von Spaziergängern. TRE SCALINI: Tel. +39/06-687-9148; www.3-scalini.com.

ÜBERNACHTEN

ALBERGO DEL SENATO – Wegen seiner unglaublichen Nähe zum Pantheon ist dieses ehrwürdige Hotel seit Generationen in den Herzen der Gäste. Die Zimmer sind klein, aber komfortabel; die pittoreske Dachterrasse liegt schön über dem Altstadtgewusel. INFO: Tel. +39/06-678-4343; www.albergodelsenato.it. *Preise:* ab € 215 (Nebensaison), ab € 437 (Hochsaison).

ALBERGO SANTA CHIARA – Das nostalgische Hotel bietet bescheidenen Komfort und wird hauptsächlich wegen der Lage empfohlen: nahe dem Pantheon und mit Blick auf die charmante Piazza della Minerva. INFO: Tel. +39/06-687-2979; www.albergosantachiara.com. *Preise:* ab € 252.

CASA HOWARD – Dieses schicke Hotel nicht weit vom Trevibrunnen hat solch nette Details wie frische Blumen und ein türkisches Bad; es gibt keine Rezeption: Die Gäste kommen und gehen mit ihren eigenen Schlüsseln. INFO: Tel. +39/06-6992-4555; www.casahoward.com. *Preise:* ab € 185.

HOTEL HASSLER – Legendär, besonders wegen seiner Lage oben an der Spanischen Treppe. Dutzende schöner und sehr komfortabler Zimmer wie auch das Dachrestaurant Imago sind gesegnet mit Terrassen und umwerfendem Blick. Nehmen Sie wenigstens einen Aperitif in der Hassler Bar. Il Palazzetto, der neue und intimere Anbau gegenüber, hat ein gutes Restaurant, eine Weinakademie, eine beliebte Weinbar und 4 schöne Zimmer – 3 davon mit Blick auf die Spanische Treppe. HOTEL HASSLER: Tel. +39/06-699340; www.hotelhasslerroma.com. *Preise:* ab € 444 (Nebensaison), ab € 704 (Hochsaison); Probiermenü im Imago € 107. IL PALAZZETTO: Tel. +39/06-699-34-1000; www.ilpalazzettoroma.com. *Preise:* ab € 289 (Nebensaison), ab € 422 (Hochsaison).

INN AT THE ROMAN FORUM – In einigen der 12 Zimmer dieses stylischen neuen Hotels in einem Palazzo aus dem 17. Jh., an einer ruhigen, malerischen Straße am Forum Romanum gelegen, gibt es Himmelbett und Kamin. Im ruhigen Garten können Sie sich einem Sightseeingtag mit einem Negroni in der Hand relaxen. INFO: Tel. +39/06-691-90970;

www.theinnattheromanforum.com. *Preise:* ab € 203 (Nebensaison), ab € 437 (Hochsaison).

INN AT THE SPANISH STEPS UND VIEW AT THE SPANISH STEPS – Diese beiden schicken Hotels liegen an der Via Condotti, Roms teuerster Einkaufsstraße. Die Zimmer im Inn sind voller Antikmöbel und Fresken, die im View sind modern eingerichtet. INFO: Tel. +39/06-6992-5657; www.theviewatthespanishsteps. com. *Preise:* Inn ab € 215 (Nebensaison), ab € 381 (Hochsaison); View ab € 470 (Nebensaison), ab € 740 (Hochsaison).

PORTRAIT SUITES – In diesem Stadthaus in der Nähe der Via Condotti hat die Ferragamo-Dynastie ihre Spuren hinterlassen – die schwarz-weiße, moderne Optik kontrastiert mit Farbtupfern; Annehmlichkeiten sind Kitchenettes und eine Dachterrasse. INFO: Tel. +39/06-693-80742; www.lungarnocollection.com. *Preise:* ab € 444.

LA POSTA VECCHIA – Hier werden Sie sich wie ein Gast von J. Paul Getty fühlen, dem diese Villa am Meer 32 km nördlich von Rom gebaut, gehört. Der Ölmilliardär gab Millionen für eine riesige Antiken-Kollektion aus (darunter die Hochzeitstruhe der Maria de' Medici), die immer noch in diesem Refugium mit 19 Zimmern zu finden ist, weg vom Chaos der Stadt. INFO: Tel. +39/06-994-9501; www.lapostavecchia.com. *Preise:* ab € 340 (Nebensaison), ab € 426 (Hochsaison). *Wann:* Anf. Jan.–Mitte März: geschlossen.

ESSEN & TRINKEN

DA FORTUNATO AL PANTHEON – Hier servieren Kellner in Smoking und Fliege klassisch-römische Küche. Die vielen Stammgäste sitzen stundenlang bei einem der besten Dinner der Stadt. Sie bezahlen auch für die Lage – spazieren Sie also nach dem Essen um das erleuchtete Pantheon nebenan. INFO: Tel. +39/06-679-2788; www.ristorantefortunato. it. *Preise:* Dinner € 45.

LA PERGOLA – Restaurantkritiker halten es für das beste der Stadt. Das elegante Restaurant liegt weit weg vom Stadtzentrum im Hotel Rome Cavalieri, aber durch die Lage auf dem Monte Mario haben Sie zusätzlich zu den Kreationen des seit 1994 begeisternden Küchenchefs Heinz Beck auch noch eine großartige Aussicht. INFO: Tel. +39/06-3509-2152; www.romecavalieri.it. *Preise:* Dinner € 110.

LA ROSETTA – Viele der frischen Fische werden täglich aus Sizilien eingeflogen, von wo Küchenchef Massimo Riccioli stammt. Das beliebte Fischrestaurant am Pantheon ist zwar teuer, aber es lohnt sich. Seit der Eröffnung 1966 kommen viele Stammgäste hierher. Die simplen, aber köstlichen Gerichte haben einen subtilen asiatischen Einschlag. INFO: Tel. +39/06-686-1002; www.larosetta.com. *Preise:* Dinner € 74.

TAVERNA DEI FORI IMPERIALI – Das klassische Restaurant mit rot-weiß karierten Tischdecken, von dem Sie dachten, das gebe es überall – was aber ein Irrtum ist. Die gemütliche Taverne am Forum Romanum bringt Süditalienisches auf den Tisch (machen Sie's wie die Einheimischen, die immer das Tagesgericht bestellen). INFO: Tel. +39/06-679-8643; www.latavernadeiforiimperiali. com. *Preise:* Dinner € 30.

EISDIELEN – Um das beste Eis Roms zu finden, probieren Sie einfach so viele wie möglich! Beginnen Sie bei Giolitti, der ältesten Gelateria der Stadt, seit 1900 in der gleichen Familie. Sie werden nicht der Einzige in der Schlange derer sein, die die 50 hausgemachten Sorten probieren wollen. Konkurrent ist Il Gelato di San Crispino in einer Seitenstraße am Trevibrunnen, wo unglaublich intensive Zutaten wie Armagnac oder Balsamico zahllose cremige Kreationen veredeln. Wandern Sie durch die Seitenstraßen um die Piazza Navona, bis Sie die Gelateria del Teatro finden. Hier wird mit Zutaten wie belgischer Schokolade, weißen Pfirsichen, Fenchel und Lavendel gearbeitet – unwiderstehlich. GIOLITTI: Tel. +39/06-699-1243; www. giolitti.it. IL GELATO DI SAN CRISPINO: Tel. +39/06-679-3924. GELATERIA DEL TEATRO: Tel. +39/06-4547-4880.

PRIMO CAFFÈS – Wenn Sie die Römer nach dem stadtbesten Kaffee fragen, kommen immer 2 Namen: Im vollen Caffè Sant'Eustachio genießt man den tollen Espresso und den leckersten Cappuccino der Stadt (Letzterer wird übrigens nie nach 11 Uhr getrunken). Das starke Aroma von Röstkaffee lockt seit 1946 Besucher zum schlichten Tazza d'Oro, das nur Stehplätze hat. CAFFÈ SANT'EUSTACHIO: Tel. +39/06-6880-2084; www.santeustachioilcaffe.it. TAZZA D'ORO: Tel. +39/06-678-9792; www.tazzadorocoffeeshop.com.

Eine Küstenwanderung mit inspirierenden Meerespanoramen

CINQUE TERRE

Ligurien, Italien

5 Dörfer, zusammen als die „5 Länder" bekannt, verstecken sich in winzigen Buchten entlang dem zerklüfteten südlichen Streifen der ligurischen Riviera (s. nächste Seite) und bieten einen Blick auf ein ruhiges, unberührtes Stück Mittelmeer – so muss Italien vor 100 Jahren gewesen sein. Die Cinque Terre blieb Außenstehenden lange verborgen: Die Klippen waren so unzugänglich, dass die Fischerdörfer vom Rest des Landes abgeschnitten und nur per Boot oder Eselspfad zu erreichen waren.

Heute wandert man auf diesen *sentieri*, auf einem der schönsten Wanderwege Europas, durch Buschland, vorbei an Agaven, Kaktusfeigen, Palmen, Olivenbäumen und gewagt angelegten Weinbergen, auf denen der Wein wächst, den Boccaccio im 14. Jh. so lobte.

Monterosso, die belebteste, nördlichste Stadt, ist die einzige mit einer größeren Auswahl an kleinen Hotels und Restaurants und einem Strand, an dem Sie die faulen Seiten der Riviera genießen können. Die hellen, luftigen Zimmer des Hotels Porto Roca sind in eine Klippe über dem Meer gebaut; die der Villa Steno liegen inmitten von Zitronen- und Olivenbäumen. Ligurische, unkomplizierte Fischgerichte gibt es bei Miky (probieren Sie die Linguine mit Hummer). Von hier aus können Sie dem *Sentiero Azzurro* (Blauen Pfad)

Bei der halbstündigen Wanderung von Riomaggiore nach Manarola, bekannt als Via dell'Amore („Weg der Verliebten"), können Sie zwischendurch schwimmen gehen.

folgen, auf dem Sie in 5 oder 6 Stunden das südlichste Dorf Riomaggiore erreichen. Kehren Sie auf dem Weg im Il Gambero Rosso ein, das im malerischen Vernazza am Wasser frischen Fisch serviert. Wenn Sie keinen Schritt mehr gehen können, geht es mit Zug oder Schiff weiter. Bleiben Sie 1 oder 2 Nächte im Ca' d'Andrean, einer ehemaligen Olivenölmühle in Manarola, deren gemütliche Zimmer mit Meerblick um einen Garten angelegt sind.

Wer die Herausforderung sucht, folgt dem steilen *Sentiero Rosso* (Roten Pfad) 40 km durch die Berge zwischen Levanto nördlich der Cinque Terre und Portovenere, einem schönen Dorf mit bunten Häusern und einem Fischereihafen (einfacher per Schiff zu erreichen).

Wo: Monterosso liegt 90 km östl. von Genua. **Hotel Porto Roca:** Tel. +39/0187-817502; www.portoroca.it. *Preise:* ab € 185. *Wann:* Nov.–Mitte Apr.: geschlossen. **Villa Steno:** Tel. +39/0187-817028; www.villasteno.com. *Preise:* € 148 (Nebensaison), € 222 (Hochsaison). **Miky:** Tel. +39/0187-817401. *Preise:* Dinner € 37. **Il Gambero Rosso:** Tel. +39/0187-812265; www.ristorantegamberorosso.net. *Preise:* Dinner € 45. *Wann:* Nov.–Feb.: geschlossen. **Ca' d'Andrean:** Tel. +39/0187-920040; www.cadandrean.it. *Preise:* ab € 90. **Reisezeit:** Mai–Juni und Sept.: bestes Wanderwetter (Wochenenden vermeiden); Ende Mai: *Sagra del Limone* (Zitronenfest) in Monterosso.

Idyllische Häfen und berühmte Refugien

Die italienische Riviera

Ligurien, Italien

Der grandiose Bogen der italienischen Riviera entfaltet sich von der französischen Grenze aus entlang dem glitzernden Panorama aus türkisem Wasser und schroffen Bergen. Der schmale, 354 km lange ligurische Küstenstreifen – den so mancher für viel schöner hält als die französische Riviera – besteht aus palmengesäumten Strandstädtchen mit schönen Altstädten und charmanten Trompe-l'Œil-Fassaden. Von den steilen Hügeln kommt das native Olivenöl, das auch der maritimen *cucina ligure* ihren Geschmack gibt. Die Gegend ist heute natürlich komplett erschlossen, aber die Fischer können Ihnen immer noch wilde, zerklüftete Buchten mit erstaunlich unverbauter Sicht zeigen – nicht viel anders, als es der von hier stammende Christoph Kolumbus gesehen haben dürfte.

In der hübschen Stadt Portofino drängen sich frühere Fischerhäuser in den ligurischen Farben Blassgelb, Ocker, Rosa um einen kleinen Hafen. Folgen Sie dem köstlichen Duft von *trenette*-Pasta mit Pesto und gegrillten Scampi zum schicken Ristorante Puny an

Portofino, früher ein Fischerdorf, lockt heute die bella gente Italiens.

Wasser. Die perfekte Adresse für Meerblick und die *bella gente* ist das Hotel Splendido Mare im Stadtzentrum. Oder wagen Sie den steilen, 10-minütigen Aufstieg (geht auch mit Shuttle) zu dessen großer Schwester, dem Hotel Splendido – einer Villa inmitten luxuriöser, fast tropischer Gärten, früher ein Benediktinerkloster. Die 12 modernen Zimmer im Domina Home Piccolo sind weniger königlich, schauen aber auf Terrassengärten und einen privaten felsigen Strand. Nehmen Sie sich Zeit und wandern Sie quer über die nach Pinien duftende Halbinsel entlang einsamer Küsten – auf gut markierten Wegen, z.B. zum Meereskloster San Fruttuoso. Es wurde im 10. Jh. von Benediktinermönchen gegründet und ist heute ein beliebtes Ziel für einen Strandlunch. Zu Fuß gehen Sie 2 Stunden, im Sommer fährt ein Boot in 20 Minuten hin.

Wenn wenig Verkehr ist, erreichen Sie Santa Margherita Ligure von Portofino aus in 15 Minuten – immer noch elegant, mit langen Kiesstränden und einer schattigen Palmenpromenade. Von hier bringt Sie eine 10-minütige Zugfahrt ins nette Fischerdorf Camogli, wo Sie von der Terrasse des Hotels Cenobio dei Dogi (früher Sommerhaus der Dogen von Genua) die Aussicht genießen können.

Wo: Portofino liegt 38 km südöstl. von Genua. HOTEL SPLENDIDO MARE und HOTEL SPLENDIDO: Tel. +39/0185-267801; www.hotelsplendido.com. *Preise:* Splendido Mare ab € 666; Splendido ab € 963. *Wann:* Nov.–März: geschlossen. DOMINA HOME PICCOLO: Tel. +39/0185-269015; www.dominahome.it. *Preise:* ab € 130 (Nebensaison), ab € 277 (Hochsaison). *Wann:* Nov.–März. CENOBIO DEI DOGI: Tel. +39/0185-7241; www.cenobio.it. *Preise:* ab € 166 (Nebensaison), ab € 241 (Hochsaison). REISEZEIT: Mitte Mai: *Sagra del Pesce* in Camogli, wo 1 t Fisch in einer 4 m breiten Pfanne gebraten wird; im Juli und Aug. ist wegen der Staus auf der Straße nach Portofino Geduld gefragt.

Glitzernde Schönheiten am Fuß der Alpen

DIE ITALIENISCHEN SEEN

Lombardei, Italien

Die 3 größten Seen Italiens – Lago Maggiore, Comer See, Gardasee – und eine Kette kleinerer Schönheiten rufen seit Langem viel Bewunderung, Lobgesänge und Gedichte bei denen hervor, die ihren alpengesäumten Anblick schon erleben durften. Im Norden erinnert die Gegend schon an die Schweiz, während die vielen eleganten Villen, Seedörfer, üppigen Gärten und Vergnügungen sehr italienisch sind.

Der Lago Maggiore, nur 1 Stunde Fahrt von Mailand entfernt, war schon immer ein Sommerziel für die Bewohner der Stadt. Die adlige Familie Borromeo baute auf den 2 winzigen Inseln barocke Paläste und großzügige Gärten. Ernest Hemingway siedelte *In einem andern Land* am Ufer des Sees an – im Grand Hotel des Iles Borromées in Stresa aus dem 19. Jh. Hier ist es immer noch so romantisch und fürstlich wie damals, und Sie können in der eleganten Lobbybar einen Hemingway Martini schlürfen. Der Ortasee, hinter einer kleinen Bergkette im Westen, ist kleiner und weniger umtriebig; die friedliche Stadt Orta San Giulio schaut über das Wasser zu der kleinen Insel, auf der die 1000 Jahre alte Basilica di San Giulio zu schwimmen scheint.

Der Comer See, wo die Berge direkt in das tiefe, spiegelblanke Wasser abfallen, ist umgeben von eleganten Villen und Grandhotels. Bellagio duckt sich am See auf einen bewaldeten Felsvorsprung. Viel Platz nimmt das Parkland des Grand Hotel Villa Serbelloni ein. Das Hotel aus der Belle Époque hat einen großartigen Meerblick und einen spürbaren Hauch von Nostalgie. Die Villa d'Este, die majestä-

Von den 5 Inseln der Borromäischen Inseln ist nur die Isola dei Pescatori bewohnt.

tisch südlich von Bellagio am Seeufer liegt, war ursprünglich das private Lustschloss eines Kardinals und ist heute das goldene Vorbild, das alle anderen Hotels inspiriert – groß, aber nicht aufdringlich, mit Garten und Veranda-Restaurant, dessen verschiebbare Glaswände den See an Ihren Tisch bringen.

Im hübschen Varenna direkt am See ist das Albergo Milano die beste Wahl, mit toller Aussicht, gutem Restaurant, gastlichen, patenten Inhabern und netten Preisen.

Der Gardasee, der größte in Italien, liegt 145 km östlich von hier und war früher das kühle Sommerziel der antiken römischen VIPs: Außerhalb von Sirmione, wo ein Castello aus dem 13. Jh. fast ganz vom tiefblauen Wasser des Sees umschlossen wird, sollen die Ruinen der Grotte di Catullo die Seevilla des Dichters Catull gewesen sein. Im Vergleich erscheint das palastähnliche Villa Cortine Palace Hotel aus dem 19. Jh. sehr modern. Mit seinen Kolonnaden und dem gepflegten Garten am Ufer ist es Sirmiones bestes Hotel. Am anderen Ufer, einen kurzen Spaziergang vom hübschen, unverbauten Gargano entfernt, wurde ein aristokratisches Herrenhaus von 1892 (zeitweise im Besitz von Mussolini) zum glamourösen, altmodischen Grand Hotel Villa Feltrinelli umgebaut – vielleicht das prächtigste aller Seehotels.

Wo: Como liegt 40 km nördl. von Mailand. HOTEL DES ILES BORROMÉES: Tel. +39/0323-938938; www.borromees.it. *Preise:* ab € 180 (Nebensaison), ab € 285 (Hochsaison). VILLA SERBELLONI: Tel. +39/031-950216; www.villaserbelloni.it. *Preise:* ab € 400 (Nebensaison), ab € 505 (Hochsaison). *Wann:* Nov.–März: geschlossen. VILLA D'ESTE: Tel. +39/031-3481; www.villadeste.it. *Preise:* ab € 430 (Nebensaison), ab € 666 (Hochsaison); Dinner im Veranda € 120. *Wann:* Mitte Nov.–Feb.: geschlossen. ALBERGO MILANO: Tel. +39/0341-830298; www.varenna.net. *Preise:* ab € 93. *Wann:* Mitte Nov.–Mitte März: geschlossen. VILLA CORTINE PALACE: Tel. +39/030-99-05890; www.hotelvillacortine.com. *Preise:* ab € 322 (Nebensaison), ab € 466 (Hochsaison). *Wann:* Okt.–März: geschlossen. VILLA FELTRINELLI: Tel. +39/0365-798001; www.villafeltrinelli.com. *Preise:* ab € 870 (Nebensaison), ab € 1185 (Hochsaison). REISEZEIT: Juli–Aug. sind am vollsten; Mitte Aug.–Mitte Sept.: internationale Festwoche *Settimane Musicali di Stresa.*

Das Genie eines Mannes der Renaissance

DAS ABENDMAHL UND ANDERE WERKE VON LEONARDO DA VINCI

Mailand, Lombardei, Italien

Leonardo da Vincis *Cenacolo* (Abendmahl), 1498 für den Konvent Santa Maria delle Grazie gemalt, fesselt Betrachter immer noch mit seiner Kraft, Tiefe und Menschlichkeit. Leonardo suchte unter den Kriminellen der Stadt jahrelang nach dem Gesicht des Judas. Das Ergebnis, wie der Kunsthistoriker Giorgio Vasari im 16. Jh. erklärte, war „das wahre Bild des Verrates und der Unmenschlichkeit".

Wer das 9 m lange Wandbild studiert, bemerkt weitere meisterliche Details: Die Apostel, in Dreiergruppen angeordnet (Zeichen für die Heilige Dreifaltigkeit), sind deut-

Das Abendmahl *wurde im Zweiten Weltkrieg fast zerstört und mehrmals schlecht restauriert. Heute ist es nur nach Voranmeldung zu sehen.*

lich aufgewühlt, während Jesus ruhig, fast heiter wirkt; Judas ist im Schatten.

Schlecht für uns: Leonardo verwendete nicht die übliche Freskotechnik, bei der Ölfarbe und feuchter Putz eine Verbindung eingehen. Stattdessen mischte er seine Farben mit Tempera und arbeitete auf trockenem Putz. Das Gemälde fing fast sofort an zu verfallen. Trotzdem – und trotz einiger unbeholfener Restaurierungen (wobei eine erfolgreiche 21-jährige Restaurierung 1999 vollendet wurde), Beanspruchung durch die Elemente und Beschädigungen, als Napoleons Truppen die Figuren für Zielübungen benutzten – ruft das *Abendmahl* immer noch das Drama dieses schicksalhaften Moments wach.

Es war eines von Leonardos vielen Projekten aus den 17 Jahren, die er unter dem Patronat von Herzog Ludivico „I Moro" Sforza in Mailand verbrachte. Er plante Kanäle und Deiche in den Ebenen rund um die Stadt (manche heute noch in Gebrauch), entwarf eine Kuppel für den Dom (nie verwirklicht) und malte ein reizendes Fresko, das eines der Prunkzimmer des Herzogs im Castello Sforzesco in eine Laube verwandelte. Hier befindet sich auch das letzte Werk des damals 90-jährigen Michelangelo, die *Rondanini-Pietà*.

Ein weiteres Leonardo zugeschriebenes Werk, das *Bildnis eines Musikers* (das einige Wissenschaftler für ein Selbstporträt halten) ist in der Pinacoteca Ambrosiana. Sein *Codex Atlanticus*, ein 1100 Seiten starkes Notizbuch mit Schriften und Zeichnungen zu Themen von Waffen bis zu Flugmaschinen wird nebenan in der Biblioteca Ambrosiana ausgestellt; bis 2015 wird alle 3 Monate ein neuer Abschnitt gezeigt. Im Museo Nazionale della Scienza e Tecnica (Nationales Wissenschafts- und Technikmuseum) zeigen Repliken von Leonardos Entwürfen (Flugzeuge, Hubschrauber, U-Boote) die Fantasie eines der größten Genies aller Zeiten.

Info: Tel. +39/02-8942-1146; www.cenacolovinciano.org. **Wie:** Tickets im Voraus über www.tickitaly.com; Führung (Eintritt ohne Warten), Tel. in Rom +39/06-8336-0561; www.lastsuppertickets.com. *Preise:* € 33. Castello Sforzesco: Tel. +39/02-8846-3700; www.milanocastello.it. Pinacoteca Ambrosiana: Tel. +39/02-806921; www.ambrosiana.it. Museo Nazionale della Scienza e Tecnica: Tel. +39/02-485551; www.museoscienza.org.

Das Epizentrum der Mode, des Designs und des guten Lebens

Am und rund um die Piazza del Duomo

Mailand, Lombardei, Italien

Mailand ist ein Muss für diejenigen, die die schönen Dinge des Lebens genießen – was ein Spaziergang über die Piazza del Duomo und durch die umliegenden Straßen bestätigen wird. Der Dom, Mailands berühmtestes

Wahrzeichen und einer der größten der Welt, steht mit seiner Größe und seinem Dekor für die kreative Energie der Stadt. Der Bau dauerte 5 Jahrhunderte. Außen bekrönen den Dom 135 Marmortürmchen und 2245 Statuen; das Innere ist dagegen spartanisch – und so groß, dass 40.000 Leute darin sitzen können. Die hohen Buntglasfenster im Chor gehören zu den größten der Welt. Ein Lift zum Dach bietet die Chance, zwischen dem Wald aus weißen Türmchen herumzulaufen und die Schwebebögen von Nahem zu betrachten. Die Aussicht auf die hektischste Stadt Italiens ist atemberaubend; an klaren Tagen kann man die 80 km entfernten Schweizer Alpen sehen. Auf der Turmspitze steht eine goldene Marienstatue, von der die inoffizielle Stadthymne *O mia bela Madunina* (im lombardischen Dialekt gesungen) handelt – ein Lied, das auch bei Fußballspielen des AC Mailand erschallt.

Passend zu einer Stadt, die mit Stil assoziiert wird, war die Galleria Vittorio Emanuele II die 1. Einkaufspassage der Welt, eine Posse des 19. Jh., die man auch „das Wohnzimmer Mailands" nennt, mit Mosaikfußboden, schönen Shops und Cafés unter einem hohen Bleiglasdach. Die Galleria führt zum Teatro alla Scala, dem weltberühmtesten Opernhaus, wo nicht nur Verdis *Otello* und *Falstaff* Premiere feierten, sondern auch Puccinis *Turandot* und Bellinis *Norma*. Maria Callas sang häufiger hier als irgendwo sonst.

Mailands unermüdliche Beschäftigung mit Design präsentiert sich ganz in der Nähe, auf der unvergleichlichen Via Montenapoleone und ihren Seitenstraßen, der schicksten Shoppingmeile der Welt. Dieses „goldene Dreieck", in dem die schnittigen Boutiquen der Hohepriester der *moda italiana* residieren, ist der Himmel für alle mit großer Geldbörse – und das Fegefeuer für alle, die nur in die Schaufenster gucken können. Oder gucken Sie Leute an, bei einem Cappuccino im Cova, dem eleganten

„Nicht beeindruckend schön, aber herrlich sonderbar", sagte Henry James über den Dom, Mailands beständigstes Wahrzeichen.

Café von 1822 – besonders während der 4-mal jährlich stattfindenden Mailänder Modewochen interessant.

Wohnen Sie im Four Seasons Hotel: Der ehemalige Konvent wurde in eine einzigartige Stadtoase des 21. Jh. umgebaut und mit Fragmenten freigelegter Fresken und gewölbten Decken veredelt. Wer in einem der 39 Zimmer oder der Suite im smarten Hotel Spadari (effektvoll in Szene gesetzte Kunstwerke; alles in ruhigen Blau- und Türkistönen gehalten) im Schatten des Doms absteigt, ist direkt an der Schwelle des legendären Peck, Mailands prächtigem Delikatessen-als-Kunst-Tempel. Die nahe Trattoria Milanese serviert seinen gut betuchten Gästen dagegen in charmant unprätentiösem Backsteinambiente perfektes Ossobuco und andere Klassiker.

Dom: Tel. +39/02-8646-3456; www.duomomilano.it. **Teatro alla Scala:** Tel. +39/02-7200-3744; www.teatroallascala.org. *Wann:* Opernsaison Dez.–Juli; Ballett und Konzerte in den anderen Monaten. **Cova:** Tel. +39/02-7600-5599. **Four Seasons Hotel Milano:** Tel. +39/02-77088; www.fourseasons.com/milan. *Preise:* ab € 637. **Hotel Spadari:** Tel. +39/02-7200-2371; www.spadarihotel.com. *Preise:* ab € 244. **Peck:** Tel. +39/02-802-3161; www.peck.it. **Trattoria Milanese:** Tel. +39/02-8645-1991. *Preise:* Dinner € 45. **Reisezeit:** Apr.–Mai und Sept.–Okt.: Die Stadt brummt in Erwartung der neuen Modekollektionen.

Ein Hoch auf die Pracht der Renaissance

Palazzo Ducale und Palazzo del Te

Mantua, Lombardei, Italien

Mantua (Montova), am trägen Fluss Mincio gelegen, ist in die reiche Vergangenheit der mächtigen Gonzaga-Familie getaucht, die für Mantua das war, was die Medicis für Florenz waren (s. S. 229). Unter ihrem Einfluss florierte die Stadt 400 Jahre lang; ihr reich geschmückter Palazzo Ducale mit 500 Räumen und 15 Höfen wurde zwischen dem 13. und 18. Jh. erbaut. Die riesigen, vergoldeten Flure und großen Galerien sind voller prächtiger Leinwände von Renaissancemeistern, besonders von Andrea Mantegna, dessen fantasiereiches *Camera degli Sposi* („Brautgemach", 1472–74) nur ein Highlight des Palastes ist.

Ein Gonzaga-Herzog, Federico II., baute seinen eigenen Palast, den Palazzo del Te, wo der Architekt und Maler Giulio Romano (16. Jh.) Decke und Wände mit üppigen Fresken bedeckte – von Pferdeporträts bis zu pornografischen Szenen aus der Mythologie. Diese wunderbar sonderlichen Werke sind unter den weltbesten Meisterstücken des Manierismus.

Unter den mit Fresken bemalten Decken der Trattoria Il Cigno dei Martini können Sie Gonzaga-Köstlichkeiten verspeisen. Das elegante Ristorante Aquila Nigra ist bekannt für leckere Pasta und regionale Spezialitäten mit kreativem Touch, serviert in einem mittelalterlichen Palazzo. Ungezwungener ist das Flair in der Osteria La Porta Accanto nebenan.

Wo: 153 km südöstl. von Mailand. **Trattoria Il Cigno:** Tel. +39/0376-327101. *Preise:* Dinner € 55. **Aquila Nigra:** Tel. +39/0376-327180; www.aquilanigra.it. *Preise:* Dinner € 74; Dinner im La Porta Accanto € 33. **Unterkunft:** Casa Poli hat helle, moderne Zimmer in einem Palazzo des 19. Jh. im Stadtzentrum. Tel. +39/0376-288170; www.hotelcasapoli.it. *Preise:* ab € 148. **Reisezeit:** Am Karfreitag wird eine Phiole, die angeblich das „Wertvollste Blut Christi" (Preziosissimo Sangue di Cristo) enthält, durch die Straßen getragen; Mitte Sept.: *Festivaletteratura* – Konzerte, Theater und andere Events.

Palazzo Ducale und Belcantogesang

Urbino und Pesaro

Die Marken, Italien

Urbino, auf einem steilen Hügel in der Region Marken, könnte auf jeden Fall mit bekannteren italienischen Städten mithalten, wenn es um Geschichte, Kunst, Architektur und Gastronomie geht – es liegt nur ein wenig abseits der ausgetretenen Pfade. In der 2. Hälfte des 15. Jh. war hier der Sitz eines der bedeutendsten Gerichte Europas, unter der visionären Führung von Federico da Montefeltro. Der Herzog beauftragte die besten Künstler und Architekten mit Bau und Ausschmückung seines großen Palazzo Ducale, der als perfektes Beispiel der Frührenaissance gilt.

Heute ist hier die Galleria Nazionale delle Marche mit einer renommierten Kunstsammlung, die Werke des von hier stammenden Raffael enthält (*La Muta*, „Die Stille") sowie von Piero della Francesca (*Madonna di Senigallia* und *Die Geißelung Christi*, Letzteres hielt der Künstler für sein bestes Werk), Paolo Uccello und Luca Signorelli. Besucher dieses unterschätzten Reiseziels haben die Säle oft für sich allein, wie auch die steilen Straßen und großen Piazzas dieser kleinen, stolzen Stadt mit 15.000 Einwohnern und den Studenten der 500 Jahre alten Universität. Vom Hotel Bonconte in einer Villa bei der Stadtmauer schaut man auf das grüne Hügelland. Wer nur ein paar Minuten aus der Stadt herausfährt, stößt auf das stylische Locanda della Valle Nuova, ein Anwesen aus Bruchstein und Holz unter Eichen in einem idyllischen Park. Die Gäste erfreuen sich an sfrischer Luft, netten Gastgebern, Käse, Fleisch und Wein direkt frisch vom Biohof.

Unten an der Küste ist die Atmosphäre etwas lebhafter – in Pesaro, einem attraktiven Badeort und Heimat von Gioacchino Rossini. Der große Komponist von *Der Barbier von Sevilla* wird jährlich mit dem Rossini-Opernfestival geehrt, das bei Opernpuristen beliebt ist. Auch wenn Sie nicht zum Festival hier sind: Erleben Sie die typische Pesaro-Atmosphäre bei einem Spaziergang auf der belebten Via Rossini und machen Sie es sich im schön renovierten, nostalgischen Hotel Vittoria gemütlich.

Wo: 176 km östl. von Florenz. **Galleria Nazionale delle Marche:** Tel. +39/0722-2760; www.palazzoducaleurbino.it. **Hotel Bonconte:** Tel. +39/0722-2463; www.viphotels.it. *Preise:* € 93 (Nebensaison), € 148 (Hochsaison). **Locanda della Valle Nuova:** Tel. +39/0722-330303; www.vallenuova.it. *Preise:* ab € 60. *Wann:* Nov.–Mai: geschlossen. **Hotel Vittoria:** Tel. +39/0721-34343; www.viphotels.it. *Preise:* € 137. **Reisezeit:** Ende Juli: *Festival Internazionale di Musica Antica* in Urbino, Italiens wichtigstes Renaissance- und Barockmusikfestival; Aug.: Rossini-Opernfestival in Pesaro.

Europas südlichste Insel

Pantelleria

Italien

Die abgelegene, windumtoste, karge, ja sogar desolate Insel Pantelleria („Tochter der Winde") ist nichts für jeden. Der uralte, schroffe Lavahügel liegt zwischen 2 Kulturen, zwischen Sizilien und Tunesien, nur 70 km von der afrikanischen Küste entfernt. Der vulkanische Ursprung der Insel ist überall sichtbar, mit vielen heißen Quellen (einige fließen direkt ins Meer und bilden natürliche Bäder), Saunahöhlen, Fumarolen und Kraterseen, darunter der Specchio di Venere („Spiegel der Venus"), wo sich die Göttin der Legende nach im smaragdgrünen Wasser spiegelte. Die reiche schwarze Erde bringt Olivenhaine, Kapernsträucher (gesalzene Pantelleria-Kapern sind bekannt) und Zibibbo-Trauben hervor, die zu ungewöhnlichen Weinen gemacht werden, darunter der honigähnliche *passito*. Die Küche Pantellerias hat simple, aber starke Aromen, die Sie am besten im Restaurant Al Tramonto genießen können, mit einem steinernen Patio hoch über dem Meer, wo der Sonnenuntergang (*tramonto*) mit den Fischspezialitäten konkurriert.

Traditionelle *dammusi*, uralte Steinhäuser mit Kuppeldächern und maurischen Interieurs mit Bogenformen, sind integrales Element der kargen Schönheit dieser windigen Insel. Als die Kreativszene Mailands in den 1980er-Jahren damit begann, Pantelleria als Set für Modeaufnahmen zu benutzen, wurden rustikale, aber gehobene Hotels und Restaurants eröffnet. Das bekannteste Hotel ist das schicke, aber intime Monastero, die Kreation des Modefotografen Fabrizio Ferri, der ein verlassenes *dammusi*-Dorf in ein privates Refugium von zeitlosem Charme verwandelte. Le Case di Gloria ist eine zwanglosere Kollektion alter *dammusi*, die man zu komfortablen Zimmern umgebaut hat, von denen Pfade hinunter zur felsigen Küste führen. Es gibt auch modernere Unterkünfte wie das Hotel Mursia, dessen Zimmer von den Bögen des *dammusi*-Stils inspiriert wurden.

Wo: 190 km südwestl. von Palermo, Sizilien. AL TRAMONTO: Tel. +39/0349-537-

Der aus grauer Lava entstandene Arco dell'Elefante ähnelt einem aus dem Meer trinkenden Elefanten und ist das inoffizielle Symbol der Insel.

2065. *Preise:* Dinner € 40. MONASTERO: Tel. +39/0349-559-5580; www.monasteropantelleria.com. *Preise:* ab € 407 pro Nacht (Minimum 1 Woche). LE CASE DI GLORIA: Tel. +39/0328-277-0934; www.dammusidigloria.it. *Preise:* ab € 74 (Nebensaison), ab € 200 (Hochsaison). *Wann:* Mitte Nov.–März: geschlossen. MURSIA HOTEL: Tel. +39/0923-911217; www.mursiahotel.it. *Preise:* ab € 148. *Wann:* Nov.–März: geschlossen. REISEZEIT: Apr.–Juni und Sept.–Okt.: bestes Wetter; Ende Juni: Fest der Madonna della Margana mit Prozessionen, Festessen und Feuerwerk.

Wo Trüffel und Wein die Hauptrollen spielen

DIE LANGHE

Piemont, Italien

Die von Wein bedeckten Hügel und stolzen Städte der Langhe sind so mild wie die berühmten Barolo-, Nebbiolo- und Barbaresco-Weine, die sie hervorbringen. Die heißen Sommer und nebligen Herbste fördern außerdem das Wachstum des *tartufo bianco* (Weißer Trüffel). Bei diesen und anderen kulinarischen Höhepunkten verwundert es nicht, dass die Slow-Food-Bewegung hier ihren Anfang nahm. Asti ist in aller Welt bekannt für die perlenden (*spumante*) Weine sowie den Palio, ein traditionsreiches Pferderennen um die Piazza Alfieri. Erkunden Sie das nahe Alba an einem Samstagmorgen, wenn sich ein lebhafter Markt die Via Vittorio Emanuele entlangschlängelt.

Das Hotel Castello di Sinio direkt außerhalb von Alba ist eine restaurierte Mittelalterburg inmitten der Barolo-Weinberge; wer hier übernachtet, kann mitunter an Weinproben und Kochkursen teilnehmen. Villa Beccaris ist ein reizendes Adelspalais aus dem 18. Jh. außerhalb von Monforte d'Alba. Das Langhe Hotel in einem Vorort von Alba ist eine bescheidenere Wahl in der Nähe des Restaurants Lalibera. Die moderne Osteria zaubert neue Interpretationen traditioneller Gerichte, z.B. mit Hechtschaum gefüllte Zucchiniblüten. Im Il Convivio in Asti begleiten lokale Weine aus dem riesigen Keller die Tagesgerichte: oft Gnocchi in einer süßen Paprikasoße und *cardo gobo*, wilde Artischocken, gedippt in *bagna cauda*, die allgegenwärtige Soße der Region, die aus Olivenöl, Knoblauch und Sardellen besteht.

Die landschaftlichen und kulinarischen Highlights der Langhe erinnern oft an die Toskana, doch zumindest bis jetzt ist diese ruhige kleine Ecke Italiens ein gut gehütetes Geheimnis.

Wo: Asti liegt 60 km, Alba 70 km südöstl. von Turin. **Wie:** Tour Piedmont veranstaltet Gastro- und Kulturtrips. Tel. +39/0333-390-8947; www.tourpiedmont.com. Castello di Sinio: Tel. +39/0173-263889; www.hotelcastellodisinio.com. *Preise:* ab € 185. Villa Beccaris: Tel. +39/0173-78158; www.villabeccaris.it. *Preise:* ab € 166 (Nebensaison), ab € 222 (Hochsaison). Langhe Hotel: Tel. +39/0173-366933; www.hotellanghe.it. *Preise:* ab € 100. Lalibera: Tel. +39/0173-293155. *Preise:* Dinner € 26. Il Convivio: Tel. +39/0141-594188. *Preise:* Dinner € 26. Reisezeit: Sa.: Markt in Alba; Ende Sept.: Palio in Asti; Anf. Okt.: *Palio degli Asini* (Eselrennen) in Alba; Ende Okt.–Anf. Nov.: internationale Trüffelmesse *Tartufo Bianco d'Alba*.

Glamourös an der Küste, geheimnisvoll im Inselinneren

SARDINIEN

Italien

Sardinien (Sardegna) ist nicht nur Italiens zweitgrößte Insel, sondern auch ein alter, von allen Seegroßmächten begehrter Kreuzungspunkt zwischen Ost und West; sowohl glamouröser Tummelplatz als auch ländliche Bastion der Traditionen. Mehr als 1600 km feinsandige Strände säumen die Küste. In den mittelalterlichen Dörfern wird immer noch ein einzigartiger sardischer Dialekt gesprochen. Die Einheimischen pflegen Schafe und Weinberge, die reichhaltige Käse und aromatische Weine hervorbringen, wie den roten Cannonau (Grenache) und den weißen Vermentino.

Costa Smeralda, die 55 km lange, mit Felsbrocken übersäte Küste im Nordosten, zieht die Superreichen an, von denen viele auf der Privatjacht dem *dolce vita* frönen. In den 1960er-Jahren schuf Prinz Karim, der Aga Khan, das exklusive Hotel Cala di Volpe, das einem sardi-

Blaugrünes Wasser umspült die „Smaragdküste" Sardiniens.

schen Fischerdorf ähnelt, aber einen exotischen Einschlag aus Türmchen und Portalen hat. Das nahe Capo d'Orso ist im sardischen Stil möbliert und hat Zimmer mit Meerblick.

Ein Großteil Sardiniens scheint von der kosmopolitischen Costa Smeralda weit weg zu sein. Viele Orte haben sich kaum verändert, seit D. H. Lawrence die Insel als „verloren zwischen Europa und Afrika" beschrieb. Auf den 7 unbewohnten Inseln des Maddalena-Nationalparks (eine kurze Bootstour von der Nordküste) ist das Einsame-Insel-Flair geblieben.

Der ummauerte, zwischen Pinien und Palmen versteckte Hafen Alghero ist die hübscheste Stadt, mit schmalen Straßen, die sich an alten Kirchen und Palästen vorbeischlängeln. An ihrem Rand liegt die Villa Las Tronas, einst Ferienvilla für Italiens Adlige, heute eine exklusive Enklave inmitten üppiger Gärten. Steigen Sie die 650 Stufen zur Grotta di Nettuno (Neptuns Grotte) hinab, in der Boote eine Kette von unterirdischen Seen befahren. Das Nuraghe Palmavera, wo 50 konisch geformte Steinhütten (*nuraghe*) aus dem Jahr 1500 v. Chr. um einen bienenstockartigen Turm herumstehen, ist ein Highlight. Das raue, bergige Binnenland ist mit mehr als 7000 dieser *nuraghe* gesprenkelt. Die größte Ansammlung bildet die ummauerte Stadt Barumini. Entlang der Chia-Bucht an der Südwestküste beschwören Sanddünen und jahrhundertealte Wacholderbüsche die Zeitlosigkeit der Insel herauf.

Wo: 180 km westl. des italienischen Festlands. CALA DI VOLPE: Tel. +39/0789-976111; www.caladivolpe.com. *Preise:* ab € 444 (Nebensaison), ab € 666 (Hochsaison). *Wann:* Nov.–März: geschlossen. CAPO D'ORSO: www.delphina.it. *Preise:* ab € 244 (Nebensaison), ab € 444 (Hochsaison), inklusive. *Wann:* Okt.–Apr.: geschlossen. VILLA LAS TRONAS: Tel. +39/ 079-981818; hotelvillalastronas.it. *Preise:* ab € 211 (Nebensaison), € 385 (Hochsaison). REISEZEIT: Juni–Aug.: Strandwetter; Leute anschauen.

Vulkandramen und Barfuß-Schick

DIE ÄOLISCHEN INSELN

Sizilien, Italien

Die 7 nach Æolus, Gott des Windes, benannten Äolischen oder Liparischen Inseln (Isole Eolie) liegen an Siziliens nordöstlicher Flanke. Mit den klarsten Wassern Italiens, vielen Grotten, (versteckten) Buchten, schwarzen Sandstränden und Vulkanen sind sie eine ganz eigene Welt. Lipari, die attraktive Hauptinsel, hat eine lebhafte Altstadt, die von einem Castello aus dem 17. Jh. beherrscht wird, wo ein renommiertes archäologisches Museum untergebracht ist. Vulcano ist voller Thermalquellen und dampfender Fumarolen, obwohl der Vulkan schläft; Iddu, der Vulkan auf Stromboli, schläft definitiv nicht, sondern speit heiße Lava ins kochende Meer. Panarea ist von einem Meeresgrund umgeben, der Taucher und Schnorchler erfreut; viele von ihnen italienische Fashionistas, die den Barfuß-Lifestyle und das Nachtleben mögen.

Stromboli hat wegen seiner regelmäßigen, gut sichtbaren Vulkanausbrüche den Spitznamen „Leuchtturm des Mittelmeers".

Ein glamouröses Zimmer finden Sie im Hotel Raya in Panarea, dessen Terrassen, gutes Restaurant und Nachtclub den Vulkan auf

Stromboli überblicken. Das Quartara ist stylisch, aber unprätentiös, mit großzügigen, steingefliesten Zimmern. Auf der abgelegeneren Filicudi liegen die Zimmer des La Canna zwischen Blumenterrassen, während auf Salina, der grünsten Insel, eine Gruppe schöner Häuser das Hotel Signum bildet, das Pool und Thermalbad zu bieten hat. Das beste Hotel auf Stromboli – 1950 bekannt geworden, als Roberto Rossellini und Ingrid Bergman hier ihre berüchtigte Affäre begannen – ist La Sirenetta Park am Ficogrande-Strand, eine gute Basis für die 5–6-stündige Klettertour auf den Vulkan.

Wo: Vulcano, die Sizilien am nächsten ist, liegt 35 km vor der Nordküste. **Hotel Raya:** Tel. +39/090-983013; www.hotelraya.it. *Preise:* ab € 185 (Nebensaison), ab € 311 (Hochsaison). *Wann:* Nov.–März: geschlossen. **Hotel Quartara:** Tel. +39/090-983027; www.quartara hotel.com. *Preise:* ab € 211 (Nebensaison), ab € 370 (Hochsaison). *Wann:* Nov.–Ende März: geschlossen. **La Canna Hotel:** Tel. +39/090-988-9956; www.lacannahotel.it. *Preise:* ab € 74 (Nebensaison), ab € 152 (Hochsaison). *Wann:* Nov.–März: geschlossen. **Hotel Signum:** Tel. +39/090-984-4422; www.hotelsignum.it. *Preise:* ab € 133 (Nebensaison), ab € 289 (Hochsaison). *Wann:* Mitte Nov.–Mitte März: geschlossen. **La Sirenetta Park Hotel:** Tel. +39/090-986025; www.lasirenetta.it. *Preise:* ab € 133 (Nebensaison), ab € 252 (Hochsaison). *Wann:* Nov.–März: geschlossen. **Reisezeit:** Mai–Juni und Sept.: die wenigsten Touristen; Juli–Aug.: szenige Hauptsaison.

Vom Heiligen und Ruhigen zum modernen Alltagschaos

Die Schmuckstücke von Palermo

Palermo, Sizilien, Italien

Keine andere Stadt in Europa erlebte so viele Zivilisationen und Eroberungswellen wie Palermo, geformt von 25 Jahrhunderten turbulenter Geschichte. Ein Beispiel dieses reichen Erbes ist z.B. der Palazzo dei Normanni, Heimat der arabischen Inselherrscher des 9. Jh., der im 12. Jh. von den Normannen in einen üppigen Palast verwandelt wurde (heute Sitz der sizilianischen Regierung), aber seine islamische Ästhetik beibehielt. Die Cappella Palatina des Palasts ist komplett mit byzantinischen Mosaiken bedeckt, eine Verschmelzung westlicher und östlicher Traditionen mit Harems, wilden Tieren und Bibelszenen. Der Dom, zur gleichen Zeit erbaut, zeigt in seinen Kuppeln, Türmen und gefliesten Bögen ähnliche Einflüsse, wie auch die Chiesa di San Giovanni degli Eremiti („Kirche des heiligen Johannes der Einsiedler"), gekrönt von 5 roten Kuppeln, umgeben von den exotischen Gärten und engen Straßen des Albergheriaviertels, dessen Herz der geschäftige Straßenmarkt Ballarò ist.

Für den atemberaubendsten Einblick in dieses Erbe fahren Sie 8 km nach Monreale, wo die prächtige Cattedrale di Santa Maria la Nuova aus dem 12. Jh. steht. Sie wurde

Die Kathedrale und der Kreuzgang von Monreale repräsentieren die höchste Dichte arabischer, byzantinischer und normannischer Kunst an einem Ort.

vom normannischen König Wilhelm II. aus hellem sizilianischem Stein auf einem Berg erbaut und ist eine extravagante Mischung maurischer und normannischer Stile, wo bunte Mosaiken jeden Zentimeter der Wand veredeln. Im anschließenden Kreuzgang, wo Sie einen ruhigen Moment erhaschen können, sind keine 2 der 216 schlanken Pfeiler gleich.

La Vucciria ist Siziliens größter Markt, ein brummendes Spektakel der Händler, die ihre Ware besingen: Haufen aus salzigem Tintenfisch und Sardellen, Berge von frischen Kräutern, reife Tomaten und glänzende Oliven. Oder setzen Sie sich mit Blick auf den Markt ins Shanghai, eine schlichte Trattoria, wo Frischfisch und Gemüse in Körben von den Marktständen hochgezogen werden. Entkommen Sie dem Chaos im Piccolo Napoli, wo der frische Fisch in einer etwas förmlicheren Atmosphäre gegrillt wird.

Der ausladende Palazzo aus dem 17. Jh., der einst dem Prinzen Giuseppe Tomasi di Lampedusa, Autor von *Der Leopard*, gehörte, ist heute das Butera 28. Adoptivsohn und Schwiegertochter des Prinzen, der Herzog und die Herzogin von Palma, beherbergen ihre Gäste in 9 großen Appartements, geben Bankette und arrangieren Stadttouren und Kochkurse. Das BB22 mit 6 Zimmern im Herzen der Stadt versetzt einen alten Palazzo mit modernem Flair. Die Villa Igiea, ein Jugendstilhotel an der Bucht nördlich des Stadtzentrums, erfreut Gäste mit Gärten und nostalgischen Zimmern voller sizilianischem Charme.

INFO: www.palermotourism.com. **PALAZZO DEI NORMANNI** und **CAPPELLA PALATINA:** Tel. +39/091-705-1111. **TRATTORIA SHANGHAI:** Tel. +39/091-589-7025. *Preise:* Dinner € 22. **PICCOLO NAPOLI:** Tel. +39/091-320-431. *Preise:* Dinner € 37. **BUTERA 28:** Tel. +39/0333-316-5432; www.butera28.com. *Preise:* Appartements für 2 ab € 52. **BB22:** Tel. +39/091-611-1610; www.bb22.it. *Preise:* ab € 122. **VILLA IGIEA:** Tel. +39/091-631-2111; www.hotelvillaigieapalermo.com. *Preise:* ab € 148 (Nebensaison), ab € 244 (Hochsaison). **REISEZEIT:** Karwoche; um den 15. Juli: Prozessionen und Feiern für die Patronin St. Rosalia.

Prächtige Monumente der antiken Welt

DIE GRIECHISCHEN TEMPEL SIZILIENS

Sizilien, Italien

Die griechischen Kolonisten, die im 8. Jh. v. Chr. an den Küsten der süditalienischen Halbinsel und der Insel Sizilien anlandeten, brachten ihre hellenische Politik und Kultur mit und erweiterten ihre Zivilisation auf das später als Magna Graecia bekannte Gebiet. An der südöstlichen Spitze Siziliens in Syrakus, das einst Athen in Macht und Glanz Konkurrenz machte, ist die griechische Präsenz im erstaunlich gut erhaltenen Teatro Greco erhalten, wo jeden Sommer klassische Stücke aufgeführt werden. Andere wichtige Monumente sind im nahen Parco Archeologico zu sehen.

Auf der kleinen Insel Ortigia im Hafen von Syrakus enthält der barocke Dom die dicken Säulen eines antiken Athene-Tempels. Wer nebenan in das elegante, jahrhundertealte Grand Hotel Ortigia eincheckt, findet sich inmitten von Hafenpromenaden, mittelalterlichen Straßen, Palazzi und Plätzen wieder – und nahe am Don Camillo, wo es mit den leckersten Fisch Siziliens gibt.

Der Concordia-Tempel in Agrigento diente im Mittelalter als eine den hll. Petrus und Paulus geweihte Kirche.

In Agrigento errichteten die Griechen eine Kette dorischer Tempel aus hellem Stein über dem Valle dei Templi (Tal der Tempel), eine der besterhaltenen Stätten frühgriechischer Architektur außerhalb Griechenlands. 34 Außensäulen umgeben immer noch den um 430 v. Chr. erbauten Tempio della Concordia. Der gewaltige, fast ganz zerstörte Tempio di Giove ist einer der größten je gebauten griechischen Tempel. In den Sommermonaten gibt es Abendtouren zu den illuminierten Tempeln; Sie können sie aber auch von vielen Zimmern des Hotels Villa Athena sehen. Krönen Sie Ihren Tag mit einem Dinner aus hausgemachter Pasta und gegrilltem Fisch in der Trattoria dei Templi direkt an der archäologischen Zone.

Von Agrigento fahren Sie 1 Stunde nach Westen, nach Selinunte, seit 650 v. Chr. Stätte einer blühenden griechischen Kolonie. Über die Jahrhunderte wurden 5 Tempel und die Akropolis errichtet, heute unterschiedlich gut erhalten. Einen Großteil der Südküste kann man vom glamourösen Verdura aus erkunden, die erste schicke Unterkunft Siziliens. Die Gäste erfreuen sich an 2 18-Loch-Golfplätzen, einem luxuriösen Spa und einem 1,6 km langen weißen Sandstrand.

Segesta liegt Palermo am nächsten. Ein einsamer, perfekt proportionierter Tempel und ein wunderbar erhaltenes Theater beherrschen einen windumwehten Hügel, umgeben von Wildkräuterwiesen, Weinbergen und Olivenhainen.

Wo: Syrakus liegt 257 km südöstl.; Agrigento 127 km südl. von Palermo. **Info:** www.regione.sicilia.it. **Grand Hotel Ortigia:** Tel. +39/0931-464600; www.grandhotelsr.it. *Preise:* ab € 260. **Don Camillo:** Tel. +39/0931-67133; www.ristorantedoncamillosiracusa.it. *Preise:* Dinner € 37. **Hotel Villa Athena:** Tel. +39/0922-596288; www.hotelvillaathena.it. *Preise:* ab € 203 (Nebensaison), ab € 300 (Hochsaison). **Trattoria dei Templi:** Tel. +39/0922-403110; www.trattoriadeitempli.com. *Preise:* Dinner € 26. **Verdura Resort:** Tel. +39/0925-998001; www.verduraresort.com. *Preise:* ab € 500. **Reisezeit:** März–Mai und Sept.–Okt.: schönstes Wetter; Anf. Feb.: Mandelblütenfest in Agrigento, mit Festwagen, Feuerwerk und Marzipan; Mai–Ende Juni: antike Klassiker im Teatro Greco in Agrigento; Juli–Aug.: antike Dramen in Segesta.

Angesagter Touristenort und feuriger Vulkan

Taormina und der Ätna

Sizilien, Italien

Diese luftige Bergstadt 200 m über dem Mittelmeer entzückt Reisende seit den Tagen des antiken Griechenlands. Schwelgen Sie im Charme Taorminas auf einem gemütlichen *passeggiata* entlang den von Bougainvilleen gesäumten Straßen voller Boutiquen und Keramiklädchen, und löffeln Sie eine Zitronen-Granita in einem Straßencafé, während sich der 3323 m hohe Ätna vom blauen sizilianischen Himmel abhebt.

Der Rundumblick ist eine der Attraktionen im Hotel San Domenico, einem Kloster aus dem 15. Jh., dessen Mönchszellen mit schmiedeisernen Kandelabern und reichen Holzschnitzereien ausgestattet wurden; die größten Zimmer im neuen Flügel haben Terrassen mit Meerblick. Das Grand Hotel Timeo, das Gäste seit dem 19. Jh. verwöhnt, wurde 2010 nach ausgiebiger Renovierung wieder eröffnet. Die Zimmer mit Balkon schauen auf terrassierte Gärten und hinunter zum Meer, wo sich das Schwesterhotel Villa Sant'Andrea befindet. Das Hotel Villa Ducale war einst Stammhaus der Quartuccis, die heute in den 15 Meerblickzimmern ihre Gäste willkommen heißen. Die Fliesenböden, Steinwände und blühenden Terrassen verblassen fast vor dem aufmerksamen Service und der Familienatmosphäre.

In Sizilien zu speisen, kann schlicht, aber großartig sein, wie es die Pizza Norma (mit gebratenen Auberginen und Ricotta) des Vecchia Taormina beweist. Das charmant bescheidene La Piazzetta behauptet, im gemütlichen Speiseraum und Innenhof den frischesten Fisch der Stadt zu servieren.

Der eindrucksvollste Veranstaltungsort ist im Sommer das antike griechische Amphitheater in Taormina, über der Stadt in eine Felswand gehauen. Die Akustik ist perfekt, und die Bühnensäulen umrahmen den Ätna. 1 Stunde Fahrt bringt Sie nahe an den Vulkan heran, der seit den ersten Aufzeichnungen vor 3000 Jahren schon 300-mal ausgebrochen ist. Jeeptouren schaukeln Sie durch Weinberge, Zitronen-, Orangen- und Mandelbäume zum Gipfel. Die Olivenbäume, die auf den fruchtbaren unteren Hängen wachsen, weichen einer verbrannten, kargen Landschaft – finster und faszinierend. Der letzte Anstieg wird per Seilbahn bewältigt, über Lavaformationen, kleine Krater und Rauch ausstoßende Löcher hinweg – Beweise dafür, dass dies Europas aktivster Vulkan ist.

Wo: 53 km nördl. von Catania. **HOTEL SAN DOMENICO:** Tel. +39/0942-613111; www.sandomenicopalace.hotelsinsicily.it. *Preise:* ab € 307 (Nebensaison), ab € 415 (Hochsaison). *Wann:* Mitte Jan.–Mitte März: geschlossen. **GRAND HOTEL TIMEO:** Tel. +39/0942-627-0200; www.grandhoteltimeo.com. *Preise:* ab € 437. *Wann:* Mitte Nov.–Mitte März: geschlossen. **HOTEL VILLA DUCALE:** Tel. +39/0942-28153; www.villaducale.com. *Preise:* ab € 107 (Nebensaison), ab € 215 (Hochsaison). *Wann:* Dez.–Feb.: geschlossen. **VECCHIA TAORMINA:** Tel. +39/0942-625589. *Preise:* Mittagessen € 15. **LA PIAZZETTA:** Tel. +39/0942-626317. *Preise:* Dinner € 26. **REISEZEIT:** Apr.–Mai und Sept.–Okt.: weniger Hitze und Menschenmengen; Mitte Juni: Filmfestival; Juli–Mitte Aug.: Festival mit Musik, Ballett und Oper; Aufführungen im Teatro Greco.

„Der Gott, der die Hügel von Florenz erschaffen hat, war ein Künstler. Oh, er war Juwelier, Münzenschneider, Bildhauer, Bronzegießer, Maler. Kurz, es war ein Florentiner." – ANATOLE FRANCE

FLORENZ

Toskana, Italien

Florenz (Firenze), die Hauptstadt der Toskana, ist die berühmte Wiege der Renaissance, verkörpert von der Kuppel, die Filippo Brunelleschi vor über 600 Jahren für den Dom entwarf. Michelangelos *David* und zahllose andere

Schätze füllen Museen und Kirchen der Stadt. Der florentinische Lebensstil ist selbst ein Kunstwerk; man erlebt es in historischen Cafés, einladenden Trattorien, trendigen Boutiquen und den mittelalterlichen, von festungsähnlichen Palazzi gesäumten Straßen und Plätzen.

Hauptattraktionen

MUSEO NAZIONALE DEL BARGELLO – Das Bargello-Museum ist für Renaissanceskulpturen das, was die Uffizien (s. S. 232) für Malerei sind. Die gotische Festung von 1255, einst Gefängnis und Hinrichtungsort, besitzt die größte Sammlung dieser Skulpturen in Florenz und wohl auch Italien. Die um einen Hof gelegenen Säle zeigen Meisterwerke wie den etwas beschwipst schauenden *Bacchus* von Michelangelo, eine Bronze des David von Donatello und Brunelleschis nicht ausgeführte Entwürfe für die Türen des Baptisteriums (Ghiberti erhielt den Auftrag, aber Brunelleschi bewies bekanntlich sein Genie mit der Domkuppel). INFO: Tel. +39/055-238-8606; www.polomuseale.firenze.it.

SANTA CROCE – Die von Franziskanern zwischen 1294 und 1442 gebaute Kirche ist Ruhestätte einiger berühmter Florentiner der Renaissance und enthält außerdem großartige Kunstschätze. Die Gräber von Michelangelo, Machiavelli, Galileo, Ghiberti und anderen sowie ein Gedenkstein für Dante, der im Exil in Ravenna (s. S. 204) starb, sind umgeben von Giottos meisterlichen Fresken, die Szenen vom Leben und Sterben des hl. Franziskus zeigen, und Donatellos berühmtem Kreuz. Taddeo Gaddis Fresken in der Cappella Baroncelli zeigen Szenen aus dem Leben Marias. INFO: Tel. +39/055-244619; www.santacroce.firenze.it.

Die Marmorfassade der Kirche wurde 1863 hinzugefügt.

SANTA MARIA NOVELLA – Die im späten 13. und frühen 14. Jh. für den Dominikanerorden gebaute Kirche ist die einzige größere Kirche in Florenz mit Originalfassade, einer Gotik-Renaissance-Mischung aus buntem Marmor, Friesen und Nischen. Hinter den massiven Eingängen liegen einige der größten Florentiner Schätze: Fresken von Domenico Ghirlandaio, Filippino Lippi und Nardo di Cione; 2 berühmte Kreuze, eins von Giotto und eins von Brunelleschi in der Cappella Gondi; Masaccios *Trinità*, das allererste perspektivische Bild, und die Kanzel, von der man Galileo angriff, weil er gesagt hatte, die Erde drehe sich um die Sonne. Die Mönche machen seit 1221 Salben und Cremes aus Kräutern; nach einigen ihrer Rezepte werden immer noch Düfte und Seifen hergestellt, die Sie in der bekannten Officina-Profumo Farmaceutica di Santa Maria aus dem 17. Jh. bekommen, gleich um die Ecke in der Via della Scala. INFO: Kirche: Tel. +39/055-215918. Apotheke: Tel. +39/055-216276.

GALLERIA DELL'ACCADEMIA – Der kolossale *David* Michelangelos ist eine Sensation, seit der Florentiner Künstler ihn 1504 enthüllte. Die imposante Figur des jungen Mannes, der Goliath besiegte, stand jahrhundertelang auf der Piazza della Signoria (s. nächste Seite). Seit 1873 steht *David* in der für ihn gebauten Accademia (auf der Piazza ersetzt ihn eine Kopie), zusammen mit Michelangelos 4 mächtigen, unvollendeten *Gefangenen*, deren Körper sich aus dem rohen Marmor, in dem sie gefangen sind, herauszukämpfen scheinen. INFO: Tel. +39/055-238-8612; www.polomuseale.firenze.it.

DER DOM (CATTEDRALE DI SANTA MARIA DEI FIORI) – Mehrere Architekten überwanden enorme technische Herausforderungen, um die vermutlich bedeutendste Leistung der Renaissancearchitektur zu schaffen. Der Dom, 1436 endlich geweiht, wird überwölbt von Filippo Brunelleschis gewaltiger oktogonaler Kuppel (die größte der Welt zur Zeit ihres Baus; heute

Symbol der Stadt Florenz) und beherbergt ein großes Fresko des Jüngsten Gerichts von Vasari und Federico Zuccari. Die rot-weiß-grüne Marmorfassade stammt aus dem 19. Jh. Andere Wahrzeichen der Piazza del Duomo sind das frei stehende Baptisterium mit den berühmten Paradies-Bronzetüren von Ghiberti und Giottos schlanker Glockenturm. Das Duomo Museum hinter dem Dom zeigt viele der zum Schutz aus dem Dom entfernten Skulpturen. INFO: Tel. +39/055-230-2885; www.operaduomo.firenze.it.

DIE MEDICI-KAPELLEN – Die Sagrestia Nuova (Neue Sakristei) der Cappelle Medicee (Medici-Kapellen) war Michelangelos erstes Architekturprojekt, in den 1520er-Jahren begonnen, um die Gebeine Lorenzos des Prächtigen und dreier anderer Mitglieder der Herrscherfamilie aufzunehmen. Liegende, allegorische Figuren des weiblichen Morgens und des männlichen Abends schmücken das Grab Lorenzos II., Fürst von Urbino; Statuen des männlichen Tages und der weiblichen Nacht das von Giuliano, Fürst von Nemours. Ironischerweise stellte Michelangelo die 2 wichtigsten Gräber nicht fertig, die von Lorenzo II. dem Prächtigen und seinem Bruder Giuliano – die beiden liegen in einem schlichten Grab gegenüber dem Altar. INFO: Tel. +39/055-238-8602; www.polomuseale.firenze.it.

MUSEO SAN MARCO – Der berühmteste Mönch dieses Dominikanerklosters aus dem 13. Jh. war der mystische Fra Angelico. Seine Meisterwerke *Die Verkündigung*, *Die Kreuzigung* und *Das Jüngste Gericht* sind hier, wie auch bemalte Tafeln, Altarbilder und eine Serie Fresken, die einige der Zellen verschönern, in denen die Mönche lebten und beteten. Savonarola, der Fundamentalist, der die Gunst der Medicis erst gewann und dann verlor, war Prior des Klosters und wohnte in Zelle 11. Von dem halben Dutzend schöner Abendmahl-Fresken, die man in den Florentiner Klöstern fand, ist das von Domenico Ghirlandaio im Refektorium von San Marco das wichtigste. Ghirlandaio brachte dem jungen Michelangelo die Kunst der Freskenmalerei bei. INFO: Tel. +39/055-238-8608; www.museumsinflorence.com.

Der Neptunbrunnen auf der Piazza della Signoria wurde zunächst als „Weißer Riese" verspottet und zum Wäschewaschen genutzt.

PIAZZA DELLA SIGNORIA – Die Piazza, mehr als 700 Jahre lang das Verwaltungszentrum der Stadt, ist heute beliebte Outdoor-Skulpturengalerie und rund um die Uhr belebter Platz. Giambolognas bronzenes Reiterstandbild Großherzogs Cosimo I. und andere Skulpturen sind Originale; andere (darunter auch Michelangelos *David* und Donatellos *Marzocco*) sind Repliken. Eine Plakette vor Bartolomeo Ammannatis Neptunbrunnen markiert die Stelle, an der Savonarola in den 1490er-Jahren sein Feuer der Eitelkeiten entzündete und ein Jahr später gehängt und verbrannt wurde. In Piazza della Signoria ist ein kleiner, einladender Gasthof mit Zimmern, von denen aus Sie den Platz überblicken können. IN PIAZZA DELLA SIGNORIA: Tel. +39/055-239-9546; www.inpiazzadellasignoria.com. *Preise:* ab € 170 (Nebensaison), ab € 233 (Hochsaison).

PALAZZO VECCHIO – Der gotische Palast an der Piazza della Signoria wurde 1302 vollendet, um den Rat mit 500 Mitgliedern zu beherbergen, und diente später als Palast der Medici, darunter Herzog Cosimo I., bis sie in den Palazzo Pitti zogen. Heute finden Sie hier Michelangelos Statue *Sieg*, Vasaris *Quartiere degli Elementi* und Donatellos original *Judith und Holofernes*. INFO: Tel. +39/055-276-8465; www.museumsinflorence.com.

DER PALAZZO PITTI UND DIE GALLERIA PALATINA – Der Palast wurde im späten 15. Jh. vom reichen Florentiner Händler und Bankier Luca Pitti gegenüber dem Palazzo Vecchio am anderen Ufer des Arno gebaut, 1550 von den Medicis gekauft und stark vergrößert; er wurde zu ihrer offiziellen Residenz. Heute ist dort die Galleria Palatina, deren 26 Säle Kunst seit der Hochrenaissance zeigen, darunter Werke von Tizian, viele von Raffael, Rubens, Murillo und Caravaggio, und einige kleinere Museen. Erklimmen Sie den Hügel hinter dem Palazzo und machen Sie ein Picknick in den Boboligärten aus dem 16. Jh., mit weit schweifendem Blick auf die Altstadt am anderen Flussufer. INFO: Tel. +39/055-238-8616; www.polomuseale.firenze.it.

DIE UFFIZIEN (GALLERIA DEGLI UFFIZI) – Der Palast, den Architekt Giorgio Vasari 1560 für Großherzog Cosimo de' Medici entwarf, besitzt viele der absoluten Meisterwerke der westlichen Zivilisation, von den Medici selbst gesammelt und den Bürgern von Florenz vermacht. Botticelli (sein *Frühling* und die *Geburt der Venus* sind Publikumsmagneten), Michelangelo (hier durch sein einziges Gemälde in Florenz, das Tondo Doni, repräsentiert), Cimabue, Raffael, Giotto, Leonardo da Vinci, Piero della Francesca, Filippo Lippi ... die Liste ist unglaublich. INFO: Tel. +39/055-294883; www.polomuseale.firenze.it. Online-Ticketvorverkauf: www.firenzemusei.it.

SONSTIGE HIGHLIGHTS

DER PONTE VECCHIO – Die älteste und berühmteste Brücke über den Arno wurde 1345 von Taddeo Gaddi gebaut. In den Lädchen auf der Brücke residierten die Metzger, bis sich die Medici-Herzöge über den Geruch beschwerten und die Goldschmiede und Juweliere installierten, die noch heute dort ihre Waren verkaufen – von qualitätvollen, handgemachten Stücken bis zu günstigeren Andenken. Die Brücke ist so beliebt, dass die abziehenden Deut-

Der mittelalterliche Ponte Vecchio überspannt den Arno an der schmalsten Stelle. Er ersetzte eine römische Brücke aus Holz und Stein.

schen sie am Ende des Zweiten Weltkrieges als einzige Arnobrücke nicht sprengten.

MERCATO DI SAN LORENZO UND MERCATO CENTRALE – Auf dem größten Freiluftmarkt Italiens stehen Hunderte mit weißem Leinen gedeckter Stände in den Straßen rund um die Kirche San Lorenzo. Zwischen Lederwaren und Kitschsouvenirs erhebt sich der gläserne, schmiedeeiserne Mercato Centrale aus dem 19. Jh., in dem Metzger, Fischhändler, Käsehändler und andere Verkäufer die Florentiner, darunter viele Köche, mit ihrer täglichen Ware versorgen. Wenn der Hunger zuschlägt: Essen Sie bei Nerbone, einem beliebten Stehtresen in der Markthalle. Oder gehen Sie über die Piazza zum Zà Zà, einer lauten, beliebten Trattoria, wo man Steaks und andere florentinische Gerichte an vollen Tischen serviert. NERBONE: Tel. +39/055-219949. ZÀ ZÀ: Tel. +39/055-215411; www.trattoriazaza.it. *Preise:* Mittagessen € 22.

DER PIAZZALE MICHELANGELO UND SAN MINIATO AL MONTE – Die postkartenschöne Aussicht von diesem Platz auf einem Hügel, an dem eine weitere Kopie von Michelangelos David steht, inspirierte damals die Renaissancemeister und heute die Hobbyfotografen. Die nahe Chiesa di San Miniato al Monte – die älteste Kirche in Florenz – beherrscht den höchsten Hügel der Stadt. In dem auffälligen romanischen Bau aus dem 11. Jh. transportieren Sie die täglich zu hörenden gregorianischen Gesänge zurück ins Mittelalter. INFO: Tel. +39/055-234-2731; www.san-miniato-al-monte.com.

ÜBERNACHTEN

BEACCI TORNABUONI – Schon bei der klassischen Grand Tour im 19. Jh. stieg man hier ab; heute hat das frisch renovierte Hotel immer noch das altmodische, kultivierte Flair sowie nette Salons, eine blühende Terrasse mit Aussicht auf die Ziegeldächer und 28 große, luftige Zimmer. Ein großes Plus sind die schicken Shops der Via Tornabuoni direkt vor der Tür. INFO: Tel. +39/055-212645; www.torna buonihotels.com. **Preise:** ab € 148 (Nebensaison), ab € 260 (Hochsaison).

HOTEL CASCI – Der günstig gelegene Palazzo aus dem 14. Jh., der einst dem Komponisten Gioacchino Rossini gehörte, bietet komfortable Zimmer und ein warmes Willkommen der Familie Lombardi. Die Euros, die Sie hier sparen, können Sie fürs Dinner ausgeben. INFO: Tel. +39/055-211686; www. hotelcasci.com. *Preise:* ab € 85 (Nebensaison), ab € 159 (Hochsaison).

FOUR SEASONS – In diesem sorgfältig restaurierten Renaissancekonvent samt -palazzo leben Sie besser als die Medici, mit Fresken wie im Museum, Marmorintarsien und Wandteppichen. Der Dom und andere Sehenswürdigkeiten sind in 20 Minuten zu Fuß zu erreichen, aber das Verwöhntwerden durch die aufmerksame Belegschaft, ein Spa, der größte Privatgarten in Florenz und das renommierte Restaurant Il Palagio machen das Weggehen fast unmöglich ... INFO: Tel.

+39/055-26261; www.four seasons.com. *Preise:* ab € 311 (Nebensaison), ab € 593 (Hochsaison); Dinner im Il Palagio € 80.

HOTEL HELVETIA & BRISTOL – Reisende von Igor Strawinsky bis zur dänischen Königsfamilie haben schon in diesem prächtig restaurierten Palazzo aus dem 19. Jh. übernachtet, einem plüschigen Mix aus britisch geprägtem Komfort und traditioneller italienischer Eleganz. Er liegt an einer Seitenstraße zwischen der schicken Via Tornabuoni und dem Dom – nur einen schönen Spaziergang entfernt von allen Sehenswürdigkeiten. INFO: Tel. +39/055-26651; www.royaldemeure. com. *Preise:* ab € 407.

DURCHGESTYLTE HOTELS – Die Florentiner waren schon immer Trendsetter, und so zeigen mehrere Hotels in jahrhundertealten Gebäuden das Neueste des italienischen Stils. J. K. Place hat einen exquisit neoklassizistischen Look und eine Dachterrasse mit Blick auf rote Ziegeldächer und den Dom. Das Continentale durchdringt einen Palazzo des 14. Jh. am Fluss (direkt am Ponte Vecchio) mit dem klaren italienischen Stil der 1950er-Jahre; das Hotel ist Teil einer vom stilsicheren Ferragamo-Clan geleiteten Gruppe, der auch die nahen und genauso schicken Hotels Gallery Art und Lungarno gehören. Die Aura eines Privathauses durchweht das Casa Howard, wo antike Möbel zwischen modernen stehen und das mit einem türkischen Bad aufwartet. **J. K. PLACE:** Tel. +39/055-264-5181; www. jkplace.com. *Preise:* ab € 333. **CONTINENTALE:** Tel. +39/055-2726-4000; www.lungarno hotels.com. *Preise:* ab € 178 (Nebensaison), ab € 277 (Hochsaison). **GALLERY HOTEL ART:** Tel. +39/055-27263; www.galleryhotelart. com. *Preise:* ab € 326. **HOTEL LUNGARNO:** Tel. +39/055-27261; www.lungarnocollection. com. *Preise:* ab € 348. **CASA HOWARD:** Tel. +39/0669-924555; www.casahoward.com. *Preise:* ab € 110 (Nebensaison), ab € 222 (Hochsaison).

LANDHOTELS IN VILLEN – rund um Florenz sind seit Jahrhunderten beliebt; 3 davon, die die Tradition bis heute fortführen – jedes etwa 8 km von der Altstadt entfernt –, sind wunderbar luxuriös. Die Villa San Michele, in den kühlen Hügeln von Fiesole und mit einer Fassade, die Michelangelo entworfen haben soll, ist ein ehemaliges Kloster. Besonders schön sind die Sicht auf Brunelleschis Dom in der Ferne und die grüne Terrasse mit einem der am schönsten gelegenen Pools der Welt. Il Saviatino, in einer schön restaurierten Villa aus dem 15. Jh. mit Garten, hat eine ähnlich inspirierende Aussicht, aber mit weniger Förmlichkeit und weniger exorbitanten Preisen. Villa La Massa, eine luxuriös umgebaute Villa des 16. Jh. am Ufer des Arno, ist ein Schwesterhotel der Villa d'Este am Comer See (s. S. 218), in dem man sich wie ein toskanischer Adliger fühlt. VILLA SAN MICHELE: Tel. +39/055-567-8200; www.villasan michele.orient-express.com. *Preise:* ab € 1000. *Wann:* Mitte Nov.–März: geschlossen. VILLA IL SALVIATINO: Tel. +39/055-904-1111; www.salviatino.com. *Preise:* ab € 415 (Nebensaison), ab € 630 (Hochsaison). VILLA LA MASSA: Tel. +39/055-62611; www.villa lamassa.com. *Preise:* ab € 418 (Nebensaison), ab € 518 (Hochsaison). *Wann:* Mitte Nov.– Mitte März: geschlossen.

ESSEN & TRINKEN

CAFFÈ RIVOIRE – Die Außentische dieser Institution aus dem 19. Jh. auf der Piazza della Signoria sind ein beliebter Ausguck, wo Sie faule Stunden bei Cappuccino, Panino oder Süßigkeiten verbringen können. Und bestellen Sie die Spezialität: intensive, bittersüße heiße Schololade mit einem Klecks frischer *panna*. INFO: Tel. +39/055-214412; www. rivoire.it. **Preise:** Mittagessen € 20.

CIBRÈO – Den Florentinern macht es nichts aus, ihre berühmte Trattoria mit Reisenden zu teilen, denn alle teilen den Enthusiasmus für eine der besten toskanischen Küchen überhaupt.

Die Kellner setzen sich zu Ihnen und erklären die klassischen Rezepte, die sich fantastisch mit Innovativem mischen, wie z.b. gelbe Paprikasuppe oder gebratene, mit Rinderhack und Rosinen gefüllte Ente. Viele der Gerichte gibt es auch in der günstigeren Cibrèo Trattoria (besser bekannt als Cibreino) mit kleinerer Karte, gleich um die Ecke, während das gemütliche, aber gehobene Caffé Cibrèo prima fürs Mittagessen ist. Der kluge Kopf hinter dem Cibrèo-Namen ist Fabbio Picchi. CIBRÈO: Tel. +39/055-234-1100; Website für alle 3: www.edizioniteatrodelsalecibreofirenze. it. *Preise:* Dinner € 52. CIBRÈO TRATTORIA: Tel. +39/055-234-1100. *Preise:* Dinner € 30. CAFFÈ CIBRÈO: Tel. +39/055-234-5853. *Preise:* Mittagessen € 48.

COCO LEZZONE – Hier, in einer Seitenstraße der schicken Via Tornabuoni, gibt es einfaches Essen, darunter herzhafte *ribollita* (Gemüse-Brot-Suppe), Grillsteaks und freitags gegrillten Fisch, in einem weiß gekachelten, mit Tischen vollgestellten Raum – ohne Karte und Schickschnack. INFO: Tel. +39/055-287178. *Preise:* Dinner € 30.

OMERO – Diese 100 Jahre alte Trattoria lohnt definitiv die 15-minütige Taxifahrt nach Acetri. Genießen Sie die schöne Sicht von der Terrasse aus und verspeisen Sie ein traditionelles toskanisches Festessen. Jeder ist wegen der Pasta hier und wegen der so ziemlich besten *bistecca alla fiorentina*. In der Artischockensaison gibt es frittierte *carciofini*-Stücke. Die Portionen der perfekten *cucina toscana* sind reichlich, aber lassen Sie noch Platz für das hausgemachte Dessert. INFO: Tel. +39/055-220053; www. ristoranteomero.it. *Preise:* Dinner € 37.

RISTORANTE LA GIOSTRA – Ein Habsburg-Prinz und seine Zwillingssöhne servieren Familiengerichte in einem immer vollen, festlichen Gewölbe aus dem 16. Jh. Carpaccio vom Stör, dünne Scheiben von Babyartischocken mit Parmesan und andere Delikatessen bieten das

Beste der simplen toskanischen Küche. Sollte Pilz- und Trüffelsaison sein, freuen Sie sich! INFO: Tel. +39/055-241341; www.ristorantelagiostra.com. *Preise:* Dinner € 45.

EISDIELEN – Vor dem Vivoli warten die Massen auf Eis in tollen Sorten von köstlichem Vanille bis zu Whisky, Reis und Feige. Die Gelateria Michelangiolo hat die beste Lage am Piazzale Michelangelo, während die Gelateria Carabè zwischen Accademia und Dom Eis im sizilianischen Stil serviert, voller saisonaler Früchte (und hausgemachte *cannoli*). VIVOLI: Tel. +39/055-292334; www.vivoli.it. GELATERIA MICHELANGIOLO: Tel. +39/055-234-2705. GELATERIA CARABÈ: Tel. +39/055-289476; www.gelatocarabe.com.

WEINBARS – Die Osteria del Caffè Italiano ist die beste Wahl für eine selbst zusammengestellte Weinprobe (*degustazione*), mit Bauernsalami, Käse und simplen Gerichten. Zur Osteria gehören auch eine Pizzeria und ein gehobenes Restaurant. Im Pitti Gola, in intimem Ambiente gegenüber dem Palazzo Pitti, servieren die freundlichen Besitzer glasweise eine exzellente Selektion an Weinen. Das Frescobaldi schenkt über 40 Weine von den 700 Jahre alten Weinbergen des Besitzers sowie andere toskanische Weine aus, begleitet von schlichten, aber exzellenten toskanischen Speisen. OSTERIA DEL CAFFÈ ITALIANO: Tel. +39/055-289368; www.caffeitaliano.it. PITTI GOLA: Tel. +39/055-212704. FRESCOBALDI: Tel. +39/055-284724; www.frescobaldi.it.

Die i-Tüpfelchen einer postkartenschönen Landschaft

DIE HÜGELSTÄDTE DER TOSKANA

Toskana, Italien

Eines der erhebendsten Reiseerlebnisse in Italien ist es, eine kurvige Landstraße entlangzufahren und auf den zypressenbestandenen Plateaus immer neue Silhouetten toskanischer Hügelstädte zu sehen. Unzählige schöne Ansichten haben Sie, wenn Sie von Florenz aus etwa 193 km nach Süden fahren, zur Weinstadt Montepulciano.

Direkt hinter Florenz entfaltet sich die Chianti-Region. Für eine Fahrt entlang den Weingütern mit ein paar Weinproben folgen Sie der alten Via Chiantigiana (Chianti-Straße) von Florenz nach Siena (s. S. 238) durch sanfte Hügel, vorbei an Mittelalterburgen und steinernen Bauernhäusern. Übernachten Sie auf dem Weingut Castello di Volpaia in einem jahrhundertealten Dorf. Die geschäftige Weinstadt Greve liegt inmitten von Weinbergen, die die besten Rotweine hervorbringen. Die einsame Villa Le Barone ist ein ehemaliges Weingut aus dem 16. Jh. mit 30 reizenden Zimmern, das sich immer

Von Pienza aus blicken Sie auf die gepflegten Hügel und pittoresken Bauernhäuser des Val d'Orcia – die klassische toskanische Landschaft.

noch wie ein Privatschlösschen anfühlt. Planen Sie eine Tagestour nach San Gimignano, wegen seiner charakteristischen hohen Türme aus dem 12. Jh. auch „Mittelalter-Manhattan" genannt. Nehmen Sie einen ausgedehnten Lunch im rustikalen Speiseraum des Bel Soggiorno, wo köstliche Wildgerichte sich die Aufmerksamkeit mit der fantastischen Aussicht teilen müssen.

Die schläfrige, aber wohlhabende Hügelstadt Montalcino schaut auf Weinberge, aus deren Sangiovese-Grosso-Trauben der Brunello-Wein und sein leichterer Cousin, der Rosso di Montalcino, entstehen. Wandern Sie hinauf zur Fortezza aus dem 14. Jh., die nebenher als Enoteca für Weinproben dient, oder sitzen Sie an der Piazza del Popolo im Caffè Fiaschetteria Italiana. Dinieren Sie in der renommierten Osteria Leccio außerhalb der Stadt in Sant'Angelo in Colle, zusammen mit Weinindustrieleuten, die wissen, wo's langgeht.

Pienza, 24 km östlich von Montalcino, ist die Erfüllung des Traums von Papst Pius II., im 15. Jh., der als Papstwohnort eine perfekte Hochrenaissancestadt schaffen wollte. Hinter der Kathedrale schaut man auf das Val d'Orcia, wo grüne Hügel sich unterhalb des Monte Amiata hinziehen. Vielleicht kommt Ihnen die Landschaft bekannt vor – sie erscheint als Hintergrund in vielen religiösen Renaissancegemälden. In den gleichen Hügeln liegt La Bandita, ein restauriertes Bauernhaus, dessen 8 helle Suiten über das malerische Tal schauen.

Montepulciano liegt 600 m über dem Val di Chiana und ist berühmt für robusten *vino nobile*. Von hier blickt man nach Osten bis zum mittelalterlichen Cortona, einer weiteren Hügelstadt, die wie ein schwebendes Trugbild erscheint. Hier könnten Sie Ihre Koffer auspacken – in einem der 6 möblierten Zimmer des Follonico, mit Blick auf die Landschaft und die Kirche Tempio di San Bagio, ein Juwel der Hochrenaissancearchitektur.

Wo: San Gimignano liegt 56 km südwestl. von Florenz. CASTELLO DI VOLPAIA: Tel. +39/0577-738066; www.volpaia.com. *Preise:* Villen für 2 ab € 389 (Nebensaison), ab € 630 (Hochsaison). VILLA LE BARONE: Tel. +39/055-852621; www.villalebarone.com. *Preise:* ab € 196 (Nebensaison), ab € 260 (Hochsaison). *Wann:* Nov.–Mitte Apr.: geschlossen. BEL SOGGIORNO: Tel. +39/0577-943149. *Preise:* Dinner € 30. OSTERIA LECCIO: Tel. +39/0577-844175. *Preise:* Dinner € 30. LA BANDITA: Tel. +39/333-404-6704; www.la-bandita.com. *Preise:* ab € 252 (Nebensaison), ab € 315 (Hochsaison). *Wann:* Jan.–Feb.: geschlossen. FOLLONICO: Tel. +39/0577-669773; www.follonico.com. *Preise:* ab € 130. REISEZEIT: Mai: Wildblumenblüte; Juli: Sonnenblumen; Okt.: Trauben- und Olivenernte.

Die Heimatstadt Puccinis und ein schiefer Turm

LUCCA UND PISA

Toskana, Italien

Lucca liegt geschützt hinter seiner perfekt erhaltenen Renaissancemauer und wird glücklicherweise vom Massentourismus links liegen gelassen. Es ist eine ruhige, kultivierte Stadt, deren zeitlose Kopfsteinpflasterstraßen Sie mit dem Rad erkunden können. Besuchen Sie die alten Palazzi, heute schöne Antiquitäten- oder Delikatessenläden, oder die mittelalterlichen Kirchen, wie die kunstvolle, 1143 begonnene San Michele in Foro und den noch älteren Dom, beide Meisterwerke des romanischen Steinmetzhandwerks. Wandeln Sie unter Eichen auf der 4,8 km langen Befestigungsanlagen und schauen Sie auf die uralten Olivenhaine, die sich vor der Stadt auftun – von hier kommt das weltbeste *olio di oliva*. Genießen Sie ein *gelato* im Antico Caffè

Simo, Lieblingscafé von Giacomo Puccini, berühmtester Sohn der Stadt. Essen Sie bei Da Giulio in Pelleria, einer wegen ihrer lang erprobten toskanischen Spezialitäten viel geliebten Trattoria. Oder speisen Sie im Buca di Sant'Antonio nahe der Piazza San Michele, seit dem 18. Jh. eine Institution, mit feiner Küche, die uralte Traditionen veredelt und verjüngt.

Übernachten Sie innerhalb der Stadtmauer im restaurierten Palazzo Alexander aus dem 12. Jh., heute ein kleines Hotel voller Marmor, Brokat, Holzbalkendecken und mit einem altmodischen, opernhaft wirkenden Dekor – viele der Zimmer sind tatsächlich nach Puccini-Werken benannt. Wenn Sie schon immer davon geträumt haben, eine toskanische Villa zu mieten: Hier ist der Ort dafür, denn die Firma Salogi aus Lucca ist auf schöne Mietvillen in der ganzen Region (und darüber hinaus) spezialisiert.

Die benachbarte, recht alltägliche Stadt Pisa lohnt sich hauptsächlich wegen des Schiefen Turms. Dessen Neigung ist das Ergebnis instabiler Fundamente – nach seiner Vollendung wurde

Fast 300 Stufen führen auf den Schiefen Turm von Pisa.

er jedes Jahr ein kleines Stück schiefer, bis die Restaurierung in den 1990er-Jahren den Neigungswinkel bei (hoffentlich dauerhaften) 3,97 Grad stoppte. Der 1174 begonnene Turm sollte der frei stehende Glockenturm des spektakulären Doms werden, der schon 1063 begonnen worden war; abgesetzt vom Baptisterium mit seinem filigranen Äußeren und der erstaunlichen Akustik (singen Sie drinnen mal ein paar Töne!).

Wo: Lucca liegt 72 km westl. von Florenz. DA GIULIO IN PELLERIA: Tel. +39/0583-55948. *Preise:* Dinner € 26. BUCA DI SANT'ANTONIO: Tel. +39/0583-55881; www.bucadisantantonio.it. *Preise:* Dinner € 40. HOTEL PALAZZO ALEXANDER: Tel. +39/0583-583571; www.hotelpalazzoalexander.it. *Preise:* ab € 107 (Nebensaison), ab € 155 (Hochsaison). SALOGI: Tel. +39/0583-48717; www.salogi.com. *Preise:* Villen ab € 1285 pro Woche (Nebensaison), ab € 1630 pro Woche (Hochsaison). REISEZEIT: Mai–Juni und Sept.–Okt.: bestes Wetter; Mitte Juli–Mitte Aug.: Puccini-Opernfestival in Torre del Lago; 13. Sept.: Kerzenprozession in Lucca; 3. So. jeden Monat: Outdoor-Antikmarkt.

Etrusker und Cowboys in der äußeren Toskana

MAREMMA

Toskana, Italien

Die südwestliche Toskana ist, was Entfernung und Landschft angeht, weit weg von den Weinbergen und den Städten voller Kunst, die Reisende normalerweise mit der Region assoziieren. Hier gibt es sonnenverbrannte Hügel und weite Ebenen mit goldenem Weizen und Gras. Die aussterbenden *butteri* (Cowboys) kümmern sich um das heimische *maremmano*-Vieh, weiße Kühe mit langen Hörnern.

Maremmas geschätzte Strände liegen am längsten unberührten Küstenstreifen Italiens, der großenteils durch den Parco Nazionale della Maremma geschützt wird. Schlemmen Sie in den einfachen Trattorien gegrilltes *bistecca* und Wildschwein, begleitet von exzellenten heimischen Weinen wie dem Sassicaia, einem robusten Roten.

Die Etrusker, die sich hier schon um 700 v. Chr. ansiedelten, hinterließen aufwendige

Gräber und *vie cave* (Hohlwege, die die Nekropole mit den Heiligtümern verbanden) im und um das Dorf Sovana. Die römischen Nachfolger bauten in Saturnia Thermen, wo schwefelhaltige, 37° C warme Quellen in natürliche Terrassenbecken sprudeln. Heute aalt man sich in der Terme di Saturnia mit 7 Thermalbecken, Kuranwendungen mit mineralreichem Wasser, einem 18-Loch-Golfplatz und Hotel.

Auf einer Halbinsel in den südlichsten Ausläufern der Region fallen die schroffen Klippen des Monte Argentario ins Meer, beim hübschen kleinen Küstenort Porto Ercole. Die geschützt liegenden Hütten des Hotels Il Pelicano sind zwischen uralten Pinien- und Olivenhainen an der Flanke des Berges verstreut, hoch über einer winzigen Privatbucht. Die Atmosphäre ist sehr entspannt, aber der Service gehoben, und die Freiluft-Candlelightdinner mit Panoramablick aufs Meer und frisch gegrilltem Fisch sind superb. Eine sanfte Brise und Meerblick haben Sie auch nahebei im familiengeführten Don Pedro, einem einfachen Hotel mit Terrasse hoch über dem Hafen von Porto Ercole, mit Zugang zu einem Privatstrand.

Wo: Porto Ercole liegt 119 km nördl. von Rom. TERME DI SATURNIA: Tel. +39/0564-60011; www.termedisaturnia.com. *Preise:* ab € 444 (Nebensaison), ab € 593 (Hochsaison). IL PELICANO: Tel. +39/0564-858111; www.pelicanohotel.com. *Preise:* ab € 444 (Nebensaison), ab € 627 (Hochsaison). *Wann:* Mitte Okt.–Mitte Apr.: geschlossen. DON PEDRO: Tel. +39/0564-833914; www.hoteldonpedro.it. *Preise:* ab € 107 (Nebensaison), ab € 159 (Hochsaison). REISEZEIT: Mai–Sept.: bestes Strandwetter; 5. Jan.: Kostümprozessionen in Sovana und anderen Orten.

Pferderennen inmitten mittelalterlicher Architektur

SIENA

Toskana, Italien

Das auf mehreren Hügeln erbaute Siena erreichte seinen Zenit im 13. Jh., als Kunst und Architektur förmlich explodierten und eine Universität gegründet wurde. 1348 schlug dann die Pest zu. Die Hochrenaissance hinterließ in der Stadt kaum etwas, sodass die Mittelalterarchitektur intakt blieb. Der Dom Santa Maria Assunta ist eine prächtige gotische Kathedrale; die gestreifte Fassade und das Innere sind aus schwarzem und weißem Marmor. Im Herzen Sienas liegt die muschelförmige Piazza del Campo, umgeben von Palazzi des 13. und 14. Jh. Erklimmen Sie die 505 Stufen zum Glockenturm des Palazzo Publico für einen unvergesslichen Blick auf die Toskanalandschaft. Auf dem Platz findet jedes Jahr am 2. Juli und 16. August das raue Palio-Pferderennen statt. Einer Prozession aus Trommlern und Fahnenträgern folgen die Pferde: 90 Sekunden und 3 haarsträubende Runden um die Piazza. Tickets für Tribünen sind fast nicht zu bekommen (fragen Sie lange im Voraus Ihr Hotel). Oder stehen Sie auf dem vollgepackten Campo mit 50.000 neuen besten Freunden …

Übernachten Sie im Ravizza Hotel mit heimeliger Atmosphäre oder direkt außerhalb der Stadtmauer im familiengeführten Hotel Santa Caterina mit einem reizenden Garten, wo man sich zum Frühstück versammelt.

Die Toskana ist bekannt für rustikale Küche und Weltklasseweine, beides vorzüglich in Szene gesetzt in der Osteria le Logge, einer klassischen Trattoria mit vielen Brunello-Weinen. Inmitten etruskischer Mauern bietet das

Antica Osteria da Divo Gasträume unter antiken Bögen, eine romantische Kulisse für toskanische Klassiker wie *bistecca alla fiorentina*. Weinliebhaber sollten sich die Gewölbekeller der Enoteca Italiana in einer Medici-Festung des 15. Jh. nicht entgehen lassen, wo es Auslesen der umliegenden Chianti-Winzer gibt. Wer in den Weinbergen nördlich der Stadt wohnen möchte, bucht im Borgo Argenina, den Steinhäusern, die in ein B&B mit Garten und Aussicht wie aus einem Merchant-Ivory-Film verwandelt wurden. Großzügiger ist das umgebaute Anwesen aus dem 13. Jh. in Locanda dell'Amorosa; mit Ställen, die zu einem renommierten Restaurant umgebaut wurden, und einem Pool mit Blick auf Weinberge und Olivenhaine, so weit das Auge reicht.

Wo: 34 km südl. von Florenz. **Wie:** Das kanadische Unternehmen Spyns bietet 7-tägige Touren zum Palio-Rennen, inklusive der begehrten Tribünenplätze und mehr. www.spyns.com. *Preise:* € 2592, inklusive. Startet in Florenz. *Wann:* Juli und Aug. PALAZZO RAVIZZA: Tel. +39/0577-280462; www.palazzoravizza.com. *Preise:* ab € 126 (Nebensaison), ab € 178 (Hochsaison). HOTEL SANTA CATERINA: Tel. +39/0577-221105; www.hscsiena.it. *Preise:* ab € 70 (Nebensaison), ab € 130 (Hochsaison).

Der hoch aufragende Glockenturm auf der Piazza del Campo wurde genauso hoch wie der Sieneser Dom gebaut, um die Gleichheit zwischen Kirche und Staat zu betonen.

OSTERIA LE LOGGE: Tel. +39/0577-48013; www.giannibrunelli.it. *Preise:* Dinner € 40. ANTICA OSTERIA DA DIVO: Tel. +39/0577-286054; www.osteriadadivo.it. *Preise:* Dinner € 48. ENOTECA ITALIANA: Tel. +39/0577-228811; www.enoteca-italiana.it. BORGO ARGENINA: Tel. +39/0577-747117; www.borgoargenina.it. *Preise:* ab € 178. *Wann:* Nov.–Feb.: geschlossen. LOCANDA DELL'AMOROSA: Tel. +39/0577-677211; www.amorosa.it. *Preise:* ab € 200 (Nebensaison), ab € 277 (Hochsaison). **Reisezeit:** Mai–Juni und Sept.–Okt.: bestes Wetter; Juli und Aug.: Spannung vor dem Palio.

Italiens Höhenparadies

DIE GROSSE DOLOMITENSTRASSE UND CORTINA D'AMPEZZO

Trentino-Südtirol, Italien

Die große Dolomitenstraße, ein frühes technisches Meisterwerk, steigt und fällt 109 km lang zwischen den spitzen Berggipfeln der Dolomiten im Norden der italienischen Alpen. Die Straße startet im Südtiroler Bozen mit seinen Zwiebeltürmen und klettert dann bis auf den 2239 m hohen Passo del Pordoi, bevor sie ins 1211 m hohe Cortina abfällt, Italiens Skiort Nr. 1 und Ausrichter der Olympischen Winterspiele 1956. Heute gibt es dort mehr als 153 km mittelschwere bis anspruchsvolle Skipisten, während schöne Höhenwege im Sommer die Wanderer anziehen. Der *via ferrata*

(Klettersteig) aus Drahtseilen und Leitern, der noch aus dem Ersten Weltkrieg stammt, ist eine Extraherausforderung.

In Cortina können Sie außerdem hervorragend relaxen und den Sonnenuntergang beobachten, der die Gipfel rosa färbt. Eine sehr gute Basis für Erkundungstouren ist das beliebte, 100 Jahre alte Miramonti Majestic Grand Hotel, eine ehemalige österreichisch-ungarische Jagdhütte am Rand der Stadt. Die meisten der 105 Zimmer haben Balkone mit toller Aussicht. Drinnen gibt es einen bullernden Ofen und eine gemütliche Bar mit 18 Sorten heißer Schokolade. Das Rosa Alpina Hotel & Spa ist ein wunderbares Refugium außerhalb von San Cassiano, 16 km westlich von Cortina. Die Gäste genießen luxuriöse Zimmer und das renommierte Gourmetrestaurant St. Hubertus. Die umweltfreundliche Lagació Mountain Residence bietet Wohnungen mit 1 oder 2 Schlafzimmern, mit warmem, heimischem Holz ausgekleidet und mit Bergblick; dazu Bioküche und eine finnische Sauna mit Dampfbad.

Mehr als 50 Hütten in den Bergen über Cortina, wo einst Schäfer und Wanderer Zuflucht suchten, hat man in Restaurants umgewandelt, wo Sie mit oder ohne Skier ein herzhaftes Mittag- oder Abendessen bekommen. Im Rifugio Averau können Sie sogar, quasi ohne die Piste zu verlassen, die Nacht in rustikalem Ambiente verbringen und den Morgen am Berg begrüßen.

Wo: Cortina liegt 161 km nördl. von Venedig. **Wie:** Dolomite Mountains bietet

Die imposanten Gipfel und grünen Täler der Dolomiten bringen ein kleines Stück Österreich nach Norditalien.

verschiedene geführte Wander-, Rad- und Skitouren, Tel. +39/0436-7320, www.dolomitemountains.com. *Preise:* 7-tägige Touren ab € 1529, inklusive. **Miramonti Majestic:** Tel. +39/0436-4201; www.miramontimajestic.it. *Preise:* ab € 407 (Nebensaison), ab € 622 (Hochsaison). *Wann:* Ende März–Mai, Sept.–Mitte Dez.: geschlossen. **Rosa Alpina:** Tel. +39/0471-849500; www.rosalpina.it. *Preise:* ab € 359 (Nebensaison), ab € 696 (Hochsaison). Dinner im St. Hubertus € 52. **Lagació Mountain Residence:** Tel. +39/0471-849503; www.lagacio.com. *Preise:* Wohnungen mit 1 Schlafzimmer ab € 155 (Nebensaison), ab € 289 (Hochsaison). **Rifugio Averau:** Tel. +39/0436-4660. *Preise:* ab € 52, inklusive. *Wann:* Mitte Apr.–Mai, Mitte Okt.–Nov. **Reisezeit:** Jan.–März zum Skifahren; Juli–Aug. zum Wandern.

Auf den Spuren des Franz von Assisi

Assisi und Gubbio

Umbrien, Italien

Menschlichkeit, Demut und Liebe zur Natur eines einzelnen Mannes, Franz von Assisi, durchdringen die kleine, rosa getönte umbrische Stadt auf dem Hügel. Eine große Basilika wurde zu Ehren des barfüßigen Mönchs errichtet, der in der Krypta begraben liegt (deren Größe würde ihn wahrscheinlich beschämen). Im frühen 13. Jh. bemalte Giotto, dessen Werk als Erstes mit den statischen Ikonen der byzantinischen Schule brach, einen Großteil der oberen und unteren Basilika mit bemerkenswerten Fresken, die das Leben des hl. Franz (1182–1226), Italiens Schutzheiligem, zeigen. Die Basilika San Francesco ist ein bedeutendes Pilgerziel. Bei dem schweren Erdbeben am 26. September 1997 wurde vor allem die Oberkirche schwer beschädigt. Sie wurde aber wieder restauriert und konnte schon 1999 wieder dem Publikum geöffnet werden. Mehr dem Geist des *poverello* entspricht die Eremo delle Carceri (die „Einsiedelei der Gefangenen"), ein primitives Kloster in den Hügeln, wo Franz und seine Anhänger im Gebet „gefangen" waren. Die Basilica di Santa Chiara ist der hl. Klara, einer von Franz' ergebensten Anhängerinnen, gewidmet, die hier begraben ist. Sie gründete den mit den Franziskanern verschwisterten Orden der Klarissen.

Wer im familiengeführten Hotel Umbra aus dem 15. Jh. übernachtet, kann die stille Schönheit Assisis erleben, wenn die Massen weg sind. Einen Panoramablick auf das stille Tal haben Sie von der Dachterrasse. Unter den vielen religiösen Gästehäusern der Stadt, die Pilger aus aller Welt beherbergen, ist das St. Anthony's eine zentrale, von den gastfreundlichen Frati Francescani dell'Atonement betriebene Oase.

Der hl. Franziskus soll auch einen Wolf gezähmt haben, der das nahe, karge Dorf Gubbio bedrohte. Dessen Beiname, Stadt der Stille, passt noch heute. Die Wurzeln der Stadt als römische Siedlung sind im römischen Amphitheater sichtbar.

Durch die extreme Hanglage Gubbios gibt es hier einige architektonische Meisterleistungen des Mittelalters zu bestaunen, z.B. den Palazzo dei Consoli (Priorenpalast) von 1332 und auch den Dom, der nicht nur auf einen stark abschüssigen Platz schaut, sondern dem man auch im Inneren die Lage am Hang anmerkt.

Zwischen 1387 und 1508 regierten die Montefeltro-Grafen des nahen Urbino (s. S. 221) Gubbio. Ihre Abgesandten übernachteten in den aristokratischen Gästezimmern an der Piazza della Signoria, die als Hotel Relais Ducale wiedergeboren wurden – mit demselben Blick auf Gubbio und die umbrischen Ebenen, die auch den Gästen der Grafen gefiel. Tauchen Sie durch einen *agriturismo*-Aufenthalt in die von Franz so geliebte Natur ein – im Casa Branca, einem liebevoll restaurierten Bauernhaus 10 Minuten außerhalb der Stadt.

Wo: 177 km nordöstl. von Rom. **Hotel Umbra:** Tel. +39/075-812240; www.hotelumbra.it. *Preise:* ab € 93. *Wann:* Jan.–Mitte März: geschlossen. **St. Anthony's Guesthouse:** Tel. +39/075-812-542; atoneassisi @tiscalinet.it. *Preise:* € 60. *Wann:* Nov.–Feb.: geschlossen. **Relais Ducale:** Tel. +39/075-922-0157; www.relaisducale.com. *Preise:* ab € 110. **Casa Branca:** Tel. +39/075-927-0016; www.casabranca.it. *Preise:* € 85. **Reisezeit:** Assisi: Prozessionen und Musik in der Osterwoche. Anf. Mai: Mittelalterfest in Calendaggio. Gubbio: 15. Mai: *Corsa dei Ceri*, der „Wachskerzenlauf" zu Ehren des Stadtpatrons Ubald von Gubbio: letzter So. im Mai: *Palio della Balestra* (Folklorefest).

Das Innere der Kirche San Francesco d'Assisi ist großflächig mit Fresken von Giotto bedeckt; hier eines, das die Segnung des hl. Franziskus durch den Papst zeigt.

Ein romanisches Juwel, hoch in den Himmel gebaut

Der Dom

Orvieto, Umbrien, Italien

O rvieto liegt spektakulär auf einem hohen, flachen Tuffsteinplateau, 325 m über dem Meeresspiegel. Den Dom, das Herzstück dieser alten Stadt, sieht man von weit her in den Ebenen, wenn das Sonnenlicht sich in der reich verzierten gotischen Fassade spiegelt, die mit Marmor und glitzernden Mosaiken bedeckt ist. Seit dem späten 13. Jh. arbeiteten Künstler und Architekten aus ganz Italien fast 300 Jahre daran, diese faszinierende Mischung aus romanischem, gotischem und Hochrenaissancestil zu vollenden. Sogar Handwerker aus Ländern nördlich der Alpen brachten Einflüsse mit ein; so sind Anklänge an französische Gotik zu erkennen. Der umbrischen Tradition entsprechend wird hier aber viel mehr die Fläche betont. Am Sockel zeigen Wandreliefs Szenen der Schöpfungsgeschichte und des Jüngsten Gerichts. Gipfel der Kunst ist der Freskenzyklus in der Cappella Nuova, der das Ende der Welt zeigt (Tod, Gericht, Hölle und Himmel) und fast 9300 m² der Wände und Decken bedeckt. Begonnen wurde er 1447 von Fra Angelico, vollendet 1499–1503 von Luca Signorelli; fast ein halbes Jahrhundert später inspirierte er wahrscheinlich Michelangelo zu seinem *Jüngsten Gericht* in der Sixtinischen Kapelle (s. S. 212). (Ein unbeeindruckter Leonardo sagte allerdings, die Figuren erinnerten ihn an „Säcke voller Nüsse".) Am linken Rand des Bildes *Geschichte des Antichristen* gibt es ein Selbstbildnis von Signorelli und Fra Angelico.

Goldene Mosaiken und Basreliefs schmücken die Giebelfassade des Doms.

Orvieto ist außerdem zu Recht berühmt für den trockenen Weißwein, den Sie in Weinkellern und Restaurants probieren können. Papst Gregor XVI. wurde nach seinem Tod 1846 gar mit Orvieto-Wein gewaschen – so hatte er es sich gewünscht.

I Sette Consoli hinter dem Dom ist eines der besten Dinner-Erlebnisse in Umbrien: die perfekte Präsentation regionaler Spezialitäten und exzellenter heimischer Weine. La Badia, eine wunderbar erhaltene Abtei des 12. Jh. am Fuß des Felsens, ist heute ein charmantes Hotel, dessen Zimmer Steinwände und Gewölbe haben und den ehemaligen Kreuzgang oder Weinberge und Olivenhaine überblicken. Etwas außerhalb Orvietos in San Giorgio liegt das ländliche Refugium Inncasa. Die alten steinernen Häuser und Hütten sind modern und komfortabel ausgestattet (z.T. mit Jacuzzi oder Kamin), es gibt ein Restaurant und ein Spa, und der von Gärten umgebene Pool schaut über die Weinberge auf Orvieto in der Ferne.

Wo: 97 km nordwestl. von Rom. **I Sette Consoli:** Tel. +39/0763-343911; www.isetteconsoli.it. *Preise:* Dinner € 52. **Hotel La Badia:** Tel. +39/0763-301959; www.labadiahotel.it. *Preise:* ab € 166. *Wann:* Anf. Jan.–Mitte März: geschlossen. **Inncasa:** Tel. 39/0763-393692; www.inncasa.eu. *Preise:* ab € 93 (Nebensaison), ab € 130 (Hochsaison). **Reisezeit:** Ende Aug.: umbrisches Fest in Orvieto, mit heimischen Spezialitäten und Handwerk.

Geschichte und Künste in den umbrischen Hügeln

PERUGIA

Umbrien, Italien

Perugia ist nicht nur eine der beliebtesten Hügelstädte Italiens, sondern auch eine der ältesten mit einer Geschichte bis in die vorrömischen Tage der Etrusker. Handel und Künste florierten hier im Mittelalter, als der Großteil der festungsähnlichen Stadtkulisse gebaut wurde. Der Brunnen Fontana Maggiore aus dem 13. Jh. in der Altstadt (*centro storico*) war ein Ende der antiken Aquädukte der Stadt; das nahe Collegio del Cambio, für Geldwechsler und Händler gebaut, ist mit Fresken aus der Frührenaissance bedeckt; der Palazzo di Priori beherbergt heute die Galleria Nazionale dell'Umbria, eine große Sammlung regionaler Skulpturen und Gemälde, auch vom Sohn der Stadt, Pietro Perugino, einem der wichtigsten Maler der Hochrenaissance. Zusammen mit Schokolade (den *Baci Perugina*, Pralinen mit Nougat und ganzen Haselnüssen) ist er wohl Perugias berühmtester Export.

Sei es, weil es der einzige flache Streifen in einer sehr hügeligen Stadt ist oder weil die lebhafte, internationale Studentenszene die reiche Stadt lebendig erhält (Perugia ist seit 1270 Universitätsstadt): Wenn es Zeit für den spätnachmittäglichen Spaziergang (*passeggiata*) ist, sind sie alle auf dem „Corso". Die Perugini kaufen dort ein, quatschen und diskutieren über Fußballergebnisse und Politskandale. In der Stadt fahren wenige Autos; man ist zu Fuß oder mit der „Mini-Metro" unterwegs.

Innerhalb der alten Stadtmauer finden Sie das würdevolle Hotel Brufani Palace, seit über 120 Jahren auf dem höchsten Hügel. Oder verlieren Sie sich in der umbrischen Landschaft, im Palazzo Terranova aus dem 18. Jh., einem Landhotel von rustikaler Kultiviertheit.

Im Sommer lebt in Umbrien die Musik: Im Juli findet Umbria Jazz, eines der besten italienischen Jazzfestivals, statt; im September präsentiert das Umbria Music Fest eine Serie von Konzerten, hier und in Spoleto, Assisi, Pescara und Todi. Das berühmte Spoleto Festival der 2 Welten wurde 1957 vom Komponisten Gian Carlo Menotti gegründet (es gibt auch einen Ableger in Charleston, USA, s. S. 872). Es zeigt Weltklassetanz, -musik, -kino, -kunst und -theater. Während des Festivals sind Zimmer in Spoleto rar; buchen Sie also früh ein Zimmer im Hotel Gattapone, einem der besten kleinen Hotels der Stadt mit einer bei Künstlern und Festivalbesuchern beliebten Parklage.

Wo: 154 km südöstl. von Florenz. **GALLERIA NAZIONALE DELL'UMBRIA:** Tel. +39/075-5866-8410; www.gallerianazionaleumbria.it. **HOTEL BRUFANI PALACE:** Tel. 39/075-573-2541; www.brufanipalace.com. *Preise:* ab € 110 (Nebensaison), ab € 344 (Hochsaison). **PALAZZO TERRANOVA:** Tel. +39/075-857-0083; www.palazzoterranova.com. *Preise:* ab € 260 (Nebensaison), ab € 466 (Hochsaison). *Wann:* Mitte Nov.–Feb.: geschlossen. **UMBRIA JAZZ:** www.umbriajazz.com. **UMBRIA MUSIC FEST:** www.umbriamusicfest.it. **SPOLETO FESTIVAL:** www.festivaldispoleto.com. **HOTEL GATTAPONE:** Tel. +39/0743-223447; www.hotelgattapone.it. *Preise:* ab € 130 (Nebensaison), ab € 180 (Hochsaison). **REISEZEIT:** Apr.–Juni und Sept.–Okt.: bestes Wetter; Mitte Juni, Juli und Sept.: verschiedene Musikfestivals.

"Der Venedig-Besuch wird zu einer nie enden wollenden Liebesaffäre." – HENRY JAMES

VENEDIG

Venetien, Italien

Venedig verwirrt und verzaubert – werfen Sie also den Stadtplan weg und wandern Sie herum. Lassen Sie sich auf diese zerbrechliche, auf 118 Inseln erbaute Wasserwelt ein, verlieren Sie sich zwischen byzantinischen Kuppeln und Palazzi. Reisen Sie zurück in die Zeit, als Venezia, Königin der Adria, einen Großteil der mediterranen Welt regierte. Wandeln Sie durch Viertel, die sich kaum verändert haben, seit Marco Polo, Sohn der Stadt, in die weite Welt aufbrach; seit Kurtisanen und Dogen wie Schatten durch die engen Gassen huschten und Casanova auf dem Weg zu einem nächtlichen Stelldichein den Canale Grande hinunterglitt.

HAUPTATTRAKTIONEN

DIE GALLERIE DELL'ACCADEMIA – Die weltgrößte Kollektion venezianischer Meister füllt eine frühere Kirche und einen Konvent mit Werken von Tizian, Giorgione, Bellini, Carpaccio und anderen. Venedig ist die bunte Kulisse von Tintorettos Markuszyklus und vieler anderer Werke, die zeigen, wie wenig sich die Stadt über die Jahrhunderte geändert hat. INFO: Tel. +39/041-522-2247; www.gallerieaccademia.org.

DIE CA' D'ORO UND DIE GALLERIA GIORGIO FRANCHETTI – Ein wunderschöner Palazzo aus dem 15. Jh. am Canale Grande, wo Tizians *Toilette der Venus* mit Mantegnas *Heiligem Sebastian* um Ihre Aufmerksamkeit kämpft. Diese und andere Gemälde, Skulpturen und Möbel wurden der italienischen Regierung vom Philanthropen Baron Giorgio Franchetti geschenkt. INFO: Tel. +39/041-520-0345; www.cadoro.org.

CHIESA DEI FRARI (KIRCHE DER BRÜDER) – In einer Stadt voller Kirchen sticht diese gewaltige, im 13. und 14. Jh. gebaute franziskanische Bastion heraus, denn hier sind 2 Werke Tizians zu sehen, darunter die *Assunta:* Maria fährt, von wirbelnden Putti (Cherubs) umgeben, in den Himmel auf. INFO: Tel. +39/041-522-2637; www.basilicadeifrari.it.

SANTI GIOVANNI E PAOLO (KIRCHE DES JOHANNES UND PAULUS VON ROM) – Die größte Kirche Venedigs nach dem Markusdom enthält die Gräber von 25 Dogen, Werke von Bellini und Veronese sowie Deckengemälde mit Szenen des Neuen Testaments. Andrea del Verrochios berühmte bronzene Reiterstatue aus dem 15. Jh., die den Söldner Bartolomeo Colleoni zeigt, ist eines der plastischen Meisterwerke der Frührenaissance und dominiert den campo. Betrachten Sie alles vom Straßencafé Rosa Salva aus, einem jahrhundertealten Kaffeehaus mit Bäckerei. CAMPO SS. GIOVANNI E PAOLO: Tel. +39/041-523-5913.

DER CANALE GRANDE – Venedigs Hauptstraße ist ein 3,2 km langer, s-förmiger Kanal, gesäumt von Hunderten verwitterter byzantinischer und gotischer Palazzi und voller Leben. Gleiten Sie mit dem *vaporetto* (Wassertaxi) Nr. 1 durch 1000 Jahre venezianische Geschichte, während Sie Gondeln und Lieferbooten ausweichen. Starten Sie entweder am Markusplatz oder dem Bahnhof Santa Lucia und machen Sie die Fahrt mindestens 2-mal: tagsüber, um die lebhafte Rushhour mitzubekommen; nachts, wenn es ruhig und sehr romantisch ist. Eine Gondelfahrt trägt Sie durch ein bezauberndes Netz aus mehr als 150 schläfrigen Seitenkanälen und bietet Einblicke in die versteckten Ecken dieser einzigartigen, über dem Wasser gebauten Stadt.

DIE PEGGY-GUGGENHEIM-COLLECTION – Der nicht vollendete Palazzo aus dem 18. Jh. am Canale Grande, einst Haus der amerikanischen Erbin und Kunstsammlerin Peggy Guggenheim, ist voller Werke von Pollock, Brancusi, Picasso, Klee, Rothko, Chagall und (ihrem Mann) Max Ernst – sowie vielen anderen Künstlern des 20. Jh., deren Mäzenin sie war. Einige der Zimmer im DD725, dem intimen, modernen Hotel nebenan, schauen auf den Skulpturengarten des Guggenheim. GUGGENHEIM COLLECTION:

Ein jahrhundertealtes Gesetz gegen übertriebenen Luxus verfügte, dass Gondeln schwarz sein müssen: eine Tradition, die bis heute Bestand hat.

Tel. +39/041-520- 6288; www.guggenheim-venice.it. **DD724:** Tel. +39/041-277-0262; www.dd724.it. *Preise:* ab € 166 (Nebensaison), ab € 426 (Hochsaison).

MUSEUM PUNTA DELLA DOGANA FÜR GEGENWARTSKUNST – Das alte Zollgebäude, das die Wasserstraßen der Lagune und den Markusplatz auf der anderen Seite des Canale Grande überblickt, wurde vor Kurzem vom Architekten Tadao Ando zu einer leuchtenden Galerie für Gegenwartskunst umgebaut, für die Sammlung des französischen Industriellen François Pinault. (Die spektakuläre Kirche Santa Maria della Salute nebenan verdient auch einen Blick.) Weitere Stücke aus der Sammlung von Jeff Koons, Cy Twombly und anderen Größen gibt es etwas weiter kanalaufwärts im prächtigen Palazzo Grassi aus dem 18. Jh. zu sehen. INFO: Tel. +39/0445-230313; www.palazzograssi.it.

MARKUSPLATZ UND MARKUSDOM – Napoleon nannte das elegante Herz Venedigs „das schönste Wohnzimmer Europas". Zwei bronzene Figuren auf dem Torre dell'Orologio (Uhrenturm) aus dem 15. Jh. schlagen die Stunde, und der Campanile – eine Replik des Originals aus dem 8. Jh., das höchste Gebäude in der Skyline Venedigs – bietet einen grandiosen Blick über die Stadt. Der byzantinische, fast wie eine Moschee wirkende Markusdom wurde als Mausoleum für den hl. Markus, den Stadtpatron, gebaut. Reproduktionen von 4 Bronzepferden, die 1204 in Konstantinopel erbeutet wurden, wachen über die schmucke Fassade (die Originale sind im Museum im Innern des Doms); prächtig glitzernde Mosaiken bedecken die spärlich beleuchteten Decken und Säulen. Die Pala d'Oro, das Antepedium des Altars, ist einer der größten Schätze des Doms und besteht aus mehr als 2000 wertvollen Steinen und Emailbildern. INFO: Tel. +39/041-522-5205; www.basilicasanmarco.it.

DER PALAZZO DUCALE (DOGENPALAST) – Der rosa-weiße Marmorpalast, der den Dom flankiert und aufs Wasser schaut, sollte den per Schiff Ankommenden Reichtum und Macht Venedigs zeigen. Die Dogen regierten 100 Jahre lang *La Serenissima* (die „Durchlauchtigste Republik") und einen Großteil des östlichen Mittelmeerraums von diesen Sälen aus, die mit Gemälden von Veronese, Tintoretto und anderen venezianischen Meistern angefüllt sind. Die

Die Statue mit dem geflügelten Löwen am Dogenpalast, Emblem der Stadt, wurde 1797 von Napoleons Truppen erbeutet, aber 1815 wieder zurückgegeben.

Seufzerbrücke (Ponte dei Sospiri) verbindet den Palast mit dem Palazzo delle Prigioni, wo Gefangene blieben, nachdem sie vom Rat verurteilt wurden. INFO: Tel. +39/041-522-4951; www.museiciviciveneziani.it.

SCUOLA GRANDE DI SAN ROCCO – Die renommierteste der einflussreichen religiösen und sozialen Bruderschaften, die einst in Venedig gediehen, wurde 1515 gebaut. Die etwa 50 Gemälde, die Tintoretto zwischen 1564 und 1594 für die *scuola* malte, stellen die größte Sammlung dieser düsteren, dramatischen Werke überhaupt dar. Schauen Sie sich die Szenen aus dem Alten und Neuen Testament an, darunter die riesige Kreuzigung, die als Tintorettos Meisterstück gilt. INFO: Tel. +39/041-523-4864; www.scuolagrandesanrocco.it.

SONSTIGE HIGHLIGHTS

TORCELLO – Die grüne, quasi unbewohnte Insel Torcello ist die idyllische Kulisse für ein Picknick weitab von den Touristenmassen und Tauben am Markusplatz. Die Terrasse der Trattoria al Ponte del Diavolo verspricht ein leckeres Mittagessen. Das Dessert könnte ein Besuch des Doms von Torcello sein, wo es atemberaubende Mosaiken aus dem 12. und 13. Jh. zu sehen gibt, einige der wichtigsten Europas. Wer die Nacht auf der Insel verbringen will: Das stylische, aber schlichte Locanda Cipriani hat 6 schöne Zimmer,

feine Küche in ungezwungenem Ambiente und ein romantisches Flair. TRATTORIA AL PONTE DEL DIAVOLO: Tel. +39/041-730401; www.osteriapontedeldiavolo.com. *Preise:* Mittagessen € 30. LOCANDA CIPRIANI: Tel. +39/041-730150; www.locandacipriani.com. *Preise:* ab € 207; Mittagessen € 37.

SANTA MARIA DELLA PIETÀ (VIVALDIS KIRCHE) – Antonio Vivaldi, Barockmaestro und Sohn der Stadt, wirkte hier von 1703 bis 1741 als Dirigent am Waisenhaus und Konservatorium der Kirche, während er einige seiner größten Meisterwerke komponierte. Diese und Werke von Zeitgenossen werden hier oft bei Kerzenlicht aufgeführt. Einmal die *Vier Jahreszeiten* unter dem strahlenden Deckenfresko von Tiepolo zu hören, ist pure Magie. INFO: Tel. +39/041-522-2171; www.vivaldi.it.

KARNEVAL UND ANDERE FESTE – Venedigs hedonistischer Karneval, eine Zeit der ungezügelten, wilden Festlichkeiten, verschwand zusammen mit dem Rest der Republik mit der Ankunft Napoleons 1797. 1980 wurde er dann enthusiastisch wiederbelebt, komplett mit reichem Damast, Kaskaden aus Spitze, gepuderten Perücken, aufwendigen Kostümen und den Charakteren aus der Commedia dell'Arte an jeder Ecke. Der Karneval beginnt 2 Wochen vor Aschermittwoch und endet mit diesem, aber Venedig ist das ganze Jahr in Feierlaune. Die Vogalonga, eine Art Wassermarathon, ist ein 30 km langes Rennen zwischen fast 1500 Booten aller Formen und Größen, das meist an Pfingsten stattfindet. Die Biennale d'Arte Contemporanea e Architettura, prestigeträchtige Kunst- (in ungeraden Jahren) oder Architekturausstellung (in geraden Jahren) läuft von Juni bis Oktober. Das Filmfestival der Biennale bringt jeden August Filmemacher und Stars aus aller Welt in die Stadt. Das Erlöserfest (Festa del Redentore) Ende Juli feiert das Ende der Pest von 1578 mit Feuerwerk und einem Pilgerweg über eine temporäre Bootsbrücke über den Giudecca-

Kanal zu Andrea Palladios Kirche Il Redentore. Während der Regata Storica Anfang September gleiten bunt dekorierte Gondeln und historische Boote aller Art mit Passagieren in historischen Kostümen den Canale Grande hinunter. **Biennale d'Arte:** Tel. +39/041-521-8711; www.labiennale. org. **Regata Storica:** Tel. +39/041-241-2988; www.veneziamarketingeventi.it.

Übernachten

Historische Palazzo-Hotels – Das legendäre Hotel Danieli belegt den Palast eines früheren Dogen aus dem 14. Jh. direkt am Kanal. Der Innenhof ist heute eine spektakuläre Lobby. Nehmen Sie einen Drink in der beliebten Bar Dandolo. Viele der Zimmer schauen auf den Canale Grande. Ähnlich ist es im würdevollen Palazzo Gritti, dem 1525 für den Dogen Andrea Gritti am Canale Grande gebauten Palast. Beim Candlelightdinner oder Sundowner auf der offenen Terrasse schaut man auf die prächtige, barocke Chiesa della Salute direkt gegenüber am Kanal. Auf der Spitze der friedlichen Insel Giudecca, in 10 Minuten per Privat-

Von einer Jury aus internationalen Kostüm- und Modedesignern wird die beste Karnevalsmaske gekürt.

fahrt vom Markusplatz aus zu erreichen, liegt das Cipriani. Gäste schwelgen in großzügigen blühenden Gärten, einem Salzwasserpool in Olympiagröße, dem schicken Restaurant Fortuny und den diskret großartigen Zimmern mit Seidenvorhängen

und -wandbespannungen. **Hotel Danieli:** Tel. +39/041-522-6480; www.danielihotel venice.com. *Preise:* ab € 315 (Nebensaison), ab € 537 (Hochsaison). **Gritti Palace:** Tel. +39/041-794611; www.hotelgrittipalaceve nice.com. *Achtung:* Wegen Renovierung bis Anf. 2013 geschlossen. **Hotel Cipriani:** Tel. +39/041-520-7744; www.hotelcipriani.it. *Preise:* ab € 889; Dinner € 81. *Wann:* Mitte Nov.–März: geschlossen.

Kleine Hotels mit Garten – Das Hotel Flora, nah beim Markusplatz, liegt um einen blühenden Hof herum; wo Sie in den warmen Monaten das Frühstück genießen können. Die Figur, die Katharine Hepburn im Film *Traum meines Lebens* spielte, wohnte in der charmanten Pensione Accademia/Villa Maravege – auch heute ein magischer Rückzugsort nahe der Accademia, mit Zimmern, die auf 2 Gärten schauen. Das reizende Oltre Il Giardino am Kanal gleicht einem idyllischen Landhotel. Schöne Zimmer schauen auf einen grünen Garten mit Oliven- und Magnolienbäumen. **Hotel Flora:** Tel. +39/041-520-5844; www. hotelflora.it. *Preise:* ab € 148 (Nebensaison), ab € 307 (Hochsaison). **Pensione Accademia/ Villa Maravege:** Tel. +39/041-521-0188; www.pensioneaccademia.it. *Preise:* ab € 148 (Nebensaison), ab € 252 (Hochsaison). **Oltre Il Giardino:** Tel. +39/041-275-0015; www.oltreilgiardino-venezia.com. *Preise:* ab € 159 (Nebensaison), ab € 266 (Hochsaison).

Viel Charakter, günstige Preise – Das freundliche Hotel Ai Do Mori hat eine 5-Sterne-Adresse: Die schlichten Zimmer im oberen Stockwerk liegen buchstäblich eine Handbreit von den byzantinischen Kuppeln des Markusdoms und den Bronzefiguren auf dem Uhrenturm entfernt (seien Sie auf das Geläut am frühen Morgen vorbereitet – und aufs Treppensteigen: Es gibt keinen Lift). Praktisch im Schatten des Dogenpalastes liegt das Ca' dei Dogi: klein, stylish, ruhig. **Hotel Ai Do Mori:** Tel. +39/041-520-4817;

www.hotelaidomori.com. *Preise:* ab € 55 (Nebensaison), ab € 137 (Hochsaison). CA' DEI DOGI: Tel. +39/041-241-3759; www.cadeidogi.it. *Preise:* ab € 133.

ESSEN & TRINKEN

AL COVO – Im Sommer speist man an Außentischen, sonst in einem Saal mit viel Kunst und viel Wärme. Die Leitung teilt sich ein liebenswertes italoamerikanisches Duo: Cesare hält Hof, während er die raffinierten frischen Fischgerichte überwacht; Diane ist u.a. verantwortlich für die üppigen Desserts. INFO: Tel. +39/041-522-3812; www.ristorantealcovo.com. *Preise:* Dinner € 55.

DA FIORE – In einer Stadt, in der feine Küche mit Meer assoziiert wird, gilt das Da Fiore als bestes Restaurant. Der förmliche, aber einladende Gastraum ist bekannt für die Qualität der gehobenen adriatischen Köstlichkeiten. INFO: Tel. +39/041-721308; www.dafiore.net. *Preise:* Festpreis-Menü € 93.

ALLE TESTIERE – Diese winzige, informelle Trattoria in der Nähe des Campo Santa Maria Formosa ist immer voll. Die jungen Besitzer nehmen das Kochen ernst, wie eine Kostprobe ihrer mit Tintenfisch gefüllten Gnocchi beweist (Fleischliebhaber sollten woanders hingehen). INFO: Tel. +39/041-522-7220; www.osterialletestiere.it. *Preise:* Dinner € 48.

DIE CAFÉS AM MARKUSPLATZ – In den kalten Monaten macht das elegante Dekor des 18. Jh. das Caffè Florian zum Ausguck der Wahl. Wenn die Tische nach draußen rücken und die Orchester ihre Weisen bis in die Nacht hinein spielen, sind auch das Caffè Quadri und andere Straßencafés prima. Vielleicht machen Sie es sich auch im Caffè Chioggia um die Ecke bequem, das auf die rosa-weiße Marmorfassade des Dogenpalastes und auf die Gondeln schaut, die in der Lagune schaukeln. CAFFÈ FLORIAN: Tel. +39/041-520-5641; www.caffeflorian.com. CAFFÈ QUADRI: Tel.

+39/041-528-9299; www.caffequadri.it. CAFFÈ CHIOGGIA: Tel. +39/041-528-5011.

WEINBARS – Die Cantina do Mori ist Venedigs beliebteste *bacaro*. Hier trinken Aristokraten und Fischhändler regionale Weine und essen *cichetti* (Häppchen im Stile spanischer Tapas) in einer fröhlichen, zeitlosen Atmosphäre. Das Cantinone Gia Schiavi, gegenüber dem Gondelhafen San Trovaso in Dorsoduro, hat eine Riesenauswahl an Hausweinen und eine leckere Zusammenstellung an *crostini*, geröstetem Brot mit Käse, Salami, Räucherfisch und anderen Köstlichkeiten. CANTINA DO MORI: Tel. +39/041-522-5401. CANTINONE GIA SCHIAVI: Tel. +39/041-523-0034.

AUSFLÜGE

ASOLO – Robert Browning sagte über diese Renaissancestadt in den grünen Hügeln Venetiens, sie sei „der schönste Platz, den ich je sehen durfte". Die Stadt mit ihrer Landschaft aus Obstwiesen, Zypressen und Weinbergen zieht immer noch Dichter, Künstler und Intellektuelle an. Viele steigen in Brownings palladianischer Villa ab, die zum malerisch verwitterten Hotel Villa Cipriani geworden ist, das für seine Topküche und einen duftenden Garten voller Rosen, Granatäpfel und Vogelgezwitscher berühmt ist. 6 km entfernt liegt Maser mit Andrea Palladios Meisterstück aus dem 16. Jh., der eleganten Villa Barbaro voller Trompe-l'Œil-Fresken von Paolo Veronese. INFO: www.asolo.it. HOTEL VILLA CIPRIANI: Tel. +39/0423-523411; www.villaciprianiasolo.com. *Preise:* ab € 222 (Nebensaison), ab € 422 (Hochsaison).

VICENZA – Der große Andrea Palladio hinterließ seiner Heimatstadt sein wohl größtes Werk, das Teatro Olimpico. Das Theater mit einer Kulisse, die das alte Theben zeigt, verwendet schlaue Trompe-l'Œils, um die Bühne viel tiefer als ihre tatsächliche 4,20 m erscheinen zu lassen – ein Effekt, den man seit 1585 bewundert. Palladio entwarf außerdem zahlreiche Villen entlang dem Brenta-Kanal und anderswo in Venetien; sein berühmtestes Landhaus ist die Villa Capra, auch Villa la Rotonda genannt, ein langer, aber schöner Spaziergang von Vicenzas Zentrum aus. Wo: 74 km westl. von Venedig. Info: www.vicenza.org. Teatro Olimpico: www.teatroolimpico.org.

Padua – Lebhafte Marktplätze, eine Basilika aus dem 13. Jh. und die zweitälteste Universität der Welt von 1222 sind einige der vielen Reize von Padua (Padova). Einzigartig ist die Scrovegni-Kapelle aus dem 13. Jh.: Hier arbeiteten Giotto und seine Schüler von 1303 bis 1306 an 38 biblischen Szenen, die die Malerei des Spätmittelalters und der Frührenaissance mit ihrem Realismus und der Kraft der Farben (besonders die des Kobaltblaus) für immer veränderten. Wo: 42 km westl. von Venedig. Scrovegni-Kapelle: Tel. +39/049-201-0020; www.cappelladegliscrovegni.it.

Venice Simplon-Orient-Express – Auf der berühmten Zugfahrt – 32 Stunden quer über den Kontinent von Venedig nach London (oder umgekehrt; es gibt auch weitere Routen) – spürt man immer noch den Glamour der 1920er-Jahre und das Flair Agatha Christies. In diesem Grandhotel auf Schienen sind das Essen und der weiß behandschuhte Service makellos – alles, was fehlt, sind Spione und Stummfilmstars. Info: www.orient-express.com. Preise: ab € 2300, inklusive (auch kürzere Teilstücke buchbar). Wann: Mitte März–Ende Nov.

Heimat von Romeo, Julia und Aida

VERONA

Venetien, Italien

Vergessen Sie Ihre Zweifel und tauchen Sie ein in die Romantik Veronas. Millionen Neugierige und Sehnsüchtige möchten hier die Luft atmen, die auch Shakespeares Romeo und Julia einst atmeten, und die Stadt, entschlossen, den Reiz der unglücklich Verliebten am Leben zu erhalten (obwohl ihre Existenz nicht bewiesen ist), hat einen Palazzo aus dem 14. Jh. – mit dem erforderlichen Balkon – als Residenz der Capulets deklariert. Die dort hinterlassenen Liebesschwüre in allen Sprachen sind unschuldig, witzig und bittersüß. Die meisten, die den Hof besuchen, reiben die rechte Brust der jungen Bronze-Julia – das soll Glück in Liebesdingen bringen. Romantiker werden das Sogno di Giulietta („Julias Traum") lieben, das einzige Hotel mit Zimmern (mit ver-

Die rechte Brust der Statue glänzt schon vor lauter Reiben.

zierten Betten und Balkendecken), die den Balkon überblicken. Die Spezialitäten Venetiens in intimer Atmosphäre gibt es im 12 Apostoli, Veronas ältestem Restaurant – und einem der besten. Bitten Sie darum, den um römische Ruinen herumgebauten Weinkeller sehen zu dürfen.

Im Sommer sollten Sie – zusammen mit den anderen Romantikern – einen Opernabend in der perfekt erhaltenen römischen Arena verleben, deren Akustik 200 Jahre überlebt hat. Aida, das hier zum ersten Mal 1913 zu Ehren von Verdis 100. Geburtstag aufgeführt wurde, ist jedes Jahr im Programm, und sogar, wer mit Opern nichts anfangen kann, wird die Erinnerung seines Lebens mitnehmen, wenn beim Triumphmarsch Hunderte Menschen die Bühne füllen. Die Sänger mögen zwar von den höchsten, günstigsten Plätzen aus winzig klein wirken (auch diese Plätze sind begehrt – alle 20.000 sind oft ausverkauft), aber ihre Stimmen sind so kristallklar wie die Nachtluft, und den Blick auf die umgebenden Hügel Venetiens gibt es gratis dazu.

Nach der Oper können Sie auf Veronas schönstem Platz, der Piazza dei Signori, im historischen Caffè Dante draußen sitzen und ein Glas Valpolicella von den Weinhängen Venetiens schlürfen. Eine perfekte Tagestour von Verona aus wäre übrigens eine Weinproben-Tour zu den Weltklasseweingütern Venetiens. Von der Piazza dei Signori erreicht man die Piazza delle Erbe mit ihren Palästen (einst das römische Forum, heute ein Wochenmarkt) durch den Arco della Costa. Man sagt, der Walknochen, der über der Passage hängt, falle nur herunter, wenn jemand, der nie gelogen hat, darunter hergeht – er hängt dort schon seit Jahrhunderten.

Wo: 114 km westl. von Venedig. **Arena di Verona:** Theaterkasse Tel. +39/045-800-5151; www.arena.it. *Wann:* Ende Juni–Anf. Sept. **Sogno di Giulietta:** Tel. +39/045-800-9932; www.sognodigiulietta.it. *Preise:* ab € 207 (Nebensaison), ab € 348 (Hochsaison). **12 Apostoli:** Tel. +39/045-596-999; www.12apostoli.it. *Preise:* Dinner € 45. **Caffè Dante:** Tel. +39/045-800-0083; www.caffedante.it. *Preise:* Dinner € 30. **Reisezeit:** Sommermonate: Oper; Juli: Shakespeare-Festival mit Theater und Musik.

Historisches Hauptquartier der Malteserritter

Valletta

Malta

Die kleine Insel Malta, heute Destination für Kreuzfahrtschiffe, Jachten, Strandurlauber und Geschichtsbegeisterte, hatte lange eine strategische Bedeutung, die in keinem Verhältnis zu ihrer Größe stand. Dieses Pünktchen südlich von Sizilien, am Kreuzungspunkt des Mittelmeers, war vom 16. Jh. bis 1945 entscheidend für die Kontrolle der Hauptseewege. Mit seinen Schwesterninseln ist es heute ein unabhängiger Staat; Hauptstadt ist das wunderschöne Valletta mit seinen barocken Palästen, Gärten und Kirchen.

Malta wurde den Johanniterrittern 1530 von Karl V., dem Kaiser des Heiligen Römischen Reiches, zum Geschenk gemacht, nachdem sie vom osmanischen Sultan aus Rhodos (s. S. 187) vertrieben worden waren. Nachdem sie die osmanischen Belagerer 1565 besiegt hatten, befestigten die Ritter ihre Insel und bauten Valletta, das den Grand Harbour überblickt. Valletta ist eine der ersten geplanten Städte Europas, herausgehauen aus dem hellen Kalkstein der Insel – eine Stadt „von Gentlemen für Gentlemen gebaut", wie es Benjamin Disraeli formulierte.

Die Ritter gaben der St. John's Co-Kathedrale einen Ehrenplatz. Das schlichte Äußere verbirgt wilde Barock-Extravaganz im Inneren mit vielfarbigen Marmorböden und reich verzierten Apsiden; das Museum besitzt Caravaggios *Die Enthauptung Johannes des Täufers*, von vielen als das Meisterstück des Künstlers angesehen. Der üppige Dekor des nahen Großmeisterpalasts umfasst bunte Fresken, die die große Belagerung zeigen, und wertvolle Gobelins. Die Waffenkammer besitzt, obwohl sie von Napoleon geplündert wurde, 5000 Rüstungen.

Aber das eindrucksvollste Erbe der Ritter sind die Bastionen rund um die Stadt. Spazieren Sie über die massiven Mauern und Bollwerke und machen Sie in den Upper Barakka Gardens Pause, mit tollem Blick über den Grand Harbour und, wenn das Timing stimmt, dem Abfeuern der Mittagskanone.

Direkt außerhalb der Stadttore ist das liebevoll restaurierte Hotel Phoenicia, ein Art-déco-Grandhotel inmitten schattiger Gärten und mit Blick auf den 2. Naturhafen Vallettas, Marsamxett. 1949 besuchte Prinzessin Elisabeth (heute Königin) mit dem damals als Marineoffizier in Malta stationierten Prinz Philip mehrmals das Phoenicia – die Frischverheirateten tanzten im großen Ballsaal.

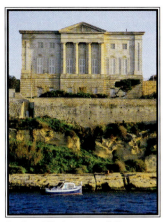

Der Grand Harbour trennt Valletta von der Stadt Kalkara gegenüber.

Info: www.visitmalta.com. **Grossmeisterpalast:** Tel. +356/2124-9349; www.heritagemalta.com. **Hotel Phoenicia:** Tel. +356/ 2122-5241; www.phoeniciamalta.com. *Preise:* ab € 133 (Nebensaison), ab € 185 (Hochsaison).

Reisezeit: Sept.: perfektes Wetter; Feb. oder März: Karneval; Dez.: Weihnachtsfestlichkeiten.

Hügelburgen in alten Grenzstädten

Estremoz und Marvão

Alentejo, Portugal

Östlich von Lissabon liegen weite Ebenen aus roter Erde mit großen Wein- und Weizenanbaugebieten, die der Region Alentejo eine Ruhe verleihen, welche nichts mit ihrer stürmischen Geschichte gemein hat. Mauren und Christen, Portugiesen und Spanier kämpften um diesen schönen Landstrich – zum Beweis steht auf jedem Hügel eine mittelalterliche Festung oder Burg. Das bei Weitem größte Gebäude in Estremoz ist die Burg aus dem 13. Jh., die König Dinis für seine kindliche Königin – die geheiligte Isabella – bauen ließ und die nach einem Brand im 18. Jh. wieder aufgebaut wurde. Heute ist hier das Rainha Santa Isabel, wohl das schönste der 45 *pousadas* (Hotels) in Regierungsbesitz, die sich über Portugal verteilen. Der Ausblick verzaubert noch immer; das Ambiente ist nach wie vor königlich, mit musealen Antiquitäten und Wandteppichen, 6,50 m hohen Decken, monumentalen Treppen und viel Marmor aus den berühmten Alentejo-Brüchen. Der aufmerksame Service verleiht dem Bankettsaal Wärme, in dem das Restaurant Alentejo-Spezialitäten serviert – z.B. geschmortes Kaninchen mit Pastinaken – und einen Keller mit erstklassigen lokalen Borba-Weinen vorhält. Teppiche aus dem nahen Arraiolos und Himmelbetten zieren die 30 Zimmer. Der Raum, in dem Isabella 1336 starb, wurde vom Feuer verschont und ist heute eine kleine öffentlich zugängliche Kapelle.

Fast in Rufweite der spanischen Grenze liegt das winzige Marvão (300 Einwohner). Die kleinen weißen Gebäude ducken sich auf einem Hügel rund um eine Burg aus dem 13. Jh., von der aus Sie einen Rundumblick haben. Im umliegenden Naturpark Serra de São Mamede nisten weiße Vögel. Die Pousada de Santa Maria in Marvão lebt von ihrer Bescheidenheit. Der Gasthof besteht aus mehreren nebeneinanderliegenden Häusern aus dem 18. Jh., hat schöne Balkendecken und Steinkamine mit *azulejo*-Kacheln, aber es ist der Blick über die Berge nach Spanien, der Ihnen den Atem rauben wird. Die ganze Landschaft breitet sich unterhalb der 900 m hoch gelegenen Stadt aus – ein perfekter Ort, um sich in Gedanken zu verlieren und „auf die Adler hinunterzublicken", wie ein portugiesischer Dichter schrieb.

Die Türme der Burg von Marvão erlauben herrliche Ausblicke auf die Berge der Serra de Ossa und Serra de São Mamede – und auf Spanien direkt dahinter.

Wo: Estremoz liegt 145 km östl., Marvão 224 km nordöstl. von Lissabon. **Pousada Rainha Santa Isabel** und **Pousada de Santa Maria:** Tel. +351/258-82-1751; www. pousadasofportugal.com. **Preise:** ab € 185; Dinner im Rainha Santa Isabel € 37. **Reisezeit:** Apr.–Mai und Sept.–Okt.; Sa. in Estremoz: Markt auf dem zentralen Platz.

Ein Freilichtmuseum mit portugiesischer Architektur

ÉVORA

Alentejo, Portugal

J edes Zeitalter hat in Évora Spuren hinterlassen. Die Häuser und Paläste der als Nationalerbe bewahrten Stadt sind besonders im abendlichen Flutlicht beeindruckend. Obwohl die Gegend seit fast 7000 Jahren besiedelt ist, sind die meisten Gebäude, die nach dem großen Lissaboner Erdbeben von 1755 stehen blieben, manuelinisch – ein prunkvoller portugiesischer Stil, der die soliden Proportionen der Gotik mit der Harmonie der Renaissance verbindet. Évora, wegen seiner Anmut oft mit Florenz und Sevilla (s. S. 229 und 264) verglichen, ist viel intimer und wunderbar portugiesisch, mit maurischem Einschlag in den durchbrochenen Balkonen, schönen weiß getünchten Häusern und kühlen, gekachelten Patios.

Als die Mauren im 12. Jh. nach 450 fruchtbaren Jahren gehen mussten, wurde Évora zum Liebling portugiesischer Könige und florierte im 15. und 16. Jh. als Zentrum der Bildung und der Künste. Die meisten Sehenswürdigkeiten liegen im Herzen der Altstadt innerhalb mittelalterlicher Mauern, darunter die gotische Kathedrale und die Kirche dos Lóios, São João (dem hl. Johannes) geweiht und berühmt für ihre *azulejos*, die traditionellen, handbemalten blau-weißen Kacheln Portugals. Neben der Kirche und den gut erhaltenen Ruinen eines römischen Diana-Tempels aus dem 2. Jh. liegt ein ehemaliges Fürstenhaus aus dem 15. Jh. (später ein Konvent), heute die Pousada dos Lóios, einer der schönsten Gasthöfe Portugals. Das frühere Refektorium ist der Speisesaal; bei gutem Wetter speist man in der Mitte des Kreuzgangs.

Ein weiterer Konvent des 15. Jh., der zum Luxushotel wurde, ist der Convento do Espinheiro Hotel & Spa mit einer für Alentejo ungewöhnlichen Opulenz (das Spa ist das beste der Gegend). Es liegt inmitten eines luxuriös angelegten, ländlichen Grundstücks mit Panoramablick auf die Stadt; sein Restaurant Divinus ist besonders für den jahrhundertealten Weinkeller bekannt. Kein Besuch in Évora ist komplett, ohne den Cromlech von Almendres gesehen zu haben, eine mysteriöse, megalithische Stätte aus 96 stehenden Steinen auf dem Hügel über der Stadt, um das Jahr 5000 v. Chr. errichtet – das portugiesische Äquivalent zu Stonehenge.

Wo: 138 km südöstl. von Lissabon. **Pousada dos Lóios:** Tel. +351/258-82-1751;

In jeder Ecke des gotischen Kreuzgangs in der Kathedrale von Évora steht die Marmorstatue eines der 4 Evangelisten.

www.pousadasofportugal.com. *Preise:* ab € 215 (Nebensaison), ab € 319 (Hochsaison); Dinner € 45. **Convento do Espinheiro Hotel:** Tel. +351/ 266-788-200; www.conventodoespinheiro.com. *Preise:* ab € 148 (Nebensaison), ab € 222 (Hochsaison); Dinner im Divinus € 60. **Reisezeit:** Apr.–Mai und Sept.–Okt.: schönes Wetter, weniger los; letzte 10 Tage im Juni: Feira de São João, ein Markt zu Ehren des Stadtpatrons.

Waldkulisse für ein Lustschloss

Der Bussaco-Wald

Beiras, Portugal

Der geschützte Bussaco-Wald (Floresta do Bussaco) ist kein natürlicher Wald, sondern ein riesiger, ummauerter Baumgarten, den karmelitische Mönche im 17. Jh. anpflanzten. Er wuchs mit dem portugiesischen Reich, denn exotische Bäume kamen aus allen Ecken der Welt. So groß war sein botanischer Reichtum, dass eine Papstbulle des 17. Jh. drohte, jeden zu exkommunizieren, der den Pflanzen etwas antat. Nachdem religiöse Orden im 19. Jh. unterdrückt wurden, ließ König Karl I. in der Mitte des 100 ha großen Waldes ein sommerliches Lustschloss bauen. Das Ergebnis ist eine extravagante Spielerei aus Türmchen, Zinnen und Bogenfenstern aus Buntglas, handgemalten Wandbildern und Kacheln sowie Ritterrüstungen. Es war der letzte Spaß des Monarchen: Karl wurde 1907, ein Jahr nach der Fertigstellung, ermordet. Sein Sohn nutzte den Palast, bevor er nach seiner Abdankung 1910 nach England floh. Heute ist es das Palace Hotel do Bussaco mit 64 Zimmern, eines der außergewöhnlichsten Hotels Europas, ein Juwel der letzten Jahrhundertwende im romantischen neomanuelinischen Stil. Von hier aus können Sie auch prima die romantische Stadt Coimbra erkunden.

Weil Coimbra Sitz der ältesten Universität Portugals ist (1290 gegründet), sind die Straßen voller Studenten in traditionellen schwarzen Umhängen. Die Stadt ist bekannt für ihre eigene Art des *fado* (die sehnsüchtigen Lieder Portugals), der hier von Männern gesungen wird (anders als in Lissabon, wo ihn Frauen singen, s. nächste Seite). Am besten hört man ihm im Club àCapella in einer alten Kapelle im jüdischen Viertel zu. Coimbras eigenes Luxushotel, das Quinta das Lágrimas („Anwesen der Tränen") aus der Spätgotik/Frührenaissance, liegt in einer waldigen Enklave außerhalb der Stadtmauern. Früher Rückzugsort für Könige und Generäle, ist es heute ein luxuriöses Landschloss mit hervorragendem Spa, bekanntem Restaurant und liebevoll angelegtem Park.

Wo: 220 km nördl. von Lissabon. PALACE HOTEL DO BUSSACO: Tel. +351/231-937-970; www.almeidahotels.com. *Preise:* ab € 133 (Nebensaison), ab € 180 (Hochsaison). ÀCAPELLA: Tel. +351/239-833-985; www.acapella.com.pt. QUINTA DAS LÁGRIMAS: Tel. +351/239-802-380; www.quintadaslagrimas.pt. *Preise:* ab € 120 (Nebensaison), ab € 222 (Hochsaison). REISEZEIT: Mai–Sept.: Gärten; Sept.: Festa das Latas, wenn die Universität wieder öffnet.

Eine Stadt, die den Königinnen Portugals gehörte

ÓBIDOS

Estremadura, Portugal

Das winzige weiß getünchte Dorf Óbidos, umfangen von einer maurischen Mauer, wurde als so schön erachtet, dass es zum Hochzeitsgeschenk einer Königin wurde: 1282 bekam es Königin Isabella von König Dinis, und in den nächsten 600 Jahren sollte es jeder portugiesische König ebenso machen, sodass der Name Casa das Rainhas („Haus der Königinnen") bis 1834 Bestand hatte. Besucher betreten dieses Museum einer Stadt durch große, für mittelalterliche Festungen typische Torbögen. Autos dürfen nur ins Innere der Stadt, um Hotelgäste und Gepäck abzuladen oder aufzunehmen. Zwischen den weißen, von alten Bougainvilleen gerahmten Häusern führen Steinstufen die steilen Hänge hinauf. Die 1,5 km lange Stadtbefestigung mit ihren Zinnen hat oben breite Wege, von denen aus Sie eine spektakuläre Sicht auf die Stadt und die umliegende grüne Landschaft haben, in der hier und da große verwitterte Kalkfelsen stehen.

Die gewaltige Burg aus dem 15. Jh. wurde als Festung gebaut und im 16. Jh. in einen Königspalast umgewandelt. Heute wurde ein Flügel zur Pousada do Castelo umgebaut, eines der atmosphärischsten Hotels Portugals, wo Sie in einem der 9 Zimmer Ritter für eine Nacht sein können. Der Fürstensaal ist voller Rüstungen, die immer noch auf die Königinnen und ihr royales Gefolge von damals zu warten scheinen. Unter den schlichten Gerichten des Restaurants ist oft der Fang des Tages aus dem pittoresken Fischerdorf Peniche. Doch auch die Aussicht allein ist schon ein Fest, und das Beste: Übernachtungsgäste haben die Stadt für sich allein – bevor die Bustouren kommen und lange nachdem sie abgefahren sind.

Wo: 80 km nördl. von Lissabon. POUSADA DO CASTELO: Tel. +351/258-82-1751; www.pousadasofportugal.com. *Preise:* ab € 260 (Nebensaison), ab € 363 (Hochsaison); Dinner € 37. REISEZEIT: Mai–Juni und Sept.–Okt.: bestes Wetter und weniger los; Juli: Mittelaltermarkt.

Uraltes Viertel mit lebendiger Geschichte und Fado-Tradition

ALFAMA

Lissabon, Portugal

Alfama ist das melancholischste und stimmungsvollste Viertel Lissabons. Die steilen Straßen und kurvigen Gassen zeigen immer noch die Spuren der Mauren, die 711 von Nordafrika aus in Portugal einfielen und ihre Herrschaft auf einen Großteil der Iberischen Halbinsel ausdehnten. Sie bauten auf dem östlichen Hügel der Stadt (der wohl schon in vorrömischer Zeit bewohnt war) eine Festung, in deren schützendem Schatten eine lebhafte Siedlung wuchs – heute das *bairro* (Viertel) Alfama. Besucher können den alten Pfaden zum Castelo de São Jorge folgen, wo König Alfons der Eroberer, nachdem die Stadt 1147 von den Mauren zurückerobert war, an der Stelle der maurischen Zitadelle eine Königsburg errichtete. Die glorreichen Tage als Königsresidenz dauerten bis 1511, als König Manuel I. den Hof in den Palacio Ribeira verlegte. Das Castelo wurde im Erdbeben von 1755 stark beschädigt, aber die Aussicht von den Türmen und Wehrgängen, die in den 1930er-Jahren großenteils wieder aufgebaut wurden, ist so grandios wie eh und je. Innerhalb der gewaltigen Mauern der Alfamaburg und nur zu Fuß zu erreichen ist das Hotel Solar do Castelo in einer Villa aus dem 18. Jh. mit Innenhof und Garten. Das geschützte, romantische Hotel vereint mittelalterliche und moderne Elemente.

Als die Erdbebenbedrohung die reichen Familien veranlasste, sicherere Gebiete aufzusuchen, wurde Alfama Heimat der Fischer, Matrosen und anderer hart arbeitender Familien, trotz seiner Entfernung vom Wasser. Es war diese enge Gemeinschaft, die den *fado*, den charakteristischen „Stadtgesang" Lissabons, hervorbrachte. Der *fado*, portugiesisch für „Schicksal", ist Portugals lebendigste Kunstform, Ausdruck tiefer Sehnsucht, meist mit großen Emotionen und hohen Tönen in Moll gesungen und von einfachen Instrumenten wie der spanischen Gitarre, der Mandoline oder der 12-saitigen *guittara portuguesa* begleitet. Fado ist live am schönsten, besonders im legendären Parreirinha de Alfama, wo die besten Sängerinnen in einem intimen Raum voller hingerissener Zuhörer ihr ganzes Herz in das Lied legen. Mit Objekten und Aufnahmen verfolgt das Museu do Fado den Aufstieg des *fado* von den Straßen und Werften des 19. Jh. bis zum Erfolg als Portugals Musik des 20. Jh. Es räumt auch mit dem Mythos auf, dass diese Musik maurische Wurzeln habe oder dem spanischen Flamenco ähnele.

CASTELO DE SÃO JORGE: Tel. +351/218-800-620; www.castelodesaojorge.pt. **SOLAR DO CASTELO:** Tel. +351/218-806-050; www.solardocastelo.com. *Preise:* ab € 140 (Nebensaison), ab € 289

Die alten restaurierten Türme des Castelo de São Jorge stehen auf einem Hügel über der Stadt Lissabon.

(Hochsaison). **Parreirinha de Alfama:** Tel. +351/218-868-209. **Museu do Fado:** Tel. +351/218-823-470; www.museudofado. egeac.pt. **Reisezeit:** Di. und Sa.: *Feira da Ladra* („Diebesmarkt"), ein berühmter Flohmarkt am Rande Alfamas.

Beeindruckende Geschenke an die Stadt

Grossartige Museen von 3 Sammlern

Lissabon, Portugal

Lissabon, auf 7 Hügeln oberhalb des Flusses Tejo verteilt, ist die kleinste Hauptstadt Europas. Sie ist außerdem eine der schönsten, mit anmutiger Architektur, großen Plazas und Bürgersteigen aus schwarz-weißen Mosaiken.

3 kluge Sammler haben die Stadt mit prächtigen Museen noch schöner gemacht: Der armenische Ölmagnat Calouste Gulbenkian, der nach dem Zweiten Weltkrieg in Portugal lebte, war der erste und großzügigste Wohltäter der Stadt. Als er 1955 starb, vermachte er seiner Wahlheimat eine der großartigsten privaten Kunstsammlungen der Welt – rund 6000 Objekte. Sie war das Ergebnis von 50 Jahren leidenschaftlichen Sammelns und reicht von Skulpturen, Keramiken und Steinkunst aus dem alten Ägypten und Mesopotamien über mittelalterliche illuminierte Handschriften, Kunsthandwerk (u.a. eine Lalique-Sammlung) bis zu den Impressionisten und Postimpressionisten des 20. Jh. Das Museu Calouste Gulbenkian zeigt in seiner ständigen Sammlung 1000 der repräsentativsten Werke, darunter viele Meisterwerke europäischer Kunst, z.B. von Rembrandt, Renoir, Monet, Manet, Turner und Fragonard, die vielfach zwischen den Weltkriegen von der russischen Eremitage angekauft wurden, als die Sowjetunion Geld brauchte.

Mit dem Berardo Collection Museum hat der portugiesische Geschäftsmann José Manuel Rodrigues Berardo eine repräsentative Sammlung der bedeutendsten Kunststile vom frühen Modernismus bis zum heutigen Tag zusammengetragen. Etwa 250 Gemälde, Skulpturen und Fotografien umfassen Werke von Picasso, Dalí, Duchamp, Magritte und Pollock. Das Museum eröffnete 2007 im Belém Cultural Center, dem in den 1990er-Jahren erbauten, größten Kulturkomplex des Landes.

Das Museu do Design e da Moda (Design- und Modemuseum, kurz MuDe) deckt eine ähnliche Zeitschiene ab, aber mit engerm Schwerpunkt. Es schwelgt in innovativem Produktdesign und Mode des 20. Jh. Seit 2009 belegt das vom hiesigen Geschäftsmann Francisco Capelo geschaffene Museum das abgespeckte Innere einer früheren Bank, eine tolle Umgebung für die 2500 gezeigten Objekte, darunter innovative Möbel von Philippe Starck, Charles und Ray Eames sowie Couture-Meisterwerke von Balenciaga und Yves Saint Laurent. Eine innovative Zusammenarbeit mit der Außenwelt garantiert eine Sammlung, die immer up to date ist.

Museum Calouste Gulbenkian: Tel. +351/217-823-000; www.museu.gulbenkian. pt. **Berardo Collection Museum:** Tel. +351/213-612-878; www.berardocollection. com. **MuDe:** Tel. +351/218-886-117; www. mude.pt. **Reisezeit:** Ende Mai–Anf. Juni: *Festas de Lisboa;* Juni: *Festas dos Santos Populares.*

Sommerort voller Paläste und Burgen

SINTRA

Lissabon, Portugal

Lord Byron hatte schon den ganzen Kontinent gesehen, als er seiner Mutter aus Sintra schrieb, es sei „das vielleicht schönste [Dorf] Europas". Die portugiesischen Könige fanden das auch: Sintra war mehr als 500 Jahre lang Sommerresidenz. Heute bieten das kühle Klima und die Gartenkulisse eine idyllische Abwechslung zur Hitze und Hektik Lissabons. Die Ruine einer maurischen Zitadelle aus dem 8. Jh., das Castelo dos Mouros, steht auf einem 410 m hohen Berg, was Besuchern eine himmlische Aussicht aufs Meer beschert.

Auf einem von einem üppigen Park umgebenen Hügel bietet der Palácio Nacional de Pena einen interessanten Einblick in den untergegangenen Lebensstil portugiesischer Adliger. Der prächtige Palast aus dem 19. Jh. ist eine rosa-gelbe Spielerei aus verschiedensten Architekturstilen, komplett mit Zugbrücke. Das Innere ist so erhalten, wie es war, als es die Königsfamilie 1910 nach dem Ausrufen der portugiesischen Republik verließ – mit Trompe-l'Œil-Malereien an den Wänden, neogotischen Kronleuchtern und Möbeln des 19. Jh.

In der Altstadt ist der Palácio Nacional de Sintra ein Wahrzeichen. Der Königspalast wurde im 14. Jh. erbaut und mit maurischem Einschlag größtenteils wieder aufgebaut. Er ist bekannt für die prächtig glasierten Kacheln an den Wänden und die fantasiereiche Schwanendecke im Bankettsaal.

Übernachten Sie selbst in einem Palast – im Palácio de Seteais auf einem Hügel außerhalb der Stadt. Im 18. Jh. vom niederländischen Konsul erbaut, schaut er über Weinberge und Orangenhaine hinunter zum dunstigen Meer. Der Name Seteais bezieht sich auf die 7 Seufzer, die der 1807 hier unterzeichnete Friedensvertrag hervorrief, der Napoleons Feldzug in Portugal beendete.

Das Penha Longa Hotel, im 16. und 17. Jh. ein königliches Anwesen, liegt in einem Naturschutzgebiet 4,8 km südlich von Sintra. Das Kloster aus dem 14. Jh. und die Brunnen und Gärten verleihen dem Hotel mit 194 Zimmern historisches Flair. Es gibt einen von Robert Trent Jones jr. entworfenen 18-Loch-Golfplatz und einen weniger anspruchsvollen mit 9 Löchern. Von hier sind es nur 20 Minuten die Küste entlang zum windumtosten Cabo da Roca mit dem einsamen Leuchtturm, dem westlichsten Punkt Kontinentaleuropas.

Wo: 29 km nordwestl. von Lissabon. CASTELO DOS MOUROS und PALÁCIO NACIONAL DE PENA: Tel. +351/219-237-300; www.parquesdesintra.pt. PALÁCIO NACIONAL DE SINTRA: Tel.

Der üppige Palácio Nacional de Pena, in den 1840er-Jahren von einem preußischen Architekten erbaut, ist eines der berühmtesten Schlösser Europas.

+351/219-106-840; www.pnsintra.imc-ip.pt. **Hotel Tivoli Palácio de Seteais**: Tel. +351/219-233-200; www.tivolihotels.com. *Preise:* ab € 178 (Nebensaison), ab € 326 (Hochsaison). **Penha Longa Hotel**: Tel. +351/219-249-011; www.penhalonga.com. *Preise:* ab € 163 (Nebensaison), ab € 215 (Hochsaison). **Reisezeit:** Apr.–Mai und Aug.–Sept.: bestes Wetter; Ende Mai-Anf. Juli: Sintra Festival mit Musik und Tanz.

Perle des Atlantiks

MADEIRA

Portugal

Durch ihr subtropisches, vom Golfstrom gewärmtes Klima ist diese vulkanische Insel – die 737 km von der Küste Afrikas entfernt liegt – Portugals schwimmender Garten. Die (Wieder-)Entdeckung Madeiras durch Heinrich den Seefahrer im frühen 15. Jh. begründete Portugals Goldenes Zeitalter. Im 19. Jh. wurde Madeira dann von wintermüden britischen Touristen entdeckt, denen die üppige, steile Landschaft gefiel, das wilde, nun gezähmte Terrain, der dunkle, süße Wein und die „Tage des immerwährenden Juni".

Schroffe Gipfel und ein ausgedehntes Netz bezeichneter Wanderwege animieren zu Touren in die grüne Natur. Eine schon lange beliebte Wanderung folgt den alten levadas, den Kanälen, die Wasser von den Bergen zu den unten liegenden Bauernhöfen, Feldern und Dörfern brachten. Die 57 x 22 km große Insel (von der 70 % Nationalpark sind) packt in ihre Landschaft mehr hinein als die meisten 5-mal so großen Gebiete. Eine Serpentinenstraße von Ribeira Brava im Süden nach São Vicente im Norden bringt Sie über den rasiermesserscharfen Grat ins Inselinnere und und belohnt Sie mit der Aussicht auf den Pico Ruivo, mit 1862 m der höchste Berg Madeiras.

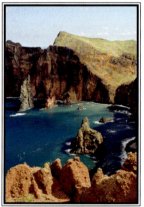
Die Erforschung Madeiras läutete Portugals Zeitalter der Entdeckungen ein.

Enstpannender ist ein Spaziergang durch den Rosengarten und die Grotten in Quinta Palmeira, Gärten mit Kachelbrunnen und Bänken, auf denen man die Aussicht genießen kann. Madeira entwickelte im 18. Jh. eine bedeutende Weinindustrie, als man herausfand, dass der starke Wein in den heißen Frachträumen der Schiffe, die in die Neue Welt aufbrachen, noch besser wurde. Die Winzer Madeiras wussten bald, wie sie diesen Effekt auch ohne „Extratour" des Weins hervorrufen konnten. Die beste Einführung in den charakteristischen Wein Madeiras ist eine Führung in der Old Blandy Wine Lodge im Stadtzentrum, wo ein Franziskanerkloster 1852 in ein Gebäude zur Weinreifung umgebaut wurde. Man erfährt etwas über das einzigartige *canteiro*-Reifungssystem und darf das Elixier natürlich auch probieren.

Das kultivierte Hotel Reid's Palace ist seit der Eröffnung 1891 die unbestrittene Königin von Funchal. Es liegt hoch auf einem Felsvorsprung mit weitem Blick und ist von duftenden Blumen, Palmen und Paradiesvögeln umgeben. Sein Restaurant Les Faunes wird als bestes der Insel gesehen, und der High Tea am späten Nachmittag ist eine Institution. Weniger theatralisch, aber voller Charme ist das Quinta do Monte Hotel Panoramic Gardens in der alten Hügelstadt Monte auf 550 m Höhe. Die pinkfarbene Villa aus dem 19. Jh. ist im eleganten, traditionellen madeirischen Stil eingerichtet, mit polierten Holzböden und Perserteppichen. Obwohl Monte durch die *teleferico*-Hightech-Gondelbahn mit Funchal verbunden ist, hat es auch noch eine berühmte Alternativ-Transportmethode: einen 2-sitzigen Korbschlitten, auf dem Sie 2 Männer, die *carreiros*, beim Herunterrutschen des steilen, 2 km langen Hügels begleiten.

Wo: 644 km südl. von Lissabon. THE OLD BLANDY WINE LODGE: Tel. +351/291-740-110; www.theoldblandywinelodge.com. REID'S PALACE: Tel. +351/291-717-171; www.reidspalace.com. *Preise:* ab € 244; Dinner im Les Faunes € 55, High Tea € 26. *Wann:* Les Faunes ist von Juni–Sept.: geschlossen. QUINTA DO MONTE: Tel. +351/291-724-236; www.quintadomontemadeira.com. *Preise:* ab € 93 (Nebensaison), ab € 148 (Hochsaison). REISEZEIT: Apr. oder Mai: Blumenfestival; Sept.: Madeira Wine Festival; Silvester: Silvesterfeier in Funchal, mit tollem Feuerwerk.

Geschichte und Geschichten am goldenen Fluss des Weins

PORTO UND DAS DOUROTAL

Porto, Portugal

Im oberen Tal des Douro liegt Magie in der Luft – oder in den Felsen, denn die Winzer bauen an den steinigen Flussufern irgendwie Wein an. Die Weinberge, die sich an die hohen Klippen über dem goldenen Fluss klammern, werden zu Fuß bearbeitet, denn für Traktoren ist das Gelände zu steil. Trotzdem kommt aus dieser Landschaft einer der süßesten und intensivsten Weine der Welt, der Portwein. Die 350-jährige Tradition der Portweinherstellung wird im oberen Dourotal in Sandemans modernem Quinta do Seixo Wine Center gezeigt. Im Aquapura Douro Valley, dem schönen Schlösschen eines Portweinproduzenten aus dem 19. Jh., heute Designhotel mit Spa, relaxen die Gäste auf den Terrassen über dem Fluss und schlürfen lokalen Vintage Port. Im nahen Folgosa offeriert das Restaurant D.O.C. unter Leitung des heimischen Küchenchefs Rui Paula die reiche Küche des Douro mit modernem Einschlag.

Der Portwein gelangt zum Reifen flussabwärts nach Porto, zweitgrößte Stadt des Landes. Die Kellereien, wo die Weine verschnitten und gelagert werden, reihen sich seit dem 18. Jh. am Flussufer von Vila Nuova de Gaia, gegenüber von Porto, aneinander. Heute bietet Cruzeiros Via d'Ouro Flussfahrten mit

Die Landschaft rund um den Douro ist voller Weinberge, die den berühmten Portwein hervorbringen.

Blick auf die Dourobrücke (1877 von Gustave Eiffel entworfen) und auf die alten Häuser mit roten Ziegeldächern an.

Die gleiche tolle Sicht, und dazu noch ein Glas Wein, haben Sie auf den Terrassen der Taylor Fladgate Port Lodge, die Touren und Verkostungen anbietet. Der Firma gehört auch das Yeatman, ein großzügiges Hotel mit 82 Zimmern, dessen Keller sich der weltgrößten Sammlung portugiesischer Weine rühmt. Über den Fluss im Herzen Portos atmet das luxuriöse Teatro Hotel Opulenz, Originalität und ein deutliches Theaterflair. Der Küchenchef und Besitzer des geschätzten Restaurants Foz Velha, Marco Gomes, wird international für seine modernen Neuinterpretationen klassisch-portugiesischer Küche gerühmt.

Wo: 317 km nördl. von Lissabon. QUINTA DO SEIXO WINE CENTER: Tel. +351/254-732-800; www.sandeman.eu. AQUAPURA DOURO VALLEY: Tel. +351/254-660-600; www.aquapurahotels.com. *Preise:* ab € 241 (Nebensaison), ab € 333 (Hochsaison). D.O.C.: Tel. 351/254-858-123; www.ruipaula.com. *Preise:* Dinner € 30. CRUZEIROS VIA D'OURO: Tel. +351/222-081-935; www.viadouro-cruzeiros.com. TAYLOR FLADGATE PORT LODGE: Tel: +351/223-742-800; www.taylorsportwinelodges.wordpress.com. THE YEATMAN: Tel. +351/220-133-100; www.theyeatman-hotel.com. *Preise:* ab € 193 (Nebensaison), ab € 255 (Hochsaison). HOTEL TEATRO: Tel. +351/220-409-620; http://hotelteatro.pt. *Preise:* ab € 110. FOZ VELHA: Tel. +351/226-154-178; www.fozvelha.com. *Preise:* Probiermenü € 40. REISEZEIT: 24. Juni: Festa do São João; Ende Sept.–Anf. Okt.: Weinlese.

Die Blume von Al-Andalus

DIE MEZQUITA-CATEDRAL

Córdoba, Andalusien, Spanien

Von den ursprünglich 1293 Säulen der Mezquita stehen noch 856 – ein Wald aus Onyx, Jaspis, Marmor und Granit; darüber marmorne, wie Zuckerstangen rot-weiß gestreifte Hufeisenbögen. Nehmen Sie noch dekorative Mosaiken und Putz hinzu, und Sie haben eines der atemberaubendsten Beispiele für muslimische Architektur in Europa – oder sogar auf der Welt.

La Mezquita, die Große Moschee von Córdoba, wurde zwischen 784 und 987 an der Stelle einer abgerissenen westgotischen Kirche erbaut (die wiederum einst ein römischer Tempel war) und hat zahlreiche katholische Veränderungen der 500 Jahre seit 1236 übedauert, in denen Córdoba in christlicher Hand war, darunter die rudimentäre Mariä-Empfängnis-Kathedrale, die mitten hineingebaut wurde. Treten Sie nach der Erkundung der Mezquita nach draußen und genießen Sie das plätschernde Geräusch des kühlen Wassers im Orangenhof, wo die Gläubigen einst ihre Waschungen durchführten.

Die umayyadischen Herrscher von Damaskus (s. S. 492) kamen 716 nach Córdoba. Im 10. und 11. Jh. war es zur wichtigsten mittelalterlichen Stadt westlich von Konstantinopel geworden. Zusammen schufen Muslime, Juden und Christen die kultivierteste und gelehrteste Stadt des Kontinents, und mit 500.000 Einwohnern auch die größte.

Überreste dieser Kultur sehen Sie direkt an der Mezquita im Barrio de la Juderia, ein Gewirr aus 1000 Jahre alten Straßen, einst das alte jüdisch-arabische Viertel (an der Calle de los Judios steht noch eine kleine Synagoge von 1315), bis König Ferdinand und Königin Isabella 1492 die Juden aus Spanien vertrieben. Die schönen blumengeschmückten Patios der Privathäuser sind jedes Jahr im Mai zum Festival *Concurso de Patios Cordobeses* für Besucher geöffnet. Ein schmucker Komplex aus 5 Häusern eröffnete 2010 als schickes Hotel Casas de la Juderia mit 64 Zimmern um einen offenen Innenhof.

Direkt außerhalb des Viertels liegt das historische Restaurante Almudaina (Spezialität: arabisch beeinflusste, klassische Córdoba-Küche) am Fluss Guadalquivir beim Alcázar, der Festungs-/Königsschloss-Kombination aus dem 14. Jh., in dessen schönem Garten Statuen an das schicksalhafte Treffen zwischen Ferdinand, Isabella und Kolumbus erinnern. Einen luxuriösen Aufenthalt haben Sie im exquisit restaurierten Hospes Palacio del Bailío. Es befindet sich in mehreren Renaissance-/Barockvillen, aber das Fundament des Hotels sind antike römische Ruinen, die man auch durch den Glasboden im renommierten Hotelrestaurant Senzone sieht.

WO: 138 km nordöstl. von Sevilla. LA MEZQUITA: Tel. +34/95-747-0512. LAS CASAS DE LA JUDERÍA HOTEL: Tel. +34/ 95-720-2095; www.casasypalacios.com. *Preise:* ab € 185 (Nebensaison), ab € 266 (Hochsaison). RESTAURANTE ALMUDAINA: Tel. +34/95-747-4342; www.restaurantealmudaina.com. *Preise:* Dinner € 45. HOSPES PALACIO DEL BAILÍO: Tel. +34/95-749-8993; www.hospes.com. *Preise:* ab € 159. REISEZEIT: Apr.–Juni und Sept.–Okt.: bestes Wetter; Semana Santa (Karwoche) und Ostern; Mai: viele Festivals, darunter das Innenhoffest; Mitte Juli: Gitarrenfestival.

Ein wahres Wunder – vor allem von innen

DIE ALHAMBRA

Granada, Andalusien, Spanien

Der atemberaubende Burgkomplex der Alhambra vor den weißen Gipfeln der Sierra Nevada repräsentiert das letzte Aufblühen europäisch-islamischer Kunst und Architektur in der Zeit, als das Königreich Granada als Spaniens letzter muslimischer Staat florierte. Das Äußere ist eher streng und unauffällig, aber im Inneren ist fast jede Oberfläche reich mit geometrischen und verschlungenen arabischen Mustern verziert.

Fast 250 Jahre lang diente die „Rote Festung" den maurischen Herrschern als Palast, Harem und Wohnhaus für höfische Beamte. Als im Königreich Al-Andalus eine Stadt nach der anderen an das christliche Spanien fiel, trafen die Mauren Granadas eine Abmachung mit den kastilischen Königen: Die Alhambra wurde zur Zuflucht für muslimische Künstler, Gelehrte und Intellektuelle; spanisch-muslimische Kunst und Kultur konzentrierten sich hier in einem Maße wie zuletzt im Córdoba (s. oben) des 10. Jh.

Mit dem endgültigen Sieg der Christen am 2. Januar 1492 gab König Boabdil, „das Kind" (Muhammad XII.), die Alhambra auf und verließ Spanien für immer. In den Palast zogen die katholischen Monarchen Ferdinand und Isabella, die, so sagt man, am 17. April im Thronsaal mit Christoph Kolumbus die letzten Entdecker-Papiere unterzeichneten. Der kleinere, aber ebenso schöne Generalife (Sommerpalast) ist von der Alhambra durch Wald getrennt und liegt inmitten eines Gartens mit Wasserspielen.

Eine der eindrucksvollsten Stellen innerhalb der Alhambra ist der Löwenhof mit einem Brunnen in der Mitte, der von 12 marmornen Löwen getragen wird.

Das berühmteste der staatlichen spanischen Hotels, der Parador de Granada San Francisco, beherbergt seine Gäste innerhalb der verzauberten Mauern der Alhambra, wo sie nach der abendlichen Schließzeit durch das Gelände wandern können. Die Zimmer im reich ausgestatteten Haupthaus haben einen privilegierten Blick auf den Komplex und auf Granada. Eine moderne Option ist das Gar-Anat-Boutique-Hotel im historischen Stadtzentrum; jedes der 15 fantasievollen Zimmer hat einen berühmten, mit Granada verbundenen Poeten, Philosophen oder Literaten als Thema.

Nach der Reconquista wohnten die Mauren im mittelalterlichen Viertel Albaicín am Hang gegenüber der Alhambra. Für die beste Aussicht auf diese verzauberte Stadt folgen Sie dem Netz aus engen Straßen vorbei an blumenbewachsenen Mauern uralter Häuser und Gärten zum Mirador de San Nicolás. Gönnen Sie sich ein Dinner im San Nicolás Restaurante mit moderner andalusischer Küche. Ebenfalls im Albaicín liegt das Peña de Arte Flamenco „La Platería", wo Sie aufstrebende Flamencostars in authentischer, schlichter Umgebung sehen können. Einige der besten und großzügigsten Tapas Spaniens gibt es auf den nebeneinanderliegenden Plazas Pescadería und Bib-Rambla.

Wo: 256 km östl. von Sevilla. **Alhambra:** Tel. +34/902-888001; www.alhambratickets.es. **Parador de Granada San Francisco:** Tel. +34/958-221440; www.parador.es; *Preise:* ab € 340. **Gar-Anat Hotel:** Tel. +34/958-225528; www.gar-anat.es. *Preise:* ab € 93 (Nebensaison), ab € 130 (Hochsaison). **San Nicolás Restaurante:** Tel. +34/958-804262. *Preise:* Dinner € 33. **Peña de Arte Flamenco „La Platería":** Tel. +34/958-210650. *Wann:* Do.: Feb.–Juli. **Reisezeit:** Apr.–Juni und Sept.–Okt.: bestes Wetter; Semana Santa (Karwoche); Ende Juni–Mitte Juli: 17-tägiges internationales Musik- und Tanzfestival; Anf. Nov.: internationales Jazzfestival.

Erhebt das Glas auf die tanzenden Pferde!

Jerez de la Frontera

Andalusien, Spanien

Sie müssen nur den andalusischen Pferden zuschauen, wie sie sich synchron tänzelnd perfekt bewegen, um die spanische Liebe zu Pferden zu verstehen. Die kompakte, muskulöse Rasse namens *pura raza española* („reine spanische

Rasse") wurde im späten Mittelalter von Kartäusermönchen gezüchtet und im 19. Jh. zum Liebling der Sherry-Aristokratie in und um Jerez. Jedes Jahr Anfang Mai bei der Feria de Caballo erreicht die Pferdemanie einen Höhepunkt, aber in der *Fundación Real Escuela Andaluza del Arte Ecuestre* (Königlich-Andalusische Reitschule) gibt es das ganze Jahr wöchentliche Vorführungen.

Jerez ist am bekanntesten als Welthauptstadt des Sherrys (eine englische Verballhornung des Stadtnamens). In der Region kelterte man schon um 1000 v. Chr. unter den Phöniziern Wein, aber die heutige Weise, eichenfassgelagerten, oxidierten Wein zu machen, der mit Brandy verstärkt wird, gibt es erst seit dem 19.

In der Reitschule können Sie eine Show, aber auch die Ställe, die Sattelkammer und die hauseigenen Museen besuchen.

Jh., als die Kooperation spanischer und englischer Firmen den Sherry zu einem der weltberühmtesten Weine machte. In der Stadt gibt es noch 20 Sherry-Bodegas; die beste Tour veranstaltet González Byass (Hersteller von Tio Pepe) im Schatten der Alcázar-Burg aus dem 12. Jh. Eine Privatführung in einer intimeren und luxuriöseren Firma bekommen Sie nach Voranmeldung in den Bodegas Tradición.

Trotz Francos Versuchen, die Zigeuner von Jerez zu eliminieren, hat sich das Erbe der Stadt als Geburtsstätte eines speziellen Flamencostils erhalten. Besuchen Sie das Centro Andaluz de Flamenco, wo Sie Tipps für Flamencoaufführungen bekommen – an Veranstaltungsorten, die meist weniger touristisch sind als im nahen Sevilla (s. S. 264).

Werden Sie Gast der Garvey-Familie in ihrem großen neoklassizistischen Haus, das sie zum Hotel Palacio Garvey mit 16 Zimmern umgebaut haben. Die Tapasbars rund um die Plaza Arenal sind berühmt für Jerez-Spezialitäten – jede gute Bar hält sich loyal an eine einzige Sherrymarke. Sommer kann im südlichen Spanien brutal sein – fliehen Sie aufs Land, ins Casa la Siesta, 1 Autostunde von Jerez entfernt in Vejer de la Frontera, und genießen Sie die Aufmerksamkeit der jungen britischen Besitzer. Von hier aus können Sie einen Tagesausflug nach Jerez machen oder die grandiosen Pueblos Blancos Andalusiens erkunden (s. unten).

Wo: 79 km südl. von Sevilla. **KÖNIGLICH-ANDALUSISCHE REITSCHULE:** Tel. +34/956-318015; www.realescuela.org. *Wann:* Di. und Do. Vorführungen. **GONZÁLEZ BYASS:** Tel. +34/956-357046; www.bodegastiopepe.com. **BODEGAS TRADICIÓN:** Tel. +34/956-168628; www.bodegastradicion.es. **CENTRO ANDALUZ DE FLAMENCO:** Tel. +34/956-814132; www.centroandaluzdeflamenco.es. **HOTEL PALACIO GARVEY:** Tel. +34/956-326700; www.sferahoteles.com. *Preise:* ab € 159 (Nebensaison), ab € 319 (Hochsaison). **CASA LA SIESTA:** Tel. +34/699-619430; www.casalasiesta.com. *Preise:* ab € 193. **REISEZEIT:** Ende Feb.–Anf. März: Flamencofestival; Semana Santa (Karwoche); Mai: Feria de Caballo; Sept.: Weinlesefest.

Eine Panoramafahrt durch die Geschichte

DIE RUTA DE LOS PUEBLOS BLANCOS

Andalusien, Spanien

Die Schönheit der Region Sierra de Grazalema ist in Spanien unerreicht. Bei ihrer Kombination aus Berglandschaften und leuchtenden, weiß getünchten Dörfern meint man fast, mittelalterliche Berber oder christliche Ritter auftauchen zu sehen. Folgen Sie der Panorama-„Straße der weißen Dörfer" (Ruta de los Pueblos Blancos), die Arcos de la Frontera im Westen mit der hohen Festung Ronda im Osten verbindet.

Arcos erhebt sich auf einem Sandsteingrat, gekrönt von der Ruine einer maurischen Burg und dem spektakulären Parador Arcos de la Frontera, dem Palast des königlichen Richters (*corregidor*), heute ein atmosphärisches Hotel. Die historischen Zimmer schauen auf den Dorfplatz, aber viele Gäste bevorzugen die Suiten mit Terrassen, die sich an die Felsen klammern und den Fluss Guadalete überblicken. Die engen Straßen sind gesäumt von Häusern aus dem 18. Jh., die gebaut wurden, nachdem ein Erdbeben die Stadt zerstört hatte.

Das Land östlich von Arcos führt rasch hoch in die Berge, um die arabische und christliche Armeen 700 Jahre lang kämpften – dabei blieb „de la Frontera", „an der Grenze", als Namensbestandteil vieler Dörfer zurück. Die Dörfer sind alle historisch – vom nordafrikanischen Berberlook Grazalemas (außerdem Ausgangspunkt für Bergtouren und Europas südlichster Forellenfluss) bis zur maurischen, später christlichen Festung in Zahara de la Sierra auf dem Berg, die 3 strategische Pässe kontrolliert. Dazwischen liegt noch Algodonales, Spaniens Drachenfliegerhauptstadt, und das seit Langem für seine Lederwaren bekannte Ubrique.

Ronda, 70 km östlich von Arcos und seit 2000 Jahren von jedem gelobt (u.a. von Plinius d. Ä. und Hemingway), ist ein unglaublicher Anblick. Es steht auf einem beeindru-

Die „Neue Brücke", die in mehr als 100 m Höhe die Tajo-Schlucht überspannt, stammt schon aus dem 18. Jh.

ckenden Kalksteinfelsen, der von der 100 m tiefen El-Tajo-Schlucht mit dem Fluss Guadalevín in 2 Teile geteilt wird. Die Straßen der arabischen Altstadt winden sich wie Ranken um den Steilhang; auf der anderen Seite der Schlucht scheint die neue Stadt von Spaniens ältester (1785) und schönster Stierkampfarena auszustrahlen, wo jeden September Corridas mit Toreros in goyaesken Kostümen stattfinden. 10 Minuten außerhalb der Stadt wurde eine Olivenölmühle aus dem späten 18. Jh. wunderbar zum kleinen, feinen Landhotel La Fuente de la Higuera umgebaut – luxuriös, aber nicht affektiert.

Wo: Arcos liegt 73 km südlich von Sevilla. **Parador Arcos de la Frontera:** Tel. +34/95-670-0500; www.parador.es; *Preise:* ab € 170. **Hotel La Fuente de la Higuera:** Tel. +34/95-211-4355; www.hotellafuente.com. *Preise:* ab € 193. **Reisezeit:** Apr.–Juni und Sept.–Okt.: bestes Wetter; 1. Septemberwoche: Feria Goyesca de Pedro Romero in Ronda.

Die Stadt von Don Juan und Carmen

Sevilla

Andalusien, Spanien

Das historische Sevilla ist seit fast 1000 Jahren Andalusiens ruhmreiches Machtzentrum. Der Alcázar (Königspalast) und die Kathedrale, über dem maurischen Palast und der Moschee errichtet, liegen im Zentrum. Tatsächlich ist die Giralda, der Glockenturm der Kathedrale (die weltgrößte gotische Kirche), das alte maurische Minarett.

Diese Stadt feiert den Exzess – vom Barockschmuck ihrer Kirchen bis zur nächtlichen Hingabe an Flamenco und Tapas. Selbst die religiösen Handlungen können extrem sein: In der Semana Santa (der Karwoche) marschieren Mitglieder der 60 *cofradías* (Bruderschaften) zu getragener, tief religiöser Musik durch die abgedunkelten Straßen, viele von ihnen in Büßermontur, in langen Roben mit Kapuze, barfuß und in Ketten, Kerzen und große Kreuze tragend. Die verschiedenen Prozessionswege der Bruderschaften können bis zu 8 Stunden dauern und werden von der Bevölkerung gebannt verfolgt. 2 Wochen später macht die Stadt eine Kehrtwendung – mit der fröhlichen *Feria de Abril* (Aprilmesse). In der Stadt und auf einem spaziellen Festplatz stehen über 1000 kleine Festzelte mit Tanzfläche (jede Familie hat ihr Stammzelt), sodass eine Woche lang bis zum Morgengrauen getrunken und getanzt werden kann. Außerdem paradiert man im Flamencokostüm bzw. im Anzug durch die Straßen; die Schulen sind geschlossen und es gibt tägliche Stierkämpfe sowie ein sonntäglichen Feuerwerk.

Aus Andalusien stammt der Flamenco, der berühmte, rhythmische Tanz, bei dem metallbeschlagene Schuhabsätze sowie Kastagnetten zum Einsatz kommen, die den Rhythmus noch verstärken. Die Wochenendaufführungen im neuen, von der legendären Tänzerin Cristina Hoyos im zentralen Viertel Santa Cruz gegründeten Museo del Baile Flamenco sind die reinsten Beispiele dieses Tanzes. Ebenfalls in Santa Cruz gibt es häufig spontane Gitarren- und Tanzsessions auf dem hinteren Patio des La Carboneria. In der Nähe ist das historische Hotel Casas de la Juderia, rund um einige grüne Patios herum arrangiert und eine Oase im früheren jüdischen Viertel, dem buntesten in Sevilla.

Der Flamenco stammt aus dieser Region.

In Sevilla ist *tapeo* – Tapas-Hopping – gang und gäbe; folgen Sie einfach den *sevillanos* von Bar zu Bar. Gehen Sie auf jeden Fall ins El Rinconcillo, der ältesten (von 1670) und typischsten Bar der Stadt mit alten *Feria-de-Abril*-Postern an den Wänden, herabhängenden Schinken und Kreidestrichen auf dem massiven Holztresen.

Kein Hotel in der Stadt übertrifft in Geschichte und Glamour das prächtige Alfonso XIII. Es wurde 1929 gebaut, damit royale Besucher der Weltausstellung dort übernachten konnten. Das Design bedient sich bei den maurischen Einflüssen des Alcázar, mit wunderschönen Kacheln und Intarsien in Säulen und Bogengängen. Aber ziehen Sie auch das romantische Landhotel Hacienda de San Rafael in Betracht, etwa 1 Stunde südlich in Las Cabesas de San Juan. In einem Bauernhaus aus dem 18. Jh. auf einer 140 ha großen Olivenplantage haben die anglo-spanischen Besitzer ein kultiviertes Refugium kreiert, bei dem jedes Detail stimmt.

Wo: 144 km südwestl. von Córdoba. **Museo del Baile Flamenco:** Tel. +34/954-340311; www.museoflamenco.com. **La Carbonería:** Tel. +34/954-229945. **Las Casas de la Judería:** Tel. +34/954-415150; www.casasypalacios.com. *Preise:* ab € 133 (Nebensaison), ab € 233 (Hochsaison). **El Rinconcillo:** Tel. +34/954-223183. *Preise:* Tapas-„Mahlzeit" € 9. **Alfonso XIII:** Tel. +34/954-917000; www.starwoodhotels.com. *Preise:* ab € 307 (Nebensaison), ab € 681 (Hochsaison). **Hacienda de San Rafael:** Tel. +34/954-227116; www.haciendadesanrafael.com. *Preise:* ab € 260. **Reisezeit:** März–Mai und Sept.–Nov.: bestes Wetter; Semana Santa (Karwoche); 2 Wochen nach Ostern: *Feria de Abril*; Sept.–Okt. in geraden Jahren: Bienal Flamenco.

Mediterrane Idyllen

Die Balearen

Spanien

Mit ihren langen Sandstränden und üppigem, grünem Binnenland sind die Balearen die Juwelen des westlichen Mittelmeers. Und wie so vieles in dieser Region wurden sie bitter umkämpft – erst von den Karthagern und Römern, 1 Jahrtausend später von Mauren und Christen. Daher trägt heute das Fundament einer großen Moschee die prunkvolle gotische Catedral de Santa Maria de Palma auf der größten der Inseln, Mallorca. Die Kirche in der Hauptstadt Palma besitzt erstaunliche farbige Rosettenfenster, *modernista*-Eisen-Baldachine von Antoni Gaudí (s. S. 278) über dem Altar und ein Avantgarde-Keramikwandbild des hiesigen Künstlers Miguel Barceló. Und Mallorca sind die Künstler nicht fremd: Der abstrakte Maler und Bildhauer Joan Miró arbeitete am Rande von Palma, wo sein Atelier und einige spätere Arbeiten in der Fundació Pilar i Joan Miró gezeigt werden.

Übernachten Sie 13 km westlich der Stadt im Hospes Maricel: Hohe Decken und Glaswände lassen den Unterschied zwischen Innen und Außen verschwinden. Der Strand ist in 5 Minuten erreicht, aber Gourmetrestaurant und Spa machen es einem schwer, zum Meer zu gehen.

Versäumen Sie nicht, an der Costa Rocosa, der unberührten felsigen Küste, im Uhrzeigersinn um die Insel zu fahren. Besuchen Sie das schöne Valldemossa mit dem Kartäuserkloster, wo Frédéric Chopin und seine Liebhaberin, die Literatin George Sand, den zwar depressiven, aber sehr produktiven Winter 1838/39 verbrachten. Sie jedenfalls können dort im Valldemossa Hotel einfach nur glücklich sein! Der Dichter Robert Graves fand sein Paradies im Dorf Deià. Bewundern Sie es vom blumengeschmückten Patio des La Residencia und schlemmen Sie dann im berühmten Hotelrestaurant El Olivo. Fahren Sie weiter zur wilden Landschaft der Peninsula de Formentor, wo ein felsiges Kap wie eine Seeschlange im Meer zu liegen scheint.

Ibiza ist die Partyinsel des Mittelmeers. Ein Großteil der Clubszene spielt sich am Porto Deportivo in Ibiza-Stadt (Eivissa) ab. Außerhalb der Stadt besitzt Ibiza einige der schönsten Strände und amüsante Überbleibsel der Backpackerkultur der 1960er-Jahre. Schlendern Sie samstags über den Hippiemarkt im Dorf Sant Carlos, besonders, wenn Sie im Landhotel Can Curreu abgestiegen sind. Oder besteigen Sie ein Schiff vom winzigen Formentera, dessen spektakuläre, großenteils naturbelassene Strände beliebte FKK- und Tauchreviere sind.

Wo: Mallorca liegt 555 km südöstl. von Madrid. **Info:** www.illesbalears.es. **Fundació Pilar i Joan Miró:** Tel. +34/971-701420; miro.palmademallorca.es. **Hospes Maricel:** Tel. +34/971-707744; www.hospes.com. *Preise:* ab € 193 (Nebensaison), ab € 407 (Hochsaison). **Valldemossa Hotel:** Tel. +34/971-612626; www.valldemossahotel.com. *Preise:* ab € 370. **La Residencia:** Tel. +34/971-639011; www.hotel-laresidencia.com. *Preise:* ab € 222 (Nebensaison), ab € 585 (Hochsaison). **Can Curreu:** Tel. +34/971-335280; www.cancurreu.com. *Preise:* ab € 241. **Reisezeit:** Apr.–Mai und Sept.–Okt. zum Wandern und Radfahren; Juni–Aug.: Strandaktivitäten.

Ein Meisterwerk skulpturaler Architektur

DAS GUGGENHEIM-MUSEUM BILBAO

Bilbao, Baskenland, Spanien

Das titan- und steingedeckte Guggenheim-Museum Bilbao (ein Ableger des New Yorker Guggenheim-Museums, s. S. 847), das wie eine Mischung aus einem Vogel, einem großen Schiff und einem Dinosaurier in Rüstung aussieht, ist zum Wahrzeichen der baskischen Hafenstadt geworden und hat die Kiesufer des Flusses Nervión verändert. Überqueren Sie für den besten Gugggenheim-Blick den Fluss auf der von Stararchitekt Santiago Calatrava designten Glasboden-Fußgängerbrücke. Das Museum wurde 1997 vom kanadisch-amerikanischen Architekten Frank Gehry entworfen; das flamboyante Äußere wird innen mit 18 ähnlich eigenwilligen Galerien fortgeführt.

Durch den viel gerühmten „Guggenheim-Effekt" kurbelte Gehrys Meisterstück das wirtschaftliche und architektonische Revival der Stadt an, die heute moderne Skulpturen und Gebäude vieler Toptalente der Welt sowie eine lebhafte Cafészene besitzt. Der Weg am Flussufer führt zur Casco Viejo, der Altstadt, wo man in Bars unter den Bögen der Plaza Nueva einige der besten *pintxos* (baskische Tapas) findet. Sonntags morgens ist hier auch ein belebter Markt. Die Stadt ist zu einem wichtigen Zentrum für die neue baskische Küche geworden, die man besonders im Gure Kide genießen kann, wo Küchenchef Aitor Elola baskische Tradition mit der spanischen Schwäche für Verspieltes verschmilzt. Bistro und Restaurant des Guggenheim-Museums betonen ebenfalls die baskische Küche. 2 exzellente Hotels gegenüber dem Guggenheim spiegeln Gehrys Design-Sensibilität – das minimalistische, bescheidenere Hotel Miró des spanischen Modedesigners Antonio Miró und das schick-avantgardistische Silken Gran Hotel Domine, wo Speisende das Guggenheim von der Dachterrasse aus bewundern können.

Wo: 395 km nördl. von Madrid. **GUGGENHEIM:** Tel. +34/944-359059 (Museum), +34/944-239333 (Restaurant); www.guggenheim-bilbao.es. *Preise:* Dinner im Bistro € 20; im Restaurant € 66. **GURE KIDE:** Tel. +34/944-415004. *Preise:* Dinner € 45. **HOTEL MIRÓ:** Tel. +34/946-611880; www.mirohotelbilbao.com. *Preise:* ab € 100. **SILKEN GRAN HOTEL DOMINE:** Tel. +34/944-253300; www.hoteles-silken.com. *Preise:* ab € 110. **REISEZEIT:** Aug.: *Semana-Grande*-Festival.

Aufstieg einer neuen, geschmackvollen Weinregion

RIOJA

La Rioja und Baskenland, Spanien

Der „Guggenheim-Effekt", der Bilbao (s. oben) half, dehnte sich rasch auf das benachbarte Rioja aus, Spaniens renommierteste Weingegend. 2006 realisierte Architekt Frank Gehry einen Neuentwurf der Gebäude des

Weingutes Marqués de Riscal im winzigen baskischen Dorf Eltziego (spanisch Elciego). Marqués de Riscal war Rioja-Pionier: 1862 brachte die Firma die erste Auslese heraus und verschaffte den eleganten Roten der Region einen guten Namen, als in den Weinbergen von Bordeaux Krankheiten wüteten.

Auch heute leistet die Firma Pionierarbeit – sie revolutionierte den Rioja-Weintourismus, indem sie Gehry damit beauftragte, ihre Lagerhäuser aus dem 19. Jh. in visionäre Konstruktionen des 21. Jh. einzugliedern, heute als „Stadt des Weines" bekannt. Eine Führung müssen Sie im Voraus buchen, aber im neuen Shop gibt es auch so eine Kostprobe. Um das Erlebnis abzurunden, übernachten Sie im Hotel Marqués de Riscal, Gehrys welliger Architekturfantasie aus Titan mit 43 Zimmern, die 1 auf einem Hügel über dem Weingut sitzt. Das Marqués de Riscal Gastronomic Restaurant bietet neueste baskische Küche und einen der besten Weinkeller Spaniens.

Auch andere Weltklassearchitekten haben

Gehrys Inspiration für das Hotel Marqués de Riscal: der Rosaton des Rioja, das Gold des Netzes um die Weinflasche und das Silber der Flaschenkapsel.

sich in La Rioja verewigt: Zaha Hadid entwarf einen postmodernen Weinprobenpavillon für die Bodegas López de Heredia in Haro; Santiago Calatrava kreierte in Laguardia wellenförmige Gebäude für die Bodegas Ysios. In der Regionalhauptstadt Logroño können Sie an der Calle Laurel in ungezwungenen Bars und Restaurants Tapas essen oder Lamm und Kartoffeln in rauchiger Paprikasoße. Das puristische, moderne Hotel Marqués de Vallejo ist eine gute Basis zum Erkunden der Region.

Wo: 97 km südl. von Bilbao. **Weintour in der Stadt des Weines:** Tel. +34/945-180880; www.marquesderiscal.com. **Hotel Marqués de Riscal:** Tel. +34/945-180880; www.luxurycollection.com. *Preise:* ab € 289; Dinner € 104. **Hotel Marqués de Vallejo:** Tel. +34/941-248333; www.hotelmarquesdevallejo.com. *Preise:* ab € 60 (Nebensaison), ab € 110 (Hochsaison). **Reisezeit:** Mai–Okt.: bestes Wetter; 29. Juni: „Weinkampf" in Haro, bei dem sich Teilnehmer mit Rotwein bespritzen; Ende Aug.–Anf. Okt.: Erntesaison.

Kulinarisches Mekka mit maritimer Belle-Époque-Kulisse

San Sebastián und das Baskenland

Spanien

Zusammen mit Biarritz in Frankreich (s. S. 62) ist San Sebastián das große Belle-Époque-Seebad an der baskischen Küste. Der halbmondförmige Strand La Concha ist auf jeder Seite von dunstigen Bergen begrenzt und gesäumt von Bäderarchitektur des 19. Jh. – vielleicht der schönste Stadtstrand Europas. Die Kulisse brachte die spanische Regentin Maria Cristina dazu, die Stadt zum Sommerort des Hofes zu machen.

Heute ist San Sebastián weniger spanisch als vielmehr baskisch, was man vor allem an den Straßenschildern in Euskara, der baskischen Sprache, merkt. San Sebastián heißt hier auf Baskisch Donastia und fungiert als kulturelle Hauptstadt der baskischen Küste von Bilbao nach Bayonne, Frankreich. (Baskische Nationalisten sehen die spanische Baskenregion, die baskisch sprechenden Teile von Navarra und La Rioja und die 3 baskischen Provinzen Frankreichs als eine Nation, Euskadi.)

Die Basken haben politische Autonomie innerhalb Spaniens, aber noch kein eigenes Land. Trotzdem haben sie die Tische Spaniens (und teilweise Frankreichs) in den 1980er-Jahren mit der Explosion der *nueva cocina vasca* (neuen baskischen Küche) erobert und ihre Rolle als Spaniens kulinarisches Mekka behalten. Pate dieser Bewegung ist Juan Mari Arzak, der das Leicht-Prinzip der französischen Nouvelle Cuisine auf traditionelle baskische Aromen anwandte und eine neue, auf frische Zutaten ausgerichtete Art des Kochens erfand. Sein Restaurant Arzak, in dem Tochter Elena mitwirkt, zieht Feinschmecker aus aller Welt an. Innovative baskische Küche gibt es auch in den Tapasbars des immer schicker werdenden Gros-Bezirks. Die legendäre Bar Bergara tischt eine unglaubliche Auswahl auf, und an der vorderen Theke des Kursaal MB können Sie die pikanten Kreationen des Chefs Martin Berasategui probieren.

In San Sebastiáns charakteristischem, von Rafael Moneo entworfenem Kursaal-Kulturzentrum finden renommierte Jazz- und Filmfestivals statt. Das aristokratische, wie eine Königin am Westufer des Urumea thronende Hotel Maria Cristina ist inoffizielles Hauptquartier des jährlichen Filmfestivals. Das Wahrzeichen von 1912 erstaunt immer noch mit seiner opulenten Lobby aus vergoldeter Bronze, Onyxsäulen und Carrara-Marmorböden. Eine gute Alternative beim (aber nicht am) Strand La Concha ist das leicht verwitterte Hotel Londres y de Inglaterra, eine würdige Grande Dame der Belle Époque. Von jedem der Hotels ist es nicht weit zu den baskischen Fischereihäfen Lekeitio, Getaria und Ondárroa oder den Künstlerorten Zumaia und Zarautz.

Wo: San Sebastián liegt 92 km östl. von Bilbao, 21 km westl. der französischen Grenze. **Arzak:** Tel. +34/943-285593; www.arzak.info. *Preise:* Festpreismenü € 97. **Bar Bergara:** Tel. +34/943-275026. *Preise:* pintxo-„Mahlzeit" € 11. **Kursaal MB:** Tel. +34/943-003162. *Preise:* pintxo-„Mahlzeit" € 11. **Hotel María Cristina:** Tel. +34/943-437600; www.starwoodhotels.com. *Preise:* ab € 220 (Nebensaison), ab € 370 (Hochsaison). **Hotel Londres y de Inglaterra:** Tel. +34/943-440770; www.hlondres.com. *Preise:* ab € 170 (Nebensaison), ab € 260 (Hochsaison). **Reisezeit:** 20. Jan.: Sebastianstag; Ende Juli: Jazzfestival; Mitte Aug.: Semana Grande; Mitte Sept.: internationales Filmfestival.

Stadt der Eroberer und der Kämpfer

Cáceres

Extremadura, Spanien

Ginge es nach der Architektur, muss Cáceres die umkämpfteste Stadt Westspaniens gewesen sein. Als die christlichen Könige Nordspaniens 1212 die maurischen Armeen besiegten, schenkte Alfons VIII. von Kastilien seinen

Rittern Grundstücke in Cáceres. Sie bauten befestigte Häuser, oft um die ursprünglichen arabischen Türme herum (30 davon stehen noch). Die noblen Kämpfer aus Cáceres waren der spanischen Krone besonders bei der Eroberung der Neuen Welt nützlich; die Beute aus Mexiko und Peru erlaubte vielen, ihre Mittelalterburgen zu Renaissancepalästen umzubauen. So ist Cáceres heute in Spanien einzigartig – wegen der Vielfalt der monumentalen Architektur, die in eine mittelalterliche Stadtanlage gequetscht wurde. Spanische Filmcrews benutzen die Stadt regelmäßig als Kulisse für historische Filme. Damit nicht genug, nisten zwischen Februar und August Hunderte Störche auf den Türmen und Zinnen.

Das Casa Don Fernando bietet großen Service zu kleinen Preisen und liegt perfekt

Der zinnengekrönte Bujaco-Turm ist der berühmteste der 30 Türme in Cáceres, die noch aus maurischer Zeit stammen.

an der zentralen Plaza Mayor. Aber das Hotel Atrio hat allen das Rampenlicht gestohlen: mit 14 schnittigen Luxuszimmern in der mittelalterlichen Hülle zweier Nachbargebäude, ebenfalls im Herzen der Altstadt. Ob Sie hier schlafen oder nicht: essen Sie in seinem renommierten Restaurant. Die Interpretation der traditionellen extremadurischen Küche, die der bekannte Küchenchef Toño Perez vollführt, ist fast moderne Alchemie – und es gibt einen herausragenden Weinkeller. Die lokale Küche verdankt der Paprika aus der Neuen Welt viel – sie wurde hier eingeführt und wird heute zu in ganz Spanien berühmten Gerichten verarbeitet. Ein guter Ort, um sie zu kosten, ist das Restaurante Pizarro am historischen Hauptplatz der nahen Stadt Trujillo, Geburtsort von Francisco Pizarro, der Peru und die Inkas eroberte. Schauen Sie sich vor dem Essen auf dem Hügel das Haus seiner Kindheit an.

Wo: 253 km östl. von Lissabon. **Hotel Casa Don Fernando:** Tel. +34/927-214279; www.casadonfernando.com. *Preise:* ab € 74 (Nebensaison), ab € 110 (Hochsaison). **Hotel und Restaurante Atrio:** Tel. +34/927-242928; www.restauranteatrio.com. *Preise:* ab € 260; Dinner € 96. **Restaurante Pizarro:** Tel. +34/927-320255. *Preise:* Dinner € 30. **Reisezeit:** Anf. Mai: Storchenfest in Cáceres; WOMAD-Festival (World of Music, Arts and Dance); Wochenende um den 1. Mai: nationales Käsefest in Trujillo.

Die Straße zum Himmel

Der Jakobsweg und Santiago de Compostela

Galicien, Spanien

Es ist ein langer Weg auf dem Camino de Santiago (Jakobsweg) nach Santiago de Compostela, aber gläubige Christen machen die Pilgerreise, seit die Gebeine des Apostels Jakobus hier im 9. Jh. ausgegraben wurden. Jakobus sollte den christlichen Armeen in Kämpfen mit den Mauren helfen, daher wurde Santiago Matamoros („St. Jakobus der Maurentöter") zum Schutzheiligen der Spanier.

Heutige Pilger folgen den Spuren von El Cid, Ludwig VII. und Franz von Assisi (und der allgegenwärtigen gelben Muschel) zu diesem Wallfahrtsort, der auf einer Stufe mit Rom und Jerusalem steht. Ob die Motive religiöser Art sind oder nicht – die Erfahrung der Wanderung prägt. Viele der inzwischen fast 200.000 Pilger, die pro Jahr kommen, lernen sich ganz neu kennen (manche schreiben dann sogar Bücher darüber). Die meisten Reisenden folgen einer Variante der französischen Route, die im baskischen Dorf Roncesvalles in den Pyrenäen an der französisch-spanischen Grenze beginnt, und wandern 800 km durch das Rioja-Weinland (s. S. 267) und die früheren Königreiche Nordspaniens. Hostels, Gasthöfe und Restaurants entlang der Strecke sind auf Pilger eingestellt; außerdem gibt es etwa alle 10 km die offiziellen Pilgerherbergen, die nur ein paar Euros kosten, dafür aber mitunter extrem einfach sind (Matratzen in riesigen Schlafsälen). Wer nicht die Zeit oder Kraft für den mindestens 4-wöchigen Fußweg hat, geht nur die letzten 100 km durch das raue, aber grüne Galicien. Typischerweise sehen die müden, aber begeisterten Pilger die Zwillingstürme der Kathedrale von Santiago zum ersten Mal in Monte de Gozo, 3,5 km vor Santiago de Compostela.

Der Bau der majestätischen Kathedrale von Santiago de Compostela begann 1078 an der Stelle einer von den Mauren zerstörten Basilika des 9. Jh. Die Pläne des Meisters Mateo sind unter Europas schönster romanischer Kunst. Die zweitürmige, im 18. Jh. hinzugefügte Barockfassade der Kathedrale

Pilger auf dem Weg über das kastilische Plateau.

schützt die restaurierte ursprüngliche Porta de Gloria vor der Witterung. Die Wirkung des gewaltigen Inneren – bis auf den Altar so schlicht, wie die Fassade verziert ist – wird noch gesteigert durch die goldgewandete, juwelengeschmückte Statue des sitzenden hl. Jakobus über dem Hochaltar, die von den eintreffenden Pilgern umarmt wird. Seine Gebeine liegen in einem silbernen Schrein in der Gruft unterhalb des Altars.

Die Kathedrale teilt sich die riesige Plaza del Obradoiro („Arbeit aus Gold") mit dem Hotel Reyes Católicos („katholische Könige"), das König Ferdinand und Königin Isabella 1499 als Hospiz für Pilger bauten. Heute ist es einer der renommiertesten Paradors in Spanien, mit Zimmern, die den Platz, die Kathedrale oder die 4 Kreuzgänge überblicken. In der Nähe wurde ein Konvent aus dem 18. Jh. ins komfortable, aber weniger königliche Hotel Palacio del Carmen umgewandelt.

Wo: Santiago de Compostela liegt 603 km nordwestl. von Madrid. Die beliebteste Jakobsweg-Route startet in Roncesvalles und führt 800 km von Ost nach West durch Nordspanien. **Wie:** Das amerikanische Unternehmen Saranjan, Inc. bietet 1–2-wöchige Touren im Minibus, zu Fuß oder mit dem Rad. Tel. +1/206-720-0623; www.saranjan.com. *Preise:* 9-tägige Tour ab € 2444; all-inclusive. Startet in León. **Hotel Reyes Católicos:** Tel. +34/981-582200; www.parador.es; *Preise:* ab € 148 (Nebensaison), ab € 289 (Hochsaison). **Palacio del Carmen:** Tel. +34/981-552444; www.palaciodelcarmen.com. *Preise:* ab € 107 (Nebensaison), ab € 185 (Hochsaison). **Reisezeit:** Ende Feb. oder Anf. März: Antroido (Karneval); letzte 2 Juliwochen: mehrere fiestas; 25. Juli: Fest des Santiago mit Feuerwerk, Musik und Prozessionen.

Zerbrechliche, unschätzbare Brücke zur Eiszeit

Die Höhle von Altamira und Santillana del Mar

Kantabrien, Spanien

Für alle bis auf einige Auserwählte geschlossen: Die Höhle von Altamira wird oft die „Sixtinische Kapelle prähistorischer Kunst" genannt. Zusammen mit der Höhle von Lascaux (s. S. 64) in Südfrankreich enthält sie die besten europäischen Höhlenmalereien des Jungpaläolithikums. Die rot-schwarzen (gemalt wurde mit Holzkohle und Rötel) Bisons, Stiere, Pferde und Schweine (insgesamt über 900 Bilder) wurden 1879 perfekt konserviert von einem Jäger gefunden. Sie demonstrieren die erstaunliche Kunstfertigkeit des neolithischen Menschen und seine Liebe zur Schönheit. Die Malereien sind zwischen 1,20 und 1,80 m hoch und zwischen 14.000 und 20.000 Jahre alt. Leider haben 100 Jahre Hitze und Feuchtigkeit der Touristengruppen ernsthafte Schäden verursacht, sodass man nicht mehr in die Höhle darf, aber es wird ständig darüber spekuliert, ob die Höhle mit streng geregeltem Besuchsplan wiedereröffnet wird. Das benachbarte Museo de Altamira hat Höhle und Malereien nachempfunden (inklusive Vorher/Nachher-Fotos, die den Verfall zeigen). Man sieht tolle anthropologische und archäologische Ausstellungsstücke, bekommt aber keine Gänsehaut wie in der echten Höhle.

Die Höhle liegt 3,5 km außerhalb der kleinen Stadt Santillana del Mar, einer Ansammlung perfekt erhaltener Villen und Paläste mit dem spürbaren Geist des Mittelalters. Jean-Paul Sartre nannte es „das hübscheste Dorf Spaniens". Trotz des Namens liegt die Stadt 5 km vom Meer entfernt. Spazieren Sie durch die Kirche St. Juliana aus dem 12. Jh., die die Grabstätte der Märtyrerin aus dem 3. Jh. ist (mit der Zeit veränderte sich ihr Name zu Santillana). Am anderen Ende der Hauptstraße liegt der 400 Jahre alte Konvent der Klarissen (Convento de Regina Coeli), dessen Museum eine erstaunlich reiche Zusammenstellung religiöser Gemälde und Statuen enthält.

Die Höhle wurde in paläolithischer Zeit ausgemalt.

Wenn diese kleine Stadt es Ihnen angetan hat, beenden Sie den Spaziergang an der Plaza de Ramón Pelayo, wo der Parador Santillana Gil Blas ein Adelspalais aus dem 17. Jh. belegt. Die Zimmer haben Holzboden und sind mit Bildern aus der nahen Höhle dekoriert; das Restaurant bietet regionale Spezialitäten wie *cocido montanes*, ein Gericht aus weißen Bohnen und Speck. Gegenüber wurde kürzlich ein Anbau im gleichen Stil errichtet, um die vielen Gäste aufzunehmen. Rufen Sie vorher an: Ein Besuch Santillanas ist nur halb so schön, wenn es hier kein Zimmer gibt.

Wo: 34 km westl. von Santander. **Museo de Altamira:** Tel. +34/942-818005; www.museodealtamira.es. **Parador Santillana Gil Blas:** Tel. +34/942-028028; www.parador. es; *Preise:* ab € 185. **Reisezeit:** Mai–Okt.: schönes Wetter.

Die grünsten Höhen Spaniens

DIE PICOS DE EUROPA

Kantabrien und Asturien, Spanien

Eine urwüchsige Verzauberung umgibt diese hoch aufragenden Berge, die die feuchte Nordküste Spaniens vom trockenen Hochplateau der Region Kastilien und Léon trennen. Die fast 2700 m hohen Berge hüten 1000 Geheimnisse früherer Zeiten. Die einsamen Wälder und tiefen Schluchten des 647 km² großen Parque Natural de Picos de Europa („Gipfel Europas") sind das Revier des iberischen Braunbären und des wilden, struppigen Asturcon-Ponys. Die menschliche Nutzung der Kalksteinhöhlen ist seit 140.000 Jahren nachgewiesen. Im Covadonga-Nationalpark außerhalb von Cangas de Onís am westlichen Rand der Picos führte der legendäre Pelayo 722 seinen Aufstand gegen die vorrückenden Mauren durch und begann mit der Rückeroberung Spaniens, die von seiner späten Nachfahrin Isabella von Kastilien 1492 vollendet wurde. Don Pelayo machte Cangas de Onís zur ersten Hauptstadt des christlichen Spanien. Das pittoreske Bergdorf ist ein guter Ausgangspunkt für eine Tour zu den geschichtlichen Stätten (darunter Pelayos Grab hoch über einem Wasserfall im benachbarten Covadonga) und zum Wandern, Kanufahren und Höhlen erkunden.

Das Kalksteinmassiv des Naranjo de Bulnes erhebt sich über 2400 m hoch im Nationalpark.

An den Ufern des Sella, am westlichen Ende des Gebirges in Villanueva, bietet der Parador de Cangas de Onís eine schöne Unterkunft in einem atmosphärischen Kloster aus dem 12. Jh.

Außerhalb von Arriondas können Sie großartig in der Einsamkeit speisen: Meisterkoch Nacho Manzano baute sein Geburtshaus, einen Bauernhof, zu einem der aufregendsten Restaurants Nordspaniens um, das Casa Marcial. Am östlichen Ende des Picos-Parks, schon in Kantabrien, liegt der Parador Fuente Dé, ein moderner Berggasthof. Er befindet sich an der Talstation einer der längsten Gondelbahnen Europas ohne Zwischenpfeiler, welche die Trekker zu den alpinen Wanderwegen bringt. Enge Flusstäler machen die Serpentinenstraßen der Picos zu einer der aufregendsten Touren Spaniens. Halten Sie im Dorf Las Arenas de Cabrales, um Cabrales-Blauschimmelkäse und einen Laib Brot für die Fahrt zu kaufen.

Wo: 72 km östl. von Oviedo. **PARADOR DE CANGAS DE ONÍS:** Tel. +34/985-849402; www.parador.es; *Preise:* € 155. *Wann:* Jan.–Feb.: geschlossen. **CASA MARCIAL:** Tel. +34/985-840991; www.casamarcial.com. *Preise:* Dinner € 45. **PARADOR FUENTE DÉ:** Tel. +34/942-736651; www.parador.es; *Preise:* € 110 (Nebensaison), ab € 140 (Hochsaison). *Wann:* Jan.–Feb.: geschlossen. **WIE:** Das amerikanische Unternehmen Mountain Travel Sobek bietet 8-tägige Wanderungen durch die Picos. Tel. +1/510-594-6000; www.mtsobek.com. *Preise:* € 2515, inklusive. Startet in Oviedo. *Wann:* Juli, Sept. **REISEZEIT:** Mai–Okt.: schneefreies Wandern, Wildblumenblüte, weniger Regen.

Ein schwindelerregendes Adlernest als Heimat abstrakter Kunst

CUENCA

Kastilien-La Mancha, Spanien

Keine der spanischen Bergstädte trotzt so stark der Schwerkraft wie Cuenca auf einem Felsplateau hoch über den Schluchten der Flüsse Júcar und Huécar. Die Kastilier eroberten die Stadt 1177 von den Mauren zurück. Während des nächsten Jahrhunderts wurde der Platz eng – so entstanden die *casas colgadas*, die „hängenden Häuser", über den Schluchten. Der Berg ist so steil, dass die Hintertüren einiger Häuser an der Hauptstraße Calle Alfonso VIII 3 Stockwerke tiefer liegen, sodass die Stadt wie ein 3-dimensionales Puzzle wirkt.

Kein Wunder, dass sich die abstrakten Künstler der Grupo Paso in den 1950er-Jahren in Cuenca verliebten und es zum Epizentrum einer neuen Kunstbewegung machten. Ihr Erbe sind 3 schöne Museen, von denen eines, das kleine, aber wundervolle Museo de Arte Abstracto Español, in einem der berühmtesten casas colgadas residiert. Die beste Adresse der Stadt ist der Parador de Cuenca in einem Kloster aus dem 16. Jh. auf einem nahen Felsen, zu erreichen über eine schwindelerregende Brücke. Das beste Restaurant (auch prima für einen Drink) ist das Mesón Casas Colgadas neben dem Museum, wegen seiner „prekären" Lage oft fotografiert. Auf der Karte steht meist die lokale Spezialität *zarajos* – gebratene Lamminnereien.

In der Altstadt können Sie im atmosphärischen Posada de San José wohnen, direkt um die Ecke von der anglonormannischen Kathedrale. Es heißt, der Maler Diego Velázquez sei hier des Öfteren abgestiegen und zum Gemälde *Las Meninas*, einem der berühmtesten Bilder im Prado (s. S. 282), inspiriert worden.

Wo: 169 km östl. von Madrid. **Museo de Arte Abstracto Español:** Tel. +34/969-212983; www.march.es/cuenca. **Parador de Cuenca:** Tel. +34/969-232320; www.parador.es; *Preise:* ab € 166. **Mesón Casas Colgadas:** Tel. +34/969-223509; www.mesoncolgadas.com. *Preise:* Dinner € 40. **Posada de San José:** Tel. +34/ 969-211300; www.posadasanjose.com. *Preise:* ab € 85. **Reisezeit:** Apr.–Okt.: bestes Wetter. In Cuenca sind die Nächte sogar im Aug. kühl.

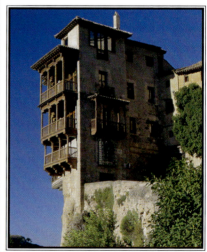

Um die berühmten hängenden Häuser zu erreichen, müssen Besucher die steilen und engen Straßen der Stadt bewältigen.

Am Geburtsort einer Heiligen wird die Vergangenheit lebendig

ÁVILA

Kastilien und Léon, Spanien

Die Stadtmauer aus dem 11. Jh. ist ein Nationalheiligtum. Mehr als 2000 Arbeiter brauchten 10 Jahre, um die 3 m dicke und 12 m hohe Mauer zu bauen. Sie läuft 2500 m um die Bergstadt herum und hat 90 halbkreisförmige Wachtürme, 9 Tore und mehr als 2300 Zinnen, die noch erstaunlich neu aussehen. Beim Spaziergang auf der Mauer können Sie sich eine herannahende maurische Armee vorstellen – oder sich die Storchennester auf den Glockentürmen anschauen. Selbst die robuste Kathedrale aus dem 12. Jh. wurde in die Mauer hineingebaut, um teilweise als Festung zu dienen.

Ávila ist die Heimat der 1515 geborenen hl. Teresa. Die zerbrechliche, aber schlaue karmelitische Nonne war eine Schlüsselfigur der Gegenreformation; sie wurde erste weibliche Doktorin der Kirche und Nationalheilige Spaniens. Souvenirs, die ihren Namen tragen – *yemas de Santa Teresa*, ein Gebäck aus viel Eigelb – gibt es hier überall.

Ein Aufenthalt im Hotel Palacio de los Velada neben Bischofspalast und Kathedrale bringt Sie ins spitituelle und geografische Herz Ávilas. Der modernisierte Renaissancepalast atmet moderne Opulenz. Faulenzen Sie mit einem Drink im glamourösen, glasüberdachten Kreuzgang, falls dort nicht gerade eine Hochzeitsgesellschaft feiert – aber die wird Sie vermutlich einfach zum Mitfeiern einladen …

Wo: 110 km nordwestl. von Madrid. **Info:** www.avilaturismo.com. **Hotel Palacio de los Velada:** Tel. +34/920-215100; www.veladahoteles.com. *Preise:* ab € 74 (Nebensaison), € 148 (Hochsaison). **Reisezeit:** März–Okt.: bestes Wetter; 15. Okt.: Tag der hl. Teresa, nach dem auch das 1-wöchige Flamencofestival beginnt.

Die angeblich von maurischen Gefangenen gebaute Stadtmauer von Ávila wird nachts zum größten angestrahlten Bauwerk der Welt.

Architekturwunder und Zuflucht für Ritter

LEÓN

Kastilien und Léon, Spanien

Die 1205 begonnenen Wände der gotischen Kathedrale Léons sind mehr Glas als Stein: 125 bunte Glasfenster, 3 riesige Rosettfenster und 57 Rundfenster erfüllen das Kircheninnere mit leuchtenden Lichtstrahlen. In der

Hochzeit des Kathedralbaus im Mittelalter trachteten die europäischen Städte danach, sich gegenseitig mit den höchsten Kirchtürmen und größten Fenstern auszustechen. Weil das Königreich Léon in Spanien den Kampf gegen den Islam anführte, machten Handwerker aus ganz Europa die Kathedrale zur großartigsten der Christenheit – ein Bauwerk, das selbst heutige Architekten mit seiner Illusion der Leichtigkeit und seinem Lichtspiel beeindruckt. Einige Fenster sind bis zu 33 m hoch; zusammen sind es fast 1700 m^2 Fensterfläche. Einige der wichtigsten spanischen Stücke religiöser Kunst sind nebenan im Kathedralmuseum zu bestaunen.

Léon, 914 zur Hauptstadt des christlichen Spanien gemacht, ist heute eine charmante Provinzstadt, die ihre königliche Aura beibehalten hat. 11 Könige, 14 Königinnen und viele Adlige sind im *panteon réal* in der wunderschönen romanischen Basilika San Isidoro begraben; bunte Deckenfresken aus dem 12. Jh. schauen auf die Gräber hinab.

Der Parador San Marcos verdient einen Preis für seinen üppigen Eingang im plateresken Stil (so genannt wegen seiner Ähnlichkeit mit *plata* – Silberschmiedearbeiten) und die sehenswerte Decke der Eingangshalle. Er ist mit seinem modernen Anbau Spaniens größter Parador. Der ursprüngliche Flügel wurde 1549 auf Anweisung König Ferdinands als Ordenshaus der Santiagoritter und Hospiz für Pilger vollendet. 30 der 250 Zimmer liegen im historischen Flügel, wie auch das gefeierte Restaurant mit Blick auf den Rio Bernesga.

Léon ist außerdem einer von 2 Abfahrtsorten einer 1-wöchigen Zugreise durch das historische Nordspanien, El Transcantábrico Classico. Enthalten sind z.B. Stopps in Bilbao (s. S. 267) und Santillana del Mar (s. S. 272), eine Bustour durch die Picos de Europa (s. S. 273), Oviedo, die Nordküste Galiciens und, am Ende, Santiago de Compostela (s. S. 270). Ein 2011 eingeführter Luxuszug mit noch mehr Komfort (El Gran Lujo) verkehrt zwischen Santiago und San Sebastián (s. S. 268).

Wo: 320 km nördl. von Madrid. **Catedral de Léon:** Tel. +34/987-875770; www.catedraldeleon.org. **Parador San Marcos:** Tel. +34/987-237300; www.parador.es; *Preise:* € 130 im neuen, € 215 im historischen Flügel; Dinner € 40. **El Transcantábrico:** Tel. +34/902-555902; www.eltranscantabricoclasico.com. *Preise:* 8 Tage ab € 2507. *Wann:* Mai–Okt. **Wie:** Das amerikanische Unternehmen Palace Tours organisiert Bahnfahrten; www.spaintraintours.com. **Reisezeit:** Apr.–Okt.: schönes Wetter; Ende Juni: Fiesta de San Juan mit Konzerten, Stierkämpfen und Feuerwerk.

Die beste Zeit, die Kirchenfenster der Kathedrale von León zu bewundern, ist ein sonniger Spätnachmittag.

Spaniens schönster Platz

Die Plaza Mayor in Salamanca

Salamanca, Kastilien und Léon, Spanien

Besucher von Spaniens geistvollster und weisester Stadt – Geist in der schmucken Architektur, Weisheit in einer der ältesten Universitäten Europas – finden sich automatisch im Herzen der Stadt ein, an der wunderbaren, barocken

Plaza Mayor (Hauptplatz) aus dem 18. Jh., oft schönster Platz Spaniens genannt. Die anderen Attraktionen dieser uralten Stadt liegen alle in der Nähe der Plaza, aber verweilen Sie dort ein bisschen, um den Geist der Stadt in sich aufzusaugen. Die einst wichtigste Universität Spaniens wurde hier 1218 von Alfons IX. gegründet; die Originalgebäude kann man besichtigen. (Gesellen Sie sich zu den Studenten und suchen Sie inmitten des dichten Dekors an der Eingangsfassade den Glück bringenden Frosch.) Salamancas Universität war einst das Äquivalent zu Oxford, Bologna und Paris. Heute halten die 30.000 Studenten die Stadt jung, befeuern die stimulierende Kunstszene und füllen die Cafétische, die aus den schattigen Arkaden der Plaza hervorquellen, wo Gruppen von *tunas* (studentische Minnesänger in Renaissancekostümen) am späten Nachmittag den Touristen und *salamantinos* etwas vorsingen. Weiter südlich teilt sich die „neue" Kathedrale aus dem 16. Jh. mit außergewöhnlich dekorierten Fassaden eine Wand mit ihrer älteren, romanischen Schwester. Beide sind bedeutend, besonders wegen ihrer Hauptaltäre. Das Hotel Rector war früher die Privatvilla einer Familie, die nun das Obergeschoss belegt – es bleiben 14 makellos eingerichtete Zimmer für versierte Reisende.

Wo: 204 km nordwestl. von Madrid. **Hotel Rector:** Tel. +34/923-218482; www.hotelrector.com. *Preise:* € 163. **Reisezeit:** März–Juni und Sept.–Nov.: bestes Wetter; Mitte Sept.: *Feria de Salamanca*.

Uralter Herzschlag einer modernen Stadt

Die Altstadt

Barcelona, Katalonien, Spanien

Während die Fantasieexzesse der Modernisme-Architektur (s. nächste Seite) das Viertel L'Eixample definieren, ist die Altstadt (Ciutat Vella) voller atmosphärischer, gewundener Gassen des Barri Gótic („gotisches Viertel"). Das Barri Gótic, an der Westseite begrenzt von der Promenade La Rambla, wird von der Kathedrale beherrscht (1298 begonnen, um 1450 vollendet), deren Plaza an Sonntagnachmittagen besonders festlich wird, wenn dort massenweise Menschen den katalanischen Rundtanz *sardana* aufführen. Das können Sie von vielen Zimmern des nahen Hotel Colón aus beobachten, eines anmutigen, altmodischen, einst von Joan Miró bevorzugten Hotels. Einige Blocks weiter bietet das Neri Hotel/Restaurant modernen Stil mit neogotischem Einschlag in der Verborgenheit eines Palastes aus dem 18. Jh.

5 mittelalterliche Stadthäuser östlich der Kathedrale wurden zum Museu Picasso zusammengelegt, welches 3800 seiner Werke besitzt und damit hinter dem Picasso-Museum in Paris (s. S. 77) den 2. Platz belegt. Viele frühe Beispiele, darunter Skizzenbücher aus der Kindheit, zeigen, wie ein talentierter junger Mann aus Málaga während seiner Jahre im kosmopolitischen Barcelona (1895–1904) zum Meisterkünstler wurde.

Die Straße Bisbe Irurita im Barri-Gótic-Viertel war ein antiker römischer Fahrweg.

Viel Zeit verbrachte er damals im Els Quatre Gats („Die 4 Katzen"), einem Bar-Restaurant im Barri Gòtic, das 1897 vom modernistischen Architekten Josep Puig i Cadafalch entworfen wurde und seitdem die Boheme bedient. Die Straßen nordwestlich der Kathedrale rund um Els Quatre Gats eignen sich besonders gut zum abendlichen Tapas-Hopping. Aber selbst in Barcelona kann wenig mit dem langen, baumgesäumten Boulevard La Rambla mithalten – „der wahre Geist der Stadt", wie Federico García Lorca schrieb. Inmitten der auf Sie einstürmenden Blumenverkäufer, Straßenmusiker, Karikaturisten und Cafékellner, die Sie locken wollen, taucht der Mercat de la Boqueria auf, der städtische Delikatessentempel – ein gastronomischer Himmel auf Erden mit mehr als 300 Ständen, die alles von wilden Pilzen bis zu zappelnden Aalen verkaufen. Die immer volle Bar Pintxo direkt im Eingang rechts ist perfekt für ein paar Tapas oder ein Sandwich, um Ihren Appetit vor dem Einkaufen zu stillen. La Rambla ist nicht nur Straßentheater: In der Mitte steht das Gran Teatre del Liceu, eines der prächtigsten Opernhäuser der Welt, nach einem schlimmen Feuer 1994 wieder aufgebaut.

HOTEL COLÓN: Tel. +34/933-011404; www.hotelcolon.es. Preise: ab € 77 (Nebensaison), ab € 122 (Hochsaison). NERI HOTEL: Tel. +34/933-040655; www.hotelneri.com. Preise: ab € 193 (Nebensaison), ab € 300 (Hochsaison). MUSEU PICASSO: Tel. +34/932-563000; www.museupicasso.bcn.es. ELS QUATRE GATS: Tel. +34/933-024140; www.4gats.com. Preise: Mittagessen € 26. MERCAT DE LA BOQUERIA: Tel. +34/933-182584. BAR PINTXO: Tel. +34/933-171731; www.boqueria.info. Preise: pintxo-"Mahlzeit" € 13. GRAN TEATRE DEL LICEU: Tel. +34/934-859913; www.liceubarcelona.com. REISEZEIT: Do.: Flohmarkt Mercat Gòtic de Antiquitats auf der Plaça Nova; Weihnachtszeit: Fira de Santa Llúcia (Luciafest).

Ein visionärer Architekt definiert Barcelona

GAUDÍ UND LA SAGRADA FAMILIA

Barcelona, Katalonien, Spanien

Die gewaltige Kirche Sagrada Familia, die mit ihren 8 kerzenwachsähnlichen Türmen in den Himmel ragt, bleibt ein unvollendetes Meisterwerk. Antoni Gaudí, katalanischer Architekt und exzentrisches Genie, wurde von einer Straßenbahn erfasst und getötet, bevor er seine merkwürdigste und kontroverseste Kreation vollenden konnte. Man will sie nun bis 2026 fertigbauen, zu seinem 100. Todestag. Der Nationalheld liegt in der Krypta der Kirche begraben, aber sein Geist weht noch durch die ganze Stadt. Gaudí, berühmtester Vertreter des *modernisme* (des katalanischen Jugendstils zwischen 1890 und 1920), machte Barcelonas Architektur berühmt – mit einem in einer verspielten katalanischen Sensibilität wurzelnden Designansatz, den später auch Picasso, Miró und Dalí anwendeten. Seine fließenden, organischen Formen bleiben Wahrzeichen, besonders der Casa-Milà-Wohnblock (oft „der Steinhaufen", „La Pedrera", genannt), dessen Schornsteine wie surrealistische Kämpfer geformt sind. Es ist eines von 7 weltlichen Gebäuden Gaudís. Sein Parc Güell verzaubert mit gekachelten Bänken und wellenförmigen

Zinnen. Sein Zuhause im Park, das Casa-Museu Gaudí, zeigt eine kleine Ausstellung zu Leben und Werk.

Modernistische Gebäude von anderen Architekten können Sie im Viertel L'Eixample sehen. z.b. das märchenhafte Casa de les Punxes („Haus der Spitzen"), das Josep Puig i Cadafalch 1905 baute. Versuchen Sie, im von Lluís Domènech i Montaner entworfenen Palau de la Música Catalana ein Konzert zu besuchen. Das außen ruhige Gebäude ist innen ein halluzinogenes Chaos aus Buntglas und keramischen Skulpturen, überfangen von einer großen bunten Glaskuppel. Krönen Sie das *modernisme*-Erlebnis, indem Sie entweder im Hotel Casa Fuster absteigen, das sich einiges vom von Domènech i Montaner entworfenen Original-Stadtpalast von 1908 bewahrt hat, oder im Mandarin Oriental Barcelona, das 2010 eröffnet hat und einen tollen Blick auf Gaudís Casa Battló bietet, ein Wunder aus geschmeidigen Kurven und Details aus buntem Glas und Keramik.

Wegen seiner Skelett-Anmutung nennt man es „Haus der Knochen", aber tatsächlich war Gaudí beim Entwurf der Casa Battló vom Meer inspiriert.

La Sagrada Familia: www.sagradafamilia.org. **Casa-Museu Gaudí:** Tel. +34/932-93811; www.casamuseugaudi.org. **Palau de la Música Catalana:** Tel. +34/932-957200; www.palaumusica.org. **Wie:** Die Stadt gibt eine Broschüre mit einem Rundgang heraus, der an 115 modernistischen Gebäuden vorbeiführt, die „Ruta del Modernisme de Barcelona". Tel. +34/933-177652; www.rutadelmodernisme.com. **Hotel Casa Fuster:** Tel. +34/932-553000; www.hotelcasafuster.com. *Preise:* ab € 185 (Nebensaison), ab € 340 (Hochsaison). **Mandarin Oriental Barcelona:** Tel. +34/931-518888; www.mandarinoriental.com. *Preise:* ab € 340 (Nebensaison), ab € 537 (Hochsaison).

Parks und Kultur auf Barcelonas grünem Hausberg

Der Montjuïc

Barcelona, Katalonien, Spanien

Heutige *barceloneses* entspannen dort, wo die alten Römer ihre Zeremonien abhielten – in einem Park hoch auf dem sanften Hügel Montjuïc, der sich hinter der Stadt erhebt. Die aufregendste Art, dorthin zu gelangen, ist es, vom Hafen aus mit der Hafenseilbahn einzuschweben. Sie kommen im Kaktusgarten an, wo einige Sorten mehr als 6 m hoch werden. Gehen Sie weiter zur Fundació Joan Miró – die Landschaft wird zu sanftem Grün mit angelegten Gärten. Einige Hundert Gemälde und Skulpturen des katalanischen Surrealisten sind in minimalistischen Galerien zu sehen, perfekt von Oberlichtern indirekt erhellt; der Blick von der Skulpturenterrasse auf dem Dach auf Barcelona ist unübertrefflich. In der Nähe steht die Replik eines griechischen Theaters (von 1929), das Teatre Grec de Montjuïc, in dem das ganze Jahr Konzerte und Tanzvorführungen stattfinden und das im Sommer zur Hauptbühne des Festival Grec wird.

Die Katalanen sehen ihre Region als eigenes Land, und das Museu Nacional d'Art de Catalunya (MNAC) wäre der Stolz jeder Nation. Das Museum liegt im beeindruckenden Palau Nacional (Nationalpalast) und besitzt eine der schönsten Schatztruhen romanischer und gotischer Gemälde, Skulpturen und Metallarbeiten der Welt. Die meisterhaften Altarbilder, Fresken und polychromen Ikonen, meist aus katalanischen Kirchen und Klöstern gerettet, werden so gezeigt, wie sie ursprünglich in Landkirchen platziert waren. Ein Highlight ist der Christus Pantokrator von 1123 aus der Apsis der Kirche San Clemente de Taüll. Der Palau Nacional wurde zur Weltausstellung 1929 im Neorenaissance/Barockstil gebaut und 1995 nach einer großen Restaurierung wiedereröffnet. Er wird oft als „Prado der romanischen Kunst" bezeichnet. Am Fuß der Treppen zum Palast können Sie nachts das Spektakel des Brunnens Font Màgica genießen, dessen Wasserfontänen zu Musik angestrahlt werden.

Die Fundació Joan Miró besitzt über 14.000 Werke des Künstlers, darunter die Liebenden mit der Mandelblüte (oben).

FUNDACIÓ JOAN MIRÓ: Tel. +34/934-439470; www.fundaciomiro-bcn.com. **TEATRE GREC DE MONTJUÏC:** Tel. +34/934-132400. **MNAC:** Tel. +34/936-220360; www.mnac.es. **REISEZEIT:** Ende Juli: Festival Grec.

Surrealistische Kunst und Küche an der wilden Küste

DIE COSTA BRAVA

Katalonien, Spanien

Cadaqués, nördlichster Badeort an der katalanischen Küste und nur übers Meer oder eine Serpentinenstraße zu erreichen, wird oft als „das meistgemalte Dorf der Welt" bezeichnet. Picasso, Utrillo, Miró, Max Ernst, Man Ray und der Filmemacher Luis Buñuel ließen sich hier inspirieren, aber Salvador Dalí, der lange ein Atelier (heute Museum) im benachbarten Portlligat unterhielt, hat die beständigste Präsenz.

Das weiß getünchte Dorf, ein ruhiger Punkt in der wirbelnden Welt dieser verrückten Küste, faltet sich an der östlichen Spitze der Empordà-Halbinsel um einen felsigen Hafen herum. Wenig hat sich geändert, seit Dalí in den 1920er-Jahren in der Bar Meliton mit Marcel Duchamp Schach spielte. Bars und Cafés füllen sich nach der Siesta und bleiben bis zum Morgengrauen geöffnet. Die fehlenden Sandstrände machen Cadaqués zu einer Stadt der Künstler und Fischer. Hafenbars tischen gegrillte Sardinen und Doraden auf; schlichte Kneipen wie das Casa Anita (Dalís Lieblingskneipe) servieren einer neuen Künstlergeneration lokal gefangenen Fisch.

Kunst und leckeres Essen spielen auch in Dalís naher Heimatstadt Figueres zusammen. Im späteren Leben verwandelte er ein Theater aus dem 19. Jh. (wo 1919 seine erste Austellung stattfand) in eine Installation, das Teatre-Museu Dalí. Von den Schaufensterpuppen bis zu dem Haufen Autoreifen vor der Tür: Das Ganze ist genauso phantasmagorisch wie die „Landschaften" des Künstlers. Dalí nannte es „ein gigantisches surrealistisches Objekt, in dem alles kohärent ist, in dem ich alles verstehe". Seine private Kunstsammlung ist auch hier – und er selbst in der Krypta begraben.

Ins Restaurant Empordà (in einem Hotel gleichen Namens), schon lange für seine katalanischen Wild- und Fischspezialiäten bekannt, kommen die Gäste weniger wegen der Dalí-Skizzen, sondern vielmehr wegen der Kunst des Küchenchefs Jaume Subirós. Tatsächlich sind Köche die neuen Künstler der Costa Brava – teilweise inspiriert von Ausnahmekoch Ferran Adriá, der von hier stammt und seine wild-experimentelle Küche im El Bulli außerhalb der Stadt Roses servierte. Es ist gerade geschlossen und soll 2014 als Think-Tank für kreative Küche und Gastronomie wieder eröffnen. Eine begrenzte Anzahl an Gästen soll dann auch bekocht werden.

Kulinarisches Genie gibt es auch weiter im Süden: Südlich von Blanes, nahe an Barcelona in Sant Pol de Mar, vermählt Carme Ruscalleda katalanische Traditionen mit Adriá-ähnlichen Inspirationen im Restaurante Sant Pau. Unterwegs sieht man das mittelalterliche San Feliu de Guixols und Tossa del Mar mit Burg.

Wo: 172 km nördl. von Barcelona. **Info:** www.costabrava.org. **Portlligat Casa-Museu Salvador Dalí:** Tel. +34/972-251015; www.salvador-dali.org. **Casa Anita:** Tel. +34/972-258471. *Preise:* Dinner € 33. **Teatre-Museu Dalí:** Tel. +34/972-677505; www.salvador-dali.org. **Empordà:** Tel. +34/972-500562; www.hotelemporda.com. *Preise:* ab € 66; Festpreis-Dinner € 66. **Restaurante Sant Pau:** Tel. +34/937-600662; www.ruscalleda.com. *Preise:* Festpreis-Dinner € 140.

„Es sieht gar nicht so aus, wie man sich Spanien vorstellt ... Aber wenn man es besser kennenlernt, ist es die spanischste aller Städte, die beste zum Leben, mit den großartigsten Menschen und Monat für Monat dem besten Klima." – Ernest Hemingway

---

Madrid

Spanien

Madrid – elegante, förmliche, ja biedere Stadt am Tag – wird nachts zu einer der lebhaftesten Hauptstädte Europas. Ihr erster Gedanke könnte sein: In dieser Stadt scheint niemand zu schlafen. Besuchen Sie irgendein *bar-restaurante* oder eine *taberna* im Viertel um Mitternacht herum, und Sie finden das bestätigt. In den *madrugada* – den Stunden zwischen Mitternacht und dem ersten Hahnenschrei – lässt Madrid die Maske fallen und zeigt sein privates Gesicht.

Hauptattraktionen

Centro de Arte Reina Sofía – Spaniens Museum für moderne und Gegenwartskunst liegt in einem früheren Krankenhausgebäude aus dem 18. Jh. und hat einen postmodernen, von Jean Nouvel entworfenen Anbau. Die Sammlung umfasst Werke von spanischen Künstlern wie Miró, Dalí, Juan Gris, Antoni Tàpies (und Picassos *Guernica*); außerdem Alexander Calder, Man Ray und Jean Dubuffet. Es dekonstruiert die -ismen des 20. Jh. mit faszinierenden Gegenüberstellungen. Schicke Bar-Snacks gibt es im Café Arola. **Info:** Tel. +34/91-774-1000; www.museoreinasofia.es.

Der Flamenco – wurde in Andalusien geboren, aber ins Rampenlicht gelangte er in den 1980er-Jahren in Madrid. Auch wenn sich das Corral de la Morería hauptsächlich an Touristen wendet, ist es doch voller Tradition – und jede Nacht voller fußstampfender Leidenschaft. Kenner bevorzugen die ungezwungenere Umgebung und die modernen Künstler im Casa Patas. **Corral de la Morería:** Tel. +34/91-365-8446; www.corraldelamoreria.com. **Casa Patas:** Tel. +34/91-369-0496; www.casapatas.com.

Museo Sorolla – Vermeiden Sie den vollen Prado und besuchen Sie das restaurierte, elegante Zuhause (von 1910/11) des Künstlers Joaquín Sorolla, dem Maler des Lichts. Es wirkt immer noch bewohnt und zeigt Porträts von Aristokraten und normalen Menschen an der sonnigen Küste seines Geburtsorts Valencia. **Info:** Tel. +34/91-310-1584; museosorolla.mcu.es.

Der Palacio Real – Der Königspalast wurde 1738 an der Stelle der alten maurischen Alcázar-Festung erbaut und war von 1764 bis zu König Alfons' XIII. Abdankung 1931 Königsschloss. Heute ist es die offizielle Residenz von König Juan Carlos I. und seiner Frau, Königin Sofía, obwohl sie im Palacio de la Zarzuela wohnen. Ein Großteil des Palasts ist von Verwaltung belegt, aber die Räume, die einst Alfons mit seiner Familie bewohnte, sind für Publikum geöffnet, wie auch der Thronsaal, der Empfangsraum, die Gemäldegalerie (mit Werken von Caravaggio, Velázquez und Goya) und die Waffenkammer. **Info:** Tel. +34/91-454-8700; www.patrimonionacional.es.

Der Prado – Das Hauptstück des „goldenen Dreiecks der Museen" (mit dem Reina Sofía und dem Thyssen-Bornemisza) ist eine wahre Schatztruhe, die Madrid schon ganz allein als Kulturstadt etablieren würde. Besonders bekannt ist die Sammlung von mehr als 8600 Gemälden

Besucher des Prado bewundern die Gemälde von Francisco de Goya, dem berühmten spanischen Meister der Romantik.

von El Greco, Goya, Murillo, Rubens, Tizian, Bosch, Raffael, Botticelli, Fra Angelico und vielen mehr. 80 % von Velázquez' Gemälden sind hier, darunter *Las Meninas*, wie auch die vorsurrealistischen „schwarzen Bilder" Goyas. Rafael Moneos Anbau hinter dem Originalgebäude bindet schlau den Jerónimo-Klosterkreuzgang in einen gläsernen Würfel ein. **Info:** Tel. +34/91-330-2800; www.museodelprado.es.

Die Tapas-Tour – Machen Sie's wie die Madrilenen: Wandern Sie von Bar zu Bar – und essen Sie überall eine Kleinigkeit, bis es um 23 Uhr Dinner gibt (falls Sie dann noch Hunger haben). Die Möglichkeiten sind endlos, von *albondigas* (Fleischbällchen) bis zu *zamburiñas* (kleinen Muscheln). Die Straßen um die Plaza Santa Ana bleiben das Haupt-Tapas-Viertel. Gehen Sie hier nicht weg, ohne im La Trucha Räucherforelle auf Toast probiert zu haben. Auch an der Cava Baja (südlich der Plaza Mayor) ist immer viel los; das beste Essen ist das baskische (besonders der gegrillte Tintenfisch) in der Taberna Txakoli; die beste Sherrybar-Atmosphäre gibt's in der Taberna Alamendro. Aus dem Viertel um die Oper können Sie sich bergauf zur Plaza Mayor schlemmen (beginnend in der Bar der Taberna del Alabardero). In Chueca können Sie in der jahrhundertealten, gekachelten Bar Antigua Casa Ángel Sierra starten.

DAS THYSSEN-BORNEMISZA-MUSEUM – 2 der außergewöhnlichsten, im 20. Jh. angehäuften privaten Kunstsammlungen – beide vom schweizerischen Baron Hans Heinrich Thyssen-Bornemisza und seiner spanischstämmigen 5. Frau Carmen Cervera – füllen die Lücken des Prado und des Reina Sofía mit erstklassiger italienischer und deutscher gotischer Kunst des 13. Jh. bis zu Impressionisten des 19. Jh. (besonders Monet) und Werken der Abstrakten Expressionisten. INFO: Tel. +34/91-369-0151; www.museothyssen.org.

DIE PLAZA MAYOR – Der riesige, kopfsteingepflasterte, 1619 im Barockstil vollendete Platz hat schon viele Stierkämpfe, Exekutionen, Aufstände, schlimme Vorgänge der Inquisition und wilden Karneval gesehen. Heute ist er das Herz des alten (Viejo) Madrid zwischen den Vierteln Centro und La Latina. Die 9 Bogenausgänge führen auf Straßen voller *tabernas* und Tapasbars. Eine Riesen-Tapas-Auswahl oder eine ganze Mahlzeit bekommen Sie im historischen Mercado San Miguel direkt vor dem Westeingang der Plaza.

SONSTIGE HIGHLIGHTS

STIERKÄMPFE AN DER PLAZA DE LAS VENTAS – Stierkampf ist ein kontroverser Sport (Königin Sofía hasst ihn), aber auch Teil der spanischen Geschichte, Kultur und nationalen Identität. Während der Saison (März–Okt.) können Neugierige eine sonntägliche *corrida* auf der Plaza de las Ventas erleben. INFO: Tel. +34/91-356-2200; www.las-ventas.com.

MONASTERIO DE LAS DESCALZAS REALES – Dieses Franziskanerkloster wurde 1559 von der Schwester Philipps II. gegründet und war Rückzugsort für adlige Frauen, die Nonnen wurden; viele brachten ihre Reichtümer mit. Das Gebäude ist voller großartiger Kunst, z.B. die Rubens-Wandteppiche, die einmal einen Schlafsaal wärmten. INFO: Tel. +34/91-454-8700; www.patrimonionacional.es.

Juan Gómez de Mora plante die Plaza Mayor 1619 – auch heute noch ein wichtiger Ort des städtischen Lebens.

REAL ACADEMIA DE BELLAS ARTES DE SAN FERNANDO – Goyas Gegenwart ist im Museum der Königlichen Akademie der schönen Künste immer noch spürbar. Als Direktor entwarf er die unteren Galerien, um seine Theorie zu untermauern, dass der Höhepunkt der ganzen spanischen Malerei ... Goya sei. Sein vorgegebener Rundgang endet mit 13 seiner Gemälde und seiner letzten farbverschmierten Palette unter Glas. INFO: Tel. +34/91-524-0864; rabasf.insde.es.

DER RETIRO-PARK – Ein Spaziergang durch den Retiro-Park an einem Sonntagmorgen ist für viele Familien ein Ritual. Der Park von 1630 war einst der Königsfamilie vorbehalten und ist voller Brunnen und Statuen. Außerdem gibt es einen Teich (mit Bootsverleih) und Ausstellungshallen aus dem 19. Jh. Das Hotel Palacio del Retiro steht gegenüber vom Park; etwa die Hälfte der 50 Zimmer haben Parkblick. PALACIO DEL RETIRO: Tel. +34/91-523-7460; www.marriot.com. *Preise:* ab € 266 (Nebensaison), ab € 350 (Hochsaison).

EL-RASTRO-FLOHMARKT – Kommen Sie früh, oder Sie verpassen die Schnäppchen auf diesem berühmten, ausgedehnten Flohmarkt (an der Plaza Cascorro und Ribera de Curtidores). Am Schluss endet jeder in der berühmtesten Bar des Marktes, Los Caracoles, für eine *copa* („ein Glas voll") und die Spezialität: pikante Schnecken.

ÜBERNACHTEN

HOTEL ÓPERA – Dieses moderne, zwischen dem Teatro Real und dem Park des Königspalastes eingeklemmte Hotel hat eine schlichte Fassade, aber schnittige, schöne Zimmer – einige der wohnen haben schräge Decken mit großen Oberlichtern; die besten haben verglaste Jacuzzis und große Außenterrassen mit toller Stadtaussicht. INFO: Tel. +34/91-541-2800; www.hotelopera.com. *Preise:* ab € 110.

RITZ HOTEL UND PALACE MADRID – König Alfons XIII. beauftragte diese Belle-Époque-Juwelen, wo Gäste immer noch wie Royals behandelt werden. Das Ritz, 1919 erbaut, liegt in einem Park am Paseo del Prado. Sein geschätztes Restaurant Goya serviert klassische Küche in förmlicher Umgebung. Das 3-mal so große 1912 eröffnete Palace (468 Zimmer) liegt in der Nähe des Prado. Die öffentlichen Bereiche sind prunkvoll, z.B. die grandiose Buntglaskuppel über dem Hauptrestaurant, La Rotunda, in dem man gern einen Sonntagsbrunch einnimmt. RITZ HOTEL: Tel. +34/91-701-6767; www.ritzmadrid.com. *Preise:* ab € 248 (Nebensaison), ab € 333 (Hochsaison); Dinner im Restaurant Goya € 74. WESTIN PALACE MADRID: Tel. +34/91-360-8000; www.westinpalacemadrid.com. *Preise:* ab € 222 (Nebensaison), ab € 289 (Hochsaison); Dinner im La Rotunda € 48, Brunch € 80.

ROOM MATE ALICIA – Die Kette Room Mate ist auf schicke, aber günstige Boutique-Hotels spezialisiert; das Alicia, an der Ecke der belebten Plaza Santa Ana, ist eines von 4 in Madrid (die anderen heißen Mario, Oscar und Laura). Frühstück gibt es bis mittags – prima, wenn Sie die ganze Nacht in der Stadt unterwegs waren. INFO: Tel. +34/91-389-6095; www.room-matehotels.com. *Preise:* ab € 107.

SANTO MAURO – Dieses exquisite Hotel mit 50 Zimmern in einem grünen Viertel am Sorolla Museum (s. S. 282) wurde im 19. Jh. als Herzogspalast erbaut. Es wird gern von Promis aufgesucht, die ihre Privatsphäre schätzen. INFO: Tel. +34/91-319-6900; www.marriot.com. *Preise:* ab € 244 (Nebensaison), ab € 350 (Hochsaison).

HOTEL URBAN – Das 1. Hotel des 21. Jh. im Zentrum ist ein starkes postmodernes Statement, mit einer Glaswand zum belebten Boulevard östlich der Puerta del Sol. Licht durchflutet die Zimmer, die mit erdfarbenen Stoffen, Holz und Ledermöbeln ausgestattet sind. INFO: Tel. +34/91-787-7770; www.derbyhotels.com. *Preise:* ab € 185.

ESSEN & TRINKEN

CAFÉ GIJÓN – In der Hektik der Stadt scheint sich das Café Gijón seit der Eröffnung 1888 kaum verändert zu haben, obwohl die Literaten mit Francos Machtantritt verschwanden. In der Bar müssen Sie stehen; der Speisesaal ist zum Essen reserviert. INFO: Tel. +34/91-521-5425; www.cafegijon.com. *Preise:* Tee € 15.

CASA BOTÍN – Diese folkloristische Taverne im Schatten der Plaza Mayor ist vielleicht Spaniens ältestes Restaurant. Es sieht wie eine Touristenfalle aus – ist es auch –, aber Einheimische mögen es trotzdem wegen der Atmosphäre und dem *cochinillo asado* (Spanferkel). Wenn das Botín voll ist, versuchen Sie's in der verlässlichen Casa Lucio in der Nähe. INFO: Tel. +34/91-366-4217; www.botin.es. *Preise:* € 45. CASA LUCIO: Tel. +34/91-365-3252; www.casalucio.es. *Preise:* Dinner € 40.

CHOCOLATERÍA SAN GINÉS – In der Nähe der Puerta del Sol bedient diese winzige Institution die Liebe der Madrilenen zu heißer Schokolade und zuckerbestäubten *churros* (Brandteiggebäck), und zwar fast rund um die Uhr. INFO: Tel. +34/91-365-6546.

EL ÑERU – Drängeln Sie sich durch die Tapas-Hungrigen auf der Straße östlich der Plaza Mayor, um in den altmodischen asturischen Speisesaal im Keller zu gelangen. Die *merluza-*(Seehecht-)Gerichte sind immer köstlich, besonders in asturischem Cidre geschmort. An einem kalten Abend schmeckt eine *fabada* – ein Eintopf aus weißen Bohnen, Wurst und Schinken. INFO: Tel. +34/91-541-1140; www.restauranteelneru.com. *Preise:* Dinner € 30.

PEDRO LARUMBE – hat einen preisgekrönten Koch. Bibliothek und Hauptrestaurant sind Studien der Eleganz; die Dachterrasse schwebt hoch über dem eleganten Viertel

Madrid ist eine der Haupt-Tapas-Städte Spaniens – Dutzende von Bars servieren alles: von mundgerechten *pinchos bis zu* raciones, *die eine halbe Mahlzeit darstellen.*

Salamanca. Larumbe erfindet die Klassiker wagemutig neu – gebratener Seehecht mit schwarzen Trüffelspänen oder mit karamellisierter Mango geschichtete Foie gras. INFO:

Tel. +34/91-575-1112; www.larumbe.com. *Preise:* Dinner € 52.

SERGI AROLA GASTRO – Das Flaggschiff des zum Starkoch gewordenen Rockers Sergi Arola liegt in der Nähe des Mueso Sorolla (s. S. 282). Arola kombiniert nur einige intensive Aromen pro Gericht. Das moderne, puristische Dekor überlässt den künstlerisch angerichteten Speisen das Rampenlicht. Man wählt aus 3 Menüs aus, nicht à la carte. INFO: Tel. +34/91-310-2169; www.sergiarola.es. *Preise:* Dinner € 110.

TAGESAUSFLÜGE

TOLEDO – Der Maler El Greco führt Sie durch seine Wahlheimatstadt, eine Schatzkammer maurischer, jüdischer und christlicher Geschichte. Etwa 30 seiner Gemälde hängen in der Sakristei der Kathedrale aus dem 13. Jh.; sein berühmtestes Werk, *Begräbnis des Grafen von Orgaz*, hängt im Eingang der nahen Kirche de Santo Tomé. Das Museo de Santa Cruz hat ein Dutzend El Grecos; Sie können so nah heran, dass Sie die Pinselstriche sehen. Stärken Sie sich im Hostal del Cardenal in einem Kardinalspalast aus dem 18. Jh. Kommen Sie im Juni zum Corpus-Christi-Fest, bei dem ein 500 Pfund schweres Reliquiar, das 1595 aus dem Gold der Neuen Welt gemacht wurde, durch die Straßen getragen wird. WO: 69 km südl. von Madrid. Tel. +34/92-522-0862; www.hostaldelcardenal.com. *Preise:* Dinner € 37.

SEGOVIA – hat an jedem Ende eine Attraktion: die Bögen des römischen Aquädukts und den Alcázar-Palast, im 19. Jh. als Fantasieversion eines Mittelalterschlosses wieder aufgebaut. Gourmets kommen nach Segovia, um im Mesón de Cándido Spanferkel zu essen, vielleicht das beste Spaniens. Konkurrenz macht ihm höchstens das *cordero lechero asado* (Milchlamm). WO: 68 km nordwestl. von Madrid. Tel. +34/92-142-5911; www.mesondecandido.es. *Preise:* Dinner € 33.

Architektur, Paella und Feuerwerk

VALENCIA

Spanien

Mit einer Architektur, die Bilbao (s. S. 267) Konkurrenz macht; Essen, das so gut ist wie in Barcelona (s. S. 277), und einem Hang zu extremen Festlichkeiten ist Valencia eine der dynamischsten kleinen Städte der Welt.

Der Witz der Stadt teilt sich schon mit im L'Hemisfèric, dem 1995 erbauten Planetarium in der Stadt der Künste und der Wissenschaften (Ciudad de las Artes y de las Ciencias), dessen Glas-Metall-Hülle Santiago Calatrava, Sohn der Stadt, so konstruierte, dass sie sich wie ein Auge öffnet und schließt. Überhaupt war es eine kühne Idee, für diesen Komplex und einen großen grünen Park, die grüne Lunge der Stadt, das trockene Flussbett des Flusses Turia herzurichten, was in den 1980er-Jahren getan wurde. Die monumentalen Gebäude des Komplexes haben alle biomorphe Formen: die fischförmigen Konzertsäle des 2005 erbauten Palau de les Arts, die Korallenriffe des L'Oceanogràfic-Aquariums von 2002, selbst der rippenförmige Eingang und der Garten des L'Umbracle von 1995. All die Pools, Gänge und abstrakten Formen sind so faszinierend, dass man einfach nur herumlaufen möchte, ohne je ein Haus zu betreten.

Die Vision eines neuen Valencia gründet sich auf Geschmack. Der Mercado Central ist ein Delikatessentempel in einem riesigen *modernista*-Gebäude von 1928. Aus Valencia stammt die Paella – was nicht überrascht, denn hier wurde im 8. Jh. auch zum 1. Mal in Spanien Reis angebaut. Meeresfrüchte-Paella heißt *arroces con mariscos*; Puristen bevorzugen die paella valenciana mit frischem Gemüse, Kaninchen, Hühnchen und Schnecken. Probieren Sie sie im schlichten La Pepica – noch genauso gut wie zur Zeit Ernest Hemingways, der hier in den 1950er-Jahren speiste. Die neueste Interpretation klassisch-valencianischer Gerichte gibt es im Ca' Sento, wo ein Schüler des El Bulli (s. S. 281), Raúl Aleixandre, das Fischrestaurant seiner Eltern mit einem gewagten modernen Touch revolutionierte.

Valencia wird während Las Fallas, das in den Tagen vor dem Fest des hl. Josef (19. März) stattfindet, zum Tollhaus, wenn große Statuen und Kulissen auf jedem Platz errichtet werden, lange Prozessionen aus Leuten in Kostümen des 18. Jh. einer 6 Stockwerke hohen Maria-Puppe Blumen darbringen und jedes Kind (und jeder kindische Erwachsene) mit Krachern und Böllern um sich wirft. Am 19. März werden die *ninots* (die teils 6 m großen Figuren, die aus buntem Pappmaché über Holzrahmen geformt sind) in Brand gesteckt.

Wo: 302 km östl. von Madrid. **STADT DER KÜNSTE UND DER WISSENSCHAFTEN:** Tel. +34/902-100031; www.cac.es. **MERCADO CENTRAL:** Tel. +34/963-829101; www.mercadocentralvalencia.es. **LA PEPICA:** Tel. +34/963-710366. *Preise:* Dinner € 26. **CA' SENTO:** Tel. +34/963-301775. *Preise:* Dinner € 50. **UNTERKUNFT:** Das luxuriöse Strandhotel Santos Las Arenas hat ein Meeres-Spa. Tel. +34/963-120600; www.hotellasarenas.com. *Preise:* ab € 140 (Nebensaison), ab € 200 (Hochsaison). **REISEZEIT:** Woche vor dem 19. März: Parade und Feuerwerk zu Las Fallas; 3. Woche im Juli: Festival Eclèctic mit Gratiskonzerten und -vorführungen in der Stadt der Künste und der Wissenschaften.

Byzantinische Wunder auf der Insel der Aphrodite

Die bemalten Kirchen

Troodos-Gebirge, Zypern

Zypern ist ein geteiltes Land: historisch zwischen Griechenland und der Türkei und heute außerdem zwischen überlaufenen Strandorten und ruhigeren, abgelegenen Orten im Inselinneren. Fahren Sie also zum nach Kiefern duftenden Troodos-Gebirge, das sich über den griechisch kontrollierten Südwesten der Insel erstreckt und größtenteils Nationalpark ist. Man nennt seinen Wald auch den „Schwarzwald Zyperns"; hier wachsen Erlenblättrige Eichen, Kiefern, Pinien und Steineichen. Oberhalb der Küstenstadt Lemosos und an der Ostflanke des 1952 m hohen Olympos finden Sie 10 prächtige mittelalterliche Kirchen und Klöster, deren bescheidenes Äußeres mit den reichen Innenräumen kontrastiert, welche mit einigen der schönsten byzantinischen Fresken und Ikonen des Mittelmeerraums geschmückt sind. Die Kirchen werden auch Scheunendachkirchen genannt (weil sie mit ihren einfachen Ziegeldächern an Scheunen erinnern) und gehören zum UNESCO-Weltkulturerbe.

Im opulenten Kykkos-Kloster (eigentlich aus dem 11. Jh., aber da es immer wieder durch Erdbeben zerstört wurde, stammt die heutige Anlage aus dem 19./20. Jh.) schmücken Fresken sogar die Klostergänge. Eine Marienikone, die dem Evangelisten Lukas zugeschrieben wird, soll Wunder vollbringen. Agios Nikolaos tis Stegis („St. Nikolaus auf dem Dach") ist zur Gänze mit Wandmalereien bedeckt, die aus verschiedenen Jahrhunderten stammen (die jüngste aus dem späten 14. Jh.), darunter Darstellungen von Christi Geburt, Christi Einzug in Jerusalem und des Jüngsten Gerichts.

Die Mönche, die hier lebten, waren nicht nur talentierte Künstler, sondern auch Meisterwinzer, die einer 5500 Jahre alten zypriotischen Weintradition folgten. Im Kloster Chrysorrouiatissia sehen Sie die älteste Stätte der Weinherstellung. Der dunkelbernsteinfarbene Commandaria, ein Süßwein, den den mittelalterlichen Kreuzrittern schmeckte, soll der älteste Markenwein der Welt sein und wird am Fuß des Troodos aus jahrhundertealten Rebstöcken gemacht. Wer etwas mehr Kick braucht, sollte in einer Dorfbar ein Glas *zivania* verlangen, ein uraltes zypriotisches Getränk aus vergorenem Traubentrester mit 45 % (und mehr) Alkoholgehalt, das auch zur Behandlung von Wunden und Erkältungen genutzt wird.

Es passt gut, dass Zypern so dem sinnlichen Vergnügen verhaftet ist, schließlich ist es der Geburtsort der Aphrodite, Göttin der Liebe und Schönheit und Beschützerin der Insel. Der Sage nach erstand sie in Paphos an der Südwestküste aus Meeresschaum, wo der große Aphrodite-Felsen die Stelle markiert und wo ihr zu Ehren ein Tempel gebaut wurde. Unter den vielen antiken Schätzen in und um Paphos, die mit der Göttin und ihrem Kult zu tun haben, sind viele bunte Mosaiken, darunter ein Zyklus aus der Villa eines römischen Adligen, der den Weingott Dionysos abbildet.

Wo: Die meisten Klöster und Kirchen liegen in einem 40-km-Radius um Lemosos im Südwesten Zyperns. **Reisezeit:** Apr.–Juni: Wildblumenblüte, aber nicht zu heiß; Juli–Aug.: internationales Festival des griechischen Dramas in Paphos.

OSTEUROPA

Der Inbegriff baltischer Schönheit

DIE INSEL SAAREMAA

Estland

Estland mag das kleinste der baltischen Länder sein, aber es hat die längste Küste – mit Hunderten kleiner Inseln in der Ostsee. Eine der bezauberndsten Küstenlandschaften ist auf Saaremaa (Ösel) zu finden, einer waldreichen Insel mit altmodischen Dörfern, einsamen Stränden und einem pittoresken Städtchen mit Heilbad und imposanter Burg. Saaremaa ist fast 90 km lang und an der breitesten Stelle auch 90 km breit. Es war immer irgendwie unabhängig, und so haben die Bewohner sich ihre eigenen Bräuche, Liedtraditionen und Trachten bewahrt. Ein einheimisches Fest zu besuchen – wie das Burgfest Anfang Juli oder das Mittsommerfest am 23. Juni – ist eine prima Möglichkeit, das reiche Brauchtum der Insel zu erleben.

Die größte Gemeinde Saaremaas ist Kuressaare (16.000 Einwohner). Hier steht die besterhaltene Burg des Baltikums, die trutzige, quadratisch angelegte Arensburg mit Zugbrücke, Burggraben und dem Turm „Langer Hermann", die im 14. Jh. vom Deutschen Orden angelegt wurde. Das Gewirr aus Zimmern, engen Fluren, wehrhaften Turmkammern und kerkerartigen Kellerräumen zu erwandern, macht großen Spaß.

Hinter Kuressaare entfaltet sich die stille Schönheit der flachen, estnischen Landschaft. Auf der Sõrve-Halbinsel, im Südwesten Saaremaas, bieten raue Klippen schöne Aussichten aufs Meer; die Ruinen einer alten sowjetischen Militärbasis und mehrere Friedhöfe erinnern daran, dass hier im Zweiten Weltkrieg schwere Gefechte stattfanden. Bei Sääre steht ein schwarzweißer Leuchtturm. Das Naturschutzgebiet Viidumäe liegt am höchsten Punkt der Insel (der aber auch nur 54 m hoch ist) und beheimatet u.a. außergewöhnliche Orchideen- und Vogelarten (darunter Schwarzstörche), den Saaremaa-Klappertopf, eine Pflanze, die es nur hier gibt, sowie 600 Schmetterlings- und Mottenarten. Vom 22 m hohen Aussichtsturm schaut man auf Wald und Wiesen.

Das George Ots Spa Hotel in Kuressaare ist eines der besten der Insel, mit hübschen Zimmern, einem guten Restaurant und Wellnessbereich. Etwas Üppigeres und Romantischeres finden Sie auf dem Land: im Pädaste Manor auf der Insel Muhu (Moon), die per Autodamm mit Saaremaa verbunden ist. Das aristokratische Herrenhaus am Meer hat Wurzeln, die bis ins 16. Jh. zurückreichen, und 14 wunderschöne Zimmer. Im preisgekrönten Restaurant Alexander können Sie die nordische Inselküche probieren, die hier aus frischen, lokalen Zutaten raffiniert interpretiert und in heiteren, hellen Räumen serviert wird.

Wo: 201 km südwestl. von Tallinn. **Info:** www.saaremaa.ee. **George Ots Spa Hotel:** Tel. +372/455-0000; www.gospa.ee. *Preise:* ab € 52 (Nebensaison), ab € 115 (Hochsaison). **Pädaste Manor:** Tel. +372/454-8800; www.padaste.ee. *Preise:* ab € 205; Dinner im Alexander € 67. *Wann:* Nov.–Feb.: geschlossen. **Reisezeit:** Mai–Sept.: schönes Wetter; 23. Juni: Mittsommerfest (*Jaanipaev*); Anf. Juli: Burgfest.

Eine perfekt erhaltene Mittelalterstadt

Die Altstadt von Tallinn

Tallinn, Estland

In die estnische Hauptstadt reist man am besten mit der Fähre von Helsinki aus (s. S. 366) 85 km über den Finnischen Meerbusen. Bald schieben sich die hohen Kirchtürme Tallinns ins Bild, zusammen mit 600 Jahre alten Festungswällen, roten Ziegeldächern und glänzenden Kirchenkuppeln. Ganz oben liegt die uralte Festung auf dem Domberg (Toompea loss). Einmal an Land, ist es nur ein kurzer Spaziergang zu den engen Kopfsteinpflasterstraßen von Vanalinn, Tallinns Altstadt.

Seit das Land 1991 wieder unabhängig wurde, floriert der Tourismus in dieser stolzen und lebhaften Stadt. Trotz jahrhundertelanger Unterdrückung durch Dänen, Schweden, Deutsche und Russen haben die Esten ihre Sprache, Kultur und Brauchtum bewahrt.

Das Herz der Altstadt ist der prächtige Rathausplatz (Raekoja Plats), schon seit dem 13. Jh. das Zentrum Tallinns und heute ein besonders lebendiger Ort mit vielen Straßencafés, gesäumt von hübschen, alten pastellfarbenen Häusern und dem gotischen Rathaus (Raekoda) aus dem 14. Jh. in der Mitte. Von seinem turm aus hat man einen wunderbaren Blick auf Stadt und Meer.

Wer durch das alte Viertel hindurchwandert, geht auf eine Zeitreise – inmitten von 500 Jahre alten Kaufmannshäusern und winzigen Gassen, die sich plötzlich zu imposanten gotischen Kirchen hin öffnen. Ein wenig östlich des Rathausplatzes, auf der Müürivahe-Straße, verkaufen Händler ihr Kunsthandwerk auf dem Markt im Schatten der eindrucksvollen Stadtmauer, deren 26 Türme mit ihren spitzen roten Dächern noch erhalten sind. Teil der Stadtmauer ist der runde Kanonenturm „Dicke Margarethe", in dem heute das Seefahrtmuseum untergebracht ist. Verpassen Sie auch nicht die Katariina-Passage:

Stöbern Sie in den mittelalterlich angehauchten Werkstätten, wo Keramik, Glaswaren, Quilts und Schmuck hergestellt und verkauft werden.

In der Altstadt gibt es exzellente Unterkünfte. Das Three Sisters ist ein Boutique-Hotel in der Nähe der Olaikirche, das sich auf 3 kleine, 1362 erbaute Giebelhäuser verteilt. In den Zimmern mischen sich die alten architektonischen Details mit der modernen Ausstattung, außerdem gibt es eine Weinkeller-Bar, eine Bibliothek, eine Lounge mit Kamin und das neue Restaurant Bordoo, das als eines der innovativsten der Stadt gilt. Das Schloessle Hotel ist ein weiteres historisches Kleinod, nur wenige Schritte vom Raekoja Plats entfernt in einem fürstlichen Gebäude des 17. Jh. mit einem Garten im Innenhof. Ebenfalls in der Altstadt liegt das Merchant House, ein schön aufgemachtes Boutique-Hotel mit 37 Zimmern.

Info: www.tourism.tallinn.ee. **Hotel Three Sisters:** Tel. +372/630-600; www.threesisters.com. *Preise:* ab € 193 (Nebensaison), ab € 267 (Hochsaison); Dinner im Bordoo € 37. **Schloessle Hotel:** Tel. +372/699-7700; www.schloesslehotel.com. *Preise:* ab € 148 (Nebensaison), ab € 185 (Hochsaison). **Merchant House:** Tel. +372/697-7500; www.merchanthousehotel.com. *Preise:* ab € 93 (Nebensaison), ab € 140 (Hochsaison). **Reisezeit:** Juni–Aug.: wärmstes Wetter; Ende Apr.: *Jazzkaar*-Fest; Ende Mai–Anf. Juni: Altstadttage mit Tanz, Konzerten und Events; Dez.: Weihnachtsmarkt.

Höhlenstadt und Wiege der Kultur

WARDSIA

Samzche-Dschawachetien, Georgien

Versteckt in einem abgelegenen Tal nahe der türkischen Grenze liegt eines der großartigsten Kulturdenkmäler Georgiens: die 800 Jahre alte Höhlenstadt Wardsia. Die Stadt – eigentlich ein riesiger Klosterkomplex, an einem Berg aus dem Fels geschlagen – wurde während der Regentschaft König Giorgis III. (1156–84) und dessen Tochter, Königin Tamara (1184–1213, erste weibliche Herrscherin Georgiens), als Grenzfestung gegen Türken und Perser gegründet. Unter Tamara erlebte das Land eine kulturelle Blüte: Die georgische Kirchenarchitektur hatte ihre goldene Zeit, und der größte Dichter des Landes, Schota Rustaweli, komponierte sein Epos *Der Recke im Tigerfell*, das von Rittern und höfischer Liebe erzählt.

Tatsächlich wurde hier eine ganze Stadt in den Fels gehauen, verborgen vor potenziellen Eindringlingen – ein Labyrinth aus Häusern, Mönchszellen, Werkstätten, einer Bibliothek, Zisternen und Weinkellern, alles durch roh behauene Tunnel, Treppen und Abwasserkanäle miteinander verbunden. Bis zu 3000 Wohnungen gab es hier, in denen zeitweise 50.000 Menschen lebten. Die einzigen Zugänge lagen verborgen unten am Fluss. Nach 100 Jahren zerstörte ein Erdbeben die äußeren Wände einiger Höhlenräume und gab so das Innere preis. Durch ein weiteres Erdbeben im 15. Jh. fiel die ganze Bergwand in sich zusammen und enthüllte mehr als 600 Räume auf 13 Ebenen, die wabenartige Struktur, wie man sie heute sieht – von Weitem sieht die Felswand aus wie ein löchriger Käse.

Im Herzen der Höhlenstadt, heute von einem Bogen aus Beton gestützt, befindet sich die Klosterkirche, eine faszinierende Konstruktion aus nacktem Gestein, mit bunten Fresken aus dem 12. Jh. ausgestattet, darunter authentische Porträts von Königin Tamara und anderen Mitgliedern der Königsfamilie.

12 kleinere Kirchen sind über das Gelände verstreut, doch nicht weniger faszinierend sind die Überreste des mittelalterlichen Alltagslebens. In den Höhlenwohnungen sieht man noch roh behauene Schlafpodeste, Steintische und -stühle sowie Nischen für Öllampen. In den 25 Weinkellern wurden Reste von Weinpressen sowie steinerne Becken für die Gärung gefunden. Schon 1550 wurde Wardsia aufgegeben, aber heute, da das Ganze ein Museum ist, leben wieder einige Mönche hier, die als Fremdenführer fungieren.

Da Wardsia in einem einsamen Tal liegt und auch kein Dorf in der Nähe ist, ist es ratsam, Proviant mitzunehmen. Rechnen Sie nicht damit, dass die Touristenführer Deutsch oder Englisch sprechen. Die nächste Stadt, Achalziche, ist eine 2-stündige Taxifahrt entfernt; sie liegt fast an der türkischen Grenze. Im Hotel Rio lässt es sich gut übernachten – es gibt sogar ein Schwimmbad.

Wo: 257 km südwestl. von Tiflis. **Info:** www.georgia.travel. **Hotel Rio:** Tel. +995/32-319-101; www.riohotelakhaltsikhe.com. *Preise:* € 33. **Wie:** Das amerikanische Unternehmen Mir macht bei der 10-tägigen „Essential-Georgia"-Tour auch in Wardsia Station. Tel. +1/206-624-7289; www.mircorp.com. *Preise:* ab € 2440. Startet in Tiflis. **Reisezeit:** Mai–Sept.: bestes Wetter.

Herz und Seele Georgiens

Die Altstadt von Tiflis

Tiflis, Georgien

Tifis oder Tbilissi, benannt nach seinen schwefelhaltigen heißen Quellen (von georgisch tbili, „warm"), ist eine sehr alte Stadt an einem Fluss mit Blick auf die Berge. Seit dem 5. Jh. ist sie die Hauptstadt Georgiens und heute, mit 1,2 Mio. Einwohnern, die lebhafteste und kosmopolitischste der Städte im Kaukasus. Hier lebt mehr als ein Viertel der Einwohner Georgiens.

Die Altstadt erstreckt sich unterhalb der uralten Mauern der Nariqala-Festung, die das Tal des Flusses Kura (oder Mtkwari) bewacht. Durch Kopfsteinpflastergassen wandern Sie vorbei an Häusern mit geschnitzten Holzbalkonen und farbigen Glasfenstern, an alten armenischen und georgischen Kirchen, Moscheen, Synagogen und Gasthäusern. In den Cafés können Sie die leckeren *khinkali*, Teigtaschen mit scharfer Fleischfüllung, probieren, zusammen mit den berühmten Weinen der Region: Die Georgier haben schon im Jahr 5000 v. Chr. Wein gekeltert und waren damit möglicherweise die ersten Winzer der Welt.

Am nördlichen Ende der Altstadt liegt die im 6. Jh. erbaute Antschischati-Basilika, im Süden die Sioni-Kathedrale – eigentlich aus dem 7. Jh., aber des Öfteren neu aufgebaut. Innen wird die heiligste Reliquie Georgiens aufbewahrt, ein Kreuz aus geflochtenen Weinreben und dem Haar der hl. Nino, die im 4. Jh. das Christentum nach Georgien brachte.

Im Bäderviertel Abanotubani dampfen heiße Schwefelbäder unter gewölbten Zieldächern au dem 17. Jh. Die bunten, reich verzierten Kacheln im Orbeliani-Bad erinnern an eine zentralasiatische Moschee. Hier im heißen Wasser zu entspannen und sich massieren zu lassen, könnte den schönen Sightseeing-Tag beschließen. Das kleine, nette Hotel Villa Mtiebi ist eine komfortable Unterkunft.

Das Dschwari-Kloster aus dem 6. Jh., in der Nähe von Mzcheta, spielte im frühchristlichen Georgien eine wichtige Rolle.

Im Nordwesten schließen sich die breiten Straßen und Plätze der Neustadt an, gesäumt von Regierungsgebäuden, Theatern, Einkaufszentren und modernen Hotels, darunter das luxuriöse Radisson Blu Iveria. Hier liegt auch das Simon-Dschanaschia-Museum, das vorchristliche Goldobjekte und Schmuck zeigt.

In Mzcheta, 25 km westlich von Tiflis und bis zum 5. Jh. die religiöse Hauptstadt Georgiens, steht die 1020 erbaute Swetizchoweli-Kathedrale, die wichtigste Kirche des Landes. Von hier aus bringt Sie ein 1-stündiger Spaziergang oder eine kurze Taxifahrt zum Dschwari-Kloster aus dem 6. Jh. Von der exponierten Lage auf einem Hügel hat man einen tollen Blick auf die Stadt und das Kura-Flusstal.

Info: www.info-tbilisi.com. **Wie:** Das Unternehmen Explore Georgia bietet Tagestouren durch Alt-Tiflis und Mzcheta an. Tel. +995/32-921-911; www.exploregeorgia.com.

Preise: ab € 37. **Hotel Villa Mtiebi:** Tel. +995/32-920-340; www.hotelmtiebi.ge. *Preise:* ab € 74. **Radisson Blu Iveria:** Tel. +995/32-402-200; www.radissonblu.com/hotel-tbilisi.

Preise: ab € 140. **Dschanaschia-Museum:** Tel. +995/32-998-022; www.museum.ge. **Reisezeit:** Mai–Juni und Sept.: bestes Wetter; Ende Okt.: Tbilisoba-Kulturfestival.

Spielwiese an der Adria

Dubrovnik und die Dalmatinische Küste

Kroatien

Steile Klippen, mehr als 1000 Inseln und das warme türkisfarbene Wasser des Adriatischen Meeres machen die Dalmatinische Küste zu einer der schönsten Ferienregionen Europas. Dubrovnik, die „Perle der Adria", ist die reizvollste der kroatischen Küstenstädte. Die Altstadt – Stari Grad – auf einem wellenumspülten Vorsprung aus Sandstein ist von einer 24 m hohen und 6 m dicken Mauer aus dem 15. Jh. umgeben. In seiner Blütezeit war Dubrovnik eine eigenständige Republik, die sogar Venedig Konkurrenz machte. Von der 2 km langen Stadtmauer schaut man auf die roten Terrakottadächer hinunter. Die Placa (auch: Stradun), eine breite, marmorgepflasterte Straße, ist gesäumt von Boutiquen, Cafés und Galerien. Enge Gassen führen zu einem Kloster mit romanischem Kreuzgang, einer winzigen Synagoge aus dem 15. Jh. und dem Gundulic-Platz, auf dem morgens ein lebhafter Markt stattfindet. Kathedrale und Fürstenpalast liegen gleich dahinter. Es gibt nur wenige Hotels innerhalb der Stadtmauer – darunter das gemütliche Hotel Stari Grad in einem ehemaligen Adelspalais. Großzügiger ist das Excelsior Hotel & Spa, das nur 10 Minuten von der Altstadt direkt am Strand liegt und einen zeitlosen Stil mit viel Luxus verbindet.

Split, nördlich von Dubrovnik, genoss eine besondere Auszeichnung: Es war der Rückzugsort des römischen Kaisers Diokletian. Im 3. Jh. baute er ein ummauertes Anwesen, noch heute das Herz dieses hübschen Küstenstädtchens. Die Kathedrale war einst Diokletians Mausoleum, das kaiserliche Boudoir ist heute Teil des Boutique-Hotels Vestibul Palace, in dem sich modernes Luxusdesign und römisches Mauerwerk begegnen.

Split ist Ausgangspunkt vieler Fährlinien, die die exklusiven Ferienorte auf den Inseln bedienen. Brač ist bekannt für Wein, Marmor (u.a. verwendet im Diokletianspalast, im Weißen Haus und im Berliner Reichstag) und seine bei Windsurfern beliebten Strände. Auf Hvar ziehen Lavendelfelder und tolle Strände Industriemagnaten und Rockstars magisch an. Von der Dachterrasse des schicksten Hotels, des

Dubrovniks Mauern schützten die Stadt gegen Piratenangriffe.

Adriana, schaut man auf den Jachthafen. Korčula ist bekannt für einen goldenen Wein namens Grk und die Behauptung, Geburtsort von Marco Polo zu sein. Neben Marco Polos angeblichem Haus liegt das kleine, exklusive Lešić Dimitri Palace Hotel, einst ein Bischofspalast aus dem 18. Jh. Die Insel Vis besitzt Antiquitäten und Weinberge, Tauchreviere, lange Sandstrände und eine entspannte Atmosphäre.

Von Split aus sind es 112 km nach Zadar, 1000 Jahre lang Inselhauptstadt Dalmatiens. Innerhalb der ummauerten Stadt liegen zwei Kathedralen, die Reste eines römischen Forums und viele Cafés. Auf der Riva, der Promenade, kann man der Meeresorgel lauschen – Rohre, in denen Wind und Wellen Musik machen. Und wie wäre es mit einem Bootstrip zum Kornati-Nationalpark? Die 89 kahlen Sandsteininseln sind ein Paradies für Taucher und Segler.

HOTEL STARI GRAD: Tel. +385/98-534-819; www.hotelstarigrad.com. *Preise:* ab € 140 (Nebensaison), ab € 245 (Hochsaison). **EXCELSIOR HOTEL:** Tel. +385/20-353-353; www.hotelexcelsior.hr. *Preise:* ab € 137 (Nebensaison), ab € 245 (Hochsaison). **VESTIBUL PALACE:** Tel. +385/21-329-329; www.vestibulpalace.com. *Preise:* ab € 225 (Nebensaison), ab € 335 (Hochsaison). **ADRIANA:** Tel. +385/21-750-200; www.suncanihvar.com/adriana. *Preise:* ab € 165 (Nebensaison), ab € 315 (Hochsaison). **LEŠIĆ DIMITRI PALACE:** Tel. +385/20-715-560; www.lesic-dimitri.com. *Preise:* ab € 370 (Nebensaison), ab € 480 (Hochsaison). *Wann:* Nov.–März: geschlossen. **KORNATI-NATIONALPARK:** www.kornati.hr. **REISEZEIT:** Apr.–Juni und Sept.–Nov.: bestes Wetter; Juli–Aug.: Dubrovnik Summer Festival und Split Festival.

Die Toskana Kroatiens

ISTRIEN

Kroatien

In der nordwestlichen Ecke Kroatiens, direkt südlich des italienischen Triest, ragt die Halbinsel Istrien ins Adriatische Meer. Mit ihren sanft geschwungenen Weinbergen, den Olivenhainen und alten, umfriedeten Bergstädtchen ähnelt sie der Toskana – und noch dazu ist die Küste reich an schönen Stränden. Istrien war im 2. Jh. v. Chr. von den Römern besetzt. Die erhalten gebliebene Arena in Pula an der Südspitze bezeugt die große Bedeutung der Halbinsel im Altertum. Das Amphitheater hat 22.000 Sitzplätze und ist damit eine der größten Arenen in Europa – heute für Rockkonzerte, Oper und Filmfestivals genutzt.

Authentischen Mittelaltercharme gibt es weiter nördlich: Die Stadt Rovinj, die wie ein Daumen ins Meer ragt, ist ein Gewirr aus steilen, engen Gassen und Steinhäusern, gekrönt von der Kirche St. Euphemia aus dem 18. Jh. Man sagt, der Marmorsarkophag der hl. Euphemia sei im Jahr 800 aus Konstantinopel in die Stadt geschwemmt worden. Nicht weit entfernt in einem waldigen Park mit Strandblick liegt das Hotel Monte Mulini mit einem dreistöckigen Spa-Bereich und dem Restaurant Wine Vault mit moderner französischer und italienischer Küche.

In Poreč besuche man das alte Stadtzentrum und die beeindruckende St.-Euphrasius-Basilika aus dem 6. Jh., deren komplexe Mosaiken zu den schönsten Beispielen byzantinischer Kunst zählen. Das frisch restaurierte Hotel Palazzo, 1910 oberhalb des Hafens errichtet und von Strandhotels umgeben, ist die Topadresse und bietet den Charme alter Zeit gepaart mit heutigem Luxus.

Verlassen Sie die Küste, erwartet Sie das grüne Herz Istriens – eine Landschaft aus Hügeln und Eichenwäldern, die aromatische Trüffel hervorbringen. Hier gedeihen auch die Malvasia- und Teran-Trauben für exzellente Weine. Die Festungsstadt Motovun atmet mittelalterliche Atmosphäre mit kurvigen, gepflasterten Sträßchen, Glockentürmen und einem venezianischen Palazzo des 17. Jh. auf einem Hügel. Hier ist heute das familiengeführte Hotel Kaštel untergebracht, mit Spa und schönen historischen Details. Wenn Sie keine Zeit für eine Wein-Tour haben, probieren Sie die lokalen Spezialitäten im Hotelrestaurant Palladio.

Wo: Pula liegt 118 km südl. von Triest. **Hotel Monte Mulini:** Tel. +385/52-636-000; www.montemulinihotel.com. *Preise:* ab € 280 (Nebensaison), ab € 540 (Hochsaison); Dinner € 33. **Grand Hotel Palazzo:** Tel. +385/52-858-800; www.hotel-palazzo.hr. *Preise:* € 93 (Nebensaison), ab € 225 (Hochsaison). *Wann:* Ende Okt.–Feb.: geschlossen. **Hotel Kaštel:** Tel. +385/52-681-607; www.hotel-kastel-motovun.hr. *Preise:* ab € 88; Dinner € 15. **Reisezeit:** Apr.–Juni; Sept.–Okt.: bestes Wetter; Juni–Aug.: Histria Festival in Pula mit Konzerten im Amphitheater; Ende Juli oder Aug.: Motovun Film Festival; Sept.–Nov.: Trüffelsaison.

Ein wahres Wildwasser-Wunderland

NATIONALPARK PLITVICER SEEN

Kroatien

Hoch in den Dinarischen Alpen, zwischen Zagreb und der Küste bei Split (s. S. 292), fließt der – hier noch schmale – Fluss Korana durch ein grünes Tal mit kaskadenartig ansteigenden Seen und Hunderten von Wasserfällen, bekannt als „Garten des Teufels". Das Tal ist so reich an Mythen, dass die Einheimischen glauben, es müsse verzaubert sein, besonders die terrassierten und miteinander verbundenen Plitvicer Seen, die sich über 8 km erstrecken. Das Wasser sammelt sich und fließt von einem See zum nächsten – über Wasserfälle, durch Höhlen und Felsröhren. Der Veliki Slap (Großer Wasserfall), der 70 m tief in einen steilen Canyon stürzt, teilt die Seenlandschaft in 2 Teile – es gibt 12 Seen im oberen Tal, 4 im unteren.

Die Terrassen sind aus Travertin, einem Mineral, das entsteht, wenn in Wasser aufgelöster Sandstein zu Graten versteinert. Durch die verschiedenen Mineralien im Wasser, die das Sonnenlicht reflektieren, glänzen die Seen in den schönsten Juwelenfarben von tiefblau bis türkis. Hölzerne Stege und Brücken erlauben den Erwandern, ohne das fragile Naturwunder zu zerstören.

Ein Besuch lohnt in jeder Jahreszeit. Im Frühling lässt die Schneeschmelze die Wasserfälle

Die miteinander verbundenen Seen und das Waldgebiet ringsum bilden die Plitvicer Seen, Kroatiens 1. Nationalpark.

anschwellen, in der Sommerhitze ist das Tal ein kühler Rückzugsort, und im Herbst leuchten die Wälder in prächtigen Farben. Wenn schließlich der Schnee die höheren Gipfel bedeckt, bleibt der untere Pfad geöffnet, und Besucher haben die Chance, zu Eis gewordene Wasserfälle zu bewundern.

Wo: 129 km südwestl. von Zagreb. **Info:** www.np-plitvicka-jezera.hr. **Unterkunft:** Das Hotel Jazero ist in der Stadt konkurrenzlos und liegt den Seen am nächsten. Tel. +385/53-751-400; www.np-plitvicka-jezera. hr. *Preise:* ab € 88 (Nebensaison), ab € 120 (Hochsaison).

Vom Mittelalter zum Jugendstil

Alt-Riga

Lettland

Riga, an den Ufern des Flusses Daugava (Düna) gelegen, ist eine Perle des Baltikums, mit einer atemberaubend gut erhaltenen Altstadt voller mittelalterlicher Schätze. Fast noch bekannter ist Riga aber für die Häufung wundervoller Jugendstilgebäude: Es ist die schönste und größte Ansammlung solcher Häuser in Europa, weshalb Riga auch das „Paris des Baltikums" genannt wird.

Wer über das Kopfsteinpflaster der Altstadt schlendert, begegnet an jeder Ecke Überraschungen, vom riesigen Dom (Grundsteinlegung 1211) bis zum Schwarzhäupterhaus, einem schönen Zunfthaus aus dem 14. Jh. mit imposanter Fassade im Stil der niederländischen Renaissance – im Zweiten Weltkrieg zerstört, aber seit 1991, dem Jahr der Unabhängigkeit Lettlands, sorgfältig wiederaufgebaut. Nebenan ist das düster aussehende lettische Okkupationsmuseum, wo man auf einzigartige und bewegende Weise Erhellendes zum lettischen Leben sowohl unter der Nazi- als auch der Sowjetherrschaft erfährt.

Das Jugendstilviertel liegt nördlich der Altstadt: An der Alberta- und der nahen Elizabetes-Straße zeigen Dutzende wunderschön gestaltete Häuser die stilisierten Motive und die gewagte Geometrie des Jugendstils, dessen Ästhetik in Riga den Anfang des 20. Jh. dominierte. Nach dem Bummel durch das Viertel empfiehlt sich ein Besuch im Jugendstilmuseum Riga in einem Haus aus dem Jahr 1903.

Zwei Blocks vom Museum entfernt liegt Vincents, eines der besten Restaurants Lettlands. Hier kreiert man aus regionalen Zutaten baltische Gerichte, die subtile skandinavische und französische Akzente mit einbinden. Der gefeierte Chefkoch Martins Ritins waltet über die minimalistisch-coolen Räumlichkeiten.

Das Grand Palace Hotel in der Altstadt, 1877 als Staatsbank erbaut, hat 56 Zimmer mit klassischer Ausstattung und hübschen Details. Tadellosen Service gibt es auch im Bergs, einem Boutique-Hotel, dessen 38

Im rekonstruierten Schwarzhäupterhaus in der Altstadt wohnten im Mittelalter unverheiratete Zunftmitglieder.

geräumige Zimmer deutlich moderner eingerichtet sind. Im hauseigenen Restaurant Bergs genießt man das Dinner im Freien auf der Veranda: z. B. walisisches Lammkarree oder Barbarie-Ente. Wer sich traut, probiert ein Gläschen Rīgas Melnais Balzams („schwarzer Balsam"), einen starken traditionellen Likör.
INFO: www.liveriga.com. OKKUPATIONSMUSEUM: Tel. +371/6721-2715; www.occupationmuseum. lv. JUGENDSTILMUSEUM RIGA: Tel. +371/6718- 1464; www.jugendstils.riga.lv. VINCENTS: Tel. +371/6733-2830; www.restorans.lv. *Preise:* Dinner € 67. GRAND PALACE HOTEL: Tel. +371/6704-4000; www.grandpalaceriga.com. *Preise:* ab € 185. BERGS HOTEL: Tel. +371/ 6777-0900; www.hotelbergs.lv. *Preise:* ab € 107 (Nebensaison), ab € 185 (Hochsaison); Dinner € 48. REISEZEIT: Juni–Aug.: bestes Wetter; Mitte Juni: Opernfestival; Juli: Internationales Musikfestival; Aug.–Sept.: Festival geistlicher Musik im Dom.

Romantische Burgen und idyllische Landschaft

NATIONALPARK GAUJA

Vidzeme, Lettland

Obwohl nur 56 km nordöstlich der Hauptstadt gelegen, scheint die bezaubernde Landschaft des Gauja-Tals direkt einem Märchen entsprungen. Inmitten duftender Nadelwälder und üppiger Natur findet man mittelalterliche Burgen, Dörfer, in denen die Zeit stehen geblieben ist, und archäologische Fundplätze aus der Bronzezeit. Mehrere charmante Städte bieten sich als Ausgangspunkt für Tal-Erkundungen an. Im Osten ist seit Langem Sigulda ein Besuchermagnet, das malerisch an einem steilen, bewaldeten Hang über dem Fluss Gauja liegt. Schon vor 2000 v. Chr. siedelten sich hier finnougrische Stämme an und bauten Festungen auf den Hügeln. Die ältesten erhaltenen Zitadellen Siguldas sind aus dem 13. Jh. – ein Fest für Hobbyhistoriker.

Am gegenüberliegenden Ufer stehen die Ruinen der Burg Grimulda und das gleichnamige Schloss aus dem 19. Jh. Am besten erreicht man das Ensemble per Seilbahn – Panoramablick über Fluss und Landschaft inklusive. An der Burg starten viele Wanderwege, auf denen man Flora und Fauna des Gauja-Tals beobachten kann: Ca. 150 Vogel- und 50 Säugetierarten leben im Nationalpark.

Die eindrucksvollste Festung ist die rote Burg Turaida inklusive Museum zum mittelalterlichen Leben des Volksstammes der Liven (13.–15. Jh.). Bei einem Spaziergang über die Anlage schaut man weit über den umgebenden Wald – einer der Gründe, warum die Burg „Turaida" heißt: „Gottes Garten". Eine Holzkirche von 1750 und Skulpturen aus der lettischen Volkskultur laden ebenfalls zum Besuch ein.

In Sigulda können Sie vielfältige Abenteuer unternehmen, von der Fahrt mit dem Heißluftballon bis zur Abfahrt auf einer 1200 m langen, ganzjährig geöffneten Bobbahn. Skifahrer kommen im Winter zu den Skipisten; den Rest des Jahres lockt die schöne Landschaft die Wanderer.

Die romantische Stadt Cēsis (Wenden), 32 km nordöstlich von Sigulda, ist ein weiteres Highlight im Gauja-Tal. Alte steinerne Häuser machen das mittelalterliche Stadtzentrum aus; ein imposantes Schloss ist von Landschaftsgärten umgeben. Probieren Sie das Bier der Cēsu Alus, einer der ältesten Brauereien im Baltikum. Direkt außerhalb der Stadt fängt die Wildnis an; 5 km nach Norden hinaus liegen schon die steilen Sandsteinfelsen an der Gauja.

Wo: Sigulda liegt 53 km nordöstl. von Riga. **Info:** www.sigulda.lv. **Reisezeit:** Apr.–Mai zur Wildblumenblüte; Juni–Aug.: schönes, warmes Wetter.

Fragile Küstenlandschaft aus Stränden, Dünen und Wäldern

Die Kurische Nehrung

Litauen

Duftende Kiefernwälder voller Wildtiere, weiße Sandstrände und riesige Dünen, die sich hinunter zum Meer ziehen, bereiten die Bühne für eine der dramatischsten Landschaften des Baltikums. Auf der Kurischen Nehrung, manchmal auch „die Sahara Litauens" genannt, findet man in den dichten Wäldern Rehe, Elche und Wildschweine. In den traditionellen Dörfern räuchern die Fischer ihren Fang nach uralten kurischen Rezepten. Die ganze Nehrung, 96 km lang und zu etwa gleichen Teilen zu Litauen und Russland gehörend, steht unter Naturschutz, denn hier herrscht ein fragiles und einzigartiges Ökosystem. Ein Paradies für die Vogelbeobachtung: im Frühling und Herbst kommen hier Millionen Zugvögel vorbei, darunter Kormorane, Kraniche, Stare, Milane und Wanderfalken. Die Nehrung selbst ist sehr schmal – zum Teil nur 1 km breit –, mit der sanften Brandung der Ostsee auf der einen und dem ruhigen Kurischen Haff auf der anderen Seite.

Wegen seiner einzigartigen Umgebung aus Dünen und Wäldern und seinen deutschen Wurzeln scheint das hübsche Fischerdorf Nida (Nidden) vom litauischen Festland meilenweit entfernt zu sein, dabei ist es nur 48 km südlich vom festländischen Klaipėda gelegen. Zu Beginn des 20. Jh. wurde die Stadt zu einer Kolonie deutscher expressionistischer Künstler und Intellektueller, und in den 1930er-Jahren urlaubte hier Nobelpreisträger Thomas Mann mit seiner Familie. „Meine Worte können Ihnen keine Vorstellung von der eigenartigen Primitivität und dem großartigen Reiz des Landes geben", sagte er bei einem Vortrag über Nidden. Sein Sommerhaus kann man besichtigen.

Von der Stadt aus ist es nur ein kurzer Spaziergang zur Promenade am Kurischen Haff, wo Sie diverse Bootstouren unternehmen können: vom 2-stündigen Segeltrip bis zur ganztägigen Fischfangtour. Zu den weißen Stränden der Ostsee sind es nur ein paar Minuten durch den Kiefernwald. Südlich der Stadt liegt die 50 m hohe Parnidis-Düne, eine der höchsten in Europa. Hat man sie (über Stufen) bestiegen, genießt man die Sicht auf die windverwehten Sanddünen, die sich nach Süden erstrecken. Schön ist auch der 30 km lange Fahrradweg durch den Wald und am Meer entlang zum winzigen Dorf Juodkrantė.

Wo: 307 km westl. von Vilnius. **Info:** www.nerija.lt/en. **Thomas-Mann-Museum/ Kulturzentrum:** Tel. +370/4695-2260; www.mann.lt. **Unterkunft:** Misko Namas in Nida, ein B&B in einem historischen Holzhaus mit großen Zimmern und Blick in den Garten. Tel. +370/4695-2290; www.miskonamas.com. *Preise:* ab € 37 (Nebensaison), ab € 74 (Hochsaison). **Reisezeit:** Juni–Aug.: wärmstes Wetter; März–Mai, Sept.–Okt.: zur Vogelbeobachtung.

Die große barocke Schönheit

Alt-Vilnius

Vilnius, Litauen

Die Altstadt von Vilnius (Wilna) – eine der größten Altstädte Europas – ist ein prächtiges Panorama aus Gotik-, Renaissance- und Barockgebäuden. Schauen Sie sich auf jeden Fall die imposante Kathedrale (14. Jh.) auf dem Hügel an und die darüber gelegene Burg von Gediminas, mit Blick auf den Sonnenuntergang in der Stadt.

Vilnius ist nicht so glamourös wie seine baltischen Schwesterhauptstädte Riga und Tallinn (s. S. 295 und 289), deren deutsche und skandinavische Einflüsse deutlicher sind. In Vilnius, der einzigen baltischen Hauptstadt, die nicht an der Küste liegt, fühlt man sich eher an Polen und Russland erinnert. Pilies Gatvė ist die lebhafte Hauptstraße der Altstadt, mit Shops und Cafés, Straßenmusikanten und Kunsthandwerkern. Mehr als 40 jahrhundertealte Kirchen liegen an den engen Straßen; die St.-Annen-Kirche (15. Jh.) ist die fotogenste. Napoleon, der Vilnius 1812 besuchte, wollte gar die ganze Kirche „in seiner hohlen Hand" mit nach Paris nehmen.

In Vilnius gab es einst eine lebhafte jüdische Gemeinde. Besuchen kann man die maurisch inspirierte Choral-Synagoge von 1903, direkt außerhalb der Altstadt, die einzige erhaltene Vorkriegs-Synagoge. Im früheren KGB-Hauptquartier befindet sich heute das Museum der Opfer des Genozids, ein stilles Gedenken an diejenigen, die hier eingesperrt, gefoltert, ermordet oder nach Sibirien verschleppt wurden.

Das schickste Hotel der Stadt ist das Stikliai Hotel in einer Barockresidenz aus dem 17. Jh. Schön ist auch das kleine Hotel Grotthuss: Die 20 eleganten Zimmer sind mit italienischen Möbeln eingerichtet und beherbergen zudem die Kunstsammlung des Besitzers. Im Hotelrestaurant La Pergola serviert man appetitlich angerichtete internationale Küche, im Sommer im Innenhof.

Info: http://lietuva.lt/en. **Museum der Opfer des Genozids:** Tel. +370/5249-7427; www.genocid.lt/muziejus/en. **Stikliai Hotel:** Tel. +370/5264-9595; www.stikliaihotel.lt. *Preise:* ab € 205. **Hotel Grotthuss:** Tel. +370/5266-0322; www.grotthusshotel.com. *Preise:* ab € 155; Dinner € 37. **Reisezeit:** Juni–Aug.: bestes Wetter; Ende Mai–Anf. Juli: Vilnius Music Festival.

Ein Fjord an der Adria

Die Bucht von Kotor

Montenegro

Lord Byron schwärmte, die Bucht sei „die schönste Begegnung von Land und Meer": Sandsteinklippen stürzen in die tiefblaue Bucht von Kotor (Boka Kotorska), wo das Adriatische Meer wie ein Fjord tief in das

Küstenhochland mit seinen steilen Bergen einschneidet. Unter den Naturschönheiten dieses kleinen Landes ist die Bucht von Kotor die allerschönste.

Am Kopf der Bucht liegt die geschützte, ummauerte Stadt Kotor. An den engen Straßen und Plätzen liegen mittelalterliche Häuser und Palazzi im venezianischen Stil, dominiert von den Türmen 6 romanischer Kirchen, darunter die großartige St.-Tryphon-Kathedrale von 1166. Man sitzt in Cafés, und auf den Märkten werden frische Feigen, Oliven und lokale Käsesorten feilgeboten. 1300 Stufen sind es bis hinauf zur Sveti-Ivan-Festung mit ihrer unvergesslichen Aussicht.

Kotors 4,8 km lange Stadtmauer sieht nachts angestrahlt besonders schön aus. Einst zur Abwehr von Fremden gedacht, zieht sie heute die Touristen an – Kotor hat sich schnell auf Montenegros Wandel zur Touristenhochburg eingestellt. Kreuzfahrtpassagiere verbringen hier einen Nachmittag; Tagesausflügler aus dem 1 Autostunde entfernten Dubrovnik (s. S. 292) bevölkern die Plätze. Wer die Nacht in Kotor verbringt, kann in vielen kleinen Altstadtrestaurants speisen, z. B. dem familiengeführten Cesarica mit alten Steingewölben und exzellenten Meeresfrüchten. Schlafen sollte man vielleicht lieber in einem der benachbarten Küstendörfer, da die Straßen Kotors nachts sehr belebt sein können. Ein halbstündiger Spaziergang aus der Altstadt oder eine 5-Minuten-Fahrt bringen

Die Stadt Perast hatte eine Blütezeit im 18. Jh. als Teil der Republik Venedig.

Sie nach Dobrota zur wunderschön restaurierten Villa Palazzo Radomiri aus dem 18. Jh. Hier gibt es einen Pool, ein Café und 10 elegante Zimmer mit Meerblick. Ebenso in Dobrota am Meer liegt das moderne kleine Luxushotel Forza Mare mit Restaurant und Designersuiten. Wer von Kotor genug gesehen hat, kann an der Bucht noch vieles mehr entdecken, wie die Küstenstadt Perast oder die nahe Tara-Schlucht, die zum Wildwasserrafting einlädt.

Wo: 60 km südöstl. von Dubrovnik, Kroatien. **Cesarica:** Tel. +382/32-336-093. *Preise:* Dinner € 37. **Palazzo Radomiri:** Tel. +382/32-333-172; www.palazzoradomiri.com. *Preise:* ab € 93. *Wann:* Nov.–März: geschlossen. **Forza Mare:** Tel. +382/32-333-500; www.forzamare.com. *Preise:* ab € 185. *Wann:* Dez.–März: geschlossen. **Reisezeit:** März–Juni, Sept.–Okt.: schönes Wetter, wenig Touristen; Juli–Anf. Aug.: Kunstfestival.

Highlights an der Adria

Die Budva-Riviera und Sveti Stefan

Montenegro

Die schönsten Strände Montenegros erstrecken sich entlang der bergigen, 100 km langen Küste zwischen der Stadt Budva und der albanischen Grenze, wo noch vor wenigen Jahren die Fischerdörfer in einsamer Schönheit vor sich hin schlummerten. Die Küste mit ihren feinsandigen, leicht rosa schimmernden Stränden wurde schlagartig beliebt, nachdem Montenegro 2006 von Serbien unabhängig wurde. Heute gibt es einige große Hotelanlagen, aber nach dem liebenswerten alten Montenegro müssen Sie trotzdem nicht lang suchen.

Budva ist zwar eines der Hauptzentren der neuen Strandhotels, aber die verkehrsberuhigte Altstadt (Stari Grad) bietet neben lebhaften Boutiquen und Cafés noch viel mittelalterliche Architektur. Die stimmungsvollste Unterkunft hier ist das Hotel Astoria, das alte Steinwände mit einem sachlich-modernen Stil kontrastiert. Die Strände sind nur ein paar Schritte entfernt. Weiter östlich entlang der Budva-Bucht liegt das Dorf Rafailoviči, wo das beste Fischrestaurant der Gegend, das Tri Ribara („Drei Fischer"), auf der Strandterrasse fangfrischen, köstlich gegrillten Fisch serviert.

Das Filetstück der Küste liegt 5 Minuten südlich von Budva: die Hotelinsel Sveti Stefan, eine Ansammlung von Fischerhäuschen aus dem 15. Jh., auf einen kleinen Felsen mitten im azurnen Wasser der Adria gebaut. Sveti Stefan, auch das „Mont Saint-Michel des Mittelmeers" genannt, liegt nur knapp 100 m vom Festland entfernt, mit dem es durch einen Damm verbunden ist. In den 1950er-Jahren machte der jugoslawische Präsident Tito eine Jetset-Anlage daraus, gern genutzt von Prominenten wie Elizabeth Taylor und Sophia Loren. Heute ist die autofreie Hotelinsel neu belebt; sie wird von Amanresorts betrieben und bietet exquisiten Luxus und mehrere Restaurants in den schmucken alten Steinhäusern. Am begehrtesten ist ein Tisch auf der Terrasse des La Piazza, das verfeinerte montenegrinische Küche serviert und auch Nichthotelgäste willkommen heißt. Noch exklusiver ist das dazugehörige Villa Miločer auf dem Festland, eine in 8 Luxussuiten umgewandelte frühere Königsresidenz.

Schön und etwas freundlicher zur Brieftasche ist das familiengeführte Vila Drago, dessen einfache Zimmer vom Balkon aus einen tollen Blick hinüber zur Insel bieten. Im Restaurant werden hervorragende Fisch- und Fleischgerichte unter Weinreben serviert.

Wo: Budva liegt 33 km südöstl. des Flughafens in Tivat. **Hotel Astoria:** Tel. +382/33-451-110; www.budva.astoriamontenegro.com. *Preise:* ab € 115 (Nebensaison), ab € 193 (Hochsaison). **Tri Ribara:** Tel. +382/33-471-050; www.triribara.com. *Preise:* Dinner € 20. **Aman Sveti Stefan** und **Villa Miločer:** Tel. +382/33-420-000; www.amanresorts.com. *Preise:* ab € 630 (Nebensaison), € 733 (Hochsaison); Dinner € 70. **Vila Drago:** Tel. +382/33-468-457; www.viladrago.com. *Preise:* ab € 48; Dinner € 15. **Reisezeit:** Apr.–Juni, Sept.–Okt.: bestes Wetter und weniger Touristen; Anf. Juni: Budva Musikfestival.

Schreckensort in der Mitte Europas

Auschwitz

Polen

Die Industriestadt Oświęcim würde heute wohl keines Blickes gewürdigt, hätten die Nationalsozialisten sie nicht 1940 als Standort erwählt – für das bekannteste und furchtbarste Vernichtungslager, das die Welt gesehen hat.

Nahe der Stadt Oświęcim (Auschwitz) erfolgte im gleichnamigen Konzentrationslager und im benachbarten Brzeziny (Birkenau) die systematische Ermordung von geschätzten 1,6 Mio.

Menschen. Die Mehrheit der Opfer waren Juden, aus den von den Nationalsozialisten besetzten Gebieten hierher deportiert. Der Ort ist erschütternd für jeden Besucher, was schon mit dem berüchtigten Spruch „Arbeit macht frei" über dem Eingang zum Lager beginnt. Es geht weiter mit den Baracken – einst für je 52 Pferde gebaut, hausten darin bis zu 300 Menschen – und bedrückenden Ausstellungsstücken wie konfiszierten Schuhen, Koffern und anderen persönlichen Dingen. Zwischen Auschwitz und Birkenau liegen nur 1,6 km, die man entweder laufen (was Zeit für Gedanken lässt) oder mit dem stündlich fahrenden Bus überwinden kann. Birkenau, zur Entlastung von Auschwitz errichtet, war das größte und tödlichste aller Lager.

In Oświęcim gibt es nicht viele Unterkünfte, da die meisten Besucher als Tagesausflügler aus dem nahen Krakau kommen (s. unten), wo u.a. das frühere Judenviertel in Kazimierz, das gerade eine kulturelle Renaissance erfährt, zu besichtigen ist, außerdem das eindrückliche Galicia Jewish Museum, das an die jüdischen Opfer des Holocaust erinnert und die jüdische Kultur der Region Galizien – Südostpolen und die westliche Ukraine – vorstellt. Im Nachbarviertel Podgórze, in dem im Krieg das Ghetto lag, betrieb Oskar Schindler seine Emaillefabrik. Der weniger bekannte Apotheker Tadeusz Pankiewicz verteilte Medizin und versteckte während des Krieges Juden in seinem Apothekenhaus *Unter dem Adler*. Beide Orte sind heute für Besucher zugänglich.

Wo: 40 km westl. von Krakau. **STAATLICHES MUSEUM AUSCHWITZ-BIRKENAU:** Tel. +48/33-844-8100; www.auschwitz.org.pl. **GALICIA JEWISH MUSEUM:** Tel. +48/12-421-6842; www.galiciajewishmuseum.org. **SCHINDLERS FABRIK:** Tel. +48/12-257-1017; www.krakow-info.com/schindler.htm. **APOTHEKE UNTER DEM ADLER:** Tel. +48/12-656-5625; www.mhk.pl.

Europas größter mittelalterlicher Marktplatz

DER HAUPTMARKT (RYNEK GŁÓWNY)

Krakau, Polen

Wer in Krakau ist, läuft früher oder später über den Hauptmarkt, den Rynek Główny, Europas größten und authentischsten mittelalterlichen Marktplatz. Gotik-, Renaissance- und Barockhäuser säumen den Platz, der von den Tuchhallen (Sukiennice) aus dem 15. Jh. dominiert wird. Die Bogengänge im Erdgeschoss sind voller Souvenirstände.

Doch es sind die nicht zueinanderpassenden Türme der Marienkirche, welche im Nordosten über den Platz ragen, die einem sofort auffallen. Der größere Turm war einst der Wachtturm der Stadt, und jedes Kind in Polen kennt die Geschichte des heldenhaften Turmtrompeters, der von einem Pfeil genau in dem Moment in den Hals getroffen wurde, als er zur Warnung vor der Tartareninvasion die Trompete blies. Heute wird dieser Vorfall jede Stunde von verkleideten Feuerwehrmännern nachgestellt. Innen in der gotischen Basilika aus dem 14. Jh. befindet sich Krakaus wertvollster Schatz, der vom berühmten gotischen Meister Veit Stoß um 1489 geschnitzte Hochaltar.

Der Hauptmarkt ist das Herz von Krakaus Altstadt (Stare Miasto), etwa 10 km² voller jahrhundertealter Gebäude, Monumente und Straßen, die seit ihrer Planung Mitte des 13. Jh. ihre Form mehr oder weniger erhalten haben. Hier liegen auch ein Dutzend Museen und ca. 20 der 120 Kirchen Krakaus. Die Bars und Cafés sind voll von

Studenten der Jagiellonen-Universität, der ältesten und besten Uni Polens, die das Erbe der früheren Hauptstadt als akademisches und kulturelles Zentrum weiterführt.

Direkt neben dem Platz liegt das Stary Hotel in einem schmucken Gebäude aus dem 18. Jh. Viele der 53 Zimmer sind eine gute Mischung aus jahrhundertealten Fresken und modernem Design; es gibt einen Pool und ein Spa, und von der Dachterrasse aus können Sie fast die Türme der Marienkirche berühren.

Das historische Restaurant Wierzynek schaut nach Süden über den Platz; ein perfekter Ort, um traditionelle polnische Küche zu probieren und den königlichen Service zu genießen, schließlich feierte hier 1364 König Kasimir der Große die Hochzeit seiner Tochter. Man goutiert Wild je nach Saison, Hecht und andere Spezialitäten im eleganten Café im Erdgeschoss oder in einem der 8 stimmungsvollen Salons im oberen Restaurant. Einige Türen weiter westlich am Hauptmarkt liegt das Traditionshotel Wentzl von 1792. Es ist besonders bekannt für sein Restaurant mit Deckenbalken, orientalischen Teppichen, Ölgemälden und dem Blick auf den Platz. Da wird das Essen zur Nebensache ... Probieren Sie dennoch die in Żubrówka (dem hiesigen Kräuterwodka) marinierte Ente.

Jede Stunde erklingt vom Turm der Marienkirche ein Trompetensignal.

Wo: 299 km südwestl. von Warschau. **Info:** www.krakow-info.com. **Hotel Stary:** Tel. +48/12-424-3400; www.hotelstary.com. *Preise:* ab € 190 (Nebensaison), ab € 220 (Hochsaison). **Wierzynek:** Tel. +48/12-424-9600; www.wierzynek.com.pl. *Preise:* Dinner (Restaurant) € 48, (Café) € 30. **Wentzl:** Tel. +48/12-431-9220; www.wentzl.pl. *Preise:* ab € 180; Dinner € 33. **Reisezeit:** Mai–Okt.: bestes Wetter; Mai: Juwenalia, ein Studentenfestival; Juni: jüdisches Kulturfestival; Aug.: internationales Musikfestival; Weihnachten und Ostern: Markt auf dem Hauptmarktplatz.

Symbol der nationalen Identität

Der Wawel

Krakau, Polen

Das Prunkstück Krakaus ist der felsige Wawelhügel, auf dem das Königsschloss und die Wawelkathedrale thronen – ein majestätischer Komplex aus Gotik- und Renaissancegebäuden hoch über der Stadt und der Weichsel. Das Schloss war über 500 Jahre der Sitz der polnischen Könige – bis 1596, als das Machtzentrum nach Warschau verlegt wurde. Es ist die meistbesuchte Sehenswürdigkeit Polens und stummer Zeuge eines Jahrtausends polnischer Geschichte. Unter den Schätzen in den königlichen Räumen sind flämische Wandteppiche des 16. Jh., italienische und niederländische Gemälde, royale Porträts, große Deckenfresken und eine prunkvolle Barockausstattung. Außerdem sind die königliche Schatzkammer und die Waffenkammer zu besichtigen.

Die Wawelkathedrale, 1364 geweiht und „das Heiligtum der Nation" genannt, wurde u.a. von Erzbischof (später Kardinal) Karol

Wojtyla geleitet – von 1964 bis zu seinem Antritt des Papstamtes im Jahr 1978. Jahrhundertelang wurden hier die polnischen Könige gekrönt und auch begraben; in der Königsgruft unter dem Kirchenschiff liegen zudem Staatsmänner und Helden wie Tadeusz Kościuszko, der im amerikanischen Unabhängigkeitskrieg in der amerikanischen Armee kämpfte.

Vom Glockenturm aus hat man einen guten Blick auf die Altstadt (s. vorige S.). Krakau wurde im Zweiten Weltkrieg nicht wie Warschau zerbombt und konnte daher als einzige große polnische Stadt ihre bemerkenswerte Vorkriegsarchitektur erhalten.

10 Minuten südlich des Wawelhügels gibt es im Chłopskie Jadło zum Mittag- oder Abendessen traditionelle polnische „Bauernküche" (das bedeutet der Name), z. B. gebratene Gans und żurek, eine Suppe aus Rinder- oder Hühnerbrühe, Speck, Zwiebeln, Pilzen und Sauerrahm, mit *kwas* (einem fermentierten Getränk aus Roggenmehl) gewürzt und in einem ausgehöhlten Brotlaib serviert. Vom Wawel ist es auch nur ein kurzer Weg zum ehrwürdigen Hotel Copernicus an der ältesten (und urigsten) Straße in Krakau. Der Gasthof mit 29 Zimmern besitzt modernen Komfort im Gewand des 16. Jh., mit eleganten, dunklen Möbeln, luxuriösen Stoffen und Reproduktionen von Fresken an den Wänden. Papst Johannes Paul II., der als junger Priester direkt gegenüber wohnte, hielt es für eine der besten Adressen der Stadt.

Wawel-Königsschloss: Tel. +48/12-422-5155; www.wawel.krakow.pl. **Chłopskie Jadło:** Tel. +48/12-421-8520; www.chlopskiejadlo.pl. *Preise:* Dinner € 20. **Hotel Copernicus:** Tel. +48/12-424-3400; www.copernicus.hotel.com.pl. *Preise:* ab € 166 (Nebensaison), ab € 235 (Hochsaison).

Erinnerungen an einen polnischen Piano-Poeten

Auf Chopins Spuren

Warschau und Żelazowa Wola, Polen

Frédéric Chopin, berühmt für seine Kunst, beliebte polnische Volksweisen und -tänze wie Polonaise und Mazurka in virtuose Klavierstücke zu verwandeln, verbrachte die ersten 20 Jahre seines allzu kurzen Lebens in Polen.

Hier war er hauptsächlich als Pianist bekannt, bevor er später in Paris internationalen Ruhm als Komponist erlangte. Er gilt als Polens größter kultureller Export.

Chopin-Fans sollten als Erstes den Ostrogski-Palast südwestlich der Altstadt (Stare grad) aufsuchen, wo sich die Zentrale der internationalen Chopin-Gesellschaft befindet. Der Palast ist auch ein sehr schöner, intimer Ort für Kammermusikkonzerte. Das kleine Chopin-Museum zeigt einige interessante Exponate wie das letzte Klavier des Komponisten und seine Totenmaske. Als Nächstes nehme man direkt vom Museum aus den Bus zum kleinen Dorf Żelazowa Wola (ca. 50 km westlich, wo Chopin 1810 geboren wurde.

Obwohl Chopin auf dem Père-Lachaise-Friedhof in Paris (s. S. 367) begraben liegt, ist

Das Chopin-Denkmal im Łazienki-Park.

die Reise zu seinem Geburtshaus (heute Museum) und dem schattigen Park für Musikliebhaber oft sehr ergreifend. Versuchen Sie, eines der Sonntagskonzerte berühmter Pianisten zu besuchen, die von Mai bis September im bescheidenen Wohnzimmer des Hauses gegeben werden. (Auch in Warschau gibt es an Sommersonntagen – von Mitte Mai bis September – Chopin-Konzerte, im hübschen Łazienki-Park nahe dem Chopin-Denkmal). Danach könnte ein Abstecher in den nahen Nationalpark Kampinos folgen, in dem u.a. Europas größtes binnenländisches Sanddünengebiet liegt. Der gut ausgeschilderte grüne Weg dorthin beginnt in Żelazowa Wola und führt durch dichte Wälder und Blumenwiesen – eine Landschaft, die sicher Chopins kreatives Feuer angefacht hätte.

Für ein Essen nach dem Konzert empfiehlt sich das Gessler Restauracja U Kucharzy in Warschau, wo es ausgezeichnete Piroggen und andere traditionelle Gerichte gibt. Das beliebte Restaurant der Familie Gessler liegt in der Küche eines früheren Hotels, sodass man den Köchen bei der Arbeit zuschauen kann.

CHOPIN-MUSEUM: Warschau: Tel. +48/22-441-6251; Żelazowa Wola: Tel. +48/46-863-3300; www.chopin.museum/en. **GESSLER RESTAURACJA U KUCHARZY:** Tel. +48/22-826-7936; www.gessler.pl. *Preise:* Dinner € 48. **UNTERKUNFT:** Das elegante Boutique-Hotel Le Regina liegt in einem Palais aus dem 18. Jh. in der Altstadt. Tel. +48/22-531-6000; www.leregina.com. *Preise:* ab € 110 (Nebensaison), ab € 260 (Hochsaison). **REISEZEIT:** Der Internationale Chopin-Wettbewerb findet alle 5 Jahre in Warschau statt (der nächste 2015) – mit Konzerten an verschiedenen Orten und einem Galakonzert am 17. Oktober, Chopins Todestag.

Die Wintersportstadt mit eigenem Architekturstil

ZAKOPANE

Polen

Zakopane – das St. Moritz Polens – ist die höchstgelegene Stadt in Polen und sein beliebtester Wintersportort. Im Sommer kann man von hier aus hervorragend in der Hohen Tatra, dem höchsten Gebirgszug der polnischen Karpaten, wandern und bergsteigen. Zakopane wurde in den 1870er-Jahren populär, als Schriftsteller, Künstler und Kunsthandwerker sich von der klaren Luft, der idyllischen Umgebung und der folkloristischen Vergangenheit inspirieren ließen.

Unter ihnen war der Architekt Stanisław Witkiewicz, der Vater des berühmteren Autors, Dramatikers und Malers Stanisław Ignacy Witkiewicz, genannt Witkacy. Er entwarf für einen Klienten ein Haus, das von den Bauernhäusern der Region Podhale (das Karpatenvorland nördlich von Zako-

Hotels und Wohnhäuser liegen im Schatten der Hohen Tatra.

pane) inspiriert war – der „Zakopane-Stil" war geboren, der bis zum Ersten Weltkrieg das Aussehen der Häuser in ganz Polen dominierte. Einige der von Witkiewicz entworfenen Häuser stehen noch und können besichtigt werden; eines der besten Beispiele ist die 1893 fertiggestellte Villa Koliba, heute Sitz des Museums des Zakopane-Stils.

Papst Johannes Paul II., der aus der Gegend stammte, wagte, als er noch Karol Wojtyla hieß, gern mal eine Schussfahrt auf den hiesigen Pisten. Diese sind für alle Skifahrer geeignet; die höchste ist die Piste am 1987 m hohen Kasprowy Wierch. Man sollte kein Kitzbühel erwarten, aber die Stadt besitzt durchaus einige gute Abfahrten, Sessellifte, eine Gondelbahn und eine Skisaison, die sich bis in den späten April ziehen kann. Wanderer freuen sich über 300 km Wanderstrecken durch den Tatra-Nationalpark im Süden Zakopanes.

Das wuchtige Lebkuchenhaus, in dem das Grand Hotel Stamary mit seinen 54 Zimmern untergebracht ist, eröffnete 1905 und ist heute, nach einer Komplettrenovierung, Polens bestes Wellnesshotel. Das intimere, chaletähnliche Hotel Lipowy Dwor mit 15 kleinen, schönen Zimmern, an einer ruhigen Straße nahe dem Stadtzentrum gelegen, ist auch zu empfehlen. Auf der Krupowski-Straße, der langen Fußgängerzone, in der auch Pferdeschlitten fahren, bieten einige Restaurants die traditionelle Küche der Karpaten zu folkloristischer Livemusik an. Das beste ist das Staro Izba mit sehr guten Lammgerichten, polnischer Wurst und *kwaśnica*, einer herzhaften Hammel-Sauerkraut-Suppe.

Wo: 105 km südl. von Krakau. **Info:** www.promocja.zakopane.pl. **Museum des Zakopane-Stils:** Tel. +48/18-201-5205; www.muzeumtatrzanskie.pl. **Grand Hotel Stamary:** Tel. +48/18-202-4510; www.stamary.pl. *Preise:* ab € 110 (Nebensaison), ab € 155 (Hochsaison). **Hotel Lipowy Dwor:** Tel. +48/18-206-6796; www.gat.pl. *Preise:* ab € 55. **Reisezeit:** Dez.–März zum Skifahren; Juni–Sept. zum Wandern; Mitte Aug.: Internationales Gebirgsfolklorefestival.

Wo die bäuerliche Kultur noch lebendig ist

Maramureş

Rumänien

Im nordrumänischen Maramureş, hineingefaltet in die Flusstäler der Mara und der Iza, ist die Zeit stehen geblieben. In dieser ländlichen Region mutet das Leben geradezu mittelalterlich an – fast unberührt von den intensiven Veränderungen, die der Rest Rumäniens in den letzten 25, 80 oder gar 200 Jahren durchmachte. Die Bauern leben nach wie vor nur von ihrem Land; die alten Dörfer sind unwahrscheinlich gut erhalten; die uralten Sitten werden pflichtbewusst befolgt. Wer auf den schmalen Straßen trampt, wird möglicherweise nicht von einem Auto, sondern von einem Pferdewagen mitgenommen.

In Maramureş stehen die Zeichen vor allem wegen der schlechten wirtschaftlichen Lage und dem Wegzug gelernter Arbeiter auf PAUSE. Aber der Blick in die Vergangenheit, den man hier zusammen mit einer fast hypnotisch wogenden, grünen Landschaft voller Heuhaufen und uralter Höfe bekommt, hat unerwarteten Anklang gefunden. Reisende, die etwas Zeit in diesem Land verbringen, werden herzlich willkommen geheißen, oft mit einem Gläschen selbst gemachtem *ţuică*, einem lokalen Pflaumenschnaps, der in ganz Rumänien beliebt ist.

Die Region wurde schon immer forstwirtschaftlich genutzt, und die Kunst der Bauleute und Holzschnitzer sieht man an den mit Schnitzereien verzierten Holztoren, den steilen Dächern der Häuser und sogar hölzernen Grab-„steinen". Diese Grabstelen machen den Reiz des sogenannten „Fröhlichen Friedhofs" (Cimitirul Vesel) aus, der in der Stadt Săpânta liegt, 20 km nordwestlich der inoffiziellen Touristenhauptstadt von Maramureş, Sighetu Marmaţiei. Hier hat ein ortsansässiger Schnitzer seit 1935 blau bemalte Grabstelen geschnitzt, jede mit einem Porträt und einem warmen, oft humorvollen Spruch zum Leben des Verstorbenen. Einige Stelen wurden inzwischen in ganz Europa auf Ausstellungen gezeigt, aber die meisten kann man immer noch auf dem Friedhof anschauen.

Eine Art Höhepunkt erreichte der Holzbau mit den großen orthodoxen Holzkirchen aus Baumstämmen und dicken Balken – und ganz ohne Nägel. Die 1724 erbaute Kirche von Surdeşti ist 72 m hoch. Andere bemerkenswerte Beispiele sind 2 Kirchen aus dem 17. Jh. in Călineşti und die älteste Kirche der Region in Ieud von 1365.

Wo: Sighetu Marmaţiei liegt 554 km nordwestl. von Bukarest. **Info:** www.romaniatourism.com/maramures.html. **Unterkunft:** Das Casa Iurca in Sighetu Marmaţiei ist ein familiengeführter Gasthof; das beliebte Restaurant ist ein Pluspunkt. Tel. +40/262-318-890; www.casaiurca.ro. *Preise:* ab € 37. **Wie:** In einem Dorf zu übernachten ist sehr empfehlenswert. Die Website www.pensiuni.info.ro ist prima bei der Suche nach Gästehäusern. *Preise:* ab € 26. **Reisezeit:** Mai–Sept.: bestes Wetter; Juli: *Maramusical* Festival in Botiza; Anf. Aug.: *Hora de la Prislop* (Volkstanzfestival auf dem Prislop-Pass); 27. Dez.: Winterfest mit Essen, Musik, Kostümen und einem Umzug in Sighetu Marmaţiei.

Die Sixtinischen Kapellen des Ostens

Die Moldauklöster in der südlichen Bukowina

Moldau, Rumänien

Im 15. und 16. Jh. benutzten Maler, die für die Prinzen und Herrscherfamilien der Gegend (heute im Nordosten Rumäniens) arbeiteten, ganze Gebäude als Leinwände: Sie bemalten einige Klöster von oben bis unten, oft innen und außen, mit bunten Fresken. Ihr Bestreben war es, das Kriegsglück ihrer Patrone festzuhalten und dem Volk, das großenteils nicht lesen konnte, Geschichten der Erlösung und der Verdammnis zu erzählen. Zurück blieb ein einzigartiges und erstaunlich robustes kulturelles Geschenk an das heutige Rumänien.

Die bemalten Klöster sind über die südliche Bukowina verteilt, eine urwüchsige Region im Vorgebirge der Karpaten, 72 km westlich der Stadt Suceava. Die starken Farben und Details der Außenmalereien sind sehr gut erhalten, und das, obwohl sie 500 Jahre lang dem Wetter, Vandalismus und den Launen verschiedener Herrscher ausgesetzt waren. Sie gelten als brillante Beispiele für byzantinische Ästhetik, vermischt mit lokaler Volkskunst,

Mythologie und geschichtlichen Bezügen – eine Bibel für die einfachen Leute und spätmittelalterliche Werbeplakate für das orthodoxe Christentum in einer Zeit, als dieser Teil Europas von türkischen Invasoren bedroht wurde.

Das vielleicht faszinierendste Beispiel ist das Kloster Voroneţ aus dem 15. Jh., in Rumänien als „Sixtinische Kapelle des Ostens" bekannt. Seine einmalige himmelblaue Farbe, besonders widerstandsfähig und auch „Voroneţ-Blau" genannt, wurde aus Lapislazuli hergestellt. In der Nähe liegen die bemalten Klöster Humor, Moldoviţa und Suceviţa, alle bewohnt von wenigen Nonnen, die ihren Glauben inbrünstig am Leben erhalten – hier in diesem abgelegenen und rau-schönen Außenposten, wo das Leben den Veränderungen der letzten Jahrhunderte widerstanden hat.

Wo: Suceava liegt 434 km nördl. von Bukarest. **Info:** www.romaniatourism.com/painted-monasteries.html. **Unterkunft:** Das neue Gerald's Hotel liegt in der Marktstadt

Die Außenwände des Suceviţa-Klosters zeigen biblische Szenen – in Farben, die trotz jahrhundertelanger Beanspruchung immer noch leuchten.

Radauti. Tel. +40/330-1+-650; www.geraldshotel.com. *Preise:* ab € 81. **Wie:** Das amerikanische Unternehmen Mir bietet 16-tägige Touren an, die auch die Klöster mit einschließen. Tel. +1/206-624-7289; www.mircorp.com. *Preise:* ab € 4000. Startet in Bukarest. *Wann:* Mai und Sept. **Reisezeit:** Juni–Sept.: bestes Wetter und viele Feste in der Gegend.

Berge, sächsische Dörfer und die Geschichten der Untoten ...

SÜDTRANSSILVANIEN

Rumänien

Wer auf der Suche nach Schauergeschichten ist, Wein liebt, gern fotografiert und sich als Reisender in einer fantastisch unverfälschten Ecke Europas verlieren möchte, der ist in Transsilvanien (auch: Siebenbürgen) richtig. Das „Land jenseits des Waldes" ist eine der letzten großen Wildnislandschaften Europas, mitten in den Karpaten und voller uralter Städte, wuchtiger Kirchen, gotischer Burgen und Legenden über ein gewisses nachtaktives Wesen mit auffälligen Eckzähnen.

Obwohl sich auch hier das 21. Jh. ausbreitet – so sieht man Bauern mit Heugabel und Handy –, halten sich in den südtranssilvanischen Dörfern noch die Traditionen. Auch die Städte atmen Vergangenes. Die ummauerten sächsischen Städte Braşov (Kronstadt), Sibiu (Hermannstadt) und Sighişoara (Schäßburg) bieten aber nicht nur mittelalterliche Gebäude und traditionelle Kultur, sondern auch Modernes wie eine lebhafte Restaurant- und Café-

Schloss Bran wurde im 14. Jh. von Sachsen erbaut.

szene. Im nahen Bucegi- und Făgăraş-Gebirge lässt es sich prima wandern, mountainbiken und skifahren. Trotz immensen Touristenbusverkehrs sind auch geführte Touren zu den Burgen sehr vergnüglich, besonders zu Schloss Bran, das – fälschlicherweise – als Draculas Schloss bekannt ist.

Bram Stokers 1897 erschienener Roman *Dracula* war inspiriert von Vlad Drăculea, einem transsilvanischen Prinzen, der im 15. Jh. lebte und für seine blutige Angewohnheit bekannt war, seine Feinde zu pfählen. Man weiß, dass Vlad höchstens mal ein paar Nächte auf Schloss Bran verbrachte, aber das kann den stetigen Besuch der Dracula-Fans aus allen Teilen der Welt nicht aufhalten. Das hoch auf einem Felsen thronende Schloss sieht absolut wie ein Vampirschloss aus und lohnt einen Besuch.

Wer 1 oder 2 Nächte in den umliegenden Dörfern verbringt, bekommt einen Einblick in den traditionellen Lebensstil, den noch über 40 % der Rumänen pflegen. Es gibt Dutzende Möglichkeiten, z. B. die sorgfältig restaurierten Dörfer Biertan, Viscri und Malancrav, alle nur 1 Stunde von Sighişoara entfernt. Hier wird eine bescheidene Touristen-In-frastruktur aufgebaut – mithilfe des britischen Mihai Eminescu Trust, den auch Prinz Charles unterstützt –, wobei Wert auf die Erhaltung des traditionellen Erscheinungsbildes gelegt wird.

Wo: 209 km nordwestl. von Bukarest. **Info:** www.romaniatourism.com/ transylvania.html. **Unterkunft:** Die aristokratische Familie Mikes beherbergt Gäste im Maschinenraum ihres Anwesens. Tel. +40/724-003-658; www.zabola.com. *Preise:* ab € 74. **Mihai Eminescu Trust:** arrangiert Übernachtungen in den Dörfern um Sighişoara. Tel. +40/723-150-819; www.mihaieminescutrust. org. *Preise:* ab € 60. **Wie:** Das amerikanische Unternehmen Wilderness Travel bietet eine 12-tägige Wander-/Kulturreise durch Südtranssilvanien an. Tel. +1/510-558-2488; www.wildernesstravel.com. *Preise:* ab € 2700, all-inclusive. Startet in Bukarest. **Reisezeit:** Mai–Juni und Sept.–Okt.: bestes Wetter, weniger Touristen; 1. Woche nach Ostern: Festival *Days of Braşov;* Juli: mittelalterliches Kunsthandwerk in Sighişoara; Juli–Anf. Aug.: Volkskunst und -musikfestivals in Sibiu.

Jenseits von allem: Die Wildnis in Russlands fernem Osten

Die Halbinsel Kamtschatka

Oblast Kamtschatka, Russland

Kamtschatka, oft als „Land aus Feuer und Eis" bezeichnet, ist eine der schönsten Regionen Russlands. Die 1200 km lange Halbinsel – etwa so groß wie Kalifornien – liegt zwischen der Beringsee und dem Ochotskischen Meer. Hier gibt es grüne Wälder, gewaltige Berge und mehr als 150 Vulkane, 29 davon aktiv. Lavafelder, kristallklare Flüsse, riesige Gletscher und dunstige Seen erzeugen ein Gefühl, als sei man im Pleistozän, denn hier ist man unglaublich weit weg von allem: 8,5 Flugstunden östlich von Moskau und ca. 1600 km westlich von Alaska.

In Kamtschatka gibt es Rentier- und Dickhornschafherden, die weltgrößte Braunbärpopulation, Elche, Wölfe und die Hälfte der majestätischen Riesenseeadler auf der Welt. In den nährstoffreichen Gewässern vor der Küste leben viele Meeressäuger – Seehunde, Seelöwen, Wale, Delfine, Walrosse und der gewaltige Blauwal, das größte lebende Tier der Erde: bis zu 30 m lang und bis zu 200 t schwer.

Die Straßen sind hier entweder schlimme Holperpisten oder gar nicht vorhanden. Man reist im Jeep mit Vier- oder gar Sechsradantrieb, im Leichtflugzeug oder häufig per Hubschrauber. Erfahrene Guides sind ein Muss. Hauptstadt und guter Startpunkt für Expeditionen ist Petropawlowsk-Kamtschatski (meist nur PK genannt), 1741 von einem dänischen Marinekapitän gegründet. Die Stadt selbst (ca. 200.000 Einwohner) besteht aus bröckelnden Plattenbauten aus der Sowjetzeit, hat aber eine majestätische Lage mit Aussicht auf die Awatscha-Bucht und die umliegenden schneebedeckten Berge. Machen Sie eine Tour durch die Bucht, wo sich faszinierende Felsformationen wie gebogene Säulen aus dem Wasser erheben.

Etwa 193 km nördlich der Stadt liegt das spektakuläre, 6 km lange Tal der Geysire. Mit seinen 90 Geysiren belegt das vom Fluss Geisernaja ausgewaschene Tal den 2. Platz hinter dem amerikanischen Yellowstone (s. S. 913). Gurgelnde Schlammgruben, Schwefeltümpel und heiße Quellen scheinen direkt aus Mittelerde entsprungen zu sein. In der Nähe liegt der 10 km breite Kraterrest des zerstörten Vulkans Uzon. Beides können Sie auf einer Hubschraubertour besichtigen. Auch Besuche der indigenen Korjaken- und Ewenen-Völker, halbnomadischer Rentierhirten, in ihren abgelegenen Sommerlagern sind per Hubschrauber oder Auto möglich. Oder melden Sie sich für eine 2-tägige Tour auf dem Fluss Bystraja an – nirgendwo sonst kann man so gut Lachse und Regenbogenforellen fangen. Mit dabei sind auch Ausritte und Aufstiege auf die spektakulären Gipfel, für die Kamtschatka so berühmt ist.

Wo: 2269 km nordöstl. von Wladiwostok. **Unterkunft:** Einem amerikanischen Auswanderer gehört das kleine B&B plus Reiseagentur Explore Kamchatka in Petropawlowsk-Kamtschatski. Tel. +7/41531-66-601; www.explorekamchatka.com. *Preise:* Zimmer ab € 63; 10-tägige Ausflüge ab € 2300, all-inclusive. **Reisezeit:** Juni–Sept.: wärmstes Wetter.

Der berühmteste Kulturtempel Russlands

Das Bolschoi-Theater

Moskau, Russland

Das Bolschoi („Große") Theater, eines der großartigsten Theater der Erde, sieht nach seiner grundlegenden Restaurierung seit 2005 noch fantastischer aus. Das rosa-weiße, 1824 gegründete Theater liegt im Zentrum von Moskau, nur ein kleines Stück vom Roten Platz (s. nächste Seite) entfernt, und ist mit über 2000 Zuschauerplätzen eines der größten Theater Europas. Hier haben einige der erstklassigen russischen Werke ihre Premiere gefeiert, z. B. Tschaikowskys *Schwanensee* im Jahr 1877 (immer noch im Programm, wie auch, stets zu Weihnachten, *Der Nussknacker*). Auch im 20. Jh. brachen von hier aus die bekanntesten russischen Opern und Ballette in die Welt auf, darunter Werke von Prokofjew, Schostakowitsch und vielen anderen, und das Bolschoi-Ballett erlangte Weltruhm durch Tänzer wie Galina Ulanowa, Rudolf Nurejew und Nadeshda Pawlowa.

Jahrzehntelang war das Bolschoi eine geheiligte künstlerische Institution, aufgeblüht unter den Zaren und später frei von Unterdrückung durch die Sowjets. Nach dem Zusammenbruch des Kommunismus ging – wegen der schlechten Wirtschaftslage Russlands – das Gerücht um, das Bolschoi habe sich selbst überlebt und ruhe sich nur auf seinen Lorbeeren aus. Doch heute ist die Begeisterung zurück; die Opern- und Ballettensembles haben zu ihrer Größe zurückgefunden. Obwohl die Tradition unangetastet bleibt – im Repertoire sind immer noch hauptsächlich die russischen Klassiker –, haben Innovationen, Reformen und neue Gesichter das Bolschoi ins 21. Jh. gebracht.

Besuchen Sie auch das ehrwürdige Gebäude gegenüber, das Grand Hotel Metropol, eine Enklave russischer Opulenz des beginnenden 20. Jh. Genießen Sie vorm Ballett einen Tee, einen Drink oder ein extravagantes Dinner im glasüberwölbten Jugendstilrestaurant, in dem Szenen für *Doktor Schiwago* gedreht wurden und Lenin einst stürmische Reden hielt.

Das jahrhundertealte Hotel Savoy nahe dem Bolschoi bietet vorrevolutionäre russische Romantik; seine 67 klassischen Zimmer haben italienische Möbel und Marmorbäder. Für diejenigen, die es mondäner lieben, hat das modernere Marriott Royal Aurora Hotel in der historischen Petrowka-Straße 231 schöne Zimmer und ein hohes, sonnendurchflutetes Atrium.

Info: Tel. +7/499-250-7317; www.bolshoi.ru. *Wann:* Mitte Juli–Aug.: geschlossen. **Hotel Metropol:** Tel. +7/499-501-7800; www.metropol-moscow.ru. *Preise:* Dinner € 110. **Hotel Savoy:** Tel. +7/495-620-8555; www.savoy.ru. *Preise:* ab € 222 (Nebensaison), ab € 433 (Hochsaison). **Marriott Royal Aurora Hotel:** Tel. +7/495-937-1000; www.marriott.com. *Preise:* ab € 350 (Nebensaison), ab € 574 (Hochsaison). **Reisezeit:** Mai–Okt.: bestes Wetter.

Innerhalb und außerhalb der Festungsmauern

Der Kreml und der Rote Platz

Moskau, Russland

Der Kreml („Zitadelle" oder „Festung") ist geschichtsträchtiges Machtzentrum sagenhaft reicher Zaren und Despoten und zugleich begehrtes Ziel diverser ausländischer Invasoren (Napoleon verkroch sich hier 1812).

Das Ensemble hat schon einiges gesehen, seit es im 12. Jh. als bloße Holzkonstruktion an der Moskwa entstand. Heute ist der Kreml die offizielle Residenz des russischen Präsidenten, vielleicht aber besser bekannt für seine prächtige Architektur und die reichen Schätze in seinem Innern.

Der 27 ha große Komplex ist umgeben von kilometerlangen hohen Ziegelmauern mit 19 Wachtürmen aus dem 15. Jh. und diente jahrzehntelang als Epizentrum der Sowjetunion – seit die Macht 1918 von St. Petersburg auf den Kreml überging. Noch heute spürt man hier eine mysteriöse Aura. Die Rüstkammer, das meistbesuchte Museum innerhalb des Kreml, ist ein schwindligmachender Crashkurs zum Leben der reichen und berühmten Zaren: Unter seinen 4000 Objekten, die bis ins 12. Jh. zurückgehen, sind exquisite Fabergé-Eier, der juwelenbesetzte Helm des ersten Zaren, Michail Fjodorowitsch Romanow, und der Elfenbeinthron von Iwan dem Schrecklichen. Im Staatlichen Diamantenfond (Almazny Fond) finden Sie das Zepter von Katharina der Großen – geschmückt mit dem 190-karätigen Orlow-Diamanten, ein Geschenk ihres Liebhabers, des Grafen Orlow – und ihre diamantenbesetzte Krönungskrone.

Unter den Attraktionen des Kremls sind auch 3 Kathedralen. In der Mariä-Entschlafens-Kathedrale aus dem 15. Jh. mit ihren 5 glänzenden Goldkuppeln und einer wunderbaren Ikonensammlung schworen regierende Prinzen die Treue und wurden Zaren gekrönt. Die majestätische Erzengel-Michael-Kathedrale war Begräbniskirche für Prinzen und Zaren. Über beiden erhebt sich die Mariä-Verkündigungs-Kathedrale mit dem höchsten Gebäude des Kreml, dem 81 m hohen, frei stehenden Glockenturm Iwan der Große.

Der prächtige Rote Platz (Krasnaja Ploschtschad) liegt direkt außerhalb der östlichen Kremlmauer. Auf Altrussisch hieß *krasnaja* (rot) auch „schön", aber noch auf Jahre hinaus wird man den Roten Platz auch mit dem Kommunismus und den hier abgehaltenen Militärparaden assoziieren. Ebenfalls im Schatten des Kremls liegt das Lenin-Mausoleum, wo der einbalsamierte Leichnam des ersten Sowjetführers gruseligerweise seit seinem Tod 1924 aufgebahrt ist. Am hinteren Ende des Platzes steht die Basiliuskathedrale mit ihren bonbonfarbenen Turmspitzen und Zwiebeltürmchen, die Mitte des 15. Jh. von Iwan dem Schrecklichen in Auftrag gegeben wurde.

Das Hotel National überblickt alles in seinem anmutigen Jugendstilglanz. Die großen Räume haben italienische Möbel und häufig einen beneidenswerten Blick auf Kreml und Roten Platz. Fragen Sie nach der Suite 107, wo Lenin 1918 eine Zeit lang gewohnt hat. Hier in der Hauptstadt lebt man auf großem Fuß – das gilt auch für das neu erbaute Ritz-Carlton Hotel. Es residiert herrschaftlich am Twerskaja-Boulevard, bekannt als teure Shoppingmeile. Die beste Sicht hat man aus der schicken O2-Penthouse-Lounge, besonders wenn der Platz abends erleuchtet ist. Das hoteleigene intime Restaurant Caviarterra serviert sonntags ein beliebtes Brunchbüfett mit mehr als 60 Gerichten. Eine überraschend günstige Alternative in einer der teuersten Gegenden Moskaus ist das Melody Hotel, empfehlenswert und gut gelegen (etwa 15 Minuten Fußweg).

DER KREML: www.kreml.ru. **HOTEL NATIONAL:** Tel. +7/495-258-7000; www.national.ru. *Preise:* ab € 245. **RITZ-CARLTON MOSKAU:** Tel. +7/495-225-8888; www.ritzcarlton.com. *Preise:* ab € 505; Brunch € 74. **MELODY HOTEL:** Tel. +7/495-660-7178; www.melody-hotel.com. *Preise:* ab € 130. **REISEZEIT:** Mai–Sept.: bestes Wetter; Anf. Sept.: *Den Goroda* (Stadt-Tag), mit einem Umzug, Livemusik und Feuerwerk.

Die Basiliuskathedrale, das auffälligste Gebäude am Roten Platz, erinnert an die Eroberung der Stadt Kasan durch Iwan den Schrecklichen.

Eine Welt der Kunst über und unter der Erde

DIE TRETJAKOW-GALERIE UND DIE MOSKAUER METRO

Moskau, Russland

Ein Juwel unter den vielen Museen und architektonischen Schönheiten Moskaus ist die Tretjakow-Galerie, die eine der besten Sammlungen russischer Kunst beherbergt – über 150.000 Arbeiten aus dem 11.–20. Jh.

Wandern Sie durch Russlands erstes öffentliches Museum, gegründet 1856 vom reichen Bankier Pawel Tretjakow, und stehen Sie vor großen Meisterwerken – einige weltbekannt, andere eher obskur. Entdecken Sie bewegende Werke des mittelalterlichen Ikonenmalers Andrei Rubljow (u.a. die berühmte *Dreifaltigkeitsikone*) und brillante Porträts des Meisters Ilja Repin aus dem 19. Jh., wie das verstörende Bild *Iwan der Schreckliche mit seinem Sohn Iwan* oder ein Bildnis des Komponisten Mussorgski. Der riesige Museumskomplex, der aus zahlreichen alten und neuen Gebäuden besteht, in denen über 150.000 Objekte ausgestellt werden, umfasst auch die benachbarte St.-Nikolaus-Kirche aus dem 17. Jh., deren exquisite 5-teilige Ikonostase aus derselben Periode stammt. Die Kirche wurde schon 1929 geschlossen und diente dem Museum seit 1932 als Kunstmagazin. Seit 1993 finden dort wieder Gottesdienste statt. In der Nähe zeigt ein neuer Ableger des Museums russische Avantgardekünstler des 20. und 21. Jh., darunter Kandinsky, Chagall und Malewitsch, sowie eher sonderbare Werke des Sozialistischen Realismus aus den 1930er-Jahren, als idealisierte Porträts von Bauern und Fabrikarbeitern in Mode waren.

Mehr Kunst aus der Sowjetära gibt es unter der Erde, nämlich in der Moskauer Metro, wo Sie eleganten Marmor, Basreliefs und Mosaike bewundern können – manchmal von glitzernden Kronleuchtern angestrahlt. Die ersten der mehr als 180 Stationen wurden 1935 fertiggestellt und auch gleich als strahlender Triumph Stalins gefeiert. Viele der Kunstwerke in den Stationen beziehen sich auf historische Ereignisse – natürlich durch die prosowjetische Brille gesehen. Die palastartige Station Komsomolskaja ist eine riesige Halle mit barocken Details und Deckenmosaiken, die russische Kriegstriumphe zeigen. Die Station Majakowskaja ist vielleicht das Kronjuwel der Metro, mit Säulen aus glattem Stahl und einem weiß-rosa Marmorboden. Die Gewölbemosaiken zeigen Szenen aus einem Gedicht des sowjetischen Dramatikers Wladimir Majakowski. Die Station Nowoslobodskaja prunkt mit 32 von hinten beleuchteten Glasmalereien, die freudvolle Bauern und Arbeiter im Stil des Sozialistischen Realismus zeigen. Messingeinfassungen, rosa Marmor aus dem Ural und kegelförmige Kronleuchter unterstreichen die Pracht.

STAATLICHE TRETJAKOW-GALERIE: Tel. +7/495-953-1051; www.tretyakovgallery.ru. **UNTERKUNFT:** Das für seine Verschrobenheit bekannte, aber gut gelegene Golden Apple ist eines der neueren Boutique-Hotels der Stadt. Tel. +7/495-980-7000; www.goldenapple. ru. *Preise:* ab € 140 (Nebensaison), ab € 200 (Hochsaison). **REISEZEIT:** Juni–Aug.: bestes Wetter.

Schippern auf der Wolga und anderen Flüssen

AUF DEN WASSERWEGEN DER ZAREN

Moskau, Russland

Obwohl Moskau und St. Petersburg auf den Fahrplänen vieler Flusskreuzfahrten stehen, liegt keine der beiden Städte tatsächlich an der Wolga. Der Fluss ist jedoch Teil eines Netzes aus miteinander verbundenen Kanälen, Schleusen und Seen, das eine Flussfahrt zwischen beiden Städten ermöglicht. Auf dem Weg passieren Sie mittelalterliche Städte mit orthodoxen Klöstern und Kathedralen, die still am Ufer stehen, und Städte mit reichen Kunst- und Architekturschätzen, die zum „Goldener Ring" genannten Gebiet rund um Moskau gehören. Die bezaubernde, 937 gegründete Stadt Uglitsch ist bekannt für bemerkenswerte Beispiele russischer Architektur aus verschiedenen Epochen, darunter die berühmte Demetrios-Kirche, auch Blutskirche genannt. Errichtet wurde sie 1692 zu Ehren des Sohnes von Iwan dem Schrecklichen, der 1591 an dieser Stelle starb.

Im Onegasee, dem zweitgrößten See Europas, liegt die Insel Kischi, auf der man eine außergewöhnliche Ansammlung jahrhundertealter Holzbauten findet, die aus verschiedenen Ecken der Region hierher transportiert wurden. Es entstand eine Art Freilichtmuseum mit mehr als 80 Gebäuden. Die Lazaruskirche aus dem 17. Jh. ist eine der ältesten Holzkirchen des Landes; die Verklärungskirche mit ihren 22 kleinen Kuppeln wurde 1714 ohne einen einzigen Nagel gebaut.

Von Moskau aus gibt es auch Flussfahrten nach Süden auf der noch ziemlich urwüchsigen Unteren Wolga, mit einem Halt in Kasan. Das stolze Zentrum der tatarischen Kultur ist die Heimat eines alten Kremls (einer Festung) von 1005 und weiterer historischer Schätze. Überall in der Stadt erheben sich Minarette und die Zwiebelkuppeln der Kathedralen, und auch der große Markt ist eine Erkundung wert. Weiter geht es nach Wolgograd, das frühere Stalingrad, Schauplatz des blutigsten Kampfes im Zweiten Weltkrieg (über 1 Mio. sowjetische und NS-Soldaten starben während der 200 Tage). Dem Gedenken an diese Schlacht ist die 85 m hohe Kolossalstatue *Mutter Heimat ruft* gewidmet. Der letzte Halt auf der Fahrt über die Untere Wolga ist Astrachan, die Welthauptstadt des Kaviars, wo Europas längster Fluss ins Kaspische Meer mündet. Diese hübsche Stadt und ihre Umgebung liegen mitten im Wolgadelta, Europas größtem Flussdelta, und bilden so den Lebensraum für Flamingos und Pelikane ebenso wie für die Beluga-Störe, die die Stadt berühmt machten.

Die komplett renovierte MS *Volga Dream*, ein 96 m langer Luxusliner, mutet eher wie eine Privatjacht als ein Kreuzfahrtschiff an, denn sie hat nur 56 Kabinen – alle mit Flussblick – und 60 Crewmitglieder. Die Gäste können sich an privaten Rachmaninow- und Chopin-Konzerten in der Neva-Lounge erfreuen, sich nach einem denkwürdigen Besichtigungstag an Land in der Sauna entspannen oder die Wodka-Kollektion in der schönen Ladoga-Bar testen, während die erstklassige Küche das lokal inspirierte, europäisch interpretierte Dinner vorbereitet.

Wo: Abfahrten von Moskau und St. Petersburg. **Wie:** Das amerikanische Unternehmen Exeter International bietet Fahrten auf der *Volga Dream* zwischen Moskau und

St. Petersburg sowie Moskau und Astrachan an. Tel. +813-251-5355. *Preise:* 10-tägige Tour (6 Übernachtungen an Bord) von Moskau nach St. Petersburg oder umgekehrt ab € 2150, all-inclusive. *Wann:* Juni–Okt. REISE-ZEIT: Mai–Okt.: bestes Wetter.

Die Wiege Russlands

WELIKI NOWGOROD

Oblast Nowgorod, Russland

Weliki Nowgorod, was soviel heißt wie „große neue Stadt", ist der irreführende Name des Ortes, an dem vor über 1000 Jahren die russische Geschichte begann. Im 9. Jh. machten Nordländer, geführt vom Kriegsfürsten Rurik von Jütland, die strategische Stadt hoch über dem Fluss Wolchow zu ihrer Hauptstadt. Ruriks Nachfolger, Oleg der Weise, benutzte die befestigte Siedlung dann als Basis, um weitere umliegende Ländereien zu erobern, und 880 war das aufstrebende Reich der Kiewer Rus, der Vorläufer des heutigen Russlands, geboren.

Nowgorod florierte weiter und war im 12. Jh. Russlands größtes Zentrum für Handel, Bildung und die Künste. Eine frühe Form von Demokratie setzte sich hier fest, mit einer per Volksversammlung gewählten Regierung, die einen Erzbischof wählte und einen Herrscher oder Fürsten für Verteidigungszwecke stellte. Eines der ältesten Gebäude Russlands stammt aus dieser Zeit: die Sophienkathedrale von 1052, die immer noch im Stadtzentrum steht. Die große weiße Steinkirche sollte Angriffen standhalten, aber vielleicht schaffen das nicht die Mauern allein: Der Legende nach rettete eine Ikone der Jungfrau Maria aus dem 12. Jh. Nowgorod vor der Zerstörung, als es belagert war. Man sagt, ein feindlicher Pfeil habe die Ikone durchbohrt, wo-raufhin Tränen aus ihr flossen und eine Dunkelheit sich herabsenkte. In der folgenden allgemeinen Verwirrung griff sich die Belagerungsarmee selbst an, und die Stadt war gerettet. Die Ikone hängt noch immer in der Kirche, und wer genau hinsieht, erkennt eine Kerbe über dem linken Auge der Heiligen, wo der Pfeil sie getroffen haben soll.

Die Sophienkathedrale und die restliche Stadt liegen geschützt innerhalb der Mauern

Die Moskowiter errichteten im 15. Jh. einen neuen Kreml aus Ziegeln.

des gut erhaltenen Kreml, einer der ältesten Anlagen Russlands. Das Fort, den Fluss überblickend, wurde im 9. Jh. angelegt und später neu aus Ziegeln errichtet.

Ein beliebtes Erholungsgebiet ist das Freilichtmuseum in Witoslawlizy, in dem es vor allem Holzarchitektur aus ganz Russland zu sehen gibt, darunter die Mariä-Geburts-Kirche von 1531.

Wo: 193 km südl. von St. Petersburg. INFO: www.novgorod.ru/english. UNTERKUNFT: Das moderne Hotel Volkhov mit 132 Zimmern liegt 2 Blocks vom Kreml entfernt. Tel. +7/8162-225-500; www.hotelvolkhov.ru/en. *Preise:* ab € 74. REISEZEIT: Mai–Sept.: bestes Wetter.

Die Magie der Dämmerung erleben – in Russlands Kulturmetropole

DIE WEISSEN NÄCHTE

St. Petersburg, Russland

St. Petersburg mag zwar wirtschaftlich oder verwaltungstechnisch nicht die Hauptstadt des Landes sein, aber was die schönen Künste angeht, macht der großartigen Stadt an der Newa keine andere russische Stadt etwas vor.

Hier sitzen nicht nur weltbekannte Ballett- und Opernkompanien und ein erstklassiges Sinfonieorchester, sondern von hier kamen auch Strawinsky, Schostakowitsch, Prokofjew und Rachmaninow; Diaghilew, Nijinsky und Balanchine wurden hier berühmt und Puschkin, Gogol und Dostojewski schrieben ihre besten Werke.

Das ganze Jahr über gibt es hier Kultur zu erleben – besonders dynamisch ist die Stadt aber im Sommer während des Festivals *Die Sterne der weißen Nächte*. Das Festival wurde 1993 von Walerij Gergiew, dem weltbekannten Direktor der Kirow-Oper, gegründet und begann als 2-wöchiges Event rund um die Mittsommernacht, wenn die Sonne nur wenige Stunden verschwindet und die Menschen die langen „weißen" Nächte des Sommers feiern. Inzwischen ist es zu einem 8-wöchigen Spektakel angewachsen (von Mai bis Juli), das mehr als 1 Mio. Besucher anzieht.

Besonders begehrt sind die Tickets für die Konzerte im herrlichen, 5-stöckigen Mariinski-Theater, wo schon die größten Werke Russlands Premiere feierten, darunter 1874 Mussorgskis *Boris Godunow* und 1940 Prokofiews *Romeo und Julia*. Der 2006 eröffnete Mariinski-Konzertsaal hat eine hervorragende Akustik; das 2000 Zuschauer fassende Neue Mariinski-Theater wird gerade gebaut.

Ein Highlight der Weißen Nächte ist Ende Juni eine Nacht an der Newa – mit Piratenkämpfen, Open-Air-Konzerten, Ruderregatten und Feuerwerk. Höhepunkt ist die Ankunft eines Großseglers mit purpurroten Segeln. Die großen Zugbrücken öffnen sich – ein Spektakel, das man im „Venedig des Nordens" gut bei einer nächtlichen Fluss- und Kanaltour verfolgen kann.

Das Grand Hotel Europe, ein renoviertes Wahrzeichen von 1877, hält mit wunderschönen Räumen und exzellentem Service die Tradition hoch – Tschaikowsky verbrachte hier seine Hochzeitsreise. In dem eleganten Hotelrestaurant L'Europe mit der exquisiten Jugendstil-Glasmalerei-Decke kann man während des Essens mitunter Duetten aus *Schwanensee* lauschen. Das einfache, nett eingerichtete Northern Lights Hotel in einem Gebäude des 19. Jh. ist ebenfalls ansprechend. Es liegt nahe dem Isaaksplatz, nur 15 Minuten Fußweg vom Mariinski-Theater entfernt.

MARIINSKI-THEATER: Tel. +7/812-326-4141; www.mariinsky.ru. **GRAND HOTEL EUROPE:** Tel. +7/812-329-6000; www.grandhoteleurope.com. *Preise:* ab € 300 (Nebensaison), ab € 505 (Hochsaison); 3-gängiges Menü im L'Europe € 77, Jazz-Brunch € 120. **NORTHERN LIGHTS HOTEL:** Tel. +7/812-571-9199; www.nlightsrussia.com. *Preise:* ab € 88 (Nebensaison), ab € 120 (Hochsaison). **WIE:** Das amerikanische Unternehmen Exeter International bietet eine 6-tägige „Weiße-Nächte"-Tour inkl. mehrerer Events an. Tel. +1/813-251-5355; www.exeterinternational.com. *Preise:* € 5300, all-inclusive. Startet in St. Petersburg. *Wann:* Anf. Juni.

Der Glanz einer vergangenen Ära

Der Winterpalast und die Eremitage

St. Petersburg, Russland

Der Winterpalast, ganz in Mintgrün, Gold und Weiß gehalten, erstreckt sich majestätisch entlang der Newa. Er wurde 1754 während der Herrschaft der Kaiserin Elisabeth vom Hofarchitekten Bartolomeo Rastrelli entworfen und diente allen nachfolgenden Zaren und Zarinnen als offizielle Residenz – bis zur Revolution 1917, die direkt vor der Tür ausbrach. Mit seinen über 1000 Zimmern und 117 Treppen ist der Palast ein Vorzeigeobjekt des russischen Barocks – vom Malachitsaal voller Säulen, Vasen und Details aus dem grünen Mineral bis zum kunstvollen Georgssaal mit 2 Reihen Kristalllüstern und einem Parkettboden aus 16 seltenen Hölzern. Der Wappensaal prunkt mit glitzernden vergoldeten Säulen und Bronzeleuchtern, und im Großen Saal wurden üppige Winterbälle abgehalten.

Am bekanntesten ist der Komplex allerdings als Heimat der Eremitage, auch „Russlands Louvre" genannt, eine der wertvollsten Kunstsammlungen der Welt. 150.000 Kunstwerke sind über den Winterpalast und 5 weitere Gebäude am riesigen Schlossplatz verteilt – die nur ein Bruchteil der Museumssammlung von 3 Mio. Objekten sind. Viele wurden von Katharina der Großen zusammengetragen, einer der größten Kunstsammlerinnen der Geschichte. Sie stiftete u.a. mehr als 40 Werke von Rembrandt, 40 von Rubens, 8 von Tizian, Meisterwerke von Michelangelo und Leonardo da Vinci und eine der besten Sammlungen des Impressionismus und Postimpressionismus. Die Antikenabteilung enthält über 100.000 Stücke aus dem alten Griechenland und Rom, 50 Räume mit Relikten aus Ägypten, Mesopotamien und Byzanz und eine Galerie voller Gold und Juwelen, z. T. aus dem 7. Jh. v. Chr.

Der nur 20 Minuten Fußweg entfernte Jussupow-Palast aus dem 18. Jh. gemahnt an das verschwenderische Leben einer reichen Grundbesitzerfamilie, die 5 Generationen lang hier lebte. Seine üppig ausgestatteten Räume samt Rokokotheater, wo Chopin und Liszt einst spielten, geben einen Einblick in das Leben vor der Revolution. In diesem Palast wurde außerdem 1916 der Zarengünstling und „verrückte Prediger" Rasputin ermordet.

Die 1848 fertiggestellte Isaakskathedrale mit ihren Kuppeln steht in der Nähe, innen mit Fresken, Mosaiken und kostbaren Steinen sowie einer dreiteiligen Ikonostasis ausgestattet. Einen perfekten Blick auf die Kathedrale haben Sie vom Jugendstilhotel Astoria mit seinen schön modernisierten Zimmern aus. Nebenan (und unter der gleichen Leitung) liegt das Hotel Angleterre, in den 1920er-Jahren gern von Künstlern und Dichtern frequentiert und ein paar Rubel günstiger. Wer prunkvoll wie ein Zar residieren will, steigt im unnachahmlichen Hotel Taleon Imperial ab, im einst privaten Eliseev-Palast aus dem 18. Jh. gelegen und voll mit Ölgemälden, Antiquitäten und aufwendigen Parkettböden. Das elegante, nicht zu teure Tradition Hotel am Nordufer der Kleinen Newa in der Nähe der Peter-und-Paul-Festung aus dem 18. Jh., ist 20 Minuten Fußweg von der Eremitage entfernt.

STAATLICHES MUSEUM EREMITAGE: Tel. +7/812-710-9625; www.hermitagemuseum. org. **HOTEL ASTORIA:** Tel. +7/812-494-5757;

www.thehotelastoria.com. *Preise:* ab € 277 (Nebensaison), € 370 (Hochsaison). HOTEL ANGLETERRE: Tel. +7/812-494-5666; www.angleterrehotel.com. *Preise:* ab € 222 (Nebensaison), ab € 305 (Hochsaison). HOTEL TALEON IMPERIAL: Tel. +7/812-324-9911; www.eliseevpalacehotel.com. *Preise:* ab € 277 (Nebensaison), ab € 350 (Hochsaison). TRADITION HOTEL: Tel. +7/812-405-8855; www.traditionhotel.ru. *Preise:* ab € 150 (Nebensaison), ab € 230 (Hochsaison). REISEZEIT: Mai–Sept.: schönes Wetter.

Kaiserliche Pracht in den herrlichsten Schlössern Russlands

KATHARINENPALAST UND PAWLOWSK-PALAST

Puschkin und Pawlowsk, Oblast Leningrad, Russland

Etwas außerhalb von St. Petersburg liegen 2 der prächtigsten kaiserlichen Anwesen Russlands: Zarskoje Selo („Das Dorf des Zaren"), heute Puschkin, und Pawlowsk. (Der Palast Peterhof macht das Trio komplett, s. nächste S.).

Zarskoje Selo geht auf das 18. Jh. zurück, als Peter der Große seiner Frau, der zukünftigen Kaiserin Katharina I., hier Land schenkte,

Der Katharinenpalast traf die Geschmäcker von Katharina I. und II.

auf dem sie sich 1717 ein bescheidenes Sommerschlösschen bauen ließ. Ihre Tochter, Kaiserin Elisabeth, ersetzte es durch einen großen Palast, den sie nach ihrer Mutter benannte und der teilweise von Bartolomeo Rastrelli entworfen wurde (der später mit dem Winterpalast reüssierte, s. vorige Seite). Der Katharinenpalast war 1756 fertig und wurde sofort zum Standard in Sachen royaler Exzesse.

Das überladene Rokokoschloss erstreckt sich über 300 m; die himmelblaue Fassade war einst mit über 100 kg Gold belegt. Innen bestaunt man Zimmerfluchten mit üppigen Deckenmalereien, Intarsienparkett, Ölporträts und glänzenden Goldarbeiten. Katharina II. („die Große") beauftragte später den schottischen Architekten Charles Cameron mit dem Anbau eines neuen Flügels, der auch die spektakulären, von Halbedelsteinen bedeckten Achatzimmer enthält.

Am beeindruckendsten ist das Bernsteinzimmer – die (unglaubliche 8,2 Mio. € teure) Rekonstruktion des Zimmers aus dem frühen 18. Jh., das zusammen mit anderen Räumen des Schlosses im Zweiten Weltkrieg fast ganz zerstört wurde. 25 Jahre dauerte der Nachbau, der mit seinen Wandverkleidungen aus Bernsteinintarsien, -mosaiken und Spiegeln die Magie des Originals gut einfängt.

Einige Kilometer entfernt steht der Pawlowsk-Palast, das weiß-goldene Schloss, das Katharina die Große 1777 ihrem Sohn Paul (Pawel) schenkte. Der als Sommerresidenz gedachte Palast wurde im klassizistischen Stil erbaut, der etwas zurückhaltender wirkt als Katharinas eigenes Prunkstück. Seine 45 Zimmer galten damals fast schon als „intim", sind aber exquisit eingerichtet. Pawlowsk wirkt zwar, als habe ihm die Geschichte nichts anhaben können, aber es handelt sich um einen außergewöhnlichen Nachbau. Hitlers Truppen ließen das Original 1944 niederbrennen, und es brauchte dann eine Armee der besten Restaurateure Russlands, um es in 25 Jahren wieder aufzubauen und mit vielen der Originalmöbel und -kunstwerke zu bestücken, die damals von loyalen Angestellten in Sicherheit gebracht wurden. Der 600 ha große Park ist nun ein schöner Landschaftsgarten mit Seen, Lindenalleen, Rasenflächen und Wäldern.

Wo: 26 km südl. von St. Petersburg. **Katharinenpalast:** Tel. +7/812-465-2024; www.tzar.ru. **Pawlowsk:** Tel. +7/812-470-2155; www.pavlovskart.spb.ru. **Reisezeit:** Mai und Sept.: schönes Wetter und weniger Touristen.

Ein Zarenschloss macht Versailles Konkurrenz

Schloss Peterhof

Oblast Leningrad, Russland

In Russland herrscht kein Mangel an prächtigen, goldglänzenden Palästen, die uns mit offenem Mund dastehen lassen. Der glanzvollste von allen ist der Palast von Peterhof, 30 km vor St. Petersburg. Peter der Große nahm sich Versailles zum Vorbild (s. S. 81) und brachte so die europäische Pracht nach Russland. Wie die Stadt St. Petersburg selbst, die er 1712 gründete, als er das kaiserliche Machtzentrum von Moskau dorthin verlegte, sollte das Schloss sein „Fenster nach Europa" sein.

Obwohl ihn der französische Architekt Jean-Baptiste Leblond, Chefplaner St. Petersburgs, unterstützte, zeichnete Peter höchstselbst die Pläne für den Palast und die ausladende Anlage am Ufer des Finnischen Meerbusens. Das Ganze war 1721 fertig. Es sollte noch weiter ausgebaut werden, doch dann starb der Zar 1725 unerwartet, und das Projekt wurde gestoppt.

Peters Tochter, Kaiserin Elisabeth, bestieg 1741 den Thron und ließ den großen Palast bauen, den der Zar sich immer erträumt hatte. Sie beauftragte den Hofarchitekten Bartolomeo Rastrelli, der das Gebäude in einen langen, schmalen Palast mit 30 Zimmern und einer üppigen Ausstattung verwandelte. Höhepunkte sind der Tschesma-Saal mit seinen riesigen Gemälden, die den Sieg der russischen Marine über die Türken 1770 zeigen, und das einfache, aber schöne Studierzimmer des Zaren, eines der wenigen Zimmer, die den Zweiten Weltkrieg überlebt haben.

Fontänen und goldene Statuen stehen am Eingang von Schloss Peterhof.

Das Herausragendste an dem goldgelben Schloss liegt jedoch vor seinen Mauern: Es ist die Große Kaskade, eine Reihe von mehr als 170 Fontänen und Kanälen, zum Teil noch von Peter selbst entworfen. Die vergoldeten Brunnenfiguren und überlebensgroßen Götterstatuen sind großartig, besonders die Statue des Samson, der das Maul des Löwen aufreißt – ein Symbol für Russlands Sieg über Schweden im Jahr 1709. Die Fontänen werden durch ein 20 km langes System mechanischer Pumpen angetrieben. Der Garten ist der ideale Ort, um sich die Herrlichkeit von Weitem anzusehen und sich darüber zu freuen, dass die Anlagen der Kriegszerstörung entgingen. Die Stadt Peterhof und das nahe St. Petersburg wurden während der 900-tägigen deutschen Belagerung im Zweiten Weltkrieg fast zerstört, aber die Kaskaden wurden sorgfältig wiederhergestellt. **Wo:** 32 km südwestl. von St. Petersburg. **Info:** Tel. +7/812-450-5287; www.saintpetersburg.com/peterhof. **Reisezeit:** Mai und Sept.: schönes Wetter, weniger Touristen.

Auf Entdeckungsreise zwischen Europa und Asien

JEKATERINBURG UND DAS URALGEBIRGE

Oblast Swerdlowsk, Russland

Das majestätische, noch kaum touristisch erschlossene Uralgebirge erstreckt sich über 2100 km vom arktischen Eis der Karasee bis zur zentralasiatischen Steppe Kasachstans im Süden. Verglichen mit dem Himalaja oder den Anden ist die Höhe eher bescheiden (die höchsten Gipfel sind 1900 m hoch), aber der Ural ist eine der ältesten Bergketten der Welt und dient schon lange als geografische und symbolische Grenze zwischen Europa und Asien. In seinen nördlichen Nadelwäldern leben unzählige Tiere, z. B. Luchse, Elche, Zobel, Wölfe, Otter, Braunbären und mehr als 200 Vogelarten.

Das Tor zum Ural ist Jekaterinburg, Russlands drittgrößte Stadt und stark im Kommen. Hier wurde 1918 während des blutigen Russischen Bürgerkriegs die Zarenfamilie Romanow ermordet. Die große „Kathedrale auf dem Blut" im byzantinischen Stil steht an der Stelle des heute zerstörten Hauses, in dem die Familie festgehalten wurde. Doch gibt es hier noch mehr zu sehen als das düstere Mahnmal: Jekaterinburg steckt voller Theater, Kinos, Museen und Kulturstätten, und das barocke Opernhaus von 1912 zeigt jede Saison herausragende Opern- und Ballettvorstellungen.

Die Stadt ist außerdem ideal als Ausgangspunkt einer Tour in die Wildnis des Urals. Erfahrene lokale Tourguides organisieren alle Arten von Abenteuern zwischen 1 und 17 Tagen. Man hat die Wahl zwischen Wandern, Rafting, Klettern, Reiten und im Winter Hundeschlittenfahren, Skitouren, Eisangeln und Schneemobiltrips.

Wer möchte, kann hier auch ein Stück des dunklen Kapitels russischer Geschichte anschauen: Perm-36, etwa 322 km nordwestlich von Jekaterinburg, war einer der berüchtigtsten Gulags im repressiven Sowjetsystem. Hier waren politische Häftlinge – Künstler, Intellektuelle, Autoren und Dissidenten – in kalten, fensterlosen Betonzellen bei Brot und wässriger Grütze eingesperrt. Das rekonstruierte Lager ist heute ein bewegendes Museum und zugleich Erinnerung an die Opfer.

Wo: 1416 km südöstl. von Moskau. **Unterkunft:** Das moderne Hyatt Regency Jekaterinburg ist das beste Hotel der Stadt. Tel. +7/343-253-1234; http://ekaterinburg.regency.hyatt.com. *Preise:* ab € 260. **Wie:** Ural Expeditions & Tours bietet 1–17-tägige, von Geologen geführte Touren an, mit so vielen Aktivitäten, wie Sie wollen. Tel. +7/343-356-5282; www.welcome-ural.ru. *Preise:* z. B. 2-tägige Raftingtour € 385; 2-tägige Wanderung € 340. REISEZEIT: Juni–Aug.: wärmstes Wetter.

Eine epische Zugfahrt quer durch Mütterchen Russland

DIE TRANSSIBIRISCHE EISENBAHN UND DER BAIKALSEE

Russland

Die Transsibirische Eisenbahn ist die längste durchgehende Bahnstrecke der Welt. Sie ist 9288 km lang – ein Drittel des Weltdurchmessers – und durchfährt zwischen Moskau im Westen und Wladiwostok am Pazifik 8 Zeitzonen. Das Streckennetz ist eine der wirklich heroischen Ingenieurleistungen des letzten Jahrhunderts; es führt durch Taiga, Steppe, Wüste und Gebirge. War man zuvor noch mehrere Monate unterwegs, dauert die Fahrt mit der Bahn heute nur noch 7 Tage.

Verschiedene Routen verbinden Moskau mit Russlands fernem Osten und darüber hi-naus. Die allerluxuriöseste Variante ist der *Golden Eagle* Trans-Siberian Express, ein Privatzug, der 13–15-tägige Touren zwischen Moskau und Wladiwostok oder dem mongolischen Ulaanbaataar anbietet, inklusive Exkursionen an der Strecke. Der weniger schicke, aber auch komfortable Zug *Tsar's Gold* verkehrt von Moskau über die Mongolei nach Peking.

Der Baikalsee, von jeder der 3 Routen zu erreichen, ist eines der interessantesten Ausflugsziele abseits der Strecke. Steigen Sie in Irkutsk aus, einst „das Paris Sibiriens" genannt und nur 48 km vom See entfernt. Der Baikalsee ist der älteste und mit bis zu 1600 m bis zum Grund auch der tiefste Süßwassersee der Welt. Der kristallklare blaue See ist umgeben von felsigen, waldigen Ufern; in der Ferne sieht man die Berge. Hier gibt es eine große Vielfalt an Flora und Fauna. Etwa 1800 verschiedene Arten – viele davon nirgends sonst zu finden – brachten dem See den Spitznamen „Galapagos Russlands" ein. Sibirische Braunbären, Elche, Rotwild und Zobel durchstreifen die Wälder, und im See lebt die Baikalrobbe. Am Ostufer lebt außerdem der Volksstamm der Burjaten, die Schafe, Ziegen und Kamele züchten. Bei einigen Ausflügen ist auch eine Nacht auf einem Seeschiff inklusive, zum Entdecken von unberührten Inseln, Buchten und Flüssen, während andere Touren vielleicht eine mehrtägige Wanderung anbieten.

Weitere Haltepunkte sind Kasan, die Tartarenhauptstadt an der Wolga (s. S. 313), Jekaterinburg (s. vorige Seite) und die nette Universitätsstadt Tomsk, ein Highlight in Sibirien dank seiner hübschen Holzhäuser und der lebendigen Kulturszene.

Wo: Abfahrten Richtung Osten ab Moskau oder St. Petersburg; Richtung Westen ab Wladiwostok, Peking oder Ulaanbaataar. **WIE:** Die britische GW Travel Limited (Tel. +44/161-928-9410; www.gwtravel.co.uk) und die amerikanische Mir Corporation (Tel. +1/206-624-7389; www.mircorp.com) bieten 15-tägige Reisen mit dem *Golden Eagle* an. *Preise:* ab € 9475, all-inclusive (ohne Flüge). Real Russia verkauft Tickets für die klassische Transsibirische Eisenbahn, Tel. (Moskau) +7/495-616-8086; (London) +44/207-100-7370; www.realrussia. co.uk. *Preise:* Moskau–Peking ab € 870. REISEZEIT: Ende Mai–Mitte Sept.: bestes Wetter.

Die unbekannte Hauptstadt im östlichen Europa

DIE ALTSTADT VON BRATISLAVA

Bratislava, Slowakei

Die mächtige Donau fließt durch mehr Hauptstädte als jeder andere Fluss: Wien, Budapest, Belgrad und Bratislava. Unter diesen 4 modernen Städten ist Bratislava (Pressburg) die kleinste und gemütlichste. Seit der friedlichen Auflösung der Tschechoslowakei, der „samtenen Scheidung" von 1993, lohnt die Hauptstadt der Slowakei zunehmend einen kleinen Abstecher: vom glamourösen, viel besuchten Prag (s. S. 328) liegt sie nur eine 4-stündige Zugfahrt entfernt; von Wien ist man per Schiff auf der Donau gar in 74 Minuten vor Ort.

Das Zentrum dieser sehr lässigen, entspannten Stadt besteht aus der Burg Bratislava (Bratislavský Hrad), der labyrinthischen Altstadt (Starý Mesto) mit dem Alten Rathaus und vielen barocken Häusern und Palais, und den Ufern der Donau. Im gotischen Martinsdom wurden zwischen 1563 und 1830 die ungarischen Könige aus dem Hause Habsburg gekrönt.

Im Kaffee Mayer (1873 eröffnet und immer noch berühmt für üppige Torten und Süßigkeiten) kann man bei einem Kaffee gut die Leute beobachten. Zum Dinner serviert das Restaurant Prašná Bastá traditionelle slowakische Spezialitäten, z. B. Hirschragout mit Pilzen und hausgemachten Knödeln. Ein paar Gassen näher an der träge fließenden Donau liegt Marrol's Hotel, das die Retroeleganz der 1920er- und 1930er-Jahre mit dem Luxus des 21. Jh. verbindet.

Die „Blaue Kirche" (eigentlich Elisabethkirche, denn sie ist Elisabeth von Thüringen geweiht) ist das architektonische Schmuckstück der Stadt; außen blau, innen reich geschmückt. Wo andere Hauptstädte mit riesigen, mächtigen Gebäuden blenden, überrascht Bratislava mit kompakteren, persönlicheren und verspielteren Bauten – diese Kirche von 1911 ist lupenreiner Jugendstil und auch von innen blau!

Die Burg Bratislava steht auf einem Felsen und wurde in keltischer und römischer Zeit als Festung genutzt. 1811 brannte sie komplett nieder, im 20. Jh. wurde sie wiederaufgebaut. Von der Burg, deren Form ein wenig an ein Bett mit vier hohen Pfosten erinnert, schaut man den Windungen der Donau nach, Richtung Österreich im Südwesten und Ungarn im Süden. Versteckt in den unteren Mauern der Burg ist das Jüdische Museum, eines der kleinen, aber exzellenten Museen der Stadt.

INFO: www.visit.bratislava.sk. KAFFEE MAYER: Tel. +421/254-41-1741; www.kaffeemayer.sk. PRAŠNÁ BASTÁ: Tel. +421/254-434-957; www.prasnabasta.sk. *Preise:* Dinner € 22. MARROL'S HOTEL: Tel. +421/257-784-600; www.hotelmarrols.sk. *Preise:* ab € 122. JÜDISCHES MUSEUM: Tel. +421/220-490-101; www.snm.sk. REISEZEIT: Juni–Aug.: bestes Wetter; Juni–Sept.: Sommer-Kulturfestival; Okt.: Bratislava Music Festival; Dez.: Weihnachtsmärkte.

Ein See und ein Märchenschloss

Bled und die Julischen Alpen

Provinz Gorenjska, Slowenien

Für so ein kleines Land besitzt Slowenien eine unglaubliche Naturvielfalt. Der alte Luftkurort Bled ist ein Hauptanziehungspunkt. Wer sich ausgiebig an dem smaragdgrünen, von den schneebezuckerten Julischen Alpen umgebenen See erfreuen will, fahre mit einem der offenen Holzboote (*pletna*) auf die winzige Insel und läute im Kirchturm die „Wunschglocke" aus dem 16. Jh. Oder er steige zur Burg von Bled (11. Jh.) hinauf, besuche das Museum und speise anschließend im Burgrestaurant, mit unvergesslicher Aussicht und mit der Spezialität von Bled: *kremma rezina* (Cremeschnitte).

Das Hotel Vila Bled, einst eine Residenz des jugoslawischen Präsidenten Tito, besitzt einen Park am See, 1950er-Jahre-Dekor und eines der besten Restaurants der Stadt. Das Grand Hotel Toplice liegt direkt am See und verströmt den Charme alter Zeiten, während das restaurierte Hotel Triglav Bled erstmals 1906 eröffnete und schon damals für die schöne Restaurantterrasse und seine erhabene Lage etwas außerhalb der Stadt beliebt war.

Wenn Sie den 2864 m hohen Triglav erklimmen, den höchsten Berg Sloweniens, werden Sie zum Ehrenslowenen – so will es die Tradition.

Wer sich die Julischen Alpen ohne diese Anstrengung anschauen will, der fahre die reizvollen 40 km nach Kranjska Gora, Sloweniens Skiort Nr. 1 und Tor zum Triglav-Nationalpark. Eine Serpentinenstraße führt 1 Stunde lang durch den Park hoch in die Alpen, über den atemberaubenden, 1611 m hohen Vršič-Pass und hinunter in die sonnige Provinz Primorska.

Folgen Sie dem kobaltblauen Fluss Soča durch unberührte Landschaft nach Kobarid, ein hübscher Marktflecken mit einem kleinen, aber feinen Museum zum Ersten Weltkrieg. Hier finden Sie auch die größte Konzentration an guten Restaurants im ländlichen Slowenien, z.B. das Topli Val, ein Fischrestaurant im schicken Hotel Hvala. Das Hiša Franko hat sich dem Slow Food verschrieben und besitzt charmante Zimmer in einem umgebauten Bauernhof. Von hier aus fährt man nur 10 Minuten ins Paradies, so die Übersetzung von „Nebesa", einer exquisiten Anlage mit modernen Holzchalets, 900 m hoch in den Bergen in Livek. Den Grund für den Namen verstehen Sie sofort bei Ankunft …

Wo: 89 km nordwestl. von Ljubljana. **Info:** www.bled.si. **Burgrestaurant Bled:** Tel. +386/4-579-4424; www.blejski-grad.si. *Preise:* Dinner € 30. **Hotel Vila Bled:** Tel. +386/4-575-3710; www.vilabled.com. *Preise:* ab € 222 (Nebensaison), ab € 244 (Hochsaison); Dinner € 60. **Grand Hotel Toplice:** Tel. +386/4-579-1000; www.hoteltoplice.com. *Preise:* ab € 170 (Nebensaison), ab € 233 (Hochsaison). **Hotel Triglav Bled:** Tel. +386/4-575-2610; www.hoteltriglavbled.si.

Die kleine weiße Marienkirche steht malerisch auf einer Insel im Bleder See.

Preise: ab € 105 (Nebensaison), ab € 160 (Hochsaison); Dinner € 30. HOTEL HVALA mit TOPLI VAL: Tel. +386/5-389-9300; www.hotelhvala.si. *Preise:* ab € 107; Dinner € 33. HIŠA FRANKO: Tel. +386/5-389-4120; www.hisafranko.com. *Preise:* ab € 77 (Nebensaison), ab € 133 (Hochsaison); Dinner € 48. NEBESA: Tel. +386/5-384-4620; www.nebesa.si. *Preise:* ab € 237. REISEZEIT: Apr. –Okt.: bestes Wetter; Ende Juli: Bled-Tage, ein Multimedia-Festival; Aug.: Okarina-Ethno-Festival mit Folk- und Weltmusik.

Ein mittelalterlicher Stadtkern und eine Festung auf dem Hügel

DIE ALTSTADT VON LJUBLJANA MIT DER BURG

Ljubljana, Slowenien

Die Altstadt von Ljubljana (Laibach), Sloweniens kleiner Hauptstadt, ist eine Schatzkiste voller verschiedener Architekturstile: Mittelalter und Barock stehen Seite an Seite; das frühe 20. Jh. wird dagegen repräsentiert vom sehr eigenen Design des hiesigen Architekten Jože Plečnik.

Starten Sie Ihren Spaziergang durch die Altstadt (Staro Mesto) in der bunten Marktgegend am Fuße des Nikolai-Domes aus dem 18. Jh. Es geht vorbei an hübschen Innenhöfen, alten Passagen und Kirchen. Ein Dutzend Brücken (die meisten für Fußgänger) spannt sich über die Ljubljanica, darunter die berühmte Drachenbrücke, die von Plečnik gestalteten Drei Brücken und die neue Fleischerbrücke mit Skulpturen von Jakov Brdar (und von Liebespaaren dort angebrachten Vorhängeschlössern).

Auf einem bewaldeten Hügel wacht die Burg über der Stadt, eine von 5 für die Öffentlichkeit zugänglichen Burgen. Ihre Architektur spiegelt die Stadtgeschichte: eine mittelalterliche Kapelle, Festungsmauern aus dem frühen 16. Jh. und einige unschöne Gebäude aus den sozialistischen 1970ern. In den Museen auf der Burg erfahren Sie alles über die Geschichte der Stadt und des Landes, und auf der Caféterrasse gibt's regionale Spezialitäten wie *jelenov golaž* (Hirschgulasch). Eine schöne Aussicht hat man aus der Standseilbahn, die zur Burg hochfährt.

Im Grand Hotel Union sollten Sie im prächtigen Jugendstilflügel „Executive" von 1905 absteigen. Eines der neuen Boutique-Hotels im Herzen der Altstadt ist das Antiq Hotel in mehreren Stadthäusern des 18. Jh. Direkt gegenüber liegen der charmante Innenhof und die gemütliche Lobby des Hotels Allegro.

Am anderen Ufer der Ljubljanica liegt das Antiq Palace, ein Hotel nur mit Suiten an 2 Innenhöfen eines ehemaligen Palasts aus dem 16. Jh. In der Nähe liegt das beste Restaurant der Stadt, Pri Vitezu. Ungezwungener speist man im beliebten Špajza: Im kerzenbeschienenen Hof oder im rustikalen Inneren gibt es gute regionale Küche und Weine an roh behauenen Tischen. Slowenien ist zu Recht stolz auf seine 1000 Jahre alte Weingeschichte, und hier hat man die Wahl zwischen einem Dutzend Winzer aus Goriška Brda, Sloweniens bester Lage für vollmundige Rotweine.

INFO: www.visitljubljana.si. GRAND HOTEL UNION: Tel. +386/1-308-1270; www.gh-union.si. *Preise:* ab € 255. ANTIQ HOTEL: Tel. +386/1-421-3560; www.antiqhotel.si. *Preise:*

€ 81. **Allegro Hotel:** Tel. +386/59-119-620; www.allegrohotel.si. *Preise:* ab € 111. **Antiq Palace:** Tel. +386/8-389-6700; www.antiqpalace.com. *Preise:* ab € 255. **Pri Vitezu:** Tel. +386/1-426-6058; www.privitezu.si. *Preise:* Dinner € 30. **Špajza:** Tel. +386/1-425-3094. *Preise:* Dinner € 30. **Reisezeit:** Mai–Sept.: bestes Wetter; Mai: Druga-Godba-Festival alternativer Musik; Juli–Aug.: Ljubljana Festival, größtes Kulturfest des Landes.

Land der Höhlen und der schneeweißen Pferde

Die Höhlen des Karst-Plateaus

Provinzen Notranjska und Primorska, Slowenien

Die slowenische Karstregion, mit den Alpen auf der einen und der Adria auf der anderen Seite, wird mit *pršut* (luftgetrocknetem Schinken) und dem rubinroten Kraški-Teran-Wein in Verbindung gebracht. Aber die Besucher zieht es vor allem unter die Erde: Hier gibt es einige der größten und erstaunlichsten Höhlen der Welt, von unterirdischen Flüssen in den porösen Sandstein gewaschen, z.B. die riesigen Höhlen in Postojna und im Dorf Škocjan.

Die Höhle von Postojna ist mit 21 km Länge und 150 m Tiefe im erschlossenen Teil Europas größte. Bisher haben 30 Mio. Besucher ihre Stalagmiten- und Stalagtitenformationen bewundert. Eine 90-minütige geführte Tour, großteils in einer kleinen, offenen Elektrobahn, nimmt Sie mit in ein Wunderland aus Tropfsteingebilden, die wie Spaghetti, Vorhänge oder Sandburgen aussehen. Die beste Unterkunft der Gegend ist mit 27 modernen Zimmern das Hotel Kras im Zentrum der Stadt Postojna. 10 Minuten nordwestlich der Stadt liegt die Burg Predjama, halb in eine große Höhle hineingebaut – ein besonderer Ort, der seinesgleichen sucht. Hier lebte Erasmus von Luegg, ein Räuberbaron des 15. Jh., der wie Robin Hood im Wald die Wagen der Reichen überfiel und die Beute den Armen überließ.

Eine Brücke führt über die tiefe Schlucht in den Höhlen von Škocjan.

Die Höhlen von Škocjan sind kleiner – nur 580 m lang –, aber vielleicht noch spannender, wirken sie doch wie direkt aus Jules Vernes *Reise zum Mittelpunkt der Erde* entsprungen. Das Highlight neben vielen bizarren Formationen ist die bodenlose Tiefe der unterirdischen Schlucht, die man auf einer schwindelerregenden Brücke 45 m über dem Höhlenfluss Reka überquert. Da es in der Nähe eher weniger Unterkünfte gibt, ist das neue, komfortable Hotel Malovec in Divača an der italienischen Grenze ein willkommener Zuwachs. In der Nähe liegt auch die kleine Stadt Lipica, wo die Habsburger im 16. Jh. ein Gestüt gründeten, das die anmutigen Lipizzaner für die Spanische

Hofreitschule in Wien (s. S. 147) züchten sollte. Die schneeweißen Schönheiten werden hier immer noch gezüchtet; es gibt Führungen, Reitstunden und Pferdewagenfahrten. **Wo:** 54 km südwestl. von Ljubljana. **HÖHLE VON POSTOJNA:** Tel. +386/5-700-0100; www.postojnska-jama.si. **HOTEL KRAS:** Tel. +386/5-7+-2300; www.hotel-kras.si. *Preise:* ab € 90 (Nebensaison), € 107 (Hochsaison). **HÖHLEN VON ŠKOCJAN:** Tel. +386/5-708-2110; www.park-skocjanske-jame.si. **HOTEL MALOVEC:** Tel. +386/5-763-3333; www.hotelmalovec.si. *Preise:* ab € 82. **GESTÜT LIPICA:** Tel. +386/5-739-1580; www.lipica.org. **REISEZEIT:** Mai–Sept: bestes Wetter; Dez.: Weihnachtskonzerte und Krippenspiel.

Die mittelalterliche Stadt an der Moldau

ČESKÝ KRUMLOV

Böhmen, Tschechische Republik

Český Krumlov (Krumau) ist eine Stadt wie aus dem Bilderbuch, in der man einen Blick auf das echte böhmische Leben werfen kann. Der Ort ist ein beliebtes Ziel für Tagesausflügler aus Prag, aber es lohnt sich, über Nacht zu bleiben: So können Sie in einem der traditionellen Restaurants am Fluss essen gehen und am nächsten Tag aufstehen, bevor die Scharen einfallen – dann haben Sie die urigen Gässchen, Ecken und Winkel ganz für sich allein.

Aus der faszinierenden Mischung der Architektur (mittelalterlich, Renaissance, Barock, Rokoko) sticht das großartige Schloss Český Krumlov heraus, auch *Hrad* oder Burg Schwarzenberg genannt. Mit 300 Räumen ist es hinter der Prager Burg (s. S. 329) das zweitgrößte der Republik. 3 Jahrhunderte lang war es die Residenz der Rosenberg-Dynastie, die vom 13.–16. Jh. über Südböhmen herrschte. Schreitet man vom hohen Schlossturm aus durch die Steinbögen der Mantelbrücke (*na plášti*), gelangt man zum Barocktheater im Schlossgarten, wo im Sommer Ballett-, Opern- und Theateraufführungen stattfinden.

Das berühmte tschechische Bier (s. S. 327), in Krumau das aromatische Lagerbier

Die Stadt Český Krumlov siedelte sich rund um das gleichnamige Schloss an.

aus der Eggenberg-Brauerei, probieren Sie am besten im Hospoda Na Louži. Eines der stimmungsvollsten Restaurants ist das U Dwau Maryí („Zu den zwei Marien") am Fluss mit mittelalterlicher Küche, von gebratenem Fasan bis zu exzellentem *medovina* (Met). Auf dem Hauptplatz serviert das Krčma v Šatlavské brutzelnde Fleischplatten – in einem von Kerzen erleuchteten Gewölbekeller aus dem 16. Jh. oder auf der Terrasse.

Auf der Moldau ist in Český Krumlov einiges los: Viele Unternehmen bieten Rafting- und Kanutouren durch die Wälder Südböhmens an, und bei Sonnenuntergang gleitet man in hölzernen Flachbodenbooten langsam auf den Flusswindungen durch die Altstadt.

Wo: 180 km südl. von Prag. **INFO:** www.ckrumlov.info. **SCHLOSS ČESKÝ KRUMLOV:** www.castle.ckrumlov.cz. *Wann:* Nov.–März: geschlossen. **HOSPODA NA LOUŽI:** Tel. +420/380-711-280; www.nalouzi.cz. **U DWAU**

MARYÍ: Tel. +420/380-717-228. *Preise:* Dinner € 12. KRČMA V ŠATLAVSKÉ: Tel. +420/380-713-344; www.satlava.cz. *Preise:* Dinner € 30. UNTERKUNFT: Das historische Hotel Konvice hat Schlossblick und liegt nah am Hauptplatz. Tel. +420/380-711-611; www.stadthotel-krummau. de. *Preise:* ab € 66. REISEZEIT: Apr., Okt.: nicht so voll; Juni: Fest der fünfblättrigen Rose mit mittelalterlichem Spektakel; Juli–Aug.: Internationales Musikfestival.

Ein Trio böhmischer Kurorte

KARLSBAD

Böhmen, Tschechische Republik

„Ich fühle mich hier wie in einem Paradies der Unschuld und Spontaneität", schrieb Goethe, der 16 Sommer in Karlsbad (Karlovy Vary) verbrachte. Auch Beethoven, Brahms, Bach und Liszt fanden hier neue Inspiration.

Unter den über 30 tschechischen Kurorten sind Karlovy Vary und der jahrhundertealte Konkurrenzort Mariánské Lázně (Marienbad) die größten und bekanntesten.

Seit über 400 Jahren kommen die Reichen und Berühmten der Welt zur Kur zu den 12 natürlichen Thermalquellen Karlsbads. Die Stadt, in einem sanft geschwungenen, waldreichen Tal gelegen, hat sich ihr elegantes und vornehmes Flair erhalten – belebt durch spontane Klassikkonzerte inmitten der Architektur des 19. Jh.

Das Grand Hotel Pupp von 1701 war einst eines der Tophotels Europas, mit illustren Namen wie Goethe, Paganini und Freud im Gästebuch. Sein altertümliches Ambiente ist einen Blick wert; absteigen möchten Sie vielleicht lieber im etwas bescheideneren, aber zentralen Hotel Ontario. Beide sind gute Ausgangspunkte für das Erkunden der reichen Kurort-Landschaft Westböhmens. Das nur 20 Minuten entfernte Loket („Ellenbogen") hat zwar keine Quellen, dafür aber ein mittelalterliches Dorfzentrum, eine schöne Lage an einer Kehre des Flusses Ohře und eine trutzige Burg. An Sommerabenden veranstaltet das Hotel Cisar Ferdinand hier Outdoor-Grillabende mit rustikalen böhmischen Gerichten und einem der besten Biere Böhmens.

Eine 45-minütige Autofahrt bringt Sie von Karlsbad nach Süden – nach Marienbad. Die 40 Quellen dieses viel kleineren Kurorts waren sehr beliebt bei Kafka, Chopin und König Eduard VII. von England (der gern im immer noch bekannten Hotel Nové Lázně abstieg). Das Erbe Chopins feiert man im August beim Chopin-Musikfestival. Im nahen Chodová Planá (Kuttenplan) können Sie sich eine erfrischende Badekur in warmem, speziell gebrautem Bier angedeihen lassen. Weiter fährt man in das verschlafene Františkovy Lázně (Franzenbad) nahe der deutschen Grenze – die kleinste und – trotz der Anziehungskraft ihrer 26 Heilquellen – ursprünglichste Stadt im tschechischen Kurort-Dreieck.

Wo: Karlovy Vary liegt 142 km, Mariánské Lázně 172 km westl. von Prag. GRAND HOTEL PUPP: Tel. +420/353-109-111; www.pupp.cz. *Preise:* ab € 200. HOTEL ONTARIO: Tel. +420/353-222-091; www.hotelontario.cz. *Preise:* ab € 100. HOTEL CISAR FERDINAND: Tel. +420/352-327-130. *Preise:* € 50. HOTEL NOVÉ LÁZNĚ: Tel. +420/354-644-111; www.danubiushotels.com. *Preise:* ab € 110. BIERKUR IN CHODOVÁ: Tel. +420/374-611-653; www.chodovar.cz. REISEZEIT: Juni–Sept.: bestes Wetter; Juli: Karlovy Vary International Film Festival; Sept.: Dvořák-Herbstmusikfestival.

Eine Kathedrale fast wie in Prag – und eine makabre Sehenswürdigkeit

KUTNÁ HORA

Böhmen, Tschechische Republik

Diese beschauliche Stadt (Kuttenberg) war einst ein ernsthafter Rivale des mächtigen, ruhmreichen Prag. Kutná Hora war durch das Silbererz aus den umliegenden Bergen reich geworden, und 1308, als Wenzel II. regierte, erhielt die Stadt das königliche Münzrecht. Die hier geprägten Silbermünzen wurden zum Hauptzahlungsmittel Zentraleuropas; Prag und Kutná Hora zu erbitterten wirtschaftlichen, kulturellen und politischen Gegnern. Im 16. Jh. schwanden die Silbervorkommen, aber die Stadt behielt ein faszinierendes architektonisches Erbe zurück. So ist das Silbermuseum in einem Gebäude untergebracht, das einst Teil der Stadtbefestigung war.

Die prächtige gotische Kathedrale St. Barbara, benannt nach der Patronin der Bergleute, steht stolz auf einem Vorsprung über der Altstadt. Ihr hohes Kirchenschiff und das elegante Rippengewölbe bezeugen die Geschichte der Stadt. Erbaut wurde sie von 1380 bis zum späten 19. Jh. Das Warten hat sich gelohnt – es ist eine der eindrucksvollsten Kathedralen des Landes.

Kutná Horas zweiter Schatz ist das makabre Beinhaus, das Sedletz-Ossarium, in einem Vorort, wo seit dem 12. Jh. ein Zisterzienserkloster steht. Als die Pest Mitte des 13. Jh. in Europa wütete, wurde der klösterliche Friedhof zu klein, und zur Aufbewahrung der menschlichen Knochen wurde die kleine Kirche gebaut. 5 Jahrzehnte lang stapelte man dort Knochen von etwa 40.000 Menschen. Als die Adelsfamilie Schwarzenberg die Kapelle 1870 kaufte, beauftragte sie einen Holzschnitzer, die Berge von Schädeln, Oberschenkelknochen und Rippen schöner zu arrangieren. Das Ergebnis ist eine sehr künstlerische Dekoration aus Gebeinen, die in Kronleuchter, Pyramiden und Kreuze verwandelt wurden. Wer genau hinschaut, entdeckt am unteren Ende der Treppe das Schwarzenberg-Wappen und die Signatur des Künstlers, František Rint. **Wo:** 73 km östl. von Prag. **Info:** www.kutnahora.cz. **Tschechisches Silbermuseum:** Tel. +420/327-512-159; www.cms-kh.cz. **Sedletz-Ossarium:** Tel. +420/326-551-049; www.kostnice.cz. **Reisezeit:** Juni–Sept.: bestes Wetter; Juni: Internationales Festival klassischer Musik.

Das stolze Erbe des Landes

DAS TSCHECHISCHE BIER

Prag und Pilsen, Böhmen, Tschechische Republik

„Wo man Bier braut, da lässt sich's gut leben." Dieses alte Sprichwort kommt natürlich aus dem Land mit dem weltweit höchsten Pro-Kopf-Verbrauch an Bier. Lange nachdem das Pilsener 1842 in der westböhmischen Stadt Pilsen (Plzeň) den letzten Schliff erhielt, lohnt es sich heute wieder so richtig, als *pivo-*(Bier-)Liebhaber die Tschechische Republik zu besuchen. 125 Brauereien gibt es im Land, viele davon in der Hauptstadt Prag. Sich durchzuprobieren ist einfach – die Prager Kneipen (*hospody*) haben eine reiche Auswahl an Bieren vom Fass.

Eine Bierprobe könnte z.b. im Pivovarsky Dum („Brauhaus") beginnen, wo es u.a. „Bierchampagner" und Bier mit Kaffee- oder Bananengeschmack gibt. Im dazugehörigen Pivovarsky Klub auf der anderen Seite der Stadt werden die besten Biere lokaler Brauereien vorgestellt. Abends sind viele Stammgäste da – empfehlenswert ist daher auch ein langes Mittagessen, das tschechische Gerichte mit bis zu 6 verschiedenen Fassbieren kombiniert. Noch nicht genug? Die Kühlschränke sind hier vollgepackt mit Flaschenbieren aus dem ganzen Land. Gute Marken sind z. B. Primátor, Svijany, Kout na Šumavě und Lobkowicz.

Im Burgviertel liegt das Klášterní-Brauhaus im Strahov-Kloster aus dem 12. Jh. Das hauseigene Bier, eines der besten Gaststättenbiere Prags, kann man prima im Biergarten probieren, und im Dezember gibt es ein Weihnachtsbier. Fleißige Mönche bewahren die Brautradition und brauen helle und dunkle tschechische Biere, deutsches Hefeweizen und amerikanisches Pale Ale. Es gibt leckeres Gulasch, und ein Blasorchester trägt mit zünftigen osteuropäischen Weisen zur allgemeinen guten Stimmung bei. Am anderen Ufer in der Altstadt liegt das Biermuseum (*Pražské Muzeum Piva*) mit einer Standardauswahl von 30 Fassbieren. Allzu viel gibt es im Museum nicht zu sehen, aber bei so vielen Bier-Optionen macht das keinem etwas aus. Einen lohnenden Einblick in die Braugeschichte bekommen Sie im knapp 100 km westlich gelegenen Pilsen, der Heimat des modernen Brauens. Kombinieren Sie eine Tour durch die Pilsner-Urquell-Brauerei mit einem Besuch des nahen Brauereimuseums. Allein das *nefiltrované pivo* (ungefiltertes Bier), das in der angeschlossenen Kneipe Na Parkanu serviert wird, ist die schöne Bahnfahrt wert. Bierliebhaber, die noch einen draufsetzen wollen, sollten in Chodovar nahe Karlsbad ein Bierbad in Betracht ziehen (s. S. 326).

PIVOVARSKY DUM: Tel. +420/296-216-666; www.gastroinfo.cz. **PIVOVARSKY KLUB:** Tel. +420/222-315-777; www.gastroinfo.cz. **KLÁŠTERNÍ PIVOVAR:** Tel. +420/233-353-155; www.klasternipivovar.cz. **BIERMUSEUM PRAG:** Tel. +420/732-330-912; www.praguebeermuseum.com. **PILSNER-URQUELL-BRAUEREI UND BRAUEREIMUSEUM:** Tel. +420/222-710-159; www.prazdroj.cz. **REISEZEIT:** Mitte Mai: Tschechisches Bierfestival und Prague Food Festival.

Inmitten der Stadt der 100 Türme

DER ALTSTÄDTER RING

Prag, Böhmen, Tschechische Republik

Der Altstädter Ring ist das belebte Zentrum Prags. Einst das düstere Viertel, in dem Kafka lebte, birst es heute vor lauter Café-Sonnenschirmen, Straßenmusikanten und Legionen von Touristen, die sich jede Stunde die Prozession von Aposteln und allegorischen Figuren an der berühmten 600 Jahre alten Astronomischen Uhr (*Orloj*) ansehen. Besteigen Sie den 60 m hohen Turm des Altstädter Rathauses und genießen Sie die umwerfende Aussicht auf die „Stadt der 100 Türme". Ein architektonisches Juwel ist die barocke Nikolauskirche, ein weiteres die Teynkirche aus dem 14. Jh., deren Ehrfurcht gebietende gotische Doppelturmfassade eines der Wahrzeichen Prags darstellt.

Vom Altstädter Ring führen enge, kurvige Sträßchen zu den verborgenen Plätzen und Höfen der Altstadt (Staré Město). Entdecken Sie das elegante Hotel Savic, ursprünglich ein Konvent aus dem 14. Jh., oder erleben Sie klassische böhmische Küche bei einem 3-stündigen Mehrgangmenü im La Degustation, wo feine Speisen aus einem Kochbuch der 1880er-Jahre serviert werden.

Ein kurzer Spaziergang führt Sie zum Nationaltheater. Mozart, der Prag liebte, erwählte es zur Premierenbühne seines *Don Giovanni*. 1991, zum 200. Todestag Mozarts, wurde das neoklassizistische Gebäude in neuem Glanz wiedereröffnet. Das Innere mit seinen Putten und Logenreihen ist einen Besuch wert, nicht nur wegen der noch heute stattfindenden Mozart-Aufführungen.

Vom zentralen Platz führt die Karlova-Straße nach Westen zur 1357 unter Karl IV. erbauten Karlsbrücke. 14 weitere Brücken überspannen die Moldau, aber die Aussicht von dieser 16-bogigen Fußgängerbrücke ist einfach einzigartig und reicht von der Kleinseite (Malá Strana) auf dem Westufer bis zur Prager Burg hoch auf dem Hügel (s. unten). 36 barocke Heiligenfiguren, die meisten im 17. Jh. hinzugefügt, säumen die Brücke. Das Four Seasons Hotel am Ufer besitzt Suiten mit wunderschönem Burgblick sowie das exquisite Restaurant Allegro. Wer früh aufsteht, hat die Brücke für sich allein, während die Wächterstatuen wie Geister durch den aufsteigenden Nebel wabern.

Savic Hotel: Tel. +420/224-248-555; www.savichotelprague.com. *Preise:* ab € 130. **La Degustation:** Tel. +420/222-311-234; www.ladegustation.cz. *Preise:* 7-gängiges Probiermenü € 90. **Nationaltheater:** Tel. +420/224-902-231; www.narodni-divadlo.cz. **Four Seasons:** Tel. +420/221-427-000; www.fourseasons.com. *Preise:* ab € 333 (Nebensaison), ab € 425 (Hochsaison); Dinner im Allegro € 74. **Reisezeit:** Ende Apr.–Mai: Prague Spring Music Festival; Ende Sept.–Okt.: Herbst-Klassikfestival; Ende Nov.–Dez.: Weihnachtsmärkte in der Altstadt und am Wenzelsplatz.

Religiöses und politisches Symbol für Ruhm und Macht

Das Prager Burgviertel

Böhmen, Tschechische Republik

Oben auf dem hügeligen Westufer der „Goldenen Stadt" liegt eines der schönsten Panoramen Europas: die Prager Burg (Pražský hrad) hoch über dem sanften Bogen der Moldau, dahinter aufragend ein gotisches Meisterwerk, der Veitsdom. Hier, im Hradschin, stand das frühe Prag, buchstäblich im Schatten des Doms. Schlendert man durch diese Stadt in der Stadt, tun sich schöne Ausblicke auf den Fluss und die Karlsbrücke auf. Die Skyline aus Kirchen und Türmchen erhebt sich über die uralten Dächer der Altstadt am Ufer gegenüber (s. vorige Seite). Die Prager Burg ist eine ganze Sammlung monumentaler Festungsgebäude und Innenhöfe, die vom 10. bis ins 20. Jh. datieren. Ihr spiritueller Mittelpunkt ist der Veitsdom, im 14. Jh. begonnen und erst 1929 fertiggestellt. Die schönste seiner 21 Kapellen ist dem hl. Wenzel gewidmet, dem Schutzpatron Böhmens. Nebenan liegt der Königspalast, der vom 11.–16. Jh. Sitz der böhmischen Herrscher war. 2 wichtige Abteilungen der Prager Nationalgalerie sind Highlights: Das ehemalige Georgskloster beherbergt eine fantastische Kollektion böhmischer Kunst des 19. Jh.; europäische Kunst aus 6 Jahrhunderten findet man im Palais Sternberg. In der östlichen Ecke des riesigen Komplexes zeigt der Lobkowitz-Palast die private Sammlung der Familie Lobkowitz, darunter Gemälde von Canaletto sowie handgeschriebene Partituren von Mozart und Beethoven.

Von der Burg aus geht man die Nerudova-Straße hinunter zur Kleinseite (Malá Strana), ein Labyrinth aus stillen Gassen und kleinen Höfen. Erholung findet man im Café Cukrkavalimonada, das mit schönen Deckengemälden aufwartet, oder im Hostinec U Kocoura, einer rustikalen Lieblingskneipe des Autors und früheren Präsidenten Václav Havel. Probieren Sie doch mal – während Sie mit den Einheimischen an einem Tisch sitzen – das *kvasnicové pivo* „Bernard", ein lokal gebrautes Bier mit leichtem Zitronengeschmack. Bestellen Sie abends einen Tisch im intimen U Malý Velryby und genießen Sie Meeresfrüchte-Tapas zu einer Flasche mährischen Weißweins.

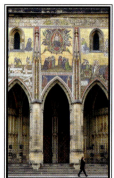

Die Vollendung des Veitsdoms dauerte 6 Jahrhunderte.

Die 100 Zimmer des Hotels The Augustine verteilen sich um ruhige, grüne Innenhöfe in einem restaurierten Kloster aus dem 13. Jh. Im Spa-Bereich können Sie sich mit dunklem Bier behandeln lassen, das die hier lebenden Mönche gebraut haben. Fast nebenan, hinter einer Mittelalterfassade, verbergen sich die 22 bunten Räume des hippen Hotel Sax, eine witzige Hotelalternative im 1960er-Retrodesign an einem kleinen, ruhigen Platz.

PRAGER BURG: Tel. +420/224-373-368; www.hrad.cz. **GEORGSKLOSTER:** Tel. +420/257-531-644; www.ngprague.cz. **PALAIS STERNBERG:** Tel. +420/233-090-570; www.ngprague.cz. **LOBKOWITZ-PALAST:** Tel. +420/233-312-925; www.lobkowicz.cz. **CUKRKAVALIMONADA:** Tel. +420/257-225-396. *Preise:* Mittagessen € 12. **U MALÝ VELRYBY:** Tel. +420/257-214-703; www.umalevelryby.cz. *Preise:* Dinner € 25. **THE AUGUSTINE:** Tel. +420/266-112-233; www.theaugustine.com. *Preise:* ab € 260. **HOTEL SAX:** Tel. +420/257-531-268; www.hotelsax.cz. *Preise:* ab € 96. **REISEZEIT:** Mai: Prague Spring Music Festival; Juni: das quirlige Fringe Festival.

Châteaux, Wein und ein kleines Stück Italien

DAS GRENZLAND IN SÜDMÄHREN

Mähren, Tschechische Republik

Der tschechische Dichter Jan Skácel beschrieb das Fleckchen Erde als „ein Stück Italien, das von Gottes Hand nach Mähren versetzt wurde": Die ruhige, von einem Schloss gekrönte Stadt Mikulov (Nikolsburg) liegt auf einem felsigen Hügel in schöner Landschaft, direkt an der Grenze zu Niederösterreich. Im nahen Landschaftsschutzgebiet Pálava – perfekt zum Wandern und Radfahren – ist ein gewisses toskanisches Flair unverkennbar: sanfte Hügel, schläfrige Städtchen und das Zentrum des rapide ansteigenden Weinanbaus in Tschechien. Die aromatischen Weißweine – bekannte Marken sind Tanzberg und Mikrosvin – werden langsam auch international bekannt. Mikulovs Einwohnerzahl von 8000 vergrößert sich jeden September, wenn das Pálava-Weinlesefest ansteht.

Im gut erhaltenen jüdischen Viertel von 1421 steht noch die 1550 erbaute Synagoge. In der Nähe liegt das schicke Kunst-Hotel Templ in einem Barockgebäude, das einst ebenfalls eine kleine Synagoge beherbergte.

Von Mikulov aus kann man prima die Landschaft erkunden – den „Garten Europas", einst Lieblingsort der Liechtenstein-Familie. Diese besaß früher nicht nur ihr kleines Fürstentum, sondern große Gebiete in ganz Mitteleuropa, darunter die Zwillingsschlösser Lednice und Valtice, die 5 Jahrhunderte lang bis zum Zweiten Weltkrieg der Liechtenstein-Dynastie gehörten. Heute sind sie das Herz eines 321 km² großen Landschaftsgartens mit Seen und Pavillons, der Kulturlandschaft Lednice-Valtice. Schloss Valtice ist eines der schönsten Barockgebäude Tschechiens, während das benachbarte Lednice für seine neogotische Ausstattung berühmt ist und den Liechtensteins von 1582 und 1945 als Sommerresidenz diente. Heute gehört das ganze Ensemble der tschechischen Regierung, und im Sommer sind die Gärten voller Besucher, die sich bei Bootsfahrten, Radausflügen und Greifvögelshows mit Adlern, Falken und Habichten amüsieren.

Wo: Mikulov liegt 293 km südwestl. von Prag. **Info:** www.mikulov.cz. **Hotel Templ:** Tel. +420/519-323-095; www.templ.cz. *Preise:* ab € 66. **Schloss Valtice:** Tel. +420/519-352-423; www.zamekvaltice.cz. **Schloss Lednice:** Tel. +420/519-340-128; www.zamek-lednice.info. *Wann:* Lednice und Valtice sind von Nov.–März geschlossen. **Reisezeit:** Juni–Sept.: bestes Wetter; Aug.: Barockmusikfestival in Valtice; Mitte Sept.: Pálava-Weinlesefest in Mikulov.

Die Liechtenstein-Familie ließ sich Mitte des 13. Jh. in der Lednice-Valtice-Gegend nieder.

Mährens unterschätztes Juwel

Olomouc

Mähren, Tschechische Republik

„Es heißt, wir gehen nach Olmütz. Olmütz ist eine sehr angenehme Stadt", schrieb Leo Tolstoi in *Krieg und Frieden*. Die Erzählung ist Fiktion, aber die Stadt gibt es wirklich, und der Ausspruch stimmt auch 140 Jahre nach der Erstveröffentlichung noch. Wie Prag und Český Krumlov (s. S. 328 und 325) gruppiert sich auch Olomouc rund um eine großartige Altstadt – mit dem Unterschied, dass man in dieser relaxten 100.000-Einwohner-Stadt die Renaissance-, Barock- und Gotikbauten nicht mit so vielen anderen Touristen teilen muss. Eher trifft man

Studenten aus ganz Europa und Einheimische, die instinktiv wissen, dass sie in einem der unterschätzten Schmuckstücke Tschechiens leben.

Olomouc, etwa 3 Autostunden östlich von Prag gelegen, schafft den Spagat zwischen provinziell und kosmopolitisch. Auf dem Oberen Platz steht die 35 m hohe Dreifaltigkeits-Pestsäule, ein herausragendes Beispiel für den Barockstil Osteuropas. Sie wurde im 18. Jh. von dankbaren Bürgern errichtet, um an das Ende einer Pestepidemie zu erinnern. In der Nähe stehen 6 der berühmten Brunnen der Stadt, darunter der Herkulesbrunnen, der den Muskelmann beim Abwehren der 9-köpfigen Hydra zeigt.

Olomouc hat auch eine stolze Kirchengeschichte zu bieten: Der hoch aufragende neogotische Wenzelsdom am ruhigen Wenzelsplatz (zu erreichen über die lebhafte Straße des 1. Mai) wurde ursprünglich 1131 als romanische Basilika geweiht. Im nahen Přemysl-Palast befindet sich das Erzdiözesanmuseum mit vielen Schätzen aus dem 12.–18. Jh., als Olomouc die Hauptstadt Mährens war.

Die Dreifaltigkeits-Pestsäule ist mit Heiligenstatuen verziert.

Besuchen Sie die Vila Primavesi – der Architektur und des Essens wegen! Die Familie Primavesi unterstützte regelmäßig die Künstler des Wiener Jugendstils, unter anderem Gustav Klimt. Heute ist die riesige, schön restaurierte Villa das beste Restaurant der Stadt. Freuen Sie sich auf innovative Fisch- und Meeresfrüchtevariationen und eine leichtere Version der tschechischen Küche – probieren Sie den Kalbsbraten mit Rahmsoße, Preiselbeeren und hausgemachten Knödeln.

Wo: 250 km östl. von Prag. **Info:** www.olomouctourism.cz. **Erzdiözesanmuseum Olomouc:** Tel. +420/585-514-190; www.olmuart.cz. **Vila Primavesi:** Tel. +420/777-749-288; www.primavesi.cz. *Preise:* Dinner € 22. **Unterkunft:** Die Pension Na Hrade in einem komplett modernisierten historischen Gebäude liegt nur ein paar Schritte vom zentralen Platz entfernt. Tel. +420/585-203-231; www.penzionnahrade.cz. *Preise:* ab € 82. **Reisezeit:** Juni–Sept.: schönes Wetter; Apr. oder Mai: Flora Festival; Mai: Olmützer Musikfrühling; Juni: *Festival of Songs*, Stadtfest.

Ein byzantinisches Wunderland, geschaffen von Wind und Wasser

KAPPADOKIEN

Anatolien, Türkei

Wind und Wasser haben über die Jahrhunderte die surreale Landschaft Kappadokiens aus dem weichen vulkanischen Boden geformt: Minarette, Kegel, Türme, märchenhafte Schornsteine und Felsnadeln in rosa und rotbraunen Farbtönen sind so hoch wie 5-stöckige Häuser. Frühere Einwohner Kappadokiens (Kapadokya) höhlten die weichen Kegel und Türme aus *tufa* (Tuffstein) aus und schufen Höhlen, in denen heute immer noch Menschen leben. Kappadokien, einst eine der Haupthandelsrouten zwischen Ost und West, war die Heimat von einem Dutzend verschiedener Zivilisationen. Im frühen 4. Jh. kamen die ersten Christen und formten aus dem Gestein Kirchen inklusive Kuppeln, Gewölbedecken, Säulen und Bänken. Die Region erstreckt sich über etwa 129 km² und umfasst zahlreiche Städte und Dörfer.

Das Freilichtmuseum in Göreme ist die Stätte einer uralten Klosterkolonie, in der es einst mehr als 400 Kirchen, Einsiedeleien und kleine Klöster gegeben haben soll, die meisten aus dem Stein gehauen. Heute sind 15 davon für Besucher geöffnet. Manche sind mit einfachen Fresken aus dem 8. Jh. bedeckt, doch am faszinierendsten sind die byzantinischen Fresken aus dem 10.–13. Jh.

Wenige Landschaften sehen aus einem Heißluftballon so unvergesslich aus wie Kappadokien. Am besten schweben Sie von April bis Oktober über die bewohnte Mondlandschaft, dann ist die Sicht am besten. Und erkunden Sie danach das andere Extrem: Dutzende unterirdische, aus dem Stein gehöhlte Städte reichen bis zu 8 Stockwerke tief in die Erde hinein. Die am häufigsten besuchten sind die im Dorf Kaymakli, das ca. 18 km von Göreme entfernt ist. Manche dieser Höhlenstädte reichen bis in die Zeit der Hethiter (1500 v. Chr.) zurück und wurden über die Jahrhunderte erweitert, denn die Bewohner schätzten den Schutz, den die unterirdischen Häuser ihnen vor einfallenden Armeen boten. Kirchen, Weinpressen, Viehställe und komplexe Belüftungssysteme sorgten dafür, dass die Höhlenbewohner über Monate nicht auftauchen mussten.

Die Stadt Göreme war zunächst eine Backpackerstadt, hat aber heute Unterkünfte vom Hostel bis zum Höhlenhotel. Ürgüp, nur 10 Minuten von Göreme entfernt, wendet sich an Reisende mit etwas größerem Budget. Das beliebte Esbelli Evi in Ürgüp hat eine persönliche Atmosphäre; die meisten der 10 aus hellem Stein gehauenen Zimmer haben Terrassen, von denen aus man die kappadokische Landschaft überblickt. Das Yunak Evleri ist ein romantischer Bienenstock aus 30 Zimmern in 6 geschmackvoll restaurierten Höhlen aus dem 5. Jh. Warme Holzböden, Kelim-Teppiche, osmanische Antiquitäten und die Fassade einer griechischen Villa verleihen ihm mediterrane Eleganz.

Wo: Ürgüp liegt 66 km südwestl. von Kayseri, die nächste Stadt mit Flughafen. **Freilichtmuseum Göreme:** Tel. +90/384-271-2687; www.goreme. com. **Ballonfahrten:** Royal Balloon bietet 60- und 90-minütige Fahrten. Tel. +90/384-271-3300; www.royalballoon.com. *Preise:* 60 Minuten ab € 133. **Esbelli Evi:** Tel. +90/384-341-3395; www.esbelli.com. *Preise:* ab € 174. *Wann:* Nov.–März: geschlossen. **Yunak Evleri:** Tel. +90/384-341-6920; www.yunak.com. *Preise:* ab € 130 (Nebensaison), ab € 180 (Hochsaison). **Reisezeit:** Apr.–Juni und Sept.–Okt.: bestes Wetter.

Erstaunte die alten Römer genauso wie uns heute

Pamukkale

Anatolien, Türkei

Pamukkale („Baumwollfestung"), die wunderschöne Absonderlichkeit der Natur, sieht von Weitem wie Reisterrassen aus. Die weißen Terrassen aus Travertin, verbunden durch versteinerte Wasserfälle und gleißende Stalaktiten, sind das Ergebnis heißer Mineralquellen, deren kalkreiche Ablagerungen sich über Jahrtausende angereichert haben. Die Quellen sind schon seit römischen Zeiten beliebt und ziehen die Touristenströme an. Pamukkale ist besonders hinreißend bei Sonnenuntergang, wenn die Farben der Wasserbecken von gleißendem Weiß hin zu den warmen Rosa- und Lilatönen des Himmels changieren.

Heute sind nur wenige Becken für Besucher geöffnet, damit die Steine erhalten bleiben; mehr als ein kurzes Bad im 36° C warmen, wadentiefen Wasser ist nicht drin. Ein „richtiges" Entspannungsbad können Sie in den Mineralquellen der antiken Kurstadt Hierapolis nehmen, wo schon die Römer badeten. Im modernisierten, von Thermalwasser gespeisten Heiligen Becken können Sie zwischen untergegangenen antiken Säulen, Plinthen und anderen von Erdbeben geschaffenen Resten schwimmen. Unter den vielen Ruinen in Hierapolis ist auch ein spektakuläres Amphitheater für 12.000 Zuschauer.

Das terrassenartige Aussehen Pamukkales ist auf natürliche Weise aus versteinerten Wasserfällen entstanden.

Folgen Sie den Spuren der Pilger, die seit dem 8. Jh. v. Chr. ins nahe Aphrodisias, die Stadt der Aphrodite (römisch Venus), kommen, um der Göttin der Liebe, Schönheit und Sexualität ihren Tribut zu zollen. Archäologische Funde zeigen, dass hier im breiten, fruchtbaren Flusstal des Großen Mäander 130 km südwestlich von Pamukkale schon 2 Jahrtausende zuvor eine heilige Stätte existierte.

Viele Besucher versuchen, das alles in einen Tagesausflug vom hyperaktiven Hafen Kuşadasi oder dem kosmopolitischen Izmir aus zu pressen. Wer Pamukkale erleben möchte, nachdem die Touristengruppen weg sind, kann im schlichten, familiengeführten Hotel Hal-Tur übernachten. Der Mangel an oberflächlichen Annehmlichkeiten wird hier mehr als ausgeglichen vom freundlichen Service und den leckeren Speisen, die man am beleuchteten Pool serviert bekommt. Die meisten der 11 Zimmer haben Balkone mit Panoramablick auf die im Mondlicht leuchtenden Kalksinterformationen.

Wo: 186 km östl. von Kuşadasi. **Hotel Hal-Tur:** Tel. +90/258-272-2723; www.haltur.net. *Preise:* ab € 70. **Reisezeit:** Mai–Juni und Sept.–Okt.: kühleres Wetter.

Segeln entlang der Türkisküste

Die blaue Reise

Bodrum und Antalya, Türkei

Eine Segeltour entlang der sogenannten Türkisküste, der Türkischen Riviera, enthüllt die Schönheiten der antiken Kulturen. Ob als Gruppe oder in einer einzeln gebuchten Kabine: Die perfekte Art, die Küste zu erkunden, die sich über 480 km von Bodrum in der Ägäis nach Süden und Osten zur Mittelmeer-Hafenstadt Antalya erstreckt, ist per *gület*, dem hölzernen, 2-mastigen Boot mit Dieselmotor und Crew. Das Wasser strahlt hier in einem leuchtenden Blau, das es nirgends sonst in Europa gibt. Daher kommt der lokale Ausdruck *mavi yolculuk*, „blaue Reise". Auf der Fahrt erleben Sie griechisch-römische und lykische Ruinen, sonnenverwöhnte Strände, entspannte Mittagessen in Hafencafés und eine kleine unbewohnte Insel, die Marcus Antonius einst Kleopatra schenkte.

Die Fahrten beginnen meist in Antalya, Fethiye oder Bodrum, einem weiß getünchten Badeort, dessen Hafen vom Kastell von St. Peter (Petronium) dominiert wird, das die Johanniter 1402 erbauten. Es wurde aus den Resten eines der 7 Weltwunder gebaut: dem Marmorgrab des Königs Mausolus und seiner Schwester *und* Frau Artemesia und ist eines der schönsten Beispiele für Kreuzritterarchitektur in der Türkei. Innen befindet sich das außergewöhnliche Museum für Unterwasserarchäologie, das historische Wracks und Schätze der Ägäis zeigt.

Das Meer ist ein ausgezeichnetes Segelrevier; in den Buchten und Häfen zwischen Bodrum und Antalya gibt es viele Ankerplätze. Selbst eine 1-tägige Segeltour von Bodrum zum von Bergen umgebenen Golf von Gökova (Gokova Körfezi) ist Freude pur. In der Bucht bereitet die Crew ein einfaches Fischessen zu. Manche Fahrten konzentrieren sich auf Naturschönheiten, andere auf die Geschichte und Archäologie der Region, und die Standards reichen von spartanischen Stockbetten bis zu luxuriösen Kojen.

Bodrum hat sich in den letzten Jahrzehnten sehr verändert und ist heute bekannt als schickes und geschäftiges Segelzentrum der Ägäis. Die Hotels reichen von kleinen Gasthöfen in der Stadt mit Aussicht auf das Kastell, z.B. das einladende, oasenähnliche El Vino Hotel mit 20 Zimmern, bis zu großen Luxusresorts, z.b. das stylische Kempinski Hotel Barbaros Bay, eine 30-minütige Autofahrt außerhalb der Stadt. Beide bieten Privatsphäre und ein Verwöhnprogramm, das nach 1 Woche auf dem Boot einfach himmlisch ist. Oder übernachten Sie an der ruhigeren Lykischen Küste (s. S. 344) südlich von Bodrum Richtung Antalya.

Wo: Antalya liegt 727 km südl. von Istanbul; Bodrum 429 km westl. von Antalya. **Unterwassermuseum:** Tel. +90/252-316-2516. **Hotel El Vino:** Tel. +90/252-313-8770; www.elvinobodrum.com. *Preise:* ab € 55. **Kempinski Hotel Barbaros Bay:** Tel. +90/252-311-0303; www.kempinski.com/de/bodrum. *Preise:* ab € 107 (Nebensaison), ab € 333 (Hochsaison). **Wie:** Das englische Unternehmen Peter Sommer Tours bietet 1- und 2-wöchige *gület*-Touren. Tel. +44/1600-888-220; www.petersommer.com. *Preise:* ab € 2130, inklusive. Startet in Bodrum oder Antalya. *Wann:* Mai–Juni, Sept.–Okt. **Reisezeit:** Mai–Juni und Sept.–Okt., um die großen Gruppen zu vermeiden.

Ein unberührtes Stück Türkei an der Ägäis

Die Datça-Halbinsel

Türkei

Westlich von Marmaris sticht die 80 km lange Datça-Halbinsel ihren schmalen Finger ins Meer. Anders als das laute, bei Pauschaltouristen und Partyvolk beliebte Marmaris ist Datça eine wilde, unberührte Ecke der Türkei. Segler lieben die Küsten mit den Kiefernwäldern und die vielen einsamen Buchten. Andere erkunden mit Vorliebe schläfrige Fischerdörfer, isolierte Bergörtchen oder die Ruinen von Knidos an der Spitze der Halbinsel. Diese einst so reiche Hafenstadt gab es schon um 400 v. Chr. Sie hat 2 Amphitheater und eine sensationelle Hügellage direkt am Meer.

Fahren Sie von Knidos aus zurück in die nette Hafenstadt Datça. Einige schlichte, aber sehr gute Restaurants am Hafen, die nahe, postkartenschöne Stadt Eski Datça (Alt-Datça) und 3 kleine Strände machen sie zu einem willkommenen Haltepunkt nach all den Ruinen.

Die burgähnliche, aber neu gebaute Villa Aşina steht auf einer einzelnen Klippe außerhalb der Stadt und hat 17 Zimmer, einige mit geschnitzten Holzdecken. Man hat eine Rundumsicht aufs Meer und direkten Zugang zu 2 Sandstränden. Villa Tokur, etwas näher an der Stadt und oberhalb des stadtbesten Strandes, genießt eine ähnliche Hügellage. Die luftig-stylischen Zimmer und Gasträume setzen auf Stein und Schmiedeeisen; der Pool ist das Herzstück eines hübschen Blumengartens.

Vielleicht das schönste Palasthotel an der türkischen Küste ist das Mehmet Ali Ağa Konaği in Reşadiye nördlich von Eski Datça. Die *konak* (Residenz), im frühen 19. Jh. Heim einer reichen Familie, und 4 kleinere Gebäude, die alle inmitten eines üppigen Gartens mit Pool liegen, gleichen einem Museum für Kunst und Handwerk des Osmanischen Reiches. Der Familien-Hammam wurde zu einem modernen Spa umgebaut; die Kunstwerke sind alle original; die Decken- und Wandstiche im Haupthaus sind meisterlich restauriert. Schlendern Sie durch Rosengarten und Zitronenhain zum hochdekorierten Hotelrestaurant Elaki, das exquisite *meze*, Fisch- und Fleischgerichte aus Ägäis und Mittelmeer serviert.

Wo: Marmaris liegt 466 km südwestl. von Istanbul. VILLA AŞINA: Tel. +90/252-712-2444; www.villaasina.com.tr. *Preise:* ab € 93. VILLA TOKUR: +90/252-712-8728; www.hoteltokur.com. *Preise:* ab € 66. MEHMET ALI AĞA KONAĞI: Tel. +90/252-712-9257; www.kocaev.com. *Preise:* ab € 163 (Nebensaison), ab € 305 (Hochsaison); Dinner € 48. REISEZEIT: Mai–Okt.: schönes Wetter.

Die spektakulärsten römischen Ruinen der Türkei

EPHESOS

Türkei

Ephesos ist – als eine der besterhaltenen antiken Städte der Welt – das archäologische Schaustück der Türkei. Heute 4,8 km von der Ägäis entfernt, war es einer der reichsten Handelshäfen der griechisch-römischen Ära, in idealer Lage zwischen dem Nahen Osten und den Mittelmeerhäfen des Westens. Seine weitläufigen, eindrucksvollen Ruinen bezeugen seine Rolle als antike Hauptstadt der römischen Provinz Asia – zur Zeit von Christi Geburt war es nach Alexandria (s. S. 393) die zweitgrößte Stadt des östlichen Mittelmeers.

Heute führt eine 1,6 km lange marmorgepflasterte Straße mit tiefen Spurrillen römischer Wagen vorbei an teilweise rekonstruierten Bauten wie dem großen Theater mit Platz für 25.000 Zuschauer oder der wunderschönen zweistöckigen Celsus-Bibliothek aus dem Jahr 135, eines der anmutigsten erhaltenen Gebäude der Antike. Der griechische Tempel der Artemis (römisch: Diana) galt als eines der 7 Weltwunder. Nur die Fundamente sind geblieben, aber in Ephesos' goldenem Zeitalter Mitte des 4. Jh. v. Chr. war er viermal so groß wie der Parthenon in Athen (s. S. 183). Sein Dach wurde von 127 18 m hohen Marmorsäulen getragen. Die erst kürzlich für

Besucher geöffneten Hanghäuser – Villen, die den Reichen und Berühmten der Stadt gehörten – machen in ihrem Glanz Pompeji (s. S. 209) Konkurrenz. Ephesos blühte weiter bis zum 3. Jh., als es von gotischen Eroberern aus Nordeuropa zerstört wurde. In den nächsten Jahrhunderten verschwanden Hunderte Säulen und Statuen; einige tauchten in Konstantinopel wieder auf und wurden für Bau und Schmuck byzantinischer Kathedralen verwendet. Trotzdem hat das Museum in Ephesos eine der besten Sammlungen römischer und griechischer Artefakte in der Türkei.

Direkt außerhalb der archäologischen Stätten von Ephesos liegt Meryem Ana Evi, das Haus der Mutter Maria. Seit es im 19. Jh. von einer deutschen Nonne wiederentdeckt wurde, ist es eine wichtige Pilgerstätte: Hier soll die letzte Bleibe Marias gewesen sein, die in ihren späten Jahren von Johannes dem Evangelisten nach Ephesos gebracht wurde.

Der klassische Ausgangspunkt für diese und andere Sehenswürdigkeiten, darunter auch die nahe griechische Insel Samos, ist das 16 km entfernte Kuşadasi, ein großer Badeort an der Ägäis und beliebtes Ziel für Kreuzfahrtschiffe. Lassen Sie seine internationale Tummelplatz-Atmosphäre links liegen und fahren Sie lieber 116 km nach Nordwesten, nach Alaçati, ein lebhaftes, pittoreskes Dorf aus restaurierten griechischen Häusern. Schließen Sie sich den betuchten türkischen Besuchern an, die wegen der kleinen, aber feinen Restaurants, der

Die Celsus-Bibliothek – mit ionischen Säulen im unteren und dorischen im oberen Stockwerk – ist bekannt für ihre gut erhaltene Fassade.

Kunsthandwerksläden und der netten Atmosphäre hierherkommen, und den Wasserratten, die hier exzellente Windsurfmöglichkeiten vorfinden. Geschätzte 80 Boutique-Hotels säumen die gewundenen, kopfsteingepflasterten Straßen des bis vor Kurzem noch so schläfrigen Dorfes. Das schicke Taş Otel ist eine besondere Wahl: Das Haus aus dem 19. Jh. hat nur 7 Zimmer, jedes mit 4,50 m hoher Decke, mit handgestickten Borten gesäumten Leinenvorhängen, üppigen Federbetten und einem charmant-persönlichen Ambiente. Das auf der grünen Terrasse servierte Frühstück ist legendär.

Wo: 67 km südl. von Izmir. **Ephesos-Museum und Haus der Mutter Maria:** Tel. +90/232-892-6010; www.ephesus.us. **Taş Otel:** Tel. +90/232-716-7772; www.tasotel.com. *Preise:* ab € 96 (Nebensaison), ab € 178 (Hochsaison). **Reisezeit:** Apr.–Juni und Okt.–Dez.: kühleres Wetter fürs Sightseeing; Anf. Mai: Kultur- und Kunstfestival.

„Wenn die Erde ein einziger Staat wäre, dann wäre Istanbul die Hauptstadt." – Napoleon Bonaparte

Istanbul

Türkei

Die pulsierende Metropole Istanbul, die Europa und Asien verbindet, schlägt Besucher mit ihrem faszinierenden Erbe der byzantinischen und osmanischen Reiche schon seit Jahrhunderten in ihren Bann. Heute bietet Istanbul dem Reisenden eine Vielzahl moderner und historischer Museen, Weltklasserestaurants und glamouröser Hotels – eine Reizüberflutung aus Ost und West an jeder Ecke. Dieser bezaubernde und chaotische Ort vor der Kulisse aus Hügeln, Wasser und schlanken Minaretten strahlt eine einzigartige Energie aus.

HAUPTATTRAKTIONEN

DIE HAGIA SOPHIA – Die riesige Kuppel und die 4 eleganten Minarette der Hagia Sophia (Aya Sofya, „Kirche der heiligen Weisheit") erheben sich majestätisch über den Trubel der Innenstadt von Istanbul. Konstantinopel näherte sich dem Zenit als religiöses, kommerzielles und künstlerisches Zentrum des Heiligen Römischen Reiches, als Kaiser Justinian im 6. Jh. mit der Arbeit an der größten Kirche des alten Byzanz begann. Die Hagia Sophia wurde später von osmanischen Türken in eine Moschee umgewandelt und dann in der Türkischen Republik jeder religiösen Bedeutung enthoben. Trotzdem wird sie immer eine spirituelle Oase bleiben – und der schönste Bau, der die Spätantike überlebt hat. Ein 10 Jahre dauerndes Restaurierungsprojekt ist nun beendet, und die 30 Mio. Mosaikteilchen leuchten wieder. Treten Sie in die mystische Schönheit des schwach beleuchteten Innenraums ein, einen der größten geschlossenen Räume der Welt. INFO: Tel. +90/212-522-0989; www.hagiasophia.com.

DER TOPKAPI-PALAST – Über einen Zeitraum von fast 4 Jahrhunderten regierten 25 Sultane das riesige Osmanische Reich aus dem weitläufigen, 69 ha großen Topkapi-Palastkomplex. Er steht auf einer majestätischen Anhöhe über dem Bosporus und beeindruckt mit gekachelten Räumen und interessanten Ausstellungsstücken. Highlight der Schatzkammer ist der berühmte, mit riesigen Smaragden besetzte Topkapi-Dolch, aber auch die 6666 geschliffenen Diamanten, die 2 105 Pfund schwere Goldkandelaber schmücken, sind zu bestaunen, ebenso der 86-karätige Löffler-Diamant, der 1648 im Krönungsturban von Mehmet IV. Verwendung fand. Für viele Besucher ist der exotischste Ort auf dem Palastgrundstück der Harem mit seinen 400 Zimmern. Die Zahl der Odalisken (weibliche Sklaven) wuchs mit dem Fall des Osmanischen Reiches stetig an – bis auf 800 Mitte des 19. Jh. INFO: Tel. +90/212-512-0480; www.topkapisarayi.gov.tr.

DER GROSSE BASAR – Alles nur Denkbare kann auf Istanbuls großartigem Kapalı Çarşı („überdachter Markt") gekauft werden, einem Labyrinth aus 4000 Läden, winzigen Cafés und Restaurants, das sich über 65 Straßen erstreckt. Er wurde in den 1450er-Jahren von Mehmet dem Eroberer errichtet und über die Jahre wegen Feuersbrünsten komplett neu gebaut, aber der Originalstil aus überwölbten Gassen und Mosaikbrunnen ist erhalten. Das vielleicht älteste und größte Shoppingcenter der Welt ist ein Meer aus lokalen Souvenirs: Teppiche, Textilien, Gold, Juwelen, Ikonen, Leder-, Bronze- und Kupferwaren. Folgen Sie den Einheimischen zu den weniger touristischen äußeren Ecken. INFO: www.grandbazaaristanbul.org.

DER GEWÜRZMARKT – wird auch Ägyptischer Markt

Die 537 fertiggestellte Hagia Sophia war einmal die größte christliche Kirche der Welt.

genannt, denn viele der Güter kamen einst von dort. Der ausladende Komplex aus dem 17. Jh. ist der richtige Ort, um *lokum* (türkischen Honig) Feigen, Gewürze, Kaffee, mit Mandeln gefüllte Aprikosen, Pistazien und Honig zu kaufen. Das Aroma wird Ihren Appetit anregen, also nehmen Sie einfach Ihren Lunch oder Tee im jahrhundertealten Pandeli Restaurant im 1. Stock des Basar-Haupteingangs. PANDELI RESTAURANT: Tel. +90/212-527-3909; www.pandeli.com. tr. *Preise:* Mittagessen € 22.

Im 1741 eröffneten Cağaloğlu-Hammam kann man ein türkisches Bad erleben, wie es im Osmanischen Reich gewesen sein muss.

DER CAĞALOĞLU-HAMMAM – Gönnen Sie sich zum Relaxen in dieser quirligen Stadt ein traditionelles türkisches Bad im Cağaloğlu-Hammam nahe der Hagia Sophia (s. vorige Seite). Der Hammam war 1741 ein Geschenk des Sultans Mehmet I. an die Stadt. Kaiser Wilhelm II., Florence Nightingale und Tony Curtis zählen zu denjenigen, die seinen prächtigen weißen Dampfraum mit der Marmorkuppel besucht haben sollen. Die öffentlichen Bäder wurden von den Römern gegründet, die die Tradition an die Byzantiner (und die wiederum an die Türken) weiterreichten. Die Strafe für einen in der Frauenabteilung erwischten Mann war früher der Tod; heute kämen Sie mit dem Leben davon, aber Männer- und Frauenbad sind trotzdem noch in verschiedenen Ecken. INFO: Tel. +90/212-522-2424; www.cagalogluhamami.com.tr.

DAS KARIYE-MUSEUM – Dieses *müzesi* (Museum), allgemein als Chora-Kirche bekannt, beeindruckt Besucher mit seinen überwältigenden Mosaiken aus dem 14. Jh. sowie Fresken mit biblischen Szenen und einem der weltgrößten Schätze byzantinischer Malerei. Dieser auch „Kirche des Heiligen Erlösers" genannte Bau ist nahe der Stadtmauer versteckt, wo er im 5. Jh. errichtet wurde (das meiste des heutigen Baus stammt aus dem 11. Jh.). Fast die ganze Innenausstattung wurde 1321 von Theodoros Metochites ausgeführt, dem Begründer der künstlerischen und intellektuellen Renaissance, die das späte Byzanz veränderte. Die Kirche war 400 Jahre lang Moschee, bis sie zu einem Museum umgewandelt wurde. Einige historische osmanische Häuser in der Nähe bilden das atmosphärische Fleckchen „Alt Stambul" im Schatten der Stadtmauer, die mehrere Stockwerke hoch und bis zu 6 m dick ist. Bleiben Sie in der Vergangenheit: im Asitane, nur ein paar Schritte weiter, dessen ungewöhnliche Karte mit uralten osmanischen Gerichten aus der Küche des Topkapi-Palasts griechische, persische und nordafrikanische Einflüsse reflektiert. INFO: Tel. +90/212-631-9241; www.choramuseum.com. ASITANE: Tel. +90/212-635-7997; www.asitanerestaurant.com. *Preise:* Mittagessen € 22.

DIE SÜLEYMANIYE-MOSCHEE – Die Kanuni Sultan Süleymaniye Camii, die Moschee Sultans des Prächtigen, ist die größte und vielleicht schönste aller Istanbuler Moscheen. Wie sie da mit ihrer unverwechselbaren Silhouette hoch auf einem Hügel steht, ist sie Istanbuls auffälligstes Wahrzeichen. Süleyman I., der größte, reichste und mächtigste der osmanischen Sultane, schuf diese Hommage an sich selbst zwischen 1550 und 1557 und ist hier mit seiner Lieblingsfrau, im Westen als Roxelane oder auch „die Russin" bekannt, begraben. INFO: Tel. +90/212-513-0093.

EINE BOOTSFAHRT AUF DEM BOSPORUS – Es gibt mehrere Möglichkeiten, auf dem 30 km langen Bosporus, oder Boğaziçi, der schmalen Meerenge, die das Schwarze mit dem

Marmarameer verbindet und Europa von Asien trennt, herumzuschippern. Spezielle Fähren operieren für Einheimische und Touristen mit weniger Stopps als normale Fähren; sie fahren vom Eminönü-Pier ab und brauchen hin und zurück fast 6 Stunden. Die Ausflugsschiffe der TurYol-Kooperative bieten nicht ganz so viele Ausblicke auf die Küste und fahren nur bis Rumeli Hisari, einer Festung des 15. Jh., sodass die Rundfahrt nur 1,5 Stunden dauert. Private Unternehmen bieten auch Schiffsfahrten an, oft mit Mittagessen oder Snacks. Genießen Sie an Bord einfach die Fahrt – Sie werden an großen Palästen vorbeikommen (halten Sie nach dem Çirağan Ausschau – heute ein Hotel, s. nächste Seite), an reichen Orten, wo schöne hölzerne osmanische Häuser, *yalis* genannt, sich immer noch am Wasser aufreihen; an Burgen, modernen Brücken und Wäldern. **Wie:** Das Unternehmen Turista Tourism bietet Bosporustouren an, Tel. +90/212-527-7085; www.turistatravel.com.

Sonstige Highlights

Istiklal Caddesi – Diese Fußgängerzone im belebten Viertel Beyoğlu ist das Herz des modernen Istanbul. Schlängeln Sie sich an Einkaufenden, einer nostalgischen Tram und Nachtschwärmern vorbei und genießen Sie die Atmosphäre aus europäischer Architektur des 19. Jh., trendigen Shops, Arkaden voller Restaurants und der schmucken Çiçek Pasaji (Blumenpassage) an der Ecke Istiklal Caddesi/Galatasaray-Platz. Folgen Sie den Jungen und Schönen in die Bar 360 im 8. Stock – mit toller Aussicht und bis in den Morgen hinein geöffnet. Essen müssen Sie hier gar nicht – viel wichtiger sind die Drinks und das Peoplewatching! 360: Tel. +90/212-251-1042; www.360istanbul.com.

Die blaue Moschee – heißt eigentlich Sultan-Ahmet-Moschee und ist aus dem 17. Jh. „Blaue Moschee" heißt sie wegen ihrer 20.000 blau-weiß glänzenden, handgemachten Iznik-Fliesen, die im Innenraum komplizierte Muster bilden. Von außen konkurrieren die 6 schlanken Minarette, die Kaskaden von Kuppeln und halben Kuppeln mit der nahen Hagia Sophia (s. S. 338) um die prächtigste Architektur. Anders als diese ist die Blaue Moschee tatsächlich noch eine Moschee, daher ist die Besuchszeit während der 5 täglichen Gebete eingeschränkt, besonders freitags.

Die Prinzeninseln – Die 90-minütige Fährüberfahrt zu den ca. 20 km von Istanbul entfernten Prinzeninseln im Marmarameer ist eine Reise in die Vergangenheit. Die Inseln sind seit dem 19. Jh. Rückzugsort der reichen Juden, Armenier und Griechen. Autos sind verbannt, die osmanischen und viktorianischen Holzhäuser sehr schön, und die Luft ist sauber. Von den 4 bewohnten Inseln der Gruppe sind Heybeliada und Büyükada die interessantesten. Bummeln Sie durch die hügeligen Straßen, bewundern Sie die gut erhaltenen Häuser oder fahren Sie mit einem *fayton*, einem Pferdewagen, bevor Sie am Wasser Picknick machen. **Wie:** Fähren fahren mehrmals am Tag vom Adalar Iskelesi, dem „Inselfährenanleger", in Kabataş ab.

3 Kunstmuseen – In den letzten Jahren sind in Istanbul inmitten der schon etablierten Museen mehrere aus Privatsammlungen hervorgegangene Weltklasse-Kunstmuseen entstanden – inklusive trendiger Museumsrestaurants. Das Istanbul Modern liegt in einem schick renovierten Lagerhaus am Bosporus. Die Sammlung enthält vor allem türkische Gegenwartskunst in einem riesigen, asketischen Saal. Etwas weiter flussaufwärts im Emirgan-Distrikt (auch am Bosporus) liegt das Sakip Sabanci Museum. Die Villa von 1927 beherbergt die Sammlung eines türkischen Industriellen, der hier einst wohnte. Ein neuer Flügel zeigt die ausgezeichnete Kollektion osmanischer Kalligrafie sowie Gemälde von türkischen und ausländischen Künstlern, die im 19. und frühen 20. Jh. in der Türkei arbeiteten. Erholen Sie

sich im Garten des beliebten Restaurants Müzedechanga. Das Pera Museum befindet sich im Bristol Hotel aus dem 19. Jh., direkt am Pera Palace Hotel (s. nächste S.). Seine 5 Etagen bieten mehr als 300 Orientgemälde von europäischen Künstlern des 17.–19. Jh. ISTANBUL MODERN: Tel. +90/212-334-7300; www.istanbulmodern.org. SAKIP SABANCI MUSEUM: Tel. +90/212-277-2200; http://muze.sabanciuniv.edu. *Preise:* Mittagessen im Müzedechanga € 22. PERA MUSEUM: Tel. +90/212-334-9900; www.peramuzesi.org.tr.

Ü B E R N A C H T E N

ÇIRAĞAN PALACE KEMPINSKI – Das Çirağan Palace wurde im 19. Jh. für die letzten osmanischen Sultane direkt am Bosporus gebaut und bleibt der Gipfel türkischer Eleganz. Opulente, aber subtile Zimmer und Suiten liegen in einem neuen Flügel; alle haben Balkone und viele eine Aussicht auf den Bosporus, so auch der sehenswerte Pool . Das Restaurant Tuğra serviert Speisen des alten Konstantinopel in einem osmanischen Speisesaal, dessen Türen auf eine Terrasse hinausgehen, von der Sie beim Dinner hinüber nach Asien schauen können. INFO: Tel. +90/212-326-4646; www.kempinski. com/de/istanbul. *Preise:* ab € 359 (Nebensaison), ab € 500 (Hochsaison); Dinner € 66.

HOTEL EMPRESS ZOE – Ein amerikanischer Auswanderer eröffnete dieses erste Boutique-Hotel direkt im Herzen des attraktiven, historischen Sultanahmet-Distrikts. Es ist ein Ensemble aus mehreren alten Häusern um einen hübschen Garten, in dem das Frühstück serviert wird. Von der oberen Terrassenlounge aus blickt man auf die Blaue Moschee, die Hagia Sophia und den Topkapi-Palast. Die 25 Zimmer und Suiten sind individuell mit türkischen Stoffen und Originalgemälden eingerichtet. Einige haben Himmelbetten; andere private Terrassen und Balkone. INFO: Tel. +90/212-518-2504; www.emzoe.com. *Preise:* ab € 130.

FOUR SEASONS HOTELS – Ein ehemaliges Gefängnis beherbergt heute eines der exklusivsten Hotels in Istanbul, das Four Seasons Hotel Istanbul in Sultanahmet. Wachtürme und Zellen wurden zu 65 exklusiven Zimmern und Suiten umgebaut und um einen ruhigen Hof mit Garten angeordnet. Das leuchtend gelbe Hotel liegt im Herzen des historischen Sultanahmet-Distrikts; Hagia Sophia, Topkapi-Palast und Blaue Moschee (s. S. 338) sind nur einige Schritte entfernt.

Der Topkapi-Palast war fast 400 Jahre lang von Sultanen bewohnt.

Das gehobene Restaurant Four Seasons ist bei Einheimischen und Ausländern beliebt, besonders wegen des üppigen Sonntagsbrunches. Ein neueres Schwesterhotel, das Four Seasons Hotel am Bosporus, liegt im schicken, etwa 15 Minuten entfernten Vorort Beşiktas in einem umgebauten osmanischen Palais mit 2 modernen Flügeln. Das opulente Spa hat einen Hammam, einen Außenpool und einen Service wie für einen Sultan. FOUR SEASONS HOTEL ISTANBUL IN SULTANAHMET: Tel. +90/212-402-3000; www.fourseasons.com/istanbul. *Preise:* ab € 356 (Nebensaison), ab € 515 (Hochsaison); Dinner im Seasons € 45. FOUR SEASONS HOTEL AM BOSPORUS: Tel. +90/212-381-4000; www.fourseasons.com/bosphorus. *Preise:* ab € 378 (Nebensaison), ab € 711 (Hochsaison).

MARMARA TAKSIM – Das Marmara erhebt sich 20 Stockwerke hoch über dem Taksim-Platz im Herzen Beyoğlus mit weiter Fernsicht über den Bosporus. Der große Pool und die ebenso große Sonnenterrasse sind in Istanbul eine Seltenheit; das Panorama-Dachrestaurant und die beliebte

Tepe-Lounge haben einen schönen Blick auf die Stadt. Die Lage ist perfekt, um die Einkaufsstraße Istanbuls, die Istiklal Caddesi (s. S. 340), zu erkunden. INFO: Tel. +90/212-334-8300; www.themarmarahotels.com/themarmarataksim. *Preise:* ab € 163 (Nebensaison), ab € 285 (Hochsaison); Dinner im Panorama € 48.

PARK HYATT MAÇKA PALAS – Das Maçka liegt in einem Art-déco-Palast in Istanbuls Modeviertel Şişli. Es besitzt einen Pool, ein Spa und 90 schöne Zimmer, viele mit Blick über den Bosporus nach Asien, 25 mit eigenem türkischem Dampfbad. Das Restaurant Prime ist Istanbuls erstes authentisches Steakhaus, das sich auf köstliches Fleisch und Meeresfrüchte vom Holzkohlengrill spezialisiert hat. INFO: Tel. +90/212-315-1234; www.istanbul.park.hyatt.com. *Preise:* ab € 326 (Nebensaison), ab € 485 (Hochsaison); Dinner im Prime € 48.

PERA PALACE – Die 1892 eröffnete Grande Dame bewirtete 1895 die ersten Gäste. Danach stiegen hier u.a. Agatha Christie, Greta Garbo, Mata Hari und Ernest Hemingway ab. Die Gäste von heute können Zimmer 101 besichtigen, das Lieblingszimmer des Staatsgründers Mustafa Kemal Atatürk, heute ein Museum. Fans von Agatha Christie buchen Zimmer 411, wo sie *Mord im Orient-Express* geschrieben haben soll. 2010 wurden die 115 puristischen Zimmer umfassend renoviert. Die meisten haben einen Balkon, viele einen Blick über das Goldene Horn. Das umliegende Viertel Beyoğlu (das die Europäer früher als Pera kannten) ist voller Shops, Restaurants und Bars. INFO: Tel. +90/212-377-4000; www.perapalace.com. *Preise:* ab € 260 (Nebensaison), ab € 426 (Hochsaison).

SUMAHAN ON THE WATER – Das im 19. Jh. erbaute Hotel in einer ehemaligen Destillerie liegt auf der asiatischen Seite des Bosporus im Fischerdorf Çengelköy. Die bodentiefen Panoramafenster in den Zimmern bieten einen unvergesslichen Blick auf das alte Istanbul. Der hauseigene Fährservice bringt die Gäste in 15 Minuten ans andere Ufer. Wer im Fischrestaurant Kordon speist, kann beobachten, wie die Reichen ihre Privatboote am restauranteigenen Steg festmachen, während am anderen Ufer die Sonne über dem Topkapi-Palast untergeht. INFO: Tel. +90/216-422-8000; www.sumahan.com. *Preise:* ab € 207 (Nebensaison), ab € 315 (Hochsaison); Dinner € 33.

ESSEN & TRINKEN

BALIKÇI SABAHATTIN – Der „Fischer Sabahattin" führt dieses Fischrestaurant schon seit Jahrzehnten. Das alte Fachwerkhaus liegt von Sultanahmet aus 5 Gehminuten den Berg hinab. Die *Istanbullus* konkurrieren um die Bürgersteigtische, während das Restaurant sich auf kleine Räume auf 3 Etagen verteilt. Hier gibt es Klassiker wie Shrimps-Oktopus-*güveç* (eine Art Eintopf) und natürlich den Fang des Tages. INFO: Tel. +90/212-458-1824; www.balikcisabahattin.com. *Preise:* Dinner € 30.

FERIYE LOKANTASI – Ein Verwaltungsgebäude wurde zu einem stylischen Uferrestaurant umgebaut, wo Sie altosmanische Küche genießen können. Spezialitäten sind z. B. in Weinblätter gewickelte, würzige *pastirma* oder mit Pinienkernen und roten Paprika gefüllter Fisch. Das pittoreske Küstendorf Ortaköy mit atmosphärischen Straßencafés ist nur 10 Gehminuten entfernt. INFO: Tel. +90/212-227-2216; www.feriye.com. *Preise:* Dinner € 33.

IMROZ – Das Imroz sticht aus der Parade der Fischrestaurants auf der Nevizade Sokak im belebten Beyoğlu hervor – wegen seiner frischen Zutaten und der großen Auswahl an *meze*. Der griechisch-türkische Besitzer benannte es nach einer ehemals griechischen Insel vor der Küste von Gallipoli, die heute Gökçeada heißt. Es ist eine der letzten authentischen Tavernen Istanbuls. Ergattern Sie einen Tisch an der Straße, bestellen Sie einen *raki* und lassen Sie den Abend auf sich zukommen. INFO: Tel. +90/212-249-9073. *Preise:* Dinner € 22.

MIKLA – Im Mikla, vielleicht Istanbuls bestes Restaurant, hat der türkisch-finnische Küchenchef Mehmet Gürs eine Verschmelzung aus mediterraner und nordischer Küche kreiert. Nehmen Sie einen Drink auf der Terrasse, die die oberen 2 Etagen des 18-stöckigen Marmara Pera Hotels einnimmt, bevor Sie in den skandinavisch beeinflussten Saal gehen. Der passt zur minimalistischen Karte, auf der Sie rohen Zackenbarsch mit schwarzen Oliven oder über Kirschenholz geräucherte Lammkeule mit Walnuss-Pistou finden. INFO: Tel. +90/212-293-5656; www.miklarestaurant.com. *Preise:* Dinner € 55.

RAMI – Dieses bezaubernde Restaurant serviert osmanische Spezialitäten wie *hünkar beğendi* (geschmortes Lamm auf geräuchertem Auberginenpüree) im historischen Sultanahmet. Das alte hölzerne *konak* (Residenz) ist das frühere Haus des Istanbuler Künstlers Rami Uluer; das Restaurant belegt 4 Stockwerke inklusive Dachterrasse. INFO: Tel. +90/212-517-6593; www.ramirestaurant.com. *Preise:* Dinner € 26.

SOFYALI 9 – Auch im Sofyali 9 können Sie warme und kalte *meze*-Platten und einen *raki* genießen. Das Restaurant ist etwas eleganter als die ähnlichen *meyhane*-Läden im Viertel. Es bietet eine exzellente Auswahl kleiner Köstlichkeiten, von denen Sie viele vermutlich nirgends sonst in der Stadt finden. Ziegelwände und Holzböden schaffen eine gemütliche Atmosphäre; im Sommer stehen Tische auf dem Bürgersteig. INFO: Tel. +90/212-245-0362; www.sofyali.com.tr. *Preise:* Dinner € 26.

Gebete durch Bewegung – in der heiligsten Stadt der Türkei

Die tanzenden Derwische von Konya

Konya, Türkei

Konya ist in der Türkei das bedeutendste Zentrum des Sufismus, einer mystischen Strömung des Islams und seit fast 700 Jahren die Heimat der tanzenden Derwische des Mevlevi-Ordens. Ihr Mevlana Tekke (Mevlana-Kloster) wurde im 13. Jh. vom Poeten und Philosophen *Mevlânâ* („Meister") Celaleddin Rumi gegründet, der Liebe, Wohltätigkeit, Demut, Gleichheit und Toleranz predigte. Er glaubte, dass ein ekstatischer, tranceähnlicher Zustand allumfassender Liebe durch ein lang andauerndes Sichdrehen – wie es alle Dinge im Universum tun – erreicht werden könne. Jedes Jahr Mitte Dezember gedenken die als Derwische bekannten asketischen Anhänger des Mevlana-Ordens seines Todes im Jahr 1273. In seiner *şeb-i arûs*, „Hochzeitsnacht" mit Gott, führen sie den *semâ*, den rituellen Tanz, auf. Ein Orchester aus traditionellen Instrumenten begleitet die Tänzer, die ihre weltlichen Verbindungen einfach wegtanzen – die rechten Handflächen zum Himmel gereckt, um Gottes Gnade zu empfangen, die linken nach unten gerichtet, um sie an die Erde weiterzugeben.

Der Mevlevi-Orden wurde nach Atatürks Sturz des Osmanischen

Die Derwische drehen sich, um einen trance-ähnlichen Zustand zu erreichen.

Reiches 1924 als Hindernis bei der Modernisierung der Türkei verboten. Nach einer 25-jährigen Unterbrechung überzeugte eine Gruppe von Derwischen die Regierung in Konya davon, die Aufführung des Tanzes als kulturelles Spektakel zu erlauben. Das Mevlana-Kloster ist heute ein Museum mit dem Grabmal des Rumi, was es zur Pilgerstätte für Muslime macht, die den Heiligen verehren. Nicht muslimische Touristen sind aber willkommen.

Konya, das als eine der konservativsten Städte der Türkei gilt, hat außerdem einige der bedeutendsten mittelalterlichen Moscheen und Gebäude. Dies sind Monumente der Seldschuken, eines aufgeklärten türkischen Stammes, der seit dem 11. Jh. 300 Jahre lang einen Großteil Anatoliens beherrschte. **Wo:** 274 km westl. von Kappadokien. **UNTERKUNFT:** Das Dedeman Konya ist ein modernes Hotel mit toller Aussicht. Tel. +90/332-221-6600; www.dedeman.com. *Preise:* ab € 55. **WIE:** Argeus Tourism & Travel hilft bei Unterkunft und Tickets für das Mevlana-Festival. Tel. +90/384-341-4688; www.argeus.com.tr. *Wann:* 10 Tage Mitte Dez.; Höhepunkt am 17. Dez., dem Todestag des Meisters.

Suche nach dem hl. Nikolaus an der lykischen Küste

PATARA UND DEMRE

Türkei

Viele Kinder wären erstaunt zu erfahren, dass der Nikolaus nicht aus einem Winterwunderland stammt, sondern von der warmen Mittelmeerküste in der Türkei. Der hl. Nikolaus wurde in Patara geboren, das heute eher für seinen wunderschönen weißen, dünengesäumten, 17 km langen Sandstrand an der angesagten lykischen Küste berühmt ist. In der Zeit des Nikolaus im 3. Jh. sank der Stern Pataras als einer der wichtigsten Häfen des Mittelmeers, der von den Lykiern, Griechen und Römern über Jahrhunderte aufgebaut worden war. Doch in seiner goldenen Zeit stieg Paulus hier auf ein Schiff nach Jerusalem, und im Amphitheater, das heute noch gut erhalten im Patara-Nationalpark steht, kämpften Gladiatoren.

Nikolaus lebte später im nahen Demre, wo er zum regionalen Bischof ernannt wurde und bis zu seinem Tod im Jahr 343 diente. Die Kirche aus dem 8. Jh., die dort errichtet wurde, wo er gepredigt haben soll, trägt nun seinen Namen. Sie wurde 1043 von den Byzantinern und 1862 noch einmal von Zar Nikolaus I. restauriert und ist zur populären Pilgerstätte für russische Touristen geworden.

Heute ist die schroffe Küste zwischen Patara und Demre voller exzellenter Strandhotels, in den Hügeln oder den pittoresken mediterranen Dörfern, die heute beliebte Ferienziele sind. Auf einem Felsvorsprung außerhalb des reichen Dorfes Kalkan steht einsam das Villa Mahal, eines der besten Strandhotels der Türkei. Die schicken, minimalistischen Zimmer haben alle einen inspirierenden Ausblick auf Kalkan und das Mittelmeer, einige mit Privatpools. 181 Stufen tiefer gibt es einen eigenen Strand. Das Hoyran Wedre Country House an der Küste, 16 km westlich von Demre, ist im Kontrast dazu eine idyllisch-ländliche Oase aus traditionellen Steinhäusern inmitten duftender Felder. Das Hotel liegt 500 m hoch im Taurusgebirge, mit fantastischer Sicht aufs Meer. Die 16 Zimmer und die Gasträume sind mit antiken Möbeln ausgestattet, und das erstklassige Essen wird aus lokalen Produkten zubereitet, z. B. frisch angerührter Joghurt oder Lamm mit Oregano, grünen Peperoni und hausgemachtem Olivenöl – alles vom eigenen Grundstück. **Wo:** Patara liegt 95 km westl. von Demre und 970 km südl. von Istanbul. **Villa Mahal:** Tel. +90/242-844-3268; www.villamahal.com. *Preise:* ab € 211 (Nebensaison), ab € 241 (Hochsaison). **Hoyran Wedre Country House:** Tel. 90/242-875-1125; www.hoyran.com. *Preise:* ab € 107. **Reisezeit:** Mai und Okt.–Dez.: Ruinenbesichtigung bei kühlerem Wetter; Juni–Sept. zum Baden; 6. Dez.: Fest des hl. Nikolaus.

Die Kirche des hl. Nikolaus aus dem 8. Jh. enthält das Grab des Heiligen sowie das Originalkirchenschiff mit Altar.

Fahrt zu einem Schlachtfeld des Ersten Weltkriegs

GALLIPOLI

Thrakien, Türkei

Es ist nicht schwer, sich vorzustellen, dass Gallipoli immer noch von Geistern heimgesucht wird – fast ein Jahrhundert nach dem größten Desaster der Alliierten im Ersten Weltkrieg. Viele Besucher kommen heute immer noch, um die 130.000 Gefallenen und 400.000 Verwundeten der 9 Monate dauernden Schlacht von Gallipoli zu ehren, die 1915 die Kontrolle über die Dardanellen bringen sollte, die enge und strategisch wichtige Meerenge, die das Schwarze Meer mit dem Mittelmeer verbindet.

Für Australier und Neuseeländer, deren Soldaten hier in ihren ersten globalen Konflikt hineingezogen wurden, hat das Schlachtfeld fast etwas Heiliges. Aber auch die Türken pilgern nach Gallipoli (Gelibolu), um des Sieges von Offizier Mustafa Kemal (der später als Atatürk, „Vater der Türken", bekannt wurde) über die westlichen Armeen zu gedenken. Sein Triumph machte 8 Jahre später den Weg frei für die moderne Türkei.

Auf der 35 km langen Halbinsel gibt es mehr als 50 alliierte und türkische Soldatenfriedhöfe und -gedenkstätten. Heute ist sie ein friedlicher, von Büschen und Kiefern bedeckter Nationalpark. Jeden 25. April kommen Tausende aus Australien und Neuseeland zum Gedenkgottesdienst in die schicksalhafte ANZAC-Landezone ihrer Truppen.

Obwohl Sie Gallipoli auf einem langen Tagesausflug von Istanbul besichtigen können, lässt sich der Charakter des Ortes besser spüren, wenn Sie in einem der charmanten Gasthöfe übernachten. Der nette belgische Besitzer der Gallipoli Houses, Geschichtsfan und Gallipoli-Experte, und seine Frau, eine exzellente Köchin, machen die 10 geschmackvollen Zimmer zu einer perfekten Basis. Beenden Sie den Tag beim In-die-Sterne-Schauen auf der Dachterrasse – mit einem Glas heimischen Weins und einem ganz neuen Sinn für Geschichte.

Wo: 309 km südwestl. von Istanbul. **Info:** www.gallipoli-association.org. **Gallipoli Houses:** Tel. +90/286-814-2650; www.gallipoli.com.tr. *Preise:* ab € 81; Dinner € 15. **Reisezeit:** März–Mai und Sept.–Okt. (die Zeit um den 25. Apr., den ANZAC-Tag, ist überlaufen).

Ein zeitloses byzantinisches Faszinosum

DAS KIEWER HÖHLENKLOSTER

Kiew, Ukraine

988 heiratete Wladimir der Große, Fürst der aufstrebenden Kiewer Rus, eine byzantinische Prinzessin und christianisierte daraufhin sein Volk, womit er den Grundstein für ein geeintes Russland legte. In den folgenden 2 Jahrhunderten sollten die Kiewer Rus einen Großteil des heutigen europäischen Russlands, der Ukraine und Weißrusslands erobern. Die Hauptstadt Kiew entwickelte sich zur Zentrale für das orthodoxe Christentum an den Ufern des Dnepr; viele byzantinische Kathedralen und Klöster schossen in und um Kiew wie Pilze aus dem Boden. Viele der prächtigsten standen auf einem langen, grünen Hügel am rechten Dnepr-Ufer. Wie beeindruckt müssen Besucher gewesen sein, die vom Boot aus die Zwiebeltürme zum ersten Mal sahen, die sich da am Hang spektakulär hintereinanderstaffelten!

Die erste große Kirche in Kiew war die Sophienkathedrale (Sofiyski Sobor), der Hagia Sophia in Konstantinopel (s. S. 338) nachempfunden. Sie steht noch, und auch die Fresken aus dem 11. Jh. sind noch vorhanden. Die größte Attraktion der Stadt ist aber das Kiewer Höhlenkloster (Kievo-Pechers'ka Lavra). Es wurde 1051 von dem einflussreichen griechischen Intellektuellen Antonij gegründet. Auch schuf er das verzweigte Höhlennetz unter den Klostergebäuden als Studien- und Meditationszellen für die Mönche. Wenn ein Mönch starb, blieb sein Körper einfach dort und wurde durch die kühle, trockene Höhlenluft mumifiziert. Heute umfasst das Kloster, das immer noch das wichtigste religiöse Zentrum der Ukraine bildet, ein 28 ha großes, majestätisches Areal am Dnepr. Touristen und Pilger, die die Höhlen besuchen, tragen Kerzen, wenn sie still zwischen den engen, unheimlichen Krypten umhergehen, wo die mumifizierten Hände und Füße der Mönche aus ihren Gewändern hervorschauen.

Über der Erde ist der riesige Lawra-Komplex ein Fest fürs Auge. Ein großer barocker Glockenturm mit seiner glänzenden Goldkuppel dominiert mit seinen über 90 m Höhe die Skyline. Von oben schaut man auf die Kirchen, Türme und Dormitorien des Klosters. Das Herzstück der Anlage, die Uspenski-Kathedrale, war nach der Sophienkathedrale Kiews zweitgrößte Kirche. Sie wurde im 11. Jh. erbaut und bis zum Jahr 2000 wiederaufgebaut, nachdem sie in der Sowjetära zerstört worden war. Eines der vielen Museen der Lawra ist das Museum der historischen Kostbarkeiten der Ukraine, das eine Vielzahl an kostbaren Edelsteinen und Antiquitäten ausstellt, darunter alten Goldschmuck der Skythen, eines nordiranischen Reitervolks. Im bizarren Museum der Mikro-Miniaturen schaut man durch Mikroskope, um winzige Objekte zu betrachten, z. B. ein Schachspiel auf einem Stecknadelkopf oder einen Floh mit goldenen Schuhen.

INFO: www.lavra.ua. **UNTERKUNFT:** Das Hyatt Regency mit Aussicht auf die Kathedrale ist das luxuriöseste Hotel der Stadt. Tel. +380/44-581-1234; www.kiev.regency.hyatt.com. *Preise:* € 278. **REISEZEIT:** Apr.–Mai, Sept.–Okt.: gutes Wetter; 18./19. Jan.: Dreikönigenfeier, bei der die orthodoxen Gläubigen Wladimirs Kiewer Massentaufe gedenken, indem sie sich in den zugefrorenen Dnepr stürzen.

Späte Blüte einer ukrainischen Schönheit

Das historische Zentrum von Lwiw

Lwiw, Ukraine

Steht man auf dem Schlossberg und genießt die weite Sicht über das historische Stadtzentrum, versteht man, warum die westukrainische Stadt Lwiw (Lemberg) einst als das „Florenz des Ostens" bekannt war. Ein Meer aus grünen, silbernen und kupfernen Kirchtürmen ist zu sehen, die zu Kirchen der unterschiedlichsten Architekturstile gehören und sowohl katholische als auch orthodoxe Kreuze tragen.

Lwiw wurde jahrhundertelang abwechselnd von Polen oder Österreich beherrscht und geriet im Zweiten Weltkrieg unter die Herrschaft der Nationalsozialisten, später unter die der Sowjets. Als die Sowjetunion 1991 in sich zusammenfiel, nahm die Stadt sofort die Rolle des kulturellen und spirituellen Zentrums der jetzt unabhängigen Ukraine an – ein patriotischer, ukrainisch sprechender, nach Westen ausgerichteter Gegenentwurf zum russlandtreuen Osten des Landes.

Verglichen mit Kiew (s. vorige Seite) wurde Lwiw im Krieg weniger zerstört, doch als die Unabhängigkeit kam, hatten Jahre sowjetischer Vernachlässigung eine bröckelnde, verblichene Schönheit hinterlassen. Es dauerte mehr als ein Jahrzehnt, bis die Stadt herausgeputzt war und aus dem Dornröschenschlaf erwachte. Heute hat das Florenz des Ostens (auch das „neue Prag") seine Pracht zurück, ist aber trotzdem noch ein Geheimtipp in Europa – eine noch nicht überlaufene Stadt voller Kultur.

Die Altstadt dreht sich um den Marktplatz (Ploschtscha Rynok) und das Rathaus (19. Jh.). Er ist gesäumt von einer kompletten Reihe schöner Bürgerhäuser des 16. Jh., geschmückt mit Wasserspeiern, Heiligen und den Porträts der früheren Besitzer. Überhaupt macht die Mischung aus Renaissance-, Barock-, Rokoko- und neoklassizistischen Häusern die Stadt zu einem architektonischen Kleinod. Vom 64 m hohen Rathausturm hat man eine Rundumsicht, und in den Cafés schmeckt das kalte Livske-Bier.

In den Gassen, die vom Marktplatz abgehen, gibt es kleine Museen, eine Gedenkstätte zur verschwundenen jüdischen Gemeinde und pittoreske Innenhöfe. An jeder Ecke lockt ein Café oder eine Feinbäckerei im Wiener Stil, was an die Tage des österreichisch-ungarischen Reiches anknüpft.

Jeder der großartigen Kirchen hat ihre eigene Persönlichkeit: Die Armenische Marienkathedrale von 1363 ist die elegante Grande Dame; Mariä Himmelfahrt verströmt florentinisches Flair; die St.-Andreas-Kirche ist ein Beispiel für Barockopulenz. Direkt neben dem Marktplatz liegt die ehemalige Dominikanerkirche mit üppiger Barockausstattung unter einer berühmten Rokokokuppel. Machen Sie mit bei der Suche nach der Kanonenkugel, die in der Mauer der Himmelfahrtskathedrale stecken soll.

Wo: 80 km östl. der polnischen Grenze; 541 km westl. von Kiew. **Info:** www.tourism.lviv.ua. **Unterkunft:** Im schicken neuen Hotel Leopolis, hinter dem Marktplatz, ist man direkt mittendrin. Tel. +380/32-295-9500; www.leopolishotel.com. *Preise:* ab € 233. **Reisezeit:** Mai–Sept.: bestes Wetter.

Die Kurstadt schlechthin

Die traditionsreichen Thermalbäder Budapests

Budapest, Ungarn

Tief unter der Stadt Budapest sprudeln mehr als 120 Thermalquellen, zwischen angenehmen 21 und hartgesottenen 76° C warm. Budapest ist die einzige Hauptstadt, die solche Naturattraktionen mitten im Stadtgebiet aufzubieten hat – und sie nutzt diesen Mineralwasserreichtum bereits seit der Römerzeit. Die Tradition der Kuranwendungen mit Thermalwasser besteht bis heute fort. In der Stadt gibt es etwa ein Dutzend altehrwürdiger Heilbäder. Einige davon sind ein Erbe der Türken, die das öffentliche Baden während ihrer 1541 begonnenen und 1 ½ Jahrhunderte dauernden Besetzung populär machten. Andere Bäder zeigen sich in prachtvollem Jugendstil; wieder andere sind neue, hochmoderne Badestätten. Einige der Bäder haben getrennte Abteilungen für Männer und Frauen, andere reservieren ihnen bestimmte Badezeiten. Die meisten guten Hotels der Stadt haben außerdem großartige oasenartige Spa-Landschaften, mit aufwendig restaurierten Royal Spa im Corinthia Grand Hotel Royal bis zum kleinen, aber feinen Spa im Four Seasons Gresham Palace Hotel.

Das türkischste der historischen Bäder ist das Rudas an der Donau in Buda unter der schlanken Elisabethbrücke. Nur 25 Jahre nach Ankunft der Türken erbaut, hat man es kürzlich umfassend restauriert, sodass das achteckige Hauptbecken, die Kuppel mit buntem Glas und die dicken Säulen, die aus *1001 Nacht* zu stammen scheinen, gut zur Geltung kommen. Das 1913 im riesigen Stadtwäldchen von Pest errichtete Széchenyi-Bad lässt weniger an die Osmanen als vielmehr an ein neobarockes Sanatorium aus dem 19. Jh. denken. Es wirkt – ganz unüblich für so ein großes Bad mit 12 Thermalbädern und 3 Außenbecken – sehr hell und steril; manche würden es auch „klinisch" nennen. Gehen Sie nicht, ohne eine der Schachpartien beobachtet zu haben, die auf schwimmenden Schachbrettern im Becken ausgetragen werden.

Das extravagante Gellért-Bad steht auf 18 heißen Quellen; seine Becken sollen angeblich denen der Caracalla-Therme im antiken Rom nachempfunden sein. Unter der spektakulären Glaskuppel und neben sprudelnden Zsolnay-Keramikbrunnen unterhalten sich Einheimische in gedämpftem Ton oder schwimmen in den reich verzierten Becken. Das Baden in diesem Jugendstilpalast wirkt wie Baden in einer Kathedrale. Das angrenzende Danubius Gellért Hotel von 1918 wurde zwar umfassend renoviert, hat aber immer noch eine Menge Charakter und bleibt die allseits beliebte Grande Dame der Stadt.

Corinthia Grand Hotel Royal: Tel. +36/1-479-4000; www.corinthia.hu. *Preise:* ab € 133 (Nebensaison), ab € 248 (Hochsaison). **Four Seasons Gresham Palace:** Tel. +36/1-268-6000; www.fourseasons.com/budapest. *Preise:* ab € 260 (Nebensaison), ab € 333 (Hochsaison). **Info zu den Bädern:** www.spasbudapest.com. **Rudas-Bad:** Tel. +36/1-356-1322. **Széchenyi-Bad:** Tel. +36/1-363-3210. **Gellért-Bad:** Tel. +36/1-466-6166. **Danubius Gellért Hotel:** Tel. +36/1-889-5500; www.danubiusgroup.com/gellert. *Preise:* ab € 133 (Nebensaison), ab € 207 (Hochsaison), inklusive Bädereintritt.

Wo Geschichte und Panorama um unsere Aufmerksamkeit wetteifern

DER BURGBERG

Budapest, Ungarn

Budapest entstand 1873 durch die Zusammenlegung der beiden Städte Buda und Pest (ausgesprochen „Pescht"). Das flache Pest am linken Ufer der Donau stammt größtenteils aus dem 19. Jh. und ist heute das ausufernde Zentrum für Handel, Entertainment und Shopping. Buda hingegen, am rechten Donauufer, ist hügelig, grün und ein ganzes Stück älter. Dominiert wird es vom Burgberg, der 168 m über der Donau aufragt. Hier liegen auch die Altstadt, voll von bunten mittelalterlichen Häusern, in denen früher einfache Leute lebten, und der Burgpalast (Budai Vár), im 13. Jh. erbaut und fast 7 Jahrhunderte lang die Heimat der ungarischen Könige. Der Palast – majestätisch und liebevoll rekonstruiert – bietet eine atemberaubende Aussicht auf die Donau und die monumentalen Gebäude in Pest.

Sehr viel Spaß bereitet allein der Weg zum Palast: Von Pest aus überquert man die Donau auf der Kettenbrücke – der hübschesten der 9 Budapester Brücken – und besteigt dann die steile Standseilbahn, die einen in Minutenschnelle auf den Burgberg bringt. Dort oben liegen heute die Nationalbibliothek und einige Museen, darunter die ungarische Nationalgalerie und ein Teil eines 26 km langen Systems aus Höhlen und mittelalterlichen Tunneln, die im Zweiten Weltkrieg genutzt wurden. Hier sind auch das Labyrinth, ein Wachsfiguren-Panoptikum und das „Hospital in the Rock" zu finden, das 1944 als Militärhospital eröffnete. Am Rande der Altstadt, neben der monumentalen Matthiaskirche, liegt die 7-türmige Fischerbastei, eine 1905 erbaute Aussichtsplattform, die nach der Fischergilde benannt ist, welche im Mittelalter diesen Abschnitt der Burgmauer zu verteidigen hatte. Naschkatzen sollten auf einen freien Tisch im Ruszwurm hoffen, einer winzigen *cukrászda* (Konditorei), die seit 1827 Theken mit Holzintarsien, Glas-Mahagoni-Vitrinen und köstliche Backwaren bietet.

Am Burgberg herrscht kein Mangel an eleganten Unterkünften. Das Hilton Budapest bietet neben seinen 322 modernen Zimmern die Ruinen einer Kirche des 14. Jh. und als Haupteingang die Barockfassade eines Jesuitenkollegs aus dem 17. Jh. Das neuere Buda Castle Fashion Hotel offeriert ein schickes Interieur in einem ruhig gelegenen Gebäude aus dem 15. Jh..

INFO: www.tourinform.hu. **UNGARISCHE NATIONALGALERIE:** Tel. +36/1-201-9082; www.mng.hu. **BURGPALAST-LABYRINTH:** Tel. +36/1-212-0207; www.labirintus.com. „**HOSPITAL IN THE ROCK**": Tel. +36/70-701-0101; www.hospitalintherock.com. **RUSZWURM:** Tel. +36/1-375-5284; www.ruszwurm.hu. **BUDAPEST HILTON:** Tel. +36/1-889-6600; www.budapest.hilton.com. *Preise:* ab € 126 (Nebensaison), ab € 248 (Hochsaison). **BUDA CASTLE FASHION HOTEL:** Tel. +36/1-224-

Der Burgberg in Buda ragt hoch über der Donau auf.

7900; www.budacastlehotelbudapest.com. *Preise:* ab € 96 (Nebensaison), ab € 222 (Hochsaison). REISEZEIT: Mai–Okt.: schönes Wetter; Ende März/Anf. Apr.: Budapest Spring Festival; Sept.: Internationales Weinfest auf dem Burgberg.

Zwei helle Sterne am Himmel der ungarischen Gastronomie

GUNDEL UND GERBEAUD

Budapest, Ungarn

Der Ruf Budapests als gastronomische Kapitale hatte während des Kalten Krieges in den 1950ern einiges zu erleiden: Restaurants wurden unter staatliche Kontrolle gestellt, und die besten Köche, unter ihnen Károly Gundel, verließen das Land. Doch die Veränderungen von 1989 brachten wieder neue Aromen in die Stadt, und 1992 wurde Gundels Restaurant mitten im Stadtwäldchen, in der Nähe des Zoos, wiedereröffnet.

Gundel, das schickste und berühmteste Restaurant Budapests (und ganz Ungarns), hat sich das aristokratische Flair erhalten, das es auch schon am Eröffnungstag 1894 ausstrahlte, als Budapest „Paris des Ostens" genannt wurde. Auf der Karte stehen reizend altmodische Gerichte, vor allem Gänseleber und Wild. Auf der Weinkarte sind die besten Weine Ungarns verzeichnet, unter ihnen die Eigenmarke des Gundel und der noble Tokajer-Dessertwein, einst von Frankreichs König Ludwig XIV. als „Wein der Könige und König der Weine" bezeichnet. Direkt nebenan liegt das Bagolyvár („Eulenschloss"), das populäre Schwesterrestaurant des Gundel, das ausschließlich von Frauen geführt wird. Das rustikale Haus soll an die Gebäude des nahen Zoos erinnern. Es wurde 1913 eröffnet, diente in den 1960er- und 70er-Jahren als Lagerhaus und erfuhr wie das Gundel in den 1990er-Jahren die Wiedereröffnung. Hier gibt es ausgewähltere und günstigere Speisen nach traditioneller Art (das Gulasch wird gern gegessen), außerdem einen Kochkurs, bei dem man das „Strudeldiplom" machen kann.

Sosehr die Ungarn auch ihre Paprika lieben – Süßes lieben sie auch, vor allem üppiges Gebäck wie *dobos torta*, eine geschichtete Schoko-Sahne-Torte mit karamellisiertem braunem Zucker obenauf, oder Strudel, der mit Mohn, Kirschmarmelade oder *túró* (Quark) gefüllt wird. Man isst diese Leckereien nicht nach dem Essen, sondern nachmittags in einer Konditorei (*cukrászda*). Die berühmteste ist das Café Gerbeaud, eine neobarocke Erinnerung an die Gründerzeit und eine Ruheoase nahe der Haupteinkaufsstraße. Das Konzept „Café als Wohnzimmer" geht auf das 19. Jh. zurück, als Budapest eine der am schnellsten wachsenden Städte der Welt war und die Kaffeehäuser zur 2. Heimat der Schriftsteller, Künstler und Journalisten wurden. Das Gerbeaud, 1858 eröffnet und seit 1870 im heutigen Domizil, überlebte die karge Zeit des Kommunismus und ist bei Einheimischen wie Touristen so beliebt, dass es unmöglich scheint, am Spätnachmittag in seinem riesigen Gastraum einen Platz zu finden. Falls Sie es schaffen, genießen Sie die Atmosphäre zwischen Seidentapeten, Kristalllüstern und marmornen Tischplatten.

GUNDEL: Tel. +36/1-468-4040; www.gundel.hu. *Preise:* Dinner € 63. BAGOLYVÁR: Tel. +36/1-468-3110; www.bagolyvar.com. *Preise:* Dinner € 22. GERBEAUD: Tel. +36/1-429-9000; www.gerbeaud.hu.

Das schönste Stück Donau auf ungarischem Boden

DAS DONAUKNIE

Ungarn

Die Donau (für die Ungarn nicht „blau", sondern „blond") entspringt im Schwarzwald und fließt von dort nach Osten, bis sie einen Punkt etwa 40 km nördlich von Budapest erreicht. Hier zwingen sie die niedrigen Hügel an beiden Ufern zu einem scharfen Knick nach Süden, durch Budapest und den Rest Ungarns hindurch. „Donauknie" (Dunakanyar) heißt die ganze Region nordwestlich von Budapest, mit ihren Aussichtsgipfeln, Hotels und historischen Städten. Sie gilt als schönster Abschnitt der gesamten Donau mit ihren 2857 km Länge und als klassischer Tagesausflug von Budapest aus, egal ob per Schiff, Bus, Auto oder Bahn. Die beliebteste Stadt am Fluss ist Szentendre, wo sich im Mittelalter Serben niederließen, die vor der türkischen Invasion nach Süden flüchteten. Hier gibt es noch einige orthodoxe Kirchen, außerdem Galerien und Museen, darunter eines für die Werke der bekannten ungarischen Töpferin Margit Kovács (1902–77). Wer eine Pause von der schweren ungarischen Küche braucht, geht ins Rrestaurant Promenade. Unter Gewölbedecken oder auf der wunderschönen Seeterrasse an der Donau genießen Sie schonend auf Lavastein gegrilltes Fleisch und Fisch.

Etwas weiter westlich den Fluss entlang liegt das kleine Visegrád mit seinen Palastruinen aus der Renaissance und einer zitadellenartigen Burg auf dem Hügel. Fahren Sie weiter nach Esztergom, dem Herrschersitz im Königreich Ungarn bis zum 13. Jh., als die Hauptstadt nach Buda verlegt wurde. Als 1000-jähriges Zentrum der ungarischen katholischen Kirche bleibt Esztergom die heiligste Stadt des Landes und wird dominiert von Ungarns größter Basilika aus dem 19. Jh.. Besuchen Sie das Christliche Museum unterhalb der Kathedrale, das eine schöne Sammlung ungarischer religiöser Kunst

Der Name der Stadt Visegrád im Donauknie kommt aus dem Slowakischen und bedeutet „hohe Burg".

des Mittelalters zeigt. Luchen Sie im nahen Padlizsán mit seiner Aussicht auf eine Burg über einer Felswand und mit moderner ungarischer Küche. Wer es traditioneller mag, steuert das bewährte Csülök Csárda („Haxenhaus") an, das sich auf – was wohl? – Haxen, aber auch auf *bableves* (herzhafte Bohnensuppe) spezialisiert hat. Bringen Sie Appetit mit.

Wo: Szentendre liegt 25 km, Esztergom 53 km nördl. von Budapest. **MARGIT KOVÁCS KERAMIKSAMMLUNG:** Tel. +36/26-310-244. **PROMENADE:** Tel. +36/26-312-626; www.promenade-szentendre.hu. *Preise:* Dinner € 19. **CHRISTLICHES MUSEUM:** Tel. +36/33-413-880; www.christianmuseum.hu. **PADLIZSÁN:** Tel. +36/33-311-212; www.padlizsanetterem.hu. *Preise:* Dinner € 19. **CSÜLÖK CSÁRDA:** Tel. +36/33-412-420; www.csulokcsarda.hu. Preise: Dinner € 15. **REISEZEIT:** Mai–Juni, Sept.–Okt.: bestes Wetter.

Ungarns Binnenmeer

Der Plattensee (Balaton)

Mitteltransdanubien, Ungarn

Ungarn hat zwar keine Küste, aber dafür den Balaton, den größten Süßwassersee Europas außerhalb Skandinaviens. Dieser Binnensee, 79 km lang und an der breitesten Stelle 7,8 km breit, wird im Norden von Hügeln und im Süden von sanften Hängen begrenzt. Seine spiegelglatte Oberfläche schimmert je nach Jahres- und Tageszeit in einer anderen Farbe. Der See hat so etwas wie eine gespaltene Persönlichkeit: Am südlichen Ufer gibt es grüne Strände und den Trubel der „Seebäder" – ideal für Familien mit Kindern und alle, die lieber baden als schwimmen, denn hier ist der See so seicht, dass man zum Schwimmen 1 km ins taillenhohe Wasser waten muss. Am Nordufer findet man üppige Hügel, Weinberge und geschichtsträchtige (Kur-)Städtchen.

Balatonfüred ist die älteste und atmosphärischste Kurstadt am Nordufer. Sie hat so gar nichts vom hektischen und lauten Siófok („Ungarns Ibiza") am Südufer; einen wegen seiner aristokratischen Ursprünge, zum anderen, weil die Thermalbäder eine ältere Klientel anziehen. Die Bäder selbst sind den Herzpatienten vorbehalten, aber Sie können in der Kossuth-Trinkhalle eine Trinkkur mit leicht nach Schwefel riechendem Wasser machen, das sehr gut für den Blutkreislauf sein soll. Das schön gelegene und soeben renovierte Anna Grand Hotel, einst das Sanatorium der Stadt, ist heute das schönste der einfacheren Hotels am See.

Der geschichtsträchtigste Ort des Sees ist die daumenförmige Halbinsel Tihany. Hier findet man eine berühmte Benediktinerabteikirche mit fantastischen Schnitzaltären und Kanzeln aus dem späten 18. Jh. Die Halbinsel selbst ist Ungarns erstes Naturschutzgebiet (1952 eingerichtet) mit Hügeln und Marschwiesen; einige verschiedenfarbig markierte Wanderwege führen an alten Burg- und Kirchenruinen vorbei zu den Sinterkegeln ehemaliger Geysire und dem ruhigen Seeufer. Ein schöner Endpunkt ist Ferenc Pince Csárda, etwa 1,5 km südlich der Abteikirche. Wie der Name („Franks Keller") schon andeutet, ist Wein hier ebenso wichtig wie Essen. Probieren Sie einige der besten Weine Tihanys.

Am Westende des Plattensees liegt der Kurort Hévíz, an den Ufern des gleichnamigen, 4 ha großen Thermalsees (Europas größter). Die Wassertemperatur des Sees beträgt durchschnittlich 32,8° C und fällt nie unter 22,2° C, nicht einmal im Winter. Besonders schön ist daher das Baden, wenn Eis und Schnee die umliegenden Nadelbäume bedecken. Nebenan gibt es außerdem ein Indoor-Wellnesszentrum mit Kuranwendungen und Schönheitsbehandlungen.

Wo: 135 km südwestl. von Budapest. **Info:** Balatonfüred: www.balatonfured.hu; Tihany: www.tihany.hu. **Anna Grand Hotel:** Tel. +36/87-581-200; www.annagrandhotel.eu. *Preise:* ab € 82 (Nebensaison), ab € 133 (Hochsaison). **Ferenc Pince Csárda:** Tel. +36/87-448-575; www.ferencpince.hu. *Preise:* Dinner € 15. **Hévíz Spa:** Tel. +36/83-501-700; www.spaheviz.hu. **Reisezeit:** am lebhaftesten im Juli–Aug.; Sept.–Okt.: bestes Wetter und wenig Touristen.

Eine Stadt voller mediterraner und türkischer Entdeckungen

PÉCS

Südtransdanubien, Ungarn

Pécs, die Hauptstadt der ungarischen Region Südtransdanubien, ist eine dieser kleinen, perfekt geformten osteuropäischen Städte, die alles zu besitzen scheinen: schöne Museen, faszinierende Architektur im maurischen Stil,

die von den türkischen Besatzern zurückgelassen wurde, ein mildes, fast mediterranes Klima, in dem Mandeln und Aprikosen gedeihen, und Caféterrassen, die sich die besten Plätze an den charmanten Straßen streitig machen. Als Bonus ist Ungarns zentrales Rotweingebiet Villány ganz nah.

Die Osmanen haben allem ihren Stempel aufgedrückt, und die eindrücklichste Erinnerung an ihre Herrschaft ist die zur christlichen Kirche umgebaute Gazi-Khassim-Moschee. Das größte noch stehende osmanische Gebäude Ungarns ist bekannt für seine auffälligen, von maurischen Bögen gerahmten Fenster, seine *mihrag* (Gebetsnische) und die verblassenden Koranverse an den Wänden.

Es gibt hier viele Weltklassemuseen – einer der Gründe, warum Pécs 2010 Kulturhauptstadt Europas wurde –, aber das Vasarely-Museum ist besonders lohnend. Ausgestellt sind Arbeiten Victor Vasarelys (1906–97), Sohn der Stadt und von vielen „Vater der Op-Art" genannt. Im Csontváry Museum gibt es hingegen Bilder von Tivadar Kosztka Csontváry (1853–1919) zu sehen, dessen tragisches Leben häufig mit dem Vincent van Goghs verglichen wurde.

Die gute alte Zeit wird lebendig im Palatinus Hotel an der zentralen Fußgängerzone der Stadt: viel Marmor, roter Teppichboden und maurische Details. Gemütlichere Unterkünfte finden sich im 40 km südlich gelegenen Villány, wo einige Winzer kleine Hotels mit exzellenten Restaurants eröffnet haben, wie das familiengeführte Crocus Gere Bor Hotel. Hier probiert man im Mandula Restaurant mit Weinbar die verfeinerte regionale Küche, wie Entenbrust mit Waldpilzrisotto oder Zanderfilet mit Muskatkürbis. Die hauseigenen Rotweine der Familie Gere, darunter Cabernet Sauvignon und Cabernet franc, sind auch im Angebot. Weitere lokale Weine können Sie bei Weinproben in den vielen Kellern entlang der Hauptstraße verkosten.

Wo: 238 km südwestl. von Budapest. **Info:** en.pecs.hu. **Vasarely-Museum:** Tel. +36/72-514-044. **Csontváry-Museum:** Tel. +36/72-310-544. **Palatinus Hotel:** Tel. +36/72-889-400; www.danubiushotels.com/palatinus. *Preise:* ab € 66 (Nebensaison), ab € 96 (Hochsaison). **Crocus Gere Bor Hotel:** Tel. +36/72-492-195; www.gere.hu. *Preise:* ab € 85; Dinner € 19. **Reisezeit:** Ende März: Frühjahrs-Kulturfestival; Ende Sept.: Pécs Day Festival: Tanz, Musik und Wein.

Die Moschee steht am zentralen Szechenyi-Platz.

Das sonnigste Fleckchen in der Ostsee

BORNHOLM

Hovedstaden, Dänemark

Dieses wellenumspülte Eiland mitten im Meer ist das sonnigste Fleckchen in der Ostsee, beliebt bei den Dänen und Sommergästen aus dem nahen Deutschland. Aus Dänemark kamen die hitzköpfigen Wikinger, und das merkt man an jeder Ecke: Manche Fischräuchereien stammen aus der Zeit vor 1000 Jahren, als die ersten Wikinger hier anlandeten, und im Almindingen-Wald liegen Runensteine. Überall auf der liebenswert verschlafenen Insel spürt man die Bedeutung des dänischen Lieblingswortes *hyggelig* – „warm und gemütlich".

Die weiß getünchten *rundkirken* aus dem 12. Jh. belegen eindrucksvoll die mittelalterliche Vergangenheit Bornholms. Mit ihren schwarzen zylindrischen Dächern verleihen sie der hügeligen Insellandschaft einen ganz eigenen Charakter. Ein besonders schönes Exemplar steht in Østerlars. Über das nördliche Bornholm wacht die Burgruine Hammershus, die älteste ihrer Art in Nordeuropa.

Das flache Gelände und das milde Wetter machen die 588 km² große Insel ideal zum Radfahren. Also halten Sie's wie die Dänen und radeln Sie über die Insel – z. B. zum längsten Strand Bornholms, Dueodde. Besuchen Sie auch das gut erhaltene Fischerdorf Gudhjem („Götterheim") mit seinen gelben Holzhäuschen und einer noch aktiven Windmühle. Hier gibt es auch den inselbekannten Fisch aus der traditionellen *røgeri* (Räucherei), wo die silbrigen Heringe im Erlenholzrauch hängen, bevor Sie sie draußen an langen Holztischen verspeisen. Noch berühmteren Räucherhering gibt es auf der nahen Insel Christiansø.

Probieren Sie auch die lokale Spezialität *Sol over Gudhem* („Sonne über Gudhjem"): Räucherhering auf dunklem Brot, belegt mit rohem Ei und Zwiebeln. Die Wikinger hätten reichlich Met dazu getrunken; heutzutage gibt es meist jede Menge gekühltes Tuborg und einige Gläser *snaps* (Aquavit).

Wo: 153 km östl. von Kopenhagen. **Info:** www.bornholm.info. **Reisezeit:** Mai–Sept.: wärmstes Wetter ... aber auch die meisten Touristen; die Nebensaison ist ruhiger, aber vieles hat dann geschlossen.

Die dicken Wände und die runde Bauweise von Østerlars – der bekanntesten rundkirke *auf Bornholm aus dem 12. Jh. – könnten die Kirche vor Angriffen geschützt haben.*

"Sein oder Nichtsein" im Hamlet-Schloss

SCHLOSS KRONBORG

Helsingør, Hovedstaden, Dänemark

Eigentlich heißt das Hamlet-Schloss Helsingør (im englischen Original "Elsinore") Schloss Kronborg (Kronborg Slot). Erbaut wurde es auch erst Jahrhunderte nach der Zeit des dänischen Prinzen, auf dem Shakespeares zerrissene Figur Hamlet basiert. Allerdings passt diese nordische Festung mit ihren geheimen Gängen, kanonenbewehrten Zinnen und düsteren Kerkern ganz gut zu Shakespeares dunkler Tragödie. Das große, von einem Burggraben umgebene Schloss erhebt sich stolz über der Stadt Helsingør direkt am Öresund. 400 Jahre lang verdiente Helsingør ein Vermögen mit legaler Piraterie – vorbeifahrende Schiffe mussten der dänischen Krone Zoll zahlen –, bis diese Praxis 1857 abgeschafft wurde.

Kronborg, 1420 erbaut und 1574 erweitert, hat alles, was eine königliche Renaissance-residenz braucht. Der karge Rittersaal ist einer der größten und ältesten Nordeuropas, und die schöne Schlosskapelle dient noch heute glücklichen dänischen Paaren als Hochzeitslocation. Im von Fackeln erleuchteten Innenhof gibt es im Sommer *Hamlet*-Aufführungen, die eindrucksvoll vor Augen führen, wie der Prinz über "die Pfeil' und Schleudern des wütenden Geschicks" nachdenkt. Irgendwo in den dunklen Kasematten ruht der Geist des Wikingerhäuptlings Holger Danske, eines mythischen Helden und Gegners Karls des Großen. Es heißt, das Königreich Dänemark sei sicher, solange er schlafe.

Ein anderer bequemer Tagesausflug von Kopenhagen aus ist Frederiksborg Slot, das größte und prächtigste Renaissanceschloss Skandinaviens. Es wurde Anfang des 16. Jh. auf 3 kleinen Inseln als Residenz des Königs Christian IV. erbaut.

Wo: 45 km nördl. von Kopenhagen. Tel. +45/4921-3078; www.kronborg.dk. **Reisezeit:** 1. Augusthälfte: *Hamlet*-Aufführungen.

Das perfekte Zusammenspiel von Kunst und Natur

LOUISIANA MUSEUM FÜR MODERNE KUNST

Humlebæk, Hovedstaden, Dänemark

Um zu diesem außergewöhnlichen Museum zu gelangen, brauchen Sie nur durchs schöne Seeland nördlich von Kopenhagen zu fahren. Das Louisiana Museum, in wunderschöner Lage an der "dänischen Riviera", bringt seit 1958 Kunst, Natur und Architektur in perfekter Harmonie zusammen. Seine hochklassigen Ausstellungen moderner Klassiker der Nachkriegszeit und (manchmal kontroverser) neuester Kunst werden in großzügigen, lichtdurchfluteten Sälen gezeigt, die in perfekter Weise den dänischen Modernismus verkörpern. Nicht weniger eindrucksvoll ist die ständige Sammlung, darunter ein großes Kontingent an Alberto-Giacometti-Skulpturen und Werke von Picasso, Francis Bacon und Henry Moore. Das Wasser des Öresunds glitzert durch jedes Fenster hinein, und der Skulpturengarten lädt zwischen Werken von Alexander Calder, Jean Arp und vielen mehr zum Umherschlendern ein. Verweilen Sie zu einem der Kammermusikkonzerte oder einem Päuschen auf der Caféterrasse. Die Herkunft des Namens ist übrigens kurios: Der ursprüngliche Landbesitzer hatte nacheinander drei Frauen, die alle Louise hießen …

Eine Calder-Skulptur im Skulpturengarten.

Wo: 33 km nördl. von Kopenhagen. Tel. +45/4919-0719; www.louisiana.dk.

Ein makel- und zeitloser Stil

DÄNISCHES DESIGN

Kopenhagen, Hovedstaden, Dänemark

Was haben die Lilie und das Ei gemeinsam? Beides sind Stühle des Designers Arne Jacobsen. Seine modernen, funktionalen Möbel tragen Stil und Eleganz in die Wohnzimmer und Hotels der Welt, genau wie die von anderen dänischen Designern wie Hans J. Wegner und Finn Juhl. Der zeitlose Anspruch dänischen Designs – das seit Langem der Philosophie „form follows function" folgt – sorgt für dessen andauernden Erfolg. Es definiert die Ästhetik eines ganzen Landes, von den berühmten Silberschmiedearbeiten Georg Jensens (stöbern Sie im renommierten Shop „Danish Silver", der die größte Kollektion antiker Jensen-Stücke führt, bis hin zu den einfachen, aber umso effizienteren Legosteinen. Auch dänische Architekten haben auf der Welt ihre Spuren hinterlassen, z.B. Jørn Utzon, der das Opernhaus in Sydney entwarf (s. S. 652). Kopenhagens eigenes Opernhaus, eine 2005 eröffnete auffällige Stahl-Glas-Konstruktion von Henning Larsen, ist das beste Beispiel für den progressiven Stil der Stadt. Ein weiteres ist das kubistische København Koncerthuset (Konzerthaus) von Jean Nouvel, das sich in eine blaue Stoff-„Haut" hüllt, auf die Bilder der Tänzer im Innenraum projiziert werden.

Das neue Kopenhagener Opernhaus am Wasser, aus viel Glas, Stahl und Sandstein.

Möchten Sie das Beste des dänischen Designs unter einem Dach anschauen, besuchen Sie das schnittige, glasverkleidete Dansk Design Center, das vielseitige Wechselausstellungen zeigt – von Poul Henningsens legendären Artischockenlampen bis hin zu schicken Haushaltsgegenständen.

Auch die Kopenhagener Hotels bieten exzellente dänische Ästhetik. Das Hotel D'Angleterre, seit 1775 ein Hotel, strahlt altmodische Eleganz aus. Hier regieren Opulenz und ein aristokratisches Flair, das an die Ursprünge des Gebäudes im 16. Jh. erinnert. Die gute Lage trägt zu seinem Reiz bei: Nur ein paar Schritte entfernt liegen der Strøget, die Shoppingmeile der Hauptstadt, und der alte Hafen Nyhavn mit Restaurants und Cafés. Im Copenhagen Admiral Hotel trifft Alt auf Neu: Im 18. Jh. ein Getreidespeicher, wurde es sehr schick umgebaut und bietet eine tolle Sicht auf das Opernhaus.

Aus einer anderen Stilepoche stammt das Radisson Blu Royal, 1960 von Arne Jacobsen entworfen und angefüllt mit seinen Möbeln – sogar die schweren Türgriffe stammen von ihm. Das berühmteste Zimmer ist die Nr. 606: Hier ist alles noch so wie am Tag der Eröffnung, inklusive der Originalmöbel. Für den Preis eines Cocktails können Sie in der eleganten Hotelbar in Jacobsens Aura schwelgen. Auch sehr, sehr schick ist das First Hotel Skt. Petri, ein modernistisches Hotel mit minimalistischem Dekor in neuem Gewand und einer Bar. **Danish Silver:** Tel. +45/3311-5252; www.danishsilver.com. **Opernhaus:** Tel. +45/3369-6969; www.kglteater.dk. **Konzerthaus:** Tel. +45/3520-3040; www.dr.dk/Koncerthuset. **Dansk Design Center:** Tel. +45/3369-3369; www.ddc.dk. **Hotel D'Angleterre:** Tel. +45/3312-0095; www.remmen.dk. *Achtung:* Das Hotel wird bis Mitte 2012 renoviert. **Copenhagen Admiral Hotel:** Tel. +45/3374-1414; www.admiralhotel.dk. *Preise:* ab € 185. **Hotel Radisson Blu Royal:** Tel. +45/3342-6000; www.radissonblu.com. *Preise:* ab € 195. **First Hotel Skt. Petri:** Tel. +45/3345-9100; www.hotelsktpetri.com. *Preise:* ab € 165. **Reisezeit:** Mai–Sept.: bestes Wetter.

Die neue Cuisine des Nordens: Huldigung an Erde und Meer

Dänemarks kulinarische Revolution

Kopenhagen, Hovedstaden, Dänemark

Dänemark führt stets die Ranglisten an, wenn es um die glücklichsten Länder der Welt geht. Vielleicht ist es die starke Bindung zwischen Familie und Freunden, die gute Infrastruktur (z.B. effiziente öffentliche Verkehrsmittel) oder die Tatsache, dass das Symbol des Landes eine nette kleine Meerjungfrau ist, die hinaus auf die See blickt. Für viele ist aber die dänische Küche daran schuld – maritim, frisch und köstlich. Kopenhagen ist der ideale Ausgangspunkt, um sich sowohl durch die alte als auch die neue nordische Küche durchzuschlemmen. Diejenigen, die denken, ein *smørrebrød* sei immer noch bloß ein Butterbrot, sollten mal bei Ida Davidsen essen, einem jahrhundertealten Tempel des *smørrebrød*, der berühmten gebutterten Brotscheibe mit fantasievollen Belägen. Hier gibt es die größte Auswahl in ganz Skandinavien, aufgelistet in der buchdicken Speisekarte: 250 Variationen, von erlesen bis bodenständig – Zunge mit Spiegelei, Krabben mit Kaviar, *frikadeller*, Leberpastete, Roastbeef und natürlich der dänische Hering. Sogar die Königin bestellt hier manchmal „zum Mitnehmen" und hat auch schon Feste auf Schloss Amalienborg von Ida Davidsen ausrichten lassen.

In Kopenhagen gibt es auch wunderschöne alte Schlemmerpaläste wie das Kong Hans Kaelder – vor 5 Jahrhunderten war es ein Weingut mit Weinkeller, heute serviert es klassische dänische Gerichte mit modernen Details.

Besonders ist aber zuletzt eine neue nordische Bewegung aufgefallen, die die dänische

Küche neu definiert und an deren Spitze das Restaurant Noma steht. Es wurde mehrmals zum „besten Restaurant der Welt" gewählt und wird von dem jungen, visionären Spitzenkoch René Redzepi geleitet. Noma huldigt „der Erde und dem Meer" mit sehr feinen Zutaten aus dem ganzen nordischen Raum: Muscheln von den Färöer-Inseln, Wildlachs aus der Ostsee, frischer Spargel, wenig bekannte Wildkräuter.

Das Noma war Vorreiter für eine Reihe innovativer Restaurants, die Kopenhagen in einen kulinarischen Hotspot verwandelt haben (s. Herman und The Paul, unten). 2 davon haben ihre Wurzeln in der klassischen französischen Küche: Formel B, ein First-Class-Bistro, das frische regionale Zutaten verwendet, und das günstigere Les Trois Cochons, ein früherer Metzgerladen und nun ein schicker und sehr erfolgreicher Genusstempel.

Ida Davidsen: Tel. +45/3391-3655; www.idadavidsen.dk. *Preise:* Mittagessen € 15. **Kong Hans Kaelder:** Tel. +45/3311-6868; www.konghans.dk. *Preise:* Dinner € 125. **Noma:** Tel. +45/3296-3297; www.noma.dk. *Preise:* Festpreis 7-Gang-Dinner € 130. **Formel B:** Tel. +45/3325-1066; www.formel-b.dk. *Preise:* Dinner € 74. **Les Trois Cochons:** Tel. +45/3331-7055; www.cofoco.dk. *Preise:* Dinner € 33. **Reisezeit:** Ende Aug.: Nordic Food Festival.

Ein Vergnügungspark als Disneys Ideengeber

Tivoli

Kopenhagen, Hovedstaden, Dänemark

Der Tivoli direkt im Herzen Kopenhagens ist einer der ältesten Vergnügungsparks der Welt und die beliebteste Sehenswürdigkeit Dänemarks. Er soll Walt Disney dazu inspiriert haben, Disneyland zu erbauen. Seit seiner Eröffnung 1843 ist ein Besuch für die Dänen eine lieb gewordene Sommertradition. Kleine zauberhafte Lämpchen (2.000.000 Stück), duftende Blumen und Schwäne auf dem kleinen See, an dem abends romantisch die Pagode angestrahlt wird, machen das Flair aus. Hier gibt es viele Spielbuden und Karussells aus alten Zeiten (die knarzende Holzachterbahn von 1914 ist genauso alt wie das Karussell mit den winzigen Wikingerschiffen), aber auch Dänemarks größte neue Achterbahn. In den vielen Biergärten, bei den Konzerten unter freiem Himmel (meist gratis) und der Parade der Tivoli-Garde amüsiert sich jede(r).

Tivoli-Fans können nun sogar im Park übernachten: Am westlichen Rand liegt das neue Nimb Hotel mit 13 Zimmern in einem maurisch inspirierten Palais von 1909. Antiquitäten und Ölgemälde kontrastieren mit modernem skandinavischem Design und bunten Farbakzenten. Das angesehene Hotelrestaurant Herman unterzieht die traditionelle dänische Küche einer Generalüberholung: Ein Gericht wie die klassische *leverpastej* wird hier als scharf angebratene Foie gras zusammen mit eingelegten Kirschen serviert. Im Tivoli gibt es Dutzende Restaurants, darunter ein weiteres Spitzenrestaurant: The Paul serviert inspirierende nordische Küche im *Glassalen*, einem gläsernen, vom legendären dänischen Designer Poul Henningsen entworfenen Gebäude. Aber auch unterwegs im Tivoli gibt es Leckereien, darunter *rød pølse* (die beliebten dänischen Hotdogs mit Röstzwiebeln) oder Eis im frisch gebackenen Hörnchen in einer altmodischen *vaffelbageriet*.

Info: Tel. +45/3315-1001; www.tivoli.dk. *Wann:* Jan.–März: geschlossen. **Nimb**

Hotel: Tel. +45/8870-0000; www.nimb.dk. *Preise:* ab € 350; Dinner im Herman € 66. The Paul: Tel. +45/3375-0775; www.thepaul.dk. *Preise:* Dinner € 122. Reisezeit: Am magischsten ist der Tivoli, wenn es dunkel wird.

Wo Altertum und Avantgarde zusammenkommen

Aarhus

Midtjylland, Dänemark

Die dänische Königsfamilie verbringt ihre Sommer im lebhaften Aarhus, und wer durch die grünen, historischen Straßen schlendert, versteht, warum. Trotz seines entspannten Kleinstadtflairs ist Aarhus tatsächlich die zweitgrößte Stadt Dänemarks (mit ca. 300.000 Einwohnern). Seine Kunst und Architektur machen Kopenhagen Konkurrenz – von erstklassigen Jazzshows bis zum längsten Dom des Landes. Aarhus ist eine Universitätsstadt, was man an all den studentenfreundlichen Einrichtungen merkt: progressive Kunst, Indiebands, Straßenbars mit dänischem Bier und guter Laune.

Aarhus wurde im 10. Jh. als Wikingersiedlung gegründet. Die Domkirke aus dem 12. Jh. ist dem hl. Clemens, dem Patron der Seefahrer, gewidmet. Einen genaueren Blick lohnt das bemalte Fenster hinter dem Altar vom norwegischen Künstler Emmanuel Vigeland. Das Hotel Royal verströmt mit einem antiken Gitteraufzug den Charme altmodischer Gediegenheit. Besuchen Sie auch den Botanischen Garten von 1873. Danach bietet sich ein Bummel durch Gamle By („Altstadt") an, ein Freilichtmuseum mit 75 Fachwerkhäusern aus dem 17.–19. Jh. – nur das Bürgermeisterhaus datiert auf 1595. Die Häuser wurden aus dem ganzen Land hierher gebracht und originalgetreu wieder aufgebaut. Im Sommer ertönt Musik aus der Konzertmuschel, zu Weihnachten Weihnachtslieder.

Genauso wichtig wie die Geschichte der Stadt ist ihre Avantgardeszene. Das kubistische ARoS Kunstmuseum präsentiert Werke von großen Dänen, z.B. von P. C. Skovgaard, Landschaftsmaler des Goldenen Zeitalters, oder dem zeitgenössischen Star Olafur Eliasson. Genießen Sie abends nordische Küche im schicken Restaurant Malling & Schmidt, grooven Sie im gläsernen Musikhuset zu Musik von Soul bis Klassik oder flanieren Sie am Fluss Aarhus entlang, wo man bis in die Morgenstunden beim Bier im Freien sitzt.

Wo: 175 km westl. von Kopenhagen. Info: www.visitaarhus.com. Hotel Royal: Tel. +45/8612-0011; www.hotelroyal.dk. *Preise:* ab € 240. Den Gamle By: Tel. +45/8612-3188; www.dengamleby.dk. ARoS Kunstmuseum: Tel. +45/8730-6600; www.aros.dk. Malling & Schmidt: Tel. +45/8617-7088; www.mallingschmidt.dk. *Preise:* Dinner € 48. Musikhuset: Tel. +45/8940-4040; www.musikhusetaarhus.dk. Reisezeit: Mitte Juli: Aarhus Jazz Festival; Ende Aug./Anf. Sept.: Festivalwoche mit Musik, Tanz, Filmen und Sport.

Unter den rekonstruierten Schätzen in Gamle By sind eine Kerzenmacherwerkstatt, ein Fahrradmuseum und eine Windmühle.

Abgelegen und romantisch: das „Land's End" Dänemarks

SKAGEN

Nordjylland, Dänemark

An der nördlichsten Spitze der Insel Jütland, zwischen Heide, Moor und meerumtoster Küste, siedelten jahrhundertelang nur kleine, wetterfeste Fischergemeinden, bis sie im späten 19. Jh. Gesellschaft von einer umtriebigen Künstlerkolonie bekamen, den Skagenmalern. Danach ließen Touristen nicht lange auf sich warten. Sie alle kommen wegen des einfachen Lebens in Skagen, dem Charme der Stadt, den naturbelassenen Dünen und dem strahlend blauen Himmel.

Das kleine, aber feine Skagens Museum präsentiert Werke dänischer Impressionisten, die sich hier von Land- und Meerespanoramen, dem wechselnden Farbenspiel der Natur und dem intensiven Licht inspirieren ließen – Letzteres scheint auch heute durch die vielen Oberlichter und Fenster des hübsch gestalteten Gebäudes.

In Grenen, dem nördlichsten Punkt des Landes, können Sie auf einem hellen Sandstreifen entlanglaufen und Ihre Füße dort ins Wasser stellen, wo zwei Meere aufeinandertreffen: Skagerrak und Kattegat.

Die dänische Schriftstellerin Tania Blixen schrieb hier einen Großteil von *Afrika – dunkel lockende Welt*, als Gast im giebeligen, entzückenden Brøndums Hotel. Zwischen knarzenden Dielen und Zimmern voller Antiquitäten fühlt man sich wie in einem Privathaus, aber einem mit vielen alten Gemälden, mit denen einst bezahlt wurde. Das Speisezimmer des 150 Jahre alten Gasthofs serviert Fisch und Meeresfrüchte. Jeden Morgen bei Sonnenaufgang picken sich Stadtbewohner und Restaurantbesitzer in der scheunenartigen Fischauktionshalle an der Werft das Beste heraus, bevor der Tagesfang an Märkte in ganz Nordeuropa geliefert wird. Im Skagen Fiskerestaurant am Hafen können Sie alles probieren, was das Meer hergibt, von Hummer über Schollenfilets bis zum allgegenwärtigen Hering.

Wo: 482 km nordwestl. von Kopenhagen. **Info:** www.skagen.dk. **Skagens Museum:** Tel. +45/9844-6444; www.skagensmuseum.dk. **Brøndums Hotel:** Tel. +45/9844-1555; www.broendums-hotel.dk. *Preise:* ab € 137. **Skagen Fiskerestaurant:** Tel. +45/9844-3544; www.skagen-fiskerestaurant.dk. *Preise:* Dinner € 37. **Reisezeit:** Juni–Aug.: wärmstes Wetter; Juni: Skagen-Musikfestival.

Ein Gang durch die dänische Geschichte in der alten königlichen Hauptstadt

ROSKILDE

Sjælland, Dänemark

Bis 1455 war Roskilde am Roskildefjord geistlicher und weltlicher Herrschaftssitz Dänemarks. Ihr Markenzeichen ist der doppeltürmige gotische Dom aus dem 13. Jh., eine Art Westminster Abbey Dänemarks – 38 dänische Könige ruhen hier in Marmor- und Alabastersarkophagen. Im Zentrum dieser uralten Handelsstadt pulsiert dagegen das Leben, wo Sie mittwochs und samstags einen bunten Markt mit 350 Ständen und Livemusik sowie jeden Tag ein dynamisches Studentenleben vorfinden.

Das beste Wikingerschiffsmuseum des Landes (*Vikingeskibsmuseet*) zeigt 5 perfekt erhaltene Originalschiffe, die 1957 gefunden und genauestens restauriert wurden. Sie wurden auf das Jahr 1000 datiert und damals wohl im Roskildefjord versenkt, um die Einfahrt feindlicher Schiffe zu verhindern. Es lohnt sich, auf das alte hölzerne Dampfschiff aufzuspringen, das auf den schönen Fjord hinausfährt. Ende Juni/Anfang Juli gibt es einen internationalen Massenandrang auf Roskilde, denn dann findet das Rockfestival statt, zusammen mit Glastonbury (s. S. 56) eines der größten Festivals Europas. Mehr als 100 Bands aus aller Welt spielen dann auf Bühnen auf dem Festivalgelände und in der Stadt. **Wo:** 32 km westl. von Kopenhagen. **WIKINGERSCHIFFSMUSEUM:** Tel. +45/46-300-200; www.vikingeskibsmuseet.dk. **ROSKILDE FESTIVAL:** Tel. +45/4636-6613; www.roskilde-festival.dk. *Preise:* Tagesticket € 117 inkl. Camping; 8-Tage-Ticket € 232. **WANN:** Ende Juni oder Anf. Juli.

Hering und Historie auf einem windumtosten Eiland

ÆRØ

Syddanmark, Dänemark

Wollen die Kopenhagener abschalten, fahren sie nach Fünen (Fyn, s. nächste Seite). Wenn sie aber wirklich einmal weit weg von allem sein wollen, fahren sie weiter nach Süden, nach Ærø, der kleinen Schwesterinsel mit stillen kleinen Bootshäfen, typisch dänischen Dörfern und versprengten Bauernhöfen. Die Ostseeinsel ist beliebt bei Seglern und umringt von ca. 90 kleineren Inseln, einige von ihnen in Privatbesitz.

Das Leben spielt sich auf Ærø rund um Ærøskøbing ab, ein nach Salz schmeckendes, gut erhaltenes Marktstädtchen aus dem 14. Jh., das Ende des 16. Jh. wohlhabend wurde, weil hier über 100 Windjammer zu Hause waren. Heute schlendert man über Kopfsteinpflasterstraßen, die von kleinen Läden und leicht nach vorn geneigten Fachwerkhäusern gesäumt sind – sehr pittoresk mit ihren Spitzengardinen und roten Geranien. Besonders hübsch ist das Postamt von 1749, das älteste in Dänemark. Läuten Sie den Abend in der Ærøskøbing Røgeri ein, mit frisch geräuchertem Hering und einem Tuborg, während Sie auf die sanft schaukelnden Boote im Hafen blicken. Dänemark ist eine Radfahrnation – das gilt besonders für Ærø und Fünen, wo rund 900 km markierte Radwege im Zickzack durch die hügelige Insellandschaft führen. Die wenig befahrenen, schmalen Landstraßen schlängeln sich vorbei an alten Windmühlen, einer gotischen Kirche aus dem 12. Jh. und vielen Reetdachhäusern, deren schön bemalte Türen es so nur auf dieser Insel gibt. Die vielen gut geführten Höfe auf der 6 km breiten und 30 km langen Insel verkaufen ihre Produkte auf Vertrauensbasis in Kästen an den Straßen. Ærø ist außerdem eine der umweltfreundlichsten Inseln Dänemarks, denn der Strom für die 7000 Bewohner kommt zu mehr als 50 Prozent aus Windkraft. **Wo:** 74 km südl. von Odense, Fünens Hauptstadt. **INFO:** www.aeroeisland.com. **ÆRØSKØBING RØGERI:** Tel. +45/6252-4007. *Preise:* Lunch € 15. **REISEZEIT:** Juni–Aug.: wärmstes Wetter; Ende Juli gibt es ein lebhaftes Musikfestival.

Der Garten Dänemarks und seine Märchen

FÜNEN

Syddanmark, Dänemark

Die Insel Fünen ist weltbekannt als Geburtsort von Hans Christian Andersen. Er ist vielleicht der beliebteste Märchenerzähler überhaupt: Seine Geschichten – darunter Klassiker wie „Däumelinchen" und „Das hässliche Entlein" – wurden in mehr Sprachen übersetzt und öfter gelesen als alle anderen Bücher, außer der Bibel und den Schriften von Karl Marx. Die Skulptur seiner „Kleinen Meerjungfrau" in Kopenhagen ist weltbekannt. Andersen wurde 1805 als Sohn eines Schusters und einer Wäscherin (beide Analphabeten) in Odense auf Fünen geboren, der drittgrößten Stadt Dänemarks. Märchenfreunde aus aller Welt kommen hierher, um das Haus seiner Kindheit und das benachbarte Museum zu besichtigen. Hier können Sie Andersens ramponierte Reisekoffer (er reiste viel), Originalmanuskripte und Briefe an seinen guten Freund Charles Dickens bestaunen. Danach lohnt es sich, die Boutiquen und Cafés des teils mittelalterlichen Stadtkerns von Odense zu besuchen.

25 km südlich von Odense steht das stolze Schloss Egeskov, das wohl am besten erhaltene Renaissanceschloss auf einer Insel. 1554 erbaut, gelangte es 1784 in die Hände der Vorfahren der jetzigen Besitzer. Eine viktorianische Zug-Hängebrücke verbindet das Schloss mit einem großen Vorhof, wo weiße Pfauen umherlaufen; dahinter liegen bewirtschaftete Felder. Ein Highlight sind die 12 ha großen Gartenanlagen mit Dänemarks schönstem Privatgarten (darin u.a. viele verschiedene Fuchsienarten).

In Fünen gibt es einige wunderschöne alte Gasthöfe wie die aristokratische Steensgaard Herregårdspension, deren Haupthaus aus dem Jahr 1310 stammt. Das Fachwerkschlösschen liegt am Ende einer Zufahrtsallee, hinter einem Teich mit Schwänen und umgeben von einem 10 ha großen schattigen Landschaftsgarten. Im von Kerzen erleuchteten Speisesaal können Sie lokale Spezialitäten schlemmen, z.B. Fasan oder Wildschwein.

Fünen, wegen seiner Felder und Weiden bekannt als „Garten Dänemarks", ist dank kurzer Wege und flachem Terrain ideal per Rad zu erkunden. Die idyllische Landschaft ist getüpfelt mit Bauernhöfen, Obstwiesen, Gutshäusern und Gasthöfen, *Kros* genannt. Falsled Kro in einem reizenden Bauerndorf an der Südküste Fünens ist zweifelsohne der schönste, ein Komplex aus eleganten ländlichen Gebäuden mit Reetdächern und großen offenen Kaminen. Das großartige Restaurant ist die eigentliche Attraktion: Zusammen mit Lieferanten und Erntehelfern der benachbarten Schlösser und Herrenhäuser züchtet, fischt, erntet, jagt und räuchert Koch und Mitbesitzer Jean-Louis

Schloss Egeskov ist von einem Burggraben umgeben, der in politisch instabilen Zeiten Schutz bot.

Lieffroy vieles von dem, was Sie auf Ihrem Teller wiederfinden. **Wo:** Odense liegt 156 km westl. von Kopenhagen und ist durch eine Brücken-Tunnel-Kombination mit Seeland verbunden. HANS CHRISTIAN ANDERSEN MUSEUM: Tel. +45/6551-4601; www.hcandersen-homepage.dk. SCHLOSS EGESKOV: Tel. +45/6227-1016; www.egeskov.com. STEENSGARD HERREGÅRDSPENSION: Tel. +45/6261-9490; www.herregaardspension.dk. *Preise:* ab € 207; Dinner € 55. FALSLED KRO: Tel. +45/6268-1111; www.falsledkro.dk. Preise: ab € 274; Dinner € 110. REISEZEIT: Mai–Aug.: wärmstes Wetter.

Die älteste und besterhaltene Mittelalterstadt Dänemarks

RIBE

Syddanmark, Dänemark

Mitte des 9. Jh. entwickelte sich die Stadt Ribe als geschäftiger Handelsplatz der Wikinger. Damit ist sie die älteste Stadt Dänemarks. Der mittelalterliche Dom, Ribe Domkirke, war eine der ersten christlichen Kirchen des Landes – vorher hatten die Dänen die nordischen Götter verehrt. Es lohnt sich, für einen Panoramablick weit über das Land die 248 Stufen hoch zum Bürgerturm zu erklimmen. Danach sollten Sie durch die historischen Straßen im alten Herz Ribes, Gamle Stan, bis zu einem Schulhaus aus dem 16. Jh. schlendern.

Am postkartenschönen alten Marktplatz, dem Torvet, liegt das älteste Gasthaus Dänemarks, das Hotel Dagmar, benannt nach einer mittelalterlichen dänischen Königin. Das Haus stammt aus dem Jahr 1581 und hat 50 schön restaurierte Zimmer, die ihre niedrigen Decken und schiefen Böden bewahrt haben. Das Hotel liegt gegenüber dem Dom und besitzt außerdem eines der besten Restaurants der Stadt.

Die beliebtesten Bewohner Ribes sind nicht die Menschen – es sind die Weißstörche, die sich hier jedes Jahr Ende März oben auf dem Rathaus und auf Schornsteinen in der ganzen Stadt niederlassen, sehr zur Freude von Einheimischen und Besuchern. Im umliegenden Marschland leben noch andere Vogelarten, eine Attraktion für alle Vogelbeobachter.

Ribe Domkirke ist der älteste Dom Dänemarks – und der einzige fünfschiffige.

Von Ribe aus können Sie prima einen Tagesausflug zu einem der kinderfreundlichsten Orte Dänemarks unternehmen: Legoland. In diesem bunten Vergnügungspark besteht alles aus Legosteinen, von Modelleisenbahnen bis zu Autos in Kindergröße. Der Name LEGO kommt von *leg godt* („gut spielen"), und die Steine sind seit ihrer Erfindung in den späten 1940er-Jahren zum Welterfolg geworden.

Wo: 244 km westl. von Kopenhagen. **INFO:** www.visitribe.dk. **RIBE DOMKIRKE:** Tel. +45/7542-0619; www.ribe-domkirke.dk. **HOTEL DAGMAR:** Tel. +45/7542-0033; www.hoteldagmar.dk. *Preise:* ab € 174; Festpreis-Dinner € 55. **LEGOLAND:** Tel. +45/7533-1333; www.legoland.dk. **Wann:** Nov.–März: geschlossen. **REISEZEIT:** Mai–Aug.: bestes Wetter; Ende März–Aug.: zum Beobachten der Störche; Mai–Sept. um 20 und 22 Uhr: Folgen Sie dem Nachtwächter auf seiner Runde.

Launische und demütig machende Natur mitten im Nordatlantik

DIE FÄRÖER-INSELN

Gleichberechtigte Nation im Königreich Dänemark

Inmitten der schäumenden Wellen des Nordatlantiks, zwischen Schottland und Island, liegen die 22 Färöer-Inseln, eine autonome Region des Staates Dänemark. Die Inselgruppe ist unsagbar schön mit ihren rauen Bergen, in die sich tiefe Fjorde eingeschnitten haben. Sofort bei der Ankunft fällt auf, wie stolz die Färinger – etwa 50.000 insgesamt – auf ihre einzigartige Geschichte, Kultur und besonders die vom Altwestnordischen abstammende Sprache sind. Färöisch wird überall auf den Inseln gesprochen und gelehrt, und viele Dörfer haben eigene Dialekte.

Die reiche Geschichte der Inselgruppe sieht man überall: uralte Wikingersiedlungen aus dem 9. Jh., mittelalterliche Kirchen, bunte Fischerboote und die typischen torfgedeckten Häuser. Die kleine Hauptstadt Torshavn auf der Hauptinsel Streymoy besitzt ein stimmungsvolles altes Viertel und ein Kloster (*munkastovan*), das im 15. Jh. von irischen Mönchen errichtet wurde.

Überall auf den Inseln finden Sie atemberaubende Landschaften: zerklüftete Berge, leuchtend grüne Täler mit herabstürzenden Wasserfällen, baumlose Flächen. Und egal, wo Sie gerade sind: Das Meer ist nie mehr als ein paar Kilometer entfernt.

Und dann ist da das erstaunliche Aufgebot an Seevögeln: Auf jedem Klippenvorsprung sitzen Papageitaucher. Diese rotschnäbligen Vögel – und auch andere Arten wie Eissturmvögel und Trottellummen – leben gern hier, z. B. auf den Vogelfelsen in Vestmanna oder der winzigen, abgelegenen Insel Mykines. Sie bedecken die Inseln mit ihrem Guano und halten sie so erstaunlich grün, unterstützt vom warmen Golfstrom. In den Wintermonaten kommen wenige Besucher. So verpassen sie allerdings das ultimative Naturschauspiel: das Nordlicht (*aurora borealis*), das den Himmel in ein riesiges Gemälde aus verwirbelten Grün- und Blautönen verwandelt.

WO: 797 km südöstl. von Reykjavik, Island. **INFO:** www.visitfaroeislands.com. **UNTERKUNFT:** Das moderne Hotel Føroyar überblickt Torshavn. Tel. +45/298-31-75-00; www.hotelforoyar.com. *Preise:* ab € 130. **REISEZEIT:** Juni–Aug.: wärmstes Wetter und Mitternachtssonne; Okt.–Apr.: Nordlicht.

Die schönste Ecke der größten Insel der Welt

DIE DISKO-BUCHT

Grönland, Autonome Region des Staates Dänemark

Für viele Reisende ist Grönland das letzte große Abenteuer. Etwa 85 % der Insel sind mit Eis bedeckt, und es werden zahlreiche Extremsportarten angeboten, vom Seekajakfahren („Kajak" kommt vom grönländischen *qajaq*) über Felsklettern bis hin zu Safaris mit Moschusochsen und Doppeldeckerflügen über riesige Eisberge.

Obwohl Grönland, selbstverwaltetes Territorium Dänemarks, die geringste Bevölkerungsdichte der Welt hat und *wirklich* abgelegen liegt – es erhebt Anspruch auf den nördlichsten Festlandpunkt der Welt –, steigen die Besucherzahlen. Es gibt aber immer noch bloß 2 Ampeln auf der Insel, beide in der kleinen Hauptstadt Nuuk.

Echte Entdecker fahren nach Westen, nach Ilulissat (grönländisch für „Eisberge"), die mit nur 4500 Einwohnern drittgrößte Stadt Grönlands, und zur Disko-Bucht, wo man auf einer Bootstour zwischen den riesigen blau geäderten Eisbergen, die im Fjord schwimmen, hindurchfahren kann. Schön ist es im Frühsommer, wenn das Treibeis unter der nie untergehenden Sonne einen warmen Schimmer bekommt.

In Grönland leben viele Polartiere, darunter Seehunde, Rentiere, der majestätische Seeadler und sogar der Narwal mit seinem eindrucksvollen 3 m langen Stoßzahn. Die populären Whalewatching-Touren starten in Nuuk, wo man häufig Zwerg- und Buckelwale beobachten kann. Die besten Chancen, einen der gefährdeten und schwer zu fassenden Eisbären zu sehen, haben Sie bei einem Trip in den Nordost-Grönland-Nationalpark.

Die globale Erwärmung spürt Grönland an vorderster Front: Die Insel wird mit jedem Jahr wärmer und hat heute die am schnellsten zurückgehende Eisschicht in der nördlichen Hemisphäre. Bei einem Flug über das massive Inlandeis zeigt sich, wie dieses Phänomen die Landschaft verändert hat, denn statt Eis sieht man nun aquamarinfarbene Flüsse und tiefe Seen aus leuchtend blauem Schmelzwasser. Südgrönland ist grüner als früher, und die Temperaturen erreichen im Sommer angenehme 13–15° C.

In der Disko-Bucht fährt man mit Kajak oder Schiff zwischen den Eisbergen hindurch.

INFO: www.greenland.com. **WIE:** Das amerikanische Unternehmen Hurtigruten Cruises bietet 9-tägige Touren an; Tel. +1/212-319-1300; www.hurtigruten.us. *Preise:* ab € 4380. Startet in Kopenhagen, inkl. Hin- und Rückflug nach Grönland. *Wann:* Juni. **UNTERKUNFT:** Das moderne Hotel Arctic an der Disko-Bucht hat Ausblick auf die Eisberge. Tel. +299/944-153; www.hotelarctic.com. *Preise:* ab € 233. **REISEZEIT:** Mai–Juli: 24 Stunden Sonne; Aug.–Sept.: zum Wandern, Campen und Seekajakfahren.

Inseln von betörender Schönheit

DIE ÅLANDINSELN

Finnland

Die Åland-Inselgruppe ist eine der ungewöhnlichsten Regionen Finnlands. Sie liegt am Eingang des Bottnischen Meerbusens, besteht aus über 6500 kleinen Inseln und ist die Heimat eines Volkes mit ganz eigener Kultur und Tradition. Tatsächlich sprechen die meisten Einwohner – obwohl finnische Staatsbürger – Schwedisch. Sie sind sehr stolz auf ihren hohen Grad an Unabhängigkeit: Åland hat ein eigenes Parlament, eine eigene Flagge, eigene Nummernschilder und Briefmarken, ja sogar eine eigene Internet-Länderkennung: „ax".

Die Inseln bieten eine Atmosphäre der Ruhe mit ihren üppigen Eichen- und Ulmenwäldern, dazu im Hintergrund immer das ruhige smaragdgrüne Wasser der Ostsee. Zwischen den Wäldern liegen Felder, Weiden und rote Granitfelsen, dazwischen naturbelassene Wanderwege. Ruinen alter Festungen beweisen die strategische Bedeutung der Inselgruppe: In der Hochzeit der Wikingerära im 8./9. Jh. war die Insel ein belebtes Handelszentrum. Bis 1809 war Åland ein Teil Schwedens; dann wurde es (zusammen mit dem Rest Finnlands) vom Russischen Reich „geschluckt". Als Finnland 1917 unabhängig wurde, nahm es Åland mit – obwohl viele der Insulaner gern eine Wiedervereinigung mit Schweden gesehen hätten.

Etwa 65 der Inseln sind bewohnt. Der gemächliche Lebensstil und die Schönheit der Insellandschaft ziehen viele finnische, schwedische und dänische Touristen an: im Sommer zum Wandern, Rad- und Bootfahren, im Winter zum Eislaufen, Eisangeln und Eissegeln (um die kleineren Inseln herum).

Mariehamn (12.000 Einwohner) ist der Hauptort auf Fasta Åland, der größten der Inseln, und ein guter Ausgangspunkt für Entdeckungstouren. Hier können Sie ein Auto oder Fahrrad mieten und in die schöne Landschaft fahren, wo Sie an jahrhundertealten Kirchen vorbeikommen, z.B. an der faszinierenden St. Michaels Kyrka in Finström mit ihrem Reichtum an Fresken und Holzskulpturen aus dem 12. Jh. Weiter östlich, in Sund, steht an einer malerischen Stelle Kastelholms Slott, eine Zitadelle aus dem 14. Jh. Während des Festes Gustav Vasa Dagarna regieren hier die mittelalterlichen Gelage, und die Einheimischen üben sich im Schlemmen, Turnierkampf und Tanz. Einen weiteren Blick auf die unverfälschte Schönheit der Inseln bekommen Sie auf Eckerö, einer pittoresken Insel mit schönen Sandstränden und fotogenen roten Bootshäusern am Hafen.

Wo: Mariehamn liegt 320 km westl. von Helsinki, 160 km nordöstl. von Stockholm. **INFO:** www.visitaland.com. **UNTERKUNFT:** Das Hotell Arkipelag liegt am Hafen in Mariehamn. Tel. +358/18-24020; www.hotellarkipelag.com. *Preise:* ab € 170. **REISEZEIT:** Juni–Aug.: wärmstes Wetter; Anf. Juli: Gustav Vasa Dagarna in Burg Kastelholm.

Helsinki – die Designhauptstadt der Welt

DER DESIGN-DISTRICT

Helsinki, Finnland

Gemessen an der geringen Einwohnerzahl des Landes (etwas über 5 Mio.), hat Finnland einen erstklassigen Ruf in der Designwelt. Dies ist das Land, das sowohl die Talente der Textildesignfirma Marimekko hervorbrachte und pflegte als auch die preisgekrönten Haushaltswaren-Designer von Iittala sowie Architektur-Superstars wie Eliel und Eero Saarinen und Alvar Aalto (s. nächste Seite). Auch heute verwandeln Firmen wie Arabia, Hackman und Artek Alltagsgegenstände wie Geschirr, Kochutensilien und Möbel in zeitlose Kunstwerke, die man in jedem finnischen Zuhause findet.

Helsinki ist das Epizentrum finnischer Kreativität. Die Innenstadt ist voller innovativer Galerien, Läden, Hotels und Restaurants. 2005 wurde sogar ein großer Teil der Stadt „Design-District" getauft. Hier liegt u.a. das Design Forum Finnland, wo Sie die Werke finnischer Designer sehen können. Neue Talente gibt es in kleineren Wechselausstellungen zu sehen, während ein Shop über 200 finnische Designer und Hersteller führt. Einen Crashkurs in modernem finnischem Design bekommen Sie im großartigen Design Museum in einem Gebäude des 19. Jh. Die ständige Sammlung zeigt anhand von Werken des 20. Jh., darunter Glas, Keramik und Stühle, die Herausbildung der finnischen Ästhetik.

Wer ganz im Thema bleiben will, sollte im Hotel Klaus K absteigen. Das Boutique-Hotel (137 Zimmer) nimmt sein Design ernst: In der ätherischen Lobby entfalten weiße Modul-Möbel, ein Wandbehang aus bemalten Glassäulen und ein über der Rezeption schwebendes, eiskristallähnliches Kunstwerk ihre Wirkung. Sie können sogar in einer der zwei „Design-Suiten" zwischen üppigen Originalgemälden großer finnischer Künstler übernachten.

In der Hülle eines umgebauten Bankgebäudes aus den 1920er-Jahren genießt der Gast im gestylten Hotel GLO wunderschöne moderne Zimmer und aufmerksame Extras – darunter Wellnessanwendungen auf dem Zimmer und die Möglichkeit, vom Zimmerservice Musikinstrumente, Malutensilien oder Sportgeräte liefern zu lassen. Um die Ecke liegt die ehrwürdige große Schwester des GLO, das Hotel Kämp, eine Fin-de-Siècle-Schönheit mit stattlicher Marmorlobby und Zimmern mit antiken und modernen Elementen. Direkt beim Hotel lässt es sich exzellent shoppen, u.a. in einem Marimekko-Store mit großer Auswahl an farbstarker Mode und Haushaltswaren.

Der Design-District ist eine Brutstätte der Innovation. Sie werden überrascht sein, wie sich das auf die Gastronomie übertragen lässt – im Kuurna, wo die köstlichen nordischen Gerichte mit kleinen kreativen Finessen serviert werden. Die Karte wechselt wöchentlich und offeriert Speisen wie gebratenen Weißfisch mit Safrankartoffeln oder geschmorten Lammbauch mit Topinambur-Püree.

Info: www.designdistrict.fi. **Design Forum:** Tel. +358/9-622-0810; www.designforum.fi. **Design Museum:** Tel. +358/9-622-0540; www.designmuseum.fi. **Hotel Klaus K:** Tel. +358/20-770-4700; www.klauskhotel.com. *Preise:* ab € 133. **Hotel Glo:** Tel. +358/9-5840-9540; www.hotelglohelsinki.com. *Preise:* ab € 150. **Hotel Kämp:** Tel. +358/9-576-111; www.hotelkamp.com. *Preise:* ab € 166. **Kuurna:** Tel. +358/9-670-849; www.kuurna.fi. *Preise:* Dinner € 45. **Reisezeit:** Juni–Aug.: warmes Wetter; Ende Aug./Anf. Sept.: Helsinki Design Week.

Der Vater des modernen skandinavischen Designs

Die Welt des Alvar Aalto

Helsinki und Jyväskylä, Finnland

Von Alvar Aalto (1898–1976), einem der größten Architekten des 20. Jh., stammen bahnbrechende Beiträge auf den Gebieten Kunst, Architektur und Design. Er war ein Vertreter der organischen Architektur – Bauwerke, die sich ihrer Umgebung anpassen – und entwarf oft nicht nur die Gebäude, sondern auch die Innenausstattungen; Lampen, Glas und anderes.

Aalto war auch einer der Ersten, die gutes Design bezahlbar machten, und seine organisch geformten Vasen und Bugholzstühle wurden zu internationalen Sammlerstücken, die wegen ihrer Zeitlosigkeit nach wie vor begehrt sind.

Helsinki-Besucher müssen nicht weit fahren, um typische Werke des finnischen Großmeisters zu sehen. Eines der berühmtesten Gebäude der Stadt, die Finlandia-Halle von 1971, thront majestätisch am glitzernden Wasser der Töölönlahti-Bucht. Aalto entwarf auch ihre Inneneinrichtung. Besonders im Schnee sieht das auffällige weiße Marmorgebäude faszinierend aus.

Besuchen Sie das elegante Restaurant Savoy, um eine weitere visionäre Inneneinrichtung Aaltos zu sehen. Dem klassischen Design von 1937 konnte die Zeit nichts anhaben. Alles hier hat Aalto entworfen, von den Lichtschaltern bis zu den berühmt gewordenen kurvigen Vasen. Schauen Sie nach einem dekadenten Essen mit Rundumblick über die Stadt im Artek-Flagshipstore vorbei, der von Alvar, seiner Frau Aino (ebenfalls Architektin und Designerin) und 2 Partnern im Jahr 1935 gegründet wurde. Die inzwischen legendäre Möbelfirma führt immer noch Aaltos Markenzeichen, darunter den Bugholzsessel *Paimio*, elegante Messing-Hängelampen und klassische ineinanderschiebbare Beistelltischchen.

Die Aalto-Pilgertour geht weiter: 3 Stunden nördlich von Helsinki zur charmanten Universitätsstadt Jyväskylä, wo Aalto studierte und sein erstes Büro eröffnete. Hier verwirklichte er u.a. das Haus der Arbeiter, die Kirche von Muurame mit ihren italienischen Einflüssen und 8 Gebäude der Universität Jyväskylä, die griechische Ideale in ein minimalistisches Gewand verpacken.

Aalto entwarf auch das Gebäude, das heute das Aalto-Museum beherbergt. Hier erhalten Sie einen guten Einblick in seine Philosophie – durch die ausgestellten Möbel und Glaswaren, Filmsequenzen und architektonischen Entwürfe.

Das Boutique-Hotel Yöpuu in Jyväskylä hat einfache, aber elegante Zimmer (das beste hat eine eigene Sauna). Das Hotelrestaurant Pöllöwaari gehört zu den besten der Region: Genießen Sie Weißfischrogen mit knusprigen Blini oder Rentierfilet mit Pfefferkarotten, Sahne-Winteräpfeln und Rosmarinsoße.

Wo: Jyväskylä liegt 270 km nördl. von Helsinki. FINLANDIA-HALLE: Tel. +358/9-402-4400; www.finlandiatalo.fi. SAVOY: Tel. +358/9-6128-5300; www.royalravintolat.com/savoy/en. *Preise:* Dinner € 66. ARTEK: Tel. +358/10-617-3480; www.artek.fi. ALVAR AALTO MUSEUM: Tel. +358/14-266-7113; www.alvaraalto.fi. HOTEL YÖPUU: Tel. +358/14-333-900; www.hotelliyopuu.fi. *Preise:* ab € 140; Dinner € 55. REISEZEIT: Juni–Aug.: warmes Wetter.

Ein Besuch beim Weihnachtsmann, eine unvergessliche Fahrt mit dem Eisbrecher und ein Schloss aus Schnee

FINNISCH-LAPPLAND

Lappland, Finnland

L appland besteht aus riesigen Nadelwäldern und ständig gefrorener Tundra; es ist die Heimat umherziehender Rentierherden und des Volkes der Sami, die früher Nomaden waren und nun in den nördlichen Gebieten Finnlands, Schwedens, Norwegens und Russlands leben. Trotz der Minusgrade und der langen, dunklen Nächte kann ein Besuch im Winter geradezu magisch sein – wenn Sie z.B. mit dem Eisbrecher hinaus auf das gefrorene Meer aufbrechen, während das Nordlicht den Nachthimmel erleuchtet.

Das Dorf Rovaniemi gilt als Tor zu Finnisch-Lappland (Schweden hat seine eigene Provinz Lappland, s. S. 384) und zum finnischen Polarkreis. Außerdem ist es die Heimat des Weihnachtsmannes, denn hier sieht es genauso aus, wie es sich jedes Kind vorstellt: ein Wintermärchen mit gemütlich-nettem Weihnachtsmann, der immer zu sprechen ist. Das Weihnachtsmann-Postamt zeigt einige der 700.000 Briefe, die jedes Jahr aus über 150 Ländern ankommen, und in einem urigen Laden können Sie Weihnachtsgeschenke kaufen, die mit einem Stempel aus dem Weihnachtsmanndorf verschickt werden. Eine benachbarte Rentierfarm bietet Schlittenfahrten an – leider nicht durch die Luft, aber dafür mit Rentieren, die genauso aussehen wie die von Santa Claus. Rovaniemi wurde 1944 von den Deutschen niedergebrannt und nach Plänen von Alvar Aalto (s. vorige S.) wiederaufgebaut – auf einem Grundriss in Form eines Rentiergeweihs. Das exzellente Arktikum, ein Museum und Wissenschaftszentrum, zeigt das Leben oberhalb des Polarkreises.

Um ganz in der weißen Winterwelt aufzugehen, sollten Sie zum Lapland Hotel Bear's Lodge fahren, eine halbe Stunde nördlich von Rovaniemi. Das Hotel liegt inmitten von Kiefernwäldern an einem See und hat einfache, aber schöne holzvertäfelte Zimmer. Die kurzen Wintertage können Sie mit einer Tour auf dem Schneemobil verbringen, mit einer Schneeschuhtour oder einer Rentiersafari durch die blendend weiße Landschaft. Im Sommer können Sie unter der Mitternachtssonne wandern, mountainbiken, bootfahren oder fischen.

Von der Stadt Kemi aus können Sie eine 4-stündige Tour auf der *Sampo* mitmachen, einem früheren Eisbrecher. Es geht hinaus auf Europas die zugefrorene Nordspitze der Ostsee im Bottnischen Meerbusen. Draußen dürfen die Passagiere orangefarbene Thermoanzüge anlegen und zwischen den soeben aufgebrochenen Eisschollen schwimmen, die bis zu 1 m dick

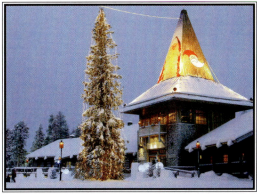

In der Weihnachtszeit kommen täglich bis zu 4000 Besucher in das Weihnachtsmanndorf, wo sie auch die Spielzeugwerkstatt der Elfen anschauen können.

sind. Auch lädt die steinharte Meeresoberfläche zum Eisangeln oder einer Fahrt mit Schneemobilen und Hundeschlitten ein. In jedem Fall erleben Sie eine berauschende Fahrt durch die Stille im dämmrigen Winterlicht.

Zurück an Land, können Sie passend dazu im SnowCastle übernachten. Das Schneehotel mit 18 Zimmern ist Teil des LumiLinna, des fantastischen Schneeschlosses, das seit 1996 jeden Winter in Kemi errichtet wird. In dem dreistöckigen Schloss ist alles, vom Café bis zur Kapelle, aus Schnee. Der Komplex wird von Jahr zu Jahr größer und origineller.

Wo: Rovaniemi liegt 830 km nördl. von Helsinki. **Info:** www.laplandfinland.com. **Weihnachtsmanndorf:** Tel. +358/16-356-2096; www.weihnachtsmann.fi. **Arktikum:** Tel. +358/16-322-3260; www.arktikum.fi. **Lapland Hotel Bear's Lodge:** Tel.+358/16-530-0400; www.laplandhotels.com. *Preise:* ab € 150. **Sampo Tours:** Tel. +358/16-258-878; www.sampotours.com. *Preise:* ab € 270. *Wann:* Ende Dez.–Mitte Apr. **Snowcastle:** Tel. +358/16-258-878; www.snowcastle.net. *Preise:* ab € 222 (Nebensaison), ab € 307 (Hochsaison). *Wann:* Jan.–Anf. Apr. **Reisezeit:** Okt.–März: Nordlichter; im Jan.–Feb. ist die Durchschnittstemperatur –30° C.

Wundervolle Wasserwelt – und eine klassische Rauchsauna

DIE FINNISCHE SEENPLATTE

Nord- und Südsavo, Finnland

Finnland ist ein Land der Seen (es hat fast 188.000 davon). Zählt man die Küste mit ihren vielen kleinen Inseln und die Flüsse noch dazu, hat Finnland – proportional gesehen – mehr Wasser als jedes andere Land. Vom Saimaa-Seensystem nahe der russischen Grenze bis zum Bottnischen Meerbusen im Westen ist es außerdem eine der waldreichsten Regionen der Erde – die miteinander verbundenen Seen, umgeben von dichten Kiefern- und Birkenwäldern, bilden so eine unberührte Naturlandschaft. Die Seenplatte (Järve-Suomi) ist das Herz dieses Wasserreiches, das größte Seensystem in Europa. Der größte der Seen ist mit 4370 km^2 und 13.000 Inseln der Saimaa.

Auf 3 dieser Inseln liegt die Stadt Savonlinna, lange ein Kurort der russischen Zaren und ihrer Gefolge. Hier erhebt sich majestätisch eine der spektakulärsten Zitadellen Nordeuropas: Burg Olavinlinna aus dem 15. Jh. Innerhalb ihrer Burgmauern finden jedes Jahr im Juli die Savonlinna-Opernfestspiele statt.

Die idyllische Szenerie können Sie auf vielfältige Weise genießen, von Radtouren bis zu Kanuausflügen auf dem See. Auch eine Schifffahrt bietet sich an, im Sommer z.B. die unvergessliche 11-stündige Fahrt auf der MS *Puijo* zwischen Savonlinna und Kuopio, bei der man durch malerische Wasserstraßen, Kanäle und Schleusen fährt und unterwegs in kleinen Dörfern haltmacht. Im ungezwungenen Kuopio angekommen, sollten Sie einen Spaziergang durch den Fichtenwald machen und in einem Restaurant am See den berühmten Seefisch *muikku* probieren. Der eigentliche Grund, nach Kuopio zu kommen, ist jedoch die traditionelle Rauchsauna Jätkänkämppä am Kallavesi-See (übrigens die größte ihrer Art), die es so kaum noch gibt: Man sitzt in der Hütte in der Hitze des Holzofens, der zuvor die ganze Sauna mit Rauch angefüllt und rußgeschwärzt zurückgelassen hat. In einer der großartigsten Landschaften Finnlands können Sie sich dann zum Abkühlen in den See stürzen – sogar im Winter, wenn ein Loch ins Eis geschlagen wird.

Zurück in Savonlinna ist die kleine Lossiranta-Lodge zu empfehlen: Die 5 Zimmer sind klein, haben aber alle eine Terrasse und schauen auf die Burg. Das beste Zimmer hat eine eigene Sauna samt Whirlpool, und Sie können vom Steg der Lodge aus im See schwimmen.

Wo: Savonlinna liegt 344 km nordöstl. von Helsinki. **Info:** www.visitfinland.com. **Savonlinna-Opernfestspiele:** Tel. +358/15-476-750; www.operafestival.fi. **MS Puijo:** Tel. +358/15-250-250; www.mspuijo.fi. *Preise:* € 93. *Wann:* Ende Juni–Mitte Aug. **Lossiranta Lodge:** Tel. +358/44-511-2323; www.lossiranta.net. *Preise:* ab € 100. **Reisezeit:** Juni–Aug.: bestes Wetter.

Die Inselburg Olavinlinna wurde ursprünglich zur Abwehr russischer Truppen errichtet.

Kulturschätze und ein historischer Verkehrsweg

TURKU UND DIE KÖNIGSSTRASSE

Finnland

Europaweit bekannt wurde die älteste Stadt Finnlands (auch die einstige Hauptstadt) 2011 als Kulturhauptstadt Europas. Das passt, denn Turku ist nicht nur reich an Historie, sondern auch an Freigeistern und Künstlern – schließlich hat die Stadt einige der führenden Künstler Finnlands hervorgebracht, von denen viele an der hiesigen Akademie studiert haben. So gibt es z.B. ein hervorragendes Sibelius-Museum, wo Sie 300 Musikinstrumente und andere Erinnerungsstücke anschauen und dann den Kompositionen des berühmtesten Komponisten Finnlands lauschen können. Von September bis Mai gibt es mittwochs abends Klassik-, Jazz- oder Folk-Konzerte mit Künstlern aus dem ganzen Land.

Turku hat einen vollen Festivalkalender. Eines der größten Events ist der Mittelaltermarkt vor der stimmungsvollen Kulisse der Burg Turku. Die gewaltige Festung, strategisch platziert an der Mündung des Aurajoki („Aura-Fluss"), stammt aus dem 13. Jh. und ist einer der ältesten erhaltenen Mittelalterbauten Skandinaviens.

Nicht weit vom Zentrum Alt-Turkus entfernt steht ein weiteres wichtiges Bauwerk, der Dom zu Turku (Tuomiokirkko), die Mutterkirche der finnisch-lutherischen Glaubensrichtung. Der im 13. Jh. erbaute Dom wurde im großen Feuer von 1827 schwer beschädigt, weshalb der neoklassizistische Turm und die beeindruckenden Fresken des finnischen Künstlers Wilhelm Ekman aus dem 19. Jh. stammen. Das Feuer überlebt haben die Häuser im Freilichtmuseum Luostarinmäki. Hier bieten die originalgetreuen Werkstätten einen Einblick in das Leben in Turku vor 2 Jahrhunderten, als die Stadt noch Hauptstadt war und einen geschäftigen Hafen besaß.

Turku ist das Tor zu einem Schärengarten mit 20.000 Inseln, von denen einige im Sommer durch den 250 km langen sogenannten „Archipelago Trail" für Autos und Fahrräder verbunden werden. Es ist außerdem Startpunkt der jahrhundertealten Königsstraße, eines 480 km langen Verkehrsweges, der Richtung Osten nach Wyborg, Russland, und dann weiter durch St. Petersburg bis nach Moskau führt. Auf der Route, die mindestens seit dem 13. Jh. existiert, waren allerdings selten Könige unterwegs, sondern Diplomaten, Kuriere und normale Reisende. Ein Großteil der Strecke führt an der Küste entlang, durch Kiefern- und Birkenwälder, vorbei an alten Kirchen und schläfrigen Dörfern. Ein sehr schöner Haltepunkt ist Porvoo, die besterhaltene Mittelalterstadt Finnlands. Die Route führt nicht direkt nach Helsinki (s. S. 366), aber wenn die Zeit es erlaubt, sollten Sie den kleinen Umweg von 20 km auf jeden Fall machen.

Wo: 164 km westl. von Helsinki. **Sibelius-Museum:** Tel. +358/02-215-4494; www.sibeliusmuseum.abo.fi. **Burg Turku:** Tel. +358/02-262-0300. **Freilichtmuseum Luostarinmäki:** Tel. +358/02-262-0350; www.museumcentreturku.fi. **Unterkunft:** Das Jugendstil-Park-Hotel liegt zentral, Tel. +358/2273-2555; www.parkhotelturku.fi. *Preise:* ab € 144. **Reisezeit:** Juni–Aug.: bestes Wetter; Ende Juni–Anf. Juli: Mittelaltermarkt; Anf. Juli: Ruisrock, Finnlands ältestes und größtes Rockfestival; Aug.: Handwerkertage in Luostarinmäki; Ende Nov.–Dez.: Weihnachtsmarkt.

Märchenhafte Insel aus Feuer und Eis

Der Hringvegur (Ring Road)

Island

Island – direkt unterhalb des Polarkreises gelegenes, vulkanisches, außergewöhnliches Land rühmt sich einer der vielfältigsten und unglaublichsten Landschaften der Erde, einer Mischung aus mondähnlichen Wüsten, windzerzauster Tundra, unwahrscheinlich grünem Grasland und von Gletschern ausgewaschenen Tälern und Canyons. Im Mittelalter vermuteten die Europäer hier den Eingang zur Unterwelt, und Jules Verne wählte später einen isländischen Vulkan als Eingang für seine *Reise zum Mittelpunkt der Erde*. Das Wort „Geysir" wurde hier geprägt, nach der größten der vielen hochschießenden heißen Quellen Islands. Außerdem gibt es hier überall Lavafelder, blubbernde Schlammlöcher, austretenden Dampf und Eis. Die dramatische Gletscherlagune Jökulsárlón im Südosten ist für ihre Eisberge berühmt, die von der Gletscherzunge abbrechen und ein ständig neues Labyrinth für die dazwischen herumfahrenden Ausflugsboote bilden.

Der zweispurige Hringvegur (auch Ring Road oder Route 1 genannt – die einzige große Straße rund um die Insel) bildet einen 1339 km langen Kreis. Wer auf ihr unterwegs ist, kann immer wieder anhalten und dramatische Canyons, donnernde Wasserfälle und Lavaformationen bewundern, z.B. den nahen Mývatn-See (s. nächste S.). Veranschlagen Sie etwa 8 Tage für eine komplette Tour um die Insel.

Vermutlich werden Sie bei Ihrer Ankunft in Reykjavik landen. Es liegt fotogen auf einer Halbinsel und rühmt sich einer lebhaften Musikszene, hipper Galerien, eines großen Markts und erstklassiger Restaurants. An den Wochenenden geht es hier abends richtig rund (besonders im Sommer), wenn Einheimischen wie Touristen beim spätnächtlichen *runtur* („Kneipentour") mitmachen – je später, desto ausgelassener. Reykjavik hat eine Handvoll exzellenter Hotels, darunter das Hôtel Holt mit seinem hochgelobten Gallery Restaurant, das isländisch-französische Fusion-Küche serviert, einer gemütlichen Bar mit Kamin und 41 klassischen Zimmern voller isländischer Kunst – die größte private Kunstsammlung des Landes.

Die berühmte Blaue Lagune, nur 35 Minuten außerhalb der Stadt, ist eines von einem Dutzend Thermalfreibädern. Der Schwimmbereich ist gefüllt mit kieselsäurereichem Wasser, dessen milchig-türkise Farbe von Kieselalgen herrührt. Bei Temperaturen von 39° C neben einem großen Geothermalkraftwerk vor sich hin dampfend, erscheint einem die Szenerie fast surreal – wie so ziemlich die ganze Insel.

Info: www.icelandtouristboard.com. **Hôtel Holt:** Tel. +354/5-52-5700; www.holt.is. *Preise:* ab € 120 (Nebensaison), ab € 248 (Hochsaison); Dinner € 40. **Reisezeit:** Juni–Aug.: Durchschnittstemperatur in Reykjavik 10° C; Juli: die Sonne geht um 1 Uhr nachts unter; der Himmel wird nie ganz dunkel.

Die Küstensiedlung Vik liegt am Hringvegur.

Wasserfälle, Lavafelder und Canyons

Der Mývatn-See und Islands Grand Canyon

Island

Der Nordosten Islands ist das Tor zu großen Abenteuern und atemberaubenden Landschaften. Das Herzstück ist der fotogene Mývatn, ein flacher See, umgeben von großen Lavafeldern, Schwefelquellen, Kratern und außerirdisch anmutenden Felsformationen. Hier leben außerdem viele Vögel: Im Mai, September und Oktober gibt es hier die größte Vielfalt überhaupt an Enten, Gänsen, Schwänen und Watvögeln an einem einzelnen Ort.

Eine Straße führt um den 37 km² großen See herum, vorbei an einigen Dörfern, wo Sie nett, aber bescheiden mit Seeblick übernachten können. Ein beliebter Ausgangspunkt für Touren ist das winzige Reynihlíð. Nicht verpassen sollten Sie die wilden „schwarzen Burgen", Dimmuborgir – aus Lava geformte Tuffsteinformationen, die aussehen wie die Ruinen einer alten Burg. Ein Aufstieg auf den Hverfjall-Vulkan mit seinem riesigen Krater auf einer Höhe von fast 450 m verschafft Ihnen einen guten Ausblick. In der Nähe gibt es mehrere gigantische Risse im Vulkangestein, darunter Grjótagjá, ein klarer, dampfender See, mit Temperaturen um 48° C allerdings zu heiß zum Baden. Dagegen ist das schöne Mývatn-Naturbad, ein Geothermalwasser-Austritt, mit 38° C sehr angenehm.

Eine kurze Fahrt in den Nordosten des Sees bringt Sie zum Jökulsárgljúfur (Gletscherfluss-Canyon) im Nordteil des Vatnajökull-Nationalparks, der mit 12.000 km² der größte Europas ist. Jökulsárgljúfur wird häufig „Islands Grand Canyon" betitelt. Hier gibt es großartige Aussichten auf den sich unten schlängelnden Fluss Jökulsá á Fjöllum und die raue Landschaft. Am Südende des Canyons donnern mehrere spektakuläre Wasserfälle ins Tal, darunter der mäch-

Die Kraft des Dettifoss ist so groß, dass das darunterliegende Gestein bebt, wenn das Wasser den Boden erreicht.

tigste Fall Europas, der 45 m hohe Dettifoss. Die hufeisenförmige Ásbyrgi-Schlucht ist ein überwältigender Anblick mit ihren 100 m hohen Felswänden, die steil in ein Tal voller Birkenwälder abfallen. Hier können Sie hervorragend wandern und dabei an die mythischen Ursprünge der Gegend denken: Frühe Siedler schrieben diese ungewöhnliche Naturform dem 8-beinigen fliegenden Pferd Sleipnir zu, das dem Gott Odin gehörte. Es soll hier eines Nachts gelandet sein und einen Hufabdruck hinterlassen haben.

Wo: Mývatn liegt 470 km nordöstl. von Reykjavik. **Vatnajökull-Nationalpark:** www.vatnajokulsthjodgardur.is. **Unterkunft:** Das einfache Hótel Reynihlíð ist eine solide Wahl. Tel. +354/4-64-4170; www.reynihlid.is. *Preise:* ab € 148 (Nebensaison), ab € 203 (Hochsaison). *Wann:* Nov.–Jan.: geschlossen. **Reisezeit:** Juni–Aug.: wärmstes Wetter und das meiste Sonnenlicht; Mai und Sept.–Okt.: zur Vogelbeobachtung.

Historische „Stadt aus Holz" in spektakulärer Lage

BERGEN

Norwegen

Bergen, 1070 gegründet, war während des Mittelalters Hauptstadt des norwegischen Königreichs und seit dem 12. Jh. ein Außenposten der Hanse mit einem Hansekontor. In dieser Zeit war das Hafenviertel Bryggen („Kai") ein geschäftiges Handelszentrum. Heute werden dort gern die erhaltenen hölzernen Giebelhäuser (die der Stadt den Beinamen „Stadt aus Holz" gegeben haben) mit ihren typisch rostroten und ockerfarbenen Fassaden fotografiert. Sie beherbergen heute Werkstätten für Kunsthandwerk, Cafés und das Hansemuseum.

Genießen Sie die spektakuläre Aussicht auf den sonnenbeschienenen Hafen, den Fischmarkt und die Berge von den modernen, farbenfrohen Zimmern des eleganten Clarion Collection Hotel Havnekontoret aus. Das Hotel Augustin ist das älteste familiengeführte Hotel Bergens. Direkt am Hafen in einem Haus von 1909 gelegen, ist es von innen durch und durch modern. Historischer haben Sie es im gemütlichen Hotel Steens mit seinen 18 Zimmern in einem wunderschön erhaltenen Haus von 1890.

Finnegaardsstuene, eines der besten Restaurants in Westnorwegen, liegt in einem alten Hanselagerhaus (das in Teilen aus dem 17. Jh. stammt) und offeriert vorzügliche saisonale Küche, von gebratenen Täubchen bis zu gegrilltem Seeteufel. Machen Sie in den Sommermonaten ein Picknick direkt im Süden der Stadt in Troldhaugen („Trollhügel"), am Sommerhaus (19. Jh.) des größten Komponisten Norwegens, Edvard Grieg, wo auch Sommerkonzerte stattfinden.

Die Standseilbahn zum Fløyen klettert 320 m hoch zum steilsten der 7 umliegenden Berge. Von hier haben Sie eine atemberaubende Aussicht auf die Fjorde. Bergen ist der ideale Ausgangspunkt für die einzigartige Rundreise „Norwegen en miniature", eine 12-stündige Tour, auf der Sie das Beste dieser einmalig schönen Ecke Norwegens zu sehen bekommen. Starten Sie mit einer Bustour über steile Serpentinen nach Gudvangen, von wo aus Sie mit einem Schiff durch den Nærøyfjord (den engsten Fjord Norwegens) und den Aurlandsfjord fahren können, beides Arme des spektakulären Sognefjords (s. S. 381). Danach besteigen Sie in Flåm den Zug, der steil nach oben an einer Schlucht vorbei nach Myrdal fährt und unterwegs auf 20 aufregenden Kilometern über 20 Tunnel passiert. Es geht durch 21 Haarnadelkurven, vorbei an Wasserfällen und steilen Überhängen, und hier und da können Sie noch einen Blick auf die ganz unten liegenden Fjorde erhaschen.

Wo: 558 km westl. von Oslo (eine der schönsten Autostrecken Norwegens). **Info:** www.visitbergen.com. **Hansemuseum:** Tel. +47/55-54-4690. **Hotel Havnekontoret:** Tel. +47/55-60-1100; www.choicehotels.no. *Preise:* € 185 (Nebensaison), € 285 (Hochsaison). **Augustin Hotel:** Tel. +47/55-30-4000; www.augustin.no. *Preise:* € 148 (Nebensaison), € 207 (Hochsaison). **Steens Hotel:** Tel. +47/55-30-8888; www.steenshotel.no. *Preise:* € 140 (Nebensaison), € 177 (Hochsaison). **Finnegaardsstuene:** Tel. +47/55-55-0300. *Preise:* Festpreis-Dinner € 74. **Troldhaugen:** Tel. +47/55-92-2992; www.troldhaugen.com. **Norwegen en Miniature:** Tel. +47/81-56-8222; www.fjordtours.com/de/rundreisen/norway-in-a-nutshell. *Preise:* € 133. **Reisezeit:** Juni–Aug.: bestes Wetter; Ende Mai: *NattJazz* Festival; 15. Juni: Griegs Geburtstag; Mitte Juni–Ende Sept.: Konzerte in Troldhaugen.

Das grandioseste Panorama Norwegens

DER GEIRANGERFJORD

Norwegen

Der 15 km lange Geirangerfjord mit seinen senkrechten Felswänden war schon immer der König aller Fjorde des Landes. Betrachten Sie ihn von der außergewöhnlichen Adlerstraße (Ørnevegen) aus, die 11 haarsträubende Haarnadelkurven ihr Eigen nennt und von Åndalsnes nach Geiranger führt. 1952 fertiggestellt, ist die Straße immer noch eine bauliche Meisterleistung. Am besten halten Sie an der letzten Kurve an (der „Adlerkurve"), wo Sie eine unvergessliche Aussicht auf den Fjord haben, wie er sich durch das grüne Tal windet. Eine weitere eindrucksvolle Serpentinenstraße führt von Åndalsnes nach Valldal: der Trollstigen („Trollleiter"), der dem Fjord folgt und durch eine karge Region hindurchführt.

Wer den Fjord besucht, hat die Wahl zwischen vielen Attraktionen: Halbtages-Schiffstouren, Lachsangeln, Wandern, Radfahren, Besuche verlassener Bauerndörfer auf den Bergen und Ausflüge zum Jostedalsbreen, Europas größtem Gletscher, sowie zu spektakulären Wasserfällen mit Namen wie „Die sieben Schwestern" oder „Brautschleier". Der enge Naerøyfjord (an einer Stelle weniger als 250 m breit) liegt nur 120 km südlich vom Geirangerfjord und bietet das gleiche Panorama mit steilen Felswänden und kristallklarem Wasser.

Die reizende Uferstadt Øye ist eine gute Basis für Ausflüge in den Geiranger- und den nahen Norangsfjord. Das Union Hotel ist ein typisches „Fjordschlösschen", wie sie Ende des 19. Jh. so beliebt waren, heute natürlich komplett modernisiert. Norwegens König Harald und seine Frau Sonja feierten hier 1993 ihre Silberhochzeit, und Gäste genießen noch heute das historische Ambiente.

Die großartige Fischerstadt Ålesund liegt an der Küste westlich von Åndalsnes, verteilt über 3 Inseln. Als zwei Drittel der Holzhäuser 1904 in einem Feuer zerstört wurden, wachte der deutsche Kaiser Wilhelm II., der hier stets Ferien machte, persönlich über den zügigen Wiederaufbau. Daher hat die Stadt nun einen Touch deutschen Jugendstils, gepaart mit nordischen Einflüssen – sichtbar in Türmchen, Giebeln und Verzierungen. Im exzellenten Ålesunds Museum bekommen Sie einen Überblick über die einzigartige Geschichte und Architektur der Stadt. Das vorzügliche Radisson SAS, ein modernes, aber an die Jugendstilbauten angelehntes Hotel, bietet Panoramaaussichten auf die ein- und auslaufenden Schiffe der Hurtigruten (s. S. 378).

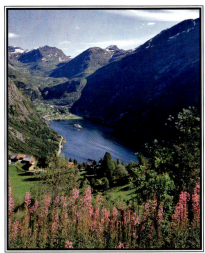

Der Geirangerfjord, einer der tiefsten Fjorde der Welt, entstand während der Eiszeit.

Wo: Ålesund liegt 236 km nordöstl. von Bergen. **Hotel Union Øye:** Tel. +47/70-06-2100; www.unionoye.no. *Preise:* ab € 255. *Wann:* Ende Apr.–Mitte Okt. **Ålesunds Museum:** Tel. +47/70-12-3170; www.aalesunds.museum.no. **Radisson SAS:** Tel. +47/ 70-16-0000; www.alesund. radissonsas.com. *Preise:* € 160 (Nebensaison), € 222 (Hochsaison). **Reisezeit:** Mai–Sept.: bestes Wetter; Juli: Molde Jazz Festival; Juli oder Aug.: Norwegian Food Festival in Ålesund.

Die Seele Nordnorwegens

Die Lofoten

Norwegen

Die Natur ist in Norwegen überall wunderschön – daher hat es eine Bedeutung, dass die Lofoten regelmäßig als eine der Topattraktionen Norwegens genannt werden. Und tatsächlich: Wer sie erkundet, dem wird die Schönheit und Macht der Natur eindrucksvoll vor Augen geführt: zerklüftete, schneebedeckte Berge und dazu das Meer – im Winter die stürmischste See Europas, im Sommer in ein mystisches arktisches Licht getaucht.

Obwohl die 190 km lange Inselgruppe (mit 6 Hauptinseln) 200 km nördlich des Polarkreises liegt, ist es hier erstaunlich mild. Über die Inseln verteilt liegen kleine Fischerorte zwischen hoch aufragenden Berggipfeln, die mehrere Milliarden Jahre alt sind. Die traditionellen *rorbus* (Fischerhütten) wurden auf Stelzen über dem Wasser gebaut und sind heute beliebt als Ferienhäuser oder Gasthöfe.

Die Fähren vom Festland kommen aus Bodø, wo Edgar Allan Poe einige Jahre verbrachte, um *Im Malström* zu schreiben (das skandinavische Wort bedeutet „Wirbel"). Seine Inspiration war der 3,2 km lange Saltstraumen, der stärkste Gezeitenstrom der Welt und natürlicher Riesenstrudel, dessen Kraft und Geräusche beängstigend sind.

Svolvær (4000 Einwohner) ist die Hauptstadt der Lofoten und besitzt im Sommer eine umtriebige Künstlerkolonie. Das einladende Hotel Anker Brygge liegt auf einer winzigen Insel im kleinen Hafen mit Ausblick auf rot gestrichene Häuschen und das schroffe Lofotengebirge. Svinøya, jenseits

Rorbus, *die traditionellen Fischerhütten aus Holz, stehen auf Stelzen im Meer und werden heute oft als Ferienhäuschen vermietet.*

der Brücke, war die erste Siedlung Svolværs. Hier können Sie in den Svinøya Rorbuer übernachten, komfortablen, umgebauten Fischerhütten aus dem 19. Jh. Im Børson Spiseri in einem Lagerhaus von 1828 genießen Sie den simplen, aber exzellenten Arktischen Dorsch (Dorschzunge ist eine Spezialität) und viele andere Fischspezialitäten.

Wo: Bodø liegt 750 km nördl. von Trondheim. Die Fähren von Bodø zu den Lofoten brauchen 4–6 Stunden; Flüge 30–45 Minuten. **Anker Brygge:** Tel. +47/76-06-6480;

www.anker-brygge.no. *Preise:* ab € 203.
Svinøya Rorbuer: Tel. +47/76-06-9930;
www.svinoya.no. *Preise:* ab € 140; Dinner
€€ 50. **Reisezeit:** Mitternachtssonne im Juni
und Juli; Feb. und Juli: Internationales
Lofoten-Kammermusikfestival.

Eisbären am nördlichsten Punkt der Welt

Der Nordpol und Spitzbergen

Norwegen

Kaum ein Ort auf der Welt lässt in solchem Maß an mystische Einsamkeit denken wie der Nordpol, wo der Sommer keine Dunkelheit kennt und der Winter kein Licht. Noch vor einem Jahrhundert hatte noch kein Mensch je diesen Breitengrad – 90° Nord – betreten. Heute ist der Nordpol, der Generationen von Entdeckern fasziniert hat, ein Touristenziel geworden – allerdings ein sehr exklusives. Anders als der Südpol, ein von Ozeanen umgebener Kontinent, liegt der Nordpol auf von Ozeanen umgebenem Packeis. Und dieses Packeis könnte schmelzen – also sollten Sie sich mit dem Hinfahren beeilen!

Besteigen Sie einen der mit nuklearem Antrieb ausgerüsteten Eisbrecher, die von Spitzbergen oder von Murmansk, Russlands nördlichstem Hafen, mit einer Geschwindigkeit von bis zu 20 Knoten durch das Arktische Meer navigieren. Die Passagiere erfreuen sich an Vorträgen der mitfahrenden Naturforscher und Unterwasserexperten und hoffen, vom Deck aus Eisbären, Walrosse und Polarvögel zu sichten. Aufblasbare Boote und Hubschrauber bieten die Chance, weiter in das Gebiet hineinzufahren.

Wenn das Schiff 90° Nord erreicht, sucht es einen geeigneten „Parkplatz", lässt bei günstigen Eisbedingungen die Gangway herunter und entlässt die Passagiere zu einem Polspaziergang (oder einem Bad im Polarmeer für die ganz Harten). Der Champagner fließt, und man feiert die großen Namen, die einst nach so vielen Mühen diesen mystischen Ort erreichten.

Das Tor zu arktischen Abenteuern liegt 966 km südlich des Nordpols und 560 km nördlich des norwegischen Festlandes: die arktische Inselgruppe Spitzbergen, auch als Svalbard („kühle Küste") bekannt, die nördlichste Landmasse Europas. Diese wilde Gegend ist voller riesiger, knarzender Eisberge, schneebedeckter Berge und tiefer Fjorde und gilt als artenreichstes Gebiet der Arktis. Bei Expeditionsfahrten können Sie im Kajak an Eisbergen, stattlichen Walrossen, Seehunden, Polarfüchsen und Rentieren vorbeifahren – und an Eisbären. Spitzbergen ist der beste Ort in der Arktis – oder sogar weltweit –, um sie in ihrer natürlichen Umgebung zu beobachten.

Das komfortable Basecamp Trapper's Hotel, mit 16 Zimmern und aus Treibholz, Schiefer und Fellen gebaut, liegt in Longyearbyen, der Haupt- und eigentlich auch einzigen Stadt auf der Insel Spitzbergen.

Wo: Fahrten zum Nordpol starten in Murmansk, Russland, oder Spitzbergen, 2012 km nördl. von Oslo und 966 km südl. vom Nordpol. **Wie:** Das amerikanische Unternehmen Quark Expeditions bietet 14-tägige Expeditionen zum Nordpol an. Tel. +1/802-735-1536; www.quarkexpeditions.com. *Preise:* € 16.860, all-inclusive, mit allen Flügen nach Skandinavien und in die Arktis. Startet in Helsinki. *Wann:*

Juni. Die Firma National Geographic/Lindblad Expeditions organisiert 11-Tage-Expeditionen nach Spitzbergen. Tel. +1/212-765-7740; www.expeditions.com. *Preise:* € 6105, all-inclusive. Startet in Belgien. *Wann:* Juni–Juli. BASECAMP TRAPPER'S HOTEL: Tel. +47/79-02-4600; www.basecampexplorer.com. *Preise:* ab € 185 (Nebensaison), € 300 (Hochsaison). REISEZEIT: Juni–Aug.: 24 Stunden Tageslicht; Jan.: *Polar Jazz* auf Spitzbergen, das nördlichste Jazzfestival der Welt.

Mit dem Schiff zum Polarkreis – und darüber hinaus

DIE NORWEGISCHE KÜSTE UND DAS NORDKAP

Norwegen

Eine der schönsten Reisearten in die nördlichen Teile der Welt ist eine Fahrt mit Norwegens legendären Hurtigruten-Kreuzfahrtschiffen, die die herrliche Küstenfahrt von Bergen (s. S. 374) bis weit hinter den Polarkreis schon seit über einem Jahrhundert machen. Die Hurtigruten („schnelle Route") hält sich dicht an der filigranen Küstenlinie mit ihren schimmernden Fjorden, knackenden Gletschern und hohen Bergen. Diese Küstenschiffe sind die Lebensader für die abgelegenen Städte Nordnorwegens: Sie befördern Passagiere, Post und Fracht zu ca. 35 Häfen auf einem 5200 km langen, 12 Tage dauernden Weg hin und zurück (eine einfache Fahrt ist auch möglich).

Viele Landausflüge werden angeboten, z.B. ins historische Trondheim, Norwegens drittgrößte Stadt und bis zum frühen 12. Jh. auch Hauptstadt; oder nach Bodø, das Tor zu den Lofoten (s. S. 376). Tromsø, die größte Stadt nördlich des Polarkreises, beherbergt jeweils die nördlichste Universität, Brauerei und Kathedrale der Welt und heißt daher auch „Paris des Nordens". Es ist außerdem einer der besten Orte, um das berühmte Nordlicht (*aurora borealis*) zu erblicken. Das Nordlicht-Planetarium erklärt dazu auf spannende Weise die Wissenschaft hinter der berühmten „Lightshow". Eine Lektion in nordischer Küche erhalten Sie hingegen im Restaurant Emma's Drømmekjøkken („Emmas Traumküche") – wenn Sie vorher reservieren. Es erwartet Sie die Magie von Anne Brit, einer Koch-Koryphäe des norwegischen Nordens. Ihr gegrillter arktischer Saibling mit Pfifferlingen ist eine Offenbarung.

Die Schiffsreise geht weiter nach Hammerfest, eine der nördlichsten Städte der Erde, und zum unwirklichen Nordkap, einem senkrechten Schieferfelsen, der 300 m hoch aus dem Eismeer ragt. Das Felsplateau ist eine (fast) unbewohnte, wildromantische Mondlandschaft – in dieser Tundra wächst nichts. Entweder man liebt es, oder man hasst es, aber die meisten Abenteurer stoßen darauf an – in der Champagnerbar, wo man sich fühlt, als falle man „vom absoluten Ende der Welt" herunter (so schrieb ein italienischer Pilger 1664). Die letzte Station ist Kirkenes, 400 km nördlich des Polarkreises an der Grenze zu Russland. Hier dreht das Schiff um und fährt wieder gen Heimat.

Ein Hurtigruten-Schiff ist kein Luxus-Kreuzfahrtschiff; es hat kein Kasino und keinen Wellnessbereich – aber genau das macht seinen Charme aus. Die Kabinen sind eher bescheiden als luxuriös, aber sobald die Reise beginnt, tritt alles gegenüber der Natur in den Hintergrund – tiefblaue Fjorde,

der gewaltige Ozean, der leuchtende Himmel – und über allem schwebt das Wind-im-Haar-Gefühl des Abenteuers im nördlichsten Teil der Erde.
Wo: Tromsø liegt 1220 km nördl. von Bergen. **Nordlicht-Planetarium:** Tel. +47/77-62-0945; nordnorsk.vitensenter.no. **Emma's Drømmekjøkken:** Tel. +47/77-63-7730; www.emmas-drommekjokken.no. *Preise:* € 74. **Hurtigruten:** Tel. +49/40-376-93-282; www.hurtigruten.de. 4- bis 12-tägige Touren. *Preise:* 7-tägige Tour ab € 878. Startet in Bergen. **Reisezeit:** Juni–Aug.: Mitternachtssonne; Nov.–Anf. Apr.: Nordlicht; Ende Jan.: *Northern Lights* Festival in Tromsø (klassische und moderne Musik).

Herausragende nordische Kunst und Architektur

Munch-Museum und Nationalgalerie

Oslo, Norwegen

Oslo hat sich zu einer der künstlerisch vielfältigsten Städte Skandinaviens entwickelt – mit einem anregenden Mix aus Alt und Neu, vom berühmten Munch-Museum und der Nationalgalerie, die zusammen die größte Kunstsammlung Norwegens besitzen, bis zur fantastischen Architektur des neuen Opernhauses am Wasser.

Niemand steht so sehr für die nordische Kunst wie Edvard Munch (1863–1944). Als Vater des Expressionismus gepriesen, vermachte er der Stadt Oslo 22.000 seiner Werke. Sie bilden den Grundstock des 1963 eröffneten Munch Museet (Munch-Museum), in dem heute Gemälde (darunter die berühmtesten wie *Der Schrei* oder *Nacht*), Zeichnungen, Drucke, Skulpturen, Bücher und Briefe des Künstlers gezeigt werden. 2014 wird das Museum in ein neues Gebäude am Wasser umziehen und Teil eines großen Kunstzentrums in der Nähe des Opernhauses werden. Das futuristische Opernhaus, entworfen von der norwegischen Architekturfirma Snøhetta und 2007 eingeweiht, besteht aus weißem Marmor und Glas und ist das größte kulturelle Gebäude, das seit 1300 in Norwegen neu erbaut wurde.

Auch die Nationalgalerie besitzt eine Version von *Der Schrei* von 1893 (es gibt 4) sowie 50 weitere wichtige Werke Munchs, z.B. *Der Lebenstanz*. Zur größten Kunstsammlung Norwegens gehören außerdem Werke des nordischen Landschaftsmalers Johan Christian Dahl (1788–1857) und vieler europäischer Künstler von Picasso bis van Gogh.

Eine schöne Kollektion von Munch-Lithografien hängt in den Repräsentationsräumen des Hotel Continental, eines der besten Hotels der Stadt und seit seiner Eröffnung im Jahr 1900 immer noch in der Hand der Familie Brochmann. Da es direkt gegenüber dem Nationaltheater liegt (und im privilegierten Schatten des Königspalastes), steigen hier seit über einem Jahrhundert Schauspieler und Theaterbesucher ab, und sein Theatercaféen im Wiener Kaffeehausstil – lebhaft und immer gut besetzt – ist legendär. Nur sein jüngeres Pendant, das stylische Eik Annen Etage, kann ihm mit französisch beeinflusster saisonaler Küche den Rang ablaufen, von frischem arktischem Fisch bis zum gegrillten Lamm.

Munch-Museum: Tel. +47/23-49-3500; www.munch.museum.no. **Opernhaus:** Tel. +47/21-42-2121; www.operaen.no. **Nationalgalerie:** Tel. +47/21-98-2000; www.nasjonalmuseet.no. **Hotel Continental:** Tel. +47/22-82-4000; www.hotelcontinental.no. *Preise:* ab € 203; Dinner im Theatercaféen € 48, im Eik Annen Etage € 66. **Reisezeit:** Juli–Aug.: wärmstes Wetter; Juli oder Aug.: Mela World Music Festival; Aug.: Oslo Jazz Festival.

Maritime Meisterstücke

DAS WIKINGERSCHIFFMUSEUM

Oslo, Norwegen

Das Zeitalter, in dem die Wikinger die Küsten Europas unsicher machten, dauerte ungefähr von 800–1050. Der berühmteste Wikinger war Leif Eriksson, Sohn Eriks des Roten aus Westnorwegen und furchtloser Entdecker, von dem gesagt wird, er habe schon 1001 Amerika entdeckt. Nur einige ihrer Sagen und Legenden wurden aufgeschrieben, aber trotzdem sind viele Wikinger-Artefakte erhalten – im kirchenähnlichen Vikingskipshuset, dem Wikingerschiffmuseum von 1936. Hier gibt es 3 bemerkenswert intakte Wikingerschiffe zu bestaunen, die im 9. Jh. als Grabbeigaben dienten und um 1880 im nahen Oslofjord ausgegraben wurden. Die langen, flachen Holzboote enthielten die sterblichen Überreste von Wikingerhäuptlingen und einer Königin (wohl die Großmutter von Harald Hårfagre, dem ersten König Norwegens), dazu Waffen, Pferde, Juwelen, Werkzeuge und andere Dinge, die den Verstorbenen im nächsten Leben nützlich sein sollten. Obwohl zum Teil geplündert, repräsentieren die Gräber den wichtigsten archäologischen und größten je verzeichneten Wikingerfund, der auch dazu beitrug, Norwegens frühe maritime Geschichte besser zu verstehen.

Ein neueres Beispiel für die norwegische Meeresbegeisterung stammt aus den späten 1940er-Jahren, als der junge abenteuerlustige Wissenschaftler Thor Heyerdahl mit einer Crew aus 5 Männern auf einem simplen Balsaholzfloß, der *Kon-Tiki*, von Peru nach Polynesien segelte, um zu beweisen, dass Menschen aus Südamerika sich in vorkolumbianischer Zeit in der Südsee angesiedelt haben könnten. Die *Kon-Tiki* segelte in 100 Tagen 6980 km über den Pazifik, bis sie bei den Tuamotu-Inseln in Polynesien (s. S. 693) an einem Riff zerschellte. Die Crew wurde gerettet, und heute wird das Floß stolz im Kon-Tiki-Museum präsentiert, wo Sie außerdem faszinierende Ausstellungsstücke von Heyerdahls Expeditionen zur Osterinsel (s. S. 1024) anschauen können.

Wikingerschiffmuseum: Tel. +47/22-13-5283; www.khm.uio.no. **Kon-Tiki-Museum:** Tel. +47/23-08-6767; www.kon-tiki.no.

Die Oseberg, *eines der 3 Schaustücke des Wikingerschiffmuseums, wurde um 820 gebaut.*

Den tiefsten Fjord der Welt erkunden

DER SOGNEFJORD

Norwegen

Die wilde, atemberaubende Schönheit Norwegens wurzelt in seinen Fjorden. Der Sognefjord ist nicht nur der längste (204 km) und tiefste, sondern auch einer der spannendsten Fjorde. Er besitzt die verschiedensten Landschaften – fruchtbares Gartenland, spiegelglatte Seen, donnernde Wasserfälle und schneidend weiße Gletscher, alles gebadet im klaren Licht des Nordens. Er ist auch einer der populärsten Fjorde, besonders bei Besuchern in Zeitnot, denn er ist von Bergen aus gut zu erreichen (s. S. 374).

Die kleine Hafenstadt Balestrand ist mit einer 4-stündigen Schiffstour an spektakulären Küsten entlang von Bergen aus erreichbar und der beste Ausgangspunkt für Fjord-Erkundungstouren. Bei einem Spaziergang kommen Sie an romantischen Villen des 18. Jh. und an der hölzernen St.-Olaf-Kirche von 1897 vorbei. Der schönste Übernachtungsplatz ist das große Kviknes Hotel auf einer kleinen Halbinsel. Schon seit 1752 ist es u.a. bei Dichtern und Monarchen beliebt. Heute, in der Hand der 4. Besitzergeneration, herrscht eine lässige Basecamp-Atmosphäre; man organisiert Wanderungen und Radfahrten in die wunderschöne Gegend. Fragen Sie nach einem Zimmer im älteren Haus, das Sie in vergangene Zeiten zurückversetzen wird und auch noch unglaubliche Wasser- und Bergaussichten verspricht. Das Hotelrestaurant bietet im eleganten, historischen Speisesaal ein Smörgasbord an.

Von Balestrand aus lohnt sich nördlich des Sognefjordes eine luftige Schiffsfahrt den grandiosen kleinen Fjærlandfjord hinauf, um den Jostedalsbreen (Jostedal-Gletscher) zu sehen. Es ist das Schmelzeis dieses Gletscherplateaus, das den umliegenden Flüssen, Seen und Fjor-

Die Flåmbahn fährt an schmalen, landschaftlich reizvollen Fjorden vorbei.

den ihre typische blaugrüne Farbe verleiht. Die hübsche Stadt Fjærland mit ihren rustikalen, holzvertäfelten Häusern und kleinen Läden liegt am südlichen Ende des Gletschers. Von hier aus können Sie zu organisierten Wanderungen in die Gegend aufbrechen – oder die kleine schöne Stadt Flåm besuchen, die am Aurlandsfjord liegt, einem der vielen Arme des Sognefjords. Hier kommen Sie auch bei der Tour „Norwegen en miniature" (s. S. 374) an, nach der aufregenden Fahrt mit der Flåmbahn, einer der schönsten, wenn nicht gar die schönste Bahnstrecke der Welt.

Wo: Balestrand liegt 195 km nördl. von Bergen. **KVIKNES HOTEL:** Tel. +47/57-69-4200; www.kviknes.no. *Preise:* ab € 170; Dinner € 66. *Wann:* Okt.–Apr.: geschlossen. **REISEZEIT:** Juni–Sept.: wärmstes Wetter; 1. Maiwoche: *Balejazz Festival* in Balestrand.

Der Gartenfjord – voller Blüten und Früchte

Der Hardangerfjord

Utne, Norwegen

Bei Fjorden denkt jeder an arktische Natur und schroffe Berge, aber der Hardangerfjord besitzt mit üppigen, terrassierten Obstwiesen an seinen fruchtbaren Ufern ein ganz anderes, landwirtschaftlich genutztes Terrain. Der Hardanger, „Gartenfjord", wird oft Norwegens schönster Fjord genannt, besonders im späten Frühling, wenn Apfel- und Kirschbäume blühen.

Am Fuße der steilen Ufer liegt das Örtchen Utne. Das kleine modernisierte Utne Hotel ist eines der ältesten Gasthäuser Norwegens: Seit 1722 steigen hier Gäste aus aller Welt ab. Die 25 Zimmer sind mit historischen Textilien und Dekorationen ausgestattet, und die Wirtsleute verströmen warme Gastfreundschaft. Das traditionell norwegische Interieur aus bemalten Holzmöbeln ist eine gute Kulisse für die Antiquitäten, Fotos und Kunstwerke, die Künstler hier zurückließen, deren Lieblingsort dieses Hotel seit dem späten 19. Jh. war. In der Nähe liegt das exzellente Hardanger-Freilichtmuseum mit einem Bauernhofensemble aus dem 19. Jh. Nach Osten hin finden Sie ein weiteres faszinierendes Ziel: Die kleine Stadt Ulvik, umgeben von den charakteristischen Bergen der Fjorde, aber auch von großen Obstplantagen. Wanderwege führen in die umliegende Landschaft, besonders schön im Frühling, wenn die Obstbäume blühen, und im Spätsommer, wenn sie voller saftiger Birnen und Pflaumen hängen. Übernachten Sie entweder im lichtdurchfluteten Rica Brakanes Hotel, einem großen Haus mit Panoramablick über den Hardangerfjord, oder im einladenden Ulvik Fjord Pensjonat – geführt von einer freundlichen Familie und ausgestattet im norwegischen Landhausstil. Die gemütliche Cafébar ist perfekt für ein entspannendes Bier oder einen Glühwein nach einem anstrengenden Wandertag.

Wo: 140 km südl. von Bergen. **Utne Hotel:** Tel. +47/53-66-6400; www.utnehotel.no. *Preise:* € 177. *Wann:* Jan.–März: geschlossen. **Hardanger-Freilichtmuseum:** Tel. +47/53-67-0040; www.hardanger.museum.no. **Rica Brakanes Hotel:** Tel. +47/56-52-6105; www.brakaneshotel.no. *Preise:* € 230. **Ulvik Fjord Pensjonat:** Tel. +47/56-52-6170; www.ulvikfjordpensjonat.no. *Preise:* € 125. *Wann:* Okt.–März: geschlossen. **Reisezeit:** Mai–Juni: Obstbaumblüte; Juni–Sept.: das wärmste Wetter.

Schwedens technische Meisterleistung

Der Göta-Kanal

Götaland, Schweden

Der Göta-Kanal, auch „blaues Band" genannt, ist das Rückgrat eines ausgedehnten Netzes von Wasserwegen, die die 2 größten Städte Schwedens verbinden: Göteborg im Westen und Stockholm im Osten. Der 13,50 m breite

Kanal wurde zwischen 1810 und 1832 von fast 60.000 Soldaten gegraben – eine technische Meisterleistung. 205.000 m³ Erde und Fels wurden bewegt, um u.a. 58 Schleusen zu bauen. Am besten können Sie den 190 km langen Kanal vom Schiff aus betrachten – verschiedene Unternehmen bieten 1–6-tägige Fahrten oder auch längere Touren an. Kürzere Touren gibt es auf alten urigen Schiffen, die Teile des insgesamt 561 km langen Wasserwegs befahren – darunter den Kanal, den schönen Vänernsee (Schwedens größten See) und sogar ein Stück Binnenmeer. Sie gleiten vorbei an hübschen Bauernhäusern, Schlössern, Klöstern, mittelalterlichen Kirchen und Treidelpfaden neben dem Kanal (hier können Sie auch aussteigen und wandern oder radeln). Die Landausflüge zu einigen kleinen Städten variieren je nach Reiserichtung – nach Osten oder nach Westen –, sodass es sich lohnt, hin- und zurückzufahren. Das große Herrenhaus Ronnums Herrgård aus dem 18. Jh., nahe der Südspitze des Vänernsees und der Stadt Vänersborg, ist ein gutes Beispiel für die charmant-ländlichen Unterkünfte dieser Gegend. Das wunderschön restaurierte Hotel liegt inmitten von sanften Hügeln, und das komfortable Restaurant ist von der schwedischen Natur inspiriert, mit

Sowohl kleine private Boote als auch große kommerzielle Schiffe befahren den Kanal.

Gerichten wie Hirsch, Lamm oder in Butter gebratenem Hecht.

Wo: Von Stockholm nach Göteborg und umgekehrt; auch kürzere Trips. **Wie:** Rederi AB Göta Kanal bietet 2–6-tägige Fahrten auf historischen Schiffen. Tel. +46/318-06315; www.stromma.se/de/Gota-Kanal/. *Preise:* ab € 715. *Wann:* Apr.–Sept. Das amerikanische Unternehmen Nordic Saga Tours bietet 3–8-tägige begleitete und individuelle Fahrten. Tel. +1/425-673-4800; www.nordicsaga.com. *Preise:* ab € 700. *Wann:* Mai–Sept. **Ronnums Herrgård:** Tel. +46/521-260-000; www.ronnums.com. *Preise:* ab € 122; Dinner € 40. **Reisezeit:** Juni–Aug.: bestes Wetter und die längsten Tage.

Erfahrbare Wikinger- und Mittelalterzeit auf einer wellenumspülten Insel

Gotland

Schweden

Man verliebt sich schnell in Gotland, die Insel direkt vor der schwedischen Küste in der steingrauen Ostsee. Wenn die Stockholmer eine Auszeit brauchen, kommen sie hierher. Gotland – mit ca. 160 km Länge die größte Insel der Ostsee – war einmal ein strategischer hanseatischer Handelsplatz und verströmt noch heute eine faszinierende mittelalterliche Atmosphäre. Stein- wälle, Landkirchen und Landwirtschaftsflächen gehen auf die Wikinger des 6. Jh. zurück. Entlang der Ostküste wurden gewaltige Kalksteinsäulen, *raukar* genannt, von Wind und Wellen erodiert. Sie sind über eine Küste verstreut, die sich durch lange leere Strände, winzige Fischerdörfer und steile Klippen auszeichnet.

Das Highlight auf Gotland ist die als „Stadt der Ruinen und der Rosen" bekannte Hansestadt Wisby. Hier bekommen Sie einen Einblick in die Blütezeit des 14. Jh., als die Insel ein eigenständiges Land war (zu Schweden stieß sie erst 1679). Die mittelalterliche Stadtmauer – 3,6 km lang und mit 44 Wachtürmen bewehrt – wird oft verglichen mit den Mauern von Ávila, Spanien (s. S. 275), und Carcassonne, Frankreich (s. S. 84).

Im Binnenland gibt es dichte Wälder zu entdecken, dazu Wiesen mit Mohn, Wildblumen und 35 Arten wilder Orchideen, und an der Westküste liegt Tofta Strand, einer der schönsten Strände der Insel. Radeln Sie zum nördlichen Ende, um Erholung zu tanken. Probieren Sie in einem Café Safranpfannkuchen mit Marmelade und Sahne. Auf Gotland gibt es auch einladende Bauernhaus-Restaurants wie das historische Konstnärsgården, 32 km südöstlich von Wisby, wo Sie frischen Lachs und andere Meeresspezialitäten genießen können – im Speisesalon oder im Garten.

Im Sommer finden hier oft Feste statt, und überhaupt ist Gotland ein Begriff, wenn es um Kunst und Kultur geht (so lebte und filmte hier Ingmar Bergman, auf Gotlands nördlicher Nachbarinsel Fårö). Übernachten Sie im Clarion Wisby Hotel aus dem 19. Jh. im historischen Kern Wisbys – am besten im August während der Mittelalterwoche. Werden Sie Zeuge, wie sich die Stadt mit farbenfrohen Kostümen und Bänkelsängern ins Mittelalter zurückverwandelt, als sie so pulsierend, reich und mächtig war wie London oder Paris.

Wo: 97 km vor der südöstlichen Küste Schwedens. **KONSTNÄRSGÅRDEN:** Tel. +46/498-55063; www.konstnarsgarden.se. *Preise:* Mittagessen € 37. **CLARION WISBY HOTEL:** Tel. +46/498-257-500; www.wisbyhotell.se. *Preise:* ab € 174. **REISEZEIT:** Juni–Aug.: warmes Wetter; Mai und Sept.: Sonne, aber etwas kühler; 23. Juni: Mittsommernacht; Anf. Aug.: Mittelalterwoche.

Das vergängliche Iglu nördlich des Polarkreises

DAS EISHOTEL

Jukkasjärvi, Norrland, Schweden

Das Eishotel liegt 200 km nördlich des Polarkreises in der ausgedehnten Tundra, die man Lappland nennt. Lappland ist eine der 24 Provinzen, aus denen die riesige Region Norrland besteht, welche den Norden Schwedens einnimmt. Das Hotel wird ausschließlich aus Schnee und Eis gebaut – alle Zimmer, alle Flure, eine futuristische Eingangshalle mit Eis-Kronleuchtern, die von Glasfaserlampen beleuchtet werden, und eine Wodka-Eisbar mit Trinkgläsern aus Eis.

Seit 1990 wird das Hotel jeden November aus mehr als 4000 t gefrorenen Wassers und gepressten Schnees gebaut, nur um jedes Frühjahr wieder zu verschwinden – dann schmilzt es in den Torne-Fluss, an dessen Ufern es stand. Die Einrichtungs-Finessen sind verblüffend: Möbel, Kunst und Skulpturen in Fluren und Lobby sind das Werk versierter Ingenieure und Eiskünstler. Das Eisblockbett in Ihrem Zimmer wird mit großzügigen Lagen aus Rentierfell bedeckt, darauf ein wattierter Arktisschlafsack. Morgens werden Sie mit heißem Preiselbeersaft geweckt und können sich vor dem herzhaften Frühstück in der Sauna aalen.

Dann geht's los zu einem tollen Outdoortag (nur leider nicht in der Sonne – Sie sind schließlich am Polarkreis, wo es im Winter 6 Wochen lang fast dunkel ist). Wählen Sie zwischen Schneemobil- und Rentiersafaris, Hundeschlittenfahren, Eisangeln, Skilanglauf und dem Beobachten des Nordlichts. Das Hotel organisiert auch Besuche in den Dörfern der Sami, der einst nomadischen, Rentiere hütenden Menschen, die seit Urzeiten dort leben. Leisten Sie ihnen beim Essen am Lagerfeuer Gesellschaft. Wer nach einer Nacht im Eishotel genug davon hat, tiefgekühlt zu werden (die Innentemperatur beträgt etwa 5° C), kann in ein warmes Zimmer im Chaletstil umziehen. Einige haben Oberlichter mit Blick auf das Nordlicht. Das Restaurant serviert Polarküche, von Elcheintopf und fangfrischem arktischem Lachs bis zu Desserts wie hausgemachten Moltebeertörtchen.

Die Gemeinde Jokkmokk ist das kulturelle Herz des Samivolks. Kommen Sie Anfang Februar zum Wintermarkt, zu dem Sami sogar aus Norwegen und Finnland anreisen. Aufwärmen können Sie sich im Museum Ájtte, das dem Volk gewidmet ist.

Wo: 1240 km nördl. von Stockholm. **Wie:** Das amerikanische Unternehmen Mountain Travel Sobek bietet eine 10-tägige Rentier- und Hundeschlittentour an, die 1 Nacht im Eishotel einschließt. Tel. +1/510-594-6000; www.mtsobek.com. *Preise:* € 4290, inklusive. Startet in Stockholm. *Wann:* März. **Eishotel:** Tel. +46/980-66800; www.icehotel.com. *Preise:* ab € 255. *Wann:* Mitte Dez.–Ende Apr. **Museum Ájtte:** Tel. +46/971-17070; www.ajtte.com. **Reisezeit:** Okt.–März: Nordlicht; Anf. Feb.: Sami-Festival und -Markt in Jokkmokk.

Durch seine nördliche Lage ist Norrland der ideale Ort zum Beobachten des Nordlichts in den dunklen Wintermonaten.

Das schönste natürliche Kapital, das eine Hauptstadt haben kann

Der Stockholmer Schärengarten

Schweden

Der schwedische Sommer ist kurz, aber grandios, und der Schärengarten ist der beste Ort, um ihn zu feiern – beim Kanufahren, Radfahren, Schwimmen oder einfach beim Spazierengehen auf den ungeteerten Inselstraßen und beim Genießen der wunderbaren Panoramen. Die Schären sind ein Netz aus ca. 24.000 Inseln und von Gletschern glatt geschliffenen Felsen, die sich auf einer Länge von 240 km entlang der schwedischen Ostküste verteilen. Sie können sie mit Fähren, nostalgischen Dampfschiffen und Segelbooten erreichen. Nur 1000 der Inseln sind bewohnt (von etwa 6000 Menschen); der Rest ist menschenleer – bis auf die Sommerfrischler, die zum Picknicken und Schwimmen vorbeischauen.

Auf einigen Inseln gibt es Restaurants, und so können Sie von einem großartigen Essen zum nächsten segeln. Nehmen Sie z.B. von Stockholm aus die 30-minütige Fähre zum Fjäderholmarnas Krog auf Fjäderholmarna, den 4 nur per Schiff erreichbaren „Federninseln" und genießen Sie Muscheln, gegrillten Saibling oder Lachs. Oder fahren Sie mit dem Dampfschiff durch die Inseln, vorbei an Fischerhäuschen, Wiesen, Höfen, Stränden und einem spätabendlichen Himmel in wechselnden Pastellfarben.

Künstler werden von Vaxholm angezogen, dem Tor zu den Schären, während die Segler Sandhamn den Vorzug geben, jedes Jahr Austragungsort der Königlichen Regatta. Im Schärengarten gibt es auch einige bezaubernde Landhotels, z.B. Häringe Slott, ein 1657 erbautes früheres Schloss auf einer Halbinsel 33 km südlich von Stockholm. Vom sonnengelben Waxholms Hotell (1902 erbaut) haben Sie einen schönen Blick auf Bucht und Fähren. Das Restaurant bietet z.b. norwegischen Hummer und den Dauerbrenner: gebratenen Ostseehering mit Kartoffelpüree. Fleischesser können sich auf einen saftigen Burger mit vor Ort gepflückten Preiselbeeren freuen. **Wo:** Vaxholm liegt 16 km nordwestl. von Stockholm. **Wie:** Strömma Kanalbolaget bietet 8-stündige Rundfahrten. Tel. +46/8-5871-4000; www.stromma.se. *Preise:* ab € 150, inkl. Mittag- und Abendessen. *Wann:* Juli–Aug. **Fjäderholmarnas Krog:** Tel. +46/8-718-3355; www.fjaderholmarnaskrog.se. *Preise:* Mittagessen € 30. *Wann:* Mai–Aug. **Häringe Slott:** Tel. +46/8-504-2040; www.haringeslott.se. *Preise:* ab € 203 (Nebensaison), € 315 (Hochsaison). **Waxholms Hotell:** Tel. +46/8-541-30150; www.waxholmshotell.se. *Preise:* ab € 130; Dinner € 37. **Reisezeit:** Juni–Aug.: wärmstes Wetter; Juli: Regatta von und nach Sandhamn; Aug.: Flusskrebssaison.

Das historische Herz Stockholms

Gamla Stan

Stockholm, Schweden

Gamla Stan („Alte Stadt"), angefüllt mit malerischen Plätzen, mittelalterlichen Häusern und Kopfsteinpflastergassen, ist eine der 14 Inseln, aus denen Stockholm besteht, und der Kern der historischen Stadt. Der Hauptplatz ist der Stortorget, um den herum sich in den schmalen Straßen Västerlånggatan und Österlånggatan Dutzende Restaurants, Galerien und Boutiquen befinden. Höhepunkt der vielfältigen Architektur in Gamla Stan ist natürlich das königliche Schloss (Kungliga Slottet). Es wurde im 16. Jh. auf den Ruinen einer Festung aus dem 13. Jh. errichtet. Die 608 Gemächer sind im Stil des 18. und 19. Jh. dekoriert; in einem Museum können Sie die Originalfestungsmauern sehen. Heute wird es fast nur für Repräsentationszwecke genutzt; die Königsfamilie lebt auf Drottningholm außerhalb der Stadt (s. S. 389).

Im Nobelmuseum in der Börse erhalten Sie einen Überblick über die Geschichte des Nobelpreises, der jedes Jahr in Stockholm verliehen wird (mit Ausnahme des in Oslo vergebenen Friedensnobelpreises), und seine Riege von Preisträgern.

In Gamla Stan selbst gibt es nur eine Handvoll Hotels, die jedoch Historisches und Neues schön vereinen: Das neu gestaltete First Hotel Reisen direkt am Wasser hat 144 Zimmer, eine schnittige Bar und im Keller ein Schwimmbad mit Deckengewölbe aus dem 16. Jh. Vergangenheit und Gegenwart treffen sich auch im nautisch aufgemachten Victory Hotel, 1642 erbaut und nach dem Schiff Lord Nelsons benannt. Es ist das Flaggschiff einer Mini-Hotelkette in Gamla Stan, die auch das nahe Lady Hamilton und das Lord Nelson einschließt.

Besuchen Sie das luxuriöse Restaurant Operakällaren im Opernhaus gegenüber dem Schloss. Elegante Garderobe und ein gefülltes Portemonnaie sind hier gefragt – sofort nach seiner Eröffnung 1787 (auf Geheiß von König Gustav III.) wurde das Restaurant zum Szenelokal. Seitdem wuchs es zu einem Komplex aus vielen Speisezimmern an, die in Förmlichkeit und Preis verschieden sind. Der Hauptraum, Belle Époque, hat Wandgemälde, extravagante Kristalllüster und einen Service, der so tadellos ist wie das polierte Silber. Highlights sind zarte Rentierfilets und der restauranteigene Schnaps Stenborgare.

Wenn Sie für ein Dinner so richtig Geld ausgeben möchten, können Sie das auch im Mathias Dahlgren, dem Restaurant des gleichnamigen, sehr progressiven Kochs. Es liegt im Grand Hôtel (s. nächste Seite) in Norrmalm. Im Speisezimmer (Matsalen) und in der Essbar (Matbar) serviert der Chefkoch eine „natürliche Küche", die Sie mit Paarungen wie Jakobsmuscheln mit Gurkenschaum oder Foie gras mit Lakritz überrascht.

Der schmiedeeiserne Kirchturm der Riddarholmskyrkan ist einer der unverwechselbaren Türme in der Skyline von Stockholm.

SCHLOSS: Tel. +46/8-402-6123; www.kungahuset.se. **NOBELMUSEUM:** Tel. +46/8-5348-1800; www.nobelmuseum.se. **FIRST HOTEL REISEN:** Tel. +46/8-223-260; www.firsthotels.com/reisen. *Preise:* ab € 185. **VICTORY HOTEL:** Tel. +46/8-5064-0000; www.victoryhotel.se. *Preise:* ab € 185. **OPERAKÄLLAREN:** Tel. +46/8-676-5801; www.operakallaren.se. *Preise:* Dinner € 66. **MATHIAS DAHLGREN:** Tel. +46/8-679-3584; www.mathiasdahlgren.com. *Preise:* Dinner € 90. **REISEZEIT:** Mai–Sept.: bestes Wetter.

Essen wie Gott in Schweden

SMÖRGÅSBORD

Solna und Stockholm, Schweden

Weltberühmt ist das schwedische Smörgåsbord, eine Art Büfett und zugleich nationale kulinarische Kunstform. Wenn auch manches davon nicht jedem mundet (z.B. die Allgegenwart von Hering), so wird doch Vieles sogar dem weniger experimentierfreudigen Gaumen schmecken. Laut Smörgåsbord-Knigge mischt man niemals Heiß und Kalt oder Süß mit Sauer, und es wird erwartet, dass man häufig zum Büfett geht: zunächst für Hering (meist gibt es über ein Dutzend Varianten), zum Schluss für Desserts. Dazwischen liegt eine ganze Palette nordischer Spezialitäten wie Räucheraal, Graved Lachs, Ostseekrabben, Rentier, die berühmten Köttbullar (Fleischbällchen) mit Preiselbeersoße sowie die nationale Spezialität *Janssons frestelse* („Janssons Versuchung"), ein Auflauf aus Kartoffeln, Sardellen, Zwiebeln und Sahne. Das typische Begleitgetränk ist Bier und zum Schluss noch ein schwedischer Aquavit.

Noch üppiger wird es, wenn Sie an Weihnachten am Smörgåsbord schlemmen, das dann *Julbord* („Weihnachtstisch") heißt. Die Schweden veranstalten Smörgåsbords fast nur bei besonderen Gelegenheiten. Und weil das Ganze für Restaurants schwierig vorzubereiten ist, gibt es das Smörgåsbord nicht so häufig, wie man denken könnte. An einem Ort bekommen Sie jedoch immer eines: im Ulriksdals Wärdshus, 8 km von Stockholm entfernt. In diesem eleganten Landgasthof von 1868 in einem eigenen Park wird das wohl beste Büfett des Landes serviert. Bereiten Sie sich auf aufwendig beladene Tische mit mehr als 75 verschiedenen Spezialitäten vor, die sowohl Stammgäste als auch das Königspaar begeistern. Das Haus besitzt auch einen der besten Weinkeller Schwedens, und alle bis auf die allerteuersten gibt es auch als einzelnes Glas. Kommen Sie bei Sonnenuntergang (im Juli nicht vor 21 Uhr), können Sie beim zeremoniellen Einholen der schwedischen Flagge zusehen, wenn alle aufstehen und die Nationalhymne singen – eine reizende Tradition des Gasthofs.

Ähnlich extravagant, aber ohne die Stadt zu verlassen, dinieren Sie im Grand Hôtel, einem Schmuckstück an altmodischem Charme von 1874. Hier gibt es das Smörgåsbord jeden Mittag und Abend auf der gläsernen Veranda mit großartigem Ausblick auf Hafen und Schloss (Sie können aber auch einfach à la carte bestellen). Hier am Wasser lässt es sich auch trefflich übernachten. In der 2. Dezemberwoche steigen hier die Nobelpreisträger und ihr Gefolge ab, aber die weniger hoch dekorierten Gäste genießen die gleiche Elite-Gastfreundschaft das ganze Jahr. Selbst wenn Sie nicht hier übernachten: Nehmen Sie einen Drink in der klassischen Cadier Bar oder speisen Sie beim berühmten Koch Mathias Dahlgren (s. vorige Seite).

ULRIKSDALS WÄRDSHUS: Tel. +46/8-850815; www.ulriksdalswardshus.se. *Preise:* Smörgåsbord mittags € 30; abends € 50. **GRAND HÔTEL:** Tel. +46/8-6793500; www.grandhotel.se. *Preise:* ab € 240 (Nebensaison), ab € 325 (Hochsaison); Smörgåsbord € 55. **REISEZEIT:** Mitte Nov.–Dez.: Julbord im Ulriksdals Wärdshus.

Schwedens mächtigstes Kriegsschiff

DAS VASA-MUSEUM

Stockholm, Schweden

Das grandiose königliche Kriegsschiff Vasa – 61 m lang und mit 64 Kanonen ausgestattet – war seinerzeit das größte und mächtigste je gebaute Schlachtschiff. Es wurde in 2 Jahren Arbeit dort konstruiert, wo heute das Grand Hôtel steht. Aber auf seiner Jungfernfahrt am 10. August 1628, noch bevor es den Hafen verlassen hatte, sank der Stolz der schwedischen Flotte im Stockholmer Hafenbecken. Plötzliche Windböen und zu wenig Ballast sind zwei mögliche Erklärungen.

Das Kriegsschiff wurde 333 Jahre nach seinem Untergang gehoben und sorgfältig restauriert, sodass Sie es heute im Vasa-Museum bestaunen können – das weltweit einzige seiner Art und das meistbesuchte Museum Skandinaviens.

Rund um das älteste komplett erhaltene Kriegsschiff der Welt wurde 1990 ein maßgeschneidertes, fazinierendes und enorm teures Haus errichtet. Geheimnisvoll beleuchtet ragt das Schiff auf, mit aufwendigen Holzschnitzereien an den Schiffswänden und einer Ausstellung rundherum, die auch aus dem Schiff geborgene Dinge umfasst, darunter 4000 Münzen, medizinische Geräte und ein Backgammonspiel.

Nach Ihrem Besuch bietet sich ein Spaziergang durch noch mehr schwedische Geschichte an – im nahen Skansen, dem ersten Freilichtmuseum der Welt. Mehr als 150 wiederaufgebaute Häuser wurden aus allen Landesteilen hierher gebracht, um auf 30 ha eine Stadt des 19. Jh. wiederauferstehen zu lassen. Im Sommer können Sie Volkstänze und Gratiskonzerte besuchen, und im Dezember gibt es einen Weihnachtsmarkt, auf dem Sie gemütlich ein Glas *glögg*, den schwedischen Glühwein, trinken können.

VASA-MUSEUM: Tel. +46/8-519-54800; www.vasamuseet.se. **SKANSEN:** Tel. 46/8-442-8000; www.skansen.se. **REISEZEIT:** In Skansen Ende Juni zu den Mittsommerfeiern und Ende Nov.–Dez. zum Weihnachtsmarkt.

Das Versailles des Nordens

Schloss Drottningholm und das Schlosstheater

Mälarsee, Svealand, Schweden

Schloss Drottningholm ist das offizielle Zuhause von König Carl XVI. Gustaf und Königin Silvia. Das Rokokogebäude mit seinen vielen Fenstern liegt im Mälarsee auf seiner eigenen Insel (Drottningholm heißt „Königinneninsel") und ist immer für Besucher geöffnet – selbst wenn die Königsfamilie zu Hause ist. Der Palast wurde 1622 erbaut, und das Innere beeindruckt immer noch mit Kunst und Möbeln des 17.–19. Jh., den vergoldeten Decken und majestätischen Kronleuchtern. Auch die Fontänen und Barockgärten lassen an Versailles denken. Einen Nachmittag in Drottningholm verbringen Sie am besten mit einem Picknick im Park, oder spazieren Sie weiter zum 1753 erbauten chinesischen Pavillon, in dem heute ein Café ist.

Das Highlight des Schlosses ist das Schlosstheater, das besterhaltene Barocktheater der Welt. Hier können immer noch Stücke vor Originalkulissen und mit der alten Bühnenmechanik aufgeführt werden – nur heute nicht mehr bei Kerzenlicht. Die hölzerne Pralinenschachtelkonstruktion wurde 1766 von Königin Lovisa Ulrika für ihren Sohn König Gustav III. beauftragt. Es war die goldene Zeit des Schlosses, und die Opern und Ballette des 18. Jh., die heute im Sommer mit Originalinstrumenten hier aufgeführt werden, versetzen das Publikum zurück in diese Zeit.

Wo: 11 km westl. von Stockholm. **Schlosstheater:** Tel. +46/40-635-6200; www.dtm.se. **Reisezeit:** Ende Mai–Aug.: Theateraufführungen während des Drottningholm-Festivals.

Ein Königsschloss in einem Dorf am See

Schloss Gripsholm

Mariefred, Svealand, Schweden

Das reizende Seeörtchen Mariefred („Maries Ort") mit seinem roten Backsteinschloss Gripsholm ist ideal für einen Kurztrip von Stockholm aus: Kommen Sie mit dem 100 Jahre alten Dampfer SS Mariefred, und fahren Sie mit der Schmalspurbahn zurück. Das Schloss mit seinen dicken Türmen stammt aus dem 16. Jh. und liegt direkt am See. An seinen Wänden hängt eine der größten Porträtsammlungen Europas, und es beherbergt auch das bezaubernde Schlosstheater von 1781, der Zeit des „Schauspielerkönigs" König Gustavs III. Obwohl nicht so spektakulär wie das Drottningholm-Theater (s. oben), ist es wunderbar erhalten.

Mariefred lädt zum Spazierengehen ein (besuchen Sie das Grab Kurt Tucholskys), gefolgt von einem köstlichen Lunch auf der verglasten Veranda des Gripsholms Värdshus & Hotel direkt am See – des ältesten Gasthauses Schwedens, nur 10 Minuten vom Schloss entfernt. Die ersten Gäste kamen 1609, als es noch ein Hospiz war, das an der Stelle eines 1493 errichteten Klosters erbaut worden war. Hier gibt es traditionelle schwedische Küche, je nach Saison z.B. Lammbraten und Wild, und die romantischen Zimmer und Suiten mit Seeblick sind im Landhausstil eingerichtet. Tagesausflügler bereuen daher oft, keine Übernachtung eingeplant zu haben – bringen Sie also vorsorglich Ihre Zahnbürste mit!

Wo: 64 km südwestl. von Stockholm. **Gripsholms Värdshus:** Tel. +46/159-34750; www.gripsholms-vardshus.se. *Preise:* ab € 196; Dinner € 48. **Reisezeit:** Juni–Aug.: bestes Wetter.

Feiern, wo Schweden am schwedischsten ist

Mittsommernacht in Dalarna

Tällberg, Svealand, Schweden

In ganz Skandinavien feiert man das nordische Fest *Midsommar*, aber wahrscheinlich wird es nirgendwo sonst mit so viel Enthusiasmus begangen wie in Schweden. Das uralte germanische Ritual, das dem Leben selbst gewidmet ist, hat heidnische Wurzeln: Einst ein Fruchtbarkeitsritus, wurde es stets an jenem Zeitpunkt abgehalten, an dem Sonne und Erde am Höhepunkt ihrer Fortpflanzungskräfte zu sein schienen. Heute zieht es die Schweden an diesem Tag aufs Land, um zu singen, um den Maibaum zu tanzen, lecker zu essen und sehr viel Aquavit zu trinken.

Einer der besten Orte, um Mittsommer zu feiern, ist die ländliche Provinz Dalarna. Diese hügelige Gegend mit dem wunderschönen Siljansee in der Mitte wird oft als Schwedens „Folkloregegend" bezeichnet. Hier blühen noch Traditionen und Bräuche, auch zu sehen im Dalarnas Museum in Falun. Schwedens berühmter Maler Carl Larsson fand hier seine Inspiration, und sein Haus außerhalb Falun ist eine beliebte Pilgerstätte. Fahren Sie auch nach Leksand oder Tällberg,

Mit Maibäumen und schwedischen Flaggen wird in Dalarna das Mittsommerfest gefeiert.

beides charmante Städte am Siljansee. Tällberg beherbergt einen der großartigen historischen Gasthöfe der Gegend, das familiengeführte Åkerblads Hotel aus dem 15. Jh., ein rotes Bauernhaus, das man 1910 zu einem Gasthaus umgebaut und seither stetig erweitert hat. In den altmodischen, mit Schnitzereien dekorierten Zimmern stehen Himmelbetten und alte Standuhren, und das Restaurant ist für herzhafte Hausmannskost und Smörgåsbord am Wochenende berühmt.

Wo: 250 km nordwestl. von Stockholm. **Dalarnas Museum:** +46/23-765-500; www.dalarnasmuseum.se. **Åkerblads Hotel:** Tel. +46/247-50800; www.akerblads.se. *Preise:* € 130; Dinner € 22. **Reisezeit:** Mittsommer wird immer an dem Freitag gefeiert, der dem Johannistag am 24. Juni am nächsten liegt.

AFRIKA

NORDAFRIKA

WESTAFRIKA

OST- UND SÜDLICHES AFRIKA

INSELN IM INDISCHEN OZEAN

NORDAFRIKA

Eine Stadt am – und unter dem – Meer

ALEXANDRIA

Ägypten

Alexandria – gegründet von Alexander dem Großen, von Julius Caesar erobert, Heimat von Kleopatra und Antonius – war eine der führenden Städte der Antike, weithin bekannt für ihre Bibliothek und ihren Leuchtturm (Pharos). Dessen Überreste (im 14. Jh. wurde er durch Erdbeben zerstört), wurden unlängst unter Wasser wiederentdeckt. Noch immer umstritten ist, ob die Bibliothek während Caesars Invasion in Flammen aufging oder einfach mit der Zeit verkam. In jedem Fall wurde sie 2002 an selber Stelle durch die Bibliotheca Alexandrina ersetzt, zu der Museen, Galerien, ein Planetarium und ein Zentrum zur Restaurierung von Handschriften gehören. Ihr Hauptgebäude ist ein Wunderwerk hypermoderner Architektur – ein riesiger, zum Meer geneigter Zylinder aus Stein, Stahl und Glas. Im Inneren sind 11 lichtdurchflutete Stockwerke kaskadenförmig um einen gewaltigen Lesesaal angeordnet.

Die heutige Stadt entfaltet sich größtenteils entlang der Corniche, der Strandpromenade, während weite Teile des antiken Alexandria unter Wasser kurz vor der Küste zu finden sind. Hier haben Archäologen bei Tauchgängen Kleopatras Palast und Tausende antiker Objekte entdeckt, darunter 26 Sphinxen, Statuen, die den Göttern Gaben darbringen, sowie römische und griechische Schiffswracks.

Bis die Pläne zum ersten Unterwassermuseum der Welt realisiert werden, gibt es auch über Wasser jede Menge zu sehen. Nicht weit von den berühmten römischen Katakomben befindet sich die 297 errichtete, 27 m hohe Pompeiussäule, und auch die massive Kait-Bay-Festung, 1480 an der ehemaligen Stelle des Leuchtturms erbaut, lohnt einen Besuch. Zudem ist die Stadt, die lange Zeit Heimat für Künstler, Intellektuelle und hochkarätige Literaten (u.a. Lawrence Durrell und E. M. Forster) war, für ihre Kaffeehauskultur

In den Granit der Außenmauern der Bibliotheca Alexandrina sind Schriftzeichen aus mehr als 100 lebendigen und toten Sprachen eingraviert.

bekannt. Das glanzvolle Trianon Café am Saad-Zaghloul-Platz ist vielleicht die berühmteste Adresse für den Aperitif. Ein Dinner im Restaurant Fish Market beginnt damit, aus dem frischen Fang, der nahe dem Eingang auf Eis wartet, zu wählen, bevor man es sich mit Blick auf den mondbeschienenen Hafen und die Festung gemütlich macht. Den Gipfel zeitgenössischer Pracht

stellt das am Strand gelegene Hotel Four Seasons at San Stefano dar, dessen Zimmer größtenteils einen Balkon mit Meerblick haben. Auf der Corniche bietet das ehrwürdige Windsor Palace Hotel edwardianische Architektur und Ausstattung sowie 70 komfortable nostalgische Zimmer.
Wo: 200 km nordwestl. von Kairo. **Bibliotheca Alexandrina:** www.bibalex.org. **Trianon Café:** Tel. +20/3-483-5881. **Fish Market:** Tel. +20/3-480-5119. *Preise:* Dinner € 26. **Four Seasons Hotel:** Tel. +20/3-581-8000; www.fourseasons.com. *Preise:* ab € 393 (Nebensaison), ab € 481 (Hochsaison). **Windsor Palace Hotel:** Tel. +20/3-480-8700; www.paradiseinnegypt.com. *Preise:* ab € 74. **Reisezeit:** Okt.–Apr.: kühler; Okt. in geraden Jahren: *Alexandria Biennale*.

Schätze einer großartigen Zivilisation

Das Ägyptische Museum

Kairo, Ägypten

Jeder, der die leeren Gräber und Stätten des alten Ägypten erkundet hat, ist begierig darauf, auch die darin gefundenen Relikte zu sehen. Daher ist ein Besuch im Ägyptischen Museum ein absolutes Muss. Die Sammlung von Kostbarkeiten, die chronologisch vom Alten über das Mittlere bis zum Neuen Reich (2700–2200 v. Chr., 2100–1800 v. Chr. und 1600–1200 v. Chr.) ausgestellt werden, ist so groß, dass Sie, selbst wenn Sie für jedes der 136.000 Artefakte nur 1 Minute einkalkulierten, 9 Monate bräuchten, um alles zu sehen. Viele Besucher konzentrieren sich auf die eindrucksvollen mumifizierten Überreste von 27 Pharaonen und ihren Königinnen sowie die 1700 Objekte, die 1922 aus dem kleinen Grab des eher unbedeutenden (aber heute zur Ikone gewordenen) Pharaos Tutanchamun geborgen wurden. Weitere 40.000 Gegenstände ruhen in Kisten im Keller und bezeugen den chronischen Raummangel, mit dem das größte Museum Ägyptens seit seiner Gründung 1858 zu kämpfen hat. Ein Besuch ist, gelinde gesagt, atemberaubend. Erholen Sie sich bei einem Spaziergang zum nahen Tahrir-Platz, auf dem sich während der friedlichen Revolution 2011 Tausende Ägypter versammelten.

Das Ägyptische Museum beherbergt den Sarg des Priesters Petosiris.

2002 begann das Kulturministerium in Gizeh, knapp 2 km von den Pyramiden (s. S. 396) entfernt, mit dem Bau des 48 ha großen, € 370 Mio. teuren Großen Ägyptischen Museums (kurz GEM). Der vom Architekturbüro Heneghan Peng entworfene Komplex wird über Restaurationslabors sowie eine riesige, geneigte Alabasterwand verfügen, die in der Wüstensonne glitzern soll. 2006 wurde die 3200 Jahre alte, gut 10 m hohe Statue Ramses' II. hierhergebracht, und auch viele der Objekte aus dem Tutanchamun-Schatz sollen hier ein neues Heim finden. Teile des Museums öffnen möglicherweise bereits 2013.

Ägyptisches Museum: Tel. +20/2-579-6974; www.egyptianmuseum.gov.eg. **Grosses Ägyptisches Museum:** www.gem.gov.eg.

Ein Labyrinth aus Basaren und mittelalterlichen Monumenten

DAS ISLAMISCHE KAIRO

Kairo, Ägypten

Ein Gang durch dieses uralte Quartier Kairos bombardiert die Sinne. Hühner, Pferde und Schafe sind auf engen, schlaglöchrigen Straßen unterwegs, die Eselskarren und Straßenhändler noch mehr verstopfen. Häufig verschleiert Staub den verblassten Glanz einer Stadt, die noch immer das intellektuelle und kulturelle Zentrum der arabischen Welt ist.

Am besten schauen Sie zuerst die Zitadelle an, die Sultan Saladin im 12 Jh. als Bollwerk gegen die Kreuzritter errichten ließ. Sie bietet einen unvergleichlichen Blick über die Skyline Kairos mit ihren Minaretten, aus der sich die grandiose Steinkuppel der Kait-Bay-Moschee (15. Jh.) und das Spiralminarett der Moschee Ibn Tulun (9. Jh.) erheben. 2 an die Moschee angrenzende Gebäude beherbergen das Gayer-Anderson-Museum mit seiner riesigen Kollektion pharaonischer Artefakte und islamischer Kunst. Noch umfassender ist die vom 7. bis ins 19. Jh. reichende Sammlung des Museums für islamische Kunst. Weiter im Norden liegt der reich verzierte Komplex des Qalawun. Zu der von mameluckischen Sultanen erbauten Anlage gehören eine *Madrasa*, ein Hospital und das imposante Mausoleum.

Kairos wunderbares, chaotisches Herzstück bildet der Khan el-Khalili, einer der größten Basare der Welt, der 1382 ursprünglich als Karawanserei gegründet wurde. Verlieren Sie sich im Durcheinander der Gässchen, in denen sich der Duft von Gewürzen, Räucherwerk und Leder mischt. Noch immer kaufen die Einwohner Kairos hier ein. Feilschen Sie mit den Händlern, die alles von Teppichen über Gold, Stoffe und Parfüm bis hin zu Kosmetikartikeln anbieten (etwa Töpfchen mit Kajalpulver, mit dem Sie Ihre Augen wie Kleopatra umranden können). Für eine kleine Pause bietet sich das El Fishawy an. Das Kaffee- und Teehaus hat seit 1772 rund um die Uhr geöffnet. Genießen Sie den Dekor mit vergoldeten Spiegeln, gehämmertem Messing und Marmortischen, während Sie an einer Wasserpfeife ziehen, sich die Zukunft vorhersagen lassen oder einen der besten Kaffees der Stadt trinken. Zu Mittag sollten Sie im Naguib Mahfouz Café einkehren, das nach dem Literaturnobelpreisträger und Verfasser der *Kairo-Trilogie* benannt wurde und für seine exzellente orientalische Küche bekannt ist. Einheimische strömen zum Dinner ins kürzlich eröffnete Taj al Sultan am Al-Azhar-Platz, dessen ägyptisch-indische Fusionküche durch Glaskunst, Antiquitäten und Webteppiche ergänzt wird.

Als größte Stadt Afrikas mit knapp 20 Mio. Einwohnern hat Kairo mit großer Armut zu kämpfen. Und doch ist die legendäre Gastfreundschaft der Ägypter ungebrochen. Das Le Riad Hotel de Charme unweit des Basars in der Fußgängerzone Al-Muizz li Din-Allah trägt seinen Namen zu Recht. Es hat 17 einladende Suiten und einen Dachgarten. Kultivierte Einsamkeit bietet auch das Four Seasons at Nile Plaza. Hier können Sie von Ihrem Zimmer die Zitadelle bewundern oder eine private Feluke für eine Fahrt auf dem Fluss besteigen.

Gayer-Anderson-Museum: Tel. +20/2-364-7822. **Museum für islamische Kunst:** Tel. +20/2-390-9330. **Naguib Mahfouz Café:** Tel. +20/2-590-3788. *Preise:* Lunch € 11. **Taj al Sultan:** Tel. +20/2-2787-7273; www.tajalsultan.com. *Preise:* Dinner € 30. **Le Riad:** Tel. +20/2-2787-6074; www.leriad-hoteldecharme.com. *Preise:*

Suite ab € 255. FOUR SEASONS AT NILE PLAZA: Tel. +20/2-2791-7000; www.fourseasons.com. *Preise:* ab € 407. REISEZEIT: Nov.–März: bestes Wetter; Feb. oder März: *Al-Nitaq Festival* (Theater, Dichtung, Kunst); Nov.: *Arabic Music Festival.*

Zeitlose Wunder der alten Welt

DIE PYRAMIDEN ÄGYPTENS

Giseh, Sakkara und Dahschur, Ägypten

Die Pyramiden von Giseh sind das einzige Weltwunder der Antike, das beinahe unversehrt überlebt hat. Sie stehen für Rätsel und Altertum – und ihre jeder Logik trotzende Konstruktion gibt immer noch reichlich Anlass zu Spekulationen. Die älteste der 3 Pyramiden, die Große oder Cheopspyramide, Grabstätte des gleichnamigen Pharaos, ist die größte der Welt. Sie wurde etwa 2500 v. Chr. von 20.000 Arbeitern aus rund 2,3 Mio. Kalksteinblöcken mit einem durchschnittlichen Gewicht von 2,5 t errichtet. Die beiden kleineren Pyramiden wurden für Cheops' Sohn und Enkel gebaut. Über sie alle wacht die berühmte Sphinx (*Abu al-Hol*, „Vater des Schreckens"), über die Sie bei der allabendlichen Ton- und Lichtshow mehr erfahren, die trotz aller Melodramatik unterhaltsam ist. Den magischsten Anblick bieten die Pyramiden jedoch zu Sonnenauf- und -untergang oder bei Mondlicht, wenn die letzten Touristen verschwunden sind.

Die Sphinx trägt einen Menschenkopf auf ihrem Löwenkörper.

Während die Kairoer Vororte immer näher an heranwachsen, ragen gut 32 km weiter südlich, in Sakkara, weniger stark besuchte und sogar noch ältere Pyramiden in den Himmel. Ihre bekannteste ist die Stufenpyramide, die der hochgeschätzte Architekt, Priester und Heiler Imhotep für Pharao Djoser schuf. Bis heute entdecken Archäologen intakte Gräber in der Anlage, die 2575– 2130 v. Chr. als Begräbnisstätte für Memphis – die Hauptstadt des Alten Reiches – diente. Das Pyramidenfeld von Dahschur, wiederum weiter im Süden, zieht noch weniger Besucher an. Wer die steile Knickpyramide besuchen oder die enge Treppe ins Innere der Roten Pyramide (der ersten „echten" Pyramide mit glatten Seitenflächen) hinunterklettern will, muss also nicht Schlange stehen. Beide Bauwerke sind etwa 50–100 Jahre älter als die Pyramiden von Giseh.

Das elegante, kürzlich renovierte Hotel Mena House aus dem 19. Jh. liegt in einem gepflegten Parkgrundstück, kaum 1 km von Giseh entfernt. Von vielen Zimmern, der Frühstücksterrasse, dem 9-Loch-Golfplatz und dem Pool im Garten haben Sie freien Blick auf die Wunderwerke. Im alten Teil des Hotels besprachen Churchill und Roosevelt die Pläne für den D-Day; Begin und Sadat unterzeichneten hier 1978 den Friedensvertrag zwischen Israel und Ägypten. Aus größerer Entfernung bietet das palastartige Hotel Four Seasons at the First Residence in Kairo ebenfalls schöne Ausblicke auf die Pyramiden. **Wo:** Die Pyramiden liegen 18 km südwestl. von Kairo; von dort sind es 32 Kilometer bis Sakkara und Dahschur. **OBEROI MENA HOUSE:** Tel. +20/2-3377-3222; www.oberoimenahouse.com. *Preise:* Zimmer mit Pyramidenblick ab € 237 (Nebensaison), ab € 344 (Hochsaison). **FOUR SEASONS AT THE FIRST RESIDENCE:** Tel. +20/2-3567-1600; *Preise:* Zimmer mit Pyramidenblick ab € 444. **REISEZEIT:** Nov.– März: weniger heiß.

Besser als eine Fata Morgana

DIE OASE SIWA

Libysche Wüste, Ägypten

Die Libysche Wüste (ein Ausläufer der Sahara) bedeckt zwei Drittel von Ägypten und bildet den Gegensatz zum grünen Niltal, aufgelockert von einer Handvoll exotischer Oasen. Am abgelegensten ist die malerische Oase Siwa, 50 km von der libyschen Grenze entfernt an einer jahrhundertealten Karawanenroute gelegen und weltweit für ihre Datteln und Oliven bekannt. Obwohl eine stetig wachsende Zahl Abenteuerreisender hierherkommt (inzwischen gibt es über ein Dutzend schlichter Hotels), bleibt Siwa doch eine reizvolle Wüstenenklave. Kultur und Gebräuche haben sich kaum verändert, seit Alexander der Große 331 v. Chr. hier eintraf, um das legendäre Orakel des Amun zu befragen (die Entdeckung des vermeintlichen Alexandergrabs in Siwa sorgte 1995 für Schlagzeilen).

Hier wird statt Arabisch die Berbersprache Siwi gesprochen, und die Frauen (die man allerdings nicht oft sieht) sind fast immer schwarz verschleiert. Viele legen ihr Haar noch wie ihre Vorfahren in unzählige Zöpfe und schmücken sich mit üppigem Silberschmuck. Die Häuser sind aus *Kershef* (Lehm, Salz und Stroh) gebaut, und die mehr als 300.000 Palmen und 70.000 Olivenbäume ziehen eine Vielzahl von Vögeln an, darunter Weihen, Eulen, Stelzen und Grasmücken. 300 Quellen und Wasserläufe erhalten das Ökosystem aufrecht. Am bekanntesten ist das „Bad der Kleopatra", ein sprudelndes Becken nahe den Ruinen des Amun-Tempels. Es wurde im 5. Jh. von Herodot erstmals erwähnt und wird heute noch zum Baden in voller Bekleidung genutzt. Tagesausflüge hoch zu Ross führen zu weiteren Quellen am Ortsrand und weiter in die Große Sandsee, wo Jeeps auf den Dünen auf- und abfahren und Abenteuerlustige mit umgebauten Snowboards über den Sand surfen.

In einem üppigen Dattelhain liegt die märchenhafte 40-Zimmer-Lodge Adrère Amellal, die beweisen will, dass Natürlichkeit und Luxus sich nicht ausschließen müssen. Es gibt keinen Strom und kein Telefon; stattdessen erwarten Sie *Kershef*-Häuser, von Kerzen erleuchtete Wege, exquisite Mahlzeiten aus dem hauseigenen Biogarten und Ausflüge in die Wüste. Das Engagement des Inhabers für die Erhaltung von Natur und Kultur spiegelt sich auch in seinem einfacheren Hotel Shali Lodge im Zentrum des Ortes Siwa (13. Jh.). **Wo:** 762 km südwestl. von Kairo. **ADRÈRE AMELLAL:** Tel. +20/2-736-7879; www.

adrereamellal.net. *Preise:* ab € 489, all-inclusive. SHALI LODGE: Tel. +20/2-738-1327; www.siwa.com/shalilodge. *Preise:* ab € 48.

REISEZEIT: Nov.–März: weniger Hitze und Moskitos; 3 Tage zur Vollmondzeit im Okt.: *Siwa Festival.*

Unersetzliche Stätten am südlichsten Ende Ägyptens

ABU SIMBEL UND ASSUAN

Nassersee, Oberägypten, Ägypten

Zu seinem 34. Thronjubiläum befahl der wenig bescheidene Pharao Ramses II., den kolossalen Sonnentempel von Abu Simbel in die Flanke einer Klippe zu schlagen und die Front mit 4 sitzenden Statuen von 20 m Höhe zu verzieren, die ihn selbst zeigen.

Der Bau des riesigen Monuments nahm 36 Jahre in Anspruch. Mehr als 3000 Jahre später wurde der Tempel gemeinsam mit 22 anderen Bauwerken von der UNESCO in einer 30 Mio. € teuren Rettungsaktion davor bewahrt, unter Wasser zu verschwinden:

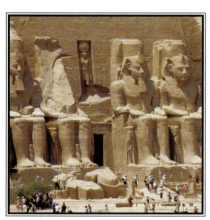

Die Statuen von Pharao Ramses II. tragen die Doppelkrone Ober- und Unterägyptens.

1964–1968 wurde Abu Simbel auf höheres Gelände verlagert, bevor durch den Bau des Assuan-Staudamms der rund 500 km lange Nassersee (auch „Nubisches Meer" genannt) entstand. Touristen bekamen den See erstmals 1993 zu Gesicht, als die MS *Eugénie*, eine Raddampfer-Nachbildung mit 52 Kabinen, ihren Kreuzfahrtbetrieb aufnahm. Ihren Gästen öffnet sich – ebenso wie denen des Art-déco-Schwesterschiffs *Kasr Ibrim* – ein herrlicher Blick auf die mit Tempeln übersäten Ufer und die Wüstenlandschaft mit ihren windgeformten natürlichen Pyramiden und Klippen. Ausgangs- oder Zielort ist Assuan, die am Nilufer gelegene südlichste Stadt Ägyptens, der Palmeninseln und elefantengleiche Granitblöcke eine wilde Schönheit verleihen. Ihre Lage am Kreuzungspunkt mehrerer Karawanenrouten hatte einst einen blühenden Handel mit Gold, Sklaven und Elfenbein zur Folge, und auch heute noch lockt der Suk, der beinahe so quirlig ist wie der in Kairo (s. S. 395), mit Waren aller Art. Das Nubische Museum beherbergt Tausende von Objekten, die vor dem Nassersee gerettet wurden. Am besten erschließt sich die örtliche Geschichte jedoch an Bord einer Feluke, eines der kleinen traditionellen Holzsegelboote.

Checken Sie im malerisch an einer Flussbiegung gelegenen Old Cataract Hotel ein, wo sich Agatha Christie zu *Tod auf dem Nil* inspirieren ließ. Das 2011 komplett renovierte Haus vereint nach wie vor edwardianische und orientalische Eleganz.

Wo: Assuan liegt 214 km südl. von Luxor, Abu Simbel 283 km südl. von Assuan. **WIE:**

Das amerikanische Unternehmen Travcoa bietet 8-tägige Reisen inkl. Assuan und Abu Simbel an. Tel. +1/310-649-7104; www.travcoa.com. *Preise:* ab € 2922, all-inclusive. Startet in Kairo. **MS** *Eugénie* und **MS** *Kasr Ibrim*; Tel. +20/2-516-9656; www.eugenie.com.eg. *Preise:* 3–7 Nächte, ab € 178 pro Person/Nacht, all-inclusive. Startet in Assuan oder Abu Simbel. **Old Cataract:** Tel. +20/97-231-6000; www.sofitel.com. *Preise:* ab € 274 (Nebensaison), ab € 326 (Hochsaison). **Reisezeit:** Nov.–März: weniger heiß; 22. Feb. und 22. Okt.: Sonnenfest in Abu Simbel: 2-mal im Jahr erleuchten die ersten Sonnenstrahlen die Bildnisse von Ramses II. und ägyptischen Gottheiten im Tempel.

Lebensader des Neuen Reiches

Luxor und Nilkreuzfahrt

Oberägypten, Ägypten

Herodot nannte Ägypten ein „Geschenk des Nils", und wer auf dem Fluss an den zeitlosen grünen Ufern entlangfährt, versteht, warum er bis heute die Hauptschlagader des Landes ist. Hier scheint die Zeit stillzustehen: Kinder laufen aus Lehmziegelhütten, um dem Schiff zuzuwinken, Männer waschen im Wasser ihre Ochsen, Feluken mit dreieckigen Segeln gleiten vorüber – es sind dieselben Szenen, die schon Plato und Flaubert inspirierten. Früher begannen die Kreuzfahrten in Kairo, doch heute kreuzen mehr als 300 Schiffe zwischen Assuan (s. vorige Seite) und Luxor. Die Strecke bietet eine beispiellose Dichte antiker Bauwerke, darunter der Horus-Tempel in Edfu sowie der Sobek- und Horus-Tempel von Kom Ombo mit seinen mumifizierten Krokodilen. Eines der besten größeren Schiffe ist die *Sonesta Star Goddess* mit 33 Suiten, alle mit eigenem Balkon. Eine völlig andere Erfahrung bietet eine Kreuzfahrt auf einem der *Dahabiya* genannten restaurierten Holzsegelboote, etwa der 35 m langen *Assouan* der Gesellschaft Nour El Nil. Sie hat 6 luftige, strahlend weiße Kabinen und 2 Suiten. Diese Schiffe vermitteln kleinen Gruppen die beschauliche viktorianische Art des Reisens – mit Zeit zum Schwimmen, für Wüstenspaziergänge und Dorfbesichtigungen.

Größere Dahabiyas, traditionelle Feluken und moderne Schiffe kreuzen nebeneinander auf dem zeitlosen Nil.

Das heutige Luxor erhebt sich an der Stätte des alten Theben, der Hauptstadt des Neuen Reiches, die einmal 1 Mio. Einwohner zählte. An seinem nördlichen Ende am Ostufer des Nils liegt der Karnak-Tempel, Teil eines Komplexes, der über einen Zeitraum von 1500 Jahren erbaut wurde. In der 5500 m² großen Säulenhalle ragen 134 mit Hieroglyphen bedeckte Säulen bis zu 22 m in die Höhe, jede mit einem Umfang von 10 m. Eine einst von Sphinxen gesäumte 2,5 km lange Allee führt entlang dem Nil zum Luxor-Tempel. Am anderen Nilufer befindet sich inmitten sandiger Hügel die bekannteste Nekropole des alten Ägypten: das Tal der Könige. Nachdem die Pharaonin Hatschepsut einen Totentempel errichten ließ und hier bestattet wurde, folgten noch mehr als 60 männliche Pharaonen. Plünderungen beraubten alle Gräber bis auf das Tutanchamuns (dessen Schätze sich nun in Kairo befinden; s. S. 394), doch die unterirdischen Gewölbe bieten immer noch einen einzigartigen Anblick. Zu den Gräbern im nahen Tal der Königinnen gehört auch das der Nefertari. Die 7 Kammern mit ihren prächtigen Malereien sind ein wahres Liebeszeugnis Ramses' II. für seine Lieblingsfrau.

Nach einem langen Tag in den staubigen Gräbern können Sie sich ins Sofitel Winter Palace zurückziehen. Im alten Flügel des an der Flusspromenade gelegenen Hotels erwarten Sie riesige alte Schränke, orientalische Teppiche und kunstvolle Kristallleuchter. Der Garten ist eine kühle Oase für den Tee. Alternativ können Sie den Trubel Luxors hinter sich lassen und im näher am Tal der Könige gelegenen Al Moudira übernachten, das 2002 aus Überresten alter ägyptischer Villen erbaut wurde. Seine 54 palastartigen Zimmer sind mit ägyptischen Antiquitäten möbliert; im kuppelgewölbten, osmanisch inspirierten Great Room wird eine Mischung aus mediterraner und östlicher Küche serviert.

Wo: Luxor liegt 214 km nördl. von Assuan und 668 km südlich von Kairo. *Sonesta Star Goddess:* +20/22-26412-11/-12/-13; www.sonesta.com. *Preise:* 3 bis 7 Nächte, Suite ab € 400 (Nebensaison), ab € 500 (Hochsaison) pro Nacht, all-inclusive. *Assouan:* Tel. +20/65-78322; www.nourelnil.com. *Preise:* 5 Nächte, ab € 1111, all-inclusive. **Winter Palace:** Tel. +20/95-238-0425; www.sofitel.com. *Preise:* ab € 159 (Nebensaison), ab € 400 (Hochsaison). **Al Moudira:** Tel. +20/12-325-1307; www.moudira.com. *Preise:* ab € 185 (Nebensaison), ab € 281 (Hochsaison). **Reisezeit:** Nov.–März: weniger heiß; 2 Wochen vor Ramadan: Fest *Moulid Abu Al-Haggag* mit Musik, Umzügen und Pferderennen in Luxor.

Himmlische Aktivitäten

Der Berg Sinai und das Rote Meer

Sinai, Ägypten

Dem 2. Buch Mose zufolge verbrachte Moses 40 Tage und Nächte auf den felsigen Hängen des Berges Sinai, bevor er die 10 Gebote empfing. Heutige Pilger benötigen für den anspruchsvollen „Moses-Pfad" nur wenige Stunden, entweder in der Hitze des Tages oder – für die Aussicht auf einen grandiosen Sonnenaufgang – bei Nacht. 3750 Felsstufen führen auf den 2285 m hohen Gipfel. Alternativ können Sie auf einem Kamel den weniger beschwerlichen „Kamelpfad" hinaufreiten (die letzten 750 Stufen müssen Sie aber auch in diesem Fall zu Fuß erklimmen).

Am Fuß des Berges erhebt sich mit dem Katharinenkloster das älteste genutzte Kloster der Welt. Es wurde an der Stelle errichtet, an der sich der „brennende Dornbusch" befunden haben soll, und ist seit seiner Fertigstellung 550 n. Chr. durchgehend bewohnt. Heute lebt hier etwa ein Dutzend griechisch-orthodoxer Mönche und wacht über die größte Handschriftensammlung außerhalb des Vatikans, ein Mosaik der Verklärung Christi aus dem 6. Jh. und einige der ältesten christlichen Ikonen der Welt.

Viele Reisende kombinieren ihren Aufstieg mit Tauchgängen am Südzipfel der

Sinai-Halbinsel. Jacques Cousteau pries das Rote Meer als „Korridor der Wunder". Es ist bekannt für seine Flora und Fauna (10 % seiner Arten kommen ausschließlich hier vor) und die weite Sicht (oft über 45 m). Obwohl auch Israel und Jordanien (s. S. 479) über Resorts am Roten Meer verfügen, bietet Ägypten den besten Zugang zu den schönsten Tauch- und Schnorchelplätzen. Von Scharm El-Scheich und seinem kleineren Nachbarn Dahab fahren täglich Schiffe zur Straße von Tiran und zum Ras-Mohammed-Nationalpark, dem ersten Meeresnationalpark Ägyptens, der mit Felsvorsprüngen, steilen Unterwasserklippen und tiefen Gewässern voller Barrakudas und Hammerhaie aufwartet. An Plätzen wie Shark Reef und Yolanda Reef gibt es unzählige Seesterne, Seeigel, Weich- und Krustentiere, weiter draußen können Taucher das geisterhafte Wrack des britischen Frachters *Thistlegorm* erkunden, der 1941 hier sank.

Das kürzlich eröffnete Hotel Four Seasons in Scharm El-Scheich hat herrliche Zimmer, während das nahe Savoy Sharm El Sheikh Übernachtungsmöglichkeiten vom Standardzimmer bis zur luxuriösen Villa mit Meerblick bietet. Bei einer Tauchsafari können Sie dem Rummel entgehen und entdecken noch makellosere Riffe und Schiffswracks.

Wo: Scharm El-Scheich liegt 575 km südöstl. von Kairo, das Katharinenkloster 220 km nördl. von Scharm El-Scheich. **Four Seasons:** Tel. +20/69-360-3555; www.fourseasons.com. *Preise:* ab €266 (Nebensaison), ab €348 (Hochsaison). **Savoy Hotel:** Tel. +20/69-360-2500; www.savoy-sharm.com. *Preise:* ab €85 (Nebensaison), ab €241 (Hochsaison). **Tornado Fleet:** Tel. +20/22-331-213; www.tornadomarinefleet.com. *Preise:* 6-Nächte-Safari ab €741. Startet in Scharm El-Scheich. **Reisezeit:** Apr. und Nov.: bestes Wetter; Mai–Aug.: optimale Tauchbedingungen, weniger Taucher, aber tagsüber heiß.

Ein Paradies für Windsurfer

Essaouira

Marokko

Die ummauerte Hafenstadt Essaouira thront über einem der schönsten Strände Marokkos, dessen Dünen sich von hier aus kilometerweit in den Süden erstrecken. Neben ihrer Medina und den Befestigungsanlagen war es vor allem die entspannte Atmosphäre, die in den 1960er-Jahren Rucksacktouristen und Hippies anzog (so auch Jimi Hendrix und Cat Stevens). Heute kommen junge Reisende hauptsächlich zum Wind- und Kitesurfen. Diese Sportarten, das Angebot örtlicher Handwerkskunst sowie das künstlerische Ambiente machen Essaouira zu einem der beliebtesten Ziele in Marokko – besonders im Juni, wenn Tausende zum 5-tägigen Festival de Gnaoua anreisen, um der fröhlichen rhythmisch-hypnotischen Musik der Gnawa, der Nachfahren von Sklaven, zu lauschen.

Medina (Altstadt) und Befestigungen wurden im 18. Jh. von dem französischen Architekten Théodore Cornut entworfen, der hier von Sultan Sidi Mohamed Ben Abdallah gefangen gehalten wurde. Als Gegenleistung für den Grundriss schenkte der Sultan ihm die Freiheit. Es ist eine Freude, die autofreie Medina zu erkunden. Viele Galerien bieten die Arbeiten örtlicher Künstler an (vor allem Einlegearbeiten aus einheimischem Thujaholz und farbenfrohe Gemälde, die Gnawa-Künstler in Trance schaffen). Außerdem finden Sie lokale Produkte wie Arganöl. Im geschäftigen Fischerhafen stehen Sie Ihrem Mittagessen Aug in Aug gegenüber: Sie wählen Ihren Lieblingsfisch aus dem frischen Fang (Sardinen, Wolfsbarsch, Tintenfisch), und der Fischhändler grillt ihn direkt vor Ihren Augen.

Viele der historischen *Riad*s (mehrstöckige Villen mit Innenhof) wurden in kleine Hotels umgewandelt. Die schlichte, elegante Villa Maroc verfügt über 21 Zimmer, blau lackierte Galerien und einen Garten voller Jasmin und Bougainvilleen; das Spa bietet Massagen mit einheimischem Arganöl und hat einen eigenen Hammam. Das Beste ist vielleicht das Frühstück auf der Dachterrasse. Das nahe Ryad Watier wurde vor 100 Jahren als Schule errichtet. Meisterhände verwandelten die Klassenzimmer in 10 geräumige Gästezimmer, z.T. mit Kamin und eigener Terrasse. Sie liegen auf 4 Ebenen rund um ein prächtiges Atrium mit Springbrunnen, Berberteppichen und Palmen. Die beste marokkanische Küche in Essaouira erhalten Sie im Restaurant Ferdaous, einem uprätentiösen Altstadtlokal, stets gut gefüllt mit Einheimischen und eingeweihten Touristen, die sich Tajine, Couscous und frischen Fisch schmecken lassen.

Wo: 161 km westl. von Marrakesch. **VILLA MAROC:** Tel. +212/524-47-61-47; www.villa-maroc.com. *Preise:* ab € 87; Dinner € 20. **RYAD WATIER:** Tel. +212/524-47-62-04; www.ryad-watier-maroc.com. *Preise:* ab € 85. **RESTAURANT FERDAOUS:** Tel. +212/524-47-36-55. *Preise:* Dinner € 11. **REISEZEIT:** März–Mai und Sept.–Dez.: bestes Wetter; Ende Juni: *Festival de Gnaoua*.

Symbolisches und spirituelles Herz Marokkos

FÈS EL BALI

Fès, Marokko

Fès (oder Fez) ist die älteste Königsstadt Marokkos und das intellektuelle, kulturelle und religiöse Zentrum des Landes. Besonders bekannt ist ihre große ummauerte Medina Fès el-Bali. In ihren 9500 Straßen und geschätzten 280 km an Gässchen drängen sich alle Arten von Werkstätten, Märkten und Restaurants. Fès el-Bali ist ein berauschender Angriff auf Augen, Ohren und Nase – mit Färbergruben, Gerbereien, Metzgern, gekachelten Springbrunnen, Moscheen, Palästen, Gewürzmärkten, Koranschulen und Heerscharen hartnäckiger Teppichhändler. Abgesehen von der Elektrizität scheint alles in Fès el-Bali aus einem anderen Jahrhundert zu stammen. Die Koranschule Medersa Bou Inania (um 1350) ist ein Meisterstück mit einem Innenhof voller komplizierter geometrischer Muster, aufwendiger Holzschnitzereien und Stuckarbeiten. Die alte Karawanserei Fondouk el-Nejjarine (14. Jh.) diente wandernden Holzschnitzern als Quartier, die kunstvolle Friese hinterließen (heute ist sie ein Museum für Holzkunst). Herzstück der Medina ist die 857 gestiftete Kairaouine-Moschee, die 20.000 Gläubigen Platz bietet.

Fès el-Bali ist eine der größten und besterhaltenen Altstädte der arabisch-muslimischen Welt.

Nur wenige Schritte entfernt wartet das hervorragende kleine Gästehaus Dar Seffarine mit herrlicher Fliesenkunst, einem von Säulen umgebenen Atrium, zauberhaften Zimmern und herzlicher Gastfreundschaft auf. Typisches Ambiente in großem Stil finden Sie im Sofitel Fès Palais Jamaï, einem ehemaligen Palast von 1879 mit 140 Zimmern, üppigen Gärten und opulentem Fliesendekor. Das wunderbar restaurierte Hotel La Maison Bleue zeichnet sich vor allem durch sein Restaurant aus. Nehmen Sie am Brunnen im Innenhof einen Cocktail, bevor Sie in einem Salon bei Kerzenlicht knusprige Tauben-*Pastilla*, eine örtliche Spezialität, genießen.

Die Darbietungen des 7-tägigen *Fes Festival of World Sacred Music* Anfang Juni reichen von Berbermusik über tanzende Derwische aus dem türkischen Konya und Gospelchöre aus Harlem bis hin zu gregorianischen Gesängen und alten jüdisch-spanischen Schlafliedern. Manche der musikalischen Events finden in den 60 km westlich von Fès gelegenen Überresten von Volubilis statt – der größten und besterhaltenen römischen Ruine Nordafrikas. Die Stadt erlebte im 1. Jh. n. Chr. ihre Blütezeit, als Römer und Berber sich hier zum Handeln trafen. Spazieren Sie durch die antiken Straßen und bewundern Sie den großen Triumphbogen und das Forum, die bescheidenen Wohnstätten sowie Dutzende herrlicher, gut erhaltener Mosaike.

Wo: 249 km östl. von Casablanca. **Dar Seffarine:** Tel. +212/671-11-35-28; www.darseffarine.com. *Preise:* ab € 67. **Fès Palais Jamaï:** Tel. +212/535-63-43-31; www.sofitel.com. *Preise:* ab € 166. **La Maison Bleue:** Tel. +212/535-636-052; www.maisonbleue.com. *Preise:* ab € 166; Dinner € 48. **Wie:** Das amerikanische Unternehmen Morocco Tours bietet 10-tägige Reisen zum Festival. www.fesmusicfestival.com. *Preise:* ab € 1400 ohne Verpflegung und Konzertkarten. Startet in Casablanca. *Wann:* Juni. **Reisezeit:** Sept.–Nov. und Apr.–Juni: bestes Wetter; Anf. Juni: *Fes Festival of World Sacred Music*; Ende Okt.: *Festival de l'Art Culinaire*.

Gaumenfreuden

Essen in Marrakesch

Marrakesch, Marokko

Der Meisterkoch Paul Bocuse sagte einmal: „Es gibt nur 3 Küchen in der Welt: die französische, die chinesische und die marokkanische." Und wer einige Zeit in Marrakesch verbracht hat, wird hinzufügen wollen, dass man über die Reihenfolge noch diskutieren kann. Marokkanisches Essen verdankt seinen ausgeprägten Charakter zu guten Teilen den alten Handelskarawanen, die seltene Zutaten und Gewürze mitbrachten. Auch die Traditionen und Speisen der Berber (wie Datteln, Lamm, Honig und Mandeln) sowie französische, portugiesische, arabische und spanische Einflüsse haben aufgrund der Rolle Marokkos als Tor zwischen Europa und Afrika Eingang gefunden.

Den perfekten Einstieg bietet der abendliche Markt auf dem Platz Djemaa el-Fna (s. nächste S.). Inmitten exotischer Düfte und Geräusche bereiten die Verkäufer in mehr als 100 offenen Küchen traditionelle Gerichte zu: brutzelnde *Merguez*, nach Kreuzkümmel duftende Brotscheiben, *Harira*-Suppe aus Bohnen und Gemüse in 200-l-Töpfen, Schnecken in Knoblauchsud und – für die Mutigen – Schafskopfeintopf mit Kichererbsen.

In den Gässchen der Medina finden Sie Dutzende guter Restaurants. Hinter der massiven Tür eines prächtigen 200 Jahre alten Palastes bietet das Yacout (arabisch für „Saphir") mit Hunderten flackernder Kerzen, kunstvollen Mosaiken, einem Hauch von Jasmin in der Luft und hypnotischer Gnawa-Musik ein Flair wie aus *1001 Nacht.* Kosten Sie die traditionelle *Pastilla,* eine süßlich-pikante Pastete mit Mandeln und Taube oder Huhn. Das Restaurant Le Tobsil ist etwas intimer und bietet ebenfalls atemberaubende Menüs im Stile eines traditionellen Festmahls.

Das Le Foundouk ist dagegen eher stilvoll-modern, was sich in der eleganten, zurückhaltenden Ausstattung ebenso niederschlägt wie in der innovativen Küche, die marokkanische und französische Aromen kombiniert. Nehmen Sie auf der Dachterrasse einen Aperitif, bevor Sie sich in einen der privaten, kerzenerleuchteten Salons rund um den Innenhof zurückziehen.

Im modernen Stadtteil Guéliz finden Sie das herrlich untypische Al Fassia, dessen Personal ausschließlich aus Frauen besteht. Die hier zubereiteten Gerichte von der dicken Karte sind leichter und abwechslungsreicher.

Ein noch intensiveres Kulturerlebnis bieten die Kochschulen der Stadt, wo Sie lernen können, selbst marokkanische Speisen zuzubereiten – etwa im La Maison Arabe, einem eleganten *Riad*-Hotel mit Pool, Spa und einem viel gepriesenen Restaurant.

YACOUT: Tel. +212/44-38-29-29. *Preise:* Festpreis-Dinner € 63. LE TOBSIL: Tel. +212/524-44-40-52. *Preise:* Festpreis-Dinner € 52. LE FOUNDOUK: Tel. +212/524-37-81-90; www.foundouk.com. *Preise:* Dinner € 24. AL FASSIA: Tel. +212/524-43-40-60; www.alfassia.com. *Preise:* Dinner € 26. LA MAISON ARABE: Tel. +212/524-38-70-10; www.lamaisonarabe.com. *Preise:* Zimmer ab € 140 (Nebensaison), ab € 178 (Hochsaison); halbtägiger Kochkurs € 52.

Alltäglicher Karneval im Zentrum der Stadt

DER PLATZ DJEMAA EL-FNA UND DIE MEDINA

Marrakesch, Marokko

Glaubt man Paul Bowles, im Herzen selbst Marokkaner, wäre Marrakesch ohne den riesigen Djemaa el-Fna, den belebten Platz im Herzen der Medina, einfach nur irgendeine marokkanische Stadt. Hier tobt das Leben einem mittelalterlichen Zirkus gleich mit Vorstellungen rund um die Uhr. Tagsüber locken Schlangenbeschwörer, dressierte Affen und Souvenirverkäufer die Touristen, während Zahnärzte, Barbiere und Schreiber den Einheimischen ihre Dienste anbieten. Später füllt sich der Platz mit Essensständen, die alles vom Lamm-Couscous bis zum Orangensaft verkaufen, und die Luft mit dem Duft gegrillter Kebabs. Wenn schließlich der Ruf des Muezzin zum Abendgebet widerhallt und Lichter das Minarett der Koutoubia-Moschee erhellen, entfaltet sich eine magische Atmosphäre. Der Platz ist von Cafés und Restaurants umgeben. Vom „Grand Balcon" des Café Glacier können Sie das Durcheinander ungestört beobachten.

Richtung Norden liegt der Suk, der labyrinthische Markt mit seinen schmalen Gassen, Straßenhändlern und überquellenden Läden und Ständen. Während Sie Motorrädern und Eselskarren ausweichen, können Sie hier Seidenpantoffeln, Gewürze, Lederwaren, Silberschmuck, Teppiche und Kunstgegenstände erstehen. Für einen Moment der Ruhe fliehen Sie hinter die dicken Mauern eines der frisch renovierten *Riads* (historische Wohnhäuser mit Innenhof), in denen sich jetzt Restaurants und Gästehäuser von schlicht bis luxuriös befinden. Ein hervorragendes Beispiel für eine geschmackvolle Neugestaltung ist der aus 5 kleineren Riads im Zentrum der Medina entstandene Riad Farnatchi mit 9 Suiten. Seine Gemächer, Höfe und Terrassen verbinden europäisches Design mit marokkanischen Elementen. Der hübsche Riad Malika bietet eine entspannte Atmosphäre, eine vielfältige Stilmischung und einen herzlichen Empfang. Die inhabereigene Sammlung von Kunst und Möbeln des 20. Jh. steht überall zur Schau, Pool und Terrasse werden von Palmen und Bougainvilleen gesäumt.

Als Truman Capote empfahl „Bevor du nach Marrakesch gehst, verabschiede dich von deinen Freunden und hebe dein Erspartes ab", hatte er wohl das glamouröse Hotel La Mamounia gebucht, das in den 1920er-Jahren vor der Medina errichtet wurde. Das kürzlich renovierte Haus kombiniert marokkanische und Art-déco-Elemente und stellt einem Original-Sultansgarten aus dem 16. Jh. ein neues Spa mit Hammam an die Seite. Hier nächtigten schon Winston Churchill, die Rolling Stones und Nelson Mandela. **Wo:** 240 km südl. von Casablanca. **Riad Farnatchi:** Tel. +212/524-38-27-40; www.riadfarnatchi.com. *Preise:* ab € 289. **Riad Malika:** Tel. +212/524-38-54-51; www.riadmalika.com. *Preise:* ab € 90 (Nebensaison), ab € 185 (Hochsaison). **La Mamounia:** Tel. +212/524-38-86-00; www.mamounia.com. *Preise:* ab € 518. **Reisezeit:** März–Mai und Sept.–Nov.: mildes Klima; Mitte Juli: *Popular Arts Festival.*

Schönheit und Zauber der Wüste

Die Sahara

Marokko

In Marokko ist die Sahara leicht zu erreichen – und wenn Sie da sind, erwarten Sie Berge von Sand, grüne Oasen, riesige Stein- und Gestrüpplandschaften, turbantragende Nomaden auf Kamelen, uralte Kasbahs mit Lehmmauern und bei Nacht ein Meer unglaublich klarer und heller Sterne.

Die Straße von Marrakesch in die Sahara führt über das Atlasgebirge (s. S. 408) und durch karge Wüstenbecken, in denen unterirdische Flüsse Oasen von Dattelpalmen, Mandel-, Zitronen- und Olivenbäumen am Leben erhalten. Seit Tausenden von Jahren durchziehen Karawanen diese leere Landschaft mit Gewürzen, Juwelen und Gold im Gepäck. Ausgangspunkt ist Ouarzazate, wo sich 2 Routen teilen, die weiter in die Dünen der Zentralsahara führen. Südlich davon folgt die Straße dem pal-

mengesäumten Wadi Draa bis nach Zagora, wo ein Schild verkündet: „Timbuktu: 52 Tage per Kamel". Fahren Sie weiter Richtung Süden nach Mhamid. Von hier aus geht es nur noch per Jeep oder Kamel weiter in die Dünen von Erg Chegaga, 40 km gewaltiger, bis zu 300 m hoher Sandhügel. Es überrascht, in dieser Wildnis auf eine elegante Unterkunft wie Dar Azawad zu stoßen, die auch noch über einen in Frankreich geschulten Koch verfügt. In einer Oase mit Palmen gelegen, bietet sie mit Zimmern, die eines Sultans würdig wären, einem Pool und dem Spa mit Hammam eine exzellente Basis für Ausflüge zu den luxuriösen Zeltlagern mitten in den Dünen.

Die Route östlich von Ouarzazate führt entlang der Straße der 1000 Kasbahs zur Oase Skoura, wo Sie 2 der besten Hotels der Wüste erwarten. Dar Ahlam ist eine restaurierte Kasbah aus den 1920er-Jahren mit vornehmen Suiten und Villen, exzellenter Küche und einer Poolanlage mit Spa inmitten von Gärten. Ein Highlight sind die individuellen Ausflüge und Services, die das freundliche Personal anbietet. Kasbah Ait Ben Moro ist eine Festung aus dem 18. Jh., die in ein Hotel mit schlichten Zimmern und eindrucksvoller marokkanischer Küche verwandelt wurde. Von Skoura reisen Sie weiter durch die mächtigen Schluchten von Dades und Todra bis nach Merzouga, wo sich die Dünen von Erg Chebbi 140 m hoch über die grüne Oase erheben.

Für welche Route Sie sich auch entscheiden, versäumen Sie keinesfalls einen Übernachtungsausflug in die Dünen. Per Jeep oder Kamel erreichen Sie Ihr Zeltlager tief in den wellenförmigen Sandhügeln. In den kühlen Morgenstunden stehen Dünenspaziergänge auf dem Programm; Jeeps bringen Sie in Wüstenstädte, zu Festungen, Ruinen und fruchtbaren Oasen, in

20 % der Wüste sind von großen, Ergs genannten Dünenmeeren bedeckt.

die sich nur selten Fremde verirren.

Wo: Ouarzazate liegt 200 km südöstl. von Marrakesch. **Dar Azawad:** Tel. +212/524-84-87-30; www.darazawad.com. *Preise:* ab € 130, inklusive. **Dar Ahlam:** Tel: 212/524-85-22-39; www.maisonsdesreves.com. *Preise:* ab € 855 (Nebensaison), ab € 1159 (Hochsaison), all-inclusive. **Kasbah Ait Ben Moro:** Tel. +212/524-85-21-16; www.aitbenmoro.com. *Preise:* ab € 60, inklusive. **Wie:** Das amerikanische Unternehmen Overseas Adventure Travel bietet eine 16-tägige Marokko-Sahara-Odyssee inkl. 2 Übernachtungen in der Sahara an. www.oattravel.com. *Preise:* ab € 2144, all-inclusive. **Reisezeit:** Jan.–Apr. und Sept.–Dez.: bestes Wetter; Okt.: Dattelfest in Erfoud.

Antike Hafenstadt und Spielwiese für Künstler

Die Medina von Tanger

Tanger, Marokko

Diese alte Hafen- und Handelsstadt galt einst als so bedeutendes Portal zwischen Europa und Afrika (sie liegt nur 13 km von Spanien entfernt auf der gegenüberliegenden Seite der Straße von Gibraltar), dass sie fast immer ein unabhängiger Stadtstaat war. Erst seit 1957 gehört sie zu Marokko. Die als dekadent geltende Lebensweise der Stadt zog Künstler und Autoren wie Henri Matisse, Oscar Wilde, André Gide; später auch Paul Bowles, Allen Ginsberg und William S. Burroughs an, der sich hier Inspiration für seinen Roman *Naked Lunch* holte.

Seit seinen „gesetzlosen" Zeiten hat sich Tanger deutlich herausgeputzt, doch in der Medina – der ummauerten Altstadt – ist die ursprüngliche, leicht anrüchige Atmosphäre noch spürbar. Vom größten Markt Grand Socco folgen Sie der Rue es Siaghin vorbei an höhlenartigen Suks zum „kleinen Markt" Petit Socco mit seinen zahlreichen Straßencafés. Marschieren Sie die gewundene Rue des Chrétiens hinauf zur Kasbah, dem höchsten Punkt der Medina. Die ehemalige römische Festung beherbergt heute das Museum Dar El Makhzen.

Inmitten der Befestigungsanlagen aus dem 14. Jh. befindet sich das kleine, charmante Hotel Dar Nour („Haus des Lichts"). Es besteht aus einer Gruppe historischer Häuser und bietet 10 Zimmer voller Kunstgegenstände sowie eine Dachterrasse mit Ausblick auf die alte Stadt und den Hafen. Am höchsten Punkt der Kasbah finden Sie das elegante Hotel Nord-Pinus Tanger (ein Schwesterhotel des Grand Hotel Nord-Pinus in Arles, Frankreich; s. S. 90), das mit farbenprächtigem Fliesendekor, zeitgenössischer Kunst und markanter moderner Ausstattung im ehemaligen Palast eines Paschas neue Maßstäbe gesetzt hat. Die Tajines und modernisierten marokkanischen Küchenklassiker nehmen einen Spitzenplatz ein (ebenso wie der freie Blick hinüber nach Spanien). Machen Sie einen Spaziergang die Avenue Mohammed Tazi hinunter zur schattigen Terrasse des Café Hafa, um einen Minztee und den phänomenalen Blick von der Klippe zu genießen.

1 Stunde südlich von Tanger schmiegt sich Chefchaouen mit seinen blau getünchten Häusern in einen Einschnitt des Rif-Gebirges. Die Stadt wurde im 15. Jh. von aus Spanien vertriebenen Mauren und Juden gegründet und entwickelte sich zu einem muslimischen Wallfahrtsort, dessen Zutritt Christen strikt verboten war. Heute sind alle Besucher willkommen, und wer Glück hat, findet Unterkunft in einem der beiden zusammengehörigen kleinen Hotels der Stadt. Für das Casa Hassan wurde ein verwinkeltes, 350 Jahre altes Wohnhaus in eine zauberhafte Herberge verwandelt und mit örtlicher Kunst und handgemachten Möbeln ausgestattet. Das Dachrestaurant ist das beste der Stadt. Unweit davon bilden 2 Villen aus dem späten 19. Jh. das Hotel Dar Baibou, dessen luxuriöse Gästezimmer sich zu Innenhöfen mit Bögen und Säulen öffnen. Erschöpfte Reisende können sich im angrenzenden Hammam erholen.

Wo: 298 km nördl. von Casablanca. **Dar Nour:** Tel. +212/662-11-27-24; www.darnour.com. *Preise:* ab € 63. **Hotel Nord-Pinus Tanger:** Tel. +212/661-22-81-40; www.nord-pinus-tanger.com. *Preise:* ab € 217. **Casa Hassan** und **Dar Baibou:** Tel. +212/539-98-61-53; www.casahassan.com. *Preise:* ab € 70, inklusive. **Reisezeit:** März–Mai und Sept.–Nov.: bestes Wetter; Juni: Jazzfestival.

Mauern um eine wenig bekannte und kaum veränderte Stadt

Taroudannt

Marokko

Nur relativ wenige Reisende besuchen das weitläufige, fruchtbare Souss-Tal im Süden Marokkos, das sich zwischen Hohem Atlas und Antiatlas erstreckt. Das malerische Taroudannt, 4 Autostunden auf der reizvollen Tizi-n'Test-Straße von Marrakesch entfernt, ist jedoch ein lohnendes Ziel. Das inmitten von Mandel- und Dattelplantagen gelegene Berberstädtchen hat sich über die letzten Jahrhunderte kaum verändert. Es ist von einer zinnenbewehrten Stadtmauer umgeben und hat 2 lebhafte Suks, auf denen Kunsthandwerk und Lebensmittel angeboten werden. Die oft als „Klein-Marrakesch" bezeichnete Taroudannt bietet die Gelegenheit, den Alltag der Berber am Rande der Wüste zu erleben.

Mit einer Pferdekalesche können Sie eine 5-km-Rundfahrt um die Stadtmauern machen, die bei den Märkten im Herzen der Stadt endet. Auf dem Suk Assarag werden einheimische Lederwaren und Silberschmuck feilgeboten, auf dem Marché Berbère verkaufen örtliche Bauern Obst, Gemüse und Gewürze (Safran zählt zu den Hauptprodukten des Tals). Nehmen Sie an einer der zahlreichen Aktivitäten teil, die der Veranstalter Naturally Morocco (aus Großbritannien) anbietet, darunter Ausflüge zur Tierbeobachtung, Fahrzeug- und Wandertouren sowie Koch- und Sprachkurse. Ihr Lager können Sie im dazugehörigen kleinen, komfortablen Gästehaus in der Medina aufschlagen, das für seine hausgemachten Mahlzeiten bekannt ist.

Nur wenige Schritte von den Suks entfernt versteckt sich mit dem Hotel Palais Oumensour ein wahres Kleinod hinter dicken Mauern. Der Innenhof mit schattenspendenden Palmen und Pool sowie die Dachterrasse laden während der heißen Nachmittagsstunden zum Verweilen ein, bis das Dinner mit französisch beeinflusster marokkanischer Küche serviert wird. Das Highlight der Stadt – und gleichzeitig eine der luxuriösesten Unterkünfte Nordafrikas – ist jedoch das Hotel Gazelle d'Or, ehemalige Jagdresidenz eines französischen Adligen außerhalb der Stadtmauern in einer eigenen Oase. Inmitten von Jasmin, Rosen, Lilien und Hibiskus stehen 30 blumenumrankte Steinpavillons. Auch ein Reitstall, Sand-Tennisplätze und ein Krocketrasen sind vorhanden, doch vielen Gästen genügt es schon, es sich am Pool oder im Spa gut gehen zu lassen. Die Mahlzeiten, bei denen weiß gewandetes Personal marokkanische und internationale Speisen auftischt, werden auf der Terrasse oder im opulenten Zelt-Speisesaal serviert.

Wo: 223 km südwestl. von Marrakesch. **Naturally Morocco:** Tel. (GB) +44/12-39-710-814; www.naturallymorocco.co.uk. *Preise:* ab € 48. **Palais Oumensour:** Tel. +212/528-55-02-15; www.palaisoumensour.com. *Preise:* ab € 60. **Gazelle d'Or:** Tel. +212/528-85-20-39; www.gazelledor.com. *Preise:* ab € 326, inklusive. *Wann:* Mitte Juli–Mitte Sept.: geschlossen. **Reisezeit:** März–Juni und Sept.–Dez.: bestes Wetter; Juli: *Festival de Dakka Roudania* (regionale Musik).

Zeitlose Kultur und Perspektiven

Trekking und Romantik im Atlasgebirge

Marokko

Die Marokkaner glauben, dass man – ohne die Erde zu verlassen – dem Himmel nicht näher kommen kann als auf den Gipfeln des Hohen Atlas. Selbst von Marrakesch (s. S. 403) sind die majestätischen schneebedeckten Berge zu sehen, die zunehmend Trekking-Touristen anlocken, die die Kultur und Gastfreundschaft der Berberdörfer erleben und in Kasbahs oder ummauerten Festungen übernachten möchten. Eine davon ist die Kasbah du Toubkal, der ehemalige Sommerpalast eines Stammesführers, heute ein Ökohotel in grandioser Lage über dem Imlil-Tal am Fuß des 4167 m hohen Toubkal, des höchsten Gipfels Nordafrikas. Die komfortable Kasbah ist eng mit dem nahen Dorf verbunden, und von den Mahlzeiten bis zu den schlichten Zimmern spiegelt sich in allem das reiche Erbe der Berber wider. Direkt vor der Tür beginnen die Wege hinauf in die Berge. Die beste Tour führt in 2 Tagen zu Fuß und per Maultier auf den Gipfel des Toubkal und ist nicht übermäßig anstrengend.

Für ein exklusives Erlebnis sollten Sie in der Kasbah Tamadot einchecken, einer ehemaligen Berberfestung im Vorgebirge des Atlas, die heute Sir Richard Branson gehört. Sie verfügt über 18 Zimmer und Suiten sowie 6 stattliche Berberzelte mit eigenen Minipools – würde im Hintergrund nicht der Atlas winken, wären Sie wohl versucht, die Tage ausschließlich im Spa zu verbringen. Das Hotel arrangiert gern Ausritte, Muli-Touren und Mountainbikeausflüge.

Im Mittleren Atlas, weiter im Norden, kehren im September die Schäfer der Berber aus dem Hochland zurück und versammeln sich im Örtchen Imilchil zum 3-tägigen *Moussem* (Fest) mit Heiratsmarkt. Hier kaufen die ansonsten verstreuten Stämme Vorräte für den Winter und

Für junge Berberfrauen kann der Heiratsmarkt einen Wendepunkt im Leben darstellen.

nehmen an den uralten Ritualen teil, bei denen Unverheiratete, in ihre besten Gewänder gehüllt, zusammenkommen und heiraten. Die Wahl treffen hierbei die Frauen: Ist eine junge Frau der Ansicht, ihren Seelenverwandten gefunden zu haben, bittet sie ihn, sie zum Zelt des Schreibers zu begleiten. Dort verhandeln beide Familien, und noch am selben Abend kann das Paar heiraten. Obwohl es nahezu keine Übernachtungsmöglichkeiten gibt, entwickelt sich das Fest langsam zum Touristenmagneten.

Wo: Das Imlil-Tal liegt 65 km südl. von Marrakesch. KASBAH DU TOUBKAL: Tel. +212/524-48-56-11; www.kasbahdutoubkal.com. *Preise:* ab € 159. KASBAH TAMADOT: Tel. (GB) +44/208-600-0430; www.virginlimitededition.com. *Preise:* ab € 407. HEIRATSMARKT IMILCHIL: www.imilchil.adrar.org. *Wann:* Anf. Sept. REISEZEIT: Apr.–Mai: warmes Frühlingswetter, Schnee auf den Bergen; Juni und Sept.–Okt.: ideale Wanderbedingungen.

Bezauberndes Hügeldorf und ein uraltes Reich

SIDI BOU SAID UND KARTHAGO

Tunesien

Schon der Name ruft ein Lächeln hervor: Sidi Bou Said ist ein Traum in Blau und Weiß, eine entzückende Ansammlung zusammengewürfelter weiß getünchter Steinhäuser und kopfsteingepflasterter Gässchen auf einem Hügel am Golf von Tunis. Seine Geschichte begann vor rund 1000 Jahren, als in der Nähe 2 Wachttürme zur Warnung vor Angreifern errichtet wurden. Bald darauf ließ sich hier eine Gemeinschaft sufistischer Muslime nieder, und seit vor 250 Jahren wohlhabende Familien aus Tunis begannen, hier Sommerhäuser zu bauen, verzaubert das Dorf Touristen und Künstler gleichermaßen. Messingbeschlagene Holztüren greifen das Indigo des Mittelmeers auf, das in einen azurblauen Himmel übergeht. Der Kontrast zu den blendend weiß gestrichenen, mit Bougainvilleen bedeckten Kuppelhäusern ist schon fast zu intensiv. Der Ort wurde zu Beginn des 20. Jh. von reichen Auswanderern aus Frankreich und anderen europäischen Ländern entdeckt und wäre möglicherweise zugebaut worden, hätte ihn die Regierung nicht 1915 unter Denkmalschutz gestellt. Ironischerweise hatten Muslime bis 1820 keinen Zutritt. Abou Said ibn Khalef (der 1231 hier starb und in der örtlichen Moschee begraben ist) war ein Lehrer des Sufismus, den sich antichristliche Seeräuber als Beschützer vor den ungläubigen Europäern erwählten – eben jenen Europäern, die heute hier einfallen, um den obligatorischen Minztee auf der Terrasse des Café des Nattes mit Blick auf den Hauptplatz zu genießen. Eine noch bessere Aussicht – bei einem frisch gepressten Fruchtsaft – haben Sie vom hübschen Café Sidi Chabanne aus. Verbringen Sie die Nacht im Hotel Dar Saïd aus dem 19. Jh., das 1998 renoviert wurde und jetzt 24 elegant möblierten Zimmern, einem kleinen Pool und einem Restaurant Platz bietet. Es liegt im Zentrum Sidi Bou Saids und bietet Blick auf Dorf, Meer und die Ruinen von Karthago.

Ein Besuch Karthagos, der Stätte einer der größten und beständigsten Mächte der Antike, sollte bei einem Ausflug vom nahen Tunis keinesfalls fehlen. Die ehemals blühende Küstenstadt wurde 814 v. Chr. von phönizischen Händlern gegründet und war Fundstätte vieler der Mosaiken und Statuen, die heute im Bardo-Museum (s. unten) untergebracht sind. Es sind nur wenige Ruinen erhalten, doch Geschichtsfans wird die Vorstellung begeistern, auf derselben Erde zu stehen, über die einst der große karthagische Feldherr Hannibal und die legendäre Königin Dido, Schwester des Pygmalion, schritten. Ludwig IX. von Frankreich starb hier 1270 während eines Kreuzzugs. Eine ihm geweihte Kathedrale aus dem späten 19. Jh. steht an der Stelle einer ehemaligen Zitadelle unweit des Bardo-Museums.

Sidi Bou Said ist für seine blau-weiße Szenerie bekannt.

Wo: Sidi Bou Said liegt 21 km, Karthago 15 km östl. von Tunis. HOTEL DAR SAÏD: Tel. +216/71-729-666; www.darsaid.com.tn. **Preise:** ab € 185. **REISEZEIT:** Sept.–Nov. oder März–Mai: angenehm warme Tage und Abende; Juli–Aug.: *Festival International de Carthage.*

Afrikas unschätzbare Mosaiken

DAS BARDO-MUSEUM

Tunis, Tunesien

Tunesiens Nationalmuseum, ein Komplex aus Gebäuden aus dem 13.–19. Jh. (darunter der ehemalige Königspalast) beherbergt die größte Sammlung antiker Mosaiken des gesamten Kontinents, für viele die bedeutendste der Welt. Sie ist so ausgedehnt – Boden und Wände sind von Mosaiken bedeckt –, dass das Risiko einer Reizüberflutung besteht (ganz zu schweigen von den sonstigen Exponaten, die ebenfalls im ganzen Museum verteilt sind).

Tunesien war das Herz des römischen Afrika, und die Schätze des Museums stammen überwiegend aus dem 2.–4. Jh. n. Chr., der Zeit des größten römischen Einflusses. Die ältesten echten Mosaiken der Welt (aus dem 5.

oder 4. Jh. v. Chr.) wurden allerdings im nahen Karthago (vorige S.) entdeckt, was darauf hindeutet, dass diese Kunstform nicht von den Römern, sondern von den Karthagern erfunden wurde. Erstere übernahmen und verfeinerten jedoch die karthagischen Techniken und schufen aus kleinen Marmor-, Kalk- und Glasstückchen farbenprächtige Landschaften und Porträts, wobei ähnlich wie in der Malerei durch Abstufung der Farben eine Tiefenwirkung erzeugt wurde. Die aufwendigen Werke bilden nahezu alle Aspekte des ländlichen und urbanen Lebens ab und scheinen eine Inschrift zu illustrieren, die an einer Ausgrabungsstätte in Algerien gefunden wurde: „Jagen, baden, spielen, lachen – das heißt leben".

Wo: 5 km westl. von Tunis. Tel. +216/71-513-650.

Tunesische Feste

EL DJEM UND SAHARA-FESTIVAL IN DOUZ

Tunis, Tunesien

Die Lebensfreude der Tunesier äußert sich in zahlreichen jährlichen Festen. Jedes noch so kleine Dorf hat seine eigene Zeit zum Feiern, sei es zur Sommerernte, zur Fischsaison oder zur Begrüßung des Frühlings.

Eines der größten und schönsten Feste ist das Musikfestival in El Djem, im besterhaltenen römischen Amphitheater nach dem Kolosseum in Rom (s. S. 210). Im 3. Jh. fanden hier unter dem Jubel der Zuschauer Wagenrennen und Gladiatorenkämpfe statt. Bei den heutigen Veranstaltungen ist die Kulisse nach wie vor atemberaubend. 3 oder mehr Wochen im Juli und August betreten weltbekannte Künstler, oftmals bei Kerzenlicht, die Bühne. Den Großteil der Konzerte bestreitet europäische und nordafrikanische Orchestermusik, doch auch, amerikanischer Blues, Gospels und andere Musikformen sind hin und wieder zu hören. Verbinden Sie das Festival mit einem Besuch im 1 Autostunde entfernten Badeort Sousse, einem beliebten Sommerziel vieler tunesischer Familien, die in der Medina nach örtlichen Schätzen Ausschau halten.

Möglicherweise das lebhafteste Fest Tunesiens findet in Douz, dem Tor zur Sahara, statt.

Beim Sahara-Festival in Douz stellen Araberhengste ihr Tempo und ihre Ausdauer unter Beweis.

Vor vielen Jahrzehnten begannen die Einheimischen, das kühlere Wetter mit Musik und Tanz zu begrüßen. Benachbarte Städte schlossen sich an, und heute zieht das Sahara-Festival jährlich mehr als 50.000 Besucher an, die 4 Tage inmitten der Dünen in vergnügliche Wüstentraditionen eintauchen. Es ist eine lebendige Mischung aus nordafrikanischer Volksmusik (mit Saiteninstrumenten, Flöten und Trommeln), Tanz, Hunderennen, bei denen *Sloughi* (Wüstenjagdhunde) Kaninchen jagen, Kamelkämpfen und Galopprennen mit Araberpferden. In diesem organisierten Chaos finden sogar Beduinenhochzeiten statt. Auch Vorträge, folkloristisches Theater und Gedichtlesungen spielen eine wichtige Rolle. Wenn Sie noch mehr Abwechslung suchen: Tozeur, die nächstgelegene Stadt und ein beliebter Ausgangspunkt für Wüstentouren, ist nur 2 Autostunden entfernt. Versäumen Sie nicht, durch die stimmungsvolle Medina (14. Jh.) zu spazieren, bevor Sie die Stadt verlassen.

Wie: Das amerikanische Unternehmen Hedfi Consulting Partners bietet maßgeschneiderte Touren innerhalb Tunesiens an. Tel. +1/201-765-0208; www.authentictunisia.com. **Festival International de Musique Symphonique d'El Jem:** Tel. +216/73-630-714; www.festivaleljem.com. *Wo:* römisches Amphitheater, 201 km südl. von Tunis. *Wann:* 3–5 Wochen im Juli–Aug. **Festival International du Sahara de Douz:** www.festivaldouz.org.tn. *Wo:* 129 km südöstl. von Tozeur. *Wann:* Dez. (4 Tage).

WESTAFRIKA

Tor ohne Wiederkehr

Fort Elmina

Elmina, Ghana

Etwa 3 Stunden westlich von Accra thront das Fort von Elmina über dem Ozean, der erste Stützpunkt des europäischen Sklavenhandels südlich der Sahara. Das 1482 von den Portugiesen zunächst zum Schutz ihrer Goldtransporte erbaute Fort wurde 1637 von den Niederländern eingenommen und vorwiegend zum Handel mit Sklaven sowie zu ihrer Verschiffung genutzt. Während europäische Händler in luxuriösen Gemächern in den oberen Stockwerken untergebracht wurden, waren jeweils 200–300 Sklaven in erbärmlichen Zellen im Inneren zusammengepfercht, ohne Platz zum Sitzen oder Bewegen. Schätzungen zufolge passierten im 18. Jh. 30.000 Sklaven jährlich das „Tor ohne Wiederkehr", einen kleinen vergitterten Durchgang in der weißen Festungsmauer. Danach wurden sie für die monatelange Überfahrt der sogenannten *Middle Passage* auf Schiffe verladen und sahen einem Leben in Sklaverei, üblicherweise in der portugiesischen Kolonie Brasilien oder in der Karibik, entgegen. Fort Elmina fiel schließlich an die Briten, die den Sklavenhandel 1833 verboten. Nach Erlangen der Unabhängigkeit wurde das Gebäude 1957 im Auftrag der ghanaischen Regierung

Fort Elmina ist heute ein bedeutendes Reiseziel für Afroamerikaner, die ihre Herkunft erkunden möchten.

restauriert. Heute mahnt eine Tafel über dem Eingang: „Möge die Menschheit nie wieder ein solches Verbrechen gegen die Menschlichkeit begehen. Wir, die Lebenden, schwören, dies zu beherzigen."

Trotz seiner düsteren Vergangenheit hat Elmina auch angenehme Seiten. Am Hafen mit seinen farbenfrohen Pirogen (Fischerbooten) gibt es einen betriebsamen Markt, und wenn Sie den Hügel St. Jago erklimmen, haben Sie einen schönen Blick auf die „alte Stadt", die seit 2003 restauriert wird. 2015 sollen die Arbeiten abgeschlossen sein. In den kleinen Fischerörtchen auf der Fahrt nach Accra sollten Sie die Augen nach Sargschreinereien offen halten: Das hiesige Volk der Ga feiert den Tod mit bunten Särgen, deren Form einen Aspekt des Verstorbenen wiedergibt: ein Fisch (für einen Fischer), ein Hammer – oder sogar eine Bierflasche für einen leidenschaftlichen Trinker.

Wie: Das amerikanische Unternehmen Wilderness Travel bietet 15-tägige Reisen nach Ghana, Benin und Togo an. Tel. +1/510-558-2488; www.wildernesstravel.com. *Preise:* ab € 4441. Startet in Accra. **Wann:** März und Dez. **Reisezeit:** Nov.–Feb.: Trockenzeit.

Feiern des Lebens und des Todes

Das Akwasidae-Fest

Kumasi, Ghana

Kumasi, die altehrwürdige Hauptstadt des Akan-Volkes der Aschanti, ist immer noch das Herz Ghanas und zählt heute 2,5 Mio. Einwohner. An jeweils einem der 6 Sonntage jedes traditionell 42-tägigen akanischen Monats findet hier ein farbenprächtiges Fest statt. Hierbei ehren die Aschanti ihre Ahnen und gegenwärtigen Anführer mit Lobpreisungen, Tänzen und Geschenken, die der ganzen Fülle ihrer Kultur Ausdruck verleihen.

Während die Festivitäten an den ersten beiden Tagen im privaten Rahmen stattfinden, sind am Sonntag auch Besucher willkommen. Zu Akwasidae kleiden sich viele Ghanaer in Gewänder aus *Kente*-Stoffen, deren Hunderte fein gewobene Muster und Farben alle ihre eigene symbolische Bedeutung haben. Die Aschanti stellen ihre heiligen Objekte, u.a. ihren Königsthron, den „Goldenen Stuhl", bei einer Prozession zur Schau, bei der ihr König (*Asantehene*) Schwertträger, Wachen und weitere Untergebene anführt, die riesige Sonnenschirme und Fächer aus Straußenfedern tragen.

Nehmen Sie sich die Zeit, im Manhyia Palace Museum die königlichen Insignien zu bewundern, darunter massive Goldornamente, die denen ähneln, die König und Hofstaat heute noch tragen.

Beinahe ebenso spektakulär sind die Beerdigungen der Aschanti. Sie finden häufig an den arbeitsfreien Samstagen statt und sind große gesellschaftliche Ereignisse, die aufwendiger begangen werden als Hochzeiten. Je nach Rang des Verstorbenen kommen für die 3-tägigen Feierlichkeiten Veranstaltungsorte vom eigenen Zuhause bis zum Fußballstadion infrage. Oft finden noch Jahre nach dem Ableben Totenfeiern statt.

Die Familienangehörigen des Verstorbenen tragen leuchtend rote Gewänder und nehmen Geschenke von den schwarz gekleideten Trauergästen entgegen. Die Feier ist eine fröhliche Abschiedsparty für die scheidende Seele – mit Trommeln, Trinken und Tanz. Die Teilnahme an einer Aschanti-Beerdigung, wenn auch nur für wenige Stunden, erlaubt einen unvergesslichen Einblick in die zutiefst religiöse, ungemein künstlerische und unzähmbar ausgelassene Kultur der Aschanti.

Wo: 270 km nordwestl. der Hauptstadt Accra. **Wann:** alle 42 Tage. **Wie:** Das amerikanische Unternehmen Wilderness Travel bietet 15-tägige Reisen nach Ghana, Benin und Togo an, von denen eine zu Akwasidae beginnt. Tel. +1/510-558-2488; www.wildernesstravel.com. *Preise:* ab € 4441. Startet in Accra. *Wann:* März und Dez. **Reisezeit:** Nov.–Feb.: Trockenzeit.

Prunkvoller Lehm

DIE GROSSE MOSCHEE VON DJENNÉ UND DAS LAND DER DOGON

Djenné, Mali

Die dynamische Hafenstadt Mopti, auf 3 Inseln am Zusammenfluss von Niger und Bani erbaut, ist Handelszentrum und Schmelztiegel zugleich. Außerdem ist sie das Tor zur jahrhundertealten Stadt Djenné, 100 km weiter im Südwesten, einem ehemals wohlhabenden und einflussreichen Umschlagplatz für den Transsaharahandel mit Gold an der Flussroute nach Timbuktu (s. nächste Seite). Im 13. Jh. setzte sich der Einfluss muslimischer Händler durch; innerhalb der nächsten 200 Jahre verwandelte sich die Stadt in ein Zentrum islamischer Gelehrsamkeit, in das Kinder aus ganz Westafrika zur Erziehung geschickt wurden.

Aus dem Material, das hier zur Verfügung stand – Lehm –, wurden prächtige Gebäude errichtet: Heute ist Djenné mit rund 2000 traditionellen Häusern eine der weltweit größten und schönsten erhaltenen Städte in Lehmbauweise. Die grandiose Große Moschee wurde 1907 nach einem Vorbild aus dem 13. Jh. erbaut und ist der größte Lehmbau der Welt. Nach der Regenzeit wird sie in jedem Frühjahr von Tausenden Freiwilligen in festlicher Atmosphäre ausgebessert.

Legen Sie Ihren Besuch auf einen Montag, wenn sich der lebendigste Markt Malis vor der Moschee ausbreitet, und halten Sie Ausschau nach *Bogolan* – handgewobenen Schlammtüchern in den Farben des malischen Buschlands – und ballförmigen Seifenstücken aus Sheabutter, die von örtlichen Bäumen gewonnen wird. Um den Durst der Einkaufenden zu löschen, wird frischer Ingwersaft und leuchtend roter *Bissap* (gekühlter Tee aus Hibiskusblü-

3 Minarette krönen die Front der Moschee, eines der bedeutendsten Wahrzeichen Afrikas.

ten) in Plastikbeuteln verkauft.

Im Süden liegt das landschaftlich isolierte Land der Dogon, einer Zivilisation, die sich bis jetzt sowohl dem Islam als auch dem Christentum entzogen hat und die animistischen Traditionen ihrer Vorfahren pflegt, die sich vor 700 Jahren hier ansiedelten. Die mehr als 700 Dogon-Dörfer sind vollständig aus Lehm und rund um die traditionelle Versammlungsstätte der Männer, die *Toguna*, erbaut.

Die Dörfer fügen sich so harmonisch in ihre felsige, monochrome Umgebung ein, dass man sie gar nicht bemerkt. Die Dogon sind hervorragende Künstler, was sich in ihren herrlich geformten Lehmspeichern, -moscheen und -kirchen ebenso zeigt wie in den fein geschnitzten Holzmasken. Diese werden bei fantastischen *Damas* (traditionellen Tänzen zu Ehren der Ahnen) eingesetzt, so auch beim bedeutendsten Dogon-Fest des Jahres, der *Fête des Masques*, die jeden Frühling gefeiert wird. **Wo:** 635 km nordöstl. der Hauptstadt Bamako; 354 km südwestl. von Timbuktu. **Wie:** Das amerikanische Unternehmen Geographic Expeditions bietet 9-tägige Reisen durch Mali an. Tel. +1/415-922-0448; www.geoex.com. *Preise:* ab € 3555, all-inclusive. Startet in Bamako. *Wann:* Nov. und Dez. **Reisezeit:** Nov.–Jan.: kühlstes Wetter; Apr.–Mai: *Fête des Masques*.

Portal zum Ende der Welt

Timbuktu

Mali

Timbuktu, gegründet im 11. oder 12. Jh. von Tuaregs – den berberischen Nomaden, die auch als „blaues Volk" bekannt sind –, ist eine jener Städte, deren Namen mit unerreichbar fernen Winkeln der Welt verbunden sind,

eine *cité mystérieuse et mystique*, wie es im Französischen heißt. Ihre Schlüssellage nördlich des Niger an der alten Karawanenroute, auf der Elfenbein, Gold, Salz und Sklaven transportiert wurden, bescherte der Stadt im 13. Jh. eine Blütezeit. In Europa war sie aufgrund ihres materiellen und intellektuellen Reichtums sowie für die Verbreitung des Islam in ganz Afrika bekannt. Im 15. Jh. studierten hier bis zu 25.000 Gelehrte. Viele historische Dokumente wurden einst in Truhen im Sand vergraben und werden heute wiederentdeckt. 2009 wurde in Timbuktu eine Bibliothek eröffnet, um diesen Bücher- und Handschriftenschatz zu bewahren.

Heute wird die 35.000-Einwohner-Stadt nur selten besucht – trotz der wunderbaren Moscheen Djinger-ber, Sankoré und Sidi Yahia, die zwischen dem 14. und 16. Jh. erbaut wurden und sich noch immer zwischen den Lehmbauten und dem Wüstensand erheben. Sie erinnern an den einstigen Glanz Malis, während vieles in ihrer Umgebung auf den derzeitigen Status des Landes als eines der ärmsten der Welt hindeutet.

Die Tuareg werden auch „das blaue Volk" genannt.

Dessen ungeachtet bemüht sich die Regierung um mehr Tourismus, insbesondere mit dem *Festival au Désert*, einem 3-tägigen Fest für Weltmusik und Tuareg-Kultur in der Oasenstadt Essakane, etwa 2 Stunden nördlich von Timbuktu. Das Event greift die jährlichen Zusammenkünfte des „blauen Volkes" auf, die jahrhundertelang dazu dienten, Streitigkeiten beizulegen, Kamelrennen abzuhalten, Schwertkünste zu demonstrieren und Musik zu machen. Heute geht das musikalische Spektrum weit über Tuareg-Weisen hinaus: Von der spontanen Wiedervereinigung der berühmten Super Rail Band de Bamako bis hin zu einem Duett von Jimmy Buffett und Oumou Sangaré, dem „Singvogel" der Wassoulou-Musik, können Sie hier alles erleben.

Wo: 1006 km nordöstl. von Bamako. **Wie:** Das amerikanische Unternehmen Wilderness Travel bietet 15-tägige Reisen durch Mali mit Besuch des Wüstenfestivals an. Tel. +1/510-558-2488; www.wildernesstravel.com. *Preise:* ab € 4441, all-inclusive. Startet in Bamako. **Le Festival au Désert:** www.festival-au-desert.org. *Preise:* Eintritt € 140. **Reisezeit:** Nov.–Jan.: kühlstes Wetter.

Paläste, Schlösser und Kirchen in einer alten Hauptstadt

GONDAR

Region Amhara, Äthiopien

Die Festungsstadt Gondar liegt strategisch günstig in den Ausläufern des Semien-Gebirges, eines der höchsten Gebirgszüge Afrikas. Im 17. Jh. wurde sie unter Kaiser Fasilides zur ersten Hauptstadt des äthiopischen Reiches. Aufgrund ihrer Lage am Kreuzungspunkt dreier Karawanenrouten erlebte die Stadt in der Folge eine 200-jährige Blütezeit, bevor Kaiser Tewodros (oder Theodor) II. seinen Hof in die Bergfestung Magdala verlegte, die kaum 13 Jahre später an die Briten fiel.

Im Herzen Gondars liegt der von hohen Mauern umgebene, mit Wacholder und wilden Olivenbäumen bewachsene Palastbezirk, in dem sich die wichtigsten kaiserlichen Bauten des Landes befinden. Das älteste der 5 Schlösser wird Fasilides zugeschrieben, das jüngste stammt aus dem 18. Jh. Gondar war jedoch auch religiöses Zentrum des Reiches. Die Herrschenden führten ihre Herkunft auf den biblischen König Salomon und die Königin von Saba zurück, und viele der Gebäude, die sie errichteten, waren dem orthodoxen christlichen Glauben gewidmet. 7 der ehemals 12 Kirchen wurden während der Regierungszeit von Fasilides erbaut. Das bedeutendste religiöse Gebäude ist das Kloster Debre Berhan Selassie („Dreieinigkeit auf dem Berge des Lichts"), das für seine Wandmalereien und die Decke mit ihren 80 Engelsköpfen (17. Jh.) bekannt ist. Allgegenwärtige hinduistische und arabische Einflüsse mischen sich mit Barockelementen, die jesuitische Missionare im 16. und 17. Jh. mitbrachten.

Wo: 758 km nördl. von Addis Abeba. **Wie:** Ethiopian Quadrants in Addis Abeba bietet viele Reisen an, bei denen Gondar besucht wird. Tel. +251/11-515-7990; www.ethiopianquadrants.com. *Preise:* 7-tägige Reisen ab € 926, all-inclusive. Startet in Addis Abeba. Das amerikanische Unternehmen Safari Experts bietet individuelle Reisen durch Äthiopien an. Tel. +1/435-649-4655; www.safariexperts.com. *Wann:* Okt.–Mai. **Reisezeit:** Sept.–Nov.: bestes Wetter; 7. Jan.: äthiopische Weihnacht; 19. Jan.: *Timkat* (Epiphanias).

Das Geheimnis der unterirdischen Felsenkirchen

LALIBELA

Region Amhara, Äthiopien

Die unterirdischen, in den Felsen gehauenen Kirchen von Lalibela sind die meistbesuchte – und geheimnisvollste – Attraktion Äthiopiens. Sie werden seit dem 12. Jh., als die abgelegene Bergstadt Hauptstadt der

Zagwe-Dynastie war, ununterbrochen von orthodoxen Priestern genutzt. Der Zagwe-Kaiser Lalibela gab das älteste der außergewöhnlichen Bauwerke, Bet Golgotha, als Begräbnisstätte in Auftrag. Er wollte eine Kirche, die aus einem einzigen Felsen gemacht war, weshalb sie und ihre Folgebauten in den Boden gegraben wurden, z.T. 9–12 m tief. Ihre Dächer befinden sich zu ebener Erde, Treppen führen zu den Eingängen hinab. Einige sind durch Innenhöfe,

Die Kirche des hl. Georg und Lalibela sind nach wie vor bedeutende Pilgerstätten für Angehörige der äthiopisch-orthodoxen Kirche.

Gräben, Tunnel und Durchgänge miteinander verbunden.

Jede der 11 unterscheidet sich von den anderen in Größe, Form und Ausführung, und es heißt, dass Zehntausende Arbeiter an ihrem Bau beteiligt waren. Neben der Konstruktionsleistung ist auch die Ausstattung bemerkenswert – handgewobene Teppiche, farbenprächtige Gemälde, Heiligenreliefs und kreuzförmige Fenster. Das viel fotografierte Flachdach der Kirche des hl. Georg (Bet Giyorgis) schmücken konzentrisch angeordnete griechische Kreuze.

Einer Legende nach wurde zumindest eine der Kirchen von Engeln an einem einzigen Tag erbaut, einer anderen zufolge gehen sie auf einen Traum des Zagwe-Kaisers zurück, in dem er ein neues Jerusalem für jene schaffen wollte, die nicht ins Heilige Land pilgern konnten. Der wahre Grund für den Bau der Kirchen bleibt jedoch im Dunkeln. In Äthiopien wird ihnen ebenso viel Achtung entgegengebracht wie den Großen Pyramiden in Ägypten (s. S. 396), und bis heute sind sie wichtige Pilger- und Andachtsorte: An Feiertagen ist die staubige, ländliche Gemeinde in der Hand Zehntausender Gläubiger.

Das kleine Örtchen liegt auf einer Höhe von 2500 m inmitten beeindruckend schroffer Klippen oberhalb der berühmten Kirchen und hat neben den Kirchen einen lebhaften Markt und eine Ansammlung runder, 2-stöckiger Lehmhäuser mit Strohdächern zu bieten.

Wo: 730 km nördl. von Addis Abeba. **Wie:** Das amerikanische Unternehmen Adventures in Africa hat Rundreisen mit Besuch in Lalibela im Programm. Tel. +1/303-778-1089; www.adventuresinafrica.com. *Preise:* 12-tägige Reisen ab € 2463. Das amerikanische Unternehmen Safari Experts bietet individuelle Reisen durch Äthiopien an. Tel. +1/435-649-4655; www.safariexperts.com. **Reisezeit:** Sept.–Nov.: bestes Wetter; 7. Jan.: äthiopische Weihnacht; 19. Jan.: Epiphanias; Apr. oder Mai: *Fasika* (Ostern) nach dem gregorianischen Kalender.

Schwindende Stämme

Das Omo-Tal

Äthiopien

Eine Reise in den Süden des Omo-Tals, der zum Großteil nur per Boot zu erreichen ist, transportiert Sie 1000 Jahre in die Vergangenheit und lässt Sie ein Kaleidoskop untergehender Nomadenkulturen erleben. Da Äthiopien als einziges afrikanisches Land nie von Europäern kolonialisiert wurde, sind die hiesigen Volksstämme nahezu unberührt geblieben. Die wenigen Tausend in diesen grünen Hügeln lebenden Menschen haben ihre Kultur erhalten, doch ihre Zahl schrumpft stetig. Wer einen Blick auf ihre Lebensweise erhaschen will, bezieht in einem der wenigen Zeltlager oder einer einfachen Lodge Quartier und lässt sich von einem Führer zu den nahen Stämmen bringen.

Nicht weit von einigen der Camps befindet sich die Uferheimat der Muguji (oder Kwegu), zu denen nur wenige Hundert Fischer, Nilpferdjäger und Sammler gehören. Ihr karges Siedlungsgebiet teilen sie mit dem größeren Stamm der Kara, dessen Angehörige Landwirtschaft treiben und zu zeremoniellen Tänzen Gesicht und Körper mit mineralischen Farben bemalen.

Weiter flussaufwärts leben abgeschieden die Mursi und Surma, deren Frauen riesige Lippenteller tragen und deren Männer sich in rituellen Stockkämpfen messen, um festzulegen, wer heiraten darf. Noch faszinierender ist das Initiationsritual des benachbarten Hamar-Stammes: Um als erwachsen zu gelten, müssen sich die jungen Männer beim *Bula* beweisen, bei dem sie über den Rücken Dutzender kastrierter Rinder springen müssen. Fallen ist die größte Schande; wer besteht, erwirbt damit eine Braut. Die dekorativen Narben der Hamar-Frauen gelten als Zeichen der Stärke. Sie drehen ihre Haare mit Fett und rotem Ocker in Zöpfe; ihr Metallschmuck gibt Auskunft über ihren Ehestand.

Der Omo mündet in den Turkana-See, dessen größerer Teil zu Kenia gehört, während das Nordufer noch in Äthiopien liegt. Hier findet man die Dassanech und die Nyangatom. Letztere sind Krieger und Jäger, die aus ihren Einbaumkanus mit Harpunen Krokodile erlegen und zum Zeichen ihrer Tapferkeit in blauen und ockerfarbenen Lehm gehüllte Straußenfedern im Haar tragen. Die Stammesältesten erkennt man an ihren Lippenpflöcken – Elfenbein bei Männern, Kupfer bei Frauen. Ihre Kultur reicht in eine Zeit zurück, zu der die übrige Menschheit keinen Zugang mehr hat, und offenbart sich nur den Glücklichen, die hierherreisen, um die versteckte Welt zu entdecken.

Wo: Die Ufersiedlung Omurate liegt 736 km südwestl. von Addis Abeba und ist per privatem Luftcharter zu erreichen. **Wie:** Das amerikanische Unternehmen Africa Adventure Company bietet eine 10-tägige Omo-Safari an. Tel. +1/954-491-8877; www.africa-adventure.com. *Preise:* ab € 5922. Startet in Nairobi. *Wann:* Juli. **Reisezeit:** Juli–Okt.: bestes Wetter.

Trekking auf dem Dach von Afrika

Der Simien-Nationalpark

Äthiopien

Das Simien-Gebirge, auch „Dach von Afrika" genannt, besitzt riesige, 40 Mio. Jahre alte Vulkankegel, von der Erosion zu fantastischen Klippen, Felsnadeln und Tafelbergen geformt, die sich von den Hochebenen im Norden Äthiopiens bis nach Eritrea erstrecken. 1969 wurde der Simien-Nationalpark eingerichtet, um Landschaft und Tierwelt zu schützen, doch die Entstehung von Siedlungen innerhalb des Parks behinderte den Naturschutz und führte dazu, dass die Region auf der UNESCO-Liste des gefährdeten Welterbes steht.

Nur eine einzige Schotterpiste führt durch den Park, der von wenigen internationalen

Gästen besucht wird, was eine Erkundung zu Fuß zu einem außergewöhnlichen Erlebnis macht. Trekkingtouren finden in Begleitung eines Führers, eines obligatorischen bewaffneten Scouts und einiger Maultiere, die Campingutensilien tragen, statt. Die Reise führt zunächst durch Terrassenfelder, durch Baumheide und Riesenlobelien; übernachtet wird auf Zeltplätzen. Einige Tierarten lassen sich weltweit nur hier beobachten, darunter der stark gefährdete Äthiopische Steinbock und der Dschelada oder Blutbrustpavian. Dscheladas sind die einzigen noch lebenden Primaten, die sich von Gras ernähren, und verfügen über mehr Sprachlaute und Verhaltensmuster als jedes andere Tier. Halten Sie außerdem Ausschau nach Raubvögeln wie Bartgeiern (mit einer Spannweite von bis zu 3 m), Augurbussarden, Kaffernadlern, Turm- und anderen Falken.

Eine Alternativroute führt in 9 Stunden auf den Ras Dashen, den vierthöchsten Gipfel Afrikas (4620 m), ein technisch nicht anspruchsvoller Aufstieg. Wer nicht gern zeltet, kann in der neuen, schlicht-komfortablen und umweltfreundlichen Simien Lodge (dem „höchstgelegenen Hotel Afrikas") im 16-Bett-Schlafsaal oder einem der 20 Zimmer übernachten, die von außen strohgedeckten äthiopischen

Menschliche Siedlungen bedrohen die seltenen Arten, die im Simien-Gebirge heimisch sind.

Tukuls, innen jedoch bescheidenen Hotelzimmern gleichen. Die Lodge ist als Ausgangspunkt für Wander- wie für Radtouren geeignet, und ihre Gäste werden die herzhaften Mahlzeiten ebenso schätzen wie die Fußbodenheizung, die kühle Bergnächte erwärmt.

Wo: Trekkingtouren starten im 120 km von Gondar entfernten Debark. **Wie:** Ethiopian Quadrants organisiert unterschiedlich lange Touren. Tel. +251/11-515-7990; www.ethiopianquadrants.com. *Preise:* ab € 74 pro Nacht, all-inclusive. Startet in Addis Abeba. **Simien Lodge:** Tel. +251/11-55-24758; www.simiens.com. *Preise:* ab € 115; Transfer von Gondar € 100. **Reisezeit:** Sept.–Apr.: Trockenzeit.

Vierländereck im Süden Afrikas

Der Chobe-Nationalpark

Botsuana

Im Chobe-Nationalpark, der den alten, von wilden Tieren bevölkerten Kontinent beschwört, treffen 4 Länder aufeinander: Botsuana, Sambia, Namibia und Simbabwe. Tiere aller Art bevölkern den Park, am bekanntesten sind jedoch sein Vogelreichtum und die große Elefantenpopulation – in der Trockenzeit findet man nirgendwo sonst in Afrika mehr von ihnen. Bei einer Bootsfahrt auf dem Chobe bei Sonnenuntergang gleiten Sie an ganzen Herden der Dickhäuter vorbei, ebenso wie an gähnenden Nilpferden, Störchen und Schwärmen unzähliger Wasservögel. Die Flussauen sind voller weidender Büffel und Großwild, am Himmel und in den Bäumen wimmelt es von Raubvögeln, darunter Ohrengeier und Gaukler mit leuchtenden Schnäbeln.

Seit dem Stapellauf der *Zambezi Queen* 2009, einem Flussschiff mit Platz für 28 Passagiere (in 14 Suiten), sind auch Bootstouren durch den Park mit Übernachtung möglich (ab/bis Kasane). Der Park bietet sich auch für einen Tagesausflug von den Victoriafällen (s. S. 435) an, doch die intensivste Erfahrung ist ein Aufenthalt in der Sanctuary Chobe Chilwero Lodge. Die 15 abgeschieden gelegenen strohgedeckten Bungalows bieten den perfekten Ausblick auf Park und Fluss. (Der Name lässt sich mit „packende Aussicht" übersetzen.) Wem das Badezimmer mit der frei am Fenster stehenden Wanne nicht genügt, der kann sich im Spa rundum verwöhnen lassen.

Wo: Der Flughafen Kasane liegt 100 km westl. von Livingstone, Sambia. **Wie:** Das amerikanische Unternehmen Abercrombie & Kent bietet individuelle Reisen im Nationalpark an. Tel. +1/630-725-3400; www.abercrombiekent.com. *Preise:* 12-tägige Reise ab € 6293. Startet in Johannesburg. *Wann:* Apr.–Mai, Juli–Sept., Nov. **Zambezi Queen:** Tel. +27/21-438-0032; www.zambeziqueen.com. *Preise:* 2 Nächte ab € 685 (Nebensaison), ab € 944 (Hochsaison), all-inclusive. **Chobe Chilwero Lodge:** Tel. +44/20-7190-7728; www.sanctuarylodges.com. *Preise:* € 485 (Nebensaison), € 737 (Hochsaison), all-inclusive. **Reisezeit:** Juni–Sept.: kühleres, trockenes Wetter.

Land der Buschleute

Jack's Camp

Kalahari, Botsuana

1960 verliebte sich der Jäger, Entdecker und Buschheld „Ostrich Jack" in den Zauber dieser entlegenen Ecke Botsuanas und schlug hier sein Lager auf, um nie wieder fortzugehen. Heute betreibt sein Sohn Ralph Bousfield ein Safaricamp alten Stils am Rande der Makgadikgadi-Salzpfannen inmitten der Kalahari-Wüste. Dies ist die Heimat der San-Buschleute (oder *Basarwa*), Jägern und Sammlern, die Anthropologen für das älteste Volk auf Erden halten. Ralph Bousfield hat die Leidenschaft seines Vaters für diese Mondlandschaft geerbt und arrangiert mit seiner Partnerin Catherine abenteuerliche Exkursionen wie Geländewagentouren über die Salzpfannen oder Übernachtungen unter dem sternenübersäten Himmel. Sie können an der Jagd der San teilnehmen oder einfach einen von ihnen auf einem Spaziergang begleiten, bei dem er auf Einzelheiten des einmaligen Ökosystems des Camps hinweist, zu dem auch die allgegenwärtigen Erdmännchen gehören. Das Licht, die Stille, die Einsamkeit und die schiere Weite bieten ein einzigartiges Safarierlebnis.

Der Spießbock ist eine in der Kalahari weitverbreitete Antilopenart.

Wenn der Regen kommt, sprießt Grün auf den Salzpfannen – einst eine Wasserfläche von der Größe des Victoriasees –, und das Wasser zieht Schwärme von Flamingos an. Die Region wird zum Schauplatz einer der großen Tierwanderungen Afrikas: Tausende Zebras und Gnus treffen ein, gefolgt von Löwen, Geparden und Hyänen.

Entdecken Sie die 10 klassischen 1940er-Jahre-Segeltuchzelte, die in einer Palmenoase aufgeschlagen und mit Eisenbetten und abgetretenen Perserteppichen ausgestattet wurden, die einst Ralph Bousfields Großeltern gehörten. Die Freiluftduschen – mit dem Kreuz des Südens über dem Kopf –, die Moskitonetze, Chambraybettwäsche und das silberne Teeservice verstärken den unwiderstehlich romantischen Eindruck noch.

Eine erschwinglichere Unterkunft ist das flippig-schicke Planet Baobab, das denselben Inhabern gehört. Hier haben sie gänzlich auf eine Einrichtung im Kolonialstil verzichtet und bieten komfortable zeitgemäße Versionen der Gras-und-Schlamm-Hütten der Einheimischen an. Die Gäste versammeln sich in der farbenfrohen offenen Bar, sitzen in Kuhfellstühlen unter einem Leuchter aus leeren grünen Bierflaschen, nippen an einem einheimischen Gebräu und tauschen ihre Erlebnisse aus.

Wo: 200 km südöstl. von Maun. **Wie:** Uncharted Africa organisiert Aufenthalte in Jack's Camp und Planet Baobab. Tel. +267/241-2277; www.unchartedafrica.com. *Preise:* Jack's Camp ab € 755 (Nebensaison), ab € 944 (Hochsaison), all-inclusive. Planet Baobab ab € 122 in der Doppelhütte. **Reisezeit:** Apr.–Okt.: trockenes Wetter; Nov.–März: Gnu- und Zebrawanderung in der Regenzeit.

Unvergleichliche Oase der wilden Tiere

Das Okavangodelta

Botsuana

Manche nennen das Binnendelta, das der Okavango beim Übergang in die Kalahari bildet, die größte Oase der Welt. Der Fluss bringt hier ein einzigartiges „Wasser in der Wüste"-Ökosystem von der Größe der Schweiz hervor, mit Überschwemmungsebenen, Lagunen, Kanälen und Inseln, die auf die Tierwelt wie ein Magnet wirken. Eine örtliche Broschüre schreibt treffend: „Wenn Sie nur 10 % dessen sehen, von dem Sie gesehen werden, ist es ein bemerkenswerter Tag." Neben einer einzigartigen Vogelvielfalt gibt es hier Heerscharen von Elefanten, Zebras, Büffeln, Giraffen und Nilpferden. Während Sie mit einem traditionellen *Mokoro* (Einbaum) durch ein Labyrinth papyrusgesäumter und seerosenbedeckter Wasserläufe gleiten, tauchen Sie in eine Umgebung voller Farben und Geräusche ein. Einen noch besseren Blick auf die Tierwelt haben Sie vom Rücken eines Elefanten aus: Im Abu Camp von Wilderness Safaris (mit 6 Segeltuchzelten auf erhöhten Holzplattformen) hat der Besitzer Randall Moore eine bunt zusammengewürfelte Truppe der Dickhäuter aus Zoos adoptiert. Da der Geruch der trittsicheren Tiere den der Reiter überdeckt, kann der *Mahout* (Elefantenführer), der auf dem Nacken Ihres Reittieres thront, sich auch Tieren nähern, die normalerweise vor Menschen flüchten.

Mokoro genannte Einbaumkanus befördern Reisende über die endlosen Wasserläufe des Okavangodeltas.

Das Camp ist eines von mehreren privaten Konzessionsgebieten rund um das Moremi-Wildreservat. Ebenfalls im Besitz von Wilderness Safaris sind das Mombo Camp, eine Ansammlung niedriger Zeltsuiten auf Chief's Island im Nordosten, und das wunderschöne Vumbura Plains Camp, das auf Holzterrassen mit Blick auf ein Wasserloch am Rand einer großen Überschwemmungsfläche im äußersten Norden errichtet wurde. Alternativ können Sie in Xudum oder Xaranna übernachten: Beide Neueröffnungen des Luxusveranstalters &Beyond liegen im Süden des Deltas, verfügen über riesige Zelte in zeitgenössischem Design, Innen- und Außenduschen und – teilweise – eigene Minipools.

Wo: 100 km nördl. von Maun; 30 Min. per planmäßigem Charterflug. ABU, MOMBO und VUMBURA: www.wilderness-safaris.com. *Preise:* Abu ab € 1944, Mombo € 1163 (Nebensaison) und € 1478 (Hochsaison), Vumbura € 811 (Nebensaison) und € 1207 (Hochsaison), all-inclusive. *Wie:* Das amerikanische Unternehmen Natural Migrations bietet individuelle Safarireisen an, u.a. zu den Camps von Wilderness Safaris. Tel. +1/541-988-7575; www.naturalmigrations.com. XUDUM und XARANNA: &Beyond, Südafrika: Tel. +27/11-809-4314; www.andbeyondafrica.com. *Preise:* ab € 444 (Nebensaison), ab € 1111 (Hochsaison) pro Person/Nacht, all-inclusive. **REISEZEIT:** Mai–Sept.: kühleres, trockenes Wetter.

Großwildjagd – aber nur für Löwen

SELINDA RESERVE

Botsuana

Löwen, große Elefantenherden und Rudel afrikanischer Wildhunde sind nur einige der Attraktionen des privaten Wildreservats Selinda, das Ausläufer des Okavangodeltas (s. oben) im Westen mit den Linyanti-Sümpfen im Osten verbindet. Doch es hat noch viel mehr zu bieten, was das Ehepaar Dereck und Beverly Joubert im Laufe der vergangenen 25 Jahre in seinen preisgekrönten *National-Geographic*-Dokumentationen eindrucksvoll bewiesen hat. Aber erst seit 2007 können die beiden Außenstehende an diesem Juwel teilhaben lassen. Damals erwarben sie gemeinsam mit einer Gruppe ebenso leidenschaftlicher Naturschützer das Selinda Reserve im Nordosten des Parks, um es dem Ökotourismus zu widmen. Nachdem sie ein Jagdmoratorium verhängt hatten, erneuerten sie die Camps, die sie klein und gemütlich hielten. Heute haben die 9 Segeltuchzelte des Selinda Camps Holzböden und -veranden, tiefe Steinbadewannen und Betten, die zum Mittagsschlaf einladen. Hier begegnen Sie mehr Elefanten als anderen Gästen. Weiter südlich liegt das ausschließlich mit Solarenergie versorgte Zarafa Camp („das Geliebte"), das mit 4 Freiluftzelten sogar noch kleiner ist. Jedes hat eine Fläche von rund 100 m², eine Außendusche, einen privaten Minipool, Ledersofas und eine eigene Bar.

Neben den Löwen von Selinda, deren Leidenschaft für die Jagd auf große Tiere legendär ist, lassen sich hier auch Geparde auf den weiten Ebenen und Leoparden im dichten Unterholz erspähen. Oder Sie beobachten afrikanische Wildhunde oder warten in einem Unterschlupf auf alles, was sich nähern mag – vielleicht kommen die seltenen Braunkehlreiher oder Klunkerkraniche zum Fischen, vielleicht eine Büffelherde, um ihren Durst zu löschen. Lodge-Gäste können den Pfaden durch Auenwald und über freies Feld folgen, bis sie eine abgelegene Lichtung im Busch erreichen, auf der sie ein Übernachtungslager und ein Dinner unter Sternen erwarten. **Wo:** Im Norden Botsuanas, 30 Min. per Luftcharter von Maun entfernt. SELINDA und ZARAFA: www.greatplainsconservation.com. *Preise:* Selinda ab € 481, all-inclusive (Nebensaison), ab € 737 (Hochsaison); Zarafa ab € 811, all-inclusive (Nebensaison), ab € 1207 (Hochsaison). **Wie:** Das amerikanische Unternehmen The Wild Source bietet individuelle Reisen u.a. nach Selinda an. Tel. +1/720-497-1250; www.thewildsource.com. **REISEZEIT:** Juli–Sept.: trockener; größerer Tierreichtum.

Sitz der Götter

BESTEIGUNG DES MOUNT KENYA

Kenia

Afrikas zweithöchstes Bergmassiv erhebt sich 5199 m hoch über den Äquator, seine schneebestäubten Gipfel blicken auf von Gletschern geformte Täler und alpine Moorlandschaften herab. Der ehemalige Vulkan Mount Kenya wird von über 20 klaren Bergseen und forellenreichen Flüssen geziert. Elefanten, Büffel und die seltenen Kenia-Bongos – gestreifte Antilopen – durchstreifen seine niederen Regionen, in denen moosbedeckte Zedern und Riesenlobelien zwischen Farnen, Wildblumen und Orchideen um Platz buhlen. Es überrascht nicht, dass die Stätte den hier ansässigen Kikuyu, dem bevölkerungsreichsten Stamm Kenias, heilig ist: Die Türen ihrer Häuser öffnen sich zum Berg hin, der ihrem Glauben nach der Wohnsitz des Gottes Ngai ist.

Während die höchsten Gipfel erfahrenen Kletterern vorbehalten sind, können ernsthafte Bergwanderer den 4900 m hohen Point Lenana mithilfe eines Bergführers in 4–5 Nächten bezwingen. Der Aufstieg gilt als heimliches Juwel unter den ostafrikanischen Bergtouren – hier bleiben die Heerscharen von Kletterern aus, die jedes Jahr die Hänge des Kilimandscharo (s. S. 448) überrennen, dessen

Berggipfel wie die des Mount-Kenya-Massivs gehören zu den wenigen Orten in Afrika, an denen regelmäßig Schnee zu finden ist.

gut 300 km entfernter Gipfel manchmal von hier zu sehen ist. Für die Übernachtung stehen Bergzelte bereit, die Träger in spektakulären Tälern mit Blick auf die Gipfel und hinunter auf das riesige Laikipia-Plateau aufschlagen.

Wählen Sie das Ol Pejeta Bush Camp als Ausgangs- und Zielort Ihrer Tour: Das traditionelle Zeltlager am Flussufer eröffnet seinen Gästen einen Insiderblick in ein modernes, 38.000 ha großes privates Tierschutzgebiet, das zudem die höchste Wilddichte aller Parks in Kenia aufzuweisen hat.

Es ist in einer 1–2-stündigen Fahrt vom Aufstiegspunkt zu erreichen. Hier können Sie das örtliche Schimpansen-Schutzgebiet besuchen, das zahme Spitzmaulnashorn Baraka kennenlernen, und vielleicht sehen Sie sogar die 4 Nördlichen Breitmaulnashörner, die die Hälfte der verbleibenden Exemplare des seltensten Säugetiers der Welt ausmachen.

Wo: Der Mount Kenya liegt 161 km nördl. von Nairobi. **Wie:** Insiders Africa in Nairobi bietet geführte Klettertouren und Übernachtungen in Ol Pejeta an. Tel. +254/734-445-283; www.insidersafrica.com. *Preise:* 7 Nächte inkl. Aufstieg (4 Nächte) ab € 2074. *Wann:* Ol Pejeta Apr.–Mai und Nov.: geschlossen. **Reisezeit:** Jan.–Mitte März und Aug.–Mitte Okt.: bestes Wetter.

Einer der letzten unberührten Winkel Kenias

OL DONYO WUAS

Chyulu Hills, Kenia

Die beliebte Buschlodge Ol Donyo Wuas liegt am Fuße der grandiosen Chyulu Hills inmitten eines 100.000 ha großen Geländes auf den offenen Ebenen des Massai-Lands. Sie wird gemeinschaftlich von einheimischen Stämmen und dem erfahrenen Safariveranstalter Richard Bonham betrieben, der 1980 erstmals mit einer Cessna hier landete. Als er das sanfte, hügelige Grasland und den schneebedeckten Gipfel des Kilimandscharo (s. S. 448) jenseits der Grenze nach Tansania sah, wurde ihm klar, dass er eine Weile bleiben musste. Also baute er Ol Donyo Wuas, was in der Massai-Sprache „gefleckte Hügel" bedeutet.

Obwohl der von Minibussen und Geländewagen überflutete Amboseli-Nationalpark nur 80 km entfernt ist, könnte er ebenso gut am anderen Ende des Landes liegen. Die Gäste von Ol Donyo Wuas erhalten exklusiven Zugang zur Mbirikani Group Ranch, einem der letzten unberührten Gebiete Kenias, das an das „alte" Afrika erinnert, das noch keine Staus und Safarijeeps kannte. Die 2008 runderneuerte Lodge liegt auf einer Anhöhe (die Chyulu Hills sind in Wahrheit Vulkanberge), und ihre beiden Suiten und 7 Villen bieten einen unverstellten Blick auf den Kilimandscharo. Jede Villa hat ihren eigenen Pool, und in jedem Zimmer stehen 2 Betten zur Wahl: eines im Innenbereich und ein romantisches „Sternenbett" auf dem Dach, in dem Gäste direkt unter den Sternen nächtigen können. Wenn Richard Bonham nicht gerade von seiner Tätigkeit für den Maasailand Preservation Trust, der die Ranch und ihre Bewohner schützt, in Anspruch genommen wird, schaut er vorbei und leitet eine Pirschfahrt, einen Buschspaziergang oder einen Ausritt. Dann können Sie an seinem in vielen Jahren erworbenen Wissen teilhaben, während Sie in das weite Land hinausziehen, auf dem junge Massai-Hirten mit ihrem Vieh inmitten von Giraffen, Geparden und den „Großen 5" (Löwe, Afrikanischer Elefant, Afrikanischer Büffel, Leopard, Nashorn) leben.

Wo: 218 km südöstl. von Nairobi; www.oldonyowuas.com. **Preise:** ab € 370 (Nebensaison), ab € 533 (Hochsaison), all-inclusive. **Wie:** Der Veranstalter Bush & Beyond in Nairobi organisiert Reisen zur Lodge. Tel. +254/20-600-0457; www.bush-and-beyond.com. **Reisezeit:** Juli–Sept. und Dez.–Jan.: trocken.

Zeitloses Eiland vor der Suaheli-Küste

LAMU

Kenia

Auf der zwar nicht völlig unentdeckten, aber immer noch relativ unberührten winzigen Insel Lamu können Sie die älteste bewohnte Stadt der Welt besuchen und einen Blick auf die alten Suaheli- und islamischen Kulturen erhaschen. Nur eine Handvoll Autos verteilt sich über die Insel. Und obwohl sie nur 1 km vom Festland entfernt im Indischen Ozean liegt, erinnert sie eher an den Nahen Osten als an Afrika. Lamu gehört, wie Mombasa und Malindi weiter im Süden, zu einer Kette suahelisprachiger Hafenstädte, die von arabischen Elfenbein-, Gewürz- und Sklavenhändlern gegründet wurden und von denen sie die ursprünglichste ist. Hauptfortbewegungsmittel sind *Dau* genannte althergebrachte Holzsegelboote. Sie können eines davon für eine romantische Tagestour durch das Lamu-Archipel anmieten, mit frisch an Bord gegrilltem Fisch zum Mittagessen. Wenn Sie in Lamu Town übernachten möchten, haben Sie die Wahl zwischen mehreren Boutique-Hotels, die in alten Händlerhäusern entstanden sind: Im Baytil Ajaib („Haus der Wunder"), einem penibel restaurierten Stadthaus aus dem 17. Jh., bieten alle 4 Suiten Aussicht: in einen Innenhof voller Palmen und auf die geschäftige Stadt.

Die Hippies, die in den 1970er-Jahren auf die Insel kamen, wurden inzwischen von jüngeren Rucksackreisenden und Stammgästen abgelöst. Letztere mieten sich in einer der zahlreichen Privatunterkünfte ein oder übernachten im Peponi Hotel am 20 km langen unberührten Strand von Shela, 20 Minuten zu Fuß oder per Dau von Lamu Town entfernt. Restaurant und Bar des Hotels sind seit 1967 gesellschaftliches Zentrum der Insel und sprudeln vor Farbe und Leben. Auf der Schwesterinsel Manda sind die 16 Cottages des exklusiven Manda Bay Resort vor allem auf Sportfischer ausgerichtet, die in der Manda Bay nach Marlinen, Thunfischen und anderen Meeresbewohnern angeln möchten.

Auf Lamu können Sie im ruhigen, rustikalen Resort Kizingo am anderen Ende des strahlend weißen Strandes von Lamu die Schuhe ausziehen. Seine 8 geräumigen *Bandas* (Cottages) wurden aus Palmen, Bambus und anderen heimischen Materialien erbaut und bieten eine kühle Erholungspause von der afrikanischen Sonne.

Wo: 410 km östl. von Nairobi. **Wie:** Safari Company in Nairobi erstellt individuelle Reisprogramme mit Aufenthalt in Lamu. Tel. +254/723-914094; www.thesafarico.ltd.com. **Baytil Ajaib:** Tel. +254/121-32033; www.baytilajaib.com. *Preise:* ab € 144. **Peponi Hotel:** Tel. +254/20-802-3655; www.peponi-lamu.com. *Preise:* ab € 203. **Manda Bay Resort:** Tel. +254/20-600-6769; www.mandabay.com. *Preise:* ab € 637 (Nebensaison), ab € 941 (Hochsaison), inklusive. **Kizingo:** Tel.

Auf dem Indischen Ozean kreuzen Daus mit ihren charakteristischen Trapezsegeln.

+254/733-954-770; www.kizingo.com. *Preise:* ab € 289, inklusive. REISEZEIT: Dez.–März: heißes Wetter, gute Angel- und Schnorchelbedingungen; Mai–Juni: *Maulidi-Festival* (zur Feier der Geburt Mohammeds) in Lamu Town.

Die größte Tierwanderung der Welt

DIE MASAI MARA

Kenia

Die Masai Mara ist die natürliche Bühne für das spektakulärste Tierschauspiel der Erde. Jedes Jahr im Mai versammeln sich Tausende von Gnus in der Serengeti („endlose Ebene" in der Massai-Sprache; s. S. 453) in Tansania und ziehen auf der Suche nach Nahrung nordwärts zum offenen Grasland der Masai Mara in Kenia, wo sie von Juli bis August eintreffen. Gemeinsam mit wandernden Herden von Zebras, Antilopen und Gazellen bilden die Gnus eine Gruppe von mehr als 1 Mio. Tieren, die durch das Wildreservat zieht, in dem darüber hinaus Wildkatzen aller Art anzutreffen sind. Sie können das Ganze entweder aus einem Allradfahrzeug oder von oben aus einem Heißluftballon beobachten. Übernachtungsmöglichkeiten bieten die 4 Zeltlager der Governors' Camp Collection in der Nordwestecke des Natur-

Stets auf der Suche nach Nahrung und Wasser nehmen Streifengnus an der größten Tierwanderung der Welt teil.

schutzgebietes, einer legendären Gegend am Marafluss.

Zu der Gruppe gehören das Main Governors', das Little Governors', das eine etwas familiärere Atmosphäre nahe einem gut besuchten Wasserloch bietet, das luxuriöse Il Moran und das exklusive Governors' Private Camp (nur von Familien oder Gruppen mit max. 16 Personen buchbar). Eine andere Perspektive bietet das saisonale Rekero Camp, dessen 8 Zelte im Herzen des Reservats am Fluss Talek aufgeschlagen wurden. Oder Sie wählen Richard's Camp, direkt nördlich der Masai Mara. Seine 6 Privatzelte befinden sich in einem Uferwald in einem weniger stark besuchten Schutzgebiet.

Eine Reitsafari führt Sie hinaus ins Reservat und zu den bewaldeten Loita Hills. Dabei kommen Sie an den aus Dung gebauten Hütten vorbei, die die *Manyatta*s (Dörfer) des womöglich bekanntesten afrikanischen Stammes, der Massai, bilden. Für die Angehörigen des Hirtenvolkes, die häufig in ihre typischen roten *Shuka*s (karierter Stoff im Stil schottischer Tartan-Kilts) und Gummisandalen aus alten Autoreifen gekleidet sind, sind die wandernden Tiere „das Vieh Gottes" und werden entsprechend von ihnen beschützt. **Wo:** 241 km südwestl. von Nairobi. **Wie:** Das amerikanische Unternehmen Micato Safaris bietet maßgeschneiderte Safaris an, inkl. Luxuscamps in der Masai Mara. Tel. +1/212-545-7111; www.micato.com. **Governors' Camp Collection:** Tel. +254/20-273-4000; www.governorscamp.com. *Preise:* ab € 185, all-inclusive (Nebensaison), ab € 326 (Hochsaison); Ballonfahrten ab € 333 pro Person. *Wann:* Apr.–Mai: geschlossen. **Rekero:** über Asilia Africa in Kapstadt, Südafrika, Tel. +27/21-418-0468; www.asiliaafrica.com. *Preise:* ab € 378, all-inclusive (Nebensaison), ab € 540 (Hochsaison). *Wann:* Apr.–Mai und Nov.: geschlossen. **Richard's Camp:** über die Safari and Conservation Company in Nairobi, Tel. +254/20-211-5453; www.thesafariandconservationcompany.com. *Preise:* ab € 452, all-inclusive (Nebensaison), ab € 518 (Hochsaison). *Wann:* Mai und Nov.: geschlossen. **Reitsafaris:** Das amerikanische Unternehmen Equitour bietet Reitsafaris außerhalb des Reservats an. Tel. +1/307-455-3363; www.ridingtours.com. *Preise:* 7 Nächte ab € 4026, all-inclusive; mit Flugtransfer von Nairobi. *Wann:* ganzjährig außer Mai und Nov. **Reisezeit:** Mai–Okt.: kühleres Wetter; Juli–Sept.: Tierwanderung.

Im Schatten des Mount Kenya

Private Wildreservate

Isiolo, Zentrales Hochland, Kenia

In den Ausläufern des Mount-Kenya-Massivs, am Rande des Laikipia-Plateaus, kommen jeweils einige wenige Gäste in den Genuss einer faszinierenden Aussicht auf hintereinander aufragende Bergzüge und des Privilegs, große Herden wilder Tiere – von Elefanten und Giraffen bis zu Zebras und Antilopen – auf Privatgelände zu beobachten. Die beiden benachbarten Viehranches Borana Lodge und Lewa Wilderness verfügen zusammen über mehr als 40.000 ha Land im Norden Kenias und bieten Pirschfahrten unter der Führung erstklassiger Fährtensucher und Wildführer an. Bei diesen Safaris werden Sie kaum je einem anderen Fahrzeug begegnen – ein Luxus, der in den vergleichsweise überlaufenen ostafrikanischen Nationalparks nahezu unbekannt ist. Beide Quartiere bieten auch Reitexpeditionen an, bei denen man der Tierwelt ganz nahe kommen kann, sowie Nachtsafaris, um Raubvögel und scheue Nachtgeschöpfe aufzuspüren.

Die seit Generationen familiengeführten Lodges sind klein – Borana hat 8 Cottages, Lewa 9 Hügel- und Gartenzimmer –, bieten dafür aber ein persönliches Erlebnis und ebensolchen Service. Die Familien Dyer (Borana) und Craig (Lewa) leben bereits fast ein ganzes Jahrhundert im Land. Vor mehr als 20 Jahren wurde in Borana die erste Ökolodge der Region eröffnet. Zuvor hatten bereits die Craigs einen Teil ihrer 24.000-ha-Ranch zusammen mit angrenzendem Regierungsland in das Ngare Sergoi Rhino Sanctuary umgewandelt, heute das Lewa Wildlife Conservancy. 58 Spitzmaul- und 42 Breitmaulnashörner werden hier von mit Walkie-Talkies bewaffneten Wildhütern vor Wilderern beschützt. Auch Gäste von Borana sind willkommen. Während viele amerikanische Lodges Kinder weniger gern sehen, freuen sich die Dyers und Craigs darauf: Sie haben die Kunst perfektioniert, Kinder aller

Altersstufen zu unterhalten und gleichzeitig eine ruhige, romantische Umgebung zu schaffen, die eines Königs würdig wäre – oder zumindest eines Prinzen: In Lewa hielt Prinz William um die Hand von Kate Middleton an.

Wo: 241 km nördl. von Nairobi. **Borana Lodge:** Tel. +254/2-567-251; www.borana.co.ke. *Preise:* ab € 415 (Nebensaison), ab € 474 (Hochsaison), all-inclusive. *Wie:* über Safari and Conservation Company, Nairobi: Tel. +254/20-211-5453; www.thesafariandconservationcompany.com. **Lewa Wilderness:** Tel. +254/721-970-340; www.lewawilderness.com. *Preise:* € 378 (Nebensaison), € 548 (Hochsaison), all-inclusive. *Wie:* über Bush & Beyond, Nairobi: Tel. +254/20-600-0457; www.bush-andbeyond.com. **Reisezeit:** Mitte Juli–Okt. und Mitte Dez.–März: trocken.

Das Aquarium Gottes

Der Malawisee

Malawi

Der berühmte Entdecker David Livingstone nannte ihn den „See der Sterne", bei den Malawiern heißt er Malawisee, bei den Tansaniern und Mosambikanern (die sein Ufer teilen) Nyasasee. Und einen Spitznamen hat er noch dazu: der Kalendersee. Er ist 365 Meilen (587 km) lang und 52 Meilen (84 km) breit und damit der drittgrößte See in Afrika, daneben auch der zweittiefste (mit 700 m). In seinem klaren, warmen Wasser tummeln sich tropische Fischarten, darunter 800 Arten neonfarbener Buntbarsche, von denen Sie einige vielleicht aus Tierhandlungen kennen.

Am Ostufer, mit Blick auf die Berge von Mosambik, liegt die bezaubernde, wunderbar abgeschiedene Insel Likoma. Auf ihren gut 15 km² beherbergt sie rund 9000 Menschen, ein paar Geländefahrzeuge und Motorräder, ein Waldschutzgebiet und eine anglikanische Kirche, die 1903 mit der Vorgabe erbaut wurde, sich mit der Größe der Kathedrale von Winchester messen zu können. Die Insel ist zudem für ihre Gastfreundschaft bekannt. In einem Land, das viele als „warmes Herz Afrikas" bezeichnen, zählen ihre Bewohner zu den freundlichsten Menschen, denen Sie begegnen können. Sie werden Ihnen bereitwillig zeigen, wie man schnorchelt, oder Sie zu Ortschaften, Märkten und gemeinnützigen Projekten in der Nähe führen. Ein ebenso warmer Empfang erwartet Sie im Resort Kaya Mawa („Vielleicht morgen"), einem Juwel am Südende der Insel. Die 10 romantischen Cottages am Seeufer, im traditionellen Stil aus einheimischen Materialien erbaut, sowie die 11 Zimmer und Gästehäuser sind nach nahen Fischerdörfern benannt. Südlich von Likoma, am Westufer der Halbinsel

Der See ist für die Hunderten von Arten farbenprächtiger Buntbarsche bekannt, von denen viele nur hier vorkommen.

Nankumba, liegt die leger-luxuriöse Lodge Pumulani („Ort der Ruhe"), deren 10 erlesen gestaltete Villen über einen grünen Hang mit Blick auf den kristallklaren See und den weißen Sandstrand verstreut sind. Die Lodge ist ein beliebtes Ziel für den Abschluss einer Safarireise mit Tauchgängen und Dau-Fahrten in den Sonnenuntergang. Viele Gäste sind jedoch schon damit zufrieden, auf ihrer Terrasse gemütlich ihre Abenteuer Revue passieren zu lassen.

Wo: Pumulani liegt 232 km östl. von Lilongwe. **Kaya Mawa:** Tel. +265/9993-18360; www.kayamawa.com. *Preise:* ab € 248 (Nebensaison), ab € 277 (Hochsaison), all-inclusive. **Pumulani:** Tel. +265/177-0540/60; www.pumulani.com oder www.robinpopesafaris.net. *Preise:* ab € 252 (Nebensaison), ab € 333 (Hochsaison), all-inclusive. **Reisezeit:** Juni–Okt.: bestes Wetter.

Azurblaues Wasser und weiße Strände

Die Inseln von Mosambik

Mosambik

Naturbelassene, nicht überlaufene Landflecken mit porzellanweißen Stränden, deren Sand so fein ist, dass er quietscht, und türkisfarbenem Wasser, in dem sich einige der makellosesten unverblichenen Korallenriffe verbergen – das ist der Zauber Mosambiks. Nach 2 Jahrzehnten des Krieges und der Instabilität ringt das Festland immer noch darum, sein früheres Image als sicheres Safariziel wiederherzustellen. Doch auf dem Archipel Quirimbas im Norden (32 unerschlossene Koralleninseln) und den 5 leichter erreichbaren Inseln des Bazaruto-Archipels im Süden sind spektakuläre Lodges entstanden, mit kleinen Anspielungen an die portugiesische Kolonialzeit. Sowohl Quirimbas als auch Bazaruto haben eine vielfältige Unterwasserwelt, was Schnorcheln und Tauchen zu einem atemberaubenden Erlebnis macht. Flache Riffe beherbergen Schwärme leuchtend bunter Fische, darunter Halfter- und Feuerfische. Haie, Rochen und Schildkröten halten sich bei den Riffen auf, und tiefe Gräben dienen als Spielplatz für Wale, Walhaie, Delfine und Dugongs (seltene, große, bleiche Meeressäuger, die von Seefahrern früherer Zeiten für Meerjungfrauen gehalten wurden). Beide Inselgruppen haben darüber hinaus eine vielfältige

Die Gewässer rund um die winzige Insel Pansy und um Bazaruto sind Angel- und Tauchparadiese.

Flora und Fauna, zu der Diademmeerkatzen, nistende Schildkröten und mehr als 100 tropische Vogelarten gehören.

Dem Schutz all dessen hat sich das Maluane Project verschrieben, das kürzlich die Vamizi Island Lodge im Quirimbas-Archipel eröffnet hat. Jede der 13 aus Holz, Flechtwerk und Stroh gebauten Freiluftvillen hat ihren eigenen abgeschiedenen Strandabschnitt, der von dichtem Buschwerk abgeschirmt wird. Verbringen Sie den Tag mit Tauchen, Kajakfahren oder Sonnenbaden, bevor Sie am Abend unter Bambusfackeln frische Meeresköstlichkeiten genießen.

Auf Benguerra, der zweitgrößten Insel des Bazaruto-Archipels, gleichzeitig Nationalpark, finden Sie die inmitten eines dichten Waldes gelegene Benguerra Lodge, die aus 2 Strand-*Cabanas* und 10 größeren *Casitas* besteht. Hier können Sie sich neben Tauchgängen auch mit Dau-Fahrten, Naturwanderungen und Dorfbesichtigungen die Zeit vertreiben. Ebenfalls auf der 50 km^2 großen Insel befindet sich das neuere, umweltbewusste Hotel Azura. Alle 15 Villen haben einen eigenen Pool und verbinden den Stil moderner Boutique-Hotelsuiten mit mosambikanischen Elementen – sie sind mit klassischen Strohdächern gedeckt. und eine Wand wurde ausgespart, um die kühle Meeresbrise hereinzulassen.

Wo: Das Quirimbas-Archipel liegt 500 km südöstl. von Daressalam, Tansania; Benguerra 730 km nordöstl. von Maputo. **Wie:** Bushbuck Safaris (GB) bietet individuelle Reisen an. Tel. +44/1669-630386; www.bushbucksafaris.com. *Preise:* ab € 300 pro Person/Nacht. **Vamizi Island Lodge:** Tel. (GB) +44/1285-762218; www.vamizi.com. *Preise:* ab € 437, all-inclusive (Nebensaison), ab € 659 (Hochsaison). **Benguerra Lodge:** Tel. +27/11-452-0641; www.benguerra.co.za. *Preise:* ab € 319, inklusive (Nebensaison), ab € 389 (Hochsaison). **Azura:** Tel. +27/767-050599; www.azura-retreats.com. *Preise:* ab € 389, inklusive (Nebensaison), ab € 555 (Hochsaison). **Reisezeit:** ganzjährig, Apr.–Okt.: besonders schön; Juli–Sept.: Buckelwale; Sept.–Okt.: beste Tauchbedingungen.

Sandwellen und Sternenmeer

Die Dünen von Sossusvlei und der NamibRand-Naturpark

Namibia

Die Wüste Namib, die Namibia seinen Namen gab, ist für die aprikosenfarbenen Dünen des Sossusvlei bekannt. Mit mehr als 300 m Höhe gehören die vom Seewind wie Wellen geformten Sandberge zu den höchsten der Welt.

Den beeindruckendsten Anblick bieten sie bei Sonnenauf- und -untergang, wenn wechselnde Farben und Schatten sie in ein bewegtes Gemälde verwandeln. Einen Eindruck von Ausmaß und Stille dieser Region erhalten Sie beim Versuch, die Dünen zu erklimmen. Die Freude, es nach 1 Stunde im „2 Schritt vorwärts, 1 Schritt zurück"-Tempo geschafft zu haben, ist ebenso überwältigend wie der Blick auf den strahlend blauen Himmel und die scheinbar endlosen Wogen orangegoldenen Sandes. In den seltenen starken Regenjahren lässt sich hier ein ganz besonderes Schauspiel beobachten: Dann füllt sich die talähnliche

Vertiefung mit Wasser und reflektiert das Spiegelbild der Dünen und knorrigen Bäume, wie eine Fata Morgana schimmernd.

Direkt südlich der Dünen liegt die Sossusvlei Desert Lodge mit 10 aus Stein und Glas gebauten Villen. Sie befindet sich im Norden des 180.000 ha großen NamibRand-Naturparks, eines der größten privaten Naturschutzgebiete Afrikas. Verbringen Sie den Vormittag bei einer Quad-Tour durch die Wüste, mit Stopps, bei denen Sie die scheueren Bewohner dieses 55 Mio. Jahre alten Ökosystems begutachten können, darunter der langnasige Rüsselspringer, die gefleckte Pantherschildkröte, der kräftige Büffelweber, der borstige Ameisenlöwe und der gehörnte Nashornkäfer – Namibias „Kleine 5".

Bei Nacht hält Namibia ein funkelndes Schauspiel bereit, denn dann scheint der Himmel voller Diamanten zu sein. Das Kreuz des Südens, die Milchstraße und fast alle Sternbilder sind mit bloßem Auge zu erkennen – darüber hinaus hat die Lodge eine hochmoderne Sternwarte. Weiter südlich im NamibRand-Park befinden sich die Wolwedans Lodges, die der Gründer des Reservats, der Naturschützer Albi Brückner, errichten ließ. Sie bieten ein breites Spektrum an Übernachtungsmöglichkeiten – vom (nicht ganz so) schlichten Dune Camp bis zum exklusiven Boulders Camp mit 4 prächtigen Zelten, bei denen Sie vielleicht nie das Bedürfnis haben, die Seitenwände zu schließen – so wird die ganze Wüste zu Ihrem Schlafzimmer. **Wo:** 360 km südwestl. der Hauptstadt Windhuk. **Sossusvlei Desert Lodge:** über &Beyond in Südafrika. Tel. +27/11-809-4314; www.andbeyond.com. *Preise:* ab € 307 (Nebensaison), ab € 574 (Hochsaison), all-inclusive. **Wolwedans Lodges:** Tel. (Windhuk) +264/61–230-616; www.wolwedans.com. *Preise:* ab € 333 im Dune Camp; ab € 555 im Boulders Camp; all-inclusive. **Reisezeit:** Juni–Okt.: trockenes, mildes Klima, beste Bedingungen zur Tierbeobachtung.

Wildes Land im Süden Afrikas

Der Etosha-Nationalpark

Namibia

Trotz seines rauen Klimas hat Namibia einige der faszinierendsten Landschaften der Welt zu bieten, ebenso wie eine reiche und vielfältige Tierwelt, die sich den wüstenähnlichen Bedingungen angepasst hat. Der im Norden gelegene Etosha-Nationalpark, eine Savannenregion von der 10-fachen Größe Luxemburgs, ist das drittgrößte Wildschutzgebiet der Erde und der bedeutendste Nationalpark des Landes. Sein Name lässt sich grob mit „großer weißer Platz" oder „Land des trockenen Wassers" übersetzen – ein Verweis auf die Etosha-Pfanne, die riesige schimmernde Salzfläche im Herzen des Parks. Mit der Vielzahl unterschiedlichster Tiere, die sich an ihren von Quellen gespeisten Wasserlöchern findet – 144 Säugetier- und über 300 Vogelarten –, ließe sich eine ansehnliche Arche füllen. Hier können Sie auf große Herden von Elefanten, Zebras, Strei-

Die Giraffen von Etosha stellen möglicherweise eine eigene Unterart dar.

fengnus und Springböcken treffen. Auch die bedrohten Spitzmaulnashörner, Leoparden und Geparden bevölkern den Park. Und einmal im Jahr, wenn die Pfanne nach der Regenzeit mit Wasser gefüllt ist, lassen sich hier für ein paar Tage Zehntausende Flamingos und Pelikane nieder.

Nur 4 der zahlreichen komfortablen Lodges im Umkreis befinden sich direkt im Park. Sie alle werden von Namibia Wildlife Resorts betrieben. Am neuesten ist das luxuriöse Onkoshi Camp, dessen 15 Chalets herrliche Ausblicke auf die Etosha-Pfanne bieten. Morgens und abends können Gäste an geführten Pirschfahrten und -gängen

über das *Sandveld* im Nordosten oder in der Salzpfanne teilnehmen. Nach Sonnenuntergang bietet sich ein unübertroffener Sternenhimmel sowie die rare Gelegenheit einer Nachtsafari auf dem Parkgelände, die hier exklusiv von Namibia Wildlife Resorts angeboten wird.
Wo: Der Parkeingang Andersson's Gate liegt 421 km nördl. der Hauptstadt Windhuk.
Wie: Das amerikanische Unternehmen Africa Adventure Co. bietet eine 7-tägige „Best of Namibia"-Flugsafari an. Tel. +1/954-491-8877; www.africa-adventure.com. *Preise:* ab € 2926 (Nebensaison), € 3519 (Hochsaison), all-inclusive. Startet in Windhuk. **Namibia Wildlife Resorts:** Tel. +264/61-285-7200; www.nwr.com.na. *Preise:* Onkoshi Camp ab € 444, all-inclusive. **Reisezeit:** Juni–Okt.: trockenes, mildes Klima; beste Bedingungen zur Tierbeobachtung; Jan.–März.: Überflutung der Salzpfannen.

Ergreifende Schönheit und unendliche Weiten

Die Skelettküste

Namibia

Wenn Sie der Welt entrinnen möchten, ist dies das richtige Safariziel für Sie – nicht um Wild zu beobachten (was als Bonus hinzukommt), sondern um die fremdartige Einsamkeit einer der ungewöhnlichsten Landschaften der Erde zu erleben. Namibias Skelettküste ist ein wenig erforschtes Wüstenparadies von unglaublicher Weite – unerschlossen, unbewohnt und weitab von jeglicher Zivilisation. Ihr Name leitet sich von ihrer tückischen, kargen Küste ab, deren nebelverhangene Strände von Schiffswracks und Walknochen übersät sind. Das hier angesiedelte Cape Cross Seal Reserve dient Tausenden von Südafrikanischen Seebären als Brutplatz. Sie belagern Felsen und Sand, und Ende November bis Anfang Dezember kommen ihre blauäugigen Jungen zur Welt. Ein Großteil dieses Landstrichs, der streckenweise einem riesigen Ozean aus Sanddünen, verschlungenen Schieferadern und Granitbänken gleicht, ist nur per Leichtflugzeug erreichbar. Bevölkert wird er nur von vereinzelten Springbockherden und riesigen Schwärmen leuchtend pinkfarbener Flamingos. Ab und an lässt sich auch ein seltener Wüstenelefant entdecken.

Die Skelettküste umfasst die nördliche Küstenlinie Namibias und endet im Norden am Fluss Kunene, der die Grenze zu Angola markiert. Sie erstreckt sich über rund 1600 km, ein Großteil im Rahmen von Parks und Reservaten geschützt. Falls Sie sich dazu entschließen, mit Skeleton Coast Safaris zu reisen, werden Sie mit den Schoeman-Brüdern in einer kleinen Cessna unterwegs sein. Die geborenen Piloten haben das Unternehmen von ihrem Vater geerbt, einem Pionier des Ökotourismus in der Region. Sie fliegen fast auf Meeres- oder Dünenhöhe, landen, wo immer es der Nebel erlaubt, und setzen die Tour dann per Geländewagen, Boot oder zu Fuß fort, um geologische Formationen, Tiere oder uralte Malereien der Buschleute zu entdecken, die der Außenwelt kaum bekannt sind.

Skeleton Coast Safaris: Tel. +264/61-224-248; www.skeletoncoastsafaris.com. *Preise:* 4-tägige Safari € 4441, all-inclusive, mit Unterbringung in Wüstenzeltlagern. Startet in Windhuk. **Reisezeit:** Juni–Okt.: mildes Klima, beste Zeit zur Kombination mit Safari in Namibia.

Afrikanisches Utopia eines britischen Exzentrikers

SHIWA NGANDU

Sambia

In einer der abgelegensten Gegenden Sambias können Reisende nicht nur zu Fuß, per Boot oder Buschfahrzeug in die Naturwunder des Landes eintauchen, sondern auch in einem faszinierenden Denkmal für die historische Besessenheit der Briten, die wildesten Flecken der Erde zu bezähmen, logieren. Der außergewöhnliche Landsitz Shiwa Ngandu inspiriert Schriftsteller seit Jahren. In ihrem Buch *The Africa House* (1999) beschreibt Christina Lamb, wie sie zum ersten Mal hier eintraf: „Wir fuhren eine lange steile Auffahrt hinauf, die – in Afrika! – ausgerechnet von italienischen Zypressen gesäumt war, passierten einen farbenprächtigen Terrassengarten ... Und da war es ... In meinen 10-jährigen Reisen als Auslandskorrespondentin in Afrika, Asien und Südamerika hatte ich nie etwas Vergleichbares gesehen."

Das Anwesen wurde von Sir Stewart Gore Brown errichtet, der 1881 in London in eine reiche Familie geboren und mit 19 in den Burenkrieg im südlichen Afrika geschickt wurde. 1914 besuchte er Shiwa Ngandu, den „See der königlichen Krokodile", einen unwirtlichen Ort im damaligen Nordrhodesien. Augenblicklich verzaubert, begann der exzentrische Gore Brown 1920 mit dem Bau seines afrikanischen Utopias, der sich bis in die späten 1950er-Jahre hinzog. Es gab keine Straßen, und der nächste Bahnhof war über 600 km entfernt, doch mithilfe Hunderter von Arbeitern und Ochsengespannen, die Baumaterial herbeischleppten, entstand ein Backsteinbau mit Turm, Torhaus, Säulengängen und Innenhöfen, umgeben von Baumschulen, ummauerten Gärten und Tennisplätzen. Echtem englischem Adelsstil getreu, wurde aus dem Besitz eine ausgedehnte Siedlung mit 2 Schulen, Krankenhaus, Läden, Sportplätzen, Postamt und 80 Häusern für die Bediensteten, die das Anwesen und die 24.000 ha Wildnis und Ackerland bewirtschafteten.

Als Gore Brown 1967 starb, waren Haus und Ländereien dem Verfall preisgegeben, und die umliegende Gemeinde verlor mit der Zeit den Zugang zu Jobs, Gesundheitsversorgung und Bildung. Doch Gore Browns ältester Enkel, Charlie Harvey, und seine Frau Jo konnten das nicht mit ansehen und nahmen sich 2002 der Herkulesaufgabe an, das Anwesen zu restaurieren und die Schulen und das Krankenhaus wieder für die 11.000 Dorfbewohner nutzbar zu machen. Außerdem öffneten sie Shiwa Ngandu für Gäste und statteten 8 Schlafzimmer (teils im Haupthaus, teils in einem benachbarten Farmhaus) mit Originalmöbeln aus, um an die Blütezeit des Anwesens zu erinnern. Sie arrangieren Bootsausflüge auf dem See, Bäder in heißen Quellen, Ausritte und Pirschgänge oder -fahrten zur Beobachtung wenig bekannter Tiere wie des Palmgeiers oder zweier scheuer Antilopenarten: der im Sumpfland lebenden Sitatunga und des kleinen Blauduckers. An Regentagen können Sie sich im umfangreichen Familienarchiv in die Geschichte der Gore Browns vertiefen.

Wo: 800 km nordöstl. der Hauptstadt Lusaka. Tel. +260/97-666-4090; www.shiwangandu.com. *Preise:* Farmhaus-Zimmer € 163, all-inclusive (Nebensaison), € 200 (Hochsaison). **REISEZEIT:** Mai–Okt.: kühleres, trockenes Wetter.

Nilpferde, Bienenfresser, Leoparden und vieles mehr

SÜDLUANGWA

Sambia

Im Südluangwa-Nationalpark in Sambia hat jeder Augenblick seinen eigenen Reiz – von der üppigen „Smaragdsaison" nach dem Regen im Januar und Februar, zu der man am besten mit dem Boot unterwegs ist, bis zu den trockenen Monaten von Juli bis Oktober, wenn sich riesige Wildherden um den schwindenden Fluss Luangwa und die Wasserlöcher scharen. Dann graben die bunten Bienenfresser mit ihren Schnäbeln Tausende von Nisthöhlen in die Steilufer des Flusses. Nicht selten sieht man sich rotgesichtigen Nimmersatten und anderen Storchenvögeln gegenüber, die sich gemeinsam mit weißen Reihern zum Fischen auf riesigen Seerosenblättern niedergelassen haben, beobachtet von Büffeln, Pukus, Impalas und Wasserböcken. Auch Gruppen von halb unter Wasser liegenden Nilpferden sind häufig zu sehen, die wie Trittsteine wirken. Zudem wird Südluangwa als Sambias Gegend der Großkatzen gerühmt – mit ziemlicher Sicherheit werden Sie einen Leoparden bei der Jagd in der Dämmerung sehen, ebenso wie Löwen, in den heißen Sommermonaten 1–2-mal am Tag.

Der verstorbene Norman Carr führte in Sambia erstmals Fußsafaris durch und setzte Maßstäbe für Guides, die mittlerweile in ganz Afrika Gültigkeit haben. Seine Aufzucht, Erziehung und Freilassung zweier verwaister Löwenbabys 1958 ist Stoff für Legenden. Carr starb 1997, doch das von ihm gegründete Safariunternehmen führt noch immer die Kapani Lodge, ein gut ausgestattetes Refugium am Flussufer mit 8 Suiten und 2 *Lagoon Houses*. Bei mehrtägigen Safaris können Sie entweder dauerhaft hier wohnen oder in luxuriöse Buschcamps übersiedeln. Ein Aufenthalt außerhalb der Lodge gewährt Ihnen den Vorteil, auf dem Weg von Camp zu Camp Herden von bis zu 1000 Büffeln oder 100 Elefanten auf dem Weg zum

Nilpferde sind die drittgrößten Landsäugetiere und gehören zu den gefährlichsten Tieren, die in Südluangwa anzutreffen sind.

Wasser zu überraschen (oder von ihnen überrascht zu werden). Das Flatdogs Camp steht direkt außerhalb des Parks am anderen Flussufer. Mit 6 Safarizelten (mit Bad), 2 2-stöckigen Steinhäusern und dem Jackalberry-Baumhaus bietet es den Gästen (und den Elefanten, die häufig am Abend ins Camp kommen, um aus dem Pool zu trinken) ein angenehmes Umfeld.

Wo: 644 km nordöstl. von Lusaka. **Norman Carr Safaris:** Tel. +260/216-24-6025; www.normancarrsafaris.com. *Preise:* Safari (7 Nächte) ab € 1963, all-inclusive (Nebensaison, fällt in die Smaragdsaison), € 2489 (Hochsaison). **Flatdogs Camp:** Tel. +260/216-24-6038; www.flatdogscamp.com. *Preise:* ab € 140, all-inclusive (Nebensaison), € 174 (Hochsaison). *Wann:* Mitte Jan.–Mitte März: geschlossen. **Reisezeit:** Dez.–März: Smaragdsaison, Vogelbeobachtung; Juni–Sept.: Trockenzeit, Fußsafaris.

So nah und doch so fern

TONGABEZI SAFARI LODGE

Victoriafälle, Sambia

Nur rund 15 km flussabwärts der Tongabezi Safari Lodge befinden sich die donnernden Victoriafälle (s. unten); obwohl ihr Brausen nicht bis hierher hörbar ist, werden Sie doch auf irgendeine Art ihre Kraft spüren. Tongabezi selbst ist ein Ort der Stille, erbaut am Ufer des Sambesi, dessen ruhiges Wasser hier keinen Hinweis auf den gewaltigen Sturz bietet, der ihm bevorsteht. Die Lodge besitzt einen Pool am Flussufer, Himmelbetten und Badewannen auf der Veranda, die Blick auf herrliche Sonnenuntergänge bieten. Die 11 strohgedeckten Hütten sind mit geschmackvollen Naturmöbeln ausgestattet, denen man das Prädikat „Busch de luxe" verleihen könnte. Das Tree House ist wörtlich zu nehmen – hier wachsen buchstäblich Baumstämme durch den Boden. Das offene Honeymoon House hat umwaldete Terrassen, das Dog House eine versenkte Badewanne und einen steinernen Kamin. Das perfekte Quartier, abgerundet durch belebende morgendliche Busch- und Vogelspaziergänge, Kanufahrten und Dämmerschoppen an Bord einer Dau. Um den Sambesi noch intensiver zu erleben, können Sie einen Raftingtrip durch die Schluchten unternehmen oder in einem der 5 Chalets auf der zu Tongabezi gehörenden Privatinsel Sindabezi Island übernachten. Außerdem können Sie in einem Helikopter über die Fälle schweben – oder, wenn Sie besonders mutig sind, in einem Ultraleichtflieger, einer Art Drachen mit Sitzen und Propeller.

Wo: Livingstone liegt 16 km flussaufwärts der Victoriafälle. Tel. +260/213-327-468; www.tongabezi.com. *Preise:* Cottage € 348 pro Person, all-inclusive (Nebensaison), € 419 (Hochsaison). **Reisezeit:** Zu Ende der Regenzeit, März–Juni, führen die Fälle das meiste Wasser, es kann jedoch feuchtheiß sein. Juli–Sept.: milde Temperaturen, beste Bedingungen zur Tierbeobachtung und Aktivitäten auf/im Wasser.

Donnernder Rauch

DIE VICTORIAFÄLLE

Sambia und Simbabwe

Die Victoriafälle sind genauso monumental und großartig, wie man sie sich vorstellt, ihr Lärm größer als der 1 Mio. wandernder Gnus, ihre Gischt 60 km weit sichtbar. Europäer bekamen sie erstmals 1855 zu Gesicht, während einer Expedition, die Dr. David Livingstone leitete, der Schotte, der 1840 als medizinischer Missionar nach Afrika kam, seinen Ruhm aber als Anführer abenteuerlicher Reisen auf der Suche nach der Quelle des Nils erlangte. Die Einheimischen nennen die Fälle *Mosioatunya*, was übersetzt „der Rauch, der donnert" bedeutet. Livingstone war jedoch der Ansicht, sie verdienten einen königlicheren (und britischen) Namen, weshalb er sie nach seiner Königin benannte, die sie leider niemals sehen sollte.

Die Fälle erstrecken sich mit 1,7 km über die gesamte Breite des Sambesi. Bei ihrem Sturz aus 110 m Höhe – doppelt so hoch wie die Niagarafälle (s. S. 933) – erzeugen sie einen feinen, immerwährenden Sprühnebel, Regenbogen und – wenn der Mond hell und voll genug ist – sogar Mondregenbogen, die ins Sichtfeld driften und wieder entschwinden. In der Morgen- und Abenddämmerung verfärben sich Himmel, Wasser und Dunst rosa und orange, besonders in der Regenzeit von März bis Mai, wenn die Kaskaden das meiste Wasser führen und die Gischt bis zu 300 m in die Höhe steigt, sodass sie noch aus großer Entfernung zu sehen ist. Die Ehrfurcht ist leicht vorstellbar, die Livingstone erfüllte, als er die Zeilen schrieb: „Bei einem so herrlichen Anblick müssen selbst Engel in ihrem Flug staunen." Heute werden als „Engelsflüge" die atemberaubenden Trips per Helikopter, einmotorigem Flugzeug oder Ultraleichtflieger über die Fälle bezeichnet. Nicht weniger packend ist das Rafting am Fuß der Fälle, inklusive Stromschnellen der Klassen IV und V. Außerdem können Sie einen Bootsausflug zur Livingstone-Insel (auf der Dr. Livingstone sein erstes Lager aufschlug) machen, die den Fall in 2 Abschnitte teilt. Hier genießen Sie ein 3-Gänge-Menü mit einer Aussicht und Soundeffekten, die Sie nicht so bald vergessen werden.

Der Sambesi bildet die natürliche Grenze zwischen Simbabwe und Sambia. Die Brücke, die beide Länder verbindet, wird für Bungeesprünge genutzt. Auf simbabwischer Seite erinnert das ehrwürdige, 1904 eröffnete Victoria Falls Hotel an edwardianische Zeiten. Auf sambischer Seite liegt das neuere Royal Livingstone Hotel, dessen anmutige Kolonialarchitektur und -ausstattung die romantische Epoche der frühen Entdeckungsreisen beschwört. Meerkatzen und Zebras streifen über die breiten Wiesen, die zum Fluss hinabführen, während die Gäste im Haus dinieren oder in der offenen Lounge unter Kronleuchtern entspannen.

Wo: 713 km westl. der simbabwischen Hauptstadt Harare. **VICTORIA FALLS HOTEL:** Tel. +263/13-44751; www.lhw.com/victoria. *Preise:* ab € 196. **ROYAL LIVINGSTONE HOTEL:** Tel. +206/21-332-1122; www.royal-livingstonehotel.com. *Preise:* ab € 518. **REISEZEIT:** März–Juni: Fälle am wasserreichsten; Juli–Sept. gelten ebenfalls als optimal.

Wilde, sonderbare Landschaft

DER MATOBO-NATIONALPARK

Matobo Hills, Simbabwe

Gewaltige Granitmassen – von der Zeit und den Elementen geschliffen, gespalten und geformt – bilden ein Arrangement gigantischer Walrücken, fantastischer Schlösser, knubbeliger Felsnasen und zweifelhaft ausbalancierter Findlinge, das sich über Tausende von Quadratkilometern in den Matobo Hills (oder Matopos) erstreckt. Diese bizarre Landschaft verzauberte den britischen Finanzier und Staatsmann Cecil J. Rhodes (auf den der frühere Name Simbabwes und Sambias, Rhodesien, zurückgeht) derart, dass er sich hier begraben ließ. Niemand verlässt den 440 km² großen Park, ohne einen Augenblick an seiner auf einem Hügel („View of the World") gelegenen Grabstätte verbracht zu haben.

Die vermutlich vor etwa 2 Mrd. Jahren entstandenen unwirklichen Formationen gelten als spirituelle Stätte, seit die ersten Jäger und Sammler vor rund 30.000 Jahren hier ihre Felskunst schufen. So viele Höhlenmalereien an einem Ort hat Afrika sonst kaum zu bieten – Quantität und Qualität sind ebenso beeindruckend wie die Tierwelt der Region. Viele zeigen Breit- und Spitzmaulnashörner, die hier noch immer in großer Zahl leben, ebenso wie Leoparden, Geparden und rund 200 Vogelarten, darunter das weltweit größte Vorkommen an Raubvögeln wie Felsenadler, Falken und Eulen.

In diesem riesigen natürlichen Felsgarten versteckt liegt das Big Cave Camp, das gerade einmal 16 Gästen inmitten einer 800 ha großen Wildnis direkt außerhalb des Nationalparks Quartier bietet. Was Ihre Gastgeber nicht über Geografie, Kunst und Tierwelt der Gegend wissen, ist auch nicht wissenswert. Die Zimmer sind A-förmige, aus Granit und Stroh erbaute Hütten, die auch in der brütenden Sommerhitze kühl bleiben. Drinks und Geschichten werden rund um eine offene Feuerstelle serviert, die die ganze Nacht über brennt. Und wenn Sie das Glück haben, zu erleben, wie der Vollmond die Felsen beleuchtet, werden Sie verstehen, warum Rhodes niemals von hier fortwollte.

Wo: 48 km südl. von Bulawayo. **BIG CAVE CAMP:** Tel. +272/1-914-0966; www.bigcave.co.za. *Preise:* € 90, all-inclusive. **REISEZEIT:** Apr.–Sept., nach dem Regen, wenn sich eine Vielzahl von Tieren an Wasserlöchern versammelt und es kühler ist.

„Dieses Kap ist äußerst stattlich und das schönste Kap, das wir auf dem gesamten Erdkreis gesehen haben." – SIR FRANCIS DRAKE

KAPSTADT

Südafrika

Die Metropole Kapstadt am Südzipfel des Kontinents, in der afrikanische und europäische Kultur aufeinandertreffen, ist eine der am schönsten gelegenen Küstenstädte der Welt, überragt von ihrem unverwechselbaren Tafelberg mit dem wogenden „Tischtuch" aus Wolken. Von seinem Gipfel bietet sich Ihnen ein atemberaubendes Panorama aus blauem Himmel, blauem Meer und den modernen Bauten der ältesten und beliebtesten Stadt Südafrikas. Kapstadt begeistert mit einer bunten Mischung aus niederländischer, englischer, malaiischer und afrikanischer Kultur, der allgegenwärtigen Wildnis und den nahen Spitzenweingütern. Wenn eine Safari Ihr Hauptgang ist, dann ist Kapstadt in jedem Fall das Dessert.

HAUPTATTRAKTIONEN

BO-KAAP (EHEMALS MALAY QUARTER) – Das Bo-Kaap ist ein historischer Vorort, der von der Kultur der Kapmalaien geprägt ist. Es sind Nachfahren von Sklaven, die ab 1657 von der Niederländischen Ostindien-Kompanie als Landarbeiter aus Indonesien und Malaysia hierher gebracht wurden. Erschrecken Sie nicht, wenn – täglich zur Mittagszeit – die Kanone auf dem Signal Hill abgefeuert wird, nach der Seeleute einst ihre Chronometer stellten. Statten Sie dem Noon Gun Tea Room (273 Longmarket Street) oder dem Restaurant Biesmiellah (2 Upper Wales Street) einen Besuch ab, um eine preiswerte, malaiische Mahlzeit zu genießen, mit Currygerichten, Samosas oder *Bobotie*, einem Hackfleischgericht. Am Neujahrstag findet im Bo-Kaap der farbenfrohe *Minstrel Carnival* statt.

BOULDERS BEACH UND KAP DER GUTEN HOFFNUNG – Mehr als 3000 Pinguine herrschen über die relativ warmen Gewässer am Boulders Beach und benachbarten Foxy Beach. Hier reiten die schwarz-weißen Brillenpinguine auf den Wellen oder watscheln possierlich an Land, um zu brüten oder sich zu sonnen, wobei sie sich von den mit Picknickkörben bewaffneten Einheimischen und neugierigen Auswärtigen nicht beirren lassen. Solange Sie ihnen nicht zu nahe kommen, können Sie sie von hölzernen Stegen aus in aller Ruhe beobachten. Von Februar bis Mai ist Brutsaison, dann legen die Tiere am Strand ihre Eier ab. Wenn Sie der Kap-Halbinsel weiter nach Süden folgen, erreichen Sie an ihrer Spitze das Kap der Guten Hoffnung. Der schroffe, windgepeitschte Cape Point bietet herrliche Wanderwege, eine exotische Tierwelt, verlassene Strände und eine „Ende der Welt"-Atmosphäre, die sich der Tatsache verdankt, dass Sie nur der Ozean von der Antarktis trennt.
BOULDERS BEACH: 42 km südl. von Kapstadt.
CAPE POINT: 105 km südl. von Kapstadt.

District Six Museum – Diese „lebendige Gedenkstätte" erzählt die erschütternde Geschichte der Zwangsumsiedlung von 60.000 Angehörigen einer multikulturellen innerstädtischen Nachbarschaft von den späten 1960er- bis in die frühen 1980er-Jahre. Im 1867 geschaffenen 6. Stadtbezirk Kapstadts lebte eine bunte Mischung freigelassener Sklaven, Händler, Künstler, Arbeiter und Immigranten unterschiedlichster Herkunft nebeneinander – was das Apartheidsregime nicht duldete. Das Museum dokumentiert die persönlichen Erfahrungen der Bewohner von dem Moment, als der Bezirk zur „weißen Zone" erklärt wurde, bis zu dem Zeitpunkt, an dem er komplett niedergerissen war, nachdem man alle Ansässigen in abgelegene „Townships" in den Cape Flats umgesiedelt hatte (s. Khayelitsha). Das 1994 eröffnete eindrückliche Museum dient auch als Begegnungsstätte für alle, die Teil dieses Kapitels der jüngeren Geschichte sind. Info: Tel. +27/21-466-7200; www.districtsix.co.za.

Das farbenfrohe Bo-Kaap ist eine hervorragende Adresse für eine authentische kapmalaiische Mahlzeit.

GOLD OF AFRICA MUSEUM – Das meiste Gold Südafrikas stammt aus den Minen rund um das 1500 km entfernte Johannesburg. Trotzdem finden Sie hier, im liebevoll restaurierten Martin-Melck-Haus (18. Jh.), die weltbeste Sammlung afrikanischer Goldkunst mit zahlreichen Stücken aus dem 19. Jh. Im Gold Restaurant wird eine wunderbare Mischung afrikanischer und kapmalaiischer Küche serviert, und im Goldsmiths' Workshop können Sie lernen, Ihren Familienschmuck selbst herzustellen. **INFO:** Tel. +27/21-405-1540; www.goldofafrica.com.

KHAYELITSHA – Die meisten Besucher passieren diese ausgedehnte Barackensiedlung mit beinahe 1 Mio. Einwohnern und endlosen Hüttenreihen nur. Doch ein flüchtiger Blick lässt die lebendige Kultur in ihrem Inneren nicht erahnen. Die unternehmerische Energie der Einwohner, die aus „nicht weißen" Vororten hierher umgesiedelt wurden, ist inspirierend. Für einen Besuch ist ein sachkundiger einheimischer Guide unverzichtbar, der Sie mit den kleinen Geschäften, Werkstätten, Schulen, *Shebeens* (Bars) und Garküchen vertraut macht, wo die meisten Besucher mit einem Lächeln begrüßt werden. In diesem Labyrinth aus Baracken (in dem der Postbote wie durch ein Wunder alle Adressen kennt), ist der Gemeinschaftssinn fast körperlich spürbar. Trotz all der Armut werden Sie von hier ein Gefühl der Hoffnung für die künftigen Generationen mitnehmen. **Wo:** Am Highway N2 in den Cape Flats am Stadtrand von Kapstadt. **Wie:** Das seriöse Unternehmen Go2Africa bietet Township-Touren an. Tel. +27/21-481-4900; www.go2africa.com. *Preise:* ab € 48.

KIRSTENBOSCH NATIONAL BOTANICAL GARDENS – Der Botanische Garten von Kirstenbosch am Osthang des Tafelbergs war eine der ersten Anlagen, die jemals gegründet wurden, um die Flora eines Landes zu erhalten. Ein kilometerlanges Netz von Fußwegen durchzieht das 36 ha große Gelände; Wiesen und Wasserläufe wechseln sich mit prachtvollen Arrangements einheimischer Pflanzen wie Fynbos-Arten, Zuckerbüschen und Palmfarnen ab. An den sommerlichen Sonntagabenden von November bis April packen die Kapstädter auf den grünen Wiesen ihr Picknick aus, um den wunderbaren Open-Air-Konzerten zu lauschen. **Info:** Tel. +27/21-799-8783; www.sanbi.org.

ROBBEN ISLAND – Den besten Blick auf Kapstadt bietet die 30-minütige Fährüberfahrt nach Robben Island, heute vor allem als einstiges Hochsicherheitsgefängnis bekannt, in dem der ehemalige Präsident Nelson Mandela 18 Jahre seiner 27-jährigen Haftzeit verbrachte (1964–82) und heimlich sein Buch *Der lange Weg zur Freiheit* verfasste. Der letzte Gefangene verließ 1996 die kleine Insel, die heute ein Museum beherbergt. Manche der Museumsführer, die die Geschichte der Insel als Ort der Isolation zum Leben erwecken, sind selbst ehemalige politische Häftlinge und Weggefährten Mandelas aus den schweren Zeiten der Apartheid. Ein Holzsteg führt zu einem Strand voller Brillenpinguine. **Info:** Tel. +27/21-413-4220; www.robben-island.org.za.

DER TAFELBERG – Das Panorama, das sich vom gut 1000 m hohen Tafelberg (vom Meer aus 60 km Entfernung sichtbar) bietet, umfasst Berge, Stadt, Ozean und Abschnitte unberührter Wildnis. Eine Seilbahn erreicht den flachen Gipfel, der dem Wahrzeichen seinen Namen gab, in 5 Minuten. Alternativ können Sie den Weg in 2–3 Stunden zu Fuß zurücklegen, was von September bis März am schönsten ist, wenn die Hänge von Blumen, darunter mehr als 100 Irisarten, übersät sind. Fast das ganze Jahr über bedeckt irgendwann am Tag ein „Tischtuch" aus Wolken den Berg. **Info:** Tel. +27/21-424-8181; www.tablemountain.net.

VICTORIA & ALFRED WATERFRONT – An der historischen V&A Waterfront (für Einheimische schlicht „the Waterfront") am Rande des betriebsamen Hafens schlägt das kommerzielle Herz Kapstadts. Hier gibt es Dutzende von Geschäften, Essgelegenheiten, ein Aquarium und einige ausgesuchte Hotels sowie ein Gewirr von Straßenkünstlern, Musikern und jeder Menge Bootsverkehr, darunter Wassertaxis, die Feierwillige im Sommer von einer Bar zur nächsten bringen, und Fähren nach Robben Island (s. vorige S.). Silvester findet an der

Die Seilbahn auf den Tafelberg bietet einen herrlichen Blick auf einen weiteren Gipfel: den Lion's Head.

Waterfront die größte Party mit Feuerwerk, Musik, internationalen DJs, Tanz und ausgelassener Atmosphäre statt. **Info:** Tel. +27/21-408-7600; www.waterfront.co.za.

ÜBERNACHTEN

CAPE GRACE HOTEL – Das kleine Haus an einem eigenen Kai zwischen der V&A Waterfront und einem Jachthafen findet regelmäßig Anerkennung als eines der besten Hotels Afrikas. Die 120 geräumigen, hellen Zimmer bieten Blick auf Hafen oder Tafelberg – oder beides. In der Bascule Whisky, Wine and Cocktail Bar findet man das größte Whiskey-Angebot der südlichen Hemisphäre. Die luxuriöse Jacht *Spirit of the Cape* steht Hotelgästen exklusiv zur Verfügung. **Info:** Tel. +27/21-410-7100; www.capegrace.com. *Preise:* ab € 481 (Nebensaison), ab € 574 (Hochsaison).

ELLERMAN HOUSE – Das schönste Boutique-Hotel Südafrikas liegt auf einem Hügel in Bantry Bay, 10 Fahrminuten von der Waterfront entfernt. Das 1912 als Privatquartier eines britischen Schiffsmagnaten errichtete Anwesen hat die Atmosphäre eines Refugiums an der französischen Riviera. Im Haupthaus befinden sich 9 Zimmer, 5 weitere in der Villa, alle dekoriert mit Gemälden prominenter südafrikanischer Künstler. Das Hotel bietet atemberaubende Aussichten auf Robben Island und den Südatlantik. **Info:** Tel. +27/21-430-3200; www.ellerman.co.za. *Preise:* ab € 630 (Nebensaison), ab € 741 (Hochsaison).

MANDELA RHODES PLACE – Im zentralen Geschäftsviertel, gegenüber der legendären St. George's Cathedral auf der Wale Street, liegt das moderne Hotel Mandela Rhodes Place, das Appartements vom Studio bis zur 2-Schlafzimmer-Suite bietet. Fragen Sie nach einem Quartier in einem der oberen Stockwerke, um eine herrliche Aussicht auf Waterfront und Tafelberg zu genießen. Das Azura Restaurant serviert am Pool oder im Innenbereich mit Blick auf die City südafrikanische Spezialitäten vom traditionellen *Braai* (Grillspezialitäten) bis zu Garnelen und Langusten. **Info:** Tel. +27/31-310-6900 oder +27/21-481-4000; www.mandelarhodesplace.co.za. *Preise:* Studio-Appartement ab € 130 (Nebensaison), ab € 277 (Hochsaison); Dinner € 30.

MOUNT NELSON HOTEL – Dieses ehrwürdige rosafarbene Stuckgebäude beherbergt schon seit seiner Gründung 1899 die namhaftesten Gäste Kapstadts – von Arthur Conan Doyle und Winston Churchill über Oprah Winfrey bis zum Dalai Lama – und ist Mittelpunkt des gesellschaftlichen Lebens der Stadt. Falls Sie vorhaben, nur einmal zum Tee einzukehren, sollten Sie das hier tun: Im Haus oder inmitten von Blumen auf der Veranda werden dazu köstliches Gebäck, Kuchen und Knabbereien gereicht. Das englische Ambiente ist wunderbar erhalten. Das Hotel liegt zwar nicht am Meer, macht diesen Makel aber mit einem üppigen Garten mit Rosenbeeten und Hibiskusbäumen im Schatten des Tafelberges wett. **Info:** Tel. +27/21-231-000; www.mountnelson.co.za. *Preise:* „Superior"-DZ ab € 315 (Nebensaison), ab € 407 (Hochsaison); Tee € 22.

ONE&ONLY CAPE TOWN – Im Herzen der V&A Waterfront wartet dieses mondäne Domizil mit den größten Zimmern und Suiten der

Seit sie 1982 hier eine Kolonie gründeten, fühlen sich die Brillenpinguine am Boulders Beach zu Hause.

Stadt auf, allesamt mit Blick auf Tafelberg, Hafen oder Wasserstraßen und mit folkloristischen Stoffen und zeitgenössischer südafrikanischer Kunst dekoriert. Das erste Restaurant des legendären Nobuyuki Matsuhisa in Afrika, Nobu, entzückt Feinschmecker, im Reuben's erhalten Sie exzellente Bistrogerichte und regionale Variationen vom örtlichen Starkoch Reuben Riffel. INFO: Tel. +27/21-431-5888; www.oneandonlycape town.com. Preise: ab € 463 (Nebensaison), ab € 537 (Hochsaison) im „Marina Rise"; Dinner: Nobu € 52, Reuben's € 40.

ESSEN & TRINKEN

AUBERGINE – Das Restaurant in der ehemaligen Residenz des ersten Obersten Richters der Kapregion, Sir John Wylde, aus dem 19. Jh. wird dessen Erbe gerecht: Wyldes extravaganter Lebensstil war ebenso Stadtgespräch wie seine eleganten Partys. Die Innenräume wurden – von Bambusdecken bis zu ungleichen Gelbholztischen – feinsinnig zeitgenössisch renoviert und unterstreichen die Eleganz des Gebäudes. Die nur wenige Minuten von der V&A Waterfront und 2 Blocks vom Mount Nelson Hotel entfernte Terrasse im Grünen ist der perfekte Ort für einen Aperitif vor dem Genuss der innovativen Küche Harald Bresselschmidts, der zwar auf Fisch, Fleisch und Wild spezialisiert ist, aber auch hervorragende vegetarische Gerichte anbietet. INFO: Tel. +27/21-465-4909; www.auber gine.co.za. Preise: Dinner € 45.

CAVEAU – Das bei den Kapstädtern beliebte Caveau begleitet sein Angebot Hunderter glasweise ausgeschenkter südafrikanischer Weine mit kleinen regionalen Gerichten im Tapasstil. Stammgäste schätzen die Käse- und Fleischplatte: ein Holzbrett mit *Biltong* (südafrikanischem Trockenfleisch), Schinken, Käse und Melonen- oder Feigenmarmelade. Deftiger und bisweilen exotisch geht es beim Dinner zu – zum häufig wechselnden Angebot, das von einer Tafel ablesbar ist, zählen etwa Elenantilope Wellington oder in *Dukkah* (ägyptischer Nuss-Gewürzmischung) marinierter Strauß. Das Caveau gibt seine Rezepte bereitwillig weiter, und wenn Ihnen ein einheimischer Wein geschmeckt hat, Sie aber keine Flasche davon auftreiben konnten, beschafft das Personal ihn gern für Sie. INFO: Tel. +27/21-422-1367; www. caveau.co.za. Preise: Dinner € 45.

LA COLOMBE – 15 Minuten vom Stadtzentrum entfernt beherbergt die Constantia Uitsig Farm and Winery 3 gute Restaurants, darunter das regelmäßig zum besten der Stadt gewählte La Colombe. Das Anwesen gehörte einst zu Groot Constantia (s. S. 447), dem Landgut des Gouverneurs Simon van der Stel. In diesem zauberhaften Weintal hat sich der Koch Luke Dale-Roberts mit seiner provenzalisch inspirierten südafrikanischen Küche mit asiatischer Note einen Namen gemacht. Wählen Sie Gerichte von der Tafel oder gönnen Sie sich ein saisonales 6-gängiges „Gourmand Menü". Leichtere Speisen werden im zwangloseren River Café serviert, das für seine große Tapasauswahl geschätzt wird. INFO: Tel. +27/21-794-2390; www.constantia-uitsig. com. Preise: „Gourmand Menü" € 66; Lunch im River Café € 20.

DIAS TAVERN – Diese nach dem portugiesischen Entdecker Bartholomeu Dias benannte zwanglose Taverne (stellen Sie sich Plastikstühle und alte Bierposter vor), erfreut sich seit Langem großer Beliebtheit. Fischliebhaber schätzen den Fang des Tages und die Peri-Peri-Garnelen (mit scharfem Chili, das die Südafrikaner lieben), Fleischfreunde das Steak vom Holzkohlegrill oder die *Espetada*, einen gegrillten Rumpsteakspieß. Und alle schätzen die perfekten *Chips* (Pommes frites). An Freitag- und Samstagabenden gibt es laute Oldie-Livemusik, mittags und unter der Woche ist es ruhiger. Wann immer Sie kommen, es erwartet Sie eine atemberaubende Aussicht auf den Tafelberg. INFO: Tel. +27/21-465-7547. Preise: € 20.

Vielschichtige Lebensräume

Phinda Private Game Reserve

KwaZulu-Natal, Südafrika

Dieser relativ neue private Wildpark im Norden von Zululand zeichnet sich nicht nur durch die 7 Ökosysteme aus, die hier zusammentreffen, sondern auch durch sein vielfältiges Safariangebot. Dabei sind Morgen- und Nachtsafaris, die Sie zu Elefanten, Leoparden und Geparden bringen, erst der Anfang. Boots- und Kanufahrten lassen Sie Vögel, Krokodile und Nilpferde aus nächster Nähe beobachten; bei Buschspaziergängen pirschen Sie sich zu Fuß an die scheuen Spitzmaulnashörner heran. Der nahe Indische Ozean bietet „Big Game Fishing", Tauchgänge vor der verlassenen Küste Maputalands und – an Land – die höchsten bewachsenen Sanddünen der Welt.

Hauptanziehungspunkt ist die Artenvielfalt, doch auch die Unterkünfte sind eindrucksvoll. Die auf einem Hügel gelegene Mountain Lodge bietet 25 Suiten über 2 Ebenen mit privaten Pools und endlosem Blick über Lebombo-Gebirge und Maputaland-Küste. Alternativ bietet sich die moderne Forest Lodge an, ein Meisterwerk aus 16 Chalets mit Glaswänden, die auf Stelzen zwischen den Bäumen eines seltenen Sandwaldes errichtet wurden. Das Design ist im Zen-Stil bewusst sparsam gehalten, um die Außenwelt hineinzulassen. So können Sie sich auf dem Bett entspannen, während vor Ihren wandhohen Fenstern Schmetterlinge umherflattern.

Löwen und andere Großkatzen bevölkern das Reservat, dessen Name auf Zulu „Rückkehr" bedeutet.

Wo: 300 km nördl. von Durban am Indischen Ozean. **Wie:** über &Beyond. Tel. +27/11-809-4314; www.phinda.com. **Preise:** Mountain Lodge und Forest Lodge ab € 356, all-inclusive (Nebensaison), ab € 615 (Hochsaison). **Reisezeit:** Okt.–Feb., um Safari mit Strandurlaub bei warmem Wetter zu kombinieren.

Reise nach Mittelerde

Die Drakensberge

KwaZulu-Natal und Mpumalanga, Südafrika

Nur wenige Orte der Welt können es an Schönheit mit den Drakensbergen (afrikaans für „Drachenberge") aufnehmen, von denen es heißt, sie hätten dem in Südafrika geborenen J. R. R. Tolkien als Inspiration für die fantastische Szenerie seines *Herr der Ringe*-Zyklus gedient. Die Zulu nennen sie *uKhahlamba*, „Barriere aus Speeren". Das höchste Gebirge Südafrikas bietet mit seinen schmalen Pässen, grasbewachsenen Tälern zwischen 3400 m hohen Gipfeln, Flüssen, Wäldern und Wasserfällen (der Tugela-Fall ist der zweithöchste weltweit) einen spektakulären Anblick. Überdies gibt es in der Region Möglichkeiten zum Wandern und Reiten, zur Vogelbeobachtung, zum Golfen, Angeln und zur Erkundung Hunderter Stätten mit 3000 Jahre alten Felszeichnungen der San, rund 35.000 Darstellungen von Menschen, Tieren, Tänzen und Ritualen, auf die man oft fast zufällig stößt..

Die Drakensberge bilden einen massiven Grenzwall, der die Provinz KwaZulu-Natal im Osten von Lesotho im Südwesten trennt. Die einzige Verbindungsstraße ist ein ehemaliger Eselspfad über den Sani-Pass (mit 2873 m der dritthöchste Pass der Erde) und nur mit Allradantrieb zu bezwingen.

Direkt außerhalb des Ortes Winterton in den Zentralen Drakensbergen liegt die Drakensberg Boys Choir School, deren Schüler mittwochnachmittags i.d.R. für Besucher singen. Ihr Vortrag klassischer Stücke kann es mit den Wiener Sängerknaben aufnehmen, doch sie singen auch Jazz, Pop und traditionelle afrikanische Gesänge, alles enthusiastisch mit Stammesrhythmen angereichert.

Die friedvollen Berge um Winterton lassen sich nur schwer als blutige Schlachtfelder vorstellen, die sie im 19. Jh. während eines grausamen Krieges zwischen Briten, Voor-trekkern (Buren) und Zulus waren. Das spektakuläre Weltnaturerbe Fugitives' Drift in KwaZulu-Natal überblickt Isandlwana und Rorke's Drift (1897 Schauplätze zweier Schlachten) und wurde nach einer Furt benannt, an der die britischen Truppen eine schwere Niederlage erlitten. Die aus 8 Luxussuiten und einem privaten Gästehaus bestehende Fugitives' Drift Lodge wurde vom lokalen Geschichtenerzähler David Rattray und seiner Frau Nicky gegründet. Hier vermitteln einige der besten Guides in Zululand bei nachdenklich stimmenden Touren die konfliktreiche Geschichte der Region.

In der Provinz Mpumalanga durchzieht der grandiose Blyde River (oder Motlatse) Canyon die Drakensberge, eine 26 km lange und bis zu 800 m tiefe Schlucht, laut einigen Messungen die drittgrößte der Welt. An der Mündung des Treur in den Blyde River befinden sich die Bourke's Luck Potholes: zylindrische, bis zu 6 m tiefe Felslöcher, die durch Erosion entstanden sind. Sie können die faszinierende Landschaft von God's Window, dem unübertroffenen Aussichtspunkt des Canyons, bewundern, aber nichts kommt der Vogelperspektive gleich, die ein Helikopter-Charterflug über die imposanten Felsformationen und üppigen farbenfrohen Täler bietet. Nachdem Sie über Stromschnellen und Wasserfälle geschwebt sind, landen Sie auf einem abgelegenen Berggipfel auf einer nur auf diesem Wege erreichbaren grünen Lichtung zu einem Mittagessen mit Aussicht.

Im Anschluss können Sie im Cybele Forest Lodge & Health Spa einchecken und sich in einer der exquisiten Suiten oder einem Cottage entspannen, die alle über Kamin und eigenen Garten, manche auch über einen privaten Pool verfügen.

Wo: Fugitives' Drift liegt 259 km nördl. von Durban, die Cybele Forest Lodge 420 km östl. von Johannesburg. **Wie:** Passage to Africa ist auf maßgeschneiderte Reisen spezialisiert. Tel. +27/15-793-0811; www.passagetoafrica.com. **Fugitives' Drift:** Tel. +27/34-642-1843; www.fugitivesdrift.com. *Preise:* ab € 215, inklusive (Nebensaison), ab € 311 (Hochsaison). **Cybele Forest Lodge:** Tel. +27/13-764-9500; www.cybele.co.za. *Preise:* ab € 148 (Nebensaison), ab € 203 (Hochsaison). **Drakensberg Boys Choir:** Tel. +27/36-468-1012; www.dbchoir.info. **Reisezeit:** Sept.–Okt. und März–Apr., um verregnete Sommer und kühle Winternächte zu umgehen.

Schönheit der Wildnis

GROSSRAUM KRÜGERPARK

Mpumalanga, Südafrika

Das Gebiet westlich des Krüger-Nationalparks bietet mit die besten Gelegenheiten zur Tierbeobachtung in Südafrika. Die Grenze zwischen den hier gelegenen kollektiv betriebenen privaten Wildreservaten und dem angrenzenden riesigen Park ist offen, sodass hier eine bemerkenswerte Artenvielfalt zu Hause ist, jedoch ohne die sonst üblichen Menschenmassen. Daher müssen Sie das Gelände bei Ihren begeisternden Pirschfahrten kaum mit mehr als einem oder 2 anderen Jeeps teilen. Die Tiere sind an den Anblick von Fahrzeugen gewöhnt, die sie daher recht nah an sich heranlassen. Die gut ausgebildeten Ranger und Fährtenleser, die Sie durch die verschiedenen Lebensräume von sanften Hügeln über offenes Grasland bis zu dichten Wäldern chauffieren, sind unterhaltsam, erfahren und dem Busch leidenschaftlich verbunden. Und hinter jeder Kurve der unbefestigten Straße wartet eine Überraschung: Leoparden auf der Pirsch, Geparden, gefährdete Afrikanische Wildhunde und mächtige Spitz- und Breitmaulnashörner, ganz zu schweigen von den 500 Vogelarten, umherstreifenden Löwenrudeln und jeder Menge Zebras, Büffel, Nilpferde, Giraffen und Elefanten (13.000 Exemplare!).

Fast ebenso überwältigend ist der Luxus der Buschunterkünfte in den 3 herausragenden Lodges in diesem Gebiet – Londolozi, Royal Malewane und Singita. Das edelste der 5 Camps in Londolozi sind die 3 Granite Private Suites, die direkt am Ufer des Sand River nur insgesamt 6 Gästen Obdach gewähren. Royal Malewane verfügt über 8 strohgedeckte Suiten, jeweils mit eigenem Pool, und wurde für seine hervorragende Küche mit der *Chaîne des Rôtisseurs Blazon* der legendären Pariser Gastronomievereinigung ausgezeichnet. Die 4 luxuriösen Lodges von Singita haben alle ihren eigenen Charakter und interpretieren das Konzept des permanenten Safaricamps neu: Sie alle haben ein Spa und stilvolle Suiten mit privatem Pool. Reisende mit etwas kleinerem Budget finden ihr Glück in der privaten Lodge Kapama Karula am Flussufer, die 14 Gästen ein Quartier in Zelten und Chalets, hervorragende Guides und Dinner unter dem Sternenhimmel bietet.

Wo: Verbindungen von Nelspruit und dem nahen Kruger Mpumalanga International Airport, 346 km östl. von Johannesburg; manche Anwesen haben kleine Pisten, die planmäßig oder per Charter von Johannesburg angeflogen werden. LONDOLOZI: Tel. +27/11-280-6655; www.londolozi.com. *Preise:* ab € 741, all-inclusive. ROYAL MALEWANE: Tel. +27/15-793-0150; www.royalmalewane.com.

Im Krügerpark sind die „Großen 5" der Tierwelt anzutreffen, von denen der Elefant am leichtesten zu entdecken ist.

Preise: ab € 1148, all-inclusive. SINGITA: Tel. +27/21-683-3424; www.singita.com. *Preise:* ab € 1259, all-inclusive. KAPAMA KARULA: Tel. +27/12-368-0600; www.kapama.co.za. *Preise:* € 237, all-inclusive. REISEZEIT: März–Okt.: kühleres, trockenes Wetter.

Das Goldene Zeitalter der Bahnreisen – gestern und heute

ROVOS RAIL UND BLUE TRAIN

Südafrika

Winzige Flugzeuge transportieren Safarigäste von Park zu Park, die die riesigen Landstriche dazwischen nur aus der Vogelperspektive zu sehen bekommen. Wer die Zeit hat, es langsamer angehen zu lassen, dem eröffnet eine Bahnreise eine Welt, die den meisten verborgen bleibt – und in Südafrika gibt es dafür 2 hervorragende Möglichkeiten. Die Züge der Rovos Rail, zu deren Fuhrpark Wagen aus dem späten 19. Jh. gehören, lassen die glorreichen Zeiten der Dampfreisen wiederauferstehen, als Schaffner im Smoking Passagiere in reich verzierten Waggons und Schlafabteilen bedienten. Der Blue Train verbindet zeitgenössischen Luxus und Effizienz; er gleicht einem schnittigen, mit Leder, Lack und afrikanischen Prints ausstaffierten Hotel. Beide Züge fahren von Kapstadt Richtung Nordosten nach Johannesburg und Pretoria, eine rund 1600 km lange Strecke über die wunderschönen Ebenen der Großen Karoo und durch die Täler des Highvelds im Herzen Südafrikas.

Rovos Rail bietet verschiedene Strecken, die je nach Zeit und Budget kombiniert werden können. Die 25-stündige Hin- und Rückfahrt von Kapstadt nach Knysna umfasst etwa die Hottentots Holland Mountains, den „Lake District" und die spektakuläre Küste. 3-mal im Jahr bietet Rovos eine 14-tägige Tour von Kapstadt nach Daressalam, Tansania, an, mit Stopps an den Victoriafällen (s. S. 435), im Krügerpark (s. vorige S.) und bei den Chishimba-Fällen in Sambia. Die außergewöhnlich großen Suiten sind mit Queensize-Betten und privaten Bädern ausgestattet. Beim Dinner im treffend benannten *Pride of Africa* ist Abendgarderobe angemessen, wird hier doch Kaplanguste in Begleitung der besten südafrikanischen Weine serviert.

Der Blue Train rollte zum ersten Mal 1946. So stilvoll und komfortabel die ursprünglichen Züge auch waren, werden die Passagiere doch die fortschrittlichen Waggons zu schätzen wissen, die in den 1990er-Jahren eingeführt wurden. Die Privatbäder sind mit Marmor ausgestattet, die Suiten haben ein umfassendes Unterhaltungssystem, und zu den Mahlzeiten, die selbst die anspruchsvollsten Gaumen zufriedenstellen, werden lokale Weine im Kristallglas kredenzt. Der Blue Train ist schneller als die Rovos-Züge und verkehrt ausschließlich, mit 1 Übernachtung, zwischen Kapstadt und Pretoria, etwas nördlich von Johannesburg (Transfers von Durban und vom Krügerpark möglich).

Wo: ab/bis Kapstadt oder Pretoria. ROVOS RAIL: Tel. +27/12-315-8242; www.rovos.com. *Preise:* 3-tägige Reise zwischen Kapstadt und Pretoria ab € 1926. BLUE TRAIN: Tel. +27/12-334-8459; www.bluetrain.co.za. *Preise:* 2-tägige Reise zwischen Kapstadt und Pretoria ab € 1185. REISEZEIT: Okt.–März für Kombination mit Weintour; Apr.–Sept. für Kombination mit Safari.

Südlichste Küste Afrikas

DIE GARDEN ROUTE

Western Cape, Südafrika

Dieser 200 km lange Küstenabschnitt am Südzipfel umfasst Seen, Berge, Wälder und goldene Strände. Und auch das Wasser des Indischen Ozeans hat hier viel zu bieten – Pinguine, Delfine und Wale, die zur Paarung und zum Kalben hierherkommen. Zwischen Juli und Oktober bietet die ganzjährig schöne Region einen sensationellen Anblick. Dann entfaltet die unvergleichliche Vielfalt von Wildblumen, begünstigt durch eine einzigartige Kombination aus Boden und Klima, ihre ganze Pracht und verleiht dem Namen „Garden Route" erst volle Geltung. Am besten erleben Sie das Schauspiel beim Wandern über einen der zahlreichen, zusammen Hunderte Kilometer langen Weg oder einer Spazierfahrt durch die Wald- und Parklandschaft.

Das zauberhafte Städtchen Knysna hat einen von Klippen gesäumten und mit Segelbooten bestückten Hafen, eine lebhafte Künstlerkolonie und viele gut betuchte Gäste. Die bekannte Spezialität der Region können Sie beim Austernfestival (mit breitem Rahmenprogramm) im Juli fangfrisch verkosten – etwa in der Taverne der Knysna Oyster Company, einem der zahlreichen teilnehmenden Restaurants, garniert mit Kaviar oder Mango und gefolgt von einem kühlen einheimischen Mitchell's-Bier. Folgen Sie den Fußwegen an der Küste, um die Heads, die steinernen Wächter am Eingang der Lagune, zu bewundern. An einem herrlichen Strandabschnitt liegt das Plettenberg Hotel. Das exklusivste Domizil der Küste bietet einen Logenplatz mit Blick auf die zerklüftete Landzunge und eine halbmondförmige Bucht. Hier sollten Sie zumindest zum Lunch auf der offenen Terrasse einkehren, bei dem Sie nach Walen Ausschau halten können.

Noch mehr Gelegenheit zur Walbeobachtung haben Sie in der etwas abseits der Garden Route gelegenen Küstenstadt Hermanus. Oder Sie besuchen die nahe Dyer Island (eine Brutstätte für Brillenpinguine und Südafrikanische Seebären), um den Nervenkitzel des Haitauchens (in sicheren Käfigen) zu erleben. Am südlichen Ende der walreichen Walker Bay können Sie in der Grootbos Lodge einchecken, die auf einem Hügel inmitten der blühenden Sträucher eines privaten Naturschutzgebietes liegt. Am Nordende thront das elegante Birkenhead House auf den felsigen Hermanus Cliffs. Der berühmte Otter Trail in Tsitsikamma-Nationalpark ist ein 5-tägiger Marsch vor atemberaubender Kulisse. Für alle, die weniger Zeit oder Ausdauer haben, gehen vom Besucherzentrum knapp 1 km lange Wege ab.

Wo: von Mossel Bay, 382 km östl. von Kapstadt, bis zur Mündung des Storms River, 578 km östl. von Kapstadt. KNYSNA OYSTER COMPANY: Tel. +27/44-382-6941. *Preise:* Lunch € 11. PLETTENBERG HOTEL: Tel. +27/44-533-2030; www.plettenberg.com. *Preise:* ab € 252 (Nebensaison), ab € 452 (Hochsaison); Lunch € 20. GROOTBOS LODGE: Tel. +27/28-384-8053; www.grootbos.com. *Preise:* ab € 159 (Nebensaison), ab € 407 (Hochsaison), all inclusive. BIRKENHEAD HOUSE: Tel. +27/15-793-0150; www.birkenheadhouse.com. *Preise:* ab € 277 (Nebensaison), ab € 305 (Hochsaison), inklusive. REISEZEIT: Juni–Okt.: Wildblumen und Wale; Anf. Juli: *Knysna Oyster Festival*; Ende Sept.: *Hermanus Whale Festival*.

Safari für Weinliebhaber

DAS KAPWEINLAND

Western Cape, Südafrika

Eine Weinsafari verbindet 2 der größten Schätze, die Südafrika zu bieten hat: den Reichtum der großartigen Weingegend am Kap und die hervorragende regionale Küche – eine exotische Mischung aus niederländischen, französischen, britischen, portugiesischen, deutschen und malaiischen Einflüssen. Die Ursprünge der bedeutendsten Weingüter sowie der mondänen Orte Stellenbosch, Paarl und Franschhoek (und in geringerem Maße auch Robertson und McGregor) gehen auf die Ansiedlung von Niederländern und französischen Hugenotten Mitte des 17. Jh. zurück. Anmutige kapholländische Landsitze kontrastieren mit den Granitgipfeln der Berge, Wäldern und den geschwungenen Weinbergen, die viele Rebsorten hervorbringen – die bedeutendsten roten sind Cabernet Sauvignon und Pinotage, die wichtigsten weißen Sauvignon blanc und Chenin blanc.

Franschhoek (afrikaans für „Franzosenwinkel") ist die Gourmethauptstadt Südafrikas. Hier gibt es allein 40 Kellereien sowie 2 bemerkenswerte Boutique-Hotels. Le Quartier Français, ein reizvolles, abgeschlossenes Minidorf im malerischen Stadtzentrum, ist für seine Küche berühmt. La Residence wartet mit einer 12-ha-Farm mit Weinberg sowie 11 extravaganten Suiten auf, deren große Veranden Blick auf den nahen Gebirgszug bieten. Wenn Sie anderswo übernachten, sollten Sie sich hier ein Mittagessen oder Dinner gönnen – bei Kerzenschein.

Im nördlich von Franschhoek gelegenen Paarl befindet sich das Hotel Grande Roche, ein restauriertes Anwesen aus dem 18. Jh., das für seinen Service, stilvolle Suiten und das elegante Restaurant Bosman's bekannt ist, dessen Weinkarte häufig als beste des Landes gepriesen wird.

Die ersten Weinstöcke wurden im 17. Jh. in Constantia, einem schmucken Vorort im Süden Kapstadts, angepflanzt. Groot Constantia, das älteste Weingut Südafrikas, gehörte ursprünglich dem 1. Gouverneur der niederländischen Kapkolonie. Ein weiteres Weingut mit Restaurant ist Buitenverwachting, was auf Alt-Niederländisch „Jenseits aller Erwartungen" bedeutet. Das historische Landhotel und Restaurant Cellars-Hohenort am Fuß des Tafelbergs erstreckt sich über ein 3-giebeliges Herrenhaus und einen ehemaligen Weinkeller aus dem 18. Jh.

Wo: Franschhoek liegt 80 km östl. von Kapstadt. **Info:** www.wine.co.za. **Le Quartier Français:** Tel. +27/21-876-2151; www.lequartier.co.za. *Preise:* Zimmer ab € 311 (Nebensaison), ab € 504 (Hochsaison);

Im 19. Jh. belieferte Groot Constantia Napoleon und den niederländischen König mit Wein.

Dinner (festes Menü) im Tasting Room € 66. LA RESIDENCE: Tel. +27/21-876-4100; www.laresidence.co.za. *Preise:* ab € 470. GRANDE ROCHE: Tel. +27/41-407-1000; www.granderoche.com. *Preise:* ab € 230 (Nebensaison), ab € 326 (Hochsaison); Dinner mit Probiermenü im Bosman's € 66. GROOT CONSTANTIA: Tel. +27/21-794-5128; www.grootconstantia.co.za. BUITENVERWACHTING: Tel. +27/21-794-3522; www.buitenverwachting.co.za. *Preise:* Dinner € 45. CELLARS-HOHENORT: Tel. +27/21-794-2137; www.cellars-hohenort.com. *Preise:* ab € 252 (Nebensaison), ab € 444 (Hochsaison). REISEZEIT: Sept.–Mai: wärmeres, trockenes Wetter; am Wochenende, das dem 14. Juli am nächsten liegt: *Bastille Day* in Franschhoek.

Der höchste Gipfel des Kontinents

DER KILIMANDSCHARO

Kilimandscharo-Nationalpark, Tansania

„So weit wie die ganze Welt, groß, hoch und unvorstellbar weiß in der Sonne", schrieb Ernest Hemingway in seiner Kurzgeschichte „Schnee auf dem Kilimandscharo". Die Klimaerwärmung hat diesen Schnee zum Schmelzen gebracht, doch noch immer stellt der Kilimandscharo mit 5895 m Höhe alle anderen Gipfel Afrikas in den Schatten. Der 9-tägige, 40 km lange Aufstieg zur flachen Kuppe des ruhenden Vulkans über das wenig genutzte Shira-Plateau bietet Vorteile gegenüber der beliebteren 5-tägigen Marangu- oder „Touristen"-Route. Abgesehen davon, dass die Route nicht so voll ist, ermöglicht sie durch die längere Dauer eine bessere Höhenanpassung. Die Höhe stellt die meistunterschätzte Hürde dar: Ein Drittel der Wanderer auf der Marangu-Route schafft es aufgrund des niedrigen Sauerstoffgehalts – etwa halb so viel wie auf Meereshöhe – nicht bis zum Gipfel. Ansonsten sind weder technisches Können noch besondere Ausrüstung oder Erfahrung erforderlich. Die Steigung ist sanft, aber spürbar – *„pole, pole"* (Suaheli für „langsam, langsam") lautet die Devise für den Aufstieg, der in einer organisierten Gruppe erfolgen muss. Ein Batallion von Trägern eilt voraus, um das Zeltlager aufzuschlagen.

Die Benommenheit, die Sie auf dem Gipfel verspüren, könnte an der Höhe liegen, vielleicht aber auch an der Genugtuung, einen Aufstieg epischen Ausmaßes absolviert zu haben, oder am Anblick des Sonnenaufgangs über dem Flachland von Tansania und Kenia.

Wo: Arusha liegt 270 km südl. von Nairobi. **Wie:** Das amerikanische Unternehmen Mountain Madness bietet 12-tägige Reisen mit Begehung

Rund 25.000 Menschen nehmen jährlich den Aufstieg zum Kilimandscharo in Angriff, doch schätzungsweise schafft es nur die Hälfte zum Gipfel.

Unter Schimpansen

DAS GREYSTOKE CAMP

Mahale-Mountains-Nationalpark, Tansania

Nur 100 km südlich der Stelle am einsamen Ostufer des Tanganjikasees, an der Stanley seine berühmte Begrüßung „Dr. Livingstone, nehme ich an?" äußerte, liegt der Mahale-Mountains-Nationalpark, in dem die weltweit größte Zahl wilder Schimpansen, der nächsten Verwandten des Menschen, zu Hause ist. Der rund 1600 km² große straßenlose Park ist von der Außenwelt beinahe unberührt geblieben – bis auf das Greystoke Camp am sandigen Seeufer zu Füßen der Berge. 6 *Bandas* (traditionelle, strohgedeckte Hütten), ausgestattet mit Möbeln aus wiederverwendetem Dau-Holz und wogenden Stoffen, öffnen sich zu einem weichen Sandstrand und sind rund um den imposanten 2-stöckigen Speisepavillon mit seinen bugähnlichen Flügeln gruppiert.

Von hier aus gelangt man zu Fuß zum 60-köpfigen Mimikire-Clan, der an Menschen gewöhnt ist, seit japanische Forscher Mitte der 1960er-Jahre mit seiner Beobachtung begannen. Jeden Morgen schwärmen Fährtenleser aus, um die Schimpansen aufzuspüren. Nach dem Frühstück werden Sie dann von Guides über die Waldpfade geführt, bis Sie von den Rufen der Tiere umringt sind. Still sitzend, können Sie ihnen bei der Körperpflege, beim Ringen, Zanken, Futtersuchen, Essen und der Pflege ihrer Jungen zusehen.

Die Guides kennen Namen und Geschichten aller Schimpansen des Camps.

Ihre Guides erklären Ihnen die Hierarchie dieser Großfamilie, die von komplexen Beziehungen geprägt ist. Pro Tag steht nur 1 Stunde für ihre Beobachtung zur Verfügung. Bei anderen geführten Rundgängen haben Sie die Chance, Stummelaffen, Leoparden sowie zahllose Vögel und Schmetterlinge zu entdecken. Zurück in der Lodge können Sie sich bis zum Dinner entspannen, schnorcheln, angeln oder mit dem Kajak das unglaublich klare Wasser befahren, das mehr als 1000 Fischarten beherbergt.

Wo: Am Ufer des Tanganjikasees im Westen Tansanias; von Arusha per Charterflug und Bootstransfer zu erreichen; www.greystoke-mahale.com. **Preise:** ab € 796 pro Person/Nacht, all-inclusive, mit Charterflug ab/bis Arusha (Nebensaison), ab € 907 (Hochsaison). **Wie:** Das amerikanische Unternehmen Africa Adventure Company bietet individuelle Reisen an. Tel. +1/954-491-8877; www.africa-adventure.com. **Reisezeit:** Aug.–Okt.: Schimpansen halten sich häufig näher am Fuß der Berge auf und sind daher leichter zu finden.

Afrikas Garten Eden

DER NGORONGORO-KRATER

Tansania

Der Vulkankrater Ngorongoro ist die größte intakte, nicht überflutete Caldera der Welt und gilt aufgrund seiner einzigartigen Schönheit und dem erstaunlichen Tiervorkommen als Naturwunder. Dieses natürliche Amphitheater mit einem Durchmesser von 20 km ist wie eine Miniatur-Serengeti (s. S. 453) – Gnus, Zebras und Gazellen durchstreifen die dichte Vegetation des Kraters ebenso wie Elefanten, Büffel, Nilpferde und dunkelmähnige Löwen. Daneben bietet der Ngorongoro vielleicht die besten Aussichten weltweit, das seltene Spitzmaulnashorn zu erspähen. Zu dieser spektakulären Tieroase wird der Krater durch den spiegelglatten Makadisee in seiner Mitte, der eine ganzjährige Wasserquelle darstellt. Flamingos sind hier häufig schwärmeweise anzutreffen, während Störche, Strauße und Nashornvögel im umliegenden Sumpf- und Grasland kommen und gehen. Nachts erinnern Sie die durchdringenden Schreie der Galagos daran, dass hier auch kleinere, ängstlichere Geschöpfe zu Hause sind.

Obwohl die Zahl der menschlichen Besucher allmählich die der Tiere übertrifft, sind die Übernachtungsmöglichkeiten entlang dem Kraterrand immer noch beschränkt. Das Lemala Tented Camp, eine saisonale Ansammlung von 9 Edelzelten, ist dem Kraterboden am nächsten; seine Mitarbeiter verfügen über enzyklopädisches Wissen und ein Gespür dafür, den Scharen der übrigen Schaulustigen zu entgehen (sie sind morgens immer als Erste unterwegs). Da der Krater auf einer Höhe von 2300 m liegt, können die Nächte kalt werden, weswegen viele Gäste auf die Segeltuchzelte

Im 20. Jh. ging die Zahl der Spitzmaulnashörner aufgrund von Wilderei weltweit dramatisch zurück; hier leben sie geschützt, und ihre Population nimmt langsam zu.

des Camps verzichten und stattdessen in der Ngorongoro Crater Lodge, einem der luxuriösesten Hotels Ostafrikas, übernachten. Beziehen Sie eine der 30 strohgedeckten Suiten mit bodentiefen Fenstern, die auf Stelzen am Rand des Kraters stehen, bitten Sie Ihren Butler, Ihnen ein Bad einzulassen, und betrachten Sie aus der Wanne heraus den magischen Sonnenuntergang. Anschließend genießen Sie bei Feuerschein panafrikanische Köstlichkeiten und Weine vom Kap.

Wo: 190 km westl. von Arusha. **LEMALA TENTED CAMP:** Tel. +255/27-254-8966; www.

lemalacamp.com. *Preise:* ab € 366, all-inclusive (Nebensaison), ab € 441 (Hochsaison). *Wann:* Apr.–Mai (Regenzeit): geschlossen. NGORONGORO CRATER LODGE: über &Beyond in Südafrika, Tel. +27/11-809-4314; www.andbeyondafrica.com. *Preise:* ab € 507, all-inclusive (Nebensaison), ab € 1111 (Hochsaison). REISEZEIT: ganzjährig hohes Tieraufkommen, aber Apr.–Mai: Regen; Juli–Aug.: kühleres, trockenes Wetter.

Safaris wie in alten Zeiten

SELOUS GAME RESERVE

Tansania

Als Teddy Roosevelt 1909 Hilfe bei der Durchführung seiner legendären Safari benötigte, wandte er sich an Frederick Courteney Selous, einen britischen Entdecker, den er später als „äußerst furchtlosen und dabei sanften und geradlinigen Mann" bezeichnete. Nach diesem Offizier, Jäger und Naturschützer wurde nach dessen Tod Afrikas zweitgrößtes Wildschutzgebiet (nach dem Kalahari Desert Game Reserve) benannt. Das weniger bekannte Selous Game Reserve ist mehr als 3-mal so groß wie der südafrikanische Krügerpark (s. S. 444) und doppelt so groß wie die Serengeti (s. S. 453) und beherbergt neben 1 Mio. weiterer Tiere die größte Elefantenpopulation Tansanias. Auf seinem Gelände fließt der Fluss Rufiji, u.a. durch die rund 100 m tiefe und ebenso breite Schlucht Stiegler's Gorge.

Hier werden immer noch Fußsafaris (allerdings mit weniger Trägern als in Roosevelts Zeiten) angeboten. Dabei können Sie abgelegene Ecken des Parks entweder für ein paar Tage oder 2 Wochen zu Fuß und per Boot erkunden. Die Träger transportieren Ihre leichten Fly-Camps (kaum mehr als Würfel aus Moskitonetz, die als Zelte dienen), sodass Sie sicher unter dem Sternenhimmel schlafen können, aber dennoch in den Genuss feiner Leinenbettwäsche, heißer Duschen und Mahlzeiten eines mitreisenden Kochs kommen.

Falls Ihnen eine rundum luxuriöse Lodge lieber ist, die etwas dieser „Unter freiem Himmel"-Atmosphäre einfängt, sollten Sie sich am Ufer des Rufiji im Sand Rivers Selous (7 Zimmer und Suiten, 1 Honeymoon-Cottage) oder in der dazugehörigen Kiba Point Lodge (4 Cottages mit offener Front) einquartieren. Noch abgeschiedener liegt das Lukula Camp (4 prächtige Zelte auf 120.000 ha privater Wildnis) am Ufer des Luwegu. **Wo:** 150 km südwestl. von Daressalam. **WIE:** Das amerikanische Unternehmen Africa Adventure Company arrangiert individuelle Reisen. Tel. +1/954-491-8877; www.africa-adventure.com. SAND RIVERS SELOUS und KIBA POINT: www.sand-rivers-selous.com. *Preise:* Sand Rivers Selous ab € 555, all-inclusive, mindestens 4 Nächte (Nebensaison), ab € 704 (Hochsaison). Kiba Point ab € 389, all-inclusive, mindestens 4 Nächte (Nebensaison), ab € 518 (Hochsaison). LUKULA CAMP: Tel. +255/767-755-537; www.greatplainsconservation.com. *Preise:* ab € 455, all-inclusive, mindestens 3 Nächte (Nebensaison), ab € 1074 (Hochsaison). Alle 3 Unterkünfte bieten 1- bis 14-tägige Fußsafaris mit Trägern an. REISEZEIT: Jan.–Apr.: Vogelbeobachtung; Juni–Nov.: bestes Wetter und beste Bedingungen zur Tierbeobachtung.

Inselvorposten des alten Arabien im Indischen Ozean

SANSIBAR

Tansania

Allein der Name Sansibar beschwört Bilder romantischer Gewürzinseln herauf und ist – wie bei den legendären Städten Timbuktu und Kathmandu – schon beinahe Grund genug, dorthin zu reisen. Das historische Zentrum der Hauptstadt, Stone Town, ist ein Labyrinth aus schmalen Straßen, verwinkelten Gassen und zerfallenden Häusern mit geschnitzten, messingbeschlagenen Türen. Sie wurden von arabischen Kaufleuten errichtet, die durch den Handel mit Gold, Elfenbein, Nelken und – am einträglichsten – Sklaven reich geworden waren.

Sansibar war einst der größte Umschlagplatz für Sklaven an Afrikas Ostküste. An der ehemaligen Stätte des Sklavenmarkts steht heute eine anglikanische Kirche, errichtet 1873 zur Feier der Beendigung des Sklavenhandels. Überall auf der Insel finden sich Hinweise auf ihre Geschichte – von arabischen Moscheen und Festungen über britische und portugiesische Kolonialarchitektur bis zum pulsierenden Suaheli-Markt mit seinen farbenprächtigen Früchten, Gewürzen (vor allem Muskat, Kardamom, Zimt und Nelken), Getreide und Fisch aus den umliegenden Gewässern. Mitten im Zentrum befindet sich in einem renovierten arabischen Stadthaus das Zanzibar Palace Hotel mit 9 Zimmern (3 pro Stockwerk) rund um ein helles Atrium. Perserteppiche, Hängelampen, Fliesenkunst, Perlenkissen, Holzschnitzereien und Seidenvorhänge versetzen die Gäste in die Frühzeit des Gewürzhandels zurück.

Traditionelle Schnitzereien umrahmen eine Holztür in Stone Town.

Die beiden Hauptinseln Sansibars – Sansibar oder Unguja, auf der Stone Town liegt, und Pemba – sind inzwischen als Strandreiseziele für den Abschluss einer Festlandsafari beliebt. Während sich an ihren Küsten Hotel an Hotel reiht, finden sich die besten Unterkünfte auf den kleineren Inseln rundherum, etwa auf Chumbe, wo sich lediglich ein Leuchtturm und strohgedeckte Ökobungalows von der Landschaft abheben und ein unberührter Korallengarten zum Schnorcheln einlädt.

Die winzige Insel Mnemba (nur 1,5 km Umfang) ist von einem makellosen Korallenriff umgeben und lockt Hochzeitsreisende und Taucher. 10 romantische, einfach gehaltene *Bandas* säumen den weißen Sandstrand am klaren Wasser. Dinner am Strand runden entspannte, mit Kajakfahrten, Segeln und Tauchgängen verbrachte Tage ab.

Wo: 35 km vor der Ostküste Tansanias. **ZANZIBAR PALACE HOTEL:** Tel. +255/24-223-2230; www.zanzibarpalacehotel.com. *Preise:* ab € 126. **CHUMBE ISLAND:** Tel. +255/24-223-1040; www.chumbeisland.com. *Preise:* ab € 193, all-inclusive. *Wann:* Mitte Apr.–Mitte Juni: geschlossen. **MNEMBA ISLAND:** Über &Beyond in Südafrika, Tel. +27/11-809-4314; www.mnemba-island.com. *Preise:* ab € 852, all-inclusive (Nebensaison), ab € 1111 (Hochsaison). *Wann:* Apr.–Mai: geschlossen. **REISEZEIT:** Dez.–Feb. und Juni–Okt.: Trockenzeit; Anf. Feb.: *Sauti Za Busara Music Festival* (afrikan. Musik); Juli: *Festival of the Dhow Countries* in Stone Town (Film, Kunst und Kultur).

Grandiose Tierwanderungen in der Wiege der Menschheit

DIE SERENGETI

Tansania und Kenia

Die Serengeti ist eines der ältesten Ökosysteme der Erde und Afrikas Welterbestätte Nr. 1. Sie hat sich kaum verändert, seit vor rund 2 Mio. Jahren die ersten Menschen hier erschienen – eine Tatsache, die unbekannt war, bis Louis und Mary Leakey in den 1950ern mit Ausgrabungen in der Olduvai-Schlucht begannen. Die Region ist noch immer von großer Bedeutung für die Erforschung der menschlichen Ursprünge, doch es ist das größte aller Tierschauspiele, das Geländewagen voller staunender Naturfreunde und Hobbyfotografen anzieht: die große Tierwanderung.

Die Serengeti umfasst den Serengeti-Nationalpark, weite Teile des Ngorongoro- (s. S. 450) und des Maswa-Schutzgebiets in Tansania sowie die Kontrollgebiete Loliondo, Grumeti und Ikorongo und Masai-Mara in Kenia (s. S. 426). Jedes Jahr ziehen mehr als 1,5 Mio. Gnus zum Weiden oder Kalben über das weite Grasland – von November an folgen sie dem Regen aus den nördlichen Hügeln der Masai Mara südwärts und halten sich monatelang in der Serengeti auf, bis sie im Sommer in den Norden zurückkehren. Zebras, Thomsongazellen und andere Huftiere schließen sich an, sodass sich endlos wirkende Tierkarawanen bilden.

Über die 25.000 km² große Wildnis der Serengeti („endlose Ebene" in der Massai-Sprache) verteilt findet sich eine Reihe schöner Anwesen. Zu den besten gehören die 3 stilvoll gestalteten Lodges in den Singita Grumeti Reserves: Die 9 zeitgenössischen Suiten der Faru Faru Lodge sind der Inbegriff entspannt-rustikaler Eleganz; das Sabora Tented Camp beschwört mit seinen 9 Luxuszelten, antiken Truhen und Perserteppichen das Goldene Zeitalter der Safaris herauf; die 9 atemberaubenden Cottages und die Villa der Sasakwa Lodge wurden im Stil eines edwardianischen Herrenhauses erbaut.

Da sich Route und zeitlicher Ablauf der Wanderung nicht exakt vorhersagen lassen, bietet Nomad Tanzania 2 luxuriöse mobile Lodges an: das Serengeti Safari Camp mit 6 Zelten und Nduara Loliondo mit 6 Jurten. Beide folgen den wandernden Tieren und bieten Ihnen die Chance, im Zentrum des Geschehens zu sein.

Wo: Nordwesttansania. **Wie:** Das amerikanische Unternehmen Africa Adventure Company arrangiert individuelle Reisen. Tel. +1/954-491-8877; www.africa-adventure.com. **SINGITA GRUMETI RESERVES:** Tel. +27/21-683-3424; www.singita.com. *Preise:* ab € 741, all-inclusive. **SERENGETI SAFARI CAMP** und **NDUARA LOLIONDO:** www.nomad-tanzania.com. *Preise:* ab € 630, all-inclusive, mind. 4 Nächte Mindestaufenthalt. **REISEZEIT:** Die Serengeti ist ganzjährig reich an Tieren. Juni–Juli: i. d. R. gute Monate für Tierwanderung in den Grumeti Reserves.

Seit Jahrtausenden folgen Streifengnus dem Regen in die Serengeti.

Die letzten Großen Menschenaffen

Dem Berggorilla auf der Spur

Bwindi-Impenetrable-Nationalpark, Uganda

Die engen Täler und üppig bewachsenen Steilhänge des Bwindi-Regenwaldes in Uganda bieten die Chance, einem der seltenen Berggorillas in seinem letzten verbliebenen Lebensraum hautnah zu begegnen. Nur hier und direkt jenseits der Grenze in Ruanda und der Demokratischen Republik Kongo sind die mächtigen, aber sanften Geschöpfe noch anzutreffen. Wilderei hat ihre Zahl auf knapp 700 reduziert, von denen die Hälfte in Bwindi lebt, während die Bemühungen der verstorbenen Dian Fossey um die Erhaltung der Art im Karisoke Research Center in Ruanda durch die politischen Unruhen erschwert wurden.

Heute versuchen Uganda und Ruanda, den Tourismus für den Schutz dieser wunderbaren Kreaturen zu gewinnen. Der Bwindi-Impenetrable-Nationalpark am Rande des westlichen Rift Valley erlaubt einer begrenzten Zahl an Besuchern, in Begleitung autorisierter Guides den Gorillas nachzuspüren. Der Pfad durch den tropischen Regenwald ist anspruchsvoll. Für Abwechslung sorgen die legendäre Vogelvielfalt (23 Arten kommen ausschließlich hier vor) und Primaten wie Paviane, Schimpansen, Grüne Meerkatzen und Colobusaffen. Es gibt keine Garantie für eine Gorillasichtung, aber die einheimischen Guides sind Experten darin, jeden zerbrochenen Ast zu deuten und den Tagesablauf der 4 Familien, die bedingt an Menschen gewöhnt sind, vorherzusagen. Gorillafamilien werden von einem dominanten männlichen Silberrücken geführt, der einen Harem weiblicher Gorillas für sich gewinnt, die ihm bis zu seinem Tod oder seiner Vertreibung durch einen Rivalen treu bleiben. Die Guides, von denen viele dem Dian Fossey Gorilla Fund angehören, erläutern das Verhal-

Die lange als grimmig geltenden Berggorillas sind von Natur aus sanftmütig und friedfertig.

ten der Gorillas sowie Geschichte und Ökologie der Region. Wenn Sie in der Clouds Mountain Gorilla Lodge übernachten, führt Sie Ihr Weg zurück zu einem von 10 Stein-Cottages auf einem Bergrücken mit Blick auf das grüne Blätterdach unter Ihnen und die Silhouette der Virunga-Vulkane in der Ferne.

Wo: 530 km südwestl. der Hauptstadt Kampala. CLOUDS MOUNTAIN GORILLA LODGE: Tel. +256/41-425-1182; www.wildplacesafrica.com. *Preise:* € 348, all-inclusive; zzgl. € 370 für Gorilla-Erlaubnis pro Person pro Tour. **Wie:** Das amerikanische Unternehmen Natural Habitat Adventures bietet eine 10-tägige Safari an. Tel. +1/303-449-3711; www.nathab.com. *Preise:* € 7255. Startet in Entebbe. *Wann:* Jan., Juni und Aug. **Reisezeit:** Mai–Aug. und Dez.–Feb., um Regenzeit zu umgehen, in der Straßen oft unpassierbar sind und der Wald heiß, feucht und schlammig ist.

Steinernes Nadelöhr

DIE MURCHISON FALLS

Uganda

Nicht erst Winston Churchill bezeichnete Uganda als „Perle Afrikas". Reisende, die heute in diesem von politischen Unruhen gezeichneten Land unterwegs sind, kann manchmal das Gefühl beschleichen, die zahlreichen Naturschönheiten ganz für sich allein zu haben. Die Murchison Falls sind vielleicht das Spektakulärste, was dem Nil auf seiner 6850 km langen Reise geschieht, und bilden ein würdiges ostafrikanisches Pendant zu den Victoriafällen (s. S. 435) des Sambesi im Süden. Hier stürzt der mächtige Nil mit unvorstellbarer Kraft 42 m tief durch eine 7 m breite Felsenkluft – ein faszinierendes Schauspiel, ob Sie sich nun zu Fuß oder per Boot nähern. Gelegentlich gibt eine Flussbiegung den Blick auf 100 grunzende Nilpferde frei, und überall sind Krokodile zu sehen, die still beobachtend verharren. Halten Sie Ausschau nach den markanten Schuhschnäbeln – Uganda ist eines der wenigen Länder außerhalb des Sudans, in dem diese seltenen Verwandten von Storch und Pelikan mit den großen Schnäbeln zu finden sind. Falls Ihnen die Landschaft bekannt vorkommt, liegt es vielleicht daran, dass hier der Hollywoodklassiker *African Queen* gedreht wurde.

Nur wenig erinnert hier an das 21. Jh., was es einfach macht, sich als viktorianischer Entdecker auf der Suche nach dem Ursprung des Nils zu fühlen. 3 schöne Unterkünfte stehen zur Wahl: In den 10 Chalets und Zelten der Nile Safari Lodge am Flussufer wurden einheimische Naturmaterialien verarbeitet, wodurch sie sich nahtlos in den Papyruswald einfügen. Die auf einem Hügel errichtete Paraa Safari Lodge im traditionelleren Kolonialstil hat einen Pool und 54 Zimmer mit Flussblick. Die runderneuerte Chobe Safari Lodge ist das größte und opulenteste, aber auch am weitesten von den Fällen entfernte Quartier. Sie bietet 36 Zimmer und 21 Luxuszelte, alle mit Balkon zum Fluss, wo sich Nilpferde und Büffel versammeln.

Wo: 299 km nördl. von Kampala. **Wie:** Let's Go Travel in Kampala arrangiert Reisen in ganz Uganda. Tel. +256/41-434-6667; www.ugandaletsgotravel.com. **Nile Safari Lodge:** Tel. +256/41-425-8273; www.geolodgesafrica.com. *Preise:* ab € 110, all-inclusive. **Paraa Safari Lodge:** Tel. +256/31-226-0260; www.paraalodge.com. *Preise:* ab € 120, all-inclusive. **Chobe Safari Lodge:** Tel. +256/31-226-0260; www.chobelodgeuganda.com. *Preise:* ab € 120 (Zimmer), ab € 130 (Zelt) pro Person, inklusive. **Reisezeit:** Dez.–März: kühleres, trockenes Wetter.

Die Fälle wurden nach dem schottischen Geologen Roderick Murchison, einem Vorsitzenden der Royal Geographic Society, benannt.

Regenwaldschutzgebiet am Rande des Meeres

DER MASOALA-NATIONALPARK

Madagaskar

Der nur per Boot oder mehrtägigem Marsch erreichbare Masoala-Nationalpark ist zwar der größte Madagaskars, doch zugleich das bestgehütete Geheimnis des Landes. Er erstreckt sich über eine Halbinsel im Nordosten der Insel und beherbergt 10 der landesweit 30 Lemurenarten. Die eigenartigste ist das nachtaktive Aye-Aye, mit langen, schmalen Fingern, Fledermausohren und buschigem Schwanz. Die kleine Insel Nosy Mangabe, heute Teil des Parks, wurde 1960 zum Schutzgebiet speziell zur Erhaltung der Aye-Ayes erklärt. Hier finden sich auch Blattschwanzgeckos, Stummelschwanzchamäleons, Grabstätten und Felsritzungen niederländischer Seeleute aus dem 16. Jh.

Im Tampolo Marine Park vor der Westküste befinden sich einige der gesündesten Korallenriffe der Welt, während sich in der Bucht von Antongil von Juni bis September Buckelwale zur Paarung versammeln. Sehen Sie ihnen beim Springen zu, lauschen Sie ihrem Gesang und halten Sie im August Ausschau nach Kälbern. 4 von 5 der hier heimischen Pflanzen- und Tierarten findet man nirgendwo sonst. Der Park hat immer noch unter Holzfällern und Lemurenjägern zu leiden. Nachhaltiger Tourismus, wie er von den Lodges im Park betrieben wird, unterstützt die Bekämpfung dieser illegalen Praktiken.

Wo: Maroantsetra, im äußersten Nordosten Madagaskars. **Wie:** Remote River Expeditions bietet Reisen an. Tel. +261/20-95-52347; www.remoterivers.com. Das amerikanische Unternehmen Wilderness Travel bietet 15-tägige Reisen mit Besuch des Nationalparks an. wildernesstravel.com. *Preise:* ab € 3478. Startet in Antananarivo. *Wann:* Mai, Sept. und Nov. **Reisezeit:** Aug.–Sept.: trockeneres Wetter und Orchideenblüte; Sept.–Nov.: Vogelbeobachtung.

Der in Madagaskar heimische, stark gefährdete Rote Vari kommt nur auf der Masoala-Halbinsel vor.

Expedition auf dem achten Kontinent

PADDELTOUR AUF DEM MANGOKY

Madagaskar

Eine der besten Möglichkeiten, Madagaskar mit seinen wenigen Straßen zu entdecken, besteht darin, auf dem ruhigen Wasser des Mangoky in die abgelegene südwestliche Ecke der Insel zu paddeln. In der wunderschönen

Region wird deutlich, dass der „Minikontinent" ein wahres Versuchslabor der Evolution darstellt. Mehr als 30 Lemuren- und 8000 Pflanzenarten kommen nur auf hier vor, außerdem 3000 Schmetterlings- und 7 Affenbrotbaumarten sowie die Hälfte aller Chamäleons der Welt. Sie erhalten Gelegenheit, die verschiedenen Ökosysteme zu erkunden – von nebligem Regenüber trockenen Laub- bis zu Dornwald, in dem Affenbrotbäume zwischen Kakteen und fremdartigen Stachelgewächsen aufragen. Kenntnisreiche, passionierte Guides bringen Sie Aug in Aug mit den Lemuren, etwa dem großen (und lautstarken) Indri, dem Rotbauchmaki und dem nachtaktiven Galago. Bei Marktbesuchen können Sie in Kontakt mit den Madagassen treten, die in den Siedlungen am Flussufer leben.

Am Ende jedes Paddeltages wird das Lager unter dem Abendhimmel aufgeschlagen und das Dinner auf offenem Feuer zubereitet. Wer seinen Besuch durch einen Strandaufenthalt ergänzen möchte, findet im Chez Maggie in Morondova herzliche Aufnahme, charmanten Bungalows und Chalets inmitten von Gartenanlagen und Sand. Die Nähe zum südlichen Wendekreis sorgt dafür, dass die Sonnenuntergänge so lange anhalten, bis Sie Ihren ersten Drink geschlürft haben.

WIE: Remote River Expeditions bietet 13- und 21-tägige Touren mit 7 Tagen Paddeln auf dem Mangoky an. Tel. +261/20-95-52347; www.remoterivers.com. *Preise:* ab € 1896. Startet in Antananarivo. *Wann:* Mai und Juni. **CHEZ MAGGIE:** Tel. +261/20-95-52347; www.chezmaggie.com. *Preise:* ab € 37.

Grazile Meisterwerke im Indischen Ozean

DIE MALEDIVEN

Malediven

Die Malediven bestehen aus 26 in Form eines Ausrufezeichen über den Indischen Ozean verstreuten Atollen und sind ein fragiles Wunderland aus weißem Sand, Palmen, Lagunen, Riffen und blauer See. Sie erstrecken sich über ein Areal von 90.000 km², von denen jedoch weniger als 1 % Land ist. Sollte der Meeresspiegel nur wenig steigen, wären die beinahe 1200 winzigen, flachen Inseln verschwunden – sehen Sie sich den niedrigstgelegenen Staat der Erde also an, bevor es zu spät ist.

Jedes der fast 100 Resorts nimmt eine eigene Insel ein und will diese in all ihrem Glanz präsentieren. Taucher und Schnorchler genießen den einfachen Zugang zu Korallenriffen in flachem, klarem Wasser. Sie sehen farbenprächtige Nashornfische, Harlekin-Süßlippen und Glasfische, große Riffhaie und Mantarochen. Über Wasser vergnügen sich die Gäste beim Hochseeangeln und Kajakfahren oder einfach nur beim Nachsinnen über das eigene Glück in einer Hängematte mit Blick aufs Meer.

Nicht einmal ein Fünftel der Inseln wird von maledivischen Staatsangehörigen bewohnt. Der Tourismus ist für die Zukunft der Malediven von immenser Bedeutung; viele der Resorts sind sozial und umweltbewusst ausgerichtet. Das Banyan Tree Vabbinfaru – dessen 48 Villen (alle mit Meerblick, Himmelbett und eigenem Garten) nur Schritte vom aquamarinblauen Wasser entfernt sind – schreibt sich die Verantwortung für den Ozean auf die Fahnen und hat ein Meereslabor eingerichtet, das u.a. die Meeresschildkröten schützt, die an den Stränden des Resorts nisten. Das preisgekrönte Soneva Gili by Six Senses verfügt über 45 aus natürlichen Materialien gebaute Bungalows auf dem Wasser (z.T. nur per Boot erreichbar), die die Meeresbrise einlassen. Hier bemüht man sich, mithilfe ambitionierter Erhaltungsrichtlinien und einem Bildungsprogramm um Nachhaltigkeit. Verbringen Sie einen Nachmittag in einem der Weltklasse-Spas und genießen Sie eine Open-Air-Mahlzeit am Wasser. Im Gegensatz zu den meisten anderen Resorts, die vom Flughafen in Malé nur per Wasserflugzeug zu erreichen sind, liegen beide nur eine 20-minütige Bootsfahrt entfernt.

Wo: 400 km südwestl. von Indien mit einer Ausdehnung von mehr als 800 km Richtung Süden. **BANYAN TREE VABBINFARU:** Tel. +960/664-3147; www.banyantree.com. *Preise:* ab € 666 (Nebensaison), ab € 1185 (Hochsaison), inklusive. **SONEVA GILI BY SIX SENSES:** Tel. +960/664-0304; www.sixsenses.com. *Preise:*

Die Malediven bestehen aus einer Reihe von Atollen, allesamt bestens zum Sonnenbaden oder Erkunden der umliegenden Gewässer geeignet.

ab € 741 (Nebensaison), ab € 1185 (Hochsaison), inklusive. **REISEZEIT:** Dez.–Apr.: am trockensten, Wasser am klarsten.

Vorstufe zum Himmel

MAURITIUS

Maskarenen

Dank einer vorausschauenden Ökotourismus- und Naturschutzpolitik hat sich diese winzige birnenförmige Vulkaninsel inmitten des Indischen Ozeans ihre Ursprünglichkeit erhalten. Der seit 1968 unabhängige Inselstaat Mauritius ist ein 45 km breites, exotisches Mosaik, das indische, afrikanische, britische, europäische und chinesische Einflüsse vereint. Obwohl der Weg von überall her weit ist, kommen sonnenhungrige Europäer, Hochzeitsreisende und Gäste, die sich nach einer Safari in einem der exquisiten Resorts entspannen möchten.

Mauritius lässt sich in 4 Teile spalten: Im Norden liegt die Hauptstadt St. Louis, die unter der Woche überlaufen, an den Wochenenden von Mai bis November Schauplatz von Vollblutrennen ist. Ein Tag auf dem Champ de Mars, einer der ältesten Rennbahnen der Welt, ist fast schon Pflicht.

Im Osten säumen Luxushotels die herrlich weißen Sandstrände der Küste des Bezirks Flacq. Selbst wenn Sie nicht im One&Only Le Saint Géran übernachten, sollten Sie einen Tisch im Spoon des Îles (Alain Ducasse' erstem Restaurant außerhalb Europas) oder im exzellenten Rasoi by Vineet von Chefkoch Vineet Bhatia reservieren. Beide präsentieren die komplexen Aromen des Indischen Ozeans. Golfspieler locken der von Ernie Els gestaltete Four Seasons Club in Anahita sowie – auf der gegenüberliegenden Île aux Cerfs – der Platz des Hotels Le Touessrok, den Bernhard Langer entworfen hat.

Machen Sie einen Ausflug in den Süden, ins malerische Örtchen Mahébourg mit seinen farbenfrohen alten Häusern und besuchen Sie dann Vieux Grand Port. Die dortigen Ruinen und Monumente stammen aus der Zeit der Ankunft der ersten Niederländer.

Der Westen ist der „afrikanischste" Teil der Insel, voll Sega-Musik und Tanz, und dazu ein weltbekanntes Paradies für Hochseeangler. Am schönsten sind hier die öffentlichen Strände –

vor allem am Wochenende, wenn einheimische Familien ausgelassene Gelage abhalten, bei denen jeder willkommen ist. **Wo:** 1770 km vor der Ostküste Afrikas. **ONE&ONLY LE SAINT GÉRAN:** Tel. +230/401-1688; https:// lesaintgeraoneandonlyresorts.com. *Preise:* Zimmer ab € 574 (Nebensaison), ab € 852 (Hochsaison); Probiermenü im Spoon € 107, Dinner im Rasoi € 74. **FOUR SEASONS:** Tel. +230/401-3131; www.fourseasons.com/mauritius. *Preise:* ab € 444 (Nebensaison), ab € 704 (Hochsaison) inkl. Golf; Greenfee für Besucher ab € 185. **LE TOUESSROK RESORT:** Tel. +230/402-7400; www.letouessrokresort.com. *Preise:* ab € 444 (Nebensaison), ab € 963 (Hochsaison), inklusive; Greenfee für Hotelgäste ab € 185. **REISEZEIT:** ganzjährig gutes Wetter, besonders Sept.–Dez.; Okt.–Apr.: Hochseeangeln; Dez.: *Derby Day.*

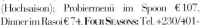

An der 300 km langen Küste von Mauritius bieten zahlreiche Lagunen perfekte Schnorchelbedingungen.

Geschützte Tierwelt ohne Furcht

BIRD ISLAND

Seychellen

Bird Island ist ein Refugium wunderschöner Tropenvögel, die so isoliert leben, dass sie keine Angst vor Menschen haben. Sie brüten, balzen und putzen sich auf Armeslänge von neugierigen Besuchern entfernt. Das macht die nördlichste Seychellen-Insel zu einer Klasse für sich.

Auf dem kleinen Koralleninselchen finden sich mehr als 100 Vogelarten, einheimische ebenso wie Zugvögel, darunter – von Mai bis Oktober – 2 Mio. Rußseeschwalben. Diese lassen jedes Jahr Meerwasser auf das Gras der Insel tropfen, wodurch es innerhalb weniger Wochen austrocknet. Dann beginnen sie mit dem Nestbau. Für Vogelliebhaber ist ein Besuch von Bird Island eines der besten Naturerlebnisse.

Auch die gefährdeten Suppenschildkröten und die vom Aussterben bedrohten Echten Karettschildkröten sind hier zu Hause – ebenso wie „Esmeralda", eine über 200 Jahre alte Riesenschildkröte. Die Bewegungen der faszinierenden Geschöpfe beim Eierlegen oder Brüten zu verfolgen, kann einen ganzen Tag füllen, aber das glasklare Wasser bietet auch jede Menge Gelegenheiten zum Schnorcheln oder Schwimmen. Ost- und Südseite der Insel sind durch ein Riff geschützt, das eine Vielzahl bunter Tropenfische beherbergt; die übrige Küste besteht aus weiten weißsandigen Stränden und türkisfarbenem Meer. Die einzige Übernachtungsmöglichkeit bietet eine schlichte Lodge mit 24 Bungalows, deren seychellisches Personal zugleich die einzigen Bewohner der Insel stellt und frische, aromatische Mahlzeiten zubereitet. Es gibt keinen Fernseher, kein Telefon, keinen Pool und kein Gehabe. Nur das lebhafte Gezwitscher der Vögel durchbricht die Stille.

Wo: 97 km nördl. von Mahé. **BIRD ISLAND LODGE:** Tel. +248/22-49-25; www.birdislandseychelles.com. *Preise:* ab € 444, all-inclusive. **REISEZEIT:** Okt.–Apr.: beste Schnorchelbedingungen; Okt.–Nov. und Apr.–Mai: Wind sorgt für größere Zugvogelvielfalt; die Website der Lodge zeigt die zu erwartenden Tiere sowie die Brutzeiten von Seeschwalben und Karettschildkröten an.

Kristallklares Wasser, hauchfeiner Sand und wogende Palmen

MAHÉ

Seychellen

Die 155 Korallen- und Granitinseln im Indischen Ozean sind das perfekte Reiseziel für die Flitterwochen oder zur Erholung nach einer Safari. Wer hierherkommt, möchte sich an den weißen Stränden entspannen und die tropische Flora genießen, meist in einem der Resorts auf der Hauptinsel Mahé, Heimat von 90 % der Bevölkerung des Landes.

Im Süden bietet das Maia Luxury Resort 30 Villen mit Butler und eigenem Pool, ein im Dschungel verborgenes Freiluft-Spa und kreolisch-mediterran-französische Küche. Um den Spitzenplatz konkurriert es mit dem kürzlich eröffneten Four Seasons Seychelles inmitten von Felsen an einem grünen Hang, mit großem Spa, Spitzenrestaurant und 67 Villen mit Terrassen, Minipools und Aussicht über den Indischen Ozean.

Seine Abgeschiedenheit und die skulpturenartigen Felsen machen Anse Source d'Argent zu einem der malerischsten Strände der Welt.

Am Nordende liegt die neu erbaute Hanneman Holiday Residence nahe am beliebtesten (und doch selten vollen) Strand, dem Beau Vallon Bay, wo auch das Clef des Îles mit edlen Strandhütten am Wasser neben einem guten Tauchzentrum lockt.

Genießen Sie auf dem farbenprächtigen Markt in der Hauptstadt Victoria frittierten Fisch, Hähnchencurry und gebackene Aubergine im Restaurant Marie Antoinette. In diesem ehemaligen Kolonialhaus wird die Kultur der Kreolen, Nachfahren von europäischen Kolonisten und Sklaven, spürbar. Der Botanische Garten bewahrt u.a. die Seychellenpalme, den berühmten Nationalbaum, der Ihnen – angefangen vom Stempel in Ihrem Reisepass – überall begegnen wird. Nur eine kurze Bootsfahrt von Victoria entfernt liegt der Sainte-Anne-Marine-Nationalpark, der erste und schönste Unterwasserpark im Indischen Ozean. Sein Fisch- und Korallenreichtum kann aus einem Glasbodenboot bewundert werden; Schnorchler und Taucher begeistert das warme, klare Wasser.

Auf La Digue, finden Sie einen der meistfotografierten Strände der Welt: Anse Source d'Argent. Verwitterte pink- und rostfarbene Granitblöcke und rosa Sand sind alles, was von dem lange versunkenen Superkontinent Gondwana geblieben ist. Lassen Sie sich von einem Guide in den Wald führen, um die 12 Vogelarten aufzuspüren, die nur hier vorkommen, etwa Seychellen-Paradiesschnäpper, deren Männchen an ihren langen Schwanzfedern zu erkennen sind.

INFO: www.seychelles.travel/de. **MAIA LUXURY RESORT:** Tel. +248/390-000; www.maia.com.sc. *Preise:* Villa ab € 1630. **FOUR SEASONS RESORT SEYCHELLES:** Tel. +248/393-000; www.fourseasons.com/de/seychelles. *Preise:* Villa ab € 726 (Nebensaison), ab € 889 (Hochsaison). **HANNEMAN HOLIDAY RESIDENCE:** Tel. +248/425-000; www.hanneman-seychelles.com. *Preise:* ab € 133. **CLEF DES ÎLES:** Tel. +248/527-100; www.clefdesiles.com. *Preise:* ab € 260. **MARIE ANTOINETTE:** Tel 248/266-222. *Preise:* Dinner € 15. **REISEZEIT:** März–Mai und Sept.–Nov.: weniger Regen; Ende Okt.: *Festival Kreol* in Victoria (Essen, Kunst, Musik).

DER NAHE OSTEN

Das reiche Erbe einer ehemaligen Hauptstadt

Der Imam-Platz

Isfahan, Iran

In seiner goldenen Zeit im 16. und 17. Jh., während der Dynastie der Safawiden, war Isfahan Hauptstadt des riesigen Persischen Reiches – genauso kultiviert wie Paris oder London, mit Schulen, Läden, Bibliotheken und den schönsten Parks der Welt. Eine halbe Mio. Menschen lebte in dieser üppigen Oase zwischen 163 Moscheen und 263 öffentlichen Bädern, umgeben von den Wüsten des zentraliranischen Plateaus am Fuße des Zagros-Gebirges. Isfahans Abstieg begann nach den afghanischen Feldzügen 1722, als die Hauptstadt nach Teheran verlegt wurde. Trotzdem bleibt es mit heute 1,6 Mio. Einwohnern eine der schönsten und kulturreichsten Städte des Iran, mit Gärten, Boulevards, historischen Brücken, lebhaften Basaren und islamischen Prachtbauten.

Die exquisitesten Beispiele finden Sie auf dem atemberaubenden Imam-Platz (Meidan-e Emam, vor 1979 als Schah-Platz bekannt), einem der größten Plätze der Welt. Rundherum stehen Gebäude des 17. Jh. und eine 2-stöckige Arkade mit Shops und Teehäusern. Die beste Aussicht haben Sie von der Terrasse des Ali-Qāpu-Palastes („Hohe Pforte"), einer früheren Königsresidenz, die die Eleganz des safawidischen Königshofes zeigt. Im Süden liegt die einzigartige Königsmoschee Masdsched-e Emām. Das nach 18 Jahren Bauzeit 1629 fertiggestellte Gebäude ist innen mit Kacheln in 7 Farben geschmückt, vor allem im typischen Hellblau und Gelb. An der Westseite des Platzes ist die Scheich-Lotfollāh-Moschee, ein Schaustück islamischer Architektur mit reich dekorierten Innenräumen sowie einer blau und gelb gekachelten Kuppel, die je nach Licht ihre Farbe zu ändern scheint.

Im Norden liegt der Eingang zum Bazar-e-Bozorg, eine Explosion aus Farben und Düften, wo Sie Handwerkern beim Beschlagen von Kupfergeschirr oder Künstlern beim Malen exquisiter Miniaturen zusehen können. Ein weiterer Basar ist eher für die iranischen Touristen. Kaufen Sie hier Perserteppiche oder trinken Sie im Azadegan-Teehaus Tee, reden mit den Einheimischen und genießen die Atmosphäre.

Das goldene Zeitalter Isfahans spüren Sie noch im Abbasi Hotel, das an der Stelle einer 300 Jahre alten Karawanserei steht. Die Zimmer umgeben einen ruhigen Garten mit Dattelbäumen und Rosenbüschen. Hier können Sie wunderbar Tee trinken oder ein *khoresh bademjan* (aus Auberginen) mit *tahdig*, knusprigem Safranreis, verspeisen – nur 2 Spezialitäten der reichen iranischen Küche.

Wo: 335 km südl. von Teheran. **Info:** www.isfahan.ir. **Abbasi Hotel:** Tel. +98/311-222-6011; www.abbasihotel.ir. *Preise:* ab €133. **Wie:** Das amerikanische Unternehmen Mir führt Gruppen nach Isfahan, Teheran und Shiraz. www.mircorp.com. *Preise:* 18-tägige Tour €4070, inklusive Flüge und fast aller Mahlzeiten. Startet in Teheran. *Wann:* Apr. und Sept. **Reisezeit:** März–Mai und Sept.–Nov.: bestes Wetter; Sonnenuntergang auf dem Platz: changierendes Licht und nette Atmosphäre.

Tausende von Kacheln schmücken den Eingang der Königsmoschee, der schönsten in Isfahan.

Zentrum eines alten Reiches

PERSEPOLIS

Iran

Der massive, prächtige Palastkomplex von Persepolis, auf einem riesigen, erhöhten Steinplateau in den staubigen Ausläufern des Zagros-Gebirges gelegen, war der Stolz des gigantischen Perserreichs, das in seiner besten Zeit von Griechenland bis Indien reichte. Es war das Schaustück Darius I., der um 515 v. Chr. mit dem Bau begann. Seine Nachfolger erweiterten die Anlage, errichteten dicke Pfeiler, die Hundert-Säulen-Halle und den Audienzsaal Apadana, in den 10.000 Menschen passten. Das Dach bestand aus eigens importierten Libanon-Zedern, die 36 Steinsäulen waren je 20 m hoch. Der König, so liest man in den Inschriften, war von Gott berufen, und so wurde jedes Königsgrab, ähnlich wie bei den ägyptischen Pharaonen, aufwendig aus dem Berg gehöhlt.

Delegierte und Würdenträger aus entfernten Provinzen kamen einst, um an diesem isolierten Ort dem „König der Könige" zu huldigen sowie Festen und Zeremonien beizuwohnen. Sie kamen in Prozessionen und hatten Geschenke und Steuergelder dabei. Zum Audienzsaal gelangten sie über eine riesige Treppe, an der Tausende Soldaten Wache standen. Alexander der Große beendete die persische Vormacht 330 v. Chr., als er Persepolis plünderte und zerstörte. Über die Jahrhunderte verschwanden die Ruinen im Sand.

Archäologen aus Chicago gruben Persepolis in den 1930er-Jahren aus. Heute kann man mehr als 1 Dutzend Säulen und wieder aufgebaute Gebäude sehen, außerdem großartige Reliefs, die von Darius gebaute Haupttreppe (und eine weitere von seinem Sohn Xerxes dem Großen) sowie ein großes, von steinernen Stieren flankiertes Tor.

Für Iraner sind die Ruinen das Testament der einstigen Macht und reichen Geschichte ihres Landes. Die nahe Universitätsstadt Shiraz ist der netteste Ausgangspunkt – ein kultureller Außenposten voller Gebäude, die im 18. Jh. entweder gebaut oder restauriert wurden, als Shiraz Irans Hauptstadt war. Es liegt in einer fruchtbaren Gegend 1 Stunde von Persepolis entfernt und ist als „Stadt der Rosen" bekannt – voller Parks, Bäume, schöner Gebäude und breiter, schattiger Boulevards.

Wo: 58 km nordöstl. von Shiraz; 640 km südl. von Teheran. **Unterkunft:** Das Homa Hotel mit einem modernen Flügel ist das schönste in Shiraz. Tel. +98/711-228-8000; www.homahotels.com. *Preise:* ab € 107. **Wie:** Das amerikanische Unternehmen Distant Horizons ist auf individuelle Iranreisen spezialisiert; Gruppenreisen gehen nach Teheran, Isfahan und Persepolis. Tel. +562-983-8828; www.distant-horizons.com. *Preise:* 19-tägige Tour ab € 4415, all-inclusive; inklusive Flug ab New York. **Reisezeit:** März-Mai und Sept.–Nov.: bestes Wetter; Sonnenuntergang, wenn der Stein sich rosa färbt.

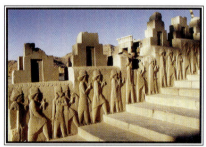

In Persepolis, einer der größten Errungenschaften des Perserreiches, zeigen die Reliefs an den Treppen persische Soldaten.

Kreuzritterfestung am Meer

AKKON

Israel

Das von Mauern aus osmanischer Zeit umschlossene Akkon (auch Akko) besuchten in seiner über 4000-jährigen Geschichte bereits berühmte Persönlichkeiten wie Marco Polo oder Franz von Assisi. Wie in Caesarea (s. nächste Seite) haben auch in Akkon die mittelalterlichen Kreuzfahrer ihre Spuren hinterlassen. Sie machten den antiken Hafen zum maritimen Handelszentrum und zur größten Stadt ihres christlichen Reichs. Neben einer Zitadelle errichteten sie gewaltige Festungsanlagen und Dämme und legten ein unterirdisches Netz von Gewölbetunneln an, die Kreuzritter-Halle. In diesen Katakomben konnten zur Blütezeit der Stadt im 12. Jh. bis zu 50.000 Soldaten beherbergt und verköstigt werden.

Obwohl in den vergangenen Jahrhunderten weitestgehend unbeachtet, ist Akkon eine bemerkenswert gut erhaltene historische Stadt. Es gibt einen quirligen Suk (probieren Sie unbedingt den Hummus bei Said, er soll der beste der ganzen Stadt sein), türkische Bäder, traditionelle Kaffeehäuser und charmante Fischrestaurants im Hafenviertel.

Das Restaurant Uri Buri lockt mit Meerblick, orientalischem Ambiente und einer fantasievollen Küche, die von israelischen Weinen begleitet wird. Inhaber Uri Yirmias verleiht israelischen Gerichten mit Variationen wie mangogespickten Shrimps auf kreolische Art oder Calamari an Kumquatfrüchten neuen Schwung. Auf Altbewährtes setzt man hingegen seit über 60 Jahren im Abu Christo: köstlicher fangfrischer Fisch, gegrillt oder gebraten, serviert auf der Terrasse mit Meerblick – wundervolle Sonnenuntergänge gibt es als kostenlose Dreingabe.

Akkons Einwohner sind stolz auf den ethnischen Mix ihrer Stadt. Neben Christen, Moslems und Drusen leben dort auch Anhänger der Bahai, einer monotheistischen Religion, die im 19. Jh. im damaligen Persien begründet wurde. Akkon gilt ihnen als heiliger Geburtsort ihres Propheten Baha'u'llah. Das spirituelle und administrative Zentrum dieser Glaubensgemeinschaft liegt im Herzen von Haifa. Die großzügigen Gärten des Bahai-Weltzentrums schmiegen sich mit ihren gepflegten Rasenflächen, Wasserbecken, Skulpturen und Marmortempeln an die Hänge des Karmel.

Das Areal rund um den Karmel wurde in eine autofreie Promenade verwandelt, die von Restaurants und Cafés gesäumt ist. Hier liegt auch die Villa Carmel, ein wunderschönes Luxushotel im Bauhausstil mit mediterranem Gartenrestaurant.

In der Kreuzritter-Halle wurden Kreuzritter verpflegt und beherbergt.

Wo: 112 km nördl. von Tel Aviv. **Uri Buri:** Tel. +972/4-955-2212; *Preise:* Lunch € 33. **Abu Christo:** Tel. +972/4-991-0065; www.abu-christo.co.il. *Preise:* Lunch € 22. **Hängende Gärten der Bahai:** Tel. +972/4-835-8358;

Villa Carmel: Tel. +972/4-835-7777; www.villacarmel.co.il. *Preise:* ab € 148 (Nebensaison), ab € 260 (Hochsaison). **Reisezeit:** Anf. Okt.: Theaterfestival Akkon; alle Samstage im Dez.: *Holiday of Holidays* Festival in Haifa.

Römische Festung am Mittelmeer

Caesarea

Israel

Caesareas vielschichtiges Stadtbild ist geprägt von fortwährenden Eroberungen und Rückeroberungen im Laufe der vergangenen Jahrtausende. Zudem gibt es einige der wichtigsten Ruinen der römischen Antike in der Levante. Vor fast genau 2000 Jahren von Herodes I. zu Ehren des Kaisers Augustus gegründet, war Caesarea mit über 125.000 Einwohnern einst die größte Stadt des östlichen Mittelmeerraums.

Die archäologischen Schätze, die in Caesarea nun von Experten geborgen werden, verraten viel über das alltägliche Leben zur Zeitenwende. Überdauert haben neben dem Aquädukt eines der größten und besterhaltenen Hippodrome der Antike und der Palast des Herodes. Ein Erkundungspfad führt den Besucher durch restaurierte Bogenmonumente und über römische Straßen vorbei an Bädern und Kornspeichern. Die Vorstellungen im römischen Theater vor der Kulisse des leuchtenden Mittelmeers dürften die Hauptattraktion von Caesarea sein. Der originalgetreue Nachbau des antiken Bauwerks fasst 3600 Zuschauer und ist vor allem während der Sommermonate ein echter Publikumsmagnet.

Über 1000 Jahre nach ihrer Gründung erlebte die Stadt als einer der wichtigsten Stützpunkte der christlichen Kreuzfahrer eine neue Blütezeit. Mit dem Ziel, das Heilige Land von der Herrschaft Saladins zu befreien, errichtete man im 12. Jh. zahlreiche Festungen in Meeresnähe. Heute ist Caesarea ein beliebtes

Die Ruinen der Stadt haben römische, byzantinische und muslimische Herrscher überdauert.

Touristenziel, außerdem gibt es hier den einzigen Golfplatz Israels und – nur wenige Minuten entfernt von Tel Aviv (s. S. 473) – eine der teuersten Wohngegenden des Landes.

Die Stadt hat ihre Küstenlinie renaturiert, sodass nun an Sandstränden in Sichtweite der antiken Ruinen gebadet wird. Auch rühmt sich Caesarea des weltweit ersten archäologischen Unterwassermuseums. Dort können auch Hobbytaucher fast 430 km² Meeresboden erkunden und auf 4 verschiedenen Touren versunkene Schiffsanker, Statuen und römische Schiffswracks besichtigen.

Angesichts der beeindruckenden Naturlandschaft und der geschichtsträchtigen Stätten könnte man meinen, dass Caesarea touristisch gänzlich erschlossen ist. Aber trotz vieler einladender Cafés und Restaurants an der Uferpromenade gibt es nur ein bemerkenswertes Hotel am Platze, das Dan Caesarea, ein modernes Haus mit 114 Zimmern inmitten einer üppigen Gartenlandschaft.

Wo: 58 km nördl. von Tel Aviv. **OLD CAESAREA DIVING CLUB:** Tel. +972/4-626-5898; www.caesarea-diving.com. **HOTEL DAN CAESAREA:** Tel. +972/3-520-2552; www.danhotels.com. **Preise:** ab € 178 (Nebensaison), ab € 274 (Hochsaison). **REISEZEIT:** März–Mai: bestes Wetter; Anf. Juni: Caesarea Jazz Festival.

Sanfte Hügel, Wildblumen, der See Genezareth und eine heilige Stadt

GALILÄA

Israel

Galiläa ist ein fruchtbarer Landstrich, der im Frühling einem Meer aus Wildblumen und blühenden Bäumen gleicht. Nur wenige Regionen sind wohl mit Galiläas Bedeutung sowohl für das Christen- als auch für das Judentum vergleichbar. Schon in den alten Schriften wurde es erwähnt, und einige der wichtigsten Pilgerstätten Israels wie die heilige Stadt Nazareth oder die Ufer des Sees Genezareth liegen dort. Heute ist Galiläa vor allem ein beliebtes Ausflugsziel der Israelis.

Der 160 km². große Süßwassersee Genezareth alias Galiläisches Meer liegt inmitten von sanften Hügeln. Größte Stadt an seinen Ufern ist schon seit der Antike Tiberias, 20 n. Chr. vom Sohn Herodes' I. gegründet. Als schönstes Hotel an den Ufern des Genezareth gilt das Scots Hotel, ursprünglich ein Kirchenhospital aus dem 19. Jh., das 2004 eröffnet wurde und 69 großzügig bemessene Zimmer bietet. Das elegante Haus lockt zudem mit einem der wenigen Privatstrände und ist nur einen Katzensprung vom Decks entfernt, einem Restaurant auf Klippen, die aus dem Wasser ragen.

Etwa zwei Drittel der 65.000 Einwohner des etwas weiter nördlich gelegenen Nazareth sind Araber, der Rest ein multikultureller Mix aus Juden, Drusen, Moslems und Christen. Neben einem regen Suk findet man dort auch die größte christliche Kirche des Nahen Ostens, die Verkündigungsbasilika. Man erbaute sie an der Stelle, an der der Erzengel Gabriel Maria die Geburt Jesu prophezeit haben soll. Nehmen Sie sich Zeit, ein wenig die Paul VI. Street entlangzuschlendern und dort von Israels besten arabischen Süßwaren zu naschen, aber lassen Sie noch genügend Platz für ein Essen im Restaurant Diana. Dort serviert man einfache, aber köstliche regionale Spezialitäten, von Kebab über Grillfleisch und Salat bis hin zu den für die Region typischen *mezze* – kleinen Appetithäppchen in zahllosen Varianten.

Nazareth ist auch die Geburtsstadt Jesu und der neu angelegte „Jesus-Pfad" ermöglicht es dem Besucher, auf 64 km im Umkreis den Spuren seiner Wanderungen zu folgen. Der Pilgerweg verbindet Kanaan, den See Genezareth, Tabgha (mit seiner Brotvermehrungskirche im byzantinischen Stil) und den Berg der Seligpreisungen, an dessen Hängen die berühmte Bergpredigt stattgefunden haben soll. Besuchen Sie unbedingt Safed, Israels höchstgelegene Stadt und Zentrum des jüdischen Kabbala-Mystizismus. Lassen Sie sich auf einem Spaziergang durch das labyrinthische, über 1000 Jahre alte Synagogenviertel verzaubern.

Die Kunstgalerien im alten arabischen Viertel der Stadt verströmen hingegen einen Hauch von Boheme. Wenn Sie in Safed übernachten wollen, haben Sie die Wahl zwischen dem exklusiven Hotel Mizpe-Hayamim mit Meerblick, Spa und regionaler Küche, das etwas außerhalb der Stadt auf einem Hügel liegt, und dem Vered HaGalil, einem Familienbetrieb mit Pferdezucht und hinreißender Aussicht. **Wo:** Tiberias liegt 131 km nordöstl. von Tel Aviv. **Info:** www.gogalilee.org. **Scots Hotel:** Tel. +972/4-671-0710; www.scotshotels.co.il. *Preise:* ab € 211. **Decks:** Tel. +972/4-672-1538; *Preise:* Dinner € 26. **Diana:** Tel. +972/4-657-2919; *Preise:* Lunch € 20. **Jesus-Pfad:** www.jesustrail.com. **Mizpe-Hayamim:** Tel. +972/4-699-4555; www.mizpehayamim.com. *Preise:* ab € 289 (Nebensaison), ab € 407 (Hochsaison). **Vered HaGalil:** Tel. +972/4-693-5785; www.veredhagalil.com. *Preise:* ab € 100 (Nebensaison), ab € 155 (Hochsaison). **Reisezeit:** Feb.–März: Wildblumenblüte; Mai und Dez.: *Jacob's Ladder* Festival in Ginosar; Anf. Juli: Tanzfestival in Karmiel; Juli oder Aug.: Klezmer-Festival in Safed; Weihnachtszeit in Nazareth.

Wild und unberührt: Israels Norden

Die Golanhöhen

Israel

Diese felsige und dünn besiedelte Gegend überrascht durch ihr ungewöhnlich raues Klima – im Winter fällt Schnee, und selbst im Sommer sind die Nächte empfindlich kühl. Das auf etwa 1000 m gelegene Hochplateau dürfte im Ausland eher im Zusammenhang mit dem 6-Tage-Krieg denn als das beliebte Erholungs- und Ausflugsziel bekannt sein, zu dem es sich entwickelt hat.

Umgeben von sanften grünen Hügeln vulkanischen Ursprungs, grenzen die Golanhöhen zum großen Teil an den See Genezareth (s. vorherige Seite). Auf den Golanhöhen präsentiert sich Israels Natur von ihrer schönsten Seite: Es ist ein Landstrich der Viehzucht und des Weinanbaus, der Obstplantagen und Olivenhaine, es locken Biorestaurants und pittoreske Drusen-Dörfer. Nicht zuletzt befindet sich hier auch das einzige Skigebiet des Landes.

Auch wenn sich der Golan in archäologischer Hinsicht nicht mit dem benachbarten Galiläa messen kann, werden Fans der alten Geschichte nicht enttäuscht: Die etwa 5000 Jahre alte Siedlung Gamla wird auch das „Masada des Nordens" (s. S. 471) genannt: 67 n. Chr. erhoben sich dort 9000 Juden gegen die römische Herrschaft und zogen letztlich den Freitod vor, um sich dem Imperium nicht unterwerfen zu müssen (Masada sollte nur 6 Jahre später dasselbe Schicksal erleiden). Bis heute haben sich viele Überreste der alten Siedlung erhalten, und in den umliegenden Hügeln brütet eine Kolonie seltener Gänsegeier.

Etwas weiter trifft man auf das Rotwild-Reservat im dichten Odem-Wald. Hier plätschern am Fuß des Berges Bental kleine Flüsse und kühle Wasserfälle, während die Sturzfluten des nahe gelegenen Flusses Banyas mächtig genug für Wildwasserraftingtouren sind. Von hier aus ist es nicht mehr weit nach Katzrin, der Verwaltungshauptstadt des Golan. Sie ist berühmt für ihre kleinen Gasthäuser und Israels beste Kleinbrauerei, die Golan Brewery. Schauen Sie auf ein Glas herein, machen Sie einen Stadtrundgang oder verkosten Sie in der nahe gelegenen Golan Heights Winery einige der besten Tropfen Israels.

Wo: Katzrin liegt 200 km nördl. von Tel Aviv. **Golan Brewery:** Tel. +972/4-696-3625; www.golanbeer.co.il. **Golan Heights Winery:** Tel. +972/4-696-8420; www.golanwines.co.il. **Reisezeit:** Mai: bestes Wetter.

Spirituelle Enklave im Herzen Jerusalems

Die Jerusalemer Altstadt

Jerusalem, Israel

Die Jerusalemer Altstadt mit ihren mehr als 200 heiligen Stätten von Judentum, Christentum und Islam ist von einer Mauer aus dem 16. Jh. umgeben, die noch von Sultan Süleyman dem Prächtigen angelegt wurde. Bevor Sie einen Spaziergang durch das jüdische Viertel in Richtung Klagemauer machen, sollten Sie unbedingt den einzigartigen Rundblick vom Turm der Davidszitadelle genießen. Die Klagemauer gilt als heiligste Stätte des Judentums, Gläubige pilgern dorthin, um zu beten und kleine Zettel mit handgeschriebenen Fürbitten in ihren Ritzen zu hinterlassen.

Im alten muslimischen Viertel der Stadt biegen sich die Stände der Kaufleute unter der Last der Süßigkeiten und kunstvoll bestickten Stoffe, während der Duft der brutzelnden Fleischspieße (*shish kebab*) den Besucher in der Nase kitzelt. All das ist aber nur der Auftakt, bevor man am golden überkuppelten Felsendom anlangt. Der Felsendom ist der älteste islamische Sakralbau der Welt und nach Mekka und Medina (s. S. 490) die drittheiligste Stätte des Islam. Die prächtige Moschee wurde 690 an der Stelle errichtet, an dem der Prophet Mohammed in den Himmel aufgestiegen sein soll. Für gläubige Juden hingegen ist es der Ort, an dem Abraham nach Gottes Wille seinen einzigen Sohn Isaak opfern sollte. Auch die heiligste Stätte des Christentums ist hier zu finden: Die Grabeskirche wurde 335 vollendet und steht an der Stelle, die man Kalvarienberg nannte und an der Jesus gekreuzigt worden sein soll. Pilger nähern sich dem Gotteshaus über die Via Dolorosa (wörtlich: Straße der Schmerzen), welche die 14 Stationen des Kreuzweges Christi nachvollzieht.

Eine Atempause können Sie im ruhig, aber dennoch direkt an der Via Dolorosa gelegenen Österreichischen Hospiz einlegen, einem der vielen von Europäern betriebenen Gästehäuser, in denen Besucher aller Konfessionen willkommen sind (in diesem serviert man neben Wiener Melange auch Schnitzel und Apfelstrudel). Die Herberge liegt nur ein paar Minuten entfernt vom immer gut besuchten Abu Shukri mit dem besten Hummus der Stadt.

Eine elegantere Unterkunft findet sich nördlich des Damaskustors im American Colony Hotel. Dort logieren vor allem Auslandskorrespondenten, israelische Künstler, Intellektuelle, Diplomaten und Mitglieder der palästinensischen Elite. Man entspannt in den Innenhöfen neben duftenden Zitronenbäumen und plätschernden Springbrunnen oder trifft sich auf einen Drink in der legendären Kellerbar.

Im Hotel King David geht es hingegen ähnlich wie im Raffles in Singapur (s. S. 623) förmlicher zu. 1931 während der britischen Mandatszeit erbaut, verbinden sich dort Art déco und levantinische Elemente mit modernen Einflüssen. Entspannen Sie auf der Terrasse und genießen Sie von dort aus den wunderbaren Panoramablick über die Altstadt.

Wo: 58 km östl. von Tel Aviv. **Österreichisches Hospiz zur Heiligen Familie:**

Tel. +972/2-626-5800; www.austrianhospice. com. *Preise:* ab € 104; Lunch € 9. **Abu Shukri:** Tel. +972/2-627-1538; **American Colony Hotel:** Tel. +972/2-627-9777; www. americancolony.com. *Preise:* ab € 281. **King David Hotel:** Tel. +972/2-620-8888; www. danhotels.com. *Preise:* ab € 326 (Nebensaison), ab € 393 (Hochsaison). **Reisezeit:** März–Mai und Sept.–Nov.: bestes Wetter; sämtliche christliche, muslimische und jüdische Feiertage, vor allem das Pessachfest, wenn Tausende Gläubige zur Klagemauer pilgern.

Altehrwürdige Hauptstadt in zeitgenössischem Gewand

West-Jerusalem

Jerusalem, Israel

Die alte Stadt Davids hat in ihren westlichen, vorwiegend jüdisch geprägten Vierteln ganz im Stillen überraschend moderne Seiten entwickelt. Obwohl die Gegend immer noch ein historisches Schatzkästchen ist, trifft man nun auch auf zeitgenössische Architektur, Kunst und elegante Restaurants. Lange als schläfriger Gegenpol zum coolen, modernen Tel Aviv gehandelt (s. S. 473), durchläuft Jerusalem derzeit einen entscheidenden Imagewandel.

Eine tragende Rolle spielte dabei zweifellos der spanische Architekt Santiago Calatrava, unter dessen Leitung 2008 die gewaltige weiße Brücke fertiggestellt wurde. Die 66 Stahlseile dieser kühnen Konstruktion erinnern in ihrer Anordnung an eine Harfe, der Legende nach das Lieblingsinstrument von König David.

Jerusalems Hinwendung zur Moderne begann bereits 2005 mit der Eröffnung des Historischen Museums der Holocaust-Gedenkstätte Yad Vashem. Ausführender Architekt war der Kanadier Moshe Safdie. Von außen sichtbar ist nur ein langer Tunnel aus Beton, Stahl und Glas in Form eines Spitzdachs mit stark aufgebogenen Enden. Die meisten Ausstellungsräume liegen unter der Erde und fressen sich durch über 180 m Felsgestein. Die wuchtige, beunruhigende Architektur schafft den angemessenen Rahmen für die erschreckende Reise durch die Geschichte, die den Besucher im Inneren erwartet.

Architekt Safdie verlieh auch dem Hotel Mamilla diese kühle Ästhetik; es gilt als das erste Designhotel Jerusalems. Die Interieurs gestaltete der italienische Stardesigner Piero Lissoni. Auch wenn Sie nicht hier übernachten möchten, sollten Sie die Brasserie auf der Dachterrasse besuchen: Der Ausblick auf die Altstadt ist fantastisch, und es gibt eine große Auswahl an israelischen Weinen. Safdie gestaltete auch die schicke Einkaufsmeile in der nahen Alrov Mamilla Avenue mit, die die Innenstadt von Jerusalem mit dem berühmten Jaffator verbindet.

Die Brücke von Stararchitekt Santiago Calatrava soll sowohl dem Zugverkehr als auch als Fußgängerübergang dienen.

Auf der anderen Seite der Stadt liegt das Israel-Museum, das die Schriftrollen vom Toten Meer verwahrt. Das Gebäude hat gerade eine über 2-jährige Sanierungsphase hinter sich, die der amerikanische Architekt James Carpenter leitete. Er fügte zum ursprünglichen Bau eine Reihe glasverkleideter Pavillons hinzu und konnte so die Ausstellungsfläche nahezu verdoppeln. Zu den neu erworbenen Ausstellungsstücken gehört auch eine Synagoge aus dem 18. Jh. aus Surinam, die in mühevoller Kleinstarbeit restauriert und wiederaufgebaut wurde.

Yad Vashem: Tel. +972/2-644-3565; www.yadvashem.org. **Hotel Mamilla:** Tel. +972/2-548-2222; www.mamillahotel.com. *Preise:* ab € 260 (Nebensaison), ab € 370 (Hochsaison). **Israel-Museum:** Tel. +972/2-670-8811; www.english.imjnet.org.il. **Reisezeit:** Mai–Juni: Israel Festival; Juli: Israel Film Festival; Aug.: Weinfest Jerusalem.

Legendäre Festung am Toten Meer

Masada

Israel

Die Redewendung „Masada darf nie wieder fallen" ist jedem Mitglied der jüdischen Community weltweit ein Begriff und zugleich eine Erklärung des eigenen Selbstbehauptungswillens sowie Gedenken an die 967 jüdischen Männer, Frauen und Kinder, die im Jahr 73 auf dem Gipfel dieses Bergplateaus gegen die römische Armee kämpften.

Damals war Palästina römische Provinz, und Masada wurde von Herodes I. mit eiserner Hand regiert. Die über 7 ha große Palastanlage thront über einem steilen Abhang 400 m über dem Toten Meer inmitten der Wüste. Nach Herodes' Tod zogen die römischen Truppen ab, und Masada wurde zum letzten Zufluchtsort für eine Gruppe jüdischer Rebellen, die der Belagerung durch 15.000 schwer bewaffnete römische Soldaten 3 lange Jahre standhielten.

Am Ende zogen die Aufständischen den Freitod der Kapitulation vor. Die Tragödie wurde zum Symbol des Überlebenskampfes des Staates Israel seit seiner Gründung 1948. Die Festungsanlage ist mit alten Häusern, Zisternen, Badehäusern, einer Kirche, Synagogen und der 3-stöckigen Villa des Herodes hervorragend erhalten.

Die ganze Schönheit Masadas erschließt sich am besten in den frühen Morgenstunden, nachdem man den Berg bestiegen hat, um den Sonnenaufgang über dem Toten Meer und der Wüste von Judäa zu erleben. (Für jeden Israeli ist es eine Frage des Nationalstolzes, diese Höhen wenigstens einmal erklommen zu haben.) Obwohl man den Gipfel auch in 5 Minuten mit einer Seilbahn erreichen kann, wagen sich viele auf einen der beiden Wanderwege, die nach oben führen. Der Snake Path ist die schweißtreibendere Variante, er führt bis zur östlichen Flanke

Masada wurde in den 1960ern von Archäologen freigelegt.

des Plateaus. Nach dem Abstieg bieten die Strände des Toten Meers willkommene Erholung, sie sind gut über eine Küstenstraße zu erreichen.

Das Tote Meer, ein 422 m unter Meeresniveau liegendes Binnengewässer, bildet Israels natürliche Grenze zu Jordanien. Die jordanische Uferlinie ist touristisch nicht so stark erschlossen (s. S. 479). Auf der israelischen Seite erreicht man von Jerusalem aus nach 1 Stunde Fahrt die Küstenstädte, die mit mineralreichem Schlamm, Schwefelanwendungen und schwerelosen Bädern in Gewässern locken, die 9-mal salziger sind als das Mittelmeer. In der Gegend um En Gedi und En Bokek finden sich zahlreiche Hotels, Spas und Restaurants, der Norden um Kalya ist hingegen noch sehr unberührt. Absolut empfehlenswert ist eine Wanderung im oasengleichen En-Gedi-Naturreservat. In den kühlen Höhlen von Qumran können Sie für eine Weile der Hitze entfliehen. Hier wurden 1947 die berühmten Schriftrollen entdeckt.

Wo: 8 km südöstl. von Jerusalem. **En-Gedi-Naturreservat:** Tel. + 972/8-658-4285; www.parks.org.il. **Reisezeit:** März–Mai.

Die zauberhafte Schwester Tel Avivs

Das alte Jaffa

Tel Aviv-Jaffa, Israel

Jaffa existierte schon lange bevor König David durch Jerusalems steinerne Tore einzog. Manche glauben, die Hafenstadt aus biblischer Zeit sei nach einem Sohn Noahs benannt, und tatsächlich ist Jaffa eine der ältesten Städte der Welt, ihre Gründung wird etwa ins Jahr 7500 v. Chr. datiert. Heute ist die Stadt ein Bezirk von Tel Aviv und eine der wenigen urbanen Enklaven Israels, in der sowohl Juden als auch Araber leben. Aus dem bronzezeitlichen Hafen von Jaffa soll Jonas zu seiner schicksalhaften Begegnung mit dem Wal aufgebrochen sein. Der einst abgewirtschaftete Hafen wurde restauriert und bietet nun eine atemberaubende Aussicht über Tel Aviv.

Beginnen Sie Ihren Rundgang unbedingt im Ilana-Goor-Museum. Seine Sammlung besteht aus Arbeiten des bekannten israelischen Künstlers, das Café auf der Dachterrasse bietet außerdem einen hervorragenden Rundblick. Gleich hinter dem Wahrzeichen von Jaffa, einem Glockenturm aus osmanischer Zeit, erwartet Sie ein wirklich abenteuerlicher Markt: In diesem Gewirr aus Ständen gibt es von levantinischen Antiquitäten bis hin zu Textilien und Kunsthandwerk im Stil des Nahen Ostens einfach alles zu kaufen. Im Herzen des Marktes liegt das Café Puah, die dort servierten Backwaren, Tomatensalate mit Tahin und das hausgemachte Couscous sind legendär. Außerordentlich beliebt bei den Einheimischen ist auch der köstliche Hummus im nahen Familienbetrieb Abu Hasan. Wenn Sie in Jaffa nach Gastronomie der gehobenen Art suchen, schauen Sie in der Yoezer Wine Bar in der Nähe des alten Glockenturms vorbei. Dort gibt es neben einer der besten Weinkarten des Landes – mit zahlreichen israelischen Sorten – auch erlesene Gastronomie.

Jaffas Süden ist immer noch vor allem arabisch geprägt, und das nirgends stärker als in Ajami, einem über 200 Jahre alten Wohnviertel, das eigentlich von christlichen Maroniten gegründet wurde und vor allem durch seine pittoreske Architektur im osmanischen Stil besticht. Dort wurde auch das neue Peres Center for Peace angesiedelt. Dieses architektonische Meisterwerk aus Stahl und Glas, das unter Leitung des italienischen Architekten

Massimiliano Fuksas entstand, ist wohl das beeindruckendste Stück zeitgenössischer Architektur in ganz Israel. Die direkt ans Mittelmeer grenzenden Gärten sind für alle Besucher offen zugänglich.
Wo: 8 km südl. von Tel Aviv/Zentrum. **Ilana-Goor-Museum:** Tel. +972/3-683-7676; www.ilanagoor.com. **Puah:** Tel. +972/3-682-3821; **Abu Hasan:** Tel. +972/3-682-0387; **Yoezer Wine Bar:** Tel. +972/3-683-9115; *Preise:* Dinner € 52. **The Peres Center for Peace:** Tel. +972/3-568-0860; www.perescenter.org. **Reisezeit:** Anf. Mai: Fresh-Paint-Kunstmesse am alten Hafen von Jaffa.

Bauhausstil an der Küste des Mittelmeers

Die Weisse Stadt von Tel Aviv

Tel Aviv, Israel

Tel Aviv – auch das Miami des Nahen Ostens genannt – genießt seit Langem das Image einer modernen Stadt mit Chuzpe: Ohne die eigene Vergangenheit zu verleugnen, ist hier der Blick stets in die Zukunft gerichtet. Um ein Gefühl für die jahrtausendealte Geschichte Israels zu bekommen, muss man Jerusalem besuchen (s. S. 469). Will man aber etwas über die jüngere Vergangenheit des Landes erfahren, dann ist die Weiße Stadt im historischen Zentrum Tel Avivs das Ziel der Wahl. Die einzigartige Sammlung aus 4000 Gebäuden im Bauhausstil – der deutschen Architektur- und Designbewegung der 1920er-Jahre – gilt als das größte Ensemble dieser Art weltweit. Der Bauhausstil fand nach seinem Verbot durch die Nazis im Jahr 1933 im feuchtheißen Klima der Mittelmeerküste ein ungewöhnliches neues Zuhause. Hier trat der neue schlichte Stil einen überraschenden Siegeszug an, denn er erwies sich als kostengünstige und effiziente Möglichkeit, Wohnraum für die vielen Tausend Immigranten zu schaffen, die aus Europa und der ehemaligen UdSSR ins Land strömten.

In den folgenden Jahrzehnten verfielen viele der Häuser, weil die wohlhabenderen Einwohner in die luxuriösen Wohngegenden im Norden der Stadt zogen. Heute werden wieder viele der alten Bauhausgebäude instand gesetzt, vor allem am Rothschild Boulevard und in der Ahad Ha'Am Street. Die Gegend ist nicht nur ein Wohngebiet, es gibt auch elegante Restaurants und moderne Galerien. Das im Jahr 2000 gegründete Bauhaus Center dient nicht nur als Archiv, sondern bietet auch geführte Touren zu den wichtigsten Sehenswürdigkeiten im Bauhausstil an. Ein wahres Juwel ist das Bauhaus-Museum, untergebracht in einem sorgfältig restaurierten Gebäude aus dem Jahr 1934. Zur Sammlung zählen Designstücke und Möbel von Größen wie Marcel Breuer oder Mies van der Rohe.

Ein weiteres Highlight ist das Gordon Hotel, ein Juwel der klassischen Moderne, das direkt gegenüber dem Strand liegt.
Bauhaus Center: Tel. +972/3-522-0249; www.bauhaus-center.com. **Bauhaus Foundation Museum:** Tel. +972/3-620-4664; **Gordon Hotel:** Tel. +972/3-520-6100; www.gordontlv.com. *Preise:* € 159 (Nebensaison), € 260 (Hochsaison). **Reisezeit:** Anf. Mai: bestes Wetter und Architekturmesse *Houses from Within*; Anf. Juni: *White Night* Festival.

Das größte Natur-Spa der Welt

DAS TOTE MEER

Israel und Jordanien

Das Tote Meer, eigentlich ein Binnensee inmitten der Wüste, liegt 422 m unter dem Meeresspiegel und hält damit den Rekord als tiefstgelegener Ort der Erde. Es ist zweifellos einer der Höhepunkte und ein absolutes Muss auf jeder Reise in den Nahen Osten. Und warten Sie nicht zu lange mit einem Besuch: Durch Verdunstung und industrielle Ausbeutung sinkt der Wasserspiegel unaufhörlich; allein in den letzten 50 Jahren hat das Tote Meer bereits ein Drittel seiner Oberfläche eingebüßt.

Aufgrund seines enorm hohen Salzgehalts – der jegliches organische Leben in diesen Gewässern unmöglich macht – stellt sich für den Badenden das wundersame Gefühl der Schwerelosigkeit ein: Mühelos treibt man wie ein Korken auf der glasklaren Oberfläche. Das mineralstoffreiche Wasser des Toten Meers gilt schon seit der Antike als probates Heilmittel gegen Hauterkrankungen und Arthritis, und die sauerstoffreiche Luft an seinen Küsten verspricht bei Asthma und anderen Atemwegserkrankungen Linderung.

Heute locken die luxuriösen Spas sowohl auf jordanischer als auch israelischer Seite Besucher an, die nach Heilung ihrer Beschwerden suchen. Obwohl die israelischen Küstenabschnitte mehr Besucher verzeichnen (s. Masada, S. 453), holen auch Jordaniens Resorts kräftig auf. Das Mövenpick Resort lag bei seiner Eröffnung 1999 noch in unmittelbarer Strandnähe. Angelegt im Stil eines typischen Wüstendorfes, bietet es 358 schlichte, aber elegante Zimmer. Trotz seiner Größe wirkt es persönlich, und das zugehörige Zara Spa gehört zu den besten des Landes. Auch im Six Senses Spa im nahen Ma'In Hot Springs Resort bei Madaba dreht sich alles um die heilenden Kräfte des Wassers, obwohl die Anlage nicht direkt am Toten Meer liegt. Eingebettet in den Kalkstein-Canyon des Wadi Zarqa liegt dort eine Reihe natürlicher Schwimmbecken mit wohltuend heißem Wasser, das in Kaskaden von den umliegenden Felsen nachfließt. Nachdem Sie sich in dieser Oase ausgiebig entspannt haben, können Sie im Terrassenrestaurant mit Panoramablick über das Tote Meer speisen.

Nur eine halbe Stunde mit dem Auto ist es zum Mujib-Naturreservat. Das von der Royal Society for the Conservation of Nature (RSCN) verwaltete Gebiet ist bei Ökotouristen und Abenteuerurlaubern äußerst beliebt. Nirgendwo kann man zu Fuß oder mit dem Boot auf 5 Touren die Natur des Landes intensiver erkunden. Für alle Touren außer dem Siq Trail ist ein Führer vorgeschrieben und muss eine Vorabbuchung im RSCN-Hauptquartier in Amman getätigt werden.

Ein extrem hoher Salzgehalt macht das Schwimmen schwierig, das Schweben aber umso leichter.

Wo: 90 km südwestl. von Amman. **Mövenpick Resort Totes Meer:** Tel. +962/5-356-1111; www.movenpick-hotels.com. **Preise:** ab € 104 (Nebensaison), ab € 163 (Hochsaison). **Evason Ma'in Hot Springs:** Tel. +962/5-324-5500; www.sixsenses.com/evason-ma-in/. **Preise:** ab € 130. **Mujib-Naturreservat (RSCN):** Tel. +962/6-535-0456; www.rscn.org.jo. **Wann:** Apr.–Okt. **Reisezeit:** März–Mai und Sept.–Nov.: bestes Wetter.

Jesu Geburtsort

Das Westjordanland

Palästinensische Autonomiegebiete

O bwohl das Westjordanland nur wenige Kilometer entfernt von Jerusalem liegt, hat man als Besucher das Gefühl, in eine völlig andere Welt einzutauchen. Kaum eine andere Region ist wohl derart umkämpft und religiös aufgeladen wie das seit 1967 von Israel besetzte Gebiet. Reisen ins Westjordanland erfordern ein wenig vorausschauende Planung; israelische Staatsbürger und Fahrzeuge mit israelischen Kennzeichen sind nicht willkommen. Der kühne Reisende, der sich nicht von Checkpoints, Straßensperren und dem umstrittenen israelischen Schutzwall abschrecken lässt, muss lediglich eine kurze Passkontrolle hinter sich bringen, um einen Blick auf diesen biblischen Landstrich zu werfen.

Heutzutage besuchen überwiegend christliche Pilger das Westjordanland, um dem Weg der Heiligen Familie in Richtung Bethlehem zu folgen. Das moderne Bethlehem ist eine lebendige Stadt mit über 25.000 Einwohnern. Die berühmte Geburtskirche am Krippenplatz wurde um 330 geweiht und gehört zu den ältesten kontinuierlich genutzten Kirchen der Welt. Das Kirchenpatronat teilen sich die griechisch-orthodoxe Kirche, der Franziskanerorden und die armenisch-orthodoxe Kirche. Eine weitere bedeutsame Pilgerstätte für Juden, Muslime und Christen ist das in der Nähe des Krippenplatzes gelegene Grabmal der Rachel, der zweiten Frau Jakobs.

Touristisch ist das Westjordanland wenig erschlossen, die meisten Besucher kommen nur für einen Tag aus Jerusalem. Für Übernachtungen in Bethlehem bietet sich das Jacir Palace InterContinental an. Der Seitenflügel wurde 1910 ursprünglich für die reiche Kaufmannsfamilie Jacir erbaut. Von hier aus ist es nur eine kurze Fahrt – oder ein stimmungsvoller Spaziergang – zu den Sehenswürdigkeiten der Stadt.

Im Umland von Bethlehem – wo die Olivenhaine und Pinienwälder schnell von öden Wüstentälern abgelöst werden – liegen noch viele weitere, wenn auch weniger bekannte religiöse Stätten. Die uralte Stadt Jericho, in die Josua das Volk Israel nach der Flucht aus Ägypten geführt haben soll, erweist sich als überraschend grüne Oase. Obwohl Jericho als tiefstgelegene Stadt der Welt gilt, ist sie die Kornkammer des Westjordanlandes und wetteifert mit einer Siedlungsgeschichte von über 11.000 Jahren mit Damaskus (s. S. 492) um den Titel der ältesten Stadt der Welt. Das aus dem 12. Jh. stammende griechisch-orthodoxe Kloster Deir Quruntal auf dem Gipfel des Bergs der Versuchung wurde an der Stelle erbaut, an der Jesus 40 Tage in der Wüste gefastet haben und vom Teufel in Versuchung geführt worden sein soll. Mit einer Seilbahn geht es zum Gipfel, von dort kann man den malerischen Ausblick über das Tote Meer und das östlich gelegene Jordanien genießen. Weitere heilige Stätten im Umkreis von Jericho sind Nabi Musa, ein Heiligtum des Islam, das als Grabstätte des Moses gilt (eine Zuschreibung, die auch auf den Berg Nebo in Jordanien zutrifft), und das pittoreske griechisch-orthodoxe Kloster Mar Saba aus dem 5. Jh., zu dem jedoch nur Männer Zutritt haben.

Wo: Bethlehem liegt 10 km; Jericho 20 km südöstl. von Jerusalem. JACIR PALACE INTERCONTINENTAL: Tel. +972/ 2-276-6777; www.ichhotelsgroup.com. *Preise:* ab € 110 (Nebensaison), ab € 185 (Hochsaison). **REISEZEIT:** Weihnachten und Ostern: Prozessionen am Krippenplatz in Bethlehem.

Die einzigartige Architektur von Arabia Felix

DIE ALTSTADT VON SANAA

Sanaa, Jemen

Sanaa, in einem Gebirgstal auf über 2000 m Höhe gelegen, wurde der Legende nach von einem Sohn Noahs gegründet und gilt als älteste noch bewohnte Stadt der Welt. In der Antike nannte man den südwestlichen Teil der Arabischen Halbinsel, zu dem auch der Jemen gehört, wegen seiner fruchtbaren Böden „Arabia Felix", das glückliche Arabien. Die Altstadt von Sanaa gleicht einer Wunderkammer voller reich geschmückter Lehmziegelbauten, die sich zu einem atemberaubenden architektonischen Ensemble zusammenfügen.

Etliche der 4- bis 6-stöckigen Häuser sind mehr als 400 Jahre alt, der leuchtend weiße Gips, mit dem die Lehmziegelfassaden getüncht wurden, wirkt wie Zuckerguss, die blau gestrichenen Türen und die Fensterscheiben aus zartem Alabaster setzen bezaubernde Akzente.

Aber damit nicht genug der architektonischen Wunder: Ein Dickicht aus Minaretten, die zu den mehr als 100 Moscheen der Stadt gehören, ragt in den Himmel. Zu ihnen zählt auch die Große Moschee von Sanaa, eine der schönsten und ältesten der islamischen Welt. Erbaut wurde sie zu Lebzeiten des Propheten um 630. Der labyrinthische Suq al-Milh setzt sich aus mehr als 40 Spezialitätenmärkten zusammen. Hier werden neben Weihrauch und Myrrhe geröstete Heuschrecken, zuckersüße Datteln, paillettenbestickte Stoffe und handgewebte Teppiche feilgeboten. Es gibt eine unendliche Vielfalt an Gewürzen, mit manchen werden die scharfen Kebabs gespickt, die man in vielen kleinen Imbissen neben Fladenbrot, Honigkuchen und getrockneten Früchten probieren kann.

Zwar findet man in der Stadt auch eine Reihe moderner Hotels, aber wenn Sie den Zauber Sanaas authentisch erleben möchten,

Die runden Minarette sind typisch für die kunstvolle Lehmziegelarchitektur der Altstadt von Sanaa.

sollten Sie in der Altstadt übernachten. Das Burj al Salam („Turm des Friedens") ist das beste Hotel in der Gegend. Mitten im Herzen der Altstadt gelegen, bietet es gleichermaßen moderaten Komfort als auch arabisches Flair. Von der Dachterrasse des historischen Gebäudes aus kann man die magischen Sonnenuntergänge über der Altstadt genießen.

Wie: Das amerikanische Unternehmen Caravan Serai bietet 13-tägige Touren, Sanaa inklusive. Tel. +1/206-545-1735; www.caravan-serai.com. *Preise:* € 2578, all-inclusive. Startet in Sanaa. *Wann:* Ende Jan.–Anf. Feb. **Burj Al Salam:** Tel. +976/1-483-333; www.burjalsalam.com. *Preise:* € 63. **Reisezeit:** Okt.–März: bestes Wetter.

Das Manhattan des Nahen Ostens

Schibam

Jemen

8 Stockwerke mögen, gemessen an modernen Standards, nicht besonders hoch klingen, aber für Schibam genügte es, um 1930 von der britischen Forschungsreisenden Freya Stark als „Manhattan der Wüste" bezeichnet zu werden. Die alte, von einer Stadtmauer umgebene Stadt im Osten des Jemen liegt mitten im Wadi Hadramaut. Ihren Reichtum verdankte die Region sowohl den fruchtbaren Böden als auch der günstigen Lage an der alten Weihrauchstraße. Der ertragreiche Handel mit Weihrauch, Datteln, Stoffen und Myrrhe führte in Schibam zu einem Bauboom, der in einem riesigen Ensemble aus mehrstöckigen kubischen Gebäuden mündete.

Heute drängen sich über 500 dieser Turmhäuser in der Enge der alten Stadtmauern, einem autofreien Karree von weniger als einem halben Kilometer Kantenlänge. Die meisten von ihnen wurden im 16. Jh. in Lehmziegelbauweise errichtet, die Fassaden sind weiß gekalkt, die Fenster mit kunstvollem Gitterwerk geschmückt. Manche der Gebäude ragen bis zu 10 Stockwerke in die Höhe; diese platzsparende Bauweise war absolut bahnbrechend. Strikte Bauvorschriften sorgen heute dafür, dass Neubauten von den Originalen kaum zu unterscheiden sind. Zudem wurde ein jemenitisch-deutsches Denkmalschutzprojekt ins Leben gerufen, das Schibams einzigartige Architektur für künftige Generationen erhalten soll.

Ein Spaziergang durch die engen Gassen zwischen den hohen Mauern gleicht einer Reise in die Vergangenheit: In der 7000-Einwohnerstadt begegnen Ihnen Frauen, die von Kopf bis Fuß verschleiert sind und bei der Feldarbeit außerhalb der Stadtmauern hohe, kegelförmige Strohhüte tragen. Schibams Jami-Moschee aus dem 10. Jh. mit ihren strahlend weißen Mauern ist ein Wunderwerk. Sie liegt in unmittelbarer Nähe der alten Stadtmauern aus dem 17. Jh. Die Festung von Schibam wacht hingegen bereits seit

Die architektonische Erschließung des vertikalen Raums in Schibam war zu ihrer Zeit äußerst innovativ.

über 700 Jahren über die Stadt und hat so manche zerstörerische Flut überstanden.

Die Übernachtungsmöglichkeiten in Schibam selbst sind begrenzt, die meisten Besucher suchen Unterkunft im nahen Say'un, der größten Stadt des Tals. Dort findet man nicht nur einige der schönsten Moscheen und Minarette des Jemen, sondern auch einen atmosphärischen Markt und das Hotel Al-Hawta Palace inmitten eines lieblichen Gartens mit einem kleinen, aber erfrischenden Pool.

Wo: 500 km östl. von Sanaa. **Wie:** Der Reiseveranstalter Universal Touring Company in Sanaa ist auf Individualreisen spezialisiert, Touren nach Hadramaut. Tel. +967/ 1-272-861; www.utcyemen.com. *Preise:* 7-tägige Tour ab € 615. **Al-Hawta Palace:** Tel. +967/1-440-305; *Preise:* € 90. **Reisezeit:** Apr.–Mai und Sept.–Okt.: kühl-trockenes Wetter.

Botanisches Schatzkästchen am Rande der Welt

Sokotra

Jemen

Die entlegene und praktisch unberührte Inselgruppe Sokotra liegt inmitten des Indischen Ozeans, weit im Süden der jemenitischen Küste und auf halber Strecke zum Horn von Afrika. Die extrem isolierte Lage von Sokotra (so auch der Name der Hauptinsel) hat auf den Inseln eine einzigartige Artenvielfalt hervorgebracht. Tatsächlich leben dort mehr als 700 endemische Tier- und Pflanzenarten, übertroffen nur von der biologischen Vielfalt Hawaiis und der Galapagosinseln. Der jährliche Monsun und natürliche geologische Barrieren bieten der Flora und Fauna im Inneren der Inseln Schutz vor Räubern. Die Küsten sind geprägt von gewaltigen Bergen aus Granitgestein, leuchtenden Kalkfelsen und endlosen roten Klippen.

Die Hauptinsel zählt ca. 40.000 Einwohner, viele sprechen die Landessprache, die nicht mit dem Arabischen verwandt ist. Man folgt dort einem weltweit einzigartigen 23-Monate-Kalender und lebt hauptsächlich von Fischfang und Ziegenzucht. Eine Legende sagt, die Ureinwohner seien Nachfahren von Untertanen der Königin von Saba, die vor über 3000 Jahren über die Insel geherrscht hat. Der Tourismus auf Sokotra ist ein zartes, langsam wachsendes Pflänzchen. Die ca. 3000 Besucher pro Jahr werden jedoch mit kilometerlangen weißen Sandstränden, erstklassigen Tiefsee-Tauchgebieten und überwältigenden Naturlandschaften voll seltener Gewächse wie dem Drachenbaum belohnt. Diese Bäume mit der unverwechselbaren Kronenform, die an einen umgeklappten Schirm erinnert, können über 300 Jahre alt werden; ihr Baumsaft duftet intensiv nach Zimt.

Entgegen allen Widerständen von außen hat sich die jemenitische Regierung bisher

Der bizarr geformte Drachenbaum wächst nur auf Sokotra.

einer zu starken touristischen Erschließung verweigert: Statt wuchtiger Hotelanlagen und großer Urlaubsresorts entschied man sich für Zeltplätze in Strandnähe und kleine Gästehäuser. Auch die Anreise ist nicht ganz unkompliziert: Vom jemenitischen Festland aus gibt es pro Woche nur eine Handvoll Flüge. All das garantiert jedoch auch dafür, dass der Besucher sich nahezu ungestört an Sandstränden, farbenprächtigen Korallenriffen und der fantastischen Natur erfreuen kann.

Wo: 500 km südl. der jemenitischen Küste; Anflug aus Sanaa, Aden oder Mukalla. **Info:** www.socotraisland.org. **Wie:** Der örtliche Reiseveranstalter Universal Touring Company ist auf Individualreisen spezialisiert. Tel. +967/1-272861; www.utcyemen.com. *Preise:* 5-tägige Tour € 337. **Reisezeit:** Okt.–Apr. (außerhalb der Monsunzeiten).

Wüstencanyons und Tauchgänge im Roten Meer

Aqaba und das Wadi Rum

Jordanien

Jahrelang stand Aqaba, Jordaniens einziger Badeort, im Schatten seiner bekannteren Nachbarn: Taucher und Badeurlauber pilgerten vor allem ins israelische Eilat und nach Scharm El-Scheich in Ägypten (s. S. 401). In den letzten Jahren aber hat sich die alte Hafenstadt zur ernst zu nehmenden Konkurrentin für die etablierteren Urlaubsziele entwickelt: Brandneue, schicke Urlaubsresorts sollen potenzielle Besucher in eines der schönsten Tauchgebiete locken, die das Rote Meer zu bieten hat. Dennoch konnte Aqaba sich bisher noch seinen Charme einer arabischen Kleinstadt bewahren. Nicht zuletzt kann man von hier aus auch einige der lohnendsten Ziele im südlichen Jordanien wie Petra (s. S. 482) oder das Wadi Rum per Tagestrip erreichen.

Aqabas Entwicklung gilt als so bedeutend, dass sie von König Abdullah höchstpersönlich überwacht wird. Investitionsanreize haben zur Entstehung etlicher eleganter Luxushotels wie dem Kempinski geführt, das mit seinen geschwungen Formen an die Art-déco-Architektur Miamis erinnert. Das Kempinski verfügt über einen Privatstrand und 200 Zimmer mit Meerblick. Die Hauptattraktion Aqabas sind aber ohne Zweifel seine Tauch- und Schnorchelreviere: Entlang der 24 km langen Uferlinie locken Korallenriffe, die zu den bezauberndsten und am besten erhaltenen des Roten Meers zählen.

Aqaba ist auch das Tor zum nahen Wadi Rum, einer majestätischen Wüstenlandschaft. Schon im Koran findet es wegen seiner überwältigenden Schönheit Erwähnung. Zwischen gewaltigen Canyons, bizarren Felsformationen und riesigen Sandsteinbergen siedeln auch halbnomadische Beduinen. Wer sich (in Begleitung eines Führers) zu einer Übernachtung in der Wüste entschließt, kann die farbenprächtigen Lichtspiele bei Sonnenauf- und -untergang bestaunen.

Lawrence von Arabien hatte im Wadi Rum zu Zeiten der Arabischen Revolte sein Basislager aufgeschlagen. Fast 50 Jahre später drehte David Lean genau hier sein oscarprämiertes Epos *Lawrence von Arabien*. Heute kann man das Wadi in den frühen Morgenstunden auf einer Wanderung erkunden, aber auch auf dem Rücken eines Kamels, eines Pferdes, mit dem Jeep oder sogar mit einem Heißluftballon.

Wo: Aqaba liegt 365 km südl. von Amman. **Kempinski Aqaba:** Tel. +962/3-209-0888; www.kempinski.com. *Preise:* € 159

(Nebensaison), € 315 (Hochsaison). **Wie:** Das amerikanische Unternehmen Cultural Crossroads bietet 7-tägige „Explore Jordan"-Reisen an (inkl. Wadi Rum, ohne Aqaba). Tel. +1/802-479-7040; www.culturalcrossroads.com. *Preise:* ab € 2434, all-inclusive. Startet in Amman. *Wann:* Mai, Sept. **Reisezeit:** Feb.–Mai und Sept.–Dez.: bestes Wetter.

Monument von Macht und Glanz des Römischen Reichs

JARASH

Jordanien

Das jordanische Jarash ist durchaus vergleichbar mit Baalbek im Libanon (s. S. 484), Leptis Magna in Libyen oder Volubilis in Marokko – wie diese Städte ist es eine bezaubernde antike römische Provinzstadt im Herzen der modernen arabischen Welt. Jarash gilt als eine der größten und am besten erhaltenen antiken Stätten außerhalb Italiens.

Die Stadt wurde im 4. Jh. v. Chr. von Soldaten Alexanders des Großen gegründet und liegt direkt neben der heutigen Hauptstadt Amman in einem Gebiet, das zu biblischer Zeit Gilead genannt wurde. Während der folgenden Jahrhunderte entwickelte sich Jarash zu einer blühenden Stadt des Römischen Reiches.

Es verdankte seinen Reichtum dem Ackerbau, dem Bergbau und seiner Lage an wichtigen Karawanenwegen. Diese ermöglichte auch den Handel mit den benachbarten Nabatäern, den Erbauern der legendären Felsenstadt Petra (s. S. 482).

Von den frühchristlich-byzantinischen Kirchen haben sich 15 bis heute erhalten. Auch ein Bogenmonument zu Ehren von Kaiser Hadrian, ein von Säulen gesäumtes Forum, mehrere Badeanstalten und ein Hippodrom, das 15.000 Zuschauern Platz bot, gehören zu den Sehenswürdigkeiten. Der prächtigste Bau ist jedoch der Tempel der Artemis, der alten Schutzgottheit der Stadt. Der Zugang führt über eine Säulenallee. Der Tempel und der ihn umgebende Tempelbezirk sind seit 1981 die großartige Kulisse für das jährlich stattfindende Festival von Jarash, das Königin Nur al Hussain persönlich ins Leben rief und das Jahr für Jahr Weltklassetänzer, -musiker und -schauspieler aus aller Welt anzieht. Die Vorstellungen finden im original römischen Theater mit 32 ansteigenden Sitzreihen statt – die Akustik ist so glasklar wie vor 2000 Jahren.

Wo: 48 km nördl. von Amman. **Wie:** Das amerikanische Unternehmen Wilderness Travel bietet 7-tägige Reisen inkl. Jarash an. Tel. +1/510-558-2488; www.wildernesstravel.com.

Korinthische Säulen des 2. Jh. bei den Ruinen des Tempels der Artemis, die als Schutzgottheit von Jarash verehrt wurde.

Preise: ab € 2293, inklusive. Startet in Amman. *Wann:* Okt.–Apr. REISEZEIT: März–Juni und Sept.–Nov.: bestes Wetter; Juli–Aug.: Jarash Festival.

Fernreiseroute aus biblischen Zeiten

DER KÖNIGSWEG

Jordanien

Der Königsweg ist eine 5000 Jahre alte Reiseroute, die schon im Alten Testament erwähnt wird. Die unterschiedlichsten Reisenden haben den über 300 km langen Weg schon genutzt: Israeliten auf dem Weg ins Gelobte Land, Muslime auf dem Haddsch, Kreuzfahrer während ihrer Feldzüge im Nahen Osten. Heute schlängelt er sich als gepflasterte Straße von der Hauptstadt Amman bis nach Aqaba (s. S. 479) durch enge Schluchten, vorbei an fruchtbarem Ackerland und durch rote Felswüstenlandschaften.

Gleich zu Beginn führt die Straße an Madaba vorbei, wo man die älteste bekannte Landkarte der Welt besichtigen kann. Diese Karte des Heiligen Landes wurde als Mosaik in den Boden eingelassen und liegt heute in der griechisch-orthodoxen Basilika St. Georg, die man im 19. Jh. dort erbaute. Vom Gipfel des nur 13 km entfernten Berges Nebo aus soll Gott Moses einen Blick auf das Gelobte Land gewährt haben, das er nie erreichen würde. An einem klaren Tag kann man von hier aus das Tote Meer, das Westjordanland, Bethlehem und Jerusalem sehen.

Nächste Station ist Kerak, wo sich die größte Kreuzfahrerfestung der Levante außerhalb Syriens erhalten hat (s. Krak des Chevaliers, S. 493). Der gewaltige Bau im romanischen Stil wurde 1142 von Paganus dem Mundschenk im Auftrag König Balduins II. von Jerusalem errichtet und thront noch heute über der modernen Stadt.

Das über 320 km² große Dana-Biosphärenreservat ist das größte und wichtigste Naturschutzgebiet Jordaniens und zugleich ein archäologisches Juwel. Abseits in einem tiefen Tal gelegen, erstreckt es sich von bis zu 1500 m hohen Gipfeln bis ins Wadi Araba, das fast 50 m unter dem Meeresspiegel liegt. Dort hat sich ein einzigartiges und vielfältiges Ökosystem erhalten, zu dem über 800 Pflanzen- und über 650 Tierarten zählen, darunter auch etliche seltene Arten wie die Sandkatze, der Rotfuchs oder der Syrische Wolf. Im Reservat siedelt auch der gastfreundliche Stamm der Ata'ta, der in dieser Region seit 4000 v. Chr. beheimatet ist. Wanderer können auf dem Weg durch zerklüftete Canyons und oasengleiche Wadis etliche Ruinenstätten besuchen, von denen manche über 12.000 Jahre alt sind.

In puncto Unterkunft bietet sich das Zelten unter dem sternenklaren Wüstenhimmel oder eines der schlichten Gästehäuser an. Die romantischste Option dürfte die Feynan Ecolodge sein: Ultimativer Komfort mitten in der Wüste; die 26 Gästezimmer werden mit Solarstrom versorgt, nachts spenden Kerzen Licht. Besonders schön sind die lauschigen Innenhöfe mit

Im Zentrum der Mosaikkarte von Madaba liegt das alte Jerusalem.

ihren gemütlichen Hängematten. Von hier aus können Sie zudem unter Führung der ortskundigen Beduinen das Naturreservat erkunden. Die 3–5-tägige Wanderung bis zur 56 km entfernten Felsenstadt Petra (s. unten) sollten Sie im Voraus buchen.
Wo: Madaba liegt 32 km südl. von Amman.
Wie: Das amerikanische Unternehmen R. Crusoe & Son bietet 10-tägige „All Roads Lead to Jordan"-Touren an, Königsweg inklusive. Tel. +1/312-980-8000; www.rcrusoe.com. *Preise:* ab € 2948, all-inclusive. Startet in Amman. **Dana-Biosphärenreservat:** www.rscn.org.jo/rscn. **Feynan Ecolodge:** Tel. +962/6-464-5580; www.feynan.com. *Preise:* ab € 90. **Reisezeit:** Okt.–März: bestes Wetter.

Uralte Stadt im roten Fels

Petra

Jordanien

P etra, die alte Hauptstadt der Nabatäer, wird wegen des rot gefärbten Felsens, aus dem die prächtigen Paläste, Grabmäler und Schatzhäuser gehauen wurden, oft auch liebevoll „Pink City" genannt. Obwohl die Stadt nicht zu den 7 Weltwundern der Antike gezählt wurde, erklärte man sie 2007 zu einem der „Neuen 7 Weltwunder", was viel über ihre zeitlose Faszination aussagt.

Trotz ihrer langen Geschichte war Petra in der westlichen Welt bis zu Beginn des 19. Jh. völlig unbekannt. Der Schweizer Johann Ludwig Burckhardt „entdeckte" die Stadt 1812 für den Westen und begann mit Ausgrabungen. Man erreicht Petra über den Siq, einen knapp 2 km langen, gewundenen Pfad, der an manchen Stellen gerade einmal 3 m breit ist und von hoch aufragenden Felsen flankiert wird. Es ist der einzige Weg, der in die Stadt hinein- und wieder hinausführt, und während der Hochsaison drängen sich dort Touristengruppen, fliegende Händler und Packesel.

Am Ende des schmalen Durchgangs empfängt Petra den Besucher mit ihrem Wahrzeichen, dem Khazne al-Firaun, „Schatzhaus des Pharao". Das aus einem riesigen Felsen geschlagene Gebäude im griechischen Stil datiert ins Jahr 56 v. Chr., der Blütezeit des nabatäischen Reiches. Weil seine Lage es vor der Erosion schützte, gehört es zu den am besten erhaltenen Bauwerken der Stadt.

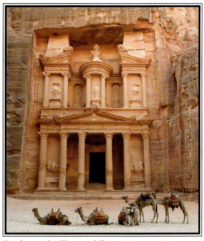

Das Innere des Khazne al-Firaun ist trotz seiner prächtigen Fassade überraschend karg.

Hinter dem Khazne al-Firaun erstrecken sich die Ruinen einer einst blühenden Stadt und eines wichtigen Handelszentrums, das bis zur Mitte des 1. Jh. die alten Karawanenrouten kontrollierte, die Arabien mit Nordafrika und dem Mittelmeerraum verbanden. Die unzähligen Wohnhäuser,

Tempel, Lagerräume und Grabstätten, die in die Wände getrieben wurden, vermitteln eine Vorstellung von Reichtum und Macht der Nabatäer. Über 800 Stufen führt ein gewundener Weg hinauf zum Kloster El Deir – der Aufstieg kann auch auf dem Rücken eines Esels bewältigt werden. Dieses Hochplateau bietet einen wundervollen Blick über Petra.

Die Stadt liegt nur 3 Autostunden von Amman entfernt, kann also, zumindest oberflächlich, im Rahmen eines Tagesausfluges erkundet werden. Empfehlenswerter ist es, sich vor Ort ein Hotel zu buchen, um einmal bei Sonnenauf- oder -untergang vor Ort zu sein: Dann trifft man sich bei Kerzenlicht, lauscht der Musik der Beduinen und genießt den süßen Minztee. Das Mövenpick Resort liegt direkt gegenüber dem Eingang zur Felsenstadt. Mit einer gelungenen Mischung aus zeitgenössischen und traditionellen Elementen ist es das schönste Haus am Platz. Eine gute Wahl ist auch das nur 8 km außerhalb der Stadt auf einem Felsen thronende Taybet Zaman, ein elegant modernisiertes Beduinendorf aus dem 19. Jh. – die Idee für das Projekt geht auf Königin Nur zurück. Von den 105 Zimmern führen kleine, von Bougainvilleen geschmückte Pfade zum hauseigenen Pool, zum Dampfbad und einem alten Suk, der zum Souvenirshop umgestaltet wurde.

WO: 225 km südl. von Amman. **MÖVENPICK PETRA:** Tel. +962/3-215-7111; www.movenpick-hotels.com. *Preise:* € 163 (Nebensaison), € 407 (Hochsaison). **HOTEL TAYBET ZAMAN:** Tel. +962/3-215-0111; www.jordantourismresorts.com. *Preise:* ab € 74 (Nebensaison), ab € 155 (Hochsaison). **WIE:** Das amerikanische Unternehmen Caravan Serai bietet 7-tägige „Historic Jordan"-Touren an, Petra inklusive. Tel. +1/206-545-1735; www.caravan-serai.com. *Preise:* ab € 793. Startet in Amman. **REISEZEIT:** März–Mai und Sept.–Nov.: bestes Wetter, am späten Nachmittag taucht die Sonne die Stadt in leuchtendes Rosa.

Ein architektonisches Juwel

DAS MUSEUM FÜR ISLAMISCHE KUNST

Doha, Katar

In den letzten Jahren entwickelte sich das Emirat Katar zum etwas kleineren, aber sicher nicht weniger umtriebigen Konkurrenten des Nachbarn Dubai (s. S. 495). Katars Scheich Hamad bin Chalifa al-Thani bemüht sich nun darum, sein Heimatland zum Touristenziel zu machen – zum kulturellen Zentrum der arabischen Welt, das auch noch in voller Blüte stehen wird, wenn die Erdölvorräte zur Neige gehen.

Katars größte Errungenschaft auf dem Weg dahin dürfte das vom legendären Architekten I. M. Pei gestaltete Museum für Islamische Kunst sein. Der Komplex liegt auf einer kleinen künstlichen Insel vor der Küstenpromenade der Hauptstadt Doha. Pei sagte, er habe seine Inspiration für den weißen kubistischen Bau aus allen Epochen der islamischen

Architekt I. M. Pei beschäftigte sich für seine Formensprache intensiv mit islamischer Geschichte und Kultur.

Architektur bezogen, angefangen bei einer ägyptischen Moschee aus dem 9. Jh. bis zur legendären spanischen Alhambra (s. S. 261).

Die hohen Ausstellungsräume füllte Katars Königsfamilie mit der größten Sammlung islamischer Kunst weltweit: Mittlerweile sind es mehr als 700 Exponate aus allen Epochen, darunter Kalligrafien, seidene Wandteppiche, osmanische Schwerter, opulente Textilien und Fayencen verschiedenster Provenienz.

Wie die meisten anderen Attraktionen Katars ist auch das Islamische Museum eine moderne Einrichtung, die ganz der Präsentation von islamischer Geschichte und Tradition dienen soll. An der Corniche baute man im Palmenpark Rumeila das komplette Handwerkerviertel eines typischen Dorfes nach: Hier arbeiten Vertreter aller alten Handwerkskünste, vom Weber über den Goldschmied bis hin zum Schiffsbauer. Auch gibt es den jahrhundertealten Basar Souq Waqif, der auch noch nach einer Rundumsanierung unglaublich authentisch wirkt. Auf einem Falknereimarkt werden alle Waren angeboten, die mit dieser äußerst beliebten Freizeitbeschäftigung in Katar in Zusammenhang stehen. Das Hotel Souq Waqif, ein luxuriöses Haus mit 13 Zimmern, ist die ideale Unterkunft für all jene, die Lust auf mehr orientalisches Flair haben.

In den Abendstunden füllt sich die über 8 km lange Corniche mit Familien, die die Aussicht über den Persischen Golf genießen wollen. Am Südende der Corniche liegt das Ritz-Carlton Sharq Village and Spa, im Stil eines traditionellen Dorfs gebaut. Die begrünten Innenhöfe und Gärten sind ideal, um die Atmosphäre eines Landes in sich aufzunehmen, das eine Brücke zwischen Orient und Okzident schlagen möchte.

Museum Für Islamische Kunst: Tel. +974/4422-4444; www.mia.org.qa. Hotel Souq Waqif: Tel. +974/4443-3030; www.hotelsouqwaqif.com. *Preise:* ab € 155. The Ritz-Carlton Sharq Village and Spa: Tel. +974/4425-6666; www.sharqvillage.com. *Preise:* ab € 193. Reisezeit: März: Kulturfestival in Doha; Apr.: Finale Emir GCC Kamelrennen; Okt. oder Nov.: Tribeca Film Festival in Doha; Nov.–März: bestes Wetter.

Triumphales Erbe des Römischen Reiches

Baalbek

Libanon

Mit dem antiken Baalbek – einst Heliopolis, „Stadt der Sonne", genannt – wollte das Römische Reich ein Zeichen seiner umfassenden Macht setzen. Die architektonischen Schmuckstücke, die man hinterließ, sprengen somit auch jeden Superlativ: Hier baute man die größte römische Tempelanlage des Imperiums mit den höchsten Säulen, die je von Menschenhand aus gewaltigen Steinquadern aufgetürmt wurden. Die Lage auf einem Hochplateau im grünen Tal von Bekáa vor der Kulisse schneebedeckter Gipfel macht Baalbek zur beeindruckendsten antiken Ruine des Nahen Ostens. Mark Twain schrieb: „Die Majestät und die Eleganz in Konstruktion und Ausführung der Tempel von Baalbek sind wahrhaft beispiellos."

Baalbek wurde im 3. Jh. v. Chr. gegründet; ihre Blütezeit hatte die Stadt unter römischer Herrschaft zu Zeiten von Julius Cäsar. Die den 3 Hauptgottheiten von Heliopolis geweihten Tempel – Bacchus, Jupiter und Venus – verhalfen der Stadt bis zum Einzug des Christentums im 4. Jh. zu immenser Bedeutung. Der Tempel des Bacchus ist Baalbeks unumstrittene Hauptattraktion: eine gewaltige, von 42 korinthischen, jeweils 19 m hohen Säulen umgebene Anlage. Der Bacchus-Tempel gilt zudem als der am besten erhaltene römische Tempel weltweit.

Die Langlebigkeit dieser alten Heiligtümer liegt in der perfekten handwerklichen Ausführung und ihrer stabilen Konstruktion begründet. Verwendet wurde der rosenfarbene ägyptische Granit, auch die 128 (heute größtenteils verschollenen) Säulen, die den Hauptplatz des Tempelbezirks umgaben, waren aus diesem Material gefertigt. Überall im Tempelbezirk von Baalbek fand man riesige Steinblöcke, manche an die 1200 t schwer, dazu gehören auch die Fundamentblöcke unter dem Tempel des Jupiter. Wissenschaftler rätseln immer noch, wie Steine solchen Ausmaßes nach Baalbek geschafft werden konnten.

Die Besichtigung der gesamten Anlage kann viele Stunden in Anspruch nehmen. Wenn Sie der Hitze des Tages entfliehen möchten, nehmen Sie einen Drink auf der Dachterrasse des Hotel Palmyra – dort haben Sie einen wunderbaren Blick über die Ruinen und können den leicht morbiden Charme eines der wenigen Hotels im Nahen Osten genießen, das noch nicht modernisiert wurde.

Wo: 85 km nordöstl. von Beirut. **Hotel Palmyra:** Tel. +961/8-370-230. **Reisezeit:** Nov.–Feb.: angenehm kühl; Juni–Aug.: Baalbek International Festival mit Oper, klassischer Musik und Jazz vor der Kulisse der antiken Ruinen.

Neuer Glanz im Land der Zedern

Beiruts Corniche

Beirut, Libanon

Bis zum Ausbruch des 20 Jahre andauernden Bürgerkriegs, der das Land zerriss und den florierenden Tourismus zerstörte, nannte man das an der levantinischen Küste gelegene Beirut auch das „Paris des Nahen Ostens".

Heute genießt der Libanon eine Periode des Friedens, und Beirut kann sich langsam wieder mit dem Glanz anderer Metropolen messen.

Wie die weltoffenen Städte Tel Aviv und Alexandria (s. S. 473 und 393) liegt Beirut direkt am östlichen Mittelmeer. Das Meer prägte auch dort einen typisch mediterranen, zwanglosen Lebensstil, bei dem sich viel an der frischen Luft abspielt. Spürbar wird dies vor allem bei einem Spaziergang an der Beiruter Corniche, der von Palmen gesäumten Uferpromenade: Ob Arm oder Reich, Christ oder Moslem: Hierher kommen abends alle gern, um die kühlende Brise und die wundervollen Sonnenuntergänge zu genießen. Den schönsten Ausblick haben Sie von einem der vielen Open-Air-Restaurants aus. Das Casablanca bietet eine west-östliche Speisekarte, es werden Fisch, Hummer und Biogemüse vom hauseigenen Bauernhof serviert. Das Palace Café ist ein beliebter Treffpunkt für Schriftsteller, die hier bei einem Gläschen Arak, dem starken, für die Region typischen Anisschnaps, entspannen.

Libanons berühmte Küche ist so überraschend bunt und vielfältig wie seine Bevölkerung. Arabische, armenische und türkische Einflüsse schlagen sich in Gerichten nieder, die oft als *mezze* in endlos langen Speisenfolgen aufgetragen werden. Restaurants wie das elegante Abd el Wahab gehören zu den Klassikern: Hier gibt es libanesische Spezialitäten wie Hummus, Taboulé oder *moutabala* (ein würziger Auberginendip), scharfe Kebabs und mit Minze gewürzte Kibbeh. Das alteingesessene, gemütliche Le Chef serviert seit Jahrzehnten libanesische Hausmannskost, z.B. einen *moulakhiyeh* genannten Eintopf mit Spinat und gegrilltem Lammfleisch und mit Rosenwasser verfeinerten Milchreis zum Dessert. Regionale Köstlichkeiten aus allen Landesregionen sind das Markenzeichen des Tawlet („Küchentisch"), eines beliebten Tagesrestaurants auf dem Bauernmarkt des Souk el-Tayeb.

Auch Beiruts Hotelszene boomt. Das Hotel Le Gray prunkt mit einer Poolbar auf der Dachterrasse, grandioser Panoramablick inklusive. Die mit Kunstwerken geschmückten Räume gewähren zum Teil freien Blick auf die Mohammed-Al-Amin-Moschee. Die Gästezimmer im eher klassischen Hotel Albergo, das in einer Villa aus den 1930er-Jahren seinen Sitz fand, wurden teils im osmanischen, teils im klassisch-französischen Stil ausgestattet. Etwas schlichter, aber dennoch komfortabel lässt es sich im modernen Orient Queen Homes logieren.

CASABLANCA: Tel. +961/1-369-334; *Preise:* Dinner € 22. **PALACE CAFÉ:** Tel. +961/1-364-949; *Preise:* Lunch € 11. **ABD EL WAHAB:** Tel. +961/1-200-550; *Preise:* Dinner € 48. **LE CHEF:** Tel. +961/1-445-373; *Preise:* Dinner € 15. **TAWLET:** Tel. +961/1-448-129; www.tawlet.com. *Preise:* Lunch € 11. **HOTEL LE GRAY:** Tel. +961/1-971-111; www.campbellgrayhotels.com. *Preise:* € 277 (Nebensaison), € 489 (Hochsaison). **HOTEL ALBERGO:** Tel. +961/1-339-797; www.hotelalbergobeirut.com. *Preise:* € 277 (Nebensaison), € 319 (Hochsaison). **ORIENT QUEEN HOMES:** Tel. +961/1-361-140; www.orientqueenhomes.com. *Preise:* ab € 110. **REISEZEIT:** März–Mai: bestes Wetter; Okt.: Beirut International Film Festival.

Die Fjorde an der Straße von Hormus

DIE HALBINSEL MUSANDAM

Oman

Eines der faszinierendsten Reiseziele Omans liegt weit weg vom eigentlichen Mutterland. Die 1800 km² große Halbinsel und Exklave Musandam ragt in die Straße von Hormus und grenzt im Süden an die Vereinigten Arabischen Emirate. Die ungewöhnliche geografische Lage hat zur Folge, dass es bis nach Dubai (s. S. 495) nur 90 Minuten Fahrt sind – ein Glücksfall, der dazu führte, dass sich die Gegend zu einem beliebten Ziel für Ökotouristen entwickelte.

Musandams Zauber ist so rein wie das kristallklare Wasser seiner Strände am Persischen Golf: Vor der Kulisse einer von Wind und Wasser geformten Felsküste erstrecken sich makellos schöne Strände. Die spektakulärsten dieser Felsbuchten werden *khors* genannt, tiefe Fjorde, die der Gegend auch zu ihrem Ruf als „Norwegen des Nahen Ostens" verholfen haben. Auf einer der romantischen Bootsfahrten im traditionellen *dhow* kann es durchaus geschehen, dass sich Delfine zeigen. Auch lebt vor Musandams Küste die weltweit einzige bekannte Population sesshafter Buckelwale.

In dieser schroffen Gegend Omans ist der Tourismus wenig ausgeprägt. Besucher sollten mehr mit den fantastischen Naturlandschaften gelockt werden denn mit luxuriösen Hotels. Die meisten Gäste kommen zum Wandern, Tauchen oder um Kajaktouren zu unternehmen, anschließend wird unter freiem Himmel gezeltet. Mit der Eröffnung des Six Senses Zighy Bay 2008 legte Musandam in Sachen touristischer Infrastruktur jedoch kräftig nach. Das exklusive Strandresort fügt sich perfekt in die Landschaft ein, der „altarabische" Stil in Architektur und Inneneinrichtung ist teilweise dem benachbarten Fischerdorf entlehnt.

Das traumhafte Spa an einem plätschernden Bach gilt als das eleganteste der ganzen Arabischen Halbinsel. Neben einem traditionellen Hammam werden zahlreiche Wellnessanwendungen mit natürlichen Inhaltsstoffen wie Gold, Lehm, Minze oder Weihrauch angeboten. Bar und Restaurant auf den Felsen über dem Meer locken mit regionaler Küche und atemberaubender Sicht.

Etwas schlichter, aber harmonisch in die Landschaft eingebettet, ist das Golden Tulip Resort von Khasab mit Blick auf den Persischen Golf. Die Hotelbar verfügt sogar über eine Lizenz zum Alkoholausschank. Hier findet man auch, was in Musandam unverzichtbar ist: ein Tauchzentrum direkt vor Ort. Das modern eingerichtete Golden Tulip ist mit seinen 60 Zimmern zugleich das einzige Hotel in Khasab – der faktischen Hauptstadt Musandams.

Wo: 500 km nordwestl. von Maskat, 160 km nordöstl. von Dubai. **Six Senses Zighy Bay:** Tel. +968/2673-5555; www.sixsenses.com. *Preise:* ab € 777 (Nebensaison), ab € 915 (Hochsaison). **Golden Tulip Khasab:** Tel. +968/2673-0777; www.goldentulipkhasab.com. *Preise:* ab € 155. **Reisezeit:** Sept.–Nov.: bestes Wetter.

Das alte Arabien und die Hauptstadt Omans

Nizwa und Maskat

Oman

Auf dem Höhepunkt ihrer Macht profitierten die Küstenregionen Omans vom Seehandel mit Sansibar, Indien und China. Die wichtigste Stadt im Binnenland war jedoch Nizwa, wo statt Handel Wissenschaft und Kultur im Mittelpunkt standen. Nizwa war auch ein wichtiger strategischer Stützpunkt, von dem aus das Land gegen Eindringlinge verteidigt wurde. Die Festungsanlage aus dem 17. Jh. – eine von über 500 im Oman – hat sich bis heute erhalten.

Auf dem berühmten Suk am Fuß der Festung gibt es neben einer überreichen Auswahl an Kunsthandwerk alle Dinge des täglichen Bedarfs zu kaufen. Es wird mit Weihrauch und Parfüm gehandelt, aber auch mit Schaffleisch, frischen Datteln oder *khanjars*, den filigranen Silberdolchen, die im Oman ein Männlichkeitssymbol sind. Ein Teil des Marktes ist ganz

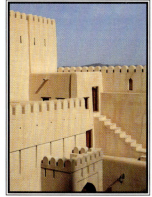

Oman ist berühmt für seine Festungen.

den Silberschmieden vorbehalten, den angeblich besten im ganzen Land. Der Eingang zu diesem Bereich befindet sich in unmittelbarer Nähe von Nizwas großer Moschee, die von einer blauen Kuppel überspannt wird.

Wenn Sie den Tag ganz nutzen wollen, ist eine Übernachtung im modernem Golden Tulip Hotel zu empfehlen. Sie können die Stadt aber auch auf einer Tagestour von Maskat aus erkunden. Das am Arabischen Meer gelegene Maskat ist für sich allein schon eine Reise wert: eine märchenhafte Stadt, reich an prachtvollen Palästen und Moscheen. Das Kronjuwel in diesem Ensemble ist zweifellos die Große Sultan-Qabus-Moschee. Benannt nach dem momentanen Staatsoberhaupt, wurde sie 2001 vollendet, ein opulenter Bau, geschmückt mit feinsten Fayencen und Kalligrafien. Der nahe Sultanspalast ist in glitzerndes Türkis und Gold gekleidet und von zwei Festungen aus dem 16. Jh. flankiert, die noch von den portugiesischen Eroberern stammen, die das Land über 150 Jahre lang regierten. Nach einem Spaziergang an der Corniche und einem Besuch am alten Hafen von Maskat sollten Sie sich auf keinen Fall den Muttrah-Suk entgehen lassen, auf dem eine Vielzahl von Gold- und Silberschmiedearbeiten, Düften und edlen Textilien feilgeboten wird.

Für eine Übernachtung empfiehlt sich das 1985 von Omans Sultan persönlich in Auftrag gegebene Hotel Al Bustan. Bustan bedeutet auf Deutsch „Garten", und das golden überkuppelte Hotel in einer abgeschiedenen Bucht vor der Kulisse der Berge liegt tatsächlich inmitten einer über 80 ha großen Grünfläche mit Pool. Die Inneneinrichtung ist mit orientalisch-barocken Kristallüstern, zarten, geschnitzten Wandpaneelen und einem wunderbaren Blick über den Golf wahrlich eines Sultans würdig. Näher an der Innenstadt (und am Budget des durchschnittlichen Reisenden) verspricht das Crowne Plaza Muscat auch schöne Aussichten auf den Golf.

Wo: Nizwa liegt 160 km nordwestl. von Maskat. **Wie:** Das Unternehmen Zahara Tours in Maskat organisiert Touren nach Nizwa und durch den gesamten Oman. Tel. +968/2440-0844; www.zaharatours.com. GOLDEN TULIP NIZWA HOTEL: Tel. +968/2543-1616; www.goldentulipnizwa.com. *Preise:* ab € 140. AL BUSTAN PALACE INTERCONTINENTAL MUSCAT: Tel. +968/2479-9666; www.al-bustan.intercontinental.com. *Preise:* ab € 330. CROWNE PLAZA MUSCAT: Tel. +968/2466-0660; www.ichotelsgroup.com. *Preise:* € 137. REISEZEIT: Okt.–März: bestes Wetter; Jan.–Feb.: Kulturfestival Maskat.

Das Tor nach Mekka – Wo Tradition und Moderne aufeinandertreffen

DAS ALTE DSCHIDDA

Dschidda, Saudi-Arabien

Dschidda war lange Zeit nur als das Tor zur Pilgerstadt Mekka bekannt (s. S. 490), der letzten und wichtigsten Station des Haddsch. Aber die Hafenstadt erweist sich als überraschend weltoffene und umtriebige Metropole.

Tatsächlich ist Dschidda, zumindest gemessen an saudi-arabischen Verhältnissen, eine sehr liberale Stadt.

Vor allem durch eine Tatsache sticht sie hervor: Die archäologischen Stätten wurden nicht abgerissen und überbaut; die Stadtplaner ließen den ursprünglichen historischen Kern nahezu intakt. Am eindrucksvollsten zeigt sich dies in Al-Balad, dem Herzen von Dschiddas denkmalgeschützter Altstadt. Für die Wohnhäuser im arabischen Stil wurde häufig Korallenkalkstein von den nahen Riffen verwendet, die prächtigen Häuser der Oberschicht sind mit handgeschnitzten Schmuckelementen aus heimischen Harthölzern verziert.

In vielen dieser Häuser sind heute kleine Museen untergebracht. Das älteste und schönste ist das 1872 errichtete Naseef House mit mehr als 100 Räumen und kunstvoll geschnitzten Fenstergittern. Ähnlich opulent ist das Al-Tayibat City Museum for International Civilization untergebracht: Der ehemalige Palastbau mit mehr als 300 Ausstellungsräumen wird auch der „Louvre Dschiddas" genannt. Das Shallaby-Museum mit seiner Sammlung an Silber, Antiquitäten, Münzen und traditioneller Beduinenkleidung sollten Sie sich ebenfalls nicht entgehen lassen.

Wie ein Ausflug in die Hochzeit der Seidenstraße ist ein Besuch auf dem Souq al-Alawi, Dschiddas Hauptmarkt und größter Suk von ganz Saudi-Arabien. Im Gewirr seiner Stände gibt es alles, was der Orientreisende begehrt: von Kaffee über Schmuck bis zu Stoffen und duftendem Räucherwerk.

Bei Sonnenuntergang ist ein Spaziergang entlang der Corniche angesagt: An der 32 km langen Uferpromenade liegen 4 Moscheen; eine von ihnen scheint bei Flut gleichsam auf dem Wasser zu schweben. Direkt an der Corniche finden Sie auch das Restaurant Al-Nakheel, wo saudische Familien sich gern zu ausgedehnten Mahlzeiten treffen. Das einem Beduinenzelt ähnelnde Restaurant öffnet sich zur Seeseite hin. Die kühle Brise lässt manchmal sogar den einen oder anderen Schleier fallen.

Wo: 71 km westl. von Mekka. **Naseef House:** Tel. +962/2-647-2280; **Al-Tayibat City Museum:** Tel. +966/2-693-0049; **Shallaby-Museum:** Tel. +962/2-697-7442. **Restaurant Al Nakheel:** Tel. +966/2-606-6644; *Preise:* Dinner € 11. **Unterkunft:** Hotel Rosewood Corniche; viele Zimmer mit Meerblick. Tel. +962/2-257-8888; www.hotelcorniche.com. *Preise:* € 196 (Nebensaison), € 270 (Hochsaison). **Reisezeit:** Nov.–Feb.: bestes Wetter.

Erhaben und geheimnisvoll

Mada'in Salih

Saudi-Arabien

Über 700 km südlich von Petra (s. S. 482) trieben die alten Nabatäer eine weitere, heute sehr viel weniger bekannte Stadt aus dem Fels der kargen Wüste: Mada'in Salih, die zweitwichtigste Stadt des nabatäischen Königreiches, lag an der alten Karawanenroute auf halbem Weg zwischen Petra und Mekka (s. nächste Seite). Durch die kräftige Besteuerung der durchziehenden Kaufleute, die kostbare Waren wie Weihrauch und Gewürze aus dem arabischen Binnenland zu den Häfen der syrischen Mittelmeerküste transportierten, gelangte die Stadt zu sagenhaftem Reichtum.

Aber die Blütezeit von Mada'in Salih währte nicht lange: Der Niedergang setzte bereits im 1. Jh. ein, als die römischen Herrscher begannen, Waren über das Rote Meer zu verschiffen, statt den Landweg zu nutzen. Mit der langsamen Öffnung Saudi-Arabiens für den Tourismus entwickelte sich Mada'in Salih zu einer der Hauptattraktionen des Landes und macht der legendären Schwester Petra ernsthafte Konkurrenz. Die Gebäude der Stadt wurden aus härterem Stein gehauen und können sich nicht mit der außergewöhnlichen Eleganz Petras messen.

Die hier lebenden Nabatäer haben auch Petra erbaut.

Dennoch ist die über 20 km² große Anlage mit ihren wunderbar erhaltenen Grabmonumenten mehr als beeindruckend. Der gute Erhaltungszustand ist aber nur ein Grund für einen Besuch: Durch Erosion sind über Jahrmillionen bizarre Felsformationen aus vielen mineralischen Schichten entstanden, die im Sonnenlicht bunt changieren. Und im Gegensatz zum von schroffen Felsen umgebenen Petra liegt der riesige Stadtkomplex von Madaʿin Salih völlig offen in der umgebenden Wüste.

Wo: 330 km nördl. von Medina. **Wie:** Das amerikanische Unternehmen Caravan Serai Tours bietet 16-tägige Touren durch Saudi-Arabien an, Madaʿin Salih inklusive. Tel. +1/206-545-1735; www.caravan-serai.com. *Preise:* € 4774, all-inclusive. Startet in Riad. *Wann:* Mitte Feb. **Unterkunft:** Das schlichte, aber moderne Hotel Madaʿin Salih ist eine gute Wahl. Tel. +966/4-884-2888; www.mshotel.com.sa. *Preise:* € 55. **Reisezeit:** Okt.–Apr.: bestes Wetter.

Im Allerheiligsten des Islam

Mekka

Saudi-Arabien

Wie Jerusalem oder Vatikanstadt definiert sich Mekka in erster Linie durch seine religiöse Bedeutung. Die Stadt ist die letzte Station des Haddsch, der 5. der sogenannten Säulen des Islam. Sie verpflichtet jeden Moslem, der gesundheitlich und finanziell dazu in der Lage ist, einmal im Leben zur Pilgerreise nach Mekka. Dieses wichtigste aller religiösen Rituale des Islam findet im 12. Monat des muslimischen Mondkalenders statt.

Mekka wird als Geburtsstätte des Propheten Mohammed und des von ihm gegründeten Glaubens schon seit dem 7. Jh. als heiligste Stätte des Islam verehrt. Die Lage der Stadt in der Nähe von Dschidda (s. S. 488) und der Status einer Oase an der alten Karawanenstraße verhalfen Mekka zu beachtlichem Wohlstand. Heute verzeichnet es so viele Besucher wie kaum eine andere Stadt weltweit, obwohl es nur Moslems erlaubt ist, die wunderschöne al-Haram-Moschee und ihr Herzstück, den quaderförmigen Schrein der Kaaba, zu erblicken. Dieser heilige Ort gilt als strikt *haram*, ist also verboten für alle Nichtmuslime. Die Einhaltung dieses Verbots wird durch etliche Kontrollpunkte vor der Stadt überwacht. Die al-Haram-Moschee ist die größte Moschee der Welt, während des Haddsch bietet sie Platz für 820.000 Gläubige.

Von Mekka bis Medina sind es etwa 400 km, Medina gilt als zweitheiligste Stätte des Islam und ist zwar ein wesentlicher, aber nicht verpflichtender Teil des Haddsch. Der Prophet Mohammed fand hier 622 nach seiner Flucht aus Mekka Zuflucht, die Stadt wurde daraufhin in den nächsten 40 Jahren zur Kapitale der islamischen Welt. In Medina findet man auch die Überreste der ersten Moschee der Welt, der Moschee von Quba. Das zweitwichtigste Gotteshaus des Islam ist jedoch die al-Nabawi-Moschee (Prophetenmoschee): Sie wurde 632 an der Stelle errichtet, an der Mohammed gelebt haben und später auch begraben worden sein soll.

Wo: 71 km östl. von Dschidda. **Info:** www.sct.gov.sa. **Reisezeit:** Für Muslime während des Haddsch (jedes Jahr im Herbst vom 8.–12. Tag im letzten Monat des islamischen Kalenders: 24.–27. Okt. 2012; 13.–16. Okt. 2013; 2.–5. Okt. 2014); Nov.–Apr.: bestes Wetter.

Shoppingmeile der Antike

DIE ÜBERDACHTEN SUKS VON ALEPPO

Aleppo, Syrien

Seit römischer Zeit war Aleppo ein wichtiger Handelsknotenpunkt zwischen Asien und der Levante. Um diese aufregende Mischung aus Kommerz und Multikulturalität noch heute zu erleben, muss man sich nur in das labyrinthische Gewirr der überdachten Suks von Aleppo wagen. Die ins 13. Jh. datierenden Einkaufsstraßen wurden größtenteils zu osmanischer Zeit angelegt, und der Anblick der unzähligen Stände, wo Berge von Zimt, Safran, Kreuzkümmel oder Kaffee, Berberschmuck, Olivenölseife, frisches Ziegen- und Lammfleisch oder Pistazien feilgeboten werden, vermittelt wirklich das Gefühl, in Ali Babas Höhle gelandet zu sein. Auf dem riesigen Markt drängen sich Händler aus dem gesamten Nahen Osten – Araber, Kurden, Armenier, Türken, Iraner – neben Kauflustigen, Packeseln und den unvermeidlichen Minivans. Über den Preis zu verhandeln ist nicht nur erlaubt, es wird sogar erwartet. Einig wird man sich hier meist erst nach langem Hin und Her und einem Gläschen Tee.

Direkt bei den Suks liegt die Große Moschee von Aleppo. Sie ist die jüngere Zwillingsschwester der Umayyaden-Moschee (s. nächste Seite) und wurde im 13. Jh. auf den Ruinen eines römischen Tempels erbaut. Der restaurierte Bau beeindruckt mit riesigen Hofanlagen und säulengesäumten Bogengängen. Über allem thront das Wahrzeichen Aleppos, die gewaltige, von einer Wallanlage umgebene Kreuzritterzitadelle aus dem 12. Jh.

Syriens Küche ist raffiniert und reich an Gewürzen, und Aleppo gilt als kulinarisches Herz des Landes. Besonders typisch sind die fein gewürzten Minz-Kebabs, oft werden sie mit herben Kirschen garniert. In Aleppo soll es auch die köstlichsten Kibbeh geben, Klößchen aus Bulgur, Lammfleisch, Zwiebeln und Gewürzen, die knusprig frittiert werden. Sie sollten wenigstens eine der über 40 köstlichen Varianten probieren, oft werden sie als *mezze* serviert, z. B. im Beit Sissi in El Jedeide, dem christlichen Viertel, das zur größten christlichen Gemeinde des Nahen Ostens außerhalb Beiruts gehört.

In den überfüllten alten Gassen des christlichen Viertels konzentrieren sich die besten Restaurants und schönsten kleinen Hotels der Stadt. Das opulente Mansouriya Palace mit 9 Zimmern gilt als das beste, obwohl das etwas dezenter eingerichtete Yasmeen d'Alep auch sehr ansprechend ist und zudem ein reichhaltiges syrisches Frühstück bietet. Beide brachten ein wenig Schwung in Aleppos Hotelszene. Das Baron wurde 1919 erbaut, die Terrasse eignet sich vorzüglich für einen kühlen Drink, eine Übernachtung sei aber nur echten Nostalgikern empfohlen. Zu den Gästen zählten schon Lawrence von Arabien (seine unbezahlte Rechnung wird bis heute in der Lobby ausgestellt) und Agatha Christie, die hier den ersten Teil ihres Romans *Mord im Orient-Express* schrieb.

Wo: 360 km nördl. von Damaskus. **BEIT SISSI:** Tel. +963/21-221-9411; *Preise:* Dinner € 20. **MANSOURIYA:** Tel. +963/21-363-2000; www.mansouriya.com. *Preise:* € 266. **YASMEEN D'ALEP:** Tel 963/21-212-6366; www.yasmeenalep.com. *Preise:* € 100 (Nebensaison), € 178 (Hochsaison). **BARON HOTEL:** Tel. +963/21-211-880; **REISEZEIT:** März–Mai oder Sept.–Nov.: angenehmstes Wetter.

Perle des Islam im Herzen von Damaskus

Die Umayyaden-Moschee

Damaskus, Syrien

Obwohl Damaskus bereits auf eine lange Stadtgeschichte bis ins 3. Jt. v. Chr. zurückblicken kann, erlebte es seine Blütezeit erst kurz nach Begründung des Islam im Jahr 610. In diese Zeit fiel auch der Bau der altehrwürdigen Umayyaden-Moschee, benannt nach einem Kalifat des 7. Jh., das für die Verbreitung der neuen Religion im Nahen Osten, Nordafrika und in Teilen Spaniens verantwortlich war. Dieses neu entstandene islamische Imperium war das größte zusammenhängende Reich, das die Welt bis dahin gesehen hatte, und seine Hauptstadt hieß Damaskus.

Die Umayyaden-Moschee, auch Große Moschee von Damaskus genannt, liegt mitten in der historischen Altstadt und zählt heute zu den wichtigsten Stätten der islamischen Welt. Bedeutender sind nur noch die Moscheen von Mekka und Medina (s. S. 490). Sie wurde im Jahr 705 auf den Ruinen einer byzantinischen Kirche errichtet (die ihrerseits auf den Überresten eines antiken Tempels stand), und ihr Stil beeinflusste die islamische Kunst und Architektur weltweit. Anders als beim Felsendom in Jerusalem oder der Blauen Moschee in Istanbul (s. S. 469 und 340) entfaltet sich die größte Pracht hier erst im Innern: Die Wände des zentralen Innenhofes sind mit detailreichen goldenen Mosaiken geschmückt. Auch für Nichtmuslime ist die Moschee zugänglich.

Westlich davon liegt der Souq al-Hamidiyeh, der größte Markt der Altstadt. Eigentlich handelt es sich um eine Ansammlung kleinerer Märkte, sortiert nach den jeweils angebotenen Waren: Gewürze, Süßigkeiten, Kunsthandwerk und zahllose Textilien (wie Damast, der in Damaskus erfunden wurde).

Damaskus' Restaurantszene wurde mit den Jahren immer exquisiter. Das Naranji (Orange) gegenüber dem Römischen Bogen-

Die achteckige Schatzkammer mit ihren opulenten Mosaiken.

monument an der Geraden Straße (die alles andere als gerade ist), ist immer gut gefüllt und bekannt für seine regionale Küche. Genießen Sie gekochtes Lamm mit Okraschoten oder köstliches *sayadieh* (Fisch mit Reis) im Innenhof oder auf der Dachterrasse.

Empfehlenswert für eine Übernachtung ist das Four Seasons, Sie finden es in der Nähe des Nationalmuseums außerhalb der Altstadt. Dort verbindet sich westlicher Standard perfekt mit syrischer Gastlichkeit. Wer sich nach orientalischem Flair sehnt, dem sei das Al Mamlouka empfohlen, ein Haus mit 8 Gästezimmern in einem historischen Gebäude aus dem 17. Jh.

Naranji: Tel. +963/11-541-3443; *Preise:* Dinner € 26. Four Seasons: Tel. +963/11-339-1000; www.fourseasons.com/damascus. *Preise:* ab € 252. Beit Al Mamlouka: Tel. +963/ 11-543-04-456; www.almamlouka.com. *Preise:* ab € 133. Reisezeit: März–Mai: bestes Wetter; jeweils Fest des Fastenbrechens (Eid al-Fitr) am Ende des Ramadan.

„Die schönste Burg der Welt"

KRAK DES CHEVALIERS

Syrien

Keine Burg aus dem Reich der Sagen und Legenden kann es wohl mit der realen Schönheit des Krak des Chevaliers aufnehmen. 1909 erklärte ein junger Mann namens T. E. Lawrence, der später als Lawrence von Arabien weltberühmt werden sollte: „Es ist die schönste Burg der Welt und sicher die malerischste, die ich je gesehen habe – einfach ein Wunder."

Schmucklos und abweisend thront der gewaltige Bau wie ein gestrandetes Schlachtschiff auf einem uneinnehmbaren Felsen inmitten der endlosen Ebene im Westen Syriens. Der Krak des Chevaliers ist eine der am besten erhaltenen mittelalterlichen Burgen weltweit. Der größte Teil des Baus entstand ab 1144 unter der Leitung des Johanniterordens, der daraus die größte Kreuzritterfestung des Heiligen Landes machte.

Der Krak liegt strategisch günstig an der alten Karawanenroute zwischen Damaskus und Beirut. Nur hier war es möglich, den Gebirgszug zu überqueren, der Syrien und den Libanon voneinander trennt. Die Festung galt als uneinnehmbar, nicht einmal Sultan Saladin wagte den Angriff: Nach einem Blick auf die Mauern zog er sich kampflos zurück. Letztendlich fiel der Krak 1271 auch nicht durch Gewalt, sondern durch eine List: Ein gefälschtes Schreiben gab den Rittern die Order, sich zu ergeben.

Auch in den folgenden Jahrhunderten blieb der Krak ein wichtiger militärischer Stützpunkt, aber für die außergewöhnliche Ästhetik des Baus interessierten sich erstmals die europäischen Reisenden um 1800. Im Krak des Chevaliers sind zudem einige der wenigen Fresken aus der Zeit der Kreuzzüge erhalten. Der Schweizer Forscher Johann Ludwig Burckhardt – der auch Petra und Abu Simbel für den Westen wiederentdecken sollte (s. S. 482 und 398) – beschrieb den Krak als „eines der schönsten Bauwerke des Nahen Ostens, das ich kenne". Der gute Erhaltungszustand der Burg ist auch den vorsichtigen Restaurationsarbeiten der Franzosen zu verdanken, die das Land zwischen den beiden Weltkriegen beherrschten.

Wo: 150 km nördl. von Damaskus; 180 km südl. von Aleppo.

Grandezza im Wüstensand

PALMYRA

Syrien

„Es ist zauberhaft, fantastisch, einfach unglaublich", schrieb eine hingerissene Agatha Christie über Palmyra, das sie besuchte, während sie an der Autobiografie *Come, Tell Me How You Live* arbeitete. Palmyra (Stadt der Palmen) wurde bereits um 1900 v. Chr. unter dem Namen Tadmo gegründet. Jahrhunderte später etablierte sich die Stadt als bedeutende Oase an der legendären Seidenstraße und war ein wichtiger Knotenpunkt zwischen dem feudalen China und dem Kreuzfahrerreich. Palmyra erhob bei den Karawanen hohe Zölle und gelangte dadurch zu großem Reichtum, was der Stadt auch zu dem Beinamen „Braut der Wüste" verhalf.

Bis heute haben sich die unvergleichlichen Ruinen aus dem 2. Jh. erhalten, als Palmyra zum Römischen Reich gehörte und im Zenit seiner Macht stand: zarte, elegante Bögen und Säulen aus rosenfarbenem Stein auf einer Fläche von mehr als 40 ha. Zu dieser Zeit hatte Palmyra etwa 200.000 Einwohner, und die Stadt war so wohlhabend, dass sich ihre prächtigen Bauten mit Rom selbst messen konnten. Im 7. Jh. setzte ihr Niedergang ein: 634 wurde die Stadt von den Moslems geschleift, 1089 durch ein Erdbeben endgültig zerstört.

Erst 1924 begannen die ersten Ausgrabungen in Palmyra, freigelegt wurden neben vielen anderen Ruinen der gewaltige Tempel des Bel aus dem Jahr 32 und ein Amphitheater. Beides wurde teilweise rekonstruiert. Auch entdeckte man ein ungewöhnliches

Die Römer gaben der alten Oasenstadt den Namen Palmyra, „Stadt der Palmen".

Ensemble aus mehr als 150 Grabtürmen, die den Toten als letzte Ruhestätte dienten. Eine wundervolle Aussicht über das ganze Gelände gewährt in der Abendsonne die ganz in der Nähe auf einer Anhöhe gelegene arabische Zitadelle Qasr Ibn Ma'an aus dem 17. Jh.

Wo: 217 km nordöstl. von Damaskus. **Wie:** Das amerikanische Unternehmen Travcoa bietet eine 9-tägige „Essence of Syria"-Tour an, Palmyra inklusive. Tel. +1/310-649-7104; www.travcoa.com. *Preise:* ab € 3174, all-inclusive. Startet in Damaskus. *Wann:* Okt. **Reisezeit:** Okt.–Jan.: bestes Wetter; 1. Woche im Mai: Palmyra Music Festival.

Oase in der Sandwüste

Wüste Rub al-Chali

Abu Dhabi, Vereinigte Arabische Emirate

Die Rub al-Chali ist mit 650.000 km² die größte Sandwüste der Erde. Sie erstreckt sich über weite Landesteile von Saudi-Arabien, Jemen, Oman und den Vereinigten Arabischen Emiraten. Dieses unermessliche Niemandsland ist größer als die Niederlande, Frankreich und Belgien zusammengenommen.

Charakteristisch sind die gewaltigen Sanddünen, die sich bis zu 250 m hoch auftürmen können. In diesem extremen Klima konnten nur wenige Lebewesen Fuß fassen, dafür liegt unter dem Wüstenboden eines der größten Ölfelder der Erde. Schon seit dem 16. Jh. zog die unwirtliche Gegend Forschungsreisende aller naturwissenschaftlichen Disziplinen an, und Biologen haben erst jüngst wieder neue Pflanzen- und Vogelarten entdeckt, die sich an die extremen Verhältnisse anpassen konnten.

Touristen zieht es vor allem in die Liwa-Oase im Emirat Abu Dhabi. Dort liegt das Qasr al Sarab-Resort, ein Traum aus 1001 Nacht im Stil einer alten arabischen Festung. Sämtliche der großzügigen Gästezimmer, Appartements und Gästehäuser sind mit handgewebten Textilien und Teppichen geschmückt, und nachts werden die zinnenbewehrten Türme von Fackeln beleuchtet. Vom luxuriösen Pool bis hin zum asiatisch-arabischen Anantara Spa fehlt es an nichts. Das Abendessen wird im Beduinenzelt unter dem Sternenhimmel der Wüste serviert.

Überall in der Gegend um die Liwa-Oase stößt man auf gigantische rote Dünen. Hier liegen auch mehrere Wüstendörfer und die Oasenstadt Al Ain, an der schon die alten Handelskarawanen haltmachten. Heute kann man sich auf einer Rallye durch den Wüstensand einen Adrenalinkick holen: Mit Vierradantrieb geht es wie in einer Achterbahn die steilen Dünen hinauf und hinunter. Aber auch Ruheliebende werden nicht enttäuscht. Auf Ausritten am frühen Morgen kann man den Sonnenaufgang in der Wüste erleben oder die Stille eines nachmittäglichen Spazierganges genießen. Im Resort können auch Kameltouren mit einheimischen Beduinen oder Unterricht in Bogenschießen und Falkenjagd gebucht werden.

Wo: Al Ain, 144 km südl. von Abu Dhabi. **QASR AL SARAB DESERT RESORT:** Tel. +971/2-886-2088; www.anantara.com. *Preise:* ab € 363. **REISEZEIT:** Jan.–Apr.: angenehmstes Wetter.

Kometenhafter Aufstieg einer Wüstenstadt

DUBAI

Vereinigte Arabische Emirate

Die Metropole Dubai entwickelte sich im Lauf weniger Jahrzehnte mit ihrer glänzenden, himmelsstürmenden Skyline am Persischen Golf zu einem der glamourösesten und teuersten Reiseziele der Welt. Unter der Ägide des visionären Premierministers Muhammad bin Raschid Al Maktum wurde sie scheinbar über Nacht zum kulturellen, kommerziellen und touristischen Zentrum der Region. Aber hinter den Wolkenkratzern und der hypermodernen Kulisse schlägt immer noch ein traditionelles Herz von erstaunlicher Authentizität. Spürbar wird dies z.B. im Dubai Museum, eingerichtet im 1787 erbauten Al-Fahidi Fort, einem der ältesten Gebäude der Stadt. Die interaktiven Installationen erzählen in faszinierender Weise von der Geschichte, die hinter Dubais rasantem Aufstieg steht.

Einblicke in das alte Dubai gewährt auch die historische Enklave Bastakiya mit ihren korallen- und gipsverkleideten Fassaden und den traditionellen Windtürmen, die vor der Einführung von Elektrizität für eine natürliche Klimatisierung sorgten. Bastakiya ist heute ein Künstlerquartier mit modernen Galerien, kleinen Hotels und Restaurants. Das Basta Art Café lädt täglich zum Lunch im grünen Innenhof ein. Zur Auswahl stehen regionale Gerichte wie gegrillter Halloumi und gelber Spargelsalat. Romantisch geht es im Bastakiya Nights zu, wo emiratische und arabische Köstlichkeiten entweder im kerzenbeleuchteten Patio oder auf der Dachterrasse mit Blick auf die Altstadt von Dubai serviert werden.

Der Dubai Creek ist die alte Hauptverkehrsader der Stadt, am schönsten lässt er sich in den Abendstunden an Bord eines traditionellen *dhow* erkunden. Nehmen Sie sich ein *abra* (Wassertaxi) zu den berühmten Suks im Altstadtviertel von Deira. Folgen Sie dort einfach dem Duft von Safran, Chili und Weihrauch Richtung Gewürzmarkt, aber heben Sie sich noch ein bisschen Geld für den Goldschmiedemarkt auf: Er ist einer der größten und berühmtesten am Persischen Golf.

Dubais anderes Extrem ist seine hypermoderne Architektur: Das 1999 eröffnete Burj al-Arab gilt als markantestes Wahrzeichen der Stadt. Das Luxushotel in Form eines geblähten Segels wurde auf einer eigens dafür aufgeschütteten künstlichen Insel inmitten des smaragdfarbenen Wassers erbaut. Das 7-Sterne-Resort dürfte das Budget der meisten Reisenden sprengen, aber werfen Sie trotzdem einen Blick darauf. Allerdings haben auch Besichtigungen für Nichtgäste ihren Preis, selbst ein Täschchen Tee in der Sky Bar im 27. Stockwerk ist nicht ganz billig.

Neuer Stern am Architekturhimmel ist das Burj Khalifa, das 2010 mit großem Spektakel eingeweiht wurde (der Bau hatte schließlich über 1 Mrd. € verschlungen) und mit 828 m nun das höchste Gebäude der Welt ist. Im unteren Abschnitt liegt auf 30 Etagen das Hotel Armani. Jedes der 160 Zimmer ist ein innenarchitektonisches Juwel, vom Hohepriester der Mode, Giorgio Armani, persönlich gestaltet. In Dubais Downtown findet man auch The Address, einen Mix aus Gästeapparrtements und Hotelzimmern auf 63 Stockwerken und mit dem wohl besten Blick der ganzen Stadt auf das Burj Khalifa.

Das Burj Khalifa ragt über die Stadt empor.

Lediglich ein Drittel der Einwohner Dubais stammen aus den Emiraten; die dynamische Entwicklung der Stadt beruht vor allem auf der Arbeitskraft unzähliger Gastarbeiter, darunter viele Moslems, für die man ursprünglich die eindrucksvolle Jumeirah-Moschee baute. Der aus strahlend weißem glattem Stein erbaute Sakralbau mit den eleganten Minaretten ist einer der wenigen in den Vereinigten Arabischen Emiraten, der auch Nichtmoslems für Besichtigungen offen steht.

INFO: www.definitelydubai.com. **DUBAI MUSEUM:** Tel. +971/4-353-1862; www.dubaitourism.ae. **BASTA ART CAFÉ:** Tel. +971/4-353-5071. *Preise:* Lunch € 15. **BASTAKIYA NIGHTS:** Tel. +971/4-353-7772; www.bastakiah.com. *Preise:* Dinner € 30. **BURJ AL-ARAB:** Tel. +971/4-301-7000; www.jumeirah.com. *Preise:* ab € 1500; Nachmittagstee € 81. **ARMANI HOTEL DUBAI:** Tel. +971/4-888-3888; www.dubai.armanihotels.com. *Preise:* ab € 333 (Nebensaison), ab € 740 (Hochsaison). **THE ADDRESS:** Tel. +971/4-436-8888; www.theaddress.com. *Preise:* ab € 260. **JUMEIRAH-MOSCHEE:** Tel. +971/4-344-7755; **REISEZEIT:** Nov.–März: bestes Wetter; letzter Samstag im März: Dubai World Cup.

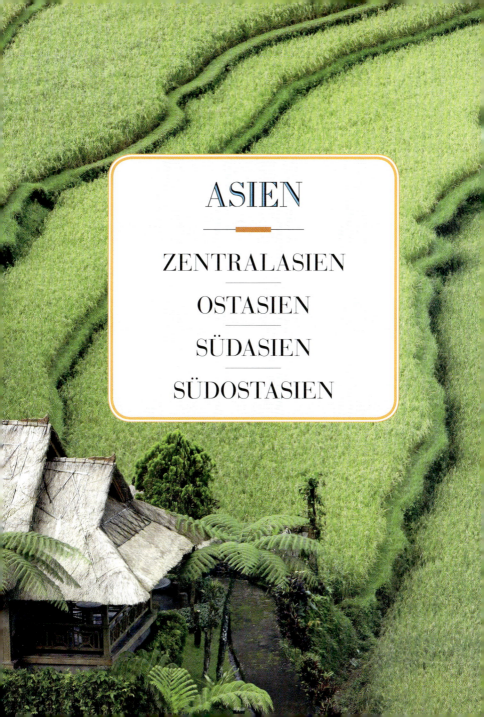

ASIEN

ZENTRALASIEN

OSTASIEN

SÜDASIEN

SÜDOSTASIEN

ZENTRALASIEN

Erwecken Sie den Nomaden in Ihnen

IN EINER JURTE AM SONG KÖL

Kirgisistan

Der Song-Köl-See ist der Traum eines jeden Cowboys, allerdings auf Kirgisisch. Er befindet sich auf einer Höhe von nahezu 3000 m und ist einer der größten Seen der Welt. An den Ufern der blauen, fast kreisrunden Wasserfläche wächst golden schillerndes Gras, das ideale Weidegebiet für Schafe, Ziegen, Kühe, Pferde und das gelegentliche Yak oder Kamel. Wer der Zivilisation entfliehen möchte, findet keinen idyllischeren und gastfreundlicheren Ort.

Der Blick in die Jurte einer Nomadenfamilie gehört zu den Höhepunkten eines Besuchs am Song Köl. Einheimische Veranstalter bieten solche Besuche an, aber wer sich allein auf die Reise macht, wird ohnehin eingeladen. Die jahrhundertealte Tradition der Gastfreundschaft bedeutet hier, dass Fremde immer herzlich willkommen sind – in der Annahme, dass der Gefallen eines Tages erwidert wird. Der Aufenthalt in einer Jurte im Sommer bedeutet übrigens auch 1 oder 2 Runden *kumys* (vergorene Stutenmilch), die in der Regel von Ihrer Gastfamilie selbst angesetzt wurde.

Wenn Sie das Filzzelt Ihrer neuen kirgisischen Freunde betreten, beachten Sie vor allem die *shyrdak*s (Teppiche), mit denen Wände und Fußboden verschönert werden. Ihre Muster stellen Tierhörner und kosmische Symbole dar, die bunte Farben in die Jurte bringen.

Zu Mittag erhalten Sie wahrscheinlich *kazy* (Pferdefleisch) oder *kesme* (Nudelsuppe mit Kartoffeln, Fleisch und Gemüse). Beliebt ist auch *besbarmak* (in Brühe gekochte Nudeln und Lammfleisch); der Name bedeutet „5 Finger", was klarmacht, dass Gabel und Messer nicht wirklich zum Einsatz kommen.

Kirgisen leben in transportablen Jurten.

Ihre kirgisischen Gastgeber können Ihnen verschiedene Aktivitäten am See anbieten. Die beliebteste ist sicher ein Ausritt, und der kann von einigen Stunden bis zu einigen Tagen dauern. Wandern sowie Wildtier- und Vogelbeobachtung sind auch möglich; häufig sind Wölfe zu sehen, am See natürlich auch Wasservögel wie Singschwäne und Schwanengänse.

Wenn Sie geschickt planen, haben Sie am Song Köl die Gelegenheit, die jährlichen Reiterfeste zu besuchen. Zu den traditionellen Spielen gehört *kok-boru*, bei dem Männer auf Pferden um einen Ziegenkadaver kämpfen. Nutzen Sie die Gelegenheit, die Kirgisen in ihrer traditionellen Kleidung zu sehen und ihrer gefühlvollen Musik zu lauschen. Nehmen Sie warme Kleidung mit (in dieser Höhe kann es auch im Sommer sehr kalt werden), kleine Geschenke für Ihre Gastgeber und ausreichend Abenteuerstimmung.

WO: 418 km südl. der Hauptstadt Bischkek. **INFO:** www.cbtkyrgyzstan.kg. **WIE:** Das britische Unternehmen Celestial Mountains in Bischkek bringt Sie auf individuellen Reisen zum Song Köl. Tel. +996/312-311814; www.tours.kg. **REISEZEIT:** Ende Juni–Mitte Sept., wenn die Hirten zum See kommen; Juli oder Aug.: Reiterfeste.

Eine Stadt, älter als Rom

OSCH

Kirgisistan

Die Bewohner von Osch behaupten, die Stadt sei älter als Rom. Das stimmt vermutlich, denn archäologische Funde deuten auf eine erste Besiedlung im 5. Jh. v. Chr. hin. Legenden gibt es mehr als genug: König Salomon habe ihren Bau befohlen; andere nennen Alexander den Großen. Osch war zweifellos ein wichtiger Zwischenstopp auf der Seidenstraße. Schon im 8. Jh. galt es als eins der wichtigsten Seidenproduktionszentren. Hier lebten auch die begehrten Ferghana-Pferde, die Marco Polo erwähnte und die von chinesischen Händlern geschätzt wurden.

Die Erinnerung an die Seidenstraße lebt auf dem großen Jayma-Basar weiter, sonntags morgens besonders lebhaft. Hier gibt es alles, von regional hergestellten Messern bis zu traditionellen *kalpak*, den hohen, von den Kirgisen getragenen schwarz-weißen Hüten. Der ergiebige Boden des Ferghana-Tals sorgt für eine riesige Auswahl an frischen Früchten.

Auf diesem Basar kommen Sie mit vielen zentralasiatischen Völkern wie Usbeken, Kirgisen und Tadschiken in Berührung. An Markttagen tragen die Frauen ihre farbenfroheste Kleidung, während die Männer in den Seitengassen in Schmieden arbeiten. Kosten Sie auf jeden Fall brutzelnde Schafsfleisch-Kebabs mit *naan*-Brot frisch aus dem Tandurofen.

Der historisch bedeutsamste Ort in Osch ist der Suleiman-Too, ein hoher Berg, der die Skyline der Stadt beherrscht und als Grablege König Salomons gilt. Er ist außerdem ein wichtiger Pilgerort für Muslime, denn der Prophet Mohammed soll hier gebetet haben. 1487 ließ der König Ferghanas, Babur, eine Moschee in den Fels schlagen – wer fit ist, kann den Gipfel in 20 Minuten erreichen und den wundervollen Ausblick auf die Stadt genießen.

Es lohnt sich, einen Tag auf den grünen Straßen und der Uferpromenade von Osch zu verbringen. Während der Nationalfeiertage gibt es traditionelle Reiterfeste und Adlerjagdwettbewerbe zu sehen. Reisen Sie von hier aus an den Fuß des Pik Lenin (7134 m), einen idealen Ort zum Wandern und Bergsteigen.

Wo: 620 km südl. der Hauptstadt Bischkek. **Wie:** Das kirgisische Unternehmen Concept organisiert Touren nach Osch und zum nahen Trans-Alai-Gebirge. Tel. +996/312-903232; www.concept.kg. **Reisezeit:** Apr.–Mai und Sept.–Okt.: bestes Wetter.

Eine alte Tradition im Altaigebirge

DAS ADLERFESTIVAL

Mongolei

Seit Jahrhunderten jagen die Nomaden im mongolischen Altaigebirge mithilfe ihrer prachtvollen Steinadler – mächtige Raubvögel und Symbole militärischer Macht – kleine Säugetiere wegen ihrer Felle und als Nahrung. Um diese alte Tradition aufrechtzuerhalten, wird seit dem Jahr 2000 jeden Oktober in der mongolischen Bajan-Ölgii-Provinz das Adlerfestival gefeiert, in der Heimat der Kasachen, einer turksprachigen Minderheit, die in der Region etwa 80.000 Mitglieder hat. In einem Tal im schneebedeckten Altaigebirge versammeln sich die Jäger mit ihren Adlern und die Festivalbesucher, um dem Wettbewerb beizuwohnen; die meisten kommen hoch zu Ross. Die Teilnehmer lassen ihre Steinadler gegeneinander antreten, um ihre Geschwindigkeit, Geschicklichkeit und Genauigkeit zu vergleichen. Die Adler werden von den umliegenden Gipfeln freigelassen und landen dann auf den Armen des galoppierenden Reiters. Wer am schnellsten reitet und die beste Technik beherrscht, bekommt die meisten Punkte. Der Steinadler wird in Zentralasien hochgeehrt. Mit seinen kräftigen Beinen, den scharfen Klauen und einer Spannweite von etwa 2 m kann er Tiere von der Größe jungen Rotwilds ergreifen. In der westlichen Mongolei wird er seit Jahrhunderten darauf trainiert, Füchse und Wölfe zu jagen. Das Festival dient sowohl dem Naturschutz als auch der Erhaltung kultureller Werte der Kasachen. Touristen können mit den Jägern reiten oder eine Familie besuchen, die Adler abrichtet, und zusehen, wie sie trainiert werden.

Die prächtigen „goldenen Berge" befinden sich am Rande Sibiriens, wo die Mongolei, China, Russland und Kasachstan aufeinandertreffen, und sind ein wichtiger Lebensraum für gefährdete Tierarten wie den Schneeleoparden. In letzter Zeit ist das Interesse an dieser Region stark gestiegen, und kleine Wandergruppen ziehen immer häufiger durch das unwegsame Gebiet. Ihre Ausrüstung lassen sie von Pferden und Kamelen voraustragen. Bei solchen Reisen bietet sich die Möglichkeit, nomadische Kasachen kennenzulernen, an Bergseen in knapp 3000 m Höhe zu zelten (im Schatten des mit fast 4400 m höchsten Gipfels der Mongolei, dem Chüiten) und Orte zu besichtigen, an denen Sie jahrtausendealte Petroglyphen vorfinden werden.

Wo: 1250 km westl. von Ulaanbaatar. **Wie:** Das in den USA und der Mongolei vertretene Unternehmen Nomadic Expeditions organisiert eine 11-tägige Tour, bei der Sie das Adlerfestival besuchen, 4 Tage in nomadischen *ger* untergebracht werden sowie Einheimische und ihre Adler auf dem eigenen Pferd begleiten. Tel. +976/11-313396; www.nomadicexpeditions.com. *Preise:* ab € 1685. *Wann:* Sept.–Okt. (auch Aug.–Sept. möglich). Das amerikanische Unternehmen Wilderness Travel bietet eine 15-tägige Tour mit Wanderung durch das Altaigebirge an. Tel. +1/510-558-2488; www.wildernesstravel.com. *Preise:* € 3996. Startet in Ulaanbaatar. *Wann:* Juni, Aug. **Reisezeit:** Juni–Sept.: Wandern im Altaigebirge; Anf. Okt.: Adlerfestival.

Auf den Spuren des Dschingis Khan

Die Steppen und Wälder der Mongolei

Mongolei

Seit Dschingis Khans Zeiten sind die Mongolen nomadische Viehhirten, die ihre Kultur als Reitervolk bis heute pflegen und riesige Flächen unberührter Natur bewirtschaften, deren Schönheit kaum zu übertreffen ist. Um Sie kennenzulernen, springen Sie einfach auf ein Pferd oder besorgen sich einen Jeep und genießen Sie die unberührte Landschaft und eine von Natur aus gastfreundliche Nation (die halb so groß wie Europa und äußerst stolz auf ihre 1990 von den kommunistischen Machthabern zurückerlangte Freiheit ist, die sie in den 1920er-Jahren verloren hatte).

Kleine Gruppen beginnen ihre Reise am Khuvsgul-See, der als „dunkelblaue Perle" bekannt ist. Reiten Sie durch Wälder voller sibirischer Lärchen und Waldweidenröschen, bevor Sie die Grassteppe des großen Darhad-Talkessels erreichen, der auf 3 Seiten von Bergen umgeben ist. Dort können Sie vereinzelt auf Zeltlager aus mehreren *ger* treffen, die unter dem turkischen Wort „Jurte" bekannt sind. Die nomadischen Viehhirten werden Sie in aller Regel zur einer Schüssel Hammelfleischsuppe oder einem Becher *airag* einladen, vergorener Stutenmilch. Vielleicht machen Sie auch die Bekanntschaft der Tsaatan, einer ethnischen Minderheit, die Rentiere züchtet, auf ihnen reitet und in den Taigawäldern lebt.

Die Provinz Archangai ist bekannt für ihre wunderschönen Landschaften. Berühmt sind ihre kleinen Städte für die Rennen zwischen den robusten mongolischen Pferden, die während des bunten 3-tägigen Nationalfeiertags Naadam

Frauen tragen beim Nadaam-Festival traditionelle Seidenkleider.

jeden Juli ausgetragen werden. Mittelpunkt des Festivals sind die 3 männlichen Spiele (*Eriin Gurwan Naadam*), die die mongolische Kultur versinnbildlichen: Bogenschießen, Ringen und Reiten. Die Teilnehmer erscheinen in traditioneller Kleidung. Dieser Wettkampf hat seine Wurzeln in den Jagdausflügen der mongolischen Armee, ist über 1000 Jahre alt und wird im gesamten Land begangen. In den kleineren Städten, in denen weniger Touristen zu finden sind, ist das Flair zwar authentischer, aber wer das Pferderennen vor der Hauptstadt Ulaanbaatar miterlebt, dem bleibt der Atem weg: Mehr als 600 Pferde jagen 16 km über die offene Steppe, angefeuert von den zahlreichen Zuschauern.

Wie: Das amerikanische Unternehmen Boojum Expeditions führt eine 13-tägige Reittour durch, bei der Sie auch das *Naadam* besuchen. Tel. +1/406-587-0125; www.boojum.com. *Preise:* ab € 1593, all-inclusive. Startet in Ulaanbaatar. *Wann:* Juli (anderer Zeitpunkt möglich). Das in den USA und der Mongolei vertretene Unternehmen Nomadic Expeditions bietet unterschiedliche Landestouren an. Tel. +976/11-313396; www.nomadicexpeditions.com. *Preise:* 14-tägige Tour € 2704, all-inclusive. **Reisezeit:** Mai–Okt., um nicht in den Winter zu geraten; Anf. Juli: *Naadam*-Festival.

Abgeschieden, riesig und betörend schön

DIE WÜSTE GOBI

Mongolei

Die Gobi ist eine der abgeschiedensten Wüsten der Welt. Im Norden reicht sie nach Sibirien, im Süden bis zum tibetischen Hochplateau und bedeckt über 1 Mio. km². Nach der Sahara und der Wüste auf der Arabischen Halbinsel ist sie die drittgrößte Wüste der Welt und bedeckt knapp ein Drittel der Mongolei. Sie gehört auch zu den schönsten der Welt – mit ihren Berggipfeln, Kiesebenen, Steppen, Sanddünen und Oasen.

Besiedelt ist die Gobi (mongolisch für „Wüste") kaum: Extreme Temperaturschwankungen (von –29° C im Winter bis +38° C im Sommer), ständiger Wind und geringe Niederschläge machen sie menschenfeindlich. Ein Besuch sollte mit einem Allradfahrzeug oder auf dem Rücken eines Kamels stattfinden. Dabei haben Sie gute Chancen, Wildpferdeherden oder nomadische Viehhirten zu sehen, die in runden Hütten (*ger*) leben und Sie vermutlich zum Essen einladen.

In der Nähe des Bajandsag wurden nicht nur Dinosaurierfossilien, sondern auch die ersten Dinosauriereier überhaupt entdeckt.

Nur etwa 3 % der Gobi sind von Sand bedeckt – einschließlich der singenden Sanddünen, die wegen des Geräuschs so genannt werden, das entsteht, wenn der Wind über die glatten, runden Körner bläst –, der Rest besteht aus Kiesebenen und kahlen Felsen. Eine der berühmtesten Felsformationen ist Bajandsag, deren englischer Name „Flaming Cliffs" ihr vom amerikanischen Paläontologen Roy Chapman Andrews verliehen wurde, weil sie aus rotem Sandstein besteht. 1923 entdeckten Andrews und sein Team dort als Erste Dinosauriereier. Seitdem wurden dort Tausende Knochen und Fußabdrücke entdeckt, einschließlich der Überreste eines Velociraptors. Bei einer geführten Tour werden Teilnehmer oft dazu eingeladen, bei den Ausgrabungen zu helfen. Eine Wanderung entlang der Jargalant-Gebirgskette oder im Gobi-Gurvansaikhan-Nationalpark verspricht atemberaubende Eindrücke.

Nicht weit vom Bajandsag entfernt taucht wie eine Fata Morgana die Three Camel Lodge auf, ein gehobenes, ökologisch eigenständiges *ger*-Lager mit Holzöfen, Solarstrom und handbemalten Möbeln. Hier sehen Sie mehr Sterne als irgendwo sonst.

Wo: Dalanzadgad ist das Tor zur Gobi, 553 km südwestl. von Ulaanbaatar, der Hauptstadt. **Wie:** Der in den USA und der Mongolei vertretene Anbieter Nomadic Expeditions organisiert Gruppenreisen und individuell angepasste Touren mit Führer. Tel. +976/11-313396; www.nomadicexpeditions.com. *Preise:* 12-tägige Reisen ab € 2137, all-inclusive. Startet in Ulaanbaatar. **Three Camel Lodge:** www.threecamellodge.com. *Preise:* ab € 185, all-inclusive. **Reisezeit:** Mai–Sept.: bestes Wetter; Ende Jan.–Ende Feb.: Kamelrennen und Polospiele beim Festival der 1000 Kamele.

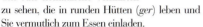

Eine Reise auf dem Dach der Welt

Der Pamir-Highway

Tadschikistan

Für die Einheimischen ist es die M41, für ausländische Reisende auf dem Weg nach Zentralasien der legendäre Pamir-Highway. Die malerische Straße beginnt in Chorugh im südlichen Tadschikistan und schlängelt sich gen Norden durch das Pamir-Gebirge, bevor sie hinab in das grüne Ferghana-Tal führt und in Osch (Kirgisistan, s. S. 500) endet. Ihre Kamera werden Sie kaum aus der Hand legen können ...

Mit der M41 lieferte die Rote Armee zwischen 1931 und 1934 eine technische Meisterleistung ab, die ihren Höhepunkt auf 4655 m beim Ak-Baital-Pass erreicht. Für die 744 km lange Strecke, die Sie nur mit Allradantrieb und einheimischen Fahrer oder im Rahmen einer organisierten Tour befahren können, brauchen Sie mindestens 3 Tage. Für Wanderungen und Ausflüge gibt es reichlich Gelegenheit. Sollte Ihnen die Fahrt zu lang und anstrengend vorkommen, denken Sie an Marco Polo, der auf dem Weg nach China wesentlich größeren Strapazen ausgesetzt war.

Ein guter Startpunkt ist Chorugh, eine geschäftige Bergstadt am Fluss Gunt in Grenznähe zu Afghanistan. Auf Ihrer Fahrt kommen Sie an einigen der höchsten Berge der Welt vorbei, die die Einheimischen schlicht Bam-i-dunya oder „Dach der Welt" nennen. Unterhalb schneebedeckter Gipfel reisen Sie an Dörfern, türkisblauen Seen oder einer einzelnen Jurte vorbei.

Murgab liegt auf der Hälfte der Strecke. Ihr fehlt der Charme Chorughs, aber es gibt gastfreundliche Unterkünfte, die hausgemachte Mahlzeiten anbieten. Die Stadt ist ein guter Ausgangspunkt für Wanderungen und Kamelausritte, bei denen Sie in einer Jurte übernachten. Auf dem weiteren Weg nach Kirgisistan gehört der Karakul zu den bedeutsamen Schönheiten: Der See entstand durch einen Meteoreinschlag vor über 5 Mio. Jahren.

Der Pamir-Highway, der über den einzigen Gebirgspass führt, war einst Teil der Seidenstraße.

Wenn Sie nach der Grenzüberquerung Osch erreichen, gönnen Sie sich eine Atempause und planen Sie die nächsten Stationen Ihrer Reise – über die Berge nach Bischkek, über die chinesische Grenze nach Kashgar (s. S. 530) oder Richtung Westen nach Usbekistan und Taschkent.

Wo: Chorugh liegt 274 km südöstl. der Hauptstadt Duschanbe. **Info:** www.pamirs.org. **Wie:** Hamsafar Travel organisiert von Duschanbe aus Jeeptouren. Tel. +992/37-228-0093; www.hamsafar-travel.com. Das amerikanische Unternehmen Mir hat eine 18-tägige Reise durch Kirgisistan und Tadschikistan im Programm, die einen Teil des Pamir-Highways umfasst. www.mircorp.com. *Preise:* € 5550. Startet in Bischkek, Kirgisistan. *Wann:* Aug. **Reisezeit:** Mitte Mai–Sept. ist das einzige Zeitfenster für die Überquerung der Hochgebirgspässe.

Bunte Farben und Chaos in der Wüste

Der Tolkuchka-Basar

Aschgabat, Turkmenistan

Turkmenistan ist einer der unbekannteren Staaten der Welt und wurde 15 Jahre lang von Saparmyrat Nyýazow regiert, einem exzentrischen, auf Lebenszeit ernannten Präsidenten, der Monatsnamen nach seiner Familie benannte. Er bezeichnete sich selbst als Türkmenbaşy („Haupt aller Turkmenen") und ließ eine 12 m hohe vergoldete Statue von sich errichten – ein Grund, warum den

Turkmenen die Erinnerung an ihn (er verstarb 2006) unangenehm ist. Die ehemalige Sowjetrepublik erweist sich heute als faszinierendes, wenn auch rätselhaftes Land, in dem die Zeit stehen geblieben zu sein scheint. Ausländer und dürfen sich ohne einheimischen Führer nicht frei bewegen, aber die hinreißenden Wüstenlandschaften und das Erbe als Teil der Seidenstraße entschädigen dafür.

Nicht zu vergessen ist der unvergleichliche Tolkuchka-Basar nahe der Hauptstadt Aschgabat, einer der größten und für Zentralasien so typischen Märkte. Hier kann man alles kaufen – Pferde, Kamele, Obst, Gemüse und noch vieles mehr –, aber den größten Reiz machen die Teppiche aus. Viele werden noch heute natürlich gefärbt und von Hand gewebt, aber hüten Sie sich vor maschinell gefertigten Imitaten. Obwohl der Name der beliebtesten Teppichart von der usbekischen Stadt Buxoro abgeleitet ist (wo sie traditionell verkauft wurden), wurden sie schon immer in Turkmenistan hergestellt. Die besten Stücke, auf denen Symbole verschiedener Volksstämme zu sehen sind, zieren Fußböden und Wände der Jurten turkmenischer Nomaden.

Den Kontrast zwischen den vornehmlich in Rot gehaltenen Teppichen, dem strahlend blauen Himmel und den Erdtönen der Landschaft werden Sie nicht so schnell vergessen. Hutzlige alte Männer schenken Ihnen ihr strahlendstes Lächeln (bei den Goldzähnen kein Wunder); die Frauen tragen bunte Gewänder und Seidenkopftücher. Der Duft von Melone, Lammfleischkebabs, Kameldung, Wolle und *palov* (ein usbekisches Reisgericht) steigt Ihnen in die Nase.

Ursprünglich fand der Tolkuchka-Basar am Sonntag statt, aber mittlerweile gibt es ihn auch donnerstags und samstags. 2011 eröffnete die turkmenische Regierung in der Nähe einen neuen großen Basar namens Altyn Asyr. Aschgabat ist ein guter Ausgangspunkt für Ausflüge zu den Ruinen von Merw oder Kurzreisen in das benachbarte Usbekistan (s. unten). **Wo:** 669 km nordöstl. von Teheran. **Wie:** Das amerikanische Unternehmen Geographic Expeditions hat Aschgabat und den Sonntagsmarkt auf vielen seiner Reisen im Programm. www.geoex.com. *Preise:* 15-tägige Tour ab € 4315, all-inclusive. Startet in Aschgabat. **Reisezeit:** Apr.–Juni und Sept.–Nov.: sonnig, aber nicht zu heiß.

Seit dem 13. Jh. suchen Käufer den Basar wegen seiner orientalischen Teppiche auf – die besten sind handgemacht.

Heilige Stadt, in der die Zeit stehen geblieben ist

Buxoro

Usbekistan

Als eine der wichtigsten Stationen auf der Seidenstraße entwickelte sich Buxoro im 10. Jh. zu einer der heiligsten Städte des Islam. Wegen Dschingis Khan verlor sie an Bedeutung, erholte sich aber im 16. Jh. und wurde schließlich – gemeinsam mit Kokand und Xiva (s. S. 507) – eines der mächtigsten Khanate Zentralasiens.

Das heiligste von ihnen, Buxoro, war auch das grausamste. Eine Reihe herrschender

Emire (1785–1920) terrorisierte die Nachbarstaaten und ihre eigenen Untergeben mit ihrer Habgier. Feinde Buxoros wurden vom Turm des Kalon-Minaretts (45 m) hinuntergeworfen, der 1127 erbaut wurde und bis heute steht – eines der wenigen Gebäude, das Dschingis Khan nicht zum Opfer fiel. Hunderte Moscheen, Medressen (islamische Schulen und Hochschulen), Karawansereien und überdachte Basare wurden errichtet. Viele der Schulgebäude sind architektonische Meisterwerke; das heiligste und beeindruckendste ist die Mir-i-Arab-Medrese gegenüber dem Kalon-Minarett. Ihre leuchtend blauen Kuppeln setzen sich deutlich vom schlichten Braun der Ziegelsteine ab, die das Aussehen der Stadt dominieren.

Der Eingang der Mir-i-Arab, die im 16. Jh. gegründet wurde, wird von 2 blauen Kuppelbauten flankiert. Sie ist bis heute eine Medrese.

Verglichen mit Samarkand (unten) ist Buxoros Architektur dezenter. Beachtlicherweise sieht die Altstadt aus wie vor 500 Jahren und bietet damit einen seltenen Einblick in das Usbekistan vor der russischen Besetzung. Während Sie durch die schmalen Gässchen spazieren, werden Sie Moscheen und Wohngebäude des 19. Jh. und selbst alte Synagogen entdecken. Außerhalb der von der UNESCO als Weltkulturerbe deklarierten Altstadt finden Sie weitere Juwelen wie das 1000 Jahre alte Samaniden-Mausoleum und den prachtvollen Sommerpalast des letzten Emirs.

Die B&Bs in Buxoro sind gut und bezahlbar. Viele von ihnen sind in Herrenhäusern des 19. Jh. untergebracht, die die Merkmale des „Buxoro-Stils" aufweisen: mit Schnitzarbeiten verzierte Alabasterwände, Vorhallen mit Holzsäulen und Innenhöfe, in denen Granatapfel- und andere Obstbäume stehen. Das Amulet Hotel ist eine wiederhergerichtete Medrese, in der die Studentenunterkünfte in einladende Zimmer mit den Annehmlichkeiten des 21. Jh. verwandelt wurden.

Wo: 269 km westl. von Samarkand. **Amulet Hotel:** Tel. +998/65-224-5342; www.amulet-hotel.com.   *Preise:*   € 45. **Reisezeit:** März–Apr. und Sept.–Nov.: bestes Wetter; Anf. Mai: Seide-&-Gewürz-Festival mit einheimischer Musik und Kunst.

Wo Kulturen aufeinandertreffen – das „Rom des Ostens"

Samarkand

Usbekistan

Wenn der Name Samarkand fällt, spielen sich vor dem inneren Auge Schlachten mittelalterlicher Armeen ab, denkt man an architektonische Wunder und vergangene Pracht; ein Name, der in einem Atemzug mit Athen und Jerusalem genannt wird. Selbst die Griechen hielten es für einen romantischen Ort:

„Alles, was ich über [Samarkand] gehört habe, ist wahr, außer dass es noch schöner ist, als ich mir habe vorstellen können", lautete das überschwängliche Urteil Alexanders des Großen 329 v. Chr.

Die Stadt war eine wichtige Station auf der Seidenstraße, die sich vieler Invasoren erwehren konnte. Dschingis Khan hatte sie aber nichts entgegenzusetzen – er machte die Stadt 1220 dem Erdboden gleich. Tamerlan der Große (Timur Lenk), der 1330 in der Nähe Samarkands geboren wurde, widersetzte sich dieser Zerstörungswut, baute sie wieder auf und machte sie zur Reichshauptstadt.

Tamerlans größtes architektonisches Erbe ist das Mausoleum der Timuriden-Dynastie, das gigantische Gur-Emir. In Samarkand haben es die Toten gut: Neben Tamerlans Mausoleum befindet sich das Schahi-Sinda, eine riesige Nekropole mit Dutzenden weiterer Mausoleen. Der Friedhof wurde um das Grab Kusam ibn Abbas' angelegt, einem Cousin Mohammeds, der den Islam im 7. Jh. in diese Region gebracht haben soll. Nicht weit entfernt steht die Bibi-Khanum-Moschee mit ihrer riesigen Kuppel.

Samarkands Glanzstück aber ist der Registan, ein sonnenüberfluteter Platz, der an

Die Tilya-Kori-Medrese am Registan ist mit aufwendig gestalteten Mosaiken verziert.

3 Seiten von Medressen (islamische Schulen) umgeben ist. Jeder Quadratzentimeter dieser Gebäude ist mit Mosaiken und arabischen Verzierungen versehen; ihre türkisfarbenen Kuppeln, die Minarette und ihre zeitlose Schönheit erfüllen Besucher seit Jahrhunderten mit Ehrfurcht. Gegen einen Obolus lassen die Wächter Sie ein Minarett besteigen, um Ihnen den Ausblick auf den Registan und den nahen Basar zu ermöglichen. Hier ist es wie zu den Hochzeiten der Seidenstraße, als Pfeffer und Safran teurer als Gold waren.

Wo: 275 km südwestl. von Taschkent. **Unterkunft:** Das Hotel Malika Samarkand ist eine gute Wahl und nur 10 Minuten Fußweg von den Sehenswürdigkeiten entfernt. Tel. +998/662-330197; www.malika-samarkand.com. *Preise:* ab € 48. **Wie:** Das amerikanische Unternehmen Mir mit Büro in Taschkent organisiert Kleingruppen- und Individualreisen durch Zentralasien. www.mircorp.com. *Preise:* 15-tägige Touren ab € 3180. Startet in Taschkent. *Wann:* Mai und Sept. **Reisezeit:** Apr.–Mai und Sept.: bestes Wetter.

Zeitreise auf der Seidenstraße

Xiva

Usbekistan

Über 2000 Jahre verband die Seidenstraße den Mittelmeerraum mit China: Karawanen mit Gewürzen, Düften, Juwelen, Arzneien und kostbaren Stoffen durchquerten die unwirtlichen Wüsten und Gebirgstäler Zentralasiens. Mitten in der Karakum-Wüste, östlich des Kaspischen Meers, durchquerte der Handelsweg die Großoase Choresm und erreichte schließlich das prächtige Xiva, die gewaltige Hauptstadt, die für ihren unvorstellbaren Reichtum, ihre unvergessliche Schönheit und ihren oftmals harten Despotismus berühmt und berüchtigt war.

Xiva erhebt sich wie eine Fata Morgana aus dem Sand der Wüste und gilt als der Ort, an dem die islamisch-mittelalterliche Architektur ihre beeindruckendsten Spuren hinterlassen hat. Die uralte befestigte Stadt wurde aus dem Boden gebaut, auf dem sie steht; der Legende zufolge wurde sie von Sem gegründet, dem Sohn Noahs, aber archäologische Funde deuten darauf hin, dass eine erste Besiedlung vor 2500 Jahren stattfand. Als Handelszentrum erlebte sie um 1000 n. Chr. ihren ersten Zenit, um dann vom 17.–19. Jh. traurige Berühmtheit zu erlangen: In Xiva befand sich Zentralasiens größter Sklavenmarkt.

Das vermutlich beeindruckendste Gebäudeensemble ist die Altstadt Itchan-Kala, deren riesiger Innenbereich von zinnenbewehrten Festungsmauern aus Lehmziegeln mit einer Höhe von fast 10 m und einer Gesamtlänge von 1,6 km umgeben ist. Im Gassenlabyrinth finden Sie Paläste, Moscheen, Minarette, Medressen und andere alte Gebäude, von denen viele mit zerbrechlichen Majolika-Kacheln in verschiedenen Blautönen verziert sind. Als Xiva zur Sowjetunion gehörte, wurden große Teile der Stadt komplett restauriert. Sie sind nun in hervorragendem Zustand, wirken aber leer wie eine Geisterstadt. Die ältesten Bauwerke sind über 1000 Jahre alt, unter ihnen die Alte Zitadelle oder Kuhna Ark, die Xivas Herrscher als Palast errichten ließen – mit Harem, Ställen, Thronsaal und einem Gefängnis, an dessen Wänden

Die Mauern von Itchan-Kala, der hervorragend erhaltenen Altstadt Xivas, lassen ihre mittelalterlichen Ursprünge erkennen.

Handschellen für Sklaven und Gefangene angebracht sind. Ein Wald aus 200 Holzsäulen, von denen viele mit spiralförmigen Motiven verschönert sind, trägt die Juma-Moschee, die im 10. Jh. erbaut wurde. Weitere beachtliche Bauwerke sind das Pahlavan-Mahmud-Mausoleum und eine Reihe Königsgräber, deren dunkeltürkiser Farbton zum außergewöhnlichen Himmelsblau über ihnen passt.

Wo: 1025 km westl. der Hauptstadt Taschkent. **UNTERKUNFT:** Das Hotel Malika bietet gemütliche, moderne Zimmer direkt vor den Mauern der Itchan-Kala. Tel. +998/6237-52665; www.malika-khiva.com. *Preise:* ab € 52. **REISEZEIT:** März–Mai und Sept.–Nov., um der Hitze zu entgehen; Anf. Mai: Asrlar-Sadosi-Kulturfestival.

OSTASIEN

Das Land unter den Wolken

HUANG SHAN

Anhui, China

Natürliche Schönheit und menschlicher Einfallsreichtum harmonieren am Huang Shan („der Gelbe Berg") – Kaiser und Dichter rühmten seine nebligen Landschaften; Künstler versuchten, seine Anmut auf Rollbilder zu bannen. 1000 Jahre brauchte es, um seine schwindelerregenden Pfade und Treppen in den Fels zu schlagen. Der Berg hat keine religiöse Bedeutung; es ist allein die Macht der

Natur, die seit Jahrhunderten zu begeistern vermag.

Die Gebirgskette besteht aus über 70 Gipfeln, die mit knorrigen Kiefern, schwankenden Felsgebilden und heißen Quellen übersät und in wogende Wolkenmeere getaucht sind. Sie können mit der Seilbahn nach oben fahren (oder sich in einer Sänfte tragen lassen), aber in der Regel geht es zu Fuß hinauf. Planen Sie von Osten 3–4, von Westen aus 4–6 Stunden für den anstrengenden und steilen Weg ein. Er ist für Menschen mit Höhenangst nicht geeignet, aber gerade der längere Aufstieg entschädigt mit atemberaubenden Ausblicken. Mit guter Kondition und der Hilfe von Taxis und Kleinbussen können Sie Auf- und Abstieg an einem Tag schaffen, verpassen dann aber die ersten Sonnenstrahlen eines neuen Tags mitten im Wolkenmeer und damit eines der größten chinesischen Naturspektakel überhaupt.

Die Huang-Shan-Gebirgskette ist berühmt für Bergspitzen und Kiefern, die die Zeit und die Elemente zu wundersamen Gestalten geformt haben.

Das Hotel Shilin bietet kleine, aber gemütliche Zimmer mit Grundausstattung; das von schweizerischen Architekten entworfene Hotel Xihai ist bei ausländischen Touristen sehr beliebt.

Südwestlich liegt mit seinen knapp 1000 Einwohnern das Dorf Hongcun, das vor 900 Jahren gegründet und von einem Feng-Shui-Meister in der Glück verheißenden Form eines Büffels gestaltet wurde. Es gehört zu den ältesten Dörfern Chinas und besteht aus etwa 150 hervorragend erhaltenen Gebäuden, zu denen ein Bauernhof und eine Sippenhalle aus den Ming- und Qing-Dynastien gehören. Hier wurden im Jahr 2000 Szenen aus *Tiger and Dragon* gefilmt.

Wo: Huang Shan liegt 516 km südwestl. von Shanghai. Der nächste Flughafen liegt 64 km entfernt in Tunxi. **HOTEL SHILIN:** Tel. +86/559-558-4040; www.shilin.com. *Preise:* ab € 140. **HOTEL XIHAI:** Tel. +86/559-558-8888. *Preise:* ab € 122. **REISEZEIT:** Huang Shan ist das ganze Jahr über von kühlen Nebeln umhüllt; die Hochsaison liegt zwischen Mai und Okt.

Der Frieden der 1000 Buddhas

DIE MOGAO-GROTTEN

Dunhuang, Gansu, China

Jahrhundertelang verband die Seidenstraße diese Oase im Westen Chinas mit Zentralasien. Seide, Jade und Wolle gelangten bis nach Persien und Rom, und im Gegenzug wurden die Güter der Fremden und ihre Einflüsse wie Buddhismus und Islam willkommen geheißen. Dunhuang liegt an der südlichen Route der Seidenstraße und war einst eine abgelegene Garnisonsstadt. In der Wüste direkt vor der Stadt hat die buddhistische Kultur 492 außerordentliche Zeitzeugen hinterlassen: Grotten, die die Gläubigen selbst in die Felsen schlugen. Der daoistische Mönch Wang Yuan lu entdeckte sie im Jahr 1900 und verbrachte dort die nächsten 30 Jahre. Heute gelten die Mogao-Grotten als bedeutendster Ort für den Buddhismus. Die nationalen Tourismusbehörden haben sie daher mit der chinesischen Mauer (s. S. 524), der Verbotenen Stadt (s. S. 520) und der Terrakottaarmee (s. S. 525) auf dieselbe Stufe gestellt – als kulturelle Attraktion.

Mehr als 1000 Grottentempel wurden zwischen dem 4. und 10. Jh. aus dem Felsen geschlagen; sie enthielten Skulpturen, Friese und Fresken, handschriftlich geführte Geschäftsbücher, Gerichtsprotokolle und Stickarbeiten sowie Kunstwerke, die griechische, persische und hinduistische Einflüsse erkennen lassen. Die steinernen Riesenbuddhas lächeln seit über einem Jahrtausend, während vielfach dargestellte Höflinge der Tang-Dynastie in kostbarer Kleidung umherstolzieren und mythische Monster die Welt belauern. Der 34 m hohe bunt bemalte sitzende Buddha in Grotte 96 und der friedlich schlafende Buddha in Grotte 148 gehören zum Pflichtprogramm. Es sind 30 Grotten zu besichtigen, deren Auswahl sich im Jahresverlauf ändert. Führungen dauern etwa 2 Stunden – wenn Ihnen die ersten 10 Grotten nicht gereicht haben, können Sie sich 10 weitere ansehen.

Südlich von Dunhuang stehen Sie mitten in der Wüste, umgeben von riesigen Sanddünen – Mingsha Shan („singende Dünen"), weil bei Wind ein seltsames Geräusch entsteht. Das Silk Road Dunhuang Hotel bietet Touren an, auf denen Sie Grotten und Wüste erkunden können, und wirkt mit seinen Lehmmauern selbst wie eine Wüstenfestung. Von der Dachterrasse können Sie zusehen, wie sich am Nachmittag das Sonnenlicht an den Dünen bricht. Sie können den Sonnenuntergang aber auch auf dem Rücken eines Kamels erleben.

Wo: 1845 km westl. von Peking. **Silk Road Dunhuang Hotel:** Tel. +86/937-888-2088; www.dunhuangresort.com. *Preise:* ab € 45 (Nebensaison), ab € 90 (Hochsaison). **Reisezeit:** Mai–Okt.: bestes Wetter; im Juli–Aug. kann es heiß werden.

Das zauberhafte China der Dichter und Maler

Der Li-Fluss

Guilin, Guangxi, China

Die Provinz Guangxi mit ihren traumhaften Bergen und Flüssen wird seit 13 Jahrhunderten von Malern und Autoren gepriesen, die ihre überirdische Schönheit auf Papier zu bannen versuchten. Eine Flussfahrt auf dem Li fühlt sich daher wie eine Reise durch ein klassisch-chinesisches Rollbild an, auf dem der Nebel mit den Bergen und Flüssen um das Interesse des Betrachters wetteifert. Der jadegrüne Li schlängelt sich ab Guilin durch unwirkliche Landschaften, die aus buckligen und erodierenden Karstformationen bestehen und so wunderliche Namen tragen wie „Fledermaushügel", „5 Tiger jagen eine Ziege" oder „Pinselgipfel". Bootstouren fahren an pittoresken Dörfern vorbei, wo Jungen die Wasserbüffel der Familien tränken, Frauen Wäsche waschen und Bauern ihre Reisfelder bestellen. Eine kleiner werdende Zahl von Fischern setzt auf ihren Bambusflößen abgerichtete Kormorane ein, die ihnen die Arbeit abnehmen, und das oft nur für die fotografierenden Touristen.

Etwa 80 km flussabwärts enden die Flussfahrten in der Kleinstadt Yangshuo. Von hier aus bieten sich Fahrradtouren durch die grünen Ebenen und Besuche der bewaldeten

Kalksteinberge an, die den Blick auf atemberaubende Landschaften ermöglichen. Einige können Sie sogar erklimmen: Vom Mondberg aus scheinen zerklüftete Gipfel gen Horizont zu marschieren.

Am Abend wird auf dem Li-Fluss vor dem Hintergrund der düsteren Berge das spektakuläre Freiluftmusical *Impression: Sanjie Liu* aufgeführt. Die Liebesgeschichte wurde von Regisseur Zhang Yimou umgesetzt (der auch die künstlerische Leitung für die Eröffnungs- und Schlussfeier der Olympischen Spiele 2008 in Peking innehatte) und wird von mehr als 600 Einheimischen auf Hunderten Bambusflößen präsentiert.

32 km entfernt von Guilin und Yangshuo liegt das HOMA (Hotel of Modern Art) inmitten von Seen, Reisfeldern und nebelumwölkten Karstformationen. Das innovative zeitgenössische Design des Hotels erstreckt sich nicht nur auf sein Äußeres, sondern auch auf seine 46 Zimmer. Mehr als 200 Skulpturen internationaler Künstler sind dort ausgestellt. In der Stadt können Sie im frisch renovierten Sheraton Guilin unterkommen, das direkt am Li-Fluss liegt.

Wo: Flussfahrten starten in Guilin, 520 km nordwestl. von Hongkong. **IMPRESSION: SANJIE LIU:** Eintrittskarten erhalten Sie über Ihr Hotel oder Reisebüros in Yangshuo. *Preise:* € 22. **HOMA:** Tel. +86/773-386-5555; www.guilinhoma.com. *Preise:* € 270 (Nebensaison), € 489 (Hochsaison). **SHERATON GUILIN HOTEL:** Tel. +86/773-282-5588; www.sheraton.com. *Preise:* € 90. **REISEZEIT:** Apr. und Sept.–Okt.: bestes Wetter.

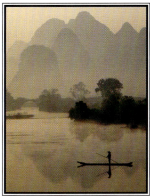

Der Li-Fluss schlängelt sich durch einige der schönsten chinesischen Landschaften.

„Ein Stadtstaat wie kein anderer, auf unglaubliche Weise einzigartig ... wichtigtuerisch, wundersam, eine Show, die ohne Unterbrechung Tag und Nacht im Südchinesischen Meer aufgeführt wird." JAN MORRIS

HONGKONG

China

Hongkongs Verlockungen sind nicht zu übersehen: blinkendes Neonlicht, grandiose Hochhäuser am Hafen, Millionen Menschen – das Leben in dieser Stadt ist schnell und aufregend. Doch Hongkong, wo West auf Ost trifft, kann auch anders. Traditionelle Denkweisen, nahezu unberührte Natur und die Inseln vor der Stadt ermöglichen dem, der danach sucht, den Zugang zur nachdenklicheren Seite der früheren Kronkolonie.

HAUPTATTRAKTIONEN

VICTORIA HARBOUR – Herz und Seele der dynamischen Hafenstadt ist der Victoria Harbour, der Hongkong seinen Namen gab: Duftender

Hafen. Zu jeder Tages- und Nachtzeit herrscht reger Betrieb auf dem Gewässer, wenn sich die Fähren der Star Ferry an den Schleppern, Lastkähnen, der gelegentlichen Dschunke, einem Sampan oder einem weißen Kreuzfahrtschiff vorbeikämpfen. Die grün-weißen Fähren transportieren Touristen und Pendler von Kowloon zur Insel Hongkong und zurück. Sie werden diese lediglich 10-minütige Fährfahrt in Ihrem Leben nicht vergessen, denn Sie werden nicht nur Teil des überaus hektischen Hafenlebens, sondern genießen auch den Ausblick auf Hongkongs phänomenale Skyline, die bei Tageslicht an einen Wald aus zu Granit erstarrten Bäumen erinnert, aber bei Nacht die riesigen Wolkenkratzer der Banken und Handelshäuser in bunt glitzernde Türme verwandelt. (Bei gutem Wetter findet jeden Abend um 20 Uhr die Lichtershow statt, bei der die Wolkenkratzer angestrahlt werden; Sie können dies am Besten bei einer Hafenrundfahrt erleben). Geben Sie für die 1. Klasse ein paar Cents mehr aus, damit Sie alles vom Oberdeck aus betrachten können. Wollen Sie sich aber lieber die anderen Leute ansehen, ist die 2. Klasse genau das Richtige. **Info:** Tel. +852/2118-6208; www.starferry.com.hk.

Victoria Peak – Sie erreichen den 552 m hohen Victoria Peak mit einer der steilsten Standseilbahnen der Welt. Zu Ihren Füßen tummelt sich nicht nur der rege Schiffsverkehr, sondern Sie können auch die gut 200 Inseln im Südchinesischen Meer und bei schönem Wetter das Festland in der Ferne sehen. Landschaftsgärten und befestigte Wege wie der Governor's Walk verheißen Ruhe, Abgeschiedenheit und unvergleichliche Vegetation. Vom Peak Tower (der wie ein auf den Kopf gestellter Wok aussieht) bietet sich ein perfekter Rundumblick, und zugleich werden dort Köstlichkeiten angeboten: vom einfachen Schnellimbiss bis hin zum eleganten Restaurant Tien Yi, dessen Dim Sum an einem Tisch mit Hafenblick gleich noch besser schmecken. Die Stadt hat zu jeder Tageszeit ihre eigene Atmosphäre, aber vermutlich ist die Abenddämmerung die spannendste, wenn das „Manhattan Asiens" in einen blendenden Neonrausch verfällt. **Info:** Tel. +852/2522-0922; www.thepeak.com.hk/en. **Restaurant Tien Yi:** Tel. +852/2907-3888; www.rcgastronomic.com. *Preise:* Mittagessen € 30.

Chi-Lin-Kloster – Mitten im Chaos Hongkongs gibt es eine Oase der Stille, das Chi-Lin-Kloster. Diese buddhistische Anlage ist ein 1998 erstellter Nachbau alter Tang-Dynastie-Architektur, bei dem kein einziger Nagel verwendet wurde. Die 16 Tempel liegen in einer Landschaft aus Lotosteichen, kunstvoll angelegten Steingärten, sorgfältig gepflegten Bonsais und Frangipani. Gehen Sie ein paar Schritte weiter zum Garten Nan Lian und genießen Sie dort eine Tasse Tee im kleinen Pavillon, bevor Sie sich wieder in die Großstadt stürzen. **Info:** Tel. +852/2354-1888.

Happy-Valley-Pferderennbahn – Jeden Mittwochabend zwischen September und Juli kommt man in Hongkong an einem Ort nicht vorbei: Die Happy-Valley-Pferderennbahn ist eine der wenigen Möglichkeiten, legal dem Glücksspiel zu frönen, und alle Gewinne sind steuerfrei. Ob Sie nun gewinnen oder verlieren, Sie werden die überschwänglichen Besucher und hell erleuchtete Nacht nicht mehr vergessen. Die Briten erbauten die Rennbahn vor mehr als 150 Jahren, und bis heute sind Pferderennen die beliebtesten Sportveranstaltungen Hongkongs. Mittwochs ist immer der absolute Höhepunkt. Größer und moderner geht es in der Sha-Tin-Rennbahn in den Neuen Territorien zu, wo die Wochenendrennen stattfinden. Sie können Zugang zum exklusiven Businessbereich erhalten, indem Sie vorübergehendes Mitglied des Jockey Clubs werden. **Info:** Tel. +852/2966-8111; www.happyvalleyracecourse.com. **Sha Tin:** Tel. +852/2966-6520; www.hkjc.com.

HONG KONG MUSEUM OF HISTORY – Wie von Zauberhand erstehen vor Ihrem geistigen Auge historische Straßenzüge und vermitteln einen umfassenden Eindruck von den Anfängen Hongkongs bis zu seiner Wiedervereinigung mit China 1997. Tausende Ausstellungsstücke, Multimediapräsentationen, audiovisuelle Effekte und eine vollständig nachgebaute Straße von 1881– einschließlich eines hierher versetzten authentischen Kräutermedizingeschäfts – sowie naturkundliche und ethnografische Hintergründe runden die knapp 6000 Jahre Vergangenheit ab. INFO: Tel. +852/2724-9042; http://hk.history.museum.

ZEHNTAUSEND BUDDHAS – Der Name dieses ungewöhnlichen Klosters ist tatsächlich eine Untertreibung, denn auf dem Gelände befinden sich zwischen 12.000 und 13.000 Buddhas. Ein schmaler Pfad schlängelt sich hinein; die Treppe mit über 400 Stufen führt hinauf zum Haupttempel und wird zu beiden Seiten von lebensgroßen Buddhas in verschiedenen Posen flankiert. Der buddhistische Priester Yuet Kai kam 1933 nach Hongkong, um seinen Glauben zu predigen und eine Lehrstätte einzurichten, und begann 1949 mit dem Bau des Klosters. Yuet Kai und seine Schüler brauchten 8 Jahre, um die Baumaterialien vom Fuß des Berges hinaufzutragen und den Bau zu vollenden – und 10 weitere Jahre, um Tausende Buddhas aufzustellen. Haben Sie es bis hierhin geschafft, sollten Sie sich mit einer köstlichen *do fu fa* (Tofucreme) belohnen, die im Tempelinnenhof verkauft wird. INFO: Tel. +852/2691-1067.

DIE NEUEN TERRITORIEN – Die Neuen Territorien (NT) haben sich in den letzten Jahren in die „Vororte" Hongkongs verwandelt, bieten aber dennoch kilometerlange Wanderwege durch überraschend grüne Landschaften – einige führen zu unberührten Sandstränden, andere geleiten Sie durch alte Dörfer und Ackerland. Die NT sind die 3. Hauptregion Hongkongs neben Kowloon und Hongkong Island; 75 % ihres Gebiets, zu denen 200 Inseln gehören, eignen sich aufgrund steiler Hänge nicht für eine landschaftliche Nutzung und bleiben unberührt. Fast 40 % davon sind als Naturschutzgebiete ausgewiesen. So können Sie in wenigen Minuten der täglichen Hektik der Großstadt entfliehen und auf Wanderwegen Ruhe finden. WIE: Hansen's Hikes bietet Gruppen- und Einzelwanderungen an. Tel. +852/9552-0987; www.hansens-hikes.com.

EVENTS & FESTIVALS

CHINESISCHES NEUJAHRSFEST – Die Chinesen lieben ihre Feste, und das chinesische Neujahrsfest in Hongkong steht vermutlich auf derselben Stufe alljährlicher ausgelassener Feierlichkeiten wie der Karneval in Rio oder Mardi Gras in New Orleans. Es dauert fast 3 Wochen und beginnt am Neumond zwischen dem 21. Januar und 20. Februar. In dieser Zeit verwandelt sich Hongkong in ein Blumenmeer: Künstler und Tänzer ziehen auf dekorierten Festwagen durch den Stadtteil

Etwa 400 Stufen führen steil hinauf zum Kloster der Zehntausend Buddhas.

Tsim Sha Tsui. Nach zahlreichen Laternenfesten und anderen Aktivitäten erreichen die Feierlichkeiten ihren Höhepunkt mit einem spektakulären Feuerwerk, das von Schleppkähnen im Hafen aus abgeschossen wird – die Gebäude in der Nähe werden passend dazu beleuchtet. INFO: www.discoverhongkong.com.

DRACHENBOOTFESTIVAL – Legenden berichten, dass vor mehr als 2000 Jahren ein junger Gelehrter namens Tuen Ng den Freitod im Wasser suchte, um ein Zeichen gegen die korrupten Herrscher seiner Zeit zu setzen. Als die Einheimischen davon hörten, suchten sie mit ihren Booten nach ihm, schlugen auf Trommeln und warfen Reis in den Fluss, damit die Fische ihn nicht fraßen. Sie konnten ihn nicht retten, doch seit 1976 wird seinem Opfer in Hongkong gedacht, am 5. Tag des 5. Monats des chinesischen Kalenders (Anfang Juni). Hunderte Teams kämpfen in wundervoll verzierten Drachenbooten um den Sieg und machen das Festival zu einer der aufregendsten Veranstaltungen des Jahres. INFO: www.discoverhongkong.com; Renntermine unter www.dragonboat.org.hk.

MITTHERBSTFEST – Nach dem Neujahrsfest ist das Mittherbstfest (oder Mondfest) die größte Feier Hongkongs. An 3 Tagen im September (möglichst nah am besonders hell leuchtenden Vollmond im Herbst) versammeln sich Familien in Parks oder auf den Hügeln, zünden Laternen an und essen Mondkuchen, ein Gebäck, das mit einer süßen Lotossamenpaste gefüllt ist. Der Ursprung des Fests ist Gegenstand zahlreicher Legenden; so berichtet eine von einem Aufstand gegen die Mongolen im 14. Jh., als Rebellen Zettel in Mondkuchen einbacken ließen, auf denen „Erhebt euch gegen die Tataren am 15. Tag des 8. Monds!" stand. Der Aufstand war erfolgreich und wird daher an diesem Tag begangen. INFO: www.discoverhongkong.com.

EINKAUFEN

NACHTMÄRKTE – Hongkong ist weltweit als Paradies für Shoppingtouren bekannt. Produktfälschungen sind an der Tagesordnung. Das sollte Sie aber nicht davon abhalten, bis Mitternacht auf den verschiedenen Nachtmärkten Hongkongs um die besten Preise zu feilschen. Damenkleidung, Taschen und Accessoires finden Sie auf dem Ladies' Market, und die Auswahl auf dem Temple-Street-Nachtmarkt reicht von Kleidung über CDs bis hin zu Koffern und Schuhen. Schaffen Sie es bis zum Yau Ma Tei, können Sie sich sogar Ihre Zukunft voraussagen lassen.

ANTIQUITÄTEN – Wahre Kostbarkeiten der Tang-, Song- und Han-Dynastien bietet die Hollywood Road, das Zentrum für Antiquitätenan- und -verkauf, wo Sie Statuen, Bücher, Schatzkisten und Ahnenporträts finden können. Fälschungen sind leider an der Tagesordnung (und einige Verkäufer vergessen vielleicht zu erwähnen, dass es verboten ist, alle Gegenstände, die vor 1795 erschaffen wurden, außer Landes zu bringen), aber angesehene Geschäfte verkaufen Ihnen Artefakte mit Echtheitszertifikaten. Zu den vertrauenswürdigen gehören Lam & Co., die sich auf Töpferwaren und Keramikstatuetten spezialisiert haben; Dragon Culture, deren Besitzer Victor Choi ein bekannter Sammler und Fachbuchautor ist (und eine zweite Galerie in New York hat); Honeychurch mit einer großen Auswahl an handgewebten Teppichen, Opiumpfeifen und alten Büchern; und Chak's für alles rund um den Buddhismus. Am westlichen Ende der Hollywood Road befindet sich die Upper Lascar Row, die von den meisten Cat Street genannt wird; dort können Sie weitere Antiquitätenläden und Galerien mit zeitgenössischer Kunst entdecken. LAM & CO.: www.lamantiquities.com. DRAGON CULTURE: www.dragonculture.com.hk. HONEYCHURCH: www.honeychurch.com/hongkong. CHAK'S: www.chaks.com.hk.

Antiquitätensammler haben auf der Hollywood Road die größte und beste Auswahl.

MASSANZÜGE – Nichts sitzt besser als ein maßgefertigter Anzug. Die besten Schneider der Welt finden Sie in Hongkong; sie arbeiten für einen Bruchteil des auf der Londoner Savile Row üblichen Preises. Die meisten Hotels haben einen Schneider im Haus, und sollte dies nicht der Fall sein, so hat der Portier sicherlich eine entsprechende Telefonnummer auf Kurzwahl. Einige Tage Zeit sollten Sie einrechnen und natürlich 2 oder 3 Termine fürs Maßnehmen einplanen. Gehen Sie das Projekt Maßanzug daher direkt am ersten Tag Ihres Aufenthalts an. Zu den berühmteren Adressen zählen Sam the Tailor, der seit Jahrzehnten Hemden für Königshäuser, US-Präsidenten und Stars schneidert; Punjab House, das über 100 Jahre Erfahrung und einen guten Ruf als kundenfreundliches Unternehmen verfügt; W. W. Chan, der auch Damenkleidung schneidert; Jim's Tailor Workshop, der bei Zugereisten und Einheimischen gleichermaßen geschätzt wird; und Mode Elegante, dessen Geschäftsräume im historischen Hotel Peninsula (s. S. 517) zu finden sind. SAM THE TAILOR: www.samstailor.biz. PUNJAB HOUSE: www.punjabhouse.com.hk. W. W. CHAN: www.wwchan.com. JIM'S TAILOR WORKSHOP: www.jimstailor.com. MODE ELEGANTE: www.modeelegante.com.

ÜBERNACHTEN

FOUR SEASONS HOTEL – Panoramafenster und ein erstaunlicher Ausblick auf den Victoria Harbour, Kowloon oder den Peak gehören zu den Höhepunkten dieses kühl inszenierten, urbanen Meisterwerks. Egal, ob Sie sich für Zimmer mit traditionell chinesischer Einrichtung oder im westlichen Stil entscheiden, sie sind auf jeden Fall riesig. Der s Pool im 5. Stock ist mit Unterwasserlautsprechern ausgestattet. Die beiden erstklassigen Restaurants, Caprice (s. nächste S.) und Lun King Heen – das zu den berühmtesten in Hongkong zählt – bieten entweder aktuelle französische *cuisine* oder kantonesisch zubereiteten Fisch und *dim sum*-Mittagessen – beide mit Blick auf den Hafen. INFO: Tel. +852/3196-8888; www.fourseasons.com/hongkong. *Preise:* ab € 400; Mittagessen im Lun King Heen € 74.

HOTEL INTERCONTINENTAL – Wer sehen und gesehen werden will, begibt sich in das InterContinental, das nicht nur das exklusivste aller Hotels in Hongkong, sondern auch sein gesellschaftliches Zentrum ist. Die 12 m hohen Fenster der Lobby bieten eine grandiose Aussicht (viele der Gästezimmer – einschließlich der Präsidentensuite und ihrem Pool – bieten denselben umwerfenden Ausblick). Aus der lebhaften Lobby Lounge genießen Sie einen 180-Grad-Blick auf die Skyline Hongkongs und den Hafen. Yan Toh Heen, das hoteleigene Restaurant, gilt unter Kennern chinesischer Küche nicht nur in China, sondern weltweit als eines der besten. Traditionelle kantonesische Küche wird auf erlesenen Tischarrangements aus handgeschnitzter Jade und Elfenbein serviert. Interessieren Sie sich für außergewöhnliche Neukreationen japanischer Delikatessen, sind Sie im Nobu genau richtig, wo Meisterkoch Matsuhisa seine weltberühmten Schöpfungen präsentiert. INFO: Tel. +852/2721-1211; www.hongkong-ic.intercontinental.com. *Preise:* ab € 222; Festpreis-Dinner im Yan Toh Heen € 96, im NOBU € 85.

JW MARRIOTT HONG KONG – Das Marriott erstreckt sich über 27 Stockwerke des Pacific-Place-Einkaufs- und Restaurantkomplexes mitten in der Stadt. Schräge Fenster erlauben den Blick auf den Hafen oder Victoria Peak, und die Zimmer sind mit allen Annehmlichkeiten ausgestattet, vom BOSE-Soundsystem bis hin zur feinsten Bettwäsche. Hochbegabte Küchenchefs wirken in der Sushi-Bar im 4. Stock mit frisch gefangenem Hummer und Fisch wahre Wunder. Direkt neben der Bar liegt das JW's California Grillrestaurant, das bei den Einheimischen beliebt ist. Ihren Aufenthalt versüßen Angebote wie ein Außenpool und ein erstklassiger rund um die Uhr geöffneter Fitnessbereich. INFO: Tel. +852/2810-8366; www.jwmarriotthongkong. com. *Preise:* ab € 285; Dinner im JW's California € 90.

NOVOTEL CITYGATE HONG KONG – Am Niveau eines Novotel haben sich andere Flughafenhotels zu orientieren. Nur 10 Minuten mit dem kostenlosen Shuttle-Service vom Flughafen entfernt liegt das Citygate im neuen Bezirk Tung Chung, das sich als bezahlbare Alternative anbietet, vor allem, wenn Sie nur kurz vorbeischauen. Vom Hotel aus ist es nicht weit bis Lantau Island und Hong Kong Disneyland, und neben Ihrer Unterkunft befindet sich das beste Markenoutlet der Stadt. Nicht zu vergessen: Die MTR-Haltestelle liegt direkt vor der Tür und ermöglicht eine schnelle und unkomplizierte Anfahrt in die Innenstadt. Der Schallschutz ist perfekt, die Inneneinrichtung wirkt gepflegt und elegant, der Außenpoolbereich ist modern – zusammen mit exzellenten Restaurants sind das die besten Rahmenbedingungen für Ihren Aufenthalt. INFO: Tel. +852/3602-8888; www.novotel.com. *Preise:* ab € 104.

THE UPPER HOUSE – 2009 gesellte sich ein weiteres zeitgenössisches Hotel zum eleganten Angebot des Pacific Place Shopping Center in Admiralty. Der Architekt Andrew Fu verwendete vor allem Naturhölzer und Bambus, um jedes der geräumigen Gästezimmer in Ihren persönlichen Rückzugsort zu verwandeln. Malerei und Skulpturen verschönern das gesamte Hotel, und mit dem Café Gray im 48. Stock kehrt der gefeierte Küchenchef Gray Kunz nach Hongkong zurück. Im Restaurant haben Sie freien Einblick in eine fast 14 m lange Schauküche mit Bar und reichlich Auswahl. Der spektakuläre Ausblick macht die amerikanische Hausmannskost noch ein wenig besser. INFO: Tel. +852/2918-1838; www.upperhouse.com. *Preise:* ab € 315; Dinner im Café Gray € 60.

E S S E N & T R I N K E N

BO INNOVATION – Gönnen Sie sich eine echte Herausforderung und besuchen Sie den wild tätowierten Meisterkoch Alvin Leung, der Hongkong mit seiner „extrem chinesischen" Molekularküche fasziniert. Feinschmecker sollten sich auf traditionelle Gerichte freuen, deren radikale Veränderung durch japanische und französische Küche inspiriert wurde: Eiercrememartinis, geräucherte Wachteleier mit Kaviar oder gebratenes Wagyu-Fleisch – all das werden Sie nirgendwo anders auf diese Art und Weise kosten können. Kaum ein anderer Küchenchef wagt es mit so viel Leichtigkeit, Wagemut und Entschlossenheit, die klassische chinesische Küche in das 21. Jh. zu katapultieren – und das in einer Stadt, in der ein geradezu mörderischer Konkurrenzdruck herrscht. INFO: Tel. +852/2850-8371; www.boinnovation.com. *Preise:* Probiermenü € 74.

CAPRICE – Reservieren Sie rechtzeitig, wenn Sie sich diesen kulinarischen Hochgenuss gönnen wollen. In der exklusiven Umgebung des Four Seasons (s. vorige S.) betreten Sie den eleganten Speisesaal, in dem chinesische und Jugendstilelemente ein harmonisches Ensemble bilden und freien Blick auf Victoria Harbour oder die Schauküche ermöglichen. Im Caprice wendet man sich anderen Gaumenfreuden als der üblichen Regionalküche zu (falls Sie Teigtaschen nicht mehr sehen können), denn hier wird nur das Feinste aus der Provence gereicht – Hummercremesuppe, Ente mit Foie gras und Wirsing und ein ausgezeichnetes Käsesortiment. Die Weinkarte ist international, aber der Schwerpunkt liegt auf Bordeaux und Burgund. INFO: Tel. +852/3196-8888; www.fourseasons.com/ hongkong. *Preise:* Dinner € 104.

DA PING HUO – Der Aufstieg der immens beliebten „speakeasies", also der nicht öffentlichen Küchenrestaurants ohne Konzession, die oft in Privathäusern untergebracht sind, trägt zur unglaublichen

Vielfalt der letzten Jahre bei. Eines der besten ist das Da Ping Huo, wo Sie ein 12-gängiges Probiermenü mit den vielen (und scharf gewürzten) Feinheiten der Sichuan-Küche beglückt, zu denen frische Krabben, geschmortes Rindfleisch und eine äußerst delikate Melonensuppe gehören.

Eine entspannte und freundliche Atmosphäre herrscht im intim und zeitgenössisch eingerichteten Restaurant, das mit den Kunstwerken des Besitzers dekoriert ist – der Küchenchef und Mitbesitzer bringt den Besuchern gelegentlich ein Ständchen, besonders aus chinesischen und europäischen Opern. INFO: Tel. +852/2559-1317. *Preise:* Dinner € 30.

LUK-YU-TEEHAUS – Das berühmteste und vermutlich älteste Teehaus Hongkongs wurde 1933 eröffnet und vermittelt mit seinen Deckenventilatoren und Marmortischen den Eindruck einer längst vergangenen, im Art-déco-Stil gehaltenen Gemütlichkeit. Probieren Sie verschiedenste chinesische Teesorten und kantonesische *dim sum*, die Sie auf der kundenfreundlich bebilderten Speisekarte aussuchen. Da das Teehaus zu den wenigen Anbietern gehört, die auch noch am späten Nachmittag (bis 17.30 Uhr) *dim sum* servieren, können Sie den täglichen Andrang bei Frühstück und Mittagessen leicht umgehen. INFO: Tel. +852/2523-5464. *Preise: dim sum* € 26.

TEE UND DINNER IM HOTEL PENINSULA – Es gibt am späten Nachmittag keinen besseren Ort, um die Kolonialvergangenheit Hongkongs zu genießen, als in der exquisiten Lobby des Hotels Peninsula unter einer vergoldeten Kassettendecke. Seit seiner Eröffnung 1928 erinnert es an den Glanz vergangener Macht und ist auch heute noch die erste Wahl zum Nachmittagstee. Alles ist vertreten: international tätige Geschäftsleute, vom Shopping erschöpfte Gäste und *tai tais*, deren gepflegtes Äußeres die Zugehörigkeit zum alten Geldadel Hongkongs beweist.

Zum Tee werden Sandwiches, zartes französisches Gebäck und *scones* mit *clotted cream* angeboten, die auf Etageren präsentiert und Ihnen von Bedienungen in frisch gestärkter Uniform gereicht werden. Soll es ein wenig moderner sein, sind die Felix Bar im obersten Stockwerk und das angeschlossene Restaurant eine gute Idee. Designer Philippe Starck hat eine Inneneinrichtung entworfen, die der Champagner schlürfenden Klientel glanzvolle Momente und Spezialitäten des pazifischen Raums bietet. INFO: Tel. +852/2920-2888 (Hotel); +852/2315-3188 (Felix); www.peninsula.com. *Preise:* Nachmittagstee € 20, Dinner € 60.

RESTAURANT YUNG KEE – Seit über 30 Jahren kocht Küchenchef Ho Tung Fung in dem Restaurant, das sein Großvater 1942 als Imbissstand eröffnete. Mittlerweile ist es aus Hongkong nicht mehr wegzudenken, und wirklich jeder setzt sich hier an den Tisch, von den Ex-Präsidenten Bush sen. und jr. bis Angelina Jolie. Die Speisekarte umfasst viele Seiten, aber das beliebteste Gericht ist und bleibt die gebratene Gans in 5 köstlichen Variationen. Das Restaurant ist auf 4 Stockwerken im eigenen Yung-Kee-Gebäude untergebracht und kann täglich bis zu 2000 Gäste versorgen. 300–500 Gänse werden jeden Tag geliefert, aber Sie müssen Gans nicht mögen, um diesen Besuch zu genießen. INFO: Tel. +852/2522-1624; www.yungkee.com.hk. *Preise:* Dinner € 33.

T A G E S A U S F L U G

MACAU – Als die Halbinsel 1999 an die Volksrepublik zurückgegeben wurde, hatte sie 442 Jahre portugiesischer Herrschaft hinter sich. Auf knapp 29 km^2 treffen Sie auf eine bunte Mischung aus portugiesischer Geschichte, chinesischen Traditionen und Las-Vegas-Kasinos, die nur 1 Stunde mit der Fähre (oder adrenalinfördernde 15 Hubschrauberminuten) von Hongkong entfernt ist. Lassen Sie die portugiesischen Spuren im

A-Ma-Tempel auf sich wirken, der Macau seinen Namen gab und z.T. über 500 Jahre alt ist. Oder besuchen Sie auf Macaus höchster Erhebung die Guia-Festung und ihre Kapelle aus dem 17. Jh. oder die Maurenbaracken, eine Militärkaserne, die ihren Namen ihrem Architekturstil verdankt. Fisherman's Wharf wurde 2004 auf neu gewonnenem Land errichtet und bietet Geschäfte, Restaurants – und natürlich Kasinos (24 Stunden geöffnet), darunter Sands Macao, Wynn Macao und Venetian Macao. Und dann sollten Sie noch im rosafarbenen 1870 Clube Militar de Macau zu Abend essen, dem früheren Offizierskasino der portugiesischen Armee, wo Sie portugiesische und die Kost Macaus in kolonialer Atmosphäre zu sich nehmen. **Wo:** 64 km südwestl. von Hongkong. **Info:** www.macautourism.gov.mo. **Clube Militar:** Tel. +853/2871-4009; www.clubemilitardemacau.net. *Preise:* Dinner € 20.

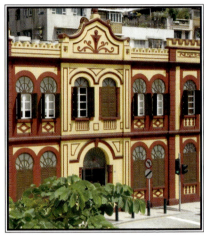

Neoklassische Gebäude umranden Macaus gepflasterte Fußgängerzone am Largo de Senado, der seit der Kolonialzeit das Herz der Stadt ist.

Der Jangtse: Eine natürliche Kunstgalerie

Die 3 grossen Jangtse-Schluchten

Hubei und Chongqing, China

Der mächtige Jangtse fließt durch das geografische und kulturelle Herz Chinas; sein berühmtester Abschnitt an den liegt 3 großen Schluchten. Diese sind wohlbekannt, denn zahllose chinesische Dichter und Maler haben ihre Geschichte und zahlreiche Mythen über sie für die Nachwelt festgehalten.

Die 3 Schluchten – Qutang, Wu und Xiling – ziehen sich auf etwa 185 km des gut 6400 km langen Flusses hin, des drittlängsten der Welt. Flussfahrten sind beliebt; Ausflüge von Shanghai nach Chongqing dauern bei gemütlichem Tempo 1 Woche oder länger, während sich die kürzeren Fahrten auf die 3 Schluchten konzentrieren. In Wushan heißt es dann beim Besuch der 3 kleinen Schluchten auf kleinere Schiffe umsteigen, denn der Daning-Fluss strömt durch noch engere Schluchten und spektakulärere Szenerien. Den Umweg ist er definitiv wert.

Die 3 Schluchten gerieten 1995 in die Schlagzeilen, als mit dem Bau des größten Staudamms der Welt begonnen wurde und mehr als 1 Mio. Menschen umsiedeln musste. Nach seiner Fertigstellung 2009 verschwanden die senkrechten Felswände sowie Dutzende kulturell bedeutsamer Orte und alter Tempel unter den Fluten, ganz abgesehen von Hunderten Dörfern und Städten. Die schiere Größe und die Schönheit der Schluchten sind immer noch beeindruckend, aber ihre Gipfel nicht mehr so hoch wie früher, und die engen Schluchten haben sich verbreitert. Ein Besuch des riesigen Wasserkraftwerks erweist sich oft als unerwarteter Höhepunkt der Flussfahrt.

Alle Kabinen und Suiten der *Viking Emerald*, des neuen Schiffs der Viking River Cruises, haben Balkone und bieten 256 Passagieren Platz. Die *Yangzi Explorer* von Abercrombie & Kent kann nur 124 Passagieren aufnehmen, bietet ihren Passagieren aber ebenso Balkone und eine Inneneinrichtung mit schlichten, aber umso eleganteren kaiserlichen Stilelementen. **Wo:** Chongqing, 1440 km westl. von Shanghai, ist Ausgangspunkt oder Ende der Flusskreuzfahrten entlang dem malerischsten Jangtse-Abschnitt. I.d.R. beginnen Sie Ihre Reise in Peking und enden in Shanghai (oder umgekehrt). **Viking River Cruises:** Die 12-tägige Tour „Kaiserschätze Chinas" beinhaltet eine 6-tägige Flusskreuzfahrt. Tel. 0800/1887-10033; www.viking-flusskreuzfahrten.de. *Preise:* ab € 1353 (Nebensaison), ab € 1573 (Hochsaison). **Abercrombie & Kent:** Die 12-tägige Tour „Highlights of China" beinhaltet eine 3- oder 4-tägige Flusskreuzfahrt. www.abercrombiekent.com. *Preise:* ab € 3978 (Nebensaison), ab € 4293 (Hochsaison). **Wann:** Beide Firmen fahren Apr.–Okt. **Reisezeit:** Apr.–Mai und Sept.–Okt.: warmes Wetter und fast durchgehend blauer Himmel.

Landschaftskunst der besonderen Art

Die Gärten in Suzhou

Suzhou, Jiangsu, China

Ein altes chinesisches Sprichwort besagt: „Im Himmel erwartet uns das Paradies; auf Erden Suzhou." Das Venedig des Ostens wurde vor 2500 Jahren gegründet; seine Seen und Kanälen sind von bilderbuchhafter Schönheit.

Marco Polo fand lobende Worte, als er über das weit entfernte Cathay schrieb, wie er China nannte. Heute ist es ein lebendiges urbanes Zentrum mit über 100 Gärten, genauso vielen Seidenfabriken und lebendigem Geschäftsviertel.

Suzhous historische Landschaftsgärten verkörpern die Essenz chinesischer Gartenkunst, denn jeder einzelne Stein, jede Pflanze und Steinlaterne, jeder Weg und Teich ist sorgfältig angeordnet, sodass sich dem Besucher mit jedem Schritt eine neue Szenerie entfaltet. Der Garten des bescheidenen Beamten ist der größte und wurde zu Beginn des 16. Jh. angelegt. Die anmutig geschwungenen Brückenbögen und Trittsteinpfade geleiten Sie in eine Landschaft, in deren Mitte Sie den Eindruck haben, der gesamte Garten schwebe wie auf Wasser. Besuchen Sie auch den kleinsten städtischen Garten, den des Meisters der Netze, der 1140 angelegt wurde und als der perfekteste Suzhous gilt.

Liuyuan, der Garten des Verweilens, wurde 1593 angelegt und zählt zu Chinas 4 bedeutsamsten Gärten.

Wer den Garten des bescheidenen Beamten verlässt und seine Schritte nach Süden lenkt, erreicht das Suzhou-Museum, das 2006 eröffnete. I. M. Pei, dessen Familie aus Suzhou kommt, entwarf das Gebäude und verfolgte dabei konsequent seinen Ansatz, altes und neues China harmonisch mit westlichen Einflüssen zu verbinden. Seine weiß getünchten Mauern und dunkelgrauen Dachziegel erinnern an die Baukunst der Vergangenheit; in den Räumen werden über 30.000 Artefakte aus 3 Dynastien ausgestellt

Wo: 84 km nordwestl. von Shanghai. **Der Garten des bescheidenen Beamten:** Tel. +86/512-6751-0286; www.szzzy.cn. **Der Garten des Meisters der Netze:** Tel. +86/512-6529-3190; www.szwsy.com. **Suzhou-Museum:** Tel. +86/512-6757-5666; www.szmuseum.com. **Unterkunft:** Im neuen Bezirk im Westen der Stadt befindet sich in einem Wolkenkratzer das Hotel Shangri-La mit wunderschönem Ausblick. Tel. +86/512-6808-0168; www.shangri-la.com. *Preise:* €77 (Nebensaison), €300 (Hochsaison). **Reisezeit:** Apr. und Sept.–Okt. für die Gärten; Sept.: berühmter Krabbenfang in Suzhou.

„Die Stadt war größer, lauter, schriller, wohlhabender – sie faszinierte mich …"
– Paul Theroux, Das chinesische Abenteuer

Peking

China

Chinas politische und kulturelle Hauptstadt Peking ist seit einem halben Jahrtausend das Zentrum kaiserlicher und kommunistischer Macht. Ihre 15 Mio. Einwohner durchleben mit ihr massive Veränderungen. Ihre historischen Sehenswürdigkeiten sind weltberühmt, die letzten *hutongs* (Altstadtgassen) werden nun sorgfältig instand gehalten. Doch Peking besteht auch aus futuristischen Gebäuden, architektonischen Experimenten und einem auffallenden Optimismus. Die Stadt schaut nach vorn, und das in einem atemberaubenden Tempo – wenn nicht gerade mal wieder Stau ist.

Die einschüchternde Größe der Verbotenen Stadt lässt sich von den jährlich 7 Mio. Besuchern nicht beeindrucken.

Hauptattraktionen

Die Verbotene Stadt – Ein Besuch war dem gemeinen Bürger 500 Jahre lang verwehrt. 24 Herrscher hielten im Kaiserlichen Palast Hof, und das seit dem 15. Jh. (Ming-Dynastie) bis zum Sturz der Qing-Dynastie 1911. Heute ist er auch als Palastmuseum bekannt. Die angesammelten Schätze und prunkvolle Ausstattung sind Bränden und Plünderern zum Opfer gefallen. Dennoch ist dieses gigantische Bauwerk aus Hallen, Pavillons und Höfen eine Meisterleistung architektonischer Harmonie – gewaltig, aber nie erdrückend. Lauschen Sie einer Audioführung, die die Eunuchen, Konkubinen, Minister, Priester, Hofintrigen und ausschweifenden Exzesse zum Leben erweckt.

Wenn der Kaiser und seine Diener die 10,50 m hohen Mauern und mächtigen Torbauten im Laufe ihres Daseins nie verließen, war das keine Überraschung – die Vorstellung, dass sie das Zentrum des Universums darstellten, lässt sich selbst heute noch gut nachvollziehen. **Info:** www.dpm.org.cn.

DIE HUTONGS VON PEKING – Die Hauptstadt scheint oft nur aus Staus, Fast Food und moderner Architektur zu bestehen, aber sie hat auch andere Seiten. Wer sich durch die verschlungenen *hutongs* (Altstadtgassen) quetschen will, muss schmal gebaut sein. Der Bauboom hat viele *hutongs* verschwinden lassen; heute werden die restlichen umso sorgfältiger gepflegt. Hier fühlt man sich in das kaiserliche Peking zurückversetzt – die einzigen Geräusche stammen von Fahrradklingeln und gackernden Hühnern, die sich in den Hofhäusern tummeln. Besonders sehenswert ist die Residenz des Prinzen Gong an den 3 Hinteren Seen, die 1777 durch einen Günstling am Hofe Kaiser Qianlongs erbaut wurde. Vergessen Sie dort die Zeit – oder speisen Sie am Seeufer und besuchen anschließend einige der kleinen, aber munteren Bars in den verworrenen Gassen.

SOMMERPALAST – Weit entfernt von hektischer Betriebsamkeit liegt Chinas größter alter Garten. Auf fast 300 ha Fläche erstreckt sich an den Ufern des Kunming-Sees am Stadtrand der Sommerpalast, wo sich die kaiserlichen Familien seit der Qing-Dynastie (ab 1749) vergnügten. Sein berühmtester Bewohner war die Kaiserinwitwe Cixi, die einen Teil des Marine-Etats abzweigte, um ihr zukünftiges Zuhause zu finanzieren. Die mehr als 2000 bezaubernd gestalteten Gärten, Tempel und Pavillons erhielten ihr heutiges betörendes Antlitz erst 1902. Für die Höhepunkte benötigen Sie einen halben Tag: den über 728 m Langen Wandelgang, dessen Balken, Pfeiler und Wände vollständig bemalt sind; die 17-Bogen-Brücke, mit einer Spannweite von 147 m die längste Brücke aller kaiserlichen Gärten; und die Halle des Altwerdens durch Güte, wo die Kaiserin Hof hielt. **Wo:** 11 km nordwestl. der Innenstadt.

HIMMELSTEMPEL – Der Yongle-Kaiser ließ ihn zeitgleich mit der Verbotenen Stadt errichten; beide Bauwerke wurden nach 14 Jahren vollendet. Dieses Beispiel für die Architektur der Ming-Dynastie erlebte zahlreiche Restaurierungen: Die hölzerne Halle des Erntegebets wurde wiederhergestellt, nachdem sie 1889 durch einen Brand schwer beschädigt worden war, und das ohne einen einzigen Nagel – als exakte Kopie des Originals. In den frühen Morgenstunden suchen viele Pekinger die große Parkanlage um den Himmelstempel (Tian Tan) auf, um traditionellen Beschäftigungen wie Tai-Chi, Schwertkampfkunst und Amateuraufführungen der Peking-Oper nachzugehen. **Info:** Tel. +86/10-6702-8866; www.tiantanpark.com.

LAMATEMPEL – Besucher übersehen diesen 300 Jahre alten Tempel (offiziell als Yonghe-Tempel bekannt) im Nordosten Pekings oft. Kaiser Yongzhengs früheres Zuhause wurde ein buddhistisches Kloster, das während der Qing-Dynastie durch die kaiserliche Familie gefördert wurde. Es befindet sich in hervorragendem Zustand, was es leicht macht, den Einfluss tibetischer Baustile zu erkennen. Die 5 Hallen und Innenhöfe strotzen nur so vor verziertem Mauerwerk, roten und goldenen Dachgesimsen und buddhistischer Kunst. Stelen mit zauberhafter Kalligrafie stehen neben lächelnden Löwen

Das Nationalstadion wurde für die Olympischen Sommerspiele 2008 errichtet und ist die größte Stahlkonstruktion der Welt.

vor roten Wänden. Es herrscht reges Treiben, das die Gebetsmühlen in Bewegung hält, und bei einem Besuch des 18 m hohen Buddhas, der aus einem einzelnen Sandelholzbaum geschnitzt wurde, atmen Sie den Duft von Weihrauch. INFO: Tel. +86/10-6404-4499.

OLYMPIAPARK – Ein Spaziergang durch den Olympiapark, wo die Sommerspiele 2008 stattgefunden haben, zeigt Ihnen eindrucksvoll, wie sich das moderne Peking präsentiert: groß, prahlerisch, ausufernd. Der Park wird von der hochmodernen Ling-Long-Pagode überragt. Das spektakuläre Nationalstadion hat den Spitznamen „Vogelnest", wohingegen das Nationale Schwimmzentrum aufgrund seiner avantgardistischen, durchsichtigen Fassade als „Wasser-Würfel" bekannt geworden ist. Es wurde 2012 als Wasserpark wiedereröffnet, in dem Kinder und jung gebliebene Erwachsene Rutschen und Wellenbäder unsicher machen. INFO: Tel. +86/10-8836-2233; http://en.beijing2008.cn/venues.

KUNSTBEZIRK DASHANZI/BEZIRK 798 – Die innovative Seite Pekings erleben Sie nach einer Fahrt Richtung Nordosten bei einem Besuch des Kunstbezirks Dashanzi. In den 1950er-Jahren wurde dort im Bauhausstil der Fabrikverbund 718 errichtet, der sich in den letzten Jahren zu einer trendigen Enklave aus Ausstellungsräumen, Galerien, Designfirmen und Vorführräumen entwickelt hat. Wechselausstellungen und Modenschauen sind hier an der Tagesordnung. Dutzende Clubs und Bars haben dem Bezirk einen weiteren Spitznamen eingebracht: das SoHo von Peking. INFO: Tel. +86/10-6438-4862; www.798space.com.

ÜBERNACHTEN

AMAN AT SUMMER PALACE – Ein geheimer Zugang zum Sommerpalast (s. vorige S.) erwartet den Besucher des Aman. Es ist in aufwendig restaurierten Pavillons der Qing- und Ming-Dynastie untergebracht; seine 51 Zimmer sind schlicht und elegant eingerichtet. Im Labyrinth unzähliger Innenhöfe befindet sich auch das hervorragende Restaurant Naoki, dessen Starkoch Okumara japanische *kaiseki*-Feinheiten mit französischen Einflüssen vermischt. Möchten Sie sich in Künsten wie Kalligrafie und *jianzhi* (Scherenschnitt) versuchen, bietet Ihnen das Aman Unterricht mit echten Meistern. Auch ein Besuch von Künstlerstudios oder der chinesischen Tanzakademie ist möglich. Oder Sie sehen sich im Hotelkino *Der letzte Kaiser* an. INFO: Tel. +86/10-5987-9999; www.amanresorts.com. *Preise:* ab € 407 (Nebensaison), ab € 481 (Hochsaison); 10-gängiges Dinner im Naoki € 110.

HOTEL G – Das Hollywood der 1960er stand Pate für das Design dieses ungewöhnlichen Hotels im quirligen Stadtteil Sanlitun, das westliche Baukunst gekonnt mit chinesischen Akzenten verbindet. Die 3 Zimmerstandards sind elegant im Loftstil gehalten und subtil dekoriert. Die im Hotel ausgestellten Kunstwerke stammen aus dem Kunstbezirk Dashanzi und versprühen einen Hauch Avantgarde. Für alle, die Pekings glamouröse Seite kennenlernen wollen. INFO: Tel. +86/10-6552-3600; www.hotel-g.com. *Preise:* „Comfort" ab € 122, „Suite" ab € 189.

THE OPPOSITE HOUSE – Der berühmte japanische Architekt Kengo Kuma entwarf dieses 99-Zimmer-Hotel im minimalistischen Stil. Das pralle Nachtleben in Sanlitun lässt sich durch die raumhohen Fenster bestens betrachten; die hell und luxuriös eingerichteten Räume erinnern an Zen-buddhistische Schlichtheit. Zum Service gehören geführte Spaziergänge durch Pekings *hutongs*, ein Flughafen-Shuttleservice mit Maseratis und eine Galerie, in der zeitgenössische chinesische Kunst ausgestellt ist. Relaxen Sie anschließend im 22-m-Pool. Das Restaurant Bei bietet panasiatische Küche in eleganter Einrichtung. INFO: Tel. +86/10-6417-6688; www.theoppositehouse.com. *Preise:* ab € 185; Dinner im Bei € 26.

PARK HYATT PEKING – Prestige ist das Stichwort für das Pekinger Yintai Center, in dem sich das Park Hyatt befindet. Von der Lobby im 63. Stock sieht man hinab auf den Wolkenkratzer des chinesischen Staatsfernsehens, das World Trade Center und die Verbotene Stadt. Im 66. Stock genießen Besucher des China Grill (und im 60. im Fitnesscenter) ähnliche Aussichten. Die Zimmer sind geräumig, die Einrichtung der Badezimmer in Glas und Leichtholz gehalten, und die angenehme Beleuchtung wirkt wohltuend. INFO: Tel. +86/10-8567-1234; www.beijing.park.hyatt.com. *Preise:* ab € 185; Dinner im China Grill € 66.

RED CAPITAL RESIDENCE – Dieses Boutique-Hotels ist eine Erlebnisreise in maoistisch geprägte Tage in den Räumen eines alten *hutong*. An der rot lackierten Eingangstür erwarten Sie Mitarbeiter in Rotgardistenuniform und vermitteln Ihnen einen Eindruck des revolutionären Optimismus, den Sie dank kommunistischen Kitschs und Mao-Sammlerstücken in Reinform erleben können (eine Stadtrundfahrt in der Limousine von Maos Ehefrau gehört dazu). 5 Zimmer umgeben einen kleinen Innenhof. INFO: Tel. +86/10-8403-5308; www. redcapitalclub.com.cn. *Preise:* ab € 100.

SOFITEL WANDA PEKING – Im Sofitel vereinen sich Tang-Dynastie und moderne französische Ausstattung bereits in der Lobby, und die Zimmer haben prachtvoll eingerichtete Bäder und Hightechannehmlichkeiten. Im Restaurant Le Pré Lenôtre genießen Sie nicht nur die beste französische Küche, Sie haben auch das Gefühl, in Versailles zu dinieren. Mit der M-Bar verfügt das Hotel über das vermutlich beste urbane Angebot, einschließlich Samtsofas im Retroschick und funkelnder Kristallvorhänge. INFO: Tel. +86/10-8599-6666; www.sofitel.com. *Preise:* ab € 120; 7-gängiges Probiermenü im Le Pré Lenôtre € 100.

Auf den Nachtmärkten könnten Sie frittierte Insekten und Grillspieße probieren.

ESSEN & TRINKEN

BLU LOBSTER – Der irischstämmige Küchenchef Brian McKenna versteht es, asiatische und europäische Aromen dank seines perfekten Einsatzes der Molekularküche zu einer faszinierenden Mischung zu verbinden. Seine Foie gras und die Hummergerichte sind kulinarische Abenteuer (die Hummercremesuppe gilt als Spezialität), aber auch der Nachtisch kommt nicht zu kurz – wer möchte nicht gern eine Torte aus dunkler Schokolade mit Koriander und Haselnuss probieren? Das Aushängeschild des Hotels Shangri-La überzeugt mit einer zeitgenössisch-stilvollen Einrichtung und einer hervorragenden Auswahl an Bordeaux-Weinen. INFO: Tel. +86/10-6841-2211; www. shangri-la.com. *Preise:* Probiermenü € 74.

DA DONG KAOYA – Peking ist berühmt für seine Ente, und in der entsprechend großen Auswahl an Restaurants eine gute Wahl zu treffen scheint unmöglich. Doch Kenner sind sich einig, dass das elegante Da Dong zu empfehlen ist. Haben Sie eine Pekingente bereits woanders probiert, wird Ihnen die Herangehensweise des Da Dong zusagen, ihr Geflügel mit wenig Fett, aber dafür umso mehr Geschmack zu züchten. Die ausländerfreundliche Speisekarte (mit Fotos) bietet auch jenseits der Ente eine reiche Auswahl, aber bestellen Sie auf jeden Fall eine halbe und lassen sich Gewürze und Fleisch von der Bedienung erklären. Auch die zum Essen gereichte Entensuppe ist köstlich. INFO: Tel. +86/10-6582-2892. *Preise:* € 20.

DALI COURTYARD – Dieses bezaubernde Restaurant ist nicht weit von der Nanluoguxiang entfernt, einer gut erhaltenen Gasse nahe den 3 Hinteren Seen. Im Innenhof eines *hutong* genießen Sie die Sommerbrise und ruhige

Jazzmusik. Lernen Sie die vietnamesischen Einflüsse auf die Küche des südwestlichen Chinas kennen: Typische Gerichte sind Fisch mit scharfer Paprika, Klöße, Gemüse, Papayasalate und kurz gebratenes Hühnchen. INFO: Tel. +86/10-8404-1430. *Preise:* Dinner € 33.

RESTAURANT DER FAMILIE LI – Lediglich ein Dutzend Gäste können hier speisen. 6 Familienmitglieder kochen rund um die Uhr kaiserliche Rezepte der Qing-Dynastie nach, die sie von einem Vorfahren erhalten haben, der am kaiserlichen Hof arbeitete. Es gibt 3 festgelegte Menüabfolgen geschickt gewürzter Leckereien. Jede Einzelne ist eine Offenbarung. INFO: Tel. +86/10-6618-0107. *Preise:* Dinner € 48.

RESTAURANT FANGSHAN – Seit 1925 erhält dieses angesehene Restaurant die Küche der Qing-Dynastie am Leben, mit Lieblingsrezepten aus dem 19. Jh. Die Mitarbeiter tragen zeitgenössische Kleidung, die an ein Theater erinnernde Inneneinrichtung zeigt, wie ein Mahl mit der letzten Kaiserinwitwe hätte aussehen können – die übrigens 128 Köche beschäftigte. Die Festessen beinhalten Haifischflosse oder Vogelnestsuppe. Es gibt für das Fangshan keinen passenderen Ort als den alten Pavillon auf einer Insel im Beihai-See. INFO: Tel. +86/10-6401-1879; www.fangshanfanzhuang.com.cn. *Preise:* Dinner € 33.

GARKÜCHEN – Hias Gourmet bietet Touren über die Nachtmärkte Wangfujing oder Donghuamen an, die Schnupperpausen mit verschiedenen Leckerbissen beinhalten, sowie eine Teesafari in der dafür berühmten Maliandao-Straße. Oder Sie suchen die Black Sesame Kitchen des Autors Jen Lin-Liu auf, bei dem Sie die Grundlagen chinesischer Kochkunst in den Küchen örtlicher *hutongs* lernen, aber natürlich auch Dinner genießen können – mit Wein und 10 Gängen. HIAS GOURMET: Tel. +86/10-6400-9199; www.hiasgourmet.com. *Preise:* 2-stündige Tour € 40. BLACK SESAME KITCHEN: Tel. +86/1369-147-4408; www.blacksesamekitchen.com. *Preise:* Gemeinschaftsdinner oder Kochkurse je € 30.

TAGESAUSFLÜGE

DIE CHINESISCHE MAUER – ist in der ganzen Welt bekannt und ein Symbol nationaler Stärke. Sie wurde im Lauf von 2000 Jahren erbaut und sollte das Land vor Plünderungen durch Reitervölker schützen. Nach der Reichsgründung 221 v. Chr. erreichte sie eine Länge von etwa 6000 km. Mehr als 1 Mio. Arbeiter waren am Bau beteiligt. Auf der Mauerkrone konnten 10 Soldaten (oder 5 Pferde) nebeneinander marschieren, und 10.000 Wachtürme sicherten den Verteidigungswall. Nur ein Drittel der Befestigungen sind noch erhalten, und die restaurierten Aussichtspunkte in der Nähe Pekings platzen meist aus allen Nähten. Ein Besuch des Bauwerks weiß aber immer zu beeindrucken, denn wie es sich an die Berggrate und Täler schmiegt, erinnert es an den gepanzerten Rücken eines kaiserlichen Drachen. Wer weniger Hektik sucht, sollte sich den Abschnitt bei Mutianyu oder besser noch Simatai ansehen, wo Sie nach einer halbstündigen Wanderung mit Kiefern und kreischenden Falken allein sind. Planen Sie auch ein, die neue *Commune* am Shuiguan-Abschnitt aufzusuchen, eine Kombination preisgekrönter zeitgenössischer Villen als Hotelkomplex, der von berühmten Architekten mit direktem Zugang zur Mauer errichtet wurde. **Wo:** Der etwa 1,6 km lange Abschnitt in Badaling liegt 80 km nordwestl. der Pekinger Innenstadt. Mutianyu und Simatai liegen 91 km bzw. 111 km nordöstl. THE COMMUNE BY THE GREAT WALL: Tel. +86/10-8118-1888; www.commune.com.cn. *Preise:* ab € 215.

Die Chinesische Mauer besteht aus Ziegeln, Stein, Holz, gestampfter Erde und Fliesen.

Was ist schwarz und weiß und wird von allen geliebt?

AUF DEN SPUREN DES GROSSEN PANDAS

Foping, Shaanxi, China

Aktuelle Schätzungen gehen davon aus, dass es nur noch 1600 Große Pandas gibt, und obwohl in den letzten Jahren zahlreiche Schutzreservate entstanden, ist ihre Zukunft mehr als fraglich, denn bis heute bedroht Wilderei ihre Existenz. In Shaanxi befindet sich im zerklüfteten Qin-Ling-Gebirgszug das Foping-Naturschutzgebiet. Die Wälder sind reich an Pflanzen- und Tierarten und der einzige Ort, an dem man die Großen Pandas in freier Wildbahn beobachten kann.

Hier finden die Pandas einen großen Vorrat ihrer Lieblingskost: Zuckerrohr und Bambus. Einheimische Fährtenleser geleiten kleine Gruppen begeisterter Tierfreunde durch die Wildnis. Im Sommer klettern die Pandas in große Höhen, was eine Beobachtung erschwert, aber im frühen Winter steigen sie wieder herab, und erste Schneefälle sorgen dafür, dass ihre Spuren leichter zu finden sind.

Der Große Panda gehört zu den chinesischen Nationalheiligtümern. Bei seiner Geburt ist er ganz klein und wiegt nur um die 100 g. Er erreicht schließlich eine Größe von etwa 1,50 m und kann über 150 kg wiegen. Es gibt in Foping keine Garantien, aber wenn Sie dort mehrere Tage verbringen, ist es wahrscheinlich, dass Sie zumindest einen zu Gesicht bekommen. Auch wenn die meisten wegen der Pandas hierherkommen, gibt es noch weitere 37 Säugetierarten zu besichtigen, einschließlich des seltenen Nebelparders, des Tibetischen Braunbärs, des Goldstumpfnase und des Steinadlers, dazu den Nipponibis.

In der Sanguanmiao-Forschungsstation übernachten Sie in einfachen, aber gemütlichen Unterkünften. Das Duschwasser wird mit Solarenergie erwärmt.

Wo: 158 km nördl. von Hanzhong, 210 km südwestl. von Xi'an. **Wie:** Das auf Ökotourismus spezialisierte amerikanische Unternehmen Terra Incognita Ecotours nimmt Sie bei einer 12-tägigen Reise 4 Tage lang mit erfahrenen Führern auf Pandasuche. www.ecotours.com. *Preise:* ab € 4444, all-inclusive. Startet in Xi'an, endet in Peking. *Wann:* Mai.

Die stummen Wächter glorreicher Vergangenheit

XI'AN UND DIE TERRAKOTTAARMEE

Shaanxi, China

11 Dynastien fanden hinter den schützenden Mauern Xi'ans ihr Zuhause, auch die Qin-Dynastie, die als Erste den Osten Chinas unter einer Krone vereinte (angeführt vom mächtigen Kaiser Qin Shihuangdi, der 210 v. Chr.

verstarb). Die lebensgroßen Wachen der Terrakottaarmee in seinem Grabmal gelten als bedeutsamste archäologische Entdeckung des 20. Jh. Ein Bauer fand sie 1974 zufällig, als er einen Brunnen graben wollte. Heute schützt sie eine Halle an Ort und Stelle, in der auch das Museum untergebracht ist. Grabungsarbeiten haben seit der Entdeckung 3 Gruben zutage gebracht: Grube 1 enthält mehr als 6000 Soldaten und Pferde, die 38 Reihen tief und in 5 m Breite in Formation marschieren; Grube 2 enthält 1000 Soldaten und 500 Pferde; der Höhepunkt in Grube 3 ist ein mächtiger Streitwagen. Gesichtszüge und Haare sind bei jedem Soldaten individuell gestaltet; einige tragen die Waffen ihrer Zeit.

Xi'an war das östliche Ende der legendären Seidenstraße; von hier zogen seit dem 2. Jh. v. Chr. Karawanen gen Westen. Der daraus resultierende Austausch von Waren, Philosophien, Religionen und Technologien veränderte jede der Kulturen auf ihrem Weg, bis nach Europa. Gönnen Sie sich mindestens einen Nachmittag in einem der größten und aufschlussreichsten Museen des Landes, dem der Provinz Shaanxi, und suchen Sie danach mit der Großen Moschee das älteste islamische Gotteshaus Chinas auf. Es stammt aus dem 8. Jh. und verbindet auf faszinierende Weise Elemente der Ming-Dynastie mit islamischer Architektur. Die Moschee ist nur 2 Straßen von Xi'ans Glockenturm entfernt, von dessen Balkon im 2. Stock Sie die gesamte Stadt überblicken können.

Genießen Sie auf jeden Fall ein Dinner im Restaurant Defachang, das seit über 70 Jahren kulinarische Wunder mit gefüllten Teigtaschen vollbringt. Wer gern Seite an Seite mit den Einheimischen speist, kann im Erdgeschoss die Teigtaschen *à la carte* auswählen; eine Etage höher wird Ihnen in gediegener Umgebung eine feste Menüfolge kunstvoll arrangierter Köstlichkeiten geboten. Wenn Sie am Abend noch nichts vorhaben, ist das Tang Dynasty Theater & Restaurant Ihre erste Wahl, denn die Aufführungen mit Musik und Tanz werden Sie begeistern (auch wenn sie, zugegebenermaßen, auf Touristen zugeschnitten sind – der Begleitkommentar ist auf Englisch).

Wo: 914 km südwestl. von Peking. **Museum der Terrakottaarmee:** Tel. +86/29-8139-9170; bj.bmy.com.cn. **Museum der Provinz Shaanxi:** Tel. +86/29-8525-4727; www.sxhm.com. **Restaurant Defachang:** Tel. +86/29-8721-4060. *Preise:* Teigtaschenmenü € 15. **Tang Dynasty Theater & Restaurant:** Tel. +86/29-8782-2222; www.xiantangdynasty.com. *Preise:* € 22. **Unterkunft:** Das Shangri-La am Rand der Altstadt (nicht zu verwechseln mit dem 2. Shangri-La namens „Golden Flower") ist das beste Hotel der Stadt. Tel. +86/29-8875-8888; www.shangri-la.com. *Preise:* ab € 126. **Reisezeit:** Apr.–Mai und Sept.–Nov.: bestes Wetter; Sept.: 1-wöchiges Xi'an-Festival alter Kultur und Kunst.

Die spektakuläre Vereinigung von Vergangenheit und Zukunft

Der Bund

Shanghai, China

Wer Chinas Wirtschafts-, Finanz- und Handelszentrum besucht, wird auf jeden Fall auf der Uferpromenade flanieren, die die Einheimischen Waitan und alle anderen den Bund nennen. Vom westlichen Ufer des Huangpu-Flusses lässt sich die außergewöhnliche Mischung von altem und neuem Shanghai am besten betrachten. Am Uferweg reihen sich architektonische Juwelen der Kolonialzeit anei-

Die futuristische Skyline Pudongs vom Bund aus gesehen, an einem ruhigen Morgen.

nander, die vor allem in den erfolgreichen 1920er- und 30er-Jahren erbaut wurden.

Sie können auch Fähren als entspanntere Alternative nutzen. Auf der einen Seite liegt das alte Shanghai, auf der anderen die futuristischen Wolkenkratzer des Stadtteils Pudong. Das Pudong Shangri-La war eines der ersten Gebäude der modernen Skyline und hält auch heute noch gegen den beachtlichen Luxus des Park Hyatt Shanghai stand. Das Park Hyatt hat die Stockwerke 78–92 im World Financial Center bezogen und gehört damit zu den höchsten Hotels der Welt – mit Aussichtsplattform im 99. Stock. Die urbane Szenerie, die von der berühmten Silhouette des Oriental Pearl TV Tower dominiert wird, bietet des Nachts einen spektakulären Anblick.

Bei Sonnenaufgang wird es hektisch am Bund, denn die Einheimischen üben sich in Aerobic und Tai-Chi. Viele der historischen Gebäude wurden zu neuem Leben erweckt: Das schicke Einkaufscenter Three on the Bund nutzt die Räume des eleganten 7-stöckigen Gebäudes, das die Union Assurance Company 1916 errichten ließ; das bahnbrechende Restaurant m on the Bund ist in der obersten Etage des Nissin Shipping Building von 1921 untergebracht. Das Old Peace Hotel wurde nach aufwendiger Renovierung 2010 als Fairmont Peace Hotel wiedereröffnet. Dabei wurden seine ursprüngliche Atmosphäre und die der weltberühmten Jazz Bar, einer Shanghaier Institution seit 1929, so gut wie möglich bewahrt. Das einzig neue Gebäude in den letzten 60 Jahren ist das im Art-déco-Stil gehaltene Peninsula Shanghai. Genau wie bei seinem Schwesterhotel in Hongkong (s. S. 517) ist der Nachmittagstee eine außergewöhnliche Angelegenheit; selbst wenn Sie woanders untergebracht sind, sollten Sie auf eine Tasse vorbeischauen.

Pudong Shangri-La: Tel. +86/21-6882-8888; www.shangri-la.com. *Preise:* ab € 260. **Park Hyatt:** Tel. +86/21-6888-1234; www.shanghai.park.hyatt.com. *Preise:* ab € 370 (Nebensaison), ab € 452 (Hochsaison). **Three on the Bund:** Tel. +86/21-6323-3355; www.threeonthebund.com. **m on the Bund:** Tel. +86/21-6350-9988; www.m-restaurantgroup.com. *Preise:* Dinner € 45. **Fairmont Peace:** Tel. +86/21-6321-6888; www.fairmont.com. *Preise:* ab € 196 (Nebensaison), ab € 270 (Hochsaison). **Peninsula Shanghai:** Tel. +86/21-2327-2888; www.peninsula.com/shanghai. *Preise:* ab € 237 (Nebensaison), ab € 393 (Hochsaison). **Reisezeit:** Apr. und Sept.–Nov. bestes Wetter.

Einzigartige Ausstellung chinesischer Vergangenheit

Das Shanghai Museum

Shanghai, China

Das aufsehenerregende Shanghai Museum wurde von Xing Tonghe entworfen. Sein Ziel war es, ein 3-beiniges Kochgefäß der westlichen Zhou-Dynastie (1100–770 v. Chr). nachzuahmen, das zu den Artefakten des Museums gehört. Der hochmoderne und besucherfreundliche Ausstellungsort hat in seiner Mitte einen ovalen Lichthof, der das Gebäude auf angenehme Weise erhellt. Es hat insge-

OSTASIEN

samt 11 Abteilungen und 3 Bereiche für Sonderausstellungen.

Die Sammlung umfasst mehr als 120.000 Gegenstände, die 5000 Jahre chinesischer Geschichte repräsentieren, vom Neolithikum über die Ming- (1368–1644) und Qing-Dynastien (1644–1911) bis zur Neuzeit. Die Sortierung folgt dabei einem thematischen Ansatz. So gibt es Abteilungen für Bronzen, Keramik, Kalligrafie, Jade, Münzen, Möbel und andere Kunstgattungen. Uralte Rollbilder, Himmelbetten aus der Qing-Dynastie, Kalligrafien, die Kaiser vor 1000 Jahren zu Blatt brachten, kaiserliche Siegel, Tiergestalten aus Bronze und Porzellanfiguren aus der Tang-Dynastie gehören zu den musealen Höhepunkten. Handwerk, Trachten und Schmuck der ethnischen Minderheiten Chinas sind ebenso zu sehen. Wenn Sie nur wenig Zeit haben, sollten Sie die Abteilungen für Bronzen und Steinskulpturen aufsuchen, denn ihre Exponate sind die mit Abstand beeindruckendsten. Verpassen Sie auf keinen Fall den Museumsshop, denn seine hochqualitativen Reproduktionen von Antiquitäten und Keramiken sind den Besuch wert. Kein anderes chinesisches Museum verfügt über ein solches Angebot. **Info:** Tel. +86/21-6372-3500; www.shanghaimuseum.net.

Der Weg zur Erleuchtung hat viele Stufen

DER BERG KAILASH

Tibet, China

Der Kailash („Kristall" in Sanskrit; Kangrinboqe auf Tibetisch) zählt mit gut 6700 m Höhe zwar nicht zu den höchsten, aber zu den schönsten und außerdem heiligsten Bergen Asiens: Hindus verehren ihn als Sitz Shivas, und für Jainisten, Buddhisten und uransässige Tibeter, die der Bön-Religion folgen, ist er der heilige Berg schlechthin. Die Gläubigen dieser 4 Religionen assoziieren mit ihm ewige Glückseligkeit und spirituelle Kraft. Seit über 1000 Jahren suchen ihn Pilger auf, um eine etwa 53 km lange Bergumrundung, *kora*, zu vollziehen. Hindus und Buddhisten wandern im, Jainisten und Bön-Anhänger gegen den Uhrzeigersinn. Einige werfen sich auf ihrem Weg immer wieder zu Boden. Bei den Buddhisten heißt es, dass eine Umrundung die Sünden eines Lebens auslöscht und 108 Runden den Zugang zum Nirwana ermöglichen, der ultimativen spirituellen Erleuchtung.

Schließen Sie sich den Pilgern an und genießen Sie die herbe Schönheit der Landschaft; besichtigen Sie entlegene Mönchsklöster; treffen Sie auf Nomaden oder Yakhirten. Doch Vorsicht: Diese Wanderung ist nur für furchtlose Abenteurer.

Ausgangs- und Endpunkt der Bergumrundung ist Darchen an der südlichen Flanke des Kailash, wo Unterkunft und Infrastruktur in nur sehr bescheidenem Umfang vorhanden sind. Die Anreise erfolgt per Jeep quer über die tibetische Hochebene, entweder von Lhasa oder Kathmandu aus (s. nächste S. und S. 585), und dauert 4 Tage. Der abgeschieden gelegene Berg wirkt in seiner Einsamkeit umso geheimnisvoller: An der Heiligkeit des Bergs Kailash gibt es keinen Zweifel: Aus Rücksicht auf seine religiöse Bedeutung gehört er zu den wenigen hohen Gipfeln unseres Planeten, die niemals bestiegen wurden.

Wo: Im Westen Tibets, etwa 2000 km westl. von Lhasa. **Wie:** Mit dem in Lhasa ansässigen Reiseunternehmen Tibet Wind Horse Adventures, das mit Geographic Expeditions in den USA zusammenarbeitet, können Sie auf Anfrage Touren zusammenstellen lassen. Tel. +86/891-683-3009; www.windhorsetibet.com; www.geoex.com. *Preise:* ab € 5926. Startet in Lhasa, endet in Kathmandu. **Reisezeit:** Mai–Okt.: kühles bis warmes Wetter; Ende Mai–Anf. Juni: farbenfrohes Pilgerfest *Saka Dawa*.

Festung und Zuhause der Dalai Lamas

DER POTALA-PALAST

Lhasa, Tibet, China

Lhasa, das im Tibetischen „Götterort" heißt, ist das Zentrum tibetischer Religiosität und eine Stadt, die trotz allgegenwärtiger chinesischer Präsenz verblüfft und berauscht. Der riesige Potala, die leer stehende, 13-stöckige Festung, die einst Winterpalast und Amtssitz des verehrten geistigen Anführers, des Dalai Lama, war, ist in der Stadt natürlich als Erstes zu erkennen. Seine weißen und roten Mauern und goldenen Dächer erheben sich über der heiligen Stadt, als wäre er aus dem Hügel herausgewachsen, auf dem er seit dem 17. Jh. steht. Obwohl er heute ein Museum und damit nicht mehr als eine leere Hülle ist, klingen die Worte der in China geborenen Romanautorin Han Suyin doch glaubhaft: „Niemand bleibt ungerührt beim Anblick der schieren Macht und Schönheit dieses Gebäudes, und seine 1000 Fenster sehen wie 1000 Augen auf uns herab."

Die Dalai Lamas führten Tibet als geistliche und weltliche Herrscher seit 1644 an und gelten als Reinkarnation des Avalokiteshvara, des buddhistischen Inbegriffs des Mitgefühls. Der aktuelle Dalai Lama, die 14. Reinkarnation, war erst 23, als ihn die Besetzung Tibets durch China 1959 nach Indien flüchten ließ, wo er bis heute lebt. Seine privaten Räume sind unverändert.

Alle tibetischen Buddhisten versuchen mindestens einmal im Leben nach Lhasa zu kommen, um den Jokhang-Tempel aufzusuchen, das geistige Zentrum Lhasas und Mittelpunkt des Marktviertels Barkhor. Der Jokhang wurde vor über 1300 Jahren gegründet und ist eine Mischung aus tibetischen, indischen, nepalesischen und chinesischen Stilelementen. Unter seinem goldenen Dach befindet sich Tibets bedeutsamstes Heiligtum. Tibetische Buddhisten bringen ihren Respekt vor einem heiligen Ort zum Ausdruck, indem sie ihn im Uhrzeigersinn umrunden. Am Tempeleingang werfen sich die Gläubigen mehrfach zu Boden, um sich als würdig zu erweisen, während im Tempel 1 Mio. Butterkerzen die wichtigste Buddhastatue sanft erhellen, die aber nur eine von 200 ist.

Möchten Sie tibetische Gastfreundschaft kennenlernen, steigen

Tibetische Mönche beten vor dem Potala-Palast, dessen Name aus dem Sanskrit stammt und „Heimat des Buddhas des Mitgefühls" bedeutet.

Sie im familieneigenen Kyichu Hotel ab. Es befindet sich in der Altstadt Lhasas und umschließt einen traditionell tibetischen Innenhof. Das St. Regis Lhasa Resort wurde 2010 eröffnet und hat erstklassigen Ausblick auf den Potala und ein umfassendes Serviceangebot. Außerdem steht ein Arzt auf Abruf bereit, der Sie bei Höhenkrankheit sofort behandelt – kein Wunder bei einer Höhe von über 3500 m.

Wo: 955 km nordöstl. von Kathmandu, Nepal. Die Anreise über den China-Nepal-Highway dauert fast 2 Tage, entschädigt aber mit unvergesslichen Landschaften. HOTEL KYICHU: Tel. +86/891-633-5728; www.hotelkyichu.com. *Preise:* ab € 30. THE ST. REGIS LHASA RESORT: Tel. +86/891-680-8888; www.starwoodhotels.com/stregis/. *Preise:* ab € 222 (Nebensaison), ab € 305 (Hochsaison). Reisezeit: Mai–Okt.: bestes Wetter.

An der Kreuzung der Seidenstraße

DER SONNTAGSMARKT

Kashgar, Xinjiang, China

Am Fuße des Pamir-Gebirges erstreckt sich die abgelegene Stadt Kashgar, bei der man sich nicht im China des 21. Jh. wähnt. Ihr Markt ist der Lebenstraum eines jeden Fotografen. Nach allem, was man hört, handelt es sich um Asiens größten Markt (und wohl auch der Welt), denn an einem Tag besuchen ihn 100.000 Menschen.

Heutzutage findet der Markt an 2 Orten statt. Der ursprüngliche, seit 1000 Jahren abgehaltene Sonntagsbasar ist überdacht worden und heißt nun International Grand Bazaar. Hier wird die ganze Woche lang gehandelt: Kleidung, Haushaltsgegenstände, Pelzmützen, Dolche, Aussteuertruhen und Teppiche. Auch wenn sich der Markt mit Paschminas und bestickten Puppen den Touristen geöffnet hat, suchen die Einheimischen immer noch die Tiefen des Labyrinths auf. Der Viehmarkt – oder Ivan Bazaar – ist an den Stadtrand verlegt worden; er ist auch täglich geöffnet, aber vor allem am Sonntag interessant. Die muslimischen Uiguren stellen in Chinas Autonomem Gebiet Xinjiang die Mehrheit, und das auf der Fläche von Alaska. Bärtige Männer in traditionell blau-weißer Kleidung und Frauen, die sich hinter braunen Gazeschleiern verstecken, handeln und verkaufen, feilschen um Schafe, Kühe und Pferde. Was sich hier abspielt, wird dem ähneln, was Marco Polo erlebte, als er im 13. Jh. auf dem Weg nach Osten Kashgar erreichte.

Kashgar ist nicht weit von Kirgisistan und Tadschikistan entfernt (s. S. 499 und 503) und hat mit den zentralasiatischen Republiken mehr gemein als mit Peking, das gut 4000 km östlich liegt. Es ist die Endstation des Karakorum-Highway (KKH) auf chinesischer Seite, der höchstgelegenen internationalen Verkehrsverbindung, die sich auf denselben Wegen entlangschlängelt wie einst die Seidenstraße. Er verbindet Kashgar mit Islamabad in Pakistan und überquert dabei den Khunjerab-Pass. Der Highway ist der Öffentlichkeit seit 1986 zugänglich und von Abenteuerreisenden sehr geschätzt. Viele der Expeditionen, die die höchsten Berge der Welt besteigen, nutzen ihn zur Anreise.

Wo: 1469 km südwestl. von der Provinzhauptstadt Ürümqi. UNTERKUNFT: Im ehemaligen russischen Konsulat ist das recht alte, aber akzeptable Hotel Seman zu Hause. Tel. +86/0998-258-2129. *Preise:* Suite € 81 (Nebensaison), € 144 (Hochsaison). REISEZEIT: Apr.–Okt.: bestes Wetter; Aug.–Sept.: besonders angenehm.

Abgelegen, ländlich und voll kultureller Vielfalt

AUF DEM WEG NACH SHANGRI-LA

Yunnan, China

Tief im Südwesten Chinas liegt die landwirtschaftlich geprägte Provinz Yunnan. Vor dem Hintergrund des atemberaubenden Himalaja machen altehrwürdige Handelsstädte und das pulsierende Leben vieler ethnischer Minderheiten Yunnan zu einem außergewöhnlichen Reiseziel: Fast die Hälfte aller Minderheiten ist in dieser Provinz zu Hause.

Das nördliche Yunnan gehörte im 8. und 9. Jh. zum Königreich Nanzhao. Die alte Hauptstadt Dali liegt zwischen dem bezaubernden See Erhai und dem Cangshan-Gebirge; einige Stadttore und Pagoden sind über 1000 Jahre alt. Holzhäuser werden im traditionellen Baustil gefertigt, mit Giebeln und bemalten Traufen, und die ethnische Minderheit der Bai trägt bunte Trachten, rosafarbene und scharlachrote Kopfbedeckungen. Knapp 20 km entfernt liegt die Kleinstadt Xizhou, in der seit der Tang-Dynastie der Pferde- und Teehandel blüht. Hier befindet sich das Linden Centre, eine Art Gasthaus und Kulturzentrum, in dem Besucher ihrem Interesse an Malerei, Fotografie und dem Schreiben nachkommen können. Von hier aus sollten Sie nach Shaxi aufbrechen, dessen Altstadt mit Bai-Häusern und einem Freitagsmarkt fasziniert, der schon existierte, als noch Karawanen auf der Handelsroute nach Tibet reisten.

145 km nordwestlich liegt das 2000 Jahre alte Lijiang, früher der Endpunkt des Handelswegs zwischen Indien und China. Das hinreißende Marktfleckchen ist kulturelles Zentrum des Naxi-Volks, eines matriarchalisch organisierten Stamms, dessen Frauen für den Markt verantwortlich zeichnen und allen persönlichen Besitz erben, während die Männer die Kinder großziehen. Die Kanäle und

Bunte Farben und Stickereien betonen die Trachten des Bai-Volks, das zum größten Teil in der Provinz Yunnan lebt.

gepflasterten Wege sind zu einem Ausgangspunkt für Ausflüge geworden, vor allem, wenn Sie sich ein Zimmer im gerade eingeweihten Banyan Tree Resort sichern, in der Region die stilvollste und umweltfreundlichste Unterkunft. Außerhalb der Stadt befindet sich der Yuquan-Park mit dem Teich des Schwarzen Drachen, wo Sie vom Teepavillon einen erstklassigen Ausblick auf den Jade-Drachen-Schneeberg haben.

Hinter Lijiang biegt der Jangtse scharf ab und strömt durch die etwa 15 km lange Tigersprungschlucht, eine der tiefsten der Welt. Wer noch weiter reist, erreicht schließlich den Kreis Shangri-La (vorher bekannt als Kreis Zhongdian), der James Hilton angeblich zu seinem Bestseller *Der verlorene Horizont* inspiriert hat. Sonnenstrahlen funkeln auf den goldenen Tempeldächern des Klosters Sumtseling Gompa, hinter dem sich schneebedeckte Berge abzeichnen.

Viele Besucher beginnen ihre Reise in der Provinzhauptstadt Kunming, die in China als „Frühlingsstadt" bekannt ist. Die entspannte Atmosphäre hat sicher mit dem stets angenehmen Wetter zu tun. Bekannt sind Tagesausflüge zum Steinwald Shilin, einer Karstlandschaft, die Wind und Regen aus dem Gestein formten. Xishuangbanna, im Grenzgebiet zwischen Myanmar und Laos, ist Heimat eines weiteren Dutzends ethnischer Minderheiten. Die Region im südwestlichen Yunnan ist ein beliebtes Reiseziel für Tropen-Urlauber und wird oft mit dem nördlichen Thailand verglichen. Es ist eine baumreiche Landschaft, mit buddhistischen Tempeln übersät und Zuflucht für Chinas letzte Elefanten und Tiger.

Wo: Kunming liegt 1200 km nordwestl. von Hongkong; Dali 1407 km nordwestl. von Kunming. **Wie:** Das amerikanische Unternehmen Myths and Mountains bietet ein 17-tägiges Gesamtpaket. www.mythsandmountains.com. *Preise:* ab € 4070. Startet in Kunming. *Wann:* Feb., Apr. und Okt. **Linden Centre:** Tel. +86/872-245-2988; www.linden-centre.com. *Preise:* ab € 90. **Banyan Tree Lijiang:** Tel. +86/888-533-1111; www.banyantree.com/en/lijiang. *Preise:* ab € 200. **Reisezeit:** Regenzeit im Juni–Aug.; *Gyalthang*-Pferdefestival in Shangri-La im Juni.

Chinas berühmtestes Kleinod

Der Westsee

Hangzhou, Zhejiang, China

Marco Polo beschrieb Hangzhou als „die beste und schönste Stadt der Welt." Hier kann man einen Blick auf das alte China werfen, den einfallenden touristischen Horden zum Trotz. In der Nebensaison, aber auch in ruhigen Momenten, ist der Westsee einer der schönsten Orte des Landes. Seine bei Sonnenaufgang nebelumwölkten Ufer sind mit Parkanlagen überzogen, mit Pagoden und Teehäusern, schattigen Wegen und klassischen Pavillons. Im Juli und August ist der See am schönsten (und natürlich überlaufen), denn dann bedeckt ihn ein Teppich aus Lotosblüten. Die allgegenwärtigen Trauerweiden runden die perfekte chinesische Charakterskizze ab, umgeben von den Blüten der Pfirsichbäume im Frühling, den nach Orangen duftenden Akazien im Herbst und Pflaumenbäumen im Winter. Lassen Sie sich im Boot zu 3 Teichen rudern, die den Mond widerspiegeln, den Steinpagoden auf der Insel im kleinen Ozean oder auf die andere Seite zur Insel des Hügels der Einsamkeit und dem exzellenten Restaurant Louwailou. Seit 1848 liefert es reichlich Gründe, um wieder ans Ufer zurückzukehren – dazu gehören traditionelles Bettler-Huhn oder Teichkarpfen.

Der berühmte Regisseur Zhang Yimou (er zeichnete für die Eröffnungszeremonie der Olympischen Spiele in Peking verantwortlich) hat mit *Impression West Lake* die Legenden Hangzhous in eine mitreißende Show verwandelt. Hunderte Schauspieler bewegen sich dabei auf einer Bühne, die im See Yue ein wenig unter Wasser liegt und das Geschehen wie im Schwebezustand ablaufen lässt.

Hangzhou ist seit Jahrhunderten ein Lieblingsziel für Touristen. Seit der Zug von Shanghai nur noch 90 Minuten braucht, ist das Interesse noch gestiegen. Am weniger überlaufenen Süd- und Ostufer des Sees schlängeln sich die Wege den Hügel hinauf durch alte Teeplantagen. Bei nur einer Übernachtung ist das alteingesessene Shangri-La Hotel Hangzhou am Seeufer die erste Wahl; das Sofitel Hangzhou Westlake bietet sich als moderne Möglichkeit am Ostufer an, auch wegen seiner Stadtnähe. Oder entscheiden Sie sich für das abgeschiedene Four

Seasons, das mit seinem Geschmack überzeugt: Tradition und Design gehen vor bezaubernder Kulisse eine harmonische Verbindung ein.
Wo: 185 km südwestl. von Shanghai. **Louwailou Restaurant:** Tel. +86/571-8796-9023; www.louwailou.com.cn. *Preise:* Mittagessen €20. *Impression West Lake:* Karten erhalten Sie in Ihrem Hotel. *Preise:* ab €26. **Shangri-La Hotel Hangzhou:** Tel. +86/571-8797-7951; www.shangri-la.com. *Preise:* ab €148. **Sofitel Hangzhou Westlake:** Tel. +86/571-8707-5858; www.sofitelhangzhou.com. *Preise:* ab €107. **Four Seasons:** Tel. +86/571-8829-8888; www.fourseasons.com/hangzhou. *Preise:* ab €300.
Reisezeit: Apr. und besonders Sept.–Nov.: bestes Wetter; Juli: *West Lake Lotus Festival*.

Mehr als 8000 Jahre Kunstgeschichte

Nationales Palastmuseum

Taipeh, Taiwan

Die größte und wertvollste Sammlung chinesischer Kunst – mit fast 700.000 Exponaten – befindet sich im Nationalen Palastmuseum in Taipeh. Doch nur ein kleiner Teil davon wird regelmäßig ausgestellt und die etwa 15.000 Ausstellungsstücke alle 3 Monate ausgetauscht. Es dauert also 12 Jahre, wenn Sie alle Exponate zu Gesicht bekommen wollen.

Umfangreiche Renovierungsarbeiten wurden 2006 abgeschlossen und die Dauerausstellung erheblich modernisiert. Sie bietet umwerfende Einblicke in die chinesische Geschichte – 8000 Jahre in Gemälden, Kalligrafien, Bronzen, Keramiken, seltenen Büchern, kostspieligen Jadeschnitzereien, Kuriositäten und Münzen, die aus Pekings Verbotener Stadt stammen (s. S. 520). Einige der bedeutsameren Exponate sind permanent zu sehen. Bei einer Publikumsumfrage wurde ein zerrupfter Senfkohl, in dessen Blättern sich ein Grashüpfer versteckt, zum wichtigsten Ausstellungsstück gewählt, denn diese Szene wurde von einem Meister seines Fachs aus einem einzigen Stück weiß-grünen Jadeits geschnitzt. Ein weiteres Meisterwerk ist die über 5 m lange Qingming-Rolle, auf der ein Fest der Song-Dynastie festgehalten ist. Ebenfalls Publikumsliebling ist eine Zeichnung des jesuitischen Missionars Giuseppe Castiglione von 1728, auf der in einer ungewöhnlichen Mischung chinesischer und westlicher Malstile 100 Pferde dargestellt sind.

Fast so spannend wie die Sammlung ist die Geschichte, wie sie nach Taipeh kam. Die wertvollen Gegenstände wurden in 13.000 Kisten quer durch China transportiert, als die Japaner während des Zweiten Weltkriegs China angriffen. Die Nationalisten unter Chiang Kai-shek schifften die besten Stücke ein und nahmen sie mit nach Taiwan, als sie 1949 nach der Niederlage gegen die Kommunisten flohen. Sie wurden erst in einem Eisenbahndepot untergebracht, dann in einer Zuckerrohrfabrik, bis 1965 ein Museum eröffnet werden konnte.

Ein Buddha aus der Ming-Dynastie strahlt Gelassenheit aus.

Nachdem Chiang Kai-shek eine neue taiwanesische Regierung ins Leben gerufen hatte, ließ er das Grand Hotel in Museumsnähe errichten, um Botschafter und VIP-Gäste standesgemäß unterbringen zu können; Es ist nicht mehr so prunkvoll wie einst, aber

Hotelliebhaber schätzen es noch heute. Wer sich auf zeitgenössischere Eleganz einlassen will, sollte das Shangri-La Far Eastern Plaza aufsuchen. Seine 42 Stockwerke erheben sich über dem Geschäftsviertel; die Zimmer und Suiten bieten freien Blick auf Taipeh.

Info: Tel. +88/62-2881-2021; www.npm.gov.tw. **The Grand Hotel:** Tel. +88/62-2886-8888; www.grand-hotel.org. *Preise:* ab € 144. **Shangri-La Far Eastern Plaza:** Tel. +88/62-2378-8888; www.shangri-la.com. *Preise:* ab € 178. **Reisezeit:** Sept.–Nov.: bestes Wetter.

Pulverschnee satt auf Hokkaido

NISEKO

Hokkaido, Japan

Japans nördliche Insel Hokkaido ist von 3 großen Wasserflächen umgeben – dem Japanischen Meer, dem Ochotskischen Meer und dem Pazifischen Ozean –, und wenn die eiskalten Winterwinde Sibiriens ihre Kälte spüren lassen, führen sie trockenen Pulverschnee mit sich. Niseko ist ein Urlaubsort, der mehr perfekten Schnee abbekommt, als Whistler oder Vail jemals vorstellen könnten. Das Ergebnis sind einige der weltweit schönsten Loipen.

Da der Kontinent nicht allzu weit weg liegt und die Zeitzonen sich nur um 1 Stunde unterscheiden, sind auf Nisekos Berghängen Australier ein vertrauter Anblick. Das beliebteste Skigebiet Japans liegt im Westen der Insel und nur 2 Autostunden von Hokkaidos Hauptstadt Sapporo (s. nächste Seite) entfernt. Es wird als Niseko United vermarktet, ein Berg, der aus 4 Skigebieten besteht: Grand Hirafu, Niseko Village, Annupuri und Hanzono. Mit einer elektronischen Liftkarte können Sie alle Skigebiete befahren, und das praktisch den ganzen Tag lang, ohne eine Loipe 2-mal unter den Brettern zu haben. Wenn Sie das alles hinter sich gebracht haben, bietet der Urlaubsort reichlich *onsen* (heiße Quellen), in denen sich Ihre müden Knochen erholen können.

Es gibt mehrere schicke Unterkünfte, aber das Souiboku ist nicht zu übersehen. Die Zimmer sind riesig, schlicht eingerichtet, aber mit Kaschmirüberwürfen, Antiquitäten und zeitgenössischer Kunst lebendig gestaltet. Alle bieten einen unvergleichlichen Ausblick auf den Berg Yotei, der wie ein kleiner Fuji wirkt. Auf demselben Niveau bewegen sich die Zimmer bei J-Sekka, einem Gebäudekomplex, der Nisekos bestes Café, ein Gourmetrestaurant und eine Bar mit knisterndem Kaminfeuer beherbergt.

Wollen Sie an Ihrem Urlaubsort gern auf größerem Fuß leben, steht Ihnen das Windsor Hotel Toya Resort & Spa zur Verfügung, das nur 1 Autostunde Richtung Süden entfernt liegt. Dieses 5-Sterne-Hotel liegt am tiefen Toya-See, und seine Zimmer sind großräumig und gemütlich eingerichtet. Der G-8-Gipfel 2008 wurde hier ausgerichtet.

In der Region lässt sich auch im Sommer viel erleben, von Wanderungen über Radtouren bis hin zu Wildwasserfahrten und dem gelegentlichen Feuerwerk über dem Toya-See.

Wo: 257 km südwestl. von Sapporo. **Besucher- und Ski-Info:** www.niseko.ne.jp/en/. **Souiboku:** Tel. +81/136-21-5020; www.suibokuhirafu.com. *Preise:* € 378 (Nebensaison), € 541 (Hochsaison). **J-Sekka:** Tel. +81/136-21-6133; www.j-sekka.com. *Preise:* ab € 148. **Windsor Hotel Toya:** Tel. +81/142731111; www.windsor-hotels.co.jp/en/. *Preise:* ab € 289 (Nebensaison), ab € 541 (Hochsaison). **Reisezeit:** Dez.–März für Skifahrer; Mai–Okt.: Feuerwerk über dem Toya-See.

Eine außergewöhnliche Winterlandschaft

DAS SCHNEESKULPTURENFEST IN SAPPORO

Sapporo, Hokkaido, Japan

Das Talent der Japaner, die Natur in neue Formen zu bringen, ist unübertroffen. Das Land, aus dem Ikebana stammt (die Kunst des Blumenarrangements), hat mit dem Schneeskulpturenfest (Yuki Matsuri) internationales Format bewiesen: Mammuts aus Schnee und Eisskulpturen, die Kultobjekte wie Michelangelos *Pietà* oder Hello Kitty nachbilden. Auf den Straßen der Stadt entstehen aus über 38.000 t Schnee Eispaläste und andere Objekte – das funktioniert nur mit der japanischen Armee, die das Baumaterial aus den nahen Bergen per Lkw herbeischafft. Einige der Skulpturen werden bis zu 40 m hoch; bei einigen beginnt die Arbeit schon Wochen vor der Eröffnung Anfang Februar. Höhepunkt ist der Schneeskulpturenwettbewerb, bei dem Mannschaften aus aller Welt gegeneinander antreten, und das aus so unerwarteten Orten wie Hawaii und Singapur.

Das Fest wurde in den 1950er-Jahren zum ersten Mal durchgeführt, um die trostlosen Jahre nach dem Zweiten Weltkrieg vergessen zu lassen. Damals schufen Studenten 6 Schneeskulpturen im Odori-Park, bis heute das Zentrum der Veranstaltung. Von hier lassen sich gut die Skigebiete im Umkreis von 2 Stunden besuchen (s. vorige Seite) oder Hokkaidos Nationalparks einschließlich des Daisetsuzan und Shikotsu-Toya.

Verpassen Sie nicht die Gelegenheit, die aus dem 19. Jh. stammende berühmte Brauerei aufzusuchen, die noch heute Sapporo-Bier braut. Bier passt bestens zu dem gegrillten Lammfleischgericht, das in der Wirtschaft nebenan als Dschingis Khan serviert wird. Während des Sapporo Sommerfests verwandelt sich der Odori-Park zu einem gigantischen Biergarten. Bei Livemusik haben Sie Gelegenheit, typische Gerichte der Inselküche zu kosten. Riesige Nudelsuppenschüsseln mit unterschiedlicher Garnierung sind die regionale Spezialität.

Wo: 955 km nordöstl. von Tokio. **Info:** www.snowfes.com/english. **Unterkunft:** Das Sapporo Grand Hotel ist immer noch eine der besten Adressen im westlichem Stil. Tel. +81/11-261-3311; www.grand1934.com. *Preise:* ab € 180. **Reisezeit:** Juni–Sept.: bestes Wetter; Anf. Feb.: Schneeskulpturenfest; Ende Juli–Aug.: Sommerfest.

Japans letzte Wildnis

DIE SHIRETOKO-HALBINSEL

Hokkaido, Japan

Die Insel Hokkaido lässt sich am besten mit dem Wort „ungebändigt" beschreiben. Ihre dichten Wälder und wunderschönen Seen grenzen an felsige Gipfel, und die unaufhörlich tosende Brandung setzt der Küste zu.

Die Hauptstadt Sapporo (s. vorige S.) und der Skiort Niseko sind zwar bekannt, aber der größte Teil der Insel ist nahezu unerschlossen. Im entlegenen Nordosten Hokkaidos liegt die Shiretoko-Halbinsel, deren gebirgige Landschaften durch einen Nationalpark geschützt werden.

Shiretoko bedeutet in der Sprache der Ureinwohner Hokkaidos, den Ainu, „das Ende der Welt". Diese Halbinsel ist der südlichste Ort auf der Welt, an dem Packeis eine Küste erreicht. Zu ihren schönsten Szenerien gehören die 5 Seen (Shiretoko Goko) und der See Rausu. In seiner näheren Umgebung wächst auch im Juni und Juli eine alpine Flora.

Shiretoko bietet 2000 Riesenseeadlern eine Heimat (die Hälfte der weltweiten Population) und beherbergt außerdem 10.000 Hokkaido-Sikahirsche, die gefährdeten Riesen-Fischuhus, Stellersche Seelöwen und die größte Anzahl von Braunbären auf dem Planeten; vor der Küste tummeln sich Zwerg- und Schwertwale. Regelmäßige Whalewatching-Touren starten vom kleinen Hafen Rausu an der Ostküste der Halbinsel. Shiretoko gehört zu den ersten großen Ökosystemen der Welt, die die Folgen des Klimawandels in aller Deutlichkeit zu spüren bekommen. Temperaturanstieg und Eisschmelze haben auf die Fischer direkten Einfluss: Gewöhnlich fangen sie Krabben, Lachse und Jakobsmuscheln, finden mittlerweile aber eher unechte Bonitos, Mondfische und andere Spezies in ihren Netzen, die eigentlich in wärmeren Gefilden zu Hause sind.

Im nördlichen Teil Shiretokos gibt es weder Straßen noch befestigte Wege, und der einzige Zugang zur zerklüfteten Küstenlinie ist per Schiff über das Ochotskische Meer. In Rausu sind schlichte Unterkünfte vorhanden; die bessere Option ist die Küstenstadt Utoro im Westen, wo Sie sich direkt am Hafen in das recht luxuriöse Shiretoko Grand Hotel einquartieren können. Die Zimmer sind entweder im japanischen oder westlichen Stil eingerichtet; Erstere haben z.T. sogar Bäder unter freiem Himmel. Wer sich im Winter dorthin traut, kann von Utoro aus Kurztrips buchen und auf einem Eisbrecher durch das Packeis pflügen.

Wo: 1189 km nordöstl. von Tokio. **Wie:** Michi Travel Japan bietet individuell arrangierte Touren. Tel. +81/352-13-5040; www.michitravel.com. **Shiretoko Grand Hotel:** Tel. +81/152-24-2021; www.shiretoko.co.jp/english. *Preise:* ab € 185, all-inclusive. **Reisezeit:** Jan.–Apr.: Adler auf Wanderung; Apr.–Okt.: Whalewatching; Juni–Aug. für Wanderer.

Ein Hauch von Tradition in den japanischen Alpen

TAKAYAMA

Gifu, Honshu, Japan

In der Gebirgslandschaft rund um Hida blieb die abgelegene Stadt am Miyagawa-Fluss lange ungestört. Takayama hat sich daher wie kaum eine andere japanische Stadt traditionelle Kunst und Kultur erhalten können, vor allem in San-machi Suji, seiner perfekt erhaltenen Altstadt. Takayama war weithin berühmt für seine Zimmerleute, die aus den umliegenden dichten Wäldern beste Hölzer nutzen konnten. Ihr Handwerk fand in kaiserlichen Palästen und Tempeln im fernen Tokio, Kyoto und Nara Verwendung. Sie werden bei Ihrem Besuch erkennen, dass sie die talentiertesten Zimmerleute in der eigenen Stadt haben arbeiten lassen.

Takayama wurde im 16. Jh. gegründet, und die Mischung aus alten Warenhäusern, kleinen Museen, Tempeln (der älteste stammt von 1588), Gasthäusern mit Holzgitterfenstern und 6 kleinen Sake-Brauereien (die an einem Zedernnadelball am Eingang zu erkennen sind) hat einen besonderen Charme, der sich im engmaschigen Straßennetz östlich des Flusses auf besondere Weise zeigt. Im Hida-Museumsdorf sind mehr als 20 zwischen 100 und 500 Jahre alte Bauernhäuser und Werkstätten zu sehen. In einigen zeigen Handwerker und Künstler, wie die berühmten Holzschnitzereien entstehen. Die reetgedeckten steilen Dächer werden *gassho-zukuri* genannt („betende Hände"). Sie wurden ohne Nägel gebaut; die Balken werden mit Haselruten zusammengehalten und sind daher bei Wind in der Lage, sich leicht zu bewegen und den Druck auf das Gebäude zu verringern. In der pittoresken Ortschaft Ogimachi, 80 km nordwestlich von Takayama, können Sie ähnliche Gebäude besichtigen. Gemeinsam mit weiteren Dörfern in den Bezirken Shirakawa-go und Goyakama wurde sie zum Weltkulturerbe ernannt.

Viele Bauernhäuser des Hida-Museumsdorfs sind Jahrhunderte alt.

Takayama ist immer gut besucht, aber vor allem während seiner halbjährlichen *matsuri* (Festivals), von denen eins im Frühling stattfindet *(sanno)*, wenn die Kirschbäume blühen, und das andere im Herbst *(hachi-man)*, kurz bevor die Bäume ihre Blätter abwerfen. Zehntausende Besucher strömen herbei, um an den Paraden großer *yatai* (Prunkwagen) aus dem 11., 17. und 18. Jh. teilzunehmen, die aufwendig verziert und bestens erhalten sind. Auf jedem *yatai* befinden sich Marionetten *(karakuri ningyo)*, die Puppenspieler zum Leben erwecken. 4 dieser Wagen sind das ganze Jahr über in der Ausstellungshalle der Stadt zu sehen.

In Takayama gibt es zahlreiche traditionelle Gasthäuser und das modern eingerichtete Takayama Green Hotel in der Nähe des Bahnhofs mit Zimmern im japanischen oder westlichen Stil, außerdem ein beachtliches Angebot an Restaurants und *onsen* (heißen Quellen), einige in schönen Landschaftsgärten.

Wo: 533 km nordwestl. von Tokio, 161 km nordöstl. von Nagoya. **Info:** www.hida.jp/english. **Takayama Green Hotel:** Tel. +81/577-333-5500; www.takayama-gh.com. *Preise:* ab € 170, all-inclusive. **Reisezeit:** Mai–Aug.: bestes Wetter; 14.–15. Apr.: Frühlingsfest; 9.–10. Okt.: Herbstfest.

Frieden und Ruhe

Hiroshima und Miyajima

Honshu, Japan

Es fällt schwer zu glauben, dass das Hiroshima, das am 6. August 1945 verwüstet wurde, heute eine lebendige, optimistische Stadt mit Millionen von Besuchern ist, die aus aller Welt herbeiströmen, um ihren Respekt zu erweisen. Die offensichtlichste Erinnerung an den schicksalhaften Tag ist die verkohlte und verbogene alte Industrie- und Handelskammer, die jetzt als Atombomben-Dom bekannt ist (Genbaku Domo). Sie wurde als Symbol für die zerstörerische Kraft der Menschheit in diesem erschütternden Zustand belassen. Auf der anderen Seite des Motoyasu-Flusses liegt der Friedenspark (Heiwa Kinen Koen), dessen Monumente den Opfern des ersten Atombombenangriffs gewidmet sind. Die ernüchternden Ausstellungsstücke des dazugehörigen Museums lassen einen der schlimmsten Tage der Weltgeschichte wiederauferstehen. Am Eingang hängt eine Uhr, die um 8.15 Uhr stehen geblieben ist.

Das herzergreifendste Bauwerk ist das Kinderdenkmal, auf dem eine Mädchenstatue einen riesigen Origamikranich auf ihren Händen trägt – das japanische Symbol für Glück und langes Leben. Das Denkmal ist immer mit Kränzen und Origamikranichen umgeben, die japanische Schüler in Erinnerung an Sadako Sasaki falten, die der Strahlung ausgesetzt war und mit 12 an Leukämie starb. Die Flamme des Friedens brennt so lange unter dem Gedenkkenotaph, bis auch die letzte nukleare Waffe zerstört ist.

Wenn Sie die kleine malerische Insel Miyajima in der Seto-Inlandsee besuchen, sollten Sie die halbstündige Überfahrt bei Flut absolvieren, denn dann scheint das hoheitsvolle orangefarbene Tor (*torii*) in der Bucht auf dem Wasser zu schweben. Seine heutige Gestalt stammt von 1875 (es wurde erstmals 1168 erbaut), und es ist der Eingang zum hölzernen Itsukushima-Schrein. Auf der gut 30 km^2 großen, naturbelassenen Insel ist es die Hauptattraktion.

Wenn die Tagesausflügler die Insel verlassen, übernachten Sie im 150 Jahre alten Iwaso Ryokan und genießen den nächtlichen Blick auf Tor und Schrein. Sie erhalten denselben Service wie die kaiserliche Familie, die zu seinen berühmten Besuchern gehört. Die aufwendig eingerichteten Gartenhäuser sind den Preis wert, aber wenn Sie kein Zimmer mehr bekommen, sollten Sie sich auf jeden Fall das zu Recht gepriesene 10-gängige Dinner gönnen.

Wo: 864 km südwestl. von Tokio an der Seto-Inlandsee. **Info:** www.hiroshima-navi.or.jp/de. **Iwaso Ryokan:** Tel. +81/829-44-2233; www.iwaso.com. *Preise:* ab € 315, all-inclusive; Dinner € 60. **Reisezeit:** 6. Aug.: Gedenkfeier in Erinnerung an den Atombombenabwurf; Ende März–Apr.: Kirschblüte; Okt.–Anf. Nov.: Herbstlaub auf Miyajima.

Gepflegte Gärten, Geishas und die Künste in einer Burgstadt

KANAZAWA

Ishikawa, Honshu, Japan

Kanazawa war einst eine stolze Burgstadt am Japanischen Meer mit Blick auf die Japanischen Alpen. Die mächtige Maeda-Familie herrschte über das ertragreichste Reisanbaugebiet des Landes. Sie ist eine der wenigen Städte, die die Luftangriffe des Zweiten Weltkriegs unbeschadet überstanden haben, und ihr historischer Kern ist ein wahres Juwel alter japanischer Kultur und Architektur.

Wenn Sie Kanazawa besuchen, wird dies vor allem wegen Kenroku-en geschehen. Der größte japanische Garten bietet auf 10 ha Bäume, Teiche, Fußwege, Wasserfälle und Blumen sowie ein Teehaus und eine Villa aus dem 19. Jh. Die Gärten wurden 1676 vom Fürsten der nahen Burg Kanazawa in Auftrag gegeben (die durch ein Feuer zerstörte Burg wurde später wiederaufgebaut). Holen Sie sich im 100 Jahre alten Miyoshian eine Lunchbox (*bento*) oder bleiben Sie auf eine Tasse Tee und Süßigkeiten.

Das 21st Century Museum of Contemporary Art bringt Sie zurück in die Gegenwart. Es wurde vom Tokioter Architekturbüro SANAA entworfen, das auch für das New Museum of Contemporary Art in New York verantwortlich zeichnete. Das niedrige, kreisrunde Gebäude mit Glaswänden präsentiert Kunstwerke wie James Turrells *Blue Planet Sky* und Leandro Erlichs *Swimming Pool*.

In den eleganten Teehäusern des Stadtteils Higashi Chaya werden Geishas in den darstellenden Künsten unterrichtet; das Touristenbüro wird Ihnen sagen, wann eine Aufführung stattfindet. Im früheren Samuraiviertel Nagamachi plätschern kleine Kanäle neben dem Kopfsteinpflaster, vorbei an alten Häusern mit Lehmwänden und Ziegeldächern.

Kanazawa bedeutet „Goldbach" – hier werden etwa 90 % des japanischen Blattgolds hergestellt (das auch Kyotos Goldenen Pavillon bedeckt, s. nächste S.) – es wird auf Kunstgegenständen verwendet und in kleinen Flocken zum Tee gegeben (was gegen Rheuma helfen soll). Das Yasue-Blattgold-Museum zeigt herausragende Beispiele buddhistischer Altäre, Keramiken und Wandschirme. Zu den Spezialitäten hiesiger Handwerkskunst gehören handgefärbte Seidenstoffe, Porzellanwaren und Lackarbeiten: Sie sind im Kunstgewerbemuseum zu betrachten und natürlich in den Souvenirshops.

Der Garten Kenroku-en ist der Öffentlichkeit seit 1871 zugänglich.

Gutes Essen gehört zu einem Besuch Kanazawas dazu. Die wichtigste Zutat, *kaga ryori*, ist frischer Fisch, den Sie in kleinen Sushi-Bars im und um den lebhaften Fischmarkt Omicho Ichiba genießen können – eine kleine Version dessen, was Sie in Tokio erwartet.

Wo: 431 km nördl. von Kyoto. **Info:** www.kanazawa-tourism.com. **Unterkunft:** Das Hotel Nikko Kanazawa ist in einem Wolkenkratzer untergebracht, strahlt aber trotzdem Gemütlichkeit aus. Tel. +81/76-234-1111; www.jalhotels.com. *Preise:* ab € 110. **Reisezeit:** Apr.: Kirschblüte; Aug.–Sept.: bestes Wetter.

„*Tokio ist vielleicht Japans Hauptstadt, aber Kyoto ist sein Herz und seine Seele.*" – JULIET WINTERS CARPENTER

KYOTO

Honshu, Japan

Ein Spaziergang durch Kyoto ist ein Spaziergang durch 11 Jahrhunderte japanischer Geschichte. Die einstige Kaiserresidenz war ein kulturelles Zentrum ohnegleichen, das Religion, Ästhetik, Musik, Theater und Tanz förderte.

Seinen Höhepunkt in Kunst und Handwerk erreichte Kyoto während der Muromachi-Zeit (1334–1568). Da die Stadt im Zweiten Weltkrieg von Luftangriffen verschont blieb, sagt man ihr heute nach, dass sie 20 % aller nationalen Heiligtümer enthält, zu denen 1700 buddhistische Tempel und 300 Shinto-Schreine gehören, die sich auf das gesamte Stadtgebiet verteilen (und oftmals versteckt sind). Kyotos Schönheit entzieht sich zuweilen dem Auge des Betrachters, aber aufmerksame Besucher können das vergangene Japan in seinen Tempeln und Gärten wiederentdecken. Sein modernes Gesicht ist eine komplexe Mischung aus Tradition und zeitgenössischer Innovation.

Tempel und Hauptattraktionen

Der Fushimi-Inari-Schrein – Zu den großartigsten Anblicken Kyotos zählen die 10.000 rotorangefarbenen *torii* (Tore) des *taisha* (Schrein) von Inari im Stadtteil Fushimi-ku. Aus ihnen entsteht ein 4 km langer Tunnel, der sich den bewaldeten Hügel hinaufzieht. Japanische Firmen spenden die lackierten *torii*, und ihre Namen werden in schwarzen Buchstaben auf jedem Tor verewigt: Sie bitten damit Inari – die Göttin des Reisanbaus, des Sake und der Fruchtbarkeit – um ihren Segen. Die 2- bis 3-stündige Wanderung den Berg hinauf belohnt Sie mit einem wunderbaren Ausblick auf Kyoto, und Sie kommen an zahlreichen Geschäften vorbei, die Ihnen *inarizushi* (Sushi-Reis in einer gebratenen Tofuteigtasche) und Tee anbieten. Info: Tel. +81/75-641-7331; www.inari.jp.

Der Fushimi-Inari-Schrein stammt aus dem 8. Jh., als die Gläubigen wohl eher für eine gute Reisernte als für Geschäftserfolge beteten. Zahlreiche torii (Tore) säumen den Weg.

Kinkaku-ji und Ginkaku-ji – Shogun Ashikaga Yoshimasa ließ im 14. Jh. den Kinkaku-ji (Tempel des Goldenen Pavillons) als Ruhesitz erbauen und beabsichtigte, die beiden oberen Stockwerke mit Blattgold verkleiden zu lassen. Als er starb, war er seinem Ziel noch fern, denn nur die Decke des 2. Stockwerks glänzte. Danach wandelte ihn sein Sohn in einen Zen-Tempel um. Ein verärgerter Mönch steckte ihn 1950 in Brand, aber bereits 1955 war er vollständig wiederaufgebaut; schließlich waren 1987 auch die beiden oberen Etagen vollständig mit Blattgold verkleidet. Kinkaku-ji wird als Reliquienhalle (*ariden*) verehrt und ist vermutlich die meist fotografierte Attraktion Kyotos.

Auf der anderen Seite der Stadt gab der Enkel des Shoguns, der übrigens auch Ashikaga Yoshimasa hieß, in den 1470ern den 2-stöckigen Ginkaku-ji (Tempel des Silbernen Pavillons) in Auftrag und plante, ihn zu Ehren seines Großvaters mit Blattsilber überziehen zu lassen. Auch er verstarb, bevor sein Plan verwirklicht werden konnte, und es dauerte mehr als 30 Jahre, den Tempel fertigzustellen. Er ist umgeben von einem meisterhaft gestalteten Garten, der zum Spazieren und Nachdenken anregt. Der gut 1,5 km lange Philosophenweg vor dem Tempeltor folgt einem schmalen Kanal, der von Kirschbäumen gesäumt ist – er lohnt sich daher besonders während der Kirschblüte. Kinkaku-ji: Tel. +81/75-461-0013; www.shokoku-ji.jp. Ginkaku-ji: Tel. +81/75-771-5725; www.shokoku-ji.jp.

Kiyomizu-dera – der Tempel des reinen Wassers. 780 gegründet, stand er der Hosso-Sekte nahe, einer der ältesten Varianten des japanischen Buddhismus. Die Gebäude stammen von 1633 und wurden ohne einen einzigen Nagel erbaut; die Holzterrasse der Haupthalle erhebt sich weit über dem Tal mit Ausblick auf die Stadt. Darunter plätschert der Wasserfall Otawa in einen Teich, der dem, der sein Wasser trinkt, einen Wunsch gewährt. In dem Komplex sind mehrere Schreine untergebracht; der Jishu-Schrein ist der Göttin der Liebe gewidmet und zieht junge Männer und Frauen an, die Glücksbringer kaufen, um den richtigen Lebensgefährten zu finden, und den Schrein mit kleinen Gaben bedenken. Info: Tel. +81/75-551-1234; www.kiyomizudera.or.jp.

NIJO-JO – Der Bau der Burg Nijo wurde von Ieyasu, dem ersten Shogun des vereinten Japan, 1626 fertiggestellt. Die Burg ist ein exzellentes Beispiel für den Verfolgungswahn dieser Ära: Sie ist von einem Burggraben und Steinmauern umgeben und hat Geheimräume, in denen sich Samurai verstecken konnten. Ein Großteil des Bauwerks wurde aus Hinoki-Scheinzypressen erstellt und hat sogenannte „Nachtigallen"-Fußböden, die bei jedem Schritt ein Geräusch verursachen. Der gefeierte Landschaftsarchitekt Kobori Enshu entwarf die Gärten, die ursprünglich keine Bäume enthielten, denn fallendes Laub symbolisierte für den Shogun die Vergänglichkeit des Lebens. INFO: Tel. +81/75-841-0096.

RYOAN-JI – Mit einem halbstündigen Spaziergang erreichen Sie von Kinkaku-ji aus den Ryoan-Tempel, der mit seinem kleinen, 500 Jahre alten Garten aus geharktem weißem Kies und 15 Steinen, die in 3 Gruppen arrangiert sind, zu einem weltweit anerkannten Symbol für Zen-Weisheit geworden ist. Im Buddhismus bedeutet die Zahl 15 „Vollkommenheit" oder „Erleuchtung". In Ryoan-ji werden Sie immer nur 14 der 15 Steine sehen können – einige behaupten, dies bedeute, dass Vollkommenheit niemals erreicht werden kann. Der Garten ist jeden Tag gut besucht; einen Augenblick ungestörter Meditation sichern Sie sich nur, wenn Sie früh aufstehen. INFO: Tel. +81/75-463-2216; www.ryoanji.jp.

SAIHO-JI – Der Zen-buddhistische Tempel Saiho, der auch als Koke-dera bezeichnet wird (Moos-Tempel), wurde 1339 vom Priester Muso Soseki auf dem Gelände eines früheren Tempels umgestaltet und ist für seine über 120 Moosarten berühmt. Soseki entwarf auf 2 Ebenen einen Trockengarten um einen Teich, der die Form des chinesischen Zeichens für Herz oder Seele hat; dann mischte sich Mutter Natur ein und kleidete die Gärten in weiche goldene und grüne Moostöne. Besucher müssen den Tempel vorab anschreiben, um Zutritt zu erlangen; ist die Erlaubnis erteilt, wird eine „Glück bringende" Gebühr von 3000 Yen fällig. Sie nehmen an einer 2-stündigen buddhistischen Zeremonie teil, intonieren mit den Mönchen Sutras und üben sich in japanischen Schriftzeichen, bevor Sie den wohltuenden Garten genießen dürfen. INFO: Tel. +81/75-391-3631. *Postanschrift:* 56 Matsuo-Jingatanicho, Nishikyo-ku, Kyoto-shi, Kyoto.

SANJUSANGEN-DO – Hinter einem schlichten Äußeren verbirgt sich in der 120 m langen Halle, die auch als als Rengyoin-Tempel bezeichnet wird, die Lagerstätte von 1001 stehenden Statuen des Bodhisattva Kannon, der buddhistischen Verkörperung des Mitgefühls. Die lebensgroßen Statuen wurden aus Hinoki-Scheinzypressen geschnitzt und mit Blattgold überzogen; jede hat 40 Arme und die Macht, 25 Welten zu retten. Sie umgeben eine sitzende Kannon, die die 28 das Universum beschützende Gottheiten miteinander verbindet. Viele der Statuen stammen aus dem 12. Jh., das Gebäude selbst von 1266. INFO: Tel. +81/75-525-0033; http://sanjusangendo.jp.

TENRYU-JI – Der im 14. Jh. erbaute Tenryu-ji (Tempel des Himmelsdrachen) ist der erste unter den Kyoto Gozan oder 5 großen Zen-Tempeln der Stadt (die anderen sind Shokoku-ji, Kennin-ji, Tofuku-ji und Manju-ji), die der Rinzai-Tradition des Zen-Buddhismus gewidmet sind. Rinzai bedient sich absurder Rätsel, die den Geist dazu zwingen, unlösbare Probleme zu überdenken. Tenryu-ji ist umgeben von Zen-Gärten und liegt in ruhiger Umgebung im Stadtteil Arashiyama. Entdecken Sie außerdem einen Spaziergarten und Japans ältestes Beispiel für *shakkei* oder „geborgte Landschaft", bei der die im Hintergrund liegende Szenerie in die Gartengestaltung eingebunden wird. Verpassen Sie nicht das Drachengemälde an der Decke des Vortragssaals, unter der Mönche meditieren. Auf dem Tempelgelände in Shigetsu erhalten Besucher schlichte, aber finessenreiche Zen-Küche, doch Sie müssen vorbestellen. INFO: Tel. +81/75-881-1235; www.tenryuji.org.

Sonstige Highlights

GION-BEZIRK – Die traditionellen Stadthäuser Kyotos mit ihren rot-weißen Papierlaternen haben im Vergnügungsviertel Gion Kultstatus errungen. Hier leben und arbeiten die Geisha (*gei* „Kunst", *sha* „Person"), die in Kyoto auch *Geiko* genannt werden. Diese Frauen lernen, traditionelle Lieder zu spielen, zu tanzen und bei privaten Partys zu unterhalten, die normalerweise nur von Männern aufgesucht werden. Die Geishas und ihre Auszubildenden (*maiko*) tragen erlesene Kimonos und können an manchen Abenden vor allem auf der Hanami-koji-Straße gesehen werden, wie sie in vornehmen *ochaya* (Teehäuser) von Termin zu Termin eilen. Ein weiterer Bestandteil des Unterhaltungsangebots in Gion ist das Minami-za-Kabuki-Theater, das im 17. Jh. eröffnet wurde und damit Japans ältestes Theater ist. Der heutige Bau von 1929 bietet Aufführungen und das jährliche *Kaomise*-Fest im Dezember, bei dem sich die beliebtesten Kabuki-Darsteller die Klinke in die Hand geben. **INFO:** Tel. +81/75-561-1155.

NISHIKI-KOJI – Der Nishiki-Markt ist eine schmale überdachte Passage mit mehr als 100 Geschäften, die von hoher kultureller und historischer Bedeutung ist. Sie wird auch „Kyotos Küche" genannt, denn hier verkaufen einige der Fisch- und Gemüsehändler seit Generationen ihre Waren (und leben oft auch direkt über ihren Läden). An ihre Seite gesellen sich jüngere Verkäufer, die Tofu-Donuts feilbieten oder Eis mit der Geschmacksrichtung „grüner Tee". Sie können sich einige Kostproben zu Gemüte führen und gewinnen einen großartigen Einblick in die Regionalküche Kyotos. **WIE:** Für individuelle Schnuppertouren wenden Sie sich an Michi Travel. Tel. +81/352-13-5040; www.michitravel.com.

Die Auszubildenden der Geisha Gions werden maiko *genannt.*

BESUCH BEI EINER GEISHA – Dank des gestiegenen internationalen Interesses an Kyoto ist es heute viel einfacher als früher, die traditionelle Unterhaltung einer Geisha-Party in einem der 5 *hanamachi* in Kyoto zu genießen (den Geisha-Vierteln). Kyoto Sights and Nights organisiert private Vorführungen mit Geisha und *maiko*, die ein Dinner und musikalische Untermalung beinhalten: eine ungewöhnliche und aufschlussreiche Gelegenheit, sich mit diesen Darstellerinnen überlieferter Kunst über ihr Leben g zu unterhalten. Derselbe Anbieter sorgt auch für nachmittägliche Führungen durch die *hanamachi*, bei denen Sie noch mehr über ihre faszinierende Geschichte erfahren können. **KYOTO SIGHTS AND NIGHTS:** Tel. +81/905-169-1654; www.kyotosightsandnights.com.

Volksfeste (*Matsuri*)

KIRSCHBLÜTE – Millionen Japaner suchen Ende März bis Anfang April im gesamten Land Parks und Tempelgärten auf, um sich zum *hanami* (s. S. 547) zu versammeln, der Betrachtung der Kirschblüte. Der Maruyama-Park im Osten Kyotos, der Gosho (kaiserliche Palast) und Arashiyama im Westen sind die beliebtesten Aussichtspunkte, aber die ewige Nummer Eins ist der Philosophenweg, der in der Nähe des Ginkaku-ji beginnt (s. Seite 540). Suchen Sie ihn an Wochentagen früh auf, für einen ungestörten Spaziergang unter rosafarbenen Blüten.

JIDAI-FESTIVAL – Tausende Bürger nehmen am Jidai-*matsuri* teil, dem Festival der Zeitalter, eine der jüngsten Großveranstaltungen (sie wurde erst vor gut 100 Jahren begonnen und findet jedes Jahr am 22. Oktober statt), mit der die Gründung Kyotos gefeiert wird. Eine Kostümparade der Dynastien vom 8.–19. Jh. schlängelt sich durch die Stadt; Ausgangspunkt ist der kaiserliche Palast: der Umzug endet am Heian-Schrein.

AOI-FESTIVAL – Die Kirschblüte ist vorbei, wenn das Aoi-*matsuri* oder Stockrosenfestival die Stadt am 15. Mai erfreut, aber das schöne Frühlingswetter sorgt dafür, dass mehrere 100 Teilnehmer in den Kostümen kaiserlicher Höflinge zum Shimogamo- und Kamigamo-Schrein ziehen können, um für den Wohlstand der Stadt zu beten. Die Veranstaltung wurde im 6. Jh. erstmals begangen und gilt als das älteste heute noch zelebrierte Festival der Welt.

GION-FESTIVAL – Achten Sie am 17. Juli auf 32 große, hölzerne Prunkwagen und machen Sie Platz für den großen Umzug Gion-*matsuri*. Mit dieser Parade bitten die Bewohner Kyotos um Schutz für ihre Stadt. Sie wurde im 9. Jh. erstmals abgehalten und galt als rituelle Reinigungszeremonie, um die Pest in den schwülen Sommermonaten fernzuhalten. Die 3 Nächte vor dem großen Umzug sind besonders spannend; auf den Straßen der Innenstadt sind Imbissstände aufgebaut, die Einheimischen tragen *yukata* (Sommerkimonos) und fächeln sich mit traditionellen *uchiwa* (Faltfächern) frische Luft zu.

ÜBERNACHTEN

GRANVIA – Ist der Zug das Transportmittel Ihrer Wahl, dann ist das Granvia nicht nur günstig gelegen, sondern auch noch außergewöhnlich bequem. Da es sich über dem futuristischen Bahnhof erhebt, haben die meisten der schicken 535 Zimmer einen erstklassigen Blick auf die Stadt. Die geräumigen Zimmer werden durch Kunstwerke einheimischer Künstler verschönert. Das Hotel hat mehr als ein Dutzend eigener Restaurants und Bars, einschließlich einer kleinen Ausgabe des hochgeschätzten Kitcho (s. nächste Seite) INFO: Tel. +81/75-344-8888; www.granvia-kyoto.co.jp. *Preise:* ab € 207.

HYATT REGENCY KYOTO – Nur wenige Schritte vom Sanjusangen-do-Tempel und dem Nationalmuseum Kyoto entfernt liegt im Stadtteil Higashiyama-ku das Hyatt Regency, eines der besten Hotels im westlichen Stil. Die elegante Lobby ist der Zugang zu 189 Zimmern, die geschmackvoll mit Naturfarben und Kimonostoffen eingerichtet sind. Die großzügigen Badezimmer bieten sowohl große Badewannen als auch typisch japanische Duschen; im Riraku-Spa werden traditionell japanische Behandlungen angeboten. Die Gestaltung des Restaurants Touzan orientierte sich an einem der typischen Stadthäuser mit Ausblick auf den Steingarten des Hotels. Hier werden Spezialitäten vom Holzkohlefeuer und eine große Auswahl an Sushi-Gerichten und Sake-Weinen angeboten. INFO: Tel. +81/75-541-1234; www.kyoto.regency.hyatt.com. *Preise:* ab € 333 (Nebensaison), ab € 415 (Hochsaison); Dinner im Touzan (feste Menüfolge) € 48.

HOTEL MUME – Ein kleines Juwel versteckt sich hinter einer großen roten Eingangstür auf einer der ruhigen Straßen im Geisha-Viertel Gion. Dass die 7 Zimmer mit antiken asiatischen Möbeln eingerichtet sind, ist kein Wunder, denn auf dem Weg dorthin kommen Sie an vielen Antiquitätenläden vorbei. Der Salon geht auf den Shirakawa-Kanal hinaus; der Ausblick ist während der Kirschblüte eine wahre Augenweide: Mit einem kostenlosen Cappuccino oder Cocktails bei der abendlichen Happy Hour kann der Abend ausklingen. INFO: Tel. +81/75-525-8787; www.hotelmume.jp. *Preise:* ab € 178.

THE SCREEN – Kyotos erstes Boutique-Hotel wurde 2008 eröffnet. Die 13 glamourösen, großzügigen Zimmer wurden von verschiedenen Designern entworfen. Setzen Sie sich auf Sofas mit Brokatüberwürfen aus der Region, und bewundern Sie handbemalte Shoji-Raumteiler; genießen Sie Zimmer, die wie Lofts wirken und typisch japanische Erdwände haben. Da es sehr zentral liegt, ist der Weg zu gutem Essen nicht weit, aber viele Gäste bleiben beim französischen Restaurant Bron Ronnery in den eigenen 4 Wänden, wo Sie bei anspruchsvollen Gerichten mit einheimischen Zutaten ganz auf Ihre Kosten kommen. Auf der

4. Etage finden Sie das exklusive Champagne Garden Shoki, mit gutem Blick über die Tempeldächer in Ihrer Nähe und die uralten Bäume des nahen kaiserlichen Palasts. INFO: Tel. +81/75-252-1113; www.screen-hotel.jp. *Preise:* ab € 286; Dinner im Bron Ronnery € 66.

TAWARAYA RYOKAN – Das Tawaraya gehörte zeit seiner 300-jährigen Geschichte immer zu den berühmtesten und luxuriösesten Ryokans. Das traditionelle Gasthaus verbindet perfekt Eleganz und Finesse – von der dezenten, fast spartanischen Einrichtung bis hin zu den kleinen Privatgärten, die die meisten der 18 Zimmer haben: Jeder ist eine harmonische Mischung aus Rotahorn, Bambus, Farnen, Steinlaternen, moosbedeckten Felsen und Wasser. Gönnen Sie sich ein langes Bad im dampfenden Zedernbadezuber und genießen Sie anschließend ein mehrgängiges Dinner der *kaiseki*-Küche, das Ihnen in Ihrem Zimmer von einer Mitarbeiterin im Kimono serviert wird. Danach werden die *Shojis* (Papier-Raumteiler) vorgezogen und wird ein weiches Futonbett herausgeholt. INFO: Tel. +81/75-211-5566. *Preise:* ab € 741, all-inclusive.

ESSEN & TRINKEN

GIRO GIRO HITOSHINA – Lassen Sie sich von rosafarbenen Haaren nicht täuschen, denn die Küchenchefs wissen, wie man modernes und erstklassiges *kaiseki* zubereitet. Kunstvoll arrangierte Häppchen traditioneller Küche tauchen auf antiken Locktellern oder abgefahrener Keramik vor Ihnen auf; erwarten Sie Überraschungen, Unterhaltung und wirklich gutes Essen. Giro Giro Hitoshina ist ungewöhnlich klein, liegt aber zentral am Takase-gawa-Kanal südlich der Shijo-dori. Unten nehmen Sie an der Theke Platz, im Stockwerk darüber am Tisch. Geöffnet ist nur abends, und da es immer beliebter wird, sollten Sie rechtzeitig reservieren. INFO: Tel. +81/75-343-7070; www.guiloguilo.com. *Preise:* Dinner mit fester Menüfolge € 33.

IPPODO KABOKU TEESTUBE – Ippodo verkauft Tee in ganz Japan seit 1717, und das Hauptgeschäft allein ist einen Besuch wert: Auf Regalen, die vom Boden bis zur Decke reichen, reihen sich Teekrüge aneinander, und ein Stück altes Kyoto verbirgt sich unter der alten Holzdecke. Die angrenzende Teestube ist jüngeren Datums und der richtige Ort, um verschiedene Varianten grünen Tees aus dem nahen Uji auszuprobieren. Vom grünen, schaumigen *matcha* (der zu feinem Pulver zermahlene Grüntee der Teezeremonie) bis hin zum leichteren *hojicha* (eine geröstete Mischung gröberer Teeblätter) können Sie alles selbst zubereiten oder sich von der Bedienung helfen lassen. Vergessen Sie auf keinen Fall einige Geschenke für die Lieben zu Hause einzukaufen. Alle Teesorten werden mit traditionellen Süßigkeiten der jeweiligen Saison gereicht – typischerweise frische *mochi* (Reiskuchen), die mit rotem oder weißem Bohnenmus gefüllt sind. INFO: Tel. +81/75-211-3421; www.ippodo-tea.co.jp.

IZUSEN – Das Izusen versteckt sich im friedlichen Garten des Daiji-in, einem kleinen Tempel, der zum Daitokuji-Tempel im Norden Kyotos gehört. Die Spezialität ist *shojin-ryori*, buddhistisch-vegetarische Küche, die größtenteils aus Zutaten aus Sojabohnen, wie Tofu und Miso, sowie Fu (Weizengluten) und leckerem saisonalen Gemüse besteht. Je nach Jahreszeit erhalten Sie ein wunderschön arrangiertes Mittagessen im Tempelgarten, in exquisiten Lackschüsseln in Rot und Schwarz. Das Izusen ist genau richtig, wenn Sie Kinkaku-ji oder Ryoan-ji besucht haben oder noch besuchen wollen (s. S. 540/541). INFO: Tel. +81/75-491-6665; www.kyoto-izusen.com. *Preise:* Mittagessen mit fester Menüfolge € 28.

KITCHO – Das Kitcho genießt einen legendären Ruf als das beste *kaiseki*-Restaurant des Landes. Sein traditionell mehrgängiges Menü wurde vom Science-Fiction-Autor

Arthur C. Clarke als „furchtbar teuer" beschrieben, aber wenn Sie es sich leisten können, genießen Sie Köstlichkeiten, die Sie Ihr Leben nicht vergessen werden. Jedes Essen ist individuell angerichtet, verwendet nur das beste, regional angebaute Obst und Gemüse und wird erst dann zusammengestellt, wenn das Restaurant Sie nach Ihren Vorlieben befragt hat (was bei der Reservierung geschieht) – und all das in himmlischer Umgebung. Die Vorbereitungen dauern mehrere Tage; nichts wird dem Zufall überlassen. Das Hauptrestaurant befindet sich in Arashiyama im Westen Kyotos, aber eine kleinere Ausgabe ist im Granvia Hotel am Hauptbahnhof Kyotos (s. S. 543) untergebracht. **Info:** Tel. +81/75-881-1101; www.kitcho.com. *Preise:* Mittagessen mit fester Menüfolge € 385, Dinner mit fester Menüfolge € 600.

Die Burg Himeji wird „Burg des Weißen Reihers" genannt, weil sie einem auffliegenden Vogel ähneln soll.

OMEN – Nach einem Besuch des Ginkaku-ji-Tempels (s. S. 540) ist dieses Restaurant am Philosophenweg das richtige Ziel. Es garantiert die besten *udon*-Nudeln in Kyoto, in deliziösen Kombinationen mit frischem Ingwer, gerösteten Sesamsamen, eingelegtem *daikon*-Rettich und *shoyu* (Sojasoße) zum Dippen. Zur Mahlzeit gehören außerdem frittiertes Gemüse, frischer, weicher Tofu, gegrillter *hamo* (Hechtconger) und andere Leckereien. Omen hat 2 weitere Filialen an der Shijo-dori in der Innenstadt. **Info:** Tel. +81/75-771-8994; www.omen.co.jp. *Preise:* Dinner € 13.

TAGESAUSFLÜGE

NARA KOEN – Der Höhepunkt des alten Parks in Nara ist die Bronzestatue eines sitzenden Buddha, der seit Jahrhunderten buddhistische Pilger anzieht. Er befindet sich in Todai-ji, dem östlichen großen Tempel. Der gut 16 m hohe Daibutsu (Riesenbuddha), der größte in Japan, wurde 743 in Auftrag gegeben, als Nara zur Hauptstadt eines gerade vereinten Japans werden sollte. Es wurde zu einem politischen und kulturellen Zentrum, zwar kleiner als Kyoto, aber es kann sich mit seinen alten Gebäuden und Tempeln sehen lassen. Nara Koen ist außerdem das Zuhause von mehr als 1000 Sikahirschen, die sich zwischen Teichen und Bäumen tummeln und als heilige Boten der Götter verehrt werden. **Wo:** 42 km südl. von Kyoto.

MIHO-MUSEUM – I. M. Peis Meisterwerk, 1997 vollendet, enthält einige der Elemente und Materialien, die auch beim Louvre zur Verwendung kamen (s. S. 76). 2 Gebäudeflügel schmiegen sich in die Landschaft und werden am Haupteingang durch einen Tunnel und eine Hängebrücke verbunden. Das Miho-Museum beherbergt die Privatsammlung der Familie Koyama, zu der Artefakte des alten China, Ägypten und Assyrien zählen. Die Familie gründete eine New-Age-Sekte namens Shinji Shumeikai, die davon ausgeht, dass spirituelle Erfüllung in der Schönheit der Kunst und der Natur gefunden werden kann. Viele Ausstellungsstücke sind nur einige Monate pro Jahr zu sehen, also sollten Sie sich rechtzeitig informieren. **Wo:** Shigaraki liegt 64 km südöstl. von Kyoto. Tel. +81/748-82-3411; www.miho.or.jp/english.

HIMEJI – Die im 16. Jh. erbaute Burg Himeji („Burg des Weißen Reihers") ist ein prachtvolles UNESCO-Weltkulturerbe. Sie wurde im Zeitalter der Samurai erbaut und bietet einen aufschlussreichen Einblick in Japans feudale Vergangenheit. Sie ist eine von nur noch 4 erhaltenen Burgen, die vor der Edo-Zeit errichtet wurden (1603–1867), und sie wurde nie angegriffen Daher hat sich ihr Aussehen seit über 300 Jahren kaum verändert; Restaurierungsarbeiten werden aber noch bis 2014 durchgeführt, sodass sie nur eingeschränkt zugänglich ist. Himeji ist regelmäßiger Gast in Hollywoodproduktionen, darunter die Miniserie *Shogun*, der James-Bond-Film *Man lebt nur zweimal* und *Der letzte Samurai*. In der Nähe liegen die 9 Gärten des Koko-en, die am Ort der früheren Samurai-Unterkünfte der Burg errichtet und im Edo-Stil gestaltet wurden. **Wo:** Hyogo liegt 180 km westl. von Kyoto. Tel. +81/79-285-1146; www.himeji-castle.gr.jp.

Auf den Spuren der Samurai

Ein Spaziergang auf der Nakasendo

Narai, Tsumago und Magome, Nagano, Honshu, Japan

Im 17. Jh. war die gut 530 km lange Nakasendo, „die Straße durch die zentralen Gebirge", die wichtigste Verbindung zwischen der kaiserlichen Hauptstadt Kyoto (s. S. 539) und Edo, dem Machtzentrum des Shoguns, das heute besser bekannt ist als Tokio (s. S. 549). Der etwa 120 km lange Abschnitt des Kiso-ji, einer alten Handelsroute durch das Kiso-Tal, wurde dem Nakasendo angegliedert und ist heute einer der landschaftlich beeindruckensten Abschnitte der Straße. 3 der 11 Poststationen (hier konnten sich Reisende erholen und verpflegen), die entlang der Kiso-ji existierten, lohnen den Besuch, denn hier wird Wert darauf gelegt, Aussehen und Atmosphäre des feudalen Japan zu bewahren.

Sie reisen von der Burgstadt Matsumoto in der Mitte Japans nach Süden und erreichen zuerst Narai. Die Hauptstraße ist in ihrem Originalzustand erhalten: hölzerne Wohnhäuser, Geschäfte, Tempel und eine Sake-Brauerei. Wenn Sie noch weiter im Süden Tsumago erreichen, wird das Gefühl einer Zeitreise durch nichts mehr gebrochen: Das malerische, von Wäldern umgebene Dorf, ist autofrei. Hier endet einer der bei Wanderern beliebten Teilabschnitte der Kiso-ji, der auf 8 km nicht nur einen Gebirgspass überwindet, sondern auch das gut erhaltene Dorf Magome durchquert.

Der Reiseanbieter Walk Japan bringt Sie wandernd nach Narai, Tsumago, Magome und zu anderen Poststationen. Die Tour beginnt in Kyoto und endet in Tokio. Das Gepäck wird mit dem Auto transportiert, während die Wanderer 22–25 km am Tag absolvieren. Untergebracht werden Sie in *ryokans* (Gasthäusern), von denen viele aus dem frühen 17. Jh. stammen. Jedes ist ein Erlebnis, denn sie bieten das Ambiente eines Hiroshige-Farbholzschnitts und z.T. *onsen* (heißen Quellen) zum Entspannen. Englischsprachige Guides begleiten Sie und liefern Hintergrundinformationen zur Edo-Zeit (1603–1867), als der Verkehr auf dieser Straße ihren Höhepunkt erreichte und sich die Wege von Feudalherren, Wanderhändlern und Pilgern auf der Nakasendo kreuzten. Wenn Sie sich zu Reisebeginn etwas gönnen wollen, bleiben Sie im ehrwürdigen Tawaraya, einem 300 Jahre alten *ryokan*, der sich seit 11 Generationen in Familienbesitz befindet (s. S. 544).

Wo: Tsumago liegt 80 km südl. von Matsumoto. **Wie:** Walk Japan bietet 12-tägige Touren. an Tel. +81/90-5026-3638; www.walkjapan.com. *Preise:* €3800, inklusive der meisten Mahlzeiten. *Wann:* März–Nov. Startet in Kyoto. **Reisezeit:** Apr.: Kirschblüte; Mai: Azaleen; Ende Okt.–Nov.: Herbstlaub.

Ein beliebter nationaler Zeitvertreib

Der Kirschblüte zu Ehren

Yoshino, Nara, Honshu – und der Rest des Landes

Es gibt vermutlich nichts Japanischeres als die außergewöhnliche und doch so vergängliche Schönheit unzähliger blühender Kirschbäume. Zu Frühlingsbeginn schalten Freunde der *sakura* (Kirschblüte) täglich ihr Fernsehgerät ein, um mithilfe des Wetterberichts herauszufinden, in welcher Region Japans die Kirschbäume ihre kurze Blütezeit von knapp 2 Wochen erleben. Die zartrosa Blüten laden ein zu einem Spaziergang oder zu einem Picknick mit Familie, Freunden und Arbeitskollegen. Es gibt nichts Schöneres als ein *hanami* (Fest zur Kirschblüte), bei dem ein Meer aus Blütenblättern sanft auf die Anwesenden hinabfällt.

Der Kirschbaum wurde aus dem Himalaja nach Japan gebracht, und die Tradition des *hanami* soll aus dem 8. Jh. und Nara stammen (s. S. 545), der Landeshauptstadt vor Kyoto. Das höfische chinesische Ritual des Betrachtens der Blüten wurde übernommen, aber mit der typisch japanischen Vorstellung des *mono-no-aware* versehen, dem Gefühl der Trauer ob der Vergänglichkeit aller Dinge. Eine halbstündige Zugfahrt von Nara entfernt können Besucher eines der schönsten Naturwunder in Augenschein nehmen: Die Blüte Zehntausender Kirschbäume an den Hängen des Bergs Yoshino.

Der Berg ist übersät mit jahrhundertealten japanischen Blütenkirschen, die in mehrere Haine aufgeteilt sind (man spricht hier von *hitome-sembon* oder „1000 Bäume auf einen Blick"). Je nach Höhenlage blühen die Bäume zu verschiedenen Zeiten; die ersten meist Anfang April. Die ausgezeichneten Wege, vereinzelte Tempel, ein zu großen Teilen japanisches Publikum und die Geschäfte und Teehäuser in der liebenswürdigen Stadt Yoshino garantieren Ihnen ein unvergessliches Erlebnis.

Für eine *hanami* müssen Sie aber nicht aufs Land reisen. In Tokio sind Aussichtspunkte für die Kirschblüte der Ueno-Park, Shinjuku Gyoen; der Chidori-ga-fuchi-Park an der nordwestlichen Ecke des kaiserlichen Palastgeländes und der Abschnitt des Meguro-Flusses, der durch Nakameguro führt und zu einem Tunnel aus duftenden Blüten wird. In Kyoto sind die wichtigsten Aussichtspunkte im Park des kaiserlichen Palasts; am Philosophenweg, der am Ginkaku-ji-Tempel (s. S. 540) beginnt und an einem Kanal entlangführt, und Maruyama-koen – in diesem Park findet die berühmte Gion-no-Yozakura statt, die Kirsch-

Tausende Kirschbäume oder sakura *machen den Berg Yoshino zu Japans erster Adresse für alle Bewunderer der Kirschblüte.*

blütennacht, bei der ein atemberaubendes Exemplar dieser wunderschönen Baumart angestrahlt wird. **Wo:** Yoshino liegt 34 km südl. von Nara, 68 km südl. von Kyoto. *Wann:* Meist im April; der unterste Hain blüht Anfang April. **Reisezeit:** 11.–12. Apr.: *Hanakueshiki*, jährliches Kirschblütenfest im Kinpusen-ji-Tempel in Yoshino. In einigen Jahren könnte das ein wenig zu früh sein.

Pilgerfahrt zu Japans heiligstem Berg

Der Fuji

Shizuoka und Yamanashi, Honshu, Japan

Der 3776 m hohe Fuji ist Japans höchster Berg und Wahrzeichen des Landes. Der im Shintoismus als heilig verehrte Gipfel ist symmetrisch, elegant und stets mit Schnee bedeckt – und faszinierend, wenn er sich nicht hinter Wolken versteckt. Die Japaner nennen ihn liebevoll Fuji-san; er ist besonders schön, wenn er sich auf der Oberfläche des Ashi-Sees spiegelt.

Die Japaner sagen, *goraiko* (Sonnenaufgang) auf dem Gipfel des Fuji sei eine spirituelle Erfahrung. Machen Sie sich auf zahlreiche Begleiter und ein besonderes Gefühl der Kameradschaft gefasst, denn es handelt sich um den vermutlich meistbestiegenen Berg der Welt: Jeden Sommer stapfen Horden den Berg hinauf (ein beachtlicher Prozentsatz davon ältere Bürger).

Die verschiedenen Aufstiege zum Gipfel haben alle 10 Stationen, und die meisten Kletterer starten die 4–8-stündige Strecke an der 5. Station (diese kann über eine befestigte Straße erreicht werden) bei Gogome auf der Nordseite oder bei Shin-Gogome auf der Südseite. Viele Kletterer besteigen den Berg nachts mithilfe von Taschenlampen, um den Sonnenaufgang genießen zu können, und ignorieren die schlafsaalartigen Unterkünfte auf dem Weg. Der Abstieg ist ein (3-stündiger) Spaziergang.

Der Fuji ist 1707 das letzte Mal ausgebrochen, aber im nahen Urlaubsgebiet Hakone im Fuji-Hakone-Izu-Nationalpark liegt kann man täglich heftige vulkanische Aktivitäten beobachten, und zwar von der Seilbahn aus, die über dem „großen, kochenden Tal" und seiner dampfenden, schwefeligen Schlucht entlangfährt. Seit Jahrhunderten nutzen Badehäuser die heißen mineralhaltigen *onsen* (heiße Quellen), die von Stress über Rheuma bis zum Muskelkater alles zu heilen versprechen. Hakone füllt sich am Wochenende mit Leuten aus Tokio, die hier ausgiebig baden.

Unter der Handvoll traditioneller *ryokans* mit ihren heißen Quellen gehört das Gora Kadan zu den berühmtesten, denn es ist die ehemalige Sommerresidenz der Kan'in-no-miya, einem Zweig der kaiserlichen Familie. Genießen Sie das erstklassige Spa und anschließend ein traditionelles *kaiseki* mit 10 Gängen, das Ihnen in Ihrem Tatami-Zimmer gereicht wird.

Diejenigen ohne kaiserliches Budget sollten sich dem guten alten Hotel Fujiya zuwenden, der Grande Dame seit 1878. Das angesehene Hakone-Freilichtmuseum bietet Ihnen die Gelegenheit, an Sommerwochenenden vor den Massen zu fliehen und Skulpturen von Henry Moore, Rodin, Giacometti und Takeshi Shimizu zu bewundern. Im Museum steht ein Pavillon, in dem Werke Picassos aus seinen letzten Lebensjahren ausgestellt sind.

Wo: 71 km südl. von Tokio. **Info:** www.city.fujiyoshida.yamanashi.jp. **Gora Kadan:** Tel. +81/460-23331; www.gorakadan.com. *Preise:* Zimmer mit eigenem *onsen* € 741 (Nebensaison), € 1070 (Hochsaison), all-inclusive. **Hotel Fujiya:** Tel. +81/460-82-2211; www.fujiyahotel.jp/english. *Preise:* ab € 137. **Reisezeit:** März–Apr.: Kirschblüte; Mai: Azaleen; Jul.–Aug.: Besteigung des Fuji, aber nicht allein.

*„Tokio beweist mehr als jede andere Stadt, dass eine ‚Stadt'
nicht nur aus Stahl und Beton besteht, sondern ein lebender
Organismus ist."* – TOSHIKO MORI

TOKIO

Honshu, Japan

Japans hektische Hauptstadt gleicht in mehr als einer Hinsicht einem Rausch. Sie ist beruhigend vertraut, zugleich aber auch verstörend fremd und bietet neonbeleuchtete Konsumtempel, popkulturelle Eskapaden, Essen vom anderen Stern und die Stille der Zen-Gärten und Schreine. Die Nachwirkungen des katastrophalen Erdbebens 2011 werden noch auf Jahre hinaus zu spüren sein, aber dem ahnungslosen Betrachter muss es so erscheinen, als ob Tokio einfach weitermacht, ohne zu verharren. Der architektonische Mischmasch der eng bebauten Stadtviertel hat alles zu bieten: von den Überresten einer Burg des 17. Jh. bis hin zu Hightechwolkenkratzern, deren Außenverkleidung nur aus LED-Displays zu bestehen scheint. Tokio ist das ultimative urbane Abenteuer, und sein Herzschlag besteht aus ständigem Wandel.

HAUPTATTRAKTIONEN

KAISERLICHER PALAST UND PALASTGÄRTEN – Der Sitz der kaiserlichen Familie liegt im Zentrum Tokios, umgeben von einem mächtigen Burggraben. Obwohl der kaiserliche Palast selbst nicht zugänglich ist, gibt es doch einige Bereiche des Palastgeländes, die im Rahmen offizieller Führungen besichtigt werden können (eine Reservierung ist notwendig). Die Higashi Gyoen können allerdings jederzeit besichtigt werden, die östlichen Gärten. Sie erreichen die Steinfundamente der Honmaru (innerster Bereich der Burganlage) über Brücken, durch gepflegte Gärten und Haine. Teile der erhaltenen Bausubstanz reichen in das Jahr 1640 zurück, als der erste kaiserliche Palast fertiggestellt wurde. Von Kokyo Gaien aus, dem großen Platz an der südöstlichen Seite des Palasts, können Besucher die besinnlich wirkende Bogenbrücke Nijubashi betrachten, über die der Innenbereich des Palastgeländes erreicht werden kann; im Hintergrund ist der pittoreske Wachturm Fushimi-yagura zu sehen. **INFO:** Tel. +81/3-3213-1111; www.kunaicho.go.jp/eindex.html.

SENSO-JI – Dieser buddhistische Tempel, der auch Asakusa Kannon genannt wird, ist der Göttin Kannon gewidmet. Er ist Tokios ältester Tempel. Einer Legende zufolge fischten um das Jahr 628 2 Brüder im nahen Sumida-Fluss und holten mit ihren Netzen eine Goldstatuette der Kannon aus dem Wasser. Sie überreichten sie ihrem Dorfvorsteher, der sich dazu inspiriert fühlte, buddhistischer Priester zu werden und sein

Das Hozo-Mon-Tor führt zur Haupthalle des Senso-ji.

Haus in einen Tempel zu ihren Ehren zu verwandeln. Gerüchten zufolge ist die Statuette immer noch dort, aber sie wird nie öffentlich gezeigt. Der Zweite Weltkrieg richtete schwere Schäden an, und der Tempelkomplex wurde neu aufgebaut. Heute ist er der Mittelpunkt des *Sanja-matsuri*, eines Festivals, das am 3. Maiwochenende begangen wird. Dabei werden etwa 100 *mikoshi* (tragbare Schreine) durch die Straßen getragen. Spazieren Sie über die bunte, historische Nakamise-dori, die Sie zum Schrein führt und von zahlreichen Geschäften mit traditionell japanischen Souvenirs gesäumt ist – oder schauen Sie für einen kurzen Besuch im Dembo-in-Garten vorbei.
INFO: Tel. +81/3-3842-0181; www.senso-ji.jp.

NATIONALMUSEUM TOKIO – Seit seiner Eröffnung 1872 hat das Nationalmuseum oft Adresse und Namen geändert, war während des Zweiten Weltkriegs geschlossen und erlitt Erdbebenschäden. Heute ist es das älteste und größte Museum Japans. 4 Hauptgebäude bieten über 110.000 Ausstellungsstücken Platz; es sind immer mindestens 3000 von ihnen zu sehen. Die Hauptgalerie, die Honkan, widmet sich japanischer Kunst – von 10.000 v. Chr. bis zum späten 19. Jh., während die Toyokan asiatische Kunst sowie archäologische Fundstücke aus China, Korea, Kambodscha, Indien, Iran und der Türkei sowie eine ägyptische Mumie zeigt. Die Heiseikan präsentiert archäologische Artefakte Japans, zu denen Keramiken und Haniwa-Grabfiguren aus Ton gehören (die der Jomon-Zeit entstammen, 10.000–1000 v. Chr.); das Horyuji-Schatzhaus stellt buddhistische Kostbarkeiten aus dem Horyu-ji in Nara aus.
INFO: Tel. +81/3-3822-1111; www.tnm.go.jp.

MIT DEM SCHIFF AUF RUNDREISE – Tokios Flüsse und Kanäle waren während der Edo-Zeit wichtige Handelswege, aber als sich der Transport auf Straße und Schiene verlagerte, wurden viele von ihnen überbaut. In den letzten Jahren hat der Verkehr auf dem Sumida wieder zugenommen, und eine Schifffahrt bietet eine faszinierende Alternative zu den üblichen Aussichtspunkten Tokios. Sie beginnt am Hinode-Pier, dann geht vorbei am Tsukiji-Fischmarkt (s. nächste S.) und der Insel Tsukuda, die die Bombardierungen des Zweiten Weltkriegs nahezu unbeschadet überstanden hat und ein Zentrum der Edo-Kultur geblieben ist. Das Wassertaxi fährt unter 12 Brücken hindurch, die in unterschiedlichen Farben bemalt sind und nachts angestrahlt werden. Steigen Sie in Asakusa aus, denn der Senso-ji ist nur einen kurzen Spaziergang entfernt (s. vorige Seite) Wenn Sie in die andere Richtung fahren, steigen Sie bei Tsukiji aus und erreichen nach 5 Minuten den Hama-rikyu-Garten direkt am Hafen. WIE: Tokyo Cruise Ship Company bietet verschiedene Touren an. Tel. +81/120-977311; www.suijobus.co.jp.

SUMO – Die Regeln dieser Sportart sind einfach: 2 extrem große *rikishi* (Ringer, meist mit einem Gewicht von über 150 kg), die Seidenlendenschurze und kunstvolle Frisuren tragen, treten in einem Ring gegeneinander an, und wer den Ring zuerst verlässt oder den Boden mit seinem Körper berührt (abgesehen von den Fußsohlen), hat verloren. Die Turniere (*basho*) dauern 15 Tage und werden

Sumoringer in zeremoniellen kesho-mawashi.

6-mal im Jahr abgehalten, davon 3 in Tokio (Januar, Mai und September). Die hochrangigen *ozeki* und *yokozuna* (Großmeister) treten später als die Anfänger an. Die Tokioter Turniere werden im Sumo-Nationalstadion (Kokugikan) in Ryogoku abgehalten. Einige der „Ställe" *(heya)*, denen die Ringer angehören, befinden sich in der Nähe des Kokugikan; einen Besuch können Sie über das Tokyo Tourist Information Center (TIC) arrangieren. TICKETVERKAUF DES JAPANISCHEN SUMOVERBANDS: Tel. +81/3-3622-1100; www.sumo.or.jp/eng/. TIC TOKYO: Tel. +81/3-5321-3077; www.tictokyo.jp/en.

EINKAUFEN – Tokio ist der Shopping-Jackpot. Es gibt Straßen, in denen nur bestimmte Produkte verkauft werden: Küchenutensilien (Kappabashi, bei Asakusa), Elektronik und Computer (Akihabara) und Essen (Tsukiji; s.u.) Ginza und der angrenzende Stadtteil Nihombashi bieten teure Boutiquen und Kaufhäuser wie Mitsukoshi und Takashimaya. Auf der Omotesando-Allee in Aoyama wächst harte Konkurrenz heran, denn dort haben sich einige der exklusivsten Modelabels angesiedelt (auch Prada mit seinem umwerfenden Flagship-Store). Die Jüngeren fühlen sich vor allem in den abgefahrenen Einkaufszentren auf der Cat Street und der Takeshitadori im Stadtteil Harajuku wohl und genießen die Atmosphäre von Shibuya. Marunouchi zwischen dem kaiserlichen Palast und dem Hauptbahnhof wurde auch ganz auf Konsum ausgelegt und hat sich seiner eintönigen Bürogebäude entledigt, um zu einem glitzernden Konsumtempel zu werden, vor allem entlang der Naka-dori.

TSUKIJI-FISCHMARKT – Jetlag kann etwas Wunderbares sein. Wenn Sie morgens um 5 Uhr hellwach sind und etwas erleben wollen, sind die gigantischen Hallen des Tsukiji-Fischmarkts (hier werden 90 % des täglichen Fischbedarfs Tokios gedeckt – mehr als 2000 t) genau das Richtige. Schlendern Sie durch die Gänge dieses atemberaubenden Gebäudes und wundern Sie sich über Dinge, die Sie ganz bestimmt nicht essen würden. In einem Land, das vor allem von frischem Fisch lebt, ist der *maguro* (Thunfisch) das wichtigste Produkt. Eingefrorene Thunfische in Torpedogröße (ein Fisch kann um die 500 kg wiegen) werden von den Fischerbooten an den Kais des Markts abgeladen. Niemand garantiert frischeren Fisch oder eine größere Auswahl als die schlichten Sushi-Restaurants des Tsukiji wie etwa das Sushi Dai. INFO: Tel. +81/3-3547-8011; www.tsukiji-market.or.jp. SUSHI DAI: Tel. +81/3-3547-6797. *Preise:* Menü mit 10 Sushi-Varianten € 33.

KUNSTDREIECK ROPPONGI – Seit Jahrzehnten gehört Roppongi zu den beliebtesten Partyvierteln in Tokio, aber in den letzten Jahren zeigt sich der Stadtteil kultivierter als zuvor. Die obersten Etagen des 54-stöckigen Mori Tower werden vom beeindruckenden Mori-Kunstmuseum genutzt, das zum sogenannten Kunstdreieck Roppongi zählt. 2. im Bunde ist das Suntory-Kunstmuseum, das für seine vorzügliche Sammlung an Keramiken, Lackarbeiten, Textilien und Kunstwerken bekannt ist. Nummer 3 ist das Nationale Kunstzentrum Tokio, dessen Gebäude von Kisho Kurokawa auf verblüffende Weise umgesetzt wurde. Nehmen Sie sich einen Tag Zeit, diese Institutionen zu besuchen und auch 21_21 Design Sight, eine moderne, designorientierte Einrichtung, die das geistige Kind von Modedesigner Issey Miyake und Architekt Tadao Ando ist. MORI-KUNSTMUSEUM: Tel. +81/3-6406-6100; www.mori.art.museum. SUNTORY-KUNSTMUSEUM: Tel. +81/3-3479-8600; www.suntory.com/culture-sports/sma. NATIONALES KUNSTZENTRUM TOKIO: Tel. +81/3-6812-9900; www.nact.jp. 21_21 DESIGN SIGHT: Tel. +81/3-3475-2121; www.2121designsight.jp.

YANAKA – Ein Drang, sich zu verändern, Naturkatastrophen und die schrecklichen Folgen menschlicher Fehler haben Tokio derart zerstört und neu entstehen lassen, dass es nahezu unmöglich ist, Spuren des alten Edo zu entdecken – so hieß die Hauptstadt vor 1868. Das macht Yanaka, den Stadtteil nördlich des Bahnknotenpunkts Ueno, zu einem solchen Wunder. Steigen Sie an der Nippori-Station aus, und Sie erreichen nach wenigen Minuten den Yanaka-Friedhof, eine grüne Oase, wo der letzte Tokugawa-Shogun Yoshinobu begraben liegt. Auch die Einkaufsstraße Yanaka-Ginza liegt in der Nähe, hier finden Sie handgemachte Hausschuhe, Essstäbchen, Körbe, erlesene Teesorten und Reiscracker. Sehen Sie kleine Tempel und Schreine, malerische Holzwohnhäuser und robuste, traditionelle Warenlager, die in Galerien umgewandelt wurden, wie das Oguraya, das im 19. Jh. einem Pfandleiher gehörte, sowie das altehrwürdige Papiergeschäft Isetatsu. **Oguraya:** Tel. +81/3-3828-0562; www.oguraya.gr.jp. **Isetatsu:** Tel. +81/3-3823-1453.

ÜBERNACHTEN

CLASKA – Ein Boutique-Hotel – nicht nur so schick wie ein Kleid von Issey Miyake, sondern auch mit einer sagenhaften Mischung aus traditionellem und zeitgenössischem Japan. Für alle Hipster die erste Adresse, denn hier gibt es eine elegante Lobby mit Café und Bar, einen Hundesalon und den Geschenkeladen Do, der eine große Auswahl an modernen japanischen Designobjekten vorrätig hat. Es gibt nur 9 Zimmer, einige mit modernen japanischen Möbeln, andere mit eher traditionellen *tatami* (Bodenmatten); 3 wurden von einheimischen Künstlern individuell eingerichtet. Auch wenn das Claska nicht gerade der beste Ausgangspunkt für Besichtigungen Tokios ist, kommt man doch von der munteren Einkaufsstraße dieses Wohnbezirks mit dem Taxi schnell zur Meguro-Station. **Info:** Tel. +81/3-3719-8121; www.claska.com. *Preise:* ab € 178.

PARK HOTEL TOKIO – Eine kostengünstigere Alternative zum Park Hyatt Hotel (mit dem es manchmal verwechselt wird, weil beide 2003 eröffnet wurden) ist das stilsicher eingerichtete Park Hotel Tokio. Die Lobby liegt im 24. Stock, die 273 Zimmer in der 25.–33. Etage, und der Weg zur Station Shiodome ist kurz. Die Zimmer sind hochmodern und der Ausblick über Tokio genauso gut wie im Hyatt – bei klarem Wetter kann man den Fuji sehen. Freundliche Mitarbeiter organisieren Stadtführungen oder Eintrittskarten zu einem Sumokampf; Sie können aber auch einen Kurs bei der Constance Spry Flower School belegen, die sich im selben Gebäude befindet und für ihre Blumenarrangements weltberühmt ist. **Info:** Tel. +81/3-6252-1100; www.parkhoteltokyo.com. *Preise:* ab € 237.

PARK HYATT – Dem eleganten, niveauvollen Hotel wurde mit *Lost in Translation* ein Denkmal gesetzt. Es befindet sich in den obersten Etagen eines futuristischen 52-stöckigen Wolkenkratzers. Die größten Zimmer Tokios bieten alle Annehmlichkeiten (z.B. riesige Badezimmer) und einen unglaublichen Blick auf den Bezirk Shinjuku und den Fuji (s. S. 548). Seine Restaurants boten Tokio erstmals ein zuvor unbekanntes gastronomisches Niveau. Reservieren Sie einen Tisch am Fenster des japanischen Restaurants Kozue oder entscheiden Sie sich für das New York Grill im obersten Stockwerk, dessen Fensterfront 2 Etagen hoch ist und das einen Weinkeller mit 1600 Flaschen besitzt. Hier dinieren Sie umgeben von Originalkunstwerken, und der Brunch am Sonntag ist sagenhaft. **Info:** Tel. +81/3-5322-1234; www.tokyo.park.hyatt.com. *Preise:* ab € 370; Dinner im Kozue € 110, im New York Grill € 74.

PENINSULA TOKYO HOTEL – Das 24-stöckige Peninsula Hotel nimmt direkt neben den Einkaufsbezirken Ginza und Marunouchi (s. vorige Seite) einen ganzen Block ein. Das Gebäude, dessen Design dem einer japanischen Laterne ähnelt, bietet einen erstklassigen Blick auf den kaiserlichen Palast und strahlt dieselbe Eleganz und Klasse wie sein Zwilling in Hongkong aus (s. S. 517). Die Zimmereinrichtung ist luxuriös und verbindet kräftige erdfarbene Töne mit lackiertem Holz und Marmorbadezimmern. Das Restaurant Peter auf der 23. Etage ist modern, aber sinnlich, verspielt und phänomenal eingerichtet. Chefkoch Patrice Martineau präsentiert international inspirierte Küche und Spezialitäten, zu denen auch die Eismeerkrabbe aus Hokkaido zählt. INFO: Tel. +81/3-6270-2888; www.peninsula.com. *Preise:* ab € 537; Festpreis-Dinner im Peter € 70.

SUKEROKU-NO-YADO SADACHIYO – Tokio ist nicht für seine *ryokans* berühmt (diese traditionellen Gasthäuser finden Sie eher in Kyoto; s. S. 544). Wenn Sie aber dennoch eine Unterkunft suchen, die an die Edo-Zeit erinnert, ist das Sukeroku-No-yado Sadachiyo eine gute Wahl. Das bezaubernde Gasthaus liegt mitten in Asakusa und ist nur wenige Schritte vom Senso-ji-Tempel (s. S. 549) entfernt. Die 20 traditionell eingerichteten Tatami-Zimmer haben eigene Badezimmer (was bei *ryokans* nicht üblich ist), aber natürlich gibt es auch die Möglichkeit, die typischen Gemeinschaftsbäder zu nutzen. Ein Aufenthalt in einem *ryokan* hat immer den Vorteil, köstliche und liebevoll arrangierte *kaiseki*-Mahlzeiten genießen zu können, und das Sukeroku-no-Yado Sadachiyo macht da keine Ausnahme. Die zuvorkommenden Inhaber organisieren auch den Besuch einer Geisha – was in Tokio auch eine Seltenheit ist. INFO: Tel. +81/3-3842-6431; www.sadachiyo.co.jp. *Preise:* ab € 170.

E S S E N   &   T R I N K E N

HANTEI – Dieses kleine, kostengünstige Restaurant liegt nahe der Nezu-U-Bahn-Station. Die Spezialität sind *kushiage* – frittierte Fleisch-, Fisch- und Gemüsespieße. Sie werden zu jeweils 6 Stück mit einigen Vorspeisen gereicht, und Sie bestellen einfach so lange nach, bis Sie satt sind. Teil dieser Erfahrung ist das 3-stöckige Holzhaus, das um ein gemauertes *kura* (Lagerhaus) errichtet wurde. INFO: Tel. +81/3-3828-1440. *Preise:* Dinner € 26.

INAKAYA – Vor über 30 Jahren eröffnete in Roppongi das erste *robatayaki* (Restaurant mit Grillspezialitäten) und hat heute 2 weitere Filialen. Man sitzt an einem u-förmigen Tisch, hinter dem ein Chefkoch kniet und eine Auswahl an frischem Gemüse, Fleisch, Fisch und Meeresfrüchten anbietet. Sie deuten einfach auf das, was Sie essen wollen (Jakobsmuscheln, Steak, Aubergine), der Kellner brüllt die Bestellung, der Koch bestätigt sie mit lautem Schreien und bereitet das Essen auf dem Grill frisch zu. Nach wenigen Minuten erhalten Sie auf einer Art langem Holzpaddel eine schmackhafte Mahlzeit. INFO: Tel. +81/3-5775-1012; www.roppongiinakaya.jp. *Preise:* Dinner € 55.

KUROSAWA – Namensgeber war niemand Geringerer als der Filmregisseur Akira Kurosawa. Die Spezialität des Restaurants sind frische *soba* (Buchweizennudeln) und Gerichte wie *shabu shabu* (eine Art Eintopf). Die Politiker des nahen *kokkai* (des japanischen Parlaments) lieben es, denn das 2-stöckige Restaurant ähnelt der Kulisse eines Samurai-Klassikers Kurosawas. Unten dreht sich alles um Nudeln; oben liefert gediegenere Atmosphäre den richtigen Rahmen für Festessen mit appetitlichem Schweinefleisch. Die 3 anderen Kurosawas in Tokio widmen sich jeweils anderen regionalen Küchen Japans. INFO: Tel. +81/3-3580-9638; http://9638.net/eng. *Preise:* Nudeln € 7,50, Gericht mit Schweinefleisch € 45.

MAISEN – *Tonkatsu* besteht aus zarten panierten, frittierten Schweinekoteletts, meist auf Weißkohl mit einer würzigen Soße serviert werden. Dazu gibt es Reis, eine Misosuppe und eingelegtes Gemüse. Wenn es richtig gemacht ist, schmeckt es köstlich, ist sättigend und gut für den Geldbeutel. Ein Beispiel für ein typisches *tonkatsu*-Restaurant ist das Maisen in einem umgebauten öffentlichen Badehaus aus der Zeit vor dem Ersten Weltkrieg. Nur wenige Schritte trennen Sie von der angesagten Einkaufsstraße Omotesando im Stadtteil Harajuku. Es gibt übrigens auch frittierten Fisch oder Riesengarnelen. INFO: Tel. +81/3-3470-0071; http://mai-sen.com. *Preise:* Dinner € 22.

SHUNJU – Die *izakaya* ist eine Art Kneipe, wo Alkohol ausgeschenkt wird – meist Sake, *shochu* (eine wodkaähnliche Spirituose) oder Bier –, zusammen mit einem leckeren Menü. Zu den stilvollsten *izakaya* Tokios gehört die kleine Kette Shunju. Ihre Filiale im obersten Stockwerk des Sanno Park Tower hat 2 Stockwerke hohe Fenster und Gerichte, die mit dem frischesten Saisongemüse gekocht sind. Die Filiale in Tsugihagi, direkt gegenüber dem Hotel Imperial, ist im Souterrain, aber die Ausstattung ist äußerst ideenreich und die Atmosphäre intim; suchen Sie sich Ihr Lieblingssushi aus, kosten Sie gegrillte Meeresfrüchte und Tofu, der frisch am Tisch zubereitet wird. INFO: Tameiki-Sanno, Tel. +81/3-3592-5288; Tsugihagi, Tel. +81/3-3595-0511; www.shunju.com/ja. *Preise:* Dinner € 60.

GASTRO-SAFARI – Lassen Sie sich von Bespoke Tokyo auf „Safari" mitnehmen: Die gastronomische Bandbreite ist faszinierend, die Speisenzubereitung in vielen Fällen hoch spezialisiert. Einige Sushi-Restaurants bieten nur *oshizushi* (Press-Sushi) oder *inarizushi* (Sushi-Reis in frittiertem Tofu) an, während sich andere auf eine Nudelart oder Regionalküche spezialisiert haben. In den Untergeschossen der Kaufhäuser (*depachika*) gibt es die besten Lebensmittelgeschäfte, und jeder Tokioter weiß, wo die besten traditionellen *kaiseki*-Restaurants zu finden sind. BESPOKE TOKYO: www.bespoketokyo.jp.

TAGESAUSFLÜGE

KAMAKURA – Minamoto no Yoritomo, Japans erster Shogun, ernannte Ende des 12. Jh. diese Küstenfestung zur Hauptstadt. In malerischer Umgebung liegen 65 buddhistische Tempel und 10 Shinto-Schreine, einschließlich des Kotoku-in-Tempels. Hier steht auch der bronzene Große Buddha (Daibutsu), über 13 m hoch und 121 t schwer. Seit sein Tempel 1495 von einem Tsunami fortgespült wurde, ist der Buddha den Elementen ausgesetzt. In der Nähe befindet sich der schöne Tempel Hase-dera. Wenn Sie die Treppe hinaufsteigen, kommen

Eine der größten Bronzestatuen Japans, der Große Buddha in Kamakura, ist den Elementen schutzlos ausgesetzt und dennoch im Frieden mit sich selbst.

Sie an Hunderten kleiner Steinbilder des Jizo vorbei, des Schutzgottes der Kinder. Seine Kannon-Halle beherbergt eine Holzstatue der Juichimen Kannon, der 11-köpfigen Göttin des Mitgefühls, die 9 m hoch ist und eine Krone aus 10 kleineren Köpfen trägt, damit sie in allen Richtungen die erblicken kann, die ihres Mitgefühls bedürfen. **Wo:** Präfektur Kanagawa, 40 km südwestl. von Tokyo; http://amazing-kanagawa.jp/english/.

NIKKO – Nikko ist von einem gebirgigen Nationalpark mit kilometerlangen Wanderwegen plus Wasserfall umgeben. Hier steht der sagenhaft verzierte Tosho-gu-Schrein. Er wurde im 17. Jh. erbaut und ist die Begräbnisstätte Tokugawa Ieyasus, des Gründer des Tokugawa-Shogunats. Eine Mischung aus Shinto- und buddhistischen Elementen mit Schnitzereien, bunten Farben und Blattgold lässt den Schrein chinesisch wirken. Am 17. und 18. Mai stellt eine Prozession Hunderter Männer in historisch nachempfundenen Samuraikostümen die Überführung von Shogun Ieyasus Leichnam aus der Präfektur Shizuoka nach Nikko nach. Besuchen Sie auch den Futarasan-Schrein und den buddhistischen Tempel Rinno-ji. **Wo:** Präfektur Tochigi, 119 km nördl. von Tokio. INFO: www.nikko-jp.org/english/.

Die kleine Insel mit dem größten Herzen

SHIKOKU

Japan

Ein Besuch Shikokus verspricht zauberhafte Landschaften: zerklüftete Gebirge, steile Felsklippen, historische Burgen und Dörfer mit 300 Jahre alten Geschäften, erstklassige Bedingungen für Wildwasserfahrten und Fahrradtouren. Aber was Shikoku, die kleinste und am wenigsten besuchte der 4 japanischen Hauptinseln, wirklich zu etwas Besonderem macht, ist ihre Freundlichkeit.

Jedes Jahr machen sich Tausende Pilger *(henrosan)* auf den Weg zu den 88 Tempeln der Insel und führen damit die Tradition von Kobo Daishi fort, der im 9. Jh. die Shingon-Lehre des Buddhismus begründete. Neben diesem Pilgerweg gibt es nur noch einen weiteren, der zum UNESCO-Weltkulturerbe ernannt wurde, nämlich der Weg nach Santiago de Compostela in Spanien (s. S. 270). Zu Fuß benötigen Sie über 2 Monate. Wer nicht soviel Zeit hat, kann die Glanzpunkte der 4 Präfekturen Shikokus – Kagawa, Tokushima, Kochi und Ehime – innerhalb eines „Rundgangs" von 1 Woche besichtigen.

Fangen Sie in Kagawa im Nordosten an, denn die Hauptstadt Takamatsu ist der erste große Bahnhaltepunkt nach der Seto-Ohashi-Brücke. Besuchen Sie den wunderschönen Ritsurin-Park. Nach Osten geht es zur Präfektur Tokushima, deren größte Stadt auch Tokushima heißt. Im August versammeln sich 1 Mio. Touristen zum Awa-Odori-Volkstanz, wenn sich Tausende Tänzer auf den Straßen der Stadt in faszinierenden Choreografien ergehen. Sie sind Teil des Obon-Festivals, das den verstorbenen Ahnen zu Ehren gefeiert wird, und werden von Musikern unterstützt.

In Kochi, der Hauptstadt der südlichen Präfektur, können Sie eine prächtige Burg besichtigen, genau wie in Matsuyama, der Hauptstadt Ehimes im Westen. Hier findet sich auch das altehrwürdige Thermalbad Dogo Onsen, das zum ersten Mal im 1300 Jahre alten Geschichtsbuch *Nihon-shoki* erwähnt wurde. In der Nähe gibt es verschwenderisch eingerichtete *ryokans* mit eigenen *onsen*, aber lassen Sie sich nicht das öffentliche Badehaus Dogo Onsen Honkan entgehen, das in einem Holzgebäude von 1894 untergebracht ist. In privaten Räumen im 2. Stock werden Sie nach einem erholsamen mineralstoffreichen Bad mit Tee und süßen Reisbällchen versorgt.

Wo: Matsuyama, Shikokus größte Stadt, liegt 534 km südwestl. von Osaka. **Wie:** Das amerikanische Unternehmen Wilderness Travel bietet 13-tägige Touren an. Tel. +1/510-558-2488; www.wildernesstravel.com. *Preise:* € 5181. Startet in Osaka. *Wann:* Ende Okt. **Reisezeit:** Ende März–Apr.: Kirschblüte; 9.–12. Aug.: *Yosakoi*-Tanzfestival in Kochi; 12.–15. Aug.: *Awa Odori* in Tokushima; Okt.: Herbstlaub.

Der Ritsurin-Park ist einer der größten Japans und für seine Kiefern und sein Teehaus berühmt.

Der Prunk der Vergangenheit

Die Paläste der Joseon-Dynastie

Seoul, Südkorea

Seoul ist seit Jahrhunderten koreanische Hauptstadt und hat heute eine der größten Bevölkerungsdichten der Welt, denn hier treffen mehr als 24 Mio. Menschen auf eine ausufernde Metropole voller Wolkenkratzer und neonerleuchteter Straßen. Aber Seoul ist auch das Zuhause einiger der schönsten und historisch bedeutsamsten Gebäude, zu denen die prachtvollen 5 großen Paläste zählen, die sich hinter Mauern und Toren mitten in der hektischen Innenstadt verstecken. Die Paläste sind das Vermächtnis von Koreas feudaler Vergangenheit und wurden alle während der Joseon-Dynastie errichtet (der letzten königlichen und kaiserlichen Dynastie), die vom 14.–19. Jh. über 500 Jahre lang regierte.

2 dieser 5 Paläste sind außergewöhnlich: der Gyeongbokgung (Palast der strahlenden Glückseligkeit) und der nahe Changdeokgung (Palast der glänzenden Tugend), beide im Bezirk Jongno-gu. Der Gyeongbokgung ist der älteste und größte Palast der Stadt – er wurde zum ersten Mal 1392 errichtet und war jahrhundertelang Zentrum der Macht –, und seine Ausmaße sind umwerfend. Er war bis zur japanischen Invasion 1592 200 Jahre lang das traditionelle Zuhause der Könige, mit märchenhaftem Ausblick und dem Hintergrund des Bukansan-Gebirges. Auf seinem Gelände standen 500 Gebäude. Besuchen Sie den Lotosteich und spazieren Sie am Blauen Haus vorbei, dem Sitz des südkoreanischen Staatspräsidenten.

Der königliche Schrein Jongmyo, der sich am östlichen Rand des Palastgeländes befindet

Der geheime Garten des Palasts Changdeokgung hat jahrhundertealte Bäume.

und von einem Wald umgeben ist, soll die Seelen verstorbener Königinnen und Könige der Joseon-Dynastie beherbergen. Da er 1385 errichtet wurde, gilt er auch als der älteste erhaltene konfuzianische Schrein des Landes, und jedes Jahr im Mai wird hier der verstorbenen Monarchen gedacht.

Mehr als 13 der koreanischen Könige flanierten durch den Geheimen Garten des Changdeokgung. Obwohl er mitten in Seoul liegt, ist man als Besucher geneigt, bei einem Spaziergang auf seinen Wegen und bei der Überquerung der eleganten Steinbrücken (der Bogen der Langlebigkeit wurde aus einem einzigen Steinstück geschlagen) zu glauben, man wäre auf dem Lande. Er wurde 1405 erbaut und im 17. Jh. erneuert und ist heute in den Sommermonaten der prachtvolle Rahmen für Musik, Tanz und Oper.

Info: www.visitseoul.net. **Gyeongbokgung-Palast:** www.royalpalace.go.kr. **Schrein Jongmyo:** www.jongmyo.net. **Changdeokgung-Palast:** http://eng.cdg.go.kr. **Unterkunft:** Das elegante Shilla Seoul ist seit langer Zeit der Favorit, nicht nur, weil es sich in einem großen Privatpark befindet. Tel. +88/2-2233-3131; www.shilla.net. *Preise:* ab €260. **Reisezeit:** Ende März–Mai: Frühlingswetter; Ende Aug.–Okt.: angenehmes und kühles Wetter.

Eine alte Hauptstadt begrüßt die Moderne

SEOULS DESIGNBOOM

Seoul, Südkorea

Seouls Skyline wurde bis vor Kurzem noch von den unauffälligen grauen Gebäuden beherrscht, die nach dem Koreakrieg in den 1950ern gebaut worden waren; heute haben die Einwohner manchmal Schwierigkeiten, sich zurechtzufinden, was an der ununterbrochenen Bautätigkeit liegt. Die starke Wirtschaft macht dies möglich – getragen von führenden Elektronikherstellern – und weitreichende Pläne, um Seoul in eine international bekannte Designmetropole zu verwandeln. Vielleicht ist das sogar schon erreicht: Das International Council of Societies of Industrial Design ernannte die Stadt zur „World Design Capital" des Jahres 2010.

Sie werden die ambitionierten Design- und Erneuerungskonzepte der Stadt schnell erkennen können – die einheitlichen Straßenverschönerungen, Bushaltestellen und Sitzbänke, die gigantischen Bauprojekte, die zum Teil von renommierten Architekten entwickelt wurden. Bis 2014 müssen Sie noch auf die neue Oper warten, die auf einer Insel im Han-Fluss gebaut wird, aber Sie können bereits jetzt durch das Dongdaemun Design Plaza & Park, das Architektin Zaha Hadid entworfen hat, spazieren. Gönnen Sie sich einen Kaffee am Han-Ufer oder erkunden Sie die Kunstszene im Stadtteil Samcheong-dong. Dabei sind Sie sicher nicht allein, denn Wettbewerbe wie die Design-Olympiade sind der Nährboden für ein grundlegendes Interesse an Kultur, Mode und Design.

Schauen Sie sich im Stadtteil Cheongdamdong alles an, was neu und spannend ist, neben dem Dosan-Park, wo die belgische Modeschöpferin Ann Demeulemeester ihren monumentalen Flagship-Store eröffnet hat, dessen geschwungene Linien und begrüntes Äußeres einem frischen Designbegriff huldigen. Dasselbe gilt für das Leeum Samsung Museum of Art, das Kunstwerke koreanischer und internationaler Künstler beherbergt und zum Teil von Rem Koolhaas und Jean Nouvel entworfen wurde. Las Vegas scheint nicht mehr fern, wenn man sich den Moonlit Rainbow Fountain auf der Banpo-Brücke ansieht, ein Brunnen, der 190 t Wasser pro Minute aus 10.000 Düsen versprüht, die in bunten Farben angestrahlt werden.

Seouls Hightechzukunft erahnen Sie in der Digital Media City – einer vernetzten „Stadt", in der Elektronikhersteller, Forscher und Entwickler, Universitäten, Wohnungen und Ausstellungsräume in den letzten 10 Jahren ein neues Zuhause gefunden haben. Wenn dort der elegante 132 Stockwerk hohe Wolkenkratzer 2015 fertiggestellt wird, wird er das zweithöchste Gebäude der Welt sein.

Kosten Sie die koreanische Küche im stilvollen Jung Sik Dang, wo es erfindungsreiche Gerichte wie *kimchi consommé* oder grüner Salat mit Heuschrecken gibt. Verbringen Sie die Nacht in einem hochmodernen Zimmer im IP Boutique Hotel, dessen verspielter Ansatz ein Lego-artiges Äußeres mit einer mutigen Inneneinrichtung verbindet. Puren Luxus bietet das W Hotel auf einem Hügel außerhalb der Stadtmitte, das entspannende Blicke auf den Han-Fluss erlaubt.

LEEUM SAMSUNG MUSEUM OF ART: Tel. +82/2-2014-6900; http://leeum.samsungfoundation.org. DIGITAL MEDIA CITY: dmc.seoul.go.kr. JUNG SIK DANG: Tel. +82/2-517-4654; www.jungsikdang.com. *Preise:* Dinner € 73. IP BOUTIQUE HOTEL: Tel. +82/2-3702-8000; www.ipboutiquehotel.com. *Preise:* ab € 133. W HOTEL: Tel. +82/2-465-2222; www.wseoul.com. *Preise:* ab € 170.

Traumhafte Traditionen tanzend erleben

DIE FESTE IN BHUTAN

Bhutan

Die heiligen Klosterfeste Bhutans – *tsechus* – sind die ideale Gelegenheit, das reiche buddhistische Erbe des Landes kennenzulernen. Im „Land des Donnerdrachens" ertönen Flöten, Becken und Trompeten, während die Menschen in farbenprächtiger traditioneller Kleidung tanzen. Die Klosterfeste werden das ganze Jahr über im gesamten Land gefeiert. Die größten *tsechus* finden in den Innenhöfen der großen *dzongs* statt – befestigte Klöster, die in jedem Bezirk des kleinen Königreichs im Himalaja die Zentren für Religion, Bildung und Verwaltung sind.

Das berühmteste der knapp 2 Dutzend Klosterfeste in Bhutan ist das in Paro. Mitte März wird es zu Ehren des Guru Padmasambhava (auch als Guru Rinpoche bekannt) abgehalten, der den tantrischen Buddhismus im 8. Jh. in den Himalaja brachte. Aus dem gesamten Tal strömen zahlreiche gut gelaunte Bhutaner herbei, während die Mönche außergewöhnliche Masken und Kostüme tragen. Sie nehmen damit Eigenschaften von Gottheiten, Dämonen und Tieren an und stellen die buddhistischen Legenden des Himalaja und Visionen buddhistischer Heiliger dar. Ihre atemberaubenden Aufführungen sollen die Zuschauer segnen und schützen.

Ein weiteres wichtiges Festspiel wurde zum 1. Mal 1670 anlässlich des Geburtstages von Guru Rinpoche begangen. Besucher aus dem näheren Umland strömen in Massen herbei, wenn es Anfang Oktober in der Hauptstadt Thimphu stattfindet, auf dem Hof des *dzong* Tashichho. Wenige Wochen später, beim Feuertanz am Kloster Bumthang, folgen die Teilnehmer dem feierlichen Umzug von Mönchen auf ein Feld, wo ein riesiger Bogen aus Kiefernzweigen in Brand gesteckt wird. Es wird behauptet, dass die Seelen derer geläutert werden, die sich trauen, durch die Flammen zu tanzen. Dieses Festival findet Ende Februar in Punakha statt und stellt den Sieg der bhutanischen Armee über die Tibeter nach.

Wo: Paro liegt 65 km westl. der Hauptstadt Thimphu. **Info:** www.tourism.gov.bt. **Wie:** Das amerikanische Unternehmen Geographic Expeditions bietet 7–14-tägige Touren zu den großen Klosterfesten an. Tel. +1/415-922-0448; www.geoex.com. Startet in Paro. **Wann:** Feb. oder März: Punakha; März oder Apr.: Paro; Sept. oder Okt.: Thimphu; Okt. oder Nov.: Jambay; Dez. oder Jan.: Trongsa.

Der Tanz der 8 Verschiedenen Geister wird beim Klosterfest in Paro getanzt, der wichtigsten Feierlichkeit in Bhutan.

Eine wilde Region im einzigen Königreich des Himalaja

DER JHOMOLHARI-TREK UND DAS TIGERNEST

Paro-Tal, Bhutan

Die immer noch kaum bereiste Nation Bhutan, südlich von Tibet an die Südseite des Himalaja geschmiegt und an 3 Seiten von Indien umgeben, ist eine der abgelegensten und geschütztesten Gegenden der Welt – aber sehr reizvoll wegen der unberührten Schönheit ihrer Natur und des reichen kulturellen Erbes. Das fast gänzlich buddhistische Land, etwas größer als die Schweiz und zu 70 % von Wäldern bedeckt (ein Drittel des Landes ist als Nationalpark ausgewiesen), hat weniger als 1 Mio. Einwohner, die tiefreligiös sind und fast alle von der Landwirtschaft leben (das Jagen verbietet sowohl das Gesetz als auch die Religion).

Die Tourismusindustrie wird sehr genau überwacht (Bhutan hat sich erst 1974 der Welt geöffnet), aber der unerschrockene Reisende wird reich belohnt von fantastischen Landschaften und alten Tempeln, Klöstern und Dörfern, und das alles mit nur wenigen anderen Touristen.

Bei einer Trekkingtour zum Fuße des Berges Jhomolhari („Berg der Göttin"), mit 7134 m Höhe der höchste und heiligste Berg Bhutans, erlebt man die beeindruckende Wildnis des Landes am besten. Man wandert durch Dörfer und niedrige Wälder, vorbei an terrassierten Bauernhäusern, grünen Reisfeldern und Gebirgsbächen und dann über die Baumgrenze hinaus in eine Welt aus Gletschern und Fels, die Heimat des legendären Schneeleoparden. Man campt auf hoch gelegenen Bergwiesen, wo Hirten ihre Yaks hüten und man *bha-*

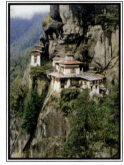

Das „Tigernest"-Kloster Taktshang ist eine der heiligsten Stätten Bhutans.

rals, die Himalaja-Blauschafe, beobachten kann. Bhutan ist mit mehr als 700 Vogelarten auch eines der besten Vogelbeobachtungsreviere der Welt.

Die Wanderung von der Hauptstadt Thimphu zum Jhomolhari oder eine Tageswanderung vom Paro-Tal aus führt zum großartigsten aller bhutanischen Monumente: zum berühmten Kloster Taktshang, dem „Tigernest". Es wurde 747 von einem tibetischen Missionar gegründet, der der Legende nach auf einem fliegenden Tiger dort landete. Das heutige Kloster aus Stein und Holz – 1692 dort errichtet, wo der Gründer einst meditierte – klammert sich an eine steile Felswand etwa 900 m über dem Paro-Tal, nur über eine Brücke und einen steilen, sich windenden Pfad zu erreichen (für Teile des Weges kann man Pferde mieten). Das Gebäude wurde 1998 bei einem Brand fast ganz zerstört und seitdem sorgfältig wieder aufgebaut.

WIE: Paro liegt 65 km westl. der Hauptstadt Thimphu. **WIE:** Das Unternehmen Bridge to Bhutan bietet 8–16-tägige Trekkingtouren zum Jhomolhari und zum Tigernest an. Tel. +975/2-331766; www.bridgetobhutan.com. Startet in Thimphu. **REISEZEIT:** März–Mai und Sept.–Dez.: angenehme Temperaturen; Apr. und Anf. Mai: Rhododendronblüte.

Im Zentrum der Stadt schlägt das Herz Indiens

ROTES FORT UND CHANDNI CHOWK

Alt-Delhi, Delhi, Indien

Die 17-Mio.-Metropole Delhi bietet einen überwältigenden Eindruck. Indiens Hauptstadt hat sich in den letzten Jahren in atemberaubendem Tempo verändert. Wer sich hier zurechtfinden und seine Sinne neu schärfen will, sollte sich nach Shahjahanabad aufmachen, der ummauerten Stadt des Shah Jahan (Erbauer des Taj Mahal in Agra, s. S. 579) – Alt-Delhi.

Als der Mogulherrscher im 17. Jh. Delhi zur Hauptstadt machte, schuf er architektonische Meisterwerke wie das Grabmal des Mogulherrschers Humayun und die Jama Masjid, die größte Moschee des Landes. Lieblingsziel der Touristen ist das massive Lal Quila, das Rote Fort. Namengebend für das Machtzentrum der Moguln ist der rote Sandstein, aus dem die etwa 2,5 km langen Festungsmauern und ihre Wachtürme bestehen. Armeen, Diener und Hofdamen waren hier zu Hause; üppige Gärten umgaben aufwendig verzierte Hallen und Dampfbäder mit Marmorfußböden. Der Aufstand 1857 setzte dem ein Ende, als die Briten den letzten Mogul vertrieben. Fast 100 Jahre fristete das Fort ein Dasein als Kaserne, bis zum 15. August 1947, als Jawaharlal Nehru die Flagge des unabhängigen Indien hissen ließ. Alljährlich am Unabhängigkeitstag wiederholt der regierende Premierminister diesen symbolischen Akt.

Von der knapp 1 km langen Chandni Chowk („Mondlichtstraße") zweigt ein Labyrinth aus Gassen und Basaren ab, die seit dem 17. Jh. das Chaos zum Alltag erheben. Halten Sie am Lahore-Tor, dem Zugang zum Roten Fort, eine Fahrradriksha an, feilschen Sie kräftig und lassen Sie sich anschließend von Ihrem *wallah* (Fahrer) durch die Seitenstraßen navigieren. Halten Sie für Samosas an einer Imbissbude oder schauen Sie in einem *halwai*

Über dem 3-stöckigen Lahore-Tor, dem Haupteingang zum Lal Quila, dem Roten Fort, weht die indische Nationalflagge.

(Süßigkeitengeschäft) vorbei, wo seit Generationen Rezepte für Naschereien innerhalb der Familie vererbt werden. Noch einen Kaschmirteppich und schmale Armreifen, und Sie haben einen erfolgreichen Tag hinter sich.

Staub und Weihrauch vermischen sich mit den berauschenderen Düften, die der Khari Baoli verströmt, einer der größten asiatischen Gewürzmärkte. Direkt nebenan im Kinari-Basar können Sie einheimischen Hindufamilien zusehen, wie sie für Hochzeiten einkaufen, die mehrere Tage dauern können.

Wer beim Besuch dieses Stadtteils Hunger hat, kommt an Karim's nicht vorbei, einer unscheinbaren Institution in einer Nebenstraße in der Nähe der Jama Masjid. Niemand könnte authentischer die Küche der Moguln kochen: Karim's Besitzer (in 4. Generation) zählt zu seinen Vorfahren Küchenchefs, die grandiose Gerichte für die Mogulherrscher zauberten.

Karim's: Tel. +91/11-2326-4981. *Preise:* Mittagessen € 10. **Reisezeit:** Feb.–Apr. und Aug.–Nov.: bestes Wetter; 15. Aug.: Unabhängigkeitstag.

Das Beste, was Indiens Küche zu bieten hat

Kulinarische Köstlichkeiten

Neu-Delhi, Delhi, Indien

Wer in Neu-Delhi indische *cuisine* kosten möchte, findet die besten Restaurants in den besten Hotels. Im ITC Maurya gibt es gleich 2: das Dumpukht und das Bukhara. Das Dumpukht ist ein verspielt elegantes Etablissement, dessen Ursprünge bis ins 18. Jh. zurückreichen und wo vorsichtig gegartes Fleisch und Gemüse im Mund zergehen. Das Bukhara folgt mit der Regionalküche des Nordwestens einem ganz anderen Ansatz: Seine Einrichtung erinnert mit Steinwänden und Holztischen an ein Jagdlager, und die verglaste Küche bietet reichlich Unterhaltung. Das perfekt zubereitete *tanduri* ist eines Königs würdig.

Einige kleinere und innovative Restaurants mischen seit geraumer Zeit die gastronomische Szene der Stadt auf, darunter das Indian Accent im frisch renovierten Manor Hotel. Küchenchef Manish Mehrotra verteidigt seinen in Indien und London erworbenen erstklassigen Ruf jeden Tag mit einfallsreichen indischen Gerichten, geschickten Kombinationen weltweiter Klassiker und ausgewählter Regionalküche.

Das Imperial gehört wie kein anderes historisch bedeutsames Hotel zur Stadt. Es ist für seine Art-déco-Einrichtung aus den Zeiten des Raj berühmt, für seine üppig grünen Gärten und das Spice Route, das sich auf zeitgenössische Küche spezialisiert hat. Künstler aus Kerala brauchten 7 Jahre für die Wandgemälde, auf denen die berühmte Handelsroute, Namensgeberin für das Restaurant, dargestellt ist. Die Gerichte lassen sich von diesem Reiseweg inspirieren: gebratene Garnelen à la Kerala, klassisch-thailändische Suppen und unverkennbare Currys aus Sri Lanka.

ITC Maurya: Tel. +91/11-2611-2233; www.itchotels.in. *Preise:* Dinner im Dumpukht € 48, im Bukhara € 52. **Indian Accent:** Tel. +91/11-2692-5151; www.themanordelhi.com. *Preise:* Dinner € 30. **The Imperial:** Tel. +91/11-2334-1234; www.theimperialindia.com. *Preise:* Dinner im Spice Route € 30.

Das Leben genießen mit einem Hauch von Portugal

Die Strände Goas

Goa, Indien

Einen entspannteren Ort als den kleinsten Bundesstaat Indiens, Goa, finden Sie im gesamten Land nicht. Die ehemalige portugiesische Kolonie hat sich aus einem Hippietreffpunkt zu einer touristischen Hauptattraktion entwickelt. Junge indische Städter und reisefreudige Europäer besuchen Goa, um ihre Hemmungen abzulegen und sich dem lässigen Lebensstil anzupassen. Hotels der oberen Preisklasse und elegante Strandvillen teilen sich mit einfachen Herbergen den Platz am Arabischen Meer, der für seine gut 100 km Palmenstrände berühmt ist.

Goa wurde als erster indischer Staat Teil einer europäischen Kolonialmacht und wurde als letzter befreit (nach einem langen Kampf mit den Portugiesen, die seit 1510 herrschten und sich erst 1961 zurückzogen). Ihr Einfluss ist überall zu erkennen, ob in Architektur oder Religion: Es gibt wundervolle Kathedralen und Klöster; über 25 % der Einwohner sind Katholiken. Kernstück der Hauptstadt des früheren Portugiesisch-Indien ist die im Barockstil erbaute Basilika Bom Jesus, Grabstätte des heiligen Franz Xaver, Mitgründer der Jesuiten und Goas Schutzheiliger.

Das südliche Goa ist eine Ruheoase, aber im Norden geht die Party ab. Muntere Städtchen an unberührten Stränden bieten Wochenmärkte, auf denen leckeres Essen und Tipps für die nächste Trance- oder Vollmondparty angeboten werden. In Anjuna gibt es mittwochs einen riesigen Flohmarkt (in Erinnerung an alte Hippiezeiten); Mapusas bietet freitags den Bauernmarkt, auf dem einheimische Spezialitäten frisch zubereitet werden; am Samstag ist ein Besuch in Baga Pflicht, wo der Nachtmarkt Dutzende Imbissbuden mit goanischer Küche aufzuweisen hat, einer außergewöhnlich pikanten Mischung südindischer und portugiesischer Einflüsse (aus Goa stammt *vindaloo*, ein Schweinefleischcurry).

Übernachen Sie im mondänen Pousada Tauma in Nordgoa. Der beliebte, gut 6 km lange Calangute-Strand liegt in der Nähe, und Ihr ruhiges, schattiges Zuhause ist ein optimaler Ausgangspunkt für Besuche von Velha Goa und der Hauptstadt Panaji. Kosten Sie ein Glas *feni*, den aus Kokosnuss oder Cashewkernen gebrannten einheimischen Schnaps, und genießen Sie Hummer Masala im hauseigenen Restaurant, das zu den besten der Region gehört. In Südgoa befindet sich das Vivenda dos Palhacos, eine alte, portugiesische Villa mit 7 Suiten. Oder übernachten Sie im lauschigen Elsewhere, einer Kokosplantage, die sich seit 1886 in Familienbesitz befindet. 4 bunte Strandhäuser aus der Kolonialzeit bieten Ihnen freien Blick auf atemberaubende Sonnenuntergänge am Arabischen Meer, und 3 bunte Zelte stehen an einem schmalen Salzwasserflüsschen.

Und wo sind die Hippies hin? Die finden Sie 240 km südlich am Om-Strand in Karnataka.

Wo: 582 km südl. von Mumbai. **Pousada Tauma:** Tel. +91/832-227-9061; www.pousada-tauma.com. *Preise:* ab € 144 (Nebensaison), ab € 252 (Hochsaison), all-inclusive. **Vivenda dos Palhacos:** Tel. +91/832-322-1119; www.vivendagoa.com. *Preise:* ab € 55 (Nebensaison), ab € 110 (Hochsaison). **Elsewhere:** Tel. +91/98-2003-7387; www.aseascape.com. *Preise:* Häuser mit 2–3 Schlafzimmern ab € 733/Woche (Nebensaison), ab € 3820 (Hochsaison); Zelte ab € 400/Woche (Nebensaison), ab € 1030 (Hochsaison). *Wann:* Nov.–Apr. **Reisezeit:** Okt.–März: bestes Wetter; Feb. oder März: Karneval in Panaji; 3. Dez.: Namenstag des hl. Franz Xaver und Festival in Velho Goa; Dez.–6. Jan.: Weihnachtsfeierlichkeiten.

Am Arambol-Strand vermischen sich katholische Einflüsse mit dem unkonventionellen Lebensstil Nordgoas.

Erinnerung an das Britische Empire und seine frühere Sommerresidenz

SHIMLA

Himachal Pradesh, Indien

Kipling nannte die sengende Hitze „den schlimmsten Feind" Indiens. Kein Wunder also, dass die Briten während der Sommermonate mit Sack und Pack Richtung Himalaja zogen und von Shimla aus regierten, der „Königin der Berge". Die Temperaturen an diesem hochgelegenen Ort machten das Leben erträglich. Viktorianische Architektur, Gärten und Belustigungen sorgten dafür, ein Scheinbild der Heimat aufrechtzuerhalten: The Mall, das Gaiety Theatre und Rasentennis in der noblen Unterkunft des Vizekönigs.

Das Chapslee erinnert an diese vergangenen Zeiten. Das imposante, entschieden britische Herrenhaus wurde 1835 in 2100 m Höhe errichtet. Seit seiner Eröffnung als Hotel bietet es den fürstlichen Lebensstil, die Küche und Gastfreundschaft, die das Goldene Zeitalter des Britischen Empire kennzeichneten. An den Wänden hängen Gobelins, venezianische Kronleuchter erhellen die Räume, Perserteppiche dämpfen Fußtritte. Besonders stolz ist der heutige Besitzer auf das beeindruckende Porträt seines Urgroßvaters, des ehemaligen Maharadschas von Kapurthala im Punjab.

Shimla ist noch heute einer der beliebtesten Erholungsorte. Inmitten der zauberhaften Landschaft finden Sie kleine Dörfer und Städte, hinduistische und buddhistische Tempel und Gemeinden, deren Festlichkeiten die Sommermonate beleben. Nur 45 Fahrminuten von Shimla entfernt liegt das vor Kurzem erbaute Wildflower Hall, ein Hotel mit 85 luxuriösen Zimmern inmitten unberührter Kiefernwälder, Rhododendren und Zedern. Hier stand Lord Kitcheners Sommerresidenz, gut 2450 m über Meereshöhe. Wanderungen, Mountainbike- und Flussfahrten; Golfrunden auf einem der höchstgelegenen Plätze der Welt, dem über 100 Jahre alten Naldehra, Ayurveda-Behandlungen, ein Bad im Whirlpool, den Blick auf die schneebedeckten Gipfel des Himalaja – das können Sie sich gönnen.

Erreichen Sie Shimla wie einst die Briten: Von Kalka aus fahren Sie unter Dampf mit der Schmalspurbahn hinauf, wie in Darjeeling (s. S. 581). Die 1903 fertiggestellte Strecke gilt als technische Meisterleistung und bietet Ihnen während der 6-stündigen Fahrt auf 96,5 km Länge 102 Tunnel, 864 Brücken und umwerfende Ausblicke auf die Gebirgslandschaft.

Wo: 375 km nördl. von Neu-Delhi. **CHAPSLEE:** Tel. +91/177-280-2542; www.chapslee.com. *Preise:* ab €260, all-inclusive. **WILDFLOWER HALL:** Tel. +91/177-264-8585; www.wildflowerhall.com. *Preise:* ab €200 (Nebensaison), ab €300 (Hochsaison). **KALKA-SHIMLA RAILWAY:** www.shimla-travel.com. **REISEZEIT:** März–Mai und Okt.–Nov.: bestes Wetter; Ende Mai–Anf. Juni: Shimla Sommerfestival.

Das Chapslee begrüßt heute Gäste mit viktorianischem Charme. Früher war es die Sommerresidenz eines Maharadschas.

Schneeleoparden und ein Hauch von Tibet in luftiger Höhe

LADAKH

Jammu und Kaschmir, Indien

Die Region Ladakh befindet sich zwischen den beiden höchsten Gebirgszügen der Welt, dem Karakorum und dem Himalaja. Obwohl sie politisch gesehen zu Indien gehört, verbindet sie geografisch und ethnisch mehr mit Tibet, denn sie ist stark vom tibetischen Buddhismus geprägt, was Ladakh den Spitznamen Klein-Tibet einbrachte. Der Schutz Indiens bedeutete den Schutz vor der chinesischen Kulturrevolution. Bis 1974 war die Region für Besucher nicht zugänglich, aber seitdem hat sie sich geöffnet, den Konflikten im Norden und Osten (China und Tibet) und dem Kaschmir-Tal im Westen (Indien und Pakistan) zum Trotz.

Die Landschaften, die man auf dem Flug in die Hauptstadt Leh erblickt, sind eindrucksvoll. Sie lassen sich nur von einer Fahrt durch das Nubra-Tal übertreffen, das „Tal der Blumen", bei der Sie den Kardung-Pass überqueren, einen der höchsten befahrbaren Gebirgspässe der Welt (Ladakh bedeutet „Land der hohen Pässe"). Auf einer Höhe von 5602 m riecht die Luft frisch, und der Ausblick ist unvergesslich.

Wer sich auf die Kultur dieser abgeschiedenen Region einlassen will, findet im ungewöhnlichen Reiseunternehmen Shakti den richtigen Ansprechpartner. Es besitzt im Indus-Tal in mehreren Dörfern traditionelle Häuser, die nach Renovierung mit eigenem Bad und bequemen Betten ausgestattet sind, den urwüchsigen Charme aber nicht verloren haben. Reisen Sie von Dorf zu Dorf – zu Fuß, per Boot und mit einem Allradfahrzeug; besuchen Sie Schulen und *gompa*s (befestigte Klöster).

In Ladakh befinden sich auch der Hemis-Nationalpark und das Hemis Gompa, eines der berühmtesten und faszinierendsten buddhistischen Klöster. Ein Festival mit Maskeraden, Tänzen, Musik und Handwerk zieht im Juni und Juli Besucher aus der gesamten Region an.

Das Kloster Hemis Gompa wurde 1630 in einer Höhe von 3600 m erbaut.

Die Tierwelt ist die Hauptattraktion des größten indischen Naturschutzgebiets. Treffen Sie auf die wunderschönen, aber schüchternen Schneeleoparden, denn dies ist eine der wenigen Regionen, wo Sie ihm zu Fuß folgen können. Die kalten Wintermonate sind die beste Gelegenheit, um einen Blick auf ihn zu erhaschen, was aber bedeutet, dass sich nur durchtrainierte und ernsthaft interessierte Abenteurer für einen solchen Ausflug anmelden sollten.

Wo: 613 km nördl. von Neu-Delhi. **Shakti:** Tel. +91/124-456-3899; www.shaktihimalaya.com. *Preise:* 7 Übernachtungen ab € 2887, all-inclusive. *Wann:* Mai–Sept. Startet in Delhi. **Wie:** Das britische Unternehmen Steppes Discovery bietet Touren auf den Spuren des Schneeleoparden an. Tel. +44/1285-643-333; www.steppesdiscovery.co.uk. *Preise:* 14 Tage ab € 2400, all-inclusive. Startet in Neu-Delhi. *Wann:* Nov. und März. **Reisezeit:** Ende Juni oder Anf. Juli: Hemis-Festival; 1.–15. Sept.: Ladakh-Festival in Leh; Nov.–März: Schneeleoparden beobachten.

Eine Welt aus Kanälen und Lagunen

DIE BACKWATERS VON KERALA

Kerala, Indien

An der tropischen Malabarküste befindet sich der exotische, friedvolle und abgelegene Küstenstaat Kerala – ein verwirrendes Labyrinth aus 44 Flüssen, verschlungenen *kayals* (Seen), ihren palmengesäumten Nebenarmen, Kanälen und Lagunen, die sich an grünen Reisfeldern und Wäldern mit vielfältigem Tierleben vorbeischlängeln. Die rund 1500 km langen Wasserwege wurden früher benutzt, um Kokosnüsse, Reis und Gewürze zu transportieren, verbinden heute aber verschlafene Inseln und Dörfer, die für ihre religiöse Toleranz, ihre schmackhaften Gerichte und ayurvedischen Traditionen berühmt sind. Kerala gilt als Geburtstätte des Ayurveda, einer uralten Naturheilkunst. Es gibt zahlreiche Kliniken und ayurvedische Kurorte (*shalas*), die jahrtausendealte Behandlungen und Massagen mit Gewürzölen anbieten – den Gewürzen, die Vasco da Gama 1498 nach Kerala zogen.

Die vallams *werden auf den Kanälen Keralas mit langen Stangen gestakt.*

Nur über die Seen erreicht man das abgelegene Coconut Lagoon, eine Enklave von 30 anmutigen *tharawads* – 400 Jahre alte reich verzierte Holzbungalows, die ohne einen einzigen Nagel erbaut, auseinandergenommen und hier wieder zusammengesetzt wurden. Entlang den kühlenden Ufern der *backwaters* können Sie sich im Spa entspannen oder neben dem Pool einen Abend im Schatten eines Muskatnussbaums verbringen.

Viele der älteren Kolonialhäuser Keralas sind in Gästeunterkünfte umgewandelt worden. Von hier aus werden Bootsreisen in den typischen *vallams* angeboten, mit denen Sie die Stille der Wasserwege und die Gemächlichkeit des Lebens genießen können. Sie werden an Fischern vorbeiziehen, Kindern, die im Wasser planschen, jagenden Meeresvögeln und gelegentlich auch einem Hausboot oder *kettu vallam*. In den letzten Jahren haben sich diese schwimmenden Unterkünfte zu beliebten Übernachtungsmöglichkeiten entwickelt.

Ein Besuch in Kerala beginnt in der Regel in Kochi (früher Cochin), der faszinierenden Haupt- und Hafenstadt. Sie ist seit mehr als 1000 Jahren Zentrum des indischen Gewürzhandels und gilt heute noch als Zentrum des weltweiten Pfefferhandels. Seine Bewohner haben chinesische, niederländische, portugiesische und britische Wurzeln; Einflüsse der Juden und syrischen Christen gehören ebenso zur bunten kulturellen, architektonischen und gastronomischen Vielfalt dazu.

Im alten Stadtteil Fort Kochi finden Sie die Franziskanerkirche, die erste in Indien errichtete europäische Kirche. Vasco da Gama starb hier und wurde 1524 in der Kirche zu Grabe getragen, aber seine Überreste wurden später nach Portugal überführt. Südlich liegt das jüdische Viertel mit der Paradesi-Synagoge in einem Gebäude von 1664. Sie ist damit die älteste Synagoge des Commonwealth of

Nations (die Gemeinde wurde 1568 gegründet und hat noch heute einige Mitglieder). Kochi kann verdientermaßen auf seine Küche stolz sein. Kostproben erhalten Sie im Fort Cochin Restaurant des Casino Hotels, das für seine erstklassigen Gerichte mit fangfrischen Fisch und Meeresfrüchten berühmt ist. Sein Schwesterhotel, das historische Brunton Boatyard, war eines der ersten Boutique-Hotels in Fort Cochin und setzt bis heute Maßstäbe.
Wo: 1059 km südl. von Mumbai. **Coconut Lagoon:** Tel. +91/484-301-1711; www.cghearth.com. *Preise:* ab € 110 (Nebensaison), ab € 237 (Hochsaison). **Philipkutty's Farm:** Tel. +91/482-927-6529; www.philipkuttysfarm.com. *Preise:* ab € 130 (Nebensaison), ab € 178 (Hochsaison). **Casino Hotel:** Tel. +91/484-301-1711; www.cghearth.com. *Preise:* ab € 96; Dinner € 22. **Brunton Boatyard:** Tel. +91/484-301-1711; www.cghearth.com. *Preise:* ab € 130 (Nebensaison), ab € 305 (Hochsaison). **Reisezeit:** Okt.–März: kühles, trockenes Wetter; Mitte Aug.–Sept.: Schlangenbootrenen (*Chundan Vallam*) im Rahmen des Onam-Fests.

Das einstige Privileg der Maharadschas

Die königlichen Züge Indiens

Indien

Mit mehr als 100.000 km Gleislänge, über 8000 Reisezügen und fast 1,5 Mio. Mitarbeitern hat die indische Eisenbahngesellschaft eines der größten Verkehrsnetze der Welt. 7500 Bahnhöfe decken praktisch das gesamte Land ab. Zum alltäglichen Abenteuer gehören überfüllte Waggons, verpasste Anschlusszüge und generelles Chaos.

Die wenigsten Touristen sehen mehr als die Strecke Neu-Delhi–Agra, wenn sie das Taj Mahal (s. S. 579) besuchen. Aber wer eine längere und angenehmere Reise auf sich nehmen und geradezu königlich behandelt werden möchte, dem bieten sich einige ausgewählte Züge. Das Mittagessen nehmen Sie in ehemaligen, nobel eingerichteten Palästen ein, tagsüber gehören Kamelausritte und Tiger-Fotosafaris zum Angebot, und wenn Sie abends wieder im Zug sitzen, erwarten Sie aufmerksame Bedienstete, die einem Bollywoodfilm entsprungen sein könnten.

Sowohl der *Palace on Wheels* und der *Royal Rajasthan on Wheels* fahren hauptsächlich nachts, was Ihnen tagsüber Besuche der zauberhaften Städte im Norden ermöglicht: Jaipur (s. S. 572), Udaipur (s. S. 576), Jaisalmer (s. S. 573) und Jodhpur (s. S. 574). Höhepunkt der Reise ist sicher der Besuch des Taj Mahal, bevor Sie nach Neu-Delhi zurückkehren. Der *Deccan Odyssey* fährt Richtung Süden nach Tarkarli, durch Maharashtra bis zur Westküste und weiter nach Goa (s. S. 561); anschließend landeinwärts bis Pune (das „Oxford des Ostens") und weiter zu den historischen Anlagen Ajante und Ellora (s. S. 569). Sein Zwilling, *The Indian Maharaja*, startet in Mumbai und fährt Richtung Norden nach Delhi, wobei er den Wüstenstaat Rajasthan durchquert. Die Hauptstrecke des in Violett gehaltenen *Golden Chariot* geht von Bangalore aus durch das alte Karnataka in Südindien und hält dabei an Palästen und Sehenswürdigkeiten, unter ihnen der Nagarhole-Nationalpark, der Ihnen die Gelegenheit zu einer Safari bietet. Eine andere Streckenführung schließt Tamil Nadu und Kerala ein (s. S. 565).

Der jüngste Neuzugang dieser prunkvollen Fortbewegungsmöglichkeiten ist der

Maharajas' Express, der erste Luxuszug, der ganz Indien durchquert und dabei 3 verschiedene Schwerpunkte anbietet. Zwischen den Stopps haben Sie die Möglichkeit, erstklassige Köstlichkeiten von Meisterköchen zu probieren, Vorträgen von indischen Koryphäen zu lauschen und die Landschaft zu genießen.

WIE: Weltweit können Sie die Züge über Palace Trains buchen: www.palacetrains.com. *PALACE ON WHEELS:* www.palaceonwheels.net. *Preise:* 8-tägige Reisen ab € 1860. *ROYAL RAJASTHAN ON WHEELS:* Tel. +91/11-2338-3837; www.royalpalaceonwheels.com. *Preise:* 8-tägige Reisen ab € 3214. *DECCAN ODYSSEY:* Tel. +91/22-2283-6690; www.mtdcdeccanodyssey.com. *Preise:* 8-tägige Reisen ab € 2262. *GOLDEN CHARIOT:* Tel. +91/80-434-6340; www.goldenchariot.org. *Preise:* 8-tägige Reisen ab € 2800. *MAHARAJAS' EXPRESS:* Tel. +91/22-6690-4747; www.rirtl.com. *Preise:* 7-tägige Reisen ab € 4640, all-inclusive.

Der Palace on Wheels *wird seinem Namen gerecht: luxuriöse Unterbringung, erstklassiges Essen und köstliche Getränke.*

Auf der Spur des indischen Nationaltiers

DIE NATIONALPARKS BANDHAVGARH UND KANHA

Madhya Pradesh, Indien

Bei einer Safari in Afrika gibt es die „Großen 5" zu sehen, aber in Indien gibt es neben Elefanten, Nashörnern, Büffeln, Löwen und Leoparden noch den Tiger. Obwohl er zu den größten Exemplaren der Katzenartigen gehört, war er gegen Wilderer und schrumpfende Lebensräume wehrlos. Der Bestand ist von geschätzten 45.000 Exemplaren zu Beginn des 20. Jh. auf etwa 1500 gesunken. Alle 6 verbliebenen Unterspezies sind gefährdet, und Indien hat sich den Kampf um den Königstiger auf die Fahne geschrieben: Er ist das indische Nationaltier.

Wenn Sie einen Blick auf diese seltenen Tiere werfen wollen, bietet sich der Nationalpark Bandhavgarh an, der trotz seiner geringen Größe (450 km²) eine sehr große Population aufweist. Ein 2000 Jahre altes Fort, eine Statue Vishnus aus dem 10. Jh. und ein Dschungel aus Salbäumen machen ihn zu einem der schönsten Nationalparks des Landes. Doch das ist nicht alles: Nur 20 Minuten vom Eingang entfernt können Sie im gerade eröffneten Luxushotel Mahua Kothi übernachten, das Ihnen in diesem Park zuvor unbekannten Service und Annehmlichkeiten bietet. Es besteht aus nur 12 Suiten in Form

Indiens berühmtes Nationaltier ist gefährdet.

von *kutiya* (typische Dorfhütten). Machen Sie sich zu Fuß, im Jeep oder auf einem Elefanten auf die Suche nach dem Königstiger und beobachten Sie auch die anderen faszinierenden Tiere: Leoparden, Axishirsche, Gaure, Nilgauantilopen, Hyänen, Wildhunde, zahlreiche Vogel- und 111 Schmetterlingsarten.

Wenn Sie noch für einen zweiten Ausflug Zeit haben, sollten Sie die 6 Stunden Fahrt zum Kanha-Nationalpark in Kauf nehmen, denn er gilt als Inspirationsquelle für Rudyard Kiplings *Dschungelbuch*. Er gehört zu Indiens größten Parks und ist eins der 9 Schutzgebiete des *Project Tiger*, das 1973 zur Rettung der Spezies ins Leben gerufen wurde. Bambushaine und Salbäume wechseln sich mit grünen Wiesen ab und sind das Zuhause von Zackenhirschen, Leoparden, Mungos, Wildschweinen und mehr als 200 Vogelarten. Banjaar Tola strahlt in 2 eleganten Zeltdörfern, die sich auf einem 36 ha großen Privatgelände befinden, schlichten Luxus aus (beide verfügen über je 9 Suiten). Am Rande des Parks hat sich seit 1982 mit dem Kipling Camp ein Komplex aus 15 Ferienhäusern mit Doppelzimmern dem Naturschutz verschrieben.

Wo: Der Bandhavgarh Nationalpark liegt 165 km nordöstl. des Flughafens Jabalpur; der Kanha Nationalpark 160 km südöstl. *Wann:* Parks von Juli–Okt. geschlossen. MAHUA KOTHI und BANJAAR TOLA: Tel. +91/22-660-11825; www.tajsafaris.com. *Preise:* ab € 333 pro Person, all-inclusive (Nebensaison), ab € 555 (Hochsaison). KIPLING CAMP: Tel. +91/11-6519-6377; www.kiplingcamp.com. *Preise:* ab € 280, all-inclusive. REISEZEIT: Nov.–Mai: bestes Wetter.

Erotische Szenen im Niemandsland

DER TEMPELBEZIRK KHAJURAHO

Madhya Pradesh, Indien

In einer kleinen verschlafenen Stadt mitten in Indien ebneten die Chandella ein Jahrhundert lang künstlerischer Kreativität die Bahn: Die Rajputen-Krieger herrschten zwischen dem 10. und 13. Jh. und behaupteten, vom Mondgott Chandra abzustammen. Von den ursprünglich über 80 Tempeln sind heute noch 22 erhalten, die mit langen Friesen dekoriert sind, auf denen sich alltägliche Szenen mit Militärparaden abwechseln. Die bekanntesten Abbildungen sind aber äußerst erotisch: Himmlische „schöne Mädchen" posieren mit Schmollmündern neben Figuren, die jede nur erdenkliche Position des Kamasutra vollziehen, dem in Sanskrit verfassten Handbuch zur erotischen Liebe. Diese außergewöhnlich deutlichen Darstellungen

Der britische Offizier, der die Friese an den Khajuraho-Tempeln 1838 entdeckte, war über die erotischen Darstellungen entsetzt.

sind heute genauso bemerkenswert, wie sie es auch schon zur Zeit ihrer Erschaffung gewesen sein müssen.

Die hinduistischen und jainistischen Tempel sind auf dem Gelände in 3 Gruppen eingeteilt – Westen, Osten und Süden. Die ältesten und größten Tempel gehören der Westgruppe an und sind am besten erhalten. Dort befindet sich auch das Archäologische Museum. Seit 2002 ist dieses Tempelgelände der Hintergrund für Tänzer die jedes Jahr 1 Woche lang klassisch-indische (und seit einiger Zeit auch moderne) Tänze vollführen. Anlass ist die Heirat der Hindugötter Shiva und Parvati, denen einige der Tempel gewidmet sind.

Wo: 620 km südöstl. von Delhi. **Unterkunft:** Das Hotel Chandela liegt knapp 1 km von den Tempeln entfernt. Tel. +91/7686-272355-64;. *Preise:* € 93. Das Hotel Lalit Temple View ist teurer, aber näher am Tempelbezirk. Tel. +91/7686-272111; www.thelalit.com. *Preise:* ab € 163. **Reisezeit:** Okt.–März, wenn die Sonne die Tempel dunkelrot erstrahlen lässt; letzte Februarwoche–Anf. März: Khajuraho-Tanz-Festival.

Architektonische Meisterleitungen rätselhafter Macht

Die Höhlentempel in Ajanta und Ellora

Maharashtra, Indien

Mumbai ist vielleicht das wirtschaftliche Zentrum Indiens, aber seine Seele findet sich im Landesinneren in der Nähe von Aurangabad, versteckt in den Höhlenkomplexen von Ajanta und Ellora. Dutzende *chaitya* (Tempel) und *vihara* (Klöster) wurden aus dem nackten Fels geschlagen und mit Fresken bemalt. Die 29 buddhistischen Höhlentempel entstanden vom 2. Jh. v. Chr. bis etwa 650 n. Chr., gerieten bis zum 19. Jh. aber in Vergessenheit, was vermutlich erklärt, warum sie sich in so hervorragendem Zustand befinden.

Ajanta, der ältere der beiden Höhlenkomplexe, begeistert mit Wandmalereien; Ellora, das etwa 100 km südwestlich liegt, präsentiert in 34 Höhlentempeln feinste Bildhauerkunst. Der Arbeitsaufwand entspricht der Verschönerung einer Kathedrale mit Skulpturen, nur dass diese hier mit einfachsten Werkzeugen aus dem Fels geschlagen wurden. Es wird davon ausgegangen, dass die buddhistischen Erschaffer Ajantas hierher umzogen, nachdem sie ihre Arbeit beendet hatten: Die 12 ältesten Höhlen Elloras sind buddhistischer Herkunft und wurden gegen 600 n. Chr. begonnen, als die Tätigkeiten in Ajanta eingestellt wurden. Bis ins 11. Jh. wurden insgesamt 17 hinduistische

Buddhistische Mönche schlugen die aufwendig verzierten chaitya *und* vihara *der Ajanta-Höhlen mit einfachsten Werkzeugen aus dem Fels.*

und 5 jainistische Tempel und Höhlen erschaffen. Elloras Meisterwerk ist der Kailash-Tempel, dessen Maße und Detailreichtum den Besucher in Erstaunen versetzen: Seine Grundfläche von über 9000 m² ist mehr als doppelt so groß wie die des Parthenons in Athen (s. S. 183), und er ist auch höher. Schätzungen zufolge brauchte es gut 100 Jahre, den Tempel fertigzustellen. 200.000 t Erdreich mussten bewegt werden, und etwa 800 Künstler verschönerten ihn.

Wo: Aurangabad liegt 388 km nordöstl. von Mumbai. **Info:** www.maharashtratourism.gov.in. **Unterkunft:** Das palastartige Taj Residency in Aurangabad bietet ein gutes Restaurant und Ganztagesausflüge zu den Höhlen. Tel. +91/24-6613737; www.tajhotels.com. *Preise:* ab € 126. **Reisezeit:** Okt.–März: bestes Wetter; Nov.: *Ellora Festival* mit klassisch-indischem Tanz und Musik.

Geliebtes Wahrzeichen

Das Taj Mahal Palace Hotel

Mumbai, Maharashtra, Indien

Das Taj Mahal Palace, Wahrzeichen Mumbais seit 1903, ist Indiens berühmtestes Hotel und Inbegriff des Luxus. Das im indosarazenischen Stil erbaute Meisterwerk bietet freien Ausblick auf das Arabische Meer und beherbergte berühmte Gäste. Perfekt gekleidete Portiers geleiten die Gäste in das angenehm kühle, glänzende Marmorinnere des eleganten Palastflügels; die hohen Etagen des 30-stöckigen Turmflügels wurden 1972 hinzugefügt; von dort aus können Sie auf das imposante *Gateway of India* hinuntersehen. Der Triumphbogen am Hafenufer wurde zur Erinnerung an den Besuch des britischen Königspaars, George V.

Rockstars, Maharadschas und Staatsoberhäupter sind schon in diesem Hotel abgestiegen, das freien Blick auf das Arabische Meer bietet.

und Mary, 1924 erbaut, und von hier aus verließen 1948 die letzten britischen Kolonialisten das Land. Einen Höhlenkomplex mit Tempeln aus dem 6.–8. Jh., der dem Hindugott Shiva gewidmet ist, erreichen Sie mit der Fähre: Von der Insel Elephanta aus genießen Sie den Ausblick auf die Skyline Mumbais.

Entspannen Sie sich im Jiva-Spa, ob nun mit Yoga, Meditation oder einer der anderen althergebrachten ganzheitlichen Heilkünste. Gesellen Sie sich zu den eleganten Mumbaikar (Einwohner Mumbais), die zum *high tea* und Desserts vorbeischauen. Die zeitgenössisch eingerichtete Sea Lounge bietet *Masala-Tee-Crème-brûlée*; Sie können sich aber auch im Café Aquarius im Freien einen Blick auf den legendären Swimmingpool des Hotels gönnen. Oder reservieren Sie sich einen Platz für ein Dinner in den hervorragenden Hotelrestaurants wie dem Masala Kraft, das die gastronomischen Klassiker Mumbais offeriert.

Man sagt, J. N. Tata habe das Taj Mahal Palace Hotel errichtet, nachdem man ihm die Übernachtung in einem der Hotels der Stadt versagt hatte, weil er Inder war. Die Taj-Hotelkette, die nur einen Bruchteil des Tata-Konzerns ausmacht, unterhält mehr als 70 Hotels in Indien und aller Welt. Das Taj wurde im November 2008 zum Ziel eines terroristischen Anschlags, dem 31 Hotelgäste und Mitarbeiter zum Opfer fielen. Feuer, die während des Angriffs ausgebrochen waren, beschädigten das Hotel schwer, doch es wurde nach kurzer Zeit wiedereröffnet. Eine schlichte Gedenktafel erinnert an das Ereignis, das die Einwohner näher zusammenrücken ließ und dem Hotel einen Ehrenplatz in ihren Herzen sicherte.

Info: Tel. +91/22-6665-3366; www.tajhotels.com. *Preise:* ab € 163 (Nebensaison), ab € 407 (Hochsaison); Dinner im Masala Kraft € 30. **Reisezeit:** Okt.–März: bestes Wetter; Feb. Tanzfestival auf der Insel Elephanta; Aug.: Ganesh Chaturthi-Fest; Okt.–Nov.: *Diwali* (Lichterfest) am Chowpatty-Strand.

Ein Ort außergewöhnlichen Friedens, in dem jeder willkommen ist

Der Goldene Tempel

Amritsar, Punjab, Indien

In Amritsar steht der Goldene Tempel, Harmandir Sahib, der auf einer Insel inmitten des „Nektarteichs" zu schweben scheint. Er gehört den zu schönsten Gebäuden Indiens und ist der heiligste Schrein der Sikh. Jeder Besucher ist willkommen, ungeachtet seiner Religion, Hautfarbe oder Kaste. Mit dem Bau des Tempels, in dem die heilige Schrift der Sikhs liegt, wurde 1574 begonnen. Seit dieser Zeit hat der 3-stöckige Tempel, der über einen Damm erreicht wird, viele Verschönerungen erfahren: Die oberen Stockwerke wurden mit Blattgold überzogen; im 19. Jh. wurde eine Kuppel hinzugefügt. Symbolisch für seine Offenheit sind Türen und Balkone zu allen 4 Seiten. Die Inneneinrichtung besteht aus Marmor, mit Gold und Silber verzierten Holzschnitzarbeiten und Mosaiken. Ein Muslim hofft darauf, einmal im Leben Mekka besuchen zu können – die Sikhs hoffen, einmal den Goldenen Tempel zu sehen.

Es gibt keine festen Gottesdienste, aber im Lauf des Tages werden die heiligen Schriften und Hymnen aus dem Adi Granth (dem heiligen Buch der Sikh) unter einem juwelenbesetzten Baldachin intoniert. In der Nacht versammeln sich Tausende Gläubige zur Palki-Sahib-Prozession, bei der das heilige Buch in einer Sänfte an seinen Ruheplatz zurückgebracht wird.

Keine Pilgerfahrt eines Sikh wäre vollständig ohne den Besuch des Langar. Dieser riesige Speisesaal wird von Freiwilligen geführt, die täglich 30.000 Menschen kostenlos beköstigen. Setzen Sie sich dazu und genießen Sie das Gefühl von Gastfreundschaft und Gleichberechtigung, die Grundlage der Sikh-Religion sind und den Besuch Amritsars zu etwas ganz Besonderem machen.

Wo: 410 km nordwestl. von Delhi, 64 km östl. von Lahore, Pakistan. **Goldener Tempel:** www.darbarsaheb.com. **Unterkunft:** In einem Gebäude aus dem 19. Jh. befindet sich das familiengeführte Boutique-Hotel Ranjit Svaasa. Tel. +91/183-256-6618; www.svaasa.com. *Preise:* ab € 74. **Wie:** Das amerikanische Unternehmen Asia Transpacific Journeys besucht auf einer Tour durch den Himalaja auch Amritsar. www.asiatranspacific.com. *Preise:* € 6145. Startet in Delhi. *Wann:* Sept. **Reisezeit:** Bei Sonnenaufgang oder am späten Nachmittag, wenn sich die Goldkuppeln im Wasser spiegeln; Sept.–Nov. und Feb.–März: bestes Wetter; Mitte Apr.: Feiertage der Sikhs wie *Vaisakhi*.

Vögel haben Vorfahrt

DER KEOLADEO-NATIONALPARK

Bharatpur, Rajasthan, Indien

Zwischen den historischen Zentren Agra und Jaipur (s. S. 579 und unten) liegt der winzige Keoladeo-Nationalpark bzw. das Bharatpur-Vogelschutzgebiet. Es zählt zu Indiens (und vermutlich ganz Asiens) besten Vogelschutzgebieten, vor allem im Winter, wenn seine Sumpfgebiete Zugvögel aus Afghanistan, Turkmenistan, China, Sibirien und Europa willkommen heißen. Mehr als 400 Stand- und Zugvogelarten bauen jährlich über 10.000 Nester; darunter Störche, Fischreiher und Kormorane. Der Park war früher das private Entenjagdgebiet eines Maharadschas. Heute erinnern Gedenktafeln an berühmte Jagdgesellschaften der Vergangenheit: 1938 erbeutete der britische Vizekönig allein 4273 Vögel – an einem Tag.

Fahrzeuge sind im 29 km² großen Park verboten; nur Fahrräder, Pferdekutschen oder Rikschas sind zugelassen. Letztere Fortbewegungsmöglichkeit ist die beste für die angehenden Ornithologen, denn die Rikschafahrer wurden von der Parkleitung im Aufspüren der Vögel ausgebildet. Vergessen Sie nicht, den Blick auch nach unten schweifen zu lassen: Pythons, Stachelschweine, Mungos, Schakale, Zibetkatzen, Wildschweine, Nilgauantilopen (Asiens größte Antilopenart) und die gefährdete Rohrkatze tummeln sich im Park.

Das nahe Bagh Hotel bietet auf knapp 5 ha 200 Jahre alte Gärten und hauseigene Naturforscher, die Vogelfreunden sachkundige Vorträge halten und sie auf geführte Touren in den Park mitnehmen.

Der Braunliest findet in Keoladeo sicheren Unterschlupf.

Wo: 55 km westl. von Agra. **Info:** Tel. +91/564-422-2777; www.knpwhs.org. **The Bagh:** Tel. 91/564-422-5415; www.thebagh.com. *Preise:* ab € 107.

Reisezeit: Okt.–Feb.: Zugvögel (nach dem Monsun) und Aug.–Nov.: Standvögel; frühmorgens und bei Sonnenuntergang sind sie besonders aktiv.

Wo Haremsdamen freien Blick auf die Welt genossen

DER PALAST DER WINDE

Jaipur, Rajasthan, Indien

Rosarot ist bei den Rajputen die Farbe der Gastfreundschaft, und Jaipur, die Hauptstadt des Bundesstaats Rajasthan, wird auch „rosarote Stadt" genannt: das perfekte Zuhause für den Hawa Mahal, den lachsfarbenen „Palast der

Winde", der 1799 erbaut und mit zarten Blumenmustern dekoriert wurde. Die 2 oberen der 5 Etagen sind reine Fassade (dahinter liegt nur ein schmaler Raum), enthalten aber 953 Fenster, von denen aus die Damen des fürstlichen Haushalts in *purdah* (von den Männern abgeschottet) die sanfte Brise genießen konnten, während Prozessionen oder das alltägliche Leben der Stadt an ihnen vorbeizogen. Am späten Nachmittag lassen die Sonnenstrahlen den Sandstein, aus dem der Palast erbaut wurde, besonders prachtvoll wirken. Um die Ecke befindet sich der Stadtpalast, eine Mischung aus Mogul-Architektur und Einflüssen der in Rajasthan vorherrschenden Baustile. Die Familie des früheren Maharadschas wohnt noch in einer der oberen Etagen.

Um dem Chaos auf den Straßen zu entgehen, reicht ein Besuch des vornehmen Oberoi Rajvilas außerhalb der Stadt, denn hier wird das fürstliche Rajasthan zu neuem Leben erweckt. Auf gut 30 ha erstreckt sich eine Oase exotischer Pavillons, Pools, Innenhöfe und Brunnen, und inmitten des Hotelgeländes erhebt sich ein rosarotes Fort. Es scheint fast so, als ob dieser Komplex schon immer hier gestanden hätte, aber er wurde 1997 als erstes der neuen indischen Luxushotels erbaut. Entspannen Sie sich in einem der luxuriösen

Der Architekt dieses außergewöhnlichen Palasts hat auch den Grundriss Jaipurs angelegt.

Zelte mit Teakholzfußböden und gönnen sich eine Ayurveda-Behandlung. Wenn Sie sich für wahrhaft fürstliche Unterbringung interessieren und an die Zeit der Maharadschas erinnert werden wollen, gibt es in Jaipur mehrere Angebote (s. S. 574) oder das bis heute unerreichte Taj Lake Palace (s. S. 576) in Udaipur.

Wo: 260 km von Neu-Delhi entfernt. **Oberoi Rajvilas:** Tel. +91/141-268-0101; www.oberoihotels.com. *Preise:* ab € 580. **Reisezeit:** Sept.–März: bestes Wetter; bei Sonnenaufgang und am späten Nachmittag erstrahlt der Palast; Ende Feb. oder März: Holi-Fest; Juli–Aug.: Teej-Festival, der Göttin Parvati gewidmet (vor dem Monsun).

Eine riesige Sandburg mitten in der großen indischen Wüste

JAISALMER

Rajasthan, Indien

Früher war die „goldene Stadt" ein wichtiger Halt für Karawanen auf ihrem Weg über den Chaiber-Pass. Ihre berühmte, mächtige Sandsteinfestung, die sich über der Wüste erhebt, wirkt vor dem saphirblauen Himmel wie eine Fata Morgana. Jaisalmer ist die einzige funktionsfähige Festungsstadt Indiens – eine von wenigen in der gesamten Welt –, denn ein Viertel der Bevölkerung lebt innerhalb der Sonar Killa (Goldenes Fort). Da sie nur 60 km von Pakistan entfernt liegt, galt sie lange Zeit als Provinznest, aber heute hält sogar der Luxuszug *Palace on Wheels* (s. S. 566) für einen Besuch in Rajasthans Wüstenstadt an.

Der Reichtum früherer Zeiten stammte aus den hohen Abgaben vorüberziehender Kamelkarawanen. Adlige und Händler verwendeten sie, um sich *havelis* (reich verzierte Stadt- und Herrenhäuser) zu leisten, die an ihren Fassaden und aufwendig gestalteten Balkonen zu erkennen sind und am lokalen gelbbraunem Sandstein, aus dem sie bestehen. Einige führen ein neues Dasein als Hotel: Das 300 Jahre alte Nachana Haveli wird von der Fürstenfamilie Jaisalmers geführt, das die 12 Zimmer mit Ahnenporträts und Erinnerungsstücken dekoriert hat. Vom Dachrestaurant Saffron haben Sie einen perfekten Ausblick auf das Fort bei Sonnenuntergang.

Möchten Sie das Leben der Nomaden in der Thar-Wüste mit einem Hauch Luxus genießen, dann ist das Serai die richtige Wahl. Nach 45 Minuten Fahrt entdecken Sie die schlicht, aber elegant eingerichteten Zelte (einige verfügen über Minipools) und ein kleines Spa. Entscheiden Sie sich für eine Jeeptour oder einen Kamelausritt zu den umliegenden Dünen und genießen Sie bei sanften Klängen einheimischer Musiker den Sonnenuntergang. Bei Nacht schillern Millionen Sterne am Himmel, und Ihr Zeltlager verwandelt sich im Schein zahlreicher Kerzen und Laternen in einen romantischen Traum.

Während des Vollmonds im Januar oder Februar findet in Jaisalmer das 3-tägige Wüstenfestival mit Musik, Tänzen, Rennen und Kamelpolo statt. Höhepunkte sind die Feuertänzer und der Schnurrbartwettbewerb, aber eigentlich geht es um die Menschen in ihren bunten Saris und Turbanen, die aus den entlegensten Gegenden hierherkommen, um zu feiern.

Wo: 285 km von Jodhpur entfernt. **Nachana Haveli:** Tel. +91/29-9225-5565; www.nachanahaveli.com. *Preise:* ab € 48. **The Serai:** Tel. +91/11-4606-7608; www.the-serai.com. *Preise:* Doppelzelte ab € 480. *Wann:* Sept.–März. **Reisezeit:** Okt.–Feb.: bestes Wetter, Kamelsafaris; Jan. oder Feb.: Wüstenfestival.

In Jaisalmer heben sich die bunten Saris der Frauen vom tristen Hintergrund der Thar-Wüste ab.

Fürstliche Unterbringung vom Feinsten

Maharadscha-Palasthotels

Jodhpur und Jaipur, Rajasthan, Indien

Indiens farbenfroher Bundesstaat Rajasthan wird nicht umsonst das Land der Könige genannt. Sagenhaft reiche Maharadschas hinterließen weitläufige Paläste und Bergfestungen, von denen viele in einzigartige Hotels umgewandelt wurden. Die früher so mächtigen Herrscher Indiens verloren mit der Unabhängigkeitserklärung 1947 zwar ihr Einkommen, durften aber ihren Grundbesitz behalten. Viele nutzten die Chance, als Hoteliers märchenhafte Unterkünfte zu erschaffen und ihre Häuser zahlungskräftigen Besuchern zu öffnen.

Bleibenden Eindruck hinterlässt das britisch-indische Umaid Bhawan Palace hoch über der „blauen Stadt" Jodhpur. Es gehört zu den größten Privatresidenzen und ist der letzte fürstliche Palast, der in Rajasthan errichtet wurde. Maharadscha Umaid Singh beschäftigte ab 1929 3000 Handwerker und Arbeiter im Rahmen eines Hungerhilfeprojekts und benötigte 15 Jahre zur Fertigstellung. Das Gebäude ist selbst für einen Maharadscha extravagant. 55 der 347 prachtvollsten Zimmer dienen heute als Luxushotel, der Rest ist ein Museum herrlicher Gemälde und Rüstungen. Der amtierende Maharadscha und seine Familie bewohnen einen eigenen Flügel. Speisen Sie im Pavillon, um einen Blick auf Jodhpurs Mehrangarh-Fort aus dem 15. Jh. zu erhaschen – „das Werk von Engeln und Riesen", wie Rudyard Kipling einst sagte.

In Jaipur (s. S. 572), dem Herzen Rajasthans, befindet sich das Samode Haveli, ein wahres Schmuckstück mit 22 Zimmern, das ursprünglich einem Premierminister des Fürstenhofs als Stadthaus diente. In der hektischen Großstadt ist es eine prunkvolle Ruheoase, die mit atemberaubender Inneneinrichtung an das alte Jaipur erinnert. Wer sich dem ländlichen Idyll verschrieben hat, findet im Samode Palace Hotel direkt vor der Stadt einen prächtigen Zufluchtsort aus dem 18. Jh.. Beide Hotels sind in Privatbesitz und werden von den Nachkommen der Fürstenfamilie geführt.

Jaipurs beeindruckendster Grundbesitz ist aber Rambagh Palace. Ursprünglich als kleines Anwesen für eine der bevorzugten Bediensteten der Fürstin 1835 erbaut, wurde es später zum königlichen Gästehaus mit Jagdhütte erweitert. Der Maharadscha von Jaipur erweiterte es 1925 erneut; 1957 entstand hier Indiens erstes Palasthotel auf fürstlichem Grundbesitz. Das „Juwel Jaipurs" bietet luxuriöse Unterbringung wie die Maharani Suite, die der Maharadscha Jai seiner dritten und bevorzugten Frau, Gayatri Devi, als Geschenk errichten ließ.

UMAID BHAWAN PALACE: Tel. +91/291-510-101; www.tajhotels.com. *Preise:* ab € 237 (Nebensaison), ab € 720 (Hochsaison). **SAMODE HAVELI** und **SAMODE PALACE:** Tel. +91/141-263-2370; www.samode.com. *Preise:* Haveli ab € 130, Palace ab € 163 (Nebensaison), ab € 300 (Hochsaison). **TAJ RAMBAGH PALACE:** Tel. +91/141-221-1919; www.tajhotels.com. *Preise:* ab € 237 (Nebensaison), ab € 700 (Hochsaison). **WIE:** Das amerikanische Unternehmen Ker & Downey bietet eine 13-tägige Tour durch das fürstliche Indien, die die meisten dieser Häuser beinhaltet. www.kerdowney.com. *Preise:* ab € 5270. Startet in Delhi. **REISEZEIT:** Okt.–März: bestes Wetter; Okt.: *Jodhpur Folk Festival* im Mehrangarh-Fort.

Handbemalte Details und Glasarbeiten gehören zu den Reichtümern des Samode Palace Hotel.

Ein Stammestreffen der besonderen Art

DER PUSHKAR-KAMELMARKT

Pushkar, Rajasthan, Indien

Unter den Maharadschas wurden Kamele in zuvor unbekanntem Ausmaß gezüchtet, denn sie brauchten sie für ihre Kriege, und der einfache Bürger benötigte sie für den Alltag. Mit der Erfindung des Automobils verloren sie an Bedeutung, aber die Erinnerung an die alten Zeiten lebt auf dem alljährlichen Pushkar-Kamelmarkt weiter. Er ist nicht der einzige derartige Markt in der Thar-Wüste, aber mit Abstand der größte, und er ist für seine Darbietungen, Kostüme und Feierlichkeiten berühmt.

In keinem anderen Bundesstaat gibt es so viele Volksstämme wie in Rajasthan, und jeden November, kurz vor Vollmond, reisen sie zu Zehntausenden in die Kleinstadt Pushkar. Dort flanieren sie am Seeufer entlang, nehmen an Rennen teil, handeln und verkaufen ihre hochgeschätzten Dromedare. Die Bewohner sind für ihren Hang zu bunten Farben bekannt, und daher übertreffen sie mit schillerndem Schmuck, vielfarbigen Saris und Turbanen ihre Reittiere. Das erklärt, warum das Festival bei Touristen, Filmemachern und Fotografen so beliebt ist. Es ist ein riesiger Karneval, bei dem rund um die Uhr Heiratspläne geschmiedet und Basare besucht werden, Polo gespielt und unter dem Sternenhimmel getanzt wird.

Für Hindus ist Pushkar ein wichtiger Pilgerort, denn der See soll an der Stelle entsprungen sein, wo Brahma, der Schöpfergott, eine Lotosblume fallen ließ. Besonders wichtig ist Kartik Purnima, der heilige Tag des

Tausende Kamele ziehen quer durch den Wüstenstaat Rajasthan zum Markt, oft kostbar geschmückt.

Vollmonds, zu dem sich die Pilger am Ufer des Pushkar-Sees morgens zu rituellen Waschungen versammeln.

Wo: 354 km südwestl. von Neu-Delhi. **Wann:** 2 Wochen Ende Okt.–Anf. Nov. **Wie:** Das amerikanische Unternehmen Equitours führt eine 19-tägige Reitsafari durch die Thar-Wüste durch, zeitgleich zum Pushkar-Kamelmarkt. www.ridingtours.com. *Preise:* € 5330. Startet in Delhi. Das amerikanische Unternehmen Geographic Expeditions bietet eine 15-tägige Luxus-Jeepsafari durch Rajasthan, die einen 2-tägigen Aufenthalt während des Festivals beinhaltet. www.geoex.com. *Preise:* ab € 7740. Startet in Delhi.

Pracht und Romantik in der Seenstadt

Stadtpalast und fürstliche Hotels

Udaipur, Rajasthan, Indien

Kein anderes Gebäude vermittelt den Eindruck der regionalen Maharadschas so sehr wie der gigantische Stadtpalast von Udaipur. Früher war er das Zuhause des fürstlichen Herrschers und der größte Palastkomplex Rajasthans, aber heutzutage dienen die meisten Gebäude als Museum. Ausnahmen sind der Privatflügel, in dem der heutige Maharana (so lautet der Fürstentitel in Udaipur) lebt, und das fürstliche Gästehaus, das in das Shiv Niwas Hotel verwandelt wurde: geräumige Unterkünfte mit atemberaubender Atmosphäre, die einen wundervollen Ausblick auf den Pichola-See bieten.

Der künstlich angelegte See ist der Hintergrund für ein weiteres „Lustschloss" der Maharanas, das im 18. Jh. auf einer etwa 2 ha großen Insel gebaut wurde. Heute begrüßt es als Taj Lake Palace seine Gäste. Hinter dem Gebäude aus weißem Marmor erhebt sich das Aravalligebirge, vor ihm der beeindruckende Palastkomplex, aber es hat noch mehr zu bieten: Butler mit weißen Handschuhen, die Nachkommen der ursprünglichen Bediensteten sind; das erstklassige Jiva-Spa; ein Freiluftrestaurant; Gärten und Schiffstouren bei Sonnenuntergang. Es gibt genügend Gründe, warum Udaipur als romantischste Stadt Indiens gilt.

Der aufwendig restaurierte und befestigte Palast Devi Garh liegt 45 Fahrminuten von Udaipur entfernt und überblickt den kleinen Ort Delwara. Es dauerte 15 Jahre und benötigte einige der besten jungen Designer Indiens, um aus der Ruine ein einzigartiges Boutique-Hotel mit 39 Suiten zu machen, das Vergangenheit harmonisch mit Moderne verbindet und pure Eleganz bietet. Die aufmerksamen Mitarbeiter werden Ihnen gern Ausflüge zu den nahen Tempeln, Kamel- oder Pferdesafaris oder einen Termin mit dem hauseigenen Astrologen auf dem Hoteldach organisieren – bei Sonnenaufgang.

Das Oberoi Udaivilas wurde 2002 am Ufer des Pichola-Sees erbaut. Nicht nur die 12 ha Fläche des Hotels erinnern an die Paläste Rajasthans, sondern auch seine Pavillons, verzierten Kuppeln, handgemalten Fresken und meisterhaft gearbeiteten Artefakte. Das Design ist zeitlos und verbindet schlichte Innenhöfe, Brunnen, spiegelnde Wasserflächen und grüne Gärten mit den Annehmlichkeiten der Neuzeit. Besuchen Sie auch das 8 ha große Wildreservat, wo sich Pfaue und Axishirsche tummeln.

SHIV NIWAS HOTEL: Tel. +91/0294-252-8016; www.heritagehotelsofindia.com. *Preise:* ab € 110 (Nebensaison), ab € 196 (Hochsaison). **TAJ LAKE PALACE:** Tel. +91/0294-242-8800; www.tajhotels.com. *Preise:* ab € 237 (Nebensaison), ab € 600 (Hochsaison). **DEVI GARH:** Tel. +91/29-5330-4211; www.deviresorts.in. *Preise:* ab € 166 (Nebensaison), ab € 407 (Hochsaison). **OBEROI UDAIVILAS:** Tel. +91/0294-243-300; www.oberoihotels.com. *Preise:* ab € 237 (Nebensaison), ab € 610 (Hochsaison). **WIE:** Das amerikanische Unternehmen Ker & Downey bietet eine 13-tägige Royal-India-Tour an, die die meisten dieser Hotels umfasst. www.kerdowney.com. *Preise:* ab € 5270. Startet in Delhi. **REISEZEIT:** Sept.–März: bestes Wetter.

Versteckte Schönheit, die nicht mehr unerreichbar ist

WANDERN IN SIKKIM

Gangtok, Sikkim, Indien

Sikkim grenzt an Nepal, Tibet und Bhutan und ist der kleinste Bundesstaat Indiens. Bis 1975 war er ein unabhängiges buddhistisches Königreich inmitten atemberaubender, abgelegener Gebirgslandschaften, die bis heute nahezu unberührt sind. Er gilt als eines der letzten Shangri-Las des Himalaja. Uralte buddhistische *gompas* (Klöster) finden sich auf fast jedem Felsvorsprung, und die Einwohner Sikkims halten ihre Berge – die erst ab einer Höhe von 6000 m einen Namen bekommen – für die „Altäre der Götter". In der Grenzregion zwischen Nepal und Sikkim erhebt sich der heilige Berg Kangchendzönga (sein tibetischer Name bedeutet „5 Schatzkammern des großen

Schnees" und bezieht sich auf seine 5 Gipfel). Mit 8586 m ist er der dritthöchste Berg der Welt und gilt als Wächtergottheit.

Wer Sikkims faszinierende und beruhigende Schönheit genießen will, sollte dies mit dem notwendigen Respekt vor der einheimischen Kultur tun. Eine Wanderung durch die Dörfer Sikkims unterliegt ihren eigenen Regeln, denn wer auf nahezu unbetretenen Pfaden an heiligen Seen vorbeigeht und Bergkämme erklimmt, der fühlt sich nicht mehr als Tourist in einer Reisegruppe. Sie werden in kleinen familiengeführten Unterkünften untergebracht und besuchen buddhistische Tempel und Klöster. Auf einer typischen Wanderung wechseln Sie innerhalb weniger Stunden von subtropischem Dschungel zu Bergwiesen. Dabei erhaschen Sie sicher einen Blick auf die mehr als 550 Vogel-, 500 Orchideen- und 35 Rhododendrenarten, selbst wenn Sie durch rauschende Kiefernwälder spazieren.

In Sikkim gibt es über 200 buddhistische Klöster.

Wo: Im Nordosten Indiens; der Flughafen Bagdogra liegt 113 km von der Hauptstadt Gangtok entfernt. **Wie:** Das amerikanische Unternehmen Geographic Expeditions führt auf einer 13-tägigen Tour durch Sikkim. www.geoex.com. *Preise:* ab € 4260, all-inclusive. Startet in Kolkata. *Wann:* Feb.–Apr. und Okt.–Nov. **Reisezeit:** März: Wildblumen; Nov.: bester Ausblick auf die Gebirgslandschaft.

Nirwana im Himalaja

Das Ananda-Spa und Rishikesh

Uttarakhand, Indien

Es fällt schwer, sich einen anderen Ort vorzustellen, an dem sich Körper und Seele so gut erholen können wie im Ananda-Spa, das in einem ehemaligen Maharadscha-Palast eingerichtet wurde. Es erstreckt sich auf einem 40 ha großen Gelände an den Ausläufern des Himalaja und blickt hinab auf den Ganges. Das Erlebnis Ananda (Sanskrit für „Freude und Zufriedenheit") beginnt mit einem Termin bei einem Ayurveda-Experten, der Ihnen ein individuelles Programm aus über 80 verschiedenen Behandlungsmöglichkeiten zusammenstellt, zu denen auch Yoga und Meditation im Freiluftpavillon gehören.

Auf dem Gelände stehen Ihnen Gärten und Wanderwege zur Verfügung, aber es sind auch Wanderungen im Himalaja oder eine halbstündige Fahrt durch Salbaumwälder hinab zum hinduistischen Pilgerort Rishikesh möglich. Die Stadt ist als Tor zum Himalaja und Geburtsort des Yoga bekannt; die Beatles verbrachten in den 1960er-Jahren einige Zeit im mittlerweile geschlossenen Maharishi Mahesh Yogi Ashram", um sich erleuchten und für das *White Album* inspirieren zu lassen. Am Ufer des Ganges wird jeden Abend bei Sonnenuntergang das hinduistische Ritual *aarti* begangen, bei dem kleine Lampen angezündet und den Göttern zu Ehren *bhajans* (Hymnen) gesungen werden.

Schlichte Hotels wie das Great Ganga ermöglichen es Ihnen, die entspannte und friedfertige Atmosphäre der Stadt zu genießen; sein gutes Restaurant und der bezaubernde Ausblick laden zu einem längeren Aufenthalt ein. Die Nähe zu Rishikesh ist der Grund für den Schwerpunkt des Ananda auf spiritueller Wiedererweckung, aber selbstverständlich werden auch westliche Behandlungsweisen und Wellnesstherapien angeboten.

Ob Sie nun mehr zum Stressabbau oder zu fortgeschrittenen Meditationstechniken wissen wollen, im Ananda gibt es zu jedem Thema den richtigen Experten. Als Unterkünfte stehen 75 prunkvoll eingerichtete Zimmer und -suiten sowie 3 Privatvillen zur Verfügung. Im Angebot sind auch ein türkisches Dampfbad, eine finnische Sauna, Wassermassagen, ein beheizter Pool und ein anspruchsvoller 6-Loch-Golfplatz.

Wo: 260 km nördl. von Neu-Delhi. Tel. +91/137-822-7500; www.anandaspa.com.

Auf über 2000 m² bietet das Ananda-Spa nicht nur Yoga und Meditation, sondern auch moderne Behandlungsmethoden.

Preise: ab € 400 pro Person, all-inclusive. **Great Ganga:** Tel. +91/135-244-2119; www.thegreatganga.com. *Preise:* € 55. **Reisezeit:** März–Apr. und Sept.–Okt.; März: Internationales Yoga-Festival in Rishikesh; Okt.–Nov.: *Diwali* (Lichterfest).

Der größte Liebesbeweis in der Geschichte der Menschheit

Das Taj Mahal

Agra, Uttar Pradesh, Indien

Nichts und niemand kann auf den ersten Besuch des Taj Mahal vorbereiten. Es verkörpert auf einzigartige Weise die Verbindung zwischen Anmut und Romantik, optischer Symmetrie und ästhetischem Gleichgewicht und wird daher zu Recht seit mehr als 3 ½ Jahrhunderten als eines der schönsten und faszinierendsten Gebäude der Welt verehrt.

Der 5. Mogulherrscher Indiens, Shah Jahan, errichtete das Taj als Grabmal für seine Lieblingsfrau, Mumtaz Mahal, die bei der Geburt ihres 14. Kindes starb. Die Bauarbeiten dauerten 17 Jahre, und das Mausoleum aus weißem Marmor wurde 1648 fertiggestellt. Die Baukosten entsprechen einem heutigen Schätzwert von umgerechnet 267 Mio. Euro. Diese verschwenderischen Ausgaben führten einen von Jahans Söhnen dazu, ihn schließlich zu entmachten und im nahen Fort von Agra einzusperren.

Shah Jahans Gefängnis war ursprünglich von seinem Großvater Akbar errichtet worden, dem 3. und mächtigsten der Mogulherrscher. Der Bau dauerte über 8 Jahre und wurde 1573 abgeschlossen. Von seinen Zimmern aus konnte Shah Jahan auf das flussabwärts liegende Taj Majal blicken und den Verlust seiner Frau und seines Kaiserreichs bis zu seinem Tod 1658 betrauern.

Akbar ließ außerdem Fatehpur Sikri (Stadt des Sieges) errichten, und ein Besuch hilft, das Erbe der Moguln zu verstehen. Das formschöne Grabmal Itmad-ud-Daulah ist Beweis für den Wandel von einem älteren Baustil mit massivem rotem Sandstein zur Verwendung hellen Marmors, der als Vorläufer und vermutlich auch Inspiration für das Taj Mahal zu verstehen ist.

Obwohl viele Besucher Agra als Tagesausflug von Delhi aus besuchen, kann man nun dank des Oberoi Amarvilas (Sanskrit für „ewiger Himmel") auch luxuriös über Nacht bleiben. Terrassengärten, Brunnen und Wasserbecken aus Marmor bilden eine gelungene Mischung aus maurischer und Mogularchitektur. Das Restaurant Esphahan und das Spa runden das Angebot ab. Lediglich 600 m entfernt von Indiens geliebtem Nationaldenkmal, hat jedes der über 100 Zimmer freien Blick auf das Taj Mahal. Eine etwas bescheidenere Ausgabe des extravaganten Amarvilas ist das neue Resort Orient Taj (das in keiner Verbindung zu den Taj Hotels steht). Wenn Sie Ihren Besuch zum Vollmond einplanen (oder 2 Nächte davor und danach), können Sie das Gelände des Taj Mahal auch des Nachts besuchen.

Wo: 190 km südöstl. von Neu-Delhi. **Taj Mahal:** Archaeological Survey of India, Tel. +91/562-222-7261; www.asi.nic.in. **Oberoi Amarvilas:** Tel. +91/562-223-1515; www. oberoihotels.com. *Preise:* ab € 237 (Nebensaison), ab € 578 (Hochsaison); Dinner im Esphahan € 48. **Orient Taj:** Tel. +91/172-3000-311; www.orienttajagra.com. *Preise:* € 130. **Reisezeit:** Mitte Okt.–März: Sonnenauf- und -untergang und bei Vollmond; Feb.: Taj-Mahotsav-Festival.

Symmetrisch angelegte Gärten und Reflexionsbecken, die das Paradies beschwören sollen, führen zum unvergesslichen Taj Mahal.

Die altehrwürdige Stadt an den Ufern des heiligen Ganges

Die Ghats von Varanasi

Varanasi, Uttar Pradesh, India

Jeder Hindu versucht, einmal im Leben Varanasi zu besuchen. Zuerst hieß die Stadt Kashi („die Leuchtende"); die Briten nannten sie Benares. Varanasi ist dem Gott Shiva gewidmet und ein wichtiges Zentrum des Hinduismus. Sie gilt als eine der ältesten durchgehend bewohnten Städte der Menschheit, und das seit knapp 3000 Jahren. Mark Twain schrieb über sie: „Benares ist älter als die Geschichte, älter als die Tradition, älter noch als Legende und sieht doppelt so alt aus wie sie alle zusammen!"

Der Ganges ist die Lebensader der Stadt. Die Hindus glauben, dass er sie von ihren Sünden reinigt, und daher sind die etwa 70 Ghats (breite Steintreppen) auf 6,4 km Länge am Flussufer niemals leer: Etwa 1 Mio. Pilger besuchen Varanasi jedes Jahr. Die zumeist älteren, frommen Hindus glauben, dass ihre Seele, wenn sie hier sterben, sofort vom endlosen Zyklus der Reinkarnation, dem Samsara, erlöst wird. Wird ihnen ihr Wunsch erfüllt, so lassen sie ihre Leiche auf einem der Scheiterhaufen am Flussufer verbrennen und ihre Asche anschließend im Ganges verstreuen. Geburten werden gefeiert, indem die Neugeborenen in das Flusswasser getaucht werden.

In den dunklen, engen Gassen der Altstadt können Sie farbenfrohe Saris, Armreifen und Essen kaufen, und alle Straßen scheinen zum Fluss hinabzuführen. Lassen Sie sich von einem Rikschafahrer durch den hektischen Verkehr bugsieren und wundern Sie sich, wie er es schafft, anderen Rikschas, Autos, Fahrrädern und Fußgängern auszuweichen – und einer gelegentlichen Kuh. Am nächsten Tag geht es mit einem Boot bei Sonnenaufgang auf den Fluss, wenn die ersten Sonnenstrahlen die Szenerie in einen wahrhaft magischen Ort verwandeln. Hindus waschen sich im

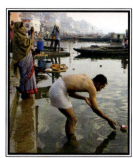

An den Ufern des Ganges versammeln sich die Gläubigen, um ihre Gaben darzubringen.

Fluss und vollziehen *puja*, ein Ritual der Ehrerbietung für die aufgehende Sonne, bei dem sie Lebensmittel oder Blumen als Opfer darbringen. Die *puja* ist zwar ein ernstes Ritual, aber der Hinduismus ist eine fröhliche Religion, und das Baden wird oft von lautem Gelächter und Planschen begleitet. Wenn mithilfe eines Muschelhorns die ersten Sonnenstrahlen begrüßt werden, die auf den lebensspendenden *Ganga Ma*, den Ganges, fallen, dann wird Varanasi zu einem überirdischen Ort, an dem die Glocken und Gongs der Tempel am Flussufer die Gläubigen herbeirufen.

Wo: 774 km südöstl. von Neu-Delhi. **Unterkunft:** Nadesar Palace ist die Residenz eines Maharadschas aus dem 18. Jh., die in 10 große Luxussuiten umgebaut wurde. Tel. +91/542-666-0002; www.tajhotels.com. *Preise:* ab € 244 (Nebensaison), ab € 420 (Hochsaison). Gärten und Teiche machen aus dem Gateway Hotel Ganges Varanasi eine wahre Oase. Tel. +91/542-666-0001; www.thegatewayhotels.com. *Preise:* ab € 155. **Reisezeit:** Bei Tagesanbruch und kurz vor Sonnenuntergang; Nov.–März: bestes Wetter; Okt.–Nov.: *Diwali* (Lichterfest).

Eine gute Tasse Tee und die Pracht Britisch-Indiens

Das Darjeeling-Hochland

Westbengalen, Indien

Die Briten gründeten Darjeeling als Kurstadt, die ihnen in den Sommermonaten die Flucht vor der unerträglichen Hitze Kalkuttas ermöglichte. Auf über 2000 m Höhe schweift der Blick über die Ehrfurcht gebietenden Gipfel des Himalaja. Prominente, Diplomaten und Regierungsangehörige suchten diesen malerischen Distrikt auf; Forschungsreisende machten hier auf dem Weg in den Himalaja halt, der nur wenige Kilometer nördlich von Darjeeling beginnt.

Am Anfang stand aber immer eine Tasse Tee. Der Darjeeling gilt als der „Champagner unter den Teesorten" – nicht umsonst legten die Briten so viele Plantagen an. Viele der etwa 80 Teeproduzenten bieten Touren und Verkostungen an. Die 640 ha große Glenburn-Teeplantage, nur 1 Stunde Fahrt von Darjeeling entfernt, bietet Besuchern stilvoll eingerichtete Bungalows zur Übernachtung an. Seit 1860 wird hier Tee angebaut, und als Gast können Sie jeden Schritt der Teeherstellung miterleben, die sich seit ihren Anfängen nicht viel geändert hat. Wer wandern, Vögel beobachten, angeln oder sich einfach nur entspannen will, ist auf diesem hochgelegenen Gelände genau richtig. Der Ausblick geht direkt auf den Kangchendzönga, den dritthöchsten Berg der Welt.

Es gehört zu den Ritualen Darjeelings, den Sonnenaufgang über dem schneebedeckten Gipfel des Kangchendzönga zu genießen. Wenn Sie die Wanderung zum über 2500 m hohen Tiger Hill auf sich nehmen (es geht auch per Auto), der 8 km vor der Stadt liegt, sehen Sie in der Ferne vielleicht sogar den Mount Everest. Von hier aus fanden im 19. Jh. auch große Teile der Himalaja-Landvermessung statt, bei der man eines Tages merkte, dass ein Berg höher war als alle anderen. Man nannte ihn zunächst „Peak XV" und später, nach dem Landvermesser George Everest, Mount Everest. Das Bergsteigen hat in Darjeeling eine ruhmreiche Vergangenheit, denn die ersten Expeditionen starteten von hier aus. Heute kann eine Wanderung einige Stunden dauern (um nahe Klöster oder Plantagen zu besuchen) oder einige Wochen (falls das benachbarte Sikkim oder Bhutan Ziel Ihrer Reise sein soll, s. S. 577 und 559). Besonders Mutige können sich im Rafting versuchen, Kajak fahren oder auf dem Rücken eines Elefanten zur Safari aufbrechen.

Oder vielleicht reicht Ihnen ein traditionell angerichteter „English Afternoon Tea", wie ihn nur das Windamere anbietet. Dieses bezaubernde Juwel stammt aus der Blütezeit Britisch-Indiens. Seine historischen Suiten und Bungalows sind äußerst beliebt; die aufmerksamen Mitarbeiter wärmen Ihr Bett mit Wärmflaschen vor, während Sie nach dem Dinner noch einen Brandy vor dem knisternden Kamin genießen.

Der reizvollste Weg zu diesem Erholungsort führt über die Schiene. Seit 1881 erreicht man Darjeeling mit der Schmalspurbahn (s. Shimla, s. 563). Auf ihrer Strecke überwindet sie einen Höhenanstieg von über 2100 m, überquert 500 Brücken und bringt 909 Haarnadelkurven hinter sich, ohne einen einzigen Tunnel – wer in gerade mal 8 Stunden von New Jalpaiguri oder Siliguri nach Darjeeling reisen will, sollte diesen Weg wählen.

Wo: 97 km bis nach Bagdogra, dem nächsten Flughafen. **THE GLENBURN TEA ESTATE:** Tel. +91/98-300-70213; www.glenburnteaestate.com. *Preise:* € 363, all-inclusive. **WINDAMERE HOTEL:** Tel. +91/354-225-4041; www.windamerehotel.com. *Preise:* ab € 155, all-inclusive. **DARJEELING HIMALAJAN RAILWAY:** www.irctc.co.in. **REISEZEIT:** März–Mai und Sept.–Nov.: bestes Wetter; Apr. und Nov.: Teeernte und -verarbeitung; Dez.–Jan.: Teefestival.

Happy Valley Tea Estate gehört zu den vielen von den Briten angelegten Teeplantagen, die heute Teeblätter in die ganze Welt exportieren.

Museen in Indiens kulturellem Nervenzentrum

DIE PALÄSTE KOLKATAS

Kolkata, Westbengalen, Indien

Das Indische Museum, das größte des Landes und das älteste im Asien-Pazifik-Raum, ist genau am richtigen Ort: in einer Stadt, die für ihre Intellektuellen berühmt ist. 3 der indischen Nobelpreisträger stammen aus Kolkata (ehemals Kalkutta). Es gibt 9 Universitäten in der Stadt, die über ein lebendig-intellektuelles Leben verfügt und außerdem das Herz der bengalischen Filmindustrie ist. Das Museum begann als eine Art viktorianischer Palast und wuchs schließlich auf über 60 Galerien an, die Themenbereiche wie Archäologie, Kunst, Anthropologie, Zoologie und Industrie abdecken. Unter den mehr als 1 Mio. Exponaten im Haus der Zauberei oder Jadu Ghar –, befindet sich auch eine Urne, die Buddhas Asche enthalten soll, ein Smaragdkelch, der Shah Jahan gehörte, dem Erbauer des Taj Mahal (s. S. 579), eine 4000 Jahre alte Mumie und eine außergewöhnliche Sammlung kultureller Artefakte.

Das 1814 gegründete Indische Museum – oder Haus der Zauberei – befindet sich in einem weißen Palast in Kolkata.

Die vielen Reichtümer des Museums sind keine Überraschung. Die Hafenstadt kam unter den Briten zu Wohlstand, die für viele der prächtigen Gebäude und somit für Kolkatas bedeutendste Sehenswürdigkeiten verantwortlich zeichnen, auch wenn die riesigen Kolonialbauten und Paläste mittlerweile verfallen. Der Marmorpalast war ein beeindruckendes neoklassisches Herrenhaus, das der vermögende Händler Raja Rajendra Mullick Bahadur erbauen ließ, nicht ohne reichlich italienischen Marmor zu verwenden – die typische Prahlerei seiner Zeit. Man kann sich kaum vorstellen, welche Erbstücke verkauft worden sind, wenn dies der bescheidene Rest ist: Gemälde von Reynolds, Rubens und Tizian; staubbedeckte Kristallleuchter in der Größenordnung eines Elefanten; Gänge mit Marmorstatuen und Mosaikfußböden wie in den Uffizien; ein leerer Thronsaal, in den sich ein einsamer Pfau verirrt hat.

Buchen Sie Ihre eigenen Prunkgemächer im Oberoi Grand, einem riesigen Hotel aus der Kolonialzeit, das einen gesamten Straßenzug einnimmt. Die Einheimischen schauen zum Nachmittagstee und *adda* vorbei (einem Schwätzchen), genießen Süßigkeiten aus Bengalen und bringen sich auf den neuesten Stand darüber, was in der „Stadt der Freude" geschieht.

INDISCHES MUSEUM: Tel. +91/33-2286-1699; www.indianmuseumkolkata.org. **MARMORPALAST:** Tel. +91/33-2269-3310. **WIE:** Calcutta Walks bietet verschiedene Touren und Unterbringung bei Einheimischen an. Tel. +91/33-4005-2573; www.calcuttawalks.com. **OBEROI GRAND:** Tel. +91/33-2249-2323; www.oberoihotels.com. *Preise:* ab € 148 (Nebensaison), ab € 336 (Hochsaison); Tee € 15. **REISEZEIT:** Nov.–Feb.: bestes Wetter; Ende Jan.–Feb.: weltgrößte Buchmesse; Sept.–Okt.: Größtes Festival der Stadt, Durga Puja, zu Ehren der Hindugöttin Durga.

Asiens größtes Naturschutzgebiet und Heimat des Königstigers

DER CHITWAN-NATIONALPARK

Nepal

Der 923 km² große Chitwan-Nationalpark war früher das Jagdrevier des Königs von Nepal und schützt heute einige der schönsten Wälder und Graslandschaften Asiens. Boot- und Jeepsafaris sowie Dschungelwanderungen, angeboten von Naturforschern und erfahrenen Reiseführern, ermöglichen Ihnen den Zugang zu einer nahezu unberührten Natur mit unzähligen Tierarten. Wer in Nepal Vögel beobachten möchte, kann hier über 500 verschiedene Arten sehen. Die besten Safaris werden aber auf traditionelle Weise abgehalten: Sachkundige *mahouts* geleiten Sie gern mit ihren sanftmütigen Elefanten auf die Suche nach dem Panzernashorn und dem als gefährdet eingestuften Königstiger. In Nepal gibt es weniger als 100 fortpflanzungsfähige Tiere, von denen 50 in Chitwan und im benachbarten Parsa-Naturschutzgebiet leben.

Die Tiger Mountain Group verfügt in Chitwan über 3 Angebote: Die Jungle Lodge, eine Reihe von strohgedeckten Hütten auf Stelzen, wurde 1960 als erste Safarihütte im Park eröffnet. Frühmorgens brechen die Gäste zur Suche nach den scheuen Tieren auf; abends kehren sie zu einfachen Kerzenlichtdinnern zurück (es gibt keine Elektrizität, nur solarbetriebene Ventilatoren und Leselampen). Es ist ein Erlebnis, das den Safaris der nepalesischen Aristokraten und der großen Jäger Britisch-Indiens nahekommt. Polopartien mit Elefanten – der Sport der Maharadschas – werden beim internationalen Turnier von Tiger Mountain im Dezember wiederbelebt.

6,4 km östlich der Jungle Lodge befindet sich das Zeltcamp: 12 Suiten in Safarizelten im wunderschönen Surung-Tal. Am Nordufer des Narayani ist der letzte Neuzugang zu Tiger Mountain, die Tharu Lodge. Da sie direkt außerhalb des Parks liegt, lassen sich Safaris auf wunderbare Weise mit Besuchen der Tharu, Bote und Mushyar verbinden – Stämme, die hier seit Jahrtausenden leben.

Wo: 121 km südwestl. von Kathmandu. **TIGER MOUNTAIN GROUP:** Tel. +977/1-4361500; www.tigermountain.com. *Preise:* ab € 319 (Jungle Lodge), ab € 230 (Zeltcamp und Tharu Lodge) pro Person, all-inclusive. *Wann:* Sept.–Juni. **REISEZEIT:** Okt.–Nov. und März–Apr.: bestes Wetter und die besten Chancen, einen Tiger zu sehen.

Faszinierende Landschaften (und Rhododendren) über den Wolken

JALJALE HIMAL

Nepal

Seit den 1960er-Jahren haben zahlreiche Abenteurer Nepals beliebteste Reisegebiete verändert, aber abgelegenere Regionen wissen immer noch mit atemberaubenden Landschaften und unberührten Kulturen zu punkten. Der

Jaljale-Himal-Bergzug war der Öffentlichkeit bis 1988 nicht zugänglich und ist daher bis heute ein verborgenes Juwel: Die unverdorbene Natur des Himalaja fasziniert auf einer der schönsten Routen Nepals jeden Wanderer. Dabei sieht man – von nah oder von fern – einige der höchsten Berge der Welt, unter ihnen der Everest, der Kangchendzönga, der Lhotse und der Makalu, und trifft überall freundliche Menschen. Nicht nepalesische Gesichter werden Sie kaum sehen, denn Ausländer besuchen die schmucken Dörfer nur selten.

Die Reise beginnt mit dem relativ einfachen Einstieg über Milke Danda, dem tiefer gelegenen Abschnitt des Jaljale-Himal-Bergzugs, der mit 16 Rhododendron- und über 100 Vogelarten für seine Biodiversität bekannt ist. Die Wanderung erreicht ihren Höhepunkt auf dem Pathibhara, einem über 3750 m hohen „Hügel" vor dem majestätischen Berggipfel des 8586 m hohen Kangchendzönga. Legenden zufolge brachten Schäfer ihre Herden hierher, bis eines Tages fast alle verschwanden. Eine Göttin namens Pathibhara Devi erschien den Schäfern in ihren Träumen und wies sie an, ihr einige der verbliebenen Tiere zu opfern. Sie gehorchten, und am nächsten Tag erschienen die Schafe auf wundersame Weise wieder. Wundern Sie sich nicht, wenn Sie auf dem Weg zum Pathibhara-Tempel nicht allein sind, denn einheimische Pilger wandern gemeinsam mit Ihnen durch dichte Rhododendrenwälder und genießen wie Sie die atemberaubenden Bergansichten. Aber seien Sie gewarnt: Nach dieser Reise wird Ihnen alles andere langweilig und wenig originell erscheinen.

Wo: Die Reise beginnt in Biratnagar, 541 km südöstl. von Kathmandu. **Wie:** 15 Tage mit dem amerikanischen Unternehmen Above the Clouds (die mittelschwere bis anstrengende Wanderung dauert selbst 8 Tage). www.aboveclouds.com. *Preise:* ab € 2700, all-inclusive, inklusive Inlandsflüge. Startet in Kathmandu. *Wann:* März und Nov. **Reisezeit:** März–Apr. und Okt.–Dez.: bestes Wetter, Trockenzeit.

Uralte Paläste und viel Vergangenheit

Das Kathmandutal

Nepal

Das Kathmandutal ist nur 24 km lang und 19,2 km breit, aber dennoch Nepals politisches, kulturelles und wirtschaftliches Zentrum. Als seine Entwicklung vor etwa 30 Jahren begann, gab es genauso viele Tempel und Schreine wie Häuser. Seit der Öffnung für ausländische Touristen 1951 sind Horden von Blumenkindern und Wanderern hiergekommen, um sich den geschichtsträchtigen Durbar Square (*durbar* bedeutet „Palast") in der Hauptstadt Kathmandu und die mehr als 50 Tempel, Schreine und alten Paläste in der Nähe anzusehen. Wer Kathmandu von den Treppen des Maju-Deval-Tempels betrachtet, der wird von den vielen Touristen, Straßenhändlern und Fahrradrikschas überwältigt sein, aber der Platz hat dennoch seine zauberhaften Momente. An der Südseite befindet sich Kumari Ghar, der 3-stöckige Palast des jungen Mädchens mit dem königlichen Titel Kumari Devi, die als lebende Inkarnation der Göttin Taleju gilt. Die moderne Konsumgesellschaft hat in Platznähe den größten Teil des mittelalterlichen Erbes Kathmandus verdrängt, aber wer sich durch das Labyrinth der weiter entfernt liegenden Gassen kämpft, wird mit einem duftintensiven Abenteuer aus

Traditionelle nepalesische Architektur am Durbar Square in Kathmandu.

Weihrauch, Gewürzen und kleinen Geschäften belohnt.

Nördlich des Platzes, direkt hinter den zahlreichen Läden des Durbar Marg, finden Sie eines der bekanntesten und historischsten Hotels in Kathmandu, das weitläufige Yak & Yeti mit seinen 270 elegant und modern eingerichteten Zimmern und Suiten. Der ältere Gebäudeflügel gehört zum Lal Durbar, dem Zuhause eines ehemaligen *rana* (Premierministers) aus dem 19. Jh. Das kleinere Dwarika's ist etwas jünger: Das schlichte Ziegelsteingebäude im nepalesischen Stil ist mit bezaubernder Holzschnitzkunst verschönert und 1977 eröffnet worden. Der frühere Besitzer, Dwarika Das Shrestha, ein visionärer Umweltschützer, rettete Tausende dieser uralten Holzschnitzereien und ließ nepalesische Kunsthandwerker, die die alten Traditionen noch beherrschten, diese Schnitzereien in ein stimmungsvolles, uralt wirkendes Gebäude einbauen, das in der hektischen Stadt eine wahre Ruheoase ist.

Wer weniger Hektik zu schätzen weiß, sollte Bhaktapur aufsuchen, die Stadt der Frommen. Die frühere Hauptstadt eines der beiden unabhängigen Königreiche im Kathmandutal ist wirtschaftlich nicht so weit entwickelt und wirkt wie Kathmandu, bevor die Touristen in großen Scharen kamen. Zahlreiche mittelalterliche Gebäude beeindrucken den Besucher, unter ihnen mehr als 40 Tempel und der königliche Palast der 55 Fenster, den Sie durch das Goldene Tor betreten: Der reich verzierte Durchgang aus dem 18. Jh. gilt als das bedeutendste Kunstwerk im Tal. Wer vom Platz aus in eine beliebige Richtung geht, schlendert nach nur wenigen Minuten durch kleine Gassen, in denen die städtischen Handwerker ihre Traditionen pflegen, die der Stadt jahrhundertelang Wohlstand bescherten. Übernachten Sie im Krishna House, das Sie mit schlichten, sauberen und sonnigen Zimmern und nepalesischer Gastfreundschaft empfängt.

Wo: Bhaktapur liegt 14 km östl. von Kathmandu. **Hotel Yak & Yeti:** Tel. +977/1-248999; www.yakandyeti.com. *Preise:* ab €148. **Dwarika's Hotel:** Tel. +977/1-4479488; www.dwarikas.com. *Preise:* ab €166. **Krishna House:** Tel. +977/1-6610462; www.krishnashouse.com. *Preise:* €33. **Reisezeit:** März–Mai und Sept.–Nov.: bestes Wetter; Ende Okt.–Anf. Nov.: *Tihar*-Lichterfest in ganz Nepal.

Sagarmatha, „Mutter des Universums"

Der Mount Everest

Nepal

Die Geschichten der Besteigungen des höchsten Bergs der Welt sind unglaublich faszinierend: Nach vielen gescheiterten Versuchen erreichten der Neuseeländer Edmund Hillary und der Sherpa Tenzing Norgay als Erste nachgewiesenermaßen 1953 den Gipfel. Reinhold Messner und Peter Habeler schafften es 1978 erstmals ohne künstlichen Sauerstoff. Tausende Abenteurer versuchten schon den Aufstieg; viele sind gescheitert. Doch der einzelne Wanderer muss den Gipfel nicht erklimmen, um die Macht von Sagarmatha spüren zu können, der „Stirn des Himmels", wie die Sherpas den Everest nennen. Die meisten, die hierherkommen, erleben den legendären Berg im Rahmen einer Wanderung zum wunderschönen Khumbutal, das zeitlose Sherpadörfer, faszinierende buddhistische Klöster und eine einzigartige Fauna aufweist.

Gebetsfahnen wehen vor dem Everest, um die Bergsteiger auf ihrem Weg zum Gipfel zu segnen.

Erreichbarer, wenn auch anstrengender Höhepunkt einer Everest-Wanderung ist das Basislager auf etwa 5300 m Höhe. Hier bereiten Bergsteiger (meist im Mai) den Weg auf der Südroute zum Gipfel vor, neben dem stets gefährlichen Khumbu-Eisbruch, zwischen Felsen, Zelten und Gebetsfahnen. Genießen Sie die Atmosphäre und die Aufregung der Expeditionen, während Sherpaköche und Träger die Vorräte zusammenstellen. Da Sie vom Lager aus keinen freien Blick haben, müssen Sie auf einem der umliegenden Wege weitergehen, bis Sie den Anblick des 8848 m hohen Gipfels und seiner kleineren Kollegen Lhotse, Makalu und Cho Oyu genießen können (allesamt Achttausender). Diese Ehrfurcht gebietende Erhabenheit wird durch die unvergessliche Freundlichkeit der Sherpas ausgeglichen.

Wo: Die Reise beginnt in Lukla, dem Ort mit Flughafen nahe der tibetischen Grenze, etwa 137 km nordöstl. von Kathmandu. **Wie:** Das amerikanische Unternehmen Mountain Travel Sobek organisiert 14- und 25-tägige Touren. www.mtsobek.com. *Preise:* 19-tägige Wanderung bis zum Everest-Basislager ab € 3285, all-inclusive. Startet in Kathmandu. *Wann:* Apr.–Mai, Okt.–Nov. **Reisezeit:** März–Mai: vor der Regenzeit; Okt.–Nov.: nach der Regenzeit.

Das letzte verbotene buddhistische Königreich

Mustang

Nepal

Mustang war früher ein Königreich innerhalb eines Königreichs. Auf 3 Seiten von Tibet umgeben, stand es unter der Herrschaft einer königlich-tibetischen Familie und ist eines der letzten Überbleibsel des alten Tibet.

Obwohl es nominell seit 1950 Nepal angehört, hat es sich doch seine Unabhängigkeit bewahrt, und Teile seiner mittelalterlichen Kultur leben bis heute weiter. Wenn es einen Ort gibt, an dem das ursprüngliche Tibet weiterlebt, dann ist es Mustang. Hier finden Sie befestigte Dörfer und Klöster, die aus dem Gestein geschlagen wurden, das von matten Grautönen bis zu rostfarbenem Rot reicht.

Die zerklüftete und karge Landschaft ist von hohen Gipfeln umgeben. Der schneedeckte Annapurna im Süden des Landes

Buddhistische Stupas, auch Chörten genannt, findet man überall in Lo Manthang.

blickt aus 8091 m auf eine äußerst trockene Ebene hinab, die aufgrund ihrer strategischen Lage an der tibetischen Grenze bis 1992 unzugänglich war, obwohl Nepal seit den 1950er-Jahren dem Tourismus geöffnet wurde. Bis heute sind Reisen nach Mustang nur eingeschränkt möglich und dürfen nur über einen anerkannten Anbieter gebucht werden. Ironischerweise war Mustang einst eines der meistbesuchten Länder in der Region – seine Handelsrouten sind 1000 Jahre alt. Die baumlosen Landschaften müssen den europäischen Händlern auf dem Rückweg von China besonders atemberaubend erschienen sein; dasselbe gilt für Wanderer, die eine Atmosphäre jenseits unserer Vorstellungskraft erleben.

Jeden Frühling findet in der uralten Hauptstadt Lo Manthang das lebensfrohe 3-tägige buddhistische Fest Tiji statt, früher mit dem Kronprinzen als Gastgeber. Höhepunkt ist die aufwendig inszenierte Wiederaufführung der Geschichte einer Gottheit namens Dorje Jon, die gegen ihren dämonischen Vater kämpfte, um das Königreich vor der Zerstörung zu retten: 1000 kostümierte Männer, Frauen und Kinder nehmen daran teil.

Wo: Lo Manthang liegt an der tibetischen Grenze, 209 km nordwestl. von Kathmandu. Wanderungen starten in Jomsom, 72 km südl. von Lo Manthang. **Wie:** Das amerikanische Unternehmen Myths & Mountains führt 14- und 19-tägige Touren durch (Letztere beinhaltet die 3 Tage des Tiji-Fests). Startet in Kathmandu. *Preise:* 14-tägige Reise ab € 3477, all-inclusive. *Wann:* Apr.–Mai und Okt. **Reisezeit:** Okt.: bestes Wetter; Mai: Tiji-Fest.

Zimmer – und Wanderungen – mit Aussicht

Pokhara und das Annapurna-Naturschutzgebiet

Nepal

Pokharas Ruf als eine der schönsten Städte der Welt hat seinen Grund: Wenn sich morgens schneebedeckte Gipfel im Phewa-See spiegeln, dann weiß man, warum sie die Hauptstadt aller Trekker ist. In der drittgrößten Stadt des Landes bereiten sich Besucher auf den Annapurna Circuit, die Runde um den Annapurna, vor (oder erholen sich davon), die genauso faszinierend, aber weniger überlaufen ist als die Wanderung zum Everest-Basislager (s. S. 587). Ein Abstecher in das herrliche Annapurna-Naturschutzgebiet ist Pflicht, denn von dem Gletscherbecken aus haben Sie eine Rundumsicht auf den Himalaja und einen wunderbaren Ausblick auf Annapurna I. Mit 8091 m ist sie der zehnthöchste Berg der Welt und einer der gefährlichsten. Wanderer im Naturschutzgebiet dürfen nur bis zum Annapurna-Basislager auf 4100 m, aber selbst bis hierhin werden Sie mit einer unvergesslichen Wanderung durch ursprüngliche nepalesische Dörfer, über Furcht erregende Hängebrücken und durch Bambus- und Rhododendrenwälder belohnt. Oberhalb der Baumgrenze erwarten Sie wolkenumhüllte Berggipfel von unerreichter Schönheit.

Abseits vom Touristenrummel erfahren Sie in Alt-Pokhara nepalesische Gastfreundschaft. Die vielen Newari-Häuser sind mit Holzschnitzereien und dekorativem Mauerwerk verziert. Übernachten Sie im einzigen Hotel am ruhigen Südufer des Sees: Die Fish Tail Lodge bietet (wenn es nicht neblig ist) einen Ausblick überwältigender Schönheit auf das Annapurna-Massiv und den markanten, 6997 m hohen Machhapuchare („Fischschwanz"). Der einzige Zugang ist per Ruderboot oder über eine handbetriebene Seilfähre.

In den letzten Jahren haben mehrere Yoga-Zentren eröffnet, die aber zumeist sehr schlicht ausgestattet sind. Es gibt einige Ausnahmen wie das komfortable Begnas Lake Resort, das nur 10 Minuten von Pokhara entfernt an den Ufern des gleichnamigen Sees liegt. Die bezauberndste Unterkunft in der Region ist eine halbe Stunde Fahrt von Pokhara entfernt: die Tiger Mountain Pokhara Lodge, die 300 m über dem Tal liegt und eine Rundumsicht auf den Himalaja bietet. In diesem Boutique-Hotel mit 19 Zimmern werden Sie sich wie in einer anderen Welt fühlen. Das Haus ist Teil der naturschutzorientierten Tiger Mountain Group, zu der auch Tiger Tops im Chitwan-Nationalpark (s. S. 584) gehört. Es ist der perfekte Ausgangspunkt für Spaziergänge und Tagesausflüge zum Begnas-See und den umliegenden Dörfern; Sie können außerdem Golf spielen, Vögel beobachten und angeln. Alternativ können Sie den Tag mit einer Stadtrundfahrt durch Pokhara und einer Shoppingtour verbringen, um abends zu einem köstlichen Dinner zurück zu sein.

Wo: 201 km westl. von Kathmandu. **Wie:** Das amerikanische Unternehmen REI Adventures führt eine 15-tägige Tour zum Annapurna-Naturschutzgebiet durch (inkl. einer 11-tägigen mittelschweren bis anstrengenden Wanderung). www.rei.com/adventures. *Preise:* €2037, all-inclusive. Startet in Kathmandu. *Wann:* Feb.–Apr. und Okt.–Nov. **Fish Tail Lodge:** Tel. +977/61-460248; www.fishtail-lodge.com. *Preise:* ab €133. **Begnas Lake Resort:** Tel. +977/61-560030; www.begnaslakeresort.com. *Preise:* ab €126. **Tiger Mountain Pokhara Lodge:** Tel. +977/1-4361500; www.tigermountainpokhara.com. *Preise:* ab €459, inklusive. **Reisezeit:** Okt.–Apr.: bestes Wetter, Trockenzeit; 28. Dez.–1. Jan. Straßenfestival.

Die Annapurna-Gebirgskette spiegelt sich in Nepals zweitgrößtem See, dem Phewa.

Ceylon-Tee an der Quelle genießen

Das Galle Face Hotel

Colombo, Sri Lanka

Kenner der herausragenden Hotels Britisch-Indiens besuchen das Galle Face, eines der wenigen verbliebenen Kolonialhotels, das seine glorreiche Vergangenheit und den Luxus des 19. Jh. am Leben erhält. Kellner servieren

Tee und Sundowner im Veranda Restaurant, das schon unter britischer Herrschaft einen hervorragenden Ruf hatte, als Ceylon (Sri Lankas früherer Name) noch gleichbedeutend mit Tee war. Wenn Sie dem Indischen Ozean näher sein wollen, dann genießen Sie Ihren Drink und Knabbereien auf dem Schachbrett, der großen Freiluftterrasse. Viele bevorzugen die traditionellen Suiten des *Classic wing*, die nicht nur Fußballfeldgröße zu haben scheinen, sondern mit knarzenden Teakholzfußböden, Deckenventilatoren und dem perfekten Ausblick auf das Meer an die Kolonialzeit erinnern; die neueren Räume des *Regency wing* sind zeitgenössisch eingerichtet und bieten modernen Komfort wie Klimaanlagen. Der Butler bringt Ihnen das Frühstück mit einem Lächeln und einer Liebenswürdigkeit auf Ihr Zimmer, die die Briten sicher nur ungern zurückließen.

Das Hotel liegt am Galle Face Green, einer Promenade zwischen Ozean und Galle Road. Sie wurde vom britischen Gouverneur Sir Henry Ward 1859 für die Damen und Kinder Colombos erbaut, das bereits damals die Hauptstadt des Landes war. Die Grünfläche ist ein beliebter Treffpunkt für Verliebte, Familien und Kinder, die Drachen steigen lassen. Mit ein wenig Fantasie lässt sich vorstellen, dass sie vor über 100 Jahren als Golfplatz und sogar als Rennstrecke diente.

Das Kolonialhotel war immer stolz auf seine außerordentliche Gastfreundlichkeit.

Das moderne Colombo finden Sie in der Paradise-Road-Shoppingenklave, die nur wenige Minuten vom Hotel Recharge am Gallery Café entfernt liegt, das die Büros des berühmten sri-lankischen Architekten Geoffrey Bawa beherbergte (seine alte Werkbank ist nun ein Tisch in der beliebten Bar). Das Café mit Garten und Terrasse stellt zeitgenössische sri-lankische Kunst aus. Die elegant gekleideten Gäste trinken Cocktails und kosten Gerichte wie Hühnchen mit Zitronengras und Ingwer oder Krabbencurry mit Kokosrisotto.

GALLE FACE HOTEL: Tel. +94/11-254-1010; www.gallefacehotel.com. *Preise:* ab € 80. **GALLERY CAFÉ:** Tel. +94/11-258-2162; www.paradiseroadsl.com/cafe. *Preise:* Dinner € 22. **REISEZEIT:** Dez.–März: Trockenzeit; Jan.: *Duruthu-Perahera*-Festumzug: 3 Tage zum Vollmond, um Buddhas 1. Besuch in Sri Lanka zu feiern; Feb.: Vollmond-Festival, *Navam Perahera*, bei dem 100 geschmückte Elefanten durch die Straßen ziehen.

Der tiefe Süden

DIE FESTUNG GALLE

Galle, Sri Lanka

Im tiefen Süden Sri Lankas befindet sich die Küstenstadt Galle. Hier steht die besterhaltene koloniale Seefestung Asiens; mächtige niederländische Festungsmauern aus dem 17. Jh., aus Steinen und Korallen erbaut, schützen den ursprünglich portugiesischen Komplex, der von Siedlern im 17. Jh. zur Hauptverwaltung der Niederländischen Ostindien-Kompanie ausgebaut wurde. Spazieren Sie durch den geschichtsträchtigen Ort mit seinen Kirchen, Moscheen, Tempeln, Lagerhäusern und Hunderten von niederländischen Häusern, bei denen die Ziegeldächer, Türen und Fenster zum Teil noch intakt sind. Malerische Lokale reihen sich in den Straßen aneinander, auf denen Autorikschas, alte Fahrräder, Ziegen, Katzen und Straßenhändler, die Fische, Spitze und sogar handgeschliffene Edelsteine verkaufen, für reichlich Chaos sorgen.

Auf der Church Street befindet sich das Galle Fort Hotel, das ehemalige Zuhause eines niederländischen Händlers aus dem 17. Jh., dessen geräumige Zimmer mit Antiquitäten eingerichtet sind und einen Innenhof mit Säulenumgang und Teich einschließen. Der perfekte Ausblick auf die Festung Galle und den Indischen Ozean haben Sie vom Sun House Hotel aus, dessen 7 Zimmer im ehemaligen Heim eines schottischen Gewürzhändlers aus dem 18. Jh. untergebracht sind. Direkt nebenan steht das Dutch House (oder Doornberg), das 1712 für einen Admiral der Niederländischen Ostindien-Kompanie errichtet wurde und heute ein Gästehaus mit 4 original wiederhergestellten Zimmern ist.

Wenige Kilometer östlich von Galle zerteilen felsige Aufschlüsse am halbmondförmigen Unawatuna-Strand die Wellen, wo es sich von Dezember bis März hervorragend schwimmen und schnorcheln lässt (Juni bis September ist Regenzeit). Weiter im Osten liegen die ruhigeren Strände Dalawella und Thalpe; noch weiter entfernt ist Mirissa, der früher als Sri Lankas unberührtester Strand galt, aber das gehört der Vergangenheit an. Zwischen November und April ziehen Blau- und Pottwale nur wenige Kilometer entfernt vorbei, was seit Kurzem nicht nur Forscher auf den Plan ruft, sondern Ihnen die Möglichkeit bietet, die Giganten des Meeres zu beobachten. Ihr Walbeobachtungsboot fährt aber nicht allein hinaus: Ostpazifische Delfine begleiten Sie gern.

Wo: 107 km südl. von Colombo. **Wie:** Sri Lanka In Style bietet individuelle Touren an. Tel. +94/11-239-6666; www.srilankainstyle.com. **Galle Fort Hotel:** Tel. +94/91-223-2870; www.galleforthotel.com. *Preise:* ab € 120. **Sun House:** Tel. +94/91-438-0275; www.thesunhouse.com. *Preise:* ab € 130 (Nebensaison), ab € 163 (Hochsaison). **Dutch House:** Tel. +94/91-438-0275; www.thedutchhouse.com. *Preise:* ab € 237. **Whalewatching-Touren:** Mirissa Water Sports organisiert 3–4-stündige Touren. Tel. +94/77-359-7731; www.mirissawatersports.com. *Preise:* ab € 66. *Wann:* Nov.–Apr. **Reisezeit:** Nov.–Apr.: bestes Wetter und Whalewatching; Jan.: Galle-Literaturfestival.

Eine Schatzkammer im Herzen der Insel

DAS KULTURDREIECK

Kandy, Anuradhapura, Polonnaruwa, Sri Lanka

D rei alte Hauptstädte bilden Sri Lankas kulturelles (goldenes) Dreieck: Kandy im Süden (s. nächste Seite), Anuradhapura im Norden und Polonnaruwa im Nordosten. Anuradhapura wurde bereits im 4. Jh. v. Chr.

gegründet und von 113 aufeinanderfolgenden Königen (und 4 Königinnen) regiert, deren prachtvolle Paläste Seite an Seite mit Dutzenden Klöstern standen, in denen Zehntausende buddhistische Mönche untergebracht waren; die alten Monarchen herrschten über eine Kultur großer Kreativität. Da sie den tamilischen Eroberern aus Indien im 11. Jh. zum Opfer fiel, verschlang sie der Dschungel. Erst zu Beginn des 19. Jh. wurde sie wiederentdeckt,

Zwischen den Löwentatzen des Sigiriya-Felsens beginnt der steile Anstieg zu Fresken, Klöstern und einem überwältigenden Rundumblick.

und die Konservierungsmaßnahmen gehen bis heute weiter. Entdeckt wurden Tempel, Skulpturen, Gärten und riesige *dagoba*s (glockenförmige Stupas, buddhistische Schreine, in denen Reliquien aufbewahrt werden). Die Jetavanaramaya-Dagoba ist über 90 m hoch und besteht aus 90 Mio. Ziegelsteinen.

Polonnaruwa, Hauptstadt Sri Lankas nach der Zerstörung Anuradhapuras, war eine wundervolle Gartenstadt. Die gut erhaltenen Ruinen wurden von den indischen Invasoren errichtet.

In der Mitte des Dreiecks befindet sich Dambulla. Wer den steilen Anstieg auf sich nimmt, erreicht buddhistische Höhlentempel aus dem 1. Jh. v. Chr., die von den Königen Kandys im 17. und 18. Jh. verschönert wurden. Von dort haben Besucher einen erstklassigen Ausblick auf das gesamte Kulturdreieck und die Ausgrabungsstätte Sigiriya (Löwenfels), einen 350 m hohen Hügel aus Vulkangestein, auf dem sich im 6. Jh. eine uneinnehmbare Festung befand. Der Eingang zwischen 2 mächtigen Tatzen führt zu Klöstern hinauf, wo 20 Fresken 500 schöne Frauen mit Blumen im Haar zeigen; laut Expertenmeinung befanden sich auf der Westseite des Felsens bis zu 500 Fresken.

Ein hervorragendes Refugium ist das Heritance Kandalama in Dambulla, das 1991 vom sri-lankischen Architekten Geoffrey Bawa entworfen wurde. Das Hotel passt sich der grünen Landschaft in der Nähe der Sigiriya-Festung an und bietet Luxus mit raumhohen Festern und Restaurants mit einheimischer Küche.

Wo: Anuradhapura liegt 205 km nördl., Polonnaruwa 262 km nordöstl., Kandy 116 km nordöstl. von Colombo. **Heritance Kandalama:** Tel. +94/665-55-5000; www.heritancehotels.com. *Preise:* ab € 137 (Nebensaison), ab € 180 (Hochsaison). **Wie:** Das amerikanische Unternehmen Asia Transpacific Journeys organisiert eine 16-tägige Tour, die Ziele im Kulturdreieck beinhaltet. www.asiatranspacific.com. *Preise:* € 5920. Startet in Colombo. *Wann:* Aug. **Reisezeit:** Nov.–Apr.: angenehm kühles Wetter.

Eine heilige Stadt und ihr prächtiges Fest

Kandy und das Esala Perahera

Sri Lanka

Kandy ist Sri Lankas kulturelles und religiöses Bollwerk, das inmitten grüner Berglandschaften die südliche Spitze des nationalen Kulturdreiecks bildet (s. vorige Seite). Obwohl sie Sri Lankas zweitgrößte Stadt ist, hat sie sich ihren ländlichen Charme erhalten. Tempel und Gebäude aus der Kolonialzeit überziehen die Hügel, und ein Spaziergang um den künstlichen See ist eine Freude. Die letzten singhalesischen Könige, die Kandy zu ihrer Hauptstadt gemacht hatten, ließen ihn 1807 anlegen.

Wer im Juli oder August hierherkommt, wird Augenzeuge des jahrhundertealten *Esala-Perahera*-Fests, einem der bombastischsten Spektakel Asiens. Sri Lankas heiligste Reliquie ist ein Zahn Buddhas, der 310 n. Chr. ins Land geschmuggelt und im Dalada Maligawa (Zahntempel) in Kandy verehrt wird. Mit der überwältigenden *perahera* (Schauspiel oder Festumzug) werden die Götter um Regen gebeten: Ein bunt kostümierter Elefant trägt eine Kopie des Zahns mit sich, während die allseits beliebte Parade Dutzender anderer Elefanten vorangeht und Tausende Tänzer und Trommler alles geben. Das Fest dauert mehrere Tage; der Höhepunkt ist die letzte Nacht.

Von Kandy aus sind es nur 48 km bis zum Pinnawela-Elefantenwaisenhaus, das junge und alte Elefanten beheimatet. Besucher geben den Kleinsten die Flasche und dürfen 2-mal täglich dem Bad für die grauen Riesen im Ma-Oya-Fluss zusehen, bei dem die Kleinen herumplanschen und die Großen von ihren *mahouts* geschrubbt werden. Halten Sie Ausschau nach einem stolzen und geduldigen Elefanten mit nur 3 Füßen – er hat schwere Verletzungen durch eine Landmine im ehemals vom Krieg zerrissenen Norden davongetragen. Das Waisenhaus wird von der Millennium Elephant Foundation geführt und rettet Elefanten, die misshandelt worden sind oder nicht länger in den Tempeln arbeiten können.

Es ist eine holprige 20-minütige Fahrt von Kandy nach Gunnepana und zum Kandy House, einem Boutique-Hotel mit 8 stilvollen Zimmern, das von smaragdgrünen Reisfeldern umgeben ist. 1804 ursprünglich für eine adlige Familie errichtet, ist das Hotel heute der perfekte Ausgangsort für Touren durch Kandy und die nahen Königlich-Botanischen Gärten, die aus der Zeit des Königreichs Kandy stammen. Auf einer Fläche von fast 60 ha existieren über 400 Arten einheimischer tropischer Flora und exotischer Pflanzen. Ein riesiger Java-Feigenbaum, von dem behauptet wird, er sei der größte der Welt, ist ein beliebter Treffpunkt für Verliebte.

Wo: 115 km nordöstl. von Colombo. **PINNAWELA-ELEFANTENWAISENHAUS:** www.mysrilanka.com/travel/elephants. **MILLENIUM ELEPHANT FOUNDATION:** www.millenniumelephantfoundation.com. **KANDY HOUSE:** Tel. +94/81-492-1394; www.thekandyhouse.com. *Preise:* ab € 170. **REISEZEIT:** Das Wetter ist das ganze Jahr über gut; Juli oder Aug.: Esala-Perahera-Fest.

Teeplantagen und Sri Pada

DAS HOCHLAND

Nuwara Eliya, Sri Lanka

Obwohl Sri Lanka heute als weltweites Zentrum des Teeanbaus gilt, gab es die Pflanze bis 1867 gar nicht auf der Insel. 1880 begann der in Schottland geborene Thomas Lipton den Tee direkt bei den Plantagen im Hochland zu kaufen und umging damit den Großhandel in London. Früher war Tee ein Getränk für die Reichen, aber Lipton machte ihn der gesamten Bevölkerung zugänglich.

Heute finden sich im kühlen Klima des Hochlands große Plantagen der *Camellia sinensis* (der botanische Name der Teepflanze). Spuren der Kolonialzeit sind in Nuwara Eliya, Sri

Lankas höchstgelegener Stadt, überall zu erkennen, denn neben alten Hotels stammen auch ein 18-Loch-Golfplatz und eine Pferderennbahn aus dem 19. Jh. Ein Dinner im Hill Club, das einst einem britischen Plantagenbesitzer gehörte, ist ein weiterer Schritt zurück in die Vergangenheit, mit einem Unterschied: Damen dürfen heute die Bar betreten. Genießen Sie einen Arak Sour, eine Spezialität der Gegend, bevor Sie eine Runde Billard im holzgetäfelten Zimmer spielen.

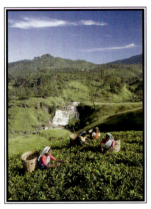

Hochlandtee ist zu einem Hauptwirtschaftsfaktor Sri Lankas geworden.

Möchten Sie mehr über Tee erfahren, haben Sie in der Tea Factory die Gelegenheit dazu. Die Grünteeplantage stammt noch aus der Zeit Britisch-Indiens. Wollen Sie es bequemer, finden Sie 48 km von Nuwara Eliya entfernt Ceylon Tea Trails – 4 Bungalows aus der Kolonialzeit, die sich auf 1200 m Höhe in der Nähe des Castlereagh-Sees befinden. Jedes dieser Gästehäuser, die 3–14 km auseinanderliegen, hat einen eigenen Mitarbeiterstab und 4–6 prachtvolle Suiten.

Nur wenige verpassen die Gelegenheit, das Wahrzeichen des Hochlands zu besichtigen: Der 2243 m hohe Sri Pada ist Buddhisten, Hindus, Christen und Muslimen gleichermaßen ein heiliger Berg, denn auf dem Gipfel befindet sich eine Vertiefung im Fels, die der Fußabdruck Adams sein soll – oder vielleicht Buddhas oder Shivas –, den er hinterließ, als er die Erde betrat. Pilger beginnen den Aufstieg gegen 2 Uhr morgens und folgen beleuchteten Pfaden. Wenn sie den Gipfel bei Sonnenaufgang erreichen, wirft er einen atemberaubenden Schatten in den morgendlichen Nebel.

Auch am frühen Morgen sollten Sie eine Wanderung durch die Stille des Horton-Plains-Nationalparks zum World's End unternehmen, einem Abhang, der über 1000 m steil abfällt. Freunde der asiatischen Fauna entdecken hier den Sambar, den Weißbartlangur und, wenn Sie ein wenig Glück haben, den seltenen Leoparden. Diese Region Sri Lankas eignet sich auch hervorragend zum Vogelbeobachten.

Wo: 180 km östl. von Colombo. **Info:** www.nuwaraeliya.org. **Hill Club:** Tel. +94/52-222-2653; www.hillclubsrilanka.net. *Preise:* Dinner € 11. **Tea Factory:** Tel. +94/52-222-9600; www.heritancehotels.com. *Preise:* ab € 155. **Ceylon Tea Trails:** Tel. +94/11-230-3888; www.teatrails.com. *Preise:* ab € 375 (Nebensaison), ab € 466 (Hochsaison), all-inclusive. **Sri Pada:** http://sripada.org. *Wann:* Pilgerzeit Dez.–Apr.; Jan.–Feb. beliebteste Reisezeit. **Reisezeit:** Dez.–Apr.: Trockenzeit.

SÜDOSTASIEN

Ferien am Meer – auf der Insel der Götter

Die Strände von Bali

Bali, Indonesien

Das schöne Bali wird zu Recht wegen seiner palmenbestandenen Strände gefeiert. Im Süden bildet der anmutige Bogen der Jimbaran-Bucht den Gegensatz zur Shoppingmall mit Nachtclubs, zu der Kuta Beach geworden ist. Der beste Abschluss eines Tages am Jimbaran-Strand ist ein Essen in einem der schlichten Open-Air-Restaurants. Wählen Sie Fisch und Meeresfrüchte aus großen Aquarien oder aus dem auf Eis liegenden Angebot – Garnelen, Hummer und Tintenfisch sind beliebt –, und sehen Sie mit den Zehen im Sand bei der Zubereitung zu. Am Südende der Bucht liegt das Four Seasons Jimbaran Bay, ein Luxusresort, das wie ein balinesisches Dorf aussieht. Mit Bougainvilleen bewachsene Gästevillen erstrecken sich auf dem terrassierten Hügel; unten wartet ein 6,4 km langer weißer Strand. Melden Sie sich zu einer *lulur*-Anwendung an, bei der Sie von Kopf bis Fuß mit Sandelholz abgerubbelt, mit Joghurt bestrichen und in einem Blütenblätterbad eingeweicht werden. Im kleinen, einladenden Jamahal Private Resort & Spa gibt es etwas weniger Brimborium (und Kosten); der Geist Balis ist hier immer präsent und das Personal immer freundlich.

An der Nordwestküste ist Lovina Beach eine ruhigere Alternative zur betriebsamen Südküste. Delfin-Watching ist ein Highlight, das alle Hotels organisieren, darunter das Sunari Villas & Spa Resort. Aber stehen Sie früh auf: Delfine sieht man am häufigsten direkt nach Sonnenaufgang. Die nahe Stadt Singaraja bietet einen Einblick in die Tage der niederländischen Kolonialherrschaft; mit Alleen, weiß gekalkten Häusern und einer netten alten Promenade, an der nicht viel passiert – und das sehr, sehr langsam. 2 Stunden westlich liegt Pulau Menjangan („Reh-Insel"), berühmt für schöne Tauchspots, aber auch prima zum Schnorcheln: Direkt am Strand wimmelt das Meer von tropischen Fischen. Östlich von Lovina liegen einige der unbekannteren Strände. Die Amed-Gegend ist eine Serie kompakter Buchten mit Fischerdörfern. Von hier aus können Sie einer wunderschönen Küstenstraße rund um Balis Ostzipfel bis zurück zur Südküste folgen. Beim Fahren zwischen dem beeindruckenden vulkanischen Profil des Seraya und dem aquamarinblauen Meer merken Sie bestimmt, dass dies nur die Insel der Götter sein kann.

Wo: Die Jimbaran-Bucht liegt 8 km südl., Singharaja 100 km nördl. von Denpasar. **Four Seasons Jimbaran Bay:** Tel. +62/361-701-010; www.fourseasons.com. *Preise:* Villen ab € 505. **Jamahal Private Resort & Spa:** Tel. +62/361-704-394; www.jamahal.net. *Preise:* ab € 215. **Sunari Villas:** Tel. +62/362-41775; www.sunari.com. *Preise:* ab € 66. **Reisezeit:** Apr.–Okt.: Trockenzeit.

Balis Kunst- und Kulturhauptstadt

Ubud

Bali, Indonesien

Die Insel Bali ist in Indonesien etwas Besonderes – nicht nur wegen ihrer schönen Landschaft, sondern auch wegen ihrer hoch entwickelten Hindukultur und -kunst. Die Balinesen glauben daran, dass die Götter in den Bergen leben – ein guter Grund, die belebten Strände von Kuta und Sanur zu verlassen und nach Norden in die Berge zu fahren.

Seit Jahren kennt man Ubud als Hauptort des künstlerischen Erbes der Insel – das ist schon was an einem Ort, wo Kunst überall ist und jeder Schönes schafft, um die Götter zu ehren. Die Stadt hat immer noch viel von dem Reiz, der in den 1920er-Jahren europäische Maler und Bildhauer anzog. Springen Sie auf einen klapprigen *bemo* (Minibus) voller Einheimischer und Hühner und lassen Sie Ubuds verkehrsreiche Hauptstraße hinter sich, um die berühmten Reisfelder zu bestaunen. Die Bauern, die hier arbeiten, könnten durchaus gleichzeitig die Tänzer oder Musiker sein, die Sie am Abend beim Tempeltanz sehen. Oder fahren Sie mit dem Rad hinaus, um einen Einblick ins Dorfleben zu bekommen. Mehr Aufregung gibt's bei einer Raftingtour auf dem Fluss Ayung, vorbei an hohen Klippen und Wasserfällen.

Eine der unerwarteten Attraktionen in Ubud ist die gehobene Restaurantszene. Eines der ersten guten Restaurants, das Mozaic, eröffnete 2001 und ist bekannt für sein 6-gängiges Discovery Menu, eine Einführung in die Welt delikater balinesischer Aromen. Vielleicht sind Sie danach versucht, im Paon Bali im nahen Dorf Laplapan einen Kochkurs zu belegen – Sie starten mit einem Marktbesuch, um Zutaten zu kaufen, und bereiten dann ein ausgeklügeltes Festmahl zu.

Ubuds schöne Mischung an Unterkünften reicht von einfachen Privatzimmern bis zu exquisiten weltberühmten Resorts. Das Amandari, ein idealisierter Nachbau eines ummauerten balinesischen Dorfes, ist mehr Refugium als Hotel. Der Eingangsbereich, ein offenes Gebäude mit Strohdach, erinnert an ein *wantilan*, die traditionelle Versammlungshütte, während der Pool mit Blick auf den Ayung und das Tal von smaragdgrünen Reisterrassen umrahmt wird. Die gleiche schöne Reisfeldaussicht haben Sie vom Waka di Ume aus, während der Luxus in den Purist Villas aus Ayurveda, Yoga und Meditationskursen besteht.

Wo: 23 km nördl. von Denpasar. **Wie:** Das amerikanische Unternehmen Back Roads bietet 8-tägige Touren mit Radfahren, Rafting und Schnorcheln an. Tel. +1/510-527-1555; www.backroads.com. Preise: € 2074, all-inclusive. Startet in in Ubud. **Mozaic:** Tel. +62/361-975-768; www.mozaicbali.com. *Preise:* 6-gängiges Dinner € 37. **Paon Bali:** Tel. +62/81-337-939095; www.paon-bali.com. *Preise:* halbtägiger Kurs ab € 24. **Amandari:** Tel. +62/361-975-333; www.amanresorts.com. *Preise:* ab € 466. **Waka di Ume:** Tel. +62/361-973-178; www.wakadiume.com. *Preise:* ab € 166. **Purist Villas:** Tel. +62/361-974-454; www.thepuristvillas.com. *Preise:* ab € 132. **Reisezeit:** Apr.–Okt.: Trockenzeit; Mai–Juni: Reisterntefest in ländlichen Dörfern; Mitte Juni–Mitte Juli: Bali Arts Festival.

Javas hinduistisch-buddhistische Vergangenheit entdecken

BOROBUDUR UND PRAMBANAN

Java, Indonesien

Die Wanderung zur Spitze des buddhistischen Stupas von Borobudur, ein 1-stündiger Weg im Uhrzeigersinn von der Basis bis nach oben, führt Pilger durch 3 Ebenen des buddhistischen Kosmos: die Welten des Verlangens, der Form und der Formlosigkeit. Idealerweise endet die Reise mit einer kompletten Loslösung vom Hier und Jetzt – was man leichter versteht, wenn plötzlich das Panorama in den Blick kommt, inklusive einem Quartett aus aktiven Vulkanen.

Der Bau begann wohl um das Jahr 800 während der Ära der strenggläubigen buddhistischen Sailendra-Dynastie; er soll 75 Jahre gedauert haben. Borobudur wurde nur 200 Jahre später aufgegeben, vermutlich, weil es beim Ausbruch des nahen Merapi 1006 zum Teil von Asche begraben wurde. Jahrhundertelang lag es überwuchert und vergessen im Dschungel, bis es 1814 von den Briten wiederentdeckt wurde.

Bis 1983 wurde es unter Führung der UNESCO umfassend restauriert. Dabei wurden fast 5 km handgemeißelte Reliefs wiederhergestellt, die das buddhistische Universum der weltlichen, spirituellen und himmlischen Sphären zeigen und sich um die 10 Terrassen der Pyramide winden. Auf den höheren Ebenen stehen 72 kleinere, glockenförmige Stupas und mehr als 400 Buddhas, die diesem größten buddhistischen Monument der Welt seine „stachlige" Silhouette verleihen. 5 Autominuten entfernt wiederholt das Amanjiwo-Resort die kreisförmige Anlage, die vom üppigen Garten aus sichtbar ist. Amanjiwo heißt „friedliche Seele" – ein Zustand, den Sie nach einer traditionellen javanischen Massage mühelos erreichen. Ein weiterer Reiz des Amanjiwo ist die Chance, Borobudur bei Sonnenaufgang zu besuchen. Wer im netten Hotel Manohra wohnt, ist noch näher dran – direkt am Tempeleingang. Stehen Sie früh auf und schauen Sie zu, wie der Nebel aus den Reisfeldern und Kokosplantagen steigt, um langsam die Silhouetten Borobudurs und der fernen Vulkane zu enthüllen.

57 km südöstlich von Borobudur liegt ein weiteres historisches Monument: Die Hindustätte Prambanan ist ein Komplex aus mehr als 200 Tempeln und Schreinen aus dem 9. Jh., von denen 8 restauriert wurden. In der Trockenzeit, bei Vollmond, wird Prambanan zur angestrahlten Kulisse für Hunderte Menschen, die vor hingerissenem Publikum das Ramayana-Ballett aufführen.

Wo: 42 km nordwestl. von Yogyakarta. **AMANJIWO:** Tel. +62/293-788-333; www.amanresorts.com. *Preise:* ab €555. **MANOHRA:** Tel. +62/293-788-680; www.manohraborobudur.com. *Preise:* ab €55. **REISEZEIT:** Apr.–Okt.: Trockenzeit; Vollmond im Mai: *Waisak*-Festival zu Buddhas Geburtstag; Mai–Okt.: Aufführungen in Prambanan.

Auf dem Borodur-Stupa aus dem 9. Jh. gibt es mehr als 500 Buddhas – alle im Lotussitz.

Bewahrerin des javanischen Erbes

YOGYAKARTA

Java, Indonesien

In der grünen Zentralregion Javas, unter dem glühenden Blick des Vulkans Merapi, liegt die blühende Kunst- und Universitätsstadt Yogyakarta. Die unter Indonesiern nur als Yogya bekannte Kulturmetropole und die nahe Stadt Solo werden immer noch von Sultanen regiert, deren große *kratons* (Paläste) faszinierende Einblicke ins islamische höfische Leben des 18. Jh. bieten. Ein Besuch der *kratons* schließt oft *Gamelan*-Aufführungen mit ein, eine Musik, die schon „Geräusch des Mondlichts" genannt wurde. Überwältigende *Gamelan*-Orchester bestehen aus bis zu 80 Musikanten mit Xylofonen, Gongs und Bambusflöten. Exquisite klassische Tanzaufführungen, die aus genau diesen Palästen stammen, finden immer noch unter den Augen der Königsfamilie und ihrer Höflinge in Batik-Uniformen statt.

Royale Förderung erhält auch das javanische Kunsthandwerk; Werkstätten finden sich überall: Feine Silberarbeiten, *wayang*-Schattenspielpuppen aus Leder und bunte Batiken machen das Einkaufen im Hauptbasar (*pasar*) der Stadt zur Herausforderung für jeden mit zu kleinem Koffer. Auch für den Gaumen gibt es viel: Die Garküchen sind in Yogya überall und äußerst beliebt. Winken Sie einen der *warungs* heran, mobile Straßenverkäufer, die Nudeln, Satés, Currys und Süßes zubereiten. Probieren Sie eine heiße *lumpia ayam* (Hühnchenfrühlingsrolle) und frische *kelepons* (süße Reismehlklößchen in Kokosflocken).

Wer in Yogyakarta herumwandert, stößt garantiert auf Lesungen, Volksmusik, Underground-Kunstgalerien und sogar Ballettgruppen in kleinen Lokalen. Machen Sie einen jalan-jalan (Spaziergang) durchs alte Viertel bis zum kolonialen Phoenix Hotel. Das 1918 erbaute „Raffles von Yogya" ist heute ein restaurierter und entspannender Rückzugsort. Oder übernachten Sie im intimen Villa Hanis, einem traditionell-hölzernen javanischen Haus mit 2 Schlafzimmern, Privatgarten und kleinem Pool. Die bekannte Bäckerei mit Restaurant nebenan serviert Brote und Salate im europäischen Stil. Da das Haus etwa 5 km von der Innenstadt entfernt liegt, ist es ein guter Ausgangspunkt für Borobudur und Prambanan (s. vorige Seite). **Wo:** 595 km südöstl. von Jakarta. **Phoenix Hotel:** Tel. +62/274-566-617; www.mgallery.com. *Preise:* ab € 77. **Villa Hanis:** Tel. +62/274-867-567; www.villahanis.com. *Preise:* € 81. **Reisezeit:** Apr.–Okt.: Trockenzeit; Juli: *Gamelan*-Festival.

In die Höhle der Drachen

Der Nationalpark Komodo

Komodo, Indonesien

Die Insel Komodo mit 390 km² Fläche und nur 200 Einwohnern ist so etwas wie der Jurassic Park des 21. Jh. Sie und weitere Inseln wurden 1980 zum Nationalpark gemacht, um den *Varanus komodoensis* zu beschützen –

besser bekannt als Komodowaran, mit 2–3 m Länge und 70 kg Gewicht die größte Echse der Welt. Die Inseln des Komodo-Archipels sind unter den trockensten in Indonesien und beherbergen einen außergewöhnlichen Mix aus asiatischen und austroindonesischen Tierarten. (Die nahe Wallace-Linie im Meer markiert die Trennlinie der Fauna beider Kontinente.) Neben den „Drachen" leben dort Mähnenhirsche (Hauptbeute der Warane), wilde Pferde, Wildschweine, langschwänzige Makaken, Musangs (Schleichkatzen) und Flughunde. Letztere haben eine Flügelspannweite von mehr als 1 m und sind ein unvergesslicher Anblick, wenn sie in der Dämmerung zum Fressen ihre Schlafplätze verlassen.

Komodo hat auch eine reiche Meeresfauna mit Delfinen, Walen, Seekühen, Meeresschildkröten, mehr als 1000 Fisch- und 250 Korallenarten – und daher natürlich tolle Tauch- und Schnorchelstellen.

Der Park wird obligatorisch im Rahmen einer geführten Tour besucht: Die Warane sind sehr gefährlich, wie auch die Kobras und Kettenvipern. Die professionellen Guides kennen den Park gut und können all diese Viecher mit einem gegabelten Stock fernhalten.

Komodowarane gibt es auch auf Rinca, einer kleineren und weniger besuchten Insel in der Nähe, besser bekannt wegen der Tauch- und Schnorchelmöglichkeiten. Wer das machen möchte, sollte gleich das sichere, klare Wasser am Pantai Merah („rosa Strand") aufsuchen. **Wo:** 550 km östl. von Bali. **Wie:** Das amerikanische Unternehmen Asia Transpacific Journeys kommt bei seiner 17-tägigen Tour „Bali & Beyond" auch durch Komodo und Rinca. Tel. +1/303-443-6789; www.asiatranspacific.com. *Preise:* € 6219, all-inclusive. Startet in Bali. Perama Travel aus Bali bietet 5-tägige Schiffstouren „Waranjagd mit der Kamera", die auf Lombok starten und auf dem Weg nach Komodo und Rinca auch an anderen Inseln halten. Tel. +62/361-750-808; www.peramatour.com. *Preise:* Kabinen ab € 348, inklusive. **Reisezeit:** Apr.–Okt.: Trockenzeit.

Eine aufstrebende Alternative zu Bali

Lombok und die Gili-Inseln

Lombok, Indonesien

Es gibt den Spruch: „Man kann Bali auf Lombok finden, aber nie Lombok auf Bali." Das stimmt – Lombok hat zwar nicht Balis Hindutempel, Prozessionen und farbenprächtige Feste, aber man wird dort genauso nett willkommen geheißen, und das entspannte Leben, die unberührte Schönheit und das weitgehende Fehlen des kommerziellen Tourismus machen es zu einer unwiderstehlichen Alternative.

Lombok ist etwas kleiner als Bali und hat einen ganz anderen Charakter. Das einheimische Sasak-Volk ist muslimisch, und das Klima ist trockener, mit nur spärlicher Vegetation. Die 3 kleineren Gili-Inseln vor der Nordwestküste wandeln sich gerade von Favoriten der Backpacker zu gehobenen Zielen mit schickeren Hotels und Restaurants. Exzellente Tauch- und Schnorchelreviere gibt es zuhauf. An der ruhigen, etwas raueren Nordküste der Insel Gili Trawangan liegt das Ökoresort Desa Dunia Beda mit Privatstrand und 3 restaurierten, nach hier versetzten javanischen Holzbungalows mit Kolonialmöbeln.

Die 3-tägige Wanderung zum Gipfel des 3726 m hohen Schichtvulkans Rinjani im Norden Lomboks gilt als eine der besten Touren der Gegend. Weniger Sportliche können eine 4-stündige Wanderung durch Reisterrassen und Bauerndörfer zu 45 m hohen Wasserfällen mitmachen. Am Medana Beach an der Nord-

Auslegerkanus setzen am Senggigi Beach die Segel.

westküste können private Touren auf Segel- oder Motorbooten organisiert werden. Machen Sie eine Tagestour um die Insel und ankern Sie in den Buchten der Südküste, wo Surfer und Kitesurfer die Naturkräfte herausfordern.

Lomboks bessere Unterkünfte finden sich am Senggigi Beach. Die relativ neuen Quinci Villas mit ihrem puristischen, modernen Design und perfekter Strandlage sind unter den schickeren.

Einige weitere exzellente Hotels liegen in anderen Teilen der Insel. Das Oberoi Lombok verteilt sich auf luxuriösen 10 ha am Medana Beach und hat 20 strohgedeckte Villen im

Lombok-Stil mit großen Marmorbädern und Privatpools. Das Spa bietet eine *Mandi-Lulur*-Anwendung, die entspannenden heißen Dampf mit Aromatherapie und den therapeutischen Effekten von Schlamm kombiniert. **Wo:** 64 km östl. von Bali. **Desa Dunia Beda:** Tel. +62/370-641-575; www.desaduniabeda.com. *Preise:* ab € 70 (Nebensaison), ab € 130 (Hochsaison). **Quinci Villas:** Tel. +62/370-693-800; www.quincivillas.com. *Preise:* Poolvillen ab € 104. **Oberoi Lombok:** Tel. +62/370-6138-444; www.oberoihotels.com. *Preise:* ab € 266. **Reisezeit:** Apr.–Okt.: Trockenzeit; Juli: 1-wöchiges Senggigi-Festival, das die Kultur des Sasak-Volkes zeigt.

Brücke zwischen Kulturen und Jahrhunderten

Das Baliem-Tal

Papua, Indonesien

Papua (auch Irian Jaya) ist die abgelegenste Provinz Indonesiens, und nicht nur im geografischen Sinne. Adjektive wie „primitiv" oder „urzeitlich" beschreiben die „verlorene Welt" der früheren niederländischen Kolonie West-Papua. Die größte Provinz Indonesiens umfasst die Westhälfte der zweitgrößten Insel der Erde – im Osten liegt der unabhängige Staat Papua-Neuguinea (s. S. 697). Im indonesischen West-Papua verbinden Handelspfade die Dörfer mit dem kühlen grünen Hochland und dem Asmat-Volk im Tiefland, das für Holzschnitzereien und alte Rituale bekannt ist. Hier sehen Sie vielleicht ein Fest mit Festmahl und Tanz um ein loderndes Feuer und treffen die indigenen Dani-Männer, der Außenwelt als „empfindsame Kämpfer" des Baliem-Tals bekannt. In einigen Dörfern tragen sie nichts als reich verzierten Kopfschmuck, Kriegsbemalung, Hauer eines Ebers durch die Nase und Penisfutterale aus getrocknetem Kürbis, *koteka* genannt, obwohl dies alles meist nur noch für Touristen oder bei Festen angelegt wird. Diese materiell armen, aber kulturell reichen Völker, die erst 1938 vom amerikanischen Forscher Richard Archbold „entdeckt" wurden, stehen irgendwo zwischen der Steinzeit und dem 21. Jh. Verlassen Sie die Hauptstadt des Tals, das nur aus der Luft erreichbare Wamena, und wandern Sie zu Fuß zu einigen der abgelegenen Dani-Dörfer.

Durch das 64 km lange Baliem-Tal zu reisen, ist eine einzigartige Erfahrung, aber Individualreisen in Papua sind nichts für Unerfahrene. Die politische Lage ist nicht geklärt; es gibt Unabhängigkeitsbestrebungen und daher oft eine starke Militärpräsenz. Ein Besuch wird am besten durch ein spezialisiertes Unternehmen organisiert. Alternativ können Touren und Wanderungen – halbtägig oder länger – direkt in Wamena arrangiert werden.

Wo: Papuas Provinzhauptstadt Jayapura ist von Jakarta aus in 7 Flugstunden erreichbar, mit Weiterflug nach Wamena im Herzen des Baliem-Tals. **Wie:** Das amerikanische Unternehmen Asia Transpacific bietet individuelle Indonesientrips. Tel. +1/303-443-6789; www.asiatranspacific.com. *Preise:* durchschn. € 260 pro Person/Tag. Alpes Travel aus Bali bietet 5-tägige und längere Abenteuertouren durchs Baliem-Tal. Tel. +62/361-802-6669; www.balialpes.com. Startet in Jayapura. **Reisezeit:** Mai–Nov.: trockener, aber in Papua kann es immer regnen; Aug.: lokale Feste.

Ein Überfluss an Korallen

Der Raja-Ampat-Archipel

Papua, Indonesien

Der unberührte Archipel Raja Ampat ist einfach von überall weit entfernt – und das macht einen Großteil seines Reizes aus. Zudem ist er eines der reichsten Korallenriff-Ökosysteme der Welt. Raja Ampat – „Reich der 4 Könige" – liegt in den warmen, flachen Gewässern vor der Vogelkop-Halbinsel der indonesischen Provinz Papua und besteht aus mehr als 1500 Inseln, die sich rund um die 3 Hauptinseln Waigeo, Salawati und Misool anordnen. Der Archipel erstreckt sich über fast 40.000 km² und umfasst auch die Cenderawasih-Bucht, den größten Meeresnationalpark des Landes. Geologisch gesehen bilden die Inseln die nördlichste Spitze des australischen Kontinents, aber verwaltungstechnisch sind sie indonesisch.

Auf den 3 größten Inseln gibt es nur an den Küsten ein paar Hundert Bewohner; viele der kleineren Inseln sind unbewohnt. Aber dafür gibt es eine reiche Meeresfauna und -flora: Es heißt, Raja Ampat habe die größte Vielfalt an Unterwasserleben überhaupt. Es liegt mitten im sogenannten Korallendreieck und ist Biologentraum und Tauchparadies. Wissenschaftler bestätigen 1300 Fisch-, 700 Weichtier- und unglaubliche 537 Steinkorallenarten, an denen große Schwärme bunter Fische, Meeresschildkröten, Mantarochen, Schwämme, Seepferdchen, Haie und Delfine leben. Diese große Vielfalt, die den Archipel zu einem Anwärter für das UNESCO-Weltnaturerbe macht, soll an Raja Ampats Lage zwischen dem Indischen und dem Pazifischen Ozean liegen: Hier zieht es Korallen und Fische aus beiden Meeren hin. Die großen Korallenriffe scheinen bisher gegen die Erderwärmung resistent zu sein, die so viele Korallen-Ökosysteme der Welt zerstört – noch sind sie weder erkrankt noch ausgeblichen.

Bali Diving organisiert wöchentliche Fahrten von Bali nach Raja Ampat und zurück, mit einem Abstecher zum Nationalpark Komodo (s. S. 598), sodass man 2 der abgelegensten und spektakulärsten Meeresnationalparks Indonesiens auf einer Fahrt besuchen kann. Tauchern, die lieber vom Land aus starten, sei das Misool Eco Resort empfohlen: Es liegt auf der Insel Batbitim, die zur südlichen Insel Misool gehört, und besteht aus 8 schönen Overwater-Bungalows aus Treibholz, die mit Solar- und Windenergie betrieben werden, inkl. Terrasse mit Hängematte direkt über dem hellblauen Wasser der Lagune. Die Möbel wurden von lokalen Handwerkern gefertigt. Das Resort hat ein eigenes Tauchgebiet, in dem nicht gefischt werden darf. Es heißt, das Haus-Riff sei nur 100 Flossenschläge von Ihrem Bungalow entfernt.

Wo: 1600 km nordöstl. von Jakarta. **Bali Diving:** Tel. +62/361-282-664; www.divingbali.com. *Preise:* 7-tägige Reise auf der Raja Ampat Liveaboard € 1348, all-inclusive. Startet in Bali. **Misool Eco Resort:** www.misoolecoresort.com. *Preise:* 7 Tage ab € 1778, inklusive. Tauchen extra. *Wann:* Juli–Sept.: geschlossen. **Reisezeit:** Tauchen ist das ganze Jahr möglich, aber das Meer kann von Juli–Sept. rauer sein; Apr.–Sept.: Regenzeit.

Ein koloniales Küstenrefugium

KEP

Kambodscha

Anders als andere Ferienziele, die französische Kolonialherren in Indochina ansteuerten, ist das kambodschanische Seebad Kep kein kühles Bergstädtchen. Die französischen Bewohner des alten Saigon mögen wegen grüner Täler und Bergluft nach Da Lat (s. S. 636) gezogen sein, aber der Reiz von „Kep-sur-Mer" lag immer in den schönen Stränden. Zwischen 1900 und 1960 reisten die Kolonialbürger von Phnom Penh aus nach Kep, aber erst in den letzten Jahren ist der Ort am Golf von Thailand so richtig aus seinem tropischen Schlummer erwacht. Der anmutige Bogen des Hauptstrandes scheint immer noch aus einem französischen Tagtraum vom Beginn des 20. Jh. zu stammen. Mit seiner breiten Fußgängerpromenade und den schönen schmiedeeisernen Straßenlaternen atmet er nostalgischen Charme. An Feiertagen kommen Familien und planschen fröhlich mit großen Gummireifen im Wasser. Einiges erinnert Sie dann aber doch daran, dass Sie definitiv in Asien sind: Aus Bambushütten am Rand des Strandes kommen Platten mit frisch gegrillten Meeresfrüchten, während in der tropischen Sonne die preisgekrönten Pfefferkörner der Region (Topköche in Paris schwören darauf) trocknen. Ganze Affengruppen springen durch die Bäume bei den auf der Klippe liegenden Ruinen der ehemaligen Sommervilla des Exkönigs Sihanouk.

100 Jahre nach Keps Anfängen als station climatique der Franzosen wird es nun von den smarten Bewohnern Phnom Penhs wiederentdeckt. Anführerin der Umgestaltung

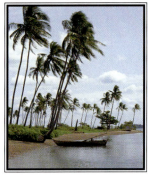

Die noch wenig bevölkerten Strände Keps sind ein Nationalheiligtum.

als Luxusziel ist das grandiose Knai Bang Chatt, ein Trio aus restaurierten modernistischen Villen der 1960er-Jahre direkt gegenüber dem Strand. Mit 11 klimatisierten Zimmern, einem Spa und einem reizenden Pool ist es eines der besten, entspannendsten Boutique-Hotels. Das benachbarte Restaurant Sailing Club mit Bar bietet das perfekte Ende eines Tages auf dem Wasser. Das Veranda Natural Resort auf einem bewaldeten Hügel mit Aussicht auf Kep hat stylische Bungalows und einen Pool im Palmenschatten.

In Kep gibt es immer noch nicht viel zu tun. Sie können sich den Nachmittags-Krebsmarkt ansehen, zum Affendschungel des Kep-Nationalparks wandern, mit einem Fischerboot zu den schönen Stränden der nahen Koh Tonsay („Kanincheninsel") fahren, schnorcheln und gegrillte Garnelen essen – oder einfach am Pool in der Hängematte ausspannen, während Sie auf einen weiteren perfekten Sonnenuntergang warten.

Wo: 170 km südl. von Phnom Penh. **Knai Bang Chatt:** Tel. +855/12-349-742; www.knaibangchatt.com. *Preise:* ab € 100; Dinner im Sailing Club € 15. **Veranda Natural Resort:** Tel. +855/33-399-035; www.veranda-resort.com. *Preise:* ab € 37. **Reisezeit:** Dez.–Jan.: angenehm kühl; Mai–Okt.: Regenzeit.

Khmer-Schätze in einer Stadt, die sich wiederentdeckt

DIE SILBERPAGODE

Phnom Penh, Kambodscha

Einst die schönste der von Franzosen erbauten Städte Indochinas, hat Phnom Penh viel von seinem Charme erhalten – trotz der Gewalt in der jüngeren Geschichte Kambodschas. Seit Neuestem bringen Gelder ausländischer Investoren den Wandel, aber die Stadt bewegt sich immer noch in einem recht gemächlichen Tempo. Französische Kolonialbauten säumen die Hauptstraßen, viele restauriert und zu Restaurants, Cafés und Hotels umgebaut.

Mitten in der Stadt steht der ausladende Königspalast. Ein Teil des Komplexes, der noch immer von Royals bewohnt wird, kann nicht besichtigt werden, dafür aber das Gelände, einige Gebäude und eine der prächtigsten Stätten des Landes: die Silberpagode, ein seltenes Stück Khmer-Kunst. Pol Pot ließ fast alles zerstören – außer dem lebensgroßen goldenen Buddha, der rund 90 kg wiegt und mit mehr als 9500 Diamanten geschmückt ist. Weitere kambodschanische Schätze sieht man im nahen Nationalmuseum, einem offenen Pavillon im Khmer-Stil, darunter Buddhastatuen des 15. Jh. aus der Zeit nach dem Fall von Angkor, dem Sitz des Khmer-Reiches, und dem Beginn des Thai-Königreiches 1431. Es ist ein interessanter Gegensatz zu dem, was Sie in Angkor Wat zu sehen bekommen (s. nächste Seite).

Ähnlich wie Angkors Touristenstadt Siem Reap bietet Phnom Penh eine wachsende Auswahl exzellenter Unterkünfte. Das Raffles Le Royal, 1929 erbaut und 1997 nach aufwendiger Restaurierung wiedereröffnet, ist das eleganteste Hotel – ein Drink in seiner Elephant Bar steckt voller Romantik des alten Indochina. The Pavilion ist ein kleineres, intimeres Kolonialanwesen mit nur 20 komfortablen Zimmern, einen Steinwurf vom Königspalast entfernt.

Kehren Sie ein ins FCC (Foreign Correspondents Club), ein Bar-Restaurant im Kolonialstil, das von schläfrigen Deckenventilatoren und einer tropischen Brise vom Mekong gekühlt wird. Bestellen Sie ein kühles Angkor-Bier oder einen Dry Martini und genießen Sie die Sicht auf den geschäftigen Sisowath Quay oder betrachten Sie eine der regelmäßigen, sehr guten dokumentarischen Fotoausstellungen. Das FCC hat einige Gästezimmer, aber eine bessere Option ist das Schwesterhotel The Quay. Das stylische Hotel, nur einen Block entfernt in einem modernen Gebäude am Fluss, hat einen umweltbewussten Einschlag und das kultivierte Restaurant Chow, das auf kleine Teller mit südostasiatischen Köstlichkeiten spezialisiert ist.

NATIONALMUSEUM KAMBODSCHA: Tel. +855/23-217-643; www.cambodiamuseum.info. **RAFFLES HOTEL LE ROYAL:** Tel. +855/23-981-888; www.raffles.com. *Preise:* ab € 159 (Nebensaison), ab € 215 (Hochsaison). **THE PAVILION:** Tel. +855/23-222-280; www.

Die Silberpagode, Teil des Königspalastkomplexes, hat silberne Fußböden und mit Kristallen und Diamanten geschmückte Buddhas.

thepavilion.asia. *Preise:* ab € 66. **FCC:** Tel. +855/23-724-014; www.fcccambodia.com. **The Quay:** Tel. +855/23-992-284; www.thequayhotel.com. *Preise:* Suiten mit Flussblick ab € 96; Dinner im Chow € 15. **Reisezeit:** Nov.–Feb. kühl, Trockenzeit; Mitte Apr.: Neujahrsfeier der Khmer; Ende Nov.: Bon-Om-Tuk-Wasserfestival.

Die wiedergeborene Tempelstadt

Angkor Wat

Siem Reap, Kambodscha

Eine der berühmtesten architektonischen Stätten der Welt: Die Tempel und Monumente von Angkor umfassen ein Gebiet von etwa 104 km² im Nordwesten Kambodschas. Hier lag zwischen 800 und um 1200 die Kapitale des mächtigen Khmer-Reiches, die 1431 nach der Eroberung durch das Thai-Reich aufgegeben wurde. Heute wird Angkor dank des anhaltenden Friedens nach den Tagen des mörderischen Rote-Khmer-Regimes (1975–79) von mehr Touristen denn je besucht.

Wegen seiner schieren Größe ist es immer noch möglich, dort Ihre ganz persönliche Erfahrung mit den glanzvollen alten Khmer-Bauten zu machen. Das Highlight der Anlage ist natürlich Angkor Wat, ein riesiger, zu Beginn des 12. Jh. erbauter Tempelkomplex. 25.000 Arbeiter brauchten mehr als 37 Jahre zur Fertigstellung, doch nach dem Fall des Reiches versank er in Bedeutungslosigkeit – bis 1860 der französische Botaniker Henri Mouhot im tiefen Dschungel darauf stieß. Die Kambodschaner verehren die Stätte, deren Silhouette gar auf der Nationalflagge abgebildet ist; besonders für Buddhisten ist sie wichtig. Junge Mönche sieht man häufig – ihre safranfarbenen Roben bilden einen schönen Kontrast zu den dunkelgrauen Steinen des Tempels und dem schattigen Wasser des Wassergrabens, der um den Haupttempel herum liegt.

Im Herzen des nahen Angkor Thom liegt der Bayon, der letzte große in Angkor gebaute Tempel. Er ist dem Berg Meru, dem Zentrum

Ta Prohm, heute bekannt für die Baumwurzeln, die die Anlage langsam verschlingen, wurde 1156 erbaut und enthielt einst einen wertvollen Schatz aus Perlen und Schmucksteinen.

der Hindumythologie, nachempfunden und erhebt sich auf 3 Ebenen mit zahlreichen Türmen, in die oben riesige, ruhig blickende Gesichter eingemeißelt sind. Der viel fotografierte Tempelkomplex Ta Prohm, etwa 1,5 km östlich vom Bayon, ist ein Labyrinth aus Torbögen und Sälen, das langsam von den großen Wurzeln uralter Bäume verschlungen wird.

Vor den Tragödien der Zeit der Roten Khmer war Angkor ein Lieblingsziel kolonialer französischer Reisender. Heute ist die benachbarte Stadt Siem Reap das Touristenzentrum, mit einer wachsenden Zahl an neuen Resorts und Boutique-Hotels. Doch die grandioseste Reise in die Vergangenheit ist immer noch der restaurierte koloniale Glanz der 1930er-Jahre im Raffles Grand Hotel d'Angkor mit schönem Spa und Garten. Obwohl es seine 120 Zimmer zu einem der größten kolonialen Hotels der Stadt machen, ist der Service persönlich.

La Résidence d'Angkor am Fluss wurde im traditionellen Khmer-Stil erbaut und ist eines der nah am Tempel liegenden Resorts. Mit 62 Zimmern und Suiten mit Balkon, einem üppigen, ummauerten Garten mit Pool in der Mitte und einem beliebten Spa ist es eine schöne Oase mitten in der Stadt. Intimer ist das Pavillon d'Orient mit 18 geschmackvollen Zimmern in einem Herrenhaus im Kolonialstil mit Pool und Spa, nur 5 Minuten vom Zentrum entfernt.

Wo: 315 km nordwestl. von Phnom Penh.
Wie: Das amerikanische Unternehmen Asia Transpacific Journeys bietet Individual- und Gruppenreisen nach Kambodscha. Tel. +1/303-443-678; www.asiatranspacific.com. *Preise:* im Land durchschnittl. € 241 pro Person/Tag.
RAFFLES GRAND HOTEL D'ANGKOR: Tel. +855/63-963-888; www.raffles.com. *Preise:* ab € 178 (Nebensaison), ab € 222 (Hochsaison). **LA RÉSIDENCE D'ANGKOR:** Tel. +855/63-963-390; www.residencedangkor.com. *Preise:* ab € 180 (Nebensaison), ab € 255 (Hochsaison). **PAVILLON D'ORIENT:** Tel. +855/63-760-646; www.pavillon-orient-hotel.com. *Preise:* ab € 74.
REISEZEIT: Nov.–Mai: Trockenzeit.

Alte Kapitale und spirituelles Herz

LUANG PRABANG

Laos

Die meisten Orte in Laos tragen Sie zurück in eine andere Zeit. Besonders trifft das auf das schläfrige Luang Prabang („Stadt des Friedensbuddha") im bergigen Norden und seine vielen Tempel zu. Die kleine Stadt liegt auf einer Halbinsel zwischen dem Mekong und seinem Nebenfluss Nam Khan, wodurch sie sich wie eine abgelegene Insel anfühlt, obwohl sie ihr Regionalflughafen eigentlich an viele Städte anbindet.

Luang Prabang ist mit etwa 100.000 Einwohnern Laos' zweitgrößte Stadt. Die frühere Königsstadt ist heute ein Zentrum des laotischen Buddhismus; mehr als 600 safranfarben gekleidete Mönche wohnen in den 32 pagodenähnlichen Tempeln. Der außergewöhnlichste ist Wat Xieng Thong („Tempel der Goldenen Stadt") aus dem 16. Jh., von Königen erbaut, die bis 1975 in Luang Prabang Hof hielten – dann wurde die Monarchie abgeschafft. Die vielen Thai-inspirierten Gebäude auf dem Gelände enthalten viele eindrucksvolle Buddhaabbilder und sind die ältesten der Stadt, da sie im 18. Jh. eine chinesische Pirateninvasion überlebten.

Spazieren Sie gemütlich von Tempel zu Tempel, durch ungeteerte, entspannte Nebenstraßen, in denen Hähne herumlaufen und Kinder spielen. Die Hauptstraßen sind gesäumt von gut erhaltenen französisch-kolonialen Häusern, die nahtlos mit traditionellen Holzhäusern, golden gekachelten Tempeln und neueren laotischen Gebäuden verschmelzen.

Auf einem Tagesausflug können Sie Wasserfälle, Berge und Höhlen erkunden, auf dem Mekong mit einem Schiff ein paar Stunden oder mehrere Tage unterwegs sein (s. nächste Seite). In der Stadt gibt es einige sehr gute Resorts, allen voran das exquisite Amantaka in einem ehemaligen kolonialen Krankenhaus. Trotz seiner zentralen Lage ist es wunderbar ruhig. Die großen Suiten (meist mit eigenem Pool) sind von unauffälliger Eleganz. Frühstück auf der Terrasse über dem Mekong ist eine der Annehmlichkeiten des Belle Rive, eines zentral gelegenen Boutique-Hotels mit 13 Zimmern im modernen Lao-Stil. Etwas ländlicher liegt La Résidence Phou Vao auf einem Hügel direkt außerhalb des Stadtzentrums, mit 34 minimalistischen Zimmern, Veranden, vielen Fenstern, einem Juwel von Spa und einem Pool mit Sicht auf die umliegenden Gärten und Berge. Luang Prabang ist zu einer wahren Gastrostadt mit vielen guten Restaurants geworden – speisen Sie auf jeden Fall im Les 3 Nagas, das eine grandiose moderne Einrichtung mit Garten hat und zu dem charmanten gleichnamigen Hotel gehört. Betelblattsuppe sieht man nicht oft auf einer Karte, und der in Zitronengras und Chili marinierte Flussfisch ist lecker scharf.

Wo: 219 km nördl. von Vientiane. **Amantaka:** Tel. +856/71-860-333; www.amanresorts.com/amantaka. *Preise:* ab €555. **Belle Rive:** Tel. +856/71-260-733; www.thebellerive.com. *Preise:* €96. **La Résidence Phou Vao:** Tel. +856/71-212-194; www.residencephouvao.com. *Preise:* ab €193 (Nebensaison), ab €348 (Hochsaison). **Les 3 Nagas:** Tel. +856/71-253-888; www.3-nagas.com. *Preise:* €81 (Nebensaison), €178 (Hochsaison); Dinner €26. **Reisezeit:** Nov.–März: kühles, trockenes Wetter; Aug.: Bootsrennenfestival.

Reich geschmückte buddhistische Tempel in der früheren Königsstadt Luang Prabang.

Indochinas zeitlose Lebensader

Unterwegs auf dem Mekong

Laos

Laos, Kambodscha und Vietnam teilen eine Geschichte des Krieges und der französischen Kolonialherrschaft. Aber es ist der Mekong, der sie besonders verbindet und an vielen Orten auch teilt – er verläuft entlang einem Großteil der laotischen Westgrenze zu Mynamar (Birma) und Thailand, dann durch Kambodscha und Vietnam, wo er zum Mekongdelta (s. S. 643) wird und ins Südchinesische Meer mündet. Er war einst Hauptarterie des Angkor-Reiches und bleibt Symbol und Lebensader für Indochina, dessen Hauptstätten und -städte an seinen Ufern gediehen. Heute säumen funkelnde Khmer-Tempel, vergessene Dörfer und emsige Märkte seine zeitlosen Ufer und tüpfeln die Landschaft.

Sowohl Pendler- als auch Touristenschiffe befahren den Mekong auf seinen Windungen durch Laos. Sie überwinden verschiedene Distanzen und sind unterschiedlich ausgestattet. Selbst Fischerboote nehmen unerschrockene Reisende an Bord, die einige Kilometer oder Tage auf dem Fluss herumfahren wollen. In Nordlaos reisen Sie komfortabel auf der *Luang Say*, einem schön restaurierten Flusskahn, der von Luang Prabang ins nördlichere Houie Say fährt, wobei man unterwegs 1 Nacht in der komfortablen Luang Say Lodge verbringt. In 3 Tagen befährt das Schwesterschiff *Vat Phou* das wenig frequentierte südliche Stück des Flusses, den man vom polierten Holzdeck aus betrachtet. Unter den verschiedenen Landgängen – von den donnernden Wasserfällen von Phapheng (den größten in Südostasien) bis zur ungezähmten Region Si Phan Don (4000 Inseln im unteren Mekong an der Grenze zu Kambodscha) – ist der präangkorische Tempel Wat Phou das Highlight der Reise.

Die Hügeltempel von Wat Phou wurden in Schüben zwischen dem 6. und 14. Jh. erbaut und sind somit um die 200 Jahre älter als Angkor Wat (s. S. 604). Sie enthalten einige der schönsten Khmer-Kunstschätze Südostasiens. Auch wenn Jahrhunderte des Verfalls nur weniges an den Originaltempeln verschont haben, sind Größe und Alter der Anlage atemberaubend, wie auch der Weg über die riesige Treppe zur Ruine eines Shiva-Tempels aus dem 9. Jh. – ein fantastischer Ort vor der Kulisse des majestätischen Bergs Linga Parvata. An klaren Tagen können Sie bis ins 193 km entfernte Vietnam sehen.

Wo: Pakse liegt 464 km südöstl., Luang Prabang 219 km nördl. von Vientiane. **MEKONG-FAHRTEN:** Tel. +856/21-215-958; www.mekongcruises.com. *Preise:* 2-tägige All-inclusive-Fahrt auf der *Luang Say* von Luang Prabang nach Houie Say (oder umgekehrt) ab €200 (Nebensaison), ab €307 (Hochsaison); 3-tägige All-inclusive-Fahrt auf der *Vat Phou* von Pakse nach Wat Phou (oder umgekehrt) ab €374 (Nebensaison), ab €466 (Hochsaison). **REISEZEIT:** Nov.–März: kühles, trockeneres Wetter.

Verschlafene Hauptstadt voller Vergnügungen

VIENTIANE

Laos

Obwohl es nur das entspannte, freundliche Land ringsum spiegelt, ist es schwer zu glauben, dass das kleine, verschlafene Vientiane am Ufer des Mekong die Landeshauptstadt ist. Fast die ganze Stadt wurde 1828 von den Siamesen dem Erdboden gleichgemacht als Antwort auf Laos' gescheiterten Angriff auf das benachbarte Siam. Das älteste erhaltene Gebäude ist der Tempel Sisaket von 1824 mit Tausenden Buddhas, die in kleinen Steinnischen in den Wänden sitzen. Ein neuerer Bau ist die von Australiern entwickelte Thai-Lao-Freundschaftsbrücke, die Laos mit Thailand auf der anderen Seite des kaffeefarbenen Flusses verbindet und neue Touristen auf Südostasientrip heranschafft, die sich hier ausruhen wollen.

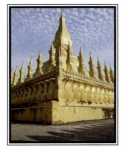

Das Bild des Pha That Luang schmückt das Nationalwappen von Laos.

Auch wenn es nicht den offensichtlichen Charme Luang Prabangs (s. S. 605) und keine wichtigen Sehenswürdigkeiten hat (obwohl der Nam-Phou-Palast, der vergoldete Stupa Pha That Luang und der Markt durchaus einige Stunden Ihrer Zeit verdienen), macht es Spaß, Vientiane zu erkunden. Es hat viele atmosphärische Hotels und Restaurants mit exzellenter laotischer und französischer Küche – so das stylish-elegante, von Franzosen geführte Ansara Hotel, dessen frische Croissants, die man auf der Außenterrasse isst, vielleicht die besten der Stadt sind. Das Settha Palace ist groß und hat schlichte, aber luxuriöse Zimmer im Kolonialstil mit Himmelbetten, Deckenventilatoren und viel Hartholz. Sein beliebtes Restaurant Belle Epoque bietet sich an, wenn Sie Heimweh nach guter europäischer Küche haben. Ansonsten sollten Sie an den strohgedeckten Bars am Mekong bei Sonnenuntergang Grillhühnchen und grünen Papayasalat mit einem kalten Lao-Bier genießen. Im Kua Lao, beliebt bei Reisenden und gut betuchten Einheimischen, gibt es ein authentisches Dinner mit raffiniertem Touch – exzellenten Service, intensive, aromatische Lao-Spezialitäten und oft Vorführungen traditioneller Musik mit Tanz.

Ansara Hotel: Tel. +856/21-213-514; www.ansarahotel.com. *Preise:* € 90. Settha Palace: Tel. +856/21-217-581; www.setthapalace.com. *Preise:* € 122; Dinner im Belle Epoque € 22. Kua Lao: Tel. +856/21-215-777; www.kualao.laopdr.com. *Preise:* Dinner € 15. Reisezeit: Nov.–März: kühleres, trockeneres Wetter; Mitte Mai: Bun-Bang-Fai-(Raketen-)Fest; Okt.: Ok-Phansa-Bootsrennen.

Fantastisches Tauchrevier in der Celebessee

Sipadan

Sabah, Borneo, Malaysia

„Vor 45 Jahren habe ich andere Orte wie Sipadan gesehen – aber jetzt schon lange nicht mehr", sagte Jacques Cousteau 1989. „Nun haben wir wieder ein unberührtes Kunstwerk gefunden." Das winzige, pilzförmige Sipadan ist Teil des Semporna-Archipels vor der Küste Borneos und liegt auf einem untergegangenen Vulkan in einer Naturschutzzone. Mit nur 120 erlaubten Besuchern am Tag und keiner Übernachtungsmöglichkeit ist dieses Inselchen in der Celebessee der Traum jedes Tauchers.

Waten Sie nur 5 m vom weichen weißen Sandstrand ins Meer, stecken Sie den Kopf unter Wasser und staunen Sie: Unglaublich klares, ruhiges Wasser verhilft auch Hobbyschnorchlern zu tollen Ausflügen ins Unterwasserreich. Erfahrene Taucher können zwischen 12 Tauchspots wählen, wo Abhänge 600 m tief in einen tiefblauen Abgrund stürzen – und das nur einige Bootsminuten von der Küste entfernt.

Sichtungen von Suppen- und Echten Karettschildkröten, Haien, Barrakudas und Mantarochen sind praktisch garantiert. Ganz zu schweigen von Tausenden anderen Fischarten und Hunderten farbenprächtigen Korallen, Gorgonien und Schwämmen.

Borneo Divers, die Tauchpioniere Sipadans, die auch Cousteau mit dem Archipel bekannt machten, haben ihr Tauchcenter und -resort von Sipadan auf die in 20 Minuten per Speedboot zu erreichende nördlichere Insel Mabul verlegt. Die Gäste wohnen in Mahagoni-Doppelhäusern und genießen den Pool

Schwärme von Halsband-Falterfischen bezaubern die Taucher in der Celebessee.

und den schönen Privatstrand mit Palmen – plus, natürlich, tolle Tauchmöglichkeiten.

Luxuriöser ist das umweltbewusste Sipadan-Kapalai Dive Resort auf einer nur knapp aus dem Wasser ragenden Sandbank namens Kapalai, einige Bootsminuten südöstlich von Sipadan. Die 50 Stelzenbungalows ähneln denen der einheimischen Orang Laut („Seezigeuner"). Während Sie auf Ihren Tauchbesuch in Sipadan warten, können Sie Kapalai und die Inseln Mataking und Sibuan erkunden. Das Schnorcheln und Kajakfahren gefällt auch Nichttauchern.
Wo: 36 km vor der Nordostküste Borneos.
BORNEO DIVERS: Tel. +60/88-222226; www.borneodivers.info. *Preise:* 1 Nacht im Paket ab € 567 pro Person, inklusive. **SIPADAN-KAPALAI DIVE RESORT:** Tel. +60/ 89-765200; www.sipadan-kapalai.com. *Preise:* 3-Nächte-Paket ab € 593 pro Person, inklusive. Tauchen extra. **REISEZEIT:** Mai–Okt.: bestes Wetter, Tauchbedingungen ganzjährig gut.

Insel der unglaublich großen Abenteuer

BORNEO

Sarawak und Sabah, Borneo, Malaysia

Rothaarige Orang-Utans, die sich durch tropischen Regenwald hangeln, und Langhäuser, in denen einst die legendären Kopfjäger wohnten – das assoziiert man gemeinhin mit Borneo. Die drittgrößte Insel der Welt, die sich Malaysia, Indonesien und Brunei Darussalam teilen, hat eine extrem große Biodiversität: mehr als 15.000 Blumen-, 200 Säugetier- und 420 Vogelarten. Außerdem leben hier faszinierende ethnische Gruppierungen und Stämme.

Der malaysische Teil Borneos besteht aus 2 Bundesstaaten, Sarawak und Sabah. Starten Sie Ihre Erkundung in Kuching, Sarawaks pittoresker historischer Hauptstadt und gute Basis für Expeditionen ins Hinterland. Die Firma Borneo Adventure bringt Besucher mit knatternden Flussschiffen und Miniflugzeugen in abgelegene Gebiete wie das Danum-Tal, das Kelabit-Hochland und den Gunung-Mulu-Nationalpark, wo Kalksteinsäulen aus dem dampfenden Dschungel ragen und Armeen von Fledermäusen in großen Höhlen wohnen.

Die Flussfahrten und die urzeitliche Schönheit des dichten Dschungels mögen Borneo zum Abenteuer machen, aber sich mit der lokalen Kultur zu beschäftigen und mit den Bewohnern eines Langhauses Geschenke und *tuak* (Schnaps aus fermentiertem Reis) auszutauschen, werden Sie auch nicht so schnell vergessen. Viele Langhäuser nehmen Übernachtungsgäste auf, darunter Nanga Sumpa an einem von Lianen überwucherten Fluss, der in den großen Batang-Ai-Stausee fließt. Die meisten Langhäuser sind Gemeinschaftshäuser, aber dieses bietet den Gästen für die Nacht einzelne Zimmer (von Borneo Adventure arrangiert).

Drüben in Sabah liegt das Sepilok Orang-Utan Rehabilitation Centre (SORC), eines von nur 4 ähnlichen Einrichtungen weltweit. Verlorene, verwaiste und verletzte Orang-Utans werden hierhergebracht und in natürlicher Umgebung aufgezogen, bevor man sie wieder im Wald aussetzt. Übernachten Sie im Sepilok Nature Resort direkt am Orang-Utan-Zentrum und erfahren Sie alles über diese zottigen Baumbewohner, die in der Wildnis nur auf Borneo und Sumatra vorkommen.

Der 2-tägige Aufstieg auf den 4095 m hohen Kinabalu, Südostasiens dritthöchsten Berg, ist anstrengend, aber machbar, wenn Sie ein Guide von Mountain Torq begleitet. Das

Unternehmen hat einen Klettersteig aus eisernen Stufen und Brücken am Fels installiert, der das Klettern leichter macht.

Verwöhnen Sie danach die schmerzenden Muskeln im Spa des Gayana Eco Resort, dessen 52 Villen über den sanften Wellen eines Korallenriffs stehen. Das luxuriöse Refugium auf der Insel Gaya im Tunku Abdul Rahman Marine Park ist nur eine kurze Überfahrt von der Küstenstadt Kota Kinabalu entfernt.

Wo: Sabah und Sarawak umfassen die Nordhälfte Borneos. Kota Kinabalu liegt 1635 km östl. von Kuala Lumpur. **Wie:** Das amerikanische Unternehmen International Expeditions bietet eine 20-tägige Tour inkl. Kinabalu, Sepilok und Danum-Tal. Tel. +1/205-428-1700; www.ietravel.com. *Preise:* ab € 5074. Startet in Kuching, Sarawak. *Wann:* Juni. BORNEO ADVENTURE: Tel. +60/88-486800; www.borneoadventure.com. *Preise:* 2-tägige Tour ab € 115. SEPILOK NATURE RESORT: Tel. +60/89-535001; http://sepilok.com. *Preise:* ab € 66. MOUNTAIN TORQ: Tel. +60/88-251730; www.mountaintorq.com. *Preise:* ab € 189 für eine 2-tägige Tour. GAYANA ECO RESORT: Tel. +60/88-271098; www.gayanaeco-resort.com. *Preise:* ab € 230, all-inclusive. REISEZEIT: März–Okt.: Trockenzeit.

Juwel von Kedah

LANGKAWI

Kedah, Malaysia

Dieser wunderschöne Archipel aus 99 Inseln liegt dort, wo die Andamanensee auf die Straße von Malakka trifft und ist offiziell als „Langkawi, Juwel von Kedah" bekannt, ein Titel, den der Sultan von Kedah ihm 2008 zu seinem goldenen Jubiläum schenkte. Obwohl es schon seit Jahren stark als Touristenziel beworben wird, ist Langkawi bemerkenswerterweise „the real thing" geblieben: ein Tropenparadies mit reinem, weißem Sand, Regenwald, magischen Sonnenuntergängen und sonnenerfüllten Tagen.

Nur 2 der Inseln sind bewohnt; Hauptinsel ist die bergige Langkawi, etwa so groß wie Singapur. In ihrer abgelegenen Nordwestecke liegt das Datai, eines der berühmtesten und stylischsten Resorts Malaysias. Die vom lokalen *kampong*-Stil inspirierten, aus heimischem Balau-Holz und weißem Marmor errichteten Gebäude stehen zwischen einer eigenen Bucht mit weißem Sandstrand und einem alten Regenwald, den Sie mit dem Biologen des Hotels erkunden können.

Die ästhetischen Einflüsse sind mal thailändisch oder indonesisch, mal japanisch. Die geschmackvollen Zimmer, großzügigen Lobbys und das erhöhte Thai-Restaurant sind alle offen, was den Dschungel hineinlässt und ein exotisches Flair schafft, das die Gäste umfängt, die gern hierbleiben – außer vielleicht, wenn sie es zum 18-Loch-Turniergolfplatz des Hotels schaffen – eine eher ungewöhnliche Regenwaldattraktion ...

Nahe bei Pantai Cenang, dem kommerziellsten Strand der Insel, liegt das reizende Bon Ton Resort samt Restaurant, das 8 antike malaysische Holzhäuser, einige auf Stelzen, an eine zauberhafte Location unter wogenden Palmen versetzt hat. Die dorfähnliche Anlage, dekoriert mit brillanten Farben, interessanten Mustern und Texturen, ist unwiderstehlich, nicht zuletzt wegen der feinen Küche in ihrem Restaurant Nam.

Der australische Inhaber hat die Latte vor Kurzem noch höher gelegt, indem er Temple

Tree kreierte, ein benachbartes Anwesen mit 8 historischen Häusern chinesischer, malaysischer, indischer und europäischer Herkunft. Die aus ganz Malaysia hergeschafften Häuser haben viel Patina, sind aber modern ausgestattet und bilden einen faszinierenden Architekturpark.

Wo: 30 km vor der Nordwestküste Malaysias. THE DATAI: Tel. +60/4-959-2500; www.langkawi-resorts.com. *Preise:* ab € 344 (Nebensaison), ab € 641 (Hochsaison). BON TON RESORT & TEMPLE TREE: Tel. +60/4-955-1688; www.bontonresort.com.my. *Preise:* ab € 163. REISEZEIT: Nov.–Apr.: trockenstes Wetter.

Schmelztiegel der Köstlichkeiten

(STRASSEN-)ESSEN IN „KL"

Kuala Lumpur, Malaysia

Lassen Sie sich nicht von den glitzernden Petronas Towers und schnittigen Shoppingmalls ablenken: Es ist das authentische Aufgebot an leckeren Köstlichkeiten, das Kuala Lumpur zu solch einer besuchenswerten Stadt macht.

Malaysias kosmopolitische Hauptstadt, überall als KL bekannt, bietet eine Menge Möglichkeiten zum Schlemmen – von Garküchen und grell beleuchteten Nachtmärkten bis zu Gourmetrestaurants mit Weltklasseköchen.

Die Auswahl umspannt den Globus, konzentriert sich aber auf die vielen Delikatessen der chinesischen, indischen und malaysischen Küchen. Diese kennenzulernen ist genauso einfach, wie den Lift zum Seri Angkasa zu nehmen, dem Drehrestaurant auf dem 421 m hohen Fernsehturm, wo das verlockende Büfett mit der Aussicht über die Stadt konkurriert. Zurück auf der Straße sind die Garküchen und Outdoorrestaurants an der Jalan Alor im Stadtteil „Goldenes Dreieck" die Hauptattraktion. Hier kann man nichts falsch machen – zur Wahl stehen z.b. die berühmten Barbecue-Chicken-Wings bei Wong Ah Wah, scharfe, gegrillte Thai-Schweinefleischspieße und knusprige Austernomeletts aus brutzelnden Woks. Um die Ecke liegt Changat Bukit Bintang, eine belebte, schicke Straße voller Restaurants und Bars. Das beste ist das Frangipani, wo Küchenchef Chris Bauer innovative, moderne französische Fusion-Küche auftischt – in schickem Ambiente an einem kleinen, spiegelnden Pool.

Es waren chinesische Zinnsucher, die KL Mitte des 19. Jh. buchstäblich aus dem Dschungel heraushackten – einige wurden dabei reich. Das kulinarische Erbe, das Generationen dieser Immigranten mitbrachten, können Sie in Chinatown kosten. Zum Frühstück gibt es frische Nudeln oder gefüllten Tofu von den Ständen an der Madras Lane hinter dem geschäftigen Straßenmarkt. Abends können Sie sich durch den brechend vollen Markt an der Petaling Street zum Old China Café durchdrängeln, wo leckere chinesisch-malaysische Gerichte, Nyonya, aus Malakka und Penang in der einstigen Versammlungshalle der Wäschereivereinigung serviert werden.

Was richtig Feines ist ein Kochkurs bei Kochbuchautorin und Küchenchefin Rohani Jelani in ihrem früheren Privathaus, das auch als charmantes B&B Bayan Indah dient. Es steht am Rande des Regenwalds, ist aber nur eine halbe Stunde vom Stadtzentrum entfernt. Wer zentraler wohnen will, dem sei das verlässliche Carcosa Seri Negara empfohlen, 2 koloniale Herrenhäuser auf einem Hügel im grünen

Viertel Lake Gardens. Der Nachmittagstee auf der Veranda ist eine lokale Tradition. **Seri Angkasa:** Tel. +60/3-2020-5055; www.serimelayu.com. *Preise:* Lunchbüfett € 16, Dinner € 37. **Frangipani:** Tel. +60/3-2144-3001; www.frangipani.com.my. *Preise:* Dinner € 48. **Old China Café:** Tel. +60/3-2072-5915; www.oldchina.com.my. *Preise:* Lunch € 13. **Bayan Indah:** Tel. +60/3-7729-0122; www.bayanindah.com. *Preise:* Zimmer plus Kochkurs € 104; 1-tägiger Kochkurs € 55. **Carcosa Seri Negara:** Tel. +60/3-2295-0888; www.shr.my. *Preise:* ab € 244; Nachmittagstee € 20.

Historische Wiege Malaysias

Malakka

Malaysia

Ein halbes Jahrtausend bevor die Petronas Towers und andere Wolkenkratzer in Kuala Lumpur wuchsen, war Malakka (auch Melaka) die größte Stadt der Malaiischen Halbinsel. Der geschäftige Handelshafen lag gegenüber der indonesischen Insel Sumatra an der lukrativen Gewürzroute zwischen China und Europa. Er wurde von Sultanen regiert, die die Bevölkerung zum Islam brachten und eine höfische Kultur ausbildeten. Malakkas Reichtum war so groß, dass mehrere Kolonialmächte darum kämpften (und auch gewannen).

Malakkas ruhmreiche Tage mögen zwar vorbei sein, aber sein Reichtum an Monumenten und historischen Gebäuden zieht immer mehr Besucher an. Die katholische St.-Paul-Kirche stammt von 1521, als die Portugiesen regierten und Francisco de Xavier ein regelmäßiger Besucher war. Das repräsentativste Gebäude der nachfolgenden 150 Jahre niederländischer Herrschaft ist das rosafarbene Stadthuys, früher Gouverneurspalast und Rathaus. An der Tür warten mit Quasten und künstlichen Blumen geschmückte Rikschas, um Touristen zum trägen Melaka-Fluss zu bringen, wo Boote sie ins benachbarte Chinatown fahren.

Blumig dekorierte Fahrradrikschas fahren Gäste durch die Stadt.

Chinatown ist ein Netz aus engen Straßen mit Ladenzeilen aus der Kolonialzeit. In einigen sind noch traditionelle Meister am Werk, z.B. Schuster, die die schönen Schuhe der Baba-Nyonyas, der Töchter chinesischer Männer und malaysischer Frauen, herstellen. Ein erhaltenes Geschäftshaus aus dem 18. Jh. können Sie in der Heeren Street 8 besichtigen. Andere Häuser wurden zu Boutique-Hotels umgebaut, so das Heeren House, ein ehemaliges, heute sehr atmosphärisches Lagerhaus mit Café und Kunsthandwerksladen im Erdgeschoss und 6 traditionellen Zimmern mit Flussblick.

Für mehr Luxus dirigieren Sie Ihren Rikschafahrer zum Majestic Malacca, dessen Gasträume in einem originalgetreu restaurierten kolonialchinesischen Herrenhaus der 1920er-Jahre liegen. Dahinter sind die luxuriösen Zimmer in einem neuen Anbau; die beiden Suiten ganz oben haben Rundumblick über den Fluss und über das charmante Kampung Morten, ein Viertel aus traditionellen Holzhäusern.

Kehren Sie auf jeden Fall nach Chinatown zurück, wenn freitags und samstags auf der Jalan Hang Jebat der Jonker's-Walk-Nachtmarkt stattfindet. Er ist touristisch, aber es macht Spaß, Souvenirs zu kaufen und alles aus den Garküchen zu probieren – z.B. Hühnchen-Reis-Bällchen, das fondueähnliche *satay celup* oder *Melaka cendol* (ein Eisdessert). Wer sich fragt, was als Nächstes kommt, kann sich auch die Zukunft vorhersagen lassen.
Wo: 145 km südwestl. von Kuala Lumpur. HEEREN HOUSE: Tel. +60/6-281-4241; www.melaka.net/heerenhouse. *Preise:* ab € 37. MAJESTIC MALACCA: Tel. +60/6-289-8000; www.majesticmalacca.com. *Preise:* ab € 185. REISEZEIT: Fr./Sa.: Jonker's-Walk-Nachtmarkt; Jan.–Feb.: der wenigste Regen.

Inselrefugium eines Sultans

DAS PANGKOR LAUT RESORT

Pangkor Laut, Perak, Malaysia

Man sagt, Luciano Pavarotti habe geweint, als er zum 1. Mal die Schönheit dieser 121 ha großen Insel sah. Pangkor Laut, von Regenwald bedeckt, in dem Makaken und über 100 exotische Vogelarten leben, war einst die Domäne des Sultans von Perak. Auch heute ist es in Privatbesitz – es gehört einem Hotel, dem Pangkor Laut Resort, das einem *kampong* (malaysischen Dorf) nachempfunden ist. Dutzende Bungalows stehen auf Stelzen im Meer oder am Hügel. Es ist eines der luxuriösesten und am schönsten gelegenen Hotels Asiens und bietet weiße Sandstrände, ein preisgekröntes Spa und einen Hafen voller schnittiger Jachten, mit denen man die Nachbarinseln in der Straße von Malakka besuchen kann.

So mancher Gast verbringt seinen ganzen Urlaub auf dem Privatbalkon mit Blick aufs Wasser oder in einer Villa zwischen den alten Baumwipfeln. Wer totale Exklusivität möchte, kann in den Estates wohnen, 9 kleinen Häusern mit eigenem Personal, das sich um alles kümmert – selbst um Helikopterverbindungen zum und vom Festland.

Die exzellenten Restaurants des Resorts servieren alles von chinesischer über malaysischer bis zur East-meets-West-Küche in schönen Open-Air-Pavillons oder unter dem Sternenzelt. Pangkor Lauts großer Bruder Pangkor mag nicht so exklusiv sein, ist aber während der Woche relativ ruhig. Die beste Unterkunft ist das Tiger Rock.

Ein Großteil der Privatinsel besteht aus unberührtem Terrain.

Das umweltfreundliche Refugium wird von Dschungel umschlossen und hat ein freundliches, aber auch sehr exklusives Flair mit nur 8 Zimmern in 2 Häusern, einem Studio und einem Poolhaus-Chalet. Die Angestellten fahren Gäste gern zu den besten Stränden, Märkten und Restaurants, aber es

ist die „Nichthotel"-Atmosphäre mit der tollen Hausmannskost, wegen der viele Gäste wiederkommen.
Wo: 5 km vor der Küste vom Hafen Lamut aus, der 270 km nördl. von Kuala Lumpur liegt. **PANGKOR LAUT RESORT:** Tel. +60/5-699-1100; www.pangkorlautresort.com. *Preise:* Villen ab € 260, Pavarotti-Suite ab € 666. **TIGER ROCK:** Tel. +60/4-264-3580; www.tigerrock.info. *Preise:* ab € 319, inklusive. **REISEZEIT:** ganzjährig angenehme Temperaturen; Jan.–Feb.: am wenigsten Regen.

Perle des Orients

PENANG

Malaysia

Die Insel Penang ist eine lebendige Mischung der Kulturen, seit der Sultan von Kedah sie 1786 an den britischen Abenteurer Francis Light vermietete. Als ein Schlüsselhafen in der Straße von Malakka wurde Penang strategischer Zwischenhalt an der lukrativen Handelsroute von Madras nach Kanton. Heute ist es eine der buntesten multiethnischen Gesellschaften Asiens, wo muslimische Malaysier, Inder verschiedener Religionen, buddhistische und daoistische Chinesen neben diversen eurasischen und ausgewanderten Menschen leben.

Die Insel präsentiert ihr Erbe etwas authentischer als das nahe Singapur (s. S. 622). In der Hauptstadt Georgetown ist die Fahrradriksha das klassische Verkehrsmittel, um sich die charakteristischen kolonialen Läden, Tempel und Clanhäuser in Chinatown und Little India anzuschauen. Highlights sind das schreiend verzierte Khoo-Kongsi-Clanhaus, das eindrucksvoll restaurierte Anglo-India Suffolk House und Cheong Fatt Tze (das blaue Haus) aus den 1880er Jahren, ein leuchtend gestrichenes, atmosphärisches Boutique-Hotel, das einst einem reichen Händler gehörte, der als „Rockefeller des Ostens" bekannt war.

Hobbyhistoriker und Unternehmer restaurieren viele der lange vernachlässigten Shops und Häuser des alten Georgetown und machen sie zu kleinen Hotels, Restaurants und Boutiquen. The Straits Collection, eine Gruppe aus stylischen Unterkünften und Souvenirshops an der Stewart Lane und der nahen Armenian Street, fängt die Essenz des alten Penang mit einem modernen Einschlag ein; im Stewart-Lane-Teil liegt das exzellente Kopi Cine Café & Bar.

Clove Hall, ein Boutique-Hotel in einem makellos restaurierten anglomalaysischen Herrenhaus, hat 6 antik ausgestattete Suiten, einen tropischen Garten und einen Pool, neben dem große chinesische Ton-Reisgefäße stehen. Das Hotel wurde 1910 auf Plantagenland gebaut, das den Sarkies-Brüdern gehörte, den Besitzern des Eastern & Oriental Hotel in Penang. Dieses Schwesterhotel des Raffles in Singapur (s. S. 623) und des Strand in Rangun, Myanmar, stammt von 1884 und erinnert an die Kolonialzeit, als Besucher wie Noël Coward, Rudyard Kipling und Somerset Maugham bei Gin Slings auf der luftigen Veranda saßen.

Tauschen Sie die Stadt gegen Natur ein und fahren Sie mit der Standseilbahn durch dichten Dschungel und Bambushaine zum 829 m hohen Penang Hill, wo Sie den Panoramablick über die 1046 km² große Insel genießen können. Zurück in der Stadt, gesellen Sie sich zu den Einheimischen an den Marktständen und essen Sie das beste Straßenessen Malaysias – lokale Spezialitäten wie *char kway teow* (Nudelpfanne mit dunkler

Sojasoße) und *curry mee* (Eiernudeln in scharfer Kokos-Curry-Suppe) – an der New Lane im Herzen von Georgetown oder bei Sonnenuntergang am Gurney Drive am Meer. **Wo:** 402 km nordwestl. von Kuala Lumpur. **Cheong Fatt Tze Mansion:** Tel. +60/4-262-0006; www.cheongfatttzemansion.com. *Preise:* ab € 93. **Straits Collection:** Tel. +60/4-263-7299; www.straitscollection.com.my. *Preise:* ab € 96. **Clove Hall:** Tel. +60/4-229-0818; www.clovehall.com. *Preise:* ab € 137. **E&O Hotel:** Tel. +60/4-222-2000; www.e-o-hotel.com. *Preise:* ab € 144. **Reisezeit:** Sept.–Feb.: trockenstes Wetter; Jan.–Feb.: chinesisches Neujahr; März: International Food Festival; Mai: Drachenbootfestival; Juli: Georgetown Festival.

Heimat eines nomadischen Seefahrervolkes

Der Mergui-Archipel

Andamanensee, Myanmar

Die Inseln, aus denen der Mergui-(Myeik-)Archipel in der Andamanensee besteht, sind meist unbewohnt. Einige bestehen aus turmartigen Kalksteinformationen, sind mit Höhlen übersät und im Binnenland mit tropischen Wäldern bedeckt. Unter Wasser ist die Topografie ebenso interessant (ob beim Schnorcheln oder Tauchen): Eigentümliche Tintenfische schwimmen um große, zerbrechliche Korallen herum. Die hier lebenden Menschen sind als „Seezigeuner" bekannt; sie selbst nennen sich Moken.

Sie pflegen nach wie vor einen traditionellen Lebensstil und verkaufen Fische, Weichtiere, Seeschnecken und alles andere aus dem Meer von ihren Booten aus. Diese heißen *kabangs* und werden aus einem einzigen Baumstamm gemacht. Bindet man sie aneinander, werden diese Hausboote zu einer Art schwimmendem Dorf.

Dieser 36.000 km² große Archipel ist relativ unerforscht, was man schon daran sieht, dass britische Landvermesser insgesamt 200–800 Inseln hier verzeichnen, die Einheimischen aber eher von 4000 ausgehen. Die Hauptinseln sind von Kawthaung auf dem Festland zu erreichen; zu den äußeren Inseln gibt es keine reguläre Verbindung. Viele der Inseln hat vielleicht noch nie ein Mensch betreten; eine abgelegenere Gegend gibt es wohl kaum.

Da die Inseln bis 1997 für Reisende geschlossen waren, gibt es nicht viele Unterkünfte. Eines der wenigen Hotels ist das Myanmar Andaman Resort mit Bungalows am Strand von Fork (McLeod) Island, das auch Land- und Wasserexkursionen organisiert. 2 nette Inseln sind Lon Khuet, wo in großen Höhlen Schwalbennester – eine Delikatesse der chinesischen Küche –gesammelt werden, und das große, schroffe Lampi Kyun mit einem bergigen Binnenland, wo viele Tiere leben, darunter Riesengleiter, Krokodile, Seeotter, zahllose Vogelarten und der seltene Tiger.

Wo: 800 km südl. von Yangon (Rangun), 40 Seemeilen von Kawthaung und von Ranong, Thailand, entfernt. **Wie:** Das amerikanische Unternehmen Asia Transpacific Journeys bietet individuelle Fahrten in Myanmar, auch nach Mergui. Tel. +1/303-443-6789; www.asiatranspacific.com. **Myanmar Andaman Resort:** Tel. +95/1-549-234; www.myanmarandamanresort.com. *Preise:* ab € 889, inklusive (4 Nächte Mindestaufenthalt). **Reisezeit:** Okt.–Feb.: kühles, angenehmes Wetter.

Myanmars Wasserhighway hinunterschippern

BAGAN UND EINE FAHRT AUF DEM IRRAWADDY

Bagan und Mandalay, Myanmar

Eine Fahrt auf dem Irrawaddy (Ayeyarwady) – dem großen natürlichen Highway des Landes und myanmarische Lebensader – ist eine Gelegenheit, die gemächlichen, zeitlosen Rhythmen des Landlebens und die 2500-jährige Geschichte der Gegend zu studieren. Wählen Sie Ihr schwimmendes Hotel: die *Road to Mandalay*, die dem Orient-Express gehört, ein Mikrokosmos aus birmanischer Gastlichkeit und europäischer Effizienz, oder die kleinere RV *Pandaw*, ein sorgfältig restaurierter schottischer Raddampfer von 1947, betrieben von Ayravata Cruises, denen auch 2 neue Schiffe gehören, die beide RV *Paukans* heißen.

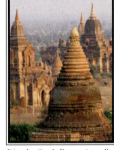

Die alte Stadt Bagan ist voller buddhistischer Pagoden.

Der Irrawaddy ist 2170 km lang, fast so lang wie ganz Myanmar. Die schönste Ufersiedlung ist die uralte Stadt Bagan (vorher Pagan), in der entlang 13 staubigen Uferkilometern rund 2200 buddhistische Pagoden wie ein Wald aus Türmen stehen. Bagan wurde 849 von einem birmanischen König gegründet und erreichte seinen Zenit um 1000 als Hauptstadt des ersten birmanischen Reiches. 1283 wurde es aufgegeben, als Kublai Khan, der schon Nordindien unter Kontrolle hatte, mit seinen Soldaten nach Süden strömte. Man glaubte, dass das Bauen von religiösen Gebäuden König und Volk Ansehen brachte. Also schmückte eine Armee von Kunsthandwerkern die einst mehr als 10.000 religiösen Monumente – heute eine der großartigsten archäologischen Stätten der Welt. Unter den Highlights ist der Ananda-Tempel mit seinem gestuften Dach und 4 goldenen, 10 m hohen Buddhastatuen sowie Hunderten Wandgemälden aus Buddhas Leben. Auch der Shwezigon-Tempel ist bemerkenswert; sein goldener Stupa soll das Schlüsselbein und einen Zahn Buddhas enthalten. Klettern Sie auf die zerfallende Shwe San Daw (Sonnenuntergangspagode), und Sie haben am Ende des Tages einen fast heiligen Moment, wenn die Sonne hinterm Horizont versinkt.

145 nördlich von Bagan liegt Mandalay – einer der magischsten Namen der Welt. Das auch als goldene Stadt bekannte Mandalay war Königssitz Birmas, bevor die Briten das Land in den 1880er-Jahren eroberten. Heute etwas heruntergekommen, beschwört es immer noch die Vergangenheit als Herz der birmanischen Kultur herauf und bleibt ein wichtiges religiöses Ziel mit einem riesigen, emsigen Markt.

Weiter den Fluss hinauf liegt das grüne Dorf Katha, das Sie leicht zu Fuß erkunden können. Hier wohnen Bamar-, Kachin- und Chin-Völker; hier spielt auch George Orwells Roman *Tage in Burma* – der Autor war hier 1927 als kolonialer Polizeibeamter stationiert. Manche Fahrten stoßen noch weiter nördlich nach Bhamo vor, wo Sie auf dem lebhaften Tagesmarkt zwischen Angehörigen der Lisu-, Kachin- und Shan-Völker wandeln, die zum Kaufen und Verkaufen aus der Umgebung kommen.

Wo: Bagan liegt 145 km südwestl. von Mandalay. **Info:** www.ancientbagan.com. **Unterkunft:** Das neue und passend benannte Amazing Bagan Resort wurde im Stil des alten Birma erbaut, aber mit allem modernen Komfort. Tel. +95/61-600-35; www.bagangolfresort.net. *Preise:* € 40. **Orient-Express:** www.orient-express.com. *Preise:* 3 Nächte und länger ab € 1696, all-inclusive. Startet in Yangon (Rangun). **Ayravata Cruises:** Tel. +95/1-380-877; www.ayravatacruises.com. *Preise:* 1 Nacht und länger ab € 222, inklusive. **Reisezeit:** Okt.–März: das kühlste Wetter; Bagan: Vollmond im Dez.–Jan.: Pyatho-Festival, bei dem Mönche Tag und Nacht singen.

Schwimmende Felder, springende Katzen

Der Inle-See

Myanmar

Die stille Magie des Inle-Sees in Zentralmyanmar ist meilenweit weg vom lauten, verstopften Yangon (Rangun). Hier gibt es stattdessen ruhiges Wasser, sanftes Licht und ein warmes Lächeln. Die meisten der Stammesmitglieder am Seeufer leben vom Fischen; viele tun das immer noch mit einer einzigartigen Methode: Man schlingt ein Bein um das Ruder und rudert damit – die Hände sind dann frei, um das kegelförmige Netz mit dem Fang einzuholen. Andere bestellen schwimmende Felder, die mit Bambusstäben, welche irgendwann Wurzeln schlagen, am Grund des flachen Sees befestigt sind. Der zweitgrößte See des Landes wurde vor Jahrhunderten von den Intha, den „Söhnen des Sees", besiedelt und ist etwa 120 km² groß. Für längere Fahrten nimmt man Motorboote, aber die meisten Fahrten durch das Labyrinth aus Kanälen, marschigen Reisfeldern und verschlungenen Hyazinthen am Ufer werden mit dem Flachbodenkanu gemacht.

Rund um den See wohnen etwa 70.000 Menschen in rund 20 einfachen Dörfern, einige nicht mehr als eine Ansammlung zerbrechlich aussehender Häuser auf Stelzen. Ywama ist am bekanntesten wegen seines schwimmenden Marktes, der alle 5 Tage stattfindet. Die Intha beladen ihre Kanus turmhoch mit Blattgemüse, Reis, Melonen, bunten Blumen und den aromatischen Tomaten, für die Inle bekannt ist. Um 9 Uhr haben die Einheimischen genug geshoppt – nun kommen die Kanus mit den neugierigen Touristen, und man verkauft Bambushüte, bündelweise Zigarren, gewebte Schultertaschen, Seiden- und Baumwollsarongs und geschnitzte Buddhas. Wenn Sie den Markt in Ywama verpassen: Er macht an den anderen Wochentagen in anderen Dörfern Station.

Es gibt fast 1000 Stupas rund um den See sowie 100 *kyaung* (Klöster), viele auf

Intha-Fischer treiben ihre Boote mit der einzigartigen Beinrudertechnik an.

essstäbchenähnlichen Stelzen. Das wohl kuriöseste (und meistbesuchte) ist Nga Phe Kyaung, als „Kloster der springenden Katzen" bekannt, weil die dortigen Mönche ihren Katzen u.a. beigebracht haben, durch Reifen zu springen.

Wo: 330 km südl. von Mandalay. **Unterkunft:** Das schönste Hotel am See ist das Inle Princess Resort. Tel. +95/81-209-055; www.inleprincessresort.com. *Preise:* ab € 120. **Reisezeit:** Sept.–März, besonders Sept.–Okt.: Seeferien; Nov.: bestes Wetter.

Die Seele Birmas

Die Shwedagon-Pagode

Yangon (Rangun), Myanmar

Die glänzende Shwedagon-Pagode erhebt sich majestätisch über Yangons verschlungener Skyline, und man sucht nach Superlativen (Rudyard Kipling nannte sie „ein wunderschön schimmerndes Wunder"). Der glockenförmige Stupa ist 98 m hoch und mit rund 60 t Blattgold belegt. Er steht in der Mitte des 6 ha großen Shwedagon („Hügel des goldenen Sieges"). Man geht im Uhrzeigersinn um die Anlage herum, wobei man an vielen Mosaiksäulen, Türmen, geschmückten Gebetspavillons, Buddhabildnissen und 78 kleineren, filigranen Pagoden vorbeikommt. Glöckchen klingeln. Räucherstäbchen schwelen. Es ist eine ruhige, sinnliche Melange, verstärkt durch den Duft der Blumengaben, die safranfarbenen Roben der buddhistischen Mönche und den beruhigenden Klang der Gesänge und Gebete.

Der schimmernde 32-stöckige Stupa dominiert die Skyline. Oben sitzt eine goldene Spitze, geschmückt mit 5448 Diamanten, 2317 Rubinen, Saphiren und anderen Steinen, 1065 goldenen Glocken und ganz oben – zu hoch, um ihn sehen zu können – einem 76-karätigen Diamanten. Für Buddisten ist dies die heiligste Stätte des Landes, welche Reliquien der 4 Buddhas, die bisher auf Erden lebten, enthalten soll. 4 überdachte Wege führen den Singuttara-Hügel hinauf, wo die Pagode auf einer Plattform steht (hier müssen Sie die Schuhe ausziehen). Alle bis auf einen der Eingänge sind voll mit Verkäufern, die alles anbieten, was ein buddhistischer Besucher brauchen könnte, von rituellen Papierschirmchen bis zu Räucherstäbchen. Die Pagode sieht abends am schönsten aus, wenn die letzten Sonnenstrahlen sie orangegolden glänzen lassen und Hunderte Spatzen auffliegen (um am nächsten Morgen wiederzukommen).

Nach einem Tag der tropisch-feuchten Hitze und des Durchschlängelns zwischen uralten Dreckschleuderbussen in dieser Stadt mit mehr als 4 Mio. Menschen ist die elegante Governor's Residence fast so zen-artig wie die Pagode, die ganz in der Nähe ist. Das Hotel wurde in den 1920ern als Gästehaus für Mitglieder der Kayah-Staatsregierung erbaut und ist innen und außen ein schönes Beispiel für birmanische Teakholzarchitektur, luxuriös wie zu kolonialen Zeiten. Das schön gepflegte Grundstück im grünen Botschaftsviertel, der Garten mit Lotosteich und die Kipling Bar rufen die ruhigen Tage wach, die hier einst herrschten.

Info: www.shwedagonpagoda.com. **Governor's Residence:** Tel. +95/1-229-860; www.governorsresidence.com. *Preise:* ab € 130. **Reisezeit:** Nov.–Feb.: kühlste Temperaturen; bei Vollmond im Feb.–März: Tabaung- oder Shwedagon-Pagodenfestival.

Jahrtausendealte Erdkunst

DIE REISTERRASSEN VON BANAUE

Cordillera, Luzon, Philippinen

Die steilen Reisterrassen von Banaue erheben sich, so weit das Auge reicht, wie riesige, smaragdgrüne Treppenstufen aus den philippinischen Kordilleren, den Bergen Nord-Luzons. Sie wurden vor mehr als 2000 Jahren vom Volk der Ifuago angelegt, die die Ostflanke der Kordilleren rund um Banaue besiedeln, und werden bis heute durch ein raffiniertes, arbeitsintensives Bewässerungssystem geflutet. Weil jedoch immer mehr junge Menschen die weniger anstrengende Arbeit in den Städten vorziehen, steht die Zukunft der Terrassen infrage.

Einige der malerischsten Reisterrassen findet man im Dorf Batad, etwa 16 km von Banaue entfernt. Sie sehen aus wie ein riesiges Amphitheater und ziehen sich hinunter zu den strohgedeckten Hütten, aus denen das Dorf besteht. Wenn Sie einmal oben stehen, ist der Blick über den Flickenteppich kleiner Felder unter Ihnen einfach fantastisch. Nach Batad kommen Sie übrigens nur zu Fuß. Guides stehen bereit, um Ihnen Wanderwege und lokale Kunsthandwerker zu zeigen. Ein schwieriger Aufstieg, der am Dorf beginnt, führt zum Fuß des großartigen, 35 m hohen Tappia-Wasserfalls, wo Sie in einem klaren, kühlen See baden können. Eine Ansammlung einfacher Gästehäuser hat eine schöne Sicht auf die Terrassen und gutes Essen.

Von Batad aus können Sie mehrere Stunden zu abgelegeneren Ifuago-Siedlungen wandern, die in den hohen Kordilleren liegen, oder nach Banaue zurückfahren und eine Jeeptour zu anderen Reisterrassen planen, die denen in Batad ähneln, aber unbekannter sind, z.B. in den Dörfern Asipulo, Kiangan, Mayoyao und Maligcong. Nehmen Sie einen Pullover, eine Kamera und gute Wanderschuhe mit. Das klare Licht, die Bergluft, gute Wanderungen und die uralten Erdkunstwerke der Felder erklären, warum Backpacker hier schon lange hinfahren. Das zweckmäßig aussehende Banaue Hotel im Außenbezirk der Stadt ist das beste der Gegend – innen viel attraktiver als außen. Fragen Sie nach einem Zimmer mit Balkon, um die Terrassen bei Sonnenaufgang sehen zu können. Die Angestellten können Touren mit Auto oder zu Fuß ins Umland organisieren, das die Ifuago als „Stairway to Heaven" kennen.

Wo: Banaue liegt 353 km nördl. von Manila. **BANAUE HOTEL:** Tel. +63/74-356-4087; www.philtourism.gov.ph. *Preise:* ab € 40. **REISEZEIT:** in Banaue: März–Apr.: wenigste Wolken, oder Juni–Juli vor der Ernte. In Batad: am grünsten im Apr.–Mai und Okt.–Nov.

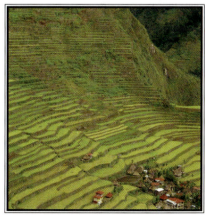

Die Anbaumethoden der Reisterrassen wurden mündlich weitergegeben und haben sich über die Jahrhunderte kaum verändert.

Garboeske Isolation auf einem privaten Eiland

AMANPULO

Pamalican Island, Cuyo Islands, Provinz Palawan, Philippinen

Die exklusivste der etwa 7000 Inseln der Philippinen ist Pamalican, ein winziger Punkt in der Sulusee. Sie wird von einem einzigen Luxusresort belegt – Amanpulo – und ist nur mit einem Privatflug aus Manila (1 Stunde entfernt) zu erreichen. Amanpulo („friedliche Insel") ist Teil der ultraluxuriösen Aman-Kette und womöglich deren idyllischstes Resort, jedenfalls für alle, die tropische Strände und Wassersport lieben.

Die Gäste können hier so viel oder so wenig tun, wie sie wollen – Windsurfen, Segeln, Seekajakfahren, Fischen und einige der besten Tauchspots der Philippinen ansteuern, was eine Menge sagt, denn schließlich ist das ganze Land ein Tauchmekka. Ein farbenprächtiges Korallenriff umgibt die Insel nur 300 m vom Strand entfernt; das Wasser ist unwahrscheinlich klar. Kleine Haie, Meeresschildkröten und Schulen von Adlerrochen sieht man häufig.

Man erkundet die kleine Insel mit hoteleigenen Golfwägelchen auf ungeteerten Straßen. Aber die meisten Leute kommen zum Relaxen hierher, und nirgends geht das besser als hier. Die 40 exquisiten *casitas* sind so angeordnet, dass Sie Ihre Nachbarn nie zu Gesicht bekommen – von der eigenen Terrasse aus wirkt es, als seien Sie allein auf der Insel. Die großen, luftigen Villen sind wie philippinische *bahay kubo* (traditionelle Häuser) gestaltet, innen aber alles andere als altmodisch: Große Bäder, riesige Betten mit feinstem Leinen und schicke Musikanlagen lassen keine Wünsche offen; qualitätvolle lokale Kunst sorgt für Lokalkolorit.

Die Strand-*casitas* liegen direkt am puderfeinen, einsamen Strand, wohl die schönsten der Philippinen; andere Behausungen überblicken vom Hügel aus das Meer. Auch der Pool bietet spektakuläre Ausblicke auf die umliegenden Inseln, alles umgeben von den Aquamarin- und Türkistönen der Sulusee.

Wo: 360 km südwestl. von Manila. Tel. +63/2-976-5200; www.amanresorts.com. *Preise:* casitas ab € 593 (Nebensaison), ab € 666 (Hochsaison). **Reisezeit:** Nov.–Mai: Trockenzeit.

Grandiose Naturschönheiten an der „Last Frontier"

PALAWAN

Philippinen

In der Mitte dieses Archipels von 1760 Inseln liegt eine 425 km lange, schmale Insel: Palawan. Sie reicht im Süden bis nach Borneo, wird im Osten von der Sulusee und im Westen vom Südchinesischen Meer begrenzt und nennt sich zu

Recht die „Last Frontier" der Philippinen. Die schöne, von Regenwald bedeckte Westküste ist bis auf einige kleine Küstenorte fast unberührt. Vor der Nordwestspitze liegt Palawans Schmuckstück: der Bacuit-Archipel, der es in puncto dramatischer Meereslandschaft mit Guilin in China und der Ha-Long-Bucht in Vietnam (s. S. 510 und 637) aufnehmen kann. Die 40 Inseln haben einsame weiße Sandstrände und schroffe Kalksteinformationen, manchmal Hunderte Meter hoch. Verbringen Sie idyllische Tage beim Inselhopping mit dem *bangka* (einem traditionellen Auslegerkanu), beim Schwimmen, Schnorcheln, Seekajakfahren oder Sonnenbaden.

Die Stadt El Nido schaut auf die Kalksteinfelsen im Bacuit-Archipel.

Die bescheidene Stadt El Nido bietet den besten Zugang zum Meer an der Bacuit Bay; die kleinen Hotels sind eine gute Basis. Als Alternative gibt es eine Handvoll exklusiver Resorts auf privaten Inseln, z.B. das umweltbewusste Miniloc Island Resort. Hier können Sie mit dem Kajak zu versteckten Lagunen fahren, auf deren Klippen Salanganenvögel mit ihrem Speichel Nester bauen. (El Nido ist nach diesen Nestern benannt, die als Aphrodisiakum gelten und zu einer in ganz Asien bekannten Suppenspezialität dazugehören.) Wer früh am Morgen kommt, hat die Lagunen ganz für sich allein. Das noch öko-schickere Schwesteranwesen Lagen Island Resort in der Nähe hat romantische Overwater-Bungalows.

Die Provinzhauptstadt Puerto Princesa an der Ostküste Palawans ist Startpunkt für Touren in den Subterranean-River-Nationalpark, in dem einer der längsten tauchbaren Untergrundflüsse liegt. Erfahrene Taucher können das reiche Coral-Triangle-Ökosystem an den Tubbataha-Riffen erkunden, einem 12 Bootsstunden südöstlich gelegenen Meeresschutzgebiet. Nur vom Boot aus kann man diese abgelegenen Gewässer tauchend erkunden. Sie umgeben 2 Atolle, wo es 6 Haiarten, Rochen, gefährdete Meeresschildkröten und leuchtende Fischschwärme gibt.

Wo: El Nido liegt 238 km nordwestl. von Puerto Princesa, beide mit Fähren ab Manila erreichbar. EL NIDO RESORTS: Tel. +63/2-894-5644; www.elnidoresorts.com. *Preise:* Miniloc ab € 260; Lagen ab € 407. **Wie:** ABC Diving bietet Schiffstouren zu den Tubbataha-Riffen. www.abcdive.com; info@ abcdive.com. *Preise:* 6 Nächte € 611, all-inclusive. Startet in Puerto Princesa. REISEZEIT: Feb.–Mai: trockenstes Wetter.

Der wahre Himmel in einem früheren Backpackerparadies

BORACAY

Visayas, Philippinen

Der puderweiche Sand ist hier so weiß, dass er nachts leuchtet und sich rosa färbt, wenn er den Sonnenuntergang reflektiert. Auch wenn die Insel Boracay nicht mehr so schläfrig ist wie einst, bleibt der White Beach das

Juwel des Philippinen-Tourismus und das berühmteste Bild des Landes. Die 10 km² große Insel ist auch als Kitesurf-, Windsurf- und Tauchrevier bekannt – 20 Tauchspots sind nach kurzer Bootsfahrt erreicht. Touristen aus aller Welt kommen zum Familienurlaub und wegen des ausdauernden Nachtlebens.

Die subtile Verwandlung der Insel vom Backpackerparadies der 1970er-Jahre in ein Trendziel Südostasiens wurde mit der Eröffnung von Resorts wie dem Shangri-La Boracay Resort & Spa, das auf 8 ha in einer geschützten Bucht liegt, besiegelt. Es ist nur Minuten vom White Beach und all seinen Angeboten entfernt, fühlt sich aber meilenweit weg an. Oder wählen Sie die stylischen Unterkünfte auf der Klippe mit Blick aufs türkise Wasser, die zum Nami Resort hoch über Diniwid Beach gehören.

Besucher kommen selten über Boracay hinaus, um die zentrale Inselkette der Visayas zu sehen (oder überhaupt den Rest des Landes). Südöstlich liegt die Insel Panay, ein Mikrokosmos aus allem, was an den Philippinen so schön ist. Barock angehauchte Kirchen der Kolonialzeit, die die Plazas an der schroffen Küste dominieren, sind heruntergekommen, aber noch in Gebrauch. Im lebhaften Iloilo City, der letzten asiatischen Hauptstadt des Spanischen Reiches, stehen einheimische Familien Schlange an den Open-Air-Büfettrestaurants von Arevelo, direkt westlich des Stadtzentrums. Im Norden liegt der felsige Bulabog-Puti-An-Nationalpark mit vielen Routen für Kletterer und Wanderer und steinigen Straßen in Panays ländliche Gegenden, wo das Leben noch den traditionellen Rhythmen folgt.

Wo: 345 km südl. von Manila. **SHANGRI-LA RESORT & SPA:** Tel. +63/36-288-4988; www.shangri-la.com. *Preise:* ab € 300. **NAMI RESORT:** Tel. +63/36-288- 6753; www.namiresorts.com. *Preise:* ab € 130. **REISEZEIT:** Okt.–Juni: bestes Wetter, beste Tauchbedingungen; Jan.: Ati-Atihan-Festival (karnevalähnlich) in Kalibo an der Nordküste Panays.

Rundumerneuerung eines Stadtstaates

DAS NEUE GESICHT SINGAPURS

Singapur

Singapur – zweitkleinstes Land Asiens – hat schon mehr als genug Veränderungen erlebt. Einst eine wenig bevölkerte Insel voller Tiger, dann eine marode Hafenstadt des 19. Jh., wurde es 1965 mit der Unabhängigkeit von Malaysia zu dem, was es heute ist: das blitzsaubere Wirtschaftsschwergewicht Südostasiens. Sein neuester kühner Plan: ein Las Vegas am Äquator zu schaffen, wo glamouröse Kasinos, trendige Bars, Nachtclubs und Outdoorrestaurants sich sowohl an Einheimische wenden (hier lebt der weltgrößte Prozentsatz an Millionären) als auch an Touristen, die dann hoffentlich lange bleiben.

2 neue, glamouröse Resorts, die Hotels mit Entertainment und Kasinos kombinieren, locken sowohl Familien als auch Betuchte, die einige der bunten Singapur-Dollars einsetzen wollen. Das spektakuläre, vom Amerikaner Moshe Safdie designte Marina Bay Sands steht am Rande der Stadt in Laufweite zum Finanzzentrum. Bei seiner Eröffnung 2010 wurde es sofort zum Wahrzeichen, denn es besteht aus 3 futuristischen, 57-stöckigen Hoteltürmen, die auf dem Dach durch den Sands Sky Park verbunden sind, eine vorkragende Plattform von der Größe dreier Fußballfelder. Hier oben lie-

gen die trendigsten Restaurants der Stadt, besonders das Sky on 57, in dem der von hier stammende Küchenchef Justin Quek klassische Singapurer Gerichte modern interpretiert. Außerdem finden Sie atemberaubende Rudumblicke, schwebende Nachtclubs, eine Aussichtsplattform und einen Pool direkt an der Dachkante mit dreifacher olympischer Länge – der größte Hochhauspool der Welt.

Das Resorts World Santosa ist näher an der Erde, schön einsam auf einer kleinen, pittoresken, einst schläfrigen Insel vor Südsingapur gelegen und 10 Minuten von Downtown entfernt. Es ist das familienfreundlichere der beiden Resorts, denn es besitzt ein großes Aquarium, die einzigen Universal Studios der Region und bald auch ein Meeresmuseum. Beide Resorts haben Starköche aus aller Welt (von Mario Batali und Guy Savoy bis zu Tetsuya Wakuda und Joël Robuchon) und jeweils mehr als 1800 Zimmer. Mag der Stadtstaat auch klein sein – diese Leistungen sind ganz groß!

Betrachten Sie die Stadt vom randlosen Pool auf dem Dach des Marina Bay Sands aus.

MARINA BAY SANDS: Tel. +65/6688-8868; www.marinabaysands.com. *Preise:* ab €203; Dinner im Sky on 57 €55. **RESORTS WORLD SENTOSA:** Tel. +65/6577-8899; www.rwsentosa.com. *Preise:* ab €203. **REISEZEIT:** März–Okt.: bestes Wetter; Mai–Juni: Singapur Arts Festival; 9. Aug.: Nationalfeiertag; Sept.: Grand Prix; Silvesterfeiern.

Koloniale Zeitreise

RAFFLES HOTEL UND E&O-EXPRESS

Singapur

Trotz Singapurs rasanter Fahrt in die Zukunft und seiner Coolness können Besucher, die genug von der Moderne haben, zwischen Shoppingmalls und schnittigen Hotels immer noch Überbleibsel der kolonialen Vergangenheit finden. So liegt der ehrwürdige Singapore Cricket Club mitten in der City, und das Raffles, vielleicht das bekannteste Hotel der Welt, ist durchaus eine Sehenswürdigkeit. Mit seinen gepflegten Palmen und Frangipani-Bäumen, der majestätischen weißen Fassade und den Zimmern mit hohen Decken und Antiquitäten „steht es für alle Geschichten des exotischen Orients", schrieb Somerset Maugham. Das makellos renovierte Hotel wurde 1887 eröffnet und ist mit dem Alter nur besser geworden. Es zieht immer noch sowohl reiche Reisende als auch Neugierige an.

Maugham schlürfte seinen Million Dollar Cocktail gern in der Writers Bar des Hotels (Joseph Conrad und Rudyard Kipling waren meist auch da), aber die meisten Besucher zieht es heute in die Long Bar, wo 1915 der Singapore Sling erfunden wurde – mehr als 2000 dieses süßlich pinken Getränks werden hier täglich gemacht und kosten so viel, wie Sie an den Straßenständen (siehe unten) für ein ganzes Essen bezahlen.

Eine weitere Erinnerung an opulentere Zeiten ist der Eastern-&-Oriental-Expresszug mit seinen kleinen, aber eleganten Abteilen, Stewards, die Tee bringen, förmlichen Dinners und Abendcocktails in der Pianobar. Das luxuriöse Hotel auf Rädern fährt von Singapur aus die Malaiische Halbinsel hoch, durch Kautschuk- und Palmenplantagen nach Bangkok (s. S. 626). Unterwegs hält der Zug u.a. in Penang (s. S. 614) und für einen Besuch der Brücke am Kwai. Von Ihrem Fenster aus sehen Sie Goldene Pagoden, während Sie durch dichten, feuchtwarmen Dschungel fahren. Vom Aussichtswagen aus bekommen Sie Einblick ins Landleben: Reisfelder mit arbeitenden Bauern, von Wasserbüffeln gezogene Pflüge, winkende Kinder in strohgedeckten Dörfern. Nach der 3-tägigen, 1930 km langen Fahrt können Sie sich in Bangkok, Stadt der Engel, aufhalten und dann wieder in den Zug steigen – für die nächste Route, wie die 7-tägige Strecke „Epic Thailand", bei der es von Bangkok durch Thailands ländlichen Nordosten bis nach Chiang Mai (s. S. 629) zum Tempelschauen und Elefantenreiten geht.

RAFFLES HOTEL: Tel. +65/6337-1886; www.raffles.com. *Preise:* ab € 350 (Nebensaison), ab € 515 (Hochsaison). **EASTERN & ORIENTAL EXPRESS:** Tel. +65/6392-3500; www.orientexpress.com. *Preise:* 3-tägige Reise von Singapur nach Bangkok oder umgekehrt ab € 1807, all-inclusive. **REISEZEIT:** März–Okt.: kühlstes und trockenstes Wetter.

Wo das Essen König ist

STRASSENESSEN IN SINGAPUR

Singapur

Es verwundert nicht, dass Essen (mehr noch als Shoppen) in Singapur die beliebteste Freizeitbeschäftigung ist – es ist vielleicht der beste Ort der Welt, um die erstaunliche Vielfalt aller Küchen Asiens zu probieren, was Sie mit viel Vergnügen an den vielen Garküchen tun können. Tatsächlich wird hier das meiste Straßenessen gar nicht mehr direkt an der Straße verkauft, sondern – schließlich ist dies das ordentliche Singapur – in extra eingerichteten Open-Air-Zentren für Straßenhändler, von denen es über 100 geben soll. Tag und Nacht versammeln sich Einheimische, Touristen, Würdenträger und Taxifahrer an Garküchen (die alle von Gesundheitsinspektoren kontrolliert werden) mit einer unglaublichen Essensauswahl.

Hier in der tropischen Hitze, im Lärm klappernder Tabletts und gebrüllter Anweisungen, im Duft nach fermentierter Fischpaste, Ingwer und Curry liegt eine gastronomisch-kulturelle Erfahrung, die Sie nur in Singapur machen können. Malaysische, indonesische, indische und chinesische Gerichte sowie die lokale chinesisch-malaysische Mischung *peranakan* treten gegeneinander an. Genießen Sie Chilikrebse aus Sri Lanka oder ein einfaches, aromatisches Hainan-Huhn mit *nasi goreng* (gebratenem Reis) oder *roti mar-*

tabak (gerolltem Brot mit Fleisch-Reis-Füllung, mit Curry serviert). Wer mehr Abenteuer möchte, kann zum Dessert eine der stinkenden, aber leckeren Durian-Früchte essen.

Jeder Singapurer hat ein Lieblings-Essenszentrum, von denen viele außerhalb der Stadt in Wohngebieten liegen. Das zentrale Newton Circus ist verlässlich gut (das berühmteste, touristischste und teuerste); das Maxwell Road ist genauso gut gelegen, zieht aber auch noch einige treue Einheimische an, die es für das beste halten. Das renovierte, mehrstöckige Chinatown Complex Food Center bietet die Chance, Dutzende verschiedener (meist südchinesischer) Gerichte zu probieren – begleitet von einem kühlen Tiger Beer.

INFO: www.myhawkers.sg. **NEWTON CIRCUS:** Clemenceau Rd., an der MRT-Haltestelle Newton. **MAXWELL ROAD:** South Bridge Rd., an der MRT-Haltestelle Outram Park. **CHINATOWN COMPLEX FOOD CENTER:** in der Nähe der MRT-Haltestelle Outram Park. **WIE:** Makansutra bietet verschiedene 4-stündige „Food Tours". Tel. +65/6438-4038; www.makansutra.com. *Preise:* € 100. **REISEZEIT:** März–Okt.: bestes Wetter; Juli: Singapore Food Festival.

Die alte Hauptstadt des siamesischen Königreichs

AYUTTHAYA

Thailand

Ayutthaya, einst „Perle des Ostens" genannt und künstlerische, spirituelle und militärische Hauptstadt Südostasiens, war von 1350 bis zur Zerstörung durch die Birmanen 4 Jahrhunderte später Thailands Hauptstadt. 35 Könige verschiedener Dynastien bauten in dem Stadtstaat, der einer der reichsten der Region gewesen sein muss, Hunderte Tempel und schufen Tausende Buddha-Bildnisse. Die Zerstörung 1767 war so total, dass der gebrochene König die Stadt nicht wieder aufbaute, sondern seinen Hof 80 km flussabwärts nach Bangkok verlegte, wo er alsbald den Großen Palast (s. S. 626) bauen ließ. Die Ruinen Ayutthayas lassen den früheren Glanz der Stadt erahnen – Besucher mit viel Fantasie (und einem guten Führer) können sich ihre einstige große Bedeutung vorstellen. Schauen Sie sich den früheren *kraal* (Einfriedung) an, in dem einmal wilde Elefanten gehalten wurden und der heute zur Rehabilitation alter, verletzter oder verwaister Elefanten dient.

Eine Reihe safranfarben gewandeter Buddhas umgibt Wat Yai Chai Mongkon, eine Tempelanlage, die ins Jahr 1357 datiert.

Ayutthaya erreichen Sie einfach und günstig per Straße oder Bahn von Bangkok aus, aber ein beliebter Tagesausflug ist auch, eine der Strecken auf dem Fluss zurückzulegen. Jahrhundertelang eine belebte Handels-

Wasserstraße, bietet der Fluss heute eine faszinierende Reise zwischen Thailands früherer und heutiger Hauptstadt.

Verschiedene Schiffe brauchen 1–3 Tage für die 300 km lange Fahrt hin und zurück; Fahrten mit Übernachtung beinhalten meist einen Besuch im Royal Barge Museum in Bangkok, in dem geschmückte Boote gezeigt werden, die bei Flussprozessionen zum Einsatz kommen, z.B. 2006 beim 60-jährigen Thronjubiläum König Bhumibols. Wohnen Sie auf der *Manohra Song*, einem liebevoll restaurierten, 100 Jahre alten Reiskahn aus Teak, mit 4 Prunkgemächern eines der luxuriösesten Boote auf dem Fluss. Das Schwesterschiff *Manohra Dream* ist noch opulenter; es hat nur 2 großzügige Zimmer mit Kissen und Bettüberwürfen aus thailändischer Seide.

Wo: 80 km nördl. von Bangkok. *Manohra Song:* Tel. +66/2-477-0770; www.manohracruises.com. *Preise:* 3-tägige „Voyage of Kings" ab € 1470 (Nebensaison), ab € 1719 (Hochsaison), all-inclusive. **Reisezeit:** Nov.–Feb.: kühlere Trockenzeit.

Königliche Wohnung und traditionelle Massage

Der Grosse Palast und Wat Pho

Bangkok, Thailand

Der Große Palast, ehemalige Residenz des thailändischen Königs und eine Studie in monumentalem Exzess, wurde vor mehr als 200 Jahren von der verehrten Chakri-Dynastie des siamesischen Königreiches erbaut. Heute ist der ausladende Palastkomplex eine der populärsten Attraktionen Thailands (der heutige König Bhumibol lebt im nahen Chitralada-Palast, der nicht für die Öffentlichkeit zugänglich ist).

Das schimmernde, reich verzierte Labyrinth aus mehr als 100 Gebäuden ist die größte Präsentation traditioneller Thai-Kunst und -Architektur weltweit. Die vergoldete Anlage umfasst auch den berühmtesten der mehr als 400 Tempel Bangkoks: Wat Phra Kaeo, auch als Tempel des Smaragd-Buddhas bekannt, der das spirituelle Herz Thailands symbolisch mit seinem früheren Machtsitz verbindet. Hier befindet sich das ehrwürdigste religiöse Objekt Thailands, ein zarter, 66 cm hoher Buddha aus Jade, der auf einem 11 m hohen Goldthron sitzt und von antiken Bronzelöwen bewacht wird. Er war verschollen und wurde im 15. Jh. wiedergefunden. Der Beschützer des Landes schaut auf den einzigen Bereich des Großen Palastes herab, in dem die Thai-Pilger mit ihren Räucherstäbchen die ehrfürchtigen Touristen zahlenmäßig ausstechen.

Wat Pho, auch bekannt als Tempel des liegenden Buddha, enthält mehr als 1000 Bildnisse des Erleuchteten.

Um Buddha liegend zu sehen, sollten Sie den nahen Wat Pho besuchen, nur einen 10-minütigen Spaziergang durch Bangkoks volle Straßen entfernt. Das Gebäude aus dem 17. Jh. ist der älteste und größte Tempel Thailands und wurde um einen eindrucksvollen, 46 m langen vergoldeten liegenden Buddha herumgebaut. Es ist auch bekannt für seine alte Universität und als Zentrum für Lehre und Erhalt der traditionellen Thai-Medizin und -Massage. Letztere wird hier als spirituelle, heilende Kunst im Einklang mit den Lehren Buddhas begriffen und wurde jahrhundertelang ausschließlich in Tempeln praktiziert. Wer sich für eine anmeldet, sollte sich auf eine gründliche Bearbeitung aller Druckpunkte des Körpers einstellen – schlanke, aber starke Masseure strecken Sie rigoros bis in ein unerwartetes Nirwana (anders als bei anderen Massagen sind Sie bei dieser bekleidet). Die tropische Brise, die durch Wat Phos offenen Pavillon driftet, macht das Wohlbefinden vollkommen.

INFO: www.bangkokforvisitors.com. *Preise:* € 10 für 1 Stunde Massage im Wat Pho.

Essen, Blumen, Shoppen ohne Ende

Die Märkte von Bangkok

Bangkok, Thailand

Sie werden nur einen kleinen Teil des 12 ha großen, brechend vollen Marktes im Viertel Chatuchak erkunden können, bevor Ihr Kopf die kulturelle und visuelle Fülle nicht mehr aufnehmen kann. Mit etwa 5000 Händlern, die hier jeden Samstag und Sonntag ab 6 Uhr morgens Geschäfte machen, ist er einer der weltgrößten Märkte – das ultimative Shoppingerlebnis in Bangkok. Seltenes, Teures und Ungewöhnliches wird hier Seite an Seite mit authentischem Straßenessen, Stammeskunst und Fälschungen aller Art verkauft. Aromatische Gewürze, zarte Orchideen und Tiere – von Siamkatzenbabys bis zu Kampffischen – erinnern Sie daran, in einer der pulsierendsten Städte Südostasiens zu sein.

An den Garküchen verstehen Sie, warum Bangkok als eine der weltbesten Städte für Straßenessen gilt. Probieren Sie einen Teller *pad thai* (gebratene Nudeln) mit frischen Kräutern und Erdnüssen oder die schärferen Chili-Aromen von som tam, einem traditionellen nordthailändischen Gericht aus grünen Papayas. Süßmäuler stellen sich für *khao tom ka thi* an, nach Kokos schmeckenden Klebreis in einem Bananenblatt.

Wer nach Souvenirs und Geschenken fahndet, findet hier alles: traditionelle Seidengewänder, handbemaltes Porzellan, moderne Haushaltswaren, Videospiele und sogar Computer. Es ist ein überfülltes, betäubendes Chaos, voll mit Mönchen in safrangelben Roben, alten Damen mit spitzen Ellbogen, Müttern und Kindern, die Spielzeug kaufen, und Geschäftsleuten im Anzug, die sich mit Zutaten fürs Abendessen eindecken.

Drachenfrüchte und Mangostanen sind unter den exotischen Angeboten des Marktes von Chatuchak, einer thailändischen Institution, die einfach alles verkauft.

Bangkok hat noch ein weiteres Markterlebnis: Pak Khlong Talat. Bei Dämmerung verwandelt sich der Gemüsemarkt in den größten Blumenmarkt. Blumen sind in Thailand sehr wichtig zum Schmücken der Häuser und als Opfergaben an Tempeln, was erklärt, warum sich hier Gärtner aus dem ganzen Königreich sammeln, um Berge von Orchideen, Rosen, Chrysanthemen und Blumen, die Sie noch nie gesehen haben, zu verkaufen. Zu diesem Markt am Fluss zu gelangen ist schon der halbe Spaß, wenn Sie eines der Wassertaxis am Chao Phraya nehmen. Steigen Sie an der Anlegestelle Tha Saphan Phuts aus und folgen Sie dem Duft von Jasmin durch einen schwimmenden Teakpavillon zum Pak-Khlong-Markt. Gefeilscht wird hier bis weit nach Mitternacht.

Wo: Chatuchak-Park: Skytrain nach Mo Chit oder Metro zum Chatuchak-Park. Pak Khlong Talat: mit dem Wasser- oder dem normalen Taxi.

Der Inbegriff an Gastfreundschaft

Ein Hotel-Trio

Bangkok, Thailand

Bangkok ist eine ausgedehnte, faszinierende Stadt aus Vierteln, die verschiedene Facetten der thailändischen Hauptstadt verkörpern. In einem Land, das für Gastfreundschaft und einwandfreien Service bekannt ist, haben Bangkoks Hotels jeden erdenklichen Preis gewonnen. 3 Hotels stechen heraus – eines über 100 Jahre alt, eines das Allerneueste und eines im Kolonialstil, und alle zeigen Bangkok, wie es am schönsten ist.

Das Oriental Hotel am Fluss ist eine Legende, so ehrwürdig und viel besucht wie der Große Palast (s. S. 626). Es eröffnete 1879 am Ufer des Chao Phraya und hat seitdem jeden von Joseph Conrad über Elizabeth Taylor bis Neil Armstrong beherbergt. Heute können Sie die Geschichte dieses Wahrzeichens in den Authors Suites erleben, im einzigen Teil des Originalgebäudes, das noch steht. Die großzügigen, nach Somerset Maugham, Noël Coward und James Michener benannten Suiten sind Tribute an die Geschichten des Orients. Eine Fähre bringt die Gäste zum anderen Flussufer, wo im üppigen Restaurant des Hotels, dem Sala Rim Naam, jede Nacht Bangkoks beste klassische Tanzaufführung stattfindet. Hier liegt auch das berühmte Spa des Hotels, eine wunderschön schlichte Oase in einem restaurierten Teakhaus. Auch andere Luxushotels haben die Toplage am Fluss, aber das historische Oriental war das erste.

Einige Blocks östlich des Flusses, inmitten der Hektik des Handelsviertels, liegt das Sukothai-Hotel, perfekt für Gäste, die eine schnittige, puristische Unterkunft möchten, die zurückhaltende Eleganz mit zeitlosen Elementen thailändischer Kultur kombiniert. Die palmengesäumte Auffahrt und 2,5 ha Blumengarten mit Seerosenteichen fangen die Ruhe des Reiches des 13. Jh. ein, nach dem das Hotel benannt wurde. Trotz seiner Größe (200 exquisite Zimmer inklusive übergroßem Bad mit Teakfußboden) hat es das Flair eines buddhistischen Klosters, wo sich Stupas im Sukothai-Stil in beleuchteten Lotosbecken spiegeln. Das hoteleigene Spa Botanica bietet Anwendungen wie das 3-stündige Thailand Flower Ritual, das ein Blütenbad mit einem Ganzkörperpeeling aus Jasmin und Koriander kombiniert. Auf der Außenterrasse des Restaurants Celadon mischt sich die scharfe Thai-Küche mühelos mit kosmopolitischeren Aromen in einer der romantischsten Kulissen der Stadt.

In den älteren Straßen um den Großen Palast und Wat Pho (s. S. 626) beschwören 2 denkmalgeschützte Schwesterhotels, die von ihren Eigentümern, ihres Zeichens Architekten, liebevoll restauriert wurden, das Bangkok der alten Zeit herauf. Das Bhuthorn liegt in einem Eckhaus mit 3 Zimmern, mit Thai-Antiquitäten möbliert. Weitere Gäste finden ein warmes Willkommen im Asadang mit 9 B&B-Zimmern in einem restaurierten kolonialen Herrenhaus.

ORIENTAL: Tel. +66/2-659-9000; www.mandarinoriental.com. *Preise:* ab € 220 (Nebensaison), ab € 311 (Hochsaison). SUKHOTHAI: Tel. +66/2-344-8888; www.sukhothai.com. *Preise:* ab € 189; Dinner im Celadon € 37. BHUTHORN: Tel. +66/2-622-2270; www.thebhuthorn.com. *Preise:* ab € 100. ASADANG: Tel. +66/85-180-7100; www.theasadang.com. *Preise:* ab € 100. REISEZEIT: Okt.–März: Trockenzeit.

Märkte und Tempel in der „Rose des Nordens"

CHIANG MAI

Thailand

Chiang Mai ist Thailands zweitgrößte Stadt und inoffizielle Hauptstadt des thailändischen Nordens. Die angenehm temperierte Stadt, auch „Rose des Nordens" genannt, war einst schläfriges Zentrum eines ländlichen Hinterlands und Tor zu den entfernteren Bergvölkern. Heute ist es eine richtige Stadt. Exzellente Boutique-Hotels entstehen; es gibt einige der besten Märkte Südostasiens und leckeres Straßenessen. Rechnen Sie noch die faszinierende Altstadt dazu – mit alten Stadtmauern, Wassergraben und schönen *wats* (buddhistischen Tempeln, der älteste aus dem späten 13. Jh.) –, und Sie haben viele Gründe, den 1-stündigen Flug oder die 12-stündige Nachtfahrt mit dem Zug aus Bangkok auf sich zu nehmen.

Neue Hotels haben einen unverwechselbaren Charakter, wie das elegante Ping Nakara, eine 100 Jahre alte koloniale Schönheit mit nur 19 Zimmern. Im U Chiang Mai trifft Kolonialstil auf Zen-Ästhetik des 21. Jh. Seine Lounge liegt in der ehemaligen Gouverneursresidenz aus dem 19. Jh. Von hier aus geht man nur 5 Minuten zum größten Spaß der Stadt, dem Sonntagnacht-Markt an der Ratchadamneon Road (Walking Street). Der „normale" Nachtmarkt startet jeden Tag gegen 18 Uhr, ist aber mehr ein Vorspiel für die Samstags- und Sonntagsmärkte der

In Chiang Mai verkaufen die Einheimischen auf den Märkten der Walking Street Kunsthandwerk.

Walking Street, bei denen die Tempel an der Straße gigantische Open-Air-Küchen werden. Es kommen genauso viele Einheimische wie Touristen, und alle essen z.B. *laab gai* (scharfen Hühnersalat) oder *som tam* (grünen Papayasalat) mit direkt aus der Nuss geschlürfter Kokosmilch. Wer die hiesigen Aromen liebt, sollte einen lehrreichen Tag an der Thai Cookery School verbringen, die seit 1993 Kurse anbietet.

Abgesehen von der leckeren Thai-Küche sind die Walking-Street-Märkte ein toller Ort zum Shoppen, denn die Bergvölker bringen ihre Produkte hierher. Billige Kopien aus China schleichen sich ein, suchen Sie also nach dem Echten. Werkstätten in der Stadt produzieren Silber, Celadon-Töpferwaren, im Siebdruck bedruckte Seide und gewebte Stoffe; neuere Designateliers schaffen ihre eigene Szene, mischen Traditionelles mit Modernen und Thailändisches mit ausländischen Formen.

Jenseits vom belebten Chiang Mai im nahen Mae-Rim-Tal liegt das unvergleichliche Four Seasons Resort. Das prachtvoll angelegte, 8 ha große Resort beinhaltet Bautraditionen aus den Nachbarländern Myanmar, Laos und China und erinnert an ein nordthailändisches Dorf, komplett mit Wasserbüffeln, die beim Pflügen der hoteleigenen Reisfelder helfen. Fahren Sie auf einem Bambusfloß einen ruhigen Fluss hinunter oder mit dem Mountainbike durch üppige Wälder zu versteckten Wasserfällen. Danach lockt im Spa eine aromatische Massage mit Ingwer- und Zitronengrasölen.

Wo: 644 km nördl. von Bangkok. **Ping Nakara:** Tel. +66/53-252-999; www.pingnakara.com. *Preise:* ab € 122 (Nebensaison), ab € 178 (Hochsaison). **U Chiang Mai:** Tel. +66/53-327-000; www.uhotelsresorts.com. *Preise:* ab € 90. **Thai Cookery School:** Tel. +66/53-206-388; www.thaicookeryschool.com. **Four Seasons Chiang Mai:** Tel. +66/53-298-181; www.fourseasons.com/chiangmai. *Preise:* ab € 444 (Nebensaison), ab € 593 (Hochsaison). **Reisezeit:** Nov.–März: kühles, trockenes Wetter; Sa., So.: Walking-Street-Nachtmarkt; Feb.: Chiang Mai Flower Festival; Apr.: Songkran Water Festival.

Eleganz und Elefanten

Das Goldene Dreieck

Thailand

Im rauen Norden, wo sich Thailand, Laos und Myanmar treffen und die Flüsse Ruak und Mekong zusammenfließen, erwartet den Reisenden eine üppige, bergige Region mit vielen Möglichkeiten für Abenteuer. Lokale, sozialbewusste Unternehmen veranstalten Touren in die Dörfer der Bergvölker (die in der Gegend um Chiang Mai durch jahrzehntelange Ausbeutung gefährdet waren); zu Fuß, per Jeep oder Boot.

Bis vor Kurzem war das abgelegene Gebiet aus Bambusdschungel und nebligen Bergen für die illegale Heroinproduktion berüchtigt – die Flüsse waren beliebte Handelswege, die seit den 1920er-Jahren die Drogenmärkte des Westens belieferten. Im neuen Jahrhundert hat sich das Ganze nach Westen, in die Shan-Staaten Myanmars, verlagert. Wie um die neue Sicherheit der hiesigen Gegend zu beweisen, sind zu der wachsenden Zahl an Resorts in diesem nördlichsten Landesteil 2 exklusive hinzugekommen.

Durch die geschützte Lage am Fluss Ruak bringt das Four Seasons Tented Camp einen romantischen Hauch afrikanischen Safariflairs nach Südostasien. Man erreicht es nur per Langboot, und es gibt nur 15 luxuriöse „Zelte" am Hügel, eines der exklusivsten und ungewöhnlichsten Übernachtungserlebnisse Thailands. Jedes Leinwandzelt mit Teakholzboden und nostalgischen Möbeln beschwört die großen Expeditionen des 19. Jh. herauf. Von den großen privaten Terrassen blickt man auf den Fluss. Betrachten Sie bei einem Sundowner die dunstigen Berge von Laos und Myanmar und den dichten Dschungel. Luxusannehmlichkeiten umfassen individuelle Yoga-Kurse, aromatische Spa-Anwendungen und ein Dinner unter den Sternen, aber ein Hauptgrund, hierherzukommen, ist, sich mit den resorteigenen Elefanten anzufreunden. Gäste dürfen bei deren täglichen Aktivitäten mitmachen, z.B. mit den *mahouts* (Elefantenführern) arbeiten, auf den Elefanten reiten oder ihnen beim Baden assistieren. Sie können auch einen Elefanten „adoptieren" und so verwaisten oder aus schwerer Arbeit geretteten Elefanten helfen.

Sehen Sie die Elefanten mal anders im Anantara Golden Triangle Resort & Spa. Elefantenpolo wird in Indien schon seit Beginn des 20. Jh. gespielt; in Thailand aber erst seit 2004. Es begann im Schwesterresort in der südlichen Küstenstadt Hua Hin (siehe unten); heute teilen sich die beiden Anlagen die Ausrichtung des jährlichen King's-Cup-Turniers. Die Spieler kommen aus Indien, Sri Lanka, den USA und Island; wichtige Sponsoren sorgen dafür, dass dies in Thailand ein bedeutendes soziales Event ist. Das luxuriöse Anantara Resort im Grünen betreibt auch ein Elefantencamp auf dem Grundstück, das es Gästen und Besuchern erlaubt, die sanften Riesen näher kennenzulernen.

Elefantenpolo entstand im Indien des frühen 20. Jh. und fand den Weg nach Thailand erst etwa 100 Jahre später.

Wo: 690 km nördl. von Bangkok. **Four Seasons Tented Camp:** Tel. +66/53-910-200; www.fourseasons.com. *Preise:* ab € 593. **Anantara Golden Triangle Resort & Spa:** Tel. +66/53-784-084; www.anantara.com. *Preise:* ab € 159. **Wie:** Das amerikanische Unternehmen Smithsonian Journeys führt eine 14-tägige Tour nach Nordthailand und Laos durch. Tel. +1/202-349-0677; www.smithsonianjourneys.org. *Preise:* € 1925 inkl. der meisten Mahlzeiten, Flüge extra. Startet in Bangkok. *Wann:* Feb., Apr., Sept., Nov. **Reisezeit:** Nov.–März: kühleres, trockeneres Wetter; Ende März–Anf. Apr.: King's-Cup-Elefantenpolo.

Thailands königliches Seebad

Hua Hin

Thailand

Als Lieblings-Wochenendziel der thailändischen Königsfamilie fern vom dunstigen Bangkok, war Hua Hin der erste glamouröse Urlaubsort des Landes. Die Wandlung des früheren Fischerdorfs südlich von Bangkok begann

1922, als König Rama VII. seinen Sommerpalast Wang Klai Kangwon („fern von Sorgen") hier baute. Der jetzige König Bhumibol (Rama IX.) wohnt immer noch regelmäßig in dem spanisch beeinflussten Palast. Fast ein Jahrhundert royaler Gunst bewirkte, dass Hua Hin sich zu einem beliebten Badeort sowohl für thailändische als auch für ausländische Besucher entwickelte. Auf den ersten Blick sind unter dem kosmopolitischen Anstrich die bescheidenen Fischerdorfanfänge nicht mehr sichtbar, aber kleine Nachforschungen enthüllen die Vergangenheit. Kleine, offene Fischrestaurants sprenkeln die Promenadenstraße Thanon Naresdamri und erstrecken sich auf einem langen Teakholzpier. Frisch geknackte Krebse am weiten Strand passen perfekt zu einem eiskalten Singha-Bier.

Eine nette Art, Hua Hin von Bangkok aus zu erreichen, ist per Zug. Die 4-stündige Fahrt nach Süden endet nämlich im reizenden Bahnhof Hua Hins aus den 1920er-Jahren. Der königliche Warteraum ist ein rot gestrichener, thailändisch-britischer Teak-Zuckerbäckertraum. Eines der besten Hotels in Hua Hin erinnert ebenfalls an das Zeitalter der Bahnreisen: Das Sofitel Centara Grand Resort & Villas, einst das Railway Hotel,

Hua Hins nostalgischer Bahnhof ist mit funkelnden Lämpchen geschmückt.

steht an Hua Hins bestem Strandabschnitt. Das Haus stammt von 1923. Heute, restauriert und um 42 Gartenvillen reicher, ist es ein einladendes Strandrefugium.

Unbestrittene Königin ist aber das Chiva-Som International Health Resort an einem privaten See 4 km südlich der Stadt. Der Sanskrit-Name bedeutet „Zuflucht des Lebens", und der exklusive Zufluchtsort verspricht Reisenden ultimative Ruhe und Regeneration. All-inclusive-Aufenthalte verschmelzen östliche und westliche Ansätze in puncto Gesundheit, Ernährung und Sport, und die Belegschaft aus Experten weiß alles – fragen Sie die Promigäste aus aller Welt.

Wo: 240 km südl. von Bangkok. **SOFITEL CENTARA GRAND RESORT:** Tel. +66/32-512-021; www.sofitel.com. *Preise:* ab € 120. **CHIVA-SOM HEALTH RESORT:** Tel. +66/32-536-536; www.chivasom.com. *Preise:* ab € 370, all-inclusive. **REISEZEIT:** Nov.–Mai: kühleres, trockeneres Wetter.

Schwimmende Juwelen

KOH PHI PHI

Thailand

In Südthailand, das von schönen Inseln umkränzt ist, sticht Koh Phi Phi (Phi-Phi-Insel) heraus. Vor einer Kulisse aus steilen, bewaldeten Klippen tüpfeln Bungalow-Resorts die palmenbestandenen weißen Strände. Der Tsunami im Dezember 2004 traf Phi Phi mit voller Wucht, aber die Insel hat sich erholt und ist nun wieder eines der beliebtesten Ziele Thailands. Man kommt nach wie vor nur mit der Fähre hin – es gibt keinen Flughafen –, sodass die Entwicklung trotz der Schönheit der Insel und der wachsenden Popularität noch moderat ist. Einmal angekommen, gelangen Sie mit Schiffen auch auf die Nebeninsel Koh Phi Phi Leh,

bekannt durch ihre Hauptrolle im Film *The Beach* (2000) mit Leonardo DiCaprio. Die abgelegenen Strände stehen auch heute noch für das archetypische geheime Paradies. Die beliebten Bootstouren zu den berühmten Buchten gibt es das ganze Jahr. Gesellen Sie sich zu den Tagesausflüglern aus dem nahen Krabi oder Phuket (s. S. 634, S. 636) und besuchen Sie Buchten, kristallklares Wasser und einsame Strände. Der Strand, den Leo im Film „entdeckt", ist der unglaublich schöne Maya Bay zwischen 2 hohen Klippen. Auf Phi Phi Leh gibt es keine Unterkünfte, aber der Besuch der kompakten Insel ist ein großartiger Tagestrip.

Trotz der vielen Tagesgäste ist ein Aufenthalt auf der Hauptinsel Koh Phi Phi Don ein schönes thailändisches Inselerlebnis. Direkt am Strand können Sie prima schnorcheln oder einen Bootstrip zur „James-Bond-Insel" (siehe nächste Seite) in der Phang-Nga-Bucht machen. Weitere Optionen sind exzellente Tauchspots, Thai-Kochkurse und Touren zu großen, kathedralenähnlichen Höhlen, in denen „Seezigeuner" die essbaren Schwalbennester sammeln (bei den Chinesen sehr beliebt). Wohnen Sie in einem Resort mit Privatstrand, und Sie sind wunderbar allein. Das komfortabelste ist das Phi Phi Village Beach Resort & Spa mit stylischen Hügelvillen und einem eigenen Strand mit Palmen und Hängematten.

Wo: 39 km südwestl. von Krabi; 43 km südwestl. von Phuket. **PHI PHI VILLAGE BEACH RESORT:** Tel. +66/76-363-700; www.ppisland.com. *Preise:* ab € 166. **REISEZEIT:** Dez.–Apr.: kühleres, trockeneres Wetter.

Thailands kosmopolitische Inselszene

KOH SAMUI

Thailand

Die Rucksacktouristen entdeckten Koh Samui in den 1970er-Jahren. Als sie immer bekannter wurde, begann sich die Insel zu verändern. 1989 wurde ein Flughafen gebaut, und westliche Touristen, durch Geschichten über schöne Strände angelockt, stiegen in einer größer werdenden Anzahl guter Hotels ab. Die Entwicklung geht bis heute weiter, aber inzwischen kann man hier auf ganz verschiedene Art die Ferien verbringen – es gibt Luxusvillen, hippe Yoga- und Meditationshäuser und lässige Strandbars, die noch an alte Hippiezeiten erinnern.

An der Westküste liegt das Resort Baan Taling Ngam, das noch vor dem Flughafen auf einem der besten Grundstücke der Insel eröffnet wurde, welches das Privileg toller Sonnenuntergänge hat. Von den Zimmern und 7 Pools hat man tolle Ausblicke auf die kleinen Inseln und Dschungelfelsen im Golf von Thailand. Sie gehören zum Ang Thong National Marine Park, einem beliebten Tauch- und Schnorchelspot, der 42 Inseln umfasst. Die größte bewohnte Insel, Koh Pha Ngan (11 km nördlich und täglich per Schiff zu erreichen) lockt immer noch Rucksacktouristen und Taucher wie einst Samui, obwohl es auch hier Anzeichen für eine luxuriösere Zukunft gibt. Das winzige Koh Tao noch weiter im Norden kommt Samuis alten Tagen als Backpackerparadies noch am nächsten.

Geschwungene weiße Strände umranden Samui, während die Inselmitte immer noch dicht mit Kokospalmenplantagen bewachsen ist. Kokosnüsse waren einmal das wichtigste Exportgut – jeden Monat wurden 2 Mio. Nüsse nach Bangkok geliefert. So hoch sind die Zahlen nicht mehr, aber die Kokosnuss wird nach wie vor viel in den Restaurants auf Koh Samui verarbeitet. Das elegante Zazen am Bo-Phut-Strand kombiniert Meerblick, romantische Atmosphäre und europäisch-thailändische Fusion-Küche. Probieren Sie den knusprigen Wolfsbarsch in einer grünen Curry-Sahne-Soße oder Zitronengras-Crème-brûlée. Das dazugehörige Zazen Boutique Resort & Spa hat einen asiatisch-minimalistischen Dekor und liegt direkt am Strand.

Wo: 480 km südwestl. von Bangkok. **Baan Taling Ngam:** Tel. +66/77- 423-019; www.baan-taling-ngam.com. *Preise:* ab € 207 (Nebensaison), ab € 393 (Hochsaison). **Zazen Boutique Resort & Spa:** Tel. +66/77-425-085; www.samuizazen.com. *Preise:* ab € 140; Dinner € 37. **Reisezeit:** Dez.–Apr., um Monsunregen zu vermeiden.

Ein Wunderland aus spektakulären Kalksteinfelsen

Die Phang-Nga-Bucht

Krabi, Thailand

James-Bond-Fans werden die Phang-Nga-Bucht wiedererkennen: als spektakuläre Inselkulisse für *Der Mann mit dem goldenen Colt*, der teilweise auf Koh Phing Kan gefilmt wurde, heute als „James Bond Island" bekannt. Kinoruhm beiseite: Die spektakuläre Ansammlung von Kalksteinfelsen, die aus dem pistaziengrünen Wasser der Andamanensee ragen, ist eines der schönsten Naturphänomene der Welt. Die scharfen Felseninseln – viele von ihnen mit dichtem Dschungel bedeckt, manche bis zu 300 m hoch – liegen direkt vor der südthailändischen Küste nahe der Stadt Krabi. An grauen Tagen wirken sie mit ihren winzigen Lagunen und Mangrovensümpfen so mystisch wie chinesische Tuschmalereien. Auf einigen der Inseln gibt es Tropfsteinhöhlen, die Sie erkunden können – wie auch idyllische Strände und auf Stelzen gebaute Fischerdörfer. Das geht am besten per Langboot oder Seekajak von Krabi, Phuket oder Koh Phi Phi (s. S. 636 und 632) aus. Paddeln Sie in schmale, niedrige Höhlen und bestaunen Sie die Schatten der Felsen und der üppigen Vegetation im abendlichen Zwielicht.

Auf diese einzigartige Topografie schauen Sie auch, wenn Sie entspannte Tage in einer der 42 Villen des Tubkaak Boutique Resorts verbringen, das an einem schönen, abgelegenen Strand nördlich von Krabi liegt. Wunderbar ist auch das bekannte Rayavadee Resort in einem tropischen Regenwald voller wilder Affen und exotischer Vögel. Man kann es nur mit einer Bootsfahrt durch die verkarsteten Felsen der Bucht erreichen – eine der ungewöhnlichsten Hotellocations der Welt. 3 Strände umgeben das Anwesen, von denen einer, Phra Nang, als einer der schönsten der Welt gilt.

1 Stunde per Schiff sowohl von Phuket als auch von Krabi entfernt liegen 2 Inseln – Koh Yao Yai („große lange Insel") und Koh Yao Noi („kleine lange Insel") – die noch ein bisschen so sind wie das Thailand früherer Zeiten, als es von Backpackern entdeckt wurde. Sie sind Teil eines Nationalparks, mit einfachen Strandbungalows, Dorf-B&Bs und einem atemberaubend schönen Resort: Der Luxus des Six Sen-

Am besten erkundet man die versteckten Höhlen der Bucht mit dem Boot.

ses Hideaway Yao Noi zeigt, wie die nahe Zukunft der Insel aussehen könnte. **Wo:** 60 km östl. von Phuket. **TUBKAAK BOUTIQUE RESORT:** Tel. +66/75-628-400; www.tubkaakresort.com. *Preise:* ab €185 (Nebensaison), ab €378 (Hochsaison). **RAYAVADEE RESORT:** Tel. +66/75-620-740; www.rayavadee.com. *Preise:* ab €481 (Nebensaison), ab €555 (Hochsaison). **SIX SENSES HIDEAWAY YAO NOI:** Tel. +66/76-418-500; www.sixsenses.com. *Preise:* ab €307 (Nebensaison), ab €630 (Hochsaison). **REISEZEIT:** Nov.–März: kühleres, trockeneres Wetter.

„*Stadt des Nebels*"

MAE HONG SON

Thailand

Wer einmal einen Morgen im Bangkoker Verkehrschaos verbracht hat, ist reif für die kühlen Berge 965 km weiter nordwestlich an der Grenze zu Myanmar. Der Tourismus ließ kaum eine Thai-Stadt ohne westliche Einflüsse zurück, aber das reizende Mae Hong Son, die „Stadt des Nebels", ist tatsächlich recht unberührt. (Für ein noch authentischeres Flair sollten Sie die Flussdörfer in der Nähe besuchen, z.B. Soppong oder Pai.)

Mae Hong Son wurde in den 1830er-Jahren als Elefanten-Trainingscamp gegründet und war bis in die 1960er-Jahre, als eine Straße vom 250 km entfernten Chiang Mai (s. S. 629) gebaut wurde, von der Außenwelt abgeschnitten. Ein deutlicher buddhistischer Einfluss ist zu spüren, besonders an den bunten Tempeln und Stupas mit Zinkverzierungen.

Lokale Guides organisieren Raftingtouren auf Bambusflößen auf dem sanften Pai-Fluss, Busch-Trekking auf Elefanten oder Wandertouren in alte Stammesdörfer. Es ist wunderbar friedlich – die einzige Zeit, in der Mae Hong Son richtig lebendig wird, ist der frühe Morgen, wenn Frauen aus den Dörfern mit den Einheimischen handeln. Der Nebel, der der Stadt den Namen einbrachte, hebt sich erst am späten Nachmittag. Das ist eine gute Zeit, um mit dem Motorrad auf den Berg Doi Kong Mu zu fahren, sich den Wat Phra That aus dem 19. Jh. anzusehen und die Sicht auf das Pai-Tal und die Berge zu genießen.

Diese Gegend in Thailand beherbergt auch eine kleine, aber wachsende Anzahl guter Ökoresorts. Das Fern Resort zwischen Reisfeldern und kleinen Flüssen im Süden von Mae Hong Son hat 40 Bungalows, mit Seide, Bambus und Teakholz akzentuiert; das offene Restaurant bietet exzellente regionale Küche, darunter sehr exotischen gebratenen Baumfarn. Ihre Tage verbringen Sie hier auf Vogelbeobachtungstrips und Naturspaziergängen, mit Mountainbiking und auf Flussfahrten.

Wo: 257 km nordwestl. von Chiang Mai. **FERN RESORT:** Tel. +66/53-686-110; www.fernresort.info. *Preise:* €63. **REISEZEIT:** Nov.–Feb.: kühleres, trockeneres Wetter; Anf. Apr.: *Poi Sang Long*, eine Feier zur buddhistischen Mönchsweihe kleiner Jungen.

Der taufeuchte Dunst gibt Mae Hong Son den Spitznamen „Stadt des Nebels", manchmal auch „Stadt der 3 Nebel".

Inselpionierin und ewige Favoritin

PHUKET

Thailand

Phuket – Perle der Andamanensee und mit 543 km² Thailands größte Insel – hat eine ganze Kavalkade grandioser Strände, bildschöner Resorts und mehr interessante, traditionelle Architektur, als man vielleicht erwartet.

Auch wenn ein Großteil ihres Charakters im Touristenboom der 1980er- und 1990er-Jahre verwässert wurde, kommen die Besucher immer noch gern – heute auf der Suche nach Luxus. 1988 eröffnete das Amanpuri, das allererste Resort der exklusiven Hotelkette Amanresorts und Inbegriff des Luxus in Asien. Auf einem Hügel mit Kokospalmen stehen 40 halb offene Teakpavillons mit geschwungenen Dächern, schauen auf den privaten Pansea Beach und schaffen die Eins-mit-der-Natur-Atmosphäre, für die Aman so berühmt ist.

Auch Banyan Tree, eine der besten Spa-Hotelketten Asiens, baute hier seine erste Dependance. 20 Open-Air-Spa-Pavillons bieten aromatische Anwendungen wie die 3-stündige „Banyan Indulgence" mit Thai-Akupressurmassage und Ingredienzien wie Zitronengras und Gurke. Tre, das Restaurant des Resorts, liegt an der Privatlagune und präsentiert französisch-vietnamesische Fusion-Küche mit Zutaten wie Sternanis und Lotossamen, um Gerichte mit Wagyu-Rind oder Muscheln zu verfeinern.

Gut betuchte Reisende fahren gern nach Phuket, aber die Insel hat auch Feriengästen mit kleinerem Budget etwas zu bieten. Das Marina Phuket Resort am Karon Beach vor dem Dschungel hat patente Mitarbeiter, die Bootstagestouren zur Phang-Nga-Bucht (s. S. 634) oder zu den Zwillingsinseln Koh Racha Noi und Koh Racha Yai organisieren, wo zwischen anmutigen Mantarochen und gut zugänglichen Wracks getaucht werden kann.

Wo: 690 km südwestl. von Bangkok. **AMANPURI:** Tel. +66/76-324-333; www.amanresorts.com. *Preise:* Pavillons ab € 389 (Nebensaison), ab € 630 (Hochsaison). **BANYAN TREE PHUKET:** Tel. +66/76-324-374; www.banyantree.com. *Preise:* Villen ab € 359. **MARINA PHUKET RESORT:** Tel. +66/76-330-625; www.marinaphuket.com. *Preise:* ab € 74 (Nebensaison), ab € 148 (Hochsaison). **REISEZEIT:** Dez.–Apr.: kühleres, trockeneres Wetter; Ende Sept.–Anf. Okt.: Vegetarian Festival mit bunten Umzügen, Feuerläufern und Bodypiercing.

Hochland-Honeymoon in der Stadt des ewigen Frühlings

DA LAT

Vietnam

Da Lat, angenehme Erholung nach der drückenden Hitze der vietnamesischen Küstenebene, war ein beliebter Bergort der Royals und der französischen Kolonialherren, die hier, auf 1500 m Höhe, ihr eigenes „Klein-Paris" erschufen. Hier herrscht das ganze Jahr mildes, frühlingshaftes Wetter; die Stadt ist unter vietnamesischen Paaren als „Stadt der Liebe" bekannt. Man verlebt hier seinen Honeymoon, wegen der Berglandschaft, der Wasserfälle, immergrünen Wälder und Blumengärten. Das gefällt Ihnen bestimmt auch – und vielleicht auch die Boheme-Atmosphäre: Unter all den Neuverheirateten sind immer einige coole, Gauloises rauchende Männer. Die Schwanentretboote und die Pferdekutschen, die durch die Stadt fahren, mögen etwas kitschig sein, aber die grandiose Kulisse und wenige westliche Touristen machen Da Lat zu einem sehr netten Abstecher.

Sie können täglich von Ho-Chi-Minh-Stadt hierherfliegen, aber nett ist es auch, die 4-stündige Fahrt mit dem Auto zu machen, denn man kommt durch schöne Landschaften – Dörfer, in denen am Straßenrand der Kaffee trocknet, und die Täler rund um Da Lat. Wohnen Sie im Dalat Palace Heritage Luxury Hotel am See, das französische Eleganz mit vietnamesischer Anmut verbindet. Das 1922 erbaute Hotel hat auch einen Weltklasse-18-Loch-Golfplatz. Das Ana Mandara Villas Dalat Resort & Spa aus der gleichen Zeit umfasst 17 renovierte Villen, die über in den Bergen bei der Stadt verteilt sind. Ein Alte-Welt-Flair liegt noch in der Luft – nicht zuletzt wegen der alten Grammophone, zeitgenössischen Möbel und alten Peugeots, mit denen Gäste in der Stadt herumgefahren werden.

Wo: 308 km nordöstl. von Ho-Chi-Minh-Stadt. **Dalat Palace:** Tel. +84/63-382-5444; www.dalatpalace.vn. *Preise:* ab € 130. **Ana Mandara Villas:** Tel. +84/63-355-5888; http://anamandara-resort.com. *Preise:* ab € 93. **Reisezeit:** Trockenzeit iNov.–März; die Temperaturen sind das ganze Jahr gleich.

Mythische Bucht der Drachen

Die Ha-Long-Bucht

Vietnam

Eine vietnamesische Legende behauptet, dass einst Drachen aus dem Himmel herabkamen und Ströme von Jadetröpfchen in das Wasser der Ha-Long-Bucht (Vin ha Long) spuckten, wodurch Tausende von Inseln entstanden, die Bucht und Bewohner vor einfallenden Plünderern schützten. Heute ist dieses Gebiet am Rande des Golfs von Tonkin mit mehr als 2000 Felsformationen aller Formen und Größen gespickt. Die Kalksteinmonolithen erinnern an Hunde, Elefanten, Kröten oder Affen – , die den Inseln auch ihre Namen gaben. Die Gegend hat etwas Surreales, wie die klassische chinesische und vietnamesische Malerei; besonders, wenn sich die Segel von Sampans und Dschunken vor dem Horizont abzeichnen.

Die Ha-Long-Bucht ist mehr als 160 km lang und besteht aus meist unbewohnten Inseln sowie einsamen Sandstränden. Außerhalb des Festlandes konzentriert sich die Bevölkerung auf die schwimmenden Dörfer und Fischfarmen der lokalen „Seezigeuner". Von Booten aus werden fangfrische gegrillte Meeresfrüchte – z.B. Riesengarnelen – serviert.

Die größte Insel der Bucht ist Cat Ba, eine beliebte Übernachtungs-Zwischenstation. Im Cat-Ba-Nationalpark können Sie Grotten erforschen, darunter die verzweigte Trung-Trang-Höhle. Wer die versteckten Lagunen, Höhlen und Felsformationen der Bucht intensiver erleben will, sollte eine Kajaktour durch das Insellabyrinth machen oder sich für eine Schiffsrundfahrt anmelden. Mehr als 300 Ausflugsschiffe machen Touren von ein paar Stunden bis zu mehreren Tagen Dauer. Ein Übernachtaben-

teuer bietet die Chance, die Kalksteinfelsen zu sehen, wie sie langsam im Blau eines dunstigen Morgens auftauchen. Cruise Halong betreibt 3 auf alt gemachte Boote, darunter die *Halong Violet*, eine stylische Dschunke mit dem Glamour und Stil des Indochina der 1930er-Jahre.
Wo: 160 km östl. von Hanoi. **CRUISE HALONG:** Tel. +84/4-3933-5561; www.cruisehalong.com. *Preise:* 2-tägige Tour ab € 518 pro Kabine, inklusive. Startet in Hanoi.
WIE: Das amerikanische Unternehmen Mountain Travel Sobek bietet 13-tägige Abenteuertrips, inkl. 4 Tage Kajakfahren in der Ha-Long-Bucht. www.mtsobek.com. *Preise:* € 3552, all-inclusive. *Wann:* März–Okt. **UNTERKUNFT:** Das moderne Novotel in Ha Long City hat große Zimmer, viele mit Blick auf die Bucht. Tel. +84/3-3384-8108; www.novotelhalong.com.vn. *Preise:* ab € 60 (Nebensaison), ab € 120 (Hochsaison). **REISEZEIT:** Okt.–Nov. und März–Apr. sind die schönsten Monate der kühlen, trockenen Saison.

Kleine Inseln und Felsformationen sind die einzigartige Kulisse dieser Bucht.

Einst kulinarischer Außenposten – heute ein Hotspot

DIE GASTROSZENE IN HANOI

Hanoi, Vietnam

Wenn Sie als Grund für das Verreisen angeben, sich kopfüber in die Esskultur eines Landes stürzen zu wollen, könnte Hanoi Ihr perfektes Reiseziel sein. Die anspruchsvollen Einheimischen erwarten auf den Märkten die frischesten Produkte; die Touristen haben die Wahl zwischen leckerem Straßenessen und günstigen Restaurants mit internationaler Küche. Das typische Hanoi-Gericht ist *bun cha* – eine Schale frischer Reisnudeln mit Kräutern und Gemüsestreifen, gegrilltem Schweinefleisch, einer süßsauer-scharfen Soße, knusprigen Frühlingsrollen und so viel oder wenig Chili und Knoblauch, wie Sie wollen. Menschen aller Gruppen bevölkern die *bun-cha*-Stände, z. B. den bescheidenen Bun Cha Dac Kim.

Familie Doan vom Cha Ca La Vong serviert seit 5 Generationen *cha ca*: mit Curry gewürzten Fisch aus dem Roten Fluss, ihr einziges Gericht. Die Langlebigkeit des Restaurants brachte die Stadt dazu, die Straße, an der es liegt, nach ihm zu benennen. Im Gastraum im 1. Stock grillt man die gewürzten Fischstücke selbst auf einem Kohlengrill, rührt Schnittlauch und Dill hinein, löffelt alles in Schüsseln mit Glasnudeln und gibt Krabbensoße, geröstete Erdnüsse und eingelegtes Gemüse obenauf.

Unter Hanois vielen exzellenten vietnamesischen, internationalen und Fusion-Restaurants ist das gehobene La Verticale, wo Gerichte wie Lamm mit Fünfgewürz innovativ die europäischen und asiatischen Einflüsse zusammenbringen. Lokaler, aber genauso interessant ist das Highway 4 mit Gerichten aus der nördlichen Bergregion; die 4 lebhaften Filialen servieren Katzenfisch-Frühlingsrollen, Hühnchen in Passionsfruchtsoße und mit Zitronenblättern gebratene Heuschrecken.

Wer die Bandbreite vietnamesischer Küche an einem Ort erleben will, sollte im Restaurant Spices Garden im Sofitel Legend Metropole speisen. Das Metropole, restauriert im Originalglanz der 1920er-Jahre, steht an einem der breiten, alleengesäumten Boulevards im französischem Viertel, das gebaut wurde, als Hanoi Hauptstadt Französisch-Indochinas war. In kolonialen Zeiten war das elegante Hotel Treffpunkt der Künstler; heute ist es wieder eine Topadresse. Buchen Sie ein Zimmer im Originalgebäude, in dem polierte Holzböden und grüne Fensterläden erhalten sind. Eifrige Gastrotouristen belegen bei den Koch-Könnern des Metropole einen Vietnam-Kochkurs, während alle anderen sich in das tolle Spa zurückziehen.

Bun Cha Dac Kim: Tel. +84/4-828-5022. *Preise:* € 3,70. Cha Ca La Vong: Tel. +84/4-825-3929. *Preise:* € 6. La Verticale: Tel. +84/4-3944-6316; www.verticale-hanoi.com. *Preise:* Dinner € 52. Highway 4: Tel. +84/4-3715-0577; www.highway4.com. *Preise:* Dinner € 20. Sofitel Legend Metropole: Tel. +84/4-826-6919; www.sofitel.com. *Preise:* ab € 189; Dinner im Spices Garden € 26. Reisezeit: Okt.–Apr.: der wenigste Regen; Dez.–Jan. kann es kühl sein.

Für jede Ware eine Straße

Hanois Altstadt

Vietnam

Eingequetscht zwischen der grünen Oase des Hoan-Kiem-Sees und dem Roten Fluss liegt die verwinkelte Altstadt Hanois, in der man seit dem 15. Jh. einkaufen kann. 40 der engen, vollen Gassen des Viertels sind nach den dort verkauften Waren benannt – Reisstraße, Seidenstraße, Goldstraße ... die „Gefälschte-DVD-Straße" und die „Gefälschte-iPad-Straße" müssten aber noch benannt werden. Offene Läden, in denen inmitten der bis zur Decke gestapelten Waren manchmal nur ein sehr alter Händler noch Platz hat, geben dem Wort „Schaufenster" eine neue Bedeutung. Nudeln, Blumen und Kunsthandwerk laden Sie zum Handeln ein.

Die Altstadt ist auch eines der charmantesten Viertel der Stadt. Straßen mit Bäumen, jahrhundertealte Tempel und Kolonialarchitektur, darunter die St.-Josephs-Kathedrale aus dem 19. Jh., schaffen einen Ausgleich zu all dem Gefeilsche. Wenn es kühler ist, können Sie das Viertel gut zu Fuß erkunden; wenn die tropische Hitze zuschlägt, halten Sie lieber ein *cyclo* an, eine der allgegenwärtigen Fahrradrikschas. Brauchen Sie eine Erfrischung, sagen Sie dem Fahrer, er soll Sie zur Green Tangerine bringen. Dieser Ruhepol im liebenswerten Chaos liegt in einem schön restaurierten französischen Stadthaus von 1928 und bietet leckere vietnamesisch-französische Küche – probieren Sie die köstliche Mango-Tarte-Tatin.

Wenn Sie eine Kaffeepause brauchen, ignorieren Sie die Kaffeeketten westlichen Stils und nehmen Sie sich einen (sehr kleinen) Plastikstuhl in einem traditionellen Straßencafé. Das beengte Sitzen mag eher etwas für Kinder sein, aber ein robuster *café den* im

Auf den Straßen der Altstadt tummeln sich Obst- und Gemüsehändler, viele von ihnen mit fahrbarem Untersatz.

vietnamesischen Stil ist was Leckeres für Erwachsene. In der Altstadt können Sie auch gut übernachten, z.B. im trendigen Maison d'Hanoi Hanova. Das noch neue Hotel mit 55 Zimmern kombiniert klassischen vietnamesischen Stil mit modernem Komfort und liegt nur einen kurzen Spaziergang vom schönen Hoan-Kiem-See entfernt.

Wie: Hidden Hanoi bietet Spaziergänge durch die Altstadt. Tel. +84/91-225-4045; www.hiddenhanoi.com.vn. *Preise:* € 15. **Green Tangerine:** Tel. +84/4-3825-1286; www.greentangerinehanoi.com. *Preise:* Mittagessen € 11. **Maison d'Hanoi Hanova:** Tel. +84/4-3938-0999; www.hanovahotel.com. *Preise:* ab € 74. **Reisezeit:** Okt.–Apr.: der wenigste Regen; Dez.–Jan. kann es kühl sein.

Koloniale Andenken in einer aufstrebenden Metropole

Historische Hotels in Saigon

Ho-Chi-Minh-Stadt, Vietnam

Mit ihrer von Baukränen und unbarmherzigem Motorradverkehr dominierten Stadtlandschaft fühlt sich Ho-Chi-Minh-Stadt oft wie eine aufstrebende Metropole an. Aber wer die 3 berühmtesten historischen Hotels der Stadt entdeckt, dem bietet sich eine freundlichere, entspannte Atmosphäre. Nostalgie satt gibt es in der Dachbar des Rex Hotels, einst das Zuhause von Expats und Kriegsberichterstattern und immer noch mit einer der populärsten Bars ausgestattet. Es ist keine schicke Cocktailbar (dafür sorgen die ganzjährige Weihnachtsbeleuchtung, der Formgarten und singende Vögel), aber das Rex ist voller Geschichte, und die meisten Westler schauen mal vorbei. Die kürzlich renovierten Zimmer sind nicht die luxuriösesten, aber prima für Besucher, die echtes Saigon-Flair suchen.

Vor dem Ausbruch des Vietnamkrieges in den frühen 1960er-Jahren lebten in Saigon viele Spione, Bummler und Journalisten. Das 2. Zuhause des Romanciers Graham Greene war das Zimmer 214 im ehrwürdigen Hotel Continental, das auch Thomas Fowler, Held in Greenes Roman *Der stille Amerikaner*, als Wohnstätte dient. Das anmutige Interieur und die eleganten Veranden erscheinen auch im stilsicheren Film *Indochine* (1992).

Das 1880 als bestes Hotel der Stadt eröffnete Continental beherbergte in den 1960er-Jahren die Saigon-Büros der *New York Times* und der *Newsweek*. Nach dem Krieg verbarg die elegante Fassade ein verlottertes Innenleben, aber heute hat das restaurierte Haus großzügige Zimmer mit viel Holz und ist wieder eine der besten Adressen Ho-Chi-Minh-Stadt.

Von hier ist es ein kurzer Spaziergang auf der von Bäumen gesäumten Dong-Khoi-Straße zum Saigon-Fluss und dem Majestic Hotel. Das 1925 erbaute Haus hat ein koloniales Ambiente. Die Zimmer zum Fluss hin sind etwas teurer, bieten aber einen weiten Blick über das pulsierende Leben am Wasser. Abends trinkt man einen Gin Tonic in der Dachbar und schaut auf den Fluss, auf dem Reiskähne schaukeln und die schwimmenden Restaurants ihre warm flackernden Lampen anzünden.

Rex Hotel: Tel. +84/8-3829-2185; www.rexhotelvietnam.com. *Preise:* ab € 93. **Hotel Continental:** Tel. +84/8-3829-9201; www.continentalvietnam.com. *Preise:* ab € 110. **The Majestic Hotel:** Tel. +84/8-3829-5517; www.majesticsaigon.com.vn. *Preise:* ab € 120. **Reisezeit:** Dez.–Apr.: kühleres, trockeneres Wetter; Jan. oder Feb.: Tet-Neujahrsfest; 19. Mai: Ho Chi Minhs Geburtstag.

Tempel, Händler und tolles Essen

DIE QUIRLIGEN MÄRKTE VON SAIGON

Ho-Chi-Minh-Stadt, Vietnam

Vietnam ist kommunistisch, aber das würde man nie ahnen angesichts der explodierenden kommerziellen Aktivitäten, die seit den 1990er-Jahren das Land überrollt haben, besonders in Ho-Chi-Minh-Stadt (immer noch eher: Saigon). In neuen Gebäuden und Luxusautohäusern sieht man großes Geld, aber es ist der eifrige Handelssinn, den man auf den mehr als 40 Märkten spürt, der die eigentliche unternehmerische Renaissance Saigons ausmacht.

Die von den Franzosen gebaute städtische Ben-Thanh-Markthalle ist die größte und älteste der Stadt. Hunderte Händler bilden ein enges Netz aus Ständen, die alles verkaufen – elektronische Spielereien aus Japan und Korea, ballenweise Seide, Schlangenschnaps und spitze Hüte. Überall wird energisch gehandelt. Genießen Sie das exotische Chaos, aber sehen Sie ein, dass Sie immer noch doppelt so viel bezahlen wie ein Einheimischer – egal, wie gut Sie feilschen können. Kulinarischer Trost naht an den leckeren Essensständen in Ben Thanh. Verspeisen Sie eine Schale *pho* (ausgesprochen: fuh) – leckere Rinderbrühe mit Nudeln und frischen Kräutern – oder das französisch-vietnamesische *banh mi*, ein knuspriges, mit Schweinefleischpastete, Gurke und Gewürzen gefülltes Baguette.

Der Binh-Tay-Markt ist eines der Handelszentren von Saigon.

Ein weiterer geschäftiger Markt, Binh Tay, liegt im pulsierenden Cholon, dem Epizentrum von Chinatown. Folgen Sie Ihrer Nase zu den Naturmedizin- und Kräuterläden zwischen den Straßen Luong Nhu Phuc und Trieng Quang Phuc, bevor Sie sich in die Markthalle stürzen, ein chinesisch anmutendes Gebäude mit Uhrenturm. In Cholon liegen auch 2 der interessantesten buddhistischen Tempel der Stadt. Große Räucherstäbe schwelen in der den Seefahrern gewidmeten Thien-Hau-Pagode; die Quan-Am-Pagode ist mit schmucken Keramiken, die chinesische Legenden zeigen, dekoriert.

REISEZEIT: Dez.–Apr.: kühleres, trockeneres Wetter; Jan. oder Feb.: jährliches *Tet*-Neujahrsfest.

Malerischer Hafen mit europäischen Einflüssen

HOI AN

Vietnam

Hoi An, über Jahrhunderte eine Flusshafenstadt, die viele japanische, portugiesische, niederländische, arabische, chinesische und französische Händler und Seefahrer anzog, hält an seinem historischen Charme fest – trotz einer wachsenden Zahl an Touristen. Seine über 800 historischen Gebäude – darunter chinesische Versammlungshallen, Pagoden und japanische Brücken – haben den Vietnamkrieg unbeschadet überstanden. Viele sind heute Shops oder Restaurants oder sind öffentlich zugänglich.

Hoi An hat eine lebhafte, vielseitige Gastronomie: Asiatische Mischküchen, traditionell Vietnamesisches und italienische Restaurants liegen oft im gleichen Block. Probieren Sie in einem der vollen Restaurants am Fluss Thu Bon *cao lau* aus japanischen Soba-Nudeln mit frischen Kräutern, Schweinefleischscheiben und knusprigen *banh-da*-Reiskräckern obenauf. Eines der besten ist das Morning Glory in einem atmosphärischen alten Geschäftshaus. Belegen Sie einen Kochkurs bei der Betreiberin Trinh Diem Vy, bei dem Sie zuerst zum großen Lebensmittelmarkt pilgern. Nachdem Sie Hoi Ans Fußgängerstraßen erkundet haben, trinken Sie in einem der Cafés ein Glas *bia hoi* – frisch gezapftes Bier mit nur 3 % Alkohol.

Die Einheimischen sind bekannt als exzellente Schneider und Schuster. Die Straßen sind voller Shops, in denen Sie innerhalb von 2 Tagen ein maßgeschneidertes Outfit bekommen. Bringen Sie ein Bild Ihres Lieblings-Designerlooks mit und seien Sie beeindruckt!

Ruhe vor der Hektik finden Sie im Life Heritage Resort auf einem ruhigen, schattigen Grundstück am Fluss. Das unauffällige, aber durchgestylte Nam Hai Villas, 15 Minuten außerhalb, liegt auf einem Abschnitt des im Vietnamkrieg berühmten China Beach. Reservieren Sie 1 Tag für die Besichtigung des verlassenen Hindutempelkomplexes in My Son 48 km südwestlich von Hoi An, und erholen Sie sich im Spa des Nam Hai bei einer Chedi-Jade-Massage.

Wo: 28 km südl. von Da Nang, 972 km nördl. von Ho-Chi-Minh-Stadt. **Morning Glory:** Tel. +84/510-224-1555; www.restaurant-hoian.com. *Preise:* Dinner € 15; Kochkurse ab € 11. **Life Heritage Resort:** Tel. +84/510-914555; www.life-resorts.com. *Preise:* ab € 130. **Nam Hai:** Tel. +84/510-3940-000; www.thenamhai.com. *Preise:* ab € 444. **Reisezeit:** Jan.–März: kühlere Zeit; monatliches Vollmondfest.

Geister der Nguyen-Dynastie

Die Verbotene Stadt in Hue

Hue, Vietnam

Die der Verbotenen Stadt in Peking (s. S. 520) nachempfundene Verbotene Stadt liegt innerhalb einer 526 ha großen Zitadelle am Ufer des Song Huong (Parfümflusses), auf halbem Wege zwischen Hanoi und Ho-Chi-Minh-Stadt. Zwischen 1802 und 1945 war hier das politische, religiöse und kulturelle Zentrum der 19 Kaiser der herrschenden Nguyen-Dynastie. 1945 dankte der letzte Kaiser ab. Die Verbotene Stadt enthielt einst die schönsten Tempel und Paläste Vietnams. Viele Gebäude voller chinesischer Motive stehen noch. Auf dem Höhepunkt der Dynastie umfasste der Komplex Hunderte Räume in Dutzenden reich verzierter Bauten, geschützt durch einen 20 m breiten Wassergraben und 1,80 m dicke Mauern. Aber auch die konnten die Zerstörungen der französischen Besatzung und des Vietnamkrieges (besonders der Tet-Offensive 1968) nicht verhindern. Die andauernde Restaurierung verwandelt langsam die verfallenden, moosbedeckten Ruinen in historische Schätze.

In der Verbotenen Stadt wohnten einst Mitglieder der kaiserlichen Familie in Prunkgemächern. Waffen, Gewänder, Haushalts- und

Zeremonialgegenstände, heute im Museum of Royal Fine Arts in der Zitadelle, beleuchten den grandiosen Lebensstil ihrer Besitzer. Die extravaganten Mausoleen der Herrscher der Nguyen-Dynastie sind südlich von Hue am Ufer des Parfümflusses verstreut und gut mit dem Boot erreichbar.

Am anderen Ufer liegt das um das Art-déco-Haus eines früheren kolonialen Gouverneurs herumgebaute La Résidence Hôtel & Spa mit 122 Zimmern, viele mit Balkonen, die Fluss und Zitadelle überblicken – abends besonders schön, wenn die Verbotene Stadt angestrahlt wird.

Etwas außerhalb liegt das komfortable Resort Pilgrimage Village. Es ist nur 10 Autominuten vom Zentrum entfernt, aber seine strohgedeckten Bungalows und Villen atmen ein entspanntes, ländliches Flair. Die Küche in Hue soll die beste in ganz Vietnam sein; sowohl La Résidence als auch das Pilgrimage Village haben exzellente Restaurants mit traditioneller Hue-Küche. Sie sollten aber unbedingt auch in den einfachen Läden der Stadt essen, z.B. *banh khoai*, einen mit Schweinefleisch, knackigen Sprossen und Erdnusssoße gefüllten Reismehl-Pfannkuchen, mit einem hier gebrauten Huda-Bier.

Wo: 689 km südl. von Hanoi. **La Résidence:** Tel. +84/54-383-7475; www.la-residence-hue.com. *Preise:* ab € 104. **Pilgrimage Village:** Tel. +84/54-388-5461; www.pilgrimagevillage.com. *Preise:* ab € 110. **Reisezeit:** Feb.–Aug.: der wenigste Regen; Feb.–Apr.: kühler.

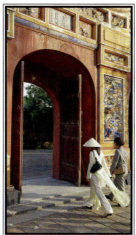
Ein Tor führt in den Hien-Lam-Pavillon der kaiserlichen Verbotenen Stadt.

Vietnam durch den Hintereingang

Das Mekongdelta

Vietnam

Von seiner Quelle hoch auf dem tibetischen Plateau fließt der Mekong 4350 km durch China, Myanmar, Laos (s. S. 606), Kambodscha und Vietnam – wo er sich in 9 Hauptarme aufspaltet, bevor er schließlich ins Südchinesische Meer mündet. Die Vietnamesen nennen ihn Song Cuu Long, „Fluss der 9 Drachen"; flussaufwärts in Thailand und Laos heißt er Mae Nam Khong, „Mutter aller Flüsse", eine akkurate Beschreibung für das lebenswichtige Labyrinth aus Land und Wasser, das das Mekongdelta bildet.

Das Delta wird auch „Reisschale Vietnams" genannt, denn es ist eine der fruchtbarsten Gegenden Südostasiens, die das Land mit viel Reis, Obst und Fisch beliefert und dem Reisenden wunderbare Einblicke in das „echte" Vietnam ermöglicht. In nur per Boot erreichbaren Flussdörfern sehen Sie ein Land, das sich über die Jahrhunderte kaum verändert hat, erfahren die Wärme der hier lebenden Menschen und genießen tropische Früchte, Reiswein und einfache, aromatische Mahlzeiten. Wie an so vielen großen Wasserstraßen leben im Delta viele verschiedene Völker: Vietnamesen, Chinesen, Khmer und Cham. Schwimmende Händler und Stadtmärkte präsentieren die Fülle des Landes. Das Binnenland enthüllt schwimmende Städte,

Dörfer auf Stelzen und die beliebten Strände von Ha Tien, nur einige Kilometer von der kambodschanischen Grenze entfernt.

Um den Rhythmus des Deltas am intensivsten zu erleben, können Sie Ihr eigenes Hausboot chartern. Song Xanh ist eine Miniflotte aus 4 hölzernen *sampans*, jedes mit Koch und flusserfahrenem Skipper. Die Reise beginnt in Cai Be, etwa 96 km südwestlich von Ho-Chi-Minh-Stadt; dann befährt man Kanäle und Nebenflüsse bis zum Ziel, der französisch-kolonialen Hafenstadt Sa Dec. Man speist und schläft an Bord und fährt dann noch nach Can Tho, Heimat des riesigen schwimmenden Marktes Phung Hiep, wo 7 Arme des Mekong zusammenfließen.

Wo: Can Tho liegt 159 km südwestl. von Ho-Chi-Minh-Stadt. **Wie:** Ann Tours bietet Tages- und mehrtägige Touren in der Deltaregion von Ho-Chi-Minh-Stadt aus. Tel. +84/8-3925-3636; www.anntours.com. *Preise:* Tagestour € 52.

Song Xanh: Tel. +84/9-7942-0204; www.songxanhcruisemekong.com. *Preise:* 2-tägige Deltatour ab € 185 pro Person, inklusive. Startet in Ho-Chi-Minh-Stadt. **Unterkunft:** Das Victoria Can Tho Resort im Kolonialstil ist eine gute Basis zum Erkunden der Gegend. Tel. +84/710-381-0111; www.victoria-hotels-asia.com. *Preise:* ab € 122. **Reisezeit:** Dez.–März: kühleres, trockeneres Wetter.

Auf dem schwimmenden Markt Phung Hiep fungieren die Obst- und Gemüseboote als Schaufenster.

Ausruhen am Strand

Nha Trang

Vietnam

Die Strandhauptstadt Vietnams ist der perfekte Ort, um sich nach einer anstrengenden Tour durch Südostasien zu erholen. Der palmenbestandene, 6,4 km lange Strand ist einer der schönsten am Südchinesischen Meer. An der Promenade herrscht den ganzen Tag eine lebhafte, aber entspannte Atmosphäre. Im Morgengrauen machen Legionen von Einheimischen ihre Tai-Chi-Übungen; später erwacht eine wachsende Zahl gehobener Restaurants und Clubs zum Leben. Bis vor Kurzem war die Stadt mit ca. 350.000 Einwohnern bei Backpackern beliebt; heute kommen eher vietnamesische Familien, die ein ausgelassenes Flair mitbringen.

Verbringen Sie einen gemütlichen Abend beim Probieren der Meeresfrüchte in einem der Open-Air-Restaurants (viele Zitronengrasgarnelen, Chilikrebse und Seeohren) oder an einem Stand des Haupt-Lebensmittelmarktes Cho Dam.

Das kristallklare Wasser vor der Küste macht Nha Trang zu einem idealen Tauch- und Schnorchelrevier, besonders rund um die 2 Dutzend kleineren Inseln im Norden und Süden des Strandes. Viele können auf einer Tagestour per Schiff erreicht werden. Wem das zu anstrengend ist, der mietet sich einfach einen Liegestuhl in einer der vielen Bars und Restaurants am Wasser und genießt den Blick auf die grünen Inseln vom Festland aus.

Das Six Senses, eines der besten Resorts Vietnams, liegt an der abgelegenen Ninh-Van-Bucht und ist nur per 20-minütiger Bootsfahrt zu erreichen. Es legt Wert auf Privatsphäre und Verwöhnprogramm – besonders im fantastischen Spa. Das besser erreichbare Schwesteranwesen, das einzige Resort am Strand, ist das Evason Ana Mandara, wo Sie in strohgedeckten Villen wohnen. Nach einem Tag am resorteigenen Strand lockt ein Dinner mit Ost-West-Fusion-Küche im Restaurant Pavilion. **Wo:** 450 km nördl. von Ho-Chi-Minh-Stadt. **SIX SENSES NINH VAN BAY:** Tel. +84/58-372-2222; www.sixsenses.com. *Preise:* ab € 481 (Nebensaison), ab € 622 (Hochsaison). **EVASON ANA MANDARA:** Tel. +84/58-352-2222; www.sixsenses.com. *Preise:* ab € 215. **REISEZEIT:** Jan.–Sept.: Trockenzeit; Apr.–Juni: nicht so windig.

Unverbaut und liebenswert: die größte Insel Vietnams

PHU QUOC

Vietnam

Die größte Insel Vietnams hat nun schließlich doch die Aufmerksamkeit der Welt erregt. Das 48 km lange Phu Quoc – etwa so groß wie Singapur – hat lange, unberührte Strände, ein grünes, üppiges Binnenland und nur eine Handvoll Resorts und günstiger Lokale. Kein Gebäude ist höher als 2 Stockwerke, ein Großteil des Regenwaldes ist naturbelassen, und der 2001 gegründete Phu-Quoc-Nationalpark bedeckt 70 % der Insel, sodass ihr Schutz gesichert ist. Trotzdem werden Veränderungen kommen, denn bald soll ein internationaler Flughafen eröffnen. Fahren Sie also noch schnell hin, solange der einzige Weg dorthin ein Tragflügelboot oder das tägliche Kleinflugzeug aus Ho-Chi-Minh-Stadt ist.

Das Resort La Veranda am Duon-Dong-Strand ist eine Luxusoase. Das Boutique-Anwesen, erst vor Kurzem im französischen Kolonialstil erbaut, entführt Sie mit Ventilatoren, Himmelbetten und weißen Korbmöbeln in alte Zeiten. Die Restaurants Peppertree und Beach Grill sind exzellent, aber irgendwann endet jeder im familiengeführten Palm Tree nebenan. Die fangfrischen Köstlichkeiten dieser bescheidenen Strandhütte – Tintenfisch, Barsche, Königsdorsche – und das kalte 333-Bier sind schwer zu schlagen. Viele Gerichte werden mit Pfefferkörnern und *nuoc mam*, der berühmten Fischsoße aus Phu Quoc, zubereitet. Das Strandbungalow-Resort Mango Bay am nahen Ong-Lang-Strand verwendet Solarzellen und recycelte lokale Materialien. Erwarten Sie keine Fernseher oder Klimaanlagen, dafür aber ein rustikales, romantisches Ambiente. Verbringen Sie faule Tage an den tollen Stränden, wo Sie Kajak fahren, schnorcheln und tauchen können. Dies ist Ihre Chance, eine Idylle zu erleben, die bisher unverbaut blieb.

Die Strände der Insel sind bekannt dafür, ruhig und unverbaut zu sein.

Wo: 48 km vor der Südostküste; Boote fahren in Rach Gia ab. **LA VERANDA:** Tel. +84/77-398-2988; www.laverandaresort.com. *Preise:* ab € 110. **MANGO BAY:** Tel. +84/903-382-207; www.mangobayphuquoc.com. *Preise:* ab € 52. **REISEZEIT:** Nov.–Mai: Trockenzeit (Apr.–Mai sind die heißesten Monate).

Stammesmärkte in den vietnamesischen Alpen

SA PA

Vietnam

Es ist schade, dass der Zug von Hanoi nach Lao Cai nur nachts fährt, denn auf der 8-stündigen Reise durchfährt man das eindrucksvollste Bergland Vietnams. Der Trost besteht darin, dass die 90-minütige Autofahrt vom Bahnhof in Lao Cai hoch nach Sa Pa durch ebenso schöne Landschaft führt – besonders, wenn sich der Morgennebel von den Tälern und Bergen hebt.

Die nordvietnamesische Bergstadt Sa Pa liegt 1600 m hoch im Hoang-Lien-Gebirge (von den französischen Kolonialherren „Tonkinesische Alpen" genannt). Die schroffe, an Laos und China grenzende Region ist Heimat von rund 30 Bergstämmen, die kollektiv „Montagnards" (Bergbewohner) genannt werden. Stämme der Hmong und der Dao dominieren; sie verkaufen samstags auf dem Marktplatz Gemüse und Kunsthandwerk. Sonntags können Sie 4 Stunden nach Norden fahren, zum Markt in Bac Ha, der abgelegenen Heimatstadt des bunt gekleideten Blumen-Hmong-Volkes.

Sapa ist auch die perfekte Basis für Tagestrips, längere Wanderungen zum 3143 m hohen Fansipan, dem höchsten Berg Vietnams, oder zu Montagnard-Dörfern, die um steile Terrassenfelder und klare Bergbäche herumgebaut sind. Trekking- und Mountainbiketouren organisiert die schön gelegene Topas Ecolodge mit 25 Bungalows, nur 17 km von Sapa entfernt. Das Victoria Sapa Resort im Alpinstil hat eine unglaubliche Aussicht auf die smaragdgrünen Täler; die Angestellten helfen bei der Planung von Wanderungen. Um mit Stil hier anzukommen, können Gäste den Hotel-Bahnwaggon Victoria Express nehmen, der bei der abendlichen Abfahrt in Hanoi an den Zug angehängt wird.

Wo: 38 km südöstl. der chinesischen Grenze; 340 km nordwestl. von Hanoi. **WIE:** Das amerikanische Unternehmen Global Spectrum bietet eine 12-tägige Tour nach Sapa (inkl. 5 Tagen Trekking). Tel. +1/703-671-9619; www.asianpassages.com. *Preise:* € 1441, inklusive. Startet in Hanoi. **TOPAS ECOLODGE:** Tel. +84/4-3715-1005; www.topasecolodge.com. *Preise:* ab € 66. **VICTORIA SAPA RESORT:** Tel. +84/20-387-1522; www.victoriahotels-asia.com. *Preise:* ab € 130; Victoria-Expresszug ab € 133 hin und zurück. **REISEZEIT:** März–Mai: wärmstes, stabilstes Wetter; Okt.–Nov.: am wenigsten Regen; Ende Nov.–Anf. Dez.: Hmong-Fest, ein Erntefest.

Der Dao-Stamm ist einer der größten unter den Dutzenden, die in den Bergen rund um Sa Pa leben.

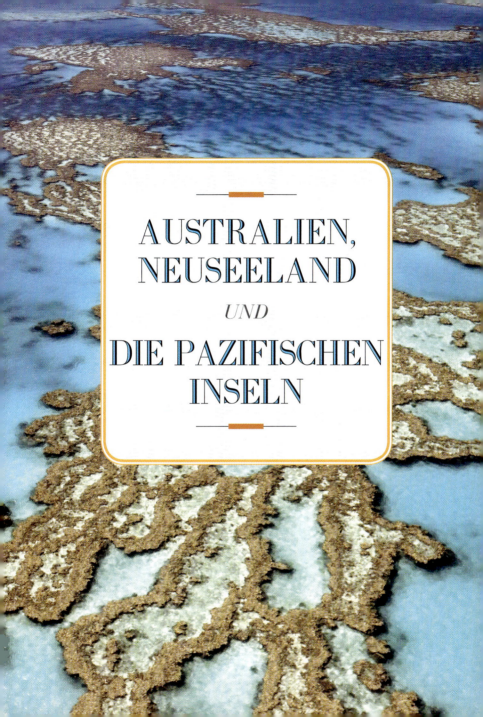

Australien, Neuseeland und die Pazifischen Inseln

Spektakuläre Landschaft in Sydneys Hinterhof

DIE BLUE MOUNTAINS

New South Wales, Australien

Mikroskopisch feine Öltröpfchen aus den Blättern der dichten Eukalyptusbäume hängen in der Luft und brechen das Sonnenlicht – so entsteht der dunstige blaue Nebel, der dem Park seinen Namen gibt. Der Blue-Mountains-Nationalpark, nur 90 Minuten von Sydney entfernt, ist ein fantastischer Riesenwald mit 26 kleinen Orten, die von Antiquitäten bis zu Buschwanderungen alles anbieten. Das umliegende Hochland ist kein eigentliches Gebirge, sondern ein riesiges Sandstein-Tafelland, dessen spektakuläre erodierte Landschaft Sie am besten von Aussichtspunkten wie Govett's Leap oder Echo Point bewundern, z. B. die berühmten Sandsteinformationen „Three Sisters". Im Westen sind 2 weitere Highlights des Parks: der Scenic Skyway, eine Gondel mit Glasboden, die 300 m über dem Canyon hängt, und die Katoomba Scenic Railway, eine offene Zahnradbahn mit einer Steigung von 52°, die sich aber doppelt so steil anfühlt. Im Park können Sie auch klettern, reiten, Höhlen anschauen und Kanu fahren; die meisten Besucher sind aber wegen der Wanderwege hier. Wandern Sie auf eigene Faust oder melden Sie sich für den Aboriginal Blue Mountains Walkabout an, eine 7 km lange Wanderung mit Geschichten und Wissenswertem über die Aborigine-Kultur.

Einen groben Überblick über das Gebiet bekommen Sie auf einer Tagestour von Sydney aus, aber es verdient eigentlich einen längeren Aufenthalt. Hier ist das Country-Hotel Lilianfels Blue Mountains Resort empfehlenswert. Es ist eines der besten Landhotels Australiens, mit grandiosen Panoramen und mit Darley's, einem smarten, preisgekrönten Restaurant, in dem Ihr Essen aus regionalen Zutaten zubereitet wird. Das wie ein europäisches Schlösschen aussehende Hotel steht in 1000 m Höhe, fast an der Felskante am Echo Point über den Canyons des Jamison Valley. Die Gäste des nahen, jahrhundertealten Lurline House wohnen in 7 Zimmern, alle mit Himmelbetten, und bekommen morgens ein englisches Frühstück sowie Buschwanderwege direkt vor der Tür serviert.

Wo: 122 km westl. von Sydney. **ABORIGINAL BLUE MOUNTAINS WALKABOUT:** Tel. +61/408-443-822; www.bluemountainswalkabout.com. *Preise:* ab € 60. **LILIANFELS BLUE MOUNTAINS RESORT:** Tel. +61/247-801-200; www.lilianfels.com.au. *Preise:* ab € 222 (Nebensaison), ab

Gondeln schweben an den „Three Sisters" Meehni, Wimlah und Gunnedoo vorbei.

€ 333 (Hochsaison); Probiermenü im Darley's
€ 85. LURLINE HOUSE: Tel. +61/247-824-609;
www.lurlinehouse.com.au. *Preise:* ab € 107.

REISEZEIT: März–Apr.: Herbstfarben; März: Blue Mountains Music Festival in Katoomba; Sept.–Okt.: Frühlingswetter.

Australiens ältestes Weinanbaugebiet

DAS HUNTER VALLEY

New South Wales, Australien

Das reizvolle Hunter Valley, in dem über 120 Weingüter liegen, ist Australiens älteste durchgängig bepflanzte Region. Die berühmtesten Rebsorten des Landes stammen von hier und ziehen Weinliebhaber aus aller Welt an – einige der weltbesten Shiraz- und Sémillonreben sowie Chardonnay und Cabernet Sauvignon. Die Gourmetszene blüht ebenfalls, denn es gibt hervorragenden Landkäse, geräuchertes Fleisch, Oliven und Olivenöl sowie schicke, moderne, von den besten Talenten der Region betriebene Restaurants.

Besucher kennen vielleicht internationale Marken wie Rosemount oder Lindemans, aber die kleineren Betriebe, die nicht exportieren, sind hier ebenso angesehen. Das Hunter Valley kann am Wochenende recht voll sein, da es nur 2 Stunden von Sydney entfernt liegt, aber in der Woche sind die Straßen ruhig, und man bekommt einfacher einen Tisch im Restaurant. Wer pittoreske Landhotels mag, fährt nach Halls Road in Pokolbin, wo 2 der beliebtesten Lodges Australiens beheimatet sind: Pepper's Convent im Herzen des Tals hat 17 Zimmer in einem ehemaligen Konvent der vorletzten Jahrhundertwende; Ihre Suite könnte früher Kindergarten oder Musikzimmer gewesen sein. Tower Lodge ist ein intimeres Hotel mit 12 Zimmern im spanischen Kolonialstil. Sein renommiertes Restaurant Roberts serviert ungezwungene Mahlzeiten in einem Siedler-Cottage von 1876, mit Auslesen von Rebstöcken, die Sie praktisch anfassen können. Sie können auch im exklusiven Nine Restaurant dinieren; dort gibt es 9-gängige Menüs mit Weinen vom Tower Estate. In Pokolbin liegt auch das gemütliche Splinters Guesthouse mit Zimmern und Cottages, die über Weinhänge und Berge schauen. Es ist bei Wochenendurlaubern aus Sydney beliebt und liegt nahe an kleinen einladenden Restaurants.

WO: 200 km nördl. von Sydney. PEPPER'S CONVENT: Tel. +61/249-984-999; www.peppers.com.au/convent. *Preise:* ab € 319; 9-gängiges Dinner im Nine € 133 (nur am Wochenende). TOWER LODGE: Tel. +61/249-987-022; www.towerlodge.com.au. *Preise:* ab € 557; Dinner im Roberts € 63. SPLINTERS GUESTHOUSE: +61/265-747-118; www.splinters.com.au. *Preise:* ab € 140. REISEZEIT: März–Apr.: Weinlesefest; Juni: Hunter Valley Food & Wine Month; Sept.–Okt.: Frühlingswetter.

Die ersten Weinberge des Tals entstanden in den 1830er-Jahren.

Vergessenes Paradies in der Tasmansee

DIE LORD-HOWE-INSEL

New South Wales, Australien

Der winzige Halbmond der Lord-Howe-Insel gilt als eine der schönsten subtropischen Inseln im Pazifik. An den südlichsten Riffen der Welt gibt es 90 Korallen- und 500 Fischarten, außerdem mehr als 130 Vogelarten, darunter die nur hier heimische Waldralle. Einige von ihnen wären heute ausgestorben, hätte nicht ein erfolgreiches Schutzprogramm ihre Art wieder gestärkt. Auf der Insel wohnen ansonsten 350 menschliche Einwohner – auch sie geschützt, allerdings bloß durch den Inselpolizisten.

Die welthöchsten Vulkangestein-Haufen entstanden hier vor Millionen von Jahren durch Eruptionen. Einer davon, Ball's Pyramid, ragt 20 km vor der Hauptinsel entfernt 600 m hoch aus dem Meer – eine der vielen beliebten Tauchstellen mit einer kaleidoskopischen Unterwasserwelt. Am Strand können Sie Taucherbrille und Schnorchel leihen und in die Brandung waten – und schon sind Sie am Riff.

Lord Howe Island, bekannt für ihre einzigartige Topografie, ist wegen mariner Erosion voller felsiger Klippen.

Wegen der geringen Größe der Insel (11 km lang, nur 2 km breit) bewegt man sich hier meistens zu Fuß oder auf dem Rad. Das Wegenetz für beides reicht von leicht bis extrem. Die meisten der wenigen Unterkünfte auf der Insel gehören gastfreundlichen Einheimischen, z. B. das wunderschön gelegene Pinetrees Resort (all-inclusive), wo von Juni bis August Jazzkonzerte stattfinden. Die luxuriöse Capella Lodge liegt über der romantischen Lover's Bay mit sensationellem Blick auf das Meer und die Berge. Ihr Hotel macht Ihnen gern ein Lunchpaket, das Sie auf dem weißen Sand von Ned's Beach genießen können. Sie werden merken, dass das kristallklare Wasser (und das Picknick?) tropische Fische anzieht, die Ihnen direkt aus der Hand fressen. Egal, wo Sie hingehen: Auf der Insel wird es nie voll sein, denn es dürfen immer nur 400 Gäste gleichzeitig dort sein.

Wo: 717 km östl. von Sydney. **Info:** www.lordhoweisland.info. **Pinetrees Resort:** Tel. +61/2-9262-6585; www.pinetrees.com.au. *Preise:* 5 Nächte All-inclusive-Paket ab € 789 pro Person (Nebensaison), ab € 1304 (Hochsaison). **Capella Lodge:** Tel. +61/2-9918-4355; www.capella lodge.com.au. *Preise:* ab € 481 pro Person, all-inclusive (Nebensaison), ab € 518 (Hochsaison). **Reisezeit:** Dez.–März: Sommerwetter.

Der Stolz der prächtigen Stadt am Wasser

DAS SYDNEY OPERA HOUSE UND DER HAFEN

Sydney, New South Wales, Australien

Sydney ist Australiens größte, älteste und flotteste Stadt, und ihr Opernhaus – zunächst wegen seiner auffälligen, sehr modernen segelähnlichen Form kritisiert – ist heute ihr Wahrzeichen. Das Design, 1958 von einer Kommission aus 200 Entwürfen weltbekannter Architekten ausgewählt, rief sofort Kontroversen hervor. Während der Bauzeit von 15 Jahren distanzierte sich der desillusionierte dänische Schöpfer Jørn Utzon von dem Projekt. Heute schlägt im Opernhaus, das an exponierter Stelle im Hafen von Sydney steht, das kulturelle Herz Sydneys. Wer keine Operntickets hat, kann im operneigenen Restaurant Guillaume at Bennelong elegant und mit tollem Blick speisen.

Noch atemberaubendere Aussichten haben Sie vom eleganten Park Hyatt Sydney aus. Das Hotel liegt günstig am Circular Quay, dem Abfahrtspunkt für Hunderte von Fähren, die im Hafen kreuzen. An der Ostseite des Kais liegt die Appartementunterkunft Grand Quay Suites, von denen aus es nicht weit zu den Royal Botanic Gardens ist, einer grünen Oase, wo man prima spazieren gehen kann.

The Rocks, das im 19. Jh. von rauen Matrosen und Exhäftlingen bevölkerte Hafenviertel, beherbergt heute Restaurants, Läden, Galerien und Wochenendmärkte. Eines der wenigen Originalgebäude ist der älteste durchgängig betriebene Pub der Stadt, der 1841 eröffnete Lord Nelson. Für die ungewöhnlichste Sydney-Tour müssen Sie sich anmelden: zum BridgeClimb, einer Wanderung auf die Harbour Bridge, die größte – aber nicht längste – je gebaute Bogenbrücke. Die Tour garantiert Ihnen einen unglaublichen Rundumblick – und das Recht, ein Leben lang damit anzugeben.

Nehmen Sie nun die Fähre nach Manly. Wandern oder radeln Sie den 10 km langen Manly Scenic Walk mit spektakulärem Hafenblick und speisen Sie im Doyles an der Watsons Bay, einem beliebten, 1885 eröffneten Fischrestaurant. Auch 5 Generationen später serviert die Familie Doyle viel frischen Fisch zu einem guten australischen Wein.

INFO: www.sydney.com.au. **SYDNEY OPERA HOUSE:** Ticketbüro Tel. +61/2-9250-7777; www.sydneyoperahouse.com. *Wann:* Opernsaison Silvester–März und Juni– Okt. **GUILLAUME AT BENNELONG:** Tel. +61/2-9241-1999; www.guillaumeatbennelong.com.au.

Jørn Utzon bekam für seinen Entwurf des Sydney Opera House den Pritzker Prize, die höchsten Weihen der Architektur.

Preise: Dinner € 60. **Park Hyatt Sydney:** Tel. +61/2-9256-1234; www.sydney.park.hyatt.com. *Preise:* Zimmer mit Hafenblick ab € 515. **Grand Quay Suites:** Tel. +61/2-9256-4000; www.mirvachotels.com. *Preise:* ab € 270. **BridgeClimb:** Tel. +61/2-8274-7777; www.bridgeclimb.com. *Preise:* € 140. **Doyles on the Beach:** Tel. +61/2-9337-2007; www.doyles.com.au. *Preise:* Dinner € 55. **Reisezeit:** Jan.–Feb.: Sommerwetter und Festivals, z. B. Sydney Festival, Australiens größtes Kunstfestival; Okt.–Nov.: Frühlingsblumen; Silvester: Die Feier in Sydney muss sich nur der in New York geschlagen geben.

Buschkultur und die Felskunst der Aborigines

Der Kakadu-Nationalpark und das Arnhemland

Northern Territory, Australien

Der 19.800 km² große Kakadu-Nationalpark ist halb so groß wie die Schweiz, aber sehr abgelegen und außerhalb Australiens immer noch kaum bekannt. Noch ist die raue Fern-von-der-Welt-Atmosphäre intakt; die 5 m langen „saltie" Salzwasserkrokodile und ihre kleineren „freshie" Süßwasserkollegen liegen ungestört in den Flüssen und im Marschland. 1981 wurde Kakadu die seltene Ehre zuteil, von der UNESCO gleich doppelt ausgezeichnet zu werden: als Weltnatur-, aber auch als Weltkulturerbe, wegen seiner 5000 50.000 Jahre alten Felszeichnungen in den Sandsteinhöhlen. Ubirr, 42 km nördlich des Park-Hauptquartiers, ist eine der meistbesuchten dieser Stellen. In den „Galerien" zeigen die Bilder das Leben von der Steinzeit bis ins frühe 20. Jh.

Neben Kakadu erstreckt sich das riesige, als Arnhemland bekannte Siedlungsgebiet der Aborigines mit urwüchsigem Buschland, Eukalyptuswäldern und einer Küstenwildnis voller wilder Tiere. Es ist eine der wenigen Gegenden Australiens, wo die Aborigine-Kultur noch dominiert (hier leben etwa 15.000 Menschen). Die Firma Lords Safaris ist die einzige, mit der man ins Arnhemland und zu 2 weiteren Orten vorstoßen kann: der Koolpin Gorge und den Flussebenen des Mary River. In dieser ausgedehnten Flussauenlandschaft mit reichem Tierleben liegt das luxuriöse Bamurru-Plains-Resort mit nur 9 puristischen Safari-Suiten auf einer noch betriebenen Wasserbüffelfarm, eine von mehreren Farmen an der Westgrenze zum Kakadu, die einen 25-minütigen Flug oder eine 3-stündige Fahrt von der Regionalhauptstadt Darwin entfernt ist. Morgens können Sie mit dem Luftkissenboot über die Flussauen fahren, eines der bedeutendsten Ökosysteme Australiens. Halten Sie nach den blau geflügelten Kookaburras („Lachender Hans") Ausschau. In trockenen Monaten können Sie von einem Allradfahrzeug aus Wallabys, Baumkängurus, Dingos und Krokodile sehen.

Wo: 241 km östl. von Darwin. **Kakadu-Nationalpark:** Tel. +61/8-8938-1120; www.environment.gov.au/parks/kakadu. **Lords Safaris:** Tel. +61/8-8948-2200; www.lordssafaris.com. *Preise: geführte* Tagesausflüge von Darwin ins Arnhemland € 170; nach Jabiru € 144; auch Mehrtagestouren möglich. **Bamurru Plains:** Tel. +61/2-9571-6399; www.bamurruplains.com. *Preise:* € 733, all-inclusive. *Wann:* Feb.–Okt. **Reisezeit:** Mai–Sept.: Trockenzeit, aber manche mögen auch das Grün der nasseren Monate Nov.–Apr.

In prähistorischen Wäldern jagen und sammeln

DIE TIWI-INSELN

Northern Territory, Australien

Die in der restlichen Welt fast unbekannten Inseln Bathurst und Melville sind die Heimat des Tiwi-Stammes, der vom australischen Festland stammt, aber hier isoliert wurde, als vor 7000 Jahren der Meeresspiegel stieg. Daher entwickelten die Tiwis (oder „Wir-Menschen") eine reiche Kultur und eine Sprache, die sich von der anderer Aborigines unterscheidet. Ihre religiösen Bräuche enthalten auch Katholisches, das im späten 18. Jh. Missionare mitbrachten. Trotz der Größe der Inseln – Melville ist mit 5786 km² zweitgrößte Insel Australiens – wohnen dort nur 2700 Menschen. Die Tradition hat Bestand: Als Hauptnahrungsmittel dienen Dugongs (Cousins der Seekuh) und Schildkröteneier.

Bathurst Island kann von Nicht-Tiwis nur mit einer von Tiwis geführten Tour besucht werden (Melville ist für Touristen geschlossen). Highlights sind die katholische Kirche, eine einzigartige Verschmelzung uralter Tiwi-Kultur mit dem Christentum; Künstlerwerkstätten und Kunsthandwerkszentren wie die Ngaruwanajirri Art Community und ein „boiling of the billy"-Tee mit Tiwi-Damen, die sich beim Weben und Malen unterhalten. In den Batikmustern der Stoffe ahnt man schon die Nähe der indonesischen Inseln. Und verpassen Sie nicht die berühmten *pukumani* – beschnitzte und bemalte Pfähle mit mythologischen Motiven, die an Grabstellen errichtet werden.

Wo: 80 km vor der Küste bei Darwin. **Wie:** Darwin Day Tours macht Tagestouren ab Darwin. Tel. +61/8-8923-6523; www.darwindaytours.com.au. *Preise:* € 370, inkl. Flug und Lunch. *Wann:* März–Nov. **Reisezeit:** Mai–Sept.: bestes Wetter.

Spirituelle Schreine im Outback

DER ULURU UND DIE KATA TJUTA (DER AYERS ROCK UND DIE OLGAS)

Northern Territory, Australien

Egal, wie oft er in Filmen oder auf Postkarten erscheint: Der große rote Monolith Uluru (Ayers Rock) erstaunt seine Besucher immer noch. Die Sandsteinformation erhebt sich 863 m über der Wüstenebene und hat einen Umfang von rund 9 km. Der orangerote Felsen wird von den Anangu-Aborigines – deren Vorfahren hier schon vor 40.000 Jahren gelebt haben sollen – als spirituelles Kraftzentrum angesehen und ändert über den Tag subtil seine Farbe. Bei Sonnenauf- und -untergang scheint er von innen zu leuchten. Durch die reichen Eisenvorkommen rostet der Felsen tatsächlich im Regen. Man sollte ihn wegen seiner religiösen Bedeutung für die Aborigines, die den 1326 km² großen Nationalpark seit 1985 führen, nicht besteigen. Erhalten Sie sich Ihren Respekt – und Ihre Knie – und wandern Sie stattdessen auf dem Weg rundherum.

Etwa 30 km westlich vom Uluru liegen die Kata Tjuta (die Olgas), eine ähnlich spektakuläre Gruppe von 36 gigantischen Felskuppen, die bis zu 600 m hoch sind und sich über ein Gelände von 38 km² erstrecken. Der Hauptwanderweg ist hier der „Valley of the Winds", ein 8 km langer Rundwanderweg, den Sie am besten am kühlen Morgen begehen.

Diese jenseitige Landschaft scheint von gehobenem Komfort weit weg zu sein, aber das Longitude 131° bietet unerwarteten Luxus im Uluru-Outback. In diesem romantischen (und astronomisch teuren) Resort wohnt man in eleganten Safarizelten mit schönen Möbeln, Klimaanlage, eigenem Bad und allen Annehmlichkeiten eines Tophotels. Wenn Ihnen ein traditionelles Hotel mehr liegt, finden Sie viel Komfort im Sails in the Desert, das ein gutes Restaurant, schöne, mit

Je nach Licht strahlt der Uluru in leuchtenden Farben von Rosa bis Dunkelrot.

Kunst dekorierte Zimmer, einen großen Pool und eine von Leinwandsegeln beschattete Terrasse besitzt.

Wo: 322 km südwestl. von Alice Springs. **Uluru-Kata-Tjuta-Nationalpark:** Tel. +61/8-8956-1128; www.environment.gov.au/parks/uluru. **Longitude 131°:** Tel. +61/2-8296-8010; www.longitude131.com.au. *Preise:* 2-Nächte-Pauschalpaket € 3037, all-inclusive. **Sails in the Desert:** Tel. +61/2-8296-8010; www.ayersrockresort.com.au/sails. *Preise:* ab € 356 (Nebensaison), ab € 430 (Hochsaison). **Reisezeit:** März–Mai und Sept.–Nov.: schönes Wetter.

Wo der älteste lebende Regenwald auf das Great Barrier Reef trifft

Cape Tribulation

Queensland, Australien

Der Regenwald von Queensland und das Great Barrier Reef treffen sich an der australischen Nordostküste am Cape Tribulation („Kap des Trübsals"), so 1770 von einem genervten James Cook benannt, „weil hier all meine Trübsal begann", als sein Schiff auf ein Korallenriff lief. Der Regenwald, durch die Nationalparks Cape Tribulation und Daintree geschützt, soll die Wiege der einzigartigen australischen Tier- und Pflanzenwelt sein. Dort stehen 3000 Jahre alte Bäume, darunter 85 der seltensten Arten der Welt.

Lokale Betreiber bieten verschiedenste Abenteuertrips an, z. B. Schnorcheln im Mossman River (der einzige Ort der Welt, wo Sie im Regenwald schnorcheln können), Rafting, Radfahren und nächtliche Tierbeobachtungen. Sie überqueren den Daintree River mit der Autofähre und fahren weiter zum Strand am Cape Tribulation, wo Sie mit einer Seilrutsche durch das Blätterdach des Waldes rauschen – „Dschungelsurfen" – und sich dann beim Picknick am tropischen Strand erholen können. Bei einer Tour auf dem Daintree River sehen Sie am bewaldeten Ufer Krokodile, Baumschlangen und viele verschiedene Vogelarten.

Wählen Sie zwischen 2 herausragenden, nur wenige Kilometer voneinander entfernten Ökounterkünften. Beide haben Naturforscher im Team, die geführte Wildniswanderungen durchführen. In der Silky Oaks Lodge wohnen Sie luxuriös in Flusshäusern am schnell fließenden Mossman River oder hoch oben in mit Stegen erreichbaren Baumhäusern. Das Healing Waters Spa verwendet für seine Anwendungen heimische Pflanzen und Kräuter. Die Daintree Eco Lodge & Spa hat 15 wunderschön möblierte, erhöhte *bayan*-Häuser mit jedem modernen Komfort. Im lodgeeigenen Julaymba-Restaurant am Rand einer Süßwasserlagune mischen sich die exotischen Aromen des Regenwaldes mit der kosmopolitischen Küche des modernen Australien.

Wo: 113 km nördl. von Cairns. **Wie:** Back Country Bliss Adventures! macht Tagestouren von der Port-Douglas-Gegend aus. Tel. +61/7-4099-3677; www.backcountrybliss.com.au. *Preise:* ab € 185. **Silky Oaks Lodge:** Tel. +61/7-4098-1666; www.silkyoakslodge.com.au. *Preise:* ab € 393; Dinner € 52. **Daintree Eco Lodge:** Tel. +61/7-4098-6100; www.daintree-ecolodge.com.au. *Preise:* ab € 185; Dinner € 60. **Reisezeit:** Mai–Sept.: „Trocken"zeit.

Auf der größten Sandinsel der Welt

FRASER ISLAND

Queensland, Australien

Die Butchulla-Aborigines nannten sie K´Gari (Paradies) – aus gutem Grund. Hier, auf der größten Sandinsel der Welt, können Sie in Süßwasserseen schwimmen, durch den uralten „Valley of the Giants"-Regenwald laufen, mit Rangern einige der 350 Vogelarten entdecken oder einfach nur 120 km ununterbrochenen, breiten Sandstrand genießen. Machen Sie mit bei einer Allradtour des Ökohotels Kingfisher Bay Resort oder mieten Sie Ihr eigenes Auto und folgen Sie der Spur über die Dünen. Oder fahren Sie an die südlichste Spitze des Great Barrier Reefs, mit dem Pazifik auf der einen und 15 m hohen Klippen, die wie gotische Kathedralen aussehen, auf der anderen Seite. Die Nordspitze der Insel, wo sich gewaltige Sandberge über dem strahlend blauen Meer erheben, hat für Entdecker noch mehr zu bieten. Später gibt es ein Abenteuer für Ihre Geschmacksknospen – im Restaurant Seabelle bekommen Sie frischen Fisch, traditionelle Küche mit „Bush-Tucker"-Zutaten (wilde Pflanzen, die die europäischen Kräuter ersetzen) und Gerichte, die vom hiesigen Stamm der Butchulla inspiriert sind.

Mehrere exzellente Wanderwege führen Sie durch die Landschaft. Dies ist der einzige Ort auf der Welt, wo der Regenwald (in Höhen über 150 m) in Sanddünen wurzelt. Attraktionen sind z. B. der hinreißende Lake McKenzie, dessen blaues Wasser von schneeweißem Sandstrand gesäumt ist, und Lake Wabby, auf 3 Seiten von Eukalyptuswald umgeben. Der 85 km lange Fraser Island Great Walk verbindet die Inselhighlights – falls Sie keine 6–8 Tage haben, wandern Sie nur einen Teil davon ab.

Auf Fraser Island können Sie in der Brandung fischen und Vögel beobachten, außerdem lebt hier die reinste Dingo-Rasse Australiens. Klettern Sie auf einen Hochsitz, um Seekühe, Haie, Mantarochen und Wale zu sehen. Von August bis Oktober bietet das Kingfisher Bay Resort Bootstouren, auf denen Sie den Buckelwalen bei ihrer jährlichen Wanderung zur Antarktis ganz nahe kommen. **Wo:** 370 km nordöstl. von Brisbane. **KINGFISHER BAY RESORT:** Tel. +61/7-4120-3333; www.kingfisherbay.com. *Preise:* ab € 166 (Nebensaison), ab € 237 (Hochsaison); Dinner € 45. **REISEZEIT:** das ganze Jahr warmes Wetter; Aug.–Nov.: Whalewatching.

Wunderbares Unterwasserpanorama

DAS GREAT BARRIER REEF UND DAS KORALLENMEER

Queensland, Australien

Es wird oft das Achte Weltwunder genannt, und das wird ihm vielleicht nicht einmal gerecht. Das Great Barrier Reef ist der einzige lebende Organismus des Planeten, den man vom Weltall aus sehen kann. Es liegt zwischen 15 und 80 km vor der Nordostküste Queenslands und erstreckt sich über mehr als 2300 km Länge. Tatsächlich ist es kein einzelnes Riff, sondern ein Zusammenschluss von etwa 2900 Saumriffen mit 600 dazwischen verteilten Tropeninseln und 300 Koralleninselchen. Dieses weltgrößte Meeresschutzgebiet beherbergt unendlich viele Meeresgeschöpfe, darunter 360 Arten bunter Hartkorallen, ein Drittel der Weichkorallen der Welt, 1500 Fischarten und über 5000 Weichtierarten.

Eine der populärsten Arten, es zu erkunden, ist an Bord des *Quicksilver*, einem schnellen Hightechkatamaran, der von Port Douglas auf die 90-minütige Fahrt zu einer Glasbodenplattform geht, wo Sie schwimmen, schnorcheln und tauchen können. Oder fahren Sie in einem Halbtaucherboot und lassen Sie sich das Unterwasserspektakel vor Ihrem Fenster erklären. Dutzende kleinerer Anbieter von Schiffstouren in Port Douglas und Cairns bieten intimere Halb- oder Tagestouren auf Segelbooten, Jachten und Katamaranen.

Wer eine längere Tour möchte, kann 4 Tage an Bord der luxuriösen Mini-Kreuzfahrtschiffe *Coral Princess* oder *Coral Princess II* verbringen. Die 35 m langen Schiffe bieten Schnorcheln, Tauchen, geführte Korallentouren in kleinen Glasbodenbooten, Riffangeln und abendliche Vorträge von Meeresbiologen. Wenn Sie immer schon mal tauchen lernen wollten, bekommen Sie mit den schiffseigenen PADI-Tauchlehrern schnell die ersten Unterwasserstunden zusammen.

Die meisten Leute glauben, das Great Barrier Reef sei das Beste, was Tiefseetauchen angeht, aber das Wasser des weniger bekannten, weniger durchtauchten Korallenmeers hinter dem Riff ist in mancher Hinsicht noch großartiger. Die Highlights dieser Wildnis aus kristallklarem Wasser und unbewohnten Korallenatollen sind u. a. riesige, senkrechte Hänge und eine 50 m tiefe Sicht – ganz zu schweigen von gigantischen Muscheln und 140 Pfund schweren Zackenbarschen. Bei einigen Trips geht es auch zum 110 m langen, noch fast intakten Wrack der SS *Yongala*, auf dem die weltgrößte Konzentration und Vielfalt an Meeresgeschöpfen lebt – ein unglaubliches Unterwassererlebenis für erfahrene Taucher.

Von den 24 Inselresorts im smaragdgrüntürkisen Wasser des Great Barrier Reef liegt Lizard Island am nördlichsten, einen 1-stündigen Flug von Cairns entfernt. Die 40 Bungalows stehen in der zu Recht berühmten Blauen Lagune, wo 24 geschützte Buchten mit weißem Sand dafür sorgen, dass Sie einen Strand für sich allein haben. Außer Gästen und Belegschaft wohnt in diesem 10 km² großen Nationalpark niemand. Seien Sie nicht überrascht, wenn Sie einen der 1 m langen Warane sehen – nach denen James Cook die Insel 1770 benannte –, der sich auf dem grünen palmenbestandenen Rasen Ihres Bungalows sonnt. **Wo:** Cairns liegt 1961 km nördl. von Sydney. QUICKSILVER: Tel. +61/7-4087-2100; www.quicksilver-cruises.com. *Preise:* € 166 inkl. Lunch und Ausrüstung. CORAL PRINCESS CRUISES: Tel. +61/7-4040-9999; www.coralprincess.com.au. *Preise:* 4-tägige Tour ab € 1230, all-inclusive, Tauchstunden und Ausrüstung extra. LIZARD ISLAND: Tel. +61/2-8296-8010; www.lizardisland.com.au. *Preise:* ab € 1148, all-inclusive. REISEZEIT: Mai–Nov.: ideale Meeresbedingungen, gutes Wetter.

Juwel des Riffs

HERON ISLAND

Queensland, Australien

Anders als viele der anderen Inseln in der Nähe des Great Barrier Reef ist Heron Island auf dem südlichen Wendekreis eine Koralleninsel – also buchstäblich Teil des Riffs. Um etwas davon zu sehen, müssen Sie nur vom Strand aus hinauswaten und nach unten schauen. Aber so richtig sehen Sie das Riff nur, wenn Sie abtauchen. Es gibt 20 Tauchgründe; Schnorchler und die, die mit dem Halbtaucher fahren, sehen aber auch viele Fische, Schildkröten, Riffhaie und endlos viele verschiedene Wirbellose.

Eines der faszinierendsten Ereignisse am Riff ist das Massenablaichen der Korallen, das man kaum je sieht. Es ist schwer vorherzusagen, passiert aber meist einige Tage nach Vollmond in einer Nacht im Spätfrühling oder Frühsommer (November bis Anfang Dezember), wenn die Polypen Billionen von rosa-lila Ei- und Spermabündeln ausstoßen. Es ist, als sei man in einem rosa Schneesturm – Taucher aus aller Welt planen in dieser Jahreszeit Nachttauchgänge in der Hoffnung, diesem unvergesslichen Ereignis beizuwohnen.

Auf der 16 ha großen Insel, die zur Hälfte Nationalpark ist, können Sie ebenfalls Tiere beobachten. Hunderte von Grünen und Unechten Karettschildkröten schwimmen von November bis März an Land, um ihre Eier abzulegen; die ausgeschlüpften Tiere flitzen dann von Januar bis Ende April ins Meer. Sie werden auch viele Vögel sehen, darunter die Riffreiher, nach denen die Insel benannt ist. Weiter draußen ziehen von Juni bis Oktober die Buckelwale vorbei.

Tagesausflügler dürfen nicht auf die Insel; die einzige Unterkunft, das unauffällige, umweltbewusste Heron Island Resort, ist eines der wenigen Hotels auf den Inseln des Barrier Reef. Machen Sie bei Ebbe einen Riffspaziergang mit oder tauchen und schnorcheln Sie am Pri-

vatstrand. Am Ende eines ereignisreichen Tages können Sie sich im Aqua Soul Spa verwöhnen lassen und im Shearwater Restaurant speisen.
Wo: 64 km nordöstl. von Gladstone, das 1113 km nördl. von Sydney liegt. **Heron**
Island Resort: Tel. +61/3-9413-6284; www.heronisland.com. *Preise:* ab € 300, inklusive.
Reisezeit: Juni und Juli: das klarste Wasser; die Korallen laichen meist zwischen der 2. und 6. Nacht nach dem Novembervollmond.

Eine einzigartige Inselgruppe im Herzen des Great Barrier Reef

Durch die Whitsundays segeln

Queensland, Australien

Es ist schwierig, sich ein schöneres Segelziel vorzustellen als diese idyllischen Inseln im Korallenmeer, die Captain Cook an Pfingsten (Whitsunday) 1770 entdeckte. Diese 74 vom Great Barrier Reef geschützten, in der Mitte der queensländischen Küste liegenden Inseln, von denen nur 8 bewohnt sind, sind der Traum aller Segler. Außerdem haben sie herrliche, einsame Palmenstrände, schöne Buschlandschaften und tolle Schnorchel- und Tauchreviere inmitten wimmelnder Korallenriffe. Auf dem türkisen Meer können Sie mit einem Luxusboot inklusive Besatzung segeln oder nur das Boot für eigene Abenteuer mieten. Oder machen Sie eine halb- oder ganztägige Tour mit einem Tauch- oder Schnorchelschiff.

Exzellente Resorts verteilen sich über die Inseln, doch nur wenige sind so glamourös wie das Hayman Great Barrier Reef Resort auf der privaten, 294 ha großen Hayman Island im Norden der Whitsundays, nahe am äußeren Barrier Reef. Das seit Langem beliebte Hotel liegt in einem üppigen tropischen Dschungel und hat mehr als 200 Zimmer und Strandvillen sowie Restaurants, Bars und Boutiquen. Gäste kommen per 1-stündigem Bootstransfer vom kleinen Flughafen auf Hamilton Island, der belebtesten und entwickelsten der Whitsundays mit der größten Hotelauswahl. Am Südende der Inselgruppe liegt das schicke Resort qualia mit 60 eleganten, frei stehenden Pavillons (viele mit privatem Minipool), die an Südostasien erinnern. Gäste können bei vielen Aktivitäten mitmachen, darunter Kajakfahren, auf einem der 2 hoteleigenen, 4,50 m langen Minikatamarane fahren, exklusive Anwendungen im Spa qualia oder ein Tag im Hamilton Island Golf Club mit 18 Löchern (auf einer eigenen kleinen Insel) genießen.

Mehrere weniger luxuriöse Resorts liegen auf den benachbarten Inseln Daydream, Long, South Molle, Hook und Lindeman. Von Airlie Beach und Shute Harbor auf dem Festland können Sie per Schiff zum Riff und zu mehreren Inseln fahren, darunter Whitsunday Island, wo Sie auf Whitehaven Beach stoßen werden, einen perfekten, hochzeitsweißen Strand, der womöglich der schönste Australiens ist.

Der schneeweiße Strand Whitehaven Beach erstreckt sich über 11 km Länge.

Wo: Hamilton Island liegt 900 km nördl. von Brisbane. **Info:** www.whitsundaytourism.com.au. **Wie:** Explore Whitsundays (Tel. +61/7-4946-5782; www.explorewhitsundays.com.au) und Whitsunday Sailing Adventures (Tel. +61/7-4940-2000; www.whitsundaysailingadventures.com.au) bieten verschiedene Segel- und Tauchmöglichkeiten. **Hayman Resort:** Tel. +61/7-4940-1234; www.hayman.com.au. *Preise:* ab €470. **Qualia Resort:** Tel. +61/2-9433-3349; www.qualia.com.au. *Preise:* ab €755. **Reisezeit:** Juli–Sept.: Whalewatching; Okt.–Nov.: gute Meeresbedingungen.

Hochkultur in Südaustralien

ADELAIDE

South Australia, Australien

A ustraliens fünftgrößte Stadt ist eines seiner bestgehütesten Geheimnisse. Sie ist gleichzeitig charmant-ländliches Städtchen und kultivierte Großstadt – mit multikulturellem Flair, einer blühenden Kunst- und Musikszene und großen Festivals und Events das ganze Jahr über.

Adelaide ist bekannt als „Stadt inmitten eines Parks". Mehr als 45 % bestehen aus Grünanlagen, jede mit einer eigenen Spezialität: seltene, exotische Blumen und Brunnen im Botanischen Garten; mehr als 50 Rosensorten in den Veale Gardens; eine Oase der Ruhe im japanischen Stil im Himeji Garden sowie Flusspaddelboote, Tennisplätze und Fahrradverleih im Elder Park.

Doch eines von Adelaides bekanntesten Wahrzeichen ist kein Park, sondern der Central Market, wo Bauern aus dem ganzen Bundesstaat 250 Stände vollpacken – mit Gourmetkäse, Räucherfleisch, Landbrot, Obst und Gemüse. Einige der bekanntesten Weinproduzenten Australiens kommen von hier: Die Weinregionen Barossa (s. nächste Seite), McLaren Vale und Adelaide Hills sind direkt in der Nähe; 200 Winzereien innerhalb 1 Stunde zu erreichen. Zur historischen Penfolds Magill Estate fährt man sogar nur 15 Minuten (ihr anderes Weingut liegt 1 Stunde entfernt im Barossa Valley). Im Verkostungsraum und im Restaurant mit Glasfront, die Aussicht auf Weinberge und die ferne Stadt bietet, können Sie weltberühmte Weine glasweise genießen; außerdem saisonale Gerichte aus regionalen Zutaten. Zurück in der Stadt, sollten Sie auf jeden Fall die Australian Aboriginal Cultures Gallery im South Australian Museum besuchen: Hier gibt es die weltgrößte und bedeutendste Sammlung von Aborigine-Artefakten.

Nur in geraden Jahren kommt für 3 Wochen im März das Adelaide Festival für Theater und Musik über die Stadt. Das jährliche Fringe Festival (meist Mitte Februar bis Mitte März) ist das zweitgrößte seiner Art auf der Welt (hinter Edinburgh,

Das South Australia Museum illustriert Jahrtausende an Aborigine-Kultur mit über 3000 Objekten.

s. S. 152), während beim Weltmusik-Festival WOMADelaide Mitte März einige der weltbesten Künstler auftreten.

Für einzigartige Übernachtungen sollten Sie Regina und Rodney Twiss kontaktieren, die 20 denkmalgeschützte Cottages, Stallungen und Schlösschen (plus eine Feuerwache und eine Kapelle) liebevoll restauriert haben, alle im schönen Viertel North Adelaide. Oder probieren Sie das zentral gelegene Medina Grand Adelaide Treasury in einem historischen Schatzhaus aus dem 19. Jh. Die 80 großen Zimmer sind modern eingerichtet.

Wo: 1394 km südwestl. von Sydney. **Touristen- und Festival-Info:** www.cityofadelaide.com.au. **Penfolds Magill Estate:** Tel. +61/8-8301-5569; www.penfolds.com. *Preise:* Dinner € 74. **South Australian Museum:** Tel. +61/8-8207-7500; www.samuseum.sa.gov.au. **North Adelaide Heritage Accommodation:** Tel. +61/8-8272-1355; www.adelaideheritage.com. *Preise:* ab € 174. **Medina Grand Adelaide Treasury:** +61/8-8112-0000; www.medina.com.au. *Preise:* ab € 137. **Reisezeit:** Sept.–Mai: schönes Wetter; März („Mad March"): zahlreiche Festivals.

Historische Höfe bringen Weltklasseweine hervor

Das Barossa Valley

South Australia, Australien

Das pittoreske Barossa Valley ist Australiens Epizentrum für alles Gastronomische. Zusammen mit dem nahen Clare Valley produziert es über 40 % der australischen Weine. Es ist eine relativ kompakte, von Adelaide (s. vorige Seite) schnell zu erreichende Gegend mit kleinen Dörfern und schönen Straßen, flankiert von 150 Weingütern. Über 70 offene Weinkeller bieten die Chance, den charakteristischen Shiraz und andere robuste Rotweine zu verkosten, außerdem Riesling, Sémillon und Chardonnay. Dabei sind bekannte Namen wie Jacob's Creek, Penfolds und Peter Lehmann, aber auch kleinere Marken wie Henschke, Rockford und Charles Melton.

Die frühen Siedler im Tal brachten ihre Essenstraditionen mit, und so hat die regionale Küche einen starken deutsch-polnischen Einschlag. In jedem Metzgerladen in Barossa werden Sie geräucherte Mettwurst, Lachsschinken und Bratwurst finden, während Sie ein Besuch beim samstäglichen Bauernmarkt in Angaston mit Backwaren frisch aus dem Ofen belohnt. Übernachten können Sie im Collingrove Homestead in Angaston, 1856 von einem frühen Siedler erbaut und heute ein charmantes Hotel. Es ist beim National Trust gelistet, wie auch das Haus des Weinpioniers Joseph Seppelt aus der gleichen Zeit. Das große aristokratische Lodge Country House aus Blaustein, früher das Haus eines seiner 13 Kinder, ist heute ein schönes Hotel mit Restaurant, gegenüber von Seppelts großem Schau-Weingut.

Tanunda ist der wichtigste und auch der hübscheste der Barossa-Weinorte mit Antikläden, Weinshops und Cafés. Das Louise, ein modernes All-Suite-Hotel, zieht die Massen mit seinem Restaurant Appellation an, das regionale Küche in einem gediegenen Speisesaal serviert. Smart, aber weniger förmlich ist das 1918 Bistro und Grill, dessen erfindungsreiche saisonale Karte Gerichte wie „Confit vom Schweinebauch mit Garnelenravioli und süßsauren Rübchen" bietet.

Wo: 72 km nordöstl. von Adelaide. **Collingrove Homestead:** Tel.+61/8-8564-

2061; www.collingrovehomestead.com.au. *Preise:* € 148. THE LODGE COUNTRY HOUSE: Tel. +61/8-8562-8277;www.thelodgecountryhouse.com.au. *Preise:* ab € 270; Dinner € 66. THE LOUISE: Tel. 61/8-8562-2722; www.thelouise.com.au. *Preise:* ab € 350; 3-gängiges Festpreisdinner € 90. **1918 BISTRO AND GRILL:** Tel. +61/8-8563-0405; www.1918.com.au. *Preise:* Dinner € 52. REISEZEIT: Feb.–Apr.: Herbst und Weinlesezeit; Okt.–Dez.: Frühlings-/Sommerwetter. Nur in ungeraden Jahren findet nach Ostern das Vintage Festival statt.

Das authentische Outback – ungezähmt und rau

DIE FLINDERS RANGES

South Australia, Australien

Die Gebirgskette Flinders Ranges, faszinierend in ihrer schroffen Schönheit und mit ihren berühmten Gesteinsformationen, wird auf ein Alter von 800 Mio. Jahren geschätzt und besitzt einige der ältesten Tierfossilien des Planeten. Dieses Wüstengebirge, das etwa 195 km nördlich von Adelaide (s. S. 660) beginnt und sich über mehr als 500 km erstreckt, ist für seine starken urzeitlichen Farben und deutlichen Sedimentlinien bekannt. Hier leben über die Hälfte der 3100 australischen Pflanzen, viele Vogel- und Reptilienarten. Und das Beste: Man kommt gut hin, und die schönsten Landschaften liegen in der geschützten Gegend des Flinders-Ranges-Nationalparks.

Der eindruckvollste Anblick ist Wilpena Pound, ein natürliches, 80 km² großes Amphitheater aus Bergen, das aussieht, als liefen hier immer noch Dinosaurier herum. Ein komfortabler Außenposten in dieser schroffen Landschaft ist das nahe Wilpena Pound Resort, die einzige Unterkunft im Park. Hier können Sie auf Campingplätzen in fest installierten Zelten, aber auch in einfachen Hotelzimmern schlafen; es gibt einen schönen Pool und ein Restaurant, dessen Outbackaromen moderne australische Küche veredeln. Das Resort hilft auch bei der Planung von Outbacktouren, die Sie weit weg von ausgetretenen Pfaden führen.

Nordwestlich vom Park, wo Wüste und rote Dünen auf die Flinders Ranges treffen, liegt Parachilna (7 Einwohner). Das Minidorf ist die Heimat des Prairie Hotels, einer ehemaligen Kneipe von 1876, berühmt für schlichte, aber komfortable Zimmer, Outbackgastlichkeit und ein hervorragendes Restaurant mit einer erstaunlich innovativen Karte – z. B. Emu-Paté, Känguruschwanzsuppe und aus einer pfirsichähnlichen Frucht gemachten Quandong-Kuchen.

Die Straße hinunter liegt Angorichina Station, eine 650 km² große Schaffarm, deren Besitzer in der 4. Generation Gäste in ihrem steinernen Haus von 1860 willkommen heißen. Die Landschaft ist karg, aber das Haus wie eine Oase; die 2 Gästesuiten sind reizend und komfortabel. Wer zur richtigen Jahreszeit kommt, kann bei der Schafschur mithelfen.

WO: beginnt 201 km nördl. von Adelaide. **FLINDERS-RANGES-NATIONALPARK:** Tel. +61/8-8648-0048; www.environment.sa.gov.au/parks. **WILPENA POUND RESORT:** Tel. +61/8-8648-0004; www.wilpenapound.com.au. *Preise:* Zelt ab € 74; Zimmer ab € 148; Dinner € 48. **PRAIRIE HOTEL:** Tel. +61/8-8648-4844; www.prairiehotel.com.au. *Preise:* ab € 144; Dinner € 40. **ANGORICHINA:** Tel. +61/8-8354-2362; www.angorichinastation.com. *Preise:* € 537, all-inclusive. **REISEZEIT:** Mai–Okt.: mildere Temperaturen; Sept.–Okt.: Wildblumenblüte.

Australiens Galapagos im Südlichen Ozean

KANGAROO ISLAND

South Australia, Australien

Australiens drittgrößte Insel, „K. I.", wie sie die Einheimischen nennen, ist unbeengt und unkompliziert. Das Verhältnis Schafe/Menschen beträgt 300 zu 1, es gibt aber auch seltenere Tierarten – vor allem die namengebenden Kängurus, dazu Koalas, Derbywallabys (auf dem Festland ausgestorben), Seelöwen und Zwergpinguine. Sie bewohnen eine unberührte und erstaunlich vielfältige Wildnis aus grellweißen Sanddünen, dem glitzernden Meer, von Wind und Sand geformten Steinen, die wie abstrakte Kunst aussehen (und passend „Remarkable Rocks" genannt werden), und dem Admirals Arch, einer natürlichen, von den Elementen geschaffenen Kalksteinbrücke, Treffpunkt Tausender Seebären. In Seal Bay wohnen ihre Cousins, eine der seltensten Robbenarten der Welt, die australischen Seelöwen. Sie liegen dort zu Hunderten, und Sie können recht nah an sie herangehen, was in der Wildnis kaum je möglich ist. Von den 480 km langen Stränden aus, die bis auf die Tiere meist leer sind, können Sie Große Tümmler und Südkaper-Wale beobachten.

Flechten sind für die rotorangefarbenen Farbtupfer auf und um die Remarkable Rocks verantwortlich.

Die meisten Tagesausflügler aus Adelaide unterschätzen die Größe der Insel (145 x 56 km) und wünschten, sie könnten in einem der reizenden B&Bs übernachten, z. B. dem Stranraer Homestead, einem sorgfältig restaurierten Kalkstein-Farmhaus aus den 1920er-Jahren auf einer 1400 ha großen Schaffarm. Dort gibt es geschmackvolle Zimmer, einen großen Garten und 2 natürliche Lagunen mit einer Vielzahl an Vögeln (vielleicht sehen Sie den gefährdeten Braunkopfkakadu. Die 9 Zimmer mit Balkon im Gasthof Wanderers Rest sind schlicht, aber die Aussicht über den American River zum Festland ist es nicht! An der Südküste der Insel wird es etwas glamouröser: in der Southern Ocean Lodge, einem schnittigen Ökoluxusresort, das für makellosen Service und seine geschützte Lage inmitten von Kalksteinklippen und weißen Sandstränden bekannt ist.

Wo: 121 km südwestl. von Adelaide. **Wie:** Exceptional Kangaroo Island bietet 1- und mehrtägige Touren. Tel. +61/8-8553-9119; www.exceptionalkangarooisland.com. **Stranraer Homestead:** Tel. +61/8-8553-8235; www.stranraer.com.au. *Preise:* ab € 140. **Wanderers Rest:** Tel. +61/8-8553-7140; www.wanderersrest.com.au. *Preise:* ab € 148. **Southern Ocean Lodge:** Tel. +61/2-9918-4355; www.southernoceanlodge.com.au. *Preise:* ab € 1593, all-inclusive. **Reisezeit:** Okt.–Feb.: bestes Wetter und gute Tierbeobachtungen.

Walks on the Wild Side

DER CRADLE-MOUNTAIN-NATIONALPARK

Tasmanien, Australien

Das bergige Tasmanien, 240 km vor der Küste des australischen Festlands und fast so groß wie Irland, wirkt sogar auf die Festland-Aussies wie das Ende der Welt. Wegen seiner isolierten Lage gibt es einen Großteil seiner Flora und Fauna nirgendwo sonst auf der Welt, und eine der spektakulärsten alpinen Landschaften Australiens ist in über 1 Mio. ha wildem Nationalparkland geschützt.

Dieses Juwel ist der Cradle-Mountain-Lake-St.-Clair-Nationalpark, den Sie auf dem 4–6-tägigen, 87 km langen Overland Track erkunden können, der in Launceston beginnt und den 1545 m hohen Gipfel des Cradle Mountain mit Australiens tiefstem Süßwassersee verbindet. Diesen Weg wollen viele Aussies einmal im Leben wandern. Robuste Trekker wandern durch dichten Regenwald vorbei an Gletscherseen und Wasserfällen hinunter zu den Eukalyptuswäldern am See und campen unterwegs. Eine komfortablere Möglichkeit ist eine geführte Wanderung mit Cradle Mountain Huts, bei der Sie 10–17 km am Tag laufen und in kleinen Hütten mit Etagenbetten, heißen Duschen und einem 3-gängigen Abendessen übernachten. Die Wanderung endet mit einer 16 km langen Rundfahrt auf Tasmaniens schönstem See.

Wer lieber nicht den ganzen Weg wandern möchte (oder gar nicht), kann in der Cradle Mountain Lodge am Rande des Parks reiten, Kanu fahren und Spaziergänge durch üppigen Regenwald und an Bergseen unternehmen. Am Ende des Tages warten gemütliche Blockhütten (einige mit Kamin) und ein Spa. Tasmanien hat den Ruf, sehr leckeres Essen zu servieren – probieren Sie das im Restaurant der Lodge.

Beim 4-tägigen geführten Maria Island Walk geht es zu den Stränden dieser Insel, die mit einer kurzen Bootstour von Orford an Tasmaniens Ostküste erreichbar ist, und man lernt etwas über Natur und Geschichte der Gegend. Die ersten Einwohner der Insel waren Aborigines, gefolgt von Wal- und Robbenjägern, Strafgefangenen und schließlich einem exzentrischen italienischen Unternehmer, der Wein anpflanzte. Heute wohnen hier nur einige Park-Ranger, Wallabys, Wombats, Kängurus und Zwergpinguine.

WO: Launceston liegt 200 km nördl. der Inselhauptstadt Hobart. **CRADLE-MOUNTAIN-**

Die Runde um den Dove Lake ist einer der beliebtesten Wanderwege des Parks.

LAKE-ST.-CLAIR-NATIONALPARK: Tel. +61/3-6492-1110; www.parks.tas.gov.au. CRADLE MOUNTAIN HUTS: Tel. +61/3-6392-2211; www.cradlehuts.com.au. *Preise:* 6-tägiger Trek ab € 2037, all-inclusive. Startet in Launceston. *Wann:* Okt.–Apr. CRADLE MOUNTAIN LODGE: Tel. +61/3-6492-1303; www.cradlemountainlodge. com.au. *Preise:* ab € 255. MARIA ISLAND WALK: Tel. +61/3-6234-2999; www.mariaislandwalk.com.au. *Preise:* 4-tägiger Trek € 1715, all-inclusive. Startet in Hobart. *Wann:* Okt.–Apr. REISEZEIT: Okt.–Apr.: schönes Wetter; Ende Juni: *Tastings at the Top*, ein Delikatessen- und Wein-Festival in der Cradle Mountain Lodge.

Inspirierende Natur und Raffinesse ganz weit Down Under

DER FREYCINET-NATIONALPARK

Tasmanien, Australien

Der Freycinet-Nationalpark ist eine fantastische Kombination aus rosafarbenen Granitbergen (Hazards genannt), weißen Sandstränden und azurblauem Ozean – und alles können Sie prima erkunden. Ein 2 ½-stündiger Wanderweg durch Blumenwiesen und über einen Gebirgsgrat führt Sie zur legendären Wineglass Bay, einem der schönsten Panoramen Australiens. Die Fitten können den 26 km langen, 2–3-tägigen Rundweg um die Freycinet-Halbinsel wandern, mit atemberaubender Küstenlandschaft und reichem Tierleben. Auch viele andere Abenteuer sind hier möglich, z. B. Seekajakfahren, Klettern, Canyoning und Rundflüge.

Versteckt im Nationalpark liegt die Freycinet Lodge – so angelegt, dass man die 60 Luxushütten mit Redwood-Terrassen selbst von Nahem kaum sieht. Hier können Sie zwischen vielen Aktivitäten in der Natur wählen, z. B. ein Besuch an den Brutplätzen der Zwergpinguine und schwarzen Schwäne oder geführte Wanderungen durch Wälder, die von Beuteltieren, bunten Papageien, Gelblappen-Honigfressern und Kookaburras (Lachender Hans) bevölkert sind. In den 2 Restaurants können Sie Tasmaniens Fülle probieren: Lamm, saftiges Wild, fangfrische Krebse und große Freycinet-Austern, begleitet von lokalen Weinen.

Der Bau des luxuriösen, umweltbewussten Saffire Freycinet markierte einen neuen Gipfel der Raffinesse auf der Insel. Das exklusive Resort hat 20 schicke Zimmer mit Blick über die tiefblaue Great Oyster Bay zu den Gipfeln der Hazard-Berge, in einer geschützten Lage, die den Gast heiter und entspannt stimmt. Das Spa ist auf stärkende Anwendungen mit Gold- und Juwelenpulvern spezialisiert; das Restaurant hat die besten tasmanischen Meeresfrüchte und Weine. Etwas bescheidener wohnen Sie im Meredith House auf einem Hügel in der kleinen Küstenstadt Swansea, vom Park aus 1 Stunde Fahrt. Das einladende, restaurierte Haus von 1853 hat 11 komfortable Zimmer – einige mit Ausblick auf die Great Oyster Bay – und sehr aufmerksame und nette Besitzer, die immer für Sie da sind.

WO: 185 km nordöstl. von Hobart. INFO: Tel. +61/3-6256-7000; www.parks.tas.gov.au. FREYCINET LODGE: Tel. +61/3-6257-0101; www.freycinetlodge.com.au. *Preise:* ab € 178; Dinner im Bay Restaurant € 60. SAFFIRE FREYCINET: Tel. +61/3-6256-7888; www.saffire-freycinet.com.au. *Preise:* Suiten ab € 1159 inkl. Frühstück, Mittagessen und Aktivitäten; Dinner € 81. MEREDITH HOUSE: Tel. +61/3-6257-8119; www.meredith-house.com.au. *Preise:* ab € 133. REISEZEIT: Feb.–März: schönes Wetter; Juli–Sept.: Whalewatching.

Eine unvergessliche Fahrt zu den Twelve Apostles

DIE GREAT OCEAN ROAD

Victoria, Australien

Dieser 250 km lange Highway ist unter den Toppanoramastraßen der Welt und führt vom Südwesten Melbournes aus immer nah an den Klippen entlang, an der roh behauenen Südküste Australiens. Jede Kurve enthüllt einen neuen atemberaubenden Anblick – zerklüftete Steilhänge, windige Strände, herrliche Regenwälder und Nationalparks (halten Sie nach Koalas und Kängurus Ausschau) sowie alte Walfänger- und Fischerdörfer, schöne Restaurants und süße B&Bs. Auch an Topsurfstränden wie dem weltberühmten Bell's Beach kommen Sie vorbei, wie auch an einzigartigen Felsformationen wie Loch Ard Gorge und der Bay of Islands.

Die Twelve Apostles werden jedes Jahr 2 cm abgetragen.

Die berühmteste Formation sind die Twelve Apostles („12 Apostel"), bis zu 60 m hohe Kalksteinfelsen im Meer – leider sind es keine 12, sondern nur noch 8. Man sieht sie von einem Küstenstreifen namens Shipwreck Coast aus, an dem bei der Besiedlung im 19. Jh. viele Schiffe untergingen. Hier ist das spektakulärste Stück der Great Ocean Road – besonders dramatisch, wenn das Wetter stürmisch wird.

Wer das Auto lieber stehen lässt, schnürt die Wanderschuhe und erkundet die raue Küste zu Fuß auf dem 104 km langen Great Ocean Walk, der an einigen der Highlights der Route vorbeiführt. Es gibt auch geführte Touren von 4–6 Tagen (55 bzw. 104 km) mit Übernachtungen in Lodges.

Unter den kleinen Gasthöfen und Resorts in den Fischerdörfern an der Great Ocean Road stechen 2 heraus: Nördlich der Apollo Bay, auf 0,4 km^2 Hügelland am Rande eines geschützten Strandes, bietet Chocolate Gannets 4 sehr private, moderne Villen mit Spa-Bädern, Kaminen und Panoramafenstern mit atemberaubendem Blick. Die Great Ocean Ecolodge ist ein einfacheres, aber komfortables Hotel mit 5 Zimmern auf dem Gelände des Cape Otway Centre for Conservation Ecology, einem engagierten Zentrum für ökologische Forschung und Tierschutz. Vielleicht sehen Sie grasende Kängurus oder Koalas, die die Eukalyptusbäume vor Ihrem Fenster besteigen. Wagen Sie sich mit Tierforschern hinaus in den Busch oder entspannen Sie einfach bei großartiger Küche und einem Nickerchen in der Hängematte.

Wo: beginnt in der Surfstadt Torquay, 78 km südwestl. von Melbourne; endet direkt bei Warrnambool. **Info:** www.visitvictoria.com. **Wie:** Bothfeet bietet geführte Wanderungen. Tel. +61/3-5334-0688; www.bothfeet.com.au. *Preise:* 4-tägige Tour ab € 1593, inklusive. Startet in Melbourne. **Chocolate Gannets:** Tel. +61/1-3005-00-139; www.chocolategannets.com.au. *Preise:* ab € 255. **Great Ocean Ecolodge:** Tel. +61/3-5237-9297; www.greatoceanecolodge.com. *Preise:* ab € 237. **Reisezeit:** März–Mai: trockenes Herbstwetter; Juni–Okt.: Walsichtungen; Sept.–Nov.: Frühlings-Wildblumenblüte.

Perlenparadies am Rande des Kontinents

CABLE BEACH

Broome, Western Australia, Australien

Australier nehmen ihre Strände ernst – wenn sie also sagen, Cable Beach in der Stadt Broome sei einer der schönsten des Kontinents, will das was heißen. Die großen, schimmernden Südseeperlen (aus der *Pinctada maxima*, der weltgrößten Perlenauster) machten Broome im frühen 20. Jh. bekannt. Heute ist es sowohl Outback als auch ein klein bisschen glamourös; eine entspannte Stadt, in der auch Gourmets nicht enttäuscht werden. Die Hauptsache ist aber der Strand – machen Sie dort einen Kamelritt bei Sonnenuntergang, so können Sie am besten die 23 km Sandstrand und den rot-lila Himmel bewundern, wenn die Sonne im Indischen Ozean verschwindet. Wenn Sie zwischen März und Oktober da sind, sehen Sie vielleicht das Naturphänomen namens Staircase to the Moon: Wenn der aufgehende Vollmond sich bei sehr niedriger Ebbe im Watt spiegelt, sieht es so aus, als sei dort eine Treppe, die in den Himmel führt.

Die Stadt verdankt ihre charakteristische Architektur den Perlenfischern von einst, die ihre Bungalows aus Wellblech bauten, sie aber mit hölzernen Gittern und kolonialen Veranden verzierten. Nirgendwo ist das schöner umgesetzt als im luxuriösen Cable Beach Club inmitten von Gärten und Pools, das einzige Hotel direkt am Strand. Der kosmopolitische Mix der Kulturen beeinflusst die Küche des Resorts, in der sich asiatische, europäische und Essenstraditionen der Aborigines aufs Leckerste verbinden.

In der Stadt können Sie im Pinctada McAlpine House absteigen, das von einem 100 Jahre alten Perlenfischerhaus in eine reizende Boutique-Lodge verwandelt wurde. Mit Platz für nur 8 Gäste ist es ideal zum Relaxen und Eintauchen in den ganz eigenen Charakter der Stadt. Ein willkommener Neuzugang der Strandszene in Broome ist das Pinctada Cable Beach Resort & Spa mit 5 Sternen. Probieren Sie eine Behandlung mit heimischen Pflanzen und einer Perlmuttessenz aus der *Pinctada maxima* und essen Sie in der Selene Brasserie,

Das erste Telegrafenkabel, das zwischen Broome und Java gelegt wurde, gab dem Strand seinen Namen.

dem üppigen Speisesaal, wo heimischer Fisch mit mediterranem Einschlag serviert wird. **Wo:** 2389 km nördl. von Perth. CABLE BEACH CLUB: Tel. +61/8-9192-0400; www.cablebeachclub.com.au. *Preise:* ab € 237 (Nebensaison), ab € 340 (Hochsaison). MCALPINE HOUSE: Tel. +61/8-9192-0510; www.mcalpinehouse.com.au. *Preise:* ab € 140 (Nebensaison), ab € 260 (Hochsaison). PINCTADA CABLE BEACH RESORT AND SPA: Tel. +61/8-9193-8388; www.pinctadacablebeach.com.au. *Preise:* ab € 215 (Nebensaison), ab € 285 (Hochsaison); Dinner € 45. REISEZEIT: Apr.–Okt.: Trockenzeit und fast perfektes Wetter; bei Vollmond Staircase to the Moon; Aug.: Perlenfestival.

Wildblumen und Weinberge

MARGARET RIVER

Western Australia, Australien

In den letzten 30 Jahren hat die Weinindustrie dieser abgelegenen, wunderschönen Südwestecke des Landes mit ihren tollen Surfstränden, gepflegten Weinreben und dichten Wäldern einen gewissen kosmopolitischen Anstrich gegeben. Wertvolle Auslesen von Vasse Felix, Cape Mentelle, Cullens und der ehrwürdigen Leeuwin Estate genießen weltweite Aufmerksamkeit, und mehr als 90 geöffnete Weinkeller bei diesen und anderen Winzern versprechen entspannte Tage beim Weingut-Hopping. Auf dem Weingut Leeuwin Estate gibt es im Sommer Open-Air-Konzerte; ein Event, das immer bekannter wird und inzwischen Weltklassekünstler anzieht.

Aber nicht nur Trauben wachsen hier. Die Margaret-River-Gegend ist berühmt für ihre Wildblumen im Frühling, die von Mitte September bis Mitte November blühen und die Landschaft bis zum Horizont mit einem Kaleidoskop an Farben erfüllen. Mehr als 2500 Arten wurden hier bestimmt, darunter über 150 Orchideenarten. Mehr als 60 % der Pflanzenarten in Australiens Südwesten gibt es nirgendwo sonst auf der Welt – was die Gegend zu einem der weltweit 34 Biodiversitäts-Hotspots macht, dem einzigen in Australien.

Cape Lodge, eines der geschmackvollsten und entspanntesten Country-Hotels, liegt zwischen Weinbergen nahe der Stadt Yallingup, in Hörweite des glitzernden Indischen Ozeans. Die 22 Zimmer und Suiten (und eine prächtige Luxus-Privatresidenz mit 5 Schlafzimmern) sind über 16 ha Parkland verteilt, mit einem natürlichen Pool in der Mitte. Im international renommierten Cape Lodge Restaurant wechselt die Karte täglich; zu den fantastisch zubereiteten Gerichten werden die passenden Weine aus der Region Margaret River gereicht. Das stylische, wunderschön ausgestattete Llewellin's Guest House in der Nähe ist für Weinliebhaber, die etwas intimer wohnen möchten. Das Hotel hat nur 3 Zimmer inmitten von 3 ha ruhigem Buschland und beeindruckt mit freundlichem Service und großartigem Frühstück.

Von beiden Hotels ist es nur eine kurze Fahrt nach Margaret River, eine nette Stadt voller Antiquitäten- und Kunsthandwerkläden sowie Weingut-Restaurants, in denen die Menüs sich nach den Weinen richten, um die speziellen Eigenschaften jedes Weines zu betonen. Eine gute Wahl ist der großartige Lunch-Service im Voyage Estate, wo das 5-gängige Probiermenü die Topauslesen des Weingutes mit einem saisonal inspirierten Menü zusammenbringt.

Wo: 291 km südl. von Perth. **Konzerte auf der Leeuwin Estate:** Tel. +61/8-9430-4099; www.leeuwinestate.com.au. *Wann:* Feb.–März. **Cape Lodge:** Tel. +61/8-9755-6311; www.capelodge.com.au. *Preise:* ab € 356; Dinner € 77. **Llewellin's Guest House:** Tel. +61/8-9757-9516; www.llewellinsguesthouse.com.au. *Preise:* ab € 133. **Voyager Estate:** +61/8-9757-6354; www.voyagerestate.com.au. *Preise:* 5-gängiger Probier-Lunch € 96. **Reisezeit:** März–Apr.: Weinlese und das Margaret River Wine Festival; Mitte Sept.–Mitte Nov.: Wildblumenblüte.

Wo sich die sanften Riesen tummeln

Mit Walhaien schnorcheln

Ningaloo Reef, Western Australia, Australien

Einer der wenigen Orte, an denen Sie mit den größten Fischen der Welt schwimmen können, ist das Ningaloo Reef an der australischen Westküste. Walhaie können bis zu 20 m lang werden; hier sind sie aber meist relativ bescheidene 4–12 m lang. Im offenen Meer ist es fast unmöglich, diese sanften Riesen aufzuspüren; Jacques Cousteau hat in seinem ganzen Leben nur 2 gesehen. Aber am 250 km langen Ningaloo Reef und einer Handvoll anderer Orte weltweit (z.B. Belize und Honduras, s. S. 965 und 976) tauchen Walhaie regelmäßig auf. Zwischen April und Juli fressen sie große Planktonschwärme und interessieren sich kaum für Menschen, die in der Nähe schwimmen. Ihre Anzahl ist so gesunken, dass sie heute als gefährdet gelten; daher begrenzen die lokalen Tourveranstalter die Zahl der Menschen, die jeweils mit den Haien im Wasser sein dürfen. Ningaloo Blue Dive in Exmouth hat ein speziell entworfenes, 15 m langes Boot, auf das 20 Gäste passen.

Übernachten können Sie im Sal Salis Ningaloo Reef, einem großartigen Ökozeltcamp in den Dünen des Cape-Range-Nationalparks, wo der Strand auf das Riff trifft, etwa 1 Stunde Fahrt südlich von Exmouth. Vom Hauptzelt aus schaut man weit hinaus aufs Riff. Dinner essen Sie im Freien bei Sonnenuntergang, während Kängurus und Bergkängurus für ihr eigenes Dinner auf der Wiese vorbeikommen. Das Riff vor dem Camp ist Nistplatz für 3 Arten von Meeresschildkröten – Echte und Unechte Karettschildkröte sowie die Suppenschildkröte. Auch mit ihnen gibt es tägliche Begegnungen.

Wer schnorchelt, erkennt den Walhai sofort an seinen Punkten – und an seiner extremen Länge.

Wo: Exmouth liegt 1260 km nördl. von Perth. **Ningaloo Blue Dive:** Tel. +61/8-9949-1119; www.ningalooblue.com.au. *Preise:* 1-tägige Tauchtour € 307. **Sal Salis:** Tel. +61/2-9571-6399; www.salsalis.com.au. *Preise:* 3- und 4-Nächte inkl. Walhaitour ab € 2481, all-inclusive. *Wann:* Apr.–Juli.

Uralter Gebirgszug, versteckt im Outback

KIMBERLEY UND DIE BUNGLE BUNGLE RANGE

Purnululu-Nationalpark, Western Australia, Australien

Im nordwestlichen Teil Australiens, der Kimberley genannt wird, gibt es weniger Menschen pro Quadratkilometer als an fast jedem anderen Ort der Erde. Bis in die 1980er-Jahre kannten nur einige lokale Aborigines und Schafzüchter die merkwürdige Landschaft im Herzen der Region, wo sich Tausende orange-schwarz geschichteter, bienenkorbförmiger Sandsteinformationen hunderte Meter über dem Boden erheben. Dieser Bungle Bungle oder Bungles genannte Gebirgszug ist Teil des etwa 2400 km^2 großen Purnululu-Nationalparks.

Geologen sagen, dass die Felsen sich vor Hunderten Mio. Jahren im Devon formten, nachdem eine Meeresablagerung bis auf die heutigen Kuppeln, Klippen und Schluchten erodierte. Nur einige Besucher machen die Tour in dieses Naturwunderland; und obwohl die Gegend viel Kunst der Aborigines und heilige Stätten aufweist, bewundert man sie am besten vom Hubschrauber oder Flugzeug aus, hoch über den saisonalen Wasserfällen und Seen.

Outbackenthusiasten können eine Campingsafari mitmachen oder mit einem Aborigine-Guide durch die majestätischen Schluchten wandern, die durch Flüsse und Bäche in den Stein gegraben wurden. Wer nicht campen will, kann im El Questro Wilderness Park absteigen, einer riesigen Viehfarm im Norden des Purnululu-Parks. Erkunden Sie die vielen tropischen Schluchten oder abgelegenen Wasserlöcher auf dem Gelände oder fahren Sie im Jeep mit einem Ranger los, der Ihnen die Thermalquellen, Wasserfälle und uralten Aborigine-Felsmalereien zeigt. Hier können Sie in Safarizelten schlafen, in Bungalows oder im glamourösen El Questro Homestead, einem kleinen Boutique-Hotel am Rande von Chamberlain River und der Schlucht. Es hat nur 6 Zimmer, ist also von höchstens 12 Gästen gleichzeitig bewohnt und bietet den höchsten Standard in Küche und Service.

Wo: Kununurra ist das östl. Tor zu Kimberley, 840 km südwestl. von Darwin. **Purnululu-Nationalpark:** 250 km südl. von Kununurra. Tel. +61/8-9168-4200; www.dec.wa.gov.au. **Wie:** Relaxing Journeys bietet eine 13-tägige Campingtour auch zu den Bungles. Tel. +61/7-5474-3911; www.relaxingjourneys.com.au. *Preise:* € 4848. **El Questro Wilderness Park:** Tel. +61/8-9169-1777; www.elquestro.com.au. *Preise:* Safarizelt ab € 215 pro Person; Bungalow ab € 241; Hotelzimmer ab € 1000, all-inclusive. *Wann:* Nov.–März: geschlossen. **Reisezeit:** Mai–Okt.: kühleres Wetter.

Eine Engstelle (an den engsten Stellen nur 1,80 m breit) erwartet Sie im Echidna Chasm, Teil der Bungles.

Im Kielwasser von Captain Cook

DIE BAY OF ISLANDS

Nordinsel, Neuseeland

Die neuseeländische Nation wurde an einer zerfaserten Küste im hohen Norden der Nordinsel geboren, wo über 150 Mini-Inseln, die zusammen Bay of Islands genannt werden, im tiefblauen Wasser liegen. Hohe Tannen wachsen Seit an Seit mit subtropischen Bananenbäumen und Fächerpalmen. Hier, in der Stadt Waitangi, schlossen britische Offiziere und Maori-Häuptlinge 1840 den Vertrag, der Königin Viktoria zur Herrscherin über Neuseeland. Die Bay of Islands ist als Tummelplatz für Freizeitsportler bekannt, vor allem für das Angeln großer Fische. Die meisten Angel- und Kajaktouren sowie Fahrten, bei denen Sie Delfine sehen – und mit ihnen schwimmen dürfen –, starten im Badeort Paihia. Erleben Sie die Gegend wie einst James Cook, der 1769 hier ankerte – mit den flatternden Segeln über Ihnen, während Sie auf dem Schoner *R. Tucker Thompson* an Hunderten versteckter Buchten und Stränden vorbeischippern und zum Barbecue-Lunch und Schwimmen den Anker auswerfen. Halten Sie zwischen August und Januar nach Bryde- und Zwergwalen Ausschau.

Urupukapuka Island ist die größte der 150 Bay-Inseln.

Die hübsche Stadt Russell ist ebenfalls Ausgangspunkt für Bay-Ausflüge. Am Wasser dieser ehemals rauen Walfängerstadt, Neuseelands erster Hauptstadt, reihen sich pittoreske Kolonialhäuser, darunter das ehrwürdige Hotel Duke of Marlborough, wo Sie übernachten, lecker essen oder einfach nur mit den hiesigen Bootsleuten einen Drink nehmen können. Noch mehr historischen Charme gibt es in der Arcadia Lodge oben auf dem Hügel, einem B&B mit 6 Zimmern, umfangreichem Frühstück und einer offenen Terrasse mit Rundummeerblick. Oder fahren Sie 90 Minuten an der Küste entlang, um in einer der eleganten Suiten der Lodge at Kauri Cliffs in Matauri Bay zu übernachten, die sich am Rand des fantastischen Golfplatzes entlangziehen. Die Lodge liegt auf Farmland mit über 4000 Schafen und Rindern und besitzt 3 Privatstrände sowie ein einladendes Spa.

Wo: Paihia liegt 230 km nördl. von Auckland. **R. TUCKER THOMPSON:** Tel. +64/9-402-8430; www.tucker.co.nz. *Preise:* 5 ½-Stunden-Tour mit Lunch € 77. *Wann:* Mai–Sept.: geschlossen. **DUKE OF MARLBOROUGH:** Tel. +64/9-403-7829; www.theduke.co.nz. *Preise:* ab € 130; Mittagessen € 26. **ARCADIA LODGE:** Tel. +64/9-403-7756; www.arcadialodge.co.nz. *Preise:* ab € 110. **LODGE AT KAURI CLIFFS:** Tel. +64/9-407-0010; www.kauricliffs.com. *Preise:* Suiten ab € 741 (Nebensaison), ab € 1167 (Hochsaison), inklusive. **WIE:** Seasonz Travel arrangiert individuelle Neuseelandtouren. Tel. +64/9-360-8461; www.seasonz.co.nz. **REISEZEIT:** Feb.–Juni: Angeln; Nov.–Apr.: bestes Wetter.

Art-déco-Zeitmaschine in einer Enklave der Weinliebhaber

NAPIER UND HAWKE'S BAY

Nordinsel, Neuseeland

1931 wurde die Ostküste der Nordinsel von einem Erdbeben der Stärke 7,8 erschüttert, und die Innenstadt von Napier wurde vom Feuer zerstört. Die Einwohner bauten sie im damals populären Stil wieder auf – weshalb die Hafenstadt heute neben Miami Beach (s. S. 733) als eines der besten Beispiele für ein komplettes Art-déco-Ensemble gilt. Das jährliche Art Deco Weekend im Februar mit nostalgischen Autos und Frauen im 1920er-Jahre-Look zeigt die Liebe der Einheimischen zur Geschichte ihrer Stadt, ist aber auch einer der vielen Gründe, sich ihren wahren Passionen hinzugeben: Essen und Wein.

Hawke's Bay ist nach Marlborough auf der Südinsel (s. S. 679) mit mehr als 70 Weingütern das zweitgrößte Weinanbaugebiet Neuseelands. Die ersten Reben wurden hier 1851 von französischen Missionaren gepflanzt, die auch die Mission Estate Winery eröffneten. Der immer noch sehr populäre Betrieb bietet Besichtigungen und einige der besten Flaschen der Bay. Die gleichen Missionare bauten nebenan eine Kirche, heute das passend benannte Restaurant Old Church, einer der besten Gourmettempel der Stadt und vielleicht das schönste Gebäude, in dem Sie je leckeres Essen, lokale Rotweine und Chardonnays probieren werden. Ein rustikaleres (aber kultiviertes) Flair erwartet Sie im französisch beeinflussten Terroir auf dem schönen Gelände der Craggy-Range-Winzerei.

Während viele sich einfach fröhlich durch Hawke's Bay durchessen und -trinken (viele Veranstalter bieten Weinbergtouren an), verlangt es das milde Wetter, dass wir auch mal Küstenluft einatmen – und vielleicht den Golfplatz ansteuern. Das *Golf Magazine* listet den Turnierplatz Cape Kidnappers unter den weltbesten. Der Platz liegt 30 Minuten südlich von Napier auf Klippen, die dramatisch ins Meer stürzen, und ist Teil einer 24 km² großen Schaffarm, die auch eine exklusive Lodge und die weltgrößte, leicht zugängliche Festland-Tölpelkolonie besitzt: 17.000 Vögel nisten hier von September bis Mai.

Wer lieber näher an Napier und den Weinbergen ist, kann in der preisgekrönten Master's Lodge übernachten, einem umgebauten Plantagenhaus mit nur 2 exquisiten Suiten auf dem Bluff Hill – ein schöner Besitz, der einst eine Insel war, bis das Erdbeben ihn 7 m aus dem Wasser riss und mit dem Festland verband. Ihr Geld reicht länger, wenn Sie im einladenden Havelock House übernachten, einem luxuriösen B&B, dessen Appartement und 3 Suiten auf Blumengarten, Pool und Tennisplätze schauen.

Wo: Napier liegt 315 km nördl. von Wellington. **MISSION ESTATE WINERY:** Tel. +64/6-845-9350; www.missionestate.co.nz. **OLD CHURCH:** Tel. +64/6-844-8866; www.theoldchurch.co.nz. *Preise:* Dinner € 40. **TERROIR:** +64/6-873-0143; www.craggyrange.com. *Preise:* 3-gängiges Probiermenü € 52. **CAPE KIDNAPPERS:** Tel. +64/6-875-1900; www.capekidnappers.com. *Preise:* ab € 748 (Nebensaison), ab € 1074 (Hochsaison), inklusive; Greenfee ab € 148 (Nebensaison), € 200 (Hochsaison), Rabatt für Übernachtungsgäste. **MASTER'S LODGE:** Tel. +64/6-834-1946; www.masterslodge.co.nz. *Preise:* ab € 466. **HAVELOCK HOUSE:** Tel. +64/6-877-5439; www.havelockhouse.co.nz. *Preise:* ab € 107. **REISEZEIT:** Okt.–Apr.: gutes Wetter; Feb.: Art Deco Weekend in Napier.

Schafranch am Meer

WHAREKAUHAU COUNTRY ESTATE

Palliser Bay, Nordinsel, Neuseeland

Eine Schafranch ist nicht das Erste, was einem beim Stichwort „Luxusrefugium" einfällt, aber Wharekauhau (in der Maorisprache „der Ort, an dem sich die Götter treffen") vereitelt so manche Erwartung. Die ausgedehnte, 2252 ha große Farm mit kilometerlangen, geschützten Stränden aus schwarzem Vulkansand, smaragdgrünen Weiden und dichten Wäldern voller Rotwild, Wildschweinen und Bergziegen heißt Gäste mit heimeliger Gastlichkeit, aber auch Topannehmlichkeiten willkommen. Man kann natürlich die Ärmel hochkrempeln und bei der Schafschur helfen, aber auch im Spa entspannen oder im Indoorpool schwimmen. Außerdem können Sie reiten, am Strand spazieren gehen, in der Brandung angeln und, wenn es weiter weg gehen soll, historische Maoristätten oder lokale Weingüter besuchen.

Reservieren Sie einen Tag für einen Trip zum Cape Palliser mit dem rot-weißen Leuchtturm auf den Felsen, der den südlichsten Punkt der Nordinsel markiert. Sie fahren dicht an der Küste und den Klippen entlang und sehen einzigartige Dinge: eine große Seebärenkolonie und einige gestrandete Fischerboote, die die Einheimischen mit Bulldozern an Land ziehen, um sie vor der notorisch rauen Brandung zu retten. Auf dem Heimweg können Sie einen Abstecher zu den Putangirua Pinnacles machen und bei einer kleinen Wanderung in einem trockenen Flussbett eine der geologischen Merkwürdigkeiten des Landes sehen: ein Labyrinth aus bröckelnden Felstürmen (Hoodoos), einige bis zu 50 m hoch. Wenn Sie auf die Farm zurückkommen, können Sie Ihre Abenteuer beim Dinner erzählen – schlichte, elegant präsentierte Landküche mit wundervollen Weinen aus der nahen Martinborough-Region.

Wo: 105 km südöstl. von Wellington. Tel. +64/6-307-7581; www.wharekauhau.co.nz. **Preise:** ab € 381, inklusive (Nebensaison), ab € 585 (Hochsaison). **Reisezeit:** Nov.–Apr.: gutes Wetter.

Risse in der Welt

BLUBBERNDES ROTORUA

Nordinsel, Neuseeland

In Rotorua, dem Zentrum des Thermalfeldes auf dem vulkanischen Taupo-Plateau, spucken Tümpel Schlamm, sprühen Geysire in die Luft und schießen schwefelige Dämpfe und Gase durch Risse in der Erdoberfläche, ein geothermales Spektakel, das George Bernard Shaw „die höllischste Szenerie" nannte, die er je gesehen habe. Es gibt heiße und kalte Flüsse, außerirdisch anmutende Silikat-Terrassen und den unberechenbaren Pohutu-Geysir, der bis zu 33 m hoch Wasser sprüht.

Ein Drittel der Maori Neuseelands lebt hier; ihre Legenden erklären die geologischen Phänomene als Feuergeschenk der Götter. Ein Geschenk, das den britischen Siedlern sehr gefiel, die Rotorua in den 1840er-Jahren zum Kurort machten. Und obwohl es kommerzieller geworden ist (manche nennen es Roto-Vegas), zieht es die Menschen noch immer zu seinen manchmal einschüchternden Naturwundern.

Seit über 125 Jahren ist das Polynesian Spa Rotoruas Hauptattraktion; ein Komplex aus 26 kommunalen und privaten Mineralbädern mit einer großen Auswahl an Behandlungen. Doch die besten Beispiele für diese und andere Naturphänomene finden Sie in Wai-O-Tapu, einer aktiven geothermischen Gegend 25 km weiter südlich: den Champagne Pool, einen leuchtend blaugrünen Teich mit funkelnd orangefarbenen Mineralablagerungen, und den Lady-Knox-Geysir, der jeden Morgen gegen 10.15 Uhr ausbricht – dank der Hinzufügung von beschleunigendem Waschmittel.

Um sich luxuriös zu erholen, übernachten Sie in der Solitaire Lodge, die auf einem Felsen über dem Tarawera-See und einem gleichnamigen inaktiven Vulkan steht. Die Hamurana Lodge liegt näher an der Stadt, ein ruhiges Schlösschen am Rotorua-See, mit großartigem Essen und hilfsbereiten Angestellten. In der Stadt liegt das Regent of Rotorua, dessen Suiten bis auf die schicken Tapeten komplett weiß sind. Besuchen Sie das Mitai Maori Village, ein lebendiges Geschichtsmuseum, dessen Abende mit Liedern, Tänzen und traditionellen *hangi*-Festmahlen Reisende an die indigene Kultur der Gegend heranführen.

Wo: 230 km südöstl. von Auckland. **POLYNESIAN SPA:** Tel. +64/7-348-1328; www.polynesianspa.co.nz. **WAI-O-TAPU:** Tel. +64/7-366-6333; www.waiotapu.co.nz. **SOLITAIRE LODGE:** Tel. +64/7-362-8208; www.solitairelodge.co.nz. *Preise:* ab € 815, all-inclusive. **HAMURANA LODGE:** Tel. +64/7-332-2222; www.hamuranalodge.com. *Preise:* ab € 260 (Nebensaison), ab € 430 (Hochsaison). **REGENT OF ROTORUA:** Tel. +64/7-348-4079; www.regentrotorua.co.nz. *Preise:* € 81 (Nebensaison), € 166 (Hochsaison). **MITAI MAORI VILLAGE:** Tel. +64/7-343-9132; www.mitai.co.nz. *Preise:* € 63. **REISEZEIT:** Okt.–Apr.: Sommerwetter; Juni–Juli: *Matariki* (Maorineujahr).

Ein Paradies für Regenbogenforellen – und deren Fans

DER TAUPOSEE UND DER TONGARIRO-NATIONALPARK

Nordinsel, Neuseeland

Hiesige Autoaufkleber ernennen den Tauposee zur „Regenbogenforellen-Hauptstadt des Universums", und sie übertreiben nicht: Selbst nach neuseeländischen Standards sind diese Fische wahre Riesen; das Durchschnittsgewicht liegt bei 1,8 kg; die Angler heben bei 8-Pfündern kaum die Augenbraue. Der größte See des Landes misst 33 x 46 km und ist der Krater eines alten Vulkans. Er liegt in der Mitte der Nordinsel und wird von 3 aktiven Vulkanen im Tongariro-Nationalpark umrahmt.

Huka Lodge ist das beste Resort der Gegend, das Nonplusultra europäisch geprägter Country-Sporthotels. Weil es nur 4,8 km vom See entfernt liegt und durch das Grundstück der Waikato River fließt, wird sein Name von den Anglern der Welt mit Ehrfurcht ausgesprochen. An den ruhigen, weidengesäumten Ufern des Flusses liegen 18 großzügige Zimmer und 2 exklusive Privatcottages. Fragen Sie nach einem Gourmet-Picknickkorb und verbringen Sie einen Nachmittag flussabwärts an den gewaltigen Huka-Wasserfällen, die von mehreren Stromschnellen gespeist werden, welche sich durch eine Verengung des Flusses bilden. Besuchen Sie das nahe Volcanic Activity Center, das exzellente Einblicke in die geothermalen Aktivitäten der Gegend bietet, oder fahren Sie 1 Stunde nach Norden zum blubbernden Spektakel Rotorua (s. S. 673).

Unerschrockene können an einem Tag den 17 km langen Tongariro Alpine Crossing angehen (als bester 1-Tages-Weg des Landes gepriesen), der durch eine einmalige vulkanische Landschaft im Tongariro-Nationalpark führt. PureORAwalks bietet von einem Maori-Guide geführte Treks. Erholen können Sie sich im Bayview Chateau Tongariro aus den 1920er-Jahren am Fuß des aktiven Vulkans Mount Ruapehu. Die Grande Dame des Parks ist im Sommer voller Wanderer und im Winter voller

Die Höhe des Tongariro Alpine Crossing bringt Wanderer über die Wolken.

Skifahrer vom nahen Whakapapa Ski Field. Auch wenn Sie nicht dort übernachten: Es lohnt sich, zum Devonshire Tea einzukehren.

Wo: 280 km südl. von Auckland. **Wie:** Chris Jolly Boats betreibt 4 Boote mit Crew und Angelguides. Tel. +64/7-378-0623; www.chrisjolly.co.nz. *Preise:* ab € 100 pro Stunde oder ab € 9 pro Person und Stunde. **Huka Lodge:** Tel. +64/7-378-5791; www.hukalodge.co.nz. *Preise:* ab € 466 pro Person, inklusive (Nebensaison), ab € 811 (Hochsaison). **Volcanic Activity Center:** Tel. +64/7-374-8375; www.volcanoes.co.nz. **PureORAwalks:** Tel. +64/21-042-2722; www.pureorawalks.com. **Bayview Chateau Tongariro:** Tel. +64/7-892-3809; www.chateau.co.nz. *Preise:* ab € 144. **Reisezeit:** Okt.–Apr.: Angeln; Juli–Mitte Nov.: Skifahren.

Das bergige Trainingsgelände von Sir Edmund Hillary

Der Aoraki-/Mount-Cook-Nationalpark

Südinsel, Neuseeland

Die Südinsel Neuseelands ist zwar für ihre Palmen und Hibiskuspflanzen berühmt, aber ein Drittel des atemberaubenden Nationalparks ist von ewigem Schnee und Eis bedeckt. Der Aoraki/Mount-Cook-Nationalpark (der Maori-Name heißt „Durchbohrer der Wolken") umfasst 72 benannte Gletscher und 22 Berggipfel über 3000 m Höhe, darunter der Mount Cook, mit 3754 m Neuseelands höchster Berg. Dies ist der ideale Ort für ein unvergessliches „Flightseeing".

Bei einigen Rundflügen landen Sie sogar auf dem 26 km langen Tasman-Gletscher, dem längsten Eisfluss außerhalb des Himalaja. In der tiefen Stille dieses „Dach-der-Welt"-Panoramas hören Sie hier und da ein Grollen, wenn der Gletscher sich bewegt. Sehr wenige Gletscher führen zu Seen; sehr wenige von diesen sind wiederum zugänglich, aber hier können Sie 2 davon per Schiff und Kajak erkunden und dabei den Ausblick auf gewaltige Eisberge genießen, die im undurchsichtigen türkisen Wasser treiben.

In diesem Gebirgsnationalpark ist Skifahren die andere Aktivität der Wahl – es gibt geführtes Heli-Skiing, eine 13 km lange Gletscherpiste (die längste der südlichen Hemisphäre) und andere Pisten. Und Sie können wandern: Geführte und individuelle Wanderungen dauern auf dem Copland Track zwischen 30 Minuten und 3 Tagen. Der Neuseeländer Sir Edmund Hillary trainierte in dem hochgelegenen Park für seine legendäre Erstbesteigung des Mount Everest (s. S. 586) 1953.

Der Blick aus den Fenstern des Hermitage-Hotels würde wohl selbst ihn beeindrucken. Es ist eines der bestgelegenen Hotels der Welt und Sitz des neuen Sir Edmund Hillary Alpine Cen-

Vor dem Hermitage-Hotel betrachtet Sir Edmund Hillary als Statue die Landschaft.

tre, das Ausstellungsstücke und Filme des viel geliebten Helden zeigt.

Wo: 257 km nordöstl. von Queenstown. **Wie:** Mount Cook Ski Planes bietet Flugzeug- und Hubschraubertouren. Tel. +64/3-430-8034; www.skiplanes.co.nz. *Preise:* Flüge mit Schneelandung ab € 222. Glacier Explorer bietet Bootstouren auf dem Gletschersee. Tel. +64/3-435-1641; www.glacierexplorers.co.nz. *Preise:* € 80. *Wann:* Sept.–Mai. **Hermitage:** Tel. +64/3-435-1809; www.hermitage.co.nz. *Preise:* ab € 126. **Reisezeit:** Juli–Sept.: Skifahren; Nov.–Apr.: Wander- und Gletschertouren.

Eine Höhenübernachtung in den Südalpen

Arthur's Pass

Canterbury, Südinsel, Neuseeland

Abkürzungen gibt es in Neuseeland kaum: Die Straßen führen meist in Serpentinen über die Berge, oder sie vermeiden sie ganz und führen drum herum – was auf der Strecke von A nach B natürlich die Kilometerzahl nach oben treibt. Das war auf der Südinsel ein Problem, wo die Südalpen wie eine Wirbelsäule das ganze Land durchziehen und die Ost- von der Westküste trennen. Daher schufen die Kiwis 3 große Abkürzungen von Küste zu Küste: Lewis Pass im Norden, Haast Pass im Süden und das Kronjuwel, den Arthur's Pass, in der Mitte.

Das winzige Arthur's Pass Village ist das Tor zum riesigen Arthur's-Pass-Nationalpark, der auf der Ostseite große Buchenwälder, auf der Westseite tief eingeschnittene Flüsse und dichten Regenwald besitzt. Sie können Ski fahren, wandern oder mountainbiken, während Sie die alpine Szenerie genießen. Eine weitere Möglichkeit dazu ist an Bord des TranzAlpine Express, seit 1923 eine der schönsten Bahnstrecken überhaupt. Die 4-stündige Route zieht sich von Christchurch an der Ostküste nach Greymouth an der Westküste und fährt an herrlichen Panoramen vorbei, die Sie von der Straße aus nicht sehen können. Nach Absprache hält der Zug im Minibahnhof von Cass (mit der Einwohnerzahl 1 wohl das kleinste Dorf der Welt), wo Sie ein Abgesandter der Grasmere Lodge erwartet, der Sie in eines der schönsten Hotels des Landes mitnimmt.

Dieses traditionelle Hotel liegt auf einer hochgelegenen Ranch mit rund 6000 ha und begann 1858 als Zweizimmerhütte. Über die Jahre wurde immer wieder angebaut und renoviert, und heute können die Gäste mit den Rindern und Merinoschafen helfen, die immer noch die schroffen Berge bevölkern, oder einfach die erstklassige ländliche Eleganz genießen, verkörpert von einem Juwel von Spa. Die lockere Cocktailstunde wird gefolgt von einem neuseeländischen 5-Gang-Dinner, oft mit Rind oder Lamm von der Farm. Grasmere erstreckt sich über mehr als 4 Flüsse, 8 Bäche und 8 Seen, auf denen Sie angeln, Kajak fahren und raften können, und es gibt auch endlos viel vom Pferderücken aus zu erkunden.

Wo: Arthur's Pass liegt 130 km westl. von Christchurch. **TranzAlpine Express:** Tel. +64/4-498-3090; www.tranzscenic.co.nz. *Preise:* ab € 66, Hinfahrt von Christchurch nach Cass. **Grasmere Lodge:** Tel. +64/3-318-8407; www.grasmere.co.nz. *Preise:* ab € 518 (Nebensaison), ab € 733 (Hochsaison), inklusive. **Reisezeit:** Dez.–Anf. Apr.: warmes Wetter und Wildblumen; Juli–Sept.: Skifahren und Winteraktivitäten.

Wunderschöne Milford und Doubtful Sounds

Der Fiordland-Nationalpark

Südinsel, Neuseeland

Die Australier mögen zwar das Great Barrier Reef als Achtes Weltwunder beanspruchen, aber Rudyard Kipling ließ diese Ehre dem neuseeländischen Milford Sound zukommen. Milford ist der berühmteste und zugänglichste der 15 Fjorde, aus denen der majestätische, 1 Mio. ha große Fiordland-Nationalpark (der größte des Landes) an der Südwestküste der Südinsel besteht. Der 15 km lange Fjord wird von steilen, bis zu 1200 m hohen Granitfelsen eingeengt, von denen Wasserfälle herabstürzen. Verspielte Tümmler, Seebären und Möwen leben hier; im Oktober und November nisten hier die Fiordlandpinguine, bevor sie in die Antarktis ziehen. Herzstück ist die Mitre Peak, ein 1692 m hoher Felsturm. Sein Spiegelbild im glatten Wasser ist eines der beliebtesten Fotomotive Neuseelands. Auf einem Rundflug können Sie alles wunderbar sehen; Boote machen regelmäßige Touren (2-stündig, 4-stündig oder über Nacht).

Früher konnte man den Milford Sound über Land nur über den Milford Track erreichen, einst „schönster Wanderweg der Welt" genannt – eine heute noch zutreffende Beschreibung. Der anstrengende geführte Trek über 5 Tage und 55 km belohnt mit einmaliger Landschaft. Sie starten am Ufer des Te-Anau-Sees, wandern durch glitzernde grüne Täler und überqueren den einfach nur grandiosen MacKinnon-Pass. Selbst wenn Sie erschöpft sind: Verpassen Sie nicht die Wanderung zu den 580 m hohen Sutherland Falls – ein Schauspiel, das nur Milford-Wanderer von so nah betrachten können. Am Ende steht eine Rundfahrt auf dem Milford-Fjord; dann geht es zurück nach Te Anau über die Milford-Panoramastraße und durch den Homer-Tunnel, ein Konstruktionswunder mit 20 Jahren Bauzeit, das 1954 die ersten Autos zum Sound brachte.

Der Mitre Peak („Bischofsmütze") heißt so, weil seine Form der Kopfbedeckung eines Bischofs ähnelt.

Der Doubtful Sound ist der tiefste und, so sagen manche, auch der schönste der Fjorde. Wenn die Maschinen stoppen, sind Sie von der tiefen Stille eines der abgelegensten Orte der Welt umfangen (Captain Cook hatte Zweifel, ob er wieder hinausfinden würde – daher der Name). Der Doubtful Sound, 10-mal größer als Milford Sound und außerhalb des Landes weniger bekannt, hat noch immer etwas Mysteriöses. Auch ein Tag mit viel Regen (in dieser Gegend über 7,60 m pro Jahr) hat eine melancholische Schönheit – dann sprudeln aus dem Nichts neue Wasserfälle und erfüllen die Luft mit ihrem Geräusch.

Wo: Die meisten Abfahrten nach Milford gibt es in Te Anau, 172 km südwestl. von Queenstown. **Wie:** Ultimate Hikes macht Wanderungen. Tel. +64/3-450-1940; www.ultimatehikes.co.nz. *Preise:* 5 Tage Milford Track ab € 1074. Startet in Queenstown. *Wann:* Nov.–Apr. Real Journeys bietet Sound-Rundfahrten. Tel. +64/3-249-7416; www.realjourneys.co.nz. *Preise:* Tagestrips ab € 45, mit Übernachtung ab € 203. *Wann:* Sept.–Mai. **Reisezeit:** Okt.–Apr.: Frühlings- und Sommerwetter.

Herrliches „Trampen" auf den Routeburn- und Greenstone-Wegen

Die Grand Traverse

Südinsel, Neuseeland

In einem Land, wo die Natur König ist, überrascht es nicht, dass „Tramping" (wie Wandern hier genannt wird) als Volkssport gilt – und man „trampt" durch überwältigende Landschaften, besonders auf der sogenannten Grand Traverse, einer Kombination aus dem Routeburn- und dem Greenstone-Weg und eines der besten Wandererlebnisse Neuseelands. Der 40 km lange Routeburn Track (den manche Kenner für schöner halten als den berühmten Milford Track, s. oben) ist der 1. Teil. Er überquert die Südalpen über den atemberaubenden, über 1000 m hohen Harris Saddle und steigt ab durch eine magische Welt aus bemoosten Bäumen, Riesenfarnen, Bergbächen, vielen Vögeln, Seen und Wasserfällen im Mount-Aspiring-Nationalpark. Ein Blick, und es ist klar, warum dies die „Nebelberge" in Peter Jacksons filmischer Trilogie *Der Herr der Ringe* sein mussten. Der Weg führt weiter über den 40 km langen Greenstone Valley

Walk, der einem alten Maoripfad durch den Fiordland-Nationalpark folgt und den Hauptkamm der Südalpen in einem schönen Flusstal zwischen hoch aufragenden Bergen quert. Für die 6-tägige Grand Traverse müssen Sie gut in Form sein – nicht nur die Landschaft wird Ihnen den Atem rauben.

Geführte Wanderungen haben einige Vorteile, nicht zuletzt die Übernachtung in Privat-Lodges – mit gemütlichen Betten, heißen Duschen, Toiletten und herzhaftem Essen. Wer wenig Zeit hat, kann eine 1-tägige Schnuppertour machen. Wer allein wandert, wohnt in einfacherer Unterkunft und muss sich beim Department of Conservation anmelden. Die Anzahl der Wanderer ist streng limitiert, ob mit oder ohne Guide – Sie sollten also früh buchen.

Wo: Te Wahipounanu World Heritage Area, in der Südwestecke der Südinsel. **Wie:** Ultimate Hikes bietet geführte Wanderungen. Tel. +64/3-450-1940; www.ultimatehikes.co.nz. *Preise:* 3 Tage Routeburn Track ab € 666, all-inclusive; 6 Tage Grand Traverse ab € 922, all-inclusive. Startet in Queenstown. *Wann:* Nov.–Apr. **Reisezeit:** Jan./Feb.: angenehmste Temperaturen; wenig Niederschläge.

Auf den Spuren der Traube

Die Marlborough Sounds

Südinsel, Neuseeland

Es gibt 2 unwiderstehliche Gründe, die Region Marlborough auf der Südinsel zu besuchen: die unberührten, erhabenen Marlborough Sounds mit Dutzenden geschützter Buchten und Strände im Norden, die preisgekrönten Weinberge rund um die Stadt Blenheim im Süden. Diese Gegend, früher voller Schaffarmen, ist heute das größte und bekannteste Zentrum für Weinanbau im Land. Mehr als 100 Weingüter produzieren international anerkannten Chardonnay und Sauvignon blanc und seit Neuestem auch Pinot Grigio, Riesling und Gewürztraminer. Marlborough wird von der großen Firma Brancott Estate (früher Montana) dominiert, aber Weinfans kennen auch Namen wie Cloudy Bay, Grove Mill und Hunter's. In einigen Weingütern wie z. B. Herzog können Sie auch wunderbar speisen.

Die Gegend wurde vor über 1000 Jahren von Maori besiedelt und ist in Captain Cooks Logbüchern gut dokumentiert, da er hier in den 1770er-Jahren in Ship Cove anlandete. Outdoorfans kennen die Wandermöglichkeiten des Milford Track (s. S. 677) und des nahen Abel Tasman Coastal Track. Aber tolle Aussichten und weniger Wanderer haben Sie auf dem 65 km langen Küstenweg Queen Charlotte Track, der in 1- bis 4-tägigen Teilstücken bewältigt wird. Die vielen Buchten, Fjorde und Strände der Pelorus-, Queen-Charlotte- und Kenepuru-Sounds machen die Gegend zu einem Paradies für Seekajakfahrer. Lokale Agenturen organisieren individuelle, exzellent geführte Touren mit Wanderungen, Übernachtungen in reizenden Lodges, Delfin- und Whalewatching-Fahrten und Besuchen bei lokalen Winzern.

Westlich von Blenheim auf dem Grundstück der Barrows, dem Hersteller von Bio-Sauvignon blanc und Pinot Noir, liegt die Straw Lodge. Die Suiten und ein verstecktes Cottage liegen direkt an den Rebstöcken, im Hintergrund sieht man die Gipfel des Mount Richmond Forest Park. Die nahe Timara Lodge nimmt nur 8 Gäste auf; das elegante, aber gemütliche Schlösschen im Tudorstil wurde in den 1920er-Jahren gebaut. Sein Garten im englischen Stil und ein kleiner See schaffen eine idyllische Kulisse. Das exzellente Dinner wird von Weinen aus den hauseigenen Reben oder aus dem großzügigen Weinkeller begleitet. Wer direkt im Herzen Blenheims sein will, steige im gut erhaltenen Hotel d'Urville an der Main Street ab. Die 11 Zimmer sind geschmackvoll eingerichtet, aber besonders die einladende Bar und das smarte, gut besuchte Restaurant machen es zu einer großartigen Wahl.

Wo: Blenheim liegt 272 km nördl. von Christchurch. **Straw Lodge:** Tel. +64/3-572-9767; www.strawlodge.co.nz. *Preise:* ab € 200. **Timara Lodge:** Tel. +64/3-572-8276; www.timara.co.nz. *Preise:* ab € 948, inklusive. *Wann:* Juni–Juli: geschlossen. **Hotel d'Urville:** Tel. +64/3-577-9945; www.durville.com. *Preise:* € 120 (Nebensaison), € 174 (Hochsaison). **Wie:** Marlborough Sounds Adventure Company führt mehrtägige Wanderungen. Tel. +64/3-573-6078; www.marlboroughsounds.co.nz. *Preise:* 4-tägige Trips ab € 963. **Reisezeit:** Nov.–März: schönes Wetter; Feb.: Festival *Brews, Blues, and BBQs* und Marlborough Wine Festival.

Adrenalin pur in der Abenteuerhauptstadt der Welt

Bungee-Jumping und Jetbootfahren

Queenstown, Südinsel, Neuseeland

Wenn Sie etwas über den Kiwi-Charakter lernen wollen, brauchen Sie nur zu wissen, dass Neuseeland die anerkannte Heimat sowohl des Bungeespringens als auch des Jetbootfahrens ist. Ersteres war ursprünglich ein Initiationsritus auf den Vanuatu-Inseln im Pazifik (s. S. 702). Sie mögen vielleicht noch nicht wissen, dass Sie ein tief sitzendes Verlangen danach haben, sich mit einem dicken Gummiband um die Knöchel kopfüber von einer Brücke zu stürzen, aber dieser ganze Spaß in Queenstown ist sehr ansteckend, und bisher – mit einem 100-%-Sicherheitsrekord – hat es jeder überlebt und kann damit angeben. Schon mehr als 500.000 Sprünge (44 m tief) gab es von der Kawarau Suspension Bridge. Lust auf noch mehr Abenteuer? Wie wär's mit Ledge Urban Bundy, bei dem Sie 400 m über den Dächern von Queenstown springen? Adrenalinjunkies lieben auch die Jetboottouren auf dem tief eingeschnittenen Shotover River, bei denen man zwischen rauschenden Stromschnellen und großen Felsen über das manchmal nur wenige Zentimeter tiefe Wasser fliegt.

Von diesen Erfahrungen erholen können Sie sich in Eichardt's Private Hotel, einem makellos restaurierten historischen Haus am Wakatipu-See im Herzen von Queenstowns Shopping- und Restaurantviertel. Die 5 Luxussuiten und 4 Cottages haben Kamine, antike Möbel und tolle Ausblicke auf den See und die Remarkables-Gebirgskette in der Ferne. Die Bar ist sehr beliebt. Ein ähnliches europäisches Flair mit Seeblick haben die gemütlichen Zimmer in Brown's Boutique Hotel, 5 Minuten von Downtown entfernt. Eines der beliebtesten B&Bs Neuseelands ist das Pencarrow, das versteckt an einem Hang über dem Wakatipu-See liegt. Es hat prima Aussichten, einen Garten und einen Service, der jeder Luxuslodge Konkurrenz macht.

Wie: Bungee-Jumping: A. J. Hackett Bungy, nach dem Mann benannt, der 1987 einen historischen Sprung vom Eiffelturm machte; Tel. +64/3-442-4007; www.bun.co.nz. *Preise:* € 100. Jetbootfahren: Shotover Jet, Tel. +64/3-442-8570; www.shotoverjet.co.nz. *Preise:* € 66. **Eichardt's Private Hotel:** Tel. +64/3-441-0450; www.eichardtshotel.co.nz. *Preise:* ab € 593. **Brown's Boutique Hotel:** Tel. +64/3-441-2050; www.brownshotel.co.nz. *Preise:* ab € 180 (Nebensaison), ab € 241 (Hochsaison). **Pencarrow:** Tel. +64/3-442-8938; www.pencarrow.net. *Preise:* ab € 281. **Reisezeit:** Jan.–März: Sommerwetter.

DIE PAZIFISCHEN INSELN

Türkisfarbener Teppich auf indigoblauem Ozean

AITUTAKI

Cookinseln

Es ist merkwürdig, dass unter den vielen Inseln, die Captain James Cook bei seiner Erkundung des Südpazifiks Mitte des 18. Jh. bereiste, nicht Aitutaki war, die Teil der Inselgruppe ist, die heute seinen Namen trägt. Stattdessen „entdeckte" Captain William Bligh Aitutaki 1789, 17 Tage vor der berühmten Meuterei auf seiner *Bounty*. Heute sind die meisten Besucher Tagesausflügler aus Rarotonga (s. nächste Seite), die, verglichen mit diesem Außenposten, fast schon laute Hauptinsel der Cookinseln.

Aus der Luft ähnelt Aitutakis flache Lagune einem spektakulären türkisfarbenen Teppich, der sich über das indigofarbene Meer breitet. Rundherum liegt eine 48 km lange Kette aus winzigen palmenbestandenen *motus* (kleinen Inseln), deren einsame Strände zum Picknicken und Spazierengehen einladen, ganz zu schweigen vom Schwimmen und Schnorcheln.

Das Highlight jedes Besuchs ist eine Tagestour durch die Lagune zu einer der leeren Inselchen, wo es als Picknick gegrillten, unterwegs gefangenen Fisch gibt. One Foot Island ist die einzige (spärlich) bewohnte *motu*; Fotografen werden von den makellosen weißen Stränden magisch angezogen.

Man kommt wegen der Ruhe her, aber Sie können auch viel unternehmen: Zwischen riesigen Muscheln schnorcheln, Rad- oder Motorrollertouren zu Bananen- und Kokosplantagen oder Jeeptouren zu alten *marae* (heiligen Stätten) oder Ruinen aus dem Zweiten Weltkrieg (die US-Armee nutzte die Inseln als Auftankbasis). Das flache, klare Wasser der Lagune ist ideal zum Angeln von Grätenfischen; weiter draußen lassen sich größere Arten wie Fächerfische fangen.

Von mehreren Hotels auf der hügeligen Hauptinsel ist das beste das Etu Moana, 8 strohgedeckte Villen entlang einem traumhaften Sandstrand.

Eine Korallenlagune mit vielen Meerestieren umgibt den motus von Aitutaki.

Der einzige Ort zum Übernachten auf einer *motu* ist das Aitutaki Lagoon Resort & Spa. Seine 16 Zimmer im polynesischen Stil umfassen auch die einzigen Overwater-Bungalows der Cookinseln. Die Angestellten im kleinen, aber reizenden Spa massieren Sie mit Kokospalmenblättern; das Dinner könnte *ika mata* sein, der hiesige marinierte rohe Thunfisch mit Kokossoße. Genießen Sie das Essen in einem der Strandrestaurants, wo junge Tänzer von der Insel abends Vorstellungen geben.

Wo: 249 km nördl. von Rarotonga. **Etu Moana:** Tel. +682/31-458; www.etumoana.com. *Preise:* ab € 277. **Aitutaki Lagoon Resort:** Tel. +682/31-201; www.aitutakilagoonresort.com. *Preise:* Gartenbungalows ab € 244. **Reisezeit:** Apr.–Okt.: das trockenste Wetter.

Eine idyllische Insel, auf der man viel tanzt

Rarotonga

Cookinseln

Rarotonga wird oft mit Tahiti verglichen, seiner größeren und berühmteren französisch-polynesischen Nachbarin im Osten (s. S. 692). Hier gibt es mehr Spaß auf kleinem Raum als auf jeder anderen südpazifischen Insel. Die meisten Aktivitäten bietet die berühmte Muri-Lagune, die ideal zum Schwimmen, Schnorcheln, Windsurfen und Segeln ist. Noch schöner ist das Schnorcheln an den Korallen bei Titikaveka an der Südküste. Im Binnenland führt der gut markierte, 3–4 Stunden lange Cross Island Track über die schroffen Berge. Er startet in der Hauptstadt Avarua und führt zur Südküste, vorbei am hohen, spitzen Felsen Te Rua Manga, einem der Wahrzeichen Rarotongas.

Aber was die Hauptinsel der Cookinseln wirklich auszeichnet, ist ihr munteres Nachtleben, denn außer sonntags gibt es täglich mindestens eine "Island Night" mit Festessen und Tanzshow. Die Cook-Insulaner gelten als beste Tänzer des Südpazifiks, und diese von den Hotels veranstalteten Events sind authentische Zeugnisse von Tradition und Nationalstolz. Wie ihre

Die „Island Night"-Tänzer halten den Nationalstolz lebendig.

Nachbarn auf Tahiti tanzen sie den suggestiven, hüftwackelnden *tamure* – ihr Enthusiasmus wird Sie aber davon überzeugen, dass sie diesen Tanz erfunden haben. Ihre Künste sind so atemberaubend, dass Sie Ihre Reise vielleicht um das im April oder Mai stattfindende *Te Mire Kapa* (Wettbewerb zum Tänzer des Jahres) herum planen sollten. Dann reist die Crème de la Crème der Dorf- und Schultanzgruppen aller Inseln nach Rarotonga – für eine Woche voller Musik und traditioneller Tänze, die Sie sprachlos machen wird.

Info: www.cookislands.travel. **Unterkunft:** Für jeden etwas hat das Rarotongan Beach Resort & Spa, auch eine große Auswahl an Zimmerkategorien. Tel. +682/25-800; www.therarotongan.com. *Preise:* ab € 159. **Reisezeit:** Apr.–Mai: Tanzwettbewerb; Apr.–Okt.: trockenes Wetter.

Kaleidoskopisches Leben im Meer

DIE BEQA-LAGUNE

Beqa Island, Fidschi

Direkt vor der Südküste von Viti Levu, der Hauptinsel der Fidschis, liegt die legendäre Beqa-Lagune, umgeben von einem der längsten Barriereriffe der Welt – 145 km wunderschöne Korallen, die mit ihrem bunten Tierleben einen der besten Tauch- und Schnorchelspots des Südpazifiks darstellen. Die größeren Meerestiere – z. B. Blaue und Schwarze Marline, Wahoo-Raubfische und Schwertfische – ziehen die Angler an; die Brandung namens Frigate Passage bietet Weltklassewellen für erfahrene Wellenreiter. Einige Kilometer weiter liegt die Shark Reef Marine Reserve, ein Park, wo Sie adrenalingeschwängerte Begegnungen mit Haien haben können – Tigerhaien, Bullenhaien und 5 weiteren Arten.

Außerhalb des Wassers ist nicht allzu viel los: Das dünn besiedelte, 36 km² große Beqa Island selbst bietet einen Einblick in das melanesische Leben, das noch kaum von modernen Entwicklungen berührt wurde. Weil es keine Straßen gibt, fährt man mit dem Boot zwischen den traditionellen fidschianischen Dörfern an der Küste hin und her, die durch kleine Buchten getrennt sind. Die dort Lebenden sind in Fidschi dafür berühmt, über 600° C heiße, glühende Steine zu laufen, aber heute zeigen sie das meist nur noch in den großen Hotels auf Viti Levu.

Eines der wenigen modernen Hotels an der Lagune, das Lalati Resort & Spa an der schönen Malumu Bay, hat eine tolle Aussicht. Es zieht sich von einer schmalen, bergigen Bucht über die schimmernde Lagune zur Südküste von Viti Levu, wo die nächtlichen Lichter von Suva, der lebhaften Landeshauptstadt, am Horizont funkeln. Von den 12 *bures* (Bungalows) und 3 Villen ist es nicht weit zum Schnorcheln, und mehr als 100 Tauchspots sind mit dem Boot in 5–20 Minuten zu erreichen. Neue Besitzer haben das Lalati seit 2009 modernisiert und 2 Honeymoon-Bungalows mit eigenen kleinen

Die nährstoffreichen Gewässer der Beqa-Lagune bringen ganze Korallenwälder hervor.

Pools gebaut. Gäste, die zunächst nur von der berühmten Lagune angezogen werden, kommen gern wieder wegen des guten Essens, der Gastlichkeit und des Verwöhntwerdens. Im kleinen Loloma Spa gibt es Anwendungen mit warmen Muscheln, Kokosöl, Zuckerrohr und Meersalz.

Wo: 15 km vor der Südküste von Viti Levu. **Info:** www.fijime.com. **Lalati Resort:** Tel. +679/368-0453; www.lalatifiji.com. *Preise: bures* ab € 300, inklusive. **Reisezeit:** Mai–Sept.: bestes Wetter; Mai–Dez.: ideale Tauchbedingungen.

Overwater-Bungalows im Fidschistil

Das Likuliku Lagoon Resort

Malolo Island, Fidschi

Touristen kommen auf das Mamanuca-Archipel, seit die ersten Passagierjets in den 1960er-Jahren auf dem Flugplatz des nahen Viti Levu landeten. Die Mamanucas haben das trockenste Klima von ganz Fidschi und tolle Strände (wie im Film *Cast Away – Verschollen* mit Tom Hanks, der hier gedreht wurde). Die hiesigen Resorts wurden in den 1990er- und frühen 2000er-Jahren von neuen Luxushotels auf anderen Inseln Fidschis ausgestochen. Aber der Glanz kam zu diesem anmutigen Inselbogen zurück, als 2007 das Likuliku Lagoon Resort eröffnete – mit den ersten romantischen Overwater-Bungalows des Landes.

Das Likuliku liegt an einer halbmondförmigen Bucht am Nordende des hügeligen Malolo Island, der größten der Mamanucas. Es ist ein Projekt der hier wohnenden Familie Whitten, der seit Langem das Malolo Island Fiji gehört, ein bescheideneres, familienfreundliches Resort in der Bucht nebenan. Authentischer Fidschistil schmückt im Likuliku alles: von den heimischen Hartholzmöbeln bis zu handgemachten *masi*-Rindenbaststoffen.

Das resorteigene Restaurant serviert exzellente pazifische Küche und belegt den 2. Stock eines großen strohgedeckten Hauptgebäudes, das auf die kobaltblaue Lagune blickt und sich zu einem großen Pool hin öffnet. 9 der 10 großen Overwater-*bures* (Bungalows) stehen an der Kante des Saumriffs und haben einen Privatsteg, von dem aus Sie in der Lagune schwimmen können und zu allen Gezeiten tiefes Wasser erreichen. Am Strand stehen weitere 26 *bures*; alle sind groß und luftig, einige haben kleine Privatpools.

Wo: 25 km westl. von Nadi, Viti Levu. **Likuliku Lagoon Resort:** Tel. +679/672-0978; www.likulikulagoon.com. *Preise:* ab €574, inklusive. **Malolo Island Fiji:** Tel. +679/666-9192; www.maloloisland.com. *Preise:* ab €237. **Reisezeit:** Mai–Sept.: das trockenste Wetter.

Einsame Strände an der Hufeisenbucht

Matangi Island

Fidschi

Die herrliche, hufeisenförmige Insel Matangi ist alles, was von einem alten Vulkan übrig blieb, dessen eine Hälfte ins Meer fiel und 2 der schönsten Strände in Fidschi zurückließ. Palmen säumen den untergegangenen, heute mit tiefem, saphirfarbenem Wasser gefüllten Krater, dessen einzige Besucher die Gäste des 97 ha großen, einzigen Resorts der Insel sind:

Das Matangi Private Island Resort gehört der Familie Douglas, die seit 5 Generationen auf der Insel lebt, und hat 10 polynesisch beein-

Matangi Island mit seinem Privatresort hat eine charakteristische, aus der Luft gut zu erkennende Hufeisenform.

flusste *bures* (Bungalows) am Meer und 3 Honeymoon Tree Houses, eins davon tatsächlich in einem riesigen Mandelbaum, die anderen mitten im Grünen an einer Klippe, mit tollem Blick durch die Zweige auf die Tasmansee zwischen Matangi und Taveuni (s. unten).

Wer sich zur Horseshoe Bay aufmacht, findet einen der schönsten Strände Fidschis. Sie können auch am Rand des Kraters entlangwandern oder mit dem Boot zu einem Picknick an einem anderen Strand fahren.

Zurück im Resort, findet das Essen im Freien unter einem hohen Dach neben einem Pool statt. Weil die Besitzer hier leben und jeden Tag mitarbeiten, fühlt sich Matangi im Gegensatz zu den anderen Hotels in Fidschi mehr wie ein Familienresort an.

Taucher und Schnorchler werden schnell merken, warum Nordfidschi als Hauptort der Weichkoralle gilt: Strömungen bringen reiche Nährstoffe, die diese bunten Kreaturen ernähren, sodass es sehr viele von ihnen zu sehen gibt. Matangi liegt in der Nähe zahlreicher Tauchspots, darunter der Purple Wall, ein 60 m tiefer Hang, der mit violetten Weichkorallen und großen, fächerförmigen Gorgonien bedeckt ist. Die nahe Somosomo-Straße ist unter Tauchern weltberühmt wegen des passend benannten Rainbow Reefs und der Great White Wall, die man auch von Taveuni Island aus gut erreichen kann.

Wo: 10 km östl. von Taveuni Island. Tel. +679/880-0260; www.matangiisland.com.
Preise: ab € 452, inklusive; Tauchen extra.
REISEZEIT: Mai–Okt.: perfektes Wetter, gute Tauchbedingungen.

Bunte Korallen rund um eine Garteninsel

TAVEUNI ISLAND

Fidschi

Wegen der größten Dichte hier heimischer Pflanzen und Tiere im Südpazifik hat sich das üppige Taveuni seinen Spitznamen „Garteninsel" verdient. Die fruchtbare vulkanische Erde ist für die dicht wachsende tropische Flora verantwortlich, darunter die Tagimaucia, eine Blume, die man nur in den Höhen findet – die Berge sind hier bis zu 1200 m hoch. Wer von Fidschis dichter besiedelter, modernerer Insel Viti Levu hierherfliegt, reist ein halbes Jahrhundert zurück. Eine Kette kleiner, traditioneller Dörfer an der Westseite der Insel ist die Heimat relaxter, freundlicher Fidschianer, die westliche Touristen willkommen heißen (die hier keine Unbekannten mehr sind, seit viele sich hier für den Ruhestand Häuser bauten).

An der felsigen Küste liegen einige der schönsten weißen Sandstrände Fidschis. Am

Nordende der Insel können Wanderer sich unter den rauschenden, 3-stufigen Bouma Falls erfrischen, auf dem Vidawa Rainforest Hike den Dschungel erkunden und am Lavena Coastal Walk noch mehr einsame Strände finden. Alle gehören zum Bouma Falls National Heritage Park, der vier Fünftel der Insel einnimmt.

Aber es sind die Tauchspots in der engen Somosomo-Straße zwischen den Inseln Taveuni und Vanua Levu (und auch von Matangi aus zu erreichen, s. vorige Seite), die diese Gegend Fidschis bekannt gemacht haben. Die Stars sind das 32 km lange Rainbow Reef und die atemberaubende Great White Wall – Taveunis Mount Everest der Korallenriffe. Die Tauchlehrer werden Ihnen aber auch die Purple Wall, die Rainbow Passage, das Vuna-Riff und andere Stellen zeigen, wo die Vielfalt des maritimen Lebens sogar noch toller sein kann.

Das Taveuni Island Resort bietet die luxuriöseste Unterkunft. Es steht auf einem Felsvorsprung, sodass man von den 12 *bures* und dem Pool eine herrliche Aussicht auf die Meerenge hat. Das ungezwungene Coconut Grove Beachfront Cottages hat nur 3 schlichte Bungalows am Meer und eines der besten Restaurants auf Taveuni. Man ist stolz auf die schlichten, frischen Speisen, die auf einer luftigen Veranda serviert werden, wo einheimische Sänger manchmal zur Ukulele singen.

Wo: 70 km nördl. von Nadi, Viti Levu. **BOUMA FALLS NATIONAL HERITAGE PARK:** www.bnhp.org. **TAVEUNI ISLAND RESORT:** Tel. +679/888-0441; www.taveuniislandresort.com. *Preise: bures* ab € 615, inklusive. **COCONUT GROVE:** Tel. +679/888-0328; www.coconutgrovefiji.com. *Preise:* ab € 130; Dinner: € 30. **REISEZEIT:** Mai–Sept.: trockenstes Wetter; Mai–Dez.: zum Tauchen.

Der Himmel für Kinder und Erwachsene

DAS JEAN-MICHEL COUSTEAU FIJI ISLANDS RESORT

Savusavu, Vanua Levu, Fidschi

Für ein kleines, intimes Resort ist es schwierig, sowohl Paare auf der Suche nach Romantik als auch Familien mit kleinen Kindern erfolgreich unterzubringen. Aber das Jean-Michel Cousteau Fiji Islands Resort in einem 7 ha großen Kokospalmenhain im Norden der dreieckigen Insel Vanua Levu, das wie ein traditionelles Fidschi-Dorf aussieht, schafft beides. Gäste begegnen Herrn Cousteau gelegentlich – dem Sohn des legendären Ozeanografen Jacques Cousteau und Eigentümer dieses preisgekrönten Ökoferien- und Tauchresorts. Er selbst entwarf das 11 m lange Tauchboot *L'Aventure* und stattete es mit einer Crew aus Meeresbiologen aus, die Ihnen das informativste Taucherlebnis überhaupt garantiert – in einem der vielfältigsten Meereslebensräume der Erde. Ein wichtiger Tauchspot ist die 1 Stunde entfernte, 114 km² große Namena Marine Reserve mit vielen seltenen Tierarten.

Auch wenn Sie sich nicht fürs Tauchen interessieren, werden Sie diesen Ort lieben – angeboten werden Schnorcheln, Kajak fahren, Naturwanderungen, Yogakurse, Dorfbesuche und Kulturtrips, Windsurfen und Vogelbeobachtung. Eltern werden wiederum das Bula Camp lieben (*bula* ist Fidschianisch für „Hallo" und so allgegenwärtig wie *aloha* in Hawaii): Gäste unter 13 können hier den ganzen Tag schwimmen, spielen und etwas über die Umgebung und fidschianische Bräuche lernen.

Die Umwelt zu erhalten ist hier sehr wichtig. Cousteau betreibt das Resort so umweltfreundlich wie möglich. Es gibt Recycling; dafür keine Strom fressenden Klimaanlagen, außer in der luxuriösen Honeymoon-Villa. In den anderen, auch sehr komfortablen Bungalows reichen die Deckenventilatoren.

Wo: 6 km nordöstl. von Nadi, Viti Levu. Tel. +679/885-0188, www.fijiresort.com.
Preise: ab € 518, inklusive; Tauchen extra.
Reisezeit: Mai–Sept.: gutes Wetter; Mai–Dez.: ideale Tauchbedingungen.

Eine Kette blauer Perlen

Die Yasawa-Inseln

Fidschi

Die Yasawas wurden 1840 bei einer US-Expedition erstmals kartografiert. Der Kommandeur beschrieb sie als „eine Kette blauer Perlen entlang dem Horizont". Erst seit Kurzem sind sie nun aus einem 1 ½ Jahrhunderte währenden Dämmerschlaf erwacht. Der Grund ist der neue tägliche Katamaran-Shuttleservice von Denarau bei Nadi auf der Hauptinsel Viti Levu – zuvor waren die Inseln nur mit dem teuren Wasserflugzeug oder einer sehr langen, anstrengenden Bootstour zu erreichen. Inzwischen sind die Yasawas eines der populärsten Ziele innerhalb Fidschis, besonders für junge Reisende, die hier mehr als ein Dutzend einfache Unterkünfte vorfinden.

Es gibt ein paar unauffällige, kleine fidschianische Dörfer unter Palmen, an einigen der hinreißendsten Strände des Südpazifiks. Der spektakulärste Strand Fidschis, Nalova Bay auf Nacula Island, besitzt weißen Sand und eine klare Lagune, die tief genug ist, dass man auch bei Ebbe schwimmen und schnorcheln kann – eine Rarität in Fidschi. Hier residiert das kleine Blue Lagoon Beach Resort, ein bescheidenes, aber außergewöhnliches neues Hotel mit 8 Bungalows. Die Hälfte davon und das relaxte Restaurant mit Sandboden sind direkt am weißen Strand – eine Weltklasselage, die das Fehlen von Luxusannehmlichkeiten mehr als wettmacht.

Auf den Yasawas eröffnete Fidschi sein erstes und noch immer eines der besten Luxusresorts, Turtle Island. Es war schon in Betrieb, als 1979 Hollywood hier abstieg, um

Die vielen schönen Strände dieser Inselkette liegen vor einer Kulisse aus Vulkanen und grünen Hügeln.

Die blaue Lagune zu drehen, einen Film, der dieses 200 ha große Stück Paradies bekannt machte. Es hat 14 Strände – einen für jedes der 14 hier wohnenden Paare, wenn das Hotel ausgebucht ist – und einen großen Biogarten, aus dem fast alle Früchte, Gemüsesorten, Kräuter und Blumen des Hotels kommen.

Das freundliche, unkomplizierte Yasawa Island Resort & Spa hat seine eigene Insel und einen der längsten und weißesten Strände Fidschis, auf dem 18 strohgedeckte *bures* verteilt sind. Das an der Seite offene Restaurant mit einer hervorragenden Weinauswahl konkurriert mit einem reizenden Spa am Strand um den besten Platz zum Entspannen.

Wer mehr von dieser Kette aus 16 Inseln sehen möchte, ohne mit dem Katamaranshuttle zu fahren, kann ein Schiff von Blue Lagoon Cruises besteigen, das die 90 km lange Inselkette in 3, 4 oder 7 Tagen abfährt. Die Firma benannte sich in den 1950er-Jahren nach der Originalversion des Films von 1949 und ist heute eines der nettesten kleinen Schifffahrtsunternehmen des Südpazifiks. Keines der 4 Schiffe hat mehr als 35 Kabinen. Jeden Tag bei Sonnenuntergang können Sie eine andere Insel mitsamt Inseldorf besuchen, dort ein Barbecue machen und sich an einsamen Stränden sonnen, wo die einzigen Fußspuren Ihre eigenen sein werden.

Wo: 56 km nördl. von Nadi, Viti Levu. **Info:** www.fijime.com. **Blue Lagoon Beach Resort:** Tel. +679/666-6337; www.bluelagoonbeachresort.com.fj. *Preise:* ab € 77. **Turtle Island:** Tel. australisches Büro +61/3-9823-8300; www.turtlefiji.com. *Preise:* ab € 1541, all-inclusive. **Yasawa Island:** Tel. +679/672-2266; www.yasawa.com. *Preise:* € 666, all-inclusive. **Blue Lagoon Cruises:** Tel. +679/666-1622; www.bluelagooncruises.com. *Preise:* 3-Tagestour ab € 613 pro Kabine, all-inclusive. **Reisezeit:** Mai–Sept.: Trockenzeit.

Eine Kreuzfahrt zur wilden Schönheit

DIE MARQUESAS-INSELN

Französisch-Polynesien

Seit vielen Jahren zieht die wilde Schönheit der wenig besuchten Marquesas-Inseln – einige der abgelegensten bewohnten Inseln der Erde – Künstler und Dichter an, und das ist keine Überraschung: Dies sind die unberührten Tropen,

wo waldige Klippen in ein felsiges Meer stürzen und unheimliche Türme aus Vulkangestein so spektakulär aussehen, dass sie Robert Louis Stevenson mit „den Türmen einer verzierten, monströsen Kirche" verglich. Unter den 6 bewohnten Inseln (10 insgesamt) ist Fatu Hiva die abgelegenste und zugleich schönste, vor allem wegen ihrer fotogenen Bay of Virgins, einer von steilen Klippen umgebenen Bucht, wo üppige Mango-, Orangen- und Guavenbäume wachsen. Viele Vögel, Pflanzen und Meerestiere gibt es nur auf den Marquesas, und Sie sind nie weit weg von duftendem Jasmin, Frangipani oder Ingwer.

Paul Gauguin hatte vor, auf Fatu Hiva alt zu werden, ließ sich dann aber auf Hiva Oa nieder, der zweitgrößten und wohl bekanntesten der Marquesas. Er – und mehr als 80 Jahre später der belgische Sänger Jacques Brel – sollte die Insel nie verlassen. Die von Frangipani beschatteten Gräber beider Männer liegen auf dem Calvary-Friedhof in der kleinen Stadt Atuona, die für jeden der beiden ein Museum besitzt. Herman Melville wechselte vor Hiva Oa die Schiffe und schrieb später den Roman *Taipi* über seine Zeit auf den Marquesas, während Jack London über die

Taiohae-Bucht schrieb, die an einer majestätischen Klippe auf der größten Insel Nuku Hiva liegt: „Keine Schilderung kann einen Begriff ihrer Schönheit vermitteln."
Die beste Art, die Marquesas zu sehen, ist von der *Aranui 3* aus, einem 108 m langen Schiff, halb Passagier-, halb Frachtschiff mit 200 Passagieren, das die Marquesas mit der Außenwelt verbindet und unterwegs kurz auf Fakava und Rangiroa im Tuamotu-Atoll anhält. Ganze Dörfer – manchmal ganze Inseln – begrüßen es und tauschen *kopra* (getrocknetes Kokosfleisch) und Holzschnitzereien gegen Grundnahrungsmittel und auch mal einen Pick-up-Truck. Während die Crew die Ladung auslädt, führt ein Archäologe, Anthropologe oder Historiker die Passagiere auf Exkursionen in grüne Täler mit Wildpferden und verlassenen *tikis* (große Steinstatuen polynesischer Götter). Ein „echtes" Kreuzfahrtschiff könnte zwar den gleichen Weg fahren, aber nicht diese schönen Erfahrungen bieten.

Sie können auch von Papeete aus nach Nuku Hiva und Hiva Oa fliegen, wo es wenige Hotels, dafür aber viel Entspannung zwischen schroffen Vulkangipfeln und donnernder Brandung gibt. In der Keikahanui Nuku Hiva Pearl Lodge stehen 20 Bungalows auf Stelzen und schauen auf die Taiohae-Bucht und den schwarzen Sand. Die Bungalows der Hanakee Hiva Oa Pearl Lodge haben sogar noch sensationellere Ausblicke auf den 1190 m hohen Mount Te Metiu und den Pazifik. **Wo:** 1300 km nordöstl. von Tahiti. **Info:** www.tahiti-tourisme.com. *Aranui 3*: Tel. +689/ 426-240; www.aranui.com. *Preise:* 13-tägige Rundfahrt ab € 1540, all-inclusive. *Wann:* Abfahrt in Papeete alle 3 Wochen. **Keikahanui Nuku Hiva Pearl Lodge:** Tel. +689/920-710; www.pearlresorts.com. *Preise:* ab € 244. **Hanakee Hiva Oa Pearl Lodge:** Tel. +689/ 927-587; www.pearlresorts.com. *Preise:* ab € 203. **Reisezeit:** Mai–Okt.: schönes Wetter.

Die schönste Insel der Welt

Bora Bora

Gesellschaftsinseln, Französisch-Polynesien

Versuchen Sie, im Flugzeug links zu sitzen, um einen ersten Blick auf Bora Bora zu erhaschen – den auffälligen Felsen mit der Lagune ringsum, der Besucher verzaubert, seit ihn Captain James Cook vor mehr als 200 Jahren sah. Bora Bora, nur 9 km lang und 5 km breit, besteht aus einem palmenbestandenen Barriereriff aus halb verbundenen *motus* (kleinen Inseln), das die tiefe blaugrün leuchtende Lagune umgibt. Die Insel erhebt sich zum bekannten Wahrzeichen, dem grabsteinförmigen, 727 m hohen Mount Otemanu. In den 1950er-Jahren nannte James A. Michener Bora Bora „die schönste Insel der Welt" und „den Südpazifik, wo er am schönsten und unvergesslichsten ist". Ignorieren Sie alle anderen Touristen, und Sie werden auf jeden Fall zustimmen.

An einigen der besten Stellen zum Schnorcheln im ganzen Pazifik ist unter Wasser was los: Sehen Sie Trompetenfische, Kaiserfische, Papageifische und die raren Pinocchio- und Napoleon-Lippfische. Haie füttern kann man heute überall, doch hier nahm es seinen Anfang. Willige Gäste schwimmen zwischen Dutzenden 1,50 m langen Schwarzspitzen-Riffhaien, die von Tauchern gefüttert werden. Wieder an Land, können Sie mit dem Allradfahrzeug in die Berge fahren und das üppige Terrain und die Aussichten über die Lagune bewundern.

Die besten Resorts der Insel liegen heute auf den schmalen Inseln der Lagune, wo es mehr Privatsphäre für die oft berühmten Gäste gibt. Reihen strohgedeckter Bungalows stehen über dem unwahrscheinlich klaren Wasser der Lagune.

Das neueste der großen Hotels auf den *motus* ist das familienfreundliche Four Seasons Resort Bora Bora. Seine 120 Zimmer und Overwater-Bungalows sowie 7 Villen stehen auf 3 verbundenen Inselchen und haben sowohl den besten Strand als auch die beste Sicht auf Mount Otemanu. Das große kathedralenähnliche Kahaia Spa steht am Rande des Ozeans. Auf der Hauptinsel, nicht weit vom exquisiten schneeweißen Matira Beach (einem der idyllischsten Orte des Pazifiks), steht das Le Maitai Polynesia Bora Bora mit 74 großzügigen Zimmern und Bungalows, einige davon über dem Wasser, alle mit Blick auf die Lagune, die *motus* und die Inseln Tahaa und Raiatea am Horizont.

Eine Lagune umgibt die Insel; die Berge Otemanu und Paihia erheben sich zum Himmel.

Wo: 233 km nordwestl. von Tahiti. **Info:** www.tahiti-tourisme.com. **Four Seasons Resort Bora Bora:** Tel. +689/603-130; www.fourseasons.com/borabora. *Preise:* ab € 735. **Le Maitai Polynesia Bora Bora:** Tel. +689/603-000; www.hotelmaitai.com. *Preise:* ab € 144. **Reisezeit:** Mai–Okt.: bestes Wetter; Wochenende am 14. Juli (frz. Nationalfeiertag): Fêtes de Juillet.

Durchdrungen von polynesischen Traditionen

HUAHINE

Gesellschaftsinseln, Französisch-Polynesien

Huahine, voller Traditionen und berühmt für ihre vielfältigen Landschaften, schönen Strände und vielen *marae* (heiligen Stätten), ist eine der wenigen polynesischen Inseln, die James Cook auch heute noch wiedererkennen würde. Der Tourismus hat die bezaubernde Insel nur langsam erreicht; sie ist immer noch landwirtschaftlich geprägt und wird oft mit Bora Bora und Moorea (s. vorige und nächste Seite) verglichen, bevor die Luxushotels kamen. In der pittoresken Hauptstadt und den winzigen charmanten Dörfern passiert nicht viel – aber das ist es eben.

Unter den am wenigsten veränderten Orten Huahines ist Fare, Hafen und einzige richtige Stadt. Da Fare nach Westen weist und am Horizont Raiatea, Tahaa und Bora Bora zu sehen sind, ist es der ideale Ort, um beim Sonnenuntergang ein kaltes Hinano-Bier zu trinken.

Besuchen Sie auf jeden Fall die antiken *marae*, die wichtigsten archäologischen Stätten ganz Polynesiens. Die meisten dieser Steinkonstruktionen stehen am Ufer des Fauna-Nui-Sees, der tatsächlich ein Fjord ist, welcher die Hauptinsel von einer langen, flachen Halbinsel trennt. Um so viel wie möglich zu erfahren, machen Sie am besten eine

Island-Eco-Tours-Exkursion mit einem heimischen Anthropologen.

Machen Sie es sich im Te Tiare Beach Resort gemütlich, Huahines einzigem Luxushotel an einem Strand auf der Hauptinsel. Das Haupthaus steht auf Stelzen über der Lagune, wie auch die Hälfte der 40 Bungalows. Gäste der 11 Bungalows über tiefem Wasser können von ihrem Rundumsteg direkt in die klare Lagune springen. Wem Huahine noch nicht abgelegen genug ist, der kann sich von den liebenswürdigen französischen und britischen Besitzern des Au Motu Mahare B&B abholen und zu einer kleinen privaten *motu* bringen lassen, wo nie mehr als 5 Gäste gleichzeitig das kleine Stück vom Paradies bewohnen.

Wo: 282 km nordwestl. von Papeete, Tahiti. ISLAND ECO TOURS: Tel. +689/ 687-967; pauljatallah@mail.pf. TE TIARE BEACH RESORT: Tel. +689/606-050; www.tetiarebeach.com. *Preise:* ab € 316. AU MOTU MAHARE: Tel. +689/777-697; www.aumotumahare.blogspot.com. *Preise:* € 70. REISEZEIT: Mai–Okt.: schönes Wetter; Mitte Okt.: Huahine ist Startpunkt für das jährliche Nui Va'a Auslegerkanurennen, das in Bora Bora endet.

Das letzte große Geheimnis Französisch-Polynesiens

MAUPITI

Gesellschaftsinseln, Französisch-Polynesien

Wenn Sie davon träumen, Bora Bora zu besuchen, wie es vor 50 Jahren war, erfüllt das nahe Maupiti diesen Wunsch. Dieses den meisten Touristen unbekannte Inseljuwel hat keine Luxusresorts (die Einheimischen lehnten jeden Hotelvorschlag ab) und bleibt schön ruhig und entspannt. Wie ihre berühmte Nachbarin Bora Bora (s. S. 689) besteht Maupiti aus einer hohen Hauptinsel inmitten einer Lagune mit 5 palmenbestandenen, strandgesäumten Inselchen. Der einzige Weg in die flache Lagune ist so eng und tückisch, dass große Schiffe nicht hineinkönnen, weshalb der Transport meist vom Maupiti Express erledigt wird, einer Passagierfähre, die 3-mal die Woche nach Bora Bora fährt und so eine nette Tagestour ermöglicht.

Am besten fährt man mit dem Rad über die Hauptinsel, deren einzige Straße der meist flachen Küstenlinie folgt. Auf 9 km kommen Sie am Plage Tereia vorbei, einem der schönsten Strände Französisch-Polynesiens, wo Sie durch die flache Lagune zu einer der größeren *motus* waten können. Die Straße berührt auch den Mount Hotu Parata, eine glatte Basaltklippe, die sich über Vaiea, einem der 3 Dörfer, erhebt. Französischsprachige Guides führen Sie auf den 370 m hohen Gipfel – eine spektakuläre Aussicht, die nicht übersetzt werden muss.

Unterkünfte gibt es in schlichten Pensionen, meist auf den Riffinseln. Auf Motu Tiapaa stehen 4, darunter Le Kuriri, die beste von allen, betrieben von ausgewanderten Franzosen. Die 5 reizenden *fares* (Bungalows), großenteils aus einheimischen Materialien gebaut, sind auf der Meerseite der Insel, wo sie die kühlenden südöstlichen Passatwinde abbekommen.

Wo: 40 km westl. von Bora Bora. MAUPITI EXPRESS: Tel. +689/676-669; www.maupitiexpress.com. LE KURIRI: Tel. +689/ 745- 454; www.maupiti-kuriri.com. *Preise:* € 230, inklusive. REISEZEIT: Mai–Okt.: gutes Wetter.

Die verschwenderische Schönheit der Natur

MOOREA

Gesellschaftsinseln, Französisch-Polynesien

Kein Ausblick im Südpazifik ist so fantastisch wie der von Mooreas Le Belvédère, einem Aussichtspunkt hoch auf dem erloschenen Vulkankrater, aus dem diese betörend schöne Insel besteht, deren schroffe Berge schon oft als Kulisse für Filme dienten. Die 57 km lange Strecke rund um die Insel kann per Rad, Motorroller, im Auto oder zu Fuß bewältigt werden und erlaubt unglaubliche Aussichten auf die Cook- und die Opunohu-Bucht, die tief in das üppig grüne Inselinnere einschneiden.

Ähnlich beeindruckend ist Mooreas Lagune. Mehrere Hundert der akrobatischen Ostpazifischen Delfine leben hier das ganze Jahr; von Juli bis Oktober sieht man draußen Buckelwale. Am besten beobachtet man sie mit Dr. Michael Poole, einem amerikanischen Meeresbiologen, der tägliche Touren leitet. Im Moorea Dolphin Center sind Sie Aug in Aug mit den Delfinen, die in abgetrennten Bereichen der Lagune gehalten werden.

Das Sofitel Moorea Ia Ora Beach Resort hat Bungalows auf dem grandiosen, von Kokospalmen beschatteten Strand und über dem Wasser. Dahinter liegt die kobaltblaue Sea of Moon, wiederum dahinter eine Postkartenansicht der grünen wolkenverhangenen Berge Tahitis. Das schlichtere, aber charmante Hotel Les Tipaniers liegt in einem Kokospalmenhain an einem schönen Strand auf der anderen Seite Mooreas. Es hat komfortable Bungalows, ein gutes italienisches Restaurant und Mooreas beste Strandbar. Nach dem Sonnenuntergang bietet sich das Tiki Theatre Village an – für ein Dinner im Inselstil und die authentischste Tanzshow in Französisch-Polynesien.

Wo: 19 km nordwestl. von Tahiti. **Dr. Michael Poole:** Tel. +689/562-322; www.drmichaelpoole.com. *Preise:* Halbtagestour € 65. **Moorea Dolphin Center:** Tel. +689/551-948; www.mooreadolphincenter.com. *Preise:* 30 Min. € 133. **Sofitel Moorea Ia Ora Beach Resort:** Tel. +689/550-355; www.sofitel.com. *Preise:* ab € 370. **Hotel Les Tipaniers:** Tel. +689/561-267; www.lestipaniers.com. *Preise:* ab € 120; Dinner € 33. **Tiki Theatre Village:** Tel. +689/550-250; www.tikivillage.pf. *Preise:* € 34 nur Show, € 68 mit Dinner. **Reisezeit:** Mai–Okt.: gutes Wetter; Juli–Okt.: Whalewatching.

Die Mutter aller Inselfeste

HEIVA I TAHITI

Papeete, Tahiti, Gesellschaftsinseln, Französisch-Polynesien

Tahiti ist die berühmteste südpazifische Insel, seit sie der englische Kapitän Samuel Wallis 1767 als erster Europäer erblickte. Heute setzt jeder, der nach Französisch-Polynesien kommt, seinen Fuß auf Tahiti, denn in Faa'a ist der einzige internationale Flughafen des Landes. Da es auf der Hauptinsel nur wenige weiße Sandstrände gibt, fahren die meisten direkt weiter zu den äußeren Inseln. Wer doch bleibt, schaut sich kurz die verkehrsreiche Hauptstadt Papeete an und macht eine schnelle Inseltour.

Es gibt aber ein Event, das jeden zu einem längeren Aufenthalt bewegen sollte: das Heiva („Festival") i Tahiti, ein 7-wöchiges Inselfest im Juni und Juli, das seine Höhepunkte in den

Während des jährlichen Festivals mit Sport, Musik und Tanz warten die Teams im Hafen von Papeete auf das Kanurennen.

letzten 15 Tagen erlebt. Eigentlich war es die Feier zum französischen Nationalfeiertag, aber die Einheimischen machten daraus eine extravagante Feier mit vielen polynesischen Traditionen. Von 115 Inseln des Landes kommen die Menschen nach Tahiti – zum Singen, zum Sport und besonders zum Tanzen, alles verwurzelt in ihrem kulturellen Erbe und mit Leidenschaft ausgeübt.

Nur wenige Touristen schauen bei den bunten Vorführungen zu. Anfang des 19. Jh. verboten Missionare den suggestiven *tamure*-Tanz, aber heute wird er wieder enthusiastisch betrieben, wie man beim Festival sieht. Erkundigen Sie sich beim Touristenbüro nach den Zeiten für die Tanzwettbewerbe, besonders die emotionalen Finals. (Die Gewinner treten oft in den großen Hotels auf – falls Sie das Festival verpassen.) Außerdem gibt es Feuerlauf- und Steinhebewettbewerbe, Auslegerkanurennen und Golfturniere.

Wenn Sie dazu bereit sind, die anderen Inseln zu besuchen, besteigen Sie das Kreuzfahrtschiff *Paul Gauguin* mit 332 Plätzen, das einzige, das das ganze Jahr hier fährt. Das Schiff bietet Fahrten an, die von einer 8-tägigen Tour durch die Gesellschaftsinseln bis zu einem 15-tägigen Trip zu den abgelegenen Marquesas-Inseln im Norden (s. S. 688) reichen.

Info: www.tahiti-tourisme.com. **Wann:** Juni–Juli. **Unterkunft:** Das Hotel Tahiti Nui im Stadtzentrum ist eine bequeme Wahl. Tel. +689/463-899; www.hoteltahitinui.com. *Preise:* ab € 159. **Kreuzfahrten auf der** *Paul Gauguin:* www.pgcruises.com. *Preise:* 7-tägige Kreuzfahrt ab € 2960.

Im flachen Wasser Babyhaie treffen

RANGIROA

Tuamotu-Archipel, Französisch-Polynesien

Rangiroa, zweitgrößtes Atoll der Welt, ist bekannt als „Gottes Aquarium", denn es ist der Lieblingsplatz der Taucher und Schnorchler. Schwimmer lieben das ruhige Wasser mit der sanften Brise, Sonnenanbeter die herrlichen, rosa angehauchten Strände. Anders als die anderen Gesellschaftsinseln ist Rangiroa flach wie ein Pfannkuchen. Hier liegen die Attraktionen auf und unter Wasser.

Die tollsten davon sind aufregende Tauchtouren in den sprudelnden Ripströmungen der Durchlässe Avatoru und Tiputa, der einzigen Unterwassereingänge in die Lagune. Sie sind berühmt als Treffpunkt der Hammerhaie von Dezember bis März und der Mantarochen von Juli bis Oktober. Riff- und andere Haie sowie viele Delfine sieht man das ganze Jahr. Diese Vielfalt ist der Grund dafür, dass Tauchkenner aus aller Welt hier nur eins wollen: „shoot the pass", also diese Durchlässe bezwingen.

Nichttaucher haben die Chance auf Haibegegnungen während der Tagestouren zur Blauen Lagune am äußeren Riff: Man muss 50 m ans Ufer zum einladenden weißen Strand waten – oft inmitten schwarzer Baby-Riffhaie. Diese kleinen, von Picknickresten wohlgenährten Kreaturen mögen böse aussehen, sind aber harmlos.

Das Hotel Kia Ora dürfte, wenn es nach seiner Renovierung wieder öffnet, wieder viel Stil und Komfort bieten, besonders in den 10 Overwater-Bungalows. Unterdessen können Besucher im Le Maitai Rangiroa an der Lagune übernachten, das 38 Bungalows hat (natürlich auch welche über Wasser), oder im Tevahine Dream mit 3 strohgedeckten Bungalows direkt am Strand. Die patenten Gastgeber kümmern sich gut um Sie und beeindrucken mit ihren kulinarischen Talenten.

Wo: 351 km nordöstl. von Papeete, Tahiti. **Hotel Kia Ora:** Tel. +689/960-222; www.hotelkiaora.com. **Le Maitai Rangiroa:** Tel. +689/931-350; www.pacificbeachcomber.com. *Preise:* ab € 166. **Tevahine Dream:** Tel. +689/931-275; www.tevahinedream.com. *Preise:* Bungalows € 233, inklusive. **Reisezeit:** Mai–Okt.: gutes Wetter; Dez.– März: Tauchen.

Eine Geisterflotte auf dem Friedhof des Pazifiks

Die Lagune von Chuuk

Chuuk, Föderierte Staaten von Mikronesien

Während des Zweiten Weltkriegs war die strategisch gelegene Inselgruppe Chuuk, damals Truk (ein Name, der immer noch gebraucht wird), Stützpunkt der japanischen Flotte im Südpazifik. Die 80 km breite Lagune diente als natürliche Festung – wegen ihrer angeblichen Undurchdringlichkeit auch „Gibraltar des Pazifik" genannt. Doch bei einem Überraschungsangriff am 17. Februar 1944 erschienen Flugzeuge der US-Navy und warfen über der kaiserlich-japanischen Flotte über 500 t Bomben und Torpedos ab – die Lagune von Chuuk wurde zum Friedhof des Pazifiks.

Heute liegen noch 60 korallenverkrustete japanische Schiffe dort, eine der weltgrößten Konzentrationen an Schiffswracks, in relativ flachem und ruhigem Wasser. Eine Kombination aus warmen Temperaturen, reichem Tierleben und sanften Strömungen hat sie in einen Garten künstlicher Riffe verwandelt, mit sehr großen Korallen. Taucher sehen aber nicht nur die Naturwunder: Die 133 m lange *Fujikawa Maru* ist das berühmteste Relikt, ein japanischer Flugzeugträger, der aufrecht in 27 m tiefem Wasser steht. Ein großes Torpedoloch führt in den Frachtraum mit den intakten Kampfflugzeugen; in der Werkstatt sieht man immer noch Werkzeuge. Der nahe Öltanker *Shinkoku* diente auch als Krankenhaus – ein Tauchbesuch im Operationssaal ist recht gruselig.

Diese Kriegswracks – mit intakten Kanonen, Maschinen, Silberbestecken und Sake-Flaschen – wurden in den 1960er-Jahren von

Jacques Cousteau entdeckt. In den 1970er-Jahren entwickelte sich rundherum eine kleine Tauchindustrie. Einer der ältesten Tauchunternehmer ist der Blue Lagoon Dive Shop im Truk Blue Lagoon Resort auf der größten der 40 Inseln von Chuuk. Die Taucher wohnen in 54 Zimmern, umgeben von Kokospalmen und mit Blick über die Lagune.

Wo: 966 km südöstl. von Guam. **Blue Lagoon Dive Shop:** Tel. +691/330-2796; www.truk-lagoon-dive.com. *Preise:* Bootstrip mit 2 Tauchgängen € 77. **Truk Blue Lagoon Resort:** Tel. +691/330-2727; www.bluelagoondiveresort.com. *Preise:* ab € 110. **Reisezeit:** Jan.–Apr.: beste Sicht unter Wasser.

Grasröcke, Steingeld und Mantarochen

YAP

Föderierte Staaten von Mikronesien

Yap, der traditionellste der Föderierten Staaten von Mikronesien, ist eine der letzten Inselkulturen, die sich dem modernen westlichen Leben verschließen. Wie in der Zeit bevor Europäer diese Gruppe von 19 Inseln im 16. Jh. entdeckten, tragen barbusige Frauen traditionelle Grasröcke; Männer und Frauen kauen Betelnüsse, die rot verschmierte Lippen und einen milden Rausch auslösen. Außer den spärlich bekleideten Frauen sind auch die Rai ein beliebtes Fotomotiv, die radförmigen Zahlungsmittel aus Stein, die an den Straßen stehen und einen Durchmesser von bis zu 3 m haben. Ihr Wert hängt von der Größe, der Form und der Schwierigkeit des Transports ab.

Modernes Geld gibt es auch, ist den Yapesern aber nicht so wichtig. Sie haben Vorschläge der Japaner abgelehnt, Resorts zu bauen, um mehr Touristen – und Profit – anzuziehen. Die meisten der wenigen Besucher, die doch kommen, sind Taucher, denn Yap ist eines der Toptauchziele. Hier gibt es unter Wasser eine weite Sicht, und Sie können mit 450 kg schweren Mantarochen in deren natürlichem Lebensraum schwimmen. Trotz einer Spannweite von 3–7 m sind diese Giganten keine Gefahr für Taucher (anders als Stachelrochen). Sie kommen jeden Tag an die gleiche Stelle und interessieren sich gar nicht für Menschen. Während der Paarungszeit (Ende November–März) drehen sich die Weibchen schwungvoll im Wasser, hinter ihnen bis zu 15 Männchen.

Um die Rochen und andere Unterwasserkreaturen zu sehen, sollten Sie Bill Acker kontaktieren, einen Peace-Corps-Sozialarbeiter aus Texas, der in den 1980er-Jahren nach Yap kam und blieb, um die lokale Tauchindustrie aufzubauen. Er baute das Manta Ray Bay Hotel am Hafen mit eigener Mikrobrauerei – das beste Tauchunternehmen der Gegend.

Das traditionelle Rai-Steingeld wechselt zwar den Besitzer, wird aber normalerweise nicht fortbewegt.

Wo: 850 km südwestl. von Guam. **Manta Ray Bay Hotel:** Tel. +691/350-2300; www.mantaray.com. *Preise:* ab € 193; Tauchpakete buchbar. **Reisezeit:** Nov.–März: Trockenzeit, Manta-Paarungszeit und beste Sicht unter Wasser; 1.–2. März: Yap-Day-Tanzfest.

Reiche, faszinierende Meereswelt

PALAU

Palau

Palau erstreckt sich über 645 km im westlichen Pazifik und besteht aus 343 Inseln (nur 8 davon bewohnt), von denen die meisten von einer gigantischen, atemberaubenden Lagune umgeben sind, die manche für das beste Tauchrevier der Welt halten. Der Grund dafür: die Lage und nichts als die Lage. Hier im warmen, nährstoffreichen Wasser, wo sich 3 große Meeresströmungen treffen, gedeihen mehr als 1300 Fisch- und 4-mal so viele Korallenarten wie in der Karibik. Der Ngemelis-Hang, ein Technicolor-Riff, das vertikal mehr als 300 m abfällt, gilt als der weltbeste; die Blue Corner ist legendär wegen der Vielfalt ihres Meereslebens, darunter graue und weiße Riffhaie. Mehr als 50 Schiffswracks aus dem Zweiten Weltkrieg (Überreste einer Flugzeugträgerattacke), rare, exotische Tierarten und eine Unterwassersicht von mehr als 600 m tragen zur Freude der Taucher bei.

Und es gibt noch mehr: Die 200 Rock Islands wachsen wie smaragdgrüne Pilze entlang einem 32 km langen Streifen aus durchsichtigem Wasser, Kalksteinformationen mit Palmen und dichtem Dschungel, in dem Kakadus, Papageien, Eisvögel und Riffreiher leben. Einige der Inseln haben Binnengewässer wie den Jellyfish-See, in dem Sie mit Millionen nicht stechender Quallen schwimmen können. Andere Inseln haben weiße Sandstrände, und die ruhige Lagune spricht besonders die Kajakfahrer an.

Das beste Hotel des Landes ist das 6-stöckige Palau Pacific Resort, eine 10-minütige Fahrt von der leicht heruntergekommenen Hauptstadt Koror entfernt und mit besten Schnorchelmöglichkeiten direkt neben Ihrem Liegestuhl. Die rustikalen, aber frisch renovierten Strandhütten des Carp Island Resort, in 1 Stunde mit dem Boot erreichbar, sind bei jungen Tauchern aus aller Welt beliebt, die die Nähe zu den Tauchspots schätzen.

Wo: 1300 km südwestl. von Guam. **Wie:** Sam's Tours veranstaltet verschiedene Tauch- und Öko-Abenteuertrips. Tel. +680/488-5003; www.samstours.com. *Preise:* 7-tägige Hotel-Tauch-Kombinationen ab

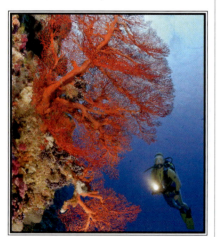

Taucher können sich die Fächerkorallen an der Peleliu Wall in Palau ansehen.

€ 789. PALAU PACIFIC RESORT: Tel. +680/488-2600; www.palauppr.com. *Preise:* ab € 207.
CARP ISLAND RESORT: Tel. +680/488-2978; www.carpislandpalau.com. *Preise:* ab € 63.
REISEZEIT: Nov.–Apr.: Trockenzeit mit bester Sicht unter Wasser.

Ein mysteriöser Fluss, Stammeskunst und massenweise Vögel

DER SEPIK-FLUSS

Papua-Neuguinea

Der Sepik windet sich durch ein riesiges Delta, bevor er 1100 km entfernt von seinem Highlands-Quellgebiet endet. Einst war er die Domäne der Anthropologen, Naturforscher und Abenteurer; heute ist eine Expedition auf diesem mysteriösen Fluss für jeden etwas, der eines der letzten unberührten Gebiete voller Natur, Kultur und besonders Stammeskunst erforschen möchte.

Einige der hiesigen Völker haben gerade erst ihre Isolation verlassen. Ihre Bräuche und Künste sind so einzigartig, dass viele Sammler diese Region als weltbeste Quelle primitiver Kunst ansehen. Anders als die Angehörigen der Highland-Stämme, die sich mit Gesichts- und Körperbemalungen ausdrücken (s. nächste Seite), tun dies die Sepik-Stämme durch ihre Holzschnitzarbeiten. Ihre *tambaran*-Geisterhäuser mit geschnitzten Pfosten und Giebeln sind lebendige Museen ihrer Vergangenheit.

Das Sepik-Becken ist in den meisten organisierten Touren durch Papua-Neuguinea enthalten, die oft der einzige Weg sind, diese Region mit wenigen Straßen und kaum Flugverkehr zu erreichen. Bei den meisten fährt man mit der MV *Sepik Spirit*, einem Schiff mit 9 Kabinen, auf dem Fluss bis zur Karawari Lodge, einem netten, rustikalen Gasthof, der den Dschungel-Nebenfluss Karawari überblickt.

Die Lodge liegt in der Mitte von Arambak, einem der unberührtesten Teile des Landes. Der Einbaum ist noch immer das wichtigste Transportmittel, aber Gäste werden im überdachten Motorboot der Lodge zu den nahen Dörfern gebracht, wo Sie die Kollision alter und moderner Kulturen aus erster Hand sehen können. Allein die Vogelbeobachtung macht eine Bootstour unvergesslich: Kormorane, Kakadus, Nashornvögel, Eisvögel und Papageien sieht man häufig. Paradiesvögel sind ein seltener gesehenes Plus.

WO: Die Stadt Timbunke liegt 715 km nordwestl. der Hauptstadt Port Moresby. **WIE:** Das amerikanische Unternehmen Asia Transpacific Journeys bietet individuelle

Heilige Objekte und Schnitzereien findet man in den tambaran-*Häusern.*

Trips. www.asiatranspacific.com. MV *Sepik Spirit*: Tel. +675/542-1438; www.pngtours.com. 3-tägige Tour zwischen Timbunke und Karawari, beide nur per Flugzeug zu erreichen. *Preise:* € 1735, all-inclusive. **Karawari Lodge:** Tel. +675/542-1438; www.pngtours.com. *Preise:* € 378, all-inclusive. **Reisezeit:** Juli–Nov.: kühler und trockener.

Die Steinzeitkultur feiern

Die Sing-Sing-Feste in den Highlands

Papua-Neuguinea

Wenige Orte faszinieren Anthropologen mehr als Papua-Neuguinea. Die östliche Hälfte der zweitgrößten Insel der Welt, salopp „PNG" genannt, ist bekannt für ihr warmes Meer voller Meerestiere und gesunkener Schiffe aus dem Zweiten Weltkrieg. Auch an Land blühen Flora und Fauna, darunter 762 Vogelarten (400 gibt es nur hier), die weltgrößte Orchideenvielfalt und mehr als 400 Schmetterlingsarten.

Aber es sind die Menschen in PNG, die die Neugierigen anziehen. Besonders die vielen Volksstämme der Highlands, die in tiefen Tälern umgeben von bis zu 4000 m hohen Bergen wohnen und 1933 zum ersten Mal von westlichen Forschern gesehen wurden, leben immer noch fast so wie in der Steinzeit. Sie sprechen mehr als 750 komplett verschiedene Sprachen und sind für ihr einzigartiges Kunsthandwerk bekannt.

Im Tari Basin, einem pittoresken Tal in den Southern Highlands, lebt das Volk der Huli, die sich Hauer von wilden Ebern durch die Nasen stechen, ihre Gesichter anmalen und aufwendige Perücken tragen, die aus menschlichem Haar und Federn von Taris 13 verschiedenen Paradiesvogelarten gemacht sind. Von der modernen Ambua Lodge aus, die von ihrem 2100 m hohen Platz eine grandiose Sicht auf das Tal hat, kön-

Die einheimischen Stämme feiern ihre Kultur beim Mount Hagen Sing-Sing.

nen Sie die Hulis besuchen und Paradiesvögel beobachten.

Kommen Sie während eines „Sing-Sings", einer Kulturshow, wo die Trommeln dröhnen und Hunderte Huli mit bunter Gesichts- und Körperbemalung in freundschaftlichen Stammeswettbewerben stampfen und singen. Die Sing-Sings begannen in den 1960er-Jahren als Versuch der Regierung, Stammeskriege zu beenden. Das größte ist heute das Mount Hagen Sing-Sing, zu dem fast 80 Stämme kommen, um sich auf einem Fußballfeld in der Handelsstadt der Western Highlands einen nachgestellten Kampf zu liefern, bei dem 500 Touristen zusehen. Beim viel kleineren Tumbuna Sing-Sing machen etwa 250 Einheimische mit; nur 60 Touristentickets werden verkauft. Es findet auf einer Berglichtung bei Rondon Ridge statt, einer luxuriösen Öko-Lodge 30 Minuten vom Mount Hagen entfernt. Auch wenn die Shows unausweichlich kommerzieller geworden sind, gibt es so etwas nirgends sonst.

Wo: Mount Hagen liegt 514 km nordwestl. von der Hauptstadt Port Moresby. **Info:** www.

pngtourism.org.pg. **Wie:** Das amerikanische Unternehmen Asia Transpacific Journeys bietet Touren zu den Sing-Sings. www.asiatranspacific.com. *Preise:* 14-tägige Pauschaltour ab € 6367. Startet in Port Moresby.

Ambua Lodge/Rondon Ridge: Tel. +675/542-1438; www.pngtours.com. *Preise:* € 378, all-inclusive. **Wann:** Mai: Tumbuna Sing-Sing; Aug.: Mount Hagen Sing-Sing. **Reisezeit:** Apr.–Okt.: kühler und trockener.

Lavafelder und Lagerhaus der Kultur

S A V A I ' I

Samoa

Wenige der leicht zugänglichen Inseln Polynesiens haben ihre Traditionen so erhalten können wie Samoa, und das gilt besonders für die Insel Savai'i: Während die westliche Zivilisation auf der Hauptinsel des Landes, Upolu, Fuß gefasst hat, bleibt *fa'a Samoa* – die „alte" Art zu leben – auf Savai'i lebendig. Zwischen diesem Lagerhaus der samoanischen Kultur und Upolu liegt nur die 13 km breite Meerenge Apolima. Auf Savai'i, der „Seele Samoas", wohnt ein Volk, dem die Großfamilie, die alten Bräuche und die Religion wichtig sind. Ihre Dörfer bestehen aus *fales* (ovalen Häusern), die fast noch so aussehen wie vor Jahrhunderten – nur die Strohdächer sind durch Blechdächer ersetzt worden.

Auf Savai'i blüht das traditionelle samoanische Leben.

Das schlichte Safua Hotel bietet immer noch den besten Zugang zu *fa'a Samoa*. Besitzer Vaasili Moelagi Jackson, Gemeindevorstand und Aktivist für Frauenrechte, gibt seinen Gästen die Chance, am Dorfleben teilzunehmen und auch die vielen Naturwunder von Savai'i zu genießen. Die schönen, einsamen Strände sind mit Lava-Löchern gesprenkelt, aus denen bei Flut und rauem Wetter bis zu 30 m hohe Wassersäulen schießen können. Bei einer Wanderung ins Binnenland trifft man auf die Afu-Aau-Wasserfälle in dichtem Regenwald und den 14 m hohen pyramidenförmigen Pulemelei Mound, die größte und geheimnisvollste archäologische Ruine in Polynesien.

Sie werden auch den Matavanu sehen, einen sogenannten Schildvulkan. Er entstand fast gänzlich aus flüssigen Lavaströmen und hat ein großes, flaches Profil, das wie ein Schutzschild aussieht. Er hat über 400 Krater; der letzte Ausbruch, der 4 Jahre dauerte und 1911 endete, ließ auf der Inselnordseite große Lavafelder entstehen.

Hier finden Sie einige der besten Strände Samoas, darunter den am Dorf Mansae, ein langer Streifen Sand mit einigen *fales*. In den meisten wohnt man wie im Zelt; in den Vacations Beach Fales gibt es einige mit Klimaanlage. Die komfortabelste Unterkunft der Insel ist das nahe Le Lagoto Beach Resort – 12 moderne, aber traditionell eingerichtete *fales* samt großartigem Pool. „Lagoto" heißt Sonnenuntergang, und nach einer Massage im Bodyworks Spa ist hier der Ort, an dem Sie den genießen können.

Wo: 13 km westl. von Upolu. **Info:** www.samoa.travel. **Safua Hotel:** Tel. +685/51-271. *Preise:* ab €37. **Vacations Beach Fales:** Tel. +685/54-001; www.vacationsbeachfales.com. *Preise:* ab €60, inklusive. **Le Lagoto Beach Resort:** Tel. +685/58-189; www.lelagoto.ws. *Preise:* ab €70. **Reisezeit:** Mai–Sept.: schönes Wetter.

Geschichten erzählen in Samoa

Das Robert Louis Stevenson Museum

Apia, Upolu, Samoa

Die Inseln der Südsee haben es vielen Schriftstellern angetan, aber keiner liebte sie mehr als der Schotte Robert Louis Stevenson, der 1889 auf der Suche nach einem Klima, das seine Tuberkulose lindern würde, in Samoa eintraf. Er und seine Frau kauften 127 ha Land an den Hängen des Berges Vaea über Apia, Samoas schläfriger, pittoresker Hauptstadt, wo sie ein Haus im westlichen Stil bauten und es Vailima („5 Wasser") nannten. Das heutige Robert Louis Stevenson Museum wurde so restauriert, dass es wie zur Zeit seines Todes aussieht (er starb 1894 auf der hinteren Veranda, wohl an einem Schlaganfall).

Die Samoaner, selbst große Geschichtenerzähler, nannten Stevenson Tusitala, „Erzähler von Geschichten". Als er starb, hackten sie eine gewundene „Straße der liebenden Herzen" zu seinem Grab hoch am Vaea, das sein Zuhause, die Berge und das Meer überblickt. Die obligatorische Pilgertour hier hinauf ist ein anstrengender, aber lohnenswerter halbstündiger Aufstieg mit einem der schönsten Ausblicke im Südpazifik. Hier ist auch der denkwürdige Grabspruch, den Stevenson selbst schrieb:

> Here he lies where he longed to be;
> Home is the sailor, home from the sea,
> And the hunter home from the hill.

Ein weiterer Literat, James A. Michener, kam im Zweiten Weltkrieg nach Samoa (auch auf Vanuatu war er stationiert, s. S. 702), wo ihm Aggie Grey auffiel, eine clevere samoanische Frau, die den auf Upolu stationierten US-Soldaten Hamburger und Hotdogs verkaufte. Sie inspirierte Michener zur Figur der Bloody Mary in seinem Roman *Die Südsee*. Aggie gründete später Aggie Grey's Hotel & Bungalows, immer noch das führende Hotel in der Innenstadt von Apia. Trinken Sie hier ein kaltes Vailima-Bier (oder eine Bloody Mary) und verpassen Sie mittwochs nicht die *fiafia*, einen Abend mit samoanischem Entertainment und üppigem Büfett. Aggie selbst tanzte dort oft den anmutigen

Samoa wurde zur Wahlheimat des schottischen Autors der Schatzinsel, *Robert Louis Stevenson.*

samoanischen *siva*. Das hat nun ihre gleichnamige Enkelin übernommen. Nach dem Tod der Original-Aggie 1988 hat ihre Familie das Aggie Grey's Lagoon, Beach Resort & Spa an der Westküste Upolus gebaut, umgeben vom Meer und einem Golfplatz mit 18 Löchern. Hier findet die *fiafia* donnerstags statt. INFO: www.samoa.travel. ROBERT LOUIS STEVENSON MUSEUM: Tel. +685/20-798; www.rlsmuseum.com. AGGIE GREY'S HOTEL & BUNGALOWS: Tel. +685/22-880; www.aggiegreys.com. *Preise:* ab € 96. AGGIE GREY'S LAGOON, BEACH RESORT & SPA: Tel. +685/45-611; www.aggiegreys.com. *Preise:* ab € 140. REISEZEIT: Mai–Sept.: gutes Wetter; 1. Juniwoche: Unabhängigkeitstag; 1. Septemberwoche: Teuila Festival, Samoas Topevent mit Bootsrennen, Tanz und Musik.

Whalewatching, Kajak fahren und durch den Südpazifik segeln

VAVA'U

Königreich Tonga

Buckelwale können Sie vor vielen tropischen Inseln sehen, aber nur an wenigen Orten kommen Sie so nah heran wie auf der bezaubernden Inselgruppe Vava'u im Königreich Tonga, wo Sie mit den mächtigen Tieren schwimmen und schnorcheln können, als gehörten Sie dazu. Die Wale erscheinen vor Vava'u zwischen Juli und November auf der 8000-km-Strecke aus der Antarktis, um sich zu paaren und ihre Jungen zu bekommen. Die Weibchen können bis zu 44 t wiegen, die Babys bei der Geburt bis zu 2 t (bei 1,50 m Länge). Mutter und Kind zusammen zu beobachten, ist erhebend und rührend.

Der beste Tourveranstalter ist Whale Watch Vava'u. Von den beiden Schiffen aus dürfen Sie nur ins Wasser, wenn die See ruhig ist und die Bedingungen sicher sind. Aber selbst wenn Sie nicht zu den Walen hineindürfen, können Sie ihnen zuhören: Ihre melancholischen Melodien hören Sie über die Hydrofone des Boots.

Vava'u bietet nicht nur Whalewatching: Mit rund 50 von Riffen umgebenen, von Meerengen getrennten Inseln und von einer großen smaragdgrünen Lagune geschützt, ist es auch prima zum Kajakfahren und Segeln. Auf geführten Kajaktouren besuchen Sie versteckte Meereshöhlen und Strände, wo Ihnen Meeresschildkröten, Schweinswale und viele Seevögel begegnen, z. B. Weißschwanz-Tropikvögel, Arielfregattvögel und Flaumfußtauben mit pinken Köpfen. Die Guides zeigen Ihnen auch die polynesische Kultur der Dörfer auf den äußeren Inseln. Hier bekommen Sie das traditionelle *umu*-Fest mit, bei dem zu tongaischen Liedern und Tänzen ein in einer Grube gegartes Ferkel verzehrt wird. Die unbewohnten Inseln, die Sie besuchen, sind ideal für Strandbarbecues oder einen Zeltplatz unter dem Kreuz des Südens.

Krönen Sie Ihren Aufenthalt im Mounu Island Resort, das 4 Bungalows und ein Restaurant hat, welches oft von vorbeifahrenden Seglern frequentiert wird. Es liegt auf einer winzigen Koralleninsel, die ganz von einem weißen Sandstrand umgeben ist, von dem aus Sie draußen die Wale auftauchen sehen können.

Wo: 240 km nördl. der Hauptinsel Tongatapu; 50 Minuten Flug. WHALE WATCH VAVA'U: Tel. +676/54-331; www.whalewatchvavau.com. *Preise:* Tagestour € 110. **Wie:** Friendly Islands Kayak Company bietet 5-, 9- und 11-tägige Trips. Tel. +676/70-173; www.fikco.com. *Preise:* ab € 841. MOUNU ISLAND RESORT: Tel. +676/70-747; www.mounuisland.com. *Preise:* ab € 185. REISEZEIT: Mai–Sept.: gutes Wetter; Juli–Nov.: Whalewatching.

Wracktauchen, Vulkane und traditionelles Bungee-Jumping

VANUATU

Vanuatu

Von allen pazifischen Inseln zeigen die 83, aus denen das Vanuatu-Archipel besteht, die faszinierendste Mischung von Kulturen. In Port Vila, der kultivierten Hauptstadt auf der Insel Efate, dinieren gut gekleidete Europäer in französischen Restaurants, während Stämme auf anderen Inseln so leben wie schon seit Urzeiten.

Port Vilas modernes Flair ist das Erbe der Kolonialzeit vor 1980, als Frankreich und Großbritannien die damals „Neue Hebriden" genannten Inseln zusammen regierten. Vanuatu, von einer Wirtschaftsstudie 2006 als „glücklichster Ort der Welt" bezeichnet, atmet besonders in der Hauptstadt eine warme Gastlichkeit. Port Vila liegt an einem schönen Naturhafen; weiße Sandstrände säumen viele der Hotels hier und anderswo auf der Insel, darunter das Eratap Beach Resort: Die 12 Luxusvillen liegen etwa 10 Minuten südlich von Port Vila und sind die schönsten auf Efate.

Moderne Zivilisation gibt es auch auf Espiritu Santo, der größten Insel, 1 Stunde Flug nach Norden. Im Zweiten Weltkrieg waren hier 100.000 US-Soldaten stationiert; eines ihrer Transportschiffe, die SS *President Coolidge*, lief auf eine Mine und sank, fast ganz intakt. Heute ist es eines der zugänglichsten großen Wracks der Welt, Anziehungspunkt für Taucher. Ein weiterer beliebter Tauchspot ist Million Dollar Point, wo tonnenweise amerikanische Militärausrüstung ins Meer gekippt wurde – Trucks, Bulldozer, Jeeps und Gabelstapler –, bevor die Truppen heimkehrten (der Name bezieht sich auf den Wert des Ganzen).

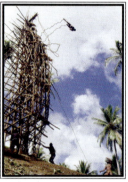

Das Lianenspringen während der Erntezeit ist ein Initiationsritual für die Männer der Inseln.

Wer lieber wandern als tauchen möchte: Einer der am einfachsten zugänglichen aktiven Vulkane der Welt, Mount Yasur, ist ein Highlight auf der Insel Tanna. Allradfahrzeuge und Wanderwege klettern den Kegel fast bis zum Rand des grollenden Kraters hoch. In der Dämmerung färben flüssige Lava und sinkende Sonne die hochschießenden Gaswolken orange, rosa und rot. Im Tanna Evergreen Resort gibt es einfache Bungalows und freundliches Personal, das Inseltouren organisiert.

An Samstagen von April bis Juni sollten Sie Naghol nicht verpassen, die Lianenspringzeremonie auf Pentecost Island. Bei diesem Vorläufer des Bungee-Jumpings (das später in Neuseeland auftauchte, s. S. 680) binden sich Männer Lianen um die Knöchel und springen, begleitet von Gesängen, kopfüber von 25 m hohen Türmen bis wenige Zentimeter über der Erde, um ihre Männlichkeit zu beweisen und eine reiche Yams-Ernte zu garantieren. Sie werden einer der vielen Touristen sein, die – zum Glück – nicht mitmachen dürfen.

Info: www.vanuatu.travel. **Eratap Beach Resort:** Tel. +678/554-05007; www.eratap.com. *Preise:* ab € 396. **Tanna Evergreen Resort:** Tel. +678/68774; www.tevergreenresorttours.vu. *Preise:* ab € 140. **Reisezeit:** Mai–Okt.: Trockenzeit; Apr.–Juni: Lianenspringen auf Pentecost Island.

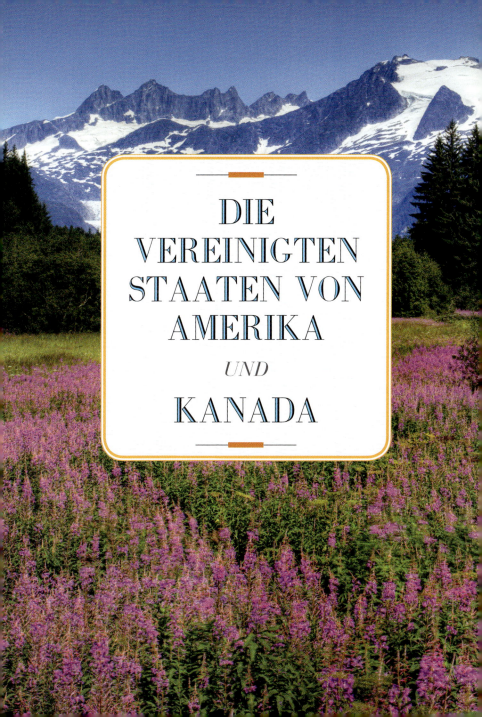

DIE VEREINIGTEN STAATEN VON AMERIKA

UND

KANADA

DIE VEREINIGTEN STAATEN VON AMERIKA

„Das letzte große Rennen der Erde"

DAS IDITAROD

Anchorage, Alaska, USA

Das Iditarod-Hundeschlittenrennen, dessen Teilnehmer 1850 km durch Schnee und Eis bei Temperaturen bis -50° C bewältigen, ist einer der größten sportlichen Härtetests überhaupt. Alljährlich im März in Anchorage beginnend, endet es 8–15 Tage später in Nome. Kaum etwas spiegelt den Pioniergeist des 49. US-Staates besser als dieses Rennen, Alaskas größter Publikumssport.

Der Iditarod Trail, heute Nationale Historische Route, begann als Post- und Versorgungsstrecke für Minenarbeiter. Er windet sich über gefrorene Flüsse und einsame Tundra, durch dichte Wälder und an windumtoster Küste entlang, von Seward nahe Anchorage bis Nome an der Westküste der Beringsee. 1925 wurde ein Teil des Trails überlebenswichtig für Nome, als hier die Diphterie wütete. Unerschrockene Schlittenhundeführer brachten die notwendige Medizin in die Stadt. In Erinnerung an jene heroische Leistung wurde die Route 1973 in eine Rennstrecke verwandelt; Teilnehmer kommen heute sogar aus Japan und Norwegen, um einen Anteil am Preisgeld von gut 600.000 $ zu ergattern.

Als Passagier bzw. „IditaRider" kann jeder mitfahren, sofern man einen Schlittenplatz für die ersten 18 km ersteigert (die Auktion beginnt im November; ein Gebot von 7500 $ sichert einen Platz). Weniger wettstreiterisch geht es bei Raymie Redington zu, dem Sohn von Joe Redington sen., „Vater des Iditarod": Er bietet Kurztrips auf dem Iditarod Trail an. Auch von Winterlake Lodge aus, einem per Flugzeug erreichbaren Außenposten mit 4 hübschen Gästehütten, kann man den Trail mit 24 Alaskan Huskies befahren (als eine der wenigen Hütten ist sie ganzjährig

Ein Hundeschlitten wird von 12–16 Huskys gezogen.

geöffnet). Die Abendkarte kann sich mit Großstadt-Standards messen.

Nome, Endstation (nicht nur) des Iditarod liegt an der Beringsee. Seine Straßen und Saloons sind ruhig, bis die 1-monatigen Iditarod-Feiern jeden März über das Städtchen hereinbrechen. Außer den Rennbegeisterten kommen Bewunderer des Nordlichts und Teilnehmer des Bering Sea Ice Golf Classic, die orangefarbene Golfbälle auf Kunstrasen schlagen – darunter ist das Eis.

Wo: Hauptquartier in Wasilla, 65 km nördl. von Anchorage. Tel. +1/907-376-5155 oder +1/907-248-6874 (während des Rennens): www.iditarod.com. *Wann:* Anf. März. **IditaRiders-Auktion:** Tel. +1/907-352-2202; www.iditarodauction.com. *Wann:* Anf. Nov.–Jan. **Raymie Redingtion:** Tel. +1/907-376-6730. *Preise:* Hundeschlittenfahrt 30 Min. € 37. *Wann:* ab dem 1. Schnee im Nov. **Winterlake Lodge:** Tel. +1/907-274-2710; www.withinthewild.com. *Preise:* 2 Nächte € 1578 inkl. Flug von Anchorage.

Die amerikanische Safari

Der Denali-Nationalpark

Alaska, USA

Mit 6193 m Höhe ist der Mount McKinley der höchste Gipfel Nordamerikas. Der nach dem 25. US-Präsidenten benannte Berg heißt bei den indigenen, in Zentralalaska beheimateten Athabasken Denali, „der Hohe". Doch die Erhabenheit des Bergs ist nicht in Worte zu fassen. Er ist die größte Attraktion des Denali-Nationalparks, nicht aber seine einzige.

Besucher des 24.585 km^2 großen Parks berichten von Grizzlys, Elchen und Adlern; von überwältigenden Ausblicken auf subarktische Tundra, Gletscher und die Gipfel der Alaskakette. Im Sommer ist es 16–20 Stunden hell, es bleibt also reichlich Zeit, die Landschaft auf sich wirken zu lassen.

Wasserflugzeug auf einem der Seen im Denali-Nationalpark.

Um das empfindliche Ökosystem des Parks zu schützen, werden Touren und Camping kontrolliert. Nur eine etwa 150 km lange Straße erschließt den Park, und motorisierter Verkehr jenseits der ersten 25 km ist auf Busse und offizielle Fahrzeuge beschränkt. Aus der Luft lässt sich der Park per Flugzeug- oder Hubschrauberrundflug erkunden. Unmittelbarer erleben Sie den Park im Camp Denali oder in der North Face Lodge, 1951 von einer Siedlerfamilie im Herzen des erst später zum Nationalpark erklärten Geländes gegründet und aktuell in der Hand der 3. Generation. Für Gäste finden geführte Wanderungen und Bildungsprogramme statt. Weitere – preisgünstigere – Unterkünfte findet man in den Hotels am Parkeingang.

An Bord des *Denali Star* sieht man auf einer 590 km langen Zugreise von Anchorage nach Fairbanks über die Städte Wasilla und Talkeetna mehr von der Schönheit des Parks und des 49. US-Staates – selbst im Niemandsland steigen noch Holzfällertypen mit ihren Huskys zu. Bilderbuchgleich ziehen grüne Wälder, Tundra und verschneite Gipfel vorüber.

Wo: 200 km südl. von Fairbanks. Tel. +1/907-683-2294; www.nps.gov/dena. *Wann:* Straße durch den Park von Okt.–Apr. geschlossen. **Camp Denali** und **North Face Lodge:** Tel. +1/907-683-2290; www.campdenali.com. *Preise:* 3 Nächte, € 1144, all-inclusive. *Wann:* Juni-Anf. Sept. **Alaska Railroad:** Tel. +1/907-265-2494; www.alaskarailroad.com. *Preise:* Anchorage–Denali ab € 90 (Nebensaison), ab € 107 (Hochsaison). *Wann:* Mitte Mai–Mitte Sept. Winterzug *Aurora* verkehrt wochenends Mitte Sept.–Mitte Mai. **Reisezeit:** Juni: Wildblumen und Vogelbeobachtung; Aug.–Sept.: Herbstfarben; März und Ende Sept.: Nordlichter.

Land aus Wasser und Eis

INSIDE PASSAGE UND GLACIER BAY

Alaska, USA

Einige der schönsten Abschnitte der über 65.000 km langen Küste Alaskas lassen sich vom Schiff aus auf der Inside Passage erkunden. Diese Schiffsroute erstreckt sich über malerische 800 km im Südosten des Staats: von den Queen Charlotte Islands in British Columbia im Süden zur Nordecke des kanadischen Territoriums Yukon (s. S. 946). Über 30 Kreuzfahrtlinien verkehren hier im Sommer, und Langstreckenfähren starten ganzjährig von Bellingham in Washington.

Anziehungspunkt ist eine herrliche Wildnis, mit Schneegipfeln, dichten Regenwäldern und einem Insellabyrinth, Heimat von Walen, Seelöwen, Seeottern, Seehunden, Delfinen und Seevögeln. Vereinzelt schmiegen sich Städte in die Landschaft. Am touristischsten ist Ketchikan; weniger überlaufen ist das hübsche Sitka auf halbem Weg Richtung Südosten, das im 19. Jh. als inoffizielle Hauptstadt Russisch-Amerikas berühmt war. Die an Ikonen reiche russisch-orthodoxe St.-Michaels-Kathedrale aus den 1840er-Jahren steht im Stadtzentrum, und das Haus des russischen Bischofs ist heute Museum.

Höher im Norden liegen Juneau, Alaskas lässige Hauptstadt, und der fast 12 km lange Mendenhall-Gletscher. Fähren überbrücken im Nordwesten die kurze Distanz nach Gustavus, dem Tor zum Glacier-Bay-Nationalpark, einem 13.287 km² großen Wunderland am nördlichsten Punkt der Inside Passage. Im Sommer kommen Buckelwale hierher, dazu Touristen, um sie und die 10 Gezeitengletscher zu sehen, von denen manche 4000 Jahre alt sind. Die beliebte, parkeigene Glacier Bay Lodge liegt am Parkeingang. Eine 16 km lange Fahrt bringt Sie in das gemütliche Gustavus Inn, ein ehemaliges Gehöft. Lodge und Inn organisieren Trips in den Park – zu Fuß, mit dem Kajak, per Tourenboot oder Mountainbike. Östlich von Glacier Bay liegt das charmante Skagway, 1898 Ausgangspunkt für den Goldrausch am Klondike. Damals wurde die 180 km lange Schmalspurbahn der White Pass and Yukon Route Railroad gebaut. Man kann damit immer noch auf den fast 900 m hohen White-Pass fahren.

Für Schiffsreisen stehen weniger teure Megaschiffe mit 2000 Passagieren oder Expeditionsschiffe (bis 100 Passagiere) zur Wahl, die tiefer in die Buchten und Meeresarme vordringen und ein intensiveres Alaska-Erlebnis ermöglichen. Die Fähren von Alaska Marine Highway halten häufig entlang der Küste, sodass man an Land gehen kann. **Wo:** Die meisten Kreuzfahrtschiffe ab Seattle, Vancouver und Anchorage. **Wie:** mit Lindblad Expeditions (Tel. +1/212-765-7740; www.lindblad.com) und Regent SevenSeas Cruises (Tel. +1/954-776-6123; www.rssc.com). *Preise:* ca. € 2444 für 7 Nächte auf größeren Schiffen; 8 Nächte ab € 3296 auf kleineren Schiffen. *Wann:* Kreuzfahrten Mai–Sept. **Stateferries:** Tel. +1/907-465-3941; www.ferryalaska.com. **Glacier-Bay-Nationalpark:** Tel. +1/907-697-2230; www.nps.gov/glba. *Wann:* Mai–Sept. **Glacier Bay Lodge:** Tel. +1/907-264-4600; www.visitglacierbay.com. *Preise:* ab € 148. *Wann:* Mai– Sept. **Gustavus Inn:** Tel. +1/907-697-2254; www.gustavusinn.com. *Preise:* € 315, inklusive. *Wann:* Mai–Sept. **WHITE PASS** und **YUKON ROUTE RAILROAD:** Tel. +1/907-983-9827; www.whitepassrailroad.com. *Preise:* ab € 85 hin und zurück. **REISEZEIT:** Mai–Juni: trockenstes Wetter; Juli–Aug.: wärmstes Wetter; Mai, Sept.: günstigste Preise und die wenigsten Touristen; Anfang Nov.: jährliches *Sitka Whale Festival.*

Majestätischer Mikrokosmos Alaskas

KENAI-HALBINSEL UND PRINZ-WILLIAM-SUND

Alaska, USA

Die Kenai-Halbinsel, durch einen schmalen Meeresarm von der Metropole Anchorage getrennt, ist die Summe aller Reichtümer Alaskas: unerhörte Fischgründe, Wander- und Kajakmöglichkeiten sowie eine reiche Fauna.

Im Osten liegt der betörende, von den steilen Gletschern der Chugach Mountains umgebene Prinz-William-Sund.

Von Anchorage aus führt der Seward Highway entlang der Turnagain-Arm-Gletscherbucht durch eine herrliche Landschaft und erreicht nach 65 km Girdwood. Hier liegt das ganzjährig geöffnete Alyeska Resort, ein Skigebiet mit Luxushotel, das mit einem fantastischen Hallenbad, Spa und einer Gondelbahn zum Gipfelrestaurant Seven Glaciers aufwartet. Es fällt schwer, dort den Blick vom Panorama abzuwenden, um die Speisekarte zu studieren, die von der Alaska-Königskrabbe bis zum Rentier-Hotdog alles bietet.

Weiter geht's nach Cooper Landing am Fluss Kenai, wo Fischer mit die weltweit größten Lachse angeln. 200 km weiter, auf der 8 km langen Landzunge The Spit, liegt der Ort Homer (500 Einwohner), der sich als Kunst- und Fischereizentrum gefällt. Schauen Sie im berühmten Salty Dawg Saloon vorbei, eine alte Pelzjägerabsteige, in der Touristen, Fischer und Arbeiter aus der Konservenfabrik miteinander anstoßen.

Bei einem Kajak- oder Bootsausflug von Homer in die Kachemak Bay lassen sich Papageitaucher, Kormorane und Seeotter beobach-

Ein Orca springt in Kachemak Bay vor der Kenai-Halbinsel aus dem Wasser.

ten. An der fernen, fjordähnlichen Küste thronen die Pfahlbauten von Halibut Cove über dem Wasser, dessen Häuser durch Plankenwege verbunden sind. Die zauberhafte, per Flugzeug erreichbare Kachemak Bay Wilderness Lodge bietet 6 luxuriöse Hütten, dazu Entdeckungstouren in die Wildnis und perfekt zubereitete Mahlzeiten mit Lachs und Heilbutt.

Von Seward aus, das nach dem Staatssekretär benannt ist, der 1867 den Russen Alaska abkaufte (was man „Sewards Dummheit" nannte, bis man Gold entdeckte), fahren Ausflugsboote in den Kenai-Fjords-Nationalpark, an dessen zerklüfteter Küste sich Wale und Braunbären tummeln. Von Whittier und Valdez aus befahren Tourenschiffe und Kajaks den Prinz-William-Sund, der von

Fjorden und Gezeitengletschern umgeben ist und vor Wildtieren wimmelt. **Wo:** beginnt etwa 80 km südöstl. von Anchorage. **Info:** www.kenaipeninsula.org. **Alyeska:** Tel. +1/907-754-1111; www.alyeskaresort.com. *Preise:* ab € 110 (Nebensaison), ab € 178 (Hochsaison); Gondelbahn € 40; Dinner im Seven Glaciers € 45. **Salty Dawg Saloon:** Tel. +1/907-235-6718; www.saltydawgsaloon.com. **Kachemak Bay Wilderness Lodge:** Tel. +1/907-235-8910; www.alaskawildernesslodge.com. *Preise:* € 648, all-inclusive. *Wann:* Ende Mai–Sept. **Reisezeit:** Mai und Sept. sind am wenigsten touristisch.

Heiliges Freilichtmuseum der Navajo-Nation

CANYON DE CHELLY

Arizona, USA

Der Canyon de Chelly, im Besitz der Navajo-Nation, einem von 21 offiziell anerkannten Stämmen in Arizona (und einem der größten der USA), strahlt eine ruhige Magie und Spiritualität aus. Der Mythologieexperte Joseph Campbello nannte ihn den „heiligsten Ort der Erde". Neben Monument Valley (s. S. 712) ist der Canyon das größte Heiligtum des riesigen Navajo-Reservats.

Um das Jahr 700 begannen die Anasazi, mehrstöckige Häuser in den Sandstein zu hauen. Im 14. Jh. verließen die Bewohner sie aus mysteriösen Gründen. Heute gehören sie zu den ältesten Siedlungen Nordamerikas und sind – neben der Naturschönheit des Canyons – die Hauptattraktion dieser 336 km² großen Region.

Das Nationalmonument leitet seinen Namen vom Navajo-Wort *tseyi*, „Felscanyon", ab. Steile rosa-orange leuchtende Felswände zeigen alte Piktogramme und Felsritzungen; der von Pappeln gesäumte Rio de Chelly schneidet sich durch den Fels. Nahe dem Besucherzentrum sehen Sie die 1902 als Handelsposten errichtete Thunderbird Lodge. Buchen Sie eine von Navajos geführte Jeeptour durch die Sommerhitze und über holprige Straßen. (Der Canyon ist für Besucher weitgehend tabu; abgesehen vom Weg zum White House ist er nur per geführter Fahrzeugtour zugänglich.)

Der befestigte, 25 km lange North Rim Drive folgt dem Canyon del Muerto („Canyon des Toten") und führt nach Navajo Fortress, wo sich indianische Krieger 1863 vor US-Truppen verbargen, nachdem man ihnen befohlen hatte, in ein karges Reservat im Osten von New Mexico umzusiedeln. Wer wenig Zeit hat, sollte sich für den 30 km langen South Rim Drive entscheiden, der noch überwältigendere Ausblicke bietet. Wandern Sie vom White House Overlook den steilen Pfad 1,5 km hinab zu den White House Ruins, mit 80 Räumen die größte Siedlung im Canyon. Der letzte Halt ist am spektakulären Spider Rock Overlook. Laut Navajo-Mythologie wohnt auf der 240 m hohen Felsnadel eine Göttin namens Spin-

Die White House Ruins, zwischen 1040 und 1275 bewohnt, sind die größte Siedlung ihrer Art im Canyon.

nenfrau. Sie erschuf das Universum, indem sie Sterne aus ihrem aus Tau gewebten Netz in den Himmel warf.
Wo: 360 km nordöstl. von Flagstaff. Tel. +1/928-674-5500; www.nps.gov/cach. THUNDER-BIRD LODGE: Tel. +1/928-674-5841; www.tbirdlodge.com. *Preise:* ab € 55 (Nebensaison), ab € 96 (Hochsaison): Touren ab € 40. **REISEZEIT:** Mai–Okt.: gutes Wetter und guter Zugang zum Canyon.

Meisterwerk der Natur

GRAND CANYON

Arizona, USA

Kaum etwas kommt dem Grand Canyon gleich. „Er wird Ihnen so verblüffend vorkommen, so unirdisch in Farbe, Majestät und Architektur, als hätten Sie ihn in einer jenseitigen Welt oder auf einem anderen Stern entdeckt", schrieb ein faszinierter John Muir, Gründer des Sierra Club. Die kilometertiefe, vom Colorado River geschaffene Schlucht ist 450 km lang und bis 30 km breit. Stündlich verändert das Gestein seine Farbe, von Rot über Orange bis zu Violett. Zu jeder Tageszeit entfaltet es seinen Zauber. Die meisten der 4 Mio. Besucher pro Jahr reisen zum überwältigenden South Rim 1 Autostunde nördlich von Flagstaff, von wo aus Wanderwege in den Canyon führen. Hier liegen das Besucherzentrum und einige Lodges, darunter das große El Tovar. 1905 von Hopi-Bauleuten errichtet, gilt es als Kronjuwel aller Nationalpark-Lodges, auf dessen Aussichtspunkten man sich am Ende der Welt wähnt.

Geführte Ausritte auf trittsicheren Maultieren bringen Sie an einem Tag hinunter zum Plateau Point und wieder zurück. Oder Sie wandern auf dem Bright Angel Trail 9 km zur Phantom Ranch, der einzigen Unterkunft unterhalb des Plateaus. Malerisch sind auch der South Kaibab Trail und der einfachere, größtenteils befestige Rim Trail.

340 km per Auto oder eine 35-km-Wanderung trennen den South Rim vom ebenso herrlichen (und weniger überlaufenen) North Rim. Genießen Sie den Blick von der 1937 aus Stein und Holz gebauten Grand Canyon Lodge, bevor Sie auf dem 25 km langen North Kaibab Trail zur Phantom Ranch aufbrechen.

Die jüngste Attraktion ist der Grand Canyon Skywalk, ein 20 m langer Glasbodengang 1200 m über dem Grund des Canyons im Hualapai-Reservat in Grand Canyon West. Er ist ein beliebtes Ziel von Tagesausflüglern aus dem 200 km entfernten Las Vegas (s. S. 827).

Die Gesteinsschichten des Grand Canyon legen 2 Mrd. Jahre Erdgeschichte frei.

Wer auf Abenteuer aus ist, kann den bewegten Colorado River mit Motor-, Ruderbooten oder Floßen befahren – buchen Sie dazu rechtzeitig im Voraus. Die Fahrten dauern von 2 Stunden bis zu 2 Wochen durch Stromschnellen der Klassen I–V. Beim Landgang erkundet man Seitentäler, Schwimmlöcher und Wasserfälle; nachts wird am sandigen Flussufer unter dem Sternenhimmel campiert.

Viele Canyon-Besucher nutzen Sedona (s. S. 714) oder Flagstaff als Basis. In Flagstaff gibt es das Inn at 410, ein Holzhaus von 1894 mit 9 Zimmern, heute ein B&B, 2 Straßen von Flagstaffs restauriertem historischem Viertel entfernt. Auch der Country-Tanz im Museum Club von Flagstaff („Zoo Club" genannt) und das Lowell-Observatorium sind sehenswert.

Wo: South Rim 130 km nördl. von Flagstaff; North Rim 430 km östl. von Las Vegas. Tel. +1/928-638-7888; www.nps.gov/grca. EL TOVAR: Tel. +1/303-297-2757; www.grandcanyonlodges.com. *Preise:* ab € 133. MAULTIERRITTE: Tel. +1/303-297-2757; www.grandcanyonlodges.com. *Preise:* ab € 100. *Wann:* ganzjährig am South Rim; Mitte Mai–Mitte Okt. am North Rim. GRAND CANYON LODGE: Tel. +1/480-337-1320; www.grandcanyonforever.com. *Preise:* ab € 85. *Wann:* Mitte Mai–Mitte Okt. SKYWALK: Tel. +1/702-878- 9378; www.grandcanyonskywalk.com *Preise:* € 52 (inkl. Zutritt zu Grand Canyon West). FLOSSFAHRTEN/ RAFTING: O.A.R.S., Tel. +1/209-736-4677; www.oars.com/grandcanyon. *Preise:* 4 Tage ab € 1302. *Wann:* Apr.–Okt. THE INN AT 410: Tel. +1/928-774-0088; www.inn410.com. *Preise:* ab € 120. MUSEUM CLUB: Tel. +1/928-526-9434; www.museumclub.com. LOWELL-OBSERVATORIUM: Tel. +1/928-774-3358; www.lowell.edu. REISEZEIT: März–Anf. Mai, Sept.–Okt.: angenehmes Klima und weniger Touristen.

See des Südwestens, von Menschenhand gemacht

LAKE POWELL

Arizona und Utah, USA

Stellen Sie sich den Grand Canyon vor und füllen Sie ihn mit Wasser. So entstand Lake Powell – der zweitgrößte Stausee der USA, dessen türkises Wasser unwirklich in der rötlichen Felslandschaft von Arizonas Norden und Utahs Süden schimmert. Die Idee zum 216 m hohen Glen-Canyon-Staudamm stammt aus den 1920er-Jahren; fertig wurde er in den 1960ern, doch erst um 1980 hatte der Colorado River den See vollständig gefüllt. Bei Gratistouren vom Carl-Hayden-Besucherzentrum aus kann man die gigantischen Turbinen im Inneren der Staumauer sehen, die Strom für die westlichen Staaten der USA erzeugen.

Der 300 km lange See mit einem fast straßenfreien, 3150 km langen Ufer ist heute eine Hausboot-Hochburg. Über 90 Canyons (von schmalen Schluchten bis zu 15 km breiten Buchten) schneiden sich in die roten Klippen. Tagsüber entdeckt man unzählige Sandbuchten und Strände; nachts leuchten spektakulär die Sterne. In der lebhaften Stadt Page am Übergang zu Arizona gibt es in der Wahweap Marina Hausboote (von einfach bis luxuriös), Kajaks und Unterkünfte an Land zu mieten. Kleine Motorboote sind bei Anglern ganzjährig gefragt; Ausflugsschiffe legen von hier am späten Nachmittag ab – für ein romantisches Dinner auf dem Wasser.

Die Rainbow Bridge am Südufer hat große spirituelle Bedeutung für die Navajo, sie nennen sie „zu Stein gewordener Regenbogen". Mit fast 90 m Höhe und 82 m Breite ist dies der größte Natursteinbogen der Welt. Beliebtes Ausflugsziel von Page aus ist der Antelope Canyon im Navajo-Nation-Reservat (s. unten). Die stellenweise 36 m tiefe und nur wenige Meter schmale Schlucht windet sich durch rost- und rosafarbenen Fels, der bei Lichteinfall leuchtet.

Gleich hinter der Grenze zu Utah liegt Amangiri („friedlicher Berg"), ein exquisites, 240 ha großes Resort. Navajo-Traditionen prägen das umfangreiche Wellnessangebot, und die Suiten bieten betörende Ausblicke auf die Dünen und Plateaus der Wüstenlandschaft. **Wo:** Page liegt 220 km nördl. von Flagstaff. **Info:** www.pagelakepowelltourism.com. **Hausboote:** Lake Powell Resorts & Marinas, Tel. +1/928-645-1111; www.lakepowell.com. *Preise:* 3 Tage ab € 974 (Nebensaison), ab € 1333 (Hochsaison) für ein Boot mit 6 Schlafplätzen. **Wie:** Overland Canyon Tours bieten Ausflüge zum Antelope Canyon an. Tel. +1/928-608-4072; www.overlandcanyon.com. **Amangiri:** Tel. +1/435-675-3999; www.amanresorts.com. *Preise:* ab € 740. **Reisezeit:** Jun.–Okt.: Wassersport; Apr., Juni, Okt.–Nov.: zum Angeln.

Ein Steindenkmal für den Wilden Westen

Monument Valley Navajo Tribal Park

Arizona und Utah, USA

Monument Valley, der Inbegriff des Wilden Westens, ist eine große, karge Ebene zwischen hohen Felsformationen entlang der Grenze von Arizona zu Utah. Eine landschaftlich spektakuläre – und holprige – Schotterpiste führt vom Besucherzentrum an Tafelbergen und bis zu 300 m hohen Felsnadeln vorbei, die Totempfahl, Fäustlinge oder Elefantenberg heißen. Zu Fuß darf man die Landschaft nur in Begleitung eines Navajo-Führers erkunden.

Jahrmillionen der Erosion haben Yei Bi Chai und den Totempfahl geformt.

Monument Valley liegt im Navajo-Nation-Reservat, mit 70.000 km² etwa so groß wie Bayern. Hier führen die Navajo immer noch ein traditionelles Leben. Für sie ist alles im *Tsébii' nidzisgai* („Tal zwischen den Felsen") heilig. Auch für Hollywood hat es eine besondere Bedeutung. Eine Einführung dazu bekommt man in Goulding's Lodge and Trading Post, 1924 vom Viehzüchter Harry Goulding gegründet. Dieser brachte den Filmregisseur John Ford dazu, hier seine berühmten Western zu drehen, angefangen mit dem John-Wayne-Klassiker *Höllenfahrt nach Santa Fé* von 1939. Gouldings Hotel mit 62 Zimmern war die einzige Unterkunft für die Filmcrew. Das neue, von Navajo geleitete View Hotel ist nun eine Alternative. Vom verglasten Lichthof hat man einen bezaubernden Blick, denselben wie aus den 95 Gästezimmern und dem Restaurant, in dem ein begabter Navajo-Küchenchef kocht. Erleben Sie, wie bei Sonnenuntergang das ganze Tal Feuer zu fangen scheint. Im kleinen Ort Window Rock finden Sie das Navajo Nation Museum und jeden September die *Navajo Nation Fair*. Nicht weit davon liegt Tuba City in einer der interessantesten Gegenden der Painted Desert. Im Oktober verwandeln zur *Western Navajo Fair* Musik, Tänzer und eine Parade den gesamten Ort. Auch die kleinere Hopi Reservation heißt Besucher willkommen. Hier verteilen sich 12 alte Dörfer über 3 Tafelberge. Das Kulturzentrum der Hopi ist eine Kombination aus Museum, bescheidenem Motel und einfachem, traditionellem Restaurant.

Wo: 275 km nördl. von Flagstaff. **Info:** Tel. +1/928- 871-6647; www.navajonationparks.org. **Wie:** Reit-, Jeep- und Wandertouren mit Sacred Monument Tours. Tel. +1/435-727-3218; www.monumentvalley.net. *Preise:* ab € 45. **Goulding's Lodge:** Tel. +1/435-727-3231; www.gouldings.com. *Preise:* ab € 60 (Nebensaison), ab € 144 (Hochsaison). **View Hotel:** Tel. +1/435-727-5555; www.monumentvalleyview.com. *Preise:* ab € 74 (Nebensaison), ab € 148 (Hochsaison); Dinner € 20. **Navajo Nation Museum:** Tel. +1/928-871-7941; www.navajonationmuseum.org. **Navajo Nation Fair:** Tel. +1/928-871-6478; www.navajonationfair.com. *Wann:* Anfang Sept. **Hopi-Kulturzentrum:** Tel. +1/928-734-2401; www.hopiculturalcenter.com. *Preise:* ab € 63; Mittagessen € 7,50. **Reisezeit:** Spätnachmittag, Sonnenuntergang oder Mitternacht bei Vollmond; Apr.–Mai und Okt.–Nov.: kühl und weniger touristisch; Anf. Sept.: *Navajo Nation Fair*, Okt.: *Western Navajo Fair*.

Eine Wüstenoase mit unzähligen Fairways

Golfen im Valley of the Sun

Phoenix und Scottsdale, Arizona, USA

Der Großraum Phoenix mit seinen über 200 Golfplätzen und etwa 300 Sonnentagen im Jahr – poetischer als „Tal der Sonne" bezeichnet – hat sich zu einem der beliebtesten Winterreiseziele der USA entwickelt.

Vor allem wegen Troon North und seinen 2 erstklassigen Golfplätzen mit Tagesgebühr – Monument, gestaltet von Tom Weiskopf und Jay Morrish, und Weiskopfs Pinnacle – gilt Scottsdale als Golf-Mekka. Gäste des Four Seasons Resort Scottsdale in Troon North genießen neben der bevorzugten Nutzung der Anlage und ihrer luxuriösen Unterkunft den Blick auf Kakteen sowie die Weinverkostung nach dem Golfen.

Kronjuwel ist The Phoenician mit 3 9-Loch-Plätzen auf 60 ha, einem herrlichen Spa und einem Astronom, der den klaren Wüstenhimmel erklärt. Das Boulder Resort im nahen Carefree ähnelt einer Oase und wartet mit atemberaubenden Ausblicken auf die Sonora-Wüste, 2 von Jay Moorish gestalteten 18-Loch-Plätzen und dem Golden-Door-Spa auf.

Das Fairmont Scottsdale Princess mit seinen Palmen und gefliesten Brunnen ähnelt einem maurischen *palacio*. Einer seiner 2 bejubelten Plätze, der TPC of Scottsdale, richtet die Waste Management Phoenix Open aus.

Das Arizona Biltmore mit seinem Service auf Dreirädern wirkt fröhlicher als viele Konkurrenten. Das von einem Frank-Lloyd-Wright Schüler mit Unterstützung seines Meisters entworfene Hotel mit exquisitem Spa liegt zwischen 2 18-Loch-Plätzen. Das Wigwam bietet als einziges 3 Turniergolfplätze, darunter der von Robert Trent Jones sen. gestaltete klassische Gold Course.

Arizonas größter Infinity Pool und ein asiatisches Spa sind die Höhepunkte des Sanctuary auf dem Camelback Mountain. Angesichts des Panoramas von Paradise Valley bleiben die Golfschläger vielleicht einen Tag stehen.

INFO: www.golfarizona.com. TROON NORTH: Tel. +1/480-585-5300; www.troonnorthgolf.com. *Preise:* Greenfee ab € 33 (Nebensaison), ab € 107 (Hochsaison). FOUR SEASONS RESORT: Tel. +1/480-515-5700; www.fourseasons.com. *Preise:* ab € 144 (Nebensaison), ab € 389 (Hochsaison). PHOENICIAN: Tel. +1/480-941-8200; www.thephoenician.com. *Preise:* ab € 133 (Nebensaison), ab € 241 (Hochsaison); Greenfee ab € 22 (Nebensaison), ab € 148 (Hochsaison). BOULDERS RESORT: Tel. +1/480-488-9009; www.theboulders.com. *Preise:* ab € 96 (Nebensaison), ab € 295 (Hochsaison); Greenfee € 148. FAIRMONT SCOTTSDALE PRINCESS: Tel. +1/480-585-4848; www.fairmont.com. *Preise:* ab € 110 (Nebensaison), ab € 207 (Hochsaison); Greenfee ab € 74 (Nebensaison), ab € 104 (Hochsaison). ARIZONA BILTMORE: Tel. +1/602-955-6600; www.arizonabiltmore.com. *Preise:* ab € 96 (Nebensaison), ab € 222 (Hochsaison); Greenfee ab € 30 (Nebensaison), ab € 74 (Hochsaison). WIGWAM GOLF RESORT & SPA: Tel. +1/623-935-3811; www.wigwamresort.com. *Preise:* ab € 81 (Nebensaison), ab € 193 (Hochsaison); Gold-Greenfees ab € 26 (Nebensaison), ab € 55 (Hochsaison). SANCTUARY, CAMELBACK MOUNTAIN: Tel. +1/480-948-2100; www.sanctuaryaz.com. *Preise:* ab € 133 (Nebensaison), ab € 385 (Hochsaison). REISEZEIT: Dez.–Apr.; Jan.–Feb.: WM Phoenix Open.

"Schichttorten"-Landschaft und Sandstein-Wolkenkratzer

SEDONA UND RED ROCK COUNTRY

Arizona, USA

Wie eine Skulptur aus rotem Stein hebt sich die Stadt Sedona mit ihren roten Felssäulen von grünen Hügeln und einem blauen Himmel ab. Die Anreise von Flagstaff ist schon das halbe Vergnügen: Der Highway 89A führt durch den Oak Creek Canyon und vorbei an erodierten Monolithen. Haltebuchten laden dazu ein, Fotos zu machen oder sich in einem der Schwimmlöcher des Flusses zu erfrischen.

Für die Yvapai Apache ist diese Gegend heilig. 7 angebliche Energiewirbel-Stätten mit heilenden und reinigenden Eigenschaften ziehen Spirituelle und Möchtegern-Schamanen an. Es gibt zahlreiche Wege zum Wandern und Mountainbiken. Auch aus einem Heißluftballon oder mit einem der unübersehbaren rosa Tourenjeeps kann man die Landschaft erkunden. In der Sommerhitze (leicht gemildert durch die Höhenlage der Stadt auf 1350 m) badet man im Slide Rock Canyon State Park oder flüchtet sich in die klimatisierten Galerien der Main Street in der Innenstadt, wo sich die lebhafte Kunstszene von Sedona abspielt.

Im Tlaquepaque Arts & Crafts Village, einem nachgebauten mexikanischen Dorf, gibt es Dutzende Geschäfte zu entdecken. (Es liegt gegenüber dem Center for the New Age, das Touren zu den Wirbeln anbietet.) Die Kapelle Holy Cross, ein weiterer spiritueller Ort, deren Fassade ein riesiges Kreuz ziert, wurde 60 m über dem Tal in den Fels gebaut.

Die Kapelle Holy Cross, 1956 vollendet, bietet einen herrlichen Blick und Inspiration.

Sedona ist für seine Luxusunterkünfte bekannt. Den 1. Platz nimmt das 28 ha große Enchantment Resort vor der Stadt ein. Die meisten Gäste kommen wegen seines Spas Mii amo und seiner Lage am Boynton Canyon. Beschließen Sie Ihren Tag in seinem Yavapai-Restaurant und beobachten Sie, wie der Mond über den rostroten Felsen aufgeht.

Zu den kleineren Unterkünften zählt die gemütliche Garland's Oak Creek Lodge aus den 1930er-Jahren mit ihrer bodenständigen Küche. Ihre 16 Gästehäuser, manche mit Kamin und einige am Fluss gelegen, sind von üppigem Garten und Obstbäumen umgeben. El Portal in der Stadt ist eine familiäre *hacienda*. Von hier ist es ein kurzer Spaziergang nach Tlaquepaque.

Wo: 190 km nördl. von Phoenix. **Info:** www.visitsedona.com. **Pink Jeep Tours:** Tel. +1/928-282-5000; www.pinkjeep.com. **Slide Rock Canyon State Park:** Tel. +1/928-282-3034; www.azstateparks.com. **Center for the New Age:** Tel. +1/928-282-2085; www.sedonanewagecenter.com. **Enchantment:** Tel. +1/928-282-2900; www.enchantmentresort.com. *Preise:* ab € 260 (Nebensaison), ab € 333 (Hochsaison); Dinner € 45. **Spa Mii Amo:** Tel. +1/928-282-2800; www.miiamo.com. **Garland's Lodge:** Tel. +1/928-282-3343; www.garlandslodge.com. *Preise:* ab € 180, all-inclusive. *Wann:* Mitte Nov.–Ende März: geschlossen. **El Portal:** Tel. +1/928-203-9405; www.elportalsedona.com. *Preise:* ab € 133 (Nebensaison), ab € 207 (Hochsaison). **Reisezeit:** März–Mai und Sept.–Okt.: schönstes Wetter; Ende Feb. oder Anf. März: *Sedona International Film Festival.*

Wellnesstempel mit Weltklasseniveau

Canyon Ranch und Miraval

Tucson, Arizona, USA

Die zauberhafte Sonora-Wüste mit ihren Riesenkakteen beheimatet 2 der besten Wellnessoasen der USA: Canyon Ranch und Miraval. Sie unterscheiden sich zwar in ihrem Ansatz, stehen aber beide regelmäßig mit ihrem Angebot, ihrer Ausstattung und ihrer Lage auf den Bestenlisten.

Seit die Canyon Ranch 1979 auf 60 ha in den Ausläufern der Santa Catalina Mountains gegründet wurde (zeitgleich mit einer ebenso luxuriösen Einrichtung in den Berkshires in Massachussetts), hat sie sich zu Nordamerikas berühmtestem Wellnesstempel entwickelt. Eine schier unerschöpfliche Vielfalt an Aktivitäten – von Pilates über geführte

Wüstenwanderungen bis zu Malkursen und Gesprächen über medizinische Themen – wird von Experten angeboten. Neben der Entspannung soll man neues Wissen aus den Kursen mit nach Hause nehmen, z. B. über Stressmanagement oder die Zubereitung typischer Speisen des Restaurants. Besonders beliebt: der Zitronen-Brombeer-Kuchen.

Im benachbarten Miraval verbringt man genauso viel Zeit mit der geistigen, emotionalen und spirituellen Entwicklung wie mit Körpertraining oder Kaktusfrucht-Peelings.

Inmitten von 160 ha ruhiger Wüstenlandschaft gelegen, bietet das Miraval die obligatorischen Fitnesskurse und Wellnessbehandlungen an, aber auch „Herausforderungen" wie Seiltanz oder eine 300 m lange Seilrutsche. Was hier zählt, ist, Grenzen zu überwinden. CANYON RANCH: Tel. +1/520-749-9000; www.canyonranch.com. *Preise:* 4 Nächte ab € 2118 (Nebensaison), ab € 3015 (Hochsaison), all-inclusive. MIRAVAL RESORT: Tel. +1/520-825-4000; www.miravalresorts.com. *Preise:* € 315, all-inclusive.

Gesellschaftlicher Glamour und fantastische Skipisten

ASPEN

Colorado, USA

Lässt man einmal beiseite, dass Aspen ein Promi-Ort ist, entdeckt man einen der besten Skiorte der USA. Exzellente Restaurants, Kunstgalerien und ein ganzjährig aktives gesellschaftliches Leben tragen zur Beliebtheit des Ortes bei der Prominenz bei. Die Straßen werden von gelben Häusern aus dem 19. Jh. gesäumt, als der Bergbau blühte. Während solch ein Heim für Normalbürger unerschwinglich ist, ist der großartige Blick auf die Rockys gratis.

Ein großes Skigebiet erstreckt sich über Aspens 4 Berge, die durch kostenfreie Shuttles und übertragbare Skipässe verbunden sind. Der größte Berg, Snowmass, ist perfekt für Familien. Aspen Mountain, von den Einheimischen „Ajax" genannt, ist mit einer 995 m hohen Steilwand und 76 Skipisten in variablem Gelände eine Herausforderung. Einheimische lieben Aspen Highlands wegen der Wanderung auf den Highland Bowl und der Olympic-Bowl-Abfahrten. Für Anfänger ist Buttermelk am besten geeignet.

Begeben Sie sich nach einem Tag am Aspen Mountain in die Lodge The Little Nell, die einzige Unterkunft direkt an der Piste und nur einen Schneeballwurf von der Silver Queen Gondola, der längsten Gondelbahn des Landes, entfernt. Ihr elegantes Restaurant Montagna lockt mit einem erntefrischen Menü, das in Sachen Qualität dem Blick auf Aspen Mountain ebenbürtig ist.

Im Ort selbst steht das Hotel Jerome aus dem 19. Jh. Der viktorianische Dekor ist makellos, Jacuzzis und ein beheiztes Freibad kamen neu hinzu. Die historische J-Bar wird seit jeher aufgesucht, um zu sehen und gesehen zu werden.

Aspens Restaurantszene ist reichhaltig, von Tapasbars bis zu erstklassigem Sushi. Doch entfliehen Sie der Menge und gehen Sie ins Krabloonik, eine kleine, nach dem Leit-Schlittenhund des Inhabers benannte Blockhütte am Snowmass. Stammgäste lieben die saftigen Wildgerichte – Rentierkotelett oder Elchfilet – und die Hundeschlittenfahrten in die ruhigen Wälder.

Aspen beansprucht für sich auch den Titel „Festival-Hauptstadt der Rockys", obwohl Telluride (s. S. 721) etwas dagegen haben könnte.

Höhepunkte des ganzjährigen Angebots von Kulturveranstaltungen sind das Musikfestival, das Tanzfestival und das *Jazz Aspen Snowmass*, das mit Rock, Soul, Reggae und Jazz im Juni und erneut um den Labor Day herum aufwartet. Gourmets aus aller Welt führen die Festlichkeiten an, wenn das *Food and Wine Classic* 3 Tage lang im Juni stattfindet. **Wo:** 320 km südwestl. von Denver. **ASPEN SNOWMASS:** Tel. +1/970-925-1220; www.aspensnowmass.com. *Preise:* Skipass ab € 70. *Wann:* Skisaison Ende Nov.–Mitte Apr. **THE LITTLE NELL:** Tel. +1/970-920-4600; www.thelittlenell.com. *Preise:* ab € 244 (Nebensaison), ab € 600 (Hochsaison); Dinner im Montagna € 52. **HOTEL JEROME:** Tel. +1/970-920-1000; www.hoteljerome.com. *Preise:* ab € 185 (Nebensaison), ab € 781 (Hochsaison). **KRABLOONIK RESTAURANT:** Tel. +1/970-923-3953; www.krabloonikrestaurant.com. *Preise:* Dinner € 48. **REISEZEIT:** Dez.–März: Skifahren; Juni–Anf. Sept.: Wandern; Mitte Juni: *Food and Wine Classic*; Ende Juni–Ende Aug.: Musikfestival; Mitte Juli–Ende Aug.: Tanzfestival; Ende Juni und Anf. Sept.: *Jazz Aspen Snowmass*.

Eine jung gebliebene Kleinstadt in den Bergen

DURANGO

Colorado, USA

„Es liegt am Ende der Welt und ist froh darüber", scherzte Will Rogers. Heutzutage ist das im Animas River Valley liegende Örtchen zwischen der Wüste und den San Juan Mountains weniger abgeschieden, doch der Eindruck, dass hier die Zeit stehen geblieben ist, kombiniert mit vielen modernen Freizeitaktivitäten, macht seinen Reiz aus. Der 1881 gegründete Ort ist nicht zuletzt wegen seiner Nähe zum Mesa-Verde-Nationalpark (s. nächste S.) beliebt.

Studenten des Fort Lewis College beleben Durango und ernähren Dutzende Ski-, Rad- und Campingläden. Die umliegenden Berge bieten ein 480-ha-Skigebiet und 85 Wege auf dem Purgatory Mountain; Kajaksportler stürzen sich in die Stromschnellen der Klassen II und III des Animas River, der durch den Ort fließt, und auch Mountainbiker lieben Durango: 1990 fand hier die erste nationale Mountainbike-Meisterschaft statt, die jetzt jährlich immer woanders ist. Anfang September kommen Tausende Motorradfahrer zu einer Rallye hierher.

Schlendern Sie zum Strater Hotel, einem hübschen viktorianischen Backsteinbau, in dem schon die Wildwestlegenden Bat Masterson und Butch Cassidy genächtigt haben. In Zimmer 222 schrieb Louis L'Amour einige seiner Western-Romane. Live-Ragtime weht vom mit Kristallleuchtern und Samtvorhängen ausgeschmückten Diamond Belle Saloon herüber.

Das größte Erlebnis für alle Altersgruppen ist die Eisenbahn, *Durango & Silverton Narrow Gauge Railroad*, der Drehort der spannenden Überfallszene in *Zwei Banditen*. Seit 1882 in Betrieb, transportierte sie ursprünglich Arbeiter und Mineralien von und zur Silbermine von Silverton. Heute befördert sie auf der 70 km langen Strecke Touristen in viktorianischen Waggons, überwindet 900 Höhenmeter und überquert schmale Brücken über reißende Bäche.

Durango ist auch ein schöner Ausgangspunkt für eine 280-km-Rundfahrt auf dem San Juan Skyway, über 5 Bergpässe durch die San Juan Mountains Richtung Norden nach

Ouray und Silverton. Er geht über in den 1884 gebauten Million Dollar Highway, den Höhepunkt der Fahrt, bevor er über Telluride (s. S. 721), Rico und Cortez in die Stadt zurückführt. **Wo:** 540 km südwestl. von Denver. **Info:** www.durango.org. **Durango Mountain Resort:** Tel. +1/970-247-9000; www.durangomountainresort.com. *Preise:* Skipass € 48. *Wann:* Skisaison Dez.–März. **Strater Hotel:** Tel. +1/970-247-4431; www.strater.com. *Preise:* ab € 81 (Nebensaison), ab € 133 (Hochsaison). **Durango & Silverton Railroad:** Tel. +1/970-247-2733; www.durangotrain.com. *Preise:* ab € 37 hin und zurück (Nebensaison), ab € 60 hin und zurück (Hochsaison). *Wann:* Mai–Okt. **San Juan Skyway:** www.byways.org. **Reisezeit:** letztes Januarwochenende: *Snowdown Winter Festival*; Anf. Sept.: Rallye in den Rockys; Anf. Okt.: Cowboy-Treffen.

Ehrfurcht gebietende Felsbehausungen in Wüstencanyons

MESA-VERDE-NATIONALPARK

Colorado, USA

Mesa Verde, in der „die 4 Ecken" genannten Region gelegen, wo Colorado, New Mexico, Arizona und Utah aneinandergrenzen, ist der einzige Nationalpark der USA, der ausschließlich archäologischen Funden gewidmet ist. Die Einzigartigkeit der jahrhundertealten, kunstvoll gebauten Felsbehausungen erschließt sich auf den ersten Blick.

Angehörige der alten Pueblokultur (auch als Anasazi bekannt) lebten hier von 600 bis 1300 und errichteten unter Felsüberhängen und in Nischen Lehm- und Steinsiedlungen. Viele weisen nach Süden, sodass sie im Winter das kostbare Sonnenlicht einfangen, im Sommer aber vor der Gluthitze geschützt sind. Historiker schätzen, dass diese Ausrichtung ebenso spirituelle wie praktische Gründe hatte.

Die verlassenen Siedlungen waren nur dem benachbarten Bergvolk der Ute bekannt, bis sie 1888 von Viehzüchtern entdeckt wurden. 1906 erklärte man das Gebiet zum Nationalpark; seit damals hat man einige der etwa 600 mehrstöckigen Felsbehausungen auf fast 21 ha renoviert und der Öffentlichkeit zugänglich gemacht. Cliff Palace, die größte Felsbehausung Nordamerikas, besaß über 150 Räume, in denen zur Blütezeit etwa 100 Menschen wohnten. Die Siedlung ist nur mit Führer zugänglich – wie auch Balcony House, das zu besichtigen eine Herausforderung ist: Man erklimmt Leitern und kriecht durch einen 4 m langen Tunnel. Beide Stätten liegen auf Chapin Mesa, gemeinsam mit dem Spruce Tree House mit 130 Räumen und 8 Kivas (runden Zeremonialräumen). Wer die Gegend auf eigene Faust erkunden möchte, entdeckt auf der 10 km langen Mesa Top Loop Road Dutzende schöner Aussichtspunkte.

Die einzige Unterkunft des Parks ist die bescheidene Far View Lodge, deren Restaurant recht gute regionale Gerichte serviert. Die einfachen Zimmer haben Veranden mit kilometerweiter Aussicht in die Landschaft.

Wo: 55 km westl. von Durango. Tel. +1/970-529-4465; www.nps.gov/meve. *Wann:* ganzjährig; manche Stätten nur von Apr.–Okt. geöffnet. **Far View Lodge:** Tel. +1/970-564-4300; www.visitmesaverde.com. *Preise:* ab € 90. *Wann:* Apr.–Okt. **Reisezeit:** Apr.–Juni und Ende Aug.–Okt.: weniger Tourismus; Ende Mai: Mesa-Verde-Festival der indianischen Künste und westlichen Kultur.

Imposante Höhenzüge

Rocky-Mountain-Nationalpark

Colorado, USA

Mit 3 verschiedenen Ökosystemen auf 1075 km² ist der Rocky-Mountain-Nationalpark das natürliche Paradestück Colorados, eine Gegend mit glitzernden Bächen, Gletscherseen und unzähligen rauen Gipfeln – Longs Peak ist 4345 m hoch. Die meisten der 3 Mio. Besucher pro Jahr beginnen ihre Tour in der malerischen Kleinstadt Estes Park 5 km vom östlichen Parkrand entfernt. Die einzige Straße von hier durch den Park ist die Trail Ridge Road, die 77 km durch eine wunderbare Landschaft führt und die Kontinentalscheide auf einem der wichtigsten Langstrecken-Wanderwege kreuzt. Die 2-spurige Straße führt hinauf bis auf 3713 m, bevor sie den westlichen Parkeingang Grand Lake erreicht.

Dazwischen liegen über 560 km Wanderwege. Bear Lake, einer von 150 Seen des Parks, ist Ausgangspunkt für den Weg zum Emerald Lake. Auch die Wanderungen zur Glacier Gorge und zum herrlichen Mills Lake beginnen in der Nähe. Die Fauna dieser alpinen Region ist artenreich, mit Wapitis, Elchen und Dickhornschafen, scheuen Berglöwen, Bären und Kojoten. Wildblumen blühen von Mai bis August.

Im Park selbst gibt es keine Unterkünfte. Übernachten kann man in Estes Park im weitläufigen Stanley Hotel, das Stephen King zu *Shining* inspiriert hat. Intimer ist das 10-Zimmer-Hotel Romantic RiverSong Inn. Echtes Ranch-Feeling mit einem Hauch Luxus bietet die C Lazy U Ranch nahe dem Grand Lake. Tagsüber geht man hier reiten, abends kräftigt man sich am Western-Grill oder entspannt am großen Kamin in der Lobby.

Der Continental Divide Trail von Mexiko bis Kanada entlang der kontinentalen Wasserscheide verläuft durch den Park.

Wo: Estes Park liegt 106 km nordwestl. von Denver. Tel. +1/970-586-1206; www.nps.gov/romo. **Wann:** Park ganzjährig; Trail Ridge Road Ende Mai–Mitte Okt. **Stanley Hotel:** Tel. +1/970-577-4000; www.stanleyhotel.com. *Preise:* ab € 90 (Nebensaison), ab € 120 (Hochsaison). **Romantic RiverSong Inn:** Tel. +1/970-586-4666; www.romanticriversong.com. *Preise:* ab € 165. **C Lazy U Ranch:** Tel. +1/970-887-3344; www.clazyu.com. *Preise:* ab € 203, all-inclusive (Nebensaison ab 2 Nächten); ab € 1918 pro Woche, all-inclusive (Hochsaison). **Reisezeit:** Mitte Juli: Rooftop-Rodeo und Parade in Estes Park; Sept.–Anf. Okt.: Elche beobachten.

Wiege des Skisports in Colorado mit Western-Atmosphäre

STEAMBOAT SPRINGS

Colorado, USA

Der erste Skiort von Colorado erhielt seinen Namen in den 1860er-Jahren von französischen Pelzjägern, die fanden, das Glucksen einer heißen Quelle klinge wie ein Dampfschiff auf dem Yampa River. Steamboat Springs war zunächst eine Sommerfrische. Mit Eröffnung von Howelsen Hill im Jahr 1914 wurde es zum ersten Wintersportort des Staates. Steamboat Springs, Agrar- und Wintersportgemeinde, hat die meisten Olympiateilnehmer Colorados hervorgebracht, darunter Billy Kidd, der 1964 die Silbermedaille im Slalom gewann. Besuchen Sie seine Skischule – bestimmt entdecken Sie ihn mit seinem Stetson auf dem Kopf und dem berühmten Grinsen auf einer der Pisten.

Im Steamboat Ski Resort gibt es 165 Skipisten, von leicht bis anspruchsvoll.

Steamboat liegt 2042 m über dem Yampa River, inmitten des Medicine Bow/Routt-Nationalforsts und zweier Wildnisgebiete, die bis in 3650 m Höhe reichen. Außer Howelsen Hill mit seinen 3 Liften und 15 Pisten gibt es 5 km weiter das größere Steamboat Ski Resort mit 6 Gipfeln (der höchste ist Mount Werner mit 3220 m). „Champagnerpuder" nennt man hier den berühmten daunenweichen Schnee. Das nette Gebiet umfasst zahlreiche leichte und mittelschwere Hänge und hat als eines der ersten Kinderprogramme angeboten.

In der Region gibt es über 150 Mineralquellen, angefangen beim Gesundheits- und Erholungszentrum in Steamboat Springs mit 3 Mineralbecken im Freien, ferner einer 110 m langen Wasserrutsche und einem Schwimmbecken mit Olympiamaßen. In Strawberry Park Hot Springs am Hot Springs Creek ist die Umgebung natürlicher: Hier fließt 65° C heißes Wasser in Steinbecken zwischen schneebedeckten Bäumen.

Wer eine gemütliche, entlegene Unterkunft sucht, sollte die Home Ranch im winzigen Clark aufsuchen, eine der besten Gästefarmen Colorados. Die Gourmet-Mahlzeiten werden an Gemeinschaftstischen serviert (freitags ist Grillabend), und nach einem Tag auf dem Pferderücken kann man sich bei einem heißen Bad auf der eigenen Veranda unter dem Sternenhimmel entspannen.

Wo: 250 km nordwestl. von Denver. **HOWELSEN HILL:** Tel. +1/970-879-4300. *Preise:* Skipass ab € 12. *Wann:* Skisaison Dez.–März. **STEAMBOAT SKI RESORT:** Tel. +1/970-879-6111; www.steamboat.com. *Preise:* Skipass ab € 66. *Wann:* Skisaison Ende Nov.–Anf. Apr. **STEAMBOAT SPRINGS HEALTH AND RECREATION CENTER:** Tel. +1/970-879-1828; www.sshra.org. **STRAWBERRY PARK HOT SPRINGS:** Tel. +1/970-879-0342; www.strawberryhotsprings.com. **HOME RANCH:** Tel. +1/970-879-1780; www.homeranch.com. *Preise:* 2 Nächte ab € 704, all-inclusive (Nebensaison); ab € 4189 pro Woche, all-inclusive (Hochsaison). **REISEZEIT:** Jan.– Feb.: Skifahren; Anf. Feb.: Karneval; Mai–Juni: Wildblumen; Juli: Cowboy-Treffen zum Zusammentreiben der Weidetiere.

Herrliches Panorama und unvergleichliche Skiabfahrten

TELLURIDE

Colorado, USA

Stellen Sie sich eine der besterhaltenen Gold- und Silberminenstädte Coloradas in herrlicher Lage in den Rocky Mountains vor. Ergänzen Sie ein erstklassiges Skigebiet sowie ein ganzjähriges Kulturprogramm, und Sie haben Telluride. Restaurierte viktorianische Häuser und schicke Boutiquen stehen im Schatten von 4000ern – und bezeugen, dass neue Zeiten angebrochen sind, seit Butch Cassidy hier 1889 seinen ersten Bankraub beging.

Von den 115 Skipisten in einem herrlichen 800-ha-Gebiet sind mehr als zwei Drittel für Anfänger und Fortgeschrittene geeignet, während die steilsten Pisten zu den härtesten des Landes zählen. An einem kristallklaren Tag macht die Abfahrt „See Forever" ihrem Namen alle Ehre. Volle Pisten kennt man hier nicht – Tellurides abgeschiedene Lage garantiert freie Fahrt.

Eine atemberaubende Gondelfahrt verbindet die Stadt mit dem europäisch anmutenden Mountain Village. Im Peaks Resort kann man seine müden Beine pflegen oder wie die Einheimischen den Last Dollar Saloon aus der Bergwerksära bzw. den Fly Me to the Moon Saloon aufsuchen und Livemusik lauschen.

Im nahen Dolores mit der sorgfältig restaurierten Geisterstadt Dunton Hot Springs aus dem 19. Jh. findet man sich in der Vergangenheit wieder. Beim Fliegenfischen, Reiten oder morgendlichen Yoga in einer Blockhütte, einst Haltestelle des Ponyexpress, erlebt man Idylle pur.

Telluride ist für seine vielen Festivals berühmt, darunter *Mountainfilm* (Ende Mai), *Jazz Celebration* (Ende Juni) und das *Bluegrass Festival* (Mitte Juni). Über das Filmfestival im September schrieb Roger Ebert: als „würde Cannes sterben und in den Himmel auffahren"; das Bier- und Musikfestival *Blues & Brews* findet etwas später im September statt. Wo sich derart viele Events im Kalender drängen, ist nachvollziehbar, dass sich die Bewohner auf das „No Festival Weekend" freuen.

Wo: 55 km südwestl. von Denver. **Info:** www.visittelluride.com. **TELLURIDE SKI RESORT:** Tel. +1/970-728-6900; www.tellurideskiresort.com. *Preise:* Skipass ab € 68. *Wann:* Ende Nov.–Anf. Apr. **PEAKS RESORT:** Tel. +1/970-728-6800; www.thepeaksresort.com. *Preise:* ab € 104 (Nebensaison), ab € 148 (Hochsaison). **DUNTON HOT SPRINGS:** Tel. +1/970-882-4800; www.duntonhotsprings.com. *Preise:* Hütten ab € 370, all-inclusive (Nebensaison), ab € 630 (Hochsaison). *MOUNTAINFILM:* Tel. +1/970-728-4123; www.mountainfilm.org. *Wann:* Ende Mai. *JAZZ CELEBRATION:* Tel. +1/970-728-7009; www.telluridejazz.com. *Wann:* Anf. Juni. **BLUEGRASS FESTIVAL:** Tel. +1/303-823-0848; www.bluegrass.com/telluride. *Wann:* Mitte Juni. **FILMFESTIVAL:** Tel. +1/510-665-9494; telluridefilmfestival.org.

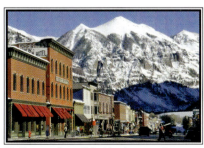

Die Hauptstraße von Telluride erinnert an die Wildwestzeit.

Wann: Anf. Sept. BLUES & BREWS FESTIVAL: Tel. +1/970-728-8037; www.tellurideblues.com. *Wann:* Mitte Sept. REISEZEIT: Apr.–Juni und Okt.–Nov.: bestes Wetter; Juni–Sept.: kulturelle Veranstaltungen; Dez.–März: Skisaison.

Herrliche Abfahrten und Pulverschnee

VAIL

Colorado, USA

Das größte zusammenhängende Skigebiet in den USA (in Nordamerika ist nur Whistler größer, s. S. 926) misst über 26 km². Es ist stolz auf seine 2120 ha Pisten, darunter die weltberühmten, schier endlosen majestätischen Back Bowls. Anders als Aspen (s. S. 716) oder Steamboat Springs (s. S. 720) entstand der Skiort Vail nicht aus einer ehemaligen Minenstadt, sondern wurde 1962 quasi auf dem Reißbrett entworfen, als hier die ersten Skilifte installiert wurden. Benannt wurde der Ort nach dem Vail Pass, welcher wiederum nach dem Ingenieur Charles Vail benannt wurde, der den Highway durch die Region gebaut hatte. So fehlt Vail zwar das Flair anderer Skiorte Colorados, doch hierher kommt man des Skigebiets wegen, das seit 1962 immer weiter „aufgerüstet" wurde. 34 Lifte gibt es inzwischen, darunter die meisten Hochgeschwindigkeits-Sesselbahnen auf einem einzelnen Berg.

7 zusammen 12 km breite, naturbelassene Hänge mit lockerem Pulverschnee findet man auf der Rückseite des Bergs. Das Blue Sky Basin, so groß wie Aspen Mountain (s. S. 716), ist wohl der spektakulärste: 260 ha markierte Skirouten (keine geräumten Pisten) führen in unberührte Wildnis und bieten Stille und Einsamkeit.

Die luxuriöse Lodge at Vail direkt an der Piste hat die beste Lage der Stadt (hier, in Mickey's Lounge, tummelt man sich zum Après-Ski). Auch das Sonnenalp Resort of Vail in Vail Village ist eine gute Wahl. Es hat ein Spa mit Rundumservice und 88 Luxussuiten im europäischen Stil.

Das benachbarte Beaver Creek bietet 146 Pisten auf 3 Bergen und erinnert an einen Alpenort; das Resort liegt so nah an Vail, dass man morgens im einen Gebiet, nachmittags im anderen Ski fahren kann. (Die Skipässe für Vail und Beaver Creek gelten auch in Breckenridge, Keystone und Arapahoe Basin, die alle im Umkreis von 65 km liegen und mittels Shuttle-Service erreichbar sind.) Das nahe Ritz-Carlton, Bachelor Gulch, dessen Name einer Gruppe von Siedlern vom Anfang des 19. Jh. entlehnt ist, präsentiert sich als großer Bau im Stil von Blockhütten, wie man sie im Yellowstone- und Yosemite-Nationalpark findet. Das Skihotel hat fast 100 offene Kamine und ein etwa 2000 m² großes Spa mit 3 Felsgrotten und einem Whirlpool.

Wo: 160 km westl. von Denver. Tel. +1/970-476-5601; www.vail.snow.com. *Preise:* Skipass ab € 72. *Wann:* Skisaison Mitte Nov.–Anf. Apr. LODGE AT VAIL: Tel. +1/970-476-5011; www.lodgeatvail.rockresorts.com. *Preise:* ab € 148 (Nebensaison), ab € 370 (Hochsaison). SONNENALP: Tel. +1/970-476-5656; www.sonnenalp.com. *Preise:* Suiten ab € 281 (Nebensaison), ab € 630 (Hochsaison). BEAVER CREEK: Tel. +1/970-845-9090; www.beavercreek.com. *Preise:* Skipass ab € 72. THE RITZ-CARLTON, BACHELOR GULCH: Tel. +1/970-748-6200; www.ritzcarlton.com. *Preise:* ab € 300 (Nebensaison), ab € 444 (Hochsaison).

Die perfekte amerikanische Kleinstadt

ESSEX

Connecticut, USA

Ein würdevoller Geist aus der Zeit des Unabhängigkeitskrieges schwebt über Essex, einem Bilderbuch-Städtchen am Connecticut River, dessen Häuser aus der Kolonial- und Föderationszeit und der Blütezeit des Schiffsbaus stammen.

Weiße Zäune umgeben die schönen Gebäude an der Main Street, und in den Jachthäfen tanzen Segelboote auf den Wellen.

Der Seefahrervergangenheit von Essex kann man im Connecticut River Museum nachspüren. Das ehemalige Lagerhaus von 1870 präsentiert u.a. eine Replik von Amerikas erstem U-Boot *The Turtle* in Originalgröße. Eisenbahnfans sollten mit dem *Essex Steam Train* in Original-Pullman-Waggons von 1920 nach Deep River im Norden fahren, wo im Sommer 70 Trommler- und Pfeiferkorps auf der Main Street paradieren. Anschließend geht's entweder mit dem Zug nach Essex zurück oder auf einem Flussdampfer im Mississippi-Stil weiter nach East Haddam.

Essex verdankt seinen Ruhm auch dem Griswold Inn, dem ältesten Gasthaus Connecticuts. Sein Tap Room, die Bar von 1738 mit einem bauchigen Ofen in der Mitte, Holzvertäfelung, maritimem Dekor und Drucken von Currier & Ives an den Wänden, ist legendär.

Viele Gäste kommen sonntags zum riesigen Jagdfrühstück, das es seit dem Krieg von 1812 gibt.

In Ivoryton liegt das Copper Beech Inn, dessen 22 Zimmer dem Garten an Charme in nichts nachstehen. In der Brasserie Pip im Haupthaus serviert man französische Gerichte wie Steak frites, Entenconfit und Kalbsbries.

Wo: 160 km nordöstl. von New York City. **Info:** www.essexct.com. **Connecticut River Museum:** Tel. +1/860-767-8269; www.ctrivermuseum.org. **Essex Steam Train:** Tel. +1/860-767-0103; www.essexsteamtrain.com. **Griswold Inn:** Tel. +1/860-767-1776; www.griswoldinn.com. *Preise:* ab € 74; Dinner im Tap Room € 26, sonntägliches Jagdfrühstück € 15. **Copper Beech Inn:** Tel. +1/860-767-0330; www.copperbeechinn.com. *Preise:* ab € 130 (Nebensaison), ab € 178 (Hochsaison); Dinner € 45. **Reisezeit:** Mitte Juli: Versammlung der Trommler- und Pfeiferkorps in Deep River; Weihnachten: Weihnachtsdekoration.

Heimat einer Schriftstellerlegende

DAS MARK-TWAIN-HAUS

Hartford, Connecticut, USA

Literaturfreunde aus der ganzen Welt kommen hierher, um das Haus des beliebten Schriftstellers Samuel Clemens, besser bekannt als Mark Twain, zu besuchen. „Für uns", sagte Twain, „hatte unser Haus … ein Herz, eine Seele und Augen. ... Es gehörte zu uns, und wir waren seine Vertrauten und lebten in seiner Gnade und dank seines Segens in Frieden."

Auch wenn man Mark Twain gemeinhin mit seinem Geburtsort Hannibal in Missouri in Verbindung bringt, hatte dieses Haus in Hartford eine besondere Bedeutung für ihn.

Das hochviktorianische Herrenhaus wurde von dem bekannten New Yorker Architekten Edward Tuckerman Potter gebaut. Twain lebte hier mit seiner Familie von 1874 bis 1891, während einige seiner berühmtesten Werke entstanden, darunter *Die Abenteuer von Tom Sawyer*, *Die Abenteuer von Huckleberry Finn* und *Ein Yankee aus Connecticut an König Artus' Hof*. In dem schön restaurierten 19-Zimmer-Haus werden Gegenstände von Louis Comfort Tiffany und etwa 10.000 Objekte aus der viktorianischen Zeit gezeigt. In dem modernen Museumsgebäude daneben werden Leben und Zeit des großen Erzählers detailliert dokumentiert.

Nicht weit davon widmet sich das Harriet Beecher Stowe Center der Autorin von *Onkel Toms Hütte*. Die Autorin lebte von 1873 bis zu ihrem Tod 1896 in dem neugotisch-viktorianischen Backsteinbau.

Das Wadsworth Atheneum in der Nähe des Kapitols war das erste öffentliche Kunstmuseum der Nation. Zu den Höhepunkten der Sammlung zählen die Maler der Hudson River School wie Thomas Cole und Frederic Church.

Mark-Twain-Haus: Tel. +1/860-247-0998; www.marktwainhouse.org. **Harriet Beecher Stowe Center:** Tel. +1/860-522-9258; www.harrietbeecherstowecenter.org. **Wadsworth Atheneum:** Tel. +1/860-278-2670; www.wadsworthatheneum.org. **Reisezeit:** Weihnachtszeit, wenn das Mark-Twain-Haus prachtvoll geschmückt ist.

Distinguiertes Landleben unter Ulmen

LITCHFIELD HILLS

Connecticut, USA

Die endlose Autofahrt vom Trubel New Yorks zum wahren Neuengland ist schnell vergessen, wenn man sich den Hügeln von Litchfield in der nordwestlichen Ecke von Connecticut nähert. Typisch sind die Farmhäuser aus dem 18. und 19. Jh. mit rückseitig tief heruntergezogenem Dach, die roten Scheunen und die aufgeräumten Dörfer.

Zentrum der Region ist die Kleinstadt Litchfield. Sie grenzt an Connecticuts größtes Landschaftsschutzgebiet White Memorial Foundation mit vielen Waldwegen. Stärkung bekommt man im West Street Grill in Litchfield, dank eines interessanten Weinangebots und einer vielseitigen Karte ein beliebter Treffpunkt.

Angrenzend an die White Memorial Foundation bietet das Resort Winvian mit All-inclusive-Angeboten eine Luxusunterkunft der Extraklasse. Die Preise für die Cottages sind spitze, aber auch der Service.

Deutlich günstiger sind die Zimmer im Manor House B&B im Tudorstil nördlich von Litchfield, im waldigen Norfolk. Eine Besonderheit des 1898 von Charles Spofford erbauten Hauses – der auch Londons U-Bahn entworfen hat – sind die 20 Buntglasfenster in der Halle, entworfen von seinem Freund Louis Comfort Tiffany.

Im Herzen des Litchfield County liegt die charmante Kleinstadt Washington mit ihren vielen Restaurants, Galerien und einer einladenden Buchhandlung. Berühmt ist das stattliche Mayflower Inn & Spa: Wie ein englischer Landsitz liegt es inmitten von 23 ha gepflegter Landschaft; ein neues, 1850 m² großes Spa sorgt für Entspannung, bevor man sich in seinem Himmelbett süßen Träumen hingibt.

Das 15 km südwestlich gelegene Woodbury gilt als Connecticuts Antiquitätenhauptstadt. Ruhen Sie sich im Good News Café vom Stöbern aus und stärken Sie sich mit einem der beliebten Gerichte, z. B. Makkaroni mit Käse, Hummer und Spinat. Ein weiteres schönes Ausflugsziel ist Lake Waramaug nördlich von Washington, auf den das Boulders Inn von 1890 blickt. Einladende Gästezimmer und ein beliebter Sonntagsbrunch verheißen ein perfektes Wochenende.

Die First Congregational Church von Litchfield wurde im Föderationsstil erbaut.

Wo: Litchfield liegt 180 km nördl. von New York City. **Info:** www.litchfieldhills.com. **West Street Grill:** Tel. +1/860-567-3885; www.weststreetgrill.com. *Preise:* Dinner € 33. **Winvian:** Tel. +1/860-567-9600; www.winvian.com. *Preise:* Cottages ab € 481. **Manor House B&B:** Tel. +1/860-542-5690; www.manorhouse-norfolk.com. *Preise:* ab € 133. **Mayflower Inn:** Tel. +1/860-868-9466; www.mayflowerinn.com. *Preise:* ab € 407; Dinner € 37. **Good News Café:** Tel. +1/203-266-4663; www.good-news-cafe.com. *Preise:* Dinner € 30. **The Boulders Inn:** Tel. +1/860-868-0541; www.bouldersinn.com. *Preise:* ab € 263; Dinner € 45. **Reisezeit:** Anf. Juli: *Litchfield Open House Tour*; Juli–Aug.: Kammermusik in Norfolk; Anf. Aug.: *Litchfield Jazz Festival* in Kent; Okt.: Herbstlaub; Dez.: Weihnachtsausstellung und -verkauf der Washington Art Association.

Amerikas Seefahrt- und Meereskundemuseum

Mystic Seaport

Mystic, Connecticut, USA

Mystic ist dank Mystic Seaport, dem größten Meereskunde- und Seefahrermuseum des Landes, einer der größten Besuchermagnete im Nordwesten. Einen Großteil seiner 70.000 m² Ausstellungsfläche widmet das am Fluss gelegene Museum einem nachgebildeten Küstenort, der das Leben zur See und an der Küste im 19. Jh. zeigt. Eines der aufgetakelten Segelschiffe, die man besichtigen kann, ist die *Charles W. Morgan* (1841), das letzte erhaltene Walfangschiff aus Holz. Kinder lieben das Aquarium mit etwa 70 Bewohnern, darunter sogar Belugawale.

Das zauberhafte Steamboat Inn, einziges Hotel in Mystic direkt am Wasser, verbindet das Thema Meer mit modernem Design. 10 seiner 11 Zimmer blicken auf den romantischen Fluss, 6 haben einen Kamin. Genießen Sie in der gemütlichen Lounge einen Sherry, nachdem Sie in der Vergangenheit geschwelgt haben oder durch Geschäfte und Galerien gebummelt sind.

Knapp 10 km entfernt liegt das wenig bekannte Stonington, einer der liebenswertesten Küstenorte Neuenglands von 1649. Seine Alleen sind gesäumt von Kirchen und Kapitänsvillen. Folgen Sie dem Meeresduft die Water Street hinunter zum Leuchtturm vom Beginn des 19. Jh. Schauen Sie bei Noah's mit seinen berühmten süßen Brötchen und der hausgemachten Muschelsuppe vorbei oder gehen Sie auf ein Glas ins Dog Watch Café an den Docks. Mehrere der 18 Zimmer im schi-

cken Inn at Stonington blicken auf den Hafen, manche haben eine Terrasse.
Wo: 210 km nordöstl. von New York City.
Info: mysticcountry.com. **Mystic Seaport:** Tel. +1/860-572-5315; www.mysticseaport.org. **Mystic Aquarium:** Tel. +1/860-572-5955; www.mysticaquarium.org. **Steamboat Inn:** Tel. +1/860-536-8300; www.steamboatinnmystic.com. *Preise:* ab € 120 (Nebensaison), ab € 178 (Hochsaison). **Noah's:** Tel. +1/860-535-3925; www.noahsfinefood.com. *Preise:* Dinner € 26. **Dog Watch Café:** Tel. +1/860-415-4510; www.dogwatchcafe.com. **Inn at Stonington:** Tel. +1/860-535-2000; www.innatstonington.com. *Preise:* ab € 120 (Nebensaison), ab € 133 (Hochsaison).
Reisezeit: Ende Mai: Hummerfest; Juni: Musikfestival; Juli: Treffen von Antik- und Klassikbooten; Mitte Okt.: Fischsuppenfest; Dez.: Laternentouren.

Das Erbe der du Ponts und der Wyeths

BRANDYWINE VALLEY

Delaware und Pennsylvania, USA

Das üppige Brandywine Valley, eine Gegend mit gepflegten Gärten, historischen Landsitzen und faszinierenden Museen, erstreckt sich entlang der Grenze von Pennsylvania zu Delaware. Kein anderer US-Staat ist so eng mit dem Namen einer einzigen Familie verknüpft wie Delaware mit den du Ponts: Ihre Landsitze brachten dem Tal den Spitznamen „Tal der Schlösser" ein, und wenn man die Gegend besichtigt, sollte man nicht versäumen, einen Blick auf ihre prachtvollen Bauten zu werfen.

Die Geschichte der du Ponts beginnt im Hagley Museum. Hier, vor den Toren Wilmingtons, errichtete der französische Auswanderer Eleuthère Irénée du Pont Anfang des 19. Jh. ein Haus am Fluss und seine erste Schießpulverfabrik, die mit der Zeit zu einem 95-ha-Komplex anwuchs. 1910 erbaute sein Urenkel Alfred Irénée du Pont auf der anderen Seite des Flusses den Landsitz Nemours im Louis-seize-Stil und füllte ihn mit importierten Möbeln, seltenen Teppichen, Wandteppichen und Kunstwerken in Museumsqualität. Sein französischer Garten ist der größte seiner Art in Nordamerika.

Henry Francis du Pont, ein weiterer Urenkel von E. I., zeichnet für Winterthur verantwortlich, den Familiensitz, der wohl am meisten Besucher anzieht. Ende der 1920er-Jahre ließ er ein ursprünglich recht bescheidenes

Die Treppe des Hauses Montmorenci in Winterthur windet sich elegant 2 Etagen in die Höhe.

12-Zimmer-Haus in ein 8-stöckiges schlossartiges Anwesen ausbauen. Heute gilt es mit seinen etwa 85.000 Objekten in 175 historischen Räumen als eines der weltbesten Museen für Americana des 17. bis 19. Jh. und dekorative Kunst. Seiner Gartenleidenschaft ist es zu verdanken, dass man heute – per Gartenbahn – einen 24 ha großen, herrlichen Garten besuchen kann (ein Bruchteil der ursprünglichen Größe), zu dem auch ein märchenhafter Zauberwald gehört. Das an Blumen reiche, penibel restaurierte Montchanin Village, einst Teil des Winterthur-Anwesens, wo die Arbeiter der Du-Pont-Pulvermühle wohnten, ist heute ein luxuriöses Hotel mit Spa. Aus den Wohnungen entstanden 28 Suiten, manche davon mit offenem Kamin und einige mit Innenhof. Die alte Schmiede beherbergt heute das originelle Restaurant Krazy Kat's, dessen neue französische Küche mit Großstadtraffinesse aufwartet. Wer sich mehr Prunk wünscht, ist im Hotel du Pont im nahen Wilmington gut aufgehoben. Es wurde 1903 nach dem Vorbild eines Renaissancepalasts für Geschäftsfreunde der Familie errichtet.

Nach einer 20-minütigen Fahrt nach Pennsylvania kommt man nach Longwood mit seinem 425 ha großen von Pierre gestalteten Garten mit vielen Springbrunnen. Jede Jahreszeit (besonders Weihnachten) wird mit Ausstellungen im Freien und im Inneren zelebriert.

Etwas weiter östlich liegt das Brandywine River Museum, ein etwas anderes Familienvermächtnis. Eine Getreidemühle aus dem Bürgerkrieg beherbergt Kunst der Wyeths aus 3 Generationen. Das Nachbarhaus mit Atelier von N. C. Wyeth, The Homestead, zeigt das Gemälde, an dem er zum Zeitpunkt seines Todes arbeitete.

Alle Sehenswürdigkeiten sind durch den 40 km langen Brandywine Valley Scenic Byway verbunden, der in Wilmington beginnt und außer an den Du-Pont-Anwesen auch am Schlachtfeld von Brandywine vorbeiführt, wo am 11. September 1777 die größte Schlacht des Unabhängigkeitskrieges geschlagen wurde. **Wo:** Wilmington liegt 42 km südwestl. von Philadelphia. **Info:** www.visitwilmingtonde.com; www.thebrandywine.com. **Hagley Museum:** Tel. +1/302-658-2400; www.hagley.org. **Nemours:** Tel. +1/302-651-6912; www.nemoursmansion.org. Wann: Jan.–Apr.: geschlossen. **Winterthur:** Tel. +1/302-888-4600; www.winterthur.org. **Montchanin Village:** Tel. +1/302-888-2133; www.montchanin.com. *Preise:* ab € 142. **Krazy Kat's:** Tel. +1/302-888-4200; www.krazykatsrestaurant.com. *Preise:* Dinner € 26. **Hotel du Pont:** Tel. +1/302-594-3100; www.hoteldupont.com. *Preise:* ab € 120 (Nebensaison), ab € 193 (Hochsaison). **Longwood Gardens:** Tel. +1/610-388-1000; www.longwoodgardens.org. **Brandywine River Museum:** Tel. +1/610-388-2700; www.brandywinemuseum.org. **Reisezeit:** Apr.–Mai: Gärten; So. des 1. Maiwochenendes Hindernisrennen Point-to-Point in Winterthur; Okt.–Nov.: Herbstlaub; Dez: Weihnachtsdekoration.

Ein geheimer Erholungsort am Meer

AMELIA ISLAND

Florida, USA

Die vor der nordöstlichen Spitze Floridas liegende, nur 21 x 5 km große Insel wurde im Laufe der Jahrhunderte von Frankreich, Spanien, England, Mexiko, den USA und der Konförderation beansprucht. Alle wollten sie haben, nur der Eisenbahnmagnat Henry Flagler nicht, der sie links liegen ließ, als er Florida 1890 für den Tourismus erschloss. Während andere Ferienorte Floridas zu Themenparks wurden, blieb Amelia Island unberührt. Heute ist es ein Fenster in die viktorianische Zeit.

Das Zentrum von Amelias einzigem Ort Fernandina Beach am Nordende der Düneninsel besteht aus 52 Gebäuden und ist im Nationalen Verzeichnis historischer Stätten gelistet. Hier findet man einige der landesweit schönsten Villen im Queen-Anne-, viktorianischen oder italienisierenden Stil, von derselben Gesellschaft gebaut, die auch auf den nördlicheren Goldenen Isles Georgias (s. S. 738) ihr Zeichen setzte. Viele dieser Häuser sind heute B&Bs, z. B. das vor dem Sezessionskrieg errichtete Williams House, auf dessen Veranda ein üppiges Südstaaten-Frühstück serviert wird. An der Centre Street liegen Galerien, Restaurants und der Palace Saloon, der sich als älteste Bar Floridas bezeichnet. Er ist eines der inoffiziellen Hauptquartiere beim Garnelenfestival im Frühjahr, bei dem es Bootsladungen voll Meeresfrüchte und Feuerwerke gibt.

In 2 Landschaftsschutzgebieten lässt sich Amelias einzigartige Mischung von Küstenwald und Salzwasser-Marsch erleben. 21 km weißer Sandstrand sind am besten mit dem Rad oder zu Pferd zu erkunden. Im Frühsommer kommen Karettschildkröten zur Eiablage hierher, und im Spätherbst bzw. zu Winteranfang kann man Wale auf ihrer Wanderung in die warmen Gewässer der Karibik sichten.

Das mehrfach zu einer der besten Unterkünfte des Südens gewählte, elegante und familienfreundliche Ritz-Carlton Amelia Island blickt auf den Ozean, bietet Tennis, Golf auf dem angrenzenden Turnierplatz des Golfclubs sowie exklusives Dinner mit Aussicht im Restaurant Salt. Das Omni Amelia Island Plantation, der freundliche Rivale des Ritz, liegt direkt am Meer, hat einen von Pete Dye und Tom Fazio designten Golfplatz, 23 Sandtennisplätze und eine Tennisschule. Intimer ist die ebenfalls am Meer liegende Elizabeth Pointe Lodge im Nantucket-Schindel-Stil aus den 1890ern. Hier erlebt man im Schaukelstuhl auf der Veranda Entspannung pur.

Wo: 50 km nordöstl. von Jacksonville über den Damm. **Info:** www.ameliaisland.com. **Williams House:** Tel. +1/904-277-2328; www.williamshouse.com. *Preise:* ab € 144. **Palace Saloon:** +1/904-261-6320; www.thepalacesaloon.com. **Ritz-Carlton:** Tel. +1/904-277-1100; www.ritzcarlton.com. *Preise:* ab € 185 (Nebensaison), ab € 281 (Hochsaison); Dinner im Salt € 40. **Omni Amelia Island Plantation:** Tel. +1/904-261-6161; www.omnihotels.com. *Preise:* ab € 155 (Nebensaison), ab € 252 (Hochsaison); Greenfee ab € 110. **Elizabeth Pointe Lodge:** Tel. +1/904-277-4851; www.elizabethpointelodge.com. *Preise:* ab € 163. **Reisezeit:** 1. Maiwochenende: Garnelenfestival; Frühjahr, Frühsommer: Strand; Frühling, Herbst, Winter: Golf und Tennis.

„Wir haben beschlossen, auf den Mond zu reisen." – JFK, 12. September 1962

KENNEDY SPACE CENTER

Cape Canaveral, Florida, USA

Das inmitten von 57.000 ha Sumpfland und Mangroven gelegene Kennedy Space Center ist seit dem Start der unbemannten *Bumper 8* im Juli 1950 Hauptsitz des amerikanischen Raketen- und Raumprogramms. 11 Jahre später startete Alan Shepard von Rampe 5 und wurde der erste Amerikaner im Weltraum. Im Juli 1969 startete Apollo 11 von Rampe 39A und brachte Neil Armstrong, Buzz Aldrin und Michael Collins auf den Mond. Seit damals ist die Basis Standort von Amerikas Raumschiff- und Raumstationsprogramm; aktuell überwacht es unbemannte Missionen zum Mars, Jupiter und weiter.

Führungen beginnen im Besucherkomplex des Kennedy Space Center. Hier befinden sich eine Sammlung von NASA-Raketen und 2 IMAX-Kinos, die Filmaufnahmen aus dem Weltraum zeigen. Im Rahmen verschiedener Programme können Besucher Astronauten begegnen sowie weitere Bereiche des Centers besichtigen. Ausgeschilderte Touren führen zum LC-39 Observation Gantry mit seinem 360°-Rundumblick auf die Spaceshuttle-Startrampen und zum Apollo/Saturn V Center, das die 110 m lange Saturn V beherbergt, die leistungsstärkste US-Rakete aller Zeiten.

In der Hall of Fame der US-Astronauten gibt es die weltgrößte Sammlung persönlicher Memorabilien der Astronauten, historische Raumfahrzeuge, Aktivitäten zum Mitmachen und Astronauten-Trainingssimulatoren zu entdecken. Überwachen Sie eine Mission an der Kontroll-Konsole oder unternehmen Sie eine virtuelle Reise zum Mars und spüren Sie die Kraft der 4-fachen Erdanziehung.
Wo: 70 km östl. von Orlando. Tel. +1/321-449-4444; www.kennedyspacecenter.com.

Rubeneske Meerjungfrauen an der Golfküste

Mit Seekühen schwimmen

Crystal River, Florida, USA

Der Körper der Manatis, der Rundschwanzseekühe, ähnelt einem Zeppelin, und ihr Gesichtsausdruck lässt an einen gutmütigen Hund denken. Aufgrund ihrer wimmernden Laute hielten die Seeleute die Seekühe früher für Meerjungfrauen und nannten sie Sirenen. Trotz ihrer Länge von 2,50–4 m und einem Gewicht von 250–1500 kg sind diese Meeressäuger erstaunlich graziös und unglaublich verspielt.

Der Kontakt mit den Menschen war für Seekühe fatal: einst wurden sie gejagt, später kam es immer wieder zu tödlichen Kollisionen mit Rennbooten, denn die Tiere (die übrigens nicht wie Robben an Land kommen können) sind kurzsichtig und schwimmen dicht unter der Oberfläche. 1981 gründete der ehemalige Gouverneur Floridas, Bob Graham, zusammen mit Sänger/Songwriter Jimmy Buffett eine gemeinnützige Organisation zum Schutz der Seekühe, die sich der Forschung und dem Schutz der Tiere widmet. Ihre Zahl ist zwar gestiegen, doch sind sie immer noch bedroht.

Die US-Population von etwa 3000 Manatis lebt fast ausschließlich in den warmen Gewässern vor Floridas Ost- und Westküste, dem einzigen Ort der Welt, wo man bei geführten Tou-

Die Kings Bay bietet den sanften Seekühen Schutz.

ren mit ihnen schwimmen kann. Mehrere Anbieter in Crystal River vermieten Schnorchelausrüstungen und bieten Touren zur Kings Bay an, wo sich in der Regel 100 bis 250 der insgesamt 400 Tiere der Region aufhalten. Schnorchler müssen warten, bis sich die Seekühe nähern – was sie fast immer tun; gelegentlich stupsen sie ihre neugierigen Besucher auch an, als wollten sie zeigen, dass sie zum Spielen bereit sind.
Wo: 80 km westl. von Orlando. **Wie:** 2 ½-stündige geführte Touren beim Crystal Lodge Dive Center. Tel. +1/352-795-6798; www.manateecentral.com. *Preise:* € 11, Ausrüstung extra. **Reisezeit:** Nov.–Feb.; morgens ist das Wasser am klarsten.

Hier ist die Geschwindigkeit zu Hause

DIE DAYTONA-RENNBAHN

Daytona Beach, Florida, USA

Die NASCAR-Rennen gelten als beliebtester Zuschauersport der USA. Als man nach dem Zweiten Weltkrieg 1947 den Autorennsport wieder aufnahm, organisierte der Mechaniker Bill France aus Daytona Beach die National Association for Stock Car Auto Racing (NASCAR) und eröffnete 1959 die Rennbahn Daytona International Speedway auf einem 195-ha-Grundstück am Südende des gleichnamigen Strandes. Das erste Daytona 500 fand im Februar 1959 mit 59 Wagen, Preisgeldern in Höhe von umgerechnet € 50.193 und über 41.000 Zuschauern statt. Heute ist es das prestigeträchtigste Autorennen Amerikas, das die offizielle NASCAR-Saison eröffnet – mit 200.000 Fans auf den Zuschauerrängen, über 30 Mio. Fernsehzuschauern und Preisgeldern von umgerechnet über € 13,4 Mio. In den beiden Wochen zuvor, den Speedweeks, kommen Tausende Zuschauer zu einem Dutzend Rennen (u.a. dem historischen 24-Stunden-Rennen von Daytona und den Qualifikationen für das Daytona 500) und zahlreichen Begleitveranstaltungen.

Daytona ist das Mekka fast aller Bereiche des Motorsports. An 8 Wochenenden im Jahr werden hier Rennen ausgetragen. Seit 1937 kommen Motorradfans jedes Jahr Anfang März zur 10-tägigen Bike Week, die im Daytona 200 gipfelt, dem wichtigsten Zweiradrennen der USA. Ende Dezember strömen Gokartfans zur Daytona KartWeek herbei.

1996 wurde im Daytona International die Daytona 500 Experience eröffnet, „die offizielle NASCAR-Attraktion", mit Fahrsimulatoren, IMAX-Kinos und Führungen hinter die Kulissen. Den ultimativen Kick erleben Sie in der Richard Petty Driving Experience, benannt nach dem 7-fachen Daytona-500-Sieger. Hier schlüpfen Rennfans hinters Steuer oder fahren als Beifahrer auf dem Daytona International mit.

Wo: 95 km nördl. von Orlando. Tel. +1/386-254-2700; www.daytonainternationalspeedway.com. *Wann:* Speedweeks: Ende Jan. bis zum Beginn der Daytona 500. Bike Week: Anf. März (www.officialbikeweek.com). DAYTONA 500 EXPERIENCE: Tel. +1/386-681-6530; www.daytona500experience.com. RICHARD PETTY DRIVING EXPERIENCE: www.drivepetty.com. *Preise:* ab € 100.

Der Grasfluss

EVERGLADES-NATIONALPARK

Florida, USA

Mit 6104 km² Fläche hat der Everglades-Nationalpark auf der Südspitze der Halbinsel Florida nur noch einen Bruchteil der Größe des ursprünglichen Feuchtgebiets, das einst nördlich der Florida Bay begann. Heute

Der Schmuckreiher lebt als eine von Hunderten Vogelarten ganzjährig in den Everglades.

ist es 195 km lang und 80 km breit. Das von den Seminole-Indianern Pa-hay-okee („grasige Wasser") genannte Gebiet ist ein komplexes Ökosystem, halb Land, halb Wasser, mit einer Vogelpopulation, die einmal so groß war, dass die aufsteigenden Schwärme die Sonne verdunkelten. Dieses einzige subtropische Schutzgebiet Nordamerikas ist Heimat Tausender Tier- und Pflanzenarten und besteht aus Mangrovendickichten, labyrinthartigen Kanälen und Hunderten Inseln. Doch seine Intaktheit ist bedroht: Seit Jahrzehnten lenken Wasserprojekte und die Verstädterung den für die Everglades so lebenswichtigen konstanten Wasserzustrom ab und verschmutzen die Gewässer.

Dem Engagement von Umweltschützern ist zu verdanken, dass Regierung, Landwirtschaftsbetriebe und Naturschutzgruppen zusammenarbeiten, um das ökologische Gleichgewicht der Region zu erhalten. Besucher können die Randgebiete des Marschlands, das quasi in Miamis Hinterhof beginnt, mit Propellerboot, über Bohlenwege und per Rad erkunden; ideal sind Kajak oder Kanu samt kundigem Führer. Trotz des enormen Rückgangs der Vogelbestände seit dem 19. Jh. ist die Vogelbeobachtung immer noch ein großartiges Erlebnis, besonders im Winter, wenn Zugvögel zu etwa 350 dauerhaft hier lebenden Arten hinzukommen. Wer die Flora liebt, kann außer dem allgegenwärtigen Seegras noch etwa 1000 Arten studieren. Glückspilze bekommen Alligatoren, Karettschildkröten und Seekühe zu sehen oder sogar einen der seltenen Florida-Panther.

Wo: 65 km südwestl. von Miami; Haupteingang zum Park und Besucherzentrum gleich südl. von Homestead und Florida City. Tel. +1/305-242-7700; www.nps.gov/ever. **Wie:** North American Canoe Tours vermieten Kanus und Kajaks mit und ohne Führer, ab Everglades City. Tel. +1/239-695-4666; www.everglades adventures.com. *Preise:* ab € 26 pro Tag für 1 Kanu; ab € 93 für eine 6-stündige Kanuführung. **Reisezeit:** Dez.–Apr.: trockenes Klima, wenig Mücken, viele Wildtiere – insbesondere Vögel – zu beobachten.

Die amerikanische Karibik

Die Florida Keys

Florida, USA

Die 800 als Florida Keys bezeichneten Inseln (30 davon bewohnt) erstrecken sich in einem eleganten Bogen vom Festland Floridas südwestlich in den Golf von Mexiko hinein und sind durch den eindrucksvollen Overseas

Highway, den etwa 200 km langen Ausläufer der Route 1, miteinander verbunden. Die dem Festland am nächsten gelegenen Upper und Middle Keys sind ein Anglerparadies – besonders Islamorada, 4 Inseln in einer Region, die bei Sportanglern Weltruhm genießt. Man wohnt im Cheeca Lodge & Spa, mit 200 Zimmern seit 1946 eine der Hauptunterkünfte der mittleren Keys. Charter-Tagesausflüge bringen Sie hinaus auf den Atlantik zu Thunfisch, Segelfisch und Mahi-mahi oder in die Florida Bay zu Tarpun und Grätenfisch. Ausflüge mit Glasbodenbooten, Tauch- und Schnorcheltrips starten beim John Pennekamp Coral Reef State Park in Key Largo, dem ersten Unterwasserpark und Schutzgebiet des einzigen Korallenriffs der USA. Im Dolphin Research Center in Marathon auf Grassy Key kann man mit 19 Atlantischen Großen Tümmlern in ihrem natürlichen Habitat, einer 8100 m² großen Lagune, schwimmen.

Über die Seven-Mile Bridge kommen Sie auf die stärker geschützten Lower Keys, wo der seltene Key-Weißwedelhirsch lebt. Die abgeschiedensten und luxuriösesten Unterkünfte bietet das Little Palm Island Resort, einst ein Angelcamp für Präsident Harry Truman, heute ein 2,4-ha-Resort mit 30 reetgedeckten Bungalows. Es ist nur per Boots-Shuttle oder Wasserflugzeug erreichbar und für Inhaber einer Platin-Kreditkarte, die vom Südpazifik träumen, bequemer erreichbar als Tahiti.

Endpunkt ist Key West. Am südlichsten Punkt des Festlands der USA (er liegt näher am 145 km entfernten Kuba als an Miami) verschmelzen karibische, süd- und nordamerikanische Einflüsse zu einem entspannten Lebensstil. Unter die Einheimischen („Conchs") – Winterflüchtlinge, Freidenker, Künstler und Schwule (das inoffizielle Motto der Stadt lautet „Eine Menschenfamilie") – mischen sich in der Hochsaison jeden Tag Tausende Besucher, die hier mit ihren Booten anlegen. An der 2 km langen Duval Street reihen sich Restaurants, Verkaufsstände für handgerollte Zigarren, Eisdielen (probieren Sie das Limetteneis!), ein herrliches Schmet-

Galerien, Souvenirläden, Bars und Lokale prägen die belebte Duval Street von Key West.

terlingshaus, Souvenirläden und viele legendäre Bars. Sloppy Joe's zieht scharenweise Touristen an; aber die Bar, in der Hemingway eigentlich zu trinken pflegte, heißt heute Captain Tony's Saloon und ist gleich um die Ecke. Hemingway-Fans können sein Haus besichtigen, wo er *Wem die Stunde schlägt* und *In einem anderen Land* fertigstellte und wo noch immer Nachkommen seiner mehrzehigen Katzen umherstreifen. Geschichtsinteressierte können zum Little White House spazieren, dem Ferienhaus von Präsident Truman, das so erhalten ist, wie er es verlassen hat.

Besichtigen Sie mit dem *Conch Tour Train* eine Gruppe von Holzhäusern aus dem 19. Jh. und beenden Sie den Tag am Pier beim Mallory Square, um zwischen Straßenmusikern und Feuerschluckern in einem täglichen Ritual den Sonnenuntergang zu beobachten. Erhaschen Sie den flüchtigen grünen Blitz, der zu sehen sein soll, bevor die Sonne im Meer versinkt. Mit etwas Glück kommen

Sie im romantischen Gardens Hotel nahe der Duval Street unter. Relaxen Sie unter Palmen und Orchideen am Pool und schmökern Sie in Trumans oder Hemingways Memoiren. **Wo:** Key West liegt 256 km südwestl. von Miami. **Info:** www.fla-keys.com. **Cheeca Lodge & Spa:** Tel. +1/305-266-7920; www.cheeca. com. *Preise:* ab € 148 (Nebensaison), ab € 300 (Hochsaison). **John Pennekamp State Park:** Tel. +1/305-451-1202; www.pennekamppark. com. **Dolphin Research Center:** Tel. +1/305-289-1121; www.dolphins.org. **Little Palm Island:** Tel. +1/305-515-4004; www. littlepalmisland.com. *Preise:* ab € 441 (Nebensaison), ab € 882 (Hochsaison). **Sloppy Joe's:** Tel. +1/305-294-5717; www.sloppyjoes. com. **Hemingway-Haus:** Tel. +1/305-294-1136; www.hemingwayhome.com. **Little White House:** Tel. +1/305-294-9911; www. trumanlittlewhitehouse.com. **Conch Tour Train:** Tel. +1/305-294-5161; www. conchtourtrain.com. **Gardens Hotel:** Tel. +1/305-294-2661; www.gardenshotel.com. *Preise:* ab € 122 (Nebensaison), ab € 285 (Hochsaison). **Reisezeit:** Nov.–Mai: bestes Wetter; Key West: Ende Jan.: Segelregatta-Woche; Apr.: Unabhängigkeitsfeier der Conch Republic; Anf. Juni: Schwulen- und Lesbenfestival Pridefest; Mitte Juli: Hemingway-Tage; Ende Okt.: Fantasy-Fest; Silvesterfeiern.

Eine Institution von South Beach

Joe's Stone Crab

Miami Beach, Florida, USA

„Lange vor South Beach gab es schon Joe" – so in etwa lautet der Werbespruch von Joe's Stone Crab, Nr. 1 der Schalentier-Restaurants in Miami Beach (und womöglich der ganzen Nation) – eine Anspielung darauf, dass es bereits Jahrzehnte vor South Beach berühmt war. Seine köstlichen *stone crabs* sprachen sich schnell herum, als der Familienbetrieb 1913 eröffnete, und seither ist die Warteschlange vor dem Lokal lang.

Das Lokal befindet sich bis heute in der Hand der Familie Weiss; viele Angestellten sind seit Jahrzehnten dabei. Auf der Karte steht ausschließlich die Steinkrabbe: eine Delikatesse, die man nur von Mitte Oktober bis Mitte Mai in Florida, den Keys und im Golf von Mexiko findet. Jeden Tag beschaffen Krabbenfischer für das 450-Plätze-Restaurant 1 t Scheren. Die Krabben werden in 4 Größen von Medium bis Jumbo angeboten und auf Zeitungspapier mit Senfsoße oder zerlassener Butter, Rösti oder gebratenen Süßkartoffeln, Krautsalat und Rahmspinat serviert. Lassen Sie Platz für das Dessert: Joe's Limettenkuchen ist ein Muss.

Die Krabben sind nicht billig – man witzelt, dass der Preis wohl pro Karat berechnet wird –, und da das Restaurant keine Reservierungen entgegennimmt, muss man immer warten (mittags geht es schneller, und man sieht mehr Einheimische). Aber das ist alles Teil des Erlebnisses, ebenso wie die förmlich gekleideten Kellner und die Atmosphäre, zu der im Lauf des Jahrhunderts Miami-Größen wie Al Capone und Frank Sinatra beitragen haben.

Wenn Ihnen die Umgebung egal ist – und Sie Ihre Krabben schnell haben möchten –, gehen Sie zu Joe's Take Away nebenan. Man kann sich das Essen auch liefern lassen, ob man nun in Chicago lebt oder gleich um die Ecke.

Info: Tel. +1/305-673-0365; www.joesstonecrab. com. *Preise:* € 20 für Medium-Scheren. **Wann:** Aug.-Mitte Okt.: geschlossen. **Reisezeit:** Dinner geht am schnellsten von 17–18.30 Uhr.

Art déco an der amerikanischen Riviera

South Beach

Miami Beach, Florida, USA

South Beach verkörpert jene Mischung aus Mode, Prominenz, Design und hipper Strandkultur, die den amerikanischen Traum definiert. Zu dessen Wiedergeburt hat sicher die Lage von Miami zwischen Europa, New York, L. A. und Südamerika beigetragen, aber auch die Architekten, die Ende der 1920er- bis zu Beginn der 1940er-Jahre eine Kulisse erbaut haben, die so schön wie die braun gebrannten und herausgeputzten Bewohner der Stadt ist. Auf nur 2,5 km² stehen etwa 800 pastellfarbene Gebäude im Stil von Art déco, Moderne und mediterraner Nostalgie, die man mit einer Führung der Miami Design Preservation League (MDLP) besichtigen kann. Gehen Sie danach ins 24 Stunden geöffnete News Café, einer der besten Orte, um Leute zu beobachten.

In den 1940er-Jahren wurde Miami Beach erstmals zur Spielwiese des Glamours, und 50 Jahre später erneut – was bis heute anhält. Auch wenn sich heute das Epizentrum der Coolness so schnell ändert wie das Wetter, bleiben einige Hotels angesagt. Das Luxushotel Tides South Beach am Ozean ist ein Art-déco-Juwel von 1936, das seit seiner Renovierung 2007 wieder als „Diva des Ocean Drive" gilt. In seinem Restaurant La Marea lassen sich Umgebung und Küche perfekt genießen. Etwa 1,5 km nördlich davon liegt das Raleigh Hotel von 1940. Sein beliebter Art-déco-Pool entstand für die hier gedrehten Esther-Williams-Filme. Das Delano mit 5 Restaurants und einem schicken Pool zieht die Hautevolee von Miami an, seit Hotelier Ian Schrager und Designer Philippe Starck es 1995 aufwendig renovierten. Im wunderschön erneuerten Setai trifft Art déco auf Asien; die Replik des Dempsey Vanderbilt Hotels aus den 1930ern mit dem neuen, 40-stöckigen Turm präsentiert sich als Zen-inspirierter Ort. Die Preise sind hoch, das Angebot ist luxuriös. Das unauffällige Winter Haven Hotel ist ein restaurierter Klassiker von 1939 am ruhigeren Ende des Ocean Drive; viele seiner 71 Zimmer haben Meerblick.

Das Miami-Beach-Hotel par excellence steht nördlich von South Beach: das Fontainebleau, ein Neorokokoklassiker von 1954 des Architekten Morris Lapidus. Das Lieblingshotel großer 1950er-Jahre-Hollywoodstars und -regisseure (Kulisse für *Goldfinger*, Al Pacinos *Scarface* und Jerry Lewis' *Hallo, Page!*) lockt zahlreiche Besucher an – wegen seiner Vegas-ähnlichen Vergangenheit, seiner neuen Designtürme, des verglasten Spas und des topmodernen Fitnessbereichs. Alle Hotels sind während der alljährlichen Art Basel Miami Beach ausgebucht. Seit 2002 (das Schweizer Gegenstück findet seit 1969 statt; s. S. 163) präsentieren die Topgalerien der Welt auf der 4-tägigen Kunstmesse ihre Künstler; im gesamten Art-déco-Viertel findet dann ein Kulturprogramm statt.

Miami Design Preservation League: Tel. +1/305-531-3484; www.mdpl.org. *Preise:* Touren € 22. **News Café:** Tel. +1/305-538-6397; www.newscafe.com. *Preise:* Dinner € 20. **The Tides:** Tel. +1/305-604-5070; www.tidessouthbeach.com. *Preise:* ab € 233 (Nebensaison), ab € 441 (Hochsaison); Dinner im La Marea € 33. **Raleigh:** Tel. +1/305-534-6300; www.raleighhotel.com. *Preise:* ab € 120 (Nebensaison), ab € 293 (Hochsaison). **Delano:** Tel. +1/305-672-2000; www.delanohotel.com.

Preise: ab € 322 (Nebensaison), ab € 559 (Hochsaison). **Setai:** Tel. +1/305-520-6000; www.setai.com. *Preise:* ab € 515 (Nebensaison), ab € 1111 (Hochsaison). **Winter Haven Hotel:** Tel. +1/305-531-5571; www.winterhavenhotelsobe.com. *Preise:* ab € 96 (Nebensaison), ab € 222 (Hochsaison). **Fontainebleau** Tel. +1/305-538-2000; www.fontainebleau.com. *Preise:* ab € 185 (Nebensaison), ab € 319 (Hochsaison). **Reisezeit:** Nov.–März: bestes Wetter; 3 Tage Mitte Jan.: Art-déco-Wochenende; Anf. Dez.: Art Basel Miami Beach.

Amerikas beliebtestes Ferienziel

Walt Disney World

Orlando, Florida, USA

Die Erfindung des genialen Zeichentrick-Produzenten Walt Disney ist ein ständig expandierendes Universum des Eskapismus, das die Magie, die Technologie, die Natur und Micky Maus zelebriert. Neben Disneyland (s. S. 786) gehört Walt Disney World zu den beliebtesten Touristenattraktionen überhaupt. Auf Weideland entstanden 4 verschiedene Parks, bei deren Betreten man die Realität hinter sich lässt.

Zentrum des ältesten Parks, Magic Kingdom, ist Cinderellas Schloss, um das sich 7 Themenländer gruppieren. Unter den vielen klassischen Attraktionen sind „It's a Small World" und das neuere „Buzz Lightyear's Space Ranger Spin".

Epcot Center, das 16 Jahre nach Walt Disneys Tod eröffnet wurde, präsentiert eine Mischung aus wissenschaftlichen Filmen, Fahrgeschäften und interaktiven Erlebnissen. 11 Länder und ihre Kulturen werden in Pavillons an einer 16 ha großen Lagune präsentiert. Die größten Attraktionen hier sind das Flugabenteuer „Soarin'", die Marsmission „Mission" und die Autoteststreckenfahrt „Test Track".

Disneys Hollywood-Studios widmen sich der Welt des Kinos. Ähnlich wie in *DSDS* kann man hier vorsprechen, um die Chance für einen Auftritt zu bekommen; im „Tower of Terror" stürzt man 13 Stockwerke in die Tiefe. Im „Animal Kingdom" geht man in einer echten Dschungellandschaft auf Safari.

In und um Orlando gibt es viele Hotels, die preisgünstiger sind als die Disney-Unterkünfte, doch Letztere liegen näher an den Hauptattraktionen und bieten einen kostenlosen Shuttle-Service. Das Grand Floridian Resort & Spa ist wohl das netteste, mit der Atmosphäre eines luftigen Sommerhotels der vorletzten Jahrhundertwende.

In den nahen Universal Studios Florida können Fans jeden Alters erleben, wie es ist, wenn man sich in seinem Lieblingsfilm wiederfindet. Spannend ist es auf der Insel der Abenteuer mit 5 Themenbereichen, von Dr. Seuss bis zu den Marvel Comics, und dem 2010 eröffneten Harry-Potter-„Park im Park".

Wo: 32 km südwestl. von Orlando. Tel. +1/407-934-7639; www.disneyworld.com. *Preise:* 1-Tag/1-Park-Ticket € 63 (3–9 Jahre), € 66 (ab 10 Jahren). Übernachtung ab € 74. **Grand Floridian:** Tel. +1/407-824-3000; www.disneyworld.com. *Preise:* ab € 340 (Nebensaison), ab € 411 (Hochsaison). **Universal Studios:** Tel. +1/407-363-8000; www.universalorlando.com. *Preise:* 1-Tag/1-Park-Ticket € 60 (3–9 Jahre), € 63 (ab 10 Jahren). **Reisezeit:** Jan.–Apr. und Sept.–Nov.: weniger Besucher; Mitte Apr.–Anf. Juni: Blumen- und Gartenfestival in Epcot; Okt.–Nov.: Festival für Speisen und Weine; Okt.: Halloween im Magic Kingdom; Dez.: Weihnachtsfeierlichkeiten.

Wo die Gutbetuchten überwintern

PALM BEACH UND THE BREAKERS

Florida, USA

Wer einen Blick auf das Leben der High Society erhaschen möchte, braucht nur nach Palm Beach zu schauen, einer Enklave auf einer 21 km langen Düneninsel, die in den 1890er-Jahren als Winterquartier für Amerikas Superreiche entstand und seitdem als Luxus pur gilt. Im Zentrum liegt die Worth Avenue, wo Designerin Lilly Pulitzer 1958 ihre kleine Saftbar eröffnete. Nach dem Shoppen geht man ins Ta-boo, ein Bistro aus den 1940ern mit dem Flair eines viktorianischen Palmengartens. Hier erfand man angeblich die Bloody Mary, um das Befinden der Erbin Barbara Hutton zu bessern, die an einem Kater litt (andere behaupten, die Bloody Mary wurde in der Karibik oder im St. Regis Hotel in New York erfunden; s. S. 850).

Radeln Sie den 10 km langen Lake Trail am Lake-Worth-Abschnitt des Intracoastal Waterway entlang, vorbei an Jachten und riesigen Villen. Auf der Atlantikseite der Insel, am Ocean Boulevard, liegen weitere Anwesen, u.a. Donald Trumps Mar-a-Lago, das früher der Erbin Marjorie Merriweather Post gehörte.

Auf dem Festland trifft man sich im Januar zur Eröffnung der Polo-Saison in Wellington's Palm Beach Polo and Country Club. Hier ist auch der Polo-Reitclub, der von Januar bis März das größte Springturnier der Nation abhält.

Stilvoll wohnt man im 1926 eröffneten Brazilian Court, in dessen Suiten im spanischen Stil Stars wie Greta Garbo und Cary Grant logierten. Zum Dinner isst man frankoamerikanische Küche im hoteleigenen Café Boulud, Außenposten des New Yorker Imperiums von Starkoch Daniel Boulud (s. S. 851).

Alternativ parken Sie Ihre Koffer im legendären Breakers, erbaut von Eisenbahnvisionär Henry Morrison Flagler. Das Gelände des

Nach einem verheerenden Brand im Jahr 1925 haben Henry Flaglers Erben das Breakers wieder aufgebaut.

560-Zimmer-Hotels im Stil der römischen Villa Medici erstreckt sich bis zu einem 1 km langen weißen Privatstrand. Das mediterrane Spa mit Innen- und Außenbereich gilt als eines der besten des Landes, und Dinner im L'Escalier ist kulinarisches Theater. Der üppige Sonntagsbrunch im The Circle ist ein Muss.

Wo: 110 km nördl. vor: Miami. **Ta-boo:** Tel. +1/561-835-3500; www.taboorestaurant.com. *Preise:* Mittagessen € 22. **Palm Beach Polo and Country Club:** Tel. +1/561-798-7000; www.palmbeachpolo.com. *Wann:* Polosaison Ende Jan.–Apr. **The Brazilian Court:** Tel. +1/561-655-7740; www.thebraziliancourt.com. *Preise:* ab € 163 (Nebensaison), ab € 241 (Hochsaison); Dinner im Café Boulud € 48. **The Breakers:** Tel. +1/561-655-6611; www.thebreakers.com. *Preise:* ab € 200 (Nebensaison), ab € 333 (Hochsaison); Dinner im L'Escalier € 74, Brunch im The Circle € 66. **Reisezeit:** Nov.–Mai: bestes Wetter; Jan.–Feb.: Höhepunkt des Gesellschaftslebens.

Eine Goldgrube für Strandgutsammler

DIE INSELN SANIBEL UND CAPTIVA

Florida, USA

Unten an Floridas südlicher Golfküste ist das alte Florida noch lebendig. Von den über 100 Inseln der Region sind Sanibel und Captiva am bekanntesten. Eine Straße verbindet das Festland und die 2 Inseln mit ihren Palmen, romantischen Sonnenuntergängen, puderweißen Stränden und den landesweit wohl ergiebigsten Muschelfunden. Nach einem kräftigen Nordwestwind sind die Strände oft mit Hunderten verschiedenartiger, meist vollkommen intakter Muscheln bedeckt. Sammler stehen vor dem Morgengrauen auf und suchen die Strände in der typischen gebückten Haltung mit Taschenlampen ab (auf dem schönen abgeschiedenen Bowman's Beach ist weniger Konkurrenz). Es regnet? Besuchen Sie das Bailey-Matthews-Muschelmuseum auf Sanibel, mit etwa 150.000 Arten die größte Sammlung des Landes.

Es gibt hier mehr als nur herrliche Strände. Besuchen Sie auf Sanibel das Naturschutzgebiet J. N. „Ding" Darling National Wildlife Refuge, 2600 ha Mangrovensümpfe, Marschen und subtropische Hartholzwälder. Über 320 Vogelarten kann man hier beobachten, darunter Weißkopfseeadler, Waldstörche und Wanderfalken. Wanderpfade, Fahrradwege und Kajak- und Kanurouten durchziehen das Gebiet, und wer motorisiert ist, kann den Wildlife Drive entlangfahren.

Die 3 interessantesten Nachbarinseln von Captiva und Sanibel im Pine-Island-Sund sind autofrei und nur per Boot erreichbar. Die einsamen Strände des Cayo Costa State Park sind ebenfalls voller Muscheln. Die Welt des großen Gatsby betritt man im Collier Inn auf Useppa Island, wo Teddy Roosevelt Urlaub machte und seine Freunde Tarpun angeln gingen. Heute ist es ein Privatclub, den Nichtmitglieder mit Charter-Touren für eine Übernachtung oder zum Mittagessen besuchen können. Das benachbarte Boca Grande auf Gasparilla Island veranstaltet ein jährliches Tarpun-Turnier mit hohen Preisgeldern.

WO: 220 km südl. von Tampa. **INFO:** www.fortmyers-sanibel.com. **MUSCHELMUSEUM:** Tel. +1/239-395-2233; www.shellmuseum.org. **NATURSCHUTZGEBIET „DING" DARLING:** Tel. +1/239-472-1100; www.fws.gov/dingdarling. **COLLIER INN:** Tel. +1/239-283-1061; www.useppa.com. *Wie:* Übernachtungen für Nichtmitglieder über Southwest Florida Yacht Charters. Tel. +1/239-656-1339; www.swfyachts.com. Lunch-Charter über Captiva Cruises. Tel. +1/239-472-5300; www.captivacruises.com. **REISEZEIT:** Mai–Mitte Juli: Tarpun-Saison; Dez.–Apr.: Hauptsaison zum Muschelsammeln (Winterstürme von Dez.–Jan. spülen Muscheln an Land); Nov.–Mai: bestes Wetter und Vogelbeobachtung.

Rosalöffler waten im Naturschutzgebiet J. N. „Ding" Darling National Wildlife Refuge durch das flache Wasser.

Ein 3500 km langer Waldwanderweg

DER APPALACHIAN TRAIL

Von Georgia bis Maine, USA

Der Appalachian Trail, der weltweit längste durchgehend markierte Wanderweg, verläuft entlang den östlichen US-Bundesstaaten von Georgia nach Maine. Seit seiner Fertigstellung im Jahr 1937 zieht er jährlich 3–4 Mio. Besucher an. Die meisten begehen nur einen Teil der Strecke, doch 500–600 der Wanderer legen den gesamten Weg zurück, vom Springer Mountain in Georgia bis zum Mount Katahdin in Maine: eine Tour von etwa 5 Mio. Schritten, durch 14 US-Staaten, 8 Nationalforste und 6 Nationalparks.

Die erste Etappe durchquert den Chattahoochee National Forest, schlängelt sich durch Tennessee, North Carolina und Virginia bis zum 6-km-Abschnitt in West Virginia. Hier befindet sich in Harpers Ferry der Hauptsitz der Organisation zur Erhaltung des Trail.

Pennsylvania markiert die Hälfte des Wegs. Weiter geht es durch den Michaux State Forest und das Cumberland Valley zum Delaware-Durchbruch, den Water Gap. Dann beginnt New Jersey, wo man gelegentlich einen Blick auf die Skyline von Manhattan erhascht. In New Yorks beliebtem Bear Mountain und Harriman State Park liegt der erste, 1923 fertiggestellte Streckenabschnitt der Wanderung.

Der Weg führt in Connecticut durch die panoramareiche Taconic Range und das Tal des Housatonic River, im westlichen Massachusetts durch die schönen Berkshire Mountains (s. S. 816) und nähert sich in Vermont bei Killington (s. S. 889) der Baumgrenze. Die Etappe in New Hampshire mit den majestätischen White Mountains (s. S. 830) zieht mehr Wanderer an als jeder andere Teil des Wegs. Die letzten 450 km durch Maine enden mit den berühmten „Hundert Meilen", einem abgeschiedenen Abschnitt mit Bergen, Seen und Wäldern zwischen der Stadt Monson und dem Mount Katahdin.

Wo: 3500 km von Georgia bis Maine. Tel. +1/304-535-6331; www.appalachiantrail.org. **Wann:** generell März–Sept. (im Norden) oder Juni–Dez. (im Süden). **Reisezeit:** Mitte Mai in Damascus, Virginia: Tage des Appalachian Trail; Juni–Juli in den südlichen Appalachen: Strauchblüte; Okt. in Neuengland: Indian Summer.

Geschichte, Aristokraten und prachtvolle Einsamkeit

DIE GOLDEN ISLES

Georgia, USA

Im 19. Jh. begannen die Astors, Rockefellers, Vanderbilts, Goodyears und Pulitzers mit der Tradition, den schneereichen Wintern im Norden zu entfliehen und auf Georgias herrlichen Düneninseln Urlaub zu machen. 5 dieser

Refugien wurden als Golden Isles bekannt, deren Licht ebenso berühmt ist wie ihr Luxus. Cumberland, die größte und bezauberndste der Inseln, ist nur mit der Fähre erreichbar. Über 90 % der 90-km²-Insel, Heimat von Meeresschildkröten, Wildpferden und über 300 Vogelarten, sind geschützt. Die Zahl der Tagesbesucher ist limitiert, und die glücklichen Gäste des Greyfield Inn, der einzigen Unterkunft der Insel, sind fast unter sich. Wenig hat sich in dem 1901 im Kolonialstil erbauten früheren Haus des Stahlmagnaten Thomas Carnegie verändert, das von seinen Nachkommen geführt wird.

Jekyll Island, knapp 15 km lang, ist zu zwei Dritteln geschützt und hat ein Radwegenetz, das an den „Hütten" der goldenen Vergangenheit vorbeiführt. Das Jekyll Island Club Hotel im Queen-Anne-Stil, früher Treffpunkt der Elite, ist Mittelpunkt des 97 ha großen historischen Viertels und hat sich die Aura eines Millionärstreffs aus der Zeit der Jahrhundertwende bewahrt.

Auf Sea Island bietet das romantische Resort Cloister Golfern 2 exzellente 18-Loch-Meisterschaftsplätze. Das Hotel im Missionsstil zwischen üppig mit Louisiana-Moos bewachsenen Virginia-Eichen ist stolz auf sein Luxus-Spa und seinen 8 km langen rosa-weißen Sandstrand. Die Nachbarinsel Simons Island ist ebenso schön, aber zugänglicher und erschwinglicher. Seit 1872 wacht der 32 m hohe St.-Simons-Leuchtturm über den Hauptort mit seinen Spezialitätengeschäften, Antiquitätenläden und Fischrestaurants. Die Schwester Little St. Simons Island ist nur per Fähre erreichbar und hat am wenigsten Besucher. 35 km gewundene Pfade und 11 km muschelübersäte Strände können Sie auf dieser 4000 ha großen Oase der moosigen Wälder mit einem Guide erkunden. In der Lodge mit ihren rustikalen Hütten im Adirondack-Stil kommen 30 Gäste unter, die sich die Insel von Juni bis September mit etwa 10 Tagesausflüglern teilen.

Wo: 130 km südl. von Savannah. **Info:** www.comecoastawhile.com. **Cumberland Island:** Tel. +1/912-882-4335; www.nps.gov/cuis. **Greyfield Inn:** Tel. +1/904-261-6408; www.greyfieldinn.com. *Preise:* ab € 293 (Nebensaison), ab € 350 (Hochsaison), all-inclusive. **Jekyll Island Club Hotel:** Tel. +1/912-635-2600; www.jekyllclub.com. *Preise:* ab € 140. **The Cloister at Sea Island:** Tel. +1/912-638-3611; www.seaisland.com. *Preise:* ab € 333 (Nebensaison), ab € 518 (Hochsaison); Greenfee ab € 166 (Nebensaison), ab € 220 (Hochsaison) für Seaside, € 130 (Nebensaison) und € 155 (Hochsaison) für Plantation. **The Lodge at Little Simon:** Tel. +1/912-638-7472; www.littlessi.com. *Preise:* ab € 350 (Nebensaison), ab € 463 (Hochsaison), all-inclusive. Tagesbesucher ab € 55 pauschal. **Reisezeit:** Apr.–Mai und Sept.–Okt.: mildes Wetter.

Georgias Juwel

Savannahs historisches Viertel

Savannah, Georgia, USA

Savannah lässt sich von allen Städten der USA am besten zu Fuß erschließen. Es ist ein lebendes Museum mit dem größten denkmalgeschützten Stadtteil des Landes: Über 2300 Kolonial- und viktorianische Bauten stehen auf 6,5 km².

Die erste geplante Stadt der Nation wurde 1733 vom britischen General James Oglethorpe auf einem Raster entworfen. Von den ursprünglich 24 0,4 ha großen Quadraten sind 21 erhalten. „Weißes Gold" (Baumwolle) machte die Hafenstadt reich und ermöglichte den Bau der zahlreichen Villen. Als General William T. Sherman Savannah 1864 mit der Strategie der „verbrannten Erde" einnahm, verschonte er es auf Präsident Lincolns Bitten hin.

Fast 100 Jahre später entstand die Historic Savannah Foundation, um das architektonische Erbe der Stadt zu bewahren. Das Davenport House Museum von 1820, das erste von der Stiftung gerettete Gebäude, ist eines der schönsten Stadthäuser im Föderationsstil.

Erleben Sie die Stadt von der Pferdekutsche oder der Straßenbahn aus, mit dem Fahrrad oder zu Fuß. Touren führen u.a. zu Schauplätzen des Bestsellers *Mitternacht im Garten von Gut und Böse* von 1994 sowie zu Gebäuden des britischen Architekten William Jay. Zu seinen besten zählen das Owens-Thomas-Haus von 1819 am Oglethorpe Square und die benachbarte Telfair Academy, beide heute Teil des Telfair Museum of Art, dem ältesten Kunstmuseum des Südens.

Einige Häuser sind heute charmante B&Bs oder Hotels. Das vornehme Gastonian besteht aus 2 italienisierenden Stadthäusern und einer Remise aus den 1860ern; nach seinem legendären Südstaaten-Frühstück mag man sich kaum rühren. Das Mansion on Forsyth Park verbindet eine majestätische viktorianische Villa harmonisch mit einem neuen Anbau. Es besitzt ein Spa und das Restaurant 700 Dayton, dessen Hamburger ebenso bekannt sind wie die individuelleren Gerichte.

Savannah zelebriert seine Küche mit unvergleichlicher Verve. Das Elizabeth on 37th in einem Pfarrhaus der vorletzten Jahrhundertwende ist für seine verfeinerte Interpretation der klassischen Rezepte aus Georgias Küstenregion bekannt. Drüben, in Mrs. Wilke's Pension, verschwinden große Gemeinschaftstische unter riesigen Platten mit gebratenem Huhn, gepfeffertem Krabbeneintopf mit Sherry und rotem Savannah-Reis. „Die Lady" von The Lady & Sons ist Food-Network-Chefköchin Paula Deen. Ihr großes Restaurant in einer ehemaligen Eisenwarenhandlung aus dem 19. Jh. ist immer voll, und ihre Crabcakes und das gebratene Huhn sind für manche die besten der Stadt.

Wo: 400 km südöstl. von Atlanta. **Info:** www.savannahvisit.com. **Davenport House:** Tel. +1/912-236-8097; www.davenporthousemuseum.org. **Telfair Museum of Art:** Tel. +1/912-790-8800; www.telfair.org. **The Gastonian:** Tel. +1/912-232-2869; www.gastonian.com. *Preise:* ab € 152. **Mansion on Forsyth Park:** Tel. +1/912-238-5158; www.mansiononforsythpark.com. *Preise:* ab € 120 (Nebensaison), ab € 230 (Hochsaison); Dinner € 37. **Elizabeth on 37th:** Tel. +1/912-236-5547; www.elizabethon37th.net. *Preise:* Dinner € 45. **Mrs. Wilkes's Boarding House:** Tel. +1/912-232-5997; www.mrswilkes.com. *Preise:* Mittagessen € 11. **The Lady & Sons:** Tel. +1/912-233-2600; www.ladyandsons.com. *Preise:* Dinner € 27. **Reisezeit:** Ende März: Häuser- und–Gärten-Tour; Mitte Mai: Historische–Gärten-Tour.

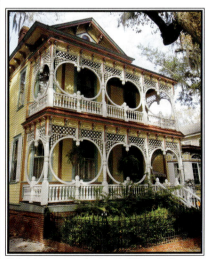

Einheimische nennen das Asendorf House im Queen-Anne-Stil das „Lebkuchenhaus".

„Ich glaube, Hawai'i ist das wertvollste Juwel der Welt." – DON HO

HAWAI'I (BIG ISLAND)

Hawaii, USA

Die jüngste, größte und ursprünglichste der gleichnamigen 2400 km langen Inselgruppe bietet alle Genüsse, die man sich von den Tropen nur wünschen könnte, und Ehrfurcht gebietende natürliche Attraktionen einschließlich des aktivsten Vulkans der Welt. Dies ist der Geburtsort des großen Kriegers König Kamehameha I., der 1812 die anderen Inseln eroberte und das Königreich Hawai'i schuf. Obwohl Hawai'i der korrekte geografische Name der Insel ist (im Gegensatz dazu schreiben wir die ganze Inselgruppe im Folgenden Hawaii), wird sie oft einfach Big Island genannt, weil sie doppelt so groß ist wie alle anderen Inseln zusammen. Sie ist ein Wunder an Vielfalt, mit 11 von 13 Klimazonen der Erde, vom üppigen tropischen Regenwald bis zu kargen schwarzen Lavawüsten und arktischer Tundra. Verpassen Sie nicht das spannende Spektakel, wie die Lava des Kilauea die Insel vor Ihren Augen wachsen lässt.

HAUPTATTRAKTIONEN

HAWAI'I VOLCANOES NATIONAL PARK – Das charakteristischste Merkmal der Insel sind ihre 5 Vulkane. Der größte, Mauna Kea, erstreckt sich vom Meeresspiegel bis in 4205 m Höhe. Im Hawai'i-Volcanoes-Nationalpark gewinnen Sie einen Eindruck von der Gewalt der Vulkane. Wie in den Anfängen der Erdgeschichte schwelen und qualmen hier tiefe Krater und bahnen sich unterirdische Lavatunnel einen Weg durch den Dschungel. Fahren Sie auf dem Crater Rim Drive zum Kilauea-Vulkan, dem Juwel des Parks und im Volksglauben Sitz der Feuergöttin Pele. Seit 1983 speit er fast ununterbrochen Lava.

Nachts glühen die Lavaströme an der Bergflanke wie Leuchtstreifen. Nur 1,5 km hinter dem Parkeingang befindet sich das einfache Volcano Inn, optimal gelegen, wenn Sie früh aufbrechen oder noch spätabends die Feuerströme beobachten möchten. **Wo:** 48 km südwestl. von Hilo. VOLCANOES NATIONAL PARK; Tel. +1/808-985-6000; www.nps.gov/havo. VOLCANO INN; Tel. +1/808-967-7773; www.volcanoinnhawaii. com. *Preise:* ab € 74.

DER GIPFEL DES MAUNA KEA – Für die alten Hawaiianer war der schneebedeckte Gipfel des Mauna Kea („Weißer Berg") Sitz der Götter. Für Astronomen ist der 4205 m hohe Berg aufgrund seiner Äquatornähe und des ungewöhnlich klaren Himmels der beste Ort der Erde, um ins Weltall zu blicken. Auf seinem Gipfel stehen einige der weltgrößten Teleskope. Mit einem Geländewagen kommt man in wenigen Stunden bis zum Gipfel. Packen Sie warme Kleidung und ein kräftiges Picknick ein und achten Sie auf Zeichen der Höhenkrankheit, die nicht selten ist.

Das Onizuka-Besucherzentrum auf 2800 m macht kostenlose Führungen durch ein Observatorium. Treffen Sie vor Sonnenuntergang auf dem Gipfel ein, damit Sie um die Observatorien wandern können – 11 Nationen haben hier 13 der weltweit modernsten Teleskope zur Erkundung der Tiefen des Weltraums aufgestellt.

In Hilo sehen Sie die titanverkleideten Kegel des 'Imiloa Astronomy Center, dessen Planetarium den Ursprung des Universums erforscht. **Wo:** 110 km östl. von Kailua-Kona. **ONIZUKA-BESUCHERZENTRUM:** Tel. +1/808-961-2180; www.ifa.hawaii.edu/info/vis. **'IMILOA ASTRONOMY CENTER:** Tel. +1/808-969-9700; www.imiloahawaii.org.

PARKER RANCH – Die Parker Ranch, Heimat des *paniolo*, des hawaiianischen Cowboys, wurde 1847 von John Parker, einem der ersten englischen Einwanderer, gegründet. Er hatte 1809 sein Schiff heimlich verlassen und wurde von König Kamehameha angeheuert, um herrenloses Vieh zu fangen. Schon lange war Salzfleisch das wichtigste Exportgut der Insel, und in den 1830er-Jahren brachten *vaqueros* aus Kalifornien den *paniolos* (hawaiianische Aussprache von „español") Reiten und die Handhabung des Seils bei. Auch heute noch produziert die nahe dem ruhigen Ort Waimea gelegene Ranch jährlich Millionen kg Rindfleisch. Während der Rodeos an Independence und Labor Day ist am meisten los; dann zeigen die *paniolos* ihre Künste im Kälberfangen, Wildpferd- und Bullenreiten. Cowboys of Hawai'i veranstaltet Ranch-Touren per Jeep und Pferd. **Wo:** Kamuela. Tel. +1/808-887-1046; www.parkerranch.com. **COWBOYS OF HAWAI'I:** Tel. +1/808-885-5006; www.cowboysofhawaii.com.

WAIPI'O VALLEY – Ein Garten Eden mit Obstbäumen, Wasserfällen und einem wunderschönen Strand mit schwarzem Sand. Waipi'o Valley gilt als Ort mit großem *mana*, einer spirituellen Kraft. Viele *ali'i* (Könige) ruhen in Begräbnishöhlen in den Klippen dieses „Tals der Könige". Zu Beginn des 17. Jh. versorgten Aquädukte und geniale Aquakulturteiche 40.000 Menschen; heute ist es ein verschlafenes Nest. Genießen Sie den Blick vom Waipi'o Valley Overlook. Danach können das Tal zu Pferd oder per Maultierkutsche erkunden. Spektakuläre Wasserfälle stürzen die dicht bewachsenen Talwände hinab, darunter

Geschnitzte Holzstatuen, die ki'i, *begrüßen die Besucher des Pu'uhonua o Honaunau National Historic Park.*

auch die Hiilawe Falls, mit 365 m die höchsten Wasserfälle Hawai'is. Hier beginnt auch eine der schönsten Straßen: Die 70-km-Strecke entlang der Hamakua Coast führt Sie durch malerische Dörfer, an tosenden Wasserfällen vorbei und über Brücken mit tiefen Schluchten bis nach Hilo. Nehmen Sie ein Zimmer im Waipi'o Wayside Inn, dem Bungalow einer ehemaligen Zuckerplantage von 1932 mit herrlichem Meerblick von einer 300 m hohen Klippe. **Wo:** 80 km nördl. von Hilo. **WAIPI'O WAYSIDE B&B:** Tel. +1/808-775-0275; www.waipiowayside.com. *Preise*: ab € 74.

KEALAKEKUA BAY – In der Kealakekua Bay an der Kona Coast im Süden ist türkises Wasser von spektakulären Klippen umgeben. Captain Cook legte als erster Europäer 1779 hier an. Heute kommen die Besucher wegen des Unterwasserparks und -schutzgebiets, einem der besten Schnorchel- und Tauchplätze Hawai'is mit unzähligen Fischen, Meeresschildkröten und Tintenfischen. Ab und zu begegnet man Spinner-Delfinen, besonders im Kajak ein magisches Erlebnis. (Am wahrscheinlichsten sieht man sie frühmorgens.) Bis auf wenige Tage im Jahr herrschen ruhige Bedingungen; das türkisfarbene Wasser ist warm und klar, mit bis zu 30 m Sicht. **Wo:** 32 km südl. von Kailua-Kona.

PU'UHONUA O HONAUNAU – Wer früher ein *kapu* (Gesetz) brach, wurde mit dem Tod bestraft; Täter, die dem knapp entkamen, waren in einem *pu'uhonua* sicher. Im Pu'uhonua o Honaunau National Historic Park umschließt eine fast 500 Jahre alte Mauer – 3 m hoch, 300 m lang und 5 m dick – einen solchen legendären *pu'uhonua*. Außerhalb davon befindet sich ein archäologischer Komplex, innen ein restaurierter Tempel von 1650 mit den Gebeinen von 23 Häuptlingen. Ende Juni/Anfang Juli zelebriert das Kulturfestival Hawai'is Traditionen mit einer königlichen Hofprozession, Hula-Tanz und traditionellen Speisen. **Wo:** 35 km südl. von Kailua-Kona. Tel. +1/808-328-2288; www.nps.gov/puho.

DIE BESTEN STRÄNDE

HAPUNA BEACH – Hapuna, ein knapp 1 km langer Strand mit stahlblauem Wasser, ist einer der beliebtesten Strände Hawai'is. Die Brandung ist perfekt für Bodyboarder; im Winter kann man Buckelwale beobachten, im Sommer herrlich schnorcheln. Einheimische Familien gehen mit Grill und Kühltasche zum Picknick in den angrenzenden Park. **Wo:** 14,5 km nördl. von Waikoloa Village.

KAUNA'OA BEACH – Dieser von Palmen gesäumte weiche weiße Sandstrand am Mauna Kea Beach Hotel an der Kohala-Küste gehört zu den schönsten Küstenabschnitten der Insel. Kauna'oa, manchmal auch Mauna Kea Beach genannt, ist meist weniger überlaufen als Hapuna Beach. Wenn Sie nicht im Hotel wohnen, kommen Sie früh zum Schwimmen, Schnorcheln und, im Winter, zum Beobachten der häufig zu sichtenden Buckelwale. **Wo:** Kohala.

ANAEHO'OMALU BAY – An diesem schönen, von Kokospalmen gesäumten Strand (kurz A-Bay genannt) am Waikoloa-Resort ist das Wasser oft ruhig. Hier werden Segel- und Tauch-Expeditionen angeboten; zum Windsurfen ist es einer der besten Strände West-Hawai'is. Ferner findet man hier Felsmalereien und 2 alte Fischteiche für die königliche Familie. Das einzige, was fehlt, sind Wellen zum Wellenreiten. **Wo:** Waikoloa.

KAHALU'U BEACH PARK – Schnorchler und Taucher kommen zur Kona-Küste, um mit Kaiserfischen, Lippfischen, Doktorfischen und gelegentlichen Delfinen zu schwimmen. Für Anfänger ist Kahalu'u Beach Park ideal. Ein Riff vor der Küste sorgt dafür, dass das Wasser ruhig ist; ein Großteil der Bucht ist nur 3 m tief. Es könnte nicht einfacher sein – man verkauft hier sogar Fischbestimmungskarten aus Plastik, die Sie mit ins Wasser nehmen können. Am schönsten ist es in den frühen Morgenstunden, bevor die Massen kommen. **Wo:** 8 km südl. von Kailua.

MAKALAWENA BEACH – Wenn dieser Küstenabschnitt bei Keahole besser zugänglich wäre, wäre er der beliebteste Strand der Insel. Sie müssen zu diesem durch Dünen geschützten Strand mit den kleinen Buchten eine halbe Stunde über schwarze Lavafelder wandern. Doch die Mühe wird durch Einsamkeit und unberührte Schönheit belohnt. Hier lässt es sich gut schwimmen, schnorcheln und bodyboarden. **Wo:** In Keka-ha Kai State Park, 6,5 km nördl. des Kona International Airport.

Makalawena Beach liegt an Hawai'is Kona-Küste.

Events & Festivals

König-Kamehameha-Tag – Das Fest wurde 1871 zu Ehren des großen Kriegerkönigs Kamehameha ins Leben gerufen, der den Hawaii-Archipel vereinigt hat. Es wird zwar jeden 11. Juni auf allen Inseln begangen, hier jedoch, auf seiner Heimatinsel, mit der größten Begeisterung. In North Kohala, seinem Geburtsort, wird seine Statue in einer Zeremonie mit Blumen geschmückt. In dem am Meer gelegenen Dorf Kailua-Kona, das Kamehameha 1812 zur Hauptstadt des Königreichs Hawaii erklärte, findet eine prachtvolle Reiterparade statt **Wo:** North Kohala und Kailua-Kona. www.kamehameha festival.org.

Merrie Monarch Hula Festival – Hawai'is größter und prestigeträchtigster Hula-Wettbewerb findet in der Woche nach Ostern in Hilo statt, mit Teilnehmern von den besten Hula *halau* (Schulen) der Inseln und des Festlands der USA. Hunderte Tänzer und Musiker präsentieren sich während der 1-wöchigen Veranstaltung. Bis 26. Dezember müssen Sie schriftlich Tickets anfragen, um eine Chance auf einen Besuch zu haben. Höhepunkte sind der Solo-Wettbewerb Miss Aloha Hula sowie Wettbewerbe in den Stilen *kahiko* (alt) und *'auana* (modern). „Merrie Monarch" – fröhlicher Monarch – bezieht sich auf Hawai'is letzten König, David Kalakaua, der den Hula-Tanz und andere kulturelle Traditionen während seiner Regierungszeit von 1874–1891 wiederbelebte. **Wo:** Hilo. Tel. +1/808-935-9168; www.merriemonarchfestival.org.

Ironman-Triathlon – Es gibt viele Ironman-Wettbewerbe auf der Welt, aber dies ist das Original. Er begann 1978 als 1-tägiger Wettkampf, zu dem die 3 schwierigsten Rennen Honolulus gehörten: 3,8 km Schwimmen, 180 km Radrennen und 42 km Laufen beim Honolulu Marathon. Der Gewinner durfte sich „Ironman" nennen. Im ersten Jahr kamen nur 15 Leute. Heute findet es jeden 2. Samstag im Oktober auf der Insel Hawai'i mit rund 100.000 Athleten aus der ganzen Welt statt, die um 1700 Startplätze konkurrieren.

Nachdem alle geschwommen und per Fahrrad zur Stadt Hawi und zurückgefahren sind, sammeln sie sich an der Ziellinie, der Ufermauer am Ali'i Drive, wo die Sieger etwa um 3 Uhr eintreffen. **Wo:** Die beste Sicht auf den Start hat man am Kailua Bay Seawall, Kailua-Kona. Tel. +1/808-329-0063; www.ironman.com.

Kona-Kaffee-Kulturfest – Der Kaffeegürtel von Kona ist eine 32 km lange Strecke von Holualoa nach Kealakekua, wo sonnige Morgen, feuchte Nachmittage und tägliche Regenschauer perfekte Wachstumsbedingungen für erstklassige Kaffeebohnen schaffen.

Die erstmals 1828 von einem Missionar gepflanzte Kona-Kaffeebohne wächst heute auf 700 Farmen und ist neben dem Tourismus einer der Wirtschaftszweige Hawai'is. Kaffeeliebhaber können die Region Anfang November während des 10-tägigen Kona-Kaffee-Kulturfests erkunden. Außer dem Wettbewerb (Blindverkostung), bei dem der beste Kona-Kaffee ermittelt wird, finden ein Erntewettbewerb, Kunstausstellungen, Farmbesichtigungen und sogar ein Miss-Kona-Coffee-Festzug statt. **Wo:** Kailua-Kona und Umgebung. Tel. +1/808-326-7820; www.konacoffeefest.com.

Internationales Fächer- und Speerfisch-Turnier – Die tiefen, warmen Gewässer an der Kona-Küste sind für das Großfischangeln bekannt. Am begehrtesten sind die Schwergewichte (der Blaue Marlin kann 500 kg wiegen). Hochsaison ist Ende Juli oder Anfang August: Dann reisen Anglerteams aus der ganzen Welt an, um Marlin und andere Fische zu angeln. Das Team mit den meisten Pfunden (und Punkten) gewinnt die begehrte Governor's Trophy. **Wo:** Kailua Pier, Kona. Tel. +1/808-836-3422; www.hibtfishing.com.

Übernachten

Fairmont Orchid – Dieses Luxushotel an einer Lagune mit puderweißem Sand ist mit seinen Prunktreppen und Marmorverkleidungen das perfekte Hotel alter Schule. Zu seinen ausgezeichneten Restaurants zählen Brown's Beach House und Norio's Sushi Bar & Restaurant. Samstags trifft Broadway auf Hawai'i beim Luau „Versammlung der Könige". **Wo:** Kohala-Küste. Tel. +1/808-885-2000; www.fairmont.com/orchid. *Preise:* ab € 241 (Nebensaison), ab € 260 (Hochsaison); Dinner: Brown's € 48, Norio's € 48, Luau € 74.

Four Seasons Resort Hualalai – Das Hotel an der Kohala-Küste ist eine Oase im Kolonialstil mit niedrigen Gebäuden, die sich um 4 Pools am Meer gruppieren. Sein attraktiver 18-Loch-Golfplatz, gestaltet von Jack Nicklaus, ist nur für Gäste des Hotels offen. Er liegt auf erkalteter Lava des im Hintergrund majestätisch aufragenden, schlafenden Vulkans Hualalai, der 1801 zuletzt ausbrach. Die Sonnenuntergänge hier gelten als die spektakulärsten von Hawai'i. Den besten Blick darauf hat man vom lässig-eleganten Restaurant Pahu i'a („Aquarium") direkt am Meer, das für seine Meeresfrüchte bekannt ist. Anwendungen mit Hawai'i-Meersalz, Macadamianüssen und vulkanischem Bims locken Gäste ins Hualalai Spa. **Wo:** Kailua-Kona. Tel. +1/808-325-8000; www.fourseasons.com/hualalai. *Preise:* ab € 463; Greenfee € 185 (nur Hotelgäste); Dinner im Pahu i'a € 40.

King Kamehameha's Kona Beach Hotel – Dieses direkt am Strand in der Ortschaft Kailua-Kona gelegene Hotel aus den 1960er-Jahren hat eine zeitgenössische, von der Natur inspirierte Ästhetik. Sein Anspruch auf den Namen König Kamehamehas ist legitim: Hier hat er vor dem Tempel Ahu'ena Heiau restauriert und Lono gewidmet, dem Gott des Friedens und Wohlstands. An 4 Abenden der Woche (wetterabhängig) gleiten Auslegerkanus mit Schauspielern, die den königlichen Hofstaat darstellen, am Tempel vorbei und beginnen damit das beliebte Fest Luau im Hotel. **Wo:** Kailua-Kona. Tel. +1/808-329-2911; www.konabeachhotel.com. *Preise:* ab € 96, Luau ab € 52.

Kona Tiki Hotel – Dieses 1950er-Jahre-Motel steht so nah am Meer, dass sich die Brandung direkt vor Ihrem Fenster bricht – kaufen Sie sich Ohrstöpsel! Es ist preisgünstig, die Zimmer sind einfach (ohne TV und Klimaanlage). Bis nach Kailua Village und seinen Restaurants und Geschäften sind es 1,5 km, die Strände liegen eine kurze Autofahrt südlich und nördlich davon. **Wo:** Kailua-Kona. Tel. +1/808-329-1425; www.konatikihotel.com. *Preise:* ab € 60.

Mauna Kea Beach Hotel – Als Laurance S. Rockefeller die Insel bereiste, entdeckte er den langen halbmondförmigen Sandstrand Kauna'oa. Er erbaute dort ein Luxushotel das 1965 eröffnet wurde. Heute ist das Mauna Kea Beach Hotel ein Vorzeigeprojekt typischer 1960er-Jahre-Architektur, mit einer Sammlung pazifischer Kunst von Weltrang, einem neuen Spa und einem legendärem Golfplatz. **Wo:** Kohala-Küste. Tel. +1/808-882-7222; www.princeresortshawaii.com *Preise:* ab € 260.

Mauna Lani Bay Hotel & Bungalows – Allein die monatliche Feier zur Dämmerung bei Kalahuipua'a ist Grund genug, in diesem Resort am Meer zu übernachten. Einmal im Monat, am Samstag vor Vollmond, tragen Hawai'is Künstler Lieder und überlieferte Geschichten vor. Gäste sitzen auf Decken – wie zu Zeiten, als man sich versammelte, um zu singen, zu tanzen und zu erzählen. Zeitgenössischer vergnügt man sich im Restaurant am Meer, auf 2 18-Loch-Golfplätzen (s. nächste S.) und im Spa, das einem hawaiianischen Dorf gleicht. **Wo:** Kohala-Küste. Tel. +1/808-885-6622; www.maunalani.com. *Preise:* ab € 293.

GOLF

Schnorchler können an der Kona-Küste Fische beobachten, die sich von Algen auf dem Panzer von Meeresschildkröten ernähren.

MAUNA KEA RESORT – Die sonnige Kohala-Küste ist das Golfmekka von Hawai'i, und die meisten Spieler möchten einmal hierher wallfahren. Besonders der atemberaubende Mauna Kea ist ein Muss. Seit 1964, als Robert Trent Jones sen. ihn um einen erkalteten Lavastrom am Ozean herum gestaltete, fordert er seine Gäste heraus. Auf dem Gelände des Mauna Kea Resort liegt auch der neuere, umweltfreundliche Hapuna Beach, von Arnold Palmer und Ed Seay in den 1990er-Jahren gestaltet. Er bietet spektakuläre Blicke auf die Kohala-Küste und den schneebedeckten Vulkan Mauna Kea. **MAUNA KEA:** Tel +1/808-882-5400; www.maunakeagolf.com. *Preise*: Greenfee € 166 (Resort-Gäste), € 185 (Besucher). **HAPUNA:** +1/808-880-3000. *Preise*: Greenfee € 93 (Resort-Gäste), € 122 (Besucher).

MAUNA LANI RESORT – Das Mauna Lani Resort („Berg, der den Himmel berührt") ist ein weiterer Tempel für Golf-Pilger an der Kohala-Küste und zelebriert ein Fest der Farben: Sie blicken auf pechschwarze Lavaströme, weiße Bunker, gepflegte Fairways und einen türkisfarbenen Ozean, während Sie die 36 Loch spielen. Das spektakuläre 15. Loch des South Course über dem Wasser gehört zu den meistfotografierten Golfmotiven der Welt. Der auf Lavafeldern erbaute hügelige North Course ist aufgrund von Mesquiten-Bäumen und wilden Ziegenherden etwas schwieriger. **INFO:** Tel. +1/808-885-6655; www.maunalani.com. *Preise*: Greenfee € 120 (Resort-Gäste), € 193 (Besucher).

WAIKOLOA BEACH RESORT – Dieses Resort im Süden von Kohala an der Anaeho'omalu Bay bietet die interessantesten archäologischen Stätten (darunter ein Gebiet mit Felsritzungen), ist aber am bekanntesten für sein großartiges 36-Loch-Golfgelände. Der Waikoloa Beach Golf Course, von Robert Trent Jones jr. gestaltet, windet sich am Meer im Schatten von Kokospalmen an Lavaströmen entlang. Wenn Sie Glück haben, erblicken Sie vom schwierigen 7. Loch aus Buckelwale. Der Kings Golf Club, kreiert von Tom Weiskopf und Jay Morrish, ist ein Platz im schottischen Links-Stil. **INFO:** Tel. +1/808-886-7888; www.waikoloabeachgolf.com. *Preise*: Greenfee € 96 (Resort-Gäste), € 144 (Besucher).

ESSEN & TRINKEN

BAMBOO – Diese Bastion des „wahren Hawai'i", in einem hübsch restaurierten Gebäude aus der Zeit der großen Plantagen und dekoriert mit Retrodrucken, ist berühmt für sein handgemachtes Hühnchen-Saté. Nippen Sie an Passionsfrucht-Margarita (die hier erfunden wurde), während Sie sich die Galerie mit Kunst und Kunsthandwerk des Pazifikraums ansehen. Wer ein Hawaiihemd kaufen möchte, findet hier eines der größten Angebote der Insel. **Wo:** Hawi. Tel. +1/808-889-5555; www.bamboorestaurant.info. *Preise*: Dinner € 22.

MANAGO – Abwechslung zu den mondänen Resort-Restaurants bietet das einfache Hotel Manago, ein Relikt aus der Vergangenheit. Seit 1917 wird es von derselben japanischamerikanischen Familie geführt. Es gibt etwa ein Dutzend Tagesgerichte, alle aus der Pfanne, u.a. die begehrten Schweinekoteletts mit einer Schale Reis und 3 Beilagen. Erwarten Sie kein Dessert und kommen Sie früh: Die letzte Bestellung wird um 19.30 h entgegengenommen. **Wo:** Captain Cook. Tel. +1/808-323-2642; www.managohotel.com. *Preise:* Dinner € 7,50.

MERRIMAN'S RESTAURANT – Peter Merriman gilt als Begründer der regionalen Hawai'i-Küche. Noch immer serviert er in seinem Restaurant in Waimea nahe der Parker Ranch Kalua-Quesadillas mit Schweinefleisch und Ahi aus dem Wok. Den Langzeiterfolg verdankt er seinen perfekten Zutaten – Rind- und Lammfleisch aus Waimea, Fisch von Kawaihae Harbor und Biogemüse von umliegenden Farmen, von denen viele nur für ihn produzieren. Auch seine neuen Restaurants, u.a. das legere Market Café und Merriman's Kapalua auf Maui, verwenden regionale Zutaten. **RESTAURANT:** Waimea. Tel. +1/808-885-6822; www.merrimanshawaii.com. *Preise:* Dinner € 45. **MARKET CAFÉ:** Waikoloa. Tel. +1/808-886-1700. *Preise:* Dinner € 26.

„Hier bin ich, eure besondere Insel!" –
RODGERS & HAMMERSTEIN IM MUSICAL SOUTH PACIFIC

KAUA'I

Hawaii, USA

Kaua'i, die grünste und älteste der Hauptinseln Hawaiis, ist im Wesentlichen ein einziger gewaltiger Vulkan, der vom Meeresboden aus 5 km ansteigt. Viele in Hollywoodfilmen und TV-Produktionen gezeigte tropische Paradiese sind auf der zu zwei Dritteln undurchdringlichen Insel gedreht, u.a. *South Pacific*, *Blue Hawaii* und *Fantasy Island*. Auf Kaua'i fällt mehr Regen als im restlichen Hawaii – es ist in den Mythen Hawaiis Geburtsort des Regenbogens –, und die Insel ist so dicht mit Blumen und Vegetation bedeckt, dass sie ihren Spitznamen „die Garteninsel" fraglos verdient.

HAUPTATTRAKTIONEN

Der Waimea Canyon, farbenfroh und mit zahlreichen Lavaspuren, ist Hawai'is Antwort auf den Grand Canyon.

NA-PALI-KLIPPEN – Die Na Pali Coast ist das Hawaii Ihrer Träume: 35 km leuchtend grüne Täler und Wasserfälle, die von 1200 m hohen Klippen ins Meer stürzen. Durch dieses Gebiet, Hawaiis letzte echte Wildnis, wird niemals eine Straße führen. Als Na Pali Coast State Park steht es unter Schutz. Sie können dieses Stück Eden aus dem Helikopter oder vom Boot aus betrachten; einige Unerschrockene erkunden die dicht bewachsene Küste auch zu Fuß.

Wellen brechen sich an den Klippen in Poipu, einem beliebten Strand und Park an der Südküste Kaua'is.

Selbst für erfahrene Wanderer ist der schmale und oft strapaziöse Kalalau Trail, ein alter, 18 km langer Pfad, eine Herausforderung. Er verläuft entlang imposanter Klippen und endet am Kalalau Beach. **Wo:** 65 km nordwestl. von Lihu'e. **Info:** www.hawaiistateparks.org.

WAIMEA CANYON & WAIMEA TOWN – Der Waimea Canyon ist mit 16 km Länge, fast 2 km Breite und 1200 m Tiefe eine von Kaua'is beeindruckendsten Sehenswürdigkeiten. Der riesige „Grand Canyon des Pazifik" ist ein Werk des Waimea River, durch den die starken Niederschläge vom Mount Waialeale abfließen. Sie können tiefgrüne Vegetation und gelegentlich den weißen Streifen eines Wasserfalls sehen. Im Koke'e State Park durchzieht ein großes Wanderwegenetz etwa 2500 ha Regenwald. Das einfache Waimea (1787 Einwohner), die ursprüngliche Hauptstadt von Kaua'i, ist der der Schlucht am nächsten gelegene Ort. Hier, wo die Zeit stehen geblieben scheint, lässt es sich herrlich wandern und entspannen. Gönnen Sie sich bei Jo-Jo's ein hawaiianisches Eis. **Wo:** 50 km westl. von Lihu'e. WAIMEA CANYON- UND KOKE'E STATE PARKS-INFO: www.hawaiistateparks.org.

HELIKOPTER-RUNDFLÜGE – Sie können die zugänglichen Teile von Kauai in einem halben Tag mit dem Auto erkunden – es sind maximal 50 km vom einen Ende zum anderen –, doch nur vom Helikopter aus kann man die ganze Insel erfassen. In etwa 1 Stunde fliegen Sie über einige der schönsten Sehenswürdigkeiten, darunter die Manawaiopuna Falls (auch „Jurassic Park Falls" genannt); das Hanapepe Valley; den Waimea Canyon, die Klippen der Na Pali Coast, den Makana Mountain, wegen seiner Rolle in *South Pacific* auch Bali Ha'i genannt, das azurblaue Wasser der Hanalei Bay und das Tal des Hanalei River. Bei schönem Wetter können Sie sogar in den Krater des 1600 m hohen Mount Waialeale fliegen, in den Wasserfälle fast 1,5 km tief herabstürzen. **Wie:** Jack Harter Helicopters. Tel. +1/808-245-3774; www.helicopters-kauai.com. *Preise*: € 170 pro Person für eine 1-stündige Tour.

NATIONAL TROPICAL BOTANICAL GARDEN – 2 Attraktionen von Weltrang in der Obhut des National Tropical Botanical Garden gibt es im Lawa'i Valley westlich von Poipu Beach zu besichtigen. Der 100 ha große McBryde-Garten ist die weltweit größte Ex-situ-Sammlung einheimischer hawaiischer Pflanzen und weiterer Arten aus anderen Teilen der Tropen. Der exquisite 32 ha große Allerton-Garten grenzt direkt daran an. Hier lebte Hawaiis Königin Emma in den 1860er-Jahren.

An der Nordküste, am Fuß des Makana Mountain, liegt das zum National Garden gehörende Limahuli-Reservat. Der in einem über 400 ha großen tropischen Tal auf Lavaterrassen angelegte Garten wurde von der American Horticultural Society zum besten natürlichen botanischen Garten der USA gewählt: **INFO:** Tel. +1/808-742-2623 (McBryde und Allerton); +1/808-826-1053 (Limahuli); www.ntbg.org.

DIE BESTEN STRÄNDE

POIPU BEACH – In der Mitte von Kaua'is sonniger Südküste liegt Poipu Beach, dessen Gärten und glamouröse Resorts legendär sind – hinzu kommen hervorragende Wassersportmöglichkeiten und eine grüne Picknickwiese. Nach Osten ist Poipu Beach Park durch Felsen geschützt, davor befindet sich ein natürliches Becken mit Sandboden, das für Kinder ideal ist. Nach Westen hin öffnet sich der Ozean – für Schwimmer, Schnorchler und Surfer. **Wo:** 35 km westl. von Lihue.

HANALEI BAY – Die traumhaftesten Strände Hawai'is liegen wie die Perlen einer Kette an einem 11 km langen Abschnitt von Kaua'is Nordküste. Einer der schönsten und bekanntesten ist Hanalei Beach, wo Puff, the Magic Dragon, aus dem gleichnamigen Hit von Peter, Paul und Mary von 1962 seine Possen trieb. Sie kennen den Strand von Postern: Vor 1200 m hohen Klippen mit Wasserfällen rollen sanft die Wellen auf den goldenen Sandstrand der halbmondförmigen Hanalei Bay. Vor starken Strömungen geschützt, die die Gewässer an anderen Stellen der Nordküste gefährlich machen, ist Kaua'i im Winter und Frühjahr das Surferzentrum. Die Wellen hier sind für Anfänger ebenso geeignet wie für Experten. Gleich westlich davon liegt Lumahai Beach, ein idyllischer, von Lavafelsen eingerahmter Halbmond, Schauplatz der Romanze zwischen Mitzi Gaynor und Rossano Brazzi in *South Pacific*. **Wo:** 30 km südöstl. von Lihue.

Surfer, Schwimmer und Taucher sind gleichermaßen begeistert von der bildschönen Hanalei Bay.

KALIHI WAI BEACH – Dieser Strand mit weichem, honigfarbenem Sand, sanften Wellen und einem Fluss, der sich in den Ozean ergießt, ist pefekt für Familien. Während der Sommermonate ist der Ozean meist ruhig, sodass es sich gut schwimmen lässt; im Winter kommen Surfer hierher. Kalihi Wai liegt etwas abseits der ausgetretenen Pfade: Es gibt keine Rettungsschwimmer, aber im Schatten der Eisenholzbäume findet man herrliche Plätzchen für ein Picknick. **Wo:** 3,5 km südl. von Princeville.

MAKUA BEACH – Den Spitznamen „Tunnel" verdankt der Bilderbuchstrand an der Nordküste den Unterwasser-Lavaröhren, in denen getaucht wird. 2 große Riffe vor der breiten Bucht machen Makua im Sommer, wenn das Wasser am ruhigsten ist, zu einem der besten Schnorchelgebiete von Kaua'i. Den Strand selbst schützt kein Riff, sodass die Wellen direkt aufs Ufer prallen – für die vielen Surfer, die hier im Winter anzutreffen sind, spannend, aber gefährlich. **Wo:** 15 km westl. von Princeville.

ÜBERNACHTEN

GRAND HYATT KAUAI RESORT & SPA – Dieses hübsche Resort mit für Hawai'i typisch flachen Gebäuden liegt der Südküste von Poipu. Sein Anara Spa hat einen von Tiki-Fackeln erleuchteten Flügel, wo jeder *Hale* mit Teak und Strohdach ausgestattet ist und über einen Garten, eine Dusche in Lavafelsen und eine Ingwer-Dampfgrotte verfügt. Weitere Pluspunkte sind das Camp Hyatt für Kinder und ein Turniergolfplatz von Robert Trent Jones jr. Von seinen zahlreichen Restaurants und Cafés gilt das Dondero als das beste italienische Restaurant der Insel. **Wo:** Koloa. Tel. +1/808-742-1234; www.kauai.hyatt.com (Golf: Tel. +1/808-742-8711; www.poipubaygolf.com.). *Preise*: ab € 215 (Nebensaison), ab € 340 (Hochsaison); Greenfee € 110 (Resort-Gäste), € 163 (Besucher); Dinner im Dondero € 37.

ST. REGIS PRINCEVILLE RESORT – Das an der wilden Nordküste gelegene luxuriöse St. Regis Princeville ist seines königlichen Namens würdig. Die stufenförmige Anlage schmiegt sich an eine Klippe über der Hanalei Bay und bietet aus der Lobby im 9. Stock einen atemberaubenden Blick auf den Makana Mountain und den Strand. Im Kauai Grill serviert man Menüs von Chefkoch Jean-Georges Vongerichten. 2 der anspruchsvollsten Golfplätze Hawaiis befinden sich hier: Der Prince Golf Course mit 18 und der Makai Course mit 27 Löchern, beide designt von Robert Trent Jones jr. Das nette Örtchen Hanalei ist nur 5 Minuten entfernt. **Wo:** Princeville. Tel. +1/808-826-9644; www.princeville.com (Golf: Tel. +1/808-826-5001). *Preise:* ab € 370; Greenfee ab € 93.

WAIMEA PLANTATION COTTAGES – Die 50 restaurierten, 100 Jahre alten Hütten, einst die Häuser von Arbeitern der Zuckerplantage, sind an den Strand einer Kokospalmenbucht versetzt worden. Jede Unterkunft, von der kleinen Hütte mit 1 Schlafzimmer bis zur weitläufigen mit 5, wurde mit Küche und Bad modernisiert. Die Möbel aus Mahagoni, Rattan und Korb, inspiriert vom 1930er-Jahre-Stil, lassen die Plantagenvergangenheit wiederauferstehen. **Wo:** Waimea. Tel. +1/808-338-1625; www.waimea-plantation.com. *Preise:* ab € 166.

EVENTS & FESTIVALS

WAIMEA TOWN CELEBRATION – Hier setzte Captain James Cook seinen Fuß auf Hawaii, als er 1778 in der Nähe eines kleinen Grashüttendorfs Anker setzte. An dieses und fast jedes andere kulturell bedeutsame Ereignis, das jemals in Waimea passiert ist, gedenkt die Waimea Town Celebration am Wochenende nach dem Presidents Day im Februar. Über 10.000 Menschen kommen in die ansonsten verschlafene Stadt und begeben sich in die alte Zuckermühle, wo Essen, Vergnügungen und Musik geboten werden. **INFO:** www.wkbpa.org/events.html.

KOLOA PLANTATION DAYS – Die Zuckerindustrie hatte einen großen Einfluss auf Hawaiis Kultur und Geschichte. Alles begann 1834 auf Kauai, als Ladd & Co. einen Vertrag mit König Kamehameha III. unterzeichneten und die Koloa-Plantage gründeten. Heute stehen die Mühlen still, aber zum Erbe des Zuckeranbaus gehören die Koloa-Plantagen-Feiern Ende Juli. Höhepunkt ist eine Parade mit blumengeschmückten Festwagen und Musikgruppen. Bei der anschließenden Party vermischen sich die vielen Kulturen, die in den Plantagensiedlungen aufeinandertrafen. **INFO:** www.koloaplantationdays.com.

ESSEN & TRINKEN

THE BEACH HOUSE – Die Sonnenuntergänge am Beach House sind Romantik pur, doch dieser Platz an der Südküste hat mehr zu bieten – vor allem die kurzgebratene Goldmakrele in Macadamiakruste. **Wo:** Koloa. Tel. +1/808-742-1424; www.the-beach-house.com. *Preise:* Dinner € 45.

HAMURA SAIMIN STAND – Man wartet lange auf einen Platz in diesem einfachen Restaurant. Warum lieben es die Einheimischen also? Weil, erklärt man Ihnen, es das „echte Hawai'i" ist. *Saimin* – hausgemachte Nudeln in Brühe – stammt aus der Plantagenzeit, als Arbeiter aus China, den Philippinen, Japan, Korea, Hawaii und Portugal gemeinsam Mahlzeiten kochten. Probieren Sie die *Saimin*-Spezialität (Nudeln mit Wan Tan, gebratenem Schwein, Schinken, Gemüse, gekochtem Ei, Fischfrikadelle und grünen Zwiebeln), danach ein meterhohes Stück *Lilikoi*-(Passionsfrucht-)Torte. **Wo:** Lihu'e. Tel. +1/808-245-3241. *Preise:* € 9.

PUKA DOG – Hotdog-Fans stehen bei diesem Kultklassiker Schlange – er hat das ideale Essen für alle, die sich beim Bodyboarden am nahen Poipu Beach verausgabt haben. Sein Name bezieht sich auf *puka*, das Loch in dem Langbrötchen, das am heißen Metallspieß geröstet wird. Nach 3 großzügigen Soßen – Zitronen-Knoblauch-Soße, hawaiianischer Senf und ein tropisches Relish (Mango, Papaya, Ananas, Kokosnuss, oder Banane) – kommt ein Würstchen hinein. Ein Glas Limonade, vor Ihren Augen ausgepresst und angerührt, rundet das Puka-Erlebnis ab. Das Puka Dog in Koloa ist das Original – einen Ableger findet man jetzt auch in Waikiki. **Wo:** Koloa. Tel. +1/808-742-6044; www.pukadog.com. *Preise:* € 6,70.

Ananas und außergewöhnliche Hotels

LANA'I

Hawaii, USA

Hawai'is einsamste Insel, das winzige, wenig beachtete Lana'i, war früher das größte Ananas-Anbaugebiet des Staates, ein Dole-Imperium mit dem fantasielosen Spitznamen „Ananasinsel". Seither ist es Luxuserholungsort und Ziel abenteuerlustiger Tagesausflügler geworden, die mit der Fähre von Maui (s. nächste Seite) kommen. Lana'is Resorts verwöhnen ihre Gäste in fast unerhörtem Maße, während das herrliche Hinterland fast unberührt bleibt. Es gibt hier kaum Autos und keine Ampeln.

Das elegante Four Seasons Resort Lana'i at Manele Bay ist ein mediterranes Eden an der idyllischen Hulopoe Bay, einem Meeresreservat, in dessen klarem blauem Wasser Spinner-Delfine tollen. Am weißen Sandstrand Hulope Beach mit den Schatten spendenden Palmen schwimmt und schnorchelt man ausgezeichnet. Golfer sind vom resorteigenen Platz Challenge at Manele von Jack Nicklaus mit den betörendsten Panoramen Hawaiis bezaubert. Die Schwester des Four Seasons, die Lodge at Knoele, blickt vom kühlen, bewaldeten Zentrum der Insel auf Lanai'i City. Die Lodge, eine Mischung aus alter Hawaii-Plantage und britischem Landhaus, bietet ihren Gästen Krocket, Boccia und Nachmittagstee. Aber die Hauptattraktion ist Experience at Koele, der Turniergolfplatz von Greg Norman, mit einer eindrucksvollen Aussicht.

Lanai City, unterhalb der Lodge gelegen, ist eine von der Plantagenwirtschaft geprägte Stadt der 1920er-Jahre. Häuser mit Blechdächern sind in allen Farben bemalt, und der charmante Dorfplatz ist von Geschäften, Restaurants, Boutiquen und Kunstgalerien umgeben. Hotel Lana'i, ein historisches Wahrzeichen, das für Führungskräfte von Dole erbaut wurde, ist ein bescheidenes, aber charmantes Gasthaus und der perfekte Ausgangspunkt für eine der härtesten Wandertouren von Hawai'i, den 22,5 km langen Munro Trail auf den höchsten Gipfel der Insel, den 1027 m hohen Lana'ihale. An klaren Tagen sieht man vom Gipfel aus Oahu, Molokai und Maui.

Wenn Sie für einen Tag anreisen, mieten Sie sich einen Geländewagen und erkunden das Lavaplateau, den „Garten der Götter". Die orangefarbenen, ocker und gelben Schattierungen zeigen frühmorgens oder kurz vor Sonnenuntergang ihre geheimnisvollste Schönheit.

INFO: www.visitlanai.net. **MANELE BAY:** Tel. +1/808-565-2000; www.fourseasons.com/lanai. *Preise:* ab € 300; Greenfee € 155 (Gäste), € 166 (Besucher). **LODGE AT KOELE:** Tel. +1/808-565-4000; www.fourseasons.com/lanai. *Preise:* ab € 220; Greenfee € 155 (Gäste), € 166 (Besucher). **HOTEL LANA'I:** Tel. +1/808-565-7211; www.hotellanai.com. *Preise:* ab € 74. **REISEZEIT:** 1. Juliwochenende: Ananasfest.

„Ich fuhr für eine Woche nach Maui und blieb 5." – MARK TWAIN

MAUI

Hawaii, USA

Wer würde das Urteil der Einheimischen infrage stellen: *„Maui no ka oi"* – „Maui ist die beste"? Die „Insel der Täler" ist nach dem polynesischen Halbgott benannt, der sie zu seiner Heimat erwählte, nachdem er alle Hawaii-Inseln aus dem Meer hervorgeholt hatte. Maui mit den langen weißen Stränden, üppigem Regenwald und einer Mischung aus Feriendörfern und Luxusrefugien verkörpert den Geist von Aloha, ein Grußwort, das Liebe bedeutet.

HAUPTATTRAKTIONEN

VULKAN HALEAKALA – Nichts kommt dem Anblick der gewaltigen Masse und dem Blick vom 3055 m hohen Haleakala („Haus der Sonne") gleich. Es ist der größte schlafende Vulkan der Welt, in dessen Krater ganz Manhattan Platz hätte. Viele Besucher brechen vor dem Morgengrauen zum Gipfel auf, um einen Sonnenaufgang zu sehen, über den Mark Twain sagte: „Das erhabenste Schauspiel, das ich je erblickt habe."
   Aufregend ist der Weg die Crater Road hinunter mit dem Fahrrad – mehrere Stunden, in denen man kaum in die Pedale treten muss. (Halten Sie unbedingt beim Kula Lodge & Restaurant wegen der Bananen-Macadamianuss-Pfannkuchen.) Oder verbringen Sie den Tag auf einer Wanderung durch Regenwald und alpines Strauchland, Lebensraum der seltenen Hawaiigans oder Nene. Auch der Sonnenuntergang über der roten Mondlandschaft ist erhaben. Man hat den Ort praktisch für sich. **Wo:** 65 km südöstl. des Flughafens Kahului. Tel. +1/808-572-4400; www.nps.gov/hale.
   MOUNTAINBIKES: Maui Downhill, Tel. +1/808-871-2155; www.mauidownhill.com. *Preise:* Radtouren ab € 81; Sonnenaufgangstour € 110.

HANA HIGHWAY – Mauis zweite berühmte Panoramastraße ist der schmale, gewundene Hana-„Highway" an der üppigen, isolierten Nordostküste der Insel. Die bergige 80-km-Strecke dauert 2–3 Stunden und beginnt an der gemütlichen ehemaligen Zuckerplantagenstadt Paia, führt um 617 Kurven, über 54 1-spurige Brücken und an Dutzenden Wasserfällen und Aussichtspunkten vorbei, bevor sie das verschlafene

Während des Walfangbooms Anfang des 19. Jh. war Lahainas Hafen voller Segelschiffe; heute legen hier Freizeitboote an.

Hana erreicht. Mieten Sie sich ein Cabrio, nehmen Sie sich ein Picknick mit und planen Sie mindestens eine Nacht (besser mehr) in Hana ein. Aber lassen Sie sich Zeit. Beim Hana Highway ist der Weg das Ziel, die Natur unterwegs bietet ein herrliches Schauspiel. **Wo:** 80 km von Paia nach Hana.

HANA – Am Ende der Serpentinen des Hana Highways liegt das „himmlische Hana", Reminiszenz an das Hawaii von gestern. Aalen Sie sich am Hamoa Beach (s. nächste Seite), klettern Sie den Hügel hinauf zu Fagan's Cross und genießen Sie den herrlichen Blick auf die Küste; wandern Sie dann auf dem alten 10-km-Pfad durch den Wai'anapanapa State Park, an Lauhala-Bäumen und Felsformationen vorbei. Im nahen Kahanu Garden, Teil des National Tropical Botanical Garden, steht der Pi'ilanihale Heiau, ein Tempel aus Lavagestein, der größte intakte *heiau* von Hawai'i. Halten Sie auf der Rückfahrt beim herrlich altmodischen Hasegawa General Store und füllen Sie Ihre Vorräte an kalten Getränken und Sandwiches auf. **Wo:** 102 km südöstl. des Flughafens Kahului, www.hanamaui.com. **WAI'ANAPANAPA STATE PARK:** www.hawaii.gov. Kahanu Garden: Tel. +1/808-248-8912; www.ntbg.org.

HUMPBACK WHALE NATIONAL MARINE SANCTUARY – Buckelwale sind Hawai'is größte Besucher. Sie zu sehen, ist ein gewaltiges Erlebnis. Fast zwei Drittel der Buckelwalpopulation des Nordpazifiks verbringen den Winter hier. Sie kommen aus ihren Nahrungsgründen vor Alaska hierher, um sich zu paaren, zu kalben und neugierige Menschen zu faszinieren. Buchen Sie einen Ausflug auf einem Whalewatchingboot (die gemeinnützige Pacific Whale Foundation hat ein Unterwasser-Hydrofon, um dem Gesang der Buckelwale zu lauschen), nehmen Sie die Fähre zum benachbarten Molokai oder Lana'i oder spähen Sie einfach vom McGregor Point, vom Keawakapu Beach oder vom Big Beach auf das Meer. Bei ruhigem Wetter sieht man die Wale am besten. Besuchen Sie das Education Center des Schutzgebiets in Kihei. Im Februar während des *Great Maui Whale Festival* finden Veranstaltungen rund um das Thema Wale statt. **PACIFIC WHALE FOUNDATION:** Tel. +1/808-879-8811; www.pacificwhale.org. Sie bietet Katamaran- und Schnorcheltouren von den Häfen Maalaea und Lahaina aus an. **HAWAI'I HUMPBACK EDUCATION CENTER:** Kihei. Tel. +1/808-879-2818; www.hawaiihump backwhale.noaa.gov.

LAHAINA & THE OLD LAHAINA LUAU – An Mauis Westküste liegt das malerische Walfangdorf Lahaina aus dem 19. Jh. Von hier aus werden Ausflüge zu den Walen angeboten, die die Seemänner des Orts früher harpunierten. Die erste Hauptstadt des Königreichs Hawaii ist hübsche Fußgängerstadt mit restaurierten viktorianischen Häusern, in denen sich heute Geschäfte und die lebhafte Gastronomieszene der Insel befinden. Machen Sie den historischen Rundgang zu über 20 Sehenswürdigkeiten wie dem Baldwin Home von 1936, das für einen Missionar erbaut wurde.

Das Old Lahaina Luau ist das beste und authentischste Luau von Maui. Typisch sind Speisen wie *kalua* (Schweinebraten), *laulau* (Schwein in Luau-Blatt), Poi und *ahi poke* (marinierter roher Thunfisch). Nach dem Dinner wird Hawaiis Geschichte mit Hula-Tanz und Gesang erzählt – ganz anders als der klischeehafte Kommerz auf Waikiki. **Wo:** 40 km westl. des Flughafens Kahului. **THE OLD LAHAINA LUAU:** Tel. +1/808-667-1998; www.oldlahainaluau.com. *Preise:* € 70.

DIE BESTEN STRÄNDE

KAPALUA BAY – Maui ist mit Stränden gesegnet: Rund um die Insel gibt es 81 davon; allesamt sind sie wunderschön. Kapalua Bay ist wegen seiner hervorragenden Bedingungen zum Schwimmen, Schnorcheln und

Kajakfahren wohl der attraktivste: Von der geschützten, flachen Küste aus kann man weit hinauspaddeln, bevor das Wasser tief wird. Da der Strand zum Kapalua Resort gehört, bietet er zahlreiche Annehmlichkeiten, z.b. einen Tauch- und Schnorchelausrüstungsverleih am Strand. Sobald Sie im Wasser sind, werden Sie von schillernden Papageifischen umringt. **Wo:** 16 km nördl. von Lahaina.

ONELOA BEACH – Dieser 1 km lange Strand (auch Big Beach genannt) zwischen 2 schwarzen Lavafelsen liegt nur wenige Autominuten von den glitzernden Resorts von Wailea entfernt. Weil es keine Strandbars gibt, ist er selten überfüllt. Hier lässt es sich herrlich sonnen, in der Brandung waten, schwimmen und schnorcheln. Wenn Sie hungrig sind, fahren Sie auf der Makena Road Richtung Süden zum Makena Grill, einer Straßenküche, wo es leckere Fisch-Tacos, Huhn vom Grill und Teriyaki-Rindfleischspieße gibt. **Wo:** 2,5 km südl. von Makena Beach & Golf Resort.

HOOKIPA BEACH – Kurz hinter Paia am Hana Highway (s. S. 752) liegt Hookipa („Gastfreundschaft") Beach Park, einer der besten Windsurfing-Flecken des Planeten. Das kleine Areal am Fuß einer grasbewachsenen Klippe lockt nur die besten Wind- und Kitesurfer der Welt an – und Menschen, die ihnen von den schroffen Felsen darüber zusehen. **Wo:** 3 km östlich von Paia.

HAMOA BEACH – Hamoa in der Nähe von Hana (s. vorige Seite) an der Ostseite der Insel ist ein schwarzer Sandstreifen am Fuß 10 m hoher Lavaklippen. Der wegen seiner dunklen Farbe – einer Mischung aus Koralle und Lava – auch „Black Sand Beach" genannte Strand wird besonders von Surfern und Bodyboardern aufgesucht. Er wird jedoch bei starken Strömungen überschwemmt. Vorsichtige sollten seine Schönheit deshalb lieber mit etwas Abstand genießen. **Wo:** 7 km südl. von Hana.

GOLF

GOLFPLÄTZE DES KAPALUA RESORTS – Das Kapalua-Resort an der sonnenreichen Nordwestküste von Maui mit Luxusunterkünften (s. Ritz-Carlton, nächste Seite), ist mit Shopping, Stränden und Golf Publikumsmagnet. Die hügeligen Greens und breiten Fairways des Bay Course (von Arnold Palmer und Francis Duane designt) sind leichter zu bespielen als die 2 Turniergolfplätze. Im Clubhaus isst man im exquisiten Pineapple Grill, das für seine Pazifikküche bekannt ist. Der Plantation Course (von Ben Crenshaw und Bill Coore geplant) erstreckt sich über flache Hügel und bietet neben dem Panorama Golf der Profiklasse: Hier findet jeden Januar die SBS Championship der PGA Tour statt. Wenn Ihr Schwung etwas eingerostet ist, macht Sie die Kapalua Golf Academy als eine der besten Golfschulen in Hawaii wieder fit. **INFO:** Tel. +1/808-669-8044; www.kapaluamaui.com/golf. *Preise:* Greenfee ab € 96 (Resort-Gäste), € 137 (Besucher). Pineapple Grill: Tel. +1/808-669-9600; www.pineapplekapalua.com. *Preise:* Dinner € 40. **KAPALUA GOLF ACADEMY:** Tel. +1/808-665-5455; www.kapaluagolfacademy.com. *Preise:* ab € 144 für einen halben Tag.

GOLFPLÄTZE VON WAILEA – Das Erholungsgebiet von Wailea, das sich in Süd-Maui über 3 km entlang der Küste erstreckt, bietet alles, was man sich nur wünscht: fast täglich sonniges Wetter; Sandstrände; Luxushotels, Shopping und Waileas größten Stolz: Weltklassegolf. Hier liegen 3 der besten Golfplätze Mauis: der für Anfänger geeignete Blue Course, ein Entwurf von Arthur Jack Snyder; der anspruchsvolle Gold Course von Robert Trent Jones jr.; und Jones' Emerald Course. Sie können sie alle von den besten Hotels der Region aus spielen, die jeden erdenklichen Komfort bieten. **WAILEA GOLF CLUB:** Tel. +1/808-875-7450; www.waileagolf.com. *Preise:* Greenfee ab € 100.

EVENTS & FESTIVALS

KAPALUA WINE AND FOOD FESTIVAL – Jeden Juni zieht dieses 4-tägige Festival im Kapalua Resort Spitzenköche, Winzer, Kritiker und Feinschmecker an. Es ist ein hochkarätiges Ereignis mit Kostproben, Kochvorführungen, Seminaren – ja, selbst Golf mit den Winzern. **Wo:** 15 km nördl. von Lahaina. Tel. +1/808-665-9160; www.kapalua.com/index.php/kapalua-wine-food-fest. *Preise:* € 518 (4-Tages-Pass), Einzelveranstaltungen ab € 37.

EAST MAUI TARO FESTIVAL – Das Grundnahrungsmittel von Hawaii, die Tarowurzel (die „Kartoffel der Tropen"), gilt nahezu als heilig, und dieses im April stattfindende bodenständige Fest im Hana Ball Park zollt ihr Tribut. Touristen und Einheimische vergnügen sich bei Musik, Kunst, Handwerk und, natürlich, Tarogerichten aller Art. Höhepunkt ist das Taro-Pfannkuchen-Frühstück am Sonntagmorgen. **INFO:** Tel. +1/808-264-1553; www.tarofestival.org.

ÜBERNACHTEN

FOUR SEASONS RESORT MAUI AT WAILEA – Dieses Four Seasons ist eine Oase der Eleganz am halbmondförmigen Wailea Beach. Der „Serenity Pool" mit Wasserbar, Unterwassermusik und Meerblick ist nur für Erwachsene – die Kinder dürfen sich im Erlebniscamp austoben. Das Luxusspa verwöhnt mit Massagen in hawaiianischen Strohhütten am Meer, und zum Essen kann man zwischen Wolfgang Pucks Spago und dem Ferraro wählen. **Wo:** Wailea. Tel. +1/808-874-8000; www.fourseasons.com/maui. *Preise:* ab € 344.

THE GRAND WAILEA RESORT HOTEL & SPA – Das Grand Wailea war Hawaiis erstes Resort und Spa und gehört bis heute zu seinen luxuriösesten, ein familienfreundlicher Erholungsort. Das Resort ist vor allem wegen Wailea Canyon bekannt, einem Badeparadies mit 9 Pools, Wasserfällen, Rutschen, Wasser-Lift und Tarzan-Schaukel. Da das Kindercamp bis 22 Uhr geöffnet ist, können Eltern im Spa Grande entspannen. Für Golfer liegen 3 herrliche Plätze ganz in der Nähe. **Wo:** Wailea. Tel. +1/808-875-1234; www.grandwailea.com. *Preise:* ab € 537.

OLD WAILUKU INN AT ULUPONO – Das Hotel im üppigen Inselinneren ist das restaurierte Haus eines Plantagenverwalters von 1924. Sein historischer Charme, die einheimischen Gastgeber und das hausgemachte Frühstück sind berühmt, auch liegt es in der Nähe des Iao Valley State Park, einem grünen Tal. Wandern Sie vorbei an Wasserfällen und der Iao Needle, einem 365 m hohen Felssturm. **Wo:** Wailuku. Tel. +1/808-244-5897; www.mauiinn.com. *Preise:* ab 122 € .

THE PLANTATION INN – Im teuren Maui ist das Plantation Inn in Lahaina eine echte Entdeckung. Nur 2 Straßen von der Uferpromenade entfernt liegt das B&B im Stil des 19. Jh. (erbaut in den 1990ern). Im Hotelrestaurant Gerard's verbindet Chefkoch Gerard Reversade gallische Tradition mit frischen regionalen Zutaten. **Wo:** Lahaina. Tel. +1/808-667-9225; www.theplantationinn.com. *Preise:* ab € 126. Gerard's: Tel. +1/808-661-8939; www.gerardsmaui.com. *Preise:* Dinner € 45.

RITZ-CARLTON KAPALUA HOTEL – Nach seiner gründlichen Renovierung 2008 gilt das Ritz-Carlton Kapalua auf einer Anhöhe zwischen 2 herrlichen Stränden manchen als beste Adresse der Insel. Das zum Kapalua Resort gehörende Hotel, mit hawaiianischen Kunstwerken ausgestattet, pflegt eine kultivierte Eleganz. Naturforscher gehen mit Hotelgästen auf Unterwasser-Fotoexpedition, während Golfer sich auf dem 36-Loch-Turnierplatz (s. vorige Seite) mit Blick auf Molokai und Lana'i vergnügen. Das Spa bietet Duschen im Freien. **Wo:** Kapalua. Tel. +1/808-669-6200; www.ritzcarlton.com. *Preise:* ab € 277.

HOTEL TRAVAASA HANA-MAUI – Mit seinen Berghütten auf einem abgelegenen Hang, der zu einer zerklüfteten Küste abfällt, ist das Hotel Travaasa Hana-Maui Inbegriff der Kultur des alten Hawaii. Es wurde 1946 erbaut und vor Kurzem renoviert. In den Zimmern ohne TV und Uhr lernen die Gäste schnell abzuschalten. Hier kann man sich Hawaiis Erbe aneignen, vom Kochen bis zum Surfen – und vielleicht sogar Hula. **Wo:** Hana. Tel. +1/808-248-8211; www. travaasa.com. *Preise:* ab € 241.

ESSEN & TRINKEN

KŌ AT THE FAIRMONT – Das Kō (Zuckerrohr) knüpft an die Gerichte der Hawaiianer, Chinesen, Filipinos, Portugiesen, Koreaner und Japaner an, die auf den Zuckerrohrplantagen arbeiteten. Das Essen – z. B. portugiesische Bohnensuppe und Hummer-Tempura – ist vertraut und doch verfeinert. Das Restaurant gehört zum Fairmont Kea Lani, nur wenige Schritte von Waileas Polo Beach entfernt. **Wo:** Wailea. Tel. +1/808-875-4100; www.fairmont.com/kealani. *Preise:* Dinner € 40, Zimmer ab € 370.

LAHAINA GRILL – Das Lahaina Grill im Herzen von Lahaina wird seit seiner Eröffnung 1990 fast jedes Jahr als „bestes Restaurant in Maui" ausgezeichnet und ist entsprechend voll. Besonders begehrt: der mit Kona-Kaffee gebratene Lammrücken und der Kuchen aus Himbeeren, Heidelbeeren und Schwarzen Johannisbeeren. **Wo:** Lahaina. Tel. +1/808-667-5117; www. lahainagrill.com. *Preise:* Dinner € 52.

MAMA'S FISH HOUSE – Das stets gut besuchte, an einem Sandstrand gelegene Mama's Fish House ist das beste (und eines der teuersten) Fischrestaurant auf Maui. Der Gastraum mit polynesischer Fantasiedekoration erinnert an den Schauplatz von *Gilligans Insel*, und auf der Speisekarte steht „Inselfisch" mit dem Namen des Fischers, der ihn gefangen hat. Am besten übernachten Sie gleich nebenan im Inn at Mama's, in einer der 12 mit Hängematten ausgestatteten Strandhütten im Plantagenstil. **Wo:** Paia. Tel. +1/808-579-8488 (Restaurant), +1/808-579-9764 (Hotel); www. mamasfishhouse.com. *Preise:* Dinner € 60, Hütten ab € 130.

SANSEI SEAFOOD RESTAURANT & SUSHI BAR – Das Sansei, das für seine fantasievollen Sushi und die lebhafte Atmosphäre bekannt ist (donnerstags und freitags gibt es Latenight-Karaoke), wurde 1996 im Kapalua Resort eröffnet und expandierte seither. Sushi-Liebhaber schwärmen von der Ahi-Rolle in Panko-Kruste von Chefkoch und Inhaber D. K. Kodama. Vor 18 Uhr sind die Preise günstiger. **Wo:** Lahaina. Tel. +1/808-669-6286; www.sanseihawaii. com. *Preise:* Dinner € 37.

Zeitloses Hawaii

MOLOKAI

Hawaii, USA

Das mit üppiger Vegetation gesegnete und seit Äonen vom Aufprall der Wellen geformte Molokai besitzt die weltweit höchste Steilküste und einige von Hawaiis längsten Wasserfällen. Es präsentiert sich als wildes und ungezähmtes Werk von Mutter Natur – mit den am wenigsten entwickelten Orten Hawaiis. Weniger als 7500 Menschen leben auf der 16 x 62 km großen Insel, mehrheitlich eingeborene Hawaiianer, die traditionell fischen und jagen. Hier können Sie sich herrlich entspannen und sich beim Wandern, Kajak fahren, Fischen, Schnorcheln oder Spazieren über unberührte Sandstrände erholen.

Das typisch polynesische Hotel Molokai von 1968 im verschlafenen Hauptort Kaunakakai ist die einzige Übernachtungsmöglichkeit. Einheimische singen hier jede Nacht, und freitags bringen Tanten und Großmütter ihre Ukulelen mit zur Strandbar und geben ein paar Stunden lang ihre Molokai-Lieder zum Besten.

Die wunderschöne Halbinsel Kalaupapa im Norden war früher eine Kolonie für Leprakranke. Ein belgischer Priester, Father Damien, hatte sie gegründet, der die Kranken von 1873 an geistlich betreute, bis er 16 Jahre später selbst an Lepra starb. Heute ist die Halbinsel zum Großteil nationaler historischer Park. Am besten lässt sich der Park per Maultier erkunden, auf einem 5 km langen Pfad mit 26 Serpentinen.

Nicht als einzige Insel hält Molokai sich für die Geburtsstätte des Hula. Jedes Jahr im Mai findet ein großes Ho'olaule'a statt, ein Fest mit Musik, Essen, Handwerk und anmutigen Hula-Tänzerinnen, die ihr Können im Schatten von Keawe-Bäumen darbieten.

INFO: www.molokai-hawaii.com. **HOTEL MOLOKAI:** Tel. +1/808-553-5347; www.hotelmolokai.com. *Preise:* ab € 104. **KALAUPAPA NATIONAL HISTORICAL PARK:** Tel. +1/808-567-6802; www.nps.gov/kala. **MAULTIERREITEN AUF MOLOKAI:** Tel. +1/808-567-6088; www.muleride.com. *Preise:* € 130, inklusive Mittagessen. **REISEZEIT:** 3. Maiwochenende: *Ka Hula Piko* (Hula-Fest).

"Als ich frisch nach Oahu gezogen war, erregten mich die weiche, duftende Luft, die umliegenden steilen Berge, die unzähligen Blumen, das Gefühl, zwischen Luft und Wasser zu schweben." – PAUL THEROUX

OAHU

Hawaii, USA

Dass Hawaii seit den Tagen des letzten Königs Reisende magisch anzieht, verwundert nicht angesichts der zahlreichen Regenbögen über den mehr als 125 Stränden, der Wasserfälle, die tosend in kristallblaue Lagunen stürzen, und der perfekten Wellen, die kontinuierlich an die Küste rollen. Oahu, mit Waikiki Beach, Diamond Head und den Surfgebieten der Nordküste der Inbegriff von Hawaii, ist die drittgrößte Insel des Archipels und bei Weitem die bevölkerungsreichste. Es ist mehr als nur ein tropisches Paradies: urbanes Zentrum, Hauptstadt des Bundesstaats, Mekka des Nachtlebens und Shoppingparadies, kommerzieller und kulinarischer Angelpunkt und kultureller Hotspot.

HAUPTATTRAKTIONEN

PEARL HARBOR – Am frühen Morgen des 7. Dezember 1941 begannen japanische Flugzeuge, US-Militäreinrichtungen auf Oahu zu bombardieren, darunter die Pazifikflotte der Navy in Pearl Harbor. In 90 Minuten starben 2390 Amerikaner, und die USA waren in den Zweiten Weltkrieg katapultiert worden.

Fast die Hälfte der Toten gab es auf dem 185 m langen Kriegsschiff USS *Arizona*, das

Die Gedenkstätte der USS Arizona erinnert an die Opfer des Angriffs auf Pearl Harbor.

9 Minuten nach der Explosion seines Munitionslagers sank. Heute gehört das USS *Arizona* Memorial, ein weißes Gebäude über dem Mittelteil des seither knapp unter der Wasseroberfläche auf dem Meeresgrund liegenden Schiffs, zum World War II Valor in the Pacific National Monument. Jeden 7. Dezember findet eine Gedenkfeier statt, mit 21 Salutschüssen, einem Flugmanöver und der bald verschwundenen Möglichkeit, Überlebenden von Pearl Harbor die Hände zu schütteln. Gleich nebenan können Sie das U-Boot USS *Bowfin* aus dem Zweiten Weltkrieg von innen besichtigen, das wegen seiner erfolgreichen Angriffe auf die Japaner „Rächer für Pearl Harbor" genannt wird. Am anderen Ende der Reihe der Kriegsschiffe liegt der 58.000-Tonner USS *Missouri*, auf dem der Krieg mit der Unterzeichnung der japanischen Kapitulation am 2. September 1945 endete. Das Pacific Aviation Museum dokumentiert den Krieg mit Bombern, Flugsimulatoren und einer echten japanischen Zero. **Wo:** 18 km westl. von Waikiki in Honolulu. **USS ARIZONA MEMORIAL:** Tel. +1/808-422-3300; www.nps.gov/usar. **USS BOWFIN:** Tel. +1/808-423-1341; www.bowfin.org. **USS MISSOURI:** Tel. +1/808-423-2263; www.ussmissouri.com. **PACIFIC AVIATION MUSEUM:** Tel. +1/808-441-1000; www.pacificaviationmuseum.org.

BISHOP MUSEUM – Hier besichtigen Sie die weltweit größte Sammlung hawaiianischer und pazifischer Artefakte. Charles Reed Bishop gründete es 1889. Mittelpunkt des Museums sind Erbstücke der königlichen Familie. Im Laufe der Jahre ist es erheblich angewachsen und zählt heute über 24 Mio. katalogisierte Objekte. Nach einer kürzlich durchgeführten Renovierung zeigt nun auch die historische Hawaiian Hall einige der Schätze, darunter zeremonielle Speere, Kalebassenschalen und König Kamehamehas herrlichen Federmantel. Im Sommer findet im Bishop Museum Moonlight Mele (Gesang) statt, eine Konzertreihe mit den besten Musikern Hawaiis. Zu der Anlage mit mehreren Gebäuden gehören auch ein Planetarium und das Science Adventure Center, das auf Ozeanografie, Biodiversität und Vulkanologie (mit einem künstlichen Vulkan) spezialisiert ist. **Wo:** Honolulu. Tel. +1/808-847-3511; www.bishopmuseum.org.

CHINATOWN – Die ersten Chinesen waren 1789 als Arbeiter der Zuckerrohr- und Ananasplantagen nach Hawai'i gebracht worden. Als ihre Verträge ausliefen, blieben viele und öffneten kleine Geschäfte und Restaurants um die River Street herum. Bis 1870 war so Chinatown entstanden.

Heute sind Menschen aus ganz Asien in diesem gut erhaltenen Areal mit 5 auf 3 Querstraßen zu Hause. Besucher kommen hierher, um Jade und Antiquitäten zu erstehen, in weihrauchgeschwängerten Tempeln zu beten, Blumenketten zu niedrigen Preisen zu kaufen und authentisches *pho, pad thai, dim sum* und unzählige andere asiatische Köstlichkeiten zu essen. Ein ruhiger Flecken neben Chinatown ist der Foster Botanical Garden mit seltenen, wunderschönen tropischen Pflanzen auf üppigem Grund. **Wo:** 6,5 km von Waikiki entfernt. **INFO:** www.chinesechamber.com. **FOSTER BOTANICAL GARDEN:** Tel. +1/808-522-7066; www.honolulu.gov.

'IOLANI PALACE – Ein Reisekanu in Honolulu Harbor ist eine Hommage an die Polynesier, die vor 1500 Jahren das Meer überquerten und die Inseln entdeckten. Der außerordentliche 'Iolani Palace erinnert daran, wie ihre Nachkommen aufstiegen und dann das Ende ihrer langen Herrschaft erleben mussten. Der Palast ist die einzige Königsresidenz in den Vereinigten Staaten. In den 1880er-Jahren wurde er von König David Kalakaua errichtet. Als letztes Mitglied der Königsfamilie lebte Königin Lili'uokalani im Palast, bis sie 1893 von europäisch-amerikanischen und amerikanisch-hawaiianischen Inselbewohnern mit Unterstützung von US-Truppen gestürzt wurde. Damit endete die Monarchie in Hawaii. Heute werden in den schönen Galerien des Palasts u.a. die Kronjuwelen und Federmäntel ausgestellt. **Wo:** Honolulu. Tel. +1/808-522-0832; www.iolanipalace.org.

DIAMOND HEAD STATE MONUMENT – Von allen Vulkanen Hawaiis ist Diamond Head, ein alter Kegel am Ende des Waikiki Beach, das berühmteste Symbol des Staates. Der Name entstand, als britische Seefahrer zu Beginn des 19. Jh. im Krater gruben und etwas fanden, das sie für Diamanten hielten – tatsächlich war es wertloses Kalzit, doch der Name blieb.

Ein 2 km langer, steiler Aufstieg bringt Besucher auf den 230 m hohen Gipfel mit seinem atemberaubenden Rundumblick auf Oahu. Stellen Sie sich darauf ein, dass Sie nicht allein sind – dies ist einer der beliebtesten Wanderwege ganz Hawaiis. Weniger überlaufen ist der Weg zum Diamond Head Beach, einem kleinen Sandstrand am Fuß des Vulkans. **INFO:** Tel. +1/808-587-0300; www.hawaiistateparks.org/parks/oahu.

POLYNESIAN CULTURAL CENTER – Polynesien umfasst etwa 50 Mio. km² Fläche aus Ozean und Tausenden von Inseln. Einen kleinen Eindruck von Menschen und Kultur gewinnt man bei einem Besuch des Polynesian Cultural Center. Dieses anschauliche Museum in Laie zeigt Lebensweise, Lieder, Tänze, Kostüme und Architektur mehrerer Pazifikinseln – Fidschi, Neuseeland, die Marquesas, Tahiti, Tonga, Samoa, Rapa Nui (Osterinsel) und Hawaii – in nachgebauten Dörfern in einem 17 ha großen Park. Der von der Kirche Jesu Christi der Heiligen der Letzten Tage betriebene Park zelebriert die polynesische Kultur auch mit Bühnenshows und allabendlichen Luaus. Jeden Mai wetteifern Konkurrenten um den Titel des besten Feuermessertänzers. **Wo:** 55 km nördl. von Waikiki. Tel. +1/808-293-3333; www.polynesia.com.

DIE BESTEN STRÄNDE

WAIKIKI BEACH – Als Honolulu 1845 Hauptstadt des Königreichs Hawaii wurde, errichteten die Mitglieder der Königsfamilie ihre Häuser auf diesem 3,5 km langen Sandstreifen. Das Moana Hotel (heute das stark erweiterte Moana Surfrider) geht auf das „First Lady of Waikiki" von 1901 zurück. Kurz nachdem Hawaii 1959 zum 50. US-Staat wurde, rissen sich Landentwickler den Rest von Waikiki Beach unter den Nagel und legten den Grundstein für die heutige Ansammlung dicht stehender Hotelürme. Waikiki verwahrloste etwas, aber heute dominieren schön renovierte Resorts, und das aufwendig neu gestaltete Einkaufszentrum an der Kalakaua Avenue ist von Designerboutiquen gesäumt. Der beliebte Waikiki Beachwalk wird täglich von Livemusik und kulturellen Darbietungen belebt.

Die Gewässer an Oahus North Shore sind legendär.

NORTH SHORE – Seit man in Hawaii vor 100 Jahren die alte Praxis des Surfens wiederbelebte, ist der Ritt auf den Wellen die

Quintessenz des hawaiianischen Sports. Die 10 km lange North Shore vom historischen Ort Haleiwa bis zum Sunset Beach ist seine spirituelle Heimat. Wenn sich im Winter aufgrund der pazifischen Stürme riesige Wellen aufbauen und ungehindert auf die Küste zurollen, reihen sich Autos an den Straßen zur Waimea Bay, Sunset Beach und dem legendären Banzai Pipeline am Ehukai Beach Park, den 3 Stränden, wo die weltbesten Surfer um die Vans Triple Crown of Surfing konkurrieren. Brechen die 6 m hohen Wellen, bebt die Erde. Doch von April bis Oktober sind dieselben Gewässer ruhig und glasklar und locken Schwimmer, Kajakfahrer, Schnorchler, Taucher und Angler an. Halten Sie an an einem der vielen Garnelenwagen im alten Haleiwa. **Wo:** Haleiwa, 45 km nordwestl. von Honolulu.

LANIKAI BEACH & KAILUA BEACH – Lanikai an Oahus Windseite ist ein von Privathäusern gesäumter Bilderbuchstrand, mit feinem, weißem Sand, jadegrünem Wasser und Sicht auf vorgelagerte Inseln, jedoch ohne Infrastruktur. Diese bietet 2 Fahrminuten weiter der Kailua Beach, ein Lieblingsplatz einheimischer Familien mit Palmen und Eisenholzbäumen und der perfekte Ort, um sich im Kitesurfen oder Kajakfahren zu versuchen.

Ein Strandtag ist unvollständig ohne einen Abstecher zu Keneke's Plate Lunch in Waimanalo, wo man Schlange steht für Asiatisches vom Grill, philippinischen Eintopf mit Schwein und hawaiianisches Eis. **Wo:** 29 km nordöstlich von Waikiki, Honolulu. **KENEKE'S:** Tel. +1/808-259-9811. *Preise:* Mittagessen € 10.

SANDY BEACH – Sandy Beach, einer der beliebtesten Bodyboardstrände Oahus, liegt direkt neben kniffligen Wellen. Während die Surfer aller Couleur ihn lieben, wurde ihm wegen all der Verletzungen, die hier erlitten werden, der Spitzname „Halsbrecherstrand" verliehen. Die meisten kommen nur wegen der Aussicht oder zum Drachenfliegen, ein weiterer großer Trumpf. **Wo:** 25 km östl. von Waikiki.

HANAUMA BAY – Das Naturschutzgebiet von Hanauma Bay mit dem palmengesäumten Hollywoodstrand ist Oahus beliebtester Flecken, um mit Taucherbrille und Flossen Papageifisch-Schwärme zu beobachten. Die meisten Schnorchler erkunden die Riffe in der sicheren, 3,50 m tiefen inneren Bucht in Küstennähe. Ernsthafte Taucher gehen weiter hinaus, durch den „Schlitz" im Riffrand in die turbulentere Bucht Witch's Brew („Hexengebräu"), um Korallengärten, Schildkröten und Haie zu sehen.

Bevor Sie nur einen Zeh ins Wasser halten, sollten Sie das moderne Marine Education Center besichtigen, das viele informative Exponate zeigt. **Wo:** 16 km östl. von Waikiki. Tel. +1/808-396-4229; www.co.honolulu.hi.

EVENTS & FESTIVALS

ALOHA-FESTIVALS – Seit den 1970er-Jahren erlebt Hawaii eine Renaissance seiner einheimischen Kultur. Die hawaiianische Sprache wird an Schulen unterrichtet, und die traditionellen Künste wie der Hula-Tanz, Flechten des gelben Schraubenbaum-Blatts zu Tapa genanntem Rindentuch, Kanubau und das Navigieren nach den Sternen wurden wiederbelebt. All dies wird während der Aloha-Festivals zelebriert. Bei Oahus Blumenparade, 1946 als Aloha-Woche begonnen, bewegen sich blumengeschmückte Festwagen die Honolulu Kalakaua Avenue hinab, vom Ala Moana Park zum Kapi'olani Park. **Wo:** Honolulu und ganzer Bundesstaat. **INFO:** Tel. +1/808-545-1771; www.alohafestivals.com.

PRINCE LOT HULA FESTIVAL – Von allen einheimischen Traditionen hat der Hula den größten Aufschwung erlebt. Zahlreiche *Halau* (Schulen) sind entstanden, um den alten Tanz zu lehren. Gehen Sie im Juli in die Moanalua Gardens von Honolulu, wenn sich die Tänzer für das ganztägige Prince Lot Hula Festival versammeln. Es zelebriert die ursprüngliche Kultur Hawaiis in all ihren Formen. **Wo:** Honolulu. Tel. +1/808-839-5334; www.mgf-hawaii.com oder www.moanaluagardensfoundation. org.

LATERNENSCHWIMMEN – Laternen schwimmen zu lassen ist eine buddhistische Tradition aus Japan. Menschen aller Glaubensrichtungen treffen sich an jedem Memorial Day am Ala Moana Beach in Honolulu, um ihre guten Wünsche in die Welt zu schicken. Sie schreiben Gebete, Lobpreisungen und andere Botschaften auf 2000 Laternen, die in der Dämmerung, nach dem Hula-Tanz, und dem Spiel der Taiko-Trommeln sanft auf das Wasser gesetzt werden – ein Schauspiel, das verzaubert. **Wo:** Honolulu. www.lanternfloatinghawaii.com.

SPAM JAM – Gourmets werden spotten, aber Hawaii hat neben Guam und Saipan am größte Pro-Kopf-Verbrauch von Hormels Würzschinken „Spam" (seit dem Zweiten Weltkrieg, als frische Lebensmittel knapp waren). Bis heute ist er so beliebt, dass jedes Jahr im April die Restaurants bei einem Straßenfest ihre Lieblingsgerichte mit Dosenschinken servieren. Die Musik spielt ununterbrochen, und der größte Spam-Fan wird zu Mr. oder Mrs. Spam gekrönt. **Wo:** Honolulu. Tel. +1/808-255-5927; www.spamjamhawaii.com.

HONOLULU FESTIVAL – Das 3-tägige Fest im März feiert die Kulturen des Pazifikraums. Mit Schlamm bemalte Aborigine-Tänzer aus Australien teilen sich die Bühne mit in Seide gehüllten traditionellen koreanischen Tänzerinnen; Künstler, Musiker und Handwerker aus Japan, den Philippinen, China, USA und Taiwan kommen auf Oahu zusammen, um ihr Können zu zeigen. Die Feierlichkeiten gipfeln in einer extravaganten Parade über die Kalakaua Avenue in Waikiki. **Wo:** Honolulu. Tel. +1/808-926-2424; www.honolulufestival.com.

ÜBERNACHTEN

HALEKULANI – Heute ist das luxuriöse, intime Halekulani („Haus, das des Himmels würdig ist") eines der besten Hotels auf Oahu, eine Oase der Eleganz, die 1917 am Waikiki Beach eröffnet wurde. Von den 84 Zimmern ist die weitläufige, von Vera Wang gestaltete Suite mit Veranda die beste. Die Anwendungen im Spa Halekulani sind von den Heiltraditionen Hawaiis und anderer pazifischer Inseln inspiriert. Das romantischste (und teuerste) Essen der Stadt bekommen Sie im hoteleigenen Restaurant La Mer, das die klassische französische Küche neu interpretiert. Eine Etage tiefer gibt es im weniger förmlichen Orchids am Meer einen legendären Sonntagsbrunch, der ebenso viele hawaiianische Familien wie Touristen anzieht. **Wo:** Honolulu. Tel. +1/808-923-2311; www.halekulani.com. *Preise:* ab € 333, Dinner im La Mer € 70; Dinner im Orchids € 55, Brunch € 40.

J. W. MARRIOTT IHILANI RESORT & SPA – Dieses schicke, 17-stöckige Resort, Teil des Ko Olina Resort & Marina, liegt fernab der touristischen Szene Waikikis auf der windabgewandten Seite von Oahu an einer künstlichen Lagune. Schnell ist man auf dem von Ted Robinson gestalteten 18-Loch-Golfplatz oder im Spa, das auf Wassertherapien spezialisiert ist. Das Luau Paradise Cove ist bekannt und angesehen. **Wo:** Ko Olina. Tel. +1/808-679-0079. *Preise:* ab € 404. Luau Paradise Cove: *Preise:* ab € 60.

KAHALA HOTEL & RESORT – Im Kahala an einem abgelegenen Strand in einem Wohngebiet von Honolulu haben schon Präsidenten, Könige und Prominente residiert, seit es 1964 eröffnet wurde. Schwimmen Sie in der natürlichen Lagune, der Heimat von 6 Großen Tümmlern, und essen Sie im Hoku mit Meerblick. Nutzen Sie auch das Kahala Spa, dessen Behandlungsräume auf einen tropischen Innenhof blicken. **Wo:** Honolulu. Tel. +1/808-739-8888; www.kahalaresort.com. *Preise:* ab € 350, 3-Gang-Festpreis-Dinner im Hoku € 37.

KE IKI BEACH BUNGALOWS – In den Ke Iki Bungalows an der bei Surfern weltbekannten Nordküste von Oahu werden Träume vom Leben am Strand wahr. Die 5 Zimmer am Meer und 6 Gartenzimmer liegen an einem weißen Strand und sind einfach, aber komfortabel, inklusive Küchen. Zum Schwimmen ist es hier sommers am besten, dann ist das Wasser ruhig. Aber Picknicktische am Wasser machen diesen Flecken zu einem ganzjährigen Ort der Sehnsucht. **Wo:** 60 km nordwestl. von Waikiki. Tel. +1/808-638-8229; www.keikibeach.com. *Preise:* ab € 100.

HOLIDAY INN WAIKIKI BEACHCOMBER – Dieses nur einen Steinwurf von Waikiki Beach entfernt an der Hauptstraße von Waikiki gelegene Hotel mit 23 Stockwerken hat überraschend erschwingliche Preise. Die im Hawaii-Stil renovierten Zimmer und das gleichnamige Restaurant blicken auf die belebte Kalakaua Avenue. **Wo:** Honolulu. Tel. +1/888-465-4329; holidayinn.com. *Preise:* ab € 140.

ROYAL HAWAIIAN – Der „pinkfarbene Pazifikpalast" steht in Waikiki und ist seit seiner Eröffnung 1927 äußerst beliebt. Während der historische Flügel durch Romantik besticht, haben die zum Meer hin gelegenen Zimmer Balkone mit herrlichem Blick auf die Sonnenuntergänge. Jeden Abend serviert man in der Mai-Tai Bar zu Live-Inselmusik ausgezeichnete Burger und Cocktails. Beeindruckend (und teuer) ist die montägliche Aha Aina Royal Celebration, ein Fest mit Speisen, Musik und Hula-Tanz, in Waikiki das einzige Dinner mit Show direkt am Meer. **Wo:** Waikiki. Tel. +1/808-923-7311; www.royal-hawaiian.com. *Preise:* ab € 260. AHA AINA: ab € 107.

ESSEN & TRINKEN

ALAN WONG'S – Vor nicht allzu langer Zeit hätten Gourmets kaum die Worte „hawaiianisch" und „Küche" im selben Satz verwendet. Doch Anfang der 1990er-Jahre begannen mehrere kreative Küchenchefs des Archipels, regionale Zutaten mit verschiedenen Traditionen zu kombinieren – zu einer euroasiatischen und indopazifischen Küche. Alan Wong, der in der Regionalküche Hawaiis sehr verehrt wird, lässt seine Magie an 2 Hotspots Honolulus wirken: dem Restaurant, das seinen Namen trägt, und dem einfacheren Pineapple Room in Macy's im Ala Moana Center. Hier kombiniert er Geschmäcker von allen Ethnien Hawaiʻis mit der saisonalen Bioästhetik der kalifornischen Küche originell zu Gerichten wie Lammkoteletts in Macadamia-Kokos-Kruste mit asiatischem Ratatouille. **ALAN WONG'S:** Honolulu. Tel. +1/808-949-2526; www.alanwongs.com. *Preise:* Dinner € 45. **THE PINEAPPLE ROOM:** Honolulu. Tel. +1/808-945-6573; www.alanwongs.com. *Preise:* Dinner € 26.

CHEF MAVRO – Auch George Mavrothalassitis gehörte zu der Gruppe von Köchen, die die Regionalküche Hawaiis neu erfanden. Er verbindet im Chef Mavro hawaiianische Zutaten mit Einflüssen aus seiner französischen Heimat. Für manche ist seine die anspruchsvollste und eleganteste Küche Honolulus. Die Betonung liegt hier auf Probiermenüs. Statt einer Weinkarte wird zu jedem Gang ein dazu passender Wein im Glas serviert. **Wo:** Honolulu. Tel. +1/808-944-4714; www.chefmavro.com. *Preise:* 3-gängiges Menü € 52.

DUKE'S CANOE CLUB – Diese nach dem Vater des Surfens, Duke Kahanamoku, benannte Ikone Waikikis gibt sich unverstellt touristisch. Bei Sonnenuntergang ist er der beste Ort, um ein kühles Bier oder einen tropischen Drink wie Lava Flow oder Piña Colada zu genießen und dabei einem der nächtlichen Strandkonzerte zu lauschen. Ja, man wartet lange auf einen Tisch, aber niemand verlässt Waikiki, ohne dort gewesen zu sein. **Wo:** Waikiki. Tel. +1/808-922-2268; www.dukeswaikiki.com. *Preise:* Dinner € 30.

HELENA'S HAWAIIAN FOOD – „Regionale Küche" bedeutet hier eine exotische Mischung von Einflüssen aus Japan, den Philippinen, Korea, China und dem Festland, und keiner kocht sie so authentisch wie das Helena's, Gewinner eines James Beard Award. Der Familienbetrieb räuchert seine Spareribs im hawaiianischen *Pipi-Kaula*-Stil über dem Herd, und Einheimische lieben den Kohl, der genauso schmeckt, wie Großmutter ihn zubereitete. Bei nur einem Dutzend Tischen ist es hier immer voll. **Wo:** Honolulu. Tel. +1/808-845-8044; www.helenashawaiianfood.com. *Preise:* Mittagessen € 9.

'ONO HAWAIIAN FOODS – Köstliche authentische hawaiianische Küche findet man auch im unscheinbaren 'Ono Hawaiian Foods am Stadtrand von Waikiki. Hier sollte man Gerichte von der Insel wie *laulau* (gedünstetes Schweinefleisch in Taro-Blättern), *lomi*-Lachs und süßen *haupia* (Pudding) probieren. Dass es echt hawaiianisch ist, erkennen Sie daran, dass Sie zu den Platten eine kleine Schale rohe Zwiebeln und 'Alaea-Salz bekommen. **Wo:** Honolulu. Tel. +1/808-737-2275. *Preise:* Mittagessen € 11.

ROY'S – Wunderkind-Spitzenkoch Roy Yamaguchi, einer der Pioniere der hawaiianischen Regionalküche, hat den spektakulärsten Erfolg von allen: Fast 40 Roy's sind von Guam bis Pebble Beach und Orlando zu finden. Das erste Lokal, ein hektischer, lustiger Flecken in Hawaii Kai (vorwiegend ein Wohngebiet von Honolulu), eröffnete 1988 und serviert noch immer den typischen geschwärzten Ahi (Gelbflossen-Thunfisch) mit würziger Soja-Senf-Butter; natürlich in angenehmem Ambiente, wie alle Roy's, auch das am Waikiki Beach. **THE ORIGINAL ROY'S IN HAWAII KAI:** Tel. +1/808-396-7697; www.royshawaii.com. *Preise:* Dinner € 48. **ROY'S AT WAIKIKI:** Tel. +1/808-923-7697. *Preise:* 3-Gänge-Festpreis-Dinner € 30.

Wo großartige Natur auf große Architektur trifft

HENRY'S FORK LODGE

Island Park, Idaho, USA

Mit 2000 Seen, 26.000 km Bächen und Flüssen und 39 Wildfischarten ist Idaho ein Paradies für Angler. Regenbogen-, Bach-, Braun- und Cutthroat-Forelle zu angeln, wird in Henry's Fork, einem Zufluss des Snake River, zu einem Erlebnis der besonderen Art. Henry's Fork Lodge, die beste Angler-Lodge der Region, liegt nur wenige Minuten von den berühmten Gewässern von Railroad Ranch State Park und den Angelgründen des Yellowstone-Nationalparks (s. S. 913) entfernt. Auch die zum Fliegenfischen herrlichen Flüsse Madison, Gallatin und South Fork des Snake River sind in der Nähe.

Haupthaus und Hütten liegen an einem Aussichtspunkt, der von den Gipfeln des Yellowstone- und Grand-Teton-Nationalparks (s. S. 911) beherrscht wird. Die Zimmer sind mit Holzvertäfelung und offenem Kamin ausgestattet, und im Restaurant bekommt man ein bodenständiges, aber feines Dinner.

Wer nicht auf Fliegenfischen aus ist, vergnügt sich im 3,5 km entfernten Harriman State Park mit seinen vielen Wander-, Rad- und Reitwegen. Wo der Henry's Fork sein Hochtal verlässt, etwa 40 km südlich der Lodge, stürzt er an den Upper Mesa Falls unter gischtigen Regenbögen fast 35 m tief und erneut 20 m in mehreren Kaskaden an den Lower Mesa Falls. **Wo:** 130 km nordwestl. von Idaho Falls. **Henry's Fork Lodge:** Tel. +1/208-558-7953; www.henrysforklodge.com. *Preise:* ab € 300, all-inclusive; Dinner für Nichtgäste € 26. *Wann:* Mitte Mai–Mitte Okt. **Harriman State Park:** Tel. +1/208-558-7368; www.idahoparks.org. **Reisezeit:** Juni–Mitte Juli: Trockenfliegenfischen und warmes Wetter; Sept.: weniger Touristen, Wildtiere, Herbstlaub.

Ein Juwel zwischen Kiefernwäldern

Lake Coeur d'Alene

Idaho, USA

Idahos schmal zulaufender Norden, zwischen Washington, Montana und dem kanadischen British Columbia gelegen, ist eine Enklave mit dichten Wäldern, mächtigen Flüssen und über 60 tiefen Gletscherseen. Die Stadt Coeur d'Alene, nach dem Indianervolk benannt, das seit Jahrtausenden an den Flüssen der Region lebt, liegt am Kopf des gleichnamigen verwunschenen Sees. Er ist zwischen 2 niedrige Berge in eine von Gletschern geformte Senke gebettet und bietet zahlreiche Aktivitäten, vom Königslachs- und Forellenangeln über Dampfschifffahrten bis zu Wasserski und Dinner-Kreuzfahrten bei Sonnenuntergang.

Für Landratten gibt es Rad- und Wanderwege, z. B. auf den Tubbs Hill mit seinem herrlichen Blick auf den See und dessen 220 km langes, vorwiegend geschütztes Ufer. Auch von der Panoramastraße am Ostufer des Lake Coeur d'Alene hat man einen herrlichen Seeblick. Die Gegend ist Heimat des Weißkopf-Seeadlers und einer der größten Fischadlerpopulationen der USA. Das Coeur d'Alene Resort auf 2,5 ha am Wasser bietet eine Fülle von Vergnügungen. Es soll einen der besten Resort-Golfplätze der USA haben, mit dem ersten schwimmenden Green der Welt. Das topmoderne Spa wartet mit regional inspirierten Anwendungen auf. Im Restaurant Beverly pflegt man eine innovative Regionalküche; sein Weinkeller ist preisgekrönt.

Fahren Sie auf der malerischen Autobahn I-90 ostwärts nach Wallace, einer gut erhaltenen Bergbaustadt aus dem späten 19. Jh. Im 1313 Club Historic Saloon & Grill serviert man die besten Burger und Pommes der Stadt. Oder verbringen Sie den Tag im schönen Sandpoint am 70 km langen Lake Pend Oreille. Das nahe Schweitzer Mountain Resort ist eines bestgehüteten Geheimnisse der Gegend: Sein 1200 ha großes Skigebiet ist nicht überfüllt, und der See liegt Ihnen zu Füßen.

Wo: 55 km östl. von Spokane, WA. **Info:** www.coeurdalene.org. **Panoramastrasse am Lake Coeur d'Alene:** www.byways.org. **Coeur d'Alene Resort:** Tel. +1/208-765-4000; www.cdaresort.com. *Preise:* ab € 104 (Nebensaison), ab € 148 (Hochsaison), Dinner € 40. **1313 Club:** Tel. +1/208-752-9391; www.1313club.com. *Preise:* Dinner € 11. **Schweitzer Mountain Resort:** Tel. +1/208-265-0257; www.schweitzer.com. *Preise:* Skipass € 44. *Wann:* Ende Nov.–Mitte Apr. **Unterkunft:** Selkirk Lodge an der Piste liegt mitten in Schweitzer Village. Tel. +1/208-265-0257; www.schweitzer.com. *Preise:* ab € 115 (Nebensaison), ab € 220 (Hochsaison). **Reisezeit:** Juli–Sept.: bestes Wetter; Ende Nov.–Anf. Jan.: Coeur d'Alene Holiday Light Show.

Amerikas großartigste Wildwasser

MIDDLE FORK DES SALMON RIVER

Idaho, USA

Idaho hat über 5000 km Wildwasser zu bieten, mehr als jeder andere kontinentale US-Staat. Der mittlere Abschnitt des Salmon River, der Heilige Gral der Wildwassersportler, gehört sogar zu den Topstrecken der Welt. Er hat eine mächtige Schlucht in das Schutzgebiet Frank Church River of No Return Wilderness in Zentral-Idaho geschnitten. Hier, im größten staatlich geschützten Wald der US-Kernstaaten, Lebensraum von Bären, Flussottern, Elchen, Dickhornschafen und großen Raubvögeln, fällt der Fluss auf 160 km um rund 900 m, tost dabei durch 100 Stromschnellen der Klassen III und IV und passiert Sandstrände, die sich zum Campen eignen, und heiße Quellen, in denen müde Glieder entspannen können. Angler freuen sich über volle Fischgründe mit Regenbogen-, Cutthroat- und Dolly-Varden-Forellen. An den Canyon-Wänden sieht man Felsritzungen der alten Tukudeka, die einst in diesen Schluchten heimisch waren.

Einmalig sind die Flussexpeditionen auf dem Middle Fork – Motorboote sind hier nicht erlaubt – mit Rocky Mountain River Tours von Dave und Sheila Mills. Die beiden bieten seit 1978 4–6-tägige Trips an, zu denen Mahlzeiten am Lagerfeuer gehören – mit Gerichten aus Sheilas Kochbuch *Outdoor Dutch Oven Cookbook*.

Wie auch immer Sie diese herrliche Strecke befahren – wahrscheinlich enden Sie in der alten Ranch-Gemeinde Stanley, wo die Sawtooth Mountains im Nationalen Erholungsgebiet Sawtooth als rosa Granitwand hinter Seen und grünen Quellwiesen aufragen. Die nahe Redfish Lake Lodge ist seit 1926 ein beliebtes Erholungsziel für Familien. 15 km südlich von Stanley liegt die 400 ha große Idaho Rocky

Idahos Wildwasser inmitten herrlicher alpiner Landschaft gehören zu den besten des Landes.

Mountain Ranch, die 1930 als exklusive Jagdhütte errichtet wurde und im nationalen Verzeichnis historischer Stätten aufgeführt ist. Bevor Sie die Gegend wieder verlassen, müssen Sie die 260 km lange Panoramastraße Salmon River Scenic Byway am Oberlauf des Flusses entlangfahren, der seit seiner Erkundung durch Lewis und Clark quasi unberührt ist.

Wo: Stanley liegt 210 km nördl. von Boise. **ROCKY MOUNTAIN RIVER TOURS:** Tel. +1/208-756-4808 (Sommer), +1/208-345-2400 (Winter); www.rockymountainrivertours.com. *Preise:* 4 Tage ab € 737, all-inclusive. *Wann:* Ende Mai–Sept. **REDFISH LAKE LODGE:** Tel. +1/208-774-3536 (Sommer), +1/208-644-9096 (Winter); www.redfishlake.com. *Preise:* ab € 55. *Wann:* Ende Mai–Anf. Okt. **IDAHO ROCKY MOUNTAIN RANCH:** Tel. +1/208-774-3544; www.idahorocky.com. *Preise:* ab € 222, inklusive. *Wann:* Mitte Juni–Mitte

Sept. **SALMON RIVER SCENIC BYWAY:** www.idahobyways.gov. **REISEZEIT:** Mai–Juni: Frühjahrsschneeschmelze und Wildwasser (Nervenkitzel!); Juli–Aug.: gutes Wetter und hervorragende Stromschnellen; Sept.: ruhige Stromschnellen und Fliegenfischen.

Ein Rocky-Mountains-Klassiker

SUN VALLEY

Idaho, USA

Sun Valley war Amerikas erstes Skigebiet und gilt noch immer als eines der besten des Kontinents. Averell Harriman war 1936 Vorstandsvorsitzender der Union Pacific Railroad, als er den Skiort und sein Herzstück, die Sun Valley Lodge, gründete, um seine Züge während des Winters zu füllen. Er nahm ganz richtig an, dass die Sawtooth Mountains bei Hollywoods Elite die Alpen ersetzen könnten; zu den ersten Besuchern zählten denn auch Claudette Colbert und David O. Selznick.

Die Sonnenschein-Rate ist seither dieselbe geblieben – 80 % –, aber schnelle Lifte haben die weltweit erste alpine Sesselbahn (Fahrtkosten damals: 25 US-Cent) ersetzt. Bald Mountain, das zentrale Skigebiet, fällt an der Ostflanke 1035 m senkrecht ab; von seinen 65 Pisten sind 42 % ein Traum für mittelgute Läufer. Zum Skiort gehört auch ein Langlauf- und Schneeschuhgebiet mit 40 km präparierten Loipen. Zu den Stars der Après-Ski-Szene zählt die Duchin Lounge, wo bei Livemusik und Tanz ein lockeres, elegantes Ambiente herrscht. Zur benachbarten Galena Lodge, einem vom Landkreis betriebenen Langlauf-Skizentrum, gehören 55 km Loipe, ein einfaches Restaurant und 15 km Schneeschuhwege. Sommergäste kommen zum Wandern und Mountainbiken her.

Die Aktivitäten finden etwas weiter in der alten Bergbaustadt Ketchum ihre Fortsetzung. 1939 schlug Ernest Hemingway hier sein Lager auf, 1961 wurde er hier begraben. Sein Geist lebt fort im unprätentiösen Pioneer Saloon, berühmt für seine 900-g-Hochrippe

Das beliebte Sun Valley war das erste Skigebiet der USA und gehört nach wie vor zu den besten.

und die Idaho-Kartoffeln. Das kleine Knob Hill Inn im Alpenstil, ein neues Highlight in Ketchum, hat Hemingway nie kennengelernt, aber den herrlichen Blick auf Sun Valley hätte er sicher genossen.

WO: 240 km östl. von Boise. **SUN VALLEY RESORT:** Tel. +1/208-622-4111; www.sunvalley.com. *Preise:* ab € 104 (Nebensaison), ab € 222 (Hochsaison); Skipass € 40 (Nebensaison), € 60 (Hochsaison). *Wann:* Skisaison Ende Nov.–Apr. **GALENA LODGE:** Tel. +1/208-726-4010; www.galenalodge.com. *Preise:* Mittagessen € 9. **PIONEER SALOON:** Tel. +1/208-726-3139; www.pioneersaloon.com. *Preise:* Dinner € 26. **KNOB HILL INN:** Tel. +1/208-726-8010; www.knobhillinn.com. *Preise:* ab € 144. **REISEZEIT:** Feb.–März: Skifahren im Frühjahr.

„Ich schenke euch Chicago. Es ist amerikanisch bis auf die letzte Kaldaune, das letzte Rippchen. Es ist lebendig von der Schnauze bis zur Schwanzspitze." – H. L. MENCKEN

CHICAGO

Illinois, USA

Chicago ist der Inbegriff der amerikanischen Stadt, seine Skyline am Michigansee ein Zeugnis ihrer Kraft und eines ungezügelten Optimismus. Mit ihrer weltläufigen Eleganz ist die „Stadt der großen Schultern" ihrem Ruf als Wiege großartiger Restaurants, als Kunstzentrum von Weltrang und Zentrum des Jazz und Blues treu.

HAUPTATTRAKTIONEN

ART INSTITUTE OF CHICAGO – Das 1893 eröffnete Art Institute of Chicago besitzt eine berühmte Sammlung französischer Impressionisten und Postimpressionisten, außerdem Meisterwerke amerikanischer Kunst wie *American Gothic* von Grant Wood und Edward Hoppers *Nighthawks*. Im 2009 eröffneten modernen Flügel von Renzo Piano ist Kunst des 20. und 21. Jh. untergebracht – und Terzo Piano, ein schickes Restaurant ganz in Weiß, mit einer Dachterrasse, die auf Millennium Park und die Skyline blickt. INFO: Tel. +1/312-443-3600; www.artinstituteofchicago.org.
TERZO PIANO: Tel. +1/312-443-8650.
Preise: Mittagessen € 26.

ARCHITEKTURFÜHRUNG DURCH CHICAGO – Nach dem Großen Brand von 1871 erfand Chicago sich neu und wuchs dabei in den Himmel. Stahlkonstruktionen erhoben sich in nie dagewesene Höhen und schufen eine neue Gebäudeform, die Wolkenkratzer. Chicago entwickelte sich zu einem einmaligen Schaufenster der Architektur des 20. Jh. Die Chicago Architecture Foundation bietet Führungen zu den Höhepunkten an, zu Fuß, mit dem Bus und – von Mai bis November – mit dem Boot auf dem Chicago River. Um die architektonischen Meisterwerke aus der Vogelperspektive zu sehen, besuchen Sie das Skydeck des Willis Tower (ehemals Sears Tower und höchstes Gebäude der USA) und betrachten die Sehenswürdigkeiten von den

Der Chicago River passiert The Loop, den Downtown-Bezirk der Stadt.

neuen Glasbodenbalkonen in 412 m Höhe aus. **Info:** Tel. +1/312-922-3432; www.architecture.org.

Museum Campus – Auf dem 230.000 m² großen Areal des Museum Campus stehen 3 der ältesten Institutionen der Stadt. Das Shedd Aquarium am Seeufer zeigt etwa 32.500 Tiere. Im Adler Planetarium and Astronomy Museum entdecken Sie den Himmel in 3 hochmodernen Multimediashows. Das 1893 gegründete Field Museum für Naturgeschichte beschäftigt sich mit so unterschiedlichen Themen wie der Evolution, dem alten Ägypten, dem Leben der Indianer und den Dinosauriern, deren beliebtestes Exponat Sue ist, größter und besterhaltener Tyrannosaurus Rex, der je gefunden wurde. **Shedd Aquarium:** Tel. +1/312-939-2438; www.sheddaquarium.org. **Adler Planetarium:** Tel. +1/312-922-7827; www.adlerplanetarium.org. **Field Museum:** Tel. +1/312-922-9410; www.fieldmuseum.org.

Museum of Science and Industry – Kein anderes Museum der Stadt bietet so viel interaktiven Spaß wie dieses. Erkunden Sie ein echtes deutsches U-Boot aus dem Zweiten Weltkrieg, sehen Sie, wie Ihr Herz fast 4 m hoch schlägt, besichtigen Sie eine Kohlemine aus Illinois und finden Sie heraus, wie Verdauung funktioniert. Die neueste Ausstellung erklärt 7 gewaltige Wetterphänomene – Besucher können in einem 12 m hohen, simulierten Tornado stehen. **Info:** Tel. +1/773-684-1414; www.msichicago.org.

Millennium Park – Für die Jahrtausendfeier wurde der Park zwar zu spät eröffnet, doch heute ist dieser öffentliche Raum für Kunst und Unterhaltung ein Magnet der Stadt. In seinem Herzstück, dem von Frank Gehry entworfenen Jay Pritzker Pavilion, ist das Grant Park Orchestra untergebracht, das von Juni bis August kostenlose Sommerkonzerte gibt. Sehenswert sind auch die Parkskulpturen, z.B. die reflektierende „Bohne" von Anish Kapoor – offiziell *Wolkentor* betitelt –, die McCormick Tribune Plaza mit ihrer Eislaufbahn (Mitte November bis Mitte März) und das Park Grill, wenn man Essen gehen möchte (im Sommer im Freien). **Info:** Tel. +1/312-742-2963; www.millenniumpark.org. **Park City Grill:** Tel. +1/312-521-7275; www.parkgrillchicago.com. *Preise:* Mittagessen € 16.

Frank Lloyd Wright Home and Studio –1889 begann der 22-jährige Architekt Frank Lloyd Wright 16 km westlich von Chicago in Oak Park, ein Haus für seine Familie zu bauen. Zu dem 1898 vollendeten Meisterstück der Prairie-Architektur, das heute besichtigt werden kann, gehört auch das Atelier, in dem er über 100 Gebäude entwarf (etwa ein Viertel seines Gesamtwerks). Auch der Unity Temple in Oak Park und Robie House auf dem Campus der Universität von Chicago sind geöffnet. **Wie:** Der Frank Lloyd Wright Preservation Trust führt durch das Wright Home und Robie House. Tel. +1/708-848-1976; www.gowright.org. **Unity Temple:** Tel. +1/708-848-6225; www.unitytemple.org.

Sonstige Highlights

Chicagos Comedyszene – Sketche und Stand-up-Comedy vom Feinsten erleben Sie bei Second City, einer bahnbrechenden Truppe in Near North Side. Seit ihrer Gründung 1959 hat sie eine TV-Show ins Leben gerufen *(SCTV)* und zahlreiche *Saturday Night Live*-Darsteller hervorgebracht, u.a. Bill Murray, Tina Fey, Steve Carrell und Joan Rivers. Erleben Sie die großen Stars von morgen in urkomischen Revuen auf der Hauptbühne mit 290 oder im Second City e.t.c.-Theater mit 180 Plätzen. **Info:** Tel. +1/312-337-3992; www.secondcity.com.

Wrigley Field – Das Baseballstadion ist einer der besten Orte, um sich ein Spiel anzusehen. Das 1914 eröffnete, legendäre Stadion mit

Wrigley Field ist nach dem Kaugummi-Großunternehmer und ehemaligen Besitzer William Wrigley jr. benannt.

seinen efeubewachsenen Ziegelmauern hat sich, anders als die modernen Megastadien, eine intime Atmosphäre bewahrt. Leider wurde in Wrigley noch nie ein Sieg der Cubs der World Series errungen, aber der ansteckende Optimismus ihrer Fans ist ein wichtiger Teil der Erfahrung. **Info:** Tel. +1/773-404-2827; www.cubs.com. *Wann:* reguläre Saisonspiele Apr.–Anf. Okt.

THE MAGNIFICENT MILE – Der Abschnitt der North Michigan Avenue nördlich des Chicago River heißt Magnificent Mile, Prachtmeile, zum einen wegen der Architektur, zum anderen wegen der mondänen Einkaufsmöglichkeiten und erstklassigen Hotels. Schlendern Sie durch die breite, belebte Avenue, bewundern Sie das John Hancock Center (vom Observatorium im 94. Stock können Sie 130 km weit sehen) und den burgartigen Wasserturm von 1869, der das Große Feuer überlebte. Shoppen Sie nach Herzenslust bei Neiman Marcus, Bloomingdale's und Saks Fifth Avenue und kommen Sie in einem erstklassigen Restaurant wieder zu Kräften, z.B. dem Tru, das modernste französische Küche bietet, oder dem ultraraffinierten Spiaggia, dem besten Italiener der Stadt. Höhepunkt ist das winterliche Magnificent Mile Lights Festival, wenn 1 Mio. Lichter auf der Prachtstraße funkeln. **Info:** www.themagnificentmile.com. **Tru:** Tel. +1/312-202-0001; www.trurestaurant.com. *Preise:* 3-Gänge-Festpreis-Dinner € 73. **Spiaggia:** Tel. +1/312-280-2750; www.spiaggiarestaurant.com. *Preise:* Dinner € 90.

DEN BLUES ERLEBEN – Der Blues mag im Mississippi-Delta seine Herkunft haben, doch seine Heimat ist Chicago. Im Juni zieht das Chicago Blues Festival Scharen an, aber großartigen Blues kann man jederzeit hören. Die lokale Legende Buddy Guy tritt gelegentlich im gleichnamigen Club am South Loop auf, und in North Side liegt mit Kingston Mines die älteste und größte Bluesbar der Stadt. Die heiße Rosa's Lounge ist eine Institution. **Buddy Guy's Legends:** Tel. +1/312-427-0333; www.buddyguys.com. **Kingston Mines:** Tel. +1/773-477-4646; www.kingstonmines.com. **Rosa's Lounge:** Tel. +1/773-342-0452; www.rosaslounge.com.

EVENTS & FESTIVALS

TASTE OF CHICAGO – Chicagos Bewohner sind für ihren Appetit bekannt, und zum kulinarischen Festival Taste of Chicago kommen sie gern mit knurrendem Magen. Jährlich nimmt es von Ende Juni bis Anfang Juli 10 Tage lang den ganzen Grant Park in Beschlag. Über 50 Restaurants servieren rund 3 Mio. Menschen eine breite Palette an Gerichten – dabei ist die Qualität nicht minder beeindruckend als die Quantität. **Info:** Tel. 312-744-3315; www.tasteofchicago.us.

RAVINIA FESTIVAL – Highland Park 38 km nördlich von Chicago wurde 1904 als Vergnügungspark eröffnet. Heute findet hier Nordamerikas ältestes und größtes Open-Air-Musikfestival statt. Rund 600.000 Besucher kommen von Juni bis Mitte September zu 150 Veranstaltungen. Den Löwenanteil machen klassische Konzerte aus (das Chicago Symphony Orchestra gestaltet das Festival), aber es gibt auch Jazz, Tanz und Rock. **Info:** Tel. +1/847-266-5100; www.ravinia.org.

MUSIKFESTIVALS IN MILLENNIUM PARK UND
GRANT PARK – In dem am See gelegenen
Millennium Park finden im Mai das Celtic
Fest und im Juni das Gospel Music Festival
statt, Letzteres mit über 50 Vorstellungen
auf 3 Bühnen. Das Chicago Blues Festival folgt gegen Ende Juni im Grant Park.
Miles Davis, Ella Fitzgerald und Herbie
Hancock sind nur einige der Lichtgestalten
des Chicago Jazz Festival am Labor-Day-Wochenende im Millennium sowie im Grant
Park. Unübertroffen ist das ¡Viva! Chicago
Latin Music Festival im Millennium Park im
September. INFO: Tel. +1/312-744-3315;
www.explorechicago.org/specialevents.

ÜBERNACHTEN

HOTEL BURNHAM – Das Reliance Building von
Daniel Burnham, eine der architektonischen
Perlen Chicagos von 1895, wurde 1999 in das
kleine Luxushotel Burnham umgewandelt.
Viele Details blieben erhalten; das populäre
Atwood Café mit seinem Mix aus Vintage- und
zeitgenössischem Stil bietet ein wenig moderne
Raffinesse. INFO: Tel. +1/312-782-1111; www.
burnhamhotel.com. *Preise:* ab € 140; Dinner
im Atwood Café € 30.

DRAKE HOTEL – Am nördlichen Ende der
Magnificent Mile liegt das noble Drake Hotel,
Chicagos Markenzeichen für Vintage-Luxus
und jene Art von Hotel, die die britische
Königsfamilie und den Papst anzieht. Das
informelle Cape Cod Room ist ein klassisches
Fischrestaurant, wo man unglaubliche
Crabcakes serviert, mit einer Theke, in die
Marilyn Monroe und Joe DiMaggio ihre
Initialen geritzt haben. INFO: Tel. +1/312-787-2200; www.thedrakehotel.com. *Preise:* ab
€ 133 (Nebensaison), ab € 200 (Hochsaison);
Dinner im Cape Cod Room € 45.

FOUR SEASONS HOTEL CHICAGO – Stilvolle
Einrichtung, guter Service und ein herrlicher
Blick auf Stadt und See: Die Zimmer liegen
30–46 Etagen über der Shoppingmeile der
North Michigan Avenue. Im Spa gibt es eine
Art römisches Bad. Hinter dem 5,50 m hohen
Marmorspringbrunnen im Foyer liegt das
Seasons, das eine raffinierte neue amerikanische Küche serviert. INFO: Tel. +1/312-280-8800; www.fourseasons.com/chicagofs.
Preise: ab € 311; Dinner im Seasons € 52.

PARK HYATT CHICAGO – Das Schaustück des
Hyatt-Imperiums befindet sich in hervorragender Lage an der Magnificent Mile und
verfügt über große Räume in elegantem,
modernem Design. Die öffentlichen Bereiche
sind durch moderne Kunst geprägt. Das
elegante Restaurant NoMI ist für seine Weine
und zeitgenössische französische Küche
mehrfach ausgezeichnet worden. INFO: Tel.
+1/312-335-1234; www.parkchicago.hyatt.
com; www.nomirestaurant.com. *Preise:* ab
€ 203 (Nebensaison), ab € 389 (Hochsaison);
Dinner im NoMi € 55.

THE TALBOTT HOTEL – Das Boutique-Hotel
verbindet altmodische Eleganz mit einer
idealen Lage gleich an der Michigan
Avenue. Die großen Zimmer sind
geschmackvoll eingerichtet; die mit
Mahagoni ausgekleidete Lobby hat die
Atmosphäre eines privaten Clubs. INFO: Tel.
+1/312-944-4970; www.talbotthotel.com.
Preise: ab € 133 (Nebensaison), ab € 193
(Hochsaison).

ESSEN & TRINKEN

ALINEA UND NEXT – Das Alinea steht für die
neuesten Trends des Küche-als-Versuchslabor-Stils. Chefkoch Grant Achatz stellt eine
verblüffende Abfolge von häppchengroßen
Köstlichkeiten zusammen (die vollständige
„Tour" hat über 25 Gänge. Sein Next, das
2011 eröffnete, ist jeweils von einem besonderen Ort zu einer bestimmten Zeit inspiriert
(z.B. das Paris von 1906), was alle 3 Monate
wechselt. ALINEA: Tel. +1/312-867-0110;
www.alinea-restaurant.com. *Preise:*
12-Gänge-Probiermenü € 110. NEXT: Tel.

+1/312-226-0858; www.nextrestaurant.com. *Preise:* Karten werden online versteigert; das Einstiegsgebot liegt bei € 33, kann aber auf weit über € 700 steigen.

ARUN'S – Die Thai-Küche grenzt im Arun's ans Erhabene. Das 12-Gänge-Menü wird an die Wünsche der Gäste angepasst. Inhaber und Chefkoch Arun Sampanthavivats Präsentation ist exquisit, und das Erlebnis kann es mit Bangkok aufnehmen. INFO: Tel. +1/773-539-1909; www.arunsthai.com. *Preise:* Festpreis-Dinner € 63.

DAS BAYLESS-IMPERIUM – Rick und Deann Bayless trugen mit ihren Kochbüchern, TV-Sendungen und beliebten Restaurants dazu bei, die mexikanische Regionalküche in den USA zu etablieren. Ihre unvergesslichen Geschmäcker sind kreativ und wurzeln doch in jahrhundertealten Traditionen. Von ihren 3 benachbarten Restaurants ist das Frontera Grill lässig, mit einer gut frequentierten Bar; das Topolobampo (meist „Topolo" genannt) bietet die gehobene mexikanische Küche. Das kleine XOCO an der Ecke kocht scharf gewürztes mexikanisches Street-Food. FRONTERA GRILL UND TOPOLO: Tel. +1/312-661-1434. *Preise:* Dinner im Frontera Grill, € 33, im Topolo € 48. **XOCO:** www.rickbayless.com. Preise: € 20.

GIRL AND THE GOAT – Das „Mädchen" ist die etwas über 30-jährige „Top-Chefkoch"-Gewinnerin Stephanie Lizard, und ihre Tische (Metzgerblöcke) gehören zu den begehrtesten der Stadt (auch an der Bar gibt es Sitzplätze) – im West Loop mit einer lebhaften Atmosphäre und wunderbarem Essen. Es erwartet Sie einfallsreiche neue amerikanische Küche, mediterran inspiriert. Lizard macht ihre Desserts selbst. Planen Sie also etwas Platz dafür ein. INFO: Tel. +1/312-494-6262; www.girlandthegoat.com. *Preise:* Dinner € 37.

MOTO – Chicagos führender Vertreter der Molekulargastronomie befindet sich zwischen den Marktständen des alten Fulton Market. Dinner ist hier ein Abenteuer des Dekonstruierens; Homaro Cantu, Küchenchef und Erfinder, benutzt für die Zubereitung Ihrer Mahlzeit ebenso Laser und Flüssigstickstoff wie den Herd. Lassen Sie sich nicht abschrecken: Das Essen ist immer köstlich. INFO: Tel. +1/312-491-0058; www.motorestaurant.com. *Preise:* 10-Gänge-Dinner € 100.

TYPISCHES CHICAGOER ESSEN

PIZZA IM CHICAGO-STIL – Die Chicagoer lieben Pizza, vor allem die für ihre Heimatstadt typische Version mit einer dicken Kruste und einem ebensolchen Käsebelag. Der Texaner Ike Sewell und der in Italien geborene Gastronom Rick Riccardo haben diese Variante erfunden und 1943 die Pizzeria Uno in River North eröffnet. Sie wurde so populär, dass die beiden 12 Jahre später die Pizzeria Due um die Ecke eröffneten. Während die Pizza in Chicago zu einer kulinarischen Kunst erhoben wurde (es gibt hier über 2000 Pizzerien), ist dies der original Chicago-Stil. PIZZERIA UNO: Tel. +1/312-321-1000; www.unos.com. PIZZERIA DUE: Tel. +1/312-943-2400. *Preise:* große Pizza € 16.

HOTDOGS – Das wahre Chicago kennt erst, wer einen Hotdog oder auch „Red hot" gegessen hat: ein Rindfleisch-Würstchen mit Senf im Mohnbrötchen, mit Dillgurke, Zwiebel, Soße, Paprika, Tomatenscheiben und Selleriesalz. Gehen Sie dazu ins Superdawg Drive-In mit seinem Retro-Außenbereich, in dem 2 3,50 m hohe Hotdog-Statuen mit blinkenden Augen stehen; oder ins Gold Coast Dogs, wo man sie auf dem Holzkohlengrill zubereitet und mit den besten Käse-Pommes der Stadt serviert. Im Hot Doug's gibt's Hühnchen-Hotdogs mit in Entenfett gebratenen Pommes. SUPERDAWG DRIVE-IN: Tel. +1/773-763-0660; www.superdawg.com. *Preise:* € 3,70. GOLD COAST DOGS: Tel. +1/312-917-1677. *Preise:* € 3,70. HOT DOUG'S: Tel. +1/773-279-9550. *Preise:* Mittagessen € 7,50.

BILLY GOAT TAVERN – Das Billy Goat Tavern and Grill ist Teil der Sportgeschichte: Als seine Ziege 1945 vom Spielfeld verjagt wurde, prophezeite der Gründer Billy Sianis dass die Cubs nie Meister werden würden, solange die Ziege nicht ins Stadion dürfe. Der „Fluch von Billys Ziege" ist legendär, genau wie der Kellerbarcharme dieser Institution im Untergeschoss. INFO: Tel. +1/312-222-1525. *Preise:* Doppel-Cheeseburger € 3,70.

ITALIENISCHE RINDFLEISCHSANDWICHES – Diese Sandwiches haben wenig mit Italien zu tun. Man nehme ein dickes Brötchen, fülle es mit hauchdünnen Scheiben Rinderbraten und belege sie mit Pickles, Paprika und Oliven. Ob Sie es saftig essen (mit Extrabratensaft), scharf (mit Chili) oder mit Käse, liegt bei Ihnen. Das immer gut besuchte Al's No 1 ist eines der besten Lokale für diesen Imbiss, neben Mr. Beef, wo man an Picknicktischen sitzt, umgeben von Fotos mit Sandwich essenden Prominenten. AL'S NO 1 ITALIAN BEEF: Tel. +1/312-226-4017; www.alsbeef.com. *Preise:* Mittagessen € 7,50. MR. BEEF: Tel. +1/312-337-8500. *Preise:* Mittagessen € 7,50.

Abraham Lincoln: Ein Vorbild für alle Zeitalter

DER LINCOLN-TRAIL

Springfield, Illinois, USA

Der Lincoln Trail ist eine inoffizielle, 1600 km lange Route, an der die Orte von Abraham Lincolns Lebensweg liegen, von seinem Geburtsort in Kentucky über Indiana nach Springfield in Illinois, wo sich der 28-jährige Politiker 1837, frisch als Anwalt zugelassen, niederließ. Lincoln blieb bis Februar 1861 in der Stadt in Zentral-Illinois, damals Hauptstadt des Bundesstaats. Anschließend zog er nach Washington, D. C., und wurde 16. Präsident der USA.

Neueste Attraktion in Springfield ist das Abraham Lincoln Presidential Library &

Die historische Anlage von New Salem hat das Illinois von Lincolns frühen Jahren nachgebaut.

Museum mit der größten Sammlung an Lincoln-Dokumenten. Das 2005 eröffnete Museum besitzt eine Kopie der Emanzipations-Proklamation, einen Entwurf der Gettysburg Address und persönliche Gegenstände wie seinen Zylinder.

Die weiteren Lincoln-Stätten der Stadt sind gut zu Fuß erreichbar. Im Old State Capitol forderte Lincoln 1858 Widerstand gegen die Ausweitung der Sklaverei. 7 Jahre später bahrte man ihn, den ersten amerikanischen Präsidenten, der ermordet wurde, hier auf. Er war erst 56 Jahre alt. Gegenüber liegen die Lincoln-Herndon Law Offices, die Anwaltskanzlei, die er mit seinem Partner William Herndon führte.

Das Haus der Familie, in dem Abraham und Mary Todd Lincoln ihre Kinder großzogen, ist eine besonders beliebte Attraktion. 2 Blöcke weiter liegt das Great Western Railway Lincoln Depot, wo der designierte Präsident den Zug nach Washington Richtung Bürgerkrieg bestieg, nicht wissend, ob er zurückkehren würde. Er kehrte zurück – zu seiner letzten Ruhestätte, dem Lincoln Tomb, einem imponierenden Granitbau auf Springfields Friedhof Oak Ridge Cemetery, wo auch die Gebeine seiner Frau und dreier ihrer 4 Söhne liegen.

30 km nordwestlich der Stadt befindet sich die New Salem State Historic Site, ein authentischer Nachbau des Dorfes, in dem der junge Lincoln seine Ausbildung in Recht und Politik erhielt. Mit 23 ländlichen Gebäuden, Menschen in historischen Gewändern und bewirtschafteten Farmen, die Anbau- und Erntemethoden aus Lincolns Zeit anwenden, kommt man in New Salem dem Leben der 1830er-Jahre so nah wie nur möglich.

Wo: 340 km südwestl. von Chicago. **Info:** www.visit-springfieldillinois.com. LINCOLN LIBRARY & MUSEUM: Tel. +1/217-782-5764; www.alplm.org. OLD STATE CAPITOL: Tel. +1/217-785-7960; www.illinoishistory.gov. LINCOLN-HERNDON LAW OFFICES: Tel +1/217-785-7289; www.illinoishistory.gov. LINCOLN-HAUS: Tel. +1/217-391-3226; www.nps.gov/liho. LINCOLN DEPOT: Tel. +1/217-788-1411. LINCOLN TOMB: Tel. +1/217-782-2717; www.illinoishistory.gov. NEW SALEM: Tel. +1/217-632-4000; www.lincolnsnewsalem.com. **REISEZEIT:** Geburtstagsfeier am 12. Feb.; Di. abends im Sommer wird der Bürgerkrieg mit einer Flaggenzeremonie am Grab inszeniert.

Ein Alltag, der keine Hektik kennt

SHIPSHEWANA

Indiana, USA

Noch vor Tagesanbruch treffen die ersten Pferdewagen auf der wöchentlichen Waren- und Antiquitätenauktion in Shipshewana ein, einer Kleinstadt im Herzen von Amerikas drittgrößter Amischen-Gemeinde. Auktion und Markt ziehen Händler und Schnäppchenjäger sogar aus Kalifornien und New York an. Doch vor allem Amischen-Farmer, deren Religion den Gebrauch moderner Maschinen einschränkt, strömen hierher, um Geschirr, Küchengeräte und handbetriebene Werkzeuge zu ersteigern – sogar alte Wäschemangeln.

Shipshewana, nach einem Indianerhäuptling benannt, liegt in den landwirtschaftlichen Counties Elkhart und LaGrange, wo 20.000 Amische leben. Erleben Sie diese idyllische Gegend auf dem schmalen, sich 160 km durch die Landschaft windenden Heritage Trail, folgen Sie Pferdewagen, die keine Eile kennen, und passieren Sie gepflegte Obstgärten und mit Pferdepflug bearbeitete Felder.

Amish Acres in Nappanee (südlich von Shipshewana) bietet Führungen durch eine restaurierte Amischen-Farm und ein Gehöft mit 18 Gebäuden aus dem 19. Jh. an. Höhepunkt ist das familiäre Thresher's Dinner in der runden Scheune: riesige Platten mit Brathuhn, Truthahn- oder Rinderbraten, dazu Kartoffelbrei, Maisbrot, und Shoofly Pie, ein Streuselkuchen.

Auf Shipshewanas Landstraßen fahren auch heute noch Pferdekutschen.

Maisfelder erstrecken sich bis zum Horizont. Die Ernte wird in Yoders Popcorn-Shop in Topeka, 35 km südlich von Shipshewana, zu „Popcorn, das man nie vergisst", in verschiedenen Geschmacksrichtungen. Es kommt frisch in die Papiertüte.

Wo: 240 km nördl. von Indianapolis. **Info:** www.backroads.org. **Waren- und Antiquitätenauktion:** www.tradingplaceamerica.com. *Wann:* Mi. **Amish Acres:** Tel. +1/574-773-4188; www.amishacres.com. *Preise:* Dinner € 13. *Wann:* Jan.–Feb.: geschlossen. **Yoder Popcorn:** Tel. +1/260-768-4051; www.yoderpopcorn.com. **Unterkunft:** Das nette B&B Spring View in Goshen liegt an einem Teich, 15 Minuten von den meisten Sehenswürdigkeiten entfernt. Tel. +1/574-642-3997; www.springview.com. *Preise:* ab € 52. **Reisezeit:** Di.–Mi., Mai–Okt.: Flohmarkt in Shipshewana; Mitte Juli: 4-H-Jugendveranstaltung in Elkhart County; Anf. Aug.: Kunst- und Handwerksfestival in Amish Acres; Sa. nach Labor Day: Valparaiso Popcorn Festival.

Amerikas berühmtestes Agrarfest

Die Landwirtschaftsausstellung von Iowa

Des Moines, Iowa, USA

Die Landwirtschaftsausstellung von Iowa, verewigt durch den Roman *State Fair* von Phil Stong aus dem Jahr 1932, der Rodgers und Hammersteins Broadway-Musical und 3 Kinofilme inspirierte, ist ein echter amerikanischer Klassiker. Über 1 Mio. Menschen kommen 11 Augusttage lang in den Genuss vielfältiger Angebote: rasante Fahrgeschäfte, gezuckertes Schmalzgebäck, frittierte Oreo-Kekse und berühmte Entertainer. Doch die Ausstellung, die 1854 gegründet wurde, ist ihren ländlichen Wurzeln treu geblieben. Sie zeigt eine der weltweit größten Nutztier-Ausstellungen – schließlich erfand Iowa auch die 4-H, die Erziehungsorganisation für die ländliche Jugend.

Immer noch gibt es das Schweine- (und Ehemann-)Schreien, Kuhdungwerfen, den Super-Bullen-Wettbewerb und die Butterkuh aus 550 Pfund Butter. Es gibt Wettbewerbe für alles, von Vieh über Stickarbeiten bis zu Gemüse. Der Kuchen-Wettbewerb ist am beliebtesten, mit Abteilungen für Karamell, Erdbeer, Kürbis, Apfel und mehr. Die höchste Auszeichnung, das blaue Band, wird jährlich mehr als 5000-mal verliehen.

Hier mästet man sich mit frittiertem Essen, das es nur einmal im Jahr gibt – über 40 Spießvarianten sind im Angebot. Der

Außer dem üblichen Angebot wie Pizza und Limonade gibt es vor allem Lebensmittel am Spieß zu kaufen.

Trend begann in den 1950ern mit Mais; seither kamen Schweinekoteletts (in Iowa gibt es 16 Mio. Schweine – 5 pro Mensch), Dillgurken und sogar Twinkies – Cremekuchen – hinzu. Ebenfalls beliebt sind Truthahnkeulen, Carls 2 Hände große Sandwiches, Gizmos genannt, und frisches Erdbeer- und Pfirsicheis von Bauder Pharmacy, das seit 1923 Kinder (und Erwachsene) glücklich macht.

Info: Tel. +1/515-262-3111; www.iowastatefair.org. **Wann:** 11 Tage Mitte August.

Am tiefsten Punkt

DEATH-VALLEY-NATIONALPARK

Kalifornien, USA

Der in der nördlichen Mojave-Wüste gelegene Death-Valley-Nationalpark ist der tiefste, trockenste und heißeste Flecken Nordamerikas. Die Sommer sind mit über 50° C glühend heiß – Rekordhalter ist der Juli 1913 mit 56° C. Trotz der brutalen Hitze gibt es hier auch betörende Schönheit, vom kargen, dürren Deadman Pass und dem Dry Bone Canyon zum spektakulären, 3366 m hohen Telescope Peak. 51 Säugetier-, 307 Vogel- und 1000 Pflanzenarten sind in dieser trockenen Region heimisch, wo es im Jahr gerade mal 5 cm Niederschlag gibt.

Genau genommen ist Death Valley kein Tal, sondern eine verkrustete Salzpfanne, die zwischen 2 sich langsam erhebenden Bergrücken abgesunken ist. Im Park (220 km Durchmesser) sind die beliebtesten Sehenswürdigkeiten Artist's Palette, die von Mineralablagerungen orange, rosa, violett und grün gefärbten Berge, und Zabriskie Point mit seinem Blick auf saharaähnliche Sanddünen. Vom 1669 m hohen Dante's View sieht man rundum 160 km weit und erblickt den höchsten und den tiefsten Punkt der USA (außer Alaska): Mount Whitney mit 4421 m über und Badwater mit 85,5 m unter dem Meeresspiegel. Das außergewöhnlichste Ereignis spielt sich im flachen, ausgedörrten Seebett der Racetrack Playa ab, wo sich über 300 kg schwere Felsbrocken nachts fortbewegen – ohne dass es dafür Zeugen oder eine Erklärung gäbe.

Klimatisierte Autos und luxuriöse Hotels ermöglichen uns heute einen angenehmeren Aufenthalt als den Pionieren des 19. Jh., die der Gegend 1849 ihren Namen gaben. Die beste Unterkunft im Park ist das 1927 aus Stein und Lehmziegeln im Missionsstil gebaute Furnace Creek Inn, eine Oase mit heißen Quellen und Palmen, einem einladenden, von einer Quelle gespeisten Pool, Restaurant mit Panoramablick und 18-Loch-Golfplatz (dem tiefsten der Welt). Reisen Sie weiter nach Süden in den Joshua-Tree-Nationalpark: 320.000 ha Hochwüste und eines der beliebtesten Kletterziele der USA mit über 8000 Routen. Der Park wird dominiert von nackten Felsen, Kakteen und den eindrucksvollen, einsam über das Gelände verteilten Joshua Trees, Palmlilienbäumen, die dem Park seinen Namen geben (und einem U2-Album). Im nahen Desert Hot Springs hat Al Capone seine Nerven im Two Bunch Palms beruhigt. Auch Sie können dort in das reine Mineralwasser eintauchen, das mit 65° C aus der Erde austritt und gekühlt wird, bevor es 2 Steinbecken in einer von Bäumen umstandenen Grotte speist. Das Two Bunch kam auch im Film *The Player* vor.

Wo: 190 km nordwestl. von Las Vegas. Tel. +1/760-786-3200; www.nps.gov/deva. **Furnace Creek:** Tel. +1/760-786-2345; www.furnacecreekresort.com. *Preise:* ab € 233; Greenfee € 22 (Nebensaison), € 40 (Hochsaison). *Wann:* Mitte Okt.–Mitte Mai. **Joshua-Tree-Nationalpark:** Tel. +1/760-367-5500; www.nps.gov/jotr. **Two Bunch Palms:** Tel. +1/760-329-8791; www.twobunchpalms.com. *Preise:* ab € 120 (Nebensaison), ab € 170 (Hochsaison). **Reisezeit:** Okt.–Mai; gutes Wetter; Mitte Feb.–Mitte Apr.: Wildblumen; eindrucksvolle Stimmung bei Tagesanbruch und Spätnachmittag.

Eine Geschichte von 2 Spas

GOLDEN DOOR UND CAL-A-VIE

Escondido und Vista, Kalifornien, USA

Workaholics können in diesen beiden erstklassigen südkalifornischen Wellnesstempeln, die zu den besten des Landes gehören, ihre Batterien wieder aufladen und zu sich selbst finden. Das bekanntere Spa ist das ehrwürdige Golden Door, 1958 als das erste Wellnesshotel gegründet, das die neuen amerikanischen Fitnesskonzepte mit europäischen Behandlungsmethoden kombinierte und lange Reiseziel großer Hollywoodstars war. Inspiriert von alten japanischen Hotels, den Ryokans, befindet es sich auf einem 150-ha-Zen-Gelände mit meditativen Sandgärten, Holzwegen und Koi-Teichen. Es hat für nur 40 Gäste Platz – meist sind dies Frauen, doch einige Wochen im Jahr belegen Männer das Hotel. Das Programm umfasst Wanderungen im Morgengrauen, Massagen und Frühstück im Bett (mit Zutaten aus dem hauseigenen Garten). Bei 4 Angestellten pro Gast kann man sicher sein, sich nach dem Aufenthalt gestärkt und rundum erneuert zu fühlen.

Das noch luxuriösere Cal-a-Vie bietet nur 30 Gästen Platz; jeder wird von 5 Angestellten umsorgt. Spektakulär sind die Ausblicke über die kalifornischen Hügel. Zusätzlich zu den Wellnessbehandlungen kann man sich im hochmodernen Fitnesspavillon auf dem 80-ha-Grundstück fit machen. Die Geräte reichen aus, um Geist und Muskeln für den Rest seines Lebens zu trainieren. Wie beim Golden Door zahlt man All-inclusive-Preise – sogar die Trainingskleidung ist inbegriffen –, aber Cal-a-Vie bietet auch abgespecktere Pakete für jene an, die sich keine ganze Woche Auszeit gönnen können.

GOLDEN DOOR: Tel. +1/760-744-5777; www.goldendoor.com. *Preise:* € 5741 pro Woche, all-inclusive. **CAL-A-VIE:** Tel. +1/760-945-2055; www.cal-a-vie.com. *Preise:* 3 Nächte ab € 3107, all-inclusive. **REISEZEIT:** Sept.–Mai: das angenehmste Wetter.

Napa und Sonoma: Amerikas erstklassige Weinlagen

KALIFORNIENS WINE COUNTRY

Kalifornien, USA

Wenn Amerika eine Antwort auf die Toskana hat – eine Region mit großartigen Weinen, herrlichem Essen und Lebensart –, dann sind das Napa und Sonoma Valley. Diese Zwillingstäler, die bei der Geburt durch die Mayacamas Mountains getrennt wurden, genießen heute internationale Anerkennung. Zusammen erzeugen sie etwa 10 % des Weins weltweit.

Das 55 km lange Napa Valley im Osten ist bekannter und dichter besiedelt: Über 300 Weingüter, Nutznießer der Sonnentage, küh-

Das Sonoma Valley gilt als Wiege der kalifornischen Weinindustrie.

len Nächte und langen Vegetationsperioden, liegen am Highway 29 und dem malerischen Silverado Trail.

Zu den größten Weingütern gehören Robert Mondavi Winery in Oakville, Francis Ford Coppolas Rubicon Estate in Rutherford, Domaine Chandon in Yountville und Sterling Vineyards nahe Calistoga. Doch auch die kleineren wie Schramsberg in Calistoga und Swanson Vineyards in Rutherford sind Juwelen. Mit dem *Napa Valley Wine Train* kann man in restaurierten Pullman-Waggons von 1915–1947 in 3 Stunden 27 Weingüter auf 60 km von Napa bis St. Helena entdecken.

Von San Francisco kommen oft Tagesausflügler, doch um Napa kennenzulernen, sollte man etwas bleiben. Das Meadowood mit seinem großen Haupthaus und den Suiten im Landhausstil ist in der ersten Juniwoche von Besuchern der Napa Valley Wine Auction, dem weltweit distinguiertesten Weinverkauf zu Wohltätigkeitszwecken, ausgebucht.

Die Auberge du Soleil liegt zwischen Olivenbäumen auf einem Hügel und hat ein exzellentes Spa und ein hochgelobtes Restaurant. Wer das 12-ha-Anwesen schweren Herzens verlässt, um die Gastronomie des Tals zu erkunden, sollte das legendäre French Laundry aufsuchen. Das 9-gängige Menü von Chefkoch Thomas Keller kann sich neben der großen Konkurrenz des Tals nicht nur behaupten, sondern macht es zu einem der besten Restaurants der Welt. Das nonchalantere Bouchon bringt klassische Bistroküche auf den Tisch. Herausragend sind auch Mustard's Grill in Yountville sowie das Terra und das Tra Vigne in St. Helena.

Gourmets teilen sich Napa mit Spa-Liebhabern, die zu den berühmten Schlammbädern von Calistoga anreisen. Die luxuriöseste Unterkunft ist Calistoga Ranch mit 46 Gästehäusern und heißen Quellen. Einfacher ist das gemeinnützige Harbin Hot Springs, Wiege des „watsu" (Wasser-Shiatsu).

Sonoma im Westen ist üppiger, grüner und kühler als Napa und bekannt für Kaliforniens beste Chardonnays und Pinot Noirs. Dort gibt es auch viele Obstplantagen und Farmen, die sich auf Olivenöl, Lamm und Käse spezialisiert haben, als Ergänzung zu den erlesenen Weinen, die die über 250 Weingüter erzeugen.

Sonoma Valleys älteste Stadt ist Sonoma. In ihrem Zentrum befinden sich ein schattiger Platz und eine Mission aus Lehmziegeln von 1824. Buena Vista, eines der ersten Weingüter Kaliforniens, wurde 1857 wenige Kilometer nordöstlich von hier gegründet. Sonoma hat viele beliebte Restaurants wie das familiäre The Girl and the Fig, wo frische Produkte aus der Region im Mittelpunkt stehen.

Die luxuriöseste Unterkunft der Region war seit der Eröffnung im Jahr 1927 das weitläufige Fairmont Sonoma Mission Inn and Spa, eines von einer Handvoll Anwesen mit eigenen heißen Quellen. Im nahen Glen Ellen ist heute das Gaige House Inn von 1890 im Queen-Anne-Stil eines der elegantesten B&Bs des Landes.

Im Norden liegt das liebliche Städtchen Healdsburg im Russian River Valley. Der historische Marktplatz wird vom Hotel Healdsburg flankiert. Seine Gäste kommen wegen des Spas, insbesondere aber auch wegen des hochgelobten Restaurants Dry Creek Kitchen von Küchenchef Charlie Palmer. Das nahe Les Mars Hotel erinnert an französische Gasthäuser. Mit seinem exzellenten Restau-

rant Cyrus ist es eine der feinsten Unterkünfte von Sonoma. Beliebtes Anlaufziel von Feinschmeckern wegen seines innovativen Restaurants ist auch das preisgünstigere Madrona Manor inmitten von Gärten und kühlem Wald.
Wo: Napa und Sonoma liegen 65–115 km nördl. von San Francisco. INFO: www.napavalley.com; www.sonomacounty.com. NAPA VALLEY WINE TRAIN: Tel. +1/707-253-2111; winetrain.com. *Preise:* ab € 37. MEADOWOOD: Tel. +1/707-963-3646; www.meadowood.com. *Preise:* ab € 350. AUBERGE DU SOLEIL: Tel. +1/707-963-1211; www.aubergedusoleil.com. *Preise:* ab € 407 (Nebensaison), ab € 555 (Hochsaison); Dinner € 45. FRENCH LAUNDRY: Tel. +1/707-944-2380; www.frenchlaundry.com. *Preise:* 9-gängiges Menü € 178. BOUCHON: Tel. +1/707-944-8037; www.bouchonbistro.com. *Preise:* Dinner € 37. MUSTARD'S GRILL: Tel. +1/707-944-2424; www.mustardsgrill.com. *Preise:* Dinner € 37. TERRA: Tel. +1/707-963-8931; www.terrarestaurant.com. *Preise:* Dinner € 45. TRA VIGNE: Tel. +1/707-963-4444; www.travignerestaurant.com. *Preise:* Dinner € 37. CALISTOGA RANCH: Tel. +1/707-254-2800; www.calistogaranch.com. *Preise:* Lodges ab € 418 (Nebensaison), ab € 555 (Hochsaison). HARBIN HOT SPRINGS: Tel. +1/707-987-2477; www.harbin.org. *Preise:* Gästehaus ab € 126 (Nebensaison), ab € 170 (Hochsaison); Tagesgebühr ab € 25. THE GIRL AND THE FIG: Tel. +1/707-938-3634; www.thegirlandthefig.com. *Preise:* Dinner € 33. FAIRMONT SONOMA MISSION INN: Tel. +1/707-938-9000; www.fairmont.com/sonoma. *Preise:* ab € 170 (Nebensaison), ab € 266 (Hochsaison). GAIGE HOUSE INN: Tel. +1/707-935-0237; www.gaige.com. *Preise:* ab € 148 (Nebensaison), ab € 260 (Hochsaison). HOTEL HEALDSBURG: Tel. +1/707-431-0330; www.hotelhealdsburg.com. *Preise:* ab € 203 (Nebensaison), ab € 266 (Hochsaison); Dinner € 33. LES MARS HOTEL: Tel. +1/707-433-4211; www.lesmarshotel.com. *Preise:* ab € 378. CYRUS: Tel. +1/707-433-3311; www.cyrusrestaurant.com. *Preise:* 8-gängiges Menü € 96. MADRONA MANOR: Tel. +1/707-423-4231; www.madronamanor.com. *Preise:* ab € 185; 4-gängiges Festpreis-Dinner € 55.
REISEZEIT: Apr.–Mai: Wildblumen; 1. Juniwoche: Napa Valley Wine Auction; Juli–Aug.: Sommerkonzerte im Weingut Robert Mondavi; Okt.–Nov.: Ernte.

Auf dem El Camino Real

KALIFORNISCHE MISSIONSSTATIONEN

Kalifornien, USA

Am 16. Juli 1769 errichtete Pater Junípero Serra, begleitet von einer wilden Bande spanischer Soldaten und Missionare, eine Reisighütte und gründete so die Mission San Diego de Alcalá. Es war die erste von 21 Franziskaner-Missionen, die entlang der Küstenstraße El Camino Real („Der königliche Weg") entstanden. Die Straße der Missionsstationen erstreckt sich vom heutigen San Diego (s. S. 788) bis zur nördlichsten Mission in Sonoma (s. S. 776), die als letzte 1823 entstand. Diese Vorposten, die zu den schönsten Gebäuden Kaliforniens gehören, erfüllten religiöse und militärische Zwecke und sind Meilensteine der kalifornischen Geschichte, Kultur und Architektur.

Jede Mission ist ein Fenster zu den Anfängen des Staates, und jede hat ihren eigenen Reiz. Ein Höhepunkt ist die Mission

San Juan Capistrano, „Juwel der Missionen", die ihren Ruhm ihren Gärten sowie den jährlich um den 19. März (St. Joseph's Day) aus Argentinien zurückkehrenden Wanderschwalben (*las golondrinas*) verdankt; ferner die Mission San Buenaventura in Ventura, die seit ihrer Entstehungszeit 1792–1809 fast unverändert ist. Von der „Königin der Missionen" San Juan Capistrano in Santa Barbara mit ihren 2 Glockentürmen sieht man an klaren Tagen bis zu den Channel Islands. San Carlos Borroméo in Carmel (s. S. 787) von 1771 war Hauptverwaltungssitz der Missionen in Kalifornien. Papst Johannes Paul II. kam 1984 hierher, um Pater Serra seligzusprechen, der 9 Missionen gegründet hatte und 1784 hier starb. Im 19. Jh. ließ man sie verfallen, doch heute ist sie wieder originalgetreu rekonstruiert.

Wo: Der Mission Trail ist 965 km lang und verläuft von Süden nach Norden von San Diego nach Sonoma. **Info:** www.missionscalifornia.com. **San Diego De Alcalá:** Tel. +1/619-281-

Missionsgründer Junipéro Serra ist in San Carlos Borroméo bestattet.

8449; www.missionsandiego.com. **San Juan Capistrano:** Tel. +1/949-234-1300; www.missionsjc.com. **San Buenaventura:** Tel. +1/805-643-4318; www.sanbuenaventuramission.org. **Santa Barbara:** Tel. +1/805-682-4713; www.sbmission.org. **San Carlos Borroméo:** Tel. +1/831-624-1271; www.carmelmission.org. **Reisezeit:** Mission San Juan Capistrano: Mitte März: Wanderschwalben, Parade und Festlichkeiten; Sa. abends von Juni–Sept: Sommerkonzerte *Music Under the Stars*; Dez.: Weihnachtsfeierlichkeiten.

„Wenn man in Los Angeles 35 wird, ist man älter als die meisten seiner Häuser." – Delia Ephron

Los Angeles

Kalifornien, USA

Keine Stadt verkörpert den amerikanischen Traum so sehr wie Los Angeles. Seit jeher zieht es unzählige Träumer an, die sich im Land des guten Wetters und des kommerzialisierten Scheins neu erfinden möchten (auf jedes hoffnungsfrohe Starlet kommen Scharen neuer Einwanderer). Als Hauptstadt der amerikanischen Unterhaltungsindustrie ist L. A. voller überraschender Kontraste, eine Traummaschine für alle, die Kunst und Kitsch mit derselben Begeisterung, Feinschmeckerrestaurants und mobile Küchen mit derselben Souveränität feiert.

Hauptattraktionen

Getty Center und Getty Villa – Das 1997 eröffnete, 44 ha große und 6 Gebäude zählende Getty Center des Architekten Richard Meier beherbergt die umfangreiche Sammlung des J. Paul Getty Museums mit europäischer Kunst vor dem 20. Jh. sowie Fotografie aus der ganzen Welt. Das wie eine Zitadelle aus Glas und weißem Travertin auf einem Hügel thronende Center ist selbst ein Kunstwerk und gilt als einer der wichtigsten Kunstkomplexe der Welt.

Die Getty Villa nahe Malibu hatte sich der Ölmilliardär in fantasievoller Nachbildung klassischer Architektur errichten lassen: Sie ist einer herrschaftlichen Villa bei Pompeji aus dem 2. Jh. v. Chr. nachempfunden. Heute beherbergt sie die herausragende Sammlung des J. Paul Getty Museums mit griechischen, etruskischen und römischen Antiquitäten. **Getty Center** und **Getty Villa:** Tel. +1/310-440-7300; www.getty.edu.

Los Angeles County Museum of Art & Museum Row – Das Los Angeles County Museum of Art (LACMA), das größte Kunstmuseum im Westen der USA mit einer Sammlung von 150.000 Objekten von der Antike bis zur Gegenwart, wird gegenwärtig renoviert und erweitert. Mit dem neu eröffneten Open-Air-Pavillon und 2 neuen Gebäuden des Architekten Renzo Piano zeigt der 7 Gebäude zählende Komplex auf 8 ha nun mehrere Ausstellungen mit Exponaten zeitgenössischer amerikanischer Kunst sowie alte Kunst und Kunstgegenstände aus aller Welt. LACMA ist auch ein Zentrum für Livemusik: Kammermusik (sonntagabends), Jazz (freitagabends von April–November) und Latin (samstagnachmittags von Mai–September); der Eintritt ist frei.

Das LACMA steht an einem Abschnitt des Wilshire Boulevards, der Museum Row genannt wird. In direkter Nachbarschaft stehen das Architecture and Design Museum, das Craft and Folk Art Museum und das Petersen Automotive Museum; einzigartig ist das Page Museum in den La Brea Tar Pits, wo blubbernder Flüssigasphalt Tieren der Urzeit zur Falle wurde. Überreste und Nachbildungen von einst hier heimischen Eiszeit-Säugetieren – Säbelzahntiger, Urwölfen, Riesenfaultieren und Mammuts –, sind hier ausgestellt. **Los Angeles County Museum of Art:** Tel. +1/323-857-6000; www.lacma.org. **Page Museum und La Brea Tar Pits:** Tel. +1/323-934-7243; www.tarpits.org.

Walt Disney Concert Hall und Los Angeles Philharmonic – Seit ihrer Eröffnung im Jahr 2003 gehört die hoch aufragende Walt Disney Concert Hall von Architekt Frank Gehry zu den großartigsten Sehenswürdigkeiten von L. A. Die kurvigen Elemente aus schimmerndem Stahl, die an sich im Wind bauschende Segel erinnern, bieten dem Los Angeles Philharmonic Orchestra, jetzt unter

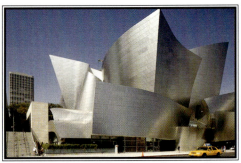

Die Walt Disney Concert Hall mit ihren geschwungenen Formen aus rostfreiem Stahl ist ein Entwurf von Frank Gehry.

der Leitung des jungen Superstars Gustavo Dudamel, eine hochmoderne Akustik. Erfahren Sie die Konzerthalle mit allen Sinnen: Nehmen Sie im Patina, einem der besten französischen Restaurants von Los Angeles, einen Aperitif oder Imbiss zu sich, bevor Sie ins Konzert gehen. An Sommerabenden konzertiert das Orchester seit 1922 im Hollywood Bowl, einem schönen Freilicht-Amphitheater in den Hügeln von Hollywood. **Walt Disney Concert Hall:** Tel. +1/323-850-2000; www.laphil.com. **Patina:** Tel. +1/213-972-3331; www. patinagroup.com. *Preise:* Dinner € 63. **Hollywood Bowl:** Tel. +1/323-850-2000; www.hollywoodbowl.com.

DOWNTOWN L. A. – Das Zentrum von Los Angeles, lange ein verschlafenes Hochhaus-Geschäftsviertel, wurde in südkalifornischer Tradition neu gestaltet. Das Music Center ist der wichtigste Veranstaltungsort der Stadt; auf dem 4,4-ha-Gelände liegen die Walt Disney Concert Hall (siehe oben), der Dorothy Chandler Pavilion (mit der Los Angeles Opera; früher Ort der Oscar-Verleihung), das Ahmanson Theater und das Mark Taper Forum, das modernste Theater von L. A.

Eine Straße weiter liegt das Museum of Contemporary Art (MOCA) mit seiner herausragenden Sammlung amerikanischer und europäischer Kunst, von Abstraktem Expressionismus und Pop-Art über Konzeptkunst bis zu digitalen Kreationen.

Die Kathedrale Our Lady of the Angels aus dem Jahr 2002 gilt als eindrucksvolles Beispiel für moderne Kirchenarchitektur. Das Innere, meditativ und prunkvoll, ist erhabener Raum und alabastergefiltertes Licht.

An Downtown grenzen schon vor Langem gegründete Immigrantenviertel – Chinatown, Littly Tokyo und die mexikanische Enklave an der Olvera Street –, wo man preisgünstige Originalgerichte essen kann. Auch der Grand Central Market, der größte und älteste Markt von L. A. mit geschäftigen Ständen und einfachen Restaurants, zieht ein buntes Publikum an.

Wer ein Ticket für ein Spiel der L. A. Lakers ergattert, wird einen weiteren Querschnitt von Angelenos zu sehen bekommen, vielleicht auch Berühmtheiten wie Jack Nicholson oder Leonardo DiCaprio. Die Lakers spielen im Staples Center nahe dem L. A. Live – einem Komplex mit Restaurants, Kinos und dem sehenswerten Grammy Museum.
INFO: www.downtownla.com.
MUSIC CENTER: Tel. +1/323-850-2000; www.musiccenter.org.
MUSEUM OF CONTEMPORARY ART: Tel. +1/213-626-6222; www.moca.org. OUR LADY OF THE ANGELS: Tel. +1/213-680-5200; www.olacathedral.org.
GRAND CENTRAL MARKET: Tel. +1/213-624-2378; www.grandcentralsquare.com. THE STAPLES CENTER: Tel. +1/213-742-7340; www.staplescenter.com. L. A. LIVE: Tel. +1/213-763-5483; www.lalive.com.

HOLLYWOOD – Die Pioniere der Filmindustrie Cecil B. DeMille, D. W. Griffith und Jesse Lasky legten in den 1920er-Jahren den Grundstein für Hollywood als Ort des Glamours und Ehrgeizes. In den 1930er-Jahren zogen die Studios in das nördliche San Fernando Valley, und die Region musste von der Vergangenheit zehren. Doch wie ein gealterter Star hat Hollywood ein Facelift erlebt.

Auf dem Hollywood Boulevard sieht man (außer bei Premieren) vor allem jene Sterne, die in den Boden eingelassen sind – auf dem kilometerlangen Hollywood Walk of Fame, der über 2400 Legenden der Unterhaltungsindustrie ein Denkmal setzt. Träumen Sie in Grauman's Chinese Theatre vom alten Hollywood – der Kinopalast von 1927 ist bis heute im Geschäft; am bemerkenswertesten ist seine Sammlung von Hand- und Fußabdrücken von Hollywoodgrößen. Bei Grauman's beginnt auch Hollywoods beliebteste Busrundfahrt: Auch wenn es klischeehaft ist, nimmt man doch gern an der 2-stündigen Starline-Tour zu Häusern der Kinostars teil. Etwas weiter oben am Hollywood Boulevard beginnt die makabre (und freche) Tour zu den „teuren Verstorbenen" („Dearly Departed Tour"). Ein „Grab-Buggy" bringt Sie zu Orten berühmter Skandale (Hugh Grant, George Michael) und Todesfälle (Michael Jackson, Janis Joplin, River Phoenix).

Im Hollywood Museum im Max Factor Building wird die

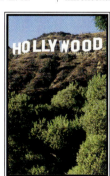

Der berühmte Hollywood-Schriftzug ist fast 110 m lang.

Vergangenheit lebendig. Das Art-déco-Gebäude beherbergt über 10.000 Objekte aus der großen Zeit: Sets, Kostüme und Requisiten aus Hunderten Filmen, darunter Kleopatras Gewänder und Hannibal Lecters Gefängniszelle. Auch die restaurierten Salons und Ankleidezimmer, in denen Marilyn Monroe ihren Haaransatz färben ließ, sind hier ausgestellt.

Für frischen Wind sorgt das Hollywood and Highland Center, ein großes Hotel mit Unterhaltungsangebot und Geschäften. Mittelpunkt ist das 2001 eröffnete Kodak Theatre mit 3400 Plätzen, wo heute die Oscarverleihungen stattfinden. Bei einer Führung schreiten Sie über den roten Teppich, inspizieren eine Oscarstatuette und blicken in VIP-Zimmer.

Verpassen Sie auch den berühmten „Hollywood"-Schriftzug nicht. Am besten sieht man ihn von der Ecke Sunset Boulevard und Bronson Avenue: Kamera ab! **Hollywood Walk of Fame:** Tel. +1/323-467-6412; www.hollywoodchamber.net. **Grauman's Chinese Theatre:** Tel. +1/323-464-8111; www.manntheatres.com. **Starline Touren zu den Häusern der Stars:** Tel. +1/323-463-3333; www.starlinetours.com. **Dearly Departed Tour:** Tel. +1/212-209-3370; dearlydepartedtours.com. **Hollywood Museum:** Tel. +1/323-464-7776; www.thehollywoodmuseum.com. **Hollywood and Highland Center:** www.hollywoodandhighland.com. **Kodak Theatre:** Tel. +1/323-308-6300; www.kodaktheatre.com.

Beverly Hills – Obwohl kaum 16 km² groß, gilt Beverly Hills der Welt als Inbegriff von Glamour und Prestige. Sein kommerzielles Zentrum ist das 3 Häuserblöcke lange „Golden Triangle" (zwischen Santa Monica Boulevard, Wilshire Boulevard und Canon Drive). Hier liegt das exklusivste Einkaufsviertel der Welt, Rodeo Drive, mit hochkarätigen Juwelieren wie Tiffany & Co. und Harry Winston sowie jedem Modedesigner des Globus, von Armani bis Zegna. Das Paley Center for Media ist ein Schrein dessen, was den meisten Bewohnern von Beverly Hills ihr Vermögen beschert hat. Besucher können aus einem Archiv mit über 150.000 TV- und Radiosendungen eine Sendung bestellen und in einem eigenen Raum ansehen bzw. -hören.

Am Sunset Boulevard bietet das legendäre Beverly Hills Hotel, auch als „Pink Palace" bekannt, alles, was ein modebewusster, wohlhabender Reisender sich nur wünschen könnte, vom schicken Pool bis zum Bungalow mit Butler. Seine ungemein beliebte Polo Lounge ist seit jeher der Ort, wo Hollywood seine Vereinbarungen trifft und bricht, und der Fountain Coffee Room mit Palmenmustertapete versprüht einen unwiderstehlichen 1940er-Jahre-Charme. **Info:** www.lovebeverlyhills.org. **Paley Center for Media:** Tel. +1/310-786-1000; www.paleycenter.org. **Beverly Hills Hotel:** Tel. +1/310-276-2251; www.beverlyhillshotel.com. *Preise:* ab € 333, Dinner € 48.

Santa Monica – Das elegante, fußgängerfreundliche Santa Monica ist dem Pazifik zugewandt. Hier fühlt man sich viel weiter vom Zentrum von L. A. entfernt als nur die tatsächlichen 24 km. Die Innenstadt besteht vor allem aus der Third Street Promenade, einem Einkaufszentrum mit Geschäften, Cafés und Kinos (und mittwochs und samstags einem geschäftigen Bauernmarkt). Eine Straße weiter liegt eines der besten mexikanischen Restaurants von L. A., das Border Grill von Mary Sue Milliken und Susan Feniger. Die 2 Meisterköchinnen sind aus TV-Sendungen und Büchern als die „Too Hot Tamales" bekannt.

Ein kurzer Spaziergang bringt Sie zum Strand. Hier dominiert der Santa Monica Pier von 1909 mit klassischen Fahrgeschäften, Souvenirläden und einem Karussell von 1920. In Sichtweite liegt das hübsche Shutters on the Beach, eines von nur 2 Hotels am Ozean, das die Atmosphäre eines gehobenen Strandhotels (alle Zimmer haben

Balkon mit Meerblick) mit den Annehmlichkeiten kombiniert, die VIP-Gäste erwarten, z.B. ein luxuriöses Spa und Mahlzeiten am Meer. Das One Pico und das Coast Beach Café and Bar im Hotel sind ideale Adressen für einen Drink bei Sonnenuntergang. THIRD STREET PROMENADE: www.thirdstreetpromenade.com. BORDER GRILL: Tel. +1/310-451-1655; www.bordergrill.com. *Preise:* Dinner € 30. SANTA MONICA PIER: Tel. +1/310-458-8900; www.santamonicapier.org. SHUTTERS ON THE BEACH: Tel. +1/310-458-0030; www.shuttersonthebeach.com. *Preise:* ab € 366.

VENICE UND VENICE BEACH – Während man sich in L. A. sehr ernst gibt, ist Venice betont unbürgerlich und nicht nur etwas kauzig. Es wurde 1905 vom Landerschließer Abbott Kinney gegründet, der sich eine Kopie von Venedig vorstellte, Kanäle und Gondeln inklusive. Es gibt zwar noch Kanäle, diese sind aber unbedeutend verglichen mit der berühmten, 5 km langen Venice-Beach-Promenade, die am weißen Sandstrand entlangführt. Mit ihren preisgünstigen Cafés und den Verkaufsständen für Sonnenbrillen und Batik-T-Shirts ist sie ein Tummelplatz der tätowierten Menschheit, wo Straßenmusiker, Muskelmänner, Rollerblader, Bikini-Schönheiten und Surfer paradieren. Hipster treffen sich zum Drink auf dem Dach des Hotel Erwin, einem minimalistischen Hotel, das so künstlerisch inspiriert ist wie seine Umgebung. INFO: www.venicebeach.com. HOTEL ERWIN: Tel. +1/310-452-1111; www.jdvhotels.com. *Preise:* ab € 133.

BESICHTIGUNG DER FILMSTUDIOS – In L. A. heißt es einfach „die Industrie": Film und TV sind der Motor dieser Stadt, und eine Besichtigung der Filmstudios bietet faszinierende Einblicke in das Geschehen hinter der Kamera. In Hollywood begann alles, doch von den größten Studios produziert nur noch Paramount Pictures in der Stadt. Bei 2-stündigen VIP-Touren (Reservierung erforderlich) durch diese letzte Bastion blicken Sie hinter die Sets und Studios, wo Klassiker wie *I Love Lucy*, *Boulevard der Dämmerung* und *Friends* entstanden. Die meisten anderen Film- und Fernsehstudios liegen nördlich von L. A. im San Fernando Valley. Bei den dortigen Touren ist Universal Studios der bekannteste Name. 1-stündige Fahrten führen Sie durch die Sets für *Psycho*, *Krieg der Welten*, *Desperate Housewives* und viele andere, die Teil des Pauschalangebots des Themenparks sind (neben einem 3-D-Kino, einer Spezialeffektebühne, Fahrgeschäften mit Filmthemen und einem Einkaufs-, Restaurant- und Unterhaltungskomplex). Bei Warner Bros. führt die 2 ½-stündige VIP-Tour, sofern möglich, auch an den Set eines aktuellen Drehs. PARAMOUNT PICTURES: Tel. +1/323-956-1777; www.paramountstudios.com. UNIVERSAL STUDIOS: Tel. +1/818-622-3801; www.universalstudioshollywood.com. WARNER BROS.: Tel. +1/818-972-8687; vipstudiotour.warnerbros.com.

Die Tour durch die Sets der Universal Studios ist eine von L.A.s Hauptattraktionen.

ÜBERNACHTEN

HOTEL BEL-AIR – Das Hotel Bel-Air im Missionsstil gehört zu den exklusivsten Adressen von Los Angeles. Auch nach einer Renovierung, bei der neue Zimmer mit Canyon-Blick, Suiten und ein La-Prairie-Spa hinzukamen, ist sein Zauber ungebrochen. Seit 1947 sucht die Elite des Showbiz in diesem Hotel mit dschungelartigem Garten, Schwanenteichen und versteckten Villen Anonymität und Erholung. INFO: Tel. +1/310-472-1211; www.hotelbelair.com. *Preise:* ab € 418.

CHATEAU MARMONT – Der Langzeitfavorit im lebhaften West Hollywood thront im Zentrum des Trubels über dem Sunset Strip. 1927 im Stil eines Loire-Schlosses errichtet, ist das Chateau Marmont weitläufig und romantisch, traditionell und hip. So verwundert es nicht, dass seine skurrilen, appartementgroßen Zimmer und abgeschiedenen Bungalows erste Wahl bei jungen Stars sind. Das Hotel ist bekannt für seine Diskretion, die es noch in den schwierigsten Situationen bewahrt (John Belushi starb hier mit 33 an einer Überdosis Drogen). Dies hat sich nicht geändert seit den Tagen, als Studioboss Harry Cohn zu William Holden und Glenn Ford sagte: „Wenn ihr in Schwierigkeiten geraten müsst, tut es im Marmont." INFO: Tel. +1/323-656-1010; www.chateaumarmont.com. *Preise:* ab € 307.

HOLLYWOOD ROOSEVELT HOTEL – Das 1927 erbaute Hotel (in dem 1929 die erste Oscarverleihung stattfand) wurde kürzlich von Grund auf renoviert. Historisches in dem nun topmodernen Hotel blieb erhalten. Zu den Modernisierungen gehören: opulente Gästezimmer; mehr Glanz in der Art-déco-Lobby; ein Wandgemälde von David Hockney am Pool und 2 übervölkerte Bars, an denen sich Hollywoods Junge und Schöne tummeln. INFO: Tel. +1/323-466-7000; www.hollywoodroosevelt.com. *Preise:* ab € 193.

THE STANDARD, DOWNTOWN L. A. – Das Standard setzt den (ähem) Standard für die Innenstadthotels mit verspieltem 1950er-Jahre-Chic. Hotelier Andre Balazs verwandelte den Hauptsitz von Standard Oil in eine Bastion der Coolness und brachte Eleganz in diesen einst schäbigen Teil der Stadt. Das Beste ist, dass es für fast jedes Budget ein Zimmer gibt (mittelgroß, riesig und wow! sind die Optionen). Schließen Sie sich dem jungen Publikum an, das in der Bar auf der Dachterrasse mit Blick auf Wolkenkratzer an Cocktails nippt. INFO: Tel. +1/213-892-8080; www.standardhotels.com/los-angeles. *Preise:* ab € 211.

SUNSET MARQUIS HOTEL UND VILLAS – Das Hotel in West Hollywood hat sich als Anlaufstelle für Rockstars einen Namen gemacht (immer noch kommen sie für Aufnahmen im hauseigenen Studio hierher), und seit Jahrzehnten wissen Kenner es als luxuriöse und ungezwungene Unterkunft zu schätzen. Die kürzliche Erweiterung und die Renovierung von Grund auf brachten ein neues Restaurant, ein Spa, neu gestylte mediterrane Villen und Suiten. Wer würde glauben, dass diese tropische Oase nur wenige Schritte vom Sunset Strip entfernt ist? INFO: Tel. +1/310-657-1333; www.sunsetmarquis.com. *Preise:* ab € 211.

ESSEN & TRINKEN

THE BAZAAR BY JOSÉ ANDRÉS – Beverly Hills ist die perfekte Kulisse für José Andrés' innovative Küche, die perfekte Entsprechung des südkalifornischen Zeitgeists. Das im eindrucksvollen SLS Hotel liegende Restaurant mit seinem verspielten Design von Philippe Starck hat multiple Persönlichkeiten – wie auch die Karte. Neben Tapas „direkt aus Sevilla" findet man avantgardistischere Gerichte wie Gänseleber mit Zuckerwatte und Caprese-Salat mit flüssigem Mozzarella. Andrés' raffinierte Speisen bieten Gaumen und Auge ein intensives Erlebnis: Ein Abend in The Bazaar ist Gastronomie und Theater in einem. INFO: Tel. +1/310-246-5555; www.thebazaar.com. *Preise*: Dinner € 45.

LUCQUES/AOC – Die zeitgenössische Mittelmeerküche erreicht ihren Zenit im Lucques, wo Chefköchin Suzanne Goin mit frischen Zutaten eine Küche kreiert, die klassisch und spontan zugleich ist. Das Lucques befindet sich in der ehemaligen Remise des Stummfilmstars Harold Lloyd – die richtige Atmosphäre für Sommergazpacho mit Melone und krossem Prosciutto oder in Senf gegrilltes Huhn mit Parmesanpudding. Goin und Sommelière und Partnerin Caroline Styne betreiben in L.A. weitere Restaurants, darunter eine hervorragende Weinbar, AOC, die mit kleinen Platten hausgemachter Wurst- und Fleischwaren, Holzofenspezialitäten und einer Käseauswahl besticht, bei der man ins Schwärmen gerät. LUCQUES: Tel. +1/323-655-6277; www.lucques.com. *Preise:* Dinner € 48. AOC: Tel. +1/323-653-6359. *Preise:* Dinner € 33.

NOBU WEST HOLLYWOOD – Der japanische Meisterkoch Nobu Matsuhisa betreibt weltweit Restaurants, doch seine Adresse in West Hollywood bietet die luxuriöseste Atmosphäre und die romantischsten Räume für seine berühmten Sushi- und Fischgerichte, die hier mit einer lateinamerikanischen Note serviert werden (Kohlenfisch und Miso gehören zu seinen Spezialitäten). Probieren Sie unbedingt auch die Sashimi-Tacos. INFO: Tel. +1/310-657-5711; www.noburestaurants.com. *Preise:* Dinner € 52.

OSTERIA MOZZA/PIZZERIA MOZZA – Diese 2 Restaurants, Frucht der Zusammenarbeit von Superstar-Bäckerin Nancy Silverton mit den berühmten New Yorker Gastronomen Mario Batali und Joseph Bastianich, sind ein beliebtes Duo in der italienischen Gastronomie. Die Osteria hat eine Karte von epischer Länge, deren Gerichte sich durch intensives Aroma auszeichnen – z.B. Tagliatelle mit Ochsenschwanzragout und Wachtel in Pancetta mit Salbei und Honig. In der stets gut besuchten, unprätentiösen Pizzeria wird Ihnen das beste Brot Ihres Lebens mit einem ausgezeichneten Belag serviert. OSTERIA MOZZA: Tel. +1/323-297-0100; www.mozza-la.com. *Preise:* Dinner € 52. PIZZERIA MOZZA: Tel. +1/323-297-0101. *Preise:* Pizza € 11.

SONA/COMME ÇA – Das Vorzeigerestaurant des preisgekrönten Küchenchefs David Myers verwendet nur die feinsten Bioprodukte der Region. Myers nutzt ungewöhnliche Zubereitungstechniken und Geschmackskombinationen, um, typisch für ihn, Grenzen zu sprengen: Scharf angebratene Gänseleber wird mit gefrorenen Bananen und Grüntee-Crackern serviert; gebratene Zitronenmeringen-Torte mit Erbsen und Popcorneis. Myers betreibt auch die gemütliche Brasserie Comme Ça, wo er die französische Hausmannskost modernisiert. SONA: Tel. +1/310-659-7708; www.sonarestaurant.com. *Preise:* Dinner € 52. COMME ÇA: Tel. +1/323-782-1178; www.commecarestaurant.com. *Preise:* Dinner € 33.

SPAGO BEVERLY HILLS/CUT – Das Spago Beverly Hills, Aushängeschild von Wolfgang Pucks Restaurantimperium, verblüfft gern und setzt den Standard für die innovative kalifornische Küche, die Puck wesentlich mit erfunden hat. Die begehrtesten Tische sind jene im Hof unter den jahrhundertealten Olivenbäumen. Doch auch der formellfreundliche Speisesaal ist ein zauberhafter Ort für herausragende Gerichte wie Schichtsalat aus Roter Bete und Ziegenkäse oder handgemachte Agnolotti mit Mais und Mascarpone. Pucks neue Unternehmung, das CUT in dem von Richard Meier gestalteten Speisesaal des Beverly Wilshire Hotels, erfindet das Steakhouse neu. SPAGO: Tel. +1/310-385-0880; www.wolfgangpuck.com. *Preise:* Dinner € 60. CUT: Tel. +1/310-276-8500. *Preise:* Dinner € 70.

RESTAURANT-KLASSIKER VON L. A. – Das Motto von L. A., „Das Alte hinaus, das Neue herein", gilt nicht für seine viel geliebten Restaurants. In einem von Hollywoods ältesten, Musso and Frank Grill mit seiner Holztäfelung und den Sitzbänken aus rotem Leder, wird die ruhmreiche Epoche der Stadt wieder lebendig. Seit 1919 trifft man sich hier, zahlt Steakhouse-Preise, trinkt Martini pur und wird von Kellnern bedient, die aussehen, als hätten sie schon bei Eröffnungstag hier gearbeitet. Das noch ältere, ungezwungene Philippe the Original mit dem sägespänebedeckten Boden beansprucht für sich, 1908 das French-Dip-Sandwich erfunden zu haben. Seine köstlichen Baguettebrötchen mit dünnen Scheiben Rindfleisch (oder Schwein, Schinken, Truthahn, Lamm) mit einer köstlichen Soße sind sicher seine Vollendung. In Fairfax erleben Sie Los Angeles' Vielfalt auf dem beliebtesten Markt der Stadt mit seinen zahlreichen Esslokalen. Man isst Tacos bei Lotteria Grill, klassische Kuchen bei Du-par's, frische Meeresfrüchte bei Gumbo Pot und trinkt Kaffee bei Bob's Donuts. In Pink's Hotdogbude, 1939 von Paul und Betty Pink eröffnet, schwimmen die Hotdogs auch heute noch in Bettys Chilisoße – eine von fast 3 Dutzend Varianten. Beverly Hills wartet mit mehreren Feinkostlokalen auf, darunter Nate & Al's, ein Favorit von Groucho Marx und Doris Day (und Larry King, der hier gern frühstückt). Beliebt ist die gebratene Rinderbrust mit Kartoffelpuffern. **Musso and Frank Grill:** Tel. +1/323-467-5123; www.mussoandfrankgrill.com. *Preise:* Dinner € 37. **Philippe the Original:** Tel. +1/213-628-3781; www.phillipes.com. *Preise:* Mittagessen € 6. **Farmers Market:** Tel. +1/323-933-9211; www.farmersmarketla.com. **Pink's:** Tel. +1/323-931-4223; www.pinkshollywood.com. *Preise:* Mittagessen € 4,40. **Nate & Al's:** Tel. +1/310-274-0101; www.natenal.com. *Preise:* Mittagessen € 7,50.

Tagesausflüge

Durch Schneewittchens Schloss gelangt man in die Märchenwelt von Disneys Fantasyland.

Disneyland und Disney California Adventure – Der 1955 von Walt Disney gegründete Familien-Themenpark galt ursprünglich als „Walts Verrücktheit". Heute zieht er fast 15 Mio. Besucher jährlich an. Er bietet 2 Vergügungsparks (Disneyland und das neuere Disney California Adventure), Läden und Unterhaltung (Downtown Disney) und 3 Hotels. In Disneyland fahren Sie mit Attraktionen wie *Fluch der Karibik*, *Geisterhaus* oder der nervenzehrenden Achterbahn *Space Mountain*. Disney California Adventure gegenüber widmet sich Geschichte und Natur Kaliforniens. Neu sind *Toy Story Mania* und die Welt der Farbe, eine Show mit Musik und Spezialeffekten zu 1200 60 m hohen Wasserfontänen. **Wo:** 42 km südöstl. von L. A. nahe Anaheim. Tel. +1/714-781-7290; disneyland.disney.go.com. *Preise:* Ticket für 1-Tag/1-Park € 55 (3–9 Jahre), € 60 (ab 10 Jahren).

Huntington-Bibliothek, Kunstsammlungen und botanische Gärten – 1919 von Eisenbahnmagnat Henry Huntington und seiner Frau Arabella gegründet, gehören die Huntington-Bibliothek, Kunstsammlungen und botanischen Gärten zu den größten kulturellen Schätzen der USA. Das auf einem Hügel gelegene Anwesen im italienisierenden Stil birgt u.a. eine Gutenberg-Bibel aus dem 15. Jh. und das älteste bekannte Manuskript von Chaucers *Canterbury Tales*. Gainsboroughs *Knabe in Blau*, Thomas Lawrence' *Sarah Barrett Moulton: Pinkie* und zahlreiche weitere Meisterwerke der englischen, französischen und amerikanischen Kunst werden hier gezeigt. Gehen Sie auch hinaus in die Landschaft, entdecken Sie die schönen japanischen Gärten und die über 1000 Rosensorten im Rosengarten – Letzteren sieht man auch von der beliebten Teestube des Museums aus. **Wo:** 25 km südwestl. von Downtown L. A. Tel. +1/626-405-2100; www.huntington.org.

Himmlische Landstraßen

DER PACIFIC COAST HIGHWAY UND BIG SUR

Kalifornien, USA

Der Pacific Coast Highway ist Amerikas Traumstraße. 2-spurig führt er durch einsame, bezaubernde Landschaft, und an zahlreichen Abzweigungen und Aussichtspunkten kann man die wunderbare Schönheit in sich aufnehmen. Von Los Angeles (s. S. 779) fährt man nach San Diego im Süden (s. nächste Seite) oder traditionell nach San Francisco (s. S. 790) im Norden.

Fahren Sie nach Westen Richtung Santa Monica, dann an der Küste bis Malibu, wo man sich bereits wie in einer anderen Welt fühlt. 115 km weiter streift man das Umland von Santa Barbara an der amerikanischen Riviera, wo die 1782 gegründete Königin der Missionen (s. S. 779) steht. In der La Super-Rica Taqueria serviert man Ihnen göttliche Tacos und Tamale, übernachten können Sie auf der San-Ysidro-Ranch, einem rustikal-eleganten, 200 ha großen Refugium mit üppigen Gärten, Bungalows und dem preisgekrönten Restaurant Stonehouse. Ab hier wird der märchenhafte Highway majestätisch und windet sich als schmales Band in 150 bis 300 m Höhe über dem tosenden Pazifik. Höhepunkt: die 145 km ab San Simeon, vorbei an Big Sur bis zur Monterey-Halbinsel.

Hearst Castle bei San Simeon, ein 165-Zimmer-Anwesen im mediterranen Stil, gehört dem Medienmogul William Randolph Hearst und dient dem Schloss in Orson Welles' Film *Citizen Kane* als Vorbild. Übernachten Sie in der nahen Künstlergemeinde Cambria, dessen B&B J. Patrick House eine entspannte Küstenatmosphäre ausstrahlt.

Die berühmte „einsame Zypresse", ein Wahrzeichen des Pacific Coast Highway, ist über 250 Jahre alt.

Das von seinen 1500 Bewohnern streng geschützte Big Sur ist ein Meisterwerk der Natur mit phänomenalen Ausblicken. Genießen Sie sie am Pfeiffer State Beach oder vom Auto aus, während Sie die Santa-Lucia-Berge entlangfahren. Mittagessen bekommen Sie bei Nepenthe's im Freilichthof, 240 m über der Brandung, oder im Post Ranch Inn, das einen fantastischen Blick auf den Pazifik in 350 m Tiefe bietet. Auch auf der anderen Seite des Highways bietet das Ventana Inn & Spa lässigen Luxus und intensives Naturerlebnis. Erschwinglicher ist das traditionell-gemütliche Deetjen's Big Sur Inn aus den 1930er-Jahren.

Weiter nördlich kommen Sie zur Monterey-Halbinsel und nach Carmel mit der Mission von 1771 (s. S. 779). Clint Eastwood, ehemals Bürgermeister des Ortes und Eigentümer des Hog's

Breath Inn, besitzt auch das historische Mission Ranch Inn in einem Bauernhaus aus den 1850er-Jahren. Ab und zu kann man ihn selbst in seinem beliebten Steakhouse sehen.

Golfspieler lieben die 4 Plätze des Pebble Beach Resorts, und der berühmte Pebble Beach Golf Links wird regelmäßig als einer der besten öffentlichen Golfplätze der USA bewertet. In der Lodge at Pebble Beach wohnt man in Hörweite der Pazifikbrandung. Wer nicht Golf spielt, kann herrliche Aussichten vom legendären 17 Mile Drive genießen, einer gebührenpflichtigen Privatstraße von Carmel nach Monterey. Dort logiert man exquisit in einem von 10 Zimmern des im Tudorstil erbauten Monterey Inn. Ein Muss ist das Monterey Bay Aquarium mit über 550 Meerestierarten, u.a. Seeotter, Haie, Oktopusse und zauberhafte Quallen.

Von Monterey windet sich der Pacific Coast Highway hinauf bis San Francisco, am felsigen Küstenschutzgebiet Point Reyes und an Mendocino vorbei, früher Fischerort, heute eine Künstlerkolonie. Der Highway endet in Legget; folgt man aber den Highway 101 noch 40 Minuten weiter nach Norden bis zum Humboldt Redwoods State Park, sieht man uralte, nebelumwaberte Bäume die fast 50 km lange Straße der Giganten säumen.

Wo: Der Pacific Coast Highway verläuft über etwa 1050 km von Südkalifornien nach Norden bis Leggett. INFO: www.byways.org. LA SUPER-RICA TAQUERIA: Tel. +1/805-963-4940. *Preise:* Mittagessen € 4,40. SAN YSIDRO RANCH: Tel. +1/805-565-1700; www.sanysidroranch.com. *Preise:* ab € 481; Dinner € 48. HEARST CASTLE: Tel. +1/916-414-8400; www.hearstcastle.com. J. PATRICK HOUSE: Tel. +1/805-927-3812; www.jpatrickhouse.com. *Preise:* ab € 126. NEPENTHE: Tel. +1/831-667-2345; www.nepenthebigsur.com. *Preise:* Dinner € 30. POST RANCH INN: Tel. 831-667-2200; www.postranchinn.com. *Preise:* ab € 595 (Nebensaison), ab € 555 (Hochsaison). VENTANA INN: Tel. 831-667-2331; www.ventanainn.com. *Preise:* ab € 300. DEETJEN'S: Tel. +1/831-667-2377; www.deetjens.com. *Preise:* ab € 66. MISSION RANCH: Tel. 831-624-6436; www.missionranchcarmel.com. *Preise:* ab € 100; Dinner € 33. LODGE AT PEBBLE BEACH: Tel. 831-624-3811; www.pebblebeach.com. *Preise:* ab € 530; Greenfee ab € 81. OLD MONTEREY INN: Tel. 831-375-8284; www.oldmontereyinn.com. *Preise:* ab € 178. MONTEREY BAY AQUARIUM: Tel. +1/831-648-4800; www.mbayaq.org. HUMBOLDT REDWOODS STATE PARK: Tel. +1/707-946-2263; www.humboldtredwoods.org. REISEZEIT: Apr.–Mai und Sept.–Okt.: bestes Wetter; Mitte Sept.: Monterey Jazz Festival; Dez.–Feb.: Whalewatching.

Zooattraktion direkt am Meer

SAN DIEGO UND SEIN ZOO

San Diego, Kalifornien, USA

Der weltberühmte Zoo von San Diego mit über 4000 Tieren und 800 Arten wurde 1916 gegründet. Damals setzte er weltweit Standards für die Arterhaltung von Wildtieren. 2 der beliebtesten Gehege auf 40 ha gepflegtem Gelände sind die Elefanten-Odyssee (hinreißend ist der verspielte Cha Cha) und das Riesenpanda-Forschungszentrum, dessen größte Attraktion, Yun Zi, 2009 geboren wurde. Weitere exotische Bewohner sind Orang-Utans und seltene Zootiere wie

Baumkängurus und Galapagos-Riesenschildkröten.

Der Zoo liegt im Herzen von Balboa Park, einem 480-ha-Erholungsgebiet, dem größten Kulturpark des Landes. Seine 14 Museen in schönen spanisch-maurischen Gebäuden wurden für die Panama-Kalifornien-Ausstellung von 1915 erbaut. Im 55 km entfernten, 720 ha großen San Diego Safari Park gibt es weitere Wildtiere zu entdecken. Hunderte Arten – u.a. Afrikanischer Löwe, Breitmaulnashorn, Warzenschwein und Gepard – bewegen sich hier frei in riesigen Gehegen, sodass man sich wie auf Safari fühlt. In der artenreichen SeaWorld, einem Ozeaneum ersten Ranges, zeigen 5 Delfinarten, Seelöwen und Orcas Pirouetten und andere Kunststücke.

Übernachten Sie im zeitlosen Hotel del Coronado, in dem 14 Präsidenten und Marilyn Monroe genächtigt haben (als *Manche mögen's heiß* hier entstand). Das 1888 errichtete „*Del*" erhebt sich wie eine viktorianische Hochzeitstorte über dem 3,5 km langen, weißen Sandstrand der „Insel" Coronado, neben dem ebenfalls zum Del gehörenden Beach Village. Werfen Sie einen Blick in den Kronenraum, so genannt, weil sich der Herzog und die Herzogin von Windsor angeblich hier kennenlernten, und probieren Sie den weltberühmten Sonntagsbrunch. Das nahe Glorietta Bay Inn bietet in seinem Herrenhaus von 1908 ein ebenso elegantes Ambiente. Das Hotelpersonal ist Ihnen behilflich, wenn Sie Fahrräder oder Segelboote mieten möchten.

Nur 25 km nördl. von San Diego lockt die „kalifornische Riviera" um La Jolla mit Sandbuchten und Klippen über 28 km. Das auf einer Anhöhe im mediterranen Stil erbaute Hotel La Valencia blickt über die Bucht von La Jolla, eine der (bei Menschen und Seelöwen) beliebtesten Badebuchten. Golfspieler kommen des Torrey-Pines-Golfplatzes wegen her, Austragungsort der PGA's Buick Invitational und der Samsung World Championship 2009. Glückspilze wohnen in The Lodge at Torrey Pines, einem baulichen Meisterwerk mit Blick auf den Golfplatz (und einem Spa).

Das Theater La Jolla Playhouse wurde 1947 von Hollywoodgrößen wie Gregory Peck, Dorothy McGuire und Mel Ferrer gegründet und hat einen Tony Award als herausragendes Regionaltheater gewonnen.

Wo: 190 km südl. von Los Angeles. **San Diego Zoo:** Tel. +1/619-231-1515; www.sandiegozoo.org. **Balboa Park:** Tel. +1/619-239-0512; www.balboapark.org. **Safari Park:** Tel. +1/760-747-8702; www.sandiegozoo.org/park. **SeaWorld:** Tel. +1/619-226-3901; www.seaworld.com. **Hotel del Coronado:** Tel. +1/619-435-6611; www.hoteldel.com. *Preise:* ab € 185; Brunch € 55. **Glorietta Bay Inn:** Tel. +1/619-435-3101; www.gloriettabayinn.com. *Preise:* ab € 140. **La Valencia:** Tel. +1/858-454-0771; www.lavalencia.com. *Preise:* ab € 222. **Torrey Pines Golf Course:** Tel. +1/858-453-3226; www.torreypinesgolfcourse.com. *Preise:* Greenfee ab € 70. **The Lodge at Torrey Pines:** Tel. +1/858-453-4420; www.lodgeattorreypines.com. *Preise:* ab € 222 (Nebensaison), ab € 333 (Hochsaison). **La Jolla Playhouse:** Tel. +1/858-550-1010; www.lajollaplayhouse.com. *Wann:* Mai–Nov. **Reisezeit:** Die Zootiere sind in den kühleren Monaten und morgens oder spätnachmittags am aktivsten; Ende Juni: La Jolla Kunstfestival; Juli: Sandburgen-Wettbewerb U.S. Open; Anf. Aug.: Straßenmusikfestival *San Diego Street Scene*; Ende Dez.–Mitte März: Whalewatching.

Dressierte Orcas zeigen ihre Kunststücke im 26,5-Mio.-l-Becken. Zuschauer in der kritischen Zone werden dabei durchaus hin und wieder nass.

„Wenn ich eines Tages tatsächlich in den Himmel komme, werde ich mich umsehen und sagen: ‚Nicht schlecht hier, aber es ist nicht San Francisco.'" – Herb Caen

San Francisco

Kalifornien, USA

San Francisco ist die Stadt, die die Fantasie der Amerikaner am stärksten anregt, die sie besingen und in der sie ihr Herz verlieren, ein mythischer und magischer Ort, von gleichem Rang wie Paris und Venedig. Mit seiner Küstenlage rivalisiert San Francisco mit Rio de Janeiro oder Kapstadt und ist eine der lebenswertesten Großstädte Amerikas. Die von ihren individualistischen Bewohnern innig geliebte Stadt bietet wundervolle Restaurants, zahlreiche Hotels und einzigartige Stadtviertel.

Hauptattraktionen

Alcatraz – Die bis 1963 als Strafanstalt genutzte Insel Alcatraz („the Rock") ist bis heute Amerikas berühmtestes Gefängnis. Schwerverbrecher wie Al Capone, George „Maschinengewehr" Kelly und Robert „der Vogelmann" Stroud saßen hier ein. Es liegt auf einer zerklüfteten, ausbruchssicheren Insel in der Bucht von San Francisco, 2,5 km vor dem Festland, und ist mit der Fähre erreichbar – heute ein beliebter Halbtagesausflug. Ein gespenstisches Erlebnis bietet die Nachttour, die mit einem unvergleichlichen Blick auf Stadt und Bucht bei Sonnenuntergang beginnt. Info: Tel. +1/415-561-4900; www.nps.gov/alca. Wie: Fähren von Alcatraz Cruises ab Pier 33 in San Francisco, Tel. +1/415-981-7625; www.alcatrazcruises.com.

Golden Gate Park – Der Golden Gate Park ist ein magischer Ort, der riesige Mammutbaumwälder, Büffelherden, einen japanischen

Bei ihrer Eröffnung 1937 war die Golden Gate Bridge die längste Hängebrücke der Welt.

Teegarten, die erstrangige California Academy of Sciences (s. S. 792) und das exzellente de Young Museum (s. nächste Seite) beherbergt. Fußwege und schattige Straßen durchziehen den Park. Info: www.sf-recpark.org.

The Presidio & Golden Gate Bridge – Am nördlichen Ende der Halbinsel von San Francisco liegt seit mindestens 1776, als die Spanier hier eine Garnison stationierten, die Festung Presidio. Sie blieb auch ein Militärposten, nachdem die USA die Kontrolle übernahmen (im Zweiten Weltkrieg war es das Hauptquartier der Westküste), doch 1994 übergab die Armee das 7,8 km² große Gelände dem National Park Service. Heute ist das Presidio eines der beliebtesten Freizeitgebiete der Stadt, mit Stränden (am Baker

Beach ist Nacktbaden erlaubt), Küstenwegen und neuen Ausflugszielen wie dem Disney Family Museum. An der Spitze des Presidio beginnt die 2,7 km lange Golden Gate Bridge. Das Meisterwerk der Ingenieurskunst ist nicht nach seiner Farbe benannt (einem „internationalen Orange", das im Nebel gut sichtbar ist), sondern nach der Golden-Gate-Meerenge, die sie überspannt. Überqueren Sie die Brücke auf dem östlichen Fußweg und erleben Sie einen stürmischen Spaziergang und ein einmaliges Panorama aus Bucht und Stadt. **The Presidio:** Tel. +1/415-561-4323; www.nps.gov/prsf. **Walt Disney Family Museum:** Tel. +1/415-354-6800; www.disney.go.com/disneyatoz/familymuseum. **Golden Gate Bridge:** www.goldengatebridge.org.

Ferry Building – Das Ferry Building von 1898 mit dem charakteristischen Uhrenturm ist ein Schaufenster für viele legendäre Nahrungsmittelproduzenten Nordkaliforniens, u.a. Cowgirl Creamerey, Hog Island Oyster Company und Recchiuti Confections mit fantastischen handgemachten Schokoladen. Dienstags, donnerstags und samstags werden auf dem Bauernmarkt feldfrische Produkte verkauft. Auch erstklassige Restaurants wie das Slanted Door, wo Charles Phan seine vietnamesische Küche serviert, und die Tacqueria Mijita, bekannt für ihre knusprigen Fischtacos im Baja-Stil, befinden sich im Ferry Building. Nach wie vor ist es auch Anlegestelle für Fähren, die Ziele in der Bucht von San Francisco anfahren, u.a. Sausalito. **Info:** Tel. +1/415-693-0996; www.ferrybuildingmarketplace.com. **Slanted Door:** Tel. +1/415-861-8032; www.slanteddoor.com. *Preise:* Dinner € 37. **Mijita:** Tel. +1/415-399-0814; www.mijitasf.com. *Preise:* Mittagessen € 11.

De Young Museum – Die schnittige neue Unterkunft des de Young Museum, das rechtwinklige, mit Kupfer verkleidete Gebäude von Herzog & de Meuron von 2005, beherbergt eine herausragende Sammlung an Kunst aus Nord- und Südamerika, Ozeanien und Afrika. Zusätzlich besitzt es eindrucksvolle Skulpturen und Werke moderner Kunst – u.a. von Edward Hopper und Grant Wood – sowie Kleidung, turkmenische Teppiche und mittelalterliche Kirchengewänder. **Info:** Tel. +1/415-863-3330; www.deyoung.famsf.org.

Asian Art Museum – Dieses Museum ist mit einer 17.000 Werke zählenden Sammlung das größte amerikanische Museum für fernöstliche Kunst und passt zu einer Stadt, deren Bewohner zu einem Drittel aus Asien oder von Pazifikinseln stammen. In seiner neuen Unterkunft, einem Gebäude von 1917 (zuvor Stadtbibliothek), umspannt die schöne Sammlung 6000 Jahre Kunst, mit Werken aus China (dem Museums-Schwerpunkt), Japan, Korea, Indien, Afghanistan, Thailand und Myanmar. **Info:** Tel. +1/415-581-3500; www.asianart.org.

San Francisco Museum of Modern Art – Das SFMoMA widmet sich der Kunst des 20. Jh. und ist in einem bemerkenswerten Gebäude des Schweizer Architekten Mario Botta im Viertel South of Market (SoMa) untergebracht. Zu den Stars der Sammlung zählen Matisse, O'Keeffe und Picasso sowie Alfred Stieglitz und Ansel Adams.

In Planung ist ein 9000 m² großer Anbau, entworfen vom norwegischen Architektur-

1995, 60 Jahre nach seiner Gründung, zog das SFMoMA in das neue, von Mario Botta entworfene Gebäude.

büro Snøhetta, das die hochgelobte Kunstsammlung der Gap-Mitbegründer Doris und Donald Fisher beherbergen soll. INFO: Tel. +1/415-357-4000; www.sfmoma.org.

CALIFORNIA ACADEMY OF SCIENCES – Die in einem neuen, von Renzo Piano entworfenen Gebäude im Golden Gate Park (s. S. 790) untergebrachte California Academy of Sciences beherbergt das Steinhart Aquarium, das Morrison Planetarium, das Kimball Natural History Museum sowie Forschungs- und Bildungsprogramme von Weltrang. Unter einem „lebenden" Dach (dessen 18.500 m² großer Dachgarten mit heimischen Pflanzen für natürliche Isolierung sorgt) wandert man vom Regenwald zu einem Korallenriff-Öko- system und von den Tiefen des Ozeans an die Grenzen des Weltraums. INFO: Tel. +1/415- 379-8000; www.calacademy.org.

CHINATOWN – In San Franciscos berühmter Chinatown mit einer der größten chinesi- schen Bevölkerungsgruppen außerhalb Asiens hört man mehr Kantonesisch und Mandarin als Englisch. Man betritt diese exotische Welt durch ein pagodenartiges Tor, das auf die älteste Straße der Stadt, die Grant Avenue, führt. Rund um die Stockton Street findet man Metzger, Fischhändler, Kräuter- und Teegeschäfte und auf der Ross Alley eine Glückskeksfabrik. Eine Gegenwelt zu den geschäftigen Straßen ist der Kong-Chow-Tempel, erreichbar über den Lift im Postamt. Vom Balkon dieses spirituellen, mit Weihrauch, vergoldeten Altären und Blumen gefüllten Ortes hat man einen herrlichen Blick. Gutes Essen bekommt man überall, wo Chinesen speisen, z.B. in der R&G Lounge; wer nichts dagegen hat, mit anderen an einem langen Tisch zu essen, sollte das für seine Nudelgerichte berühmte House of Nanking ausprobieren. INFO: www. sanfranciscochinatown.com. R&G LOUNGE: Tel. +1/415-982-7877; www.rnglounge. com. *Preise:* Dinner € 11. HOUSE OF NANKING: Tel. +1/415-421-1429. *Preise:* Dinner € 13.

NORTH BEACH – Kennzeichnend für dieses alte italienische Viertel sind Straßencafés, der Duft nach Knoblauch und frisch gemahlenem Kaffee und der latent noch vorhandene Geist der Beatgeneration. Hier schlendert man durch die Straßen und nippt am Cappuccino. An einem belebten Abschnitt der Columbus Avenue, der Hauptstraße von North Beach, liegt die berühmte Buchhandlung City Lights Books, 1953 u.a. vom Schriftsteller Lawrence Ferlinghetti gegründet. Allen Ginsberg kam oft hierher. Einen herrlichen Blick hat man vom Telegraph Hill, besonders vom 65 m hohen Coit Tower. Hier schwirren gar Papageien umher. CITY LIGHTS BOOKS: Tel. +1/415-362-8193; www.citylights.com.

FISHERMAN'S WHARF – Auch heute noch sticht eine kleine Fischerflotte von hier in See, doch vor allem ist es ein Touristenmekka mit Andenkenläden und Take-aways. Am Wasser wird fangfrisch zubereiteter Fisch verkauft. Von Pier 39 kann man die sich auf Felsen drängenden, bellenden Seelöwen beobachten und die Golden Gate Bridge (s. S. 790) und Alcatraz (s. S. 790) sehen. Krönen Sie Ihren Ausflug mit einem Schokoladeneis am Ghirardelli Square oder einem Irish Coffee im Café Buena Vista, das von sich behauptet, das Getränk 1952 perfektioniert zu haben. INFO: www.fishermanswharf.org. GHIRARDELLI SQUARE: Tel. +1/415-474-3938; www. ghirardellisq.com. THE BUENA VISTA: Tel. +1/415-474-5044; www.thebuenavista.com.

SONSTIGE HIGHLIGHTS

UNTERHALTUNG – Im Fillmore Theater, einem Eckpfeiler des Sounds der 1960er-Gegenkultur (z.B. Jefferson Airplane), wird immer noch abgerockt. Das BooM BooM RooM gehörte einst John Lee Hooker und ist bis heute der beste Blues- und Funkclub der Stadt. Die clowneske, ständig weiterentwickelte Musikrevue Beach Blanket Babylon wurde in den liberalen 1970ern ins Leben gerufen. Kunstvolle Travestieshows haben in der Stadt eine lange

Tradition; Harry Dentons Starlight Room im Sir Francis Drake Hotel veranstaltet zum Sonntagsbrunch Varieté-Shows mit glamourösen Diven. THE FILLMORE: Tel. +1/415-346-6000; www.thefillmore.com. BOOM BOOM ROOM: Tel. +1/415-673-8000; www.boomboomblues.com. BEACH BLANKET BABYLON: Tel. +1/415-421-4222; www.beachblanketbabylon.com. HARRY DENTON'S: Tel. +1/415-395-8595; www.harrydenton.com.

CABLECAR-FAHRT – Eine Fahrt mit der weltberühmten Cablecar die steilen Straßen hinauf und hinab ist ein Muss. Von den 3 Strecken bietet die Powell-Hyde-Linie die fantastischsten Ausblicke. Sie fährt an den Villen des Nob Hill vorbei und passiert die viktorianischen Häuser am Russian Hill. INFO: www.sfcablecar.com.

AT&T PARK & THE SAN FRANCISCO GIANTS – Die Bewohner von San Francisco lieben ihre Baseballmannschaft The Giants und ihr Stadion AT&T Park. Es ist eines der kleinsten, aber neuesten Major-League-Stadien, im Retrodesign mit Backsteinmauern und Uhrenturm. In der Bucht hinter dem Spielfeld warten Fans mit Fischernetzen in Booten auf Homeruns von Giants, die ihre Treffer direkt im Wasser landen. INFO: Tel. +1/415-972-2400 (Touren); +1/415-972-2000 (Tickets); http://sanfrancisco.giants.mlb.com/.

EVENTS & FESTIVALS

CHINESISCHES NEUJAHRSFEST – Das chinesische Neujahrsfest wird mit Beginn des Mondjahrs gefeiert. In San Francisco hat es sich zur größten chinesischen Festlichkeit außerhalb Asiens entwickelt. Der Höhepunkt (an einem Samstag im Januar oder Februar) ist die Parade mit Festwagen, farbenprächtigen Kostümen, Raketen und dem spektakulären 75 m langen Goldenen Drachen, der sich – wie im Film *Is was, Doc?* – durch die Straßen windet und von über 100 Männern und Frauen getragen wird. INFO: Tel. +1/415-986-1370; www.chineseparade.com.

INTERNATIONALES FILMFESTIVAL – Das Filmfestival lockt jährlich über 80.000 Zuschauer an. Während der 2-wöchigen Veranstaltung von Ende April bis Anfang Mai werden über 200 Filme gezeigt: Premieren, Retrospektiven und Raritäten der verschiedensten Genres, auch mit neuen digitalen Medien kreierte Werke. Die Film Society veranstaltet rund ums Jahr Vorführungen und Events. INFO: Tel. +1/415-561-5000; www.sffs.org.

FESTIVAL DER LESBEN, SCHWULEN, BISEXUELLEN UND TRANSSEXUELLEN – Am letzten Juniwochenende lockt das größte Gay-Pride-Festival der USA über 1 Mio. Teilnehmer zu 2 lebhaften, mit Reden, Partys und bunter Unterhaltung angefüllten Tagen in die Stadt. Höhepunkt ist die glamouröse Pride Parade, die sich von der Market Street zum Civic Center hinabwindet. Auch wer hetero ist, wird das fabelhafte Vergnügen genießen. INFO: Tel. +1/415-864-0831; www.sfpride.org.

San Franciscos Cablecar ist eines der wenigen beweglichen „National Historic Landmarks" der USA.

ÜBERNACHTEN

ARGONAUT HOTEL – Das Tophotel in der Nähe von Fisherman's Wharf (s. S. 792) bietet maritime Zimmer mit Ozeanblick. Von hier sind es auch nur wenige Schritte zur Cablecar, zum Maritime National Historical Park und zum Strand des Aquatic Park. INFO: Tel. +1/415-563-0800; www.argonauthotel.com. *Preise:* ab € 137.

THE FAIRMONT SAN FRANCISCO – Das auf dem Nob Hill gelegene palastartige Hotel bietet eine fantastische Aussicht (besonders von den Turmsuiten). Die Klientel schätzt die europäische Eleganz. INFO: Tel. +1/415-772-5000; www.fairmont.com/sanfrancisco. *Preise:* ab € 170 (Nebensaison), ab € 274 (Hochsaison).

HOTEL DRISCO – In diesem kleinen, eleganten Hotel in Pacific Heights bekommen Sie von der Hektik des Zentrums nichts mit. Das stattliche Gebäude von 1903 verbindet den entspannten Komfort eines B&Bs mit dem Service eines Tophotels. Fahrdienste sind inklusive. INFO: Tel. +1/415-346-2880; www.jdvhotels.com. *Preise:* ab € 155 (Nebensaison), ab € 222 (Hochsaison).

HOTEL VITALE – Das 2005 erbaute Hotel hat eine exzellente Lage gegenüber dem Markt am Ferry Building (s. S. 791), einen herrlichen Blick auf Ozean und Stadt und eine kühle, moderne Ästhetik. INFO: Tel. +1/415-278-3700; www.hotelvitale.com. *Preise:* ab € 222 (Nebensaison), ab € 370 (Hochsaison).

THE RITZ-CARLTON – Mit seiner weißen Säulenfassade ist das Luxushotel ein Favorit von Prominenten und gut Betuchten. Nippen Sie in der mit Kronleuchtern geschmückten Lobby an einem Cocktail. Im Restaurant The Dining Room serviert man französische Küche, die als die beste der Stadt gilt. INFO: Tel. +1/415-296-7465; www.ritzcarlton.com. *Preise:* ab € 244 (Nebensaison), ab € 300 (Hochsaison); Dinner € 60.

THE ST. REGIS SAN FRANCISCO – Das St. Regis ist der Inbegriff zeitgenössischen Designs. Die 40-stöckige Luxusbastion ist zugleich hip (Unterhaltungselektronik) und alte Schule (Butlerservice). Im Restaurant Ame präsentieren die Küchenchefs Hiro Sone und Lissa Doumani, das Duo hinter dem Terra im Napa Valley (s. S. 776), Fisch und Meeresfrüchte, die teils japanisch, teils französisch und zu 100 % köstlich sind. INFO: Tel. +1/415-284-4000; www.stregissanfrancisco.com. *Preise:* ab € 260. AME: Tel. +1/415-284-4040; www.amerestaurant.com. *Preise:* 5-gängiges Menü € 63.

ESSEN & TRINKEN

BOULEVARD – Das Boulevard befindet sich im Audiffred Building am Embarcadero, dem einzigen Gebäude am Wasser, das das Erdbeben von 1906 überlebt hat. Das Interieur im Pariser Stil ist die ideale Ergänzung zur französischen Küche von Küchenchefin Nancy Oakes, die z.B. pfannensautiertes Kalbsbries und Steinpilze mit gebratenen Karottenspätzle zubereitet. INFO: Tel. +1/415-543-6084; www.boulevardrestaurant.com. *Preise:* Dinner € 55.

COI – Das Coi (gesprochen „koa", altfranzösisch „ruhig") ist ein intimes Restaurant, in dem man brillant gewürzte Speisen serviert. Das 11-gängige Menü von Küchenchef Daniel Patterson enthält nur der besten und frischesten Zutaten. INFO: Tel. +1/415-393-9000; www.coirestaurant.com. *Preise:* 11-gängiges Menü € 100.

DELFINA – Obwohl es in San Francisco feinere italienische Restaurants gibt, ist keines beliebter als das Delfina. Die Gerichte sind erfrischend einfach; Inhaber und Chefkoch Craig Stoll verlässt sich auf Zutaten frisch vom Hof und die reiche Tradition der toskanischen Küche. INFO: Tel. +1/415-552-4055; www.delfinasf.com. *Preise:* Dinner € 45.

FOREIGN CINEMA – Schön gestylte, von der französischen Bistroküche inspirierte kalifornische Gerichte isst man zu Filmklassikern, die auf die Rückwand des Innenhofs projiziert werden. INFO: Tel. +1/415-648-7600; www.foreigncinema.com. *Preise:* Dinner € 45.

GARY DANKO – Typisch für San Francisco: Die Karte bietet eine Auswahl saisonaler Gerichte, aus denen der Gast sein Menü komponiert. Wählen Sie glasierte Austern mit Ossietra-Kaviar oder Wolfsbarschfilet mit Fenchelpüree und genießen Sie Ihre Extravaganz. Reservieren Sie im Voraus. INFO: Tel. +1/415-749-2060; www.garydanko.com. *Preise:* 3-gängiges Dinner € 51.

QUINCE – In eleganten neuen Räumen am Jackson Square bietet das Quince seinen Fans mehr Platz, um Michael Tusks herzhafte Küche im italienischen Stil zu genießen. Ausgezeichnet sind die Fisch- und Pastagerichte, z.B. Spaghetti mit Venusmuscheln, Melone und einem Spritzer Espresso. INFO: Tel. +1/415-775-8500; www.quincerestaurant.com. *Preise:* Dinner € 60.

ZUNI CAFÉ – Das Zuni Café auf der Market Street ist seit 1987 ein beliebter Treffpunkt. Die Chefköche und Eigentümer Judy Rodgers und Gilbert Pilgram lassen sich stets neue Gerichte im mediterranen Stil einfallen (z.B. das im Steinofen gebratene Huhn für 2) und haben dazu beigetragen, die Kochkultur in den USA zu revolutionieren. INFO: Tel. +1/415-552-2522. *Preise:* Dinner € 40.

TAGESAUSFLÜGE

CHEZ PANISSE & DIE RESTAURANTSZENE VON BERKELEY – Auf der anderen Seite der Bucht von San Francisco liegt Berkeley mit der University of California. Die Stadt, seit Langem für progressive Politik und Kultur bekannt, ist auch kulinarische Avantgarde, seit Alice Waters Anfang der 1970er ihr Chez Panisse eröffnete, das die „kalifornische Küche" miterfand und „frisch, würzig und regional" zum Mantra erklärte. Das unverändert hoch angesehene Restaurant serviert Menüs zum Festpreis. Im Panisse Café im 1. Stock bekommt man ein preisgünstigeres À-la-Carte-Menü – ausschließlich mit Zutaten von regionalen Farmen. An der Shattuck Avenue haben sich Dutzende Restaurants, Feinkost- und Weinhändler niedergelassen. Entdecken Sie die ganze Vielfalt bei einer kulinarischen Führung mit Gourmet Ghetto. CHEZ PANISSE: Tel. +1/510-548-5525; www.chezpanisse.com. *Preise:* Dinner € 55; € 22 im Café. GOURMET GHETTO: Tel. +1/415-806-5970; www.inthekitchenwithlisa.com.

SAUSALITO – Die 25-minütige Fahrt mit der Fähre zum hübschen Ort Sausalito bietet die schönsten Blicke: die Golden Gate Bridge und die Skyline von San Francisco. Wer im Inn Above Tide übernachtet, kann denselben unnachahmlichen Blick genießen. In Sausalito gibt es Geschäfte, Boutiquen und Restaurants am Meer in Hülle und Fülle. Das Sushi von Sushi Ran zählt zu den besten der Bucht. GOLDEN GATE FERRY: Tel. +1/415-455-2000; www.goldengateferry.org. INN ABOVE TIDE: Tel. +1/415-332-9535; www.innabovetide.com. *Preise:* ab € 226. SUSHI RAN: Tel. +1/415-332-3620; www.sushiran.com. *Preise:* Dinner € 22.

POINT REYES NATIONAL SEASHORE – Das Schutzgebiet erstreckt sich über 50 km an der zerklüfteten Küste des Marin County und zieht Radfahrer, Einsamkeit Suchende und Ornithologen an; gelegentlich sieht man im Winter vom Point-Reyes-Leuchtturm aus Grauwale vorbeiziehen. Eine kurze Rundwanderung führt an der San-Andreas-Spalte entlang. Die Orte von Point Reyes bersten vor guten Geschäften und Restaurants; nahe Marshall serviert man auf der Farm der Hog Island Oyster Company gegrillte Austern. Übernachten Sie in Inverness in Manka's Inverness Lodge, einem 10-Zimmer-Hotel, dessen viel gerühmtes Essen nur vom Zimmerservice serviert wird. WO: 55 km nördl. von San Francisco. Tel. +1/415-663-8054; www.nps.gov/pore. HOG ISLAND OYSTER COMPANY: Tel. +1/415-663-9218; www.hogislandoysters.com. *Preise:* Mittagessen € 30. MANKA'S INVERNESS LODGE: Tel. +1/415-669-1034; www.mankas.com. *Preise:* ab € 159; Dinner € 45.

Eine Perle im Hochgebirge der Sierra Nevada

YOSEMITE-NATIONALPARK

Kalifornien, USA

„**K**ein von Menschenhand geschaffener Tempel kommt Yosemite gleich", schrieb der Naturforscher John Muir, dessen Einsatz die Gründung des Yosemite-Nationalparks im Jahr 1890 zu verdanken ist. Ansel Adams hat in seinen Fotografien die phänomenale Schönheit des Parks festgehalten, vom 2693 m hohen Half Dome, dem Wahrzeichen des Parks, bis El Capitan, dem größten Granit-Monolith der Erde. Die Yosemite Falls sind mit 738 m die höchsten Wasserfälle des Kontinents.

Millionen Touristen besuchen in der Hochsaison das 1,5 km breite, 11 km lange Yosemite Valley, ein Werk des Merced River, das von blanken, 900–1450 m hohen Granitfelsen und -kuppeln gesäumt ist. Dem sommerlichen Andrang kann man zu Fuß, zu Pferd oder mit Maultier entfliehen. Entdecken Sie die wilderen 95 % des Parks auf einem der insgesamt über 1300 km langen Wege. Der Mist Trail führt nah an die 96 m hohen Vernal-Fälle und die 190 m hohen Bridalveil-Fälle heran. Er ist Teil des anspruchsvolleren John Muir Trail, der 6 Pässe überwindet und, auf dem Rücken der Sierra Nevada, bis in 3350 m Höhe führt.

Die etwa 300 km lange Straße bieten herrliche Ausblicke, z.B. am Glacier Point. Ein über 45 km langer Abschnitt des Merced River hält für Kanufahrer Stromschnellen fast jeder Klasse bereit; der Tuolmne River direkt vor dem Park bietet auf 30 km Stromschnellen der Klasse IV in herrlicher Landschaft.

Das Ahwahnee, eine rustikale Luxuslodge (der Name bedeutet in der Sprache der Miwok: „Tal, das wie ein offener Mund aussieht"), wurde 1927 aus Stein und heimischen Hölzern erbaut.

Die Wasserfälle im Yosemite besichtigt man am besten im späten Frühjahr: Dann sind sie am stärksten, und es gibt wenig Tourismus.

Im Winter veranstaltet man im verschneiten Yosemite das Bracebridge Dinner, um fröhlich die Wintersonnenwende zu feiern. Das exquisite Château du Sureau liegt 15 Minuten südlich von Yosemite, ein zauberhaftes Gasthaus mit 10 Zimmern im europäischen Landhausstil. Das 6-gängige Menü seines Restaurants, Erna's Elderberry House, ist legendär.

Wo: 300 km östl. von San Francisco. Tel. +1/209-372-0200; www.nps.gov/yose. **John Muir Trail:** www.pcta.org. **The Ahwahnee:** Tel. +1/209-372-1407; www.yosemitepark.com. *Preise:* ab € 222. **Bracebridge Dinner:** +1/801-559-5000; www.bracebridgedinners.com. *Preise:* € 277. *Wann:* Mitte–Ende Dez. **Château du Sureau:** Tel. +1/559-683-6860; www.chateausureau.com. *Preise:* ab € 330; Festpreis-Dinner € 70. **Reisezeit:** Mai: Wasserfälle; Mai–Juni und Okt.–Nov.: weniger Touristen.

Spirituosen von Weltniveau aus amerikanischer Produktion

DER BOURBON-TRAIL

Kentucky, USA

Dank heimischen Getreides und kalkreicher Quellen produziert Kentucky etwa 95 % des Bourbon weltweit. Dessen einzigartiger Geschmack definiert sich vor allem durch die ausgekohlten Fässer aus Weißeiche, in denen er mindestens 2 Jahre reift (6–8 Jahre bei Premiummarken in geringen Mengen).

Bardstown ist die Hauptstadt des Bourbon-Landes, mit 7 Destillerien, die bei Führungen besichtigt werden können, darunter das Heaven Hill Distilleries' Bourbon Heritage Center, Jim Beam, 35 km westlich, und Maker's Mark, der landesweit älteste Brennereibetrieb (1805), 27 km südlich. Die weltbekannten Marken Wild Turkey und Four Roses werden 65 km östlich von Bardstown bei Lawrenceburg produziert. Labrot & Graham brennen seit 1812 im nahen County Woodford einen Whisky, der von Walt Whitman bis Mark Twain gepriesen wurde.

Bourbon-Fans reisen jährlich im September zum *Kentucky Bourbon Festival* mit seiner Mischung aus Livemusik, Verkostungen und reichlich Kentucky-Gastfreundschaft. Das Oscar Getz Museum of Whiskey folgt den Spuren der amerikanischen Whiskyproduktion von der vorkolonialen Zeit bis nach der Prohibition und zeigt u.a. Destillierapparate für den Hausgebrauch sowie Abraham Lincolns Schanklizenz.

Das 1780 gegründete Bardstown bietet auch nicht alkoholische Zerstreuungen. Zum My Old Kentucky Home State Park gehören ein Golfplatz und die Plantage Federal Hill von 1812, die Stephen Foster zu seinem Lied *My Old Kentucky Home* inspiriert hat. Gästen des Dinner-Zuges *My Old Kentucky* wird in Waggons aus den 1940er-Jahren Gourmetessen serviert, während sie durch die schöne Landschaft fahren. Noch mehr Nostalgie bietet seit 1937 das Kurtz Restaurant gegenüber vom Federal Hill. 3 Generationen der Familie Kurtz halten treue Gäste bei Laune; viele kommen nur wegen des Keks-Puddings mit Bourbonsoße. In der Old Talbott Tavern von 1779, der ältesten Postkutschenstation Kentuckys, lässt sich in gemütlicher Atmosphäre ein Whisky genießen.

Wo: Bardstown liegt 65 km südöstl. von Louisville. **Info:** www.visitbardstown.com. **Heaven Hill:** Tel. +1/502-337-1000; www.bourbonheritagecenter.com. **Kentucky Bourbon Festival:** Tel. +1/502-348-2999; www.kybourbonfestival.com. *Wann:* 6 Tage Mitte Sept. **Oscar Getz Museum:** Tel. +1/502-348-2999; www.whiskeymuseum.com. **My Old Kentucky Home:** Tel. +1/502-348-3502; www.parks.ky.gov. **My Old Kentucky Dinner Train:** Tel. +1/502-348-7300; www.kydinnertrain.com. *Preise:* Dinner € 55. **Kurtz Restaurant:** Tel. +1/502-348-8964; www.bardstownparkview.com. *Preise:* Dinner € 11. **Old Talbott Tavern:** Tel. +1/502-348-3494; www.talbotts.com. *Preise:* Dinner € 20. **Reisezeit:** Apr.–Mai und Sept.–Okt., vor allem zum Bourbon-Festival.

Die historischen Whiskeykeller von Maker's Mark fassen jeweils 4000 Fässer Bourbon.

Pferdehimmel

BLUEGRASS COUNTRY

Kentucky, USA

Das Weideland von Zentral-Kentucky gehört zu Amerikas sanftesten und elegantesten Landschaften. Es erstreckt sich über 15 Countys und 2,1 Mio. ha Land, die durch Herrenhäuser und Eichenzäune akzentuiert sind. Es ist auch das unangefochtene internationale Zentrum der Vollblutzucht. Hier leben die Pferde besser als viele Menschen, in Scheunen mit Kuppeldach, handgeschmiedeten Toren und bunten Glasfenstern.

2 malerische Straßen, der Old Frankfort und der Paris Pike, führen an über 400 Farmen vorbei; in vielen davon leben Sieger des Kentucky Derby (4-beinige Goldminen, die ihren Unterhalt als Deckhengste verdienen). Die wenigsten Farmen können besichtigt werden. Nördlich von Lexington jedoch heißt der 485 ha große Kentucky Horse Park Besucher im Internationalen Pferdemuseum und im American Saddlebred Museum willkommen. Hier finden auch Veranstaltungen statt, u.a. im April der renommierte 3-tägige Rolex Kentucky, mit Wettbewerben in Dressur- bis Springreiten.

Während Churchill Downs in Louisville das legendäre Kentucky Derby (s. nächste S.) ausrichtet, ist die Keeneland-Rennbahn in Lexington die schönste des Südens, mit eleganten Kalksteintribünen und einer schattigen Umgebung. Sehen Sie sich ein Training bei Tagesanbruch an. Frühstück gibt es dann in der Track Kitchen.

Kentuckys Gastfreundschaft erleben Sie im malerischen Harrodsburg, der ältesten Stadt Kentuckys samt seinem ältesten Restaurant und Hotel in Familienbesitz, dem renommierten Beaumont. Heute zieht das 3-stöckige neoklassizistische Hotel von 1845 Besucher von nah und fern an – besonders wegen seines Dinners mit Hickory-geräuchertem Landschinken und dem General-Robert-E.-Lee-Kuchen, einem 4-schichtigen Orangen-Zitronen-Wunderwerk. Das Essen ist auch die Attraktion im Shaker-Dorf Pleasant Hill aus dem 19. Jh., wo man übernachten und bei Kerzenlicht auf dem sorgfältig restaurierten 1200 ha großen Gelände dinieren kann.

Die nahe Appalachen-Stadt Berea ist ein idyllisches Kunst- und Handwerkszentrum, wo Hunderte Töpfer, Maler und andere Kunsthandwerker leben. Schlendern Sie durch die schattigen Straßen oder über den Campus des Berea College, eine gebührenfreie Schule, in der seit 1893 traditionelles Handwerk unterrichtet wird. Studenten helfen im eleganten, komfortablen Boone Tavern Hotel & Restaurant von 1909, wo man herzhafte Klassiker wie Spoonbread (Maisbrot), Schachkuchen und, moderner, Grütze mit Blauschimmelkäse serviert.

Wo: Lexington liegt 120 km östl. von Louisville. **Info:** www.visitlex.com. **Kentucky Horse Park:** Tel. +1/859-233-4303; www.kyhorsepark.com. **Keeneland-Rennbahn:** Tel. +1/859-254-3412; www.keeneland.com. *Wann:* je 3 Rennwochen in Apr. und Okt. **Beaumont Inn:** Tel. +1/859-734-3381; www.beaumontinn.com. *Preise:* ab € 90, Dinner € 20. **Shaker Village:** Tel. +1/859-734-5411; www.shakervillageky.org. *Preise:* ab € 74, Dinner € 26. **Boone Tavern:** Tel. +1/859-985-3700; www.boonetavernhotel.com. *Preise:* ab € 104, Dinner € 22. **Reisezeit:** Apr., Okt.: Vollblutrennen; Mai, Juli, Okt.: Kunsthandwerksmesse in Berea; Juni: Ägyptisches Vollblutaraber im Kentucky Horse Park und jährliches Bluegrass-Wochenende.

Rennen um Rosen

DAS KENTUCKY DERBY

Louisville, Kentucky, USA

„Dieses Kentucky Derby, was auch immer es ist – ein Rennen, eine Emotion, eine Turbulenz, eine Explosion –, gehört zu den schönsten und brutalsten und befriedigendsten Dingen, die ich je erlebt habe", schrieb John Steinbeck. Das Kentucky Derby, „die größten 2 Minuten im Sport", ist das älteste Sportereignis Amerikas und eines der renommiertesten Pferderennen der Welt. Die ersten Rennen in Kentucky fanden schon 1789 statt, doch die Churchill Downs in Louisville wurden erst rund 100 Jahre später offiziell zum Austragungsort des Derbys. Etwa 20 3-jährige Vollblüter konkurrieren darum, als Siegerpferd mit einer roten Rosendecke drapiert zu werden; sein Besitzer darf sich über ein Preisgeld von umgerechnet € 1,5 Mio. freuen.

Das dem Rennen vorausgehende 2-wöchige Derby Festival zieht mehr als 1,5 Mio. Besucher nach Kentucky. Das größte Feuerwerk des Jahres, *Thunder Over Louisville*, eröffnet die Reihe der über 70 (meist kostenfreien) Veranstaltungen. Ballonfahrten, die Pegasus-Parade und ein altmodisches Dampfschiffrennen auf dem Ohio River stehen mit auf dem Programm.

Bei Dawn at the Downs vom Samstag vor dem Derby bis zum Donnerstag der Derbywoche können Besucher bei einem Frühstücksbüfett im Kentuckystil den Pferden beim Training zusehen. Am Oaks Day, dem Tag vor dem Derby, versammelt sich die Menge auf Vorplatz, Tribünen und Infield, um das Kentucky Oaks und andere Rennen zu feiern. Wenn Ihnen die Tribünenplätze am großen Tag zu teuer sind oder Sie nicht schon Monate im Voraus Tickets gekauft haben, können Sie sich den Legionen anschließen, die sich auf dem 16 ha großen Infield einfinden. Vom Rennen bekommt man hier zwar nicht viel mit, aber es herrscht eine ausgelassene Stimmung. Wer die Derbysaison ganz verpasst, kann sie im Kentucky Derby Museum nacherleben und dann im Seelbach Hotel von 1905 einchecken. F. Scott Fitzgerald war hier schon Gast und hat eine Szene im *Großen Gatsby* hier angesiedelt. Speisen Sie im opulenten hoteleigenen Restaurant, dem Oakroom, einst ein Billardzimmer, wo u.a. schon Al Capone verkehrte.

Das Kentucky Derby ist der Auftakt zum Triple Crown.

INFO: Tel. +1/502-636-4400; www.kentuckyderby.com. *Preise:* Tribünenplätze ab € 126 (schriftliche Anfragen müssen vor Nov. des Vorjahres eingegangen sein); Stehplatzkarten (nur am Tag des Rennens) € 30; Zutritt zu Kentucky Oaks € 20. *Wann:* 1. Sa im Mai. **KENTUCKY DERBY FESTIVAL:** Tel. +1/502-584-6383; www.kdf.org. **KENTUCKY DERBY MUSEUM:** Tel. +1/502-637-7097; www.derbymuseum.org. **SEELBACH HOTEL:** Tel. +1/502-585-3200; www.seelbachhilton.com. *Preise:* ab € 133 (Nebensaison), ab € 270 (Hochsaison); am Derbywochenende Preise auf Anfrage; Dinner im Oakroom € 33. **REISEZEIT:** Ende April–Anf. Mai: Derbyveranstaltungen; Ende Apr.–Anf. Juli: Pferderennen; Ende Okt.–Nov.: Herbstwettrennen.

Ein Schmelztiegel der Vergnügungen in Amerikas unamerikanischster Stadt

DAS FRENCH QUARTER
New Orleans, Louisiana, USA

New Orleans, ein Schmelztiegel französischer, spanischer, italienischer und afrokaribischer Kultur, ist elegant und zügellos zugleich. Trotz der großen Veränderungen seit Hurrikan Katrina im Jahr 2005 hat The Big Easy ihre Unverwüstlichkeit bewiesen.

Unzählige Vergnügungen konzentrieren sich im belebten Vieux Carré (oder French Quarter). Es ist die touristischste Gegend von New Orleans und gleichzeitig sein Herz. Die Franzosen haben die 90 Blocks mit den engen Straßen in den 1720er-Jahren angelegt, und die Spanier – die von Mitte bis Ende des 18.

Die St. Louis Cathedral, die älteste katholische Kirche der USA, blickt auf den Jackson Square.

Jh. hier regierten – entwickelten das Viertel weiter. Daher wirkt die Gegend eher spanisch als französisch.

Allerorts riskieren Sie eine Reizüberflutung, angefangen beim Jazz auf der ausgelassenen Bourbon Street bis zum Duft von Café au Lait und Beignets (Schmalzgebäck mit Puderzucker), der aus dem Café du Monde am Jackson Square weht. Die Decatur Street ist gesäumt von Souvenirständen, Boutiquen und charmanten Restaurants – und dem altmodischen italienischen Feinkostladen Central Grocery, der sich rühmt, den Sandwichklassiker Muffuletta perfektioniert (manche sagen erfunden) zu haben.

Royal und Chartres Street sind die besten Adressen für gehobenes Shoppen. Schauen Sie auch ins Pat O'Brien und trinken Sie den Hurricane, einen fruchtigen – und starken – Rumcocktail aus einem Glas in Sturmlaternenform.

Das charmante Soniat House besteht aus 30 Zimmern voller Antiquitäten in 3 benachbarten kreolischen Stadthäusern aus dem 19. Jh. Sie blicken auf einen Innenhof mit Garten, wo Gäste warme Brötchen und hausgemachte Marmelade frühstücken. Weitläufiger ist das geschichtsträchtige, opulente Hotel Monteleone von 1886 mit 600 Zimmern. Trinken Sie vor dem Dinner einen Sazerac in der Dreh-Bar Carousel mit ihrem Zirkusdekor. Windsor Court, das wohl feinste Hotel der Stadt, ist bekannt für seine Prachtzimmer, ein preisgekröntes Restaurant, den Grill Room, und eine museale Kunstsammlung – ja, das ist ein Gainsborough.

INFO: www.neworleansonline.com. **PAT O'BRIEN'S:** Tel. +1/504-525-4823; www.patobriens.com. **SONIAT HOUSE:** Tel. +1/504-522-0570; www.soniathouse.com. *Preise:* ab € 178. **HOTEL MONTELEONE:** Tel. +1/504-523-3341; www.hotelmonteleone.com. *Preise:* ab € 74 (Nebensaison), ab € 190 (Hochsaison). **WINDSOR COURT:** Tel. +1/504-523-6000; www.windsorcourthotel.com. *Preise:* ab € 140 (Nebensaison), ab € 260 (Hochsaison); Dinner im Grill Room € 37. **REISEZEIT:** Jan.–Feb. oder März: Mardi-Gras-Saison; März–Mai und Okt.–Nov.: angenehmes Wetter; Anf. Apr.: 3-tägiges French Quarter Festival, Weihnachten ist zauberhaft und weniger touristisch.

Der Inbegriff der High Society von New Orleans

DER GARDEN DISTRICT

New Orleans, Louisiana, USA

Epizentrum der High Society von New Orleans und ihr architektonisches Ebenbild ist der Garden District, der im 19. Jh. von wohlhabenden Angelsachsen errichtet wurde (im Gegensatz zum French Quarter der Kreolen).

Viele der Prachtbauten im Stil von Neoklassizismus, Second Empire und italienischen Villen stehen noch.

Anbieter veranstalten Touren, bei denen man viel über die Häuser und ihre Bewohner von gestern und heute erfährt, z.B. Sandra Bullock, Archie Manning und Romanautorin Anne Rice.

New Orleans ist seit Langem auch für seine berühmten „Totenstädte" mit den oberirdischen Grabkammern bekannt. Gehen Sie mit einem Führer von Save Our Cemeteries zum Lafayette Cemetery No 1 (oder zum St. Louis Cemetery No 1, der 1789 außerhalb des French Quarters gegründet wurde. Dort ruht Marie Laveau, Voodookönigin des 19. Jh.).

Das Commander's Palace gegenüber vom Lafayette Cemetery in einer türkis-weißen viktorianischen Villa wird von Familie Brennan geführt und ist seit 1880 ein Publikumsmagnet.

Chefkoch Tory McPhail wagt einen Mix aus traditioneller kreolischer und innovativer Küche. Der Jazzbrunch am Wochenende hat viele Fans. Das nicht minder beliebte, 1919 gegründete Casamento's ist ein nostalgisches, familiengeführtes Fischrestaurant. Kommen Sie mittags zu frischen Golf-Austern oder gebratenem Austern-Laib mit köstlichem Eintopf.

INFO: www.neworleansonline.com. **WIE:** Historic New Orleans Tours, Tel. +1/504-947-2120; www.tourneworleans.com. **SAVE OUR CEMETERIES:** Tel. +1/504-525-3377; www.saveourcemeteries.org. **COMMANDER'S PALACE:** Tel. 504-899-8221; www.commanderspalace.com. *Preise:* Dinner € 33; Jazzbrunch € 30. **CASAMENTO'S:** Tel. +1/504-895-9761; www.casamentosrestaurant.com. *Preise:* Mittagessen € 9. **REISEZEIT:** März–Mai: blühende Gärten; Okt.–Nov.: kühlere Temperaturen.

Laissez les Bons Temps Rouler

DER MARDI GRAS

New Orleans, Louisiana, USA

Mardi Gras wäre der Himmel ohne die Scharen zwielichtiger Partygänger, aber es wäre auch nicht wirklich Mardi Gras, Amerikas größte, lebhafteste und meistbeachtete Party. Eine wachsende Teilnehmermenge legt lautstark Zeugnis davon ab, dass New Orleans nach Katrina umso lebendiger wiederauferstanden ist. Monate vor dem Fest am Winterende beginnen die Vorbereitungen – aufwendige Kostüme und 2–3-stöckige Umzugswagen werden angefertigt –, die in den 12 Tagen vor Mardi

Gras am intensivsten sind. *Mardi Gras*, Karnevalsdienstag, ist der Tag vor Aschermittwoch, mit dem die 40-tägige katholische Fastenzeit bis Ostern beginnt. Die im 18. Jh. von französischen Einwanderern nach New Orleans gebrachte Tradition verschmolz mit den afrikanischen und karibischen Traditionen der schwarzen Bevölkerung und wurde ebenso sehr zur Touristenattraktion wie zu einer beliebten Tradition. Sichern Sie sich früh einen Platz auf St. Charles Avenue oder Canal Street, wo die Paraden vorbeiziehen. Zuschauer verlangen „Würfe" – Süßigkeiten, (Plastik-)Dublonen und begehrte Ketten, die von den Wagen geworfen werden. Von den vielen Paraden, die bereits 2 Wochen vor Karnevalsdienstagbeginnen, finden die größten und schönsten an den Tagen direkt vor dem großen Ereignis statt.

Info: www.mardigrasguide.com. **Wann:** Jan.–Karnevalsdienstag (Feb. oder März).

Das Lebenselixier von „The Big Easy"

Die Musikszene von New Orleans

New Orleans, Louisiana, USA

Die Musik, die wir als Jazz kennen, entstand Ende des 19. Jh. in New Orleans aus einer Verschmelzung europäischer Marschmusik und afrikanischer Rhythmen. Musiker wie Kornettist Buddy Bolden, Schlagzeuger Papa Jack Laine und Pianist Jelly Roll Morton entwickelten sie weiter, und in den 1920er- und 1930er-Jahren verlieh Louis „Satchmo" Armstrong ihr eine Stimme. Ende der 1980er-Jahre verhalfen junge Virtuosen, u.a. Trompeter Wynton Marsalis und Familie, dem New-Orleans-Sound durch ihren modernen Jazz zu neuer Popularität.

Das jährliche *Jazz and Heritage Festival* (kurz Jazz Fest) ist eine der großen Musikpartys Amerikas. 10 Tage lang, von Ende April bis Anfang Mai, treten auf dem Fair Grounds Race Course Hunderte von Musikern auf 12 Bühnen mit Jazz, Cajun, Latin, Zydeco, R&B, Rock, Gospel und afrikanisch-karibischer Musik auf. Auch Bob Dylan, Etta James, Pearl Jam und B. B. King haben hier gespielt. Über 100 Stände mit Köstlichkeiten der Region (von Languste Monica bis zu Alligatorschwanz in roter Chilisoße) teilen sich das Scheinwerferlicht. Wer Süßes mag, sollte Platz lassen für Schabeeis, Pralinen (Pekan, Schoko, Kokosnuss) oder Angelo Brocatos berühmte Eiscreme.

Ob Sie nun zum Jazz Fest hier sind oder nicht, Sie sollten auf jeden Fall die dunkle, spartanische Preservation Hall besuchen, seit ihrer Eröffnung 1961 eine weltberühmte Institution, in der traditioneller New Orleans Jazz gespielt wird. Die musikalische Pilgerreise geht weiter im gehobenen Club Tipitina's, in dem Legenden wie Dr. John und Allen Toussaint aufgetreten sind und wo Jazz, Cajun, Funk und R&B weiterhin dafür sorgen, dass der Tanzboden zittert.

In der Bourbon Street ist die vielleicht berüchtigtste Wanderparty zu Hause, und wenn man Glück hat, erlebt man im Royal Sonesta Hotel den Auftritt von Trompeter Irvin Mayfield, einem der Jungstars von New Orleans. In der Frenchman Street bringt das Snug Harbor, ein Jazzbistro im hippen Viertel Faubourg Marigny, große Namen wie Ellis Marsalis und Charmaine Neville auf die Bühne. Zydeco, Swing, Blues und Jazz Bowling gibt's im Mid-City Lanes Rock'n'Bowl.

INFO: www.neworleansonline.com. **JAZZ AND HERITAGE FESTIVAL:** Tel. +1/504-410-4100; www.nojazzfest.com. *Wann:* Apr.–Anf. Mai. **PRESERVATION HALL:** Tel. +1/504-522-2841; www.preservationhall.com. **TIPITINA'S:** Tel. +1/504-895-8477; www.tipitinas.com. **ROYAL SONESTA:** Tel. +1/504-586-0300; www.royalsonesta-neworleans.com. **SNUG HARBOR:** Tel. +1/504-949-0696; www.snugjazz.com. **MID-CITY LANES:** Tel. +1/504-861-1700; www.rockandbowl.com. **REISEZEIT:** Anf. Juli: Essence Music Festival; Ende Juli–Anf. Aug.: *Satchmo Summerfest.*

Von einfach bis einzigartig: die Küche der Haute Creole

DIE RESTAURANTSZENE VON NEW ORLEANS

New Orleans, Louisiana, USA

In New Orleans ist das Essen Religion – die verrückteste Imbissbude an der Ecke wird genauso geliebt wie das großartigste Restaurant. Die Mischung verschiedenster Einflüsse – französischer, spanischer, karibischer und afrikanischer – ist einzigartig. Im French Quarter gibt es viele einladende Lokale, angefangen bei Galatoire's Restaurant, seit über 100 Jahren eine Tradition und mit Warteschlange bis auf die Bourbon Street. Kellner im Smoking transportieren Platten mit Huhn Clemenceau und Garnelenremoulade; Höhepunkt ist der alkoholreiche Freitagslunch, der sich oft bis zum Dinner hinzieht. Das Antoine's gibt es seit 1840: Davon zeugen alte Fotografien an den Wänden. Die Hermes Bar gibt sich moderner. Emeril's, das geschäftige Flaggschiff von Lagasse, war Pionier im Warehouse District, als es 1990 eröffnete. Seine gegrillten Garnelen und Lammrücken sorgen immer noch für Begeisterung. Auch im Bayona sind Sie in guten Händen, wo die beliebte Susan Spicer ihre weltläufigen Gerichte im Ambiente einer kreolische Hütte serviert.

Wenn weiße Tischtücher nicht Ihr Ding sind, gefällt Ihnen bestimmt das Acme Oyster House: Exzellente Po'boys (Sandwiches) mit gebackenen Austern sind mit ein Grund für die lange Warteschlange. Das verwitterte Napoleon House ist seit 1797 als Lunch-Restaurant beliebt, besonders wegen der heißen Muffuletta-Sandwiches und des lokalen Abita-Biers. Zum würzigen Jambalaya trinkt man traditionellerweise Pimm's.

In seinem Restaurant Herbsaint mit einer kreolischen und neuen amerikanischen Einflüssen begeistert der lokale Starkoch und Inhaber Donald Link seine Gäste mit Krebsfleisch-Melonen-Gazpacho und geschmortem Schweinebauch. Im Cochon serviert Link mit Stephen Stryjewski eine raffinierte Interpretation der bodenständigen Cajun-Küche.

Im atmosphärischen August, wo man unter Kronleuchtern in einem renovierten 4-stöckigen französisch-kreolischen Lagerhaus speist, serviert der preisgekrönte Spitzenkoch John Besh Gerichte wie Gnocchi mit Blaukrabbe und Trüffeln oder ganzes Spanferkel. Und kein Besuch in New Orleans wäre komplett ohne ein Po'boy von Mother's im zentralen Geschäftsviertel.

GALATOIRE'S: Tel. +1/504-525-2021; www.galatoires.com. *Preise:* Dinner € 33. **ANTOINE'S:** Tel. +1/504-581-4422; www.antoines.com. *Preise:* Dinner € 37. **EMERIL'S:** Tel. +1/504-528-9393; www.emerils.com. *Preise:* Dinner € 33. **BAYONA:** Tel. 504-525-4455; www.bayona.com. *Preise:* Dinner € 45.

ACME OYSTER HOUSE: Tel. +1/504 - 522-5973; www.acmeoyster.com. *Preise:* Mittagessen € 15. NAPOLEON HOUSE: Tel. +1/504-524-9752; www.napoleonhouse.com. *Preise:* Mittagessen € 11. HERBSAINT: Tel. +1/504-524-4114; www.herbsaint.com. **PREISE:** Dinner € 33. COCHON: Tel. +1/504-588-2123; www.cochonrestaurant.com. *Preise:* Dinner € 26. AUGUST: Tel. +1/504-299-9777; www.restaurantaugust.com. *Preise:* Dinner € 40. MOTHER'S: Tel. +1/504-523-9656; www.mothersrestaurant.net. *Preise:* Mittagessen € 9. REISEZEIT: Ende Mai: *New Orleans Wine & Food Experience.*

Landleben inmitten grandioser Natur

DER ACADIA-NATIONALPARK

Maine, USA

Mount Desert Island ist Maines nationaler Schatz, ein 20 x 22,5 km großes Gebiet mit Tannen- und Fichtenwäldern, Seen und Gasthäusern. Es ist heute noch genauso betörend wie damals, als die Rockefellers, Astors, Fords, Vanderbilts und andere Natursuchende Anfang des 20. Jh. hier eine Sommerkolonie gründeten. 1929 erklärte die Regierung 60 % der Insel zum Acadia-Nationalpark, legte noch mehrere Nachbarinseln drauf und schuf einen 14 ha großen Park von schroffer Schönheit, mit herrlichen Küstenstraßen, umtosten Klippen, Walen vor den Inseln und Hummerbuden am Meer.

Die Gelassenheit von Mount Desert Island wird durch den ständig zunehmenden Verkehr auf der 43 km langen Park Loop Road auf die Probe gestellt. Einige der schönsten Spazier- und Radwege der Nation (die im Winter zu Langlaufloipen werden) und 160 km mittelschwere Wanderwege erschließen die Natur. Die meisten fahren aber mit dem Auto auf den 466 m hohen Cadillac Mountain, um Amerikas erste Sonnenstrahlen vom höchsten Gipfel an der US-Atlantikküste aus zu erblicken.

Planen Sie so, dass Sie rechtzeitig zum Nachmittagstee am 100 Jahre alten Jordan Pond House an der Park Loop Road eintreffen, eine weitere Inseltradition. Übernachten Sie im familiengeführten Claremont Hotel and Cottages von 1884 und genießen Sie die Ruhe im 2,5 ha großen Park. Ein Schaukelstuhl auf der Veranda oder ein Fenstertisch im einladenden, unprätentiösen Speisesaal bietet einen herrlichen Blick auf den Somes Sound.

WO: 58 km südöstl. von Bangor, durch eine Straße mit dem Festland verbunden. Tel. +1/207-288-3338; www.nps.gov/acad. *Wann:* Park Loop Road Dez.–Mitte Apr. geschlossen. JORDAN POND HOUSE: Tel. +1/207-276-3316; www.jordanpond.com. CLAREMONT HOTEL: Tel. +1/207-244-5036; www.theclaremonthotel.com. *Preise:* ab € 115 (Nebensaison), ab € 166 (Hochsaison). *Wann:* Ende Mai–Mitte Okt. REISEZEIT: Jul.–Aug.: bestes Wetter und Walbeobachtung, Mai–Juni: zauberhaft; Okt.: Indian Summer.

Otter Cliff fällt steil in den Atlantik ab.

Auch George Bush weilt hier zuweilen

DIE KENNEBUNKS

Maine, USA

Die Kennebunks sind die Quintessenz der Küste von Maine, mit viel herrlicher Architektur, felsigen Stränden und erstklassigen Restaurants. Die erstmals Anfang des 17. Jh. besiedelten Kennebunks – Kennebunk, Kennebunkport und Kennebunk Beach – florierten 2 Jahrhunderte später als Schiffbauerstädte. Der Boom ging vorüber, aber sein Vermächtnis bleibt – großartige Häuser im Kolonial- und Föderationsstil inmitten einer Bilderbuchlandschaft. George H. W. Bush und seine Familie machen hier seit Generationen Urlaub. Das White Barn Inn in Kennebunk Beach gehört zu den Topunterkünften New Englands, mit 29 Zimmern im europäischen Stil in mehreren Gebäuden aus den 1820er-Jahren, nur wenige Gehminuten vom Sandstrand Gooch's Beach entfernt. Im von Kerzen erleuchteten Restaurant kocht man rustikal- raffiniert. Eine gemütliche, romantische Alternative im Föderationsstil ist das Captain Lord Mansion mit 16 Zimmern und einer Dachterrasse mit Kuppel, von der aus man den Kennebunk River sieht. Aber es muss hier nicht alles luxuriös sein: Jeder geht zum Clam Shack, einem großartigen Fisch-&-Meeresfrüchte-Lokal. Oder kosten Sie die Hummerbrötchen im nahen Mabel's Lobster Claw – aber lassen Sie Platz für das Erdnussbuttereis.

Das Meer steht hier überall im Mittelpunkt.

Wo: 32 km südl. von Portland. **WHITE BARN INN:** Tel. +1/207-967-2321; www.whitebarninn.com. *Preise:* ab € 230 (Nebensaison), ab € 344 (Hochsaison), Dinner € 70. **CAPTAIN LORD MANSION:** Tel. +1/207-967-3141; www.captainlord.com. *Preise:* ab € 148 (Nebensaison), ab € 178 (Hochsaison). **THE CLAM SHACK:** Tel. +1/207-967-2560; www.theclamshack.net. *Preise:* € 11. **Wann:** Mai–Okt. **MABEL'S LOBSTER CLAW:** Tel. 207-967-2562. *Preise:* € 15. **REISEZEIT:** Mai–Okt.: herrliches Wetter; Anf. Dez.: Vorweihnachtszeit.

Von Wind, Wetter und Hummer

PENOBSCOT BAY

Maine, USA

Penobscot Bay, ein 56 x 43 km tiefer Einschnitt in der Mitte der Küste Maines, ist ein landschaftliches Wunder, gesäumt von einigen der schönsten Städte des Bundesstaats und mit Dutzenden Inseln gesprenkelt. An der zerklüfteten, Küste mit ihren Kiefern sieht man herrliche Sonnenuntergänge und Leuchttürme wie von Andrew Wyeth gemalt. Camden ist das archetypische Küstendorf, mit hübschen alten Häusern an der Main Street, heute B&Bs, Antiquitäten- und Kunsthandwerksläden. Verweilen Sie im Harbor Park, den Anfang des 20. Jh. Frederick Law Olmsted angelegt hat, wie zuvor den Central Park, und genießen Sie die atemberaubende Küste in ihrer ganzen Pracht.

Castine, seit 1613 besiedelt, hat schöne georgianische und viktorianische Architektur und über 100 Sehenswürdigkeiten, z.B. Fort George, 1779 von den Briten errichtet. Checken Sie im Pentagöet Inn ein, Castines Sommerhotel von 1894 im Queen-Anne-Stil, oder im gemütlichen Castine Inn aus dem 19. Jh., nur eine Straße vom Hafen entfernt.

Das Dorf Deer Isle auf der gleichnamigen Insel (erreichbar über eine Brücke) hat eine Fischer- und Hummerfangflotte und ist Heimat vieler Künstler und Kunsthandwerker. Hier steht an der Küste das charmante Pilgrim's Inn von 1793. Entlang Merchants Row, einer Inselkette zwischen Stonington und Isle au Haut, deren Südhälfte zum Acadia-Nationalpark (s. S. 804) gehört, lässt sich herrlich Kajak fahren.

In den Städten Rockland, Rockport und Camden liegt die historische Schonerflotte der Bucht, darunter 12 Schiffe der Maine Windjammer Association, die meisten von der Wende des 19. zum 20. Jh. Sie bieten 3- bis 6-tägige Segeltouren an, bei denen die Passagiere bei Halse und Wende zupacken oder sich entspannen, Hummer essen, in die Sterne blicken und schließlich in winzigen Kojen schlafen gehen können. Das Farnsworth Museum in Rockland gehört zu den schönsten regionalen Museen des Landes, mit Werken von Künstlern wie Winslow Homer und Andrew Wyeth. Kommen Sie Anfang August und amüsieren Sie sich typisch amerikanisch beim *Maine Lobster Festival* in Rockland, der Hummerhauptstadt in einem Staat, wo jährlich über 16.000 t gefangen werden (allein die Festivalbesucher verschlingen 10 t). Dazu gibt es Musik, hausgemachtes Blaubeereis, Hummer-Esswettbewerbe und die Krönung der Meeresgöttin.

Wo: Camden liegt 140 km nordöstl. von Portland. **Info:** www.therealmaine.com. **Pentagöet Inn:** Tel. +1/207-326-8616; www.pentagoet.com. *Preise:* ab € 104. Wann: Mai–Okt. **Castine Inn:** Tel. +1/207-326-4365; www.castineinn.com. *Preise:* ab € 81. *Wann:* Anf. Mai–Mitte Okt. **Pilgrim's Inn:** Tel. +1/888-778-7505 oder +1/207-348-6615; www.pilgrimsinn.com. *Preise:* ab € 90. *Wann:* Mitte Mai–Mitte Okt. **Maine Windjammers:** Tel. +1/207-832-0810; www.sailmainecoast.com. *Preise:* 3 Nächte ab € 315, all-inclusive (längere Touren möglich). *Wann:* Ende Mai–Mitte Okt. **Farnsworth Museum:** Tel. +1/207-596-6457; www.farnsworthmuseum.org. **Reisezeit:** Juni, Sept.: weniger los; Ende Juli–Anf. Aug.: *Maine Lobster Festival*; Okt.: Indian Summer.

Goldstandard der Krabbenstadt

Obrycki's und Faidley's

Baltimore, Maryland, USA

Kaum eine Stadt ist so eng mit einer bestimmten Speise verknüpft wie Baltimore mit *Callinectes sapidus*, der Blaukrabbe. Über 900 t der dünnbeinigen Krebstiere werden jedes Jahr aus Chesapeake Bay (s. nächste Seite) geholt. Ein ansehnlicher Teil des Fangs wird bei Obrycki's verzehrt, einem Familienbetrieb im historischen Viertel Fells Point, der schon seit 1944 scharenweise Gäste anlockt. Gebratene Meeresfrüchte-Kombinationen gibt es hier in Mengen, die ein Schiff zum

Sinken bringen könnten. Gewürzt wird gern mit der pikanten Old-Bay-Soße, die 1939 in Baltimore erfunden wurde, oder der pfeffrigen Hausmischung.

Ein lukullisches Vergnügen verspricht auch der Besuch des ehrwürdigen Lexington Market in Baltimore. Seit 1782 präsentieren sich auf dem Weidegrund über 140 Händler, deren Mittelpunkt und unbestrittener Favorit Faidley's ist. Der Fisch-&-Meeresfrüchte-Laden mit Bar ist berühmt für gigantische Crabcakes, für manche die besten in Chesapeake (oder des Planeten). Dieses einfache Lokal serviert auch leckere Kabeljau-Pies und Garnelen. Aber heben Sie sich diese für Ihren nächsten Besuch auf. **Obrycki's:** Tel. +1/410-732-6399; www.obryckis.com. *Preise:* Dinner € 30. *Wann:* März–Nov. Lexington Market: Tel. +1/410-685-6169; www.lexingtonmarket.com. **Faidley's:** Tel. +1/410-727-4898; www.faidleyscrabcakes.com. *Preise:* Mittagessen € 11. **Reisezeit:** Mai–Juni: weichschalige Krebstiere, Sept.–Anf. Okt.: hartschalige Krebstiere.

Amerikanischer Charme und die allgegenwärtige Blaukrabbe

Chesapeake Bay

Maryland, USA

Chesapeake Bay ist die größte Flussmündung des Kontinents, deren Ostufer für seine kilometerlangen Feuchtgebiete, seine Buchten und malerischen Küstenstädte berühmt ist. Das Dreieck zwischen Easton, Oxford und St. Michaels ist das beliebteste Reiseziel der Region, eine charmante Enklave mit vorrevolutionären Häusern. Easton, inoffizielle Hauptstadt der Region, hat viele Antiquitätenläden, Oxford eine der besterhaltenen Kolonialsiedlungen des Landes. Nehmen Sie sich ein Zimmer im Robert Morris Inn von 1710, wo James A. Michener Teile von *Chesapeake* schrieb.

Eine Fähre fährt von Oxford zum viktorianischen Hafenort St. Michaels mit dem Hooper Strait Lighthouse von 1879. In der Werft des Chesapeake Bay Maritime Museum am Navy Point werden historische Schiffe von Experten restauriert. Essen Sie nebenan, im Crab Claw, scharfe Maryland-Blaukrabben – laut Michener „das beste Essen unter der Sonne".

In St. Michaels liegt auch das originellste Übernachtungsziel der Bucht, das romantische Inn at Perry Cabin, ein Herrenhaus von 1816 am Ufer des Miles River. Elegant und nonchalant zugleich, bekommt man in seinem Restaurant Fisch und Meeresfrüchte frisch aus heimischen Gewässern. Besuchen Sie eine der Inseln der Bucht, z.B. Tilghman, wo noch immer Schiffer leben und das erstmals Anfang des 17. Jh. von Captain John Smith kartiert wurde. Das Leben am Standort von Nordamerikas letzter kommerzieller Segelflotte ist gemächlich, die Umgebung unberührt. Steigen Sie im Lazyjack Inn ab, einem Haus von 1850 mit Blick auf die im verschlafenen Hafen schaukelnden Boote.

Eine 40-minütige Bootsfahrt trennt das kleine Crisfield von Smith Island mit den Fischerdörfern. Das altmodische Inn of Silent Music ist auf 3 Seiten von Wasser umgeben. Gönnen Sie sich ein Stück des typischen Schichtkuchens mit Schokoglasur, offizielles Dessert von Maryland.

Ein Besuch in Annapolis rundet das Chesapeake-Erlebnis ab. Die 1649 entstandene Hauptstadt Marylands hat ein schönes, zu Fuß zu besichtigendes historisches Viertel und ist Heimat der US Naval Academy. Segeln Sie mit der Segelschule hinaus und dinieren Sie, zurück auf festem Boden, im Annapolis Inn, einem georgianisch-klassizistischen Stadthaus aus den 1770ern mit nur 3 luxuriösen Suiten.

Wo: Easton liegt 100 km südöstl. von Baltimore, Annapolis 50 km südl. von Baltimore am Westufer. **Info:** www.baygateways.net. **Robert Morris Inn:** Tel. +1/410-226-5111; www.robertmorrisinn.com. *Preise:* ab € 110. **Maritime Museum:** Tel. +1/410-745-2916; www.cbmm.org. **The Crab Claw:** Tel. +1/410-745-2900; www.thecrabclaw.com. *Preise:* Mittagessen € 11. **Inn at Perry Cabin:** Tel. +1/410-745-2200; www.perrycabin.com. *Preise:* ab € 289, Dinner € 37. **Lazyjack Inn:** Tel. +1/410-886-2215; www.lazyjackinn.com. *Preise:* ab € 120. **Inn of Silent Music:** Tel. +1/410-425-3541; www.innofsilentmusic.com. *Preise:* ab € 81. *Wann:* Apr.–Mitte Nov. **Annapolis-Segelschule:** Tel. +1/410-267-7205; www.annapolissailing.com. *Wann:* Apr.–

Der Leuchtturm Hooper Strait Lighthouse in St. Michaels aus dem 19. Jh. ist heute ein Museumsstück.

Okt. **Annapolis Inn:** Tel. +1/410-295-5200; www.annapolisinn.com. *Preise:* ab € 193. **Reisezeit:** Mai–Juni: Weichschalen-Krebstiere; 3. Mi. im Juli: Krabben- und Muschelessen in Crisfield; letzter Sa. im Juli: *Chesapeake Folk Festival* in St. Michaels, Sept.–Anf. Okt.: Hartschalen-Krebstiere; Okt. in Annapolis: US-Segelboot und Motorboot-Show; Mitte Okt.: *Tilghman Island Day.*

„*Und dies ist das gute alte Boston / Die Heimat von Bohne und Kabeljau / Wo die Lowells nur mit den Cabots sprechen / Und die Cabots nur mit Gott.*" – John Collins Bossidy

---

Boston

Massachusetts, USA

Glauben Sie nicht, Boston wäre langweilig und behäbig, nur weil es voller Geschichte steckt. Ja, es blickt mit Stolz auf seine Rolle in der Amerikanischen Revolution, aber es schreitet auch jugendlich vorwärts, nicht zuletzt dank vieler Eliteuniversitäten (Boston ist die größte Universitätsstadt der Welt) und der blühenden Kunst- und Kulturszene.

Hauptattraktionen

Museum of Fine Arts – Der Bestand des Museums der Schönen Künste ist so riesig – er zählt über 450.000 Stücke, von Objekten aus der Zeit um 6000 v. Chr. bis zu zeitgenössischen Werken –, dass Sie Schätze entdecken, egal, wohin Sie gehen. Eine große Renovierung und Erweiterung gipfelte 2010 in der Eröffnung des neuen, luftigen amerikanischen Flügels mit 5000 Exponaten aus der Neuen Welt. **Info:** Tel. +1/617-267-9300; www.mfa.org.

Isabella Stewart Gardner Museum – Wagen Sie sich trotz der strengen Fassade in dieses Herrenhaus von 1901 und entdecken Sie eine romantische, 4-stöckige Neuschöpfung eines venezianischen Palazzi aus dem 15. Jh. mit einem zentralen Innenhof. Das ehemalige Haus von Isabella Gardner, einer Mäzenin und Kunstsammlerin Ende des 19. Jh., beherbergt heute ihre eigenwillige Sammlung von Kunst und Kunsthandwerk aus Europa, Asien und Amerika. Von September bis Mai finden sonntagnachmittags Kammerkonzerte statt. 2012 soll ein von Renzo Piano entworfener Flügel eröffnet werden. **Info:** +1/617-566-1401; www.gardnermuseum.org.

INSTITUTE OF CONTEMPORARY ART/BOSTON – Diese lichterfüllte Struktur aus Glas und Stahl von 2006, die an South Bostons Uferzeile auskragt, zeigt avantgardistische Kunst in allen Medien, nicht nur visuelle Kunst und Installationen, sondern auch Musik, Film, Video und Performance. Ein Besuch ist immer ein Erlebnis. **Info:** Tel. +1/617-478-3100; www.icaboston.org.

FENWAY PARK – Fenway Park ist das älteste Major-League-Baseballstadion der USA. Seinen Reiz bezieht es aus seiner eigenwilligen Architektur und seiner Geschichte, in deren Verlauf es zur Verzweiflung der Red-Sox-Fans zwischen 1918 und 2004 nur 2 World-Series-Titel gab. (2007 kam ein weiterer hinzu.) Wenn Sie sich kein Spiel ansehen, nehmen Sie an einer Führung teil. **Info:** Tel. +1/617-226-6666; www.redsox.com. *Wann:* Spiele Apr.–Anf. Okt., Führungen ganzjährig.

DER FREEDOM TRAIL – Der 4 km lange, ausgeschilderte Freedom Trail verbindet 16 Sehenswürdigkeiten aus der Kolonialzeit und der Zeit des Unabhängigkeitskriegs. Er beginnt am Boston Common, dem ersten Park der Nation (1634), führt vorbei am Paul Revere House von 1680 und der Old North Church (1723). Auch Faneuil Hall, Bostons erste Markt- und Versammlungshalle, liegt an dem Weg. Heute ist sie das Herz eines Komplexes von 5 Gebäuden mit Geschäften, Bars und Lokalen. Eines der Restaurants ist Durgin-Park von 1827, das für seine herzhaften Yankee-Gerichte bekannt ist – darunter der Boston Cream Pie. **Info:** Tel. +1/617-357-8300; www.thefreedomtrail.org. DURGIN-PARK: Tel. +1/617-227-2038; www.durgin-park.com. *Preise:* Mittagessen € 20.

PUBLIC GARDEN – Die ältesten Pflanzungen in Amerikas erstem botanischen Garten datieren auf das Jahr 1837. Auf dem kleinen See in der grünen Mitte vergnügen sich im Sommer Collegestudenten mit Schwanen-Tretbooten, im Winter drehen Eisläufer ihre Pirouetten. An der Ecke Beacon Street/Charles Street stehen die Bronzestatuetten *Make Way for Ducklings*, Küken, die ihrer Mutter zum Teich folgen, wie in Robert McCloskeys gleichnamigem Kinderbuch. Am Ausgang auf die Commonwealth Avenue blickt eine Reiterstatue von George Washington über die Stadt. SCHWANENBOOTE: Tel +1/617-522-1966; www.swanboats.com. *Wann:* Ende Apr.–Mitte Sept.

Das 10 ha große grüne Herz der Stadt war einst Sumpfland.

BEACON HILL – In Beacon Hill, einem der ältesten Stadtteile Bostons, scheint die Zeit stehen geblieben zu sein: elegante Häuser vom Anfang des 19. Jh., weiß eingefasste Backsteinhäuser, üppige, gepflegte Blumenkästen und Gaslaternen. Steile Gassen führen hinauf zur goldenen Kuppel des Parlamentsgebäudes von Massachusetts von 1797. Der Südhang des Hügels ist als Boston Common bekannt. Folgen Sie dem Black Heritage Trail, der 15 historisch bedeutende Stätten verbindet, darunter das Museum of African American History. **Info:** www.bostonusa.com. BOSTON AFRICAN AMERICAN NATIONAL HISTORIC SITE: Tel. +1/617-742-5415; www.nps.gov/boaf. MUSEUM OF AFRICAN AMERICAN HISTORY: Tel. +1/617-725-0022; www.maah.org.

HARVARD SQUARE – Ein Boston-Besuch wäre unvollständig ohne einen Abstecher in die „Volksrepublik Cambridge", das lebhafte und unverstellt intellektuelle Zentrum auf der anderen Seite des Charles River, Heimat

Die schmale, von Backsteinhäusern gesäumte Acorn Street ist der Inbegriff des vornehmen historischen Viertels Beacon Hill.

zweier akademischer Schwergewichte: des Massachusetts Institute of Technology (MIT) und der Harvard University (gegründet 1636). Das Leben hier zentriert sich um den Harvard Square, wo sich Studenten, Professoren und Besucher, trendige Boutiquen, Restaurants und Bistros drängen. Direkt daneben liegt Harvard Yard mit Gebäuden aus 3 Jahrhunderten, von denen das Universitätsgebäude Massachusetts Hall (1720) das älteste ist. Das Fogg mit seinem Hof im italienischen Renaissancestil ist das bekannteste der 3 Universitätsmuseen, die zusammen über 250.000 Objekte besitzen. (Das Fogg und das Busch-Reisinger Museum sind wegen Renovierung bis 2013 geschlossen, ausgewählte Stücke werden im nahen Arthur M. Sackler Museum gezeigt.) INFO: www.cambridge-usa.org. HARVARD UNIVERSITY: www.harvard.edu. HARVARDS KUNSTMUSEEN: Tel. +1/617-495-9400; www.artmuseums.harvard.edu.

BOSTONS NORTH END – Im North End mit seinen engen Straßen und Backsteinbauten haben viele Zuwanderer ihr erstes Zuhause gefunden. Ab Mitte des 19. Jh. wimmelte die Gegend vor irischen Familien; Neuankömmlinge aus Osteuropa, Portugal und schließlich Italien folgten. Heute lebt hier eine der bekanntesten italoamerikanischen Gemeinden der Nation. Die Gegend ist reich an guten Restaurants, von der Pizzeria Regina über das Caffè Vittoria, ältestes Café in Boston, bis zum förmlicheren Mamma Maria, bekannt für norditalienische Küche und Romantik. Im Sommer ist das North End belebt von Straßenfesten. Höhepunkt ist das *Fisherman's Feast* Mitte August, das mit einer Madonnenprozession beginnt und sich mit Unterhaltung und reichlich gutem Essen fortsetzt. PIZZERIA REGINA: Tel. +1/617-227-0765; www.pizzeriaregina.com. *Preise:* große Pie ab € 9. CAFFÈ VITTORIA: Tel. +1/617-227-7606; www.vittoriacaffe.com. MAMMA MARIA: Tel. +1/617-523-0077; www.mammamaria.com. *Preise:* Dinner € 40.

EVENTS & FESTIVALS

BOSTON HARBORFEST – Das Harborfest dauert 1 ganze Woche rund um den 4. Juli und findet hauptsächlich am Wasser statt. Zu den über 200 Veranstaltungen zählen der Kindertag und das Chowderfest, bei dem über die beste Fischsuppe, das typische Gericht der Region, abgestimmt wird. Höhepunkt der Feierlichkeiten ist das kostenlose Konzert der Boston Pops (s. nächste Seite) am Abend des 4. Juli, mit Glockengeläut, Kanonenschüssen (zum Finale der Ouvertüre von 1812) und einem Feuerwerk zu Musik. INFO: Tel. +1/617-227-1528; www.bostonharborfest.com. POPS-KONZERT: Tel. +1/617-267-2400; www.july4th.org.

DER BOSTON-MARATHON – Der Boston-Marathon ist das weltweit älteste jährlich stattfindende Rennen seiner Art und Mittelpunkt der Feierlichkeiten am Patriots Day, einem staatlichen Feiertag am 3. Montag im April, der an den Unabhängigkeitskrieg erinnert.

Über 20.000 gemeldete Läufer setzen sich an der Startlinie im Vorort Hopkinton in Bewegung und laufen die 42,195 km lange Strecke unter dem aufmunternden Gejohle von ½ Mio. Zuschauer. Fast alle schaffen es irgendwann bis zur Boylston Street in der Back Bay und über die Ziellinie in der Nähe des Copley Square. INFO: Tel. 617-236-1652; www.bostonmarathon.org.

HEAD OF THE CHARLES REGATTA – Die weltweit größte 2-tägige Ruderveranstaltung mit über 300.000 Zuschauern zieht mehr als 8000 Sportler aus Hochschulen, Schulen und Clubs der USA und der ganzen Welt an, die in 59 Rennen gegeneinander antreten. Die kurvige 5-km-Bahn beginnt am DeWolfe Boathouse der Universität Boston und endet gleich hinter der Eliot Bridge. Auch wenn die Regatta mit der Universität selbst nichts zu tun hat, herrscht allerorten studentischer Elan. Jugendliche Fans schreien sich heiser, wenn die Boote an ihnen vorbeiflitzen. INFO: Tel. +1/617-868-6200; www.hocr.org. WANN: 3. Wochenende im Okt.

BOSTON SYMPHONY ORCHESTRA UND BOSTON POPS – Das Boston Symphony Orchestra gehört zu den besten Orchestern der Welt. Wenn Sie zwischen Ende September und April in Boston sind, sollten Sie sich ein Konzert in der akustisch perfekten Symphony Hall anhören. Auch Boston Pops Orchestra spielt hier, zumeist während der Ferienzeit und von Mai bis Anfang Juli. INFO: Tel. +1/617-266-1200 (Tickets), +1/617-266-1492 (Info); www.bso.org.

ÜBERNACHTEN

BOSTON HARBOR HOTEL – Lage, Lage Lage: Dieses Hotel oberhalb von Boston Harbor hat den besten Blick der Stadt und bietet erstklassige Annehmlichkeiten (z.B. ein Spa mit Rundumservice). Die Fassade mit einem 24 m hohen Bogen mit Rotunde ist alles andere als bescheiden; die 230 Zimmer besitzen eine entspannte Eleganz mit Schick. Im Restaurant Meritage werden die Gerichte mit passenden Weinen aus dem 12.000 Flaschen zählenden Weinkeller serviert. INFO: Tel. +1/617-439-7000; www.bhh.com. *Preise:* ab € 215, Dinner im Meritage € 60.

ELIOT HOTEL – Ein elegantes Boutique-Hotel mit persönlichem Service und Luxus im europäischen Stil. In den klassisch möblierten 1- oder 2-Schlafzimmer-Suiten fühlt man sich schnell zu Hause. Das Restaurant Clio kommt dem Hotel an Raffinesse gleich. Sein preisgekrönter Chefkoch Ken Oringer verbindet frische regionale Produkte mit klassisch französischen Techniken. INFO: Tel. +1/617-267-1607; www.eliothotel.com. *Preise:* ab € 166 (Nebensaison), ab € 293 (Hochsaison), Dinner € 55.

FAIRMONT COPLEY PLAZA – Bostons romantischstes Hotel besitzt die ganze Anmut und Opulenz, die sein Entstehungsjahr 1912 erwarten lässt (es wurde vom selben Architekten entworfen wie das New Yorker Plaza Hotel). Die Zimmer sind sündhaft komfortabel, und in der vergoldeten Lobby und der Oak Bar (einem clubartigen Refugium mit Ledermöbeln und ausgezeichneten Martinis) fühlt man sich wie ein König. INFO: Tel. +1/617-267-5300; www.fairmont. com/copleyplaza. *Preise:* ab € 200 (Nebensaison), ab € 281 (Hochsaison).

FOUR SEASONS HOTEL BOSTON – Steht für diskreten Luxus, eine herrliche Lage und ein preisgekröntes Restaurant. Den Public Garden sieht man durch die riesigen Fenster der Lobby, des Restaurants, der Zimmer und des Schwimmbads. Die großen Zimmer haben moderne Marmorbäder. In der Bristol Lounge treffen sich Einheimische und Gäste zu Cocktails, Livemusik und den berühmten Bristol-Burgern mit Trüffel-Pommes-frites. INFO: Tel. +1/617-338-4400; www.foursea sons.com/boston. *Preise:* ab € 333 (Nebensaison), ab € 481 (Hochsaison); Dinner € 45.

LENOX HOTEL – Das Lenox verbindet nostalgische Eleganz mit modernem Komfort plus einer hervorragenden Lage in der Back Bay. Das Hotel von 1901 hat sich seinen historischen Charme bewahrt – viele der Suiten haben einen Kamin –, während es mehrfach als eines der „grünsten" Hotels der Nation ausgezeichnet wurde. INFO: Tel. +1/617-536-5300; www.lenoxhotel.com. *Preise:* ab € 137 (Nebensaison), ab € 255 (Hochsaison).

Die Faneuil Hall (Mitte) in Bostons Innenstadt ist seit Langem ein Ort der Debatten und des Handels.

TAJ BOSTON – 1927 als Ritz-Carlton-Hotel eröffnet, wurde es 2007 von den Taj Hotels Resorts gekauft und besetzt weiterhin eine spezielle Nische, passend zu seiner traditionellen Opulenz (klassischer Stil, Extraleistungen – rufen Sie die Rezeption an, wenn Sie den „Kamin-Butler" wünschen). 2 seiner Attraktionen sind der traditionelle Nachmittagstee mit Live-Harfenmusik und seine Lage in der Newbury Street mit den besten Shoppingmöglichkeiten der Stadt. INFO: Tel. +1/617-536-5700; www.tajhotels.com/boston. *Preise:* ab € 185 (Nebensaison), ab € 293 (Hochsaison), Nachmittagstee € 24.

ESSEN & TRINKEN

HAMERSLEY BISTRO – Gordon Hamersley war mit diesem Lokal Pionier der Restaurantszene in South Bay. Die Speisekarte wechselt saisonal, aber einige exquisite Gerichte wie das gebratene Huhn mit Knoblauch, Zitrone und Petersilie stehen ganzjährig auf der Karte. INFO: Tel. +1/617-423-2700; www.hamersleysbistro.com. *Preise:* Dinner € 37.

LEGAL SEA FOODS – Diese beliebte Fisch-&-Meeresfrüchte-Kette entstand in den 1950er-Jahren als Fischmarkt. Heute ist es eine ehrwürdige Institution, international anerkannt wegen der Qualität ihres Fisches. In Boston hat es über ein Dutzend Lokale; vom Freedom Trail aus am besten zu erreichen ist das auf Long Wharf direkt am Wasser. Legals sämige Muschelsuppe ist ein Muss, ebenso der gedämpfte oder gebackene Hummer sowie eine perfekte Interpretation der Bostoner Cremetorte zum Dessert. INFO: Tel. +1/617-742-5300; www.legalseafoods.com. *Preise:* Dinner € 30.

LOCKE-OBER – Der Speisesaal im beliebten Locke-Ober mit seiner geschnitzten Mahagonitäfelung, Jugendstilglas und Kristalllüstern geht auf seine Gründung in den 1860er-Jahren zurück. Lydia Shire hat die französischen Gerichte überarbeitet und aktuellere Gerichte hinzugefügt. Dennoch sind es die Klassiker wie Hummer Savannah (mit Champignons und Meeresfrüchten), die Gäste immer wieder hierher ziehen. INFO: Tel. +1/617-542-1340; www.lockeober.com. *Preise:* Dinner € 55.

NO. 9 PARK – Das No. 9 Park hoch auf dem Beacon Hill setzt den Standard für die moderne feine Küche. Chefköchin und Inhaberin Barbara Lynch hat einen raffinierten Stil, der französisch und italienisch beeinflusst ist, geschmacklich aber die Quintessenz Neuenglands darstellt. Der Speisesaal blickt auf den Common. Lynch führt auch B&G Oysters mit seinen fantastischen Meeresfrüchten sowie Sportello, ein amerikanisches, italienisch interpretiertes Diner. NO. 9 PARK: Tel. +1/617-742-9991; www.no9park.com. *Preise:* Probiermenü € 71. B&G OYSTERS: Tel. +1/617-423-0550; www.bandgoysters.com.

Preise: Dinner € 30. SPORTELLO: Tel. +1/617-737-1234; www.sportelloboston.com. *Preise:* Dinner: € 30.

OLEANA – Die Aromen des östlichen Mittelmeers herrschen in diesem gemütlichen Restaurant von Chefköchin Ana Sortun in Cambridge vor, z.B. bei mit Tamarinde glasiertem Rindfleisch und gegrilltem Tintenfisch mit Fenchelkompott. Ein schattiger Innenhof lädt zum Speisen im Freien ein. INFO: Tel. +1/617-661-0505; www.oleanarestaurant.com. *Preise:* Dinner € 40.

YE OLDE UNION OYSTER HOUSE – Das 1826 in der Nähe von Faneuil Hall im Blackstone Block gegründete Ye Olde Union Oyster House ist der älteste Restaurantbetrieb des Landes. Genießen Sie die Austern an der berühmten Meeresfrüchtebar – und die Nostalgie. Der Weg an Ihren Tisch, über schiefen Holzboden, führt vielleicht an der Nische Booth 18 vorbei, einst von John F. Kennedy bevorzugt. INFO: Tel. +1/617-227-2750; www.unionoysterhouse.com. *Preise:* Dinner € 26.

Alt, aber gut

BRIMFIELD UND STURBRIDGE

Massachusetts, USA

Auf der Brimfield Outdoor Antiques Show, dem landesweit größten und bekanntesten Antiquitäten- und Sammlermarkt, stellen über 6000 Händler aus. Rund 1 Mio. Besucher aus dem In- und Ausland besuchen die 3-mal jährlich im Herzen von Massachusetts stattfindende Veranstaltung, für die auf 1,5 km ehemaligem Ackerland an der Route 20 Zelte und provisorische Ausstellungsflächen errichtet werden. Die Stimmung mag jovial sein, doch die Händler sind ernsthaft bei der Sache, wie auch die Legionen von Käufern, die am Eröffnungstag (Dienstag) bereits ab 4.30 Uhr kommen, für schwere Lasten gewappnet sind.

Jedes Feld hat eigene Öffnungszeiten; viele sind während der 6-tägigen Ausstellung von der Sonnenauf- bis -untergang geöffnet. Bis zum Wochenende sind die besten Stücke weg, aber wer spät zum „Flohmarkt von Brimfield" kommt, kann sich manchmal über Preisnachlässe auf Waren freuen, die die Händler nicht wieder mit nach Hause schleppen möchten. Tragen Sie Ihre bequemsten Schuhe und seien Sie gegen Regen gewappnet.

Nur 10 km entfernt befindet sich eine weitere bemerkenswerte Sammlung von Dingen aus der Vergangenheit – Old Sturbridge Village, das größte lebende Geschichtsmuseum des Nordostens. Auf 80 ha Land hat man ein Neuengland-Bauerndorf der 1830er-Jahre nachgestellt. 40 historische Gebäude wurden Mitte der 1940er-Jahre aus der ganzen Region hierhergebracht. Es gibt authentisch eingerichtete Häuser, einen echten Bauernhof, eine kleine Schule, Wassermühlen, eine Postkutsche zum Mitfahren und kostümierte „Bewohner", die ihr Können und Kunsthandwerk zeigen. Selbst die Feiertage und Jahreszeiten werden auf traditionelle Weise gefeiert.

WO: 100 km westl. von Boston. BRIMFIELD OUTDOOR ANTIQUES SHOW: Tel. +1/413-283-2418; www.quaboag.com. *Wann:* 3 x im Jahr (Di–So): 2. Di im Mai, 2. Di nach dem 4. Juli, 1. Di nach Labor Day. OLD STURBRIDGE VILLAGE: Tel. +1/508-347-3362; www.osv.org. REISEZEIT: in Sturbridge: Apr.: Jungtiere; Anf. Juli: Veranstaltungen zum Unabhängigkeitstag; Sept.–Nov.: Ernte und Erntedank; Dez.: Weihnachtsfeierlichkeiten.

Das „andere Kap" des Buchtenstaates

CAPE ANN

Massachusetts, USA

Massachusetts' „anderes Kap" ragt gleich nördlich von Boston in den Atlantik. 1623 erklärten europäische Siedler am Cape Ann die Gewässer rund um Gloucester zu den besten Fischgründen der Neuen Welt. Bis heute versammeln sich die Nachkommen der ersten portugiesischen und italienischen Fischer zur *St. Peter's Fiesta*, einem riesigen Straßenfest im Sommer, bei dem u.a. die Flotte gesegnet wird.

Gloucester (Schauplatz des Buchs *Der Sturm: Die letzte Fahrt der Andrea Gail* und der Filmadaption) ist ein Stück weit Seefahrerort geblieben; heute ist es auf Whalewatching spezialisiert. Aufgrund von Cape Anns Nähe zum Meeresschutzgebiet bei Stellwagen Bank, das sich von Gloucester bis Provincetown (s. nächste Seite) erstreckt und den wandernden Walen ein wahres Festmahl bietet, hat sich der Ort zur „Welthauptstadt des Whalewatching" ernannt. Hier befindet sich auch die Künstlerkolonie Rocky Neck. Das benachbarte Rockport zieht mit seiner eigenen aktiven Künstlergemeinde und einer Innenstadt, die trotz Souvenirläden und B&Bs ihren Charme bewahrt hat, viele Besucher an. Das zauberhafte Emerson Inn by the Sea aus dem 19. Jh., benannt nach dem berühmten Philosophen, der einmal hier zu Gast war, liegt im Norden der Stadt. Seine Säulenveranda und das schöne Restaurant blicken auf das Meer. Das nahe Essex präsentiert seine Geschichte stolz im kleinen Essex Shipbuilding Museum, von der ersten Werft von 1668 bis zu den über 15 Betrieben Mitte des 19. Jh., die rund um die Uhr arbeiteten, um 50 oder mehr Schiffe pro Jahr zu bauen.

Am berühmtesten ist Cape Ann wohl für die gebratenen Muscheln, die sich einer Eingebung Chubby Woodmans im Jahr 1916 verdanken. Heute ist ein Besuch bei Woodman's in Essex für jene 2000 Menschen, die an einem Sommertag hier einkehren, zum Ritual geworden. Die rot-weiß gestreifte Clam Box, ein Take-away im nahen Ipswich, pflegt seit 1938 eine freundschaftliche Rivalität zu dem älteren Lokal.

Besuchen Sie auf dem Weg nach Boston Salem, das wohl eher wegen Hexen und Halloween als seiner reichen Geschichte, Kunst und Architektur bekannt ist. Der Ort der berüchtigten Hexenprozesse von 1692 bietet reichlich Hexenkitsch und ein wenig unheimliches Hexenmuseum. Kulturelles Zentrum ist das Peabody Essex Museum, ältester Museumsbetrieb des Landes (seit 1799). Besichtigen Sie auch das House of the Seven Gables, Vorbild für den gleichnamigen Roman von Nathaniel Hawthorne, der gebürtiger Salemer ist.

Wo: Gloucester liegt 58 km nordöstl. von Boston. **Info:** www.capeannvacations.com. **Emerson Inn by the Sea:** Tel. +1/978-546-6321; www.emersoninnbythesea.com. Preise: ab € 100, Dinner € 26. **Essex Shipbuilding Museum:** Tel. +1/978-768-7541; www.essexshipbuildingmuseum.org. Woodman: Tel. +1/978-768-2559; www.woodmans.com. **Clam Box:** Tel. +1/978-356-9707; www.ipswichma.com/clambox. **Salem Witch Museum:** Tel. +1/978-744-1692; www.salemwitchmuseum.org. **Peabody Essex Museum:** Tel. +1/978-745-9500; www.pem.org. **House of the Seven Gables:** Tel. +1/978-744-0991; www.7gables.org. **Reisezeit:** Ende Juni: *St. Peter Fiesta* in Gloucester, Mitte Sept.: Meeresfrüchte-Festival in Gloucester; Okt.: Halloween in Salem.

Neuenglands Sommerspielwiese

CAPE COD

Massachusetts, USA

Das 40 km lange Küstenschutzgebiet von Cape Cod besteht aus sanft geschwungenen Dünen und wunderschönen Stränden, von Chatham bis nördlich von Provincetown. John F. Kennedy stellte den Küstenabschnitt 1961 unter staatlichen Schutz, gut 100 Jahre, nachdem Henry David Thoreau geschrieben hatte, hier könne „ein Mann stehen und ganz Amerika hinter sich lassen". Leuchttürme überblicken breite Strände, Sandbänke, Salzmarschen und Teiche in den Wäldern.

Als kilometerlange Küste mit haushohen Dünen präsentiert sich das Küstenschutzgebiet von Cape Cod.

Die alte Seefahrerstadt Chatham mit hübschen Schindelhäusern und weißen Gartenzäunen, Eisdielen und Gärten voller Blumen gehört zu den beliebtesten Reisezielen des Kaps. Das Captain's House Inn von 1839 hat romantische Zimmer mit Himmelbetten und Kaminen, während sich das Chatham Bars Inn direkt am Meer mit über 200 Zimmern über loyale Stammgäste freut, die den klassischen New-England-Urlaub suchen, einschließlich Muschelessen am Strand unter Sternenhimmel.

Der 2-spurige Old Kings Highway (Route 6A) führt auf dem Weg ins nördliche Provincetown an Antiquitätenläden und einladenden Lokalen vorbei. Der altgediente Fischerei- und Walfanghafen beherbergt heute eine Künstlerkolonie und eine Homosexuellengemeinde, die an Wochenenden abends die geschäftige Commercial Street belebt.

1620 ging die *Mayflower* hier vor Anker, bevor sie Plymouth gegenüber in der Bucht (s. S. 818) ansteuerte. Nur 10 km von hier liegt die krillreiche Stellwagen Bank, was die fast sichere Walsichtung von Mitte April bis Ende Oktober erklärt. Eine lebendige kulturelle Szene trifft man rund um die Kunstgalerien und das Provincetown Theater an, in dem seit Anfang des 20. Jh. auch Stars auftreten.

Unter den Fischrestaurants der Stadt ist das Lobster Pot wegen seiner Muschelsuppe und der portugiesischen Spezialitäten ein Dauerfavorit. Von den Hotels ist das Land's End Inn von 1904 vor allem aufgrund seiner Lage und der Bay Tower Suite mit ihrem 360-Grad-Blick berühmt. Das größere Crowne Pointe Inn & Spa im Stadtzentrum belegt ein Kapitänshaus und 3 renovierte Remisen vom Ende des 19. Jh. und bietet das beste Spa der Gegend.

Wo: Chatham liegt 145 km südöstl. von Boston, Provincetown 65 km nördl. von Chatham. **INFO:** www.capecodchamber.org. **CAPE-COD-KÜSTENSCHUTZGEBIET:** Tel. +1/508-255-3421; www.nps.gov/caco. **CAPTAIN'S HOUSE INN:** Tel. +1/508-945-0127; www.captainshouseinn.com. *Preise:* ab € 137 (Nebensaison), ab € 196 (Hochsaison). **CHATHAM BARS INN:** Tel. +1/508-945-0096; www.chathambarsinn.com. *Preise:* ab € 144 (Nebensaison), ab € 344 (Hochsaison). **THEATER VON PROVINCETOWN:** Tel. +1/508-487-7487; www.ptowntix.com. **LOBSTER POT:** Tel. +1/508-487-0842; www.ptownlobsterpot.com. *Preise:* Dinner € 26. *Wann:* Dez.–März: geschlossen. **LAND'S END**

INN: Tel. +1/508-487-1145; www.landsendinn. com. *Preise:* ab € 126 (Nebensaison), ab € 244 (Hochsaison). CROWNE POINTE: Tel. +1/508-487-6767; www.crownepointe.com. *Preise:* ab € 74 (Nebensaison), ab € 178 (Hochsaison). REISEZEIT: Mai–Juni u. Sept.–Okt.: angenehmes Wetter und weniger Touristen, Mitte Apr.–Okt.: Whalewatching; Ende Juni: portugiesisches Fest in Provincetown; Jul.–Aug.: bestes Strandwetter.

Eine herrliche Landschaft für eine bunte Mischung an Kultur

DIE SOMMERFESTIVALS VON BERKSHIRE

Lenox, Massachusetts, USA

Wenn das warme Wetter einsetzt, reisen Musiker aus der ganzen Welt in Berkshires sanfte, bewaldete Hügel zum *Tanglewood Music Festival*, dem wichtigsten Ereignis der Region. Das Anwesen in Tanglewood, Sommersitz des Boston Symphony Orchestra, umfasst 4 Aufführungsorte sowie eine Wiese fürs Picknick. Die Konzertsaison gipfelt im *Tanglewood Jazz Fest* Anfang September.

Im nahen Becket findet in The Pillow das international gefeierte *Jacob's Pillow Dance Festival* mit über 200 kostenlosen Vorstellungen (von Ballett bis Flamenco) statt.

Shakespeare & Company konzentriert sich auf den Dichter, präsentiert aber auch zeitgenössische Werke. Das ehrwürdige *Berkshire Theatre Festival* in Stockbridge findet im von Stanford White entworfenen Stockbridge Casino von 1888 statt. In der Stadt zeigt das Norman Rockwell Museum die größte Werksammlung des Künstlers, der hier bis zu seinem Tod 1978 lebte.

Im Zentrum von Stockbridges Main Street steht das beliebte Red Lion Inn aus dem 19. Jh. Weitere prachtvolle Zimmer erwarten Sie in den umliegenden Villen, die während des Baubooms des Goldenen Zeitalters entstanden, der 1885 seinen Höhepunkt hatte. Es gibt noch über 70 dieser Häuser, u.a. das Blantyre von 1902, das wie ein schottisches Schloss auf 47 ha thront. Sein freundschaftlicher Rivale Wheatleigh, ein quasiitalienischer Palazzo von 1893, beherbergt ein feines Restaurant und blickt über ein Gelände, das Central-Park-Architekt Frederick Law Olmsted gestaltet hat. Weniger herrschaftlich, aber ebenso komfortabel ist das Old Inn on the Green aus dem 18. Jh. in New Marlborough, eine ehemalige Postkutschenstation, wo die Gäste bei Kerzenlicht speisen.

Wo: Lenox liegt 210 km westl. von Boston. INFO: www.berkshires.org. TANGLEWOOD: Tel. +1/617-266-1492; www.tanglewood.org. *Wann:* Ende Juni–Anf. Sept. JACOB'S PILLOW DANCE FESTIVAL: Tel. +1/413-243-9919; www.jacobspillow.org. *Wann:* Ende Juni–Ende Aug. SHAKESPEARE & COMPANY: Tel. +1/413-637-1199; www.shakespeare.org. *Wann:* Mitte Juni-Nov. BERKSHIRE THEATRE FESTIVAL: Tel. +1/413-298-5576; www.berkshiretheatre.org. *Wann:* Ende Mai–Dez. NORMAN ROCKWELL MUSEUM: Tel. +1/413-298-4100; www.nrm.org. THE RED LION INN: Tel. +1/413-298-5545; www.redlioninn.com. *Preise:* ab € 100 (Nebensaison), ab € 178 (Hochsaison). BLANTYRE: Tel. +1/413-637-3556; www.blantyre.com. *Preise:* ab € 444. WHEATLEIGH: Tel. +1/413-637-0610; www.wheatleigh.com. *Preise:* ab € 530; Probiermenü € 122. THE OLD INN ON THE GREEN: Tel. 413-229-7924; www.oldinn.com. *Preise:* ab € 166, Dinner € 48.

Inselcharme vor der Küste von Cape Cod

MARTHA'S VINEYARD UND NANTUCKET

Massachusetts, USA

Die beiden berühmten Inseln am Cape Cod liegen direkt vor seiner Südküste. Das 256 km² große Martha's Vineyard ist die größere und freundlichere, mit schönen Stränden, Wäldern, Cranberryfeldern und charmanten Gasthäusern. Sie liegt näher am Festland als Nantucket und ist landschaftlich abwechslungsreicher.

Das unkonventionelle Dorf Oak Bluffs ist eines von 6 auf der Insel, mit bunten viktorianischen Häusern und einem Karussell von 1876, angeblich dem ältesten des Landes. In Vineyard Haven ist besonders die Black Dog Tavern bekannt, wo es die allgegenwärtigen T-Shirts und leckeres Pub-Essen gibt. Alley's General Store in West Tisbury im Norman-Rockwell-Stil ist stolz darauf, „mit fast allem zu handeln". Die spektakulären Klippen von Aquinnah („Gay Head") mit dem auffälligen Leuchtturm markieren das Ende der Insel, während Sie auf dem Hügel in Menemsha das Beach Plum Inn und Restaurant finden. Das Restaurant bietet einen herrlichen Blick auf das Wasser und Zugang zu einigen der besten Strände mit herrlichen Sonnenuntergängen.

In Edgartown (dem größten und belebtesten Dorf auf Vineyard) isst man gut im Atria, einem Restaurant in einem Kapitänshaus von 1890 mit einer gut besuchten Bar und berühmten Burgern. Das Charlotte Inn aus dem 19. Jh. ist das feinste Gästehaus der Insel mit einem exzellenten italienischen Restaurant, Il Tesoro, und 23 Zimmern voller Antiquitäten, verteilt auf 5 in blühenden Gärten liegende Gebäude.

Nantucket, 50 km vor der Küste, ist eine eigene Welt. Obwohl seine Bevölkerung jeden Sommer von 10.000 auf das 5-Fache anschwillt, bewahrt sich die Insel die abge-

Im 19. Jh. zählte Vineyard Haven zu den geschäftigsten Häfen Neuenglands.

schiedene Atmosphäre. Strenge Gesetze schützen das neuenglische Erscheinungsbild der „kleinen grauen Dame des Meeres". In ihrem historischen Viertel liegen über 800 georgianische und neoklassizistische Häuser. Nantucket war einst die Walfang-Welthauptstadt (*Moby Dick* spielt zum Teil hier), und sein Walfang-Museum zeigt, welche Rolle die Insel in der Walölindustrie spielte.

Das schicke Hotel Wauwinet mit den verwitterten Schindeln steht in romantischer Einsamkeit an 42 km geschützter Küste; die meist einfachen, großen Zimmer haben überwältigenden Meerblick. In seinem Restaurant Topper serviert man kreative regionale Gerichte. Das Schwesterhotel White Elephant bringt denselben charmanten Stil in die Stadt.

Wo: Saisonale Fähren nach Martha's Vineyard ab Woods Hole, New Bedford,

Hyannis u. Falmouth, Fähren nach Nantucket ab Harwich Port und Hyannis. **Info:** Martha's Vineyard: www.mvy.com. Nantucket: www.nantucketchamber.org. **Black Dog Tavern:** Tel. +1/508-693-4786; www.theblackdog.com. *Preise:* Dinner € 22. **Beach Plum Inn:** Tel. +1/508-645-9454; www.beachpluminn.com. *Preise:* ab € 144 (Nebensaison), ab € 220 (Hochsaison), Dinner € 48. *Wann:* Nov.–Apr. geschlossen. **Atria:** Tel. +1/508-627-5850; www.atriamv.com. *Preise:* Dinner € 45. *Wann:* Dez.–März geschlossen. **The Charlotte Inn:** Tel. +1/508-627-4151; www.charlotteinn.net. *Preise:* ab € 241, Dinner € 52. **Walfang-Museum:** Tel. +1/508-228-1894; www.nha.org. *Wann:* Nov.–Juni geschlossen. **The Wauwinet:** Tel. +1/508-228-0145; www.wauwinet.com. *Preise:* ab € 260 (Nebensaison), ab € 407 (Hochsaison); Festpreis-Dinner € 63. *Wann:* Mitte Okt.–Mai geschlossen. **White Elephant:** Tel. +1/508-228-2500; www.whiteelephanthotel.com. *Preise:* ab € 166. **Reisezeit:** Marthas Vineyard: Mitte Juni: Gourmetfest *A Taste of the Vineyard;* Juli: Edgartown Regatta. Nantucket: Ende Mai: *Figawi*-Segelbootrennen; 1. Wochenende im Dez.: Weihnachtsbummel, Dez.: Weihnachten.

Ein Hauch von Geschichte an der symbolischen Schwelle zu Amerika

Thanksgiving in Plimoth Plantation

Plymouth, Massachusetts, USA

In Plimoth Plantation ist immer 1627. Das lebende Museum und seine kostümierten „Bewohner" stellen Neuenglands erste erfolgreiche europäische Siedlung sowie ein Indianerdorf nach. Das Thanksgiving-Dinner hat seine Wurzeln in einem Erntefest, das 52 Pilger und 90 Wampanoag-Indianer 1621 gemeinsam feierten, ein Jahr nach Ankunft der Siedler mit dem Schiff aus England. Man aß Geflügel (eher Enten und Gänse als Truthahn), Wild, Mais und wohl frisches und getrocknetes Obst und Gemüse. Jeden Herbst bereitet man in Plimoth Plantation ein solches Erntedankmahl sowie ein klassisches amerikanisches Thanksgiving-Dinner zu.

Im Zentrum am Meer sehen Sie das (überraschend kleine) Plymouth Rock und die *Mayflower II*, den 40-m-Nachbau des Schiffs, das in 66 stürmischen Tagen 102 Pilger (mit ihrem Vieh und ihrer Habe) über den Atlantik brachte.

Erfahren Sie in Bedford, 45 Autominuten südwestlich von Plymouth, welche Rolle die Region im Walfang gespielt hat, der Mitte des 19. Jh. seinen Höhepunkt erreichte. Das New Bedford Whaling Museum, das weltweit größte seiner Art, zeigt neben zahlreichen Objekten ein 27-m-Modell des aufgetakelten Walfangschiffs *Lagoda* von 1826 (im Maßstab 1:2) sowie Kobo, das 20-m-Skelett eines jugendlichen Blauwals.

Wo: 65 km südöstl. von Boston. Tel. +1/508-746-1622; www.plimoth.org. *Preise:* Dinner ab € 48. *Wann:* Ende Nov.–Ende März: geschlossen. **New Bedford Whaling Museum:** Tel. +1/508-997-0046; www.whalingmuseum.org. **Reisezeit:** Okt. u. Nov.: Erntedank- und Thanksgiving-Essen.

Die Mayflower II *wurde 1957 fertiggestellt.*

Ein Roadtrip voll Geschichte und Kultur

Der Mohawk Trail

Williamstown und Deerfield, Massachusetts, USA

Der Mohawk Trail (Route 2) zieht sich 100 km durch eine ländliche Ecke von Massachusetts, Vermont und New York. Der ehemalige Indianerpfad wurde zur wichtigsten Verbindungsstraße zwischen den britischen Siedlern in Boston und den niederländischen in Albany. Heute ist er die einzige noch befahrene Straße aus der Zeit vor dem Ersten Weltkrieg. Sie windet sich kurvenreich durch schöne Landschaft und sympathische Städte wie das malerische Williamstown, Heimat des Williams College und einer aktiven kulturellen Szene. Seit 1955 treten beim Theaterfestival von Williamstown prominente Namen vom Broadway und aus Hollywood auf. Das kleine, aber beeindruckende Sterling and Francine Clark Art Institute („the Clark") besitzt Werke von Renoir, Monet, Degas und Pissarro sowie englisches Silber und frühe Fotografien.

An Deerfields langer Hauptstraße bilden 13 historische und ein modernes Gebäude einen interessanten Museumskomplex, der sich der Architektur der Stadt und amerikanischem Kunstgewerbe widmet. Das Deerfield Inn von 1884 verfügt über 24 Zimmer. Sein beliebtes Champney's Restaurant & Tavern hat marktfrische Speisen und 101 Martinisorten auf der Karte.

Keine andere ehemalige Fabrikstadt hat sich so kreativ neu erfunden wie North Adams. Das 1999 eröffnete MASS MoCA (Massachusetts Museum of Contemporary Art), vorwiegend in umgebauten Textilmühlen untergebracht, zeigt Auftragsarbeiten und Wechselausstellungen und veranstaltet Aufführungen. Das gemütliche Porches Inn gegenüber verbindet gekonnt Hightech mit Flohmarktflair.

Wo: Williamstown liegt 245 km nordwestl. von Boston. **Info:** www.mohawktrail.com. **Williamstown Theatre Festival:** Tel. +1/413-597-3400; www.wtfestival.org. *Wann:* Juli–Aug. **The Clark:** Tel. +1/413-458-2303; www.clarkart.edu. **Deerfield Inn:** Tel. +1/413-774-5587; www.deerfieldinn.com. *Preise:* ab €126 (Nebensaison), ab €185 (Hochsaison), Dinner €30. **MASS MoCa:** Tel. +1/413-662-2111; www.massmoca.org. **The Porches Inn:** Tel. +1/413-664-0400; www.porches.com. *Preise:* ab €110. **Reisezeit:** Juli–Aug.: Theaterfestival in Williamstown und Kulturangebot der Berkshires; Mitte Sept.–Mitte Okt.: Indian Summer.

Ein viktorianisches Relikt in den Großen Seen

Mackinac Island

Michigan, USA

Auf Mackinac Island lebt die goldene viktorianische Ära fort: Hufgetrappel von Pferdekutschen erklingt auf autofreien Straßen, und Fußgänger treffen sich in Eissalons und Cafés. Es mag etwas touristisch wirken, doch Mackinac

Auf der als Sommerresidenz beliebten autofreien Insel leben nur 500 Menschen dauerhaft.

(MÄK-i-Noh) ist auch umwerfend charmant, vor allem, wenn man die Innenstadt mit ihren Juwelieren hinter sich gelassen hat (nicht ohne den Fudge gekostet zu haben, eine Spezialität der Insel).

Mackinac Island liegt in der Mackinacstraße, der Verbindung von Michigan- und Huronsee, wo die obere und untere Halbinsel von Michigan einander am nächsten sind. Eine der weltweit längsten Hängebrücken, die 6,5 km lange Mackinac, verbindet die Halbinseln. Wohlhabende Städter kamen ab dem Ende des 19. Jh. hierher und bauten die grandiosen Ferienhäuser, die bis heute die Landschaft prägen; vorausschauende Einheimische verboten das Auto, kaum dass es erfunden war. Heute leben über 500 Pferde auf der Insel, neben Fahrrädern das einzige Fortbewegungsmittel.

Gehen Sie hinauf zum Fort Mackinac oder erwandern Sie die 80 % der Insel, die als State Park geschützt sind. Mackinacs berühmtestes Wahrzeichen ist das weitläufige Grand Hotel, ein weißer neoklassizistischer Palast von 1887, den Filmfans als Kulisse des 1980er-Jahre-Kultfilms *Ein tödlicher Traum* erkennen. Die auf einer Klippe gelegene, verwitterte Grande Dame besitzt einen wunderschönen großen Speisesaal und einen herrlichen Blick auf den See, den Sie am besten auf der 200 m langen Veranda im Schaukelstuhl genießen.

Ebenso charmant ist das viktorianische Chippewa Hotel, das auf den Jachthafen blickt. Die Pink Pony Bar & Grill ist begehrte „Ziellinie" des 535 km langen Jachtrennens von Chicago nach Mackinac (das „Mac"), das seit 1898 jedes Jahr Anlass zum Feiern gibt.

Wo: 450 km nördl. von Detroit. **Info:** www.mackinacisland.org. **Grand Hotel:** Tel. +1/906-847-3331; www.grandhotel.com. *Preise:* ab €370, inclusive. *Wann:* Mai–Okt. **Chippewa Hotel:** Tel. +1/906-847-3341; www.chippewahotel.com. *Preise:* ab €70 (Nebensaison), ab €115 (Hochsaison). *Wann:* Mai–Okt. **Reisezeit:** Anf. Juni: 10-tägiges Lilac Festival; Mitte Juli: Jachtrennen Chicago–Mackinac; Anf. Sept.: Brückenwanderung.

Mit Kanu – und Schlitten – durch das Paradies

Boundary Waters Canoe Area Wilderness

Ely, Minnesota, USA

Über 1000 Seen – zwischen 4 und 4000 ha groß – sprenkeln die Kiefernwälder an der Grenze von Minnesota zu Ontario. Auf der Seite von Minnesota liegt die unglaubliche 405.000 ha große Boundary Waters Canoe Area Wilderness (BWCA) – das größte Wildnisschutzgebiet der USA östlich der Rocky Mountains. Daran schließen sich jenseits der Grenze weitere 485.000 ha des Ontario Quetico Provincial Park an.

Das Wildnisgebiet, frei von Autos, fast frei von Motorbooten und mit über 600 ha kartierten Kanurouten, wurde von den Ojibwa besiedelt, danach, im 17. Jh., von französischen, niederländischen und britischen Pelzhändlern. Heute zieht es Kanuten an, die hier tagelang paddeln, an bewaldeten Ufern campen und Zander oder Hecht für das Abendessen angeln.

Paddler und Angler machen die BWCA zum meistgenutzten Wildnisgebiet der Nation. Dennoch hält ein strenges Genehmigungssystem die Massen überschaubar. Eher begegnen Sie Elchen, Eistauchern und einem vereinzelten Wolf als anderen Menschen. Nachdem sie in den 1930er-Jahren knapp der Ausrottung entkamen, streifen heute wieder rund 3000 östliche Timberwölfe durch die Wälder. Mehr darüber erfahren Sie im International Wolf Center in Ely, wo Sie eine „Botschaftergruppe" von 6 Wölfen (alle in Gefangenschaft geboren) in einem 0,5-ha-Gehege bewundern können.

In Ely (4000 Einwohner) vermietet eine Reihe von Anbietern eine Kanu-Grundausrüstung. Auch vollständige 1-wöchige Kanufahrten inklusive der erforderlichen Ausrüstung werden angeboten. Gönnen Sie sich nach mehreren Nächten in der Wildnis eine Nacht in einer der schönen Blockhütten bei Burntside Lodge vor der Stadt. Das Resort am See vom Anfang des 20. Jh. verfügt über eine erstklassige Küche nebst ausgezeichneter Weinkarte. Auch der Winter ist zauberhaft. Dann verwandelt sich die verschneite Natur in eine glitzernde Wunderwelt, und Ely wird zur Schlittenhundhauptstadt der USA. In der Wintergreen Lodge bietet der erfahrene Polarabenteurer Paul Schurke Hundeschlittenfahrten über das gefrorene Land an, von Lodge zu Lodge oder mit Camping. **Wo:** 160 km nordwestl. von Duluth. Tel. +1/218-626-4300; www.fs.fed.us. **Wie:** Williams & Hall helfen bei Planung und Ausstattung Ihrer Reise. Tel. +1/218-365-5837; www.williamsandhall.com. *Preise:* ab € 81 pro Person/Tag, all-inclusive. *Wann:* Mai–Sept. **International Wolf Center:** Tel. +1/218-365-4695; www.wolf.org. **Burntside Lodge:** Tel. +1/218-365-3894; www.burntside.com. *Preise:* Hütten ab € 126. *Wann:* Mitte Mai–Sept. **Wintergreen Lodge:** Tel. +1/218-365-6022; www.dogsledding.com. *Preise:* 4 Nächte ab € 648 pro Person, all-inclusive (Nebensaison), ab € 796 (Hochsaison). **Reisezeit:** Juli–Aug.: wärmstes Wetter; Sept.: Herbstfarben und weniger Insekten.

Das BWCA liegt im Superior National Forest.

Vorkriegsleben im tiefen Süden

Natchez und der Natchez Trace

Mississippi, USA

Natchez, einst ein lebhafter Hafen am Mississippi, ist heute ein lebendes Museum der Vorkriegsarchitektur. Über 500 historische Schätze sind erhalten, viele werden noch bewohnt und liebevoll von den Nachkommen ihrer ersten Eigentümer gepflegt. Seit 1932 ist die Frühlingswallfahrt von Natchez ein jährlicher Höhepunkt, wenn Azaleen, Kamelien und Magnolien in voller Blüte stehen und mehr als 30 Privathäuser und -gärten für das Publikum öffnen. Dann findet auch der Konföderierten-Festzug statt, bei dem Kostümierte ein romantisiertes Bild des tiefen Südens hervorrufen.

8 historische Häuser heißen Besucher ganzjährig willkommen, darunter mehrere B&Bs. Monmouth ist eines der besten, eine Hymne auf die Grandezza des Südens und ehemalige Residenz eines Gouverneurs von Mississippi; sein renommiertes Restaurant 1818 ist nach seinem Erbauungsjahr benannt. Ein weiterer neoklassizistischer „Tempel" ist das säulengeschmückte Dunleith mit 26 Zimmern von 1856 inmitten von 16 ha Grün.

Das beliebte Cock of the Walk in der Stadt serviert regionale Spezialitäten wie pfannengebratenen Seewolf, frittierte Dillgurken und Maisbrot aus der Pfanne. Drüben bei Fat Mama's Tamales sollten Sie Gringo Pie probieren – Tamales mit Chili, Käse, Zwiebeln und Jalapenos – und die Margarita „Knock-You-Naked".

Natchez ist südliche Endstation des Natchez Trace Parkway, eines alten Indianer- und Trapperpfades, später koloniale Handelsroute und heute eine der besten Auto- und Radstrecken des Landes. Über 715 km verläuft sie entlang des Mississippi bis zu den grünen Hügeln von Nashville, Tennessee (s. S. 879). Auf der 2-spurigen Straße, die zum National Scenic Byway erklärt wurde, erlebt man den Süden auf gemächliche Weise. Er ist angenehm frei von Plakatwänden und Einkaufszentren. Das Besucherzentrum des Natchez Trace liegt auf halbem Weg in Tupelo, einem verschlafenen Ort, der vor allem wegen des 2-Zimmer-Hauses bekannt ist, in dem Elvis Presley zur Welt kam. Es ist jetzt ein Museum, das sich dem King of Rock 'n' Roll widmet.

Wo: 185 km südwestl. von Jackson. **Info:** www.visitnatchez.org. **Touren zur Natchez-Wallfahrt:** Tel. +1/601-446-6631; www.natchezpilgrimage.com. *Wann:* Frühlingswallfahrt 5 Wochen im März–Apr.; Herbstwallfahrt 2 Wochen im Sept.–Okt. **Monmouth:** Tel. +1/601-442-5852; www.monmouthplantation.com. *Preise:* ab € 144, Dinner € 37. **Dunleith:** Tel. +1/601-446-8500; www.dunleith.com. *Preise:* ab € 96 (Nebensaison), ab € 130 (Hochsaison). **Cock of the Walk:** Tel. +1/601-446-8920. *Preise:* Dinner € 15. **Fat Mama's Tamales:** Tel. +1/601-442-4548; www.fatmamastamales.com. *Preise:* Dinner € 9. **Geburtsort von Elvis Presley & Museum:** Tel. +1/662-841-1245; www.elvispresleybirthplace.com. **Reisezeit:** 1. Wochenende im Juni: *Elvis Presley Festival* in Tupelo; Ende März–Mitte Apr.: Höhepunkt der Azaleensaison.

Ein kulinarisches und musikalisches Mekka

Kansas City BBQ und Jazz

Kansas City, Missouri, USA

In Kansas City ist Barbecue König – zu seinen Millionen von Fans gehören Söhne der Stadt wie die Jazzlegenden Charlie Parker und Count Basie. Stellen Sie sich bei einem beliebigen der über 100 Barbecue-Grills der Stadt an, um Spannrippe und „Brownies" (knusprige Rinderbruststreifen) in Soße zu essen. Im Gegensatz zu anderen Grillmekkas ist Kansas City stolz auf seine „Anything goes"-Einstellung (Schwein, Rind, Hammel, Wurst und Huhn), die auch für die Soßen gilt (Tomaten, Essig, Zucker, Honig, Sirup, Senf und Knoblauch werden beliebig kombiniert).

Barbecue und Kansas City unterhielten bereits eine Liebesbeziehung, als Arthur Bryant's Barbecue und seine scharfe, stückige Paprika-Barbecue-Soße 1974 plötzlich berühmt wurden durch den Lokalhelden Calvin Trillin vom *New Yorker*, der das Restaurant zum besten der Welt ernannte.

George Gates gründete 1946 im abgeschotteten Schwarzenviertel um 18th & Vine Street sein eigenes BBQ-Reich und profitierte von der aufsteigenden Jazzszene, die dort blüht. Das Lokal ist heute geschlossen, aber es gibt 6 andere, die unter dem ehrenvollen Namen Gates Bar-B-Q eine Art süßes Barbecue servieren.

In Kansas City gibt es kein schlechtes Barbecue, und seine Vielseitigkeit ist paradiesisch. Die Menschen fahren bis in die Vorstadt Belton, um Sneads berühmtes Log Sandwich zu essen – eine Mischung aus geräuchertem und gewürfeltem Rind-, Schweinefleisch und Schinken in einem langen Brot. Barbecue pur erleben Sie im Herbst beim 2-wöchigen *American Royal Livestock, Horse Show and Rodeo*, bei dem ein Grillwettbewerb stattfindet, der es mit dem von Memphis (s. S. 876) aufnehmen kann.

Kansas Citys 2 Leidenschaften sind im *Rhythm and Ribs Jazz Festival* vereint. Zu dem jährlichen Grillwettbewerb finden Konzerte von Jazz-, Blues-, R&B- und Gospelkünstlern statt, hinter dem American Jazz Museum, dessen Sammlung historische Aufnahmen, Exponate wie Louis Armstrongs Trompete und den

Das American Jazz Museum liegt an einer berühmten Jazzstraße.

Blue Room umfasst, einen Nachtclub aus den 1930er-Jahren, der tagsüber als Museumsexponat und nachts als Jazzclub fungiert. Unter demselben Dach erzählt das Negro Leagues Baseball Museum die Geschichte der berühmten Kansas City Monarchs. Jazzschüler sollten zur Mutual Musicians Foundation gehen, einem ehemaligen Gewerkschaftshaus, in dem sich Charlie Parker und Dizzy Gillespie angeblich kennenlernten und wo auch heute Musiker noch oft bis zum Morgen jammen.

BRYANT'S BARBECUE: Tel. +1/816-231-1123; www.arthurbryantsbbq.com. *Preise:* Mittagessen € 8. Gates Bar-B-Q: Tel. +1/816-531-7522; www.gatesbbq.com. *Preise:* Dinner € 11. SNEAD'S: Tel. +1/816-331-7979. *Preise:* Log Sandwich € 5. AMERICAN ROYAL BARBECUE COMPETITION: Tel. +1/816-221-9800; www.arbbq.com. *Wann:* 1. Wochenende im Okt. AMERICAN JAZZ MUSEUM: Tel. +1/816-474-8463; www.americanjazzmuseum.org. NEGRO LEAGUES BASEBALL MUSEUM: Tel. +1/816-221-1920; www.nlbm.com. MUTUAL MUSICIANS FOUNDATION: Tel. +1/816-471-5212; www.thefoundationjamson.org. REISEZEIT: 3. So. im Juni: *Rhythm and Ribs.*

Bergerlebnis abseits der Massen

BIG SKY

Montana, USA

In Bezug auf Big Sky, Montanas führendem Ski- und Urlaubsort, ist „big" wirklich das passende Wort. Der am Kopfende eines schönen Tals 1 Stunde nördlich vom Yellowstone-Nationalpark (s. S. 913) gelegene Ort wurde 1973 von Chet Huntley, dem aus Montana stammenden, inzwischen verstorbenen NBC-Nachrichtensprecher, gegründet.

Big Sky verfügt über 1500 ha Skipisten auf 3 Bergen, mit herrlichem Blick auf die Rocky Mountains und ca. 5 Skiläufern pro Hektar.

Das kürzlich eröffnete Moonlight Basin an der Nord- und Westseite des 3400 m hohen Lone Peak ist noch menschenleerer, und an den Liften muss man nie Schlange stehen.

Ein Großteil der über 1000 cm Schneefall jährlich ist ehrfürchtig als „kalter Rauch" bezeichneter Pulverschnee, und während manche Pisten extrem anspruchsvoll sind (der Gipfel des Lone Peak fällt 1325 m fast senkrecht ab), sind etwa ein Viertel der über 150 Pisten des Big Sky perfekt für mittelgute Skifahrer. In den Genuss des „größten Skigebiets Amerikas" kommt man mit einem Skipass, der auch im 2230 ha großen Skigebiet zwischen Moonlight Basin und Big Sky gilt.

Die elegante Lone Mountain Ranch ist ganzjährig beliebt, aufgrund von über 70 km Langlaufloipen, Pferdeschlittenfahrten zu laternenerleuchteten Hütten mit romantischem Dinner und Fliegenfischen im Sommer. Hinsichtlich Einfachheit und Freundlichkeit ist die Lodge at Big Sky ein Gewinner.

Mehr rustikalen Luxus bietet die Big EZ Lodge aus Stein und Holz auf 2280 m. Die meisten der 12 großen, elegant mit Holz ausgekleideten Zimmer haben einen fast unwirklichen Blick auf die Madison Mountains. Ein riesiger Outdoor-Whirlpool und das Restaurant mit Rocky Mountain-Küche sind einige der Vorzüge.

Wo: 70 km südl. von Bozeman. BIG SKY RESORT: Tel. +1/406-995-5900; www.bigskyresort.com. *Preise:* Skipass ab € 60. *Wann:* Skisaison Ende Nov.–Anf. Apr. MOONLIGHT BASIN: Tel. +1/406-993-6000; www.moonlightbasin.com. *Preise:* Skipass ab € 40. *Wann:* Skisaison Dez.–Apr. LONE MOUNTAIN RANCH: Tel. +1/406-995-4644; www.lmranch.com. *Preise:* ab € 1900 pro Person/Woche, all-inclusive. Schlittenfahrt-Dinner € 63 für Nichtgäste. *Wann:* Mitte Juni–Mitte Sept.; Mitte Dez.–März THE LODGE AT BIG SKY: Tel. +1/406-995-7858; www.lodgeatbigsky.com. *Preise:* ab € 74 (Nebensaison), ab € 104 (Hochsaison). BIG EZ LODGE: Tel. +1/406-995-7000; www.bigezlodge.com. *Preise:* ab € 441, all-inclusive. REISEZEIT: Jan.–Feb.: Langlauf, Jan.–März: Abfahrt; Juni–Juli: Fliegenfischen; Anf. Juli: Food Festival; Sa. abends im Winter: Feuerwerke auf Lone Peak.

Natur pur auf einer Ranch im Bitterroot Valley

DIE TRIPLE CREEK RANCH

Darby, Montana, USA

Versteckt am südlichen Ende des wunderschönen Bitterroot Valley, zu Füßen des 3100 m hohen Trapper Peak, liegt Triple Creek, Ranch und Luxusrefugium, das auf 3 Seiten von Nationalwald umgeben ist. Abgeschiedenheit, Schönheit und Komfort gibt es hier reichlich. Die bemerkenswerte Küche mit ebensolcher Weinkarte charakterisiert man am besten als „Frankreich trifft auf die nördlichen Rockies".

Die 23 Hütten der Ranch aus handbearbeiteten Holzstämmen liegen auf 240 ha Grund mit herrlichen, haushohen Kiefern und Wiesen. Hier fließen auch die 3 namengebenden Bäche Baker, No Name und House. Jenseits davon erstrecken sich in die Bitterroot Mountains Millionen Hektar unberührte Wildnis. Die 40 Pferde der Ranch stehen

Die Ranch veranstaltet für ihre Gäste Viehtriebe, Ausritte und Fliegenfischen.

jederzeit bereit, und zwischen den Ausritten können die Gäste im Pool oder Fitnesscenter entspannen oder sich an Forellenteichen, auf Tennisplätzen und einem Putting-Green vergnügen. Die 3-stöckige Central Lodge beherbergt den Speisesaal mit gewölbter Balkendecke, eine Bibliothek und eine Dachterrasse mit Bar-Lounge. Es gibt mehr Personal als Gäste, was für Luxus und einen freundlichen, anspruchsvollen Service sorgt.

Im Sommer geht man mountainbiken, wandern, reiten und fliegenfischen. Der Winter mit ca. 750 cm Schnee lädt zu Langlauf und zu Abfahrtski auf den Pisten des nahen Lost Trail Powder Mountain ein. Oder Sie entspannen sich einfach am knisternden Kamin und genießen einen heißen Butterrum mit Eiscreme, eine Spezialität der Ranch.

Wo: 120 km südl. vom Flughafen Missoula. Tel. +1/406-821-4600; www.triplecreekranch.com. *Preise:* ab € 555, all-inclusive. **Wann:** März–Apr. u. Nov.: geschlossen. **Reisezeit:** Ende Juli: Erdbeerfest in Darby; Anf. Sept.: *Ravalli County Fair* in Hamilton.

Die amerikanischen Alpen: majestätische Skulpturen in Eis

GLACIER NATIONAL PARK

Montana, USA

Die epische Bergwelt des Glacier National Park, für die Blackfeet Indianer heiliger Boden, wurde von John Muir als „der beste Sorgenkiller des Kontinents" bezeichnet und gilt wegen seiner betörenden gezackten Kulisse als „Krone des Kontinents". Dieser Park, den mächtige Gletscherbewegungen geformt haben, besitzt eines der intaktesten Ökosysteme der gemäßigten Zone mit über 1150 km Wanderwegen. Vielleicht werden Sie auf einer Wanderung mit dem Anblick von Elchen, Dickhornschafen, Berglöwen, Luchsen und sogar eines Schwarz- oder Grizzlybären belohnt: Glacier hat eine der größten Grizzly-Populationen der 48 Kontinentalbundesstaaten.

Hier befindet sich auch eine der weltweit spektakulärsten Gebirgsstraßen, die 80 km lange, 3 Stunden dauernde Going-to-the-Sun Road, die die Millionen Hektar große Wildnis zweiteilt, an Wasserfällen und dichten immergrünen Wäldern vorbei zum höchsten Punkt führt, der kontinentalen Wasserscheide am 2025 m hohen Logan Pass. Derzeit gibt es 27 namentlich benannte Gletscher im Park; Mitte des 19. Jh. waren es noch etwa 150, und Experten rechnen damit, dass bis 2030 alle verschwunden sein werden.

Die winzige Insel inmitten des Lake Saint Mary trägt den Namen Wild Goose Island.

Die Great Northern Railway errichtete hier Anfang des 20. Jh. massive Lodges aus Holz und Stein, von denen das am See gelegene Many Glacier Hotel im Schweizer Stil vielleicht am schönsten liegt. Die hübsche McDonald Lodge etwa 95 km westlich am gleichnamigen See hat eine mit Jagdtrophäen geschmückte Lobby und ein riesiges Kaminzimmer. Von den Quartieren gleich vor dem

Park ist das gemütliche, alpine Izaak Walton Inn, 1939 für Eisenbahnarbeiter erbaut, mit am beliebtesten. Von hier hat man Zugang zu ausgezeichneten Angel- und Langlaufmöglichkeiten.

Kaum etwas vermag einen Besuch des Parks zu überbieten, es sei denn, Sie mieten sich im 3 schönen Autostunden entfernten Paws Up ein, einem Luxusresort in der Wildnis mit 28 2-stöckigen Kiefernholzhütten. Von Mitte Mai bis September kann man hier in 12 Zelten am Flussufer amerikanische Safari erleben, mit Federbetten und Butler – Camping auf die glamouröse Art. Die Fülle der sommerlichen Aktivitäten, vom Reiten bis zum Fliegenfischen im Blackfoot River, steht den Winteraktivitäten – Skifahren auf Hunderte Kilometer langen Loipen, Schneeschuhwandern und Hundeschlittenfahrten – in nichts nach.

Wo: Der Westeingang zum Park ist West Glacier, ca. 50 km nordöstl. von Kalispell. Tel. +1/406-888-7800; www.nps.gov/glac. *Wann:* ganzjährig geöffnet, Going-to-the-Sun Road Mitte Sept.–Mitte Juni zum Großteil geschlossen. **Many Glacier Hotel** und **Lake McDonald Lodge:** Tel. +1/406-892-2525; www.glacierparkinc.com. *Preise:* ab € 96. *Wann:* Ende Mai–Sept. **Izaak Walton Inn:** Tel. +1/406-888-5700; www.izaakwaltoninn.com. *Preise:* ab € 90 (Nebensaison), ab € 110 (Hochsaison). **Paws Up:** Tel. 406-244-5200; www.paws up.com. *Preise:* Unterkunft mit 2 Schlafzimmern ab € 659 (Nebensaison), ab € 870 (Hochsaison), inklusive; Zelte ab € 607, inklusive. *Wann:* Zelte Ende Mai–Sept. **Reisezeit:** Jan.–März: Langlauf; Jul.–Aug.: Wildblumen; Sept.: weniger Touristen.

Großer Himmel, großes Land, große Fische

Big Hole Country

Wise River, Montana, USA

Den Begriff „big hole" benutzten die Bewohner der Grenzregion für ein breites, tiefes Tal. Big Hole Country in der südwestlichen Ecke von Montana gehört zu seinen schönsten Regionen – ein Präriebecken auf 1800 m, flankiert von schneebedeckten Gipfeln und durchzogen von kristallklaren Bächen und Flüssen. Rinderfarmen und Weiden mit Heuhaufen haben dem Big Hole seinen Spitznamen, „Tal der 10.000 Heuhaufen", eingebracht. Der kleine Ort Wisdom (300 Einwohner) ist das Epizentrum der Region, mit entspannter Atmosphäre und Cowboycharakter, nur 1 Autostunde vom touristischeren Bitterroot Valley entfernt.

Für Fliegenfischer ist vor allem der Big Hole River interessant, ein klarer Forellenbach. (Die Seen und Bäche Montanas sind die Heimat von Braun-, Regenbogen-, Bach-, Stier- und Cutthroat-Forelle sowie ihrer Cousins, der Arktischen Äsche und des Süßwasserlaches Kokanee.) Viele Besucher erleben das Angeln in Montana als eine fast mystische Erfahrung, was auch Norman Maclean in den ersten Zeilen seines Montana-Romans *Aus der Mitte entspringt ein Fluss* zum Ausdruck bringt: „In unserer Familie gab es keine klare Trennung zwischen Religion und Fliegenfischen." Am Flussufer sind Maultierhirsche, Rothirsche und Elche ein alltäglicher Anblick.

Big Holes berühmteste Lodge ist die Complete Fly Fisher außerhalb des Orts Wise River. Ihre Lage am Big Hole River und die Nähe zu den Flüssen Wise, Beaverhead, Bitterroot, Clark Fork und Missouri garantiert ein beispielloses Angelerlebnis. Die Beschränkung auf 14 Gäste verspricht individuellen Service und persönliche

Einweisung, sodass selbst Anfänger großes Angelglück erleben. Gemeinsames Essen auf der Terrasse am Flussufer fördert die Kameradschaft, und die Gerichte sind überraschend gut. Ebenfalls am Big Hole River, im nahen Twin Bridges, liegt das bescheidene Great Waters Inn, eine der ersten Fliegenfischerlodges Montanas. Sie ermöglicht ihren 18 Gästen auch kurze Aufenthalte und tageweise Aktivitäten.

Wo: Wise River liegt 65 km südl. von Butte. **Complete Fly Fisher:** Tel. +1/406-832-3175; www.completeflyfisher.com. *Preise:* 7 Tage mit 5 Tage geführtem Angeln € 3555 pro Person, all-inclusive. *Wann:* Mitte Mai–Mitte Okt. **Great Waters Inn:** Tel. +1/406-835-2024; www.greatwatersinn.com. *Preise:* 5 Tage mit 3 Tage geführtem Angeln € 1033 pro Person, all-inclusive; nicht geführt € 130 pro Person/Tag, inklusive. **Reisezeit:** Mai und Sept.–Okt.: gute Angelbedingungen, Juni–Aug.: schönstes Wetter; Mitte Juni: sehr aktives Fliegenfischen.

Wo Megawatt, Megaluxus und Megavergnügen aufeinandertreffen

Der Las Vegas Strip

Las Vegas, Nevada, USA

Der 6,8 km lange Abschnitt des Las Vegas Boulevard, der „Strip" („Streifen") genannt wird, ist das Weltzentrum des Glitters, wo sich Vergnügungspaläste, 24 Stunden geöffnete Kasinos und Hochzeitskapellen abwechseln.

Die schmierige Exzentrik ist allmählich exklusivem Luxus gewichen, und heute definieren sich die Hotels eher durch hochwertige Bettwäsche und geschmackvolle Marmorbäder als durch falsche Kristallüster und Neon.

Doch ein Großteil des Strips ist seinen Wurzeln treu geblieben. Sie sollten die ganze glitzernde Parade von Hotels und Kasinos in sich aufnehmen, vom riesigen Löwen vor dem MGM Grand bis zur Eiffelturmkopie in halber Originalgröße am Paris Las Vegas.

Eine Klasse für sich ist das Bellagio, ein imposanter italienischer Palazzo mit fast 4000 Zimmern, die über einem großen künstlichen See zu schweben scheinen. Tanzende Fontänen locken Besucher ins Kasino. Gegenüber bietet das Wynn Las Vegas mit dem neuen Anbau Encore seinen Gästen Luxus pur, von Hightech-Gadgets in den Zimmern bis zum einzigen Golfplatz des Strips.

Nach seiner Fertigstellung war das Bellagio das teuerste Hotel, das jemals gebaut wurde.

Mit der Wiedergeburt von Las Vegas kamen auch Spitzenköche aus Amerika – und der ganzen Welt – hierher. In Paul Bartolottas Restaurant im Wynn Las Vegas, das nach seinem Chefkoch und Inhaber benannt ist, können Sie im Freien speisen, z.B. täglich vom Mittelmeer eingeflogenen Fisch. Im Bellagio verspeist man das mehrgängige kulinarische Festpreis-Dinner unter dem Blick der Picassos, die dem Nobellokal seinen Namen geben.

Und die All-you-can-eat-Büfetts? Es gibt sie noch. Ihr unbestrittener Meister ist das Wynn, das vom Kansas-Barbecue bis zu 5 Arten von Ceviche alles bietet.

Das klassische Vegas-Showgirl mit nackten Brüsten und großem Kopfschmuck ist verschwunden, stattdessen gibt es ein breites Spektrum an namhaften Broadway- und Cirque-du-Soleil-Shows. Letztere steigern traditionelle Zirkuszelt-Theatralik zu anspruchsvoller Performancekunst. Der Gipfel von Vegas' Aufstieg in die Luxusklasse ist wohl das neue CityCenter, ein optisch verblüffender Hotel- und Wohnkomplex mit exklusiven Restaurants und einem Einkaufszentrum von Daniel Libeskind. Im Mittelpunkt steht das Resort und Kasino ARIA, mit über 4000 Zimmern auf 61 Etagen, einem Top-Spa im asiatischen Stil, 12 Restaurants und Bars sowie einem Theater, das eine neuere Show des Cirque du Soleil zeigt, *Viva ELVIS*.

Weiter nördlich auf dem Strip finden Sie Spuren des Las Vegas von einst, z.b. die geschäftige Chapel of the Flowers, die neben über 3 Dutzend weiteren Kapellen fast 100.000 Eheschließungen pro Jahr verantwortet.

INFO: www.visitlasvegas.com. BELLAGIO: Tel. +1/702-693-7111; www.bellagio.com. *Preise:* ab € 120, Festpreis-Dinner mit 4 Gängen im Picasso € 85. WYNN LAS VEGAS: Tel. +1/702-770-7100; www.wynnlasvegas.com. *Preise:* ab € 120, Dinner im Bartolotta's € 104, Dinner im The Buffet € 21. CIRQUE DU SOLEIL: +1/702-693-7722 für die meisten Shows; www.cirquedusoleil.com. ARIA: Tel. +1/702-590-7757; www.arialasvegas.com. *Preise:* ab € 96. REISEZEIT: Juni–Aug.: preisgünstige Zimmer, Apr. oder Okt.: schönes Wetter.

Luxus im Herzen der wilden Bergwelt

DIE GREAT NORTH WOODS

Dixville Notch und Whitefield, New Hampshire, USA

Waldgebiete, malerische Seen und mäandernde Bäche und Flüsse machen den nördlichsten Teil von New Hampshire aus – eine Region, die sich weitgehend in der Hand von Holz- und Papierherstellern befindet und wo Elche häufiger sind als Menschen. Der malerische, 160 km lange Moose Path Trail von Gorham nach Pittsburg führt Autofahrer durch die Stadt Dixville Notch und in eine herrliche Wildnis mit unzähligen idyllischen Plätzen zum Campen, Angeln, Kanufahren und Wandern.

An einen abgelegenen Bergpass 26 km südlich der kanadischen Grenze geschmiegt, liegt das wunderschöne Balsams, ein altmodisches Resort von 1866. Heute hat es über 200 Zimmer und bietet zahlreiche Aktivitäten. Für Golfer gibt es den malerischen, von Donald Ross entworfenen 18-Loch-Platz am Keazer Mountain, einen 9-Loch-Golfplatz und eine erstklassige Golfschule. Wer Driver nicht von Eisen unterscheiden kann, schwimmt im beheizten Außenpool, spielt Tennis, geht mountainbiken oder angeln oder fährt mit dem Boot auf den ruhigen Lake Gloriette hinaus. 16 moderate alpine Abfahrten und 95 km Langlaufloipen lassen die Gäste im Winter wiederkommen; auch Eislaufen ist möglich. Es ist ein ganzjähriges Reiseziel, und nicht selten machen 3 Generationen gemeinsam hier Urlaub. Das Dinner ist eine festliche Angelegenheit – Jacketts sind für Herren Pflicht.

Versteckt in der Kleinstadt Whitefield liegt ein weiteres großartiges Hotel, das Mountain View Grand Resort & Spa, mit einem preisgekrönten Spa, einem 100 Jahre alten Golfplatz und einer riesigen Veranda mit herrlichem Blick auf die White Mountains. Berühmt ist auch das nostalgische Grandma's Kitchen, wo es den ganzen Tag lang Frühstück gibt – und Kuchen am Morgen als vernünftige Wahl gilt. **Wo:** Dixville Notch liegt 340 km nördl. von Boston. **Info:** www.northerngatewaychamber.org. **The Balsams:** Tel. +1/603-255-3400; www.thebalsams.com. *Preise:* ab € 130 pro Person, all-inclusive (Nebensaison), ab € 230 (Hochsaison). **Mountain View Grand:** Tel. +1/603-837-2100; www.mountainviewgrand.com. *Preise:* ab € 104 (Nebensaison), ab € 148 (Hochsaison); Greenfee ab € 20. **Grandma's Kitchen:** Tel. +1/603-837-2525. *Preise:* Frühstück € 7,50. **Reisezeit:** Ende Aug.: Elch-Festival in Colebrook; Mitte Sept.–Ende Okt. Indian Summer; Ende Dez.: Weihnachtsfeierlichkeiten und Silvesterfeuerwerk in The Balsams.

Sommerspielwiesen und goldene Teiche

Die Seenregion

Lake Winnipesaukee und Umgebung, New Hampshire, USA

Ländliche Dörfer, rustikale Sommerresidenzen, extravagante Ferienhäuser und familienfreundliche Motels säumen die Ufer der 273 Seen und Teiche von New Hampshires idyllischer Seenregion. Der Lake Winnipesaukee („Lächelnde Wasser") ist der größte See des Bundesstaats mit einer der schönsten Panoramastraßen, der 155 km langen Lakes Region Tour. Sie können die Gegend auch an Bord der beliebten, 70 m langen MS *Mount Washington* erkunden, die viele Inseln umrundet und charmante Uferstädte anfährt.

Der elegante Ort Wolfeboro behauptet, Amerikas ältester Badeort zu sein. Auch Meredith ist wunderschön, zwischen Lake Winnipesaukee und Lake Waukewan gelegen. Buchen Sie einen Aufenthalt im historischen Inns & Spa at Mill Falls, einem Gebäudekomplex direkt am Wasser, der zum Teil in einer renovierten Textilmühle untergebracht ist, in der sich auch ansprechende Geschäfte und Restaurants befinden.

Wenn Ihnen am Lake Winnipesaukee zu viel los ist, fahren Sie zum ruhigen Squam Lake, dem Schauplatz des Films *Am Goldenen See* von 1981. Ein Yankee-Sommerort mit exklusivem Flair liegt an diesem hübschen See, den Sie mit Kanu, Kajak oder einer Schiffstour erkunden können. Übernachten Sie im Manor on Golden Pond, einem englischen Landhaus vom Anfang des 20. Jh. mit herrlichem Blick auf den See und die Ausläufer der White Mountains. Seine romantischen Zimmer und Hütten, einige mit Veranda und Kamin, und sein exzellentes Restaurant mit Weinkeller machen es zur besten Unterkunft der Gegend.

Im familienfreundlichen Weirs Beach am Westufer des Winnipesaukee gibt es Wasserrutschen, Souvenirläden, Minigolf und eine der größten Videospielhallen des Landes. Der Ort Laconia veranstaltet seit 1923 jeden Juni eine 9-tägige Motorradrallye und zieht über 300.000 Biker und Fans aus den ganzen USA an.

Wo: Wolfeboro liegt 160 km nördl. von Boston. **Info:** www.lakesregion.org. **Inns & Spa at Mill Falls:** Tel. +1/603-279-7006; www.millfalls.com. *Preise:* ab € 81. **Manor on Golden Pond:** Tel. +1/603-968-3348; www.manorongoldenpond.com. *Preise:* ab € 174, Dinner € 45. **Reisezeit:** Mitte Juni: Motorradwoche in Laconia; Ende Juli: *Antique & Classic Boat Show* in Meredith; Ende Sept.–Okt.: Indian Summer.

Der hohe Punkt des Nordostens

DIE WHITE MOUNTAINS

North Conway und Umgebung, New Hampshire, USA

The White Mountains inspirieren zu Superlativen – am höchsten, am kältesten, am windigsten –, und ihre Krönung, der 1917 m hohe Mount Washington, beansprucht den Titel des höchsten Bergs im Nordosten. Von seinem Gipfel blickt man auf die majestätische Presidential Range mit ihren 5 über 1500 m hohen Gipfeln, und wenn Sie Pech haben, erleben Sie schlimme Unwetter. Auf den Gipfel gelangen Sie mit dem Auto über eine 13 km lange Privatstraße (der Eintrittspreis enthält einen Aufkleber: „Dieses Auto hat Mt. Washington erklommen") oder mit dem Zug. Die *Mount Washington Cog Railway*, in Betrieb seit 1869, zieht nicht, sondern schiebt ihre Wagen den Berg hinauf und transportiert im Winter Skifahrer zu Pisten, die parallel zu den Schienen verlaufen. Die *Conway Scenic Railroad* tuckert vorwiegend horizontal mit restaurierten alten Waggons durch das Mount Washington Valley und die spektakuläre Berglücke von Crawford Notch.

Im wunderschönen Omni Mount Washington Resort in Bretton Woods bildet ein weitläufiges weißes Gebäude von 1902 mit rotem Dach das Zentrum des Komplexes. Die Gäste verbringen ihre Tage mit Golf, Tennis, Reiten und Anwendungen im Spa, doch das Resort ist am besten für seine Abfahrt- und Langlaufmöglichkeiten bekannt.

Der Appalachian Trail (s. S. 738) ist der bekannteste von Hunderten malerischer Fahr- und Wanderrouten durch die White Mountains. Als Teil des 160 km langen White Mountains Trail wurde der 42-km-Abschnitt des Kancamagus Highway, der die Städte Lincoln und Conway verbindet, zum National Scenic and Cultural Byway erklärt und ist eine beliebte Autotour durch Neuengland. Der „Kanc" steigt

Die ersten Lokomotiven erklommen Mt. Washington 1869.

in zahlreichen Kurven bis auf 915 m, vorbei an glitzernden Wasserfällen und Seen im Hinterland des White-Mountain-Nationalwalds.

Wo: 220 km nördl. von Boston. **Info:** www.visitwhitemountains.com. **Mt. Washington Road:** Tel. +1/603-466-3988; www.mountwashingtonautoroad.com. *Wann:* Mitte Mai–Mitte Okt. **Cog Railway:** Tel. +1/603-278-5404; www.thecog.com. *Preise:* € 45. *Wann:* Mitte Juni–Okt. **Conway Scenic Railroad:** Tel. +1/603-356-5251; www.conwayscenic.com. *Wann:* Jan.–Mitte Apr.: geschlossen. **Mount Washington Resort:** Tel. +1/603-278-1000; www.mountwashingtonresort.com. *Preise:* ab € 96 (Nebensaison), ab € 200 (Hochsaison). **White Mountain National Forest:** Tel. +1/603-528-8721; www.fs.fed.us/r9/white. **Reisezeit:** Juni–Aug.: Sommeraktivitäten; Ende Sept.–Mitte Okt.: Indian Summer.

Eine viktorianische Kleinstadt am Meer

CAPE MAY

New Jersey, USA

Cape May ist der älteste Badeort in den USA, aber sein wahrer Reiz liegt in der Kombination von viktorianischem Ambiente und der Küstenlage in Jersey. Es wurde Mitte des 19. Jh. gegründet, als die salzhaltige Luft und die breiten Strände Elite-Urlauber wie Abraham Lincoln, P. T. Barnum und Henry Ford anzogen. Zahlreiche Häuser wurden gebaut, von denen etwa 600 das große Feuer von 1879 und das nachfolgende Jahrhundert der Erneuerung überlebt haben.

Heute hat ganz Cape May den Status einer Nationalen historischen Sehenswürdigkeit; das 6,5 km² große historische Viertel strotzt vor schönen viktorianischen Häusern. Am besten besichtigt man sie mit einem Leihfahrrad oder einer Pferdekutsche. Aus der ganzen Welt kommen Vogelfreunde zum Zugvogel-Refugium von Cape May, wo über 400 Arten Station machen.

Das 1879 eröffnete Virginia Hotel bietet bis heute ein vornehmes viktorianisches Hotelerlebnis. Seine 24 Hauptzimmer sind in einem modernisierten klassischen Stil eingerichtet. Im Hotelrestaurant Ebbitt Room serviert man regionale amerikanische Küche mit internationalen Akzenten. Das nahe Mainstay Inn ist eines der ältesten B&Bs der Stadt und zählt bis heute zu den besten – ein würdevolles italienisierendes Herrenhaus von 1872 mit 4,30 m hohen Decken, großzügigen Zimmern und Hollywoodschaukeln auf einer blumenreichen Veranda.

Wo: 145 km südl. von Philadelphia. **Info:** www.capemaychamber.com. **Zugvögel-Refugium:** Tel. +1/908-879-7262; www.nature.org. **Virginia Hotel:** Tel. +1/609-884-5700; www.virginiahotel.com. *Preise:* ab € 74 (Nebensaison), ab € 222 (Hochsaison), Dinner € 48. **Mainstay Inn:** Tel. +1/609-884-8690; www.mainstayinn.com. *Preise:* ab € 130 (Nebensaison), ab € 220 (Hochsaison). **Reisezeit:** März–Mai u. Nov.: Vogelbeobachtung; Ende Apr.–Anf. Mai: Frühlingsfest; Mitte Okt.: Viktorianische Woche; Weihnachtszeit: Feierlichkeiten und Dekoration.

Auf und davon in den farbenfrohen Himmel

ALBUQUERQUE INTERNATIONAL BALLOON FIESTA

Albuquerque, New Mexico, USA

Ein durchschnittlicher Heißluftballon hat etwa die Größe eines Hauses und ist äußerst imposant. Nun stellen Sie sich 600 davon vor, die sich allmählich mit Luft füllen und wie die Dekoration für die weltgrößte Geburtstagsparty langsam in den Himmel aufsteigen. So ist es bei der Albuquerque International Balloon Fiesta, dem weltweit größten Heißluftballonrennen.

Die seit 1972 jährlich abgehaltene Balloon Fiesta lockt über 800.000 Menschen an, die auf 30 ha Gelände zwischen den schwebenden Wundern umherwandern. Fast an jedem Morgen der 9-tägigen Fiesta steigen ausgewählte Ballons vor Sonnenaufgang in die Lüfte und glühen in der Morgendämmerung wie riesige farbige Glühbirnen; etwas später folgt der Massenaufstieg aller Ballons, ein 2 Stunden währendes, vielfarbiges Spektakel. Manche Ballons nehmen an Streckenwettbewerben teil, andere an Rodeos, bei denen Ballons in fantastischen Formen wie Pilze, Hexen und Kühe gegeneinander antreten. Kommen Sie am Abend zum beliebten „Ballonglühen" (dann drehen die Ballons ihre Brenner auf und leuchten wie riesige Ornamente) und zum anschließenden Feuerwerk.

Im Anderson-Abruzzo Albuquerque International Balloon Museum erfahren Sie mehr über Technik und Geschichte des Ballonsports. Wenn Sie sich ein Herz fassen und selbst die Lüfte erobern möchten, können Sie bei Rainbow Ryders ganzjährig eine Ballonfahrt buchen.

Einen alternativen Lufttransport bietet die Sandia Peak Tram, mit ca. 4 km Länge die längste Seilbahn der Welt. Sie verläuft von der Nordostecke der Stadt auf die 3163 m

Der koordinierte Massenaufstieg, bei dem Hunderte Ballons gleichzeitig abheben.

hohen Sandia Mountains. Dort können Sie wandern und im High Finance Restaurant Tavern bei herrlicher Aussicht etwas essen.

Info: Tel. +1/505-821-1000; www.balloonfiesta.com. *Wann:* 9 Tage Anf. Okt. **Balloon Museum:** Tel. +1/505-880-0500; www.balloonmuseum.com. **Rainbow Ryders:** Tel. +1/505-823-1111; www.rainbowryders.com. *Preise:* Ballonfahrten € 120, ab € 277 während der Fiesta. **Sandia Peak Tram:** Tel. +1/505-856-7325; www.sandiapeak.com. **High Finance Restaurant:** Tel. +1/505-243-9742. *Preise:* Mittagessen € 13.

Unterirdisches Wunder in der Chihuahua-Wüste

Die Carlsbad-Höhlen

Carlsbad, New Mexico, USA

Eines der weltweit komplexesten, erstaunlichsten und am besten zugänglichen Höhlensysteme liegt unter den Guadalupe Mountains im Südosten New Mexicos im Carlsbad-Caverns-Nationalpark. Er umfasst über 100 bekannte Höhlen, entstanden aus einem fossilen Riff eines Binnenmeers, das vor etwa 250 Mio. Jahren die Gegend bedeckte. Die Höhle wurden im 19. Jh. von Siedlern entdeckt, doch bereits lange zuvor hatten Indianer sie betreten und ihre Wände mit faszinierenden Piktogrammen bemalt.

Oberirdisch befindet sich die überwältigende, unerbittliche Schönheit der nördlichen Chihuahua-Wüste. Darunter liegt eine vollkommen andere Welt. Klettern Sie den steilen Weg 230 m hinab in die Große Kammer, einen der größten unterirdischen Räume unseres Planeten, mit Platz für über 6 Fußballfelder. (Man kann auch mit dem Aufzug hinunterfahren, ein Erlebnis wie eine Reise zum Mittelpunkt der Erde.) Von hier windet sich ein kilometerlanger Weg vorbei an Tropfsteinen, fantastischen, von Naturkräften geschaffenen, strohhalmgleichen Formen wie Vorhängen, erstarrten Wasserfällen, Totempfählen und drapierter Seide. Oft haben sie sprechende Namen, wie Fels der Ewigkeit oder Bemalte Grotte.

Wer es abenteuerlicher mag, lässt sich von einem Ranger durch einige „wilde" Höhlen des Parks führen, darunter die Queen's Chamber, Teil der King's Palace Tour und ein Ort von bezaubernder Schönheit. Am einfachsten ist die Left Hand Tunnel Tour, während Bücken, Klettern, Waten durch Wasser und sogar Kriechen zu den anspruchsvolleren Touren, z.B. zur Spider Cave, gehören. Die Lechuguilla-Höhle darf nur von Forschern und Entdeckerteams betreten werden, die 488 m tief in der Erde über 195 km Gänge kartiert haben, womit sie die fünftlängste Höhle der Welt ist.

Ein weiteres Ereignis geschieht jede Nacht von Frühling bis Herbst: der Massenexodus von fast 400.000 Faltlippenfledermäusen, die in einer Spirale aus dem Höhleneingang aufsteigen und ihre nächtliche Insektenjagd beginnen. Kommen Sie zu den Ranger-Vorträgen und erfahren Sie, dass diese Tiere kaum bedrohlich sind, aber lebenswichtig für das Ökosystem der Region.

Wo: 490 km südöstl. von Albuquerque. **Info:** www.nps.gov/cave. **Geführte Höhlentouren:** Tel. +1/518-885-3639; www.recreation.gov. **Reisezeit:** Die Fledermäuse fliegen von Apr.–Nov. und sind am besten im Juli–Aug. zu sehen.

Die über 100 Höhlen des Parks verdanken ihre einzigartigen Formationen einem ständigen Kalkauf- und -abbau.

Eisenbahnfans, bitte einsteigen!

Cumbres & Toltec Scenic Railroad

Chama, New Mexico, USA

Mit Kiefern bewachsene Hügel, alpine Gipfel und eine der höchsten Eisenbahnstrecken im Westen der USA charakterisieren die Cumbres & Toltec Scenic Railroad, die sich schnaubend über die landschaftlich reizvolle Grenze zwischen New Mexico und Colorado nördlich der Kleinstadt Chama windet.

1881 kam das Eisenbahnunternehmen Denver and Rio Grande Rail nach Chama und verwandelte die Kleinstadt am Fluss in ein Holz- und Bergbauzentrum. Bis heute tuckern Züge von Chama nach Antonito in Colorado und lassen den Alten Westen auf authentische

Weise wiederauferstehen. Die Linie zeugt von den Herausforderungen, die ihre Erbauer überwinden mussten.

Mit 205 km Hin- und Rückfahrt ist die Cumbres & Toltec die längste Schmalspurbahn der USA. Die 914,4 mm schmale Spur war notwendig, damit sich die Bahn 180 m über dem Rio Chama an die kargen Hänge der Toltec-Schlucht schmiegen und 2 Tunnel und mehrere 30 m hohe Brücken passieren konnte. Vom Cumbres Pass in 3052 m Höhe, dem höchsten Punkt der USA mit regulärem Personenzugverkehr, blickt man auf das liebliche Chama Valley, das von den dichten Rio-Grande-, Carson- und Santa-Fe-Nationalwäldern umgeben ist.

Das ruhige und unprätentiöse Chama (mit ca. 1000 Einwohnern) ist voller Souvenirläden und B&Bs. Luxuriös wohnen Sie außerhalb des Orts in der Lodge and Ranch at Chama mit 21 Zimmern, ländlich-raffiniertem Dekor und einer ebensolchen Küche sowie 14,5 ha Land, einem Anglerparadies. Gehen Sie auf dem unberührten Rio Chama, einem unter Schutz gestellten Flussgebiet südwestlich der Stadt, paddeln. Wo er durch eine 450 m tiefe Schlucht mit roten Felsen und salbeigesprenkeltem Grasland fließt, ist er ein beliebtes Wildwassergebiet.

Wo: Chama liegt 270 km nördl. von Albuquerque. CUMBRES & TOLTEC: Tel. +1/719-376-5483; www.cumbrestoltec.com. *Preise:* € 65 hin und zurück, inklusive Mittagessen. *Wann:* Mitte Mai–Mitte Okt. THE LODGE AND RANCH AT CHAMA: Tel. +1/575-756-2133; www.lodgeatchama.com. *Preise:* ab € 203 pro Person/Tag, inclusive. REISEZEIT: Mitte Mai–Sept.: Touren in die Natur ab der Lodge; Ende Mai–Anf. Juni: hohes Wildwasser; Juni–Sept.: Angeln; Juli–Aug. niedriges Wildwasser und wärmeres Wetter.

Nicht von dieser Welt

ROSWELL

New Mexico, USA

Wer weiß, was tatsächlich in jener Julinacht 1947 in der Nähe des verschlafenen Roswell auf die Erde stürzte? Viehzüchter behaupteten, purpurfarbene Metallstücke mit seltsamen Hieroglyphen gefunden zu haben; Zeitungen berichteten, man habe „fliegende Scheiben" geborgen; und die US-Armee gab bekannt, ein Raumschiff sei abgestürzt, korrigierte dann, es habe sich um einen Wetterballon gehandelt, und blockte jede weitere Diskussion ab.

Dennoch wurde die Stadt im Südosten New Mexicos in den Jahrzehnten nach diesem „Vorfall" zum Synonym für UFOs. Roswell hat Filme, TV-Shows, Konferenzen inspiriert und zur Gründung des International UFO Museum and Research Center in der Innenstadt geführt, wo Verschwörungstheoretiker Himmelsbilder, UFO-Modelle und einige der vielen Tausend Bücher über das Thema inspizieren können.

Jedes 4.-Juli-Wochenende finden im Rahmen des jährlichen Roswell UFO Festivals Vorträge, Workshops und Entführungsdebatten sowie fröhliche Kostümwettbewerbe, Feuerwerke und eine Parade auf der Main Street statt. Der berühmte Hangar 84, in dem die Regierung die Reste des mysteriösen Absturzes gelagert hat, kann während des Festivals besichtigt werden.

Das Roswell Museum and Art Center zeigt eine kleine Sammlung von Weltniveau mit modernen Werken aus New Mexico, u.a. von

Georgia O'Keeffe (s. S. 836) und den jungen Künstlern von Roswells Artist-in-Residence-Programm. Auch eine Sammlung früher Raketen und Motoren, erfunden und gebaut von Robert Goddard, der ab den 1930er-Jahren 12 Jahre hier lebte, wird ausgestellt. Das angrenzende Robert H. Goddard Planetarium ist das größte im Staat, mit einer von der NASA gelegten Verbindung zum Hubble Telescope namens Viewspace.
Wo: 320 km südöstl. von Albuquerque. **INTERNATIONAL UFO MUSEUM:** Tel. +1/575-625-9495; www.roswellufomuseum.com. **UFO FESTIVAL:** Tel. +1/575-625-9495; www.roswellufofestival.com. *Wann:* 4.-Juli-Wochenende. **ROSWELL MUSEUM:** Tel. +1/575-624-6744; www.roswellmuseum.org.

Roadmovie und Realität: Auf Amerikas Straße aller Straßen

DIE ROUTE 66

New Mexico und darüber hinaus, USA

Keine andere Straße ist tiefer in der amerikanischen Psyche verwurzelt als die Route 66. Die ab 1926 gebaute, 3939 km lange Strecke ist der Inbegriff des amerikanischen Traums. Flüchtlinge aus dem staubigen Mittleren Westen und Beatniks gelangten über sie nach Kalifornien. In 8 US-Staaten, von Chicago bis Los Angeles, sprossen rechts und links von ihr Leuchtreklamen und Drive-ins aus dem Boden. Steinbeck und Kerouac schrieben über sie, Nat King Cole sang ein Lied auf sie, sie war Thema einer TV-Serie (*Route 66* feierte 1960 Premiere) und inspirierte einen Animationsfilm (Pixars *Cars*).

1985 wurde die Route 66 aufgehoben, in den Köpfen der Menschen lebt sie aber fort. Von Springfield, Illinois bis zum Grand Canyon (s. S. 710) steht sie für Kitsch, Natur und vieles, was Amerika definiert.

Teile der 2-spurigen Straße sind verschwunden, doch 85 % existieren noch; insbesondere im Süden gibt es viele gut befahrbare Streckenabschnitte. In Tucumcari liegt das Mesalands Dinosaur Museum mit der weltweit größten Fossiliensammlung. Übernachten Sie im freundlichen Blue Swallow Motel von 1939 und besichtigen Sie Tom Coffins riesige Schwanzflossen-Skulptur *Roadside Attraction* am Westende der Stadt.

In Santa Rosa, 95 km westlich, kühlen Sie sich im klaren Wasser des Blue Hole ab und sehen sich die Klassiker im Route 66 Auto Museum an. Früher bog die Straße nach Norden Richtung Santa Fe ab, bevor sie wieder südlich nach Albuquerque führte; 29 km, die immer noch von klassischen Plakatwänden und 1950er-Jahre-Architektur gesäumt werden.

Tanken Sie voll, und weiter geht's Richtung Westen nach Gallup, dem Handelszentrum der benachbarten Navajo-Nation (s. S. 712). Die Route 66 ist hier immer noch Hauptstraße, mit Leuchtreklamen und der größten Konzentration von Läden und Galerien für indianisches Kunstgewerbe in New Mexico. Übernachten Sie im coolen, geschichtsträchtigen El Rancho, 1929–1964 Schauplatz vieler Westernfilme.

ROUTE 66 FEDERATION: Tel. +1/909-336-6131; www.national66.com. **MESALANDS DINOSAUR MUSEUM:** Tel. +1/575-461-3466. **BLUE SWALLOW MOTEL:** Tel. +1/575-461-9849; www.blueswallowmotel.com. *Preise:* ab € 37. **ROUTE 66 AUTO MUSEUM:** Tel. +1/505-472-1966; www.route66automuseum.com. **El Rancho:** Tel. +1/505-863-9311; www.elranchohotel.com. *Preise:* ab € 70.

Die Liebesaffäre einer Künstlerin mit New Mexicos Schönheit

DER GEORGIA O'KEEFFE TRAIL

Santa Fe und Abiquiu, New Mexico, USA

„Die Farben sind anders da oben", schrieb Georgia O'Keeffe über New Mexico, das sie nicht nur liebte, sondern mit dem sie sich identifizierte. Sie stammte zwar aus dem Mittleren Westen und fand ihre erste Inspiration in New York City, gilt aber schon lange als New Mexicos bekannteste Künstlerin. Um zu sehen, was sie bewegte, beginnen Sie im Georgia O'Keeffe Museum in Santa Fe, das die größte Sammlung ihrer Werke besitzt; mehrere ihrer Bilder werden auch im New Mexico Museum of Art nicht weit von hier gezeigt.

Um aber wirklich ein Gefühl für O'Keeffes Welt zu bekommen, sollten Sie in den kleinen Ort Abiquiu 60 km nördlich von hier reisen, wo sie 1949, 3 Jahre nach dem Tod ihres Mannes, des berühmten Fotografen Alfred Stieglitz, zog. Hier entwickelte sie ihren unverkennbaren Stil: farbenfrohe, fast surreale Leinwände, die ihre Wahlheimat darstellen, mit sensiblen Motiven zu 2 ihrer Lieblingsthemen – Tierschädel bzw. Knochen und große Blumen.

Trotz der Aufmerksamkeit, die O'Keeffes Arbeit zuteilwird, ist Abiquiu ein Dorf mit nur etwa 1000 Einwohnern geblieben. Heute leben hier mehrere Künstler, die Abiquiu zu einer kleinen Enklave der Kreativität machen. Beziehen Sie Quartier im unprätentiösen Abiquiu Inn. Seine Zimmer und Casitas im südwestlichen Stil befinden sich neben dem Treffpunkt für Führungen durch das Haus und das Studio von Georgia O'Keeffe. Beide gehören zum Georgia O'Keeffe Museum, das jedes Jahr eine begrenzte Anzahl Besichtigungen arrangiert.

O'Keeffe verbrachte einen Teil ihrer Zeit in Abiquiu, den anderen auf der nahen Ghost

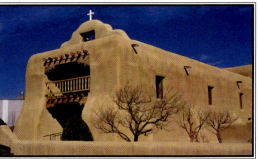

Die St.-Thomas-Kirche von Abiquiu aus Adobe verkörpert den südwestlichen Stil, der O'Keeffe zu ihrer Kunst inspirierte.

Ranch, ein Lebensstil, der ihr „die Weite und das Wunder der Welt, in der ich lebe", eröffnete. Die Ranch ist heute Refugium und Bildungszentrum, das Seminare zu Themen von Spiritualität bis zur Kunstwissenschaft anbietet. Die Unterkünfte sind komfortabel, ohne Telefon oder Fernseher, aber die Aussicht ist von der Art, die große Kunst hervorgebracht hat.

GEORGIA O'KEEFFE MUSEUM: Tel. +1/505-946-1000; www.okeeffemuseum.org. **NEW MEXICO MUSEUM OF ART:** Tefl. +1/505-476-5072; www.nmartmuseum.org. **GEORGIA O'KEEFFE-TOUREN:** Tel. +1/505-685-4539. *Wann:* nach Vereinbarung, Mitte März–Ende Nov. **ABIQUIU INN:** Tel. +1/505-685-4378; www.abiquiuinn.com. *Preise:* ab €66. **GHOST RANCH:** Tel. +1/505-685-4333; www.ghostranch.org. *Preise:* Seminare ab €163 pro Woche; Unterkunft ab €66 pro Person.

Wasserspaß unterm Wüstenhimmel

HEISSE QUELLEN UND SPAS

Santa Fe und das nördliche New Mexico, USA

New Mexico ist gesegnet mit Plätzen, die zum Entspannen in heißem Quellwasser einladen, von Sandbodenpools tief in den Wäldern bis zu einem an Kyoto erinnernden Zen-artigen Spa. Letzteres, das Ten Thousand Waves, liegt in den bewaldeten Bergen außerhalb von Santa Fe. Sein familiäres Ambiente und die Außenpools aus Holz, die den japanischen *onsen* (heißen Quellbädern) nachempfunden sind, pflegen Körper und Geist. Die Anwendungen reichen von der „4 Hände, 1 Herz"-Massage bis zur jahrhundertealten japanischen Nachtigall-Gesichtspflege.

1 Stunde nördlich von Santa Fe liegt das 445 ha große Resort und Spa Ojo Caliente Mineral Springs, eines der ältesten Kurzentren Nordamerikas. Das Adobe-Hotel im Missionsstil von 1916 beherbergt im Haupthaus und in mehreren Hütten das Artesian Restaurant sowie 48 Zimmer und Suiten. Die privaten Außenpools enthalten Wasser aus heißen Quellen. Schon vor Jahrhunderten haben sich die Indianer mit solch einem Mineralbad etwas Gutes getan.

TEN THOUSAND WAVES: Tel. +1/505-982-9304; www.tenthousandwaves.com. *Preise:* Gemeinschafts-Holzpool € 15; Zimmer ab € 148 (Nebensaison), ab € 178 (Hochsaison). OJO CALIENTE: Tel. +1/505-583-2233; www.ojospa.com. *Preise:* Mineralquellen ab € 12; Zimmer ab € 104 (Nebensaison), ab € 126 (Hochsaison).

Eine Fiesta für jede Jahreszeit

MÄRKTE UND FESTIVALS IN SANTA FE

Santa Fe, New Mexico, USA

Auf der Nordseite des historischen Hauptplatzes von Santa Fe steht der Gouverneurspalast. Er wurde 1610 von spanischen Siedlern erbaut, die die erste Hauptstadt der Nation gründeten. Das und mehr dokumentiert das New Mexico History Museum im selben Gebäude. Im Schatten des Eingangstors sitzen Indianer und verkaufen handgemachte Töpferwaren, Schmuck und Textilien.

Auf dem grünen Platz, dem Herzen von Santa Fes Altstadt, finden beliebte Veranstaltungen statt, z.B. der *Santa Fe Indian Market*, bei dem über 1000 Indianer ihr Kunsthandwerk anbieten, von Perlenstickerei bis Korbwaren. 200 Kunsthandwerker der Region, Essen und Musik prägen den *Traditional Spanish Market*. Beim *Santa Fe International Folk Art Market* im Juli sieht man erstklassige Arbeiten aus aller Welt.

Die *Fiesta de Santa Fe* im September, das älteste Fest des Landes, ist ein überschwängliches Festival mit viel Musik und reichlich Kunsthandwerk. Höhepunkt ist die Verbrennung von Zozobra, einer 15 m hohen Figur, Symbol für die Mühen des vergangenen Jahres.

Nicht weit von hier liegen 2 der besten hochklassigen Hotels der Stadt. Das Inn of the Anasazi ist allein wegen seiner Ausstattung und seines preisgekrönten Restaurants einen Besuch wert. Die ehemalige Künstlerkolonie La Posada Desanta Fe Resort & Spa hat sich trotz ihrer modernen, luxuriösen Annehmlichkeiten das Flair des alten Santa Fe bewahrt.

Santa Fes pulsierende Kulturszene erhält durch die Sommersaison der Santa Fe Opera einen weiteren Höhepunkt. Ihr auffälliges Adobe-Gebäude liegt auf einem Hügel nördlich der Stadt, mit Panoramablick auf die Berge und die Wüste. Zum Eröffnungsabend gehören eine Gala – und Parkplatzpartys.

GOUVERNEURSPALAST: Tel. +1/505-476-5100; www.palaceofthegovernors.org. NEW MEXICO HISTORY MUSEUM: Tel. +1/505-476-5200; www.nmhistorymuseum.org. SANTA FE INDIAN MARKET: Tel. +1/505-983-5220; www.swaia.org. *Wann:* 3. Wochenende im Aug. SPANISH MARKET: Tel. +1/505-982-2226; www.spanishmarket.org. *Wann:* Juli u. Anf. Dez. SANTA FE INTERNATIONAL FOLK ART MARKET: Tel. +1/505-476-1197; www.folkartmarket.org. *Wann:* Mitte Juli. FIESTA DE SANTA FE: Tel. +1/505-988-7575; www.santafefiesta.org. *Wann:* Anf. Sept. INN OF THE ANASAZI: Tel. +1/505-988-3030; www.innoftheanasazi.com. *Preise:* ab € 163 (Nebensaison), ab € 315 (Hochsaison), Dinner € 37. LA POSADA DE SANTA FE: Tel. +1/505-986-0000; www.laposada.rockresorts.com. *Preise:* ab € 130 (Nebensaison), ab € 255 (Hochsaison). SANTA FE OPERA: Tel. +1/505-986-5900; www.santafeopera.org. *Wann:* Juli–Aug.

Das einzigartige Aroma des Südwestens

SANTA FES SÜDWESTKÜCHE

Santa Fe, New Mexico, USA

Während spektakuläre Sonnenuntergänge oder die rote Felslandschaft für manche der Inbegriff des Südwestens sind, halten andere die spezielle Küche für das typischste Merkmal der Region. Ein Biss in eine Enchilada mit Huhn und blauem Mais mit einer pikanten Salsa aus rotem und grünem Chili, und Sie sind süchtig.

Amerikas älteste Küche vereint Zutaten, die die verschiedenen Siedler beigesteuert haben, u.a. Bohnen, Tomaten, Reis und Mais. Chili ist immer dabei – New Mexico ist sein größter Erzeuger und Verbraucher. „Rot oder grün?", wird bei fast jeder Bestellung gefragt. („Christmas" lautet die regionale Formel für beide Salsas.)

Beginnen Sie mit den legendären *huevos motuleños* und geräuchertem Forellen-Haschee im Café Pasqual's, das mit Wandgemälden dekoriert und nach Mexikos Schutzheiligem der Köche benannt ist. Seine Fans begeistert die Kombination alter und neuer mexikanischer sowie asiatischer Aromen.

Doch erst der Spitzenkoch von Weltruf, Mark Miller, bescherte der lokalen Küche nationales Interesse, als er 1987 sein Coyote Café eröffnete. Auch Nachfolger Eric DiStefano lockt viele Gäste in sein Restaurant und in die preisgünstigere Rooftop Cantina im 1. Stock.

Kommen Sie im September zur Santa Fe Wine & Chile Fiesta, die in das Grand Food &

Wine Tasting an Santa Fes Oper gipfelt, wenn die Herbstfarben schon die Sangre de Cristo Mountains bunt färben.

In der Santa Fe School of Cooking können Sie einige Geheimnisse und Aromen der regionalen Küche kennenlernen; hier bereiten Sie unter Anleitung von Spitzenköchen köstliche Gerichte zu. Schauen Sie auf dem belebten Santa Fe Farmers Market vorbei, wo über 100 Anbieter aus 15 Counties von Obst bis Blumen alles verkaufen und unzählige Stände Südwestspezialitäten anbieten.

Der Markt ist ein wichtiges Element des Santa Fe Railyard Park and Plaza, eines Projekts zur Stadtbelebung, für das 5 ha öffentlicher Raum in Santa Fes Innenstadt geschaffen wurden.

CAFÉ PASQUAL'S: Tel. +1/505-983-9340; www.pasquals.com. *Preise:* Frühstück € 9. COYOTE CAFE: Tel. +1/505-983-1615; www.coyotecafe.com. *Preise:* Dinner € 33; Rooftop Cantina € 20. WINE AND CHILE FIESTA: Tel. +1/505-438-8060; www.santafewineandchile.org. *Wann:* Ende Sept. SANTA FE SCHOOL OF COOKING: Tel. +1/505-983-4511; www.santafeschoolofcooking.com. *Preise:* ab € 31. FARMERS MARKET: Tel. +1/505-983-4098; www.santafefarmersmarket.com.

Extravagante Isolation, wild für alle Zeiten

DIE ADIRONDACKS

New York, USA

Der Adirondack State Park, größer als Massachusetts, wurde geschützt, damit er „für immer wild" bleibt. Dies ist den unermüdlichen Bemühungen des Anwalts und späteren Landvermessers Verplanck Colvin zu verdanken.

Der nach den Bergen benannte Park zog im 19. Jh. Männer mit Namen wie Whitney, Vanderbilt und Rockefeller an, die sich hier „Große Camps" erbauten. Umgeben von Urwäldern, einer reichen Tierwelt und über 3000 Seen und Teichen, verbinden die Unterkünfte Luxus und ländlichen Charme. Ihr zeitloser Stil mit den grob behauenen Stämmen und dem Zweigdekor wurde als Adirondack bekannt.

The Point, am Upper Saranac Lake gelegen, steht auf dem Grund von William Avery Rockefellers Camp Wonundra. Es verbindet die Tradition der „Großen Camps" mit modernem Komfort. Die Camper übernachten in 11 luxuriösen Gästezimmern und verbringen idyllische Tage mit Kanufahren, Angeln oder Wandern. Abends speist man bei Kerzenschein und lässt sich von der exquisiten Weinkarte verwöhnen.

Am Westufer des Lake Placid liegt die ebenso exklusive (und etwas erschwinglichere) Lake Placid Lodge von 1882. Sie besteht aus 1920er-Jahre-Hütten am Seeufer mit Kaminen und riesigen Badewannen. Wanderer sind erfreut darüber, dass der 200 km lange Jackrabbit Trail direkt an der Lodge vorbeiführt.

Das malerische Lake Placid, 1932 und 1980 (als einzige US-Stadt 2-mal) Austragungsort der Olympischen Winterspiele, gilt als „Welthauptstadt des Wintersports". Athleten aus aller Welt trainieren auf den erstklassigen Eislaufplätzen, Sprungschanzen und 50 km Loipen, die auch von Freizeitsportlern genutzt werden. Whiteface Mountain, 1980 Schauplatz der alpinen Rennen, hat den höchsten Steilhang im Osten der USA (1045 m) und ein Skigebiet, das auch bei Familien und Anfängern beliebt ist.

Mit 1629 m ist der Mount Marcy einer der höchsten Gipfel des Adirondack State Parks.

Das schindelgedeckte Mirror Lake Inn mit 131 Zimmern, das abgelegen inmitten von Wald an einem See mit Privatstrand liegt, ist raffinierter als die anderen Unterkünfte. Es ist für seine Pfannkuchen, das Spa, das exzellente Restaurant View und seinen gemütlichen Pub bekannt.

Erkunden Sie die Region auf der High-Peaks-Panoramastraße, einem 77 km langen Abschnitt der Route 73, der die höchsten Berge des Parks erklimmt, u.a. den Big Slide im Norden. Halten Sie beim Adirondack Museum am Blue Lake und sehen Sie sich Werke von Thomas Cole und Winslow Homer, hübsche Gärten und atemberaubende Landschaften an, die auch ein Rockefeller genießen würde.

Wo: 400 km nördl. von New York City. **Info:** *Adirondacks:* www.visitadirondacks.com. *Lake Placid:* www.lakeplacid.com. **The Point:** Tel. +1/518-891-5674; www.thepointresort.com. *Preise:* ab € 1018, all-inclusive. **Lake Placid Lodge:** Tel. +1/518-523-2700; www.lakeplacidlodge.com. *Preise:* ab € 426. **Whiteface Mountain:** Tel. +1/518-946-2223; www.whiteface.com. *Preise:* Skipass € 55. **Mirror Lake Inn:** Tel. +1/518-523-2544; www.mirrorlakeinn.com. *Preise:* ab € 203. **The Adirondack Museum:** Tel. +1/518-352-7311; www.adkmuseum.org. **Wann:** Ende Mai–Mitte Okt. **Reisezeit:** Mitte Sept.: Messe für rustikale Möbel im Adirondack Museum; Sept.–Okt.: Indian Summer.

Das Paradies für die Bewohner Manhattans

Die Catskills

New York, USA

Seit ihre wilde Schönheit erstmals die Fantasie großer Maler wie Thomas Cole angeregt hat, haben die Catskills immer mehr Wochenendausflügler und Zweitwohnungsbesitzer aus New York City angezogen, die in diesen sanften Hügeln ein gut erreichbares, idyllisches Refugium vor der Sommerhitze und dem Arbeitsalltag finden. Woodstock in Ulster County gilt seit Anfang des 20. Jh., als Künstler und Schriftsteller sich hier niederließen, als Boheme. Heute kommt ein schickes Kulturpublikum zum *Woodstock Film Festival*, einem der besten Independent-Filmfestivals des Landes.

Gleich südlich, in Sullivan County, treten Künstler im Bethel Woods Center for the Arts in einem Sommerpavillon mit 4500 Plätzen und Rasen für weitere 10.500 Zuschauer auf. Ebenfalls zu dem 800-ha-Komplex gehört das Museum at Bethel Woods, gleich neben dem Feld, auf dem 1969 das legendäre Woodstock-Festival stattfand; es zeigt eine schöne Hightechausstellung mit viel Musik über dieses spezielle Blumenkind-Event und seinen Einfluss auf Amerikas Kultur.

Diejenigen, die gern hüfttief in kaltem Wasser stehen, sind im berühmten Beaverkill River genau richtig, dem Geburtsort des amerikanischen Trockenfliegenfischens. An einem 1,5 km langen Flussabschnitt mit erstklassigen Angelgründen liegt das Beaverkill Valley Inn, eine klassische Anglerlodge mit 20 Zimmern.

In Wurfnähe befindet sich die Fliegenfischenschule von Lee Wulff, einer Ikone des Sports. Wer sich lieber drinnen aufhält, dem bietet das Emerson Resort & Spa Luxussuiten und zahllose Wellnessanwendungen. Die Lodge, von denselben Inhabern geführt, ist familien- und haustierfreundlich. Nur wenige Schritte von hier geht es los mit Wandern, Radfahren, Angeln und Tubing. Das Mohonk Mountain House liegt offiziell zwar nicht in den Catskills, avancierte aber seit seiner Eröffnung 1869 zum Favoriten des Hinterlands. Die große 7-stöckige viktorianische Villa am Gletschersee, auf 890 ha Privatgrund zum Spazierengehen oder Klettern, geht nahtlos in das angrenzende, neuere Spa über – ein Paradies für Großstädter.

Wo: 160 km nördl. von New York City. **Info:** www.visitthecatskills.com. **Bethel Woods Center:** Tel. +1/845-454-3388; www.bethelwoodscenter.org. *Wann:* Jan.–März: geschlossen. **Beaverkill Valley Inn:** Tel. +1/845-439-4844; www.beaverkillvalley.com. *Preise:* ab € 130. **Wulff School of Fly Fishing:** Tel. +1/845-439-5020; www.royalwulff.com. *Preise:* € 463 für 3-Tages-Kurs. *Wann:* Ende Apr.–Juni. **Emerson Resort & Spa:** Tel. +1/845-688-2828; www.emersonresort.com. *Preise:* Inn ab € 222, Lodge ab € 120. **Mohonk Mountain House:** Tel. +1/845-255-1000; www.mohonk.com. *Preise:* ab € 400, inklusive. **Reisezeit:** Apr.–Mitte Okt.: Forellenangeln; Ende Sept.–Anf. Okt.: *Woodstock Film Festival*; Okt.: Indian Summer.

Baseball, Belcanto und bukolischer Charme

Cooperstown

New York, USA

Das freundliche Dorf mit von Bäumen gesäumten Straßen im bewaldeten New Yorker Hinterland liegt an der Südspitze des von Hügeln umgebenen Otsego-Sees. Man ist stolz darauf, dass hier die Zeit stehen geblieben scheint.

Der Legende nach erfand Abner Doubleday hier 1839 den Baseball – was diese 2000-Einwohner-Stadt zum Wallfahrtsort von Baseballfans und zur Heimat der National Baseball Hall of Fame and Museum machte. Die Museumssammlung reicht von Joe DiMaggios Spind bis zu einer Honus-Wagner-Karte von 1909 – rund 38.000 Objekte und 500.000 Fotos.

Aber die Stadt hat mehr zu bieten. Seit 1975 findet in Cooperstown jeden Sommer das renommierte *Glimmerglass Festival* statt. Klassische Oper und Raritäten werden in einem Haus mit perfekter Akustik, 900 Plätzen und Blick auf das umliegende Farmland aufgeführt. Der Schriftsteller James Fenimore Cooper, dessen aus New Jersey zugezogener Vater Coopertown 1786 gegründet hatte, beschrieb den Otsego-See in seinem *Lederstrumpf* als „Glimmerglas" – daher der Name des Festivals.

Das Fenimore Art Museum am Otsego-See, in einer neogeorgianischen Villa aus den 1930er-Jahren untergebracht, zeigt Objekte des Romanciers, ferner nordamerikanische Indianerkunst und Werke von Künstlern der Hudson River School, u.a. Thomas Cole.

Mittendrin, nur wenige Schritte von der Main Street entfernt, liegt das freundliche Inn at Cooperstown von 1874, ein schönes Beispiel für Second-Empire-Architektur. Größer ist das Otesaga Resort Hotel im Föderationsstil, 1909 eröffnet und oft wegen seiner 400 Fenster, der herrlichen Lage am See und des 18-Loch-Golfplatzes „Lederstrumpf" bewundert, den Devereux Emmet 1909 konzipierte.

Wo: 370 km nordwestl. von New York City. Info: www.cooperstownchamber.org. Baseball Hall of Fame: Tel. +1/607-547-7200; www.baseballhalloffame.org. Glimmerglass Festival: Tel. +1/607-547-2255; www.glimmerglass.org. Wann: Juli–Aug. Fenimore Art Museum: Tel. +1/607-547-1400; www.fenimoreartmuseum org. Wann: Jan.–März: geschlossen. The Inn at Cooperstown: Tel. +1/607-547-5756; www.innatcooperstown.com. Preise: ab € 81 (Nebensaison), ab € 148 (Hochsaison). The Otesaga Resort Hotel: Tel. +1/607-547-9931; www.otesaga.com. Preise: ab € 311, inklusive, Greenfee ab € 66. Wann: Mitte Apr.–Mitte Nov. Reisezeit: Ende Juli: Aufnahmezeremonie der National Baseball Hall of Fame; Weihnachtszeit: Dekoration.

Weine von Weltrang und Kleinstadt-Amerika

Die Finger Lakes

New York, USA

Für die Irokesen waren diese langen, schmalen Seen eine Schöpfung des Großen Geistes, der seine Hände segnend auf diese besonders schöne Landschaft im Norden des Staates New York legte, doch wahrscheinlich sind sie vor Äonen durch Gletschertätigkeit entstanden.

Die meisten Seen sind tief – die größten, Cayuga und Seneca, 132 bzw. 188 m – und etwa 60 km lang. Zusammen sind diese 11 parallelen Seen nur etwa 160 km breit und liegen in einer friedlichen Landschaft, in der die verschlafenen Hauptstraßen von Uferstädten wie Geneva, Skaneateles und Hammondsport zum Bummeln und Stöbern nach Antiquitäten einladen.

Die Finger Lakes sind für ihre fast 100 Weinerzeuger bekannt, die einige der besten Rieslinge und Chardonnays des Landes produzieren. Von den Touren der Gegend ist die Keuka am beliebtesten – benannt nach dem See, der als der schönste von allen gilt. Die Route führt zu den Weinkellern der innovativen Vinifera von Dr. Konstantin Frank bei Hammondsport und zur Pleasant Valley Wine Company, deren 8 historische Steinbauten eine Tour für sich sind.

Das einer römischen Villa nachempfundene Hotel Geneva on the Lake von 1910 hat einen schönen Garten, der bis zum Pool am Seneca Lake reicht. Am Skaneateles Lake – einem der saubersten der USA – ist das Mirbeau Inn and Spa der Traum jedes Frankophilen, dessen Garten auch Monet begeistern würde.

An der Cayuga-Lake-Panoramastraße liegt Aurora, eine netter 650-Einwohner-Ort, der den Erfinder der American-Girl-Puppen, Pleasant Rowland, eine Renaissance verdankt. Rowland ließ das Aurora Inn am See, einen Backsteinbau im Föderationsstil von 1833, und das benachbarte E. B. Morgan House mit 7 Zimmern restaurieren. Der Speisesaal des Aurora Inn geht in eine Veranda am See über, wo man amerikanische Klassiker wie Schweinekrustenbraten zu Weinen aus den umliegenden Weinbergen isst.

Wo: 32 km südwestl. von Syracuse. Info: www.fingerlakes.org. Dr. Frank's Wine Cellars: Tel. +1/607-868-4884; www.drfrankwines.com. Pleasant Valley Wine Company: Tel. +1/607-569-6111; www.pleasantvalleywine.com. Geneva on the Lake Resort: Tel. +1/315-789-7190; www.genevaonthelake.com. Preise: ab € 122 (Nebensaison), ab € 174 (Hochsaison). Mirbeau Inn: Tel. +1/315-685-5006; www.

mirbeau.com. *Preise:* ab € 163 (Nebensaison), ab € 260 (Hochsaison). Aurora Inn und E. B. Morgan House: Tel. +1/315-364-8888; www.aurora-inn.com. *Preise:* Aurora Inn ab € 110 (Nebensaison), ab € 166 (Hochsaison), Dinner € 37. E. B. Morgan House ab € 130 (Nebensaison), ab € 185 (Hochsaison). Reisezeit: Ende Juli: *Finger Lakes Wine Festival* in Watkins Glen, letztes Juliwochenende *Antique Boat Show* in Skaneateles.

Wo das „schöne Amerika" begann

Das Hudson Valley

New York, USA

Im Jahr 1609 segelte der niederländische Entdecker Henry Hudson auf der Suche nach einer Orientpassage den malerischen Fluss hinauf, der heute seinen Namen trägt. Der Hudson, den die Indianer „2-Wege-Fluss" nannten, weil Meerwasser bis nach Albany hinaufdringt, entspringt in den Adirondacks (s. S. 839) und fließt 507 km später bei New York City (s. S. 845) in den Atlantik. Der Hudson hatte einen solch prägenden Einfluss auf Amerikas Geschichte, Kunst und Literatur, dass Bill Moyers ihn „Amerikas ersten Fluss" genannt hat.

Alexander Libermans Iliad *ist eines der Werke, die im Skulpturenpark des Storm King Art Center zu sehen sind.*

Im Hudson-Tal führen kleine Straßen an Pferdefarmen und Obstplantagen vorbei; Städtchen wie Cold Spring oder Hudson aus dem 18. und 19. Jh. laden zum Imbiss oder Antiquitätenshoppen ein. Washington Irving, dessen *Legende von der Schlafhöhle* hier spielt, sagte über die Gegend: „Das Tal des Hudson ist auf eine Art meine erste und letzte Liebe."

Welche Schönheit die Landschaftsmaler der Hudson-River-Schule inspiriert hat, sehen Sie von dem Hügel, auf dem Olana, Frederick Churchs maurische Villa von 1874, liegt. Spazieren Sie über die nahe Poughkeepsie-Highland-Eisenbahnbrücke, vollendet 1888. 2009 als State Historic Park wieder eröffnet, ist sie mit 2 km die längste Fußgängerbrücke der Welt.

Im nahen Hyde Park betreibt das renommierte Culinary Institute of America 5 öffentliche Restaurants, in denen Studenten arbeiten. In Hyde Park am Fluss liegt auch Springwood, Franklin D. Roosevelts Haus mit 120 ha Grund, wo Besucher die Präsidentenbibliothek mit Museum besichtigen können. Die Beaux Arts Vanderbilt Mansion in der Nähe ist mit 54 opulenten Zimmern und einem weitläufigen Garten der spektakulärste historische Herrensitz im Tal.

Viele Schlachten wurden während des Unabhängigkeitskrieges am Hudson River geschlagen. Daher hat die Regierung das Tal zum Nationalerbe erklärt. George Washingtons wichtigster Stützpunkt an der schmalsten Stelle des Flusses ist heute Ort der US-Militärakademie von West Point, der ältesten und am schönsten gelegenen Militärakademie der Nation.

Kunstliebhaber können sich über viele Museen freuen: Gleich nördlich von West Point lädt der zauberhafte Skulpturenpark des Storm King Art Center zum Spaziergang zwischen monumentalen Arbeiten u.a. von Louise Nevelson und Alexander Calder ein. Jenseits des Flusses gibt es bei Dia:Beacon Werke von Künstlern wie Andy Warhol, Donald Judd und Dan Flavin zu sehen. Die Galerie, in einer Druckerei von 1929 untergebracht, zeigt wichtige (oft übergroße) Werke von den 1960er-Jahren bis heute. **Wo:** 240 km nördl. von New York City Richtung Albany. **Info:** www.travelhudsonvalley.com. **Olana:** www.olana.org. **Fussgängerbrücke über den Hudson:** www.walkway.org. **Culinary Institute of America:** Tel. +1/845-451-1588 (Führungen); www.ciachef.edu. **Springwood:** Tel. +1/845-486-1966; www.nps.gov/hofr. **Vanderbilt Mansion:** Tel. +1/845-229-7770; www.nps.gov/vama. **West Point:** Tel. +1/845-938-2638; www.usma.edu. **Storm King Art Center:** Tel. +1/845-534-3115; www.skac.org. *Wann:* Apr.–Mitte Nov. **Dia:Beacon:** Tel. +1/845-440-0100; www.diabeacon.org. **Reisezeit:** Mai: herrlicher Frühling; Juli–Aug.: viele Festivals und Events; Okt.: Indian Summer.

Sommertreffpunkt der Elite

DIE HAMPTONS

Long Island, New York, USA

Während der Sommermonate sind die Küstenstädte am Ostende von Long Island, die Hamptons genannt, voller Städter – in Bridgehamptons Lokal Candy Kitchen aus den 1920er-Jahren begegnet man dann ebenso vielen Manhattanern wie auf der Madison Avenue. Doch immer noch gibt es neben Polofeldern Bauernstände und Fischhändler am Straßenrand, die von den Fischern der Gegend beliefert werden.

Was die Massen anlockt, sind kilometerlange herrliche Strände, hübsch restaurierte Städte und das gesellschaftliche Leben. Southampton ist die Grande Dame des alten Geldes mit eindrucksvollen Anwesen; East Hampton ist der wohl angesagteste Ort, einst Treffpunkt von Künstlern und Schriftstellern wie Willem de Kooning, Jackson Pollock, Truman Capote und Joseph Heller. Verbringen Sie einen Nachmittag in Sagaponack, wo im August die Blumen auf den Kartoffelfeldern duften, und Sie verstehen, was sie hierher zog.

Die Restaurants in den Hamptons stehen denen von New York in nichts nach. Das 1770 House auf East Hamptons Main Street ist bekannt für seinen eleganten Speisesaal; viele bevorzugen aber die herzhaften Gerichte im gemütlichen Gasthaus. Übernachten Sie im Maidstone, einem weißen Schindelhaus aus dem 19. Jh., das kürzlich skandinavisch verjüngt wurde.

Etwas nördlich, im ehemaligen Walfanghafen Sag Harbor, liegt an der Hauptstraße das American Hotel von 1846. Die 110-seitige Weinkarte enthält das Beste aus der Region und darüber hinaus. Wer leger gekleidet essen möchte, ist in der Corner Bar mit ihren saftigen Burgern gut aufgehoben.

Am Ende von Long Island liegt Montauk, berühmt für seinen Leuchtturm und die Surfmöglichkeiten. Offiziell gehört es zu den Hamptons, atmosphärisch ist es Lichtjahre davon entfernt. Hier isst man Meeresfrüchte – und das nirgends besser als am Gosman's Dock, das sich zu einem Restaurantkomplex entwickelt hat. **Wo:** Southampton liegt 145 km östl. von New York City. **Info:** www.discoverlongisland.com. Candy Kitchen: Tel. +1/631-537-9885.

Die historische Mulford Farm liegt in East Hampton.

Preise: Mittagessen € 15. THE **1770 HOUSE:** Tel. +1/631-324-1770; www.1770house.com. *Preise:* Zimmer ab € 170, Dinner € 45 (im 1. Stock), € 13 (Gasthaus). THE **MAIDSTONE:** Tel. +1/631-324-5006; www.themaidstone.com. *Preise:* ab € 207 (Nebensaison), ab € 430 (Hochsaison). THE **AMERICAN HOTEL:** Tel. +1/631-725-3535; www.theamericanhotel.com. *Preise:* ab € 110 (Nebensaison), ab € 185 (Hochsaison), Dinner € 37. THE **CORNER BAR:** Tel. +1/631-725-9760; www.cornerbarsagharbor.com. *Preise:* Mittagessen € 11. **REISEZEIT:** Mai–Juni u. Okt.: weniger Touristen; Juli–Aug.: schönstes Strandwetter und Mercedes-Benz Polo Challenge; letztes Sept.-Wochenende: Montauk Surf Classic Tournament.

„New York ... bewegt sich so schnell, dass es Energie kostet, still zu stehen." – BARBARA WALTERS

NEW YORK CITY

New York, USA

Dies ist Metropolis. Dies ist Gotham City. Dies ist die Stadt, die alle anderen gern wären – die „einzig wahre Stadt-Stadt", wie Truman Capote es formulierte. Wolkenkratzer und Straßenschluchten, 8,3 Mio. New Yorker, die täglich ihrer Arbeit nachgehen – schnell gehend, schnell sprechend, selbstsicher und dennoch voller Stolz und Gemeinschaftssinn, der so unvergesslich zutage trat, als Terroristen ihre Heimatstadt am 11. September 2001 angriffen. Man sagt, sie sei die Hauptstadt der Welt und vielleicht ist sie es.

HAUPTATTRAKTIONEN

AMERICAN MUSEUM OF NATURAL HISTORY – Hier spielt der Film *Nachts im Museum*, aber Sie brauchen keinen sprechenden Teddy Roosevelt, der Ihnen die wunderbaren Exponate erklärt, vom 28 m langen Blauwal-Modell über das rekonstruierte fossile Tyrannosaurus-Rex-Skelett bis zum 21.000-Karat-Topas „Brazilian Princess". Das futuristische Rose Center for Earth and Space ist ein 4-stöckiges, in Glas gefasstes Gewölbe mit dem Hayden Planetarium. Es besitzt den weltweit größten und stärksten Virtual-Reality-Simulator, der die Besucher scheinbar in die Milchstraße und noch weiter schickt. **INFO:** Tel. +1/212-769-5100; www.amnh.org.

CENTRAL PARK – Der von 1859 bis 1870 nach Plänen von Frederick Law Olmsted und Calvert Vaux angelegte 340 ha große Park ist ein urbanes Wunder. Seine Höhepunkte sind die Bethesda Fountain; das romantische Boathouse-Restaurant; die Trump-Wollman-Rink-Eisbahn und Sheep Meadow (eine riesige Rasenfläche, auf der sich ab Juli Sonnenanbeter Handtuch an Handtuch tummeln); das Karussell mit 58 handgeschnitzten Pferden und der wunderbare Conservatory Garden. Im Sommer gibt es kostenlose Aufführungen der Metropolitan Opera und der New York Philharmonic auf dem Great Lawn, SummerStage-Konzerte internationaler Künstler und Shakespeare im Park. **Info:** Tel. +1/212-310-6600; www.centralparknyc.org. **Boathouse Restaurant:** Tel. +1/212-517-2233; www.thecentralparkboathouse.com. Preise: Dinner € 40. **Oper und Sinfonie:** www.centralpark.com. *Wann:* Juni–Sept. **SummerStage:** Tel. +1/212-360-2756; www.summerstage.org. *Wann:* Juni–Aug. **Shakespeare in the Park:** Tel. +1/212-260-2400; www.publictheater.org. *Wann:* Juni–Aug.

Das Empire State Building ist 102 Stockwerke hoch.

Empire State Building – Das Chrysler Building mag der schönste Wolkenkratzer New Yorks sein, aber das Empire State Building ist zweifellos das kultigste. Es ragt 443 m in die Höhe und wird nachts in Licht gebadet, dessen Farbe so verschiedene Anlässe wie Frank Sinatras Geburtstag (ganz blau) und Spiele der New York Jets (grün und weiß) widerspiegelt. Nach seiner Fertigstellung 1931 war es das höchste Gebäude der Welt, bis das World Trade Center es Anfang der 1970er-Jahre übertraf. Nun ist es wieder das höchste in der Stadt – im Moment. Besuchen Sie das Freilicht-Observatorium im 86. Stock und bewundern Sie den bis zu 130 km weiten Rundumblick. **Info:** Tel. +1/212-736-3100; www.esbnyc.com.

Lincoln Center – Seit 1962 das erste seiner Theater eröffnet wurde, hat sich der 6,5 ha große Lincoln-Center-Komplex zum Mittelpunkt der darstellenden Künste in New York entwickelt, mit 12 Ensembles, darunter das New York City Ballet, das American Ballet Theatre, die New York Philharmonic und die Metropolitan Opera – Letztere gilt weithin als die beste der Welt. In den letzten Jahren haben die Architekten Diller Scofidio + Renfro eine umfassende (und manchmal umstrittene) Umgestaltung des Campus vorgenommen und die Gebäude modernisiert, um sie einladender zu machen. Zu den neuen öffentlichen Räumen gehört Illumination Lawn, ein abgeschrägtes Grasdach über dem konzeptionellen Lincoln Restaurant. Im Sommer spielen Tanzbands von Swing bis Salsa im handtuchgroßen Damrosch Park im Rahmen der Midsummer-Night-Swing-Reihe. **Info:** Tel. +1/212-875-2656; www.lincolncenter.org.

Metropolitan Museum of Art – Mit über 2 Mio. Werken aus der Steinzeit, dem digitalen Zeitalter und allen Epochen dazwischen gilt das Metropolitan Museum als eines der größten Kunstmuseen unseres Planeten. Diese 1870 gegründete Institution ist derart expandiert, dass ihr ursprüngliches neogotisches Gebäude nun vollkommen von Zusatzbauten umgeben ist. Höhepunkte sind die römische und die griechische Galerie, das Kostüminstitut, ein beeindruckender Bestand an byzantinischer und chinesischer Kunst, die Sammlung europäischer Malerei mit Werken von Tiepolo, Cézanne, Vermeer und Monet; die Waffen und Rüstungen sowie die ägyptische Sammlung mit Mumien, Sphinx und dem Tempel von Dendur aus dem 1. Jh. v. Chr., ein Geschenk der ägyptischen Regierung. Das Museumscafé Roof Garden ist im Sommer ein beliebter Treffpunkt, während die neapolitanische Weihnachtskrippe in der Halle der mittelalterlichen Skulptur ein Favorit der Festtage ist. **Info:** Tel. +1/212-570-3828; www.metmuseum.org.

Museum of Modern Art – 1929 gegründet, wurde das MoMA 2004 unter der Leitung des Architekten Yoshio Taniguchi umgebaut

Das MoMa zeigt Andy Warhols 32 Campbell's Soup Cans – für jede der 1962 erhältlichen Sorten ein Bild.

und erweitert. Heute ist es fast doppelt so groß wie ursprünglich und beherbergt die weltweit beste Sammlung von Werken vom Ende des 19. Jh. bis zur Gegenwart, darunter Van Goghs *Sternennacht* und Picassos *Les Demoiselles d'Avignon*. Die Architektur- und Designabteilung umfasst 3000 Objekte, die Film- und Mediensammlung 4 Mio. Standfotos und 23.000 Filme sowie 25.000 Fotografien, darunter Arbeiten von Man Ray, Walker Evans und Ansel Adams. Erholung findet man im friedvollen Abby Aldrich Rockefeller Sculpture Garden – mit Werken von Giacometti, Picasso, Rodin und anderen – oder im eleganten, viel gepriesenen Restaurant The Modern. INFO: Tel. +1/212-708-9400; www.moma.org. THE MODERN: Tel. +1/212-333-1220; www.themodernnyc.com. *Preise:* 3-gängiges Festpreis-Dinner € 65.

SOLOMON R. GUGGENHEIM MUSEUM – Dieses beeindruckende Gebilde, von Frank Lloyd Wright 1959 fertiggestellt, ist wie die Spirale einer Muschel geformt. Fahren Sie mit dem Aufzug nach oben und gehen Sie die Galerie nach unten (wie von Wright beabsichtigt). Sehen Sie dabei Werke vom Ende des 19. Jh. bis zur Gegenwart, u.a. Solomon R. Guggenheims ursprüngliche Sammlung nicht gegenständlicher Kunst; die Sammlung surrealistischer und abstrakter Werke seiner Nichte Peggy Guggenheim; Impressionisten, Postimpressionisten, deutsche Expressionisten und Minimalismus. INFO: Tel. +1/212-423-3500; www.guggenheim.org.

ROCKEFELLER CENTER AN WEIHNACHTEN – Dieser Bürokomplex, in den 1930er-Jahren von John D. Rockefeller finanziert und erbaut, ist ein Meisterwerk der modernen Architektur, mit zahlreichen Art-déco-Reliefs und -Skulpturen, die von der griechischen Mythologie inspiriert sind und den amerikanischen Optimismus zu Zeiten der Großen Depression verherrlichen. Am schönsten ist das Center zur Weihnachtszeit, wenn eine gewaltige, hell erleuchtete norwegische Fichte über der kleinen, aber sehr romantischen Eislaufbahn leuchtet. Die Aussichtsplattform Top of the Rock bietet vom 70. Stock des 30 Rockefeller Plaza einen atemberaubenden 360-Grad-Blick. Sehen Sie sich am Abend in der Radio City Music Hall die jährliche Weihnachtsshow im Broadwaystil mit den Rockettes (Revuegirls) und Santa Claus an. INFO: Tel. +1/212-632-3975; www.rockefellercenter.com. Radio City Music Hall: Tel. +1/212-247-4777; www.radiocity.com.

FREIHEITSSTATUE UND ELLIS ISLAND – Lady Liberty, ein Entwurf von Frédéric-Auguste Bartholdi und Ingenieur Alexandre-Gustave Eiffel, wurde den Vereinigten Staaten 1885 von Frankreich geschenkt und am 28. Oktober 1886 eingeweiht. Anlässlich ihrer 100-Jahr-Feier erhielt die 46 m hohe bronzierte Statue eine Auffrischung. 168 Stufen gilt es bis in ihre Krone zu erklimmen; weniger Sportliche können ihr Stahlskelett durch die gläserne Decke von der Plattform im 10. Stock betrachten.

Ellis Island war 1892–1954 für rund 12 Mio. hoffnungsvolle Immigranten das Tor zu Amerika. Heute haben etwa 30 % der Amerikaner Vorfahren, die hier ins Land gekommen sind. Besucher können interaktive Exponate betrachten, ihrer Herkunft nachgehen und in denselben Gepäck- und Abfertigungsräumen stehen wie einst ihre Vorfahren. Wer die Freiheitsstatue und die Skyline von Manhattan sehen möchte, ohne die Monumente zu besuchen, kann kostenlos mit der Staten-Island-Fähre zu und von New

Der Times Square wirkt, als kreuze sich hier die ganze Welt.

Yorks äußerstem Stadtteil fahren. FREIHEITSSTATUE: www.nps.gov/stli. *Fähre:* Tel. +1/212-269-5755; www.statuecruises.com. ELLIS ISLAND: Tel. +1/212-363-3200; www.ellisisland.org. STATEN-ISLAND-FÄHRE: Tel. +1/718-815-2628; www.siferry.com.

TIMES SQUARE UND THEATERDISTRIKT – In den 1970er-Jahren bestimmten Peepshows, Prostitution und Gauner das Erscheinungsbild des Times Square. Das änderte sich, als die Stadt in den 1990er-Jahren Disney und andere große Unternehmen einlud, die Gegend neu zu entwickeln. Heute herrscht am Broadway wieder das Theater, und der Times Square ist Geschäfts- und Familienviertel. Neonreklamen sind allgegenwärtig, und Theater säumen die Nebenstraßen. An Silvester feiern hier über 1 Mio. Menschen bei einstelligen Temperaturen und warten darauf, dass der berühmte Kugel herabgelassen wird.

SONSTIGE HIGHLIGHTS

BIG ONION WALKING TOURS – Dieser Veranstalter hält den Big Apple eindeutig eher für eine große Zwiebel. Seine 2-stündigen Touren führen durch Greenwich Village, Harlem, Chinatown und viele andere Viertel. Sie können auch einen historischen Spaziergang oder eine Spezialitätentour buchen, z.B. um multiethnische Küchen zu entdecken und zu probieren. INFO: Tel. +1/212-439-1090; www.bigonion.com.

BRONX ZOO UND NEW YORK BOTANICAL GARDEN – Der 1899 eröffnete Bronx Zoo ist der größte Großstadtzoo der USA mit über 5000 Tieren, die meisten in natürlicher Umgebung auf 110 ha schön angelegtem Gelände.

Gezeigt werden das Himalaja-Hochland mit seltenen Schneeleoparden; ein Gorillawald des Kongo und das wilde Asien mit Elefanten, Tigern und Nashörnern. Der nahe Botanische Garten ist ein Heiligtum anderer Art, Heimat von über 1 Mio. Pflanzen, die 50 Gärten und das größte viktorianische Gewächshaus Amerikas füllen. BRONX ZOO: Tel. +1/718-367-1010; www.bronxzoo.com. NEW YORK BOTANICAL GARDEN: Tel. +1/718-817-8700; www.nybg.org.

BROOKLYN BOTANIC GARDEN – New Yorks beliebtester Garten grenzt an den Prospect Park (den Frederick Law Olmsted und Calvert Vaux nach ihrem Erfolg mit dem Central Park entwarfen). Der BBG hat über 11.000 Pflanzenarten in mehr als 20 speziellen Gärten, darunter der Cranford-Rosengarten, der englische Shakespeare-Garten und die Kirsch-Esplanade, einer der schönsten Orte außerhalb Japans, um im Frühjahr die Kirschblüte zu sehen. INFO: Tel. +1/718-623-7200; www.bbg.org.

BROOKLYN BRIDGE – Diese massive Hängebrücke, die 1883 nach 16 Jahren Bauzeit vollendet wurde, ist zweifellos eines der architektonischen Meisterwerke New Yorks. Sie verbindet Manhattan mit dem im 19. Jh. entstandenen Viertel Brooklyn Heights, das für seine schönen alten Sandsteinhäuser und die ruhigen, von Bäumen gesäumten Straßen bekannt ist. Spazieren Sie über den Fußgängerweg und bewundern Sie die riesigen Steinpylone und das Stahlseilnetz vor einem weiten Blick auf den East River darunter. Vom eleganten River Café unterhalb des Brooklyn-Turms genießt man eine herrliche Aussicht. RIVER CAFÉ: Tel. +1/718-522-5200; www.rivercafe.com. *Preise:* 3-gängiges Festpreis-Dinner € 74.

FRICK MUSEUM – Dieses charmante neoklassizistische Herrenhaus, das der Stahl- und Eisenbahnmagnat Henry Clay Frick 1914 erbauen ließ, beherbergt überwiegend europäische Meisterwerke von der Renaissance bis ins 20. Jh. Das Museum ist glanzvoll mit französischen Möbeln und Porzellan aus dem 18. Jh. ausgestattet und bei den New Yorkern wegen seiner relativ überschaubaren Besucherzahl beliebt. Höhepunkte der Sammlung sind Werke von Rembrandt, Vermeer, Holbein, Velázquez, Tizian, El Greco, Bellini und Goya. INFO: Tel. +1/212-288-0700; www.frick.org.

Yogi Berra warf 2009 im neuen Yankee Stadium den zeremoniellen ersten Pitch.

GRAND CENTRAL TERMINAL – Der Bahnhof in Manhattan ist in der Tat „grand"; ein idealer Ort, um den Geist New Yorks und Amerikas vom Anfang des 20. Jh. einzufangen. Statuen von Herkules, Minerva und Merkur schmücken das pompöse Beaux-Arts-Gebäude. Innen schimmern Sternbilder an der Decke der riesigen Haupthalle, und hohe Fenster lassen helles Tageslicht auf das Marmorinterieur fallen. Essen Sie mittags einen Imbiss in der Oyster Bar auf der unteren Ebene. Seit 1913 serviert man hier täglich frische Meeresfrüchte, u.a. Clam Chowder, die Muschelsuppe aus Neuengland. INFO: www.grandcentralterminal.com. OYSTER BAR: Tel. +1/212-490-6650; www.oysterbarny. com. *Preise:* Mittagessen € 30.

HARLEM SPIRITUALS TOUR – Immer mehr Auswärtige nehmen an den traditionellen Sonntagsgottesdiensten in Harlem teil. Hier ist die ekstatische Black-Gospel-Tradition zu Hause, die in den Zeiten der Sklaverei geboren wurde. Wer das erleben möchte, geht z.B. zur 1796 gegründeten Mother A.M.E. Zion, deren Geschichte eng mit der der U-Bahn verbunden ist; zur Abyssinian Baptist Church, die für ihren Chor bekannt ist; oder zur New Mount Zion Baptist Church mit ihrem beliebten Pfarrer Carl L. Washington jr. MOTHER A.M.E. ZION CHURCH: Tel. +1/212-234-1545; www.amez.org. ABYSSINIAN BAPTIST CHURCH: Tel. +1/212-862-7474; www.abyssinian.org. NEW MOUNT ZION BAPTIST CHURCH: Tel. +1/212-283-2934; nmzbc.org. WIE: Harlem Spirituals Tours: Tel. +1/212-391-0900; www.harlemspirituals.com.

YANKEE STADIUM – Das Originalstadion wurde 2009 durch einen riesigen Neubau auf der Straßenseite gegenüber ersetzt. Die Architektur verbeugt sich vor dem Original (einschließlich der Fassade), sodass sich die Besucher wieder wie „zu Hause" fühlen. Die Zahl der Plätze ist fast gleich geblieben, ansonsten gibt es aber von allem mehr: Beinfreiheit, Verkaufsstände, Restaurants und ein Museum mit Yankee-Memorabilien. Wenn Sie es nicht zu einem Spiel schaffen, nehmen Sie an der 1-stündigen Stadiontour teil, u.a. zum geschichtsträchtigen Monument Park, den man liebevoll von seinem alten Platz hierher verlegt hat. INFO: Tel. +1/718-293-6000; newyork.yankees.mlb.com.

ÜBERNACHTEN

THE BOWERY HOTEL – Dieses trendige Hotel, das dazu beigetragen hat, diese einst zwielichtige Gegend zu verbessern, ist ein Liebling der jüngeren Prominenz. In dem neuen Gebäude sorgen Samtsofas, Holzpaneele und verblasste Orientteppiche in der Lobby für Vintage-Flair. Raumhohe Industriefenster machen wett, dass die 135 Zimmer recht klein sind. Die Galerien, Geschäfte und Cafés in SoHo, Nolita und im East Village sind zu Fuß erreichbar. Genießen Sie rustikale italienische Küche im hoteleigenen Gemma oder schlendern Sie 2 Blocks weiter zu Daniel Bouluds In-Lokal DBGB (s. S. 851). INFO: Tel.: +1/212-505-9100; www.theboweryhotel.com. *Preise:* ab € 241 (Nebensaison), ab € 366 (Hochsaison); Dinner € 30.

THE FOUR SEASONS – Das von I. M. Pei entworfene, 52 Etagen hohe Four Seasons an einer der schicksten Einkaufsstraßen ist das Ziel der Mondänen und Mächtigen. Die Lobby strahlt fast tempelartige Ruhe aus und führt u.a. zum L'Atelier de Joël Robuchon – dem ersten Lokal des französischen Spitzenkochs in New York, mit Haute (und très chère) Cuisine. Die 368 großen Zimmer und Suiten mit 3 m hohen Decken und opulenten Marmorbädern blicken herrlich über die Stadt. INFO: Tel. +1/212-758-5700; www.fourseasons.com. *Preise:* ab € 515. L'ATELIER DE JOËL ROBUCHON: Tel. +1/212-829-3844. *Preise:* Dinner € 74.

GRACE HOTEL – Dieses Boutique-Hotel liegt in einer Seitenstraße des Times Square und ist eine Entdeckung für junge Reisende, die mittendrin sein wollen. Die 139 kleinen, ruhigen Zimmer sind stilvoll spartanisch, verfügen aber über Wi-Fi und Flachbild-TVs. Einige Zimmer haben sogar Etagenbetten für reisende Freunde. Ein Highlight ist die Lobby mit dem kleinen beheizten Pool, der Bar am Wasser und DJs. INFO: Tel. +1/212-380-2700; www.room-matehotels.com. *Preise:* ab € 163.

THE INN AT IRVING PLACE – Dieses charmante 12-Zimmer-Hotel, nur einen Steinwurf vom Gramercy Park entfernt, entstand 1834 durch Zusammenlegung zweier Stadthäuser. Es bietet die vornehme Atmosphäre von Edith Whartons New York mit antiken Möbeln, Perserteppichen, Kaminen und Blumen. Trinken Sie Ihren Tee in Lady Mendl's Tea Salon oder nehmen Sie in der clubartigen Cibar Lounge etwas Stärkeres zu sich. INFO: Tel. +1/212-533-4600; www.innatirving.com. *Preise:* ab € 241 (Nebensaison), ab € 333 (Hochsaison).

MANDARIN ORIENTAL – In puncto 5-Sterne-Prunk ist dieses moderne Hotel am Central Park kaum zu schlagen. Mit verglasten Wänden, die einen atemberaubenden Blick freigeben, profitiert es optimal von seiner Lage im 35.– 54. Stock des Time Warner Center. Asiatische Akzente sorgen für zeitlose Leichtigkeit.

Genießen Sie Ihren Tee in der Lobby Lounge, und speisen Sie im Asiate asiatisch-neuamerikanische Küche. Das hochmoderne Spa gilt als New Yorks bestes. INFO: Tel. +1/212-805-8800; www.mandarinoriental.com. *Preise:* ab € 515 (Nebensaison), ab € 781 (Hochsaison). ASIATE: Tel. +1/212-805-8881. *Preise:* Dinner € 52.

ST. REGIS HOTEL – Dieses opulente Beaux-Arts-Gebäude, das John Jacob Astor sich 1904 als Residenz errichtete, reflektiert den goldenen Glanz jener Ära, als die Gäste von Portiers mit Zylinder empfangen wurden. Die 164 Zimmer und 65 Suiten mit Seidenbespannungen, Marmorbädern und 24-Stunden-Butler-Service sind Luxus pur. Die King Cole Bar, benannt nach dem Wandbild von Maxfield Parrish, behauptet, die Wiege der Bloody Mary zu sein, hier Red Snapper genannt. Das kulinarische Pendant ist die erhabene französische Kost im Adour, Alain Ducasses hochgelobtem Restaurant. INFO: Tel. +1/212-753-4500; www.stregis.com/newyork. *Preise:* ab € 663. ADOUR: Tel. +1/212-710-2277. *Preise:* Dinner € 66.

THE STANDARD – Dieser futuristische Newcomer des Hoteliers Andre Balazs, eine Kreation aus Glas und Beton auf 17 m hohen Stelzen, überspannt die High Line, die Grünfläche auf der stillgelegten Hochbahn. Das Hotel thront über dem angesagten Meatpacking District, und die raumhohen Fenster in allen 337 Zimmern blicken auf die Skyline oder den Hudson River. Das Design reicht vom frühen 20. Jh. in der Lobby über den 1950er-/1960er-Jahre-Stil in der Mitte bis zum aktuellsten Design in der Promi-gespickten Lounge im 18. Stock. Im Restaurant Standard Grill essen Sie kreative amerikanische Küche; Cocktails schlürft man im Living Room, und im Sommer kann man im Biergarten zu herzhaften deutschen Gerichten eine Maß heben. INFO: Tel. +1/212-645-4646; standardhotels.com. *Preise:* ab € 220. STANDARD GRILL: Tel. +1/212-645-4100; www.thestandardgrill.com. *Preise:* Dinner € 33. THE HIGH LINE: www.thehighline.us.

ESSEN & TRINKEN

DANIEL – Daniel Boulud, seit Jahren von Kollegen und Gästen als eines der brillantesten, französisch ausgebildeten Talente angesehen, hat nach wie vor eine Vorreiterrolle. Raffinesse charakterisiert sein Restaurant Boulud mit den technisch komplizierten und kunstvoll angerichteten Speisen. Preisgünstiger genießen Sie Bouluds Erfindungsreichtum in seinem stilvollen Café Boulud oder im db Bistro Moderne im Theaterdistrikt; Letzteres ist zu Recht für seine üppigen, exzellenten Hamburger berühmt. Familiärer sind die auf Charcuterie und Weine spezialisierte Bar Boulud gegenüber vom Lincoln Center, das danebenliegende Café Épicerie Boulud und in der Innenstadt das hippe DBGB Kitchen and Bar im Industriedesign, auf dessen Karte hausgemachte Würste und eine große Auswahl an Bieren stehen. **DANIEL:** Tel. +1/212-288-0033; www.danielnyc.com. *Preise:* 3-gängiges Festpreis-Dinner € 77. **CAFÉ BOULUD:** Tel. +1/212-772-2600. *Preise:* Dinner € 48. **DB BISTRO MODERNE:** Tel. +1/212-391-2400. *Preise:* Dinner € 45. **BAR BOULUD:** Tel. +1/212-595-0303. *Preise:* Dinner € 33. **DBGB KITCHEN AND BAR:** Tel. +1/212-933-5300. *Preise:* Dinner € 30.

FEINKOSTRESTAURANTS UND -IMBISSE – Wichtiges Element der hohen Gastronomie der Stadt sind die ursprünglich jüdischen Feinkostimbisse, die Delis, in denen ein Stück altes New York weiterlebt. Die Stammgäste kommen vor allem wegen der schnörkellosen Klassiker wie turmhohe, mit dicken Scheiben belegte Pastrami-Sandwiches, die man mit einer Cream Soda oder einer Egg Cream hinunterspült. Am ältesten ist Katz's Delicatessen, ein Relikt des jüdischen Lebens auf der Lower East Side, das seit 1888 besteht. Das legendäre Second Avenue Deli ist in ein neues, schwarz-weiß gefliestes Lokal an der East 33rd umgezogen. Dort serviert heute der Neffe des ursprünglichen Besitzers gehackte Leber, Matzeknödel-Suppe, 3-lagige Corned-Beef-Sandwiches und andere koschere Gerichte. Das Carnegie Deli nördlich des Theaterdistrikts ist für seine Enge und die mürrisch wirkenden Kellner bekannt. Einheimische essen oft zu mehreren ein meterhohes Sandwich und gehen dennoch nie ohne Doggy-Bag nach Hause. Lassen Sie Platz für den Käsekuchen. **KATZ'S DELICATESSEN:** Tel. +1/212-254-2246; www.katzdeli.com. *Preise:* € 20. **SECOND AVENUE DELI:** Tel. +1/212-689-9000; www.2ndavedeli.com. *Preise:* € 15. **CARNEGIE DELI:** +1/Tel. 212-757-2245; www.carnegiedeli.com. *Preise:* € 22.

THE FOUR SEASONS – Das von Mies van der Rohe und Philip Johnson entworfene und seit seiner Eröffnung 1959 nahezu unveränderte Four Seasons gehört zu den legendären Restaurants in Manhattan (es ist nicht Teil des Four Seasons Hotel; s. vorige S.). Mittags stärkt sich die Elite im Grill Room. Abends speisen dort auch am weißen Marmorbecken im Pool Room auch Auswärtige und genießen die klassische amerikanische Küche des Spitzenkochs Fabio Trabocchi. **INFO:** Tel. +1/212-754-9494; www.fourseasonsrestaurant.com. *Preise:* Dinner € 60.

DIE ITALIENER – New Yorks Spektrum an italienischen Spitzenköchen stellt einen vor die Qual der Wahl. Zu den herausragenden Lokalen gehört das Babbo von TV-Star Mario Batali. Seit Langem überrascht er neugierige New Yorker mit exotischen Köstlichkeiten wie Lammzunge und mit Ochsenbacke gefüllten Ravioli. Batali hat 8 weitere Restaurants. Wenn Sie die richtigen Stimmung für eine opulente, palazzoartige Umgebung suchen, gehen Sie in das Del Posto. In Cesare Casellas familiärer Weinbar/Salumeria, Salumeria Rosi, wähnen Sie sich ob der authentischen Aromen der saisonalen Variationen-Platte (Caponata und Lasagne) in Casellas toskanischer Heimat. Im Scarpetta, in einem schicken Stadthaus am Rand des Meatpacking Districts, erhebt Scott Conant einfache Gerichte wie Spaghetti mit Tomaten und Basilikum in neue Höhen. **BABBO:** Tel. +1/212-777-0303; www.babbonyc.com.

Preise: Dinner € 40. DEL POSTO: Tel. +1/212-497-8090; www.delposto.com. *Preise:* 7-gängiges Menü € 93. SALUMERIA ROSI: Tel. +1/212-877-4800; www.salumeriarosi.com. *Preise:* Dinner € 30. SCARPETTA: Tel. +1/212-691-0555; www.scarpettanyc.com. *Preise:* Dinner € 48.

JEAN-GEORGES – Ausgefallene Zutaten und kunstvolle Präsentation begeistern die Feinschmecker, die Jean-Georges Vongerichten seit seinen Anfängen mit dem JoJo treu sind. In seinem neuesten Lokal, dem schicken Mark Restaurant im Mark Hotel, serviert er köstliche Hausmannskost in der Art, wie Mutter sie niemals zubereitete. JEAN-GEORGES: Tel. +1/212-299-3900; www.jean-georges.com. *Preise:* 3- gängiges Festpreis-Dinner € 73. JOJO: Tel. +1/212-223-5656; www.jean-georges.com. *Preise:* Dinner € 35. THE MARK RESTAURANT: Tel. +1/212-744-4300; www.themarkrestaurantnyc.com. *Preise:* Dinner € 55.

LE BERNARDIN – Dieses elegante Restaurant beglückt selbst jene, die sich nichts aus Fisch machen. Eric Ripert, der französische Starkoch, unterteilt seine Speisekarte in Fast roh, Kaum verarbeitet und Leicht gekocht. Es gelingt ihm, eine erstaunliche Vielfalt an Gerichten zu präsentieren, während er sich an die Regel hält, keine gefährdeten Arten aufzutischen. INFO: Tel. +1/212-554-1515; www.le-bernardin.com. *Preise:* Festpreis-Dinner € 85.

DAS MEYER-IMPERIUM – Der liebenswerte Gastronom Danny Meyer hat jetzt so viele Lokale, von edel bis zur Burger-Bude (seine Shake Shacks sind beliebt), dass man nur schwer den Überblick behält. Flaggschiff ist sein Union Square Café, ein Bistro mit unkompliziertem mediterranem Essen. Meyers Formel – freundlicher Service und leckeres Essen zu einem guten Preis – erklärt auch die anhaltende Popularität der schönen Gramercy Tavern. Maialino ist eine charmante Trattoria im römischen Stil. Der Name bedeutet „kleines Schwein", und Schwein spielt auf der Karte eine große Rolle – neben frischem Fingerfood und Pasta. UNION SQUARE CAFÉ: Tel. +1/212-243-4020; www.unionsquarecafe.com. *Preise:* Dinner € 48. GRAMERCY TAVERN: Tel. +1/212-477-0777; www.gramercytavern.com. *Preise:* Festpreis-Dinner € 64. MAIALINO: Tel. +1/212-777-2400; www.maialinonyc.com. *Preise:* Dinner € 40.

PETER LUGER STEAKHOUSE – Dieser Tempel des Porterhousesteak ist wohl das beste Steakrestaurant des Landes. Seit 1887 kommen Fleischliebhaber in das an das alte New York erinnernde Restaurant unter der Williamsburg Bridge in Brooklyn. Jedes butterzarte Steak wurde sorgfältig ausgesucht und vor Ort trocken gelagert. INFO: Tel. +1/718-387-7400; www.peterluger.com. *Preise:* Dinner € 48.

NEW YORKER PIZZA – Nichts geht über eine New Yorker Pizza – mit leicht verkohlter Kruste, einem Belag aus Mozzarella, Tomatensoße und Basilikum und darauf hausgemachte Fleischbällchen, scharfe Salami und Kalamata-Oliven. In Little Italy backt Lombardi die Pizza noch wie vor 100 Jahren und serviert sie in seiner typischen Bude mit den roten Tischdecken. Jenseits des Flusses, unter der Brooklyn Bridge, stehen bei Grimaldi's seit Eröffnung 1990 die Massen Schlange. Kein Wunder – die Pizza hier ist wohl die beste der Stadt.

Zurück in Manhattan, bei John in der Bleecker Street, isst man Steinofenpizza an Tischen, in die die Gäste schon in den 1920er-Jahren Initialen und Graffiti geritzt haben.

Zu den Newcomern zählt Co. („Company"), wo Pizzen nach römischer Art mit Zucchini-Sardellen-Püree und Zucchiniblüten Pizzafans die Sinne rauben. LOMBARDI'S: Tel. +1/212-941-7994; www.firstpizza.com. *Preise:* groß € 15. GRIMALDI'S (Brooklyn): Tel. +1/718-858-4300; www.grimaldis.com. *Preise:* groß € 11. JOHN'S PIZZERIA OF BLEECKER STREET: Tel. +1/212-243-1680; www.johnsbrickovenpizza.com. *Preise:* groß € 10. CO.: Tel. +1/212-243-1105; www.co-pane.com. *Preise:* € 11.

TIME WARNER CENTER – Die 2 Türme aus Glas und Stahl an der Westseite des Columbus Circle beherbergen mehrere Restaurants, von eklektisch bis sublim, die ein Lieblingsziel von Feinschmeckern sind. Das Per Se hat Thomas Keller in eine Großstadtversion seines gefeierten Vorzeigerestaurants in Napa Valley, das French Laundry (s. S. 777), abgewandelt, mit einem grandiosen Blick auf den Central Park. Grandios ist auch die Küche (und die Rechnung). Kellers beliebte Bouchon Bakery – Café und Patisserie – serviert neben Suppen und Sandwiches auch köstliche Makronen und Pasteten. Im großen Stil konsumieren die Gäste im Masa, wo wahre Sushi-Fans niemals nach dem Preis für die mehrgängigen Delikatessen von Sushi-Gott Masa Takayama fragen. Nicht ganz in diese Höhen reichen die Preise in der Bar Masa nebenan. Bei A Voce erklimmt die italienische Küche unter Küchenchef Missy Robbins neue Höhen. Hier serviert man clevere Abwandlungen rustikal-raffinierter Klassiker, darunter himmlisch frische Pasta-Gerichte. PER SE: Tel. +1/212-823-9335; www.perseny.com. *Preise:* 9-gängiges Festpreis-Dinner € 203. BOUCHON BAKERY: Tel. 212-823-9366; www.bouchonbakery.com. MASA: Tel. 212-823-9800; www.masanyc.com. *Preise:* mehrgängiges Sushi für € 333. BAR MASA: Probiermenü € 75. A VOCE: Tel. +1/212-823-2523; www.avocerestaurant.com. *Preise:* Dinner € 40.

Königin der Wellnesstempel aus dem 19. Jh.

SARATOGA SPRINGS

New York, USA

Der Name Saratoga Springs beschwört Bilder von Vollblutpferden und vornehmen Gartenpartys herauf. Die Gegend, einst „Königin der Spas" genannt, ist seit Langem die Sommerspielwiese der Gutbetuchten, was sie ihren natürlichen Quellen und einer Pferderennsaison verdankt, die zu den landesweit besten gehört.

Die elegante Saratoga-Rennbahn, Amerikas älteste Sportstätte, ist die blumengeschmückte Topattraktion der Stadt mit einer schönen viktorianischen Tribüne. Sehen Sie sich zwischen den Rennen im National Museum of Racing und der Hall of Fame auf der anderen Seite der Bahn die Sammlung von Trophäen, diamantenbesetzte Peitschen und interaktive Exponate an.

Im Sommer finden im Saratoga Performing Arts Center (SPAC) Freilichtaufführungen des New York City Ballets und des Philadelphia Orchestra statt. Große Namen aus Oper und Pop stehen auf dem saisonalen Programm.

Das Adelphi Hotel von 1877 ist der Inbegriff viktorianischen Charmes, mit 39 Zimmern voller Antiquitäten aus verschiedenen Epochen und fast bühnengerechtem Dekor. Von den schönen Pensionen und B&Bs sei nur das Batcheller Mansion Inn genannt, ein Muster für viktorianische Neogotik und Gastlichkeit der alten Zeit.

Etwa 16 km östlich der Stadt fand die Schlacht von Saratoga statt, mit dem ersten bedeutenden militärischen Sieg in der Amerikanischen Revolution. Repliken von britischen Kanonen und eine ausgeschilderte Tour am Saratoga National Historical Park vermitteln, wie im Jahr 1777 amerikanische Streitkräfte auf eine große britische Armee trafen und sie besiegten.

Wo: 320 km nördl. von New York City. Info: www.saratoga.org. SARATOGA-RENNBAHN: Tel. +1/518-584-6200; www.nyra.com. MUSEUM OF RACING: Tel. +1/518-584-0400;

www.racingmuseum.org. **SPAC:** Tel. +1/518-587-3330; www.spac.org. *Wann:* Mai–Sept. **ADELPHI HOTEL:** Tel. +1/518-587-4688; www.adelphihotel.com. *Preise:* ab € 107 (Nebensaison), ab € 260 (Hochsaison). *Wann:* Mitte Mai–Ende Okt. **BATCHELLER MANSION INN:** Tel. +1/518-584-7012; www.batchellermansioninn.com. *Preise:* ab € 122 (Nebensaison), ab € 255 (Hochsaison). **SARATOGA NATIONAL HISTORICAL PARK:** Tel. +1/518-664-9821; www.nps.gov/sara. **REISEZEIT:** Ende Juni: *Saratoga Jazz Festival* im SPAC; Ende Juli–Anf. Sept.: Rennsaison.

Amerikas großartigster Landsitz

DAS BILTMORE

Asheville, North Carolina, USA

„Seltsam, kolossal, herzzerreißend … in der Tat wie ein wundervoller, zweckmäßiger Jux", äußerte Henry James beim Besuch des neuen Palasts von George Washington Vanderbilt III. in den Blue Ridge Mountains.

Biltmore, ebenfalls ein Entwurf von Richard Morris Hunt wie The Breakers in Newport, Rhode Island (s. S. 869), war 1895 vollendet. 1000 Arbeiter hatten 11.000 Ziegelsteine zu diesem von französischen Châteaus inspirierten „Wochenendhaus" aufeinandergesetzt. Edith Wharton, Henry Ford und Woodrow Wilson waren zu Gast in diesem größten Privathaus, das je in Amerika gebaut wurde, mit 35 Schlafzimmern, 43 Bädern, 65 Kaminen und Extravaganzen, die zur Jahrhundertwende unerhört waren (Telefone, fließendes kaltes und warmes Wasser).

Biltmore – das immer noch in Familienbesitz ist – kann bei Führungen durch etwa 100 der 250 Zimmer (mit rund 1600 Kunstwerken, u.a. von Renoir, Whistler und Sargent) samt Bowlingbahn und Bibliothek mit 10.000 Bänden besichtigt werden.

Der Landsitz verkörpert den Glanz des Goldenen Zeitalters.

Von den 3250 ha Grund, die Frederick Law Olmsted, der Architekt des Central Parks (s. S. 845), herrlich gestaltet hat, sind 160 ha als Gärten mit zauberhaften Hartriegeln, Rosen, 50.000 Tulpen und 1000 Azaleen angelegt. Besichtigen Sie auch die Biltmore Estate Winery, die mehrere angesehene Weine produziert, übernachten Sie im neuen Inn on Biltmore Estate und speisen Sie im eleganten Speisesaal von Vanderbilt-Porzellan.

Im Grove Park Inn Resort & Spa waren einst die Gäste untergebracht, die in Biltmore keinen Platz mehr hatten. Heute wirkt das 500-Zimmer-Hotel mit mehreren Restaurants, dem Donald-Ross-Golfplatz und einem preisgekrönten Spa trotz seiner Größe gemütlich. Es beherbergt auch die weltgrößte Sammlung von Arts & Crafts-Möbeln, in der Namen wie Stickley und Morris viele Stühle und Lampen zieren. In Ashevilles historischem Distrikt Montfort liegt das Black Walnut Inn von 1899 mit 8 stilvollen Zimmern, ein Entwurf des Architekten, der den Bau von Biltmore überwacht hat.

BILTMORE: Tel. +1/828-225-1333; www.biltmore.com. **INN ON BILTMORE ESTATE:** Tel. +1/828-225-1600. *Preise:* ab € 148 (Nebensaison), ab € 300 (Hochsaison); Festpreis-Dinner € 33. **GROVE PARK INN:** Tel. +1/828-

252-2711; www.groveparkinn.com. *Preise:* ab € 170 (Nebensaison), ab € 207 (Hochsaison). **BLACK WALNUT INN:** Tel. +1/828-254-3878; www.blackwalnut.com. *Preise:* ab € 110 (Nebensaison), ab € 241 (Hochsaison). **REISEZEIT:** Feb: Kunst- und Kunsthandwerksmesse in Grove Park Inn; Anf. April–Mitte Mai: Blumenfestival in Biltmore; Juliwochenenden: Abendkonzerte; Nov.–Dez.: Weihnachtsfeiern.

Die längste Ausdehnung von Düneninseln der Welt

DIE OUTER BANKS

North Carolina, USA

Einige der schönsten Strände an Amerikas Atlantikküste befinden sich auf den Outer Banks von North Carolina, einer Kette schmaler Düneninseln, die sich 210 € von der Grenze zu Virginia nach Süden zum Cape Lookout und bis Beaufort erstreckt. Die nördliche Ausdehnung besteht weitgehend aus bei Anglern, Schwimmern und Surfern beliebten Sommerorten, z.b. Kitty Hawk oder Kill Devil Hills, wo die Gebrüder Wright ihre Pionierarbeit im Fliegen leisteten. Im nahen Duck, an einem endlosen, einsamen, windigen Strand neben dem Pine-Island-Audubon-Schutzgebiet, liegt das Sanderling Resort & Spa. Speisen Sie in seinem beliebten Restaurant Left Bank oder – weniger förmlich – in dem in einer Rettungsstation von 1899 untergebrachten Restaurant Lifesaving Station, das ebenfalls zum Resort gehört.

Der Mittelteil der Outer Banks wird vom geschäftigen Nags Head und vom Jockeys Ridge State Park beherrscht, dem Tor zu Roanoke Island mit haushohen Dünen. Roanokes Hauptort Manteo ist bekannt für die erste britische Siedlung in der Neuen Welt, die sich 1590 auflöste. Ihr Geheimnis wird vom Waterside Theatre mit dem Stück *The Lost Colony* thematisiert, das hier seit 1937 im Freien aufgeführt wird. Das schönste Hotel am Ort ist zweifellos das Tranquil House Inn mit Küstenblick, 25 sonnigen Zimmern und dem Restaurant 1587 im maritimen Stil.

Weiter südlich kommen Sie zum Küstenschutzgebiet des Kaps mit dem gestreiften Cape Hatteras Lighthouse, dem größten traditionellen Leuchtturm Nordamerikas, und zur winzigen Insel Ocracoke mit herrlichen Stränden.

Das südliche Ende der Region besteht aus dem Küstenschutzgebiet des Cape Lookout, wo seit Jahrhunderten wilde Pferde leben. Fahren Sie ins Landesinnere nach Beaufort, einer Gründung von 1713, und besuchen Sie das North Carolina Maritime Museum. Gehen Sie wie die Einheimischen zur Beaufort Grocery Company im weißen Schindelhaus und essen Sie hausgemachten Gumbo, eine beliebte Eintopfspezialität.

WO: 360 km östl. von Durham. **INFO:** www.outerbanks.org. **THE SANDERLING:** Tel. +1/252-261-4111; www.thesanderling.com. *Preise:* ab € 81 (Nebensaison), ab € 185 (Hochsaison); Dinner im Left Bank € 63, in der Lifesaving Station € 30. **WATERSIDE THEATRE:** Tel. +1/252-473-3414; www.thelostcolony.org. *Wann:* Ende Mai–Mitte Aug. **TRANQUIL HOUSE INN:** Tel. +1/252-473-1404; www.1587.com. *Preise:* ab € 81 (Nebensaison), ab € 148 (Hochsaison); Dinner € 30. **NORTH CAROLINA MARITIME MUSEUM:** Tel. +1/252-728-7317; www.ncmaritime.org. **BEAUFORT GROCERY COMPANY:** Tel. +1/252-728-3899; www.beaufortgrocery.com. *Preise:* Mittagessen € 15. **REISEZEIT:** März–Apr.: schönes Wetter; Mitte Juli: *Wright Kite Festival* in Kill Devil Hills.

Cleveland Rocks!!

ROCK AND ROLL HALL OF FAME AND MUSEUM

Cleveland, Ohio, USA

Als Architekt I. M. Pei den Auftrag bekam, die Rock and Roll Hall of Fame and Museum in Cleveland zu entwerfen, gab er zu, wenig über die betreffende Musik zu wissen. Nachdem er dieses Manko mithilfe einiger Hörbeispiele wettgemacht hatte, ersann er ein Gebäude, das die ungestüme Dynamik des Rock verkörperte und gleichzeitig auf wichtige Elemente seines eigenen Werks anspielte: So ist die Glaspyramide ein Fingerzeig auf seine Louvre-Pyramide in Paris (s. S. 76). Das Museum ist ein ideales Zuhause für das lebendige Erbe des Rock – und verspricht einen unterhaltsamen Besuch.

Die Exponate – viele Sounds und Videos – sind interaktiv. Die über 250 Musiker werden in einer Collage präsentiert (das Museum veranstaltet die jährliche Aufnahmezeremonie jedes 3. Jahr; dazwischen findet sie in New York City statt). Die ständige Sammlung umfasst Instrumente und Bühnenkostüme von Jimi Hendrix bis Iggy Pop, aber auch überraschende Exponate wie Jim Morrisons Pfadfinderuniform.

Ebenfalls zu sehen sind Janis Joplins psychedelischer Porsche, ZZ Tops Ford Coupé von 1933 und Schulzeugnisse von John Lennon und Keith Moon von The Who (dem „vielversprechende Ansätze in Musik" bescheinigt werden).

In Cleveland sind zwar das renommierte Cleveland Orchestra und Musiker wie Phil Ochs oder Trent Reznor zu Hause, es kann aber kaum als Nabel der Musikindustrie bezeichnet werden. Allerdings soll ein Clevelander, DJ Alan Freed, den Begriff „Rock and Roll" geprägt haben; er war es auch, der 1952 das erste Rockkonzert des Landes organisierte. Das Museum ist nur eine Station auf Ohios „Hall-of-Fame-Korridor"; weitere sind die Hall of Fame der Erfinder in Akron und die beliebte Pro Football Hall of Fame in Canton.

Info: Tel. +1/216-781-7625; www.rockhall.com.

Wo der Wilde Westen weiterlebt

OKLAHOMA CITYS COWBOY-KULTUR

Oklahoma City, Oklahoma, USA

Wenn Viehzüchter und Cowboys nach Oklahoma City kommen, eilen sie direkt in die Main Street von Stockyards City, einem Einzelhandelsviertel mitten in der Stadt mit zahlreichen Läden für Westernkleidung und

Reit- und Farmbedarf. Es liegt neben den Oklahoma National Stockyards, dem weltweit größten Vieh- und Viehfuttermarkt, wo Sie jeden Montag und Dienstag bei Lebendvieh-Auktionen zusehen können.

Wenn die Geschäfte gemacht sind, begibt man sich in Cattlemen's Restaurant, ein typisches Western-Steakhouse, und isst über Holzkohle gegrillte Hochrippe mit Parker-House-Brötchen. Frühstück gibt es im 1910 Café; zum Dinner geht man gern zum South Dining Room aus den 1960er-Jahren. Nehmen Sie in einer Nische aus rotem Vinyl Platz und bewundern Sie das wandgroße, beleuchtete Panorama mit 2 Viehzüchtern, die Black-Angus-Rinder zusammentreiben. Einer davon ist Gene Wade, der das Lokal 1945 beim Würfeln gewann und bis 1990 geführt hat.

In Oklahoma gibt es mehr Pferde pro Einwohner als in jedem anderen Staat, und in Oklahoma City gibt es mehr Pferdeshows als in jeder anderen Stadt Amerikas. Die Main Street von Stockyards City zeigt sich von ihrer besten Seite, wenn Wettkämpfe wie die *American Quarter Horse Association World Championship Show* im November stattfinden, wo Konkurrenten aus der ganzen Welt ihr Cowboy-Können zum Besten geben. Der alte Wilde Westen lebt im National Cowboy & Western Heritage Museum weiter. Die American Cowboy Gallery zeigt die Evolution des Cowboy-Lebens in Amerika. Künstler des Westens, vor allem Charles M. Russell und Frederic Remington, sind in der ständigen Sammlung zu sehen. Am Wochenende des Memorial Day bereiten Rancher im Museum beim jährlichen *Chuck Wagon Gathering* & Kinder-Cowboy-Festival Cowboy-Essen zu.

In Oklahoma leben 39 Indianerstämme. Besuchen Sie einen der Powwows, die hier jeden Juni zum 3-tägigen *Red Earth Native American Cultural Festival* stattfinden. Etwa 1200 Künstler und Tänzer von über 100 Stämmen aus den ganzen USA (und Kanada) nehmen an zeremoniellen Tanzwettbewerben, Paraden und einem Markt teil, auf dem das Stöbern ebenso viel Spaß macht wie das Kaufen.

Wo: 170 km südwestl. von Tulsa. **OKLAHOMA NATIONAL STOCKYARDS:** Tel. +1/405-235-8675; www.onsy.com. **CATTLEMEN'S RESTAURANT:** Tel. +1/405-236-0416; www.cattlemensrestaurant.com. *Preise:* Dinner € 20. **NATIONAL COWBOY & WESTERN HERITAGE MUSEUM:** Tel. +1/405-478-2250; www.nationalcowboymuseum.org.

Ein Schatzkästlein mit Kunst und Artefakten aus dem amerikanischen Westen

GILCREASE MUSEUM

Tulsa, Oklahoma, USA

Das Gilcrease Museum ist eine einzigartige Fundgrube für das Beste des Wilden Westens, ein bleibendes Vermächtnis von Thomas Gilcrease, zu einem Achtel Creek-Indianer, der 1905 auf einen Schlag reich wurde, als auf dem ihm zugeteilten Grund 30 km südlich von Tulsa Öl gefunden wurde. Gilcrease investierte seinen Profit in die weltgrößte Sammlung (ca. 400.000 Objekte) von Kunst, Artefakten und Archiven über den amerikanischen Westen.

Als der Ölpreis in den 1950er-Jahren fiel, schenkte Gilcrease die Sammlung der Stadt Tulsa, u.a. mit Werken von Charles M. Russell, Frederic Remington, George Catlin und John Singleton Copley. Das Gilcrease Museum hat auch eine große anthropologische Sammlung mit 12.000 Jahre alten paläoindianischen

Werkzeugen bis zu Perlenarbeiten der Prärieindianer des 20. Jh.
Dem Öl ist auch Tulsas zweite Sammlung zu verdanken, das Philbrook Museum of Art. In einer 72-Zimmer-Villa aus den 1920er-Jahren im Stil der italienischen Renaissance, die einst Ölmagnat Waite Phillips gehörte, ist das Museum wegen seiner Gemälde der italienischen Renaissance und des Barock bekannt.
Die Stadt Tulsa ist selbst eine Art Freilichtmuseum dank vieler Art-déco-Häuser, die von den 1920er- bis 1940er-Jahren entstanden, um zu zeigen, dass es die „Ölhauptstadt der Welt" war. Schauen Sie in das Warehouse Market Building mit Lyon's Indian Store. Der Laden ist seit 1916 eine Institution und gilt als der beste Ort, um Türkise, Pendleton-Decken und Oklahoma-Perlenarbeiten zu kaufen.
GILCREASE MUSEUM: Tel. +1/918-596-2700; www.gilcrease.org. **PHILBROOK MUSEUM OF ART:** Tel. +1/918-749-7941; www.philbrook.org. **LYON'S INDIAN STORE:** Tel. +1/918-582-6372.

Viel Lärm um Ashland

DAS OREGON SHAKESPEARE FESTIVAL

Ashland, Oregon, USA

„Was dies bedeuten soll, das wird euch wundern müssen / Bis Wahrheit alle Ding' stellt an das Licht herfür", schrieb William Shakespeare über die Magie des Theaters. Und diese Magie gibt es jedes Jahr reichlich zu erleben auf dem *Oregon Shakespeare Festival* (OSF), dem größten und ältesten Fest zu Ehren des Dichters in Amerika. Heute besuchen mehr als 130.000 Theaterfreunde Aufführungen an den 33 modernen Bühnen, darunter die elisabethanische Freilichtbühne, die dem Fortune Theatre des 16. Jh. nachempfunden ist. Das mit einem Tony Award ausgezeichnete Festival, das seit 1935 in Ashland stattfindet, ist Heimat des größten rotierenden Repertoiretheaters im Land.

Neben 11 Theateraufführungen von Mitte Februar bis Oktober gibt es Open-Air-Konzerte, Backstageführungen, Vorträge und Diskussionen mit Schauspielern und Gelehrten.

Auch der Charme von Ashland trägt zum Festivalerfolg bei. Die kleine, lebhafte Stadt 25 km nördlich der kalifornischen Grenze hat sich zum kulturellen und gastronomischen Zentrum in Oregons Süden entwickelt. Vom zentralen Platz windet sich der schöne Lithia Park mit kilometerlangen Wegen am Ashland Creek entlang; die Berge und Weinanbaugebiete des Umlands laden zu Ausflügen ein, und im Winter geht man am Mount Ashland Skifahren.

Das schöne, modernisierte Peerless Hotel, 1900 als Pension für Eisenbahnarbeiter gebaut, verfügt über geschmackvolle Zimmer mit luxuriösem Komfort. Dieser wird noch übertroffen vom exzellenten hoteleigenen Restaurant nebenan. Noch näher am Festival liegt das Winchester in einem viktorianischen Herrenhaus von 1886, den Remisen und 2 benachbarten Häusern inmitten eines ländlichen englischen Gartens. Seine Gäste können sich über ein reichhaltiges Frühstück freuen. Selbst wenn Sie nicht dort übernachten – gehen Sie zum Dinner in sein gepriesenes Restaurant, wo lokale Zutaten und eine preisgekrönte Weinkarte zu Oregons besten Ködern gehören.

Wo: 460 km südl. von Portland. Tel. +1/541-482-4331; www.osfashland.org. *Wann:*

Mitte Feb.–Okt. **Peerless Hotel und Restaurant:** Tel. +1/541-488-1082; www.peerlesshotel.com. *Preise:* ab € 63 (Nebensaison), ab € 120 (Hochsaison), Dinner € 26. **The Winchester Inn:** Tel. +1/541-488-1113; www.winchesterinn.com. *Preise:* ab € 110 (Nebensaison), ab € 144 (Hochsaison), Dinner € 37. **Reisezeit:** Mai–Okt.: schönstes Wetter; 4. Juli: Livemusik und Feiern.

Ein majestätischer Durchbruch durch die Kaskadenkette

Die Columbia River Gorge

Oregon und Washington, USA

Die enorme, 128 km lange Schlucht, die der Columbia River durch das Kaskadengebirge geschnitten hat, gehört zu den überwältigenden Reisezielen im pazifischen Nordwesten. So bemerkenswert ist diese Landschaft, dass der Kongress sie 1986 zur ersten National Scenic Area Amerikas bestimmte. Rechts und links des kilometerbreiten Flusses, zu dessen Seiten die Vulkanberge Mount Hood (in Oregon) und Mount Adams (in Washington) aufragen, erheben sich 1200 m hohe Basaltwände. All diese Schönheit – plus ausgezeichnete Wanderwege und Surfgebiete – liegt nur 1 Autostunde von Portland entfernt.

Diese Schlucht ist die einzige Passage auf Meereshöhe durch die Sierra und das Kaskadengebirge, weshalb sie jahrhundertelang ein bedeutender Transportweg war. Lewis und Clark passierten sie 1805/06; später stellte sie die Pioniere auf dem Oregon Trail vor ihre größte Herausforderung; erst 1916 wurde sie durch den historischen Columbia River Highway auch für Autos befahrbar. Ein Großteil dieser kurvenreichen Straße ist in der schnellen I-84 aufgegangen, Reste davon ermöglichen aber eine herrliche Erkundung der Schlucht.

Der Ort Hood River in ihrem Zentrum genießt eine gewisse Bekanntheit als Windsurfparadies. Südlich davon, über dem Tal des Hood River, erhebt sich der massive Mount Hood, Oregons Wahrzeichen. 1906 wurde eine Eisenbahnlinie gebaut, die Holz und später Obst aus dem Tal transportierte. Heute befördert die Mount-Hood-Eisenbahn

Die Benson-Fußgängerbrücke eröffnet einen spektakulären Blick auf die Multnomah Falls.

Tagesausflügler zwischen Hood River und Parkdale.

Westlich von Hood River führt ein Abschnitt des historischen Columbia River Highway an der größten Konzentration von Wasserfällen in Nordamerika vorbei – 77 sind es allein auf der

Seite von Oregon. Der spektakulärste ist Multnomah Falls, mit 190 m der zweithöchste ganzjährig Wasser führende Wasserfall der USA (nach dem Yosemite Falls, s. S. 796).

Flussfahrten an Bord des Schaufelraddampfers *Columbia Gorge* beginnen im Ort Cascade Locks und lassen moderne Reisende den Fluss so erleben, wie es die ersten Pioniere taten.

Wo: Die Schlucht folgt über 128 km der Grenze zwischen Washington und Oregon; sie beginnt 90 km östl. von Portland, westl. von Biggs. MT. HOOD RAILROAD: Tel. +1/541-386-3556; www.mthoodrr.com. *Wann:* Apr.–Dez. RADDAMPFER *COLUMBIA GORGE:* Tel. +1/503-224-3900; www.sternwheeler.com. *Wann:* Mai–Okt. UNTERKUNFT: Das Columbia Gorge Hotel in Hood River mit Blick auf den Fluss ist beliebt. Tel. +1/541-386-5566; www.columbiagorgehotel.com. *Preise:* ab € 185. REISEZEIT: Mai–Okt.: schönstes Wetter.

Kreisrundes Naturtheater

DER CRATER-LAKE-NATIONALPARK

Oregon, USA

Besucher des Crater Lake bewundern das vollkommene Juwel, ohne sich seiner Geburt aus einer Katastrophe bewusst zu sein. Oregons einziger Nationalpark entstand vor rund 7700 Jahren, als der (einst 3600 m hohe) Mount Mazama infolge einer gewaltigen Eruption nach innen kollabierte. Dabei entstand eine 9,5 km breite Caldera, heute der tiefste See der USA, der sich langsam mit Wasser füllte und deren tiefster Punkt 594 m unter der Oberfläche liegt. Das kalte, ruhige und äußerst klare Wasser füllt die Caldera nicht bis zum Rand; ein 1,5 km langer, steiler Weg an der Nordseite führt zum Ufer hinab, wo Wanderer ein Tourenboot (das einzige zugelassene Boot außer Forschungsbooten) besteigen können, um nach Wizard Island zu fahren. Autofahrern, Wanderern und Radfahrern bietet der 55 km lange Rim Drive um den 54 km² großen See herum eine herrliche Aussicht. Im Winter ist die Straße aufgrund starken Schneefalls gesperrt. Dann lässt sie sich bei einer herrlichen, von Rangern geführten Langlauf- oder Schneeschuhtour erkunden.

Der Bau der Crater Lake Lodge begann 1909; einer Renovierung in den 1990er-Jahren verdankt sie ihre heutige rustikale Eleganz. Der riesige Steinkamin und die breiten Panoramafenster, die den kobaltblauen See einfassen, machen sie zu einem exklusiven Ort im pazifischen Nordwesten.

Genießen Sie die Pracht der rauen Vergangenheit des Kaskadengebirges auf der 800 km langen Volcanic-Legacy-Panoramastraße. Vom Park aus führt sie nach Süden, vorbei am Ort Klamath Falls bis nach Kalifornien, um Mount Shasta herum, und endet südlich von Lassen Peak und dem Lassen-Volcanic-Nationalpark.

Wo: 290 km südl. von Portland. Tel. +1/541-594-3000; www.nps.gov/crla. *Wann:* Park ganzjährig geöffnet; Bootsfahrten Mitte Juli–Mitte Sept.; Rim Drive Ende Juni–Mitte Okt., je nach Schneefall. CRATER LAKE LODGE: Tel. +1/541-830-8700; www.craterlakelodges.com. *Preise:* mit Seeblick ab € 148. *Wann:* Ende Mai–Mitte Okt. VOLCANIC-LEGACY-PANORAMASTRASSE: www.volcaniclegacybyway.org. REISEZEIT: Juli–Aug.: schönes Wetter; Mitte Juli: Wildblumenblüte.

Zerklüftetes Meisterstück der Natur

DIE KÜSTE OREGONS

Oregon, USA

Die vom rauen Pazifik geformte, 585 km lange Küste Oregons ist eines der schönsten Meisterwerke der Natur. Eine weitsichtige Bundesstaatenregierung erklärte in den 1910er-Jahren den gesamten Küstenabschnitt zu öffentlichem Boden, der noch immer weitgehend unerschlossen ist.

Entdecken Sie eine der schönsten Routen Amerikas und folgen Sie dem Beaver-State-Abschnitt des Highway 101 von Norden nach Süden. Beginnen Sie am nördlichsten Punkt von Astoria, einer geschichtsträchtigen Stadt nordwestlich von Portland, wo der Columbia River in den Pazifik mündet. In Cannon Beach, Nord-Oregons schönstem Küstenort, wird der endlose Sandstrand von massigen Basaltpfeilern unterbrochen, darunter der bekannte, 70 m hohe Haystack Rock. Cannon Beach hat sich seinen verwitterten Charme bewahrt; bestes Beispiel ist das Stephanie Inn, ein romantisches Wochenendziel. Das Surfsand Resort derselben Inhaber ist ein Dauerfavorit bei Familien, wo sich in gemütlicher Umgebung die Winterstürme beobachten lassen.

Am Neahkahnie Mountain führt der Highway 101 an 215 m hohen Klippen entlang, die in den wogenden Pazifik abfallen. Kurz nachdem der 101 ins Inland abbiegt, an Tillamooks Milch- und Artischockenfarmen vorbei, kommt er zum beliebten Salishan Spa & Golf Resort, südlich von Lincoln City an der Siletz Bay. Dieser ökologische Rückzugsort auf 300 ha verdankt seinen Ruf vor allem dem von Peter Jacobsen gestalteten Turniergolfplatz sowie einem exzellenten Restaurant mit Weinen des pazifischen Nordwestens.

In Newport, der größten Stadt an Oregons Küste, zählt das Oregon Coast Aquarium zu den Topattraktionen. Es gewährt einen faszinierenden Blick auf das Leben im Meer und in der Gezeitenzone. Ende Dezember und im März finden Walbeobachtungen statt. 20.000 Grauwale schwimmen dann in Küstennähe vorbei. Newports originelles Sylvia Beach Hotel ist etwas für Literaturfreunde: Jedes der 20 Zimmer thematisiert einen Schriftsteller; im renommierten Hotelrestaurant Tables of Content ist auch willkommen, wer nicht im Hotel nächtigt.

Südlich von Yachats (sprich JA-hots) ist Oregons Küste am stärksten zerklüftet. Dort blickt man vom Cape Perpetua in 250 m herrlich auf das tosende Wasser. Weiter südlich liegt auf einer Landzunge 63 m über dem Pazifik der karge weiße Leuchtturm Heceta Head, noch in Betrieb. Im schönen Leuchtturmwärterhaus von 1894 befindet sich ein B&B (das besonders für sein Frühstück bekannt ist). Besichtigen Sie in der Nähe die Sea Lion Caves, die größte natürliche Meeresgrotte des Landes.

Südlich von Florence erstrecken sich über 65 km entlang der Küste die Oregon Dunes. Wanderwege führen durch die mächtigen, sich ständig verändernden Sandformationen, einige davon bis 150 m hoch. Ab Charleston südlich der Grenze zu Kalifornien leben am Strand Papageitaucherkolonien und die pinguinartigen Lummen. Weiter südlich liegt das Bandon Dunes Golf Resort, zu gleichen Teilen beliebt bei New-Age-Anhängern und Golfern (auf der Auswahlliste der besten des Landes). Rundum gibt es 3 weitere Topgolfplätze: Pacific Dunes, Bandon Trails und als neuesten Old Macdonald. Oregons berühmtester Fluss, der reißende Rogue, mündet bei Gold River in den Pazifik. Folgen Sie dem Fluss 11 km stromaufwärts zur Tu Tu' Tun Lodge mit herrlichen Angelmöglichkeiten und aufregenden Jetbootfahrten auf den Stromschnellen des Flusses.

Wo: von Astoria, 150 km nordwestl. von Portland, nach Brookings, 512 km südl. von Portland. **Info:** www.visittheoregoncoast.com. **Stephanie Inn:** Tel. +1/503-436-2221; www.stephanie-inn.com. *Preise:* ab €266. **Surfsand Resort:** Tel. +1/503-436-2274; www.surfsand.com. *Preise:* ab €104 (Nebensaison), ab €319 (Hochsaison). **Salishan Spa & Golf Resort:** Tel. +1/541-764-2371; www.salishan.com. *Preise:* ab €120 (Nebensaison), ab €133 (Hochsaison); Greenfee ab €45 (Nebensaison), ab €74 (Hochsaison). **Oregon Coast Aquarium:** Tel. +1/541-867-3474; www.aquarium.org. **Sylvia Beach Hotel:** Tel. +1/541-265-5428; www.sylviabeachhotel.com. *Preise:* ab €74, Dinner €20. **Heceta Head Lighthouse:** Tel. +1/541-547-3696; www.hecetalighthouse.com. *Preise:* ab €100 (Nebensaison), ab €155 (Hochsaison). **Bandon Dunes Golf Resort:** Tel. +1/541-347-4380; www.bandondunesgolf.com. *Preise:* ab €74 (Nebensaison), ab €148 (Hochsaison); Greenfee ab €55 (Nebensaison), ab €163 (Hochsaison). **Tu Tu' Tun Lodge:** Tel. +1/541-247-6664; www.tututun.com. *Preise:* ab €100 (Nebensaison), ab €174 (Hochsaison), Dinner €45. **Reisezeit:** Mitte Dez.–Mitte Jan. u. März–Juni: Whalewatching, Juni–Sept.: wärmeres Wetter; Apr.–Sept.: Seelöwen in den Sea-Lion-Höhlen.

In Oregons Nordwestecke beherrschen kolossale Felsen die friedliche Küstenlinie.

Wie Napa früher war

Das Willamette Valley

Oregon, USA

Am Ende des historischen Oregon Trail, weniger als 1 Autostunde südlich von Portland, erstrecken sich im nördlichen Willamette Valley auf 4000 ha hügeliger Weinberge – eines von 2 Weinanbaugebieten, die Oregon den Neid von Winzern aus Kalifornien bis Frankreich eingebracht hat.

Der ersten Reben wurden in den 1960er-Jahren im Tal angebaut; heute steht der Pinot Noir unangefochten an der Spitze, doch auch Pinot Grigio und Chardonnay gedeihen hier. Die Route 99W, die Hauptstraße durch Yamhill County – das Herz des Weingebiets im nördlichen Oregon –, ist häufig übervoll, doch auch die Nebenstraßen schlängeln sich durch Weinberge und Eichenwälder und sind ideal zum Radfahren oder für eine schöne Spazierfahrt. Viele der 200 Weingüter bieten Verkostungen (meist mit Verkauf) an; die meisten sind im Sommer täglich und im Winter an Wochenenden geöffnet.

Hier liegen die kleinen Orte Newberg – wo sich auch wegen der Gärten ein Stopp lohnt – und Dundee, aus dessen Argyle Winery einer der ersten Oregon-Weine stammt, der im Weißen Haus serviert wurde. Ponzi Vineyards südlich von Beaverton produziert hochwertigen Pinot Noir, während man in Dayton mit dem Joel Palmer House das meistgelobte Speiselokal der Region antrifft.

In der Wine Country Farm B&B and Cellars genießen Sie einen herrlichen Blick auf die zum Farmhaus gehörenden Weinberge und haben Zugang zu den Weinproben. Das schicke, komfortable Brookside Inn mit 9 Suiten ist ein ruhiger, ehedem religiöser Rückzugsort, der nun Besucher anlockt, die Wein und gutes Essen lieben. Das Allison Inn & Spa ist ein hübsches neues Hotel mit 85 Zimmern inmitten von Garten und Pinot-Noir-Reben. Das beliebte Restaurant JORY und das Spa verführen dazu, dass man das Hotel nicht verlässt. Widerstehen Sie der Versuchung – der Rest dieses Weinparadieses ist zu gut, um verpasst zu werden.

Wo: Newberg liegt 25 km südwestl. von Portland. **Info:** www.oregonwinecountry.org. **Rex Hill:** Tel. +1/503-538-0666; www.rexhill.com. **Argyle Winery:** Tel. +1/503-538-8520; www.argylewinery.com. **Joel Palmer House:** Tel. +1/503-864-2995; www.joelpalmerhouse.com. *Preise:* Dinner € 37. **Wine Country Farm:** Tel. +1/503-864-3446; www.winecountryfarm.com. *Preise:* ab € 110. **Brookside Inn:** Tel. +1/503-852-4483; www.brooksideinn-oregon.com. *Preise:* ab € 137. **The Allison Inn:** Tel. +1/503-554-2525; www.theallison.com. *Preise:* ab € 220, Dinner € 45. **Reisezeit:** letzte Wochenenden in Mai u. Nov.: spezielle Verkostungen; Ende Juli: *International Pinot Noir Celebration* in McMinnville.

Eine Gedenkstätte für die Gefallenen des Bürgerkriegs

Gettysburg National Military Park

Gettysburg, Pennsylvania, USA

Wenn Amerikas Seele eine Heimat hat, dann wohl in Gettysburg, dem meistbesuchten Bürgerkriegs-Schlachtfeld der USA. Hier trafen im Juli 1863 die Armeen der Union und der Konföderation aufeinander und kämpften die blutigste Schlacht, die je auf US-Boden ausgetragen wurde. An 33 Kampftagen wurden über 51.000 Männer getötet, verwundet, gefangen genommen oder verschwanden (fast ein Drittel aller Soldaten). Der Krieg zog sich noch fast 2 Jahre hin, doch Gettysburg wurde als letzter großer Vorstoß des Südens in den Norden zum Wendepunkt.

4 Monate nach der Schlacht verlas Abraham

Dieses Denkmal erinnert an die 1. Pennsylvania-Kavallerie.

Lincoln seine kurze Gettysburg Address bei der Einweihung des Nationalen Soldatenfriedhofs, wo 3512 Soldaten beigesetzt wurden. Heute ist das 2400 ha große Schlachtfeld Nationalpark. Über 1300 Statuen, Denkmäler und Kanonen markieren 42 km Straße, die an legendären Stätten und dem Feld vorbeiführen, auf dem die Konföderiertenarmee in 50 Minuten über 5000 Opfer erlitt. Am Besucherzentrum sehen Sie das über 12 m hohe Gemälde *Schlacht von Gettysburg* von 1884 mit einer 360-Grad-Ansicht des Sturms der Konföderierteninfanterie von General Pickett und den 22-minütigen Film *A New Birth of Freedom*, erzählt von Morgan Freeman. Das angrenzende Gettysburg Museum of the American Civil War zeigt die Höhepunkte einer Sammlung von über 300.000 Objekten.

Höhepunkt der Gedenkveranstaltungen in der Woche des 4. Juli sind die Gefechtsnachstellungen von uniformierten Freiwilligen in Parknähe. Spüren Sie den Worten von Colonel Chamberlain nach, die er 1889 bei der Einweihung des Denkmals zu seinen Truppen sagte: „Generationen, die uns nicht kennen und von denen wir nichts wissen, folgen ihren Herzen hierher, um zu sehen, wo und von wem Großes für sie erlitten und getan wurde, und werden auf diesem unsterblichen Feld darüber nachsinnen." **Wo:** 50 km südl. von Harrisburg. **Info:** www.gettysburgcvb.org. **Gettysburg Cyclorama & Museum:** Tel. +1/717-334-1124; www.nps.gov/gett. **Unterkunft:** ehem. Plantage Antrim 1844, Taneytown, MD, 15 Autominuten entfernt. Tel. +1/410-756-6812; www.antrim1844.com. *Preise:* ab € 120 (Nebensaison), ab € 174 (Hochsaison). **Reisezeit:** Ende Mai: Memorial Day; 1. Juliwoche: Gedenkfeiern und Schlachtnachtstellung; Mitte Juni–Mitte Aug.: kostenlose Führungen.

Wo man das einfache Leben pflegt

Pennsylvania Dutch Country

Lancaster, Berks und angrenzende Bezirke, Pennsylvania, USA

Seit sie in den 1720er-Jahren im Rahmen von William Penns großem Projekt hierherkamen, siedeln die friedlichen Amischen- und Mennoniten-Gemeinden in Pennsylvania. Heute leben in den weitgehend landwirtschaftlichen Bezirken im Südosten Pennsylvanias ca. 50.000 „einfache Menschen". Die etwa 25.000 strengen Altamischen tragen traditionelle dunkle Kleidung, bewegen sich zu Fuß oder mit Pferdewagen fort, unterrichten ihre Kinder selbst und leben vor allem von der Landwirtschaft. Liberalere Gruppierungen leben weniger isoliert.

Von den „Englischen" (alle Außenstehenden) erwartet man, dass sie die Privatsphäre der Gemeinden respektieren. In Orten wie Paradise und Bird-in-Hand kann man sich ihnen in Sehenswürdigkeiten und B&Bs nähern. Lancaster besitzt ein kulturhistorisches Museum, ein Quilt- und Textilmuseum und einen belebten Zentralmarkt, der 1889 eingerichtet wurde. Hier können Sie Kunsthandwerk, lokale Produkte und Shoofly Pie erstehen. Zum Übernachten gibt es im Kings Cottage B&B 8 klassisch-elegante Zimmer in einem Herrenhaus von 1913 im spanischen Stil, dessen Inhaber freundlich und hilfsbereit sind.

Der kleine Ort Lititz nördlich davon wurde Ende des 18. Jh. von Einwanderern aus Mähren gegründet. Die Main Street säumen schöne Kolonialhäuser mit Antiquitäten- und Geschenkeläden (vielleicht erstehen Sie hier ein dekoratives „Hex Sign") und das Sturgis Pretzel House, die älteste Brezelbäckerei der USA.

Im benachbarten Ephrata liegt das von Conrad Beissel und seinen Anhängern Mitte des 18. Jh. gegründete Kloster mit Siedlung (ein Dutzend restaurierte Gebäude können besichtigt werden), wo sie ihre Mischung aus Protomystizismus, Täufertum und Zölibat praktizierten. Das Historic Smithton Inn, eine alte Postkutschenstation, ist seit 1763 ein Gasthaus. In Churchtown ca. 20 km östlich liegt das ländliche Inn at Twin Linden mit eleganten Gästezimmern und einem wundervollen Samstagabenddinner. **Wo:** Das Amischen-Kernland liegt ca. 100 km westl. von Philadelphia. **Info:** www.padutchcountry.com. **Zentralmarkt:** Tel. +1/717-291-4723. *Wann:* Di., Fr. u. Sa. **Kings Cottage:** Tel. +1/717-397-1017; www.kingscottagebb.com. *Preise:* ab € 120. **Kloster Ephrata:** Tel. +1/717-733-6600; www.ephratacloister.org. **Historic Smithton Inn:** Tel. +1/717-733-6094; www.historicsmithtoninn.com. *Preise:* ab € 120. **Inn at Twin Linden:** Tel. +1/717-445-7619; www.innattwinlinden.com. *Preise:* ab € 96, Samstagsdinner € 40. **Reisezeit:** Anf. Juli: *Kutztown Festival*, ältestes Volksfest des Landes; Weihnachten: Laternentouren im Kloster Ephrata.

Leben, Freiheit und die Suche nach dem perfekten Käsesteak

Essen in „Philly"

Philadelphia, Pennsylvania, USA

Philadelphias lebhafte Restaurantszene gewinnt zunehmend an Beachtung, doch vor allem bringt man die Stadt mit ihrem beliebten, einfachen Käsesteak in Verbindung. Philly zu verlassen, ohne eines gekostet zu haben, ist ungefähr, als führe man nach Napa, ohne Wein zu trinken. Man erzählt sich, der Hotdog-Verkäufer Pat Olivieri sei 1930 im südlichen Philly seines Essens überdrüssig gewesen, habe ein Steak klein geschnitten, mit Zwiebeln in seine Grillpfanne geworfen und auf italienisches Brot gestapelt. Später kam Käse hinzu, und Fans wie Humphrey Bogart und Frank Sinatra verliehen dem Sandwich ihr Gütesiegel. Heute bekommen Sie es im Pat's, das Olivieri am italienischen Markt an der 9th Street eröffnete, dem ältesten und größten Markt der USA. Wie ehedem wird das alte Ecklokal noch von den Olivieris geführt, ist rund um die Uhr geöffnet, und serviert wird aus einem Ausgabefenster. Es gibt amerikanische und Provolone-Käse, klassisch ist ein dick mit geschmolzenem Käse bedecktes Steak mit Zwiebeln.

An der Kreuzug gegenüber liegt seit 1966 Pat's Erzfeind, Geno's. Das Lokal ist hell, anders als Pat's Depressionszeit-Look, hat dasselbe Angebot und pflegt eine freundschaftliche Rivalität. Auch Jim's Steaks (bekannt für seine Riesensandwiches) ist im Rennen. Probieren Sie alle 3, wenn Sie es schaffen, oder gehen Sie zum Reading Terminal Market, einer Eisenbahnhalle vom Ende des 19. Jh. mit ca. 80 Ständen von Kunsthandwerksanbietern und Amischen-Farmern, die ihre Spezialitäten verkaufen. Zum Schluss probieren Sie ein reichhaltiges Eis von Bassett's, das seit der Eröffnung des Markts 1892 über den Marmortresen geht.

Am anderen Ende des kulinarischen Spektrums befinden sich mehrere ausgezeichnete Restaurants. Kosten Sie die authentische italienische Küche im

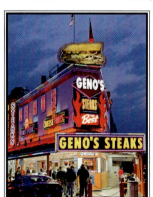
Geno's ist täglich rund um die Uhr geöffnet.

berühmten Vetri Ristorante von Chefkoch Marc Vetri, einem kleinen, rustikalen Ort, wo man gebratenes Zicklein mit weicher Polenta und Fazzoletti mit Entenragout serviert. Lacroix at the Rittenhouse ist ebenso seines Schicks wie seiner Küche wegen beliebt – ein subtiler Mix aus Bewährtem und Experimentellem von Chefkoch Jon Cichon. Das gemütliche Rittenhouse 1715 bietet 23 luxuriöse Gästezimmer in einer ehemaligen Remise aus dem 19. Jh.

Pat's: Tel. +1/215-468-1546; www.patskingofsteaks.com. **Geno's:** Tel. +1/215-389-0659; www.genosteaks.com. **Jim's Steaks:** Tel. +1/215-928-1911; www.jimssteaks.com. **Reading Terminal Market:** Tel. +1/215-922-2317; www.readingterminalmarket.org. **Vetri Ristorante:** Tel. +1/215-732-3478; www.vetriristorante.com. *Preise:* Dinner € 45. **Lacroix at the Rittenhouse:** Tel. +1/215-790-2533; www.lacroixrestaurant.com. *Preise:* Dinner € 48. **Rittenhouse 1715:** Tel. +1/215-546-6500; www.rittenhouse1715.com. *Preise:* ab € 120. **Reisezeit:** Wochenende Mitte Mai: Festival auf dem italienischen Markt in der 9th Street.

Geburtsort der amerikanischen Demokratie

Independence National Historical Park

Philadelphia, Pennsylvania, USA

Der L-förmige Streifen rund um das alte Parlamentsgebäude von Pennsylvania (heute Independence Hall) ist das wichtigste historische Viertel aller amerikanischen Städte. Der 1948 durch ein Bundesgesetz gegründete, etwa 22 ha große Independence National Historical Park zählt 20 für die Öffentlichkeit zugängliche Gebäude.

In der von 1732–1753 erbauten Independence Hall diskutierte und verabschiedete man nicht nur die Unabhängigkeitserklärung, hier wurden 1781 auch die Konföderationsartikel verabschiedet und 1787 die US-Verfassung in Kraft gesetzt. Die Originale aller 33 Dokumente sind zu sehen, ebenso das silberne Tintenfass, das bei ihrer Unterzeichnung verwendet wurde.

In der Congress Hall daneben regierte der US-Kongress von 1790 bis 1800; im neuen Liberty Bell Center in der Nähe hängt die berühmteste Glocke der Welt, mit der Inschrift „Verkündet Freiheit im ganzen Land zu all seinen Einwohnern". Man glaubt, dass die 900-kg-Glocke zerstört wurde, nachdem sie 1846 zu Ehren des Geburtstags des verstorbenen George Washington geläutet hatte, weil sie nicht mehr erklingen sollte.

In Carpenters Hall, anderthalb Straßenblocks östlich von Independence Hall, trat

Die Freiheitsglocke mit ihrem berühmten Riss erklang zuletzt 1846.

1774 der Erste Kontinentalkongress zusammen; nördlich davon liegt Franklin Court, der letzte Wohnsitz von Benjamin Franklin. Heute beherbergt es mehrere Museen, denen auch einige seiner Besitztümer gehören. Im nahen Betsy Ross House soll Betsy die original amerikanische Flagge kreiert haben; das Erscheinungsbild von Haus und Werkstatt von 1777 sind originalgetreu restauriert worden.

In der City Tavern waren Jefferson, Adams und Franklin regelmäßig zu Gast. 1976 wurde sie nachgebaut und bietet heute ein kulinarisches Erlebnis wie im 18. Jh., darunter eine Pepperpot-Suppe und Biere, die nach Washingtons und Jeffersons eigenen Rezepten gebraut sind.

Die Stadt der brüderlichen Liebe erblüht Anfang März während der Internationalen Blumenschau. Seit 1829 verwandelt sie alljährlich eine Fläche von 4 ha in eine Fantasiewelt voller Blütenkelche und blühender Bäume. **INFO:** Tel. +1/215-965-7676; www.independencevisitorcenter.com. **FRANKLIN COURT:** Tel. +1/215-965-7676. **BETSY ROSS HOUSE:** Tel. +1/215-686-1252; www.betsyrosshouse.org. **CITY TAVERN:** Tel. +1/215-413-1443; www.citytavern.com. *Preise:* Dinner € 30. **PHILADELPHIA INTERNATIONAL FLOWER SHOW:** Tel. +1/215-988-8899; www.theflowershow.com. *Wann:* Anf. März. **UNTERKUNFT:** vom Omni Hotel am Independence Park ist es nicht weit zu den historischen Stätten. Tel. +1/215-925-0000; www.omnihotels.com. *Preise:* ab € 185. **REISEZEIT:** März–Okt.: Spaziertour „Lights of Liberty"; am und um den 4. Juli: Feierlichkeiten in der ganzen Stadt.

Kulturtempel in der Stadt der brüderlichen Liebe

PHILADELPHIA MUSEUM OF ART UND BARNES FOUNDATION

Philadelphia, Pennsylvania, USA

Wie ein römischer Tempel erhebt sich das Philadelphia Museum of Art am Kopfende des breiten, von Bäumen gesäumten Benjamin Franklin Parkway – es gehört nicht nur zu den größten Kunstmuseen der USA, sondern auch zu seinen besten. Seine ständige Sammlung von über 225.000 Objekten füllt mehr als 200 Galerien. Dennoch denken die meisten Besucher von Philadelphia zuerst an den Film *Rocky*, und viele versuchen, die 72 Stufen hinaufzusprinten (Rockys Statue finden Sie am Fuß der Treppe).

Die herausragende amerikanische Sammlung des Museums umfasst zahlreiche Gemälde aus dem 19. Jh. des heimischen Künstlers Thomas Eakins. Die Europa-Galerien zeigen Meisterwerke wie van Goghs *Sonnenblumen* und Cézannes *Große Badende*. Unter den modernen und zeitgenössischen Arbeiten sind Werke von Picasso, Dalí, Miró, Léger, de Kooning und Pollock sowie die weltweit größte Sammlung von Werken von Marcel Duchamp.

Ein weiterer Kunsttempel Philadelphias, die Barnes Foundation, zieht bald vom Vorort Merion an eine zentralere Lage nur wenige Minuten vom Philadelphia Museum of Art entfernt. Die Stiftung wurde 1922 von Dr. Albert C. Barnes, einem Selfmademillionär, gegründet und hat seitdem eine der weltweit führenden privaten Kunstsammlungen zusammengetragen. Der neue Komplex, der 2012 eröffnet werden soll, repliziert das Gebäude am Standort in Merion, einschließlich der Innengärten und dem Konzept, Meisterwerke neben alltäglichen Gegenständen zu präsentieren. Die Barnes Foundation besitzt eine der bedeutendsten Gemäldesammlungen französischer Impressionisten und Postimpressionisten – allein 181 Werke von Renoir und unzählige von Cézanne, Matisse und Picasso sowie van Gogh, Degas, Monet, Manet, Goya und El Greco. **Philadelphia Museum of Art:** Tel. +1/215-763-8100; www.philamuseum.org. **Barnes Foundation:** Tel. +1/610-667-0290; www.barnesfoundation.org.

Ein Yankeeparadies von 28 km²

Block Island

Rhode Island, USA

Die unprätentiöse Insel Block Island ist ein Ort, wo man sich barfuß und mit dem Fahrrad fortbewegt, mit grünen Hügeln, Hunderten von Süßwasserteichen und spektakulären, 75 m hohen Klippen, die an Irland denken lassen. Ihr Charme hat die Nature Conservancy zur Aussage bewegt, die Insel sei „einer der letzten großartigen Orte der westlichen Hemisphäre".

Sie war unberührt, bis Touristen in den 1870er-Jahren kamen (was einen Bauboom großer viktorianischer Hotels auslöste). Heute tummeln sich an Sommerwochenenden bis zu 16.000 Touristen auf diesem Kleinod.

Dennoch gibt es hier kein gesellschaftliches Leben wie auf Martha's Vineyard. Bewohner und Besucher lieben die Ruhe und gehen behutsam mit der Natur um; ein Drittel der Insel ist für Wildtiere geschützt; es gibt über 50 km Wanderwege und herrliche Radwege an den Klippen sowie etwa 27 km Strand rund um die Insel. In den Great-Salt-Pond-Häfen liegen Hunderte Sportboote, die meisten aus dem nahen Newport (s. nächste Seite). Da sie an der atlantischen Zugstraße liegt, ist die Insel im Herbst ein Lieblingsort von Vogelbeobachtern, wenn über 150 Zugvögelarten in riesigen Schwärmen vorbeifliegen.

Block Island, während seiner Blüte „Bermuda des Nordens" genannt, kann sich immer noch zahlreicher großer Villen mit Veranden rühmen, die ihr Alter mit Würde tragen. Das Hotel Manisses ist ein Charmeur der 1870er-Jahre, der durch sein gehobenes Restaurant mit Tischen im Garten überrascht. (Bestellen Sie die Spezialität, Hummer mit Kartoffelpüree). Von den vielen ähnlichen Hotels ist das 1661 Inn am einladendsten, das Sea Breeze Inn mit 10 Zimmern am schönsten: Es liegt auf einer Klippe, blickt über den Ozean und ist von einem blühenden Garten umgeben

Wo: 20 km südl. des Festlands von Rhode Island. **Info:** www.blockislandchamber.com. **Wie:** Fähren fahren ganzjährig von Pt. Judith. Saisonale Fähren ab Newport; New London, CT; und Montauk, NY. **Hotel Manisses** und **1661 Inn:** Tel. +1/401-466-2421; www.blockislandresorts.com. *Preise:* Manisses ab € 55 (Nebensaison), ab € 163 (Hochsaison), Dinner € 30. 1661 Inn ab € 66 (Nebensaison), ab € 252 (Hochsaison). *Wann:* Hotel Manisses Apr.–Okt., 1661 Inn ganzjährig. **Sea Breeze Inn:** Tel. +1/401-466-2275; www.seabreezeblockisland.com. *Preise:* ab € 120 (Nebensaison), ab € 170 (Hochsaison). **Reisezeit:** Mai–Mitte Juni und Mitte Sept.–Okt.: weniger Touristen; Aug.: schönstes Wetter; Sept.–Okt.: Vogelbeobachtung.

Feriendomizile des Goldenen Zeitalters

VILLEN IN NEWPORT UND DER KLIPPENWEG

Newport, Rhode Island, USA

Im 19. Jh. begaben sich wohlhabende, prominente Familien wie die Vanderbilts und Astors nach Newport, um in ihren „Ferienhäusern" am Meer der Sommerhitze in den Städten zu entfliehen. Heute können rund ein Dutzend dieser Villen, von denen eine großartiger ist als die nächste, besichtigt werden, einschließlich der unbestrittenen Nr. 1, The Breakers. Der Palazzo im Renaissancestil mit 70 Zimmern, der 1895 für Cornelius Vanderbilt II. fertiggestellt wurde, besitzt eine wie ein offener Innenhof angelegte Eingangshalle und einen vergoldeten 225 m² großen Speisesaal, der von 3,50 m großen Kronleuchtern erleuchtet wird.

Das von Marie Antoinettes Petit Trianon in Versailles inspirierte Marble House wurde für Cornelius' jüngeren Bruder William 1888–1892 errichtet. Rosecliff, mit 40 Zimmern relativ intim, ist ein weiterer Favorit, den 1902 Architekt Stanford White erbaute. Auf Newports 20 km² steht weitere eindrucksvolle Architektur des 18. und 19. Jh., darunter 83 Gebäude, die von der Newport Restoration Foundation bewahrt werden, die Tabakerbin Doris Duke 1968 gründete. Auch ihr eigenes Haus, Rough Point, ist für Besichtigungen geöffnet.

Genießen Sie einen herrlichen Blick auf die Villen vom 5,5 km langen Cliff Walk, der 10 m oberhalb der Küste verläuft. Das Chanler entstand 1873 als Erstes an dem historischen Weg. Nach vielen Reinkarnationen beherbergt es heute ein opulentes Hotel mit 20 stilvollen Zimmern, die auf das Herrenhaus im französischen Empirestil und Villen verteilt sind, sowie das elegante Restaurant Spiced Pear. Abgeschiedener ist das Gatsby-artige Castle Hill Inn von 1874. Es liegt direkt am Wasser auf einer

The Breakers ist ein Entwurf des einflussreichen Architekten Richard Morris Hunt.

eigenen grünen Halbinsel, gleich am spektakulären, 15 km langen Ocean Drive.

Newport als geistiges und physisches Zentrum der US-Segler richtet jährlich über 40 Regatten aus. Die Segler des New York Yacht Clubs, die hier ihre Sommerbasis haben und den America's Cup seit 132 Jahren verteidigen, veranstalten ihre jährliche Regatta im Juni. In ungeraden Jahren sehen Sie hier die historische Annapolis–Newport-Regatta, in geraden Jahren das berühmte Newport–Bermuda-Rennen. Zur Essenszeit strömen die Bootsleute zum belebten Black Pearl direkt am Wasser oder zur feineren White Horse Tavern von 1687.

INFO: www.gonewport.com. **PRESERVATION SOCIETY:** (Informationen zur Besichtigung der Villen) Tel. +1/401-847-1000; www.newportmansions.org. *Wann:* The Breakers Anf. Jan–Apr.: geschlossen, andere saisonal geschlossen.

THE CHANLER: Tel. +1/401-847-2244; www.thechanler.com. *Preise:* ab € 237 (Nebensaison), ab € 593 (Hochsaison), Dinner € 45. CASTLE HILL INN: Tel. +1/401-849-3800; www.castlehillinn.com. *Preise:* ab € 203 (Nebensaison), ab € 426 (Hochsaison); Brunch € 30. BLACK PEARL: Tel. +1/401-846-5264; www.blackpearlnewport.com. *Preise:* Dinner € 26. WHITE HORSE TAVERN: Tel. +1/401-849-3600; www.whitehorsetavern.us. *Preise:* Dinner € 37. REISEZEIT: Juni u. Juli: Regatten; Anf.– Mitte Aug.: *JVC Jazz Festival* & *Newport Folk Festival*; Dez.: Weihnachtsdekoration in The Breakers und Marble House.

Wo die alten Zeiten nicht vergessen sind

BEAUFORT UND DAS TIEFLAND

South Carolina, USA

Die wabenförmige Küste südlich von Charleston erstreckt sich über 300 km und löst sich in Halbinseln, Kanäle und subtropische Inseln auf, die das Tiefland von South Carolina bilden. Kiawah Island spielt eine wichtige Rolle; sie liegt nicht weit von Charleston und kann sich eines der meistbeachteten Golf-Resorts Nordamerikas rühmen (auch Tennis- und Beachsport sind herausragend). Das Sanctuary Hotel ist eine luxuriöse Wahl für alle, die länger bleiben. Das benachbarte Naturschutzgebiet Hunting Island State Park ist reich an Karettschildkröten, Alligatoren und Reihern.

Das kleine Beaufort ist das Tor zu den Sea Islands. Der für seine Vorkriegshäuser bekannte Küstenort verdankt Hollywood eine Art Renaissance: *Der große Frust*, *Forrest Gump* und *Der Herr der Gezeiten* wurden hier gedreht; viele der Schauspieler wohnten im Rhett House Inn. Wer Südstaaten-Gastfreundschaft schätzt, findet sie nur wenige Schritte von der restaurierten Uferpromenade und der Hauptstraße entfernt im 1820s mit seinen weißen Säulen.

Das Penn Center auf St. Helena Island entstand 1862 als eine der ersten Schulen des Landes für befreite Sklaven. Sein kleines Museum ist das kulturelle Zentrum der regionalen Gullah-Gemeinde. Ihre Mitglieder haben ihre Wurzeln in Westafrika; die hiesige Gemeinde wurde Anfang des 18. Jh. gegründet.

Nirgendwo isst man besser roten Reis und Garnelen, Seewolf-Chowder und Gumbo als im familiären Gullah Grub Restaurant auf St. Helena. Eine Alternative sind die Shrimpsbuden am Straßenrand, wo frische Garnelenburger die allgegenwärtige Warteschlange erklären.

Nahe der Grenze zu Georgia thront das Hilton Head Island als eines der beliebtesten Ferienziele der Ostküste. Der Spielplatz am Meer wartet mit 25 Turniergolfplätzen und ca. 300 Tennisplätzen auf. Authentischer ist es im Inland im Palmetto Bluff mit seinen 50 Hütten am moosbewachsenen Ufer des May River.

WO: Kiawah liegt 43 km südl. von Charleston. **INFO:** www.beaufortsc.org. KIAWAH ISLAND GOLF RESORT: Tel. +1/843-768-2121; www.kiawahgolf.com. *Preise:* ab € 200 (Nebensaison), ab € 340 (Hochsaison); Greenfee im Ocean Course € 196 (Nebensaison), € 266 (Hochsaison). RHETT HOUSE INN: Tel. +1/843-524-9030; www.rhetthouseinn.com. *Preise:* ab € 130. PENN CENTER: Tel. +1/843-838-2432; www.penncenter.com. GULLAH GRUB RESTAURANT: Tel. +1/843-838-3841; www.gullahgrubs.com. *Preise:* Dinner € 15.

INN AT PALMETTO BLUFF: Tel. +1/843-706-6500; www.palmettobluffresort.com. *Preise:* ab € 350. REISEZEIT: Apr.–Juni u. Mitte Sept.– Jan.: angenehmes Wetter; Mai: Gullah-Fest in Beaufort; Anf. Okt.: Shrimpsfestival in Beaufort.

Nichts könnte feiner sein

DAS HERZ VON CHARLESTON

Charleston, South Carolina, USA

Zur Zeit der Amerikanischen Revolution war Charleston eine der größten, reichsten und dynamischsten Städte der jungen Nation. Heute präsentiert sich diese warme, liebenswürdige Metropole am Zusammenfluss von Cooper und Ashley mit einzigartigem Charme. Ihr zu Fuß zu besichtigendes historisches Viertel besitzt eine der landesweit größten Ansammlungen von Kolonialarchitektur sowie nicht wenige viktorianische Häuser. Charleston begeistert seine Besucher auch mit Antiquitätenläden, seinen liebenswürdigen Bewohnern und einer aufstrebenden Kunst- und Restaurantszene.

Die Stadt wurde zum Symbol des Widerstands der Südstaaten, als man die ersten Schüsse des Bürgerkriegs auf das von der Union besetzte Fort Sumter abfeuerte, das immer noch über den Hafen wacht. Im Charleston Museum (gegründet 1773) erhalten Sie einen Einblick in die Stadtgeschichte.

Charlestons architektonisches Erbe geht bis auf die Zeit zurück, als die Baumwolle regierte. Der Reichtum der Plantagenbesitzer und Händler ermöglichte die prächtigen Villen an den begrünten Straßen. Führungen zu über 150 Privathäusern sind schon lange vor dem jeden Frühling stattfindenden Festival der Häuser und Gärten ausgebucht; dasselbe gilt für die ebenso beliebten Herbstführungen.

Wenn Sie ein historisches Haus erleben möchten, checken Sie in das älteste Hotel der Stadt, Two Meeting Street, ein. Das Haus von 1892 im Queen-Anne-Stil an der Battery mit Tiffany-Buntglasfenstern hat 9 mit Antiquitäten bestückte Zimmer. Frühstück isst man in einem schattigen kleinen Garten unter blühenden Magnolien.

Auch das spektakuläre Wentworth Mansion von 1886 ist ein ehemaliges Wohnhaus, das stolz ist auf seine Tiffanyfenster, Marmorkamine und 21 geräumige Zimmer und Suiten. Speisen Sie in der schönen Remise des Circa 1886 gleich hinter dem Hotel, wo Chefkoch Marc Collins kunstvolle regionale Gerichte kreiert. Das urbane Planters Inn mit 64 Zimmern ist trotz seiner Lage am geschäftigen Markt eine Oase der Ruhe. Sein Peninsula Grill gilt als kulinarischer Tempel der Küche des Neuen Südens.

Wie vor dem Sezessionskrieg ist die Stadt auch heute noch Kulturzentrum des Südens

Häuser des frühen 19. Jh. säumen die Battery in Charleston.

mit dem 17-tägigen Spoleto Festival und seinen 120 Aufführungen, von Oper bis Tanz. 1977 wurde es als Schwester des Festivals im italienischen Spoleto ins Leben gerufen (s. S. 243). Es endet mit einem Feuerwerk auf der Middleton-Place-Plantage aus dem 18. Jh. am Ashley River. **Info:** www.charlestoncvb.com. **Fort Sumter:** Tel. +1/843-883-3123; www.nps.gov/fosu. **Charleston Museum:** Tel. +1/843-722-2996; www.charlestonmuseum.org. **Festival of Houses and Gardens:** Historic Charleston Foundation. Tel. +1/843-722-3405; www.historiccharleston.org. *Wann:* 4 Wochen ab Mitte März. **Herbstführungen:** Preservation Society of Charleston. Tel. +1/843-722-4630; www.preservationsociety.org. *Wann:* 5 aufeinanderfolgende lange Wochenenden ab Ende Sept. **Two Meeting Street Inn:** Tel. +1/843-723-7322; www.twomeetingstreet.com. *Preise:* ab € 170. **Wentworth Mansion:** Tel. +1/843-853-1886; www.wentworthmansion.com. *Preise:* ab € 244, Dinner im Circa 1886 € 45. **Planters Inn:** Tel. +1/843-722-2345; www.plantersinn.com. *Preise:* ab € 148, Dinner im Peninsula Grill € 40. **Spoleto Festival:** Tel. +1/843-579-3100; www.spoletousa.org. *Wann:* Mai–Mitte Juni. **Reisezeit:** März: Frühlingsblüte; März–Mai u. Sept.–Dez.: schönes Wetter.

Eine Verbindung des alten Südens mit dem neuen

Die Lowcountry-Küche

Charleston, South Carolina, USA

Die Küstengebiete von South Carolina und Georgia sind die Heimat der Lowcountry-Küche, einer harmonischen Verbindung französischer, spanischer, afrikanischer und karibischer Einflüsse, und Charleston ist ihre kulinarische Hauptstadt. Unter Verwendung traditioneller Zutaten wie Garnelen, Austern, Krebsen, Reis, Gries, Okra und gebratenem Gemüse hat die Küche des Tieflands in den letzten Jahren einen kreativen Aufschwung erlebt.

Die kulinarischen Tempel – Peninsula Grill, Circa 1886 (s. vorige Seite) und das lässig-raffinierte Magnolias – servieren bewährte neben innovativen Gerichten. Das Fig und das Husk zollen mit modernisierten Menüs den Gaben des Landes Tribut.

Aber Sie sollten auch den schlichten alten Süden im Hominy Grill erleben, dessen Gäste besonders vom Frühstück mit Buttermilchpfannkuchen und Biscuits mit Landschinken und Champignonsoße schwärmen. Ebenso hervorragend ist auch das Mittagessen.

Der bodenständige Familienbetrieb Bowen's Island Restaurant ist ein weiterer Favorit, dessen gebackene Austern und frische Krabben zu den besten der Stadt gehören. Stammgäste haben geweint, als das Restaurant 2006 abbrannte. Zum Glück können Sie im neuen Speisesaal wieder schaufelweise Muscheln essen, die direkt von eigenen Muschelbänken kommen.

Magnolias: Tel. +1/843-577-7771; www.magnolias-blossom-cypress.com. *Preise:* Dinner € 33. **Fig:** Tel. +1/843-805-5900; www.eatatfig.com. *Preise:* Dinner € 33. **Husk:** Tel. +1/843-577-2500; www.huskrestaurant.com. *Preise:* Mittagessen € 15. **Hominy Grill:** Tel. +1/843-937-0930; www.hominygrill.com. *Preise:* Dinner € 22. **Bowen's Island:** Tel. +1/843-795-2757; www.bowensislandrestaurant.com. *Preise:* Dinner € 11. **Reisezeit:** Ende Jan.–Anf. Feb.: Austernfestival, Anf. Okt: *Taste of Charleston Festival.*

Spektakuläre Natur

DER BADLANDS-NATIONALPARK

South Dakota, USA

Für die Lakota-Sioux war die Gegend *mako shika*, das „schlechte Land". Die französisch-kanadischen Pelzjäger betrachteten sie als „les mauvaises terres à traverser", „schlecht zu durchquerendes Land". Doch Frank Lloyd Wright beschrieb sie als „unbeschreiblich mysteriöses Anderswo spiritueller als Erde, doch von ihr".
Einst war hier ein Binnenmeer, später üppiger Wald. Zahlreiche Versteinerungen lagern nun unter der Oberfläche. Oberirdisch ziehen uns die „Knochen der Badlands" hierher, in geisterhaft karge Landschaft, im Laufe von 75 Mio. Jahren durch Sedimentation und Erosion modelliert und heute als Nationalpark geschützt. Einige Felsen ragen über 300 m in die Höhe, andere tragen Farbstreifen aus Mineralablagerungen – Pinselstriche der Natur.
Zu Fuß erkundet man die Badlands auf einem 500-m-Rundgang oder dem 16 km langen Castle Trail. Für Autos gibt es den Badlands Loop. Die Theatralik der Natur zeigt sich am besten in der Dämmerung oder nach Regen, wenn Licht und Schatten poetisch zusammenspielen.

Indianer lebten hier 11.000 Jahre lang, doch man zwang sie in Reservate, als Ende des 19. Jh. weiße Siedler kamen. In ihrer Verzweiflung wurden viele zu Anhängern der „Geistertanz"-Religion. Aus Angst, der religiöse Eifer könne zu Krieg aufhetzen, nahm die 7. Kavallerie im Dezember 1890 eine Gruppe Sioux-Tänzer fest. Ein Kampf am Wounded Knee Creek eskalierte zu einem Massaker, bei dem fast 300 Indianer starben. Heute steht an der Stelle, ca. 70 km südlich des Parks, ein einfaches Denkmal.
Wo: Der Nordosteingang liegt 142 km südöstl. von Rapid City. Tel. +1/605-433-5361; www.nps.gov/badl. **REISEZEIT:** Apr.–Juni u. Sept.–Okt.: schönstes Wetter. Der Winter verspricht Einsamkeit.

Heiliges Land der Helden: Mount Rushmore und Crazy Horse

DIE BLACK HILLS

South Dakota, USA

Die nach der schwarzen Färbung ihrer Ponderosa-Kiefern benannten Black Hills in South Dakota galten den Lakota-Sioux seit Jahrtausenden als heilig. Heute hat die Leidenschaft einiger Künstler das Land auf andere Weise geheiligt. Das 1924 vom dänisch-amerikanischen Bildhauer Gutzon Borglum entworfene Denkmal am Mount Rushmore sollte ein „Schrein der Demokratie" sein, der die Geschichte des Landes anhand ihrer Anführer (Washington, Jefferson, Lincoln, Teddy Roosevelt) darstellte. 17 Jahre später erhielt Rushmore die 4 Gesichter, 6 Stockwerke hoch, die auf die Black Hills blicken.

Das Denkmal war eine Beleidigung für die Indianer. Ein Vertrag von 1868 hatte den Sioux das Land „in Ewigkeit" gesichert, doch 6 Jahre später fand man Gold, und die US-Regierung forderte es zurück. Als 1876 alle Lakota-Stämme in Reservate umsiedeln sollten, formierten die großen Häuptlinge Crazy Horse, Sitting Bull und Gall einen Widerstand, der die 7. Kavallerie in General George Custers letztem Gefecht am Little Bighorn zerstörte. Aber in weniger als 2 Jahren war Crazy Horse tot und das Schicksal der Sioux besiegelt.

1939 luden die Sioux den Bildhauer Korczak Ziolkowski ein, das Bildnis ihres Helden Crazy Horse in einen Berg in den Black Hills, 27 km südwestlich von Rushmore, zu hauen. Anders als Mount Rushmore sollte Crazy Horse komplett 3-dimensional dargestellt werden: der große Häuptling, auf einem Pferd sitzend, mit ausgestrecktem Arm. Seit Ziolkowskis Tod 1982 arbeitet seine Familie weiter daran. Wann es fertig wird, weiß niemand, doch das Motto des Projekts lautet: „Vergiss nie deine Träume." Mit 170 m Höhe und 190 m Länge wird es das größte Denkmal der Erde und soll Rushmore wie einen Zwerg wirken lassen.

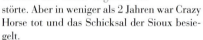

Die Arbeit am Crazy Horse Memorial ist ein nie endendes Projekt.

Ein Besuch der Gegend lohnt sich nicht nur der Monumente wegen. Das Schutzgebiet Custer State Park ist Heimat einer der größten Büffelherden mit ca. 1500 Tieren – ein Bruchteil der 60 Mio., die einst durch die Prärie zogen. Beim jährlichen Buffalo Roundup werden die frühen Tagen des Westens wieder lebendig; dazu gehören ein 3-tägiges Kunstfestival und ein beliebter Chili-Kochwettbewerb. Fahren Sie die 30 km lange Wildlife Loop Road entlang und halten Sie Ausschau nach Elchen und Adlern oder genießen Sie die Aussicht vom schönen, 22 km langen Needles Highway.

Nahe der östlichen Parkgrenze liegt die State Game Lodge von 1920. Sie diente Calvin Coolidge im Sommer 1927 als Weißes Haus. Man kann sein Zimmer oder eine preiswertere Alternative buchen.

Wo: Mt. Rushmore liegt 40 km südwestl. von Rapid City; www.nps.gov/moru. **Crazy Horse:** Tel. +1/605-673-4681; www.crazyhorsememorial.org. **Custer State Park:** Tel. +1/605-773-3391; www.custerstatepark.info. **State Game Lodge:** Tel. +1/605-255-4772; www.custerresorts.com. *Preise:* ab € 104. **Reisezeit:** Sommerabende: Beleuchtungszeremonie am Rushmore, Feuerwerk und die Lasershow „Legenden in Licht" am Crazy Horse; Ende Sept.: Buffalo Roundup.

Party!

Sturgis Motorcycle Rally

Sturgis, South Dakota, USA

Für Fans von Choppern, Hogs und allen Arten von Motorrädern ist Sturgis einzigartig: ein kleiner Ort (6442 Einwohner), der alljährlich die größte Motorradrallye Amerikas ausrichtet. Hier gründete Clarence „Pappy" Hoel 1936 den Jackpine Gypsies Motorcycle Club, der das erste Black Hills Motor Classic veranstaltete, 2 Jahre später mit 9 Teilnehmern. Heute lockt Sturgis jeden August für 1 Woche

½ Mio. Menschen zu Bikeshows, Konzerten, Rennen, Vorführungen, Gruppenfahrten, Geselligkeit und Partys. Hunderte Anbieter verkaufen alles von Essen bis Tattoos. Das Teilnehmerspektrum reicht von Leuten, die nach dem Harley-Code leben, über Zahnärzte bis zu CEOs, die ihr Leder nur am Wochenende anlegen. Man stelle es sich vor wie Mardi Gras mit Chrom, wenn sich auch die Dinge etwas beruhigt haben seit den Tagen, als ab und zu jemand nackt die Main Street hinabbrauste.

Ja, es gibt viel Alkohol (Jack Daniel's ist einer der Hauptsponsoren); ja, es gibt viel Rock 'n' Roll (zuletzt sind ZZ Top und Kid Rock aufgetreten); und auf Campingplätzen wie Buffalo Chip geht es recht wild zu; aber Sturgis ist nicht nur eine große Party. Biker können sich im Motorcycle Museum und der Hall of Fame umsehen oder in Gruppen auf der Panoramastraße des Black-Hills-Nationalwalds fahren. Wall Drug Store verkauft in der Nähe alles von handgefertigten Cowboystiefeln bis zu Pferdebalsam. Kosten Sie einen Büffelburger im 520-Plätze-Lokal und genießen Sie den gastfreundlichen Westen. **Wo:** 39 km nördl. von Rapid City. Tel. +1/605-720-0800; www.sturgismotorcyclerally.com. *Wann*: Anf. Aug. **Campingplatz Buffalo Chip:** Tel. +1/605-347-9000; www.buffalochip.com. *Preise:* Rallye-Pass ab € 115, inkl. Campingplatz, Einrichtungen und Besuch aller Konzerte auf dem Campingplatz. **Sturgis Motorcycle Museum:** Tel. +1/605-347-2001; www.sturgismuseum.com. **Wall Drug Store:** Tel. +1/605-279-2175; www.walldrug.com. **Unterkunft:** Holiday Inn Express ist das neueste und schönste aus der geringen Auswahl. Tel. +1/605-347-4140; www.hiexpress.com. *Preise:* ab € 115.

In blauen Dunst gehüllt

Die Great Smoky Mountains

Tennessee und North Carolina, USA

Der Great-Smoky-Mountains-Nationalpark, der sich über 2000 km² der südlichen Appalachen beiderseits der Grenze von Tennessee zu North Carolina erstreckt, gehört zu den meistbesuchten Nationalparks des Landes. Die Besucher wollen die 16 über 1500 m hohen Berge und den Reichtum an Pflanzen, Fischen und Landtieren sehen, für den der Park als Internationales Biosphärenreservat ausgezeichnet wurde.

Der bläuliche Dunst, der die zu den ältesten Bergen der Welt gehörenden Smokies oft einhüllt, trug ihnen ihren Namen ein: Wasserdampf, der aus den dichten Wäldern aufsteigt, die 95 % des Parks bedecken. Unter den 150 Wanderwegen gibt es leichte sowie einen 100 km langen schwierigen Teil des Appalachian Trail (s. S. 738). Auf 880 der 1300 km markierten Wanderwege kann man auch reiten. Mit dem Auto erkundet man die Gegend auf der Newfound Gap Road, deren 55 km lange Panoramastrecke Gatlinburg in Tennessee mit Cherokee in North Carolina verbindet. Von hier blickt man man u.a. auf den Mount LeConte (2009 m) und den Clingmans Dome, mit 2024 m höchster Gipfel des Parks.

Blackberry Farm steht für ländliche Raffinesse und Luxus und ist eine Art Ritz-Carlton im Wald. Die 1700 ha Grund führen die Naturschönheit des Parks fort; beliebteste Aktivität hier ist Fliegenfischen. Nippen Sie zum Sonnenuntergang einen 20 Jahre alten Bourbon und genießen Sie im scheunenartigen Restaurant die südlich inspirierte „Küche vom Fuße der Berge", für die das Resort Preise erhielt.

Für einen Bruchteil der Kosten bekommt man im Butterfly Gap B&B (nur für Paare) eines von 5 originellen Häuschen, in denen man glaubt, man hätte die Smokies für sich allein. Oder kehren Sie auf dem Berg in The Swag ein. Das charmante 14-Zimmer-Hotel mit 5 historischen Gebäuden im Country-Schick bietet einen poetischen Blick in die Landschaft und einen privaten Wanderweg in den Park.

Wo: Tennessees Haupteingang zum Park ist das Sugarlands-Besucherzentrum, 3 km südl. von Gatlinburg. Tel. +1/865-436-1200; www.nps.gov/grsm. **BLACKBERRY FARM:** Tel. +1/865-380-2260; www.blackberryfarm.com. *Preise:* ab € 293. **BUTTERFLY GAP:** Tel. +1/865-984-6021; www.butterflygap.com. *Preise:* ab € 144 (Nebensaison), ab € 159

Newfound Gap ist der niedrigste Pass durch die Great Smokies.

(Hochsaison). **THE SWAG:** Tel. +1/828-926-0430; www.theswag.com. *Preise:* ab € 363, inklusive. *Wann:* Ende Apr.–Anf. Nov. **REISEZEIT:** Mai: Frühlingsblumen; Okt.: Herbstfärbung.

Alles dreht sich ums Schwein

BARBECUE IN MEMPHIS

Memphis, Tennessee, USA

Die Konkurrenz zwischen den Barbecue-Hauptstädten Amerikas ist zwar groß, doch Memphis hebt sich von der Menge ab. Was für Texas das Rind-, ist für Memphis das Schweinefleisch. Man unterscheidet 2 Varianten: Schweineschulter, gekocht und von Hand zerlegt, und Rippen, die man entweder „nass" (mit Soße) oder „trocken" (mit Gewürzen und Kräutern eingerieben) serviert.

Am besten isst man wohl im Rendezvous, einem belebten Kellerlokal nahe dem großen Peabody Hotel, das berühmt ist für die abgerichteten Enten, die 2-mal täglich zur Musik von John Philip Sousa durch die Lobby watscheln. Besonders empfehlenswert sind die trockenen Rippchen vom Holzkohlengrill mit roten Bohnen und Reis. Das andere für diese Rippchen bekannte Lokal in Memphis ist Corky's Bar-B-Q, das US-weit mehrere Franchiselokale betreibt. Eine Liste von Lieblingsgerichten sorgt dafür, dass das Lokal immer voll ist.

Das recht kuriose, bodenständigere Payne's befindet sich in einer alten Tankstelle nahe Graceland (s. nächste Seite). Seine Sandwiches mit gehacktem Schweinefleisch sind legendär. Im Cozy Corner, wo man ganz unprätentiös von Papptellern isst, sind die Spezialitäten Cornish-Huhn und überraschend leckere Fleischwurstsandwiches vom Grill. Das relativ neue Central Grill hat für seine fleischigen Rippchen (trocken und nass) und dicke, hausgemachte Kartoffelchips eine ganze Fangemeinde. Im beliebten Jim Neely's Interstate Bar-B-Que werden zarte Schweinerippchen mit einer dicken, süßwürzigen Marinade begossen, die auch die Spezialität des Hauses, Spaghetti vom Grill, würzt. In Memphis hat man sogar herausgefunden, wie man Pizza grillt: Coletta's Italian Restaurant, das 1923 eröffnete, hat sich in dieser Kategorie selbst zum Sieger gekürt.

Das Grillparadies auf Erden ist der *World Championship Barbecue Cooking Contest* beim jährlichen Maifest, wo über 200 Teams aus der ganzen Welt zusammenkommen, um ihre eigenen Rezepte am Mississippi zuzubereiten.

Rendezvous: Tel. +1/901-523-2746; www.hogsfly.com. *Preise:* große Rippen € 13. **Corky's:** Tel. +1/901-685-9744; www.corkysribsandbbq.com. **Payne's:** Tel. +1/901-272-1523. **Cozy Corner:** Tel. +1/901-527-9158; www.cozycornerbbq.com. **Central BBQ:** Tel. +1/ 901-272-9377; www.cbqmemphis.com. **Interstate Bar-B-Que:** Tel. +1/901-775-2304; www.interstatebarbecue.com. **Coletta's:** Tel. +1/ 901-948-7652; www.colettasrestaurant.com. **Barbecue Cooking Contest:** Tel. +1/901-525-4611; www.memphisinmay.org. *Wann:* Mitte Mai.

Das Schloss des „King" auf dem Berg

GRACELAND

Memphis, Tennessee, USA

Elvis Presleys Anwesen Graceland, in dem er von 1957 bis zu seinem Tod am 16. August 1977 (mit 42 Jahren) lebte, ist eine einzige Show, die fasziniert und gelegentlich sogar anrührt. Die meisten Menschen haben von den Kristallleuchtern und dem legendären Jungle Room mit der Wasserfallwand, den Zimmerdecken mit Flauschteppich und den Polstermöbeln aus Kunstpelz gehört. Doch man spürt: Graceland ist mehr als nur Kitsch.

Das liegt vor allem an den Fans, die Tausende Kilometer zurücklegen, um das Haus und die letzte Ruhestätte des King im Meditation Garden zu sehen. Es hat auch viel mit Elvis selbst zu tun, einem armen Jungen aus Mississippi, der die Musik des schwarzen und weißen Südens mit einer Stimme zum Klingen brachte, die junge Mädchen, alte Frauen und wahrscheinlich Gott höchstpersönlich bis ins Mark berührte. Von dem Tag an, da der erfolgreiche 22-jährige Frauenschwarm hier mit Mum und Daddy einzog und sein Kindheitsversprechen einlöste, seinen Eltern das größte Haus der Stadt zu kaufen (es kostete damals umgerechnet € 76.000), war Graceland für Elvis Flucht und Zuflucht, sein Luxus eine Zurschaustellung des privaten Exzesses, der sein Untergang wurde. Graceland gehört heute zu den meistbesichtigten Häusern der USA. Wohnzimmer, Musikzimmer, Esszimmer, Küche, TV-Raum, Billardraum und Jungle Room – alle unverändert – sind für Besucher geöffnet. Außerdem befinden sich auf dem 5,5-ha-Anwesen ein Trophäenraum mit Gold- und Platinplatten, Bühnenkostümen und Erinnerungsstücken, dazu Elvis' Sammlung von 33 Fahrzeugen mit dem berühmten rosa Cadillac Fleetwood von 1955, und seine 2 Privatjets. Etwa 160 km südöstlich von Memphis können Pilger auch Elvis' Geburtsort besichtigen, ein einfaches 2-Zimmer-Zuhause in Tupelo, Mississippi (s. S. 822), wo der King am 8. Januar 1935 zur Welt kam.

Info: Tel. +1/901-332-3322; www.elvis.com. **Übernachten:** Im kitschig-coolen Heartbreak Hotel gegenüber. Tel. +1/901-332-1000; www.elvis.com/epheartbreakhotel. *Preise:* ab € 104. **Reisezeit:** 8. Jan.: Elvis' Geburtstag, um den 16. Aug. (Elvis' Todestag): Elvis-Woche.

Wo die Karrieren von Blueslegenden begannen

Die Musikszene von Memphis

Memphis, Tennessee, USA

Nach Memphis, Heimat des Blues und Geburtsort des Rock 'n' Roll, reisen Musikbegeisterte aus der ganzen Welt. Sie wollen auf den Spuren Elvis Presleys wandeln (s. vorige Seite) und die Lieblingsplätze von Blueslegenden Furry Lewis, Muddy Waters, B. B. King und vielen weiteren sehen.

Nachmittags – und jede Nacht – pulsiert die Beale Street vor Blues- und Rockbands. Die beste Livemusik hört man im B.B. King's Blues Club, benannt nach dem beliebten Gitarristen, dessen Karriere hier begann, und im Rum Boogie Café mit einer umwerfenden Hausband und einer erstklassigen Gitarrensammlung. Anderswo in der Stadt jammen Hipster im Hi-Tone Café in der Nähe des

Im Rum Boogie Café in der Beale Street isst man Cajun-Essen und Gegrilltes zu erstklassiger Musik.

Memphis College of Art, während die Spelunke Wild Bill's vor allem ein Tanzpublikum anzieht. Erlösung erwartet uns im Full Gospel Tabernacle, wo der mit einem Grammy ausgezeichnete Reverend Al Green Gottesdienste mit religiösen Liedern und Händeklatschen zelebriert.

Das Stax Museum of American Soul Music auf dem Gelände des heute geschlossenen Stax Studio ist reich an Schätzen, u.a. Vintage-Gitarren, Glitzerketten und Isaac Hayes' goldenem Cadillac. Das Memphis Rock 'n' Soul Museum zeigt die musikalischen Wurzeln der Stadt, von Feldgesängen der 1930er-Jahre bis zu den Erfolgen von Sun, Stax und Hi Records und ihrem globalen Einfluss sowie Elvis' frühe Karriere beim Sun Studio, wo der King 1954 seinen ersten Hit, „That's All Right Mama", aufnahm.

Heute kommen Künstler und Fans zu 3 wilden Tagen und Nächten am Ufer des Mississippi zum *Beale Street Music Festival* zusammen, das das jährliche, 1-monatige Festival *Memphis in May* eröffnet. Rock, Rap, Gospel, Country und Blues erklingen im 13,5 ha großen Tom Lee Park, wo zahlreiche musikalische Helden aus Memphis und von anderswo auftreten.

B.B. King's blues club: Tel. +1/901-524-5464; http://memphis.bbkingclubs.com. **Rum Boogie Café:** Tel. +1/901-528-0150; www.rumboogie.com. **Hi-Tone Café:** Tel. +1/901-278-8663; www.hitonememphis.com. **Wild Bill's:** Tel. +1/901-726-5473. **Full Gospel Tabernacle:** Tel. +1/901-396-9192; www.algreenmusic.com. **Stax Museum:** Tel. +1/901-946-2535; www.soulsvilleusa.com. **Memphis Rock 'n' Soul Museum:** Tel. +1/901-205-2533; www.memphisrocknsoul.org. **Sun Studio:** Tel. +1/901-521-0664; www.sunstudio.com. **Beale Street Music Festival:** Tel. +1/901-525-4611; www.memphisinmay.org/music. **Reisezeit:** Mitte Aug.: Elvis-Woche; Anf. Sept.: *Beale Street Labor Day Music Festival*.

Die Heimat der Countrymusik

Die Grand Ole Opry

Nashville, Tennessee, USA

Nashville trägt seit bald 100 Jahren den Spitznamen „Music City, USA", seitdem die Grand Ole Opry hier 1925 als Wochenendsendung begann. Die weltweit am längsten laufende Live-Radioshow wurde vom Ryman Auditorium im Stadtzentrum ausgestrahlt, das 1943–1974 als „Mutterkirche der Countrymusik" verehrt wurde. Seine Buntglasfenster zeugen noch von seiner ursprünglichen Funktion als Union Gospel Tabernacle; Musiker aller Genres schätzen die hervorragende Akustik des Konzertsaals.

Das neue Grand Ole Opry House ist ein moderner Veranstaltungsort mit 4372 Plätzen, der das Music Valley 20 Minuten außerhalb der Stadt dominiert. Dort treten junge Musiker und Legenden aus der alten Zeit auf und spielen Country-, Bluegrass- und Rockabillymusik. Die Opry ist der Heilige Gral – von Hank Williams bis Carrie Underwood hat fast jeder Preisgekrönte hier gespielt. Das Opry Museum ist voll mit Memorabilien der Show, die die Countrymusik berühmt gemacht hat.

Im Stadtzentrum zeigt die Country Music Hall of Fame and Museum eine beeindruckende Vielfalt an Artefakten, z.B. Elvis' Cadillac mit Massivgold. Vom Museum aus kann man eine Bustour zum nahen historischen RCA Studio B an der Music Row buchen, wo Elvis, Chet Atkins und andere ihre Hits einspielten.

Livemusik und Kneipenambiente gibt es im Bluebird Café, einem kleinen, unscheinbaren Ort, der neue Talente präsentiert. Liebenswerte Kneipen am Lower Broadway sind Robert's Western World Bar, Tootsie's Orchid Lounge und der altmodische Ernest Tubb Record Shop. Nicht weit davon spielen große Namen im B.B. King's Blues Club, und ausgelassene Line-Dancer treffen sich im Wildhorse Saloon.

Von Johnny Cash bis Patsy Cline sind alle Stars im Ryman Auditorium aufgetreten, der ursprünglichen Grand Ole Opry.

Machen Sie Pause im Loveless Cafe, seit 1951 eine Institution in Nashville. Der Lieblingsort von Countrystars und Feinschmeckern belohnt seine gedrängt sitzenden Gäste mit seiner Spezialität, langsam geräuchertem Landschinken mit Soße und Pfannkuchen mit Sirup.

Ryman: Tel. +1/615-458-8700; www.ryman.com. **Grand Ole Opry und Opry Museum:** Tel. +1/615-889-3060; www.opry.com. **Country Music Hall of Fame:** Tel. +1/615-416-2001; www.countrymusichalloffame.com. **Bluebird Café:** Tel. +1/615-383-1461; www.bluebirdcafe.com. **Robert's Western World:** Tel. +1/615-244-9552; www.robertswesternworld.com. **Tootsie's:** Tel. +1/615-7260-463; www.tootsies.net. **Ernest Tubb Record Shop:** Tel. +1/615-255-7503; www.ernesttubb.com. **B.B. King's Blues Club:** Tel. +1/615-256- 2727; www.bbkingbluesclub.

com. **WILDHORSE SALOON:** Tel. +1/615-902-8200; www.wildhorsesaloon.com. **LOVELESS CAFE:** Tel. +1/615-646-9700; www.lovelesscafe.com. *Preise:* Frühstück € 7,50. **ÜBERNACHTEN:** Das elegante, historische Hermitage Hotel ist zentral gelegen. Tel. +1/615-244-3121; www.thehermitagehotel.com. *Preise:* ab € 180. **REISEZEIT:** Juni: *CMA Music Festival*, Do. im Juni u. Juli: *Bluegrass Nights* im Ryman; Mitte Okt.: *Grand Ole Opry Birthday Bash*.

Wo das Herz von Texas schlägt

AUSTINS LIVEMUSIKSZENE

Austin, Texas, USA

Austin ist Sitz der Regierung von Texas und Heimat einer der größten Universitäten der USA, doch sein Herz schlägt für die Musik. So bezeichnet sich die entspannte, das Vergnügen liebende Stadt als Welthauptstadt der Livemusik. Auf fast 200 Bühnen wird rund ums Jahr von Rockabilly bis Tejano alles gespielt, von unbekannten Künstlern bis zu texanischen Größen wie Willie Nelson und den Dixie Chicks.

So überrascht kaum, dass die South by Southwest Music and Media Conference („SXSW") eine der größten Musikshows überhaupt ist, bei der über 1900 Musiktalente auf mehr als 85 Bühnen auftreten. Das zweite große Musikfestival der Stadt ist das Austin City Limits, das für 3 Tage Rock junge und bekannte Bands zusammenbringt (z.b. Pearl Jam, die Beastie Boys und die Dave Matthews Band).

Das ganzjährige Zentrum von Austins Musikszene liegt an der Sixth Street und im Red-River-Distrikt direkt nördlich davon, wo Rock, Blues, Jazz, Country und R&B aus einst schäbigen Türen dringen. Hier ist das weltbekannte Antone's, Austins „Heimat des Blues", und Stubbs BBQ mit Musik und Essen vom Feinsten, vor allem der Sonntags-Gospel-Brunch. Jenseits des Flusses liegt Threadgill's, nicht weit davon das Broken Spoke, Texas führender Twostep-Tanzsaal, wo Willie Nelson wegen der Hähnchensteaks einkehrt. Große Namen treten im Freilicht-Amphitheater Backyard im Texas Hill Country (s. S. 884) auf.

Musiker auf Besuch machen einen Abstecher zum hippen Hotel San José (wenn Sie dort kein Zimmer bekommen, trinken Sie bei Jo's gegenüber vom Parkplatz, wo die Livebands spielen, einen Kaffee oder ein kaltes Lone Star). Das Hotel Saint Cecilia ist sein gehobenes Schwesterhotel, mit nostalgischen Zimmern in einem viktorianischen Herrenhaus sowie moderneren Studios und Bungalows am Pool. Beide Hotels haben zur Renaissance des jetzt trendigen Vergnügungsviertels SoCo (South of Congress) beigetragen, dessen coole und eigenwillige Boutiquen und Restaurants das inoffizielle Motto der Stadt befolgen: „Haltet Austin schräg."

SOUTH BY SOUTHWEST: Tel. +1/512-467-7979; www.sxsw.com. *Wann:* Mitte März. **AUSTIN CITY LIMITS:** Tel. +1/512-389-0315; www.aclfestival.com. *Wann:* 3 Tage Anf. Okt. **ANTONE'S:** Tel. +1/512-320-8424; www.antones.net. **STUBB'S BBQ:** Tel. +1/512-480-8341; www.stubbsaustin.com. **THREADGILL'S:** Tel. +1/512-451-5440; www.threadgills.com. **BROKEN SPOKE:** Tel. +1/512-442-6189; www.brokenspokeaustintx.com. **THE BACKYARD:** Tel. +1/512-263-4146; www.thebackyard.net. **HOTEL SAN JOSÉ:** Tel. +1/512-852-2350; www.hotelsanjose.com. *Preise:* ab € 122. **JO'S:** Tel. +1/512-444-3800; www.joscoffee.com. **HOTEL SAINT CECILIA:** Tel. +1/512-852-2400; www.hotelsaintcecilia.com. *Preise:* ab € 220.

Kulturelle Perlen in „Big D"

DER ARTS DISTRICT IN DALLAS

Dallas, Texas, USA

Der Arts District von Dallas ist das Herzstück des kulturellen Lebens der Stadt, eine 19 Blocks große Enklave, die von Toparchitekten für einige der exklusivsten Kunstsammlungen der Welt erbaut wurde. 1978 begonnen, zählt das Gebiet jetzt zu den größten Kunstvierteln der USA. Zweifellos hat es Dallas weltweit als kulturellen Player ins Spiel gebracht.

1984 entstand als eines der ersten Gebäude das von Edward Larrabee Barnes entworfene Dallas Museum of Art mit über 24.000 Stücken aus der ganzen Welt, die 7000 Jahre Kunst repräsentiert. Nur einen Block entfernt liegt die Crow Collection of Asian Art mit einer weiteren repräsentativen Sammlung, einschließlich großer architektonischer Stücke wie einer Sandsteinfassade eines indischen Hauses aus dem 18. Jh. Das Nasher Sculpture Center von Renzo Piano beherbergt über 300 Werke, u.a. von Rodin, Picasso, Matisse und Degas. Ein nettes Café mit Innen- und Außenbereich blickt auf einen Garten mit großformatigen Arbeiten aus der ständigen Sammlung.

Architektonisches Herz des Viertels ist das neue AT&T Performing Arts Center (das zweitgrößte des Landes nach dem Lincoln Center in New York, s. S. 846), das 4 von Norman Foster und Rem Koolhaas entworfene Bühnen umfasst. Neben dem akustisch ausgezeichneten Winspear Opera House mit 2200 Plätzen und dem Wyly Theater mit 600 Plätzen gehören zum Zentrum eine Freilichtbühne sowie ein 2 ha großer öffentlicher Park im Zentrum der Innenstadt. Auf der anderen Straßenseite liegt eines der ersten Gebäude des Blocks, das von I. M. Pei entworfene Meyerson Symphony Center, das Musikliebhaber seit 1989 begeistert.

Erholen Sie sich im Adolphus, einem neobarocken Hotel im Stadtzentrum, das von Bierbaron Adolphus Busch errichtet wurde. Die Zimmer sind geschmackvoll (manchmal spektakulär) eingerichtet, und der tadellose Service erinnern an einen noblen englischen Landsitz. Vielleicht möchten Sie sich auch den anspruchsvollen Gästen anschließen, die den Luxus in der Rosewood Mansion on Turtle Creek lieben, ein Anwesen von 1920 im italienischen Renaissancestil mit einem ruhigen Pool, perfektem Service und einem der angesehensten Restaurants der Stadt.

Info: www.thedallasartsdistrict.org. **Dallas Museum of Art:** Tel. +1/214-922-1200; www.dallasmuseumofart.org. **Crow Collection:** Tel. +1/214-979-6430; www.crowcollection.org. **Nasher Sculpture Center:** Tel. +1/214-242-5100; www.nashersculpturecenter.org. AT&T Performing Arts Center: Tel. +1/214-880-

Der einziehbare Kronleuchter ist ein Höhepunkt des Winspear Opera House im AT&T Performing Arts Center.

0202; www.attpac.org. **Meyerson Symphony Center:** Tel. +1/214-670-3600; www.dallas culture.org/meyersonsymphonycenter. **Adolphus:** Tel. +1/214-742-8200; www.hoteladolphus.com. *Preise:* ab € 93 (Nebensaison), ab € 244 (Hochsaison). **Rosewood Mansion on Turtle Creek:** Tel. +1/214-559-2100; www.mansiononturtle creek.com. *Preise:* ab € 185 (Nebensaison), ab € 293 (Hochsaison). **Reisezeit:** 1. und 3. Sa. im Monat: Arts-District-Führungen.

Eine eklektische Sammlung texanischer Schätze

HOUSTONS KUNSTMUSEEN

Houston, Texas, USA

Als das Museum of Fine Arts Houston 1924 eröffnet wurde, war es das erste Kunstmuseum in Texas und erst das dritte in den amerikanischen Südstaaten. Heute ist es das fünftgrößte Museum der USA und das meistbesuchte von den 18 Museen des Museum Districts der Stadt. Von seinen über 40.000 Werken gehören die von Rembrandt, van Gogh, Monet und Picasso zu den Dauerfavoriten. Es besitzt auch eine hervorragende Sammlung lateinamerikanischer Kunst und eine der umfangreichsten Fotosammlungen der USA. Herzstück des MFAH Campus ist das original neoklassizistische Caroline Wiess Law Building. Ergänzungen von Mies van der Rohe – seinem einzigen Museumsbau in Amerika – enthalten noch mehr Objekte aus der ganzen Welt. Der von Isamu Noguchi entworfene Lillie and Hugh Roy Cullen Sculpture Garden ist eine mit Werken u.a. von Matisse und Calder ausgestattete urbane Oase.

Ebenfalls in diesem Museumsviertel beheimatet ist die weithin als eines der besten privaten Museen der USA geschätzte Menil Collection. Sie enthält rund 17.000 Objekte, die Houstons verstorbene legendäre Mäzenin Dominique de Menil und ihr Mann John zusammengetragen haben. 1987 eröffneten sie ihr Museum in einem eleganten Flachbau von Renzo Piano, der den Raum kunstvoll mit gefiltertem Naturlicht erhellt. Im Mittelpunkt steht die Surrealismussammlung mit Werken von Man Ray, Duchamp und Max Ernst sowie eine der weltweit besten Magritte-Sammlungen. Das Menil präsentiert auch andere europäische Maler und Bildhauer des 20. Jh. wie Picasso, Giacometti und Rodin sowie zeitgenössische Künstler und Fotografen. Auf der anderen Straßenseite zeigt ein Ergänzungsbau mit 9 Galerien Arbeiten von Cy Twombly. Es ist eines der wenigen Museen, die für das Werk eines einzigen amerikanischen Künstlers entworfen und gebaut wurden.

Etwas vollkommen anderes ist das Orange Show Center for Visionary Art. Die Orange Show, die Kreation, die der Houstoner Postangestellte Jeff McKissack 1956–1979 geschaffen hat, ist ein architektonisches Wunder und eine Hommage an Außenseiterkunst aus recycelten Ziegeln, Beton, Stahl und gefundenen Objekten wie Traktorsitzen und Schaufensterpuppen. Seit McKissacks Tod 1980 wurde die Orange Show von verschiedenen Gönnern erhalten, von Dominique de Menil bis ZZ Top. Nicht nur Kinder, sondern alle, die das Außergewöhnliche mögen, lieben Installationen wie das *Beer Can House* und die fantastische *Art Car Parade*.

Museum of Fine Arts Houston: Tel. +1/713-639-7300; www.mfah.org. **Menil Collection:** Tel. +1/713-525-9400; www.menil.org. **Orange Show:** Tel. +1/713-926-6368; www.orangeshow.org. **Reisezeit:** Anf. Mai: Art-Car-Wochenende der Orange Show.

Eine lebendige Oase in einer multikulturellen Stadt

DER RIVERWALK

San Antonio, Texas, USA

Für Mark Twain war San Antonio eine der herausragenden Städte Amerikas. Heute würde er ihr historisches Vorzeigeobjekt, Fort Alamo, erkennen, nicht aber ihre andere touristische Attraktion, den Paseo del Rio oder Riverwalk,

eine belebte, von Zypressen, Eichen, blühenden Büschen und Weiden gesäumte Uferpromenade beiderseits des ruhigen San Antonio River. Die 1941 in der Wirtschaftskrise als Arbeitsbeschaffungsprojekt gestaltete Promenade eine Ebene unterhalb der Straße wurde inzwischen erneuert und wimmelt vor Besuchern der Cafés, Läden, Hotels und Flussfahrten. Boudro's ist ein guter Kommandoposten: Bestellen Sie eine Kaktusfeigen-Margarita und zum Mittagessen Enchiladas mit geräucherten Garnelen und Golf-Krabben. Beobachten Sie, wie das Leben am Fluss an Ihnen vorüberzieht.

An der hübschesten Kehre des Flusses liegt das Hotel La Mansión del Rio. Die ehemalige spanisch beeinflusste Schule aus dem 19. Jh. wurde 1968 als eleganter Ort mit kühlen Springbrunnen im Hof und Alte-Welt-Ambiente wiedergeboren. Jenseits des Flusses bietet das Mokara Hotel & Spa ein prächtiges Interieur, einen neuen Pool auf dem Dach mit herrlichem Blick und ein Spa mit Mesquiten- und Wildblumenblüten-Anwendungen.

Ein Spaziergang führt nach Alamo, dem Symbol für Texas' Unabhängigkeit. Hier leisteten 1836 189 tapfere Verteidiger der 2600 Mann starken Armee von General Santa Anna 13 Tage lang Widerstand. Die Geschichte erzählt der Film *Alamo: The Price of Freedom* im IMAX in der RiverCenter Mall um die Ecke. Besichtigen Sie danach den Alamo Cenotaph, ein Denkmal aus Marmor und Granit vor der Mission, in das die Namen der Helden von Alamo geschnitzt sind, darunter David Crockett und Jim Bowie.

Der Riverwalk, eine parkartige Promenade, führt 7 km durch die Stadt.

Besonders schön ist der Riverwalk zur Weihnachtszeit, wenn über 120.000 Lichter die alten Fassaden und Brücken erhellen, und Ende April, wenn die ganze Stadt die *Fiesta San Antonio* begeht, 11 Tage des Feierns mit 3 Paraden zur typischen Tejano-Musik, einer Mischung mexikanischer und deutscher Einflüsse. Erleben Sie das hispanische Erbe am Market Square mit El Mercado, dem größten mexikanischen Markt außerhalb Mexikos und Restaurants, darunter das berühmte Mi Tierra Café & Bakery. Enchilada mit Huhn gehört zu den beliebtesten Gerichten.

RIVERWALK: Tel. +1/210-227-4262; www.thesanantonioriverwalk.com. BOUDRO'S: Tel. +1/210-224-8484; www.boudros.com. *Preise:* Dinner € 30. LA MANSIÓN DEL RIO: Tel. +1/210-518-1000; omnihotels.com. *Preise:* ab € 126 (Nebensaison), ab € 230 (Hochsaison). MOKARA HOTEL: Tel. +1/210-396-5800; www.mokarahotels.com. *Preise:* ab € 222 (Nebensaison), ab € 370 (Hochsaison). THE ALAMO: Tel. +1/210-225-1391; www.the

alamo.org. **Market Square:** Tel. +1/210-207-8600; www.marketsquaresa.com. **Mi Tierra Cafe & Bakery:** Tel. +1/210-225-1262; www.mitierracafe.com. *Preise:* Dinner € 9. **Reisezeit:** 2. März: Texas Independence Day am Alamo, Mitte Apr.: *Fiesta San Antonio*; Mitte Mai: *Tejano Conjunto Festival*; Ende Nov.–Anf. Jan.: Weihnachtsveranstaltungen.

Kleine Sträßchen und Lupinen

Texas Hill Country

Texas, USA

Tief im Herzen von Texas liegt eine Region mit grünen Weiden und Kalksteinfelsen, kristallklaren Bächen, Flüssen und Seen, ein Ort, den der von hier stammende Präsident Lyndon B. Johnson als „besondere Ecke von Gottes Land" bezeichnete. Das Hill Country hat seiner Frau, Lady Bird Johnson, seinen Reichtum an Wildblumen (insbesondere Wiesenlupinen) zu verdanken, die die Region jedes Frühjahr schmücken. 1969, nach dem Ende seiner Präsidentschaft, ließen sich Lyndon B. Johnson und seine Frau auf ihrer Ranch 80 km westlich von Austin nieder, und Lady Birds Leidenschaft für Wildblumen fand ihren Niederschlag im 115 ha großen Lady Bird Johnson Wildflower Center in Austin. Dort können Sie ca. 600 einheimische Arten sehen, bevor Sie sie draußen in situ entdecken.

Das Texas Hill Country, eine sanfte Hügellandschaft, die maximal 580 m über dem Meeresspiegel liegt, wurde Mitte des 19. Jh. vor allem von deutschen Einwanderern besiedelt, deren Einfluss sich bis heute in einem Oktoberfest und in Weihnachtsfeiern in und um Fredericksburg zeigt. Für Weinliebhaber ist die Weinstraße (Highway 290) ein Muss, die an den Weingütern des Hill Country vorbeiführt, u.a. dem beliebten Becker Vineyards. Fredericksburg hat zahlreiche alte Hotels und B&Bs, z.B. das Hoffman Haus mit 14 schönen Zimmern.

Von März bis Dezember findet samstagnachmittags in Bandera, der selbst ernannten Cowboyhauptstadt der Welt, das Straßenfest *Cowboys on Main* statt, mit Planwagen, Barbecue und Seiltrickshows. Auf der 110 ha großen Ranch Hill Country Equestrian Lodge kann man Privatunterricht nehmen oder sich einfach nach einem Ausflug in das angrenzende Schutzgebiet Hill Country State Natural Area erholen, wo man herrlich Vögel beobachten kann.

Gruene ist der Ort, um die Tanzschuhe herauszuholen: Gruene Hall ist das älteste Tanzlokal in Texas. Das nahe viktorianische Gruene Mansion Inn von 1872 liegt in Reichweite der Tanzlokale der Stadt und des Guadalupe River, eines beliebten Tubingreviers. **Wo:** Fredericksburg liegt 115 km westl. von Austin. **Info:** www.texashillcountry.com. **LBJ National Historical Park:** Tel. +1/830-868-7128; www.nps.gov/lyjo. **Wildflower Center:** Tel. +1/512-232-0100; www.wildflower.org. **Becker Vineyards:** Tel. +1/830-644-2681; www.beckervineyards.com. **Hoffman Haus:** Tel. +1/830-997-6739; www.hoffmanhaus.com. *Preise:* ab € 100. **Hill Country Equestrian Lodge:** Tel. +1/830-796-7950; www.hillcountryequestlodge.com. *Preise:* ab € 130. **Gruene Dance Hall:** Tel. +1/830-606-1281; www.gruenehall.com. **Gruene Mansion Inn:** Tel. +1/830-629-2641; www.gruenemansioninn.com. *Preise:* ab € 140. **Reisezeit:** Feb.–Mai u. Sept.–Nov.: angenehmes Wetter; März–Apr.: Wildblumensaison; Ende Mai–Mitte Juni: *Kerrville Folk Festival*; Anf. Nov.: *WurstFest* in New Braunfels.

Radfahren und Wandern zwischen Steinmonumenten und Canyons

MOAB UND RED ROCK COUNTRY
Utah, USA

Das Epizentrum der Abenteuerreisen ins Canyonland ist ein überraschend kleiner Ort. Aber auch mit nur knapp 5000 Einwohnern bietet Moab genügend Aktivitäten in der freien Natur – plus filmreife Kulissen –, um es mit einer Stadt von der 10-fachen Größe aufzunehmen. Die Stadt begann 1855 als Mormonensiedlung, boomte in den 1950er-Jahren als Zentrum des Uranabbaus und erfand sich in den 1980er-Jahren neu, als Vertreter einer neuen Sportart namens Mountainbiking entdeckten, dass sich die glatte, rote Felslandschaft perfekt für ihren Radspaß eignete.

In Moab gibt es Offroadstrecken in Hülle und Fülle; der 16 km lange Slickrock Trail ist ein Reifetest für ernsthafte Biker. Die einzigartige Lage der Stadt in einem schmalen grünen Tal, das vom Colorado River geteilt wird, macht sie zum Ausgangspunkt für erstklassiges Rafting. Guides veranstalten Wildwassertouren oder mehrtägige Fahrten auf dem Green River durch die ruhigen Labyrinth und Stillwater Canyons.

Von Moab sind es 10 Minuten zum Arches-Nationalpark mit seinen über 2000, von den Elementen geformten roten Sandsteinbögen. Genießen Sie die Landschaft auf der 28 km langen Panoramastraße oder auf Wanderungen wie dem 5 km langen Weg zum Delicate Arch, dem inoffiziellen Symbol Utahs. Von Moab sind es auch nur 40 Minuten zum Canyonlands-Nationalpark, Utahs größtem Park. Es gibt eine Fülle von Gründen, das Gebiet zu besuchen. Die Hochebene Island in the Sky liegt Moab am nächsten und ist mit 30 km befestigter Straßen am besten mit dem Auto zugänglich.

Wanderwege durchziehen die Parks, und Goldsucherstraßen aus der Zeit des Bergbaus locken Jeepfahrer an, die am Osterwochenende zur Safari kommen. Bei dem bekannten Moab Music Festival im September erklingen Kammermusik, Jazz und Bluegrass; im Oktober treffen sich Radfans zum Moab Ho-Down Bike Festival.

Von den Unterkünften der Stadt bietet das Gonzo Inn 1970er-Jahre-Retrocharme und einen Pool zum Einweichen der müden Knochen. Eine halbe Autostunde entfernt liegt die Sorrel River Ranch, ein 73 ha großes Anwesen an einer malerischen Biegung des Colorado River.

Wo: 380 km südöstl. von Salt Lake City. **Info:** www.discovermoab.com. **Arches-Nationalpark:** Tel. +1/435-719-2299; www.nps.gov/arch. **Canyonlands-Nationalpark:** Tel. +1/435-719-2313; www.nps.gov/cany. **Gonzo Inn:** Tel. +1/435-259-2515; www.gonzoinn.com. *Preise:* ab € 120. **Sorrel River:** Tel. +1/435-259-4642; www.sorrelriver.com. *Preise:* ab € 300. **Reisezeit:** April–Mitte Mai u. Sept.–Mitte Nov.: schönstes Wetter.

Blick auf den Turret Arch durch den North Window Arch im Arches-Nationalpark.

Der beste Schnee der Welt

SKIFAHREN IN DER WASATCHKETTE

Park City und Umgebung, Utah, USA

Mit 11 Skigebieten 1 Autostunde von Salt Lake City entfernt und einem jährlichen Schneefall von über 12 m in einigen Gebieten verwundert es nicht, dass Utah 2002 zum Gastgeber der Olympischen Winterspiele gewählt wurde. Außerdem ist die charmante, 100 Jahre alte Bergbaustadt Park City wohl der beste kleine Skiort der USA.

Nur 6 km nördlich des Zentrums liegt das Canyons Resort, ein familienfreundliches Skigebiet von 1500 ha und abwechslungsreiches Gelände mit zahlreichen Liften, die 8 Berge und 167 Pisten bedienen. Die olympischen Ski- und Snowboardteams der USA sowie diejenigen, die gern dazugehören möchten, trainieren im Park City Mountain Resort, wo sie 108 Pisten, 15 Lifte, 9 Täler und 7 Berge zur Auswahl haben – plus eine der größten „Superpipes" Nordamerikas. Im 158 ha großen Utah Olympic Park geht der Nervenkitzel weiter: Sportler trainieren auf der Bobbahn und den 6 Skisprungschanzen und können dazwischen Olympiahoffnungen zusehen.

Deer Valley ist Utahs vornehmstes Resort. Seine 4 Gipfel – der höchste misst 2916 m – waren Gastgeber vieler olympischer Wettkämpfe, und seine 99 Abfahrten und 22 Liftanlagen sind nie überfüllt. Die schicke, unprätentiöse Stein Eriksen Lodge im norwegischen Stil liegt direkt an der Piste; von ihren zahlreichen Annehmlichkeiten sind das preisgekrönte Spa und das Restaurant Glitretind die Höhepunkte.

Im Little Cottonwood Canyon, der auf 18 spektakulären, von Gletschern durchschnittenen Kilometern 1676 m ansteigt, liegen das Alta und das Snowbird Resort. Snowbird versprüht Hightech im Gegensatz zu Altas altmodischerem Ambiente. Alta ist Utahs ältestes Resort und stolz auf seinen „Skifahrerberg" (sprich: keine Snowboards erlaubt). Die originelle Alta Lodge, ein Familienbetrieb, gibt es seit 1939 – sie ist praktisch ein Museum für Skimemorabilien.

Eine andere Atmosphäre herrscht im Sundance Resort, einer Kreation von Robert Redford, der 1969 diese 2400 ha große Wildnis erstand. Die bescheidenen 200 ha Skigebiet entsprechen Redfords Vision von „kleiner ist besser" mit ihrem Schwerpunkt auf der Umwelt und den Künsten. Sundance wird seit 1981 vor allem mit dem Independent-Filmfestival in Verbindung gebracht, das jeden Januar hier und in Park City stattfindet, die führende Veranstaltung ihrer Art.

Wo: Park City liegt 58 km östl. von Salt Lake City. **Info:** www.parkcity.com. **The Canyons Resort:** Tel. +1/435-649-5400; www.thecanyons.com. *Preise:* Skipass € 60. **Park City Mountain Resort:** Tel. +1/435-649-8111; www.parkcitymountain.com. *Preise:* Skipass ab € 64. **Olympic Park:** Tel. +1/435-658-4200; www.olyparks.com/uop. **Deer Valley:** Tel. +1/435-649-1000; www.deervalley.com. *Preise:* Skipass € 64. **Stein Eriksen Lodge:** Tel. +1/435-649-3700; www.steinlodge.com. *Preise:* ab € 144 (Nebensaison), ab € 615 (Hochsaison); Dinner im Glitretind € 37. **Snowbird:** Tel. +1/801-933-2222; www.snowbird.com. *Preise:* Cliff Lodge ab € 110 (Nebensaison), ab € 305 (Hochsaison); Skipass ab € 48. **Alta:** Tel. +1/801-359-1078; www.alta.com. *Preise:* Skipass ab € 48. **Alta Lodge:** Tel. +1/801-742-3500; www.altalodge.com. *Preise:* ab € 81 (Nebensaison), ab € 107 (Hochsaison). **Sundance**

Resort: www.sundanceresort.com. *Preise:* ab € 200; Skipass € 37. **Reisezeit:** Jan.–Anf. März: ideale Skibedingungen; Ende Jan.: *Sundance Film Festival.*

Wallfahrtsort der Mormonen und Amerikas Chor

Temple Square

Salt Lake City, Utah, USA

„Dies ist der Ort", erklärte Brigham Young, Präsident der Kirche Jesu Christi der Heiligen der Letzten Tage, als sein Blick im Juli 1847 erstmals über das trostlose Salt Lake Valley schweifte. Heute ist das Tal Epizentrum einer der weltweit am schnellstens wachsenden Religionen (über 70 % der Bevölkerung Utahs sind Mormonen; mehr als die Hälfte der 13,5 Mio. Gläubigen leben außerhalb der USA).

Das Herz der Gemeinde und von Salt Lake City ist Temple Square, von den Mormonen verehrt wie der Vatikan von den Katholiken.

Young selbst legte 1853 den Grundstein für den Salt Lake Temple aus Granit mit 6 Türmen; eine 3,60 m hohe Statue des Engels Moroni ziert den höchsten Turm. Das Tempelinnere ist nur für Kirchenmitglieder zugänglich.

Der berühmte Mormon-Tabernacle-Chor ist in einem unverkennbaren Kuppelbau beheimatet, dessen enorme Orgel mit 11.623 Pfeifen als eine der besten der Welt gilt. Der mit einem Grammy ausgezeichnete Chor aus 360 Freiwilligen singt sonntagmorgens und probt donnerstagabends; beides ist öffentlich. Vielleicht können Sie am jährlichen Weihnachtskonzert teilnehmen, das selbst den verhärmtesten Scrooge zum Jubeln bringen würde und auf der ganzen Welt im Fernsehen übertragen wird.

Info: Tel. +1/801-240-4872; www.visittemplesquare.com. **Reisezeit:** Ende Nov.–Dez.: Weihnachtsfeiern und -beleuchtung.

Die großartigste aller Straßentouren

Zion- und Bryce-Canyon-Nationalpark

Utah, USA

Es ist schwer, einen Favoriten aus Utahs 5 herrlichen Nationalparks zu wählen. Die Besichtigung der Parks von West nach Ost beginnt beim Zion-Nationalpark, dem ältesten und vielleicht schönsten – was sehr viel aussagt.

Den Namen Zion, hebräisch für „Heiligtum", erhielt er von frühen Mormonen. Der Virgin River, der die 600 m hohen zartfarbenen Felswände aus Sandstein geformt hat, scheint nach der unberührten Landschaft benannt, durch die er sich windet. Von Ost nach West verläuft durch den 600 km² großen Park der 16 km lange Zion–Mount Carmel Highway (State Route 9). Während man am Grand Canyon (s. S. 710) vor allem am Rand steht und nach unten sieht, blickt (oder wandert) man im Zion nach oben. Abenteuerlustige wagen den Weg zu Angel's Landing, der auf 4 km um 455 m ansteigt; die meisten bevorzugen die leichtere Narrows-Wanderung durch den Virgin River. Einzige Unterkunft im Park ist die rustikale Zion Lodge aus den 1920er-Jahren. Gegenüber beginnt der beliebte Emerald-Pools-Weg durch kühlen Wald zu 3 von kleinen Wasserfällen gespeisten Becken, die dank Algen sattgrün schimmern.

140 km östlich von Zion liegt der 145 km² große Bryce-Canyon-Nationalpark, bekannt für seine vielen Tausend Hoodoos – hohe, dünne Felssäulen in Weiß-, Rosa-, Rot- und Lilatönen; warten Sie, bis sich das Licht ändert, und sehen Sie, wie sich die Farben verwandeln. Der Blick vom 2400 m hohen Rand betört, besonders bei Sonnenaufgang. Unternehmen Sie die 30 km lange reizvolle Fahrt an der Kante entlang oder wandern Sie auf den Wegen – insgesamt 100 km – unten zwischen den Felsformationen. Die ehrwürdige Bryce Canyon

Der Bryce Canyon ist ein Wald aus erodierten Felsnadeln.

Lodge, in den 1920er-Jahren aus Ponderosa-Holz und Sandstein erbaut, hat 114 Zimmer und einen Speiseraum, in dem Parkbewunderer aus der ganzen Welt zusammenkommen.

Fahren Sie am Morgen ostwärts auf dem Highway 12, dessen 200 km zu den schönsten des Landes gehören. Nach dem höchsten Punkt auf ca. 3000 m führt er durch das Grand Staircase-Escalante National Monument, eine Abfolge farbreicher Hochebenen aus Sedimentgestein, die bis zum Grand Canyon reichen. Fahren Sie an Escalante vorbei auf der Million Dollar Road (so viel kostete es 1935, das fehlende Stück Highway zu bauen) nach Boulder und suchen Sie den Abzweig zur schicken, ökologischen Boulder Mountain Lodge. Gourmets nehmen eine lange Anreise auf sich, um im Hell's Backbone Grill neben dem Hotel zu essen.

Wo: Zion liegt 490 km südwestl. von Salt Lake City. Tel. +1/435-772-3254; www.nps.gov/zion. Bryce liegt 430 km südl. von Salt Lake City. Tel. +1/435-834-5322; www.nps.gov/brca. ZION LODGE: Tel. +1/303-297-2757; www.zionlodge.com. *Preise:* ab € 126. BRYCE CANYON LODGE: Tel. +1/435-834-8700; www.brycecanyonforever.com. *Preise:* ab € 120. *Wann:* Apr.–Okt. GRAND STAIRCASE-ESCALANTE NATIONAL MONUMENT: Tel. +1/435-644-4680; www.ut.blm.gov/monument. BOULDER MOUNTAIN LODGE: Tel. +1/435-335-7460; www.boulder-utah.com. *Preise:* ab € 63. HELL'S BACKBONE GRILL: Tel. +1/435-335-7464; www.hellsbackbonegrill.com. *Preise:* Dinner € 20. *Wann:* Mitte März–Ende Nov. REISEZEIT: Apr.–Mitte Mai u. Sept.–Mitte Nov.: schönes Wetter.

Ein in der Zeit verharrtes Dorf mit Käsefabrikation

GRAFTON

Vermont, USA

Grafton, ein Bilderbuchdorf, das in Vermont die Kunst des Käsemachens wiederbelebt hat, ist ein hübscher alter Ort mit historischen Gebäuden. Es ist kein lebendes Museum mit Menschen in historischen Kostümen, sondern eine funktionierende Gemeinde mit ca. 600 Einwohnern, von denen viele in den gut sortierten Geschäften an der Hauptstraße oder in der berühmten Käserei arbeiten. Die Käseherstellung in Grafton geht bis 1892 zurück, und heute erzeugt die Grafton Village Cheese Company einen der besten Cheddars der Welt. Sie dürfen ihn kosten, während Sie zusehen, wie er gemacht wird.

Das 1763 gegründete Grafton war 1830 mit 1482 Einwohnern (und 10.000 Schafen) am bevölkerungsreichsten. Nach dem Zusammenbruch der Wollindustrie hielt sich Grafton als Postkutschenstation zwischen Boston und Montreal über Wasser, doch mit dem Aufkommen des Automobils verschwand es fast von der Karte. 1963 gründete man die Windham Foundation, um die Stadt wiederzubeleben. Der Stiftung gehören 25 Gebäude im Ortskern, auch die Old Tavern von 1801, typisch mit weißer Holzfassade und schwarzen Fensterläden. Heute hat das Gebäude 45 zurückhaltend modernisierte Zimmer (11 im Hauptgebäude und 34 in Hütten in der Nähe); zu Gast war u.a. Rudyard Kipling, der 1892 seine Hochzeitsreise hier verbrachte. Das beliebte Restaurant wartet mit seltenen Weinen und einer Küche auf, die Frisches aus dem eigenen Ökogarten und der heimischen Landwirtschaft verarbeitet.

Unternehmen Sie im nahen Bellows Falls mit dem alten Panoramazug *Green Mountain Flyer* eine 90-minütige Fahrt nach Chester, vorbei an überdachten Brücken, kleinen Orten und prachtvollen Wäldern im Herbst. Vor allem kommt man aber nach Grafton, um auszuspannen und das langsame Tempo von gestern zu genießen.

Wo: 95 km nordöstl. von Bennington. **Info:** www.graftonvermont.org. **Grafton Village Cheese Company:** Tel. +1/802-843-2222; www.graftonvillagecheese.com. **The Old Tavern:** Tel. +1/802-843-2231; www.oldtavern.com. *Preise:* ab € 140 (Nebensaison), ab € 166 (Hochsaison). **Green Mountain Flyer:** Tel. +1/802-280-2295; www.rails-vt.com. *Wann:* Fr. Mitte Mai–Mitte Okt. **Reisezeit:** Jan.–März: Wintersport; Sept.–Okt.: Indian Summer.

Das beste Skigebiet der Ostküste und erstklassige Hotels

KILLINGTON UND WOODSTOCK

Vermont, USA

Killington, das Aspen der Ostküste, ist nicht der klassischste oder romantischste Skiort in Vermont (das ist eher Stowe, s. S. 893), aber es hat vieles, worauf es stolz ist. Es eröffnet die Skisaison als Erstes (Anfang November) und beendet sie als Letztes (im Mai), hat einen Höhenunterschied, der dem von Aspen kaum nachsteht, und nutzt die größte Beschneiungsanlage der Welt. Außerdem transportiert sein umfangreiches System von 22 Liften Skiläufer in ein größeres Gebiet, als jeder andere Ort im Osten besitzt.

141 Skipisten verteilen sich auf 6 Berge, einschließlich Outer Limits, eine der steilsten und schwierigsten Buckelpisten des Landes, sowie solche, die ominöserweise als doppelschwarz-diamantene Abfahrten bezeichnet sind, wie Anarchy und Downdraft, für jene auf der Suche nach dem letzten Kick. Auch Killingtons Après-Ski-Szene ist attraktiv. Eine gemütliche Unterkuft, wie Präsident Eisenhower sie 1955 genoss, verspricht das Mountain Top Inn & Resort mit Langlaufmöglichkeiten (und Reiten in wärmeren Jahreszeiten) auf 140 ha inmitten des Green-Mountain-Nationalwalds.

Wem Killingtons grobe Ästhetik zu viel wird, der ist im nahen kosmopolitischen Woodstock, einem beliebten Weihnachtskartenmotiv, gut aufgehoben. Es beansprucht für sich den Titel des ältesten Skiorts des Landes mit dem ältesten Skilift. Seine Auszeichnung als „schönste Kleinstadt Amerikas" verdankt es Laurance Rockefeller (Enkel von John D. Rockefeller sen.) und dessen Frau Mary Billings, die 60 Jahre lang für die Erhaltung seines 19.-Jh.-Flairs eintraten. 1969 errichteten sie das Herzstück des Orts, das vornehme Woodstock Inn and Resort. Von diesem neokolonialen Hotel mit erstklassigen Annehmlichkeiten kommt man schnell zum Woodstock Ski Touring Center, einem 18-Loch-Golfplatz von Robert Trent Jones sen. und 60 km Loipen zum Langlaufen und Schneeschuhwandern.

15 km nördlich liegt eines der luxuriösesten und bezauberndsten Hotelrestaurants Amerikas, Twin Farms, auf herrlichen 120 ha Land. Das ehemalige Farmhaus aus der Kolonialzeit – ein Hochzeitsgeschenk des Schriftstellers und Nobelpreisträgers Sinclair Lewis an seine Braut Dorothy Thompson – ist Teil eines Komplexes, der eine kleine, feine Kunstsammlung, 20 Zimmer und Suiten und unendlich erfinderische Mahlzeiten zu bieten hat. **Wo:** Killington liegt 135 km südl. von Burlington. **Info:** www.killington.com. *Preise:* Skipass ab € 56. *Wann:* Skisaison Nov.–Mai. **Mountain Top Inn & Resort:** Tel. +1/802-483-2311; www.mountaintopinn.com. *Preise:* ab € 126 (Nebensaison), ab € 203 (Hochsaison). **Woodstock Inn & Resort:** Tel. +1/802-457-1100; www.woodstockinn.com. *Preise:* ab € 148 (Nebensaison), ab € 244 (Hochsaison). **Twin Farms:** Tel. +1/802-234-9999; www.twinfarms.com. *Preise:* ab € 963, all-inclusive. **Reisezeit:** Jan.–März: Skifahren; März: *Bear Mountain Mogul Challenge*; Mai–Okt.: Radfahren, Wandern; Ende Sept.–Anf. Okt.: Indian Summer; Mitte Dez.: *Wassail*-Wochenende in Woodstock.

Eine archetypische Kleinstadt Neuenglands

Manchester

Vermont, USA

Diese archetypische Neuenglandkleinstadt mit ihren von Ahornbäumen beschatteten Straßen inmitten von Vermonts Green Mountains hat schon viele Besucher angezogen, bevor Abraham Lincolns Familie hier den Sommer verbrachte. Manchesters eindrucksvolle weiße Villen und Marmorbürgersteige bewahren eine friedliche historische Atmosphäre, während die zahlreichen luxuriösen Outlets am Stadtrand dem Ort einen modernen Reiz verleihen.

Die größte Attraktion des Ortes, das Equinox Resort & Spa, ist ein aufwendig restauriertes 195-Zimmer-Anwesen im Föderationsstil. Sein 18-Loch-Turniergolfplatz wurde 1927 von Walter Travis gestaltet und 1992 von Rees Jones modernisiert. Hier gibt es vor allem Zeitvertreib der britischen Oberklasse wie Bogenschießen, Falkenjagd und Offroadfahren. Gönnen Sie sich im exquisiten Spa eine Ganzkörperpflege mit weißem Ton oder ein Sonnenbad auf der Terrasse mit Blick auf Mount Equinox, mit 1172 m der höchste Gipfel der Taconic-Bergkette.

Die Söhne der Stadt, Charles und Franklin Orvis, begannen als Hoteliers Mitte des 19. Jh. und stellten fest, dass von den Flüssen Battenkill und Mettawee angelockte Touristen ein guter Markt für ihre handgefertigten Angeln waren. Ihre Idee lebt heute in ihrem

Geschäft in Manchester und der beliebten Fliegenfischenschule Orvis fort. Möchtegernangler können endlich ihren Traum am Fluss Battenkill wahr machen, der wegen seiner Regenbogen- und Bachforellen gerühmt wird.

Das Equinox Resort & Spa begann in der Kolonialzeit als Gasthaus und hat mit den Jahren expandiert.

Heute befindet sich in Charles Orvis' Wohnhaus das Charles Orvis Inn, Teil des Equinox Resort, zu dem auch das gemütliche 1811 House mit 13 Zimmern im Föderationsstil gehört, das Haus von Abraham Lincolns Enkelin Mary Lincoln Isham. Hildene, das Familienheim der Lincolns, ist nicht weit weg. Das Herrenhaus mit 24 Zimmern im neogeorgianischen Stil auf 166 ha Grund wurde von Robert Todd Lincoln (Sohn von Abraham und Mary) 1905 erbaut.

Zumindest einen Morgen sollte man im Up for Breakfast verbringen (so genannt, weil es im 1. Stock liegt), um die köstlichen Pfannkuchen mit Vermonter Ahornsirup zu essen.

Wo: 160 km südl. von Burlington. **Info:** www.manchestervermont.net. **Equinox:** Tel. +1/802-362-4700; www.equinoxresort.com. *Preise:* ab € 170 (Nebensaison), ab € 444 (Hochsaison); Greenfee ab € 63. **1811 House:** ab € 74 (Nebensaison), ab € 237 (Hochsaison). **Fliegenfischenschule Orvis:** Tel. +1/802-362-4604; www.orvis.com/schools. *Preise:* € 348 für 2 Tage. *Wann:* Mitte Apr.–Okt. **Hildene:** Tel. +1/802-362-1788; www.hildene.org. **Up for Breakfast:** Tel. +1/802-362-4204. **Reisezeit:** Ende Apr.–Mitte Sept.: Angeln; Mitte Juli in geraden Jahren: Antiquitätenschau in Hildene; 1. Wochenende im Aug.: Kunst- und Handwerksmesse von Süd-Vermont.

Indian Summer von unübertroffener Pracht

Northeast Kingdom

Vermont, USA

Im Jahr 1949 bezeichnete ein ehemaliger US-Senator aus Vermont, begeistert von der zeitlosen Schönheit der 3 nordöstlichsten Countys seines Staates (Orleans, Essex und Caledonia), die Region als Northeast Kingdom, und wenn die Herbstfarben leuchten, ist es eine der schönsten Gegenden Amerikas. Hier geben dicht bewaldete Hügel verschlafene Dörfer und den fjordgleichen Lake Willoughby mit seinen hohen, steilen Klippen frei.

Das inoffizielle Tor zur Region ist St. Johnsbury („St. Jay"), doch die menschenleere Ecke von Vermont ist eher für kleine Orte wie Peacham (611 Einwohner) bekannt, im Herbst wohl Vermonts fotogenster Ort. Die Straße führt durch aufgeräumtes Ackerland, wo Kühe den stolzen, einsam lebenden Yankees an Zahl überlegen sind. Harte Winter und die abgelegene Lage haben Technisierung und Tourismus in Schach gehalten, sodass die Straßen ein Paradies für Radfahrer und Motorisierte sind.

Wintersportler kommen in das historische Craftsbury, wo sich ein angesehenes Langlaufzentrum mit 80 km Loipen befindet, darunter ein Abschnitt auf dem 480 km langen Catamount Trail, der längsten Loipe der USA. Im ebenso schönen Sommer bietet der Big Hosmer Pond Möglichkeiten zum Rudern und Paddeln. Kilometerlange Wege laden zum Radfahren, Wandern und Joggen ein.

In dem von der Zeit vergessenen Dorf Lower Waterford (mit etwa 50 Einwohnern) liegt auf unberührtem Grund das Rabbit Hill Inn, 1795 im Föderationsstil – mit weißen Säulen – erbaut, das herrlich auf die White Mountains blickt. Die 19 Zimmer sind individuell eingerichtet; Dinner ist hier eine elegante Angelegenheit von 3 Gängen mit erntefrischen Zutaten; das Frühstück ist ihm durchaus ebenbürtig.

Wo: St. Johnsbury liegt 120 km östl. von Burlington. **Info:** www.travelthekingdom.com. Informationen über New Englands Indian Summer: www.vermontfallfoliage.com. **Langlaufzentrum Craftsbury:** Tel. +1/802-586-7767; www.craftsbury.com/skiing. **Rabbit Hill Inn:** Tel. +1/802-748-5168; www.rabbithillinn.com. *Preise:* ab € 148, Dinner € 37. **Reisezeit:** Ende Sept.–Anfang Okt.: schönstes Laub und Laubfeste.

Zu Gast auf einem Vanderbilt-Anwesen

Shelburne Farms

Shelburne, Vermont, USA

Auf einer Klippe mit Blick auf den 160 km langen Lake Champlain, hinter dem die New Yorker Adirondacks liegen, befindet sich das Inn at Shelburne Farms inmitten einer 565 ha großen, von Frederick Law Olmsted, Architekt des New Yorker Central Park (s. S. 845) gestalteten Landschaft. Das Landhaus aus roten Ziegeln im Queen-Anne-Stil, 1886 von Lila Vanderbilt und ihrem Mann William Seward Webb erbaut, versetzt seine Gäste mit Türmchen, Kaminen, Ölporträts und Blumentapeten in eine vergangene Epoche. Die charakterstarken 24 Zimmer sind mit antiken Familienerbstücken eingerichtet. In dem von Kerzen erleuchteten Hotelrestaurant serviert man z.B. Lammkarree von Tieren der Region mit ökologischen Erzeugnissen aus dem eigenen Garten. Das Hotel ist das Kronjuwel der Shelburne Farms, einer gemeinnützigen Einrichtung der Urenkel der Webbs'.

Außer dem Hotel und der Farm gibt es eine Kinderfarm zum Mitmachen und eine Molkerei, die ausgezeichneten Cheddar produziert. Etwa 140.000 Pfund werden jährlich von der Milch der farmeigenen Brown-Swiss-Kühe erzeugt. Im Shelburne Museum zeigen fast 40 Gebäude (davon 25 historische), eine der landesweit besten Americana-Sammlungen. Das als „Smithsonian von Neuengland" bezeichnete Museum zählt rund 150.000 Objekte, die von der Familie vor einem Jahrhundert zusammengetragen wurden, u.a. Zigarrenladen-Indianer, Zinnwaren, Glaspuppen, Quilts und sogar ein Karussell.

Mit der Übernachtung in ihrem Hotel unterstützt man die Bildungsprojekte der Shelburne Farms.

Wo: 10 km südl. von Burlington. **Inn at Shelburne Farms:** Tel. +1/802-985-8498; www.shelburnefarms.org. *Preise:* ab € 120; Dinner € 33. *Wann:* Anf. Mai–Mitte Okt. **Shelburne Museum:** Tel. +1/802-985-3346; www.shelburnemuseum.org. *Wann:* Mitte Mai–Okt. **Reisezeit:** Ende Mai: *Lilac Festival*; Hochsommer: Fest der Vermonter Käsereien; Juli–Anf. Aug.: 5-wöchiges *Mozart Festival Vermont*; Mitte Sept.: Erntefest der Shelburne Farms.

„The hills are alive …" – in Stowe

Stowe

Vermont, USA

Das Stowe Mountain Resort, die Königin der Skigebiete des Nordostens der USA, wurde in den 1930er-Jahren angelegt. Auch wenn es als gemütlich gilt, hat Stowe sich selbst neu erfunden und kann es nun mit den besten des Landes aufnehmen. Es bietet 116 Pisten; die neue Gondelbahn Over Easy verbindet das Mount-Mansfield- mit dem Spruce-Peak-Skigebiet. Stowe hat mehr kilometerlange Lifte als jedes andere Resort im Osten – und erweist sich damit des Titels „Skihauptstadt des Ostens" als würdig. Die 700 m lange Sommerrodelbahn und ausgedehnte Wanderwege locken auch Besucher an, wenn das weiße Pulver verschwunden ist.

Stowe Mountain Lodge, Stowes Mittelpunkt aus Holz und Stein, ist das einzige Hotel direkt an der Piste. Die 139-Zimmer-Lodge mit ihren raumhohen Fenstern lockt Skifahrer an, die die steilen Front-Four-Pisten am Mount Mansfield in Angriff nehmen, mit 1339 m Vermonts höchster Berg. Im Sommer kommen Golfer zu dem von Bob Cupp gestalteten Platz, der als Audubon-International-Signature-Schutzgebiet ausgewiesen ist. Das 200 Jahre alte Stowe mit den typischen weißen Kirchtürmen, einer belebten Main Street und dem altmodischen Shaw's General Store ist Charme pur.

In Stowe befindet sich auch das erste Langlaufzentrum des Landes. Die 970 ha große Trapp Family Lodge wurde 1950 von der aus *Sound of Music* berühmten österreichischen Familie eröffnet, die sich nach ihrer Ankunft in Amerika 1942 hier niederließ. Tiroler Ambiente, europäischer Service und Wiener Schnitzel mit Spätzle machen dieses Chalet mit Berghüttenflair zu einem der gemütlichsten der Region.

Die meisten Skifahrer kommen über die Route 100 nach Stowe, eine malerische 2-spurige Straße, die rund 320 km auf dem zerklüfteten Rücken der Green Mountains zurücklegt und dabei mehrere große Skigebiete und pittoreske Dörfer verbindet. Besuchen Sie in Weston die Hauptattraktion des Orts, den immer vollen Vermont Country Store, der seit 1946 berühmt ist als „Lieferant von allem, was praktisch und schwer zu finden ist". Der benachbarte kleine Ort Warren ist für eine vitale Kulturszene und das luxuriöse Pitcher Inn bekannt, das in den 1850er-Jahren eröffnete. Es hat 11 unterschiedliche Zimmer, ein Restaurant, das mit Superlativen überhäuft wurde, und eine umfangreiche Weinkarte. Im altmodischen Warren Shop können Sie Bonbons zum Selbermischen, Backwaren und das regionale Bier Lawson's Finest kaufen, das nur hier angeboten wird.

Wo: 72 km östl. von Burlington. **Info:** www.gostowe.com. *Wann:* Skisaison Nov.–Apr. **Stowe Mountain Resort:** Tel. +1/802-253-3000; www.stowe.com. *Preise:* Skipass ab € 42 (Nebensaison), ab € 66 (Hochsaison).

STOWE MOUNTAIN LODGE: Tel. +1/802-253-3560; www.stowemountainlodge.com. *Preise:* ab € 133 (Nebensaison), ab € 300 (Hochsaison). TRAPP FAMILY LODGE: Tel. +1/802-253-8511; www.trappfamily.com. *Preise:* ab € 159 (Nebensaison), ab € 241 (Hochsaison). VERMONT COUNTRY STORE: Tel. +1/802-824-3184; www.vermontcountrystore.com. PITCHER INN: Tel. +1/802-496-6350; www.pitcherinn.com. *Preise:* ab € 315, Dinner € 22. REISEZEIT: Jan.–März: Wintersport; Ende Jan.: Karneval; Feb.: Stowe Derby.

Auf der Suche nach Leben, Freiheit und Luxus

DER THOMAS-JEFFERSON-TRAIL

Monticello und Umgebung, Virginia, USA

Monticello war das Traumhaus von Thomas Jefferson, dem aufgeklärten Visionär, Hauptverfasser der Unabhängigkeitserklärung, Gründer der Universität von Virginia und Amerikas 3. Präsidenten. Das Haus ist sein Entwurf – Sie kennen es von der Rückseite der 5-Cent-Münze –, an dem er über 40 Jahre arbeitete und über das er sagte: „Ich bin hier so glücklich wie nirgends sonst." Monticello (italienisch für „kleiner Hügel") auf einem Hügel oberhalb von Charlottesville ist eines der herausragenden Gebäude der USA.

Jefferson begann 1769 mit 26 Jahren, das 3-stöckige Gebäude im Palladiostil zu planen. Der Entwurf ist von der Architektur Italiens und Frankreichs, wo er 5 Jahre als Diplomat war, beeinflusst. Er weist Nordamerikas erste Kuppel auf einem Wohngebäude auf und eine Eingangshalle voller Objekte aus Lewis' und Clarks Expedition, die Jefferson veranlasst hatte.

Nach seiner Amtszeit als US-Präsident 1801–1809 zog sich Jefferson nach Monticello zurück und gründete 3 km entfernt die University of Virginia. Heute zählt sein geliebtes „akademisches Dorf" zu den besten öffentlichen Universitäten des Landes. Das tadellos kuratierte U.Va. Art Museum, das 1935 eröffnet wurde, beherbergt eine Sammlung asiatischer, afrikanischer und präkolumbianischer Objekte sowie europäische und amerikanische Werke vom Mittelalter bis heute. Es liegt eine Straße nördlich der markanten Rotunde, die Jefferson nach dem Vorbild des Pantheons in Rom entwarf. Jefferson starb am 4. Juli 1826 mit 83 Jahren in Monticello; sein Grab befindet sich auf dem weitläufigen Gelände. Über Nacht ist man im eleganten Clifton Inn mit 18 Zimmern gut aufgehoben, das Jeffersons Schwiegersohn 1799 in der Nähe erbaut hat und in dessen renommiertem Restaurant man sehr gut speist.

Fahren Sie ins 160 km westlich gelegene Hot Springs und entspannen Sie im 37° C warmen Mineralbad. Auch Jefferson hat in diesen Quellen gebadet, denen die Indianer

Jefferson ist auf dem Gelände von Monticello begraben, wo sich im 18. Jh. die Plantage seiner Familie befand.

seit Jahrhunderten Heilkräfte zuschreiben. Heute gehören die Becken zu The Homestead, einem ehrwürdigen 483-Zimmer-Resort im georgianischen Stil, das 1766 als eines der ersten europäisch anmutenden Spas der USA gegründet wurde. Gäste können zwischen einer Vielzahl von Aktivitäten wählen, von Falkenjagd über Angeln in einem 6,5 km langen, fischreichen Fluss bis Wandern und Radfahren auf 160 km malerischen Wegen durch 1200 ha Land. Die 3 Golfplätze des Resorts werden regelmäßig zu den besten des Landes gewählt; der Old Course hat den ältesten Abschlag der USA.

Wo: Monticello liegt 185 km südl. von Washington, D.C. MONTICELLO: Tel. +1/434-984-9822; www.monticello.org. U.VA. ART MUSEUM: Tel. +1/434-924-3592; www.virginia.edu/artmuseum. CLIFTON INN: Tel. +1/434-971-1800; www.cliftoninn.net. *Preise:* ab € 144 (Nebensaison), ab € 389 (Hochsaison), 4-gängiges Menü € 48. THE HOMESTEAD: Tel. +1/540-839-1766; www.thehomestead.com. *Preise:* ab € 166 (Nebensaison), ab € 222 (Hochsaison). REISEZEIT: 4. Juli, Jahrestag von Jeffersons Tod, Feier des Unabhängigkeitstags und Einbürgerungszeremonie; Okt.: Indian Summer.

Ein Panoramahighway führt hindurch

DAS SHENANDOAH VALLEY

Virginia, USA

Shenandoah ist der Name der Bergregion im westlichen Virginia, des fruchtbaren, 320 km langen Tals westlich davon und des ruhigen Flusses, der zwischen beiden fließt und in den Potomac mündet. Von seiner historischen Bedeutung abgesehen (zahlreiche Militäroffensiven des Bürgerkriegs fanden hier statt), ist Shenandoah eine der bezauberndsten Regionen Virginias.

Herbert Hoover soll während eines Ritts durch den heutigen 780 km² großen Shenandoah-Nationalpark in den Blue Ridge Mountains gesagt haben: „Diese Berge sind für eine Straße gemacht." Das wurde 1939 mit Fertigstellung des 170 km langen Skyline Drive Wirklichkeit, der um rund 60 Gipfel herumführt und auf 160 km neben dem Appalachian Trail (s. S. 738) verläuft. Er geht über in den Blue Ridge Parkway, eine 755 km lange Panoramastraße, die südlich von Waynesboro, Virginia, beginnt und im Great-Smoky-Mountains-Nationalpark (s. S. 875) in North Carolina endet. Im Herbst stellen die Platanen, Hickorybäume, Eichen und Ahornbäume der Blue Ridge Mountains eine herrliche Farbenpracht zur Schau, die man von den 75 Aussichtspunkten an der Straße oder auf 800 km Wanderwegen genießen kann.

Das Shenandoah Valley ist reich an Zeugnissen von den Anfängen der amerikanischen Geschichte, z.B. im schönen Staunton, dessen 5 historische Viertel reich an Architektur des 19. Jh. sind, die der Zerstörung im Bürgerkrieg entkam. Woodrow Wilson wurde hier geboren; ein Besuch in der Bibliothek des Präsidenten sorgt für einen interessanten Nachmittag.

Und dann gibt es die unterirdischen Attraktionen der Luray Caverns. Die erstaunlichen Felsformationen erzeugen sogar wahrnehmbare Musik, erzeugt von der Großen Stalakpipenorgel – eigentlich eine Art Xylophon aus Fels, das angeschlagen wird und unheimliche, glockenartige Klänge erzeugt. Mit über 1,4 ha Fläche steht es als das größte Instrument der Welt im Guinness-Buch der Rekorde.

Wo: Das Tal erstreckt sich von Front Royal (145 km südwestl. von Washington, D. C.) im Norden bis nach Roanoke im Süden. Staunton liegt 254 km südwestl. von Washington, D. C. Info: www.visitstaunton.com. Shenandoah-Nationalpark: Tel. +1/ 540-999-3500; www.nps.gov/shen. Blue Ridge Parkway: www.nps.gov/blri. Luray Caverns: Tel. +1/540-743-6551; www.luraycaverns.com. Reisezeit: Mai: Wildblumenblüte; Mitte Okt.: Herbstfärbung, Blätterfestival in Front Royal.

Ein Gourmettempel inmitten von Jagdgründen

Das Inn at Little Washington

Washington, Virginia, USA

Das Inn at Little Washington wurde 1978 in einer umgebauten Garage mit einem Autodidakten als Küchenchef eröffnet und gilt heute als eines der besten und romantischsten Hotels und Landgasthöfe der Welt. Natürlich trägt auch seine Lage dazu bei. Das 1749 vom 17-jährigen George Washington entworfene „Little Washington" (158 Einwohner) ist ein Ort von zeitlosem rustikalem Charme in den Ausläufern der Blue Ridge Mountains und liegt etwas über 1 Autostunde vom großen Washington entfernt.

Der gefeierte Chefkoch und Inhaber Patrick O'Connell überwacht alle Aspekte des Hotelrestaurants im Kolonialstil persönlich. Der opulente, fantastische Dekor ist ein Destillat der Landhausstile der Welt, das Besucher aus Washington und weltläufige Gourmets anlockt.

O'Connells sublime Küche passt in keine Schublade – mal nähert sie sich der traditionellen regionalen Küche an, mal ist sie „Haute Américaine". Wählen Sie aus der 14.000-Flaschen-Weinkarte und lassen Sie sich überraschen. Der Speisesaal ist ein venezianisch-inspirierter Traum, mit 30 intimen Tischen und gestreiften Seidentapeten. Ziehen Sie sich in eines der exquisiten Zimmer und Suiten zurück, in denen sich viktorianischer Eklektizismus mit einem Schuss Theatralik mischt. Wenn Sie hier kein Zimmer bekommen, liegt das Middleton Inn nur wenige Schritte entfernt. Dieses wunderschön eingerichtete Backsteinanwesen wurde 1840 von Middleton Miller erbaut, der später als Fabrikant der Konföderierten-Uniformen bekannt wurde.

Das Inn at Little Washington liegt inmitten von Jagdgelände, einer Landschaft mit langen Holzzäunen und Mauern, hinter denen sich große Anwesen verbergen. Zentrum ist Middleburg aus dem 18. Jh – ebenso malerisch wie schick. Kehren Sie in der Red Fox Inn and Tavern ein, angeblich die älteste Taverne des Landes, und genießen Sie in dem dunklen, holzverkleideten Restaurant Crabcakes und Erdnusssuppe. Eine Kurvenstraße führt von Middleburg zum ländlichen Goodstone Inn, einem luxuriösen, 107 ha großen Landsitz von 1768. Seine Zimmer und Suiten sind auf mehrere restaurierte Gebäude verteilt, u.a. die Remise und Pferdeställe. Das schöne Restaurant hat eine malerische Cocktailterrasse.

Wo: Washington liegt 100 km westl. von Washington, D. C. Inn at Little Washington: Tel. +1/540-675-3800; www.theinnatlittlewashington.com. Preise: Zimmer ab € 315 (Nebensaison), ab € 389 (Hochsaison); Festpreis-Dinner ab € 124. Middleton Inn: Tel.

+1/540-675-2020; www.middletoninn.com. *Preise:* ab € 203. RED FOX INN: Tel. +1/540-687-6301; www.redfox.com. *Preise:* Mittagessen € 15. GOODSTONE INN: Tel. +1/540-687-4645; www.goodstone.com. *Preise:* ab € 211. REISEZEIT: Ende Mai: Tour durch die Stallungen des Jagdgebiets; Okt.: Herbstfärbung, Pferderennen in Middleburg.

Leben im Amerika des 18. Jh.

COLONIAL WILLIAMSBURG

Williamsburg, Virginia, USA

Colonial Williamsburg stellt die entscheidende Phase Amerikas von 1750 bis 1775, das Ende der Kolonialzeit und den Vorabend des Unabhängigkeitskrieges, bis ins Detail nach. Die Genauigkeit ist verblüffend, von den Schauspielern, die Staatsmänner und Kaufleute darstellen, bis zu authentischen Werkstätten. Es ist das landesweit größte und beliebteste lebende Geschichtsmuseum und eines der besten der Welt.

Williamsburg war 1699–1780 kulturelle und politische Hauptstadt von Virginia (Englands größter Kolonie) und besaß eine umtriebige aristokratische Schicht. Thomas Jefferson und George Washington verbrachten Zeit hier und diskutierten die Vorteile der Unabhängigkeit. 1926 veranlasste John D. Rockefeller jr. eine € 50 Mio. teure Restaurierung des Geländes mit 88 Originalgebäuden und historischen Gärten. Seitdem kamen Hunderte dazu passende Gebäude hinzu.

Williamsburg ist bei Erwachsenen und Kindern gleichermaßen beliebt. Auf seinen Straßen kommen Sie vielleicht mit „Thomas Jefferson" oder einem aufwieglerischen „Patrick Henry" ins Gespräch; sehen Sie dem Gerichtsverfahren eines Schweinediebs zu oder folgen Sie einer Parade des Pfeifen- und Trommelkorps auf der Main Street. Besichtigen Sie den georgianischen Gouverneurspalast oder das Gerichtsgebäude von 1770 mit dem Pranger davor. Nehmen Sie in einem der 4 historischen Gasthäuser einen Drink und typisches Brauhausessen zu sich.

Darsteller verkörpern historische und erfundene Figuren der Kolonialzeit.

Das elegante Williamsburg Inn von 1937 im Regency-Stil hatte schon Präsidenten und Königinnen zu Gast (Elisabeth II. war 1957 und 2007 hier). Heute ist es ein gehobenes Resort mit Luxusspa, in dem man Kräuter der Kolonialzeit wie Flohkraut und Engelwurz benutzt, und dem Golden Horseshoe Golf Club (mit dem Gold Course, der beste von Robert Trent Jones sen.). Einfache Unterkünfte gibt es in 26 über die ganze Stadt verstreuten restaurierten Gebäuden aus dem 18. Jh.

Nur 5 km südlich liegt die Williamsburg Winery, wichtiger Akteur in Virginias blühender Weinbauszene. Befahren Sie den 30 km langen Colonial Parkway, eine kurvenreiche bewaldete Straße, die Williamsburg mit den beiden anderen Städten von Virginias „historischem Dreieck" verbindet: Jamestown, 1607 gegründet und erste Hauptstadt des kolonialen Virginia, und Yorktown, einem wichtigen kolonialen Hafen im 18. Jh. und Ort der letzten Schlacht des amerikanischen Unabhängigkeitskrieges. **Wo:** 240 km südl. von Washington, D. C. Tel. +1/757-220-7645; www.colonialwilliamsburg.com. **WILLIAMSBURG INN & COLONIAL HOUSES:** Tel. +1/757-220-7978; www.colonialwilliamsburg.com. *Preise:* Inn ab € 237 (Nebensaison), ab € 333 (Hochsaison), Häuser (1–8 Schlafzimmer) ab € 178. **WILLIAMSBURG WINERY:** Tel. +1/757-229-0999; www.williamsburgwinery.com. **REISEZEIT:** Mitte Mai: *Drummers-Call*-Wochenende; Ende Nov.–Anf. Jan.: sehr schöne Weihnachtsdekoration in Williamsburg; Anf. Dez.: *Grand Illumination.*

„*Sie wird manchmal die Stadt der großartigen Entfernungen genannt, aber zutreffender wäre die Bezeichnung Stadt der wunderbaren Absichten.*" – CHARLES DICKENS

WASHINGTON, D. C.

District of Columbia, USA

Während sich in Washington immer alles um Politik dreht, ist es auch eine atemberaubend schöne Stadt mit monumentalen Museen, Parks und breiten Boulevards. Der französische Planer Pierre L'Enfant unterteilte die Stadt in Quadranten, die um das Kapitol zentriert sind; er schuf auch das Raster von mit Buchstaben und Zahlen bezeichneten Straßen, die von diagonalen Avenuen mit Staatennamen gekreuzt werden. Dies und die begrenzte Gebäudehöhe entsprechen Thomas Jeffersons Vision einer Stadt mit „hellen und luftigen Verkehrsadern".

HAUPTATTRAKTIONEN

HISTORISCHES GEORGETOWN – Seit Beginn des 19. Jh. ist Georgetown Zentrum der sozialen und diplomatischen Szene in D. C. Seine Pflasterstein-Bürgersteige werden gesäumt von Häusern im georgianischen und Föderationsstil und schmucken viktorianischen Reihenhäusern; Ende April/Anfang Mai kann man bei Haus- und Gartenführungen einen Blick hineinwerfen. Das älteste Gebäude des Distrikts, das Old Stone House von 1765, gibt Einblick in das bürgerliche Leben zur Kolonialzeit. Auf dem Hügel, im Anwesen Dumbarton Oaks von 1920, wurden 1944 bei einem Diplomatentreffen die UN geplant; herrlich sind auch seine angelegten Gärten. Westlich davon sieht man die Türmchen des Campus der Georgetown University, der ältesten katholischen Universität des Landes. **OLD STONE HOUSE:** Tel. +1/202-426-6851; www.nps.gov/olst. **DUMBARTON OAKS:** Tel. +1/202-339-6401; www.doaks.org. **HÄUSER- UND GARTENFÜHRUNGEN:** www.georgetownhousetour.com, www.georgetowngardentour.com.

NATIONAL GALLERY OF ART – Das 1937 gegründete Museum hat eine doppelte Persönlichkeit. In John Russell Popes ursprünglichem klassizistischem West Building wird europäische und amerikanische Kunst von frühen italienischen Altartafeln bis zu Werken von niederländischen Meistern und französischen Impressionisten gezeigt sowie das einzige Gemälde von Leonardo da Vinci in der Neuen Welt. I. M. Peis modernes East

Building, das 1978 daneben eröffnet wurde, beherbergt Schätze von Calder, Matisse, Picasso, Pollock und Rothko. Draußen wartet ein herrlicher, 2,4 ha großer Skulpturengarten. INFO: Tel. +1/202-737-4215; www.nga.gov.

NATIONAL MALL – In Washingtons Mitte, einem 3 km langen Grünstreifen westlich des Kapitols, liegen einige der bedeutendsten Sehenswürdigkeiten der USA. Im Zentrum steht das Washington Monument, das erste Präsidentendenkmal, mit einem spektakulären Blick von oben. Im Westen befindet sich das neoklassizistische Lincoln Memorial mit Daniel Chester Frenchs massiger Skulptur des nachdenklichen Präsidenten; die schmerzlichen Worte seiner Gettysburg Address sind hinter ihm in Stein gemeißelt. Seine Kraft ist am intensivsten bei Nacht zu spüren, wenn die Denkmäler beleuchtet und die Menschen weniger geworden sind. Das elegante Thomas Jefferson Memorial liegt an der Südseite des Tidal Basin; ein Bronzebildnis des 3. Präsidenten steht unter einer vom Pantheon inspirierten Kuppel. Das 1997 eingeweihte Roosevelt-Denkmal besitzt 4 Freiluftgalerien, eine je Amtszeit des Präsidenten. Nordöstlich des Lincoln Memorial liegt das beeindruckende Vietnam Veterans Memorial, eine einfache v-förmige Wand aus poliertem schwarzem Granit, in die die Namen der fast 60.000 Soldaten eingeschrieben sind, die im Kampf starben. Nicht weit davon ist das sinnträchtige Korean War Veterans Memorial und am östlichen Ende des Reflecting Pool das stattliche National World War II Memorial. Besonders zu Frühlingsbeginn ist die Mall spektakulär, wenn Tausende japanischer Kirschbäume rund um das Tidal Basin in voller Blüte stehen. INFO: www.nps.gov/nama.

SMITHSONIAN NATIONAL ZOOLOGICAL PARK – Seit Präsident Nixon auf seiner Chinareise 1972 2 Riesenpandas als Geschenk erhielt, sind die Tiere in diesem Zoo zu Hause. Sie sind Teil

Im Frühling schmückt die Kirschblüte das Washington Monument.

des neuen Asien-Wegs. Eine weitere neue Attraktion ist der Elefantenpfad mit den 3 Asiatischen Elefanten Shanthi, Ambika und Kandula. Insgesamt leben rund 2400 Tiere auf dem grünen Gelände. INFO: Tel. +1/202-673-4800; www.nationalzoo.si.edu.

DAS GEDÄCHTNIS DER NATION – Die Library of Congress und die National Archives bewahren die Dokumente, die dieses Land schufen, und die gedruckten und digitalen Zeugnisse seiner Geschichte. Die LOC ist die offizielle Bibliothek der USA und die größte der Welt – sie besitzt fast 30 Mio. Bücher, u.a. eine Gutenberg-Bibel, ferner Millionen Fotos, Landkarten und Tonaufzeichnungen. Hauptattraktion: der Hauptlesesaal des Jefferson Building mit einer verzierten Kuppel von 48 m Durchmesser. In der Rotunde der Archive zeigen Vitrinen die handgeschriebenen Originaldokumente der Unabhängigkeitserklärung, der Verfassung und der Bill of Rights. LIBRARY OF CONGRESS: Tel. +1/202-707-5000; www.loc.gov. NATIONAL ARCHIVES: www.archives.gov.

DIE SMITHSONIAN-MUSEEN – Von den 19 staatlichen Museen der Smithsonian Institution mit ihren ca. 137 Mio. Objekten liegen die meisten an der National Mall. Die 2 beliebtesten sind das Air and Space Museum, mit Objekten vom

Gleitapparat der Wright-Brüder bis zum Kommando-Modul der *Apollo 11*, und das 100-jährige Museum of Natural History mit seinen Dinosauriern und Diamanten, u.a. dem dunkelblauen Hope-Diamanten von 45 ½ Karat. Das American History Museum zeigt ebenso viel Popkultur wie ernstere Geschichte. Eine der neuesten Ergänzungen ist die Galerie mit dem Sternenbanner, das die Nationalhymne inspiriert hat; man findet hier auch eine Originalpuppe von Kermit dem Frosch, eine Auswahl von Kleidern, die die First Ladys bei der Amtseinführung des jeweiligen Präsidenten trugen, und Julia Childs Küche. INFO: Tel. +1/202-633-1000; www.smithsonian.org.

DAS KAPITOL – Am Ostende der National Mall liegt das Kapitol, eines der ersten von Stadtplaner Pierre L'Enfant konzipierten Gebäude; George Washington legte im September 1793 den Grundstein. Führungen schließen die Rotunde unter der Kuppel ein, in der Kuppel selbst zeigt ein Fresko von 1865, wie der erste Präsident in den Himmel aufsteigt. Im Süd- und Nordflügel befinden sich das Repräsentantenhaus und der Senat, deren Besuchergalerien für jeden zugänglich sind, der von seinem Senator oder Kongressabgeordneten einen Galeriepass bekommen hat. INFO: Tel. +1/202-225-6827; www.aoc.gov.

DAS WEISSE HAUS – Das Äußere dieses neoklassizistischen Gebäudes ist noch so, wie Architekt James Hoban es 1792 entworfen hat. Besucher, die das Glück haben, an einer Führung teilzunehmen, können im Haupthaus mehrere Räume besichtigen, darunter den State Dining Room (früher Thomas Jeffersons Büro); den Blue Room mit Möbeln, die James Monroe auswählte, nachdem die Briten das Haus im Krieg von 1812 in Brand gesetzt hatten; und den East Room, wo 7 Präsidenten aufgebahrt wurden. INFO: Tel. +1/202-456-7041; www.whitehouse.gov/history/tours.

SONSTIGE HIGHLIGHTS

AMERIKANISCHE KUNST – Natürlich präsentiert Amerikas Hauptstadt amerikanische Kunst. Ältestes Museum ist die 1869 gegründete Corcoran Gallery mit Werken großer Künstler des 19. Jh. wie Mary Cassatt und John Singer Sargent sowie moderner und zeitgenössischer Kunst von Edward Hopper und Jacob Lawrence. 3 weitere auf Amerika spezialisierte Museen sind Teil der Smithsonian Institution: Die Portrait Gallery und das American Art Museum sind in einem Gebäude von 1836 untergebracht; Erstere besitzt das berühmte Lansdowne-Porträt, Gilbert Stuarts Gemälde von George Washington, Letzteres hat die weltweit größte Sammlung amerikanischer Kunst. Die Renwick Gallery ist stolz auf ihre erstklassige Sammlung amerikanischen Kunsthandwerks und dekorativer Kunst. CORCORAN GALLERY OF ART: Tel. +1/202-639-1700; www.corcoran.org. AMERICAN ART MUSEUM: Tel. +1/202-275-1500; www.americanart.si.edu. NATIONAL PORTRAIT GALLERY: Tel. +1/202-275-1738; www.npg.si.edu. RENWICK GALLERY: Tel. +1/202-633-2850; www.americanart.si.edu/renwick.

HILLWOOD ESTATE, MUSEUM & GARDENS – Die georgianische Villa der verstorbenen Marjorie Merriweather Post, Zerealien-Erbin und Dame der Gesellschaft. Das Anwesen besitzt Porzellan und Ikonen aus Russland (sowie das Katharina-die-Große-Ei von Fabergé), die sie erwarb, als die Sowjetregierung die Kunstschätze der Zaren verkaufte. INFO: Tel. +1/202-686-5807; www.hillwoodmuseum.org.

Viele berühmte Reden, vor allem Martin Luther Kings Rede „Ich habe einen Traum", wurden am Lincoln Memorial gehalten.

PHILLIPS COLLECTION UND HIRSHHORN MUSEUM – Das Phillips ist für seine Impressionisten und Postimpressionisten berühmt, darunter Renoirs monumentales *Frühstück der Ruderer*. Das Hirshhorn Museum and Sculpture Garden, unverkennbar durch seine Ähnlichkeit mit einem großen zylindrischen Tank, ist Teil der Smithsonian Institution an der National Mall. Seine Sammlung umfasst Werke von Picasso, Giacometti, de Kooning, Pollock, Warhol, Rodin und vielen anderen. PHILLIPS COLLECTION: Tel. +1/202-387-2151; www.phillipscollection.org. HIRSHHORN MUSEUM: Tel. +1/202-633-4674; www.hirshhorn.si.edu.

HOLOCAUST-MUSEUM – Zwischen 1939 und 1945 wurden in Europa 6 Mio. Juden, 1,9 Mio. Polen und 500.000 Angehörige anderer Gruppen getötet. Das US Holocaust Memorial Museum hält die Erinnerung daran wach: Die Ausstellung zeigt den Aufstieg der Nationalsozialisten und den Völkermord, den sie begingen, mit eindringlichen Fotos, Rekonstruktionen und persönlichen Gegenständen der vom Tod bedrohten Gefangenen. INFO: Tel. +1/202-488-0400; www.ushmm.org.

INTERNATIONAL SPY MUSEUM UND NEWSEUM – Das Spy Museum zeigt die Geschichte der Spionage und wie Spione im 21. Jh. arbeiten – mit Displays von Miniaturkameras, Lippenstiftpistolen und einem Schuhtelefon mit Sender im Absatz. Das Newseum widmet sich den Nachrichten selbst sowie der Rolle des amerikanischen Journalismus. Eine 27-m-Wand zeigt die Ereignisse des Tages; unter den ausgestellten Objekten sind Teile der Berliner Mauer, die Hütte des Unabombers und ein Rest des World Trade Center. SPY MUSEUM: Tel. +1/202-393-7798; www.spymuseum.org. NEWSEUM: Tel. +1/202-296-6100; www.newseum.org.

INOFFIZIELLE DENKMÄLER – Washingtons Union Station war bei der Eröffnung 1907 der größte Bahnhof der Welt. Er wurde sorgfältig restauriert, ist als Bahn- und U-Bahn-Station noch in Betrieb und voller Geschäfte und Restaurants. Das National Building Museum widmet sich Amerikas Architektur; es ist im spektakulären alten US Pension Building untergebracht, dessen Große Halle mit Doppelloggien, einem zentralen Springbrunnen und 8 riesigen korinthischen Säulen ausgestattet ist, die die 48 m hohe Decke stützen. Im John F. Kennedy Center for the Performing Arts können Sie ein Theaterstück, eine Oper oder das Symphonieorchester erleben oder tagsüber an einer Führung teilnehmen. Das Center ist ein „lebendes Denkmal" für den ermordeten 35. Präsidenten. UNION STATION: Tel. +1/202-289-1908; www.unionstationdc.com. NATIONAL BUILDING MUSEUM: Tel. +1/202-272-2448; www.nbm.org. KENNEDY CENTER: Tel. +1/202-416-8727; www.kennedy-center.org.

TAGESAUSFLÜGE

NATIONALFRIEDHOF ARLINGTON – Dies ist die letzte Ruhestätte von Angehörigen des amerikanischen Militärs, vom Unabhängigkeitskrieg bis zum Irakkrieg, mit über 300.000 Gedenksteinen aus weißem Marmor. Jedes Jahr finden Gedenkfeiern statt – vielleicht hören Sie einen Salutschuss oder das feierliche Trompetensolo. Das meistbesuchte Grab ist das John F. Kennedys mit der Ewigen Flamme. Das Grab seiner Frau Jacqueline Kennedy Onassis befindet sich daneben. Auf dem Hügel liegt Arlington House, das Anwesen von Robert E. Lee. WO: in Virginia, vom Lincoln Memorial aus jenseits der Arlington Memorial Bridge. Tel. +1/703-607-8000; www.arlingtoncemetery.org. ARLINGTON HOUSE: Tel. +1/703-235-1530; www.nps.gov/arho.

MOUNT VERNON – George Washingtons Plantagenhaus im georgianischen Stil am Potomac ist ein Eigenentwurf. Restaurierungsarbeiten haben die lebhaften Originalwandfarben der Räume freigelegt, und die Whiskeybrennerei des ersten Präsidenten wurde renoviert. Man sieht auch die Quartiere der 316 Sklaven, die er zum Zeitpunkt seines Todes 1799 besaß, sowie sein Grab und das seiner Frau Martha. Kommen Sie hierher, wie Washingtons Freunde es oft taten: über den Fluss. Von Frühling bis Herbst setzt Spirit Cruises von Washingtons Hafen im Südwesten über. **Wo**: 26 km südl. von D. C. in Virginia. Tel. +1/703-780-2000; www.mountvernon.org. **Wie:** Spirit Cruises, www.cruisetomountvernon.com.

Die Altstadt von Alexandria – Der historische Kern dieser Hafenstadt am Potomac besteht aus vielen Häusern aus dem 18. und 19. Jh. und belebten Straßen mit Geschäften, Kunstgalerien und Restaurants. Die Gründerväter frequentierten Gadsby's Tavern, ein Gebäude von ca. 1785, das heute sowohl ein Museum für Essen und Trinken im kolonialen Amerika und ein Restaurant im Originalspeisesaal ist. **Wo**: 13 km südl. von Washington in Virginia. www.alexandriava.gov. **Gadsby's Tavern Museum:** Tel. +1/703-548-1288; www.gadsbystavern.org. *Preise:* Dinner € 33.

Übernachten

Four Seasons – Die dezente Backsteinfassade verrät nicht, was den Gast erwartet: wohl die luxuriöseste Unterkunft der Stadt. Die Ausstattung ist top, auch das kräftige Dinner in Michael Minas schönem Bourbon Steak Restaurant. **Info:** Tel. +1/202-342-0444; www.fourseasons.com. *Preise:* ab € 441 (Nebensaison), ab € 589 (Hochsaison). **Bourbon Steak:** Tel. +1/202-944-2026; www.michaelmina.net. *Preise:* Dinner € 55.

The Hotel George – Dieses Kimpton Hotel – in der Nähe von Union Station, Kapitol und National Mall – zeichnet sich durch modernen Dekor, Glamour und eine gehörige Portion Witz aus. Chefkoch Jeffrey Bubens Bistro Bis bietet französische Küche, eine gemütliche Bar und die Möglichkeit, Polit-Prominenz zu erblicken. **Info:** Tel. +1/202-347-4200; www.hotelgeorge.com. *Preise:* ab € 132 (Nebensaison), ab € 222 (Hochsaison). **Bistro Bis:** Tel: +1/202-661-2700; www.bistrobis.com. *Preise:* Dinner € 40.

Hay-Adams Hotel – Ein Hotel im Renaissancestil am Lafayette Square, Favorit von Diplomaten und Staatsgästen. **Info:** Tel. +1/202-638-6600; www.hayadams.com. *Preise:* ab € 244 (Nebensaison), ab € 389 (Hochsaison).

The Jefferson – Die Renovierung von 2009 hat das behagliche 90-Zimmer-Hotel in Nachbarschaft des Weißen Hauses in ein Juwel verwandelt, mit dem eleganten Restaurant Plume, dem einfacheren Greenhouse für Mittagessen und Brunch und einem neuen Spa mit Anwendungen auf Basis der Pflanzen, die in Thomas Jeffersons Monticello-Gärten wuchsen. **Info:** Tel. +1/202-448-2300; www.jeffersondc.com. *Preise:* ab € 277 (Nebensaison), ab € 333 (Hochsaison); Mittagessen im Greenhouse € 30. **Plume:** Tel. +1/202-448-2322. *Preise:* Dinner € 48.

Hotel Tabard Inn – Das nach dem Gasthaus in Chaucers *Canterbury Tales* benannte Hotel hat 40 Zimmer in 3 benachbarten viktorianischen Stadthäusern nahe dem Dupont Circle. Der Salon führt zum modern-amerikanischen The Restaurant mit einer belebten Bar und einem großen Feuer. **Info:** Tel. +1/202-785-1277; www.tabardinn.com. *Preise:* ab € 122, Dinner in The Restaurant € 37.

Willard Intercontinental – Abraham Lincoln hielt hier vor seiner Amtseinführung in der prunkvollen Lobby Personalversammlungen ab – und bezahlte die Hotelrechnung mit seinem ersten Präsidentengehalt. Dies und mehr zeigt das „Museum" am Ende der Lobby – die Geschichte von Washington ebenso wie die des Willard. Die Lobby soll auch den Lobbyisten ihre Bezeichnung eingetragen haben. Die Leute von der K Street trifft man immer noch in der Round Robin Bar. **Info:** Tel. +1/202-628-9100; www.washington.intercontinental.com. *Preise:* ab € 260.

Essen & Trinken

CENTRAL MICHEL RICHARD – Nach dem Erfolg des innovativen, französischen Citronelle in Georgetown gründete Spitzenkoch Michel Richard das weniger förmliche Central, eine neuamerikanisch-französische Brasserie, die verspielte Hausmannskost serviert. INFO: Tel. +1/202-626-0015; www.centralmichelrichard.com. *Preise:* Dinner € 37.

CITY ZEN – Eric Ziebold ist bekannt für seine Experimente mit der neuen amerikanischen Küche. Das lockt viele Gourmets in dieses exquisite Lokal im Hotel Mandarin Oriental. Die Karte verspricht z.b. Millefeuille vom Prime-Beef oder gebutterten Maine-Hummer. INFO: Tel. +1/202-787-6006; www.mandarinoriental.com. *Preise:* 3-gängiges Festpreis-Dinner € 60.

CLYDE'S – Clyde's in Georgetown ist das Original, aber die Gruppe Clyde's besitzt 13 gute Lokale in der Stadt, alle mit saisonaler Karte – von Farmprodukten bis zu weichschaligen Krabben. Zu Clyde's gehört auch das Old Ebbitt Grill im Zentrum, ein klassischer Club, wo Geschäftsleute und Geheimagenten verkehren. CLYDE'S: Tel. +1/202-333-9180; www.clydes.com. *Preise:* Dinner € 25. OLD EBBITT GRILL: Tel: +1/202-347-4800; www.ebbitt.com. *Preise:* Mittagessen € 22.

JOSÉ ANDRÉS – Der spanische Koch José Andrés brachte Tapas nach Washington, ins Jaleo, und half, ein Imperium aufzubauen: Café Atlántico für karibische Küche; Oyamel für mexikanische kleine Platten; Zaytinya für mediterrane Küche; und sein winziges (6 Plätze!) Experiment in der Molekularküche, Minibar by José Andrés. INFO: www.thinkfoodgroup.com. JALEO: Tel. +1/202-628-7949. *Preise:* Dinner € 22. CAFÉ ATLÁNTICO: Tel. +1/202-393-0812. *Preise:* Dinner € 37. OYAMEL: Tel. +1/202-628-1005. *Preise:* Dinner € 22. ZAYTINYA: Tel. +1/202-638-0800. *Preise:* Dinner € 26. MINIBAR: über dem Café Atlántico. *Preise:* Festpreis-Dinner € 90.

KOMI – Der Mittdreißiger Johnny Monis, Chefkoch und Inhaber, leitet dieses kleine, mediterrane Restaurant, wo eine schillernde Parade kleiner, umwerfender Gerichte in einem schlichten Raum vom charmanten Service aufgetischt wird. INFO: Tel. +1/202-332-9200; www.komirestaurant.com. *Preise:* Probiermenü € 93.

THE MONOCLE – Dieser 50 Jahre alte Favorit auf dem Capitol Hill serviert gutes Essen wie aus alten Zeiten – Steak, Fisch, Meeresfrüchte und unverwechselbaren Crabcake. Nicht selten finden sich Senatoren und Kongressabgeordnete im gemütlichen Speiseraum mit den roten Wänden ein. INFO: Tel. +1/202-546-4488; www.themonocle.com. *Preise:* Dinner € 33.

Washingtons Fährenland

DIE SAN JUAN ISLANDS

Washington, USA

In der nordwestlichen Ecke des Staates Washington vermischen sich die Wasser des Puget Sound, der Straße von Georgia und der Juan-de-Fuca-Straße und bilden die Salish Sea, die Heimat der aus Wald und Felsen bestehenden San Juan Islands. Der Archipel zählt zwar über 750 Inseln auf 26.000 km², doch nur 170 davon sind benannt, von denen wiederum nur etwa 40 bewohnt sind und 4 von den staatlichen Fähren angefahren werden.

Trotz ihrer Nähe zu Seattle ist das Wetter auf den idyllischen Inseln deutlich besser als in der Stadt. Lopez ist am ländlichsten, und mit wenigen Hügeln und freundlichen Fahrern lässt es sich herrlich mit 2 Rädern erkunden. Viele finden die bergige Orcas Island am schönsten. Vom 734 m hohen Mount Constitution im rauen Moran State Park erblickt man an klaren Tagen den Mount Rainier und Vancouver. Wochenendgäste schätzen die guten Restaurants, z.B. das Inn at Ship Bay mit frischem Gewächshaus-Gemüse, fangfrischem Fisch und Meeresfrüchten zum Dinner. Das Turtleback Farm Inn bietet ebensolche Raffinesse mit rustikalem Charme. Die Farm auf 32 ha Land beherbergt ihre Gäste in einem schön restaurierten Farmhaus aus dem 19. Jh. und im Orchard House mit Blick auf den Mount Wollard. Arbeiten Sie das preisgekrönte Frühstück bei einer Wanderung durch das 640 ha große Turtleback-Mountain-Schutzgebiet ab.

San Juan Island liegt am weitesten vom Festland entfernt und ist die einzige Insel mit einer offiziellen Stadt, Friday Harbor. Im geschäftigen Hafen starten auch Kajakausflüge und Walbeobachtungsfahrten. 3 Orca-Schulen, eine der höchsten Orca-Konzentrationen überhaupt, sind in den kalten Gewässern zu Hause, ferner Robben und Tümmler. Übernachten Sie im Friday Harbor House, einem modernen Hotelrestaurant mit Blick

Der Lime-Kiln-Leuchtturm auf San Juan Islands Felsküste ist ein beliebter Ort für Whalewatching.

auf den Jachthafen, und verbringen Sie einen Vormittag im Walmuseum, das über das marine Ökosystem der Region informiert.

Wo: 145 km nördl. von Seattle; www.visitsanjuans.com. **Staatliche Fähren von Washington:** Tel. +1/206-464- 6400; www.wsdot.wa.gov/ferries. **Inn at Ship Bay:** Tel. +1/360-376-5886; www.innatshipbay.com. *Preise:* Dinner € 37. *Wann:* Dez.–Jan.: geschlossen. **Turtleback Farm Inn:** Tel. +1/360-376-4914; www.turtlebackinn.com. *Preise:* ab € 85. **Friday Harbor House:** Tel. +1/360-378-8455; fridayharborhouse.com. *Preise:* ab € 96 (Nebensaison), ab € 148 (Hochsaison), Dinner € 26. **Walmuseum:** Tel. +1/360-378-4710; www.whalemuseum.org. **Reisezeit:** Ende Apr.: *Tour de Lopez*-Rad-Veranstaltung; Juni–Sept.: Orca-Sichtung, Anf. Sept.: Holzboottreffen in Deer Harbor auf Orcas Island.

Das gastronomische Herz von Seattle

Der Pike Place Market

Seattle, Washington, USA

Nicht alle Straßen in Seattle führen zum Pike Place Market, auch wenn es sich so anfühlt. Der Markt wurde 1907 eröffnet und zählt damit zu den ältesten Wochenmärkten in den USA. Nun konnten Erzeuger direkt an ihre Kunden verkaufen und machten einen Zwischenhändler überflüssig. Heute wird die leb-

hafte, unbekümmerte Atmosphäre des Markts von Straßenkünstlern und dem Schauspiel der Fischhändler begleitet, die zur Belustigung der Passanten ganze Lachse über den Verkaufstresen werfen.

Der Markt an der Küste mit Blick auf Seattles Uferfront erstreckt sich über 7 Häuserblocks mit 23 mehrstöckigen Gebäuden, wo 600 Händler täglich bis zu 40.000 Käufer bedienen. Fisch und Meeresfrüchte herrschen vor: Pazifik-Garnelen, Heilbutt, Königsmuscheln und Austern aus Buchten des Nordwestens, die auf Bergen von zerstoßenem Eis gekühlt werden. Aber auch wenn das Essen im Mittelpunkt steht, bieten die Läden, Stände und das Gewirr unterirdischer Arkaden noch viel mehr, von Zaubererbedarf über Aufziehspielzeuge bis Vintage-Kleidung. Auch einige beliebte Restaurants und Kneipen sind hier, oft versteckt in schmalen Gassen wie der Post Alley. Ein Wallfahrtsort ist 1912 Pike Place, Ort des ersten Starbucks, das 1971 als einfacher Kaffeeausschank begann, bevor es eine weltweite Kaffeemanie lostrat.

Das gemütlich-elegante Inn at the Market, einzige Unterkunft in Pike Place, bietet zu seinen 70 luxuriösen Zimmern mit Blick auf den Markt und Elliott Bay Zimmerservice mit südfranzösischen Gerichten aus dem Restaurant Campagne; im informelleren Café Campagne gibt es leichte Gerichte und eine Weinbar.

Etta's Seafood Restaurant neben dem Markt ist ein Fisch- und Meeresfrüchteparadies: Austern in der Schale, Dungeness-Crabcakes und geräucherter Sake-Lachs stehen auf der Karte. Dafür (und für weitere kulinarische Tempel wie Dahlia, Palace Kitchen und Lola) können Sie Spitzenkoch Tom Douglas danken. Eine weitere Option lohnt die 15-minütige Taxifahrt in die Stadt zum bekanntesten Restaurant am Wasser: Ray's Boathouse, ein echter Seattle-Klassiker. Hier genießt man die Happy Hour im Obergeschoss auf der beliebten Sommerterrasse, und im Erdgeschoss befindet sich ein gehobeneres Lokal. Um einen romantischen Sonnenuntergang über Seattles Shilshole Bay zu sehen, ist dies der beste Ort.

INFO: Tel. +1/206-682-7453; www.pikeplacemarket.org. **STARBUCKS:** Tel. +1/206-448-8762; www.starbucks.com. **INN AT THE MARKET:** Tel. +1/206-443-3600; www.innatthemarket.com. *Preise:* ab € 137 (Nebensaison), ab € 180 (Hochsaison). **CAMPAGNE:** Tel. +1/206-728-2800; www.campagnerestaurant.com. *Preise:* Dinner € 40. **CAFÉ CAMPAGNE:** Tel. +1/206-728-2233. *Preise:* Dinner € 30. **ETTA'S:** Tel. +1/206-443-6000; www.tomdouglas.com. *Preise:* Dinner € 37. **RAY'S BOATHOUSE:** Tel. +1/206-789-3770 (Restaurant) oder +1/206-782-0094 (Terrasse); www.rays.com. *Preise:* Dinner € 40.

Auf den Flüssen des Bergstaats

RAFTING IN WEST VIRGINIA

West Virginia, USA

Mit einem Verhältnis von Nervenkitzel pro Stromschnelle, das in ganz Nordamerika unerreicht ist, rangieren West Virginias Flüsse regelmäßig unter den Top 10 der Wildwasserabfahrten weltweit. Sie führen durch eine Landschaft, die so rau ist, dass sie oft als der Westen des Ostens bezeichnet wird. Die meisten Tourenveranstalter befahren den New River (er soll der zweitälteste Fluss der Welt nach dem Nil sein, s. S. 399), der malerische 80 km lang zahlreiche Raftingerlebnisse bietet – neben Möglichkeiten zum Wandern, Mountainbiken, Angeln und Klettern. Der Unterlauf des Flusses, treffend als „Grand Canyon des Ostens" bezeichnet, fällt auf 25 km um 75 Höhenmeter, mit Stromschnellen der Klassen II–V. Gegen Ende überspannt in 267 m Höhe die New River Gorge Bridge den Fluss – die längste einbogige Brücke der nördlichen Hemisphäre und die höchste nach der Royal Gorge Bridge in Colorado. Auf der 1977 fertiggestellten Brücke geht es am Bridge Day im Oktober hoch her: Dann kommen bis zu 450 Base-Jumper selbst aus Russland und Australien, legen Fallschirme an und machen den 8,8-Sekunden-Sprung ihres Lebens.

Der Gauley River nördlich des New River hat einige der schwierigsten Abfahrten der USA. In den 1960er-Jahren staute das Ingenieurkorps der US-Armee den Fluss am Oberlauf mit einem 40 Stock hohen, 695 m breiten Damm und schuf so den Summersville Lake. Im Sommer ist der See in 503 m über dem Meeresspiegel voll und ein Wassersportrevier. Raftingsaison ist von September bis Anfang Oktober, wenn Millionen Liter Wasser abgelassen werden. Dann wird der Gauley eine reißende Bestie mit über 60 Stromschnellen der Klassen IV und V, die etwa „Der Himmel möge dir helfen" und „Die reine Schreihölle" heißen.

Der obere Gauley ist der schwierigere Abschnitt. Er fließt durch eine enge Schlucht und fällt um ca. 10 Höhenmeter auf 1,5 km. Im Unterlauf wechseln sich Stromschnellen und ruhige Becken ab – Gelegenheit, zu verschnaufen und die Schönheit der Appalachen zu genießen.

Wo: 80 km südöstl. von Charleston. **Info:** www.newrivercvb.com. **Wie:** Wildwater Expeditions in Lansing veranstaltet Touren auf dem New River und dem Unterlauf des Gauley. Tel. +1/304-658-4007; www.wvaraft.com. *Preise:* ab € 96. *Wann:* März–Okt. auf dem New River, Anf. Sept.–Mitte Okt. auf dem Gauley. **Reisezeit:** Okt.: Herbstfärbung; 3. Sa. im Okt.: Bridge Day.

Die Stromschnellen des New River bescheren Raftern Nervenkitzel und den Anblick herrlicher Schluchten, Felsen und anderer Naturwunder.

Wo Präsidenten ins Wasser gehen

THE GREENBRIER

White Sulphur Springs, West Virginia, USA

Wie West Virginia mit seinen zahlreichen Wildwasserstrecken verdankt das Hotel Greenbrier seinen Ruhm dem Wasser – in diesem Fall schwefelhaltigen Quellen, die es zur Sommerhauptstadt der alten Südstaaten gemacht haben. Mit Davy Crockett, Daniel Webster und 26 US-Präsidenten auf der Gästeliste ist das Anwesen mit den weißen Säulen bis heute für Pilger attraktiv, die zur Kur kommen. The Greenbrier begann im 19. Jh. als Ansammlung von Hütten, wurde aber später in ein stattliches 634-Zimmer-Hotel verwandelt, das malerisch auf 2630 ha in einem Tal der Allegheny Mountains liegt. Ebenso stolz wie auf seine Geschichte ist es auf sein Angebot von über 50 Aktivitäten.

Zweifellos ist Golf mit 3 18-Loch-Turnierplätzen und einer angesehenen Golfakademie die größte Attraktion. Der Greenbrier Course, Gastgeber des Ryder (1979) und des Solheim Cup (1994), wurde 1924 angelegt und 1977 von Jack Nicklaus neu gestaltet. Das 3700 m^2 große Spa setzt die 230-jährige Hydrotherapie-Tradition des Greenbrier mit zahlreichen Services fort. Tennis drinnen und draußen, Reiten, Angeln, Mountainbiken, Krocket und der neue unterirdische Kasinokomplex nur für Hotelgäste sorgen dafür, dass Nichtgolfer sich nicht vernachlässigt fühlen.

1300 Angestellte wahren Charme und Etikette des Hotels – man wird Sie freundlich darauf hinweisen, dass im hohen Kronleuchtersaal Jackett und Krawatte erwartet werden. Das exklusive Steakhaus Prime 44 West ehrt den ehemaligen Los Angeles Laker Jerry West aus West Virginia. Am ungewöhnlichsten ist ein unterirdischer Bunker, der unter Eisenhower gebaut wurde, um im Falle eines nuklearen Angriffs im Kalten Krieg Kongressmitglieder aufzunehmen. Seit 1992 kann er besichtigt werden.

Erkunden Sie den nahen Midland Trail (US Route 60), einst ein Büffelpfad, der von Indianern und Pionieren benutzt wurde. Er bietet schöne Ausblicke auf bewaldete Berge und führt der Länge nach durch den Staat, u.a. nach Lewisburg. Dies ist seine wohl schönste Stadt mit einem 95,5 ha großen, im National Register verzeichneten historischen Distrikt. Checken Sie ins General Lewis Inn ein; es ist ein Anbau von 1929 an ein Wohnhaus von 1834, mit 25 Zimmern und einem Restaurant mit raffinierter Landküche. Nehmen Sie sich auch etwas Zeit, um ein Stück Weg auf dem 130 km langen Greenbrier River Trail zurückzulegen. Im August glaubt man, der ganze Staat sei in der Stadt zu Besuch, um sich bei Fahrgeschäften, Nutztierschauen und Wettbewerben auf dem Jahrmarkt zu vergnügen.

Wo: 195 km südöstl. von Charleston. **The Greenbrier:** Tel. +1/304-536-1110; www.greenbrier.com. *Preise:* ab € 220 (Nebensaison), ab € 274 (Hochsaison); Greenfee ab € 137, Dinner im Prime 44 West € 37. **Midland Trail:** Tel. +1/304-343-6001; www.midlandtrail.com. **General Lewis Inn:** Tel. +1/304-645-2600; www.generallewisinn.com. *Preise:* ab € 100, Dinner € 22. **Greenbrier River Trail:** www.greenbrierrivertrail.com. **Jahrmarkt:** Tel. +1/304-645-1090; www.statefairofwv.com. *Wann:* Mitte Aug. **Reisezeit:** Okt.: Herbstfärbung; 2. Wochenende im Okt.: Festival *Taste of Our Town* in Lewisburg.

Ein Schutzgebiet an Nordamerikas größtem See

Die Apostle Islands

Bayfield, Wisconsin, USA

Die 21 Apostle Islands liegen wie winzige Edelsteine in einem riesigen Binnenmeer auf 1200 km^2, verstreut im kristallklaren Wasser des Oberen Sees, dem größten Süßwassersee der Erde. Mit Ausnahme von Madeline, der größten der Apostles, sind alle Inseln unerschlossen und unbewohnt, mit zerklüfteten Küsten, alten Tannen und Laubbäumen, Sandsteinklippen und -höhlen. Vom 1,2 ha kleinen Gull zum 4050 ha großen Stockton sind die Inseln als Park Apostle Islands National Lakeshore geschützt, zusammen mit 20 km Ufer der benachbarten Halbinsel Bayfield. Trotz der über 80 km Wanderwege erkundet man die Inseln, die Heimat von

Schwarzbär, Weißkopfseeadler und über 200 Zugvogelarten sind, am besten per Boot. Der Apostle Islands Cruise Service und ein Segelboot-Charterdienst mit Kapitän bieten viele Optionen, vom Strandgutsammeln und Wandern bis zum Schwimmen in sonnengewärmten Buchten. Im geschützten Ufergebiet liegen 8 historische Leuchttürme – mehr als in jedem anderen Nationalpark –, von denen manche im Sommer besichtigt werden können. Mit Kajaks kann man zwischen den Inseln und in die Höhlen der Sandsteinküste fahren.

Bayfield (600 Einwohner) mit einem herrlichen Inselblick und einem lebhaften Jachthafen ist ein guter Ausgangspunkt für Inselexkursionen. Nach Ihrem Abenteuer können Sie Ihr Haupt z.B. im Old Rittenhouse Inn betten, das seine Gäste in einem liebevoll renovierten Restaurant im Queen-Anne-Stil mit leckerem Essen verwöhnt.

Wo: 145 km östl. von Duluth, MN. **Info:** www.nps.gov/apis. **Apostle Islands Cruise**

Das seit Jahrtausenden ans Ufer schwappende Wasser hat zahlreiche Höhlen in die Klippen gegraben.

Service: Tel. +1/715-779-3925; www.apostleisland.com. *Wann:* Mitte Mai–Mitte Okt. **Old Rittenhouse Inn:** Tel. +1/715-779-5111; www.rittenhouseinn.com. *Preise:* ab € 85 (Nebensaison), ab € 104 (Hochsaison); Festpreis-Dinner € 40. **Reisezeit:** Feb.–Anf. März: Wandern zu den vereisten Höhlen auf der Halbinsel Bayfield; Juli–Aug.: warmes Wetter und ruhiges Wasser; Anf. Aug.–Sept.: Leuchtturmfest.

Elegantes Feriendomizil tief in den North Woods

Canoe Bay

Chetek, Wisconsin, USA

Aufgrund der von Quellwasser gespeisten Seen, Kiefernwälder und sauberen Luft in Wisconsins Nordwesten war die Region Indianhead schon in der Vergangenheit ein beliebtes Erholungsgebiet – bei Großunternehmern der industriellen Ära ebenso wie bei US-Präsident Calvin Coolidge. Im Canoe Bay Resort nahe Chetek lebt die Ära der Luxuserholung in Einsamkeit und Ruhe fort. Da hier weder Kinder noch Telefone, Jetskis oder Motorboote die Ruhe stören, steht Canoe Bay häufig auf der Liste der „romantischsten" Erholungsziele. Natur und Ästhetik rivalisieren in 23 eleganten Zimmern und Bungalows am See mit Kamin, Whirlpool und herrlichem Blick in die Wildnis. John Rattenbury, Protégé des in Wisconsin geborenen Frank Lloyd Wright und sein Mitarbeiter am New Yorker Guggenheim Museum (s. S. 847), entwarf das Rattenbury Cottage and Edgewood, ein 185 m² großes Juwel aus Stein, Holz und Glas mit einer 140 m² großen umlaufenden Terrasse. Paare genießen ihr Frühstück im Bett und Massagen auf dem Zimmer. Das Restaurant am See wartet mit einer preisgekrönten Weinkarte und raffinierten Gerichten auf, die sich nach dem Angebot der Wochenmärkte richten.

Von hier aus wandern Sie auf 6 km malerischen Wegen um 3 private Gletscherseen und durch die 113 ha Laubwald von Canoe Bay; im Resort gibt es Kanus, Kajaks und Ruderboote zu leihen, von denen aus man im kristallklaren Lake Wahdoon Forellenbarsche und andere Fische angeln kann – und zurück ins Wasser wirft. Schwimmer erfreuen sich im Sommer am warmen Wasser und dem schönen Sandstrand. Im Winter lässt sich die Landschaft mit Schneeschuhen erkunden. Langläufer finden 30 km präparierte Loipen vor. **Wo:** 195 km östl. von Minneapolis, MN. Tel. +1/715-924-4594; www.canoebay.com. *Preise:* ab € 260, 3-gängiges Festpreis-Dinner € 55. **Reisezeit:** Juni–Aug.: Wassersport, 1. Okt.-Hälfte: schönste Laubfärbung.

Vom Fabrikort zum Luxus-Golfresort

Der American Club

Kohler, Wisconsin, USA

Sicher, es mutet seltsam an, wenn ein exklusives Resort um eine Sanitärfabrik herum entsteht – aber genau das ist in Kohler Village geschehen, dessen Namen man vor allem mit hochwertigen Sanitäreinrichtungen in Verbindung bringt. 1918 gab der Präsident des Unternehmens (und spätere Gouverneur von Wisconsin) Walter J. Kohler den Bau eines Backsteingebäudes im Tudorstil direkt gegenüber der Fabrik in Auftrag, in dem eingewanderte Arbeiter untergebracht wurden. In den 1980er-Jahren verwandelte man das Haus in ein exklusives Hotel; es wurde schrittweise auf 4 Restaurants und 240 Zimmer mit (kaum überraschend) luxuriösen Bädern erweitert. Heute ziert eines von Kohlers Lieblingszitaten in Buntglas das Restaurant Wisconsin Room, einst Speisesaal der Arbeiter und nun Teil des American Club Resort Hotel: „Ein Leben ohne Arbeit ist Schuld, Arbeit ohne Kunst ist Brutalität."

Golf ist der Hauptjoker des American Club – aber nicht der einzige. 4 Turnierplätze von Pete Dye umgeben das Resort. Die 2 18-Loch-Golfplätze von Blackwolf Run (River und Meadow Valleys sind 2012 Gastgeber der Women's Open) profitieren von der von Gletschern geformten Hügellandschaft. Dye schuf auch Whistling Straits, der an die windigen, rauen Plätze von Schottland und Irland erinnert und auf dem sogar Schafe weiden. Er verläuft entlang einer flachen Klippe am Michigansee. Auf dem 1998 angelegten Whistling Straits fanden 2004 und 2010 die PGA Championships statt (eine seltene Ehre für einen solch neuen Platz); 2015 ist er wieder dafür vorgesehen.

Das 200 ha große private River-Wildlife-Naturschutzgebiet bietet 40 km Wanderwege sowie Möglichkeit zum Reiten und zur Fasanenjagd, 10 km Flüsse und Bäche voller Lachse und Forellen und das ausgezeichnete Restaurant Lodge. Im 2200 m² großen Kohler Waters Spa können Sie aus über 50 Anwendungen wählen. Hier sieht man Kohlers Sanitäreinrichtungen in Aktion, z.B. im RiverBath-Raum mit Wasserfall und Whirlpool-Jets, die eine Flussströmung imitieren.

Wo: 170 km nördl. von Milwaukee. Tel. +1/920-457-8000; www.destinationkohler.com. *Preise:* ab € 133 (Nebensaison), ab € 211 (Hochsaison); Greenfee ab € 122, Dinner in der Lodge € 52. **Reisezeit:** Ende Mai: Bierfestival; Juni: *Kohler Golf Expo*; Okt.: *Kohler Food and Wine Experience*.

Der Vater aller Rodeos

CHEYENNE FRONTIER DAYS

Cheyenne, Wyoming, USA

Die Hauptstadt des Cowboystaats trug einst den Spitznamen Hölle auf Rädern, und während der jährlichen Frontier Days versteht man, warum. Diese Feier all dessen, was den Westen ausmacht, fand erstmals 1897 statt, nur 15 Jahre nachdem William F. Cody alias Buffalo Bill mit seiner reisenden Wildwestshow die Rodeotradition begründet hatte. Heute ist es ein 10-tägiges Spektakel mit Rodeos, Wildpferderennen, Blaskapellen, Indianertänzen und einer Parade, die in der Vergangenheit von bekannten Personen wie Buffalo Bill (1898) und einem begeisterten Teddy Roosevelt (1910) angeführt wurde.

Die Frontier Days sind für Rodeofans das Größte. Jedes Jahr kommen 550.000 Besucher sowie über 1800 der härtesten Cowboys und Cowgirls aus dem ganzen Land. Die ausgelassene Stimmung ist auch bei dem berühmten kostenlosen Frühstück gegenwärtig, bei dem 10.000 Gäste über 100.000 Pfannkuchen, 1800 l Sirup und 20.000 l Kaffee konsumieren.

Für die, die es sanfter mögen, gibt es eine Kunstausstellung mit dem Verkauf von Werken regionaler Künstler, Bildhauer und Navajo-Weber. Viktorianische Pracht sieht man in Cheyennes 17th Street, der „Straße des Viehbarons". Verwöhnen Sie sich wie ein Gentleman-Farmer von einst mit einem Aufenthalt im Nagle Warren Mansion B&B, das sich in einem renovierten Haus eines ehemaligen Gouverneurs und US-Senators befindet.

Wo: 160 km nördl. von Denver. Tel. +1/307-778-7222; www.cfdrodeo.com. *Wann:* Ende Juli. **NAGLE WARREN MANSION B&B:** Tel. +1/307-637-3333; www.naglewarrenmansion.com. *Preise:* ab € 107.

Seit Buffalo Bills Show in den 1890er-Jahren ist Cheyenne ein Anziehungspunkt für Cowboys.

Himmel der Pferde

DIE BITTERROOT RANCH

Dubois, Wyoming, USA

80 wilde, bergige km von Yellowstone entfernt liegt die Bitterroot Dude Ranch in einem abgelegenen Tal zwischen dem Shoshone-Nationalwald auf der einen und einem 21.000 ha großen Wildschutzgebiet auf der anderen Seite.

Mel und Bayard Fox sind die Eigentümer und Betreiber dieses Reiterparadieses mit einem Dutzend Blockhütten – einige davon 100 Jahre alt – am Forellenbach, der durch das Gelände fließt. Die 160 Pferde, die sie für ihre 30 Gäste halten, sind mehrheitlich herrliche Araber, die hier gezüchtet und trainiert werden.

Besucher können sich zu Reitstunden anmelden oder am Viehtreiben teilnehmen; Reiter und Pferde werden aufeinander abgestimmt und nach dem Grad ihres Könnens in Gruppen eingeteilt. Die Reitwege führen über von Salbei bewachsene Ebenen, durch felsige Schluchten und über Bergwiesen mit Blick auf verschneite Gipfel. Erfahrene reiten querfeldein und passieren unterwegs mehr als 70 Sprünge.

Wer nicht reitet, geht wandern, angeln oder entspannt sich, während die Kinder mit Lämmern und Fohlen spielen. Abends kommt köstliches, frisches Essen auf den Tisch; im eine halbe Stunde entfernten Dubois gibt es Geschäfte und Galerien und im Sommer Squaredance. Hier befindet sich auch das National Bighorn Sheep Center, ein Tribut an die landesweit größte Dickhornschafherde in den Bergen vor der Stadt. **Wo:** 135 km östl. von Jackson. Tel. +1/307-455-3363; www.bitterrootranch.com. *Preise:* ab € 1320 pro Person/Woche, all-inclusive (Nebensaison), ab € 1555 (Hochsaison). *Wann:* Ende Mai–Sept. NATIONAL BIGHORN SHEEP CENTER: Tel. +1/307-455-3429; www.bighorn.org. **REISEZEIT:** Juni–Juli: Wildblumenblüte; Sept. Espen.

Die malerischsten Berge des Westens

GRAND-TETON-NATIONALPARK

Wyoming, USA

S chroff, von Gletschern gemeißelt, ragen die beeindruckenden Gipfel des Grand-Teton-Nationalparks 2130 m über dem Talgrund des Jackson Hole Valley auf (das selbst mehr als 1800 m über dem Meeresspiegel liegt) und entscheiden damit den topografischen Schönheitswettbewerb Amerikas für sich. Ohne vorgelagertes Vorgebirge dominieren die oft fotografierten Tetons den Horizont mit urzeitlicher Größe.

Es sind die jüngsten Berge der Rocky Mountains. Einer Legende zufolge gaben kanadisch-französische Fallensteller im frühen 19. Jh. der Teton-Bergkette ihren Namen – *les Grand Tetons*, „die großen Brüste". Die Winter können streng sein, doch geschäftstüchtige Landbesitzer entdeckten die Vermarktung der Schönheit als Möglichkeit, ihren Lebensunterhalt zu verdienen. Heute ist die Triangle X Ranch die einzige Ranch des Parks, die in Betrieb ist (in der Region gibt es noch weitere, s. Jackson, nächste Seite). Hier verwöhnt man die Gäste in einer entspannten, familiären Atmosphäre bei Abenteuern wie Fliegenfischen oder Rafting auf dem Snake River.

Am Fuß der Bergkette haben Gletscher eine Reihe tiefer, kalter, saphirblauer Seen zurückgelassen; der Jenny Lake gehört zu den schönsten mit den meisten Besuchern. Die beliebte, herrlich gelegene Jenny Lake Lodge entstand für Weichlinge aus dem Osten, die den rauen Westen erleben wollten.

Der größte See, Jackson Lake, ist 25 km lang. Boote setzen zu Elk Island und dem bergigen Westufer über. Geführte Flussfahrten befahren einen ruhigen Abschnitt des Snake River von Deadman's Bar nach Moose. Lokale Veranstalter bieten auch Wildwasserfahrten an. Auf einer 70 km langen Rundfahrt von Moose über die Moran Junction sieht man dieselbe spektakuläre Landschaft bequem vom Auto aus. An das Südende des Parks grenzt ein 10.000 ha großes Elchschutzgebiet, wo ca. 8000 Elche überwintern, die größte Herde Nordamerikas. Mitte Dezember bis März können Sie sie bei einer Pferdeschlittenfahrt aus der Nähe sehen.

Wo: 20 km nördl. von Jackson. Tel. +1/307-739-3300; www.nps.gov/grte. **TRIANGLE X RANCH:** Tel. +1/307-733-2183; www.trianglex.com. *Preise:* Hütten ab € 185 (Nebensaison) pro Nacht, € 2370 pro Woche (Hochsaison), all-inclusive. **JENNY LAKE LODGE:** Tel. +1/307-733-4647; www.gtlc.com. *Preise:* Hütten ab € 459, all-inclusive. *Wann:* Anf. Mai–Anf. Okt. **ELCHSCHUTZGEBIET:** Tel. +1/307-733-9212; www.nationalelkrefuge.fws.gov. **REISEZEIT:** Juli–Aug.: wärmstes Wetter; Sept.: Herbstfärbung und weniger Touristen.

Amerikanische Grandeur und herrliches Skigebiet

JACKSON HOLE

Wyoming, USA

Jackson, heute eine der Kunst-, Freizeit- und Lifestylemetropolen des Neuen Westens, hat sich von einer Pelz- und Viehhändlerstadt zu einem pulsierenden touristischen Zentrum entwickelt, das fast schon kosmopolitisch ist. Während das malerische, 80 km lange Jackson Hole („hole" ist ein hohes, enges Bergtal) voller prachtvoller Häuser und bewachter Wohnanlagen ist, trifft man in Jackson einen Mix aus Skifahrern, Wohlhabenden, Wanderern, Kletterern und einem oder 2 echten Wyoming-Cowboys.

Jacksons Stadtplatz mit Bögen aus Elchgeweihen an 4 Ecken ist von Bars, Restaurants, originellen Boutiquen und Kunstgalerien gesäumt. Wie Relikte aus der Vergangenheit wirken Bubba's Bar-B-Que, die Million Dollar Cowboy Bar von 1937 und die Silver Dollar Bar and Grill im alten Wort Hotel, die ihren Ruhm 2032 in die Bar eingelassenen Silberdollars verdankt.

Die Spring Creek Ranch oberhalb der Stadt hat über ein 400 ha großes Wildschutzgebiet verstreute elegante Blockhütten und ein Restaurant mit herrlichem Blick, das Granary. Wie in einer anderen Welt fühlt man sich im Zen-artigen Amangani („friedliches Heim") an derselben Straße, eine betörende Mischung aus asiatischer Ästhetik und Westernschlichtheit mit riesigem Pool und himmlischem Spa. 12 m hohe Panoramafenster eröffnen einen herrlichen Blick auf die Grand Tetons.

Jacksons wahrer Trumpf ist seine Lage. Gleich im Norden erheben sich die Gipfel des Grand-Teton-Nationalparks (s. vorige Seite); nach Yellowstone ist es nur ein Tagesausflug (s. nächste Seite); und in wenigen Minuten ist man im 1000 ha großen, steilen Skigebiet des Jackson Hole Mountain Resort. Passionierte Skifahrer zieht es auf den 3185 m hohen Rendezvous Mountain mit 1261 m Höhenunterschied an der Ostseite und zu den mittelschweren Pisten des Apres Vous Mountain. Tanken Sie Kraft im Mangy Moose Restaurant und Saloon, bevor Sie sich, direkt an der Piste, in die Teton Mountain Lodge & Spa für die Nacht zurückziehen. Im nahen Grand Targhee Ski Resort fallen jährlich unglaubliche 12,50 m Schnee – was es zum Heiligen Gral des Skisports macht.

Wer sich nach Cowboykultur sehnt, fährt 1 Stunde nördlich nach Moran in die Heart Six Ranch, wo man im Sommer reiten und angeln geht. Im Winter entdecken Gäste jungfräuliches Zauberland auf Motorschlitten oder in der Einsamkeit der verschneiten Rocky Mountains. **Wo:** Jackson liegt 440 km nordwestl. von Salt Lake City, UT. **Info:** www.jacksonholechamber.com. **Spring Creek Ranch:** Tel. +1/307-733-8833; www.springcreekranch.com. *Preise:* ab € 130 (Nebensaison), ab € 252 (Hochsaison); Dinner im Granary € 40. **Amangani:** Tel. +1/307-734-7333; www.amanresorts.com. *Preise:* ab € 440 (Nebensaison), ab € 648 (Hochsaison). **Jackson Hole Mountain Resort:** Tel. +1/307-733-2292; www.jacksonhole.com. *Preise:* Skipass ab € 40 (Nebensaison), ab € 67 (Hochsaison). *Wann:* Skisaison Dez–Anf. Apr. **Teton Mountain Lodge & Spa:** Tel. +1/307-734-7111; www.tetonlodge.com. *Preise:* ab € 90 (Nebensaison), ab € 265 (Hochsaison). **Grand Targhee Resort:** Tel. +1/307-353-2300; www.grandtarghee.com. *Preise:* Skipass € 52. *Wann:* Skisaison Dez.–Mitte Apr. **Heart Six Ranch:** Tel. +1/307-543-2477; www.heartsix.com. *Preise:* ab € 90 pro Person/Nacht (Nebensaison), ab € 811 pro Person für 3 Tage (Hochsaison), all-inclusive. **Reisezeit:** Jan.–März: Skifahren; Ende Mai: *Old West Days*; 4. Juli: Konzert *Music in the Hole*; Mitte Sept.: Herbst-Kunstfestival.

Blick ins Innere der Erde

Yellowstone-Nationalpark

Wyoming, USA

Der 1872 gegründete Yellowstone-Nationalpark, der älteste der USA, ist weltweit für seine Geysire und heißen Wasserbecken bekannt, die auf seine vulkanische Vergangenheit zurückgehen. Yellowstones rund 9000 km² umfassen raue Hochebenen und bewaldete Berge, dampfend heiße Quellen, kristallklare Seen und 290 tosende Wasserfälle. Über 3 Mio. Menschen besuchen ihn jedes Jahr; von Juni bis September sollten Sie sich an den beliebten Stellen auf Trubel gefasst machen.

Der Park zeichnet sich durch reiche Fauna inmitten einer atemberaubenden Landschaft aus. Der in einen Regenbogen gehüllte Grand Canyon des Yellowstone River, über 30 km lang und bis zu 365 m tief, beginnt bei den eindrucksvollen 94 m hohen Lower Falls. Bären und Bisonherden durchstreifen das Hayden Valley; Elche halten sich nahe der Terrassen der heißen Quellen bei Mammoth auf, und ca. 322 Vogelarten bevölkern Fich-

Alle 10–12 Stunden eine Fontäne: der Castle-Geysir.

ten und Tannen. Polar- und Tundrawölfe, die 1995 im Park eingeführt wurden, jagen im Lamar Valley.

Ein Höhepunkt jedes Besuchs ist ein Aufenthalt im Old Faithful Inn, einer riesigen, ca. 100 Jahre alten robusten Kiefernlodge, deren Stil von späteren Park Lodges nachgeahmt wurde. Sie liegt neben dem gleichnamigen Geysir, der alle 65–92 Minuten heißes Wasser bis zu 56 m hoch in die Luft stößt. Der weniger zuverlässige Steamboat ist der höchste Geysir der Welt.

Die über 300 aktiven Geysire des Parks (60 % der Geysire der Erde befinden sich hier), brodelnden Schlammlöcher, zischenden Fumarolen und heißen Quellen – über 10.000 hydrothermale Elemente – bilden das größte geothermale Gebiet der Welt.

Im Winter ist es ruhig. Dann erobert man den Park mit Langlaufskiern, Schneeschuhen, geführten Motorschlittenfahrten und Raupenfahrzeugen für Skiläufer. Diese fahren zur 1999 erbauten Old Faithful Snow Lodge, dem perfekten Ausgangsort für Winterbesuche im Park.

Wo: Der Park hat 5 Eingänge: 3 in Montana und 2 in Wyoming. **Info:** www.nps.gov/yell. *Wann:* die meisten Parkstraßen sind Mitte Apr.–Anf. Nov. offen; Nordeingang (Gardiner, MT) ganzjährig geöffnet. **Old Faithful Inn:** Tel. +1/307-344-7311; www.travelyellowstone.com. *Preise:* ab € 74. *Wann:* Mitte Mai–Mitte Okt. **Old Faithful Snow Lodge:** Tel. +1/307-344-7311; www.travelyellowstone.com. *Preise:* ab € 74. *Wann:* Mai–Mitte Okt. u. Mitte Dez.–Anf. März. **Reisezeit:** Mai–Mitte Juni u. Sept.–Mitte Okt.: schönes Wetter ohne Gedränge; Sept.–Mitte Okt.: Herbstfärbung; Winter: Skilanglauf.

KANADA

Wilder Westen auf kanadische Art

Die Calgary-Stampede

Calgary, Alberta, Kanada

Die weltberühmte Stampede macht Calgary jedes Jahr im Juli 10 Tage lang zur Westernstadt, dann zeigt man hier bei den zahlreichen Rodeoshows seine Sporen. Rodeos sind hier seit 1886, kurz nach der Gründung von Calgary als Außenposten der Royal Canadian Mounted Police, eine feste Tradition.

Die Calgary-Stampede gilt als größte und prestigeträchtigste Rodeoveranstaltung der Welt. Mehr als 400 Teilnehmer aus der Weltelite des Rodeos treffen in 6 großen Wettbewerben aufeinander und kämpfen um ein Preisgeld von insgesamt fast 2 Mio. Dollar. Die mehr als 1 Mio. Besucher kommen aber auch wegen Livemusik, Tanzaufführungen, Paraden, einer Western-Kunstausstellung und den Powwow-Tanzwettbewerben der indianischen Community.

Hauptattraktion der Stampede ist und bleibt aber das Rodeo. Es gibt Wettbewerbe im Reiten ohne Sattel, Wildpferdreiten, Bullenreiten, Kälberfesseln, Stier-Wrestling und Barrel-Rennen. Einzigartig ist das Chuckwagon-Rennen, bei dem Verpflegungswagen – die nicht wirklich dafür gemacht sind – begleitet von einer riesigen Staubwolke und lärmenden Hufen um die beste Rundenzeit kämpfen.

Wer ganz in den Geist des alten Wilden Westens eintauchen möchte, checkt im edlen Hotel Fairmont Palliser von 1914 ein. Dort logierten schon die Rinderbarone; die Lobby glänzt mit Marmorsäulen, die Zimmer sind luxuriös, alles verströmt das Flair der guten alten Zeit. Genießen Sie inmitten authentisch-kanadischer Atmosphäre im Rimrock Restaurant ein saftiges Alberta-Steak. **INFO:** Tel. +1/403-269-9822; www.calgarystampede.com. **REISEZEIT:** 10 Tage

Mitte Juli. **FAIRMONT PALLISER:** Tel. +1/403-262-1234; www.fairmont.com/palliser. *Preise:* ab € 115 (Nebensaison), ab € 252 (Hochsaison); Dinner € 40.

Kanadas Rocky Mountains

DIE NATIONALPARKS BANFF, JASPER UND YOHO

Alberta und British Columbia, Kanada

Über die Gipfel der majestätischen Kanadischen Rocky Mountains erstrecken sich die Nationalparks Banff, Jasper und Yoho. Das gesamte Gebiet wird auch der Kanadische-Rocky-Mountains-Nationalpark genannt. Der über 6600 km² große Banff war der erste Nationalpark Kanadas und ist heute das populärste Reiseziel des Landes. Hauptattraktion sind seine beiden jadegrün schimmernden Seen: der atemberaubende Moraine Lake, eingebettet zwischen hoch aufragenden Dreitausendern, und der Lake Louise, unglaublich schön am Fuß des Victoria-Gletschers gelegen. Dort finden Sie auch das märchenhafte Luxushotel Fairmont Château Lake Louise. Die Wucht der Naturschönheiten weckt Hunger und Durst; ein Glück, dass sich im kleinen Ort Lake Louise eines der besten Hotels und Restaurants des westlichen Kanada angesiedelt hat, das Post Hotel & Dining Room unter der Leitung von Chefkoch Hans Sauter.

Banff selbst ist die höchstgelegene Stadt Kanadas. Inmitten urwüchsiger Natur finden Sie dort zahlreiche Restaurants, Geschäfte und erstklassige Hotels. Das Fairmont Banff Springs im Stil eines schottischen Schlosses wurde 1888 von der Canadian Pacific Railway gebaut. Der zugehörige Stanley-Thompson-Golfplatz in spektakulär schöner Lage gilt als einer der besten im Land. Eine wahre Oase ist das feudale Willow-Stream-Spa im europäischen Stil.

Die Nationalparks Banff und Jasper werden von einer der unglaublichsten Panoramastraßen der Welt verbunden: Knapp 230 km lang führt der Icefields Parkway, flankiert von Fichten- und Tannenwäldern, durch ein unberührtes Naturparadies aus Gletschern, Bergen, Wasserfällen und türkisfarbenen Seen. Höhepunkt ist der 3490 m hohe Mount Athabasca, der vom Columbia-Eisfeld bedeckt wird.

Der Icefields Parkway endet im Jasper-Nationalpark, dem größten Nationalpark Kanadas. Hier locken ganzjährig Outdooraktivitäten wie

Der Moraine Lake im majestätischen Tal der 10 Gipfel.

Rafting auf den Flüssen Athabasca und Sunwapta, Wandern im engen Maligne Canyon, Ausritte um den Patricia Lake oder Kanufahrten auf dem spiegelglatten Maligne Lake, dem größten Gletschersee der Rockies. Die Fairmont Jasper Park Lodge ist das exklusivste Resort des Parks: Die Unterkünfte rangieren von komfortabel bis prunkvoll; man hat die Wahl zwischen Blockhütten, Ferienhäuschen oder Chalets. Eine weitere Attraktion ist der von Stanley Thompson entworfene Golfplatz.

An Banff grenzt der Yoho-Nationalpark; er schmiegt sich am Kicking Horse River an die westlichen Steilhänge der Rockies. Der Fluss lockt mit Stromschnellen der Klasse III und IV und ist so zu einem der aufregendsten Ziele für Wildwasserfans geworden. Äußerst beliebt ist auch der Kurzwanderweg zu Kanadas zweithöchsten Wasserfällen, den 384 m hohen Takakkaw Falls. Die Zimmer der Emerald Lake Lodge bieten eine hervorragende Sicht auf das tiefgrüne Wasser und die Berglandschaft.

Wo: Banff liegt 129 km westl. von Calgary. **BANFF NATIONAL PARK:** Tel. +1/403-762-1550; www.pc.gc.ca/banff. **FAIRMONT CHÂTEAU LAKE LOUISE:** Tel. +1/403-522-3511; www.fairmont.com/lakelouise. *Preise:* ab €244 (Nebensaison), ab €333 (Hochsaison). **POST HOTEL & DINING ROOM:** Tel. +1/403-522-3989; www.posthotel.com. *Preise:* €185; Dinner €55. **FAIRMONT BANFF SPRINGS:** Tel. +1/403-762-5755; www.fairmont.com/banffsprings. *Preise:* ab €226 (Nebensaison), ab €337 (Hochsaison). **JASPER NATIONAL PARK:** Tel. +1/780-852-6176; www.pc.gc.ca/jasper. **FAIRMONT JASPER PARK LODGE:** Tel. +1/780-852-3301; www.fairmont.com/jasper. *Preise:* ab €133 (Nebensaison), ab €400 (Hochsaison). **YOHO NATIONAL PARK:** Tel. +1/250-343-6783; www.pc.gc.ca/yoho. **EMERALD LAKE LODGE:** Tel. +1/403-410-7417; www.emeraldlakelodge.com. *Preise:* ab €159 (Nebensaison), ab €222 (Hochsaison). **REISEZEIT:** Juli–Aug.: Wandern und *Banff Summer Arts Festival*; Sept.–Okt.: Herbstwälder; Dez.–Apr.: Skisaison.

Zugabenteuer in imposanter Berglandschaft

Mit dem Zug durch die Kanadischen Rockies

Alberta und British Columbia, Kanada

Als Kanada 1885 erstmals per Eisenbahn durchquert werden konnte, brachte dies nicht nur neue Siedler, sondern auch immer mehr Urlauber in den Westen des Landes. „Wenn wir die Landschaft nicht exportieren können", erklärte William Van Horne, Präsident der Canadian Pacific Railroad, „importieren wir eben die Touristen." So baute man mitten in der Wildnis noble Hotels mit atemberaubenden Aussichten auf uralte Gletscher, schneebedeckte Gipfel und rauschende Wasserfälle.

Die Rockies per Bahn zu durchreisen ist immer noch eine der entspanntesten Möglichkeiten, dieses riesige und inspirierende Land zu erkunden. Die nationale Eisenbahngesellschaft VIA Rail Kanada bietet ganzjährig eine fast 4500 km lange Reise von Toronto nach Vancouver an. Die Route führt durch den Jasper-Nationalpark (s. vorige S.) und vorbei am Mount Robson, mit knapp 4000 m der höchste Gipfel Kanadas. Im Winter bietet VIA Rail ein „Snow Train"-Paket an: In nostalgischen Waggons kann man von allen Stationen zwischen Toronto und Vancouver in den Jasper-Nationalpark fahren.

Eine saisonale Option bietet auch die private Eisenbahngesellschaft Rocky Mountaineer, legendär sind vor allem die 2-tägigen Trips von Vancouver, Jasper, Banff oder Calgary aus. Wer eine kürzere, aber genauso spektakuläre Reise machen möchte, ist mit der täglichen Verbindung zwischen Vancouver und Whistler gut bedient (s. S. 926), im Sommer gibt es auch Verbindungen zwischen Whistler und Jasper via Quesnel. Gefahren wird nur bei Tageslicht, so entgeht Ihnen nichts von der wunderschönen Landschaft, und übernachtet wird nicht im ratternden Abteil, sondern im komfortablen Hotel.

Via Rail Kanada: Tel. +1/514-871-6000; www.viarail.ca. *Preise:* 4 Nächte Toronto–Vancouver € 770 (Nebensaison), ab € 1352 (Hochsaison) pro Person im Doppelabteil. **Rocky Mountaineer:** Tel. +1/604-606-7245; www.rockymountaineer.com. *Preise:* 2-tägige Tour ab € 685, inclusive. *Wann:* Mitte Apr.–Mitte Okt. **Reisezeit:** Apr.–Juni: ideal für Wildtierbeobachtung; Sept.–Okt.: angenehmes Wetter, herbstliche Wälder, weniger Andrang.

Idyllisches Refugium und ländliche Gastfreundschaft

Die Gulf Islands

British Columbia, Kanada

Die felsigen Gulf Islands liegen zwischen Vancouver-Stadt und Vancouver Island (s. S. 920–926) inmitten der Strait of Georgia. Die dicht bewaldeten Inseln sind nicht nur ein Anziehungspunkt für Ökobauern und Künstler, sondern auch für Reisende auf der Suche nach überwältigenden Naturlandschaften, erstklassigen Landgasthäusern und kulinarischen Hochgenüssen.

5 der Eilande können bequem von Tsawwassen auf dem Festland oder von Swartz Bay auf Vancouver Island aus mit den BC Ferries angesteuert werden. Die enge Passage zwischen den Inseln ist unbestritten einer der schönsten Fährwege der Welt. Jede der fast 100 Inseln hat einen ganz eigenen Charakter. Das extrem lang gezogene Galiano grenzt mit seinen klippenbestandenen Stränden im Süden an den aufgewühlten Active Pass. Die landwirtschaftlich geprägte Mayne Island war früher vor allem für ihre Äpfel, Tomaten und Schafsmilch berühmt, heute gilt sie als Paradies für Kajakfahrer.

Über Salt Spring Island erhebt sich der Mount Maxwell.

Die größte Insel des Archipels ist Salt Spring Island mit 132 km Küstenlinie und etwa 10.000 Einwohnern. Im Hauptort Ganges hat sich eine lebendige Künstlerenklave etabliert, die ihre Erzeugnisse auf dem Salt Spring Saturday Market zum Verkauf anbietet. In reizvollem Kontrast zur lässigen Atmosphäre von Ganges steht das über der Stadt thronende Hotel Hastings House. Das luxuriöse Refugium mit schönem Spa liegt inmitten üppiger englischer Gärten und Douglasienhaine. Herzstück ist das imposante Herrenhaus im Stil eines Sussex-Landhauses.

Ein weiteres Highlight sind die Pender Islands, 2 ländliche, durch eine kurze Brücke verbundene Inseln, die man von Victoria aus (s. S. 925) bequem mit Fähre oder Wassertaxi erreichen kann. Nur knapp 2 km nördlich von der amerikanisch-kanadischen

Seegrenze entfernt liegt das Poets Cove Resort and Spa, ein beliebtes Ziel für Ausflugsschiffe, die zwischen den Nationen kreuzen. Das Anwesen schmiegt sich in eine friedliche Bucht; von dort aus kann man auch das Treiben am Jachthafen Bedwell Harbour beobachten. Das rustikale Resort bietet auf einer bewaldeten Landzunge elegante Zimmer und Bungalows. Genießen Sie an der frischen Luft Austern und ein Gläschen Pinot Grigio von den Weingütern der nahen Saturna Island.

INFO: Tel. +1/250-754-3500; www.vancouverisland.travel. BC FERRIES: Tel. +1/250-386-3431; www.bcferries.com. HASTINGS HOUSE: Tel. +1/250-537-2362; www.hastingshouse.com. *Preise:* ab € 222 (Nebensaison), ab € 374 (Hochsaison); 3-gängiges Menü € 52. POETS COVE RESORT AND SPA: Tel. +1/250-629-2100; www.poetscove.com. *Preise:* ab € 137 (Nebensaison), ab € 222 (Hochsaison). REISEZEIT: Apr.–Okt.: angenehmes Wetter.

Exklusives Naturparadies in schwindelerregenden Höhen

HELI-SKIING UND HELI-HIKING

British Columbia, Kanada

Nicht weit im Westen der Kanadischen Rocky Mountains reiht sich eine Perlenkette aus Bergen wie Cariboo, Bugaboo, Monashee, Selkirk, Galina und Purcell aneinander. Diese wenig bekannte Region gilt unter Bergwanderern und Skifahrern als absoluter Geheimtipp. Die entlegene Gegend ist bisher kaum durch Straßen oder Skilifte erschlossen; der Tourenanbieter CMH Heli Skiing and Summer Adventures macht den beglückenden Vorstoß in die Gipfelregionen dennoch möglich. Die Hubschrauberflotte von CMH bringt Skifahrer und Naturbegeisterte zu einer der 12 äußerst komfortablen Lodges im Hinterland des Südostens von British Columbia. In jeder können nur maximal 40 Gäste gleichzeitig beherbergt werden – der Aufenthalt in dieser ungezähmten Wildnis bleibt so ein absolut exklusives Erlebnis.

Um in diesen Höhenlagen auf die Bretter zu steigen, bedarf es guter bis sehr guter Fertigkeiten als Skifahrer; das Wagnis wird aber reich belohnt: Während 1 atemlosen Woche bringen die Helikopter Sie pro Tag zu 8–15 verschiedenen Abfahrten. Zurück in der Lodge warten üppige Frühstücksbüfetts und ausufernde Dinner, auch eine Massage der erschöpften Glieder steht auf dem Regenerationsprogramm.

Schmilzt der Schnee, kann man sich dank des Helikopters in denselben Landschaften auf langen Wandertouren ergehen. Das alpine Hochland erblüht dann unter Abermillionen von Wildblumen, in der Ferne entfaltet sich das Panorama der immer noch schneebedeckten Gipfel. Zu dieser Zeit bleiben 2 der Lodges geöffnet; im Hinterland lässt es sich herrlich wandern und klettern. Einige der Heli-Bergtouren sind auch für Familien mit Kindern geeignet. Andere wiederum erfordern Erfahrung als Bergsteiger; Grundkenntnisse lassen sich in Begleitung eines Führers trainieren.

CMH: Tel. +1/403-762-7100; www.canadianmountainholidays.com. *Preise:* 7 Tage Skifahren ab € 4881, all-inclusive. Startet in Calgary. 3 Tage Wandern ab € 1874, all-inclusive. Startet in Banff. *Wann:* Skifahren: Dez.–Mai; Wandern: Anf. Juli–Ende Sept. REISEZEIT: Jan.–Feb.: ideale Schneeverhältnisse; Anf. Juli–Mitte Aug.: Wildblumenblüte; Anf. Sept.: bunte Herbstwälder.

Luxusherberge inmitten unberührter Wildnis

DAS NIMMO BAY RESORT

British Columbia, Kanada

Mit dem Hubschrauber geht es über die Inseln der Queen Charlotte Strait in Richtung der zerklüfteten Berggipfel an Kanadas Pazifikküste. Ziel ist das Nimmo Bay Resort, luxuriöses, intimes Refugium mitten im Great Bear Rain Forest. Zur Nimmo Bay führen keine Straßen; es ist eine winzige Enklave des umweltverträglichen Luxustourismus, und Gäste erwarten in der friedlichen, unberührten, grünen Küstenlandschaft vielfältige Naturabenteuer.

Das Nimmo Bay Resort ist einer der Pioniere des Hubschraubertourismus – mithilfe der modernen Technik erschließen sich völlig neue Möglichkeiten für Abenteuerlustige. So können Sie nach einem Flug über uralte Regenwälder am Fuß des Silverthrone-Eisfelds ein Gourmetpicknick genießen oder sich an herrlichen Flüssen im Hinterland im Fliegenfischen üben. Auch das Resort selbst bietet vor Ort zahlreiche Annehmlichkeiten und Aktivitäten: Es locken Massagen, Yogawanderungen durch den Regenwald und geführte Kajaktouren zu von Robben bevölkerten Meeresarmen.

Die 9 elegant möblierten und mit Zedernholz getäfelten Ferienhäuser stehen auf Stelzen in den Wassern einer fjordähnlichen Bucht. Das Restaurant kann sich derweil mit den besten Häusern Vancouvers messen: Zu den Zutaten zählen regionale Bioprodukte und fangfrischer Fisch; die internationale Weinkarte bietet zu jedem Gericht den passenden Begleiter.

Wo: 322 km nördl. von Vancouver. Tel. +1/250-956-4000; www.nimmobay.com. **Preise:** 3 Nächte Heliventure-Paket ab € 5178, all-inclusive; 3 Nächte im Resort (ohne Heliventures) ab € 2852, all-inclusive. *Wann:* Mai–Okt. **Reisezeit:** Mai–Sept.: ideal für Outdooraktivitäten.

Das Napa Valley von Kanada

DAS OKANAGAN VALLEY

British Columbia, Kanada

Das trockene, aber fruchtbare Okanagan Valley mit seiner über 200 km langen Seenkette ist Kanadas zweitgrößtes Weinanbaugebiet (das größte ist Niagara-on-the-Lake, s. S. 933). Auf den fast 100 Weingütern werden edle Tropfen gezogen, die sich in Kraft, Aroma und Finesse mit den Erzeugnissen des benachbarten Bundesstaates Washington messen können. Die Weinbauregionen von Okanagan beginnen direkt nördlich der kanadisch-amerikanischen Grenze bei Osoyoos und erstrecken sich bis zum 160 km entfernten Vernon. Kelowna, ein Städtchen mit 110.000 Einwohnern, ist die ideale Ausgangsbasis für Weintouren ins Umland; allein in der näheren Umgebung gibt es 18 Winzereien.

Auf keinen Fall entgehen lassen sollten Sie sich das Weingut CedarCreek Estate, wo Sie im Vineyard Terrace Restaurant zum mediterranen Mittagessen einen hervorragenden Spätburgunder genießen können. Die 1981 gegründete Mission Hill Family Estate Winery erwartet Sie mit preisgekrönten Chardonnays, Merlots, Eiswein und dem vom Bordeaux inspirierten Oculus. Das Restaurant Terrace bietet regionale Küche in Harmonie zu den hauseigenen Tropfen, gespeist wird im schönen Innenhof. Probieren Sie in der Vinothek des Quail's Gate Estate den Spät- und den Weißburgunder, auch das zugehörige Old Vines Patio Restaurant mit Blick über die Weinberge und den Okanagan Lake ist eine gute Empfehlung. Vielleicht zeigt sich Ihnen sogar Ogopogo, das legendäre Seeungeheuer, das dort hausen soll.

Wo: Kelowna liegt 395 km östl. von Vancouver. **Info:** www.tourismkelowna.com. **Okanagan Wine Country Tours:** Tel. +1/250-868-9463; www.okwinetours.com. *Preise:* 3-stündige Tour ab € 50. **CedarCreek Estate:** Tel. +1/250-764-8866; www.cedarcreek.bc.ca. *Wann:* Weinverkostung Juni–Sept. *Preise:* Lunch € 20. **Mission Hill Winery:** Tel. +1/250-768-7611; www.missionhillwinery.com. *Preise:* Dinner € 30. **Quails' Gate:** Tel. +1/250-769-4451; www.quailsgate.com. *Preise:* Dinner € 30. **Unterkunft:** Gourmets schwören auf das A View of the Lake B&B in Kelowna. Tel. +1/250-769-7854; www.aviewofthelake.com. *Preise:* ab € 96. **Reisezeit:** Mai–Okt.: bestes Wetter; Anf. Okt.: Weinfest in Okanagan.

Indianische Kunst und moderne Architektur

Das Museum für Anthropologie

Vancouver, British Columbia, Kanada

Das auf einem grünen Abhang über der Strait of Georgia liegende Museum für Anthropologie der Universität von British Columbia beherbergt eine prächtige Sammlung indianischer Schnitzereien der alten Völker von British Columbia. Neben riesigen Totempfählen gibt es knorrige Baumstumpfskulpturen von Rabe, Seewolf und Bär, dazu fein bemalte Masken aus Zedernholz und Federn – eine bedeutende Sammlung der First Nations, wie nahezu alle in Kanada lebenden indigenen Völker genannt werden. Die Kunstwerke sind sowohl als historisches Erbe als auch als lebendiges Zeugnis zeitgenössischer Kultur zu verstehen: Die Schnitzkunst ist nach wie vor fester Bestandteil des Alltags der indianischen Bevölkerung.

Der lichterfüllte Bau stammt vom kanadischen Stararchitekten Arthur Erickson. Durch die großen Fenster der Great Hall starren die geschnitzten Kreaturen und Totempfähle hinaus über Wald und Ozean. In der Rotunde wartet das Herzstück der Sammlung, die aus gelbem Zypressenholz geschnitzte Skulptur *The Raven and the First Men* von Haida-Künstler Bill Reid, ein expressives, spirituelles Meisterwerk.

Info: Tel. +1/604-822-5087; www.moa.ubc.ca.

In der Great Hall des Museums werden handgeschnitzte Kanus und Totempfähle ausgestellt.

Erbe des Fernen Ostens im Westen Kanadas

DER SUN YAT-SEN CLASSICAL CHINESE GARDEN

Vancouver, British Columbia, Kanada

Kanada ist eine multikulturelle Gesellschaft, und in Vancouver liegt eine der größten chinesischen Communitys außerhalb Asiens. Östlich des Stadtzentrums finden Sie Chinatown: Nahezu sämtliche Schilder sind auf Chinesisch beschriftet, und hinter den Schaufenstern sieht man baumelnde Enten, Ballen aus getrocknetem Fisch und bizarr anmutende Heilmittel.

Inmitten dieses hektischen Treibens ist der Sun Yat-Sen Classical Chinese Garden eine Insel der Ruhe. Es war 1986 der erste klassisch-chinesische Garten, den man außerhalb des Mutterlandes in großem Stil anlegte; benannt wurde er nach dem Gründer der ersten chinesischen Republik. Das Areal ahmt mit einem komplexen Netzwerk aus Pfaden und kleinen Plätzen in exquisiter Weise einen typischen Ming-Garten aus dem 15. Jh. nach.

Im Stil folgt die Anlage den berühmten Gärten von Suzhou (s. S. 519), Vancouvers Partnerstadt in der ostchinesischen Provinz Jiangsu. Ein Team aus 52 Kunsthandwerkern und Gartenbauarchitekten aus Suzhou arbeitete über 1 Jahr an diesem Schmuckstück, die Materialien wurden aus China importiert, inklusive der Dachziegel für die Pagode und der Kiesel, aus denen die Mosaiken der gewundenen Gehwege gelegt wurden. Lassen Sie sich auf keinen Fall eine der Gratisführungen entgehen, auf denen man viel Wissenswertes über chinesische Kultur, Architektur und Gartenbau zur Zeit der Ming-Dynastie erfährt.

INFO: Tel. +1/604-662-3207; www.vancouverchinesegarden.com. **REISEZEIT:** Jan. oder Feb.: Chinesisches Neujahrsfest; März–Mai: Hauptblütezeit; Sept.–Okt.: buntes Herbstlaub.

Kulinarische Hauptstadt des westlichen Kanada

VANCOUVERS TOPRESTAURANTS UND DER MARKT VON GRANVILLE ISLAND

Vancouver, British Columbia, Kanada

Vancouver liegt zwischen den kalten Gewässern des Pazifiks, den Ackerflächen des Fraser River Valley und nebligen Bergketten, an deren grünen Hängen Wildpilze und Beeren gedeihen. Diese Landschaft bietet ein überreiches natürliches Füllhorn, aus dem eine der aufregendsten und kosmopolitischsten Restaurantszenen von ganz Nordamerika ihre Inspiration bezieht.

Die Vorliebe der Stadt für alles Fernöstliche zeigt sich in Restaurants wie dem japanischen Tojo's, benannt nach seinem legendären Chefkoch und Besitzer Hidekazu Tojo. Die begehrtesten Plätze sind die in der Nähe des Meisters: Dort darf man zusehen, wie Tojo mit der Präzision eines Chirurgen und in bühnenreifer Geschwindigkeit köstliche Sushi und Sashimi zubereitet. Tojo kann auf eine jahrzehntelange Karriere zurückblicken und durchaus die Ehre in Anspruch nehmen, dem Sushi in Nordamerika zum Durchbruch verholfen zu haben.

Das West Restaurant hat seinen Schwerpunkt auf die moderne Neuinterpretation klassischer Speisen gelegt. Das gepflegte Lokal liegt an der schicken South Granville Street; die Kochkünste von Chef Warren Geraghty gleichen einem alchemistischen Wunder, bei dem köstliche regionale Zutaten in hocharomatische und optisch ästhetische Gerichte transformiert werden. Ein besonders sinnenfrohes Erlebnis ist ein Abend an der „Chefkoch-Tafel" in der Küche. Während Sie ein vielgängiges Menü aus kleinen Speisen genießen, können Sie gleichzeitig das Ballett der hochprofessionellen Crew verfolgen.

Das Raincity Grill in Vancouvers West End war eines der ersten Häuser, das europäische Kochkunst mit den regionalen Produkten des Nordwestens verband. Heute folgen viele Restaurants diesem Konzept; dennoch konnte sich das Raincity Grill bis heute als eines der besten unter ihnen behaupten.

Um den kulinarischen Reichtum dieses Landstrichs direkt an der Quelle zu erleben, ist ein Besuch auf dem Markt von Granville Island das Richtige; er ist das Herz von Vancouvers blühender Restaurantszene. Der Markt liegt unterhalb der Granville Street Bridge, die Stände biegen sich unter der Last von Früchten, Gemüse, Blumen, frischem Fisch, Fleisch- und Milchprodukten, knusprigen Backwaren und Weinen aus dem Umland – kurz gesagt, es ist die üppigste Erntetafel von ganz British Columbia.

TOJO'S: Tel. +1/604-872-8050; www.tojos.com. *Preise:* Dinner € 60. **WEST RESTAURANT:** Tel. +1/604-738-8938; www.westrestaurant.com. *Preise:* Dinner € 48. **RAINCITY GRILL:** Tel. +1/604-685-7337; www.raincitygrill.com. *Preise:* Dinner € 47. **GRANVILLE ISLAND PUBLIC MARKET:** Tel. +1/604-666-5784; www.granvilleisland.com.

Wildnis und Luxus an der Nordpazifikküste

DER PACIFIC-RIM-NATIONALPARK

Vancouver Island, British Columbia, Kanada

Die küstennahen Regenwälder, felsigen Inseln und breiten Sandstrände im Westen von Vancouver Island wurden zum Schutzgebiet des Pacific-Rim-Nationalparks zusammengefasst. Diese Wildnis am Meer ist ein paradiesisches Ziel für Ökotouristen, Wanderer und Kajakfahrer. Der Nationalpark besteht aus 3 Teilen; im ersten finden Sie den etwa 75 km langen West Coast Trail, einen der spektakulärsten und anspruchsvollsten Wanderwege des Kontinents.

An der Mündung des Barkley Sound liegt der zweite Teil des Parks. Herzstück sind die Broken Group Islands, ein felsiger, artenreicher Archipel, der vor allem bei Kajakfahrern beliebt ist. Der dritte Teil des Parks ist auch der am leichtesten zugängliche: Der sanfte

Bogen des knapp 15 km langen und bei Ebbe bis zu 450 m breiten Long Beach ist vor allem im Sommer ein beliebtes Ausflugsziel. Im Winter frönt man dem kuriosen nordwestkanadischen Hobby, Stürme zu beobachten, am besten geht das vor Ort im Wickaninnish Inn. Das „Wick", ein moderner Bau aus Zedernholz, Stein und Glas, fügt sich im Norden des Parks harmonisch in die grandiose Landschaft ein. Das hauseigene Restaurant Pointe bietet nicht nur hervorragende regionale Spezialitäten, sondern auch einen atemberaubenden Rundblick. Lassen Sie sich zudem die entspannenden Anwendungen im preisgekrönten Ancient Cedars Spa nicht entgehen.

Nur etwas weiter nördlich liegt das schrullige Seefahrerstädtchen Tofino. Junge Ökotouristen sitzen hier friedlich Seite an Seite mit grauhaarigen Fischern, und zahlungskräftige europäische Touristen teilen sich den Tisch mit tätowierten Surffreaks.

Tofino ist die letzte Station an Vancouver Islands wilder Westküste – es sei denn, Sie haben noch eine Reservierung für das Clayoquot Wilderness Resort im sensiblen Biosphärenreservat des Clayoquot Sound. Dorthin gelangt man nur mit dem Wassertaxi von Tofino oder mit dem Wasserflugzeug von Vancouver aus. Als Unterkunft dienen 20 weiße Drillich-Zelte, luxuriös ausgestattet mit Dielenböden, opulenten Teppichen und antiken Möbeln. Speisesaal, Bücherei und Massagezelt sind über Zedernholzstege miteinander verbunden, eine wirklich einzigartig komfortable Naturerfahrung am Rande des Pazifiks.

Wo: 138 km nordwestl. von Victoria. Tel. +1/250-726-7721; www.pc.gc.ca/pacificrim. *Wann:* West Coast Trail: Mai–Ende Sept., der Rest des Parks ist ganzjährig geöffnet. **WICKANINNISH INN:** Tel. +1/250-725-3100; www.wickinn.com. *Preise:* ab € 222 (Nebensaison), ab € 370 (Hochsaison); Dinner € 66. **CLAYOQUOT WILDERNESS RESORT:** Tel. +1/250-726-8235; www.wildretreat.com. *Preise:* ab € 3574 für 3 Nächte, all-inclusive, inkl. Transfer aus Vancouver mit dem Wasserflugzeug. *Wann:* Mitte Mai–Ende Sept. **REISEZEIT:** Juni–Juli: bestes Wetter; Nov.–Feb.: Winterstürme; März: *Pacific Rim Whale Festival*; 1. Wochenende im Juni: *Tofino Food and Wine Festival*.

Der Reichtum vor der Küste des Kontinents

VANCOUVER ISLANDS GASTRONOMISCHE OASEN

Vancouver Island, British Columbia, Kanada

Mit seinem Reichtum an pazifischem Fisch und Meeresfrüchten, den großzügigen Niederschlägen und dem milden Küstenklima, das eine der fruchtbarsten Regionen Nordamerikas hervorbrachte, war Vancouver Island der ideale Ort für die Entwicklung eines einzigartigen kulinarischen Hotspots. So ist es keine Überraschung, dass sich in diesem Landstrich Kanadas, nicht weit von British Columbias Kapitale Victoria entfernt (s. S. 925), eine Vielzahl international renommierter Restaurants, Gasthäuser und Resorts ansiedelte.

Auf einer bewaldeten Landzunge an der Strait of Juan de Fuca liegt ein adrettes Gasthaus, das maßgeblichen Einfluss darauf hatte, wie wir heute essen und über unser Essen denken. Das Sooke Harbour House von Sinclair und Frederique Philip gilt zu Recht als Epizentrum authentischer kanadischer

Küche, kompromisslos in der ausschließlichen Verwendung regionaler Zutaten. Aufgetischt werden innovative Gerichte mit Fisch und Meeresfrüchten, Fleisch und Gemüse aus lokaler Landwirtschaft und eine große Auswahl an heimischen Wildpilzen. Auf der abwechslungsreichen Karte spielt auch der hauseigene Garten eine wichtige Rolle, wo Kräuter, Gemüse und essbare Blumen gezogen werden. Beim Wein hat man die Qual der Wahl; die exquisite Weinkarte listet nahezu 2000 Sorten auf. Ihr müdes Haupt können Sie nach einem gelungenen Abend in einem der ruhigen und unprätentiösen Zimmer zur Ruhe betten.

Folgen Sie der kurvigen Küstenlinie in Richtung Westen, gelangen Sie zum Point-No-Point Resort, einem weiteren Außenposten kulinarischer Genüsse und herzlicher Gastfreundschaft. Das auf einer felsigen Landzunge gelegene Haus bietet 22 hübsche Blockhütten mit Whirlpool und offenem Kamin. Im Restaurant liegt der Schwerpunkt auf Fisch und Meeresfrüchten, probieren Sie unbedingt den Wildlachs, den Heilbutt und die Garnelen. Der Ausblick ist unschlagbar, an jedem Tisch liegt sogar ein Fernglas bereit, mit dem Sie Orcas, Seeotter, Delfine und Weißkopfseeadler beobachten können.

Die Toprestaurants der Region beziehen einen Großteil ihrer Produkte aus dem Cowichan Valley, einem Zentrum von Winzerei, Käseherstellung und ökologischer Land- und Viehwirtschaft. Die hübschen Landsträßchen bringen Sie zu verschiedenen Winzereien. Machen Sie auch einen Zwischenstopp an der Merridale Estate Cidery, dort werden noch viele jahrhundertealte Apfelsorten gezogen.

Fahren Sie vom Cowichan Valley zurück nach Victoria und dann mit der Mill Bay Ferry nach Brentwood Bay auf der Halbinsel Saanich. Ziel sind die legendären Butchart Gardens, ein 22 ha großes Blumenparadies, das mit über 700 Arten von März bis Oktober für ein atemberaubendes Farbenspiel sorgt.

SOOKE HARBOUR HOUSE: Tel. +1/250-642-3421; www.sookeharbourhouse.com. *Preise:* ab € 122 (Nebensaison), ab € 189 (Hochsaison); 5-gängiges Festpreis-Dinner € 50. POINT-NO-POINT RESORT: Tel. +1/250-646-2020; www.pointnopointresort.com. *Preise:* ab € 104; Dinner € 33. MERRIDALE CIDERY: Tel. +1/250-743-4293; www.merridalecider.com. *Preise:* Lunch € 13. BUTCHART GARDENS: Tel. +1/250-652-4422; www.butchartgardens.com. REISEZEIT: Juni–Sept.: bestes Wetter; März–Apr.: Frühlingsblüher; Juli–Sept.: Rosen in den Butchart Gardens.

Heimat der mächtigen Orcas

WHALEWATCHING VOR STUBBS ISLAND

Vancouver Island, British Columbia, Kanada

Nirgendwo leben mehr Orcas auf so engem Raum wie in der Johnstone Strait, die Vancouver Island von den zedernbestandenen Küsten von British Columbia trennt. Die beste Ausgangsbasis, um die imposanten Meeressäuger zu beobachten, ist die am Nordende der Meerenge gelegene Telegraph Cove. In den Sommermonaten tummeln sich bis zu 200 der mächtigen schwarz-weißen Wale in diesen Gewässern, dafür gibt es neben der sozialen Komponente einen guten Grund: Die Lachse müssen auf ihrer Wanderung den schmalen Kanal der Johnstone Strait überwinden, und dort sind sie leichte Beute für die Orcas und andere Fressfeinde. Hier findet man auch die „rubbing beaches" des Robson Bight Ecological Reserve, wo die Orcas sich an flachen Kiesstränden eine Art natürlicher Massage zukommen zu lassen. Obwohl die beaches für Besucher gesperrt sind, können Ausflugsboote Passagiere recht nah ans Geschehen heranbringen, und diese majestätischen Tiere beim Tauchen und Springen zu beobachten, ist ein wahrhaft unvergessliches Erlebnis.

Stubbs Island Whale Watching hat 2 18 m lange Schiffe; zum Team gehört ein Biologe, der über das Verhalten der Tiere Auskunft gibt. Mit Hydrofonen kann man den Lauten der Orcas lauschen. Die Erfolgsquote bei der Sichtung von Orcas gibt das Unternehmen mit über 90 % an. **Wo:** Telegraph Cove liegt 402 km nördl. von Victoria. **Stubbs Island Whale Watching:** Tel. +1/250-928-3185; www.stubbs-island.com. *Preise:* ab € 55. *Wann:* Ende Mai–Mitte Okt. **Reisezeit:** Juli–Sept.

Ein nostalgisches Hafenviertel

VICTORIAS INNER HARBOUR

Victoria, Vancouver Island, British Columbia, Kanada

Die zahllosen gepflegten viktorianischen Bauten trugen British Columbias Hauptstadt Victoria den Ruf ein, englischer zu sein als Großbritannien selbst. Heutige Reisende lockt aber weniger die Aussicht auf Teekuchen oder Rasenbowling als vielmehr die belebten Straßen und die wunderschöne Lage der Stadt an der Strait of Juan de Fuca. Herzstück von Victoria ist das Hafenviertel Inner Harbor mit seinen schönen historischen Gebäuden. Die Betriebsamkeit im Hafenbecken ist groß, es drängen sich Wassertaxis, Wasserflugzeuge und riesige Autofähren aus Port Angeles, Washington.

Das zwischen 1904 und 1908 erbaute Fairmont Empress verschreibt sich ganz der britischen Tradition.

Das efeubewachsene Fairmont Empress bildet die etwas unwirkliche Kulisse hinter dem geschäftigen Treiben. Das wuchtige Stadtwahrzeichen im edwardianischen Stil ist auch im Inneren detailreich und üppig ausgestattet. Eine wunderbare Herberge, die einen in eine Ära voller Pomp und Luxus zurückversetzt und zugleich mit allem modernen Komfort aufwartet. Machen Sie es sich in der prächtigen Tea Lobby bequem und genießen Sie eine der berühmtesten viktorianischen Traditionen. Die besondere Teemischung bleibt ein Geheimnis des Hotels, dazu werden frische *scones* mit Sahne und Erdbeerkonfitüre gereicht.

Etwas weniger extravagant geht es im nahen Magnolia Hotel zu; die eleganten Zimmer sind wahre Paradebeispiele des guten Geschmacks.

Zwischen dem Parlamentsgebäude von British Columbia und dem Fairmont Empress liegt das Royal BC Museum. In diesem außergewöhnlichen Landesmuseum widmet man sich in 3 Dauerausstellungen der Natur von British Columbia, seiner Siedlungsgeschichte und der Kunst und Kultur seiner First Nations. Die indianische Kunst ist auch der Hauptanziehungspunkt des Hauses. Artefakte wie handgeschnitzte Masken, zeremonielle Trachten, Schmuck und Totempfähle erwecken die vielfältigen Traditionen der alten Völker wieder zum Leben.

FAIRMONT EMPRESS: Tel. +1/250-384-8111; www.fairmont.com/empress. *Preise:* ab € 148; Tee € 33. MAGNOLIA HOTEL AND SPA: Tel. +1/250-381-0999; www.magnoliahotel.com. *Preise:* ab € 130. ROYAL BC MUSEUM: Tel. +1/250-356-7226; www.royalbcmuseum.bc.ca. REISEZEIT: Ende Juli: *International Flower and Garden Festival*; Anf. Sept.: *Classic Boat Festival*.

Schauplatz der Olympischen Winterspiele 2010

DAS WHISTLER-BLACKCOMB-SKIGEBIET

British Columbia, Kanada

Zwischen den gigantischen Gipfeln von Whistler und Blackcomb, nur 120 km von Vancouver entfernt, liegt Nordamerikas größtes Ski- und Snowboardgebiet, das in Umfragen und Fachmagazinen regelmäßig Höchstwertungen einstreicht. Nach den umfassenden Maßnahmen zur Vorbereitung auf die Olympischen Winterspiele 2010 ist das Whistler-Blackcomb-Skigebiet schöner als je zuvor.

Allein die Fakten sind schwindelerregend: Whistler-Blackcomb kann mit der längsten Abfahrt des ganzen Kontinents aufwarten (1500 m); die mehr als 200 markierten Pisten erstrecken sich über ein Gebiet von mehr als 32 km², und pro Jahr fällt im Durchschnitt die unfassbare Schneemenge von 10 m.

Zwischen Whistler und Blackcomb liegt ein tiefes Tal, und die brandneue Peak-2-Peak-Gondola, momentan die längste Luftseilbahn der Welt, bringt im Winter Skisportler und im Sommer Adrenalinjunkies von Gipfel zu Gipfel.

Whistler-Blackcomb hat mittlerweile vor allem bei Extremskifahrern und -snowboardern Kultstatus erreicht, aber mehr als die Hälfte der Pisten sind auch mit durchschnittlichen Fähigkeiten durchaus zu bewältigen. Zudem lockt eine Vielzahl weiterer Winteraktivitäten wie Schlittenhunderennen, Schneeschuhwandern, Schneemobiltouren oder Langlauf.

Zu Füßen der Gipfel liegt das urige, überraschend kosmopolitische Whistler Village, mit von Cafés gesäumten Plätzen, Boutiquen, Restaurants und Bars.

Das schickste Hotel ist das Four Seasons Resort Whistler, eine elegante Ausnahmeerscheinung in einem Ort, der ansonsten vor allem dem nacheifert, was man sich hier unter rustikaler Alpenromantik vorstellt. Die urbane Eleganz des Hauses setzt sich auch in den verschwenderisch ausgestatteten Zimmern und im zauberhaften Spa fort, zu dem ein beheizter Außenpool und 3 Whirlpools gehören.

Whistler-Blackcombs bestes Skifahrerhotel ist aber dennoch das großartige Fairmont Château Whistler am Fuße des Blackcomb Mountain. Mit seinen 550 luxuriösen Zimmern ist es zwar nicht gerade intim, aber um in teilweise prominenter Gesellschaft auf die Bretter zu steigen, nahezu ideal.

Im Sommer verwandelt sich des Resort in eine Spielwiese mit einem wunderschönen 18-Loch-Golfplatz von Robert Trent Jones jr. und 5 weiteren Golfplätzen ganz in der Nähe. Das elegant-minimalistische Adara Hotel im Herzen von Whistler Village verströmt urbanen Schick im skandinavischen Design. **Wo:** 120 km nördl. von Vancouver. **Info:** Tel. +1/604-932-3434; www.whistlerblackcomb.com. *Preise:* 3-Tages-Skipass ab € 155. *Wann:* Skisaison Nov.–Mai. **Four Seasons Resort Whistler:** Tel. +1/604-966-2700; www.fourseasons.com/whistler. *Preise:* ab € 230 (Nebensaison), ab € 305 (Hochsaison). **Fairmont Château Whistler:** Tel. +1/604-938-8000; www.fairmont.com/whistler. *Preise:* ab € 178 (Nebensaison), ab € 293 (Hochsaison); Greenfee € 81 (Nebensaison), € 130 (Hochsaison). **Adara Hotel:** Tel. +1/604-905-4009; www.adarahotel.com. *Preise:* ab € 100 (Nebensaison), ab € 211 (Hochsaison). **Reisezeit:** Jan.–März: beste Schneeverhältnisse; Mitte Juli: *Whistler Music & Arts Festival;* Anf. Nov.: *Cornucopia,* ein Gourmet- und Weinfestival.

Zu Besuch bei den Königen der Tundra im hohen Norden

AUF POLARBÄRENSAFARI

Churchill, Manitoba, Kanada

Schon lange bevor Menschen in Churchill siedelten (auch heute beschränkt sich die Zivilisation auf eine Inuit-Siedlung und einige Militärbasen), war die Stadt die Kapitale der Polarbären. Vor den Toren des kleinen Örtchens versammeln sich bis heute jedes Jahr zwischen Oktober und November an die 1000 dieser ansonsten eher einzelgängerischen Tiere. Die tragenden Bärenmütter kommen hierher, um sich auf der Robbenjagd eine Speckschicht anzufressen, bevor sie sich in ihre Höhlen zurückziehen, um ihre Jungen zu gebären. Vor den Augen des neugierigen Besuchers spielt sich ein zeitloses Drama ab, Hauptdarsteller ist eines der größten Raubtiere der Erde. Die Gegend um Churchill wurde 1996 unter den Schutz des Wapusk-Nationalparks gestellt, Reisenden ist der Zutritt nur auf autorisierten Exkursionen gestattet. Mithilfe der komfortablen und sicheren Tundra-Buggys können Sie recht nah an die Tiere herankommen.

Die jagenden Bären sind aber nicht das einzige Naturspektakel in diesen Breiten: Am herbstlichen Himmel können Sie oft auch das magische Nordlicht (*Aurora borealis*) bestaunen. Dieses Lichtphänomen des hohen Nordens, das wie ein zarter, bunter, Schleier am Himmel tanzt, entsteht im Zusammenspiel zwischen dem elektromagnetischen Feld der Erde und den Sonnenwinden.

Der Herbst ist die beste Zeit, um Eisbären zu sichten, aber auch der arktische Sommer mit seiner erstaunlichen Vielfalt an blühenden Pflanzen entfaltet ganz eigene Reize: Wenn Sie Churchill während der Sommermonate besuchen, können Sie bis zur Hudson Bay oder die Küste entlang reisen und Wildtiere wie Belu-

Der Wapusk-Nationalpark ist nach dem Cree-Wort für „Weißer Bär" benannt.

gas, Karibus, Robben beobachten – zu dieser Zeit scheint die Sonne fast 24 Stunden pro Tag. Auch Vogelexkursionen werden angeboten; in der Region sind über 200 Arten zum Teil seltener Meeres- und Watvögel heimisch.

Nach Churchill führen keine Straßen; die meisten kommen mit dem Flugzeug aus Winnipeg, aber auch VIA Rail Canada bietet ganzjährig Verbindungen durch die endlosen Tundralandschaften zwischen Winnipeg und Churchill an – die einfache Fahrt dauert 43 Stunden.

Wo: 1014 km nördl. von Winnipeg. **Wapusk National Park:** Tel. +1/204-675-8863; www.pc.gc.ca/wapusk. **Wie:** Natural Habitat Adventures bietet 6- und 7-tägige Polarbärtouren und 7-tägige Sommerexkursionen an. Tel. +1/303-449-3711; www.nathab.com. *Preise:* ab € 3700, inkl. Flug aus Winnipeg; Sommerexkursionen ab € 3404. *Wann:* Polarbärtouren Mitte Okt.–Mitte Nov.; Sommerexkursionen Mitte Juni–Mitte Aug. **VIA Rail Canada:** Tel. +1/514-871-6000; www.viarail.ca. *Preise:* Winnipeg–Churchill-Rundreise ab € 610; Schlafwagen ab € 1452 pro Person im Doppelabteil. **Reisezeit:** Feb.: *Northern Manitoba Trappers' Festival.*

Ein maritimes Weltwunder

Die Bay of Fundy

New Brunswick und Nova Scotia, Kanada

An keiner anderen Küste der Welt sind die Gezeiten mächtiger als in der Bay of Fundy; innerhalb von 6 Stunden kann der Wasserspiegel hier um über 14 m steigen. Die unerbittliche Brandung formte eine zerklüftete Küstenlinie voller fantastischer Felsformationen, darunter die Hopewell Rocks, die von winzigen Wäldchen gekrönt sind. Am intensivsten kann man diese Region im über 200 km² großen Fundy-Nationalpark erleben.

Die spektakulären Unterschiede zwischen Ebbe und Flut werden an Stränden wie dem Alma Beach besonders deutlich; bei Niedrigwasser wird der Strand auf einen Schlag viele Hundert Meter breit. Wenn das Wasser zurückkommt, erzeugt es ein dumpfes Grollen, das die Einheimischen „Stimme des Mondes" nennen. Erforschen Sie die Felsküsten, Höhlen und versteckten Strände mit dem Kajak. Neben über 250 Meeresvogelarten bekommen Sie vielleicht auch einen der seltenen Glattwale zu Gesicht, nur eine von 8 Walarten, die in diesen nährstoffreichen Gewässern heimisch sind. In Alma finden Sie Hotels wie das Cliffside Suites, das abgeschieden auf einem Gipfel liegt und großartige Aussichten auf die Bay gewährt.

Wer die Gegend mit dem Auto besichtigen möchte, dem sei der schöne Fundy Coastal Drive empfohlen, der von Aulac bis nach St. Stephen an der Grenze zu Maine führt. Die 5-stündige Fahrt führt durch grandiose Landschaften und vorbei an schrulligen kleinen Städtchen wie St. Andrews an der Mündung des St. Croix River, um 1900 ein beliebter Urlaubsort der High Society. Entlang der nostalgischen Water Street, die parallel zum Hafen verläuft, reihen sich geschmackvolle Läden und Galerien, und die fast 11 ha großen zauberhaften Kingsbrae Gardens locken mit prächtigen, akkuraten Blumenbeeten und lauschigen Waldwegen.

Wenn Sie im Kingsbrae Arms von 1897 nächtigen, können Sie einen wunderbaren Blick über die Gärten und die Bay of Fundy genießen. Das ehemalige Gutshaus wurde in ein elegantes Landhotel mit 10 Zimmern mit erstklassigem Restaurant verwandelt.

Das imposanteste Hotel ist das auf einem Hügel gelegene Algonquin Hotel and Resort mit 234 Zimmern. Der von 1889 stammende Bau im Tudorstil erweckt mit seiner eigenwilligen Architektur, dem hervorragenden Golfplatz und einer traditionell im Kilt gewandeten Belegschaft den Eindruck, man sei plötzlich auf der anderen Seite des Großen Teichs gelandet. Wo: 135 km nordöstl. von Saint John. FUNDY-NATIONALPARK: Tel. +1/506-887-6000; www.pc.gc.ca/fundy. CLIFFSIDE SUITES: Tel. +1/506-887-1022; www.cliffsidesuites.com. *Preise:* ab € 81. KINGSBRAE ARMS: Tel. +1/506-529-1897; www.kingsbrae.com. *Preise:* ab € 170. ALGONQUIN HOTEL: Tel. +1/506-529-8823; *Preise:* ab € 90 (Nebensaison), ab € 130 (Hochsaison). REISEZEIT: Bei Neumond oder Vollmond ist die Flut am höchsten; Mitte Juli–Mitte Sept.: Höhepunkt Vogelzug und bestes Kajakwetter; Sept.–Okt.: buntes Herbstlaub und Whalewatching.

Fjorde, Strände, Berge, Sümpfe und Wiesen

DER GROS-MORNE-NATIONALPARK

Neufundland und Labrador, Kanada

Der Gros-Morne-Nationalpark ist nicht nur ein Naturparadies, sondern auch ein geologisches Freilichtmuseum, in dem die Auswirkungen der Plattentektonik sichtbar werden – das ist für Geologen in etwa so bedeutsam wie die Evolutionslehre für Biologen. Dieser Landstrich von karger Schönheit ist Ostkanadas populärstes Ziel für Wanderer und Naturfans. Der namengebende Gros Morne ist der höchste Gipfel, ein kahler, von Nebel verhüllter Koloss, der selbst an sonnigen Tagen Melancholie verbreitet.

Beginnen Sie Ihre Expedition mit einem Besuch im Discovery Centre. Dort erfährt man alles über Geologie, Flora und Fauna und über die Geschichte der Great Northern Peninsula. In der Bonne Bay kreuzen Kajaks und Ausflugsboote in einem gegabelten, über 24 km langen Fjord inmitten eines von Bergen gesäumten Gletschertals. Eines der Highlights sind die von der Plattentektonik geprägten Tablelands. Durch die ockergelbe, wüstenartige Landschaft schlängeln sich Wanderwege. Die aus den Tiefen der Erde stammenden Felsbrocken haben eine derart ungewöhnliche chemische Zusammensetzung, dass es kaum Pflanzen gibt, die dort Fuß fassen.

Im Norden grenzen die von borealen Nadelwäldern bestandenen und von Sümpfen durchzogenen Tiefebenen an den St.-Lorenz-Golf. Im Landesinneren liegt das Hochplateau der Long

Der Western Brook Pond ist von hoch aufragenden Felswänden umschlossen.

Range Mountains – Teil einer einstmals großen Bergkette, deren andere Hälfte heute auf der anderen Seite des Atlantiks in Schottland liegt.

Der Western Brook Pond gehört zu den beliebtesten Zielen des Parks, ein vom Festland umschlossener Fjord, der Besuchern Wanderungen und Bootsfahrten mitten ins Herz dieser uralten Berglandschaft bietet.

Wo: Parkeingang in Wiltondale: 300 km von Port aux Basques. Tel. +1/709-458-2417; www.pc.gc.ca. *Wann:* Die meisten Einrichtungen haben Ende Mai–Mitte Okt. geöffnet. UNTERKUNFT:

Neddies Harbour Inn, skandinavisches Design und ein gutes Restaurant. Tel. +1/709-458-3089; www.theinn.ca. *Preise:* ab € 120. *Wann:* Dez.–Mitte Mai: geschlossen. REISEZEIT: Ende Mai– Anf. Okt.: Wandern, Wildtierbeobachtung und das Festival *Trails, Tales and Tunes*, das *Gros Morne Theatre Festival*, und *Writers at Woody Point*; Sept.–Anf. Okt.: Herbstfarben.

Wunderschöne Panoramastraßen und alte Kultur im Neuen Schottland

DIE KAP-BRETON-INSEL

Nova Scotia, Kanada

"Ich habe den ganzen Globus bereist, die amerikanischen und kanadischen Rockies gesehen, die Anden, die Alpen und die schottischen Highlands: Aber keine dieser Landschaften kommt an schlichter Schönheit der Kap-Breton-Insel gleich." Diese enthusiastischen Worte stammen von Alexander Graham Bell, der 35 Jahre lang jeden Sommer hier urlaubte und arbeitete.

Je weiter man sich auf dieser Insel von Nova Scotia zwischen Atlantik und dem St.-Lorenz-Golf in Richtung Norden bewegt, desto gebirgiger und karger wird die Landschaft. Der größte Teil der Nordspitze gehört zum Nationalpark Cape Breton Highlands; er liegt so abgeschieden, dass er bis in die 1930er-Jahre nicht mit dem Auto zu erreichen war. Heute verläuft hier eine der schönsten Panoramastraßen weltweit, der knapp 300 km lange Cabot Trail. Er folgt der Küstenlinie und führt Sie an jahrhundertealten Fischerdörfern vorbei, bevor es quer über das Hochland zwischen Pleasant Bay und Cape North geht. Dort erwartet Sie eine eindrucksvolle Moorlandschaft voller verkrüppelter, uralter Wälder und Tundraebenen.

Die schottischen Einwanderer, die vor allem zwischen 1770 und 1850 nach Nova Scotia kamen, müssen sich hier sofort wie zu Hause gefühlt haben. Heute lebt auf der Insel die einzige gälischsprachige Community außerhalb der Britischen Inseln; auch Musik, Kunst und Kultur sind keltisch geprägt. Das Gaelic College of Celtic Arts and Crafts an der St. Ann's Bay bietet im Sommer sog. *Ceilidhs*, Musikveranstaltungen ganz im Zeichen der alten Traditionen. Im Museum der Great Hall of Clans erfährt man mehr über den Exodus der Schotten in die Neue Welt. Der jährliche Gaelic Mod, ein Tag zu Ehren der gälischen Sprache und ihres Liederschatzes, wird traditionell mit einem großen Kabeljauessen beendet, und das 9-tägige *Celtic Colours Festival* im Oktober ist mit Hunderten von Künstlern, die aus allen keltischen Enklaven der Welt anreisen, das größte in Nordamerika. Im Dörfchen Ingonish Beach kann man in der nostalgischen Keltic Lodge im Tudorstil neben britischem Ambiente auch die Aussicht auf den Ozean genießen. Weitere Pluspunkte sind die erstklassige Gastronomie und die Nähe zum Golfplatz Highlands Links, der als einer der besten Kanadas gilt.

WO: 282 km nordöstl. von Halifax. CAPE BRETON HIGHLANDS NATIONAL PARK: Tel. +1/902-224-2306; www.pc.gc.ca. GAELIC COLLEGE: Tel. +1/902-295-3411; www.gaeliccollege.edu. *Wann:* Juni–Sept. KELTIC LODGE: Tel. +1/902-285-2880; www.kelticlodge.ca. *Preise:* ab € 108 (Nebensaison), ab € 196 (Hochsaison), inklusive. *Wann:* Mitte Mai–Okt. HIGHLANDS LINKS GOLF COURSE: Tel. +1/902-285-2600; www.highlandslinksgolf.com. *Preise:* Greenfee ab € 55. *Wann:* Juni–Okt. REISEZEIT: Mitte Aug.: *Gaelic Mod*; Sept.: Herbstlaub und gutes Wetter, weniger Andrang; Okt.: *Celtic Colours Festival*.

Perfekt erhaltenes Städtchen der Kolonialzeit

Die Altstadt von Lunenburg

Nova Scotia, Kanada

Mitte des 18. Jh. stachen rund 1500 protestantische Pioniere aus Deutschland, Frankreich und der Schweiz unter Schutz der britischen Krone in See, um an der Küste von Nova Scotia eine neue Kolonie zu gründen.

Gelockt wurden sie vor allem von der Aussicht auf kostenloses Land und Religionsfreiheit. Mit im Gepäck hatten die Auswanderer Stadtbaupläne des Londoner Board of Trade and Plantations. Als Teil ihrer Vereinbarung mit den britischen Geldgebern verpflichteten sich die Kolonisten, anhand dieser Zeichnungen eine Modellstadt mitten in der kanadischen Wildnis zu errichten.

Die Kolonie Lunenburg konnte sich dann tatsächlich langfristig als bekanntes Zentrum von Schiffbau und Fischerei etablieren. Altstadt und Hafenviertel haben sich seit dem 18. Jh. kaum verändert; das Küstenstädtchen wirkt immer noch so schön und ursprünglich wie vor 150 Jahren. Die Gebäude wurden stets liebevoll gepflegt, etwa 70 % der Bauten stammen aus dem 18. und 19. Jh. Auch das alte Straßennetz hat sich bis heute erhalten, obwohl sich die Siedler wegen der unerwartet hügeligen Topografie der Gegend nicht gänzlich an die Pläne hielten.

Zwar ist es faszinierend, die pittoresken Sträßchen zu durchstreifen und die vielen viktorianischen und georgianischen Häuser zu bewundern; das Herzstück des Städtchens ist aber zweifellos das Hafenviertel. Im großen Fisheries Museum of the Atlantic kombinierte man ein Salzwasseraquarium mit Ausstellungen zur Geschichte des Seefahrerortes, und in der Werft des Museums liegen mehrere historische Schiffe vertäut.

Im umtriebigen Hafenbecken drängen sich die Fischerboote (die Jakobsmuschelfischerei ist nach wie vor ein wichtiger Industriezweig), und etliche nostalgische Großsegler aus Holz, die hier repariert werden oder Proviant aufnehmen. Den Geist des alten Lunenburgs können Sie am schönsten an Bord der *Eastern Star* erleben, einem knapp 15 m langen Segelboot aus Holz, das im Hafen der Stadt kreuzt. Wenn sich die Segel blähen, die straff gespannten Taue ächzen und der hölzerne Rumpf des Schiffes die Wellen teilt, erwachen die alten Zeiten zum Leben, als die Weltmeere noch von Seglern beherrscht wurden und Lunenburg einer der wichtigsten Häfen der nordamerikanischen Kolonien war.

Wo: 100 km südwestl. von Halifax. **Info:** www.explorelunenburg.ca. **Fisheries Museum:** Tel. +1/902-634-4794; www.museum.gov.ns.ca/fma. *Eastern Star:* Tel. +1/902-634-3535; www.novascotiasailing.com. *Wann:* Juni–Okt. **Unterkunft:** Das charmante Lunenburg Arms bietet schöne Hafensicht und ein gutes Restaurant. Tel. +1/902-640-4040; www.eden.travel/lunenburg. *Preise:* ab € 96. **Reisezeit:** Anf. Aug: *Lunenburg Folk Harbour Festival.*

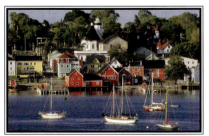

Einst war Lunenburg ein wichtiges Zentrum des Schiffsbaus.

Schroffe Schönheit am Ende der Welt

NUNAVUT

Kanada

Kein anderer Ort der Welt gleicht wohl dem hohen Norden: Alles andere als eine kalte Wüstenei, ist die Arktis ein Landstrich von ergreifender und fremdartiger Schönheit. Es ist die Heimat der Inuit und vieler Wildtiere wie Wölfe, Moschusochsen, Vielfraße, Karibus und Millionen von Zugvögeln, die hier ihr Sommerquartier aufschlagen. Nunavut ist Kanadas jüngstes und größtes Territorium. Der Verwaltungsbezirk wurde 1999 für das Volk der Inuit eingerichtet; heute leben ca. 30.000 Menschen dort; ihre Zahl wird von der der Karibus um das 30-Fache übertroffen.

Nur wenige Besucher kommen in die Arktis, aber diejenigen, die sich bis hierher wagen, werden vor allem im Sommer mit der verschwenderischen Schönheit der Vegetation und nahezu 24 Stunden Tageslicht belohnt. Das raue und unberechenbare Klima, das weitgehende Fehlen von Straßen und die nur rudimentäre Erschließung für den Tourismus machen eine Arktisreise zur Herausforderung. Dennoch finden sich im Hinterland einige Lodges, die komfortable Unterkunft und geführte Naturexkursionen bieten.

Die Gegend rund um Bathurst Inlet ist schon seit Jahrtausenden Heimat des Volkes der Kingaunmiut („Menschen von Kingaun", was „Nasenberg" bedeutet), die von den Früchten der schroffen Natur leben, im Winter in Iglus. In den 1960er-Jahren patrouillierte ein junger Sergeant der Royal Canadian Mounted Police namens Glenn Warner mit dem Hundeschlitten durch die Gegend. Als dann der Handelsposten der Hudson's Bay Company und die Kirche der katholischen Mission zum Verkauf angeboten wurden, schlugen Warner und seine Frau Trish zu und erwarben das kunterbunte Ensemble. Sie verwandelten es in die Bathurst Inlet Lodge, und bald war es eine der besten Adressen der Arktis für Übernachtung, Ausrüstungsverleih und Naturexkursionen. Das Maß des dort gebotenen Komforts dürfte in diesen Breitengraden einzigartig sein. Die Lodge eröffnete im Jahr 1969, 1984 wurden die Inuit von Bathurst Inlet zu Geschäftspartnern der Warners; es war die erste Zusammenarbeit dieser Art im hohen Norden.

Die Bathurst Inlet Lodge widmet sich ganz der Naturgeschichte des Nordens und ist berühmt für ihre hervorragenden 1-wöchigen Touren im Juli, wenn man die meisten Zugvögel und die Blüte der arktischen Vegetation bewundern kann. Einheimische Guides bringen Sie zu felsigen Inseln, wo Moschusochsen grasen und sich riesige Karibuherden versammeln. Mit etwas Glück können Sie Grizzlys, Polarwölfe und Füchse beobachten oder einen Wanderfalken, der seine brütende Partnerin mit Futter versorgt.

Während des kurzen arktischen Sommers kommen auch Eistaucher, Spornammer, Steinadler und zahllose andere Vögel hierher. Die Lodge bietet zudem Ausflüge zu den über 1000 Jahre alten Siedlungen der Thule an, den Vorfahren des stolzen Volkes der Inuit.

INFO: www.nunavuttourism.com. BATHURST INLET LODGE: 48 km nördl. des Polarkreises, 580 km nordöstl. von Yellowknife. Tel. +1/867-873-2595; www.bathurstarctic.com. PREISE: € 4333, all-inclusive, inkl. Flug von/nach Yellowknife. WANN: Juli.

Donnernde Wasser und edle Weine

NIAGARAFÄLLE UND NIAGARA WINE COUNTRY

Ontario, Kanada, und New York, USA

Der Niagara River ergießt seine Wasser an der Grenze zwischen den USA und Kanada über die weltberühmten Fälle in 58 m Tiefe, es sind die größten und mächtigsten Wasserfälle Nordamerikas. Der etwa 1200 m breite Katarakt wird in 3 Abschnitte unterteilt: Zum einen die 323 m breiten American Falls mit den kleineren Bridal Veil Falls und die über 790 m breiten kanadischen Horseshoe Falls.

Um diesem gewaltigen Naturphänomen so nah wie möglich zu kommen, sollten Sie Ihren Besuch auf den Three Sisters Islands im Staat New York beginnen, nur wenige Meter vom Abgrund der Fälle entfernt. Auf der „Cave of the Winds"-Tour gelangt man derweil über etliche Treppen bis zum Hurricane Deck direkt über dem brodelnden Becken der Bridal Veil Falls. Auch eine Rundfahrt mit der *Maid of the Mist* ist eine gute Option; das solide Schiff bietet Platz für bis zu 600 Passagiere. Werfen Sie sich also einen Regenponcho über und schippern Sie mitten hinein in den Mahlstrom des Beckens der Horseshoe Falls.

Von der kanadischen Seite aus hat man die besten Aussichten; nachts sorgt die Beleuchtung für Gänsehaut. Die „Journey Behind the Falls"-Tour ist ein Erlebnis der besonderen Art: Mit dem Aufzug geht es 45 m in die Tiefe; von speziellen Plattformen aus kann man schließlich die herabstürzenden Wassermassen von der Rückseite betrachten.

Auch in puncto touristischer Infrastruktur ist die kanadische Seite überlegen: Es gibt bessere Nachtclubs, Restaurants, Hotels und außerdem das Niagara Fallsview Casino Resort mit unglaublichen Aussichten auf die Fälle.

Wenn Sie sich an den tosenden Wassern sattgesehen haben, können Sie in das weiter nördlich liegende Städtchen Niagara-on-the-Lake fahren. Dort erwarten Sie nostalgische Villen und Geschäfte, Vinotheken, Parks und Gärten, B&Bs und das Prince of Wales Hotel and Spa. Der liebevoll restaurierte viktorianische Bau ist vor allem während des *Shaw Festivals* beliebt. Dann werden überall in der Stadt Theaterstücke von und über George Bernard Shaw und seine Zeitgenossen aufgeführt.

Niagara-on-the-Lake und seine Nachbargemeinden St. Catharines, Jordan und Vineland liegen im Herzen der Weinanbaugebiete von Niagara. Die Niagara-Halbinsel, die den Eriesee vom Ontariosee trennt und auf demselben Breitengrad liegt wie die Toskana, ist Kanadas größtes Weinanbaugebiet. Auf den etwa 60 Gütern werden über 80 % der Traubenernte des Landes eingebracht. Beliebte Ausflugsziele sind Peller Estates, Château des Charmes, Vineland Estates Winery und Inniskillin Winery, einer der führenden Produzenten von Eiswein, dem süßen Dessertwein, der aus gefrosteten Trauben gewonnen wird.

Die Maid of the Mist *machte ihre Jungfernfahrt im Jahr 1846.*

Eines der schönsten Landhotels von Ontario ist das Inn on the Twenty, eine komfortable Ausgangsbasis, um die Weingüter zu erkunden. Auch bei Freunden des guten Essens ist das Hotel gefragt: die innovative Küche wird natürlich immer von erlesenen Tropfen begleitet.
Wo: 132 km südöstl. von Toronto. *Ontario Touristeninfo:* www.niagarafallstourism.com. *New York Touristeninfo:* www.niagara-usa.com. CAVE OF THE WINDS: Tel. +1/716-278-1730; www.niagarafallsstatepark.com. *Wann:* Mai–Okt. MAID OF THE MIST: Tel. +1/905-358-5781 (Ontario), +1/716-284-8897 (New York); www.maidofthemist.com. *Wann:* Apr.–Okt. JOURNEY BEHIND THE FALLS: Tel. +1/905-354-1551; www.niagaraparks.com. *Wann:* Mai–Okt. NIAGARA FALLSVIEW CASINO RESORT: Tel. +1/905-374-6928; www.fallviewcasinoresort.com. *Preise:* ab € 155. PRINCE OF WALES: Tel. +1/905-468-3246; www.vintageinns.com. *Preise:* ab € 133 (Nebensaison), ab € 222 (Hochsaison). GEORGE BERNARD SHAW FESTIVAL: Tel. +1/905-468-2172; www.shawfest.com. *Wann:* Apr.–Nov. INN ON THE TWENTY: Tel. +1/905-562-5336; www.innonthetwenty.com. *Preise:* ab € 110 (Nebensaison), ab € 193 (Hochsaison); Dinner € 40.
REISEZEIT: Wochenenden Mitte Mai–Aug.: Feuerwerk an den Fällen; Sept.: *Niagara Wine Festival.*

Den kanadischen Winter feiern

WINTERLUDE UND DER RIDEAU CANAL

Ottawa, Ontario, Kanada

Wenn die Natur einen so reichlich mit Eis und Schnee bedenkt, sollte man die Freuden des Winters gebührend feiern. Genau das tut Kanadas Hauptstadt Ottawa schon seit dem Jahr 1979 mit der Winterlude, die man mit der ganzen Familie beim Eislaufen und vielen anderen Aktivitäten im Schnee begeht.

Mehr als 650.000 Besucher kommen jedes Jahr zu diesem rauschenden Fest mit seinen Veranstaltungen wie dem Wintertriathlon, einem Eintopf-Kochwettbewerb, Eiskunstlauf und Konzerten. Auf der anderen Seite des Ottawa River lockt in Quebec der Jacques-Cartier Park von Gatineau mit Snowflake Kingdom, dem größten Schneespielplatz der Welt inklusive Schneelabyrinth und Schneerutschen. Dort wird auch die National Snow Sculpture Competition ausgetragen, ein Publikumsmagnet, zu dem professionelle Schneebildhauer aus allen Landesteilen anreisen. Gatineau selbst ist ein wahres Winterparadies; erkunden Sie das gepflegte, insgesamt 200 km lange Loipennetz, das Sie durch schneebedeckte Wälder führt. In Ottawas Confederation Park findet derweil die Crystal Garden International Ice-Carving Competition statt; die imposanten Kunstwerke entfalten vor allem bei nächtlicher Beleuchtung einen gespenstischen Zauber.

Herzstück der Winterlude ist der Rideau Canal, ein fast 200 km langer Schifffahrtsweg, der den Ottawa River und den Ontariosee miteinander verbindet. Zur Zeit des großen Winterfestes versammeln sich dort im Zentrum von Ottawa unzählige Schlittschuhläu-

Die Schnee- und Eisskulpturen sind eine der Hauptattraktionen für Familien.

fer. Den Rest des Winters dient der Kanal als eisiger Verkehrsweg und als größte natürliche Eislaufbahn der Welt. Dann füllt sich die Fläche mit Geschäftsleuten, die auf Kufen ins Büro fahren, Schulkindern und zahllosen Schlittschuh- und Schlittenfahrern, die sich zwischendurch mit heißer Schokolade oder „Biberschwänzen" versorgen, frittierten Teigplätzchen mit Zimt und Zucker.

Der schönste Platz, um Ihre Schlittschuhe über Nacht an den Nagel zu hängen, ist das Fairmont Château Laurier direkt am Zusammenfluss von Rideau Canal und Ottawa River. Auch wenn Sie nicht hier übernachten, sollten Sie einmal zur Teezeit kommen; zum Tee werden Lachs aus Nova Scotia und frische *scones* gereicht. Das Laurier von 1912 wirkt so europäisch wie wohl kein anderes Hotel auf dieser Seite des Atlantiks.
WINTERLUDE: Tel. +1/613-239-5000; www.winterlude.ca. *Wann:* Erste 3 Wochen im Feb. **FAIRMONT CHÂTEAU LAURIER:** Tel. +1/613-241-1414; www.fairmont.com/laurier. *Preise:* ab € 152 (Nebensaison), ab € 226 (Hochsaison); Teatime € 26.

Shakespeare und mehr in Stratford/Kanada

DAS STRATFORD-THEATERFESTIVAL

Stratford, Ontario, Kanada

„Theater sei mein Mittel der Wahl", ließ Shakespeare schon seinen Hamlet sagen – ein Motto, dem sich auch das hochgelobte kanadische *Stratford-Shakespeare-Festival* seit den 1950er-Jahren verschrieben hat, als der Journalist Tom Patterson in dieser reizvollen und so passend benannten Stadt einen sommerlichen Theatermarathon ins Leben rief. Jedes Jahr präsentiert nun das größte Repertoiretheater Nordamerikas von Mitte April bis Anfang November über ein Dutzend Produktionen. Neben Shakespeare wird ein vielfältiges Angebot an anderen Theaterklassikern und Musicals geboten. Rund um die Vorstellungen gibt es zudem ein abwechslungsreiches Programm mit Konzerten, Diskussionsrunden und Lesungen.

Ganz abgesehen von seiner dynamischen Theaterszene ist Stratford ein äußerst charmanter Ort und das ganze Jahr über ein attraktives Reiseziel. Die Innenstadt ist ein liebevoll restauriertes Schatzkästchen aus efeuumrankten, viktorianischen Läden, die sich um einen 4-eckigen Marktplatz gruppieren. Dort finden Sie exzellente Antiquitäten- und Buchläden, Kunstgalerien und Restaurants. Reservieren Sie einen Platz im Church Restaurant: In der heute säkularisierten Kirche von 1873 werden Sie in einzigartigem Ambiente mit französischer Küche verwöhnt. Sie können auch die Stufen zur zugehörigen Belfry Bar erklimmen, ein beliebter Treffpunkt, um einen kleinen Happen zu essen und vor oder nach der Vorstellung einen Drink zu nehmen.

Das Three Houses Bed and Breakfast Inn spiegelt mit seinen 10 eigenwillig eingerichteten Zimmern in einem historischen Gebäudeensemble Stratfords Sinn für Eleganz und Dramatik wider, und die Stimmung beim Frühstück ist so feierlich wie bei einem Galadiner.
WO: 149 km westl. von Toronto. Tel. +1/519-273-1600; www.stratfordfestival.ca. *Wann:* Mitte Apr.–Anf. Nov. **THE CHURCH RESTAURANT:** Tel. +1/519-273-3424; www.churchrestaurant.com. *Preise:* 3-gängiges Degustationsmenü € 40. **THREE HOUSES INN:** Tel. +1/519-272-0722; www.thethreehouses.com. *Preise:* ab € 144. **REISEZEIT:** Juli–Aug.: Höhepunkt des Theaterfestivals; Ende Juli–Mitte Aug.: *Stratford Summer Music Festival.*

Kanadas Kunst- und Kulturtempel

ART GALLERY OF ONTARIO UND ROYAL ONTARIO MUSEUM

Toronto, Ontario, Kanada

Nachdem man Frank Gehry mit einem Erweiterungsbau beauftragte, der die Ausstellungsfläche um nahezu die Hälfte vergrößerte, ist die Art Gallery of Ontario (AGO), eine der wichtigsten Sammlungen bildender Kunst in Kanada, heute beindruckender denn je. Durch den Ausbau wuchs zudem die ständige Sammlung um etwa 10.000 neue Exponate. Ein Neuzugang ist auch das schicke, moderne Restaurant FRANK mit regionaler Hausmannskost und Weinen aus Ontario. Das nach dem in Toronto geborenen Architekten benannte Lokal erweist zugleich Namensvetter Frank Stella die Ehre, dessen Installationen die Innenräume schmücken.

Die Expansion des AGO kam in Gang, als der bekannte kanadische Geschäftsmann Kenneth Thomson dem Museum nahezu 2000 Werke aus seiner privaten Sammlung vermachte. Die Sammlung Thomson umfasst mehrere Jahrhunderte, von mittelalterlicher und barocker Elfenbeinschnitzerei bis hin zu den europäischen Klassikern des 17. und 18. Jh. und kanadischer Kunst des 19. und 20. Jh. Die Werke bereicherten den ohnehin schon beeindruckenden Fundus des Hauses um Werke von Bruegel und van Gogh, aber auch von Künstlern wie Andy Warhol und Claes Oldenburg. Das AGO beherbergt zudem die beste Sammlung von Inuit-Kunst von ganz Kanada und die größte Sammlung von Skulpturen des britischen Bildhauers Henry Moore.

Auch das Royal Ontario Museum (ROM), Kanadas größtes Museum für Naturgeschichte und Völkerkunde, hat eine Umbau- und Erweiterungsphase hinter sich. Die über 6 Mio. Exponate illustrieren Naturhistorie und Kulturen und Zivilisationen aus aller Welt. Die Objekte sind faszinierend; zu bestaunen gibt es neben einer bemerkenswerten Sammlung chinesischer Kunst auch einen Flügel, der sich ausschließlich dem Kunsthandwerk Europas widmet. Dazu gesellen sich Dinosaurierskelette und eine Abteilung, die ganz dem Leitthema des kanadischen kulturellen Erbes folgt.

Ein architektonischer Glanzpunkt des Baus ist der von Daniel Libeskind gestaltete „Crystal", der sich direkt an die neoromanische Fassade des Hauses schmiegt. Die fast 28.000 m² großen neuen Ausstellungsräume zeichnen sich durch die für den Künstler typischen zerklüfteten, schwindelerregenden Formen aus. Die neuen Räume verhalfen dem altehrwürdigen Museum nicht nur zu frischem Glanz, sondern schufen auch Platz für zuvor noch niemals ausgestellte Sammlungen.

ART GALLERY OF ONTARIO: Tel. +1/416-979-6648; www.ago.net. **ROYAL ONTARIO MUSEUM:** Tel. +1/416-586-8000; www.rom.on.ca.

Der „Crystal" genannte Erweiterungsbau des Royal Ontario Museum wurde von Daniel Libeskind entworfen.

Hollywoods Glamour an den Ufern des Ontariosees

TORONTO INTERNATIONAL FILM FESTIVAL

Toronto, Ontario, Kanada

Das *Toronto International Film Festival* präsentiert seit 1976 jedes Jahr Hunderte von Filmen aus aller Herren Länder und gilt als wichtigstes Filmfestival Nordamerikas, weltweit an Renommee nur noch übertroffen von den Filmfestspielen in Cannes (s. S. 93). Für viele Regisseure ist es die Gelegenheit, die Premieren ihrer neuesten Filme zu feiern. So nimmt es nicht Wunder, dass Kanada, speziell Toronto, sich zum Hollywood des Nordens gemausert hat: ein blühendes Mekka für Filmschaffende, abzüglich der astronomischen Preise von Südkalifornien.

Ursprünglich hatte alles mit einem „Festival der Festivals" begonnen, auf dem man die besten Filme des internationalen Wettbewerbs präsentierte. Schnell wurde die Veranstaltung aber zur Plattform für Filmpremieren, eigenwillige Retrospektiven und die Einführung internationaler Filme in Nordamerika. Während 10 voll ausgefüllter Tage präsentieren 23 Kinos in Torontos Innenstadt ihr Angebot, das Ereignis zieht jedes Mal mehr als 300.000 Besucher an. Die Anwesenheit so vieler Cineasten, Hollywoodgrößen und Filmstars auf relativ engem Raum erzeugt eine Atmosphäre aus Regenbogenpresseball und Karnevalsheiterkeit.

Hat die Hautevolee der Filmwelt den roten Teppich abgeschritten, werden einige der verspiegelten Limousinen mit großer Wahrscheinlichkeit Yorkville und das Four Seasons Hotel ansteuern, das Flaggschiff des kanadischen Konzerns und immer noch eine von Torontos elegantesten Herbergen.

Für alle, die eine bunt gemischte Klientel bevorzugen, gibt es das Drake Hotel, ein kleines, schickes Haus, in dem viele Kreative absteigen. **INFO:** Tel. +1/416-968-3456; www.tiff.net/thefestival. *Wann:* 10 Tage Anf.–Mitte Sept. FOUR SEASONS HOTEL: Tel. +1/416-964-0411; www.fourseasons.com/toronto. *Preise:* ab € 222 (Nebensaison), ab € 330 (Hochsaison). DRAKE HOTEL: Tel. +1/416-531-5042; www.thedrakehotel.ca. *Preise:* ab € 140.

Green Gables und die Wiege Kanadas

PRINCE EDWARD ISLAND

Kanada

Kanadas kleinste Provinz Prince Edward Island ist eine fruchtbare Insel im St.-Lorenz-Golf. Das Eiland lockt mit ländlicher Idylle inmitten grüner Hügel und felsiger Buchten, wo Fischer ihren reichen Fang aus Hummer,

Venusmuscheln, Jakobsmuscheln und Austern einbringen. Der selbstgenügsame Lebensstil der Insulaner wurde auch durch die isolierte Lage erzwungen – bis zur Fertigstellung der knapp 15 km langen Confederation Bridge 1997 waren Fähren die einzige Verbindung zum Festland. Die nördlichen Küsten von Prince Edward Island wirken nicht nur poetisch, sondern fanden auch tatsächlich Eingang in die Weltliteratur: Hier spielt Lucy Maud Montgomerys weltberühmter Jugendroman *Anne of Green Gables*. Die Inspiration für den Schauplatz lieferte ihr Green Gables House, eine Farm in Cavendish. Heute ist das Haus eine der Hauptattraktionen des Prince Edward Island National Park und zieht jedes Jahr mehr als 350.000 Besucher an.

Aber der Nationalpark ist mehr als nur die Heimat der berühmten Romanheldin: Das Schutzgebiet umfasst sandige Nehrungen, Dünen, Inselchen, küstennahe Feuchtgebiete und Wälder. Übernachten Sie im zauberhaften Dalvay-by-the-Sea National Historic Site and Heritage Inn, einem an der Küste gelegenen viktorianischen Herrenhaus von 1895, das heute von der Parkverwaltung betrieben wird. Neben schönen Stränden und Wanderwegen gibt es auch einen Golfplatz in der Nähe.

Auch Charlottetown, die kleine, im Süden gelegene Hauptstadt der Insel, wird während des jährlichen Stadtfestes im Confederation Centre of the Arts vom *Anne auf Green Gables*-Fieber ergriffen: Der absolute Publikumsliebling der vielen Live-Veranstaltungen ist *Anne of Green Gables – the Musical*.

Charlottetown (35.000 Einwohner) ist der einzige größere Ort auf Prince Edward Island, obwohl es sich eher wie ein gut situiertes, freundliches Kleinstädtchen ausmacht. Herzstück ist das belebte Hafenviertel mit der Peake's Wharf. In den alten Lagerhäusern haben sich viele Geschäfte, Restaurants und Straßencafés eingerichtet. Das nahe historische Stadtzentrum glänzt mit seinen georgianischen Wohnhäusern und Ladenfronten, und auf einem gemütlichen Spaziergang entlang der Great George Street mit ihren alten Kirchen und Ahornbäumen fühlen Sie sich dann ganz in die alten Zeiten von Charlottetown zurückversetzt. 15 der Gebäude in dieser Straße sind Teil des Great George, einem einzigartigen Ensemble aus Zimmern, deren Ausstattung von traditionell bis hin zu zeitgenössisch reicht.

Im September feiert Charlottetown mit dem *International Shellfish Festival* sein Erbe als Stadt der Fischerei, und die aus der Region stammenden Malpeque-Austern schmecken hier wirklich doppelt so süß.

Wo: Cavendish liegt 39 km von Charlottetown entfernt. www.pc.gc.ca. **Green Gables House:** Tel. +1/902-963-7874; www.pc.gc.ca. **Dalvay-by-the-Sea:** Tel. +1/902-672-2048 (Sommer), +1/902-672-1408 (Winter); www.dalvaybythesea.com. *Preise:* ab € 152. *Wann:* Mitte Juni–Okt. **The Great George:** Tel. +1/902-892-0606; www.thegreatgeorge.com. *Preise:* ab € 133. **Reisezeit:** Juli–Sept.: bestes Wetter; Ende Mai–Mitte Okt.: *Charlottetown Festival*; Mitte Juli: *Summerside Lobster Carnival*; Anf. Aug.: *Highland Games* in Eldon; Mitte Sept.: *International Shellfish Festival*.

Grandiose Wildnis nördlich des St.-Lorenz-Stroms

CHARLEVOIX

Quebec, Kanada

Etwa 1 Stunde nordöstlich von Quebec-Stadt entlang der Ufer des St.-Lorenz-Stroms beginnt die Landschaft sich zu wandeln: In der rauen Region Charlevoix dominieren Wälder aus Kiefern, Zedern und Fichten, und die Flussufer sind von zerklüfteten Felsen eingefasst. Diese wunderschöne Naturlandschaft ist schon seit Langen berühmt für ihre erstklassigen Resorts und die herrlichen Erholungsmöglichkeiten, die die ländliche Umgebung bietet.

Obwohl die ersten französischen Händler bereits in den 1670er-Jahren hier ankamen, wurde die Region erst im darauffolgenden Jahrhundert wirklich besiedelt: Damals zogen viele der französischstämmigen Akadier hierher, die von den Engländern aus den Küstenprovinzen vertrieben worden waren. Charlevoix' Naturreize lockten bald schon Reisende an, gegen Ende des 19. Jh. kamen schließlich Heerscharen wohlhabender amerikanischer Familien zur Sommerfrische in die Dörfer rund um La Malbaie.

Das Fairmont Le Manoir Richelieu thront schon seit 1899 auf einem Felsen über dem St.-Lorenz-Strom und bietet die für die Region so typische Mischung aus ländlichem Ambiente und erstklassigem Komfort. Neben 405 großzügigen Zimmern locken auch ein luxuriöses Spa, mehrere Restaurants und zahllose Freizeitaktivitäten an der frischen Luft.

Die Gegend ist das ganze Jahr über ein beliebtes Reiseziel, die Auswahl an Touren zum Wandern, Fahrradfahren, Kajaken und zur Erkundung der Wildnis (man kann hier sogar Belugawale beobachten) ist riesengroß. Der zum Resort gehörende 27-Loch-Golfplatz liegt auf einem pittoresken Steilhang über dem Flussufer. In den Wintermonaten sind die Schneeverhältnisse ideal für Schneemobilfahrten und Skitouren, Schlittschuhfans können sich dann auf der hoteleigenen Freilufteisbahn mit Aussicht auf den Fluss austoben.

Eleganter Landhausstil ist das Leitthema der Auberge La Pinsonnière mit 18 Zimmern. Freuen Sie sich auf grandiose Aussichten, gemütlich-geschmackvolles Ambiente, eine beeindruckende Sammlung von Kunst und den unschlagbaren Service. Das Sahnehäubchen ist das legendäre Hotelrestaurant mit seinem preisgekrönten Weinkeller, in dem über 12.000 Flaschen schlummern.

Wo: 80 km nordöstl. von Quebec-Stadt. **Fairmont Le Manoir Richelieu:** Tel. +1/418-665-3703; www.fairmont.com/richelieu. *Preise:* ab € 115 (Nebensaison), ab € 148 (Hochsaison). **La Pinsonnière:** Tel. +1/418-665-4431; www.lapinsonniere.com. *Preise:* ab € 220 (Nebensaison), ab € 260 (Hochsaison); Dinner € 60. **Reisezeit:** Mai–Okt.: Wandern und Whalewatching; Dez.–März: beste Schneeverhältnisse.

Idyllische Rückzugsorte und Gourmetoasen im Herzen der Provinz Quebec

Lake Massawippi und die Eastern Townships

Quebec, Kanada

Quebecs Eastern Townships zwischen dem St.-Lorenz-Strom und der Grenze zu Maine, New Hampshire und Vermont locken mit weiten Tälern, Gletscherseen und den Bergketten der nördlichen Ausläufer der Appalachen. Die vielen Farmen und Weingüter der Region tragen mit ihren Produkten maßgeblich zum französischen Flair von Quebecs Küche bei. Zu Beginn des 20. Jh. entwickelte sich der Gletschersee Massawippi zum beliebten Sommerziel wohlhabender Familien. Mit dem Zug kamen die amerikanischen Industriemagnaten und

Diese runde, rote Scheune steht inmitten der lieblichen Landschaft von West Brome, einem der Eastern Townships.

bauten sich am Ufer des Sees ihre stattlichen Ferienresidenzen.

Auch heute noch ist der Lake Massawippi ein idyllischer Ort. Adrette kleine Dörfchen wie North Hatley bezaubern mit pittoresken, schmalen Sträßchen, Antiquitätenläden und exzellenten Restaurants. Viele der alten Anwesen am See wurden in kleine Luxushotels und Landgasthäuser verwandelt, alle verströmen diese unnachahmliche Mischung aus dem Charme Quebecs und dem herben Charakter Neuenglands.

Ein wunderschönes Beispiel dafür ist das Manoir Hovey von 1899 mit seinem englischen Garten und 2 kleinen Privatstränden. Im Restaurant können sich Gäste am offenen Kamin mit preisgekrönten regionalen Köstlichkeiten und erlesenen Weinen verwöhnen lassen.

Am Südende des Massawippi finden Sie im Städtchen Ayer's Cliff das Ripplecove Inn auf einer kleinen Halbinsel. Heute bietet die ehemalige Fischerherberge luxuriöse Unterkünfte, hervorragendes Essen und idealen Zugang zur umgebenden Natur.

Der kleine Ort Dunham liegt im Zentrum der „Route des Vins" – einer beliebten Fahrradrundfahrt, die an insgesamt 16 Weingütern vorbeiführt. Die von etlichen Kleinbetrieben produzierten Käsesorten sind eine weitere Spezialität der Region, besonders die preisgekrönten Käse, die die Mönche der Abbey of St. Benoit-du-Lac am Lake Memphremagog herstellen.

Eine wunderbare Möglichkeit, die Schönheit der Landschaft und die regionale Küche zu genießen, ist eine Fahrt mit dem nostalgischen Orford Express. Die 3 ½-stündigen Touren führen vorbei an Farmland, Weingütern, Obstgärten und klaren Seen. Das im Zug servierte Menü lässt Sie derweil in den Früchten dieses Landstrichs schwelgen.

Wo: 161 km südöstl. von Montreal. Info: www.easterntownships.org. Manoir Hovey: Tel. +1/819-842-2421; www.manoirhovey.com. Preise: ab € 260, inklusive. Ripplecove Inn: Tel. +1/819-838-4296; www.ripplecove.com. Preise: ab € 207, inklusive. Abbey of St. Benoit-du-Lac: Tel. +1/819-843-4080; www.st-benoit-du-lac.com. Orford Express: Tel. +1/819-575-8081; www.orfordexpress.com. Wann: Anf. Mai–Okt. Reisezeit: Juni–Sept.: Fischen und Bootsfahrten; letzte 2 Wochenenden im Sept.: *Knowlton Duck Festival*; Ende Sept.–Anf. Okt.: buntes Herbstlaub.

Ein Hauch von Paris in der Neuen Welt

Montreals historische Altstadt

Montreal, Quebec, Kanada

Den Grundstein der heutigen Stadt Montreal legten französische Missionare, die auf einer Insel im St.-Lorenz-Strom eine Siedlung gründeten. Obwohl die Briten bereits 1759 im Kampf um die Vorherrschaft in Kanada die

Oberhand gewannen, bleibt Montreal mit seiner wunderschönen Altstadt Vieux-Montréal bis heute eine Bastion der französischen Kultur. Nach Paris ist es die zweitgrößte französischsprachige Stadt der Welt.

Der Place Jacques-Cartier ist mit seinen Straßenkünstlern, Cafés, Blumenverkäufern und Pferdekutschen im Sommer das pulsierende Herz der Stadt. Es erstaunt nicht, dass er von amerikanischen Filmcrews oft als Drehort gewählt wird, wenn Bedarf an einem möglichst europäischen Setting besteht. Der Place d'Armes ist ein weiterer beliebter Treffpunkt, von dort aus hat man den besten Blick auf einige der schönsten Sehenswürdigkeiten wie die von 1829 stammende Basilika Notre Dame oder das Vieux Séminaire de Saint-Sulpice, Montreals ältestes Bauwerk. Inmitten von so viel Geschichte thront majestätisch das Place d'Armes Hôtel & Suites. Hinter der würdevollen Fassade erwarten Sie elegante, moderne Räumlichkeiten und erstklassige Küche.

Die nahe dem Ufer gelegene Rue St-Paul ist die älteste Straße der Stadt, heute säumen nostalgische Gaslaternen, Ladenfronten, Kunstgalerien und Boutiquen die Wege. Aus dem heruntergekommenen Lagerhausviertel Old Port am St.-Lorenz-Strom machte man ein schönes Naherholungsgebiet mit Promenaden, Parks, Ausstellungsflächen und Spielplätzen. Dem Beispiel der Rundumerneuerung folgte auch das noble Hotel Auberge du Vieux-Port in einem Lagerhaus von 1882. In den Zimmern warten schmiedeeiserne Betten mit feinster Wäsche, das Haus bietet zudem ein elegantes Bistro und eine Weinbar.

Nur ein Katzensprung vom belebten Vieux-Port ist es bis zum Klassiker Auberge Les Passants du Sans Soucy, früher ein Lagerhaus für Felle, heute ein einladendes B&B mit 9 Zimmern, das rustikale Elemente wie unverputzte Wände und Dielenböden mit allem modernen Komfort verbindet. Das nahe Toqué! gehört zu den gefragtesten französischen Restaurants von Montreal. Das Essen ist köstlich, der Service unaufdringlich und freundlich. Die abwechslungsreiche Karte von Starkoch Normand Laprise spiegelt die ausgezeichneten Kontakte wider, die er über lange Zeit zu den hiesigen Lieferanten knüpfen konnte. Wenn Sie nur einen kleinen Happen essen möchten, machen Sie es wie die Einheimischen und schauen Sie im L'Express vorbei, einem authentischen, hübschen Bistro nördlich der Altstadt.

INFO: www.vieux.montreal.qc.ca. PLACE D'ARMES HÔTEL: Tel. +1/514-842-1887; www.hotelplacedarmes.com. *Preise:* ab € 120 (Nebensaison), ab € 170 (Hochsaison). AUBERGE DU VIEUX-PORT: Tel. +1/514-876-0081; www.aubergeduvieuxport.com. *Preise:* ab € 133. AUBERGE LES PASSANTS DU SANS SOUCY: Tel. +1/514-842-2634; www.lesanssoucy.com. *Preise:* ab € 100. TOQUÉ!: Tel. +1/514-499-2084; www.restauranttoque.com. *Preise:* Dinner € 52. L'EXPRESS: Tel. +1/514-845-5333. *Preise:* Dinner € 26. REISEZEIT: Feb.–März: *High Lights Winter Festival*; Juni–Sept.: bestes Wetter.

Eine Festivalstadt par excellence

MONTREALS SOMMERFESTIVALS

Montreal, Quebec, Kanada

Montreal liebt es, Feste zu feiern, das hat der Stadt auch den Ruf als „Kapitale der Festivals" eingetragen. Das bedeutendste Ereignis ist zweifellos das im frühen Sommer stattfindende 11-tägige *Montreal International*

Jazz Festival, das weltweit größte und renommierteste seiner Art. Im Amüsierviertel um den Place des Arts finden dann auf 10 Bühnen über 450 kostenlose Konzerte statt, während in Clubs und Theatern an die 200 Musikveranstaltungen geboten werden. Das Festival lockt jedes Jahr mehr als 2,5 Mio. Musikliebhaber an, die neben den Klängen von Jazz und Blues auch Reggae, Elektro und sogar lateinamerikanischen und afrikanischen Rhythmen lauschen. Es reisen mehr als 3000 Weltklassemusiker aus über 30 Ländern an, und Topacts wie Wynton Marsalis, Tony Bennett, Stevie Wonder und Diana Krall geben sich ein Stelldichein.

Mit großem Getöse wird auch die *L'International des Feux Loto-Québec* eingeläutet, die den nächtlichen Himmel von Mitte Juni bis Ende August regelmäßig mit spektakulärem Feuerwerk erhellt. Nationalteams aus aller Welt präsentieren dabei ihre revolutionärsten Kreationen, oft begleitet von Musikarrangements.

Das *Just for Laughs Festival* ist das größte Comedyfest weltweit. Im Juli kommen an die 1600 Comedians aus über 20 Ländern für 2 Wochen nach Montreal, um das Zwerchfell von über 2 Mio. Besuchern auf die Belastungsprobe zu stellen. Es gibt auch ein Straßenvolksfest und kuriose Veranstaltungen wie die jährliche *Twins Parade*, bei der Tausende von Zwillings- und Mehrlingspärchen durch die Stadt ziehen.

Von Ende August bis Anfang September werden schließlich auf dem *World Film Festival* über 450 internationale Filme präsentiert; auch die Zahl der Weltpremieren nimmt stetig zu. Weitere Höhepunkte sind das *LesFrancoFolies de Montréal*, bei dem französische Musik die Hauptrolle spielt, und das *Festival Nuits d'Afrique*, mit Musik der afrikanischen Diaspora und vielen Konzerten, die die Stadt in eine einzige große Partymeile verwandeln.

MONTREAL JAZZ FESTIVAL: Tel. +1/514-871-1881; www.montrealjazzfest.com. *Wann:* Ende Jun–Anf. Juli. L'INTERNATIONAL DES FEUX LOTO-QUÉBEC: Tel. +1/514-397-2000; www.internationaldesfeuxloto-quebec.com. *Wann:* Mitte Juni–Juli. JUST FOR LAUGHS FESTIVAL: Tel. +1/514-845-3155; www.hahaha.com. *Wann:* Mitte Juli. WORLD FILM FESTIVAL: Tel. +1/514-848-3883; www.ffm-montreal.org. *Wann:* Ende Aug.–Anf. Sept. LES FRANCOFOLIES DE MONTRÉAL: Tel. +1/514-790-1245; www.francofolies.com. *Wann:* Anf. Juni. FESTIVAL NUITS D'AFRIQUE: Tel. +1/514-499-9239; www.festivalnuitsdafrique.com. *Wann:* Mitte Juli.

Auf der Jacques Cartier Bridge kann man nicht nur konventionelles Feuerwerk bestaunen, sondern auch „Pyromusicals" zu klassischer Musik.

Ostkanadas Topresort in den Bergen

DAS MONT TREMBLANT RESORT UND DIE LAURENTINISCHEN BERGE

Quebec, Kanada

Mont Tremblant, nach Idahos Sun Valley (s. S. 766) das zweitgrößte Skiresort Nordamerikas, liegt auf dem höchsten Gipfel der Laurentinischen Berge von Quebec. Das 1939 eröffnete Mont Tremblant Resort gilt als eines der schönsten Skigebiete im Osten Nordamerikas und zieht mit stolzen 94 Pisten Wintersportfans aus aller Welt an. Im Winter gehen hier im Durchschnitt knapp 4 m Schnee nieder, und die Hälfte der Abfahrten gelten als extrem anspruchsvoll, unter ihnen auch die einschüchternde „Dynamite" mit einem Gefälle von unfassbaren 42 %.

Am Fuße des Berges liegt Mont Tremblant Village, ein Urlaubsort nach dem Vorbild der Altstadt von Quebec mit kopfsteingepflasterten Straßen, schmiedeeisernen Balkonen und zahllosen Bars, Restaurants und Geschäften. Das entspannte Le Shack an der St. Bernard Plaza ist eines von Tremblants angesagtesten Après-Ski-Lokalen. Ein wenig oberhalb des Ortes fügt sich das Skihotel Fairmont Tremblant harmonisch in die Landschaft ein. Trotz seiner Größe verströmt es den Charme eines Landschlösschens, neben einem Fitnesscenter wartet das Haus mit Innen- und Außenpools, Whirlpools und einem schönen Spa im europäischen Stil auf. Im Windigo, dem besten Restaurant vor Ort, verbindet Chefkoch Daniel Tobien französisches Know-how mit regionalen Produkten.

Mont Tremblant ist auch im Sommer gut besucht – Familien kommen, um Wassersport auf dem Lake Tremblant zu treiben, zu wandern oder in den Laurentinischen Bergen Mountainbiketouren zu machen. Auch die beiden erstklassigen 18-Loch-Golfplätze Le Diable (Par 71) und Le Géant (Par 72), vermutlich die besten von ganz Quebec, sind ein echter Besuchermagnet. Im Juli findet ein beliebtes 9-tägiges Jazzfestival statt, und im September erglühen die Wälder der Laurentinischen Berge schließlich in den schönsten Herbstfarben, vor allem das feuerrote Laub des hier heimischen Zuckerahorns ist eine Sensation.

Wo: 121 km nördl. von Montreal. **Mont Tremblant:** Tel. +1/819-681-2000; www.tremblant.ca. *Preise:* Skipass € 52; Greenfee ab € 55 (Nebensaison), ab € 85 (Hochsaison). *Wann:* Skisaison Mitte Nov.–Mitte Apr. **Fairmont Tremblant:** Tel. +1/819-681-7000; www.fairmont.com/tremblant. *Preise:* ab € 133 (Nebensaison), ab € 170 (Hochsaison). **Reisezeit:** Dez.–März: beste Schneeverhältnisse; Juli: *Blues Festival*; Sept.: herbstliche Wälder und *Symphony of Colours Festival.*

Dem Winterfrost mit Fröhlichkeit trotzen

Der Karneval von Quebec

Quebec-Stadt, Quebec, Kanada

Während der strengsten Zeit des Winters feiert Quebec-Stadt – zum Teil aus Trotz, zum Teil aus Lebenslust – seinen berühmten Karneval. Dieser Mardi Gras des Nordens ist der größte Winterkarneval der Welt: 17 ausgelassene Tage lang regieren Tanz, Musik, Umzüge und zahlreiche Wintersportveranstaltungen; den nötigen Elan verleihen geistige Getränke wie der hochprozentige Caribou, ein Mix aus Brandy, Wodka, Sherry und Portwein.

Über das wilde Treiben des Karnevals wacht der Bonhomme, eine mythische, einem Schneemann ähnelnde Kreatur, die in einem komplett aus Eis erbauten Schloss haust, das man direkt neben dem Parlamentsgebäude von Quebec errichtet. Ein Höhepunkt der Feierlichkeiten ist die *International Snow Sculpture Competition* an der Place Loto-Québec, und während des La–Grande-Virée-Hundeschlittenrennens hallen die schmalen Straßen von Vieux-Québec (s. nächste Seite) von den Rufen der Schlittenführer wider. Erwachsene und Kinder vergnügen sich bei rasanten Rodelfahrten auf eisigen Bahnen, und hartgesottene Eingeborene wagen sich, nachdem sie sich mit einem (oder auch mehreren) Caribous aufgewärmt haben, ins traditionelle Schneebad: Nachdem man vor einer johlenden Menge die Hosen hat fallen lassen, taucht man für kurze Zeit in einer Schneewehe unter. Noch waghalsiger ist das jährlich an Karneval stattfindende Kanurennen, das man auf dem steinhart gefrorenen St.-Lorenz-Strom austrägt.

Während dieser ausgelassenen Zeit gibt es in Vieux-Québec wohl keine angemessenere Unterkunft als das Hôtel de Glace: Das etwa 30 Minuten von Quebec-Stadt entfernte kuriose Haus besteht tatsächlich ausschließlich aus Eis und Schnee und bietet 36 Zimmer und Suiten, darüber hinaus eine Eisrutsche, Sauna und Spa im nordischen Stil, Bar und Nachtclub und nicht zuletzt eine Hochzeitskapelle. Zugegebenermaßen ist diese Unterkunft nicht jedermanns Sache, und die meisten bleiben auch nicht länger als für 1 Nacht. Aber kommen Sie zumindest einmal auf einen Drink vorbei – der in der Eisbar natürlich in einem Eisglas ausgeschenkt wird.

Wenn Ihnen nach einem etwas weniger frostigen Schlummertrunk ist, genießen Sie einen Apfelwein in der Auberge Saint-Antoine. Das intime Hotel liegt im alten Hafenviertel von Quebec in einem ehemaligen Lagerhaus. Das hauseigene Restaurant Panache gilt als eines der besten der Stadt und hat sich ganz auf traditionelle regionale Küche im zeitgenössischen Stil konzentriert. Die Ausstattung der großzügigen Zimmer wird von einem äußerst geschmackssicheren Mix aus modernen und zeitgenössischen Elementen bestimmt.

Der St.-Lorenz-Strom ist der einzige Fluss der Welt, auf dem man im Winter Kanu fährt.

INFO: Tel. +1/418-626-3716; www.carnaval.qc.ca. *Wann:* Ende Jan.–Anf. Feb. **HÔTEL DE GLACE:** Tel. +1/418-875-4522; www.icehotel-canada.com. *Preise:* ab € 260. *Wann:* Jan.–Mitte März. **AUBERGE SAINT-ANTOINE:** Tel. +1/418-692-2211; www.saint-antoine.com. *Preise:* ab € 115 (Nebensaison), ab € 215 (Hochsaison); Dinner im Panache € 60.

Der Zauber des alten Frankreichs in der Neuen Welt

VIEUX-QUÉBEC

Quebec-Stadt, Quebec, Kanada

Quebec, einst Hauptstadt von Neufrankreich im Tal des St.-Lorenz-Stroms, ist eine der ältesten von Europäern gegründeten Städte Nordamerikas und die einzige von einer Festungsanlage umgebene Stadt des Kontinents nördlich von Mexiko. Die Festungsmauern von Vieux-Québec hielten die Briten im Jahr 1759 jedoch nicht davon ab, die Stadt einzunehmen – damit endeten Frankreichs koloniale Ambitionen in Nordamerika. Hat man einige Zeit in dieser charmanten Exklave der Alten Welt verbracht, entsteht allerdings der Eindruck, als hätte es diese Niederlage nie gegeben.

Vieux-Québec besteht aus einem oberen und einem unteren Stadtteil, Haute-Ville und Basse-Ville. Heute nur eine topografische Unterscheidung, waren diese Zuweisungen einst auch von ökonomischer und strategischer Bedeutung. Haute-Ville ist der befestigte Teil der Stadt auf dem Gipfel von Cap Diamant. Dieses atmosphärische Viertel lässt sich am besten auf einem Spaziergang erkunden. Die gewundenen, steilen Straßen werden flankiert von altmodischen Steinhäuschen und schicken Boutiquen und führen den Flaneur zu begrünten Plätzen mit Blick auf den St.-Lorenz-Strom. Die von den Briten während der US-Invasion im Jahr 1812 errichtete Zitadelle auf der Spitze des Cap Diamant hat sich bis heute erhalten. Im Herzen der Haute-Ville liegt die Auberge Place d'Armes in 2 historischen Gebäuden aus dem 17. und 19. Jh. Das liebevoll restaurierte Gästehaus hält elegant die Balance zwischen antiken Elementen wie den Originalsteinmauern und edlen französischen Möbeln und modernem Komfort. Nur ein paar Stufen tiefer liegen die Rue St-Louis und das altehrwürdige Restaurant Aux Anciens Canadiens in einem Gebäude von 1677. Das Haus ist vor allem bekannt für regionale Spezialitäten wie würzige Fleisch-Pies, mit Ahornsirup glasierte Ente und aromatische Käseplatten.

Um vom Aussichtspunkt Terrasse Dufferin in die Basse-Ville, das alte Hafenviertel am Fuß des Cap Diamant, zu gelangen, können Sie entweder die Escalier Casse-Cou hinabsteigen (frei übersetzt „Genickbruch-Treppe") oder die Seilbahn benutzen. Das Herz von Basse-Ville ist die Place Royale aus dem 17. Jh., die von Natursteinhäusern, Cafés und der Église Notre-Dame-des-Victoires von 1688 flankiert wird. Inmitten der nostalgischen Läden, Galerien und Plätze von Basse-Ville liegt das Hôtel Le Germain-Dominion; hinter der antiken Fassade verbirgt sich ein schickes, modernes Luxushotel. Das einstige Lagerhaus wurde sorgfältig restauriert und geschmackvoll eingerichtet. Ähnlich elegant kommt das gleich um die Ecke gelegene Laurie Raphaël Restaurant daher, wo Chefkoch Daniel Vézina die Grenzen der modernen kanadisch-französischen Küche neu auslotet. Die kühnen Kreationen bestechen auch optisch und bleiben trotz aller Innovation immer ihren Wurzeln in der traditionellen Küche Quebecs verhaftet.

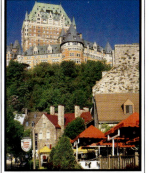

Das Château Frontenac wurde nach einem Gouverneur Neufrankreichs benannt.

Über Vieux-Québec thront das Wahrzeichen der Stadt, das Fairmont Le Château Frontenac mit seinen kupfergrünen Türmchen. Der einem Loireschloss ähnelnde Bau wurde 1893 am höchsten Punkt der Stadt errichtet. Von den Zimmern mit ungerader Nummer aus hat man einen wunderbaren Blick auf den St.-Lorenz-Strom; die Zimmer mit geraden Zahlen locken mit dem Altstadtpanorama – an kaum einem anderen Ort fühlt man sich mehr an Europa erinnert.

Info: www.bonjourquebec.com. **Auberge Place d'Armes:** Tel. +1/418-694-9485; www.aubergeplacedarmes.com. *Preise:* ab € 90 (Nebensaison), ab € 140 (Hochsaison). **Aux Anciens Canadiens:** Tel. +1/418-692-1627; www.auxancienscanadiens.qc.ca. *Preise:* Dinner € 40. **Hôtel Le Germain-Dominion:** Tel. +1/418-692-2224; www.hoteldominion.com. *Preise:* ab € 163. **Laurie Raphaël Restaurant:** Tel. +1/418-692-4555; www.laurieraphael.com. *Preise:* 6-gängiges Degustationsmenü € 63. **Fairmont Le Château Frontenac:** Tel. +1/418-692-3861; www.fairmont.com/frontenac. *Preise:* ab € 144. **Reisezeit:** Ende Jan.–Anf. Feb: Karneval in Québec; Juli–Sept.: bestes Wetter; Mitte Juli: Sommerfestival in Quebec; Dez.: Weihnachtsmarkt.

Goldfieber am Klondike

DAWSON CITY UND DER YUKON RIVER

Yukon, Kanada

Im Jahr 1896 schallte der Ruf des Goldes durch das ganze Land: Ein kleines Grüppchen Goldsucher war am Yukon River auf eine Ader gestoßen, und zwar auf eine riesige. Die Kunde vom Goldfund am Klondike verbreitete sich wie ein Lauffeuer, und 1898 zählte der entlegene Außenposten Dawson City, nur etwa 260 km vom Polarkreis entfernt, bereits 30.000 Einwohner. Während die Goldsucher der ersten Stunde noch häufig tatsächlich reich wurden, mussten sich viele der Nachzügler mühsam durchschlagen und ihr Auskommen schließlich als Händler, Falschspieler oder Saloonbesitzer bestreiten. Um 1910 löste die industrielle Förderung das klassische Goldschürfen ab.

1896 verbreitete sich die Kunde vom Goldrausch am Yukon River.

Im Gegensatz zu vielen anderen Goldgräberstätten ging Dawson City nicht zugrunde. Es blieb bis 1953 Hauptstadt des Yukon Territory, und die viktorianischen Hotels, die typischen hölzernen Scheinfassaden und zahlreiche alte Gebäude von der Villa bis zur einfachen Goldsucherbaracke hielten sich. Heute zählt das einem Freilichtmuseum ähnelnde Dawson City etwa 1300 Seelen. Werfen Sie unbedingt einen Blick ins Bombay Peggy's Victorian Inn and Pub von 1900. Ursprünglich ein Bordell, bietet das Haus heute moralisch einwandfreie Gastfreundschaft und gemütliche Unterkünfte.

Besuchen Sie außerdem den Nachbau von Jack Londons Blockhütte, auch er konnte dem Ruf des Goldes nicht widerstehen. Sie können auch Schauspielern dabei lauschen, wie sie die Verse von Robert Service rezitieren, oder in Diamond Tooth Gertie's Gambling Hall vorbeischauen, Kanadas nördlichstem Kasino, stilecht vom Barpiano bis zu den Tanzdarbietungen der Amüsiermädchen.

Nahezu alle Glücksritter kamen über den mächtigen Yukon River nach Dawson City. Auch heute ist dieser Weg in die Stadt der schönste. Vielleicht haben Sie sogar Lust auf eine der geführten mehrtägigen Touren mit dem Kanu, die Sie durch die Wildnis vorbei an indianischen Fischercamps und verlassenen Goldgräberdörfern führt. Tourenanbieter in Whitehorse bieten eine Vielzahl von Expeditionen auf dem Yukon River (von 1 Woche bis zu 17 Tage, je nachdem, wo Ihre Reise beginnt). So können Sie auf den Spuren der Goldsucher wandeln, allerdings komfortabler und mit erheblich besserer Verpflegung.

Wo: 537 km nördl. von Whitehorse. **DAWSON NATIONAL HISTORIC SITE:** Tel. +1/867-993-7200; www.pc.gc.ca. **Wie:** Up North Adventures bietet 1- und mehrtägige Kanutouren auf dem Yukon River. Tel. +1/867-667-7035, www.upnorthadventures.com. *Preise:* 7 Tage ab €1200. **BOMBAY PEGGY'S VICTORIAN INN:** Tel. +1/867-993-6969; www.bombaypeggys.com. *Preise:* ab €200 (Nebensaison), ab €85 (Hochsaison). **REISEZEIT:** Juni– Mitte Sept.: lange Sommertage; Mitte Aug.: *Discovery Days* zur Feier des ersten großen Goldfundes am Klondike.

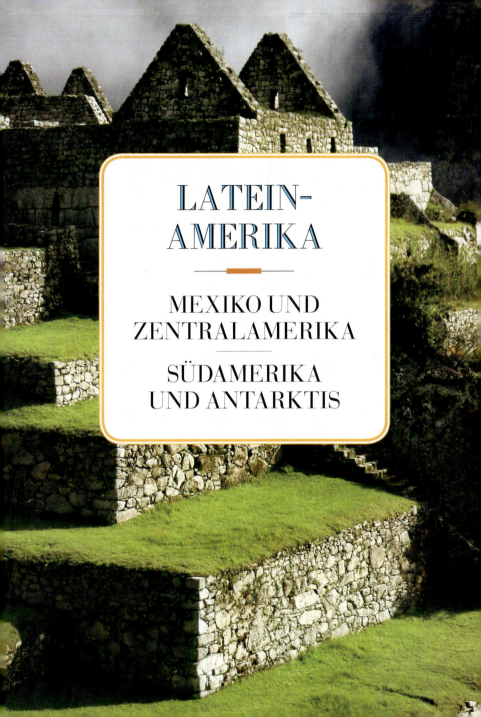

LATEIN-AMERIKA

MEXIKO UND ZENTRALAMERIKA

SÜDAMERIKA UND ANTARKTIS

MEXIKO UND ZENTRALAMERIKA

Wo Cortes-See und Pazifik aufeinandertreffen

LOS CABOS

Baja California Sur, Mexiko

An der Südspitze der 1200 km langen Baja California, wo der Golf von Kalifornien (auch Cortes-See genannt) auf den Pazifik trifft, erstreckt sich auf einer Länge von über 40 km das Feriengebiet Los Cabos, das die Wüstenstädte Cabo San Lucas und San José del Cabo miteinander verbindet. Cabo San Lucas entwickelte sich in den 1980er-Jahren zunächst zum beliebten Ziel für feierwütige Jugendliche. Mit der Ansiedlung etlicher hochklassiger Ferienresorts wie dem Las Ventanas al Paraíso, eingebettet zwischen Meer und Wüstensand, wandelte es sich aber zu einem Urlaubsgebiet der Luxusklasse. Das Las Ventanas lässt auch keine Wünsche offen: Neben angenehm kühlen Appartements locken ein Pool mit Meerblick, ein 18-Loch-Golfplatz (von Robert Trent Jones jr. persönlich gestaltet) und ein Spa, in dem es von Partnermassage bei Fackelschein bis hin zu diversen Beautyanwendungen einfach alles gibt.

Etwas entspannter und authentischer geht es in der alten Kolonialstadt San José del Cabo zu. Vor allem die rosenfarbene Kirche, der schattige alte Marktplatz und die Lehmziegelhäuser sind bezaubernd. Der schläfrige Charme der Stadt wohnt auch im eleganten Hotel Casa Natalia in einer stillen, grünen Oase im historischen Stadtzentrum. Die europäischen Eigentümer ließen die 16 Räume mit regionaler Kunst und leuchtend bunten Wänden ausstatten. Das angegliederte Restaurant Mi Cocina ist ein absoluter Klassiker der hiesigen Gourmetszene.

Nördlich von Cabo San Lucas liegt das Städtchen Todos Santos, eine Künstlerkolonie ganz ohne Ferienanlagen oder Einkaufsmeilen, dafür mit hübschen Galerien, Cafés und Restaurants. Das Café Santa Fe ist berühmt für seine italienisch inspirierte Küche (probieren Sie den Hummer oder die Shrimp-Ravioli). Ganz in der Nähe findet man nahezu unberührte Strände und die besten Surfreviere der ganzen Halbinsel. Behaglich, aber durchaus luxuriös lässt es sich in der Rancho Pescadero logieren: Hier kann der Gast in Hängematten schmökern oder vor sich hin dösen und nachts der sanften Meeresbrandung lauschen.

Wo: 1609 km südl. von San Diego. **Info:** www.visitloscabos.travel. **Las Ventanas:** Tel. +52/624-144-2800; www.lasventanas.com. *Preise:* ab € 407 (Nebensaison), ab € 600 (Hochsaison). **Casa Natalia:** Tel. +52/624-146-7100; www.casanatalia.com. *Preise:* ab € 110; Dinner € 22. **Café Santa Fe:** Tel. +52/612-145-0340. *Preise:* Lunch € 22. *Wann:* Sept.–Okt.: geschlossen. **Rancho Pescadoro:** Tel. +52/612-135-5849; www.ranchopescadero.com. *Preise:* ab € 137 (Nebensaison), ab € 185 (Hochsaison). **Reisezeit:** Dez.–Apr.: Whalewatching; Okt.: Internationale Fischerei-Wettbewerbe.

An den Sandstränden von Cabo San Lucas erheben sich aufsehenerregende Felsformationen.

Das Aquarium der Welt

DER GOLF VON KALIFORNIEN UND DIE LAGUNE SAN IGNACIO

Baja California Sur, Mexiko

Zwischen der Baja California und dem mexikanischen Festland konnte sich in den planktonreichen Gewässern ein in seiner Schönheit und Vielfalt weltweit einzigartiges Ökosystem entwickeln. Der große Meeresforscher Jacques Cousteau nannte die Region das „Aquarium der Welt". Vor den unbewohnten Inseln Espíritu Santo, Isla Partida und Isla Santa Catalina können Sie Schnorcheltouren unternehmen und mit Seelöwen, Delfinen, Mantarochen und riesigen Fischschwärmen durch das warme Wasser gleiten. Auch Freizeitkapitäne und Kajakfahrer kommen voll auf ihre Kosten.

Die Pazifikküste der Baja California ist hingegen berühmt für eine der aufsehenerregendsten Wanderungen im Tierreich: Grauwale legen von ihren arktischen Weidegründen bis in die Sicherheit der warmen Gewässer vor der Halbinsel über 8000 km zurück, um hier zwischen Dezember und März ihre Jungen zur Welt zu bringen. Begleitet werden sie von Hunderten von Delfinen, manchmal auch von Buckel-, Finn-, Eden-, Pott- oder sogar Blauwalen, den größten Tieren der Welt.

Vor allem in der Lagune San Ignacio bringen Winter für Winter Tausende Wale ihre Kälber zur Welt. Die Wale sind nicht scheu und nähern sich oft den kleinen *pangas* genannten Motorbooten. Mit etwas Glück lassen sie sich von ihren ehrfürchtigen menschlichen Besuchern sogar berühren.

WIE: Das amerikanische Unternehmen Lindblad Expeditions bietet von La Paz aus Kajaktouren im Golf von Kalifornien an. Tel. +1/212-261-9000; www.expeditions.com. *Preise:* 4-tägige Bootsreise ab € 1474. *Wann:* Dez.: Der Veranstalter Baja Expeditions betreibt Zeltlager an der Lagune San Ignacio. Tel. +1/858-581-3311; www.bajaex.com. *Preise:* Zelt € 310 pro Nacht, all-inclusive. *Wann:* Jan.–Apr. **REISEZEIT:** Okt.–Mai: bestes Wetter; Dez.–März: Whalewatching.

Mayastädte, modern und uralt

PALENQUE UND SAN CRISTÓBAL DE LAS CASAS

Chiapas, Mexiko

Auf einem Hochplateau mitten im Dschungel liegen die Ruinen von Palenque, eine der beeindruckendsten Stätten der alten Mayakultur. Ihre Blütezeit hatte die Stadt zwischen dem 6. und 9. Jh., damals war sie ein

Zentrum von Kunst, Religion und Astronomie. Die elegante Architektur ist reich geschmückt mit Gipsornamenten, Kalligrafien und kunstvollen Friesen. Hauptattraktion ist der Templo de las Inscripciones (Tempel der Inschriften), ein mächtiger Pyramidenbau, der als Grabstätte des 683 verstorbenen Königs Pacal diente. Seine aus 200 Einzelteilen gefertigte Totenmaske aus Jade wird heute im Museum für Anthropologie ausgestellt (s. S. 956). Wollen Sie in Palenque übernachten, sei Ihnen das Chan-Kah Resort Village empfohlen: Die Naturstein- und Holzbungalows liegen mitten im Dschungel.

In San Cristóbal de las Casas leben bis heute die Nachfahren der Maya, über 30 Stämme werden dort gezählt. Das hübsche Kolonialstädtchen mit den roten Ziegeldächern ist eine Hochburg indigener Kultur. Besonders deutlich wird dies beim Besuch des samstäglichen Markts, wo lokale Händler leuchtend bunte handgewebte Textilien feilbieten. Hier spricht man noch die alten Stammessprachen, und die Händler tragen auffällige Kopfbedeckungen und kunstvoll bestickte Blusen, die *huipiles*. In den zahlreichen Kirchen pflegen die einheimischen Schamanen eine einzigartige jahrhundertalte Mischung aus christlichen und indigenen Ritualen, so auch in Santo Domingo, wo es außerdem den besten Kunsthandwerkermarkt der Stadt gibt.

Zum Dinner trifft man sich im Na Bolom, wo im 19. Jh. der Archäologe Frans Blom mit seiner Frau, der Ethnologin und Fotografin Gertrude Blom, lebte. Nun ist es Gästehaus, Museum und Zentrum zur Erforschung und zum Schutz der umliegenden indigenen Hochlanddörfer. Jedes der 16 Zimmer verfügt über einen offenen Kamin und ist reich geschmückt mit lokalem Kunsthandwerk. Das Dinner wird gemeinsam im Salon eingenommen, der einer ethnologischen Wunderkammer gleicht, und die bunte Zusammensetzung der Gesellschaft garantiert interessante Tischgespräche.

Wo: Palenque: 142 km südöstl. von Villahermosa. San Cristóbal: 229 km südwestl. von Palenque. CHAN-KAH: Tel. +52/916-345-1134; www.chan-kah.com.mx. *Preise:* ab € 110. NA BOLOM: Tel. +52/967-678-1418; www.nabolom.org. *Preise:* ab € 65; Dinner € 10. REISEZEIT: Dez.–Feb.: bestes Wetter; Karwoche (Semana Santa): Feste und Prozessionen in San Cristóbal.

Atemberaubende Zugfahrt durch schroffe Landschaften

BARRANCA DEL COBRE

Chihuahua, Mexiko

Der Barranca del Cobre im Nordwesten der mexikanischen Sierra Madre ist eines der größten Schluchtensysteme der Welt. Die grandiose geologische Formation setzt sich aus 6 großen und über 200 kleineren ineinander verflochtenen Canyons zusammen. Durch diese schroffe Wildnis führt der Ferrocarril Chihuahua al Pacifico, eine der atemberaubendsten Eisenbahnstrecken der Welt. Dieses knapp 650 km lange Meisterwerk der Ingenieurskunst bringt den Reisenden in 13 Stunden von Los Mochis an der Pazifikküste bis zur Stadt Chihuahua. Die Schienen schlängeln sich durch pinienbewachsenes Hochland, überqueren 39 Brücken und passieren 86 Tunnel. Die schönsten Aussichten kann man auf dem Abschnitt zwischen El Fuerte und Creel genießen. (Fahren Sie am besten von Los Mochis aus – wenn Sie von Chihuahua aus in Richtung Osten reisen, ist es auf diesem Abschnitt sonst schon dunkel.)

Bei Divisadero hält der Zug kurz, um einen ungestörten Blick in die endlosen Weiten des Canyons zu gewähren. Mit schwindelerregenden Aussichten geizt auch das Hotel Mirador nicht, das am Rande der Barrancas steht: Alle Zimmer haben einen eigenen Balkon, scheinbar direkt über dem Abgrund. Von Creel aus sind es nur 20 Minuten bis zur Sierra Lodge, einem gemütlichen Gästehaus, wo von Einheimischen geführte Wanderungen angeboten werden. Um in die 225 km entfernte alte Silberminenstadt Batopilas zu gelangen, die am Grunde eines Canyons liegt, muss man zunächst die haarsträubende 5-stündige Fahrt im Kleinbus hinter sich bringen, die fast 1800 m in die Tiefe führt. Die Übernachtung in der Riverside Lodge, einer alten Hacienda im viktorianischen Stil, belohnt aber für alle Strapazen. **Wo:** Los Mochis liegt 874 km südl. von Tuscon, Arizona. „EL CHEPE": Tel. +52/614-439-7211; www.chepe.com.mx. *Preise:* € 118 einfache Fahrt. **Wie:** Das amerikanische Unternehmen California Native bietet begleitete Canyontouren an. www.calnative.com. *Preise:* ab € 637 für eine 4-tägige Tour, all-inclusive. HOTEL MIRADOR: Tel. +52/668-812-1613; www.hotelesbalderrama.com. *Preise:* ab € 185, inklusive. SIERRA LODGE und RIVERSIDE LODGE: www.coppercanyonlodges.com. *Preise:* Sierra Lodge ab € 107, inklusive; Riverside Lodge ab € 92. *Wann:* Riverside Lodge: Okt.–Apr. **REISEZEIT:** März–Apr. und Okt.–Nov.: bestes Wetter.

Schmuckstücke der Kolonialzeit im Zentralen Hochland

SAN MIGUEL DE ALLENDE UND GUANAJUATO

Guanajuato, Mexiko

Schon in den 1930er-Jahren zog es viele Künstler und Schriftsteller nach San Miguel de Allende, eine Stadt, die noch den kolonialen Charme des alten Mexiko verströmt. 1542 von reichen spanischen Viehbaronen gegründet, ist San Miguel heute vor allem ein beliebtes Wochenendrefugium für betuchte Bewohner von Mexiko-Stadt. Auch hat sich eine recht große US-amerikanische Community angesiedelt, die vor allem von der pulsierenden Kunst- und Kulturszene angezogen wurde. Entlang den kopfsteingepflasterten Straßen reihen sich Galerien an restaurierte Herrenhäuser, Kirchen aus dem 18. Jh., Boutiquen, Cafés und Restaurants. Versuchen Sie, einen Platz auf dem schattigen El Jardín zu ergattern, und genießen Sie dort den Sonnenuntergang, der die Fassade der neogotischen Pfarrkirche Parroquia in lachsfarbenes Licht taucht.

In der Casa de Sierra Nevada lässt es sich in historischem Ambiente nächtigen: Das Hotel besteht aus 7 Herrenhäusern von 1580. Nur eine der vielen romantischen B&B-Unterkünfte ist die Casa Schuck, ein wunderschönes Haus mit Balkendecken, offenen Kaminen und einem kleinen, aber feinen Pool.

Viele Spanier kamen in dieser Region Mexikos durch den Silberabbau zu Reichtum. Das knapp 100 km westlich von San Miguel gelegene Guanajuato ist eine weitere historische Stadt, deren schmucke Architektur aus dieser Zeit des Überflusses stammt. In den engen Gässchen trifft man auf musizierende Studenten, die sich in Kostümen des 16. Jh. als Straßenmusiker ein Zubrot verdienen. Jedes Jahr im Oktober findet in Guanajuato das renommierte Cervantes Arts Festival statt, bei dem sich alles

Die aus kolonialen Zeiten stammende Kirche La Parroquia erfuhr um 1880 eine eigenwillige Restauration im neogotischen Stil.

um Musik, Tanz, Theater und Kunst dreht. Einer der vielen Veranstaltungsorte ist das Teatro Juárez am Jardín de la Unión, dem alten Hauptplatz der Minenstadt und ein beliebter Treffpunkt der Mariachis. Im Museo Casa de Diego Rivera, dem restaurierten Geburtshaus des Malers, gibt es eine umfangreiche Sammlung aus seinem Frühwerk zu besichtigen.

Die Stadt Guanajuato spielte für die mexikanische Geschichte eine wichtige Rolle.

Mit einer Seilbahn gelangen Sie zum Fuß der gigantischen Statue, die El Pípila ehrt, einen Minenarbeiter, der 1810 den Getreidespeicher in Brand steckte, in dem sich die spanischen Soldaten verschanzt hatten. Diese Tat ermöglichte den ersten militärischen Sieg für die mexikanische Unabhängigkeitsbewegung.

Die Villa María Cristina ist das mondänste Hotel der Stadt. 13 großzügige Suiten und ein Pool sorgen nach einem langen Tag in der Stadt für die perfekte Entspannung.

Wo: San Miguel de Allende liegt 290 km nordwestl. von Mexiko-Stadt. CASA DE SIERRA NEVADA: Tel. +52/415-152-7040; www.casadesierranevada.com. *Preise:* ab € 185. CASA SCHUCK: Tel. +52/415-152-0657; www.casaschuck.com. *Preise:* ab € 145. VILLA MARÍA CRISTINA: Tel. +473-731-2182; www.villamariacristina.net. *Preise:* ab € 215. REISEZEIT: San Miguel: Semana Santa (Karwoche); Feste und Prozessionen; 15./16. Sept.: Unabhängigkeitstag; 29. Sept.: Fiesta de San Miguel. Guanajuato: Okt.: Cervantes Festival.

Spielwiese der Reichen und Schönen

ACAPULCO

Guerrero, Mexiko

Obwohl Acapulcos Ruf als glamouröser Tummelplatz von Hollywoods Jetset im Laufe der Jahre von anderen mexikanischen Urlaubsorten etwas in den Schatten gestellt wurde, hat sich an der Schönheit der Bucht am Pazifik nichts geändert. Denkt man sich die legendären Sonnenuntergänge, die wilde Partyszene und die La-Quebrada-Felsen hinzu, von denen sich immer wieder Mutige aus schwindelerregender Höhe in ein beängstigend winziges Becken stürzen, wird klar, dass die Faszination dieser Stadt unverwüstlich ist.

Acapulcos Hotelszene erlebte zuletzt eine kleine Renaissance, und es wurde eine Reihe neuer Häuser eröffnet, darunter das Boca Chica im Stil der 1950er-Jahre. Es erinnert an die goldenen Zeiten, als Stars wie John Wayne, Rita Hayworth oder Elvis Presley hier logierten. Die 30 Zimmer gewähren freien Ausblick auf die üppig grüne Isla La Roqueta, ein beliebtes Ziel für Schnorchler und Sonnenanbeter.

Unumstrittene Königin dieses Urlaubsparadieses ist das auf einem Hügel gelegene Las Brisas Resort. Jedes der von Bougainvilleen umgebenen Ferienhäuser hat einen eigenen

Pool, und der Ausblick ist grandios. Mit den hauseigenen pinkfarbenen Jeeps werden Gäste durch die ausgedehnten Gärten kutschiert.

Für alle, die eine Unterkunft abseits der Hektik von Acapulco suchen, empfiehlt sich das Banyan Tree Cabo Marques. Es setzt auf asiatisch inspirierte Interieurs, und auch hier hat jedes Haus einen Privatpool mit Panoramablick. Wer es authentisch liebt, ist im verschlafenen Fischerdorf Pie de la Cuesta gut aufgehoben. Ein Spaziergang an den feinen Sandstränden bringt die alten Zeiten zurück, in denen Acapulco noch keine Spielwiese der Schönen und Reichen war. **Wo:** 386 km südl. von Mexiko-Stadt. **Boca Chica:** Tel. +52/744-482-2879; www.hotelbocachica.com. *Preise:* ab € 155. **Las Brisas:** Tel. +52/744-469-6900; www.brisashotelonline.com. *Preise:* ab € 166. **Banyan Tree:** Tel. +52/744-434-0100; www.banyantree.com. *Preise:* ab € 445. **Reisezeit:** Nov.–Mai: bestes Wetter; 12. Dez.: Erscheinungsfeier der Jungfrau von Guadalupe, Klippenspringen La Quebrada.

Schon lange kein Geheimtipp mehr

ZIHUATANEJO

Guerrero, Mexiko

Noch schwieriger, als Zihuatanejo richtig auszusprechen, ist es, den Ort auf einer Landkarte zu finden. Dennoch haben erfahrene Weltenbummler das bunte, alte Fischerdorf schon vor langer Zeit als eines der Traumziele Mexikos für sich entdeckt. Das kleine Örtchen am Fuß der Sierra Madre liegt an einer von schimmernden Stränden umsäumten Bucht. Kein Wunder, dass alle Eingeweihten dieses Paradies mit niemandem teilen möchten.

Die Playa la Ropa und die Playa las Gatas sind von Palmen beschattete Traumstrände mit glasklarem Wasser, das zum Schwimmen und Schnorcheln einlädt. In den einfachen strohgedeckten Restaurants kann man die Früchte des Meeres fangfrisch genießen.

Einige der Hotels zählen zu den besten Resorts Mexikos: Das detailverliebte Tides Zihuatanejo an der Playa la Ropa ähnelt mehr einem Privathaus als einem Hotel und ist ein perfekter, romantischer Rückzugsort. Die Ferienhäuser sind in warmen Farbtönen getüncht, die extrabreiten Betten verschwinden unter einem hauchzarten Moskitonetz. Die Casa Que Canta („Das singende Haus") thront ganz in der Nähe auf einer felsigen Anhöhe. Das Gebäude wurde in traditioneller Lehmziegelarchitektur erbaut, die Atmosphäre ist entspannt und familiär. Viele der Suiten haben Aufenthaltsräume unter freiem Himmel, kleine Privatpools und strohgedeckte Terrassen.

Perfekter Tagesabschluss ist ein Dinner bei Sonnenuntergang an der Bucht von Kau-Kan, wo der in Paris geschulte Chef des Hauses, Ricardo Rodriguez, Köstlichkeiten des Meeres serviert – als Spezialität gelten die mit Hummer und Shrimps gefüllten Kartoffeln. Rodriguez leitet auch das außerhalb der Stadt gelegene kleine Luxushotel Casa Kau-Kan. **Wo:** 576 km südwestl. von Mexiko-Stadt. **Tides:** Tel. +52/755-555-5500; www.tideszihuatanejo.com. *Preise:* ab € 263 (Nebensaison), ab € 370 (Hochsaison). **La Casa Que Canta:** Tel. +52/755-555-5050; www.lacasaquecanta.com. *Preise:* ab € 363. **Kau-Kan:** Tel. +52/755-554-8446; www.casakaukan.com/kaukan. *Preise:* Dinner € 37. **Casa Kau-Kan:** Tel. +52/755-554-6226; www.casakaukan.com. *Preise:* ab € 90. **Reisezeit:** Nov.–Apr.: bestes Wetter.

„In Mexiko-Stadt wohnt unter jedem Stein ein Gott, und wenn diese Steine sprechen, dann erzählen sie die Geschichte unseres Volkes." – ELENA PONIATOWSKA

MEXIKO-STADT

Mexiko

Vor mehr als 1000 Jahren errichteten die Azteken auf einer Insel in einem riesigen See ihre Hauptstadt Tenochtitlán. Als die Spanier 1519 hier ankamen, war es die größte Metropole der Welt. Das moderne Mexiko-Stadt auf den Ruinen der Azteken-Kapitale ist auch heute wieder eine der bevölkerungsreichsten Städte weltweit. Sämtliche Strömungen und Facetten der alten mexikanischen Kultur verschmelzen hier mit der Urbanität einer modernen Großstadt. Hektisch und verwirrend groß, widersprüchlich in ihren Extremen zwischen Elend und Reichtum, findet diese oft geschmähte, aber dennoch faszinierende Metropole immer größere internationale Beachtung als ein rasant wachsendes kulturelles Zentrum.

schlug das Herz des Aztekenreichs, die alten Tempel wurden unter den Konquistadoren abgetragen, um die Monumente zu schaffen, die Sie noch heute sehen können. Zu ihnen gehört auch die größte Kathedrale Lateinamerikas, die Catedral Metropolitana. Neben ihr liegt das Museo Templo Mayor. Zufällig wurden 1978 hier die Reste eines alten aztekischen Tempels entdeckt, ein wunderbares Zeugnis der präkolumbischen Geschichte. Im aus dem 17. Jh. stammenden Palacio Nacional, dem Sitz des mexikanischen Parlaments, kann man Diego Riveras monumentalen Freskenzyklus bewundern. Den schönsten Blick auf den Platz hat man von der Dachterrasse des Holiday Inn aus, wo einst Montezumas Palast stand. **MUSEO TEMPLO MAYOR:** Tel. +52/55-5542-4943; www.templomayor.inah.gob.mx. **HOLIDAY INN:** Tel. +52/55-5130-5130; www.holidayinn.com. *Preise: ab € 90.*

Der Zócalo diente schon zur Zeit der Azteken als öffentlicher Versammlungsort.

HAUPTATTRAKTIONEN

DER ZÓCALO – Der riesige Zócalo, auch Plaza Mayor genannt, wird an Größe nur noch vom Roten Platz in Moskau übertroffen. Hier

PALACIO DE BELLAS ARTES – Der opulente „Palast der Schönen Künste" am Rand der Altstadt ist zugleich Sitz des Ballet Folklorico und des ältesten und bedeutendsten Kunstmuseums des Landes. Namhafte mexikanische Künstler des frühen 20. Jh. wie Diego Rivera, Tamayo, Orozco und Siqueiros schmückten die Wände mit fantastischen Wandgemälden. Wie der 1907 erbaute Palacio Postal liegt das Museum direkt gegenüber der Alameda, einem grünen Park, der vor allem bei Familien und frisch Verliebten beliebt ist. **Info:** Tel. +52/55-5325-9000; www.bellasartes.gob.mx.

Die Jugendstilfassade des Palacio de Bellas Artes spiegelt auch das Programm der innen präsentierten Sammlung wider.

PLAZA GARIBALDI UND TLATELOLCO – An den Wochenenden versammeln sich auf der Plaza Garibaldi unzählige Sänger und fliegende Tequilahändler, und Mariachi-Combos spielen sich die Seele aus dem Leib, um einen Auftritt bei einer Hochzeit oder einer *quinceañera*-Party zu ergattern (ein Fest zum 15. Geburtstag eines Mädchens). Die Ruinen von Tlatelolco, einem alten aztekischen Marktplatz, erinnern an das letzte Gefecht der Eingeborenen gegen den spanischen Eroberer Cortés, das von Montezumas Neffen Cuauhtémoc angeführt wurde. Auch später machte der Ort Schlagzeilen: 1968 schlug hier die Regierung einen Studentenaufstand nieder – mit Hunderten Toten. Die heutige Opposition gegen die Regierungspartei PRI hat in diesem Ereignis ihre Wurzeln.

PASEO DE LA REFORMA UND MUSEO NACIONAL DE ANTROPOLOGÍA – Eine der wenigen Errungenschaften des österreichischen Kaisers Maximilian I. während seiner nur kurzen Regierungszeit im 19. Jh. war die Anlage des Paseo de la Reforma, eine Replik der Pariser Champs-Élysées und einer der prächtigsten Boulevards des amerikanischen Kontinents. Auf einem Spaziergang westlich vom Stadtzentrum können Sie hier nicht nur die großen Botschaften und das Unabhängigkeitsdenkmal besichtigen, sondern auch das von Feigenbäumen geschmückte Viertel Zona Rosa. 2 Dinge sollten Sie sich im riesigen Chapultepec-Park auf keinen Fall entgehen lassen: das Castillo de Chapultepec, wo die Stadt 1847 vor den US-amerikanischen Truppen kapitulierte, und am anderen Parkende das Museo Nacional de Antropología, das größte Museum Mexikos und ein Meisterwerk der modernen Architektur. Hier werden die Schätze der präkolumbischen Geschichte Mexikos gehütet, darunter ein 25 t schwerer aztekischer Sonnenstein. **MUSEO NACIONAL DE ANTROPOLOGÍA:** Tel.+52/55-5553-6381; www.mna.inah.gob.mx.

COYOACÁN – In dieser alten aztekischen Stadt quartierte einst Cortés seine Geliebte ein (die nationale Antiheldin La Malinche). Heute hat sie sich zum noblen Vorort entwickelt. Die koloniale Enklave, in der auch Frida Kahlo in der berühmten Casa Azul, dem „Blauen Haus", residierte, war lange ein Intellektuellenviertel. Die Casa Azul ist heute ein Museum, das sich ganz dem Leben und Werk der großen Künstlerin widmet. In der Nähe liegt die Casa León Trotsky, in der der russische Revolutionär Trotzki Zuflucht vor dem stalinistischen Regime suchte und 1940 ermordet wurde. Nach einem Spaziergang über den Markt können Sie einen Zwischenstopp im Café El Jarocho einlegen, wo es den angeblich besten, ganz sicher aber den stärksten Kaffee der ganzen Stadt gibt. **CASA AZUL:** Tel. +52/55-5444-5999; www.museofridakahlo.org.mx. **MUSEO CASA DE LEÓN TROTSKY:** Tel. +52/55-5554-0687; http://museocasadeleontrotsky.blogspot.com. **EL JAROCHO:** Tel. +52/55-56-58-50-29; www.cafeeljarocho.com.mx.

UNAM – Die Universidad Nacional Autónoma de México (Nationale Autonome Universität von Mexiko) ist eine der ältesten und mit rund 270.000 Studenten auch eine der größten Universitäten Amerikas. Auf dem weitläufigen Campus kann man die enormen Wandgemälde von Künstlern wie David Alfaro Siqueiros und Diego Rivera bewundern. Die 12-geschossige Zentralbibliothek wird von einem Wandgemälde von Juan O'Gorman geziert, das über 400 Jahre mexikanischer Geschichte illustriert. **EDIFICIO DE LA BIBLIOTECA CENTRAL:** Tel. +52/55-5622-1603; www.unam.mx.

BASILICA DE GUADELUPE – An dieser Stelle soll 1531 einem Indio namens Juan Diego die Hl. Jungfrau erschienen sein. Heute stehen auf dem Platz, der „La Villa" genannt wird, 2 Kirchen; die erste wurde 1709 vollendet. Um die Pilgermassen aufzunehmen, die jedes Jahr kommen, fügte man 1976 eine weitere hinzu. Am 12. Dezember versammeln sich Tausende, um Juan Diego zu ehren, der 2002 als erster indigener Heiliger in die Geschichte Amerikas einging. **INFO:** Tel. +52/55-5577-6022; www.virgendeguadalupe.org.mx.

XOCHIMILCO – Hier entwickelten die Azteken ein ungewöhnliches Landwirtschaftssystem: Obst und Gemüse wurde auf Schilfinseln angebaut, die auf einem See trieben, der mittlerweile größtenteils trockengelegt wurde. Nur noch wenige Kanäle sind erhalten, und heute sind die Schwimmenden Gärten ein beliebtes Ausflugsziel. Bei einem Besuch wird Ihnen sicher auch eine der Hochzeitsgesellschaften auf einer *trajinera* begegnen, einem farbenfrohen Ausflugsboot. Feierlustige machen einen Zwischenstopp bei einem der Schnapslädchen auf den kleinen Inseln oder steuern das Pavillon-Restaurant an. Auch bei einem der vielen Händler, die in Kanus unterwegs sind, kann man sich mit Bier, Mais und Tacos eindecken. Bei Sonnenuntergang ist die festlich beleuchtete Szenerie unwiderstehlich romantisch. **Wo:** 28 km südl. vom Stadtzentrum.

ÜBERNACHTEN

CAMINO REAL – Mit seinen fast 700 Zimmern inmitten einer Gartenlandschaft übertrifft das Camino beinahe alle anderen Hotels nicht nur an Größe, sondern auch an Luxus: Sanft plätschernde Brunnen in Lobbys, deren hohe Decken an Kirchenschiffe erinnern, und sage und schreibe 5 Restaurants. Auch die Nähe zum Botschaftsviertel und zum Chapultepec-Park gibt jedem Gast das Gefühl, ganz nah am Pulsschlag der Stadt zu sein. **INFO:** Tel. +52/55-5263-8888; www.caminoreal.com. *Preise:* ab € 133.

LA CASONA – Das kleine, aber edle Hotel bezaubert mit geblümten Tapeten, orientalischen Teppichen und Antiquitäten. Hier tritt Herzlichkeit an die Stelle steifen Zeremoniells. Die Nähe zur Colonia Roma, einem Stadtviertel, das noch den Geist des alten Europas zu atmen scheint, ist ein zusätzlicher Pluspunkt. **INFO:** Tel. +52/55-5286-3001; www.hotellacasona.com.mx. *Preise:* ab € 105.

CONDÉSA DF – Das 2004 inmitten des Parque España eröffnete Condésa DF brachte sofort frischen Wind in dieses aufstrebende Viertel. Die Kombination aus schlichtem Design und gehobener Küche war revolutionär, und obwohl diese Oase inmitten des Großstadtmolochs liegt, wirkt sie frisch und einladend. Der vierstöckige Bau gruppiert sich um ein helles Atrium, wo man ein großartiges Frühstück und an den Wochenenden köstlichen Brunch bekommt. **INFO:** Tel. +52/55-5241-2600; www.condesadf.com. *Preise:* ab € 145.

LAS ALCOBAS – Das Haus griff im etwas weiter nördlich gelegenen noblen Stadtteil Polanco die Anregungen des Condésa DF auf und ergänzte sie um etliche moderne Raffinessen. Der Service erinnert an den Charme eines europäischen Grandhotels, die 35 modernen Zimmer sind Juwelen zeitgenössischen Designs. Die gefeierte Gastronomin Marta Ortiz betreibt das hauseigene Restaurant

Barroco mit gediegener Speisekarte und das legerere Dulce Patria im Stil mexikanischer Cantinas. Direkt vor der Haustür finden Sie außerdem die schickste Shoppingmeile des Landes. INFO: Tel. +52/55-3300-3900; www.lasalcobas.com. *Preise:* ab € 392.

DISTRITO CAPITAL – Die vom Innenarchitekten Joseph Dirand gestaltete elegante, aber anheimelnde Unterkunft mit 30 Zimmern liegt im 26. Stock eines Hochhauses mit Blick auf die Zwillingsvulkane Popocatépetl und Iztaccíhuatl. Zum Hotel im Einkaufsbezirk von Santa Fe im noblen Westen der Stadt gehört auch das vom mexikanischen Starkoch Enrique Olvera betriebene Restaurant Pujol (s. unten). INFO: Tel. +52/55-5257-1300; www.hoteldistritocapital.com. *Preise:* ab € 110; Dinner € 33.

EL PATIO 77 – Das Gästehaus mit 8 Zimmern entstand in einem sorgfältig renovierten Bau aus dem 19. Jh. Umweltverträglichkeit spielte eine entscheidende Rolle, und das Ergebnis kann sich sehen lassen: dunkle Holztüren, glänzende Dielenböden, hohe Decken und 2 friedliche Innenhöfe, in denen das Frühstück serviert wird. Das Haus liegt zwischen Zentrum und Reforma nördlich von Polanco, und die Kunstszene hat es seit Kurzem als neuen Tummelplatz entdeckt. INFO: Tel. +52/55-5592-8452; www.elpatio77.com. *Preise:* ab € 55.

ESSEN & TRINKEN

BISTROT MOSAICO – Schon ein einziger Blick in dieses Bistro im französischen Stil wird Sie ins Innere locken. Hier serviert man Omeletts, Suppen, Sandwiches oder Salate, begleitet von einem Glas Wein. Ein guter Ort für eine Pause auf dem Spaziergang durch das Art-déco-Viertel Hipódromo. Zum Lunch ist es hektisch und laut, Dinner wird bei Kerzenschein serviert. Obwohl das Bistrot Mosaico keinen mondänen Eindruck macht, sollten Sie besser reservieren. INFO: Tel. +52/55-5584-2932; www.bistrotmosaico.com.mx. *Preise:* Lunch € 15.

EL CALIFA – Dieses bodenständige Restaurant ist vor allem für seine deftige mexikanische Hausmannskost bekannt. Die meisten *chilangos* (Einwohner von Mexiko-Stadt) sind sich einig, dass hier die besten Tacos der Stadt serviert werden, und das immer frisch und bis in die frühen Morgenstunden. In dem hellen und freundlichen Lokal sind die *tacos al pastor* mit mariniertem Schweinefleisch, Zwiebeln, Koriander und Ananas das absolute Highlight. INFO: Tel. +52/55-5271-6285; www.elcalifa.com.mx. *Preise:* € 12.

IZOTE – Das kleine, minimalistisch eingerichtete Haus unter der Leitung von Chefköchin Patricia Quintana ist so gut, dass es keinen glamourösen Auftritt braucht: Die Küche hebt den scheinbaren Widerspruch zwischen gehaltvoller traditioneller und leichter moderner Küche auf. Auf der Karte stehen Appetithäppchen in 3 Variationen (Fisch, Zwiebeln und Chilis, in Zitronensaft mariniert), Suppen und Steaks und zartes, in Bananenblättern gegartes Lammfleisch. INFO: Tel. +52/55-5280-1671; *Preise:* Lunch € 22.

POZOLERÍA TIXTLA – *Pozole* ist ein beliebtes mexikanisches Nationalgericht, ein Eintopf aus Schweinefleisch, Käse, Chili und Maisgrütze, der vor allem donnerstags serviert wird. Hier bekommt man ihn täglich – das ist aber auch der einzige Bruch mit der Tradition. Wählen Sie einfach zwischen *blanco* oder *verde* (mit grüner *mole*), fügen Sie Avocado oder *chicharrones* hinzu (frittierte Schweinekrusten), dazu frische Tortillas, und Sie werden sich im Himmel wiederfinden. Der Rest der Karte liest sich wie das Einmaleins der regionalen Küche: Tacos, *chiles japones*, *tostadas con pato* (Ente) oder *cecina* (gedörrte, salzige Fleischscheiben) aus Guerrero, der Heimat des Besitzers. INFO: Tel. +52/55-5564-2859; *Preise:* Lunch € 12.

PUJOL – Das moderne und hochgelobte Restaurant unter Chefkoch Enrique Olvera punktet mit kleinen, aber feinen Gerichten, in

Mariachis auf einer trajinera *in den Kanälen von Xochimilco, einem Stadtteil von Mexiko-Stadt.*

denen einheimische und europäische Einflüsse verschmelzen. Probieren Sie die Tamales mit *huitlacoche* (ein Maispilz, den man auch Aztekischen Trüffel nennt), außerdem das Enten-Carpaccio an Mescal-Schaum oder Wildbret mit einem violetten Püree aus Bananen. **Info:** Tel. +52/55-5545-4111; www.pujol.com. *Preise:* Dinner € 48.

Sobrinos – Obwohl dieser Newcomer nicht besonders mondän daherkommt, wurde er wegen dem charmanten Bistroambiente und der 1-a-Lage schnell zum Liebling der Restaurantszene. Der Schwerpunkt liegt auf französischer Küche, aber auch mexikanische Spezialitäten wie *torta de pato* (Entensandwich) mit roter Salsa werden serviert. Die Desserts sind ein Gedicht, und die Auswahl an Wein, Tequila und Mescal ist eine der besten. Sichern Sie sich ein Plätzchen am Straßenrand und genießen sie die Atmosphäre des Roma-Norte-Viertels. **Info:** Tel. +52/55-5264-7466. *Preise:* Dinner € 30.

Taquerías – Tacos sind das unumstrittene Nationalgericht Mexikos: Man isst sie mittags, abends oder auch nachts; sie können mit allen möglichen Fleischsorten gefüllt sein, und sie heben sämtliche gesellschaftlichen Unterschiede auf: Alle verzehren sie fast täglich, zu Hause oder unterwegs. Straßenessen gehört in Mexiko übrigens zu den unbedenklichsten Speisen (auch wenn der Besucher lieber Unmengen an Zitrone und Chili hinzufügt – desinfizierend und zugleich geschmacksverstärkend ...). Das Tacos Speed (Carlos B. Zetina 118) in Tacubaya, einem Viertel, das für seine Taquerías berühmt ist, gibt es die besten *alambre* der Stadt: Tortillas mit zartem Rindfleisch, Zwiebeln und Chilis. Das Los Parados in Roma Sur gehört zu einer Kette und hat immer bis spät geöffnet. Die Auswahl an *pico de gallo* – einer „trockenen" Salsa aus gehackten Tomaten, Zwiebeln und scharfen Chilis – ist überwältigend und sollte nur mit Vorsicht genossen werden. Das La Fonda Argentina im Nobelstadtteil Independencia ist so beliebt, dass direkt gegenüber eine weitere Filiale eröffnet werden musste. **Los Parados:** Tel. +52/55-5564-6941; **La Fonda Argentina:** Tel. +52/55-5539-1617; www.fondaargentina.com.

Pulque – Diese dickflüssige Variante des Mescal aus Agavensaft bekommt man nur in Mexiko. Pulque ist nicht lagerfähig und muss schnell verzehrt werden. Man kann das milchige Getränk pur genießen oder eine der mit Erdbeeren, Guaven, Haferflocken oder Nüssen verfeinerten Varianten probieren. Bis zur Mitte des 20. Jh. war es ein Armeleutegetränk, bis das Bier kam. Von den zahllosen, nur Männern zugänglichen *pulquerías* sind nur wenige übrig geblieben. Heute sind es beliebte Treffpunkte für beide Geschlechter, die meist vom Vormittag bis in den späten Abend geöffnet sind. Pulque, eigentlich ein Getränk, das man den rituellen Opfern der Azteken einflößte, erfreut sich heute vor allem bei der jungen Generation wieder großer Beliebtheit. Die letzte *pulquería* im Stadtzentrum ist das kleine La Risa (Mesones 71), wo alte Männer und junge Studenten einträchtig Seite an Seite sitzen. Wegen der zentralen Lage trifft man hier auch auf viele Touristen. Hochprozentigeres wird im La Hija de los Apaches ausgeschenkt (Dr. Claudio Bernard 149, Col. Doctores), einer Studentenkneipe wo der raubeinige Eigentümer Epiphano „Pifas" Leyvas (ein ehemliger Box-Champion) sein strenges Regiment führt. Die erste neue *pulquería*, die in diesem Jahrzehnt eröffnet wurde, ist das Los Insurgentes (Insurgentes Sur 226, Col. Roma Norte), wo das süße, starke Getränk in großen tönernen Krügen serviert wird. Die jungen Besitzer knüpfen so an eine Tradition an, die vor deren Geburt schon fast ausgestorben war.

TAGESAUSFLÜGE

TEOTIHUACÁN – Jahrhunderte bevor die Azteken kamen, war diese mächtige, alte Stadt aus schwarzem Fels das soziale und politische Zentrum Mittelamerikas. In dieser Metropole, die zwischen 100 v. Chr. und 250 n. Chr. erbaut wurde, lebten zur Blütezeit etwa 200.000 Menschen. Nachdem die Stadt um 750 n. Chr. aufgegeben worden war, fiel sie bis zur Ankunft der Azteken um das Jahr 1200 in Dornröschenschlaf: Diese nannten die Ruinen den „Ort, an dem die Götter geboren werden" und machten ihn zur wichtigen Pilgerstätte. Sie können einen Aufstieg auf die Sonnenpyramide oder die nur wenig niedrigere Mondpyramide wagen, beide liegen an der breiten Hauptstraße, die auch „Straße der Toten" genannt wird. Genießen Sie diese einzigartige archäologischeStätte am besten in den frühen Morgenstunden, das exzellente zugehörige Museum bietet während der Gluthitze des Nachmittags willkommene Abkühlung. **Wo:** 48 km nördl. von Mexiko-Stadt/Zentrum.

TEPOZTLÁN – eine wunderschöne, von Terrakottagebäuden geprägte Stadt am Fuß einer gewaltigen Felsformation, die über einem Tal mit mystischer Bedeutung thront. Hier soll der Legende nach Quetzalcóatl geboren sein, der gefiederte Schlangengott, den Azteken, Tolteken und auch das Volk der Maya verehrten. Wanderer, die den Berg Tepozteco erklimmen, um dort die dem Quetzalcóatl geweihte Pyramide zu besichtigen, werden mit großartigen Aussichten belohnt. Das verschlafene Dorf ist ein Eldorado für Anhänger von Yoga, Astrologie, Meditation und Esoterik. Der als Pueblo Mágico ausgezeichnete Ort lockt auch viele Touristen aus Mexiko-Stadt an, daher gibt es zahlreiche Cafés und kleine Geschäfte. Vor allem die Eisdiele, die neben klassischen Sorten auch Tequila-, Karotten oder Chilieis anbietet, ist legendär. Am Wochenende findet auf dem Hauptplatz ein Wochenmarkt statt, in der Woche vor Weihnachten werden dort *pastorelas* aufgeführt, die vergleichbar mit unseren europäischen Krippenspielen sind. **Wo:** 92 km südl. von Mexiko-Stadt/Zentrum; 16 km nördl. von Cuernavaca.

CUERNAVACA – Hernan Cortés war der erste berühmte Bewohner von Mexiko-Stadt, der sich in dieser „Stadt des ewigen Frühlings" ein Feriendomizil schuf. Das trutzige Haus des Konquistadors beherbergt heute das Museo Regional Cuauhnáhuac (der alte aztekische Name der Stadt). Die Sammlung zeigt Exponate aus kolonialer und präkolumbischer Zeit, aber auch ein Wandgemälde von Diego Rivera. Genießen Sie die schmiedeeiserne Pracht auf der Plaza de Armas und legen Sie einen Zwischenstopp ein im Museo Robert Brady mit seiner Sammlung an einheimischer Kunst, Antiquitäten aus der Kolonialzeit und vielen Gemälden mexikanischer Künstler. Das Las Mañanitas wird als eines der besten Hotels von ganz Mexiko gehandelt und liegt nur wenige Minuten zu Fuß vom Zócalo entfernt. Die 20 Suiten liegen inmitten paradiesischen Grüns, überall tummeln sich Pfauen und bunte Papageien. Der erfrischende Pool und ein hauseigenes Restaurant fehlen nicht. **Wo:** 81 km südl. von Mexiko-Stadt/Zentrum. **BRADY MUSEUM:** Tel. +52/77-7318-8554; www.bradymuseum. org. **LAS MAÑANITAS HOTEL:** Tel. +52/77-7314-1466; www.lasmananitas.com.mx. *Preise:* ab € 150 (Nebensaison), ab € 333 (Hochsaison).

Traditionelles Kunsthandwerk und ein legendärer orange-schwarzer Schmetterling

MORELIA UND PÁTZCUARO

Michoacán, Mexiko

Im Bundesstaat Michoacán lebt das indigene Volk der Tarasken, das vor allem für seine klangvolle Sprache, das Purépecha, und sein farbenfrohes Kunsthandwerk berühmt ist. Bewundern kann man Letzteres in großer Zahl in der Casa de Artesanías de Michoacán, einer Mischung aus Museum und Laden in der Bundeshauptstadt Morelia. Morelia ist ein Juwel der Kolonialzeit, mit vielen Gebäuden aus roséfarbenem Stein und einer mächtigen Kathedrale von 1640.

In der prächtigen alten Bischofsresidenz am Hauptplatz verströmt heute noch das Hotel Los Juaninos den Charme der Alten Welt. Die Interieurs des Vierflügelbaus beeindrucken mit holzgetäfelten Decken und detailreichen Schnitzereien an den Türen. Vom Restaurant auf der Dachterrasse hat man einen wundervollen Blick auf die Kathedrale, die nachts in atmosphärisches Licht getaucht ist. Die südlich der Stadt inmitten grüner Hügel gelegene Villa Montaña bezaubert mit labyrinthischen Gärten, die man erkunden kann.

Wenn Sie die Gegend zwischen Mitte November und März bereisen, können Sie Millionen der orange-schwarzen Monarchfalter beobachten, die zum Überwintern aus dem Osten der USA und Kanada bis ins Hochland von Mexiko über 3000 km zurücklegen. Im Schutzgebiet El Rosario, nur 2 Stunden von Morelia entfernt, sind sie so zahlreich, dass ihr Flügelschlag die Luft zum Zittern bringt und dünnere Zweige unter dem Gewicht von Tausenden winzigen Körpern brechen.

Michoacáns zweitgrößte Stadt ist das nur 50 km von Morelia entfernte malerische Pátzcuaro in der Nähe des gleichnamigen Sees. Freitag ist Markttag, dann strömen indigene Händlerinnen aus den umliegenden Dörfern hierher, um Kunsthandwerk jedweder Art anzubieten: handgetriebene Kupferwaren, Gitarren aus Paracho oder exquisite Lackwaren aus Uruapán. Pátzcuaro selbst ist berühmt für seine qualitativ hochwertigen Sarapes und andere handgewebte Textilien.

Lassen Sie sich auf keinen Fall eine Bootsfahrt zur Isla Janitzio entgehen. Am faszinierendsten ist dieser Ausflug während des Día de los Muertos am 1. und 2. November, wenn in Mexiko das Leben gefeiert und der Verstorbenen gedacht wird.

Pátzcuaros La Mansión de los Sueños lässt mit seinen Lehmziegelwänden, holzgetäfelten Decken und schönen Patios die glanzvollen alten Zeiten noch einmal lebendig werden. Die 12 Suiten sind individuell ausgestattet mit Wandgemälden, antiken Möbeln und offenen Kaminen, vor denen man es sich an kühlen Abenden gemütlich machen kann.

Wo: Morelia liegt 306 km westl. von Mexiko-Stadt. **HOTEL LOS JUANINOS:** Tel. +52/443-312-0036; www.hoteljuaninos.com.mx. *Preise:* ab €110. **VILLA MONTAÑA:** Tel. +52/443-314-0231; www.villamontana.com.mx. *Preise:* ab €155. **WIE:** Mex Mich Guides bietet Tagestouren ins Monarchfalter-Schutzgebiet El Rosario. Tel. +52/443-340-4632; www.mmg.com.mx. *Preise:* €30. *Wann:* Mitte Nov.–März. Startet in Morelia. **MANSIÓN DE LOS SUEÑOS:** Tel. +52/434-342-5708; www.mansiondelossuenos.com. *Preise:* ab €122. **REISEZEIT:** Mitte Nov.–März: Monarchfalter-Beobachtung; 1./2. Nov.: Día de los Muertos.

Ein Tag im Zeichen von Kultur und Gaumenfreuden

OAXACA

Oaxaca, Mexiko

In der Altstadt von Oaxaca verschmelzen die uralten zapotekischen und mixtekischen Traditionen mit der Kultur der Alten Welt. Allein mit der Besichtigung der 27 kolonialen Kirchen wären Sie mehrere Tage beschäftigt, unter ihnen Schmuckstücke wie die barocke Templo de Santo Domingo de Guzmán. Auch die umtriebigen Märkte sind ein echtes Highlight. Durchstreifen Sie die Straßen rund um den *zócalo* und sehen Sie sich die Galerien und Kunsthandwerksläden wie den Mercado de Artesanías an, wo es die typischen, reich bestickten Textilien gibt. Das Museo Regional de Oaxaca gilt als eines der besten Museen Mexikos. Die Sammlung illustriert die Geschichte des Bundesstaates von seinen frühen Anfängen zur Zeit der Olmeken um 1200 v. Chr. bis zur Gegenwart.

Frisches Gemüse an einem Marktstand.

Blütezeit zwischen dem 3. und 8. Jh. Vom Hauptplatz aus kann man die alten Ballspielplätze und die mehr als 170 Grabmäler sehen, darunter Grab 7, in dem man über 500 goldene Objekte und kostbare Juwelen fand. Die wertvollsten werden heute im Museo Regional ausgestellt.

Im Kloster Santa Caterina de Siena aus dem 16. Jh. residiert heute das Camino Real, das eleganteste Hotel Oaxacas. Gäste können sich an den alten Fresken, nach Jasmin duftenden Patios und einem wunderschönen alten Brunnenhaus erfreuen, dem Los Lavaderos (Waschhaus). Eine weitere Übernachtungsmöglichkeit ist das elegant-minimalistische Casa Oaxaca mit 7 Gästezimmern. Besitzer Alejandro Ruiz leitet auch das hervorragende hauseigene Restaurant, gespeist wird bei Kerzenlicht im Patio.

Oaxaca ist umgeben von Dörfern, von denen jedes spezielle Waren fertigt und verkauft: schwarze Töpferwaren aus San Bartolo, Wolltextilien aus Teotitlán del Valle und bunt bemalte Schnitzereien aus Arrazola. Die Stadt ist auch ein kulinarisches Zentrum, berühmt für Empanadas, heiße Schokolade und 7 Variationen köstlicher *mole*. In der stimmungsvollen Mezcalería los Amantes können Sie vom Mescal kosten, dem berühmten Agavenschnaps, der aus dieser Region stammt. Mutige können sich auch an den würzigen, frittierten *chapulines* (Grashüpfern) versuchen. Feinschmeckerseminare, wie sie die Casa de los Sabores anbietet, sind für gastronomisch Interessierte fast schon ein Muss.

In der Nähe von Oaxaca-Stadt liegt auch eine der wichtigsten archäologischen Stätten Mexikos. Monte Albán war einst das Zentrum der Zapotekenkultur, die Stadt erlebte ihre

Wo: 547 km südl. von Mexiko-Stadt. **MUSEO REGIONAL:** Tel. +52/951-516-2991; **CASA DE LOS SABORES:** Tel. +52/951-516-5704; www.casadelossabores.com. *Preise:* 1-tägiges Kochseminar € 48. **CAMINO REAL:** Tel. +52/951-516-0611; www.camino-real-oaxaca.com. *Preise:* ab € 177. **CASA OAXACA:** Tel. +52/951-514-4173; www.casaoaxaca.com.mx. *Preise:* ab € 125. **CASA OAXACA EL RESTAURANTE:** Tel. +52/951-516-8531; www.casaoaxacaelrestaurante.com. *Preise:* Dinner € 30. **REISEZEIT:** Osterwoche; Ende Juli: Guelaguetza Dance Festival; 1./2. Nov.: Día de los Muertos; 23. Dez.: „Nacht der Rettiche".

Die einzige Mayastadt an der Küste

TULUM UND DIE RIVIERA MAYA

Quintana Roo, Mexiko

An der Südspitze der Riviera Maya, einer Reihe alter Fischerdörfer an der karibischen Küste, die sich im Laufe der Zeit in schicke Urlaubsresorts verwandelt hat, liegt die einzige Küstenstadt der Maya. Was Tulum an geschichtlicher Bedeutung fehlt, macht es durch seine Schönheit wett. Allein der Anblick des Tempels, der über den makellos weißen Sandstränden auf einem Felsen thront, ist atemberaubend. Der von einer Mauer umschlossene Komplex wurde um das Jahr 1000 errichtet. Das beeindruckende Monument neben dem Tempel ist der Wachtturm El Castillo; seine steinernen Schlangenreliefs erinnern an die von Chichén Itzá (s. nächste S).

In der Region gibt es, wie auf der gesamten Halbinsel Yucatán, zahllose Cenotes (mit Süßwasser gefüllte Erdvertiefungen) und unterirdische Flusssysteme. Zu den bekanntesten zählen der Gran Cenote und der Freizeitpark Hidden Worlds, wo die Cenotes in gewaltigen Kalksteinhallen liegen, in denen man auch bizarre Stalagmiten und Stalaktiten bestaunen kann. Ein erfrischendes Bad in einem dieser Naturpools ist die perfekte Erfrischung an einem heißen Nachmittag.

Im Süden von Tulum findet man entlang den unberührten Küsten im Sian-Ka'an-Biosphärenreservat etliche weitere Cenotes. Dieses einzigartige Naturschutzgebiet umfasst über 5000 km² Urwald, Mangrovenwälder und Korallenriffe. Viele bedrohte Tierarten wie Jaguar, Puma oder Brüllaffe und über 300 Vogelarten finden hier eine Heimat.

Einst vor allem beliebtes Reiseziel für Rucksacktouristen, haben mittlerweile auch zahlungskräftige, aber umweltbewusste Reisende die Region für sich entdeckt. Das macht sich vor allem im Boom von Ökohotels wie dem Familienbetrieb Ana y José bemerkbar, der 23 Suiten und Gästehäuser im zeitgenössischen Design anbietet. Im schlichten Posada Dos Ceibas kann man auch weiterhin für kleines Budget charmante Ferienhäuschen mitten im Dschungel mieten.

Der Gipfel des Luxus ist zweifellos das Hotel Maroma, das inmitten eines 240 ha großen Naturschutzgebietes an einer halbmondförmigen Bucht vor der Kulisse von Mangrovenwäldern und Palmen liegt. Der Blick über das Meer raubt auch dem erfahrensten Weltenbummler noch den Atem.

Wo: Tulum liegt 130 km südl. von Cancún. ANA Y JOSÉ: Tel. +52/998-880-6022; www.anayjose.com. *Preise:* ab € 185. POSADA DOS CEIBAS: Tel. +52/984-877-6024; www.dosceibas.com. *Preise:* ab € 48. MAROMA: Tel. +52/987-28200; www.maromahotel.com. *Preise:* ab € 333 (Nebensaison), ab € 566 (Hochsaison). **REISEZEIT:** Dez.–Apr.: bestes Wetter und Vogelbeobachtung in Sian Ka'an.

Tulum zeichnet sich vor allem durch seine einzigartige Lage am Meer aus.

Im Stammland der Maya auf der Halbinsel Yucatán

CHICHÉN ITZÁ UND MÉRIDA

Yucatán, Mexiko

Das großartige Chichén Itzá ist seit jeher eine der meistbesuchten Ruinenstätten Mexikos. Einst war es das zeremonielle Zentrum der Halbinsel Yucatán, des Stammlands der Maya. In seiner Blütezeit erstreckte sich das Mayareich bis ins heutige Belize und Guatemala. Mit dem Bau des riesigen Komplexes aus Pyramiden, Tempeln und Palästen wurde im Jahr 432 begonnen.

Wenn Sie zur Zeit der Tagundnachtgleiche im Frühjahr oder Herbst hierherkommen, können Sie an der Pyramide des Kukulcán Zeuge des „Schauspiels der gefiederten Schlange" werden: Das Licht des späten Nachmittags zeichnet eine Schlange auf die Treppenstufen, die mit sinkender Sonne bis zum Fuß der Pyramide hinabgleitet und dann entschwindet. Sie können zwar von Mérida aus bequem einen Tagesausflug hierher unternehmen, wenn Sie sich aber in einem der Bungalows in der Lodge at Chichén Itzá einquartieren, haben Sie die Ruinen in den Abendstunden ganz für sich.

Yucatáns quirlige Hauptstadt Mérida ist reich an Geschichte, Kultur und Musik. Auf dem begrünten Hauptplatz sowie an vielen anderen Orten in der Stadt finden jeden Abend Gratiskonzerte oder andere Kulturveranstaltungen statt.

Nur wenige Schritte vom Hauptplatz entfernt liegt San Ildefonso, die älteste Kathedrale Nordamerikas. Die Grundsteinlegung erfolgte 1561. Beim Bau wurden – wie damals üblich – zahlreiche Steine aus den Ruinen der Mayastadt Tihó verwendet. Viele der schönen Haciendas, die während Méridas wirtschaftlicher Blütezeit entstanden (damals war die Region weltgrößter Sisalproduzent), wurden in Gästehäuser umgewandelt. Das Xcanatún ist mit seinen 18 exquisit ausgestatteten Räumen das eleganteste unter ihnen: Das hauseigene Restaurant Casa de Piedra ist in der Gegend vor allem für seine multikulturelle Küche bekannt, die Einflüsse aus der Karibik, Yucatán und Frankreich miteinander vereint.

Reisen Sie nicht aus Mérida ab, bevor Sie Uxmal besucht haben, eines der am besten erhaltenen Zeremonialzentren der Maya, das zwischen dem 7. und 10. Jh. entstand. Die weitläufige Ruinenanlage liegt etwa 80 km südlich der Stadt. Absolute Höhepunkte sind die Pirámide del Adivino (Pyramide des Magiers) mit der darauf thronenden Tempelanlage und der Statthalterpalast mit wunderschönen Reliefs.

Wo: Chichén Itzá liegt 120 km östl. von Mérida. LODGE AT CHICHÉN ITZÁ: Tel. +52/998-887-2495; www.mayaland.com. *Preise:* ab € 185. XCANATÚN: Tel. +52/999-930-2140; www.xcanatun.com. *Preise:* ab € 170; Dinner € 26. REISEZEIT: Nov.–Feb.: bestes Wetter; März oder Sept.: „Schauspiel der gefiederten Schlange".

Die vierseitige Pyramide ist dem alten Herrscher Kukulcán geweiht, der zum Gott wurde und von einer Schlange repräsentiert wird.

Traumhafte Tauchreviere im Inselparadies

DAS BELIZE BARRIER REEF

Ambergris Caye, Belize

Vor der Küste von Belize liegt ein Teil des größten Barriereriffs der westlichen Hemisphäre. Die unterseeischen Korallenberge und -schluchten des Großen Mittelamerikanischen Riffs erstrecken sich über 1000 km von der Isla Contoy an der Spitze der Halbinsel Yucatán bis nach Honduras (s. S. 976). Nur das australische Great Barrier Reef (s. S. 657) ist größer. Unter Kennern gilt das fast 300 km lange Belize Barrier Reef mit den unzähligen vorgelagerten Inselchen und über 500 Fischarten als eines der besten Tauchreviere der Welt.

Mit etwa 40 km Länge und nur knapp 2 km Breite ist Ambergris Caye die größte und am dichtesten besiedelte dieser Inseln. Das Städtchen San Pedro ist zugleich Basislager für mehr als 40 verschiedene Tauch- und Schnorcheltouren. Im Victoria House kann man direkt am Strand Unterkünfte in allen Preiskategorien mieten. Schauen Sie auch unbedingt einmal im Elvi's Kitchen vorbei, einem ehemaligen Schnellrestaurant, das neben seinen legendären Burgern auch ein edles Dinner mit Köstlichkeiten wie grilltem Hummer mit Knoblauch und Jalapenos anbietet.

An der Südspitze von Ambergris finden Sie im Hol Chan Marine Reserve wunderschöne Tauch- und Schnorchelgebiete mit ganzen Korallenwäldern und Schwammpopulationen, die so dicht und undurchdringlich sind wie der Dschungel des Festlandes. Ganz in der Nähe können Sie in den flachen Gewässern der Shark Ray Alley auch sanften Ammenhaien und Stachelrochen einen Besuch abstatten. Absolut empfehlenswert ist ein Tagesausflug nach Caye Caulke, der zweitgrößten Insel des Archipels. Genießen Sie dort im Habanero's den im Bananenblatt gedämpften Fisch oder gönnen Sie sich einen Cocktail im

In den Schutzzonen des Barriereriffs kann man auch die bedrohte Echte Karettschildkröte beobachten.

Lazy Lizard. Sie können auch den „Split" erkunden, einen Meeresarm, der die Insel seit dem Hurrikan Hettie von 1960 in 2 Hälften teilt.

Zu Belize gehören 3 Korallenatolle: Das Lighthouse Reef ist am leichtesten erreichbar, da es über eine kleine Landepiste verfügt. Hier liegen 2 der berühmtesten Tauchreviere des Riffs: das legendäre Blue Hole (das schon Jacques Cousteau zu einem der 4 schönsten der Welt erklärte) und der Nationalpark Half Moon Caye.

Das Turneffe-Island-Atoll ist vor allem ein Eldorado zum Wandtauchen, und im „Elbow" taucht man neben Karettschildkröten, Hammerhaien und riesigen Hornkorallen. Auch lässt es sich in flachen Lagunen wunderbar schnorcheln oder fliegenfischen. Das Turneffe Island Resort – etwa 50 km vor der Küste gelegen und per Flugzeug zu erreichen – ist die ideale Ausgangsbasis für Tauchtouren in diesem Gebiet.

INFO: www.travelbelize.org. VICTORIA HOUSE: Tel. +501/226-2067; www.victoriahouse.com. *Preise:* ab € 137. ELVI'S KITCHEN: Tel. +501/226-2176; www.elviskitchen.com. *Preise:* Dinner € 22. HABANERO'S: Tel. +501/226-0486; *Preise:* Lunch € 15. TURNEFFE ISLAND RESORT: Tel. +501/220-4142; www.turnefferesort.com. *Preise:* ab € 666 pro Person für 3 Nächte, inklusive (Tauchen extra). REISEZEIT: Dez.–März: bestes Wetter; Feb.–Juli: Fischen; Mitte Juni: Hummerfest in San Pedro.

Ausflug in die alte Welt der Maya

DIE PROVINZ CAYO

Belize

Die tropischen Laubwälder der gebirgigen Provinz Cayo im Westen von Belize waren einst das Stammland des alten Mayareichs. Von den über 600 Ruinen, die im Dschungel in der Nähe der Grenze zu Guatemala versteckt liegen, kann sich wohl keine mit der von Caracol messen. Obwohl sie noch nicht so freigelegt wurde wie Tikal in Guatemala (s. S. 974), zählt sie doch zu den wichtigsten Stadtstaaten dieser alten Zivilisation. Zu den Hauptattraktionen gehört der 43 m hohe „Himmelspalast". Buchen Sie einen Führer, der mit Ihnen die Ruinen, die nahen unterirdischen Flusssysteme oder die Naturpools und Wasserfälle erkundet, die sich perfekt für ein erfrischendes Bad eignen. Sie können sich auch auf eine der vielen Seilrutschen wagen, wandern gehen, Kajak fahren, Schmetterlingsgärten erkunden oder die zahlreichen Vögel beobachten, für die das Land so berühmt ist.

Die Lodge am Ufer des Chaa Creek lockt mit ländlichem Charme, einem exzellenten Spa und einem großen, luftigen Restaurant. Einheimische Führer begleiten durch die exotische Fauna, man trifft auf zänkische Brüllaffen und unzählige leuchtend bunte Vogelarten.

Ein paar Kilometer weiter bietet das Mountain Equestrian Trails (MET) Touren an, bei denen Sie die wundervolle Natur vom Rücken eines Pferdes aus erleben können. Die Ausritte führen auf engen Pfaden ins Mountain Pine Ridge Forest Reserve. Zurück in der Lodge, legen Sie sich in einer der von Kerosinlampen erleuchteten *cabanas* zur Ruhe. Morgens erwarten Sie köstliche Bananenpfannkuchen.

Die nahe Blancaneaux Lodge vor der malerischen Kulisse eines reißenden Flusses gehört dem berühmten Filmemacher Francis Ford Coppola und gilt als beste Hotelanlage der ganzen Provinz. Die 20 liebevoll eingerichteten Unterkünfte rangieren von der schlichten *cabana* bis hin zur prunkvollen Villa. Zu den vielen Annehmlichkeiten gehören ein Spa direkt am Flussufer und ein Restaurant, in dem man vor der Geräuschkulisse des nächtlichen Dschungels speisen kann.

Auch ein kleiner Umweg in den nördlich von Cayo gelegenen Orange Walk District lohnt sich: In der im dichten Dschungel verborgenen Chan Chich Lodge fühlt man sich in die Zeit der alten Maya zurückversetzt. Die eleganten, strohgedeckten Bungalows sind umgeben von ungezähmter Wildnis, nirgendwo sonst in Belize gibt es mehr Jaguare, Jaguarundis, Pumas und Ozelote. Entlang einem 15 km langen Wanderweg stößt man auf versteckte Tempel, und die einheimischen Führer sind mit der Flora und Fauna ihrer Heimat ebenso gut vertraut wie mit der Geschichte ihrer Vorväter.

LODGE AT CHAA CREEK: 113 km südwestl. von Belize-Stadt. Tel. +501/824-

2037; www.chaacreek.com. *Preise:* ab € 244. MOUNTAIN EQUESTRIAN TRAILS: Tel. +501/ 669-1124; www.metbelize.com. *Preise:* ab € 55. BLANCANEAUX LODGE: Tel. +501/824-4912; www.coppolaresorts.com /blancaneaux. *Preise:* ab € 170 (Nebensaison), ab € 244 (Hochsaison). CHAN CHICH LODGE: Tel. +501/223-4419; www.chan chich.com. *Preise:* ab € 150 (Nebensaison), ab € 185 (Hochsaison). REISEZEIT: Nov.– Juni: Tro-ckenzeit; Jan.–Apr.: kühle Temperaturen.

Walhaie, Jaguare und andere Naturwunder

PLACENCIA

Belize

Die schönsten Strände von Belize findet man auf der schmalen, nur 11 km langen Halbinsel Placencia nahe der Grenze zu Guatemala. Hier geht es weniger betriebsam zu als auf Ambergris Caye (s. S. 965), aber die Tauch- und Schnorchelreviere in den türkisfarbenen Gewässern sind nicht weniger atemberaubend. Im 43 km vor der Küste gelegenen Glover's Reef Marine Reserve am südlichsten der 3 Atolle von Belize lädt die Lagune zu Schnorcheltouren in herrlichen Korallengärten ein.

Walhaie, die bis zu 15 m lang werden können, sind eine Hauptattraktion im Gladden Spit Marine Reserve, das man mit einer 45-minütigen Bootsfahrt erreichen kann. Tauchen mit den sanften Riesen, die sich hier vor allem im späten Frühjahr versammeln, ist völlig ungefährlich.

An der Südspitze der Halbinsel liegt das Dörfchen Placencia. Hier kann man sich Ausrüstungen leihen und Tauchtouren buchen. Besuchen Sie die Manatis in den Mangrovenwäldern der Lagune oder fahren Sie mit dem Boot den Monkey River hinunter, ein Eldorado für Hobby-Ornithologen. Aber auch die Chancen, einen Blick auf ein Krokodil oder einen Brüllaffen zu erhaschen, stehen gut. Ein Ausflug ins Inselinnere zum Cockscomb Basin Wildlife Sanctuary ist ebenfalls empfehlenswert: Nur an wenigen Orten leben mehr Jaguare auf so engem Raum.

Das Inn at Robert's Grove bietet 52 Zimmer, einen gut ausgestatteten Tauchshop und eine Strandbar. Man kann sich auch inklusive eigenem Koch auf einer der beiden zum Resort gehörenden Privatinseln aussetzen lassen, um Robinson Crusoe in der De-luxe-Version zu spielen.

In der Nähe liegt das Turtle Inn, eines von 3 Ökoresorts in Mittelamerika, die Francis Ford Coppola gehören (s. vorige Seite und S. 974). Es ist einem balinesischen Dorf nachempfunden, die strohgedeckten Bungalows haben eigene Gärten, Freiluftduschen und Veranden. Zum Essen kann man hinüber ins De Tatch schlendern, das bekannt ist für köstliche Meeresfrüchte. Kalte Belikins, die regionale Biersorte, sind dazu der perfekte Begleiter.

Wo: Placencia liegt 184 km südl. von Belize-Stadt. **WIE:** Seahorse Diving bietet eine Fülle verschiedener Tauch- und Schnorcheltouren an. Tel. +501/523-3166; www. belizescuba.com. *Preise:* Schnorcheln am Glover's Reef € 60; Tauchgänge mit Walhaien € 118. INN AT ROBERT'S GROVE: Tel. +501/523-3565; www.robertsgrove.com. *Preise:* ab € 130; Privatinseln ab € 688, all-inclusive. TURTLE INN: Tel. +501/824-4912; www.coppolaresorts.com/turtleinn. *Preise:* ab € 211 (Nebensaison), ab € 277 (Hochsaison). DE TATCH: Tel. +501/503-3385; www. seasprayhotel.com. *Preise:* Dinner € 18. REISEZEIT: Nov.–Juni: Trockenzeit; Ende März–Juni: Beobachtung der Walhaie.

Costa Ricas Vulkane

DER VULKAN ARENAL

La Fortuna, San Carlos, Alajuela, Costa Rica

Costa Rica, berühmt vor allem für üppige Regenwälder und traumhafte Strände, hat auch eine geologisch interessante Seite: Das Land liegt auf dem Pazifischen Feuerring, einem Vulkangürtel, der sich in einem großen Bogen vom amerikanischen zum asiatischen Kontinent erstreckt. Tatsächlich findet man in Costa Rica einen der aktivsten Vulkane weltweit, den Arenal. Der über 1600 m hohe Koloss brach 1968 unerwartet und heftig aus. Noch immer ist er so gefährlich, dass man ihn nur aus der Ferne beobachten kann – im Gegensatz zum benachbarten Vulkan Poás: Mit einem Jeep können Sie bis zum Krater hinauffahren und einen Blick hineinwerfen, eine schöne Tagestour von der Hauptstadt San José aus. Tagsüber hört man leises Donnern und sieht Rauch vom Arenal aufsteigen, aber am spektakulärsten ist es bei Nacht, wenn glühendes Gestein hoch in die Luft geschleudert wird und sich Lavaströme über die Nordflanke ergießen.

Der Vulkan Arenal ist verantwortlich für die vielen heißen Quellen in der Region.

Das Tabacón Grand Spa Thermal Resort machte sich die vulkanische Aktivität zunutze: Inmitten dichter Vegetation kann man unter Wasserfällen in Lagunen entspannen, die von einem Fluss gespeist werden, der durch die Hitze der Vulkane erwärmt wird. Je weiter flussaufwärts man sich bewegt, desto wärmer wird das Wasser. Unter freiem Himmel gibt es Massagen und Schlammpackungen, während Sie der Klangkulisse aus Tierlauten, rauschendem Wasser und dem fernen Vulkandonnern lauschen.

Die Vorgänge am Arenal lassen sich am besten von Arenal Observatory Lodge aus beobachten, nur knapp 2 km entfernt von der Nordflanke des Vulkans. In der ehemaligen Forschungsstation ist es nicht ganz so nobel wie im Tabacón, aber wenn Sie eines der Zimmer mit Panoramafenster buchen, werden Sie durch die grandiosen Aussichten belohnt.

Nur eine kurze Fahrt zum Arenal ist es auch vom Chachagua Rainforest Hotel & Hacienda aus, wo Sie einen der schlichten, aber großzügigen Bungalows mieten können. Die Anlage liegt an einem Fluss des Monteverde-Gebirges in einer artenreichen Region. Das Areal gehört zur Hälfte zu einem Waldschutzgebiet, in dem sich Vögel und viele andere Wildtiere beobachten lassen. Auf der anderen Hälfte des Geländes wird Rinderzucht betrieben, auch Pferde werden verliehen. Die Gegend eignet sich zudem vorzüglich für Höhlenerkundungen, Rafting und Klettertouren.

Wo: 140 km nordwestl. von San José. **TABACÓN:** Tel. +506/2519-1999; www.tabacon.com. *Preise:* ab € 166 (Nebensaison), ab € 244 (Hochsaison); Tageskarten ab € 63. **ARENAL OBSERVATORY LODGE:** Tel. +506/2290-7011; www.arenalobservatorylodge.com. *Preise:* ab € 90. **CHACHAGUA HOTEL:** Tel. +506/2468-1010; www.chachaguarainforesthotel.com. *Preise:* ab € 90. **REISEZEIT:** Nov.–März: Trockenzeit.

Kinderstube der Meeresschildkröten

DER NATIONALPARK TORTUGUERO

Limón, Costa Rica

Der Tortuguero Nationalpark liegt im Norden Costa Ricas am Karibischen Meer und wird durchzogen von unzähligen Kanälen, die durch den Dschungel führen. Der 35 km lange schwarze Sandstrand steht unter Naturschutz und ist einer der größten Ablageplätze für Meeresschildkröten weltweit. Am seltensten sieht man die Unechte Karettschildkröte, am beeindruckendsten sind die riesigen Lederschildkröten. Die Tiere, die bei einer Länge von 2,50 m bis zu 700 kg schwer werden, legen hier zwischen Oktober und März ihre Eier ab. Obwohl auch die Suppen- und die Echte Karettschildkröte zu den bedrohten Arten zählen, kommen sie hier am häufigsten vor – zwischen Juli und Oktober. Zu Hunderten kommen sie alle zur selben Zeit an den Strand gekrabbelt, legen ihre Eier ab und verschwinden wieder im Meer. Die kleinen Schildkröten schlüpfen 7–10 Wochen später und machen sich dann auf den Weg zum Ufer. Nur wenige überleben: Vögel und Haie lauern ihnen auf, und auch die Umweltverschmutzung ist eine Gefahr. Dass es trotzdem einige schaffen und irgendwann nach Tortuguero zurückkommen, um dort die nächste Generation zu begründen, macht den Zauber dieses Ortes aus.

Der Nationalpark kann nur per Boot oder Flugzeug erreicht werden und hat noch viele Reize zu bieten. Man kann die vielen Wasserwege im Landesinneren erkunden, wo man mit etwas Glück auf Manatis, Flussotter, Klammeraffen, Dreizehenfaultiere und unzählige Vogelarten trifft.

Obwohl der Nationalpark so entlegen ist, gibt es hier auch komfortable Übernachtungsmöglichkeiten, vor allem das Tortuga Lodge & Gardens, das mit vorzüglicher Küche, einem schönen Pool und der unberührten Wildnis lockt. Das jüngste Hotel ist das Manatus, ein elegantes Haus mit allen Annehmlichkeiten: vom Restaurant bis hin zum zauberhaften Spa. **Wo:** 225 km nordwestl. von San José. **Wie:** Il Viaggio Travel in San José bietet Individualreisen an. Tel. +506/2289-8225; www.ilviaggiocr.com. **TORTUGA LODGE:** Tel. +506/2257-0766; www.costaricaexpeditions.com. *Preise:* ab € 185, inklusive. **MANATUS HOTEL:** Tel. +506/2709-8197; www.manatuscostarica.com. *Preise:* 2 Tage ab € 507, all-inclusive, inkl. Anreise aus San José. **REISEZEIT:** Juli–Okt.: Beobachtung der Schildkröten.

Unberührte Wildnis an der Küste

DER NATIONALPARK CORCOVADO

Halbinsel Osa, Puntarenas, Costa Rica

Costa Rica hat weltweit eines der dichtesten Systeme aus Naturschutzgebieten und Nationalparks. Die mehr als 35 geschützten Regionen machen fast 25 % der Gesamtfläche des Landes aus. Die schwierigste Entscheidung, vor die der Besucher gestellt wird, ist also, welches dieser Naturparadiese er als Erstes besucht.

Das größte und prächtigste Naturschutzgebiet Costa Ricas ist der Nationalpark Corcovado an der Pazifikküste. Er bedeckt mit etwa 400 km² ein Drittel der Halbinsel Osa im Südwesten des Landes. In Corcovado gibt es keinerlei Infrastruktur, die die Urwälder, menschenleeren Strände, Flüsse und Sumpfgebiete miteinander verbindet. In dieser Wildnis sind so seltene Arten wie der Mittelamerikanische Tapir oder der Jaguar zu Hause, und in das Konzert der zahllosen Vogelarten mischen sich die Rufe der Affen.

Auch die Urwaldlodge Bosque del Cabo liegt inmitten ursprünglicher Wildnis. Zwar sind es nur 45 Minuten Fahrt bis zum Nationalpark, aber wozu die Mühe? Legen Sie sich vor einem der komfortablen, strohgedeckten Bungalows in die Hängematte und beobachten Sie von dort aus Aras und Brüllaffen. Manchmal zeigt sich auch ein Wal in den klaren Gewässern, die man von der Veranda aus überblicken kann.

Zu den Pionieren der Ökohotellerie in dieser paradiesischen Region gehörte das Lapa Ríos, hochgelobt sowohl von Regenwaldschützern und Hotelkritikern als auch von seinen begeisterten Gästen. Die Anlage liegt auf einem Hügel in unmittelbarer Strandnähe, die 16 zauberhaften Bungalows mit lackierten Bambuswänden werden ergänzt durch Annehmlichkeiten wie ein Bar-Restaurant, einen luxuriösen Pool, ein Spa und etlichen Aussichtsplattformen. Sämtliche Aktivitäten des Tages drehen sich um die Wunder der Natur, angefangen mit einer Wanderung im Morgengrauen bis hin zu einer Tour mit einem Schamanen, der in die Geheimnisse der alten Heilpflanzen einweiht. Eine Offenbarung sind nicht nur die unter freiem Himmel servierten Mahlzeiten, sondern auch die darauf folgenden Nachtwanderungen durch den Dschungel.

Wo: 368 km südwestl. von San José, Halbinsel Osa. **Bosque del Cabo:** Tel. +506/2735-5206; www.bosquedelcabo.com. *Preise:* ab € 130 pro Person, all-inclusive (Nebensaison), ab € 155 (Hochsaison). **Lapa Ríos:** Tel. +506/2735-5130; www.laparios.com. *Preise:* € 200 pro Person, all-inclusive (Nebensaison), € 266 (Hochsaison). **Reisezeit:** Nov.–Apr.: Trockenzeit, aber auch die Regenzeit von Mai–Okt. ist beliebt.

Weiße Sandstrände und Bergregenwälder

DER NATIONALPARK MANUEL ANTONIO

Puntarenas, Costa Rica

An den Maßstäben Costa Ricas gemessen, ist der Nationalpark Manuel Antonio mit nur 7 km² Fläche winzig. Dennoch gehört er zu den meistbesuchten Naturschutzgebieten des Landes. Die weißen Sandstrände mit den vorgelagerten Korallenriffen laden zum Schnorcheln, Tauchen, Windsurfen und Angeln ein, die nahen Bergregenwälder sind ein weiterer Anziehungspunkt. Der Nationalpark ist einer der letzten Rückzugsorte für das Mittelamerikanische Totenkopfäffchen, außerdem ein Refugium für mehr als 100 Säugetier- und etwa 200 Vogelarten. Sicher werden Sie auch einem der frechen Kapuzineräffchen begegnen, die es sich angewöhnt haben, die Badegäste zu piesacken.

Das Nobelhotel La Mariposa beeindruckt vor allem mit seiner Lage auf einem Felsen über dem Meer. Viele der Gästehäuser bieten einen großartigen Panoramablick.

Das eleganteste Hotel der Gegend ist das Arenas Del Mar auf einem sanften grünen Hügel, der zum Meer hin abfällt. Nirgends verbindet sich höchster Komfort so perfekt mit ökologischer Nachhaltigkeit. Hinter dem Projekt stehen Teri und Glenn Jampol, Pioniere des nachhaltigen Tourismus in Costa Rica. Das Haus bietet neben 38 Gästezimmern zahllose spektakuläre Freizeitaktivitäten in der umliegenden Natur an; entspannen lässt es sich anschließend im kleinen, aber edlen Spa. Im Freiluft-Restaurant El Mirador tischt man regionale Köstlichkeiten wie würzige Kürbissuppe, frischen Fisch mit grünen Kochbananen und eine üppige Tarte aus Kokosnüssen und Macadamias auf. Auch die Finca Rosa Blanca Coffee Plantation & Inn, eine halbe Stunde nördlich der Hauptstadt San José gelegen, gehört den Jampols. Das kleine Gasthaus liegt inmitten einer biologisch bewirtschafteten Kaffeeplantage. Es gibt Führungen für Besucher, außerdem kann man an einer der *catación* genannten Kaffeeverkostungen teilnehmen.

Wo: 180 km südl. von San José. **Hotel La Mariposa:** Tel. +506/2777-0355; www.hotelmariposa.com. *Preise:* ab € 115 (Nebensaison), ab € 160 (Hochsaison). **Arenas del Mar:** Tel. +506/2777-2777; www.arenasdelmar.com. *Preise:* ab € 193 (Nebensaison), ab € 245 (Hochsaison). **Finca Rosa Blanca:** Tel. +506/2269-9392; www.fincarosablanca.com. *Preise:* ab € 185 (Nebensaison), ab € 220 (Hochsaison). **Reisezeit:** Dez.–März und Juni–Aug.: Trockenzeit.

Quäker und Quetzals im Nebelwald

Monteverde

Puntarenas, Costa Rica

Das kleine Städtchen Monteverde in den grünen Hügeln von Tilarán liegt inmitten einer der faszinierendsten Naturlandschaften Costa Ricas. Die auf 1400 m Höhe gelegenen Regenwälder sind das ganze Jahr über in einen dichten Nebelschleier gehüllt, die Artenvielfalt ist überwältigend. Im dichten Grün gedeihen über 450 Orchideen-, 500 Schmetterlings- und 400 Vogelarten, darunter auch 30 Arten der seltenen Kolibris und der sagenhafte, schillernd bunte Quetzal.

Das Schutzgebiet von Monteverde wird nicht staatlich verwaltet; es herrschen private Forste und Naturschutzgebiete vor. Das größte und schönste ist das Monteverde Cloud Forest Reserve. Gegründet wurde es 1951 von Quäkern, die aus Protest gegen den Koreakrieg aus Alabama auswanderten.

Wenn Sie neben dem Naturerlebnis auch ein wenig Nervenkitzel suchen, erkunden Sie die Natur Monteverdes mithilfe einer Seilrutsche in luftiger Höhe. Dieses nervenaufreibende Vergnügen wurde in den 1970er-Jahren hier erfunden und hat sich weltweit verbreitet. Die Wagemutigen werden in Haltegurte gespannt, die an einem Stahlseil befestigt sind. Die Schwerkraft lässt sie dann zwischen den Wipfeln der Bäume

Die ersten Seilrutschen in luftiger Höhe sollen hier erfunden worden sein.

hindurch- und über Waldlichtungen hinwegsausen. Weniger Abenteuerlustige können auch bequem über die vielen Brückenpfade spazieren. Einziger Anbieter der luftigen Wanderungen im Monteverde Cloud Forest Reserve ist Selvatura Park. Die Tour mit der Seilrutsche, die auch in Begleitung eines Führers gemacht werden kann, führt über 15 Stahlseile, die 18 Plattformen miteinander verbinden.

Das nur knapp 2 km vom Monteverde Cloud Forest Reserve entfernte Hotel Fonda Vela erinnert an ein Schweizer Chalet und bietet 40 komfortable Gästezimmer. Wen es einfach nur auf lange Wanderungen in die Natur zieht, der ist in der Monteverde Lodge nahe dem Santa Elena Reserve bestens aufgehoben. Betreiber ist der Ökotourismus-Spezialist Costa Rica Expeditions.

Das Restaurant Sofia's serviert nach einem aufregenden Tag im Nebelwald leckere Drinks und Köstlichkeiten wie Chimichangas mit Meeresfrüchten oder Rinderfilet an Jalapeno-Butter. Der Bananenbrotpudding ist so mächtig, dass er kaum zu bewältigen ist.

Wo: 167 km nordwestl. von San José. **Hotel Fonda Vela:** Tel. +506/2645-5125; www.fondavela.com. *Preise:* ab € 80. **Monteverde Lodge:** Costa Rica Expeditions in San José, Tel. +506/2521-6099; www.costaricaexpeditions.com. *Preise:* ab € 117. **Sofia's:** Tel. +506/2645-7017. *Preise:* Dinner € 18. **Reisezeit:** Dez.–Apr.: Trockenzeit, beste Zeit für Vogelbeobachtung.

Monumente der Kolonialzeit und malerische Ruinen

Antigua

Guatemala

Das in einem lieblich-grünen Tal gelegene Antigua gehört zu den am besten erhaltenen spanischen Kolonialstädten der westlichen Hemisphäre. Die 1543 gegründete Stadt war bis zu einem verheerenden Erdbeben im Jahr 1773 Spaniens blühende Kapitale in Mittelamerika. Nach der Katastrophe verlegte man den Regierungssitz nach Guatemala-Stadt, aber die weniger wohlhabenden Familien blieben und erhielten Antigua am Leben.

Die strengen Denkmalschutzvorschriften sorgen heute für die Erhaltung der vielen Kirchen, Klöster und Wohnhäuser. Einige mussten rekonstruiert werden, von anderen blieben nur pittoreske Ruinen. Alle aber machen die große Anziehungskraft der Stadt aus, die wohlhabende Bewohner aus dem nahen Guatemala-Stadt und auch viele kulturinteressierte Ausländer anlockt. Das Herz der Stadt sind die Plaza Mayor und das Convento de las Capuchinas von 1736, das dank seiner soliden Bauweise bei dem großen Erdbeben kaum Schaden nahm. Heute ist es ein Museum zum Leben der Nonnen, die hier einst wohnten.

Während der Semana Santa starten die aufwendigen Prozessionen an der Barockkirche Iglesia y Convento de Nuestra Señora de la Merced (kurz: La Merced). Mit Beginn der Fastenzeit verwandelt sich die Stadt in ein einziges großes Passionsspiel; die Prozessionen schreiten dabei über Teppiche aus kompliziert arrangierten Blumen und Mustern aus buntem Sägemehl, die man *alfombras* nennt.

Zwischen schicken Cafés, Boutiquen und alten Ruinen steht Antiguas schönstes Hotel, die Casa Santo Domingo. Es wurde auf den Überresten des einst reichsten und mächtigsten Klosters der Stadt erbaut. Für Antigua ist es mit seinen 128 Zimmern sehr groß, und die Ausstellungen, die dort ebenfalls stattfinden, locken viele Neugierige an.

Suchen Sie nach einer ruhigeren Unterkunft, sei Ihnen das Posada Del Angel empfohlen. In den opulenten Zimmern des kleinen Hotels haben schon Bill Clinton und Mitglieder des europäischen Hochadels genächtigt.

Der am häufigsten bestiegene Vulkan Guatemalas ist der östlich von Antigua gelegene 2250 m hohe Pacaya. 1961 brach er ohne Vorwarnung aus, seitdem ist er ununterbrochen aktiv. Oft spuckt er nur kleine Dampfwolken, aber es gab auch schon so heftige Explosionen, dass die umliegenden Dörfer evakuiert werden mussten. Der lohnende Aufstieg bis zum Kraterrand dauert 2–3 Stunden.

Wo: 25 km westl. von Guatemala-Stadt. Casa Santo Domingo: Tel. +502/

Der Vulkan Agua thront über dem Arco de Santa Catalina.

7820-1220; www.casasantodomingo.com.gt. *Preise:* ab € 125. Posada Del Angel: Tel. +502/7832-0260; www.posadadelangel.com. *Preise:* ab € 145. Reisezeit: Dez.–Apr.: bestes Wetter; Semana Santa (Karwoche); 24. Sept.: La Merced Festival; Weihnachten und Neujahr.

Uralte Landschaft, uralte Bräuche

Lago de Atitlán

Panajachel, Altiplano, Guatemala

Der Altiplano, Guatemalas Hochland im Westen, gehört zu den faszinierendsten Regionen des Landes, und der blaugrüne Lago de Atitlán vor der Kulisse schneebedeckter Vulkane ist das Kronjuwel dieser Landschaft.

Sicher wird jeder dem Schriftsteller Aldous Huxley zustimmen, der ihn den „schönsten See der Welt" nannte. In den letzten Jahren kam es aufgrund von Umweltverschmutzung immer wieder zu unkontrollierten Algenblüten, ein Team aus internationalen Experten arbeitet aber an einer Lösung dieses Problems.

In der hügeligen Gegend vulkanischen Ursprungs rund um den See profitieren die Nachfahren der alten Maya immer noch von der aschegedüngten fruchtbaren Erde. Die Anbautechniken, mit denen vor allem Mais gezogen wird, haben sich seit Jahrhunderten nicht verändert. Die Dutzenden Dörfer am Ufer des Sees und in den Bergen pflegen die alten Bräuche. Vor allem an den Markttagen, die von Dorf zu Dorf variieren, lohnen sich Tagesausflüge dorthin.

Bester Ausgangspunkt dafür ist Panajachel, die größte und touristischste Stadt der Region. In den 1970ern war sie ein beliebtes Ziel der Hippies, was noch heute spürbar ist. Dennoch finden sich hier auch einige der exklusivsten Hotels am See, darunter das Hotel Atitlán: Jedes der 60 Zimmer hat einen eigenen Balkon mit Blick auf üppige Gärten und den See. Das außerhalb der Stadt gelegene charmante Casa Palopó erinnert an einen Herrensitz. Von den 7 Zimmern und 2 Ferienhäusern aus hat man einen wundervollen Blick auf den Lago de Atitlán. Von Panajachel aus fahren kleine Boote und Wassertaxis zu den unberührteren Städtchen am See. Beliebt ist vor allem Santiago Atitlán, dessen Bewohner, Nachfahren der Tzutuhil-Mayas, noch die alten Trachten tragen. Freitags und sonntags verkaufen in bestickte *huipiles* gewandete Frauen handgewebte Textilien. Komfortabel übernachten können Sie im Posada de Santiago. Unter den 17 Unterkünften gibt es 6 kleine Natursteinhäuschen mit eigenem Garten. Die Küche verwöhnt vor allem mit regionalen Köstlichkeiten.

Wo: 147 km westl. von Guatemala-Stadt. **Hotel Atitlán:** Tel.+502/7762-1441; www.hotelatitlan.com. *Preise:* ab € 105. **Casa Palopó:** Tel. +502/7762-2270; www.casapalopo.com. *Preise:* ab € 130. **Posada de Santiago:** Tel. +502/7721-7366; www.posadadesantiago.com. *Preise:* ab € 48. **Reisezeit:** Nov.–Apr.: trockenes, klares Wetter; 4. Okt.: Fest des hl. Franz von Assisi in Panajachel.

Geisterstadt der Maya

TIKAL

El Petén, Guatemala

Tikal war einst die prächtigste Stadt im Mayareich, welches das heutige Mexiko, Belize, Honduras, El Salvador und Guatemala umfasste. Das mächtige religiöse, politische und militärische Zentrum markierte einen der absoluten Höhepunkte in der Entwicklung dieser alten Hochkultur. Die Pyramiden und Paläste Tikals waren damals die höchsten Gebäude der westlichen Hemisphäre, aufgegeben wurde die Stadt erst um 1000 mit dem Untergang der Mayakultur. Tikal ist nur zu einem kleinen Teil ausgegraben, dennoch fand man mehr als 3000 Tempel, zeremonielle Plattformen, Ballspielfelder und Platzanlagen. Heute ist es Guatemalas beeindruckendste und berühmteste Mayaruine, allerdings nicht so überlaufen wie die bekanneren Stätten im Stammland der Maya im heutigen Mexiko (s. S. 964).

Der Tempel von Tikal wird auch Tempel des Großen Jaguar genannt.

Tikals Zentrum ist der „Große Platz", flankiert von 2 riesigen, sorgfältig restaurierten Tempeln. Genießen Sie von dort aus einen unvergesslichen Sonnenuntergang. Auf speziellen Wegen kann man den Großen Platz auch außerhalb der Öffnungszeiten besichtigen; vor allem bei Vollmond entfaltet sich die Magie dieses Ortes erst gänzlich. Die Ruinen liegen inmitten des Tikal-Nationalparks, in nahezu 600 km^2 dichtem Dschungel, ein Mekka für Ornithologen, die dort vor allem in der Morgendämmerung bis zu 400 Vogelarten beobachten können. Die komfortabelste Unterkunft im Naturschutzgebiet ist die Jungle Lodge mit schlichten Bungalows.

Knapp 65 km südwestlich davon liegt der zauberhafte See Petén Itzá mit seinem Inselstädtchen Flores, das man über einen Damm oder per Bootstour erreicht. Im Städtchen El Remate am nordöstlichen Ende des Sees finden Sie die Öko-Lodge La Lancha, eine von dreien, die Regisseur Francis Ford Coppola in Zentralamerika betreibt (s. S. 966 und 967).

Die Hälfte der 10 reizenden Zimmer hat Seeblick, manchmal bekommt man auf dem Balkon Besuch von freundlichen Brüllaffen.

Das am Seeufer gelegene Ni'tun zählt ebenfalls zu Guatemalas schönsten Öko-Lodges. Die 4 Ferienhäuser und das zugehörige Open-Air-Restaurant liegen in einem 35 ha großen Naturschutzgebiet. Von hier aus kann man mit Monkey Eco Tours auf verschiedenste Tagesexkursionen gehen und neben Tikal auch andere, weniger bekannte Ruinenstätten besuchen.

Wo: 64 km nordöstl. von Flores. **Info:** www.tikalpark.com. **Jungle Lodge:** Tel. +502/2477-0570; www.junglelodgetikal.com. *Preise:* € 110, inklusive. **La Lancha:** Tel. +501-824-4912; www.coppolaresorts.com. *Preise:* ab € 80 (Nebensaison), ab € 107 (Hochsaison). **Ni'tun** und **Monkey Eco Tours:** Tel. +502/5201-0759; www.nitun.com. *Preise:* ab € 145. **Reisezeit:** Dez.–Feb.: bestes Wetter; Feb.–Anf. Apr.: Vogelbeobachtung.

Eine immer noch florierende präkolumbische Handelsstadt

Der Markt von Chichicastenango

Quiché, Guatemala

Der größte Markt Guatemalas findet in Chichicastenango statt, seit präkolumbischer Zeit ein wichtiges Handelszentrum. „Chichi" ist berühmt für indigenes Kunsthandwerk wie handgewebte Textilien und Teppiche oder kunstvoll geschnitzte Holzmasken. Donnerstags und sonntags kommen die Touristen in Scharen, um über den Markt zu schlendern und an einem der vielen kleinen *comedores* genannten Imbisse gebratenes Hühnchen und blaue Maistortillas zu essen.

Man kann zwar von Lago Atitlán und Antigua aus (s. S. 973 und 972) einen Tagesausflug nach Chichicastenango unternehmen, aber übernachten Sie lieber vor Ort, um mehr zu erleben. Beobachten Sie abends die Mayafamilien aus dem Hochland beim Auspacken ihrer Waren, bevor man sich unter dem Sternenzelt zur Ruhe legt. Stehen Sie früh auf, wenn der Markt sich langsam zu füllen beginnt, und suchen Sie vor allem im Zentrum nach den authentischsten Produkten. Versäumen Sie sonntags nicht, bei der Kirche Santo Tomás aus dem 16 Jh. vorbeizuschauen. Dort finden häufig Prozessionen oder Zeremonien der *cofradías* statt, der traditionellen katholischen Männerbünde.

Das 1932 eröffnete Mayan Inn war das erste Hotel der Stadt und ist noch immer das bekannteste. Das Personal besteht aus Quiché-Mayas, die die traditionelle Tracht tragen. Das etwas größere Hotel Santo Tomás im Kolonialstil gruppiert sich um einen schönen Innenhof mit Springbrunnen. Die ruhigen Zimmer haben offene Kamine und einen wundervollen Ausblick.

Wenn Sie wie die Einheimischen einkaufen wollen, fahren Sie nach San Francisco el Alto, benannt nach der Lage auf einem felsigen Steilhang, von dem aus man die Ebene von Quetzaltenango überblicken kann. Hierher kommen freitags Tausende Händler, um mit einer Höflichkeit und Ruhe ihren Geschäften nachzugehen, die für die Nachfahren der Maya typisch ist.

Wo: 65 km nordwestl. von Antigua. **Info:** www.visitguatemala.com. **Mayan Inn:** Kontakt: Clark Tours, Tel. +502/2412-4753; www.clarktours.com.gt. *Preise:* ab € 80. **Hotel Santo Tomás:** Tel. +502/7756-1061; www.centralamerica.com/guatemala. *Preise:* ab € 73. **Reisezeit:** Donnerstag und Samstag: Markttag; Dez.: Fest von Santo Tomás und Weihnachtszeit.

Tauchparadies im Westen der Karibik

ISLAS DE LA BAHIA

Honduras

Die wunderschönen Korallenriffe vor den üppig grünen Hügeln der Islas de la Bahia sind der südlichste Ausläufer des Belize Barrier Reefs (s. S. 965). Es ist das größte Barriereriff nach dem australischen Great Barrier Reef (s. S. 657), aber das vielfältige Unterwasserparadies erscheint noch reizvoller, da die Region touristisch noch kaum erschlossen ist. Allerdings dürfte dieser Zustand nicht mehr lange währen; der Ausbau für den Tourismus läuft bereits auf Hochtouren.

Sporttaucher genießen die Schönheit der ausgedehnten Korallenriffe um die Islas de la Bahia.

Entlang einer Kette aus 3 Hauptinseln – Roatán, Utila und Guanaja – und über 60 weiteren Inselchen gibt es zahllose Tauch- und Schnorchelgebiete. Nirgendwo in der Karibik gibt es eine größere Vielfalt an Korallen, Schwämmen und Wirbellosen als an den Riffen vor den Islas de la Bahia – ein Traumziel sowohl für erfahrene Taucher, die vor den überfüllten Revieren in anderen Teilen der Welt fliehen, als auch für Anfänger, die dort noch relativ günstig einen Tauchschein erwerben können.

Roatán ist die größte der Inseln, Besucher kommen nicht nur zum Tauchen; auch das Roatán's Institute for Marine Sciences ist ein Anziehungspunkt: Das Forschungs- und Bildungszentrum liegt am äußersten Rand des Anthony's Key Resort, der besten Ferienanlage der Insel. Dort kann man nicht nur live beim Delfintraining dabei sein, auch Tauch- und Schnorchelgänge mit Delfinen im offenen Meer oder in der Lagune sind möglich.

Utila, die kleinste der 3 Hauptinseln, ist nun, was Roatán früher einmal war: ein kostengünstiges, unberührtes Tauchparadies. Berühmt ist die Insel vor allem für die großen Populationen von Walhaien, planktonfressende sanfte Riesen. Das Whale Shark & Oceanic Research Center organisiert 4-stündige Schnorcheltouren, auf denen man die Tiere ganz aus der Nähe beobachten kann. Guanaja, die 3. und am dünnsten besiedelte der Hauptinseln, liegt im Norden von Roatán. Die Korallenriffe vor den Cayos Cochinos gehören zu den schönsten des gesamten Systems.

Die beiden kleinen Inseln liegen nahe der Hafenstadt La Ceiba auf dem Festland, von wo aus auch die Fähren zu den Inseln starten. Wer bereit ist, Komfort gegen eines der schönsten Tauchreviere des Landes einzutauschen, ist im Plantation Beach genau richtig. Wenn Sie von Roatán aus starten, bringt Sie ein Boot in dieses Tauchparadies der Superlative.

Wo: Roatán liegt 56 km vor der Nordküste Honduras'. **ANTHONY'S KEY RESORT:**

Tel. +504/445-3003; www.anthonyskey.com. *Preise:* inkl. Tauchen € 100 pro Person und Nacht, all-inclusive (Nebensaison), ab € 122 (Hochsaison). **Whale Shark & Oceanic Research Center:** Tel. +504/425-3760; www.wsorc.org. **Plantation Beach Resort:** Tel. +504/3371-7556; www.plantationbeachresort.com. *Preise:* € 150, inklusive; € 222 all-inclusive mit Tauchen. **Reisezeit:** März–Sept.: Trockenzeit; ganzjährig: Beobachtung der Walhaie bei Utila.

Wildnis und Wildwasserrafting

Der Nationalpark Pico Bonito

Honduras

Der fast 2500 m hohe Pico Bonito thront inmitten des größten Naturschutzgebietes von Honduras, das über 1000 km² größtenteils unzugänglichen tropischen Regenwald umfasst. Die nächstgelegene Stadt ist die Hafenstadt La Ceiba. Obwohl der Berg steil ist und viele Gebiete nicht betreten werden dürfen, kann man im umliegenden Nationalpark zahlreiche Wandertouren durch die üppig grünen Wälder unternehmen. Nicht weniger als 22 Flüsse winden sich durch die dichte Vegetation, mit vielen spektakulären Wasserfällen. Einer der beliebtesten Wanderwege führt zum La Ruidosa, was „der Lärmende" bedeutet.

Im Nationalpark Pico Bonito leben über 400 Vogelarten, darunter exotische Vertreter wie Prachtkotinga, Tukan, Motmot oder Kolibri. Auch seltene Raubtiere wie Jaguar, Ozelot und Puma durchstreifen die Wälder, obwohl man sie nur selten zu Gesicht bekommt. Häufiger begegnen einem Tapire, Rotwild oder Kapuzineräffchen, außerdem zahllose Arten von Reptilien, Amphibien und Schmetterlingen.

Die luxuriöseste Unterkunft in der Gegend ist die Lodge at Pico Bonito, eine ökologisch betriebene Anlage mit 22 Häuschen aus Naturstein und Pinienholz. Jedes Ferienhaus hat eine eigene Veranda, und zwischen den alten Kakaobäumen hängen gemütliche Hängematten. Die Lodge liegt direkt am Rand des Nationalparks an einem Zusammenfluss zweier reißender Ströme, eine ideale Ausgangsbasis für Ausflüge in die umliegende Natur. Nehmen Sie ein Bad in den Naturpools des Río Cordalito, gehen Sie auf Vogelexkursion, besuchen Sie das Schmetterlings-Schutzgebiet oder erkunden Sie die kilometerlangen Wanderwege, bevor Sie sich im Spa entspannen. Adrenalinjunkies kommen am Río Cangrejal auf ihre Kosten: Hier gibt es einige der besten Stromschnellen Zentralamerikas zwischen Klasse II und V.

Ein weiteres Juwel ist das schlichte B&B Casa Cangrejal: Der warmherzige kanadische Hausherr persönlich serviert morgens starken honduranischen Kaffee und selbst gebackene Brötchen. Die 4 großzügigen Räume liegen mitten im Regenwald in Hörweite eines plätschernden Baches. Ganz in der Nähe findet man das Cuero y Salado Wildlife Refuge. Dort treffen 3 Gebirgsflüsse in einem mächtigen Delta aufeinander, und in der unberührten Wildnis haben seltene Arten wie der Karibik-Manati Zuflucht gefunden.

Wo: 8 km südl. von La Ceiba. **Info:** www.letsgohonduras.com. **The Lodge at Pico Bonito:** Tel. +504/440-0388; www.picobonito.com. *Preise:* ab € 150 (Nebensaison), ab € 196 (Hochsaison). **Casa Cangrejal:** Tel. +504/408-2760; www.casacangrejal.com. *Preise:* € 48 (Nebensaison), € 66 (Hochsaison). **Reisezeit:** Feb.–Apr.: trockenes, kühles Wetter.

Nostalgischer Charme in der Karibik

DIE CORN ISLANDS

Nicaragua

Auf den Corn Islands vor der Ostküste Nicaraguas lebt noch der unberührte Charme der Karibik weiter, wie man ihn aus den 1950er-Jahren kannte. Auf Big Corn Island gibt es alles, was das Herz des Karibikreisenden begehrt: Wunderschöne Tauch- und Schnorchelreviere, preiswerte Unterkünfte, Tiefseefischerei und unberührte Palmensandstrände wie den Picnic Beach, an denen man oft ganz allein ist. In den kleinen Inselhotels gelten Klimaanlage und heißes Wasser oft schon als Luxus, was auch zum nostalgischen Charme der Insel gehört.

Das Arenas Beach Hotel ist das schönste der Insel: Die 22 komfortablen Zimmer und Bungalows liegen direkt am Southwest Bay Beach, einem der schönsten Sandstrände der Insel. Strecken Sie sich auf einem der bequemen Sofas unter dem weißen Sonnensegel aus und genießen Sie den Hauscocktail Sand Fly.

Mit dem Boot gelangt man in einer halben Stunde zur nordöstlich gelegenen Little Corn Island. Auf kleinen Pfaden kann man die nur 2,5 km² große Insel zu Fuß erkunden. Es ist ein friedvolles Paradies, das zu langen Strandwanderungen, gemütlichen Lesestunden in Hängematten oder Tauchgängen zu noch völlig intakten Korallenriffen einlädt. Das perfekte Robinson-Crusoe-Gefühl stellt sich im Little Corn Beach and Bungalow ein; die 8 schlichten *cabanas* liegen idyllisch am Cocal Beach. Im Resort werden herrliche Margaritas und einfache, aber köstliche Mahlzeiten serviert – zum Dessert gibt es hausgemachte Kokoseiscreme. Gehen Sie am vorgelagerten Korallenriff schnorcheln oder bitten Sie die amerikanischen Besitzer, einen morgendlichen Ausflug auf einem Fischerboot zu organisieren. Mit seinen wenigen, aber guten Bars und Restaurants ist Little Corn Island das perfekte Ziel für all jene, die Klimaanlage und Whirlpool gern gegen unberührte Natur eintauschen.

Wo: Big Corn Island liegt 80 km östl. von Bluefields. **Info:** www.bigcornisland.com. **Arenas Beach Hotel:** Tel. +505/2222-6574; www.arenasbeachhotel.com. *Preise:* ab € 66; Dinner € 7,50. **Little Corn Beach and Bungalow:** Tel. +505/8333-0956; www.littlecornbb.com. *Preise:* € 50; Dinner € 6,50. **Reisezeit:** Nov.–Mai: bestes Wetter. Big Corn Island: Mai: *Palo de Mayo;* Ende Aug.: Krabbensuppenfest und Fest der Sklavenbefreiung.

Koloniale Pracht an einem grandiosen See

GRANADA

Nicaragua

Der fehlende Tourismus hat dazu beigetragen, dass Nicaraguas Natur und das kulturelle Erbe des Landes bis heute nahezu intakt geblieben sind. Nirgendwo wird das deutlicher als in Granada, dieser eleganten

Kolonialstadt am Westufer des Nicaraguasees. Der Parque Central ist das grüne Herz der Stadt, dominiert wird er von der majestätischen Kathedrale von Granada. Genießen Sie den Ausblick über den Park von einem der Balkone des Hotel Plaza Colón aus, einem hervorragend restaurierten Herrenhaus im Kolonialstil mit 27 Zimmern. Nur 3 Blocks weiter steht Mittelamerikas älteste Kirche, die wuchtige himmelblaue San Francisco mit dazugehörigem Kloster, das nun ein Museum ist. Heute werden dort auch die präkolumbischen, über 1000 Jahre alten schwarzen Basaltstatuen ausgestellt, die man auf der Insel Zapatero im Nicaraguasee fand. Machen Sie einen Spaziergang zum El Zaguan, es gilt als das beste Restaurant der Stadt. Im Patio gibt es saftig gegrilltes Fleisch oder frischen Barsch.

Die 365 kleinen Inseln, Las Isletas genannt, entstanden vor mehr als 20.000 Jahren durch den Ausbruch des Vulkans Mombacho. Viele der Inselchen sind in Privatbesitz, auch diejenige, auf der Sie die Jicaro Island Ecolodge finden. Von den 9 gepflegten Ferienhäusern aus hat man einen grandiosen Blick auf den Vulkan.

Der Nicaraguasee ist so groß, dass man ganze 4 Stunden braucht, um die Zwillingsinsel Ometepe zu erreichen, die von 2 Vulkanen geformt wurde. Ometepe ist ein Mosaik aus kleinen landwirtschaftlichen Betrieben, die Kochbananen, Mais, Avocados und Kaffee anbauen. Dazwischen liegen die beiden schläfrigen Handelsstädtchen Moyogalpa und Altagracia. Das Freizeitangebot ist vielfältig: Besteigen Sie die Vulkane, besuchen Sie abgeschiedene Strände oder folgen Sie den Wanderwegen, die sich um von Affen bevölkerte Bäume winden. Über die Inseln verstreut können Sie auch über 70 alte Felszeichnungen und viele der steinernen Statuen besichtigen.

Ein schöner Tagesausflug von Granada ist es nach Masaya, einst ein Zentrum von Kunst und Kultur und heute der ideale Ort, wenn

Die Kathedrale von Granada von 1583 wurde schon viele Male zerstört und wiederaufgebaut.

Sie auf der Suche nach handgeknüpften Hängematten, kunstvollen Töpfereien, Schnitzarbeiten oder Lederwaren sind. Nicht weit entfernt liegt der Nationalpark Vulkan Masaya, wo man sich auf Straßen und Wanderwegen dem am besten zugänglichen aktiven Vulkan Nicaraguas nähern kann. Die Spanier gaben dem Lava und Rauch ausstoßenden Vulkan den Namen „Höllenschlund".

Nur eine Stunde südlich von Granada liegt Nicaraguas größtes Strandresort, das San Juan del Sur – ein perfekter Ort für all jene, die nach idyllischen Stränden, Surf- und Tauchrevieren suchen oder gern segeln. Die 15 Bungalows des Morgan's Rock Hacienda & Ecolodge warten vor allem bei Sonnenuntergang mit einem großartigen Meerblick auf. Mithilfe eines ortskundigen Führers kann man den umliegenden Dschungel erkunden und auf Brüllaffen, Kapuzineräffchen, Faultiere, unzählige Vögel und Meeresschildkröten treffen.

Wo: 45 km südöstl. von Managua. **Info:** www.visitnicaragua.com. **Hotel Plaza Colón:** Tel. +505/2552-8489; www.hotelplazacolon. com. *Preise:* ab € 74. **El Zaguan:** Tel. +505/2552-2522; *Preise:* Dinner € 12. **Jicaro Ecolodge:** Tel. +505/2552-6353; www.jicarolodge. com. *Preise:* € 280 (Nebensaison), € 355 (Hochsaison), all-inclusive. **Morgan's Rock:** Tel. +505/8670-7676; www.morgansrock. com. *Preise:* ab € 237 (Nebensaison), ab € 275 (Hochsaison), inklusive. **Reisezeit:** Dez.–Mai; bestes Wetter; Osterwoche.

Unberührtes Archipel und ökologisches Paradies

BOCAS DEL TORO

Panama

Vor der Nordwestküste Panamas hat sich auf dieser Inselgruppe sowohl an Land als auch im Wasser ein unglaublich reiches und komplexes Ökosystem erhalten. Auf Wanderungen durch die Regenwälder und an weißen Sandstränden können Sie etliche seltene Tierarten beobachten. Auch die Surfreviere vor den Inseln Isla Bastimentos und Isla Carenero sind weltberühmt.

Die Isla Colón ist die größte der 68 Inseln des Archipels und Bocas Town die faktische Hauptstadt der Region – angesichts der geringen Größe ein relativer Begriff. Die wenigen Gasthäuser und Öko-Lodges verströmen Lässigkeit und Authentizität. Ein gutes Beispiel dafür ist die Punta Caracol Acqua-Lodge mit 9 Bungalows, die auf Stelzen im Wasser stehen und durch hölzerne Stege verbunden sind. Genießen Sie den Sonnenuntergang von Ihrer Panoramaterrasse aus, bevor Sie im Open-Air-Restaurant zu Abend essen. Sie können auch ein Wassertaxi nach Bocas Town nehmen und ins Guari Guari gehen. Die europäischen Besitzer zaubern dort aus regionalen Zutaten ein köstliches 6-Gänge-Menü.

Ein großer Teil der etwa 50 km² großen Isla Bastimentos ist Teil des ersten marinen Nationalparks des Landes. Dazu gehören neben Regenwäldern auch unberührte Küsten und ein Barriereriff. Erkunden Sie die dichten Korallenwälder vor den Cayos Zapatillas oder nehmen Sie ein Sonnenbad am Red Frog Beach. Ihr Basislager können Sie in der La Loma Jungle Lodge aufschlagen, die zu einem landwirtschaftlichen Betrieb gehört, auf dem Kakao, Kokosnüsse und Bananen angepflanzt werden. Die höchste der strohgedeckten *ranchos* lohnt den Aufstieg: Die Aussicht auf die Bucht ist unvergleichlich. Die jungen Besitzer stellen ihre eigene Schokolade her, ihr Kokosschokokuchen ist ein Gedicht. Zum Dinner bei Kerzenlicht werden Köstlichkeiten wie gegrillter Fisch mit *pico de gallo* serviert.

Ein Steg am Ufer der Isla Bastimentos, einer der größeren Inseln Panamas.

Das Al Natural ist eine gute Alternative, die 7 runden, strohgedeckten Bungalows wurden in der Technik der Ngöbe-Buglé-Indianer gefertigt und stehen auf Stelzen am Meeresufer. Das Haus ist für seine hervorragende Küche bekannt, gespeist wird in einem 2-stöckigen Speiseraum mit Aussichtsturm.

Wo: Isla Colón liegt 32 km vor der Nordwestküste Panamas, 550 km nordwestl. von Panama-Stadt. **Info:** www.visitpanama.com. **Punta Caracol:** Tel. +507/757-9410; www.puntacaracol.com. *Preise:* ab € 255 (Nebensaison), € 318 (Hochsaison), all-inclusive. **Guari Guari:** Tel. +507/6627-1825; *Preise:* Dinner € 18. **La Loma:** Tel. +507/6619-5364; www.thejunglelodge.com. *Preise:* € 150, all-inclusive. **Al Natural Resort:** Tel. +507/757-9004; www.alnaturalresort.com. *Preise:* ab € 177, all-inclusive. *Wann:* Mai–Juli; geschlossen. **Reisezeit:** Dez.–Apr.: bestes Wetter; Sept.: International Festival of the Sea in Isla Colón.

Auf den Spuren des legendären Quetzals

DAS HOCHLAND VON CHIRIQUI

Panama

Obwohl Panama, das die Landbrücke zwischen Zentral- und Südamerika bildet, kaum größer ist als der US-Bundesstaat South Carolina, gibt es dort mehr Vogelarten als in ganz Nordamerika zusammengenommen. Der König unter ihnen ist der prächtige Quetzal. Seine über 60 cm langen, irisierenden grünen Schwanzfedern waren Teil des Kopfschmucks der aztekischen Herrscher und wertvoller als Gold. Heute gilt es als enormer Glücksfall, einen Quetzal zu sichten. Im auf über 3000 m Höhe gelegenen Hochland von Chiriqui im Westen von Panama hat man die besten Chancen, die seltenen Vögel zu beobachten, außerdem Cotingas, Trogone, Tangaren und Tukane.

In den nebelverhangenen Bergregenwäldern des Nationalparks Volcán Barú leben über 250 Vogelarten; im Schatten des 3300 m hohen, schlafenden Vulkans gedeihen üppige Orchideen und zahllose andere Pflanzen. Der 8 km lange Quetzal-Pfad im Nationalpark gehört zu den beliebtesten Kurzwanderwegen des Landes: Die Aussichten sind atemberaubend, und die Chance, den märchenhaften Vogel zu erblicken, stehen dort nicht schlecht. Hier fließen auch die Flüsse Chiriqui und Chiriqui Viejo, von erfahrenen Rafting-Fans geschätzt für die Stromschnellen der Klassen III–V-.

Das charmante Kolonialstädtchen Boquete am Fuß der Ostflanke des Vulkans ist eine hervorragende Ausgangsbasis für Expeditionen in die Wildnis. Das luxuriöse Panamonte Inn & Spa von 1914 verwöhnt mit Zimmern im Landhausstil, wunderschönen Gärten und einem Restaurant unter der Leitung von Besitzer Charlie Collins. Eine Alternative ist das Coffee Estate Inn mit 3 zauberhaften Bungalows auf einer von Vogelgezwitscher erfüllten Kaffeeplantage.

Tatsächlich gedeihen auf den vulkanischen Böden im Mikroklima des Hochlands einige der weltbesten Kaffeesorten. Nördlich von Boquete finden Sie die malerische Finca Lérida, eine über 260 ha große Kaffeeplantage, die für Besucher offen ist. Gegründet wurde sie 1922 von einem norwegischen Ingenieur, der damals am Bau des Panamakanals mitwirkte (s. S. 983). Die Familie bietet B&B an, und eine brandneue Öko-Lodge hat einen herrlichen Blick über die grüne bergige Landschaft.

An der Westflanke des Vulkans Barú auf dem höchsten Gipfel Panamas liegt das Dorf Cerro Punta. Von dort aus gelangt man am besten in den La Amistad International Park (PILA), der sich bis ins benachbarte Costa Rica erstreckt. Seine Ausmaße sind enorm – allein der panamaische Teil ist über 2000 km^2 groß –, und in seinen Weiten tummeln sich Jaguare, Ozelote und über 400 Vogelarten.

Wo: Boquete liegt 450 km westl. von Panama-Stadt. **Wie:** Das amerikanische Unternehmen International Expeditions bietet 9-tägige Touren an, Hochland von Chiriqui inklusive. Tel. +1/205-428-1700; www.ietravel.com. *Preise:* ab € 3035. Startet in Panama-Stadt. **PANAMONTE INN:** Tel. +507/720-1324; www.panamonte.com. *Preise:* ab € 250; Dinner € 30. **COFFEE ESTATE INN:** Tel. +507/720-2211; www.coffeeestateinn.com. *Preise:* € 107. **FINCA LÉRIDA:** Tel. +507/720-2285; www.fincalerida.com. *Preise:* € 110. **REISEZEIT:** Nov.–Apr.: bestes Wetter. Boquete: Mitte Jan.: *Flowers and Coffee Festival*; Feb.: Jazz Festival; Mitte Apr.: Orchideenfestival.

Unabhängige Gemeinde mit uralten Sitten und Bräuchen

DIE SAN-BLAS-INSELN

Comarca Kuna Yala, Panama

Auf einem idyllischen Archipel vor der Nordostküste Panamas leben die Kuna, die als eine der intaktesten indigenen Gesellschaften des amerikanischen Kontinents gelten. In dieser teilautonomen Region, die man auch Kuna Yala oder Land der Kuna nennt, leben die Menschen immer noch in Einklang mit den alten Traditionen. Das stolze Völkchen zählt ca. 50.000 Mitglieder, regiert werden sie von 3 Häuptlingen, den *caciques*. Die Kuna-Gesellschaft ist matriarchalisch geprägt, und die Frauen sind berühmt für ihre kunstvolle Tracht: An Armen und Beinen leuchtet Gold- und Perlenschmuck, die handbestickten farbenfrohen Blusen sind mit vielschichtigen Stoffmustern (*molas*) verziert, die an die traditionellen Tätowierungen erinnern sollen, ein Brauch, den man auf Druck der europäischen Missionare aufgab.

Die leuchtend bunten molas *sind ein wichtiger Bestandteil der Kuna-Kultur.*

Das Stammland der Kuna umfasst einen schmalen Küstenstreifen und etwa 365 meist unbewohnte Inseln. Gäste können auf den Inseln für wenig Geld bei einheimischen Familien wohnen oder sich in einem der rustikalen Gästehäuser einquartieren, deren Zahl stetig steigt. In manchen gibt es nur eine Hängematte und nicht einmal heißes Wasser. Modernere Anlagen wie die Yandup Island Lodge und die Akwadup Lodge bieten komfortable Hütten. In den geschützten Gewässern ist das Tauchen nicht erlaubt, aber man kann die Tage wunderbar mit Schwimmen, Schnorcheln und Spaziergängen an den langen Sandstränden hinbringen. Auch ein Besuch der traditionellen Kuna-Dörfer, der Friedhöfe und der Märkte ist faszinierend. Die einfachen, aber sehr sättigenden Mahlzeiten bestehen meist aus frischem Fisch.

Die aufregendste Art, die weniger frequentierten Inseln zu entdecken, ist eine Kajaktour, und Mountain Travel Sobek war eines der ersten ausländischen Unternehmen, dem man gestattete, ausgedehntere Touren in Kuna Yala anzubieten. Ein Motorboot bringt Sie zu einer der entlegeneren Inselgruppen. Dort können Sie in ein Kajak umsteigen, um die schönsten Schnorchelreviere zu entdecken, auf einer unbewohnten Insel Ihr Zelt aufzuschlagen oder eines der abgelegenen Kuna-Dörfer zu besuchen.

Wollen Sie dennoch tauchen, quartieren Sie sich in der Coral Lodge auf dem Festland ein. Dort können Sie direkt vor Ihrem Bungalow schwimmen, schnorcheln und Tauchtrips in die nicht geschützten Gewässer unternehmen. Die 6 Bungalows bieten außerdem den in dieser Region eher seltenen Komfort einer Klimaanlage.

WO: 81 km nordöstl. von Panama-Stadt. **YANDUP ISLAND LODGE:** Tel. +507/394-1408; www.yandupisland.com. *Preise:* ab € 137, all-inclusive. **AKWADUP LODGE:** Tel. +507/396-4805; www.sanblaslodge.com. *Preise:* € 222, all-inclusive. **MOUNTAIN TRAVEL SOBEK:** Tel. +1/510-594-6000; www.mtsobek.com. *Preise:* 8 Tage (5 Tage Camping) € 1848, inklusive. Startet in Panama-Stadt. *Wann:* Dez.–März. **CORAL LODGE:** Tel. +305-383-8071; www.corallodge.com. *Preise:* € 163. **REISEZEIT:** Dez.–März: bestes Wetter; Juli–Okt. Regenzeit, aber ideal zum Tauchen.

Die berühmteste Abkürzung der Welt

DER PANAMAKANAL

Panama-Stadt nach Colón, Panama

Der Panamakanal, der den amerikanischen Kontinent durchschneidet und Pazifik mit Atlantik verbindet, gehört zweifellos zu den größten Errungenschaften der Ingenieurskunst im 20. Jh. Er führt von Panama-Stadt bis ins 80 km entfernte Colón, und die mehr als 65.000 französischen und US-amerikanischen Arbeiter brauchten 20 Jahre für den Bau. Die Idee zum Bau des Kanals geht auf den spanischen König Karl V. zurück, aber bis zur Realisierung des Mammutprojekts sollten noch über 400 Jahre vergehen. Am 15. August 1914 war es soweit: Die *Ancon* war das erste Schiff, das den Panamakanal durchquerte. Heute drängen sich täglich zahllose Handels- und Kreuzfahrtschiffe, um die 8- bis 10-stündige Passage zu machen. Die modernen Schiffe sind mittlerweile so riesig, dass der Kanal verbreitert werden muss; die Arbeiten sollen im Jubiläumsjahr 2014 abgeschlossen sein.

Im großen Museum im Miraflores Visitors Center, nah bei den Schleusen, erfährt man mehr über die Geschichte des Panamakanals. Noch besser ist es natürlich, den Kanal hautnah zu erleben und eine der 4- bis 8-stündigen Bootstouren zu buchen.

Das weltoffene Panama-Stadt am Südende des Kanals ist die perfekte Ausgangsbasis, um das Umland zu erkunden. Das romantische Casco Viejo (das alte Quartier) aus dem 17. Jh. ist eine Stadt in der Stadt. Eines der ersten kleinen Hotels, das in die alten Gebäude zog, war 1893 das Canal House. Die 3 eleganten Suiten bieten jede nur erdenkliche Annehmlichkeit. Spazieren Sie über die Plaza Bolívar mit ihren wunderschönen Straßencafés und essen Sie im Manolo Caracol zu Abend – die ständig wechselnden 12-Gänge-Menüs sind legendär.

Nur 10 Minuten entfernt finden Sie den einzigen Regenwald auf Stadtgebiet weltweit, den Natural Metropolitan Park. Die Vielzahl der Vogelarten ist enorm, größer ist sie allerdings im Soberania Park, dem Regenwald-Schutzgebiet, das sich entlang dem Panamakanal erstreckt. Nirgendwo leben mehr Vogelarten auf so engem Raum als an der Pipeline Road, der alten Anliegerstraße des Panamakanals. Im Herzen des Parks liegt das Gamboa Rainforest Resort, eine Luxusanlage mit 107 Zimmern, zu der auch 38 Herrenhäuser gehören, in denen während der Bauphase des Kanals Ingenieure und Bauleiter wohnten. Für Vogelkundler ist auch der Canopy Tower (eine renovierte, ehemalige US-Radarstation) oder die etwas komfortablere Canopy Lodge ideal. Neben zahlreichen Beobachtungsplattformen gibt es auch sachkundige Führungen.

INFO: Tel. +507/276-8325; www.pancanal.com. **MIRAFLORES:** Tel. +507/232-3120. *Preise:* Lunch € 30. **WIE:** Canal & Bay Tours bietet Kanaltouren. Tel. +507/209-2009; www.canalandbaytours.com. **THE CANAL HOUSE:** Tel. +507/228-1907; www.canalhousepanama.com. *Preise:* ab € 150. **MANOLO CARACOL:** Tel. +507/228-4640; www.manolocaracol.net. *Preise:* Dinner € 18. **GAMBOA RAINFOREST RESORT:** Tel. +507/314-9000; www.gamboaresort.com. *Preise:* ab € 185. **CANOPY LODGE/CANOPY TOWER:** Tel. +507/264-5720; www.canopytower.com. *Preise:* ab € 222 (Nebensaison), ab € 325 (Hochsaison), inklusive. **REISEZEIT:** Dez.–Apr.: Trockenzeit; Jan.: Jazz Festival; Feb.–März: Karneval in Panama-Stadt.

„Schwer vorstellbar, dass es eine Zeit gab, zu der Buenos Aires noch nicht existierte. Für mich ist diese Stadt so ewig wie die Luft und das Wasser." – JORGE LUIS BORGES

BUENOS AIRES

Argentinien

Die weltoffene Metropole Buenos Aires liegt dort, wo der Río de la Plata auf die Grassteppen der Pampas trifft. Die vielfältigen kulturellen Strömungen in dieser pulsierenden, eleganten Stadt lassen einen manchmal vergessen, wo man ist: Der Rhythmus ist definitiv lateinamerikanisch, aber Architektur und Kultur sind stark europäisch geprägt.

HAUPTATTRAKTIONEN

ANTIQUITÄTENMARKT SAN TELMO – Die Feria de San Pedro Telmo findet immer sonntags auf der Plaza Dorrego in San Telmo statt, einem der ältesten Viertel von Buenos Aires. Auf dem Platz versammeln sich dann neben vielen Straßenkünstlern unzählige Antiquitäten- und Souvenirhändler. Das bunte Treiben dehnt sich bis zur Calle Defensa hin aus, der Hauptverkehrsstraße des Viertels, die von kleinen Antiquitätenläden und Cafés gesäumt ist. Ein Highlight sind die Tangogruppen, die auf dem Platz auftreten – bis spät in die Nacht. **INFO:** www.feriadesantelmo.com.

FRIEDHOF LA RECOLETA – Der 1822 gegründete Friedhof gehört zu den meistbesuchten Sehenswürdigkeiten von Buenos Aires. Hier findet seit fast 200 Jahren die argentinische Elite ihre letzte Ruhestätte, ironischerweise auch eine Frau, die zu Lebzeiten von ebendieser Oberschicht verachtet wurde: María Eva Duarte de Perón, besser bekannt als Evita. Die meisten Touristen kommen nur, um einen Blick auf ihr

Obwohl sie schon 1952 starb, wurde Evita erst über 20 Jahre später beigesetzt.

schlichtes Grab aus schwarzem Granit zu werfen, das mit etlichen Gedenktafeln geschmückt ist, eine davon mit der legendären Bitte an ihr Vaterland, nicht um sie zu weinen. Das nahe Museo Evita im Viertel Palermo widmet sich ganz dem Leben dieser Ikone des Volkes, im wunderschönen Museumscafé lässt es sich gut entspannen. **MUSEO EVITA:** Tel. +54/11-4807-9433; www.museoevita.org.

MUSEO DE ARTE LATINOAMERICANO DE BUENOS AIRES (MALBA) – Die lichterfüllte Stahl-Glas-Architektur des MALBA ist nicht nur Ausstellungsraum für Hunderte von Exponaten, sondern für sich genommen schon ein Kunstwerk. Im Unterschied zu den eher eurozentristischen Konzepten vieler anderer argentinischer Museen widmet sich dieses Haus ganz der Kunst Lateinamerikas mit Werken von Frida Kahlo, Diego Rivera, Antonio Siguí, Antonio Berni, aber auch vieler zeitgenössischer Künstler. **INFO:** Tel. +54/11-4808-6500; www.malba.org.ar.

MUSEO NACIONAL DE BELLAS ARTES – Das Nationalmuseum der Schönen Künste war ursprünglich eine Pumpstation, heute beherbergt das Haus neben der umfangreichsten Sammlung argentinischer Kunst weltweit auch eine überraschende Vielzahl europäischer Meisterwerke von Rodin über Renoir bis hin zu Picasso. Das Museum spiegelt den Zeitgeschmack der reichen argentinischen Kunstliebhaber wider, die zu Beginn des 20. Jh. um die Welt reisten, um ihre Sammlungen aufzustocken. INFO: Tel. +54/11-5288-9900; www.mnba.org.ar.

Das Teatro Colón gehört zu den Opernhäusern mit der weltbesten Akustik. 1908 wurde es mit Verdis Aida eröffnet.

TEATRO COLÓN – Die Eröffnung des Opernhauses Teatro Colón im Jahr 1908 sollte der Welt signalisieren, dass sich Buenos Aires nun auch mit den europäischen Kulturmetropolen messen konnte. Es wurden keine Kosten gescheut, edle Materialien wie Marmor, Bronze und aus Europa importierte Buntglasfenster kamen zum Einsatz. Das Glanzstück des Haupttheaters ist ein enormer Kristalllüster in der Mitte einer Kuppel, die mit Fresken des argentinischen Künstlers Raúl Soldi geschmückt ist. Erst vor Kurzem wurden unter der Leitung des Architekten Victor Meano umfangreiche Renovierungen durchgeführt, und die Bühne, auf der schon Legenden wie Enrico Caruso und Maria Callas standen, zieht auch heute noch hochklassige Künstler aus aller Welt an. INFO: Ticketbüro Tel. +54/11-4378-7344; www.teatrocolon.org.ar.

EL METEJÓN POLO CLUB – Besucht man 1 Stunde südöstlich von Buenos Aires den renommierten Poloclub El Metejón, könnte man denken, diese Sportart sei hier erfunden worden. Der Club bietet schweißtreibende Intensivkurse, verfügt dafür aber auch über Spa, Pool und 12 luxuriöse Suiten, um sich wieder zu erholen. Wenn Sie lieber nur zusehen möchten, kommen Sie am besten zwischen Oktober und Dezember nach Buenos Aires: Dort können Sie die Profis beim Kampf um die Meisterschaft beobachten. **Wo:** Cañuelas: 48 km südwestl. von Buenos Aires, Tel. +54/2226-432-260; www.elmetejon.com.ar. *Preise:* ab € 444 (Nebensaison), ab € 593 (Hochsaison), all-inclusive.

FERIA DE MATADEROS – Dieser nostalgische Jahrmarkt gegenüber dem Viehmarkt trägt einen Hauch von Landleben in die Großstadt. Die *feria* findet ganzjährig immer sonntags statt, aber in den Spätsommermonaten (Februar–März) ist der Andrang so groß, dass sie auf die Samstage ausgedehnt wurde. In den Straßen drängen sich dann Antiquitätenhändler, Snack-Verkäufer und Folkloretänzer; Gauchos in vollem Ornat versuchen sich bei der Carrera de Sortija, einem wilden Reiterspiel, bei dem die Männer versuchen, im vollen Galopp mit einer kleinen Stange Ringe aufzuspießen. INFO: Tel. +54/11-4342-9629; www.feriademataderos.com.ar.

ÜBERNACHTEN

ALVEAR PALACE HOTEL – Allen Luxushotels von Buenos Aires gilt der Klassiker Alvear als absoluter Maßstab. Die Grande Dame wurde 1929 im exklusiven Stadtteil Recoleta eröffnet. Trotz der opulenten Inneneinrichtung aus buntem Marmor, vergoldeter Bronze und dem Louis-quinze-Mobiliar wirkt das Haus nicht schwülstig. Für jedes Zimmer steht rund um die Uhr ein Butler zur Verfügung, und das

La-Prairie-Spa ist so groß, dass man sich verlaufen kann. Das La Bourgogne unter Chefkoch Jean Paul Bondoux gilt in puncto gehobene französische Küche als beste Adresse der Stadt. Das L'Orangerie ist vor allem bekannt für seine regionalen Spezialitäten. INFO: Tel. +54/11-4808-2100; www.alvearpalace.com. *Preise:* ab € 333; Dinner im La Bourgogne € 74.

THE BOBO HOTEL – Ein Hotel mit einem derart selbstironischen Konzept muss man einfach lieben – BoBo steht kurz für „bourgeois bohemian", Mitglieder der privilegierten Klasse, die sich gern den Anschein des rebellischen Freigeistes geben. Dennoch muss man in dieser Villa aus den 1920ern in Palermo auf elegantes Ambiente nicht verzichten. Schon beim Betreten der nostalgischen Lobby werden Sie bezaubert sein. Jeder der 7 Räume wurde im Stil einer bedeutenden modernen Kunstströmung gestaltet. INFO: Tel. +54/11-4774-0505; www.bobohotel.com. *Preise:* ab € 130.

FOUR SEASONS HOTEL – Das im Herzen des gediegenen Viertels Recoleta gelegene Hotel besteht aus 2 Gebäuden: Der 12-stöckige Park Tower bietet exquisit ausgestattete Zimmer, zum Teil mit wundervollem Blick über den Nueve de Julio Boulevard. Im La Mansión von 1916 mit seinen 7 Privatsuiten hat schon so mancher Star logiert; auf dem Balkon probte Madonna während der Dreharbeiten zu *Evita*. Das Le Mistral verwöhnt seine Gäste mit internationaler, mediterran beeinflusster Küche. INFO: Tel. +54/11-4321-1200; www.fourseasons.com. *Preise:* ab € 404; Dinner im Le Mistral € 55.

HOME HOTEL – Dieses unkonventionelle Hotel fügt sich perfekt ins Ambiente des angesagten Stadtteils Palermo Hollywood ein. Tatsächlich sind in dem verspielten, aber stylischen Haus mit Spa, Poolbar und Restaurant schon viele Größen aus dem Show-geschäft abgestiegen (einer der Besitzer ist DJ und Plattenproduzent). Trotzdem herrscht eine angenehm unaufgeregte Atmosphäre; die Inneneinrichtung ist mehr auf Bequemlichkeit denn auf Design um jeden Preis ausgelegt. INFO: Tel. +54/11-4778-1008; www.homebuenosaires.com. *Preise:* Zimmer ab € 104.

LEGADO MITICO – In jedem der 11 großzügigen Zimmer wird einer anderen historischen Berühmtheit Argentiniens gehuldigt, unter ihnen Eva Perón oder die Ausnahmesängerin Tita Morello. Ergebnis dieses Konzeptes sind innenarchitektonische Schatzkästchen, außerdem wartet das Haus mit Bücherei, Kaminecke und 2 großen Terrassen auf. INFO: Tel. +54/11-4833-1300; www.legadomitico.com. *Preise:* ab € 178 (Nebensaison), ab € 222 (Hochsaison).

PALACIO DUHAU PARK HYATT – In diesem nach der Aristokratenfamilie Duhau benannten Hotel aus den 1930ern findet man klassische Zimmer mit schweren Glastüren im französischen Stil, während ein 17-stöckiger Turm mit modernen, aber gemütlichen Zimmern lockt. Insgesamt gibt es 4 hauseigene Restaurants, das Duhau ist vor allem für Steaks und frische regionale Produkte legendär. Die Oak Bar ist mit normannischen Schnitzereien aus dem 17. Jh. geschmückt, und der Nachmittagstee ist so üppig, dass kaum mehr Platz für das Abendessen bleibt. INFO: Tel. +54/11-5171-1234; www.buenosaires.park.hyatt.com. *Preise:* ab € 315; Dinner im Duhau € 55.

ESSEN & TRINKEN

STEAKHÄUSER IN BUENOS AIRES – Argentinien ist weltbekannt für sein hochwertiges Rindfleisch. Besonders typisch können Sie diese Spezialität in einem der *parillas* genannten Steakhäuser genießen. Dort werden nicht nur exzellente Steaks serviert, sondern auch rustikale Gerichte wie *asado*, ein Mix aus über Kohlen gegrillten Innereien. Ein Anziehungspunkt für die lokale High Society und für anspruchsvolle Touristen ist das La Cabaña Las Lilas im schicken Hafenviertel Puerto Madero. Dort werden jährlich an die 90 t Steak serviert (von Rindern aus hauseigener Zucht), begleitet von hervorragenden regionalen Weinen. Das dunkelgetäfelte 2-stöckige La Cabaña ist ein weiterer Klassiker der Restaurantszene. Der Grill steht im Zentrum des Geschehens: Man geht an ihm vorüber, wenn man das Haus betritt, und kann dann dabei zusehen, wie das Fleisch zubereitet wird. Das La Cabrera kommt ein wenig entspannter und moderner daher, schließlich liegt es auch im trendigen Stadtteil Palermo Soho. Das eigenwillig eingerichtete Haus ist immer brechend voll und das Rindfleisch hervorragend – genau wie die zahlreichen Beilagen: Salate, Pilze oder Kürbispüree. LA CABAÑA LAS LILAS; Tel. +54/11-4313-1336; www.laslilas.com.ar. *Preise:* Dinner € 48. LA CABAÑA: Tel. +54/11/4814-0001; www.lacabanabuenosaires.com.ar. *Preise:* Dinner € 63. LA CABRERA: Tel. +54/11-4831-7002; www.parrillalacabrera.com.ar. *Preise:* Dinner € 33.

CAFÉ TORTONI – Bronzearmaturen, Buntglasfenster, gebohnerte Holztheke, Fliege tragende Kellner und geschichtsträchtige Patina – das alles macht den Reiz des Café Tortoni aus. Es wurde 1858 gegründet und gilt als Argentiniens ältestes Café. Heute ist es bei Touristen und Einheimischen gleichermaßen beliebt, sei es für einen Cappuccino, ein paar Appetithäppchen, ein saftiges Steak oder um einer der intimen Tangoshows im Hinterzimmer beizuwohnen. INFO: Tel. +54/11-4342-4328; www.cafetortoni.com.ar. *Preise:* Dinner € 22.

CASA FELIX – Einer der jüngsten Trends in Buenos Aires sind die *puertas cerradas* (geschlossene Türen): kleine gastronomische Ereignisse in privatem Rahmen, bei denen Chefköche für wenige Gäste ein Menü zaubern – Reservierung zwingend erforderlich. Eine der besten Adressen ist die Casa Felix, Haus des Spitzenkochs Diego Felix. Donnerstags, freitags und samstags bereitet der Meister für maximal 16 Gäste ein 5-Gänge-Menü zu, bei dem vor allem biologische und regionale Produkte zum Einsatz kommen – ein wunderbarer Ort, um Bekanntschaften zu schließen, und ideal für alle, die der fleischlastigen Küche Argentiniens entkommen möchten: Im Zentrum stehen Fisch, Gemüse und regionale Früchte. INFO: www.colectivofelix.com. *Preise:* € 33.

TAUSENDSASSA GERMÁN MARTITEGUI – Buenos Aires' Starkoch Germán Martitegui gehören gleich mehrere Restaurants in der Stadt, darunter auch die Casa Cruz, eine perfekte Verkörperung des Glamours von Palermo Soho: Das Ambiente erinnert an einen schicken Nachtclub, auf der Karte stehen moderne mediterrane und regionale Gerichte. Germán Martitegui steht auch hinter dem Restaurant Ølsen, wo sich skandinavische Küche und kühles nordisches Design perfekt verbinden: Es gibt eine riesige Auswahl an Wodkasorten und einen beliebten Wochenendbrunch mit geräuchertem Fisch, Bagels und Kaviar. Das Tegui, sein neuestes Unternehmen, bietet ein mediterranes Festpreismenü aus Meeresfrüchten und regionalen Produkten. Der Eingang liegt versteckt, und die Wände des Hauses sind mit Graffiti verunziert, dennoch ist es eine ausgezeichnete Wahl, wenn man nach moderner und kreativer argentinischer Küche sucht. CASA CRUZ: Tel. +54/11-4833-1112; www.casacruz-restaurant.com. *Preise:* Dinner € 74. ØLSEN: Tel. +54/11-4776-7677; *Preise:* Dinner € 26. TEGUI: Tel. +54/11-5291-3333. *Preise:* Dinner € 40.

GRAN BAR DANZÓN – Das schummrige, aber edle Weinlokal ist der ideale Ort, um von argentinischen Weinen vom Fass oder aus der Flasche zu kosten. Viele *porteños* (wie sich die Bewohner von Buenos Aires nennen) kommen auf ein Glas hier vorbei, bevor sie sich ins Nachtleben stürzen, manche bleiben auch länger und essen zu Abend: Auf der Karte stehen argentinische Klassiker und italienische Küche, aber auch das Sushi ist nicht schlecht. INFO: Tel. +54/11-4811-1108; www.granbardanzon.com.ar. *Preise:* Dinner € 22.

DE OLIVAS I LUSTRES – Dieses zukunftsweisende Restaurant war eines der ersten hochklassigen Häuser in Palermo. Das 14-Gänge-Menü aus mediterran angehauchten Tapas, serviert in einem mit exquisiten Antiquitäten eingerichteten Speisesaal, ist immer noch ein Gedicht. Auch die Auswahl an pikanten Cannelloni und gegrilltem Fleisch ist unwiderstehlich. INFO: Tel. +54/11-4667-3388; www.deolivasilustres.com.ar. *Preise:* 14-gängiges Tapas-Menü € 15.

OVIEDO – Obwohl Argentinien über etwa 4600 km Küstenlinie verfügt, ist es erstaunlich schwierig, im steakbesessenen Buenos Aires ein gutes Fischrestaurant zu finden. Im Oviedo, dessen etwas förmliche Atmosphäre an ein altes Clubhaus erinnert, liegt der Schwerpunkt auf frischem Fisch und Meeresfrüchten, serviert auf mediterrane Art: gegrillte Shrimps und Babykalmare, dazu Kürbis-Gnocchi und Risotto mit Meeresfrüchten. Der Service und die umfangreiche Weinkarte mit edlen Tropfen aus der Provinz Mendoza (s. S. 992) und Europa tun ein Übriges. INFO: Tel. +54/11-4821-3741; www.oviedoresto.com.ar. *Preise:* Dinner € 33.

TANGO TANZEN

EL VIEJO ALMACÉN – Das vom legendären Sänger Edmundo Rivero gegründete El Viejo Almacén gehört zu den authentischsten Tangolokalen von Buenos Aires, weniger glamourös als die meisten *milongas*, wie man die Tangotreffs nennt. Dort geben großväterliche Sänger die herzzerreißenden Lieder von Carlos Gardel zum Besten, der den Tango weltberühmt machte, bevor er 1935 bei einem Flugzeugabsturz starb. Die sinnlichen jungen Tänzerinnen gemahnen in ihren knappen Kostümen an die Wurzeln dieses Tanzes im Rotlichtmilieu der Hafenviertel. INFO: Tel. +54/11-4307-6689; www.viejo-almacen.com.ar. *Preise:* € 74.

CASA BLANCA – Wer durch die Türen dieses Hauses tritt, begibt sich auf eine Reise in die Vergangenheit. Die Shows sind eine Mischung aus Folkloretanz und Tango, die Essenz beider Kunstformen verschmilzt zur perfekten Einheit. Die Männer tragen die Tracht der Pampas und versuchen, ihre Partnerinnen bei einer traditionellen Zamba zu verführen, wobei beide geziert ein buntes Taschentuch schwenken. INFO: Tel. +54/11-4331-4621. *Preise:* € 60, inklusive Getränke.

BAR SUR – Wie ein Sepia-Porträt des alten Buenos Aires präsentiert sich die Bar Sur, eine bei *porteños* und Touristen beliebte *milonga*. Vor den Aufführungen, die immer um 20 Uhr beginnen, kann man an Tanzkursen teilnehmen. Später tanzen die Profis um die Tische der Stammgäste herum, die schon sehnsüchtig darauf warten, selbst in Aktion treten zu dürfen. INFO: Tel. +54/11-4362-6086; www.bar-sur.com.ar. *Preise:* € 37.

Der Tango entstand im Argentinien des 19 Jh.

CONFITERÍA IDEAL – In dieser klassischen *milonga* spiegelt sich in den bronzenen Wandleuchtern, den vergoldeten Schmuckelementen, den gebohnerten Dielenböden und den Buntglasfenstern noch der alte Glanz von Buenos Aires. Die Gäste sitzen an Tischchen zu beiden Seiten der Tanzfläche, üblicherweise nach Geschlechtern getrennt. Man verständigt sich mit subtilen Blicken und Gesten, etwa einem leichten Kopfnicken, bevor der Mann sich erhebt und die Dame seiner Wahl zum Tanz auffordert. Zwar ist den ganzen Tag geöffnet, richtig lebhaft wird es aber erst gegen Mitternacht, nach Hause geht man im Morgengrauen. Professionelle Aufführungen gibt es nur freitags. INFO: Tel. +54/11-5265-8069; www.confiteriaideal.com. *Preise: milonga* (täglich) Eintritt € 6; Aufführung und Dinner (freitags) € 37.

TANGO-FESTIVALS – Tango hat in Buenos Aires immer Saison, aber das Tango Festival y Mundial im August ist dennoch ein Höhepunkt. In diesen Winterwochen treten in den Theatern der Avenida Corrientes hochkarätige Tänzer und Musiker auf, und die *milongas* hallen wider vom Klang der schwülen Rhythmen. Auch die Straßen zwischen San Telmo und dem Microcentro verwandeln sich in Tanzsäle unter freiem Himmel, zum Entzücken der Massen, die sich dort versammeln. **INFO:** www.tangobuenosaires.gov.ar.

Gaucho-Romantik nahe der Großstadt Buenos Aires

PAMPAS UND ESTANCIAS

Provinz Buenos Aires, Argentinien

Die Pampas – „Der einzige Ort auf Erden, an dem sogar Gott sich klein fühlen würde", wie der argentinische Schriftsteller Jorge Luis Borges schrieb – sind eine endlos weite Grassteppe, die sich von Buenos Aires bis weit ins Landesinnere erstreckt. In diesen Ebenen liegt der Quell des argentinischen Reichtums – hier werden Weizen und Soja angebaut und die kräftigen Rinder geweidet. Die Pampas sind die Heimat der legendären Gauchos, der argentinischen Cowboys. Auch die Estancias findet man hier, ursprünglich eine Mischung aus Festungsanlage und Landwirtschaftsbetrieb, heute sind viele der Anwesen Gästehäuser.

Viele Estancias liegen bei Antonio de Areco, berühmt vor allem für seine Silberschmiede und das Museo Gauchesco Ricardo Güiraldes. Anfang November findet das jährliche Gaucho-Festival statt, Día de la Tradición.

Der Aufenthalt auf einer Estancia lässt einen das Leben auf dem Land hautnah erfahren: Man kann zusehen, wie die Ernte eingebracht wird, es den Einheimischen nachtun, sich zurücklehnen und seinen Mate, den bitteren argentinischen Kräutertee, schlürfen oder mit den Gauchos und dem Besitzer ein Glas Wein trinken. Die meist sehr opulenten Wohnhäuser der Viehbarone entstanden überwiegend im 19. Jh. Heute werden Gäste mit Pool, Spezialitäten vom Grill und Ausritten im Sonnenuntergang verwöhnt. Wenn Sie der Hektik von Buenos Aires entfliehen wollen, können Sie zu den nächstgelegenen Estancias sogar einen Tagesausflug machen.

Die Estancia La Porteña in der Nähe von San Antonio ist ein wunderschönes B&B. Das Herrenhaus aus dem frühen 19. Jh. gehörte einst dem Schriftsteller Ricardo Güiraldes, und Poesie verströmt es bis heute. Gäste können Polostunden nehmen, mit den Gauchos ausreiten und die großzügige Hausmannskost genießen.

Eine weitere schöne Möglichkeit für einen Tagesausflug ist die Villa María, nicht weit vom Flughafen Ezeiza. Der Bau im Tudorstil entstand unter Leitung des Architekten Alejandro Bustillo, der auch hinter dem Llao-Llao-Resort und anderen Wahrzeichen von Bariloche (s. S. 993) steht. Einst gehörte das Anwesen mit den fruchtbaren Böden den Anchorenas, einer reichen Viehzüchterfamilie. Heute gleicht es eher einem eleganten Urlaubsresort: Man kann Polo spielen, sich im Spa entspannen und sogar golfen.

WO: San Antonio liegt 113 km nordwestl. von Buenos Aires. **ESTANCIA LA PORTEÑA:** Tel. +54/9-11-5626-7347; www.laporteniadeareco.com. *Preise:* €230, inklusive; pro Tag €63. **ESTANCIA VILLA MARÍA:** Tel. +54/11-4832-8737; www.estanciavillamaria.com. *Preise:* €260, all-inclusive; pro Tag €74. **REISEZEIT:** Apr.–Mai und Sept.–Okt.: bestes Wetter; Nov.: Día de la Tradición.

Patagoniens Atlantikküste

DIE HALBINSEL VALDÉS

Chubut, Argentinien

Die Halbinsel Valdés, die vor Patagonien in den Atlantik ragt, galt bis vor Kurzem als Geheimtipp. Die grasbewachsenen Ebenen und die 400 km lange Felsküste gehören zu den spektakulärsten Lebensräumen für große Meeressäuger und Vögel weltweit. Wer diese einzigartige Landschaft erkunden möchte, tut dies am besten von Puerto Madryn aus.

Auf der Insel und vor ihren Küsten tummeln sich über 180 Seevögelarten, von Magellanpinguinen im Naturpark Punto Tumbo bis zu Fischreihern und Dominikanermöwen, die man an den Felsklippen und Gezeitentümpeln am Meer antrifft. In Punta Norte im Nordosten der Halbinsel kann man Orcas bei der Jagd nach Vögeln, Seelöwen und Seeelefanten zusehen: Sie lassen sich von der Flut an den Strand tragen, schnappen dort ihre Beute und rollen zurück ins Meer. Der Strand des sogenannten Attack Channel darf von Menschen nicht betreten werden, aber es gibt Plattformen, von denen aus man im Februar und März das blutige Schauspiel beobachten kann. Im Golfo Nuevo im Süden leben auch fast 2000 Südkaper-Wale, die Hälfte der weltweiten Population dieser seltenen Tiere.

Die komfortabelste Unterkunft in der Gegend ist das El Pedral, eine ehemalige Schaffarm, knapp 50 km von Puerto Madryn entfernt. Das riesige Anwesen erstreckt sich bis zu den Klippen, von denen aus man den Golfo Nuevo überblicken kann. Das kleine Hotel im Tudorstil hat nur 8 Zimmer, die freundliche Belegschaft organisiert gern private Touren, auf denen man die faszinierende Fauna entdecken kann.

Wo: Puerto Madryn liegt 1400 km südl. von Buenos Aires. **Wie:** Das amerikanische Unternehmen Borello Travel bietet zahlreiche Touren auf der Halbinsel Valdés an. Tel. +1/212-686-4911; www.borellotravel.com. **EL PEDRAL LODGE:** Tel. +54/11-4311-1919; www.elpedrallodge.com. *Preise:* ab € 163, all-inclusive (Nebensaison); ab € 215 (Hochsaison). **Reisezeit:** ganzjährig; Pinguine und Seelöwen; Juni–Dez.: Südkaper-Wale; Okt.–Apr.: Orcas.

Altes intellektuelles Zentrum einer Stadt

CÓRDOBAS MANZANA JESUÍTICA

Córdoba, Argentinien

Córdoba, heute zweitgrößte Stadt Argentiniens, wurde 1573 gegründet, und schon wenige Jahre später kamen die Jesuiten in die Stadt. Ihr romantisches Herz ist die Manzana Jesuítica mit ihren stuckgeschmückten Gebäuden wie der Universität von Córdoba, Argentiniens erster Hochschule von 1613. Zur Manzana Jesuítica gehören auch die Iglesia Compañía de Jesús, die erste Kirche Argentiniens, das Colegio

Nacional de Monserrat, die älteste Sekundarschule des Landes, und die Hauskapelle Capilla Doméstica. Diese Gebäude bilden zusammen mit den blühenden Estancias, die die Jesuiten vor der Stadt anlegten, heute ein großes historisches Freilichtmuseum. Die nahe Plaza San Martín ist gesäumt von zauberhaften Cafés und weiteren historischen Bauten: Der Cabildo, die alte Stadthalle, ist heute ein Kulturzentrum. Zu den vielfältigen Angeboten dort gehört auch ein Tangoabend, der immer freitags stattfindet. Gleich nebenan finden Sie die Kathedrale von Córdoba. Den Grundstein legte man bereits 1577; bis zu ihrer Vollendung dauerte es jedoch noch über 200 Jahre. Ergebnis ist ein charmanter Stilmix; die Gesichtszüge der Engel sind eindeutig indigen. Das nur wenige Blocks entfernte Museo Histórico Provincial Marqués wurde in der ältesten noch existierenden Villa der Stadt eingerichtet, ein Juwel des Kolonialstils. Wenn Sie in der historischen Altstadt übernachten wollen, ist das Azur Real eine gute Wahl. Es wurde in einem Stadthaus von 1915 eingerichtet und gilt als erstes Design-Hotel der Stadt.

Durch die Stadt zieht sich der La Cañada. Die von Eichen flankierten Wege und Cafés entlang dem Kanal sind abends beliebte Treffpunkte für Flaneure. An den Wochenenden findet regelmäßig die Feria Artesanal del Paseo de los Artes statt; auf dem emsigen Markt werden vor allem Antiquitäten und Kunsthandwerk angeboten.

Um die Estancias, die die Jesuiten in der Umgebung gründeten, sind zum Teil ganze Städtchen gewachsen; das älteste unter ihnen ist Caroya. Etwas näher liegt Alta Gracia (etwa 25 km südwestlich). Das Stadtbild wird dominiert von einer barocken Kirche, die man über einen imposanten Treppenaufgang erreicht. Wenn Sie Anfang Januar nach Jesús María fahren (knapp 50 km nördlich von Córdoba), können Sie das Gaucho-Festival Nacional de Doma y Folklore miterleben. Etwas später im Monat findet in Cosquín (etwa 50 km nordwestlich von Córdoba) das Festival Nacional de Folklore statt und kurz darauf im Februar das Cosquín Rockmusik-Festival. In der eleganten Estancia El Colibrí (etwa 32 km westlich von Córdoba) fühlt man sich wie in einem argentinisch angehauchten Ralph-Lauren-Werbespot. Nach einem anstrengenden Tag beim Polo oder einem langen Ausritt in Begleitung eines Gauchos kann man abends bei einem saftigen Steak und einem Glas Malbec entspannen. **Wo:** 624 km nordwestl. von Buenos Aires. **AZUR REAL:** Tel. +54/351-424-7133; www.azurrealhotel.com. *Preise:* ab € 93. **ESTANCIA EL COLIBRÍ:** Tel. +54/352-546-5888; www.estanciaelcolibri.com. *Preise:* ab € 426 (Nebensaison), ab € 537 (Hochsaison), inklusive. **REISEZEIT:** Jan./Feb.: Festivals und bestes Wetter.

Machtvolles Naturschauspiel im Herzen des Regenwaldes

DIE IGUAZÚ-WASSERFÄLLE

Argentinien und Brasilien

Die aus dem Herzen des Regenwaldes schäumenden Iguazú-Wasserfälle sind die breitesten Katarakte der Welt. Bis zu 1700 km^3 Wasser pro Sekunde strömen in Form von 275 einzelnen Wasserfällen 60 m in die Tiefe; während der Regenzeit kann sich ihre Zahl bis auf 350 erhöhen. Das riesige, hufeisenförmige Becken bildet Argentiniens natürliche Grenze zu Brasilien.

Die von Wasserdampf umhüllten Pfade rund um die Fälle bieten die besten Aussichten. Über 80 % dieser Wege liegen auf argentinischem Gebiet; von hier aus kann man auch den imposantesten der Fälle beobachten, den über 80 m hohen Garganta del Diablo („Teufelsschlund"). Eine aufregende Raftingtour führt durch den Garganta-del-Diablo-Canyon mitten hinein in den Sprühnebel. Auf der Insel San Martín können Wagemutige die steilen Klippen erklimmen und von dort aus den Blick auf die brodelnden Wassermassen genießen. Mit Fähre oder Bus gelangt man auch problemlos auf die brasilianische Seite. Hier starten Helikopterflüge für Touristen, sogar Rundflüge bei Mondschein sind möglich.

Wenn Sie sich in Hörweite des rauschenden Wassers zur Ruhe betten möchten, sind Sie im Hotel das Cataratas auf der brasilianischen Seite bestens aufgehoben. Das roséfarbene Kolonialjuwel ist auch das luxuriöseste Haus am Platze. Das Sheraton Iguazú Hotel & Spa in Argentinien bietet hingegen den schönsten Panoramablick über die Fälle. Im argentinischen Städtchen Puerto Iguazú, nur etwa 18 km von den Fällen entfernt, gibt es eine große Auswahl an preiswerteren Unterkünften. Von dort aus kann man auch Wanderungen in den nahen Regenwald unternehmen und sich an Hunderten exotischer Vogelarten wie Papagei, Tukan oder Gelbscheitelpipra erfreuen. Am intensivsten erleben Sie den Dschungel in der argentinischen Yacutinga Lodge, 60 km von den Wasserfällen entfernt. Die 10 schlichten, aber komfortablen Ferienhäuser verschmelzen mit dem wuchernden Grün, und die Luft flirrt von den Flügeln der über 500 heimischen Schmetterlingsarten.

Wo: 1094 km nördl. von Buenos Aires. **Hotel das Cataratas:** Tel. +55/45-2102-7000; www.hoteldascataratas.com. *Preise:* ab € 300. **Sheraton Iguazú:** Tel. +54/37-5749-1800; www.sheraton.com. *Preise:* Zimmer mit Ausblick auf die Fälle € 180 (Nebensaison), € 248 (Hochsaison). **Yacutinga Lodge:** www.yacutinga.com. *Preise:* 2 Nächte „Yacutinga Experience" ab € 326, all-inclusive. **Reisezeit:** Sept.–Nov.: bestes Wetter, am wenigsten Andrang; Mai–Juli: Regenzeit, die Fälle sind dann am imposantesten.

Der Name Iguazú leitet sich aus der Sprache der Guarani ab und bedeutet „Großes Wasser".

Wo Malbec König ist

Provinz Mendoza

Argentinien

Die fruchtbaren Böden, die intensive Sonneneinstrahlung und die reizvolle Höhenlage am Fuß der schneebedeckten Anden machen die Provinz Mendoza zu Argentiniens Weinberg. Die charakteristische Rebsorte der Region ist die Malbec-Traube, die die Spanier vor über 500 Jahren ins Land brachten. Heute gilt sie als so typisch für Argentinien wie der Tango. Bis in die 1990er wurden in Mendoza hauptsächlich schlichte Tafelweine gekeltert, dann hielten verbesserte Technologien Einzug, und die Winzer packte der Ehrgeiz. Heute werden auf fast 1000 Weingütern in den Tälern rund um Mendoza-Stadt – Lujan de Cuyo, Maipu und das Uco-Tal – Malbec und andere Rebsorten gepflanzt.

Am schönsten sind die Weinanbaugebiete Anfang März zur Vendimia, einem Erntedankfest, das in Mendoza-Stadt 1 Woche mit Umzügen und einem Schönheitswettbewerb gefeiert wird. Eine junge Mendocina wird schließlich zur Erntekönigin *Reina Vendimia* gekürt.

In Mendoza gibt es viele Möglichkeiten, die Natur zu genießen, von Raftingtouren auf dem Rio Mendoza bis zum Bergsteigen am fast 7000 m hohen Aconcagua. In den nahen Anden finden Sie herrliche Skigebiete. Die vielen Weingüter, die Besuchern offenstehen, erreicht man über die *los caminos del vino* (Weinstraßen). Sie können auch der berühmten Landstraße Ruta 40 folgen, die in der 1770 km entfernten Provinz Jujuy an der bolivianischen Grenze beginnt und bis in den Süden Patagoniens führt.

Das an der Plaza Independencia gelegene Park Hyatt Mendoza wartet hinter seinen Fassaden aus dem 19 Jh. mit modernem Komfort auf. Die Bar Uvas ist ein beliebter Treffpunkt, und das erstklassige Restaurant Bistro M serviert regionale Spezialitäten mit französischem Einschlag. Wer sich nach Abgeschiedenheit und einem Ausblick auf Berge und Weingüter sehnt, sollte sich in der Cavas Wine Lodge einquartieren, nur 40 Minuten von Mendoza-Stadt entfernt. Jeder der 14 luxuriösen Bungalows hat einen eigenen Pool, und im Spa kann man sich ein Traubenkernpeeling verabreichen lassen – natürlich aus Mendoza-Trauben.

Wenn Sie nach einer authentischen Erfahrung suchen, fahren Sie in das 2 Stunden entfernte San Rafael zur Finca Los Alamos: Der Viehzucht- und Winzerbetrieb stammt von 1830. Im strahlend weißen Haupthaus suchte schon Jorge Luis Borges nach Ruhe und Erholung.

Im von Starkoch Francis Mallmann geführten 1884 Restaurante im nahen Godoy Cruz können Sie sich in den kulinarischen Himmel heben lassen. Man findet es im Gutshaus der historischen Bodega Escoriheula; das gegrillte Steak passt perfekt zum hiesigen Malbec. In der Stadt gibt es in der Vinothek Vines of Mendoza über 90 Weinsorten zu verkosten, alle aus Früchten dieses Landstrichs, den die Einheimischen „La Tierra de Sol y Buen Vino", „Land der Sonne und guten Weine", nennen.

Wo: 965 km südwestl. von Buenos Aires. **Park Hyatt Mendoza:** Tel. +54/261-441-1234; www.mendoza.park.hyatt.com. *Preise:* ab € 155; Dinner € 37. **Cavas Wine Lodge:** Tel. +54/261-410-6927; www.cavaswinelodge.com. *Preise:* ab € 241 (Nebensaison), ab € 415 (Hochsaison). **Finca Los Alamos:** Tel. +54/ 2627-442-350; www.fincalosalamos.com. *Preise:* ab € 185, inklusive. *Wann:* Mai–Sept.: geschlossen. **1884 Restaurante:** Tel. +54/261-424-2698; www.1884restaurante.com.ar. *Preise:* Dinner € 55. **Vines of Mendoza:** Tel. +54/261-438-1031; www.vinesofmendoza.com. **Reisezeit:** Feb.–Apr. und Okt.–Dez.: bestes Wetter; Ende Feb.–März: *Fiesta Nacional de la Vendimia* (Erntedank).

Die Schweiz Südamerikas

Departamento Bariloche

Patagonien, Argentinien

Im feuchten und wilden Nordwesten Patagoniens erstrecken sich die windgepeitschten Steppen bis an die Ausläufer der Anden mit ihren eisigen Gletscherseen. Dort liegt das Departamento Bariloche, ein Paradies für Skiläufer und Naturfreunde. Benannt ist die Region nach der Hauptstadt San Carlos de Bariloche (kurz: Bariloche). Ihren besonderen Charme verdankt sie den Einwanderern aus Deutschland und der Schweiz und dem argentinischen Architekten Alejandro Bustillo, der viele der an Lebkuchenhäuschen erinnernden Gebäude entwarf.

Bariloche liegt an den Ufern des Nahuel-Huapi-Sees inmitten des gleichnamigen Nationalparks. Mit seinen kalten, kristallklaren Flüssen und Seen gilt er als eines der besten Fliegenfischerreviere der Welt. Die meisten Touristen kommen aber wegen der Skigebiete, und zu den schönsten gehören sicher die mehr als 50 Abfahrten am Cerro Catedral. Saison ist von Juni bis Oktober, und der Andrang hält sich in Grenzen.

Rustikal, aber luxuriös könnte das Motto des Llao-Llao-Resorts am Ufer des Nahuel-Huapi-Sees lauten. Gestaltet wurde es ebenfalls von Bustillo, betrieben wird es von derselben Familie wie das Alvear Palace in Buenos Aires (s. S. 985). Das hauseigene Restaurant Los Césares ist die beste Adresse der Region. Direkt hinter der Stadtgrenze finden Sie die Villa Huinid. Die Anlage hat 12 Ferienhäuschen aus Pinienholz, jedes mit offener Feuerstelle; 50 luxuriöse Zimmer im Landhausstil mit freiem Ausblick über den See und das Restaurant Batistin.

Etwa 80 km nördlich von Bariloche liegt Villa La Angostura, ein Städtchen auf einer in den See ragenden Halbinsel. Viele *porteños* (Einwohner von Buenos Aires) haben sich dort ihre Ferienhäuser gebaut. Das Correntoso Lake and River Hotel liegt dort, wo Fluss und See aufeinandertreffen. Heute wird es vor allem von Fliegenfischern und Wanderern frequentiert, aber viele Gäste entspannen sich auch einfach im Spa oder genießen ein Essen auf der Terrasse mit Panoramablick. Etwa 110 km weiter nördlich liegt San Martín de los Andes, ein malerischer Urlaubsort in der Provinz Neuquén.

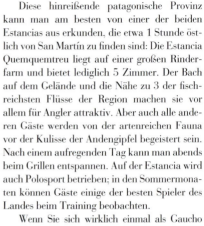

Der Nahuel-Huapi-See ist der bedeutendste See der Region.

Diese hinreißende patagonische Provinz kann man am besten von einer der beiden Estancias aus erkunden, die etwa 1 Stunde östlich von San Martín zu finden sind: Die Estancia Quemquemtreu liegt auf einer großen Rinderfarm und bietet lediglich 5 Zimmer. Der Bach auf dem Gelände und die Nähe zu 3 der fischreichsten Flüsse der Region machen sie vor allem für Angler attraktiv. Aber auch alle anderen Gäste werden von der artenreichen Fauna vor der Kulisse der Andengipfel begeistert sein. Nach einem aufregenden Tag kann man abends beim Grillen entspannen. Auf der Estancia wird auch Polosport betrieben; in den Sommermonaten können Gäste einige der besten Spieler des Landes beim Training beobachten.

Wenn Sie sich wirklich einmal als Gaucho fühlen möchten, seien Sie zu Gast auf der Estancia Huechahue. Auf dem Rücken eines Pferdes können Sie durch Hügellandschaften mit vielen kleinen Seen und dichten Wäldern bis in luftige Höhen reiten, wo die Kondore nisten. Wer es wagt, kann sich sogar am Zusammentreiben und Brandmarken der Rinder beteiligen. Wie auch immer Ihr Tag aussieht, am Abend erwartet alle Gäste ein köstliches *asado* (Grillgericht).

Wo: San Carlos de Bariloche liegt 1615 km südwestl. von Buenos Aires. **Llao Llao:** Tel. +54/2944-448-530; www.llaollao.com. *Preise:* ab € 196 (Nebensaison), ab € 470 (Hochsaison). **Villa Huinid:** Tel. +54/2944-523-600; www.villahuinid.com.ar. *Preise:* ab € 130. **Correntoso Lake and River Hotel:** Tel. +54/2944-1561-9728; www.correntoso.com. *Preise:* € 281. **Estancia Quemquemtreu:** Tel. +54/2972-424-410; www.quemquemtreu.com. *Preise:* ab € 370 pro Person, all-inclusive. **Estancia Huechahue:** Tel. +54/2972-491-303; www.huechahue.com. *Preise:* € 530, all-inclusive. *Wann:* Juni-Sept.: geschlossen. **Reisezeit:** Dez.–Feb.: warmes Wetter; Juni–Aug.: Skifahren; Nov.–Apr.: Fischen.

Faszinierende Landschaft aus Fels und Eis

NATIONALPARK LOS GLACIARES

Patagonien, Argentinien

Die karge, aber wunderschöne Landschaft des Nationalparks Los Glaciares, übersät von 50 großen und über 200 kleineren Gletschern, mutet an wie die Oberfläche eines fremden Planeten. Während viele andere Gletscher weltweit schrumpfen, wächst der Perito Moreno am Lago Argentino kontinuierlich weiter. Aus gebührender Ferne kann man von Aussichtsplattformen aus beobachten, wie der Gletscher kalbt und riesige Schollen in den See stürzen. Sie können es auch sportlich angehen, sich Steigeisen anschnallen und über die zerklüftete, von Schmelzwasserflüssen durchzogene Oberfläche wandern. Über dem Lago Viedma ragt am Nordende des Parks der Mount Fitz Roy über 3300 m hoch in den Himmel. Der kahle Granitgipfel ist immer von einem Ring aus Nebel umgeben, die Argentinier nennen ihn auch Cerro Chaltén, den „Rauchenden Berg". Manchmal kann man vom Park aus bis ins nahe Chile und zu den erhabenen Gipfeln der Torres del Paine sehen (s. S. 1026).

Im Gegensatz zu den meisten anderen Gletschern Patagoniens wächst der Perito Moreno stetig weiter.

Der Nationalpark liegt in der patagonischen Provinz Santa Cruz in einer der am dünnsten besiedelten Regionen der Welt. Dennoch müssen Sie bei Ihrer Erkundung des Endes der Welt nicht dieselben Entbehrungen ertragen wie Charles Darwin, als er um 1830 auf seinen Forschungsreisen hierherkam. Die hübsche Hostería Alta Vista mit 7 Zimmern bietet jeden nur erdenklichen Komfort und ist nur etwa 30 km von El Calafate entfernt, der wenig reizvollen Hauptstadt der Region. Man kann sich auch Pferde leihen, um sich einmal im Leben wie ein Gaucho zu fühlen. Das einzige Hotel im Park ist das Los Notros in unmittelbarer Nähe zum Perito Moreno. Von allen Räumen aus kann man den Gletscher sehen – und manchmal sogar hören. Elegant logieren lässt es sich in der 1 Stunde von El Calafate entfernten Eolo Lodge. Der im Stil einer patagonischen Estancia errichtete Bau liegt im kargen, winddurchheulten Anita-Tal am Fuß eines wunderschönen Berges.

Wo: El Calafate liegt 2720 km südwestl. von Buenos Aires. **Hostería Alta Vista:** Tel. +54/2902-499-902; www.hosteriaaltavista.com.ar. *Preise:* ab € 350. *Wann:* Mai–Mitte Sept.: geschlossen. **Los Notros:** Tel. +54/2902-499-510; www.losnotros.com. *Preise:* ab € 467, all-inclusive. *Wann:* Apr.–Sept.: geschlossen. **Eolo Lodge:** Tel. +54/2902-492-042; www.eolo.com.ar. *Preise:* ab € 548, all-inclusive (Hochsaison), Preise für Nebensaison auf Anfrage. *Wann:* Mai–Mitte Sept.: geschlossen. **Reisezeit:** Ende Nov.–Anf. März: bestes Wetter; März–Apr.: herbstliche Wälder; Dez.: Schafschur in Alta Vista.

Argentiniens Toskana

CAFAYATE

Provinz Salta, Argentinien

Im 1840 gegründeten Städtchen Cafayate leben heute vorwiegend Nachfahren der Inka, die schon lange vorher in dieser Region siedelten. Einst nur ein beliebtes Ausflugsziel von der 185 km entfernten Kolonialstadt Salta aus (s. nächste S.), hat sich Cafayate zum eigenständigen Touristenmagneten gemausert. Die von roten Felsen geprägte Landschaft ist ein Traum für Wanderer und Reiter. Der eigentliche Star ist aber der trockene, aromatische Weißwein aus den Torrontés-Riojano-Trauben, die auf den sandigen Böden wunderbar gedeihen. Die Höhenlage und der Sonnenschein verleihen den Trauben ihre charakteristische Färbung sowie den typischen Geschmack und Zuckergehalt.

International machte das Städtchen 2005 auf sich aufmerksam, als das luxuriöse Patios de Cafayate auf dem Weingut El Esteco eröffnete. Das aus dem Jahr 1892 stammende Herrenhaus verbirgt in seinem Inneren blumenduftende Patios, Antiquitäten und Kunstwerke, die die ländliche Tradition der Region aufgreifen. Man kann die regionalen Weine trinken oder im Rahmen einer Ganzkörper-Vinotherapie sogar darin baden. Auch Massagen und Peelings mit Traubenkernen und -fruchtfleisch werden angeboten. Gleich außerhalb des Zentrums von Cafayate finden Sie das schlichte Viñas de Cafayate mit 12 Zimmern. Neben dem herrlichen Blick auf die umgebenden Berge lockt ein Pool inmitten von Weinbergen.

Nördlich von Cafayate führt die Ruta 40, Argentiniens Pendant zur amerikanischen Route 66, durch die Valles Calchaquíes, eine Kette zusammenhängender Täler. Die Bandbreite der Landschaft reicht von dichter Vegetation bis zu vielfarbigen Wüsten. Machen Sie einen Abstecher ins Städtchen Cachi, die alte Heimat der Diaguita-Indianer. Dort gibt es nicht nur eine mit Kaktusholz gedeckte Kirche

Die Quebrada de las Conchas („Schlucht der Muscheln") wurde nach den Fossilien benannt, die man hier entdeckte.

und viele Läden mit Kunsthandwerk, sondern auch eines der besten archäologischen Museen der Region. Die größte Überraschung in der entlegenen Gegend ist die Bodega Colomé, eine Luxus-Lodge mit 9 Suiten inmitten eines riesigen Weingutes. Die alte Estancia gehört heute der Schweizer Winzerfamilie Hess; ihre Weinberge zählen zu den am höchsten gelegenen weltweit. 2009 wurde auf dem Anwesen das James-Turrell-Museum eröffnet; der gefeierte kalifornische Künstler ist vor allem für seine Raum-Licht-Installationen berühmt.

Wo: 1283 km nordwestl. von Buenos Aires. **Patios de Cafayate:** Tel. +54/3868-421-747; www.patiosdecafayate.com. *Preise:* ab € 222. **Viñas de Cafayate:** Tel. +54/3868-422-272; www.cafayatewineresort.com. *Preise:* ab € 100. **Bodega Colomé:** Tel. +54/3868-494-044; www.bodegacolome.com. *Preise:* ab € 222 (Nebensaison), ab € 289 (Hochsaison). **Reisezeit:** Feb.: Cafayate Folklore Festival; Feb.–Apr.: Weinlese; Nov.: Torrontés-Weinfest.

Ein romantisches Städtchen und eine atemberaubende Zugfahrt

SALTA

Provinz Salta, Argentinien

Die Argentinier nennen diese Stadt auch „Salta la Linda", „Salta die Anmutige". Die am besten erhaltene Kolonialstadt des Landes liegt inmitten der vielfältigen Landschaften des argentinischen Nordwestens, und die Menschen hier sind gleichermaßen stolz auf das spanische und das indigene Erbe. Herz der Stadt ist die von Cafés gesäumte Plaza de Nueve de Julio, die noch aus dem Gründungsjahr 1592 stammt. Flankiert wird sie von der rosafarbenen Kathedrale von Salta und dem Cabildo, dem ältesten öffentlichen Gebäude der Stadt. Im brandneuen Museo de Arqueología de Alta Montaña (MAAM, Museum für Archäologie in den Andenregionen) liegt der Schwerpunkt auf präkolumbischen Kulturen. Highlight sind 3 mumifizierte Kinderleichen, die man auf einem Andengipfel fand und von denen man annimmt, dass sie den Inka-Gottheiten als rituelles Opfer dargebracht wurden.

In Salta trifft man sich zum Essen und Musikhören in *peñas folkloricos*, stimmungsvollen Lokalen wie dem El Boliche Balderrama oder dem Cason del Molino. Dort kann man sich von der Leidenschaft der Sambas oder von Chacarera-Rhythmen anstecken lassen.

Im Umland findet man unzählige präkolumbische Ruinen, Weingüter und Dörfer voller Kunsthandwerk. Charakteristisch sind die vielfarbigen, aus etlichen Gesteinsschichten bestehenden *quebradas* (Schluchten), am spektakulärsten ist diese Landschaft etwa 4 Stunden weiter südlich auf dem Wüstenhochplateau von Cafayate (s. vorige Seite). Am schönsten können Sie die Gegend an der Grenze zu Chile mit dem Tren a las Nubes („Wolkenzug") erkunden, einer der höchstgelegenen Eisenbahnstrecken der Welt. Höhepunkt der 15-stündigen Fahrt ist ein über 60 m hoher Viadukt, der über einen gähnenden Abgrund führt, bevor der Zug auf über 4000 m Höhe bei einer alten indianischen Minenstadt kehrtmacht.

In Salta ist das kleine Hotel Legado Mítico zu empfehlen, nur 5 Minuten Fußweg vom Hauptplatz entfernt. Auch das House of Jasmines auf einem vor der Stadt gelegenen Landgut ist eine gute Wahl: Auf dem Gelände wohnt es sich ländlich, aber luxuriös: Sie können am Pool oder im Spa entspannen oder Ausritte entlang dem Rio Arenales unternehmen. Etwa 1 Stunde nordöstlich von Salta liegt das Landgut El Bordo de las Lanzas, von dort stammt General Martín Miguel de Güemes, der an der Seite der Gauchos im frühen 19. Jh. gegen die spanischen Royalisten kämpfte. Heute wird die Estancia von der gastfreundlichen Familie Arias geführt. **Wo:** 1265 km nordwestl. von Buenos Aires. **MAAM:** Tel. +54/387-437-0499; www.maam.culturasalta.gov.ar. **EL TREN A LAS NUBES:** Tel. +54/387-4223-033; www.trenalasnubes.com.ar. *Preise:* € 120, inklusive Lunch. *Wann:* Dez.–März: geschlossen. **LEGADO MÍTICO:** Tel. +54/387-4228-786; www.legadomitico.com. *Preise:* ab € 115 (Nebensaison), ab € 155 (Hochsaison). **HOUSE OF JASMINES:** Tel. +54/387-497-2002; www.houseofjasmines.com. *Preise:* ab € 159. **ESTANCIA EL BORDO DE LAS LANZAS:** Tel. +54/387-4903-070; www.turismoelbordo.com.ar. *Preise:* € 300, all-inclusive. **REISEZEIT:** Apr.–Juni und Aug.–Nov.: Trockenzeit und wenigster Andrang; Apr.: Kulturfestival; Juni: Semana Salta, ein großes Gaucho-Festival; 17. Juni: Güemes Gauchos Festival.

Die südlichste Stadt der Welt

Ushuaia und Tierra del Fuego

Argentinien

An keinem anderen Ort könnte man wohl mit größerem Recht behaupten, am Ende der Welt angekommen zu sein, als in Ushuaia, Endpunkt der Panamericana und die am südlichsten gelegene Stadt der Erde. Heute trotzen etwa 70.000 Einwohner dem rauen Klima, und die Stadt ist für sich genommen schon ein bezauberndes und ursprüngliches Reiseziel. Ushuaia ist auch Hauptstadt der Provinz Tierra del Fuego, die aus der Hauptinsel Isla Grande und einem Archipel aus Hunderten kleinerer Inseln besteht. Seinen Namen bekam der Landstrich von den Spaniern, die sich von den Lagerfeuern der Yámana inspirieren ließen.

Die Natur ist überwältigend: Berge, bewaldete Ebenen, der Martial-Gletscher und die eisigen Felsküsten mit zahllosen Vogelarten wie dem Andenkondor, dem Schwarzbrauenalbatross oder dem Magellanpinguin. Die Schönheit der Natur – und Sommer mit bis zu 18 Stunden Sonnenschein täglich – waren einst vielleicht auch ein Trost für die argentinischen Strafgefangenen, die seit Ende des 19. Jh. hier ihre Haft verbüßten. Im alten Gefängnis ist heute das Museo Maritimo eingerichtet. Mit dem klapprigen Tren del Fin del Mundo („Zug des Endes der Welt") wurden die Sträflinge in die Wälder gekarrt, um dort das Holz der mittlerweile unter Schutz stehenden Lenga-Südbuchen zu schlagen. Heute genießen Touristen auf der 40-minütigen Fahrt in den Parque Nacional Tierra del Fuego die schöne Aussicht.

Die Auswahl an guten Restaurants und Hotels in dieser Grenzstadt ist überraschend groß. Im Las Hayas an der Straße zum Martial-Gletscher hat man einen hervorragenden Blick über die Stadt und die umgebende Bucht. Das näher an der Stadt auf einem Hügel gelegene Tierra de Leyendas bietet 5 elegante Zimmer und ein kleines, aber erstklassiges Restaurant mit schöner Aussicht über den Beagle-Kanal. Nicht weit davon findet man das Restaurant Kaupé, berühmt vor allem für seine köstlichen Königskrabben.

Beliebt sind die 4-tägigen Kreuzfahrten des Reiseanbieters Cruceros Australis. Die Touren starten im chilenischen Punta Arenas. Die komfortablen Schiffe, die bis zu 130 Passagiere fassen, kreuzen zwischen den Eisbergen, und große Schlauchboote ermöglichen Landgänge, auf denen man Pinguine, Seelöwen und viele andere Tiere am Beagle- und Murray-Kanal beobachten kann. Die Schiffe steuern auch den Nationalpark Kap Hoorn an, das letzte Stückchen Fest-

Der Beagle-Kanal wurde nach dem berühmten Schiff benannt, auf dem Charles Darwin diese Region erforschte.

land vor dem offenen Meer: Fast 1000 km weiter südlich liegt die Antarktis. **Wo:** 2372 km südl. von Buenos Aires. **Las Hayas:** Tel. +54/2901-430-710; www.lashayas.com.ar. *Preise:* ab € 222. **Tierra de Leyendas:** Tel. +54/2901-443-565; www.tierradeleyendas.com.ar. *Preise:* ab € 93 (Nebensaison), ab € 140 (Hochsaison). **Kaupé:** Tel. +54/2901-422-704; www.kaupe.com.ar. *Preise:* Dinner € 37. **Cruceros Australis:** www.australis.com. *Preise:* 4-tägige Kreuzfahrt ab € 1111 (Nebensaison), ab € 1404 (Hochsaison), all-inclusive. *Wann:* Jan.–Apr. und Sept.–Dez. **Reisezeit:** Nov.–März Sommer auf der Südhalbkugel, relativ mildes Wetter und eisfreie Wasserwege.

Subarktisches Galapagos

Die Falklandinseln

Britisches Überseegebiet

Die von Großbritannien verwalteten Falklandinseln gelangten zu Beginn der 1980er durch den Falklandkrieg zu trauriger Berühmtheit. Heute sind die beinahe 800 Inseln wieder ein beliebter Zwischenstopp auf dem Weg nach Südgeorgien und in die Antarktis (s. S. 1058 und 1057). Die Zahl der dort lebenden Schafe übersteigt die der Menschen um ein Vielfaches: 3000 Insulaner zu 650.000 Schafen. Krieg wurde damals aber nicht um Wollpullover, sondern um die vor der Insel vermuteten Ölfelder geführt.

In Stanley, der adretten „Hauptstadt", wird das britische Erbe hingebungsvoll gepflegt – Pubs und der Nachmittagstee sind integraler Bestandteil des Alltags. Wahrzeichen sind die viktorianische Natursteinkirche und die Bogenskulptur aus vergoldeten Walknochen. Stanley liegt auf der kargen Insel Ostfalkland, wo zwei Drittel der Einwohner leben. Die meisten Touristen sind Ausflügler, die von den großen Schiffen kommen und im gemütlichen Malvina House Hotel in der Nähe der Kirche übernachten.

Die Natur ist berühmt für ihren Artenreichtum; besonderer Beliebtheit erfreuen sich die 5 Pinguinarten. Wie die Tiere der Galapagosinseln haben auch sie keine Scheu vor Menschen. Am kargen, aber wunderschönen Volunteer Beach, etwa 2 Stunden Fahrt von Stanley entfernt, kann man zahllose Königspinguine beobachten. Im äußersten Nordwesten der Inselgruppe tummeln sich am Leopard Beach von Carcass Island die etwas kleineren Esels- und Magellanpinguine. Zusammen mit den über 180 anderen Vogelarten (hier brütet auch die weltweit größte Kolonie Schwarzbrauenalbatrosse) machen sie diese abgelegene Region zu einem Paradies für Ornithologiefans.

Noch mehr Wunder der Natur erwarten Sie auf Sea Lion Island, wo Seeelefanten und Seelöwen schwimmen, immer auf der Hut vor den allgegenwärtigen Orcas. Die Sea Lion Lodge mit 12 Zimmern ist das beste Hotel der Inseln und das südlichste Großbritanniens. Zwischen diesem letzten Außenposten der Zivilisation und der Antarktis liegt nur noch der kalte Ozean.

Wo: 1931 km südwestl. von Buenos Aires. **Wie:** Das amerikanische Unternehmen Ladatco Tours bietet 14-tägige Touren an. www.ladatco.com. *Preise:* ab € 8074, all-inclusive. *Wann:* Okt.–März. **Malvina House Hotel:** Tel. +500/21355; www.malvinahousehotel.com. *Preise:* ab € 70. **Sea Lion Lodge:** Tel. +500/32004; www.sealionisland.com. *Preise:* € 107 (Nebensaison), € 170 (Hochsaison). *Wann:* Mai–Aug.: geschlossen **Reisezeit:** Okt.–Feb.: Sommer auf der Südhalbkugel, günstig für Vogelbeobachtung; Sept.–Apr.: günstig für Meeressäuger.

Pilgerstadt an den Ufern eines heiligen Sees

COPACABANA UND DER TITICACASEE

Bolivien

Das ursprüngliche Copacabana liegt nicht am Strand von Rio de Janeiro (s. S. 1016), sondern in den Anden: ein kleines, sonnendurchflutetes Städtchen mit roten Ziegeldächern an den Ufern des Titicacasees. Es ist eine der wichtigsten Pilgerstätten Südamerikas, berühmt für die über 400 Jahre alte Kirche im maurischen Stil mit dem Schrein der Jungfrau von Copacabana. Diese Statue der Schutzheiligen Boliviens wurde 1592 vom einheimischen Künstler Tito Yupanqui gefertigt und soll seither zahllose Wunder gewirkt haben. Unter den vielen Festen, die in der Stadt zu ihren Ehren gefeiert werden, ist die Fiesta de la Virgen de la Candelaria Anfang Februar wohl das bedeutendste. Während der Semana Santa pilgern wenig später Tausende Gläubige zu Fuß von Paz nach Copacabana; Höhepunkt ist die Lichterprozession am Karfreitag.

Den schönsten Blick über den See hat man vor allem bei Sonnenuntergang vom Cerro Calvario aus, einer Nachbildung des Kalvarienberges. Zum Übernachten empfiehlt sich das charmante Hotel Rosario del Lago, nur wenige Minuten vom Hauptplatz entfernt. Äußerst beliebt ist auch das hauseigene Restaurant Kota Kahuana; die Spezialität sind frische Forellen aus dem See.

Von Copacabana aus fahren regelmäßig Boote zu einigen der Inseln des Titicacasees. Die Inka waren der Überzeugung, der See sei die Wiege ihres Volkes, der „Schoß der Erde". Die Isla del Sol (Sonneninsel) und die Isla de la Luna (Mondinsel) waren den Inkas heilig; bis heute sind Überreste von Tempeln erhalten. Die nur sehr dünn besiedelte Sonneninsel gilt den Inka als Geburtsstätte des Sonnengottes – heute ziehen vor allem die unglaublichen Aussichten über den See bis hin zur Königskordillere die Besucher an. Dieselbe wunderbare Aussicht können Sie auch von einem der liebevoll eingerichteten 20 Zimmer der Posada del Inca genießen, einer alten Hacienda in Hanglage. Die freundliche Belegschaft organisiert gern Ausflüge zu einer der schwimmenden Schilfinseln des Sees. Angelegt wurden sie von Aymara-Indianern, die auf den riesigen handgeflochtenen Plattformen aus Totora-Schilf Zuflucht vor den Inka suchten.

Der kristallklare See ist sowohl von bolivianischer Seite als auch von Peru aus (Hafenstadt Puno, s. S. 1046) gut zugänglich. Die meisten Besucher konzentrieren sich ganz auf den See und seine vielen Attraktionen und übersehen

Die Kirche von Copacabana steht auf den Ruinen eines alten Inka-Tempels.

dabei eine großartige Sehenswürdigkeit im Landesinneren: Tiwanaku, die alte Hauptstadt einer Kultur, die noch vor den Inkas existierte. Man datiert die Bauwerke auf etwa 500 v. Chr. Das Sonnenportal mag Teil eines Kalenders gewesen sein, und die vielen monumentalen Bildwerke, die man dort fand, geben den Archäologen bis heute Rätsel auf. **Wo:** Copacabana liegt 150 km nordwestl. von La Paz. **HOTEL ROSARIO DEL LAGO:** Tel. +591/2-862-2141; www.hotelrosario.com/lago. *Preise:* € 45; Dinner € 9. **POSADA DEL INCA:** Tel. +591/2-233-7533; www.titicaca.com. *Preise:* € 63. **WIE:** Crillon Tours bietet zahlreiche Touren rund um den Titicacasee an. Tel. +591/2-233-7533; www.titicaca.com. *Preise:* 2-tägige Tour € 222, all-inclusive. Startet in La Paz. **REISEZEIT:** Mai–Dez.: Trockenzeit; Anf. Feb.: religiöse Feste; Apr.: Karwoche (Semana Santa).

Fundgrube des Faszinierenden und Bizarren

DER HEXENMARKT VON LA PAZ

La Paz, Bolivien

Der in La Paz täglich stattfindende Hexenmarkt, bei den Einheimischen auch bekannt als Mercado de Hechicería (Markt der Zauberei), ist ein faszinierendes Panoptikum des Volksglaubens. Hier gibt es alles zu kaufen, was man für heilkräftig oder Unheil abwehrend hält, von Teekräutern bis hin zu traditionellen Arzneien. Die Blätter des Kokastrauchs sind omnipräsent – mag der Rest der Welt diese Art der Kur auch für diskussionswürdig halten, gegen die Höhenkrankheit, *soroche* genannt, die einen auf 3600 m Höhe leicht ereilen kann, ist ein Sud aus zerstoßenen Kokablättern ein beliebtes Hausmittel. Daneben werden Idole feilgeboten, die die Fruchtbarkeit erhöhen oder einem die Geister der Toten gewogen machen sollen. Auch getrocknete Tukanschnäbel, Schlangenhäute, Lamafett und Amulette für eine gesunde Libido sind im Angebot. Sogar Lamaföten gibt es zu erwerben; oft vergräbt man sie als Opfer an die Erdgöttin Pachamama unter dem Fundament neuer Häuser. Glaubt man den Einheimischen, kann man hier alles kaufen, um Pachamama und die

Auf dem Markt werden Ingredienzien für eine Vielzahl von Ritualen verkauft.

anderen Geister, die über das Schicksal der Lebenden entscheiden, bei Laune zu halten. Die wachsende Zahl neugieriger Gringos beschert zudem auch den Verkäufern bunter Alpakawollwaren und handgewebter Textilien gute Geschäfte. Die stolzen Indiofrauen, *cholas* genannt, die inmitten ihrer okkulten Waren thronen, strahlen königliche Würde aus. Zur typischen Tracht gehören die am Rücken zusammengefassten, dicken schwarzen Zöpfe und der Bowler, eine Kopfbedeckung, die die ehemaligen Kolonialherren ins Land brachten. In La Paz leben mehr Indianer als in jeder anderen lateinamerikanischen Stadt. Neben Spanisch werden auch Aymara und Quechua gesprochen, die alten präkolumbischen Sprachen der Ureinwohner.

REISEZEIT: Apr.–Okt., Juni/Juli sind die trockensten Monate.

Ungezähmte Wildnis im Regenwald des Amazonas

NATIONALPARK MADIDI

Bolivien

Berühmt ist Bolivien vor allem wegen der himmelhohen Andengipfel und der am höchsten gelegenen Hauptstadt der Welt. Zwei Drittel des Landes sind jedoch von tropischem Regenwald bedeckt, und eines der schönsten Dschungelschutzgebiete des Amazonas ist der Nationalpark Madidi. Das Tor zu dieser fast 20.000 km² großen grünen Wildnis ist das Städtchen Rurrenabaque, etwa 1 Flugstunde von La Paz entfernt.

Durch den Park schlängelt sich der Rio Beni, der sich schließlich mit den anderen Nebenflüssen vereinigt, die in den mächtigen Amazonas münden. An seinen Ufern kann man Jaguare und Brüllaffen beobachten, während Amazonasdelfine um die kleinen Ausflugsboote herumtollen. Innerhalb der relativ engen Grenzen des Parks leben nahezu 10 % aller weltweit bekannten Arten. Boliviens Regenwälder werden von Touristen kaum besucht, obwohl sie die bekannteren Dschungelreservate wie die in Brasilien (s. S. 1004) in vielerlei Hinsicht ausstechen. Im gesamten Naturpark siedeln auch Indianer im Einklang mit ihren jahrtausendealten Traditionen; auf die Jagd geht man meist noch mit Pfeil und Bogen.

Die schönste Unterkunft in diesem Paradies ist die Chalalán Ecolodge, eine der ältesten und bekanntesten des Landes. Geführt wird sie von Quechua-Tacana-Indianern, zu erreichen ist sie mit dem motorisierten Einbaum von Rurrenabaque aus. Auf 14 sorgfältig markierten Wanderwegen rund um die Anlage kann man die Natur auf eigene Faust oder mit einem Guide erkunden. In der Dämmerung können Sie in Ihrer Hängematte schaukeln und sich von der Klangkulisse des Regenwaldes einhüllen lassen.

Wo: Rurrenabaque liegt 410 km nördl. von La Paz. **CHALALÁN ECOLODGE:** Tel. +591/2-231-1451; www.chalalan.com. *Preise:* 4 Tage € 260 pro Person, all-inclusive. **Wie:** America Tours bietet 4- oder 5-tägige Touren nach Madidi. Startet in La Paz. Tel. +591/2-237-4204; www.america-ecotours.com. **Reisezeit:** Apr.–Okt.: Trockenzeit.

Gespenstische Salzwüste in den Hochebenen der Anden

SALAR DE UYUNI

Bolivien

Der Salar de Uyuni ist die größte und höchstgelegene Salzwüste der Erde. Die riesige, gleißend weiße Ebene, so fremd und lebensfeindlich wie die Oberfläche eines anderen Planeten, liegt über 3600 m hoch und wird immer wieder von kleinen Süßwasserseen durchbrochen, die wie Edelsteine in der Sonne leuchten. Nicht weniger brillant sind die rosa Flamingos, die sich von den roten Algen der Süßwasserreservoire ernähren. Eine besondere Attraktion ist die Sol de la Mañana, ein Gebiet voller Geysire, Fumarolen und Tümpel mit brodelndem Schlamm. Am magischsten wirkt dieser Ort im Licht des frühen Tages. Während der Trockenzeit kann man die Ebene problemlos mit Allradfahrzeugen überqueren. Während der Regenzeit verwandelt sie sich in einen gigantischen Spiegel: Im flachen Wasser spiegeln sich dann die Vulkane des angrenzenden Nationalparks Sajama vor den unendlichen Weiten des Himmels. Auf dem Salar de Uyuni kann es sogar in den Sommermonaten empfindlich kalt werden, und die Überquerung der salzigen Ebenen ist eine erschütternde Angelegenheit. Hier gibt es keine richtigen Straßen; die Buchung einer Tour unter sachkundiger Anleitung ist also ein Muss. Viele Reiseveranstalter im Südwesten von Boliviens Altiplano bieten Touren, die bis über die chilenische Grenze in die Atacamawüste führen (s. S. 1029). Kaum überraschen dürfte, dass die Unterkünfte eher schlicht sind. Die originellste ist sicher das Hotel Luna Salada („Salzmond-Hotel"). Es besteht zum größten Teil aus Salz – Betten, Bodenbeläge und Tische eingeschlossen. Von jedem Zimmer aus hat man einen fantastischen Blick über die Salzwüste.

Wo: 402 km südl. von La Paz. **Hotel Luna Salada:** Tel. +591/4-453-0672; www.lunasaladahotel.com.bo. *Preise:* € 81. **Wie:** Crillon Tours bietet 3-tägige Touren, Tel. +591/22-337-533; www.titicaca.com. *Preise:* ab € 489, all-inclusive. Startet in La Paz. **Reisezeit:** Nov.–Dez.: relativ warm und trocken; Jan.–März: Regenzeit.

Weiße Stadt und alte Kapitale

Sucre

Bolivien

Das stolze, schöne Sucre war ursprünglich Boliviens Hauptstadt und eine der ersten Städte Lateinamerikas, die ihre Unabhängigkeit von Spanien erklärten. Einst ein prestigeträchtiges, reiches Gemeinwesen, das viele Künstler und Architekten anzog, verlor Sucre ab 1898 an Bedeutung, nachdem der Regierungshauptsitz nach La Paz verlegt wurde. Noch heute ist sie konstitutionelle Hauptstadt Boliviens und Sitz des obersten Gerichtshofs. Nicht zuletzt gilt Sucre auch als schönste Stadt des Landes.

Sie wird die Weiße Stadt Boliviens genannt, und ein Regierungserlass sorgt dafür, dass die Bauten der Altstadt jedes Jahr frisch gekalkt werden. Das strahlende Weiß bildet einen wunderbaren Kontrast zu den roten Ziegeldächern, die die Hügel hinabfließen. In Sucre ist man bis heute stolz auf das koloniale Erbe:

Das Kloster San Felipe Neri, weiß gekalkt wie alle historischen Gebäude von Sucre, bietet einen wundervollen Ausblick über die Stadt.

Die vielen Nachfahren der spanischen Eroberer und die zahlreichen historischen Gebäude verleihen der Stadt europäisches Flair.

Gegründet wurde Sucre 1538 von Pedro Anzures; 21 Jahre später begann man mit dem Bau der Catedral Metropolitan in der Nähe der Plaza 25 de Mayo. Bis zur Fertigstellung sollte es noch über 150 Jahre dauern; heute ist die Kathedrale vor allem für die Jungfrau von Guadelupe berühmt. Die Schutzheilige von Sucre ist von Juwelen bedeckt, die von den Gläubigen dort hinterlassen wurden. In einem Museum werden Kunst der Kolonialzeit und religiöse Objekte präsentiert, aus dem Silber, das man im nahen Potosí abbaute. Das liebevoll kuratierte Museo de Arte Indígena gewährt hingegen spannende Einblicke in Kunsthandwerk und präkolumbische Kultur dieser Region.

Das charmanteste Gästehaus ist zweifellos das El Hostal de Su Merced. Die 16 kleinen Zimmer sind liebevoll mit Antiquitäten ausgestattet; von der Dachterrasse aus schaut man auf Altstadt und Kathedrale. In der Nähe finden Sie das Hotel La Posada: Einige der 24 Zimmer öffnen sich zu einem begrünten Patio hin, und im beliebten Restaurant können Sie regionale Spezialitäten genießen. Das Klima ist das ganze Jahr über mild. Von Sucre aus kann man auch schöne Tagesausflüge unternehmen, z.b. zum Sonntagsmarkt ins etwa 48 km östlich gelegene Tarabuco. Er gilt als einer der schönsten Märkte des Landes, allein der Anblick der Marktfrauen mit ihren mit Münzen geschmückten Hüten ist eine Reise wert.

Wo: 740 km südöstl. von La Paz. **El Hostal de Su Merced:** Tel. +591/4-644-2706; www.desumerced.com. *Preise:* € 40. **Hotel La Posada:** Tel. +591/4-646-0101; www.hotelaposada.com.bo. *Preise:* ab € 37; Dinner € 7,50. **Reisezeit:** Jan., Juni und Sept.: bestes Wetter; 3. So. im März: Pujllay-Festival in Tarabuco; 8. Sept.: *Fiesta de la Virgen de Guadalupe.*

Die Mutter aller Regenwälder

BRASILIENS AMAZONASGEBIET

Amazonas, Brasilien

Das gigantische Amazonasbecken erstreckt sich über 9 Länder Südamerikas und ist mit über 7 Mio. km² der größte und dichteste Regenwald der Erde. Er ist auch eines der artenreichsten Ökosysteme; zu den zahllosen dort heimischen Tieren zählen Exoten wie Süßwasserdelfine, Manatis, Jaguare, Aras, Tukane oder Totenkopfäffchen. Ungefähr 60 % der Fläche dieses heißen und feuchten Dschungels liegen auf brasilianischem Gebiet. Beliebte Ausgangspunkte für Touren in das Naturparadies sind die Küstenstadt Belém (s. S. 1013) an der Amazonasmündung und das Städtchen Manaus im Herzen des Urwaldes, das man nur mit dem Flugzeug erreichen kann. (Weitere Startpunkte sind Iquitos im Norden Perus, s. S. 1042, El Oriente in Ecuador, s. S. 1035, und der Nationalpark Madidi in Bolivien, s. S. 1002.)

In Manaus steht auch das berühmte Teatro Amazonas, ein Opernhaus im Stil der Belle Époque, das 1896 auf dem Höhepunkt des Kautschukbooms errichtet wurde. Nicht weniger nostalgisch sind die Hallen des alten Mercado Adolfo Lisboa, eine Stahl-Glas-Konstruktion und Kopie der heute nicht mehr existierenden Markthalle von Les Halles in Paris. Dort biegen sich die Stände unter der Last des frischen Fisches (auch Piranhas sind im Angebot), exotischer Früchte wie den süßsauren Bacuris, Gemüse und allerlei Arten traditioneller Heilkräuter, die gegen die Übel des Alltags helfen sollen. Mit Ausflugsbooten kann man von Manaus aus zum Encontro de Águas („Treffpunkt der Wasser") fahren, wo der dunkle Rio Negro auf den schlammigen Rio Solimões trifft und sich beide Seitenarme zum Amazonas vereinigen. (Auch Peru beansprucht für sich, die Wiege des Amazonas zu sein: Dort treffen die Flüsse Ucayali und Marañón aufeinander.)

Die Region leidet zwar unter der Umweltzerstörung durch den Menschen, aber noch gibt es viele intakte Bereiche. Das nur 16 km von Manaus entfernte Hotel Tropical sticht vor allem durch seine schöne Lage an den Ufern des Rio Negro heraus. Etwas tiefer ins Thema einsteigen kann man im entlegenen Pousada Uakari, das zum Mamirauá Institute gehört, einem der ersten wissenschaftlichen Naturschutzprojekte der Region. Die strohgedeckten Gästehütten stehen auf verankerten Flößen auf einem Fluss mitten im Mamirauá-Naturschutzgebiet. Die minimalistische Anavilhanas Lodge mit ihren 18 Suiten liegt auf dem gleich-

namigen Fluss-Archipel – mit den 400 größtenteils unbewohnten Inseln das größte der Welt. Auch auf einer Kreuzfahrt mit Amazon Clipper kann man das Amazonasbecken erkunden; die komfortablen, klimatisierten Schiffe können bis zu 32 Passagiere an Bord nehmen. Zu den Attraktionen gehören die rosa Delfine im Janauaca-See, Piranha-Fischen und Kanuausflüge zu den kleineren Seitenarmen.

Das größte Festival der Region ist Ende Juni das Boi Bumba in Parintins, dem die Einheimischen genauso sehnsüchtig entgegenfiebern wie die Einwohner von Rio dem Karneval (s. S. 1017). Aus allen Landesteilen kommen die Feierlustigen, um Musik, Tanz und Theater zu genießen. Von Manaus aus braucht man 1 Stunde mit dem Flugzeug oder etwa 10 Stunden mit dem Schiff.

Wo: Manaus liegt 2681 km nordwestl. von São Paulo. HOTEL TROPICAL: Tel. +55/92-3656-1246; www.tropicalmanaus.com.br. *Preise:* ab € 144. MAMIRAUÁ/POUSADA UAKARI: Tel. +55/97-3343-4160; www.uakarilodge. com.br. *Preise:* 3 Nächte ab € 563 pro Person, all-inclusive, mit Transfer Flughafen Tefé. ANAVILHANAS LODGE: Tel. +55/92-3622-8996; www.anavilhanaslodge.com. *Preise:* 2 Nächte ab € 630 pro Person, all-inclusive, mit Transfer von/nach Manaus. AMAZON CLIPPER: Tel.+55/92-3656-1246;www.amazonclipper. com.br. *Preise:* 3-tägige Kreuzfahrt ab € 600, all-inclusive, mit Transfer von/nach Manaus. REISEZEIT: Juli–Nov.: Trockenzeit; Ende Apr.–Mai: Opernfestival in Manaus; Ende Juni: Boi Bumba.

Der Amazonas, einer der längsten Flüsse der Welt, windet sich durch den gleichnamigen Regenwald.

Verstecktes Paradies an der wilden Kakaoküste

ITACARÉ

Bahia, Brasilien

Vor der Küste des kleinen Städtchen Itacaré türmen sich die schönsten Wellen im Nordosten Brasiliens, und so waren es auch die Surfer, die dieses sonnendurchflutete Paradies in den 1970ern als Erste für sich entdeckten. Bis zum

Ende der 1990er blieb es ein Geheimtipp. Dann wurde die Straße nach Ilhéus ausgebaut, und Itacaré entwickelte sich zum Reiseziel des Ökotourismus an Bahias Kakaoküste. In der EasyDrop Surf School können Wellenreiter jeder Befähigung weiterlernen; das Kursprogramm variiert von 1-tägigen Crashkursen bis zu längeren Aufenthalten im Surfcamp. Daneben können auch Yoga- oder Portugiesischkurse sowie Baumklettern belegt werden. Die nahe Mata Atlântica, ein unberührtes Ökosystem voller dichter Wälder und Wasserfälle, lädt zu Wanderungen ein, und durch die Hügel des Regenwaldes schlängeln sich kleine Pfade, die zu Itacarés entlegeneren Stränden führen.

Zahlungskräftige Touristen zieht es ins Txai Resort 20 Minuten außerhalb der Stadt. Das Gelände war früher eine Kokosplantage, heute schmiegen sich schlichte, aber luxuriöse Bungalows an den dicht bewachsenen Hang, von dem aus man den Itacarezinho-Strand überblicken kann. Denken Sie noch die Pools und das traumhafte Shamash-Spa dazu, dann werden Sie verstehen, warum die meisten Gäste während ihres Aufenthalts wenig Anlass sehen, das Paradies zu verlassen. Das 65 km weiter südlich gelegene Ilhéus stammt noch aus den Zeiten des Kakaobooms. Besser bekannt ist er als Heimatstadt von Jorge Amado, der dieser Region mit seinen derben, komischen Geschichten wie dem Roman *Gabriela wie Zimt und Nelken* ein schriftstellerisches Denkmal setzte.

Wo: 440 km südl. von Salvador. **EasyDrop Surf School:** Tel. +55/73-3251-3065; www.easydrop.com. *Preise:* ab € 444 für einen 4-tägigen Surfkurs. **Txai Resort:** Tel. +55/78-3634-6936; www.txairesort.com.br. *Preise:* ab € 515 (Nebensaison), ab € 570 (Hochsaison). **Reisezeit:** Sept.–Apr.: bestes Wetter; Ilhéus: Anf. Jan.: Fischerfest *Gincana da Pesca;* Mitte Jan.: Straßenfest *Festa de São Sebastião;* 23. Apr.: Religiöses Fest *Festa de São Jorge,* bei dem katholische und afrobrasilianische Traditionen verschmelzen.

Die mächtigen Wellen vor dem São-José-Strand locken vor allem Surfer an.

Stolzes Herz einer afrobrasilianischen Stadt

Die Cidade Alta von Salvador da Bahia

Salvador da Bahia, Bahia, Brasilien

Der farbenfrohe Stadtteil Pelourinho, architektonisches Juwel der Cidade Alta (Oberstadt) von Salvador da Bahia, wurde erst vor wenigen Jahren restauriert und ist heute das Herz einer Stadt, die schon immer berühmt für ihr reiches afrobrasilianisches Erbe war. Im 18. Jh. brachten Zuckerrohr und die im Landesinnern geschürften Gold und Diamanten enormen Reichtum in die Stadt. Vor allem die goldgeschmückten Barockkirchen Pelourinhos zeugen bis heute von diesem Überfluss. Pelourinho ist nur einer von vielen Orten der Stadt, der an die geschichtliche und emotionale Verknüpfung mit Afrika erinnert – über 4 Mio. Menschen wurden damals als Sklaven nach Brasilien verschleppt. In Pelourinho siedelten sich auch die reichen Nachfahren der europäischen Eroberer an. Die Blütezeit des Viertels endete zu Beginn des 20. Jh., danach hielt Verfall Einzug. 1992 begann man mit einer umfangreichen Sanierung; heute ist Pelourinho ein Rückzugsort für Künstler und eine Schatztruhe des Kunsthandwerks. In den leuchtend bunten Kolonialbauten haben sich Museen, Galerien und Restaurants angesiedelt.

Der Largo do Pelourinho ist ein kleiner Platz, der an den Tag im Jahr 1888 erinnert, an dem Prinzessin Isabella die Sklaverei abschaffte. Heute finden abends vor der kolonialen Kulisse viele Konzerte statt. Auch einen Besuch auf dem Terreiro de Jesus, dem historischen, von 4 polychromen Kirchen flankierten Hauptplatz, sollten Sie sich auf keinen Fall entgehen lassen. Das dominierende Gebäude ist die Catedral Basílica aus dem 17. Jh., beeinflusst von Barock, Rokoko und Klassizismus. Gleich daneben liegt die aus dem Jahr 1808 stammende Faculdade de Medicina, heute ein exzellentes Museum für die afrobrasilianische Kulturgeschichte Bahias.

Der beste Zeitpunkt, um den wunderschönen Barockkomplex São Francisco zu besuchen, ist Dienstag, wenn nach der 18-Uhr-Messe noch ein fröhliches Straßenfest stattfindet. Dann füllen sich auch die Stufen der Igreja do Santíssimo Sacramento do Passo mit vielen Musikern.

Zu Salvadors schönsten Veranstaltungen gehören die artistisch-eleganten Capoeira-Darbietungen. Diese Mischung aus Tanz und Kampfkunst wurde im Bundesstaat Bahia erfunden. Bestaunen können Sie die athletischen Tänzer z. B. jede Woche im Mestre Bimba, einer örtlichen Capoeira-Schule.

Wie Salvadors Religion und Kultur ist auch die regionale Küche eine Mischung aus afrikanischen, indigenen und europäischen Elementen. Im Restaurantklassiker Casa da Gamboa

Die Kolonialbauten stammen aus der Zeit zwischen 1549 und 1763, als Salvador da Bahia Brasiliens Hauptstadt war.

gehören Kokosnuss, Maniok, Chilis und Meeresfrüchte zu den Grundzutaten. Das edle Jardim das Delicias serviert neben regionalen Spezialitäten wie *moquecas* (ein Eintopf aus Meeresfrüchten mit Kokosmilch) auch italienisch angehauchte Gerichte. Auf dem ältesten und größten Tagesmarkt, der Feira São Joaquim, kann man traditionelle Leckereien wie *acarajé* kosten – knusprig frittierte Bohnenplätzchen. Das moderne Trapiche Adelaide hat sich einem köstlichen Mix aus italienischen, französischen und bahianischen Einflüssen verschrieben. Ein zusätzliches Highlight ist der Ausblick über die Inseln der Allerheiligenbucht.

Ihr müdes Haupt können Sie im Convento do Carmo zur Ruhe betten, an der Karmeliterkirche Igreja da Ordem Terceira do Carmo, die man nach einem Brand 1786 im klassizistischen Stil restaurierte. Das Kloster beherbergt heute ein luxuriöses Hotel und ein Restaurant. Im charmanten Solar dos Deuses wurde jedes der 9 Zimmer nach einer afrobrasilianischen Gottheit, den sogenannten *orixás*, benannt. Von vielen der Zimmer aus hat man einen schönen Blick auf die Kirche São Francisco. Eine weitere Option ist das Hotel Catharina Paraguaçu in Rio Vermelho. Die Villa aus der Kolonialzeit wartet mit 30 liebevoll ausgestatteten Räumen, lieblichen Gärten und Strandblick auf.

Wo: 1206 km nordöstl. von Rio. **Museu Afro-Brasileiro:** Tel. +55/71-3283-5540; www.ceao.ufba.br/mafro/. **Mestre Bimba:** Tel. +55/71-3322-0639; www.capoeiramestrebimba.

com.br. CASA DA GAMBOA: Tel. +55/71-336-1549; www.casadagamboa.com. *Preise:* Lunch € 13. JARDIM DAS DELICIAS: Tel. +55/71-3321-1449; *Preise:* Dinner € 9. TRAPICHE ADELAIDE: Tel. +55/71-3326-2211; wwww.trapicheadelaide.com.br. *Preise:* Dinner € 15. PESTANA CONVENTO DO CARMO: Tel. +55/71-3327-8400; www.pestana.com. *Preise:* ab € 318. SOLAR DOS DEUSES: Tel. +55/71-3320-3251; www.solardosdeuses.com.br. *Preise:* ab € 60 (Nebensaison), € 120 (Hochsaison). HOTEL CATHARINA PARAGUAÇU: Tel. +55/71-247-1488; www.hotelcatharinaparaguacu.com.br. *Preise:* ab € 104. REISEZEIT: Dez.–März: Hochsaison, obwohl das ganzjährig schöne Wetter auch die Nebensaison von Juni–Sept. attraktiv macht.

Bahias unverwechselbares Erbe

DIE FESTE VON SALVADOR

Salvador da Bahia, Bahia, Brasilien

Zwar gilt der Karneval von Rio nach wie vor als extravagantestes und sinnlichstes Fest Lateinamerikas (s. S. 1017), heutzutage zieht es aber immer mehr Reisende zu den authentischeren, nicht weniger mitreißenden Festivals von Salvador da Bahia, mit denen dort die ausgelassenen Tage vor der Fastenzeit gefeiert werden. Die Einwohner von Bahia gelten als die fröhlichsten und musikalischsten Menschen Brasiliens. An die Stelle der für Rio typischen Samba tritt hier die deutlich afrikanisch beeinflusste *axé-Musik*, gespielt auf den *trio eléctricos* genannten Festwagen, die auf verschiedenen Routen durch die Stadt fahren. In keiner Großstadt außerhalb Afrikas leben mehr Menschen mit afrikanischen Wurzeln als in Salvador, und während des 7 Tage andauernden rauschenden Karnevals gehen portugiesischer Katholizismus und afrobrasilianische Candomblé-Religion eine unverwechselbare Verbindung ein.

Die Vorbereitungen beginnen schon Monate vorher: Die *blocos* genannten Karnevalscombos veranstalten Probeaufführungen, eine wunderbare Möglichkeit für alle, die außerhalb der Karnevalssaison hier sind, ein wenig von der Magie Bahias aufzusaugen. Eine der populärsten ist die

Auf den Plätzen der Stadt treten des ganze Jahr über Trommelgruppen auf.

bloco afro Ilê Aiyê, die schon Anfang November mit den Proben beginnt. Als innovativste Percussiongruppe gilt Olodum, sie entwickelte sich aus einem Kulturzentrum, das 1979 gegründet wurde. In der Casa do Olodum finden jede Woche öffentliche Proben statt.

Aber Salvador hat mehr als nur den Karneval zu bieten: Über das ganze Jahr finden mehr als 20 Festivals und festliche Umzüge statt, speziell im Dezember, Januar und Februar. Obwohl 70 % der Einwohner Katholiken sind, wird auch die alte Candomblé-Religion mit großer Hingabe praktiziert. Am 4. Dezember ehrt man mit Prozessionen durch den Stadtteil Pelourinho die hl. Barbara, die ihr Candomblé-Pendant in der Windgöttin Iansa findet. Am Neujahrsabend wird die Festa de Nosso Senhor dos Navegantes begangen, dazu gehören Prozessionen am Strand und ein rauschendes Fest am Praia da Boa Viagem. Das 8-tägige Fest Lavagem da Igreja do Bonfim Mitte Januar trägt die Lieder Afrikas in Salvadors berühmteste Kirche, die Nosso Senhor do Bonfim. Während des Rituals führen einheimische Frauen eine Waschung (*lavagem*) der Kirchenstufen durch, die die Reinwaschung von den Sünden symbolisiert. In der Sala dos Milagros („Wunderzimmer") hängen die Gläubigen Votivtafeln und kleine Nachbildungen von Körperteilen auf, um sich für Heilungen zu bedanken. Am 2. Februar wird Iemanjá geehrt, die afrobrasilianische Schutzgöttin des Meeres, die ihre Entsprechung in der Jungfrau Maria hat. CASA DO OLODUM: Tel. +55/71-3321-4154; www.olodum.com.br. REISEZEIT: Karneval: Feb. oder März, Höhepunkt ist die Woche vor Aschermittwoch; Aug. oder Sept.: Internationales Musikfestival Festin Bahia; Dez.–Feb.: zahlreiche weitere Feste.

Entspanntes Urlaubsparadies am Meer

TRANCOSO

Bahia, Brasilien

Das Örtchen Trancoso ist weit mehr als nur das Tor zu den unberührten Stränden im Süden Bahias, es repräsentiert auch einen ganz eigenen, unaufgeregten Lebensstil. Einheimische und Besucher leben hier in friedlicher Koexistenz, sei es am Strand oder während der langen Nächte, in denen man zu Reggae und Weltmusik die Hüften schwingt. Es gibt nur ein paar Geldautomaten und keine Ampeln, daneben nichts als Partys an unberührten Stränden, eine Handvoll nobler Gästehäuser und viele zahlungskräftiger Besucher, die teilweise mit dem Helikopter einfliegen.

Das Herz des Städtchens ist der Quadrado de Trancoso, ein großer begrünter Platz, der von einer weiß gekalkten Kirche aus dem 17. Jh. dominiert wird. In den bunten Häuschen rundherum haben sich Pousadas, Boutiquen und Restaurants eingerichtet. Von hier aus kann man den Praia dos Nativos überblicken, den über 3 km langen Hauptstrand. Das weiter nördlich gelegene friedliche Dörfchen Arraial d'Ajuda ist berühmt für seine schönen Strände, den Pitinga und den Taípe Beach. Ein weiteres Ausflugsziel ist die eine halbe Stunde südlich von Trancoso gelegene Praia do Espelho, und nach einem Spaziergang haben Sie vielleicht Lust, im Sylvinha's Place vom Fang des Tages zu probieren. Das lässige Lokal hat nur zum Lunch geöffnet.

Eines der besten Restaurants ist das direkt am Quadrado gelegene Capim Santo. Das fantasievolle Menü setzt sich aus brasilianischen Spezialitäten mit asiatischem Einfluss zusammen. Das Capim Santo bietet auch wunderschöne, in frischem Weiß gehaltene Zimmer, blühende Gärten und einen Pool. Die Feriendomizile des ebenfalls am Quadrado gelegenen Uxua Casa verbinden rustikale Elemente mit schnittigem Design, die Räume sind geschmückt mit lokalem Kunsthandwerk, beliebter Treffpunkt ist der edle Pool.

Die Einrichtung der Bungalows der Etnia Pousada folgt einem internationalen Konzept mit Themen wie Kyoto, Goa oder Mediterraneo. Eines der wenigen guten Hotels direkt am Strand ist das Estrela D'Água. Kernstück war die ehemalige Villa des legendären brasilianischen Sängers Gal Preisea. Heute ist es ein Luxusresort mit 28 Zimmern, einem großzügigen Pool und der besten Strandbar. WO: 741 km südl. von Salvador. SYLVINHA'S PLACE: Tel. +55/73-9985-4157; *Preise:* Lunch € 22. CAPIM SANTO: Tel. +55/73-3668-1122; www.capimsanto.com.br. *Preise:* ab € 93 (Nebensaison), ab € 130 (Hochsaison); Dinner € 15. UXUA CASA: Tel. +55/ 73-3668-2277; www.uxua.com. *Preise:* ab € 555. ETNIA POUSADA: Tel. +55/73-3668-1137; www.etniabrasil.com.br.

Preise: ab €230 (Nebensaison), ab €300 (Hochsaison). ESTRELA D'ÁGUA: Tel. +55/73-3668-1030; www.estreladagua.com.br. *Preise:* ab €396 (Nebensaison), ab €555 (Hochsaison).

REISEZEIT: März–Apr.: bestes Wetter und am wenigsten Andrang; Wintermonate Juni–Aug.: angenehmes Wetter; 20. Jan.: Festa de São Sebastião mit Feuerwerk und Prozessionen.

Hauptstadt und Juwel der Moderne

BRASÍLIA

Distrito Federal, Brasilien

Der 1907 in Rio de Janeiro geborene Oscar Niemeyer gilt als lebende Legende der Moderne, und keine andere Stadt der Welt ist so stark von seinem Wirken geprägt wie die brasilianische Hauptstadt Brasília. Bereits Ende des 19. Jh. forderten viele Stimmen, die Kapitale des Landes von Rio de Janeiro in das dünn besiedelte geografische Zentrum von Brasilien zu verlegen. Aber erst in den 1950ern wählte der damalige Präsident Juscelino Kubitschek einen großen menschenleeren Landstrich aus, auf dem die erste und ambitionierteste Planhauptstadt des 20. Jh. entstehen sollte. Eingeweiht wurde Brasília schließlich 1960. Zuständig für die Stadtplanung war Lúcio Preisea; Niemeyer jedoch – ein Protegé von Le Corbusier – war der kreative Geist hinter den wichtigsten Gebäuden. Den einzigartigen Grundriss der Stadt, der einem fliegenden Vogel gleicht, kann man am besten vom Flugzeug aus bestaunen, reservieren Sie sich also einen Fensterplatz. Auch der weniger spektakuläre Ausblick vom Fernsehturm aus macht deutlich, dass Brasília, obwohl Beton der bevorzugte Baustoff ist, durchaus poetische Seiten hat, seien es die sanften Kurven des Präsidentenpalastes Palácio do Planalto oder die 16 elegant geschwungenen Säulen der Catedral Metropolitana. Die öffentlichen Gebäude sind für Besucher zugänglich und liegen alle relativ nah beieinander. Die meisten reihen sich an der Eixo Monumental auf, einzige Ausnahme ist der Palácio da Alvorada, offizielle Residenz des Präsidenten.

Auch die Gastronomie kann sich sehen lassen, u. a. finden Sie in Brasília eines der besten französischen Restaurants des Landes: Im Alice, direkt gegenüber des Präsidentenpalastes, speist auch gern die Politprominenz mit ihren Staatsgästen in gemütlichem und entspanntem Ambiente. Verantwortlich für die zahlreichen Delikatessen ist Chefkoch Castro. Eine Empfehlung wert ist auch das schicke Restaurant Zuu mit Gerichten wie Thunfisch an Sesam oder in Minze mariniertem Lamm.

WO: 754 km nordwestl. von Rio de Janeiro. RESTAURANTE ALICE: Tel. +55/61-3248-7743; www.restaurantealice.com.br. *Preise:* Dinner €30. ZUU: Tel.

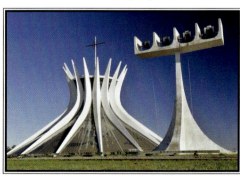

Das einzigartige Design der Catedral Metropolitana ist typisch für die klassisch-moderne Architektur der Hauptstadt.

+55/61-3244-1039; *Preise:* Dinner € 26. **Unterkunft:** Royal Tulip Hotel Alvorada, nahe der Residenz des Präsidenten am Ufer des Paranoá-Sees, Tel. +55/61-3424-7000; www. royaltulipbrasiliaalvorada.com. *Preise:* ab € 170. **Reisezeit:** Okt.–Mai: Trockenzeit; Jan.: Internationaler Musiksommerkurs; Juni: National Fair.

Ein artenreiches Wunderland

Das Pantanal

Mato Grosso do Sul, Brasilien

In den Feuchtgebieten des Pantanal treffen mehr als 100 Flüsse aufeinander und schaffen eine Oase, die zahllosen Tierarten Schutz und Nahrung bietet. Nirgendwo in der westlichen Hemisphäre ist die Fauna vielfältiger als in diesem einzigartigen Ökosystem. Auf einer der mehrtägigen Touren können Sie etliche Affenarten, Riesenflussotter, Tapire, Ameisenbären, Kaimane und Anakondas beobachten, nicht zu vergessen zahllose Vögel wie Tukan und Ara. Dort treffen Sie auch auf Wesen, von denen Sie niemals zuvor gehört haben, wie den Jabiru (einen großen Storch), den Chachalaca (einen truthahnähnlichen Vogel), Capybaras (Wasserschweine und die größten Nager der Welt) oder das Coati (ein Nasenbär und Verwandter des Waschbären). Mit sehr viel Glück bekommen Sie sogar einen Mähnenwolf oder einen seltenen Jaguar zu Gesicht.

Der größte Teil dieses Landstrichs ist in Privatbesitz und wird zur Rinderzucht genutzt. Viele der *pantaneiros*, der Einwohner des Pantanal, versuchen heute auch mit dem Ökotourismus Geld zu verdienen. Der Familienbetrieb Caiman Ecological Refuge ist ein idealer Ausgangspunkt, um die wundervolle Landschaft zu erkunden. Das Anwesen liegt etwa 250 km von der Bundeshauptstadt Campo Grande entfernt, und von dort aus kann man viele geführte Exkursionen

Ein Tamandua auf Futtersuche in den Feuchtgebieten des Pantanal.

unternehmen, sei es zu Fuß, mit dem Boot, dem Jeep oder zu Pferde. Auch nachts ist die Natur beeindruckend: Millionen Glühwürmchen glitzern wie Weihnachtslichter, und die unheimlichen Rufe der nächtlichen Jäger erfüllen die Luft.

Mittelpunkt der *fazenda* ist das alte Herrenhaus im mediterranen Stil; zum Anwesen gehören auch mehrere Bungalows. Annehmlichkeiten wie Klimaanlage und Pool sind vorhanden, und die Portionen der hervorragenden Hausmannskost sind mehr als großzügig.

Wo: Campo Grande liegt 319 km nordwestl. von São Paulo. **Caiman Ecological Refuge:** Tel. +55/67-3242-1450; www.caiman.com.br. *Preise:* ab € 867, all-inclusive; Minimum: 3 Nächte. *Wann:* Juli–Sept. **Wie:** Das amerikanische Unternehmen International Expeditions organisiert 10-tägige Touren, Pantanal inklusive. Tel. +1/205-428-1700; www.ietravel.com. *Preise:* ab € 3704, all-inclusive. Startet in Rio de Janeiro. *Wann:* Juni–Aug. **Reisezeit:** Juli–Sept.: Trockenzeit, beste Zeit für Vogelbeobachtung; Sept.–Okt.: beste Zeit, um Jaguare zu beobachten.

Barocke Pracht in den Bergen

DIE GOLDSTÄDTE VON MINAS GERAIS

Minas Gerais, Brasilien

Bis 1690 fußte Brasiliens Wirtschaft vor allem auf den Einkünften aus dem Zuckerrohranbau. Als man im heutigen Bundesstaat Minas Gerais auf riesige Goldvorkommen stieß, änderte sich das schlagartig. Der Handel begann zu blühen wie nie zuvor; in den Städten schlug sich der unerhörte Reichtum in neu entstehenden barocken Prachtbauten nieder. Wenn Sie durch die alten Goldstädte spazieren, wird Ihnen klar werden, warum es in keinem anderen brasilianischen Bundesstaat mehr UNESCO-Weltkulturerbestätten gibt als in Minas Gerais. Nach Wanderungen in den umliegenden Bergen können Sie in einem der vielen stimmungsvollen Restaurants regionale Spezialitäten und den angeblich besten *cachaça* (Zuckerrohrlikör) des ganzen Landes genießen.

Eines der schönsten Juwele barocker Architektur in Brasilien ist das Gebirgsstädtchen Ouro Preto („Schwarzes Gold"), etwa 2 Stunden entfernt von der Bundeshauptstadt Belo Horizonte. Die Kulisse aus pastellfarbenen Villen und Kirchen, die sich an den steilen Straßen aufreihen, entstand zur Zeit des Goldrausches. Berühmtester Sohn der Stadt war der Architekt und Bildhauer Antônio Francisco Lisboa, genannt Aleijadinho, was so viel heißt wie „der kleine Krüppel". Bereits mit 40 Jahren war er derart missgestaltet und geschwächt, dass Assistenten ihm sein Werkzeug an den Händen festbinden mussten. Dennoch arbeitete er unermüdlich weiter und ging als bedeutendster Barockbildhauer Brasiliens in die Geschichte ein. Er prägte das Stadtbild von Ouro Preto entscheidend mit; sein Meisterwerk ist die 1766 begonnene Kirche São Francisco de Assis: Nahezu alle Skulpturen im Inneren stammen von ihm. Gleich daneben liegt die Pousada do Mondego, eines der schönsten Hotels in Ouro Preto mit 24 exquisiten Räumen. Fortsetzen können Sie Ihre Kirchenbesichtigungstour mit der verschwenderisch geschmückten Nossa Senhora de Pilar.

Während Ouro Preto im 19. Jh. zur reichen Provinzhauptstadt aufstieg, ist das 225 km südlicher gelegene Tiradentes bis heute ein ländlicher Ort. Das zauberhafte 6000-Seelen-Städtchen liegt zwischen dem Rio das Mortes und der Mata Atlântica am Fuß des mächtigen Serra São José und nennt 7 barocke Kirchen sein Eigen. Eine kleine, aber feine Auswahl an Galerien für zeitgenössische Kunst und ein paar erstklassige Restaurants machten Tiradentes zum beliebten Ziel von Wochenendtouristen aus Rio und Belo Horizonte.

Die Küche von Mineira ist die beliebteste des Landes, eine üppige Mischung aus portugiesischen, afrikanischen und indigenen Elementen. Traditionelle Gerichte wie *frango ao molho pardo* (Hühnchen in einer schweren braunen Soße) werden im Viradas do Largo serviert, auch Restaurante da Beth genannt. Liebhabern des *cachaça* sei das Confidências Mineiras empfohlen, wo man bei Kerzenschein aus über 500 Sorten des Zuckerrohrlikörs wählen kann. Das charmante Solar da Ponte ist ein rustikales, aber elegantes Landgasthaus; vom luftigen Speisesaal aus hat man einen wunderschönen Ausblick über den Landschaftsgarten.

Wo: Ouro Preto liegt 400 km nördl. von Rio de Janeiro. **POUSADA DO MONDEGO:** Tel. +55/31-3551-2040; www.mondego.com.br. *Preise:* ab € 100. **VIRADAS DO LARGO:** Tel. +55/32-3355-111; *Preise:* Dinner € 20.

CONFIDÊNCIAS MINEIRAS: Tel.: +55/32-3355-2770. *Preise:* Dinner € 30. SOLAR DA PONTE: Tel. +55/32-355-1255; www.solardaponte.com.br. *Preise:* ab € 233. WIE: Das amerikanische Unternehmen Borello Travel & Tours bietet 5-tägige Touren nach Belo Horizonte und Ouro Preto. Tel. +1/212-686-4911; www.borellotravel.com. *Preise:* ab € 1481. REISEZEIT: Nov.–Apr.: bestes Wetter; 21. Apr.: Stadtfest in Tiradentes; Aug.: Gastronomie-Festival.

Farbenpracht und Kultur an der Mündung des Amazonas

BELÉMS ALTSTADT

Belém, Pará, Brasilien

Das 1616 von den Portugiesen gegründete Belém profitierte seit jeher von seiner strategisch günstigen Lage an der Schnittstelle zwischen Amazonas und Atlantik. Hier entdeckten die Kolonialherren mithilfe der Einheimischen schon früh die Schätze des Amazonasgebietes; vor allem der Kautschukboom brachte im späten 19. Jh. unerhörten Reichtum in die Stadt. Die Altstadt von Belém zeugt bis heute von dieser glanzvollen Zeit des Überflusses.

Belém gilt als die geschichtsträchtigste Stadt im Amazonasgebiet. Seit Jahrhunderten löschten die Schiffe, die aus den Tiefen des Amazonasbeckens kamen, ihre Ladung am lauten und chaotischen Tagesmarkt Vero-Peso. Dessen Hauptattraktion ist die unglaubliche Auswahl an exotischen Fischen (darunter auch Piranhas), Fleisch (zum Beispiel vom Gürteltier), Gemüse und Eiscreme aus den Früchten von Kakaobaum oder Kohlpalme. Ganz in der Nähe haben sich in einigen Lagerhäusern aus dem 19. Jh. in der Estação das Docas moderne Boutiquen, Galerien und Restaurants eingerichtet.

Im Lá Em Casa können Sie die für die Region typische Küche genießen, die europäische und afrikanische Einflüsse vereint. Es ist auch ein guter Ort, um Beléms populärstes Gericht zu probieren, *patono tucupi*, Ente in aromatischer Kräutersoße. Im Manjar das Garças steht marktfrischer Fisch auf der Karte; das hübsche, strohgedeckte Restaurant liegt am Ufer eines Flusses im Naturschutzgebiet Mangal das Garças. Belém ist vor allem bekannt für das im Oktober stattfindende Cirio de Nazaré, das größte und wichtigste religiöse Fest im Norden Brasiliens. An der 5-stündigen Prozession zu Ehren der Virgem de Nazaré (Jungfrau von Nazareth) nehmen jedes Jahr mehr als 1 Mio. Menschen teil.

Eine 3-stündige Bootsfahrt bringt Sie von Belém zur Ilha de Marajó, der größten Flussinsel der Welt, in deren dichter Vegetation sich Wasserbüffel, Kaimane, Affen und riesige Schwärme bunter Vögel tummeln. Die Fazenda Sanjo, eine Büffelfarm in Familienhand, liegt nur 1 knappe Stunde Bootsfahrt entfernt vom Fähranleger des hübschen kleinen Städtchens Soure. Dort können Sie in ländlicher Idylle schwelgen, auf Wasserbüffeln oder Pferden reiten und geführte Wanderungen unternehmen.

WO: 1974 km nördl. von Rio. LÁ EM CASA: Tel. +55/91-223-1212; www.laemcasa.com. *Preise:* Dinner € 20. MANJAR DAS GARÇAS: Tel. +55/91-3242-1056; www.manjardasgarcas.com.br. *Preise:* Dinner € 20. UNTERKUNFT: Crowne Plaza in Belém, bestes und modernstes Hotel der Stadt. Tel. +55/91-3202-2000; www.crownebelem.com.br. *Preise:* ab € 230. FAZENDA SANJO: Tel. +55/91-3228-1385; www.sanjo.tur.br. *Preise:* € 166 für 2 Nächte, all-inclusive. REISEZEIT: Juni–Nov.: relativ trocken.

Atemberaubende Strände und anmutige Delfine

FERNANDO DE NORONHA

Pernambuco, Brasilien

Das umwerfend schöne Archipel Fernando de Noronha ist eines der letzten großen unberührten Naturparadiese Brasiliens. Etwa 75 % der Inselgruppe gehören zu einem maritimen Nationalpark, und in den Gewässern rund um die 21 Inseln finden Hunderte von Arten ein Zuhause. Dort liegen einige der besten Tauch- und Schnorchelreviere weltweit; das ganze Jahr kann man im klaren Wasser bis zu 30 m weit sehen. Dazu gesellen sich paradiesische Strände (*praias*), farbenprächtige Korallen und die Population aus über 600 Ostpazifischen Delfinen, die in der Baía dos Golfinhos lebt. Die akrobatischen Spiele der Meeressäuger kann man auf Bootsexkursionen oder von den Steilhängen der Bucht aus beobachten.

Der Morro do Pico ist der höchste Punkt der Insel und auf ganz Fernando de Noronha zu sehen.

Die etwa 25 km² große Hauptinsel Ilha Fernando de Noronha lässt sich am besten mit einem der dünentauglichen Miet-Buggys erkunden. Wenn Sie der Küstenlinie folgen, kommen Sie zum Strand Baía do Sueste. Die flachen Gewässer eignen sich ideal für Schnorchler. Wenn die Flut kommt, leisten Ihnen Meeresschildkröten Gesellschaft. Möchten Sie lieber surfen, sind Sie am Cacimba do Padre richtig: Hier werden sogar Surfmeisterschaften ausgetragen; zwischen Dezember und März die Wellen bis 3,50 m hoch. Suchen Sie nach süßer Abgeschiedenheit, müssen Sie die über 30 m hohen eisernen Leitern der roten Klippen erklimmen, die zur Baía do Sancho führen. Die Gezeitentümpel am Praia do Atalaia eignen sich hingegen perfekt zum Schnorcheln.

Die Prominenz, die hier gern Urlaub macht, die begrenzte Anzahl der Unterkünfte und die Restriktion der Besucherzahlen haben die Anziehungskraft der Inseln nur noch erhöht. Die Preise sind entsprechend hoch und rechtzeitige Reservierung unerlässlich. Das beste Haus am Platz ist die Pousada Maravilha, minimalistisch und luxuriös. Die Gäste schaukeln in Hängematten vor ihren Bungalows oder genießen vom Pool aus die Aussicht über die hufeisenförmige Baía do Sueste. In der Nähe liegt das schlichtere Solar dos Ventos, bis zum Strand sind es nur ein paar Minuten, und die Aussicht ist spektakulär. Auch die Zahl der Restaurants ist übersichtlich; zu empfehlen sind das Palhoça da Colina und das Restaurante Ekologiku. Letzteres ist vor allem bekannt für seinen köstlichen *moquecas* (Eintopf aus Meeresfrüchten mit Kokosmilch).

Wo: 360 km nordöstl. von Natal. **Wie:** Atlantis Divers bietet Tauchurlaube an. Tel. +55/84-3206-8840; www.atlantisdivers.com.br. Das amerikanische Unternehmen Marnella Tours bietet zahlreiche Touren an. Tel. +1/919-782-1664; www.marnellatours.com. **Pousada Maravilha:** Tel. +55/81-3619-0028; www.pousadamaravilha.com.br. *Preise:* ab €530, inklusive. **Pousada Solar dos Ventos:** Tel. +55/81-3619-1347;www.pousadasolardosventos.com.br. *Preise:* ab €396 (Nebensaison), ab €463 (Hochsaison). **Reisezeit:** Okt.–Apr.: bestes Wetter; Dez.–März: Surfen, Surfmeisterschaften; Sept.: Internationale Regatta Recife; Okt.: beste Sicht unter Wasser.

Die lange musikalische Tradition des Nordostens

RECIFE UND OLINDA

Pernambuco, Brasilien

Die moderne Hafenstadt Recife und das benachbarte Kolonialstädtchen Olinda sind die Wiege einiger der faszinierendsten Tanz- und Musikstile Brasiliens. Am besten kann man sie auf einem der vielen Festivals erleben, die das ganze Jahr über hier stattfinden. In Recife ist bis heute das niederländische Erbe der Kolonialzeit spürbar. Die Stadt ist der kulturelle und gastronomische Knotenpunkt von Brasiliens Nordosten. Am palmengesäumten Boa Viagem, dem etwa 6 km langen Stadtstrand, liegen einige der besten Restaurants der Stadt. Genießen Sie im Bargaço fangfrischen Fisch, während Sie den Blick über das Wasser schweifen lassen. Nach Einbruch der Dunkelheit finden am Strand viele Konzerte statt, ebenso wie in Recife Antigo, einem historischen Stadtteil mit engen Gassen und vielen Läden, Bars, Nachtclubs und Restaurants, die sich in den alten Häusern eingerichtet haben.

Besuchen Sie auch die Oficina Cerâmica von Francisco Brennand außerhalb des Stadtzentrums. In dieser Mischung aus Werkstatt und Museum kann man die bezaubernden Produkte von Brasiliens bekanntestem Keramikkünstler bewundern.

Nur 10 Minuten entfernt liegt das Städtchen Olinda, eine friedliche und nostalgische Künstlerenklave. Das barocke Architekturensemble sorgt dafür, dass Olinda als eine der schönsten Kolonialstädte Brasiliens gilt. Die aus dem Jahr 1537 stammende Igreja da Sé bietet einen hervorragenden Ausblick; das Kronjuwel der Stadt ist aber das Kloster Mosteiro de São Bento. Der über 14 m hohe Hauptaltar der Klosterkirche ist komplett mit Blattgold verkleidet. In den Wohnhäusern entlang der Rua do Amparo haben heute viele Künstler und Kunsthandwerker ihre Ateliers. Dort liegt auch die Pousada do Amparo in 2 sorgfältig restaurierten Gebäuden aus der Kolonialzeit. Zum Hotel gehört auch ein zauberhafter Garten mit Blick über die Stadt und das hauseigene Restaurant Flor de Coco.

Die Karnevalsfeste in Recife und Olinda zählen zu den ausschweifendsten und längsten im Land. Es ist die beste Gelegenheit, die regionalen Musik- und Tanzstile zu bestaunen, die europäische, afrikanische und indigene Strömungen in sich vereinen. Dazu gehören der *forró* mit seiner Instrumentierung aus Akkordeon, Triangel und einer *zazumba* genannten Trommel oder der temporeiche, von Blechbläsern gespielte *frevo*. Die schön kostümierten *maracatu nação*-Gruppen gehen auf eine alte Tradition der Sklaven des 18. Jh. zurück. Der Karneval ist weniger kommerziell als der in Rio de Janeiro; Menschen jeder Herkunft und Hautfarbe füllen die Straßen, um gemeinsam zu feiern. Viele schließen sich den Paraden der *bonecos* an, riesigen Stabpuppen aus Pappmaschee, und tanzen zu den Rhythmen der afrobrasilianischen *afoxé* und der brasilianischen Samba.

Wenn Sie nach dem Karneval ein wenig Erholung brauchen, besuchen Sie das etwa 1 Stunde südlich gelegene ehemalige Fischerdorf Porto de Galinhas, berühmt für seine weißen Sandstrände. In der charmanten Fußgängerzone finden Sie viele Geschäfte und gute Restaurants wie das Beijupira. Lassen Sie sich nicht von der etwas flippigen Atmosphäre täuschen: Die Küche meint es durchaus ernst, Gerichte wie *camarulu* – Shrimps, glasiert mit Zuckerrohrkaramell an einer

Soße aus Passionsfrüchten – sind der Beweis dafür. Zum Übernachten bieten sich die beiden Gästehäuser am Strand an: das Tabapitanga oder das etwas kostengünstigere Tabajuba. Die Zimmer beider Häuser sind geräumig und farbenfroh, die Atmosphäre ist freundlich und entspannt. **Wo:** 1874 km nordöstl. von Rio. **Restaurante Bargaço:** Tel. +55/81-3465-1847; www.restaurantebargaco.com.br. *Preise:* Dinner € 30. **Oficina Cerámica:** www.brennand.com.br. **Pousada do Amparo:** Tel. +55/81-3439-1749; *Preise:* ab € 93 (Nebensaison), ab € 144 (Hochsaison). **Beijupira:** Tel. +55/81-3552-2354; www.beijupira.com.br. *Preise:* Dinner € 26. **Tabapitanga** und **Tabajuba:** Tel. +55/81-3352-1037; www.tabapitanga.com.br und www.tabajuba.com. *Preise:* ab € 63 (Nebensaison), ab € 100 (Hochsaison). **Reisezeit:** Sept.–Apr.: wenigster Niederschlag; Feb. oder März: Karneval; Ende Okt.–Nov.: *Recifolia*, ein Karneval in Recife; Ende Nov.–Anf. Dez.: *Arte em Toda Parte*, Kunstfestival in Olinda.

Surfen, Sandstrände und Samba in der Cidade Maravilhosa

Copacabana und Ipanema

Rio de Janeiro, Brasilien

Rio de Janeiro ist berühmt für seine Mischung aus großstädtischem Flair und tropischer Schönheit. Die herrlichen, mehr als 70 km langen Strände der Stadt erstrecken sich entlang der Bucht von Guanabara, und die am Meer gelegenen Stadtviertel sind bekannt für ihren einzigartigen Charakter und ihre natürliche Anmut.

Die weltberühmte Copacabana schmiegt sich auf einer Länge von etwa 4 km an die Küste und ist gesäumt von Hotels, Appartements und Open-Air-Restaurants. Man trifft sich am Strand, um Sport zu treiben, in den Wellen zu tollen oder einfach bei einem kalten *agua de coco* (Kokoswasser) die Sonne zu genießen.

Ipanema, unsterblich geworden durch den 1960er-Jahre-Bossanova-Hit, gilt als elegantester Strand von Rio. Es ist ein Schaulaufen des Hedonismus und der schönen Menschen, die sich hier in teilweise beängstigend knapper Badebekleidung präsentieren. Der Strand ist in *postos* genannte Abschnitte unterteilt – wenn Sie sich lieber neben Badenixen im Sand aalen möchten, sind Sie am Posto 9 richtig. Posto 12 im benachbarten Leblon ist hingegen besser geeignet für Familienausflüge. Nicht weit vom Strand locken Designerboutiquen, Parks und Cafés.

Um zu verstehen, warum die *cariocas* (so nennt man Rios Einwohner) ihre Stadt auch *cidade maravilhosa* – die Wunderbare – nennen, müssen Sie einmal die umliegenden Hügel besuchen. Der Gipfel des Corcovado bietet einen atemberaubenden Rundumblick und legt Ihnen die Schönheit Rio de Janeiros zu Füßen: Dort oben entfaltet sich ein einzigartiges Panorama aus gewundenen Stränden, himmelhohen Wolkenkratzern und von dichtem Regenwald bedeckten Bergen. Hier thront auch Rios legendäres Wahrzeichen, die knapp 38 m hohe Christusstatue. Die Zahnradbahn, die die Passagiere zum Gipfel bringt, durchquert auf ihrer steilen Fahrt den Nationalpark Tijuca, den größten Stadtpark der Welt. Auf dem fast 32 km² großen Gelände taumeln inmitten der dichten Vegetation riesige Morpheusfalter durch die Luft. Der beeindruckend am Meer gelegene Pão de Açúcar (Zuckerhut) offenbart seine ganz eigenen Reize: Schon die Auffahrt mit der vollverglasten Seilbahn, die man am Fuße des Morro da Urca besteigt, ist ein Erlebnis, und der Gipfel des fast 400 m hohen Zuckerhutes bietet einen großartigen Panoramablick.

Auch einige der besten Hotels liegen direkt am Strand. Zu den neuesten gehört das Fasano in Ipanema, gestaltet von Designer Philippe Starck. In Ipanemas Caesar Park Rio gibt es sogar im Fitnessstudio Panoramafenster. Nur ein paar Blocks weiter in Leblon finden Sie das Marina All Suites Hotel, ein modernes Haus mit hervorragendem Restaurant.

Am aufregendsten sind Rios Strände während der jährlichen Festivals. Das größte Ereignis ist natürlich der wilde und rauschhafte Karneval (s. unten), aber auch die Reveillon-Feiern, mit denen das neue Jahr begrüßt wird, sind ein Erlebnis. Am Silvesterabend tanzen jedes Jahr über 2 Mio. Menschen barfuß am Strand der Copacabana. Wenn Sie schon ein paar Monate im Voraus ein Zimmer im JW Marriott buchen, sind es nur ein paar Schritte bis zur Strandparty. Am 29. Dezember wird das geheimnisvolle und typisch brasilianische Ritual der *Festa Iemanjá* begangen. Iemanjá ist die afrikanische Göttin des Meeres, die in der Candomblé-Religion zu einer Einheit mit der Jungfrau Maria verschmilzt. Tausende weiß gekleidete Gläubige pilgern an den Strand und senden ihre Bitten um Glück und Gesundheit in Form kleiner Boote hinaus auf den Ozean.

CORCOVADO: Tel. +55/21-2558-1329; www.corcovado.org.br. CAMINHO AÉREO PÃO DE AÇÚCAR: Tel. +55/21-2546-8400; http://bondinho.com.br. HOTEL FASANO: Tel. +55/21-3202-4254; www.fasano.com.br. *Preise:* ab € 433. CAESAR PARK RIO: Tel. +55/21-2525-2525; www.caesar-park.com. *Preise:* ab € 237. MARINA ALL SUITES HOTEL: Tel. +55/21-2172-1100; www.marinaallsuites.com.br. *Preise:* ab € 300. JW MARRIOTT: Tel. +55/21-2545-6500; www.marriott.com. *Preise:* ab € 363. REISEZEIT: Nov.–März: bestes Wetter; Feb. oder März: Karneval; 29. und 31. Dez.: *Festa Iemanjá* und *Reveillon.*

Das rauschendste Fest der Welt

KARNEVAL!

Rio de Janeiro, Brasilien

Beim Wort „Karneval" denkt wohl alle Welt zuerst an Rio. Jedes Jahr in den Wochen vor Beginn der Fastenzeit verwandelt sich die ganze Stadt in eine einzige große Bühne und feiert das größte Straßenfest der Welt. Los geht es bereits spätestens 1 Woche vor den offiziellen Feiern, die am Freitag vor Beginn der Fastenzeit starten.

In Rio existieren mehr als 70 „Sambaschulen", Nachbarschaftsvereine, in denen man sich das ganze Jahr über auf den großen Moment vorbereitet. Viele öffnen ihre Türen schon ab September für Besucher. Während des Karnevals selbst sind die Sambaparaden zweifellos der absolute Höhepunkt: die Darbietungen der verschwenderisch kostümierten Tanztruppen der Grupo Especial (zu der die 12 besten Sambaschulen gehören), jede begleitet von den Rhythmen einer 150 Mann starken Trommelgruppe. Die Paraden und der Wettbewerb um die Meisterschaft finden am Sonntag und Montag vor Aschermittwoch statt. Die Paraden werden von morgens 9 Uhr bis zum Einbruch der Dunkelheit auf einer riesigen Leinwand im Sambódromo übertragen, ein Stadion, das man eigens zu diesem Zweck gebaut hat und dessen 75.000 Plätze immer ausverkauft sind. Abends findet hier der Wettstreit der extravagant und meist recht offenherzig bekleideten Tänzer und Musiker um den begehrten Titel statt, und die Atmosphäre aus treibenden Rhythmen und ungezügelter Ekstase ist überwältigend.

Viele Nachtclubs, Bars und Hotels richten ebenfalls Sambapartys aus. Am authentischsten ist der Karneval von Rio aber bei einem der vielen Open-Air-Konzerte oder wenn man den unzähligen umherziehenden Combos folgt, die durch die Straßen von Copacabana, Ipanema, Leblon oder das Künstlerviertel Santa Teresa ziehen. Dieses glitzernde und sinnliche Bacchanal ist sicher nichts für prüde Geister oder sensible Zeitgenossen, die keine großen Menschenansammlungen ertragen können.

Für alle, die dem Chaos des Karnevals entfliehen möchten, gibt es das großartige Copacabana Palace, das den exklusivsten Ball von ganz Rio ausrichtet. Das 1923 erbaute Hotel liegt direkt am Strand, nach dem es

Die prächtigen Kostüme gehören zur Tradition des Karnevals.

benannt ist. Am eleganten Pool kann man einen nachmittäglichen Caipirinha genießen; das Restaurant serviert exzellente Köstlichkeiten. Der Film *Flying Down to Rio* mit Fred Astaire und Ginger Rogers machte das Hotel in den 1930ern weltbekannt. Im opulenten Golden Room lebt der Glanz der alten Zeiten fort. Über den von unten beleuchteten gläsernen Tanzboden schweben während des Karnevals die Gäste des legendären Magic Ball. **Info:** www.rcvb.com.br. **Wann:** Wochen vor Aschermittwoch (Feb. oder März), Höhepunkt sind die 6 Tage vor der Fastenzeit. **Wie:** Einige Anbieter in Rio sowie Hotels können helfen, Tickets für die Sambaparade oder private Bälle zu bekommen. **Copacabana Palace:** Tel. +55/21-2548-7070; www.copacabanapalace.com.br. *Preise:* € 5781 für 5 Nächte (Minimum) während der Karnevalszeit; außerhalb des Karnevals ab € 319. Tickets für den Magic Ball ab € 888.

Tor!

Das Maracanã-Stadion

Rio de Janeiro, Brasilien

Eine der größten Leidenschaften der Brasilianer ist der Fußball, und nirgendwo sonst im Land kann man ihm besser frönen als im gigantischen Maracanã-Stadion von Rio de Janeiro. Als man es 1950 einweihte, um dort die Weltmeisterschaft auszurichten, galt es als das beste Fußballstadion der Welt. Obwohl seitdem viele andere spektakuläre Bauten hinzukamen, bleibt das Maracanã die Ikone Rios.

Es bietet bei Fußballspielen Platz für 90.000 Zuschauer, bei Konzerten und anderen Großveranstaltungen noch weitaus mehr. Auch eine Papstmesse mit Johannes Paul II. fand hier 1980 statt. Im Moment durchläuft der Bau eine Sanierung, um sich auf Fußballweltmeisterschaft 2014 und Olympische Spiele 2016 vorzubereiten.

Am besten geht man ins Maracanã, wenn die rivalisierenden lokalen Teams wie Flamengo, Fluminense, Botafogo oder Vasco da Gama gegeneinander spielen. Die Zuschauer kommen schon Stunden vorher in Massen, um zu Sambaklängen Bier zu trinken, bevor man zu seinen Plätzen geht (Alkohol ist im Stadion verboten). Die aufgekratzte Stimmung ist nur der Auftakt zu der hitzigen Emotionalität, die nach dem Anpfiff von allen Besitz ergreift. Die Aktionen auf dem Rasen stehen oft in keinerlei Verhältnis zu den Reaktionen des Publikums, und das Gefühl, inmitten einer riesigen Menschenmenge zu sitzen, die wie aus einem einzigen Hals „Tooooor" schreit, ist wirklich unvergleichlich. Wenn Sie es nicht schaffen, zu einem Spiel zu gehen, nehmen Sie an einer der Führungen teil: Auch Spielfeld, Umkleidekabinen und die unterirdischen Gänge können besichtigt werden. Im dazugehörigen Sportmuseum kann man alte Fotos, Trikots und andere Memorabilien bewundern, inklusive der Fußabdrücke der berühmtesten brasilianischen Spieler und des Nummer-10-Trikots von Pelé. **Info:** Tel. +55/21-2299-2942; www.suderj.rj.gov.br/maracana.asp. **Wie:** In den meisten Hotels kann man Ihnen helfen, Tickets zu erwerben; die Führungen finden an allen spielfreien Tagen statt.

Lässiger Chic in Brasiliens glamourösester Stadt am Meer

Búzios

Bundesstaat Rio de Janeiro, Brasilien

Wer nach dem St. Tropez von Südamerika sucht, wird in diesem Küstenstädtchen mit seinen traumhaft schönen Stränden und der lebendigen Restaurant- und Nachtclubszene fündig. (Wer es etwas ruhiger mag, dem sei Paraty empfohlen; s. S. 1021.) Das einstige Fischerdorf Búzios gelangte zu Weltruhm, als Brigitte Bardot in den 1960ern dort Urlaub machte. Bis heute ist der Ort beliebt bei Rios Hautevolee: Fußballer und Telenovelastars sitzen neben betuchten Touristen, die wegen des Nachtlebens und der schicken Strandrestaurants hierherkommen.

An den über 20 betörenden Stränden der etwa 8 km langen Halbinsel kommt wirklich jeder auf seine Kosten. Die tiefen, ruhigen Gewässer vor dem Ferradura eignen sich perfekt zum Schnorcheln; der weitläufige Geriba ist der beste Ort für Surfer. Die warmen, sanften Gezeiten vor dem Azeda-Strand können mit dem Boot oder über einen Wanderweg vom Ossos-Strand aus erreicht werden. Vor der Küste schaukeln bunte Boote im Wasser; kleine Cafés laden zum Entspannen ein. Wen es in die Abgeschiedenheit zieht, der geht an Bord eines Schoners oder Wassertaxis, um einen Tagesausflug zu entlegenen Stränden und Inseln zu machen; viele davon bieten ideale Tauchbedingungen. Die Nächte verbringt man bei Livemusik in Bars oder Jazzclubs, auch die Open-Air-Cafés haben bis in die frühen Morgenstunden geöffnet. Den erforderlichen Elan verleihen nicht nur der in Strömen fließende *cachaça*, sondern auch die treibenden Rhythmen der DJs. Entlang der Rua das Pedras findet man edle Boutiquen und lässige, aber erstklassige Restaurants.

Eines der schönsten Gästehäuser im Kolonialstil ist das Casas Brancas auf einem Hügel. Die kühlen, luftigen Zimmer haben zum Teil einen eigenen Balkon und überblicken den Praia de Armação. Entspannen Sie im Spa oder am Pool, bevor Sie sich im Terrassenrestaurant mit brasilianisch-mediterraner Küche verwöhnen lassen. **Wo:** 169 km nordöstl. von Rio de Janeiro. **Info:** www.buziosonline.com.br. **Casas Brancas:** Tel. +55/22-2623-1458; www.casasbrancas.com.br. *Preise:* ab € 155 (Nebensaison), ab € 233 (Hochsaison); Dinner € 33. **Reisezeit:** Sept.–Feb.: bestes Wetter; Juli: *Búzios Jazz e Blues Festival*.

Ein magisches grünes Eiland

Ilha Grande

Angra dos Reis, Bundesstaat Rio de Janeiro, Brasilien

Die Ilha Grande ist die größte von 360 Inseln vor Brasiliens Preisea Verde und gleicht einem schimmernden Juwel inmitten der wunderschönen Angra dos Reis, der Bucht der Könige. Dieses Idyll aus dichten Urwäldern und menschenleeren Stränden ist bei Touristen bisher noch relativ unbekannt. Während der Kolonialzeit war die Insel ein Piratenversteck, später siedelte man hier ein Leprakrankenhaus und das berüchtigte Hochsicherheitsgefängnis Candido Mendes an, das 1994 geschlossen wurde. Das Inselparadies hat sich in jüngster Zeit zum beliebten Ziel brasilianischer Sonnenanbeter entwickelt; im Ausland ist die Ilha Grande noch ein Geheimtipp.

Mit der Fähre kann man vom Festland in das bunte Dörfchen Vila do Abraão übersetzen, um von dort aus die tropische Wildnis zu erobern. Auf der 190 km² großen Insel gibt es keine Autos, keine Neonreklamen und keine Geldautomaten. Stattdessen schlängeln sich kilometerlange Wanderwege durch den geschützten artenreichen Regenwald. Sie werden auch auf Wasserfälle und geheimnisvolle Ruinen treffen. Mit dem Boot können Sie zu unberührten Stränden wie dem Caxadaço und dem Saco do Céu gelangen; mit ihrem ganzjährig klaren Wasser sind sie das perfekte Schnorchelrevier. In den warmen Strömungen gedeihen Seesterne und Seeanemonen; die Schiffswracks verleihen der Szenerie die gebührende Dramatik. Über schlammige Pfade durch den Wald gelangen Wanderer auch an grandiose Strände wie den Lopes Mendes oder den Dois Rios.

Die Nacht können Sie in schlichten, aber einladenden Gästehäusern wie der Pousada Naturália verbringen. Die Suiten sind mit polierten Edelhölzern und Balkonen mit Hängematte ausgestattet. Sie können sich auch von Abraão aus mit dem Speedboat zum eleganten Sagú Mini Resort bringen lassen. Das Restaurant Toscanelli Brasil, das sich auf brasilianische und italienische Küche spezialisiert hat, ist ein Highlight.

Wo: 90 Minuten mit der Fähre von Angra dos Reis aus, das 168 km westl. von Rio de Janeiro liegt. **Info:** www.ilhagrande.com.br. **Pousada Naturália:** Tel. +55/24-3361-5198; www.pousadanaturalia.net. *Preise:* ab € 63 (Nebensaison), ab € 100 (Hochsaison). **Sagú Mini Resort:** Tel. +55/24-3361-5660; www.saguresort.com. *Preise:* ab € 140 (Nebensaison), ab € 185 (Hochsaison); Dinner € 26. **Reisezeit:** Dez.–Feb.: Hauptsaison; Feb.–März: weniger Besucher, weniger Regen.

Der unberührte Lopes Mendes Beach mit seinem feinen Sand und den flachen Gewässern gilt als einer der schönsten Strände des ganzen Landes.

Charismatische Kolonialstadt an der üppigen Costa Verde

PARATY

Bundesstaat Rio de Janeiro, Brasilien

Die Blütezeit von Paraty fiel in die Zeit des Goldrausches im 18. Jh. Damals war die Stadt ein wichtiger Hafen, den die Galeonen, die mit kostbarer Fracht aus Minas Gerais (s. S. 1012) ins Mutterland Portugal unterwegs waren, häufig anliefen. Die farbenprächtigen Häuser legen bis heute Zeugnis von der kolonialen Vergangenheit ab. Paraty liegt atemberaubend schön an der Preisea Verde. Hinter der Stadt erheben sich die von Regenwäldern bedeckten Berge; man ist in kürzester Zeit am Strand. Im autofreien historischen Stadtzentrum kann man an den Wasserstraßen entlangschlendern, wo es viele Boutiquen und elegante Restaurants gibt. Bewundern Sie die detailverliebten Kirchen, die die reichen Kaufleute für sich erbauten, und das Gotteshaus, das von Sklaven für Sklaven errichtet wurde. In der Casa da Cultura können Sie sich über Geschichte und Gegenwart der Stadt informieren. Besonders anziehend sind die Dutzenden Paraty vorgelagerten Inseln. Die menschenleeren Strände kann man mit dem Boot erreichen; es werden täglich geführte Touren angeboten.

In Paraty gibt es zahllose Gästehäuser; eines der ältesten ist die Pousada Pardieiro. Die modernen Kunstwerke im Inneren bilden einen schönen Kontrast zur kolonialen Architektur des Hauses. Wenn Sie zur Mittagszeit Hunger bekommen, machen Sie die 10-minütige Bootsfahrt zum Kontiki auf einer bezaubernden kleinen Insel in der Bucht vor Paraty.

Zu den schönsten Festen der Stadt gehört das *Festival da Pinga:* 4 Tage lang huldigt man dem Zuckerrohrlikör *cachaça,* auch *pinga* genannt. Hier gibt es die besten Sorten des Landes, also lassen Sie sich auf keinen Fall den Genuss eines süßen Caipirinhas entgehen, während Sie in einem Straßencafé sitzen – der Cocktail hieß ursprünglich übrigens Paraty. **Wo:** 241 km südwestl von Rio. **Info:** www.paraty.com.br. **Pousada Pardieiro:** Tel. +55/243-371-1370; www.pousadapardieiro.com.br. *Preise:* ab € 130. **Restaurant Kontiki:** Tel. +55/243-371-1666; www.ilhakontiki.com.br. *Preise:* Lunch € 15. **Reisezeit:** Nov.–Juni: bestes Wetter; Feb.– März: Karneval; Juli: Literaturfestival.

Strandbuggy-Abenteuer im Norden

ÜBER DIE SANDDÜNEN VON NATAL

Bundesstaat Rio Grande do Norte, Brasilien

Natal, die Hauptstadt von Rio Grande do Norte, ist das Tor zu einer faszinierenden Landschaft, geprägt von gigantischen Sanddünen und herrlichen Stränden. Etwa 24 km nördlich der Stadt liegt das Schutzgebiet Genipabu.

Dort kann man herrlich schwimmen, auf Kamelen reiten oder auf einem Balsaholzfloß zu den Riffen vor der Küste fahren. Das Highlight ist aber die achterbahngleiche Fahrt mit dem *bugue*, einem Buggy mit Vierradantrieb. Wagemutige können sich selbst ans Steuer setzen, aber niemand kennt die unberechenbaren Tücken der haarsträubend steilen, bis zu 90 m hohen Dünen besser als die professionellen *bugueiros* (Buggyfahrer). Mit ihnen können Sie zu abgelegenen Lagunen, palmengesäumten Seen oder der flippigen kleinen Strandbar fahren, wo man gegrillte Shrimps und ein kaltes Brahma-Bier serviert bekommt – eine wohlverdiente Belohnung nach diesem wilden Ritt. Die geführte 4-tägige Tour von Natal im Norden bis Fortaleza folgt einer 800 km langen sandigen Route mit 85 Stränden.

Etwa 1 Stunde nördlich von Natal liegt Maracajaú. Bei Ebbe lässt es sich in den flachen Gewässern über wunderschönen Korallenriffen hervorragend schnorcheln. Das zauberhafte Praia da Pipa 1 Stunde südlich von Natal ist vor allem bekannt für die Delfine, die sich dort beobachten lassen, und für das aufregende Nachtleben, das sich an den kopfsteingepflasterten Straßen abspielt. Ein wenig erinnert der kleine Ort an den Charme von Búzios (s. S. 1019) vor 20 Jahren. Dort finden Sie auch die Toca da Coruja, eine Ferienanlage mit rustikalen, aber edlen Bungalows. Die Pousada liegt ein wenig abseits des Strandes inmitten üppiger Gärten, in denen kleine Äffchen von Baum zu Baum hüpfen. An der nahen wunderschönen Praia de Sibaúma verirren sich kaum Touristen; Fischer prägen die idyllische Szenerie.

Wo: 297 km nördl. von Recife. **Wie:** Buggy & Cia vermietet Buggys mit oder ohne Fahrer. Tel. +55/84-9416-2222; www.buggyecia.com. br. **Toca da Coruja:** Tel. +55/84-3246-2226; www.tocadacoruja.com.br. *Preise:* ab € 266. **Reisezeit:** Nov.–Apr.: bestes Wetter.

Kreativität in großem Maßstab

São Paulos Kunstszene

São Paulo, Brasilien

Die Metropole São Paulo mit ihren mehr als 19 Mio. Einwohnern ist Brasiliens wirtschaftlicher Motor und die größte Stadt Südamerikas. Auf den ersten Blick mag es wie ein Betondschungel wirken, aber der Ruf der Stadt als Zentrum von Kunst und Design ist überall spürbar.

Eines der bekanntesten Wahrzeichen ist das Museu de Arte de São Paulo (MASP), ein monumentaler Stahl-Glas-Bau an der Avenida Paulista. Neben der ständigen Ausstellung, die europäische Meisterwerke vom 14.–20 Jh. präsentiert, zeigt es auch Arbeiten brasilianischer Künstler. Mehr brasilianische Kunst des 19. und 20. Jh. gibt es in der Pinacoteca do Estado, einem wunderschönen Ziegelbau, der um 1900 entstand und von den üppigen Gärten des Jardim da Luz umgeben ist. Oscar Niemeyer, Brasiliens berühmtester Architekt und der kreative Kopf hinter der Planhauptstadt Brasília (s. S. 1010), entwarf auch das klassisch-moderne Setting der Lateinamerika-Gedenkstätte. Zum Komplex des Kulturzentrums gehört eine Zementskulptur in Form einer riesigen Hand, deren Handfläche eine blutrote Karte Südamerikas zeigt.

In allen geraden Jahren richtet São Paulo im Oktober und November eine der wichtigsten Kunstausstellungen des amerikanischen Kontinents aus, die Bienal Internacional de São Paulo. Schauplatz ist das von Niemeyer entworfene Museu de Arte Contemporânea

(MAC) im Parque do Ibirapuera. Dort finden Sie auch das Museu de Arte Moderna (MAM), das sich auf regionale und internationale moderne Kunst spezialisiert hat, sowie den weiß überkuppelten OCA-Pavillon, ein weiteres Meisterwerk von Oscar Niemeyer, das den Rahmen für Wechselausstellungen und Musik- und Tanzaufführungen bietet.

Ganz in der Nähe des Ibirapuera-Parks liegt das Hotel Unique, sicher das architektonisch ambitionierteste Haus der Stadt. Der Bau erinnert an die Form einer riesigen Wassermelonenscheibe; im Inneren verbergen sich 95 elegante, ganz in kühlem Weiß gehaltene Räume, ein Restaurant mit wunderschönem Ausblick und 2 schicke Bars. Im Herzen des noblen Stadtteils Jardins finden Sie das Emiliano. Die 19 großzügigen Suiten sind mit Originalkunstwerken ausgestattet. Ebenfalls nach Jardins lädt das Fasano ein, ein Ableger des regionalen Familienunternehmens, das nun nicht mehr nur exquisite Küche bietet (s. nächste Seite), sondern auch ein großartiges, sorgfältig modernisiertes Hotel. Die exklusivste Option der Stadt ist das nur einen Steinwurf von der belebten Avenida Paulista entfernte L'Hotel mit 80 Zimmern, das mit traditionellem Design und Antiquitäten, die einem Museum alle Ehre machen würden, zu beeindrucken weiß.

Niemeyers blutende Hand ist das mahnende Herzstück der Lateinamerika-Gedenkstätte.

MASP: Tel. +55/11-3251-5644; www.masp.art.br. **PINACOTECA DO ESTADO:** Tel. +55/11-5576-7600; www.pinacoteca.sp.gov.br. **MAC:** Tel. +55/11-3091-3039; www.mac.usp.br. **MAM:** Tel. +55/11-5085-1300; www.mam.org.br. **PAVILHÕ DA BIENAL DE ARTE:** Tel. +55/11-5573-5255; www.fbsp.org.br. **HOTEL UNIQUE:** Tel. +55/11-3055-4710; www.unique.com.br. *Preise:* ab € 411. **EMILIANO:** Tel. +55/11-3068-4399; www.emiliano.com.br. *Preise:* ab € 511. **FASANO:** Tel. +55/11-3896-4000; www.fasano.com.br. *Preise:* ab € 481. **L'HOTEL:** Tel. +55/11-2183-0500; www.lhotel.com.br. *Preise:* ab € 220.

Innovative Küche aus Brasilien und aller Welt

SÃO PAULOS RESTAURANTSZENE

São Paulo, Brasilien

Für die *paulistas* ist das Essen eine äußerst ernste Angelegenheit, und man ist immer bestens informiert darüber, welches Restaurant gerade besonders angesagt ist. Um einen ersten Eindruck vom kulinarischen Reichtum der Region zu bekommen, sollten Sie mit einem Besuch auf dem Mercado Municipal starten. An den mehr als 300 Ständen findet sich ein überreiches Angebot an frischem Obst, Gemüse, Fleisch, Fisch und vielen anderen Leckereien. Probieren Sie von exotischen Früchten wie Kaschuäpfeln, Maracuja oder Drachenfrucht, bevor Sie einen Zwischenstopp in der Hocca Bar einlegen, wo die Gäste Schlange für *bolinhos de bacalhau* stehen, mit Kabeljau gefüllte Kroketten.

In São Paulo gibt es unzählige erstklassige Restaurants, aber viele Gourmets sind sich einig, dass das D.O.M. das beste in ganz Brasilien ist. Hier kredenzt Starkoch Alex Atala eine einzigartige Mischung aus französischer Küche und den exotischen Produkten Amazoniens: Foie gras geht eine harmonische Verbindung mit knusprigem Wildreis ein, und die gebackenen Austern werden in einer Tapioka-Marinade verfeinert. Atala steht auch hinter dem Dalva e Dito. Dort singt man das Loblied traditioneller brasilianischer Speisen wie dem *prato feito* mit Reis, Bohnen und Fleisch. Im Brasil a Gosto experimentiert Chefköchin Ana Luiza Trajano mit der Hausmannskost der brasilianischen Provinz, während im Mocotó unter den Augen von Rodrigo Oliveira althergebrachte Speisen aus dem Nordosten Brasiliens wie Rinderfußsuppe mit modernem Elan verfeinert werden. Im Maní geht die Prominenz ein und aus und genießt die multikulturellen Kreationen von Chefköchin Helena Rizzo.

Das Figueira Rubaiyat ist nicht nur bekannt für den knorrigen Stamm eines uralten Feigenbaums im vorderen Patio, sondern auch für seine köstlichen handfesten Mahlzeiten: Highlight ist das Fleisch vom hauseigenen Hof, aber auch Paella und frischer Fisch stehen auf der Karte. Die beste Adresse für italienische Küche ist das elegante Fasano im gleichnamigen Hotel (s. vorige Seite).

Restaurants öffnen und schließen in São Paulo quasi im Minutentakt, aber das Carlota konnte sich dank der innovativen Chefköchin Carla Pernambuco seit Beginn der 1990er behaupten. Dort serviert man Köstlichkeiten wie knuspriges Shrimps-Risotto mit Schinken und einem Chutney aus süßer Paprika.

Mercado Municipal: Tel. +55/11-3228-0673; www.mercadomunicipal.com.br. **D.O.M.:** Tel. +55/11-3088-0761; www.domrestaurante.com.br. *Preise:* Dinner € 70. **Dalva e Dito:** Tel. +55/11-3068-4444; www.dalvaedito.com.br. *Preise:* Dinner € 30. **Brasil a Gosto:** Tel. +55/11-3086-3565; www.brasilagosto.com.br. *Preise:* Dinner € 26. **Mocotó:** Tel. +55/11-2951-3056; www.mocoto.com.br. *Preise:* Lunch € 22. **Maní:** Tel. +55/11-3085-4148; www.manimanioca.com.br. *Preise:* Dinner € 26. **Figueira Rubaiyat:** Tel. +55/11-3063-3888; www.rubaiyat.com.br. *Preise:* Lunch € 30. **Fasano:** Tel. +55/11-3896-4000; www.fasano.com.br. *Preise:* Dinner € 48. **Carlota:** Tel. +55/11-3661-8670; www.carlota.com.br. *Preise:* Dinner € 26.

Die 1000 Mysterien von Rapa Nui

Die Osterinsel

Chile

Das windgepeitschte Eiland Rapa Nui, auch Osterinsel genannt, bleibt bis heute faszinierend und geheimnisvoll. „Entdeckt" wurde das kleine Fleckchen Erde von der Niederländischen Westindien-Kompanie am Ostersonntag des Jahres 1722. Es ist die entlegenste bewohnte Insel der Welt – die nächsten Menschen leben über 1900 km weit entfernt auf der Insel Pitcairn. Weltbekanntes Wahrzeichen der Osterinsel sind die *moai*, kolossale, bis zu 10 t schwere Steinskulpturen. Gefertigt wurden sie aus dem vulkanischen Gestein der Insel von den frühen polynesischen Siedlern; die genaue Entstehungszeit ist bis heute umstritten. Auch die Methoden, mit denen die Skulpturen transportiert und auf ihre Steinaltäre gewuchtet wurden, sind immer noch ein Rätsel.

Zu den schönsten *moai* zählen die von Ahu Tongariki, es ist das größte restaurierte Ensemble der Insel. Über Zweck und Geschichte der monumentalen Bildwerke ist nur sehr wenig bekannt, im Museo Antropológico Sebastián Englert und der angegliederten Bücherei kann man jedoch viel über die Forschung und die zahlreichen Thesen zum Thema erfahren.

Die geheimnisvollen Statuen ziehen so viel Aufmerksamkeit auf sich, dass die meisten Besucher nicht mehr genug Zeit haben, auch die beeindruckende Natur der Insel zu erkunden: Ein Höhepunkt sind weiße Sandstrände wie der Anakena in Sichtweite einiger *moai* oder der Ovahe mit seinem roséfarbenen Sand und den spektakulären Felsformationen.

Trotz ihres Weltruhms wirkt die nur 163 km² große Insel wie aus der Zeit gefallen. Es gibt nur eine Hauptstraße und eine Reihe schlichter Gästehäuser in und um Hanga Roa, dem kleinen Städtchen, in dem nahezu alle 4700 Einwohner von Rapa Nui leben. Das nahe

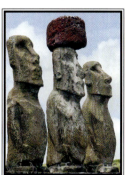

Es existieren keine schriftlichen Zeugnisse, die etwas über Geschichte oder Bedeutung der moai verraten.

Explora ist das erste Luxus-Ökoresort der Insel; wie ein Raumschiff thront es auf einem Hügel etwa 6 km außerhalb der Stadt. Gäste erwarten dort atemberaubende Aussichten auf den Pazifik und denkwürdige kulinarische Köstlichkeiten. 2-mal täglich werden Exkursionen unter ortskundiger Führung angeboten, auf denen einen das Gefühl beschleicht, man sei praktisch allein auf der Insel. Zu den wenigen guten Übernachtungsmöglichkeiten in der Stadt selbst zählt das Hotel Taura'a, ein schlichtes, aber sehr einladendes B&B.

Wo: 3781 km westl. von Santiago. **Wie**: Das amerikanische Unternehmen Maxim Tours bietet 4-tägige Touren an. Tel. +1/973-927-0760; www.maximtours.com. *Preise:* ab € 407, all-inclusive, Flug extra. Startet in Santiago. **Explora Rapa Nui**: Tel. +56/2-206-6060; www.explora.com. *Preise:* 3 Nächte ab € 1767, all-inclusive. **Hotel Taura'a**: Tel. +56/2-255-1310; www.tauraahotel.cl. *Preise:* ab € 133. **Reisezeit**: Juli–Aug.: kühleres Wetter und weniger Andrang; Ende Jan. oder Anf. Feb.: *Tapati Festival*, das größte Kulturfestival der Insel.

Filigrane Wasserwege am Ende der Welt

Auf Kreuzfahrt durch Chiles Fjorde

Patagonien, Chile

Südlich von Puerto Montt löst sich Chiles Küste in Tausende kleine, üppig grüne Inseln auf, die langsam in endlose Eisfelder übergehen. Die spektakuläre Landschaft entstand vor Jahrmillionen durch seismische Aktivitäten und die Kräfte der Gletscher und ist heute Heimat von zahllosen Meeressäugern wie Seeelefanten, Seelöwen, Buckelwalen und Delfinen. Am schönsten kann man die Region auf einer Kreuzfahrt erkunden.

Das luxuriöseste Schiff der Flotte des alteingesessenen Familienbetriebes Kochifas ist die *Skorpios III*; sie legt in Puerto Natales ab, dem Tor zum Nationalpark Torres del Paine (s. unten) und bringt Sie bis zu den Eisfeldern im Süden. Auf der Fahrt passieren Sie mehr als ein Dutzend Gletscher, darunter auch den imposanten Amalia und den Bernal am Montañas-Fjord.

Mit der *Skorpios II* kann man von Puerto Montt nach Chiloé reisen, eine von nur 3 bewohnten Inseln in einer Region, die noch nahezu unberührt von Menschenhand ist. Zu den am häufigsten fotografierten Sehenswürdigkeiten gehören die friedlichen kleinen Fischerdörfer und die Holzkirchen aus dem 18. und 19. Jh. Von Chiloé aus geht es weiter zum atemberaubenden, leuchtend blauen Gletscher San Rafael im Norden Patagoniens. Der fast 2 km breite und 9 km lange Koloss liegt näher am Äquator als jeder andere Gletscher; immer wieder brechen tonnenschwere Eisblöcke unter ohrenbetäubendem Donnern ab.

Als Alternative bietet sich auch eine Reise in die ungezähmte Wildnis der Südspitze Patagoniens und von Tierra del Fuego an. Wenn es das Wetter zulässt, können Sie sich mit dem Schiff sogar bis zum sturmumtosten Kap Hoorn bringen lassen.

Cruceros Australis bietet 4-tägige Kreuzfahrten an, die vom chilenischen Punta Arenas bis ins argentinische Ushuaia führen (s. S. 998), und 3-tägige Reisen in umgekehrte Richtung. Höhepunkt sind die Besuche der Pinguinkolonien auf der Isla Magdalena und im Schutzgebiet Seno Otway, wo schätzungsweise 2000 Paare brüten. Die kompakten Schiffe bieten Platz für 136 Passagiere und können auch Wasserwege befahren, die für die meisten größeren Modelle nicht mehr zugänglich sind. Die vollkommene Stille der labyrinthischen Meereslandschaft muss auch Magellan überwältigt haben, als er 1520 zum ersten Mal in diese noch unerforschten Gewässer vorstieß. Bis zur Antarktis (s. S. 1057) sind es nur noch etwa 800 km.

Wo: Puerto Montt liegt 1016 km; Punta Arenas 2190 km südl. von Santiago. **Turismo Skorpios:** Tel.: +56/2-477-1900; www.skorpios.cl. *Preise:* Kreuzfahrt mit 3 Übernachtungen ab € 1037, all-inclusive (Nebensaison), ab € 1148 (Hochsaison). *Wann:* Sept.–Apr. **Cruceros Australis:** Tel. +56/2-442-3115; www.australis.com. *Preise:* Kreuzfahrt mit 4 Übernachtungen ab € 1111, all-inclusive (Nebensaison), ab € 1404 (Hochsaison). *Wann:* Sept.–Apr. **Reisezeit:** Jan.–Feb.: mildes Wetter, lange Tage.

Wildnis und Zivilisation an der Südspitze des Kontinents

Nationalpark Torres del Paine

Patagonien, Chile

Dieser entlegene Außenposten der Zivilisation im Herzen des chilenischen Teils von Patagonien gehört zu den letzten unberührten Naturparadiesen der Erde; kartografiert wurde das Gebiet erst in den 1930ern. Der Nationalpark Torres del Paine umfasst eine Fläche von fast 2500 km² und ist geprägt von Seen, Flüssen, Gletschern, Pampas und Fjorden. Berühmtestes Wahrzeichen sind die Cuernos del Paine, spektakuläre, über 3000 m hohe Felsnadeln aus rosafarbenem

Granit, die zum Gebirge der Cordillera del Paine gehören.

In diesem Wunderland leben viele seltene Tierarten, darunter auch das hübsche orangeweiße Guanaco, ein Verwandter des Lamas, der scheue Bergpuma und der mächtige Andenkondor, dessen Flügelspannweite über 3 m betragen kann.

Robuste Zeitgenossen durchqueren den Park auf dem „W", einem 56 km langen Wanderweg, der von Laguna Amarga aus von Ost nach West verläuft und auf dem man 4 bis 5 Tage unterwegs ist. Noch anspruchsvoller ist der gewundene, fast 60 km lange „Circuit", ihn komplett abzulaufen kann bis zu 11 Tage in Anspruch nehmen. Für die weniger Ambitionierten gibt es aber auch entspanntere Möglichkeiten, den Park auf kürzeren Wanderungen, Kajaktouren oder Ausritten zu erkunden.

Die ehemalige Schaffarm Estancia Cerro Guido ist eine der wenigen erstklassigen Unterkünfte in dieser Gegend. Wer auf der Suche nach ultimativem Luxus ist, sollte im Hotel Salto von Explora am südöstlichen Ende des Lago Pehoé einchecken. Dort locken nicht nur erstklassiges Design und bester Service, sondern die vielleicht schönste Aussicht aller Hotels weltweit. Zudem stehen ortskundige Führer bereit, die Sie auf Exkursionen in den Nationalpark begleiten.

Obwohl die meisten Besucher Punta Arenas anfliegen, ist das eigentliche Tor zur Region das 240 km nordwestlich gelegene Puerto Natales, ein malerisches Städtchen an einem Fjord, der den theatralischen Namen Ultima Esperanza („letzte Hoffnung") trägt. 1911 ursprünglich zur Fleischverarbeitung und als Fischereihafen gegründet, ist Puerto Natales heute eine ideale Ausgangsbasis für Naturbegeisterte; die wachsende Zahl gemütlicher Restaurants und Gästehäuser zeugt von diesem Trend. Das hübsche Indigo Hotel bietet Ausblick auf den Balmaceda-Gletscher und die Gipfel der Cordillera del Paine. Auf der Dachterrasse erwarten Sie Jacuzzi und Spa, und das hauseigene Restaurant serviert eine Vielzahl verschiedener Pisco Sours.

WO: Punta Arenas liegt 2190 km südl. von Santiago. CERRO GUIDO: Tel. +56/2-196-4807; www.cerroguido.cl. *Preise:* ab € 148. *Wann:* Mai–Sept.: geschlossen. EXPLORA: Tel. +56/2-228-4665; www.explora.com. *Preise:* 4 Nächte ab € 2059, all-inclusive. INDIGO: Tel. +56/61-413-609; www.indigopatagonia.com. *Preise:* ab € 110 (Nebensaison), ab € 193 (Hochsaison). REISEZEIT: Mitte März–Apr.: weniger Andrang, weniger Wind; Anf. Okt.–Nov.: Wildblumenblüte.

Das Torres-del-Paine-Gebirge thront über dem Lago Pehoé.

Skifahren vor der Kulisse der erhabenen Anden

PORTILLO UND VALLE NEVADO

Chile

Ein Ausflug in Chiles Skigebiete ist für Nordamerikaner und Europäer einfach unwiderstehlich. Wenn auf den Hängen nördlich des Äquators längst kein Schnee mehr liegt, finden Besucher auf diesen Gipfeln immer noch tiefen

Pulverschnee, vor den Lifts bilden sich keine Schlangen, und die Hotels locken mit chilenischer Gastfreundschaft und atemberaubenden Aussichten.

Die größten und touristisch am besten erschlossenen Skigebiete sind Portillo und Valle Nevado, beide mit erstklassigen Schneeverhältnissen und jedes mit speziellen Vorzügen für alle Arten von Wintersportfans. Im auf 2800 m Höhe gelegenen Portillo wurden 1966 sogar die Alpinen Skiweltmeisterschaften ausgetragen. 14 Lifts bringen die Gäste in diesem fast 9 km² großen Winterparadies bis auf eine Höhe von 3300 m; fliegt man mit dem Helikopter, erschließen sich einem noch weit mehr Möglichkeiten. Manche Abfahrten wie die Roca Jack sind beängstigend steil, das macht Portillo zum idealen Ziel für fortgeschrittene Skifahrer. Die einzigen Übernachtungsmöglichkeiten vor Ort sind das leuchtend gelbe Hotel Portillo und seine weniger kostspieligen Ableger. Es gibt Wochenpakete für jedes Budget; die Atmosphäre ist freundschaftlich und kameradschaftlich.

Valle Nevado lockt mit einer beeindruckenden Andenlandschaft, dem modernsten Liftsystem der Welt und Pisten für jedes Niveau – auch die Ski-Artisten kommen im Geländepark und auf Strecken jenseits der Pisten auf ihre Kosten. Nirgendwo in Südamerika ist das Heliskiing schöner als in Valle Nevado: Die Gipfel, die man dabei erobert, werden an Höhe nur noch durch die Giganten des Himalaja übertroffen. In Valle Nevado gibt es 3 Hotels, verschiedene Restaurants und Geschäfte. Von Santiago ist man in nur 1 Stunde vor Ort; eine attraktive Möglichkeit für alle, deren Zeit knapp bemessen ist.

Wo: Portillo liegt 132 km nordöstl. von Santiago. **Portillo:** Tel. +56/2-263-0606; www.skiportillo.com. *Preise:* Paketpreis für 1 Woche im Double Valley Hotel: ab € 1259 (Nebensaison), ab € 2370 (Hochsaison), all-inclusive. **Valle Nevado:** Tel. +56/2-477-7705; www.vallenevado.com. *Preise:* Hotel Tres Puntas ab € 260 (Nebensaison), ab € 426 (Hochsaison), all-inclusive. **Reisezeit:** Mitte Juni–Anf. Okt.: Skisaison, im Juli und Aug. beste Bedingungen; Juli: Familienwochen.

Naturabenteuer in malerischer Szenerie

Chiles Seenlandschaften

Pucón, Chile

Das vom Lago Villarrica und vom gleichnamigen Vulkan flankierte Städtchen Pucón ist das Tor zu den herrlichen Seenlandschaften von Chiles Regiòn de los Lagos. Das Gebiet gilt als Eldorado für alle Freizeitabenteurer und Naturfreunde. Von Pucón führen Exkursionen zum Lago Caburga, nach Coñaripe oder Lican Ray. Man kann Rafting- oder Kajaktouren unternehmen, am Río Trancura fischen, durch den Nationalpark Huerquehue wandern oder über Seilrutschen durch die Baumkronen segeln. Echte Abenteurer möchten vielleicht ihre Kletterkünste am 2800 m hohen Vulkan erproben (im Winter kann man dort skifahren); die Lavaströme sind äußerst fotogen.

In Chile gibt es nicht nur viele Vulkane, sondern auch zahlreiche geologische Verwerfungen, die ideale Voraussetzung für die Entstehung heißer Quellen, von denen heute viele in natürliche Spas verwandelt wurden. Wenige sind so einladend wie die Termas Geométricas, nur 40 Minuten von Pucón entfernt. Ein Gewirr aus hölzernen Stegen führt durch die dichte Vegetation zu Pools unterschiedlicher Temperatur. Das minimalistische, japanisch anmutende Design ist neben der entspannenden Wirkung der Bäder ein Pluspunkt.

Im wunderschönen Hotel Antumalal haben schon Königin Elisabeth II. und Neil Armstrong genächtigt. Das aus dem Jahr 1946 stammende Haus verbindet schlichten Bauhausstil mit üppigen Gärten und bietet sogar einen Privatstrand am Lago Villarrica. Jeder der 22 Räume ist mit handgefertigten Möbeln eingerichtet, hat einen offenen Kamin und große Fenster mit Blick auf den See. Das Hotelrestaurant Parque Antumalal ist eines der besten der Region. Starten Sie mit dem Hauscocktail Cran Sour, bevor Sie chilenischen Hummer genießen und zum Abschluss von den süßen *kuchenes* naschen – dem Erbe der deutschen Immigranten, die sich einst in der Gegend niederließen.

Wo: 789 km südl. von Santiago. **ANTUMALAL:** Tel. +56/45-441-011; www.antumalal.com. *Preise:* ab € 196 (Nebensaison), ab € 266 (Hochsaison); Dinner € 33. **REISEZEIT:** Mitte Dez.–Feb.: bestes Wetter; Jan.–Feb.: *Mapuche*-Kulturfestival *Muestra* in Villarrica.

Surreale Reise zum trockensten Ort der Erde

DIE ATACAMAWÜSTE

San Pedro de Atacama, Chile

Die Atacamawüste, die fast ein Drittel der Fläche Chiles bedeckt, scheint nicht von dieser Welt zu sein. Ihre herbe Schönheit ist mittlerweile jedoch weltberühmt, und viele unerschrockene Reisende kommen, um die vielen Naturwunder dieses extremen Fleckchens Erde zu bestaunen. Die Ausgangsbasis für Exkursionen in die trockenste Wüste der Erde ist das auf über 2000 m Höhe gelegene Dorf San Pedro de Atacama mit seinen pittoresken Lehmziegelbauten. Von dort aus können Sie zu Wandertouren, Mountainbike-Rundfahrten oder Ausritten aufbrechen. Auch ausgefallenere Aktivitäten wie Sandsurfen stehen zur Auswahl.

Ein Besuch im Museo Arqueológico Padre Le Paige mit einer exzellenten Sammlung präkolumbischer Artefakte ist eine gute Vorbereitung, bevor man zu einem der vielen geführten Ausflüge aufbricht. Die Magie der Geysire von El Tatio, der höchsten weltweit, entfaltet sich am schönsten im Licht des frühen Morgens. Auf dem Weg liegt auch die Termas de Puritama. In den 8 warmen Becken, die in einer engen Schlucht liegen, lässt es sich herrlich entspannen. Die Nachmittage eignen sich ideal, um die Flamingos zu beobachten, die sich zur Nahrungssuche auf dem mineralstoffreichen Salzsee der Salar de Atacama versammeln. Wenn sich der Tag dem Ende zuneigt, taucht die untergehende Sonne die surrealen

Die bizarre Oberfläche des Valle de la Luna wurde in Jahrmillionen durch Erosion geformt.

Landschaften des Valle de la Luna in buntes Licht. Mehrtägige Touren von San Pedro aus führen bis zu Boliviens Salar de Uyuni, der größten Salzwüste der Erde (s. S. 1002).

In den vergangenen Jahren schossen die Hotels rund um San Pedro wie Pilze aus dem Boden; die Bandbreite reicht von schlichten Herbergen bis zur luxuriösen Ferienanlage. Zu den besten Optionen zählt die Alto Atacama Desert Lodge, eine der ältesten und schönsten Ecolodges von ganz Chile. Die Architektur der Anlage fügt sich harmonisch in die terrakottafarbene Felslandschaft des Catarpe-Tals ein. Bis nach San Pedro sind es nur wenige Minuten, und ganz in der Nähe liegen viele archäologische Stätten. Die Lodge bietet neben geführten Exkursionen 6 einladende Pools in einem oasengleichen Garten, ein Spa mit Sauna und ein hervorragendes Restaurant. Wer nach einer etwas persönlicheren und kleineren Unterkunft sucht, ist im Awasi richtig: Die 8 großzügigen, strohgedeckten Bungalows gruppieren sich um einen Innenhof mit Pool und reizender Open-Air-Lounge mit handgemachten Holzmöbeln. Für eine Übernachtung im Zentrum von San Pedro empfiehlt sich das Gästehaus Kimal mit 19 Zimmern, Neuankömmlinge werden vom freundlichen Personal mit einem Pisco Sour begrüßt.

Wo: 1670 km nördl. von Santiago und 98 km von Calama, dem nächsten Flughafen. ALTO ATACAMA: Tel. +56/2-957-0300; www.altoatacama.com. *Preise:* 2 Nächte ab € 696, all-inclusive. AWASI: Tel. +56/2-233-9641; www.awasi.cl. *Preise:* 3 Nächte ab € 1396, all-inclusive. KIMAL: Tel. +56/5-585-1030; www.kimal.cl. *Preise:* ab € 137. REISEZEIT: ganzjährig sonnig und trocken, die kältesten Nächte um den Gefrierpunkt von Juni–Aug; 29. Juni: Fest für die Schutzheiligen San Pedro und San Pablo.

Zu Besuch bei international renommierten Winzern

DIE WEINSTRASSEN VON CHILE

Valle Longetudinal, Chile

Der Weinanbau kam mit den spanischen Konquistadoren und den Missionaren nach Chile, die die Trauben für den liturgischen Gebrauch anbauten. Wirklich zur Entfaltung kam die Weinkultur Chiles jedoch erst, als man im 19. Jh. damit begann, edle französische Rebsorten zu ziehen. Das Land entging auch den Schädlingsplagen, die die französischen Weine später vernichten sollten. Chile ist deshalb neben Australien das einzige Land, das noch immer mit seinen ursprünglichen Weinstöcken bepflanzt ist.

Die edlen Tropfen werden auf zahlreichen traditionellen großen Gütern wie Cousiño Macul, Errazuriz und Concha y Toro angebaut und gekeltert. Aber es gibt auch eine Vielzahl kleiner Betriebe, die einige der begehrtesten Weine des Landes produzieren. Die wichtigsten Weinanbaugebiete sind, von Norden nach Süden, Aconcagua, Casablanca, Maipo, Colchagua und Maule, zusammen bilden sie die Region Valle Central. Das nahe der Pazifikküste gelegene Casablanca ist vor allem für seinen Chardonnay und Sauvignon blanc berühmt. Aus Colchagua kommen ausgeprägte Rotweine aus Rebsorten wie Cabernet Sauvignon, Carmenère und Syrah. Maipo, Chiles ältestes Weinanbaugebiet vor den Toren von Santiago, ist bekannt für seine hervorragenden Cabernet Sauvignons.

Man kann die Weingüter auch auf einem Tagesausflug von Santiago aus erkunden, aber jeder, der genug Zeit mitbringt, sollte hier übernachten.

Colchagua wird oft mit dem kalifornischen Napa Valley verglichen: Die sanften, von Rebstöcken bedeckten Hügel mit den traditionellen *fincas* umfassen eine Anbaufläche von über 230 km². Hier findet man einige der besten Winzereien Chiles. In dieser Region gibt es auch zahlreiche schöne Übernachtungsmöglichkeiten. Wenn Sie in zeitgenössischem Ambiente logieren möchten, sind Sie im Casa Lapostolle richtig, einem exklusiven Haus, das auf dem Anwesen der hochmodernen Winzerei Clos Apalta liegt. Es gilt als eines der markantesten Hotels des Landes und besteht aus 4 *casitas*, die nach den ersten roten Rebsorten benannt sind, die hier angebaut wurden. Das Hotel

Die Rebsorten in Chiles Valle de Aconcagua haben französische Wurzeln.

Santa Cruz Plaza im spanischen Kolonialstil liegt am Hauptplatz der gleichnamigen Stadt, dem Epizentrum von Weinanbau und Weintourismus in der Region. Der Bau bezaubert mit schmiedeeisernem Dekor und mächtigen Kronleuchtern; die 116 Räume gruppieren sich um einen großen Gemeinschaftsbereich mit Pool und einem luxuriösen Spa, der Weinkeller ist erwartungsgemäß exquisit bestückt. Inhaber Carlos Cardoen ist auch die treibende Kraft hinter dem grandiosen Colchagua-Museum, dem größten privaten Museum Chiles.

Wo: Santa Cruz liegt 180 km südwestl. von Santiago. **Wie:** Santiago Adventures bietet maßgeschneiderte Touren, auf denen man Winzer in den verschiedenen Weinregionen Chiles besuchen kann; auch Fahrradtouren sind möglich. Tel. +56/2-244-2750; www.santiagoadventures.com. **Casa Lapostolle:** Tel. +56/7-295-3360; www.casalapostolle.com. *Preise:* ab € 740, all-inclusive. **Hotel Santa Cruz Plaza:** Tel. +56/72-209-600; www.hotelsantacruzplaza.cl. *Preise:* ab € 244. **Reisezeit:** Okt.–Apr.: bestes Wetter; Mitte Feb.–Apr.: Weinlese; März: Weinfest Fiesta de la Vendimia in Santa Cruz.

Faszinierende Kontraste in Chiles Zwillingsstädten

Viña del Mar und Valparaíso

Valparaiso, Chile

Nur wenige Städte der Welt liegen so nah beieinander und unterscheiden sich dabei in Charakter und Erscheinungsbild so stark wie Valparaíso und Viña del Mar. Besucher der zentralchilenischen Küste können in nur wenigen Minuten vom wunderbar schrulligen, viktorianisch geprägten Ambiente Valparaísos an die schicken Strände von Viña del Mar wechseln.

Im 19. Jh. war die chilenische Hafenstadt Valparaíso am Pazifik (oder Valpo, wie es die Einheimischen nennen) eines der reichsten Gemeinwesen auf dem amerikanischen Kontinent. Die wohlhabenden neuen Einwohner bauten sich für Villen im neoklassizistischen und viktorianischen Stil, die den Ozean überblickten. Die Eröffnung des Panamakanals im Jahr 1914, der nun den günstigeren Schifffahrtsweg bot, läutete das Ende der Blütezeit ein; trotzdem blieb Valparaíso eines der beliebtesten Reiseziele Chiles. Die Stadt liegt auf einer Hügelkette aus 45 Hügeln *(cerros)* über einer großen Bucht. Besucher können durch die Sträßchen bummeln, die entlang den steilen Hängen verlaufen, und die vielen kleinen Geschäfte, Restaurants und Hotels genießen, die man in den bunten alten Wohnhäusern einrichtete. Obligatorisch ist ein Besuch des La Sebastiana, seit 1961 eines der 3 Domizile von Chiles Nationaldichter Pablo Neruda.

Einheimische nennen das freigeistige Valparaíso auch die „Perle des Pazifik".

Erkunden Sie Valparaíso auf den Spuren Nerudas und besuchen Sie die nostalgischen Friedhöfe mit ihren barocken Grabmälern oder machen Sie eine Fahrt mit einem der *ascensores*, die etwas klapprigen Zahnradbahnen, die den unteren Teil der Stadt mit den weiter oben liegenden Gegenden verbinden.

Im Stadtviertel Cerro Alegre, wo englische und deutsche Einwanderer sich niederließen, finden Sie in einem wunderschön restaurierten Wohnhaus aus den 1920ern das Hotel Casa Higueras. Die 20 Zimmer haben eigene Terrassen und locken mit herrlichem Panoramablick über die Bucht von Valparaíso. Das lebhafte Pasta e Vino trug maßgeblich zur Wiederbelebung der Restaurantszene der Stadt bei, auch das Café Turri ist eine hervorragende Adresse; auf der Terrasse können Sie frischen Fisch und Meeresfrüchte sowie tolle Ausblicke genießen.

Das Gegenstück zu Valparaíso ist das benachbarte Viña del Mar, das im Jahr 1874 von reichen *santiaguinos* und *porteños* gegründet wurde (Einwohner von Santiago und Valparaíso), die sich ein Refugium am Meer schaffen wollten. Im Laufe der Zeit entwickelte sich der Ort zu Chiles größtem und beliebtestem Urlaubsort am Meer, der heute Touristen aus dem In- und Ausland anzieht. Es gibt breite Sandstrände, luxuriöse Appartementhäuser und Privatvillen. Das Casino Municipal aus den 1930ern atmet bis heute den Charme der alten Zeiten, als man sich für Roulette und Blackjack noch in Schale warf.

An die glanzvollen vergangenen Tage erinnert auch das Museo Palacio Rioja, ein opulent ausgestattetes Herrenhaus der Belle Époque, in dem heute klassische Musik, Theater und Kinovorführungen stattfinden. Zu den nobelsten Unterkünften zählt das griechisch-römisch angehauchte Hotel del Mar, das dem Kasino angegliedert ist. Das hoteleigene Restaurant Savinya erfreut sich einer treuen Stammkundschaft, die hierherkommt, um internationale Küche mit mediterranem Einschlag zu genießen.

Legen Sie auf dem Rückweg nach Santiago einen Zwischenstopp in der Weinregion Casablanca ein. Das Viña Indomita bietet neben Bodega und Restaurant auch geführte Touren an, auf denen man mit fabelhaften Aussichten belohnt wird.

Wo: Valparaíso liegt 98 km nordwestl. von Santiago. Casa Higueras: Tel. +56/32-249-7900; www.hotelcasahigueras.cl. *Preise:* ab € 180. Pasta e Vino: Tel. +56/32-249-6187; www.pastaevinoristorante.cl. *Preise:* Lunch € 20. Café Turri: Tel. +56/32-225-2091; www.cafeturri.cl. *Preise:* Dinner € 22. Hotel del Mar: Tel. +56/32-250-0800; www.enjoy.cl. *Preise:* ab € 159 (Nebensaison), ab € 211 (Hochsaison). Viña Indomita: Tel. +56/32-275-4400; www.indomita.cl. Reisezeit: Nov.–März: bestes Wetter; Silvesterabend: Feuerwerk und Feste in Valparaíso; Mitte Feb.: *Festival Internacional de la Canción* in Viña del Mar.

Kolonialer Charme im Hochland

CUENCA

Ecuador

Die historische Altstadt von Cuenca, Ecuadors drittgrößter Stadt, verströmt mit ihren kopfsteingepflasterten Straßen und schönen Gebäuden, die per Gesetz nicht höher sein dürfen als ein Kirchturm, bis heute den Charme der Kolonialzeit. Die besten Tage für einen Besuch sind Donnerstag und Sonntag, dann findet auf dem zentralen Platz ein großer Markt statt, auf dem in farbenprächtige Wollgewänder gehüllte Indio-Frauen ihre Waren verkaufen. An vielen der Marktstände gibt es die berühmten Panamahüte zu kaufen, die in Ecuador und nicht in Panama hergestellt werden. Die besten kommen von Homero Ortega P. & Hijos. Über der Stadt thronen die Iglesia El Sagrario und die nach florentinischem Vorbild gestaltete Catedral de la Immaculada Concepción. Das Museo del Banco Central repräsentiert vor allem die regionale Kultur, während man sich im Museo del Monasterio de la Concepción auf religiöse Kunst konzentriert. Geradezu legendär bei den Einheimischen ist die Villa Rosa, ein Restaurant im Innenhof eines liebevoll restaurierten Wohnhauses in der Nähe des zentralen Platzes. Besitzerin Berta Vintimilla greift auf alte Familienrezepte zurück, um die vor allem lokale Kundschaft zu erfreuen – lassen Sie sich keinesfalls ihre köstlichen Empanadas entgehen. Das liebevoll mit Kunst und antiken Möbeln ausgestattete Mansion Alcazar von 1870 war ursprünglich der Wohnsitz von Luis Cordero, dem Präsidenten Ecuadors. Heute ist es eines der einladendsten, sorgfältig restaurierten Hotels in der historischen Altstadt.

Erkunden Sie die Bergwelt auf einer Zugfahrt mit dem legendären *Chiva Express:* Entlang der Route, die der Straße der Vulkane an Cotopaxi und Chimborazo vorbei folgt, erwarten Sie atemberaubende Aussichten. Bald darauf erreicht man die Nariz del Diablo (Teufelsnase), eine Reihe haarsträubender Spitzkehren, die durch ein Meisterwerk der Ingenieurskunst überwunden werden. Endpunkt ist Riobamba, die alte Marktstadt 4 Stunden südlich von Quito, bekannt für seine indigenen Wochenendmärkte, die sich über die 5 Plätze der Stadt verteilen. An den Kopfbedeckungen der Frauen kann man die Zugehörigkeit zu den verschiedenen Volksgruppen erkennen. Empfehlenswert ist auch ein Besuch im Museo de Arte Religioso: Die bemerkenswerte Sammlung aus Kunst und Goldobjekten wird in einem alten Kloster ausgestellt.

An den Sonntagen finden in der Dörfern im Umland viele Märkte statt; besonders schön ist der von Gualaceo, etwa eine halbe Stunde Richtung Osten. Der beliebteste Tagesausflug von Cuenca aus führt nach Ingapirca, der ältesten präkolumbischen Fundstätte Ecuadors. Errichtet wurde die außergewöhnliche ovale Anlage zu religiösen Zwecken vom Volk der Cañari; später bauten die Inka sie weiter aus.

Wo: 442 km südl. von Quito. **VILLA ROSA:** Tel. +593/7-2837-944. *Preise:* Dinner € 20. **MANSION ALCAZAR:** Tel. +593/7-2823-889; www.mansionalcazar.com. *Preise:* ab € 152. **WIE:** Das amerikanische Unternehmen Ladatco Tours bietet Individualreisen inkl. Cuenca, Riobamba und Zugfahrt mit dem *Chiva Express.* Tel. +1/305-854-8422; www.ladatco.com. *Preise:* 7 Tage ab € 1722. Startet in Quito. **REISEZEIT:** Jan., Sept.–Nov.: bestes Wetter; 3. Nov.: Unabhängigkeitstag in Cuenca; Sonntage: Märkte in und um Cuenca.

Wunder der Evolution zu Lande und zu Wasser

DIE GALAPAGOSINSELN

Ecuador

Zu den wichtigsten Faustregeln des modernen Reisenden zählen: Besuchen Sie die bedrohtesten Orte zuerst, bleiben Sie auf den Wegen, stören Sie nicht. Nirgends dürfte dies zutreffender sein als auf den 58 Inseln des Galapagosarchipels, die fast 1000 km vor der Küste Ecuadors liegen. Bis zur Ankunft von Charles Darwin 1835 waren die Inseln kaum bekannt. Hier entwickelte er die Grundzüge seiner Evolutionstheorie. Die unglaubliche Artenvielfalt dieser Inseln, jede mit individueller Topografie, Flora und Fauna, diente ihm dabei als Inspiration und Forschungsfeld; an keinem anderen Ort der Welt leben mehr endemische Arten. Die charakteristischsten Tiere der Inselwelt sind die bis zu 180 kg schweren Schildkröten, deren Panzerform an einen Sattel erinnert. Das spanische Wort für Sattel lautet *galápago* – so kam der Archipel zu seinem Namen. Auf den Vulkaninseln sind daneben auch Meerechsen, Blaufußtölpel und 13 der legendären Finkenarten heimisch. Weil Galapagos so isoliert liegt, kennen die Tiere keine instinktive Scheu vor dem Menschen.

1978 wurde der Archipel zur ersten UNESCO-Weltnaturerbestätte erklärt, 1984 folgte der Status des UNESCO-Biosphärenreservats. Auch die Unterwasserwelt von Galapagos ist erstaunlich: Taucher können dank des kalten Humboldtstroms dort die nördlichste Pinguinpopulation der Welt erleben, daneben Seelöwen, Seebären, Delfine und Wale. Auf Tauchkreuzfahrten zu den entlegenen Inseln Wolf und Darwin können Sie inmitten riesiger Schulen von Hammerhaien und Mantarochen schweben.

Überall auf den Inseln leben Blaufuß-, Rotfuß- und Maskentölpel.

Die meisten Besucher erkunden Galapagos auf einer Kreuzfahrt; zur Auswahl stehen über 80 Anbieter; die Schiffe bieten Platz für bis zu 100 Passagiere. Landratten können es sich auch in einem der komfortablen Resorts gemütlich machen, z. B. im Royal Palm Hotel auf Santa Cruz, der größten und am dichtesten besiedelten der 18 Hauptinseln. Mit dem hoteleigenen Boot können Sie Tagesausflüge in die großartige Naturwelt unternehmen, nach der Rückkehr bleibt noch genug Zeit, um im Spa zu entspannen, bevor man sich zum Abendessen bei Kerzenschein begibt. Auf Santa Cruz finden Sie auch die Darwin Research Station, die viele Riesenschildkröten beherbergt.

Wo: 966 km westl. von Guayaquil. **Wie:** Das amerikanische Unternehmen INCA bietet 11-tägige Reisen, inkl. 8 Tage Kreuzfahrt auf einem Schiff für 12–15 Passagiere. Tel. +1/510-420-1550; www.inca1.com. *Preise:* ab € 3626. Startet in Quito. Das amerikanische Unternehmen Caradonna Dive Adventures bietet 7-Tages-Pakete inkl. Tauchen. Tel. +1/407-774-9000; www.caradonna.com. *Preise:* ab € 3074. Startet in Santa Cruz. **Royal Palm Hotel:** Tel. +593/5-527-408; www.royalpalmgalapagos.com. *Preise:* ab € 277. **Darwin Research Station:** Tel. +593/5-526-146; www.darwinfoundation.org. **Reisezeit:** Mitte Apr.–Juni und Sept.–Dez.: bestes Wetter, weniger Andrang.

Luxuriöses Refugium im Regenwald

DIE MASHPI LODGE

Ecuador

Nur 2 Stunden von Quito entfernt entstand ein Highlight des Ökotourismus und ein modernes Meisterwerk der Architektur. Die Mashpi Lodge schmiegt sich mit ihren klaren Linien an die westlichen Ausläufer der Anden; beim Bau kamen nur umweltverträgliche Materialien zum Einsatz. Die Anlage fügt sich harmonisch in die Landschaft eines privaten Regenwaldschutzgebietes ein. Teil des Biodiversitäts-Hotspots Tumbez-Chocó-Darién. Die gläsernen Wände der Lodge gewähren aus fast jedem Winkel atemberaubende Ausblicke über Wald und Täler.

Auf geführten Wanderungen vorbei an Wasserfällen und blühenden Orchideengärten können Sie viel über die wilde Schönheit des Waldes lernen. Im Schutzgebiet sind mehr als 500 Vogelarten heimisch, 36 von ihnen gibt es nur hier. Sie können auch mit einer Seilrutsche die Baumkronen der Urwaldriesen erkunden oder an einer nächtlichen Wanderung teilnehmen, eine wahrhaft mystische Erfahrung. In der Lodge bietet das Schlangen- und Froschhaus die Möglichkeit, diese exotischen Regenwaldbewohner ganz aus der Nähe zu betrachten.

Benachbarte Familien laden zu Besuchen ein, und man kann viel über Kakao und andere Feldfrüchte erfahren. Sehen Sie dabei zu, wie die Bohnen in dunkle Schokolade verwandelt werden, und naschen Sie von den Leckereien, die man daraus macht. Nicht weit entfernt liegt die archäologische Stätte Tulipe, ein Erbe der Yumbo-Zivilisation, die hier zwischen dem 8. und dem 17. Jh. siedelte. Beenden Sie den Tag im hauseigenen Restaurant bei verfeinerter traditioneller Küche und einer sorgfältigen Weinauswahl. Lassen Sie sich auch den Besuch im Spa nicht entgehen; einheimische Traditionen und Kräuterrezepte spielen bei den verjüngenden Anwendungen eine wichtige Rolle.

Wo: 114 km nordwestl. von Quito. Tel. +593/9-2298-8200; www.mashpilodge.com. *Preise:* 2 Nächte ab € 963 pro Person, all-inclusive, inkl. Transfer aus Quito. **REISEZEIT:** Jan.–Mai: Trockenzeit; Sonnenwende und Tagundnachtgleiche im März, Juni, Sept. und Dez.: Zeremonien in Tulipe.

Überbordende Welt der Artenvielfalt

EL ORIENTE, ECUADORS AMAZONASGEBIET

Ecuador

El Oriente nennt man die riesige Region im Osten Ecuadors, die zu den Regenwäldern Amazoniens gehört. Es ist eine der artenreichsten Gegenden der Welt, und obwohl die Urwälder nahezu ein Drittel des Landes bedecken, leben dort nur 4 % der Bevölkerung. Hierher fließt das Schmelzwasser vom Fuß der Anden und mischt sich mit vulkanischer Erde; ein fruchtbarer Boden, auf dem unzählige Pflanzen gedeihen, die der vielfältigen Fauna Nahrung und Schutz bieten. Hier trifft man auf alle typischen Tiere des Dschungels, in den Flüssen kann man manchmal sogar Süßwasserdelfine beobachten. In dem Gebiet siedeln auch 9 Eingeborenenstämme, darunter die Quechua, Huaorani und Shuar.

Die Sacha Lodge war eine der ersten Ferienanlagen vor Ort. Sie liegt am Ufer eines Sees, der von Hunderten Vogelarten, Fischen und Säugetieren bevölkert wird. Vom über 40 m hohen Aussichtsturm aus kann man nicht nur exotische Vögel und bromelienbewachsene Baumkronen bewundern, sondern bis zum schneebedeckten Gipfel des fast 200 km entfernten Vulkans Sumaco sehen. Einheimische Naturführer bieten täglich Dschungelexkursionen an.

Das Kapawi Ecolodge and Reserve gehört zu den entlegensten Unterkünften der Region. Die 20 Bungalows stehen auf Stelzen über einer Lagune mitten in einem Dschungelgebiet. Der Stamm der Achuar war am Bau der Lodge beteiligt, 2008 ging sie in ihren Besitz über. Eine weitere Option für umweltbewusste Reisende ist die Napo Wildlife Center Amazon Lodge mit 12 Cabañas am Ufer eines Sees im Nationalpark Yasuni. Von 2 Aussichtstürmen aus kann man das Kronendach des Dschungels beobachten, ein Paradies für alle Hobbyornithologen. In diesem Fall war die indigene Añangu-Quichua-Gemeinde am Bau beteiligt und ist seit 2007 Eigentümerin der Anlage. Ein besonderer Blickfang unter den mehr als 560 Vogelarten sind die farbenprächtigen Aras und andere Papageienarten, die von den mineralstoffreichen Salzlecken angelockt werden.

Wo: Lago Agrio liegt 259 km nordöstl. von Quito. **Wie:** Das amerikanische Unternehmen Andean Treks bietet 4–8-tägige Touren zu allen Lodges, all-inclusive. Tel. +1/617-924-1974; www.andeantreks.com. **Sacha Lodge:** Tel. +593/2-256-6090; www.sachalodge.com. **Kapawi Ecolodge and Reserve:** Tel. +593/2-600-9333; www.kapawi.com. **Napo Wildlife Center Amazon Lodge:** Tel. +593/2-600-5893; www.napowildlifecenter.com. **Preise:** ab € 515–€ 593 pro Person für 4 Tage, inkl. Transfer mit dem Kanu. **Reisezeit:** Dez.–Apr.: Trockenzeit.

Der berühmteste Indiomarkt des Kontinents

OTAVALO

Ecuador

Der älteste und bekannteste Indiomarkt Südamerikas findet jeden Samstag hoch in den Anden statt. Der Markt von Otavalo ist seit jeher das soziale und ökonomische Herz der nördlichen Hochebenen; heute gehört er nach den Galapagosinseln (s. S. 1034) zu den beliebtesten Reisezielen Ecuadors. Das ansonsten recht verschlafene Städtchen erwacht im Morgengrauen vom vielstimmigen Konzert der Hühner, Rinder und Schafe; gehandelt wird neben Nutzvieh mit Hanf, Lederwaren, Gemüse und Getreide. Auch für Touristen ist das Angebot üppig: Töpferwaren, gewebte Textilien, Schmuck oder geschnitzte Tierfigürchen. Die meisten Besucher suchen aber nicht nach Nippes, sondern nach authentischen Eindrücken, wie man sie erlebt, wenn die leuchtend bunt gekleideten *otavaleños* wortreich um die Waren feilschen. Je früher man auf den Beinen ist, desto besser: Kommen Sie aber auf jeden Fall vor 10 Uhr, wenn die ersten Touristenbusse aus Quito (s. nächste S.) einrollen.

Die Nacht davor können Sie in der nahen Hacienda Cusín verbringen, einem erstklassigen Landgasthaus. Die Zimmer verströmen den Charme der Alten Welt, einige haben einen offenen Kamin und schmiedeeiserne Balkone, von denen aus man einen fabelhaften Ausblick über die umliegenden Berge hat. Nur etwa 15 Minuten weiter entfernt liegt das elegantere La Mirage, eine blühende, weinbewachsene Oase hoch an einem Hang der Anden. Dort kombinierte der Besitzer die schönsten Aspekte regionaler Kultur und Kunst mit seiner Liebe zur Ästhetik und zum Komfort Europas. Die Belegschaft kann geführte Ausritte für Sie organisieren, die durch das unberührte Hochland vorbei an alten Indiostädten bis zu den Ufern eines Vulkansees führen. Ein Abendessen im La Mirage ist nicht nur wegen des exzellenten, von ecuadorianischen Weinen begleiteten Menüs ein denkwürdiges Erlebnis. Auch die grandiose Aussicht auf die schneebedeckten Gipfel des Cotacachi und des Imbabura ist unvergesslich.

Auf halbem Weg zwischen Otovalo und Quito liegt das Äquatormonument. Ecuador verdankt seiner geografischen Lage auch seinen Namen. Eigentlich verläuft der Äquator

Das Feilschen auf dem Markt ist fester Bestandteil der Traditionen der Otavaleños.

etwa 300 m nördlich des Denkmals. Man platzierte es auf der Grundlage von Berechnungen, die noch aus dem Jahr 1736 stammten, an dieser Stelle. Der Fotogenität des riesigen Objekts tut das aber keinerlei Abbruch.

Wo: 120 km nördl. von Quito. **HACIENDA CUSÍN:** Tel. +593/6-2918-013; www.haciendacusin.com. *Preise:* € 90. **La MIRAGE:** Tel. +593/6-2915-237; www.mirage.com.ec. *Preise:* ab € 260. **REISEZEIT:** Sa.: bester Markttag, obwohl fast täglich auch kleinere Märkte stattfinden; 24. Juni–6. Juli: Fest der Schutzheiligen von Cotacachi.

Lateinamerikas besterhaltene historische Altstadt

QUITO

Ecuador

Mit seiner Lage auf über 2800 m Höhe gehört Quito zu den am höchsten gelegenen Hauptstädten der Welt. Die spektakulären Aussichten auf die umgebenden Berge und Vulkane und das trotz der unmittelbaren Äquatornähe angenehme Klima machen Quito ganzjährig zum attraktiven Reiseziel. Die Altstadt von Quito war das erste historische Stadtzentrum, das den Titel eines UNESCO-Weltkulturerbes erhielt. Ähnlich wie im peruanischen Cusco (s. S. 1044) stehen die zahlreichen kolonialen Gebäude auf den Fundamenten alter Inkabauten. Einst war Quito die Hauptstadt des nördlichen Inkareiches; 1830 wurde es zur Kapitale des neu gegründeten Staates Ecuador. Die Kunstströmung der Schule von Quito, die sich im 16. Jh. entwickelte, verband europäische und indigene Einflüsse.

Zu den imposantesten Gebäuden der Stadt gehört die Iglesia de San Francisco, die dem Schutzpatron von Quito gewidmet ist.

Die Iglesia de la Compañia de Jesús wurde im Auftrag des Jesuitenordens, der „Societas Jesu", erbaut.

Der spanische Barockbau von 1535 liegt an der Plaza San Francisco und wurde auf den Ruinen eines Inkatempels errichtet. Noch beeindruckender ist die Iglesia de la Compañia de Jesús, ein Meisterwerk aus dem späten 18. Jh., in dem sich Barock- und der von der islamischen Architektur geprägte Mudéjarstil verbinden. Die aus dem 16 Jh. stammende Iglesia de la Catedral liegt an der Plaza de la Independencia, auch Plaza Grande genannt, dem alten administrativen Zentrum der spanischen Kolonialzeit. Im Hotel Plaza Grande residierte einst Juan Díaz de Hidalgo, einer der Begründer von Quito. Heute bietet das Haus 15 luxuriöse Zimmer in unschlagbarer Lage. Das Patio Andaluz, kleines Luxushotel und nationales Juwel der Kolonialarchitektur, wartet ebenfalls mit nostalgischem Ambiente und modernem Komfort auf.

Quito ist eine Stadt des blühenden Kunsthandwerks. Bei Olga Fisch Folklore, einer Mischung aus Laden und Museum, kann man sowohl eine Vielzahl von Objekten aus präkolumbischer Zeit bestaunen als auch Waren zeitgenössischer Künstler besichtigen und erwerben.

Etwa 1 Autostunde südöstlich der Stadt liegt auf fast 5800 m Höhe der aktive Vulkan Cotopaxi. Der Aufstieg zum Gipfel ist kein Kinderspiel und bedarf der vorsichtigen Akklimatisation, wagen Sie sich also nicht schon am 1. Tag bis ganz hinauf. Sie können die Aussicht auf den schneebedeckten Vulkan auch von der Hacienda San Agustín de Callo aus genießen. Das Anwesen wurde im 15 Jh. auf den Ruinen eines Inkapalastes erbaut; heute bietet es 11 komfortable Zimmer, teilweise noch innerhalb der Originalmauern. Das zugehörige Land wird bewirtschaftet, und viele der Produkte finden ihren Weg in die traditionellen Gerichte der Anden, die man den Gästen serviert.

Hotel Plaza Grande: Tel. +593/2-2510-777; www.plazagrandequito.com. *Preise:* ab € 407. **Hotel Patio Andaluz:** Tel. +593/2-2280-830; www.hotelpatioandaluz.com. *Preise:* € 148. **Olga Fisch Folklore:** Tel. +593/2-2541-315; www.olgafisch.com. **Hacienda San Agustín de Callo:** Tel. +593/3-2719-160; www.incahacienda.com. *Preise:* ab € 260, all-inclusive. **Reisezeit:** Juni–Aug.: bestes Wetter; Semana Santa (Karwoche); 1. Woche im Dez.: *Fiestas de Quito.*

Die Schätze einer wiedergeborenen Stadt

La Candelaria und das Goldmuseum

Bogotá, Kolumbien

Einst geriet Kolumbiens Hauptstadt vor allem wegen der Machenschaften der Drogenkartelle in die Schlagzeilen; mittlerweile konnte Bogotá sein schlechtes Image jedoch gehörig aufpolieren. Die kreativen Kräfte, die die dunklen

Zeiten überdauerten, haben das Herz der Stadt heute in ein kulturelles und künstlerisches Zentrum verwandelt, das von Hoffnung und Zuversicht kündet. Tatsächlich hat sich Bogotá zu einer der prosperierendsten Städte Lateinamerikas entwickelt.

Eingeleitet wurde diese Wiedergeburt vor allem im Stadtteil La Candelaria, auch als Zona C bekannt. Die einst verwahrloste Gegend ist heute pittoresker Anziehungspunkt für Einheimische und Touristen, die die schönen kolonialen Häuser und Kirchen bewundern. Dort finden sich auch ein nagelneues Kulturzentrum und über ein Dutzend gut besuchter Museen. Der Höhepunkt ist das Museo del Oro, das größte Goldmuseum der Welt. Lediglich 15 % der Exponate finden in den l hellen neuen Ausstellungsräumen Platz; die Sammlung umfasst insgesamt über 30.000 Objekte. Die kunstvolle Ausführung ist ebenso erstaunlich wie die schiere Größe dieses Schatzes; die ausgestellten Preziosen repräsentieren alle großen präkolumbischen Kulturen der Region. Im Besitz des Hauses ist auch der größte ungeschliffene Smaragd der Welt – Kolumbien war einst Hauptförderer der grünen Edelsteine.

Der berühmteste Künstler des Landes, Fernando Botero, steuerte für die nahe Stiftung Botero 123 seiner unverwechselbaren Werke bei. Dort teilen sie sich nun die Räume mit Arbeiten von Chagall, Picasso und anderen Künstlern aus Boteros Privatsammlung.

Das noble Hotel de la Opera neben dem legendären Teatro Colón ist nur wenige Schritte weit entfernt von der Plaza de Bolívar, dem Hauptplatz des Stadtviertels. Die Inneneinrichtung der historischen Gebäude folgt teils dem Kolonial-, teils dem Art-déco-Stil. Wofür Sie sich auch entscheiden, es stehen Pool, Spa und ein Restaurant auf der Dachterrasse mit schönster Aussicht zur Verfügung. Zum Dinner sollten Sie in die Zona G fahren. Eine gute Wahl ist auch das Andrés Carne de Res im nur 40 Minuten vom Zentrum entfernten Chia, eine echte Institution des hiesigen Nachtlebens: Zu den Klängen der Wanderkapellen mit ihren treibenden Rhythmen füllt sich im Handumdrehen die Tanzfläche. Auf der mehr als 30 Seiten umfassenden Karte stehen importiertes Steak aus Argentinien, aber auch köstliche traditionelle Gerichte wie *ajiaco*, eine Suppe aus Hühnchen und Kartoffeln.

MUSEO DEL ORO: Tel. +57/1-343-2222; www.banrep.gov.co/museo. STIFTUNG BOTERO: Tel. +57/1-343-1212; www.lablaa.org/museobotero.htm. HOTEL DE LA OPERA: Tel. +57/1-336-2066; www.hotelopera.com.co. *Preise:* € 137 (Nebensaison), € 185 (Hochsaison). ANDRÉS CARNE DE RES: Tel. +57/1-863-7880; www.andrescarnederes.com. *Preise:* Dinner € 45. REISEZEIT: Dez.–Apr.: bestes Wetter; im März der geraden Jahre: Ibero-amerikanisches Theaterfestival.

Farbenrausch in karibischer Atmosphäre

DIE ALTSTADT VON CARTAGENA

Kolumbien

Als die Spanier 1533 auf der Suche nach dem legendären Königreich El Dorado an der Küste Kolumbiens anlegten, gründeten sie Cartagena, das auf der Basis von Sklavenhandel, Gold und Zuckeranbau bald zu großem Reichtum gelangte. Heute ist die Stadt ein wunderbar restauriertes Juwel der Kolonialzeit, vor allem in der authentischen Ciudad Vieja (Altstadt). Cartagena trug maßgeblich dazu bei, Kolumbien wieder zum beliebten Reiseziel von Touristen aus aller Welt zu machen. Hinter den mächtigen, *murallas* genannten Stadtmauern verbergen sich blühende Patios und schmale Gässchen, in den farbenfrohen alten Villen sind heute Hotels. Auch an guten Restaurants, Cafés, palmengesäumten Plätzen und pittoresken alten Kirchen ist kein Mangel. Die Mauern sollten, wie die außerhalb gelegenen Festungen San Sebastián de Pastelillo und San Felipe de Barajas, die reichste Stadt Kolumbiens vor Plünderern schützen. Besonders gefürchtet zu jener Zeit war der legendäre Sir Francis Drake.

Cartagena ist ein einziger Farbenrausch; die Häuser leuchten in Rot, Blau und Orange und sind oft von Blumen umrankt. Die Stadt hallt wider von afrokaribischen Rhythmen wie *cumbia*, *vallenato* oder *champeta*; manchmal wähnt man sich in der Altstadt Havannas (s. S. 1096). Über die Plaza Santo Domingo mit ihrer üppigen, erotischen Botero-Skulptur schlendern die *palenqueras* – Frauen, die mit Früchten gefüllte Schalen auf dem Kopf balancieren. Auf der dreieckigen Plaza de los Coches locken in den hübschen alten Häusern Geschäfte, Restaurants und Bars.

Cartagenas bestes Hotel ist das luxuriös sanierte Convento de Santa Clara aus dem frühen 17. Jh. Gäste können sich im riesigen Pool erfrischen; das Abendessen wird im ehemaligen Refektorium des Nonnenklosters serviert, das mitten in einem blühenden Garten liegt.

In der Stadt gibt es heute mehr als ein Dutzend Luxushotels, darunter auch das intime Hotel Agua in einem Kolonialbau aus dem 17. Jh. mit nur 6 individuell gestalteten Räumen. Vom Pool auf der Dachterrasse aus hat man einen schönen Blick über die Stadt und das Meer.

Der schönste Ort, die Blaue Stunde zu genießen, ist das Café del Mar auf der Stadtmauer. Im Restaurant La Vitrola können Sie sich in nostalgischer Atmosphäre mit exzellenter kubanisch-karibischer Küche verwöhnen lassen. Die träge sich drehenden Deckenventilatoren, die tadellos gekleideten Kellner und das kubanische Jazzquartett schicken Sie auf eine Zeitreise in eine vergangene Ära.

Wenn Ihnen der Sinn nach Romantik steht, dinieren Sie im Club de Pesca unter freiem Himmel, mit Blick auf den Jachthafen und das Arbeiterviertel Getsemaní. Serviert werden moderne, von der karibischen Küche beeinflusste Gerichte. Das altehrwürdige Hotel Monterrey bietet schlichte, aber großzügige Zimmer zu moderaten Preisen. Von der Terrasse im 5. Stock aus, wo es sich mit einem Drink wunderbar entspannen lässt, hat man den wahrscheinlich besten Ausblick der ganzen Stadt.

HOTEL SANTA CLARA: Tel. +57/5-650-4700; www.hotelsantaclara.com. *Preise:* € 260 (Nebensaison), € 366 (Hochsaison). **HOTEL AGUA:** Tel. +57/5-664-9479; www.hotelagua.com.co. *Preise:* € 252 (Nebensaison), € 289 (Hochsaison). **CAFÉ DEL MAR:** Tel. +57/5-664-6513; *Preise:* Dinner € 33. **LA VITROLA:** Tel. +57/5-660-0711; *Preise:* Dinner € 45. **CLUB DE PESCA:** Tel. +57/5-660-4594; www.clubdepesca.com. *Preise:* Dinner € 37. **HOTEL MONTERREY:** Tel. +57/5-650-3030; www.hotelmonterrey.com.co. *Preise:* € 115. **REISEZEIT:** Dez.–Apr.: Trockenzeit; Anf. Jan.: Cartagena International Music Festival; 20. Jan.: *Fiesta de la Candelaria*; Mitte März: Karibisches Musikfest, Internationales Kinofestival; Ende März–Anf Apr.: Ibero-amerikanisches Theaterfestival.

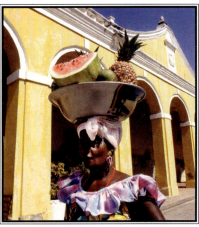

Die berühmten palenqueras *balancieren mit Obst gefüllte Schalen auf dem Kopf.*

Das Kaffee-Dreieck

EJE CAFETERO

Kolumbien

Zu den schönsten Reisezielen Kolumbiens gehören zweifellos die Kaffeeanbaugebiete. Kaffee ist das berühmteste Exportprodukt Kolumbiens; fast 10 % aller Kaffeebohnen weltweit werden hier angebaut. Die auf 1800 m Höhe gelegene Kaffeeregion besteht aus den Departamentos Caldas, Quindio und Risaralda; zusammen formen sie das Eje Cafetero (Kaffee-Dreieck). Armenia, die Hauptstadt von Quindio, und Pereira sind die Knotenpunkte der Region; in Pereira befindet sich auch der größte Flughafen.

Hier spielt die grandiose Natur die Hauptrolle. Zu den Nationalparks des Kaffee-Dreiecks gehört auch der verspielte Parque Nacional del Café mit Bummelzug, Fahrgeschäften und vielen Informationstafeln über die Kaffeekultivierung. Der nahe Pereira gelegene Nationalpark Los Nevados, ein großes Wasser- und Landschaftsschutzgebiet, umfasst eine Fläche von fast 600 km². Höhepunkt im wahrsten Sinn des Wortes ist der 5300 m hohe Gipfel des Los Nevados, der vor allem Wanderer und Ökotouristen anlockt. Auf den fast 700 traditionellen Kaffee-Haciendas finden Besucher komfortable Unterkunft und können die Reize des Landlebens genießen. Auf vielen der Haciendas werden auch Ausritte angeboten; vor der phänomenalen Kulisse der Anden führen die Touren durch endlose Plantagen, vorbei an Wasserfällen und üppig grünen Landschaften. Sie können auch Kajak- oder Wildwassertouren unternehmen, wandern, auf der Seilrutsche durch luftige Höhen sausen oder sich in einem Schlammbad oder einer der heißen Quellen nahe Santa Rosa del Cabal entspannen. Einstweilen sind die meisten Besucher noch Kolumbianer, die hier ein verlängertes Wochenende verbringen.

Mit der Eröffnung des Sazagua am Rande von Pereira hielt auch der Luxus Einzug in die Region. Das kleine, aber edle Hotel bietet 10 Suiten, ein Spa inmitten lieblicher Gärten und ein erstklassiges Restaurant.

Wo: 160 km westl. von Bogotá. PARQUE NACIONAL DEL CAFÉ: Tel. +57/6-741-7417; www.parquenacionaldelcafe.com. PARQUE NACIONAL NATURAL LOS NEVADOS: Tel. +57/1-243-1634; www.parquesnacionales.gov.co. SAZAGUA: Tel. +57/6-337-9895; www.sazagua.com. *Preise:* ab € 133. REISEZEIT: März–Juni und Okt.–Dez.: Kaffeelese.

Wo der mächtige Strom entspringt

DAS PERUANISCHE AMAZONASGEBIET

Amazonas, Peru

Der Zusammenfluss von Ucayali und Marañón im peruanischen Loreto gilt als legendärer Quell des mächtigen Amazonas, über 3800 km entfernt von seinem Mündungsdelta an der Atlantikküste. Obwohl Brasilien den Großteil des Ruhms als Heimstätte des Amazonas (s. S. 1004) für sich beansprucht, ist Peru einer der besten Orte, um ihn zu erkunden. Das Tor zum Amazonasgebiet ist Iquitos, die größte Stadt der Region. Von hier aus können Sie die Quellgebiete des längsten Flusses des amerikanischen Kontinents und das artenreiche Naturschutzgebiet Pacaya-Samiria erkunden. Es ist das größte geschützte Feuchtgebiet der Erde.

International Expeditions, einer der Pioniere in der Region, bringt bis zu 28 Passagiere an Bord der nostalgischen *La Amatista* tief in den Dschungel. Haltgemacht wird an den zahlreichen kleinen Siedlungen, wo Sie einem Schamanen oder einer der vielen 1-Klassenzimmer-Schulen einen Besuch abstatten können. Einheimische Naturführer bringen Ihnen den Reichtum der Fauna näher: Mit kleinen Ausflugsbooten kann man Seitenarme, geflutete Waldgebiete oder Stauwasserseen erkunden und von dort aus geführte Wanderungen durch den dichten Regenwald machen. Mit dem neuen Tourenanbieter Aqua Expeditions hielt der Luxus Einzug: Auf den modernen Flussschiffen *Aqua* und *Aria* haben bis zu 32 Passagiere Platz. Nach einem Streifzug durch den Dschungel können sich Gäste an den kulinarischen Köstlichkeiten gütlich tun, die unter der Regie von Chefkoch Pedro Schiaffino zubereitet werden; die großzügigen Kabinen verfügen über riesige Panoramafenster.

Wenn Sie lieber an Land übernachten möchten, schlagen Sie Ihr Lager in einer der 5 Lodges von Explorama auf, die über das ganze Amazonas-Biosphärenreservat verteilt liegen.

Alle sind innerhalb von 1–3 Stunden mit dem Boot von Iquitos aus zu erreichen. Das 2004 eröffnete Ceiba Tops mit 72 Zimmern ist das neueste und luxuriöseste – mit großem Pool und Klimaanlage. Einblicke der ganz anderen Art gewährt das nahe Amazon Center for Environmental Education and Research, ein Schweizer Non-Profit-Unternehmen: Hoch in den Baumkronen wurde ein System aus Leitern, Stahlseilen und Sicherheitsnetzen installiert. Besucher können so bis in fast 40 m Höhe auf Plattformen und Höhenpfaden die Kronen der Urwaldriesen erforschen. Hier haben Sie gute Chancen, eine der vielen Arten des Dschungels zu beobachten, die nie von den Bäumen herabsteigt (geschätzt zwei Drittel aller Urwaldbewohner). Etliche von ihnen sind bis heute noch nicht einmal bestimmt worden.

Wo: Iquitos liegt 1860 km nordöstl. von Lima (1,5 Std. Flugzeit, nur mit dem Flugzeug erreichbar). **International Expeditions:** Tel. +1/205-428-1700; www.ietravel.com. *Preise:* € 2591 für eine 10-tägige Tour (7 Tage mit dem Schiff), all-inclusive, Flug extra. Startet in Lima. **Aqua Expeditions:** Tel. +51/65-601-053; www.aquaexpeditions.com. *Preise:* Kreuzfahrt, 7 Nächte € 4407, all-inclusive, Flug extra (auch 3 oder 4 Nächte möglich). Startet in Lima. **Explorama Tours and Lodges:** Tel. +51/65-252-530; www.explorama.com. *Preise:* € 466, all-inclusive für 4 Nächte im Ceiba mit Exkursion und Höhenpfad-Special. Startet in Iquitos. **Reisezeit:** Mai–Nov.: trockenstes Wetter; Jan.–Feb.: regenreich, aber besser für die Tierbeobachtung.

Ein kaum bekanntes Tal der Wunder

COLCA CANYON

Arequipa, Peru

Nur wenige Stunden holpriger, aber durchaus reizvoller Fahrt sind es von Arequipa aus bis zu einem Ort, den der Schriftsteller Mario Vargas Llosa das „Tal der Wunder" nannte. Dort liegen 2 der tiefsten Canyons der Welt, der

Colca und der Cotahuasi. Bis zum tiefsten Punkt sind es über 3300 m, doppelt so viel wie am Grand Canyon, aber mit viel sanfter abfallenden Felswänden. Das Colca-Tal ist von Arequipa aus (s. unten) bequem zu erreichen, und viele kommen, um eines der Dörfer zu besuchen, die in der Kolonialzeit gegründet wurden. Heute leben dort die Nachfahren alter Volksgruppen, deren Wurzeln bis in die Zeiten vor der Eroberung durch die Inka zurückreichen. Outdoorfans kommen bei Wander- und Raftingtouren inmitten der Vulkane und Berge voll auf ihre Kosten.

Bis in den 1970ern das Straßennetz im umliegenden Tal ausgebaut wurde, war der Colca Canyon weitestgehend unerforscht.

Morgens versammelt man sich am Cruz del Cóndor, dem wohl beliebtesten Aussichtspunkt Perus, um die mächtigen Andenkondore zu bewundern. Es ist sicher eines der beeindruckendsten Schauspiele des Canyons, wie die riesigen Vögel sich von den hohen Felsen in die warmen Aufwinde des Tales fallen lassen.

Inmitten dieser grandiosen Landschaft eröffnete das Las Casitas del Colca mit 20 luxuriösen Gästehäusern im rustikalen Stil. Bei den Anwendungen im Spa Samay werden traditionelle Kräuter und Pflanzen eingesetzt. Jede Casita hat einen eigenen beheizten Minipool, in dem man in sternenklaren Nächten planschen kann. Die tief im Tal gelegene Colca Lodge ist die etwas schlichtere Option, dennoch bieten sich auch von hier aus atemberaubende Ausblicke, und es lockt ein Spa mit natürlichen Thermalquellen. In Chivay, der größten Stadt des Canyons, lädt die Casa Andina dazu ein, sich in einem der Natursteinhäuschen niederzulassen. Zum Betrieb gehört auch eine Sternwarte, benannt nach Maria Reiche, der deutschen Mathematikerin, die über Perus Nazca-Linien forschte (s. S. 1049) Dort können Sie sich nachts mit dem Sternenhimmel der Südhalbkugel vertraut machen.

Wo: 165–215 km nördl. von Arequipa. **LAS CASITAS DEL COLCA:** Tel. +51/1-610-8300; www.lascasitasdelcolca.com. *Preise:* ab € 740, all-inclusive. **COLCA LODGE:** Tel. +51/54-531-191; www.colca-lodge.com. *Preise:* ab € 115. **CASA ANDINA:** Tel. 51/1-213-9739; www.casaandina.com. *Preise:* ab € 66. **WIE:** Lima Tours bietet Individualreisen in der Region an. Tel. +51/1-619-6900; www.limatours.com.pe. **REISEZEIT:** Apr.–Nov.: Trockenzeit; Apr.–Juni: grüne Landschaften; Juni–Aug.: Kondore.

Friedliche Enklave in Perus Weißer Stadt

DAS KLOSTER SANTA CATALINA

Arequipa, Peru

Arequipa, die zweitgrößte Stadt Perus, wird wegen des perlweißen vulkanischen Steins, der zum Bau der kolonialen Bauten verwendet wurde, auch La Ciudad Blanca, die Weiße Stadt, genannt. Der im Jahr 1540 gegründete Ort konnte sich bis heute seinen kleinstädtischen Charme bewahren. Großartige Kulisse sind die 3 schneebedeckten Vulkane El Misti, Pichu Pichu und Chachani, jeder fast 6000 m hoch.

Nichts bereitet den Besucher auf das größte Geheimnis dieses lieblichen Städtchens vor, die abgeschlossene Welt des Klosters Santa Catalina. Es ist eine kleine Stadt in der Stadt, für die Öffentlichkeit erst seit 1970 zugänglich. Neugierige können die schmalen Straßen entlangspazieren und die pastellfarbenen Gebäude und von Obstbäumen gesäumten, winzigen Plätze bewundern. Die wenigen alten Nonnen, die noch hier leben, sind in den nördlichen Teil des Konvents gezogen, der Rest der Anlage gleicht heute einem Freilichtmuseum. Das Kloster wurde 1580 von der reichen Witwe María de Guzmán gestiftet, schnell avancierte es zur exklusiven Adresse für Familien der Aristokratie, die ihre Töchter hierher schickten. Der Lebensstil war alles andere als klösterlich-bescheiden. Von den über 500 Frauen, die hier zeitweise lebten, waren nur ein Drittel Nonnen – 1871 wurde dem Vatikan das hedonistische Treiben zu bunt, und man sandte eine gewisse Schwester Josefa Cadena, um dem Einhalt zu gebieten.

Das Restaurant La Trattoria del Monasterio wurde in die dicken Außenmauern der Klosterstadt eingelassen. Perus Starkoch Gastón Acurio aus Lima (s. S. 1048) wacht über das Menü, einen Mix aus italienischen Spezialitäten und peruanischer Hausmannskost. Serviert wird in 3 eleganten weiß gekalkten Speiseräumen. Im nahen Stadtteil Vallecito finden Sie in der Casa Arequipa eine schöne Unterkunft. Das kleine Luxushotel verströmt alteuropäischen Charme: das üppige Frühstück wird auf der Dachterrasse mit Blick auf die schneebedeckten Gipfel der Anden serviert. Die Plaza de Armas ist nur 15 Minuten entfernt.

Wo: 1020 km südöstl. von Lima. **Kloster Santa Catalina:** Tel. +51/54-608-282; www.santacatalina.org.pe. **La Trattoria del Monasterio:** Tel. +51/54-204-062; *Preise:* Dinner € 22. **Casa Arequipa:** Tel. +51/54-284-219; www.arequipacasa.com. *Preise:* € 55. **Reisezeit:** ganzjährig angenehmes Klima; 15. Aug.: Gründungsfest der Stadt mit Umzügen und Konzerten.

Im Herzen des Inkauniversums

Cusco und das Heilige Tal der Inka

Peru

Zwar machen viele Pereisende auf dem Weg nach Machu Picchu (s. S. 1046) und zu anderen archäologischen Stätten im Heiligen Tal einen Zwischenstopp in Cusco. Das von alter Kultur und der geheimnisvollen Schönheit der Anden umgebene Städtchen wird bisher jedoch kaum um seiner selbst willen besucht.

Cusco wurde im 12. Jh. gegründet und ist die älteste kontinuierlich bewohnte Stadt Südamerikas. Hier lagen die Wiege und das Zentrum des Inkareiches, auf Quechua bedeutet *qosqo* „Nabel der Welt". Die Altstadt um die zentrale Plaza de Armas zeugt bis heute von den Jahren, die auf die Ankunft Pizarros im Jahr 1532 folgten – ein Ereignis, das letztendlich die Zerstörung des einst größten Reiches der westlichen Hemisphäre zur Folge hatte.

Herzstück der Plaza ist die barocke Kathedrale, einer der prächtigsten kolonialen Sakralbauten des ganzen Kontinents. Sie ist umgeben von weiteren Kirchen, Villen und Kolonnadengängen, allesamt erbaut auf den Ruinen und Fundamenten von Inkatempeln und -palästen.

Individuelle, handgewebte Kopfbedeckungen, Schultertücher und Röcke gehören zur traditionellen Tracht der Quechua-Frauen.

Nur wenige Schritte vom Hauptplatz entfernt liegt das Hotel Monasterio im ehemaligen Seminar San Antonio de Abad aus dem 16. Jh. Bis heute konnte es sich mit seinen grünen Patios, Bogengängen, Brunnen und religiösen Kunstwerken den Zauber der Kolonialzeit bewahren. Die alten Mönchszellen wurden vergrößert und in komfortable Zimmer umgewandelt. An der nahen Plaza Nazerenas steht eines der ältesten spanischen Häuser der Stadt, die Inkaterra La Casona. Das wunderschön restaurierte Herrenhaus beherbergt heute Cuscos ältestes kleines Luxushotel. Die 11 Suiten mit offenem Kamin gruppieren sich um einen friedlichen Patio. Eine etwas preiswertere Alternative ist das Niños Hotel. Die 19 schlichten, aber großen Zimmer liegen in 2 sanierten historischen Gebäuden. Das 1996 eröffnete Haus lässt einen Teil seiner Einnahmen Hunderten von Kindern in der Stadt zukommen, um Schulausbildung und medizinische Versorgung zu gewährleisten.

Direkt vor der Stadt liegen die Ruinen von Sacsayhuamán, einem Festungskomplex aus enormen, bis zu 360 t schweren, kunstvoll aufgeschichteten Steinquadern. Hier fand 1556 einer der letzten Versuche der Inka statt, ihr Reich von den Spaniern zurückzuerobern. Zwischen den Ruinen wird jedes Jahr zur Wintersonnwende *Inti Raymi* gefeiert, das große Sonnenfest der Inka.

Das Urubamba- oder Heilige Tal war das Herz des Inkareiches. Es erstreckt sich vom Städtchen Pisac bis nach Ollantaytambo. Geprägt ist die Gegend von Terrassenfeldern, alten Ruinen und zauberhaften Kolonialstädtchen. Durch das Tal schlängelt sich der Fluss Urubamba, berühmt für seine Raftingstrecken und den Inkapfad (s. S. 1047), der bis nach Machu Picchu führt. Beliebtester Startpunkt für eine Wanderung auf dem Inkapfad ist Ollantaytambo mit seiner gut erhaltenen mächtigen Festung. In der authentischen Inkastadt, die während der Blütezeit des Reiches von großer strategischer Bedeutung war, haben sich bis heute die alten Straßennamen, der Stadtgrundriss, das alte Bewässerungssystem und viele Wohnhäuser erhalten. Der sonntägliche Markt und die Messe, die in der Kirche San Pedro Apostál in Pisac auf Quechua abgehalten wird, ziehen zahllose Händler, Gläubige und Touristen an. Nicht weniger denkwürdig ist eine Wanderung hinauf zu Pisacs Ruinen und dem Netzwerk aus alten Festungsanlagen der Inka auf den Hügeln über der Stadt. Lassen Sie sich nicht die schimmernden Salzterrassen von Maras und die rätselhaften Inka-Terrassenfelder von Moray entgehen, die in einer Reihe natürlicher Dolinen angelegt wurden. Auch der Sonntagsmarkt von Chinchero ist ein Erlebnis, die örtliche Kirche eine kuriose Mischung aus Inkaruine und katholischem Gotteshaus. Zu den schönsten der vielen neuen Unterkünfte im Tal gehört die abgeschiedene Sol y Luna Lodge in Urubamba. Das Ensemble aus 28 runden Bungalows ist von blühenden Gärten und dem Panorama der Berge umgeben. Zum Haus gehören auch ein erstklassiges Restaurant und ein kleines Spa.

Wo: Cusco liegt 1153 km südöstl. von Lima. **Hotel Monasterio:** Tel. +51/84-604-000; www.monasteriohotel.com. *Preise:* ab € 385. **Inkaterra La Casona:** Tel. +51/84-245-314; *Preise:* ab € 363. **Niños Hotel:** Tel. +51/84-231-424; www.ninoshotel.com. *Preise:* € 70. **Sol y Luna Lodge:** Tel. +51/84-201-620; www.hotelsolyluna.com. *Preise:* € 185. **Reisezeit:** Apr.–Okt.: Trockenzeit; Semana Santa (Karwoche); 24. Juni: *Inti Raymi*; So. morgens: Markt in Pisac.

Die legendäre Inkastadt

MACHU PICCHU

Urubamba-Tal, Region Cusco, Peru

Unter all den erhabenen präkolumbischen Ruinen, die der südamerikanische Kontinent so zahlreich bietet, ist Machu Picchu zweifellos das Kronjuwel. Die isolierte Lage auf über 2300 m Höhe und die heute rätselhafte Bedeutung machen Machu Picchu zu einer der faszinierendsten Sehenswürdigkeiten der Welt. Heute erstrecken sich die Überreste des Komplexes aus Tempeln, Lager- und Wohnhäusern, Bewässerungsterrassen und zahllosen Treppen über die Kuppe eines Berges. Bis 1911 war Machu Picchu im Ausland noch unbekannt, erst der amerikanische Forscher Hiram Bingham stieß mithilfe eines 10-jährigen einheimischen Jungen auf die Ruinen. Unerklärlicherweise wurde die Stadt von den Konquistadoren, die sonst akribisch über alles Buch führten, nie erwähnt. Die heute vorherrschende Theorie besagt, dass die Stadt ein Rückzugsort für den Inkaadel war, wahrscheinlich im 15. Jh., der Blütezeit des Reiches, erbaut. Was man mit Sicherheit sagen kann, ist, dass die Aussicht einfach fabelhaft ist, vor allem bei Sonnenauf- und -untergang.

An einem klaren Tag lohnt es sich für Sportliche, den Huayna Picchu zu bezwingen: Der 1-stündige, fast vertikale Aufstieg zum Gipfel ist in mehr als nur einer Hinsicht eine atemberaubende Angelegenheit. Für Ambitionierte ist auch die 4–5 Tage dauernde Wanderung auf dem Inkapfad eine Option (s. nächste Seite), Ziel ist das über 500 Jahre alte Sonnentor von Machu Picchu.

Von Cusco bis Machu Picchu führt keine Straße, aber PeruRail bietet verschiedene Reisemöglichkeiten mit dem Zug an (die einfache Fahrt dauert ca. 3,5 Stunden). Am elegantesten und schnellsten reist es sich mit dem nostalgischen Hiram Bingham Orient Express. Passagiere werden auf dem Hinweg mit einem Brunch verwöhnt, vor Ort stehen private Führer zur Verfügung, und auf der Rückfahrt gibt es Cocktails und ein 4-Gänge-Menü. Die Hinfahrt endet bei Aguas Calientes, von dort aus geht es mit dem Shuttlebus in steilen Serpentinen bis nach Machu Picchu hinauf.

In der erstklassigen Machu Picchu Sanctuary Lodge sind Sie den Ruinen so nah wie möglich. Der schlichte, ländliche Charme ist ebenso erfreulich wie die Lage, die den Luxus ermöglicht, bei Mondschein durch die Ruinen zu wandern, wenn die Tagestouristen längst fort sind. Unten in Aguas Calientes liegt das etwas preisgünstigere Inkaterra Machu Picchu Pueblo Hotel. Die einladenden, weiß gekalkten

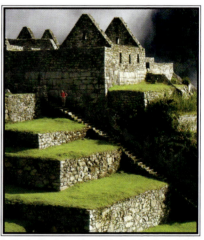

In Machu Picchu machten sich die Inka die natürlichen Gegebenheiten der Berglandschaft architektonisch zunutze.

Casitas liegen inmitten üppigen Grüns an einem Fluss. Das Gelände ist durchzogen von Wanderwegen; den schönsten Ausblick hat man bei Sonnenuntergang von den Panoramafenstern des Restaurants aus. **Wo:** 112 km nordwestl. von Cusco. **Wie:** Das amerikanische Unternehmen Andean Treks bietet diverse Touren nach Machu Picchu an. Tel. +1/617-924-1974; www.andeantreks.com. **PeruRail:** www.perurail.com. *Preise:* Hin- und Rückfahrt ab € 70; Hin- und Rückfahrt Vistadome € 130; Hin- und Rückfahrt Hiram Bingham € 437, all-inclusive. **Machu Picchu Sanctuary Lodge:** Tel. +51/84-211-039; www.sanctuarylodgehotel.com. *Preise:* ab € 611, all-inclusive. **Inkaterra Machu Picchu Pueblo Hotel:** Tel. +51/84-245-314; www.inkaterra.com. *Preise:* ab € 363, all-inclusive. **Reisezeit:** Juni–Sept.: Trockenzeit, aber großer Andrang.

Die heiligen Wege der Anden

Die Inkapfade

Peru

Die Inka durchzogen ihr Reich mit einem komplizierten Netz aus Bergpfaden, das sich auf dem Rücken der Anden vom heutigen Kolumbien bis nach Chile erstreckt. Auf einigen dieser berühmten, uralten Wege kann man heute noch die Schönheit der fruchtbaren Täler und die Bergpässe vor den Toren Cuscos genießen; am Ende erwartet den Wanderer die heilige Stadt Machu Picchu (s. vorige Seite).

Die Inkapfade variieren in Länge und Anforderungen an die Kondition, ebenso die Qualität der Unterkünfte: Von einfachen Zelten bis zu modernen Lodges ist alles im Angebot. Der berühmteste und meistbesuchte der Inkapfade führt vom Ufer des Rio Urubamba bis nach Machu Picchu. Man kann einzelne Teilabschnitte erwandern; erfahrene Bergwanderer absolvieren die über 40 km lange Strecke komplett. Eine gute Akklimatisation ist unerlässlich, wenn man die Landschaft mit ihren zahlreichen archäologischen Stätten wirklich genießen will. Auf jahrhundertealten aus dem Fels gehauenen Stufen geht es die Berghänge hinauf, oft überwachsen von exotischen Orchideen. Höhepunkt des Weges ist die Überquerung des knapp 4200 m hohen Warmiwanusqa-Passes („Pass der toten Frau"). Die 4-tägige Wanderung endet am Sonnentor von Machu Picchu. Von dort aus steigt man im ersten Licht des Tages die Stufen in die heilige Stadt hinab. Verbringen Sie zuerst ein paar schöne Tage in Cusco (s. S. 1044) und geben Sie Ihrem Körper Zeit, sich an die Höhe zu gewöhnen. Der Inkapfad beginnt direkt vor der Stadt; nicht mehr als 500 Wanderer dürfen pro Tag starten. Die Karten sind oft schon Monate im Voraus verkauft, sichern Sie sich also rechtzeitig Ihr Ticket.

Eine Alternative zum Inkapfad, die Sie auch nach Machu Picchu führt, ist der Weg über den Salcantay: Die etwa 56 km lange Route beginnt in Mollepata, einige Stunden nordwestlich von Cusco, geübte Wanderer brauchen für die Bewältigung 5 Tage. Zwar stellt er höhere Anforderungen an die Kondition als der klassische Inkapfad, aber man braucht keine Sondergenehmigung, und die Anzahl der Wanderer ist nicht limitiert (die freien Plätze in den Unterkünften am Weg allerdings schon). Schön zum Übernachten sind die Mountain Lodges of Peru, ein relativ neues und komfortables Angebot, bei dem man von Lodge zu Lodge wandern kann. Viele Besucher bevorzugen aber nach wie vor das Zelten unter freiem Himmel.

Ein 3. schöner Wanderweg bringt Sie zwar nicht nach Machu Picchu, aber zur weniger stark frequentierten und kaum erschlossenen Ruine von Choquequirao (Quechua für „Wiege des Goldes"). Die im Durchschnitt 5-tägige Tour beginnt und endet in Cachora, 4 Autostunden von Cusco entfernt. Datiert wird die Stadt ungefähr ins 15. Jh., nach der Entdeckung von Machu Picchu geriet sie jedoch in Vergessenheit. Heute haben Sie sie praktisch für sich allein.

Wo: Cusco liegt 1153 km südöstl. von Lima. **Wie:** Das amerikanische Unternehmen Mountain Travel Sobek bietet verschiedene Wandertouren an. Tel. +1/510-594-6000; www.mtsobek.com. *Preise:* 10-tägige Tour ab € 3255. **Mountain Lodges of Peru:** Tel. +51/1-421-6952; www.mountainlodgesofperu.com. *Preise:* 7-tägige Tour über den Salcantay ab € 1896. **Reisezeit:** Mai–Sept.: Trockenzeit; Mai: die wenigsten Wanderer.

Eine gastronomische Revolution

Limas Restaurantszene

Lima, Peru

Der amerikanische Starkoch Todd English erklärte Lima zur kulinarischen Hauptstadt Lateinamerikas, und zweifellos ist die unverwechselbare, innovative Küche des Landes eine der spannendsten weltweit. Die Speisen Perus sind so kosmopolitisch wie seine Bevölkerung. Die Wurzeln liegen in der indigenen Küche, angereichert mit spanischen und anderen europäischen Traditionen. Die chinesischen und japanischen Einwanderer des 20. Jh. brachten ihre eigenen Aromen mit; gekrönt wurde alles von den Gewürzen der kreolischen Küche, die die karibischen Arbeiter im Gepäck hatten.

Entlang den Straßen Limas reihen sich zahllose *chifas*, chinesisch-peruanische Restaurants, wo man würzige *dim sum* bekommt. Mittags können Sie in einer *cebichería* vom peruanischen Nationalgericht *ceviche* kosten, roher Fisch, mariniert in Zitronensaft und verfeinert mit Kräutern und Gewürzen. Im kleinen, unprätentiösen Sankuay, das von allen nur Chez Wong genannt wird, hält sich Chefkoch Javier Wong nicht lange mit der Erstellung einer Karte auf: Als 1. Gang wird *ceviche* serviert, dann folgt, was immer der Herr des Hauses für gut befindet. Zum Einsatz kommen frischester Fisch und Gemüse, direkt vor Ihren Augen zubereitet.

Im Rafael verarbeitet Chefkoch Rafael Osterling die Aromen und Zutaten Perus auf raffinierteste Weise. Gespeist wird im historischen Ambiente eines Herrenhauses; die fantasievollen Speisen sind fest verwurzelt in der regionalen Tradition.

Treibende Kraft der gastronomischen Revolution Perus war Starkoch Gastón Acurio. Sein Flaggschiff ist das Astrid y Gastón, das als das beste Restaurant Perus gilt. Peruanische Zutaten werden mit französischen, asiatischen und kreolischen Akzenten verfeinert. Acurio betreibt noch weitere Lokale in Lima, u.a. das Cebichería La Mar, wo sowohl traditionelles als auch asiatisch zubereitetes ceviche serviert wird. Die Restaurants, die er in ganz Peru, Zentral- und Südamerika, aber auch in Madrid oder San Francisco eröffnete, tragen heute ihren Teil dazu bei, die peruanische Küche weltberühmt zu machen.

Sankuay: Tel. +51/1-470-6217; *Preise:* Lunch € 11. **Rafael:** Tel. +51/1-242-4149; www.rafaelosterling.com. *Preise:* Dinner € 37. **Astrid y Gastón:** Tel. +51/1-242-5387; www.astridygaston.com. *Preise:* Dinner € 40. **Cebichería La Mar:** Tel. +51/1-421-3365; www.lamarcebicheria.com. *Preise:* Dinner € 26.

Ein Paradies für Vogelfans

NATIONALPARK MANÚ

Peru

Im Südosten Perus liegt das größte und artenreichste Regenwaldschutzgebiet Südamerikas, der fast 19.000 km² große Nationalpark Manú. Das Biosphärenreservat umfasst gleich mehrere ökologische Zonen: Im Zentrum liegt die Bergwelt der Andengipfel, die langsam in die Hänge der Bergnebelwälder übergeht und schließlich in den endlosen Ebenen der Amazonas-Regenwälder ausläuft. In keinem anderen Naturschutzgebiet der Erde sind mehr Arten heimisch: Geschätzte 15.000 Pflanzenarten, über 1000 Vogel- und 13 Affenarten, darunter Kapuzineräffchen, Klammeraffen oder der kuriose Kaiserschnurrbarttamarin. Zu den etwa 200 Säugetierarten zählt auch der scheue Jaguar; an kaum einem anderen Ort Südamerikas hat man bessere Chancen, einen Blick auf ihn zu erhaschen.

Die Kehrseite ist, dass der Nationalpark nur unter strengen Auflagen und teilweise gar nicht zugänglich ist. Touren sind zeitaufwendig, und die Übernachtung findet typischerweise im Zelt oder ähnlich schlichten Behausungen statt. Manu Expeditions, der erste Tourenanbieter der Region, ist nach wie vor die beste Wahl. Die Besitzer, der Ornithologe Sir Barry Walker, gleichzeitig britischer Konsul in Cusco, und seine einheimische Frau Rosario Velarde bieten schon seit 1983 geführte Touren durch Berge und Regenwald an. Unter den Zielen ist auch die Manu Wildlife Center Lodge. Zu erreichen ist sie nur per Flugzeug, es schließt sich eine 2-stündige Bootsfahrt an. Der entlegene Ort bietet 22 Hütten inmitten des Regenwaldes; die urwüchsige Natur lässt sich auf Wanderwegen und von Aussichtsplattformen aus bestaunen.

Wo: 161 km südwestl. von Cusco. **MANU EXPEDITIONS:** Tel. +51/84-225-990; www.manuexpeditions.com. *Preise:* 6-tägige Tour € 1222, all-inclusive (auch kürzere Touren möglich), Flug extra. **WANN:** Apr.–Dez.: weniger Regen.

Jahrhundertealtes Mysterium in der Wüste

DIE NAZCA-LINIEN

Nazca, Peru

An Perus Küste prangen inmitten der Wüste die mysteriösen uralten Nazca-Linien, ein Ensemble aus Erdzeichnungen, das riesige stilisierte Umrisse von Menschen und Tieren, aber auch einfache geometrische Formen zeigt. Am besten lassen sich diese Kunstwerke vom Flugzeug aus bestaunen, so wurden sie in den 1920ern auch entdeckt. Manche der geometrischen Muster, die typische Motive der Nazca-Kultur wiedergeben, ziehen sich über viele Kilometer durch die Wüste. Besonders spektakulär sind die Tierdarstellungen, darunter eine über 164 m lange Eidechse, ein über 100 m großer Affe mit eingeringeltem Schwanz und ein Kondor mit einer Flügelspannweite von mehr als 134 m. Heute geht man davon aus, dass die Geoglyphen durch das Abtragen von Felsblöcken und Teilen des oberen Erdreichs in den Boden „geätzt" wurden; die Entstehungszeit ist umstritten.

Das größte Rätsel ist aber ihre eigentliche Bedeutung. Obwohl die Theorien zahlreich und teilweise bizarr sind (von der UFO-Landebahn bis zum astronomischen Kalender), konnte das Geheimnis bis heute nicht gelüftet werden. Ein Besuch im Museo Antonini kann dennoch Licht ins Dunkel bringen; die zahlreichen dort ausgestellten archäologischen Funde wie Schädeltrophäen oder Textilien wurden alle in der Region gefunden.

Die aus Deutschland stammende Mathematikerin Maria Reiche widmete ihr Leben der Erforschung der Nazca-Kultur und der mysteriösen Erdzeichnungen und lebte hier von 1946 bis zu ihrem Tod 1998. Die schlichten Räume im Dorf Pascana, wo sie die meiste Zeit über wohnte, sind heute ein kleines Museum. Die letzten 10 Jahre ihres Lebens verbrachte Reiche größtenteils als Gast im schlichten, aber komfortablen Hotel Nazca Lines, etwa 8 km von den Nazca-Linien entfernt. Zum Haus gehören ein schöner Patio und ein einladender Pool; abends werden Vorträge angeboten. Wenn Sie sich nach

Neben Affen zählen auch Kolibris, Spinnen und Wale zu den Motiven der Nazca-Linien.

etwas mehr Luxus sehnen, ist das erst vor Kurzem wiedereröffnete Hotel Paracas unmittelbar an der Küste eine gute Empfehlung. Ein Bonus sind die nahen Ballestas-Inseln mit ihren riesigen Populationen von Seelöwen, Pelikanen und Pinguinen. Das Hotel organisiert auch Flüge im komfortablen Privatflugzeug über die Nazca-Linien.

Wo: 450 km südl. von Lima. **Wie:** Das amerikanische Unternehmen Andean Treks bietet Touren nach Nazca und durch ganz Peru. Tel. +1/617-924-1974; www.andeantreks.com. *Preise:* 3 Tage € 500. Startet in Lima. **Museo Antonini:** Tel. +51/56-523-444; www.digilander.libero.it/mdantonini. **Hotel Nazca Lines:** Tel. +51/56-522-293; www.peruhotels.com. *Preise:* ab € 74. **Hotel Paracas:** Tel. +51/56-581-333; www.starwoodhotels.com. *Preise:* ab € 148. **Reisezeit:** Dez.–Apr.: warmes, trockenes Wetter.

Mythische Geburtsstätte der Inka

Der Titicacasee

Puno, Peru

Der auf über 3800 m Höhe gelegene legendäre Titicacasee ist das höchste kommerziell schiffbare Binnengewässer der Welt und mit einer Fläche von 3200 km² auch der größte See Südamerikas. Die alten Mythen erzählen,

dass Manco Cápac und seine Gemahlin und Schwester Mama Ocllo aus den magischen Wassern dieses Andensees entstiegen, um Cusco und das Reich der Inka zu begründen. Zu Beginn des 15. Jh. begann das Volk der Uros, sich auf selbst gebaute Totora-Schilfinseln zurückzuziehen, um Konflikten mit den an Land siedelnden Inka aus dem Weg zu gehen. Die beiden natürlichen Inseln Taquile und Amantani sind heute noch bevölkert mit Indios, die Quechua sprechen und auf den Märkten ihre leuchtend bunten Textilien anbieten. Dort gibt es weder Autos, Fahrräder noch befestigte Straßen.

Das unscheinbare Uferstädtchen Puno gilt als Perus Folklorehauptstadt. Anlässlich der mythischen Gründung der Stadt feiert man dort jedes Jahr die Semana de Puno. Dann verwandelt sich Puno in eine große Bühne voller prächtiger, fantasievoller traditioneller Kostüme, Masken und Musik. Am 2. Februar beginnt jedoch das größte Fest des Jahres, das zu Ehren der Virgen de la Candelaria veranstaltet wird. Offiziell ist es ein römisch-katholischer Ritus, aber wenn man einmal dem sagenhaften *diablada* (Teufelstanz) oder einem *kallahuaya* (Tanz des Medizinmanns) beiwohnen durfte, kommen einem diesbezüglich leise Zweifel.

Das strahlend weiße Hotel Libertador liegt auf einer privaten Insel; ein Damm verbindet sie mit Puno. Die meisten der komfortablen und großzügigen 120 Zimmer haben Seeblick, ebenso das hoteleigene Restaurant.

Abseits der ausgetretenen Pfade, etwa 45 Minuten Bootsfahrt von Puno entfernt, liegt das Hotel Titilaka; der Bau mit seinen 18 Suiten strahlt skandinavische Strenge aus.

Peru teilt sich den See mit Bolivien; es verkehren regelmäßig Boote, die Sie ins malerische bolivianische Uferstädtchen Copacabana bringen können (s. S. 1000). Der *Andean Explorer*, eine der höchstgelegenen Eisenbahnstrecken der Welt, fährt auch an den Ufern des Titicacasees entlang. Er verbindet die alte Inkahauptstadt Cusco (s. S. 1044) mit Puno. Den Betrieb der Bahnstrecke teilen sich Orient Express und PeruRail; die 10-stündige Fahrt durch spektakuläre Landschaften kann man in luxuriösen, nostalgischen Pullmanwagen genießen. **Wo:** 389 km südöstl. von Cusco. **Hotel Libertador:** Tel. +51/1-518-6500; www.libertador.com.pe. *Preise:* ab € 110. **Hotel Titilaka:** Tel. +51/1-700-5100; www.titilaka.com. *Preise:* € 393, inklusive. *Andean Explorer:* Tel. +51/1-612-6700; www.perurail.com. *Preise:* ab € 163 einfache Fahrt von Cusco nach Puno oder umgekehrt, Lunch inkl. **Reisezeit:** Mai–Nov.: bestes Wetter; Anf. Feb.: *Festival de la Virgen de la Candelaria*; 1. Woche im Nov.: Stadtfest Puno.

Ein wenig bekanntes Urlaubsrefugium

COLONIA DEL SACRAMENTO

Uruguay

Der kleine koloniale Außenposten Colonia del Sacramento am Ufer des Río de la Plata ist ein von Gaucholand und Weinbergen umgebenes Juwel Uruguays, das dennoch kaum ein Tourist kennt. Auch Uruguay selbst steht zu Unrecht immer ein wenig im Schatten der anderen großen Reiseländer Südamerikas. Colonia bezaubert bis heute mit seiner Architektur aus weiß gekalkten Gebäuden, mit Stuck verzierten Ziegelbauten und Prachtbauten wie der Iglesia Matriz, Uruguays ältester Kirche. Der von Maulbeerbäumen beschattete Barrio Histórico, der historische Stadtkern, ist einer der am sorgfältigsten restaurierten Stadtbezirke des Kontinents. Um die Plaza Mayor, auf der sonntags auch ein schöner Markt stattfindet, gruppieren sich kleine Museen, schicke Bars und romantische Restaurants. Noch mehr davon finden Sie entlang der Calle de los Suspiros, die zum alten Hafen führt.

Obwohl Sie die wichtigsten Sehenswürdigkeiten an einem Tag besuchen können, lohnt sich die Übernachtung. Der blühende Patio und die schlichten, einladenden Zimmer der Posada Plaza werden an Charme nur noch übertroffen von der unschlagbaren Lage des Hauses. Zu Abend können Sie im nahen La Florida essen: Vormals war es ein Bordell, heute können Sie sich aussuchen, ob Sie mit Blick aufs Meer oder im hübschen, romantischen Innenhof speisen möchten.

In der Gegend um Colonia gibt es mehr als 270 Weingüter, eine idyllische, weniger frequentierte Alternative zu Argentiniens Weinanbaugebieten (s. S. 992). Nationalwein ist der Tannat, bekannt für seine weichen Tannine und fruchtigen Aromen. Nirgends kann man ihn und andere Sorten wie den Albariño in schönerer Atmosphäre verkosten als im Familienbetrieb Bodega Bouza an der Straße in die Hauptstadt Montevideo.

Nur 1 Stunde entfernt liegt am Rio de la Plata das Four Seasons Carmelo, Uruguays exklusivstes Hotel. Inmitten eines Pinien- und Eukalyptuswaldes entfaltet sich purer Luxus: Riesige Bungalows, die asiatische und regionale Einflüsse vereinen, Freiluftpatios und ein herrliches Spa. Verbringen Sie ein bisschen Zeit auf dem 18-Loch-Golfplatz, bevor Sie sich auf einem Spaziergang in den Gärten ergehen. Auch das bezaubernde Städtchen Carmelo ist einen Ausflug wert.

Wo: 182 km westl. von Montevideo. **Posada Plaza Mayor:** Tel. +598/522-3193; www.posadaplazamayor.com. *Preise:* ab € 81. **La Florida:** Tel. +598/94-293036; *Preise:* Dinner € 30. **Bodega Bouza:** Tel. +598/2-323-7491; www.bodegabouza.com. *Preise:* Lunch € 37. **Four Seasons Carmelo:** Tel. +598/542-9000; www.fourseasons.com. *Preise:* ab € 203. **Reisezeit:** März–Apr.: herbstliches Wetter und Weinlese; Sept.–Nov.: Frühling.

Zur Sommerfrische mit Promis und Fußballstars

José Ignacio

Uruguay

Nur 40 Min. Fahrt, aber Welten entfernt, liegt östlich von Punta del Este (s. nächste Seite) die kleine Halbinsel José Ignacio mit ihrem schicken Strand Playa Brava. Wahrzeichen des ehemaligen Fischerdorfs an der felsigen Spitze ist der Faro José Ignacio, ein jahrhundertealter Leuchtturm, vor dem sich im Sonnenuntergang die Surfer tummeln. Die Gegend zieht Scharen von hippen Urlaubern an, die dort feiern und in den Restaurants inmitten von Pinienhainen frischen Fisch und die Weine der Region genießen. Die entspannte Atmosphäre ähnelt einem Sommerlager voller Promis, Fußballstars und ihren Supermodel-Freundinnen.

La Posada del Faro liegt auf einem Hügel über der Bucht. Viele der weiß gekalkten Räume gewähren freien Blick auf das Meer vom eigenen Balkon. Am Nachmittag versammeln sich alle im Parador La Huella am Playa Brava. Das lässige Gourmetrestaurant bietet frischen Fisch und regionale Weine auf der Veranda mit Blick auf den Sandstrand. Das Namm, wo Meeresfrüchte und Rindfleisch vom Grill mit asiatischen Aromen verfeinert werden, liegt so versteckt, dass man es auch „das Baumhaus" nennt, aber die Suche lohnt sich allemal.

Auf der Estancia Vik, einer Rinderfarm an der Laguna José Ignacio, finden Sie Luxus und

Privatsphäre. Die 12 Zimmer decken die ganze Bandbreite vom schlichten Quartier bis zur Luxussuite ab, alle sind mit Originalkunstwerken uruguayischer und internationaler Künstlern geschmückt. Entspannen Sie am Pool oder machen Sie einen Ausritt zur Playa Vik, dem Schwesteranwesen am Strand.

Das staubige Städtchen Garzón erstrahlte in neuem Glanz, als Chefkoch Francis Mallmann den alten Gemischtwarenladen in ein Gästehaus mit Restaurant verwandelte, in dem jede Nacht magische Dinge vor sich gehen. Die Hälfte der Zeit ist er vor Ort, sonst widmet er sich seinem 1884 Restaurante in den argentinischen Weinanbaugebieten (s. S. 993).

Wo: 35 km nördl. von Punta del Este. **POSADA DEL FARO:** Tel. +598/4-862-110; www.posadadelfaro.com. *Preise:* ab € 185 (Nebensaison), € 277 (Hochsaison). **PARADOR LA HUELLA:** Tel. +598/4-862-279; www.paradorlahuella.com. *Preise:* Lunch € 22. **NAMM:** Tel. +598/4-862-526; *Preise:* Dinner € 30. **ESTANCIA VIK:** Tel. +598/94-605-212; www.estanciavik.com. *Preise:* ab € 363 (Nebensaison), € 740 (Hochsaison), all-inclusive. **GARZON INN:** Tel. +598/4-102-811; www.restaurantegarzon.com. *Preise:* ab € 607, inklusive; Dinner € 55. **REISEZEIT:** Nov.–Mitte Dez. und Feb.–Apr.: warmes Wetter und am wenigsten Andrang.

Südamerikas St. Tropez

PUNTA DEL ESTE

Uruguay

Das auf einer vom Atlantik und dem Río de la Plata flankierten Halbinsel gelegene Punta del Este war lange ein südamerikanisches Mekka des Jetset. Mittlerweile hat das ehemalige Fischerdorf, in dem sich Hoteltürme und private Feriendomizile drängen, ein wenig von seiner Exklusivität verloren. Dennoch weht immer noch ein Hauch von St. Tropez durch die Luft, wenn man die langen Sandstrände, edlen Boutiquen und schicken Nachtclubs besucht. Um den Massen an den Hauptstränden zu entfliehen, empfiehlt sich das benachbarte Punta Ballena und Barra de Maldonado. Auch ein Tagesausflug zur Isla Gorriti oder der Isla de Lobos ist wunderschön, dort können Sie statt der High Society die zahlreichen Seelöwen beobachten.

Die Entscheidung zwischen den unzähligen Restaurants dürfte schwierig sein. Das La Bourgogne von Jean-Paul Bondoux ist auf jeden Fall ein Favorit. Das provenzalisch-lässige Restaurant ist die Schwester der etwas förmlicheren Variante im Alvear Palace Hotel von Buenos Aires (s. S. 985). Die französisch inspirierte Küche konzentriert sich auf regio-

Die Fassade der Casa Pueblo, entworfen von einem hiesigen Künstler, zeigt mediterrane Einflüsse.

nale Zutaten, vieles vom hauseigenen Landwirtschaftsbetrieb. Zum Restaurant gehört auch eine beliebte Bäckerei, die französisches Brot und Gebäck anbietet.

Eines der ungewöhnlichsten Hotels Südamerikas ist die Casa Pueblo in Punta Ballena, ein auf einem Felsen thronender, gaudíesker Bau. Kreativer Kopf ist der uruguayische Bildhauer und Maler Carlos Páez Vilaró. Die Zimmer sind schlicht und klein, aber der Ausblick auf Río de la Plata und Atlantik sind bei Sonnenuntergang einfach grandios. Dort kann man mitunter die Wale beobachten, nach denen die Gegend benannt ist („ballena" bedeutet Wal). Das Mantra Resort liegt direkt am Strand im etwas weniger überlaufenen La Barra. Vom Spa bis zum Kasino und hauseigenen Kino wird man dort mit allen Annehmlichkeiten verwöhnt.

Machen Sie es wie die einheimischen Familien und die eingeweihten argentinischen Touristen und gehen Sie zum Nachmittagstee ins L'Auberge. Dort werden die legendären Belgischen Waffeln mit warmer Dulce de Leche serviert. Der rote Ziegelbau im Tudorstil liegt in einem ruhigen Wohnviertel und lockt mit 36 gemütlichen Zimmern, einem beliebten Grillpavillon und einem Pool inmitten gepflegten Grüns. Der Trubel von Puntas Stränden scheint hier Welten entfernt zu sein.

Wo: 96 km östl. von Montevideo. **La Bourgogne:** Tel. +598/42-482-007; www.labourgogne.com.uy. *Preise:* Dinner € 60. **Casa Pueblo:** Tel. +598/42-578-041; www.clubhotelcasapueblo.com. *Preise:* ab € 110 (Nebensaison), ab € 215 (Hochsaison). **Mantra Resort:** Tel. +598/42-776-100; www.mantraresort.com. *Preise:* ab € 215 (Nebensaison), ab € 815 (Hochsaison). **L'Auberge:** Tel. +598-42-488-888; www.laubergehotel.com. *Preise:* ab € 93 (Nebensaison), ab € 222 (Hochsaison). **Reisezeit:** Nov.–Apr.: bestes Wetter; Mitte Dez.–Jan.: Hauptsaison.

Die höchsten Wasserfälle der Welt

Salto Ángel

Puerto Ordaz, Gran Sabana, Venezuela

Als der amerikanische Buschpilot Jimmie Angel 1935 den höchsten Wasserfall der Erde entdeckte, war er eigentlich auf der Suche nach Gold. Stolze 979 m ist der Salto Ángel hoch, die höchste Einzelstufe misst 805 m, und die donnernden Fluten verwandeln sich durch die Wucht des Aufpralls im Becken nahezu augenblicklich in Sprühnebel. Die Fälle sind sagenhafte 19-mal höher als die Niagarafälle (s. S. 933).

Auch die umgebende Landschaft ist majestätisch; der Salto Ángel, den die Einheimischen Kerepakupai Meru nennen, stürzt vom schroffen Gipfel des Auyantepuy (Teufelsberg). Gespeist wird er vom Zusammenfluss der 3 mächtigsten Ströme Südamerikas: Amazonas, Essequibo und

Hoffnungsvollen Besuchern wird auf Flügen über die Fälle der Blick oft von Wolken verstellt. Eine Wanderung am Fuße des Salto Ángel ist somit immer noch die beste Option.

Orinoco. Die Gran Sabana (Große Savanne), eine fruchtbare Hochfläche in Venezuelas südöstlichem Bundesstaat Bolívar, ist der ideale Ausgangspunkt für einen Besuch bei den Fällen. Die Gegend ist gespickt mit über 100 mächtigen Tafelbergen oder *tepuy*s. Mit einem Alter von über 130 Mio. Jahren und einer Höhe von bis zu 2800 m gehören sie zweifellos zu den beeindruckendsten Felsformationen der Erde. Die mächtigen Berge bedecken nahezu 65 % der Fläche des Nationalparks Canaima; der höchste und zugleich am besten zugängliche der Tafelberge ist der Mount Roraima. In diesen ursprünglichen und üppigen Wäldern leben Riesenameisenbären, Dreizehenfaultiere und der scheue Jaguar; offiziell erfasst wurden bisher über 550 Vogelarten.

Das knapp 50 km von den Fällen entfernte Pemón-Indianerdorf Canaima ist das Tor zur La Gran Sabana. Der niederländische Abenteurer und Pionier Rudy Truffino eröffnete hier 1956 eine Lodge mit 15 Unterkünften und nannte sie Campamento Ucaima. Rudy lebt nun schon lange nicht mehr; heute führen seine Töchter unterstützt von der treuen Belegschaft die Lodge und ein Camp am Fuß der Fälle. Sie können auch extra niedrige Flüge über die Fälle für Sie organisieren, wenn der obere Abschnitt von Wolken verhangen ist, was relativ häufig vorkommt.

Wo: 725 km südöstl. von Caracas. **CAMPAMENTO UCAIMA:** Tel. +58/289-808-9251; www.junglerudy.com. *Preise:* 2 Tage pro Person ab € 266 (Nebensaison), 3 Tage € 696 (Hochsaison), all-inclusive. **REISEZEIT:** Juni–Jan.: inoffizielle Hochsaison, dann sind die Fälle am mächtigsten, wenn auch häufig von Wolken verdeckt.

Der älteste und größte Meeresnationalpark der Karibik

ISLAS LOS ROQUES

Venezuela

Die Inseln vor Venezuelas Küste sind außerhalb des Landes kaum bekannt, die Einheimischen aber schwärmen in den höchsten Tönen von ihnen. Die Islas los Roques bilden ein bezauberndes Archipel aus 40 größeren und mehr als 250 kleineren Inseln; ähnlich paradiesische Schnorchel- und Tauchgebiete gibt es in dieser Form in der Karibik schon seit Jahrzehnten nicht mehr. Die reich bevölkerte, bizarre Unterwasserlandschaft ist geprägt von ganzen Wäldern aus Korallen, senkrechten Abhängen, Höhlen und Felsnadeln. Der über 2200 km^2 große Nationalpark Los Roques Archipelago wurde 1972 gegründet und ist heute der älteste und größte maritime Nationalpark der Karibik. Aber auch Landratten kommen an den pudrig weichen, menschenleeren Sandstränden auf ihre Kosten, zahlreiche Vogelarten wie Scharlachsichler, Rotfußtölpel und Flamingo leisten bunte Gesellschaft.

Auf Gran Roque gibt es sogar einen kleinen Flughafen. Die Insel ist ansonsten eine autofreie Zone; die etwa 1000 Einwohner leben vor allem im kleinen Fischerdorf. Es gibt ein paar Dutzend schlichter Posadas in venezolanischer Hand, darunter mischen sich die etwas edleren Herbergen, die vorwiegend im Besitz der vielen Italiener sind, die auf der Insel leben. Zu ihnen gehört die intime, strahlend weiße Posada Movida mit nur 6 Zimmern. Es gibt sogar einen hauseigenen Bootsservice, der Sie zum Sonnenbaden und Schnorcheln zu den entlegensten Inseln des Archipels bringt. Zurück in der Posada, können Sie dort in einem der besten Restaurants der Insel speisen. Los Roques ist auch der ideale Ort für Trendsportarten wie Kitesurfen

Auf Los Roques können sich die Flamingos an einem geschützten und unberührten Lebensraum erfreuen.

und Seekajakfahren und außerdem ein traumhaftes Revier für Fliegenfischer; es gibt riesige Bestände von Tarpunen und Grätenfischen. Die Posadas können Bootsfahrten zu den korallenbestandenen Meeresarmen organisieren, wo sich die begehrten Fische im kristallklaren Wasser tummeln.

Wo: Gran Roque liegt 201 km nördl. von Caracas. **POSADA MOVIDA:** Tel. +58/237-221-1016; www.posadamovida.com. *Preise:* € 193 (Nebensaison), € 237 (Hochsaison), all-inclusive. **REISEZEIT:** Apr.–Dez.: bestes Wetter.

Die Serengeti Südamerikas

LOS LLANOS

Venezuela

Die grasbewachsenen Ebenen von Los Llanos bedecken eine Fläche von fast einem Drittel der Fläche Venezuelas. Sie erstrecken sich vom Fuß der Anden über das Orinocodelta bis in den Nordosten Kolumbiens. eines der größten Vogelparadiese weltweit: Fast 475 Arten wurden bisher beschrieben, dazu zählen 7 Ibisarten, die Orinokogans, 20 Reiherarten und der bedrohte Jabiru, der bis zu 1,50 m groß werden kann. Auch knapp 150 Säugetierarten leben hier, das bemerkenswerteste ist vielleicht das Wasserschwein, das über 80 kg schwer werden kann. In den Flüssen Orinoco und Apure tummeln sich derweil Delfine, Krokodile und Piranhas. Los Llanos kennt nur 2 Jahreszeiten: In den extrem feuchten Monaten zwischen Mai und Oktober sind die Ebenen überflutet, dann wird das Reisen zwar schwieriger; die Chancen, das Wasserschwein und andere Säugetiere zu beobachten, stehen jedoch am besten. Während der Trockenzeit von November bis März sind die Straßen zwar besser passierbar, die Tiere aber gezwungen, sich an die wenigen verbliebenen Wasserstellen zurückzuziehen.

Die Cowboys von Venezuela werden *llaneros* genannt; ihre Tradition geht auf das 16. Jh. zurück, als die Spanier das Land zu besiedeln begannen. Die vielen großen Farmen oder *hatos* haben mittlerweile den Ökotourismus entdeckt und bieten neben Unterkunft auch sachkundige Führungen an. Eine der schönsten ist die Hato Cedral im Tiefland von Los Llanos. Hier gibt es mehr als 390 Vogelarten; vor allem während der Trockenzeit kann man riesige Schwärme beobachten. Während der trockenen Monate trifft man häufig auf Anakondas; Jaguar und Ozelot lassen sich hingegen nur selten blicken.

Wo: Barinas liegt 402 km südwestl. von Caracas. **HATO CEDRAL:** Tel. +58/416-502-2757; www.elcedral.com. *Preise:* ab € 130, all-inclusive. **WIE:** Lost World Adventures bietet 8-tägige Touren durch die Anden und Los Llanos an. Tel. +58/212-577-0303; www.lostworldadventures.com. *Preise:* € 1353, all-inclusive; inkl. Flug mit der hauseigenen Linie. Startet in Caracas. **REISEZEIT:** Nov.–März: Trockenzeit, gute Straßen, optimal für Vogelbeobachtung.

Terra australis incognita

DER WEISSE KONTINENT

Antarktis

Terra australis incognita – das unbekannte Land im Süden – ist der surreale siebte Kontinent der Erde am Ende der Welt. Die ätherische Schönheit und Erhabenheit inspirierte die Forscher der alten Zeit und erobert heute die Herzen der modernen Abenteurer. Die endlose, in Millionen Blautönen schimmernde Landschaft aus Eis, Wasser und den Weiten des Himmels stellt mit ihren zerklüfteten Berggipfeln und Gletschern alles in den Schatten, was je von Menschenhand erschaffen wurde.

Die nahezu vollständige Abwesenheit des Menschen bedeutet, dass man auf Landgang vielleicht den ersten Fußabdruck in einer jahrhundertealten Schneewehe hinterlässt. Die Tiere kennen kaum Scheu und beobachten den Besucher mit Neugier: Orcas, Buckel- und Finnwale tauchen oft neben den Passagierschiffen auf, sogar der mächtige Blauwal lässt sich manchmal sehen. Auf den Eisschollen ruhen Weddellrobben und Seeleoparden. Vor allem die Pinguine ziehen viele Besucher an: Inmitten einer der riesigen, chaotischen und ohrenbetäubenden Brutkolonien von Adélie- oder Kaiserpinguinen zu stehen ist ein unvergessliches Erlebnis.

Exkursionen in die artenreichen Gewässer vor der Antarktischen Halbinsel sind am beliebtesten. Auf manchen Fahrten legt man auch in den Zwischenhäfen der Falklandinseln oder auf Südgeorgien an (s. S. 999 und nächste Seite). Mit dem Schlauchboot kann man kurze Ausflüge zu entlegenen Inseln wie Deception Island unternehmen, ein eingestürzter, aber immer noch aktiver Vulkan. Gäste tauchen gern den großen Zeh in das vom Vulkan erwärmte Wasser der Pendulum Cove, um ihren Lieben zu Hause berichten zu können, sie hätten in den Gewässern der Antarktis gebadet. Trotz der frostigen Temperaturen möchte man das Oberdeck kaum verlassen, die Landschaften sind einfach zu faszinieren. Wenn Sie Ihre Reise in den Dezember oder Januar legen, scheint die Sonne fast 24 Stunden am Tag.

Bei Ihrer Tour sollten Sie darauf achten, dass möglichst viele Landgänge vorgesehen sind. Ein erfahrenes Team aus Geologen, Zoologen, Polarforschern, Historikern, Biologen und Ozeanografen wird dabei helfen, das Unfassbare zu verstehen.

Wo: Die meisten Expeditionen starten in Hobart, Tasmanien (Australien) und Ushuaia, Argentinien. **Wie:** Das amerikanische Unternehmen Abercrombie & Kent bietet 14-tägige Expeditionen. Tel. +1/630-725-3400; www.abercrombiekent.com. *Preise:* ab € 7752, all-inclusive. Startet in Buenos Aires. *Wann:* Dez./Jan. **Reisezeit:** Nov.–Feb.: Sommer auf der Südhalbkugel; Ende Nov.–Dez.: Brutzeit der Pinguine; Jan.–Feb.: junge Fellrobben und Pinguine.

Eisberge entstehen, wenn Bruchstücke von Gletschern ins Meer stürzen; nirgendwo sonst sind sie größer als in der Antarktis.

Vogelparadies am Ende der Welt

SÜDGEORGIEN

Südgeorgien und die Südlichen Sandwichinseln (Britisches Überseegebiet)

Das etwa 160 km lange windgepeitschte Eiland Südgeorgien liegt viele Tage weit von den nächsten bewohnten Ufern entfernt inmitten der kalten subantarktischen Gewässer. Bis nach Tierra del Fuego sind es über 2000 km und nahezu 1300 km bis zu den Falklandinseln (s. S. 998 und 999). Captain James Cook, der die Insel im Jahr 1775 als Erster betrat, erklärte sie für unbewohnbar, und bis heute ist sie das faktisch auch geblieben. Der unerschrockene Reisende findet hier dennoch unvergleichliche Landschaften mit steilen Klippen, überwältigenden Fjorden und von der Brandung umtosten Stränden aus feinem schwarz-weißem Sand vor. An diesen scheinbar so unwirtlichen Küsten nistet eine der größten Pinguinkolonien der Welt: Über 500.000 Königspinguinpaare brüten hier ihre Eier aus; sie sind die größte Attraktion. Allein im Gletschertal Salisbury Plain trifft man auf mindestens 100.000 der freundlichen Vögel. Zu den 81 weiteren Vogelarten zählen auch Goldschopfpinguine und viele Arten von Sturmvögeln. Auf Albatross Island und Prion Island kann man den majestätischen Flug des Albatrosses aus der Nähe erleben; die Flügelspannweite von mehr als 3,50 m macht ihn zum Rekordhalter im Reich der Lüfte.

Expeditionskreuzfahrten wählen meist die Route durch den von steilen Klippen umgebenen Drygalski-Fjord, um dann die etwas ruhigere Nordküste der Insel anzusteuern, wo man mit dem Schlauchboot zu geschützten Buchten fahren kann, um die Tierwelt zu bestaunen. Im Sommer bringen an den Küsten Südgeorgiens mehr als 3 Mio. Fellrobben ihre Jungen zur Welt, und riesige Seeelefanten suhlen sich in Schlammlöchern. Die Gewässer vor den Küsten werden von Walen bevölkert, und hoch oben in den Hügeln können Sie die südlichste Rentierherde der Welt beobachten, die im 19. Jh. von norwegischen Walfängern hier angesiedelt wurde. Zeugnisse aus den Tagen der großen Walfänger kann man heute noch im kleinen Museum der „Hauptstadt" Grytviken bewundern. Kaum mehr als 20 Menschen leben dort, größtenteils Forscher und britische Offiziere, die für die Verwaltung der Kronkolonie zuständig sind.

Die alte Holzkirche von 1913 steht für Besucher offen, man kann sogar den Turm besteigen und der Glocke ihren traurigen Klang entlocken. Nicht weit entfernt liegt der berühmte Forscher Sir Ernest Shackleton begraben, der hier auf seiner letzten Reise in die Antarktis verstarb. Seine Witwe bestand darauf, dass der Leichnam ihres Mannes auf Südgeorgien verblieb. Wanderer können heute auf seinen Spuren wandeln, wenn sie dem Pass zwischen Fortuna Bay und Stromness folgen – die letzte Etappe seiner wagemutigen Flucht von der zum Untergang verdammten *Endurance*.

Wo: Die meisten Expeditionsschiffe starten in Ushuaia, Argentinien. **Wie:** Das amerikanische Unternehmen Lindblad Expeditions bietet 24-tägige Touren, inkl. Falklandinseln. Tel. +1/212-765-7740; www.expeditions.com. *Preise:* ab € 10.207, all-inclusive. Startet in Buenos Aires. **Wann:** Okt. **Reisezeit:** Nov.–März: Sommer auf der Südhalbkugel; Ende Nov.: Brutzeit der Pinguine; Dez.: Schlüpfzeit der Pinguine; Jan.–März: junge Fellrobben und Pinguine.

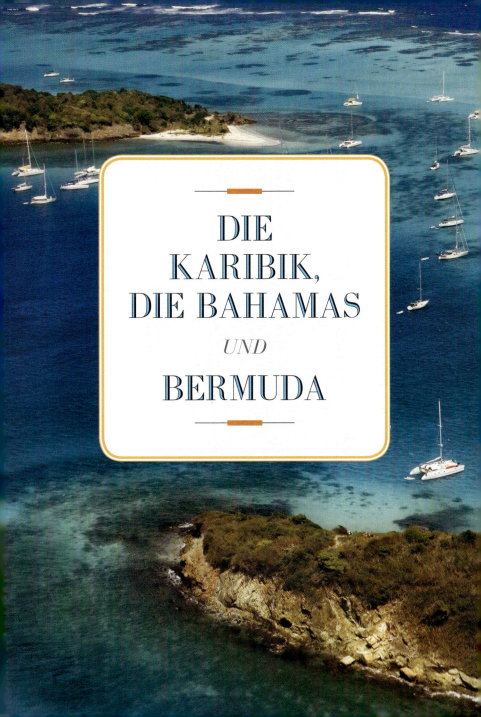

DIE KARIBIK, DIE BAHAMAS
UND
BERMUDA

Ein unübertroffener Unterwasser-Naturpfad

BUCK ISLAND

St. Croix, Amerikanische Jungferninseln, Kleine Antillen

Auf diesem unbewohnten Eiland vor St. Croix, einem nationalen Monument, von dessen 7689 ha nur 71 über dem Meeresboden liegen, ist das Schnorcheln legendär. Das Elchgeweihkorallenriff, das zwei Drittel der Insel umgibt, verfügt über außergewöhnliche Formationen und tiefe Grotten in kristallklarem Wasser mit einer Sicht von bis zu 30 m bei einer Durchschnittstiefe von 4 m.

Am nordöstlichen Ende von Buck Island ist der Schnorchlerpfad mit Infotafeln gekennzeichnet. Der Park bietet allen möglichen Tierarten eine Heimat, darunter Echte Karettschildkröten, Meerespelikane und mehr als 250 Fischarten.

Als die Kennedy-Familie Buck Island in den 1950ern besuchte, war John F. Kennedy so verzaubert, dass er 1961 als Präsident dabei half, die Insel zu einem der am besten geschützten Unterwasser-Nationaldenkmäler der Vereinigten Staaten zu machen. Präsident Bill Clinton erweiterte es 2001 noch.

Buck Island ist zwar als einer der bedeutendsten Tauchorte der Karibik bekannt, aber St. Croix bietet außerdem noch Wall Diving und ist interessant für Taucher verschiedener Kenntnisstufen. Beim Salt River Canyon und Cane Bay führen prächtige Korallengärten in 9 m Tiefe zum 609 m tiefen „The Wall".

Die Touren nach Buck Island starten von Christiansted aus, der historischen dänischen Stadt an der Nordküste von St. Croix. Zum Buccaneer, einem rosa Palazzo-Strandresort, einst Zuckerplantage und Heimat von Alexander Hamilton, sind es nur 5 Minuten. 1947 als Gasthaus mit 11 Zimmern eröffnet, ist das familienfreundliche Luxusresort mit 138 Zimmern auf 137 ha noch immer im Besitz derselben Familie.

Obwohl St. Croix mit 217 km² die größte der Amerikanischen Jungferninseln und mit etwa 53.000 Einwohnern auch die bevölkerungsreichste ist, ist sie noch sehr ländlich und von Ruinen alter Zuckermühlen übersät. In ihrer wechselvollen Geschichte, in der sie abwechselnd von Spaniern, Engländern, Niederländern, Franzosen und Dänen beherrscht wurde, gab es hier vor allem Zuckerrohr-, Tabak- und Indigoplantagen (Indigo ist die Pflanze, aus der man den berühmten blauen Farbstoff gewinnt). Eine Fahrt nach Frederiksted am westlichen Ende der Insel lohnt sich: Im Blue Moon, einem bunten Bistro am Wasser, bekommt man Cajun-Essen, edlen Wein und Livejazz am Mittwoch, Freitag und zum Sonntagsbrunch. Bestellen Sie einen Cruzan Confusion mit heimischem Cruzan-Rum, der als einer der besten der Welt gilt und noch immer auf St. Croix destilliert wird.

INFO: www.nps.gov/buis. **WIE:** Big Beard's Adventure Tours bieten Ganztagestouren nach Buck Island in einem Glasbodenboot sowie halbtägige Schnorcheltrips ab Christiansted an. Tel. +1/340-773-4482; www.bigbeards.com. *Preise:* halber Tag € 50. **THE BUCCANEER:** Tel. +1/340-712-2100; www.thebuccaneer.com. *Preise:* ab € 241 (Nebensaison), ab € 266 (Hochsaison). **BLUE MOON:** Tel. +1/340-772-2222; www.bluemoonstcroix.com. *Preise:* Dinner € 37, Sonntagsbrunch € 11. **REISEZEIT:** Nov.–Apr.: bestes Wetter; 5. Dez.–2. Jan.: Crucian Christmas Festival (Karneval in St. Croix).

Wegbereiter des Ökotourismus in der amerikanischen Karibik

DER VIRGIN-ISLANDS-NATIONALPARK

St. John, Amerikanische Jungferninseln, Kleine Antillen

Mehr als die Hälfte der Fläche von St. John ist ein unberührter Nationalpark, der den Namen Jungferninseln rechtfertigt. Zählt man das Virgin Islands Coral Reef National Monument dazu, stehen hier mehr als 7000 ha Korallenlandschaft unter Schutz. Die 52 km² große Insel mit 20 Wanderwegen durch 2800 tropische ha, dankenswerterweise ganz ohne Kasinos oder Personal, ist nur per Fähre erreichbar und vor allem für Reisende interessant, denen der nächtliche Sternenhimmel wichtiger ist als ein 5-Sterne-Hotel.

Diese unberührte Landschaft existiert dank der Voraussicht des reichen Umweltschützers Laurance Rockefeller. Beim Segeln entdeckte er 1952 Caneel Bay, eine 69 ha große Halbinsel mit 7 atemberaubenden Stränden, kaufte sie und baute dort ein Anwesen. Um die Insel, die er liebte, zu schützen, übertrug er 1956 2023 ha türkisfarbener Buchten und schattiger Berge an die Regierung.

Trunk Bay ist das Highlight dieses außergewöhnlichen tropischen Anwesens, ein Bilderbuchstrand, der als einer der schönsten der Welt gilt. Er ist berühmt für seinen 204 m langen Schnorchelweg mit beschrifteten Unterwassertafeln, perfekt für Kinder und Schnorchelanfänger. Schnorchelprofis bekommen ihren Kick in Haulover Bay und Leinster Bay, die nicht von der Küste aus zugänglich sind.

Über dem Meer ist der Reef Bay Trail der beliebteste Weg des Parks. Er beginnt in 244 m Höhe und windet sich dann mit spektakulärem Ausblick vorbei an Felszeichnungen und Ruinen alter dänischer Plantagenhäuser aus dem 18. Jh., bis er ca. 3 Stunden später an der Südküste endet.

St. John ist nur per Fähre zu erreichen, und ein großer Teil wird unberührt bleiben.

Rockefellers Anwesen wurde in den 1960ern das Resort für die Reichen, und Caneel Bay ist noch immer der luxuriöseste Ort der Insel. Heute hat das Rosewood Resort 166 luftige, große Zimmer und bietet den wohl romantischsten Ort zum Essen: im Equator auf den Ruinen einer Zuckermühle aus dem 18. Jh. Der Fokus des Self Centre liegt auf Wellness, mit Angeboten wie Klangheilung und Sternbeobachtungen.

Maho Bay Camps und das Schwesteranwesen Estate Concordia Preserve sind die Arbeit des Ökotourismus-Pioniers Stanley Selengut und liegen inmitten des grünen Nationalparks von St. John, mit idealem Zugang zu Strand- und Wanderwegen. Die handgefertigten Zelthütten sind über Holzpfade miteinander verbunden, um die Umgebung zu schonen. Man muss hier auf ein paar Annehmlichkeiten wie private Badezimmer verzichten, aber jedes der 114 Zelte im Grünen hat eine eigene Veranda, Elektrizität und Kochgeräte. Ein Stück den Hügel hinauf stehen 12 Harmony Studios, die Nachhaltigkeit mit Komfort kombinieren. Im unberührten Parkgelände und am weißen Strand von Maho Bay Camps fühlt man sich wie ein privilegierter Gast im Paradies. Eine halbe Stunde entfernt im Estate Concordia Preserve sind die 25 „Ökozelte" größer, solider und mit Badezimmern ausgestattet, und 13 geräumige Studios umgeben einen Frischwasserpool.

Verlassen Sie die Insel nicht ohne einen Halt in Woody's Seafood Saloon in Cruz Bay, bekannt für seine Muschelfleischkroketten und für Bushwackers, den starken Milchshake mit Cruzan-Rum, Baileys, Kahlua, Amaretto, Wodka und Cream of Coconut mit Eis und mit würzigem Muskat besprenkelt.

INFO: www.nps.gov/viis. **CANEEL BAY:** Tel. +1/340-776-6111; www.caneelbay.com. *Preise:* ab € 333 (Nebensaison), € 407 (Hochsaison); Dinner im Equator € 48. **MAHO BAY CAMPS:** Tel. +1/340-776-6240; www.maho.org. *Preise:* Harmony Studios ab € 96 (Nebensaison), ab € 166 (Hochsaison). Maho Bay Camps ab € 60 (Nebensaison), ab € 104 (Hochsaison). Estate Concordia Preserve ab € 90 (Nebensaison), ab € 122 (Hochsaison). **WOODY'S SEAFOOD SALOON:** Tel. +1/340-779-4625; www.woodysseafood.com. **REISEZEIT:** Nov.–Apr.: bestes Wetter; Mitte Juni–4. Juli: St. John Festival.

Unberührter Sand

DER STRAND VON MAGENS BAY

St. Thomas, Amerikanische Jungferninseln, Kleine Antillen

Dieser palmengesäumte, kilometerlange, weiße Streifen mit türkisem Wasser ist zweifelsohne Anwärter auf den Titel des schönsten Strandes der Welt. Von hier aus haben Sie einen traumhaften Blick und können Hunderte Meter weit ins Meer waten, ohne den Boden unter den Füßen zu verlieren. Herzufinden ist schon der halbe Spaß: Bitten Sie einen Einheimischen, Ihnen die Richtung des Magens Bay Discovery Trail zu weisen.

St. Thomas wurde 1917 von Dänemark gekauft, ist die erschlossenste der 3 Amerikanischen Jungferninseln und einer der beliebtesten Stopps für Kreuzfahrtschiffe: Duty-Free-Shopping, dänische Architektur und ein Trip zum Magens Bay Beach sind ein Muss. Den Massen können Sie ausweichen, wenn die Schiffe gerade nicht im Hafen liegen – oder halten Sie es wie die Einheimischen: Entspannen Sie am Hull Bay Beach, dem beliebtesten Surfstrand eine Bucht weiter westlich. Hier finden Sie ein Restaurant, eine Bar und sicher auch Ihr eigenes Stück Strand.

INFO: www.usvitourism.vi. **REISEZEIT:** Nov.–Apr.: bestes Wetter; März: International Rolex Regatta; Apr.: Virgin Islands Carnival; Juni–Okt.: Angeln des Blauen Marlin; Aug.: U.S. Virgin Islands Open/Atlantic Blue Marlin Tournament.

33 spektakuläre Strände

ANGUILLA

Kleine Antillen

Anguilla ist eine flache, mit Buschwerk bewachsene Insel ohne viele Sehenswürdigkeiten. Die braucht sie aber auch nicht, denn ihr 20 km langes Ufer birgt die malerischsten weißen Sandstrände und das kristallklarste Wasser der Welt. An einigen der schönsten der 33 Strände haben sich ganz besondere Hotels mit ihren Top-Restaurants angesiedelt, die die Insel zur ersten Wahl für Urlauber machen, die Entspannung suchen. Außerhalb findet man hübsche Städtchen ganz ohne Kreuzfahrtschiffe, Kasinos und Einkaufszentren.

Das romantische Cap Juluca mit seinen weiß getünchten maurischen Türmen, Bögen und Kuppeln war eins der ersten Hotels auf der Insel und beliebt bei Hollywoodgrößen und Bankiers. Das Hotel liegt am kilometerlangen Strand Maundays Bay, auf dessen weißen Zuckersand alle 98 Luxussuiten blicken, und hat den 1. und einzigen Golfplatz der Insel, designt von Greg Norman. Mehr als Badebekleidung wird hier nur im Restaurant Pimms getragen, wo europäische Speisen serviert werden. Schwelgen Sie in Hummercremesuppe mit Cognac oder zartem Schwertfisch, mariniert in grünem Pfeffer.

Nur etwas weiter östlich in Rendezvous Bay an einem endlosen Traumstrand befindet sich das CuisinArt Resort & Spa, ein weiterer weiß getünchter Traum, wo Sie sich in einer Strandliege zurücklehnen und den Blick auf die Vulkanhänge von St. Martin genießen können. Der gegrillte Thunfisch mit Johnnycakes (Grießbrot) an Kräutern und Gemüse aus der hoteleigenen Hydrokulturfarm im Gourmetrestaurant Santorini ist ein Publikumsmagnet, das 2-stöckige Venus Spa einer der größten Wellnesstempel der Karibik.

Spazieren Sie entlang der Küste zum Dune Preserve, der fantastischen Strandbar der lokalen Reggae-Legende Bankie Banx, der zu Vollmondfeiern und dem Musikfestival Moonsplash im März auch gern selbst auftritt.

Auf der Nordseite der Insel thront auf einer Klippe am Strand Meads Bay das Malliouhana Hotel & Spa, zu seiner Eröffnung 1984 das 1.

Anguillas 20 km lange Küstenlinie bietet einige der schönsten Strände der Welt.

Luxushotel auf Anguilla. Sein Wellnesszentrum ist weithin bekannt, und die freundlichen britischen Besitzer sorgen selbst für das Wohlergehen ihrer Gäste. Auch Besucher können im edelsten Restaurant der Insel die exquisite französische Küche mit und eine der umfangreichsten Weinkarten der Karibik genießen. Eine Alternative bietet das mediterrane Hotel Anacaona, nur wenige Schritte von Meads Beach entfernt. Nehmen Sie sich einen Abend Zeit für das nahe Blanchard's, Vorreiter in der Restaurantszene von Anguilla, dessen Beliebtheit nicht zuletzt auf Köstlichkeiten wie Hummerküchlein und warmen Zitrone-Buttermilch-Kuchen mit hausgemachtem Eis zurückzuführen ist.

Der wohl schönste Strand Anguillas ist der 3 km lange Shoal Bay an der Nordostküste, für seine malerischen kleinen Restaurants bekannt. Hier finden Sie Uncle Ernie's, berühmt für Grillhähnchen, Rippchen und seinen speziellen Krautsalat, sowie Gwen's, das wegen seiner Rippchen als Geheimtipp gilt. Nach ausgiebigem Mahl können Sie in Hängematten unter Palmen oder beim Party-Sonntag mit Reggae und Colada entspannen. Oder spielen Sie Schiffbrüchiger im Gorgeous Scilly Cay, einer beliebten Institution auf einer eigenen kleinen Insel. Der im Freien gegrillte, in Currysoße marinierte Anguilla-Hummer ist legendär, also reservieren Sie im Voraus.

INFO: www.anguilla-vacation.com. CAP JULUCA: Tel. +1/264-497-6666; www.capjuluca.com. *Preise:* ab € 366 (Nebensaison), ab € 737 (Hochsaison); Dinner € 55. *Wann:* Sept.–Okt.: geschlossen. CUISINART RESORT: Tel. +1/264-498-2000; www.cuisinartresort.com. *Preise:* ab € 326 (Nebensaison), ab € 604 (Hochsaison); Dinner € 55. *Wann:* Sept.–Okt.: geschlossen. MALLIOUHANA HOTEL: Tel. +1/264-497-6111; www.malliouhana.com. *Preise:* ab € 319 (Nebensaison), ab € 637 (Hochsaison); Dinner € 60. *Wann:* Sept.–Okt.: geschlossen ANACAONA HOTEL: Tel. +1/264-497-6827; www.anacaonahotel.com. *Preise:* ab € 110 (Nebensaison), ab € 222 (Hochsaison). BLANCHARD'S: Tel. +1/264-497-6100; www.blanchardsrestaurant.com. *Preise:* € 45. GORGEOUS SCILLY CAY: Tel. +1/264-497-5123; www.scillycayanguilla.com. *Preise:* Hummeressen € 55. REISEZEIT: Nov.–Apr.: bestes Wetter; März: Moonsplash; Mai: Anguilla-Regatta; Nov.: Tranquility Jazz Festival.

Ein nautisches Kentucky Derby und großartige Strände

ANTIGUA

Kleine Antillen

1784 kam der junge Horatio Nelson nach Antigua, dem 1. Flottenstützpunkt der britischen Marine in der Karibik während der napoleonischen Kriege. Auch heute noch würde er die zu einem Nationalpark seines Namens gehörende Werftanlage wiedererkennen. Die restaurierte Werft ist eine der wenigen noch existierenden georgianischen Schiffswerften. Antigua ist eine der wohl britischsten karibischen Inseln. Während der Antigua-Segelwoche im April belagern mehr als 200 Schiffe aus 25 Ländern diesen sonst ruhigen Ort.

Das Admiral's Inn, ein georgianischer Backsteinbau von 1788, inoffizielles Hauptquartier für die Segelwoche und Herzstück der Werft, ist auch unter dem Namen Ads bekannt und besitzt 13 Zimmer ganz im Ambiente eines alten Schiffs. Hierher kommen die sonnengebräunten Jachtbesitzer, um sich auf der schattigen Terrasse abzukühlen, während ihre heißgeliebten Sportboote an -jachten sanft auf- und abschaukeln. Als ruhigen Rückzugsort vom Tumult der Seglerszene nutzt ein treuer Kundenstamm das altehrwürdige Curtain Bluff Resort, wo 2 perfekte Strände ineinander übergehen. Dort werden die Gäste auf der Windseite nachts von der Brandung in den Schlaf gewiegt, während der windgeschützte Strand als Startpunkt für die Wasseraktivitäten dient. Jeden Mai lockt die renommierte Antigua-Tenniswoche zahlreiche Tennisfans hierher.

Das neueste und edelste Hotel auf Antigua, Carlisle Bay, hat im Inselbild das 21. Jh. eingeläutet: Seine schnittigen Suiten bieten einen wundervollen Blick auf den Strand ohne störendes Nachbarhotel. Die Gäste verlassen selten das

Eine traditionelle britische Telefonzelle am Strand Dickenson Bay.

Hotelgelände, denn an alles wurde hier gedacht – Kinderclub, Wassersport, Wellness, Yoga, Tennis, köstliches Essen – und alles ganz unaufdringlich und geschmackvoll.

Als größte der Inseln über dem Wind ist Antigua zu Recht bekannt für seine 365 Strände – und natürlich das Schnorcheln. Die bekanntesten Strände sind Dickenson Bay im Nordwesten, ein breiter Streifen mit feinem Pudersand und ruhigem türkisfarbenem Wasser, sowie Half Moon Bay, der sich über mehr als 1 km die östliche Küste entlang erstreckt. Der modernste Strand ist Pigeon Point.

Egal, wo auf der 23 x 18 km großen Insel Sie sich befinden, die Shirley Heights sind nie weit: der höchste Punkt Antiguas, wo noch die Überreste von General Shirleys Festung aus dem 17. Jh. zu sehen sind und wo sonntagabends in atemberaubender Kulisse Sonnenuntergangpartys stattfinden.

Antiguas flache und felsige Schwesterinsel Barbuda im Norden ist ein Paradies für Vogelbeobachter und bekannt für eine über 5.000 Exemplare starke Population an Fregattvögeln, deren Zahl die menschliche Bevölkerung der Insel ums Dreifache übersteigt. Die schier endlosen weißen und rosafarbenen Sandstrände von Barbuda treiben jedem Strandliebhaber Freudentränen in die Augen.

Info: www.antigua-barbuda.com. **Werft Nelson's Dockyard:** Tel. +1/268-460-1379; www.antiguamuseums.org/nelsonsdockyard.htm. **Admiral's Inn:** Tel. +1/268-460-1027; www.admiralsantigua.com. *Preise:* ab € 77 (Nebensaison), ab € 126 (Hochsaison). *Wann:* Ende Aug.–20. Okt.: geschlossen. **Curtain Bluff:** Tel. +1/268-462-8400; www.curtainbluff.com. *Preise:* ab € 530 (Nebensaison), ab € 815 (Hochsaison), all-inclusive. *Wann:* Aug.–Ende Okt.: geschlossen. **Carlisle Bay:** Tel. +1/268-484-0002; www.carlisle-bay.com. *Preise:* ab € 315 (Nebensaison), ab € 681 (Hochsaison). *Wann:* Anf. Sept.–Mitte Okt.: geschlossen. **Reisezeit:** Nov.–Apr.: bestes Wetter; Apr.: Classic Yacht Regatta & Sailing Week; Aug.: Sommerkarneval; Dez.: Yacht Show.

Ein Miniarchipel lockt Segler, Angler und Freunde guten Essens

Um die Abaco-Inseln segeln

Abaco-Inseln, Bahamas

Die Abaco-Inseln gehören zu den wohlhabendsten der Äußeren Inseln und sind als „Segelhauptstadt der Welt" bekannt. Auch wenn sie diesen Titel wohl mit den Britischen Jungferninseln und den Grenadinen (s. S. 1077 und 1114) teilen müssen, bieten sie zusätzlich eine schöne Sammlung von 25 Inselchen an der Ostküste der langen, schmalen Hauptinsel Great Abaco. Einige sind unbewohnt, auf anderen befinden sich kleine Resorts und einladende Städte, deren Gründung bis zur Amerikanischen Revolution zurückdatiert, als die Loyalisten aus North und South Carolina hierher übersiedelten. Man kann von Insel zu Insel segeln, um zu schnorcheln, schwimmen, angeln, tauchen oder um die Inseln zu erkunden. Mit Ausnahme von Eleuthera (s. S. 1069) findet man hier mehr Charme des 18. Jh. als irgendwo sonst auf den Bahamas.

Die Stadt Marsh Harbour auf Great Abaco bietet mehrere Jachthäfen, die problemlos angelaufen werden können – hier kann man auch ein Schiff mit oder ohne Crew mieten. Stärken Sie sich im Jib Room mit einem Muschelburger und

Der 1838 erbaute Leuchtturm in Hope Town auf Elbow Reef wird mit Kerosin betrieben und ist weltweit einer der letzten seiner Art.

dem Spezialgetränk Bilg Burner. Hier kann man nicht nur einen atemberaubenden Hafenblick, sondern an 2 Tagen pro Woche auch Musik, Tanz und Essen genießen: gegrillte Schweinerippchen am Mittwoch und saftiges Porterhouse-Steak am Samstag. Elbow Cay ist besonders bekannt für seinen 37 m hohen rot-weiß gestreiften Leuchtturm, der 1838 im reizenden Dörfchen Hope Town errichtet wurde.

Die Hotels auf den Abaco-Inseln sind üblicherweise recht klein und zwanglos. Das Abaco Inn in Elbow Cay lädt mit seinen fröhlich im Inselstil eingerichteten Zimmern zwischen Dünen und Kokospalmen zum Wiederkommen ein. Sein Restaurant auf dem Gipfel einer sandigen Erhöhung mit verträumtem Blick auf den Atlantik und das Meer von Abaco hat den Ruf, den besten Fisch der Umgebung zu servieren (probieren Sie den gegrillten Wahoo oder den knusprigen, mit Kokosnuss gebratenen Zackenbarsch). Den Nachtisch holen Sie sich am besten bei Miss Belle, die bereits in der 4. Generation in Hope Town lebt. Ihre Limetten-, Kokos- und Schokoladenkuchen sind legendär. Ganz an der Spitze von Elbow Bay befindet sich Tahiti Beach, ein wunderschöner Sandstrand mit klarem türkisfarbenem Wasser, so abgeschieden, dass man es nur zu Fuß, mit dem Rad, Golfwagen oder Schiff erreicht.

Man-O-War Cay versetzt seine Gäste mit pastellfarbenen Schindelhäusern und weißen Fenstern in eine andere Zeit zurück. Die Einwohner sind zu Recht stolz auf ihre 200 Jahre zurückreichende Schiffbautradition und bauen auch heute noch ihre berühmten Glasfaserboote. Great Guana, die längste der Inseln, erstreckt sich über 11 km, hat aber nur 100 Einwohner. Der weite, menschenleere Strand zieht sich die gesamte Länge der Insel entlang und ist einer der schönsten der Bahamas. Hier befindet sich auch das Nippers, eine der besten und familienfreundlichsten Strandbars. Das mehrgeschossige Gebäude steht auf einer 12 m hohen Düne und bietet optimalen Zugang zum großartigen Great Abaco Barrier Reef Beach. Die Erwachsenen genießen Nipper Trippers, ein gefrorenes Gebräu aus 5 Rum- und 2 Saftsorten, während die Kinder in kleinen Pools planschen können. Sonntags warten ein gebratenes Schwein und eine ganztägige Party.

Treasure Cay bietet einige der besten Fischgründe und einen zum Treasure Cay Hotel Resort & Marina gehörenden, von Dick Wilson designten 18-Loch-Golfplatz. Nur wenige Schritte entfernt befindet sich der überraschend wenig überlaufene Treasure Cay Beach, ein 5 km langer, perfekt zum Schwimmen geeigneter Strand mit unglaublich feinem Sand. Auf Green Turtle Cay findet man New Plymouth, ein weiteres historisches Dorf von 1783, wo amerikanische Loyalisten Zuflucht suchten. Jetzt ist der Ort vor allem bekannt für Miss Emily's Blue Bee Bar, wo Junkanoo-Masken hängen und man den berühmten Goombay Smash probieren kann. Das Geheimrezept enthält angeblich Kokosrum, Dirty Rum, Apricot Brandy und Ananassaft. Nehmen Sie sich einen mit zum meist menschenleeren Strand Coco Bay, wo Kasuarinen Ihnen Schatten spenden.

Die Abaco-Inseln sind berühmt für ihre Fische: Gelbschwanz-Riffbarsche und Zackenbarsche an den Riffen, Marline, Thunfische und den gewitzten Grätenfisch. Auf der Westseite von Great Abaco locken saftige Mangroveninseln und sandige Inselchen. INFO: www.myoutislands.com. WIE: The Moorings vermietet Jachten mit und ohne Besatzung. Tel. +1/242-367-4000; www.moorings.com. JIB ROOM: Tel. +1/242-367-2700; www.jibroom.com. Preise: Dinner € 20. ABACO INN: Tel. 242-366-0133; www.abacoinn.com. Preise: ab € 120; Dinner € 37. Wann: Mitte Aug.–Mitte Okt.: geschlossen NIPPERS: Tel. +1/242-365-5143; www.nippersbar.com. Preise: Mittagessen € 11. TREASURE CAY HOTEL RESORT & MARINA: Tel. +1/954-525-7711; www.treasurecay.com. Preise: ab € 96; Greenfee € 48 (Gäste), € 66 (Besucher). REISEZEIT: Nov.–Mai: bestes Wetter; Apr.–Juni: Bahamas Billfish Championship; Anf. Juli: Bahamas Cup und Regatta Time in Abaco; Mai–Aug.: Blauer-Marlin-Fischen.

Blue Holes, Grätenfisch und betörende Strände

ANDROS

Bahamas

Andros, die größte Insel der Bahamas, ist von unzähligen seichten Kanälen durchzogen und hat eine entsprechend geringe Bevölkerungsdichte. Außer eingeweihten Besuchern, die kommen, um im glasklaren Wasser zu tauchen und zu fischen, erforscht sie kaum jemand. Parallel zur Ostküste liegt das mit 225 km Länge drittgrößte Riff der Welt, nach Riffen in Australien und Zentralamerika. Dahinter fällt das Meer 1,8 km ab und bildet die als Tongue of the Ocean (TOTO) bekannte Tiefseerinne. Hier finden Taucher die atemberaubenden kathedralenähnlichen Höhlen, genannt Blue Holes, die Jacques Cousteau weltberühmt gemacht hat. Auf den Bahamas gibt es mehr davon als irgendwo sonst auf der Welt.

All dies befindet sich nur 1,6 km vor der Küste des ältesten und wohl besten Angelresorts Small Hope Bay Lodge. Wenn Sie tauchen oder schnorcheln lernen wollen, ist dieses Paradies der richtige Ort dafür. Während es sich andere Gäste mit einem Buch oder Bier in einer Hängematte zwischen den Kokospalmen bequem machen, können Wassersportler hier sogar Zertifikate erwerben. In dieser legeren Strandhauskolonie tut niemand vornehm – wenn überhaupt, werden Schuhe nur zum Essen getragen, bei dem Muschelsuppe, Hummer und warme hausgemachte Pfannkuchen serviert werden. Passionierte Angler kommen auch wegen reicher Vorkommen von Marlin und Blauflossen-Thunfisch hierher, aber auf der ganzen Welt bekannt ist Andros für den Grätenfisch. Die große Zahl an Exemplaren mit oft mehr als 5,5 kg macht Andros zu einem der aufregendsten Angelplätze der Welt. Cargill Creek ist der richtige Ort, um einen ortskundigen Spezialisten anzuheuern, der einen durch das sandige und seichte Wasser führt.

Das Kamalame Cay, eines der wenigen privaten Inselresorts auf den Äußeren Inseln der Bahamas, bietet Luxus pur. Das 39 ha große Anwesen an der nordöstlichen Küste von Andros wartet mit britischem Kolonialcharme des 19. Jh. auf und bietet 3 Dutzend Gästen relativ budgetfreundliche Zimmer mit fantastischem Meerblick oder auch luftig-elegante Strandvillen. Das nur 1,5 km entfernte Riff verwöhnt Taucher und Schnorchler mit außergewöhnlichen Unterwassermomenten.

INFO: www.myoutislands.com. SMALL HOPE BAY LODGE: Tel. +1/242-368-2013; www.smallhope.com. *Preise:* ab € 348, all-inclusive. KAMALAME CAY: Tel. +1/876-632-3213; www.kamalame.com. *Preise:* ab € 300. *Wann:* Ende Aug.–Mitte Okt.: geschlossen. REISEZEIT: Nov.–Apr.: bestes Wetter; Nov. und Mai: Angeln.

Inselgeschichte und rosa Sand

HARBOUR ISLAND

Eleuthera, Bahamas

Harbour Island, eine der ältesten Siedlungen der Bahamas, ist bekannt für seinen kolonialen Charme und Barfuß-Glamour. Mit 5,5 km Länge und weniger als 1 km Breite ist es so klein, dass Golfwagen und Strandräder das Bild bestimmen. Prominente und Modefans reisen mit dem Wassertaxi von Eleuthera an, einer 160 km langen Insel. Ihr Name, griechisch für „Freiheit", geht zurück auf die puritanischen Siedler, die sich 1648 nach ihrer Vertreibung von den Bermudas hier ansiedelten.

Harbour Island (bei den Einheimischen „Briland") ist berühmt für seinen fast 5 km langen rosafarbenen Sandstrand. Seine faszinierende Farbe entsteht durch die Vermischung roten Planktons mit feinsten weißen Korallenstückchen. Dieses perfekte Postkartenpanorama wird von ruhigem türkisblauem Wasser umspült und durch ein Riff geschützt, das ihn zu einem der sichersten und badefreundlichsten Strände der Bahamas macht, harmonisch gesäumt von kleinen Villen und Resorts ganz ohne Menschenmassen. Abgesehen von Ruhe und Zurückgezogenheit gibt es artenreiche Angelreviere und für Strömungstaucher mit dem Current Cut Dive eine der weltbesten Unterwasserrinnen.

Das charmante Örtchen Dunmore Town wurde 1791 von Lord Dunmore, dem Gouverneur der Bahamas, angelegt. Egal, ob in Spelunken oder hochwertigen Restaurants, hier finden Sie überall exzellentes Essen. Beginnen Sie mit Queen Conch, einer Hütte gleich beim Fischereihafen auf der Bay Street, wo Sie auf der Karte nur ein von Einheimischen als Aphrodisiakum geschätztes Gericht finden werden: frisch gefangene, geknackte und gewürfelte Meeresschnecken, aufgepeppt mit Scotch-Bonnet-Chilis und einem kühlen in Nassau gebrauten Kalik-Bier. Im limonengrünen Strandrestaurant Sip Sip bilden Meeresschneckenchili, mit Hummer gefüllte Quesadillas und Möhrenkuchen mit Rum das ideale Menü.

Einen Hauch von Miami Beach spürt man auf einer kleinen Klippe über dem Hafen, wo das Rock House, ein ehemaliges katholisches Schulhaus, zu einem sehr schicken britisch-mediterranen Gasthaus umgebaut wurde, geprägt von traditionellen Strohdachhütten, die sich um den glitzernden Pool schmiegen. Besonders stilvoll untergebracht ist man im Landing, einem der prächtigen alten Herrenhäuser, das um 1800 direkt am Fähranleger errichtet wurde. Hier werden die Gäste mit original karibischen Kiefernholzböden, Kalksteinwänden, Rundumveranden, exquisiten Menüs und einem atemberaubenden Blick auf den Hafen verwöhnt.

Im Herzen der Insel befindet sich das 1951 eröffnete Pink Sands Resort, das sich lange im Besitz von Chris Blackwell, dem Gründer von Island Records, befand und Maßstäbe setzte. Auch heute noch sind die 25 pastellfarbenen Hütten glamouröses Ziel für ein junges, hippes Publikum. Sie stehen verstreut auf über

80.000 m² an einem der schönsten Strände der Bahamas, und Hotelgäste und Besucher genießen in der Blue Bar karibische Menüs in ungezwungen-eleganter Atmosphäre, die der Inselstimmung entspricht. **Info:** www.myoutislands.com. **Sip Sip:** Tel. +1/242-333-3316. *Preise:* Mittagessen € 30. **Rock House Hotel:** Tel. +1/242-333-2053; www.rockhousebahamas.com. *Preise:* ab € 222; Dinner € 55. *Wann:* Aug.–Okt.: geschlossen. **The Landing:** Tel. +1/242-333-2707; www.harbourislandlanding.com. *Preise:* ab € 185; Dinner € 52. *Wann:* Sept.–Okt.: geschlossen. **Pink Sands Resort:** Tel. +1/242-333-2030; www.pinksandsresort.com. *Preise:* Hütten ab € 366 (Nebensaison), ab € 555 (Hochsaison); Dinner € 40. **Reisezeit:** Nov.–Mai: bestes Wetter; Juli: Eleuthera Pineapple Festival; Okt.: North Eleuthera/Harbour Island Sailing Regatta.

Schwimmende Schweine, spektakuläre Segelabenteuer und ein Meeresreservat

Die Exumas

Bahamas

Wenn Sie per Flugzeug zu den Exumas reisen, buchen Sie einen Fensterplatz. Während des Anflugs über die 180 km lange Kette von 365 Inselchen, die sich bis ca. 50 km südöstlich von Nassau erstrecken, bietet sich Ihnen ein erster Eindruck davon, warum diese zum größten Teil unbewohnten Inseln als Kronjuwelen der Bahamas angesehen werden: Malerische Kanäle und Sandbänke steigen wie in einem wunderschönen Sandgemälde aus dem in allen vorstellbaren Blautönen schimmernden Meer auf.

Die Abaco-Inseln (s. S. 1066) gelten weithin als bester Segelspot der Karibik, doch die Exumas könnten ihnen die Show stehlen. Ihr Herzstück ist der 455 km² umfassende, atemberaubend schöne Exuma Cays Land and Sea Park, in dem Korallengärten sprießen und Meeresschnecken, Zackenbarsche und Hummer in unfassbarer Fülle vorkommen. Den 1959 errichteten, ältesten Nationalpark der Welt erreichen Sie nur mit eigenem Boot oder auf einer Tour. Der Landbereich ist hübsch und bietet Schildkröten, Leguanen und Vögeln einen idyllischen Lebensraum. Wirklich überwältigend ist aber das Meer, der wohl schönste Ort auf den Bahamas zum Kajakfahren, Segeln, Schnorcheln und Tauchen.

Staniel Cay Yacht Club ist der perfekte Ausgangspunkt für Ausflüge zum Park und zur nach dem 1965 dort gedrehten James-Bond-Film benannten Thunderball-Meereshöhle, in der vor allem Schnorchler auf ihre Kosten kommen und gutmütige schwimmende Schweine zu den Booten paddeln, um sich füttern zu lassen. Hinter dem mondänen Namen verbergen sich 9 bescheidene bunte Hütten direkt auf dem Wasser, ein Jachthafen mit 18 Anlegeplätzen und ein kleiner Landeplatz. Er bezeichnet aber auch den angesagtesten Ort der Segelwelt während der Neujahrs-Segelregatta.

Great Exuma Island mit seiner charmanten Hauptstadt George Town liegt am südlichen Ende des Archipels. Hier finden Sie mit dem modernisierten Augusta Bay Bahamas eine elegante Unterkunft, von deren 16 Suiten aus der Blick über den weißen Strand schweift. Sehen Sie sich den Fish Fry an, bunte Strandhütten am Pier, wo zu Musik Schneckensalat, gebratener Fisch und Hummer aufgetischt werden. Oder begleiten Sie Models, Fotografen und Seeleute auf ihrem Kurztrip nach Stocking Island, einer nahen Insel, die sich wegen ihrer Strände besonderer Beliebtheit erfreut. Legendär ist die Strandbar Chat 'N' Chill, in der Schneckenburger, Rippchen und sonntags auch gebratenes Schwein zu Musik serviert werden. **Info:** www.myoutislands.com. **Exuma Cays Land & Sea Park:** www.exumapark.com. **Staniel Cay Yacht Club:** Tel. +1/242-355-2024; www.stanielcay.com. *Preise:* ab € 107 (Nebensaison), ab € 155 (Hochsaison). **Augusta Bay Bahamas:** Tel. +1/242-336-2251; www.augustabaybahamas.com. *Preise:* ab € 130 (Nebensaison), ab € 166 (Hochsaison). **Chat 'n' Chill:** Tel. +1/242-336-2700. *Preise:* Dinner € 22, gebratenes Schwein € 15. **Reisezeit:** Dez.–Mai: bestes Wetter; Ende Apr.: Family Island Regatta in George Town.

Zauberhafte Begegnungen

Mit Delfinen tauchen

Little Bahama Bank, Bahamas

Die Bahamas sind ein riesiger Archipel 750 sonnenverwöhnter Inseln und 2500 Inselchen, die sich über 250.000 km² grünen und kobaltblauen Meeres verteilen. Sie befinden sich so dicht bei Florida (und doch gefühlt so weit entfernt), dass viele Besucher ihr Inselhopping mit privaten Jachten oder Flugzeugen von dort aus starten. Praktisch ist für amerikanische Touristen, dass eines der Highlights der Bahamas direkt vor Palm Beach beginnt: eine 1-wöchige Begegnung mit wilden Delfinen in deren natürlichem Lebensraum.

Im Frühling und Sommer versammelt sich eine Schule wilder Fleckendelfine nördlich der Insel Grand Bahama, um mit den Menschen zu spielen und zu schwimmen. Sie scheinen durchaus angetan von ihren menschlichen Spielkameraden. Captain Scott von Dream Team, der seit über 30 Jahren diese 1-wöchigen Expeditionen ausrichtet, ist inzwischen Ehrenmitglied der Gruppe. Sobald die Delfine das Geräusch seiner 26 m langen *Dolphin Dream* hören, erscheinen sie und reiten in den Bugwellen des Schiffs. Sie wollen sehen, wen Scott im kristallklaren Wasser für sie absetzt. Delfinbabys spielen mit Ihnen, während die Mütter mit einem wachsamen Auge auf das Geschehen ihre Kreise ziehen. Manchmal bleiben sie einige Minuten, manchmal mehrere Stunden. Meistens kommt es während des Trips zu 1 oder 2 Begegnungen pro Tag (oder manchmal Nacht).

Wilde Fleckendelfine haben sich daran gewöhnt, ihren Lebensraum mit Menschen zu teilen.

Das Schiff dient dann 8–12 Passagieren als Hotel. Das Wasser über der Little Bahama Bank ist seicht, ruhig und klar mit unglaublichen Sichtweiten – perfekt für Schnorchler und Schwimmer, die hier auch dann noch Spaß haben, wenn die Delfine wieder verschwunden sind.

Dream Team: Tel. +1/561-848-5375; www.dolphindreamteam.com. **Preise:** Wochentrips ab € 1181 pro Person bei 8 Passagieren, all-inclusive. **Wann:** Apr.–Aug.

Prahlerische und diskrete Extravaganz

DAS CLUB-PARADIES

Paradise Island und New Providence Island, Bahamas

Paradise Island ist der winzige Nachbar des geschäftigen Nassau, der Hauptstadt der Bahamas auf New Providence Island. Die schmale, lang gezogene Insel beheimatet das Mega-Resort Atlantis und das fortschrittlichste und teuerste Stück Strand des ganzen Archipels. Trotzdem fühlt man sich im One&Only Ocean Club angenehm weitab von allem. Es ist eines der schönsten Resorts der Karibik, in dem von den Parks von Versailles inspirierte Gärten Auge und Körper entspannen. William Randolph Hearst erwarb eigens ein französisches Kloster aus dem 12. Jh. und ließ es Stück für Stück in die Karibik bringen, sodass das noble Domizil den perfekten Drehort für den James-Bond-Film *Casino Royale* bot.

105 Zimmer eignen sich perfekt für Hochzeitsreisende, die neben Ruhe und Privatsphäre alle Vorteile eines großen Resorts genießen möchten: ein 18-Loch-Golfplatz, designt von Tom Weiskopf, 6 Tennisplätze und das Strandrestaurant Dune, in dem Promikoch Jean-Georges Vongerichten zaubert, sind neben 8 Wellnesspavillons im balinesischen Stil mit privaten Wasserfallduschen nur einige Annehmlichkeiten.

Nebenan thront das Atlantis, ein Themenpark mit mehr als 3000 Zimmern, der wie Las Vegas in den Tropen anmutet und von Einheimischen und Touristen gleichermaßen geliebt und gehasst wird. Der Aquaventure-Wasserpark hat eine künstliche Lagune, in der man Freundschaft mit Delfinen schließen kann, und den weltgrößten Meereslebensraum, in dem mehr als 50.000 Meeresbewohner leben. Zur Unterhaltung tragen ein Kasino und die Promikoch-Außenposten von Nobu Matsuhisa, Bobby Flay und Jean-Georges Vongerichten bei. 2 der vielen Türme des Atlantis beherbergen Hotels im Hotel: das protzige, auf Paare ausgelegte Cove Atlantis und das familienfreundliche Reef Atlantis. Eine Pause von all dem Prunk bietet der nahe Cabbage Beach, eine 3 km breite, wunderschöne Fläche mit weißem Sand, gesäumt von Palmen und Kasuarinen, die in den Paradise Beach übergeht.

Das städtische Nassau auf der anderen Seite der Brücke ist am ehesten für Kasinos, Mega-Resorts und endlose Paraden von Kreuzfahrtschiffen bekannt, aber das sehr passend benannte A Stone's Throw Away bietet eine willkommene Erholung. Erst vor Kurzem errichtet, sieht es mit seinen Holzböden, Jalousien und Rundumterrasse wie eine hübsche alte bahamaische Plantage aus. Weiter westlich können Sie sich an der nur ein paar Schritte vom berühmten Love Beach entfernten Bar des Compass Point Beach Resort einen Cocktail zum Sonnenuntergang gönnen. Die bunten Schindelhütten bieten frische Brisen und freien Blick auf einen der wenigen unverfälschten Strandabschnitte von Nassau. Die bunten Farben künden auch vom Junkanoo, dem afrobahamaischen Karneval, aus einer Zeit, als Plantagenbesitzer ihren Sklaven zwischen Weihnachten und Neujahr einen seltenen Urlaub gewährten – der heute mit prächtigen Paraden gefeiert wird.

INFO: www.bahamas.com. **ONE&ONLY OCEAN CLUB:** Tel. +1/242-363-2501; http://oceanclub.oneandonlyresorts.com. *Preise:* ab €381 (Nebensaison), ab €763 (Hochsaison). **ATLANTIS:** Tel. +1/242-363-3000; www.atlantis.com. *Preise:* ab €207 (Nebensaison), ab €356 (Hochsaison) für Atlantis; ab €437 (Nebensaison), ab €585 (Hochsaison) für Cove Atlantis; ab €344 (Nebensaison), ab €522 (Hochsaison) für Reef Atlantis. **A STONE'S THROW AWAY:** Tel. +1/242-

327-7030; www.astonesthrowaway.com. Preise: ab € 140. COMPASS POINT: Tel. +1/242-327-4500; www.compasspointbeachresort.com. Preise: ab € 222; Dinner € 37. REISEZEIT: 26. Dez.–1. Jan.: Junkanoo; Juni/Juli: Nassau/Paradise Island Junkanoo Summer Festival.

Das „Little England" der Karibik

DIE PLATINKÜSTE

Barbados, Kleine Antillen

Mehr als 300 Jahre britischer Herrschaft haben diese wunderschöne, mit Traumstränden bestechende Insel geprägt. Obwohl Barbados seit 1966 unabhängig ist, ist seine britische Atmosphäre noch immer spürbar. Der Nachmittagstee ist eine Tradition, Kricket der Nationalsport, und die meisten Touristen sind Briten, die es vor allem zur „Platinküste" im Westen zieht, wo die namengebenden noblen Hotels und Eigentumswohnungen mit traumhaftem Blick aufgereiht sind. Hier ist das Meer am ruhigsten, die Strände sind am schönsten, und direkt vor der Küste schnorchelt man mit geselligen Meeresschildkröten.

Das Juwel der Westküste ist das Sandy Lane. Zu seinen 45 Golflöchern gehört der von Tom Fazio designte Green-Monkey-Kurs, einer der besten der Region. Das Wellnesszentrum ist bekannt für exzellente Therapeuten und ausgezeichnete Aromatherapiebehandlungen. Hier war es schon immer Tradition, sich für das Dinner herauszuputzen, sodass es Liebhaber der lässigen Kleidung eher in das draußen am Meer liegende Bajan Blue zieht.

Der Beweis dafür, dass Barbados auch kulinarisch einiges zu bieten hat, findet sich im Fish Pot, wo im stilvollen Open-Air-Essbereich beinahe schon direkt auf den Wellen originelle Gerichte wie Hühnchen und Gänseleberpastete mit Guave-Ingwer-Marmelade serviert werden. Wer eher traditionelle lokale Gerichte sucht, sollte die Inselspezialität versuchen: Fliegender-Fisch-Sandwich. Der beste Ort dafür ist Oistins, ein Fischerdorf an der Südküste, wo beim freitags stattfindenden Fish Fry gegrillter oder frittierter Fisch zusammen mit kühlem Banks-Bier serviert wird. Viel laute Musik, Tanz und Rum garantieren die beste Party der Insel.

Die berühmteste Attraktion auf Barbados ist Harrison's Cave, wo es eine umwerfende Sammlung gut ausgeleuchteter Stalaktiten und Stalagmiten zu sehen gibt. Von hier aus können Sie sich zur dem Atlantik zugewandten, felsigeren und windigeren Ostküste begeben. Die Gegend ist so ruhig, dass die Einheimischen sie „das Land" nennen. Die Strände rund um Bathsheba sind wunderschön, etwas kühler und rauer als andere und daher ideal zum Surfen, insbesondere der „Soup Bowl", wo es die höchsten Wellen der Insel gibt und jeden November ein Surfwettbewerb stattfindet. Von dort fußläufig zu erreichen ist das Sea U Guest House, ein Kolonialstil-Karibikhaus

Die atemberaubende unterirdische Szenerie von Harrison's Cave blieb bis in die 1970er-Jahre unerforscht.

mit Mahagonimöbeln, Batikkunst und Hängematten zwischen Palmen. Leicht hügelaufwärts gelangt man zum 2,5 ha großen Andromeda Botanic Garden, der das Meer überblickt. Zu seinen 600 Pflanzenarten gehört neben einer umfangreichen Sammlung Helikonien, Orchideen und Palmen auch ein massiver Feigenbaum, nach dem die Portugiesen die Insel „Los Barbados" nannten – „die Bärtigen".
Info: www.visitbarbados.org. **Sandy Lane:** Tel. +1/246-444-2000; www.sandylane.com.
Preise: ab € 881 (Nebensaison), ab € 1074 (Hochsaison). **The Fish Pot:** Tel. +1/246-439-3000; www.littlegoodharbourbarbados.com. *Preise:* Dinner € 45. **Harrison's Cave:** Tel. +1/246-438-6640; www.harrisonscave.com. **Sea U Guest House:** Tel. +1/246-433-9450; www.seaubarbados.com. *Preise:* ab € 90. **Andromeda Botanic Garden:** Tel. +1/246-433-9384; andromeda.cavehill.uwi.edu. **Reisezeit:** Nov.–Apr.: bestes Wetter; Juli–Aug: Crop Over Festival.

Weit mehr als nur eine Hose und ein Dreieck

Bermuda

Bermuda (Britisches Überseegebiet)

Die Bermudainseln sind deutlich kühler als die südlicher gelegenen karibischen Inseln und am besten bekannt für ihre atemberaubenden rosafarbenen Sandstrände (entstanden durch die Vermischung von Sand mit zermahlenen roten Riffeinzellern), die Bermudashorts – in Kombination mit Blazer, Krawatte und Kniestrümpfen die Standard-Geschäftskleidung für Männer – und natürlich für das „Bermudadreieck" und seinen inzwischen widerlegten Mythos über das Verschwinden von Schiffen in einem riesigen Ozeangebiet, das die Bermudas einschließt.

Die Bermudainseln sind ein Archipel aus 7 großen und 143 kleineren, mit Brücken und Dämmen verbundenen Inseln. Als die britische *Sea Venture* hier 1600 kenterte und damit wohl Shakespeares *Der Sturm* inspirierte, blieben einige Unerschütterliche auf den rettenden Inseln und begründeten hier die älteste Kolonie Englands.

Allein die Strände wären Grund genug, zu bleiben. Allgemein sind die Südstrände, darunter Horseshoe Bay mit seinem Postkartenpanorama, noch malerischer als die nördlich gelegenen. Direkt an den Stränden gibt es keine Hotels, aber das 1908 errichtete, ehrwürdige Elbow Beach Hotel ist so dicht dran wie möglich. Die 235 Zimmer umfassende Nobelherberge gehört heute zur Hotelgruppe Mandarin Oriental, bietet das schönste Wellnesszentrum der Insel, Nachmittagstee und exzellentes Essen vom romantischen Restaurant Lido bis hin zu Mickey's, dem besten Bistro am Strand. Hier sollten Sie den Dark 'n' Stormy probieren, eine Mischung aus Black-Seal-Rum und Barritts-Ingwerbier.

Für etwas mehr Ruhe von Sonnenauf- bis -untergang empfiehlt es sich, einen Roller zu mieten – auf Bermuda gibt es keinen Autoverleih – und zum weichen und unfassbar rosafarbenen Strand Warwick Long Bay zu fahren. Mit seinen über 518 km^2 und dem klaren Wasser sind die Bermudas ideal besonders zum Wracktauchen. Zu den leicht erreichbaren historischen Wracks gehören die *Sea Venture*, ein Raddampfer aus den Zeiten des Bürgerkriegs, und das Luxus-Kreuzfahrtschiff *Cristóbal Colón* aus den 1930ern.

Nur für einen Sport bietet Bermuda noch bessere Bedingungen: Golf. Es gibt hier mehr Golfplätze pro Quadratkilometer als irgendwo anders. 6 öffentliche und 2 private Golfclubs bieten eine spektakuläre Kulisse, herausfordernde Bahnen und Wind – viel Wind – plus eine lange Tradition der Vortrefflichkeit, die man selten außerhalb Schottlands findet (s. S. 162). Der malerischste Club, Riddell's Bay, wurde 1922 eröffnet. Belmont Hill, hügelig und anspruchsvoll, öffnete ein Jahr später. Der private Mid Ocean Club hat in Sachen Schönheit und Anspruch einen Rivalen im Tucker's Point Gold Course gefunden, der beim Castle Harbour gestaltet wurde. Nebenan liegt Rosewood Tucker's Point, mit 88 Zimmern das erste Luxushotel, das seit 1970 auf den Bermudas gebaut wurde. Das exzellente Restaurant und einige der schönsten Küsten der Bermudas sind nur 2 seiner Vorzüge.

Die bekannten „Hüttenkolonien" der Bermudas sind eine lokale Tradition, die sich am deutlichsten im Cambridge Beaches Resort & Spa, einem edlen Anwesen im Stil eines Country Clubs aus den 1920ern, an der Westküste widerspiegelt. Es erstreckt sich über eine 12 ha große Halbinsel, die von Buchten und 4 pulvrigen Sandstränden eingerahmt wird. Täglich gibt pünktlich der Nachmittagstee serviert, und das formelle Restaurant Tamarisk ist überaus beliebt.

Die kleine All-inclusive-Anlage Reefs liegt auf einem Kalksteinkliff mit Blick auf einen rosafarbenen Strand. Ein Tisch mit Meeresblick im Coconuts ist begehrt, das Restaurant Royston's die formellere Wahl. Der Aufenthalt in der kleinen Hauptstadt Hamilton ist ein Vergnügen, wenn Sie im Rosedon Hotel einchecken, einem Gebäude von 1906, das zu einem 44-Zimmer-Gästehaus erweitert wurde, wo man Frühstück und Nachmittagstee genießen kann. Hier gibt es alles, außer einem rosafarbenen Strand – aber Elbow Beach ist ja nur 10 Minuten mit dem Roller entfernt.

Info: www.bermudatourism.com. **Elbow Beach Hotel:** Tel. +1/441-236-3535; www.mandarinoriental.com/bermuda. *Preise:* ab €220 (Nebensaison), ab €530 (Hochsaison). **Bermuda Golf Association:** Tel. +1/441-295-9972; www.bermudagolf.org. **Rosewood Tucker's Point:** Tel. +1/441-298-4010; www.tuckerspoint.com. *Preise:* ab €293 (Nebensaison), ab €481 (Hochsaison); Dinner im Point €52. **Cambridge Beaches Resort & Spa:** Tel. +1/441-234-0331; www.cambridgebeaches.com. *Preise:* ab €285 (Nebensaison), ab €352 (Hochsaison). **The Reefs:** Tel. +1/441-238-0222; www.thereefs.com. *Preise:* ab €305 (Nebensaison), ab €481 (Hochsaison), all-inclusive. **Rosedon Hotel:** Tel. +1/441-295-1640; www.rosedon.com. *Preise:* ab €185 (Nebensaison), ab €215 (Hochsaison). **Reisezeit:** Mai–Okt.: gutes Wetter; Jan.–Feb.: Bermuda Festival; Juni: Segelbootrennen; Ende Sept.–Anf. Okt.: Bermuda Music Festival; Ende Okt.: Bermuda Tattoo.

Korallenriffs und Tauchen rund um die Uhr

BONAIRE NATIONAL MARINE PARK

Bonaire, Kleine Antillen (Besondere Gemeinde der Niederlande)

Die fast vollständig von Korallenriffen umgebene Insel Bonaire ist ein einziger großer Tauchspielplatz. 86 markierte Tauchspots verteilen sich über die 39 km lange bumerangförmige Küstenlinie, und gelb bemalte Felsen an der Straße zeigen an, wo man anhalten und lostauchen kann. Keine andere Insel hat so viele erstklassige Plätze so dicht an der Küste, eine so umweltbewusst denkende Tauchindustrie oder eine ähnlich zukunftsorientierte Regierung.

Die blauen Doktorfische sind Teil der bunten Unterwasserwelt von Bonaire.

Ihr zu verdanken ist die beispiellose Schaffung des Bonaire National Marine Park 1979. Der Park umfasst fast die ganze Insel und ist Heimat einiger der gesündesten und großartigsten Korallengärten mit harten und weichen Korallen, in denen riesige Schwärme tropischer Fische leben – über 370 Arten; Doktorfische, Gestreifte Sergeants, Trompetenfische und 4-äugige Falterfische. Für Schnorchler und Taucher werden hier Träume wahr. Aktivitäten, die die Riffs gefährden, wie Ankern, Speerfischen und das Berühren von Korallen, sind im Park streng verboten. Spezielle Tauchanlegeplätze sorgen rund um Bonaire und Klein Bonaire, die kleine, unbewohnte Insel im Westen der windgeschützten Küste, für optimalen Zugang. Zudem ist Bonaire relativ trocken und der Süßwasserabfluss minimal, sodass die Unterwassersicht mit 18–30 m zu den besten der Karibik zählt.

An der Westküste, nahe Klein Bonaire, befindet sich Captain Don's Habitat, das Zentrum für Sporttaucher. Der kalifornische Captain Don ist eine Insellegende und trug entscheidend zum Naturschutz und nachhaltigen Tourismus bei. Die Zimmer und Villen haben eine lockere Atmosphäre, und das PADI-Tauchzentrum bietet 50 exzellente Tauchgänge nur 15 Bootsminuten entfernt. Bonaire ist bisher größtenteils von großen Entwicklungen verschont geblieben, doch luxuriösere Unterkünfte findet man im nahen Harbour Village Beach Club, der mit mediterranen Villen aufwartet, einem privaten, von Palmen gesäumten weißen Sandstrand und Tauchlehrern, die jederzeit zur Verfügung stehen.

Bonaire hat auch an der Wasseroberfläche einiges zu bieten, einschließlich einiger der besten Windsurfing- und Kajakmöglichkeiten der Karibik auf dem ruhigen Wasser von Lac Bay, wo die warmen Passatwinde beweisen, dass Bonaire – „gute Luft" – seinen Namen zu Recht trägt. Von Dezember bis März kann man sich an der nordwestlichen Spitze am Anblick der rosa Flamingos auf den Salzflächen im Washington-Slagbaai National Park erfreuen.

Info: www.tourismbonaire.com. **Bonaire Marine Park:** Tel. +599-717-8444; www.bmp.org. **Captain Don's:** Tel. +599-717-8290; www.habitatbonaire.com. *Preise:* ab € 110 (Nebensaison), ab € 140 (Hochsaison). **Harbour Village:** Tel. +599-717-7500; www.harbourvillage.com. *Preise:* ab € 203 (Nebensaison), ab € 285 (Hochsaison). **Washington-Slagbaai Park:** Tel. +599-788-9015; www.washingtonparkbonaire.org. **Reisezeit:** Jan.–Okt.: Tauchen; Juni: Bonaire Dive Festival.

Die Partyhochburg der Karibik

Jost Van Dyke

Britische Jungferninseln, Kleine Antillen

Diese schroffe, hügelige Insel mag mit ungefähr 10 km² klein sein, hat aber viel Charakter. Ihren Namen verdankt sie angeblich einem niederländischen Piraten, der hier sein Versteck hatte. Den Hafen von Jost Van Dyke steuern Segler an (s. unten), wenn sie Spaß haben wollen. Es gibt viele Strandbars hier, die berühmteste ist Foxy's Tamarind Bar in der Nähe des Docks in Great Harbour, 1968 von Foxy Callwood gegründet. Er ist Besitzer und Witzbold und wurde von Königin Elisabeth II. für seinen Beitrag zur lokalen Kultur und zum Tourismus zum Mitglied des Order of the British Empire ernannt. Ein untrügliches Zeichen dafür, dass Sie als karibischer Reisender am Ziel sind, ist, wenn Foxy einen Song über Sie improvisiert. An Silvester versammeln sich im Hafen zahllose Boote für eine gigantische Party unter dem karibischen Sternenhimmel.

Den Tag verbringt man am besten am White Bay, einem perfekten, weißen Sandstrand, wo man großartig schnorcheln kann und es genug Strandbars gibt, darunter Seddy's One Love, die Foxys Sohn gehört, und Ivan's Stress Free Bar. Überall bekannt ist die Soggy Dollar Bar. Dorthin gelangen Sie per Taxi oder zu Fuß; den coolsten Auftritt haben Sie aber vom Boot aus. Es gibt keinen Landungssteg, also werfen die Segler einfach den Anker, schwimmen an Land und bezahlen ihre Drinks mit nassen Geldscheinen – daher die Bezeichnung Soggy Dollar. Die Bar ist Teil des Sandcastle Hotel; 4 Hütten und 2 Zimmer, alle nahe am Wasser. Hier können Sie den Tag einfach abwechselnd in verschiedenen Hängematten mit einem Painkiller in der Hand verbringen. Diese Piña Colada mit dunklem Rum und frischem Muskat ist auf jeder der Inseln bekannt – und kann mild bis tödlich sein.

Sie können sich auch in den White Bay Villas und Seaside Cottages einquartieren, 10 Rückzugsorte über dem Strand mit spektakulärer Sicht auf St. Thomas, St. John und Tortola.

Für einsame Strände und besonders gute Schnorchelbedingungen sollten Sie zu den Inselchen Sandy Cay, Green Cay und Sandy Spit am östlichen Zipfel von Jost Van Dyke segeln. Wenn Sie kein eigenes Boot besitzen, schließen Sie sich einfach Ihren neuen besten Freunden von der Bar an.

INFO: www.bvitourism.com. WIE: Fähre ab West End, Tortola und Charlotte Amalie, St. Thomas. FOXY'S TAMARIND BAR: Tel. +1/284-495-9258; www.foxysbar.com. SANDCASTLE HOTEL & SOGGY DOLLAR BAR: Tel. +1/284-495-9888; www.soggydollar.com. *Preise:* ab € 140 (Nebensaison), ab € 215 (Hochsaison). WHITE BAY VILLAS & SEASIDE COTTAGES: Tel. +1/410-571-6692; www.jostvandyke.com. *Preise:* ab € 185 (Nebensaison), ab € 233 (Hochsaison), mind. 5 Nächte. REISEZEIT: Nov.–Apr.: bestes Wetter. Im Foxy's: Sa.: Barbecue, letzter Mo. im Mai: Foxy's Wooden Boat Regatta; Silvester.

Erstklassiges Segelrevier

SEGELN BEI DEN BRITISCHEN JUNGFERNINSELN

Britische Jungferninseln, Kleine Antillen

Die schroffen Gipfel einer unter Wasser liegenden Vulkankette formen die Britischen Jungferninseln (BVI, British Virgin Islands), die über einige Quadratkilometer blaues Meer verstreut sind. Schon im 17. Jh. fanden Piraten in den endlosen Buchten ihr perfektes Versteck; seitdem gelten die BVI als erstklassige Segelgründe. Heutzutage kommen 7 von 10 Besuchern zum Segeln her, und die 3 ahnungslosen Landratten mit anderen Gründen ahnen nicht, was sie verpassen. Rund 60 Inseln bieten Seglern die Möglichkeit, in einladenden, verlassenen Buchten vor Anker zu gehen, leere Strände entlangzuspazieren und in türkisblauem Wasser zu schwimmen. Taucher können sich das Wrack der 90 m langen RMS *Rhone* anschauen, ein Dampfer der Royal Mail, der 1867 während eines Hurrikans nahe Salt Island sank. Das Schiff zerbrach in 2 Teile und ist dadurch optimal zugänglich, was es zu einem der besten Wrack-Tauchorte der Karibik macht.

Wenn Sie kein eigenes Boot haben, kann Moorings Abhilfe schaffen. Dieses weltbekannte Jachtunternehmen hat sein Karibik-Hauptquartier auf Tortola, der größten Insel und Bootsverleihzentrale der BVI. Das Charterdock mit 72 Plätzen und das Besucherdock mit 70 Plätzen sind schon ein Ziel für sich. Hier treffen Sie interessante Bootsliebhaber und -besitzer aus der ganzen Welt. Viele Kunden von Moorings beherbergt das Mariner Inn Hotel.

Westlich von Moorings liegt Bomba's Shack, die älteste, denkwürdigste und zugleich eine der berühmtesten Kneipen der Karibik. Der farbenfrohe provisorische Dekor, geprägt nicht zuletzt von einer von der Decke hängenden Sammlung von Dessous, verbirgt ein mächtiges Soundsystem, das alles zum Vibrieren bringt, noch bevor Bomba's Punch aus selbst gebranntem Rum wirkt.

Bootsaffine Touristen lieben den Bitter End Yacht Club in North Sound auf Virgin Gorda. Den Gästen des familienorientierten Resorts stehen 100 Wasserfahrzeuge zur Verfügung, darunter Schlauchboote, Katamarane, Kajaks und Motorboote sowie Ausrüstung fürs Windsurfen. Vorkenntnisse brauchen Sie nicht: Kurse an der renommierten Segelschule gibt es für alle Level und Altersklassen.

THE MOORINGS: Tel. +1/284-494-2332; www.moorings.com. *Preise:* Bootsverleih ab € 260 pro Tag (Nebensaison), ab € 552 pro Tag (Hochsaison). Jachten mit Besatzung verfügbar. **THE MARINER INN:** Tel. +1/284-494-2333; www.bvimarinerinnhotel.com. *Preise:* ab € 133. **BOMBA'S SHACK:** Tel. +1/284-495-4148; www.bombassurfsideshack.com. **BITTER END YACHT CLUB:** Tel. +1/284-494-2746; www.beyc.com. *Preise:* ab € 422 (Nebensaison), ab € 570 (Hochsaison). *Wann:* Mitte Aug.–Mitte Okt.: geschlossen. **REISEZEIT:** Nov.–Apr.: bestes Wetter; Ende März–Anf. Apr.: BVI's Spring Regatta & Sailing Festival; Juli: BVI Billfish Tournament.

Schätze, Romantik und kostbare Einsamkeit

EINE TOUR ZU DEN „ANDEREN INSELN" DER BVI

Britische Jungferninseln, Kleine Antillen

Diese Inselkette bringt den Abenteurer, Liebhaber oder Piraten im Menschen zum Vorschein. Es sind die „anderen Inseln" der BVI, perfekt geeignet als Versteck, Rückzugsort, Hochzeitsreiseziel oder einfach für eine Auszeit allein an unberührten Stränden.

Die unbewohnte Insel Norman Island soll nach einer Meuterei von Piraten im 18. Jh. als Inspiration für Robert Louis Stevensons *Schatzinsel* gedient haben. Die Piraten vergruben hier 55 größtenteils noch unentdeckte Truhen mit Beute.

Die Wasserhöhlen der Insel sind besonders faszinierend für schatzsuchende Schnorchler, aber ein echter Magnet sind Bar und Restaurant auf dem 30-m-Schoner *Willy T*, der dauerhaft in einer geschützten Bucht, dem beliebten Anlegeplatz „Bight", ankert. Es gibt keine Fähre zur *Willy T*

Peter Island ist die größte Privatinsel der BVI.

und auf Norman Island keine Hotels, also ist ein eigenes Boot hier hilfreich.

In der Nähe liegt eine große Privatinsel, die zum größten Teil vom luxuriösen Peter Island Resort mit Beschlag belegt wird, dessen Gäste den Ort ganz für sich haben: 5 leere Strände, kilometerlange Wander- und Radstrecken, großartige Tauchplätze, ein Wellnesszentrum am Strand und ein großartiges Restaurant. Tagesausflügler aus Tortola sind zwar willkommen, haben aber nur begrenzten Zugang.

Die nordöstlichste Insel der BVI, Anegada („ertrunkene Insel"), ist eine der am wenigsten besuchten, obwohl sie mit dem Horseshoe Reef das drittgrößte Barriereriff der Welt und den besten Ort zum Schnorcheln auf den Jungferninseln vorweisen kann. Anegada ist die einzige Insel der BVI, die nicht vulkanischen Ursprungs, sondern ein flaches Atoll aus Korallen und Kalkstein ist. Man kann hier prima Grätenfisch angeln und Strandgut sammeln. Dank der Cow Wreck Bar gibt es eiskaltes karibisches Bier, frittierte Meeresschnecken und gegrillten Hummer – eine so himmlische Kombination, dass die Besitzer für Gäste, die nicht mehr gehen wollten, 3 Villen namens Cow Wreck Beach Resort gebaut haben.

Nördlich von Virgin Gorda befindet sich Necker Island, wo Richard Branson, Virgin-Chef, seine eigene Fantasiewelt erschaffen hatte. Das Balinese Great House, das 28 Gästen Raum bot, konnte samt 360-Grad-Meeresblick und 60 Leuten Personal komplett gemietet werden, wenn der Hausherr selbst nicht anwesend war. 2011 brannte das Anwesen nach einem Blitzschlag zwar völlig nieder, aber geben Sie die Hoffnung nicht auf: Branson plant, ein ebenso spektakuläres Anwesen wiederaufzubauen.

Guana ist ein Wildtier-Schutzgebiet in Privatbesitz, das über die größte Artenvielfalt auf einer Insel dieser Größe in der Region verfügt – darunter 100 Vogelarten wie Flamingos, Amerikanische Stelzenläufer, Reiher und die gefährdeten Maskentölpel. Im 18. Jh. war die Insel eine Zuckerrohr- und Baumwollplantage im Besitz zweier Quäker-Familien. Die typische Einfachheit dominiert noch immer die 15 Zimmer des Guana Island Clubs, des einzigen Hotels der Insel. Der Panoramablick von den weiß gekalkten Hütten auf der Klippe ist spektakulär. Die hüglige Insel mit 20 Naturpfaden, einem üppigen Obstgarten und 7 weißen Pulverstränden ist nur per Boot erreichbar und ausschließlich für die Gäste gedacht. Besuche von Jachten sind unerwünscht.

Info: www.bvitourism.com. **Willy T:** Tel. +1/284-494-0183; www.williamthornton.com. *Preise:* Dinner € 26. **Peter Island Resort:** Tel. +1/284-495-2000; www.peterisland.com. *Preise:* ab € 437 (Nebensaison), ab € 704 (Hochsaison), all-inclusive. **Cow Wreck Beach Resort:** Tel. +1/284-495-8047; www.cowwreckbeach.com. *Preise:* Villen ab € 203; Dinner € 50. **Necker Island:** Tel. +1/212-994-3070; www.neckerisland.virgin.com. *Preise:* Celebration Weeks im Sept. und Okt. ab € 19.889 pro Paar pro Woche, all-inclusive; Mietpreis für gesamte Insel auf Anfrage. **Guana Island Club:** Tel. +1/284-494-2354; www.guana.com. *Preise:* ab € 515 (Nebensaison), ab € 926 (Hochsaison), all-inclusive. *Wann:* Sept.: geschlossen. **Reisezeit:** Nov.–Apr.: bestes Wetter.

Gigantische Felsen nur einen Steinwurf vom Luxus entfernt

THE BATHS UND LITTLE DIX BAY

Virgin Gorda, Britische Jungferninseln, Kleine Antillen

The Baths auf Virgin Gorda sieht aus wie einem Märchen entsprungen – mit riesigen Granitfelsen, die Menschen wie Zwerge erscheinen lassen. Sie wurden vor mehr als 20 Mio. Jahren vom Meeresboden nach oben geschoben und formen in ihrer willkürlichen Anordnung ein verlockendes Labyrinth, das das Kind in jedem weckt. Man kann zwischen ihnen waten und sogar in flachen Pools, Grotten und einem mit Wasser gefüllten Felsen schwimmen, der den Namen „The Baths" inspirierte. Wollen Sie die Bootsladungen von Touristen vermeiden, nehmen Sie lieber die weniger frequentierte Küstenlinie zu beiden Seiten, wo sich die Felsen fortsetzen.

Virgin Gorda, die mit ihren geschwungenen 16 x 3 km für Kolumbus wie eine liegende „fette Jungfrau" aussah, ist bekannt für ihre Jachtclubs, ruhige Buchten und viele Anlegestellen. Schon 1964 wurde die Insel geadelt, als Laurance Rockefeller, der sich auch in die nahe Insel St. John der Amerikanischen Jungferninseln (s. S. 1062) verliebte, ein Resort auf einem perfekten 1 km langen, halbmondförmigen Strand eröffnete. Das Resort, das heute Rosewood Little Dix Bay heißt, ist noch immer ein luxuriöser Klassiker, romantisch und geeignet für Familien mit wohlerzogenen Kindern. Hütten im Asien-trifft-Tropen-Stil schmiegen sich in die Landschaft. Machen Sie sich schick für das Dinner im Sugar Mill, das raffiniert asiatische und mediterrane Küche in Gerichten wie Zackenbarsch mit Soba-Nudeln und Himalaja-Trüffeln kombiniert. Berauschen Sie sich in einem der exquisitesten Wellnesszentren der Karibik an Peelings mit braunem Zucker, frischer Mango, Papaya und dem Blick auf die Bucht. Abgeschieden, aber nicht isoliert: Spanish Town ist nur 1 km entfernt.

Das eher auf Pärchen ausgerichtete Biras Creek Resort ist ein romantisches Versteck mit karibischem Charme auf einer schmalen, 60 ha großen Halbinsel. Privatsphäre und Abgeschiedenheit der 31 lichtdurchfluteten Suiten mit Veranda sind garantiert: Man kann das Resort nur per Boot erreichen, aus diesem Grund existiert eigens eine private

Vulkanische Aktivitäten schufen das kunstvolle Labyrinth der häusergroßen Felsen in „The Baths".

Barkasse. Das Essen im Hilltop Restaurant ist eine echte Attraktion; die weithin bekannten 4-Gänge-Menüs beinhalten Gerichte wie gegrillte Goldmakrele mit Basilikumrisotto und leckere Desserts wie cremegefüllte Heidelbeerkuchen.

INFO: www.bvitourism.com. **ROSEWOOD LITTLE DIX BAY:** Tel. +1/284-495-5555; www.littledixbay.com. *Preise:* ab € 333 (Nebensaison), ab € 481 (Hochsaison); Dinner im Sugar Mill € 60. **BIRAS CREEK**

RESORT: Tel. +1/248-364-2421; www.biras. com. *Preise:* ab € 366 (Nebensaison), ab € 511 (Hochsaison); Dinner-Menü € 63.

Wann: Ende Aug.–Mitte Okt.: geschlossen. REISEZEIT: Dez.–Apr.: bestes Wetter; März oder Apr.: Easter Festival.

Die kulturelle Enklave der ABC-Inseln

CURAÇAO

Kleine Antillen (Besondere Gemeinde der Niederlande)

Die drei kleinen unter dem Namen ABC-Inseln bekannten Eilande haben ein gemeinsames niederländisches Erbe, könnten aber kaum unterschiedlicher sein: Aruba ist ein Party- und Strandziel, Bonaire (s. S. 1075) ein Mekka für Taucher und Curaçao, die größte von ihnen, die elegante kulturelle Enklave des Trios.

Strandurlauber bilden heute die Haupteinnahmequelle der Karibik – ihre weniger schöne Geschichte wird im Museum Kura Hulanda erzählt, dem besten der Karibik, bekannt für seine hervorragenden, wenn auch erschreckenden Darstellungen des Sklavenhandels. Nach ihrem Sieg über die Kariben errichteten die Europäer im 17. und 18. Jh. riesige Zuckerplantagen in der gesamten Karibik und brachten afrikanische Sklaven als Feldarbeiter her. Curaçao war trocken und ungeeignet für Landwirtschaft, aber seine Entwicklung als Zentrum des karibischen Sklavenhandels begann, kurz nachdem die Niederländische Westindien-Kompanie 1643 die geschützten Häfen für sich beansprucht hatte. Sie ernannte den aufsteigenden Stern Peter Stuyvesant zum Gouverneur von Curaçao. Die niederländischen Händler machten aus Curaçao ein florierendes Finanz- und Handelszentrum, und diesen Status hält die Insel noch immer.

Das Museum Kura Hulanda – „Niederländischer Hof" auf Papiamentu, der Kreolsprache auf den ABC-Inseln – ist die Vision des niederländischen Geschäftsmanns Jacob Gelt Dekker. Auf 1500 m² befinden sich 16 restaurierte niederländische Kolonialhäuser, angeordnet um einen zentralen Hofplatz, wo einst Sklaven verkauft wurden. Das Museum in Willemstad verfügt über eine lebensgroße Rekonstruktion eines Frachtschiffladeraums sowie Sammlungen präkolumbischen Golds, mesopotamischer Relikte, antillischer Kunst und westafrikanischer Artefakte, die die vielen Einflüsse der Insel aufzeigen. Das Museum lässt 65 historische Gebäude in der Nachbarschaft zu einem lebendigen Dorf des 18. Jh. wiedererstehen, mit kleinen Läden, Cafés, exzellenten Restaurants wie dem Astrolab Observatory und dem luxuriösen Hotel Kura Hulanda Spa & Casino. Mit seinen 80 individuell gestalteten Zimmern integriert sich das Hotel mühelos die von tropischen Bäumen gesäumten Kopfsteinpflasterstraßen.

Willemstad ist eine weltoffene und charmante Stadt mit polykulturellen Reichtümern, darunter die älteste aktive jüdische Synagoge in der westlichen Hemisphäre. Die Gemeinde existiert hier seit 1651, die Synagoge seit 1732. Hauptmerkmal der Stadt ist ihre niederländische Kultur. Die pastellfarbene Kolonialarchitektur erinnert an ein tropisches Amsterdam an der Handelskade und ist eines der meistfotografierten Hafengebiete der Karibik. Der schwimmende Markt ist stets voller Händler aus dem nur 71 km südlich gelegenen Venezuela, die hier ihre frischen Meeresfrüchte aus kleinen Fischerbooten heraus verkaufen.

Curaçaos Dutzende Strände sind bekannt für ihr ruhiges, klares Wasser und eine reichhaltige und spektakuläre Meeresfauna rund um die Insel. Im Curaçao Underwater Marine Park, der sich über 19 km an der südlichen Küste erstreckt, kann man fantastisch schnorcheln und versunkene Schiffe sowie Hart- und Weichkorallen bewundern. An der westlichsten Spitze der Insel steht auf zerklüfteten Klippen der prächtige Lodge Kura Hulanda & Beach Club, ebenfalls im Besitz von Dekker. Von hier aus hat man einen Blick auf atemberaubende Sonnenuntergänge und die besten Tauchspots von Curaçao, von denen es nicht weniger als 65 gibt (darunter das beliebte Schiffswrack *Superior Producer*).

INFO: www.curacao.com. **MUSEUM KURA HULANDA:** Tel. +5999-434-7765; www.kurahulanda.com. **HOTEL KURA HULANDA SPA & CASINO:** Tel. +5999-434-7700; www.kurahulanda.com. *Preise:* ab € 133 (Nebensaison), ab € 274 (Hochsaison). **LODGE KURA HULANDA & BEACH CLUB:** Tel. +5999-839-3600; www.kurahulanda.com. *Preise:* ab € 115 (Nebensaison), ab € 266 (Hochsaison). **REISEZEIT:** Okt.–Apr.: bestes Wetter; 1. Jan.–Aschermittwoch: Karneval; Ostermontag: Seu Folklore Parade; Mai: International Jazz Festival, Dive Festival; Ende Aug.: Salsa Festival.

In den bunten niederländischen Gebäuden der Handelskade des 18. Jh. findet man Boutiquen, Galerien und Cafés.

Eine üppige Oase für Ökoabenteurer

DER NATIONALPARK MORNE TROIS PITONS

Dominica, Kleine Antillen

Die wilde und ursprüngliche Insel Dominica ist wahrscheinlich der einzige Landeplatz, den Kolumbus noch von 1493 wiedererkennen würde, als er an einem Sonntag hier landete (daher der Name Dominica). Auf der üppigen, felsigen Insel gibt es 9 potenziell aktive Vulkane, die zwar keine Lava speien, aber kochende Seen und Schwefelquellen aufheizen. Hier findet man die Karibik, wie sie vor Jahrhunderten war, mit einer Bevölkerung indigener Kariben (genauer Kalinago). Die Berge halfen ihnen dabei, gegen die Kolonialmächte zu bestehen, und noch heute leben sie im Kalinago-Reservat im Nordosten der Insel.

Dominica hat wenig Strände und wird daher eher von Biologen und Ökotouristen besucht, die den Nationalpark Morne Trois Pitons erkunden möchten – ein wildes Refugium mit riesigen Farnen, alten Bäumen, wilden Orchideen und bunten Flamingoblumen – benannt nach dem dreizackigen Berg in seinem Zentrum. Vor allem diesem 65 km² großen Stück Wildnis, das sich mehr nach Hawaii als Karibik anfühlt, verdankt Dominica ihren Ruf als „Naturinsel" der Karibik.

Zwischen sattgrünen Bergspitzen verbergen sich Wasserfälle wie z. B. derjenige, der die Grotte Emerald Pool speist. Wer weniger Shangri-La und mehr Schwefel möchte, kann den

8-Stunden-Marsch durch dampfende Risse im Valley of Desolation zum Boiling Lake machen, der zweitgrößten gefluteten Fumarole der Welt.

Viel leichter gelangt man vom Papillote Wilderness Retreat, einem an der Parkgrenze gelegenen Ökotourismus-Pionierprojekt, zu den Trafalgar Falls, einem 60 m hohen Doppelwasserfall. Baden Sie im kühlen Bergfluss, bestaunen Sie den Botanischen Garten mit Bromelien und Begonien und speisen Sie auf der strohgedeckten Restaurantterrasse des Hotels.

In Champagne, einem Tauch- und Schnorchelplatz nahe der Hauptstadt Rouseau, strömen vulkanische Gase aus dem Meeresboden und bilden berauschende warme Blasen. Atemberaubende Möglichkeiten der Tierbeobachtung bieten Lederrückenschildkröten, die zur Eiablage kommen, und ganzjährig auch Pottwale, die hier miteinander spielen und sich paaren.

Dominica ist nicht für Luxus bekannt, aber es gibt einen Trend in diese Richtung. An der abgelegenen Südostküste liegt das Jungle Bay Resort & Spa mit 35 Hütten auf Holzpfählen – schnittige Baumhäuser mit vom Fluss gespeisten Außenduschen. Aktivitäten wie Tauchen, Kajakfahren und Wasserfallspaziergänge füllen den Tag. Wer sich den Hollywoodstars näher fühlen möchte, kann dies im Silks tun, einem kleinen Luxushotel in einer ehemaligen Rumbrennerei, wo Johnny Depp und Orlando Bloom während der Dreharbeiten zu *Fluch der Karibik 2* untergebracht waren.

INFO: www.discoverdominica.com. KALINAGO BARANA AUTE: Tel. +1/767-445-7979; www.kalinagobaranaaute.com. PAPILLOTE WILDERNESS RETREAT: Tel. +1/767-448-2287; www.papillote.dm. *Preise:* ab € 85. *Wann:* Sept.–Okt.: geschlossen. JUNGLE BAY: Tel. +1/767-446-1789; www.junglebaydominica.com. *Preise:* ab € 144. SILKS: Tel. +1/767-445-8846; www.silkshotel.com. *Preise:* ab € 90. REISEZEIT: Dez.–Mai: Trockenzeit; Ende Okt.: World Creole Music Festival.

Von den Meistern ihrer Zunft entworfene Golfplätze von Weltrang

DIE GOLFREPUBLIK

Dominikanische Republik, Große Antillen

Mach Platz, Bermuda. Der Dominikanischen Republik gebührt jetzt der Titel als bestes Golfziel der Region. Im letzten Jahrzehnt wurden auf der ganzen Insel erstklassige Golfplätze in der Tradition des bahnbrechenden Resort Casa de Campo eröffnet, das für seine 3 18-Loch-Golfplätze nach dem Entwurf von Pete Dye berühmt ist. Der bekannteste ist Teeth of the Dog, ein windiges Meisterstück am Meer. Die weiter landeinwärts gelegenen Plätze Links Course und Dye Fore sind gemäßigter. Casa de Campo beherbergt die renommierte Golfakademie von David Leadbetter und besitzt auch ein Polo- und Reitzentrum, ein Wellnesszentrum und Altos de Chavón, eine akribische Nachbildung eines Hügeldorfs aus dem 16. Jh., in der Künstler und Handwerker leben.

Casa de Campo trug zu der massiven Entwicklung von Golfresorts an der östlichsten Spitze der Insel in Punta Cana bei, das außerdem bekannt ist für seine 32 km lange Kokosküste mit weißem Sand und türkisblauem Wasser. Der Erstling im Gebiet war das Puntacana Resort & Club, für das Pete Dye den atemberaubenden, am Meer gelegenen La Cana Course entwickelte. Zu dem Resort gehören außerdem der aufregende neue Corales Course von Tom Fazio, der bis zum Wasser reicht, und ein 18-Loch-Platz, genannt „die Mutter aller Golfplätze". Hier kann man auch reiten, im schönen Wellnesszentrum Six Senses entspannen und hat Zugang zu einem 4,8 km langen weißen Strand. Tortuga Bay, ein exklusives Resort, hat 15 elegante Villen im kolonial-karibischen Stil, die von Oscar de la Renta, der von hier stammt, entworfen wurden. Golfer zieht es auch zu dem nahen großen Resort Cap Cana, in dessen Zentrum der anspruchsvolle, von Jack Nicklaus entwickelte Golfplatz Punta Espada steht.

An der fortschrittlichen Nordküste können Sie auf dem Playa Grande spielen, einem der letzten von Robert Trent Jones sen. entwickelten Plätze. Playa Grande, mit 12 Löchern am Meeresrand auf einem Hochplateau neben dem Regenwald gelegen, ist wenig bekannt, obwohl er von Puerto Plata, dem großen Resort, gut zu erreichen ist. In einer Gegend, die für große Allinclusive-Hotelburgen bekannt ist, bildet das kleine Luxushotel Casa Colonial Beach & Spa, eine erholsame Ausnahme und verbindet mühelos die Eleganz der Alten Welt mit edlem, modernem Stil und freundlichem Service.

INFO: www.godominicanrepublic.com. CASA DE CAMPO: Tel. +1/809-523-3333; www.casadecampo.com.do. *Preise:* ab € 185 (Nebensaison), ab € 366 (Hochsaison); Greenfee ab € 63 (Nebensaison), € 96 (Hochsaison). PUNTACANA RESORT & CLUB: Tel. +1/809-959-2262 (Hotel), +1/809-959-4653 (Golf); www.puntacana.com. *Preise:* PR&C ab € 93; Tortuga Bay ab € 526 (Nebensaison), ab € 615 (Hochsaison); Greenfee La Cana € 93 (Gäste), € 122 (Besucher); Corales € 222 (Gäste), € 281 (Besucher). PUNTA ESPADA AT CAP CANA: **+1/**809-227-2262 (Hotel), +1/809-688-5587 (Golf); www.capcana.com. *Preise:* ab € 289 (Nebensaison), ab € 389 (Hochsaison), all-inclusive; Greenfee € 144 (Gäste), € 277 (Besucher). PLAYA GRANDE: Tel. +1/809-582-0860; www.playagrande.com. *Preise:* Greenfee ab € 81. CASA COLONIAL: Tel. +1/809-320-3232; www.casacolonialhotel.com. *Preise:* ab € 211 (Nebensaison), ab € 260 (Hochsaison). REISEZEIT: Nov.–Apr.: bestes Wetter.

Einzigartige Walbeobachtungsmöglichkeiten und (noch) unentdeckte Strände

DIE HALBINSEL SAMANÁ

Dominikanische Republik, Große Antillen

Selbst wenn die Halbinsel Samaná im Nordosten der Dominikanischen Republik (DR) nicht eine der größten Kinderstuben für Buckelwale wäre, würden dennoch Reisende wegen der weißsandigen Strände und den fast nicht existenten Resorts an die unberührte Küste kommen. Am aufregendsten geht es hier von Januar bis März zu, wenn mehr als 10.000 nordatlantische Buckelwale und damit fast die gesamte Population zum Paaren und Kalben hierherkommen. Um ein Weibchen zu beeindrucken, schlagen die Bullen mit den Flossen. Sie können dieses Schauspiel von jedem Café mit Meerblick in verschlafenen Städtchen Samaná genießen, aber eine Tagesfahrt bringt Sie noch näher heran.

Boote für Whalewatching-Touren legen in Samaná, an der Südküste der Halbinsel, und von Cayo Levantado ab, das durch eine Werbekampagne aus den 1970ern als „Bacardi-Insel" unsterblich wurde. Victoria Marine war eines der ersten Unternehmen, das Walbeobachtungen anbot, und gilt auch heute noch als der beste Reiseanbieter. Weniger Menschen gibt es am 160 km westlich und 113 km vor der Küste gelegenen Silver Banks Nursery, einem der wenigen Orte weltweit, an dem Sie mit Buckelwalen schnorcheln können. Das Prunkstück der Strände von Samaná ist der mehr als 3 km lange, von Kokospalmen gesäumte El Rincón. Er liegt nahe der Stadt Las Galeras und ist der perfekte Ort zum Sonnenbaden und Schwimmen. Zum Essen empfiehlt sich ein fangfrischer gegrillter Fisch von einer Hütte am Wasser. Am entferntesten Punkt der Halbinsel liegt Playa Frontón, wo man am besten schnorcheln und tauchen kann. Um dort hinzugelangen, müssen Sie allerdings ein Boot ausleihen oder durch den Dschungel wandern.

An der Nordküste liegt Playa Las Terrenas, ein ehemaliges Fischerdorf, das zu einer coolen kleinen Resort-Stadt umfunktioniert wurde. Am langen sandigen Meeresufer kann man in der Sonne baden und sich für heiße Merengue-Rhythmen und einen Mojito in die Syroz Bar begeben. Um den abgelegenen, donnernden Wasserfall El Limón zu erreichen, reiten Sie durch Wälder einen felsigen Pfad hinauf. Der 50 m tiefe Wasservorhang stürzt in eine große Lagune, die mit kühlem Wasser zum Schwimmen einlädt.

Begeben Sie sich nach Playa Bonita, einem scheinbar unendlichen Strand. Wenn Sie weitergehen, gelangen Sie nach Playa Cosón, einem unberührten, ununterbrochenen Streifen weißen Sandes, der zu einem türkisblauen Meer mit noch weniger Besuchern abfällt. Hier liegt das Peninsula House, eines der besten kleinen Luxusanwesen der Karibik. Das Gasthaus im Plantagenstil steht auf einer Klippe mit Antlantikblick und verfügt über 6 Suiten, von deren Veranden aus man den traumschönen Blick auf den Ozean genießen kann. Für weniger prall gefüllte Geldbörsen eignen sich die Eva Lunas Villas, 5 Casitas im mexikanischen Stil mit Pool, nur einen Steinwurf vom Strand entfernt.

INFO: www.godominicanrepublic.com. **VICTORIA MARINE:** Tel. +1/809-538-2492; www.whalesamana.com. **THE PENINSULA HOUSE:** Tel. +1/809-307-1827; www.thepeninsulahouse.com. *Preise:* €430; Dinner €52. **VILLAS EVA LUNA:** Tel. +1/809-978-5611; www.villa-evaluna.com. *Preise:* ab €140. **REISEZEIT:** Mitte Jan.–Mitte März: Whalewatching; 27. Feb.: Unabhängigkeitstag; jedes Wochenende im Feb.: Karneval; Semana Santa (Karwoche).

Spaniens erste Stellung in der Neuen Welt

Zona Colonial

Santo Domingo, Dominikanische Republik, Große Antillen

Wenn Sie über das 500 Jahre alte Kopfsteinpflaster der Zona Colonial gehen, wandeln Sie auf den Spuren der ersten Forscher in der „Neuen Welt". Christoph Kolumbus entdeckte 1492 die Insel Hispaniola, die sich heute die Staaten Dominikanische Republik und Haiti (s. S. 1090) teilen, und nannte sie „die schönste, die je ein menschliches Auge erblickte". 1496 gründete sein Bruder Bartolomeo Santo Domingo dort, wo der Río Ozama ins Meer fließt. 1509 wurde sein Sohn Diego zum ersten Vizekönig einer Kolonie, die später zum Hauptausgangspunkt der frühen spanischen Vorstöße nach Amerika wurde.

Santo Domingo hat viele „Erstlinge" der Neuen Welt vorzuweisen – die erste Kathedrale, das erste Fort, Krankenhaus, Kloster, Zollhaus, die erste Universität, gepflasterte Straße und sogar das erste Kanalisationssystem Amerikas. Die meisten davon findet man in der Zona Colonial, Fundgrube historischer Architektur und Herz von Santo Domingo. Steigen Sie auf den mit Zinnen bewehrten Tower of Tomage, Teil des 1502 errichteten Fortaleza Ozama, und genießen Sie den Rundumblick über Stadt und Meer. In der Kathedrale Santa María la Menor findet man gewölbte Decken und 14 Hauskapellen, während der Palast Alcazar de Colón von 1517, einst Residenz für Kolumbus' Sohn, heute ein Museum ist, das Besitztümer der Kolumbus-Familie und Möbel aus dem 16. Jh. ausstellt.

Die spanische Eroberung ging zulasten der eingeborenen Taíno, eines zu den Arawak gehörenden Volkes, das innerhalb von 30 Jahren durch Krieg, Versklavung und Krankheiten ausgelöscht wurde – schon um 1600 gab es auf der ganzen Insel keine Taínos mehr. Das Erbe der Taíno kann man im Museo del Hombre Dominicano erleben, das die schönste Sammlung der Karibik von Artefakten dieses Volkes aufweisen kann. Ein Wort aus der Taínosprache, und vielleicht auch ihre Erfindung, hat sich als *hamaca* ins Spanische gerettet –, zu deutsch: Hängematte. Das Museum ist eines von 4 Hauptmuseen an der modernen Plaza de la Cultura.

Das lebendige Zentrum der Zona Colonial ist das stets überfüllte Café und Restaurant El Conde. Bestellen Sie ein kaltes Presidente-Bier oder einen Morir Soñando – wörtlich „träumend sterben" –, ein Mix aus Orangensaft, Milch, Zucker und zerstoßenem Eis, und genießen Sie den Anblick des Parque Colón, einem grünen Platz im Herzen des Viertels. Straßenstände verkaufen schmackhafte Empanadas, aber wenn Sie gepflegt bei Livemusik speisen wollen, ist das Mesón D'Bari die richtige Wahl, wo gegrillte Krebse, würzige Shrimps und Livemusik zu den Spezialitäten gehören.

In der Zona Colonial gibt es eine Menge Nachtclubs am Malecón, einem lebhaften, von Palmen gesäumten Strandboulevard, wo der charmante, sexy Merengue total angesagt ist. Der Merengue entstand in der DR zusammen mit seinem bluesartigen Verwandten Bachata, und die Obsession der Inselbewohner erreicht jeden Sommer ihren Höhepunkt,

wenn sich der Malecón während des Festival del Merengue mit Livemusik in eine 6,5 km lange Tanzfläche verwandelt. Der beste Ort, um das ganze Jahr über den Meistern zuzuschauen und selbst einige Schritte auszuprobieren, ist das Mauna Loa, ein opulenter Art-déco-Nachtclub aus den 1920ern.

Das Hostal Nicolas de Ovando, ein Herrenhaus von 1502, das für den ersten Gouverneur Amerikas gebaut und nach ihm benannt wurde, ist das schönste im Kolonialviertel, mit hübschen Zimmern und einem von Bäumen beschatteten Swimmingpool nur 5 Minuten vom Meer entfernt. Es liegt direkt an der historischen Calle las Damas – der „Straße der Damen" –, der ersten gepflasterten Straße der Neuen Welt und benannt nach den eleganten Damen des Hofes, die hier einst wandelten.

Info: www.godominicanrepublic.com. **Museo del Hombre Dominicano:** Tel. +1/809-687-3623; www.museodelhombredominicano.org.do. **Mesón D'Bari:** Tel. +1/809-687-4091. *Preise:* Dinner € 22. **Hostal Nicolas de Ovando:** Tel. +1/809-685-9955; www.accorhotels.com. *Preise:* ab € 96 (Nebensaison), ab € 130 (Hochsaison). **Reisezeit:** 27. Feb.: Unabhängigkeitstag; 1. So. im März: Karneval; letzte 2 Wochen im März: Son Festival; Ende Juli-Anf. Aug.: Festival del Merengue; Okt.: Latin Music Festival; Silvester: am Malecón.

Die Catedral de Santa María la Menor ist die älteste Kathedrale Amerikas.

Eine duftende, verlockend malerische Gewürzinsel

St. George's Harbour und Grand Anse Beach

St. George's, Grenada, Kleine Antillen

Dieser malerische hufeisenförmige Hafen – eigentlich der Krater eines inaktiven Vulkans – ist einer der schönsten der Karibik, flankiert von Festungen aus dem frühen 18. Jh. und der charmanten Hafenstadt St. George's.

Die Stadt ist ein fröhlicher Mischmasch aus westindischen und französischen Kolonialeinflüssen und bekannt für seine regenbogenbunten Häuser mit „Fischschuppen"-Dächern, die an den steilen, grünen Hängen stehen. Das halbmondförmige Hafengebiet, die Carenage, ist das farbenfrohe Handelszentrum des natürlichen inneren Hafens. Grenada ist saftig und fruchtbar und ein Gewürzproduzent, seit Muskat in den 1850ern beliebt wurde – heute stammt mehr als ein Drittel des weltweit verkauften Muskats von dort. Halten Sie an einem der täglich geöffneten Märkte und hören Sie den turbantragenden Frauen zu, die würzige Nelken, Lorbeerblätter, Zimt und Muskat neben bunten Haufen von *pawpaw* (Papaya), roten und goldenen Mangos und exotischem Gemüse feilbieten.

Diese 34 x 19 km große Insel besitzt in ihrem gebirgigen Inneren einen der üppigsten Regenwälder der Karibik. Der Grand Etang National Park ist nach einem malerischen See oder „großen Teich" benannt, den ein vulkanischer Krater geformt hat, und mit wilden Muskatnüssen, langschwänzigen Affen und eindrucksvollen Wasserfällen ein Paradies für Wanderer. Es gibt dort einfache Wege wie die Exkursion zum Wasserfall Seven Sisters, aber auch anspruchsvollere Routen.

Grenada zieht Schnorchler und Taucher mit seinem einzigartigen und magischen Unterwasserskulpturenpark an – 65 Kunstwerke, die unter Wasser in Molinere Bay an der Westküste der Insel aufgestellt wurden. Außerdem gibt es hier eine der weltweit besten Möglichkeiten zum Schiffswracktauchen – den 183 m langen Luxusliner *Bianca C.*, der 1961 sank und als Titanic der Karibik bezeichnet wird.

St. George's ist weniger für Urlauber geeignet, die Action oder Kasinos suchen, aber auf Strandliebhaber wartet südlich der Stadt Grand Anse. Dieser 3 km lange Streifen mit feinstem Sand ist der berühmteste der 45 Strände der Insel mit leichter Brandung, die sich ideal für Wassersport eignet. Die meisten der besten Hotels der Insel befinden sich an oder in der Nähe von Grand Anse, darunter das Spice Island Beach Resort. Dieses stylische All-inclusive-Hotel geht mit umweltfreundlichem Design, einem Salzwasserpool und 64 Suiten mit Whirlpool neue Wege. Kreative lokale Küche finden Sie gleich gegenüber im Restaurant La Belle Creole im Blue Horizons

Hinter dem hufeisenförmigen Hafen von St. George's liegen charmante Gebäude, grüne Hügel und weiße Strände.

Cottage Hotel. Genießen Sie bei fantastischen Sonnenuntergängen klassische Familienrezepte wie gekühlte Hummer-Mousse, Tannia-Cremesuppe oder Kalbfleisch kreolischer Art. 30 Minuten die malerische Küste aufwärts können Sie in Gouyave an den Fischfreitagen den Steel Drums zuhören. Dort gibt es den besten frischen und würzigen Fisch der Insel.

Auf der ganzen Insel sind kleine und elegante Hotels entstanden, allen voran das Bali-inspirierte Laluna mit 16 strohgedeckten Hütten, die sich an den Hang schmiegen. Ganz in der Nähe steht das unkonventionelle Aquarium Restaurant direkt am Strand, aber in den Wald hineingebaut. Dieser kühle, luftige Rückzugsort ist bekannt für seine in Schinken gewickelten Muscheln mit Bitterorangensoße und frisch gebackenem Brot. Auf der weniger entwickelten Nordseite der Insel liegt das Petite Anse Hotel, ein komfortables, kolonial-rustikales Anwesen mit 11 Zimmern, eingebettet in die Vegetation direkt über einem großartigen Strand mit Blick auf die Grenadinen. Die beiden Schwesterninseln Grenadas im Nordwesten sind nur eine Fährenfahrt entfernt. Carriacou ist Westindien, wie es einst war, mit mehr Ziegen als Autos und Einheimischen, die fischen, Boote bauen und das Land bewirtschaften. Vor dem weißen Sandstrand Anse la Roche liegen makellose Riffe, die Schnorchlern und Tauchern hier ein Weltklasserevier bieten. Die nahe Insel Petite Martinique können Sie zu Fuß in nur wenigen Stunden umrunden.

INFO: www.grenadagrenadines.com. SPICE ISLAND BEACH RESORT: Tel. +1/473-444-4258; www.spicebeachresort.com. *Preise:* ab € 593 (Nebensaison), ab € 669 (Hochsaison), all-inclusive. LA BELLE CREOLE: Tel. +1/473-444-4316; www.grenadabluehorizons.com. *Preise: Dinner* € 37. LALUNA: Tel. +1/473-439-0001; www.laluna.com. *Preise:* ab € 270 (Nebensaison), ab € 404 (Hochsaison). AQUARIUM RESTAURANT: Tel. +1/473-444-1410; www.aquarium-grenada.com. *Preise: Dinner* € 37. PETITE ANSE HOTEL: Tel. +1/473-442-5252; www.petiteanse.com. *Preise:* ab € 93 (Nebensaison), ab € 193 (Hochsaison). REISEZEIT: Dez.–Mai: bestes Wetter; Ende Jan.–Anf. Feb.: Grenada Sailing Festival; Mitte Feb.: Carriacou Carnival; Aug.: Grenada Carnival und Carriacou Regatta; Woche vor Weihnachten: Big Drum Dance in Carriacou's Parang Festival.

Kreolische Küche und tropische Abenteuer

GUADELOUPE

Kleine Antillen (französisches Überseedépartement)

Guadeloupe, von den Einheimischen l'île papillon (Schmetterlingsinsel) genannt, hat 2 „Flügel" mit unterschiedlichen, aber gleich verführerischen Persönlichkeiten. Grande-Terre im Osten ist flacher und weiter entwickelt, mit ehemaligen Plantagen und einladenden Stränden ganz besonders an der Südküste in und um Sainte Anne. Guadeloupe ist eines der wichtigsten kulinarischen Ziele der Karibik – in den 200 Restaurants von Grande-Terre wird eine Mischung aus afrikanischer, französischer und westindischer Küche serviert, die es mit der von St. Martin und Martinique (s. S. 1111 und 1100) aufnehmen kann.

Der westindische Dekor des Iguane Café bietet ein lebendiges kreolisches Ambiente in entspannter Atmosphäre. Beginnen Sie mit einer der 2 Dutzend Rum-Punch-Variationen und genießen Sie danach ein köstliches Menü

Der beeindruckende Wasserfall Carbet Falls in Basse-Terre besteht aus 3 Stufen.

aus lokalen und internationalen Gerichten. Klassische französische Küche findet man im etwas formellen La Vieille Tour, einem Hotelresort, das um eine alte Zuckermühle errichtet wurde.

Jedes Jahr im August findet mit der Fête des Cuisinières ein Höhepunkt der kulinarischen Szene statt, bei dem eine Parade Hunderter, in traditionelle Madras-Kostüme gekleideter Insulanerinnen durch die Straßen der Hauptstadt von Grande-Terre, Pointe-à-Pitre, zieht und dabei Körbe voller exotischer Inselwaren auf den Köpfen balanciert. Auf die Messe in der aus dem 19. Jh. stammenden Cathédrale de-Saint-Pierre-et-Saint-Paul folgt das Kochfest, das die Straßen mit Musik, Gesang und Tanz erfüllt.

Basse-Terre, der grüne Westflügel des Schmetterlings, wird vom großen brodelnden Vulkan La Soufrière dominiert und ist das weniger für den Tourismus erschlossene Land. Zwei Drittel des Gebiets sind ein geschützter Nationalpark, in dem das Abenteuer lockt. Folgen Sie der Route de la Traversée durch den Regenwald und erleben Sie einen der malerischsten Wege der Karibik. Ein Abstecher zur Westküste bringt Sie zum Plage Malendure, einem Streifen dunklen vulkanischen Sands, von dem aus man zur winzigen Pigeon Island kommt. Hier können Sie in einem von Jacques Cousteau geschaffenen Park schnorcheln und tauchen.

Eine edle Übernachtungsmöglichkeit bietet das Le Jardin Malanga, ein schickes Plantagengebäude mit charmanten Hütten an der Südküste nahe Trois Rivières, mit idealem Zugang zum Park und einem Wanderweg zu den 3 als Chutes du Carbet bekannten Wasserfällen, von denen der größte 125 m tief fällt. Das Gasthaus bietet eine hübsche Aussicht auf Les Saintes, ein Mini-Archipel von 7 Inseln, von denen nur 2 bewohnt sind. Terre-de-Haut ist die Hauptattraktion. Oder Sie entscheiden sich für die charmante und flippige Auberge Les Petits Saints – mit wundervollem Blick auf Les Saintes Bay und einem sehr speziellen und weithin bekannten Hummer-Dinner.

Die nahe Marie Galante gehört zwar nicht zu den Îles des Saintes, ist aber noch idyllischer. Noch immer zeugen viele bewirtschaftete Plantagen, Windmühlen und Ochsenkarren von der Wichtigkeit von Zuckerrohr und Rum. Am Strand Petit Anse können Sie in einer der kreolischen Hütten ein köstliches einfaches Mahl genießen.

INFO: www.lesilesdeguadeloupe.com. IGUANE CAFÉ: Tel. +590-590-88-61-37. *Preise:* Dinner € 33. LA VIEILLE TOUR: Tel. +590-590-84-23-23. *Preise:* Dinner € 45. LE JARDIN MALANGA: Tel. +590-590-92-67-57; www.jardinmalanga.com. *Preise:* ab € 289. *Wann:* Juni-Anf. Juli und Sept.–Mitte Okt.: geschlossen. AUBERGE LES PETITS SAINTS: Tel. +590-590-99-50-99; www.petitssaints.com. *Preise:* ab € 93 (Nebensaison), ab € 130 (Hochsaison); Dinner € 48. REISEZEIT: Nov.–Apr.: bestes Wetter; Anf. Jan.–Aschermittwoch: Karneval; Mai: Creole Blues Festival auf Marie Galante; 2. Sa. im Aug.: *Fête des Cuisinières* in Pointe-à-Pitre.

Wo afrikanische Geister zu Besuch kommen

Voodoonächte im Hotel Oloffson

Port-au-Prince, Haiti, Große Antillen

Das Erdbeben 2010, von den Haitianern *bagay la* („das Ding") genannt, hatte sein Zentrum 32 km von Port-au-Prince entfernt und brachte verheerende Zerstörung. Aber das haitianische Volk hat eine lange Geschichte der Entschlossenheit und Unverwüstlichkeit: 1801 besiegte ein Sklavenaufstand die mächtige französische Armee, und die neue Nation wurde die erste, die die Sklaverei abschaffte. Trotz andauernder Armut und des nur langsam voranschreitenden Wiederaufbaus ist der Geist der Haitianer ungebrochen.

Einen (Rum-)Geschmack dieses Geistes können Sie jeden Donnerstag bei der Voodoonacht im Hotel Oloffson erleben, einem baufälligen viktorianischen Haus, das das Erdbeben überstanden hat. Die Menge tanzt die ganze Nacht zu Roots Music, einer mitreißenden Mischung aus traditioneller Musik, gespielt auf einheimischen Instrumenten wie dem *rara*-Horn und den *petwo*-Trommeln, kombiniert mit einer Prise Rock 'n' Roll. Das Oloffson hat eine lange Geschichte – Graham Greene verewigte es in *Die Stunde der Komödianten* als Hotel Trianon, und an der Tür sind Plaketten von Prominenten, die hier übernachtet haben – darunter Mick Jagger und Greene selbst.

Voodoo vermischt die Religionen, die die Sklaven aus Westafrika mitbrachten, mit dem Katholizismus der französischen Plantagenbesitzer. Da ihre Religionen verboten waren, ehrten die Sklaven die Geister ihrer Vorfahren, indem sie jedem einen katholischen Heiligen zuordneten. Daher sind Voodooaltäre Mischungen aus afrikanischer und christlicher Ikonografie.

Voodooanhänger glauben an Gott, den sie Gran Met oder Bondyue nennen, glauben aber, dass er fern der Welt ist, und beschwören deshalb lwa (oder loa, „Geister") durch Gebete, Trommeln und Gesänge herauf.

Jeder ist bei Voodoozeremonien willkommen; traditionell wird dem *houngan*, dem Voodoopriester, eine Opfergabe dargebracht. Eine Flasche Barbancourt-Rum reicht aus. Die meisten Haiti-Besucher heuern einen Führer an, um solche Zeremonien zu finden, aber es gibt keinen besseren Ausgangspunkt als den Donnerstagabend im Oloffson.

Hotel Oloffson: Tel. +509-2223-4000; www.hoteloloffson.com. *Preise:* ab € 55. Unterhaltung am Do. für Gäste kostenlos, € 7,50 für Besucher. **Karibe Hotel;** Tel. +509-2256-9808; www.karibehotel.com. *Preise:* ab € 110. **Wie:** Voyages Lumière bietet individuelle Exkursionen in Port-au-Prince und darüber hinaus. Tel. +509-3557-0753; www.voyageslumiere.com. *Preise:* Tagestouren ab € 66. **Reisezeit:** Woche vor der Fastenzeit (meist Feb. oder März): Karneval.

Von der Voodookultur inspirierte Musik und Tanz sind Teil der abendlichen Feier im Oloffson.

Über der Welt

STRAWBERRY HILL UND DIE BLUE MOUNTAINS

Irish Town und darüber hinaus, Jamaika, Große Antillen

Von der 945 m langen Veranda von Strawberry Hill in den Blue Mountains hat man einen der schönsten Ausblicke der Karibik. Dieser Ort ist genau richtig, wenn man gern auf zuschaut, wie sich der spätnachmittägliche Nebel zum Gesang der Baumfrösche auf den grünen Hügeln niederlässt. Strawberry Hill, einst Plantage, heute Hotel, ist umringt von Plantagen, die noch immer den seltenen jamaikanischen Blue-Mountain-Kaffee produzieren – laut James Bond „der köstlichste der Welt". Hier finden Sie Ihr eigenes privates Jamaika, mit 12 Hütten im Kolonialstil. In den Zimmern lebt der Alltag der Pflanzer im 19. Jh. mit massiven Mahagonibetten. Ein kleines, feines Wellnesszentrum mit fantastischem Kaffeepeeling und das beruhigende, minimalistische Design sorgen für den modernen Touch. Das Restaurant bietet vollmundige Neuauflagen traditioneller jamaikanischer Gerichte wie marinierte Lammlende mit Knoblauch-Guave-Glasur und ist berühmt für seinen Sonntagsbrunch.

Erkunden Sie die Blue Mountains, einen artenreichen grünen Wald, der Vogelbeobachter und Botaniker mit mehr als 500 Blütenpflanzenarten begeistert, darunter der jamaikanische Bambus, der nur einmal in 33 Jahren und voraussichtlich wieder um 2017 blüht. Auf alten Eselspfaden wandern Sie zu atemberaubenden Ausblicken – und erhaschen vielleicht sogar einen Blick auf den Blue Mountain, den mit 2256 m höchsten Berg der Insel. Oder machen Sie es sich leicht: Blue Mountain Bicycle Tours setzt Sie auf 1650 m Höhe mit dem Fahrrad ab; lassen Sie es einfach rollen und sausen Sie vorbei an Kaffeeplantagen nach unten. Ein Zwischenstopp für Fotos und ein Essen sowie ein erfrischendes Bad in einem idyllischen Wasserfall runden die Tour ab.

Wo: Irish Town liegt 40 km vom Kingston Airport entfernt. **STRAWBERRY HILL:** Tel. +1/876-944-8400; www.islandoutpost.com. *Preise:* ab € 144 (Nebensaison), ab € 220 (Hochsaison). **BLUE MOUNTAIN BICYCLE TOURS:** Tel. +1/876-974-7075; www.bmtoursja.com. *Preise:* € 72. **REISEZEIT:** Dez.–Apr.: bestes Wetter.

Reggae, Golf und Häuser der Spitzenklasse

MONTEGO BAY

Jamaika, Große Antillen

Mo Bay, Jamaikas zweitgrößte Stadt nach Kingston, ist offen, hip und ungeschliffen, mit einer lebendigen Musikszene, die beim Reggae Sumfest, einem Reggae- und Dancehall-Marathon, bei dem zahlreiche Stars auftreten, ihren Höhepunkt erreicht. Jamaika ist die Wiege des Reggae, und die Einheimischen sparen das ganze Jahr für das Reggae Sumfest. Reggae entstand aus Ska, einer Mischung afrikanischer Traditionen mit Rhythmus und Blues, und dem langsameren Rocksteady, angereichert mit der Botschaft der „einen Liebe" aus der Rastafari-Bewegung, und verdankt seine Bekanntheit vor allem Bob Marley.

Wer hierherkommt, um Luxus zu genießen, findet tolle Golfplätze und edle Resorts. Das Half-Moon ist eins der besten großen Resorts der Karibik. 197 Zimmer, ganz zu schweigen von 54 Pools, einem 3,2 km langen Strand und 13 beleuchteten Tennisplätzen lassen es eher wie eine Stadt erscheinen – mit einem Reitzentrum, einer Delfinlagune und einem 18-Loch-Golfplatz von Robert Trent Jones sen. Hier befindet sich zudem das Fern Tree, eines der neuesten und größten Wellnesszentren der Insel, in dem traditionelle jamaikanische Heilpraktiken und modernste Behandlungsmethoden zusammenfließen.

Die seriösesten – und steinreichen – Golfer gehen in den Tryall Club, eine ehemalige Zuckerplantage, deren 18-Loch-Golfplatz für seine schwierigen, unvorhersehbaren Löcher bekannt ist. Er wurde in den 1950ern von Ralph Plummer kreiert und wird von vielen als der beste Platz der Insel angesehen. Zutritt haben ausschließlich Gäste der Villen, die um ein Haus von 1834 angeordnet sind.

Jamaikas berüchtigtstes Anwesen ist Rose Hall, erbaut zur Blütezeit der Zuckerplantagen im 18. Jh. Im 19. Jh. lebte hier Annie Palmer, die „Weiße Hexe". Die Legende besagt, dass sie eine Voodoo praktizierende Sklavenhalterin war, die mehrere Ehemänner ermordete und schließlich selbst von einem ihrer Sklaven umgebracht wurde. Das schön restaurierte Haus, in dem es angeblich spukt, steht auf einem Hügel mit weiten Rasenflächen und Meerblick.

Lassen Sie sich in Mo Bay nicht das Essen im Pork Pit, einer örtlichen Institution, entgehen. Die Strandgäste kommen gegen Mittag, wenn das feurige Stück Fleisch aus seinem würzigen Kohlebett auf die Picknicktische verfrachtet wird.

INFO: www.visitjamaica.com. **REGGAE SUMFEST:** Tel. +1/876-953-2933; www.reggaesumfest.com. *Preise:* Festivalpässe ab € 100. **HALF-MOON:** Tel. +1/876-953-2211; www.halfmoon.com. *Preise:* ab € 200 (Nebensaison), ab € 326 (Hochsaison). **TRYALL CLUB:** Tel. +1/876-956-5660; www.tryallclub.com. *Preise:* Villen ab € 293 (Nebensaison), ab € 407 (Hochsaison) pro Nacht, Minimum 1 Woche. Greenfee € 37 (Nebensaison), € 74 (Hochsaison), nur Gäste. **ROSE HALL GREAT HOUSE:** Tel. +1/876-953-9982. **PORK PIT:** Tel. +1/876-952-1046. *Preise:* Mittagessen € 9. **REISEZEIT:** Nov.–Apr.: bestes Wetter; Ende Jan.: Jazz & Blues Festival; Mitte Juli: Reggae Sumfest.

Der wilde Ruf eines Strandes und seine ruhigere Seite

NEGRIL

Jamaika, Große Antillen

Im hedonistischen Negril an der nordwestlichsten Spitze Jamaikas, einem der günstigsten Ziele des Landes, ist immer Party angesagt. Am touristisch erschlossenen und trotzdem schönen, auch als Long Bay bekannten Seven Mile Beach findet man großzügige All-inclusive-Resorts und vereinzelte FKK-Bereiche. Negrils ruhigere Seite zeigt sich im Country Country. 20 pastellfarbene Lebkuchenhäuschen mit Veranden

Negrils ganzer Stolz ist der Seven Mile Beach, der längste Sandstrand des Landes.

und reizende Gärten versprechen eine Atempause. Echte Abgeschiedenheit finden Sie eine kurze Fahrt entfernt im Rockhouse Hotel, einer modernen, schlichten Unterkunft mit Strohdachhütten auf einer felsigen Landzunge nahe der Stadt. Genießen Sie eine Massage oder eine Rum-Mokka-Ganzkörperpackung oder schnorcheln Sie im geschützten Wasser der Pristine Cove. Abends können Sie vom 18 m hoch gelegenen Pool auf den Klippen die legendären Sonnenuntergänge genießen und danach im Pushcart speisen, auf dessen Karte Jamaikas Straßenessen zu finden ist – frittierte Meeresfrüchte, marinierte Wurst und warmer Süßkartoffelpudding. Im Rockhouse Restaurant verwöhnt man Sie hingegen mit der leichteren und moderneren Interpretation der jamaikanischen Küche.

Für den bekanntesten Blick auf den Sonnenuntergang begeben Sie sich zu Rick's Café – inspiriert durch den Film *Casablanca* und seit der Eröffnung 1974 berühmteste Bar der Insel. Hier schaut man den Tauchern zu, die sich von den über 10 m hohen Klippen ins Meer stürzen, während man darauf wartet, dass die Sonne versinkt.

Wo: 80 km westl. von Montego Bay. **Country Country:** Tel. +1/876-957-4273; www.countrynegril.com. *Preise:* ab € 110 (Nebensaison), ab € 155 (Hochsaison). **Rockhouse Hotel:** Tel. +1/876-957-4373; www.rockhousehotel.com. *Preise:* ab € 93 (Nebensaison), ab € 120 (Hochsaison); Dinner im Pushcart € 20, im Rockhouse € 26. **Rick's Café:** Tel. +1/876-957-0380; www.rickscafejamaica.com. **Reisezeit:** Nov.–Apr.: bestes Wetter.

Ein vornehmes Gasthaus und ein James-Bond-Erbe

OCHO RIOS

Jamaika, Große Antillen

Hinter den Kreuzfahrtschiff-Attraktionen von Ocho Rios, Jamaikas Anlaufhafen Nummer 1, verbergen sich einige der faszinierendsten Gasthäuser, darunter das ehrwürdige Jamaica Inn, das beliebteste der alten Garde auf der Insel, dem alle anderen nacheifern. Seine 47 geschmackvoll mit jamaikanischen Antiquitäten möblierten Suiten haben geräumige Balkone, die als Freiluft-Wohnzimmer mit Sofa, Schreibtisch, Schaukelstuhl und Meerblick dienen. Fließend geht der entspannte Tagesplan mit Wassersport, Wellnessbehandlungen und Krocket zum gediegenen Abendrhythmus über, wenn sich die Gäste zu Cocktails und Tanz unter den Sternen auf der beleuchteten Terrasse versammeln. Die White Suite, einst Winston Churchills Lieblingsunterkunft, steht auf einem Felsvorsprung über dem makellosen Hotelstrand, der als einer der schönsten der Insel gilt.

Besonders faszinierend ist das Hotel GoldenEye im Besitz von Reggae-Mogul und Hotelier Chris Blackwell. Im Zentrum des Anwesens steht das Heim von James-Bond-Autor Ian Fleming, wo er alle 14 Romane schrieb. Fleming war selbst ein britischer Agent und im Krieg auf Jamaika stationiert – kein Wunder also, dass der charmante Spion so viel Zeit in der Karibik verbringt! Gäste haben die Wahl zwischen grünen Gartenvillen, sexy Lagunensuiten oder Hütten am James Bond Beach – jede einzelne ein perfekter Ort für ein Stelldichein mit dem Spion, den Sie lieben.

Zu Flemings Zeiten war das GoldenEye ein Promitreffpunkt. Auch Noël Coward ließ sich hier im Firefly House nieder, einem magischen Ort, den man schon allein der Aussicht wegen besuchen sollte. Erweisen Sie doch mit einem Tagesausflug nach Nine Mile auch einer anderen Ikone die Ehre: Reggae-Genie Bob Marley. Sein Geburtsort, Zuhause und letzte Ruhestätte, wo er mit seiner Gitarre begraben liegt, ist heute ein Denkmal für sein Leben, seine Musik und seine Botschaft „One World, One Love".

Zurück in Ochi scheuen Sie vielleicht vor den touristischen Dunns River Falls zurück, aber es ist ein wundervoller Ort, um Hand in Hand mit Fremden – von denen die Kreuzfahrtschiffe hier eine Menge absetzen – 180 m Felsen durch kaltes, klares Bergwasser zu erklimmen. Danach folgen Sie dem Duft zu Faith's Pen, wo 30 Hüttchen traditionelle jamaikanische Gerichte wie mariniertes Hühnchen und Schwein, frittierten Fisch, Akee und Saltfish (Jamaikas Nationalgericht) sowie frische Maiskolben verkaufen.

Wo: 100 km östl. von Montego Bay. **Jamaica Inn:** Tel. +1/876-974-2514; www.jamaicainn.com. *Preise:* ab €215 (Nebensaison), ab €370 (Hochsaison). **GoldenEye:** Tel. +1/876-975-3354; www.goldeneye.com. *Preise:* ab €496 (Nebensaison), ab €622 (Hochsaison). **Bob Marley Centre & Mausoleum:** Tel. +1/876-978-2929. **Reisezeit:** Nov.–Apr.: bestes Wetter; Jan.: Accompong Maroon Festival; Juni: Ocho Rios International Jazz Festival.

Der Lieblingsort von Errol Flynn und die Geburtsstätte von Jerk

Port Antonio

Jamaika, Große Antillen

Dieser ruhige, historische ehemalige Bananenhafen, von der amerikanischen Dichterin Ella Wheeler Wilcox „der schönste Hafen auf Erden" und von den Einheimischen „Porty" genannt, ist der beste Ort, um ein Gefühl für das alte Jamaika zu bekommen. Mit seinen Zwillingshäfen, wundervollen weißen Sandstränden und grünen Hängen bezauberte Port Antonio in den 1940ern schon Errol Flynn und seine Kumpane. Sein bedeutendster Beitrag zur modernen Kultur dürfte allerdings die Erfindung des *jerk*, des stark marinierten Fleischs, sein. Die Maroons, in die Blue Mountains entflohene Sklaven, waren im 17. Jh. angeblich die Ersten, die es zubereiteten, indem sie gewürztes Wildschwein räucherten.

Rustikale Stände begannen nahe Boston Bay Beach in den 1930ern damit, es zu servieren, und obwohl der Strand selbst kein Highlight ist – das *jerk* ist eins. Mehrere Stände, jeder mit eigenem Rezept, verkaufen feuriges Schweinefleisch, Huhn, frischen Fisch oder Hummer und die weniger übliche Wurstvariante. Unverzichtbare Zutaten sind Piment, Thymian und die superscharfe Scotch-Bonnet-Chili. Das Fleisch wird langsam in längs durchgeschnittenen Steel Drums über einem Holzfeuer gekocht.

Lassen Sie es sich bei Reggae mit gebackenen Süßkartoffeln, frittiertem Maisbrot und dem dazugehörigen Red-Stripe-Bier schmecken. Woody's Low Bridge Place in Port Antonio ist berühmt für seine Burger – darunter tolle Veggie-Burger – und den charmanten Service durch Woody Cousins und seine Frau Cherry. Auf Vorbestellung bereiten sie auch *jerk*-Huhn und Curryziegenfleisch zu. Ein Highlight ist die Übernachtung im nahen Hotel Mocking Bird Hill mit 10 Zimmern auf tropisch-hügligen 2,5 ha, auf denen Vogelbeobachter sich an mehr als 40 einheimischen Arten erfreuen können. Weit ab vom Trubel des Massentourismus ist das Restaurant Mille Fleurs bekannt für täglich wechselnde Menüs mit so innovativen Gerichten wie Huhn in Pflaumensoße oder Orangenpudding aus heimischen Bio-Zutaten. Die Besitzer packen selbst an und ermuntern Sie, die Gegend zu erkunden: Die nahen Sandstrände von Frenchman's Cove, die von einer Quelle gespeiste, 55 m tiefe indigoblaue Blue Lagoon oder der Rio Grande sind nur einige lohnenswerte Ziele. Ein besonderes Abenteuer ist Bambus-Rafting auf dem Fluss, ganz so, wie damals die Bananen transportiert wurden.

Wo: 97 km nordöstl. von Kingston. **Woody's Low Bridge:** Tel. +1/876-436-5624. *Preise:* Dinner € 13. **Hotel Mocking Bird Hill:** Tel. +1/876-993-7267; www.hotelmockingbirdhill.com. *Preise:* ab € 130; Dinner € 37. **Reisezeit:** Nov.–Apr.: bestes Wetter; Juli: Jerk Festival.

Leguane, Stachelrochen und Bloody Bay Wall

Die Kaimaninseln

Große Antillen (Britisches Überseegebiet)

Die Kaimaninseln, eine überwiegend flache britische Kronkolonie, die aus Grand Cayman, Little Cayman und Cayman Brac besteht, liegen auf einer alten Unterwasserbergkette. An der Oberfläche ist das türkisblaue Wasser ruhig, aber nicht weit darunter, wenige Meter von der Küste entfernt, findet man spektakuläre Abgründe wie einen Unterwasser-Grand-Canyon – eines der besten Tauchreviere der Welt, mit erstaunlicher Unterwasservielfalt zwischen korallenverkrusteten Riffen und Felswänden. Der schönste Ort ist allerdings nördlich der Küste von Little Cayman der 1,8 km tiefe Korallengarten, schon seit Piratenzeiten unter dem Namen Bloody Bay Wall bekannt. Schnorchler haben an der Spitze des Hangs ein wunderschönes Revier; Taucher finden in der tiefer gelegenen Schlucht Scharen von Seefächern, Anemonen und tropischen Fischen.

Die 31 km² große Little Cayman ist relativ ursprünglich. Die Anzahl der Leguane übertrifft bei Weitem die der 100 Inselbewohner, und eine Kolonie von 20.000 Rotfußtölpeln lebt im größten Vogelschutzgebiet der Karibik. Little Cayman ist u. a. berühmt für die Texanerin Gladys Wieard, eine Schülerin der Kochlegende Julia Child, die den Gästen in ihrem Strandrestaurant Pirate's Point Resort in Bezug auf Essen und Tauchen (fast) jeden Wunsch erfüllt. Sie hat auch ein spezielles Tauchboot mit erfahrenen Lehrern.

Grand Cayman ist größer (aber trotzdem nur 35 x 13 km groß) und weltoffener. Obwohl der Tourismus hier weiter entwickelt ist, hält er sich trotzdem noch in erfreulich überschaubaren Grenzen. Attraktionen beinhalten über 100 Tauchspots und Stingray City, ein Ort, an dem Schwärme geselliger Meereskreaturen Ihnen aus der Hand fressen (der berühmte

"Stachelrochen-Kuss"). Obwohl immerhin 25 Bootsminuten von der Küste entfernt, ist das kristallklare Wasser mit 1–4 m sehr flach und perfekt für Schnorchler und Taucher.

Der berühmte Strand von Grand Cayman, Seven Mile Beach auf der Westseite, ist von vornehmen Resorts umrahmt. Mit seinem ruhigen Wasser bietet er auch Nichtschwimmern optimale Bedingungen. Die luxuriöseste Unterbringung findet man im familienfreundlichen Ritz-Carlton Grand Cayman, wo Kinder von Jean-Michel Cousteaus Botschaftern etwas über den Schutz der Riffs lernen, während Eltern die Vorzüge des von Greg Norman designten Golfplatzes und des Wellnesszentrums La Prairie genießen. Im Blue von Eric Ripert, dem auch das Le Bernardin in Manhattan gehört (s. S.852), werden frischer Gelbflossenthunfisch und Meeresfrüchte serviert. Kommen Sie im Januar, um ihn und andere berühmte Köche zu treffen, wenn Ripert hier das *Cayman Cookout* veranstaltet.

Wenn die Sonne untergeht, sollten Sie sich am Seven Mile Beach einfinden. Im Reef Grill gibt es in lockerer Atmosphäre frische, innovativ zubereitete Meeresfrüchte. Bei Soca- und Calypso-Musik ist die gemütliche Lounge der richtige Ort, um die Nacht aufzuheizen.

Info: www.caymanislands.ky. **Pirate's Point:** Tel. +1/345-948-1010; www.piratespointresort.com. *Preise:* € 370, all-inclusive; Tauchen extra. **Ritz-Carlton:** Tel. +1/345-943-9000; www.ritzcarlton.com. *Preise:* ab € 222 (Nebensaison), ab € 422 (Hochsaison); Dinner-Menü im Blue € 81. **Reef Grill:** Tel. +1/345-945-6360; www.reefgrill.com. *Preise:* Dinner € 37. **Reisezeit:** Anf. Mai: Carnival Batabano; Dez.: Jazzfest.

Das bezaubernde Altstadtviertel einer Hauptstadt

La Habana Vieja

Havanna, Kuba, Große Antillen

Das Altstadtviertel von Havanna (La Habana Vieja) wird von der vornehmen Plaza de la Catedral begrenzt und ist eine beeindruckende architektonische Ansammlung von Monumenten, Festungen, Kopfsteinpflaster und grandiosen Stadthäusern, die sich einst im Besitz reicher Bürger befanden. Mit einigen Gebäuden aus dem 16.–19. Jh. ist Havanna die geschichtsträchtigste und besterhaltene Kolonialstadt dieser Hemisphäre.

Paradoxerweise trug die Revolution 1959, die die Insel für Jahrzehnte isolierte, auch zum Erhalt ihrer schönen Architektur bei, da private Investitionen und Immobilienentwicklung verboten wurden. Es gibt kaum unpassende moderne Strukturen zwischen den Arkaden und palmenbewachsenen Höfen des alten spanischen Kerns. Kuba setzte auf Tourismus und hat Teile des Altstadtviertels restauriert, um zu zeigen, dass das koloniale Havanna einst die reichste und am stärksten befestigte Stadt Amerikas war. Selbst ihre heruntergekommenen Ecken sind charmant melancholisch und vermitteln ein Gefühl vergangenen Ruhms. Noch immer befahren liebevoll gepflegte klassische amerikanische Wagen aus den 1950ern die Straßen und vermitteln das Gefühl einer Filmkulisse.

Der gediegenste Ort für Übernachtungen in der Altstadt ist das Hotel Saratoga, hinter dessen Fassade aus dem 19. Jh. sich ein modernes, 2005 erbautes Hotel mit 96 Zimmern verbirgt. Es liegt direkt am Parque de la Fraternidad nahe dem Kapitol, der berühmten Zigarrenfabrik Partagás und dem Gran Teatro von

Havanna, dem wichtigsten Opernhaus der Stadt, und verfügt über einen Pool und eine Bar auf dem Dach, von wo aus man einen wunderschönen Blick über die Stadt genießt. Mit einer ähnlichen Metamorphose beeindruckt das Hotel Raquel, 1908 errichtet und ursprünglich eine Bank, das heute überraschend erschwinglichen Luxus bietet. Das große Hotel Nacional ist die bekannteste Unterkunft der Stadt, 1930 mit dem Ziel erbaut, dem The Breakers in Palm Beach (s. S. 736) zu gleichen, und noch immer eher Palast als Hotel. Es überblickt den Malecón, Havannas 6 km lange Uferstraße, und lässt nach der Restaurierung die ruhmreichen Tage und die opulente Schönheit seiner maurischen Bögen und handbemalten Fliesen wieder aufleben. Die Show *Cabaret Parisien* erinnert an das Havanna der 1950er, als der Mafioso Meyer Lansky Kubas glamouröseste Kasinos verwaltete. Doch keine Show kommt dem draußen stattfindenden Tropicana Cabaret gleich. Seit 1939 erlebt man hier einen Rausch von Farben, Musik und Bewegung, mit spärlich und spektakulär gekleideten Showgirls, die zu kubanischem Son und Salsa tanzen. Für Habaneros, die zu guter Musik selbst das Tanzbein schwingen wollen, bietet sich die Casa de la Musica an. Der Höhepunkt der Musikszene Havannas ist zweifelsohne das Internationale Jazzfestival, bei dem Musiker aus aller Welt neben Kubas verehrten Altstars auftreten.

Ernest Hemingway verbrachte in den 1940ern und 1950ern den Großteil seiner Zeit in Havanna und schrieb hier an seinen besten Werken, wenn er sich nicht gerade zum Trinken im La Bodeguita del Medio („Die kleine Bar in der Mitte") oder der etwas formelleren El Floridita aufhielt. Ein Besuch dieser unverfrorenen Touristenabzocke ist unerlässlich, um 2 von Kubas klassischen Cocktails auf Rumbasis zu probieren: Die Bodeguitas erfrischenden Mojito und El Floriditas Frozen Daiquiri, dessen Perfektionierung dem „Papa" zugeschrieben wird. Hemingways Haus, La Vigía, befindet sich 16 km außerhalb Havannas, im Dorf San

Klassische amerikanische Straßenkreuzer aus den 1950ern bestimmen das Straßenbild einer der ältesten Städte der Karibik.

Francisco – unverändert und für die Öffentlichkeit zugänglich.

Havannas historische Bars haben Atmosphäre und machen Spaß, doch Kuba ist – noch – kein kulinarisches Ziel. Seitdem es die Paladares gibt – Privathäuser, die traditionelles, rustikales Essen an einer Handvoll Tische servieren –, hat sich die Lage aber schon gebessert. Zu den besten Paladares gehört das La Cocina de Lilliam, das bekannt ist für seinen romantischen Garten und ein traditionelles Gericht mit Rind oder Lamm mit dem verlockenden Namen Ropa Vieja („alte Kleidung").

HOTEL SARATOGA: Tel. +53-7-868-1000; www.hotel-saratoga.com. *Preise:* ab € 170 (Nebensaison), ab € 260 (Hochsaison). HOTEL RAQUEL: Tel. +53-7-860-8280; www.hotelraquel-cuba.com. *Preise:* ab € 90. HOTEL NACIONAL: Tel. +53-7-833-3564; www.hotelnacionaldecuba.com. *Preise:* ab € 126; Cabaret Parisien € 26. TROPICANA: Tel. +53-7-267-1010. *Preise:* Show € 48. LA BODEGUITA DEL MEDIO: Tel. +53-7-866-8857. EL FLORIDITA: Tel. +53-7-867-1300; www.floridita-cuba.com. LA COCINA DE LILLIAM: Tel. +53-7-209-6514. *Preise:* Dinner € 11. WIE: Das amerikanische Unternehmen Marazul Charters organisiert seit mehr als 30 Jahren Reisen nach Kuba. Tel. +1/201-319-1054; www.marazulcharters.com. REISEZEIT: Nov.-Apr.: bestes Wetter; März: Festival klassischer Autos; Nov.: Festival Internacional de Ballet; Mitte Dez.: International Jazz Festival.

Prähistorisch, surreal und durch und durch kubanisch

VALLE DE VIÑALES

Pinar del Rio, Kuba, Große Antillen

Das fruchtbare Tal Valle de Viñales ist das Shangri-La Kubas, eine außergewöhnliche Landschaft mit riesigen steilwandigen, oben abgerundeten Kalksteinformationen, genannt *mogotes*, die aus der ländlichen Gegend, in der der beste Tabak der Welt angebaut wird, herausragen. Einst war diese magische Fläche vollkommen flach – ihre massiven baumbedeckten Hügel entstanden durch tektonische Erhebungen und Wassererosion.

Das gesamte Tal ist eine wundervolle und fast schon surreal anmutende Kulisse für Wanderungen, Radtouren, Ausritte und Kletterpartien – wenngleich Kletterer nicht erwünscht sind. Im Inneren der *mogotes* gibt es ein Netzwerk aus Höhlen und unterirdischen Flüssen, das zum Erforschen einlädt. Die zugänglichste Höhle ist Gran Caverna de San Tomás, Kubas größtes Höhlensystem, gespickt mit spitzen Stalaktiten und Stalagmiten und mehr als 45 km langen Gängen. Erkunden Sie die unterirdischen Flüsse mit dem Boot bei Cueva del Indo, 15 km westlich von Viñales, aber stellen Sie sich auf weitere Touristen ein.

Den besonderen Charme dieser Region machen ihre traditionelle ländliche Kultur und die freundlichen *campesinos* (Kleinbauern) aus, deren Lebensart und Anbaumethoden sich seit Hunderten von Jahren kaum verändert haben. Das Leben hier dreht sich um den Tabak – mehr als 30 *marquillas* (Marken) heiß begehrter handgerollter Zigarren werden aus dieser preisgekrönten Ernte hergestellt, darunter die weltberühmten Marken Cohiba, Montecristo und Partagas.

Steigen Sie in der unberührten Stadt Viñales ab. Das Hotel Los Jazmines hat tollen Blick aus fast allen Zimmern. Um kubanische Gastfreundlichkeit zu genießen, sollte man sich bei einer Familie vor Ort in einer der *casas particulares* einquartieren. Villa Cristal ist eine der schönsten. Die Besitzer sprechen Englisch und helfen, Wander-, Kletter- oder Reitausflüge zu organisieren. Im nur 2 Minuten entfernten Stadtzentrum gibt es abends Livemusik und kalte *cerveza*.

Halten Sie bei Ihrer Rückkehr nach Havanna in Las Terrazas, einem lebhaften Ökodorf mit Handwerksläden und kleinen Biofarmen in der aufgeforsteten Landschaft, in der einst die französischen Kaffeeplantagen im Vorgebirge der Sierra del Rosario vorherrschten. In den bunt gemischten Wäldern sind die besten Wanderungen und Vogelbeobachtungen von ganz Kuba möglich – der Hummelkolibri, der kleinste Vogel der Welt, ist hier heimisch. Übernachtet wird im komfortablen, mit 31 Zimmern ausgestatteten Hotel La Moka, umweltschonend um die Bäume herum gebaut. Sie können zum nahen Buena Vista Restaurant laufen, das sich in einem renovierten französischen Kaffeeplantagenanwesen befindet, und dort zum Lunch gegrilltes Schwein genießen.

HOTEL LOS JAZMINES: Tel. +53-48-79-6205. *Preise:* ab € 45. **VILLA CRISTAL:** Tel. +53-52-70-1284; www.villacristalcuba.com. *Preise:* € 20. **HOTEL LA MOKA:** Tel. +53-48-57-8600 (Reservierungen unter +53-7-204-3739; www.hotelmokalaterrazzas.com). *Preise:* ab € 45 (Nebensaison), ab € 81 (Hochsaison). **BUENA VISTA RESTAURANT:** *Preise:* Mittagessen € 11. **WIE:** Für eine *casa particular* gehen Sie auf www.bbinnvinales.com. **REISEZEIT:** Okt.–Apr.: bestes Wetter; März: Karneval in Viñales.

Ein koloniales Juwel, aus Zucker entstanden

TRINIDAD

Sancti Spíritus, Kuba, Große Antillen

Trinidad wurde 1514 als eine der ursprünglich 7 Städte vom spanischen Eroberer Diego Velázques gegründet. Sie ist die am besten erhaltene der 7 und birgt architektonische Schätze aus dem 18. und frühen 19. Jh., als die Stadt durch Zuckerhandel florierte. Der Wohlstand aus dieser goldenen Ära endete in den 1860ern, was der Stadt ein Flair stehen gebliebener Zeit vermittelt, noch verstärkt dadurch, dass sie 1865 zum Nationaldenkmal ernannt wurde.

Trinidad, ein Labyrinth aus engen Kopfsteinpflasterstraßen, gesäumt von Kolonialhäusern in Pastelltönen mit massiven Holztüren, liegt auf einem Hügel über dem Meer. Zuckerbarone errichteten ihre Villen um das Herz der alten Stadt, der Plaza Mayor. Hier sticht besonders das Museo Romantico hervor, das den einst opulenten Lebensstil der immer noch wunderschönen Stadt zeigt. Die Plaza ist außerdem Standort des edelsten Hotels, des restaurierten Iberostar Grand mit 40 Zimmern.

Tagsüber ist Trinidad verschlafen, aber nachts pulsiert die Stadt rund um die Plaza Mayor. Die Bewohner versammeln sich auf den breiten Stufen der Casa de la Musica neben der aus dem 19. Jh. stammenden Iglesia Parroquial de la Santissima, der größten Kirche des Landes, und tanzen zu Livemusik – vor allem Salsa – oder schauen dem Treiben zu. Rumba-Fans begeben sich zum Palenque de los Congos Reales, einem weiteren Treffpunkt in der Echerri und Ave. de Jesús Menéndez, wo Sie gegen 22 Uhr feuerschluckende Tänzer sehen können. Die besten Musiker bekommt man in der Casa de la Trova auf der Plazuela de Segarte zu hören.

Wenn Sie Teil des lokalen Lebens sein möchten, übernachten Sie am besten in *casas particulares* und essen in *paladares*, Familienhäusern, die teilweise auch offizielle Restaurants sind. Das Sol y Son ist eins der besten und serviert traditionelle Gerichte wie in Rum getränktes *cerdo borracho* („betrunkenes Schwein") in einem romantisch beleuchteten Hof.

Wenn Sie mehr von der wundervollen Landschaft sehen wollen, die das Land reich machte, sind Sie im Valle de los Ingenios, dem Tal der Zuckermühlen, richtig. Busse und schnaufender Baldwin-Dampfzug von 1907 durchqueren täglich die grünen Ebenen, hinter denen sich die Sierra del Escambray erhebt. Vorbei an verlassenen Plantagen und Ruinen von Sklavenhütten, Zuckermühlen und Häusern gelangen Sie zu einem Anwesen, dessen größte Attraktion der 43 m hohe, 1816 errichtete Iznaga-Turm ist. Seine Glocken läuteten

Trinidads Iglesia y Convento de San Francisco überragt ein Stadtbild kolonialer Architektur.

einst Anfang und Ende des Arbeitstages auf den Feldern ein.

Der nahe Playa Ancón ist eindeutig der schönste Strand an Kubas Südküste, ein Band aus weißem Sand und blaugrünem Wasser mit fantastischen Tauchgründen. Das Hotel Brisas mit 240 Zimmern ist die beste Wahl für Sonnenanbeter und befindet sich nur eine kurze Motorrollerfahrt von der Stadt entfernt. **Info:** www.gocuba.com. **Museo Romantico:** Tel. +53-41-99-4363. **Iberostar Grand Hotel:** Tel. +53-41-99-6070; www.iberostar.com. *Preise:* ab € 126 (Nebensaison), ab € 163 (Hochsaison). **Paladar Sol y Son:** Dinner € 15. **Hotel Brisas Trinidad del Mar:** Tel. +53-41-99-6500; www.dtcuba.com. *Preise:* ab € 90, all-inclusive. **Casas Particulares:** www.casaparticular.info. **Reisezeit:** Jan.: Semana de la Cultura (Kulturwoche); Woche vor Ostern: Semana Santa; Ende Juni: karnevalähnliche Fiestas Sanjuaneras.

Inselküche – C'est Magnifique

Die Aromen von Martinique

Martinique, Kleine Antillen (französisches Überseedépartement)

Die unberührten Winkel dieser bergigen Insel sehen noch genauso aus wie damals, als Josephine, Napoleons Gemahlin, hier im späten 18. Jh. auf der Zuckerplantage ihrer Familie aufwuchs. Dieselbe grüne Landschaft inspirierte auch Paul Gauguin lange vor seiner Reise nach Tahiti. Martinique ist die französischste der karibischen Inseln, und so verwundert es kaum, dass die lokale Gastronomie mit einer französisch-kreolischen Fusion klassischer Zutaten mit indischem und afrikanischem Einfluss eine Hauptrolle spielt. Das bestätigt auch ein Spaziergang über den Gewürzmarkt in Fort-de-France immer wieder.

Martinique ist berühmt für Rum, der sich mit der Bezeichnung Appellation d'Origine Contrôlée (AOC) schmücken darf und die Grundlage vieler traditioneller Inselrezepte darstellt. Die Route de Rhum führt Sie zu den 12 besten Destillerien der Insel, darunter die historische Habitation Clément in Le François.

Die Ostküste gilt als bester Ort für gutes Essen. Ein Favorit ist das schicke, intime Hotel Plein Soleil auf einem Hügel mit großartiger Sicht auf den Atlantik. 16 bunte Zimmer, einige mit privatem Pool, beherbergen Gäste, die meist wegen der Küche von Nathanael Ducteil hier sind. Sein Lehrer war Meisterkoch Alain Ducasse; Duc-

Rum reift in Fässern in der Habitation Clément, einer Destillerie von 1887.

teil selbst ist für moderne Geschmackskreationen bekannt. Das nahe Cap Est Lagoon Resort & Spa ist mit 50 minimalistischen Suiten in 18 buntkreolischen Villen der Inbegriff von Luxus auf Martinique. Das Restaurant Le Belem ist bekannt für seine reichhaltigen Frühstücksbüfetts und eleganten Dinner sowie den besten Weinkeller der Insel.

Besonders schöne Strände finden Sie im Süden in Les Salines, einer Bucht mit weichem weißem Sand und seichtem Wasser. Auch der 9,7 km lange Diamant Beach eignet sich perfekt für Picknicks oder Strandspaziergänge.

Das Landesinnere ist grün und hügelig, was eine Fahrt nach Norden auf der Route de Trace von Fort-de-France aus besonders beeindruckend zeigt. Der Frühling ist die beste Jahreszeit, um Lotosblumen, Ingwergewächse und Frangipani blühen zu sehen. Martinique hat nicht umsonst den Spitznamen „Blumeninsel". Im Le Jardin de Balata können Sie 3000 Pflanzenarten anschauen. Weiter nördlich befindet sich der Mont Pelée („kahler Berg"), ein massiver, noch aktiver 1397 m hoher Vulkan, der 1902 St. Pierre, die Hauptstadt der Kolonie, mit dem ersten und schlimmsten Vulkanausbruch des Jahrhunderts auslöschte. Heute ist er ein großartiger Ort für Wanderungen und Vogelbeobachtungen.

INFO: www.martinique.org. HOTEL PLEIN SOLEIL: Tel. +596-596-38-07-77; www.hotelpleinsoleil.fr. *Preise:* ab € 115 (Nebensaison), ab € 170 (Hochsaison); Dinner € 48. CAP EST: Tel. +596-596-54-80-80; www.capest.com. *Preise:* ab € 430 (Nebensaison), ab € 644 (Hochsaison); Dinner € 52. REISEZEIT: Ende Feb. oder März: Karneval; Mitte Mai: kulinarische Woche in Sainte-Marie; Anf. Dez.: Sainte-Marie Rum Festival.

Eine lebendige Kunstszene und Architekturschätze

ALT-SAN JUAN

Puerto Rico, Große Antillen (US-Außengebiet)

El Viejo San Juan, das Wahrzeichen der Inselhauptstadt, bietet einen perfekt erhaltenen Mikrokosmos spanischer Kolonialarchitektur. Gäbe es da nicht die sehr realen, chaotischen Verkehrsstaus, wäre dieses fast 500 Jahre alte Freilufttheater fast zu schön, um wahr zu sein. Die engen Straßen sind mit Adoquine gepflastert, dem blauen Stein, der spanischen Galeonen als Ballast diente; die Festungen aus dem 16. Jh., allen voran die uneinnehmbare, 6 Stockwerke hohe El Morro, die 45 m über dem Meer aufragt, gelten noch immer als Wunder der Baukunst. Zwischen all diesen Denkmälern der Alten Welt gibt es zahlreiche schicke Bistros, Designerläden, Kunstgalerien, Kirchen und koloniale Stadthäuser mit schmiedeeisernen, blumenbewachsenen Balkonen.

Auf dem Hauptplatz Plaza de Armas in der Altstadt San Juans repräsentieren 4 Statuen die Jahreszeiten.

Das historische El Convento war eines der ersten kleinen Luxushotels in der Altstadt und verhalf dem Stadtteil zu seinem Status als eine der lebendigsten historischen Gemeinden der Karibik. Der imposante Karmeliterkonvent von 1651 fungierte schon als Tanzsaal und sogar Bordell und gehörte zur Kette Howard Johnsons. Er hat sogar noch Originalteile wie Holzbalken und handgefertigte Fliesen. Schauen Sie im Cana vorbei, seiner kleinen und beliebten Jazzbar.

Hoch über der Nordmauer der Altstadt thront das Gallery Inn aus 6 miteinander verbundenen Stadthäusern, die ein Labyrinth aus schiefen Treppen, Innenhöfen und kleinen Gärten bilden. Der Besitzer Jan D'Esopo hat mit der Sensibilität eines Künstlers jedes der 22 Zimmer dekoriert und dabei der traditionellen Umgebung Respekt gezollt. Das Wine Deck ist der höchste Punkt der Stadt mit dem besten Blick auf die Altstadt, den Atlantik und San Juan Bay. Wer lateinamerikanische Musik mag und sich nicht am Lärm stört, kann sich im Da House, einem Hotel in einem ehemaligen Franziskanerkloster gleich über dem Nuyorican Café, einquartieren, wo ein kunterbuntes Publikum Live-Salsa und karibisch beeinflussten Jazz genießt.

Spazieren Sie durch die Gassen, probieren Sie das Straßenessen wie *mallorcas* (gegrillte Pasteten mit Schinken und Käse), *mofongo* (pürierte Kochbanane, Knoblauch und Kräuter mit Hühnchen), *bacalaitos* (gesalzener und frittierter Kabeljau) und *piragua* (Eis).

Abends lockt die Tanzszene im SoFo-Viertel (South of Calle Fortaleza), wo Klänge von Bomba, Danza, Salsa und Reggaeton – eine Mischung aus Rap und Reggae – aus den Nachtclubs auf die Straße dringen.

INFO: www.gotopuertorico.com. EL CONVENTO: Tel. +1/787-723-9020; www.elconvento.com. Preise: ab € 133 (Nebensaison), ab € 193 (Hochsaison). THE GALLERY INN: Tel. +1/787-722-1808; www.thegalleryinn.com. Preise: ab € 104 (Nebensaison), ab € 155 (Hochsaison). DA HOUSE: Tel. +1/787-366-5074; www.dahousehotelpr.com. Preise: ab € 60. REISEZEIT: Nov.–Apr.: bestes Wetter; Jan.: Festival de la Calle San Sebastian; Mitte Feb.–Mitte März: Festival Casals; Ende Juni: Fiesta de San Juan Bautista; Juli: Puerto Rico Salsa Congress.

Amerikas einziger tropischer Regenwald

DER NATIONALPARK EL YUNQUE

Puerto Rico, Große Antillen (US-Außengebiet)

El Yunque ist ein beliebter Tagesausflug von San Juan aus und vereint majestätische Bäume, riesige Farne und mysteriöses Pfeifen und Getriller aus dem dichten Blattwerk in den felsigen Luquillo Mountains zur Magie eines Regenwalds. Als einziger Regenwald im Nationalforst der USA bietet El Yunque gepflasterte Wege, die gut zu meistern sind. Für Touristen, die sich nicht länger Zeit nehmen möchten, gibt es sogar eine Straße durch den Wald, auf der man sich die neblige Landschaft und Wasserfälle vom Auto aus anschauen kann: die Route 191.

Am besten lässt sich El Yunque, der von den Tainos als heilig angesehen wird, natürlich zu Fuß erkunden. Es ist die Heimat Tausender Pflanzen, darunter 240 Baumarten, von denen es 23 nirgendwo sonst gibt, und 70 Orchideenarten. 13 Wanderwege führen über 37 km unterschiedlichsten Terrains. Die Hartgesottenen können den El Toro besteigen und die spektakuläre Sicht auf den Wald genießen. Den weniger als 2 km langen Big Tree Trail können auch Kinder bewältigen. Er führt an einem erfrischenden Wasserbecken vorbei, in das aus 11 m Höhe der Wasserfall La Mina Falls rauscht – die perfekte Abkühlung an einem heißen Tag. Der 5 km lange El Yunque Trail gilt als der lohnenswerteste, und je weiter Sie sich von den von Kreuzfahrtschiffen ausgespuckten Gruppen entfernen, desto mehr Dschungelmagie umfängt Sie.

Es gibt hier keine großen Tiere wie Affen oder Panther, aber viele kleine, die Sie vielleicht nicht sehen, aber hören können. Millionen winziger Coqui-Frösche, Puerto Ricos

Maskottchen, leben hier und trillern bis zum Abend ihr „Co-KII" – nach einem Regenguss wird daraus sogar ein Chor. Der schönste Anblick ist die leuchtend grüne Puerto-Rico-Amazone, ein Papagei, der heute zu den gefährdeten Arten zählt.

Vom Regenwald aus sind es nur 13 km Richtung Norden zum Luquillo Beach, einem viel fotografierten, palmengesäumten Bilderbuchstrand, der viele Familien aus San Juan anzieht. Folgen Sie ihnen, denn sie wissen, welche Stände an der Straße die besten *alcapurrias* (frittierte Kochbananen mit Meeresfrüchten) verkaufen.

Wo: 35 km südöstl. von San Juan. Tel. +1/787-888-1880; www.fs.usda.gov/elyunque. **Reisezeit:** Dez.–Apr.: wenigster Regen.

Puerto Ricos Wilder Westen und seine schönste Landstraße

Rincón und La Ruta Panorámica

Puerto Rico, Große Antillen (US-Außengebiet)

Puerto Ricos wilde und wunderschöne Westküste ist einer der besten Surfspots der Welt. Die Stadt Rincón wurde durch die Weltmeisterschaften bekannt, die hier 1968 am Domes Beach abgehalten wurden. Rincón bedeutet „Ecke", und in dieser Ecke treffen der Atlantik und die Karibik aufeinander und bilden Wellen, die auf einer Höhe von bis zu 7,60 m brechen. Die Stadt ist längst kein Geheimtipp mehr, aber für die meisten aus aller Welt hierher pilgernden Surftouristen eine Offenbarung.

Im Kontrast zu Rincóns lässiger Strandkultur steht das elegante Horned Dorset, ein luxuriöses Urlaubsziel für San Juans Schickeria. Das neokoloniale Anwesen bietet entspannten Luxus und einen Privatstrand. Hier fühlt man sich, wenn man zwischen den Mahlzeiten in exotischen Gärten an einem von Palmen gesäumten Pool entspannt, wie der Gast im aristokratischen Heim eines spanischen Grande, einem Mitglied des Hofadels.

Im nahen Mayagüez beginnt La Ruta Panorámica, eine 265 km lange Straße, die durch die Insel führt, sich einen Weg durch die grüne und bergige Corillera Central vorbei an kleinen Dörfern und Farmen bahnt, bis sie schließlich in Maunabo im Osten endet. Planen Sie mindestens 2 Tage mit vielen Fotostopps am Atlantik und Karibischen Meer ein – braune Schilder führen Sie durch ein Gewirr von über 40 Straßen. Ein guter Rastplatz auf halber Strecke ist die charmante Hacienda Gripiñas, ein Plantagenhaus von 1858, das Ihnen die hiesige Kaffeekultur näherbringt. Etwas bergauf auf einem der höchsten Gipfel der Insel finden Sie das Waldreservat Toro Negro, etwas abgelegener und weniger überfüllt als El Yunque. Machen Sie eine Wanderung und probieren Sie im Gasthaus das exzellente *carne guisada*, einen traditionellen Rindereintopf mit Tomaten und Straucherbsen.

Wo: Rincón liegt 161 km westl. von San Juan. **Info:** www.rincon.org. **Horned Dorset:** Tel. +1/787-823-4030; www.horneddorset.com. *Preise:* ab € 266 (Nebensaison), ab € 441 (Hochsaison); Dinner € 60. **Hacienda Gripiñas:** Tel. +1/787-828-1717; www.haciendagripinas.com. *Preise:* ab € 100, all-inclusive. **Reisezeit:** Nov.–Apr.: Surfen und bestes Wetter; Feb.: Whalewatching; Mitte Feb.: Kaffeefestival in Maricao; März: Walfestival in Rincón.

Abtauchen auf den Antillen

VIEQUES UND CULEBRA

Puerto Rico, Große Antillen (US-Außengebiet)

Puerto Ricos kleine Schwesterinsel Vieques zeichnet sich durch das aus, was ihr fehlt (Souvenirläden, Wellnesszentren, Ampeln und andere touristische Errungenschaften) und was sie besitzt (eine biolumineszente Bucht, Dutzende fast menschenleere Strände und einige Wildpferde).

Die 62 Jahre währende Anwesenheit der US-Navy auf mehr als der Hälfte der Insel verhinderte die touristische Erschließung. Die 2003 aufgegebene Basis wurde zu einem Naturschutzgebiet, von dem große Bereiche nicht zugänglich sind, da noch immer Sprengstoff geräumt wird. Vieques ist eine bemerkenswerte Reise in die früheren Tage der Inseln und der perfekte Rückzugsort, um die Schönheit der Natur und den Frieden zu genießen.

Eine nahezu psychedelische Erfahrung bietet Mosquito Bay, die am hellsten leuchtende biolumineszente Bucht der Welt. Die Kombination aus Nährstoffen von Mangroven und fast stehendem Wasser hat zu einer Konzentration von Dinoflagellaten (auch Pyrodinium genannt) geführt, die nachts alles blaugrün leuchten lässt, was das Wasser berührt. Das lässt sich am besten an dunklen Abenden von einem Elektroboot aus betrachten, denn Benzinabgase schaden den Organismen, oder besser noch vom Kajak aus, wenn das geheimnisvolle Leuchten bei jedem Paddelschlag zu sehen ist. Die Hand ins Wasser zu halten oder im Wasser zu schwimmen ist ein magisches Erlebnis.

Unter Vieques' wachsender Zahl an Gasthäusern und kleinen Hotels – ein W Hotel machte 2010 Schlagzeilen als erstes Hotel einer großen Kette auf der Insel – war das Hacienda Tamarindo eines der ersten und ist noch immer eines der besten. Die Villa steht auf einem Hügel und wurde nach der alten Tamarinde auf dem Grundstück benannt. Die hellen Zimmer werden durch die erfrischenden Passatwinde abgekühlt und bieten einen atemberaubenden Panoramablick auf die Karibik.

Die beliebtesten Strände von Vieques befinden sich östlich von Esperanza. Zu ihnen gehört Sun Bay mit Bäumen und Gras, in dem die Nachkommen der Paso-Fino-Pferde, die von den Spaniern vor Jahrhunderten hier zurückgelassen wurden, frei umhertraben. Krönen Sie Ihren Tag mit Krabben-Empanadas, *habichuelas* (Reis und Bohnen) und einem kalten Medalla-Bier im El Resuelve, einem lockeren Restaurant. Das Chez Shack bietet die besten gegrillten Rippchen, grandiose Crabcakes und in der Hochsaison jeden Montag Reggae-Grillabende.

Wer noch weniger Tourismus sucht, begibt sich auf die 11 x 6 km kleine Insel Culebra im Norden, wo einer der schönsten Strände der Welt, der Playa Flamenco, zu finden ist. Dieser Traum aus weißem Sand und türkisfarbenem Wasser ist der beste Ort, um Echte Karettschildkröten und Kaiserfische zu beobachten. Nur 20 Fußminuten entfernt, am Carlos Rosario Beach, mit flachem Riff und einer geschützten Bucht, kann man am besten schnorcheln. Sobald ein Hungergefühl aufkommt, finden Sie in Dewey, der einzigen Stadt der Insel, das Mamacita's, berühmt für Frozen Cocktails und die Live-Conga-Band an Samstagabenden.

INFO: www.gotopuertorico.com. **MOSQUITO BAY:** Versch. Veranstalter bieten Touren an, z. B. Biobay Eco-Tours. Tel. +1/787-741-0720; www.biobay.com. **HACIENDA TAMARINDO:** Tel. +1/787-741-8525; www.

haciendatamarindo.com. *Preise:* ab € 100 (Nebensaison), ab € 144 (Hochsaison). EL RESUELVE: Tel. +1/787-741-1427. *Preise:* Dinner € 11. CHEZ SHACK: Tel. +1/787-741-2175. *Preise:* Dinner € 30. MAMACITA'S: Tel. +1/787-742-0090; www.mamacitasguesthouse.com. *Preise:* Dinner € 26. REISEZEIT: Nov.–Apr.: bestes Wetter.

Unterwasser-Alpen locken eingeweihte Taucher

SABA

Kleine Antillen (Besondere Gemeinde der Niederlande)

Diese kleine Insel mit nur 1200 freundlichen Einwohnern ist weder schick noch nobel. Es gibt auch keine nennenswerten Strände und kaum Nachtleben, weshalb sie als „die unberührte Königin" bezeichnet wird. Wer aber die Berge liebt – ob über oder unter Wasser –, findet hier den Himmel auf Erden. Wanderer zieht es zum Mount Scenery, der 914 m hohen bewaldeten Spitze eines erloschenen Vulkans, dessen Wandung ins Meer übergeht. Taucher beeindruckt, was sie sehen, ebenso wie das, was sie nicht sehen: Durch das geringe Touristenaufkommen sind Saba und das umgebende Meer nahezu menschenleer und unfassbar rein.

Der Saba Marine Park ist Verdienst einer weitsichtigen Regierung, die das unberührte Ökosystem bewahrt hat. Korallenbesetzte Felsen und Riffe ziehen auch weniger erfahrene Taucher und Schnorchler an, aber es sind die spektakulären Felsnadeln, die vom Ozeanboden bis 27 m unter der Oberfläche aufragen, die Saba zu einem Weltklasseziel für Taucher machen. Zu den 29 Seebergen von Saba (ausgesprochen SEI-ba und benannt nach dem Arawak-Wort für „Fels") gehören Shark Shoals, Twilight Zone und Third Encounter.

Sabas 13 ha sind meist bergig, mit 12 tollen Wanderwegen unterschiedlicher Länge und Schwierigkeitsgrade und nur einer Straße („The Road"), die in Serpentinen eine Seite der Insel nach oben und die andere wieder herunter führt. Der Flughafen hat die kürzeste Start- und Landebahn der Welt, flankiert von 2 steilen Klippen. Auf 609 m Höhe ist der Blick vom Pool des Shearwater Resorts auf das Meer und Sabas 5 oft in Wolken gehüllte Nachbarinseln einfach überwältigend. Sie können hier die Nacht verbringen oder nur Cocktails und ein Dinner im hoteleigenen Bistro del Mare genießen.

Auf der anderen Seite der Insel liegt das Queen's Garden Resort, Bungalows mit roten Dächern, umgeben von grünen Gärten mit Blick auf das Meer und 2 von Regenwald bedeckte Berge. Es verfügt über ein renommiertes Restaurant und den größten Pool der strandlosen Insel. Zur Inselhauptstadt The Bottom, einem niederländischen Dorf mit Giebelhäusern, sind es nur 5 Fußminuten.

Das Rainforest Restaurant ist Teil des Ecolodge Rendez-Vous, dessen charmante Hütten im Saba-Stil tief im Regenwald stehen. Das von Kerzen beleuchtete Restaurant ist spezialisiert auf karibische Klassiker wie mariniertes Hühnchen, frische Meeresfrüchte und Obst und Gemüse aus dem eigenen Garten. Erfreuen Sie sich an Kolibris bei Tag und dem Trällern der Baumfrösche bei Nacht.

Am lebhaftesten geht es in Windwardside zu, wo sich Einheimische und Touristen im Brigadoon versammeln, um die karibisch beeinflusste Küche von Koch Michael und die beeindruckende Persönlichkeit und den selbstgemachten Rum seiner Frau Tricia zu genießen.

INFO: www.sabatourism.com. SHEARWATER RESORT: Tel. +599-416-2498; www.shearwaterresort.com. *Preise:* ab € 137. Queen's Gardens Resort: Tel. +599-416-3494; www.queensaba. com. *Preise:* ab € 163 (Nebensaison), ab € 207 (Hochsaison); Dinner € 52. Ecolodge & Rainforest Restaurant: Tel. +599-416-3348; www.ecolodge-saba.com. *Preise:* ab € 63 (Nebensaison), ab € 77 (Hochsaison); Dinner € 20. Brigadoon: Tel. +599-416-2380. *Preise:* Dinner € 22. Wie: Das Sea Saba Dive Center bietet Tauchexkursionen. Tel. +599-416-2246; www.seasaba.com. *Preise:* ab € 66 pro Tag. Reisezeit: Tauchen ganzjährig; Nov.–Apr.: bestes Wetter; Okt.: Sea & Learn, bei dem Naturforscher Vorträge halten und Exkursionen leiten.

Liebling der Stars – Riviera der Karibik

St. Barths

Saint-Barthélemy, Kleine Antillen
(französische überseeische Gebietskörperschaft)

Schick, cool, sehr französisch: St. Barths fasziniert mit seinem tollen Blick auf das Meer und die umgebenden Inseln, wundervollen Märkten und Weinläden, exzellenten Restaurants und ruhigem französischem Flair. Um Weihnachten und Neujahr ist es das Ziel für die High Society aus Frankreich, Hollywood und New York, die sich hier an den Stränden sonnt und die stylischen Cafés und Villen bevölkert.

Haben sich die Dinge wieder beruhigt, tritt eine ansteckende Gelassenheit zutage, und der Spitzname der Insel, „Riviera der Karibik", passt wieder. Privatjachten ankern im malerischen Hafen von Gustavia, der einzigen Stadt. Er ist so winzig, dass nur kleine Kreuzfahrtschiffe hier ankern können, wodurch die auf den nahen Inseln St. Martin oder St. Thomas übliche Überfüllung vermieden wird. Bar und Restaurant des glamourösen Hotels Carl Gustaf laden dazu ein, den Blick schweifen zu lassen. Am schönsten ist es hier bei Sonnenuntergang. Dasselbe unverbaute Panorama können Sie von jeder der luxuriösen Suiten aus bewundern, die alle über einen eigenen Pool verfügen.

Am Strand Anse de Public außerhalb von Gustavia steht das Maya's, das bekannteste der vielen Inselrestaurants. Hier werden kreolische Spezialitäten in entspannter Umgebung gereicht. Die direkt am Meer gelegene Terrasse ist der perfekte Platz, um bei Sonnenuntergang einen Cocktail zu schlürfen oder die Leute zu beobachten. Fertige Picknickkörbe motivieren dazu, zum Maya's To Go gegenüber vom Flughafen zu radeln. Leckere Drinks und Burger in der Stadt bietet das schlichte Le Select.

St. Barths' Strände sind spektakulär. Am St. Jean Beach auf der Nordseite der Insel ist die Stardichte am höchsten und das Meer am besten zum Schwimmen geeignet. Eigentlich sind es 2 Strände, getrennt durch eine kleine Landzunge, auf der das Eden Rock steht, das erste und bekannteste Hotel der Insel. Das oft fotografierte Wahrzeichen ist auf 3 Seiten von Wasser umgeben und wurde ursprünglich für den Piloten und Playboy Rémy de Haenen errichtet, der 1947 hier landete. Bald waren Greta Garbo, David Rockefeller und Baron Rothschild Gäste im Eden Rock. Das Hotel ist noch immer der Event-Hotspot für die, die es sich leisten können. Alle anderen finden im legendären Open-Air-Café Sand Bar einen überaus ansprechenden Ersatz zum Mittagessen.

Das Hotel Guanahani ist das größte Anwesen der Insel, mit 68 fröhlich-bunten Zimmern und zwischen Bougainvilleen, Hibiskus und Palmen verstreuten Suiten im Bungalowstil.

Aber auf seiner eigenen, 6 ha großen Halbinsel mit 2 Privatstränden fühlt es sich gar nicht so groß an. Obwohl es das einzige Hotel auf St. Barths ist, das mit schickem Wellnesszentrum Resortfeeling vermittelt, hat es dennoch ein unauffälliges, angenehmes Ambiente.

Salines Garden Cottages räumt auf mit dem Gedanken, St. Barths sei nur etwas für Reiche. In 10 Minuten ist man am abgeschiedenen, wenig touristischen Saline Beach.

In der Dämmerung erstrahlt der bezaubernde Hafen von Gustavia.

Info: www.st-barths.com.
Hotel Carl Gustaf: Tel. +590-590-29-79-00; www.hotelcarlgustaf.com. *Preise:* Suiten ab € 370 (Nebensaison), ab € 1074 (Hochsaison); Dinner € 52. *Wann:* Sept.–Okt.: geschlossen. **Maya's:** Tel. +590-590-27-75-73; www.mayasstbarth.com. *Preise:* Dinner € 52. *Wann:* Mitte Juni–Mitte Juli, Sept.–Okt.: geschlossen. **Eden Rock:** Tel. +590-590-29-79-99; www.edenrockhotel.com. *Preise:* ab € 555 (Nebensaison), ab € 778 (Hochsaison); Dinner € 55. **Hotel Guanahani & Spa:** Tel. +590-590-276-660; www.leguanahani.com. *Preise:* ab € 437 (Nebensaison), ab € 726 (Hochsaison). **Salines Garden:** Tel. +590-590-51-04-44; www.salinesgarden.com. *Preise:* ab € 148. **Reisezeit:** Jan.: St. Barths Music Festival; März oder Apr.: die jährliche St. Barths Bucket Regatta; letzten 2 Wochen im Dez. zum Entdecken von Promis.

Plantagen-Gasthäuser versprechen Romantik und Geschichte

Nevis

St. Kitts und Nevis, Kleine Antillen

Kolumbus hielt die Wolken um den höchsten Gipfel der Insel für Schnee und nannte die Insel „Nuestra Señora de las Nieves" („Unsere Schneedame"), über die Jahre gekürzt zu Nevis. Naturliebhaber wandern durch den grünen Regenwald und auf den 975 m hohen Nevis Peak. Nevis ist kleiner als die Nachbarinsel St. Kitts (s. nächste S.) und war eine der reichen britischen Zuckerkolonien. Aber während St. Kitts (die „Mutterinsel") heute sehr geschäftig und mit Kasinos, Golfanlagen und Expansionsplänen sehr touristisch ist, bietet das grüne und ruhige Nevis einfachere Freuden und keine einzige Ampel.

Alexander Hamilton wurde hier geboren, und der legendäre Admiral Horatio Nelson heiratete das einheimische Mädchen Fanny Nisbet 1787 auf dem Montpellier-Anwesen, noch als junger Captain. Auf diesem Hügel mit atemberaubender Aussicht steht heute die Montpellier Plantation, eine moderne Interpretation edlen Plantagenlebens mit 19 Zimmern.

Das Haupthaus steht zwar nicht mehr, aber einige Bauten stammen noch aus dem 18. Jh. Andere sind neu, aber so geschmackvoll eingearbeitet, dass man kaum einen Unterschied erkennt. Es gibt nur 16 Plätze im Mill, einem bekannten Restaurant auf dem Anwesen in einer Steinmühle aus dem 18. Jh. Die Karte lockt mit auf dem Gelände angebauten Produkten und Spezialitäten wie in Bananenblättern gerösteten Goldmakrelen und Desserts aus einer der 50 auf der Insel wachsenden Mangosorten.

Ganz anders das Hermitage Plantation Inn, eine geschmackvolle Mischung 11 pastellfarbener Häuschen. Einige wurden aus anderen Orten auf Nevis hergebracht und restauriert. Das 1740 fertiggestellte Haupthaus, angeblich das älteste Holzhaus der Karibik, dient als soziales Zentrum, wo man sich vor dem Dinner auf einen Cocktail trifft. Der Strand ist 15 Autominuten entfernt, aber die Gäste können sich am Pool entspannen, in die Hügel reiten oder einfach nur faulenzen und auf den Höhepunkt des Tages, das Dinner, warten.

Das einzige historische Plantagengasthaus der Karibik direkt am Wasser vervollständigt das Top-Trio. Der von Palmen gesäumte Rasen des Nisbet Plantation Beach Club führt vom 1778 erbauten Haupthaus, in dem Fanny einst lebte, zu einem weißen Sandstrand. Nisbet Plantation ist seit den 1950ern ein Hotel, mit 36 Zimmern in bezaubernden Häuschen auf tropischem Gebiet. Nevis ist nicht für seine Strände berühmt, aber der nahe, von Riffen umgebene feine weiße Sandstrand Pinney's im historischen Charlestown bildet eine Ausnahme. Hier erlebt man perfekte Sonnenuntergänge – am besten mit einem berühmt-berüchtigten Killer-Bee-Punch in der Hand auf der Terrasse des Sunshine's Bar und Grill.

INFO: www.nevisisland.com. MONTPELIER PLANTATION: www.montpeliernevis.com. *Preise:* ab € 255 (Nebensaison), ab € 407 (Hochsaison); Dinner € 55. THE HERMITAGE PLANTATION INN: Tel. +1/869-469-3477; www.hermitagenevis.com. *Preise:* ab € 137 (Nebensaison), ab € 293 (Hochsaison). NISBET PLANTATION BEACH CLUB: Tel. +1/869-469-9325; www.nisbetplantation.com. *Preise:* ab € 285 (Nebensaison), ab € 496 (Hochsaison), all-inclusive. SUNSHINE'S BAR: Tel. +1/869-469-5817; www.sunshinenevis.com. REISEZEIT: Jan.–März: bestes Wetter; Ende Juli–Anf. Aug.: das karnevalähnliche Culturama; Aug.: Internationale Lebensmittelmesse.

Wo der Zucker zählte

ST. KITTS

St. Kitts und Nevis, Kleine Antillen

Diese wolkengekrönte Vulkaninsel verzauberte Christoph Kolumbus so sehr, dass er sie nach seinem Schutzheiligen benannte – erst später änderten die Einheimischen den Namen von St. Christopher's zu St. Kitts. Die Insel war Englands erste Siedlung und einst seine reichste Zuckerkolonie. Die reiche Geschichte und zauberhafte Kulisse teilt sie mit ihrer kleineren Schwesterinsel Nevis (s. oben). St. Kitts ist die lebendigere, mit Resorts, Spielkasinos, Wassersportangebot und Wanderungen im Regenwald. Man kann auch der Straße um die 29 x 8 km große Insel folgen. Genießen Sie das Panorama von Brimstone Hill, einer 244 m hoch gelegenen Festung aus dem 18. Jh. mit Blick auf 6 benachbarte Inseln. Auch als Gibraltar der Karibischen Inseln bekannt, schützte sie die zu Hochzeiten 68 Zuckerplantagen auf St. Kitts.

Viele der historischen, von Zuckerbaronen errichteten Anwesen wurden geschmackvoll zu Gasthäusern und Restaurants umfunktioniert. Eines der schönsten ist das Ottley's Plantation Inn aus dem 17. Jh. im Vorland des majestätischen, inaktiven Vulkans Mount Liamuiga. Die 24 Zimmer sind im englischen Kolonialstil dekoriert; wunderschöne Gärten laden zu Spaziergängen ein. Das Mango Orchard Spa überblickt eine Regenwaldklamm, und das romantische Royal Palm Restaurant ist berühmt für kulinarische Highlights wie den kunstvoll präsentierten Kokoskäsekuchen.

Rawlins Plantation ist eine weitere charmante Reminiszenz ans 17. Jh. Kleine Hütten umgeben das Haupthaus, von dessen breiter Veranda man auf ein blumenübersätes Grundstück blickt. Ein delikates indisches Büfett zieht Einheimische ebenso wie Nichtinsulaner an. Probieren Sie die sensationelle Schokoladenpastete mit Passionsfruchtsoße!

In Mr. X's Shiggidy Shack in Frigate Bay geht es zwanglos zu. Hier können Sie bei gegrilltem Hummer oder Zitronenschnapper mit Thymian tolle Sonnenuntergänge genießen. Entspannen Sie sich an Donnerstagabenden auf der Strandparty mit Livemusik und dem brennenden Fire Man. Tagsüber lockt der Reggae Beach, ein Paradies für

Frigate Bay mit seinen Hügeln im Hintergrund hat einen beliebten Strand.

Schnorchler, Segler und Kajakfahrer auf der Southeast Peninsula. Im Reggae Beach Bar & Grill können Sie mit Kokosshrimps, Frozen Reggae-Coladas und dem berühmten Bananen-Schokoladensplitter-Kuchen mit Sahne neue Energie tanken.

Info: www.stkittstourism.kn. **Ottley's Plantation Inn:** Tel. +1/869-465-7234; www.ottleys.com. *Preise:* ab € 163 (Nebensaison), ab € 222 (Hochsaison); Dinner € 48. **Rawlins Plantation Inn:** Tel. +1/869-465-6221; www.rawlinsplantation.com. *Preise:* ab € 137 (Nebensaison), ab 207 (Hochsaison); Dinner € 40. *Wann:* Ende Aug.–Mitte Okt.: geschlossen. **Mr. X's Shiggidy Shack:** Tel. +1/869-762-3983; www.mrxshiggidyshack.com. *Preise:* Dinner € 20. **Reggae Beach Bar & Grill:** Tel. +1/869-762-5050; www.reggaebeachbar.com. *Preise:* Dinner € 30. **Reisezeit:** Nov.–Apr.: bestes Wetter; Juni: St. Kitts Music Festival; 15. Dez.–2. Jan.: Karneval.

Außergewöhnliche Villen und Ausblicke

Die Pitons

St. Lucia, Kleine Antillen

Die beeindruckenden Doppelgipfel, bekannt als Pitons, steigen nebeneinander aus dem Meer auf und machen das grüne St. Lucia zu einer der schönsten Inseln der Karibik. Diese vulkanischen Überbleibsel – der Gros Piton mit 770 m und der steilere Petit Piton mit 743 m – verleihen der Insel ein exotisches südpazifisches Flair. Diese bewachsenen Wunder befinden sich im Südwesten, und ihre allgegenwärtigen Silhouetten bestimmen das Inselbild überall, von Postkarten über das Label des lokalen Biers bis hin zur Nationalflagge. Das 43 x 22 km große ehemals britische und französische Eiland ist touristisch nicht übermäßig erschlossen und war einst eher für Bananen als für Tourismus bekannt – zumindest bis zur Errichtung des Anse Chastanet, einem 243 ha großen Resort, das mit seinen in den Hügeln zwischen Blattwerk versteckten Zimmern und mit harmonisch in die Umgebung eingepassten Farben mehr als romantisch ist. Bei manchen Zimmern wurde sogar auf eine Wand verzichtet, sodass die Außenwelt mitsamt Blick auf die Doppelgipfel nach drinnen gebracht wird. Der abgeschiedene, palmengesäumte weiche Sandstrand darunter verfügt über ein eigenes Tauchzentrum, und nur wenige Meter vor der Küste befindet sich einer der besten Tauch- und Schnorchelplätze der Karibik.

Anse Chastanet bot den besten Blick der Insel auf die Pitons, bis sich die Besitzer Nick und Karolin Troubetzkoy selbst übertrafen und das Jade Mountain – ein Resort in einem Resort – in die obere Klippe einbauten. Es verfügt über 22 riesige, auf einer Seite komplett offene, aber dennoch private „Sanctuaries". Ohne die vierte Wand steht nichts zwischen Ihnen und dem atemberaubenden Anblick der Pitons, rosa und lavendelfarbenen Sonnenuntergängen, der kühlen Brise und einem gelegentlich durchfliegenden Vogel. Jedes einzigartige Heiligtum ist dezent-luxuriös ausgestattet, bis auf die 5 „Sky Suites" sogar mit einem großen Pool bis zum Horizont, gesäumt von schimmernden Glasfliesen. Unten gibt es den Strand, den Sie zu Fuß oder per Hotel-Shuttle erreichen, und ein modernes, stylisches Wellnesszentrum. Die hypnotische Aussicht erklärt aber, warum einige Gäste gar nicht erst rausgehen.

Für Bodenständigere bietet sich das Fond Doux an („süßes Tal" in der Mundart der Einheimischen), eine Kakaoplantage, die seit ihrer Entstehung zur französischen Kolonialzeit 1745 bis heute kontinuierlich in Betrieb ist. Es ist ein charmanter familienbetriebener Ort, der echte St.-Lucia-Erfahrungen verspricht. Übernachten Sie in restaurierten Holzbungalows aus dem 19. Jh., sehen Sie, wie Kakao hergestellt wird, spazieren Sie über 55 grüne ha des Anwesens und genießen Sie kreolische Spezialitäten in einem der beiden Freiluftrestaurants des Hotels. Danach erwartet Sie der hübsche Pool.

Die ultimative Wanderung führt zur Spitze des Gros Piton, dem Kilimandscharo der Karibik. Der Petit Piton ist zu steil zum Klettern. Sie können auch den vulkanischen Ursprung von St. Lucia und die Aktivitäten in La Soufrières „Drive-in-Vulkan" erkunden – ein irreführender Name, da man zwar hoch, aber nicht direkt hineinfahren kann. In der felsigen Mondlandschaft gibt es blubbernde, stinkende, für die Öffentlichkeit zugängliche Schwefelbäder.

INFO: www.stlucia.org. ANSE CHASTANET und JADE MOUNTAIN: Tel. +1/758-459-7000; www.ansechastanet.com, www.jademountainstlucia.com. *Preise:* Zimmer im Anse Chastanet ab € 244 (Nebensaison), ab € 366 (Hochsaison). Sky Suites im Jade Mountain ab € 704 (Nebensaison), ab € 889 (Hochsaison); Sanctuaries ab € 926 (Nebensaison), ab € 1148 (Hochsaison). FOND DOUX ESTATE: Tel. +1/758-459-7545; www.fonddouxestate.com. *Preise:* ab € 148 (Nebensaison), ab € 260 (Hochsaison). REISEZEIT: Dez.–Apr.: bestes Wetter; 1. Maiwoche: Jazzfest.

Ein Schwefelstrand mit Blick auf einen der schlafenden Pitons.

Ein gastronomischer Hotspot in der Karibik

ST. MARTINS GASTROSZENE

St. Martin, Kleine Antillen (französische Gebietskörperschaft)

St. Martin/St. Maarten ist eine 96 km² große, seit 1648 friedlich zwischen Franzosen und Niederländern aufgeteilte Insel. Das niederländische St. Maarten im Süden ist bekannt für Kreuzfahrtschiffe, Kasinos und Eigentumswohnungen, während sich das französische St. Martin auf die Gastronomie konzentriert.

Auf der Insel mit der höchsten Restaurantdichte der Karibik ist die kleine Resortstadt Grand Case der ultimative Hotspot für gutes Essen. Eins der besten Restaurants ist das Le Pressoir, das auf klassische französische Küche spezialisiert ist. Das Spiga ist komplett italienisch bis hin zum überschwänglichen Koch, der selbst gemachte Pasta und Gerichte wie in Pancetta gewickeltes Schweinefilet zubereitet. Bodenständige kreolische Küche gibt es im Le Ti Coin Creole, Koch und Besitzer Carl Phillips serviert einfache Gerichte wie frittierten Fisch und Muschelcocktail. Mit einer Übernachtung im Le Petit Hotel befinden Sie sich im Zentrum des Ganzen. Dieses geschmackvolle, am Strand gelegene Gasthaus mit 10 Zimmern versprüht karibischen Charme. Ganz in der Nähe befinden sich Barbecue-Hütten – die *lolos*, wo Essen plus Sonnenuntergang fast nichts kosten (suchen Sie das Talk of the Town).

Die Insel hat viele wunderschöne weiße Sandstrände, und die Baie Longue an der Westspitze ist sensationell. Hier steht das La Samanna, ein Resort im mediterranen Stil. Den opulenten Höhepunkt erreichen alle Gaumenfreuden im Le Réservé, dem Freiluftrestaurant des Hotels.

Baia Orientale ist einer der größten und beliebtesten Strände, mit Restaurants, Hotels, Boutiquen, Wassersport und FKK-Bereich. Auf einem Hügel mit Blick über die Bucht liegt das provenzalisch inspirierte Sol e Luna Inn mit 6 schönen Zimmern. Sein edles Restaurant ist

Gourmetrestaurants säumen die Küste von Grand Case.

bekannt für klassische Küche mit französischem Touch.

Das ruhige Wasser um die flachen Riffs macht die Insel zu einem Paradies für Schnorchler. Die beste Sicht hat man in einem Unterwasser-Naturreservat. In nur 5 Minuten bringt die Fähre Sie zur unbewohnten, aber nie einsamen Îlet Pinel (Pinieninsel), wo 2 Strandbars frischen Hummer servieren und ein Schnorchelpfad zu verlockenden Unterwasserplätzen führt.

Info: www.st-martin.org. **Le Pressoir:** Tel. +590-590-87-76-62; www.lepressoir-sxm.com. *Preise:* Dinner € 45. **Spiga:** Tel. +590-590-52-47-83; www.spiga-sxm.com. *Preise:* Dinner € 33. **Le Ti Coin:** Tel. +590-590-87-92-09; www.grandcase.com/ticoincreole. *Preise:* Dinner € 22. **Le Petit Hotel:** Tel. +590-590-29-09-65; www.lepetithotel.com. *Preise:* ab € 222 (Nebensaison), ab € 350 (Hochsaison). **La Samanna:** Tel. +590-590-87-64-00; www.lasamanna.com. *Preise:* ab € 737; Dinner € 60. *Wann:* Sept.–Okt.: geschlossen. **Sol e Luna Inn:** Tel. +590-590-29-08-56; www.solelunarestaurant.com. *Preise:* ab € 96; Dinner € 30. **Reisezeit:** Dez.–Apr.: bestes Wetter.

Die schönste Party der Grenadinen und ein Hotel in den Hügeln

BEQUIA

St. Vincent und die Grenadinen, Kleine Antillen

Bequia ist hüglig, grün und mit ihren nur 18 km² die größte und nördlichste Insel der Grenadinen. Sie war zu Zeiten von Moby Dick die geschäftigste Walstation der Region, und noch immer lassen sich Spuren ihrer Seefahrervergangenheit und dessen, was die Karibik vor nicht allzu langer Zeit war, entdecken – keine Hochhäuser, keine Golfplätze, keine Maskerade. Am wildesten geht es am Donnerstagabend zu, wenn Partyvergnügen samt Open-Air-Barbecue und Live-Steel-Drum-Musik im Frangipani Hotel stattfindet. Jeder Sonnenuntergang ist Grund genug, sich dort für einen Frangi-Fever-Cocktail einzufinden, der Hotelgäste, Einheimische und Jachtbesitzer glücklich macht. Die Letztgenannten nutzen dieses unkonventionelle Gästehaus als Ausgangspunkt direkt an der malerischen Admiralty Bay, von wo aus sie ein Auge auf ihren Besitz haben können. In den Grenadinen lässt es sich hervorragend segeln (s. S. 1114); dies ist einer der sichersten Häfen.

Bequia ist mit dem Umbau eines einst bescheidenen Gasthauses am Hügel zur Firefly Plantation Bequia exklusiver geworden. Es liegt auf einer Zuckerplantage aus dem 18. Jh. in Gärten voller Mangos, Guaven und Bequia-Pflaumen und ist ebenso klein und luxuriös wie sein Schwesteranwesen Firefly Mustique (s. unten), mit 4 bezaubernden Zimmern in 3 Gebäuden aus handbehauenem Stein. Hier finden Sie die optimalen Bedingungen für einen Urlaub in einer Hängematte auf dem Balkon, beim Rascheln der Palmenblätter mit Blick auf das Panorama. Kühlen Sie sich im Pool ab oder spazieren Sie zum einsamen, atemberaubenden Strand in Spring Bay, wo es sich großartig schnorcheln lässt. Am Abend werden Gerichte aus frisch geernteten oder gefangenen Zutaten bei Kerzenlicht gereicht.

Info: www.bequiatourism.com. **Frangipani:** Tel. +1/784-458-3255; www.frangipanibequia.com. *Preise:* ab € 90 (Nebensaison), ab € 140 (Hochsaison); Dinner € 26. *Wann:* Aug.–Mitte Okt.: geschlossen. **Firefly Plantation Bequia:** Tel. +1/784-458-3414; www.fireflybequia.com. *Preise:* ab € 293, all-inclusive. *Wann:* Mitte Juni–Okt.: geschlossen. **Reisezeit:** Dez.–Mai: bestes Wetter; Ende Jan.: Bequia Music Festival; Ostern: Regatta, Sandburgenwettbewerb und andere Events.

Eine gastfreundliche exklusive Enklave

MUSTIQUE

St. Vincent und die Grenadinen, Kleine Antillen

Schließen Sie sich auf Mustique, einer privaten Insel der Grenadinen, den Reichen, Berühmten und Adligen an. Sie ist bekannt für ihre Schönheit, entspannte Atmosphäre und absolute Exklusivität und ein beliebter Anlaufpunkt für

Segelfans zieht es in die exklusiven Gewässer von Mustique.

Segler. Der überirdisch schöne Macaroni Beach im Osten ist fast immer menschenleer, und im malerischen Dorf Britannia Bay herrscht ein striktes Kreuzfahrtschiffverbot. Die 5,7 km^2 kleine Insel hat nur 100 charmante Villen von bescheiden bis opulent, von denen sich die exklusivsten im Privatbesitz von Hochadel und Popstars befinden. Viele können samt Personal wochenweise gemietet werden. Bei den Mietern handelt es sich meist um die Hautevolee, auf Berühmtheiten müssen Sie hier also nicht lange warten. Die Promis kommen hierher, seit der schottische Baron Colin Tennant die Insel 1958 kaufte und der jungen Prinzessin Margaret 4 ha überließ.

Das elegante, aber auch angenehm unaufdringliche Cotton House ist das einzige echte Hotel der Insel. In einem Korallenlager und einer Zuckermühle aus dem 18. Jh. wurden 20 Zimmer eingerichtet und vor Kurzem renoviert. Erstklassiges Dinner bekommen Sie im Veranda Restaurant, und dienstags lockt die elegante Cocktailparty im Great Room.

Intimer und romantischer ist das Firefly, eine einst private Villa, die zu einem Gasthaus mit nur 5 exklusiven Zimmern umgebaut wurde und das beste Essen der Insel bietet. Es steht auf einem Hügel mit Ausblick auf Britannia Bay und ist gleichermaßen beliebt bei Bewohnern und Besuchern. Lassen Sie sich den Blick auf den Sonnenuntergang hier nicht entgehen.

Natürlich nur, falls Sie sich nicht gerade mit einem Hurricane David in Basil's Bar aufhalten, dem Herzen der Insel und Anziehungspunkt für Einheimische wie Promis. Basil Charles, die karibische Antwort auf Casablancas Rick, ist eine Legende auf Mustique seit den Zeiten Prinzessin Margarets. Im strohgedeckten Basil's die Nacht zu durchzechen ist eine Art Ritual, aber auf dem Pier mit Blick auf das türkisfarbene Wasser von Britannia Bay kann man auch fantastisch essen. Mit Barbecue und Livemusik ist die berühmte Bar am Mittwochabend am lebendigsten, aber auch an Silvester und dem 2 Wochen dauernden Mustique Blues Festival geht es hier rund.

INFO: www.discoversvg.com. **WIE:** Die Mustique Company organisiert Villenvermietungen. Tel. +1/784-488-8000; www.mustiqueisland.com. *Preise:* Villen mit 2 Schlafzimmern und Personal ab € 4074 pro Woche (Nebensaison), ab € 6667 (Hochsaison). **COTTON HOUSE:** Tel. +1/784-456-4777; www.cottonhouse.net. *Preise:* ab € 385 (Nebensaison), ab € 604 (Hochsaison). **FIREFLY:** Tel. +1/784-488-8414; www.fireflymustique.com. *Preise:* ab € 737, all-inclusive. **BASIL'S BAR:** Tel. +1/784-488-8350; www.basilsbar.com. *Preise:* Hummerdinner € 63. **REISEZEIT:** Nov.–Apr.: bestes Wetter; Ende Jan.–Anf. Feb.: Mustique Blues Festival.

Ein privates Inselresort, auf dem es wenig zu tun gibt

PETIT ST. VINCENT

St. Vincent und die Grenadinen, Kleine Antillen

Wer wirklich allem entfliehen möchte, sollte den Anker vor dieser privaten Luxusinsel werfen. Dieses einsame Versteck ist nur wenigen Privatsphäre Suchenden vorbehalten, von weißen Sandstränden mit Palmen umgeben und vom unglaublich klaren Wasser des berühmten Grenadinen-Archipels umspült. Hier reizt nicht nur das, was die Insel bietet – eine ruhige, natürliche Umgebung, hochwertigen Service und großartiges Essen –, sondern auch das, was fehlt: Fernseher, Telefone, Klimaanlagen, Kasinos, Strandverkäufer, selbst Zimmerschlüssel.

22 große luftgekühlte Steinhäuschen bieten einen tollen Blick und uneingeschränkte Privatsphäre. Der Zimmerservice funktioniert wie Magie: Hissen Sie die rote Flagge, lässt das Personal Sie in Ruhe; mit der gelben Flagge und einer Bitte im Briefkasten – ein Mango-Daiquiri, Dinner auf Ihrer Privatterrasse – kommt das Gewünschte in Rekordzeit. Erschöpfte Geschäftsführer lieben diesen Ort ebenso wie Frischverheiratete. Manche bringen ihre Kinder mit, da das Angebot inzwischen größer ist als früher: Wellnessbehandlungen in Ihrer Hütte, Tennisplätze und ein Dockhaus mit allem, was man zum Segeln, Schnorcheln, Kajakfahren, Windsurfen oder Angeln braucht. Nehmen Sie sich ein Picknick mit zur Sandbank vor der Insel und fühlen Sie sich wie ein echter Schiffbrüchiger. Gäste, die die totale Entspannung fürchten, können tiefseefischen, tauchen oder einen Segeltörn zu den Tobago Cays (s. nächste Seite) an Bord einer 15 m langen Segelslup namens *Beauty* machen. **Wo:** Tel. +1/954-963-7401; www.psvresort.com. **Preise:** Hütten € 778 (Nebensaison), € 1000 (Hochsaison), all-inclusive. **Wann:** Sept.–Okt.: geschlossen. **Reisezeit:** Nov.–Apr.: bestes Wetter.

Idyllische Gewässer und abgelegene Buchten

Durch die Grenadinen Segeln

St. Vincent und die Grenadinen, Kleine Antillen

Die Inselkette der Grenadinen mit ihren 32 Inseln und Hunderten Inselchen ist dank der fast immer vorhandenen Brise bei Seglern beliebt. Sie sind wie eine Perlenkette auf einer Länge von 64 km makellosen Wassers Wassers zwischen St. Vincent und Grenada (s. S. 1087) aufgereiht und mit pudrigen weißen Sandstränden und wunderschönen Korallenriffen gesegnet. Viele Inseln sind unbewohnt und nur per Boot zugänglich. Einige, wie die private Mayreau, haben einige wenige Bewohner, meist Nachfahren afrikanischer Sklaven, während andere, wie die größere Insel Bequia (s. S. 1112), langsam touristischer werden und ein Kleinstadtflair versprühen, das viele Auswanderer angezogen hat.

Täglich fahren Schoner, Fähren und Postboote mit Passagieren von St. Vincent, hier „das Festland" genannt, die 6 bewohnten Inseln der Grenadinen an. Die schönste Möglichkeit, jeden Tag eine neue wunderschöne Insel zu entdecken, ist es, selbst ein Boot über Moorings in Canouan zu mieten. Wer nicht segeln möchte, kann sich eine Kabine an Bord eines Luxuskatamarans mit eigenem Kapitän und Koch mieten oder genug Freunde zusammentrommeln und die ganze Jacht chartern.

Im Canouan Resort in Carenage Bay verteilen sich luxuriöse Suiten und Villen mit 2–6 Schlafzimmern über 121 ha auf einer der exklusivsten Anlagen der Karibik, mit bezaubernden Stränden, einem anspruchsvollen 18-Loch-Golfplatz von Jim Fazio und einem Wellnesszentrum buchstäblich direkt über dem Meer. Das lässigere Tamarind Beach Hotel mit 32 Unterkünften am Strand ist der einzige andere Ort zum Übernachten auf dieser unberührten Insel. Segler begeben sich zu 5 unbewohnten Inseln, den Tobago Cays,

Für viele Segler ist diese Inselkette ein Paradies.

Zentrum des Tobago Cays Marine Park, wo man ankern und großartig schnorcheln und tauchen kann. Wenn Sie schon einmal *Fluch der Karibik* gesehen und sich gefragt haben, auf welcher wunderschönen Insel Johnny Depp ausgesetzt wurde, hier finden Sie sie.

Wie: Chartern Sie ein Bareboat oder reservieren Sie eine Kabine über Moorings. Tel. +1/727-535-1446; www.moorings.com. *Preise:* Bareboat für 1 Woche für 4 Pers. ab € 1459 (Nebensaison), ab € 1778 (Hochsaison) pro Person. Kabine für 1 Woche auf Jachten für 4 Pers. ab € 2444 (Nebensaison), ab € 3111 (Hochsaison). **Canouan Resort at Carenage Bay:** Tel. +1/784-458-8000; www.canouan.com. *Preise:* ab € 926 (Nebensaison), ab € 1481 (Hochsaison); Greenfee € 163 (Gäste), € 222 (Besucher). **Tamarind Beach Hotel:** Tel. +1/784-458-8044; www.tamarindbeachhotel.com. *Preise:* ab € 222 (Nebensaison), ab € 319 (Hochsaison).
REISEZEIT: Nov.–Apr.: bestes Wetter.

Das Vogelhaus im Paradies

ASA WRIGHT NATURE CENTRE UND LODGE

Arima, Trinidad und Tobago, Kleine Antillen

Sitzt man auf der abgeschirmten Veranda dieser ehemaligen Plantage, fühlt man sich wie in einem riesigen Vogelhaus. Man befindet sich mitten unter Tukanen, Cayennekuckucks, Schmuckelfen und 10 Arten von Kolibris – und das noch vor dem Frühstück. In diesem bei Vogelliebhabern bekannten Natur- und Wildpark sind die Besucher im 7. Himmel. Er befindet sich im Northern Range, den grünen, von Regenwald bedeckten Küstenbergen, die vermutlich die nördlichste Spitze der Anden bilden.

Trinidad und ihre Schwesterinsel Tobago sind Heimat einer reichen südamerikanischen Flora und Fauna, wie es sie sonst nirgends gibt. Dank ihrer Nähe zu Venezuela findet man hier fast 460 Vogelarten. Hunderte davon kann man allein hier im Arima Valley sehen – von unzähligen Arten Säugetieren, Reptilien, Schmetterlingen und Blumen ganz zu schweigen. Hier glaubt man wirklich, im Garten Eden zu sein.

Das Schutzgebiet ist nach Asa Wright benannt, die 1946 mit ihrem Mann von England nach Trinidad zog und eine damalige Kaffee- und Kakaoplantage kaufte. 1976 half sie bei der Entwicklung des Schutzgebiets. Für Tagesgäste gibt es geführte Touren und die Möglichkeit zum Mittagessen, aber nur, wer in den einfachen Zimmern des großen, luftigen Plantagenhauses oder in Hütten auf dem Grundstück übernachtet, kommt in den

Der Kappennaschvogel liebt die tropischen Wälder Trinidads.

Genuss aller Aktivitäten zur Morgen- und Abenddämmerung. Guides führen die Gäste durch ein Labyrinth aus Regenwaldwegen, immer auf der Suche nach der meistersehnten Entdeckung – dem seltenen Fettschwalm. Dieser große nachtaktive Vogel ernährt sich von der öligen Frucht verschiedener Palmen (daher sein Name), und hier befindet sich eine recht große Nistkolonie in einer höhlenartigen Grotte.

Trinidad wird seinem Ruf als ornithologisches Wunderland auch durch das Spektakel bei Sonnenuntergang gerecht, wenn Tausende Scharlachsichler zu ihrem Schlafplatz nahe dem Caroni Swamp zurückkehren, einem Sumpf- und Mangrovenreservat. Das rote Gefieder dieser Vögel war lange so begehrt für Hüte, dass sie fast ausgerottet wurden, aber der Bestand hat sich erholt. Die Boote schwimmen durch den Sumpf, der auch Heimat für Fischreiher und 150 andere Vogelarten ist.

An der Nordküste und den Stränden Matura und Grand Rivière finden Naturliebhaber den besten Platz, um Lederschildkröten bei der Ablage ihrer kostbaren Eier zu beobachten. **Wo:** 39 km östl. von Port of Spain. Tel. +1/868-667-4655; www.asawright.org. *Preise:* Zimmer ab €222 (Nebensaison), ab €319 (Hochsaison), all-inclusive. **Wie:** Mit dem amerikanischen Unternehmen Caligo Ventures Tel. +1/305-292-0708; www.caligo.com. **Reisezeit:** Jan.–Mai: Trockenzeit; März–Sept.: Scharlachsichler im Caroni Swamp und Nisten der Lederschildkröten.

Eine mitreißende Party, regiert von König Soca

Karneval

Port of Spain, Trinidad und Tobago, Kleine Antillen

Sie können Trinidad nicht wirklich begreifen, wenn Sie nie den Karneval – oder *mas* (für Maskerade), wie ihn die Einheimischen nennen – hier erlebt haben. Trinidad ist Schmelztiegel westafrikanischer, ostindischer, chinesischer, südamerikanischer und europäischer Einflüsse, die die Musik und den Karneval selbst geprägt haben. Die westafrikanischen Wurzeln des Landes brachten die Steel Drum, die ursprünglich aus leeren Ölfässern hergestellt wurde, Calypso-Musik und eine frische Variante des Soulcalypso, kurz Soca, ins Spiel, die diesen Karneval zu einem der lautesten und wildesten der Karibik machen. Port of Spain ist das Zentrum dieser nationalen Obsession.

Schon ein Jahr vorher beginnen Bands und Schauspieler mit ihren Vorbereitungen, die sich nach Weihnachten zu einem Crescendo aus Proben, Konzerten, Open-Air-Festen und Calypso-Duellen steigern. Die finale 2-tägige Explosion aus Farben, Musik und Exzessen startet offiziell um 4 Uhr morgens am Rosenmontag mit der J'Ouvert – der „Eröffnungstag"-Parade. Die Jecken feiern mit Biergelagen und bilden eine fröhliche Menschenmasse voller Schlamm, Öl, Farbe und Schokolade, die aus den Trucks bis Sonnenaufgang mit Soca und *Chip* (Tanz) beschallt werden.

Der Montag geht weiter mit Bands und Tänzern auf einer 10 km langen Paradestrecke. Die glitzernden Kostüme werden für Mardi Gras, den Faschingsdienstag, aufgespart. Zehntausende gehen im Kostüm auf die Straße, viele in paillettenbesetzten Bikinis und Federkopfschmuck, und bis zu 3000 Leute in denselben Kostümen folgen Festwagen, auf denen Bands um den Titel Masquerade Band of the Year wetteifern. Die extravagantesten Aufmachungen findet man beim König-und-Königin-Wettbewerb. Manche Kostüme wiegen bis zu 90 kg, bieten Nebel, Feuerwerk und andere Spezialeffekte und werden mit Rädern versehen.

Pan-Bands mit bis zu 100 Musikern performen ohne Unterlass bei einer grandiosen Feier zu Ehren König Karnevals. Jede Band hat ein eigenes Hauptquartier, und es lohnt sich, die Proben und Vorausscheidungen zu verfolgen. Der Höhepunkt im Wettbewerb der Bands, die Panorama Finals, findet am Samstag vor den Paraden im Queen's Park Savannah statt.

Trinidads 2 Hauptkulturen, die westafrikanische und indische, spiegeln sich im Straßenessen: von würzigen Kichererbsen mit Curry und Chutney zwischen 2 frittierten Fladenbroten, den *doubles*, und *roti*, Fladenbroten mit Currys, von denen Ziege und Krabben am beliebtesten sind, bis zu *pelau*, einem afrikanischen Gericht, bei dem Fleisch in Öl und Zucker gebraten und mit Straucherbsen und Reis kombiniert wird. Wer eleganter essen möchte, geht ins Veni Mange („komm und iss"), wo es das beste Essen der Insel gibt. Das Trinidad-Festmahl kann mit einer Callaloo-Kürbissuppe starten, die der Legende nach Männer dazu bringt, einen Heiratsantrag zu machen, und mit einem selbst gemachten Annona-Eis oder Kokosmousse enden.

Die Hotels sind zur Karnevalszeit meist weit im Voraus ausgebucht, aber probieren Sie es im Coblentz Inn, das charmant und nah am Geschehen ist – mit 16 in verschiedenen Stilen dekorierten Zimmern: als Rumladen, Kakaohaus und Krocketzimmer. Sein beliebtes Restaurant trägt den hübschen Namen Battimamzelle (Libelle).

Der Karneval endet zwar offiziell Dienstag um Mitternacht, aber alle begeben sich am Mittwoch für eine Abschiedsparty und etwas Entspannung im Schatten majestätischer Berge zum langen, idyllischen Sandstrand Maracas Beach 1 Stunde nördlich der Stadt.

Der Mas (für Maskerade) in Trinidad ist der größte Karneval der Karibik.

INFO: www.gotrinidadandtobago.com. NATIONAL CARNIVAL COMMISSION: Tel. +1/868-627-1357; www.ncctt.org. *Preise:* Tickets für Haupttribüne ab € 15. *Wann:* Woche vor Fastenzeit, Feb. oder März. VENI MANGE: Tel. +1/868-624-4597; www.venimange.com. *Preise:* Mittagessen € 22. COBLENTZ INN: Tel. +1/868-621-0541; www.coblentzinn.com. *Preise:* ab € 107 (Nebensaison), ab € 222 während des Karnevals; Dinner € 33.

Strömungstauchen und Vogelbeobachtung auf Robinson Crusoes Insel

TOBAGO

Trinidad und Tobago, Kleine Antillen

Tobago ist überwiegend hügelig, vulkanischen Ursprungs und ein atemberaubender Schatz fantastischer Strände, grüner Regenwälder und einer Fülle an Meeresleben und intakten Korallenriffs. Man nimmt an, dass Daniel Defoe in seinem Roman von 1719 Robinson Crusoe auf Tobago aussetzte. Die Insel ist Nutznießer des mächtigen Orinoco-Abflusses, dessen nährstoffreiche Strömung durch den 32 km langen Kanal zwischen Trinidad und Tobago fließt und für erstaunlich reichhaltige Riffs mit mindestens 44 Arten harter und weicher Korallen, darunter die weltgrößte Hirnkoralle, und dem besten Revier zum Strömungstauchen der Karibik sorgt.

Auch wenn die Insel heutzutage bedeutend mehr Einwohner hat als 1649, als der fiktive Robinson an Land gespült wurde, ist Tobago noch immer Trinidads verschlafener Vetter, mit nur 4 % von dessen Bevölkerung, ohne Schwerindustrie und Gebäude, die größer als eine Palme sind.

Der beliebte pudrig weiße Sandstrand Pigeon Point Beach an der Südwestspitze ist Startpunkt für Fahrten zum Buccoo Reef, einem faszinierenden Naturaquarium mit einfachem Zugang für Tauchanfänger, Schnorchler und Glasbodenboote. Verpassen Sie nicht die „Sonntagsschule" im Buccoo, die Straßenparty an Sonntagabenden, bei der an Ständen Essen verkauft wird und Soca und Calypso bis tief in die Nacht erklingen.

Sie können sogar am dunkelsandigen Bacolet Beach an der Südküste der Insel übernachten, wo Crusoe damals zuerst gelandet sein soll und wo Disneys *Swiss Family Robinson* (dt. *Dschungel der 1000 Gefahren*) gedreht wurde: Das Blue Haven Hotel ist ein modernisiertes Anwesen aus den 1940ern, das auf 3 Seiten von Wasser umgeben ist. Die Zimmer haben Mahagoniböden, Himmelbetten und denselben tollen Meerblick, den Robert Mitchum und Deborah Kerr genießen konnten, als sie hier während der Drehs von *Spiel mit dem Feuer* und *Der Seemann und die Nonne* lebten.

Ihre beste Gelegenheit, Tobagos selten gewordene, berühmte Riesenmantas zu Gesicht zu bekommen, sind die Gewässer bei Speyside, dem nordöstlichsten Zipfel. Die familiengeführte Manta Lodge bietet komfortable Unterkünfte sowie die Tobago Dive Experience, eine Schule, die auf Strömungstauchen vorbei an Riesenrochen, Amerikanischen Stechrochen, Atlantischen Ammenhaien und Schildkröten spezialisiert ist. In der Manta Lodge ist man außerdem ganz nah an Jemma's Seaview Kitchen, wo Sie praktisch in den Armen eines 200 Jahre alten Mandelbaums speisen können. Das Essen nach kreolischer Art wird nur noch vom unglaublichen Blick auf das Meer übertroffen.

Tobago ist auch überaus beliebt bei Vögeln: Mehr als 200 Arten wurden hier schon gesichtet, die sich gern im Tobago Forest Reserve im gebirgigen Inneren zeigen. Es wurde 1776 gegründet und ist der älteste geschützte Regenwald der westlichen Hemisphäre. Er verspricht viele Sichtungen und hat den großartigen Argyll Waterfall zu bieten. 1 km entfernt von der Küste von Speyside finden Sie das Little Tobago Island, eines der wichtigsten Vogelschutzgebiete der Karibik.

In Charlotteville, am ruhigen Strand namens Man-O-War, gibt es eine delikate Gaumenfreude, die Crusoe nicht hatte: Fish &

Chips, superfrisch zubereitet. Englishman's Bay ist Tobagos Juwel, ein leerer, kilometerlanger, palmengesäumter weißer Sandstrand an der Nordküste der Insel, der am magischsten ist, wenn die Lederschildkröten zur Eiablage herkommen.
INFO: www.gotrinidadandtobago.com. BLUE HAVEN HOTEL: Tel. +1/868-660-7400; www.bluehavenhotel.com. *Preise:* ab € 137 (Nebensaison), ab € 176 (Hochsaison). MANTA LODGE: Tel. +1/868-639-7034; www.mantalodge.com. *Preise:* ab € 81 (Nebensaison), ab € 100 (Hochsaison). TOBAGO DIVE EXPERIENCE: Tel. +1/868-660-4888; www.tobagodiveexperience.com. JEMMA'S SEAVIEW KITCHEN: Tel. +1/868-660-4066. *Preise:* Dinner € 45. REISEZEIT: Nov.–Apr.: bestes Wetter; Feb. oder März: Karneval; Nov.: *Diwali* (Lichterfest).

19 endlose Kilometer unberührten Strandes

GRACE BAY

Turks- und Caicosinseln

Grace Bay, das Juwel in der Krone der Turks- und Caicosinseln, ein Archipel aus 40 Inseln, kann mit einem atemberaubenden 19 km langen Strand aus weißem Pudersand und türkisfarbenem Wasser voller Meeresbewohner aufwarten. Er gilt als einer der schönsten Strände der Welt und liegt an der Nordküste der Hauptinsel Providenciales („Provo" unter Einheimischen). Von einem Korallenriff geschützt, das nur 503 m vor der Küste liegt, ist er bestens zum Tauchen, Schnorcheln und Schwimmen geeignet.

Nahe diesem weltberühmten Strand wurden diverse stylische Hotels und Resorts neu eröffnet, doch das beste der Luxusklasse ist nach wie vor der Grace Bay Club, zum Teil wegen der 4,5 ha fantastischen Landes, die er sich durch seine frühzeitige Eröffnung sichern konnte und die ihn zum großzügigsten Resort auf der Insel machen. Das Hotel im mediterranen Stil verfügt über 21 Suiten nur für Erwachsene (Familien übernachten meist in den Villen) und das luftige Strandrestaurant Anacaona.

Die schönsten Seiten der Insel erwarten die, die das Da Conch Shack aufsuchen, ein Freiluftrestaurant, wo die Schnecken direkt vor Ihren Augen geerntet und auf jede erdenkliche Weise serviert werden – als Salat, Suppe, frittiert, gebraten oder als Ceviche.

35 Bootsminuten genügen, um die totale Abgeschiedenheit zu erreichen: Parrot Cay, eine 405 ha große, äußerst exklusive Privatinsel. Hier gibt es ästhetisch schlichte, noble Villen im Besitz von A-Promis, die man mieten kann. Gäste, die hier übernachten, können Anwendungen im fraglos besten Wellnesszentrum der Karibik buchen, dem COMO Shambhala Retreat („shambhala" ist verwandt mit dem Sanskrit-Wort für „Zentrum für Frieden und Harmonie"),

Strandliebhaber genießen die kilometerweit unberührte Küste von Grace Bay.

einem wahren Tempel der Verwöhnkünste, in dem Toptherapeuten aus der ganzen Welt arbeiten.

Das angenehm unerschlossene und kaum bevölkerte Salt Cay bietet ein fantastisches Tauch- und Schnorchelrevier. Tauchgänge führen zu Wäldern voller Elchgeweihkorallen, vorbei an einer 1790 gesunkenen britischen Fregatte. Im Winter stehen die Chancen gut, hier Buckelwale zu sehen – und mit ihnen zu schwimmen.

INFO: Tel. +1/649-946-4970; www.turksandcaicostourism.com. GRACE BAY CLUB: Tel. +1/649-946-5050; www.gracebayclub.com. *Preise:* ab € 422 (Nebensaison), ab € 726 (Hochsaison); Dinner € 55. DA CONCH SHACK: Tel. +1/649-946-8877; www.conchshack.tc. *Preise:* € 30. PARROT CAY: Tel. +1/649-946-7788; www.parrotcay.como.bz. *Preise:* ab € 333 (Nebensaison), ab € 574 (Hochsaison). REISEZEIT: Nov.–Apr.: bestes Wetter; Jan.–März: Walbeobachtung; Ende Nov.: Muschelfestival.

Register

Die in KAPITÄLCHEN gedruckten Orte sind die Titel der *1000-Places*-Einträge.

BONUS-REGISTER Besuchen Sie www.1000beforeyoudie.de *und entdecken Sie 12 zusätzliche, nach Themen und Art der Erlebnisse sortierte Register: Aktivurlaub, wilde Tiere und Abenteuer • Antike Stätten: Pyramiden, Ruinen, versunkene Städte • Kulinarische Erlebnisse • Veranstaltungen und Feste • Wunderschöne Natur: Gärten, Parks, Naturschutzgebiete und Naturwunder • Traumstrände und Inselparadiese • Hotels, Resorts, Lodges, Pensionen • Lebendige Geschichte: Burgen und Paläste, historische Stätten • Panorama- und Themenstraßen, Bahnreisen, Schiffsrouten • Heilige Stätten • Prost!: Bars und Kneipen, Weingegenden und Weingüter, Brauereien und Destillerien • Berühmte und außergewöhnliche Museen.*

'Imiloa Astronomy Center of Hawaii, Hawaii, USA, 742
'Iolani Palace, Hawaii, USA, 759
'Ono Hawaiian Foods, Hawaii, USA, 763
't Kelderke (Restaurant), Brüssel, Belgien, 7
12 Apostoli (Restaurant), Verona, Italien, 249
12 Harmony Studios, St. John, Am. Jungferninseln, 1063
1313 Club Historic Saloon & Grill, Idaho, USA, 764
1661 Inn, Rhode Island, USA, 868
17 Mile Drive, Kalifornien, USA, 788
1770 House (Restaurant), New York, USA, 844
1884 Restaurant, Godoy Cruz, Argentinien, 993
1918 Bistro & Grill, Australien, 661
21_21 Design Sight, Tokio, Japan, 561
21st Century Museum of Contemporary Art, Kanazawa, Ishikawa, Japan, 539
28 à Aix (Hotel), Aix-en-Provence, Frankreich, 88
3 GROSSE JANGTSE-SCHLUCHTEN, Hubei & Chongqing, China, 518
3 männliche Spiele, Naadam-Fest, Mongolei, 502
360 (Bar), Istanbul, Türkei, 340
9th Street Italian Market, Pennsylvania, USA, 865

A

A Voce (Restaurant), New York, USA, 853
Aalto, Alvar, 366, 367, 368, 369
AALTO, ALVAR, WELT DES, Helsinki & Jyväskylä, Finnland, 367
AARHUS, Dänemark, 359
Abaco Inn, Abaco-Inseln, Bahamas, 1067
ABACO-INSELN, SEGELN, Bahamas, 1066
Abanotubani, Tiflis, Georgien, 291
Abbasi Hotel, Isfahan, Iran, 463
Abbaye d'Orval, Ardennen, Belgien, 9
Abbaye de Fontenay, Montbard, Frankreich, 68
Abbaye de la Bussière, Montbard, Frankreich, 69
Abbaye de Sénanque, Frankreich, 96
Abbey Hotel, Cornwall, England, 33
Abbey of St. Benoit-du-Lac, Quebec, Kanada, 940
Abby Aldrich Rockefeller Sculpture Garden, New York, USA, 847
Abd el Wahab (Restaurant), Beirut, Libanon, 485
Abel Tasman Coastal Track (Wanderweg), Neuseeland, 679
ABENDMAHL & ANDERE WERKE VON LEONARDO DA VINCI, Mailand, Italien, 215
Abersoch (Resort), Lleyn-Halbinsel, Wales, 178
Abiquiu Inn, New Mexico, USA, 836

Abiquiu, New Mexico, USA, 836
Abode Canterbury (Hotel), England, 42
Aboriginal Blue Mountains Walkabout (Wanderung), Australien, 649
Abraham Lincoln Presidential Library & Museum, Illinois, USA, 772
Abu Camp, Botsuana, 421
Abu Christo (Restaurant), Akkon, Israel, 465
Abu Dhabi, VAE, 494
Abu Hasan (Restaurant), Tel Aviv Jaffa, Israel, 472
Abu Shukri (Restaurant), Jerusalem, Israel, 469
ABU SIMBEL & ASSUAN, Ägypten, 398
ACADIA-NATIONALPARK, Maine, USA, 804
ACAPULCO, Mexiko, 953
Acchiardo (Restaurant), Nizza, Frankreich, 90
Achalziche, Georgien, 290
Achatz, Grant, 770
Acme Oyster House, Louisiana, USA, 803
Acurio, Gastón, 1044, 1048
Adara Hotel, British Col., Kanada, 927
Adare Manor, County Limerick, Irland, 117
ADARE, Irland, 117
Address, the (Hotel), Dubai, VAE, 469

Adelaide Festival, Australien, 660
ADELAIDE, Australien, 660
Adelphi Hotel, the New York, USA, 853
Adirondack Museum, New York, USA, 840
ADIRONDACKS, New York, USA, 840
Adler Planetarium & Astronomy Museum, Illinois, USA, 768
ADLERFESTIVAL, Mongolei, 500
Admiral's Inn, Antigua, 1065
Adolphus, the (Hotel), Texas, USA, 881
Adour (Restaurant), New York, USA, 850
Adrère Amellal (Lodge), Ägypten, 397
Adriá, Ferran, 281
Adriana (Hotel), Hvar, Kroatien, 293
ÆRØ, Dänemark, 361
Ærøskøbing Røgeri (Restaurant), Ærø, Dänemark, 361
Ærøskøbing, Ærø, Dänemark, 361
Aetoma (Hotel), Nafplio, Griechenland, 198
Afu-Aau-Wasserfälle, Samoa, 699
Aggie Grey's Hotel & Bungalows, Samoa, 701
Agia Sofia, Monemvasia, Griechenland, 196
Agia Triada (Kloster), Metéora, Griechenland, 199
Agios Nikolaos tis Stegis, Troodos-Gebirge, Zypern, 287
Agra, Uttar Pradesh, Indien, 579
Agrigento, Sizilien, Italien, 228
Ägypten, 393–401
ÄGYPTISCHES MUSEUM, Kairo, Ägypten, 394
Ahwahnee, the (Lodge), Kalifornien, USA, 796
Air & Space Museum, Washington, D.C., USA, 899
Airds Hotel, Port Appin, Schottland, 156
Aitutaki Lagoon Resort & Spa, Cookinseln, 682
AITUTAKI, Cookinseln, 681
AIX-EN-PROVENCE, Frankreich, 87
Ajami (Wohnviertel), Tel Aviv Jaffa, Israel, 472
AJANTA & ELLORA, HÖHLENTEMPEL IN, Maharashtra, Indien, 569
Åkerblads Hotel, Tällberg, Schweden, 390
AKKON, Israel, 465
AKROPOLIS, Athen, Griechenland, 183
Akropolis, Rhodos, Griechenland, 187
Akropolismuseum, Athen, Griechenland, 183
Akrotiri, Santorin, Griechenland, 184
Akwadup Lodge, Comarca Kuna Yala, Panama, 982

AKWASIDAE-FEST, Ghana, 413
Al Ain (Oase), VAE, 495
Al Bustan Hotel, Oman, 488
Al Covo (Restaurant), Venedig, Italien, 248
Al Fassia (Restaurant), Marrakesch, Marokko, 404
Al Moudira (Hotel), Ägypten, 400
Al Natural (Lodge), Boca del Toro, Panama, 980
Al Tramonto (Restaurant), Pantelleria, Italien, 233
Al's No. 1 Italian Beef (Restaurant), Illinois, USA, 772
Alaçati (Dorf), Türkei, 337
Alamo, the (Restaurant) Texas, USA, 883
Alan Wong's (Restaurant), Hawaii, USA, 762
ÅLANDINSELN, Finnland, 365
Alaska, USA, 705–709
Alba, Piemont, Italien, 223
Al-Balad, Dschidda, Saudi-Arabien, 488
Albergo Cappello (Hotel), Ravenna, Italien, 204
Albergo del Senato (Hotel), Rom, Italien, 213
Albergo Milano (Hotel), Varenna, Lombardei, Italien, 218
Albergo Santa Chiara (Hotel), Rom, Italien, 213
ALBEROBELLO & SALENTO-HALBINSEL, Italien, 200
Albert Hotel, Kirkwall, Schottland, 161
Alberta, Kanada, 914–917
Albert-Cuyp-Markt, Amsterdam, Niederlande, 128
Albertina, Wien, Österreich, 147
Albertinum, Dresden, Deutschland, 26
ALBI, Frankreich, 83
ALBUQUERQUE INTERNATIONAL BALLOON FIESTA, New Mexico, USA, 831
Albuquerque, New Mexico, USA, 831, 833, 835, 843
Alcatraz, Kalifornien, USA, 790, 792
Alcázar (Schloss), Segovia, Spanien, 261, 263, 264, 265, 285
Alcazar de Colón (Palast), Santo Domingo, Dom. Rep., 1086
Alegria (Hotel), Brügge, Belgien, 5
Alentejo, Portugal, 251–253
ALEPPO, ÜBERDACHTE SUKS VON, Syrien, 491
Ålesund, Norwegen, 375
Ålesunds Museum, Norwegen, 375
Aletschgletscher, Schweiz, 165
Alexander (Restaurant), Insel Muhu, Estland, 288
ALEXANDRIA, Ägypten, 393
Alexandria, Virginia, USA, 902

Al-Fahidi-Fort, Dubai, VAE, 496
ALFAMA, Lissabon, Portugal, 255
Alfonso XIII (Hotel), Sevilla, Spanien, 265
Alghero, Sardinien, Italien, 225
Algodonales, Spanien, 264
ALHAMBRA, Granada, Spanien, 261
Al-Haram-Moschee, Mekka, Saudi-Arabien, 490
Al-Hawta Palace (Hotel), Schibam, Jemen, 478
Alice (Restaurant), Brasília, Brasilien, 1010
Alinea (Restaurant), Illinois, USA, 770
Ali-Qapu-Palast, Isfahan, Iran, 463
Alle Testiere (Restaurant), Venedig, Italien, 248
Allegro Hotel, Ljubljana, Slowenien, 323
Allegro Restaurant, Prag, Tschechische Rep., 329
Allerton-Garten, Hawaii, USA, 748
Alley's General Store, Massachusetts, USA, 817
Allison Inn & Spa, Oregon, USA, 863
Alma Beach, New Brunswick, Kanada, 928
Almazny Fond (Diamantenfond), Moskau, Russland, 311
Almendres, Cromlech (Megalithen), Évora, Portugal, 253
Al-Nabawi-Moschee, Medina, Saudi-Arabien, 490
Al-Nakheel (Restaurant), Dschidda, Saudi-Arabien, 489
ALPEN, BAHNSTRECKEN, Schweiz, 169
ALPEN, FRANZÖSISCHE, 99
ALPEN, JULISCHE & BLED, Slowenien, 322
ALPENSTRASSE, DEUTSCHE, Deutschland, 15
ALPILLES, DIE & ARLES, Frankreich, 90
Alt na Craig House (Pension), Argyll, Schottland, 156
Alta Gracia, Argentinien, 991
Alta Lodge, Utah, USA, 886
Altaigebirge, Mongolei, 500
ALTAMIRA, HÖHLE & SANTILLANA DEL MAR, Spanien, 272
Alt-Belém, Brasilien, 1013
Alt-Delhi, Indien, 560
Alte Meister (Café), Dresden, Deutschland, 26
Alte Pinakothek, München, Deutschland, 17
ALTES DSCHIDDA, Saudi-Arabien, 488
ALTES GRAZ, Österreich, 140

REGISTER

ALTES JAFFA, Israel, 472
Altes Rathaus, Bamberg, Deutschland, 13
ALT-HAVANNA, Kuba, 1096
ALT-MARSEILLE & CASSIS, Frankreich, 88
ALT-NIZZA, Frankreich, 89
Alto Atacama Desert Lodge, Chile, 1010
ALT-RIGA, Lettland, 295
ALT-SAN JUAN, Puerto Rico, 1101
ALTSTADT VON BRATISLAVA, Slowakei, 321
ALTSTADT VON CARTAGENA, Kolumbien, 1039
ALTSTADT VON LJUBLJANA MIT BURG, Slowenien, 323
ALTSTADT VON LUNENBURG, Nova Scotia, Kanada, 931
ALTSTADT VON SANAA, Jemen, 476
ALTSTADT VON TALLINN, Estland, 289
ALTSTADT VON TIFLIS, Georgien, 291
Altstadt, Alexandria, Washington, D.C., USA, 902
ALTSTADT, Barcelona, Spanien, 277
Altstadt, Colonia, Uruguay, 1051
ALTSTADT, DRESDEN, Deutschland, 26
ALTSTADT, DUBLIN, Irland, 106
ALTSTADT, HANOI, Vietnam, 639
ALTSTADT, JERUSALEM, Israel, 469
Altstadt, Lwiw, Ukraine, 347
ALTSTADT, MONTREAL, Kanada, 940
ALTSTÄDTER RING, Prag, Tschechische Rep., 328
ALT-VILNIUS, Litauen, 298
Altyn Asyr (Markt), Aschgabat, Turkmenistan, 505
Alvar Aalto Museum, Jyväskylä, Finnland, 368
Alvear Palace Hotel, the, Buenos Aires, Argentinien, 985, 1053
Alyeska Resort, Alaska, USA, 708
AMALFIKÜSTE, Italien, 205
Amalfitana (Panoramastraße), Italien, 205
Aman at Summer Palace (Hotel), Peking, China, 522
Aman Sveti Stefan (Hotel), Montenegro, 300
Amandari (Hotel), Bali, Indonesien, 596
Amangani (Hotel), Wyoming, USA, 912
Amangiri (Hotel), Arizona, USA, 712
Amanjiwo-Resort, Java, Indonesien, 597
AMANPULO, Pamalican Island, Philippinen, 620
Amanpuri (Hotel), Phuket, Thailand, 636
Amantaka (Hotel), Luang Prabang, Laos, 605
Amantani (Insel), Puno, Peru, 1051

A-Ma-Tempel, Macao, China, 518
Amazon Clipper (Flussschiff), Brasilien, 1005
Amazonas, Brasilien, 1004, 1005, 1013
Amazonas-Biosphärenreservat, Peru, 1042
AMAZONASGEBIET, BRASILIENS, 1004
AMAZONASGEBIET, ECUADORS, 1035
AMAZONASGEBIET, PERUANISCHES, 1041
Ambergris Caye, Belize, 965
Ame (Restaurant), Kalifornien, USA, 794
AMELIA ISLAND, Florida, USA, 727
American Art Museum, Washington, D.C., USA, 900
AMERICAN CLUB, Wisconsin, USA, 909
American Colony (Hotel), Jerusalem, Israel, 469
American Cowboy Gallery, Oklahoma, USA, 857
American History Museum, Washington, D.C., USA, 900
American Hotel, New York, USA, 844
American Jazz Museum, Missouri, USA, 823
American Museum of Natural History, New York, USA, 845
American Royal Livestock, Horse Show & Rodeo, Missouri, USA, 823
American Saddlebred Museum, Kentucky, USA, 798
Amerikanische Jungferninseln, 1061–1063
Amhara (Region), Äthiopien, 416/417
Amische, USA, 773, 864, 865
Amish Acres (Führungen), Indiana, USA, 773
Amphitheater, griechisches, Taormina, Sizilien, Italien, 229
Amphitheater, römisches, Gubbio, Italien, 241
Amphitryon (Hotel), Nafplio, Griechenland, 198
Amritsar, Punjab, Indien, 571
Amsterdam Museum, Niederlande, 128
AMSTERDAM, Niederlande, 126
Amulet Hotel, Bukhara, Usbekistan, 506
An Spailpín Fánac (Pub), Cork, Irland, 104
Ana Mandara Villas Dalat Resort & Spa, Da Lat, Vietnam, 637
Ana y José (Hotel), Tulum, Mexiko, 963
Anacaona Hotel, Anguilla, 1064
Anacaona Restaurant, Grace Bay, Turks&Caicos, 1119
Anacapri, Capri, Italien, 207
ANANDA-SPA & RISHIKESH, Uttarakhand, Indien, 578
Ananda-Tempel, Bagan, Myanmar, 616
Anantara Golden Triangle Resort & Spa, Chiang Mai, Thailand, 631

Anasazi (Hotel, Restaurant), New Mexico, USA, 838
Anasazi-Behausungen, Arizona, USA, 709
Anatolien, Türkei, 332–334
Anavilhanas Lodge, Amazonas, Brasilien, 1005
Anchorage, Alaska, USA, 705, 706, 707, 708
Ancient Cedars Spa, British Col., Kanada, 923
Andalusien, Spanien, 260–265, 282
Andamanensee, Myanmar, 615
Andean Explorer (Zug), Peru, 1051
Anden, Peru, 1044, 1047
Andersen, Hans Christian, 362
Anderson-Abruzzo International Balloon Museum, New Mexico, USA, 832
Ando, Tadao, 245, 551
Andrés Carne de Res (Restaurant), Bogotá, Kolumbien, 1039
Andrés, José, 784, 903
Andromeda Botanic Garden, Barbados, 1074
ANDROS, Bahamas, 1068
Anegada, Brit. Jungferninseln, 1079
Ang Thong National Marine Park (Tauchrevier), Thailand, 633
Angelina (Restaurant), Paris, Frankreich, 79
ANGKOR WAT, Kambodscha, 604
Angleterre (Hotel), St. Petersburg, Russland, 316
Angorichina Station (Schaffarm), Australien, 662
Angra dos Reis, Rio de Janeiro, Brasilien, 1020
ANGUILLA, 1064
Anhui, China, 508
Animas River, Colorado, USA, 717
Anjuna, Goa, Indien, 562
Anker Brygge (Hotel), Lofoten, Norwegen, 376
Anna Amalia (Restaurant), Weimar, Deutschland, 30
Anna Grand Hotel, Plattensee, Ungarn, 352
Annapolis Inn, Maryland, USA, 808
Annapolis, Maryland, USA, 807
Annapolis-Newport-Regatta, Rhode Island, USA, 869
ANNAPURNA-NATURSCHUTZGEBIET & POKHARA, Nepal, 588
Anne of Green Gables (Montgomery), 938
ANNECY, LAC D', Frankreich, 74
Anne-Frank-Haus, Amsterdam, Niederlande, 127
Annupuri (Skigebiet), Niseko, Japan, 534

Ansara Hotel, Vientiane, Laos, 607
Anse Chastanet (Resort), St. Lucia, 1110
Antalya, Türkei, 334
ANTARKTIS, 1057
Antelope Canyon, Arizona, USA, 712
Anthony's Key Resort, Honduras, 976
Antibes, Frankreich, 95
Antica Osteria da Divo (Restaurant), Siena, Italien, 239
Antico Caffè Simo, Lucca, Italien, 236
Antigua Casa Ángel Sierra (Tapasbar), Madrid, Spanien, 283
ANTIGUA, 1065–1068
ANTIGUA, Guatemala, 972
Antikmarkt De Looier, Amsterdam, Niederlande, 129
Antiq Hotel, Ljubljana, Slowenien, 323
Antiq Palace, Ljubljana, Slowenien, 323
Antiquitätenmarkt San Telmo, Buenos Aires, Argentinien, 984
Antoine's (Restaurant), Louisiana, USA, 803
Antone's (Bluesclub), Texas, USA, 880
Antonito, Colorado, USA, 833
Antschischati-Basilika, Tiflis, Georgien, 291
Antwerpen, Belgien, 3
Anuradhapura, Sri Lanka, 591
ANZAC-Landezone, Gallipoli, Türkei, 345
AOC (Weinbar), Kalifornien, USA, 784
ÄOLISCHE INSELN, Italien, 225
AORAKI-/MOUNT-COOK-NATIONALPARK, Neuseeland, 675
Aostatal, Italien, 199
Apanema (Hotel), Chora, Mykonos, Griechenland, 190
Apeldoorn, Niederlande, 132
Apellation (Restaurant), Australien, 661
Aphrodisias, Anatolien, Türkei, 334
Aphrodite-Felsen, Zypern, 287
Apia, Upolu, Samoa, 700
Apokofto-Strand, Sifnos, Griechenland, 193
Apollon-Tempel, Korinth, Peloponnes, Griechenland, 190
Apostle Islands National Lakeshore, Wisconsin, USA, 907
APOSTLE ISLANDS, Wisconsin, USA, 907
Apotheke *Unter dem Adler*, Krakau, Polen, 301
APPALACHIAN TRAIL, USA, 738
Apt, Frankreich, 96
Apulien, Italien, 200
AQABA & WADI RUM, Jordanien, 479
Aqua (Flussschiff), Amazonas, Peru, 1042
Aqua Soul Spa, Australien, 659

Aquädukt, römischer, Segovia, Spanien, 285
Aquapura Douro Valley (Hotel), Porto, Portugal, 259
Aquarium Restaurant, Grenada, 1088
Aquarius (Café), Mumbai, Indien, 570
Äquatormonument, Otavalo, Ecuador, 1037
Aquitaine, Frankreich, 62–65
ARAN-INSELN, Irland, 110
Aranui 3 (Schiff), Marquesasinseln, Franz.-Polynesien, 489
Arashiyama, Kyoto, Japan, 541
Arbour Hill, Dublin, Irland, 106
Arcadia Lodge, Neuseeland, 671
Archangai (Provinz), Mongolei, 502
Archäologischer Park, Athen, Griechenland, 183
Archäologisches Museum, Delphi, Griechenland, 195
Archäologisches Museum, Mykene, Griechenland, 197
Archäologisches Nationalmuseum, Athen, Griechenland, 184
Arches-Nationalpark, Utah, USA, 885
Archipelago Trail (Panoramastraße), Finnland, 371
Architecture & Design Museum, Kalifornien, USA, 780
Architektur-Tour Chicago, Illinois, USA, 768
Ard Bia at Nimmos (Restaurant), Galway, Irland, 113
Ardtara Country House, Antrim, Nordirland, 139
Arena di Verona, Verona, Italien, 250
Arenas Beach Hotel, Corn Islands, Nicaragua, 978
Arenas Del Mar (Hotel), Puntarenas, Costa Rica, 971
Arequipa, Peru, 1042–1044
Argentinien, 984–999
Argonaut Hotel, Kalifornien, USA, 794
Argyle Winery, Oregon, USA, 862
ARGYLL HIGHLANDS, Schottland, 156
Argyll Waterfall, Tobago, 118
Aria (Flussschiff), Amazonas, Peru, 1042
ARIA Resort & Casino, Nevada, USA, 828
Arima, Trinidad&Tobago, 1115
Arizona Biltmore (Hotel), Arizona, USA, 714
Arizona, USA, 709–717
Arlberg Hospiz (Hotel), Arlberg, Österreich, 141
ARLBERG-REGION & KITZBÜHEL, Österreich, 141
ARLES & ALPILLES, Frankreich, 90
Arlington-Friedhof, bei Washington, D.C., USA, 901
Armani Hotel, Dubai, VAE, 496

Armata (Hotel), Spetses, Saronische Inseln, Griechenland, 185
Armenische Marienkathedrale, Lwiw, Ukraine, 347
ARNHEMLAND & KAKADU-NATIONALPARK, Australien, 653
AROMEN VON MARTINIQUE, 1100
ARoS Kunstmuseum, Aarhus, Dänemark, 359
Arraial d'Ajuda (Dorf), Bahia, Brasilien, 1009
Art Basel Miami Beach, Florida, USA, 734
Art Basel, Basel, Schweiz, 163
Art Deco Weekend, Napier, Neuseeland, 672
ART GALLERY OF ONTARIO & ROYAL ONTARIO MUSEUM, Ontario, Kanada, 936
Art Institute of Chicago, Illinois, USA, 767
Artek-Laden, Helsinki, Finnland, 368
Artemis-Tempel, Ephesos, Türkei, 337
Artemis-Tempel, Jordanien, 192
ArtHotel Blaue Gans, Salzburg, Österreich, 145
ARTHUR'S PASS, Canterbury, Neuseeland, 676
Artist's Palette (Berge), Kalifornien, USA, 775
ARTS DISTRICT IN DALLAS, Texas, USA, 881
Aruba, 1081
Arun's (Restaurant), Illinois, USA, 771
Arundell Arms (Hotel), Devon, England, 36
Arzak (Restaurant), San Sebastián, Baskenland, Spanien, 269
ASA WRIGHT NATURE CENTRE & LODGE, Arima, Trinidad, 1115
Asakusa Kannon (Tempel), Tokio, Japan, 549
Ásbyrgi-Schlucht, Island, 373
Aschanti-Volk, Ghana, 413
Aschgabat, Turkmenistan, 504
Asheville, North Carolina, USA, 854
ASHFORD CASTLE, Irland, 118
Ashi-See, Japan, 548
Ashland, Oregon, USA, 858
Ashmolean Museum, Oxford, England, 50
Asian Art Museum, Kalifornien, USA, 791
Asiate (Restaurant), New York, USA, 850
Asitane (Restaurant), Istanbul, Türkei, 339
Asolo, Italien, 248
ASPEN, Colorado, USA, 716
Aspen-Festivals, Colorado, USA, 716
ASSISI & GUBBIO, Italien, 240

Assouan (Segelschiff), Ägypten, 399
ASSUAN & ABU SIMBEL, Ägypten, 398
Assuan-Staudamm, Ägypten, 398
Aster House (B&B), London, England, 48
Asti, Piemont, Italien, 223
Astra Apartments, Imerovigli, Santorin, Griechenland, 192
Astrachan, Russland, 313
Astrid y Gastón (Restaurant), Lima, Peru, 1048
Asturien, Spanien, 273
AT&T Park, Kalifornien, USA, 793
AT&T Performing Arts Center, Texas, USA, 881
ATACAMAWÜSTE, Chile, 1029
Athabasca River, Alberta, Kanada, 916
Athen, Griechenland, 183, 184
ATHEN, MUSEEN, Griechenland, 184
Athens & Epidauros Festival, Athen, Griechenland, 183, 184, 197
Äthiopien, 416–419
ATHOS, Griechenland, 193
ATITLÁN, LAGO DE, Panajachel, Guatemala, 973
Atlantis (Resort), Paradise Island, Bahamas, 1072
ATLASGEBIRGE, TREKKING & ROMANTIK IM, Marokko, 408
ÄTNA, DER & TAORMINA, Sizilien, Italien, 228
Atombomben-Dom, Hiroshima, Japan, 538
Atria (Restaurant), Massachusetts, USA, 817
Atrio (Hotel), Cáceres, Spanien, 270
Attika, Griechenland, 185
Atwood Café, Illinois, USA, 770
Au Lapin Agile (Cabaret), Paris, Frankreich, 77
Au Motu Mahare (B&B), Huahine, Franz.-Polynesien, 691
Au Vieux Verbier (Restaurant), Verbier, Schweiz, 173
Auberge de l'Ill (Restaurant), Illhaeusern, Frankreich, 70
Auberge des Seigneurs (Hotel), Vence, Frankreich, 97
Auberge du Manoir (Hotel), Chamonix, Frankreich, 99
Auberge du Père Bise (Hotel), Talloires, Frankreich, 74
Auberge du Soleil (Hotel), Kalifornien, USA, 777
Auberge du Vieux-Port, Quebec, Kanada, 941
Auberge La Pinsonnière (Hotel), Quebec, Kanada, 939
Auberge Les Passants du Sans Soucy (B&B), Quebec, Kanada, 941

Auberge Les Petits Saints (Hotel), Terre-de-Haut, Guadeloupe, 1089
Auberge Place d'Armes, Quebec, Kanada, 945
Auberge Saint-Antoine, Quebec, Kanada, 944
Aubergine (Restaurant), Kapstadt, Südafrika, 441
AUF DEM WEG NACH SHANGRI-LA, Yunnan, China, 531
AUF DEN SPUREN DES GROSSEN PANDAS, Foping, Shaanxi, China, 525
AUF DEN SPUREN VON RUBENS, Belgien, 3
AUF POLARBÄRENSAFARI, Manitoba, Kanada, 927
Augartenhotel, Graz, Österreich, 140
August Restaurant, Louisiana, USA, 803
Augusta Bay Bahamas (Hotel), Great Exuma Island, Bahamas, 1070
Augustin Hotel, Bergen, Norwegen, 374
Augustine, the (Hotel), Prag, Tschechische Rep., 330
Augustus, Haus des, Rom, Italien, 212
Augustusforum, Rom, Italien, 211
Auld Kirk, the (Hotel), Schottland, 157
Aurangabad, Indien, 569
Aurlandsfjord, Norwegen, 374, 381
Aurora Inn, New York, USA, 842
Aurora, New York, USA, 842
AUSCHWITZ, Polen, 300
Austen, Jane, 40, 54
Austin City Limits, Texas, USA, 880
Austin, Texas, USA, 880
AUSTINS LIVEMUSIKSZENE, Texas, USA, 880
Australien, 649–670
Aux Anciens Canadiens (Restaurant), Quebec, Kanada, 945
Auyantepuy („Teufelsberg"), Venezuela, 1054
Avebury-Steinkreise, England, 59
AVIGNON, Frankreich, 91
ÁVILA, Spanien, 275
Avli (Hotel), Kreta, Griechenland, 189
Awa-Odori-Volkstanz, Tokushima, Shikoku, Japan, 555
Awasi (Resort), San Pedro de Atacama, Chile, 1030
AYERS ROCK & OLGAS, Australien, 654
Ayung (Fluss), Bali, Indonesien, 596
Ayurveda, Kerala, Indien, 565
AYUTTHAYA, Thailand, 625
Azadegan-Teehaus, Isfahan, Iran, 463
Azienda Agricola Bastianich, Gagliano, Italien, 205
Azur Real Hotel Boutique, Córdoba, Argentinien, 991
Azura Restaurant, Kapstadt, Südafrika, 440

B

B&G Oysters, Massachusetts, USA, 812
B.B. King's Blues Club, Tennessee, USA, 878
BAALBEK, Libanon, 484
Baan Taling Ngam (Resort), Thailand, 633
Babbo (Restaurant), New York, USA, 851
Bac Ha, Vietnam, 646
Bacchus-Tempel, Baalbek, Libanon, 485
BACKWATERS VON KERALA, Indien, 565
Backyard, the (Theater), Texas, USA, 880
Bacolet Beach, Tobago, 1118
Bad der Kleopatra, Ägypten, 397
BADEN-BADEN & SCHWARZWALD, Deutschland, 11
Baden-Württemberg, Deutschland, 11
BADLANDS-NATIONALPARK, South Dakota, USA, 873
BAGAN & FAHRT AUF DEM IRRAWADDY, Myanmar, 616
Bagh Hotel, Rajasthan, Indien, 572
Bagolyvár (Restaurant), Budapest, Ungarn, 350
Bahai-Weltzentrum (Gärten), Akkon, Israel, 465
Bahamas, 1066–1073
Bahia, Brasilien, 1005, 1008, 1009
Bahias Kakaoküste, Brasilien, 1006
Bahnstrecke VIA Rail Canada, Kanada, 928
Bahnstrecke White Pass & Yukon Route, Alaska, USA, 707
Baía do Sancho, Pernambuco, Brasilien, 1014
BAIKALSEE & TRANSSIBIRISCHE EISENBAHN, Russland, 320
Bailey-Matthews Shell Museum, Florida, USA, 737
Baja California Sur, Mexiko, 949
Bajan-Ölgii-Provinz, Mongolei, 501
Bakewell, Derbyshire, England, 34
BALATON (PLATTENSEE), Ungarn, 352
Balatonfüred, Plattensee, Ungarn, 352
Balboa Park, Kalifornien, USA, 789
Balcony House, Colorado, USA, 718
Bald Mountain, Idaho, USA, 766
BALEAREN, Spanien, 266
Balestrand, Norwegen, 381
Balfour Castle, Orkney Islands, Schottland, 161
Bali Diving (Touren), Papua, Indonesien, 601
Bali, Indonesien, 594–596
BALI, STRÄNDE VON, Indonesien, 594
BALIEM-TAL, Papua, Indonesien, 600

Balikçi Sabahattin (Restaurant), Istanbul, Türkei, 342
Balinese Great House (abgebrannt), Brit. Jungferninseln, 1079
Ballestas-Inseln, Peru, 1050
Ballinkeele House (Hotel), Enniscorthy, Irland, 122
Ballonfestival, Château d'Oex, Schweiz, 164
Balloon Fiesta, Albuquerque, New Mexico, USA, 831
Ballybunion Golf Club, County Kerry, Irland, 102
Ballymaloe House (Hotel, Restaurant), County Cork, Irland, 104
Ballyvolane (Hotel, Restaurant), Cork, Irland, 105
BALMORAL HOTEL & ROYAL SCOTSMAN, Edinburgh, Schottland, 151
Balsams, the, New Hamps., USA, 828
Baltimore, Maryland, USA, 806
BAMBERG, Deutschland, 13
Bamboo (Restaurant), Hawaii, USA, 746
Bamurru-Plains-Resort, Australien, 653
Banaue Hotel, Luzon, Philippinen, 619
BANAUE, REISTERRASSEN VON, Cordillera, Philippinen, 619
Bandera, Texas, USA, 884
BANDHAVGARH & KANHA, NATIONALPARKS, Indien, 567
Bandon, Golfplätze, Oregon, USA, 861
Banff, Alberta, Kanada, 915
BANFF, JASPER & YOHO NATIONALPARKS, Alberta/British Col., Kanada, 915
BANGKOK, MÄRKTE VON, Thailand, 627
BANGKOK, EIN HOTEL-TRIO, Thailand, 628
Banjaar Tola (Lodge), Indien, 568
Banpo-Brücke, Seoul, Südkorea, 557
Banyan Tree Cabo Marques (Hotel), Acapulco, Mexiko, 954
Banyan Tree Resort, Lijiang, Yunnan, China, 531
Banyan Tree Vabbinfaru, the (Resort), Malediven, 457
Banyan Tree, the, Phuket, Thailand, 636
Bar Bergara (Tapasbar), Baskenland, Spanien, 269
Bar Boulud, New York, USA, 851
Bar Masa (Restaurant), New York, USA, 853
Bar Pintxo (Restaurant), Barcelona, Spanien, 278
Bar Sur, Buenos Aires, Argentinien, 988
Bar Uvas, Mendoza, Argentinien, 993
Barbados, 1073
Barbara Hepworth Museum & Sculpture Garden, Cornwall, England, 33

BARBECUE IN MEMPHIS, Tennessee, USA, 876
Barbuda, 1066
Barcelona, Spanien, 277
BARCELONAS ALTSTADT, Spanien, 277
BARDO-MUSEUM, Tunesien, 410
Bardstown, Kentucky, USA, 797
Bargaço (Restaurant), Recife, Brasilien, 1015
BARILOCHE, DEPARTAMENTO, Patagonien, Argentinien, 993
BARNES FOUNDATION & PHILADELPHIA MUSEUM OF ART, Pennsylvania, USA, 867
Baron Hotel, Aleppo, Syrien, 491
BAROSSA VALLEY, Australien, 661
BARRANCA DEL COBRE, Mexiko, 951
Barrio de la Judería (jüd. Viertel), Córdoba, Spanien, 260
Barrio Histórico, Colonia, Uruguay, 1051
Barroco (Restaurant), Mexiko-Stadt, Mexiko, 958
Bartolotta (Restaurant), Nevada, USA, 828
Basecamp Trapper's Hotel, Longyearbyen, Norwegen, 377
BASEL, KUNSTSTADT, Schweiz, 163
Basil's Bar, Mustique, Grenadinen, 1113
Basilica de Guadelupe, Mexiko-Stadt, Mexiko, 957
Basilica di San Giulio (Kirche), Orta San Giulio, Italien, 217
Basilica di San Petronio, Bologna, Italien, 202
Basilica di San Vitale, Ravenna, Italien, 204
Basilica di Santa Chiara, Assisi, Italien, 241
Basilica di Santa Croce, Lecce, Italien, 201
Basilicata, Italien, 202
Basiliek van Onze Lieve Vrouw, Maastricht, Niederlande, 135
Basilika Bom Jesus, Goa, Indien, 562
Basilika des hl. Franziskus, Assisi, Italien, 240
Basilika San Isidoro, León, Spanien, 276
Basilika St. Georg, Madaba, Jordanien, 481
Basilika, Esztergom, Ungarn, 351
Basilique du Sacré-Coeur, Paris, Frankreich, 75
Basilique Ste-Madeleine, Burgund, Frankreich, 68
Basilique St-Sernin, Toulouse, Frankreich, 83
Basiliuskathedrale, Moskau, Russland, 311
BASKENLAND & BIARRITZ, Frankreich, 62
BASKENLAND & SAN SEBASTIÁN, Spanien, 268

Baskische Küche, neue, San Sebastián, Spanien, 267
Basse-Terre, Guadeloupe, 1089
Bassett's, Pennsylvania, USA, 865
Basse-Ville (Stadtteil), Quebec, Kanada, 945
Basta Art Café, Dubai, VAE, 495
Bastakiya (Künstlerquartier), Dubai, VAE, 495
Bastianich, Lidia, 205
Bastide de Marie (Hotel), Frankreich, 95
Batad, Luzon, Philippinen, 619
Batali, Mario, 623, 785, 851
Batcheller Mansion Inn, New York, USA, 853
Bateaux Mouches, Paris, Frankreich, 78
BATH, England, 38, 54
Bathurst Inlet Lodge, Nunavut, Kanada, 932
Bathurst Island, Australien, 654
Battimamazelle (Restaurant), Trinidad&Tobago, 1117
Bauernmarkt, Angaston, Australien, 661
Bauhaus Foundation Museum, Tel Aviv, Israel, 473
Bay Course (Golfplatz), Hawaii, USA, 754
BAY OF FUNDY, New Brunswick, Nova Scotia, Kanada, 928
BAY OF ISLANDS, Neuseeland, 671
Bayan Indah (B&B), Kuala Lumpur, Malaysia, 611
BAYERISCHE BIERKULTUR, Deutschland, 14
Bayern, Deutschland, 13–19
Bayfield, Wisconsin, USA, 907
Bavona (Restaurant), Louisiana, USA, 803
Bayon-Tempel, Angkor, Kambodscha, 604
Baytil Ajaib (Hotel), Lamu, Kenia, 425
Bayview Chateau Tongariro, Neuseeland, 675
Bazaar, the (Restaurant), Kalifornien, USA, 784
Bazar-e-Bozorg (Markt), Isfahan, Iran, 463
BB22 (Hotel), Palermo, Sizilien, Italien, 227
Beacci Tornabuoni (Hotel), Florenz, Italien, 233
Beach Blanket Babylon, Kalifornien, USA, 792
Beach Grill (Restaurant), Phu Quoc, Vietnam, 645
Beach House, the, Hawaii, USA, 750
Beach Plum Inn & Restaurant, Massachusetts, USA, 817
Beacon Hill, Massachusetts, USA, 809, 812

REGISTER 1127

Beale Street Music Festival, Tennessee, USA, 878
BEAUFORT & DAS TIEFLAND, South Carolina, USA, 870
BEAUJOLAIS & RHÔNETAL, Frankreich, 98
Beaumaris Castle, Wales, 176
Beaumont Inn, Kentucky, USA, 798
Beaux Arts Vanderbilt Mansion (Hotel), New York, USA, 843
Beaver Creek, Colorado, USA, 722
Beaverkill River, New York, USA, 840
Beaverkill Valley Inn, New York, USA, 840
Beck, Heinz, 214
Becker Vineyards, Texas, USA, 884
Begijnhof, Amsterdam, Niederlande, 128
Begnas Lake Resort, Pokhara, Nepal, 589
Bei (Restaurant), Peking, China, 522
Beijupira (Restaurant), Porto de Galinhas, Brasilien, 1015
Beinhaus, Kutná Hora, Tschechische Rep., 327
Beiras, Portugal, 253
Beirut, Libanon, 485
BEIRUTS CORNICHE, Libanon, 485
Beit Al Mamlouka (Hotel), Damaskus, Syrien, 492
Beit Sissi (Restaurant), Aleppo, Syrien, 491
Bel Soggiorno (Restaurant), San Gimignano, Italien, 236
BELÉMS ALTSTADT, Brasilien, 1013
BELFAST, NEUES, Nordirland, 136
Belfry Bar, Ontario, Kanada, 935
Belgien, 9–11
BELGISCHE POMMES FRITES, Brüssel, Belgien, 6
BELGISCHE SCHOKOLADE, Brüssel, Belgien, 6
BELGISCHES BIER, 4
BELIZE BARRIER REEF, Belize, 965, 976
Belize, 965–967
Bell's Beach, Australien, 666
Bellagio (Hotel), Nevada, USA, 827
Bellagio, Lombardei, Italien, 217
Belle Époque (Hotel), Bellagio, Italien, 217
Belle Epoque (Restaurant), Vientiane, Laos, 608
Belle Rive (Hotel), Luang Prabang, Laos, 606
BELLE-ÎLE, ÎLE DE RÉ, ÎLE DE PORQUEROLLES, Frankreich, 67
Belmont Hills (Golfplatz), Bermuda, 1075
Beluga (Restaurant), Maastricht, Niederlande, 135
BEMALTE KIRCHEN, Troodos-Gebirge, Zypern, 287

Ben Bulben, County Sligo, Irland, 120
Benaki Museum, Athen, Griechenland, 184
Benediktinerabteikirche, Plattensee, Ungarn, 352
Benetos (Restaurant), Patmos, Griechenland, 186
Benguerra (Insel), Mosambik, 430
Ben-Thanh-Markt, Ho-Chi-Minh-Stadt, Vietnam, 641
BEQA-LAGUNE, Fidschi, 683
BEQUIA, Grenadinen, 1112
Berardo Collection Museum, Lissabon, Portugal, 256
BERG KAILASH, Tibet, China, 528
BERG SINAI & DAS ROTE MEER, Ägypten, 400
BERGEN, Norwegen, 374
BERGGORILLA AUF DER SPUR, dem Bwindi Impenetrable National Park, Uganda, 454
Berghaus Eggli (Restaurant), Gstaad, Schweiz, 164
Bergs Hotel, Alt-Riga, Lettland, 296
Bering Sea Ice Golf Classic, Alaska, USA, 705
Berkeley, Kalifornien, USA, 795
Berks, Pennsylvania, USA, 864
BERKSHIRE, SOMMERFESTIVALS, Massachusetts, USA, 816
Berlin, Deutschland, 20–23
BERLIN, MUSEEN & KUNST, Deutschland, 22
Berliner Philharmoniker, Deutschland, 20
BERLINS NEUE ARCHITEKTUR, Deutschland, 20
Bermondsey Market, London, England, 48
BERMUDA, 1074
Berner Oberland, Schweiz, 164
Bernina Express, Schweiz, 169
BESTEIGUNG DES MOUNT KENYA, Kenia, 423
Bethel Woods Center for the Arts, New York, USA, 840
Bethlehem, Palästinensische Autonomiegebiete, 475
Betsy Ross House, Pennsylvania, USA, 867
Beverly Hills Hotel, Kalifornien, USA, 782
Beverly Hills, Kalifornien, USA, 786
Bhaktapur, Nepal, 586
Bhamo, Myanmar, 616
Bharatpur, Indien, 572
Bharatpur-Vogelschutzgebiet, Bharatpur, 572
Bhutan, 558/559
BHUTAN, FESTE IN, 558

Bhuthorn (Hotel), Bangkok, Thailand, 629
Bianca C. (Wracktauchen), Grenada, 1087
BIARRITZ & BASKENLAND, Frankreich, 62
Bibendum (Restaurant), London, England, 49
Bibi-Khanum-Moschee, Samarkand, Usbekistan, 507
Bibliotheca Alexandrina, Ägypten, 393
Bib-Rambla (Platz), Granada, Spanien, 262
Bibury, Cotswolds, England, 38
Bienal Internacional de São Paulo, Brasilien, 1021
Biennale d'Arte Contemporanea e Architettura, Venedig, Italien, 246
BIER, BAYERISCHES, Deutschland, 14
BIER, BELGISCHES, 4
BIER, TSCHECHISCHES, Prag/Pilsen, 327
Bierbad, Chodová Planá, Tschechische Rep., 328
Biermuseum, Prag, Tschechische Rep., 328
Biertan (Dorf), Transsilvanien, Rumänien, 308
Big Cave Camp, Simbabwe, 437
Big EZ Lodge, Montana, USA, 824
BIG HOLE COUNTRY, Montana, USA, 826
Big Hole River, Montana, USA, 826
Big Hosmer Pond, Vermont, USA, 892
BIG ISLAND, HAWAII, USA, 741
Big Onion Walking Tours, New York, USA, 848
Big Sky Resort, Montana, USA, 824
BIG SKY, Montana, USA, 823
BIG SUR & PACIFIC COAST HIGHWAY, Kalifornien, USA, 787
BILBAO, GUGGENHEIM-MUSEUM, Baskenland, Spanien, 267
Billy Goat Tavern, Illinois, USA, 772
Biltmore Estate Winery, North Carolina, USA, 854
BILTMORE, North Carolina, USA, 854
Binh Tay (Markt), Ho-Chi-Minh-Stadt, Vietnam, 641
Biras Creek Resort, Virgin Gorda, Brit. Jungferninseln, 1080
Bird Island Lodge, Seychellen, 459
BIRD ISLAND, Seychellen, 459
Birkenau, Polen, 300
Birkenhead House, Südafrika, 446
Bischofspalast, Pembrokeshire, Wales, 182
Bishop Museum, Hawaii, USA, 758
Bistro Bis, Washington, D.C., USA, 902
Bistro de l'Hôtel, Beaune, Frankreich, 68
Bistro del Mare, Saba, 1105
Bistro M, Mendoza, Argentinien, 993

Bistrot d'Édouard (Restaurant), Marseille, Frankreich, 89
Bistrot Mosaico (Restaurant), Mexiko-Stadt, Mexiko, 959
Bitter End Yacht Club, Virgin Gorda, Brit. Jungferninseln, 1078
BITTERROOT RANCH, Wyoming, USA, 910
Black Dog Tavern, Massachusetts, USA, 817
Black Heritage Trail, Massachusetts, USA, 809
BLACK HILLS, South Dakota, USA, 873
Black Pearl (Restaurant), Rhode Island, USA, 869
Black Sesame Kitchen, Peking, China, 524
Black Swan, Stratford-upon-Avon, England, 56
Black Walnut Inn, North Carolina, USA, 854
Blackberry Farm (Resort), Tennessee, USA, 875
Blackwolf Run (Golfplatz), Wisconsin, USA, 909
Blake's (Hotel), London, England, 49
Blancaneaux Lodge, Belize, 966
Blanchard's, Anguilla, 1064
Blantyre, Massachusetts, USA, 816
BLARNEY CASTLE & CORK JAZZ FESTIVAL, Irland, 103
Blasket-Inseln, County Kerry, Irland, 114
Blaue Grotte, Capri, Italien, 207
Blaue Kirche (Elisabethkirche), Bratislava, Slowakei, 321
Blaue Lagune, Island, 372
Blaue Moschee, Istanbul, Türkei, 340
BLAUE REISE, die, Bodrum/Antalya, Türkei, 334
BLED & JULISCHE ALPEN, Slowenien, 322
Bled, Burgestaurant, Slowenien, 322
BLENHEIM PALACE, Woodstock, England, 53
Blenheim, Neuseeland, 679
BLOCK ISLAND, Rhode Island, USA, 868
Bloomsday (Fest), Dublin, Irland, 109
Blu Lobster (Restaurant), Peking, China, 523
BLUBBERNDES ROTORUA, Neuseeland, 673
Blue (Restaurant), Grand Cayman, Kaimaninseln, 1096
Blue Bee Bar, Abaco-Inseln, Bahamas, 1067
Blue Haven Hotel, Tobago, 1118
Blue Horizons Cottage Hotel, St. George's, Grenada, 1087
Blue Lagoon Beach Resort, Fidschi, 687
Blue Lagoon Cruises (Kreuzfahrtschiffe), Fidschi, 688

Blue Lagoon Dive Shop (Tauchunternehmer), Chuuk, Mikronesien, 695
Blue Lagoon, Port Antonio, Jamaika, 1095
Blue Moon (Restaurant), Frederiksted, St. Croix, Am. Jungferninseln, 1061
Blue Mountain Bicycle Tours, Jamaika, 1091
BLUE MOUNTAINS & STRAWBERRY HILL, Jamaika, 1091
BLUE MOUNTAINS, Australien, 649
Blue Ridge Parkway (Straße), Virginia USA, 895
Blue Sky Basin (Skigebiet), Colorado, USA, 721
Blue Swallow Motel, New Mexico, USA, 835
BLUE TRAIN & ROVOS RAIL, Südafrika, 445
Bluebird Café, Tennessee, USA, 879
Bluegrass Festival, Colorado, USA, 721
BLUEGRASS COUNTRY, Kentucky, USA, 798
Blues & Brews (Fest), Colorado, USA, 721
Blumenauktion, Aalsmeer Niederlande, 131
Blumenmarkt, Amsterdam, Niederlande, 128
Blyde River Canyon, Südafrika, 443
Bo Innovation (Restaurant), Hongkong, China, 516
Boa Viagem, Recife, Brasilien, 1015
Boathouse Restaurant, New York, USA, 845
Boathouse, the (Museum), Laugharne, Wales, 180
Bob Marley Centre & Mausoleum, Nine Mile, Jamaika, 1094
Bobbahn, Sigulda, Vidzeme, Lettland, 296
BoBo Hotel, the, Buenos Aires, Argentinien, 986
Boca Grande, Florida, USA, 737
BOCAS DEL TORO, Panama, 980
Bocas Town, Panama, 980
Bocuse, Paul, 100
Bodega Bouza (Lokal), Uruguay, 1052
Bodegas López de Heredia, Haro, Spanien, 268
Bodegas Tradición, Jerez de la Frontera, Spanien, 263
Bodegas Ysios, Laguardia, Spanien, 268
Bodensee & Deutsche Alpenstrasse, Deutschland, 15
Bodnant Garden, Tay-y-Cafn, Wales, 176
Bodo, Norwegen, 376, 378

Bodrum, Türkei, 334
Bodysgallen Hall (Hotel), Wales, 177
Bogotá, Kolumbien, 1038
Böhmen, Tschechische Rep., 325–330
Boi Bumba, Amazonas, Brasilien, 1005
Boiling Lake, Morne Trois Pitons National Park, Dominica, 1083
Bo-Kaap, Kapstadt, Südafrika, 437
Bolivien, 1000–1004
Bollinger Bar, Edinburgh, Schottland, 151
Bologna, Italien, 202
BOLSCHOI-THEATER, Moskau, Russland, 309
Bomba's Shack, Tortola, Brit. Jungferninseln, 1078
Bombay Peggy's Victorian Inn & Pub, Quebec, Kanada, 946
Bom-Jesus-Basilika, Goa, Indien, 562
BONAIRE NATIONAL MARINE PARK, Bonaire, 1075
Bonaire, 1075, 1081
Bondoux, Jean Paul, 986, 1053
Bonne Bay, Neufundland, Kanada, 929
Bonnefantenmuseum, Maastricht, Niederlande, 135
BooM BooM RooM (Club), Kalifornien, USA, 792
Boone Tavern Hotel & Restaurant, Kentucky, USA, 798
Boquete, Chiriqui, Panama, 981
BORA BORA, Gesellschaftsinseln, Franz.-Polynesien, 689
BORACAY, Visayas, Philippinen, 621
Borana Lodge, Kenia, 428
Borchardt (Restaurant), Berlin, Deutschland, 22
Bord'Eau (Restaurant), Amsterdam, Niederlande, 129
BORDEAUX, Frankreich, 63
Border Grill, Kalifornien, USA, 782
Bordoo (Restaurant), Tallinn, Estland, 289
Borgo Argenina (B&B), Siena, Italien, 239
Borneo Adventure (Touren), Malaysia, 609
Borneo Divers (Lodge), Malaysia, 608
BORNEO, Malaysia, 609
BORNHOLM, Dänemark, 354
BOROBUDUR & PRAMBANAN, Java, Indonesien, 596
Borough Market, London, England, 48
Børson Spiseri (Restaurant), Lofoten, 376
Bosporus, Bootsfahrt auf dem, Türkei, 339
Bosque del Cabo (Lodge), Costa Rica, 970
Boston Bay Beach, Jamaika, 1094

REGISTER 1129

Boston Harbor Hotel, Massachusetts, USA, 811
Boston Marathon, Massachusetts, USA, 810
Boston Symphony Orchestra/Boston Pops, Massachusetts, USA, 810
BOSTON, Massachusetts, USA, 808
Botanischer Garten, Barbados, 460
Botero, Fernando, 1039
Botsuana, 419–423
Bottom, the, Saba, 1105
Bouchon (Restaurant), Kalifornien, USA, 777
Bouchon Bakery, New York, USA, 853
Boudro's (Restaurant), Texas, USA, 883
Boulder Mountain Lodge, Utah, USA, 888
Boulders Beach, Kapstadt, Südafrika, 438, 440
Boulders Inn, Connecticut, USA, 725
Boulders Resort, Arizona, USA, 714
Boulevard (Restaurant), Kalifornien, USA, 794
Boulud, Daniel, 736, 851
Bouma Falls National Heritage Park, Taveuni, Fidschi, 686
BOUNDARY WATERS CANOE AREA WILDERNESS, Minnesota, USA, 820
Bourbon Heritage Center, Kentucky, USA, 797
Bourbon Steak Restaurant, Washington, D.C., USA, 902
Bourbon Street, Louisiana, USA, 802
BOURBON-TRAIL, Kentucky, USA, 797
BOURGOGNE (BURGUND), Frankreich, 68
Bourton-on-the-Water, Cotswolds, England, 38
Bowen's Island Restaurant, South Carolina, USA, 872
Bowery Hotel, the, New York, USA, 849
Bowman's Beach, Florida, USA, 737
BOYNE VALLEY, Irland, 119
Bozen, Trentino-Südtirol, Italien, 239
Brač, Kroatien, 292
Bracebridge Dinner, Kalifornien, USA, 796
Braemar, Highlands, Schottland, 157
Brancott Estate (Weingut), Neuseeland, 679
Brandenburg, Deutschland, 23
Brandenburger Tor, Berlin, Deutschland, 22
Brandywine River Museum, Pennsylvania, USA, 727
BRANDYWINE VALLEY, Delaware/Pennsylvania, USA, 726
Brasil a Gosto (Restaurant), São Paulo, Brasilien, 1024
BRASÍLIA, Brasilien, 1010
Brasilien, 1004–1024

BRASILIENS AMAZONASGEBIET, 1004
Brașov (Kronstadt), Rumänien, 307
Brasserie du Bocq (Brauerei), Belgien, 4
Brasserie Excelsior, Nancy, Frankreich, 85
Brasserie Léon de Lyon, Lyon, Frankreich, 100
Brasserie Lipp, Paris, Frankreich, 79
Brasserie Pakhuis (Restaurant), Gent, Belgien, 10
Brasserie Pip (Restaurant), Connecticut, USA, 723
BRATISLAVA, ALTSTADT, Slowakei, 321
Bratsera Hotel, Hydra, Saronische Inseln, Griechenland, 185
Brauberger (Brauhaus), Lübeck, Deutschland, 28
Brauhaus Lüdde (Brauerei), Dresden, Deutschland, 27
Brazen Head (Pub), Dublin, Irland, 110
Brazilian Court (Hotel), Florida, USA, 736
BREAKERS, THE & PALM BEACH, Florida, USA, 736, 1097
Breakers, the, Rhode Island, USA, 869
Brecon Jazz Festival, Brecon, Wales, 175
Brecon Beacons Nationalpark, Wales, 175
Bregenzer Festspiele, Bodensee, Österreich, 143
Brenners Parkhotel, Baden-Baden, Deutschland, 12
Bretagne, Frankreich, 66
BRETAGNE, SMARAGDKÜSTE, Frankreich, 66
Bridal Veil Falls, New York, USA, 933
Bridge Day, W.Virginia USA, 906
BridgeClimb, Sydney, Australien, 652
Bridges Restaurant, Amsterdam, Niederlande, 129
Brigadoon (Restaurant), Windwardside, Saba, 1105
BRIMFILED & STURBRIDGE, Massachusetts, USA, 813
Brimstone Hill (Festung), St. Kitts, 1108
Bristol Lounge, Massachusetts, USA, 811
Britannia Bay, Mustique, Grenadinen, 1113
Britische Jungferninseln, 1076–1080
BRITISCHE JUGFERNINSELN, SEGELN, 1077
British Columbia, Kanada, 915–926
British Library, London, England, 47
British Museum, London, England, 45
Broadway, Cotswolds, England, 38
Broken Group Islands, British Col., Kanada, 922
Broken Spoke (Tanzschuppen), Texas, USA, 880
Bron Ronnery (Restaurant), Kyoto, Japan, 543

Brøndums Hotel, Skagen, Dänemark, 360
Bronx Zoo, New York, USA, 848
Brook Lane Hotel, Kenmare, Irland, 116
Brooklyn Botanic Garden, New York, USA, 848
Brooklyn Bridge, New York, USA, 848, 852
Brooklyn Heights, New York, USA, 848
Brooks Guesthouse, Bath, England, 55
Brookside Inn, Oregon, USA, 863
Broome, Australien, 667
Brown, Lancelot „Capability", 35, 53, 57
Brown's Beach House, Hawaii, USA, 745
Brown's Boutique Hotel, Queenstown, Neuseeland, 680
Brú na Bóinne (Megalithen), County Meath, Irland, 119
Brücke, weiße, Jerusalem, Israel, 470
BRÜGGE, Belgien, 5
Brunton Boatyard (Hotel), Kochi, Indien, 566
Brüssel, Belgien, 4–8
Bryant's Barbeque, Missouri, USA, 822
BRYCE CANYON & ZION NATIONALPARK, Utah, USA, 887
Bryce Canyon Lodge, Utah, USA, 888
Bryggen (Hafenviertel), Bergen, Norwegen, 374
Bubba's Bar-B-Que, Wyoming, USA, 912
Buca di Sant'Antonio (Restaurant), Lucca, Italien, 237
Buccaneer (Resort), St. Croix, Am. Jungferninseln, 1061
Buccoo Reef (Tauchrevier), Tobago, 1118
Buchenwald-Gedenkstätte, Weimar, Deutschland, 30
BUCHT VON KOTOR, Montenegro, 298
Bucht von Porto, Korsika, Frankreich, 82
BUCK ISLAND, St. Croix, Am. Jungferninseln, 1061
Buckelwale, Hawaii, USA, 743, 753
Buckingham Palace, London, England, 45
Buckland Manor (Hotel), Cotswolds, England, 38
Buda Castle Fashion Hotel, Budapest, Ungarn, 349
BUDAPEST, THERMALBÄDER, Ungarn, 348
Budapest, Ungarn, 348–350
Buddenbrookhaus, Lübeck, Deutschland, 28
Buddhas, Zehntausend (Tempel), Hongkong, China, 513
Buddhistischer Tempel Rinno-ji, Nikko, Japan, 554

Buddy Guy's Legends (Club), Illinois, USA, 769
BUDVA-RIVIERA & SVETI STEFAN, Montenegro, 299
Buena Vista Café, Kalifornien, USA, 792
Buena Vista Restaurant, Soroa, Kuba, 1098
BUENOS AIRES, Argentinien, 984
Buffalo Roundup Arts Festival, South Dakota, USA, 874
Buitenverwachting (Weingut), Südafrika, 447
Bukhara (Restaurant), Neu-Delhi, Indien, 561
Bukowina, Rumänien, 306
Bulabog-Puti-An-Nationalpark, Philippinen, 622
Bumthang (Kloster), Feuertanz, Bhutan, 558
Bun Cha Dac Kim (Restaurant), Hanoi, Vietnam, 638
BUND, der, Shanghai, China, 526
Bundesgestüt, Graz, Österreich, 141
BUNGEE-JUMPING & JETBOOTFAHREN, Queenstown, Neuseeland, 680
BUNGLE BUNGLE RANGE & KIMBERLEY, Australien, 670
Bunratty Castle, Irland, 102
Burckhardt, Johann Ludwig, 482, 493
Burg Bratislava, Slowakei, 321
Burg Eltz, Rheinland, Deutschland, 25
Burg Gediminas, Alt-Vilnius, Litauen, 298
Burg Grimulda, Gauja-Tal, 296
Burg Himeji, Hyogo, Japan, 545
Burg Olavinlinna, Savonlinna, Finnland, 370
Burg Turku, Finnland, 371
Burg, Kuressaare, Insel Saaremaa, Estland, 288
BURGBERG, Budapest, Ungarn, 349
BURGEN, NORDWALISISCHE, 176
Burgenstraße, Deutschland, 12
Bürgerstube (Restaurant), Luzern, Schweiz, 168
Burgfest, Insel Saaremaa, Estland, 288
Burgh Island Hotel, Devon, England, 36
Burgpalast, Budapest, Ungarn, 349
Burgruine Hammershus, Østerlars, Bornholm, Dänemark, 354
BURGUND (BOURGOGNE), Frankreich, 68
BURGVIERTEL, PRAG, Tschechische Rep., 329
Burj al Salam (Hotel), Sanaa, Jemen, 477
Burj al-Arab (Hotel), Dubai, VAE, 496
Burj Khalifa, Dubai, VAE, 496
Burntside Lodge, Minnesota, USA, 821

Burren Way (Wanderweg), Irland, 101
Bushmills Inn, Nordirland, 138
Bushmills (Brennerei), Nordirland, 138
BUSSACO-WALD, Beiras, Portugal, 253
Bussière, Abtei, Frankreich, 69
Bustillo, Alejandro, 989, 994
Butchart Gardens, British Col., Kanada, 924
Butera (Hotel), Palermo, Sizilien, Italien, 227
Butterfly Gap B&B, Tennessee, USA, 876
BUXORO, Usbekistan, 505
BÚZIOS, Brasilien, 1019
Bwindi-Impenetrable-Nationalpark, Uganda, 454
Bystraja (Fluss), Kamtschatka-Halbinsel, Russland, 309

C

C Lazy U Ranch, Colorado, USA, 719
Ca' d'Andrean (Hotel), Manarola, Italien, 215
Ca' d'Oro, Venedig, Italien, 244
Ca' dei Dogi (Hotel), Venedig, Italien, 247
Ca' Sento (Restaurant), Valencia, Spanien, 286
Cabaret Parisien, Havanna, Kuba, 1097
Cabaret, Paris, Frankreich, 77
Cabbage Beach, Paradise Island, Bahamas, 1072
Cable Beach Club (Resort), Australien, 667
CABLE BEACH, Broome, Australien, 667
Cablecar-Fahrt, San Francisco, Kalifornien, USA, 793
Cabo San Lucas, Mexiko, 949
Cabot Trail (Wanderweg), Nova Scotia, Kanada, 930
CÁCERES, Spanien, 269
Cachi, Argentinien, 996
Cacimba do Padre (Strand), Brasilien, 1014
Cadaqués, Spanien, 281
Cadier Bar, Stockholm, Schweden, 388
Cadillac Mountain, Maine, USA, 804
Caernarfon Castle, Wales, 176
Caesar Park Rio (Hotel), Rio de Janeiro, Brasilien, 1017
CAESAREA, Israel, 466
CAFAYATE, Argentinien, 996
Café 't Smalle, Amsterdam, Niederlande, 131
Café Americain, Amsterdam, Niederlande, 131
Café Arola, Madrid, Spanien, 282

Café Atlántico, Washington, D.C., USA, 903
Café Boulud, Florida, USA, 736
Café Boulud, New York, USA, 51
Café Campagne, Washington, USA, 905
Café Central, Wien, Österreich, 149, 150
Café de Flore, Paris, Frankreich, 80
Café de Paris, Monte Carlo, Monaco, 125
Café del Mar, Cartagena, Kolumbien, 1040
Café des Épices, Marseille, Frankreich, 89
Café des Fédérations, Lyon, Frankreich, 100
Café des Nattes, Tunesien, 410
Café du Monde, Louisiana, USA, 800
Café Gijón, Madrid, Spanien, 284
Café Glacier, Marrakesch, Marokko, 404
Café Gray, The Upper House, Hongkong, China, 516
Café Hafa, Tanger, Marokko, 407
Café Hawelka, Wien, Österreich, 150
Café Lequet, Liège, Belgien, 10
Café Marly, Paris, Frankreich, 80
Café Niederegger, Lübeck, Deutschland, 28
Café Paradiso, Cork, Irland, 104
Café Pasqual's, New Mexico, USA, 838
Café Praxmair, Kitzbühel, Österreich, 142
Café Santa Fe, Todos Santos, Mexiko, 949
Café Sénéquier, St-Tropez, Frankreich, 94
Café Sperl, Wien, Österreich, 150
Café Tomaselli, Salzburg, Österreich, 145
Café Tortoni, Buenos Aires, Argentinien, 987
Café Turri, Valparaíso, Chile, 1032
Cafészene, die, Amsterdam, Niederlande, 131
Caffè Chioggia, Venedig, Italien, 248
Caffè Dante, Verona, Italien, 250
Caffè Fiaschetteria Italiana, Montalcino, Italien, 236
Caffè Florian, Venedig, Italien, 248
Caffè Greco, Rom, Italien, 211
Caffè Quadri, Venedig, Italien, 248
Caffè Rivoire, Florenz, Italien, 234
Caffè Sant'Eustachio, Rom, Italien, 215
Caffè Vittoria, Massachusetts, USA, 810
Cağaloğlu-Hammam, Istanbul, Türkei, 339
Caiman Ecological Refuge (Hotel), Brasilien, 1011
Cala di Volpe (Hotel), Sardinien, Italien, 224

CALANCHES, die, Bucht von Porto, Korsika, Frankreich, 81
Calatrava, Santiago, 10, 11, 267, 268, 286, 470
CAL-A-VIE & GOLDEN DOOR, Kalifornien, USA,
Calder, Alexander, 97, 282, 356, 844, 882, 899
Calgary, Alberta, Kanada, 914
CALGARY-STAMPEDE, Alberta, Kanada, 914
California Academy of Sciences, Kalifornien, USA, 792
Călineşti, Rumänien, 306
Calistoga Ranch, Kalifornien, 777
Calistoga, Kalifornien, USA, 777
Calle las Damas (Straße), Santo Domingo, Dom. Rep., 1086
CAMARGUE, die, Frankreich, 92
Cambria (Künstlergemeinde), Kalifornien, USA, 787
Cambridge Beaches Resort & Spa, Bermuda, 1075
CAMBRIDGE UNIVERSITY, England, 31
Cambridgeshire, England, 31
Camden Market, London, England, 48
Camden, Maine, USA, 805
Cameron House, Loch Lomond, Schottland, 160
Camino Real (Hotel), Mexiko-Stadt, Mexiko, 957
Camino Real (Hotel), Oaxaca, Mexiko, 962
Camogli, Ligurien, Italien, 217
Camp Denali, Alaska, USA, 706
Campagne (Restaurant), Washington, USA, 905
Campamento Ucaima (Lodge), Gran Sabana, Venezuela, 1055
Campo dei Fiori, Rom, Italien, 212
Can Curreu (Hotel), Ibiza, Spanien, 266
Canaima-Nationalpark, Gran Sabana, Venezuela, 1055
Canal du Midi, Carcassonne, Frankreich, 84
Canal House (Hotel), Panama City, Panama, 983
Canale Grande, Venedig, Italien, 244, 245, 247
Cancale, Bretagne, Frankreich, 66
CANDELARIA, LA, & GOLDMUSEUM, Bogotá, Kolumbien, 1038
Candy Kitchen, New York, USA, 844
Cane Bay, St. Croix, Am. Jungferninseln, 1061
Caneel Bay, St. John, Am. Jungferninseln, 1062
Cangas de Onís, Asturien, Spanien, 273
Cangshan-Gebirge, Yunnan, China, 531
CANNES, Frankreich, 93
Cannon Beach, Oregon, USA, 861

CANOE BAY, Wisconsin, USA, 908
Canopy Lodge, Panama City, Panama, 983
Canopy Tower, Panama City, Panama, 983
Canouan Resort at Carenage Bay, Grenadinen, 1114
Canouan, Grenadinen, 1114
Canterbury, England, 41
CANTERBURY, KATHEDRALE, England, 41
Canterbury, Neuseeland, 676
Cantillon-Brauerei, Anderlecht, Belgien, 4
Cantina do Mori, Venedig, Italien, 248
CANYON DE CHELLY, Arizona, USA, 709
CANYON RANCH & MIRAVAL, Arizona, USA, 715
Canyonlands-Nationalpark, Utah, USA, 885
Canyons Resort, the, Utah, USA, 886
Cap Cana Resort, Dom. Rep., 1084
Cap d'Antibes, Frankreich, 95
Cap Est Lagoon Resort & Spa, Martinique, 1100
Cap Juluca, Anguilla, 1064
CAPE ANN, Massachusetts, USA, 814
Cape Cod Room (Restaurant), Illinois, USA, 770
CAPE COD, Massachusetts, USA, 815
Cape Cross Seal Reserve (Seebären), Namibia, 432
Cape Grace Hotel, Kapstadt, Südafrika, 440
Cape Hatteras, North Carolina, USA, 855
Cape Kidnappers (Lodge/ Golfplatz), Neuseeland, 672
Cape Lodge (Hotel), Australien, 668
Cape Lodge Restaurant, Australien, 668
Cape Lookout, North Carolina, USA, 855
CAPE MAY, New Jersey, USA, 831
Cape May, Zugvogel-Refugium, New Jersey, USA, 831
Cape Otway Centre for Conservation Ecology, Australien, 666
CAPE TRIBULATION, Australien, 655
Capella Lodge, Australien, 651
Cape-Range-Nationalpark, Australien, 669
Capilla Doméstica (Hauskapelle), Córdoba, Argentinien, 991
Capim Santo (Restaurant), Trancoso, Brasilien, 1009
Capo d'Orso (Hotel), Sardinien, Italien, 224
CAPRI & ISCHIA, Italien, 207
Caprice (Restaurant), Hongkong, China, 516

Captain Don's Habitat, Bonaire, 1076
Captain Lord Mansion, Maine, USA, 805
Captain Tony's Saloon, Florida, USA, 732
Captain's House Inn, Massachusetts, USA, 815
CAPTIVA & SANIBEL, INSELN, Florida, USA, 737
Caracalla-Thermen, Baden-Baden, Deutschland, 11
Caracol (Ruinen), Belize, 966
CARCASSONNE, Frankreich, 84
Carcosa Seri Negara (Hotel), Kuala Lumpur, Malaysia, 611
Carisbrooke Castle, Isle of Wight, England, 41
Carlisle Bay, Antigua, 1065
Carlos Rosario Beach, Puerto Rico, 1104
Carlota (Restaurant), São Paulo, Brasilien, 1024
Carlsbad, New Mexico, USA, 832
CARLSBAD-HÖHLEN, New Mexico, USA, 832
Carmel-by-the-Sea, Kalifornien, USA, 787
Carnegie Deli, New York, USA, 851
Carnoustie, Dundee, Schottland, 162
Caroni Swamp (Sumpfgebiet), Trinidad&Tobago, 1116
Carousel Bar, Louisiana, USA, 800
Caroya, Argentinien, 991
Carp Island Resort, Palau, 696
Carpenter, James, 471
Carpenters Hall, Pennsylvania, USA, 866
Carriacou, Grenada, 1088
Carrick (Golfplatz), Loch Lomond, Schottland, 160
Carrick Island, Nordirland, 138
CARTAGENA, ALTSTADT, Kolumbien, 1039
Casa Albertina (Hotel), Positano, Italien, 206
Casa Andina (Hotel), Chivay, Peru, 1043
Casa Anita (Restaurant), Cadaqués, Spanien, 281
Casa Arequipa (Hotel), Arequipa, Peru, 1044
Casa Azul (Blaues Haus), Coyoacán, Mexiko-Stadt, Mexiko, 956
Casa Blanca (Shows), Buenos Aires, Argentinien, 985
Casa Botín (Restaurant), Madrid, Spanien, 284
Casa Branca (Hotel), Gubbio, Italien, 241
Casa Cangrejal (B&B), Honduras, 977
Casa Colonial Beach & Spa, Dom. Rep., 1084

Casa Cruz (Restaurant), Buenos
 Aires, Argentinien, 987
Casa da Gamboa (Restaurant),
 Salvador da Bahia, Brasilien, 1007
Casa de Artesanías de Michoacán
 (Museum/Laden), Morelia,
 Mexiko, 901
Casa de Campo (Resort), Dom.
 Rep., 1083
Casa de la Musica (Tanz),
 Havanna, Kuba, 1097
Casa de la Musica (Tanz),
 Trinidad, Kuba, 1099
Casa de la Trova (Musik),
 Trinidad, Kuba, 1099
Casa de les Punxes („Haus der
 Spitzen"), Barcelona, Spanien, 279
Casa de los Sabores (Restaurant),
 Oaxaca, Mexiko, 962
Casa de Piedra (Restaurant),
 Mérida, Mexiko, 964
Casa de Sierra Nevada (Hotel), San
 Miguel de Allende, Mexiko, 952
Casa dei Vettii, Pompeii, Italien, 209
Casa del Fauno (Haus des Fauns),
 Pompeii, Italien, 209
Casa Delfino (Hotel), Kreta,
 Griechenland, 188
Casa do Olodum (Percussion),
 Salvador da Bahia, Brasilien, 1008
Casa Don Fernando (Hotel),
 Cáceres, Spanien, 270
Casa Felix (Restaurant), Buenos
 Aires, Argentinien, 987
Casa Hassan (Hotel), Chefchaouen,
 Marokko, 407
Casa Howard (Hotel), Rom, Italien, 213
Casa Kau-Kan (Hotel),
 Zihuatanejo, Mexiko, 954
Casa la Siesta (Hotel), Vejer de la
 Frontera, Spanien, 263
Casa Lapostolle (Hotel), Valle
 Longitudinal, Chile, 1031
Casa León Trotsky, Coyoacán,
 Mexiko-Stadt, Mexiko, 956
Casa Lucio (Restaurant), Madrid,
 Spanien, 285
Casa Marcial (Restaurant),
 Arriondas, Spanien, 273
Casa Natalia (Hotel), San José del
 Cabo, Mexiko, 249
Casa Oaxaca (Hotel), Oaxaca,
 Mexiko, 962
Casa Palopó (Hotel), Panajachel,
 Guatemala, 973
Casa Poli (Hotel), Mantua, Italien, 221
Casa Pueblo (Hotel), Punta Ballena,
 Uruguay, 1053
Casa Santo Domingo (Hotel),
 Antigua, Guatemala, 972
Casa Schuck (B&B), San Miguel de
 Allende, Mexiko, 952

Casablanca (Restaurant), Beirut,
 Libanon, 485
Casablanca (Weinanbaugebiet),
 Chile, 1030, 1032
Casamento's Restaurant, Louisiana,
 USA, 801
Casa-Museu Gaudí, Barcelona,
 Spanien, 279
Casas Brancas (Hotel), Búzios,
 Brasilien, 1019
Casas de la Judería (Hotel),
 Córdoba, Spanien, 261
Casas de la Judería (Hotel), Sevilla,
 Spanien, 265
Casbah Lounge (Après-Ski),
 Verbier, Wallis, Schweiz, 172
Case di Gloria, le (Hotel),
 Pantelleria, Italien, 223
Cashel House (Hotel), Irland, 112
Casino de Monte Carlo, Monaco,
 125
Casino Hotel, Kochi, Indien, 566
Cason del Molino (Musiklokal),
 Salta, Argentinien, 997
CASSIS & ALT-MARSEILLE,
 Frankreich, 88
Castel Nuovo (Festung/Museum),
 Neapel, Italien, 208
Castello di Volpaia (Weingut),
 Siena, Italien, 235
Castelo de São Jorge (Königsburg),
 Lissabon, Portugal, 255
Castelo dos Mouros (Ruine),
 Lissabon, Portugal, 257
Castillo (Wachtturm), Tulum,
 Mexiko, 963
Castine Inn, Maine, USA, 806
Castine, Maine, USA, 806
Castle Hill Inn, Rhode Island, USA, 869
Castle Hotel, Huntly, Schottland, 154
CASTLE HOWARD, York, England, 60
Castle Trail (Wanderweg), South
 Dakota, USA, 873
CASTLE TRAIL, der, Grampian
 Mountains, Schottland, 154
Castlewood House (Hotel), Dingle,
 Irland, 114
Cat Ba, Vietnam, 637
Catamount Trail (Loipe), Vermont,
 USA, 892
Cat-Ba-Nationalpark, Vietnam, 637
Catedral Basílica, Salvador da
 Bahia, Brasilien, 1007
Catedral de la Immaculada
 Concepción, Cuenca, Ecuador, 1033
Catedral Metropolitan, Sucre,
 Bolivien, 1004
Catedral Metropolitana, Brasília,
 Brasilien, 1010
Catedral de Santa María la Menor,
 Santo Domingo, Dom. Rep., 1086

Cathedral Our Lady of the Angels,
 Kalifornien, USA, 781
Cathédrale Notre Dame de
 Chartres, Ile-de-France,
 Frankreich, 31
Cathédrale Notre-Dame, Reims,
 Frankreich, 69
Cathédrale Ste-Cécile, Albi,
 Frankreich, 83
CATSKILLS, die, New York, USA, 840
Cattlemen's Restaurant, Oklahoma,
 USA, 857
CAUSEWAY COAST, Nordirland, 138
Cavas Wine Lodge (Hotel),
 Mendoza, Argentinien, 993
Caveau (Restaurant), Kapstadt,
 Südafrika, 441
Cavendish, Prince Edward Island,
 Kanada, 938
Caviarterra Restaurant, Moskau,
 Russland, 311
Cawdor Cottages, Highlands,
 Schottland, 159
Cayman Brac (Insel), Kaimaninseln,
 1095
Cayman Cookout (Fest), Grand
 Cayman, Kaimaninseln, 1096
Cayo Costa State Park, Florida,
 USA, 737
Cayo Levantado, Samaná-
 Halbinsel, Dom.-Rep., 1084
CAYO, PROVINZ, Belize, 966
Cayos Cochinos (Inseln,
 Tauchrevier), Honduras, 976
Cayos Zapatillas (Inseln,
 Tauchrevier), Panama, 980
Cayuga-Lake-Panoramastraße,
 New York, USA, 842
Cebichería La Mar (Restaurant),
 Lima, Peru, 1048
CedarCreek Estate (Weingut),
 British Col., Kanada, 920
Ceiba Tops (Hotel), Amazonas,
 Peru, 1042
Céide Fields (Steinzeitstätte,
 County Mayo, Irland, 118
Celadon (Restaurant), Bangkok,
 Thailand, 628
Cellars-Hohenort (Hotel),
 Südafrika, 447
Celsus-Bibliothek, Ephesos, Türkei, 336
Celtic Colours Festival, Nova
 Scotia, Kanada, 930
Celtic Fest Chicago, Illinois, USA, 770
Cenderawasih-Bucht, Papua,
 Indonesien, 601
Cenobio dei Dogi (Hotel), Camogli,
 Italien, 217
Center for the New Age (Touren),
 Arizona, USA, 714
Central Grocery (Feinkost),
 Louisiana, USA, 800

Central Market, Adelaide, Australien, 660
Central Michel Richard (Restaurant), Washington, D.C., USA, 903
Central Park, New York, USA, 845
Centrale Montemartini (Museum), Rom, Italien, 211
Centre Belge de la Bande Dessinée, Brüssel, Belgien, 9
Centre Georges Pompidou, Paris, Frankreich, 76
Centre of Britain Hotel, Haltwhistle, England, 52
Centro Andaluz de Flamenco, Jerez de la Frontera, Spanien, 263
Centro de Arte Reina Sofía, Madrid, Spanien, 282
Cerro Calvario (Berg), Copacabana, Bolivien, 1000
Cerro Catedral (Berg), Patagonien, Argentinien, 994
Cerro Chaltén (Berg), Patagonien, Argentinien, 995
Cervantes Arts Festival, Guanajuato, Mexiko, 952
Cesarica (Restaurant), Kotor, Montenegro, 299
Cēsis (Wenden), Gauja-Tal, Vidzeme, Lettland, 296
ČESKÝ KRUMLOV (Krumau), Tschechische Rep., 325
Cēsu Alus (Brauerei), Cēsis, Gauja-Tal, Vidzeme, Lettland, 297
Ceylon Tea Trails (Hotel), Sri Lanka, 594
Cézanne, Paul, 17, 74, 77, 78, 88, 846, 867, 868
Cézannes Atelier, Aix-en-Provence, Frankreich, 88
Cha Ca La Vong (Restaurant), Hanoi, Vietnam, 838
Chachagua Rainforest Hotel & Hacienda, Costa Rica, 968
Chachani, Arequipa, Peru, 1044
Chagall, Marc, 69, 78, 95, 97, 174, 245, 312, 1039
Chagford, Devon, England, 36
Chak's, Hongkong, China, 514
Chalalán Ecolodge, Rurrenabaque, Bolivien, 1002
Challenge at Manele (Golfplatz), Hawaii, USA, 751
Chama, New Mexico, USA, 833
Chambord (Schloss), Loire-Tal, Frankreich, 87
Chamonix, Frankreich, 99
Champ de Mars (Rennbahn), Mauritius, 458
Champagne (Tauchrevier), Dominica, 1083
Champagne Pool (Teich), Rotorua, Neuseeland, 674
CHAMPAGNE, die, Frankreich, 69

Champagnerbar, Nordkap, Norwegen, 378
Chan Chich Lodge, Belize, 966
CHANDNI CHOWK & ROTES FORT, Alt-Delhi, Indien, 560
Changdeokgung (Palast), Seoul, Südkorea, 556
Chania, Kreta, Griechenland, 188
Chan-Kah Resort Village, Palenque, Mexiko, 951
Chanler, the (Hotel), Rhode Island, USA, 869
Chao Phraya (Fluss), Thailand, 628
Chapelle du Rosaire (Matissekapelle), Vence, Frankreich, 97
Chapslee (Hotel), Shimla, Indien, 563
Chapter One Restaurant, Dublin, Irland, 107
Chapultepec-Park, Mexiko-Stadt, Mexiko, 956
Charles Rennie Mackintosh Society, Glasgow, Schottland, 153
Charleston Museum, South Carolina, USA, 871
CHARLESTON, HERZ VON, South Carolina, USA,871
CHARLEVOIX, Quebec, Kanada, 938
Charlotte Inn, Massachusetts, USA, 817
Charlotte Street Hotel, London, England, 49
Charlottetown Festival, Prince Edward Island, Kanada, 938
Charlottetown, Prince Edward Island, Kanada, 938
Charlotteville, Tobago, 1118
Château Cordeillan-Bages (Hotel/Restaurant), Paulliac, Frankreich, 63
Château d'Artigny (Hotel), Montbazon, Frankreich, 87
Château d'Isenbourg, Rouffach, Frankreich, 70
Château d'Oex, Berner Oberland, Schweiz, 164
Château d'Ussé, Loire-Tal, Frankreich, 87
Château de Bagnols (Hotel), Frankreich, 98
Château de Chillon (Hotel), Montreux, Schweiz, 171
Château de la Chèvre d'Or (Hotel/Restaurant), Èze, Frankreich, 90
Château de Vault-de-Lugny (Hotel), St-Père-sous-Vézelay, Frankreich, 68
Château de Versailles, Frankreich, 81
Château du Sureau (Hotel), Kalifornien, USA, 796
Château Eza (Hotel), Èze, Frankreich, 90

Château Grand Barrail (Restaurant), St-Émilion, Frankreich, 63
Chateau Marmont (Hotel), Kalifornien, USA, 784
Château Richeux (Hotel), Le Buot, Frankreich, 66
Château Smith Haut-Lafite, Martillac, Frankreich, 63
Château St. Gerlach, Niederlande, 135
Château St-Martin (Hotel), Vence, Frankreich, 97
Château St-Martin Trencavel (Restaurant), Carcassonne, Frankreich, 84
Château Zevgoli (Hotel), Naxos, Griechenland, 190
Chatham Bars Inn, Massachusetts, USA, 815
Chatham, Massachusetts, USA, 815
CHATSWORTH HOUSE, Bakewell, England, 34
Chattahoochee National Forest, Georgia, USA, 738
Chatuchak (Markt), Bangkok, Thailand, 627
Chaucer, Geoffrey, 42, 47, 786, 902
Cheeca Lodge & Spa, Florida, USA, 732
Chef Mavro (Restaurant), Hawaii, USA, 762
Chefchaouen, Marokko, 407
Chelsea Flower Show, London, England, 48
Cheltenham, Cotswolds, England, 38
Chenonceau (Schloss), Loire-Tal, Frankreich, 87
Cheong Fatt Tze (Hotel), Penang, Malaysia, 614
Cheongdam-dong (Stadtteil), Seoul, Südkorea, 557
Cheopspyramide, Giseh, Ägypten, 396
Chepstow, Wales, 181
Chesa Grischuna (Hotel), Klosters, Schweiz, 166
Chesapeake Bay Maritime Museum, Maryland, USA, 807
CHESAPEAKE BAY, Maryland, USA, 807
Cheshire, England, 32
Chester Grosvenor (Hotel), Cheshire, England, 32
CHESTER, England, 32
Chetek, Wisconsin, USA, 908
Cheverny (Schloss), Loire-Tal, Frankreich, 87
Chewton Glen Hotel, New Milton, England, 58
CHEYENNE FRONTIER DAYS, Wyoming, USA, 910
Cheyenne, Wyoming, USA, 910
Chez Janou (Restaurant), Paris, Frankreich, 80

Chez Léon (Restaurant), Brüssel, Belgien, 6
Chez Maggie, Morondova, Madagaskar, 457
Chez Michel Sarran (Restaurant), Toulouse, Frankreich, 83
Chez Panisse (Restaurant), Kalifornien, USA, 795
Chez René Socca (Restaurant), Nizza, Frankreich, 90
Chez Roux Restaurant, Inverness, Schottland, 158
Chez Saskia (Restaurant), Carcassonne, Frankreich, 84
Chez Shack (Restaurant), Vieques, Puerto Rico, 1104
Chez Toinette (Restaurant), Paris, Frankreich, 80
Chiaja Hotel de Charme, Neapel, Italien, 208
CHIANG MAI, Thailand, 629
Chianti-Straße, Toskana, Italien, 235
Chiapas, Mexiko, 950
Chicago Blues Festival, Illinois, 770
Chicago Jazz Festival, Illinois, USA, 770
Chicago, Architektur, Illinois, USA, 767
CHICAGO, Illinois, USA, 767
Chicagos Comedyszene, Illinois, USA, 768
CHICHÉN ITZÁ & MÉRIDA, Mexiko, 964
CHICHICASTENANGO, MARKT, Guatemala, 975
Chidori-ga-fuchi-Park, Tokio, Japan, 547
Chiesa dei Frari, Venedig, Italien, 244
Chiesa dei Santi Giovanni e Paolo, Venedig, Italien, 244
Chiesa della Pietà (Vivaldis Kirche), Venedig, Italien, 246
Chiesa di San Giovanni degli Eremiti, Palermo, Sizilien, Italien, 226
Chiese rupestri (Felsenkirchen), Matera, Italien, 201
Chihuahua, Mexiko, 851
Chihuahua-Wüste, New Mexico, USA, 832
Chile, 1024–1032
CHILE, FJORDE, KREUZFAHRT, 1025
CHILE, WEINSTRASSEN, 1030
CHILES SEENLANDSCHAFTEN, 1028
Chiloé (Insel), Patagonien, Chile, 1020
China Grill, Peking, China, 523
China, 508–533
Chinatown Complex Food Center, Singapur, 625
Chinatown, Oahu, Hawaii, USA, 758
Chinatown, San Francisco, Kalifornien, USA, 792
Chinesische Mauer, 524

Chinesisches Neujahr, Hongkong, China, 513
Chinesisches Neujahr, Kalifornien, USA, 793
Chippewa Hotel, Michigan, USA, 820
Chipping Campden, Cotswolds, England, 38
CHIRIQUI, HOCHLAND VON, Panama, 981
Chiriqui/Chiriqui Viejo (Flüsse, Rafting), Panama, 981
Chitralada-Palast, Bangkok, Thailand, 626
CHITWAN-NATIONALPARK, Nepal, 584
Chiva Express (Zug), Ecuador, 1033
Chiva-Som International Health Resort, Hua Hin, Thailand, 632
Chłopskie Jadło (Restaurant), Krakau, Polen, 303
Cho Dam (Markt), Nha Trang, Vietnam, 644
Chobe Safari Lodge, Uganda, 455
CHOBE-NATIONALPARK, Botsuana, 419
Chocolate Gannets (Villen), Australien, 666
Chocolatería San Ginés, Madrid, Spanien, 285
Chodová (Bierbad), Chodová Planá, Tschechische Rep., 326
Cholon, Ho-Chi-Minh-Stadt, Vietnam, 641
Chongqing, China, 518
Chopin, Frédéric, 76, 266, 303, 304, 313, 316, 326
Chopin-Denkmal, Warschau, Polen, 303
Chopin-Festival, Mariánské Lázně, Tschechische Rep., 326
Chopin-Museum, Warschau, Polen, 303
CHOPINS SPUREN, AUF, Warschau & Zelazowa Wola, Polen, 303
Choquequirao (Ruine), Quechua, Peru, 1048
Chora, Patmos, Griechenland, 186
Chora-Kirche, Istanbul, Türkei, 339
Choral-Synagoge, Vilnius, Litauen, 298
Chorugh, Tadschikistan, 503, 504
Chow (Restaurant), Phnom Penh, Kambodscha, 603
Christian Étienne (Restaurant), Avignon, Frankreich, 92
Christiansø, Dänemark, 334
Christiansted, St. Croix, Am. Jungferninseln, 1061
CHRISTKINDLMÄRKTE, Deutschland, 16
Christkindl-Tram, München, Deutschland, 16
Christliches Museum, Esztergom, Ungarn, 351
Christliches Viertel, Aleppo, Syrien, 491
Chrysorrouiatissia-Kloster (Weinherstellung), Troodos-Gebirge, Zypern, 287

Chubut, Argentinien, 990
Chuck Wagon Gathering & Kinder-Cowboy-Festival, Oklahoma, USA, 857
Chugach Mountains, Alaska, USA, 708
Chumbe (Insel), Tansania, 452
Church Restaurant, Ontario, Kanada, 935
Churchill Downs, Kentucky, USA, 798, 799
Churchill, Manitoba, Kanada, 927
Chutes du Carbet (Wasserfälle), Basse-Terre, Guadeloupe, 1089
CHUUK, LAGUNE VON, Mikronesien, 694
Chyulu Hills, Kenia, 424
Cibar Lounge, New York, USA, 850
Cibrèo (Restaurant), Florenz, Italien, 234
CIDADE ALTA VON SALVADOR DA BAHIA, Brasilien, 1006
Ciel Bleu (Restaurant), Amsterdam, Niederlande, 130
Cimetière du Père-Lachaise, Paris, Frankreich, 76
Cimitirul Vesel (Fröhlicher Friedhof), Săpânţa, Rumänien, 306
CINQUE TERRE, Ligurien, Italien, 215
Çırağan Palace Kempinski, Istanbul, Türkei, 341
Circa 1886 (Restaurant), South Carolina, USA, 871
Circus, the, Bath, England, 55
Cirio de Nazaré (Fest), Belém, Brasilien, 1013
Cirque du Soleil, Nevada, USA, 828
City Lights Books, Kalifornien, USA, 792
City Tavern, Pennsylvania, USA, 867
City Zen (Restaurant), Washington, D.C., USA, 903
CityCenter (Hotel), Nevada, USA, 828
Cividale del Friuli (Dorf/Weinhandel), Italien, 205
Clam Box, Massachusetts, USA, 814
Clam Shack, Maine, USA, 805
CLARE, KÜSTE VON, Irland, 101
Claremont Hotel, Maine, USA, 804
Clarence Hotel, Dublin, Irland, 108
Claridge's (Hotel), London, England, 49
Clarion Collection Hotel Havnekontoret, Bergen, Norwegen, 374
Clarion Wisby Hotel, Gotland, Schweden, 384
Claska Hotel, Tokio, Japan, 552
Clayoquot Wilderness Resort, British Col., Kanada, 923
Clef des Îles (Lodge), Mahé, Seychellen, 460
Cleveland, Ohio, USA, 856

REGISTER 1135

Cliff Palace (Felsbehausung), Colorado, USA, 718
Cliffs of Moher, Irland, 101
Cliffside Suites (Hotel), New Brunswick, Kanada, 928
Clifton Inn, Virginia USA, 894
Clio Restaurant, Massachusetts, USA, 811
Cloister at Sea Island Resort, Georgia, USA, 739
Cloonamoyne Fishery (Angeln), Irland, 118
Clouds Mountain Gorilla Lodge, Uganda, 454
Clove Hall (Hotel), Penang, Malaysia, 614
Club de Pesca (Restaurant), Cartagena, Kolumbien, 1040
Clube Militar (Restaurant), Macao, China, 518
CLUB-PARADIES, Paradise Island & New Providence Island, Bahamas, 1072
Cluny, Abtei, Frankreich, 68
Clyde's (Restaurant), Washington, D.C., USA, 903
CMH Heli-Skiing & Summer Adventures, British Col., Kanada, 918
Co. (Restaurant), New York, USA, 832
Coblentz Inn, Trinidad&Tobago, 1117
Cochon (Restaurant), Louisiana, USA, 803
Cock of the Walk (Restaurant), Mississippi, USA, 822
Cocksomb Basin Wildlife Sanctuary, Belize, 967
Cocktail Bar, Kapstadt, Südafrika, 440
Coco Lezzone (Restaurant), Florenz, Italien, 234
Coconut Grove Beachfront Cottages, Taveuni, Fidschi, 686
Coconut Lagoon Village, Kerala, Indien, 565
Coconuts (Hotel), Bermuda, 1075
Coeur d'Alene Resort, Idaho, USA, 764
Coffee Estate Inn, Chiriqui, Panama, 981
Coi (Restaurant), Kalifornien, USA, 794
Coimbra, Beiras, Portugal, 253
COLCA CANYON, Peru, 1042
Colca Lodge, Peru, 1043
Colchagua, Valle Longitudinal, Chile, 1030, 1031
Colchagua-Museum, Santa Cruz, Chile, 1031
Colegio Nacional de Monserrat (Schule), Córdoba, Argentinien, 990
Coletta's Italian Restaurant, Tennessee, USA, 877
College Hotel, Lyon, Frankreich, 101
Collier Inn, Florida, USA, 737

Collingrove Homestead (Hotel), Australien, 661
Colombo, Sri Lanka, 589
Colomé (Weingut/Lodge), Salta, Argentinien, 996
COLONIA DEL SACRAMENTO, Uruguay, 1051
Colonial Parkway (Straße), Virginia USA, 897
COLONIAL WILLIAMSBURG, Virginia USA, 897
Colorado, USA, 716–722
Columbia Gorge (Flussschiff), Oregon, USA, 860
COLUMBIA RIVER GORGE, Oregon, USA, 859
Columbia River Highway, Oregon, USA, 859
Comarca Kuna Yala, Panama, 982
Comer See, Italien, 170, 217
Commander's Palace (Restaurant), Louisiana, USA, 801
Comme Ça (Restaurant), Kalifornien, USA, 785
Comme Chez Soi (Restaurant), Brüssel, Belgien, 9
Commune by the Great Wall (Hotel), Peking, China, 524
COMO Shambhala Retreat (Spa), Parrot Cay, Turks&Caicos, 1119
Compass Point Beach Resort, Bahamas, 1072
Complete Fly Fisher (Lodge), Montana, USA, 826
Conch Tour Train (Zug), Florida, USA, 732
Conche des Baleines (Strand), Poitou-Charentes, Frankreich, 67
Concurso de patios Córdobeses (Patiofest), Córdoba, Spanien, 261
Condésa DF (Hotel), Mexiko-Stadt, Mexiko, 957
Confederation Park, Ontario, Kanada, 934
Confidências Mineiras (Drinks), Minas Gerais, Brasilien, 1012
Confitería Ideal (Tanz), Buenos Aires, Argentinien, 988
Cong, Irland, 118
Congress Hall, Pennsylvania, USA, 866
Connaught (Hotel), London, England, 49
Connecticut River Museum, Connecticut, USA, 732
Connecticut, USA, 723–726
CONNEMARA, Irland, 111
Connemara-Nationalpark, Irland, 112
Conservatory Garden, Central Park New York, USA, 845
Constance Spry Flower School, Park Hotel Tokio, Tokio, Japan, 552
Constantia Uitsig Farm & Winery, Kapstadt, Südafrika, 441

Continentale (Hotel), Florenz, Italien, 233
Convento de las Capuchinas (Museum), Antigua, Guatemala, 972
Convento de Santa Clara (Hotel), Cartagena, Kolumbien, 1040
Convento do Carmo (Lodge), Salvador da Bahia, Brasilien, 1007
Convento do Espinheiro Hotel & Spa, Évora, Portugal, 253
Conway Scenic Railroad, New Hamps., USA, 830
Conwy Castle, Wales, 176
Cook, James, 655, 658, 659, 671, 678, 679, 681, 689, 690, 742, 750, 1058
Cookinseln, 681/682
Cooper Landing, Alaska, USA, 708
Coopershill House (Hotel), Sligo, Irland, 120
COOPERSTOWN, New York, USA, 841
COPACABANA & IPANEMA, Rio de Janeiro, Brasilien, 1016
COPACABANA & TITICACASEE, Bolivien, 1000
Copacabana Palace (Hotel), Rio de Janeiro, Brasilien, 1018
Copenhagen Admiral Hotel, Dänemark, 357
Copland Track (Wanderweg), Neuseeland, 676
Copper Beech Inn, Connecticut, USA, 723
Coral Lodge (Hotel), San-Blas-Inseln, Panama, 982
Coral Princess/Coral Princess II (Kreuzfahrtschiffe), Australien, 657
Corales Course (Golfplatz), Dom. Rep., 1083
Corcovado (Berg), Rio de Janeiro, Brasilien, 1016
CORCOVADO-NATIONALPARK, Halbinsel Osa, Puntarenas, Costa Rica, 969
Córdoba, Andalusien, Spanien, 260
Córdoba, Argentinien, 990
CÓRDOBAS MANZANA JESUÍTICA, Argentinien, 990
CORK JAZZ FESTIVAL & BLARNEY CASTLE, Irland, 103
CORK, KULINARISCHES, Irland, 104
Corky's Bar-B-Q, Tennessee, USA, 876
CORN ISLANDS, die, Nicaragua, 978
Corner Bar (Restaurant), New York, USA, 844
Cornwall, England, 32–34
Corona d'Oro (Hotel), Bologna, Italien, 202
Coronado, Kalifornien, USA, 789
Corpus-Christi-Fest, Toledo, Spanien, 285
Corral de la Morería (Flamenco), Madrid, Spanien, 282
Correggio, Antonio, 203

Correntoso Lake & River Hotel, Patagonien, Argentinien, 994
Corte, Korsika, Frankreich, 82
CORTINA D'AMPEZZO & GROSSE DOLOMITENSTRASSE, Italien, 239
Cortona, Italien, 236
Cosquín Rockmusik-Festival, Cosquín, Argentinien, 991
Cosquín, Argentinien, 991
COSTA BRAVA, Spanien, 280
Costa Rica, 9968–972
Costa Rocosa, Mallorca, Spanien, 266
Costa Smeralda, Sardinien, Italien, 224
Costantinopoli (Hotel), Neapel, Italien, 208
Cotopaxi (Vulkan), Ecuador, 1033
Cotswold Way, England, 38
COTSWOLDS, die, England, 38
Cotton House (Hotel), Mustique, Grenadinen, 1113
Country Country (Hotel), Negril, Jamaika, 1092
Country Music Hall of Fame & Museum, Tennessee, USA, 879
County Antrim, Nordirland, 136–139
County Clare, Irland, 101–102
County Cork, Irland, 103–105
County Donegal, Irland, 105
County Down, Nordirland, 139
County Galway, Irland, 110–113
County Kerry, Irland, 114–116
County Kildare, Irland, 116
County Kilkenny, Irland, 116
County Limerick, Irland, 117
County Mayo, Irland, 118
County Meath, Irland, 119
County Sligo, Irland, 120
County Waterford, Irland, 121
County Wexford, Irland, 122
County Wicklow, Irland, 123
Courchevel, Frankreich, 99
COURMAYEUR & MONT BLANC, Italien, 199
Cours des Loges (Hotel), Lyon, Frankreich, 101
Cours Saleya (Straße), Nizza, Frankreich, 89
Cousteau, Jacques, 401, 608, 669, 686, 695, 950, 965, 1068, 1089
COUSTEAU, JEAN-MICHEL, FIJI ISLANDS RESORT, Fidschi, 686
Cova (Café), Mailand, Italien, 220
Covadonga-Nationalpark, Cangas de Onís, Spanien, 273
Cow Wreck Bar, Anegada, Brit. Jungferninseln, 1079
Cow Wreck Beach Resort, Anegada, Brit. Jungferninseln, 1079
Cowboys on Main (Straßenfest), Texas, USA, 884

Cowboys von Hawaii, Hawaii, USA, 742
Cowichan Valley (Wein), British Col., Kanada, 924
Coyoacán, Mexiko-Stadt, Mexiko, 956
Coyote Café, New Mexico, USA, 838
Cozy Corner (BBQ), Tennessee, USA, 876
Cradle Mountain Huts, Australien, 664
Cradle Mountain Lodge, Australien, 664
CRADLE MOUNTAIN NATIONALPARK, Australien, 664
Craft & Folk Art Museum, Kalifornien, USA, 780
Craiceann (Trommelfestival), Inisheer, Aran-Inseln Irland, 111
Crater Lake Lodge, Oregon, USA, 860
Crater Rim Drive, Hawaii, USA, 741
Crater Road, Hawaii, USA, 752
CRATER-LAKE-NATIONALPARK, Oregon, USA, 860
Crazy-Horse-Monument, South Dakota, USA, 873
Criccieth, Lleyn-Halbinsel, Wales, 178
Croagh Patrick (Berg), Irland, 118
Crocus Gere Bor Hotel, Villány, Ungarn, 353
Cromlech von Almendres (Megalithen), Évora, Portugal, 253
Cross Island Track (Wanderweg), Rarotonga, Cookinseln, 682
Crow Collection of Asian Art, Texas, USA, 881
Crown Liquor Saloon, Belfast, Nordirland, 137
Crowne Plaza, Maskat, Oman, 488
Crowne Pointe Inn & Spa, Massachusetts, USA, 815
Cruceros Australis (Kreuzfahrten), Patagonien, Chile, 1026
Cruceros Australis (Kreuzfahrten), Tierra del Fuego, Argentinien, 998
Cruzeiros Via d'Ouro (Flussfahrten), Porto, Portugal, 259
Crystal Garden International Ice-Carving Competition, Ontario, Kanada, 934
Crystal River, Florida, USA, 729
Csontváry-Museum, Pécs, Ungarn, 353
Csülök Csárda (Restaurant), Esztergom, Ungarn, 351
CUENCA, Ecuador, 1033
CUENCA, Spanien, 274
Cuernavaca, Mexiko, 960
Cuernos del Paine (Felsnadeln), Patagonien, Chile, 1026
Cuero y Salado Wildlife Refuge, Honduras, 977
Cueva del Indo, Pinar del Rio, Kuba, 1098
CuisinArt Resort & Spa, Anguilla, 1064
CULEBRA & VIEQUES, Puerto Rico, 1104

Culinary Institute of America, New York, USA, 843
Cullen's at the Cottage, Cong, Irland, 118
Cumberland Island, Georgia, USA, 739
CUMBRES & TOLTEC SCENIC RAILROAD, New Mexico, USA, 833
Cumbria Way (Wanderweg), England, 44
Cumbria, England, 44
Cumpà Cosimo (Restaurant), Ravello, Italien, 206
Curaçao Underwater Marine Park (Tauchrevier), 1082
CURAÇAO, 1081
Curragh (Pferderennbahn), County Kildare, Irland, 116
Curtain Bluff Resort, Antigua, 1065
CUSCO & DAS HEILIGE TAL DER INKA, Peru, 1044
Custer State Park, South Dakota, USA, 874
CUT (Restaurant), Kalifornien, USA, 785
Cuyo Islands, Provinz Palawan, Philippinen, 620
Cwtch (Restaurant), St. Davids, Wales, 182
Cybele Forest Lodge & Health Spa, Südafrika, 443
Cyrus (Restaurant), Kalifornien, USA, 378

D

D.O.C. (Restaurant), Folgosa, Portugal, 259, 260
D.O.M. (Restaurant), São Paulo, Brasilien, 1024
D'Vijff Vlieghen (Restaurant), Amsterdam, Niederlande, 130
Da Adolfo (Restaurant), Positano, Italien, 206
Da Conch Shack (Restaurant), Grace Bay, Turks&Caicos, 1119, 1120
Da Dong Kaoya (Restaurant), Peking, China, 523
Da Fiore (Restaurant), Venedig, Italien, 248
Da Fortunato al Pantheon (Restaurant), Rom, Italien, 214
Da Giulio in Pelleria (Restaurant), Lucca, Italien, 237
Da House (Hotel), Old San Juan, Puerto Rico, 1102
DA LAT, Vietnam, 636
Da Michele (Pizzeria), Neapel, Italien, 208, 209
Da Paolino (Restaurant), Capri, Italien, 207
Da Ping Huo (Restaurant), Hongkong, China, 517

REGISTER 1137

Da Vinci, Leonardo, 17, 212, 218, 232, 316, 898
Dahschur, Ägypten, 396
Daintree Eco Lodge, Cape Tribulation, Australien, 656
Daisetsuzan-Nationalpark, Japan, 535
Dalada Maligawa (Tempel), Kandy, Sri Lanka, 593
DALARNA, MITTSOMMERNACHT IN, Tällberg, Schweden, 390
Dalarnas Museum, Falun, Schweden, 390
Dalat Palace Heritage Luxury Hotel, Da Lat, Vietnam, 637
Dalawella (Strand), Galle, Sri Lanka, 591
Dali Courtyard (Restaurant), Peking, China, 523
Dalí, Salvador, 256, 278, 280, 281, 282, 867
Dali, Yunnan, China, 531, 532
Dallas Museum of Art, Texas, USA, 881
DALLAS, ARTS DISTRICT, TEXAS, USA, 881
Dallmayr, München, Deutschland, 14
DALMATINISCHE KÜSTE, DIE, & DUBROVNIK, Kroatien, 292
Dalva e Dito (Restaurant), São Paulo, Brasilien, 1024
Dalvay-by-the-Sea (Hotel), Prince Edward Island, Kanada, 938
Damaskus, Syrien, 492
Dambulla, Sri Lanka, 592
Dan Caesarea (Hotel), Cäsarea, Israel, 467
Dana-Biosphärenreservat, Jordanien, 481
Dänemark, 354–365
DÄNEMARKS KULINARISCHE REVOLUTION, Dänemark, 357
Daniel (Restaurant), New York, USA, 851
Daning (Fluss), China, 518
DÄNISCHES DESIGN, Kopenhagen, Dänemark, 356
Dansk Design Center, Kopenhagen, Dänemark, 356, 357
Dante Alighieri, Grab des, Ravenna, Italien, 204
Dante's View, Kalifornien, USA, 775
Danubius Gellért Hotel, Budapest, Ungarn, 348
Dar Ahlam (Hotel), Skoura, Marokko, 406
Dar Azawad (Lodge), M'hamid, Marokko, 405, 406
Dar Baibou (Hotel), Chefchaouen, Marokko, 407
Dar El Makhzen (Museum), Tanger, Marokko, 407
Dar Nour (Hotel), Tanger, Marokko, 407

Dar Saïd (Hotel), Sidi Bou Said, Tunesien, 410
Dar Seffarine (Gästehaus), Fès, Marokko, 403
Darby, Montana, USA, 824
Darchen, Tibet, China, 528
Darhad-Tal, Mongolei, 502
DARJEELING-HOCHLAND, das, Indien, 581
Darley's (Restaurant), Australien, 649, 650
Darling National Wildlife Refuge, Florida, USA, 737
DARTMOOR, England, 35
Darwin Research Station, Santa Cruz, Galapagoinseln, Ecuador, 1034
Dashanzi (Kunstbezirk), Peking, China, 522
Datai (Resort), Langkawi, Kedah, Malaysia, 610, 611
Datça, Türkei, 336
DATÇA-HALBINSEL, die, Türkei, 335
Davenport House Museum, Georgia, USA, 740
DAVOS-KLOSTERS, Schweiz, 166
Davy Byrne's (Restaurant), Dublin, Irland, 110
Dawn at the Downs (Pferdefest), Kentucky, USA, 799
DAWSON CITY & YUKON RIVER, Yukon, Kanada, 946
Daytona (Rennen), Florida, USA, 730
Daytona Beach, Florida, USA, 730
DAYTONA-RENNBAHN, Florida, USA, 730
db Bistro Moderne, New York, USA, 851
DBGB Kitchen & Bar, New York, USA, 851
D-DAY-STRÄNDE DER NORMANDIE, Frankreich, 71
De Bóbbel Café, Maastricht, Niederlande, 135
De Halve Maan (Brauerei), Brügge, Belgien, 4
DE HOGE VELUWE NATIONALPARK, Apeldoorn, Niederlande, 132
De Jaren, Amsterdam, Niederlande, 131
De Kas (Restaurant), Amsterdam, Niederlande, 130
De Looier (Antikmarkt), Amsterdam, Niederlande, 129
De Olivas i Lustres (Restaurant), Buenos Aires, Argentinien, 988
De Prinsenkelder (Restaurant), Delft, Niederlande, 133
De Tatch (Restaurant), Placencia, Belize, 967
De Witte Lelie (Hotel), Antwerpen, Belgien, 3
De Young Museum, Kalifornien, USA, 791
Deanes (Restaurant), Belfast, Nordirland, 137

Dearly Departed Tour, Kalifornien, USA, 781, 782
DEATH-VALLEY-NATIONALPARK, Kalifornien, USA, 775
Deauville, Frankreich, 74
Debre Berhan Selassie (Kloster), Äthiopien, 416
Deception Island, Antarktis, 1057
Decks (Restaurant), Galiläa, Israel, 467, 468
Dedeman Konya, the (Hotel), Konya, Türkei, 344
Deer Isle (Dorf), Maine, USA, 806
Deer Valley (Resort), Utah, USA, 886
Deerfield Inn, Massachusetts, USA, 819
Deerfield, Massachusetts, USA, 819
Deetjen's Big Sur Inn, Kalifornien, USA, 787
Defachang Restaurant, Xi'an, Shaanxi, China, 526
Del Posto (Restaurant), New York, USA, 851, 852
Delano (Hotel), Florida, USA, 734
Delaware, USA, 726
Delfina (Restaurant), Kalifornien, USA, 794
DELFINE, TAUCHEN Bahamas, 1071
DELFT, Niederlande, 133
Delgatie Castle, Grampian Mountains, Schottland, 154
Delhi, Indien, 560
Delis, New York, USA, 851
DELOS & MYKONOS, Griechenland, 189
Delphi Lodge, Irland, 112
DELPHI, Griechenland, 194
Dembo-in-Garten, Tokio, Japan, 550
Demel (Café), Wien, Österreich, 150
Demeter-Tempel, Naxos, Griechenland, 190
Demetriuskirche (Blutkirche), Uglitsch, Russland, 313
DEMRE & PATARA, Türkei, 344
Den Gamle By (Altstadt) Museum, Aarhus, Dänemark, 359
Den Haag, Niederlande, 134
Denali Star (Zug), Alaska, USA, 706
DENALI-NATIONALPARK, Alaska, USA, 706
DEPARTAMENTO BARILOCHE, Patagonien, Argentinien, 993
Derbyshire, England, 34
Des Moines, Iowa, USA, 774
Desa Dunia Beda (Resort), Gili Trawangan, Indonesien, 599, 600
Design Forum Finland, Helsinki, Finnland, 367
Design Museum Gent, Gent, Belgien, 9, 10

Design Museum, Helsinki, Finnland, 367
DESIGN-DISTRICT, Helsinki, Finnland, 366
Design-Olympiade, Seoul, Südkorea, 557
Dettifoss-Wasserfall, Island, 373
DEUTSCHE ALPENSTRASSE & BODENSEE, Deutschland, 15
DEUTSCHES MUSEUM & PINAKOTHEKEN, München, Deutschland, 17
Deutschland, 16–30
Devi Garh (Hotel), Rajasthan, Indien, 577
Devon, England, 35
Dewey, Culebra, Puerto Rico, 1104
Día de la Tradición (Gauchofestival), Argentinien, 989
Dia:Beacon, New York, USA, 844
Diamant Beach, Martinique, 1100
Diamond Belle Saloon, Colorado, USA, 717
Diamond Head, Hawaii, USA, 757, 759
Diamond Tooth Gertie's Gambling Hall, Yukon, Kanada, 946
Diana (Restaurant), Galiläa, Israel, 467, 468
Dias Tavern, Kapstadt, Südafrika, 441
Dickenson Bay, Antigua, 1066
Digital Media City, Seoul, Südkorea, 557
Dijon, Frankreich, 68
Dimmuborgir, Island, 373
Dinan, Bretagne, Frankreich, 66
Dinard, Bretagne, Frankreich, 66
DINGLE PENINSULA, County Kerry, Irland, 114
Dining Room, British Col., Kanada, 915
Dining Room, the, Kalifornien, USA, 794
DISKO-BUCHT, Grönland, 364
Disney California Adventure, Kalifornien, USA, 786
Disneyland, Kalifornien, USA, 786
District of Columbia, USA, 898
District Six Museum, Kapstadt, Südafrika, 438
Distrito Capital (Hotel), Mexiko-Stadt, Mexiko, 958
Distrito Federal, Brasilien, 1010
Divinus (Restaurant), Évora, Portugal, 253
Dixville Notch, New Hamps., USA, 828
DJEMAA EL-FNA & DIE MEDINA, Marokko, 404
DJENNÉ, GROSSE MOSCHEE VON & LAND DER DOGON, Mali, 414
Dnepr (Fluss), Kiew, Ukraine, 346
Do (Geschenkladen), Claska Hotel, Tokio, Japan, 552
Dobrota, Montenegro, 299

Dodekanes, Griechenland, 187
Dog Watch Café, Connecticut, USA, 725, 726
Dogo Onsen (Thermalbad), Matsuyama, Shikoku, Japan, 555
Doha, Katar, 483
Dolder Grand Hotel, Zürich, Schweiz, 174
DOLOMITENSTRASSE, GROSSE, & CORTINA AMPEZZO, Italien, 239
Dolphin Research Center, Florida, USA, 732, 733
Dom (Santa Maria dei Fiori), Florenz, Italien, 230
Dom Hotel, Köln, Deutschland, 25
Dom Santa Maria Assunta, Siena, Italien, 238
Dom St. Peter, Regensburg, Deutschland, 18
Dom, Aarhus, Dänemark, 359
Dom, Alt-Riga, Lettland, 295
DOM, KÖLN, Deutschland, 24
Dom, Lucca, Italien, 236
Dom, Mailand, Italien, 219
Dom, Ortigia, Sizilien, Italien, 227
DOM, Orvieto, Umbrien, Italien, 242
Dom, Parma, Italien, 203
Domaine des Hauts de Loire (Hotel), Onzain, Frankreich, 87
Domes Beach, Rincón, Puerto Rico, 1103
Domina Home Piccolo (Hotel), Portofino, Italien, 216, 217
Dominica, 1082
Dominikanerkirche, Lwiw, Ukraine, 347
Dominikanische Republik, 1084
Don Alfonso (Restaurant), Sant'Agata, Italien, 206
Don Camillo (Restaurant), Ortigia, Sizilien, Italien, 227, 228
Don Pedro (Hotel), Porto Ercole, Italien, 238
Donau, 18, 145, 146, 321, 349, 351
DONAUKNIE, das, Ungarn, 351
Dondero (Restaurant), Hawaii, USA, 749
DONEGAL, WILDES, Irland, 105
Dongdaemun-Kulturpark, Seoul, Südkorea, 557
Doolin, Irland, 101
Doonbeg Golf Club, Irland, 103
DORDOGNE, Frankreich, 64
Dorothy Chandler Pavilion, Kalifornien, USA, 781
Doubtful Sound, Neuseeland, 677
Douglas Hotel, Aberdeen, Schottland, 154, 155
DOUROTAL, DAS, & PORTO, Portugal, 259
DOUZ, EL DJEM & SAHARA-FESTIVAL, Tunesien, 411
Douz, Tunesien, 411

Doyle's (Restaurant), Dingle, Irland, 114
Doyles on Watsons Bay (Restaurant), Australien, 652, 653
Drachenbootfestival, Hongkong, China, 514
Drachenbrücke, Ljubljana, Slowenien, 323
Dracula-Schloss, Rumänien, 308
Dragon Culture (Galerie), Hongkong, China, 514
Drake Hotel, Illinois, USA, 770
Drake Hotel, Ontario, Kanada, 937
Drakensberg Boys Choir School, Südafrika, 443
DRAKENSBERGE, Südafrika, 442
Drei Brücken, Ljubljana, Slowenien, 323
Dreifaltigkeits-Pestsäule, Olomouc, Tschechische Rep., 332
DRESDNER ALTSTADT, Deutschland, 26
Drogheria della Rosa (Restaurant), Bologna, Italien, 202
Dromoland Castle (Hotel), Irland, 102
Dry Creek Kitchen (Restaurant), Kalifornien, USA, 777
DSCHIDDA, ALTES, Saudi-Arabien, 488
Dschwari-Kloster, Georgien, 291
Dubai Creek (Straße), Dubai, VAE, 495
Dubai Museum, VAE, 495, 496
DUBAI, VAE, 495
DUBLIN, HISTORISCHES, Irland, 106
Dublin, Irland, 106–110
DUBLIN, KÖSTLICHES, Irland, 107
DUBLIN, LITERARISCHES, Irland, 108
Dubois, Wyoming, USA, 910
DUBROVNIK & DIE DALMATINISCHE KÜSTE, 292
Ducasse, Alain, 76, 79, 96, 126, 458, 850, 1100
Duchin Lounge, Idaho, USA, 766
Ducteil, Nathanael, 1100
Dueodde (Strand), Dänemark, 354
Duhau (Restaurant), Buenos Aires, Argentinien, 986
Duke of Marlborough Hotel, Nordinsel, Neuseeland, 671
Duke's Canoe Club, Hawaii, USA, 762
Dulce Patria (Restaurant), Mexiko-Stadt, Mexiko, 958
Dumpukht (Restaurant), Neu-Delhi, Indien, 561
Dún Aengus (Ruinen), Inishmore, Aran-Inseln, Irland, 111
Dunallan House (Hotel), Grantown-on-Spey, Schottland, 159
Dundee, Oregon, USA, 862
Dune (Restaurant), Paradise Island, 1072

REGISTER

Dune Preserve (Strandbar), Anguilla, 1064
DÜNEN VON SOSSUSVLEI & NAMIBRAND-NATURPARK, Namibia, 430
Dunham, Quebec, Kanada, 940
Dunhuang, Gansu, China, 509
Dunleith B&B, Mississippi, USA, 822
Dunluce Castle, Portrush, Nordirland, 139
Dunmore Town, Harbour Island, Bahamas, 1069
Dunnottar Castle, Grampian Mountains, Schottland, 154
Dunns River Falls, Ocho Rios, Jamaika, 1094
Dunton Hot Springs (Geisterstadt), Colorado, USA, 721
Duomo di Sant'Andrea, Amalfi, Italien, 205
Duomo Museum, Florenz, Italien, 231
Durango & Silverton Narrow Gauge Railroad (Zug), Colorado, USA, 717
Durango Mountain Resort, the, Colorado, USA, 718
DURANGO, Colorado, USA, 717
Durbar Square, Kathmandu, Nepal, 585
DURCH DIE GRENADINEN SEGELN, St.Vincent & die Grenadinen, 1114
DURCH DIE WHITSUNDAYS SEGELN, Queensland, Australien, 659
Durgin-Park Restaurant, Massachusetts, USA, 809
Dürnstein, Österreich, 146
Dutch House (Hotel), Galle, Sri Lanka, 591
Dwarika's Hotel, Kathmandu, Nepal, 586
Dye Fore (Golfplatz), Dom. Rep., 1083
Dye, Pete, 728, 909, 1083
Dyer Island, Südafrika, 446
Dylan Thomas Centre, Swansea, Wales, 180
DYLAN THOMAS, LAND DES, Wales, 180
Dylan, the (Hotel), Amsterdam, Niederlande, 129

E

E&O-EXPRESS & RAFFLES HOTEL, Singapur, S.623, 624
E. B. Morgan House (Hotel), New York, USA, 842, 843
Eagle (Pub), Cambridgeshire, England 31
Eagles Palace (Hotel), Ouranoupolis, Griechenland, 194
East Hampton, New York, USA, 844, 845
East Maui Taro Festival, Hawaii, USA, 755
East Side Gallery, Berlin, Deutschland, 23

East Sussex, England, 37
Eastern & Oriental Express, Singapur, 624
Eastern & Oriental Hotel, Penang, Malaysia, 614, 615
Eastern Star (Segelboot), Nova Scotia, Kanada, 931
EASTERN TOWNSHIPS, die, & LAKE MASSAWIPPI, Quebec, Kanada, 939, 940
EasyDrop Surf School, Bahia, Brasilien, 1006
Ebbitt Room (Restaurant), New Jersey, USA, 831
Echo Lodge, Adare, Irland, 117, 118
Eckerö, Ålandinseln, Finnland, 366
Ecolodge Rendez-Vous, Saba, 1105, 1106
Ecolodge, Nicaragua, 979
Ecuador, 1033–1038
Eden Project, Cornwall, England, 34
Eden Rock (Hotel), St. Barths, 1106, 1107
Edfu, Ägypten, 399
Edgartown, Massachusetts, USA, 817, 818
EDINBURGH CASTLE & FESTIVALS, Schottland, 152
Edinburgh Festival Fringe, Schottland, 152
Edinburgh Military Tattoo, Schottland, 152
Edinburgh, Schottland, 151, 152
Edwardian Greywalls Hotel, Gullane, Schottland, 162
Eichardt's Private Hotel, Queenstown, Neuseeland, 680, 681
Eiffel, Alexandre-Gustave, 260, 847
Eiffelturm, Paris, Frankreich, 76
Eiger, Schweiz, 165
Eik Annen Etage (Restaurant), Oslo, Norwegen, 379, 380
EIN HOTEL-TRIO, Bangkok, Thailand, 628
Ein Wiener Salon, Wien, Österreich, 150
Einsiedelei der Gefangenen, Assisi, Italien, 241
Eisenmann, Peter, 22
EISHOTEL, Jukkasjärvi, Schweden, 384, 385
Eispalast, Schweiz, 165
EISTEDDFOD, Wales, 177
EJE CAFETERO, Kolumbien, 1041
El Boliche Balderrama (Sambalokal), Salta, Argentinien, 997
El Bordo de las Lanzas (Hotel), Salta, Argentinien, 997
El Bulli (Restaurant), Roses, Spanien, 281, 286
El Califa (Restaurant), Mexiko-Stadt, Mexiko, 958

El Conde Café, Santo Domingo, Dom. Rep., 1086
El Convento (Hotel), Old San Juan, Puerto Rico, 1101, 1102
El Deir (Kloster), Petra, Jordanien, 483
EL DJEM & SAHARA-FESTIVAL IN DOUZ, Tunesien, 411
El Fishawy (Kaffeehaus), Kairo, Ägypten, 395
El Floridita, Havanna, Kuba, 1097
El Greco, 282, 285, 849, 868
El Hostal de Su Merced (Hotel), Sucre, Bolivien, 1004
El Jarocho (Café), Mexiko-Stadt, Mexiko, 956
El Metejón Polo Club, Buenos Aires, Argentinien, 985
El Mirador (Restaurant), Puntarenas, Costa Rica, 971
El Misti (Vulkan), Arequipa, Peru, 1044
El Morro (Festung), Puerto Rico, 1101
El Ñeru (Restaurant), Madrid, Spanien, 285
El Nido, Palawan, Philippinen, 621
El Olivo (Restaurant), Deià, Mallorca, Spanien, 266
EL ORIENTE, ECUADORS AMAZONASGEBIET, 1035
El Patio (Hotel), Mexiko-Stadt, Mexiko, 958
El Pedral (Lodge), Chubut, Argentinien, 990
El Petén, Guatemala, 974
El Portal (Hotel), Arizona, USA, 715
El Questro Homestead (Hotel), Australien, 670
El Questro Wilderness Park (Viehfarm), Australien, 670
El Rancho, New Mexico, USA, 835
El Resuelve (Restaurant), Vieques, Puerto Rico, 1104, 1105
El Rincón (Strand), Halbinsel Samaná, Dom. Rep., 1085
El Rinconcillo (Tapasbar), Sevilla, Spanien, 265
El Rosario (Schmetterlings-Schutzgebiet), Mexiko, 961
El Transcantábrico Classico (Zug), León, Spanien, 276
El Tren a las Nubes (Bahnstrecke), Argentinien, 997
El Viejo Almacén (Tangolokal), Buenos Aires, Argentinien, 988
El Vino Hotel, Bodrum, Türkei, 335
EL YUNQUE NATIONALPARK, Puerto Rico, 1102
El Zaguan (Restaurant), Granada, Nicaragua, 979
Elaki (Restaurant), Reşadiye, Türkei, 336

Elbow Beach Hotel, Bermuda, 1074, 1075
Elbow Cay, Abaco-Inseln, Bahamas, 1067
Electra Palace Hotel, Athen, Griechenland, 183, 184
Elephant Bar, Phnom Penh, Kambodscha, 604
Elephant Hotel, Weimar, Deutschland, 30
Elephanta (Insel), Mumbai, Indien, 570, 571
Elephantenkeller (Restaurant), Weimar, Deutschland, 30
Eliot Hotel, Massachusetts, USA, 811
Elisabethkirche, Bratislava, Slowakei, 321
Eliya, Sri Lanka, 593, 594
Elizabeth on 37th (Restaurant), Georgia, USA, 740
Elizabeth Pointe Lodge, Florida, USA, 728
Elk Island, Wyoming, USA, 911
Ellerman House, Kapstadt, Südafrika, 440
El-Limón-Wasserfälle, Dom. Rep., 1085
Ellis Island, New York, USA, 847, 848
ELLORA & AJANTA, HÖHLENTEMPEL IN, Maharashtra, Indien, 569
Ellora, Maharashtra, Indien, 566, 569, 570
ELMINA, FORT, Ghana, 412
Elounda Beach (Hotel), Ayios Nikolaos, Kreta, Griechenland, 189
Elounda Mare (Hotel), Ayios Nikolaos, Kreta, Griechenland, 189
El-Rastro-Flohmarkt, Madrid, Spanien, 284
Els Quatre Gats (Restaurant), Barcelona, Spanien, 278
ELSÄSSER WEINSTRASSE & STRASSBURG, Frankreich, 70
Elsewhere (Hotel), Goa, Indien, 562
Elvi's Kitchen, Ambergris Caye, Belize, 965, 966
Elvis Presley Museum, Mississippi, USA, 822
Ely, Minnesota, USA, 820, 821
Emerald Lake Lodge, British Col., Kanada, 916
Emeril's (Restaurant), Louisiana, USA, 803
Emerson Inn by the Sea, Massachusetts, USA, 814
Emerson Resort & Spa, New York, USA, 841
Emiliano (Hotel), São Paulo, Brasilien, 1023
Emilia-Romagna, Italien, 202–204
Emma's Drømmekjøkken, Tromsø, 378

Empire State Building, New York, USA, 846
Enchantment Resort, Arizona, USA, 715
Encontro de Águas, Amazonas, Brasilien, 1005
ENGADIN & ST. MORITZ, Schweiz, 167
En-Gedi-Naturreservat, Israel, 472
Engiadina (Restaurant), St. Moritz, Schweiz, 167, 168
England, 31–62
English's of Brighton (Restaurant), England, 51
Englishman's Bay (Strand), Tobago, 1119
Enniscoe House (Hotel), Ballina, Irland, 118, 119
Enoteca Italiana, Siena, Italien, 239
Entreves, Aostatal, Italien, 199
Eolo Lodge (Resort), Patagonien, Argentinien, 995
Epcot Center, Florida, USA, 735
Épernay, Frankreich, 69
EPHESOS, Türkei, 336
Ephesos-Museum, Türkei, 337
Ephrata, Pennsylvania, USA, 864, 865
Épicerie Boulud (Café), New York, USA, 851
Epidauros, Griechenland, 197
Epikouros (Restaurant), Delphi, Griechenland, 195
Equinox Resort & Spa, Vermont, USA, 890, 891
Eratap Beach Resort, Vanuatu, 702
Erdinger (Brauerei), Erding, Deutschland, 14
EREMITAGE & WINTERPALAST, St. Petersburg, Russland, 316
Eremo delle Carceri, Assisi, Italien, 241
Erg Chegaga (Dünen), Marokko, 405
Erhai-See, China, 531
Erlöserfest, Venedig, Italien, 246
Erna's Elderberry House, Kalifornien, USA, 796
Ernest Tubb Record Shop, Tennessee, USA, 879
Erzdiözesanmuseum, Olomouc, Tschechische Rep., 332
Erzengel-Michael-Kathedrale, Moskau, Russland, 311
ESALA PERAHERA, DAS, & KANDY, Sri Lanka, 592
Esbelli Evi (Hotel), Ürgüp, Anatolien, Türkei, 333
Escondido, Kalifornien, USA, 776
Eski Datça, Türkei, 336
Espíritu Santo, Vanuatu, 702
Essakane, Mali, 415
ESSAOUIRA, Marokko, 401
ESSEN GEHEN IN LYON, Frankreich, 100

ESSEN IN „PHILLY", Pennsylvania, USA, 865
ESSEN IN MARRAKESCH, Marokko, 403
Essex Shipbuilding Museum, Massachusetts, USA, 814
Essex Steam Train (Zug), Connecticut, USA, 723
ESSEX, Connecticut, USA, 723
Esszimmer (Restaurant), Salzburg, Österreich, 145
Estancia Cerro Guido (Lodge), Patagonien, Chile, 1027
Estancia El Colibrí (Lodge), Córdoba, Argentinien, 991
Estancia Huechahue (Reiterhotel), Patagonien, Argentinien, 994
Estancia La Porteña (B&B), Buenos, 989
Estancia Quemquemtreu (Hotel), Patagonien, Argentinien, 994
Estancia Vik (Hotel), José Ignacio, Uruguay, 1052, 1053
ESTANCIAS & PAMPAS, Buenos Aires Province, Argentinien, 989
Estate Concordia Preserve (Resort), St. John, Am. Jungferninseln, 1063
Estes Park, Colorado, USA, 719
Estland, 288, 289
Estrela D'Água (Resort), Bahia, Brasilien, 1009, 1010
Estremadura, Portugal, 254
ESTREMOZ & MARVAO, Portugal, 251
Esztergom, Ungarn, 351
Etnia Pousada (Hotel), Trancoso, Brasilien, 1009
ETOSHA-NATIONALPARK, Namibia, 431
Étretat, Haute-Normandie, Frankreich, 73
Etruskisches Museum in der Villa Giulia, Rom, Italien, 212
Etta's Seafood Restaurant, Washington, USA, 905
Ettington Park Hotel, Stratford-upon-Avon, England, 57
Etu Moana (Hotel), Aitutaki, Cookinseln, 681, 682
Eugène-Boudin-Museum, Honfleur, Frankreich, 73
Eugénie-les-Bains, Frankreich, 65
EUROPEAN FINE ARTS FAIR, Maastricht, Niederlande, 135
Evason Ana Mandara (Resort), Nha Trang, Vietnam, 645
Evason Ma'In Hot Springs Resort, Jordanien, 474, 475
EVERGLADES-NATIONALPARK, Florida, USA, 730
ÉVORA, Portugal, 252
Excelsior Hotel & Spa, Dubrovnik, Kroatien, 292, 293
EXMOOR, England, 36

Experience at Koele (Golfplatz), Hawaii, USA, 751
Explora (Resort), Osterinseln, Chile, 1025
Explora's Hotel Salto Chico, Patagonien, Chile, 1027
Explorama (Lodge), Amazonas, Peru, 1042
Extremadura, Spanien, 269
Exuma Cays Land & Sea Park (Tauchrevier), Bahamas, 1070, 1071
EXUMAS, Bahamas, 1070
Èze, Frankreich, 90

F

Fado, Lissabon, Portugal, 255, 256
FAIDLEY'S & OBRYCKI'S (RESTAURANTS), Maryland, USA, 807
Fairmont Algonquin Hotel & Resort, New Brunswick, Kanada, 929
Fairmont Banff Springs, Alberta, Kanada, 915
Fairmont Château Lake Louise, Alberta, Kanada, 915
Fairmont Château Laurier, Ontario, Kanada, 935
Fairmont Château Whistler, British Col., Kanada, 926
Fairmont Copley Plaza, Massachusetts, USA, 811
Fairmont Empress, British Col., Kanada, 925
Fairmont Jasper Park Lodge, Alberta, Kanada, 916
Fairmont Le Château Frontenac, Quebec, Kanada, 945
Fairmont Le Manoir Richelieu, Quebec, Kanada, 939
Fairmont Orchid, Hawaii, USA, 745
Fairmont Palliser, Alberta, Kanada, 914
Fairmont Peace Hotel, Shanghai, China, 527
Fairmont San Francisco, Kalifornien, USA, 794
Fairmont Scottsdale Princess, Arizona, USA, 713
Fairmont Sonoma Mission Inn & Spa, Kalifornien, USA, 777
Fairmont Tremblant (Resort), Quebec, Kanada, 943
Fairyhill Hotel, Reynoldston, Wales, 180
Faith's Pen (Restaurant), Ocho Rios, Jamaika, 1094
FALKLANDINSELN, 999
Falsled Kro (Hotel), Fünen, Dänemark, 363
Falun, Schweden, 390
Familie Li Restaurant, Peking, China, 524
Faneuil Hall, Massachusetts, USA, 809, 812

Fangshan Restaurant, Peking, China, 524
Fansipan (Berg), Vietnam, 646
Far View Lodge, Colorado, USA, 718
Faraglioni (Felsnadeln), Capri, Italien, 207
Fare, Huahine, Franz.-Polynesien, 690
Farmgate Restaurant, Midleton, Irland, 104
Farnsworth Museum, Maine, USA, 806
Fårö, Schweden, 384
FÄRÖER-INSELN (gleichber. Nation im Königreich Dänemark), 364
Faru Faru Lodge, Tansania, 453
Fasano (Hotel), Rio de Janeiro, Brasilien, 1017, 1023
Fat Mama's Tamales, Mississippi, USA, 822
Fatehpur Sikri, Agra, Indien, 579
Fatu Hiva (Insel), Franz.-Polynesien, 688
Fauchon (Restaurant), Paris, Frankreich, 80
Fazenda Sanjo (Hotel), Soure, Brasilien, 1013
FCC (Restaurant), Phnom Penh, Kambodscha, 603
Feathers Inn, Woodstock, England, 53
Federal Hill, Kentucky, USA, 797
Feira São Joaquim (Markt), Salvador da Bahia, Brasilien, 1007
Felix Bar & Restaurant, Hongkong, China, 517
Felsendom, Jerusalem, Israel, 469
Felsenkirchen, Matera, Italien, 201
Felskinn-Mittelallalin (Skigebiet), Saas-Fee, Wallis, Schweiz, 173
Fenimore Art Museum, New York, USA, 841
Fenocchio (Eis), Nizza, Frankreich, 90
Fenway Park, Massachusetts, USA, 809
Ferenc Pince Csárda (Restaurant), Plattensee, Ungarn, 352
Feria Artesanal del Paseo de los Artes (Markt), Córdoba, Argentinien, 991
Feria d'Abril, Sevilla, Spanien, 265
Feria de Mataderos, Buenos Aires, Argentinien, 985
Feriye Lokantasi (Restaurant), Istanbul, Türkei, 342
Ferme Saint-Michel (Restaurant), Haute-Normandie, Frankreich, 72
Fern Resort, Mae Hong Son, Thailand, 635
Fern Tree (Spa), Montego Bay, Jamaika, 1092
Fernandina Beach, Florida, USA, 727
FERNANDO DE NORONHA, Brasilien, 1014
Fernsehturm, Berlin, Deutschland, 20

Ferrocarril Chihuahua Pacifico (Zug), Mexiko, 951
FÈS EL-BALI, Marokko, 402
Fes Festival of World Sacred Music, Marokko, 403
Fès, Marokko, 402
Festa de Nosso Senhor dos Navegantes, Salvador da Bahia, Brasilien, 1008
Festa del Redentore (Erlöserfest), Venedig, Italien, 248
Festa Iemanjá, Rio de Janeiro, Brasilien, 1017
Festa Iemanjá, Salvador da Bahia, Brasilien, 1009
FESTE IN BHUTAN, 558
FESTE VON SALVADOR, die, Salvador da Bahia, Brasilien, 1008
Festival da Pinga, Paraty, Brasilien, 1021
Festival de Gnaoua, Essaouria, Marokko, 401
Festival del Merengue, Santo Domingo, Dom. Rep., 1086
Festival der Lesben, Schwulen, Bisexuellen und Transsexuellen, Kalaifornien, USA, 793
Festival Grec, Barcelona, Spanien, 280
Festival International de Musique Symphonique d'El Jem, Tunesien, 412
Festival Internazionale di Musica Antica, Urbino, Italien, 222
Festival Nacional de Doma y Folklore, Jesús María, Argentinien, 991
Festival Nacional de Folklore, Cosquín, Argentinien, 991
Festival Nuits d'Afrique, Quebec, Kanada, 947
Festival of Nine Carols & Lessons, Cambridgeshire, England, 31
FESTUNG GALLE, die, Galle, Sri Lanka, 591
Fête des Cuisinières, Grand-Terre, Guadeloupe, 1089
Fête des Masques, Djenné, Mali, 415
Fête des Ramparts (Mittelalterfest), Dinan, Frankreich, 66
Feynan Ecolodge, Jordanien, 481
Fidschi, 687–688
Field Museum, Illinois, USA, 768
Fiesta de la Virgen de la Candelaria, Copacabana, Bolivien, 1000
Fiesta de Santa Fe, New Mexico, USA, 838
Fiesta San Antonio, Texas, USA, 883
Fig (Restaurant), South Carolina, USA, 872
Figueira Rubaiyat (Restaurant), São Paulo, Brasilien, 1024
Filicudi, Äolische Inseln, Sizilien, Italien, 226

Fillmore Theater, Kalifornien, USA, 792
Filmfestival, Venedig, Italien, 246
Finca Lérida (Kaffeeplantage/Lodge), Panama, 981
Finca Los Alamos (Hotel), San Rafael, Argentinien, 993
Finca Rosa Blanca Coffee Plantation & Inn, Costa Rica, 971
FINGER LAKES, New York, USA, 842
Finlandia-Halle, Helsinki, Finnland, 368
Finnegaardsstuene (Restaurant), Bergen, Norwegen, 374
FINNISCHE SEENPLATTE, Finnland, 370
FINNISCH-LAPPLAND, Finnland, 368
Finnland, 365–371
FIORDLAND-NATIONALPARK, Neuseeland, 677
Firefly (Hotel), Mustique, Grenadinen, 1113
Firefly House, Ocho Rios, Jamaika, 1094
Firefly Plantation Bequia (Hotel), Grenadinen, 1112
First Hotel Reisen, Gamla Stan, Stockholm, Schweden, 386
First Hotel Skt. Petri, Kopenhagen, Dänemark, 357
Fischerbastei, Budapest, Ungarn, 349
Fischmarkt Omicho Ichiba, Kanazawa, Ishikawa, Japan, 539
Fish Fry, Great Exuma Island, Bahamas, 1070
Fish Fry, Oistins, Barbados, 1037
Fish Market (Restaurant), Alexandria, Ägypten, 393
Fish Pot, the (Restaurant), Platinküste, Barbados, 1073
Fish Tail Lodge, Pokhara, Nepal, 589
Fisheries Museum of the Atlantic, Nova Scotia, Kanada, 931
Fisherman's Feast, Massachusetts, USA, 810
Fisherman's Wharf, Kalifornien, USA, 792
Fisherman's Wharf, Macao, China, 518
Fishy Fishy (Restaurant), Kinale, Irland, 104
Fitzwilliam Hotel, Dublin, Irland, 107
Fitzwilliam Museum, Cambridgeshire, England, 31
Fjäderholmarnas Krog (Restaurant), Fjäderholmarna, Schweden, 385
Fjærland, Norwegen, 381
Fjærlandfjord, Norwegen, 381
Flagstaff, Arizona, USA, 711
Flåm, Norwegen, 381
Flamenco, Spanien, 262, 265, 275, 282
Flaming Cliffs, Wüste Gobi, Mongolei, 503
Flatdogs Camp, Sambia, 434

Fleischerbrücke, Ljubljana, Slowenien, 323
Fliegenfischenschule Orvis, Vermont, USA, 891
Fliegenfischenschule Wulff, New York, USA, 841
FLINDERS RANGES, Australien, 662
Flohmarkt, Amsterdam, Niederlande, 128
Flor de Coco (Restaurant), Olinda, Brasilien, 1015
FLORENZ, Italien, 229
Flores, El Petén, Guatemala, 974
FLORIDA KEYS, die, USA, 731
Florida, USA, 727–737
Floris, London, England, 47
Fløyen (Berg), Norwegen, 374
Fly Me to the Moon Saloon, Colorado, USA, 721
Föderierte Staaten von Mikronesien, 695
Fogg Museum, Massachusetts, USA, 810
Follonico, Toskana, Italien, 236
Fond Doux (Hotel), St. Lucia, 1110
Fondation Beyeler, Basel, Schweiz, 163
Fondation Maeght, St-Paul-de-Vence, Frankreich, 97
Fondouk el-Nejjarine (Karawanserei/Museum), Fès, Marokko, 402
Fontainebleau Resort, Florida, USA, 734
Font-de-Gaume-Höhle, Dordogne, Frankreich, 64
Fontenay, Abtei, Frankreich, 68
Food & Drink Festival, Shropshire, England, 104
Food & Wine Classic, Colorado, USA, 717
Foping, Shaanxi, China, 525
Foping-Naturschutzgebiet, Qinling-Gebirge, China, 525
Foreign Cinema (Restaurant), Kalifornien, USA, 794
Forest Lodge, KwaZulu-Natal, Südafrika, 442
Formel B (Bistro), Kopenhagen, Dänemark, 358
Formel-Eins-Grand-Prix Monaco, 126
Formentera, Spanien, 266
Forno Campo de Fiori (Bäckerei), Rom, Italien, 212
Fort Cochin Restaurant, Kochi, Indien, 566
FORT ELMINA, Ghana, 412
Fortaleza Ozama (Festung), Santo Domingo, Dom. Rep., 1086
Fort-de-France, Martinique, 1100
Forte, Rocco, 8, 21
Fortnum & Mason, London, England, 47
Forum Romanum, Rom, Italien, 210

Forza Mare (Hotel), Dobrota, Montenegro, 299
Foster Botanical Garden, Hawaii, USA, 758
Foster, Norman, 20, 174, 881
Fountain Coffee Room, Kalifornien, USA, 782
Four Seasons (Hotel), Damaskus, Syrien, 492
Four Seasons (Hotel), Florenz, Italien, 233
Four Seasons (Hotel), New York, USA, 850
Four Seasons (Hotel), Prag, Tschechische Rep., 329
Four Seasons (Hotel), Washington, D.C., USA, 902
Four Seasons at Anahita, Mauritius, 458
Four Seasons at Nile Plaza, Kairo, Ägypten, 396
Four Seasons at the First Residence, Giseh, Ägypten, 397
Four Seasons Carmelo, Uruguay, 1052
Four Seasons Gresham Palace Hotel, Budapest, Ungarn, 348
Four Seasons Hotel at San Stefano Beach, Alexandria, Ägypten, 394
Four Seasons Hotel at the Bosphorus, Istanbul, Türkei, 341
Four Seasons Hotel Boston, Massachusetts, USA, 811
Four Seasons Hotel Chicago, Illinois, USA, 770
Four Seasons Hotel Istanbul at Sultanahmet, Türkei, 341
Four Seasons Hotel Milano, Mailand, Italien, 220
Four Seasons Hotel, Buenos Aires, Argentinien, 986
Four Seasons Hotel, Hangzhou, China, 532
Four Seasons Hotel, Hongkong, China, 515
Four Seasons Hotel, Ontario, Kanada, 937
Four Seasons Jimbaran Bay, Bali, Indonesien, 595
Four Seasons Resort Bora Bora, Franz.-Polynesien, 690
Four Seasons Resort Hualalai, Hawaii, USA, 745
Four Seasons Resort Maui at Wailea, Hawaii, USA, 755
Four Seasons Resort Scottsdale at Troon North, Arizona, USA, 713
Four Seasons Resort Seychelles, Mahé, Seychellen, 460
Four Seasons Resort Whistler, British Col., Kanada, 926
Four Seasons Resort, Mae-Rim-Tal, Thailand, 630
Four Seasons Resort, Sinai, Ägypten, 401

Four Seasons Tented Camp, am Ruak, Thailand, 630
Four Seasons, the (Restaurant), New York, USA, 851
Foxy's Tamarind Bar, Brit. Jungferninseln, 1077
Foyers, Loch Ness, Schottland, 158
Foz Velha (Restaurant), Porto, Portugal, 260
Fra Angelico, 212, 231, 241, 242, 282
Frangipani (Restaurant), Kuala Lumpur, Malaysia, 611
Frangipani Hotel, Grenadinen, 1112
FRANK (Restaurant), Ontario, Kanada, 936
Frank Lloyd Wright Home & Studio, Illinois, USA, 768
Franklin Court (Museum), Pennsylvania, USA, 867
Frankreich, 62–101
Franschhoek, Südafrika, 447
Františkovy Lázně (Franzensbad), Tschechische Rep., 326
Franziskanerkirche, Kochi, Indien, 565
FRANZÖSISCHE ALPEN, 99
FRANZÖSISCHE RIVIERA, 94
Französisch-Polynesien, 691–694
Fraser Island Great Walk, Australien, 657
FRASER ISLAND, Australien, 656
Frauenkirche, Dresden, Deutschland, 26
Fraumünster, Zürich, Schweiz, 174
Freddy's Bar, Amsterdam, Niederlande, 129
Fredericksburg, Texas, USA, 884
Frederiksborg Slot, Dänemark, 355
Frederiksted, St. Croix, Am. Jungferninseln, 1061
Freedom Trail, the, Massachusetts, USA, 809, 812
Freiheitsstatue, New York, USA, 847
Freilichtmuseum Göreme, Anatolien, Türkei, 333
Freilichtmuseum Luostarinmäki, Turku, Finnland, 371
French Laundry (Restaurant), Kalifornien, USA, 777
FRENCH QUARTER, Louisiana, USA, 800
Frenchman's Cove (Strand), Port Antonio, Jamaika, 1095
Frescobaldi (Weinbar), Florenz, Italien, 235
Freycinet Lodge, Australien, 665
FREYCINET-NATIONALPARK, Australien, 665
FRIAUL, Italien, 204
Frick Museum, New York, USA, 848
Friday Harbor House (Hotel), Washington, USA, 904
Friday Harbor, Washington, USA, 904
Friedenspark, Hiroshima, Japan, 538

Friedhof La Recoleta, Buenos Aires, Argentinien, 984
Friedhof, Fröhlicher, Săpânta, Rumänien, 306
Friedrichsbad, Baden-Baden, Deutschland, 11
Fringe Festival, Australien, 660
Frontera Grill, Illinois, USA, 771
Früh am Dom (Restaurant), Köln, Deutschland, 25
Frühlingsfest, Takayama, Japan, 537
Fugitives' Drift (Weltnaturerbe), KwaZulu-Natal, Südafrika, 443
Fugitives' Drift Lodge, KwaZulu-Natal, Südafrika, 443
FUJI, Japan, 548
Fuji-Hakone-Izu-Nationalpark, Japan, 548
Fujikawa Maru (Schiffswrack), Chuuk, Mikronesien, 694
Fujiya Hotel, Hakone, Japan, 548
Full Gospel Tabernacle, Tennessee, USA, 878
Fundació Joan Miró, Barcelona, Spanien, 279
Fundació Pilar i Joan Miró, Palma, Mallorca, Spanien, 266
Fundy Coastal Drive (Straße) New Brunswick, Kanada, 928
Fundy-Nationalpark, New Brunswick, Kanada, 928
FÜNEN, Dänemark, 362
Fünf Seen, Shiretoko Peninsula, Japan, 536
Furnace Creek Inn, Kalifornien, USA, 775
FÜRSTLICHE HOTELS & STADTPALAST, Udaipur, Indien, 576
Fushimi-Inari-Schrein, Kyoto, Japan, 540
Fushimi-yagura (Wachturm), Tokio, Japan, 549
Futarasan-Schrein, Nikko, Japan, 554

G

Gadsby's Tavern, Virginia, USA, 902
Gaelic College of Celtic Arts and Crafts, Nova Scotia, Kanada, 930
Gaige House Inn, Kalifornien, USA, 777
GALAPAGOSINSELN, Ecuador, 1034
Galatoire's Restaurant, Louisiana, USA, 803
Galena Lodge, Idaho, USA, 766
Galerij Prins Willem V, Den Haag, Niederlande, 134
Galiano Island, British Col., Kanada, 917
Galicia Jewish Museum, Krakau, Polen, 301
Galicien, Spanien, 270

GALILÄA, Israel, 467
Galla Placidia, Mausoleum der, Ravenna, Italien, 204
GALLE FACE HOTEL, das, Colombo, Sri Lanka, 589
Galle Fort Hotel, Galle, Sri Lanka, 591
GALLE, FESTUNG, Galle, Sri Lanka, 591
Galle, Sri Lanka, 590
Galleria Borghese (Museum), Rom, Italien, 210
Galleria dell'Accademia (Museum), Florenz, Italien, 230
Galleria Giorgio Franchetti (Museum), Venedig, Italien, 244
Galleria Nazionale (Museum), Parma, Italien, 203
Galleria Nazionale dell'Umbria (Museum), Perugia, Italien, 243
Galleria Nazionale delle Marche (Museum), Urbino, Italien, 222
Galleria Palatina, Florenz, Italien, 232
Galleria Vittorio Emanuele II (Einkaufspassage), Mailand, Italien, 220
Gallerie dell'Accademia (Museum), Venedig, Italien, 244
Gallery Café, Colombo, Sri Lanka, 590
Gallery Hotel Art, Florenz, Italien, 233
Gallery Inn, Old San Juan, Puerto Rico, 1101
Gallery Restaurant, Reykjavik, Island, 372
Gallipoli Houses (Hotel), Türkei, 345
GALLIPOLI, Türkei, 345
Gallup, New Mexico, USA, 835
Galway City Museum, Irland, 113
GALWAY, Irland, 113
Gamboa Rainforest Resort, Panama-Stadt, Panama, 983
GAMLA STAN, Stockholm, Schweden, 386
Gamla, Golanhöhen, Israel, 468
Gandria, Tessin, Schweiz, 171
Ganges, British Col., Kanada, 917
Ganges, Varanasi, Indien, 580
Gangtok, Sikkim, Indien, 577
Gar-Anat Hotel, Granada, Spanien, 262
Gardasee, Italien, 217
GARDEN DISTRICT, Louisiana, USA, 801
Garden of Remembrance, Dublin, Irland, 107
GARDEN ROUTE, Western Cape, Südafrika, 446
Gardens Hotel, Florida, USA, 733
Gargano, Lombardei, Italien, 218
Garganta del Diablo (Wasserfall), Argentinien, 992
Garland's Oak Creek Lodge, Arizona, USA, 715

Garten des bescheidenen Beamten, Suzhou, China, 519
Garten des Meisters der Netze, Suzhou, China, 519
Garten Europas, Mähren, Tschechische Rep., 330
GÄRTEN IN SUZHOU, China, 519
GARTEN VON SISSINGHURST CASTLE, England, 43
GÄRTEN VON WICKLOW, Irland, 123
Gary Danko (Restaurant), Kalifornien, USA, 795
Garzon Inn, José Ignacio, Uruguay, 1053
Gasthof Krone, Hittisau, Österreich, 144
Gasthof Post, Lech, Österreich, 141
Gastonian, the (Hotel), Georgia, USA, 740
GASTROSZENE IN HANOI, Vietnam, 638
Gates Bar-B-Q, Missouri, USA, 823
Gatineau, Quebec, Kanada, 934
GAUDÍ & LA SAGRADA FAMILIA, Barcelona, Spanien, 278
Gaudí, Antoni, 266, 278, 279
Gauguin, Paul, 688, 1100
GAUJA-NATIONALPARK,Vidzeme, Lettland, 296
Gauley River, W.Virginia USA, 906
Ga-Volk, Elmina, Ghana, 413
Gayana Eco Resort, Gaya Island, Sabah, Borneo, Malaysia, 610
Gayer-Anderson-Museum, Kairo, Ägypten, 395
Gazelle d'Or (Hotel), Taroudannt, Marokko, 408
Geales (Restaurant), London, England, 49
Geburtskirche, Bethlehem, Palästinensische Autonomiegebiete, 475
Geheimer Garten des Changdeokgung-Palasts, Seoul, Südkorea, 556
Gehry, Frank, 267, 268, 768, 780, 936
GEIRANGERFJORD, Norwegen, 375
Gelateria Carabè, Florenz, Italien, 235
Gelateria del Teatro, Rom, Italien, 214
Gelateria Michelangiolo, Florenz, Italien, 235
Gellért-Bad, Budapest, Ungarn, 248
Gemäldegalerie, Berlin, Deutschland, 20
Gemma (Restaurant), New York, USA, 849
Gendarmenmarkt, Berlin, Deutschland, 22
General Lewis Inn, W. Virginia, USA, 907
General Post Office, Dublin, Irland, 106
Generalife (Sommerpalast), Granada, Spanien, 261

Geneva on the Lake (Hotel), New York, USA, 842
Genfer See, Schweiz, 171
Genipabu (Schutzgebiet), Rio Grande do Norte, Brasilien, 1021
Geno's, Pennsylvania, USA, 865
GENT, Belgien, 9
Geoglyphen, Nazca, Peru, 1050
George Hotel, Isle of Wight, England, 41
George Inn (Pub), London, England, 50
George Ots Spa Hotel, Kuressaare, Saaremaa, Estland, 288
George Town, Great Exuma Island, Bahamas, 1070
Georgetown, historisches, Washington, D.C., USA, 898
Georgetown, Penang, Malaysia, 614
Georgia, USA, 738–740
Georgian Restaurant, London, England, 48
GEORGIA O'KEEFFE TRAIL, New Mexico, USA, 836
Georgien, 290–292
Georgskloster (Kunstmuseum), Prag, Tschechische Rep., 330
Gerard's (Restaurant), Hawaii, USA, 755
GERBEAUD & GUNDEL, Budapest, Ungarn, 350
Gerolimenas, Mani-Halbinsel, Griechenland, 196
Gesellschaftsinseln, Franz.-Polynesien, 689–693
Gessler Restauracja U Kucharzy, Warschau, Polen, 304
Gestüt Lipica, Lipica, Slowenien, 324
Getty Center/Getty Villa, Kalifornien, USA, 779
Gettysburg Museum of the American Civil War, Pennsylvania, USA, 864
GETTYSBURG NATIONAL MILITARY PARK, Pennsylvania, USA, 863
Gettysburg, Pennsylvania, USA, 863
Gewürzmarkt, Istanbul, Türkei, 338
Geysir Old Faithful, Wyoming, USA, 914
Geysire von El Tatio, San Pedro de Atacama, Chile, 1029
Ghana, 412/413
GHATS VON VARANASI, die, Indien, 580
Ghirardelli Square, Kalifornien, USA, 792
Ghost Ranch (O'Keeffe-Hotel), New Mexico, USA, 836
Giant's Causeway, Nordirland, 138
Gidleigh Park (Hotel), Chagford, England, 36
Gifu, Japan, 536

GILCREASE MUSEUM, Oklahoma, USA, 857
GILI-INSELN & LOMBOK, Indonesien, 599
Ginkaku-Tempel, Kyoto, Japan, 540, 542, 545, 547
Ginza, Tokio, Japan, 551, 552
Giolitti (Gelateria), Rom, Italien, 214
Gion Matsuri (Umzug), Kyoto, Japan, 543
Gion no Yozakura (Kirschblütennacht), Maruyama-koen, Kyoto, Japan, 547
Gion-Bezirk, Kyoto, Japan, 542
Girl & the Fig, the (Restaurant), Kalifornien, USA, 777
Girl & the Goat (Restaurant), Illinois, USA, 771
Giro Giro Hitoshina (Restaurant), Kyoto, Japan, 544
Giseh, Ägypten, 394, 396
Giverny, Frankreich, 73
GLACIER BAY & INSIDE PASSAGE, Alaska, USA, 707
Glacier Bay Lodge, Alaska, USA, 707
Glacier Express, Schweiz, 169
GLACIER NATIONAL PARK, Montana, USA, 825
Glasgow School of Art, Schottland, 153
GLASGOW, MACKINTOSHS, Schottland, 153
Glasgow, Schottland, 153
Glassdrumman Lodge, Newcastle, Nordirland, 139
Glastonbury Festival, Pilton, England, 56
Glastonbury Tor, England, 56
Glen Grant, Aberlour, Speyside, Schottland, 159
Glenburn Tea Estate (Lodge), West Bengal, Indien, 582
Gleneagles (Golfplatz), Perthshire, Schottland, 162
Glenfiddich Distillery, Dufftown, Speyside, Schottland, 159
Glenlivet Distillery, Speyside, Schottland, 159
Glenveagh National Park, County Donegal, Irland, 105
Gletscher Perito-Moreno, Patagonien, Argentinien,995
Gletscher San Rafael, Patagonien, Chile, 1026
Gletscherstraße, Österreich, 143
Glimmerglass Festival, New York, USA, 841
Glitretind (Restaurant), Utah, USA, 886
Glockenturm, Xi'an, Shaanxi, China, 526
Glorietta Bay Inn, Kalifornien, USA, 789
Gloucester, Massachusetts, USA, 814

Gloucestershire, England, 38
Glover's Reef Marine Reserve (Tauchrevier), Belize, 967
GLYNDEBOURNE FESTIVAL, Lewes, England, 37
GOA, STRÄNDE VON, Indien, 561
GOBI, WÜSTE, Mongolei, 502
Godiva (Chocolatier), Brüssel, Belgien, 7
Godoy Cruz, Argentinien, 993
Goethe, Johann Wolfgang von, 12, 18, 30, 211, 326
Goethe-Nationalmuseum, Weimar, Deutschland, 30
Going-to-the-Sun Road, Montana, USA, 825
Golan Brewery, Israel, 468
Golan Heights Winery, Israel, 468
GOLANHÖHEN, Israel, 468
Gold Coast Dogs (Hotdogs), Illinois, USA, 771
Gold of Africa Museum, Kapstadt, Südafrika, 438
Gold Restaurant, the, Kapstadt, Südafrika, 438
Golden Chariot (Zug), Indien, 566
GOLDEN DOOR & CAL-A-VIE, Kalifornien, USA, 776
Golden Eagle Trans-Siberian Express (Zug), Russland, 320
Golden Gate Bridge, Kalifornien, USA, 790, 792, 795
Golden Gate Park, Kalifornien, USA, 790
Golden Horseshoe Golf Club, Virginia USA, 897
GOLDEN ISLES, die, Georgia, USA, 738
Golden Tulip Nizwa Hotel, Oman, 488
Golden Tulip Resort Khasab, Oman, 487
Goldener Hirsch (Hotel), Salzburg, Österreich, 145
GOLDENE TEMPEL, der, Amritsar, Indien,571
GOLDENE DREIECK, das, Thailand, 630
GoldenEye Hotel, Ocho Rios, Jamaika, 1094
GOLDMUSEUM & LA CANDELARIA, Bogotá, Kolumbien, 1038
GOLDSTÄDTE VON MINAS GERAIS, Brasilien, 1012
Golf Club Amelia Island, Florida, USA, 728
GOLF IN SCHOTTLAND, 162
Golf von Gökova, Türkei, 335
GOLF VON KALIFORNIEN & LAGUNE SAN IGNACIO, Mexiko, 950
Golfakademie, Casa de Campo, Dom. Rep., 1083
GOLFEN IM VALLEY OF THE SUN, Arizona, USA, 713

GOLFPARADIESE, IRLAND, 102
Golfplätze von Wailea, Hawaii, USA, 754
GOLFREPUBLIK, die, Dom. Rep., 1083
GONDAR, Äthiopien, 416
González Byass (Sherry-Tour), Jerez de la Frontera, Spanien, 263
Gonzo Inn, Utah, USA, 885
Good News Café, Connecticut, USA, 725
Goodstone Inn, Virginia USA, 896
Gora Kadan (Hotel), Hakone, Japan, 548
Gordes, Frankreich, 95
Gordon Hotel, Tel Aviv, Israel, 473
Göreme, Freilichtmuseum, Anatolien, Türkei, 333
Gorgeous Scilly Cay, Anguilla, 1065
Gosho (kaiserlicher Palast), Kyoto, Japan, 542
Gosman's Dock (Restaurant), New York, USA, 844
Gospel Music Festival, Illinois, USA, 770
GÖTA-KANAL, Schweden, 382
Götaland, Schweden, 382
GOTLAND, Schweden, 383
Goulding's Lodge & Trading Post, Arizona, USA, 712
Gourmet Ghetto (Führungen), Kalifornien, USA, 795
Gouverneurspalast, New Mexico, USA, 837
Gouyave, Grenada, 1088
Governor's Residence (Hotel), Yangon, Myanmar, 618
Governors' Camp Collection (Zeltcamps), Masai Mara, Kenia, 426
Gower Peninsula, Wales, 180
Goya Restaurant, Madrid, Spanien, 284
Goya, Francisco, 282, 283, 849, 868
GR20 (Wanderweg), Korsika, Frankreich, 82
Grabeskirche, Jerusalem, Israel, 469
Grace Bay Club, Grace Bay, Turks&Caicos, 1119
GRACE BAY, Turks&Caicos, 1119
Grace Hotel, New York, USA, 850
GRACELAND, Tennessee, USA, 877
Grachten, Amsterdam, Niederlande, 128
Grafton Village Cheese Company, Vermont, USA, 889
GRAFTON, Vermont, USA, 888
Gramercy Tavern, New York, USA, 852
Grampian Mountains, Schottland, 154
Gran Bar Danzón, Buenos Aires, Argentinien, 987
Gran Caverna de San Tomás, Valle de Viñales, Kuba, 1098
Gran Cenote (Naturpool), Tulum, Mexiko, 963
Gran Roque (Insel), Venezuela, 1055

Gran Teatre del Liceu (Opernhaus), Barcelona, Spanien, 278
GRANADA, Nicaragua, 978
Granada, Spanien, 261
GRAND ANSE BEACH & ST. GEORGE'S HARBOUR, St. George's, Grenada, 1087
GRAND CANYON VON ISLAND & MÝVATN-SEE, Island, 373
GRAND CANYON, Arizona, USA, 710
Grand Case (Resortstadt), St. Martin, 1111
Grand Cayman, Kaimaninseln, 1095
Grand Central Hotel, Glasgow, Schottland, 153
Grand Central Market, Kalifornien, USA, 781
Grand Central Terminal, New York, USA, 849
Grand Etang National Park, Grenada, 1087
Grand Floridian Resort & Spa, Florida, USA, 735
Grand Hotel Villa Feltrinelli, Gargano, Italien, 218
Grand Hotel Barrière, Dinard, Frankreich, 66
Grand Hôtel de la Reine, Nancy, Frankreich, 85
Grand Hotel des Iles Borromées, Stresa, Italien, 217
Grand Hotel Europe, St. Petersburg, Russland, 315
Grand Hotel Excelsior Vittoria, Sorrent, Italien, 206
Grand Hotel Majestic, Bologna, Italien, 202
Grand Hôtel Moderne, Lourdes, Frankreich, 86
Grand Hôtel Nord Pinus, Arles, Frankreich, 90
Grand Hotel Ortigia, Sizilien, Italien, 227
Grand Hotel Palazzo, Poreč, Istrien, Kroatien, 294
Grand Hotel Pupp, Karlsbad, Tschechische Rep., 326
Grand Hotel Stamary, Zakopane, Polen, 305
Grand Hotel Toplice, Bled, Slowenien, 322
Grand Hotel Union, Ljubljana, Slowenien, 323
Grand Hotel Vesuvio, Neapel, Italien, 208
Grand Hotel Villa Serbelloni, Bellagio, Italien, 217
Grand Hôtel, Gamla Stan, Stockholm, Schweden, 388
Grand Hotel, Michigan, USA, 820
Grand Hotel, Taipeh, Taiwan, 533
Grand Hyatt Kauai Resort & Spa, Hawaii, USA, 749
GRAND OLE OPRY, Tennessee, USA, 879

Grand Palace Hotel, Alt-Riga, Lettland, 296
GRAND PLACE, Brüssel, Belgien, 7
Grand Quay Suites (Appartementhotel), Australien, 652
Grand Rivière (Strand), Trinidad, 1116
Grand Staircase-Escalante National Monument, Utah, USA, 888
Grand Targhee Ski Resort, Wyoming, USA, 912
Grand Théâtre, Bordeaux, Frankreich, 63
GRAND TRAVERSE, die, Neuseeland, 678
Grand Wailea Resort Hotel & Spa, Hawaii, USA, 755
Grand, the (Hotel), Amsterdam, Niederlande, 129
Grande Albergo Mezzatorre (Hotel), Ischia, Italien, 207
Grande Bretagne (Hotel), Athen, Griechenland, 183
Grande Normandy Barrière (Hotel), Deauville, Frankreich, 74
Grande Roche (Hotel), Western Cape, Südafrika, 447
Grandits, Tanja, 163
Grandma's Kitchen, New Hamps., USA, 829
Grande-Terre, Guadeloupe, 1088
GRAND-TETON-NATIONALPARK, Wyoming, USA, 911
Grange Hotel, Newark-on-Trent, England, 52
Grant Park Music Festival, Illinois, USA, 768
Grantown-on-Spey, Speyside, Schottland, 159
Granvia (Hotel), Kyoto, Japan, 543
GRANVILLE ISLAND, MARKT & TOPRESTAURANTS, British Col., Kanada, 921
Grasmere Lodge, Neuseeland, 677
Grasmere, England, 44
Grasse, Frankreich, 94
Graubünden, Schweiz, 166/167
Grauman's Chinese Theatre, Kalifornien, USA, 781
Gravetye Manor (Hotel), East Sussex, England, 37
Gravity Bar, Dublin, Irland, 109
GRAZ, ALTES, Österreich, 140
Great Abaco Barrier Reef Beach, Abaco-Inseln, Bahamas, 1067
GREAT BARRIER REEF, DAS & DAS KORALLENMEER, Australien, 657
Great Exuma Island, Bahamas, 1070
Great Ganga (Hotel), Uttarakhand, Indien, 578
Great George, the (Gästehaus), Prince Edward Island, Kanada, 938

Great Guana, Abaco-Inseln, Bahamas, 1067
Great Hall of Clans, Nova Scotia, Kanada, 930
GREAT NORTH WOODS, die, New Hamps., USA, 828
Great Ocean Ecolodge, Australien, 666
GREAT OCEAN ROAD, Australien, 666
Great Ocean Walk (Wanderweg), Australien, 666
GREAT SMOKY MOUNTAINS, Tenn./ North Carolina, USA, 875
Great Waters Inn, Montana, USA, 827
Green Gables House, Prince Edward Island, Kanada, 938
Green Mountain Flyer (Zug), Vermont, USA, 889
Green Tangerine (Restaurant), Hanoi, Vietnam, 639
Greenbrier River Trail (Wanderweg), W.Virginia USA, 907
GREENBRIER, the (Hotel), W.Virginia USA, 906
Greenhouse (Restaurant), Washington, D.C., USA, 902
Greenstone-Weg (Wanderweg), Neuseeland, 678
Gregans Castle Hotel, Ballyvaughan, Irland, 101
Grenada, 1087
Grenadier (Pub), London, England, 50
Grenadinen, 1088, 1112–1115
GRENADINEN, SEGELN, St.Vincent & die Grenadinen, 1114
Grenen, Skagen, Dänemark, 360
GRENZLAND IN SÜDMÄHREN, Tschechische Rep., 330
Greve, Italien, 235
GREYSTOKE CAMP, Tansania, 449
Griechenland, 183–199
GRIECHISCHE TEMPEL SIZILIENS, Italien, 227
Grieg, Edvard, 374
Grill Room, Louisiana, USA, 800
Grimaldi's (Restaurant), New York, USA, 852
Grimulda, Burg, Gauja-Tal, Lettland, 296
GRIPSHOLM, SCHLOSS & THEATER, Mariefred, Schweden, 389
Gripsholms Värdshus & Hotel, Mariefred, Schweden, 390
Griswold Inn, Connecticut, USA, 723
Grjótagjá-See, Island, 373
Groeninge Museum, Brügge, Belgien, 5
Groes Inn, Wales, 176
Grönland, 364
Groot Constantia (Weingut), Western Cape, Südafrika, 441, 447

Grootbos Lodge, Western Cape, Südafrika, 446
Gros Piton, St. Lucia, 1109
GROS-MORNE-NATIONALPARK, Neufundland, Kanada, 929
GROSSARTIGE MUSEEN VON 3 SAMMLERN, Lissabon, Portugal, 256
Große Kaskade, Peterhof, Russland, 318
Große Moschee von Aleppo, Syrien, 491
GROSSE MOSCHEE VON DJENNÉ & LAND DER DOGON, Mali, 414
Große Moschee von Sanaa, Jemen, 476
Große Moschee, Xi'an, Shaanxi, China, 526
Große Sandsee, Libysche Wüste, Ägypten, 397
Große Stalakpipen-Orgel, Virginia, USA, 895
Große Sultan-Qabus-Moschee, Maskat, Oman, 488
Großer Basar, Istanbul, Türkei, 338
GROSSER PALAST & WAT PHO, Bangkok, Thailand, 626
Großes Ägyptisches Museum (GEM), Giseh, Ägypten, 394
GROSSGLOCKNER-HOCHALPENSTRASSE & HALLSTATT, Österreich, 142
Großmeisterpalast, Rhodos, Griechenland, 187
Großmeisterpalast, Valletta, Malta, 250
Grossmünster, Zürich, Schweiz, 174
GROSSRAUM KRÜGERPARK, Südafrika, 444
Grotta di Nettuno, Sardinien, Italien, 225
Grotte di Catullo, Sirmione, Italien, 218
Grotthuss Hotel, Vilnius, Litauen, 298
Grove (Hotel), Molleston, Pembrokeshire, Wales, 182
Grove Park Inn Resort & Spa, North Carolina, USA, 854
Gruene Hall (Tanzschuppen), Texas, USA, 884
Gruene Mansion Inn, Texas, USA, 884
Gruene, Texas, USA, 884
Grünes Gewölbe, Dresden, Deutschland, 26
Grytviken, Südgeorgien, 1058
Gstaad Palace Hotel, Gstaad, Schweiz, 164
GSTAAD, Schweiz, 164
GUADELOUPE, 1088
Gualaceo, Ecuador, 1033
Guana Island Club, Brit. Jungferninseln, 1079
Guana, Brit. Jungferninseln, 1079
Guanaja, Honduras, 976
GUANAJUATO & SAN MIGUEL DE ALLENDE, Mexiko, 952
Guari Guari (Restaurant), Bocas Town, Panama, 980
Guatemala, 972–975

REGISTER 1147

Gubbio & Assisi, Italien, 240
Gudhjem, Bornholm, Dänemark, 354
Guerrero, Mexiko, 953
Guggenheim Museum, New York, USA, 847
GUGGENHEIM-MUSEUM BILBAO, Baskenland, Spanien, 267
Guia-Festung, Macao, China, 518
Guilin, Guangxi, China, 510
Guillaume at Bennelong (Restaurant), Australien, 652
Guinness Storehouse, Dublin, Irland, 109
GULF ISLANDS, British Col., Kanada, 917
Gullah Grub Restaurant, South Carolina, USA, 870
GUNDEL & GERBEAUD, Budapest, Ungarn, 350
Gundulic-Platz, Dubrovnik, Kroatien, 292
Gunnepana, Sri Lanka, 593
Gure Kide (Restaurant), Bilbao, Baskenland, Spanien, 267
Gur-Emir-Mausoleum, Samarkand, Usbekistan, 507
Gurvansaikhan-Nationalpark, Wüste Gobi, Mongolei, 503
Gus O'Conor's (Pub), Doolin, Irland, 101
Gustav Vasa Dagarna (Festival), Ålandinseln, Finnland, 366
Gustavia, St. Barths, 1106
Guy Savoy (Restaurant), Paris, Frankreich, 80
Gyeongbokgung-Palast, Seoul, Südkorea, 356

H

HABANA VIEJA, Kuba, 1096
Habanero's (Restaurant), Ambergris Caye, Belize, 965
Habitation Clément (Destillerie), Le François, Martinique, 1100
Hacienda Cusín (Hotel), Otavalo, Ecuador, 1037
Hacienda de San Rafael (Hotel), Las Cabezas de San Juan, Spanien, 265
Hacienda Gripiñas (Hotel), Puerto Rico, 1103
Hacienda San Agustín de Callo, Quito, Ecuador, 1038
Hacienda Tamarindo, Vieques, Puerto Rico, 1104
Hackesche Höfe, Berlin, Deutschland, 21
Hadid, Zaha, 213, 268, 557
HADRIANSWALL, Hexham, England, 51
Hafenseilbahn, Barcelona, Spanien, 279
Hagia Sophia, Istanbul, Türkei, 338
Hagley Museum, Delaware, USA, 726

Haifa, Israel, 465
Haiti, 1090
Hakone, Fuji-Hakone-Izu National Park, Japan, 548
Hakone-Freilichtmuseum, Japan, 548
HALBINSEL KAMTSCHATKA, Russland, 308
HALBINSEL MUSANDAM, Oman, 486
HALBINSEL SAMANÁ, Dom. Rep., 1084
Halbinsel Slieve League, County Donegal, Irland, 105
HALBINSEL VALDÉS, Argentinien, 990
Haleakala (Vulkan), Hawaii, USA, 752
Halekulani (Hotel), Hawaii, USA, 761
Half-Moon (Resort), Montego Bay, Jamaika, 1092
Half-Moon Bay (Strand), Antigua, 1066
HALLSTATT & GROSSGLOCKNER-HOCHALPENSTRASSE, Österreich, 142
Halong Violet (Ausflugsboot), Ha-Long-Bucht, Vietnam, 638
HA-LONG-BUCHT, Vietnam, 637
Haltwhistle, England, 52
Hamakua Coast, Hawaii, USA, 742
Hama-rikyu-Garten, Tokio, Japan, 550
Hamburger Bahnhof, Berlin, Deutschland, 23
Hamersley's Bistro, Massachusetts, USA, 812
Hamilton Island, Australien, 659
Hammerfest, Norwegen, 378
Hammershus, Burgruine, Østerlars, Bornholm, Dänemark, 354
Hamoa Beach, Hawaii, USA, 754
Hampshire, England, 39–41
Hampton Court Palace, London, England, 45
HAMPTONS, die, New York, USA, 844
Hamura Saimin Stand (Restaurant), Hawaii, USA, 750
Hamurana Lodge, Rotorua, Neuseeland, 674
Hana Highway, Hawaii, USA, 752
Hana, Hawaii, USA, 753
Hanakee Hiva Oa Pearl Lodge, Nuku Hiva, Franz.-Polynesien, 689
Hanalei Bay, Hawaii, USA, 748, 749
Hanami (Kirschblütenfeste), Japan, 542, 547
Hanami-koji-Straße, Gion-Bezirk, Kyoto, Japan, 542
Hanauma Bay, Hawaii, USA, 760
Han-Fluss, Seoul, Südkorea, 557
Hangzhou, China, 532
Hanneman Holiday Residence, Mahé, Seychellen, 460
HANOI, GASTROSZENE, Vietnam, 638
Hanoi, Vietnam, 638–640
HANOIS ALTSTADT, Vietnam, 638
Hansemuseum, Bergen, Norwegen, 374

Hantei (Restaurant), Tokio, Japan, 553
Hanzono (Skigebiet), Niseko, Japan, 534
Happy Valley (Pferderennbahn), Hongkong, China, 512
Hapuna Beach, Hawaii, USA, 743
Harbin Hot Springs, Kalifornien, USA, 777
Harbor Park, Maine, USA, 806
Harbour Bridge, Australien, 652
HARBOUR ISLAND, Eleuthera, Bahamas, 1069
Harbour Village Beach Club, Bonaire, 1076
HARDANGERFJORD, Utne, Norwegen, 382
Hardanger-Freilichtmuseum, Utne, Norwegen, 382
Häringe Slott, Stockholmer Schären, Schweden, 386
Harlech Castle, Wales, 176
Harlem Spirituals Tour, New York, USA, 849
Harmandir Sahib, Amritsar, Indien, 571
Harpers Ferry, W.Virginia USA, 738
Harriet Beecher Stowe Center, Connecticut, USA, 724
Harriman State Park, Idaho, USA, 738
Harriman-Bear Mountain State Park, New York, USA, 738
Harrison's Cave, Barbados, 1073
Harrods, London, England, 47, 48
Harrodsburg, Kentucky, USA, 798
Harry Denton's, Kalifornien, USA, 793
Hartford, Connecticut, USA, 723
Harvard University, Massachusetts, USA, 810
Harvey Nichols, London, England, 48
Hase-dera-Tempel, Kamakura, Japan, 554
Hassler Bar, Rom, Italien, 213
Hastings House, British Col., Kanada, 917
Hato Cedral (Farm), Los Llanos, Venezuela, 1056
Haulover Bay (Schnorchelrevier), St. John, Am. Jungferninseln, 1062
Haus der Arbeiter, Jyväskylä, Finnland, 368
Haus der Mutter Maria, Ephesos, Türkei, 337
Haus der Schiffergesellschaft (Restaurant), Lübeck, Deutschland, 28
Haus des Augustus, Rom, Italien, 212
Haute Route (Wanderweg), Chamonix, Frankreich, 99
Haute-Normandie, Frankreich, 71–74
Haute-Ville (Stadtteil), Quebec, Kanada, 945

Haut-Kœnigsburg, Turckheim, Frankreich, 70
HAVANNA, ALT-, Kuba, 1096
Havelock House (B&B), Napier, Neuseeland, 672
HAWAI'I (BIG ISLAND), Hawaii, USA, 741
Hawaii Volcanoes-Nationalpark, Hawaii, USA, 741
Hawaii, USA, 741–763
HAWKE'S BAY & NAPIER, Neuseeland, 672
Hay-Adams Hotel, Washington, D.C., USA, 902
Hayden Planetarium, New York, USA, 845
Hayfield Manor (Hotel), Cork, Irland, 104
Hayman Great Barrier Reef Resort, Australien, 659
HAY-ON-WYE, Wales, 175
Hazards (Berge), Australien, 665
Head of the Charles Regatta (Rudern), Massachusetts, USA, 811
Healdsburg, Kalifornien, USA, 777
Healing Waters Spa, Australien, 856
Hearst Castle, Kalifornien, USA, 787
Heart Six Ranch, Wyoming, USA, 913
Heaven Hill Distilleries, Kentucky, USA, 797
Hebridean Princess (Kreuzfahrtschiff), Hebriden, Schottland, 155
HEBRIDEN, die, Schottland, 155
Heeren House (Hotel), Malakka, Malaysia, 612
Hegia (Hotel), Hasparren, Frankreich, 62
Heidelberg Suites, Heidelberg, Deutschland, 12
Heidelberg, Deutschland, 12
HEIDELBERGER SCHLOSS, Heidelberg, Deutschland, 12
Heiliges Becken, Hierapolis, Türkei, 334
Heiliges Tal (Urubamba), Peru, 1045
Heiratsmarkt, Atlasgebirge, Marokko, 409
Heiseikan-Galerie, Nationalmuseum Tokio, Japan, 550
HEISSE QUELLEN & SPAS, New Mexico, USA, 837
HEIVA I TAHITI, Tahiti, Gesellschaftsinseln, Franz.-Polynesien, 692
Helena's Hawaiian Food, Hawaii, USA, 763
Helikopter-Sightseeing, Hawaii, USA, 747, 748
HELI-SKIING & HELI-HIKING, British Col., Kanada, 918
Helsingør, Dänemark, 355
Helsinki, Finnland, 289, 366, 367, 371
Hemingway Bar, Paris, Frankreich, 79

Hemingway, Ernest, 75, 80, 90, 217, 264, 281, 286, 342, 448, 732, 766, 1097
Hemingways Haus, Florida, USA, 732
Hemis-Nationalpark, Ladakh, Indien, 564
HENRY'S FORK LODGE, Idaho, USA, 763
Herbsaint Restaurant, Louisiana, USA, 803
Herbstfest, Takayama, Japan, 537
Herbstfestival der Häuser & Gärten, South Carolina, USA, 871
Herculaneum, Italien, 209
Heritage Trail (Wanderweg), Indiana, USA, 773
Heritance Kandalama (Hotel), Dambulla, Sri Lanka, 592
Herkulesbrunnen, Olomouc, Tschechische Rep., 332
Herman Restaurant, Nimb Hotel, Kopenhagen, Dänemark, 358
Hermanus, Western Cape, Südafrika, 446
Hermitage (Hotel), Neuseeland, 676
Hermitage Plantation Inn, Nevis, 1108
Heron Island Resort, Australien, 658
HERON ISLAND, Australien, 658
HERZ VON CHARLESTON, South Carolina, USA, 871
Het Groot Vleeshuis (Restaurant), Gent, Belgien, 10
Het Loo (Königsschloss), Apeldoorn, Niederlande, 132
HET MAURITSHUIS, Den Haag, Niederlande, 134
Heurigen, Wien, Österreich, 150
Hévíz, Plattensee, Ungarn, 352
HEXENMARKT VON LA PAZ, La Paz, Bolivien, 1001
Hexham, England, 51
Hias Gourmet-Touren, Peking, China, 524
Hida-Museumsdorf, Takayama, Japan, 537
Hidden Worlds, Tulum, Mexiko, 963
Hierapolis (Kurstadt), Anatolien, Türkei, 334
Higashi Gyoen (Gärten), Tokio, Japan, 549
Higashi-Chaya (Stadtteil), Kanazawa, Japan, 539
High Finance Restaurant & Tavern, New Mexico, USA, 832
High Line (Park), New York, USA, 850
HIGHLAND GAMES, Braemar, Schottland, 157
Highlands, Schottland, 157
Highway 12, Utah, USA, 888
Highway 4 (Restaurant), Hanoi, Vietnam, 638
Hildene, Vermont, USA, 891

Hill Club (Hotel), Eliya, Sri Lanka, 594
Hill Country Equestrian Lodge, Texas, USA, 884
Hill of Tara, County Meath, Irland, 119
Hillary, Sir Edmund, 586, 675, 676
Hilltop Restaurant, Virgin Gorda, Brit. Jungferninseln, 1080
Hillwood Estate, Museum & Gardens, Washington, D.C., USA, 900
Hilo, Hawaii, USA, 742, 744
Hilton Budapest, Ungarn, 349
Hilton Head Island, South Carolina, USA, 870
Himachal Pradesh, Indien, 563
Himeji (Burg), Hyogo, Japan, 545, 546
Himmelstempel, Peking, China, 521
Hintere Seen, Hutongs von Peking, China, 521
Hirafu (Skigebiet), Niseko, Japan, 534
Hiram Bingham Orient Express (Zug), Peru, 1046
HIROSHIMA & MIYAJIMA, Japan, 537
Hirschgasse, die (Hotel), Heidelberg, Deutschland, 12
Hirshhorn Museum, Washington, D.C., USA, 901
Hiša Franko (Hotel/Restaurant), Kobarid, Slowenien, 322
HISTORISCHE HOTELS IN SAIGON, Vietnam, 640
HISTORISCHES DUBLIN, Irland, 106
Historisches Georgetown, Washington, D.C., USA, 898
HISTORISCHES ZENTRUM VON LWIW, Ukraine, 347
Hi-Tone Café, Tennessee, USA, 878
Hoang-Lien-Gebirge, Vietnam, 646
Hocca Bar, São Paulo, Brasilien, 1024
Ho-Chi-Minh-Stadt, Vietnam, 637, 640–642
HOCHLAND VON CHIRIQUI, Panama, 981
HOCHLAND, das, Nuwara Eliya, Sri Lanka, 593
Hofbräuhaus, München, Deutschland, 14
Hofburg, Wien, Österreich, 146
Hofburgkapelle, Wien, Österreich, 147
Hoffman Haus (B&B), Texas, USA, 884
Hog Island Oyster Company, Kalifornien, USA, 791
Hogmanay (Silvester), Edinburgh, Schottland, 152
Hohe Tatra, Polen, 304
Hohensalzburg, Salzburg, Österreich, 144
Hohenschwangau, Deutschland, 19
Hoher Atlas, Marokko, 407, 408
Höhle bei Pyrgos Dirou, Mani-Halbinsel, Griechenland, 195

Höhle Font-de-Gaume, Dordogne, Frankreich, 65
HÖHLE VON ALTAMIRA & SANTILLANA DEL MAR, Spanien, 272
Höhle von Postojna, Slowenien, 324
HÖHLEN DES KARST-PLATEAUS, Slowenien, 324
HÖHLEN, CARLSBAD, New Mexico, USA, 832
Höhlen, Škocjan, Slowenien, 324
HÖHLENKLOSTER, KIEW, Ukraine, 346
Höhlenmalereien, Lascaux, Frankreich, 64
HÖHLENTEMPEL IN AJANTA & ELLORA, Maharashtra, Indien, 569
HOI AN, Vietnam, 641
Hokkaido, Japan, 534-536
Hol Chan Marine Reserve (Tauchrevier), Belize, 965
Holiday Inn Waikiki Beachcomber, Hawaii, USA, 762
Holiday Inn, Mexiko-Stadt, Mexiko, 955
Hollmann Salon (Restaurant), Wien, Österreich, 150
Hollywood and Highland Center (Hotel), Kalifornien, USA, 782
Hollywood Bowl, Kalifornien, USA, 780
Hollywood Museum, Kalifornien, USA, 781
Hollywood Road, Hongkong, China, 514
Hollywood Roosevelt Hotel, Kalifornien, USA, 784
Hollywood Walk of Fame, Kalifornien, USA, 781
Hollywood, Kalifornien, USA, 781
Holocaust Museum, Washington, D.C., USA, 901
Holocaust-Mahnmal, Berlin, Deutschland, 22
Homa Hotel, Shiraz, Iran, 464
Home Hotel, Buenos Aires, Argentinien, 986
Home Ranch, Colorado, USA, 720
Homer, Alaska, USA, 708
Homestead, the (Resort), Virginia USA, 895
Hominy Grill, South Carolina, USA, 872
Honduras, 976/977
Honeychurch (Laden), Hongkong, China, 514
Honfleur, Frankreich, 73
Hong Kong Museum of History, China, 513
Hongcun (Dorf), Anhui, China, 509
HONGKONG, China, 511
Honkan (Hauptgalerie), Tokio National Museum, Japan, 550
Honolulu Festival, Hawaii, USA, 761
Honshu, Japan, 536-554
Hood River, Oregon, USA, 859
Hookipa Beach, Hawaii, USA, 754

Hope Town, Abaco-Inseln, Bahamas, 1067
Horned Dorset (Hotel), Rincón, Puerto Rico, 1103
Horse Show Week, Dublin, Irland, 117
Horsehoe Bay, Bermuda, 1074
Horseshoe Bar, Dublin, Irland, 117
Horseshoe Falls, Ontario, Kanada, 933
Horta, Victor, 8,9
Horton-Plains-Nationalpark, Sri Lanka, 594
Hortus Botanicus (Garten), Amsterdam, Niederlande, 131
Horus-Tempel, Edfu, Ägypten, 399
Hospes Maricel (Hotel), Palma, Mallorca, Spanien, 266
Hospes Palacio del Bailío (Hotel), Córdoba, Spanien, 261
Hospital in the Rock, Budapest, Ungarn, 349
Hospoda Na Louzi (Kneipe), Krumau, Tschechische Rep., 325
Hostal del Cardenal (Restaurant), Toledo, Spanien, 285
Hostal Nicolas de Ovando, Santo Domingo, Dom. Rep., 1086
Hostellerie de Pérouges, Pérouges, Frankreich, 98
Hostellerie Le Maréchal, Colmar, Frankreich, 70
Hostellerie St-Antoine, Albi, Frankreich, 83
Hostería Alta Vista, Patagonien, Argentinien, 995
Hostinec U Kocoura (Pub), Prag, Tschechische Rep., 330
Hotdogs im Chicago-Stil, 771
Hot Doug's (Restaurant), Illinois, USA, 771
Hotel Adlon, Berlin, Deutschland, 22
Hotel Admiral, Zermatt, Schweiz, 173
Hotel Agua, Cartagena, Kolumbien, 1040
Hotel Ai Do Mori, Venedig, Italien, 247
Hotel Albergo, Beirut, Libanon, 486
Hotel Aliki, Sími, Griechenland, 187
Hotel Alphorn, Gstaad, Schweiz, 164
Hotel Altstadt, Wien, Österreich, 148
Hotel Am Brühl, Quedlinburg, Deutschland, 27
Hôtel America, Cannes, Frankreich, 93
Hotel Amigo, Brüssel, Belgien, 8
Hotel Antumalal, Pucón, Chile, 1029
Hotel Arraya, Sare, Frankreich, 62
Hotel Astoria, Budva, Montenegro, 300
Hotel Astoria, St. Petersburg, Russland, 316
Hotel Atitlán, Panajachel, Guatemala, 973
Hotel au Coin du Feu, Megève, Frankreich, 99

Hotel Bel-Air, Kalifornien, USA, 783
Hotel Bellevue, Mürren, Schweiz, 165
Hotel Boca Chica, Acapulco, Mexiko, 953
Hotel Bonconte, Urbino, Italien, 222
Hotel Brisas, Trinidad, Kuba, 1100
Hotel Brufani Palace, Perugia, Italien, 243
Hotel Burnham, Illinois, USA, 770
Hotel Carl Gustaf, St. Barths, 1106
Hôtel Caron de Beaumarchais, Paris, Frankreich, 79
Hotel Caruso, Ravello, Italien, 205
Hotel Casa Fuster, Barcelona, Spanien, 279
Hotel Casa Higueras, Valparaíso, Chile, 1032
Hotel Casci, Florenz, Italien, 233
Hotel Castello di Sinio, Alba, Italien, 224
Hotel Catharina Paraguaçu, Rio Vermello, Brasilien, 1007
Hotel Cézanne, Aix-en-Provence, Frankreich, 88
Hotel Chandela, Madhya Pradesh, Indien, 569
Hotel Cisar Ferdinand, Loket, Tschechische Rep., 326
Hotel Colón, Barcelona, Spanien, 277
Hotel Continental, Ho-Chi-Minh-Stadt, Vietnam, 640
Hotel Continental, Oslo, Norwegen, 379
Hotel Copernicus, Krakau, Polen, 303
Hôtel Crillon-le-Brave, Avignon, Frankreich, 92
Hotel D'Angleterre, Kopenhagen, Dänemark, 356
Hôtel d'Europe, Avignon, Frankreich, 91
Hotel d'Urville, Blenheim, Neuseeland, 680
Hotel Dagmar, Ribe, Dänemark, 363
Hotel das Cataratas, Brasilien, 992
Hôtel de Crillon, Paris, Frankreich, 79
Hôtel de Glace, Quebec, Kanada, 944
Hôtel de l'Abbaye de Talloires, Lac d'Annecy, Frankreich, 74
Hôtel de l'Europe, Amsterdam, Niederlande, 129
Hôtel de la Cité, Carcassonne, Frankreich, 84
Hôtel de la Opera, Bogotá, Kolumbien, 1039
Hôtel de Paris, Monte Carlo, Monaco, 126
Hotel de Rome, Berlin, Deutschland, 21
Hôtel de Toiras, Île de Ré, Frankreich, 67
Hotel del Coronado, Kalifornien, USA, 789

Hotel del Mar, Viña del Mar, Chile, 1032
Hotel des Indes, Den Haag, Niederlande, 134
Hotel Deuring Schlössle, Bregenz, Österreich, 143
Hotel Drisco, Kalifornien, USA, 794
Hôtel du 7ème Art, Paris, Frankreich, 79
Hôtel du Cap-Ferrat, St-Jean-Cap-Ferrat, Frankreich, 95
Hôtel du Château, Carcassonne, Frankreich, 84
Hotel du Palais de l'Isle, Lac d'Annecy, Frankreich, 74
Hôtel du Palais, Biarritz, Frankreich, 62
Hôtel du Petit Moulin, Paris, Frankreich, 78
Hotel du Pont, Delaware, USA, 727
Hotel du Vin, Cambridgeshire, England, 31
Hotel du Vin, Glasgow, Schottland, 153
Hôtel Duc de Padoue, Corte, Korsika, Frankreich, 82
Hotel Eisenhut, Rothenburg ob der Tauber, Deutschland, 19
Hotel Elch, Nürnberg, Deutschland, 16
Hotel Elizabeth, St-Malo, Frankreich, 66
Hotel Empress Zoe, Istanbul, Türkei, 341
Hotel Erasmus, Gent, Belgien, 10
Hotel Erwin, Kalifornien, USA, 783
Hotel Europa, Saas-Fee, Schweiz, 173
Hotel Farinet, Verbier, Schweiz, 172
Hotel Federale, Lugano, Schweiz, 170
Hotel Felix, Cambridgeshire, England, 31
Hotel Flora, Venedig, Italien, 247
Hotel Fonda Vela, Costa Rica, 972
Hotel G, Peking, China, 522
Hotel Gattapone, Spoleto, Italien, 243
Hotel George, the, Washington, D.C., USA, 902
Hotel GLO, Helsinki, Finnland, 367
Hotel Gstaaderhof, Gstaad, Schweiz, 164
Hotel Guanahani, St. Barths, 1106
Hotel Hal-Tur, Pamukkale, Türkei, 334
Hotel Hameau Albert I, Chamonix, Frankreich, 99
Hotel Hassler, Rom, Italien, 213
Hotel Healdsburg, Kalifornien, USA, 777
Hotel Hebrides, Isle of Harris, Hebriden, Schottland, 155
Hotel Helvetia & Bristol, Florenz, Italien, 233
Hotel Helvetia, Zürich, Schweiz, 174
Hótel Holt, Reykjavik, Island, 372
Hotel Hvala, Kobarid, Slowenien, 322

Hotel Imperial, Wien, Österreich, 149
Hotel InterContinental Carlton Cannes, Frankreich, 93
Hotel InterContinental, Hongkong, China, 515
Hotel Jerome, Colorado, USA, 716
Hôtel Jules César, Arles, Frankreich, 91
Hotel Kaiserhof, Lübeck, Deutschland, 28
Hotel Kämp, Helsinki, Finnland, 367
Hotel Kastel, Motovun, Kroatien, 294
Hotel Kia Ora, Rangiroa, Franz.-Polynesien, 694
Hotel König von Ungarn, Wien, Österreich, 149
Hotel Krafft, Basel, Schweiz, 163
Hotel Kras, Postojna, Slowenien, 324
Hotel Kura Hulanda Spa & Casino, Curaçao, 1081
Hotel L'Océan, Île de Ré, Frankreich, 67
Hotel La Désirade, Sauzon, Frankreich, 67
Hotel La Fuente de la Higuera, Ronda, Spanien, 264
Hôtel La Jabotte, Cap d'Antibes, Frankreich, 95
Hotel La Moka, Kuba, 1098
Hôtel La Ponche, St-Tropez, Frankreich, 94
Hotel La Posada, Sucre, Bolivien, 1004
Hotel La Scalinatella, Capri, Italien, 207
Hotel Lalit Temple View, Madhya Pradesh, Indien, 569
Hotel Lana'i, Hawaii, USA, 751
Hotel Languard, St. Moritz, Schweiz, 167
Hôtel le Cep, Beaune, Frankreich, 68
Hôtel Le Germain-Dominion, Quebec, Kanada, 945
Hotel Le Gray, Beirut, Libanon, 486
Hotel Le Place d'Armes, Luxemburg-Stadt, Luxemburg, 124
Hôtel Le Saint-Paul, St-Paul-de-Vence, Frankreich, 97
Hotel le Sirenuse, Positano, Italien, 206
Hotel Le Vieux Logis, Trémolat, Dordogne, Frankreich, 64
Hôtel Les 4 Vallées, Verbier, Schweiz, 172
Hôtel Les Bories & Spa, Gordes, Frankreich, 96
Hotel Les Charmes, Maastricht, Niederlande, 135
Hotel Les Fermes de Marie, Megève, Frankreich, 99
Hôtel Les Pyrénées, St-Jean-Pied-de-Port, Frankreich, 62
Hotel Les Tipaniers, Moorea, Franz.-Polynesien, 692
Hotel Libertador, Puno, Peru, 1051

Hotel Lipowy Dwor, Zakopane, Polen, 305
Hotel Londres y de Inglaterra, San Sebastián, Spanien, 269
Hotel Los Jazmines, Viñales, Kuba, 1098
Hotel Los Juaninos, Morelia, Mexiko, 961
Hotel Luna Salada, Bolivien, 1003
Hotel Luna, Capri, Italien, 207
Hotel Lungarno, Florenz, Italien, 233
Hotel Malika Samarkand, Samarkanad, Usbekistan, 507
Hotel Malika, Xiva, Usbekistan, 508
Hotel Malovec, Divaca, Slowenien, 324
Hotel Malvasia, Monemvasia, Griechenland, 197
Hotel Manisses, Rhode Island, USA, 868
Hotel María Cristina, San Sebastián, Spanien, 269
Hotel Marqués de Riscal, Eltziego, Spanien, 268
Hotel Marqués de Vallejo, Logroño, Spanien, 268
Hôtel Masson, Montreux, Schweiz, 171
Hotel Metropol, Moskau, Russland, 310
Hôtel Métropole, Monte Carlo, Monaco, 126
Hôtel Meurice, Paris, Frankreich, 79
Hotel Mirador, Barrancas, Mexiko, 952
Hotel Miró, Bilbao, Spanien, 267
Hotel Mocking Bird Hill, Port Antonio, Jamaika, 1095
Hotel Molokai, Hawaii, USA, 757
Hotel Monasterio, Cusco, Peru, 1045
Hotel Monte Mulini, Istrien, Kroatien, 293
Hotel Monte Rosa, Zermatt, Schweiz, 173
Hotel Monteleone, Louisiana, USA, 800
Hotel Mume, Kyoto, Japan, 543
Hotel Nacional, Havanna, Kuba, 1097
Hotel National, Moskau, Russland, 311
Hotel Nazca Lines, Peru, 1050
Hôtel Negresco, Nizza, Frankreich, 90
Hotel Nord-Pinus, Tanger, Marokko, 407
Hotel Nové Lázně, Mariánské Lázně, Tschechische Rep., 326
Hotel Oloffson, Port-au-Prince, Haiti, 1090
Hotel Ontario, Karlsbad, Tschechische Rep., 326
Hotel Ópera, Madrid, Spanien, 284
Hotel Orlando, Amsterdam, Niederlande, 129
Hotel Orphée, Regensburg, Deutschland, 18
Hotel Palacio de los Velada, Avila, Spanien, 275
Hotel Palmyra, Baalbek, Libanon, 485

REGISTER

Hotel Paracas, Nazca, Peru, 1050
Hotel Parc Beaux Arts, Luxemburg-Stadt, Luxemburg, 124
Hotel Phaedra, Hydra, Saronische Inseln, Griechenland, 185
Hotel Phoenicia, Valletta, Malta, 251
Hotel Plaza Colón, Granada, Nicaragua, 979
Hotel Plaza Grande, Quito, Ecuador, 1038
Hotel Plein Soleil, Martinique, 1100
Hotel Portillo, Chile, 1028
Hotel Portmeirion, Lleyn-Halbinsel, Wales, 178
Hotel Porto Roca, Monterosso, Italien, 215
Hotel Quisisana, Capri, Italien, 207
Hotel Raquel, Havanna, Kuba, 1097
Hotel Rathaus Wein und Design, Wien, Österreich, 149
Hotel Raya, Panarea, Sizilien, Italien, 225
Hotel Rector, Salamanca, Spanien, 277
Hôtel Régent Petite France, Straßburg, Frankreich, 70
Hotel Relais Ducale, Gubbio, Italien, 241
Hotel Reyes Católicos, Santiago de Compostela, Spanien, 271
Hotel Rio, Achalziche, Georgien, 290
Hôtel Roches Rouges, Bucht von Porto, Korsika, Frankreich, 82
Hotel Rosario del Lago, Copacabana, Bolivien, 1000
Hotel Royal, Aarhus, Dänemark, 359
Hotel Rubens Grote Markt, Antwerpen, Belgien, 3
Hotel Sacher, Wien, Österreich, 149
Hotel Saint Cecilia, Texas, USA, 880
Hôtel Sainte-Beuve, Paris, Frankreich, 79
Hotel San Domenico, Taormina, Sizilien, Italien, 229
Hotel San José, Texas, USA, 880
Hotel Santa Caterina, Amalfi, Italien, 205
Hotel Santa Caterina, Siena, Italien, 238
Hotel Santa Cruz Plaza, Santa Cruz, Chile, 1031
Hotel Santo Tomás, Chichicastenango, Guatemala, 975
Hotel Saratoga, Havanna, Kuba, 1096
Hotel Savoy, Moskau, Russland, 310
Hotel Sax, Prag, Tschechische Rep., 330
Hotel Schloss Dürnstein, Österreich, 146
Hotel Schloss Mönchstein, Salzburg, Österreich, 143
Hotel Signum, Salina, Äolische Inseln, Sizilien, Italien, 226
Hotel Souq Waqif, Doha, Katar, 484

Hotel Spadari, Mailand, Italien, 220
Hotel Splendido Mare, Portofino, Italien, 216
Hotel Splendido, Portofino, Italien, 216
Hotel St. Nepomuk, Bamberg, Deutschland, 13
Hotel Stadt Hamburg, Westerland, Deutschland, 29
Hotel Stari Grad, Dubrovnik, Kroatien, 292
Hotel Stein, Salzburg, Österreich, 145
Hôtel St-Merry, Paris, Frankreich, 79
Hotel Suitess, Dresden, Deutschland, 27
Hotel Tabard Inn, Washington, D.C., USA, 902
Hôtel Tassel, Brüssel, Belgien, 8
Hotel Taura'a (B&B), Osterinsel, Chile, 1025
Hotel Templ, Mikulov, Mähren, Tschechische Rep., 331
Hotel Theophano, Quedlinburg, Deutschland, 27
Hotel Titilaka, Puno, Peru, 1051
Hotel Tivoli Palácio de Seteais, Lissabon, Portugal, 257
Hotel Torbräu, München, Deutschland, 16
Hotel Traube Tonbach, Deutschland, 11
Hotel Travaasa Hana-Maui, Hawaii, USA, 756
Hotel Tresanton, St. Mawes, England, 34
Hotel-Trio, ein, Bangkok, Thailand, 628
Hotel Tropical, Amazonas, Brasilien, 1005
Hotel Umbra, Assisi, Italien, 241
Hotel Unique, São Paulo, Brasilien, 1023
Hotel Urban, Madrid, Spanien, 284
Hotel Vila Bled, Slowenien, 322
Hotel Villa Athena, Agrigento, Sizilien, Italien, 228
Hotel Villa Cipriani, Asolo, Italien, 248
Hotel Villa Ducale, Taormina, Sizilien, Italien, 229
Hôtel Villa Joséphine, Deauville, Frankreich, 74
Hotel Villa Mtiebi, Tiflis, Georgien, 291
Hotel Vitale, Kalifornien, USA, 794
Hotel Vittoria, Pesaro, Italien, 222
Hotel Wentzl, Rynek Główny, Krakau, Polen, 302
Hotel Wilden Mann, Luzern, Schweiz, 168
Hotel Yak & Yeti, Kathmandu, Nepal, 586
Hotel Yöpuu, Jyväskylä, Finnland, 368
Hotel-Restaurant Sänger Blondel, Dürnstein, Österreich, 146

Hotel-Weinhaus Messerschmitt, Bamberg, Deutschland, 13
House of Jasmines (Hotel), Salta, Argentinien, 997
House of the Seven Gables, Massachusetts, USA, 814
HOUSTONS KUNSTMUSEEN, Texas, USA, 882
Hovedstaden, Dänemark, 354–359
Howelsen Hill, Colorado, USA, 720
Hoyran Wedre Country House (Hotel), Demre, Türkei, 344
HRINGVEGUR (RING ROAD), Island, 372
HUA HIN, Thailand, 631
HUAHINE, Gesellschaftsinseln, Franz.-Polynesien, 690
Hualalai Spa, Hawaii, USA, 745
HUANG SHAN, China, 508
Huangpu-Fluss, China, 526
Huayna Picchu (Berg), Peru, 1046
Hubei, China, 518
HUDSON VALLEY, New York, USA, 843
HUE, VERBOTENE STADT, Vietnam, 642
HÜGELSTÄDTE DER TOSKANA, Italien, 235
Huka Lodge, Neuseeland, 675
Hull Bay Beach, St. Thomas, Am. Jungferninseln, 1063
Hulopoe Bay, Hawaii, USA, 751
Humboldt Redwoods State Park, Kalifornien, USA, 788
Humor (Kloster), Moldau, Rumänien, 307
Humpback Whale National Marine Sanctuary, Hawaii, USA, 753
Hundehalsbandmuseum, Maidstone, England, 42
HUNTER VALLEY, Australien, 650
Hunting Island State Park, South Carolina, USA, 870
Huntington-Bibliothek, Kunstsammlungen & Botanische Gärten, Kalifornien, USA, 786
Hurst House, Laugharne, Wales, 180
Hurtigruten, Norwegen, 378
Husk (Restaurant), South Carolina, USA, 872
Hutongs von Peking, China, 521
Hvar, Kroatien, 292
Hverfjall (Vulkan), Island, 373
Hyatt Regency Kyoto, Japan, 543
Hyde Park, London, England, 45
Hyde Park, New York, USA, 843
HYDRA & SPETSES, Saronische Inseln, Griechenland, 185
Hyogo, Japan, 546

I

I Sette Consoli (Restaurant), Orvieto, Italien, 242
Iaccarino, Alfonso & Livia, 206
Iao Valley State Park, Hawaii, USA, 755
Iberostar Grand (Hotel), Trinidad, Kuba, 1099
Ibiza, Spanien, 266
Ibn-Tulun-Moschee, Kairo, Ägypten, 395
Icefields Parkway, Alberta, Kanada, 915
Ichan-Kala, Xiva, Usbekistan, 508
Ida Davidsen (Restaurant), Kopenhagen, Dänemark, 357
Idaho Rocky Mountain Ranch, Idaho, USA, 765
Idaho, USA, 763–767
IDITAROD, Alaska, USA, 705
Iglesia Compañia de Jesús, Córdoba, Argentinien, 990
Iglesia de la Catedral, Quito, Ecuador, 1038
Iglesia de la Compañia de Jesús, Quito, Ecuador, 1038
Iglesia de San Francisco, Quito, Ecuador, 1037
Iglesia El Sagrario, Cuenca, Ecuador, 1033
Iguane Café, Grande-Terre, Guadeloupe, 1088
IGUAZÚ-WASSERFÄLLE, Arg./Brasilien, 991
Il Convivio (Restaurant), Asti, Italien, 224
Il Gambero Rosso (Restaurant), Vernazza, Italien, 215
Il Gelato di San Crispino, Rom, Italien, 214
Il Palagio (Restaurant), Florenz, Italien, 233
Il Palazzetto (Hotel), Rom, Italien, 213
Il Pelicano (Hotel), Porto Ercole, Italien, 238
Il Poeta Contadino (Restaurant), Alberobello, Italien, 200
Il Salviatino (Hotel), Florenz, Italien, 234
Il Tesoro, Massachusetts, USA, 818
Ilana-Goor-Museum, Tel Aviv Jaffa, Israel, 472
ÎLE DE PORQUEROLLES, BELLE-ÎLE, ÎLE DE RÉ, Frankreich, 67
Île de Ré, Frankreich, 67
Île St-Louis, Paris, Frankreich, 78
Île-de-France, Frankreich, 75
Îlet Pinel (Pine Island), St. Martin, 1111
Ilha de Marajó, Belém, Brasilien, 1013
Ilha Fernando de Noronha, Brasilien, 1014
ILHA GRANDE, Brasilien, 1020
Ilhéus, Bahia, Brasilien, 1006
Ilias Lalaounis Jewelry Museum, Athen, Griechenland, 184
Illinois, USA, 767–772
Iloilo City, Panay, Philippinen, 622
Ilulissat, Grönland, 365
IMAM-PLATZ, Isfahan, Iran, 463
Imilchil, Marokko, 409
Imperial (Hotel), Neu-Delhi, Indien, 561
IMPRESSIONISTEN, NORMANDIE, Frankreich, 73
Imroz (Restaurant), Istanbul, Türkei, 342
IN EINER JURTE AM SONG KÖL, Kirgisistan, 499
In Piazza della Signoria (Hotel), Florenz, Italien, 231
Inakaya (Restaurant), Tokio, Japan, 553
Inari (Schrein), Japan, 540
Independence Hall, Pennsylvania, USA, 866
INDEPENDENCE NATIONAL HISTORICAL PARK, Pennsylvania, USA, 866
Indian Accent (Restaurant), Neu-Delhi, Indien, 561
Indian Maharaja, the (Zug), Indien, 566
Indiana, USA, 772
Indien, 560–583
Indigo Hotel, Puerto Natales, Patagonien, Chile, 1027
Indisches Museum, Kolkata, Indien, 583
Indonesien, 594–601
Ingapirca, Ecuador, 1033
Inis Eoghain (Straße), County Donegal, Irland, 106
Inis Meáin Restaurant & Suites, Aran-Inseln, Irland, 111
Inisheer, Aran-Inseln, Irland, 111
Inishmaan, Aran-Inseln, Irland, 111
Inishmore, Aran-Inseln, Irland, 111
INKA, HEILIGES TAL DER & CUSCO, Peru, 1044
Inkapfad, Urubamba-Tal, Peru, 1045
Inkaterra La Casona (Hotel), Cusco, Peru, 1046
Inkaterra Machu Picchu Pueblo Hotel, Peru, 1046
INLE-SEE, Myanmar, 617
Inn Above Tide, Kalifornien, USA, 795
Inn at 410, Arizona, USA, 711
Inn at Cooperstown, New York, USA, 841
Inn at Irving Place, the, New York, USA, 850
INN AT LITTLE WASHINGTON, the, Virginia USA, 896
Inn at Palmetto Bluff, South Carolina, USA, 871
Inn at Perry Cabin, Maryland, USA, 807
Inn at Robert's Grove, Placencia, Belize, 967
Inn at Shelburne Farms, Vermont, USA, 892
Inn at Ship Bay (Restaurant), Washington, USA, 904
Inn at Stonington, Connecticut, USA, 726
Inn at the Market, Washington, USA, 905
Inn at the Roman Forum, Rom, Italien, 213
Inn at the Spanish Steps, Rom, Italien, 214
Inn at Twin Linden, Pennsylvania, USA, 865
Inn of Silent Music, Maryland, USA, 807
Inn of the Anasazi, New Mexico, USA, 838
Inn on the Twenty, Ontario, Kanada, 934
Inncasa (Hotel), San Giorgio, Italien, 242
Inniskillin Winery, Ontario, Kanada, 933
Inns & Spa at Mill Falls, New Hamps., USA, 829
INSELN VON MOSAMBIK, Mosambik, 429
INSIDE PASSAGE & GLACIER BAY, Alaska, USA, 707
Institute for Marine Sciences, Roatán, Honduras, 976
Institute of Contemporary Art/Boston, Massachusetts, USA, 809
Inter Scaldes (Restaurant), Yerseke, Niederlande, 136
Interlaken, Berner Oberland, Schweiz, 164, 166
INTERNATIONAL ANTIQUES & COLLECTORS FAIR, Newark-on-Trent, England, 52
International Gourmet Festival, Kinsale, County Cork, Irland, 104
International Grand Bazaar, Kashgar, China, 530
INTERNATIONAL MUSICAL EISTEDDFOD, Wales, 177
International Shellfish Festival, Prince Edward Island, Kanada, 938
International Spy Museum, the, Washington, D.C., USA, 901

International UFO Museum & Research Center, New Mexico, USA, 834
International Wolf Center, Minnesota, USA, 821
Internationales Jazzfestival, Havanna, Kuba, 1097
Interstate Bar-B-Que, Tennessee, USA, 876
Inti Raymi (Sonnenfest), Cusco, Peru, 1045
Inuit, 932, 936
Inveraray Castle, Schottland, 156
Inveraray, Highlands, Schottland, 156
Inverlochy Castle, Highlands, Schottland, 157
Inverness, Highlands, Schottland, 158
IOWA, LANDWIRTSCHAFTSAUSSTELLUNG, USA, 774
Iowa, USA, 774
IP Boutique Hotel, Seoul, Südkorea, 557
IPANEMA & COPACABANA, Rio de Janeiro, Brasilien, 1016
Ippodo-Kaboku-Teestube, Kyoto, Japan, 544
Iquitos, Peru, 1042
Iran, 463/464
Irish National Stud (Gestüt), Kildare, Irland, 116
Irish Town, Jamaika, 1091
Irkutsk, Russland, 320
Irland, 101-124
IRLANDS GOLFPARADIESE, 102
Ironman-Triathlon, Hawaii, USA, 744
IRRAWADDY, FAHRT AUF DEM & BAGAN, Myanmar, 616
Isaakskathedrale, St. Petersburg, Russland, 316
Isabella Stewart Gardner Museum, Massachusetts, USA, 808
ISCHIA & CAPRI, Italien, 207
Isfahan, Iran, 463
Ishikawa, Japan, 528
Isiolo, Kenia, 427
Isla Bastimentos, Panama, 980
Isla de la Luna, Titicacasee, Bolivien, 1000
Isla del Sol, Titicacasee, Bolivien, 1000
Isla Janitzio, Pátzcuaro, Mexiko, 961
ISLAMISCHES KAIRO, Ägypten, 395
Islamorada, Florida, USA, 732
Island Eco Tours, Huahine, Franz.-Polynesien, 691
Island Hotel, Tresco Island, Cornwall, England, 33
Island Park, Idaho, USA, 763
Island, 372/373
ISLAS DE LA BAHIA, Honduras, 976

ISLAS LOS ROQUES, Venezuela, 1055
Isle of Skye, Hebriden, Schottland, 155
Isle of Wight, England, 40
Isles of Scilly, England, 33
Israel, 465-475
Israel-Museum, Jerusalem, Israel, 471
Istanbul Modern (Museum), Istanbul, Türkei, 340
ISTANBUL, Türkei, 337
Istiklal Caddesi (Fußgängerzone), Istanbul, Türkei, 340
ISTRIEN, Kroatien, 293
ITACARÉ, Brasilien, 1005
Italien, 199-250
ITALIENISCHE RIVIERA, 216
ITALIENISCHE SEEN, Italien, 217
ITC Maurya Sheraton, Neu-Delhi, Indien, 501
Itsukushima-Schrein, Miyajima, Japan, 538
Ivan Bazaar, Kashgar, China, 538
Ivan's Stress Free Bar, Brit. Jungferninseln, 1077
Ivy, the (Restaurant), London, England, 50
Iwaso Ryokan (Hotel), Miyajima, Hiroshima, Japan, 538
Izaak Walton Inn, Montana, USA, 826
Iznaga-Turm, Trinidad, Kuba, 1099
Izote (Restaurant), Mexiko-Stadt, Mexiko, 958
Izusen (Restaurant), Kyoto, Japan, 544

J

J. K. Place (Hotel), Florenz, Italien, 233
J. Patrick House B&B, Kalifornien, USA, 787
J. Paul Getty Museum, Kalifornien, USA, 779
Jachthuis St. Hubertus, Apeldoorn, Niederlande, 132
Jacir Palace InterContinental Hotel, Westjordanland, Palästinensische Autonomiegebiete, 475
JACK'S CAMP, Botsuana, 420
Jackrabbit Trail (Wanderweg), New York, USA, 839
JACKSON HOLE, Wyoming, USA, 912
Jacob's Pillow Dance Festival, Massachusetts, USA, 816
Jacobsen, Arne, 356, 357
Jacques-Cartier Park, Quebec, Kanada, 934
Jade Mountain (Resort), St. Lucia, 1110
Jade-Drachen-Schneeberg, Yunnan, China, 531
Jadis (Restaurant), Paris, Frankreich, 80

JAFFA, ALTES, Israel, 472
Jägerhaus (Hotel), Bayern, Deutschland, 20
Jägerstübli (Restaurant), Mürren, Berner Oberland, Schweiz, 165
Jagiellonen-Universität, Rynek Glówny, Krakau, Polen, 302
Jaipur, Indien, 572-575
JAISALMER, Indien, 573
JAKOBSWEG, DER, & SANTIAGO DE COMPOSTELA, Spanien, 270
Jalan Hang Jebat (Nachtmarkt), Malakka, Malaysia, 613
Jaleo (Restaurant), Washington, D.C., USA, 903
JALJALE HIMAL, Nepal, 584
Jamahal Private Resort & Spa, Bali, Indonesien, 595
Jamaica Inn, Jamaika, 1093
Jamaika, 1091-1095
James-Bond-Insel, Thailand, 633
James-Turrell-Museum, Salta, Argentinien, 996
Jami-Moschee, Schibam, Jemen, 477
Jane Austen's House Museum, Winchester, England, 477
Jangtse, der, China, 518, 519, 531
JANGTSE-SCHLUCHTEN, DIE 3 GROSSEN, Hubei & Chongqing, China, 518
Japan, 534-555
JARASH, Jordanien, 480
Jardim da Luz (Gärten), São Paulo, Brasilien, 1022
Jardim das Delicias (Restaurant), Salvador da Bahia, Brasilien, 1007
Jardin de Balata (Garten), Martinique, 1101
Jardin des Tuileries, Paris, Frankreich, 77, 79
Järve-Suomi, Savo, Finnland, 370
JASPER, BANFF & YOHO NATIONALPARKS, Alberta/British Col., Kanada, 915
Jätkänkämppä, Rauchsauna, Kallavesi-See, Finnland, 370
Java, Indonesien, 596-599, 667
Jay Pritzker Pavilion, Illinois, USA, 768
Jayma-Basar, Kirgisistan, 500
Jazz & Heritage Festival, Louisiana, USA, 802
Jazz Aspen Snowmass, Colorado, USA, 717
Jazz Bar, Shanghai, China, 527
Jazz Celebration, Colorado, USA, 721
J-Bar, Colorado, USA, 716
Jean-Georges (Restaurant), New York, USA, 852
JEAN-MICHEL COUSTEAU FIJI ISLANDS RESORT, Fidschi, 686
Jefferson, the (Hotel), Washington, D.C., USA, 902

Jefferson, Thomas, 873, 894, 895, 897, 898, 899, 900, 902
JEKATERINBURG & DAS URALGEBIRGE, Russland, 319
Jekaterinburg, Opernhaus, Russland, 319
Jekyll Island Club Hotel, Georgia, USA, 739
Jekyll Island, Georgia, USA, 739
Jemen, 476–479, 494
Jemma's Seaview Kitchen, Tobago, 1118, 1119
Jenny Lake Lodge, Wyoming, USA, 911
JEREZ DE LA FRONTERA, Spanien, 262
Jericho, Palästinensische Autonomiegebiete, 475
JERUSALEM, ALTSTADT, Israel, 469
JERUSALEM, WEST-, Israel, 470
Jesús María, Argentinien, 991
Jesus-Pfad, Galiläa, Israel, 467
Jetavanaramaya-Dagoba, Sri Lanka, 592
Jhomolhari (Berg), Bhutan, 559
JHOMOLHARI-TREK & DAS TIGERNEST, Bhutan, 559
Jiangsu, China, 519, 921
Jib Room (Restaurant), Abaco-Inseln, Bahamas, 1067
Jicaro Island Ecolodge, Nicaragua, 979
Jidai-Festival, Kyoto, Japan, 542
Jim's Steaks, Pennsylvania, USA, 865, 866
Jishu-Schrein, Koyomizu-dera, Kyoto, Japan, 540
Jiva-Spa, Mumbai, Indien, 570
Jo's (Restaurant), Texas, USA, 880
Jodhpur, Indien, 566, 574, 575
JOE'S STONE CRAB, Florida, USA, 733
Joel Palmer House, Oregon, USA, 863
Johannesgrotte, Patmos, Griechenland, 186
Johanneskloster, Patmos, Griechenland, 186
John F. Kennedy Center for the Performing Arts, Washington, D.C., USA, 901
John Muir Trail, Kalifornien, USA, 796
John Pennekamp Coral Reef State Park, Florida, USA, 732
John's Pizzeria of Bleecker Street, New York, USA, 852
Jöhri's Talvo (Restaurant), Engadin, Schweiz, 167
JoJo (Restaurant), New York, USA, 852
Jokhang-Tempel, Lhasa, Tibet, China, 529
Jokkmokk, Schweden, 385

Jökulsárgljúfur (Gletscherflusscanyon), Island, 374
Jökulsárlón (Gletscherlagune), Island, 372
Jones, Robert Trent, jr., 117, 257, 746, 749, 750, 754, 927, 949
Jones, Robert Trent, sen., 714, 746, 890, 897, 1084, 1092
Jongmyo-Schrein, Seoul, Südkorea, 556
Jordan Pond House, Maine, USA, 804
Jordanien, 474–476, 479–483
Jorvik Centre, York, England, 62
JORY (Restaurant), Oregon, USA, 863
JOSÉ IGNACIO, Uruguay, 1052
JOSEON-DYNASTIE, PALÄSTE DER, Seoul, Südkorea, 556
Joshua-Tree-Nationalpark, Kalifornien, USA, 775
JOST VAN DYKE, Britische Jungferninseln, 1076
Jostedalsbreen (Gletscher), Norwegen, 375, 381
Journey Behind the Falls, Niagarafälle, Ontario, Kanada, 933
Joyce, James, 47, 108, 109, 110
J-Sekka (Hotel), Hirafu, Japan, 534
Jüdisches Museum, Berlin, Deutschland, 20, 21
Jüdisches Museum, Bratislava, Slowakei, 321
JUGENDSTIL, Brüssel, Belgien, 8
Jugendstilarchitektur, Nancy, Lothringen, Frankreich, 85
Jugendstilmuseum Riga, Lettland, 295
Jukkasjärvi, Schweden, 384
Julaymba Restaurant, Queensland, Australien, 656
JULISCHE ALPEN & BLED, Slowenien, 322
Juma-Moschee, Xiva, Usbekistan, 508
Jumeirah-Moschee, Dubai, VAE, 496
Jung Sik Dang (Restaurant), Seoul, Südkorea, 557
Jungfraujoch Bahnhof, Berner Oberland, Schweiz, 165
Jungle Bay Resort & Spa, Dominica, 1083
Jungle Lodge, El Petén, Guatemala, 974
Jupiter-Tempel, Baalbek, Libanon, 484
Jussupow-Palast, St. Petersburg, Russland, 316
Just for Laughs Festival, Quebec, Kanada, 942
JW Marriott Hong Kong, Hongkong, China, 515

JW Marriott Ihilani Resort & Spa, Hawaii, USA, 761
JW Marriott, Rio de Janeiro, Brasilien, 1017
JW's California Grill, Hongkong, China, 515
Jyväskylä, Finnland, 367

K

Kachemak Bay Wilderness Lodge, Alaska, USA, 708
Kaffee Mayer (Restaurant), Bratislava, Slowakei, 321
Kaffeehäuser, Wien, Österreich, 146, 150
Kagawa, Shikoku, Japan, 555
Kahaia (Spa), Bora Bora, Franz.-Polynesien, 690
Kahala Hotel & Resort, Hawaii, USA, 761
Kahalu'u Beach Park, Hawaii, USA, 743
Kahanu Garden, Hawaii, USA, 753
Kahlo, Frida, 956, 984
KAILASH, BERG, Tibet, China, 528
Kailash-Tempel, Ellora, Indien, 570
Kailua Beach, Hawaii, USA, 760
KAIMANINSELN, 1095
Kairaouine-Moschee, Fès, Marokko, 402
Kairo, Ägypten, 394–400
KAIRO, ISLAMISCHES, Ägypten, 395
Kaiserappartements, Wien, Österreich, 147
Kaiserball, Wien, Österreich, 148
Kaiserdom, Bamberg, Deutschland, 13
Kaiserforen, Rom, Italien, 211
Kaiserlicher Palast & Gärten, Tokio, Japan, 542, 547, 549
Kaiserlicher Palast, Peking, China, 521
Kaiser-Wilhelm-Gedächtniskirche, Berlin, Deutschland, 20, 21
Kait-Bay-Fort, Alexandria, Ägypten, 393
Kait-Bay-Moschee, Kairo, Ägypten, 395
KAKADU-NATIONALPARK & ARNHEMLAND, Australien, 653
Kakaoküste, Bahia, Brasilien, 1006
Kalahari, Botsuana, 420
Kalahuipua'a, Feier, Hawaii, USA, 745
Kalalau Trail, Hawaii, USA, 748
Kalaupapa National Historical Park, Hawaii, USA, 757
Kalifornien, USA, 742, 775–796
KALIFORNIENS WINE COUNTRY, USA, 776
KALIFORNISCHE MISSIONSSTATIONEN, USA, 778
Kalihi Wai Beach, Hawaii, USA, 749

REGISTER 1155

Kalon-Minarett, Buxoro, Usbekistan, 506
Kamakura, Japan, 554
Kamalame Cay (Resort), Bahamas, 1068
Kambodscha, 550, 602–605
KAMELMARKT VON PUSHKAR, der, Indien, 575
Kamigamo-Schrein, Kyoto, Japan, 543
Kampanien, Italien, 205–209
Kampinos-Nationalpark, Polen, 304
KAMTSCHATKA-HALBINSEL, Russland, 308
KANAZAWA, Ishikawa, Japan, 538
Kancamagus Highway, New Hamps., USA, 830
Kandersteg, Berner Oberland, Schweiz, 165
KANDY & DAS ESALA PERAHERA, Sri Lanka, 592
Kandy House (Hotel), Gunnepana, Sri Lanka, 593
Kandy, Sri Lanka, 591-593
KANGAROO ISLAND, Australien, 663
Kangchendzönga, Nepal, 577, 582
KANHA & BANDHAVGARH, NATIONALPARKS, Indien, 567
Kannon-Halle, Kamakura, Japan, 554
KANSAS CITY BBQ & JAZZ, Missouri, USA, 822
Kansas City, Missouri, USA, 823
Kantabrien, Spanien, 272
Kaomise-Fest, Kyoto, Japan, 542
Kap der Guten Hoffnung, Kapstadt, Südafrika, 538
Kapalua Bay, Hawaii, USA, 753
Kapalua Golf Academy, Hawaii, USA, 755
Kapalua Wine & Food Festival, Hawaii, USA, 755
Kapama Karula (Lodge), Südafrika, 444
Kapani Lodge, Sambia, 434
Kapawi Ecolodge & Reserve, El Oriente, Ecuador, 1036
KAP-BRETON-INSEL, Kanada, 930
Kapelle der Versöhnung, Berlin, Deutschland, 23
Kapelle Holy Cross, Arizona, USA, 715
Kapetanakou Tower Hotel, Areopolis, Mani-Halbinsel, Griechenland, 195
Kapitol, Washington, D.C., USA, 899
Kapitolinische Museen, Rom, Italien, 211
Kapoor, Anish, 213, 768
Kappabashi (Straße), Tokio, Japan, 551
KAPPADOKIEN, Anatolien, Türkei, 332
KAPSTADT, Südafrika, 427
KAPWEINLAND, Südafrika, 447

Karakorum Highway, China, 530
Karawari Lodge, Papua-Neuguinea., 697
Kardung-Pass, Ladakh, Indien, 564
Karim's (Restaurant), Alt-Delhi, Indien, 560
Kariye Museum, Istanbul, Türkei, 339
KARLSBAD, Tschechische Rep., 326
Karlsbrücke, Prag, Tschechische Rep., 329
Karlskirche, Wien, Österreich, 147
Karmel (Berg), Akkon, Israel, 466
Karmeliterkirche Igreja da Ordem Terceira do Carmo, Salvador da Bahia, Brasilien, 1007
Karnak-Tempel, Ägypten, 399
KARNEVAL VON QUEBEC, Quebec, Kanada, 943
KARNEVAL!, Rio de Janeiro, Brasilien, 1018
Karneval, Deutschland, 25, 26
KARNEVAL, Port of Spain, Trinidad, 1116
Karneval, Venedig, Italien, 246
Karon (Strand), Phuket, Thailand, 636
KARST-PLATEAU, HÖHLEN DES, Slowenien, 324
KARTHAGO & SIDI BOU SAID, Tunesien, 409
Kasan, Russland, 311, 313, 320
Kasbah Ait Ben Moro (Hotel), Marokko, 406
Kasbah du Toubkal (Lodge), Marokko, 408
Kasbah Tamadot (Hotel), Marokko, 409
Kaschmir, Indien, 564
Kashgar, China, 530
Kaskadengebirge, Oregon, USA, 859
Kasprowy Wierch (Berg), Polen, 305
Kasr Ibrim (Ausflugsschiff), Ägypten, 398
Kastelholms Slott, Ålandinseln, Finnland, 366
Kastilien und León, Spanien, 273
Kastilien-La Mancha, Spanien, 274
Kastro, Sifnos, Griechenland, 190, 193
KATA TJUTA & ULURU, Australien, 654
Katalonien, Spanien, 277–281
Katar, 483–485
Katariina-Passage, Tallinn, Estland, 289
Katha (Dorf), Myanmar, 616
Katharinenkloster, Sinai, Ägypten, 400
KATHARINENPALAST & PAWLOWSK-PALAST, Puschkin/Pawlowsk, Russland, 317
Kathedrale auf dem Blut, Jekaterinburg, Russland, 319
Kathedrale Basilica, Salvador da Bahia, Brasilien, 1007

Kathedrale Immaculada Concepción, Cuenca, Ecuador, 1033
Kathedrale Metropolitana, Brasília, Brasilien, 1010
Kathedrale Notre Dame de Chartres, Ile-de-France, Frankreich, 81
Kathedrale Notre-Dame, Reims, Frankreich, 69
Kathedrale Our Lady of the Angels, Kalifornien, USA, 781
Kathedrale San Gennaro, Neapel, Italien, 208
Kathedrale San Ildefonso, Mérida, Mexiko, 964
Kathedrale Santa María de Palma, Mallorca, Spanien, 266
Kathedrale Santa María la Menor, Santo Domingo, Dom. Rep., 1086
Kathedrale Santa Maria la Nuova, Sizilien, Italien, 226
Kathedrale St. Barbara, Kutná Hora, Tschechische Rep., 327
Kathedrale Ste-Cécile, Albi, Frankreich, 83
KATHEDRALE VON CANTERBURY, England, 41
KATHEDRALE VON SALISBURY England, 58
Kathedrale von Vilnius, Litauen, 298
KATHEDRALE VON WELLS, England, 55
KATHEDRALE VON WINCHESTER, England, 428
KATHEDRALE VON YORK, England, 62
Kathedrale, Barcelona, Barcelona, Spanien, 277
Kathedrale, León, Spanien, 275
KATHMANDU-TAL, Nepal, 585
Katoomba Scenic Railway (Zahnradbahn), Australien, 649
Katz's Delicatessen, New York, USA, 851
Katzrin, Golanhöhen, Israel, 468
KAUA'I, Hawaii, USA, 747
Kauai Grill, Hawaii, USA, 750
Kau-Kan (Restaurant), Zihuatanejo, Mexiko, 954
Kauna'oa Beach, Hawaii, USA, 743
Kaupe (Restaurant), Ushuaia, Argentinien, 998
Kawarau Suspension Bridge (Bungee-Jumping), Queenstown, Neuseeland, 680
Kaya Mawa (Resort), Malawi, 428
Kaymakli (Dorf), Anatolien, Türkei, 333
Kayserberg, Frankreich, 70
Kazimierz, Krakau, Polen, 301
Ke Iki Beach Bungalows, Hawaii, USA, 762

Kealakekua Bay, Hawaii, USA, 742
Keats, John, 211
Kedah, Malaysia, 610
Keikahanui Nuku Hiva Pearl Lodge, Nuku Hiva, Franz.-Polynesien, 689
Kellerbar, Jerusalem, Israel, 469
Kelowna, British Col., Kanada, 919
Keltic Lodge, Nova Scotia, Kanada, 930
Kemi, Lappland, Finnland, 369
Kempinski Aqaba (Hotel), Aqaba, Jordanien, 495
Kempinski Hotel Barbaros Bay, Bodrum, Türkei, 335
Kempinski Hotel Taschenbergpalais, Dresden, Deutschland, 27
KENAI-HALBINSEL & PRINZ-WILLIAM-SUND, Alaska, USA, 708
Keneke's Plate Lunch, Hawaii, USA, 760
Kenia, 418, 423–428
Kenilworth Castle, Warwick, England, 57
Kenmare, County Kerry, Irland, 115
KENNEBUNKS, die, Maine, USA, 805
KENNEDY SPACE CENTER, Florida, USA, 728
Kennin-Tempel, Kyoto, Japan, 541
Kenroku-en (Garten), Kanazawa, Japan, 538
Kensington Gardens, London, England, 45
Kent, England, 41–43
Kentucky Bourbon Festival, Kentucky, USA, 797
Kentucky Derby Museum, Kentucky, USA, 799
KENTUCKY DERBY, das, Kentucky, USA, 799
Kentucky Horse Park, Kentucky, USA, 798
Kentucky, USA, 772, 797–799
KEOLADEO-NATIONALPARK, Bharatpur, Indien, 572
KEP, Kambodscha, 602
Kep-Nationalpark, Kambodscha, 602
Kerak (Festung), Jordanien, 481
KERALA, BACKWATERS VON, Indien, 561, 565
Kerry Way, County Kerry, Irland, 115
Ketchum, Idaho, USA, 766
Kettenbrücke, Budapest, Ungarn, 349
Keukenhof, Niederlande, 131
Kew Gardens, London, England, 47
Kew Palace, London, England, 47
Key Largo, Florida, USA, 732
Key West, Florida, USA, 732
KHAJURAHO, TEMPELBEZIRK, Indien, 568

Khan el-Khalili (Basar), Kairo, Ägypten, 395
Kardung-Pass, Indien, 564
Khari Baoli (Gewürzmarkt), Alt-Delhi, Indien, 561
Khayelitsha (Township), Kapstadt, Südafrika, 438
Khazne al-Firaun, Jordanien, 483
Khoo-Kongsi-Clanhaus, Penang, Malaysia, 614
Khumbutal, Nepal, 587
Kiba Point (Lodge), Tansania, 451
Kicking Horse River, Kanada, 916
Kiew, Ukraine, 346
KIEWER HÖHLENKLOSTER, Ukraine, 346
Kiki's (BBQ), Mykonos, Griechenland, 190
Kilauea (Vulkan), Hawaii, USA, 741
Kildare Hotel & Country Club, County Kildare, Irland, 116
Kildrummy Castle, Grampian Mountains, Schottland, 154
Kilimandscharo, Kenia, 424
KILIMANDSCHARO, Tansania, 448
Kilimandscharo-Nationalpark, Tansania, 448
Killarney Golf & Fishing Club, County Kerry, Irland, 103
Killarney National Park, County Kerry, Irland, 103
Killeen (Golfplatz), County Kerry, Irland, 103
KILLINGTON & WOODSTOCK, Vermont, USA, 889
Kilmainham-Gefängnis, Dublin, Irland, 106
Kimal (Hotel), San Pedro de Atacama, Chile, 1030
KIMBERLEY & BUNGLE BUNGLE RANGE, Australien, 670
Kinabalu (Berg), Sabah, Borneo, Malaysia, 610
Kinder-Cowboy-Festival & Chuck Wagon Gathering, Oklahoma, USA, 857
Kinderdenkmal, Hiroshima, Japan, 538
King Cole Bar, New York, USA, 850
King David Hotel, Jerusalem, Israel, 469
King Kamehameha's Kona Beach Hotel, Hawaii, USA, 745
King's College Chapel, Cambridgeshire, England, 31
King's-Cup-Turnier, Thailand, 631
Kingaunmiut-Volk, Nunavut, Kanada, 932
Kingfisher Bay Resort, Australien, 657

Kings Cottage B&B, Pennsylvania, USA, 864
Kingsbrae Arms, the, New Brunswick, Kanada, 928
Kingsbrae Garden, New Brunswick, Kanada, 928
Kingston Mines (Bar), Illinois, USA, 769
Kinkaku-Tempel, Kyoto, Japan, 540
Kinloch Lodge, Hebriden, Schottland, 155
Kinsterna Hotel, Monemvassia, Griechenland, 197
Kipling Bar, Yangon, Myanmar, 618
Kipling Camp, Indien, 568
Kirche der Brüder, Venedig, Italien, 244
Kirche des hl. Johannes der Einsiedler, Palermo, Sizilien, Italien, 226
Kirche des Johannes und Paulus von Rom, Venedig, Italien, 244
Kirche dos Lóios, Évora, Portugal, 252
Kirche Ekatontapyliani, Parikia, Paros, Griechenland, 191
Kirche La Merced, Antigua, Guatemala, 972
Kirche Nossa Senhora do Pilar, Minas Gerais, Brasilien, 1012
Kirche Nosso Senhor do Bonfim, Salvador da Bahia, Brasilien, 1009
Kirche Notre Dame, Rocamadour, Frankreich, 64
Kirche Notre-Dame-de-Beauvoir, Moustiers-Ste-Marie, Frankreich, 96
Kirche San Francisco, Granada, Nicaragua, 979
Kirche Santo Tomás, Quiché, Guatemala, 975
Kirche São Francisco de Assis, Minas Gerais, Brasilien, 1012
Kirche St. Columba, County Sligo, Irland, 120
Kirche St. Euphemia, Rovinj, Istrien, Kroatien, 203
Kirche von Muurame, Jyväskylä, Finnland, 368
Kirgisistan, 499–501
Kirkenes, Norwegen, 378
Kirkwall, Orkney-Inseln, Schottland, 161
KIRSCHBLÜTE, DER, ZU EHREN, Nara, Japan, 547
Kirschblütenfest, Kyoto, Japan, 542
Kirschblütennacht (Gion no Yozakura), Maruyama-koen, Kyoto, Japan, 547
Kirstenbosch National Botanical Gardens, Kapstadt, Südafrika, 439

REGISTER 1157

Kischi (Insel), Russland, 313
Kiso-ji (Straße), Japan, 546
Kitcho (Restaurant), Kyoto, Japan, 544
KITZBÜHEL & ARLBERG-REGION, Österreich, 141
Kivotos (Hotel), Chora, Mykonos, Griechenland, 190
Kiyomizu-dera (Tempel), Kyoto, Japan, 540
Kizingo (Resort), Kenia, 425
Klai Kangwon, Hua Hin, Thailand, 631
Klášterní Pivovar (Brauerei), Prag, Tschechische Rep., 328
Klaus K (Hotel), Helsinki, Finnland, 367
Klein Bonaire (Insel), 1076
Kleine Antillen, 1076–1082, 1087/1088, 1100, 1105–1118
Kleine Prinz, der (Hotel), Baden-Baden, Deutschland, 11
Klein-Venedig, Bamberg, Deutschland, 13
Kleopatras Palast, Alexandria, Ägypten, 393
Klettersteig, Trentino-Südtirol, Italien, 240
KLIPPENWEG, VILLEN IN NEWPORT, Rhode Island, USA, 869
Kloster Bumthang, Feuertanz, Bhutan, 558
Kloster Chi Lin, Hongkong, China, 512
Kloster Deir Quruntal, Westjordanland, Palästinensische Autonomiegebiete, 475
Kloster El Deir, Petra, Jordanien, 483
Kloster Mar Saba, Westjordanland, Palästinensische Autonomiegebiete, 476
Kloster Mosteiro de São Bento, Olinda, Brasilien, 1015
Kloster Nga Phe Kyaung, Inle-See, Myanmar, 618
Kloster Panormitis, Rhodos, Griechenland, 187
Kloster Profitis Elias O Pilos, Sifnos, Griechenland, 193
Kloster San Fruttuoso, Ligurien, Italien, 216
KLOSTER SANTA CATALINA, Arequipa, Peru, 1043
Kloster Sumtseling Gompa, Yunnan, China, 531
Klosterkirche, Wardsia, Georgien, 290
KLOSTERS-DAVOS, Schweiz, 166
Knai Bang Chatt (Hotel), Kep, Kambodscha, 602
Knidos, Türkei, 335
Knob Hill Inn, Idaho, USA, 766

Knocknarea Mountain, County Sligo, Irland, 120
Knole House, Kent, England, 43
Knossos, Palast von, Kreta, Griechenland, 188
Knowth, County Meath, Irland, 119
Knysna, Western Cape, Südafrika, 445
Kobarid, Slowenien, 322
København Koncerthuset, Kopenhagen, Dänemark, 356
Kochi, Indien, 565
Kochi, Shikoku, Japan, 555
Kodak Theatre, Kalifornien, USA, 782
Koh Pha Ngan, Thailand, 633
KOH PHI PHI, Thailand, 632
KOH SAMUI, Thailand, 633
Koh Tao, Thailand, 633
Koh Yao Noi, Thailand, 634
Kohler Waters Spa, Wisconsin, USA, 909
Kohler, Wisconsin, USA, 909
Koke'e State Park, Hawaii, USA, 748
Koke-dera (Tempel), Kyoto, Japan, 541
Koko-en (Gärten), Hyogo, Japan, 546
Kolkata, Indien, 583
KOLKATA, PALÄSTE VON, Indien, 583
Köln, Deutschland, 24
KÖLNER DOM, Deutschland, 24
Koloa Plantation Days, Hawaii, USA, 750
Kolosseum, Rom, Italien, 210
Kolumbien, 1038–1041
Kom Ombo (Tempel), Ägypten, 399
Komi (Restaurant), Washington, D.C., USA, 903
Komodo, Indonesien, 598
KOMODO-NATIONALPARK, Indonesien, 598, 601
Kona-Kaffee-Kulturfest, Hawaii, USA, 744
Kona Tiki Hotel, Hawaii, USA, 745
Konföderierten-Festzug, Mississippi, USA, 821
Kong Hans Kaelder (Speisepalast), Kopenhagen, Dänemark, 358
Kong-Chow-Tempel, Kalifornien, USA, 792
König-Kamehameha-Tag, Hawaii, USA, 744
Königlich-Botanische Gärten, Gunnepana, Sri Lanka, 593
Königlich-Andalusische Reitschule, Jerez de la Frontera, Spanien, 263

Königliche Akademie der Schönen Künste, Madrid, Spanien, 283
Königliche Segelregatta, Sandhamn, Schweden, 385
KÖNIGLICHE ZÜGE INDIENS, Indien, 566
Königliches Opernhaus, Gamla Stan, Stockholm, Schweden, 386
KÖNIGREICH VON MOURNE, Nordirland, 139
Königspalast, Madrid, Spanien, 282
Königspalast, Phnom Penh, Kambodscha, 603
Königsschloss & Wawelkathedrale, Wawel, Krakau, Polen, 302
Königssee, Deutschland, 15, 16
KÖNIGSTRASSE, DIE, & TURKU, Finnland, 371
KÖNIGSWEG, Jordanien, 481
Koninklijk Museum voor Schone Kunsten, Antwerpen, Belgien, 4
Konstanz, Deutschland, 15
Konstnärsgården (Restaurant), Gotland, Schweden, 384
Kontiki (Restaurant), Paraty, Brasilien, 1021
Kon-Tiki-Museum, Oslo, Norwegen, 380
Konvent der Klarissen, Santillana del Mar, Spanien, 272
KONYA, TANZENDE DERWISCHE VON, Türkei, 343
Konzerthaus, Berlin, Deutschland, 22
Koolhaas, Rem, 557, 881
Kopenhagen, Dänemark, 356–359
Kopi Cine Café & Bar, Penang, Malaysia, 614
KORALLENMEER & DAS GREAT BARRIER REEF, Australien, 657
Korčula, Kroatien, 293
Kordilleren, Luzon, Philippinen, 619
Kordon (Restaurant), Istanbul, Türkei, 342
Korean War Veterans Memorial, Washington, D.C., USA, 899
Korinth, Peloponnes, Griechenland, 198
Kornati-Nationalpark, Kroatien, 293
Korsika, Frankreich, 81
Kossuth-Trinkhalle, Plattensee, Ungarn, 352
KÖSTLICHES DUBLIN, Irland, 107
Kota Kahuana (Restaurant), Copacabana, Bolivien, 1000
Kotoku-in (Tempel), Kamakura, Japan, 554
KOTOR, BUCHT VON, Montenegro, 298
Kozue Restaurant, Park Hyatt, Tokio, Japan, 532
Krabi, Thailand, 634

Krabloonik (Restaurant), Colorado, USA, 716
KRAK DES CHEVALIERS, Syrien, 493
KRAKAU, HAUPTMARKT, Polen, 301
Krakau, Polen, 301/302
Kranjska Gora, Slowenien, 322
Krazy Kat's (Restaurant), Delaware, USA, 727
Krčma v Šatlavské (Restaurant), Český Krumlov, Tschechische Rep., 325
KREML & ROTER PLATZ, Moskau, Russland, 310
KRETA, Griechenland, 188
KREUZFAHRT DURCH CHILES FJORDE, 1025
KREUZFAHRTSCHIFFE DER CUNARD LINE, Southampton, England, 39
Kreuzritter-Halle, Akkon, Israel, 465
Krippenplatz, Palästinensische Autonomiegebiete, 475
Krishna House (Hotel), Nepal, 586
Kroatien, 292–295
Kröller-Müller Museum, Apeldoorn, Niederlande, 132
KRONBORG, SCHLOSS, Helsingør, Dänemark, 355
Kronenhalle (Restaurant), Zürich, Schweiz, 174
KRÜGERPARK, GROSSRAUM, Südafrika, 444
Kruisherenhotel, Maastricht, Niederlande, 135
KRUMAU, Tschechische Rep., 325
Krypta der Erbsünde, Matera, Italien, 201
Kua Lao (Restaurant), Vientiane, Laos, 608
KUALA LUMPUR, ESSEN IN, Kuala Lumpur, Malaysia, 611
Kuala Lumpur, Malaysia, 611
Kuba, 1096–1100
Kuching, Sarawak, Borneo, Malaysia, 609
Kuenringer-Burg, Dürnstein, Österreich, 146
Kula Lodge & Restaurant, Hawaii, USA, 752
KULINARISCHE KÖSTLICHKEITEN, Neu-Delhi, Indien, 561
KULINARISCHES CORK, Irland, 104
Kultur- und Kongresszentrum, Luzern, Schweiz, 168
KULTURDREIECK, das, Sri Lanka, 591
Kulturforum, Berlin, Deutschland, 20
Kulturlandschaft Lednice-Valtice, Mähren, Tschechische Rep., 331
Kumari Ghar, Kathmandu, Nepal, 585
Kumasi, Ghana, 413

Kumasi, Manhyia Palace Museum, Ghana, 413
Kuna Yala, Panama, 982
Kungliga Slottet, Gamla Stan, Stockholm, Schweden, 386
Kunming, Yunnan, China, 532
Kunstareal, München, Deutschland, 17
Kunsthalle, Wien, Österreich, 147
Kunsthalle, Zürich, Schweiz, 174
Kunsthaus, Graz, Österreich, 140
Kunsthaus, Zürich, Schweiz, 174
Kunsthistorisches Museum, Wien, Österreich, 147
Künstlerkolonie Rocky Neck, Massachusetts, USA, 814
Kunstmuseum, Basel, Schweiz, 163
Kunstmuseum, Rouen, Frankreich, 73
KUNSTORTE IN ZÜRICH, Schweiz, 174
KUNSTSTADT BASEL, Schweiz, 163
Kuopio, Savo, Finnland, 370
Kura Hulanda & Beach Club, Curaçao, 1082
Kuressaare, Burg, Insel Saaremaa, Estland, 288
Kuressaare, Insel Saaremaa, Estland, 288
KURISCHE NEHRUNG, die, Litauen, 297
Kurisches Haff, Litauen, 297
Kurosawa (Restaurant), Tokio, Japan, 553
Kursaal (Kulturzentrum & Tapasbar), San Sebastián, Spanien, 269
Kurtz Restaurant, Kentucky, USA, 797
Kuşadasi, Türkei, 334
KÜSTE OREGONS, Oregon, USA, 861
KÜSTE VON CLARE, Irland, 101
Kuta Beach, Bali, Indonesien, 594
KUTNÁ HORA, Tschechische Rep., 327
Kuurna (Restaurant), Helsinki, Finnland, 367
Kviknes Hotel, Balestrand, Norwegen, 381
KwaZulu-Natal, Südafrika, 442
Kyichu Hotel, Lhasa, Tibet, China, 430
Kykkos-Kloster, Troodos-Gebirge, Zypern, 287
Kykladen, Griechenland, 189–193
Kyoto Gozan (Zen-Tempel), Kyoto, Japan, 541
KYOTO, Japan, 539
Kyrimai Hotel, Gerolimenas, Mani-Halbinsel, Griechenland, 196

L

L.A. Farmers Market, Kalifornien, USA, 839
L.A. Live, Kalifornien, USA, 781
L'Alpette (Restaurant), Megève, Frankreich, 99
L'Atelier (Restaurant), Arles, Frankreich, 90, 132
L'Atelier de Joël Robuchon (Restaurant), New York, USA, 850
L'Auberge (Restaurant), Punta del Este, Uruguay, 1054
L'Auberge Basque (Hotel), St-Péesur-Nouvelle, Frankreich, 62
L'Épuisette (Restaurant), Marseille, Frankreich, 89
L'Escalier (Restaurant), Florida, USA, 736
L'Espadon (Restaurant), Paris, Frankreich, 79
L'Espérance (Restaurant), St-Père-sous-Vézelay, Frankreich, 68
L'Europe (Restaurant), St. Petersburg, Russland, 315
L'Hemisfèric (Planetarium), Valencia, Spanien, 286
L'Hôtel de Beaune, Beaune, Frankreich, 68
L'Hôtel Nationale des Invalides, Paris, Frankreich, 76
L'Hôtel, Paris, Frankreich, 78
L'Isle sur la Sorgue, Frankreich, 92
L'Oceanogràfic Aquarium, Valencia, Spanien, 286
L'Oustau de Baumanière (Hotel/Restaurant), Les Baux, Frankreich, 91
La Amatista (Ausflugsschiff), Peru, 1042
La Amistad International Park, Panama, 981
La Badia (Hotel), Orvieto, Italien, 242
La Bandita (Hotel), Pienza, Italien, 237
La Barbacane (Restaurant), Carcassonne, Frankreich, 84
La Bastide de Moustiers (Hotel), Moustiers-Ste-Marie, Frankreich, 96
La Batte, Liège, Belgien, 10
La Becasse (Restaurant), Ludlow, England, 54
La Belle Creole (Restaurant), St George's, Grenada, 1087
La Bodeguita del Medio, Havanna, Kuba, 1097
La Bourgogne (Restaurant), Buenos Aires, Argentinien, 986
La Bourgogne (Restaurant), Punta del Este, Uruguay, 1053
La Bouscatière (B&B), Moustiers-Ste-Marie, Frankreich, 96

REGISTER 1159

La Brea Tar Pits, Kalifornien, USA, 780
La Cabaña (Restaurant), Buenos Aires, Argentinien, 986
La Cabaña Las Lilas (Restaurant), Buenos Aires, Argentinien, 986
La Cabrera (Restaurant), Buenos Aires, Argentinien, 987
La Cana Course (Golfplatz), Dom. Rep., 1083
LA CANDELARIA & GOLDMUSEUM, Bogotá, Kolumbien, 1038
La Canna (Hotel), Äolische Inseln, Sizilien, Italien, 226
La Carbonería, Santa Cruz, Spanien, 265
La Casa Que Canta (Hotel), Zihuatanejo, Mexiko, 954
La Cascade Restaurant, Kenmare, Irland, 115
La Casona (Hotel), Mexiko-Stadt, Mexiko, 1045
La Chassagnette (Restaurant), Camargue, Frankreich, 91, 93
La Cocina de Lilliam (Restaurant), Havanna, Kuba, 1097
La Colombe (Restaurant), Kapstadt, Südafrika, 441
La Colombe d'Or (Hotel), St-Paul-de- Vence, Frankreich, 97
La Coupole (Restaurant), Paris, Frankreich, 80
La Degustation (Restaurant), Prag, Tschechische Rep., 329
La Digue (Insel), Seychellen, 460
Lá Em Casa (Restaurant), Belém, Brasilien, 1013
La Ferme St-Siméon (Hotel), Honfleur, Frankreich, 73
La Ferme Thermale (Spa), Eugénie-les- Bains, Frankreich, 65
La Fleur en Papier Doré (Restaurant), Brüssel, Belgien, 5
La Florida (Restaurant), Colonia, Uruguay, 1052
La Fonda Argentina, Mexiko-Stadt, Mexiko, 959
La Fontelina (Restaurant), Capri, Italien, 207
La Fortuna, San Carlos, Costa Rica, 968
LA GRAND PLACE, Brüssel, Belgien, 7
La Grande Virée (Hundeschlittenrennen), Quebec, Kanada, 943
La Greppia (Restaurant), Parma, Italien, 203
La Hija de los Apaches (Kneipe), Mexiko-Stadt, Mexiko, 960
La Jolla Playhouse, Kalifornien, USA, 789
La Lancha (Lodge), El Remate, Guatemala, 974

La Loma Jungle Lodge, Isla Bastimentos, Panama, 980
La Maison Arabe (Hotel), Marrakesch, Marokko, 404
La Maison Bleue, Fès, Marokko, 403
La Maison Bord'eaux (Hotel), Bordeaux, Frankreich, 63
La Maison de Filippo (Restaurant), Entreves, Italien, 199
La Maison du Cygne (Restaurant), Brüssel, Belgien, 7
La Maison Troisgros (Restaurant), Roanne, Drôme, Frankreich, 98
La Mamounia (Hotel), Marrakesch, Marokko, 405
La Mansión de los Sueños (Hotel), Pátzcuaro, Mexiko, 961
La Mansión del Rio Hotel, Texas, USA, 883
La Marea Restaurant, Florida, USA, 734
La Marée (Restaurant), Brüssel, Belgien, 6
La Mariposa (Hotel), Costa Rica, 971
La Mer (Restaurant), Hawaii, USA, 761
La Mère Poulard (Hotel), Mont St-Michel, Frankreich, 73
La Mirage (Hotel), Otavalo, Ecuador, 1037
La Mirande (Hotel), Avignon, Frankreich, 91, 92
La Paz, Bolivien, 1001
LA PAZ, HEXENMARKT, La Paz, Bolivien, 1001
La Pepica (Restaurant), Valencia, Spanien, 286
La Pergola (Restaurant), Rom, Italien, 214
La Pergola (Restaurant), Vilnius, Litauen, 298
La Petite Folie, Honfleur, Frankreich, 73
La Piazza, Sveti Stefan, Montenegro, 300
La Piazzetta (Restaurant), Taormina, Sizilien, Italien, 229
La Pizza, Cannes, Frankreich, 93
La Porta Accanto (Restaurant), Mantua, Italien, 221
La Posada de Santa Fe Resort & Spa, New Mexico, USA, 838
La Posada del Faro (Hotel), José Ignacio, Uruguay, 1052
La Posta Vecchia (Hotel), Rom, Italien, 214
La Rambla, Barcelona, Spanien, 277
La Réserve, Albi, Frankreich, 83
La Residence (Hotel), Western Cape, Südafrika, 447
La Résidence d'Angkor (Hotel), Kambodscha, 605

La Résidence Hôtel & Spa, Hue, Vietnam, 643
La Résidence Phou Vao (Hotel), Luang Prabang, Laos, 606
La Residencia (Hotel), Deià, Mallorca, Spanien, 266
La Riboto de Taven (Hotel/ Restaurant), Alpilles, Frankreich, 91
La Rioja, Spanien, 267/268
La Risa, Mexiko-Stadt, Mexiko, 959
La Rosetta (Restaurant), Rom, Italien, 214
La Rotunda (Restaurant), Madrid, Spanien, 284
La Rouvenaz (Restaurant), Montreux, Schweiz, 171
LA RUTA PANORÁMICA & RINCÓN, Puerto Rico, 1103
La Samanna (Resort), St. Martin, 1111
La Sebastiana (Neruda-Museum), Valparaíso, Chile, 1032
La Sirenetta Park (Hotel), Stromboli, Äolische Inseln, Sizilien, Italien, 226
La Sivolière (Hotel), Courchevel, Frankreich, 99
La Soufrière (Vulkan), St. Lucia, 1110
La Soufrière, Basse-Terre, Guadeloupe, 1089
La Super-Rica Taqueria, Kalifornien, USA, 787
La Tinera (Restaurant), Lugano, Schweiz, 170, 171
La Trattoria del Monasterio (Restaurant), Arequipa, Peru, 1044
La Trucha (Tapasbar), Madrid, Spanien, 283
La Tupina (Restaurant), Bordeaux, Frankreich, 63
La Valencia Hotel, Kalifornien, USA, 789
La Veranda Resort, Phu Quoc, Vietnam, 645
La Verticale (Restaurant), Hanoi, Vietnam, 638
La Vigía (Hemingways Haus), Havanna, Kuba, 1097
La Villa Gallici (Hotel), Aix-en- Provence, Frankreich, 88
La Vineria (Weinbar), Rom, Italien, 212
La Vitrola (Restaurant), Cartagena, Kolumbien, 1040
Labrador, Kanada, 929
Labrot & Graham (Destillerie), Kentucky, USA, 797
Labyrinth am Burgberg, Ungarn, 349
Lac Bay, Bonaire, 1076
LAC D'ANNECY, Frankreich, 74
Laconia, New Hamps., USA, 829
Lacroix at the Rittenhouse, Pennsylvania, USA, 866

Ladakh, Indien, 564
Ladies' Market, Hongkong, China, 514
Lady & Sons, the (Restaurant), Georgia, USA, 740
Lady Bird Johnson Wildflower Center, Texas, USA, 884
Lady Mendl's Tea Salon, New York, USA, 850
Lafayette Cemetery No 1, Louisiana, USA, 801
Lagació Mountain Residence (Hotel), San Cassiano, Italien, 240
Lagen Island Resort, Palawan, Philippinen, 621
Lago De Atitlán, Panajachel, Guatemala, 973
Lago Maggiore, Italien, 217
Lagune San Ignacio & Golf von Kalifornien, Mexiko, 950
Lagune von Chuuk, Mikronesien, 694
Lahaina Grill, Hawaii, USA, 756
Lahaina, Hawaii, USA, 752–756
Lahinch Golf Club, County Clare, Irland, 102
Lainston House Hotel, Winchester, England, 40
Lake Coeur D'alene, Idaho, USA, 764
Lake Coeur d'Alene-Panoramastraße, Idaho, USA, 764
Lake District, der, England, 44
Lake Louise, Kanada, 915
Lake Massawippi & die Eastern Townships, Quebec, Kanada, 939
Lake McDonald Lodge, Montana, USA, 826
Lake McKenzie, Australien, 656
Lake Placid Lodge, New York, USA, 839
Lake Placid, New York, 839
Lake Powell, Arizona, USA, 711
Lake Trail (Radweg), Florida, USA, 736
Lake Tremblant, Quebec, Kanada, 943
Lake Wabby, Australien, 657
Lake Winnipesaukee, New Hamps., USA, 829
Lakes Region Tour (Straße), New Hamps., USA, 829
Lake-St.-Clair-Nationalpark, Australien, 664, 665
Lakota-Sioux-Stamm, South Dakota, USA, 873
Lalati Resort & Spa, Beqa Island, Fidschi, 683
Lalibela, Äthiopien, 416
Lalibera (Restaurant), Alba, Italien, 224
Laluna (Hotel), St George's, Grenada, 1088
Lam & Co. (Laden), Hongkong, China, 514

Lamatempel, Peking, China, 521
Lamb Inn, the (Hotel), Burford, England, 38
Lampi Kyun, Myanmar, 615
Lamu (Insel), Kenia, 425
Lana'i at Manele Bay, Hawaii, USA, 751
Lana'ihale (Berg), Hawaii, USA, 751
Lana'i, Hawaii, USA, 751
Lancashire, England, 44
Lancaster, Museen, Pennsylvania, USA, 864
Lancaster, Pennsylvania, USA, 864
Land der Pferde, Kilkenny & Kildare, Irland, 116
Land des Dylan Thomas, Wales, 180
Land des W. B. Yeats, County Sligo, Irland, 120
Land's End Inn, Massachusetts, USA, 815
Land's End, England, 32
Landeszeughaus, Graz, Österreich, 140
Landwirtschaftsausstellung, Iowa, USA, 774
Langenlois, Österreich, 146
Langer, Bernhard, 458
Langham Hotel, London, England, 49
Langhe Hotel, Alba, Italien, 224
Langhe, Italien, 223
Langkawi, Kedah, Malaysia, 610
Languedoc-Roussillon, Frankreich, 83, 84
Lanikai Beach, Hawaii, USA, 760
Laos, 605–609, 630, 631, 643, 646
Lapa Ríos (Lodge), Halbinsel Osa, Costa Rica, 970
Lapland Hotel Bear's Lodge, Finnland, 370
Lappland, Finnland, 368
Largo do Pelourinho, Salvador da Bahia, Brasilien, 1007
Las Alcobas (Hotel), Mexiko-Stadt, Mexiko, 957
Las Arenas de Cabrales (Dorf), Spanien, 273
Las Brisas (Hotel), Acapulco, Mexiko, 953
Las Casitas del Colca (Hotel), Arequipa, Peru, 1043
Las Fallas, Valencia, Spanien, 286
Las Hayas (Hotel), Ushuaia, Argentinien, 998
Las Isletas, Granada, Nicaragua, 979
Las Mañanitas (Hotel), Cuernavaca, Mexiko, 960
Las Vegas Strip, Nevada, USA, 827
Las Ventanas al Paraíso (Hotel), Cabo San Lucas, Mexiko, 949
Lascaux, Frankreich, 64, 272

Laskarina Bouboulina (Museum), Spetses, Saronische Inseln, Griechenland, 185
Last Dollar Saloon, Colorado, USA, 721
Laternenschwimmen, Hawaii, USA, 761
Latium, Italien, 210
Laurentinische Berge & Mont Tremblant Resort, Quebec, Kanada, 942
Laurie Raphaël Restaurant, Quebec, Kanada, 945
Lawra-Komplex, Kiew, Ukraine, 346
Lazaruskirche, Kischi, Russland, 313
Lazy Lizard, Belize, 965
Lazyjack Inn, Maryland, USA, 807
Le 7 (Bistro), Valence, Drôme, Frankreich, 98
Le Belem (Restaurant), Martinique, 1100
Le Bernardin (Restaurant), New York, USA, 852, 1096
Le Botteghe (Restaurant), Matera, Italien, 202
Le Capucin Gourmand (Restaurant), Nancy, Frankreich, 85
Le Chantecler (Restaurant), Nizza, Frankreich, 90
Le Chapon Fin (Restaurant), Bordeaux, Frankreich, 63
Le Chef (Restaurant), Beirut, Libanon, 486
Le Clos de Gustave (Hotel), Gordes, Frankreich, 96
Le Clos de la Violette (Restaurant), Aix-en-Provence, Frankreich, 88
Le Coquillage (Restaurant), Le Buot, Frankreich, 66
Le Diable (Golfplatz), Quebec, Kanada, 943
Le Dixseptième (Hotel), Brüssel, Belgien, 8
Le Falstaff (Bar/Brasserie), Brüssel, Belgien, 9
Le Festival au Désert, Timbuktu, Mali, 415
Le Foundouk (Restaurant), Marrakesch, Marokko, 404
Le Géant (Golfplatz), Quebec, Kanada, 943
Le Grand Véfour (Restaurant), Paris, Frankreich, 81
Le Jardin (Restaurant), Reims, Frankreich, 70
Le Jardin Malanga (Hotel), Basse-Terre, Guadeloupe, 1089
Le Kuriri (Pension), Maupiti, Franz.-Polynesien, 691
Le Lagoto Beach Resort, Samoa, 699
Le Louis XV (Restaurant), Monte Carlo, Monaco, 126

REGISTER 1161

Le Maitai Polynesia Bora Bora (Hotel), Franz.-Polynesien, 690
Le Maitai Rangiroa (Hotel), Tuamotu-Archipel, Franz.-Polynesien, 694
Le Manoir aux Quat'Saisons (Hotel), Oxford, England, 50
Le Maquis (Hotel), Bucht von Ajaccio, Korsika, Frankreich, 82
Le Mas de Peint (Gästeranch), Frankreich, 93
Le Maschou (Restaurant), Cannes, Frankreich, 94
Le Mistral (Restaurant), Buenos Aires, Argentinien, 986
Le Montreux Palace (Hotel), Montreux, Schweiz, 171, 172
Le Moulin de Mougins (Restaurant), Frankreich, 94
Le Parc (Restaurant), Reims, Frankreich, 69, 70
Le Petit Hotel, St. Martin, 1111
Le Pressoir (Restaurant), St. Martin, 1111
Le Quartier Français (Hotel), Western Cape, Südafrika, 447
Le Réservé (Restaurant), St. Martin, 1111
Le Riad Hotel de Charme, Kairo, Ägypten, 395
Le Richelieu (Hotel/Spa), Île de Ré, Frankreich, 67
Le Shack (Bistro), Quebec, Kanada, 943
Le Ti Coin Creole (Restaurant), St. Martin, 1111
Le Tobsil (Restaurant), Marrakesch, Marokko, 404
Le Touessrok Resort, Mauritius, 458
Lecce, Salento-Halbinsel, Italien, 200
Lech, Österreich, 141
Ledge Urban Bungy, Neuseeland, 680
Lednice (Schloss), Mähren, Tschechische Rep., 331
LEEDS CASTLE, Maidstone, England, 42
Leeum Samsung Museum of Art, Seoul, Südkorea, 557
Leeuwin Estate (Weingut), Australien, 668
Lefkes Village Hotel, Paros, Griechenland, 191
Lefkes, Paros, Griechenland, 191
Left Bank (Restaurant), North Carolina, USA, 855
Legado Mítico (Hotel), Buenos Aires, Argentinien, 986
Legado Mítico (Hotel), Salta, Argentinien, 997
Legal Sea Foods (Restaurant), Massachusetts, USA, 812
Legoland, Dänemark, 363
Leinster Bay (Schnorchelrevier), St. John, Am. Jungferninseln, 1062

Leksand, Schweden, 390
Lela's Taverna, Kardamyli, Mani-Halbinsel, Griechenland, 196
Lemala Tented Camp, Tansania, 450
Lemuren, Madagaskar, 456
Lenin-Mausoleum, Moskau, Russland, 311
Lenox Hotel, Massachusetts, USA, 812
Lenox, Massachusetts, USA, 816
LEÓN, Spanien, 275
Leonardo da Vinci, 17, 212, 218, 232, 316, 898
LEONARDO DA VINCI, WERKE VON, Mailand, Italien, 218
Leonidas (Chocolatier), Brüssel, Belgien, 6, 7
Leopold Museum, Wien, Österreich, 147
Les 3 Nagas (Restaurant), Luang Prabang, Laos, 606
Les Ambassadeurs (Restaurant), Paris, Frankreich, 79
Les Arènes (Arena), Arles, Frankreich, 90
Les Baux, Frankreich, 91
Les Calanques (Klippen), Cassis, Frankreich, 89
Les Crayères (Hotel), Reims, Frankreich, 69
Les Deux Garçons (Restaurant), Aix-en-Provence, Frankreich, 88
Les Deux Magots (Restaurant), Paris, Frankreich, 80
Les Faunes (Restaurant), Madeira, Portugal, 259
Les FrancoFolies de Montréal, Quebec, Kanada, 942
Les Halles de Lyon (Markt), Lyon, Frankreich, 100
Les Mars Hotel, Kalifornien, USA, 777
Les Prés d'Eugénie Hôtel, Eugénieles-Bains, Frankreich, 65
LES PRÉS D'EUGÉNIE, Frankreich, 65
Les Roches Blanches (Hotel), Cassis, Frankreich, 89
Les Salines (Strand), Martinique, 1100
Les Sources de Caudalie (Hotel), Sauternes, Bordeaux, Frankreich, 63
Les Stes-Maries-de-la-Mer, Frankreich, 93
Les Trois Cochons (Restaurant), Kopenhagen, Dänemark, 358
Lešić Dimitri Palace Hotel, Korčula, Kroatien, 293
Lettisches Okkupationsmuseum, Alt-Riga, Lettland, 295
Lettland, 295–297
Leuchtturm Heceta Head, Oregon, USA, 861
Leuchtturm Hooper Strait, Maryland, USA, 807

Lewa Wilderness (Viehranch), Kenia, 427
Lewes, East Sussex, England, 37
Lewisburg, W. Virginia USA, 907
Lexington Market, Maryland, USA, 807
Lhasa, Tibet, China, 528–530
Lianenspringzeremonie Naghol, Vanuatu, 702
Libanon, 484–486
Liberty, London, England, 47
Libeskind, Daniel, 21, 828, 936
Library of Congress, Washington, D.C., USA, 899
Libysche Wüste, Ägypten, 397
Lido (Restaurant), Bermuda, 1074
LIÈGE, Belgien, 10
Life Heritage Resort, Hoi An, Vietnam, 642
LI-FLUSS, Guilin, China, 510
Ligurien, Italien, 215–217
Lijiang, China, 531
Likoma (Insel), Malawi, 428
LIKULIKU LAGOON RESORT, Malolo Island, Fidschi, 684
Lilianfels Blue Mountains Resort, Australien, 649
Lillie & Hugh Roy Cullen Sculpture Garden, Texas, USA, 882
Lima, Peru, 1048
Limahuli-Reservat & Garten, Hawaii, USA, 748
LIMAS RESTAURANTSZENE, Peru, 1048
Limón, Costa Rica, 969
Lincoln Center, New York, USA, 846, 881
Lincoln Depot, Illinois, USA, 772
Lincoln Memorial, Washington, D.C., USA, 899
Lincoln (Restaurant), New York, USA, 846
LINCOLN-TRAIL, der, Illinois, USA, 772
Linden Centre (Kulturzentrum), Xizhou, China, 531
Ling-Long-Pagode, Olympiapark, Peking, China, 522
Links Course (Golfplatz), Dom. Rep., 1083
Lipari, Äolische Inseln, Sizilien, Italien, 225
Lipica, Slowenien, 324
Lipizzaner, Wien, Österreich, 141, 147, 324
Lissabon, Portugal, 255–258
Litauen, 297/298
LITCHFIELD HILLS, Connecticut, USA, 724
Literarische Pubs, Dublin, Irland, 108
LITERARISCHES DUBLIN, Irland, 108
Literaturfestival, Hay-on-Wye, Wales, 175

Lithia Park, Oregon, USA, 858
Lititz, Pennsylvania, USA, 864
Little Cayman, Kaimaninseln, 1095
Little Corn Beach & Bungalow, Corn Islands, Nicaragua, 978
LITTLE DIX BAY & THE BATHS, Brit. Jungferninseln, 1080
Little Nell, the (Lodge), Colorado, USA, 716
Little Palm Island Resort, Florida, USA, 732
Little St. Simons Island, Georgia, USA, 739
Little Tobago Island, Tobago, 1118
Little White House, Florida, USA, 732
Livingstone-Insel, Sambia, 436
Liwa-Oase, VAE, 495
Lizard Island, Australien, 658
LJUBLJANA, ALTSTADT, Slowenien, 323
Llanberis, Wales, 179
Llangoed Hall (Hotel), Llyswen, Wales, 175
Llao Llao (Resort), Patagonien, Argentinien, 989, 994
Llewellin's Guest House, Australien, 668
LLEYN-HALBINSEL, Wales, 178
Lo Manthang, Mustang, Nepal, 588
Lobby Lounge (Restaurant), New York, USA, 850
Lobkowitz-Palast, Prag, Tschechische Rep., 330
Lobster Pot, Massachusetts, USA, 815
Locanda al Castello (Hotel), Cividale del Friuli, Italien, 205
Locanda Cipriani (Hotel), Torcello, Italien, 246
Locanda dell'Amorosa (Restaurant), 239
Locanda della Valle Nuova (Hotel), Urbino, Italien, 222
Locanda di San Martino (Hotel), Matera, Italien, 201, 202
Loch Fyne Oyster Bar (Restaurant), Argyll Highlands, Schottland, 156
LOCH LOMOND & DIE TROSSACHS, Schottland, 160
Loch Ness Centre & Exhibition, Drumnadrochit, Schottland, 158
Loch Ness Country House Hotel, Dunain Park, Schottland, 158
LOCH NESS, Highlands, Schottland, 158
Locke-Ober Restaurant, Massachusetts, USA, 812
Lodge & Ranch at Chama, New Mexico, USA, 834
Lodge at Big Sky, Montana, USA, 824
Lodge at Chaa Creek, Belize, 966
Lodge at Chichén Itzá, Mexiko, 964
Lodge at Kauri Cliffs, Neuseeland, 671

Lodge at Koele, Hawaii, USA, 751
Lodge at Pebble Beach, Kalifornien, USA, 788
Lodge at Pico Bonito, Honduras, 977
Lodge at Torrey Pines, the, Kalifornien, USA, 789
Lodge at Vail, Colorado, USA, 722
Lodge Country House, Australien, 661
LOFOTEN, Norwegen, 376
Logroño, La Rioja, Spanien, 268
LOIRE, TAL DER, Frankreich, 86
Loisium (Weingut/Hotel), Langenlois, Österreich, 146
Loket, Böhmen, Tschechische Rep., 326
Loloma Spa, Beqa Island, Fidschi, 683
Lombardei, Italien, 217–221
Lombardi's (Restaurant), New York, USA, 852
LOMBOK & GILI-INSELN, Indonesien, 599
Lon Khuet, Myanmar, 615
Londolozi (Lodge), Mpumalanga, Südafrika, 444
London Eye (Riesenrad), England, 46
LONDON, England, 45
Lone Mountain Ranch, Montana, USA, 824
Long Island House, Sylt, Deutschland, 29
Long Island, New York, USA, 844
Long Range Mountains, Neufundland, Kanada, 929
Longitude 131° (Resort), Australien, 655
Longueville House, Cork, Irland, 104
Longwood Gardens, Pennsylvania, USA, 727
Longyearbyen, Norwegen, 377
Lopez Island, Washington, USA, 904
Lord Nelson (Kneipe), Australien, 652
LORD-HOWE-INSEL, Australien, 651
Los Angeles County Museum of Art, Kalifornien, USA, 780
Los Angeles Lakers, Kalifornien, USA, 781
Los Angeles Music Center, Kalifornien, USA, 781
Los Angeles Philharmonic, Kalifornien, USA, 780
LOS ANGELES, Kalifornien, USA, 779
LOS CABOS, Mexiko, 949
Los Caracoles (Bar/Restaurant), Madrid, Spanien, 284
Los Césares (Restaurant), Patagonien, Argentinien, 994
LOS GLACIARES NATIONALPARK, Patagonien, Argentinien, 995
Los Insurgentes (Kneipe), Mexiko-Stadt, Mexiko, 960
LOS LLANOS, Venezuela, 1056

Los Nevados (Berg), Eje Cafetero, Kolumbien, 1041
Los Notros (Hotel), Patagonien, Argentinien, 995
Los Parados (Restaurant), Mexiko-Stadt, Mexiko, 959
Lossiranta-Lodge, Savonlinna, Finnland, 370
Lost Trail Powder Mountain, Montana, USA, 825
Lothringen, Frankreich, 85
Lough Gill, County Sligo, Irland, 120
Lough Swilly (Schattensee), County Donegal, Irland, 105
Louis Hotel, München, Deutschland, 14
Louise, the (Hotel), Australien, 661
LOUISIANA MUSEUM FÜR MODERNE KUNST, Humlebaek, Dänemark, 355
Louisiana, USA, 800–804
Louisville, Kentucky, USA, 799
LOURDES, Frankreich, 86
Louvre, Paris, Frankreich, 76, 77, 80, 856
Louwailou Restaurant, Westsee, Hangzhou, China, 532
Loveless Cafe, Tennessee, USA, 879
Lovina Beach, Bali, Indonesien, 595
LOWCOUNTRY-KÜCHE, South Carolina, USA, 872
LUANG PRABANG, Laos, 605
Luang Say (Ausflugsschiff), Laos, 606
Luang Say Lodge, Pakbeng, Laos, 607
LÜBECK, Deutschland, 28
LUBERON, Frankreich, 95
LUCCA & PISA, Italien, 236
Lucerne Festival, Luzern, Schweiz, 168
Luchs (Restaurant), Berlin, Deutschland, 21
Lucques (Restaurant), Kalifornien, USA, 784
Ludlow Castle, England, 53
LUDLOW, England, 53
LUGANO, Schweiz, 170
Lukaskloster, Delphi, Griechenland, 195
Lukula Camp, Tansania, 451
Luk-Yu-Teehaus, Hongkong, China, 517
Lumahai Beach, Hawaii, USA, 749
LumiLinna-Schneeschloss, Kemi, Lappland, Finnland, 369
Lun King Heen (Restaurant), Hongkong, China, 515
LUNENBURG, ALTSTADT VON, Nova Scotia, Kanada, 931
Luquillo Beach, Puerto Rico, 1103
Luquillo Mountains, Puerto Rico, 1102

Luray Caverns, Virginia USA, 895
Lurline House (Hotel), Australien, 649
LÜTTICH, Belgien, 10
Lutyens, Edwin, 162
Lux 11 (Hotel), Berlin, Deutschland, 21
Lux Alpinae (Hotel) St. Anton, Österreich, 141
Luxemburg, 124
LUXEMBURG-STADT, 124
LUXOR & NILKREUZFAHRT, Ägypten, 399
LUZERNER RIVIERA, Schweiz, 168
Luzon, Philippinen, 619
LWIW, HISTORISCHES ZENTRUM, Ukraine, 347
Lynnfield Hotel, Kirkwall, Orkney, Schottland, 162
LYON, ESSEN GEHEN IN, Frankreich, 100
Lyon, Frankreich, 98, 100, 101

M

M on the Bund (Restaurant), Shanghai, China, 527
Ma Cuisine (Restaurant), Beaune, Frankreich, 69
Maastricht, Niederlande, 135
Mabel's Lobster Claw, Maine, USA, 805
Macao, China, 518
Macaroni Beach, Mustique, Grenadinen, 1113
Machu Picchu Sanctuary Lodge (Hotel), Peru, 1046
MACHU PICCHU, Peru, 1046
MACKINAC ISLAND, Michigan, USA, 819
Mackintosh, Charles Rennie, 153
MACKINTOSHS GLASGOW, Schottland, 153
Madaba, Jordanien, 474
Madagaskar, 456
MADA'IN SALIH, Saudi-Arabien, 489
Maddalena-Nationalpark, Sardinien, Italien, 225
MADEIRA, Portugal, 258
Madhya Pradesh, Indien, 567
MADIDI-NATIONALPARK, Bolivien, 1002
Madison Mountains, Montana, USA, 824
MADRID, Spanien, 281
Madrona Manor, Kalifornien, USA, 778
MAE HONG SON, Thailand, 635
Maes-y-Neuadd (Hotel), Talsarnau, Wales, 179
Magens Bay Discovery Trail, St. Thomas, Am. Jungferninseln, 1063
MAGENS BAY, STRAND VON, St. Thomas, Am. Jungferninseln, 1063

Magnificent Mile Lights Festival, Illinois, USA, 769
Magnificent Mile, the, Illinois, USA, 769
Magnolia Hotel, British Col., Kanada, 925
Magnolias (Restaurant), South Carolina, USA, 872
Magome, Nagano, Japan, 546
Mahale-Mountains-Nationalpark, Tansania, 449
MAHARADSCHA-PALASTHOTELS, Indien, 574
Maharajas' Express (Zug), Indien, 567
Maharashtra, Indien, 569
MAHÉ, Seychellen, 460
Mahébourg, Mauritius, 458
Maho Bay Camps, St. John, Am. Jungferninseln, 1063
Mähren, Tschechische Rep., 330–332
Mahua Kothi (Lodge), Indien, 567
Maia Luxury Resort, Mahé, Seychellen, 460
Maialino (Restaurant), New York, USA, 852
Maid of the Mist (Ausflugsschiff), New York, USA, 933
Maidstone, Kent, England, 42
Maidstone, the (Hotel), New York, USA, 844
Mailand, Italien, 218–223
Mainau, Bodensee, Deutschland, 15
Maine Lobster Festival, USA, 806
Maine Windjammer, USA, 806
Maine, USA, 738, 804–807, 928, 939
Mainstay Inn (B&B), New Jersey, USA, 831
Maipo, Chile, 1030
Maisen (Restaurant), Tokio, Japan, 553
Maison Antoine (Pommesbude), Brüssel, Belgien, 6
Maison Cauchie (Jugendstil), Brüssel, Belgien, 8
Maison d'Hanoi Hanova (Hotel), Hanoi, Vietnam, 640
Maison Kammerzell (Restaurant), Straßburg, Frankreich, 70
Maison Rose (Hotel), Eugénie-les-Bains, Frankreich, 65
Maison St-Cyr (Jugendstil), Brüssel, Belgien, 8
Mai-Tai Bar, Hawaii, USA, 762
Majestic Hotel, Ho-Chi-Minh-Stadt, Vietnam, 640
Majestic Malacca (Hotel), Malakka, Malaysia, 612
Makalawena Beach, Hawaii, USA, 743
Makedonien, Griechenland, 193
Makena Grill, Hawaii, USA, 754
Makua Beach, Hawaii, USA, 749
Malá Strana (Café), Prag, Tschechische Rep., 329

Malá Strana, Prag, Tschechische Rep., 329
MALAKKA, Malaysia, 612
Malancrav (Dorf), Rumänien, 308
Mälarsee, Schweden, 389
Malawi, 428
MALAWISEE, Malawi, 428
Malaysia, 609–615
Malecón (Boulevard), Santo Domingo, Dom. Rep., 1086
MALEDIVEN, 457
Mali, 414
Maligne Lake, Alberta, Kanada, 916
Malling & Schmidt Restaurant, Aarhus, Dänemark, 359
Malliouhana Hotel & Spa, Anguilla, 1064
Mallmann, Francis, 993, 1053
Mallorca, Spanien, 266
Malolo Island Fiji (Resort), Fidschi, 684
Malolo Island, Fidschi, 684
MALT WHISKY TRAIL, der, Schottland, 159
Malta, 250
Malvina House Hotel, Falkland Islands, 999
Mama's Fish House, Hawaii, USA, 756
Mamacita's (Restaurant), Dewey, Culebra, Puerto Rico, 1104
Mamanuca-Archipel, Fidschi, 684
Mamilla Hotel, Jerusalem, Israel, 470
Mamirauá-Naturschutzgebiet, Brasilien, 1005
Mamma Maria, Massachusetts, USA, 810
Manago Restaurant, Hawaii, USA, 746
Manatus Hotel, Limón, Costa Rica, 969
Manaus, Brasilien, 1004
MANCHESTER, Vermont, USA, 890
Manda (Insel), Kenia, 425
Manda Bay Resort, Kenia, 425
Mandalay, Myanmar, 616
Mandarin Oriental Barcelona, Barcelona, Spanien, 279
Mandarin Oriental, New York, USA, 850
Mandarin Oriental, Washington, D.C., USA, 903
Mandela Rhodes Place (Hotel), Kapstadt, Südafrika, 440
Mandula Restaurant & Wine Bar, Villány, Ungarn, 353
Mango Bay (Resort), Phu Quoc, Vietnam, 645
Mango Orchard Spa, St. Kitts, 1109
MANGOKY, PADDELTOUR AUF DEM, Madagaskar, 456
Mangy Moose (Restaurant), Wyoming, USA, 912
Maní (Restaurant), São Paulo, Brasilien, 1024

MANI-HALBINSEL, Griechenland, 195
Manitoba, Kanada, 927
Manjar das Garças (Restaurant), Belém, Brasilien, 1013
Manju-ji-Tempel, Kyoto, Japan, 541
Manka's Inverness Lodge, Kalifornien, USA, 795
Manohra (Hotel), Java, Indonesien, 597
Manohra Dream (Schiff/Hotel), Thailand, 626
Manohra Song (Schiff/Hotel), Thailand, 626
Manoir Hovey (Hotel), Quebec, Kanada, 940
Manolo Caracol (Restaurant), Panama City, Panama, 983
Manor Hotel, Neu-Delhi, Indien, 561
Manor House B&B, Connecticut, USA, 724
Manor on Golden Pond, New Hamps., USA, 829
Man-O-War (Strand), Tobago, 1118
Man-O-War Cay, Abaco-Inseln, Bahamas, 1067
Mansion Alcazar (Hotel), Cuenca, Ecuador, 1033
Mansion on Forsyth Park, Georgia, USA, 740
Mansouriya Palace (Hotel), Aleppo, Syrien, 491
Manta Lodge, Tobago, 1118
Manta Ray Bay Hotel, Yap, Mikronesien, 695
Manteo, North Carolina, USA, 855
Mantra Resort, Punta del Este, Uruguay, 1054
Mantua, Italien, 221
Manu Expeditions (Touren), Peru, 1049
Manu Wildlife Center Lodge, Peru, 1049
MANUEL ANTONIO NATIONALPARK, Puntarenas, Costa Rica, 970
MANÚ-NATIONALPARK, Peru, 1049
Many Glacier Hotel, Montana, USA, 825
Maracajaú, Rio Grande do Norte, Brasilien, 1022
MARACANÃ-STADION, Rio de Janeiro, Brasilien, 1018
Maracas Beach, Trinidad, 1117
MARAMUREŞ, Rumänien, 305
Marble House (Herrenhaus), Rhode Island, USA, 869
Marché aux Puces de St-Ouen, Paris, Frankreich, 78
Marché Berbère (Markt), Taroudannt, Marokko, 408
Marché Forville, Cannes, Frankreich, 94
Marco Polo Mansion (Hotel), Rhodos, Griechenland, 187

Marcolini, Pierre (Chocolatier), Brüssel, Belgien, 7
MARDI GRAS, Louisiana, USA, 801
MAREMMA, Italien, 237
MARGARET RIVER, Australien, 668
Margit Kovács Keramiksammlung, Szentendre, Ungarn, 351
Mariä Himmelfahrt, Lwiw, Ukraine, 347
Maria Island Walk (Wanderweg), Australien, 664
Maria Island, Australien, 664
Mariä-Entschlafens-Kathedrale, Moskau, Russland, 311
Mariánské Lázně (Marienbad), Tschechische Rep., 326
Mariä-Verkündigungs-Kathedrale, Moskau, Russland, 311
Marie Galante (Insel), Guadeloupe, 1089
Mariehamn, Fasta Åland, Ålandinseln, Finnland, 366
Marienkirche, Lübeck, Deutschland, 28
Marienkirche, Rynek Główny, Krakau, Polen, 301
Mariinski-Theater, St. Petersburg, Russland, 315
Marimekko, Helsinki, Finnland, 366
Marina All Suites Hotel, Rio de Janeiro, Brasilien, 1017
Marina Bay Sands (Resort), Singapur, 622
Marina Phuket Resort, Phuket, Thailand, 636
Marine Education Center, Hawaii, USA, 760
Mariner Inn Hotel, Brit. Jungferninseln, 1078
Mark Restaurant, New York, USA, 852
Marken, die, Italien, 221
Market Square, Texas, USA, 883
MARKT VON CHICHICASTENANGO, Guatemala, 975
MÄRKTE & FESTIVALS IN SANTA FE, New Mexico, USA, 837
MÄRKTE VON BANGKOK, Thailand, 627
MÄRKTE, SAIGON, Ho-Chi-Minh-Stadt, Vietnam, 641
Marktplatz, Lwiw, Ukraine, 347
MARK-TWAIN-HAUS, Connecticut, USA, 723
Markusdom, Venedig, Italien, 244
Marlborough Maze (Irrgarten), Woodstock, England, 53
MARLBOROUGH SOUNDS, Neuseeland, 679
Marlfield House (Hotel), County Wexford, Irland, 123
Marmadukes Hotel, York, England, 62
Marmara Pera Hotel, Istanbul, Türkei, 343

Marmara Taksim, the (Hotel), Istanbul, Türkei, 341
Marmorpalast, Kolkata, Indien, 583
Marokko, 401–409
Maroma (Resort), Tulum, Mexiko, 963
Marqués de Riscal (Weingut), Eltziego, Spanien, 268
Marqués de Riscal Gastronomic Restaurant, Eltziego, Spanien, 268
MARQUESAS-INSELN, Franz.-Polynesien, 688
MARRAKESCH, ESSEN IN, Marokko, 403
Marriott Royal Aurora Hotel, Moskau, Russland, 310
Marrol's Hotel, Bratislava, Slowakei, 321
MARSEILLE, ALT- & CASSIS, Frankreich, 88
MARTHA'S VINEYARD & NANTUCKET, 817
MARTINIQUE, AROMEN VON, 1100
Marunouchi (Laden), Tokio, Japan, 551
Maruyama-Park, Kyoto, Japan, 542
MARVÃO & ESTREMOZ, Portugal, 251
Mary (Chocolatier), Brüssel, Belgien, 7
Maryland, USA, 806–809
Mas du Langoustier, Île de Porquerolles, Frankreich, 67
MASAI MARA, Kenia, 426
Masala Kraft (Restaurant), Mumbai, Indien, 570
Masaya, Nicaragua, 979
MASPHI LODGE, Ecuador, 1035
Maskarenen, die (Inseln), Indischer Ozean, 458
MASKAT & NIZWA, Oman, 487
MASOALA-NATIONALPARK, Madagaskar, 456
Massachusetts Museum of Contemporary Art, Massachusetts, USA, 819
Massachusetts, USA, 808–819
Masseria Il Frantoio (Hotel), Alberobello, Italien, 200
Masseria San Domenico (Hotel), Alberobello, Italien, 200
Master's Lodge (Hotel), Napier, Neuseeland, 672
Mata Atlântica, Bahia, Brasilien, 1006
MATANGI ISLAND, Fidschi, 684
Matangi Private Island Resort, Fidschi, 684
Matavanu (Vulkan), Samoa, 699
MATERA, SASSI VON, Italien, 201
Mathias Dahlgren (Restaurant), Stockholm, Schweden, 387
Matira Beach, Bora Bora, Franz.-Polynesien, 690

REGISTER 1165

Matisse, Henri, 73, 77, 88, 95, 97, 406, 791, 868, 881, 882, 899
Matissekapelle, Vence, Frankreich, 97
Mato Grosso do Sul, Brasilien, 1011
Matobo Hills, Simbabwe, 436
MATOBO-NATIONALPARK, Simbabwe, 436
Matsuhisa, Nobu, 441, 515, 785, 1072
Matsuyama, Shikoku, Japan, 555
Matt Molloy's (Pub), Westport, County Mayo, Irland, 119
Matterhorn, Schweiz, 173
Matthiaskirche, Budapest, Ungarn, 349
Matura (Strand), Trinidad, 1116
Mauermuseum, Berlin, Deutschland, 23
Mauerweg, Berlin, Deutschland, 23
MAUI, Hawaii, USA, 752
Maultierreiten auf Molokai, Hawaii, USA, 757
Mauna Kea Beach Hotel, Hawaii, USA, 743
Mauna Kea Resort, Hawaii, USA, 743
Mauna Kea, Gipfel, Hawaii, USA, 741
Mauna Lani Bay Hotel & Bungalows, Hawaii, USA, 745
Mauna Lani Resort, Hawaii, USA, 746
Mauna Loa (Nachtclub), Santo Domingo, Dom. Rep., 1086
MAUPITI, Gesellschaftsinseln, Franz.-Polynesien, 691
Maurenbaracken, Macao, China, 518
MAURITIUS, 458
MAURITSHUIS, HET, Den Haag, Niederlande, 134
Mausoleum der Gallia Placidia, Ravenna, Italien, 204
MAXXI (Museum), Rom, Italien, 212
Maya's (Restaurant), St. Barths, 1106
Mayacamas Mountains, Kalifornien, USA, 776
Mayagüez, Puerto Rico, 1103
Mayaland (Hotel), Chichén Itzá, Mexiko, 964
Mayan Inn, Chichicastenango, Guatemala, 975
Mayflower Inn & Spa, Connecticut, USA, 725
Mayne Island, British Col., Kanada, 917
Mbirikani Group Ranch (Lodge), Kenia, 424
McBryde Garden, Hawaii, USA, 748
McDermott's (Pub), Doolin, Irland, 101
McGann's (Pub), Doolin, Irland, 101
Meadowood (Hotel), Kalifornien, USA, 777
Medana Beach, Indonesien, 599
Medersa Bou Inania (Koranschule), Fès, Marokko, 402
Medici-Kapellen, Florenz, Italien, 231
Medicine Bow, Colorado, USA, 720

MEDINA & DJEMAA EL-FNA, Marokko, 404
Medina Grand Adelaide Treasury (Hotel), Australien, 661
MEDINA VON TANGER, Marokko, 406
Medina, Saudi-Arabien, 490
Médoc, Frankreich, 63
Meeresnationalpark, Isla Bastimentos, Panama, 980
Megálo Metéoro (Kloster), Metéora, Griechenland, 198
Megève, Frankreich, 99
Mehmet Ali Aga Konagi (Hotel), Resadiye, Türkei, 336
MEKKA, Saudi-Arabien, 490
Mekong, Laos, 605
MEKONG, UNTERWEGS AUF DEM, Laos, 606
Mekong, Vietnam, 643
MEKONGDELTA, Vietnam, 643
Melenos Hotel, Lindos, Rhodos, Griechenland, 187
Melville Island, Australien, 654
Mémorial de Caen (Museum), Haute-Normandie, Frankreich, 72
Memphis Rock 'n' Soul Museum, Tennessee, USA, 878
MEMPHIS, BARBECUE IN, Tennessee, USA, 876
MEMPHIS, MUSIKSZENE VON, Tennessee, USA, 878
Memphis, Tennessee, USA, 876–878
Mena House (Hotel), Giseh, Mena House (Hotel), Giseh, Ägypten, 396
MENDOZA-PROVINZ, Argentinien, 992
Ménerbes, Frankreich, 95
Menil Collection (Galerie), Texas, USA, 882
Menjangan, Bali, Indonesien, 595
Mennoniten-Gemeinden, Pennsylvania, USA, 864
Mercado Adolfo Lisboa, Amazonas, Brasilien, 1004
Mercado Central, Valencia, Spanien, 286
Mercado de Artesanías, Oaxaca, Mexiko, 962
Mercado Municipal, São Paulo, Brasilien, 1023
Mercado San Miguel, Madrid, Spanien, 283
Mercat de la Boqueria, Barcelona, Spanien, 278
Mercato Centrale, Florenz, Italien, 232
Mercato di San Lorenzo, Toskana, Italien, 232
Merchant Hotel, Belfast, Nordirland, 137
Merchant House (Hotel), Tallinn, Estland, 289
Merchant House (Lodge), Ludlow, England, 54

Meredith House (Hotel), Australien, 665
Meredith, New Hamps., USA, 829
Merenda (Restaurant), Nizza, Frankreich, 90
MERGUI-ARCHIPEL, Andamanensee, Myanmar, 615
MÉRIDA & CHICHÉN ITZÁ, Mexiko, 964
Meritage (Restaurant), Massachusetts, USA, 811
Merridale Estate Cidery, British Col., Kanada, 924
Merrie Monarch Hula Festival, Hawaii, USA, 744
Merriman's Restaurant, Hawaii, USA, 747
Merrion Hotel, Dublin, Irland, 107
Meryem Ana Evi, Ephesos, Türkei, 337
Merzouga, Marokko, 406
Mesalands Dinosaur Museum, New Mexico, USA, 835
MESA-VERDE-NATIONALPARK, Colorado, USA, 718
Mesón Casas Colgadas (Restaurant), Cuenca, Spanien, 274
Mesón D'Bari (Restaurant), Santo Domingo, Dom. Rep., 1086
Mesón de Cándido (Restaurant), Segovia, Spanien, 285
Mestre Bimba (Capoeira), Salvador da Bahia, Brasilien, 1007
METÉORA, Griechenland, 198
Metropolitan Museum of Art, New York, USA, 846
Metropolitan Opera, New York, USA, 846
Mevlana-Kloster, Konya, Türkei, 343
Mexiko, 949–982
MEXIKO-STADT, Mexiko, 955
Meyerson Symphony Center, Texas, USA, 881
Mezcalería los Amantes (Kneipe), Oaxaca, Mexiko, 962
MEZQUITA-CATEDRAL, Córdoba, Spanien, 260
Mhamid, Marokko, 405
Mi Cocina (Restaurant), San José del Cabo, Mexiko, 949
Mi Tierra Café & Bakery, Texas, USA, 883
Miami Beach, Florida, USA, 733–735
Miami Design Preservation League, Florida, USA, 734
Michigan, USA, 819–821
Michoacán, Mexiko, 961
Mickey's Lounge, Colorado, USA, 722
Mickey's, Bermuda, 1074
Mid Ocean Club (Golfplatz), Bermuda, 1075
Mid Wales, Wales, 175

Mid-City Lanes Rock 'n' Bowl, Louisiana, USA, 802
MIDDLE FORK DES SALMON RIVER, Idaho, USA, 765
Middleburg, Virginia USA, 896
Middlethorpe Hall & Spa, York, England, 61
Middleton Inn, Virginia USA, 896
Midi-Pyrénées, Frankreich, 86
Midland Trail, W.Virginia USA, 907
Midsummer-Night-Swing-Reihe, New York, USA, 846
Midtjylland, Dänemark, 359
Mies van der Rohe, Ludwig, 20, 473, 851, 882
Miho-Museum, Shigaraki, Japan, 545
Mii Amo Spa, Arizona, USA, 715
Mijita (Restaurant), Kalifornien, USA, 791
Mikla (Restaurant), Istanbul, Türkei, 343
Mikronesien, 694
Mikulov (Nikolsburg), Mähren, Tschechische Rep., 330
Miky (Restaurant), Monterosso, Italien, 215
Milford Sound, Neuseeland, 677
Milford Track, Neuseeland, 677
Mill (Restaurant), Nevis, 1108
Mille Fleurs (Restaurant), Port Antonio, Jamaika, 1095
Millennium Park Music Festivals, Illinois, USA, 770
Millennium Park, Illinois, USA, 767
Million Dollar Cowboy Bar, Wyoming, USA, 912
Million Dollar Highway, Colorado, USA, 718
Million Dollar Point, Vanuatu, 702
Minami-za Kabuki-Theater, Kyoto, Japan, 542
MINAS GERAIS, GOLDSTÄDTE VON, Brasilien, 1012
Minibar by José Andrés, Washington, D.C., USA, 903
Miniloc Island Resort, Palawan, Philippinen, 621
Minnesota, USA, 820
Miraflores Visitors Center (Museum), Panama Canal, Panama, 983
Miramar (Restaurant), Marseille, Frankreich, 89
Miramonti Majestic Grand Hotel, Cortina, Italien, 240
MIRAVAL & CANYON RANCH, Arizona, USA, 715
Mirbeau Inn & Spa, New York, USA, 842
Mir-i-Arab-Medrese, Buxoro, Usbekistan, 506)

Mirissa (Strand), Galle, Sri Lanka, 591
Miró, Joan, 266
Mirror Lake Inn, New York, USA, 840
Misool Eco Resort, Misool, Papua, Indonesien, 601
Mission Estate Winery, Neuseeland, 672
Mission Hill Family Estate Winery, British Col., Kanada, 920
Mission Ranch Inn, Kalifornien, USA, 788
Mission San Buenaventura, Kalifornien, USA, 779
Mission San Carlos Borroméo, Kalifornien, USA, 779
Mission San Diego de Alcalá, Kalifornien, USA, 778
Mission San Juan Capistrano, Kalifornien, USA, 779
Mission Santa Barbara, Kalifornien, USA, 779
MISSIONSSTATIONEN, KALIFORNISCHE, USA, 778
Mississippi, USA, 821–823
Missouri, USA, 822
MIT DELFINEN TAUCHEN, Bahamas, 1071
MIT DEM ZUG DURCH DIE KANADISCHEN ROCKIES, Kanada, 916
MIT SEEKÜHEN SCHWIMMEN, Florida, USA, 729
MIT WALHAIEN SCHNORCHELN, Australien, 669
Mitai Maori Village (Museum), Rotorua, Neuseeland, 674
Mitre Peak, Neuseeland, 677
Mitsukoshi (Laden), Tokio, Japan, 551
MITTE, Berlin, Deutschland, 21
Mittelaltermarkt, Turku, Finnland, 371
Mittelalterwoche, Gotland, Schweden, 384
Mittelgriechenland, Griechenland, 194
MITTELRHEIN, der, Deutschland, 25
Mitteltransdanubien, Ungarn, 352
Mittherbstfest, Hongkong, China, 514
MITTSOMMERNACHT IN DALARNA, Tällberg, Schweden, 390
MIYAJIMA & HIROSHIMA, Japan, 537
Miyoshian (Restaurant), Kanazawa, Japan, 539
Mizpe-Hayamim (Hotel), Galiläa, Israel, 468
Mnemba (Insel), Tansania, 452
MOAB & RED ROCK COUNTRY, Utah, USA, 885
Moab Ho-Down Bike Festival, Utah, USA, 885
Moab Music Festival, Utah, USA, 885
Moana Surfrider (Hotel), Hawaii, USA, 759

Mocotó (Restaurant), São Paulo, Brasilien, 1024
Mode Elegante (Schneider), Hongkong, China, 515
Moelwyn (Hotel/Restaurant), Lleyn-Halbinsel, Wales, 178
MOGAO-GROTTEN, Dunhuang, China, 509
MOHAWK TRAIL, Massachusetts, USA, 819
Mohonk Mountain House, New York, USA, 841
Mojave-Wüste, Kalifornien, USA, 775
Mokara Hotel & Spa, Texas, USA, 883
Moldau, Rumänien, 306
Moldau, Tschechische Rep., 325
MOLDAUKLÖSTER IN DER SÜDLICHEN BUKOWINA, Rumänien, 306
Moldovița (Kloster), Rumänien, 307
MOLOKAI, Hawaii, USA, 756
Mombo Camps, Botsuana, 422
Monachyle Mhor (Hotel), Loch Lomond, Schottland, 160
MONACO, 125
Monaco-Ville, Monte Carlo, Monaco, 125
Monasterio de las Descalzas Reales (Franziskanerkloster), Madrid, Spanien, 283
Monasterium Poort Ackere (Hotel), Gent, Belgien, 10
Monastero (Hotel), Pantelleria, Italien, 223
Mondberg, Provinz Guangxi, China, 511
MONEMVASIA, Griechenland, 196
Monet, Claude, 67, 73–78, 256, 283, 819, 846, 868, 882
MONGOLEI, STEPPEN & WÄLDER DER, Mongolei, 501
Mongolei, 501
Mongolei, 500–503
Monkey Eco Tours, Guatemala, 975
Monmouth B&B, Mississippi, USA, 822
Monmouth, Wales, 181
Monocle, the (Restaurant), Washington, D.C., USA, 903
Monreale, Sizilien, Italien, 226
MONT BLANC & COURMAYEUR, Italien, 199
Mont Blanc Hotel Village, La Croisette, Italien, 200
Mont Pelée (kahler Berg), Martinique, 1101
MONT ST-MICHEL, Frankreich, 72
MONT TREMBLANT RESORT & DIE LAURENTINISCHEN BERGE, Quebec, Kanada, 942
Mont Tremblant Village, Quebec, Kanada, 943
Montagna (Restaurant), Colorado, USA, 716

Montagnard-Dörfer, Vietnam, 646
Montagne Ste-Victoire (Berg), Aix-en-Provence, Frankreich, 88
Montalcino, Italien, 236
Montana, USA, 823–827
Montauk, New York, USA, 844
Mont-Blanc-Massiv, Italien, 99, 199
Montchanin Village, Delaware, USA, 727
Monte Albán, Oaxaca, Mexiko, 962
Monte Carlo, Monaco, 125
Monte Epomeo (Vulkan), Ischia, Italien, 207
Monte Rosa (Heli-Skiing), Schweiz, 173
MONTEGO BAY, Jamaika, 1091
Montenegro, 298/299
Montepulciano, Italien, 235
Monterey Bay Aquarium, Kalifornien, USA, 788
Monterey, Kalifornien, USA, 787
Monterosso, Italien, 215
Monteverde Cloud Forest Reserve, Costa Rica, 971
Monteverde Lodge, Costa Rica, 972
MONTEVERDE, Costa Rica, 971
Monticello, Virginia USA, 894
MONTJUÏC, Barcelona, Spanien, 279
Montpelier Plantation (Hotel), Nevis, 1106
Montreal International Jazz Festival, Quebec, Kanada, 941
Montreal, Quebec, Kanada, 940–942
MONTREALS HISTORISCHE ALTSTADT, Quebec, Kanada, 940
MONTREALS SOMMERFESTIVALS, Quebec, Kanada, 941
Montreux Jazz Café, Montreux, Schweiz, 171
MONTREUX JAZZ FESTIVAL, Schweiz, 171
Montreux, Schweiz, 171
MONUMENT VALLEY NAVAJO TRIBAL PARK, Arizona, USA, 712
Moonlight Basin Resort, Montana, USA, 823
Moonlight Mele, Hawaii, USA, 758
Moonlit Rainbow Fountain, Seoul, Südkorea, 557
Moore, Henry, 132, 356, 548, 936
Moorea Dolphin Center, Franz.-Polynesien, 692
MOOREA, Gesellschaftsinseln, Franz.-Polynesien, 692
Moorings Jachtverleih, Brit. Jungferninseln, 1068, 1078, 1114
Moos-Tempel, Kyoto, Japan, 541
Mopti, Mali, 414
Moraine Lake, Kanada, 915
Moran State Park, Washington, USA, 904

Moran's Oyster Cottage, Kilcolgan, Irland, 113
MORELIA & PÁTZCUARO, Mexiko, 961
Moremi-Wildreservat, Botsuana, 422
Morgan's Rock Hacienda & Ecolodge, Nicaragua, 979
Mori-Kunstmuseum, Tokio, Japan, 551
Mormon-Tabernacle-Chor, Utah, USA, 887
MORNE TROIS PITONS NATIONALPARK, Dominica, 1082
Morning Glory (Restaurant), Hoi An, Vietnam, 642
Mosaiken von Ravenna, Italien, 204
MOSAMBIK, INSELN, Mosambik, 429
Moschee Masdsched-e Emām, Isfahan, Iran, 463
Moschee von Quba, Medina, Saudi-Arabien, 490
Mosconi (Restaurant), Luxemburg, 124
Mosel, Deutschland, 25
Moseltal, Luxemburg, 125
Moskau, Russland, 309–314
MOSKAUER METRO & TRETJAKOW-GALERIE, Russland, 312
Mosquito Bay, Puerto Rico, 1104
Mossman River, Australien, 656
Mother A.M.E. Zion Church, New York, USA, 849
Mother's Restaurant, Louisiana, USA, 803
Motlatse Canyon, Südafrika, 443
Moto (Restaurant), Illinois, USA, 771
Motorradrallye, Colorado, USA, 717
Motovun, Kroatien, 294
Mougins, Frankreich, 94
Moulin de l'Abbaye (Hotel), Brantôme, Dordogne, Frankreich, 64
Moulin Rouge, Paris, Frankreich, 77
Mount Ashland, Oregon, USA, 858
Mount Athabasca, Alberta, Kanada, 915
Mount Cook, Neuseeland, 675
Mount Desert Island, Maine, USA, 804
Mount Equinox, Vermont, USA, 890
MOUNT EVEREST, Nepal, 586
Mount-Hood-Eisenbahn, Oregon, USA, 859
Mount Hood, Oregon, USA, 859
Mount Juliet, Irland, 116
MOUNT KENYA, BESTEIGUNG DES, Kenia, 423
Mount Nelson Hotel, Kapstadt, Südafrika, 440
Mount Otemanu, Bora Bora, Franz.-Polynesien, 689
Mount Robson, Alberta, Kanada, 916
Mount Rushmore, South Dakota, USA, 873
Mount Scenery, Saba, 1105

Mount Vernon, Washington, D.C., USA, 901
Mount Waialeale, Hawaii, USA, 748
Mount Washington Cog Railway, New Hamps., USA, 830
Mount Yasur, Vanuatu, 702
Mountain Equestrian Trails (Touren), Belize, 966
Mountain Lodge, KwaZulu-Natal, Südafrika, 442
Mountain Top Inn & Resort, Vermont, USA, 889
Mountain Torq (Touren), Sabah, Borneo, Malaysia, 610
Mountain Travel Sobek, Comarca Kuna Yala, Panama, 982
Mountain View Grand Resort & Spa, New Hamps., USA, 828
Mountainfilm, Colorado, USA, 721
MOUNT-COOK-NATIONALPARK, Neuseeland, 675
Mounu Island Resort, Tonga, 701
Mourne Seafood Bar, Dundrum, Nordirland, 139
MOURNE, KÖNIGREICH VON, Nordirland, 139
MOUSTIERS & VERDONSCHLUCHT, Frankreich, 96
Mövenpick Dead Sea (Resort), Jordanien, 474
Mövenpick Resort, Petra, Jordanien, 483
Mozaic (Restaurant), Bali, Indonesien, 596
Mozart, Wolfgang Amadeus, 143, 144, 147, 148, 329
Mozarts Geburtshaus, Salzburg, Österreich, 144
Mpumalanga, Südafrika, 442–444
Mr. Beef (Restaurant), Illinois, USA, 772
Mr. Underhills (Restaurant), Ludlow, England, 54
Mr. X's Shiggidy Shack (Restaurant), St. Kitts, 1109
MrS. Wilkes's Boarding House, Georgia, USA, 740
MS Eugénie (Dampfer), Nassersee, Ägypten, 398
MS Puijo (Schiff), Savo, Finnland, 370
MS Yangzi Explorer (Kreuzfahrtschiff), China, 519
Muckross House (Museum), Killarney, Irland, 115
Muhu (Insel), Estland, 288
Muirfield (Golfplatz), Gullane, Schottland, 162
Mujib-Naturreservat, Jordanien, 474
Mulcahy's (Restaurant), Kenmare, Irland, 115
Multnomah Falls, Oregon, USA, 859

Mumbai, Indien, 570
Munch, Edvard, 379
München, Deutschland, 14, 16, 17
MUNCH-MUSEUM & NATIONALGALERIE, Oslo, Norwegen, 379
MÜNCHNER PINAKOTHEKEN & DAS DEUTSCHE MUSEUM, München, Deutschland, 17
Munro Trail, Hawaii, USA, 751
MURCHISON FALLS, Uganda, 455
Murgab, Tadschikistan, 504
Murray Bay, Quebec, Kanada,
Mürren, Berner Oberland, Schweiz, 165
Mursia Hotel, Pantelleria, Italien, 223
MUSANDAM, HALBINSEL, Oman, 486
Musée Bruxellois de la Gueuze, Anderlecht, Belgien, 4
Musée d'Orsay, Paris, Frankreich, 77
Musée d'Unterlinden, Colmar, Frankreich, 71
Musée de l'Armée, Paris, Frankreich, 76
Musée de l'École de Nancy, Nancy, Frankreich, 85
Musée de l'Orangerie, Paris, Frankreich, 78
Musée de la Vie Wallonne, Liège, Belgien, 11
Musée de la Ville de Bruxelles, Brüssel, Belgien, 8
Musée des Beaux Arts de Rouen, Frankreich, 74
Musée des Beaux-Arts, Nancy, Frankreich, 85
Musée des Impressionnismes, Giverny, Frankreich, 73
Musée des Instruments de Musique, Brüssel, Belgien, 9
Musée du Cacao et du Chocolat, Brüssel, Belgien, 7
Musée du Débarquement, Arromanches, Frankreich, 72
Musée Grand Curtius, Liège, Belgien, 10
Musée Granet, Aix-en-Provence, Frankreich, 88
Musée Horta, Brüssel, Belgien, 8
Musée National du Moyen Age, Paris, Frankreich, 77
Musée Picasso, Antibes, Frankreich, 95
Musée Picasso, Paris, Frankreich, 77
Musée Rodin, Paris, Frankreich, 78
Musée Toulouse-Lautrec, Albi, Frankreich, 83
MUSEEN & KUNST IN BERLIN, Deutschland, 22
MUSEEN ATHENS, Griechenland, 184
MUSEEN, GROSSARTIGE, VON 3 SAMMLERN, Lissabon, Portugal, 256
Musei del Cibo, Parma, Italien, 203

Museo Antonini, Nazca, Peru, 1050
Museo Antropológico Sebastián Englert, Osterinseln, Chile, 1025
Museo Arqueológico Padre Le Paige, San Pedro de Atacama, Chile, 1029
Museo Casa de Diego Rivera, Guanajuato, Mexiko, 953
Museo de Altamira, Kantabrien, Spanien, 272
Museo de Arqueología de Alta Montaña, Salta, Argentinien, 997
Museo de Arte Abstracto Español, Cuenca, Spanien, 274
Museo de Arte Indígena, Sucre, Bolivien, 1004
Museo de Arte Latinoamericano de Buenos Aires, Argentinien, 984
Museo de Arte Religioso, Riobamba, Ecuador, 1033
Museo de Santa Cruz, Toledo, Spanien, 285
Museo del Baile Flamenco, Sevilla, Spanien, 265
Museo del Banco Central, Cuenca, Ecuador, 1033
Museo del Hombre Dominicano, Santo Domingo, Dom. Rep., 1086
Museo del Monasterio de la Concepción, Cuenca, Ecuador, 1033
Museo del Oro, Bogotá, Kolumbien, 1039
Museo Gauchesco Ricardo Güiraldes, Argentinien, 989
Museo Histórico Provincial Marqués de Sobre Monte, Córdoba, Argentinien, 991
Museo Nacional de Antropología, Mexiko-Stadt, Mexiko, 956
Museo Nacional de Bellas Artes, Buenos Aires, Argentinien, 985
Museo Nazionale del Bargello, Florenz, Italien, 230
Museo Nazionale della Arte XXI Secolo, Rom, Italien, 213
Museo Nazionale della Scienza e Tecnica, Mailand, Italien, 219
Museo Palacio Rioja, Viña del Mar, Chile, 1032
Museo Regional Cuauhnáhuac, Cuernavaca, Mexiko, 960
Museo Regional de Oaxaca, Oaxaca, Mexiko, 962
Museo Robert Brady, Cuernavaca, Mexiko, 960
Museo Romantico, Trinidad, Kuba, 1099
Museo San Marco, Florenz, Italien, 231
Museo Sorolla, Madrid, Spanien, 282
Museo Templo Mayor, Mexiko-Stadt, Mexiko, 955
Museu Afro-Brasileiro da Bahia, Salvador da Bahia, Brasilien, 1007

Museu Calouste Gulbenkian, Lissabon, Portugal, 256
Museu de Arte Contemporânea, São Paulo, Brasilien, 1022
Museu de Arte de São Paulo, Brasilien, 1022
Museu de Arte Moderna, São Paulo, Brasilien, 1023
Museu do Design e da Moda, Lissabon, Portugal, 256
Museu do Fado, Lissabon, Portugal, 255
Museu Nacional d'Art de Catalunya, Barcelona, Spanien, 280
Museu Picasso, Barcelona, Spanien, 277
Museum Ájtte, Jokkmokk, Schweden, 385
Museum at Bethel Woods, New York, USA, 840
Museum Campus, Illinois, USA, 768
Museum der historischen Kostbarkeiten, Kiew, Ukraine, 346
Museum der Mikro-Miniaturen, Kiew, Ukraine, 346
Museum der Moderne, Salzburg, Österreich, 145
Museum der Opfer des Genozids, Vilnius, Litauen, 298
Museum der Provinz Shaanxi, Xi'an, China, 526
Museum des Zakopane-Stils, Zakopane, Polen, 305
Museum Frieder Burda, Baden-Baden, Deutschland, 11
MUSEUM FÜR ANTHROPOLOGIE, British Col., Kanada, 920
MUSEUM FÜR ISLAMISCHE KUNST, Doha, Katar, 483
Museum für islamische Kunst, Kairo, Ägypten, 395
Museum für Kunstgewerbe, Kanazawa, Japan, 539
Museum für kykladische Kunst, Athen, Griechenland, 184
Museum für moderne Kunst, Luxemburg-Stadt, Luxemburg, 125
Museum für moderne Kunst, Paris, Frankreich, 76
Museum für Unterwasser-Archäologie, Bodrum, Türkei, 335
Museum für Ur- und Frühgeschichte, Berlin, Deutschland, 23
Museum Kura Hulanda, Curaçao, 1081
Museum Ludwig, Köln, Deutschland, 25
Museum Moderner Kunst, Wien, Österreich, 147
Museum of African American History, Massachusetts, USA, 809
Museum of Contemporary Art, Kalifornien, USA, 781

Museum of Fine Arts Houston, Texas, USA, 882
Museum of Fine Arts, Massachusetts, USA, 808
Museum of Modern Art, New York, USA, 846
Museum of Natural History, National, Washington, D.C., USA, 900
Museum of Royal Fine Arts, Hue, Vietnam, 643
Museum of Science & Industry, Illinois, USA, 768
Museum Plantin-Moretus, Antwerpen, Belgien, 3
Museum Punta della Dogana für Gegenwartskunst, Venedig, Italien, 245
Museum Row, Kalifornien, USA, 780
Museum Tinguely, Basel, Schweiz, 163
Museumsinsel, Berlin, Deutschland, 22
MuseumsQuartier (MQ), Wien, Österreich, 147
Music Row, Tennessee, USA, 879
MUSIKFESTIVALS, ÖSTERREICHISCHE, 143
Musikhuset (Konzerthaus), Aarhus, Dänemark, 359
MUSIKSZENE VON MEMPHIS, Tennessee, USA, 878
MUSIKSZENE VON NEW ORLEANS, 802
Musikverein, Wien, Österreich, 148
Musso & Frank Grill, Kalifornien, USA, 785
MUSTANG, Nepal, 587
Mustard Seed (Restaurant), Adare, Irland, 117
Mustique Blues Festival, Mustique, Grenadinen, 1113
MUSTIQUE, Grenadinen, 1112
Mutual Musicians Foundation, Missouri, USA, 823
Müürivahe-Straße, Alt-Tallinn, Estland, 289
Müzedechanga (Restaurant), Istanbul, Türkei, 341
MV Sampo (Schiff), Lappland, Finnland, 369
My Old Kentucky Dinner Train, Kentucky, USA, 797
My Old Kentucky Home State Park, Kentucky, USA, 797
My Son, Vietnam, 642
Myanmar Andaman Resort, Fork Island, Myanmar, 615
Myanmar, 615-618
Mykene, Peloponnes, Griechenland, 197
MYKONOS & DELOS, Griechenland, 198
Mylopetra (Restaurant), Sími, Griechenland, 187

Mystic Aquarium & Institute for Exploration, Connecticut, USA, 726
MYSTIC SEAPORT, Connecticut, USA, 725
Mystic, Connecticut, USA, 725
MÝVATN-SEE & ISLANDS GRAND CANYON, Island, 373
Mzcheta, Georgien, 291

N

Na Bolom (Restaurant), San Cristóbal de las Casas, Mexiko, 951
Naadam-Fest, Mongolei, 502
Nabi-Musa-Heiligtum, Westjordanland, Palästinensische Autonomiegebiete, 476
Nachana Haveli (Hotel), Jaisalmer, Indien, 574
Nachtmärkte, Hongkong, China, 514
Nacula Island, Fidschi, 687
Nadesar Palace (Hotel), Varanasi, Indien, 581
Nærøyfjord, Norwegen, 374, 375
Nafplia Palace (Hotel), Nafplio, Griechenland, 198
NAFPLIO & UMLIEGENDE KLASSISCHE STÄTTEN, Griechenland, 197
Nagamachi-Viertel, Kanazawa, Japan, 539
Nagano, Japan, 546
Nagle Warren Mansion B&B, Wyoming, USA, 910
Nags Head & Jockey's Ridge State Park, North Carolina, USA, 855
Naguib Mahfouz Café, Kairo, Ägypten, 395
Nahuel-Huapi-See, Patagonien, Argentinien, 994
Nakameguro, Tokio, Japan, 547
Nakamise-dori (Straße), Tokio, Japan, 550
NAKASENDO, SPAZIERGANG AUF DER, Japan, 546
Naldhera (Golfplatz), Himachal Pradesh, Indien, 563
Nam Hai Villas (Hotel), Hoi An, Vietnam, 642
Nam Restaurant, Langkawi, Kedah, Malaysia, 610
Namena Marine Reserve (Tauchrevier), Fidschi, 686
Nami Resort, Boracay, Philippinen, 622
Namibia, 430-432
NAMIBRAND-NATURPARK & DÜNEN VON SOSSUSVLEI, NAMIBIA, 430
Namm (Restaurant), José Ignacio, Uruguay, 1052
Nam-Phou-Palast, Vientiane, Laos, 607
NANCY, Frankreich, 85

Nanga Sumpa (Lodge), Sarawak, Borneo, Malaysia, 609
Nan-Lian-Garten, Hongkong, China, 512
NANTUCKET & MARTHA'S VINEYARD, Massachusetts, USA, 817
Naoki (Restaurant), Peking, China, 522
Naoussa (Dorf), Paros, Kykladen, Griechenland, 191
Napa Valley Wine Train, Kalifornien, USA, 777
Na-Pali-Klippen, Hawaii, USA, 747
NAPIER & HAWKE'S BAY, Neuseeland, 672
Napo Wildlife Center Amazon Lodge, Ecuador, 1036
Napoleon House Restaurant, Louisiana, USA, 803
Napoleons Grab, Paris, Frankreich, 76
Nara Koen, Nara, Japan, 545
Nara, Japan, 547, 550
Narai, Tsumago, Japan, 546
Naranji (Restaurant), Damaskus, Syrien, 492
Nariqala-Festung, Tiflis, Georgien, 291
Naseef House (Museum), Dschidda, Saudi-Arabien, 488
Nasher Sculpture Center, Texas, USA, 881
Nashville, Tennessee, USA, 879
Nassau, Bahamas, 1072
Nassersee, Ägypten, 398
NATAL, ÜBER DIE SANDDÜNEN VON, Brasilien, 1021
NATCHEZ & NATCHEZ TRACE, Mississippi, USA, 821
Natchez-Wallfahrt, Mississippi, USA, 822
Nate & Al's (Restaurant), Kalifornien, USA, 786
National Archives, Washington, D.C., USA, 899
National Baseball Hall of Fame & Museum, New York, USA, 841
National Bighorn Sheep Center, Wyoming, USA, 911
National Building Museum, Washington, D.C., USA, 901
National Cowboy & Western Heritage Museum, Oklahoma, USA, 857
National Elk Refuge, Wyoming, USA, 912
National Gallery of Art, Washington, D.C., USA, 898
National Gallery, London, England, 46
National Inventors' Hall of Fame, Ohio, USA, 856
National Mall, the, Washington, D.C., USA, 899
National Museum of Ireland, Dublin, Irland, 107

National Museum of Racing & Hall of Fame, New York, USA, 853
National Portrait Gallery, London, England, 47
National Portrait Gallery, Washington, D.C., USA, 900
National Snow Sculpture Competition, Quebec, Kanada, 934, 943
National Theatre, London, England, 47
National Tropical Botanical Garden, Hawaii, USA, 748
National Wallace Monument, Stirling, Schottland, 160
National World War II Memorial, Washington, D.C., USA, 899
National Zoo, Washington, D.C., USA, 899
Nationales archäologisches Museum, Neapel, Italien, 209
Nationales Kunstzentrum Tokio, Japan, 551
Nationales Militärgeschichtliches Museum, Luxemburg, 125
NATIONALES PALASTMUSEUM, Taipeh, Taiwan, 533
Nationales Prähistorisches Museum, Les Eyzies-de-Tayac-Sireuil, Frankreich, 64
Nationales Schwimmzentrum, Olympiapark, Peking, China, 522
Nationalmuseum, Oslo, Norwegen, 379
Nationalmuseum, Phnom Penh, Kambodscha, 603
NATIONALPARK ACADIA, Maine, USA, 804
NATIONALPARK BADLANDS, South Dakota, USA, 873
Nationalpark Berchtesgaden, Deutschland, 16
Nationalpark Cape Breton Highlands, Nova Scotia, Kanada, 930
NATIONALPARK CHOBE, Botsuana, 419
NATIONALPARK CORCOVADO, Halbinsel Osa, Puntarenas, Costa Rica, 969
NATIONALPARK CRADLE MOUNTAIN, Australien, 664
NATIONALPARK CRATER LAKE, Oregon, USA, 860
NATIONALPARK DE HOGE VELUWE, Apeldoorn, Niederlande, 132
NATIONALPARK DEATH VALLEY, Kalifornien, USA, 775
NATIONALPARK DENALI, Alaska, USA, 706
NATIONALPARK EL YUNQUE, Puerto Rico, 1102
NATIONALPARK ETOSHA, Namibia, 431
NATIONALPARK EVERGLADES, Florida, USA, 730

NATIONALPARK FIORDLAND, Neuseeland, 677
NATIONALPARK FREYCINET, Australien, 665
NATIONALPARK GAUJA, Vidzeme, Lettland, 296
NATIONALPARK GLACIER, Montana, USA, 825
NATIONALPARK GRAND TETON, Wyoming, USA, 911
NATIONALPARK GROS MORNE, Neufundland, Kanada, 929
Nationalpark Half Moon Caye, Belize, 965
Nationalpark Hohe Tauern, Österreich, 142
Nationalpark Huerquehue, Chile, 1028
NATIONALPARK KAKADU & ARNHEMLAND, Australien, 653
Nationalpark Kap Hoorn, Tierra del Fuego, Argentinien, 998
NATIONALPARK KOMODO, Indonesien, 598
NATIONALPARK LOS GLACIARES, Patagonien, Argentinien, 995
Nationalpark Los Roques Archipelago, Venezuela, 1055
NATIONALPARK MADIDI, Bolivien, 1002
NATIONALPARK MANÚ, Peru, 1049
NATIONALPARK MANUEL ANTONIO, Puntarenas, Costa Rica, 970
NATIONALPARK MASOALA, Madagaskar, 456
NATIONALPARK MATOBO, Simbabwe, 436
NATIONALPARK MESA VERDE, Colorado, USA, 718
NATIONALPARK MORNE TROIS PITONS, Dominica, 1082
NATIONALPARK MOUNT COOK, Neuseeland, 675
Nationalpark Nordostgrönland, Grönland, 365
NATIONALPARK PACIFIC RIM, British Col., Kanada, 922
NATIONALPARK PICO BONITO, Honduras, 977
NATIONALPARK PLITVICER SEEN, Kroatien, 294
Nationalpark Prince Edward Island, Prince Edward Island, Kanada, 937
NATIONALPARK ROCKY MOUNTAINS, Colorado, USA, 719
NATIONALPARK SIMIEN, Äthiopien, 418
NATIONALPARK SNOWDONIA, Wales, 179
Nationalpark Tierra del Fuego, Argentinien, 998
NATIONALPARK TONGARIRO & TAUPOSEE, Neuseeland, 674

NATIONALPARK TORRES DEL PAINE, Chile, 1026
NATIONALPARK TORTUGUERO, Costa Rica, 969
NATIONALPARK VIRGIN ISLANDS, St. John, Am. Jungferninseln, 1062
Nationalpark Volcán Baru, Chiriqui, Panama, 981
Nationalpark Vulkan Masaya, Nicaragua, 979
NATIONALPARK YELLOWSTONE, Wyoming, USA, 913
NATIONALPARK YOSEMITE, Kalifornien, USA, 796
NATIONALPARKS BANDHAVGARH & KANHA, Indien, 567
NATIONALPARKS BANFF, JASPER & YOHO, Alberta/British Col., Kanada, 915
NATIONALPARKS ZION & BRYCE CANYON, Utah, USA, 887
Nationalstadion, Olympiapark, Peking, China, 522
Nationaltheater, Prag, Tschechische Rep., 329
Natural Metropolitan Park, Panama City, Panama, 983
Naturally Morocco (Touren/Hotel), Taroudannt, Marokko, 408
Naturpark Serra de São Mamede, Portugal, 252
Naturschutzgebiet Pacaya-Samiria, Peru, 1042
Naturschutzgebiet Viidumäe, Insel Saaremaa, Estland, 288
Navajo Nation Fair, Arizona, USA, 713
NAXOS & PAROS, Griechenland, 190
Nazareth, Galiläa, Israel, 467
NAZCA-LINIEN, Peru, 1049
Nduara Loliondo (mobile Lodges), Tansania, 453
NEAPEL, Italien, 208
NEAPELS ANTIKE STÄTTEN, Italien, 209
Nebesa (Hotel), Livek, Slowenien, 322
Nebo (Berg), Jordanien, 481
Necker Island, Brit. Jungferninseln, 1079
Needles Highway, South Dakota, USA, 874
Nefertari, Grab der, Ägypten, 400
NEGRIL, Jamaika, 1092
Negro Leagues Baseball Museum, Missouri, USA, 823
Nemours (Landsitz), Delaware, USA, 726
Nepal, 584–589
Nepenthe (Restaurant), Kalifornien, USA, 787
Neptuns Grotte, Sardinien, Italien, 225
Nerbone (Café), Florenz, Italien, 232

Neri Hotel & Restaurant, Barcelona, Spanien, 277
Neruda, Pablo, 1032
Neu-Delhi, Indien, 561
NEUE ARCHITEKTUR BERLINS, Deutschland, 20
Neue Nationalgalerie, Berlin, Deutschland, 20
Neue Pinakothek, München, Deutschland, 17
Neue Territorien, Hongkong, China, 513
NEUES BELFAST, Nordirland, 136
NEUES GESICHT SINGAPURS, Singapur, 622
Neues Museum, Berlin, Deutschland, 23
Neues Palais, Potsdam, Deutschland, 24
Neufundland & Labrador, Kanada, 929
Neuhaus (Chocolatier), Brüssel, Belgien, 7
Neuseeland, 671–681
Nevada, USA, 827
NEVIS, 1107
New Bedford Whaling Museum, Massachusetts, USA, 818
New Bedford, Massachusetts, USA, 817
New Brunswick, Kanada, 928
New Hampshire, USA, 828–830
New Jersey, USA, 738, 831
New Mexico History Museum, New Mexico, USA, 837
New Mexico, USA, 718, 831–839
New Mount Zion Baptist Church, New York, USA, 849
New Orleans, Louisiana, USA, 800–804
NEW ORLEANS, MUSIKSZENE, 802
NEW ORLEANS, RESTAURANTSZENE, 803
New Plymouth, Abaco-Inseln, Bahamas, 1067
NEW PROVIDENCE ISLAND, Bahamas, 1072
New River Gorge Bridge, W. Virginia USA, 906
New River, W.Virginia USA, 905
New Salem State Historic Site, Illinois, USA, 773
New South Wales, Australien, 649–653
New York Botanical Garden, New York, USA, 848
New York City Ballet, New York, USA, 846, 853
NEW YORK CITY, New York, USA, 845
New York Grill, Tokio, Japan, 552
New York Philharmonic, New York, USA, 846

New York State, USA, 839–854
Newark-on-Trent, England, 52
Newberg, Oregon, USA, 862
Newfound Gap Road, Tennessee, USA, 875
Newgrange, Irland, 119
Newport Bermuda Race, Rhode Island, USA, 869
Newport Restoration Foundation, Rhode Island, USA, 869
Newport, Oregon, USA, 861
Newport, Rhode Island, USA, 869
NEWPORT, VILLEN & KLIPPENWEG, Rhode Island, USA, 869
News Café, Florida, USA, 734
Newseum, Washington, D.C., USA, 901
Newton Circus (Essenszentrum), Singapur, 625
Next (Restaurant), Illinois, USA, 770
Ngemelis-Hang (Tauchrevier), Palau, 696
Ngorongoro Crater Lodge, Tansania, 450
NGORONGORO-KRATER, Tansania, 450
NHA TRANG, Vietnam, 644
Ni'tun (Lodge), El Petén, Guatemala, 975
Niagara Fallsview Casino Resort, Ontario, Kanada, 933
NIAGARAFÄLLE & NIAGARA WINE COUNTRY, Ontario, Kan./New York, USA, 933
Niagara-on-the-Lake, Ontario, Kanada, 933
Nicaragua, 978–979
Nicaraguasee, Nicaragua, 979
Nick's Warehouse (Restaurant), Belfast, Nordirland, 137
Nicklaus, Jack, 116, 162, 745, 751, 907, 1084
Nida, Kurische Nehrung, Litauen, 297
Niederlande, 126–137
Niemeyer, Oscar, 1010, 1022, 1023
Nieuwe Kerk, Delft, Niederlande, 133
Nihombashi (Stadtteil), Tokio, Japan, 551
Nijo-jo (Burg), Kyoto, Japan, 541
Nijubashi (Brücke), Tokio, Japan, 549
Nikko, Japan, 554
Nikolas (Restaurant), Fira, Santorin, Griechenland, 192
Nikolauskirche, Prag, Tschechische Rep., 328
Nile Safari Lodge, Uganda, 455
NILKREUZFAHRT & LUXOR, Ägypten, 399
Nimb Hotel, Kopenhagen, Dänemark, 358
NIMMO BAY RESORT, British Col., Kanada, 919

Nine Mile, Jamaika, 1094
Nine Restaurant, Australien, 650
Ningaloo Blue Dive, Australien, 669
Ningaloo Reef, Australien, 669
Niños Hotel, Cusco, Peru, 1045
Nippers, Abaco-Inseln, Bahamas, 1067
Nisbet Plantation Beach Club, Nevis, 1108
Niseko United (Skigebiet), Japan, 534
Niseko Village (Skigebiet), Niseko, Japan, 534
NISEKO, Japan, 534
Nishiki-Markt, Kyoto, Japan, 542
NIZWA & MASKAT, Oman, 487
NIZZA, ALT-, Frankreich, 89
Nizza, Frankreich, 89, 96
No Return Wilderness, Idaho, USA, 765
No. 9 Park, Massachusetts, USA, 812
Noah's (Restaurant), Connecticut, USA, 725
Nobelmuseum, Stockholm, Schweden, 386
Nobu (Restaurant), Kapstadt, Südafrika, 441
Nobu InterContinental (Restaurant), Hongkong, China, 515
Nobu West Hollywood (Restaurant), Kalifornien, USA, 785
Noguchi, Isamu, 882
Nolet's (Bistro), Yerseke, Niederlande, 136
Noma (Restaurant), Kopenhagen, Dänemark, 358
Nomad Tanzania (mobile Lodges), Tansania, 453
Nome, Alaska, USA, 705
NoMI (Restaurant), Illinois, USA, 770
Noon Gun Tea Room, Kapstadt, Südafrika, 437
Nordinsel, Neuseeland, 671–675
Nordjylland, Dänemark, 360
NORDKAP & NORWEGISCHE KÜSTE, Norwegen, 378
Nördliches Yunnan, China, 531
Nordlicht-Planetarium, Tromsø, Norwegen, 378
NORDPOL & SPITZBERGEN, Norwegen, 377
Nordrhein-Westfalen, Deutschland, 24
NORDWALISISCHE BURGEN, 176
Norio's Japanese Sushi Bar, Hawaii, USA, 745
Norman Island, Brit. Jungferninseln, 1078
Norman Rockwell Museum, Massachusetts, USA, 816
Norman, Greg, 103, 751, 1064, 1096

NORMANDIE DER IMPRESSIONISTEN, Frankreich, 73
NORMANDIE, D-DAY-STRÄNDE, Frankreich, 71
Normandie, Frankreich, 71–73
Norrland, Schweden, 384
North Adams, Massachusetts, USA, 819
North Adelaide Heritage (Gästehäuser), Australien, 661
North Beach, Kalifornien, USA, 792
North Carolina Maritime Museum, North Carolina, USA, 855
North Carolina, USA, 738, 854–855, 875, 895
North Conway, New Hamps., USA, 830
North End, Boston, Massachusetts, USA, 810
North Face Lodge, Alaska, USA, 706
North Shore, Oahu, Hawaii, USA, 759
North Wales, Wales, 176–179
North York Moors National Park, England, 61
NORTHEAST KINGDOM, Vermont, USA, 891
Northern Lights Hotel, St. Petersburg, Russland, 315
Northern Territory, Australien, 653–655
Northumberland, England, 51
Norwegen en miniature (Rundreise), Norwegen, 374, 381
Norwegen, 374–382
NORWEGISCHE KÜSTE & NORDKAP, Norwegen, 378
Nosy Mangabe (Insel), Masoala-Nationalpark, Madagaskar, 456
Notre Dame (Basilika), Quebec, Kanada, 941
Notre Dame, Paris, Frankreich, 77
Nottinghamshire, England, 52
Nouvel, Jean, 149, 168, 282, 356, 557
Nova Scotia, Kanada, 928–931
Novotel Citygate Hongkong, Hongkong, China, 516
Nubisches Museum, Assuan, Ägypten, 398
Nubra-Tal, Ladakh, Indien, 564
Nueva cocina vasca (neue baskische Küche), San Sebastián, Spanien, 269
Number One (Restaurant), Edinburgh, Schottland, 151
NUNAVUT, Kanada, 932
Nuraghe Palmavera (Steinhütten), Sardinien, Italien, 225
Nürnberg, Deutschland, 16
Nuuk, Grönland, 365
Nuwara Eliya, Sri Lanka, 593

Nuyorican Café, Alt-San Juan, Puerto Rico, 1102

O

O'Donoghue's (Pub), Dublin, Irland, 110
O'KEEFFE, GEORGIA, TRAIL, New Mexico, USA, 836
O Lounge, Moskau, Russland, 297
OAHU, Hawaii, USA, 757
Oak Bar, Massachusetts, USA, 811
Oak Bluffs (Dorf), Massachusetts, USA, 817
Oak Ridge Cemetery, Illinois, USA, 773
Oakes, Nancy, 794
Oakroom (Restaurant), Kentucky, USA, 799
Oaks Day, Kentucky, USA, 799
OASE SIWA, Ägypten, 397
OAXACA, Mexiko, 962
Oberägypten, Ägypten, 398–400
Oberammergau, Deutschland, 15
Oberoi Amarvilas (Hotel), Agra, Indien, 580
Oberoi Grand (Hotel), Kolkata, Indien, 583
Oberoi Lombok (Hotel), Medana Beach, Indonesien, 599
Oberoi Rajvilas (Hotel), Jaipur, Indien, 573
Oberoi Udaivilas (Hotel), Udaipur, Indien, 577
ÓBIDOS, Portugal, 254
Oblast Leningrad, Russland, 317–319
Oblast Swerdlowsk, Russland, 319
Obon-Festival, Tokushima, Shikoku, Japan, 555
OBRYCKI'S & FAIDLEY'S (RESTAURANTS), Maryland, USA, 806
Observatorien, Hawaii, USA, 741
OCHO RIOS, Jamaika, 1093
Ochotskisches Meer, Japan, 309, 534, 536
Odense, Dänemark, 362
Odori-Park, Sapporo, Japan, 535
Oeschinensee, Berner Oberland, Schweiz, 165
Oficina Cerâmica (Museum), Recife, Brasilien, 1015
Ogimachi, Japan, 537
Ohio, USA, 856
Oia, Santorin, Griechenland, 192
Ojo Caliente Mineral Springs Resort & Spa, New Mexico, USA, 837
OKANAGAN VALLEY, British Col., Kanada, 919
OKAVANGODELTA, Botsuana, 421
OKLAHOMA CITYS COWBOY-KULTUR, USA, 856

Oklahoma National Stockyards, Oklahoma, USA, 857
Oklahoma, USA, 856–858
Oktoberfest, München, Deutschland, 14
OL DONYO WUAS, Kenia, 424
Ol Pejeta Bush Camp, Kenia, 423
Olana, New York, USA, 843
Olavinlinna, Burg, Savonlinna, Finnland, 370
Old Black Lion (Restaurant), Hayon-Wye, Wales, 175
Old Blandy Wine Lodge, Madeira, Portugal, 258
Old Cataract Hotel, Assuan, Ägypten, 398
Old China Café, Kuala Lumpur, Malaysia, 611
Old Church (Restaurant), Hawkes Bay, Neuseeland, 672
Old Course (Golfplatz), St. Andrews, Schottland, 162
Old Ebbitt Grill, Washington, D.C., USA, 903
Old Faithful Inn, Wyoming, USA, 914
Old Frankfort Pike, Kentucky, USA, 798
Old Inn on the Green, Massachusetts, USA, 816
Old King's Highway, Massachusetts, USA, 815
Old Lahaina Luau, Hawaii, USA, 753
Old Lodge Hotel, Malton, England, 61
Old Macdonald (Golfplatz), Oregon, USA, 861
Old Manse (B&B), Invermoriston, Schottland, 158
Old Monterey Inn, Kalifornien, USA, 788
Old Original Bakewell Pudding Shop, Bakewell, England, 35
Old Parsonage (Hotel), London, England, 50
Old Peace Hotel, Shanghai, China, 527
Old Rittenhouse Inn, Wisconsin, USA, 908
Old State Capitol, Illinois, USA, 772
Old Sturbridge Village, Massachusetts, USA, 813
Old Talbott Tavern, Kentucky, USA, 797
Old Tavern (Hotel), Vermont, USA, 889
Old Vines Patio Restaurant, British Col., Kanada, 920
Old Wailuku Inn at Ulupono, Hawaii, USA, 755
Olduvai-Schlucht, Tansania, 453
Oleana, Massachusetts, USA, 813
Olga Fisch Folklore (Laden/Museum), Quito, Ecuador, 1038

OLGAS & AYERS ROCK, Australien, 654
OLINDA & RECIFE, Brasilien, 1015
Oliveira, Rodrigo, 1024
Ollantaytambo (Ruinen), Peru, 1045
Olmsted, Frederick Law, 806, 845, 854
Olomouc, Erzdiözesenmuseum, Tschechische Rep., 332
OLOMOUC (OLMÜTZ), Tschechische Rep., 331
Ølsen (Restaurant), Buenos Aires, Argentinien, 987
Oltre Il Giardino (Hotel), Venedig, Italien, 247
Olympiapark, Peking, China, 522
Olympos, Zypern, 287
Om Beach, Indien, 562
Oman, 486–488
Omen (Restaurant), Kyoto, Japan, 545
Omero (Restaurant), Acetri, Italien, 234
Ometepe (Insel), Nicaraguasee, Nicaragua, 979
Omni Amelia Island Plantation (Hotel), Florida, USA, 728
Omni Mount Washington Resort, New Hamps., USA, 830
OMO-TAL, Äthiopien, 417
Omotesando-Allee, Aoyama, Tokio, Japan, 551
One Man's Pass, Slieve League, Irland, 105
One&Only Cape Town (Hotel), Kapstadt, Südafrika, 440
One&Only Le Saint Géran (Hotel), Mauritius, 458
One&Only Ocean Club, Paradise Island, Bahamas, 1072
Onegasee, Russland, 313
Oneloa Beach, Hawaii, USA, 754
Onizuka-Besucherzentrum, Hawaii, USA, 741
Onkoshi Camp, Etosha-Nationalpark, Namibia, 431
Ons' Lieve Heer op Solder, Amsterdam, Niederlande, 127
Ontario, Kanada, 933–937
Onthaalkerk Onze-Lieve-Vrouw, Brügge, Belgien, 5
Oostenbrugge, Richard van, 129
Opéra Garnier, Paris, Frankreich, 78
Operakällaren (Restaurant), Stockholm, Schweden, 386
Opernball, Wien, Österreich, 148
Opernhaus, Jekaterinburg, Russland, 319
Opernhaus, Kopenhagen, Dänemark, 356
Opernhaus, Oslo, Norwegen, 379
Oppède-le-Vieux, Frankreich, 95
Opry Museum, Tennessee, USA, 879

Orange Show Center for Visionary Art, Texas, USA, 882
Orangery (Teehaus), London, England, 49
Orbeliani-Bad, Tiflis, Georgien, 291
Orcas Island, Washington, USA, 904
Oregon Coast Aquarium, Oregon, USA, 861
Oregon Dunes, Oregon, USA, 861
OREGON SHAKESPEARE FESTIVAL, Oregon, USA, 858
Oregon, USA, 858–863
OREGONS KÜSTE, Oregon, USA, 861
Orford Express (Zug), Quebec, Kanada, 940
Orient Queen Homes, Beirut, Libanon, 486
Orient Taj (Resort), Agra, Indien, 580
Oriental Hotel, Bangkok, Thailand, 628
Oriental Pearl TV Tower, Shanghai, China, 527
ORKNEY, Schottland, 161
Orlando, Florida, USA, 735
Orloj (astronomische Uhr), Prag, Tschechische Rep., 328
Ørnevegen (Adlerstraße), Norwegen, 375
Orta San Giulio, Italien, 217
Ortasee, Italien, 217
Orvieto, Italien, 242
Osa-Halbinsel, Puntarenas, Costa Rica, 969-970
OSBORNE HOUSE, Isle of Wight, England, 40
Oscar Getz Museum of Whiskey, Kentucky, USA, 797
OSCH, Kirgisistan, 500
Oslo, Norwegen, 379–380
Ossios Loukas (Lukaskloster), Delphi, Griechenland, 195
Osteria del Caffè Italiano (Weinbar), Florenz, Italien, 235
Osteria Le Logge (Restaurant), Siena, Italien, 238
Osteria Leccio (Restaurant), Montalcino, Italien, 236
Osteria Mozza (Restaurant), Kalifornien, USA, 785
OSTERINSEL, Chile, 1024
Østerlars, Bornholm, Dänemark, 354
Österreich, 140–150
ÖSTERREICHISCHE MUSIKFESTIVALS, 143
Österreichisches Hospiz, Jerusalem, Israel, 469
Ostia Antica, Rom, Italien, 213
Ostrogski-Palast, Warschau, Polen, 303
Oświęcim (Auschwitz), Polen, 300
OTAVALO, Ecuador, 1036
Otesaga Resort Hotel, New York, USA, 841

Other Place, the, Stratford-upon-Avon, England, 56
Ottawa, Ontario, Kanada, 934
Otter Trail (Wanderweg), Western Cape, Südafrika, 446
Ottley's Plantation Inn, St. Kitts, 1109
Ouarzazate, Marokko, 405
Oude Kerk, Amsterdam, Niederlande, 127
Oude Kerk, Delft, Niederlande, 133
Ouro Preto, Minas Gerais, Brasilien, 1012
Out of the Blue (Restaurant), Dingle, Irland, 144
OUTER BANKS, North Carolina, USA, 855
Overland Track, Australien, 664
Overseas Highway, Florida, USA, 731
Oviedo (Restaurant), Buenos Aires, Argentinien, 988
Oxford, England, 50
Oxfordshire, England, 38, 53
Oxo Tower Restaurant, London, England, 50
Oyamel (Restaurant), Washington, D.C., USA, 903
Øye, Norwegen, 375
Oyster Bar (Restaurant), New York, USA, 849
Ozeanographisches Museum, Monte Carlo, Monaco, 126

P

Pacaya (Vulkan), Antigua, Guatemala, 973
Pacific Aviation Museum, Hawaii, USA, 758
PACIFIC COAST HIGHWAY & BIG SUR, Kalifornien, USA, 787
Pacific Dunes (Golfplatz), Oregon, USA, 861
PACIFIC-RIM-NATIONALPARK, British Col., Kanada, 922
Packie's (Bistro), Kenmare, Irland, 115
Pädaste Manor (Hotel), Muhu, Estland, 288
PADDELTOUR AUF DEM MANGOKY, Madagaskar, 456
Padlizsán (Restaurant), Esztergom, Ungarn, 351
PADSTOW & ST. MAWES, England, 34
Padua, Italien, 249
Paestum, Sorrentinische Halbinsel, Italien, 209
Page Museum, Kalifornien, USA, 780
Pahlavan-Mahmud-Mausoleum, Xiva, Usbekistan, 508
Pahu i'a (Restaurant), Hawaii, USA, 745
Pai River, Thailand, 635
Paihia, Neuseeland, 671

Pak Khlong Talat (Markt), Bangkok, Thailand, 628
Palace Café, Beirut, Libanon, 485
Palace Hotel do Bussaco, Beiras, Portugal, 253
Palace on Wheels (Zug), Indien, 566
Palace Saloon, Florida, USA, 728
Palacio de Bellas Artes, Mexiko-Stadt, Mexiko, 955
Palácio de Seteais (Hotel), Lissabon, Portugal, 257
Palacio del Carmen (Hotel), Santiago de Compostela, Spanien, 271
Palacio del Retiro (Hotel), Madrid, Spanien, 284
Palacio Duhau Park Hyatt, the (Hotel) Buenos Aires, Argentinien, 986
Palacio Garvey (Hotel), Jerez de la Frontera, Spanien, 263
Palácio Nacional de Pena (Palast), Lissabon, Portugal, 257
Palácio Nacional de Sintra (Palast), Lissabon, Portugal, 257
Palacio Nacional, Mexiko-Stadt, Mexiko, 955
Palacio Real (Königspalast), Madrid, Spanien, 282
Palacio Real, Madrid, Spanien, - Dopplung
Paladar Sol y Son (Restaurant), Trinidad, Kuba, 1099
Palais de l'Isle, Lac d'Annecy, Frankreich, 74
Palais de la Berbie (Museum), Albi, Frankreich, 83
Palais de la Mediterranée (Hotel), Nizza, Frankreich, 90
Palais des Papes, Avignon, Frankreich, 91
Palais Grand Ducal, Luxemburg, 124
Palais Oumensour (Hotel), Taroudannt, Marokko, 408
Palais Sternberg, Prag, Tschechische Rep., 330
Palast der 55 Fenster, Bhaktapur, Nepal, 586
PALAST DER WINDE, Jaipur, Indien, 572
Palast Karls I., Beiras, Portugal, 253
Palastbezirk, Äthiopien, 416
PALÄSTE DER JOSEON-DYNASTIE, Seoul, Südkorea, 556
PALÄSTE KOLKATAS, die, Indien, 583
Palasthotels, Paris, Frankreich, 79
Palästinensische Autonomiegebiete, 475
Palastmuseum, Peking, China, 520
Palatinus Hotel, Pécs, Ungarn, 353
Palau de la Música Catalana (Konzerthaus), Barcelona, Spanien, 279

Palau Pacific Resort, Palau, 696
PALAU, 696
Pálava, Mähren, Tschechische Rep., 330
Pálava-Weinlesefest, Mikulov, Tschechische Rep., 331
PALAWAN, Philippinen, 620
Palazzo Alexander (Hotel), Lucca, Italien, 237
Palazzo Dalla Rosa Prati (Hotel), Parma, Italien, 203
Palazzo dei Normanni (Palast), Palermo, Sizilien, Italien, 226
PALAZZO DUCALE & PALAZZO DEL TE, Mantua, Italien, 221
Palazzo Ducale, Urbino, Italien, 221
Palazzo Ducale, Venedig, Italien, 245
Palazzo Grassi (Museum), Venedig, Italien, 245
Palazzo Pitti, Florenz, Italien, 232
Palazzo Publico, Siena, Italien, 238
Palazzo Radomiri (Hotel), Dobrota, Montenegro, 299
Palazzo Ravizza Hotel, Siena, Italien, 239
Palazzo Reale, Neapel, Italien, 208
Palazzo Sasso (Hotel), Ravello, Italien, 205
Palazzo Terranova (Hotel), Perugia, Italien, 243
Palazzo Vecchio, Florenz, Italien, 231
PALENQUE & SAN CRISTÓBAL DE LAS CASAS, Mexiko, 950
Palenque de los Congos Reales (Musik), Trinidad, Kuba, 1099
Paleo Archontika (Restaurant), Nafplio, Griechenland, 198
PALERMO, SCHMUCKSTÜCKE, Sizilien, Italien, 226
Paley Center for Media, Kalifornien, USA, 782
Palhoça da Colina (Restaurant), Pernambuco, Brasilien, 1014
Palio (Pferderennen), Asti, Italien, 223
Palio (Pferderennen), Siena, Italien, 238
Palki-Sahib-Prozession, Amritsar, Indien, 571
Palladio, Andrea, 204, 247, 248
Palliser Bay, Neuseeland, 673
PALM BEACH & THE BREAKERS, Florida, USA, 736
Palm Beach Polo & Country Club, Florida, USA, 736
Palm Court (Restaurant), London, England, 49
Palm Tree (Restaurant), Phu Quoc, Vietnam, 645
Palmenhaus (Restaurant), Wien, Österreich, 150
Palmetto Bluff (Hotel), South Carolina, USA, 870
PALMYRA, Syrien, 493

Pamalican Island, Cuyo Islands, Palawan, Philippinen, 620
PAMIR HIGHWAY, TADSCHIKISTAN, 503
Pamir-Gebirge, Tadschikistan, 503
PAMPAS & ESTANCIAS, Buenos Aires Province, Argentinien, 989
PAMUKKALE, Anatolien, Türkei, 333
Panagia Chrysopigi (Kloster), Sifnos, Griechenland, 193
Panajachel, Guatemala, 973
Panama, 980-983
PANAMAKANAL, Panama, 983
Panama-Stadt, Panama, 983
Panamonte Inn & Spa, Panama, 981
Panarea, Sizilien, Italien, 225
Panay (Insel), Philippinen, 622
PANDAS, AUF DEN SPUREN DES GROSSEN, Foping, Shaanxi, China, 525
Pandaw (Ausflugsschiff), Myanmar, 616
Pandeli Restaurant, Istanbul, Türkei, 339
PANGKOR LAUT RESORT, Pangkor Laut, Malaysia, 613
Pangkor Laut, Perak, Malaysia, 613
Panorama Finals (Karneval), Port of Spain, Trinidad, 1117
Panormitis (Kloster), Rhodos, Griechenland, 187
Pansea Beach, Phuket, Thailand, 636
Pantai Cenang (Strand), Langkawi, Kedah, Malaysia, 610
PANTANAL, Brasilien, 1011
PANTELLERIA, Italien, 222
Pantheon, Rom, Italien, 210
Pão de Açúcar (Zuckerhut), Rio de Janeiro, Brasilien, 1016
Paon Bali (Kochschule), Bali, Indonesien, 596
Papeete, Tahiti, Gesellschaftsinseln, Franz.-Polynesien, 692
Papillote Wilderness Retreat, Dominica, 1083
Papua, Indonesien, 600–601
Papua-Neuguinea, 697–699
Pará, Brasilien, 1013
Paraa Safari Lodge, Uganda, 455
Paradesi-Synagoge, Kochi, Indien, 565
Paradise Cove Luau, Hawaii, USA, 761
PARADISE ISLAND, Bahamas, 1072
Paradise Road (Shopping), Colombo, Sri Lanka, 590
Parador Arcos de la Frontera (Hotel), Arcos de la Frontera, Spanien, 264
Parador de Cangas de Onís (Hotel), Villanueva, Asturien, Spanien, 273
Parador de Cuenca (Hotel), Cuenca, Spanien, 274

Parador de Granada San Francisco (Hotel), Granada, Spanien, 262
Parador Fuente Dé, Kantabrien, Spanien, 273
Parador La Huella (Restaurant), José Ignacio, Uruguay, 1052
Parador San Marcos (Hotel), León, Spanien, 276
Parador Santillana Gil Blas, Santillana del Mar, Spanien, 272
Paramount Pictures, Kalifornien, USA, 783
PARATY, Brasilien, 1021
Parc Güell, Barcelona, Spanien, 278
Parc Naziunal Svizzer, Engadin, Schweiz, 167
Parco Archeologico, Sizilien, Italien, 227
Parco Nazionale del Gran Paradiso, Italien, 199
Parco Nazionale della Maremma, Maremma, Italien, 237
Paris Pike, Kentucky, USA, 798
PARIS, Frankreich, 75
Park City Grill, Illinois, USA, 768
Park City Mountain Resort, Utah, USA, 886
Park City, Utah, USA, 886
Park Hotel Kenmare, Irland, 115
Park Hotel Tokio, Japan, 552
Park Hotel Vitznau, Luzern, Schweiz, 168
Park Hyatt Chicago, Illinois, USA, 770
Park Hyatt Maçka Palas, Istanbul, Türkei, 342
Park Hyatt Mendoza, Argentinien, 993
Park Hyatt Peking, China, 523
Park Hyatt Shanghai, China, 527
Park Hyatt Sydney, Australien, 652
Park Hyatt Tokio, Japan, 552
Parker Ranch, Hawaii, USA, 742
Parma, Italien, 203
Parnass (Berg), Delphi, Griechenland, 194
Parnidis-Düne, Kurische Nehrung, Litauen, 297
Paro, Bhutan, 558
Paro-Fest, Bhutan, 558
PAROS & NAXOS, Griechenland, 190
Parque Antumalal (Restaurant), Pucón, Chile, 1029
Parque Colón, Santo Domingo, Dom. Rep., 1086
Parque Nacional del Café, Eje Cafetero, Kolumbien, 1041
Parreirinha de Alfama (Fado-Lokal), Lissabon, Portugal, 255
Parrot Cay (Privatinsel), Turks&Caicos, 1119

Parsenn-Weissfluh-Skigebiet, Schweiz, 166
Parthenon, Athen, Griechenland, 183
Paseo de la Reforma (Boulevard), Mexiko-Stadt, Mexiko, 956
Pasta e Vino, Valparaíso, Chile, 1032
Pastis Hotel, St-Tropez, Frankreich, 94
Pat O'Brien's, Louisiana, USA, 800
Pat's (Restaurant), Pennsylvania, USA, 865
Patagonien, Argentinien, 993–995
Patagonien, Chile, 1025–1027
PATARA & DEMRE, Türkei, 344
Patara-Nationalpark, Türkei, 344
Patina (Restaurant), Kalifornien, USA, 780
Patio Andaluz (Hotel), Quito, Ecuador, 1038
Patiofest, Córdoba, Spanien, 261
Patios de Cafayate (Resort), Argentinien, 996
PATMOS, Griechenland, 186
Patria Palace Hotel, Lecce, Italien, 201
Patricia Lake, Alberta, Kanada, 916
Patrick Guilbaud (Restaurant), Dublin, Irland, 107
Pátrún-Feste, Aran-Inseln, Irland, 111
PÁTZCUARO & MORELIA, Mexiko, 961
Paul Bocuse (Restaurant), Lyon, Frankreich, 100
Paul Gauguin (Kreuzfahrtschiff), Tahiti, Gesellschaftsinseln, Franz.-Polynesien, 693
Paul, the (Restaurant), Kopenhagen, Dänemark, 358
Paulaner (Brauerei), München, Deutschland, 14
Pavilion (Restaurant), Nha Trang, Vietnam, 645
Pavilion, the (Hotel), Phnom Penh, Kambodscha, 603
Pavillon d'Orient (Hotel), Siem Reap, Kambodscha, 605
PAWLOWSK-PALAST & KATHARINENPALAST, Puschkin/ Pawlowsk, Russland, 317
Paws Up (Resort), Montana, USA, 826
Payne's (BBQ), Tennessee, USA, 876
Pays de la Loire, Frankreich, 86
Peabody Essex Museum, Massachusetts, USA, 814
Peabody Hotel, Tennessee, USA, 876
Peak District, Derbyshire, England, 35
Peak Tower, Victoria Peak, Hongkong, China, 512
Peaks Resort, Colorado, USA, 721
Pearl Harbor, Hawaii, USA, 757

Pebble Beach Golf Links, Kalifornien, USA, 788
Pebble Beach Resort, Kalifornien, USA, 788
PÉCS, Ungarn, 353
Pedro Larumbe (Restaurant), Madrid, Spanien, 285
Peerless Hotel, Oregon, USA, 858
Peggy Guggenheim Collection, Venedig, Italien, 245
Pei, I. M., 76, 125, 483, 519, 545, 850, 856, 881, 898
PEKING, China, 520
Peloponnes, Griechenland, 195–198
Peloponnesisches Volkskundemuseum, Nafplio, Griechenland, 197
Pelourinho (Stadtteil), Salvador da Bahia, Brasilien, 1006
Pemba (Insel), Tansania, 452
Pembrokeshire Coast National Park, Wales, 182
Pembrokeshire, Wales, 182
Peña de Arte Flamenco „La Platería", Granada, Spanien, 262
PENANG, Malaysia, 614
Pencarrow (B&B), Queenstown, Neuseeland, 680
Pender Islands, British Col., Kanada, 917
Penfolds Magill Estate (Restaurant), Australien, 660
Penha Longa Hotel, Lissabon, Portugal, 257
Peninsula Grill, South Carolina, USA, 871
Peninsula House, Samaná Peninsula, Dom. Rep., 1085
Peninsula Shanghai (Hotel), Shanghai, China, 527
Peninsula Tokyo Hotel, Tokio, Japan, 552
Peninsula, the (Hotel), Hongkong, China, 517
Penn Center, South Carolina, USA, 870
PENNSYLVANIA DUTCH COUNTRY, Pennsylvania, USA, 864
Pennsylvania, USA, 863–868
PENOBSCOT BAY, Maine, USA, 805
Pensione Accademia/Villa Maravege (Hotel), Venedig, Italien, 247
Pentagöet Inn, Maine, USA, 806
Penzance, England, 33
Peponi Hotel, Lamu, Kenia, 425
Pepper's Convent (Hotel), Australien, 650
Peppertree (Restaurant), Phu Quoc, Vietnam, 645
Per Se (Restaurant), New York, USA, 853
Pera Museum, Istanbul, Türkei, 341

Pera Palace (Hotel), Istanbul, Türkei, 342
Perak, Malaysia, 613
Peres Center for Peace, Tel Aviv Jaffa, Israel, 472
Perez, Toño, 270
Pergamonmuseum, Berlin, Deutschland, 23
Perito-Moreno-Gletscher, Patagonien, Argentinien, 995
Perivolas (Hotel), Oia, Santorin, Griechenland, 192
Perivolas Hideaway (Hotel), Insel Thirassia, Griechenland, 192
Perm- (Gulag), Oblast Servdlovsk, Russland, 319
Pernambuco, Brasilien, 1014-1016
Pérouges (Dorf), Beaujolais, Frankreich, 98
PERSEPOLIS, Iran, 464
Peru, 1041-1051
PERUANISCHES AMAZONASGEBIET, 1041
PERUGIA, Italien, 243
PESARO & URBINO, Italien, 221
Petali Hotel, Apollonia, Sifnos, Griechenland, 193
Peter (Restaurant), Tokio, Japan, 553
Peter Island Resort, Peter Island, Brit. Jungferninseln, 1079
Peter Island, Brit. Jungferninseln, 1079
Peter Luger Steakhouse, New York, USA, 852
PETERHOF, SCHLOSS, Russland, 318
Petit Anse (Strand), Marie Galante, Guadeloupe, 1089
Petit Palais, Avignon, Frankreich, 91
Petit Piton, St. Lucia, 1109
PETIT ST. VINCENT, Grenadinen, 1113
Petite Anse Hotel, Grenada, 1088
Petite Martinique, Grenada, 1088
Petra (Hotel), Grikos, Patmos, Griechenland, 186
PETRA, Jordanien, 482
Petronium (Kastell), Bodrum, Türkei, 335
Petropawlowsk-Kamtschatski, Kamtschatka-Halbinsel, Russland, 309
Pfänder (Berg), Österreich, 143
Pfeiffer State Beach, Kalifornien, USA, 787
Pferde, Andalusien, Spanien, 262
PFERDE, LAND DER, Kilkenny & Kildare, Irland, 116
Pha That Luang (Stupa), Vientiane, Laos, 607
PHANG-NGA-BUCHT, Krabi, Thailand, 637

Phi Phi Village Beach Resort & Spa, Koh Phi Phi, Thailand, 633
Philadelphia International Flower Show, Pennsylvania, USA, 867
PHILADELPHIA MUSEUM OF ART & BARNES FOUNDATION, Pennsylvania, USA, 867
PHILADELPHIA, ESSEN IN, Pennsylvania, USA, 865
Philadelphia, Pennsylvania, USA, 865-868
Philbrook Museum of Art, Oklahoma, USA, 858
Philharmonie Grand-Duchesse Joséphine-Charlotte, Luxemburg, 125
Philharmonie, Berlin, Deutschland, 20
Philippe the Original (Restaurant), Kalifornien, USA, 787
Philippinen, 620-622
Phillips Collection, Washington, D.C., USA, 901
Philosophenweg, Heidelberg, Deutschland, 12
Philosophenweg, Kyoto, Japan, 540, 547
PHINDA PRIVATE GAME RESERVE, Südafrika, 442
Phnom Penh, Kambodscha, 602, 603
Phoenician, the (Resort), Arizona, USA, 713
Phra Nang (Strand) Phang-Nga-Bucht, Thailand, 634
PHU QUOC, Vietnam, 645
PHUKET, Thailand, 636
Phung Hiep (schwimmender Markt), Mekong-Delta, Vietnam, 644
Pi'ilanihale Heiau, Hawaii, USA, 753
Piano, Renzo, 163, 780, 792, 809, 881, 882
Piazza del Campidoglio, Rom, Italien, 211
Piazza del Campo, Siena, Italien, 238
PIAZZA DEL DUOMO, Mailand, Italien, 219
PIAZZA DEL DUOMO, Parma, Italien, 203
Piazza della Signoria, Florenz, Italien, 231
Piazza delle Erbe, Verona, Italien, 250
Piazza Navona, Rom, Italien, 213
Piazza San Marco, Venedig, Italien, 245, 248
Piazzale Michelangelo, Florenz, Italien, 232
Piazzetta, Capri, Italien, 207
Picasso, Pablo, 17, 73, 77, 88, 95, 132, 174, 212, 245, 256, 277, 282, 356, 379, 548, 791, 847, 867, 881, 899, 901, 985, 1039
Piccolo Napoli (Restaurant), Palermo, Sizilien, Italien, 227
Pichu Pichu (Vulkan), Arequipa, Peru, 1044

PICO BONITO NATIONALPARK, Honduras, 977
PICOS DE EUROPA, Spanien, 273
Pie de la Cuesta (Dorf), Mexiko, 954
Piemont, Italien, 223
Pienza, Italien, 236
Pigeon Island, Guadeloupe, 1089
Pigeon Point (Strand), Antigua, 1066
Pigeon Point Beach, Tobago, 1118
Pik Lenin (Berg), Kirgisistan, 500
PIKE PLACE MARKET, Washington, USA, 904
Pilgrim's Inn, Maine, USA, 806
Pilgrimage Village (Resort), Hue, Vietnam, 643
Pilies Gatvé (Straße), Alt-Vilnius, Litauen, 298
Pilsen, Tschechische Rep., 327
Pilsner Urquell (Brauerei), Pilsen, Tschechische Rep., 328
Pimm's Restaurant, Anguilla, 803
Pinacoteca Ambriosana, Mailand, Italien, 219
Pinacoteca do Estado, São Paulo, Brasilien, 1022
Pinakothek der Moderne, München, Deutschland, 17
PINAKOTHEKEN & DEUTSCHES MUSEUM, München, Deutschland, 17
Pinar del Rio, Kuba, 1098
Pinctada Cable Beach Resort & Spa, Broome, Australien, 667
Pinctada McAlpine House (Lodge), Broome, Australien, 667
Pineapple Grill, the, Hawaii, USA, 754
Pineapple Room (Restaurant), Hawaii, USA, 762
Pine-Island-Audubon-Schutzgebiet, North Carolina, USA, 855
Pinetrees Resort, Australien, 651
Ping Nakara (Hotel), Chiang Mai, Thailand, 629
Pink Pony Bar & Grill, Michigan, USA, 820
Pink Sands Resort, Bahamas, 1069
Pink's (Hot-Dog-Bude), Kalifornien, USA, 786
Pinnawela-Elefantenwaisenhaus, Sri Lanka, 593
Pinney's (Strand), Nevis, 1108
Pioneer Saloon, Idaho, USA, 766
Pipeline Road, Panama, 983
Pirate's Point Resort, Little Cayman, Kaimaninseln, 1095
PISA & LUCCA, Italien, 236
Pitcher Inn, Vermont, USA, 893
PITONS, St. Lucia, 1109
Pitti Gola (Weinbar), Florenz, Italien, 235

REGISTER 1177

Pivovarsky Dum (Brauhaus), Prag, Tschechische Rep., 328
Piz Bernina, Schweiz, 170
Piz Corvatsch, Schweiz, 167
Piz Gloria, Berner Oberland, Schweiz, 165
Pizza im Chicago-Stil, 771
Pizzeria Brandi, Neapel, Italien, 208
Pizzeria Due, Illinois, USA, 771
Pizzeria Mozza, Kalifornien, USA, 785
Pizzeria Regina, Massachusetts, USA, 810
Pizzeria Uno, Illinois, USA, 771
Placa (Straße), Dubrovnik, Kroatien, 292
Place d'Armes Hôtel, Quebec, Kanada, 941
Place d'Armes, Quebec, Kanada, 941
Place de La Bourse, Bordeaux, Frankreich, 63
Place des Vosges, Paris, Frankreich, 78
Place du Forum, Arles, Frankreich, 90
Place Jacques-Cartier, Quebec, Kanada, 941
Place Richelme, Aix-en-Provence, Frankreich, 88
Place Royale, Quebec, Kanada, 945
Place Stanislas, Nancy, Frankreich, 85
PLACENCIA, Belize, 967
Plage Malendure, Basse-Terre, Guadeloupe, 1089
Plage Tereia, Maupiti, Franz.-Polynesien, 691
Planet Baobab (Camp), Kalahari Desert, Botsuana, 421
Plantation Beach Resort, Honduras, 976
Plantation Course (Golf), Hawaii, USA, 754
Plantation Inn, the, Hawaii, USA, 755
Planters Inn, South Carolina, USA, 871
Plas Bodegroes (Hotel/Restaurant), Lleyn-Halbinsel, Wales, 178
PLATINKÜSTE, Barbados, 1073
PLATTENSEE (BALATON), Ungarn, 352
PLATZ DJEMAA EL-FNA & DIE MEDINA, Marokko, 404
Playa Ancón (Strand), Trinidad, Kuba, 1100
Playa Bonita (Strand), Dom. Rep., 1085
Playa Brava (Strand), José Ignacio, Uruguay, 1052
Playa Cosón (Strand), Dom. Rep., 1085
Playa Flamenco (Strand), Puerto Rico, 1104
Playa Frontón (Strand), Dom. Rep., 1085
Playa Grande (Golfplatz), Dom. Rep., 1084

Playa Las Terrenas (Resortstadt), Dom. Rep., 1085
Playa Vik (Hotel), José Ignacio, Uruguay, 1053
Plaza Athénée, Paris, Frankreich, 79
Plaza de las Ventas, Madrid, Spanien, 283
Plaza Garibaldi, Mexiko-Stadt, Mexiko, 956
PLAZA MAYOR IN SALAMANCA, Spanien, 276
Plaza Mayor, Madrid, Spanien, 283
Plaza Mayor, Mexiko-Stadt, Mexiko, 955
Plaza Mayor, Trinidad, Kuba, 1099
Plaza Nueva (Platz), Bilbao, Spanien, 267
Plaza San Martín, Córdoba, Argentinien, 991
Pleasant Valley Wine Company, New York, USA, 842
Plettenberg (Hotel), Western Cape, Südafrika, 446
PLIMOTH PLANTATION, THANKSGIVING IN, Massachusetts, USA, 818
PLITVICER SEEN NATIONALPARK, Kroatien, 294
Ploschtscha Rynok (Marktplatz), Lwiw, Ukraine, 347
Plume (Restaurant), Washington, D.C., USA, 902
Plymouth, Massachusetts, USA, 818
Poás (Vulkan), San Carlos, Costa Rica, 968
Podgórze, Krakau, Polen, 301
Poets Cove Resort & Spa, British Col., Kanada, 918
Pohutu-Geysir, Rotorua, Neuseeland, 674
Point Lenana (Berg), Kenia, 423
Point Reyes (Küstenschutzgebiet), Kalifornien, USA, 795
Point, the (Resort), New York, USA, 839
Pointe Restaurant, British Col., Kanada, 923
Pointe-à-Pitre, Grand-Terre, Guadeloupe, 1089
Point-No-Point Resort, British Col., Kanada, 924
Poipu Beach, Hawaii, USA, 748
Poitou-Charentes, Frankreich, 67
POKHARA & DAS ANNAPURNA-NATURSCHUTZGEBIET, Nepal, 588
Pokolbin, Australien, 650
Polen, 300–305
Polo Lounge, Kalifornien, USA, 782
Polonnaruwa, Sri Lanka, 591
Polynesian Cultural Center, Hawaii, USA, 759
Polynesian Spa (Mineralbäder), Rotorua, Neuseeland, 674

POMMES FRITES, BELGISCHE, Brüssel, Belgien, 6
Pompeji, Italien, 209
Pompeiussäule, Alexandria, Ägypten, 393
Pont du Gard, Frankreich, 92
Pont St-Bénézet, Avignon, Frankreich, 92
Ponte Vecchio, Florenz, Italien, 232
Ponzi Vineyards, Oregon, USA, 862
Porches Inn, Massachusetts, USA, 819
Poreč, Istrien, Kroatien, 293
Pork Pit, Montego Bay, Jamaika, 1092
PORT ANTONIO, Jamaika, 1094
Port of Spain, Trinidad, 1116
Port Vila, Vanuatu, 702
Portara, Naxos, Griechenland, 190
Port-au-Prince, Haiti, 1090
PORTILLO & VALLE NEVADO, Chile, 1027
Portlligat Casa-Museu Salvador Dalí, Cadaqués, Spanien, 281
Portmarnock Golf Links, County Dublin, Irland, 102
Portmeirion, Lleyn-Halbinsel, Wales, 178
PORTO & DAS DOUROTAL, Portugal, 259
Porto de Galinhas, Brasilien, 1015
Porto Ercole, Italien, 238
Porto, Bucht von, Korsika, Frankreich, 81
Portobello Hotel, London, England, 49
Portobello Market, London, England, 48
Portofino, Italien, 216
Portrait Suites (Hotel), Rom, Italien, 214
Portugal, 251–260
Porvoo, Finnland, 371
Porzellansammlung, Dresden, Deutschland, 26
Posada de San José (Hotel), Cuenca, Spanien, 274
Posada de Santiago (Hotel), Altiplano, Guatemala, 974
Posada Del Angel (Hotel), Antigua, Guatemala, 973
Posada del Inca (Hotel), Titicacasee, Bolivien, 1000
Posada Dos Ceibas, Tulum, Mexiko, 963
Posada Movida, Islas los Roques, Venezuela, 1055
Posada Plaza Mayor (Hotel), Colonia, Uruguay, 1052
Poseidonion Grand Hotel, Spetses, Saronische Inseln, Griechenland, 185
Positano, Italien, 206

Post Hotel & Dining Room, Alberta, Kanada, 915
Post Ranch Inn, Kalifornien, USA, 787
Postojna, Höhle, Slowenien, 324
POTALA-PALAST, Lhasa, Tibet, China, 529
Potsdam, Brandenburg, Deutschland, 23
Pousada de Santa Maria (Hotel), Marvao, Portugal, 252
Pousada do Amparo (Hotel), Olinda, Brasilien, 1015
Pousada do Castelo (Hotel), Óbidos, Portugal, 254
Pousada do Mondego (Hotel), Minas Gerais, Brasilien, 1012
Pousada dos Lóios (Hotel), Évora, Portugal, 253
Pousada Maravilha (Lodge), Brasilien, 1014
Pousada Naturália (Hotel), Ilha Grande, Brasilien, 1020
Pousada Pardieiro (Hotel), Paraty, Brasilien, 1021
Pousada Rainha Santa Isabel (Hotel/Restaurant), Estremoz, Portugal, 252
Pousada Tauma (Hotel), Goa, Indien, 562
Pousada Uakari, Brasilien, 1005
POWELL, LAKE, Arizona, USA, 711
Powerscourt Golf Club, County Wicklow, Irland, 123
Powerscourt House & Garden, County Wicklow, Irland, 123
Pozolería Tixtla (Restaurant), Mexiko-Stadt, Mexiko, 958
Prado, Madrid, Spanien, 282
Prag, Tschechische Rep., 327–330
Prager Biermuseum, Tschechische Rep., 328
PRAGER BURGVIERTEL, Tschechische Rep., 329
Praia da Pipa (Strand), Rio Grande do Norte, Brasilien, 1022
Praia do Espelho (Strand), Bahia, Brasilien, 1009
Prairie Hotel, South Australia, Australien, 662
PRAMBANAN & BOROBUDUR, Java, Indonesien, 596
Prašná Bastá (Restaurant), Bratislava, Slowakei, 321
Prättiger Huschi (Restaurant), Klosters, Schweiz, 163
Predjama (Burg), Slowenien, 324
Preseli Mountains, Wales, 182
Preservation Hall, Louisiana, USA, 802
President Coolidge (Schiffswrack), Vanuatu, 702
Presidio (Festung), San Francisco, Kalifornien, USA, 790

Presley, Elvis, 822, 877
Pri Vitezu (Restaurant), Ljubljana, Slowenien, 323
Pride of Africa (Zug), Südafrika, 445
Prieuré Hotel, Avignon, Frankreich, 92
Prime (Restaurant), Istanbul, Türkei, 342
Prime West (Restaurant), W. Virginia, USA, 907
Primrose Valley (Hotel), St. Ives, England, 33
PRINCE EDWARD ISLAND, Kanada, 937
Prince Lot Hula Festival, Hawaii, USA, 760
Prince of Wales Hotel & Spa, Ontario, Kanada, 933
Prinsenhof (Hotel), Brügge, Belgien, 5
Prinsenhof, Delft, Niederlande, 133
Prinzeninseln, Türkei, 340
PRINZ-WILLIAM-SUND & KENAI-HALBINSEL, Alaska, USA, 708
PRIVATE WILDRESERVATE, Kenia, 427
Pro Football Hall of Fame, Ohio, USA, 856
Profitis Elias O Pilos (Kloster), Sifnos, Griechenland, 193
Promenade (Restaurant), Szentendre, Ungarn, 351
Prophetenmoschee, Medina, Saudi-Arabien, 490
Provence-Alpes-Côte d'Azur, Frankreich, 67, 87–98
Providenciales (Insel), Turks&Caicos, 1119
Provincetown Theater, Massachusetts, USA, 815
Provincetown, Massachusetts, USA, 815
Provinz Buenos Aires, Argentinien, 989
PROVINZ CAYO, Belize, 966
Provinz Gorenjska, Slowenien, 322
Provinz Guangxi, China, 510
PROVINZ MENDOZA, Argentinien, 922
Provinz Notranjska, Slowenien, 324
Provinz Primorska, Slowenien, 324
Provinz Santa Cruz, Argentinien, 995
Prunkwagen-Ausstellung, Takayama, Japan, 537
Pu'uhonua o Honaunau National Historic Park, Hawaii, USA, 743
Puah (Restaurant), Tel Aviv Jaffa, Israel, 472
Public Garden, (Botan. Garten), Massachusetts, USA, 809
PUBS & ST. PATRICK'S FESTIVAL, Dublin, Irland, 109
Pubs, literarische, Dublin, Irland, 108
Pucón, Chile, 1028
Pudong Shangri-La Hotel, Shanghai, China, 527
Puerto Iguazú, Argentinien, 992

Puerto Natales, Patagonien, Chile, 1027
Puerto Ordaz, Venezuela, 1054
Puerto Princesa, Palawan, Philippinen, 621
Puerto Rico, 1101–1105
Puig i Cadafalch, Josep, 278, 279
Pujol (Restaurant), Mexiko-Stadt, Mexiko, 958
Puka Dog (Restaurant), Hawaii, USA, 750
Pula, Arena, Istrien, Kroatien, 293
Pulemelei Mound (Ruine), Samoa, 699
Pump Room (Restaurant), Bath, England, 55
Pumulani (Resort), Malawisee, Malawi, 429
Punjab House (Schneider), Hongkong, China, 515
Puno, Peru, 1050
Punta Caracol Acqua-Lodge (Resort), Isla Colón, Panama, 980
PUNTA DEL ESTE, Uruguay, 1053
Punta Espada (Golfplatz), Dom. Rep., 1084
Puntacana Resort & Club, Dom. Rep., 1083
Puntarenas, Costa Rica, 969–972
Punto Tumbo Nature Reserve, Argentinien, 990
Purist Villas (Resort), Ubud, Bali, Indonesien, 596
Purnululu-Nationalpark, Australien, 670
Puschkin, Oblast Leningrad, Russland, 317
Pushcart (Restaurant), Negril, Jamaika, 1093
PUSHKAR-KAMELMARKT, der, Indien, 575
Putangirua Pinnacles, Palliser Bay, Neuseeland, 673
Pwllheli (Resort), Lleyn-Halbinsel, Wales, 178
Pyramide Adivino, Mérida, Mexiko, 964
Pyramide des Kukulcán, Chichén Itzá, Yucatán, Mexiko, 964
PYRAMIDEN ÄGYPTENS, die, Giseh, Ägypten, 396
Pyrenäen, Frankreich, 65, 86
Pyrgos Dirou, Höhle, Mani-Halbinsel, Griechenland, 195

Q

Qasr Al Sarab Resort, Abu Dhabi, VAE, 495
Qin-ling-Gebirge, Shaanxi, China, 525
Quadrado de Trancoso (Platz), Bahia, Brasilien, 1009
QUADRILATERO, das (kulinar. Viertel), Bologna, Italien, 202

REGISTER

Quail's Gate Estate (Weingut), British Col., Kanada, 920
Qualia Resort, Queensland, Australien, 659
Quartara (Hotel), Panarea, Sizilien, Italien, 226
Quay, the (Hotel), Phnom Penh, Kambodscha, 603
Quebec, Kanada, 938–945
QUEBEC, KARNEVAL VON, Quebec, Kanada, 943
QUEBEC, VIEUX, Quebec, Kanada, 944
Quebec-Stadt, Quebec, Kanada, 943–945
QUEDLINBURG, Deutschland, 27
Queen Charlotte Track, Neuseeland, 679
Queen Conch (Hütte), Bahamas, 1069
Queen Elizabeth (Schiff), Southampton, England, 39
Queen Mary (Schiff), Southampton, England, 39
Queen's Gardens Resort, Saba, 1105
Queensberry Hotel, Bath, England, 55
Queensland, Australien, 655–660
Queenstown, Neuseeland, 680
Quetzal-Pfad, Panama, 981
Quiché, Guatemala, 975
Quicksilver (Katamaran), Queensland, Australien, 657
Quince (Restaurant), Kalifornien, USA, 795
Quinci Villas, Senggigi Beach, Indonesien, 599
Quinta das Lágrimas (Hotel), Coimbra, Portugal, 254
Quinta do Monte (Hotel), Monte, Portugal, 259
Quinta do Seixo Wine Center, Douro Valley, Portugal, 259
Quinta Palmeira (Gärten), Madeira, Portugal, 258
Quintana Roo, Mexiko, 963
Quirimbas-Archipel, Mosambik, 429
QUIRLIGE MÄRKTE VON SAIGON, Ho-Chi-Minh-Stadt, Vietnam, 641
QUITO, Ecuador, 1037

R

R&G Lounge, Kalifornien, USA, 792
R. Tucker Thompson (Schoner), Neuseeland, 671
Rabbit Hill Inn, Vermont, USA, 892
Racetrack Playa, Kalifornien, USA, 775
Radio City Music Hall, New York, USA, 847
Radisson Blu Iveria, Tiflis, Georgien, 291

Radisson Blu Royal, Kopenhagen, Dänemark, 357
Radisson SAS, Ålesund, Norwegen, 375
Raekoda (Rathaus), Tallinn, Estland, 289
Raekoja Plats (Rathausplatz), Tallinn, Estland, 289
Rafael (Restaurant), Lima, Peru, 1048
Rafailoviči (Dorf), Montenegro, 300
Raffles Grand Hotel d'Angkor, Siem Reap, Kambodscha, 605
RAFFLES HOTEL & E&O-EXPRESS, Singapur, 623
Raffles Le Royal (Hotel), Phnom Penh, Kambodscha, 603
RAFTING IN WEST VIRGINIA, W.Virginia, USA, 905
Rainbow Bridge, Arizona, USA, 712
Rainbow Reef (Tauchrevier), Fidschi, 685, 686
Rainbow Ryders (Ballonfahrten), New Mexico, USA, 832
Raincity Grill, British Col., Kanada, 922
Rainforest Restaurant, Saba, 1105
RAJA-AMPAT-ARCHIPEL, der, Papua, Indonesien, 601
Rajasthan, Indien, 572–577
Raleigh Hotel, Florida, USA, 734
Rambagh Palace (Hotel), Jaipur, Indien, 575
Rami (Restaurant), Istanbul, Türkei, 343
Ramsay, Gordon, 49, 81, 123
Rancho Pescadero (Hotel), Baja California Sur, Mexiko, 949
RANGIROA, Tuamotu-Archipel, Franz.-Polynesien, 693
Rangun (Yangon), Myanmar, 618
RAROTONGA, Cookinseln, 682
Ras-Mohammed-Meeresnationalpark, Sinai, Ägypten, 401
Rasoi by Vineet (Restaurant), Mauritius, 458
Ratchadamneon Road (Markt), Chiang Mai, Thailand, 629
Rathmullan House, Swilly, Irland, 105
Rattenbury Cottage, Wisconsin, USA, 908
Rauchsauna, Jätkänkämppä, Kallavesi-See, Finnland, 370
Rausu-See, Shiretoko, Japan, 536
Ravello, Italien, 205
RAVENNA, Italien, 204
Ravinia Festival, Illinois, USA, 769
Rawlins Plantation (Hotel), St. Kitts, 1109
Ray's Boathouse (Restaurant), Washington, USA, 905
Rayavadee Resort, Phang-Nga-Bucht, Thailand, 634

Reading Terminal Market, Pennsylvania, USA, 865
Real Academia de Bellas Artes de San Fernando, Madrid, Spanien, 283
RECIFE & OLINDA, Brasilien, 1015
Red Capital Residence (Hotel), Peking, China, 523
Red Earth Native American Cultural Festival, Oklahoma, USA, 857
Red Fox Inn & Tavern, Virginia USA, 896
Red Lion Inn, Massachusetts, USA, 816
Red Lion, the (Pub), London, England, 50
RED ROCK COUNTRY & MOAB, Utah, USA, 885
RED ROCK COUNTRY & SEDONA, Arizona, USA, 714
Redfish Lake Lodge, Idaho, USA, 765
Redzepi, René, 358
Reef Bay Trail (Wanderweg), Am. Jungferninseln, 1062
Reef Grill, Grand Cayman, Kaimaninseln, 1096
Regata Storica, Venedig, Italien, 247
REGENSBURG, Deutschland, 18
Regent Grand Hotel Bordeaux, Bordeaux, Frankreich, 64
Regent of Rotorua (Hotel), Neuseeland, 674
Regent's Park, London, England, 47
Reggae Beach Bar & Grill, St. Kitts, 1109
Reggae Beach, St. Kitts, 1109
Reggae Sumfest, Montego Bay, Jamaika, 1091
Registan, Samarkand, Usbekistan, 507
Reichstag, Berlin, Deutschland, 20
Reid's Palace (Hotel), Madeira, Portugal, 258
Reims, Frankreich, 69
REISTERRASSEN VON BANAUE, Cordillera, Philippinen, 619
Rekero Camp, Masai Mara, Kenia, 426
Relais Bernard Loiseau (Restaurant), Saulieu, Frankreich, 68
Rendezvous (Restaurant), Tennessee, USA, 876
Rendezvous Mountain (Skigebiet), Wyoming, USA, 912
Renfro, Charles, 846
Renwick Gallery, Washington, D.C., USA, 900
Réserve de Beaulieu & Spa, Beaulieu, Frankreich, 95
Residenz des Prinzen Gong, Hutongs von Peking, China, 521

Residenz Heinz Winkler (Restaurant), Aschau, Deutschland, 16
Residenz, Salzburg, Österreich, 144
Residenz, Würzburg, Deutschland, 19
Resorts World Sentosa, Singapur, 623
Restaurant Bergs, Alt-Riga, Lettland, 296
Restaurant de l'Hôtel de Ville, Crissier, Schweiz, 172
Restaurant Empordà, Cadaqués, Spanien, 281
Restaurant Ferdaous, Essaouria, Marokko, 402
Restaurant Jörg Müller, Sylt, Deutschland, 29
Restaurant Käfer, Berlin, Deutschland, 20
Restaurant Patrick Devos, Brügge, Belgien, 5
Restaurant Pic, Valence, Frankreich, 98
Restaurant Pöllöwaari, Jyväskylä, Finnland, 368
Restaurant Stucki Bruderholz, Basel, Schweiz, 163
Restaurante Almudaina, Córdoba, Spanien, 261
Restaurante Ekologiku, Pernambuco, Brasilien, 1014
Restaurante Pizarro, Trujillo, Spanien, 270
Restaurante Sant Pau, Sant Pol de Mar, Spanien, 281
Restaurante Toscanelli Brasil, Ilha Grande, Brasilien, 1020
RESTAURANTSZENE VON NEW ORLEANS, 803
Rethymno, Kreta, Griechenland, 189
Retiro Park, Madrid, Spanien, 283
Reuben's (Restaurant), Kapstadt, Südafrika, 441
Reveillon-Feiern, Rio de Janeiro, Brasilien, 1017
Rex Hill (Weingut), Oregon, USA, 863
Rex Hotel, Ho-Chi-Minh-Stadt, Vietnam, 640
Reykjavik, Island, 372
Reynihlíd, Island, 373
Rhein in Flammen, Deutschland, 25
Rhett House Inn, South Carolina, USA, 870
Rhode Island, USA, 868–870
RHODOS & SYMI, Griechenland, 187
Rhône-Alpes, Frankreich, 98–101
RHÔNETAL & BEAUJOLAIS, Frankreich, 98
Rhythm & Ribs Jazz Festival, Missouri, USA, 823
Riad Farnatchi (Hotel), Marrakesch, Marokko, 405

Riad Malika (Hotel), Marrakesch, Marokko, 405
Ribe Domkirke (Dom), Ribe, Dänemark, 363
RIBE, Dänemark, 363
Rica Brakanes Hotel, Ulvik, Norwegen, 382
Richard Petty Driving Experience, Florida, USA, 730
Richard's Camp, Masai Mara, Kenia, 426
Richter, Gerhard, 24
Rick's Café, Negril, Jamaika, 1093
Rico's Kunststuben, Zürich, Schweiz, 174
Riddell's Bay (Golfplatz), Bermuda, 1075
RIDEAU CANAL & WINTERLUDE, Ontario, Kanada, 934
Riesenpanda-Forschungszentrum, Kalifornien, USA, 788
Rifugio Averau (Lodge), Trentino-Südtirol, Italien, 240
RIGA, ALT-, Lettland, 295
Rigi-Kulm, Luzern, Schweiz, 168
Rijksmuseum, Amsterdam, Niederlande, 126
Rijsttafel, Amsterdam, Niederlande, 130
Rim Drive (Straße), Oregon, USA, 709
Rimrock Restaurant, Alberta, Kanada, 915
Rinca (Insel), Indonesien, 598
RINCÓN & LA RUTA PANORÁMICA, Puerto Rico, 1103
Ring Hotel, Wien, Österreich, 149
RING OF KERRY, Irland, 115
RING ROAD (HRINGVEGUR), Island, 372
Ring von Brodgar, Orkney-Inseln, Schottland, 161
Rinjani (Vulkan), Lombok, Indonesien, 599
Rio Beni, Bolivien, 1002
Río Cangrejal, Honduras, 977
Rio Chama, New Mexico, USA, 834
Rio de Janeiro, Brasilien, 1016–1019
Rio Grande do Norte, Brasilien, 1021
Rio Grande, Port Antonio, Jamaika, 1095
Río Trancura, Pucón, Chile, 1028
Riobamba, Ecuador, 1033
RIOJA, Spanien, 267
Riomaggiore, Italien, 215
Ripert, Eric, 852, 1096
Ripplecove Inn, Quebec, Kanada, 940
Riquewihr, Frankreich, 70
Riraku Spa, Kyoto, Japan, 543
RISHIKESH & SAS ANANDA-SPA, Uttarakhand, Indien, 578

Rising Sun (Hotel), Somerset, England, 37
Ristorante Aquila Nigra, Mantua, Italien, 221
Ristorante Caruso, Neapel, Italien, 208
Ristorante la Giostra, Florenz, Italien, 234
Ristorante Puny, Portofino, Italien, 216
Ritsurin-Park, Shikoku, Japan, 555
Rittenhouse (Hotel), Pennsylvania, USA, 866
Ritz Hotel London, London, England, 49
Ritz Hotel, Madrid, Spanien, 284
Ritz, Paris, Frankreich, 79
Ritz-Carlton Amelia Island, Florida, USA, 728
Ritz-Carlton Grand Cayman, Kaimaninseln, 1096
Ritz-Carlton Kapalua Hotel, Hawaii, USA, 755
Ritz-Carlton Moskau, Russland, 311
Ritz-Carlton Powerscourt, County Wicklow, Irland, 123
Ritz-Carlton Sharq Village & Spa, Doha, Katar, 484
Ritz-Carlton, Bachelor Gulch, Colorado, USA, 722
Ritz-Carlton, Kalifornien, USA, 794
Riva (Promenade), Zadar, Kroatien, 293
River Café, Kapstadt, Südafrika, 441
River Café, London, England, 50
River Café, New York, USA, 848
River Wildlife (Naturschutzgebiet), Wisconsin, USA, 909
Rivera, Diego, 953, 955, 957, 960, 984
Riverside Lodge, Batopilas, Mexiko, 952
RIVERWALK, Texas, USA, 883
RIVIERA MAYA & TULUM, Mexiko, 963
RIVIERA, FRANZÖSISCHE, 94
RIVIERA, ITALIENISCHE, 216
Road to Mandalay (Ausflugsschiff), Myanmar, 616
Roatán (Insel), Honduras, 976
Robben Island, Kapstadt, Südafrika, 439
Robert H. Goddard Planetarium, New Mexico, USA, 835
ROBERT LOUIS STEVENSON MUSEUM, Apia, Samoa, 700
Robert's (Restaurant), New South Wales, Australien, 650
Robert's Western World Bar, Tennessee, USA, 879
Robuchon, Joël, 126, 623, 850
Rocamadour, Dordogne, Frankreich, 64

REGISTER

Rock and Roll Hall of Fame and Museum, Ohio, USA, 856
Rock House Hotel, Bahamas, 1069
Rockefeller Center an Weihnachten, New York, USA, 847
Rockhouse Hotel, Negril, Jamaika, 1093
Rockhouse Restaurant, Negril, Jamaika, 1093
ROCKIES, MIT DEM ZUG DURCH DIE, Kanada, 916
Rockland, Maine, USA, 806
Rockoxhuis, Antwerpen, Belgien, 3
Rockport, Maine, USA, 806
Rockport, Massachusetts, USA, 814
Rocky Mountain River Tours, Idaho, USA, 765
Rocky Mountaineer (Zug), Alberta/British Col., Kanada, 917
Rocky Mountains, Kanada, 915–917
Rocky Mountains, Wyoming, USA, 911–913
ROCKY-MOUNTAIN-NATIONALPARK, Colorado, USA, 719
Rocpool Reserve Hotel, Inverness, Schottland, 158
Rodeo Drive, Kalifornien, USA, 782
Rodin, Auguste, 78, 548, 847, 881, 882, 901, 985
Rolex Kentucky Three Day Event, Kentucky, USA, 798
ROM, Italien, 210
Romantic RiverSong Inn, Colorado, USA, 719
ROMANTISCHE STRASSE & SCHLOSS NEUSCHWANSTEIN, Deutschland, 19
Römische Katakomben, Alexandria, Ägypten, 393
Römischer Aquädukt, Segovia, Spanien, 285
Römisches Amphitheater, Gubbio, Italien, 241
Römisch-Germanisches Museum, Köln, Deutschland, 24
Ronnums Herrgård (Hotel), Götaland, Schweden, 383
Roof Garden Café, New York, USA, 846
Room Mate Alicia, Madrid, Spanien, 284
Roosevelt-Präsidentenbibliothek & Museum, New York, USA, 843
Roppongi-Kunstdreieck, Tokio, Japan, 551
Roraima (Berg), Venezuela, 1055
Rosa Alpina Hotel & Spa, San Cassiano, Italien, 240
Rosa Salva (Kaffeehaus), Venedig, Italien, 244
Rosa's Lounge, Illinois, USA, 769
Rose & Crown Inn, Salisbury, England, 58

Rose Center for Earth & Space, New York, USA, 845
Rose Hall Great House, Montego Bay, Jamaika, 1092
Rosedon Hotel, Bermuda, 1075
Rosenpalais (Restaurant), Regensburg, Deutschland, 18
Rosewood Mansion on Turtle Creek, Texas, USA, 881
Rosewood Resort, St. John, Am. Jungferninseln, 1062
Rosewood Tucker's Point (Hotel), Bermuda, 1075
Roskilde Rockfestival, Roskilde, Dänemark, 361
ROSKILDE, Dänemark, 360
Rosleague Manor (Hotel), County Galway, Irland, 112
Rossi, Aldo, 135
Rossini, Gioacchino, 222, 233
Rossini-Opernfestival, Pesaro, Italien, 222
Roswell Museum & Art Center, New Mexico, USA, 834
Roswell UFO-Festival, New Mexico, USA, 834
ROSWELL, New Mexico, USA, 834
Rote Pyramide, Dahschur, Ägypten, 396
ROTER PLATZ & KREML, Moskau, Russland, 310
ROTES FORT & CHANDNI CHOWK, Alt-Delhi, Indien, 560
ROTES MEER & BERG SINAI, Ägypten, 400
Rothenburg ob der Tauber, Deutschland, 19
Rotlichtviertel, Amsterdam, Niederlande, 127
ROTORUA, BLUBBERNDES, Neuseeland, 673
Rouen, Frankreich, 73
Rouen, Musée des Beaux Arts de, Frankreich, 74
Rough Point (Herrenhaus), Rhode Island, USA, 869
Route 100, Vermont, USA, 893
Route 66 Auto Museum, New Route 66 Auto Museum, New Mexico, USA, 835
ROUTE 66, New Mexico, USA, 835
Route de La Traversée, Guadeloupe, 1089
Route de Rhum, Martinique, 1100
Route de Trace (Straße), Martinique, 1100
Route des Cretes (Straße), Verdonschlucht, Frankreich, 96
Route des Grandes Alpes (Straße), Frankreich, 99
Route des Grands Crus (Straße), Frankreich, 68

Route des Vins (Weinroute), Quebec, Kanada, 940
Route du Champagne (Straße), Frankreich, 69
Route du Vin d'Alsace (Straße), Frankreich, 70
Routeburn Track, Neuseeland, 678
Routt-Nationalforst, Colorado, USA, 720
Rovaniemi, Lappland, Finnland, 368
Rovinj, Kroatien, 293
ROVOS RAIL & BLUE TRAIN, Südafrika, 445
Roy d'Espagne (Kneipe), Brüssel, Belgien, 7
Roy's (Restaurant), Hawaii, USA, 763
Royal Albert Hall, London, England, 47
Royal Ascot (Pferderennen), England, 48
Royal Barge Museum, Bangkok, Thailand, 626
Royal Barrière (Hotel), Deauville, Frankreich, 74
Royal BC Museum, British Col., Kanada, 925
Royal Botanic Gardens, Sydney, Australien, 652
Royal County Down Golf, Nordirland, 139
Royal Crescent (Hotel), Bath, England, 55
Royal Dornoch Golf Club, Schottland, 162
Royal Hawaiian, Hawaii, USA, 762
Royal Livingstone Hotel, Sambia, 436
Royal Malewane (Lodge), Mpumalanga, Südafrika, 444
ROYAL ONTARIO MUSEUM & ART GALLERY OF ONTARIO, Ontario, Kanada, 936
Royal Palm Hotel, Galápagos Islands, Ecuador, 1034
Royal Palm Restaurant, St. Kitts, 1109
Royal Park Hotel, Kandersteg, Schweiz, 165
Royal Pavilion, Brighton, England, 51
Royal Portrush Golf Club, Portrush, Nordirland, 138
Royal Rajasthan on Wheels (Zug), Indien, 566
ROYAL SCOTSMAN & BALMORAL HOTEL, Edinburgh, Schottland, 151
Royal Shakespeare Theatre, Stratford-upon-Avon, England, 56
Royal Sonesta Hotel, Louisiana, USA, 802
Royal Spa at Corinthia Grand Hotel Royal, Budapest, Ungarn, 348
Royston's Restaurant, Bermuda, 1075
Ruanda, 454

Ruapehu (Berg), Neuseeland, 675
RUB AL-CHALI-WÜSTE, Abu Dhabi, VAE, 494
RUBENS, AUF DEN SPUREN VON, Belgien, 3
Rubens, Peter Paul, 3
Rubenshuis, Antwerpen, Belgien, 3
Rudas-Bad, Budapest, Ungarn, 348
Rue St-Paul, Quebec, Kanada, 941
Rules (Restaurant), London, England, 55
Rumänien, 305–308
Rumeila (Dorf), Katar, 484
Rumeli Hisari (Festung), Türkei, 340
Rumi, Celaleddin, 343
Rundreise Norwegen in miniature, Norwegen, 374, 381
Rurrenabaque, Bolivien, 1002
Russell, Neuseeland, 671
Russland, 308–321
Rustico Hotel, Klosters, Schweiz, 166
Rüstkammer, Dresden, Deutschland, 26
Rüstkammer, Kreml, Moskau, Russland, 311
Ruszwurm (Patisserie), Budapest, Ungarn, 349
Ruta (Straße), Argentinien, 996
RUTA DE LOS PUEBLOS BLANCOS, Spanien, 263
Ruta Panoramica, Puerto Rico, 1103
Ryad Watier (Hotel), Essaouria, Marokko, 402
Ryman Auditorium, Tennessee, USA, 879
RYNEK GŁÓWNY, DER HAUPTMARKT IN KRAKAU, Polen, 301
Ryoan-Tempel, Kyoto, Japan, 541

S

SA PA, Vietnam, 646
Saagi Stübli (Restaurant), Gstaad, Schweiz, 164
SAAREMAA, DIE INSEL, Estland, 288
Saarinen, Eliel & Eero, 366
SAAS FEE & ZERMATT, Wallis, Schweiz, 173
Saba Marine Park (Tauchrevier), Saba, 1105
SABA, 1105
Sabah, Borneo, Malaysia, 608
Sabora Tented Camp, Tansania, 453
Sacha Lodge, El Oriente, Ecuador, 1036
Sacher (Café), Wien, Österreich, 149
Sachsen, Deutschland, 26
Sachsen-Anhalt, Deutschland, 27
Sacré-Coeur, Paris, Frankreich, 75
Sacsayhuamán (Ruinen), Cusco, Peru, 1045

Safed, Galiläa, Israel, 467
Saffire Freycinet (Lodge), Tasmania, Australien, 665
Safua Hotel, Samoa, 699
Sag Harbor, New York, USA, 844
Sagaponack, New York, USA, 844
SAGRADA FAMILIA, LA, & GAUDÍ, Barcelona, Spanien, 278
Sagrestia Nuova (Neue Sakristei), Florenz, Italien, 231
Sagú Mini Resort, Ilha Grande, Brasilien, 1020
Sahara (Wüste), Marokko, 405
SAHARA-FESTIVAL & EL DJEM, Tunesien, 411
Said's (Restaurant), Akkon, Israel, 465
SAIGON, HISTORISCHE HOTELS IN, Vietnam, 640
SAIGON, QUIRLIGE MÄRKTE, Vietnam, 641
Saiho-ji, zen-buddhistischer Tempel, Kyoto, Japan, 541
Sailing Club (Restaurant), Kep, Kambodscha, 602
Sails in the Desert (Hotel), Northern Territory, Australien, 655
Saimaa-Seensystem, Finnische Seenplatte, Finnland, 370
Sainte Anne, Guadeloupe, 1088
Sainte-Anne-Unterwasserpark, Seychellen, 460
Saintes, les (Archipel), Guadeloupe, 1089
Sajama-Nationalpark, Bolivien, 1003
Sakip Sabanci Museum, Istanbul, Türkei, 340
Sakkara, Ägypten, 396
Sal Salis Ningaloo Reef (Zeltcamp), Australien, 669
Sala Rim Naam (Restaurant), Bangkok, Thailand, 628
Saladin-Zitadelle, Kairo, Ägypten, 395
SALAMANCA, PLAZA MAYOR, Spanien, 276
Salar de Atacama (Salzsee) San Pedro de Atacama, Chile, 1029
SALAR DE UYUNI, Bolivien, 1002
Salcantay-Wanderweg, Peru, 1047
Salem Witch Museum, Massachusetts, USA, 814
Salem, Massachusetts, USA, 814
SALENTO-HALBINSEL & ALBEROBELLO, Italien, 200
Salina (Insel), Sizilien, Italien, 226
Saline Beach, St. Barths, 1107
Salines Garden Cottages, St. Barths, 1107
Salisbury, England, 58
SALISBURY, KATHEDRALE, England, 58

Salishan Spa & Golf Resort, Oregon, USA, 861
SALMON RIVER, MIDDLE FORK DES, Idaho, USA, 765
Salogi (Mietvillen), Lucca, Italien, 237
Salt Cay (Insel), Turks&Caicos, 1120
Salt Lake City, Utah, USA, 887
Salt River Canyon (Tauchrevier), St. Croix, Am. Jungferninseln, 1061
Salt Spring Island, British Col., Kanada, 917
Salt Spring Saturday Market, British Col., Kanada, 917
SALTA, Argentinien, 997
SALTO ÁNGEL (Wasserfälle), Venezuela, 1054
Saltstraumen (Strudel), Bodø, Norwegen, 376
Salty Dawg Saloon, Homer, Alaska, USA, 708
Salumeria Rosi (Weinbar), New York, USA, 851
Salvador da Bahia, Brasilien, 1006
SALVADOR DA BAHIA, CIDADE ALTA, Brasilien, 1006
SALVADOR, FESTE, Salvador da Bahia, Brasilien, 1008
SALZBURG: BAROCK & MODERN, Österreich, 144
Salzburger Dom, Salzburg, Österreich, 144
Salzburger Festspiele, Salzburg, Österreich, 143
Sam the Tailor (Schneider), Hongkong, China, 515
SAMANÁ-HALBINSEL, Dom. Rep., 1084
Samariá-Schlucht, Kreta, Griechenland, 188
SAMARKAND, Usbekistan, 506
Sambesi, Sambia, 435
Sambia, 433–436
Samoa, 699-701
Samode Haveli (Hotel), Jaipur, Indien, 575
Samode Palace Hotel, Jaipur, Indien, 575
Sampanthavivat, Arun, 771
San Antonio de Areco, Argentinien, 989
San Antonio, Texas, USA, 883
San Carlos de Bariloche, Patagonien, Argentinien, 994
SAN CRISTÓBAL DE LAS CASAS & PALENQUE, Mexiko, 950
SAN DIEGO & SEIN ZOO, Kalifornien, USA, 788
San Diego Safari Park, Kalifornien, USA, 789
San Feliu de Guixols, Spanien, 281
San Fernando Valley, Kalifornien, USA, 781

REGISTER

San Francisco el Alto, Guatemala, 975
San Francisco Ferry Building, Kalifornien, USA, 791
San Francisco Giants, Kalifornien, USA, 793
San Francisco International Film Festival, Kalifornien, USA, 793
San Francisco Museum of Modern Art, Kalifornien, USA, 791
SAN FRANCISCO, Kalifornien, USA, 790
San Fruttuoso, Kloster, Ligurien, Italien, 216
San Gimignano, Italien, 235
SAN IGNACIO, LAGUNE, & GOLF VON KALIFORNIEN, Mexiko, 950
San José del Cabo, Mexiko, 949
San Juan del Sur (Resort), Nicaragua, 979
SAN JUAN ISLANDS, die, Washington, USA, 903
San Juan Mountains, Colorado, USA, 717
San Juan Skyway (Straße), Colorado, USA, 717
SAN JUAN, ALT-, Puerto Rico, 1101
San Juan, Puerto Rico, 1101
San Martín (Insel), Argentinien, 992
San Martín de los Andes, Patagonien, Argentinien, 994
San Michele in Foro (Kirche), Lucca, Italien, 236
SAN MIGUEL DE ALLENDE & GUANAJUATO, MEXIKO, 952
San Miniato al Monte, Florenz, Italien, 232
San Nicolás Restaurante, Granada, Spanien, 262
San Nikolis (Hotel), Rhodos, Griechenland, 187
San Pedro de Atacama, Chile, 1029
San Pedro, Belize, 965
San Pietro (Hotel), Positano, Italien, 206
San Rafael, Argentinien, 993
SAN SEBASTIÁN & BASKENLAND, Spanien, 268
San Ysidro Ranch, Kalifornien, USA, 787
SANAA, ALTSTADT VON, Jemen, 476
SAN-BLAS-INSELN, Panama, 982
Sancti Spíritus, Kuba, 1099
Sanctuary Chobe Chilwero (Lodge), Botsuana, 420
Sanctuary Hotel, South Carolina, USA, 870
Sanctuary Spa, Arizona, USA, 714
Sand Bar Café, St. Barths, 1106
Sand Rivers Selous (Lodge), Tansania, 451
Sandcastle Hotel, Brit. Jungferninseln, 1077

Sanderling Resort & Spa, North Carolina, USA, 855
Sandhamn, Stockholmer Schären, Schweden, 385
Sandia Mountains, New Mexico, USA, 832
Sandia Peak Tram (Seilbahn), New Mexico, USA, 832
Sands Macao (Kasino), Macao, China, 518
Sandy Beach, Hawaii, USA, 760
Sandy Lane (Resort), Barbados, 1073
Sanguanmiao-Forschungsstation, Foping, China, 525
SANIBEL & CAPTIVA, INSELN, Florida, USA, 737
Sanja-Fest, Tokio, Japan, 550
Sanjusangen-do, Kyoto, Japan, 541
Sankt Michaels Kyrka, Finström, Ålandinseln, Finnland, 366
Sankuay (Restaurant), Lima, Peru, 1048
Sanmachi Suji (Altstadt), Takayama, Gifu, Japan, 536
Sansei Seafood Restaurant & Sushi Bar, Hawaii, USA, 756
SANSIBAR, Tansania, 452
SANSSOUCI, Potsdam, Deutschland, 23
Sant'Agata, Kampanien, Italien, 206
Santa Barbara, Kalifornien, USA, 779
SANTA CATALINA, KLOSTER, Arequipa, Peru, 1043
Santa Croce (Kirche), Florenz, Italien, 230
Santa Cruz, Galápagosinseln, Ecuador, 1034
Santa Cruz, Spanien, 265, 285
Santa Elena Reserve, Costa Rica, 972
Santa Fe Farmers Market, New Mexico, USA, 839
Santa Fe Indian Market, New Mexico, USA, 837
Santa Fe International Folk Art Market, New Mexico, USA, 837
Santa Fe Opera, New Mexico, USA, 838
Santa Fe School of Cooking, New Mexico, USA, 839
Santa Fe Wine & Chile Fiesta, New Mexico, USA, 838
SANTA FE, MÄRKTE & FESTIVALS IN, New Mexico, USA, 837
Santa Fe, New Mexico, USA, 836–839
Santa Fes Südwestküche, New Mexico, USA, 838
Santa Margherita Ligure, Ligurien, Italien, 217
Santa Maria dei Fiori (Dom), Florenz, Italien, 230
Santa Maria Maggiore (Kirche), Rom, Italien, 210
Santa Maria Novella (Kirche), Florenz, Italien, 230

Santa Monica Pier, Kalifornien, USA, 782
Santa Monica, Kalifornien, USA, 782
Santa Rosa, New Mexico, USA, 835
Santiago Atitlán, Altiplano, Guatemala, 974
SANTIAGO DE COMPOSTELA & DER JAKOBSWEG, Spanien, 270
SANTILLANA DEL MAR & HÖHLE VON ALTAMIRA, Spanien, 272
Santo Domingo, Dom. Rep., 1085
Santo Mauro (Hotel), Madrid, Spanien, 284
SANTORIN, Griechenland, 191
Santorini, Anguilla, 1064
São Francisco-Barockkomplex, Salvador da Bahia, Brasilien, 1007
São Paulo, Brasilien, 1022
SÃO PAULOS KUNSTSZENE, Brasilien, 1022
SÃO PAULOS RESTAURANTSZENE, Brasilien, 1023
Sapporo Sommerfest, Japan, 535
Sapporo, Japan, 535
SAPPORO, SCHNEESKULPTURENFEST IN, Japan, 535
Saratoga National Historical Park, New York, USA, 853
Saratoga Performing Arts Center, New York, USA, 853
SARATOGA SPRINGS, New York, USA, 853
Saratoga-Rennbahn, New York, USA, 853
Sarawak, Borneo, Malaysia, 609
Sardana (Tanz), Barcelona, Spanien, 277
SARDINIEN, Italien, 224
Sarlat-la-Canéda, Dordogne, Frankreich, 64
Saronische Inseln, Griechenland, 185
Sasakwa Lodge, Tansania, 453
Sassi di Matera Albergo Diffuso (Hotel), Matera, Italien, 202
SASSI VON MATERA, Italien, 201
Saudi-Arabien, 488
Saulieu, Frankreich, 68
Sausalito, Kalifornien, USA, 795
Sauternes, Bordeaux, Frankreich, 63
SAVAI'I, Samoa, 699
SAVANNAHS HISTORISCHES VIERTEL, Georgia, USA, 739
Savic Hotel, Prag, Tschechische Rep., 329
Savinya (Restaurant), Viña del Mar, Chile, 1032
Savo, Finnland, 370
Savonlinna, Finnland, 370
Savonlinna-Opernfestspiele, Finnland, 370
Savoy Restaurant, Helsinki, Finnland, 368

Savoy Scharm el-Scheich, Sinai, Ägypten, 401
Savoy, Guy, 80
Savusavu, Vanua Levu, Fidschi, 686
Sawtooth Mountains, Idaho, USA, 765
Sawtooth, Nationales Erholungsgebiet, Idaho, USA, 765
Say'un, Jemen, 478
Sazagua (Hotel), Eje Cafetero, Kolumbien, 1041
Scala, Mailand, Italien, 220
Scarpetta (Restaurant), New York, USA, 851
Schaffarn Angorichina, Australien, 662
SCHÄRENGARTEN, STOCKHOLM, Schweden, 385
Scharm el-Scheich, Sinai, Ägypten, 401
Scharoun, Hans, 20
Schatzkammer, Wien, Österreich, 147
Scheich-Lotfolläh-Moschee, Isfahan, Iran, 463
SCHIBAM, Jemen, 477
Schiefer Turm, Pisa, Italien, 236
Schindlers Fabrik, Krakau, Polen, 301
Schlacht von Gettysburg (Panorama-Gemälde), Pennsylvania, USA, 863
Schlenkerla (Gasthaus), Bamburg, Deutschland, 13
Schleswig-Holstein Musikfestival, Deutschland, 28
Schleswig-Holstein, Deutschland, 28
Schlittenhundhauptstadt, Minnesota, USA, 821
Schloessle Hotel, Tallinn, Estland, 289
Schloss Belvedere, Wien, Österreich, 147
Schloss Bran (Dracula-Schloss), Rumänien, 308
SCHLOSS DROTTNINGHOLM & SCHLOSSTHEATER, Mälarsee, Schweden, 389
Schloss Egeskov, Fünen, Dänemark, 362
Schloss Frederiksborg, Dänemark, 355
SCHLOSS GRIPSHOLM, Mariefred, Schweden,
Schloss Herrenchiemsee, Bayern, Deutschland, 15
SCHLOSS KRONBORG, Helsingør, Dänemark, 355
SCHLOSS NEUSCHWANSTEIN & ROMANTISCHE STRASSE, Deutschland, 19
SCHLOSS PETERHOF, Russland, 318
Schloss Schönbrunn, Wien, Österreich, 148
Schloss, Český Krumlov, Tschechische Rep., 325
Schloss, Segovia, Spanien, 285
Schlossberg Hotel, Graz, Österreich, 140

Schlossberg, Lwiw, Ukraine, 347
SchlossHotel Cecilienhof, Potsdam, Deutschland, 24
SchlossHotel Chastè (Hotel), Tarasp, Engadin, Schweiz, 167
SchlossHotel Lisl (Hotel), Bayern, Deutschland, 20
SCHMUCKSTÜCKE VON PALERMO, Sizilien, Italien, 226
SCHNEESKULPTURENFEST IN SAPPORO, Japan, 535
SCHOKOLADE, BELGISCHE, Brüssel, Belgien, 6
Schokoladenzug, Schweiz, 169
SCHÖNSTE BAHNSTRECKEN DER ALPEN, Schweiz, 169
Schottland, 151–163
SCHOTTLAND, GOLF IN, 162
Schubert, Franz, 143, 148
Schubertiade, Schwarzenberg/Hohenems, Österreich, 143
Schwarze-Drachen-Park, Lijiang, China, 531
Schwarzhäupterhaus, Alt-Riga, Lettland, 295
SCHWARZWALD & BADEN-BADEN, Deutschland, 11
Schwarzwald Adler (Hotel), Häusern, Deutschland, 12
Schwarzwaldhochstraße, Deutschland, 11
Schwarzwaldstube (Restaurant), Deutschland, 12
Schweden, 366–390
Schweitzer Mountain Resort, Idaho, USA, 764
Schweiz, 163–174
Schweizerhof Hotel, Luzern, Schweiz, 168
Science Adventure Center, Hawaii, USA, 758
Scots Hotel, Galiläa, Israel, 467
Screen, the (Hotel), Kyoto, Japan, 543
Scrovegni-Kapelle, Padua, Italien, 249
Scuol, Engadin, Schweiz, 167
Scuola Grande di San Rocco (Museum), Venedig, Italien, 246
Sea Breeze Inn, Rhode Island, USA, 868
Sea Island, Georgia, USA, 739
Sea Lion Caves, Oregon, USA, 861
Sea Lion Lodge, Falklandinseln, 999
Sea U Guest House, Barbados, 1073
Seabelle Restaurant, Queensland, Australien, 656
Seafood Restaurant, Padstow, England, 34
Seasons (Restaurant), Istanbul, Türkei, 341
Seattle, Washington, USA, 904
SeaWorld San Diego, Kalifornien, USA, 789

Second Avenue Deli, New York, USA, 851
Second City (Comedy), Illinois, USA, 768
Seddy's One Love, Brit. Jungferninseln, 1077
Sedletz-Ossarium (Beinhaus), Kutná Hora, Tschechische Rep., 327
SEDONA & RED ROCK COUNTRY, Arizona, USA, 714
SEEKÜHE, SCHWIMMEN MIT, Florida, USA, 729
Seelbach Hotel, Kentucky, USA, 799
SEEN, ITALIENISCHE, Italien, 217
SEENPLATTE, FINNISCHE, Finnland, 370
SEENREGION, die, New Hamps., USA, 829
SEGELN BEI DEN BRITISCHEN JUNGFERNINSELN, 1077
SEGELN, ABACO-INSELN, Bahamas, 1066
SEGELN, GRENADINEN, St.Vincent & die Grenadinen, 1114
Segesta (griech. Stätten), Sizilien, Italien, 228
Segovia, Spanien, 285
Seidenstraße, China, 509, 526, 530
Seiont Manor Hotel, Wales, 176
Selene (Restaurant), Pyrgos, Santorin, Griechenland, 192
Self Centre (Hotel), Caneel Bay, St. John, Am. Jungferninseln, 1062
SELINDA RESERVE, Botsuana, 422
Selinunte (griech. Stätten), Sizilien, Italien, 228
SELOUS GAME RESERVE, Tansania, 451
Semana de Puno, Peru, 1051
Semana Santa, Antigua, Guatemala, 972
Semana Santa, Sevilla, Spanien, 265
Semeli (Hotel), Chora, Mykonos, Griechenland, 190
Seminar San Antonio de Abad, Cusco, Peru, 1045
Semperoper, Dresden, Deutschland, 27
Sénanque, Abtei, Frankreich, 96
Senne-Tal, Belgien, 4
Senso-Tempel, Tokio, Japan, 549
Sentiero Azzurro (Blauer Pfad, Wanderweg), Ligurien, Italien, 215
Sentiero Rosso (Roter Pfad, Wanderweg), Ligurien, Italien, 216
Seoul, Südkorea, 556
SEOULS DESIGN-BOOM, Seoul, Südkorea, 557
Sepik Spirit (Ausflugsschiff), Papua-Neuguinea, 697
SEPIK-FLUSS, Papua-Neuguinea, 697
Sepilok Nature Resort, Sabah, Borneo, Malaysia, 609

REGISTER 1185

Sepilok Orang-Utan Rehabilitation Center, Sabah, Borneo, Malaysia, 609
Serai, the (Lodge), Rajasthan, Indien, 574
SERENGETI, die, Tansania/Kenia, 453
Sergi Arola Gastro (Restaurant), Madrid, Spanien, 285
Seri Angkasa (Restaurant), Kuala Lumpur, Malaysia, 611
Serra de São Mamede (Naturpark), Portugal, 252
Setai (Hotel), Florida, USA, 734
Settha Palace (Hotel), Vientiane, Laos, 608
Seven Mile Beach, Grand Cayman, Kaimaninseln, 1096
Seven Mile Beach, Negril, Jamaika, 1092
Seven One Seven (Hotel), Amsterdam, Niederlande, 130
SEVILLA, Spanien, 264
Seward Highway, Alaska, USA, 708
Seychellen, 459
Shaanxi, China, 525
Shahi-Sinda, Samarkand, Usbekistan, 507
Shaker Village, Kentucky, USA, 798
Shakespeare & Company, Massachusetts, USA, 816
Shakespeare in the Park, New York, USA, 846
Shakespeare, William, 56, 858
Shakespeare's Globe (Theater), London, England, 47
Shakti (Touren), Ladakh, Indien, 564
Shali Lodge (Hotel), Libysche Wüste, Ägypten, 397
Shallaby-Museum, Dschidda, Saudi-Arabien, 489
Shanghai (Restaurant), Palermo, Sizilien, Italien, 227
SHANGHAI MUSEUM, China, 527
Shanghai, China, 526
Shangri-La Boracay Resort & Spa, Boracay, Philippinen, 622
Shangri-La Far Eastern Plaza, Taipei, Taiwan, 534
Shangri-La Hotel Hangzhou, China, 532
Shangri-La Hotel, Peking, China, 523
Shangri-La Hotel, Xi'an, China, 526
SHANGRI-LA, AUF DEM WEG NACH, Yunnan, China, 531
Shapinsay (Insel), Orkney-Inseln, Schottland, 161
Shark Reef Marine Reserve (Tauchrevier), Beqa Island, Fidschi, 683
Sharrow Bay Country House Hotel, Cumbria, England, 44

Sha-Tin-Rennbahn, Hongkong, China, 512
Shaw Festival, Ontario, Kanada, 933
Shaxi, Yunnan, China, 531
Shearwater Resort, Saba, 1105
Shearwater Restaurant, Queensland, Australien, 659
Shedd Aquarium, Illinois, USA, 768
Sheen Falls Lodge, Kenmare, Irland, 115
Shelbourne Hotel, Dublin, Irland, 117
SHELBURNE FARMS, Vermont, USA, 892
Shelburne Museum, Vermont, USA, 892
Shelburne, Vermont, USA, 892
Shelleys (Hotel), Lewes, England, 37
SHENANDOAH VALLEY, Virginia USA, 859
Sheraton Guilin Hotel, China, 511
Sheraton Iguazú Hotel & Spa, Argentinien, 992
Sheridan's Cheesemongers (Laden), Galway, Irland, 113
Shibuya, Tokio, Japan, 551
Shigaraki, Japan, 545
Shigetsu (Restaurant), Kyoto, Japan, 541
SHIKOKU, Japan, 555
Shikotsu-Toya-Nationalpark, Japan, 535
Shilin Hotel, Huang Shan, China, 509
SHIMLA, Himachal Pradesh, Indien, 563
Shimogamo-Schrein, Kyoto, Japan, 543
Shinji Shumeikai (Sekte), Japan, 545
Shinjuku Gyoen (Aussichtspunkt), Tokio, Japan, 547
SHIPSHEWANA, Indiana, USA, 773
Shipwreck Coast, Victoria, Australien, 666
Shiraz, Iran, 464
Shiretoko Grand Hotel, Japan, 536
SHIRETOKO-HALBINSEL, Japan, 535
Shirley Heights, Antigua, 1066
Shiv Niwas Hotel, Udaipur, Indien, 576
SHIWA NGANDU, Sambia, 433
Shizuoka, Japan, 548
Shoal Bay (Strand), Anguilla, 1065
Shoki, Kyoto, Japan, 544
Shokoku-Tempel, Kyoto, Japan, 541
Shotover River, Queenstown, Neuseeland, 680
Shrimpsbuden, South Carolina, USA, 870
Shropshire, England, 53
Shunju, Tokio, Japan, 554
Shutters on the Beach, Kalifornien, USA, 782
Shwe San Daw (Pagode), Bagan, Myanmar, 616

SHWEDAGON-PAGODE, Yangon, Myanmar, 618
Shwezigon-Tempel, Bagan, Myanmar, 616
Sian-Ka'an-Biosphärenreservat, Mexiko, 963
Sibelius Museum, Turku, Finnland, 371
Sibiu (Hermannstadt), Rumänien, 307
SIDI BOU SAID & KARTHAGO, Tunesien, 409
Siem Reap, Kambodscha, 603
SIENA, Italien, 238
Sierra Lodge, Mexiko, 952
SIFNOS, Griechenland, 192
Sighişoara (Schäßburg), Rumänien, 307
Sights and Nights, Kyoto, Japan, 542
Sigiriya, Kandy, Sri Lanka, 592
Sigulda, Gauja-Tal, Lettland, 296
SIKKIM, WANDERN IN, Gangtok, Sikkim, Indien, 577
Silbermuseum, Kutná Hora, Tschechische Rep., 327
SILBERPAGODE, die, Phnom Penh, Kambodscha, 603
Siljansee, Schweden, 390
Silk Road Dunhuang Hotel, China, 510
Silken Gran Hotel Domine, Bilbao, Spanien, 267
Silks Hotel, Dominica, 1083
Silky Oaks Lodge, Queensland, Australien, 656
Silver Banks Nursery (Tauchrevier), Dom. Rep., 1084
Silver Dollar Bar & Grill, Wyoming, USA, 912
Silver-Queen-Gondelbahn, Colorado, USA, 716
Simbabwe, 435
Simien Lodge, Äthiopien, 419
SIMIEN-NATIONALPARK, Äthiopien, 418
Simon Radley (Restaurant), Chester, England, 32
Simons Island, Georgia, USA, 739
Sinai, Ägypten, 400
SINAI, BERG, & ROTES MEER, Ägypten, 400
Singapore Cricket Club, Singapur, 623
Singapur, 622–625
SINGAPUR, NEUES GESICHT VON, Singapur, 622
SINGAPUR, STRASSENESSEN IN, Singapur, 624
Singaraja, Bali, Indonesien, 595
Singende Sanddünen, China, 510
Singita (Lodge), Mpumalanga, Südafrika, 444
Singita's Grumeti Reserves, Tansania, 453
SING-SING-FESTE IN DEN HIGHLANDS, Papua-Neuguinea, 698

SINTRA, Lissabon, Portugal, 257
Siófok, Plattensee, Ungarn, 352
Sioni-Kathedrale, Tiflis, Georgien, 291
SIPADAN, Sabah, Borneo, Malaysia, 608
Sipadan-Kapalai Dive Resort, Sabah, Borneo, Malaysia, 609
Siq Trail, Jordanien, 474
Sir John Soane's Museum, London, England, 48
Sir Walter Scott (Schiff), Loch Katrine, Schottland, 160
SISSINGHURST CASTLE, GARTEN, England, 43
Sitka, Alaska, USA, 707
SIWA, OASE, Ägypten, 397
Six Senses Hideaway Yao Noi, Koh Yao Noi, Thailand, 634
Six Senses Ninh Van Bay, Nha Trang, Vietnam, 645
Six Senses Spa, Jordanien, 474
Six Senses Spa, Puntacana Resort & Club, Dom. Rep., 1083
Six Senses Zighy Bay, Oman, 486
Sixtinische Kapelle, Rom, Italien, 212
SIZILIEN, GRIECHISCHE TEMPEL, Italien, 227
Sizilien, Italien, 225–229
SKAGEN, Nordjylland, Dänemark, 360
Skagens Museum, Skagen, Dänemark, 360
Skala, Patmos, Griechenland, 186
Skansen-Freilichtmuseum, Stockholm, Schweden, 388
Skara Brae, Orkney-Inseln, Schottland, 161
SKELETTKÜSTE, Namibia, 432
Skelettküsten-Safaris, Namibia, 432
Skellig-Inseln, County Kerry, Irland, 115
SKIFAHREN IN DER WASATCHKETTE, Utah, USA, 886
Skigebiet Annupuri, Niseko, Japan, 534
Skihütte Schneggarei (Restaurant), Lech, Österreich, 141
Sklavenmarkt, Sansibar, Tansania, 452
Škocjan, Höhlen, Slowenien, 324
Skorpios-Kreuzfahrtschiffe, Chile, 1026
Skoura (Oase), Marokko, 406
Sky on 57 (Restaurant), Singapur, 623
Sky Road, Connemara, Irland, 112
Skyline Drive (Straße), Virginia USA, 895
Slains Castle, Grampian Mountains, Schottland, 154
Slanted Door Restaurant, Kalifornien, USA, 791
Slí Cholmcille's Way (Wanderweg), Slieve League, Irland, 105

Slickrock Trail (Mountainbiking), Utah, USA, 885
Slide Rock Canyon State Park, Arizona, USA, 714
Slieve Donard (Berg), County Down, Nordirland, 139
Slieve Donard Hotel, County Down, Nordirland, 139
Sloppy Joe's Bar, Florida, USA, 732
Slowakei, 321
Slowenien, 322–325
Small Hope Bay Lodge, Bahamas, 1068
SMARAGDKÜSTE DER BRETAGNE, Frankreich, 66
Smithsonian-Museen, Washington, D.C., USA, 899
Smithton Inn, Pennsylvania, USA, 864
SMÖRGÅSBORD, Solna & Stockholm, Schweden, 387
Snake River, Idaho, USA, 763
Snead's (Barbecue), Missouri, USA, 823
Snowbird, Utah, USA, 886
Snowdon Mountain Railway, Wales, 179
SNOWDONIA NATIONAL PARK, Wales, 179
Snowmass, Colorado, USA, 716
Snug Harbor, Louisiana, USA, 802
Sobek- & Horus-Tempel, Kom Ombo, Ägypten, 399
Soberania-Park, Panama, 983
Sobrinos (Restaurant), Mexiko-Stadt, Mexiko, 959
Sofia's (Restaurant), Puntarenas, Costa Rica, 972
Sofitel Centara Grand Resort & Villas, Hua Hin, Thailand, 632
Sofitel Fès Palais Jamaï, Fès, Marokko, 403
Sofitel Legend Metropole (Hotel), Hanoi, Vietnam, 638
Sofitel Moorea Ia Ora Beach Resort, Franz.-Polynesien, 692
Sofitel Hangzhou Westlake Hangzhou, China, 532
Sofitel Vienna Stephansdom (Hotel), Wien, Österreich, 149
Sofitel Winter Palace, Ägypten, 400
SoFo-Viertel, Alt-San Juan, Puerto Rico, 1102
Soggy Dollar Bar, Brit. Jungferninseln, 1077
SOGNEFJORD, Norwegen, 381
Sogno di Giulietta (Hotel), Venetien, Italien, 249
SOKOTRA, Jemen, 478
Sol e Luna Inn, St. Martin, 1111
Sol y Luna Lodge, Urubamba Valley, Peru, 1045
Solar da Ponte (Hotel), Minas Gerais, Brasilien, 1012

Solar do Castelo (Hotel), Lissabon, Portugal, 255
Solar dos Deuses (Hotel), Salvador da Bahia, Brasilien, 1007
Solar dos Ventos (Hotel), Pernambuco, Brasilien, 1014
Solitaire Lodge, Rotorua, Neuseeland, 674
Solna, Schweden, 387
Somerset, England, 36, 54, 55
SOMMERFESTIVALS VON BERKSHIRE, Massachusetts, USA, 816
Sommerpalast, Peking, China, 521
Somosomo-Straße, Fidschi, 685, 686
Sona Restaurant, Kalifornien, USA, 785
Soneva Gili (Lodge), Malediven, 457
SONG KÖL, IN EINER JURTE AM, Kirgisistan, 499
Song Xanh (Ausflugsschiffe), Mekong-Delta, Vietnam, 644
Soniat House (Hotel), Louisiana, USA, 800
Sonnenalp Resort of Vail, Colorado, USA, 722
Sonnenportal, Peru, 1001
Sonnentempel, Abu Simbel, Ägypten, 398
SONNTAGSMARKT, Kashgar, China, 530
Sonoma Valley, Kalifornien, USA, 776
Sonora-Wüste, Arizona, USA, 215
Sooke Harbour House, British Col., Kanada, 923
Sophienkathedrale, Kiew, Ukraine, 346
Sophienkathedrale, Weliki Nowgorod, Russland, 314
Sorrel River Ranch (Hotel), 885
Sorrent, Kampanien, Italien, 205
Sõrve-Halbinsel, Saaremaa, Estland, 288
Sossusvlei Desert Lodge, Namibia, 430
SOSSUSVLEI, DÜNEN & NAMIBRAND-NATURPARK, Namibia, 430
Souiboku (Lodge), Hirafu, Japan, 534
Souq al-Alawi (Markt), Dschidda, Saudi-Arabien, 489
Souq al-Hamidiyeh (Markt), Damaskus, Syrien, 492
Souq Waqif (Markt), Doha, Katar, 484
South Australia, Australien, 660–663
SOUTH BEACH, Florida, USA, 734
South by Southwest Music & Media Conference, Texas, USA, 880
South Carolina, USA, 870–872
South Dakota, USA, 873/874
South Downs Way, Winchester, England, 40
South Wales, Wales, 180
Southampton, England, 39
Southampton, New York, USA, 844

Southern Ocean Lodge, South Australia, Australien, 663
Spa Botanica, Bangkok, Thailand, 628
Spa Samay, Arequipa, Peru, 1043
Spaccanapoli, Neapel, Italien, 208
Spago Beverly Hills (Restaurant), Kalifornien, USA, 785
Špajza (Restaurant), Ljubljana, Slowenien, 323
Spam Jam, Hawaii, USA, 761
Spanien, 260–287
Spanische Reitschule, Wien, Österreich, 141
Spanische Treppe, Rom, Italien, 211
Spanish Arch, Galway, Irland, 113
SPAZIERGANG AUF DER NAKASENDO, Japan, 546
Specchio di Venere (Spiegel der Venus, Bad), Pantelleria, Italien, 222
SPETSES & HYDRA, Saronische Inseln, Griechenland, 185
Speyside, Highlands, Schottland, 159
Speyside, Tobago, 1118
Sphinx, Giseh, Ägypten, 396
Spiaggia (Restaurant), Illinois, USA, 769
Spice Island Beach Resort, Grenada, 1087
Spice Island, Grenada, 1087
Spices Garden (Restaurant), Hanoi, Vietnam, 638
Spiga (Restaurant), St. Martin, 1111
Spirit of the Cape (Jacht), Kapstadt, Südafrika, 440
SPITZBERGEN & NORDPOL, Norwegen, 377
Spitzbergen, Norwegen, 377
Splinters Guesthouse, Australien, 650
Split, Kroatien, 392
Spoleto Festival der zwei Welten, Spoleto, Italien, 243
Spoleto Festival USA, South Carolina, 872
Spoon des Îles (Restaurant), Mauritius, 458
Sportello, Massachusetts, USA, 812
Spread Eagle Inn (Gasthof/ Restaurant), Stourton, England, 60
Spring Bay (Strand), Bequia, Grenadinen, 1112
Spring Creek Ranch, Wyoming, USA, 912
Springfield, Illinois, USA, 772
Springwood, New York, USA, 843
Squam Lake, New Hamps., USA, 829
Sri Lanka, 589–594
Sri Pada (Berg), Sri Lanka, 593
SS Mariefred (Dampfer), 389
SS Yongala (Schiffswrack), Queensland, Australien, 658

St. Andrew's Golf Hotel, St. Andrews, Fife, Schottland, 162
St. Andrews, Fife, Schottland, 162
St. Andrews, New Brunswick, Kanada, 928
St. Anthony's (Gästehaus), Assisi, Italien, 241
ST. BARTHS, 1106
St. Benoit-du-Lac, Abtei, Quebec, Kanada, 940
St. Croix, Am. Jungferninseln, 1061
ST. DAVIDS CATHEDRAL, Pembrokeshire, Wales, 182
St. George Lycabettus (Hotel), Athen, Griechenland, 183
ST. GEORGE'S HARBOUR & GRAND ANSE BEACH, St. George's, Grenada, 1087
St. George's Market, Belfast, Nordirland, 137
St. George's, Grenada, 1087
St. Helena Island, South Carolina, USA, 870
St. Hubertus (Restaurant), San Cassiano, Italien, 240
St. Ives, England, 33
St. Jean Beach, St. Barths, 1106
St. John, Am. Jungferninseln, 1062
St. John's Co-Kathedrale, Valletta, Malta, 250
ST. KITTS, 1108
St. Louis Cemetery No. , Louisiana, USA, 801
St. Louis, Mauritius, 458
St. Lucia, 1109
St. Martin-in-the-Fields, London, England, 47
ST. MARTINS GASTROSZENE, 1111
ST. MAWES & PADSTOW, England, 34
St. Michael's-Kathedrale, Alaska, USA, 707
St. Michael's Mount, Cornwall, England, 33
St. Michaels, Maryland, USA, 807
ST. MORITZ & ENGADIN, Schweiz, 167
ST. PATRICK'S FESTIVAL & PUBS, Dublin, Irland, 109
St. Paul's Cathedral, London, England, 46
St. Paul-Kirche, Malakka, Malaysia, 612
St. Peter's Fiesta, Massachusetts, USA, 814
St. Petersburg, Russland, 315
St. Regis Hotel, New York, USA, 850
St. Regis Lhasa Resort, Tibet, China, 530
St. Regis Princeville Resort, Hawaii, USA, 750
St. Regis San Francisco, Kalifornien, USA, 794

St. Thomas, Am. Jungferninseln, 1063
St. Vincent & die Grenadinen, 1112–1114
ST. VINCENT, PETIT, Grenadinen, 1113
St.-Andreas-Kirche, Lwiw, Ukraine, 347
St.-Annen-Kirche, Alt-Vilnius, Litauen, 298
St.-Bavo-Kathedrale, Gent, Belgien, 9
St.-Euphrasius-Basilika, Poreč, Kroatien, 293
St.-Nikolaus-Kirche, Moskau, Russland, 312
St.-Olaf-Kirche, Balestrand. Norwegen, 381
St.-Tryphon-Kathedrale, Kotor, Montenegro, 299
Staatlicher Diamantenfond, Moskau, Russland, 311
Staatsoper, Berlin, Deutschland, 22
Staatsoper, Wien, Österreich, 148
Stadt der Künste und der Wissenschaften, Valencia, Spanien, 286
Stadt des Weines, Eltziego, Baskenland, Spanien, 268
Stadthuys, Malakka, Malaysia, 612
STADTPALAST & FÜRSTLICHE HOTELS, Udaipur, Indien, 576
Stadtpalast, Jaipur, Indien, 573
Staircase to the Moon, Broome, Australien, 667
Standard Grill, New York, USA, 850
Standard, the (Hotel), New York, USA, 850
Standard, the, Downtown L.A. (Hotel), Kalifornien, USA, 784
Staniel Cay Yacht Club, Bahamas, 1070
Stanley Hotel, Colorado, USA, 719
Stanley Thompson (Golfplatz), Alberta, Kanada, 915
Stanley, Falklandinseln, 999
Stanley, Idaho, USA, 765
Staples Center, Kalifornien, USA, 781
Star Ferry, Victoria Harbour, Hongkong, China, 512
Star Goddess (Kreuzfahrtschiff), Ägypten, 399
Star Inn, Woodstock, England, 53
Starck, Philippe, 256, 517, 734, 784, 1017
Staré Město (Altstadt), Prag, Tschechische Rep., 329
Stare Miasto (Altstadt), Krakau, Polen, 301
Stari Grad, Budva, Montenegro, 300
Stari Grad, Dubrovnik, Kroatien, 292
Starkbierzeit, Deutschland, 14
Starlight Room, Kalifornien, USA, 793

Starline-Tour, Kalifornien, USA, 781
Staro Izba (Restaurant), Zakopane, Polen, 305
Staro Mesto, Ljubljana, Slowenien, 323
Stary Hotel, Rynek Główny, Krakau, Polen, 302
State Game Lodge, South Dakota, USA, 874
Staten-Island-Fähre, New York, USA, 847
Station Komsomolskaja, Moskau, Russland, 312
Station Majakowskaja, Moskau, Russland, 312
Station Nowoslobodskaja, Moskau, Russland, 312
Stax Museum of American Soul Music, Tennessee, USA, 878
Steamboat Inn, Connecticut, USA, 725
Steamboat Springs Health & Recreation Center, Colorado, USA, 720
STEAMBOAT SPRINGS, Colorado, USA, 720
Ste-Chapelle, Paris, Frankreich, 77
Stedelijk Museum voor Actuele Kunst, Gent, Belgien, 10
Steens Hotel, Bergen, Norwegen, 374
Steensgaard Herregårdspension (Hotel), Fünen, Dänemark, 362
Steigenberger Inselhotel, Konstanz, Deutschland, 15
Stein Eriksen Lodge, Utah, USA, 886
Stein, Rick, 34
Steinerne Brücke, Regensburg, Deutschland, 18
Steinskulpturen, Osterinsel, Chile, 1024
Steinwald Shilin, Yunnan, China, 532
Steirereck im Stadtpark (Restaurant), Wien, Österreich, 150
St-Émilion, Frankreich, 63
Stephanie Inn, Oregon, USA, 861
Stephansdom, Wien, Österreich, 148
STEPPEN & WÄLDER DER MONGOLEI, Mongolei, 501
Sterling & Francine Clark Art Institute (Museum), Massachusetts, USA, 819
Stevenson, Robert Louis, 688, 700, 1078
Stierkampf, 90, 93, 264, 283,
Stift Melk, Dürnstein, Österreich, 146
Stiftskirche St. Peter, Salzburg, Österreich,
Stiftskirche St. Servatius, Quedlinburg, Deutschland, 27
Stiftung Botero, Bogotá, Kolumbien, 1039
Stikliai Hotel, Vilnius, Litauen, 298
Stingray City (Tauchrevier), Kaimaninseln, 1095
Stirling Castle, Schottland, 160

St-Jean-Pied-de-Port, Frankreich, 62
St-Malo, Frankreich, 66
Stoberry House (Hotel), Somerset, England, 56
Stockbridge, Massachusetts, USA, 816
Stockholm, Schweden, 385–390
STOCKHOLMER SCHÄRENGARTEN, Schweden, 385
Stocking Island, Bahamas, 1071
Stockrosenfest, Kyoto, Japan, 543
Ston Easton Park, Bath, England, 55
Stone Villa (Gästehaus), Cheshire, England, 32
STONEHENGE, England, 59
Stonington, Connecticut, USA, 725
Storm King Art Center, New York, USA, 843
STOURHEAD GARDEN, Stourton, England, 59
Stowe Mountain Lodge, Vermont, USA, 893
Stowe Mountain Resort, Vermont, USA, 893
STOWE, Vermont, USA, 893
Stow-on-the-Wold, Cotswolds, England, 38
ST-PAUL-DE-VENCE & VENCE, Frankreich, 95
Straffan, County Kildare, Irland, 116
Strahov-Kloster, Prag, Tschechische Rep., 328
STRAND VON MAGENS BAY, St. Thomas, Am. Jungferninseln, 1063
STRÄNDE GOAS, die, Indien, 561
STRÄNDE VON BALI, Indonesien, 594
Strände, St. Martin, 1088, 1111
Stranraer Homestead (B&B), South Australia, Australien, 663
STRASSBURG & ELSÄSSER WEINSTRASSE, Frankreich, 70
Straßburger Münster, Straßburg, Frankreich, 70
Straße der liebenden Herzen, Apia, Samoa, 700
STRASSENESSEN IN „KL", Kuala Lumpur, Malaysia, 611
STRASSENESSEN IN SINGAPUR, 624
Straßenessen, Peking, China,
Strater Hotel, Colorado, USA, 717
Stratford, Ontario, Kanada, 935
STRATFORD-THEATERFESTIVAL, Ontario, Kanada, 935
STRATFORD-UPON-AVON, England, 56
Straw Lodge, Marlborough Sounds, Neuseeland, 679
STRAWBERRY HILL & BLUE MOUNTAINS, Jamaika, 1091
Strawberry Park Hot Springs, Colorado, USA, 720
St-Remy-de-Provence, Frankreich, 91
Strøget, Kopenhagen, Dänemark, 357

Stromboli, Äolische Inseln, Sizilien, Italien, 225
St-Siméon (Hof), Honfleur, Frankreich, 73
St-Tropez, Frankreich, 94
Stubb's BBQ, Texas, USA, 881
STUBBS ISLAND, WHALEWATCHING, British Col., Kanada, 924
Study Café, Dublin, Irland, 108
Stufenpyramide, Giseh, Ägypten, 396
STURBRIDGE & BRIMFIELD, Massachusetts, USA, 813
Sturgis Motorcycle Museum & Hall of Fame, South Dakota, USA, 875
STURGIS MOTORCYCLE RALLY, South Dakota, USA, 874
Sturgis, South Dakota, USA, 874
Subterranean-River-Nationalpark, Palawan, Philippinen, 621
Sucevița (Kloster), Moldau, Rumänien, 307
SUCRE, Bolivien, 1003
Südafrika, 422–452
SÜDGEORGIEN, 1058
Südinsel, Neuseeland, 675–680
Südkorea, 556
Südliche Sandwichinseln, 1058
SÜDLUANGWA, Sambia, 434
SÜDMÄHREN, GRENZLAND, Tschechische Rep., 330
Südtirol, Italien, 239
Südtransdanubien, Ungarn, 353
SÜDTRANSSILVANIEN, Rumänien, 307
Suffolk House, Penang, Malaysia, 614
Sugar Mill (Restaurant), Brit. Jungferninseln, 1080
Suk Assarag (Markt), Taroudannt, Marokko, 408
Sukeroku-no-Yado Sadachiyo (Hotel), Tokio, Japan, 553
Sukhothai Hotel, Bangkok, Thailand, 629
Suleiman Too (Berg), Osch, Kirgisistan, 500
Süleymaniye-Moschee, Istanbul, Türkei, 339
Sumahan on the Water (Hotel), Çengelköy, Türkei, 342
Sumida-Fluss, Japan, 549
Summersville Lake, W.Virginia USA, 906
Sumo-Nationalstadion, Tokio, Japan, 551
Sumoringen, 550
Sun Bay (Strand), Puerto Rico, 1104
Sun House (Hotel), Galle, Sri Lanka, 591
Sun Valley Lodge, Idaho, USA, 766
SUN VALLEY, Idaho, USA, 766

REGISTER 1189

Sun Yat-Sen Classical Chinese Garden, British Col., Kanada, 921
Sunari Villas & Spa Resort, Bali, Indonesien, 595
Sundance Resort, Utah, USA, 886
Sunhead of (Gästehaus), Amsterdam, Niederlande, 130
Sunset Marquis Hotel & Villas, Kalifornien, USA, 784
Sunshine's Bar & Grill, Nevis, 1108
Suntory Museum of Art, Tokio, Japan, 551
Sunwapta River, Alberta, Kanada, 916
Superdawg Drive-In, Illinois, USA, 771
Suq al-Milh (Märkte), Sanaa, Jemen, 476
Surdeşti,, Rumänien, 306
Surfsand Resort, Oregon, USA, 861
Sushi Dai, Tokio, Japan, 551
Sushi Ran, Kalifornien, USA, 795
Suvretta House (Hotel), St. Moritz, Schweiz, 167
Suzhou, Gärten in, China, 519
Suzhou, Jiangsu, China, 519
Suzhou-Museum, China, 519
Svealand, Schweden, 389
Sveti Stefan & Budva-Riviera, Montenegro, 299
Sveti-Ivan-Festung, Kotor, Montenegro, 299
Svinøya Rorbuer (Hotel), Lofoten, Norwegen, 376
Svinøya, Lofoten, Norwegen, 376
Svolvær, Lofoten, Norwegen, 376
Swag, the (Hotel), Tennessee, USA, 876
Swan Hotel, Wells, England, 56
Swan Theatre, Stratford-upon-Avon, England, 56
Swan's Nest Hotel, Stratford-upon-Avon, England, 56
Swansea, Wales, 180
Swetizchoweli-Kathedrale, Mzcheta, Georgien, 291
Swift, Jonathan, 108
Syddanmark, Dänemark, 361
Sydney Opera House & Hafen, Australien, 652
Sylt, Deutschland, 29
Sylvia Beach Hotel, Oregon, USA, 861
Sylvinha's Place (Restaurant), Bahia, Brasilien, 1009
Symi & Rhodos, Griechenland, 187
Syrien, 491
Syroz Bar, Dom. Rep., 1085
Széchenyi-Bad, Budapest, Ungarn, 348
Szentendre, Ungarn, 351

T

Ta Prohm, Angkor, Siem Reap, Kambodscha, 604
Tabacón Grand Spa Thermal Resort, San Carlos, Costa Rica, 968
Tabajuba, Brasilien, 1016
Tabapitanga, Brasilien, 1016
Taberna Alamendro, Madrid, Spanien, 283
Taberna del Alabardero, Madrid, Spanien, 283
Taberna Txakoli, Madrid, Spanien, 283
Tablelands, Neufundland, Kanada, 929
Ta-boo bistro, Florida, USA, 736
Tacos Speed (Taquería), Mexiko-Stadt, Mexiko, 959
Tadschikistan, 503–505
Tafelberg, Kapstadt, Südafrika, 437, 439
Tahiti Beach, Abaco-Inseln, Bahamas, 1067
Tahiti, Gesellschaftsinseln, Franz.-Polynesien, 692
Tahrir-Platz, Kairo, Ägypten, 394
Taillevent (Restaurant), Paris, Frankreich, 81
Tailor Workshop (Schneider), Hongkong, China, 515
Taipeh, Taiwan, 533
Taiwan, 533
Taj al Sultan (Restaurant), Kairo, Ägypten, 395
Taj Boston (Hotel), Massachusetts, USA, 812
Taj Lake Palace (Hotel), Udaipur, Indien, 577
Taj Mahal Palace Hotel, das, Mumbai, Indien, 570
Taj Mahal, Agra, Indien, 579
Taj Rambagh Palace (Hotel), Jaipur, Indien, 575
Taj Residency (Hotel), Maharashtra, Indien, 570
Takakkaw Falls, British Col., Kanada, 916
Takamatsu, Kagawa, Shikoku, Japan, 555
Takashimaya, Tokio, Japan, 551
Takayama Green Hotel, Takayama, Japan, 537
Takayama, Gifu, Japan, 536
Takayama, Prunkwagen-Ausstellung, Japan, 537
Takeshitadori (Einkaufsstraße), Harajuku, Tokio, Japan, 551
Takis To (Fischtaverne), Limeni, Griechenland, 195
Tal der Geysire, Kamtschatka-Halbinsel, Russland, 309
Tal der Könige, Ägypten, 400

Tal der Königinnen, Ägypten, 400
Tal der Loire, Frankreich, 86
Tal der Senne (Bierherstellung), Belgien, 4
Tal der Tempel, Agrigento, Sizilien, Italien, 228
Tal der Zuckermühlen, Trinidad, Kuba, 1099
Talbott Hotel, the, Illinois, USA, 770
Taleon Imperial Hotel, St. Petersburg, Russland, 316
Talk of the Town (Barbecue-Bude), St. Martin, 1111
Tällberg, Schweden, 390
Tallinn, Altstadt, Estland, 289
Talloires, Lac d'Annecy, Frankreich, 74
Tamarind Beach Hotel, Canouan, Grenadinen, 1114
Tamarisk Restaurant, Bermuda, 1075
Tamburini (Markt), Bologna, Italien, 202
Tampolo Marine Park (Tauchrevier), Simbabwe, 456
Tang Dynasty Theater & Restaurant, Xi'an, China, 526
Tanger, Medina, Marokko, 406
Tanglewood Music Festival, Massachusetts, USA, 816
Tango Festival y Mundial, Buenos Aires, Argentinien, 989
Tanna Evergreen Resort & Tours, Vanuatu, 702
Tansania, 448-453
Tanunda, Australien, 661
Tanzende Derwische von Konya, Türkei, 343
Taormina & der Ätna, Sizilien, Italien, 228
Tap Room, Connecticut, USA, 723
Tapas, Sevilla, Spanien, 265
Tapas-Tour, Madrid, Spanien, 282
Taquile (Insel), Puno, Peru, 1051
Tarabuco, Sonntagsmarkt in, Bolivien, 1004
Tara-Schlucht, Montenegro, 299
Taroudannt, Marokko, 407
Taş Otel (Hotel), Alaçati, Türkei, 337
Taschenbergpalais, Dresden, Deutschland, 26
Tasman-Gletscher, Neuseeland, 676
Tasmanien, Australien, 664/665
Taste of Chicago (Festival), Illinois, USA, 769
Tate Modern/Tate Britain, London, England, 46
Tatra-Nationalpark, Polen, 305
Tauposee & Tongariro-Nationalpark, Neuseeland, 674

Taverna dei Fori Imperiali, Rom, Italien, 214
Taveuni Island Resort, Fidschi, 686
TAVEUNI ISLAND, Fidschi, 685
Tawaraya Ryokan (Hotel), Kyoto, Japan, 544
Tawlet (Restaurant), Beirut, Libanon, 486
Taybet Zaman (Resort), Petra, Jordanien, 483
Taylor Fladgate Port Lodge, Porto, Portugal, 260
Tazza d'Oro (Kaffeehaus), Rom, Italien, 215
Te Mire Kapa (Tanzwettbewerb), Rarotonga, Cookinseln, 682
Te Tiare Beach Resort, Huahine Island, Franz.-Polynesien, 691
Tea Factory (Hotel), Eliya, Sri Lanka, 594
Tea Room Restaurant, Dublin, Irland, 108
Teatre Grec, Montjuïc, Barcelona, Spanien, 280
Teatre-Museu Dalí, Cadaqués, Spanien, 281
Teatro Amazonas, Brasilien, 1004
Teatro Colón (Opernhaus), Buenos Aires, Argentinien, 985
Teatro di San Carlo, Neapel, Italien, 208
Teatro Greco, Sizilien, Italien, 227
Teatro Hotel, Porto, Portugal, 260
Teatro Juárez, Guanajuato, Mexiko, 953
Teatro Olimpico, Vicenza, Italien, 248
Teatro Reggio, Parma, Italien, 203
Teeth of the Dog (Golfplatz), Dom. Rep., 1083
Tegui (Restaurant), Buenos Aires, Argentinien, 987
Tejano (Musikstil), Texas, USA, 883
Tel Aviv, Israel, 472, 473
Tel Aviv, weisse Stadt Von, Israel, 473
Telfair Museum of Art, Georgia, USA, 740
Telluride Film Festival, Colorado, USA, 721
TELLURIDE, Colorado, USA, 721
Tempel des Bel, Palmyra, Syrien, 494
Tempel des reinen Wassers, Kyoto, Japan, 540
Tempel des Smaragdbuddha, Bangkok, Thailand, 626
TEMPELBEZIRK KHAJURAHO, Indien, 568
Tempio della Concordia (Tempel), Agrigento, Sizilien, Italien, 228
Tempio di Giove (Tempel), Agrigento, Sizilien, Italien, 228
TEMPLE SQUARE, Utah, USA, 887

Temple Street (Nachtmarkt), Hongkong, China, 514
Temple Tree (Lodge), Langkawi, Kedah, Malaysia, 610
Templo de las Inscripciones (Pyramidentempel), Palenque, Mexiko, 951
Ten Thousand Waves (Spa), New Mexico, USA, 837
Tennerhof Hotel, Kitzbühel, Österreich, 142
Tennessee, USA, 875–880
Tennyson, Alfred Lord, 41, 47
Tenryu-Tempel, Kyoto, Japan, 541
Tenuta Seliano (Hotel), Neapel, Italien, 209
Teotihuacán, Mexiko-Stadt, Mexiko, 960
Tepoztlán, Mexiko, 960
Termas de Puritama (Spa), San Pedro de Atacama, Chile, 1029
Termas Geométricas (Spa), Pucón, Chile, 1028
Terme di Saturnia (Spa), Maremma, Italien, 238
Terra Incognita Ecotours, 525
Terrace (Restaurant), British Col., Kanada, 920
Terrace Café, County Wicklow, Irland, 123
TERRAKOTTA-ARMEE & XI'AN, Xi'an, China, 525
Terre-de-Haut (Insel), Guadeloupe, 1089
Terreiro de Jesus (Hauptplatz), Salvador da Bahia, Brasilien, 1007
Terroir (Restaurant), Neuseeland, 672
Terzo Piano (Restaurant), Illinois, USA, 767
Tessin, Schweiz, 170
Teton Mountain Lodge & Spa, Wyoming, USA, 912
Teufelhof Basel, der (Hotel), Basel, Schweiz, 163
Tevahine Dream (Hotel), Rangiroa, Tuamotu-Archipel, Franz.-Polynesien, 694
TEXAS HILL COUNTRY, Texas, USA, 884
Texas, USA, 880–884
Teynkirche, Prag, Tschechische Rep., 328
Thai-Kochschule, Chiang Mai, Thailand, 630
Thailand, 625–636
Thalpe (Strand), Galle, Sri Lanka, 591
THANKSGIVING IN PLIMOTH PLANTATION, Massachusetts, USA, 818
Thanon Naresdamri (Promenade), Hua Hin, Thailand, 632
THE BATHS & LITTLE DIX BAY, Brit. Jungferninseln, 1080

The Moorings, Canouan, Grenadinen, 1078
Theater in Epidauros, Griechenland, 197
TheaterCaféen, Hotel Continental, Oslo, Norwegen, 379
Theaterdistrikt, der, New York, USA, 848
Thera, Santorin, Griechenland, 191
Theresa von Ávila, Spanien, 275
THERMALBÄDER, BUDAPEST, Ungarn, 348
Thessalien, Griechenland, 198
Third Street Promenade, Kalifornien, USA, 782
Thistlegorm (Schiffswrack), Sinai, Ägypten, 401
Thomas Jefferson Memorial, Washington, D.C., USA, 899
Thomas, Dylan, 180
THOMAS-JEFFERSON-TRAIL, Virginia USA, 894
Thomas-Mann-Museum, Nida, Kurische Nehrung, Litauen, 297
Thomastown, County Kilkenny, Irland, 116
Thornton's (Restaurant), Dublin, Irland, 107
Thrakien, Türkei, 345
Threadgill's (Restaurant), Texas, USA, 880
Three Camel Lodge, Wüste Gobi, Mongolei, 503
Three Houses Bed & Breakfast Inn, Ontario, Kanada, 935
Three on the Bund (Shoppingcenter), Shanghai, China, 527
Three Sisters (Hotel), Tallinn, Estland, 289
Three Sisters Islands, New York, USA, 933
Thunder Over Louisville (Feuerwerk), Kentucky, USA, 799
Thunderbird Lodge, Arizona, USA, 709
Thüringen, Deutschland, 30
Thyssen-Bornemisza-Museum, Madrid, Spanien, 283
Tian Tian (Himmelstempel), Peking, China, 521
Tiberias, Galiläa, Israel, 467
Tibet Wind Horse Adventures (Touren), Lhasa, Tibet, China, 528
Tibet, China, 528–530
Tides South Beach (Hotel), Florida, USA, 734
Tides, the (Hotel), Zihuatanejo, Mexiko, 954
Tien Yi Restaurant, Victoria Peak, Hongkong, China, 512
Tierra de Leyendas (Hotel), Ushuaia, Argentinien, 998

REGISTER 1191

TIERRA DEL FUEGO & USHUAIA, Argentinien, 998
Tierra del Fuego, Chile, 998
TIFLIS, ALTSTADT, Georgien, 291
Tiger Mountain Pokhara Lodge, Nepal, 589
Tiger Rock (Resort), Pangkor, Perak, Malaysia, 613
Tiger Tops Jungle Lodge, Nepal, 584
TIGERNEST, DAS & DER JHOMOLHARI-TREK, Bhutan, 559
Tigersprungschlucht, Yunnan, China, 531
Tihany, Plattensee, Ungarn, 352
Tiji-Fest, Lo Manthang, Mustang, Nepal, 588
Tijuca-Nationalpark, Rio de Janeiro, Brasilien, 1016
TIKAL, Guatemala, 974
Tikal-Nationalpark, Guatemala, 974
Tiki Theatre Village, Moorea, Franz.-Polynesien, 692
Tilghman (Insel), Maryland, USA, 807
Timara Lodge, Marlborough Sounds, Neuseeland, 679
TIMBUKTU, Mali, 415
Time Warner Center, New York, USA, 853
Times Square & the Theater District, New York, USA, 848
Tinakilly House (Hotel), Rathnew, Irland, 123
Tintern Abbey, Wales, 181
Tipitina's, Louisiana, USA, 802
Tiradentes, Minas Gerais, Brasilien, 1012
Titanic-Jubiläum , Belfast, Nordirland, 137
TITICACASEE & COPACABANA, Bolivien, 1000
TITICACASEE, Peru, 1050
TIVOLI, Kopenhagen, Dänemark, 358
Tiwanaku, Bolivien, 1001
TIWI-INSELN, Australien, 654
Tizi n'Test (Straße), Marokko, 407
Tlaquepaque Arts & Crafts Village, Arizona, USA, 715
Tlatelolco, Mexiko-Stadt, Mexiko, 956
To Maereio (Restaurant), Mykonos, Griechenland, 189
Tobago Cays Marine Park (Tauchrevier), Trinidad & Tobago, 1115
Tobago Dive Experience (Tauchschule), Trinidad & Tobago, 1118
Tobago Forest Reserve, Trinidad & Tobago, 1118
TOBAGO, 1118

Toca da Coruja (Resort), Praia da Pipa, Brasilien, 1022
Todai-Tempel, Nara Koen, Nara, Japan, 545
Todos Santos, Mexiko, 949
Tofino, British Col., Kanada, 923
Tofta Strand, Schweden, 384
Tofuku-Tempel, Kyoto, Japan, 541
Tojo's (Restaurant), British Col., Kanada, 922
TOKIO, Japan, 549
Tokio, Kirschblüte in, Japan, 547
Tokio, Nationalmuseum, Japan, 550
Tokushima, Shikoku, Japan, 555
Tokyo Cruise Ship Company (Flussrundfahrten), Japan, 550
Tokyo Tourist Information Center, 551
Toledo, Spanien, 285
TOLKUCHKA-BASAR, der, Aschgabat, Turkmenistan, 504
Toltec-Schlucht, New Mexico, USA, 834
Tomsk, Russland, 320
Tonga, 701
TONGABEZI SAFARI LODGE, Livingstone, Sambia, 435
TONGARIRO-NATIONALPARK & TAUPOSEE, Neuseeland, 674
Tongue of the Ocean (Tauchrevier), Bahamas, 1068
Tootsie's Orchid Lounge, Tennessee, USA, 879
Topas Ecolodge, Sapa, Vietnam, 646
Topkapi-Palast, Istanbul, Türkei, 338
Topli Val (Restaurant), Kobarid, Slowenien, 322
Topolobampo (Restaurant), Illinois, USA, 771
Topper's Restaurant, Massachusetts, USA, 817
Toqué!, Quebec, Kanada, 941
Torcello (Insel), Venedig, Italien, 246
Toro Negro (Waldreservat), Puerto Rico, 1103
TORONTO INTERNATIONAL FILM FESTIVAL, Ontario, Kanada, 937
Toronto, Ontario, Kanada, 916, 936
TORRES DEL PAINE NATIONALPARK, Chile, 1026
Torrey Pines (Golfplatz), Kalifornien, USA, 789
Torshavn, Färöer-Inseln, Dänemark, 364
Tortola, Brit. Jungferninseln, 1077
Tortuga Bay Resort, Dom. Rep., 1084
Tortuga Lodge & Gardens, Costa Rica, 969
TORTUGUERO-NATIONALPARK, Costa Rica, 969

Tory Island, County Donegal, Irland, 105
Tosho-gu-Schrein, Nikko, Japan, 554
TOSKANA, HÜGELSTÄDTE, Italien, 235
Toskana, Italien, 229–238
TOTES MEER, Jordanien/Israel, 474
Toubkal (Berg), Marokko, 408
Toulouse, Frankreich, 83
Toulouse-Lautrec, Henri de, 83
Toulouse-Lautrec-Museum, Albi, Frankreich, 83
Tour de Mont Blanc (Wanderweg), Frankreich, 99
TOUR ZU DEN „ANDEREN INSELN" DER BVI, Britische Jungferninseln, 1078
Touzan Restaurant, Kyoto, Japan, 543
Tower Lodge, Australien, 650
Tower of London, England, 46
Toya-See, Japan, 534
Toyokan-Galerie, Nationalmuseum, Tokio, Japan, 550
Tra Mare e Monti (Wanderweg), Korsika, Frankreich, 82
Tradition Hotel, St. Petersburg, Russland, 316
Traditional Spanish Market, Santa Fe, New Mexico, USA, 837
TRADITIONSREICHE THERMALBÄDER BUDAPESTS, Ungarn, 348
Trafalgar Falls (Wasserfälle), Morne Trois Pitons National Park, Dominica, 1083
Trail Ridge Road, Colorado, USA, 719
Trajano, Ana Luiz, 1024
Tralee Golf Club, County Kerry, Irland, 103
TRANCOSO, Bahia, Brasilien, 1009
Tranquil House Inn, North Carolina, USA, 855
TRANSSIBIRISCHE EISENBAHN & BAIKALSEE, Russland, 320
Transsilvanien, Rumänien, 307
TranzAlpine Express, Neuseeland, 677
Trapiche Adelaide (Restaurant), Salvador da Bahia, Brasilien, 1007
Trapp Family Lodge, Vermont, USA, 893
Trappistenbrauereien, Belgien, 4
Trattoria Al Grop, Tavagnacco, Italien, 205
Trattoria al Ponte del Diavolo (Restaurant), Torcello, Italien, 246
Trattoria Cucina Casereccia (Restaurant), Lecce, Italien, 201
Trattoria dei Templi, Agrigento, Sizilien, Italien, 228
Trattoria Il Cigno, Mantua, Italien, 221
Trattoria Milanese, Mailand, Italien, 220

Tre Scalini Café, Rom, Italien, 213
Treasure Cay Beach, Bahamas, 1067
Treasure Cay Hotel Resort & Marina, Bahamas, 1067
TREKKING & ROMANTIK IM ATLASGEBIRGE, Marokko, 408
Tren del Fin del Mundo (Bahnstrecke), Ushuaia, Argentinien, 998
Trentino-Südtirol, Italien, 239
Tresco (Insel), Cornwall, England, 33
TRETJAKOW-GALERIE & DIE MOSKAUER METRO, Russland, 312
Trevibrunnen, Rom, Italien, 211
Tri Ribara (Restaurant), Rafailovic̆i, Montenegro, 300
Triangle X Ranch, Wyoming, USA, 911
Trianon Café, Alexandria, Ägypten, 393
Trianon Palace (Hotel), Versailles, Frankreich, 81
Trier, Deutschland, 25
Triglav-Nationalpark, Slowenien, 322
Trim Castle, Trim, Irland, 119
Trinidad & Tobago, 1115–1119
TRINIDAD, Sancti Spiritus, Kuba, 1099
Trinity College, Dublin, Irland, 108
TRIPLE CREEK RANCH, Montana, USA, 824
Triumphbogen, Paris, Frankreich, 75
Trois Rivières, Guadeloupe, 1089
Troldhaugen (Trollhügel), Bergen, Norwegen, 374
Trollstigen (Trollleiter, Straße), Norwegen, 375
Tromsø, Norwegen, 378
Trondheim, Norwegen, 376
Troodos-Gebirge, Zypern, 287
Trooping the Colour, London, England, 48
Tropicana Cabaret, Havanna, Kuba, 1097
TROSSACHS, DIE, & LOCH LOMOND, Schottland, 160
Trossachs-Nationalpark, Schottland, 160
Trotzki, Leon, Casa, Mexiko-Stadt, Mexiko, 956
Tru (Restaurant), Illinois, USA, 769
Truk Blue Lagoon Resort, Chuuk, Mikronesien, 695
Trump Wollman Ice Skating Rink, New York, USA, 845
Trung-Trang-Höhle, Cat Ba, Vietnam, 637
Trunk Bay (Strand), St. John, Am. Jungferninseln, 1062

Tryall Club (Hotel), Montego Bay, Jamaika, 1092
Tsar's Gold (Zug), Russland, 320
Tschechische Republik, 325–331
TSCHECHISCHES BIER, Prag/Pilsen, 327
Tsitsikamma-Nationalpark, Western Cape, Südafrika, 446
Tsukiji, Fischmarkt, Tokio, Japan, 551
Tsukuda (Insel), Japan, 550
Tsumago, Japan, 546
Tu Tu' Tun Lodge, Oregon, USA, 862
Tuamotu-Archipel, Franz.-Polynesien, 693
Tubbataha-Riffe, Palawan, Philippinen, 621
Tubkaak Boutique Resort, Krabi, Thailand, 634
Tuchhallen, Rynek Główny, Krakau, Polen, 301
Tucker's Point Golf Course, Bermuda, 1075
Tucson, Arizona, USA, 715
Tugra (Restaurant), Istanbul, Türkei, 341
Tugela-Wasserfall, Südafrika, 443
Tujuh Maret (Restaurant), Amsterdam, Niederlande, 130
Tulipe, Ecuador, 1035
Tulpenfahrten, Niederlande, 131
Tulsa, Oklahoma, USA, 857
TULUM & RIVIERA MAYA, Mexiko, 963
Tunesien, 409–412
Tunis, Tunesien, 409–412
Tunku Abdul Rahman Marine Park, Sabah, Borneo, Malaysia, 610
Tuomiokirkko, Turku, Finnland, 371
Tupelo, Mississippi, USA, 822, 877
Turaida, Burg, Gauja-Tal, Lettland, 296
Turckheim, Elsass, Frankreich, 70
Turk's Head (Pub), Penzance, England, 33
Türkei, 332–345
Turkmenistan, 504
Turks & Caicos, 1119
TURKU & DIE KÖNIGSSTRASSE, Finnland, 471
Turku, Burg, Finnland, 371
Turku, Kunstakademie, Finnland, 371
Turnberry Golf Club, Schottland, 162
Turneffe Island Atoll (Tauchrevier), Belize, 965
Turtle Inn, Belize, 967
Turtle Island (Resort), Fidschi, 687

Turtleback Farm Inn, Washington, USA, 904
Turtleback-Mountain-Schutzgebiet, Washington, USA, 904
Twain, Mark, 11, 484, 580, 723, 752, 797, 883
Twelve Apostles, Victoria, Australien, 666
Twelve Bens, County Galway, Irland, 112
Twin Farms (Resort), Vermont, USA, 890
Twins Parade (Zwillingsparade), Quebec, Kanada, 942
Two Bunch Palms Resort, Kalifornien, USA, 775
Two Meeting Street (Hotel), South Carolina, USA, 871
Twombly, Cy, 17, 245, 882
Txai Resort, Bahia, Brasilien, 1006

U

U Chiang Mai (Hotel), Chiang Mai, Thailand, 629
U Dwau Marví (Restaurant), Ceský Krumlov, Tschechische Rep., 325
U Malý Velryby (Restaurant), Prag, Tschechische Rep., 330
U.S. Astronaut Hall of Fame, Florida, USA, 729
ÜBER DIE SANDDÜNEN VON NATAL, Brasilien, 1021
ÜBERDACHTE SUKS VON ALEPPO, Syrien, 491
Ubirr, Australien, 653
UBUD, Bali, Indonesien, 595
Udaipur, Indien, 576
Udine, Italien, 204
Ueno-Park (Kirschblüte), Tokio, Japan, 547
Uffizien, Florenz, Italien, 232
Uganda, 454/455
Uglitsch, Russland, 313
Ukraine, 346/347
Ulaanbaatar, Mongolei, 502
Ullswater (See), England, 44
Ulriksdals Wärdshus (Hotel), Schweden, 387
ULURU & KATA TJUTA (AYERS ROCK & OLGAS), Australien, 654
Ulvik Fjord Pensjonat (Hotel), Ulvik, Norwegen, 382
Ulvik, Norwegen, 382
Umaid Bhawan Palace (Hotel), Jodhpur, Indien, 577
UMAYYADEN-MOSCHEE, Damaskus, Syrien, 492
Umbria Jazz, Italien, 243
Umbrien, Italien, 240–243

REGISTER

Unawatuna-Strand, Galle, Sri Lanka, 591
Ungarn, 348–353
Union Hotel, Øye, Norwegen, 375
Union Square Café, New York, USA, 852
Union Station, Washington, D.C., USA, 901
Universal Studios Florida, Florida, USA, 735
Universal Studios, Kalifornien, USA, 783
Universidad Nacional Autónoma de México, Mexiko-Stadt, Mexiko, 957
University of Virginia Art Museum, Virginia USA, 894
Unter den Linden, Berlin, Deutschland, 22
Untere Wolga, Russland, 313
Unterwasserskulpturenpark, Grenada, 1087
UNTERWEGS AUF DEM MEKONG, Laos, 606
Up for Breakfast, Vermont, USA, 891
Upolu, Samoa, 700
Upper House, the (Hotel), Hongkong, China, 516
Upper Lascar Row („Cat Street", Shoppingstraße), Hongkong, China, 514
URALGEBIRGE, DAS, & JEKATERINBURG, Russland, 319
URBINO & PESARO, Italien, 221
Ürgüp, Anatolien, Türkei, 333
Uri Buri (Restaurant), Akkon, Israel, 465
Urquhart Castle, Loch Ness, Schottland, 158
Urubamba (Heiliges Tal), Peru, 1045, 1046
Uruguay, 1051–1054
Usbekistan, 505–508
Useppa Island, Florida, USA, 737
USHUAIA & TIERRA DEL FUEGO, Argentinien, 998
Uspenski-Kathedrale, Kiew, Ukraine, 346
USS Arizona, Hawaii, USA, 757
USS Bowfin, Hawaii, USA, 758
USS Missouri, Hawaii, USA, 758
Utah Olympic Park, USA, 886
Utah, USA, 711–713, 885–888
Utila, Honduras, 976
Utne Hotel, Norwegen, 382
Utne, Norwegen, 382
Utoro, Shiretoko-Halbinsel, Japan, 536
Uttar Pradesh, Indien, 579–581
Uttarakhand, Indien, 578
Utzon, Jørn, 652
Uxmal (Ruinen), Mérida, Mexiko, 964

Uxua Casa (Villen), Trancoso, Brasilien, 1009
Uzon-Krater, Kamtschatka-Halbinsel, Russland, 309

V

Vacations Beach Fales (Resort), Samoa, 699
VAIL, Colorado, USA, 722
Val d'Orcia, Italien, 235
Val di Chiana, Italien, 236
VALDES-HALBINSEL, Argentinien, 990
Valence, Rhônetal, Frankreich, 98
VALENCIA, Spanien, 286
Valldemossa Hotel, Mallorca, Spanien, 266
Valldemossa, Mallorca, Spanien, 266
Valle de los Ingenios, Trinidad, Kuba, 1099
VALLE DE VIÑALES, Pinar del Rio, Kuba, 1098
Valle dei Templi (Tal der Tempel), Agrigento, Sizilien, Italien, 228
Valle Longitudinal, Chile, 1030
VALLE NEVADO & PORTILLO, Chile, 1027
Valles Calchaquíes (Täler), Argentinien, 996
VALLETTA, Malta, 250
Valley of the Sun, Arizona, USA, 713
VALLEY OF THE SUN, GOLFEN IM, Arizona, USA, 713
Valor in the Pacific National Monument, Hawaii, USA, 758
VALPARAÍSO & VIÑA DEL MAR, Chile, 1031
Valtice (Schloss), Mähren, Tschechische Rep., 331
Vamizi Island Lodge, Quirimbas, Mosambik, 429
Van Eyck, Jan, 5, 9
Van Gogh Museum, Amsterdam, Niederlande, 127
Van Gogh, Vincent, 17, 90, 127, 132, 379, 847, 867, 882, 936
Vanbrugh, John, 53, 66
Vancouver Island, British Col., Kanada, 917, 922, 924, 925
VANCOUVER ISLANDS GASTRONOMISCHE OASEN , British Col., Kanada, 923
Vancouver, British Col., Kanada, 920
VANCOUVERS TOPRESTAURANTS & GRANVILLE ISLAND MARKET, Kanada, 921
Vänernsee, Schweden, 383
Vanua Levu, Fidschi, 686
VANUATU, 702
VARANASI, DIE GHATS VON, Indien, 580
Varenna, Lombardei, Italien, 218

VASA-MUSEUM, Stockholm, Schweden, 388
Vasarely-Museum, Pécs, Ungarn, 353
Vat Phou (Ausflugsschiff), Mekong River, Laos, 607
Vatikan, Rom, Italien, 212
Vatnajökull-Nationalpark, Island, 373
VAVA'U, Tonga, 701
Vaxholm, Stockholmer Schären, Schweden, 385
Vecchia Taormina (Restaurant), Taormina, Sizilien, Italien, 229
Veitsdom, Prag, Tschechische Rep., 329
VeloCibò, Bologna, Italien, 202
VENCE & ST-PAUL-DE-VENCE, Frankreich, 97
Vendimia (Erntedankfest), Mendoza, Argentinien, 993
VENEDIG, Italien, 244–249
Venetian Macao (Kasino), Macao, China, 518
Venetien, Italien, 244, 249
Venezuela, 1055/1056
Veni Mange (Restaurant), Trinidad, 1117
Venice Simplon-Orient-Express, Venedig, Italien, 249
Venice, Kalifornien, USA, 783
Ventana Inn & Spa, Kalifornien, USA, 787
Veranda Natural Resort, Kep, Kambodscha, 602
Veranda Restaurant, Bellagio, Italien, 218
Veranda Restaurant, Colombo, Sri Lanka, 590
Veranda Restaurant, Mustique, Grenadinen, 1113
VERBIER, Wallis, Schweiz, 172–173
VERBOTENE STADT IN HUE, Vietnam, 642
Verbotene Stadt, Peking, China, 520
VERDONSCHLUCHT & MOUSTIERS, Frankreich, 96
Verdura (Resort), Selinunte, Sizilien, Italien, 228
Vered HaGalil (Restaurant), Galiläa, Israel, 468
Vereinigte Arabische Emirate, 494/495
Verklärungskirche, Kischi, Russland, 313
Verkündigungsbasilika, Galiläa, Israel, 467
Vermeer Center, Delft, Niederlande, 133
Vermeer, Jan, 127, 133
Vermont Country Store, Vermont, USA, 893
Vermont, USA, 888–893
VERONA, Venetien, Italien, 249

Vero-Peso (Markt), Belém, Brasilien, 1013
Versailles, Château de, Frankreich, 81
Vestibul Palace (Hotel), Split, Kroatien, 292
Vesuv, Neapel, Italien, 209
Vetri Ristorante, Pennsylvania, USA, 866
Via Chiantigiana, Toskana, Italien, 235
Via Condotti, Rom, Italien, 211, 214
Via Montenapoleone (Shoppingmeile), Mailand, Italien, 220
Vianden (Burg), Diekirch, Luxemburg, 125
Vicenza, Italien, 248
Victoria & Albert Museum, London, England, 46
Victoria & Alfred Waterfront, Kapstadt, Südafrika, 239
Victoria Express, Vietnam, 646
Victoria Falls Hotel, Simbabwe, 436
Victoria Harbour, Hongkong, China, 511
Victoria House (Hotel), San Pedro, Belize, 965
Victoria Peak, Hongkong, China, 512
Victoria Sapa Resort & Spa, Vietnam, 646
Victoria, Australien, 666
Victoria, National Botanical Gardens, Mahé, Seychellen, 439
Victoria, Vancouver Island, British Col., Kanada, 925
VICTORIAFÄLLE, Sambia/Simbabwe, 435
Victoria-Jungfrau Grand Hotel & Spa, Interlaken, Schweiz, 166
VICTORIAS INNER HARBOUR, British Col., Kanada, 925
Victory Hotel, Stockholm, Schweden, 386
Vidawa Rainforest Hike (Wanderweg), Taveuni, Fidschi, 686
Vidzeme, Lettland, 296
VIENTIANE, Laos, 607
VIEQUES & CULEBRA, Puerto Rico, 1104
Vietnam Veterans Memorial, Washington, D.C., USA, 899
Vietnam, 636–646
Vieux Grand Port, Mauritius, 458
Vieux Séminaire de Saint-Sulpice, Quebec, Kanada, 941
VIEUX-QUÉBEC, Quebec, Kanada, 944
View at the Spanish Steps (Hotel), Rom, Italien, 214
View Hotel, Arizona, USA, 712
Viidumäe, Naturschutzgebiet, Insel Saaremaa, Estland, 288
Viking Emerald (Kreuzfahrtschiff), China, 519

Viking River Cruises, China, 519
Vikingeskibsmuseet Roskilde (Wikingerschiffmuseum), Dänemark, 361
Vikingskiphuset (Wikingerschiffmuseum), Oslo, Norwegen, 380
Viktualienmarkt, München, Deutschland, 14
Vila Drago (Hotel), Sveti Stefan, Montenegro, 300
Vila Primavesi (Restaurant), Olomouc, Tschechische Rep., 332
Villa Asina (Hotel), Eski Datça, Türkei, 366
Villa Barbaro, Maser, Italien, 248
Villa Beccaris, Alba, Italien, 224
Villa Carmel, Akkon, Israel, 465
Villa Cimbrone, Ravello, Italien, 205
Villa Cortine Palace Hotel, Sirmione, Italien, 218
Villa Cristal, Viñales, Kuba, 1098
Villa D'Este (Hotel), Bellagio, Italien, 217
Villa dei Misteri, Pompeji, Italien, 209
Villa dei Papiri, Herculaneum, Italien, 209
Villa Ephrussi de Rothschild, St-Jean-Cap-Ferrat, Frankreich, 95
Villa Florentine (Hotel), Lyon, Frankreich, 101
Villa Hanis, Yogyakarta, Indonesien, 598
Villa Huinid, Patagonien, Argentinien, 994
Villa Igiea (Hotel), Palermo, Sizilien, Italien, 227
Villa Koliba, Zakopane, Polen, 305
Villa La Angostura, Patagonien, Argentinien, 994
Villa La Massa (Hotel), Florenz, Italien, 234
Villa La Tour (Hotel), Nizza, Frankreich, 90
Villa Las Tronas, Alghero, Sardinien, Italien, 225
Villa Le Barone (Hotel), Toskana, Italien, 235
Villa Mahal (Hotel), Kalkan, Türkei, 344
Villa María (Hotel), Provinz Buenos Aires, Argentinien, 989
Villa María Cristina (Hotel), Guanajuato, Mexiko, 953
Villa Maroc, Essaouria, Marokko, 402
Villa Miločer, Sveti Stefan, Montenegro, 300
Villa Montaña, Morelia, Mexiko, 961
Villa Principe Leopoldo, Collina d'Oro, Schweiz, 170
Villa Rosa (Restaurant), Cuenca, Ecuador, 1033

Villa Rufolo, Ravello, Italien, 205
Villa San Michele (Hotel), Florenz, Italien, 234
Villa San Michele, Anacapri, Italien, 207
Villa Sant'Andrea, Taormina, Sizilien, Italien, 229
Villa Steno, Monterosso, Italien, 215
Villa Tokur (Hotel), Eski Datça, Türkei, 336
Village de Bories (verlassenes Dorf), Frankreich, 96
Villány, Ungarn, 353
Villas Eva Luna, Dom. Rep., 1085
VILLEN IN NEWPORT & DER KLIPPENWEG, Rhode Island, USA, 869
VILNIUS, ALT-, Litauen, 298
VIÑA DEL MAR & VALPARAÍSO, Chile, 1031
Viña Indomita (Restaurant), Casablanca Valley, Chile, 1032
Viñas de Cafayate (Hotel), Salta, Argentinien, 996
Vincents (Restaurant), Riga, Lettland, 295
Vineyard Terrace Restaurant, British Col., Kanada, 920
Vinifera Wine Cellars, New York, USA, 842
Vinkeles (Restaurant), Amsterdam, Niederlande, 129
Viradas do Largo (Restaurant), Tiradentes, Brasilien, 1012
Virgen de la Candelaria (Fest), Puno, Peru, 1051
Virgin Gorda, Brit. Jungferninseln, 1078, 1080
Virgin Islands Coral Reef National Monument, St. John, Am. Jungferninseln, 1062
Virginia Hotel, New Jersey, USA, 831
Virginia, USA, 894–898
VIRGIN-ISLANDS-NATIONALPARK, St. John, Am. Jungferninseln, 1062
Vis, Kroatien, 293
Visayas, Philippinen, 621
Viscri, Transsilvanien, Rumänien, 308
Visegrád, Donauknie, Ungarn, 351
Vivaldi, Antonio, 246
Vivaldis Kirche, Venedig, Italien, 246
Vivenda dos Palhacos (Hotel), Goa, Indien, 562
Vivoli (Gelateria), Florenz, Italien, 235
Vogalonga (Bootsrennen), Venedig, Italien, 246
Volcanic Activity Center, Neuseeland, 675
Volcanic-Legacy-Panoramastraße, Oregon, USA, 860
Volcano Inn, Hawaii, USA, 741

Volga Dream (Luxusschiff), Russland, 313
Volubilis (röm. Ruine), Fès, Marokko, 403
Vongerichten, Jean-Georges, 750, 852, 1072
Vonnas (Restaurant), Vonnas, Frankreich, 98
VOODOONÄCHTE IM HOTEL OLOFFSON, Port-au-Prince, Haiti, 1090
Voroneţ (Kloster), Moldau, Rumänien, 307
VORZEIGESTADT DES JUGENDSTILS, Brüssel, Belgien, 8
Voyager Estate (Restaurant), Western Australia, Australien, 668
Vucciria, Palermo, Sizilien, Italien, 227
VULKAN ARENAL, Costa Rica, 968
Vumbura Plains Camps, Botsuana, 422
Vy, Trinh Diem, 642

W

W Hotel, Seoul, Südkorea, 557
W. W. Chan (Schneider), Hongkong, China, 515
WACHAU, die, Österreich, 145
Wadi Hadramaut, Jemen, 477
WADI RUM & AQABA, Jordanien, 479
Wadsworth Atheneum, Connecticut, USA, 724
Waffenkammer, Valletta, Malta, 251, 282
Wagner, Richard, 15, 27, 168, 206
Wagner-Festspiele, Bayreuth, Deutschland, 15
Wai'anapanapa State Park, Hawaii, USA, 753
Waikiki Beach, Hawaii, USA, 757–763
Waikoloa Beach Resort, Hawaii, USA, 746
Wailea, Golfplätze, Hawaii, USA, 754
Waimea Canyon, Hawaii, USA, 747
Waimea Plantation Cottages, Hawaii, USA, 750
Waimea Town Celebration, Hawaii, USA, 750
Waimea, Hawaii, USA, 742
Wai-O-Tapu, Rotorua, Neuseeland, 674
Waipi'o Valley, Hawaii, USA, 742
Waipi'o Wayside Inn, Hawaii, USA, 742
Waka di Ume (Hotel), Ubud, Bali, Indonesien, 596
WaldHotel Fletschhorn, Saas-Fee, Schweiz, 173
WaldHotel Sonnora (Restaurant), Mülheim, Deutschland, 26
Wales, 175–182
WALHAIE, SCHNORCHELN MIT, Australien, 669

Walhalla, Regensburg, Deutschland, 18
Walk Japan (geführte Wanderungen), 546
Walking Street (Markt), Chiang Mai, Thailand, 629
Wall Drug Store, South Dakota, USA, 875
Wallace Collection, London, England, 48
Wallace, Idaho, USA, 764
Wallis, Schweiz, 172
Walt Disney Concert Hall, Kalifornien, USA, 780
Walt Disney Family Museum, Kalifornien, USA, 791
WALT DISNEY WORLD, FLORIDA, USA, 735
Wamena, Papua, Indonesien, 600
Wanderers Rest (Hotel), South Australia, Australien, 663
WANDERN IM HOCHGEBIRGE, Berner Oberland, Schweiz, 165
WANDERN IM JALJALE HIMAL, Nepal, 584
WANDERN IN SIKKIM, Gangtok, Sikkim, Indien, 577
Wanderung Aboriginal Blue Mountains Walkabout, Australien, 649
Wapusk-Nationalpark, Manitoba, Kanada, 927
WARDSIA, Samzche-Dschawachetien, Georgien, 290
Waren- und Antiquitätenauktion, Indiana, USA, 773
Warner Brothers Studios, Kalifornien, USA, 783
Warren, Vermont, USA, 893
Warschau, Polen, 302
WARWICK CASTLE, Warwick, England, 57
Warwick Long Bay, Bermuda, 1074
Warwick, England, 57
Warwickshire, England, 56
WASATCHKETTE, SKIFAHREN IN DER, Utah, USA, 886
Washington (Bundesstaat), USA, 896–905
Washington Monument, Washington, D.C., USA, 899
Washington, Connecticut, USA, 724
WASHINGTON, D.C., USA, 898
Washington, Virginia, USA, 902
Washington-Slagbaai National Park, Bonaire, 1076
Wasserfall Otawa, Kyoto, Japan, 540
WASSERFÄLLE, SALTO ÁNGEL, Venezuela, 1054
WASSERWEGE DER ZAREN, Moskau, Russland, 313
WAT PHO & GROSSER PALAST, Bangkok, Thailand, 626

Wat Phou (Hügeltempel), Laos, 607
Wat Phra Kaeo (Tempel des Smaragdbuddha), Bangkok, Thailand, 626
Wat Phra That (Tempel), Mae Hong Son, Thailand, 635
Wat Sisaket (Tempel), Vientiane, Laos, 607
WATERFORD-KRISTALL & WATERFORD CASTLE, Irland, 121
Waterside Theatre, North Carolina, USA, 855
Waterville Links, County Kerry, Irland, 103
Wauwinet, Massachusetts, USA, 817
WAWEL, der, Krakau, Polen, 302
Wawelkathedrale, Krakau, Polen, 302
Waxholms Hotell, Vaxholm, Schweden, 386
Weihnachten in Wien, Österreich, 148
WEIHNACHTEN, Deutschland, 16
Weihnachtsmanndorf, Rovaniemi, Lappland, Finnland, 369
WEIMAR, Thüringen, Deutschland, 30
Weinbars, Venedig, Italien, 235, 248
Weingebiet Mendoza, Godoy Cruz, Argentinien, 992
Weinromantik Hotel Richtershof, Mülheim, Deutschland, 25
Weinstraße Fredericksburg, Texas, USA, 884
WEINSTRASSEN VON CHILE, 1030
Weirs Beach, New Hamps., USA, 829
WEISSE KONTINENT, DER, 1057
WEISSE NÄCHTE, St. Petersburg, Russland, 315
WEISSE STADT VON TEL AVIV, Israel, 473
WELIKI NOWGOROD, Russland, 314
WELLS, KATHEDRALE, Wells, England, 55
Wells, Somerset, England, 55
WELT DES ALVAR AALTO, Helsinki & Jyväskylä, Finnland, 367
Wenge (Patisserie), Luxemburg-Stadt, Luxemburg, 124
Wentworth Mansion (Hotel), South Carolina, USA, 871
Wenzelsdom, Olomouc, Tschechische Rep., 332
West Restaurant, British Col., Kanada, 922
West Street Grill, Connecticut, USA, 724
WEST VIRGINIA, RAFTING IN, W.Virginia USA, 905
West Virginia, USA, 905–907
West Wales, Wales, 182
Westbengalen, Indien, 581
Western Australia, Australien, 667–670
Western Cape, Südafrika, 446

West-Jerusalem, Israel, 470
Westjordanland, Palästinensische Autonomiegebiete, 475
Westminster Abbey, London, England, 46
Weston, Vermont, USA, 893
Westsee, Hangzhou, China, 532
Wexford Festival Opera, Irland, 122
Wexford, Irland, 122
Whakapapa Ski Field (Skigebiet), Neuseeland, 675
Whale Shark & Oceanic Research Center (Tauchrevier), Utila, Honduras, 976
Whale Watch Vava'u (Tourveranstalter), Tonga, 701
Whalewatching vor Stubbs Island, British Col., Kanada, 924
Whaling Museum, Massachusetts, USA, 818
Wharekauhau Country Estate, Palliser Bay, Neuseeland, 673
Wheatleigh, Massachusetts, USA, 816
Whistler-Blackcomb-Skigebiet, British Col., Kanada, 926
Whistling Straits (Golfplatz), Wisconsin, USA, 909
White Barn Inn, Maine, USA, 805
White Bay Villas & Seaside Cottages, Brit. Jungferninseln, 1077
White Bay, Brit. Jungferninseln, 1077
White Horse Tavern, Rhode Island, USA, 869
White House, Washington, D.C., USA, 709
White Memorial Foundation, Connecticut, USA, 724
White Mountain National Forest, New Hamps., USA, 830
White Mountains, New Hamps., USA, 830
White Pass & Yukon Route Railroad, Alaska, USA, 707
White Sulphur Springs, W.Virginia USA, 906
White Swan Inn, Llanfrynach, Wales, 175
Whitefield, New Hamps., USA, 828
Whitehaven Beach, Australien, 659
Whitsundays, segeln durch die, Queensland, Australien, 659
Wickaninnish Inn, British Col., Kanada, 923
Wicklow Mountains, Irland, 123
Wicklow, Gärten, Irland, 123
Wien, Österreich, 146
Wiener Ballsaison, Wien, Österreich, 148
Wiener Sängerknaben in der Hofburgkapelle, Wien, Österreich, 147

Wierzynek (Restaurant), Rynek Główny, Krakau, Polen, 302
Wigmore Hall, London, England, 47
Wigwam, Arizona, USA, 714
Wikingerschiffmuseum Roskilde, Dänemark, 361
Wikingerschiffmuseum, Oslo, Norwegen, 380
Wild Bill's, Tennessee, USA, 878
Wild Geese (Restaurant), Adare, Irland, 117
Wildes Donegal, Irland, 105
Wildflower Hall (Hotel), Himachal Pradesh, Indien, 563
Wildhorse Saloon, Tennessee, USA, 879
Wildlife Loop Road (Straße), South Dakota, USA, 874
Willamette Valley, Oregon, USA, 862
Willard Intercontinental (Hotel), Washington, D.C., USA, 902
Willemstad, Curaçao, 1081
Williams House, Florida, USA, 728
Williamsburg Inn, Virginia USA, 897
Williamsburg Winery, Virginia USA, 897
Williamsburg, Colonial, Virginia USA, 897
Williamsburg, Virginia USA, 897
Williams-Ellis, Bertram Clough, 178
Williamstown Theatre Festival, Massachusetts, USA, 819
Williamstown, Massachusetts, USA, 819
Willow Stream Spa, Alberta, Kanada, 915
Willow Tearoom, Glasgow, Schottland, 153
Willy T (Bar/Restaurant), Norman Island, Brit. Jungferninseln, 1078
Wilpena Pound Resort, South Australia, Australien, 662
Wilpena Pound, South Australia, Australien, 662
Wiltshire, England, 58
Wimbledon-Tennisturnier, London, England, 48
Winchester Inn, Oregon, USA, 859
Winchester, Hampshire, England, 39
Winchester, Kathedrale, England, 39
Windamere (Hotel), Darjeeling, Indien, 582
Windermere (See), England, 44
Windigo, the (Restaurant), Quebec, Kanada, 943
Winding Stair (Restaurant), Dublin, Irland, 107
Windmill (Pub), Stratford-upon-Avon, England, 56
Windsor Castle, England, 50

Windsor Court, Louisiana, USA, 800
Windsor Hotel Toya Resort & Spa, Japan, 534
Windsor Palace Hotel, Alexandria, Ägypten, 394
Wine Country Farm B&B & Cellars, Oregon, USA, 863
Wine Country, Kalifornien, USA, 776
Wine Vault Restaurant, Istrien, Kroatien, 293
Winspear Opera House, Texas, USA, 881
Winter Haven Hotel, Florida, USA, 734
Wintergreen Lodge, Minnesota, USA, 821
Winterlake Lodge, Alaska, USA, 705
Winterlude & Rideau Canal, Ontario, Kanada, 934
Wintermarkt, Jokkmokk, Schweden, 385
Winterpalast & Eremitage, St. Petersburg, Russland, 316
Winterthur, Delaware, USA, 726
Winvian Resort, Connecticut, USA, 724
Wisby, Gotland, Schweden, 384
Wisconsin, USA, 907–909
Wisdom, Montana, USA, 826
Wise River, Montana, USA, 826
Wittamer, Brüssel, Belgien, 7
Wolfeboro, New Hamps., USA, 829
Wolga, Russland, 313
Wolgograd, Russland, 313
Wolwedans Lodges, Namibia, 431
WOMAdelaide, Adelaide, Australien, 661
Wong Ah Wah (Restaurant), Kuala Lumpur, Malaysia, 611
Woodbury, Connecticut, USA, 725
Woodman's Restaurant, Massachusetts, USA, 814
Woodstock & Killington, Vermont, USA, 889
Woodstock Film Festival, New York, USA, 840
Woodstock Inn & Resort, Vermont, USA, 890
Woodstock, England, 53
Woodstock, New York, USA, 840
Woody's Low Bridge Place (Restaurant), Port Antonio, Jamaika, 1095
Woody's Seafood Saloon, St. John, Am. Jungferninseln, 1063
Worcestershire, England, 38
Wordsworth, William, 44, 181
World Championship Barbecue Cooking Contest, Tennessee, USA, 877
World Film Festival, Quebec, Kanada, 942

Wort Hotel, Wyoming, USA, 912
Wounded Knee Creek, South Dakota, USA, 873
Wright, Frank Lloyd, 768, 847, 873, 908
Wrigley Field, Illinois, USA, 768
Writers Bar, Raffles Hotel, Singapur, 624
Writers Museum, Dublin, Irland, 109
Wurstkuchl (Restaurant), Regensburg, Deutschland, 18
Würzburg, Deutschland, 19
Wushan, China, 518
WÜSTE GOBI, Mongolei, 502
WÜSTE RUB AL-CHALI, Abu Dhabi, VAE, 494
Wüstenfestival, Jaisalmer, Indien, 574
WYE VALLEY, Wales, 181
Wyeth, North Carolina, 726
Wyly Theater, Texas, USA, 881
Wynn Las Vegas (Hotel), Nevada, USA, 827
Wynn Macao (Kasino), Macao, China, 518
Wyoming, USA, 910–915

X

Xaranna (Camp), Botsuana, 422
Xcanatún (Gästehaus), Mérida, Mexiko, 964
XI'AN & TERRAKOTTA-ARMEE, Xi'an, China, 525
Xihai Hotel, Huangshan, Anhui, China, 509
Xinjiang, China, 530
Xishuangbanna, China, 532
XIVA, Usbekistan, 507
Xizhou, China, 531
Xochimilco, Mexiko-Stadt, Mexiko, 957
XOCO (Restaurant), Illinois, USA, 771
Xudum (Camp), Botsuana, 422

Y

Yacout (Restaurant), Marrakesch, Marokko, 404
Yacutinga Lodge, Argentinien, 992
Yad Vashem, Jerusalem, Israel, 470
Yamanashi, Japan, 548
Yan Toh Heen (Restaurant), Hongkong, China, 515
Yanaka, Tokio, Japan, 551
Yanaka-Friedhof, Tokio, Japan, 552
Yandup Island Lodge, Comarca Kuna Yala, Panama, 982
Yangon (Rangun), Myanmar, 618
Yangshuo, Guangxi, China, 510
Yankee Stadium, New York, USA, 849
YAP, Mikronesien, 695
Yasawa Island Resort & Spa, Fidschi, 688
YASAWA-INSELN, Fidschi, 687
Yasmeen d'Alep (Hotel), Aleppo, Syrien, 491
Yasue Blattgold-Museum, Kanazawa, Japan, 539
Yasuni-Nationalpark, Ecuador, 1036
Ye Olde Union Oyster House, Massachusetts, USA, 813
Yeatman (Hotel), Porto, Portugal, 260
Yeats Memorial Building, Sligo, Irland, 121
YEATS, W. B., LAND DES, County Sligo, Irland, 120
YELLOWSTONE-NATIONALPARK, Wyoming, USA, 913
Yerseke, Zeeland, Niederlande, 136
Ynyshir Hall (Hotel), Eglwys Fach, Wales, 179
Yoder Popcorn (Restaurant), Indiana, USA, 774
Yoezer Wine Bar, Tel Aviv Jaffa, Israel, 472
YOGYAKARTA, Java, Indonesien, 597
YOHO, BANFF & JASPER NATIONALPARKS, ALBERTA/BRITISH COL., KANADA, 915
Yonghe-Tempel, Peking, China, 521
YORK MINSTER, England, 61
York, England, 60
YOSEMITE-NATIONALPARK, Kalifornien, USA, 796
Yoshi (Restaurant), Monte Carlo, Monaco, 126
Yoshino (Berg), Japan, 547
Yucatán, Mexiko, 964
Yue-See, Hangzhou, Zhejiang, China, 532
YUKON RIVER & DAWSON CITY, Yukon, Kanada, 946
Yunak Evleri (Hotel), Ürgüp, Türkei, 333
Yung Kee Restaurant, Hongkong, China, 517
Yunnan, China, 531
Ywama, Inle-See, Myanmar, 617

Z

Zà Zà (Restaurant), Florenz, Italien, 232
Zaanse Schans (Museum), Zaandam, Niederlande, 131
Zabriskie Point, Kalifornien, USA, 775
Zadar, Kroatien, 293
ZAKOPANE, Polen, 304
Zambezi Queen (Flussschiff), Botsuana, 420
Zanzibar Palace Hotel, Sansibar, Tansania, 452
Zara Spa, Totes Meer, Jordanien, 474
Zarafa Camp, Botsuana, 422
Zarskoje Selo (Puschkin), Oblast Leningrad, Russland, 317
Zaytinya (Restaurant), Washington, D.C., USA, 903
Zazen Boutique Resort & Spa, Koh Samui, Thailand, 633
Zeeland, Niederlande, 136
Żelazowa Wola, Polen, 303
Zen-buddhistischer Tempel Saiho, Kyoto, Japan, 541
Zentrales Hochland, Kenia, 427
ZERMATT & SAAS-FEE, Wallis, Schweiz, 173
Zhejiang, China, 532
Zigeunerwallfahrt, Les Stes-Maries-de-la-Mer, Frankreich, 93
ZIHUATANEJO, Mexiko, 954
ZION- & BRYCE-CANYON-NATIONALPARK, Utah, USA,
Zion Lodge, Utah, USA, 887
Zion Mount Carmel Highway, Utah, USA, 888
Zócalo (Plaza Mayor), Mexiko-Stadt, Mexiko, 955, 962
ZONA COLONIAL, Santo Domingo, Dom. Rep., 1085
Zuckerhut, Rio de Janeiro, Brasilien, 1016
ZÜGE INDIENS, KÖNIGLICHE, Indien, 566
Zugspitze, Deutschland, 15
Zum Roten Ochsen (Restaurant), Heidelberg, Deutschland, 12
Zuni Café, Kalifornien, USA, 795
ZÜRICH, KUNSTORTE IN, Schweiz, 174
Zürich, Schweiz, 174
Zuu (Restaurant), Brasília, Brasilien, 1010
Zwinger, Dresden, Deutschland, 26
Zypern, 287
ZYPERN, BEMALTE KIRCHEN VON, 287

FOTONACHWEIS

Wo nicht anders vermerkt, liegt das Copyright der abgedruckten Fotos bei den jeweiligen Fotografen, Agenturen und Museen. Trotz sorgfältiger Recherche war es nicht in allen Fällen möglich, den Urheber ausfindig zu machen. Wo dies der Fall ist, bitten wir um Meldung.

Cover: Globusständer Photodisc Inc.; Globus Fotolia/design56.

Vordere Klappe, Autorenfoto: Gabrielle Revere (www.gabriellerevere.com).
Location: **Snack Taverna**, New York, N.Y. (www.snackny.com).

Inhaltsverzeichnis: age fotostock: S. iv Lee Frost, S. vii oben The Print Collector, S. vii unten SuperStock, S. viii oben Kim Sullivan, S. viii unten Sylvain Grandadam, S. ix oben Janicek Ladislav, S. ix Mitte Ed Scott, S. x oben Richard Maschmeyer, S. x unten World PictureS. S. ix unten Courtesy of **Monticello: Mary Porter.**

Karten: S. 2, 392, 462, 498, 648, 704, 948, 1060 Scott MacNeill (www.macneillandmacintosh.com).

Vielen Dank an age fotostock (www.agefotostock.com), besonders an Susan Jones – es war immer eine Freude, mit ihr zu arbeiten.

EUROPA

age fotostock: S. 1 Frank Chmura, S. 3 Ivan Vdovin, S. 4 EKA, S. 5 Christian Handl, S. 8 Jürgen Ritterbach, S. 9 Michael Zegers, S. 11 Bernhard Schmerl, S. 13 Andreas Strauss, S. 14 Alexander Kupka, S. 15 Andreas Rose, S. 19 Kevin Galvin, S. 21 Adam Eastland, S. 22 Jürgen Henkelmann, S. 25 Walter G. Allgöwer, S. 26 Carola Koserowsky, S. 28 José Fuste Raga, S. 31 Peter Adams, S. 33 Tony Waltham, S. 35 David Lyons, S. 38 mrp, S. 40 Markus Keller, S. 42 Tibor Bognár, S. 43 H. & D. Zielske, S. 44 David Lyons, S. 45 Mickael David, S. 46 Eric Nathan, S. 48 Jürgen Held, S. 51 Steve Vidler, S. 54 Atlantide S.N.C., S. 58 Jevgenija Pigozne, S. 60 Stephan Görlich, S. 66 H. Richter, S. 68 R Kiedrowski/Arco Images, S. 71 oben Bertrand Gardel, S. 71 unten Juan José Pascual, S. 73 Eymagic/Zoonar, S. 75 Steve Vidler, S. 76 Kord.com, S. 80 Sylvain Sonnet, S. 82 Rene Mattes, S. 84 Jose Antonio Moreno, S. 87 Marc Dozier, S. 89 Michel Philippe, S. 92 J. D. Heaton, S. 94 McPhoto, S. 99 Hubertus Blume, S. 100 Mark Henley, S. 101 Kevin Galvin, S. 102 The Irish Image Collection, S. 106 K. Stange/Arco Images, S. 108 The Print Collector, S. 110 Vito Arcomano, S. 112 The Irish Image Collection, S. 114 Daniel Acevedo, S. 115 Hoffmann Photography, S. 119 Martin Siepmann, S. 121 Sergio Pitamitz, S. 124 Karl F. Schofmann, S. 126 André Gonçalves, S. 127 Jean-Baptiste Rabouan, S. 129 Ingolf Pompe, S. 131 Roy Rainford, S. 133 Roland, S. 134 dreamtours, S. 137 Philippe Renault, S. 138 Peter Adams, S. 140 oben David Lyons, S. 140 unten Günter Flegar, S. 141 Xandi Kreuzeder, S. 143 José Fuste Raga, S. 147 Ernst Wrba, S. 148 Josef Mullek, S. 149 Klaus-Peter Wolf, S. 151 Jason Friend, S. 153 Doug Pearson, S. 154 Fenneke Wolters-Sinke, S. 157 José Antonio Moreno, S. 159 Steve Vidler, S. 161 Douglas Houghton, S. 163 Bertrand Rieger, S. 164 Norbert Eisele-Hein, S. 165 Patrick Frischknecht, S. 167 Thomas Bron, S. 168 Meinrad Riedo, S. 169 Doug Pearson, S. 170 Norbert Haltmeier, S. 171 Andy Selinger, S. 172 Neil Harrison, S. 175 Graham Lawrence, S. 178 SuperStock, S. 180 Roy Shakespeare, S. 181 Patrick Keirsebilck, S. 183 Ulysses, S. 186 M. von Aulock, S. 187 Ken Gillham, S. 188 Evgeny Ivanov, S. 189 Alvaro Leiva, S. 191 Funkystock, S. 194 Kozalides/IML, S. 195 Alamer, S. 196 und 197 Patrick Frilet, S. 199 und 201 Funkystock, S. 200 R. Nobbio/DEA, S. 203 Danilo Donadoni, S. 206 Bowman, S. 208 Guido Alberto Rossi, S. 210 Alvaro Leiva, S. 211 Neil Emmerson, S. 212 Luke Hayes/VIEW, S. 215 Alvaro Leiva, S. 216 Giovanni Mereghetti, S. 217 Tommaso Di Girolamo, S. 219 gianni congiu, S. 220 Angelo Cavalli, S. 223 Atlantide S.N.C., S. 224 Philippe Michel, S. 225 Jean Du Boisberranger, S. 226 S. Lubenow, S. 228 Renato Bordoni, S. 230 JTB Photo, S. 231 Nico Tondini, S. 232 Raimund Kutter, S. 235 Lee Frost, S. 237 JTB Photo, S. 239 Erwin Wodicka, S. 240 José Fuste Raga, S. 241 Stefano Torrione, S. 242 Danilo Donadoni, S. 245 Alvaro Leiva, S. 246 H. & D. Zielske, S. 247 Bertrand Gardel, S. 249 allOverTPH, S. 251 Sylvain Grandadam, S. 252 José Elias, S. 253 und 255 José Antonio Moreno, S. 257 Paul Seheult, S. 258 Alena Brozova, S. 259 Richard Semik, S. 262 Javier Larrea, S. 263 Jean-Pierre Degas, S. 264 José Fuste Raga, S. 265 Alena Brozova, S. 268 José Fuste Raga, S. 270 Oscar García Bayerri, S. 271 Daniel P. Acevedo, S. 272 J.D. Dallet, S. 273 José Fuste Raga, S. 274 Ruth Tomlinson, S. 275 Ivern Photo, S. 276 Luis Castañeda, S. 277 Jean-Pierre Lescourre, S. 279 T. A. Hoffmann, S. 280 Jürgen Richter, S. 282 Hervé Hughes, S. 283 Sergio Pitamitz, S. 285 John Greim, S. 291 Michael Runkel, S. 292 Henryk T. Kaiser, S. 294 Eva Parey, S. 295 Walter Bibikow, S. 299 Wojtek Buss, S. 302 Ian Trower, S. 303 Peter Erik Forsberg, S. 304 Walter Bibikow, S. 307 Wojtek Buss, S. 308 Marco Cristofori, S. 311 Keribar/IML, S. 314 Fotosearch RM, S. 317 G. Lenz/Arco Images, S. 318 Alvaro Leiva, S. 322 Peter Adams, S. 324 Martin

Bobrovsky, S. 325 Egmont Strigl, S. 330 Lucas Vallecillos, S. 331 Lydie Gigerichova, S. 332 Egmont Strigl, S. 334 A. Hartl, S. 337 Movementway, S. 338 Philippe Michel, S. 339 Yadid Levy, S. 341 Santi Román, S. 343 Philippe Michel, S. 345 Patrick Forget, S. 349 und 351 Funkystock, S. 353 Tibor Bognár, S. 354 Christophe Boisvieux, S. 356 oben Christophe Boisvieux, S. 356 unten Nils-Johan Norenlind, S. 359 Christian Kober, S. 362 Adam Woolfitt, S. 363 John Elk III, S. 369 Peter Widmann, S. 370 Dallas & John Heaton, S. 372 Michele Falzone, S. 373 McPhoto/FSC, S. 375 SuperStock, S. 376 Iain Masterton, S. 380 Christophe Boisvieux, S. 383 Frank Chmura, S. 385 SuperStock, S. 387 Christophe Boisvieux, S. 390 Christophe Boisvieux.
S. 365 Courtesy of **Uri Golman/Greenland Tourism**, S. 381 Courtesy of **Visti Flam/Morten Rakke**.

AFRIKA

age fotostock: S. 391 Uwe Skrzypczak, S. 393 Jonathan Carlile, S. 394 Blaine Harrington, S. 396 Christian Goupi, S. 398 J.D. Dallet, S. 399 Graham Mulroo/Zoonar, S. 402 Christian Heeb, S. 406 Walter Bibikow, S. 409 Alan Keohane, S. 410 Alistair Laming, S. 411 Saldari, S. 412 Jenny Pate, S. 414 Aldo Pavan, S. 415 und 420 McPhoto, S. 417 Morales, S. 419 Wojtek Buss, S. 421 Franck Guiziou, S. 423 Jack Jackson, S. 425 Sylvain Grandadam, S. 426 Bernd Zoller, S. 428 Zoonar, S. 429 Paul Miles, S. 431 Ann & Steve Toon, S. 434 Marek Patzer, S. 438 Peter Adams, S. 439 Suzanne Long, S. 440 Yadid Levy, S. 442 Kim Sullivan, S. 444 Frank van Egmond, S. 447 SuperStock, S. 448 Sybil Sassoon, S. 449 Gavriel Jecan, S. 450 Guido Alberto Rossi, S. 452 Alvaro Leiva, S. 453 L. Fohrer, S. 454 Paul Hobson/FLPA, S. 455 Ivan Vdovin, S. 456 C. Hutter/Arco Images, S. 458 Angelo Cavalli, S. 459 Yann Guichaoua, S. 460 David Koster.

NAHER OSTEN

age fotostock: S. 461 Michele Falzone, S. 463 Tibor Bognár, S. 464 Wojtek Buss, S. 465 Aldo Pavan, S. 466 JTB Photo, S. 470 C. Albatross, S. 471 Nimrod Aronow/Albat, S. 474 Alison Wright, S. 476 Ember Stefano, S. 477 Sergio Pitamitz, S. 478 Tony Waltham, S. 480 Christian Kober, S. 481 Didier Forray, S. 482 Michele Falzone, S. 483 und 487 Tibor Bognár, S. 489 Giovanni Mereghetti, S. 492 SuperStock, S. 494 Sylvain Grandadam, S. 496 José Fuste Raga.

ASIEN

age fotostock: S. 497 Carol Buchanan, S. 499 Iñaki Caperochipi, S. 502 Philippe Michel, S. 503 Olaf Schubert, S. 504 Michael Runkel, S. 505 Jane Sweeney, S. 506 Therin-Weise, S. 507 R. Philips/Arco Images, S. 508 Egmont Strigl, S. 509 S. Tauqueur, S. 511 Steve Vidler, S. 513 PhotoStock-Israel, S. 514 Peter Adams, S. 518 Christian Goupi, S. 519 JTB Photo, S. 520 Franck Guiziou, S. 521 Best View Stock, S. 523 Angelo Cavalli, S. 524 Horizon, S. 527 Christian Reister, S. 529 Eric Tam, S. 531 Mark Henley, S. 533 Christian Goupi, S. 537 JTB Photo, S. 539 JTB Photo, S. 540 und 542 Gavin Hellier, S. 545 Travel Pix Collection, S. 547 JTB Photo, S. 549 Tibor Bognár, S. 550 Paul Quayle, S. 554 Patrick Frilet, S. 555 JTB Photo, S. 556 Christophe Boisvieux, S. 558 Blaine Harrington, S. 559 Keith Rushforth/FLPA, S. 560 Dinodia, S. 562 Jordi Camí, S. 564 Dinodia, S. 565 Stuart Pearce, S. 567 oben Jochen Tack, S. 567 unten Kim Sullivan, S. 568 Bildgentur-Online, S. 569 Ivan Vdovin, S. 570 Giovanni Mereghetti, S. 572 Christian Hütter, S. 573 Philippe Michel, S. 574 Tibor Bognár, S. 575 Patrick Frilet, S. 576 Dhritiman Mukherjee, S. 578 Bernard Castelein, S. 579 Chris Caldicott, S. 580 Vision, S. 581 José Fuste Raga, S. 582 Jane Sweeney, S. 583 dreamtours, S. 586 José Fuste Raga, S. 587 Peter Giovannini, S. 588 Colin Monteath, S. 589 Peter Baker, S. 590 Tibor Bognár, S. 592 José Fuste Raga, S. 594 Gavin Hellier, S. 597 Marcel Malherbe, S. 599 Steve Vidler, S. 602 Tim Hall, S. 603 Janek, S. 604 Piotr Powietrzynski, S. 606 Janicek Ladislav, S. 607 Stefano Baldini, S. 608 Georgie Holland, S. 612 José Fuste Raga, S. 613 Luca Invernizzi Tetto, S. 616 David Bowden, S. 617 Gavin Hellier, S. 619 OTHK, S. 621 Philippe Michel, S. 623 José Fuste Raga, S. 625 Christophe Boisvieux, S. 626 Laurence Simon, S. 627 Rozbroj, S. 629 Steve Vidler, S. 631 Stefano Torrione, S. 632 Ray Evans, S. 634 Luca Invernizzi Tetto, S. 635 Christian Heeb, S. 638 José Fuste Raga, S. 639 McPhotos, S. 641 Gonzalo Azumendi, S. 643 Philippe Michel, S. 644 Alvaro Leiva, S. 645 Wolfgang Herzog, S. 646 Stu Smucker.
S. 563 Courtesy of **Chapslee Hotel**.

AUSTRALIEN, NEUSEELAND UND DIE PAZIFISCHEN INSELN

age fotostock: S. 647 Ingo Schulz, S. 649 R. Gemperle, S. 650 Andrew Watson, S. 651 Don Fuchs, S. 652 José Fuste Raga, S. 655 Per-Andre Hoffmann, S. 659 Gerhard Zwerger-Schon, S. 660 Giovanni Rivolta, S. 663 Holger Leue, S. 664 S. Sailer/A. Sailer, S. 666 Konrad Wothe, S. 667 Bjorn Svensson, S. 669 Stephen Wong, S. 670 R. Gemperle, S. 671 Doug Pearson, S. 675 Don Fuchs, S. 676 Christian Kober, S. 678 Colin Monteath, S. 681 SuperStock, S. 682 Stuart Pearce, S. 683 Daniela Dirscherl/W., S. 687 Raffaele Meucci, S. 690 Ed Scott, S. 693 Michel Renaudeau, S. 694 Matteo Del Grosso, S. 695 Michael DeFreitas, 696 Reinhard Dirscherl, S. 697 Luca Invernizzi Tetto, S. 698 Tuul, S. 699 Jochem Wijnands, S. 700 Raffaele Meucci, S. 702 Upperhall.
S. 685 Courtesy of **Matangi Private Island Resort**.

VEREINIGTE STAATEN VON AMERIKA UND KANADA

age fotostock: S. S. 703 Mike Criss, S. 705, 706 und 708 Alaska Stock, S. 709 Christian Heeb, S. 710 Christian Beier, S. 712 Angelo Cavalli, S. 715 Chris Parker, S. 719 Tom Till, S. 720 SuperStock, S. 721 Norbert Eisele-Hein, S. 725 Roy Rainford, S. 726 Barry Winiker, S. 729 Wayne Lynch, S. 731 Don Johnson, S. 732 Christian Heeb, S. 736 Johnny Stockshooter, S. 737 M. Delpho, S. 740 Jeff Greenberg, S. 742 Douglas Peebles, S. 743 Brigitte Merz, S. 746 und 747 Masa Ushioda, S. 748 Elfi Kluck, S. 749 Tom Till, S. 752 José Fuste Raga, S. 758 Holger Leue, S. 759 Karl Weatherly, S. 765 Photolibrary, S. 766 SuperStock, S. 767 Philippe Renault, S. 769 SuperStock, S. 772 Dennis MacDonald, S. 773 Robert W. Ginn, S. 774 Joseph Sohm, S. 777 Anthony Dunn, S. 779 Nedra Westwater, S. 780 Ludovic Maisant, S. 781 Chris Cheadle, S. 783 Rene Mattes, S. 786 Topic Photo Agency, S. 787 Philippe Renault, S. 789 Egon Bomsch, S. 790 Michele Falzone, S. 791 Carlos S. Pereyra, S. 793 JTB Photo, S. 796 Ignacio Palacios, S. 797 Walter Bibikow, S. 799 Scott Smith, S. 800 und 804 SuperStock, S. 808 Walter Bibikow, S. 809 Michael Neelon, S. 810 Bilderbuch, S. 812 Sergio Tafner Jorge, S. 815 Raymond Forbes, S. 817 Walter Bibikow, S. 818 SuperStock, S. 820 Natalie Tepper, S. 821 Christian Heeb, S. 823 Walter Bibikow, S. 825 Gerhard Zwerger-Schon, S. 827 Ignacio Palacios, S. 830 Terrance Klassen, S. 832 Steve Vidler, S. 833 Jules Cowan, S. 836 Martin Barlow, S. 840 SuperStock, S. 843 GreenStockCreative, S. 845 Walter Bibikow, S. 846 Sylvain Grandadam, S. 847 Bartomeu Amengual, S. 848 Anton J. Geisser, S. 849 Donald Nausbaum, S. 854 SuperStock, S. 859 Egmont Strigl, S. 862 Gavriel Jecan, S. 863 Dennis MacDonald, S. 865 John Greim, S. 866 Kord.com, S. 869 Ernst Wrba, S. 871 G R Richardson, S. 874 Jim West, S. 876 SuperStock, S. 878 Patrick Frilet, S. 879 Andrea Forlani, S. 883 Robert B. Yarbrough, S. 885 Lee Frost, S. 888 McPhoto, S. 891 Fraser Hall, S. 897 Barry Winiker, S. 899 Garry Black, S. 900 Chuck Pefley, S. 910 Karl Johaentges, S. 913 Michael Just, S. 915 Josh McCulloch, S. 917 J. A. Kraulis, S. 920 Klaus Lang, S. 927 Thorsten Milse, S. 929 Barrett & MacKay, S. 931 Ron Watts, S. 933 Richard T. Nowitz, S. 934 Garry Black, S. 936 Oleksiy Maksymenko, S. 940 Barrett & Mackay, S. 942 Jeff Greenberg, S. 944 Philippe Renault, S. 945 Randa Bishop, S. 946 Stefan Wackerhagen.

S. 906 Courtesy of **Adventures on the Gorge**; S. 881 Courtesy of **AT&T Performing Arts Center: Nigel Young/Foster + Partners**; S. 925 Courtesy of **Fairmont Hotels & Resorts**; S. 894 Courtesy of **Monticello: Mary Porter**; S. 904 Courtesy of the **San Juan Visitors Bureau: Robin Jacobson**; S. 892 Courtesy of **Shelburne Farms**; S. 908 Courtesy of **The National Park Service**; S. 824 Courtesy of **Triple Creek Ranch, Darby, Montana, www.triplecreekranch.com**.

LATEINAMERIKA

age fotostock: S. 947 Caroline Webber, S. 949 Michael Nolan, S. 953 Walter Bibikow, S. 955 Leonardo Diaz Romero, S. 956 Ritterbach, S. 959 José Fuste Raga, S. 962 Carlos S. Pereyra, S. 963 Wojtek Buss, S. 964 Mel Longhurst, S. 965 Stuart Westmorland, S. 968 McPhoto, S. 971 Yadid Levy, S. 973 Kraig Lieb, S. 974 Richard Maschmeyer, S. 976 Larry Dale Gordon, S. 979 Carver Mostardi, S. 980 Richard Maschmeyer, S. 982 Corbis, S. 984 Fabian von Poser, S. 985 Tibor Bognár, S. 988 Guy Christian, S. 992 Stefano Paterna, S. 994 SuperStock, S. 995 Jon Díez Beldarrain, S. 996 Christian Heeb, S. 998 Dan Leffel, S. 1000 Topic Photo Agency Inc., S. 1001 Larry Dale Gordon, S. 1003 M. Borchi/DEA, S. 1005 SuperStock, S. 1006 vittorio sciosia, S. 1007 Z. Alfredo Maique, S. 1008 Bruce Bi, S. 1010 Florian Kopp, S. 1011 Wayne Lynch, S. 1014 Ricardo Azoury, S. 1018 Bildagentur RM, S. 1020 Stefano Paterna, S. 1023 Pietro Scozzari, S. 1025 McPhoto, S. 1027 Topic Photo Agency Inc., S. 1029 Gardel Bertrand, S. 1031 Hendrik Holler, S. 1032 Katja Kreder, S. 1040 Jean-Baptiste Rabouan, S. 1034 Christian Kapteyn, S. 1037 SuperStock, S. 1038 Ryan Fox, S. 1043 SuperStock, S. 1045 Gonzalo Azumendi, S. 1046 Caroline Webber, S. 1050 SuperStock, S. 1053 Ximena Griscti, S. 1054 JTB Photo, S. 1056 Roberto Rinaldi, S. 1057 Michael Nolan.

KARIBIK

age fotostock: S. 1059 PetePhipp/Travelshots, S. 1062 SuperStock, S. 1064 Sylvain Grandadam, S. 1066 Gavin Hellier, S. 1067 Sylvain Grandadam, S. 1071 Joe Dovala/WaterFrame, S. 1073 Hans-Peter Merten, S. 1076 Georgie Holland, S. 1079 Katja Kreder, S. 1080 SuperStock, S. 1082 Henry Beeker, S. 1086 Alfredo Maiquez, S. 1087 Angelo Cavalli, S. 1089 Philippe Michel, S. 1093 Picture Contact Bv, S. 1097 Alfredo Maiquez, S. 1099 Urs Flueler, S. 1100 Jean-Daniel Sudres, S. 1101 Atlantide S.N.C., S. 1107 Michel Renaudeau, S. 1109 Gavin Hellier, S. 1110 World Pictures, S. 1111 Walter Bibikow, S. 1113 Angelo Cavalli, S. 1115 Fiore, S. 1116 J. & C. Sohns, S. 1117 Angelo Cavalli, S. 1119 Jochen Tack.

S. 1090 Courtesy of **Daniel Morel**.